CORRESPONDANCE

DES

CONTRÔLEURS GÉNÉRAUX

DES FINANCES.

CORRESPONDANCE

DES

CONTRÔLEURS GÉNÉRAUX

DES FINANCES

AVEC LES INTENDANTS DES PROVINCES,

PUBLIÉE

PAR ORDRE DU MINISTRE DES FINANCES,

D'APRÈS LES DOCUMENTS CONSERVÉS AUX ARCHIVES NATIONALES.

PAR

A. M. DE BOISLISLE,

SOUS-CHEF AU MINISTÈRE DES FINANCES.

TOME PREMIER.

1683 À 1699.

PARIS.

IMPRIMERIE NATIONALE.

M DCCC LXXIV.

RAPPORT

A SON EXCELLENCE M. ROUHER,

MINISTRE D'ÉTAT ET DES FINANCES.

Monsieur le Ministre,

J'ai eu l'honneur, à plusieurs reprises, d'entretenir Votre Excellence des travaux qui ont été entrepris pour le dépouillement et le classement des Papiers de l'ancien Contrôle général des Finances conservés aux Archives de l'Empire.

Votre Excellence n'ignore pas que ces documents, dont la trace avait été longtemps perdue, forment un ensemble considérable, embrassant l'histoire financière et une partie de l'histoire administrative de la France pendant la fin du XVIIe et la première moitié du XVIIIe siècle[1].

L'importance des renseignements que l'Administration des Finances pourrait trouver dans ces archives, et l'intérêt qu'elles offrent au point de vue historique et économique, n'échappèrent pas au prédécesseur de Votre Excellence. Le 11 janvier 1865, M. Achille Fould décida, sur ma proposition, qu'il serait procédé, conformément au plan approuvé par M. le marquis de Laborde, Directeur général des Archives de l'Empire, et sous sa haute direction, à un inventaire détaillé des Correspondances de l'ancien Contrôle général.

Ce travail, confié aux soins d'un employé de l'Administration centrale des Finances, M. Michel de Boislisle, que ses connaissances spéciales avaient désigné au choix du Ministre, a été poursuivi sans interruption. Pendant qu'il s'exécutait, l'utilité pratique qu'on pouvait en tirer a été attestée par des communications faites au Ministère de l'Agriculture, du Commerce et des Travaux publics; d'un autre côté, la correspondance de l'économiste Boisguilbert avec les Contrôleurs généraux Pontchartrain et Chamillart, découverte dans le cours du classement, a fait l'objet d'un mémoire qui a été présenté à l'Académie des Sciences morales et politiques, et récompensé d'une mention très-honorable. Enfin, plusieurs pièces intéressantes concernant l'administration de Colbert ont été retrouvées et communiquées au savant éditeur de la Correspondance de ce grand ministre.

Aujourd'hui, Son Excellence le Maréchal Ministre de la Maison de l'Empereur et des Beaux-Arts, dont l'attention a été appelée sur ce point par M. le marquis de Laborde, est d'avis que la

[1] Les Archives de l'Empire possèdent outre ces papiers, qui proviennent d'un versement récent, plusieurs autres fonds de documents de finances qui en constituent la suite jusqu'à la suppression du Contrôle général.

publication de l'inventaire des papiers qui composent ces archives serait un véritable service rendu à l'administration ainsi qu'à l'histoire; il demande, par suite, à Votre Excellence de faire éditer cet inventaire aux frais du Ministère des Finances, sur le modèle de ceux que la Direction générale des Archives de l'Empire a déjà fait paraître.

Cette publication aurait à mes yeux, Monsieur le Ministre, d'incontestables avantages.

La Correspondance des Contrôleurs généraux avec les intendants, les secrétaires d'État, les fermiers généraux, les principaux financiers, représente les véritables archives du Ministère des Finances avant la Révolution. Donner l'inventaire analytique de ces documents sous une forme qui permette d'y reproduire les pièces les plus importantes, et qui dispense, par conséquent, de recourir toujours aux originaux, ce serait, sans aucun doute, compléter de la manière la plus heureuse nos archives administratives, qui ne remontent pas au delà de 1789; ce serait mettre à la disposition des différents services financiers une source précieuse d'informations dont l'absence est souvent regrettée.

Destinée à retracer le tableau fidèle de l'administration des Contrôleurs généraux qui se sont succédé depuis Colbert, cette publication serait, en outre, la continuation naturelle de celle dont Son Excellence M. Magne, alors Ministre des Finances, a pris l'heureuse initiative, et qui, exécutée par les soins de M. Pierre Clément, membre de l'Institut, obtient un si légitime succès. Elle aurait enfin sa place marquée parmi les travaux analogues entrepris par plusieurs départements ministériels.

On peut ajouter qu'envisagée à un point de vue plus général, elle donnerait des notions nouvelles sur les origines et les développements des diverses branches des revenus de l'État, et ouvrirait aux économistes ainsi qu'aux administrateurs, jaloux de profiter de l'expérience du passé, une mine abondante de renseignements sûrs et précis.

J'ai, en conséquence, l'honneur de vous proposer, Monsieur le Ministre, de décider l'impression de l'Inventaire de la Correspondance des Contrôleurs généraux des Finances.

Paris, le 10 avril 1867.

Le Conseiller d'État, Secrétaire général,

HAUDRY DE JANVRY.

APPROUVÉ :

Paris, le 11 avril 1867.

Le Ministre d'État et des Finances,

ROUHER.

AVANT-PROPOS.

La conservation des documents administratifs fut organisée fort tard en France, longtemps après que l'exemple nous en avait été donné par les pays étrangers. Les plus anciens chroniqueurs et les diplômes des deux premières races nous attestent l'existence, dans les palais royaux, de véritables archives, imitées de celles des Romains. Mais on n'en trouve plus trace sous les Capétiens, jusqu'au jour où apparaît le Trésor des chartes. Créé, dit-on, par Philippe-Auguste, ce dépôt, tout en rendant de grands services, faillit à sa destination lorsqu'il laissa les différents corps dépositaires de l'autorité souveraine, plus tard les hauts fonctionnaires, se former des archives particulières au détriment de celles de la monarchie. Tandis que, sur tous les points du royaume, chaque maison religieuse, chaque compagnie, chaque ville, chaque seigneur gardait et entretenait de riches chartriers, le Trésor recevait à peine les titres et les actes les plus essentiels. Le roi n'y trouvait donc que des ressources insuffisantes; pour subvenir aux nécessités de la politique ou pour traiter les questions féodales, territoriales, et surtout administratives, il se voyait fréquemment réduit à recourir aux registres des Parlements, aux dépôts financiers et domaniaux des Chambres des comptes. Pendant plusieurs siècles, le progrès de l'organisation des pouvoirs ne fit qu'empirer les choses : le Trésor des chartes se trouva si complétement délaissé dès le règne de Louis XI, que l'on notait comme un fait exceptionnel la réintégration des pièces diplomatiques ou politiques signalées par hasard dans la succession d'un ministre, d'un secrétaire royal, d'un trésorier. L'indifférence du Gouvernement semblait autoriser chaque agent, quel que fût son rang, à s'approprier les documents de son administration qui pouvaient l'intéresser, et à les transmettre à ses héritiers, ou bien à les détruire et à dérober pour toujours la connaissance de sa gestion; les secrétaires d'État eux-mêmes n'envoyaient plus rien au chartrier de la Sainte-Chapelle, et retenaient, non-seulement les correspondances et les registres d'expéditions, mais même les actes du pouvoir royal les plus importants, les titres les plus indispensables aux intérêts du royaume[1].

Au XVIe siècle, quelques grands seigneurs, ou de simples particuliers, qui joignaient à l'expérience des affaires l'amour de la science, furent les premiers à comprendre la valeur des dossiers politiques ou administratifs imprudemment négligés par l'État. Sous l'inspiration de la nouvelle école historique et de ses adeptes, aussi passionnés pour l'étude des origines nationales que les archéologues italiens pouvaient l'être pour l'exhumation des souvenirs de l'ancienne Rome ou de la Grèce, ces collectionneurs eurent bientôt recueilli un ample butin de chartes, de diplômes, et surtout de correspondances officielles qui, souvent, eussent été plus mal placées entre les mains d'héritiers peu soigneux. On commença à utiliser les richesses de ces cabinets; les plus anciens et les plus beaux, comme ceux de Pierre Pithou et de Dupuy, de Jacques-Auguste de Thou,

[1] C'est ce que Jean du Tillet dit dans une dédicace au roi Henri II : « Les instructions, missives et autres lettres concernant les affaires communément se perdent, sans être gardées pour le service des princes, comme il appartiendroit. Mais les héritiers, amis ou serviteurs de ceux qui en ont charge, s'emparent après le décès de ce qu'ils peuvent, *combien que la moindre pièce en son temps serviroit.* »

de l'ambassadeur Loménie de Brienne ou des deux Béthune, fournirent, dès le temps de Louis XIII, les éléments de travaux très-importants sur le domaine, l'autorité royale, la justice ou l'histoire nationale. Le nombre des amateurs s'étant multiplié, soit dans la magistrature, soit dans les régions les plus élevées de la politique et de la diplomatie, leur influence s'étendit jusqu'à la sphère gouvernementale. De là vinrent les efforts du procureur général Mathieu Molé et du garde des sceaux Michel de Marillac pour redonner la vie au Trésor des chartes; par eux, les idées nouvelles purent arriver au cardinal de Richelieu. Celui-ci, n'étant qu'évêque de Luçon et débutant dans le poste de secrétaire d'État de la guerre, n'avait trouvé ni dossiers administratifs ni archives; ses prédécesseurs, conformément à l'usage, avaient tout emporté en se retirant, et il dut demander aux agents copie des instructions qu'ils avaient reçues de Paris[1]. Il est probable que les inconvénients d'une telle pénurie inspirèrent les mesures conservatrices dont nous retrouvons les traces vers la même époque et qui prennent le premier rang dans l'histoire de nos archives administratives; on aime à reconnaître la prévoyance du grand cardinal dans ces règlements minutieux du ministère de la guerre où tout est prescrit, analyse des dépêches, enregistrement des lettres, des expéditions, des ordonnances de fonds et des dépenses, classement des routes de troupes ou des placets, formation des séries ou des dossiers. «Les extraits, y est-il dit, doivent être soigneusement gardés, ainsi que toutes les lettres et dépêches, pour peu qu'elles soient de conséquence, par liasses, de mois en mois. Il est à propos de retenir mémoire et minute de tout ce qui s'expédie, arrivant souvent que l'on a besoin, longtemps après l'expédition, d'un papier qui a été jugé alors inutile[2].» Plus tard, nous voyons encore le cardinal faire classer par Arnauld d'Andilly, destiné aux fonctions de secrétaire d'État, toutes les instructions et pièces relatives aux affaires étrangères qui se trouvaient entre ses mains[3]. C'est alors qu'averti de l'insuffisance du Trésor et de l'inanité des tentatives faites pour le relever, il entreprit de constituer, d'après un nouveau système, des archives particulières de l'Administration. D'une part, il fit organiser au Contrôle général des finances, tel qu'il existait alors, l'enregistrement obligatoire de tous ces brevets, arrêts, dons, traités, quittances, etc. au milieu desquels le Conseil n'avait jamais pu sauvegarder les intérêts du roi[4]; d'autre part, un édit de mars 1631 créa au Louvre, sous la surveillance de deux gardes, un dépôt qui devait recevoir, outre les registres du Contrôle général, ceux de la Chancellerie et du Conseil d'État. Mais l'édit resta inexécuté, et Richelieu lui-même finit par léguer ses propres papiers, comme son bien «le plus cher et le plus précieux,» à la duchesse d'Aiguillon. Mazarin, lui aussi, devait laisser ses portefeuilles au fidèle Colbert, avec mission de les mettre en ordre et d'en donner communication au roi, s'il en était requis. Cet abus subsista donc fort longtemps, même chez les administrateurs les plus éclairés. A la Guerre, après Servien et Sublet de Noyers, dont les papiers se trouvèrent ainsi dispersés, Michel le Tellier, esprit essentiellement organisateur, ne fit encore fonctionner le bureau des archives que pour s'enrichir de ce qu'il appelait les «annales de son ministère.» Il ne remit même pas à son fils Louvois, en quittant la secrétairerie d'État pour devenir chancelier, les trois cents volumes de dépêches, extraits ou minutes qui représentaient son administration depuis 1640; ce fut à un autre fils, l'archevêque de Reims, qu'il les légua

[1] Avenel, *Lettres et Instructions du cardinal de Richelieu*, t. Ier, introd. p. LXVII.

[2] Voyez l'article du capitaine Iung sur le *Dépôt de la guerre*, dans le *Journal des sciences militaires*, 1872, et celui de M. D. Huguenin sur les *Archives anciennes du Dépôt de la guerre*, dans le *Spectateur militaire*, 1871. — Ces règlements datent de 1617 et 1619; l'évêque de Luçon avait exercé les fonctions de secrétaire d'État du 30 novembre 1616 au 1er mai 1617.

[3] En 1625.

[4] Arrêt du Conseil du 13 septembre 1628. Les considérants très-remarquables de cet arrêt sont basés sur ce que, «par le changement d'officiers et autres événemens, la connoissance des choses est perdue tellement, que toute la prévoyance du Conseil pour la bonne conduite des affaires est sans effet.» Désormais, il sera tenu au Contrôle général des finances un registre, par chapitres séparés, au long ou par extraits, de tous les brevets et arrêts de règlement, traités, baux, marchés, adjudications, commissions, aliénations, remboursements, engagements, dons, arrêts d'imposition ou d'affranchissement, ordonnances, mandements, quittances, etc. Aucune expédition ne sera plus valable sans certificat d'enregistrement. Les registres devront toujours être tenus à la portée du Conseil par un garde spécial. — Comparez l'édit donné par Henri II en 1554, mais révoqué dix mois plus tard.

plus tard[1]. Quant au Gouvernement, il ne songeait que bien rarement à intervenir et semblait renoncer par insouciance à ces droits que, sous François Ier et Louis XIII, il avait essayé plusieurs fois de revendiquer. C'est aux deux grands ministres de Louis XIV, aux continuateurs de l'œuvre de Richelieu, de Mazarin, de le Tellier, qu'il était réservé de donner à cette partie de l'édifice administratif les fortes bases dont leurs prédécesseurs avaient seulement entrevu l'utilité, la nécessité.

N'espérons pas toutefois trouver chez Louvois ou chez Colbert un désintéressement absolu : ce serait rompre trop brusquement avec les traditions. Mais, si certains détails trahissent encore en eux une arrière-pensée plus ou moins suspecte, il est cependant juste de dire qu'ils préparent le triomphe des vrais principes. Sous cette influence, Seignelay et les deux Pontchartrain à la Marine ou à la Maison du roi, Torcy aux Affaires étrangères, Claude le Peletier et Louis de Pontchartrain au Contrôle général des finances, achèveront l'organisation des dépôts ministériels.

L'historique de ceux de ces dépôts qui se rattachaient à l'administration des finances ne sera retracé ici que très-sommairement; mais il serait impossible de ne pas insister sur la part prise par un grand nombre de nos contrôleurs généraux au développement des travaux d'érudition spéciale dont ces archives furent le foyer pendant tout le XVIIIe siècle. Après le Peletier et le chancelier de Pontchartrain, auxquels ce volume est consacré, après Desmaretz, véritable créateur du dépôt du Contrôle général, nous rencontrerons encore aux Finances des ministres tout dévoués à l'étude du passé; nous y trouverons même des savants et des académiciens. L'un d'eux, Machault d'Arnouville, préoccupé des intérêts du Domaine, décide la préparation de la *Table des diplômes*, proposée par Secousse; Boullongne encourage les travaux de l'abbé de Foy; Silhouette, dans un court passage au ministère, fonde la Bibliothèque des finances et attache pour toujours à son département l'avocat Moreau. Bertin arrive, et son intelligente activité donne à tous ses collaborateurs une impulsion féconde; Moreau, Bréquigny, Sainte-Palaye lui prêtent un concours zélé et l'aident à créer ce Cabinet des chartes dont le souvenir, inséparable de celui de la Bibliothèque des finances, suffirait à honorer son administration. Quand Bertin quittera le Contrôle, il nous faudra suivre les dépôts fondés par lui ou ses prédécesseurs, jusqu'à la Chancellerie ou à la Bibliothèque du roi. Nous les verrons alors se transformer, s'enrichir de collections précieuses, puis s'accroître du dépôt de Desmaretz, abandonné depuis bien des années, et enfin trouver à la Bibliothèque un abri contre les bouleversements révolutionnaires.

Les autres dépôts financiers et administratifs n'ont pas eu tous le même privilége, et c'est une tâche pénible de rechercher les phases par lesquelles ont passé, depuis 1791, ces archives des divers services du Contrôle, ces minutes des Conseils, ces collections législatives amassées par plusieurs générations de gardiens vigilants. Trop heureux sommes-nous aujourd'hui d'en trouver les débris, qui, rapprochés du seul fonds resté presque intact, permettront de reconstituer en partie l'histoire administrative du XVIIIe siècle et de renouer, malgré tant de désastres successifs, la chaîne de nos traditions.

I.

COLBERT, LOUVOIS ET LA FORMATION DES DÉPÔTS MINISTÉRIELS.

Aucun département ministériel n'avait d'archives lorsque Louis XIV prit les rênes du gouvernement; quand le grand règne se termina, il n'était plus une administration importante qui ne fût à peu près en mesure d'assurer la conservation de ses papiers. Voici comment Saint-Simon établit l'ordre des faits :

[1] Ce fonds n'arriva que par un autre legs au Cabinet des manuscrits de la Bibliothèque du roi.

« Jusque fort avant dans le règne de Louis XIV, on n'avoit eu soin sous aucun roi de ramasser les papiers qui concernoient l'État, à l'exception de la partie en ce genre la moins importante à tenir secrète, qui est les finances, laquelle, ayant des formes juridiques, avoit par conséquent des greffes et des dépôts publics à la Chambre des comptes. Louvois fut le premier qui sentit le danger que les dépêches et les instructions qui, du roi et de ses ministres, étoient adressées aux généraux des armées, aux gouverneurs et aux autres chefs de guerre, et même des intendants des frontières, et de ceux-là au roi et aux ministres, restassent entre les mains de ces particuliers, et après eux de leurs héritiers et souvent de leurs valets, qui en pouvoient faire de dangereux usages, et quelquefois jusqu'aux beurrières, dont il est arrivé à des curieux d'en retirer de très-importants d'entre leurs mains. Quoique alors les guerres dont il s'agissoit dans ces papiers fussent finies, et quelquefois depuis fort longtemps, ceux contre qui la France les avoit soutenues y pouvoient trouver l'explication dangereuse de bien des énigmes et l'éclaircissement de beaucoup de ténèbres importantes à n'être pas mises au jour, et peut-être des trahisons achetées, encore plus fatales à découvrir pour les familles intéressées, et pour donner lieu à s'en mieux garantir.

« Ces considérations, qu'on ne comprend pas n'avoir pas plus tôt frappé nos rois et leurs ministres, saisirent M. de Louvois. Il rechercha tout ce qu'il put retirer d'ancien dans ce genre, se fit rendre à mesure ces sortes de papiers, et les fit ranger par années dans un dépôt aux Invalides, où cet ordre a continué depuis à être soigneusement observé, tellement qu'outre l'observation du secret, on a encore par là des instructions sûres où on peut puiser utilement.

« Ce même défaut étoit encore plus périlleux dans la partie de la négociation, et la chose est si évidente qu'elle n'a pas besoin d'explication. Croissy, chargé des affaires étrangères, fut réveillé par l'exemple que lui donna Louvois : il l'imita pour les recherches du passé et pour se faire rendre les papiers qui regardoient son département, à mesure; mais il en demeura là.

« Torcy, son fils, proposa au roi, en mars de cette année [1710], de faire un dépôt public de ces papiers, qui le trouva fort à propos. Torcy prit pour le roi un pavillon des Petits-Pères, près la place des Victoires, parce qu'il entroit de son jardin dans le leur, à l'autre bout duquel est ce pavillon, très-détaché et éloigné du couvent, isolé de tout, et où on peut entrer tout droit de la rue. Il y fit mettre en bel ordre tout ce curieux et important dépôt, où les ministres et les ambassadeurs trouvent tant de quoi s'instruire, et qui est soigneusement continué jusqu'à présent, en sorte que les héritiers mêmes des ministres de ces départements et de leurs principaux commis et secrétaires sont obligés d'y remettre tout ce qui se trouve dans les bureaux et dans les cabinets des secrétaires d'État, lorsque, par mort ou autrement, ils perdent leurs charges. Un commis principal et de confiance particulière est chargé de ce dépôt par département, sous le secrétaire d'État en charge, et y répond de tout.

« Pontchartrain, ensuite, en a fait autant pour le sien de la Marine et de la Maison du roi.

« On peut dire que cet établissement n'est pas un des moindres ni des moins importants qui aient été faits du règne de Louis XIV, mais il seroit à désirer que ces autres dépôts fussent placés aussi sûrement et aussi immuablement que l'est celui de la Guerre [1]. »

Non-seulement Saint-Simon passe sous silence les mesures prises ou projetées avant Louvois pour la conservation des archives administratives; il attribue aussi au département de la guerre une priorité qui, en fait, ne lui appartint jamais. Louvois fit beaucoup, on doit le reconnaître, mais il vint après Colbert et prit exemple sur lui : les faits et les dates le prouvent. N'ayant reçu de son père, vers 1665, que les années les plus récentes de la correspondance ministérielle, il se hâta de remettre sur pied les règlements tombés en

[1] *Mémoires*, éd. Chéruel et Regnier, t. VIII, p. 30. — Comme toujours, Saint-Simon, véridique sur certains points, tant qu'il puise ses renseignements à bonne source, appelle la rectification sur beaucoup d'autres. Il a emprunté le sujet de cet article au marquis de Dangeau, dont il s'était d'abord contenté d'annoter les exactes mentions. (*Journal de Dangeau*, t. XIII, p. 119.)

désuétude et de réunir activement les épaves des temps passés[1]. Peu à peu, les divers bureaux se résignèrent à verser les papiers qu'ils accumulaient depuis trente ou quarante ans; il vint même de l'extérieur des restitutions fort considérables, et enfin, grâce aux soins de Darbon de Bellou, chef du bureau de la secrétairerie et ancien commis de le Tellier, le département de la guerre eut un dépôt d'archives, qui fut créé officiellement en 1688 et placé dans l'hôtel de Louvois[2]. Mais ceci précisément indique que le ministre se considérait comme le seul maître de tous les papiers; ce fut seulement à la mort de son fils Barbezieux (1701) et par l'ordre du nouveau secrétaire d'État de la guerre, — le contrôleur général Chamillart, — que ces archives devinrent réellement la propriété de l'État. Elles avaient été à peu près abandonnées depuis 1691; leur transport à l'hôtel des Invalides et les opérations de classement aussitôt commencées assurèrent définitivement l'existence du dépôt qui allait devenir, selon l'expression d'un de ses laborieux directeurs, « la collection la plus riche, la plus nombreuse et la plus authentique d'éléments d'histoire, de topographie et de science militaires. »

Après avoir ainsi rectifié, quant à Louvois et au Dépôt de la guerre, le récit de Saint-Simon, il faut restituer à Colbert et au Contrôle général leurs mérites respectifs, que le chroniqueur semble avoir complétement ignorés ou oubliés.

Dans l'administration des finances, il avait été longtemps impossible d'obtenir l'ordre et la conservation : la nature essentiellement délicate des opérations, l'extrême abondance des dossiers et des menues pièces de détail, le partage des affaires entre un surintendant, des contrôleurs généraux, des directeurs, des intendants, presque indépendants les uns des autres, et enfin les transformations incessantes de ce personnel, étaient autant d'obstacles à toutes les réformes[3]. On ne comprenait les archives qu'au point de vue du domaine et des dépôts des Chambres des comptes ou du Trésor des chartes; c'est uniquement dans ce sens que fut dirigée une remarquable entreprise du dernier surintendant, Nicolas Fouquet, qui était en même temps procureur général au Parlement et garde du Trésor : je veux parler de la confection d'un terrier général de toutes les seigneuries, fiefs et domaines qui relevaient et dépendaient du roi, œuvre vainement ébauchée à plusieurs époques, sous différentes formes, et qui seule pouvait remédier au désordre produit par des siècles de guerre civile et de mauvaise administration. Au mois de mars 1655, huit intendants des chartes furent créés et envoyés dans les provinces pour y dresser des registres de toutes les aliénations, recevoir les déclarations et réunir les titres. Les documents ainsi recueillis et le Trésor lui-même devaient trouver asile dans un hôtel des Chartes, dont on vit bientôt les fondations sortir du sol, au milieu des jardins du Palais. Mais le temps manqua à cette tentative pour donner les résultats qu'on en pouvait espérer. Diverses influences firent révoquer l'édit de création de l'hôtel et des intendants[4]; puis, Mazarin mourut, la puissance du surintendant s'écroula, la surintendance elle-même disparut dans une terrible secousse, et le nouveau contrôleur général, en abandonnant la construction commencée, en laissant languir l'œuvre du papier terrier entre des mains impuissantes ou négligentes, sembla tout d'abord en

[1] C'est ainsi que sont rentrés au Dépôt une partie des papiers des secrétaires d'État qui s'étaient succédé sous Richelieu.

[2] Outre les deux notices citées plus haut, voyez un article de M. Pascal-Vallongue, dans le *Mémorial du Dépôt général de la guerre*, année 1829, p. 115 à 136, et M. H. Bordier, *les Archives de la France*, p. 288 à 307.

[3] Voici un exemple des mesures qu'il fallait prendre pour obtenir la restitution des papiers d'un surintendant. Le 11 mai 1626, Louis XIII écrit, de sa propre main, au contrôleur général Bochart de Champigny : « Monsieur de Champigny, étant nécessaire pour le bien de mon service que le sieur d'Effiat, commis par moi à la charge de surintendant de mes finances, ait une entière connoissance du fait de ladite charge, j'ai commandé que les mémoires, états et papiers concernant icelle lui soient donnés, et vous fais la présente afin que vous ayez à lui bailler ceux qui furent trouvés au logis du marquis de la Vieuville et qui vous furent déposés après son éloignement, etc. » (Bibl. nat. ms. Fr. 3722, fol. 219.) Encore est-ce là un fait exceptionnel, qui se rattache aux mesures prises par le cardinal de Richelieu et qui suit une disgrâce éclatante.

[4] La Chambre des comptes de Paris, jalouse des procureurs généraux du Parlement qui lui avaient enlevé, sous Henri III, la surveillance du Trésor, s'entremit activement pour obtenir la révocation de l'édit. Les charges d'intendants des chartes étaient déjà achetées et exercées par Jean-Jacques Renouard de Villayer, qui fut de l'Académie française, Jacques le Bel, Antoine Ricouart, Denis Marin, Pierre Chanut, Nicolas de Bugnons, André Scarron et François de Brèves. Ils ne conservèrent que le titre de secrétaires du roi, mais parvinrent presque tous à de hautes positions administratives.

condamner l'idée et renoncer à la centralisation projetée par Fouquet. Ce n'était que pour un temps : à Colbert plus qu'à tout autre, à l'élève de le Tellier, à l'intendant et au légataire de Mazarin, il appartenait, sinon de poser le principe de la propriété des papiers administratifs, du moins de mettre en œuvre les théories de conservation si mal pratiquées jusque-là, même dans les bureaux du secrétaire d'État de la guerre.

Lorsqu'il eut concentré entre ses mains les finances, la marine, le département de la Maison du roi et des affaires ecclésiastiques, la police, la surintendance des arts, des manufactures et des bâtiments, etc., il lui fallut, sous ses yeux, sous sa main, une série de collections répondant, suivant les occurrences, aux besoins de la diplomatie, de l'administration domaniale et financière, du droit public, de la justice. Le but était bien autrement élevé que celui où tendaient depuis un siècle la curiosité des amateurs ou même les recherches de l'érudition. Tous les documents qui intéressaient directement l'Administration et l'État pouvaient-ils être mieux placés qu'entre les mains du contrôleur général, dont l'action s'étendait sur tout le royaume et embrassait presque toutes les branches du gouvernement? Et, s'il y a quelques reproches à faire sur les moyens et les procédés dont usa Colbert, qui d'entre nous se sentirait le courage de les condamner, aujourd'hui que nous sommes rentrés en possession de ces trésors amassés à grands frais pour «éclairer les hommes d'État, charmer les curieux et faciliter les travaux des gens de lettres?»

Dès 1662, bien avant Louvois, Colbert avait commencé à réunir pour lui-même les éléments d'un «cabinet des manuscrits,» tout en dirigeant les travaux de la Bibliothèque du roi, dont son frère, l'évêque de Luçon, lui laissait le soin[1]. Carcavy, Godefroy, Clément, Clairambault, du Fourny, Vyon d'Hérouval étaient alors ses principaux agents. Dans une première période, on s'occupa moins de former des archives et de rassembler des documents originaux, que de compulser les registres du Parlement, de la Chambre des comptes, du Trésor des chartes, et d'en faire des extraits, ainsi que de transcrire des cartulaires et des correspondances diplomatiques. La Bibliothèque du roi, les collections particulières fournirent des matériaux en abondance; les quatre cent soixante-deux volumes de papiers de Mazarin, classés immédiatement par Carcavy et Ondedei, et les minutes ou copies des lettres écrites par Colbert dès son entrée chez Michel le Tellier, formèrent la tête d'une collection bientôt sans égale. Vers 1667, Baluze, ayant remplacé Carcavy comme bibliothécaire de Colbert, donna à l'entreprise une nouvelle impulsion et un objectif plus important. Les documents utiles à l'administration royale furent mis en réquisition, de préférence à tous autres, non-seulement à Paris, mais dans les provinces. Colbert dirigea lui-même ses correspondants et leur communiqua son activité, sa passion: magistrats, commissaires au papier terrier, intendants, généraux, diplomates, se mirent à ses ordres, jusqu'en Allemagne, jusqu'en Orient. Les Cours fournirent des copies de leurs registres, les juridictions inférieures se laissèrent dépouiller de leurs titres domaniaux et féodaux; les abbayes et les églises, dépositaires inconscientes de tant de richesses, cédèrent presque partout à la persuasion, aux belles paroles, aux promesses, parfois à l'intimidation; les enquêteurs parvinrent même à pénétrer dans les chartriers particuliers ou les collections d'amateurs. Le double intérêt de la science et de l'administration, mis en avant par le ministre, anima tout le monde au point de faire oublier quelquefois à de savants travailleurs et aux plus intègres magistrats les règles de la bonne foi, de l'honnêteté et du devoir[2]. Il est inutile de revenir sur ce point, qui paraît suffisamment élucidé; on peut ajouter seulement que Colbert gardait pour lui-même la responsabilité de ses procédés, et que, *la plupart du temps*, il payait de ses deniers les frais de voyage, d'achat ou de transcription. En retour, il se croyait le droit

[1] On ne doit pas oublier que Colbert fut probablement l'instigateur de la généreuse donation que le comte de Béthune fit, en 1663, à la Bibliothèque du roi, «présent d'autant plus digne d'un grand monarque, qu'il y peut trouver de quoi satisfaire son esprit et sa curiosité dans la connoissance générale et particulière des affaires de son royaume.» (*Plumitif* de la Chambre des comptes de Paris, 10 janvier 1664.)

[2] Il faut citer une exception honorable pour Chapelain. En 1666, Sainte-Marthe offrit pour la bibliothèque de Colbert «plusieurs liasses de lettres du feu roi et de ses ministres, toutes originales, qui regardaient l'ambassade d'Angleterre du feu maréchal d'Effiat... le tout accompagné de plusieurs écritures curieuses ayant relation à ces négociations.» Chapelain n'osa accepter des papiers d'État aussi importants sans être sûr de l'aveu de Colbert. (*Lettres de Colbert*, publiées par M. P. Clément, t. V, p. 609.)

de retenir dans sa propre bibliothèque les meilleures trouvailles, la fleur des documents conquis en tous pays au nom de Louis XIV[1].

Ce fut aussi au profit de cette même bibliothèque que, durant plus de vingt ans, avec une régularité et une persévérance dont on n'avait point encore eu l'exemple, il veilla à la conservation des correspondances administratives et des dossiers de ses divers ministères. Peut-être espérait-il que ces départements resteraient dans sa famille, ce qui eût justifié jusqu'à un certain point des façons d'agir trop personnelles. Peut-être aussi croyait-il mieux assurer l'exécution de ses volontés et offrir chez lui, aux travailleurs, des facilités et un accès qu'ils ne pouvaient espérer de la Bibliothèque du roi. Quoi qu'il en fût, les papiers étaient immédiatement saisis, au sortir des bureaux, par les bibliothécaires du ministre. Ceux-ci, surtout Baluze et Clairambault, ne se faisaient aucun scrupule de prélever, à l'exemple de leur patron, mais à son insu, une dîme destinée à leurs collections particulières[2]; le reste allait former, entre autres séries précieuses, celle que nous appelons les *Mélanges Colbert*[3]. C'est ainsi que, plus ou moins régulièrement, s'est conservée la majeure partie de cette correspondance qui a fourni les principaux matériaux du monument élevé à la mémoire de Colbert par feu M. Pierre Clément, et qui représente, à proprement parler, les premières archives du Contrôle général des finances.

Colbert, non plus que le Tellier, non plus que Louvois, ne peut être rigoureusement considéré comme le créateur des dépôts administratifs : ces trois ministres travaillaient et amassaient plutôt pour leur satisfaction ou leur usage personnel et celui de leurs clients que pour le compte de l'Administration; mais, heureusement,

[1] MM. Pierre Clément, dans le tome V des *Lettres de Colbert*, et Léopold Delisle, dans le tome Ier du *Cabinet des manuscrits de la Bibliothèque impériale*, ont exposé l'un et l'autre, avec autant de science que d'impartialité, les pièces du procès. Il suffit ici de rappeler un fait qui a trait à l'utilité des titres domaniaux et au profit que Colbert en savait tirer. Après la première conquête des Flandres, quand il s'agit de dresser l'état des charges assignées sur les domaines des villes nouvellement réunies au royaume, le travail ne put se faire qu'au moyen des copies ou des titres originaux que l'historiographe D. Godefroy envoya au contrôleur général. Plus tard, la ville de Gand se rendit. Colbert savait que la citadelle renfermait les archives les plus précieuses; mais la capitulation portait en termes exprès que ce dépôt serait respecté par les vainqueurs : il était impossible de manquer ouvertement à une stipulation solennelle. Ce furent Godefroy, l'intendant le Peletier et un transfuge, le président Errembault, collectionneur bien connu, qui se chargèrent, sous ombre d'étudier les titres, de les soustraire adroitement et de faire partir pour Paris ce qu'ils trouveraient de plus précieux. Ils réussirent, et quelques-unes des pièces les plus remarquables que possède aujourd'hui l'ancienne Bibliothèque du roi ont été retrouvées dans les collections Colbertines. (P. Clément, *loc. cit.* p. 383, et L. Delisle, *loc. cit.* p. 467 et 468.) Cf. dans le présent volume la lettre n° 951, relative aux documents tirés par Daguesseau des archives royales de Carcassonne et de Toulouse, et conservés jusqu'en 1691 par les héritiers de Colbert.

[2] Les fonds Baluze et Clairambault renferment, comme on le sait, beaucoup de lettres adressées à Colbert, de minutes de sa correspondance, de mémoires importants, et enfin de documents originaux, parmi lesquels on peut citer chez Baluze les diplômes enlevés au Languedoc, les carnets de Mazarin et la cassette de Fouquet. Après la mort de Colbert, Clairambault ayant été chargé, en 1709, par le chancelier de Pontchartrain, de classer les papiers du premier secrétaire d'État de ce nom (1610-1621), garda pour sa propre collection une certaine quantité de lettres intéressantes. On les retrouve aujourd'hui classées chronologiquement dans ce qui reste de ses *Mélanges*, ou intercalées, avec les papiers de Colbert et de Seignelay, dans les manuscrits de l'*Ordre du Saint-Esprit*. Maintenant que tous, papiers Baluze, papiers Clairambault ou papiers Colbert, se retrouvent côte à côte sur les rayons de la même bibliothèque, ces faits sont moins regrettables, sinon plus pardonnables.

[3] En dehors des collections qui renferment les papiers de Flandres, les copies domaniales de Godefroy ou de Doat, il en est deux qui sont plus spécialement administratives et portent le nom de Colbert : celle des *Cinq cents*, composée de manuscrits ou originaux divers sur la politique et le gouvernement; celle des *Mélanges*, qui compte aujourd'hui quatre cent cinquante-huit volumes ou boîtes, de provenances diverses, puisque les Mélanges proprement dits doivent être arrivés à la Bibliothèque du roi dès 1732, tandis que les deux séries cotées 74 à 100 (papiers d'administration ou d'archives), 101 à 176 *bis* (correspondance de Colbert), n'ont été reconquises que par le séquestre révolutionnaire. Quant aux six séries suivantes, qui sont des comptes d'impositions, des registres du Trésor royal, des bâtiments, des pensions, du marc d'or, etc., elles se rapportent bien à l'administration de Colbert, mais on ne connaît exactement ni leur origine ni leur raison d'être placées dans les *Mélanges*. Une dernière série se compose des chartes scellées envoyées par Godefroy à Colbert.

La troisième série (n°s 101 à 176 *bis*), qui compte aujourd'hui cent douze volumes, fut longtemps désignée sous le titre de *Volumes verts*, à cause des couvertures de vélin, qui n'existent plus. Elle renferme les lettres adressées à Colbert, de 1656 à 1677, par les intendants, les administrateurs provinciaux et autres personnages de toute classe, sur les affaires intéressant ses divers départements, finances, marine, etc. C'est là que M. Depping a trouvé les principaux matériaux de la *Correspondance administrative sous Louis XIV*, et il est à espérer que ces milliers de lettres feront quelque jour l'objet d'une publication complète, éminemment instructive. Les minutes de la correspondance du ministre ou les transcriptions de ses lettres sont beaucoup plus dispersées, par le fait de ses commis et bibliothécaires; leur réunion a été l'une des principales difficultés de l'œuvre de M. Pierre Clément. (Voyez *Lettres de Colbert*, t. VII, Avertissement.)

leur exemple n'eut que de bons effets. On comprit désormais que la conservation des papiers était indispensable dans l'intérêt de la chose publique; que, toute curiosité mise à part, ils avaient droit au respect des agents appelés chaque jour à s'en servir, et que ces collections, en dépit de la succession des temps ou des révolutions, forment toujours une mine féconde où chaque âge tour à tour devra retrouver les enseignements du passé. Quant à cette loi si importante qui nous représente, avant tout, dans les papiers administratifs, un bien de l'État, un fonds national, dont chaque administrateur n'est que le détenteur temporaire, elle avait été méconnue en réalité par Louvois au dépôt de la Guerre, par Colbert aux Finances; il y avait donc un dernier progrès à obtenir dans chaque département ministériel.

Seignelay, héritier de son père, conserva la bibliothèque Colbertine comme une propriété privée, sous la garde du vigilant Baluze; quoique moins passionné pour ces collections, il les enrichit de quelques manuscrits achetés en province, et même d'une partie des papiers relatifs aux deux administrations qui lui étaient échues dans la succession paternelle. On sait qu'après lui la bibliothèque, ayant passé par diverses mains[1] et couru plus d'une fois le risque d'être dispersée ou enlevée à la France, revint au roi, par un acte également honorable pour le dernier comte de Seignelay et pour Louis XV (1732). Mais, malgré la bonne foi du détenteur, la livraison ne fut pas complète. A côté des six mille manuscrits anciens, des seize cent sept manuscrits modernes contenant les copies et inventaires recueillis pour le domaine en Guyenne et en Languedoc, des cent quatre-vingt-trois volumes de titres flamands, des soixante portefeuilles de titres originaux, des six cent vingt-deux diplômes royaux, des cinq cent vingt-quatre volumes de titres, mémoires, lettres, etc. concernant le royaume et les affaires étrangères, et enfin des quatre cent soixante-deux volumes de papiers de Mazarin, que le ministère des affaires étrangères se hâta de revendiquer, — à côté de ces différentes séries, qui avaient souffert elles-mêmes de la dilapidation ou de la destruction[2], il manquait celle qui est la plus importante pour l'histoire de l'administration de Colbert, celle qui renferme la collection chronologique des lettres officielles adressées au ministre, et que l'on a longtemps connue sous le titre de *Volumes verts*. La place naturelle de ces volumes était au Contrôle général des finances ou à la Marine; mais ils restèrent entre les mains des héritiers de M. de Seignelay. Ils y étaient encore à l'époque de la Révolution, et ne furent réunis à la Bibliothèque nationale que comme propriété d'émigrés. Peu s'en fallut donc que cette partie capitale de la bibliothèque Colbertine ne nous échappât, par une conséquence indirecte du principe irrégulier qui avait présidé à sa formation.

A la Marine, il paraît que, dès 1680, ou même plus anciennement[3], Seignelay et son père avaient com-

[1] Celles, entre autres, de l'archevêque de Rouen, ce frère de Colbert que le contrôleur général de Pontchartrain et le chef du Conseil des finances forcèrent à restituer les titres enlevés en Languedoc (lett. n° 951).

[2] Trente ans après la mort de Colbert, C. de Chesne, garde de la bibliothèque Colbertine, écrivait à Desmaretz, alors contrôleur général : «A Paris, de la bibliothèque Colbertine, le 5 novembre 1712. — Monseigneur, aussitôt après les ordres reçus de M. l'abbé de Seignelay, j'ai fait une recherche exacte dans notre bibliothèque du règlement que vous lui avez demandé touchant le commerce, qui fut fait entre feu M. le marquis de Seignelay, en qualité de secrétaire d'État ayant le département de la marine, et M. le Peletier, pour lors contrôleur général. J'ai trouvé quelques volumes contenant plusieurs lettres et mémoires touchant le commerce et la marine, mais qui sont bien plus anciens que les années 1683 et 1684, dont vous faites mention, et je n'y ai point trouvé le règlement dont vous parlez. Je me souviens qu'après le décès de feu M. l'archevêque de Rouen, quand on fit l'ouverture de son cabinet, on en tira plusieurs papiers, dont les uns concernoient le diocèse de Rouen, qui furent brûlés en ma présence, suivant la volonté du défunt, d'autres n'étoient que des projets de sermons, discours et autres pièces semblables, la plupart détachées, sans suite et pleines de ratures. Les autres étoient deux cahiers et autres feuilles qui avoient été mis fort soigneusement dans des portefeuilles, que M. le duc de Chevreuse, exécuteur du testament, n'a pas voulu remettre dans la bibliothèque, disant que c'étoient des pièces importantes à l'État. Il a empli un coffre de ces portefeuilles, et l'a fait emporter chez lui. Je ne doute point que le règlement dont vous parlez n'y soit. Ce me seroit un grand honneur de pouvoir contribuer au désir qu'a M. l'abbé de vous donner satisfaction.» (Papiers du Contrôle général, *Lettres communes*, 5 novembre 1712.) — On voit quelle est l'origine des précieux documents actuellement conservés au château de Dampierre : quelques-unes des pièces capitales qu'ils comprennent ont été publiées en 1790 par Soulavie, et M. Pierre Clément, grâce à la généreuse communication de M. le duc de Luynes, en a pu reproduire un bien plus grand nombre dans les *Lettres de Colbert*.

[3] Voyez, dans les *Mélanges Colbert*, n° 168, fol. 37 et 52, un inventaire des papiers de Colbert concernant la marine, dressé en 1674.

mencé à faire recueillir et classer les papiers remontant jusqu'au temps où ce département avait été détaché des Affaires étrangères : Pierre Clairambault était spécialement chargé du service. Mais on conçoit facilement que la correspondance resta mêlée, en partie, avec les lettres et dépêches relatives aux finances, et partagea leur sort. Le dépôt, en lui-même, n'offrit pas tout d'abord de grandes ressources; les soins des deux Pontchartrain, père et fils, ceux de Valincour, secrétaire général de l'amirauté, du comte de Toulouse et de M. de Maurepas, devaient lui donner à la longue une importance et une excellente organisation dont témoigne encore aujourd'hui son état florissant [1].

Parmi les divers départements que Colbert avait possédés et qui restèrent une dizaine d'années entre les mains de Seignelay, celui de la Maison du roi était des plus considérables, puisqu'il comprenait, outre les services proprement dits du roi, l'administration des généralités de Paris, Limoges, Soissons, Orléans, Poitiers et la Rochelle, la direction des affaires ecclésiastiques, les relations avec les Cours souveraines, la police, etc. Colbert, qui l'avait obtenu, en 1668, par la démission de M. de Guénegaud, s'était empressé d'y organiser des archives et de placer en tête plusieurs recueils factices ou des protocoles de secrétairerie, composés, comme ceux de M. de Brienne, de copies d'originaux épars en tous lieux. Puis, il avait veillé à la transcription de ses dépêches et des expéditions faites dans ses bureaux. Nous avons encore cette dernière série, l'une des plus célèbres peut-être que possèdent les Archives; mais on ne connaît que par tradition le reste du dépôt, car la Révolution ne nous en a laissé que quelques cartons. Certains indices donnent à croire que l'ordre n'y fut pas parfait de longtemps et que le système de conservation n'empêchait point les gardiens eux-mêmes (Clairambault fut du nombre) de s'emparer des documents à leur convenance [2].

Au département des affaires étrangères, la nécessité d'archives bien tenues et vigilamment gardées eût dû être mieux comprise que partout ailleurs. N'est-il pas étrange de voir, là encore, les secrétaires d'État du XVIIe siècle oublier les droits du roi sur les papiers diplomatiques et même sur les traités et documents originaux de première valeur? Sous Richelieu, M. de Chavigny, chargé du département, forma pour son compte personnel une magnifique collection, qui n'est revenue à l'État qu'un siècle plus tard, en échange d'un régiment [3]. Après Chavigny vinrent les deux Brienne, fils et petit-fils d'un secrétaire d'État chargé de la

[1] Voyez Feuillet de Conches, *Causeries d'un curieux*, t. II, p. 433, d'après une communication de M. Margry, et H. Bordier, les *Archives de la France*, p. 314 et suivantes.

On trouve beaucoup de renseignements sur ce dépôt dans les *Mélanges Clairambault*, et, par exemple, ce fait que le Conseil de marine défendit, par décision du 9 mai 1719, de déplacer aucun document sans justifier d'un ordre écrit et sans donner un reçu à Clairambault, qui était chargé de faire réintégrer les pièces. (Mss. *Mél. Clairambault*, n° 344, p. 677.) En 1723, lorsque le même garde fit pour M. de Maurepas un inventaire détaillé, aujourd'hui conservé dans les papiers de famille de ce ministre, il y avait deux dépôts, l'un aux Petits-Pères, asile commun de tant d'archives ministérielles, l'autre à Versailles, rue de la Chancellerie. M. de Choiseul les fit réunir, en 1763, dans ce dernier local, d'où ils ne sont revenus qu'en 1837 à Paris. En outre, il existait des archives spéciales de l'Amirauté, créées par le comte de Toulouse ou son secrétaire général Valincour, et un dépôt dit *des Chartes des colonies*, qui fut fondé en 1776.

[2] Avant l'incendie du ministère des finances, j'avais recueilli quelques détails sur le dépôt de la Maison du roi dans le recueil manuscrit des *Décisions du roi*, dont nous déplorons aujourd'hui la perte. M. de Saint-Florentin fut le premier qui s'occupa sérieusement des papiers; en succédant à M. de la Vrillière et en réunissant à ce département celui de la Maison du roi qu'avait M. de Maurepas, il obtint d'abord 1,500 livres (en 1730), puis 3,000 livres de gratification annuelle pour les frais de classement et d'augmentation de loyer. « Le dépôt, disait-il, n'est pas moins important que considérable, et renferme des papiers concernant les affaires étrangères et du dedans du royaume, la guerre, la marine et les finances. Il est précieux pour l'histoire; les plus grandes familles y ont des titres essentiels, et il y a beaucoup de registres originaux de baptêmes, mariages et enterremens des gens de la R. P. R. » (*Bon* du 5 novembre 1747.) Les papiers étaient placés dans deux locaux différents : ceux de la Maison du roi, c'est-à-dire les titres et états relatifs à la maison ou au département de Paris, les décisions du roi, les papiers des menus, etc., se conservaient au Vieux-Louvre; les dossiers administratifs des autres provinces affectées au département, les lois enregistrées par les Cours, les papiers relatifs au clergé, à la magistrature, à la police, aux académies, les états des finances, les minutes d'arrêts du Conseil, etc. avaient été placés d'abord aux Prémontrés, puis aux Grands-Augustins. Voyez l'*Almanach royal*, 1770, 1784, 1790 et 1791, et le rapport publié par M. Boutaric, dans son étude sur le *Vandalisme révolutionnaire*. (*Revue des questions historiques*, octobre 1872, p. 371 à 373.)

[3] Ce fut M. Chauvelin, garde des sceaux, qui traita la remise de ces papiers, alors possédés par M. de Pons-Chavigny; celui-ci obtint en retour le régiment de Cambrésis. (*Mém. du duc de Luynes*, t. V, p. 26.)

Maison du roi, qui leur avait laissé l'une des premières et des plus considérables collections de pièces relatives aux affaires étrangères ou à l'administration du royaume. MM. de Brienne firent plus encore : outre les copies, ils amassèrent de précieux originaux, les léguèrent à leurs héritiers, et, longtemps après que les registres d'Antoine de Loménie étaient rentrés à la Bibliothèque du roi ou au Ministère, il fallut les interventions les plus puissantes pour retirer certains traités de paix et des séries entières de minutes d'arrêts du Conseil que des marchands anglais s'étaient fait adjuger à la mort de Charles-François de Loménie, évêque de Coutances (1720)[1]. Ces habitudes se modifièrent : un document officiel prouve que, successivement, MM. de Lionne, de Pomponne et de Croissy se transmirent les originaux des traités de paix signés sous leurs auspices; mais le roi dut donner des ordres formels, à la mort de Colbert de Croissy (1697), pour que son fils et successeur Torcy renvoyât au Trésor des chartes ces mêmes documents, qui eussent dû y être déposés au fur et à mesure[2]. On a dit que, dès lors, les premiers commis recueillaient scrupuleusement les papiers de leurs bureaux; ce fut M. de Torcy qui en assura la conservation, en créant le dépôt diplomatique auquel Dangeau, puis Saint-Simon font allusion vers 1710[3]. Ainsi, c'est encore à un Colbert que nous devons l'institution de ces magnifiques archives, dont la richesse s'est accrue du produit de tant de revendications faites au nom de la raison d'État[4], et où les travailleurs ont eu trop rarement jusqu'ici la liberté d'étudier l'histoire politique.

L'étonnement qui nous saisit lorsque nous trouvons à peine dans quelques ministères des rudiments d'archives antérieurs au XVIIIe siècle, cet étonnement sera porté au comble si nous constatons que la Chancellerie ne paraît avoir conservé ni correspondances ni dossiers avant le règne de Louis XV. C'était pourtant sur les papiers des chanceliers qu'avaient porté, au XVIe siècle, tous les efforts des gardes du Trésor des chartes[5]. Mais ces traditions s'étaient absolument perdues, et si, aujourd'hui, nous possédons des collections de lettres adressées aux chanceliers Séguier et le Tellier, ou la transcription des dépêches de MM. Boucherat et de Pontchartrain, l'Administration n'a été pour rien dans ces heureuses rentrées. Les volumes formés par Séguier sont encore dispersés entre la Bibliothèque nationale et l'Institut, les bibliothèques de Saint-Pétersbourg et de Londres, ou les collections particulières; les papiers de le Tellier ne nous sont revenus qu'en 1718, par un legs de l'abbé de Louvois, garde de la Bibliothèque; la correspondance de Boucherat, après avoir disparu pendant un siècle et demi, s'est retrouvée tout dernièrement, sous la forme de quelques minces volumes, parmi les papiers du Contrôle général des finances. Quant au chancelier de Pontchartrain, dont nous allons constater bientôt les goûts essentiellement conservateurs, il fit transcrire magnifiquement et dans un ordre parfait quinze énormes volumes in-folio de sa correspondance et trois registres de ses décisions; mais cette précieuse série, qui seule jusqu'ici a représenté la correspondance administrative pour la seconde partie du règne de Louis XIV, n'est arrivée au Cabinet des manuscrits qu'avec le fonds dit *de Mortemart*[6].

Ainsi, à part le dépôt de la Guerre, dont l'institution, d'ailleurs, dut être inspirée à Louvois par l'exemple

[1] L. Delisle, *le Cabinet des manuscrits*, t. Ier, p. 215-217, d'après le ms. lat. 17174, fol. 109.

[2] (No 1601.) Voyez les mémoires présentés à cette occasion par la Chambre des comptes, dans le ms. *Mélanges Clairambault*, no 334.

[3] Saint-Simon, dans le passage relaté plus haut, reproduit inexactement le Journal de Dangeau. D'après celui-ci, Torcy avait obtenu depuis plusieurs mois une pièce située au-dessus de la chapelle du Vieux-Louvre, et l'on y avait même commencé des travaux d'appropriation. Mais ces sortes d'intrusions étaient toujours entravées par le surintendant des bâtiments royaux, et ce fut sans doute pour cette raison que Torcy se rejeta en partie sur les Petits-Pères.

[4] Il suffit de citer, parmi ces rentrées de documents diplomatiques, la réintégration d'une partie des papiers du cardinal de Richelieu, de ceux du comte d'Avaux, que la Bibliothèque royale trouva en 1731 dans les collections de Mesmes, des volumes légués par Mazarin à Colbert, et enfin des deux cent soixante-dix-sept volumes, liasses ou portefeuilles enlevés aux héritiers du duc de Saint-Simon, sous prétexte que l'auteur avait rempli une mission diplomatique en Espagne.

[5] Voyez, entre autres, la commission pour inventorier les papiers du garde des sceaux de Montholon, ainsi que ceux qui lui avaient été confiés après la retraite du chancelier Poyet, et pour les remettre à son successeur Errault de Chemans (17 juin 1543). Bibl. nat. mss. *Brienne*, no 246, fol. 66.

[6] Sur les dépôts annexes de la Chancellerie, qui contenaient, non pas les correspondances, mais les rôles d'offices, les registres de lettres patentes, etc. voyez plus loin, p. XL.

de Colbert et par le souvenir des règlements rendus sous Louis XIII, il n'est point d'archives ministérielles qui, directement ou indirectement, ne doivent leur origine au grand ministre des finances, à l'homme universel. Son influence est surtout évidente en ce qui touche le principal des départements placés dans ses attributions.

II.

LES ARCHIVES DE L'ADMINISTRATION DES FINANCES SOUS LES CONTRÔLEURS GÉNÉRAUX LE PELETIER ET PONTCHARTRAIN.

Claude le Peletier, qui succéda, le 6 septembre 1683, à Colbert, n'avait ni sa passion, ni ses goûts de magnificence; mais il aimait les belles-lettres et l'histoire, et, dans le cours d'une laborieuse carrière, il avait pratiqué assidûment les bibliothèques, les livres, les manuscrits. Sous sa direction, les travaux de classement et d'inventaire entrepris depuis une quinzaine d'années dans beaucoup de dépôts domaniaux furent poussés activement. La reprise des opérations du papier terrier lui donna aussi l'occasion de favoriser, au profit de l'État, ces expéditions dont la bibliothèque de Colbert avait accaparé presque exclusivement les produits. Le Peletier s'adressa de préférence aux Chambres des comptes, sur lesquelles Colbert n'avait agi que par intermittences. Les unes ouvrirent leurs portes à des commissaires spéciaux, profondément versés dans la science domaniale et habitués aux recherches historiques; d'autres entreprirent elles-mêmes l'inventaire de leurs dépôts, généralement conservés avec orgueil, avec jalousie, mais sans aucun soin. Dans la généralité de Montauban, à Metz, en Alsace, les intendants furent chargés de faire réunir et analyser les titres domaniaux, dispersés jusque-là [1]. En Provence, les fermiers du domaine, pris d'émulation, exécutèrent le même travail pour leur propre service, et formèrent une collection qui dut passer, par ordre du contrôleur général, à leurs successeurs. En Languedoc, le procureur général de la Chambre des comptes de Montpellier fit faire une copie en deux ou trois cents volumes des terriers de la province, avant d'opérer la réunion de toutes les archives des sénéchaussées, d'où Colbert avait enlevé pour son propre compte des titres originaux et de précieuses transcriptions, que plus tard le Contrôle général eut beaucoup de peine à faire restituer. A Orange, M. Lebret fit dresser un inventaire des archives de la principauté, nouvellement réunie au royaume [2]. A Lille, Jean Godefroy, qui avait hérité depuis 1681 de la garde des archives de l'ancienne Chambre des comptes, fut également chargé d'inventorier ce riche dépôt et d'y reconstituer une sorte de Trésor des chartes [3], tandis qu'à la Chambre de Paris, son frère Denis, dirigé par un savant procureur général, Rouillé du Coudray, et par un ancien auditeur, l'érudit Vyon d'Hérouval, activait les travaux mollement conduits depuis une quarantaine d'années. Au cours de ces opérations diverses, leur utilité pour l'État et pour les particuliers était si fréquemment attestée, que M. le Peletier se décida, en 1688, à les généraliser; il prescrivit aux intendants de faire dresser des inventaires de tous les dépôts, Chambres des comptes ou Bureaux des finances, et, point important, d'en envoyer un double à la Chambre des comptes de Paris. Ce fut l'origine du Dépôt général des terriers de la Couronne, que le second successeur de Colbert devait faire constituer par édit royal, en décembre 1691. Il ne dépendit ni de M. le Peletier, ni de M. de Pontchartrain, que l'exécution ponctuelle de leurs ordres ne produisît ce qu'ils avaient eu en vue, la centralisation à Paris, à la portée du Contrôle général, de toutes les

[1] A Pau, l'inventaire et le classement des chartes des deux Chambres de Navarre et de Nérac furent confiés à l'intendant Foucault, par arrêt du 20 avril 1684; mais il s'adjoignit un maître des comptes, M. de Bordenave, et le travail, achevé en 1689, fit connaître que plus de deux mille pièces avaient été soustraites, grâce à l'incurie ou à la complicité du garde du Trésor des chartes. — A Grenoble, l'historien Guy Allard, qui travaillait alors à un *Dictionnaire des fiefs*, fut associé aux travaux d'inventaire et fit d'utiles découvertes pour le domaine (lettres n° 157, 818, 1644). — En Alsace, l'inventaire des titres domaniaux ne commença qu'en 1688, sur la proposition de l'intendant, mais il fut poussé rapidement. (Lettre du 10 juillet 1688, au sieur Baffy, receveur du domaine.)

[2] *Pap. Lebret*, Bibl. nat. mss. Fr. 8829, fol. 238, et 8831, fol. 154.

[3] (N° 127, 391, 453, 560, 951, etc.)

collections indispensables pour la régie du domaine royal. L'un et l'autre veillèrent, autant qu'il était en leur pouvoir, à ce que chaque envoi des provinces allât directement prendre place, selon la nature des pièces, soit à la Bibliothèque du roi, soit à la Chambre des comptes [1].

Un autre dépôt, celui des minutes du Conseil des finances, dut aussi sa constitution à M. le Peletier. Malgré les mesures prises depuis fort longtemps, et notamment par Colbert, pour la conservation de ces précieux documents, malgré une dernière création en titre d'office de commis des greffes du Conseil, la plupart des minutes demeuraient aux mains des héritiers des secrétaires par quartier; lorsqu'un arrêt en ordonnait la remise au successeur [2], il était rare que l'exécution de cette mesure ne fût pas entravée ou arrêtée complétement par les ayants droit du défunt. M. le Peletier obtint, en 1684, la formation d'un dépôt unique. Les papiers de la dernière Chambre de justice, les minutes d'arrêts du Conseil depuis Henri IV et celles des règlements, traités, baux, cautionnements et autres actes passés par les Conseils d'État ou par la Direction des finances, durent être restitués et déposés au Louvre, sous la garde du secrétaire Coquille, «pour la sûreté d'iceux et pour donner moyen aux particuliers qui y ont intérêt ou qui peuvent avoir besoin d'y avoir recours.» A chaque mutation de secrétaire, les minutes devaient être portées au même dépôt et placées dans les armoires du quartier [3]. On y joignit les dossiers des commissions extraordinaires du Conseil, les papiers du surintendant Fouquet, ceux des trésoriers de l'Épargne Jeannin de Castille, de la Bazinière et de Guénegaud, ceux des trésoriers d'Harouys et Testu, du secrétaire Berryer, du greffier le Fouyn, etc. et le tout fut confié à la surveillance d'un commis du Contrôle général, nommé Charrière, employé aux derniers inventaires [4]. Deux ans plus tard, un office héréditaire de garde des anciennes minutes du Conseil des finances et des commissions extraordinaires fut créé au profit du secrétaire du roi Hersent [5]. Celui-ci, soutenu par le contrôleur général, obtint encore plusieurs restitutions importantes. Il établit, dans la rue Saint-Thomas, un second dépôt provisoire, en attendant l'installation au Vieux-Louvre que devait fournir la surintendance des bâtiments, et qui, vers la fin du règne, fut définitivement fixée dans le pavillon de la Tour, à côté des Académies.

La création de ce dépôt, les travaux de classement et d'inventaire entrepris dans toutes les provinces, et enfin les efforts tentés pour assurer, au profit du public, la réunion des archives des notaires [6] et de celles des commu-

[1] Les premiers versements de terriers se firent dès 1692 : dix-huit volumes vinrent de Tours, vingt et un de Champagne, dix de Lyon, vingt de Riom, vingt-huit de Moulins, cent deux de Grenoble et de Sedan (?), trois d'Alençon. (*Plumitif* de la Chambre, 17 juin 1692.) En 1698, on reçut encore cent cinquante-six volumes de la généralité de Toulouse et trente de celle de Montpellier. Le Dépôt des terriers fut des plus endommagés dans l'incendie qui détruisit une partie de la Chambre en 1737; mais on parvint à le rétablir à peu près, et la portion que les Archives en ont recueillie à la Révolution donne une idée suffisante de ce qu'il devait être et des services qu'il pouvait rendre.

[2] Arrêts du 30 mars 1675 et du 17 décembre 1678.— Les commis de Colbert étaient les premiers à détourner des séries entières de minutes, d'originaux signés, de résultats, baux, propositions de traités, procès-verbaux de séances, etc. comme on en rencontre dans les mss. *Mélanges Clairambault*, n°s 338 et suiv. ou dans les *Mélanges Colbert*, n° 87. Les manuscrits du Fonds français n°s 4004 à 4010 contiennent les procès-verbaux des années 1581 et autres, recueillis par M. de Mesmes, et l'on trouve même ceux des années 1563 à 1567 dans un manuscrit venant du chancelier Séguier, tandis que l'ancien dépôt du Conseil, actuellement aux Archives nationales, ne remonte pas au delà de l'année 1593.

[3] Arrêt du 5 septembre 1684, renouvelé le 10 mars suivant.

[4] Charrière était sous les ordres du premier commis de Bie, et il fut chargé, à la fin du ministère de M. le Peletier, de faire un recueil de tous les arrêts en vertu desquels il avait été porté des fonds au Trésor royal du 1er janvier 1664 au 31 décembre 1688.

[5] Édit d'août 1691.— Hersent et l'intendant des finances du Buisson firent un inventaire détaillé, qui est conservé aux Archives, E 2663.

[6] Les minutes et notes des notaires étaient souvent l'objet de spéculations criminelles et de dilapidations. Voyez un curieux arrêt rendu le 4 février 1667, par les Grands Jours séants à Nîmes, pour la conservation des anciens registres et schèdes des notaires, cadastres et documents, dans le *Journal de J. Baudouin*, publié par D. le Blanc, p. 221. Ce fut pour remédier à ces abus que l'on créa à Lyon, en 1686, un dépôt où devaient être réunis tous les protocoles, registres, minutes, etc. des anciens notaires ou greffiers de la sénéchaussée. Cette mesure eût pu être généralisée très-aisément, en ordonnant le versement des archives aux présidiaux, à défaut de dépôt public, ou même en partageant la garde et la propriété des minutes entre le roi et les héritiers des détenteurs. M. le Peletier s'en occupa, vers les derniers temps de son administration, espérant trouver dans la délivrance des expéditions un profit considérable pour l'État ou pour les provinces (n°s 237 et 705). Mais, quoique cette idée remontât déjà à plus d'un siècle (création des gardes-notes en 1575), elle était encore loin d'atteindre à sa maturité. (Voyez, sur cette question, un important arrêt rendu par le Conseil d'État, le 12 octobre 1694, entre des notaires et des tabellions.)

nautés[1], attestent une sollicitude éclairée, dont le Contrôle général devait bénéficier tout le premier. En effet, c'est à M. le Peletier que l'Administration dut enfin la conservation régulière des papiers, des correspondances, des documents de tout genre reçus dans ses différents bureaux. Il resta longtemps aux agents de tous grades, aux ministres eux-mêmes, surtout aux administrateurs provinciaux, un ressentiment des anciennes habitudes et une certaine facilité à s'approprier leurs papiers en tout ou en partie. Mais Claude le Peletier ne doit pas être rendu responsable des lacunes trop nombreuses que présente encore, pour cette époque, le fonds du Contrôle général[2]. En arrivant aux Finances, il n'avait pu prendre possession que de la partie des documents administratifs que leur date trop récente n'avait pas permis à Baluze de retirer des bureaux et de réunir en volumes[3]. Ces quelques liasses de lettres d'intendants ou de particuliers, avec une fort petite quantité de mémoires sur différentes parties du service ou de copies des dernières lettres de Colbert, servirent de point de départ. La correspondance des intendants fut surtout l'objet de soins particuliers, comme elle l'avait été déjà sous Colbert; à côté d'elle se groupèrent, non-seulement les minutes des lettres du contrôleur général[4], mais les papiers, mémoires, projets, etc. d'une bonne partie des services attribués aux premiers commis. L'un de ceux-ci, de Bie, semble avoir mis à cette tâche un soin tout particulier. Enfin, la création des archives fut justifiée et en même temps assurée par la coopération d'un avocat spécialement adjoint au Contrôle «pour se consacrer à l'étude des lois qui réglaient les opérations des finances et rechercher, à la décharge du ministre, celles dont la connaissance pouvait être nécessaire[5].»

Louis Phélypeaux de Pontchartrain, successeur de le Peletier et, comme Colbert, ministre de la Maison du roi et de la marine, se rendit très-utile aux gens de lettres et aux savants. Parent des Bignon, ami intime de Boileau, de la Bruyère et de Racine, défenseur de J.-B. Rousseau, de Richard Simon et de Baluze, protecteur des Tournefort, des d'Herbelot et des la Loubère, second organisateur du *Journal des Savants,* président et réformateur des académies après Seignelay, il lisait Froissart en carrosse, prenait familièrement part aux agapes littéraires de la petite maison d'Auteuil, entretenait, ainsi que son fils, une correspondance suivie avec le cénacle et affichait le même goût que Colbert pour les collections de tout genre, médailles antiques, manuscrits ou curiosités. Pendant les onze années qu'il passa au Contrôle général avant de devenir

[1] (N° 705.)

[2] Son successeur, M. de Pontchartrain, écrit, le 13 novembre 1689, au duc de Gramont : «Certains mémoires dont M. le Peletier avoit rendu compte au roi sont entre ses mains, et il faut rassembler tout cela, *ce qui se fait lentement.*» Or, il ne faut pas oublier que M. le Peletier, en quittant les finances, restait ministre d'État et devait, par conséquent, continuer la préparation et la discussion de beaucoup d'affaires. — Une des séries les plus incomplètes, pour cette époque-là, est celle des eaux et forêts; mais on voit, par une lettre du grand maître le Féron à M. Chamillart (27 juillet 1704), que M. le Peletier, d'une part, remit à son successeur la magnifique collection des volumes de la réformation (revenue au ministère des finances et détruite par l'incendie de 1871), et que, d'autre part, tous les plans, volumes et papiers quelconques qui n'avaient pas été soustraits à la mort de Colbert, passèrent des mains de l'intendant chargé de ce service entre celles d'un commis inférieur. Celui-ci les conservait en fort bon ordre; ce n'est pas à lui ni au ministre, c'est à la Révolution qu'il convient d'attribuer leur disparition. — Du reste, il serait possible de s'assurer si M. le Peletier n'avait pas confondu les papiers de son administration avec ceux qui le concernaient personnellement et lui appartenaient, puisque ces derniers existent entre les mains de l'héritier direct du contrôleur général. Mais, malgré les démarches que j'ai pu faire tenter, les portes du chartrier de Rosambo ne m'ont pas été ouvertes; c'est même, paraît-il, sans l'aveu du propriétaire que l'historien de Mme de Maintenon a pu en tirer une pièce curieuse. Qu'il me soit permis de regretter cette consigne rigoureuse et de souhaiter un meilleur succès à ceux qui renouvelleront quelque jour la même tentative.

[3] Il n'avait trouvé au Contrôle général qu'une minime quantité de papiers (voy. Appendice, p. 554) : «Je reconnus que M. Colbert avoit renfermé en lui-même toute la direction des finances, et qu'il n'y avoit personne qui fût dans la suite des affaires et en état de m'en instruire... Je ne rencontrai pas non plus, dans les papiers de M. Colbert qu'on me remit, toute l'instruction dont j'avois besoin, et je ne pus me faire donner ni plus de papiers, ni plus d'éclaircissemens.»

[4] Ces minutes n'existent toutefois qu'à partir de 1686.

[5] Voyez le préambule de l'arrêt du Conseil du 31 octobre 1759. — Le titre d'avocat des finances avait été porté, sous Colbert, par un membre assez connu du barreau de Paris, Claude Duplessis, qui mourut en 1683. (Voyez *Lettres de Colbert*, t. VI, p. 407, note 1.) — Un registre des *Décisions du roi* (ancienne bibliothèque des Finances) faisait mention, sous le titre d'avocat consultant pour le roi dans les matières ecclésiastiques et domaniales, de Dupré, nommé en 1688, de Nouet (1703-1743), et enfin de le Normant, nommé par le roi, à la présentation du ministre, le 23 février 1743. Des appointements de 2,000 livres étaient attachés à ces fonctions, qui furent transmises à l'historiographe Moreau, en 1759. (Cf. ci-après, p. XXIV et XXVIII.)

chancelier, il activa sans relâche les travaux commencés dans les dépôts des Chambres des comptes. On lui dut la conservation des titres domaniaux de la Lorraine, du Barrois, de l'évêché de Spire, de la Bresse, du Forez, etc.[1] Ce fut par ses ordres et sur ses indications que Jean Godefroy termina l'inventaire de l'ancienne Chambre des comptes de Lille[2]; que l'intendant Bâville et le procureur général Vignes entreprirent la même opération dans le dépôt de Montpellier, récemment enrichi des archives des sénéchaussées particulières[3]; qu'un savant lorrain (son prince devait nous l'enlever en 1697), le procureur général Bourcier, exécuta l'inventaire des titres du duché de Luxembourg[4]; que le Dépôt général des terriers de la Couronne fut définitivement créé, en 1691, à la Chambre des comptes de Paris, et enfin, qu'un membre de cette même compagnie, l'auditeur Caille du Fourny, envoyé en Lorraine après la conclusion du traité de Ryswyk, put sauver l'inventaire des titres du dépôt de Metz et celui des archives ecclésiastiques des Trois-Évêchés, exécuté secrètement[5].

Parmi les innombrables créations d'offices dans lesquelles le second successeur de Colbert chercha des ressources et des produits, il s'en trouve quelques-unes dont l'utilité ne saurait être contestée au point de vue de la conservation des papiers administratifs. Anciennement, Richelieu s'était occupé des archives municipales des villes, et avait créé pour leur garde des secrétaires-greffiers héréditaires[6]; mais, peu à peu, les villes, jalouses de garder leur autonomie, avaient racheté les offices, et le désordre était redevenu aussi général que par le passé[7]. Vers les derniers temps de l'administration de M. le Peletier, alors que l'on commençait à sentir la nécessité pressante d'affaires extraordinaires, un donneur d'avis signala l'état déplorable des archives municipales dans le Languedoc, et proposa une nouvelle création de gardes. Le Conseil et le contrôleur général n'étaient point encore entrés dans la voie des expédients : ils répondirent que «cela ferait plus de bruit que d'effet[8].» Mais M. de Pontchartrain reprit le projet en 1690, sur l'avis de quelques intendants. Il rétablit des secrétaires-greffiers, d'abord en Dauphiné, puis dans toutes les villes du royaume[9], et peu après créa pour chaque communauté du Languedoc une charge de garde des archives. Ces secrétaires et ces gardes devaient prendre possession de tous les titres municipaux, après inventaire, veiller à ce qu'aucune pièce ne sortît désormais du dépôt, et délivrer toutes les expéditions, gratuitement pour les communautés, moyennant salaire pour les particuliers. De plus, en cas de décès d'un notaire et jusqu'à son remplacement, ils étaient appelés à garder les minutes de l'étude vacante[10]. Cette création, si utile qu'elle fût, eut le même sort que tant d'autres; peu d'acquéreurs se présentèrent pour les charges nouvelles, et les communautés parvinrent, comme en 1634, à les absorber dans leurs corps de ville. Un édit de décembre 1691 prononça cette union. Les choses restèrent donc au même état jusqu'en 1709, époque où le Contrôle général devait tenter un nouvel effort, encore peu efficace, en faveur des archives municipales[11].

Même désordre dans les bureaux des intendants et des commissaires départis, où venaient se centraliser tant

[1] (N° 996.) — Sur la translation à Lyon des titres de l'ancienne Chambre des comptes de Forez, en 1691-92, voyez Chaverondier, *Notice sur les archives anciennes du département de la Loire*, p. 12, et Huillard-Bréholles, *Notice sur les archives des anciens ducs de Bourbon*, p. XIX. Ces deux auteurs ont ignoré, ou passé sous silence, ce qu'il y eut d'utile et de conservateur dans la prétendue usurpation du bureau des finances de Lyon sur la chambre du domaine de Montbrison.

[2] Dans une lettre de Godefroy, en date du 15 janvier 1692 (minute communiquée par M. le marquis de Godefroy-Ménilglaise), on voit que Pontchartrain avait critiqué la forme d'un premier inventaire et en demandait un autre, moins succinct. Les observations du contrôleur général sont si justes et si bien raisonnées, qu'il semble avoir étudié la question avec un homme du métier.

[3] (N° 1080.)

[4] (N° 1538.) Les Archives nationales (KK 1245) possèdent l'original de cet inventaire, commencé le 9 janvier 1696, conformément à la lettre de cachet du 19 décembre précédent, et terminé en cinq mois. Cette rapidité d'exécution s'explique : Bourcier n'avait affaire qu'à trois volumes de copies authentiques, qui remplaçaient les originaux, transportés à Bruxelles depuis l'année 1542.

[5] (N° 1751.)

[6] Édit de mai 1634.

[7] Les érudits, comme l'abbé de Camps à Pamiers, ou les collectionneurs, comme Colbert, y trouvaient tout bénéfice (n° 1849).

[8] (N° 705.) Suivant M. le Peletier, la création n'était possible qu'en joignant la fonction de notaire à celle de garde des archives.

[9] Édits de mars et juillet 1690.

[10] Édit d'octobre 1690. Cf. le projet de M. de Bâville (n° 705).

[11] L'édit de mars 1709 créa de nouveaux secrétaires-greffiers, avec défense aux greffiers commis par les communautés de s'immiscer dans

d'affaires diverses et des quantités si énormes de documents. Tantôt les papiers étaient abandonnés, dispersés et promptement détruits[1]; tantôt les intendants, à l'exemple du ministre, les considéraient comme leur propriété personnelle et refusaient de les céder à leurs successeurs[2]. Il semble que ces fonctionnaires furent des derniers à reconnaître, sinon l'utilité, du moins le principe constitutif des archives administratives. A la fin de l'année 1689, un des traitants ou des donneurs d'avis les mieux accrédités dans les bureaux de M. de Pontchartrain, Roudière, lui conseilla de créer auprès de chaque intendant un dépôt spécial des papiers concernant les domaines, les fermes, les affaires extraordinaires et généralement toutes les questions susceptibles d'avoir une suite, papiers laissés généralement à la disposition des secrétaires. Pour garder le dépôt, on aurait institué des greffiers des commissions du Conseil ou de l'intendance, chargés d'enregistrer tous les documents envoyés pour le service des fermes ou pour le recouvrement des deniers du roi, ainsi que les minutes des jugements et ordonnances émanés de l'intendant; au besoin, ils en eussent délivré les expéditions[3]. Cette création, fort analogue à celle du dépôt des minutes du Conseil, ne se fit qu'en janvier 1697, avec certaines modifications au projet primitif. Au lieu d'un greffier, ce fut un procureur du roi, gradué et ayant la capacité nécessaire pour requérir et conclure dans les affaires civiles, criminelles, de justice, police et finances, ou bien pour assister au département des impositions et aux adjudications et marchés. Ce nouveau fonctionnaire, en cas de mutation d'intendant, devait dresser un inventaire des minutes des actes de l'intendance et des pièces produites par les parties, se charger du dépôt et rendre aux particuliers ce qu'il convenait de leur restituer, ainsi que cela se pratiquait dans les autres juridictions; le tout sans préjudicier aux droits des secrétaires des intendants, toujours chargés de l'expédition des jugements et ordonnances[4].

La création des procureurs du roi près les intendants, comme celle des gardes des archives municipales,

les fonctions des greffiers titulaires. Mais beaucoup de provinces, dans le Midi surtout, continuèrent à commettre, suivant les anciens errements, des greffiers particuliers, qu'on appelait archivistes ou autrement, et cela sous prétexte que les greffiers en titre d'office ne devaient pas avoir la garde des archives municipales proprement dites, mais seulement celle des papiers courants, baux, cadastres, registres de délibérations, etc. En 1743, un nouvel arrêt (23 février), rendu au rapport de M. Orry, ordonna que chaque titulaire, en entrant en exercice, ferait un récolement général des «titres, papiers, enseignemens et autres actes étant au greffe et dans les archives des villes et communautés,» et en délivrerait un double au maire. Celui-ci devait avoir une des deux clefs du dépôt, l'autre ne sortait pas des mains du secrétaire-greffier. Telle fut la première constitution des archives municipales.

[1] (N° 648.) Un intendant trouve à Alençon, dans le grenier de la maison qu'avaient occupée plusieurs commissaires du Conseil, au temps de Colbert, un dépôt abandonné de papiers concernant les eaux et forêts, des titres de noblesse, sans doute produits à la réformation, des registres de notaires, etc. M. de Bouville sauve ces documents, les fait inventorier et les renvoie à qui de droit; mais c'est là une exception.

[2] M. de Berey, qui, dans le cours d'une même année, avait traversé trois intendances, celles d'Auvergne, de Moulins et de Lyon, écrit de cette dernière ville, où il est arrivé récemment, en date du 2 décembre 1684 : «Ce n'est pas sans raison que le sieur de Montferrand ne m'avoit pas voulu montrer les papiers de l'intendance, et je me doutois bien de la vérité. Suivant votre ordre, Monsieur, il m'en a apporté une petite caisse, et, ayant commis M. du Lieu, lieutenant particulier de Lyon, pour les examiner, il n'y a trouvé que quelque peu de papiers, et tous concernant la rénovation du papier terrier du Forez seulement, sans aucun inventaire et sans aucun autre papier, procédure ni mémoire touchant toutes les autres affaires de sa généralité. La fièvre quarte m'ayant, après que j'ai été nommé pour Lyon, empêché de venir aussi promptement que je le pensois, j'avois, comme j'ai eu l'honneur de vous le mander, envoyé mon secrétaire pour recevoir du sieur Nouette, secrétaire de M. d'Ormesson (*le précédent intendant*), les papiers, comme c'est l'usage. Il ne lui voulut pas donner et ne m'en a pas laissé un, ce qui me met fort en peine et hors d'état de travailler comme je le souhaiterois; car, avant que j'aie cherché des lumières, c'est un grand temps, et je tremble que vous ne m'accusiez de négligence. Si vous vouliez néanmoins ordonner audit secrétaire de me les remettre, il faudroit bien qu'il les trouvât. Il demeure chez M. d'Ormesson père.»

[3] Pap. du Contr. général, *Propositions*, lettre du 24 décembre 1689.

[4] Le préambule de l'édit de janvier 1697 mérite qu'on le cite : «La création en titre d'office d'un notre conseiller garde des anciennes minutes de notre Conseil et des commissions extraordinaires ayant eu tout le succès que nous en avions attendu, nous avons estimé qu'il n'étoit pas moins nécessaire de pourvoir à la sûreté des minutes des ordonnances et des jugemens qui sont rendus par nos conseillers en nos Conseils les commissaires départis dans les généralités, provinces et pays de notre royaume, même à la conservation des pièces, actes et titres produits par les parties sur les différends qui s'instruisent par-devant nosdits commissaires et se jugent par eux en exécution des arrêts de notre Conseil ou par nos ordres. Et, quoique de la conservation desdits titres dépende souvent le repos des familles, les secrétaires de nosdits commissaires n'ayant point de titre qui les oblige à les garder, ne prennent aucun soin de les conserver, lorsque nosdits commissaires sont rappelés ou envoyés dans d'autres départemens; de sorte que, soit que lesdits secrétaires les emportent ou les laissent perdre, ils causent un préjudice égal aux parties, qui se trouvent par ce moyen constituées en de grands frais, étant obligées de quitter les lieux de leur demeure

n'eut pour résultat réel que de faire verser une certaine somme au Trésor royal, non par les particuliers, car les charges ne se vendirent point, mais par les bureaux des finances, à qui on transféra la garde des minutes des ordonnances, moyennant la création d'un trésorier en surnombre[1]. Néanmoins, il est évident que nous devons à ces divers essais la conservation des papiers des intendances : les fonds les plus anciens de cette provenance qui se retrouvent aujourd'hui dans les archives départementales remontent précisément aux dernières années du XVIIe siècle, tandis qu'il n'en reste point des temps antérieurs à la mort de Colbert.

Dans ces institutions, M. de Pontchartrain voyait autre chose qu'un expédient financier; pour le prouver, il suffira de rappeler une partie de ce qu'il fit après avoir quitté les fonctions de contrôleur général pour la dignité suprême de chancelier. Il créa en 1704 des gardes des archives universitaires dans chaque Faculté; en 1707, organisa le dépôt du Châtelet; en 1708, dota officiellement de dépôts analogues chaque parlement, chambre des comptes, bureau des finances, présidial, bailliage, sénéchaussée, etc. pour y conserver «les registres, titres, actes et renseignemens pouvant concerner la connoissance des ordonnances et règlemens[2].» Dès 1703, il avait fait nommer une commission pour le dépouillement scientifique des registres du Trésor des chartes[3]. Enfin, il fut le premier promoteur de ces deux entreprises si dignes du grand siècle, la publication des *Ordonnances des rois de France de la troisième race*[4] et la préparation d'un recueil général de nos historiens nationaux[5].

Ajoutons que, dès le temps où il dirigeait les finances, Pontchartrain avait eu les conseils et le concours de deux hommes dont les noms peuvent d'autant moins être oubliés ici qu'ils rendirent les mêmes services à ses

pour aller chercher les jugemens auprès desdits secrétaires; et enfin, par succession de temps, il ne reste aucunes minutes de tout ce qui a été jugé par nosdits commissaires. Et comme nous attribuons souvent à nosdits commissaires départis la connoissance de plusieurs affaires dans lesquelles des communautés ecclésiastiques et laïques, même des mineurs, peuvent avoir intérêt, ils sont obligés de commettre des procureurs pour nous, pour y prendre en cette qualité des conclusions et faire les réquisitions nécessaires; lesquels procureurs, n'étant point instruits des maximes et des règles, peuvent souvent tomber en erreur, au lieu qu'étant établis en titre, ils s'appliqueront avec soin aux fonctions de leurs offices. C'est par ces considérations que, voulant pourvoir à la conservation des expéditions, actes et minutes des ordonnances et jugemens qui sont rendus par nosdits commissaires, nous avons cru qu'il n'y avoit pas de moyen plus convenable que d'en donner la garde à nosdits procureurs, afin qu'aux mutations de nosdits commissaires que nous envoyons dans d'autres provinces, pays ou généralités, ou que nous rappelons pour servir en nos Conseils, ceux que nous commettons à leur place trouvent les expéditions de ce qui s'est jugé par les commissaires qui les ont précédés.»

[1] Édit de décembre 1698. — Cf. les *Mémoires de Foucault*, publiés par M. Baudry, p. 320 et 331.

[2] Édits de janvier 1707 et janvier 1708.

[3] Arrêt du Conseil, 19 février 1703. — Deux membres de la Chambre des comptes, Rousseau et du Fourny, furent les premiers chargés du travail; mais, quand l'opération se trouva terminée, en 1733, Lancelot, qui était alors un des commissaires, en démontra sans peine l'imperfection et obtint de la recommencer sur un autre plan. Il mourut en 1740, et ses successeurs, quoique plus nombreux et fortement stimulés, n'arrivèrent pas encore à un résultat satisfaisant : leur œuvre forme une masse d'environ deux cent quarante volumes ou portefeuilles, dont l'intérêt est sinon nul, du moins bien au-dessous de ce qu'on devait attendre d'un travail séculaire. Le Trésor des chartes, pour cette partie, attend encore, tandis que les layettes sont devenues, depuis quelques années, l'objet d'une publication des plus instructives et des plus savantes.

[4] En 1687, un simple avocat, Guillaume Blanchard, avait jeté les bases de ce recueil monumental, en donnant le répertoire chronologique d'environ vingt mille ordonnances remontant jusqu'au Xe siècle. Mais, sans être aussi défectueux que les compilations antérieures, le travail de Blanchard démontra une fois de plus que cette entreprise était au-dessus des forces d'un simple particulier. Ce fut alors que MM. Daguesseau firent agréer par Pontchartrain l'avocat Eusèbe de Laurière, connu pour sa *Bibliothèque des coutumes* (1699), comme le seul homme capable de former un recueil vraiment authentique. Laurière s'assura le concours de ses collaborateurs ordinaires, Berroyer et Loyer, et aussitôt on commença les recherches et les transcriptions dans tous les dépôts publics. Une quantité considérable de matériaux fut réunie; mais, avant de les mettre en œuvre et pour les compléter autant que possible, le chancelier chargea Laurière d'annoncer l'entreprise au public par une *Table chronologique* des ordonnances déjà rassemblées. La table parut en 1706, sous les auspices de Pontchartrain, et elle fit donner communication, par les magistrats, les gens de lettres ou les collectionneurs, de beaucoup de pièces importantes, restées inconnues jusque-là. Au moment où Laurière allait enfin entreprendre la rédaction du recueil même, la pénurie du Trésor, les misères de 1709 le forcèrent de suspendre son travail, et il ne put donner le premier volume qu'en 1723. (Voy. les préfaces des tomes I, II et XX des *Ordonnances*.) On voit que l'honneur de cette entreprise appartient en premier lieu à M. de Pontchartrain, qui, vraisemblablement, était jaloux de Colbert et des *Capitulaires* publiés par Baluze.

[5] Ce fut en effet Pontchartrain qui organisa et présida les premières conférences où furent discutées les bases de cette publication. Un siècle plus tôt, Pithou, puis Duchesne en avaient donné le signal; Michel le Tellier et Colbert l'avaient encouragée sans grand succès. L'exécution ne commença réellement qu'après que Daguesseau l'eut confiée aux Bénédictins.

successeurs : c'étaient Henri Daguesseau, l'ancien intendant de Languedoc, conseiller au Conseil des finances, investi d'une des directions les plus importantes du Contrôle général, et son fils, le procureur général, le futur chancelier. Celui-ci reprit plus tard l'idée, émise jadis par Fouquet, mais abandonnée par Colbert, d'un Dépôt général des Chartes, qui eût été «public, perpétuel, immobile;» il présenta son plan au roi en 1711[1], et en commença même l'exécution. Un contrôleur général, Bertin, devait s'inspirer de ce précédent pour la fondation du Cabinet des chartes.

III.

DESMARETZ ET LE DÉPÔT DES PAPIERS DU CONTRÔLE GÉNÉRAL.

On vient de voir quels services les deux premiers successeurs de Colbert rendirent à la science, à l'érudition administrative, aussi bien qu'au public et à l'État. Sur les trente ministres qui occupèrent le Contrôle général de 1699 à 1791, il en est peu qui n'aient suivi la même voie; sans entrer dans un détail qui trouvera place ailleurs, il faut donner dès à présent une mention spéciale à Desmaretz et à l'organisation du dépôt qui est devenu, sous le titre de Papiers du Contrôle général, l'objet principal de notre publication.

Le progrès était sensible depuis 1683; mais les principes conservateurs avaient-ils absolument triomphé des anciens abus? Non, puisque, dans cette période du règne de Louis XIV, nous trouvons la preuve fréquente que les fonctionnaires, les gardes du Trésor royal, les intendants des finances, ou même quelques directeurs de services dépendants du Contrôle, gardaient encore leurs dossiers chez eux, au lieu de les remettre aux mains des premiers commis. C'était souvent un effet de la vénalité des charges. Ainsi ont disparu des masses de documents qui eussent été d'une utilité incontestable pour l'histoire[2]; ainsi s'expliquent bien des lacunes dans la partie du fonds actuel qui représente le ministère de Pontchartrain. Si la correspondance des intendants des provinces est assez complète, si les feuilles du Trésor et les pièces justificatives du commis de Bie n'ont point trop souffert, en revanche les minutes mêmes des dépêches du contrôleur général se réduisent à quelques fragments. Quant aux dossiers de la taille et de la première capitation, il est évident que l'intendant chargé de ce service a tout gardé. Les documents relatifs aux disettes sont fort importants; mais presque toutes les autres séries, lettres communes, placets et propositions, fermes, domaines, eaux et forêts, monnaies, commerce, affaires extraordinaires, etc., figurent à peine pour un dixième de ce qu'elles devraient être. Au contraire, elles sont généralement complètes à partir du jour où Nicolas Desmaretz est installé comme directeur des finances[3].

[1] Son mémoire (*Mélanges Clairambault*, n° 334, p. 255 et suiv.) a été reproduit dans les pièces justificatives du *Rapport au ministre d'État* de M. Félix Ravaisson (p. 251-258). «Quelques soins, disait-il, quelques précautions que l'on prenne pour l'ordre, l'arrangement et la conservation des dépôts particuliers, rien ne peut jamais égaler la sûreté d'un dépôt public, perpétuel, immobile, et c'est ce qui fait qu'il n'y a point de royaume bien réglé où il n'y ait des archives publiques, où l'on conserve avec une attention scrupuleuse tous les titres qui concernent le droit public intérieur et extérieur de la monarchie.» Et, ajoutait-il, on ne peut objecter que certains actes sont d'un service journalier et indispensable pour les secrétaires d'État, car il est évident que des originaux importants ne peuvent être employés à l'usage des bureaux, et qu'une copie ou un imprimé seront toujours préférés. Daguesseau s'appuyait sur les usages des archives anglaises, et ne craignait même pas de faire valoir les avantages de la communication au public; il eût été facile de stipuler, par exception, des réserves pour les traités secrets ou pour certaines pièces diplomatiques.

[2] En décembre 1698, le feu consuma l'appartement et les papiers du secrétaire de M. de Breteuil, intendant des finances, dans cet hôtel Saint-Paul que le jeune duc de la Force acheta bientôt après. (*Gazette d'Amsterdam*, année 1698, n° CIII.) Vers 1714, la maison de Henri Daguesseau fut en partie détruite par un incendie, où périt son secrétaire. Il y perdit les minutes de presque toutes les lettres qu'il avait écrites dans ses diverses intendances et un grand nombre de mémoires précieux. (*Œuvres du chancelier Daguesseau*, t. XIII, p. 94.) On trouve encore, aux archives départementales de l'Oise, quelques fragments des papiers de Gédéon Berbier du Metz, garde du Trésor royal sous Colbert et le Peletier. Ils sont arrivés là avec les papiers de la famille du Metz de Rosnay. Le fonds était jadis beaucoup plus important; mais les magnifiques volumes de comptes du Trésor, presque toutes les correspondances et les pièces justificatives ont disparu peu à peu.

[3] 22 octobre 1703.

Fidèle aux traditions de son oncle, Desmaretz ne perdit jamais de vue ces archives dont il devait se faire un utile arsenal pour lui-même, en même temps qu'il y amassait des ressources pour l'Administration. La tâche lui fut facilitée par le zèle de certains collaborateurs de rang inférieur, dont il est juste de dire quelques mots. Plusieurs d'entre eux étaient, ainsi que le ministre, des élèves de la grande école de Colbert. Un premier commis, M. de la Garde, avait été attaché dès l'origine au service de Desmaretz[1]. L'un des deux gardes des registres du Contrôle général, M. Perrotin de Barmond, avait été pris par Claude le Peletier dans les bureaux du chancelier le Tellier, où il travaillait depuis 1677. Le nom de son collègue Clautrier est encore plus étroitement uni à l'histoire du Contrôle général et de ses archives. André Clautrier, receveur général des finances à Lyon, compromis dans le procès des pièces de 4 sols qui avait amené en décembre 1683 la disgrâce de Desmaretz, avait été forcé de quitter sa charge, de s'exiler même. Son fils, Gilbert Clautrier, commença par être commis chez le fameux Renouard de la Touanne, trésorier général de l'extraordinaire des guerres; il était devenu lui-même trésorier général, lorsque Desmaretz, rentré officiellement en faveur et nommé directeur, lui fit offrir une place dans ses bureaux par l'abbé de la Proustière. Clautrier, qui n'avait jamais ambitionné qu'un poste de ce genre, s'empressa d'accepter. Il se sentait d'ailleurs «quelque disposition pour travailler, se croyait né pour cela et ne désirait que le faire au mieux et le plus honorablement.» Entré au Contrôle en 1703, Gilbert Clautrier garda le titre de premier commis sous les administrations qui suivirent. Conservateur jusqu'à la minutie, il dut être, sous l'inspiration de Desmaretz, le véritable organisateur du dépôt du Contrôle général, dont les plus grandes richesses remontent à l'époque de son entrée dans les bureaux, tandis que les séries extrêmes s'arrêtent à l'année de sa retraite ou de sa mort. Louis XV l'anoblit pour «le désintéressement avec lequel il exerçait un emploi de confiance et la réputation distinguée qu'il s'était acquise par son mérite et par sa capacité[2].» Clautrier était encore en fonctions en 1749, mais il avait depuis longtemps un auxiliaire dans la personne de son fils, qui lui succéda, et qui transmit la charge aux Fougeray de Launay, leurs héritiers. L'autre charge resta également aux mains des Perrotin de Barmond. Ces deux dynasties de premiers commis et de gardes du Contrôle général s'étendent donc du commencement à la fin du XVIIIe siècle, et elles ont laissé des traces de leurs travaux, des preuves de leur zèle, dans toutes les séries de papiers de finances qui nous sont parvenues.

Jean-Roland Malet est plus connu que ses collègues, à cause de sa grande compilation des *Comptes rendus de l'administration des finances*, et de la réputation littéraire que lui valut certaine ode couronnée par l'Académie française. Malet, sorti de très-bas, était parvenu à une charge de valet de chambre du roi; en 1708, Desmaretz lui donna mission de continuer un travail commencé depuis deux ou trois ans par le commis Poulletier. Il s'agissait de faire le dépouillement des recettes et dépenses du Trésor et de mettre en partie double les revenus et les dépenses du roi, pour qu'on pût reconnaître les doubles assignations et remédier au désordre de cette partie des finances. Le travail devait remonter jusqu'à Colbert, même jusqu'à l'année 1600. De 1661 à 1696, les registres des fonds ou du Trésor étaient en ordre, mais ceux des fonds manquaient de 1697 à 1699, et il fallait les dresser sur les pièces, en même temps que le grand-livre; enfin, ceux de 1700 à 1705 avaient besoin d'être remis en état[3]. Cette entreprise, non moins utile pour l'histoire financière que pour la justification des opérations du ministre, fut exécutée d'une façon si satisfaisante, que Desmaretz obtint une pension de 10,000 ᵗᵗ pour Malet et songea même à le porter comme candidat à la succession académique de Tourreil[4]. Il n'est pas douteux que nous ne devions à ce commis la conser-

[1] La bibliothèque administrative des Archives nationales possède plusieurs recueils sur les fermes, dédiés par la Garde à Desmaretz, quand celui-ci n'était que conseiller au Parlement ou intendant des finances. En 1727, retiré dans un village des environs de Soissons, avec une pension «bien nécessaire à sa subsistance,» nous le voyons encore correspondre avec le contrôleur général et communiquer ses souvenirs du temps de Colbert. (*Lettres communes.*)

[2] Arch. nat. X^{1A} 8733, fol. 314.

[3] *Propositions*, 18 mars 1712. Voyez le ms. KK 355, dont j'ai donné des extraits dans l'Appendice, et qui, sans doute, est une réduction du travail de Malet, faite pour M. de Pontchartrain.

[4] Voyez la *Biographie*, qui écrit à tort Mallet, au lieu de Malet, et qui commet une erreur bien plus grave en prétendant que Malet donna dès 1720 une édition de ses *Comptes*, dont il ne reste pas traces

vation et le bon ordre des papiers du Trésor royal; son séjour de près de trente années au Contrôle, son habitude de relever, année par année, le détail des opérations financières, et enfin l'abondance des documents authentiques donnent une grande valeur aux *Comptes rendus* [1].

Turlin, commis placé sous les ordres de Clautrier et de la Garde, était entré au Contrôle général dès l'année 1677; au bout de cinquante années de service, son bureau fut supprimé dans les réformes qui suivirent la Régence [2]. Travailleur fort actif, admirablement versé dans l'histoire si compliquée des variations financières, et surtout de ce que l'on appelait depuis Colbert le service des *affaires extraordinaires*, il entremêlait ses compilations d'essais poétiques dont s'amusaient les intendants des finances et même le contrôleur général. Son œuvre principale, dont nous n'avons malheureusement que des fragments, fut un dictionnaire, par ordre alphabétique de matières, des édits, déclarations, etc. concernant les affaires de finances depuis 1689 jusqu'à 1715; ce travail, qui forma quatorze volumes, permettait de faire, en un coup d'œil, sur chaque matière, la comparaison des trois ministères de MM. de Pontchartrain, Chamillart et Desmaretz [3]. Tout en continuant ses recherches et poursuivant une rémunération difficile à obtenir, Turlin composa un recueil des affaires du clergé depuis 1660, un mémoire sur les parties casuelles, d'autres recueils sur les monnaies depuis 1689 [4], sur la conversion des billets de monnaie par les receveurs généraux, sur les rentes et augmentations de gages, etc. Enfin, il prépara, en 1710, pour Desmaretz, un «projet d'état des provinces et généralités du royaume pour connaître leur étendue en lieues et en arpents.» On voit quelle était l'activité et la fécondité de Turlin; ce qui nous est resté de ses travaux (peut-être pourra-t-on retrouver le tout) témoigne en faveur de l'instruction et de la sagacité de cet archiviste, un des meilleurs survivants du ministère Colbert.

Un autre commis de Clautrier, Tuffereau, était l'homme érudit du Contrôle, chargé de fouiller les archives particulières, de déchiffrer les manuscrits de la Bibliothèque du roi et les registres de la Chambre des comptes, d'expédier les besognes urgentes ou secrètes, etc. Il fournissait des documents à Malet, ou bien rédigeait de savants mémoires sur les créations d'offices, les conseils et leurs arrêts, le domaine et les parties casuelles; toujours réclamant de l'argent pour ses scribes ou pour lui-même, mais absolument dévoué à Clautrier et au ministre. Sous la direction des premiers commis, il prit la part la plus importante au grand travail vers lequel convergeaient toutes ces opérations de Desmaretz, c'est-à-dire au classement et à l'analyse des papiers du Contrôle général.

On comprend comment ces utiles auxiliaires permirent à Desmaretz d'obtenir un degré de conservation, si je puis m'exprimer ainsi, qu'atteignent à peine aujourd'hui nos administrations. Mais, encore une fois, rendons justice à Colbert : son neveu ne fit que développer et appliquer à toutes les parties du service des Finances, au profit de ce service même, le système de l'illustre ministre et de ses bibliothécaires.

De 1703 à 1708, dans tous les bureaux qui dépendaient directement de Desmaretz, l'habitude fut prise de garder scrupuleusement tous les papiers, jusqu'aux moindres notes, provenant du travail journalier. A partir de la promotion de Desmaretz au Contrôle général, cette conservation devint encore plus parfaite. Il est évident que le but du ministre était, non-seulement de laisser à ses successeurs un trésor de documents administratifs, mais aussi de se réserver des moyens de défense qui pouvaient ne pas être inutiles, étant donnés les embarras de la situation financière dans les vingt-cinq dernières années du règne et la versatilité du Gouvernement ou de l'opinion publique.

[1] Comme on le verra plus loin, les *Comptes rendus* ne furent imprimés que longtemps après la mort de Malet, en 1789, sans doute d'après le manuscrit de la Bibliothèque nationale coté Fr. 7752. On y trouve, p. 112 et suiv. quelques détails sur les travaux de ce commis.

[2] *Lettres communes* adressées à Clautrier, année 1727.

[3] Mémoires de Turlin, du 1er juillet 1715, et autres lettres de 1709, 1712, etc. dans les *Lettres communes*.

[4] Il est probable que cette compilation servit à M. de Nointel et au procureur général Daguesseau pour exécuter le travail manuscrit conservé autrefois à la bibliothèque du Louvre, sous ce titre : «Projet d'ordonnance générale sur le fait des monnoies, avec les preuves tirées des ordonnances anciennes, édits, déclarations et arrests du Conseil et de la Cour des monnoies rendus sur ce sujet.» Un recueil sur les monnaies, portant le nom de Clautrier, se trouve dans les papiers du Contrôle.

Ce fut vers 1715 que Desmaretz compléta l'organisation d'un dépôt unique et central, en le transportant à Paris, c'est-à-dire en le soustrayant à l'influence des bureaux de Versailles. Il y avait là quelque pressentiment de la prochaine transmission du pouvoir à un parti qui annonçait des dispositions peu favorables pour tout ce monde financier éclos depuis Colbert. En outre, il était rationnel de placer le dépôt dans de telles conditions que chacun des collaborateurs du ministre y pût prendre des renseignements, ou faire restituer aux parties intéressées les pièces jointes à leurs requêtes. Quoi qu'il en soit, nous voyons, le 18 août 1715, le bureau du contrôleur général faire un versement des dossiers les plus précieux au dépôt établi à Paris, sous la garde d'un nommé Ledrel. Les archives étaient donc tenues à jour et au courant, lorsque Desmaretz quitta ses fonctions de contrôleur général; sans perdre un instant, et pour assurer l'exactitude du compte rendu qu'il rédigea quelques mois plus tard, il se hâta de les faire inventorier par l'actif Tuffereau. Celui-ci analysa les documents liasse par liasse et exécuta ensuite, presque entièrement de sa main, une longue transcription de cet inventaire, en deux gros volumes in-folio, de dix-sept cents pages, qui nous sont parvenus avec la plus grande partie du dépôt de Desmaretz et les restes des papiers des trois ministères précédents. Il a donc été possible, soit de constater les pertes subies depuis cette époque et les accroissements postérieurs au travail de Tuffereau, soit de suivre sa méthode de classement, qui correspondait évidemment à la division et aux besoins des bureaux, soit enfin d'apprécier la valeur que l'administration de Louis XIV attribuait à ces archives. Il semble que les seuls bureaux des premiers commis de la Garde, le Cousturier et Clautrier aient d'abord livré leurs dossiers; puis vint le bureau particulier de Desmaretz, où se conservaient les correspondances les plus précieuses, lettres de grands personnages, rapports diplomatiques, etc. Après la rédaction de l'inventaire de Tuffereau, une nouvelle rentrée amena les papiers relatifs aux monnaies, aux comptables, aux impositions, aux créations d'offices. Ils furent l'objet d'un inventaire séparé, ainsi que soixante-huit liasses importantes restées dans le bureau de l'intendant le Rebours. Ces différentes séries existent encore, mais il en est d'autres, comme les registres et papiers de la réformation des forêts, dont l'énumération seule nous a été conservée.

A côté des inventaires du dépôt de Desmaretz, quelques répertoires, quelques recueils faits ou continués dans les premières années qui suivirent la mort de Louis XIV, et dix ou douze liasses d'affaires assez importantes, témoignent seuls que l'Administration eut des dossiers et des archives sous la Régence, car les papiers relatifs aux gestions du Conseil de 1716, de M. de Noailles ou de M. d'Argenson ne sont point à la place qu'ils devraient occuper. Comme si une rupture nette s'était produite après le départ de Desmaretz, son dépôt n'est plus qu'une institution à part : désormais, il ne s'augmentera que rarement, péniblement, du fait de ses premiers organisateurs, qui seuls persisteront, jusqu'à ce qu'ils disparaissent eux-mêmes, à verser certaines séries de minutes, de correspondances ou de dossiers. Si le Contrôle général, avec ses attributions immuables et presque universelles[1], avait persévéré dans la centralisation de ses archives, il est probable qu'un tel ensemble, un tel monument, eût défié à jamais les outrages du temps et les dangers des révolutions. Mais les changements administratifs qui suivirent 1715 eurent une funeste influence. Privés pendant quelque temps d'une direction supérieure et réelle, les divers services du Contrôle s'affranchirent des obligations qu'on leur avait imposées. Contrairement aux règles qui étaient déjà en vigueur dans presque tous les autres ministères, chaque section, constituée peu à peu en régie spéciale, en corps indépendant, prit l'habitude de conserver les dossiers chez elle, de les accumuler, peut-être aussi de les éliminer lorsqu'il y avait encombrement. Un

[1] Ce n'était pas le fait des quatre secrétaires d'État, dont les provinces et même les attributions changèrent assez souvent, si bien que, pour suivre l'histoire administrative de telle ou telle partie du royaume, il eût fallu, il faudrait même aujourd'hui s'adresser successivement aux archives de la Guerre, à celles de la Marine, à celles des Affaires étrangères, sans parler des ministères qui n'ont plus actuellement de représentant et dont les papiers ont été dispersés sans règle ni raison. Ces inconvénients, si nuisibles aux études historiques et administratives, ont été signalés par M. Félix Ravaisson, dans son *Rapport au ministre d'État* (1862), p. 205 à 207. M. Ravaisson n'y voyait qu'un remède : réunir en un seul dépôt central toutes ces parties disséminées des archives de l'ancien régime et les grouper sous une même direction, qui pût reconstituer d'une façon rationnelle, en parfaite connaissance de cause, l'ensemble de l'administration monarchique.

jour vint bientôt où chacune eut son dépôt d'archives, dans tel ou tel quartier de Paris : alors, mais trop tard, des ministres zélés et intelligents reconnurent le mal; leur tort fut de chercher un remède en dehors de l'Administration et de porter leurs visées au delà des justes limites posées par le neveu de Colbert. Aussi cet état de choses irrégulier se perpétua, en s'aggravant, jusqu'à la Révolution; nous en verrons les conséquences.

IV.

TRAVAUX ENTREPRIS SOUS LE MINISTÈRE DE MM. DE MACHAULT, DE BOULLONGNE, DE SILHOUETTE ET BERTIN. — L'AVOCAT MOREAU ET LA BIBLIOTHÈQUE DES FINANCES.

On sait quelle importance prirent, sous le règne de Louis XV, les travaux dont la collection des *Ordonnances* du chancelier de Pontchartrain fut le point de départ et devint le principal monument. La politique, la législation, la science y eurent leur grande part; mais les ministres s'empressèrent surtout d'y chercher cette fixation des règles administratives que l'on réclamait de toutes parts. Peu après 1730, un des principaux financiers qui dirigèrent les affaires pendant la première période du nouveau règne, s'exprimait ainsi, en commençant un *Traité de l'administration des recettes et des dépenses du royaume* resté inédit jusqu'ici [1] :

« Les finances sont les nerfs de l'État, a dit un des plus grands ministres que la France ait eus. C'est le point d'Archimède, qui, étant fermement établi, donne le moyen de mouvoir tout le monde. Qui ne s'étonneroit qu'une vérité si universellement reconnue dans tous les temps n'ait produit aucune méthode constante pour fixer un point d'appui si nécessaire? Depuis longtemps, en France, on a vu le gouvernement des finances changer aussi souvent que ceux qui les ont gouvernées; et, au lieu que les hommes devroient s'assujettir à l'ordre public, il semble que ce soit l'ordre public qui doive changer avec les hommes. On craindroit de suivre un chemin trop vulgaire, si l'on ne s'écartoit pas de la route de son prédécesseur; on veut se distinguer; la diversité des conjonctures paroît autoriser les changemens que l'on fait pour des vues personnelles; le public, aveugle et toujours amateur des nouveautés, y applaudit avec autant de facilité qu'il s'en dégoûte ensuite, et de là vient que l'État ne retire aucun fruit des meilleurs établissemens. Cependant la mémoire s'en perd, et l'on n'y revient jamais. Il n'est pas difficile de se persuader que les nations policées, comme les Grecs et les Romains, aient porté leur attention à l'économie des revenus publics, qui fait la grandeur et la durée des États. Néanmoins, ces peuples, aussi habiles dans l'art d'écrire que dans celui de gouverner, ne nous ont laissé nul traité sur une matière si intéressante. A peine, dans les histoires et dans les mémoires parvenus jusqu'à nous, se trouve-t-il quelques citations d'impôts et de tributs. Quant à la forme de les percevoir et d'en disposer, il n'en est rien dit, et nous l'ignorons entièrement. Nos historiens françois n'ont pas été plus soigneux de nous instruire là-dessus. Ce n'est qu'avec des recherches infinies que nous pouvons rassembler sur ce sujet quelques lambeaux épars en divers mémoires. Une partie des anciennes ordonnances de nos rois ne se trouve plus. Les archives de finances que nous avons au Louvre, à Paris, sont très-modernes, et il faut pénétrer dans les bibliothèques particulières pour trouver le peu qu'il nous reste d'originaux ou de copies d'anciennes pièces depuis le règne de Charles VIII jusqu'à la minorité de Louis XIV, comme de règlemens des Conseils d'État du roi, de règlemens de secrétaires d'État et des finances, de registres du Conseil d'État et des finances, etc. Avec si peu de lumières sur le passé et tant de négligence pour la conservation des bons établissemens, comment pourrions-nous éviter les erreurs de nos pères ou profiter de leurs succès dans le maniement des deniers publics? Qu'un génie heureux saisisse une idée principale qui a fait pendant un temps la richesse et la félicité du royaume : il ignore les moyens combinés de l'employer utilement; la difficulté le rebute, et cette connoissance imparfaite demeure sans effet.

[1] Arch. nat. KK 1005 c. Ce traité, daté de 1733, ne peut avoir été rédigé que par Paris la Montagne.

Si, par un travail opiniâtre, on surmonte tous les obstacles et que l'on parvienne à dresser un plan solide et géométrique, réussit-on toujours à faire goûter ses motifs et sa méthode à des supérieurs ou à des rivaux, souvent intéressés à faire échouer ceux qui peuvent briller plus qu'eux, ou dénués de l'application, quelquefois même de la sagacité nécessaires pour juger sainement de ce qui ne leur est pas familier, ou enfin trop prévenus des pratiques de leur temps, dont ils ne connoissent pas les défauts et qu'ils croient suffisantes, parce qu'ils ont vu la machine se mouvoir tant bien que mal sans discontinuation?»

Le devoir des contrôleurs généraux était de répondre pour leur part à des nécessités si généralement reconnues, en utilisant au profit du Gouvernement le courant intellectuel dont nous avons vu les premiers effets sous Colbert et ses successeurs. Ils s'en acquittèrent avec autant de succès que de zèle; si jusqu'à présent l'érudition leur a seule, ou à peu près, rendu justice, il est bon que l'Administration connaisse à son tour l'importance de leur tâche et s'associe aux hommages que leur décernèrent à plusieurs reprises nos anciennes compagnies littéraires et scientifiques. Sous Louis XIV, Colbert et Seignelay, le comte de Pontchartrain et son fils avaient été les fondateurs ou les protecteurs des deux académies des Inscriptions et des Sciences; après eux, Desmaretz n'avait refusé que par modestie un fauteuil à l'Académie française, tandis que deux intendants des finances, MM. le Peletier de Souzy et de Bercy, siégeaient aux Inscriptions. Pendant le reste du XVIIIe siècle, les finances eurent d'illustres représentants, soit à l'académie des Sciences, qui appela dans son sein MM. de Machault, de Séchelles, Bertin et Turgot, soit à celle des Inscriptions, qui reçut, outre Bertin et Turgot, MM. de L'Averdy et Laurent de Villedeuil. C'était là, non pas une flatterie adressée aux dispensateurs de toutes les grâces et de tous les bienfaits, mais la juste récompense du mérite personnel de ces ministres et de l'impulsion donnée par eux à tant de grandes entreprises qui mirent la France à la tête de l'érudition européenne, et qui, aujourd'hui encore, ont leur place dans le patrimoine d'une des académies créées par Colbert.

Les trente premières années du règne de Louis XV nous offrent quelques faits à signaler : le classement et l'inventaire du dépôt du Conseil des finances, exécutés en 1722, par ordre du contrôleur général le Peletier de la Houssaye[1]; une tentative du cardinal Dubois pour organiser sur de nouvelles bases la conservation des papiers ministériels[2]; la mise au jour de ce *Dictionnaire universel du commerce* que l'inspecteur Savary des Bruslons avait commencé en 1700, sous l'inspiration de Henri Daguesseau, et qui fut immédiatement traduit dans toutes les langues[3]; les publications de du Frêne de Francheville et son projet d'un «corps historique des finances,» qui devait comprendre une quarantaine de volumes et épuiser la matière[4]. Mais n'était-il pas temps que les successeurs de Colbert intervinssent de leur personne dans la direction de ce mouvement si favo-

[1] La confusion s'était introduite dans le dépôt : les deux gardes-secrétaires rangèrent par ordre de dates les minutes du Conseil, par ordre de matières celles des chambres de justice ou des commissions extraordinaires; des restitutions furent faites aux héritiers de d'Harouys et de Fouquet; enfin, un maître des requêtes, M. Angran, dressa l'inventaire. (Édits de février 1710 et mars 1716; arrêts des 25 avril 1716, 10 février et 7 mars 1722.)

[2] Ce fut Clairambault qui se chargea de cette tâche, en 1723. Quelques traces de son travail se retrouvent dans le vol. 334 de ses *Mélanges*, p. 183 et suiv.

[3] Le Conseil du commerce avait pris cette œuvre sous son patronage et fait communiquer aux frères Savary tous les documents administratifs renfermés dans les dépôts, mémoires des intendants, rapports des consuls, états des inspecteurs des manufactures, etc. Le père des deux auteurs du *Dictionnaire*, Jacques Savary, employé successivement aux affaires commerciales par Fouquet, Colbert et Claude le Peletier, avait publié dans les mêmes conditions son *Parfait négociant* (1675) et ses *Parères* (1688).

[4] Deux volumes de Francheville sur le *Tarif de 1664* et un troisième sur l'*Histoire de la Compagnie des Indes* parurent sous les auspices du contrôleur général Orry, en 1738 et 1739.

Ce n'était, dans l'intention de l'auteur, que le début d'une série de monographies portant ce titre commun : «*Histoire générale et particulière des finances*, où l'on voit l'origine, l'établissement, la perception et la régie de toutes les impositions, dressée sur les pièces authentiques.» Secousse, chargé par la Chancellerie de l'examen du manuscrit, déclara que «cet ouvrage, que l'on pouvait regarder comme le premier qui eût été fait sur cette matière importante, serait également utile à ceux qui étaient employés dans les finances et à ceux qui voulaient s'instruire à fond de l'histoire de France.» Mais il semble que la prédominance des détails techniques sur l'élément historique, surtout dans l'*Histoire du Tarif de 1664*, dut nuire au succès des livres de Francheville. A part ces trois premiers volumes, il n'est rien resté de son entreprise gigantesque que le prospectus de 1738; l'appui du Contrôle général ne lui eût certainement pas suffi pour mener à bonne fin une pareille tâche.

rable à l'histoire, que la Chancellerie et Daguesseau semblaient accaparer pour eux seuls, activant ici l'impression des *Ordonnances* et des *Historiens des Gaules*, là le classement et l'inventaire du Trésor des chartes, le catalogue de la Bibliothèque du roi, les recherches à l'étranger, etc.[1] ? A partir de 1746, le contrôleur général Machault d'Arnouville, dont les mérites financiers et l'habileté ont été si bien mis en lumière par M. Pierre Clément[2], coopéra efficacement à cette œuvre de progrès. On ne saurait oublier, entre ses titres d'honneur, qu'il fournit à Cassini les moyens de commencer une carte générale de la France[3], qu'il fonda le Dépôt des plans et l'École de dessinateurs, confiés à la direction de l'ingénieur Perronet, et que, grâce à lui, grâce aux documents puisés dans les archives du Contrôle général, Forbonnais put faire paraître ses *Éléments de commerce*, puis préparer les *Recherches et considérations sur les finances*[4]. Machault fut frappé de l'état imparfait où restait, depuis une cinquantaine d'années, l'entreprise du papier terrier. Entravée sur beaucoup de points et par mille obstacles, mais toujours réclamée par le service du Domaine, cette opération n'avait produit, tous comptes faits, que de médiocres résultats; selon le témoignage de l'auditeur Brussel (1722), la plupart des généralités n'avaient jamais été représentées au dépôt central des Terriers que par des parcelles insignifiantes, et l'incendie de la Chambre des comptes, en 1737, venait de détruire presque entièrement les volumes si péniblement amassés. A défaut d'un travail que l'Administration seule pouvait entreprendre, mais qu'elle ne semblait jamais devoir terminer, quelques académiciens, Secousse, Foncemagne, la Curne de Sainte-Palaye, offrirent leur concours personnel à M. de Machault. Ils lui proposèrent de faire un recueil de tous les titres, chartes et diplômes qui n'avaient point été imprimés, avec une table chronologique de ceux dont le texte avait déjà paru. Sous des formes scientifiques, cette compilation répondait à une partie des besoins du service financier. Pour connaître l'ancien domaine de la Couronne, l'étendue de ses fiefs, la multiplicité des droits royaux, une table des pièces éparses, souvent ignorées, devait donner beaucoup de précision aux recherches. M. de Machault fit donc bon accueil au projet, ainsi que le chancelier Daguesseau; toutefois, les trois académiciens durent se borner à la *Table chronologique des diplômes et titres imprimés*. Secousse se chargea de la préparer; il mourut dès 1754, et fut successivement remplacé par Sainte-Palaye et Feudrix de Bréquigny avant que parût le premier volume[5].

Mais la nomenclature des pièces qu'on trouvait dans les livres imprimés n'était pas suffisante, et s'écartait trop sensiblement du point de vue qui avait fait commencer, au siècle précédent, un terrier général du domaine royal; au moins était-il plus urgent pour les Finances de posséder une notice raisonnée des chartes et des titres domaniaux qu'on savait être répandus dans tout le royaume. C'est sur ces bases et pour répondre aux instances du Domaine que l'abbé de Foy proposa un nouveau projet de papier terrier, qui devait en outre, selon lui, produire un bénéfice considérable, soit comme supplément de finance à recouvrer sur les domaines aliénés ou engagés, soit par l'aliénation des terrains vagues, communs ou abandonnés. Le plan dressé par ce savant et par l'avocat Bouquet reçut la double approbation du nouveau contrôleur général, M. de Boullongne, et de M. Joly de Fleury, procureur général au Parlement de Paris et garde du Trésor des chartes. Une opération aussi considérable nécessitait le concours de beaucoup d'érudits; on imagina d'en couvrir

[1] C'est encore à Daguesseau que nous devons le nouveau *Gallia christiana*, l'*Art de vérifier les dates*, etc. Il dirigeait lui-même la préparation de tous ces travaux, dans des conférences que tenaient sous sa présidence les savants, les gens de lettres, les jurisconsultes.

[2] Voyez les *Portraits historiques*, p. 290-325.

[3] Machault prit l'initiative de ce grand travail comme contrôleur général et continua à le diriger comme garde des sceaux. Mais, après lui, en 1756, M. de Séchelles supprima toute subvention, et Cassini dut former une société d'actionnaires. (Arch. nat. H 455 et 456.)

[4] Forbonnais avait été simplement présenté au contrôleur général lorsqu'il publia, en 1754, ses *Éléments de commerce*. Les *Recherches*, parues en 1758, lui valurent une commission d'inspecteur général des Monnaies. Beaucoup de ministres avaient recours à ses lumières, et M. de Silhouette le mit, comme par violence, à la tête de ses bureaux. Il y resta quelques années, aussi utile à l'État que redoutable aux financiers et aux fermiers. Certaines rancunes le firent exiler dans ses terres, en 1764.

[5] Voyez les préfaces des tomes I et IV de la *Table chronologique*. Ce fut Bréquigny qui, aidé de Mouchet, et tout en continuant la publication des *Ordonnances*, fit paraître le premier volume, en 1769. Le quatrième était en épreuves lorsque survint la Révolution. Depuis 1829, l'académie des Inscriptions s'est chargée de continuer l'entreprise.

les frais par la revendication de certains droits de voirie que le domaine royal avait laissés tomber aux mains des officiers de police. M. de Boullongne allait envoyer à l'enregistrement des Cours souveraines la déclaration préparée par une commission spéciale[1], lorsqu'il quitta les Finances et fut remplacé par M. de Silhouette. Non-seulement celui-ci donna suite aux projets de son prédécesseur[2], mais en même temps, et dans un ordre d'idées analogue, il prit l'initiative d'une des mesures qui firent le plus d'honneur à son ministère éphémère[3] : il créa la Bibliothèque des finances.

Le promoteur de cette utile institution fut un avocat provençal, Jacob-Nicolas Moreau, connu comme un des adversaires les plus ardents de la secte philosophique et économique, et non moins réputé pour son mérite littéraire que pour son activité. M. de Silhouette arrivant, comme jadis M. de Machault, avec de sérieuses intentions de réforme, se hâta de s'assurer les services de Moreau, que recommandait le maréchal de Noailles, et il fit revivre à son profit l'ancien titre et les fonctions d'avocat des finances[4]. Ce fut pour justifier cette haute faveur que, vers le mois de mai 1759, Moreau présenta au contrôleur général un rapport dont les considérants se rapprochent beaucoup du mémoire cité plus haut : « S'il y a dans le royaume, disait-il, un lieu où les lois doivent toujours être présentes pour régler toutes les parties de l'administration publique, il semble que ce soit celui où elles ont été créées..... Les lois se font dans le Conseil du roi. Promulguées une fois, elles demeurent consignées dans les dépôts des Parlemens; il en reste peu de vestiges à la cour. Aux ministres qui ont eu part à leur rédaction succèdent de nouveaux ministres occupés d'autres objets. Peu à peu le plan et la suite des lois s'effacent de la mémoire, et lorsque, dans des affaires importantes, on est obligé d'en faire l'application, on est souvent embarrassé pour retrouver les principes dont il faudroit partir, ou les maximes que l'on n'auroit pas dû perdre de vue.

« D'un autre côté, les Parlemens, qui ont le dépôt des lois et qui les étudient sans cesse, cherchent quelquefois moins à y retrouver les véritables règles d'une sage administration que des titres pour autoriser leurs prétentions. Dans les différentes contestations qui, depuis plusieurs années, ont importuné l'autorité du roi et troublé la paix intérieure qu'il vouloit maintenir, on ne s'est aperçu que trop souvent de la disette où l'on étoit à la cour et de bons recueils de lois et de gens qui prissent la peine de les feuilleter.....

« Ajoutons à cette réflexion l'exercice continuel de l'autorité du roi dans toute espèce d'administration : n'étant qu'une application continuelle des règles, il n'est pas possible de travailler utilement à maintenir cette autorité, sans les avoir sans cesse sous les yeux et sans interroger à tous momens et les lois et les coutumes anciennes... Il est nécessaire de réunir dans une espèce de dépôt qui reste attaché au ministère des finances une collection de lois à laquelle on puisse sans cesse avoir recours, et qui, sur toutes les parties de l'administration, puisse donner lieu de comparer ou les anciennes règles aux abus présens, ou même les anciens abus aux règlemens qu'il sera nécessaire de publier..... »

Pour composer cette collection, dont Moreau attribuait très-modestement l'idée première au contrôleur général, il offrait d'abord la bibliothèque attachée à ses fonctions. L'Imprimerie royale fournirait un exem-

[1] La commission constata que ces droits ne faisaient point partie des fermes générales ni des émoluments des trésoriers de France. Son rapport concluait ainsi : « ..... Les plans figurés levés pour parvenir aux terriers, en réglant l'étendue de chaque propriété, régleront en même temps les limites de chaque voie publique. Les propriétaires ne seront plus obligés dans la suite, après la levée et la notification de ces plans, de requérir des procès-verbaux particuliers d'alignement et de récolement qui leur étoient beaucoup plus coûteux que le droit de voirie. La permission de construire ou de reconstruire n'étant accordée qu'à la charge de se conformer au plan général des voies publiques, le rétablissement des droits de la voirie opérera la manutention de cette importante partie de la police, de laquelle dépendent la décoration des villes, bourgs et villages, leur commerce et la sûreté des passans... »

[2] En 1759, M. de Saint-Florentin, ministre de la Maison du roi, fit imprimer pour Louis XV un spécimen de la *Notice*, dont le plan avait été préparé par l'abbé de Foy et présenté au souverain par le comte d'Argenson. (Voyez l'Avertissement du volume unique de la *Notice des diplômes imprimés*, p. VI.)

[3] Voyez l'une des dernières études qui soient sorties de la plume féconde de M. P. Clément : *M. de Silhouette, Bouret, etc.* Didier, 1872.

[4] Voyez plus haut, p. XIII. Moreau, comme compensation de la carrière qu'il abandonnait et qui était assez lucrative, eut 15,000 ll d'appointements, le logement et la promesse d'un acquit-patent de 3,000 ll chaque année.

plaire des recueils d'ordonnances et autres ouvrages qu'elle publiait par ordre du roi; à ce premier fonds il serait facile d'ajouter tous les édits, déclarations, arrêts et règlements connus, imprimés ou manuscrits, de les classer par ordre de matières, et d'y joindre quelques copies, s'il en était besoin. La bibliothèque ainsi constituée formerait le «cabinet du Ministre des finances,» sous la direction de l'avocat, aidé de quelques auxiliaires pour faire les extraits, les copies ou les tables. Le premier établissement ne devait pas être dispendieux, et l'entretien, grâce à l'Imprimerie royale, coûterait peu de chose[1].

Louis XV lut d'un bout à l'autre cet intéressant mémoire et y apposa son *Bon*[2]. Immédiatement, Moreau se mit à l'exécution, qui ne fut heureusement pas arrêtée par la retraite de M. de Silhouette, car les finances passèrent alors aux mains de l'ancien lieutenant général de police Bertin, et la Bibliothèque, transférée de Versailles à Paris, dans l'hôtel du Contrôle général, devint un centre laborieux, d'où la protection éclairée du nouveau ministre répandit ses bienfaits sur toutes les branches de la science. L'agriculture, le commerce, l'industrie, aussi bien que l'économie financière et politique, l'histoire, les belles-lettres ou les arts, allaient profiter tour à tour de cette activité généreuse qui rappela le beau temps de Colbert, et l'honneur en fut d'autant plus grand pour Bertin qu'il héritait, lui aussi, des pénibles fonctions de contrôleur général dans les circonstances les plus difficiles.

Ce fut le fameux imprimeur-libraire Prault qui se chargea de fournir pour la Bibliothèque des finances une collection générale, aussi complète que possible, des édits, déclarations, règlements et arrêts de toute sorte intéressant toutes les parties de l'administration, justice, police, finances, etc.[3] Un quart des pièces qu'il possédait étaient manuscrites ou uniques, et Moreau ne pouvait les faire copier; le libraire consentit à se dessaisir du tout moyennant 50,000[ll], bien qu'il y eût là une perte réelle pour sa maison, où le public, les magistrats, les ministres même trouvaient, depuis plus d'un siècle, des ressources précieuses. On parvint ainsi à faire une collection de quinze cents volumes ou cartons, représentant cent soixante ou cent quatre-vingt mille pièces; on y joignit beaucoup de livres sur le droit public, et, dès lors, Moreau put tirer de son établissement le parti le plus avantageux pour l'autorité royale. Voici comment il expliquait lui-même son système de travail : «Les fonctions qui m'ont été confiées en 1759 ont pour objet de faire, à la décharge des ministres, et notamment du ministre des finances, toutes les recherches qui peuvent être nécessaires aux différentes parties de l'administration..... Toutes les fois que le ministre me demande un mémoire d'éclaircissement sur ce qui s'est pratiqué pour telle ou telle opération, ou sur ce que prescrivent tels ou tels règlemens, j'ai deux choses à faire : 1° je dois lui fournir toutes les lois, règlemens ou arrêts imprimés sur la matière qu'il examine; 2° s'il lui manque quelques éclaircissemens dépendant de quelques pièces qui n'auroient point été imprimées, je dois en faire pour lui la recherche et lui rendre compte du résultat. De là il suit que, quoique je ne sois préposé qu'à la garde d'un dépôt particulier, et qu'en cette qualité je ne puisse jamais empiéter sur le droit des autres dépositaires, je dois cependant avoir avec eux une correspondance autorisée; car, lorsque je leur demande quelque instruction qui se trouve chez eux, je suis l'homme du ministre, et c'est lui qui m'envoie à eux[4]. .....» Ainsi, l'ambition de l'avocat des finances était d'étendre jusqu'à l'extérieur ses utiles attributions et de centraliser entre ses mains tous les travaux d'archives. Ne pouvant ramener à lui ces dépôts des secrétaires d'État, du Conseil, de la Chancellerie, du Louvre, ou enfin des différents services du Contrôle général, que nous avons vus naître successivement sous Louis XIV, ne pouvant non plus exécuter des copies innombrables, il proposa de faire dresser une «table générale rangée par matières, et dans laquelle on eût trouvé à coup sûr la date de la pièce que le ministre désirait et l'indication du lieu où elle était conservée.» Pour le passé, il ne demandait que du temps; pour l'avenir, il comptait réclamer de tous les procureurs géné-

[1] Le mémoire de Moreau se trouve dans ses papiers conservés aujourd'hui à la Bibliothèque nationale, ms. du fonds *Moreau* n° 288, fol. 49 à 52 verso.

[2] Arrêt du 31 octobre 1759.

[3] Mss. *Moreau*, n° 285, fol. 36, et n° 1097, fol. 1.

[4] Mémoire dressé par Moreau (1764), ms. n° 288, fol. 61.

raux un exemplaire de chaque pièce imprimée par ordre des compagnies, de tous les intendants des finances une fiche analytique de chaque arrêt dressé dans leurs bureaux, et autant de chaque commis du Contrôle général, y compris celui qui expédiait les arrêts destinés à être signés en commandement par un secrétaire d'État. «Tout cela, disait-il, seroit rangé par ordre de matières et de dates; et, au moindre signal, M. le contrôleur général pourroit trouver tous les renseignemens qu'il peut exiger, et que l'on est obligé, aujourd'hui, de chercher à tâtons dans différens dépôts[1].»

Clautrier et les commis de Desmaretz nous ont montré comment se forment les archives, comment elles se conservent. Mais Moreau, on le voit, a une conception bien plus complète des choses; il devance, il dépasse nos idées modernes sur cette centralisation des documents administratifs, dont quelques esprits rebelles contestent encore aujourd'hui les avantages et la nécessité. Aussi les ministres de Louis XV et ceux de Louis XVI ne manquèrent pas d'utiliser les facultés spéciales de l'avocat des finances. Sans lui, il leur eût été impossible, comme à Colbert s'il n'avait eu des Baluze, des Carcavy et des Clairambault, qui s'inspiraient de son ardeur et de son esprit d'initiative, il leur eût été impossible, dis-je, d'opérer, avec une si profonde connaissance de chaque matière, des réformes et des améliorations auxquelles l'histoire veut bien rendre quelque justice. Il est peu de questions importantes pour le gouvernement dans lesquelles on ne retrouve des traces de son intervention et de son activité universelle. Après avoir fourni à Silhouette et à Bertin les éléments d'une réorganisation générale de l'administration des finances[2], il travailla directement pour le roi, en publiant des *Lettres historiques sur le Comtat-Venaissin* (il s'agissait alors de prononcer la saisie d'Avignon), ou en composant pour les enfants de France des *Leçons de morale, de politique et de droit public,* et les *Devoirs d'un prince réduits à un seul principe;* c'était le Dauphin, père des jeunes princes, qui avait demandé ces dernières études, base d'une future constitution aristocratique. Dans un ordre d'idées plus purement administratif, on a attribué à Moreau la rédaction des préambules des édits Maupeou. Ses précieux manuscrits[3], qui nous ont été heureusement conservés, contiennent en minutes autographes les premiers projets relatifs à la création des vingtièmes et divers mémoires de la plus haute importance fournis au Contrôle général sur l'autorité du Conseil et de ses commissions, sur celle des Cours des aides ou des Chambres des comptes. Très-apprécié de Necker, il prit une part active à la rédaction du *Compte rendu* de 1781[4], ce qui ne l'empêcha point, un peu plus tard, de faire publiquement, par sa *Lettre d'un magistrat,* une vive opposition à l'édit qui rendait des droits civils aux protestants. Son œuvre, en tête duquel j'aurais dû citer un essai de *Moniteur françois* (1760), s'accrut encore, en 1789, d'un *Exposé historique des administrations populaires aux plus anciennes époques de notre monarchie,* et de deux volumes d'*Exposition et défense de la constitution de la monarchie françoise.* Mais la plus considérable de ses publications est celle qui a pour titre: *Principes de morale politique et de droit public;* elle comprenait déjà vingt et un volumes de discours ou dissertations oratoires sur l'histoire de France, lorsque la Révolution l'interrompit[5]. Quel que soit le jugement porté sur ces travaux par la critique littéraire et historique, notre premier bibliothécaire conserve bien des droits à la gratitude des héritiers de ce Contrôle général qu'il ne cessa de servir si utilement pendant tout le cours d'une laborieuse carrière.

V.

LE CABINET DES CHARTES ET SES PREMIERS TRAVAUX.

L'organisation de la Bibliothèque des finances marque le début de Bertin dans la longue série d'entre-

[1] Même mémoire de 1764.

[2] Le n° 1088 de ses manuscrits contient, entre autres projets autographes ou mis au net, le fameux rapport présenté en 1759 par Silhouette et celui de Bertin (1760).

[3] Surtout les n° 1088 et 1089. On verra plus loin comment ces manuscrits sont arrivés à la Bibliothèque nationale.

[4] Ms. n° 1088.

[5] Voyez la *Biographie universelle.*

prises scientifiques à laquelle il donna par la suite une si remarquable extension, organisant dans tout le royaume les sociétés d'agriculture et les écoles vétérinaires, développant l'industrie et les manufactures, favorisant les travaux du jésuite Amiot sur l'empire chinois, envoyant Bréquigny en Angleterre[1], la Porte du Theil au Vatican[2], publiant les *OEuvres du chancelier Daguesseau* sous les auspices du Contrôle général[3], ou faisant recueillir dans toutes les cours de l'Europe les éléments des Mémoires de l'intendant des finances Moreau de Beaumont[4]. Cette constante préoccupation des intérêts intellectuels de l'Administration l'amena à reprendre sans retard les travaux domaniaux commencés par ses prédécesseurs; mais, comme les plans adoptés jusque-là présentaient des difficultés et des longueurs, on en fit deux parts.

D'un côté, une compagnie offrit de prendre en régie et à ses frais, non-seulement la confection du papier terrier général, mais aussi la recherche des domaines usurpés ou aliénés à vil prix, l'aliénation des terrains abandonnés et le recouvrement d'une taxe à tirer de tous les fiefs et arrière-fiefs du royaume contre décharge du service militaire[5]. Je ne sais s'il fut donné suite à cette proposition.

L'abbé de Foy et son collaborateur Bouquet avaient gardé du projet primitif la part qui convenait plus spécialement à leur érudition : sur leurs indications, le ministre forma un comité, composé de ces deux savants, de Sainte-Palaye, de l'abbé d'Estrées, de trois avocats en parlement, M. Macquaire et les frères de la Combe, enfin de l'avocat des finances et de M. Mesnard de Conichard, premier commis du Contrôle général. Il les chargea d'établir les bases du travail. On s'arrêta d'abord au plan que Secousse avait conçu dès le temps de M. de Machault, c'est-à-dire à la publication d'une *Notice des diplômes, des chartes et des actes* (non imprimés) *relatifs à l'histoire de France*. La préparation en avait été interrompue une première fois par des difficultés graves ou par la mort de l'illustre académicien; mais de Foy l'avait reprise, sous les auspices des ministres d'Argenson et de Saint-Florentin, et possédait déjà en partie les matériaux d'un premier volume. Il fut convenu que les associés se partageraient un certain nombre de registres de chartes inédites à dépouiller, et que ce dépouillement serait accompagné des commentaires historiques et des déductions résultant de l'étude de chaque document. Tous les quinze jours ou chaque semaine, la commission devait se réunir dans le local de la Bibliothèque des finances, à l'imitation de l'assemblée que tenaient chez le chancelier les rédacteurs du *Journal des Savants*; le contrôleur général serait censé présent à la séance. Ces conférences devaient être employées au compte rendu des travaux des associés; chaque fois que la question fixerait ou intéresserait quelque point de droit public ou d'administration, le résumé en serait inséré dans un registre, de telle façon qu'il fût possible d'y ajouter par la suite tous autres éclaircissements. Ce registre resterait à la Bibliothèque, pour que le ministre ou les commissaires y pussent également recourir et constater quels rapports se trouvaient entre les procédés de l'administration actuelle et les faits ou les principes des temps antérieurs. Le résultat des conférences et des dissertations pourrait être communiqué au public; quand le travail serait assez avancé pour

[1] Cette mission fut décidée en 1764, sur le rapport du ministre des affaires étrangères, M. de Choiseul; mais il est évident que Bertin y contribua beaucoup.

[2] En 1776.

[3] Cette publication, commencée en 1761, fut poursuivie par MM. de L'Averdy, Terray et Turgot.

[4] Voyez la préface des *Mémoires concernant les impositions et droits en Europe* (1768) : «Sa Majesté, toujours attentive à tout ce qui peut tendre et concourir au bonheur et au soulagement de ses sujets, a fait connoître le désir qu'elle avoit qu'on s'occupât des moyens qui pourroient être mis en usage pour introduire dans l'administration de ses finances et dans la répartition, la levée et la perception des impositions et droits qui ont lieu dans le royaume, les formes les plus simples et les moins onéreuses pour ses peuples.» Moreau de Beaumont avait été nommé intendant des finances en 1756. Ce fut en 1763 qu'on le chargea de composer ces mémoires, pour les soumettre aux Cours souveraines et au conseil appelé à délibérer sur les impôts. Le projet de réforme étant abandonné, on ne voulut pas perdre les matériaux réunis, et les *Mémoires* furent imprimés au Louvre.

[5] On calculait que le produit de ces différents objets pourrait monter à un total de 720 millions et suffirait pour rembourser les dettes et effets de l'État. Il avait été objecté que les tentatives analogues échouaient toujours par la difficulté de dépouiller les engagistes puissants qui détenaient les domaines les plus considérables; mais la compagnie proposait de distinguer les domaines en grands et en petits et d'exempter de toutes poursuites les premiers, considérés comme la récompense de services rendus, soit par l'épée, soit par la robe.

former un volume, on l'imprimerait sous forme de *Notice* raisonnée et chronologique, mais les mémoires conservés à la Bibliothèque des finances ne cesseraient pas d'être rangés par matières. La publication de ces notices eût-elle produit les résultats espérés? Il est permis d'en douter, d'après la valeur fort contestable du volume que l'abbé de Foy fit paraître quelques années plus tard. D'ailleurs, le mécanisme de la commission fut bien vite reconnu défectueux, et, dès 1762, celle-ci fit place à un nouveau bureau, celui qu'on appelle ordinairement le Cabinet des chartes. Le but, définitif cette fois, était de réunir «des doubles des inventaires de toutes les archives royales et des copies de tous les monuments recueillis dans les chartriers des églises ou des particuliers, pour fournir aux savants tous les moyens qui leur manquaient d'ajouter à leurs connaissances et procurer à ceux d'entre eux dont le roi voudrait employer les travaux tous les matériaux d'une collection plus précieuse et plus utile pour la France que ne l'était celle de Rymer pour l'Angleterre[1].» L'analogie est bien évidente avec le plan du surintendant Fouquet, et surtout avec celui du procureur général Daguesseau[2].

Malgré les embarras financiers dont Bertin triomphait autant par sa loyauté que par son habileté, au milieu de cette série de fondations utiles qui lui ont assuré un juste renom, il montra une prédilection constante pour le Cabinet des chartes; lorsqu'il céda le Contrôle général à M. de L'Averdy (12 septembre 1763), pour rester simple ministre d'État avec certaines attributions empruntées soit aux Finances, soit à la Maison du roi, le Cabinet des chartes le suivit et reçut bientôt un tel développement, qu'il fallut louer une maison sur la place Vendôme pour l'y installer à côté des archives particulières du nouveau ministère[3].

Moreau resta le véritable directeur de l'entreprise; c'est lui qui donna le mouvement aux intendants, aux Bénédictins[4], aux travailleurs de tout rang, et Bertin lui fit attribuer, en récompense de ses services, vers la fin de l'année 1763, un office de conseiller à la Cour des comptes de Provence; mais il obtint néanmoins de continuer ses fonctions au Contrôle, avec le titre de garde des Archives et de la Bibliothèque des finances[5].

VI.

RÉUNION DES DÉPÔTS À LA CHANCELLERIE. — LA BIBLIOTHÈQUE DE LÉGISLATION. VERSEMENT DES DÉPÔTS DE LA FINANCE À LA BIBLIOTHÈQUE DU ROI.

Le 18 janvier 1764, un arrêt du Conseil ordonna la translation des Archives et de la Bibliothèque des finances à la Bibliothèque du roi. L'objet du dépôt, qui devenait chaque jour plus considérable, étant de fournir à tous les ministres les renseignements, mémoires et éclaircissements qu'on peut tirer des lois et des coutumes, on voulait le rendre encore plus utile en le rapprochant des immenses collections de la Bibliothèque et en mettant Moreau à portée d'utiliser toutes les lumières qu'elles pouvaient fournir sur le droit public[6]. Par le même arrêt, en raison de l'extension prise depuis 1759 et de la nécessité de suffire aux demandes ou aux recherches des différents départements ministériels, surtout de celui des finances, Moreau se fit adjoindre deux légistes, Lorry et Langlet. Sous le titre primitif d'avocats des finances[7], ils furent chargés de «donner leur avis

[1] M. Champollion-Figeac a reproduit, en 1839, dans sa Préface des *Lettres de rois, reines*, etc. (Coll. des documents inédits), quelques-uns des principaux documents relatifs à cette grande entreprise littéraire et historique. (Cf. Léopold Delisle, *le Cabinet des manuscrits de la Bibliothèque impériale*, t. Ier, p. 557 et 558.)

[2] Voyez plus haut, p. v et xvii.

[3] Cette installation se fit en 1769.

[4] Voyez, dans la préface citée plus haut de M. Champollion-Figeac, les instructions et autres documents émanés de Moreau ou de Bertin. Dès le 15 décembre 1762, Bréquigny avait préparé l'instruction circulaire pour les Bénédictins; mais Moreau y substitua un texte moins inquiétant. Un fonds annuel de 10,000^{ll} fut assigné pour la rémunération des recherches.

[5] Arrêt du Conseil du 8 décembre 1763.

[6] Arrêt du 18 janvier 1764. Voyez aussi une circulaire envoyée à tous les services administratifs pour les engager à recourir au dépôt, dans le ms. *Moreau* n° 288, fol. 25.

[7] Il y eut jusqu'à six avocats; Lorry était le premier, appointé à 6,000^{ll}.

sur toutes les matières de finances sur lesquelles ils seraient consultés par le contrôleur général, relativement aux rapports qu'elles pouvaient avoir avec les lois et les formes de l'ordre public. »

Il y avait alors dans la collection des Finances plus de trois cent cinquante mille ordonnances, édits, arrêts, etc. partagés en cent cinquante-cinq matières; chaque subdivision était classée par ordre chronologique et munie d'une table ou inventaire. Avant que le déplacement s'effectuât, il fut bien précisé, par arrêt du Conseil[1], que ce dépôt restait attaché au département du Contrôle général, tout en rentrant dans l'ensemble de collections sur lequel le garde de la Bibliothèque du roi avait droit de police, d'inspection et de surveillance; sans déroger à la destination première de la Bibliothèque des finances, ni rien innover aux fonctions des gardes ou au mode de nomination, toutes les personnes employées au dépôt seraient astreintes aux mêmes règlements que le reste de l'établissement royal.

Le transport se fit rapidement, dès que les arrangements eurent été pris entre le ministre de la Maison du roi, M. Bignon, garde de la Bibliothèque royale, et le contrôleur général de L'Averdy. Mais M. Bignon ne pouvait livrer qu'une vaste pièce formant le dessus de la cage du grand escalier et partagée primitivement en plusieurs logements. Comme cet emplacement n'avait pas été dégagé depuis la suppression des logements, on plaça provisoirement bibliothèque et papiers dans un grenier où ils restèrent dix-huit mois, sans que Moreau ni son ministre pussent obtenir du surintendant de Marigny les fonds ou les ordres nécessaires pour l'installation et les réparations[2]. Le désordre résultant de ces contre-temps s'empira bien vite par les recherches que le ministre faisait faire; mais les choses restèrent en cet état pendant près de vingt ans.

Durant cette période, M. de L'Averdy créa un dépôt spécial pour les minutes du Conseil de Lorraine, qu'il confia à son parent Cochin; il en fonda aussi un autre, dans le couvent des Petits-Pères, pour les papiers du département des eaux et forêts, qui, depuis longtemps, étaient exposés aux dilapidations les plus regrettables[3]. Sous l'abbé Terray, le dépôt des ponts et chaussées, dirigé par l'intendant d'Ormesson, abandonna au département de M. Bertin les papiers des loteries, ceux des mines, et les dossiers qui intéressaient l'agriculture, les défrichements, irrigations et desséchements, les partages de communaux, l'abolition du droit de parcours, etc. En échange, Bertin rendit tout ce qui concernait la navigation intérieure du royaume[4]. Après Terray, Turgot établit un bureau pour recueillir les titres du domaine; il fut bientôt supprimé, mais la même idée devait reparaître en 1787, devant l'Assemblée des notables[5]. L'illustre ministre termina la publication des *Œuvres du chancelier Daguesseau*.

Pendant le premier séjour de Necker aux Finances, une de ses préoccupations les plus constantes et les plus justes, — c'est lui-même qui nous l'apprend dans son livre de l'*Administration des finances*[6], — fut de créer un « bureau particulier destiné uniquement à recueillir une multitude de connaissances intéressantes et à ranger ces instructions dans un ordre clair et facile. » Ce bureau de statistique, pour employer une dénomination moderne, eût conservé à la disposition des ministres le produit des travaux qu'ils demandaient souvent aux intendants ou aux fermiers, mais qu'ils s'étaient habitués à considérer et à traiter comme leur propriété personnelle et exclusive. Necker nous a laissé le détail très-intéressant de son projet de dépôt central et des matériaux qu'il eût voulu y amasser[7].

[1] Arrêt du 27 janvier 1764.

[2] Lettre et mémoire de Moreau, 13 février 1764; lettre de M. de Marigny au contrôleur général, et réponse, 9 et 14 mai 1764.

[3] Arrêts du Conseil du 21 mars et du 22 septembre 1766.

[4] Voyez les pièces relatives à cet arrangement, dans le carton H 168 des Archives nationales.

[5] Arch. nat. O^1 267, p. 45 et 132.

[6] T. II, ch. XXXVI.

[7] « . . . Il eût fallu d'abord y déposer la partie des informations que j'ai rassemblées, et l'on eût dû y enregistrer pareillement tous les changemens que le tems auroit introduits. Ainsi, l'on eût continué les recherches propres à faire connoître à chaque instant l'étendue de toutes les contributions des peuples, la quotité respective de chaque espèce, la division de ces mêmes contributions par province, les frais de recouvrement, le nombre des employés du fisc, la consommation du sel et du tabac, le relevé des saisies et des condamnations pour cause de contrebande, le nombre des hôpitaux, la quantité de malades ou d'infirmes qu'on y reçoit annuellement, l'augmentation ou la dimi-

« Diroit-on contre un pareil projet, ajoute-t-il en terminant, que tant de matériaux sont inutiles, que nos pères s'en sont passés, et que nous nous en passerons de même; que l'homme d'esprit n'a pas besoin de tous ces élémens, que l'homme inepte ne sauroit qu'en faire, et que le sot en abuseroit? Je conviendrai sans peine qu'avec les secours nécessaires pour obtenir promptement tous les renseignemens qui importent à l'administration, on peut être encore un ministre médiocre; mais le seroit-on moins avec une parfaite ignorance? Quant aux gens d'esprit, je suis persuadé que l'instruction est pour eux de la plus grande importance: cette instruction devient le frein salutaire de l'imagination, et ce sont les connoissances positives qui circonscrivent la pensée dans le cercle des objets réels, et qui la contraignent, en quelque manière, à se diriger vers les spéculations dont les hommes peuvent tirer quelque profit. »

Necker ne parvint, ni dans l'un ni dans l'autre de ses ministères, à réaliser l'idée de centralisation entrevue avant lui par Desmaretz, Daguesseau ou Bertin; mais il se prêta à une opération qui dépouillait le Contrôle général pour régulariser une situation trop longtemps prolongée. Bertin venait d'être remplacé par M. de Vergennes, et le faisceau d'attributions spécialement réunies pour lui n'avait plus aucun motif de subsister. Un arrêt du 3 mars 1781 reconnut « que les deux établissements (la Bibliothèque des finances et le Cabinet des chartes), nés pour ainsi dire l'un de l'autre et confiés dans leur origine à la direction du même ministre, ne devaient être regardés que comme deux parties correspondantes d'un même projet, aussi honorable qu'utile au Gouvernement, pour qui rien n'est plus à désirer qu'un moyen sûr et facile de rappeler sans cesse à la législation actuelle et l'ancienne tradition des lois qu'elle doit consulter, et la chaîne continuelle des faits qui peuvent la guider. » Cet arrêt ajoutait : « En rassemblant tous les matériaux de la législation, de l'histoire et du droit public, qui ont ensemble des rapports essentiels et nécessaires, et en confiant l'emploi de ces matériaux, sous la direction du chancelier ou du garde des sceaux de France, à un homme déjà obligé par état de se livrer entièrement à ce genre d'études, la sagesse de Sa Majesté pourra, de jour en jour, se flatter de réduire à des principes immuables et à des faits avoués toutes les vérités dont la conservation est importante à son administration. » En conséquence, le roi décidait que la Bibliothèque et le Dépôt des finances, avec le Cabinet des chartes, mais sans se confondre, ne formeraient plus qu'un seul cabinet, sous le nom de « Bibliothèque et dépôt de législation, histoire et droit public, » et demeureraient à perpétuité attachés à la Chancellerie, qui serait chargée de conduire les travaux historiques. Moreau, promu depuis l'avénement de Louis XVI aux titres d'historiographe de France, de bibliothécaire de la reine et de premier conseiller de Monsieur, aurait la garde de tous les dépôts et la direction de la correspondance[1].

Cette réunion ne s'exécuta pas : la Bibliothèque royale conserva dans le local particulier qui lui avait été assigné la collection des monuments de législation déjà connus et imprimés (les livres et les ordonnances), sous la garde du neveu de Moreau, qui y fut préposé en 1783 par le contrôleur général d'Ormesson; d'autre part, le Cabinet des chartes resta à la place Vendôme et continua à s'accroître du produit des recherches

nution des mendians et des enfans trouvés, l'étendue des routes et leur accroissement annuel, le nombre commun des corvéables dans chaque province, le tableau général de la dette publique, le précis des opérations annuelles de la Caisse d'escompte et du Mont-de-Piété, les progrès des défrichemens, de la population et du numéraire, la somme des exportations et des importations par nature de marchandises, et toutes les connoissances, enfin, développées en grande partie dans cet ouvrage. Mais il seroit à désirer qu'on pût trouver encore dans le même dépôt plusieurs autres informations, et dont quelques-unes, de simple curiosité en apparence, ont cependant des rapports plus ou moins directs avec toutes les méditations qu'exigent l'administration des finances et le gouvernement en général. Telles sont, par exemple, des recherches instructives sur l'étendue des principales consommations; sur la proportion commune de la semence avec le produit des terres dans différentes parties du royaume; sur la quantité d'arpens cultivés; sur la variété du prix de la main-d'œuvre; sur le rapport du nombre des nobles et des privilégiés avec celui des roturiers; sur le nombre des ecclésiastiques; sur le nombre des protestans; sur les progrès du luxe dans la capitale; sur la brièveté de la vie dans quelques professions dangereuses; sur l'intérêt des étrangers et de chaque nation en particulier dans les fonds publics; sur l'état et la profession des mendians ou des infortunés assistés dans les différentes maisons de charité, et sur beaucoup d'autres objets également intéressans. »

[1] Arrêt du 3 mars 1781. Il fut rendu, à ce que dit Moreau, sur le conseil de M. de Maurepas, premier ministre, qui était considéré depuis plus d'un demi-siècle comme un des plus fervents protecteurs de la science.

poursuivies par les savants, ou bien des collections formées en Angleterre par Bréquigny, des matériaux acquis à la mort de Sainte-Palaye[1], des exemplaires de la *Notice des Chartes*, etc.[2] Il subsistait donc un vice essentiel et fort gênant dans cette nouvelle organisation. M. de Calonne voulut en profiter pour remettre le Contrôle général en possession de son bien. Il fit signer par le roi et contre-signer par le garde des sceaux de Miroménil, le 1er avril 1786, un arrêt ainsi conçu :

« Considérant que, en dehors des dépôts attachés à la Chancellerie, il est également important que le ministre des finances ait pareillement sous les yeux les actes et les monumens de l'administration, afin qu'étant à portée de rapprocher facilement les décisions et les faits, les principes et l'expérience, les exemples du passé et les vues pour l'avenir, il puisse donner à ses observations la cohérence et l'uniformité nécessaire :

« Article 1er. Le dépôt des livres, recueils de lois, arrêts et règlemens, manuscrits, portefeuilles et registres qui concernent les finances, l'agriculture, le commerce et les arts, sera rétabli et placé à perpétuité en l'hôtel du Contrôle général des finances; auquel effet la partie de ce dépôt qui avoit été unie à celui de la Chancellerie par arrêt du 3 mars 1781 en sera distraite pour être jointe à celles postérieurement acquises. . .

« Art. 2. Le dépôt de l'administration des finances sera dès à présent composé : 1° du recueil complet de toutes les ordonnances achetées en 1759 pour le département des finances, et qui se trouve présentement placé sous les combles de la Bibliothèque du roi; 2° des cartons et manuscrits acquis en 1781 du sieur Genée de Brochot, et qui sont restés pour la plupart entre ses mains; 3° de la collection que Sa Majesté vient d'acquérir des arrêts et arrêtés du Parlement depuis son institution; 4° des exemplaires de chacun des ouvrages pour lesquels Sa Majesté a souscrit ou pourra souscrire à l'avenir. — Le garde de ce dépôt sera nommé par Sa Majesté, sur la présentation du contrôleur général des finances. »

Le nouveau dépôt et celui de la Chancellerie, loin de se nuire, devaient s'aider réciproquement, lorsqu'une pièce manquerait à l'une ou à l'autre collection; tous deux avaient droit de réclamer à l'Imprimerie royale et aux imprimeurs des Cours et compagnies un exemplaire des édits, déclarations, arrêts, règlements, sentences, etc. intéressant la science et l'administration. Enfin, les gardes de chaque dépôt devaient sans retard dresser des tables par ordre chronologique et par ordre de matières, pour que les secrétaires d'État et les ministres en eussent tous une copie.

La tentative de M. de Calonne ne réussit point; tout au contraire, la collection des monuments de législation, c'est-à-dire la Bibliothèque des finances, fut tirée, quelques mois plus tard, des combles de la Bibliothèque royale, où elle gisait depuis 1764, et alla rejoindre le Cabinet des chartes à la place Vendôme[3]. M. de Miroménil y logea les liasses et les cartons dans deux pièces devenues libres par la restitution faite à M. de Vergennes des minutes d'arrêts du Conseil et des correspondances administratives du département où il remplaçait M. Bertin[4]; en même temps, on remit au Contrôle général les cartons et dossiers de l'agricul-

[1] Ce fut en 1781 que la Chancellerie acheta les matériaux réunis par ce savant et par ses collaborateurs de la place Vendôme, Mouchet entre autres, pour le Glossaire dont l'Imprimerie royale n'avait pas encore terminé le premier volume. Plus tard, M. de Paulmy les acquit par échange, et la table alphabétique resta seule aux mains de Mouchet. Elle est maintenant au département des Manuscrits de la Bibliothèque nationale. (*Bulletin de la Société de l'Histoire de France*, années 1861-1862, p. 22 et suiv.)

[2] Voyez les deux Mémoires imprimés par ordre de M. de Miroménil, en 1782 et 1787.

[3] Décision royale du 13 août 1786.

[4] On a vu plus haut, p. XXVIII, que ces archives administratives étaient placées à côté du Cabinet des chartes; mais elles avaient toujours eu leurs gardes particuliers, l'abbé de Grély, puis le président Bertin de Saint-Martin, neveu du ministre. Le désordre y était complet : registres, cartons, portefeuilles, liasses, traînaient par terre, pêle-mêle avec les titres de la principauté de Dombes, et un certain commis du dépôt des chartes, le sieur Valcourt, n'avait point su réparer le mal, bien au contraire. M. de Vergennes, en devenant secrétaire d'État, avait fait aussitôt apporter à Versailles tout ce qui, dans les papiers de M. Bertin, remontait à moins de dix ans, et les titres de la Dombes avaient été réunis au dépôt des minutes d'arrêts du baron de Breteuil. Ce qui fut définitivement restitué en 1786 comprenait : quinze volumes des papiers du cardinal Mazarin, reliés aux

ture[1]. Cette organisation fut définitivement sanctionnée par un règlement du 10 octobre 1788. Le roi, se conformant aux intentions de son prédécesseur et voulant assurer «l'un des plus utiles établissemens du dernier règne, lui donner une forme invariable et en faire le centre de tous les travaux ordonnés pour perfectionner successivement toute espèce de bien et réformer peu à peu toute espèce d'abus,» ordonna que les deux cabinets fussent irrévocablement unis en une seule Bibliothèque de législation, administration, histoire et droit public, sous la direction du chancelier. Non-seulement les dépôts devaient être ouverts aux ministres ou à tous les administrateurs, mais aussi aux savants et aux jurisconsultes chargés de travaux pour le roi. Les frais d'établissement étaient alloués sur un fonds spécial; la garde était confiée à l'historiographe Moreau, ayant trois commis sous ses ordres, et il ne devait accorder aucun déplacement de pièces sans une autorisation régulière. En outre, un comité d'histoire et de droit public, composé de dix jurisconsultes ou gens de lettres, sous la présidence du chancelier, devait se réunir tous les quinze jours, à la Bibliothèque même, pour conférer sur les travaux entrepris ou proposés comme propres «à aider la législation, à épurer l'histoire, à maintenir et à conserver les principes essentiels de la monarchie[2].»

Ainsi se complétait la belle institution créée par le Contrôle général en 1759. Moreau, après ce triomphe, eût désiré laisser la place à son neveu, le jurisconsulte Moreau-Dufourneau, qui travaillait pour le Dépôt des finances depuis cinq ans et se regardait déjà comme survivancier; mais M. de Barentin, alors garde des sceaux, fit adopter une autre combinaison. Moreau-Dufourneau fut chargé, en expectative, de continuer la publication des *Ordonnances,* tandis que la survivance de son oncle passerait à un maître des requêtes, appelé à de hautes destinées, M. de Pastoret, associé de l'académie des Inscriptions. Provisoirement, Moreau resta en fonctions, après avoir fait fixer sa pension de retraite, à laquelle le roi joignit un peu plus tard un titre honorifique d'inspecteur général des travaux littéraires relatifs à la législation, à l'histoire et au droit public[3]. Ces derniers temps de sa direction furent activement et fructueusement employés. Le dépôt administratif s'enrichit d'une table détaillée des pièces imprimées ou manuscrites. D'autre part, la Chancellerie acquit la précieuse collection de pièces originales sur l'administration financière de Louis XIV et de Louis XV réunie par Genée de Brochot, procureur général aux requêtes de l'hôtel, celui qui avait publié la *Finance prétendue réformée,* à propos du *Compte rendu* de Necker. Ces documents, comme on l'a vu plus haut, étaient achetés pour le Contrôle général depuis plusieurs années[4]; mais, après la mort du vendeur, le garde des sceaux obtint de Necker leur réunion à la Bibliothèque de législation, et le transport s'en fit le 1er avril 1789[5].

Dans le cours de l'été précédent, le ministre des finances avait déjà sacrifié le dépôt du Contrôle général, le même que nous avons vu négligé après 1715, complétement délaissé à la mort de Gilbert Clautrier, et si rapidement oublié qu'on ne savait plus, à l'arrivée de Moreau, ce qu'il était et quel parti on en pouvait tirer, ne fût-ce qu'au point de vue des lois et arrêts. En dernier lieu, il se trouvait entre les mains de M. Mesnard de Conichard, premier commis du bureau des pays d'États. Ce fut par économie que l'on dirigea sur la Chancellerie le dépôt entier, avec ses milliers de liasses et quelques centaines de registres[6]. Le ministre, sans le

armes de Colbert, et environ trois cents volumes, portefeuilles ou cartons de minutes, d'ordres du roi, de correspondances, de dossiers, relatifs aux provinces qui faisaient partie du département, c'est-à-dire la Guyenne, la Normandie, la Provence, le Lyonnais, etc.

[1] Arch. nat. F[10] 201; inventaire de janvier 1788.

[2] Arrêt du Conseil d'État du 10 octobre 1788.

[3] *Bons* du 23 novembre 1788 et du 10 mai 1789. Voyez le *Mémoire* publié en 1790 par Moreau.

[4] Genée de Brochot les avait cédés à M. d'Ormesson (1783) moyennant une rente viagère de 6,000 ll; mais il les avait gardés entre ses mains, afin d'y mettre «l'ordre dont il les croirait susceptibles relativement à l'usage que le roi désirait qui en fût fait pour l'amélioration de ses finances et pour l'instruction des personnes attachées au Contrôle.» M. de Coster, chef du bureau des Dépêches, avait eu mission d'aider le vendeur à faire l'inventaire ou à fournir les renseignements demandés par les Finances.

[5] Bibl. nat. Mss. Catalogues, n° 229. Cf. Léopold Delisle, *le Cabinet des manuscrits*, t. Ier, p. 574.

[6] Ravaisson, p. 133. Voyez le rapport de 1789 sur les dépôts de la Chancellerie, ms. *Moreau* n° 292, fol. 140. Selon le catalogue n° 155, dressé par Moreau lui-même, le versement de M. Mesnard de Conichard comprenait, outre le dépôt de Desmaretz, 10 registres de minutes d'arrêts de 1666 à 1715, 6 de 1718 à 1753, 43 volumes du Conseil royal, 5 volumes de différents mémoires présentés au roi de

savoir, assurait le salut de ces papiers et leur transmission jusqu'à nous; restés au Contrôle, ils eussent certainement partagé le sort que la Révolution réservait aux autres archives financières.

Il est nécessaire d'ajouter, pour la justification du département des finances, que ces cessions de papiers étaient sans doute nécessitées par l'encombrement des bureaux. Bien loin de négliger ses archives, le Contrôle y introduisit, vers la même époque, des innovations qui attestent sa sollicitude. Nous avons parlé en son temps du Bureau de statistique. Le Contrôle général, d'accord avec la Marine et les Affaires étrangères, avait fondé, vers 1762, un dépôt des lois étrangères sur le commerce et des tarifs d'entrée et de sortie perçus chez les différentes nations de l'Europe; la direction en fut confiée, ainsi que celle du nouveau bureau de la Balance du commerce, à un conseiller d'État, l'économiste Dupont de Nemours, avec le titre de commissaire général du commerce. M. de Calonne, à l'exemple de Turgot, proposa aux Notables de 1787 l'établissement d'un dépôt unique des titres du domaine. Necker songea également à réunir les papiers relatifs au commerce dans un local où le public aurait pu être admis[1]. C'est encore à lui, ou à M. de Calonne, qu'il faut faire honneur de la création du dépôt central des ponts et chaussées (1788)[2], et enfin de l'adoption d'un projet d'inventaire du Conseil des finances, qui fut agréé par le garde des sceaux, sous les auspices d'un des intendants du commerce, M. de Montaran : si les événements politiques n'avaient pas empêché que l'on y donnât suite, les gardes de ces minutes eussent fait une étude d'ensemble sur leur dépôt, en y comprenant les documents imprimés et les archives déposées au Louvre, et ce travail n'eût aucunement rappelé les compilations informes où les anciens auteurs n'avaient même pas su faire de distinction entre la juridiction contentieuse du Conseil des parties et les attributions administratives de celui des finances[3].

Aucune période de nos annales n'avait produit autant de publications financières que ces dix dernières années du régime monarchique. Jusque-là nos richesses en matière administrative n'augmentaient guère, malgré les progrès de la science économique. Nous avions le *Mémoire* de Desmaretz, le médiocre *Dictionnaire des finances* de 1727, le *Dictionnaire universel du commerce* des deux Savary, les traités de Francheville, le *Système* de du Hauchamp (1739), les trois volumes d'*Économiques* attribués au fermier général Dupin (1745), les *Recherches* de Forbonnais, l'*Essai historique* et les *Mémoires* du chevalier d'Éon de Beaumont, les *Mémoires* de Moreau de Beaumont, le *Traité des aides* de le Fèvre de la Bellande (1760), le *Dictionnaire des domaines* de Bosquet (1762), les *Dictionnaires des fermes* de Buterne (1763), le *Code des tailles*, les *Mémoires sur la vie de Turgot*, sur l'*Administration de Terray*. Mais, lorsque les ministres des finances, Necker, puis Calonne, eurent donné eux-mêmes le signal des révélations et initié le public au mécanisme du budget et à ces secrets que Desmaretz, Machault, Silhouette ou L'Averdy avaient seulement laissé entrevoir; lorsqu'enfin les Notables eurent abordé publiquement, au nom de la nation, ces questions de chiffres que les États généraux n'avaient jamais pu discuter en connaissance de cause, les archives de la finance ne cessèrent plus d'être mises à contribution pour satisfaire une curiosité chaque jour plus exigeante. A côté des comptes rendus des ministres, à côté de l'*Administration de la France* ou des opuscules de M. de Calonne, on vit paraître la série presque complète des budgets et des comptes de recettes ou de dépenses depuis Henri IV jusqu'à Louis XVI; la publication du manuscrit de Malet et du volume

1723 à 1726, 76 volumes de la réformation des forêts sous Colbert, 18 registres des tontines de 1760 à 1768, un volume de la liquidation des dettes de Bourgogne, 50 volumes du Trésor royal de 1662 à 1683, etc.

[1] Arch. nat. F^{10} 216.

[2] Jusque-là, le service des ponts et chaussées avait eu plusieurs dépôts, soit au Contrôle général, soit chez l'intendant des finances chargé du détail, chez le premier commis, enfin chez le premier ingénieur Perronet, directeur de l'École et du bureau des Plans. Ce fut probablement en 1788 qu'ils se réunirent, lorsque l'intendance, alors confiée à M. de la Millière, et les services de Perronet durent se rapprocher dans un bâtiment unique construit à cet effet, rue Saint-Lazare. Probablement aussi c'est alors que se fit le classement actuel, transmis intact par l'Intérieur et les Travaux publics.

C'est encore un contrôleur général, M. Joly de Fleury (1783), qui avait installé dans l'hôtel de la Monnaie le Cabinet des mines, auquel M. d'Ormesson joignit la collection minéralogique de l'académicien B.-G. Sage.

[3] Voyez le plan d'inventaire et ses subdivisions dans le ms. *Moreau* n° 1097, fol. 127.

de *Comptes rendus* imprimé à Lausanne par Mathon de la Cour acheva la vulgarisation des détails financiers qui avait été préparée par l'*Encyclopédie méthodique* et son *Dictionnaire des finances*. Ces trois volumes de Rousselot de Surgy, l'œuvre la plus complète, la plus exacte, la plus utile que nous possédions aujourd'hui pour nous guider dans l'étude du passé, prouvent d'ailleurs que l'Administration prêtait les mains de bon cœur à cette diffusion de la science. L'auteur était un ancien premier commis du Contrôle général, et l'exemple encourageant des ministres lui avait valu la collaboration des directeurs les plus expérimentés de la Ferme ou de la Régie. «Les administrateurs, disait l'éditeur des *Comptes rendus* publiés en 1788, se sont attachés pendant longtemps à dérober au public la connoissance de tout ce qui tient aux finances..... Ce secret est toujours une précaution suspecte, et qui tôt ou tard devient dangereuse, parce qu'il est trop facile d'en abuser. Un ministre vraiment digne de gouverner ne sauroit rechercher assez le grand jour, pour s'assurer la justice et la reconnoissance qui lui sont dues.....» Quel prince eût pu, mieux que Louis XVI, s'associer à cette généreuse innovation? Aussi s'intéressait-il beaucoup aux dépôts d'archives d'où la lumière devait venir pour tous. Ceux de la Chancellerie l'occupèrent particulièrement, et il ordonna, en septembre 1789, de les transférer, à Versailles ou à Paris, dans un bâtiment de la Couronne, à la portée des ministres; son intention était d'y réunir la collection des actes, arrêtés, décrets, etc. des assemblées nationales[1]. Mais la Révolution était proche, décrétant d'avance la chute de l'ancien régime : ce fut le Comité des finances qui décida du sort des institutions dont l'origine et la destination ne semblaient plus compatibles avec le nouvel ordre de choses. Un décret du 14 août 1790 supprima l'établissement de la place Vendôme et réunit à la Bibliothèque du roi tous les dépôts de la Chancellerie, c'est-à-dire la collection législative, le Cabinet des chartes, le fonds Genée de Brochot, le dépôt des exemplaires de la *Table chronologique des chartes et diplômes imprimés*, la bibliothèque de M. de Sainte-Palaye[2], les copies faites en Angleterre ou au Parlement de Paris, quelques séries de manuscrits divers, et enfin le premier fonds de papiers du Contrôle général, ainsi désigné : «Un ancien dépôt provenant de la Finance, considérable pour la quantité des liasses, mais nul par l'importance; des dossiers de lettres et de requêtes aux intendants et aux ministres, et les décisions de ces derniers sur des affaires passagères[3].»

Le versement ne fut pas fait avec tout le soin désirable. D'une part, le Ministère de la justice conserva des manuscrits et certains articles du Cabinet des chartes qui eussent intéressé directement l'administration des finances; d'autre part, la collection d'ordonnances, édits, arrêts, etc. perdit son unité, et le département des Manuscrits de la Bibliothèque n'en conserva que la valeur d'une centaine de volumes, tandis que toutes les pièces imprimées étaient réparties dans l'autre département. Des papiers Genée de Brochot, on retira également les imprimés; les manuscrits originaux formèrent une série de trente-cinq volumes, avec table analytique, quelques-uns cependant furent dispersés dans le fonds du Supplément français; les registres du Trésor royal, sous Colbert, disparurent en partie[4]. Quant aux papiers du Cabinet des chartes, qui comprenaient, outre les copies recueillies pour la publication des *Diplomata, chartæ..... ad res Gallo-francicas spectantia,* toute la correspondance administrative de Moreau, les minutes de ses rapports et mémoires, etc. on en forma un fonds spécial de treize ou quatorze cents volumes; c'est là que j'ai pu puiser, après l'érudit historien du Cabinet des manuscrits, une partie des éléments de cette notice sur les travaux patronnés pendant près d'un demi-siècle par le Contrôle général[5].

Moreau protesta vainement contre le décret de translation, adjurant les membres du Comité des finances de faire revenir, au contraire, toutes les collections à la Chancellerie, pour que le garde des sceaux continuât à

[1] *Bon* du 27 septembre 1789, cité par Moreau.

[2] La partie étrangère à l'histoire avait été échangée avec M. de Paulmy contre les collections de pièces originales de Fontette et de Ph. de Lamare; mais une portion des livres et des manuscrits avait été distraite pour l'usage particulier du chancelier.

[3] État dressé vers la fin de 1790; Arch. nat. MM 874. Cf. le catalogue n° 155, Bibl. nat., Mss.

[4] L. Delisle, *loc. cit.* p. 575.

[5] Un volume contenant les divers catalogues de Moreau est aussi conservé aux Archives nationales, MM 874.

diriger les publications législatives. En effet, l'Assemblée n'avait point prononcé sur le sort de l'institution en elle-même, et les collaborateurs de la Chancellerie restaient provisoirement dans les conditions fixées en 1788. Lutte inutile! Moreau dut prendre sa retraite, et il ne put éviter certaines accusations injurieuses pour son honneur, auxquelles il répondit par un mémoire imprimé. En dehors des questions d'argent, on lui reprochait, dans l'Assemblée ou ailleurs, d'avoir défendu et de défendre encore les principes monarchiques proscrits depuis les derniers événements; en reconnaissant qu'il n'avait point professé les théories historiques de J.-J. Rousseau, de Raynal ou de l'abbé de Mably, mais celles des Bossuet, des Fénelon, des Lebret, des Daguesseau, il protesta qu'il ne les renierait jamais[1].

Moreau survécut une quinzaine d'années à l'établissement utile qui se personnifiait en lui; il mourut, presque nonagénaire, le 29 juin 1804.

La suppression des dépôts, qui avait été exécutée peu après son départ, arrêta nécessairement le cours des travaux historiques placés sous la direction de la Chancellerie; pendant quarante ans ils furent interrompus, presque oubliés, et la perte fût devenue irremédiable, si l'Académie des Inscriptions et Belles-lettres n'avait enfin pris en main la continuation de toutes ces grandes et utiles entreprises. Grâce à la savante Compagnie, le recueil des *Historiens* et celui des *Ordonnances*, la *Table chronologique des diplômes imprimés*, la collection des *Diplomata et chartæ*, le *Gallia christiana*, s'accroissent chaque jour de nouveaux volumes qui prouvent qu'elle tient à honneur d'achever l'œuvre si brillamment commencée par le XVIIIe siècle.

VII.

LES ARCHIVES ADMINISTRATIVES ET FINANCIÈRES PENDANT LA RÉVOLUTION.

Deux causes distinctes influèrent d'une façon désastreuse sur le sort des archives administratives, lorsque l'édifice monarchique s'écroula : leur extrême subdivision, et la suppression ou la modification des départements ministériels qu'elles représentaient. A ce double titre, le Contrôle général devait souffrir plus qu'aucune autre administration. Nous avons vu en effet que, depuis la Régence, chacun de ses nombreux services, au mépris du système centralisateur établi par Desmaretz, s'était constitué des archives particulières : chez M. de Villiers du Terrage, par exemple, on conservait les minutes des édits, déclarations et lettres patentes rendus en finances depuis 1715; au bureau des Dépêches, les minutes des *Bons du roi* et la collection des copies que l'on appelait *Décisions* ou *Mémoires du roi;* au Trésor royal, les états, les comptes, les journaux et ces fameux volumes magnifiquement calligraphiés, les *Livres du roi;* chez MM. Perrotin de Barmond et Fougeray de Launay, les registres du Contrôle général, dont l'institution remontait au cardinal de Richelieu et même à Henri II; au bureau des pays d'États, une série séculaire de dossiers relatifs à l'administration des provinces qui avaient gardé leurs assemblées délibérantes, dernier attribut d'une ancienne indépendance. Chaque intendant des finances, du commerce, des ponts et chaussées, etc. aussi bien que chaque premier commis, avait son dépôt. Enfin, parmi les soixante et dix « dépôts des bureaux d'administration » dont les relevés officiels de 1789 donnent le détail, on en trouve douze ou quinze qui se rattachent aux finances : amortissements, aides et domaines, brevets, dons et pensions, caisse générale du remboursement, régie des cartes, rentes sur les domaines et bois, commerce, domaines et bois, contentieux du ministère, contrôle général, droits réservés, régie du tabac, commissions ordinaires des finances, etc. sans parler des grandes archives du Conseil, ni de celles des différents trésoriers, fermiers ou régisseurs; tout cela était disséminé dans Paris, et souvent abandonné à des gardiens peu vigilants[2].

[1] *Mémoire pour M. Moreau, historiographe de France, à l'occasion de la séance de l'Assemblée nationale du 14 août 1790*, p. 8 et *passim*.

[2] Voyez le Mémoire de Camus sur les dépôts du département de la Seine et sur leur état au 1er janvier 1789, publié par M. Ravaisson, dans son *Rapport au ministre d'État*, p. 290 à 292; comparez un autre relevé officiel conservé aux Archives nationales, carton M 719.

Un pareil état de choses n'avait pu échapper à la sollicitude des contrôleurs généraux, qui comprenaient si bien l'importance de ces documents. L'un d'eux[1], peut-être Necker, avait conçu un vaste et beau projet : c'était de réunir, non-seulement les collections de Moreau et les minutes du Conseil des finances, du Conseil privé ou de celui de Lorraine, qui formaient autant de dépôts distincts[2], mais aussi tous les papiers et archives de la Maison du roi, des Invalides, des Affaires étrangères, du Trésor des chartes, de la Chambre des comptes, de la Cour des aides et enfin des Fermes générales. Sans doute il s'en fallut de peu que cette centralisation, reconnue indispensable par tous les esprits éclairés, ne se réalisât, en dépit des prétentions réciproques de chaque administration ou de chaque dépositaire[3]. C'eût été le magnifique couronnement de l'œuvre poursuivie depuis cinquante ans par le Contrôle général; mais celui-ci tomba avant que la situation financière eût permis aucune tentative sérieuse. Démembré, réduit à un rôle secondaire, dépouillé de ses attributions les plus importantes par la création du ministère de l'intérieur, le tout-puissant département des finances qui, de Colbert à Necker, avait été le rouage central de l'administration française, n'eut même plus la force de disputer ses propres débris à une destruction imminente.

L'historique de cette période sera lamentable; mais il faut l'aborder avec résignation, faire la part du temps, de la surexcitation des esprits, des difficultés, des dangers et des misères de la situation, puis calculer ce qui nous est resté de ce patrimoine, et nous souvenir, au besoin, que certaines administrations modernes, en plein XIXe siècle, se rendent souvent aussi coupables que les agents du triage révolutionnaire, sans qu'on puisse invoquer pour elles le même bénéfice de circonstances atténuantes[4].

Vers les débuts de la Révolution, entre le mois de mai et le mois d'août 1790, des dispositions favorables et conservatrices s'étaient manifestées dans l'Assemblée nationale. On vit alors le futur fondateur de notre grand établissement des Archives, Camus, proposer, à l'exemple des contrôleurs généraux, de réunir en un seul et même dépôt tous les actes relatifs à l'état ancien de la monarchie ou émanés des Cours et administrations supprimées. Puis, le Comité des finances conclut à ce que tout cet ensemble, considéré au seul point de vue de l'intérêt historique, fût recueilli par le département des Titres et chartes de la Bibliothèque du roi. Mais, dans la même pensée d'économie qui faisait supprimer les travaux de la Chancellerie, l'Assemblée se borna à voter la concentration des cinq dépôts qui représentaient les diverses sections du Conseil, sous la surveillance de la municipalité parisienne et la direction d'un seul garde général. Ce décret (7 août 1790) ne put recevoir son exécution : il trouva des adversaires obstinés, soit dans le sein de la municipalité, soit aux archives mêmes du Conseil des finances, dans la personne du commis Cheyré, chargé, sous MM. Coqueley de Chaussepierre et Boyetet, de l'entière direction de ce vaste dépôt du Louvre. Malgré le texte positif de la loi, malgré les efforts de Danton, qui fit nommer l'avocat Mallet garde général, malgré l'énergie de Camus, qui traîna jusqu'à la

[1] Voyez une note sans indication de date ni de provenance, dans le carton F[4] 1219.

[2] Le dépôt des minutes du Conseil des finances, dont les origines ont été racontées plus haut, occupait huit pièces au second étage du Vieux-Louvre, pavillon de la Tour, et il était sous la garde de MM. Coqueley de Chaussepierre et Boyetet des Bordes. Celui des minutes du Conseil de Lorraine, mis par L'Averdy aux mains de son parent Cochin, était placé rue Hautefeuille, faute d'un local au Louvre. Les minutes du Conseil privé, avec les arrêts rendus en cassation en matière de concessions domaniales, les titres des communautés, etc. se trouvaient dans une maison des chanoines réguliers de Sainte-Croix-de-la-Bretonnerie. Les minutes des arrêts signés en commandement et concernant les provinces formaient une dépendance de la Maison du roi (dépôt du baron de Breteuil), aux Grands-Augustins, sous la garde de Lemaire. Enfin, les papiers du ministère de la Maison du roi relatifs à l'administration générale étaient au Vieux-Louvre, et Leschevin de Précourt en avait la garde. (Voyez le *Rapport de Lofficial à la Convention*, 12 brumaire an II, p. 5 et suiv.)

[3] Une lettre de M. de Marigny au contrôleur général Terray (5 juillet 1770) fait voir que le surintendant des bâtiments reconnaissait la possibilité de créer un dépôt unique de tous les titres de la monarchie et de l'État, et qu'il aurait volontiers assigné un emplacement derrière une des façades de la place Louis XV. (*Pièces justificatives pour servir à l'histoire des Premiers Présidents de la Chambre des comptes de Paris*, n° 866.)

[4] Je suis forcé de revenir ici sur des faits déjà exposés, avec la plus grande compétence et d'après les documents authentiques, par M. Henri Bordier et par feu M. le marquis de Laborde, dans leurs savantes études sur les *Archives de la France*; mais le point de vue sera beaucoup plus spécial et restreint.

tribune de l'Assemblée l'archiviste rebelle, celui-ci tira assez habilement parti de l'antagonisme des départements ministériels pour maintenir indéfiniment le *statu quo* du désordre. De cette rivalité infime résulta une séparation des fonds et des attributions dont les conséquences se feront toujours sentir.

Le Contrôle général n'existait déjà plus lorsque, par une interprétation indirecte de deux décrets du 3 septembre 1792 et du 20 février 1793, Cheyré se fit nommer garde des archives du Louvre, à la place de Boyetet[1]. Bientôt, le ministre de l'intérieur argua de l'impossibilité de réunir les cinq dépôts dans un seul local, pour demander le retrait du décret du 7 août 1790. Comme il le fit observer dans son rapport du 5 mai 1793, il y avait déjà des lois votées, en vigueur, et elles ordonnaient, non pas d'entasser les dépôts confusément, dans un local quelconque, mais d'y faire un triage, d'élaguer, de supprimer tout ce que le nouveau régime rendait *inconvenant ou inutile*, et de remettre le reste aux dépôts particuliers que chaque ministre serait autorisé à former pour son département, sauf les pièces qui pouvaient être considérées comme monuments historiques et que réclamaient les établissements d'instruction publique. C'était six dépôts à établir, en dehors de la Bibliothèque nationale. Aussi la Convention, sur le rapport de Lofficial, recula-t-elle devant la dépense, devant le travail extraordinaire de plusieurs années qu'on lui annonçait, et enfin devant la création de nouvelles places qui ne donneraient « aucun avantage réel pour la République. » Son seul but était de préparer au plus vite, sans frais, la rentrée de tous les domaines nationaux; cependant il lui semblait impossible de réunir entre les mains d'un seul agent des fonds aussi divisés et aussi considérables, en supposant même que la suppression des pièces inutiles les diminuât d'un dixième. Le décret du 12 brumaire an II (2 novembre 1793) ordonna donc un partage en deux dépôts ou sections, dépendant des archives de l'Assemblée, dites Archives nationales, sous les ordres et la surveillance immédiate de l'archiviste de la République, Camus. La première section devait réunir au dépôt de Cheyré les titres, minutes et registres de toute provenance concernant la partie domaniale et administrative, ainsi que les archives accumulées dans les greffes des bureaux des finances; à la seconde section était réservé tout ce qui pouvait, en dehors de la première, intéresser l'histoire, et toute la partie judiciaire et contentieuse des dépôts du Conseil privé, de la Maison du roi ou autres. Il n'était point question, comme on le voit, des papiers restés dans les bureaux mêmes du Contrôle général ou des ministères.

Mallet, qui avait été jadis nommé garde général unique, et qui, depuis un an, remplaçait l'ancien garde du dépôt du Conseil privé (rue Sainte-Croix-de-la-Bretonnerie), se trouvait, par suite de la loi nouvelle, réduit au simple titre de dépositaire de la seconde section, avec un seul commis. Lemaire, garde des Augustins et des Petits-Pères, était mis en non-activité; il mourut peu après. Boyetet, qui avait en vain réclamé contre la promotion de son ancien commis, était considéré comme démissionnaire. Quant à Cheyré, il avait tout pouvoir pour s'installer dans les salles du Louvre dont Chaussepierre avait autrefois disposé au profit de l'Académie des Sciences, tandis que la seconde section se caserait dans les appartements des académies supprimées. La municipalité parisienne rendrait à chaque section les titres, minutes et registres qu'elle avait fait enlever des différents dépôts. Enfin, on devait procéder sans retard à l'évacuation des locaux de la rue Sainte-Croix-de-la-Bretonnerie et de la rue Hautefeuille, les dépositaires faisant le triage « sur l'inspection des liasses et cartons. »

Les Comités, leur rapporteur et l'Assemblée avaient la conviction de faire une œuvre excellente, persuadés que le partage entre les deux collègues s'exécuterait avec autant de facilité que d'intelligence, sauf à échanger ultérieurement les pièces sur lesquelles il y aurait eu erreur dans cette inspection sommaire des liasses. On leur avait d'ailleurs présenté en perspective une économie de 17,000# par an, sans compter les loyers de Sainte-Croix et de la rue Hautefeuille. Mais cette organisation, sans base précise et rationnelle, laissait beau jeu à l'arbitraire pour compléter la destruction déjà commencée depuis 1792.

[1] Il faut reconnaître que vingt-cinq années de service avaient fait de Cheyré un répertoire vivant de ce dépôt.

Le 1er frimaire, les deux archivistes et les commissaires chargés de faire avec eux le triage des titres condamnés à disparaître se mirent à l'œuvre, et ils ne s'arrêtèrent que lorsque la loi du 7 messidor an II changea l'organisation des Archives. Les dépôts dont ils examinèrent le contenu dans cette première période étaient au nombre de sept : 1° Sainte-Croix-de-la-Bretonnerie; 2° le Conseil de Lorraine; 3° la Chambre des comptes (dont l'accès leur fut interdit par le gardien des scellés et par le département); 4° les Petits-Pères; 5° le dépôt de Leschevin, au Louvre; 6° celui du Conseil des finances, dans le pavillon de la Tour; 7° enfin, celui de la Maison du roi, dans l'escalier de la Chapelle.

Le dépôt ministériel des Petits-Pères était le plus considérable; il occupait onze pièces, et l'on peut dire que, par exception, l'ordre et la conservation y avaient été remarquables, jusqu'à l'adjonction subite du dépôt des Grands-Augustins et de divers versements des ministres. Outre les papiers relatifs à l'administration des provinces relevant de la Guerre, la commission y trouva ceux des haras, de la régie des biens des religionnaires fugitifs, du service des écoles vétérinaires, de l'intendance de Paris et des autres provinces du département de la Maison du roi, les liasses du contentieux du Conseil des dépêches, celles des affaires extraordinaires de finance, les papiers relatifs à la Corse, la correspondance et les papiers du ministère spécial de Bertin[1], les liasses de la police et des affaires de Bretagne, les papiers du pays de Dombes, les ordres du roi, des correspondances diplomatiques, etc. Le travail de répartition dura un mois entier, du 7 nivôse au 7 ventôse, et cependant il s'exécutait très-sommairement : Cheyré, devenu prépondérant, se réservait la part la plus considérable de tous ces papiers administratifs; de temps en temps, on feignait de trouver à quelques liasses un air *historique*, pour que Mallet n'eût pas la honte de s'en aller les mains vides[2]. D'ailleurs, les répartiteurs prononçaient le plus souvent, surtout dans les fonds relatifs à l'administration des provinces, l'arrêt de suppression et de destruction. Nous n'avons eu longtemps qu'une idée bien imparfaite des pertes ainsi infligées aux monuments de notre histoire; on a même nié ou discuté les griefs formulés contre le vandalisme révolutionnaire. Mais les documents sont positifs : ils viennent d'être, tout récemment, mis en relief par un écrivain des mieux autorisés sur cette question, et c'est un dossier éloquent par lui-même[3].

On n'en était qu'aux débuts; après les deux gardes des Archives allaient venir une seconde et une troisième catégorie d'opérateurs, l'Agence temporaire des titres et le Bureau du triage. Il faut entendre ce que veulent dire ces dénominations et quelle fut leur vraie portée : cela ne rentre que trop intimement dans l'étude qui nous occupe ici.

La Convention, au 12 brumaire an II, n'avait point voulu d'une commission de triage et de classement, parce que, sans aucun bénéfice, cela eût retardé la réunion des dépôts et la rentrée des domaines aliénés. Mais, peu après, on y revint par le rapport et le décret du 7 messidor an II[4]. Les opérations de triage que ce décret organisa, tout en créant les Archives nationales, tendaient à ne conserver exactement que les pièces utiles au recouvrement des propriétés de l'État, et à anéantir «tout vestige monarchique ou féodal, justement proscrit sous le règne de la liberté et de l'égalité.» En outre, dit une instruction préliminaire arrêtée

[1] Voyez p. XXXI, note 4. Lorsque, en 1786, M. de Vergennes avait pris possession de ces papiers, on y comptait : 15 volumes du cardinal Mazarin reliés aux armes de Colbert, 63 volumes d'arrêts (1710-1759), 12 volumes de dépêches (1727-1756), 7 volumes de secrétariat (1738-1757), 7 volumes d'ordres du roi (1733-1759), 14 portefeuilles concernant la Guyenne, la Normandie, le Béarn, la Champagne et le Berry, 40 cartons de correspondance (1764-1774), 53 volumes ou cartons de la Guyenne, 56 de la Normandie, 10 du Lyonnais, 1 de la Provence (1750-1759), et enfin 19 cartons d'expéditions contre-signées (1734-1759), 8 d'ordres du roi (1733-1755) et 10 de lettres (1750-1759).

[2] Il est facile de constater le procédé, lot par lot, sur le procès-verbal original qui se trouve aux Archives nationales, carton M 718, avec un inventaire des pièces de finances qui allèrent prendre place, comme *monuments historiques*, à la suite du Trésor des chartes. Ceci, c'est ce qu'on a prétendu appeler le «second Trésor.» M. de Laborde (*Arch. de la France*, éd. in-12, p. 160 et suiv. et 368) et M. Jules Tardif (*Cartons des Rois*, not. prélim. p. II) ont dit ce qu'il convient de penser de cette série et de sa composition hétérogène.

[3] Voyez l'article de M. Boutaric sur le *Vandalisme révolutionnaire*, publié dans la *Revue des questions historiques*, octobre 1872, p. 365 et suiv. Cette première partie du travail ne comprend que l'historique de la dispersion des archives politiques, administratives et judiciaires.

[4] Voyez, dans les *Archives de la France*, de M. de Laborde, le texte du rapport, p. 72 et suiv.

par la Commission des décrets et archives, «l'expérience a démontré que presque tous les dépôts sont obstrués de papiers *évidemment inutiles et de rebut.* Leur anéantissement n'a pas eu besoin d'être mentionné par la loi, parce qu'il est d'ordre général... La séparation de ces masses effrayantes, que le commerce réclame comme une matière précieuse dont le besoin est urgent, rendra bien plus facile la suite des opérations... On sent le besoin de jeter promptement au rebut des fatras, des monceaux de cette nature, qui n'attestent que les écarts de l'esprit humain.» Donc, pour ces pièces-là, toute circonspection, tout examen seraient superflus. «L'équilibre légal s'établira de lui-même entre le vandalisme barbare qui voudrait *tout anéantir,* même au détriment des intérêts de la République, et la manie minutieuse de *tout conserver,* qui contrarierait l'intention visible de la loi... Avant l'hiver prochain (dans quatre mois), tous les dépôts publics de titres seront réduits à cet état de simplicité qui en fera la véritable richesse, puisqu'on n'y trouvera plus que matières précieuses, dont ils devront toujours rester composés.»

Les exécuteurs, je veux dire les membres de l'Agence, plus tard Bureau du triage, furent dignes de la législation qu'on avait faite pour eux. Après une descente dans ce dépôt de la Maison du roi dont nous parlions un peu plus haut, voici comment ils résumèrent leur impression, qui devint aussitôt sentence exécutoire : «Matières hétérogènes, superfluités, drogues, amas monstrueux et rebutants!» Aussi, correspondances des provinces, mémoires, dossiers, tout disparut, sauf des fragments presque insignifiants; les registres de la correspondance du Secrétariat furent épargnés, «pour éclairer souvent des doutes,» mais on livra au pilon plus de deux cents milliers de papiers et parchemins de rebut[1]. Pendant un siècle entier, les administrateurs, luttant contre la routine et la négligence trop commune dans les bureaux, n'avaient visé qu'à augmenter le patrimoine héréditaire attaché à leurs fonctions et à grossir ces trésors dont la science économique et gouvernementale devait profiter. Il suffit d'un ou deux décrets et de quelques mois de triage pour disperser tout, sinon pour effacer, comme on l'eût voulu, jusqu'à la trace des progrès obtenus, des améliorations étudiées et préparées par l'administration royale.

Toutefois, il ne faut pas oublier ce qui s'était passé antérieurement : ces mêmes dépôts, sur lesquels s'exerça si cruellement le «zèle estimable» des archivistes, des comités et des agents de triage, avaient été, dès le principe, dès 1792, légalement visités, c'est-à-dire dépouillés, par d'autres commissaires, ceux du Bureau de comptabilité (j'ai signalé ailleurs le rôle de ces héritiers de la Chambre des comptes[2]), ceux de la régie nationale du droit d'enregistrement et des domaines, ceux encore de la municipalité parisienne, qui, par exemple, traitant les Conseils comme une juridiction locale, avaient fait enlever du dépôt de Sainte-Croix les dernières années des greffes du Conseil des finances, des commissions extraordinaires ou du Conseil privé. Le décret du 7 messidor an II eut pour effet de repousser définitivement cette «multitude de coopérateurs qui se croisaient et s'entravaient réciproquement[3];» mais ils avaient laissé derrière eux, soit des vides, soit des indica-

[1] Voyez le rapport présenté à la Commission (Arch. nat. AB v°2), publié par M. de Laborde, p. 274, 359 et suiv. cf. Boutaric, p. 371-374.

[2] *Notice préliminaire,* p. CXXXIV et suiv. en tête des *Pièces justificatives pour servir à l'histoire des Premiers Présidents de la Chambre des comptes de Paris.* — Indépendamment des quelques faits cités dans cette étude, les registres du Bureau indiquent aussi des remises de documents financiers venant d'un premier commis du Trésor, du séquestre des émigrés ou de celui des Fermes générales. Peu s'en fallut qu'en nivôse an III, on ne se fît livrer également, par la Bibliothèque nationale, les précieux papiers de l'Agence générale du clergé, sous prétexte d'y chercher des pièces de comptabilité que la Bibliothèque refusait.

Parmi les dépouilles que s'appropria le Bureau de comptabilité, nous ne pouvons oublier le dépôt des registres du Contrôle général, qui était resté provisoirement sous la surveillance de ses deux anciens gardes, MM. Perrotin de Barmond et Fougeray de Launay. (Décrets du 21 juillet 1790 et du 24 avril 1793.) L'article 120 de la loi du 24 août 1793 et le décret du 3 ventôse an II attribuèrent le dépôt au Bureau, à charge de conserver les anciens commis, seuls capables de manier les registres. Mais la translation dans les locaux de la Chambre des comptes offrit sans doute des difficultés, puisqu'un nouveau décret, du 12 fructidor, nomma un commissaire pour faire le triage, et probablement détruire ou vendre l'excédant de registres. Ceux qui furent recueillis par le Bureau de comptabilité et, plus tard, transmis à la Cour des comptes, ont échappé à l'incendie de 1871; c'est une des rares épaves que la juridiction suprême des finances ait sauvées du désastre.

[3] Rapport de Lofficial à la Convention, 12 brumaire an II.

tions de *bon à supprimer;* les agents du triage se crurent tenus de suivre la même voie. Ne pouvait-on pourtant attendre autre chose de gens instruits, qui, pour la plupart, avaient servi dans l'ancienne administration et même dans ses archives? Bouyn et Blondel étaient de la Maison du roi; Mallet sortait des archives du Conseil; Villiers du Terrage avait dirigé, comme premier commis, un des plus importants bureaux du Contrôle général. «Intelligents, actifs, appliqués, habiles,» comme les représente Camus, ils se trouvaient maîtres absolus de la situation. Un de leurs premiers soins fut de constater l'étendue du mal consommé avant eux[1]; mais, sur beaucoup de points, leurs opérations furent-elles plus justifiables que le «terrorisme» et le «vandalisme» qui les avaient précédés? Par malheur pour eux, les procès-verbaux existent encore, avec les comptes décadaires que leurs diverses sections rendaient au Comité des décrets et archives : au milieu du fouillis des articles mis au rebut, on distingue trop de séries de la première importance pour que nous puissions, ici, adoucir la sévérité du verdict déjà rendu au nom de l'histoire et de l'administration[2].

Au Louvre, dans ce dépôt du Conseil des finances dont les richesses étaient, avant la Révolution, si utiles au public[3], ce fut la préoccupation des intérêts domaniaux, singulièrement placée en cet endroit, qui sauva l'immense collection de minutes d'arrêts, registres ou cartons; elle fut recueillie par les Archives nationales[4]. Mais là aussi se trouvaient des masses de titres concernant les biens de l'État, les dossiers des taxes et des liquidations domaniales, les règlements sur les monnaies, les titres des bois des communautés, «et beaucoup d'autres monuments relatifs aux finances.» Les commissaires du Bureau de comptabilité, en enlevant ce qui concernait le Trésor royal, avaient condamné par avance le reste; le Comité des archives n'y trouvait rien non plus qui pût servir; l'Agence du triage se prononça catégoriquement quand elle eut pénétré dans ces treize grandes salles du Louvre, remplies jusqu'au comble, sans un espace pour placer la moindre table ni un rayon de jour pour éclairer les travailleurs[5]. Incapacité ou négligence, Cheyré, qui se vantait si volontiers de maints services rendus à l'Assemblée et au pays, ne sut point guider les agents dans ce qui leur sembla un «labyrinthe encombré de drogues, de superfluités, de fatras!» Aussi l'heure de l'exécution ne tarda pas à sonner : en ventôse an v, après plusieurs conférences avec le Bureau de comptabilité, avec le ministère des finances, on anéantit les états au vrai des domaines, bois et postes antérieurs à 1759, et l'on mit au rebut une immense quantité de demandes, de procédures, de pièces de tout genre relatives à des contestations domaniales, surtout en matières de mines, de forêts, de douanes, d'amendes, d'offices, etc.[6]

A la Chancellerie, voici le bilan des opérations : le dépôt du greffe (aux Célestins), sauvé; celui des archives des gardes-rôles (aux Cordeliers), détruit ou dispersé; détruite aussi la collection des registres des grands audienciers, qui suppléaient ceux du Trésor des chartes depuis le XVIe siècle; détruite enfin la correspondance ministérielle[7].

[1] Dans un rapport présenté à la fin de l'année 1795, ils s'expriment ainsi : «Les précédents décrets sont si variés dans leurs dispositions; les administrations qui ont eu et qui ont besoin de titres pour leurs opérations, et qui se sont crues autorisées en conséquence à enlever des dépôts entiers, ont été si multipliées; le terrorisme enfin et le vandalisme se sont portés à de si grands excès, que toutes les archives de la République en ont prodigieusement souffert; elles ont été pillées, promenées, disséminées, brûlées, barbouillées d'encre, déchirées, vendues sans choix et sans discernement, avec une fureur extrême et un goût décidé pour la destruction, jusqu'au Trésor des chartes...» (Arch. nat. AB ve 2.)

[2] Dans un arrêté du 5 juin 1795, reproduit par M. Bordier, *Archives de la France*, p. 330, on voit figurer aux pièces de rebut la correspondance des intendants de Limousin ou de Bourgogne, les états et mémoires relatifs au transport des matières métalliques, aux tontines, aux cartes à jouer, etc.

[3] Il était ouvert deux fois par semaine. Voyez l'*Almanach royal*.

[4] Voyez l'*Inventaire sommaire et tableau méthodique des fonds conservés aux Archives nationales* (1871), col. 37-42.

[5] Il faut lire le rapport déjà cité de Lofficial pour comprendre et l'importance de ces dépôts et l'embarras des juges appelés à décider en toute incompétence. Aussi les législateurs eurent-ils l'idée singulière de mettre sous l'autorité d'un comité des domaines et d'attribuer à une section domaniale des archives où dominaient presque exclusivement les matières judiciaires et administratives.

[6] Rapport de l'an v, publié par M. Boutaric; rapport de Camus, imprimé par M. Ravaisson, p. 344.

[7] Sur ce dernier objet, Camus se contente de dire : «Au nombre des papiers de la Chancellerie était la correspondance tenue par le chancelier et le garde des sceaux avec les différents tribunaux, correspondance dont les objets peuvent se rapporter à toutes les branches de l'administration judiciaire. Une multitude d'actes de cette correspondance

Nulle part, l'administration des finances ne fit des pertes aussi regrettables qu'aux Petits-Pères. Parmi les dépôts ministériels qui s'étaient établis, depuis le règne de Louis XIV, dans les annexes de ce couvent, ceux du domaine et des eaux et forêts, placés sous les ordres du commis Angebault, renfermaient les dossiers des deux administrations jusqu'à l'année 1784 et les papiers de MM. de Beaumont et de Bonnaire de Forges, intendants des finances. Dès l'an II, la régie nationale de l'enregistrement y avait envoyé une section d'employés prendre possession et faire l'inventaire de rigueur[1]; on avait alors décomposé le classement par généralités et réparti les documents selon l'ordre nouveau de départements et de districts, en laissant à part les pièces «jugées inutiles.» Quand vint à son tour l'Agence du triage, au mois de frimaire an III, ses délégués constatèrent la nature domaniale du dépôt et la nécessité de le transférer en un lieu plus sûr. On porta au Louvre, chez Cheyré, une bonne partie des papiers du domaine, environ cent volumes, registres ou portefeuilles, et deux mille liasses des anciennes généralités, dont plus d'un tiers avait été mis au rebut par la régie[2]. Mais les commissaires de l'Agence supprimèrent (ce sont les termes d'un rapport officiel) beaucoup de pièces réservées «avec des connaissances trop superficielles,» et condamnèrent à peu près tout le dépôt des eaux et forêts. «Le nombre des cartons et liasses qui renferment ces papiers est considérable, disaient-ils; mais nous avons lieu de croire que l'opération du triage sera rapide, parce qu'il n'y aura guère à conserver que les procès-verbaux d'arpentage des bois et les plans qui y seront relatifs[3].»

Un des rapports constate la destruction, en un seul mois[4], d'une «multitude» de liasses relatives aux impôts de toute nature, aux établissements domaniaux dans les Flandres, aux juridictions domaniales de la Franche-Comté, aux forges, aux moulins, aux droits d'usage, aux coupes et réserves des bois des communautés, aux relations des ponts et chaussées avec les maîtrises des forêts, aux ventes des bois de l'État, aux droits des fermes, au contrôle des actes, à la formule, à tous les droits domaniaux et locaux, sans compter un fonds entier du XVIe siècle sur la maison du roi et l'administration royale en Normandie. Il est vrai que le rapport se termine par cette phrase : «Nous vous observons, citoyen représentant, que nous avons conservé tous les titres et renseignements utiles qui devront rester dans les dépôts.» Les pièces de rebut, «dont il était bon de se désencombrer,» furent «mises sur-le-champ à la disposition de la Commission exécutive d'agriculture et des arts, pour les faire enlever le plus tôt possible et les livrer à la refonte, sans les rendre au commerce dans leur état actuel.» Ces destructions s'exécutèrent partout avec une telle activité, qu'il vint un moment où les salles du Louvre se trouvèrent presque vides[5]. Le Bureau du triage en profita pour envoyer des lots tirés des autres dépôts, après y avoir établi «l'ordre le plus convenable, arrêté sur un mûr examen entre les membres du Bureau et Camus.» Mais une hostilité désastreuse régnait alors entre l'archiviste de la République et Cheyré; celui-ci affecta de méconnaître le prétendu classement, et, au lieu de faire les inventaires qu'on lui demandait, il se hâta de tout bouleverser. Du reste, avouons-le, l'ordre n'était point facile à mettre dans des versements qui parfois comprenaient plus de quarante mille pièces, se décomposant ainsi : 1° titres et papiers de la Chambre des comptes et du Bureau des finances; 2° partie des papiers de la régie faite par les inspecteurs des domaines; 3° manuscrits du chancelier Séguier; 4° papiers des intendants et des commissions du Conseil, relatifs à l'aliénation ou l'engagement des domaines; 5° minutes du Conseil concernant les aliénations domaniales, de 1619 à

traitait ou d'affaires terminées depuis longtemps, ou de questions qui ne peuvent plus se renouveler dans notre constitution actuelle. Ils ont été supprimés, aussi bien qu'une infinité de demandes de grâces, de privilèges, de mémoires présentés par des plaideurs, de discussions de tribunal à tribunal; mais on a conservé quelques mémoires bien faits sur des points de législation ou d'administration qui peuvent intéresser encore.» (Rapport, *loc. cit.* p. 370.)

[1] Inventaire du 1er pluviôse an II; Arch. nat. M 718.

[2] Rapport de Villiers du Terrage, 18 fructidor an III.

[3] En effet, on conserva quelques manuscrits sur vélin, du temps de Charles IX, avec plans enluminés représentant les forêts de Normandie. L'un de ces volumes est exposé au Musée des Archives nationales, n° 676.

[4] Rapport des citoyens Mars, de Villiers et Bouyn à Camus, 3 prairial an IV; Arch. nat. AB V[e] 2. Comparez les rapports successifs de Camus, 1er frimaire an IV, 1er prairial an V, an VI, etc.

[5] C'est l'expression de Camus, dans un des rapports annuels qui ont été imprimés.

1724; 6° papiers des apanages; 7° titres des communautés séculières ou régulières de Paris; 8° correspondance des ministres avec les intendants, sur les terrains vagues, marais, places, etc. 9° papiers du dépôt des eaux et forêts et du domaine national; 10° enfin, «tous les mémoires et projets sur différentes parties d'administration et d'économie que l'oubli ou les conjonctures avoient laissés confondus dans les autres papiers, où ils seroient demeurés ensevelis pour jamais[1].»

Tantôt le Bureau du triage envoyait à Cheyré les rôles et comptes des taxes domaniales, des parties casuelles ou du huitième denier; tantôt, six ou sept cents registres d'arrêts rendus en commandement par les secrétaires d'État[2], ou les minutes des arrêts du Conseil, avec quatre cent dix répertoires, quarante-neuf plumitifs, etc. qui avaient été attribués par erreur à la section de Mallet. Une fois, Villiers du Terrage offre les dépouilles de son ancien bureau du Contrôle, soixante-quatre volumes d'arrêts rendus au rapport du contrôleur général (1733-1791) et six volumes d'édits, déclarations, etc. de même provenance, avec les notes y afférentes (1775-1791)[3]. Une autre année, sur l'invitation du ministre des finances, le Bureau du triage fait réunir à ce qui subsiste des eaux et forêts les papiers séquestrés chez le grand maître de Normandie et ceux qu'on pourra trouver chez ses collègues. En l'an VIII, Cheyré remet lui-même au dépôt domanial les papiers des commissions d'aliénation ou les documents relatifs aux lais et relais et aux rivières navigables[4].

Ces détails font comprendre dans quelles conditions l'établissement des Archives nationales hérita des premières dépouilles de notre administration financière : sans qu'on puisse se consoler de tant de lacunes, le désordre originel nous permet d'excuser l'état actuel de plusieurs séries, où toute la bonne volonté, toute la science et la sagesse de la Direction générale ne sauraient que très-lentement faire la lumière et débrouiller le chaos. Le mal s'aggravait d'ailleurs par l'intervention intéressée des départements ministériels substitués au Contrôle général. Celui-ci avait disparu par l'effet de la loi du 27 avril-25 mai 1791. Au ministère de l'intérieur, — création nouvelle qui combinait une partie des attributions du Contrôle avec le département administratif de la Maison du roi, — M. de Lessart, ancien contrôleur général[5], emporta les mines, les ponts et chaussées, les travaux publics, la navigation, la surveillance des établissements publics, hospices, etc. l'agriculture, le commerce de terre et de mer, la pêche, l'industrie et les manufactures. Au ministère des contributions et revenus publics, — qui devait devenir ministère des finances le 10 vendémiaire an IV, — on laissait l'assiette de l'impôt, la répartition et le recouvrement des contributions directes, la surveillance de l'emploi des deniers, la perception des contributions indirectes, la conservation et l'administration économique des forêts, domaines et propriétés de l'État, la direction des Monnaies et de tous les établissements, régies et entreprises, tels que les postes et messageries, susceptibles de rendre une somme quelconque au Trésor public. Chacun prit les archives courantes de ses bureaux; mais en outre, dès l'an IV, le Bureau du triage fit décider que le même partage, réserve faite des papiers domaniaux, porterait sur les parties des dépôts administratifs non mises au rebut. Par conséquent, l'Intérieur devait recevoir tout ce qui intéressait l'agriculture, le commerce, les subsistances, les manufactures, les haras, les travaux publics, etc.[6]

[1] Arch. nat. AB v^e 2; lettre écrite par Cheyré, au nom de l'Agence temporaire.

[2] C'est en l'an III et à titre provisoire que Cheyré obtint cette importante remise, dont l'état est conservé dans le carton M 719. Les registres ainsi sauvés représentaient, selon l'expression de Camus, tout le travail des bureaux ministériels pendant deux siècles, en matière de législation, de finances, de sciences et d'arts.

[3] Arch. nat. M 719. L'inventaire détaillé est écrit par Villiers lui-même.

[4] Arch. nat. M 715; état sommaire du 17 pluviôse an VIII.

[5] M. de Lessart fut successivement ministre de la Maison du roi, des contributions publiques, de l'intérieur, et enfin des affaires étrangères.

[6] Arch. nat. AB v^e 2, et rapport de Camus, *loc. cit.* p. 349-350. Le citoyen Vallée, membre du bureau du commerce près le Comité de salut public, ayant pu recueillir près de cent mille pièces sur le commerce, qui avaient dû jadis former le dépôt projeté par Necker, les joignit aux cartons du Comité du commerce et du Comité de salut public, et en forma un fonds, que le public, par arrêté du 14 germinal an III, fut admis à consulter. Peu après, ce service fut réuni au ministère de l'intérieur. Comme l'entrée des bureaux était interdite, Vallée, devenu garde général, proposa d'ouvrir son dépôt un jour par décade, ou du moins de donner des billets d'admission aux demandeurs intéressés. C'était l'ancien projet de Necker. (Arch. nat. F^{10} 216.)

Que restait-il pour le ministère des finances, puisque les Archives nationales s'attribuaient, comme pièces historiques, les propositions et mémoires relatifs aux systèmes de finances, aux impositions, aux monnaies, à la comptabilité, etc. et le reste comme pièces domaniales; que le Bureau de comptabilité avait fait main basse sur les pièces du Trésor, sur les registres du Contrôle général, sur les papiers des Fermes, sur les documents de finance saisis chez les émigrés; que les minutes du Conseil des finances avaient eu la première place dans la prétendue section domaniale, et qu'enfin la Bibliothèque nationale avait de son côté le droit de réclamer les «chartes ou manuscrits appartenant à l'histoire, aux sciences et aux arts, ou pouvant servir à l'instruction?» A peine voyons-nous, en une occasion, les Finances partager avec l'Intérieur les papiers confisqués chez le contrôleur général Lambert[1]; une autre fois, elles se firent restituer quelques documents par le Dépôt général de la guerre, mais en lui permettant d'enlever les articles à sa convenance dans les bureaux du Domaine national[2]. Des cessions analogues furent faites aux Relations extérieures, à la Marine[3]. Ce dernier département s'enrichit ainsi des dossiers concernant l'administration financière ou commerciale de la Compagnie des Indes et des colonies d'Asie ou d'Amérique; ils s'étaient trouvés, dans un des dépôts du Conseil, à côté des volumes des haras, des rapports du contrôleur général au Conseil des finances, des doubles d'arrêts rendus sur ces rapports, et d'autres documents financiers du plus haut intérêt[4].

Je n'ai point jusqu'ici parlé des papiers des Fermes générales ou des grandes compagnies placées sous la tutelle du Gouvernement. Leur destinée fut au moins aussi triste que celle des archives de l'administration financière; la responsabilité retombe presque entièrement sur ce Bureau de comptabilité dont nous avons déjà constaté la déplorable intervention. Par la loi du 17 germinal an II, il avait été dit que les papiers de cette catégorie, utiles au travail de la liquidation, seraient transférés, sous dix jours, au Bureau de comptabilité. L'opération, organisée immédiatement, produisit tout d'abord la suppression d'une partie des papiers de la Compagnie des Indes, le reste devant être transporté dans les archives de la comptabilité ou à Lorient, afin de servir au règlement des comptes. Pour les papiers des Fermes, lorsque le Bureau fut chargé de fournir les éléments du procès des fermiers généraux, on lui permit de retirer quelques cartons restés au greffe du tribunal révolutionnaire et de rechercher partout — jusque dans les dossiers du Contrôle général — ce qui pouvait faire preuve, comme états, calculs, décisions, etc.[5] Mais que devinrent les archives mêmes, si importantes au dire de Camus[6]? Une supplique des régisseurs au ministre des finances nous raconte leur odyssée. Cette pièce est datée du 6 brumaire an V; elle débute par des considérations fort intéressantes sur la nécessité absolue de conserver les papiers, soit au point de vue de la comptabilité arriérée, des discussions contentieuses et de la prescription trentenaire, soit à celui de la liquidation des retraites et cautionnements des employés. Puis, les régisseurs ajoutent :

«Après avoir, depuis cinq ans, déménagé ces papiers de la maison Wittemer, rue Coquillière, de celle de

[1] Rapport de Camus, p. 353.

[2] Dans ce lot se trouvaient une partie des papiers de l'artillerie, service qui, au point de vue financier et en raison de la vénalité des charges, avait dépendu du Contrôle depuis Louis XIV; nous avons encore les liasses relatives à l'administration de Pontchartrain, Chamillart et Desmaretz.

[3] Arch. nat. M 719.

[4] *Ibid.* M 715. Voyez le compte rendu du Bureau du triage (fructidor an VIII), cité par M. de Laborde, p. 369.

[5] Ce fut à l'aide de ces documents que le Bureau commença, le 11 vendémiaire an IV, la procédure que l'on espérait faire aboutir à une restitution fructueuse.

[6] Camus dit, dans son Mémoire : «La correspondance de la compagnie des fermiers généraux avec les employés dans les provinces était immense. Il faut y joindre les pièces de la comptabilité, qui n'étaient pas moins nombreuses. On conservait à l'hôtel des Fermes les papiers qui avaient rapport à l'exploitation en général et à celle des derniers baux en particulier. Les papiers plus anciens étaient transportés dans des salles dépendantes du couvent des Jacobins, rue Saint-Honoré, et ce dépôt était appelé *Archives de la Ferme générale.* Après une révolution de plusieurs baux, les papiers étaient vendus et remplacés par ceux qui arrivaient de l'hôtel des Fermes. Tel était l'état des choses, lorsqu'un arrêt du Conseil du 9 janvier 1780 divisa la Ferme générale en trois compagnies : ferme générale, régie générale et administration des domaines. Chacune eut, à compter de cette époque, ses archives séparées.» (Ravaisson, p. 309.) Les règlements ordonnaient de conserver tous les registres et documents de chaque ferme pendant les dix ans qui suivaient l'expiration du traité.

la Régie générale, rue de Choiseul, et de celle des Domaines, rue Vivienne, et postérieurement de chambre en chambre à la maison des Fermes, au gré des besoins des diverses autorités qui se sont disputé le droit de disposer de cette localité après le massacre des fermiers généraux, on était enfin parvenu à rassembler et à entasser ces divers papiers dans l'aile gauche de la maison des Fermes, depuis la rue de Grenelle jusqu'à celle du Bouloi. Mais, cette maison venant d'être vendue, comme bien national, au citoyen Saint-Simon, cet acquéreur a fait signifier par huissier aux gardiens desdits papiers qu'ils eussent à lui rendre libre ce local au 1er janvier prochain, 11 pluviôse an v[1].»

Conformément à la proposition des régisseurs et à l'avis des ministres de l'intérieur et des finances, le Bureau du triage dut sacrifier tout ce qui était antérieur au 1er octobre 1762 «et tout ce qui, dans les temps postérieurs, ne serait pas utile à conserver, soit pour la comptabilité, soit pour le contentieux, soit enfin pour les Archives du Louvre.» Cette mesure fut appliquée également dans le dépôt de la rue de Grenelle-Saint-Honoré et dans celui des «papiers anciens» de la Ferme, qui avaient été primitivement envoyés au Palais-Royal; le ministre de l'intérieur eut ordre de livrer les dossiers aux Arts et manufactures, pour les «repasser sous le cylindre.» Le reste fut partagé entre les agents des trois compagnies ou réclamé par le Bureau de comptabilité[2]. Ainsi se consomma la destruction d'un fonds qui, comme intérêt, comme utilité, est constamment regretté; ce qui le représente aujourd'hui aux Archives nationales ne donne qu'une idée fort imparfaite de son ancienne importance.

En somme, et bien que les Finances fussent chargées, depuis le 20 prairial an IV, de la surveillance du triage au point de vue des intérêts domaniaux, elles n'eurent qu'une part insignifiante dans ces dépouilles qui représentaient tout leur passé; mais notre ressentiment d'avoir été aussi complétement frustrés se trouve atténué aujourd'hui par le souvenir de désastres plus récents, qui n'eussent rien épargné.

VIII.

LES PAPIERS DE FINANCES AUX ARCHIVES NATIONALES. — L'ANCIEN DÉPÔT DU CONTRÔLE GÉNÉRAL.

On a vu, dans les pages précédentes, comment les Archives nationales ont formé, telles qu'elles existent encore aujourd'hui, les deux grandes séries du Conseil et du Domaine, ainsi que les mélanges administratifs de la section historique[3]; on a constaté que l'ordre et le système n'avaient pu compter pour rien dans cette classification : il en fut à peu près de même pour les restitutions faites plus tard par le ministère de l'intérieur, quoique les dossiers anciens eussent été assez soigneusement recueillis, sinon bien classés, depuis le démembrement du Contrôle[4].

Peu de temps avant la création du département des manufactures et du commerce, dans les premiers mois de l'année 1811, le ministère débuta par rendre aux Archives de l'Empire quelques séries du Contrôle général qui ne lui semblaient plus nécessaires, eu égard à la nouvelle organisation administrative : c'étaient les papiers du bureau des pays d'États, ceux de la comptabilité, des haras, des écoles, de l'agriculture, certaines suites d'arrêts ou de minutes d'arrêts, la correspondance des derniers contrôleurs généraux ou de leurs premiers commis, etc.[5] Un versement subséquent, en octobre 1813, vint s'adjoindre aux papiers des pays

[1] Arch. nat. M 719.

[2] Voyez le rapport de Camus, p. 356 et 357.

[3] Séries E, Q et K. Voyez le *Tableau systématique des fonds* dressé par Daunou en 1811, ou l'inventaire récemment publié.

[4] Dans une liasse de cette provenance, F[12] 1447, on trouve une note ainsi conçue : «Laisser sans les classer les dossiers ci-dessous, comme antérieurs à la division départementale.»

[5] États des mois d'avril et de juin 1811; Arch. nat. M 719.

d'États[1]; mais en même temps arrivèrent les dossiers de la nouvelle administration qui fonctionnait depuis 1790, et leur mélange avec ceux de l'ancien régime eut, au point de vue du classement rationnel, des inconvénients difficiles à réparer. Les Archives se trouvèrent impuissantes contre le mal. La série intitulée *Administrations locales* (lettre H) ne reçut que les documents antérieurs à la Révolution et relatifs à l'administration des provinces ou à celle de la ville de Paris; la série G, des *Administrations spéciales*, ne se composa également que des papiers de la liquidation et de ceux qu'on avait sauvés de la Ferme ou des Eaux et forêts (deux cartons seulement), de la Loterie, de l'Amirauté; en revanche, la série F, placée sous la rubrique *Ministères*, se ressentit à elle seule plus que toutes les autres de l'application des nouvelles divisions ministérielles à des fonds tantôt antérieurs et tantôt postérieurs à 1791[2]. Le nouveau ministère des finances n'y fut représenté que par deux cartons de finances en général et sept cents registres d'assignats; mais, sous la rubrique secondaire de *Ministère de l'intérieur* et sous ses neuf subdivisions[3], se dispersèrent les papiers de plusieurs services du Contrôle général, dans lesquels on avait, à peu près, substitué l'ordre des départements à celui des provinces, et qui se trouvaient confondus, depuis les vingt dernières années, avec les dossiers du service courant. Si ce système avait pu être avantageux pour les bureaux de l'Intérieur, on conçoit aisément qu'il était incompatible avec les procédés scientifiques de l'établissement qui héritait d'eux et où l'ordre n'eût dû reposer que sur la séparation de deux régimes entièrement distincts. Mais il fallut provisoirement accepter les versements tels qu'ils se présentaient, et tels qu'ils se renouvelèrent chaque fois que le ministère de l'intérieur ou les départements formés successivement à ses dépens jugèrent opportun de dégager leurs dépôts. C'est ainsi que la série H, qui avait échangé son titre primitif et inexact contre celui d'*Administrations particulières*, s'accrut du fonds si important des Péages et des papiers des intendants ou des commissaires du Conseil chargés de cette longue et difficile liquidation. A la série G s'ajoutèrent quelques papiers de la Ferme générale et ceux de la succession Law. Presque toutes les subdivisions de la série F, agriculture, commerce, bureau central des ponts et chaussées, travaux publics, etc. s'augmentèrent dans d'énormes proportions. Durant vingt années, ces versements continuèrent à affluer vers les diverses sections des Archives. En 1831, l'administration des ponts et chaussées restitua une collection d'arrêts du Conseil relatifs aux mines; le ministère de l'intérieur se débarrassa de près de deux cents liasses d'agriculture et envoya encore l'année suivante trois cents liasses d'affaires communales rangées par départements; peu auparavant, le ministère des travaux publics en avait versé cinq cents environ, qui étaient relatives aux affaires provinciales, à l'agriculture ou aux comptabilités générale et départementale. En 1834, la section historique, qui, nous l'avons vu plus haut, avait hérité des dossiers de finances considérés comme les plus curieux par les agents du triage, reçut quelques liasses de statistique des anciennes généralités[4]. Après un nouvel envoi de matières diverses venant de l'Intérieur, on vit arriver l'un des fonds les plus importants qui se rattachaient avant 1791 au Contrôle général, celui des ponts et chaussées, régulièrement classé par cette administration dans son dépôt de la rue Hillerin-Bertin. Enfin, deux derniers versements vinrent du ministère du commerce (bureau des manufactures), en 1838, et des Travaux publics (navi-

[1] Arch. nat. M 719.

[2] Voyez le *Tableau systématique* de 1811.

[3] Il n'est pas inutile d'indiquer ces subdivisions et l'importance de chacune : 1° Correspondance avec les administrations locales, par ordre alphabétique de départements, circulaires, nominations, etc. 1-1424; 2° Agriculture, économie rurale, 1425-1789; 3° Subsistances, 1790-2087; 4° Commerce, 2088-2537; 5° Arts et manufactures, 2538-2806; 6° Travaux publics, bâtiments civils, prisons, 2807-3570; 7° Secours, hospices civils, ateliers, 3571-4321; 8° Comptabilité, liquidation et mélanges, 4322-4872; 9° Mélanges, 4873-5049.

[4] Les documents financiers de cette série (lettres K et KK) sont placés sous les rubriques *Lois et coutumes* et *Villes et provinces*. Ils sont de tous les temps et de toutes les provenances; à côté des pièces tirées de divers dépôts administratifs, on en trouve qui ont été acquises à la vente de Monteil ou extraites des papiers séquestrés chez les émigrés. Je signalerai les instructions données aux premiers intendants, sous Louis XIII; une petite liasse de précieux mémoires autographes de Colbert; les minutes des mémoires de Moreau de Beaumont; les rapports de Silhouette, L'Averdy, Calonne et Necker; les traités de Law et ceux des frères Paris; quelques mémoires de Turgot; des papiers du fils Clautrier, de M. de Villiers, ou de Delacroix, receveur général sous Louis XIV; quelques volumes sur les rentes, le domaine, les monnaies, les forêts, la famine de 1709; une copie des mémoires dressés pour le duc de Bourgogne, etc.

gation des rivières), en 1847. Dans de pareilles conditions, les Archives pouvaient-elles retrouver la classification exacte des fonds ainsi morcelés et rendre l'unité à toutes ces séries irrégulières où il nous faut aujourd'hui rechercher la suite et le complément du fonds proprement dit des Papiers du Contrôle général ?

Ceux-ci, depuis 1790, étaient restés dans les dépôts secondaires de l'ancienne Bibliothèque du roi. Remarqués et signalés à plusieurs reprises par les directeurs, ils eussent cependant couru des chances de destruction totale, si l'attention d'un administrateur vigilant n'avait été plus particulièrement éveillée par la rencontre des deux volumes de l'inventaire que Tuffereau avait exécuté pour Desmaretz, en 1715 [1]. Les ordres nécessaires furent donnés aussitôt pour arrêter les progrès d'un mal qui tenait à la fois au bouleversement des papiers et à leur entassement dans un local peu convenable [2]; mais il semblait difficile de les utiliser, et l'on reconnaissait surtout que la nature de ces dossiers administratifs ne permettrait jamais leur fusion avec les collections du Cabinet des manuscrits. D'autre part, le ministère des finances n'avait point de renseignements assez précis sur la nature de ces documents, et il lui manquait les ressources nécessaires pour tirer parti d'une masse informe et d'apparence rebutante. La Bibliothèque profita donc d'une occasion favorable, et céda aux Archives non-seulement les papiers du Contrôle général, qu'on évaluait, avec quelque exagération, à six mille cartons, mais aussi ceux de l'Agence du clergé, qui en étaient venus à ne faire qu'un seul bloc avec les liasses de finances [3]. Les uns et les autres furent compris dans l'échange qu'autorisa entre les deux établissements l'arrêté du ministre d'État du 19 avril 1862, et le dépôt de Desmaretz revint enfin dans le voisinage des autres archives du Contrôle général. Des versements ultérieurs ont achevé cette utile opération, en réintégrant dans leur place légitime un certain nombre de liasses qui avaient échappé à la réunion [4]. Toutefois l'échange n'a pas eu d'effet rétroactif pour les documents extraits de la masse à des époques indéterminées et versés dans les diverses séries de manuscrits français. Une recherche longue, minutieuse, pourra seule faire connaître un à un les articles qui ont eu ce sort, et qu'il n'a pas paru possible de restituer comme les deux volumes de Tuffereau. Tantôt ce sont des autographes de personnages célèbres [5], tantôt des registres de copies ou de mémoires (le fonds en comprenait quelques centaines), tantôt une suite de documents dont l'ensemble avait été sans doute moins mal traité que celui des autres liasses. Il est des pertes plus graves et presque irréparables : beaucoup de détournements, qui remontent peut-être au siècle dernier, ont mis en circulation et dispersé dans les cabinets des amateurs ou des spéculateurs nombre d'autographes précieux et de dossiers importants [6].

[1] Ces deux volumes in-folio, en raison de leur bonne conservation, avaient été d'abord placés dans les manuscrits du Supplément français, n° 4740, puis classés à deux reprises différentes dans la série des Catalogues, sous les nos 205[4] et 193.

[2] Rapport de M. Taschereau, administrateur-directeur, du 25 décembre 1854.

[3] Ravaisson, *Rapport au ministre d'État*, p. 29. — La portion distincte des papiers de l'Agence comprenait 106 liasses et 2,580 registres. Ce fonds magnifique, dont le classement et l'utilisation sont à désirer, avait failli, en 1795, tomber entre les mains des commissaires du Bureau de comptabilité; heureusement, on ne put trouver nulle part les quatre voitures nécessaires au transport.

[4] Le dernier versement s'est composé en majeure partie des papiers de la régie des droits du roi dans les Pays-Bas espagnols pendant l'occupation française de 1744. Ils avaient été rendus par l'Autriche à la suite du traité de 1769, et joints alors aux dépôts du Contrôle général. (Arch. nat. K 1339, n° 137; lettre de M. d'Aiguillon, ministre des affaires étrangères.) Voyez, sur ce fonds, M. Léopold Delisle, *le Cabinet des manuscrits*, t. Ier, p. 418 et 419.

[5] Voyez le recueil coté Fr. 12762 à 12765. On y trouve plusieurs lettres adressées à M. de Pontchartrain.

[6] Peut-être les autographes que je viens de signaler dans un recueil spécial de la Bibliothèque ont-ils été acquis aux ventes publiques. En effet, des lettres absolument analogues sont bien connues aujourd'hui par les catalogues particuliers : celles du marquis Charles de Sévigné à M. de Pontchartrain se trouvent entre les mains de MM. A. de Gallier et Chambry; une lettre du comte de Grignan à M. le Rebours, l'un de nos intendants des finances, avait été recueillie par M. Monmerqué; le catalogue de Trémont renferme une de ces lettres que la malheureuse duchesse de Portsmouth écrivait tous les mois à Desmaretz. Une dépêche de M. de Saint-Maurice, commissaire général des monnaies, adressée au même Desmaretz, et un long mémoire sur les poursuites qu'il dirigea contre les faux monnayeurs du Midi, de 1710 à 1713, ont été publiés en 1835 dans la *Revue rétrospective* (2e série, t. III, p. 94-119); ces deux pièces viennent évidemment des dossiers considérables que renferme encore notre fonds, aussi bien que certaines lettres d'intendants à Colbert, qui sont insérées dans un recueil récemment entré à la Bibliothèque (mss. Nouv. acq. fr. 207). On pourrait, avec de la

IX.

LE MINISTÈRE DES FINANCES, SES ARCHIVES ET SES PUBLICATIONS.

Lorsque l'ordre et la centralisation eurent fait disparaître les créations transitoires des temps agités, lorsque les calculs de caisse ne primèrent plus exclusivement les questions administratives, le département des finances dut sentir vivement la perte de tous les documents anciens qui eussent facilité son œuvre de restauration. Regrets stériles! le passé n'existait plus qu'à l'état de traditions, et les quelques documents administratifs que le Ministère avait reçus étaient plus propres à constituer une bibliothèque que de nouvelles archives. Celles-ci se formèrent bien lentement, à partir du premier Empire; elles n'obtinrent même des versements réguliers que d'une partie des services financiers. A côté des papiers des liquidations[1], des liasses d'affaires domaniales et forestières et des dossiers envoyés par le cabinet du Ministre ou venus du Trésor, de la Loterie, de l'ancien Domaine de la Couronne, de la Caisse des dépôts, on put placer quelques volumes, en très-petit nombre, qui avaient été conservés par le ministère des contributions publiques ou par le Trésor, ceux qu'avait renvoyés le Bureau du triage, ceux enfin qui vinrent successivement par des acquisitions, des dons, des restitutions isolées. Mais notre héritage était minime, et encore n'en pouvons-nous parler que par souvenir, puisque l'incendie de 1871 a tout anéanti. C'étaient des copies de manuscrits de Law ou des frères Paris, quelques histoires des finances du XVIIIe siècle, une partie des recueils factices du collectionneur Monteil sur la comptabilité et les Chambres des comptes, les loteries, le tabac, les tailles et autres impositions, les douanes, les sels, etc. des soumissions de receveurs généraux, des comptes de régies domaniales, les derniers procès-verbaux du Conseil des finances et du commerce, un petit nombre de registres des dépenses du Trésor royal (1771 à 1791). Certaines collections présentaient plus d'importance et offraient même aux travailleurs de précieux matériaux : je citerai seulement celle des Lois de finances, qui était un excellent répertoire analytique des actes administratifs dont nous retrouvons ailleurs les textes; d'autres séries spéciales aux aides ou au domaine; les magnifiques volumes de la réformation des eaux et forêts, reliés aux armes de Colbert, et les arrêts rendus par le Conseil en matière forestière; enfin, la collection, unique en son genre, des *Décisions du roi*, anciennement conservée au bureau des Dépêches du Contrôle général, «recueil très-intéressant à connaître, dit un rapport du Comité des pensions, parce qu'il ne contient pas seulement les mémoires présentés pour obtenir des grâces pécuniaires proprement dites, mais en général les mémoires relatifs à toutes les opérations qu'on présente au roi, acquisitions, échanges, créations de charges, nominations de places, etc.[2]»

A côté des archives du Ministère, une bibliothèque centrale, formée beaucoup plus tard par les soins du

patience et du temps, relever bien des faits de ce genre. Ainsi, je constate, d'après l'inventaire Tuffereau, la disparition de toute une liasse de lettres de Henri Daguesseau sur le commerce (1709-1715), d'une autre suite de mémoires très-importants sur la même matière, d'une liasse de documents anciens et variés, cotée *Languedoc*, n° 14. Si mes souvenirs sont exacts, des communications officielles ont fait connaître, de notre temps, l'existence de ces documents dans des mains étrangères.

[1] Anciennement déposés aux Carmes, puis aux Petits-Pères.

[2] *Premier rapport du Comité des pensions* (1790), p. 109, et *Addition*, p. 20. — Un service spécial pour l'enregistrement des décisions du roi en finance fonctionna de 1730 à 1793. Suivant le *Mémoire de Camus* déjà cité, on ne transcrivait dans les volumes intitulés *Décisions* et *Mémoires du roi* que les minutes «dont l'objet n'exigeait pas qu'on l'ensevelît absolument dans le secret.» Une autre série de registres contenait également les décisions purement ministérielles; mais elle ne commençait qu'à l'année 1767. Des unes et des autres, il devait y avoir plusieurs copies. Le ministère des finances, à lui seul, possédait, avant 1871 : 1° dix-huit volumes, de 1708 à 1791 (avec lacunes de 1768 à 1773, de 1776 et de 1786); un volume de répertoire alphabétique, de 1762 à 1767, et un autre volume de table des pensions, de 1764 à 1782; neuf registres des «feuilles de semaine,» contenant les décisions pour dépenses, de 1782 à 1790; un registre d'analyses, de 1790; — 2° quatorze volumes contenant les décisions du roi ou celles du Conseil exécutif provisoire, du 28 avril 1737 au 28 septembre 1793. Un des collaborateurs de M. Pierre Clément, M. Alfred Lemoine, avait dépouillé cette dernière collection et employé une partie de ses notes dans son intéressante étude sur les *Derniers fermiers généraux*. De mon côté, j'avais feuilleté les premiers volumes et pris copie de pièces se rapportant au personnel du Contrôle général. J'ajouterai que quelques fragments de collections analogues à celles que nous avons perdues se trouvent encore à la Bibliothèque nationale ou aux Archives.

Secrétariat général, reçut les ouvrages utiles aux administrations financières et une petite quantité de manuscrits intéressants. Il est facile d'ailleurs de juger de son importance par le catalogue imprimé en 1856; depuis cette époque, elle s'était augmentée considérablement, et comptait environ trente mille volumes; mais elle ne pouvait suppléer à l'insuffisance des archives, qui ne possédaient presque rien pour le passé, et qui étaient bien loin de recevoir les versements courants, comme l'eussent voulu les règlements de bonne administration. Bibliothèque centrale et bibliothèques annexes attachées aux différents services, archives centrales et archives particulières des bureaux, des administrations ou des régies qui peuplaient l'édifice construit par M. de Villèle, tout, sauf une ou deux exceptions, a disparu dans l'incendie allumé, du 22 au 24 mai 1871, par les exécuteurs des ordres de la Commune.

Quel que fût son dénûment, l'Administration des finances avait, de tout temps, compté parmi ses chefs ou ses collaborateurs trop d'hommes éminents, dignes héritiers du Contrôle général, pour ne pas revenir, tôt ou tard, à la théorie formulée jadis par Montesquieu : «Il faut éclairer les lois par l'histoire, et l'histoire par les lois.» En effet, l'économie politique, administrative et financière n'est pas seulement une science de principes et de dissertation, mais aussi et surtout une science d'application, de pratique, de conduite, dont la véritable base doit être l'histoire des faits économiques et de leurs rapports avec les événements ou les personnes. Dans l'ordre administratif, la connaissance exacte des anciennes lois et des moindres règlements n'est-elle pas aussi nécessaire, aussi indispensable que dans l'ordre judiciaire? Regardons autour de nous et comparons, disait en 1822 l'éditeur du *Recueil des anciennes lois françaises*. Les domaines, les eaux et forêts, les douanes, la police rurale, la voirie, les desséchements, les mines, la marine, les colonies, la guerre, la comptabilité générale et municipale, etc. presque toujours, presque partout, se régissent par des ordonnances antérieures à 1789; et cependant vous prétendez rompre avec le passé, tout au contraire de ces parlementaires étrangers qui n'oseraient traiter une question sans en avoir approfondi l'historique jusque dans les siècles les plus reculés! «Le mérite d'un législateur consiste moins à créer qu'à profiter de ce qui est pour asseoir un édifice solide et durable... Si le Gouvernement médite un projet de loi ou un règlement, ses conseillers, chargés de la rédaction et de la première discussion, ne peuvent mieux éclairer la religion du monarque qu'en recherchant tout ce que la monarchie a laissé de monuments sur la matière, et en les combinant avec notre état politique[1].»

Peu après que l'avocat Isambert exprimait en ces termes les regrets, les espérances de toute une génération d'esprits laborieux, un illustre homme d'État hâta la renaissance des études historiques en les ramenant vers les sources où se puise «la révélation des idées avec celle des faits.» Alors furent jetées les bases de la grande entreprise qui, selon la prévision de son promoteur, n'a pas été «un effort accidentel et passager, mais une institution durable en l'honneur des origines, des souvenirs et de la gloire de la France[2].» L'État prit la direction du mouvement rénovateur, et son but fut de reconstituer successivement l'histoire politique et sociale du pays, les annales de sa législation et de ses institutions administratives. Aucun département ministériel n'était plus tenu de s'associer à cette grande œuvre que celui qui représente le Contrôle général, ses travaux, ses attributions financières. Cependant il ne fut pas des premiers à entrer dans cette voie : plusieurs importantes publications sur l'administration du règne de Louis XIV, pris comme type de l'ancien régime, avaient déjà paru sous les auspices du Gouvernement et ouvert de nouveaux horizons à la science historique, lorsque les Finances purent enfin faire revivre les traditions scientifiques de Colbert et de ses successeurs du XVIIIe siècle. Cet honneur était réservé au Ministre dont les hautes lumières ont été si souvent mises à l'épreuve par le pays depuis vingt-cinq ans.

Notre Administration centrale possédait alors, dans un de ses services, un historien dont les études sur plu-

[1] Isambert, *Recueil général des anciennes lois françaises*, préface, p. VII et VIII. — Ce recueil est le seul que nous possédions encore aujourd'hui, et son utilité ne saurait être trop reconnue.

[2] Rapports de M. Guizot, ministre de l'instruction publique, au roi (1833, 1834 et 1835), et autres pièces relatives à la recherche et à la publication des Documents inédits sur l'histoire de France.

sieurs grands financiers et sur la science économique avaient déjà obtenu tous les suffrages. M. Pierre Clément, membre de l'académie des Sciences morales et politiques, avait écrit, dès 1848, la première histoire de Colbert véritablement digne du sujet[1]. C'est lui que l'Empereur, sur la proposition de M. Magne, chargea de réunir et de publier la correspondance du plus grand des ministres de Louis XIV, de ce même contrôleur général dont il venait de retracer la vie et les travaux immortels. Il n'appartient pas à l'un des derniers collaborateurs de M. Pierre Clément de dire ce que devint entre ses mains, de 1859 à 1870, cette entreprise si honorable pour les Finances. Mais l'Académie française, en décernant deux fois de suite la plus enviée de ses récompenses aux *Lettres, Instructions et Mémoires de Colbert,* a rendu pleine justice à un confrère, absent, hélas! et à son œuvre mutilée par le fait de l'insurrection. Je n'ai donc qu'à reproduire les paroles prononcées, dans la séance publique annuelle du 8 août 1872, par l'éminent Secrétaire perpétuel, qui se faisait l'interprète des sentiments de la Compagnie :

« Nous ne demandons pas seulement à l'histoire, comme autrefois, des renseignements et des exemples, mais encore des consolations. Nous lui sommes reconnaissants quand elle nous enlève à nos tristesses présentes par le tableau des grandeurs et des prospérités du passé; quand, nous montrant par quels heureux efforts du génie politique et du patriotisme ont été réparés, dans des temps désastreux, les maux de la guerre étrangère et de la guerre civile, elle réveille en nous l'espérance. Tel est, à certains égards, le caractère de l'ouvrage considérable auquel l'Académie a décerné, pour l'année 1871, et maintenu, pour l'année 1872, le grand prix fondé par le baron Gobert. Par cet ouvrage s'est terminée une bien laborieuse et bien utile carrière, celle de M. Pierre Clément, dont les études historiques ne sauraient trop regretter la fin prématurée. Après avoir, dans de nombreux écrits, souvent distingués par les académies, parcouru les principales époques de notre histoire administrative et financière, il a consacré ses derniers efforts à honorer d'un digne monument le grand ministre qui, avec Sully, y figure glorieusement au premier rang : dans un vaste recueil, qu'il lui a été donné de conduire jusqu'au huitième volume, il a curieusement, pieusement rassemblé les *Lettres*, les *Instructions*, les *Mémoires de Colbert,* les actes de ce ministère qu'on pouvait dire universel, dont les multiples attributions embrassaient, à l'exception de la diplomatie et de la guerre, tout l'ensemble du gouvernement, et qui, des gloires d'un grand règne, pouvait revendiquer, comme son œuvre, la meilleure part. Des pièces originales d'un grand intérêt, d'un intérêt quelquefois nouveau, car un certain nombre étaient encore inédites, forment le corps de l'ouvrage. Elles s'y succèdent chronologiquement jusqu'au moment où le commis, l'intendant de le Tellier et de Mazarin, arrive à un grand rôle public; alors elles se distribuent naturellement en groupes distincts, de manière à faire connaître quelle a été l'action du laborieux et puissant ministre sur chacun des nombreux départements réunis sous sa main : les finances, la marine, l'industrie et le commerce, les lettres et les arts, les travaux publics, les fortifications. M. Pierre Clément ne s'est pas borné au mérite, déjà fort digne d'estime, de les recueillir et de les classer; il les a résumées, commentées, il en a été le très-intelligent interprète dans des introductions qu'on peut recommander comme d'excellents morceaux d'histoire. C'est, comme il l'a dit lui-même heureusement, « l'histoire puisée à ses sources vives. » On y assiste, en quelque sorte jour par jour, au travail du plus diligent, du plus habile ouvrier de la grandeur nationale, à une époque mémorable. Cette époque, si diversement jugée aujourd'hui, tour à tour exaltée et rabaissée, au gré des passions contraires, M. Pierre Clément l'apprécie avec une rare liberté d'esprit, sans parti pris, comme tant d'autres, pour ou contre le passé, jaloux de le comprendre, plutôt que de le célébrer ou de l'accuser, s'appliquant toutefois à marquer équitablement ce

[1] *Histoire de la vie et de l'administration de Colbert*, précédée d'une notice sur le surintendant Fouquet, suivie de pièces justificatives et de documents inédits; ouvrage couronné en 1848 par l'Académie française. La même année, l'Académie des Inscriptions et Belles-lettres décernait une récompense à une seconde étude intitulée : *Le gouvernement de Louis XIV, ou l'administration, les finances et le commerce, de 1683 à 1689.* En 1854, l'Académie française couronna également le beau livre de M. P. Clément sur *Jacques Cœur et Charles VII.* Peu après paraissait l'*Histoire du système protecteur en France depuis le ministère de Colbert jusqu'à la révolution de 1848.*

qui lui appartient dans des améliorations sociales devenues le patrimoine commun, et dont nous jouissons sans nous inquiéter de savoir ce qu'elles ont coûté à nos pères de généreux et persévérants efforts.»

On peut ajouter que l'œuvre si dignement appréciée avait coûté la vie à son auteur : en l'achevant, en signant la dernière page d'une main défaillante, M. Pierre Clément s'était éteint, le 8 novembre 1870. Il mourait comme Colbert, épuisé par le même labeur incessant, frappé du même mal qui avait enlevé, deux siècles auparavant, le grand homme à la gloire duquel son nom restera uni désormais. Mais quelles émotions, quelles douleurs patriotiques étaient venues rendre plus funestes les étreintes du mal! Est-ce une consolation de penser qu'en nous enlevant un maître aimé, en privant la science d'un de ces hommes rares qui sont tout entiers à elle, la mort épargnait à M. Clément de nouvelles angoisses, des tortures encore plus cruelles? Il ne connut point les douloureuses péripéties d'une année doublement néfaste, il ne fut pas témoin de cet incendie où disparaissait, six mois plus tard, au milieu des Archives des finances, la dernière partie de son œuvre, et du moins cette perte matérielle a pu être tout aussitôt réparée, grâce à l'intervention toute-puissante des illustres confrères qui avaient jadis dirigé les premiers pas de M. Pierre Clément dans la carrière historique : tandis qu'à l'Institut ils réclamaient pour sa mémoire des honneurs si vaillamment conquis, l'Administration s'associait à leurs vœux, à leurs regrets, en réimprimant dès le lendemain du désastre les deux volumes détruits des *Lettres de Colbert*. Terminée sous les auspices du même Ministre qui avait fait commencer l'entreprise, l'œuvre est complète aujourd'hui, telle que la promettait le plan adopté en 1859.

Mais la sollicitude de M. Pierre Clément ne s'était pas restreinte à une seule époque de nos annales financières, à un seul des noms qui ont illustré l'Administration française; ses études sur divers ministres célèbres avant ou après Colbert le prouvent hautement[1]. Il avait donc eu souvent, comme presque tous les historiens familiarisés avec l'étude des documents administratifs, l'occasion de se préoccuper du sort des archives du Contrôle général. Instruit de l'existence d'un dépôt de cette nature à la Bibliothèque, pénétré du regret de ne pouvoir, au nom des Finances, le tirer de l'obscurité ou du moins l'étudier, M. Clément le signala en temps plus opportun; il indiqua la nécessité de ramener au jour, si le travail était praticable, l'ensemble des correspondances politiques ou financières qui avaient dû faire suite aux papiers de Colbert; il aida enfin le représentant des Finances à obtenir communication du dépôt de Desmaretz, quand on en connut la translation récente aux Archives.

Cet établissement était alors dirigé par un savant académicien, dont l'esprit, ouvert à toutes les idées généreuses, à toutes les entreprises scientifiques, exerçait partout une légitime influence. L'accueil fait à nos premières démarches par M. le marquis de Laborde, et, sur son rapport, par le ministre des beaux-arts, aplanit tous les obstacles qui nous séparaient de ces monceaux de documents où l'administration des Archives n'avait encore pu faire que des constatations très-sommaires.

L'ordre fut donné de procéder aux opérations préliminaires de débrouillement et de classement : œuvre longue et pénible, en raison de l'état des papiers, mais devenue bientôt attrayante par les découvertes qui chaque jour en prouvaient l'utilité, et singulièrement facilitée par le concours bienveillant des érudits qui secondaient alors M. de Laborde dans ses grands travaux d'inventaire.

Dès que l'origine du fonds des papiers du Contrôle général et son importance ne furent plus douteuses, on songea à le reconstituer, puis à l'utiliser. Le reconstituer, ce ne pouvait être que sur les bases principales du classement adopté en 1715 par Desmaretz et ses commis. Quelques traces de cet ordre ancien existaient encore; les inventaires suppléèrent pour le reste, à charge de corriger les défectuosités. Il n'y a point lieu ici de

[1] D'un côté, Suger, Marigny, Jacques Cœur, Semblançay, Sully; de l'autre, Claude le Peletier (*Le gouvernement de Louis XIV, ou l'administration, les finances et le commerce, de 1683 à 1689*), Louis de Pontchartrain (*Revue des Deux-Mondes*, année 1863, 15 août, p. 916), d'Argenson, Jean Law, Machault d'Arnouville, les frères Paris, l'abbé Terray (*Portraits historiques*), l'intendant Foucault et le ministre Turgot (*Études financières et d'économie sociale*), le contrôleur général de Silhouette et le fermier Bourel, etc.

donner le détail du plan de classement suivi depuis cette époque; il est exposé dans une publication récente de l'administration des Archives[1]. Je dirai seulement que le fonds contient trois mille articles environ, plus de cinq cent cinquante mille pièces, et que le classement méthodique présente quatorze divisions principales. Comme l'ordre chronologique des pièces est rigoureusement observé dans chaque subdivision, il s'ensuit que la mention d'une cote n'est plus indispensable; l'indication d'une matière et d'une date doit suffire pour la plupart des recherches. Par les chiffres qui viennent d'être cités, on peut juger de l'étendue de la tâche et de la nécessité d'une extrême précision. Grâce au dévouement des collaborateurs qui m'ont été adjoints à diverses reprises pour exécuter ces opérations, on peut espérer qu'elles seront prochainement terminées : le dépôt de Desmaretz aura retrouvé un corps, une physionomie, et reconquis son importance d'autrefois. Sans doute, il y restera quelques lacunes : des séries ou des articles sont demeurés au Cabinet des manuscrits de la Bibliothèque nationale, des autographes et des dossiers précieux ont disparu, des couches entières de liasses ont subi l'effet d'une destruction que rendaient inévitable les vicissitudes par lesquelles le dépôt a passé pendant un siècle et demi. Il n'en sera pas moins, la reconstitution étant achevée, un type presque complet, et bien précieux dans son extrême variété, des archives de l'Administration financière. Peut-être même notre travail aura-t-il eu une autre conséquence, non moins heureuse. Un jour viendra, nous en avons l'espérance, où se feront les remaniements reconnus nécessaires dans toutes les séries de documents de finances dont l'entrée aux Archives a été racontée plus haut. Il ne subsistera plus rien de cette dislocation des fonds qui est si nuisible aux études. Des dernières années de Colbert à 1791, les papiers du Contrôle général ne présenteront qu'un ensemble régulier et rationnel, où se succéderont sans interruption les règnes de Louis XIV, de Louis XV et de Louis XVI, où se déroulera entière l'histoire de cette administration des finances dont Necker a dit qu'elle rapproche et enchaîne toutes les parties du gouvernement. C'est le vœu général. Il avait été accueilli par M. de Laborde; la Direction actuelle ne manquera pas de l'exaucer : nous en avons pour garants la sollicitude constante de M. Alfred Maury pour les intérêts de la science, la haute bienveillance dont il a entouré l'œuvre entreprise sous la direction de son prédécesseur, et enfin le zèle du savant professeur auquel a été confiée la section administrative des Archives.

Avant même que le travail de classement dépassât la fin du XVIIe siècle, et bien que cette partie du dépôt de Desmaretz eût plus souffert que les autres, le fonds fut jugé des plus précieux; on pouvait dès lors en faire profiter la science, qui attendait depuis si longtemps ces matériaux enfouis et oubliés. Mais, une publication étant résolue en principe, quel système suivre? Était-ce celui qu'on avait fort justement adopté pour les *Lettres de Colbert*, c'est-à-dire pour un seul ministre, ou pour la *Correspondance administrative du règne de Louis XIV*[2], c'est-à-dire pour un seul règne? En perspective d'une publication qui pourra s'étendre jusqu'à la fin de l'ancien régime, ne convenait-il pas plutôt de préférer un ordre purement chronologique, et, tout en tenant compte des personnalités et des matières, de s'attacher surtout au rôle de l'Administration pendant un siècle passé? D'autre part, fallait-il se borner à la correspondance des ministres mêmes, ou bien exaucer un vœu souvent exprimé par l'historien de Colbert, en présentant, à côté du contrôleur général, les agents supérieurs placés sous ses ordres et répartis dans toute la France? — Faire saisir, sous une forme accessible à tous, ici la direction centrale, là cette administration provinciale des intendants dont les attributions et la toute-puissance sont presque encore du domaine de la légende; attirer, par la diversité infinie des faits et des intérêts, le public travailleur et les bureaux studieux, qui se plaignent quelquefois du manque de documents anciens; en même temps, éviter les inconvénients reconnus d'une division des correspondances en dix ou douze matières principales : tels sont les avantages du plan qu'agréèrent, d'un côté la Direction générale des Archives,

[1] *Inventaire sommaire et tableau méthodique des fonds conservés aux Archives nationales. — Régime antérieur à 1789*; publié en 1871, col. 157-248.

[2] Quatre volumes publiés par M. Depping, sous les auspices du Gouvernement, dans la collection des Documents inédits relatifs à l'histoire de France.

de l'autre le département des finances. Celui-ci se chargea en conséquence de publier la partie capitale des papiers du Contrôle, c'est-à-dire la correspondance des ministres avec les intendants et les autres administrateurs de chaque province. Il fut convenu que cette publication se rattacherait à la série d'Inventaires déjà mise au jour par les Archives; qu'elle comprendrait, sous la forme la plus concise, la plus grande quantité possible de documents, tout en donnant les textes importants en entier ou par extraits; que le premier volume s'étendrait de la mort de Colbert à la retraite de M. de Pontchartrain, et que le deuxième terminerait le règne de Louis XIV, avec les ministères de Chamillart et de Desmaretz; que chaque volume enfin serait précédé d'une Introduction historique et suivi d'une Table analytique des matières et des noms.

Le volume qui paraît aujourd'hui, conforme à ce programme, va faire connaître la correspondance de Claude le Peletier et de Louis Phélypeaux de Pontchartrain. Malgré les lacunes que présentent pour cette période de seize ans les papiers réunis dans le dépôt de Desmaretz, nos dix-neuf cent seize numéros ne renferment pas moins de huit ou dix mille pièces, reproduites, analysées ou indiquées. Ce n'est toutefois qu'une partie des documents que contiennent les cent vingt-cinq cartons des deux séries employées (*Minutes* et *Intendances*), car cet inventaire analytique, ne pouvant tout donner, ni même tout citer, laisse derrière lui une ample provision de matériaux qui touchent à bien des intérêts, publics ou privés, locaux ou généraux, à bien des questions historiques, économiques ou administratives. Toutes les pièces sont absolument inédites, puisqu'elles sortent à peine des mains appelées à les classer. Les textes sont reproduits fidèlement, mais avec une orthographe de convention, qui se régularisera de plus en plus, à mesure que nous avancerons dans cette époque de transition. Le même système a été adopté pour les *Lettres de Colbert* : faire moins, c'était enlever aux correspondances leur aspect original et authentique; reproduire les formes orthographiques de plusieurs centaines d'écrivains différents, c'eût été engendrer inutilement la confusion.

Les pièces de l'Appendice ne proviennent pas toutes des papiers du Contrôle; mais leur importance justifiera cette dérogation au principe de la publication. Leur valeur respective et leur relation avec la Correspondance proprement dite seront expliquées en lieu convenable. Toutefois, je dois dire ici quelques mots des tableaux budgétaires qui terminent l'Appendice. Ni Malet, ni Forbonnais n'ont donné des chiffres authentiques, exacts et complets. Ceux-ci sont empruntés soit aux minutes du travail fait sur les dossiers mêmes du Trésor royal, par le commis Quesnet, soit à un magnifique registre écrit en 1714 pour le chancelier de Pontchartrain, et renfermant les états abrégés des recettes et des dépenses depuis Colbert jusqu'à 1700 [1]. Il y manque deux années, 1696 et 1698, dont Quesnet ne put achever les récapitulations, et pour lesquelles Forbonnais n'a fourni que des chiffres de revenus, sans déduction des charges et sans addition des recettes extraordinaires. Quoique le manuscrit soit une merveille d'exécution calligraphique, on ne laisse pas d'y rencontrer quelques fautes. Les transpositions de chiffres ont été rectifiées facilement; mais les erreurs de calcul eussent exigé une série de vérifications inabordables, et d'ailleurs elles portent sur des sommes minimes. Il a paru inutile de reproduire le détail de la recette annuelle des affaires extraordinaires : les chiffres sont tout au long dans Forbonnais, on les retrouve aussi dans beaucoup de manuscrits du temps, et les résumés de chaque année suffiront ici, à la suite des récapitulations.

La Table analytique des matières, complément indispensable de cette publication, a été conçue de façon à répondre aux principaux désirs des chercheurs, à l'aide de nombreux renvois, de subdivisions multiples dans les matières importantes, et d'indications biographiques qui, placées ailleurs, eussent été trop difficiles à retrouver [2].

[1] Arch. nat. KK 355. Ce manuscrit, signalé autrefois par M. Depping, a été employé par M. Vignon (*Études sur les voies publiques*, t. Ier, p. 331-334) et par M. Clamageran, dans son livre de l'*Impôt en France*, dont la continuation est impatiemment attendue.

[2] M. Pierre Clément avait fait commencer une table à peu près analogue pour les *Lettres de Colbert*. Les matériaux déjà réunis ont été détruits dans l'incendie du Ministère, mais il est permis d'espérer que ce travail complémentaire sera repris.

La Correspondance montrera les ministres à l'œuvre, agissant sur tous les points; mais on n'avait vu jusqu'ici le Contrôle général que derrière la personnalité absorbante de Colbert, et il semble prudent de faire précéder les textes d'une étude rapide de ses attributions, de son mécanisme, de ses ramifications. Ce sera l'objet de la Préface, où il est également opportun d'entrer dans quelque détail sur l'ensemble des autres institutions administratives du siècle dernier, sur leurs rapports avec les finances, et de traiter chaque question autant au point de vue de l'histoire qu'aux points de vue de la théorie et de la pratique. La nécessité de ce travail préliminaire a été reconnue plus d'une fois. Lorsque M. de Tocqueville voulut se rendre compte, non pas même de ce qu'avait produit l'ancien régime, mais seulement de ce qu'il était, il fit appel à toutes nos collections de documents originaux, aux bibliothèques, aux archives : on se souvenait à peine, très-vaguement, qu'il y avait eu autrefois une administration centrale des finances, un Contrôle général, et l'illustre économiste n'eut d'autre ressource que d'aller exhumer dans le chef-lieu d'une ancienne généralité les débris tels quels d'une intendance. Sa sagacité, son intuition, aussi bien que son ardeur infatigable pour l'investigation, lui permirent de faire une espèce de prodige. Mais il n'en est pas moins vrai qu'écrit à une époque où l'histoire administrative préoccupait déjà beaucoup d'esprits, après que nos collections s'étaient enrichies de plusieurs ouvrages éclos sous cette influence nouvelle, le livre de *l'Ancien régime et la Révolution* contient encore à chaque page les plaintes et les regrets d'un auteur réduit, pour ainsi dire, à la seule divination. M. de Tocqueville ne connut l'existence des papiers du Contrôle général que quelques mois avant d'être enlevé par la mort à ses études favorites, et les travaux publiés depuis lors n'ont guère éclairci la question.

Une Introduction historique précédera chaque volume, et sera le commentaire de cette Correspondance où l'on prévoit d'avance bien des lacunes à combler, bien des citations à compléter ou des allusions à expliquer. Les derniers temps du règne de Louis XIV sont féconds en événements importants, et jusqu'ici la pénurie de documents précis a interdit à la science économique ou à l'Administration de raisonner les faits, les expériences, les systèmes[1]. Que sert d'avoir un tableau saisissant des horreurs de la disette de 1693 ou de la famine de 1709, un exposé brillant des résultats commerciaux et industriels obtenus par Colbert, ou le compte fabuleux des affaires extraordinaires épuisées par ses successeurs, sans l'énumération exacte, technique, s'il le faut, des mesures prises par le Gouvernement, sans l'explication des effets de chaque mesure et des réformes ou des expédients essayés par la suite? Rappelons-nous le précepte d'Augustin Thierry : « En histoire, le meilleur genre de preuve, le plus capable de frapper et de convaincre tous les esprits, celui qui permet le moins de défiance et laisse le moins de doutes, c'est la narration complète, épuisant les textes, rassemblant les détails épars, recueillant jusqu'aux moindres indices des faits ou des caractères, et, de tout cela, formant un corps auquel vient le souffle de vie par l'union de la science et de l'art[2]. »

La science et l'art ne consisteront ici qu'à choisir les matériaux et à les employer avec circonspection. Sous ce rapport, nos correspondances, politiques ou administratives, et les dossiers qui s'y rattachent l'emportent beaucoup en précision et en sûreté sur les correspondances privées, d'ailleurs assez rares. Quant aux docu-

[1] Depuis quarante ans, les grandes collections entreprises sous les auspices du Gouvernement nous fournissent une notable provision de matériaux pour étudier, dans la période comprise entre Henri IV et la mort de Colbert, nos origines administratives et les graves questions sociales trop longtemps négligées par l'histoire. Mais une lacune énorme commence à l'année 1683, et cela par le fait de la disparition momentanée des papiers du Contrôle général. Après Colbert, il semblerait que l'administration financière cesse d'exister! Si, par exemple, nous ouvrons les quatre volumes publiés par M. Depping, la section des Finances, pour les trente-deux années qui forment la seconde partie du grand règne, ne nous offre qu'une seule lettre du contrôleur général le Peletier, sept de son successeur Pontchartrain, vingt-sept billets familiers de Chamillart. Ces pièces, sans grande importance, sont toutes empruntées à la correspondance du premier président du Parlement de Paris. Sur le chapitre du Commerce, sur celui de l'Industrie, M. Depping n'a connu que la correspondance de Seignelay, ministre de la marine et du commerce extérieur; quelques pièces à peine sur l'administration des pays d'États. Cette indigence, dans un livre aussi justement renommé que la *Correspondance administrative*, a un double inconvénient : elle entraîne les historiens à dédaigner les administrateurs laissés ainsi dans l'ombre, et elle les renvoie, faute de mieux, aux chroniques et souvenirs de l'abbé de Choisy, de Dangeau, Saint-Simon, Berwick, la Fare, Noailles, etc.

[2] VIe *Récit des temps mérovingiens.*

ments administratifs, les originaux abondent, soit que l'on veuille reconstituer l'histoire financière des temps antérieurs à Louis XIV d'après les fonds anciens et les collections spéciales — Dupuy, Béthune, Brienne, Gaignières, de Lamare, Baluze, de Mesmes, Colbert, Cangé, Thoisy, Lancelot, du Cange, Sérilly, de Camps, Clairambault, Godefroy, Moreau, etc. — soit que l'on étudie, comme nous allons le faire, des époques plus rapprochées; et pour celles-ci, je ne puis que citer au hasard : dans la section historique des Archives, ces mélanges de toute provenance, résidus précieux du triage, où les pièces n'ont point perdu leur valeur intrinsèque[1]; dans les papiers de la Maison du roi, les magnifiques registres du Secrétariat et des Dépêches; dans le fonds même du Contrôle général, toutes les séries de dossiers formées en dehors de la Correspondance proprement dite: dans les deux départements de la Bibliothèque nationale et dans les établissements analogues, une grande quantité de collections d'imprimés ou de manuscrits relatifs aux finances, qui chaque jour peuvent s'accroître par des acquisitions intéressantes. Les dépôts de comptabilité de la Chambre des comptes de Paris eussent été pour les travailleurs patients une source inépuisable de renseignements; mais la Révolution ne nous en a rien laissé, et les documents, en petite quantité, que le Bureau de comptabilité s'était appropriés, là ou ailleurs, ont disparu à leur tour dans l'incendie du palais du quai d'Orsay. Tel a été aussi le sort de la bibliothèque du Louvre, dont les richesses administratives étaient bien connues et facilement accessibles. Mais il nous reste les magnifiques dépôts ministériels de la Marine, de la Guerre, et, j'oserai ajouter, des Affaires étrangères. Les relations constantes du Contrôle général avec ces départements, surtout avec le premier, qui dirigeait le commerce extérieur[2], promettent une ample moisson. Il ne faut pas non plus négliger les manuscrits épars dans les collections privées; le goût des études financières et administratives, chez nos prédécesseurs du siècle dernier, est attesté par l'existence d'une grande variété de compilations et de recueils, faits sur les pièces originales et parfois joignant à ce mérite celui d'une exécution remarquable; les catalogues de vente en donnent souvent l'indication, mais il n'est que trop fréquent de nous les voir enlever par la concurrence étrangère. Les papiers de famille, ou considérés comme tels et conservés par les héritiers des ministres et des agents du Contrôle général, seraient aussi un utile complément des dossiers administratifs; on regrette qu'il soit presque toujours impossible d'en obtenir communication.

Les correspondants ordinaires du contrôleur général, intendants ou subdélégués d'intendance, ont laissé, comme je l'ai dit plus haut, des archives considérables, placées depuis 1790 dans les dépôts des chefs-lieux de département. Bien que la répartition faite à cette époque ait produit un grave désordre et favorisé les destructions partielles[3], presque toutes les intendances sont encore largement représentées à partir des dernières années du XVIIe siècle; les dépêches et instructions du Contrôle général se trouvent en grand nombre dans ces dossiers, tandis que beaucoup d'entre elles font défaut dans les minutes de l'administration centrale. On peut s'en rendre compte en consultant à la Bibliothèque nationale un fonds de ce genre, celui des intendants Lebret, qui est arrivé là, comme quelques autres collections pareilles, malgré les lois conservatrices des successeurs de Colbert[4].

[1] Voyez plus haut, p. XXXVIII, XLIV et XLV.

[2] Le commerce extérieur par terre ou par mer relevait de la Marine, tandis que le commerce intérieur formait à lui seul, en dehors des bureaux du Contrôle, une série de trois ou quatre sous-départements, ayant chacun leur intendant et leurs archives. (Voyez l'*Almanach royal*.)

[3] Laborde, *les Archives de la France*, éd. in-12, notes, p. 314 et suiv.

[4] Pour les papiers Lebret (Bibl. nat. mss. Fr. 8820 à 8964), la transmission de l'intendance de père en fils avait fait prévaloir sur les droits de l'État ceux du bien-tenant. Qu'est-il arrivé? La Bibliothèque a pu racheter une partie des correspondances et refaire ainsi un fonds des plus utiles; mais l'autre partie s'est partagée et subdivisée entre les héritiers, tandis que quelques fragments recueillis par Monteil allaient à droite ou à gauche (Arch. nat. KK 1003; Bibl. nat. ms. Fr. 8960). Un second exemple est celui de M. de Lagrange, intendant d'Alsace, mort en 1713, et dont les papiers ont été rachetés chez les épiciers par le ministère de la guerre. Un autre intendant, M. de Fontanieu, historien et collectionneur fameux, avait fait un très-beau recueil de ses papiers de l'intendance de Dauphiné (1724-1740); il le céda, avec ses manuscrits historiques, à la Bibliothèque du roi, où ils se trouvent actuellement à côté de la correspondance de M. d'Angervilliers, commandant en chef du Dauphiné, et de celle de M. le Blanc, qui fut intendant à Rouen de 1675 à 1682. La bibliothèque du Louvre possédait de même un registre de copies de lettres écrites aux

Parmi les autres documents utiles à consulter, viennent en première ligne les édits, les arrêts du Conseil, les ordonnances, etc. Necker en a expliqué l'importance, et surtout la valeur des considérants. « En France, disait-il, où les assemblées nationales n'existent point et où les lois du prince ont cependant besoin de l'enregistrement des Cours souveraines; en France, où le pouvoir conserve des égards pour le caractère national, et où les ministres eux-mêmes sentent à chaque instant qu'ils ont besoin de l'approbation publique, l'on a cru essentiel d'expliquer le motif des volontés du monarque, lorsque ces volontés se manifestent aux peuples, ou par des édits, ou par de simples arrêts du Conseil du prince. Ce soin si politique et si juste est surtout applicable aux lois de finance : les principales dispositions de cette administration sont nécessairement exposées à différentes interprétations, et, comme elles ont en vue l'avenir autant que le présent, elles seroient longtemps, pour la multitude, une espèce d'hiéroglyphe, si l'on négligeoit d'en expliquer les motifs [1]. » C'est donc là une mine féconde et qu'il faut explorer avant toutes autres; elle est d'ailleurs d'une exploitation facile. Les minutes des arrêts du Conseil des finances ou même des arrêts rendus en commandement ont échappé à la destruction et forment un des plus beaux fonds des Archives. D'autre part, les édits, déclarations et ordonnances royales se retrouveraient transcrits dans les registres des Cours, si l'on n'en avait la plupart du temps des copies imprimées en placards. Enfin, le siècle dernier avait vu se former plusieurs collections législatives, à l'imitation de la Bibliothèque des finances de 1759, et nous en possédons encore quelques-unes. Les jurisconsultes, les administrateurs, les historiens, y avaient jadis recours, pour suppléer à l'insuffisance des compilations publiées depuis deux cents ans. En effet, les monuments de la première et de la deuxième race avaient été mis à leur portée dans ces grands ouvrages patronnés par le Contrôle général : les *Capitulaires*, de Baluze; les *Historiens des Gaules*, de Dom Bouquet; la *Table chronologique* et les *Chartes et diplômes*, de Secousse, Bréquigny, la Porte-Dutheil, etc. Mais l'œuvre législative des princes de la troisième race, ou de leur Conseil et des Cours souveraines, défiait tous les efforts. Que pouvaient faire Dumoulin, Estienne, P. Rebuffé, Fontanon, Guénois, Girard et Blanchard lui-même, ce dernier précurseur du grand recueil des *Ordonnances*, en présence des myriades d'actes royaux dispersés en tous lieux [2]? Et chaque siècle, chaque année accroissait la difficulté! Les travailleurs étaient forcés constamment d'aller rechercher les originaux des actes royaux dans les archives, les copies aux greffes des Cours et des juridictions, les placards imprimés dans les cabinets des curieux. En 1628, Corbin parvint à publier les ordonnances de la première partie du règne de Louis XIII; mais l'immense quantité des actes émanés de Louis XIV découragea les plus hardis compilateurs. Au siècle suivant, les résultats furent meilleurs : quelques Cours, en province ou à Paris, firent imprimer les anciens édits et arrêts qui formaient comme leur constitution; Dupré et Boucher d'Argis donnèrent des recueils d'ordonnances; Bourdot de Richebourg et une société d'avocats publièrent le *Nouveau Coutumier général;* Coqueley de Chaussepierre, garde des minutes du Conseil des finances, fit paraître un recueil volumineux des principaux actes législatifs et administratifs de Louis XV; enfin, les imprimeurs du Parlement, Simon et Nyon, inaugurèrent un système de publication

ministres, en 1699 et 1700, par M. de Barentin, intendant de la Flandre maritime, et les papiers originaux de celui des d'Argenson qui avait exercé successivement, sous Louis XIII, les fonctions d'intendant en Dauphiné, en Auvergne, à Poitiers, aux armées, etc. — Quoi qu'il en soit, nos archives départementales conservent encore la majeure partie des fonds d'intendance, notamment à Laon, Bordeaux, Nîmes, Besançon, Lyon, Rouen, Orléans, etc. A Tours, ces papiers composaient un dépôt magnifique, mis en ordre dès 1759, et la correspondance avec le Contrôle général formait alors trente-cinq liasses : en 1790, on les répartit entre les départements formés de l'ancienne généralité, et chaque fraction ne représente plus que très-imparfaitement les archives d'une des intendances les plus importantes. Cependant c'est à Tours que M. de Tocqueville a recueilli les éléments de son livre sur l'ancien régime. — Voyez les *Inventaires des archives départementales antérieures à 1790*, publiés sous la direction du ministère de l'intérieur, aux frais des conseils généraux.

[1] *De l'Administration de la France*, introd. p. XLVIII.

[2] Dans les remontrances présentées au roi Charles IX, le 8 janvier 1572, par le président Séguier, du Parlement de Paris, on lit ceci : « Jamais roi de France n'a été tant obéi en votre cour du Parlement, pour certains volumes des ordonnances et édits que les rois de France nous adressent. Sire, depuis onze ans de votre règne, vous avez été obéi par sept gros volumes remplis de vos ordonnances et édits : c'est plus que les autres rois n'ont fait. Soit vu le règne de votre bisaïeul Louis XII : il a régné dix-sept ans ou environ, et n'a été obéi que par un seul volume. » (Blondel, *Mémoires du Parlement*, t. IV, p. 93.)

périodique des lois nouvelles, avec tables chronologiques et tables des matières [1]. Cette innovation était fort heureuse et indiquait un progrès sensible; mais, pour le passé, pour les huit ou dix siècles qui comprenaient les origines de la nation et la formation de son corps juridique, il n'y avait plus à compter que sur ces recueils factices où les lacunes se peuvent toujours combler, ici par une copie manuscrite, là par une impression sur feuille volante ou en plaquette; recueils qui se prêtent aussi bien au classement chronologique qu'à la division par matières, et qui, en outre, offrent des facilités incomparables pour l'étude et le travail. Entre autres collections de ce genre, celle que le correcteur Gosset avait fait imprimer, de 1728 à 1741, aux frais de la Chambre des comptes de Paris, était déjà très-précieuse pour l'histoire des finances, bien que restreinte aux points qui intéressaient la compagnie. Ce fut sur des bases beaucoup plus larges que quelques grands imprimeurs entreprirent de réunir des collections générales d'ordonnances et de règlements. Plusieurs magistrats imitèrent cet exemple, soutenus par leur ardeur infatigable et leur dévouement à la science des lois. L'un d'eux, A.-N. de Saint-Genis, simple auditeur à la Chambre des comptes, protégé par le garde des sceaux de Miroménil, put ainsi recueillir près de quinze cents volumes et boîtes. Sa collection acquit un tel renom, que M. de Calonne voulut l'acquérir, pour remplacer à l'hôtel du Contrôle général les dépôts enlevés par la Chancellerie; mais l'affaire ne se conclut pas alors, et la Maison du roi ne traita que trente ans plus tard, sous Louis XVIII, pour le prix de 100,000 ᵗᵗ, avec la veuve de Saint-Genis [2]. Faut-il ajouter, ce que n'ignore aucun travailleur, que le fonds Saint-Genis, déposé à la bibliothèque du Louvre, a été détruit le 24 mai 1871? Par bonheur, cette perte n'est pas absolument irremédiable, grâce à la conservation des collections que possèdent les Archives nationales, et dont voici l'origine.

Un homme de lettres, Louis Rondonneau, qui avait débuté par rendre de grands services à l'assemblée des Notables, et qui devint plus tard chef de bureau au ministère de la justice [3], acquit, en 1793, le fonds du Dépôt des lois. Cette collection, créée depuis plus de deux siècles par les prédécesseurs du libraire Prault qui avait fourni les premiers éléments de la Bibliothèque des finances [4], était la plus riche que l'on connût en lois anciennes et modernes de la France. Le public studieux avait la liberté d'y faire gratuitement ses recherches, et M. de Malesherbes disait souvent que, dans un gouvernement bien administré, un dépôt aussi utile n'aurait pas dû rester aux mains d'un particulier. A l'époque de la Révolution, le Gouvernement avait permis à Prault de transporter ses collections dans l'hôtel de la Trésorerie; la section de Henri IV, réunie en assemblée générale, émit même une motion patriotique pour que la municipalité et la représentation nationale en fissent la base d'un dépôt unique des originaux des lois, arrêts, règlements, etc. [5] Cela ne se réalisa point; mais le nouveau propriétaire du Dépôt des lois put s'enrichir des recueils analogues formés par le directeur de l'Imprimerie royale ou l'imprimeur du Parlement, et il y ajouta tout ce qui touchait à l'histoire de la Révolution. Rondonneau eut alors : 1° une collection chronologique des lois, arrêts, etc. remontant jusqu'à l'an 1205, et formant près de cinq cents boîtes-portefeuilles; 2° une seconde collection, rangée par ordre de matières, en cinquante subdivisions environ; 3° la série relative à la Révolution, comprenant six cents portefeuilles et deux mille volumes. Le tout était accompagné de tables et de répertoires. On ne pouvait rien espérer de plus complet, et la place de ces collections semblait toute marquée au Conseil d'État; mais Rondonneau, ayant été trop exigeant à l'égard du ministère de l'intérieur, se vit forcé de réduire ses prétentions pour conclure marché avec le premier consul, le 10 ventôse an XII [6].

[1] C'est l'origine de nos publications officielles; dès 1792, Camus cite huit ou dix collections périodiques, soit chronologiques, soit rangées par matières : le Louvre, Baudouin, Saint-Martin, Nyon, Devaux, etc. (*État des Archives nationales au 10 septembre 1792.*)

[2] Voyez les notices de Barbier et de M. Rathery.

[3] Voyez la notice donnée par M. Ed. Dupont, dans le *Musée des Archives*, n° 1063.

[4] Voyez plus haut, p. XXV.

[5] *Extrait du reg'stre des délibérations de l'assemblée générale de la section d'Henry IV*, 12 octobre 1790. (Arch. nat., AB n° VIII 2.)

[6] Le prix fut de 36,000 ᵗᵗ, au lieu de 64,000 ᵗᵗ. Bonaparte fit ce-

Les collections furent alors portées au Louvre. Arrivées aux Archives nationales en 1848, en même temps que les papiers de la Secrétairerie d'État, elles forment aujourd'hui un fonds à part, classé suivant le système même de Rondonneau, avec tout le soin que requiert leur importance, et l'on y a joint quelques collections spéciales[1]. L'une de celles-ci, cédée dès l'an XI aux Archives par le même Rondonneau, avait été formée, durant le cours d'une longue et laborieuse carrière, par M. le Marié d'Aubigny, dernier avocat général de la Chambre des comptes de Paris. Outre cent cinquante volumes in-folio transcrits d'après les registres de la Chambre, on y compte près de six cents boîtes en forme de volumes in-quarto oblongs, représentant la série chronologique des lois de finance et de comptabilité, arrêts, règlements, arrêtés de la Chambre, procès-verbaux des séances, etc. de l'an 1300 à la Révolution. M. d'Aubigny nous a conservé ainsi une assez grande quantité de pièces précieuses pour l'histoire administrative, et qu'on ne peut plus retrouver ailleurs[2].

Ces collections des Archives, sur lesquelles je n'ai pas craint d'être un peu long, car elles sont à peine connues, dépassent, comme importance générale, celles qui subsistent encore dans quelques administrations, au ministère de l'intérieur, aux Travaux publics, à la Préfecture de police, à la Monnaie, ou celles que nous possédions jadis aux Finances. Soit que l'on emploie les séries chronologiques, soit que l'on recoure à l'une des divisions de Rondonneau par ordre de matières, il est bien rare que les unes ou les autres ne fournissent pas plus qu'on n'oserait leur demander; consciencieusement utilisées, elles permettront, selon l'expression de l'*Inventaire sommaire des Archives,* de « renouveler presque l'histoire judiciaire, militaire, financière, commerciale et industrielle de notre pays. » On jugera alors, en complète connaissance de cause, s'il convient de placer une barrière infranchissable entre le passé et le présent, s'il est juste de condamner d'une seule sentence toute la législation de nos pères, au lieu d'y prendre des enseignements toujours profitables, alors même qu'ils se dissimulent sous des dispositions d'apparence bizarre ou des formes surannées.

L'usage de ces documents originaux dispense d'avoir trop souvent recours aux travaux de seconde main, aux monographies spéciales publiées jadis sur un certain nombre de questions d'administration ou de finance, par les auteurs érudits et les praticiens expérimentés dont les noms ont été cités plus haut. Toutefois, ce serait le fait d'une singulière présomption que de négliger ces travaux techniques ou les études historiques des Malet, des Forbonnais, des Moreau de Beaumont, des Turgot, des Necker, presque toutes codifiées d'ailleurs dans l'*Encyclopédie méthodique.*

Enfin, les textes administratifs ou législatifs ne sauraient suffire, si l'on n'y joignait la version exacte des faits, l'expression authentique des sentiments publics. L'une et l'autre se doivent chercher avec soin, non-seulement dans les correspondances, mais aussi dans les écrits des auteurs contemporains, journaux, mémoires ou traités, chansons, comédies, pamphlets ou publications périodiques: je m'arrêterai sur ce dernier objet. Même à une époque où le journalisme comptait à peine quelques représentants, on est sûr de retrouver dans les gazettes une multitude de faits et de manifestations du moment, qui, après coup, échappent facilement aux chroniques rétrospectives. Sans doute l'impartialité n'est assurée nulle part, et les feuilles les mieux renseignées sont précisément celles qui demandent les vérifications les plus minutieuses; car, pour employer des expressions modernes, ces organes de publicité appartiennent soit à la presse officielle ou officieuse, soit à l'opposition ou aux cabinets étrangers. Mais il est rare que, comparant et rapprochant les textes divers, on ne puisse obtenir une moyenne de véracité très-précieuse. Évidemment, à l'époque qui va nous occuper d'abord, le *Journal de Dangeau* doit être préféré aux *Mémoires de Saint-Simon;* ceux-ci ne sont la plupart du temps qu'un écho, et un écho

pendant hâter la cession, de peur que le jurisconsulte anglais Mackintosh ne se portât acquéreur. Il voulait affecter à la Bibliothèque nationale le fonds relatif à la Révolution; mais c'eût été faire bien des doubles emplois.

[1] *Inventaire sommaire et tableau méthodique,* col. 743-846. — Une mention à part doit être donnée à la bibliothèque administrative venue en même temps que la collection de lois et fort riche en ouvrages et opuscules spéciaux.

[2] Voyez ma Notice préliminaire sur la *Chambre des comptes de Paris,* p. XIX.

altéré par la passion, qui nuit trop souvent à une sagacité et à une clairvoyance merveilleuses. Mais Dangeau, tout le premier, faisait grand compte des gazetiers, on en a la preuve à chaque instant. Comme lui, nous nous empresserons de recourir à ces publications qui, secrètes ou publiques, feuilles volantes ou gazettes, commençaient alors à prendre leur importance et leur extension. La *Gazette de France* n'avait plus le même intérêt que sous le règne précédent ou sous la Fronde : la concurrence réduisait ce journal au simple rôle de feuille officielle, et encore n'y avait-il plus un Louis XIII, un Richelieu, un Mazarin pour le renseigner d'une façon intéressante. Louvois et le ministère de la guerre lui fournissaient toujours les correspondances soi-disant étrangères[1], moyen d'agir que Chamlay et Vauban ne cessaient de préconiser; mais, quant aux événements intérieurs, quant aux mesures administratives, c'est à peine si, dans les moments les plus critiques, la *Gazette* mentionne quelques édits ou arrêts. Elle ne mérite donc guère d'être feuilletée. Les articles officieux du *Mercure galant* ont déjà une autre valeur; mais certainement il a une attache indirecte avec la cour, et ses longues réponses aux «lardons» imprimés à l'étranger ne doivent pas être acceptées sans discussion; il faut les contrôler, comme les considérants des édits, en y cherchant la pensée du gouvernement royal.

C'est dans les feuilles imprimées hors de France, mais en langue française et pour toute l'Europe, que nous trouverons un fonds nouveau et presque inépuisable de détails piquants, de renseignements précis et d'appréciations dont l'origine hostile ne diminue guère ni la profondeur ni la justesse.

Le témoignage des gazettes dites de Hollande sera donc souvent invoqué ici. Bien que la bibliographie en ait été savamment dressée[2], ces feuilles sont tellement inconnues et si rares, même dans le pays qui les a vues naître ou dans celui auquel elles étaient destinées par leurs rédacteurs anonymes, qu'il n'est pas inutile d'entrer dans quelques détails au sujet de celles que j'ai eu l'occasion d'employer pour le règne de Louis XIV. Il n'y a point de *Gazette de Hollande* proprement dite, mais bien cinq feuilles périodiques qui se publiaient en français, sous des titres variables, à Amsterdam, Leyde, Utrecht, la Haye et Rotterdam. Les trois dernières sont plutôt scandaleuses et amusantes qu'utiles pour l'histoire. La gazette d'Amsterdam a le mérite de «dire la vérité d'une manière dont chaque parti était également satisfait, et de faire ainsi que le journal était lu partout avec plaisir.» La gazette de Leyde, moins riche en informations, est supérieure à certains égards, surtout comme indépendance et comme abondance de documents diplomatiques; sous le titre de *Nouvelles extraordinaires de divers endroits*, elle paraît dès 1680, dirigée alors, ainsi que le seront les *Nouvelles solides et choisies* (1683-1685), par un réfugié français, peut-être Jean-Alexandre de la Font, qui figure parmi les gazetiers persécutés sous Louis XIV. Les gazettes publiées à Amsterdam, d'abord sous la dénomination de *Nouveau journal universel*[3], ont eu sans doute pour fondateur un des rédacteurs de Leyde, Claude Jordan. On y trouve, à la fin du numéro du 20 janvier 1689, cette espèce de programme : «Un de nos correspondans de France étant venu à mourir, quoique nous en ayons encore deux autres, nous serions bien aises d'en augmenter le nombre, afin d'être d'autant mieux en état de satisfaire le public. C'est pourquoi, s'il y a quelque personne qui veuille remplir sa place, elle peut se présenter et faire ses propositions les plus accommodantes. Cependant nous avertissons que nous ne souhaitons pas de ces esprits satiriques qui ne s'attachent qu'à déchirer les réputations ou chagriner quelque particulier. Nous n'aspirons pas non plus aux nouvelles du cabinet : nous savons que peu de gens y ont accès et que la matière est trop délicate. Nous ne demandons que les nouvelles dont le public peut être informé, et desquelles il peut tirer de la satisfaction et de l'utilité; et sur toutes choses, qu'on s'attache à la certitude et à la solidité.» La gazette d'Amsterdam, à partir de 1694, est dirigée par le célèbre Tronchin du Breuil, éditeur privilégié des États et rédacteur d'un recueil paru de 1688 à 1690, les *Lettres sur les matières du temps*[4], c'est-

[1] C. Rousset, *Histoire de Louvois*, t. IV, p. 375 et 376.

[2] *Les Gazettes de Hollande et la Presse clandestine*, par M. Hatin.

[3] Il y avait eu différentes feuilles depuis 1660 environ.

[4] Le genevois J. Tronchin du Breuil, admis dans l'intimité de Colbert, puis passé en Hollande pour échapper au prosélytisme de Bossuet, publia ces lettres sur la révolution anglaise à la demande des magistrats d'Amsterdam. Elles firent beaucoup de bruit, et souvent on les attribue à Bayle. Une table y facilite les recherches.

à-dire sur la révolution d'Angleterre. Enfin, un autre recueil, l'*Histoire abrégée de l'Europe,* auquel les gazettes se réfèrent souvent, publie la plupart des textes d'édits administratifs; mais il ne compte que quelques numéros. Généralement, les informations de ces feuilles sont immédiates et sûres; elles viennent de correspondants si bien renseignés, que les courtisans, les ministres et Louis XIV lui-même ne manquaient pas de les lire. Surtout aux Pays-Bas, les étrangers et les réfugiés français étaient à l'affût de toutes les nouveautés administratives, et, chaque fois qu'une mesure en valait la peine, elle devenait l'objet d'un article, ou même d'un supplément extraordinaire, écrit presque toujours avec une modération d'idées qui se rapproche singulièrement du ton impartial de l'histoire. On peut faire ainsi, d'après les contemporains, une comparaison instructive des affaires financières de l'Allemagne, de la monarchie espagnole, et surtout de l'Angleterre, avec celles de la France.

Malgré l'abondance des matériaux que fournit le fonds même des Papiers du Contrôle, il a semblé que le concours, et aussi la variété des éléments accessoires dont je viens d'indiquer sommairement la nature, ne seraient pas chose superflue. En effet, le but donné à notre travail et l'époque où il nous place ont leurs exigences particulières. Nous ne sommes plus dans ces temps de splendeur sur lesquels l'esprit lumineux de Colbert, son activité pratique, sa fécondité inépuisable jettent un éclat si éblouissant, qu'on ne recherche pas trop profondément les procédés et les défauts de l'Administration. Tout autre est la période qui commence au 6 septembre 1683, mais que préparait depuis douze ans la prépondérance de Louvois et du parti de la guerre sur le bon génie de Louis XIV. Les ministres qui vont nous conduire, à travers bien des difficultés et des misères, jusqu'à la fin du grand règne, n'ont point la même personnalité; à une exception près, ils ne feront que suivre plus ou moins docilement la marche des événements. La nature du sujet exige donc, dans l'Introduction comme dans la Correspondance, une exposition minutieuse et précise des faits. Là seulement pourront se rencontrer l'intérêt pour l'Administration, l'utilité pour l'histoire, et le tableau ne sera instructif que si le travail de l'archiviste répand une lumière égale sur tous les plans. A ce titre, j'ose croire que notre publication justifiera le bienveillant patronage qui a favorisé ses débuts, la haute protection qui a permis plus tard de la mener à bonne fin. Peut-être aussi ne sera-t-elle pas indigne de prendre place, à côté de tant de savants inventaires, dans cet asile de l'histoire où nous avons été heureux de trouver tout à la fois l'hospitalité la plus encourageante, les conseils et les exemples les plus profitables.

A. M. DE BOISLISLE.

Janvier 1874.

CORRESPONDANCE

DES CONTRÔLEURS GÉNÉRAUX

AVEC

LES INTENDANTS DES PROVINCES.

I

CLAUDE LE PELETIER,

CONTRÔLEUR GÉNÉRAL

DU 6 SEPTEMBRE 1683 AU 20 SEPTEMBRE 1689[1].

1. *M. DE BÂVILLE, intendant à Poitiers*,*
AU CONTRÔLEUR GÉNÉRAL.

2 Septembre 1683.

Mémoire sur les exactions commises par le fermier de la marque des fers et ses commis.

* Voyez, à la table alphabétique qui termine ce volume, la notice jointe au nom de chaque intendant.

2. *M. DE NOINTEL, intendant à Tours,*
AU CONTRÔLEUR GÉNÉRAL.

17 Septembre 1683.

Rapport sur l'instruction commencée, d'après l'avis de M. de Bâville et les ordres de M. Colbert, contre un commis du fermier des amendes et un huissier, qui se livraient à de nombreuses concussions en Guyenne, en Limousin et en Poitou, à l'aide d'exécutoires délivrés par la Chambre du Trésor.

3. *M. MORANT, intendant en Provence,*
AU CONTRÔLEUR GÉNÉRAL.

20 Septembre et 8 Octobre 1683.

Vérification des dettes des communautés.

4. *M. DE MIROMÉNIL, intendant en Champagne,*
AU CONTRÔLEUR GÉNÉRAL.

20 Septembre 1683.

Enquête commencée, à la demande des élus des États de Bourgogne, pour fixer les limites de cette province et de la Champagne.

5. *M. DE HARLAY, intendant en Bourgogne,*
AU CONTRÔLEUR GÉNÉRAL.

20 Septembre 1683.

«J'ay reçu la lettre dont vous m'avez fait l'honneur de me prévenir, et autant que j'ay pu remarquer par sa date, vous ne pouviez pas avoir encore reçu mes premiers complimens. C'est un effet d'une bonté et d'une honnesteté à quoy on n'estoit pas accoustumé, mais dont on n'est pas surpris de vostre part, et qui fait d'autant plus espérer une extrême douceur à ceux qui doivent avoir l'honneur de servir dans la suite sous vos ordres.

«Il y a peu d'affaires dans cette province, et moins qu'en aucune autre, les tailles royales et le remboursement de l'étape, aussy bien que la réparation des grands chemins, se trouvant entre les mains des élus des Estats, et n'estant à la charge de l'intendant que dans la Bresse, qui a peu d'étendue.

«Il y a, au surplus, peu d'affaires extraordinaires, sinon

[1] La collection des minutes de lettres du Contrôleur général ne commençant qu'au 1er janvier 1686, cette lacune est comblée à l'aide de la correspondance des intendants.

celles du contrôle des exploits, qui sont en petit nombre et peu considérables, le huitième denier laïque ayant esté racheté par les derniers Estats pour la Bourgogne et les quatre comtés qui en dépendent, et n'ayant plus lieu que dans la Bresse, aussy bien que les droits d'échange.

«Le huitième denier ecclésiastique subsiste encore partout, mais il expire aussy partout; il y a le compte du traitant à examiner, et cela occupera quelque temps, mais j'espère que cela ne donnera pas lieu à vous beaucoup importuner.

«Il s'estoit présenté une difficulté touchant cette affaire du huitième denier, au sujet du convertissement des récépissés en quittances comptables, que les commis ont données à ceux qui ont payé des taxes, et, comme je crois que les lettres des intendans à feu M. Colbert vous ont esté remises, je ne vous répéteray point ce que je luy avois écrit sur ce sujet. Il vouloit que ce convertissement fust fait, et le croyoit nécessaire pour l'ordre du compte. Je le crois aussy; mais, s'estant trouvé icy que plusieurs particuliers ont perdu leurs récépissés et ne les peuvent pas représenter par conséquent pour les convertir, M. Colbert vouloit qu'on leur fist payer une seconde taxe, sur quoy j'avois pris la liberté, plus d'une fois, de luy en représenter l'inconvénient.

«Il y a les affaires du domaine des isles et islots, et quelques réunions intentées qui peuvent estre considérables, mais ce sont choses qui vont dans le cours ordinaire et dont on ne manquera pas de vous informer à mesure que les affaires se présenteront.

«Pour ce qui regarde les fermes, ils ont des juges sur les lieux, et le Parlement, qui est Cour des aydes en Bourgogne, par appel. M. Colbert vouloit que l'on laissast aller les choses dans le train ordinaire à cet égard.

«Il y avoit quelques commissions ou arrests de subrogation à feu M. Bouchu, que je luy avois demandés et dont il m'avoit écrit de luy envoyer un estat : je luy en avois envoyé des copies ou projets.

«La principale affaire de l'intendance de cette province, quant à présent, est ce qui reste de la vérification des dettes des communautés, sur quoy il y auroit trop de choses à vous dire pour vous les expliquer par écrit, du moins aujourd'huy. M. le Duc me paroist désirer que j'aille moy-mesme vous en informer, et j'ose dire que cela ne seroit peut-estre pas tout à fait inutile à cet égard pour la facilité du service dans la suite, l'entière perfection de cet ouvrage ayant besoin que vous y donniez une protection aussy particulière qu'avoit fait feu M. Colbert depuis le commencement, et cela désireroit à tout moment des détails infinis, à moins que d'avoir pris une bonne fois de certaines mesures fixes et générales, qui ne se peuvent prendre que difficilement par écrit.»

6. *M. DE BÂVILLE, intendant à Poitiers,*
AU CONTRÔLEUR GÉNÉRAL.

22 Septembre 1683.

Il représente que la diminution de 50,000# accordée par le Roi, de même que l'année précédente, avait été demandée par M. Colbert en faveur des nouveaux convertis, qui sont au nombre de quarante-trois mille en Poitou, et qu'il lui avait été promis en outre 20,000# pour les paroisses ravagées par la grêle. Si l'on ne fournit pas ce second fonds, il faudra augmenter les nouveaux convertis pour soulager les paroisses.

7. *M. DE BRETEUIL, intendant à Amiens,*
AU CONTRÔLEUR GÉNÉRAL.

23 Septembre 1683.

On annonce que les huissiers de la Chambre des comptes vont venir faire dans plusieurs villes de Picardie des frais considérables, sous prétexte de contraindre les échevins à présenter leurs comptes arriérés. Le pays est si accablé de charges extraordinaires et si appauvri par la guerre, qu'il ne saurait fournir à la dépense de la présentation des comptes, et qu'il mérite d'obtenir un répit*.

* Le Roi donna l'ordre d'arrêter les huissiers de la Chambre s'ils se présentaient, et, en considération de l'état misérable de la province, il ne demanda aux États d'Artois, pour leur Don gratuit, que la même somme de 400,000# qu'ils avaient donnée les années précédentes. (Voir la délibération des États en date du 12 novembre.)

8. *M. DU BOIS DE BAILLET, intendant en Béarn,*
AU CONTRÔLEUR GÉNÉRAL.

26 Septembre 1683.

Il demande un pouvoir pour instruire le procès des faux-monnayeurs arrêtés en Chalosse, et pour les juger conjointement avec le Parlement, qui a des alliances avec plusieurs personnes soupçonnées du même crime.

Il a obtenu des Cagots une offre de 45,000# pour payer leur affranchissement, et il envoie un projet de déclaration pour terminer cette affaire*.

Les États désirent qu'il soit chargé d'ordonner les réparations des chemins, de peur que le Parlement ne s'y oppose.

Les magistrats du Parlement profitent de ce qu'il n'y a point encore d'officiers des eaux et forêts, pour couper les bois du Roi et faire chasser leurs valets; ils prétendent même arrêter les sentences rendues par l'intendant contre les délinquants.

* Ce projet est joint à la lettre du 7 octobre, avec un mémoire sur l'origine, l'existence et les habitudes de la race des Cagots.

9. *M. LE VAYER, intendant à Soissons,*
AU CONTRÔLEUR GÉNÉRAL.

4 Octobre 1683.

Il demande à continuer le travail commencé pour l'échange des paroisses qui se trouvent séparées de leur élection et trop éloignées du siége de leur ressort. Les cartes faites, en 1680, pour cet objet, se trouvèrent si défectueuses, que M. Colbert avait choisi pour les recommencer le sieur Guérin, avocat du roi au présidial de Soissons, homme très-habile et très-honnête, recommandé par Mme de Maintenon et par l'évêque de Beauvais.

10. *M.* de *Bezons, intendant à Orléans,*
au Contrôleur général.

7 Octobre 1683.

Rapport et mémoires sur les travaux du canal de communication entre la Loire et le Loing, sur leur état présent, le choix du point où le canal doit entrer en Loire, et l'utilité que son achèvement procurera au commerce de l'Orléanais*.

* Voir, pour le détail des travaux, la lettre du 24 juin 1684, et celle du 31 décembre 1685. La compagnie chargée de l'entreprise obtint des subsides, et, en outre, les paysans y furent employés en ateliers publics. (Lettre du contrôleur général, 30 janvier 1686.)

11. *M.* du *Bois* de *Baillet, intendant en Béarn,*
au Contrôleur général.

7 et 14 Octobre, 11 Novembre 1683.

Désordres fomentés par le président de Gassion pour s'opposer à l'exploitation, par les fermiers du domaine, des puits d'eau salée de Saliès, et à la vente des sels du Roi. Ces désordres ont pour but principal de couvrir les détournements commis dans l'administration des deniers communaux de Saliès, et l'intendant n'a pu voir les comptes, qui lui ont été dissimulés*.

* Mémoire d'un des jurats sur les détournements.

12. *M.* de *Harlay, intendant en Bourgogne,*
au Contrôleur général.

8 Octobre 1683.

Il se plaint que la Bresse et le Bugey n'aient pas obtenu la diminution dont le pays avait besoin, soit pour réparer les maux du passage des troupes, soit pour suffire à la levée des gratifications et des *deniers négociaux* décidée par la dernière assemblée.

Les fermiers des gabelles ont promis de faire remise des amendes aux faux-sauniers religionnaires, si cela pouvait influer sur leur conversion dans la prison*.

* Voir, au 11 juillet 1685, une offre de conversion d'un orfèvre emprisonné à la requête du fermier du droit de *seigneuriage*, en Dauphiné.

13. *M.* Daguesseau, *intendant en Languedoc,*
au Contrôleur général.

15 Octobre 1683.

Il a été fourni aux troupes de M. de Saint-Ruth, envoyées contre les religionnaires du Vivarais, 48,000 rations de pain; mais M. de Louvois a écrit que toutes les dépenses de ce genre seraient, suivant l'intention du Roi, payées par les religionnaires qui en étaient la cause.

« Il y auroit eu régulièrement quelques formes à garder pour cela, dont j'avois rendu compte à M. de Louvois, mais il les a extrêmement abrégées par sa réponse.....

« Le sieur de la Valette, que vous avez vu à Paris, et qui vient d'arriver en cette ville, a fort étudié les archives du domaine, et a quelques connoissances qui peuvent n'estre pas inutiles : mais il pousse quelquefois ses découvertes un peu trop loin, et, s'il y a des choses à prendre de luy, il y en a encore plus à laisser. Mais cela ne se peut pas traiter en termes généraux; ce sera dans le détail des affaires et sur chacune en particulier que j'auray l'honneur de vous mander mes sentimens. Cependant il sera bon qu'il soit informé que vous ne voulez que les choses justes, afin que luy-mesme se modère dans les recherches qui pourroient dégénérer en vexations, si on ne luy tenoit la bride un peu courte. Je crois qu'il n'y a rien de meilleur à faire sur cela que ce que j'ay pratiqué jusques à présent, et qui a esté approuvé par feu M. Colbert, qui en a mesme écrit une lettre circulaire à tous MM. les commissaires départis; c'est de ne pas souffrir qu'il soit donné aucune assignation qu'en vertu de mes ordonnances. Je verray sur les requestes qui me seront présentées, si ce qu'on me demande est bon, ou douteux, ou mauvais; je permettray les assignations aux deux premiers cas, et, dans le dernier, si je ne puis pas en faire convenir le sieur de la Valette, j'auray l'honneur de vous en rendre compte le plus sommairement qu'il me sera possible, et vous déciderez. »

14. *M.* de *Ménars, intendant à Paris,*
au Contrôleur général.

18 Octobre 1683.

« Suivant la lettre de feu M. Colbert, du 22 may 1681, j'ay excité les maires et échevins, et principaux habitans des villes et bourgs fermés, de mettre leurs murailles en estat que le vin ni les vendanges n'y puissent entrer ni sortir que par les portes, les assurant que, par ce moyen, ils seroient exempts de la confection des inventaires et de leur récollement. Dans cette espérance, plusieurs villes et bourgs des élections de Tonnerre, Sens et Nemours, se sont efforcés de réparer leurs brèches et de mettre leurs portes en bon estat, et demandent de jouir de l'avantage qui leur a esté promis*. »

* Voir une lettre du 20 août 1684, du même intendant, et le mémoire sur le droit de *gros manquant* et sur la confection des inventaires, qui y est joint. — Voir encore, sur le même sujet, deux lettres de l'intendant d'Orléans, des 22 novembre et 15 décembre 1688, et l'avis de M. de Miroménil sur un placet de la ville d'Épernay en Champagne, 24 janvier 1686.

15. *M. de Ménars, intendant à Paris,*
au Contrôleur général.

20 Octobre 1683.

« J'ay trouvé, l'année passée, en faisant la visite de l'élection de Tonnerre, que le sieur Viart, l'un des receveurs des tailles, faisoit des frais excessifs et des emprisonnemens à Auxerre, qui est hors de son élection, au préjudice de la défense que je luy en avois faite. Je luy demanday l'estat de ses frais, certifié de luy; je passay dans plusieurs paroisses, je fis venir les collecteurs, j'examinay les quittances du principal de la taille et des frais, et je trouvay que l'estat que le receveur m'avoit donné, certifié véritable, ne l'estoit pas, et qu'il avoit fait considérablement plus de frais qu'il ne m'avoit fait voir. Sur le reproche que je luy en fis, il me dit que c'estoit un vice de clerc. Cela me donna lieu d'envoyer des personnes de confiance dans les autres paroisses, qui partirent dès la pointe du jour, et qui trouvèrent que le receveur estoit allé toute la nuit d'un costé, et avoit envoyé ses huissiers de l'autre, pour avertir les collecteurs qu'ils se donnassent bien garde de paroistre le lendemain, et que je devois envoyer des gens pour les prendre prisonniers. Ceux que j'envoyois, eurent toutes les peines du monde à rassurer les femmes des collecteurs, lesquelles, reconnoissant enfin la tromperie du receveur, firent paroistre leurs maris. L'on trouva, par la représentation de leurs quittances, le double des frais portés dans son estat. Ils dirent qu'ils luy donnoient des présens, et qu'il avoit reçu d'eux des sommes dont il ne donnoit pas quittance. J'en dressay mon procès-verbal, que j'envoyay à feu M. Colbert, qui me dit de déposséder ce receveur. Il s'est présenté au département que je viens de faire; je luy ay fait dire de se retirer. Le receveur général a fait choix d'un commis pour remplir sa place. Cet exemple sera d'une grande utilité pour empescher les exactions et les frais extraordinaires que font quelques receveurs. Je leur écris une lettre circulaire pour leur apprendre les raisons pour lesquelles celuy de Tonnerre a esté dépossédé, afin que la crainte d'un pareil traitement les retienne dans leur devoir*. »

* M. de Bâville, intendant à Poitiers, demande, le 6 décembre 1683, que le receveur de Niort soit interdit pour six mois et éloigné du pays pendant qu'on instruira contre lui.

16. *M. du Bois de Baillet, intendant en Béarn,*
au Contrôleur général.

21 Octobre 1683.

« La vallée d'Aspe, qui est toute dans la directe du Roy, ayant prétendu avoir quelques titres qui l'exemptoient d'estre arpentée, comme les autres, pour donner sa déclaration et payer les fiefs qui sont dus à S. M. à proportion de ce qu'elle contient, j'avois tasché d'entrer en quelque accommodement, sous vostre bon plaisir néanmoins, avec les habitans, à cause de leur situation frontière, et parce que ce sont des gens brutaux extrêmement, et peu accoustumés à l'obéissance. Néanmoins, après s'estre assemblés plusieurs fois, ils ne m'ont point fait d'autre réponse, sinon qu'ils prétendoient demeurer comme ils estoient. Cela m'a engagé d'ordonner l'arpentement, et d'envoyer des arpenteurs dans cette vallée pour exécuter mon ordonnance. Ils y sont depuis quatre ou cinq jours, et ils travaillent: mais, comme ils m'ont mandé qu'on les avoit menacés de les maltraiter, et que peut-estre les peuples de ce pays-là seroient assez déraisonnables et assez emportés pour le faire, j'ay écrit aux jurats que je les mettois sous leur sauvegarde et qu'ils me répondroient de tout ce qui leur arriveroit. Et, comme peut-estre cela ne suffira pas, et que l'exemple fascheux que ceux de la vallée d'Ossau ont donné, il y a trois ou quatre ans, en maltraitant, mesme estropiant les arpenteurs qui y avoient esté envoyés, qui est demeuré impuni par la foiblesse de M. le président de Gassion, qui faisoit la réformation du domaine, et pour quelque argent, pourroit rendre ces gens-cy, qui sont encore plus insolens que les autres, incapables de connoistre leur devoir, je vous supplie de me faire l'honneur de me mander, en cas que cela arrive, comme je me dois conduire pour les faire obéir. L'affaire est de conséquence, car cette vallée contient sept ou huit mille arpens, et jusques à présent elle n'a payé de redevance que la somme de 40 écus petits, qui sont 47 francs, et jouit de toutes les terres des montagnes qui appartiennent au Roy, sans que j'en puisse trouver autre titre que la férocité de ses habitans*. »

* Voir une autre lettre du 4 novembre, qui contient des détails sur les droits de *paréage* ou *fraternité* de ces vallées avec les vallées voisines d'Espagne, et sur les droits de pêche et de chasse.

17. *Le Sr . . . ., de Bordeaux,*
au Contrôleur général.

2 Novembre 1683.

« Par l'extrait du registre d'issue cy-joint, Vostre Grandeur verra que les cargaisons du mois d'octobre de l'année dernière sont moindres que celles du mesme mois de celle-cy, de 4,274 tonneaux. J'ay cru devoir informer Vostre Grandeur de ce que les négocians chargeurs, contre l'usage du passé, mesme les Hollandois, préfèrent les vaisseaux anglois à ceux de leur nation pour le commerce qu'ils font en Hollande. Plusieurs marchands se disposent à charger des grains, et l'on croit que c'est pour l'Espagne. Je vois passer beaucoup d'hommes bien faits, mis en pèlerins, qui disent venir de Saint-Jacques, ce qui ne paroist pas par la fraischeur et l'embonpoint de leurs visages*. »

* Cette lettre n'est pas signée; par l'état qui y est joint, on voit que le nombre des vaisseaux en charge avait été de 301 français, 28 anglais et 76 hollandais, et le total des tonneaux, de 15,174. — Chaque mois, l'intendant envoie régulièrement au contrôleur général un semblable état.

18. *M. de Bâville, intendant à Poitiers,*
au Contrôleur général.

2 Novembre 1683.

« Après avoir fait plusieurs visites dans cette province, et principalement en Bas-Poitou, j'ay cru que l'on ne pouvoit rien entreprendre de plus utile pour faciliter et augmenter le commerce, que de rétablir les chemins qui sont très-mauvais, et empeschent que les foires et les marchés ne soient aussy fréquentés qu'ils le pourroient estre. C'est un bien que tout le monde souhaite également, et qui ne coustera rien au Roy, car les paroisses y travailleront avec plaisir. Il n'est question que d'y apporter un bon ordre. Pour cela, je crois qu'il seroit bien nécessaire d'avoir un homme sûr et fidèle, qui marquast les chemins comme ils doivent estre, et qu'ensuite chaque sénéchal eust soin, dans l'étendue de sa jurisdiction, de faire observer ce qui seroit désigné par ce commissaire, qui auroit ordre de repasser souvent dans les lieux, et de voir si les sénéchaux feroient leur devoir. Je trouveray aysément un homme qui s'acquitte bien de cette fonction*, mais, comme il faut qu'il fasse quelque dépense, je crois qu'il faudroit luy donner 600 ᵗᵗ. ... J'en ay fait un projet d'arrest qui est cy-joint. J'apprends qu'on en a donné un pareil à celuy que je propose, pour la Touraine, le Maine et l'Anjou. J'ay cru qu'il falloit le concevoir en termes généraux, réservant à des ordres particuliers de marquer en détail ce qui sera à faire. Je le considère seulement comme un pouvoir qui est nécessaire pour entreprendre l'exécution de ce dessein. Ma pensée seroit de le réduire aux chemins qui vont de ville en ville, ou aux gros bourgs où se fait le principal commerce **.»

* Le sieur Poictevin eut cette commission.

** A l'analyse de cette lettre sont joints des extraits d'arrêts rendus sous Colbert, pour l'entretien ou la réparation des chemins publics. — Voir, à la date du 7 septembre 1685, le compte rendu par M. de Bâville, des travaux exécutés sur les grandes routes d'Angoulême, de la Rochelle et de Bordeaux, à l'époque où il quitta l'intendance de Poitiers pour aller en Languedoc.

---

19. *M. Daguesseau, intendant en Languedoc,*
au Contrôleur général.

5 Novembre 1683.

«Les Estats de cette province ont délibéré le payement du Don gratuit au Trésor royal à Paris, en la manière ordinaire.

«Ils ont aussy changé la résolution qu'ils avoient prise d'emprunter 900,000 ᵗᵗ sur le Don gratuit, et ont délibéré d'imposer les 2,400,000 ᵗᵗ en entier. Ce qui a donné lieu à ce changement, a esté l'ordre qui a esté envoyé par M. de Louvois, de mettre sur pied un régiment de dragons, et de faire le fonds tant pour la levée que pour l'entretien pendant un an. Cette dépense montera à deux cents et tant de mille livres, dont on fera le fonds par emprunt, et on a jugé que cet emprunt devoit tenir lieu de celuy qui avoit esté résolu pour le Don gratuit.

«Les Estats, qui croyent qu'ils seront beaucoup mieux écoutés présentement sur diverses choses, qu'ils ne l'ont esté par le passé, entrent dans bien des matières, et font beaucoup d'assemblées et de commissions sur presque toutes les natures de recouvremens qui se font en cette province; la plupart se sont terminées à me porter diverses plaintes sur ce qui se pratique dans la ferme des gabelles, dans celles du papier timbré, de la foraine et autres; mais j'ay cru qu'il estoit inutile d'entrer dans ce détail, et j'ay répondu à ces Messieurs qu'il y avoit des juges établis pour connoistre de ces sortes de droits, que, s'ils ne faisoient pas justice, on avoit la voye d'appel à la Cour des aydes, sauf, en cas que cette cour jugeast contre les règlemens, à se pourvoir au Conseil, mais qu'il falloit conserver l'ordre des jurisdictions, parce qu'autrement ce seroit ériger un nouveau tribunal de MM. les commissaires du roy, et de ceux des Estats, pour régler toutes les affaires particulières, ce qui ne seroit pas régulier. M. le cardinal de Bonzy est fort entré dans ce sentiment, et je crois que vous ne le désapprouverez pas, car, outre la raison que j'ay marquée à ces Messieurs, il seroit dangereux que les Estats voulussent se mesler de trop de choses, et je ne doute pas que, à la réserve de certaines matières générales qui peuvent regarder le soulagement des peuples, vous ne trouviez bon de continuer de les tenir renfermés dans celles qui sont purement de leur fonction*.»

* Voir, au 28 septembre, la lettre par laquelle le cardinal de Bonzy exprime les espérances des États.

---

20. *M. Lebret, intendant en Dauphiné,*
au Contrôleur général.

6 Novembre 1683.

Adjudication des octrois de Grenoble, et payement des dettes de la ville.

Mesures prises pour calmer l'agitation de la province, et rappeler les officiers municipaux à leur devoir.

«J'envoyeray au premier jour les ordres nécessaires pour faire mettre en liberté les lieutenant et procureur du Roy de l'élection de Grenoble, et leur faire savoir les résolutions que S. M. a prises sur leur sujet, en cas qu'ils ne changent pas de conduite, et qu'ils ne fassent pas leurs efforts pour mériter la grâce qu'elle a bien voulu leur faire.

«La récolte des blés et seigles a esté assez abondante cette année en Dauphiné, et je ne vois aucun inconvénient d'en permettre le transport hors le royaume; mais l'avoine est extrêmement rare, et ma principale occupation est d'empescher que le peu qu'il y en a dans la province ne soit porté ailleurs, afin que les troupes du Roy qui doivent passer cette année par étapes, et celles qui doivent y rester pendant le quartier d'hiver, puissent trouver leur subsistance.

«Le sous-traitant du huitième denier ecclésiastique du Dauphiné me présenta, il y a trois ou quatre mois, l'estat de son recouvrement; j'ay mesme employé plusieurs séances à l'examen d'une partie des articles qui le composent, et il seroit arresté présentement, si les religionnaires de cette province ne m'avoient donné des occupations plus pressantes. Et, quoyque le recouvrement du huitième denier laïque soit presque achevé, c'est toujours un avantage pour les peuples que le Roy ayt eu la bonté d'arrester le cours des poursuites qui estoient encore à faire, estant certain que les affaires extraordinaires sont la ruine des provinces, et que, quelque soin que l'on prenne pour retrancher les frais du recouvrement, ils sont toujours excessifs; et, si on pouvoit faire une supputation exacte de toutes les sommes auxquelles ils se montent, on trouveroit qu'elles approchent pour l'ordinaire, de celles qui entrent effectivement dans les coffres du Roy*.»

* Voir, au sujet des affaires extraordinaires, deux lettres, du 10 novembre et du 9 décembre, de M. de Ris, intendant à Bordeaux, et une autre, du 25 avril 1685, de l'intendant de Limoges, qui dit que les frais du huitième denier montent au quadruple du recouvrement, et que le gain des traitants est énorme. — Voir aussi un mémoire de l'intendant d'Orléans, 2 janvier 1684.

21. *M.* DE MÉNARS, *intendant à Paris*, AU CONTRÔLEUR GÉNÉRAL.

7 Novembre 1683.

Plusieurs paroisses de l'élection de Crécy refusent de payer les droits des vins *manquants* des inventaires, et se sont soulevées contre les fermiers des aides. Ceux-ci demandent qu'on y envoie le prévôt et sa compagnie; mais une semblable mesure ruinerait totalement les habitants, qui seraient disposés à payer, pourvu qu'on leur fit remise des frais, et il suffirait d'y envoyer un ou deux gardes de la prévôté de l'hôtel.

22. *M.* DE MÉNARS, *intendant à Paris*, AU CONTRÔLEUR GÉNÉRAL.

9 Novembre 1683.

«..... Les fermiers du domaine font beaucoup d'exactions. Comme ils n'ont pas de juges certains, ils font leurs poursuites devant ceux qui leur sont les plus favorables; s'ils croyent estre sûrs des lieutenans généraux, ils procèdent devant eux, et, lorsqu'ils veulent fatiguer et vexer les parties, ils leur donnent assignation à la Chambre du Trésor. Ils procèdent rarement devant nous, et, quoyque la connoissance des affaires du domaine nous soit renvoyée par les arrests du Conseil, ils n'y viennent que lorsqu'ils ne peuvent pas s'en défendre, et qu'ils y sont attirés par les plaintes qu'on nous fait. Je crois qu'il est juste, et mesme nécessaire pour le service de S. M., de fixer un tribunal pour les affaires du domaine, car cette diversité de juger est préjudiciable aux droits du Roy, facilite aux fermiers le moyen de se dérober à nos yeux, et nous empesche de connoistre entièrement leur conduite.»

23. *M.* DE NOINTEL, *intendant à Tours*, AU CONTRÔLEUR GÉNÉRAL.

9 Novembre 1683.

Contraventions à l'arrêt du Conseil qui défend aux receveurs généraux d'obliger les receveurs particuliers à leur faire des payements anticipés, et aux receveurs particuliers de demander aux collecteurs le payement de la taille avant les temps portés par les commissions.

Copie d'un traité par lequel le receveur de l'élection de Châteaugontier s'est engagé à faire une semblable avance moyennant une remise de 4 deniers 1/4.

24. *M.* DE MIROMÉNIL, *intendant en Champagne*, AU CONTRÔLEUR GÉNÉRAL.

11 Novembre 1683.

Les communautés de l'élection de Langres ont pris l'habitude de travailler volontairement à de petites chaussées ou à des ponts, pour entretenir les communications à travers leurs prairies; ces travaux sont également très-utiles pour le passage des gens de guerre. On demande la permission du Roi pour continuer de la même façon ce service*.

* On voit, par deux lettres de l'intendant de Paris, du 6 novembre 1683 et du 8 octobre 1684, que le système des corvées était généralement réclamé, mais que le Roi ne l'approuvait pas, malgré l'extrême délabrement des chemins.

25. *M.* LE PELETIER DE SOUZY, *intendant en Flandre*, AU CONTRÔLEUR GÉNÉRAL.

11 Novembre 1683 (au camp de Rousselart).

«La conqueste de Courtray va augmenter les domaines du Roy. Il y en a de deux natures dans la ville et dans sa chastellenie: il y a les domaines corporels qui consistent en moulins, droits de *tonlieu* et *d'espier;* ces derniers sont des redevances en blé, avoine ou autres denrées, dont les terres sont chargées. Outre ces anciens droits domaniaux, le Roy a fait encore recevoir à son profit ce qu'on appelle communément les droits des *quatre membres de Flandre :* ce sont des impositions sur le vin, la bière, l'eau-de-vie, le sel, le tabac, le poisson salé, sur le blé qu'on envoye au moulin, sur les vaches et moutons paissans, et sur tous les bestiaux qui sortent de la province de Flandre.

«On appelle ces impositions les droits des quatre membres de Flandre, parce que les Estats de cette province, qui se divise en quatre membres, levoient ces droits en vertu d'octroy des souverains, et en employoient le produit au payement des charges de l'Estat, et particulièrement des rentes constituées par la province de Flandre, auxquelles ces droits estoient affectés et hypothéqués.

«La Flandre ayant commencé à estre démembrée par les conquestes du Roy en l'année 1667, les intendans des contributions, qui ne cherchoient qu'à augmenter leur recette au profit du Roy, comprirent ces droits dans les fermes du domaine; personne ne réclama contre cette union, parce que les villes et les chastellenies de Courtray, d'Oudenarde, de Berghes et de Furnes ne faisant plus de corps d'estat, ne pouvoient pas s'approprier ces droits; les créanciers de la province de Flandre, aux rentes desquels ces droits estoient hypothéqués, ne s'assemblèrent point, n'établirent point de syndic, en un mot, ne songèrent point à revendiquer leur hypothèque. Ainsy le Roy demeura en possession de ces droits, et depuis ils ont toujours esté compris dans la ferme des domaines, et, lorsque les rentiers ont demandé le payement des arrérages de leurs rentes, on les a renvoyés aux Estats de Flandre, que l'on a prétendu estre leurs véritables débiteurs. Les Estats de Flandre ont répondu que, puisque le Roy jouissoit d'une partie de la province, et recevoit à son profit les droits qui s'y levoient, il estoit juste que le partage des rentes et des autres charges se fist à proportion de ce que chacun des deux roys possédoit. On est convenu par un article du traité de Nimègue, que ce partage se feroit ; cependant il ne s'est point fait, et le Roy a toujours joui des droits des quatre membres de Flandre à titre de droits domaniaux, quoyque, dans la vérité, ils ne le soient pas. J'ay souvent représenté cela à M. Colbert, qui, pour toute raison, me disoit que cela diminueroit considérablement les revenus du Roy; je luy avois proposé un tempérament qui me paraissoit juste, c'estoit que le Roy payast du moins, sur le produit de ces droits, les rentes dues aux sujets de S. M., lesquelles, autant que j'en puis juger, n'absorberoient pas, à beaucoup près, la portée de ces droits dans l'étendue des conquestes du Roy.....

«Les fermiers des domaines de Flandre ont un grand intérest d'avoir ceux de Courtray ; aussy je ne doute point qu'ils ne me fassent des offres encore plus avantageuses que celles que j'ay déjà reçues (120,000 florins). D'un costé, il seroit à souhaiter qu'ils eussent cette ferme, pour éviter les procès et les discussions qu'il y a toujours entre des fermiers qui lèvent les mesmes droits dans des lieux contigus, et mesme enclavés les uns dans les autres en beaucoup d'endroits; d'un autre costé, les peuples ont de l'aversion pour les fermiers françois, qu'ils trouvent plus avides et plus rigoureux que ceux du pays. Par cette considération, lors de la dernière adjudication des domaines des pays conquis, M. Colbert témoigna qu'il donneroit la préférence aux gens du pays, et je crois que, dans la compagnie qui a pris la sous-ferme des domaines de Flandre, il y a des Flamands et des François ; mais les derniers prévalent.

«J'ay rendu compte, en gros, de tout cecy à M. de Louvois, parce que, pendant la guerre, c'estoit luy qui avoit la disposition du produit des domaines des nouvelles conquestes, qui entroit dans la recette extraordinaire que je faisois faire, et dont M. Colbert ne prenoit aucune connoissance; je luy ay mesme mandé que je ne vous en écrivois pas; mais je suis persuadé que vous vous accorderez fort bien là-dessus, et j'attendray vos ordres ou les siens pour conclure le marché. Je pourray mesme, si vous le jugez à propos, en faire une adjudication publique; ce sera le plus sûr pour moy, mais je ne sais si ce sera le parti le plus avantageux pour le Roy*.....

«Je ne crois pas que la conqueste de Dixmude augmente les revenus du Roy; mais ce poste est bien important d'ailleurs. J'en suis revenu ce matin, et j'ay cru que M. de Louvois voudroit bien que M. de Madrys** eust la direction de ce qui regarde cette place qui confine son département.....»

* Voir les lettres des 2 octobre et 30 novembre, relatives à cette adjudication et au payement des rentes dont il est parlé plus haut, et qu'on nommait *Assennes;* elles avaient été créées en 1635 par le gouvernement espagnol.

** Intendant en Flandre maritime.

---

26. *M. Daguesseau, intendant en Languedoc,*
au Contrôleur général.

12 Novembre 1683.

«J'ai reçu l'arrest du Conseil pour la sortie des blés hors du royaume. Cet arrest est inutile en cette province, parce que celuy qui en avoit défendu la sortie, n'y a pas esté publié ni exécuté, feu M. Colbert ayant trouvé bon que je ne le fisse pas paroistre, à cause qu'il y avoit en ce temps-là abondance de blés en Languedoc.»

---

27. *M. de Morangis, intendant à Caen,*
au Contrôleur général.

23 Novembre 1683.

Mémoire détaillé sur les inconvénients du mode de perception de la taille, et sur les remèdes à y apporter*.

* Voir un semblable mémoire et un règlement pour les receveurs, envoyés par M. Lebret, intendant en Dauphiné, le 12 février 1684.

---

28. *M. d'Ormesson, intendant à Lyon,*
au Contrôleur général.

24 Novembre 1683.

Il envoie plusieurs pièces relatives à une contestation entre les trésoriers de France et le juge de la Chambre domaniale du Forez, pour la réception des actes de foi et hommage, des aveux, etc.

Formulaire de la procédure que les trésoriers prétendent observer pour dresser l'inventaire de tous les fiefs du Roi dans le Lyonnais et le Beaujolais.

Mémoire contenant les maximes qui tiennent lieu de coutume, sur cette matière, dans le Lyonnais.

---

29. *M. du Bois de Baillet, intendant en Béarn,*
au Contrôleur général.

25 Novembre 1683.

Le bruit s'est répandu à Saliès que les habitants ont gagné leur procès au Conseil, et que le Roi a donné tort à ses fermiers, et ce bruit a tellement augmenté le désordre qu'il est nécessaire de donner une escorte aux commis du domaine*.

L'intendant demande s'il doit accorder un privilége pour la vente des sels de la fontaine par préférence à tous les autres sels, même à ceux du Béarn, suivant l'usage général de la province, qui donne aux seigneurs le droit de vendre leurs denrées préférablement à tous leurs vassaux.

Il demande également si le Conseil admet que la possession plus que centenaire vaille titre dans les affaires du Roi.

* Le Roi avait en effet abandonné aux habitants les puits et les droits de foulage et de péage, moyennant une redevance annuelle de 9,000 #. (Voir la lettre du 29 novembre, celle du 19 décembre, et les arrêts qui sont joints à une lettre de M. Foucault, en date du 8 juin 1684.)

30. *M. le Vayer, intendant à Soissons,*
au Contrôleur général.

25 Novembre 1683.

Exactions des nouveaux fermiers du papier timbré, qui veulent forcer les marchands à renouveler leurs registres avant qu'ils soient remplis*.

* Arrêt du 29 juin 1680, ordonnant l'emploi du papier timbré, débité par les fermes, pour l'expédition des arrêts, commissions, lettres, etc.

31. *M. Daguesseau, intendant en Languedoc,*
au Contrôleur général.

26 Novembre 1683.

Mémoire sur la manière de dresser les compois ou cadastres dans les pays de taille réelle, et d'établir la *recherche générale* pour répartir les impositions entre les différents diocèses de la province.

32. *M. de Morangis, intendant à Caen,*
au Contrôleur général.

27 Novembre 1683.

«Je connois trop vostre piété pour craindre de vous importuner en vous rendant compte des hospitaux qu'on a établis depuis peu dans cette généralité.

«Le P. Chaurand a commencé celuy de Vire; mais le P. Dunod, jésuite, l'a achevé, et a fait ensuite celuy de Valognes, où jamais il n'y en avoit eu, ceux de Coutances, Cherbourg, Saint-Sauveur, Granville, Carentan et Thorigny, et a rétabli entièrement celuy de Saint-Lô, dont tout le revenu estoit dissipé; l'ordre qu'il y a mis est si bon que la mendicité est absolument cessée dans ces villes. Il a mesme poussé son zèle et ses soins jusques dans les bourgs et les villages, et, ne pouvant y faire des hospitaux, il y a établi des Charités pour les malades et pour les pauvres. Les gentilshommes, les curés, et les plus accommodés de chaque village, s'assemblent tous les dimanches au sortir du service, examinent les véritables pauvres, procurent de l'ouvrage à ceux qui peuvent travailler, et donnent du grain et du soulagement aux malades. Ainsy, ces établissemens bannissent également la mendicité et la fainéantise, et, ce qu'il y a d'étonnant, c'est que les riches avouent que leurs aumosnes, faites avec ordre et justice, sont moindres qu'elles n'estoient quand ils donnoient aux pauvres passans et aux mendians de profession.

«Il y a près de cent vingt villages du diocèse de Coutances où la mendicité a cessé, et, si la mesme chose peut s'établir dans le reste de la généralité, ce sera un grand soulagement pour les peuples. Les pauvres sont assurés de trouver à gagner leur vie, s'ils sont en santé, et d'estre assistés s'ils sont malades*.»

* Voir les lettres de M. de Bouville, intendant à Alençon, du 30 avril et du 22 août 1685, et les mémoires qui y sont joints, entre autres, celui des habitants de Nogent-le-Rotrou.

33. *M. de Miroménil, intendant en Champagne,*
au Contrôleur général.

6 et 27 Décembre 1683.

Il s'excuse de n'avoir pas proposé la suppression entière du droit d'octroi sur les farines, parce que ce droit lui avait semblé un des moins préjudiciables, au dire de quelques officiers de la ville de Troyes, qui préféraient sans doute faire tomber la décharge sur leurs vignobles.

«Il est vray que la ville de Châlons estant située au milieu des plaines de la Champagne, où il ne croist que des seigles dont vit beaucoup de menu peuple et des domestiques, il n'y a presque que les personnes les plus accommodées qui consomment du froment ou du méteil. Par-dessus cette considération, vos lumières, infiniment au-dessus des nostres très-foibles, ordonneront toujours plus sagement que nous ne pouvons penser, et nous verrons avec plaisir, comme les peuples avec une joie inconcevable, la suppression entière du droit sur les farines de froment et de méteil, dont on ne peut dissimuler que plusieurs personnes s'abstiennent de manger par la considération du droit qu'il convient payer. On reculera, à la vérité, les créanciers de la ville pour peut-estre deux ou trois années au plus, à proportion de ce qui défaudra pour le payement après l'adjudication qui se fera des autres octroys.»

34. *M. de Bâville, intendant à Poitiers,*
au Contrôleur général.

10 Décembre 1683.

«Les dettes de toutes les communautés de Poitou ont esté liquidées; elles se payent maintenant sur les fonds qui ont esté assignés, et cette affaire importante a esté très-bien réglée, et est en fort bon estat. Mais les peuples en perdront tout le fruit, si l'on ne remédie aux poursuites qui sont faites à la Chambre pour faire rendre les comptes. Deux huissiers viennent régulièrement tous les ans, se font payer de grosses sommes qui tombent en pure perte aux communautés, saisissent les revenus, et font des frais excessifs, qui ne servent à rien parce que les villes sont dans l'impossibilité de pouvoir compter à la Chambre, ce qui paroist évident dans l'exemple de la ville de Poitiers. J'ay vérifié qu'il en est de mesme à proportion dans toutes les autres..... Ne pourroit-on point donner un arrest du Conseil pour faire valider à la Chambre les comptes rendus par devant MM. les intendans, pour les communautés dont les revenus n'excèdent pas 5,000 #? J'ay cru devoir vous proposer cette pensée, qui peut-estre aura ses difficultés, mais qui donneroit un grand soulagement à toutes les communautés. S'il est trop fort de le donner indistinctement pour le passé et pour l'avenir, il pourroit estre donné seulement pour le passé, et, à l'égard de l'avenir, on pourroit régler les épices de la Chambre, qui sont, ce me semble, trop fortes, et qui jetteront toujours les communautés dans l'impossibilité de satisfaire à la reddition de ces comptes.

«J'ajouteray qu'il y a quarante-deux ans qu'ils n'ont esté rendus à Chastellerault, et à Fontenay, vingt-cinq. Vous pouvez juger du fonds qui seroit nécessaire pour les rendre maintenant, ce qui est d'autant plus impossible à trouver que, par les arrests du Conseil portant liquidation des dettes, il est dit que les revenant bons, les charges acquittées, doivent estre payés aux créanciers.

«J'ay tiré sur les comptes rendus à MM. les intendans les frais qui ont esté payés aux huissiers de la Chambre pour empescher les contraintes, et qui ne servent à rien; ils montent, depuis vingt ans, pour la ville de Poitiers, à 1,210 ᵗᵗ, pour celle de Chastellerault, à plus de 2,000 ᵗᵗ, et ainsy des autres à proportion.»

35. *M. le Vayer, intendant à Soissons,*
au Contrôleur général.

16 Décembre 1683.

Le papier terrier de la généralité n'a point encore été commencé, parce que les ordres du Roi, envoyés par M. Colbert, défendaient d'entreprendre cette opération pour les domaines aliénés ou engagés, et qu'il n'y en a point d'autres en Soissonnais; mais elle serait cependant encore plus utile pour ces sortes de domaines que partout ailleurs, et, comme l'intendant a déjà dressé un mémoire contenant toutes les indications nécessaires, le travail serait facile à compléter.

36. *M. de la Fond, intendant en Franche-Comté,*
au Contrôleur général.

17 Décembre 1683.

«Cette province est imposée à la somme de 830,000 ᵗᵗ. Cette imposition n'est point réelle; la province n'est point pays d'élection, ni pays d'Estats, de sorte que, jusqu'à présent, tantost on a fait les cotes d'une manière, tantost d'une autre. Les gentilshommes tenant biens de fiefs prétendent que lesdits biens doivent estre exempts de toutes charges, soit qu'ils fassent valoir leurs biens par leurs mains, soit que lesdits biens soient affermés; les ecclésiastiques et bénéficiers ont tous la mesme prétention, Messieurs du Parlement de Besançon de mesme. Ces trois corps composent plus de la moitié du bien de la province, en sorte que les communautés sont extraordinairement chargées.

«Je crois qu'estant le seul juge de ces sortes d'affaires, je dois avoir des règles certaines; c'est pourquoy j'ay l'honneur de vous les demander, et j'estime que tous les gentilshommes tenant du bien de fief, que tous les bénéficiers et Messieurs du Parlement qui feront exploiter leurs biens par leurs mains, peuvent estre exempts; mais que, lorsqu'ils auront donné leurs biens à ferme, leurs fermiers seront tenus de l'imposition ordinaire. C'est ce qui chagrine les uns et les autres, disant que c'est leur faire payer la taille de cette manière. . . . .

«Il y a encore de la noblesse qui tient du bien de roture; j'ay cru qu'il n'y avoit nulle difficulté à les faire payer pour lesdits biens*.»

* Réponse de M. Chauvelin, prédécesseur de M. de la Fond. — Le changement proposé chagrinerait beaucoup de gens, et particulièrement la noblesse, qui a toujours joui de l'exemption pour ses fiefs. Les ecclésiastiques également s'étaient procuré des exemptions; les États ayant voulu néanmoins les assujettir à l'impôt, mais n'ayant pas de règle certaine, il avait été ordonné que les biens d'ancienne fondation seraient seuls exempts. Quant au Parlement et aux autres compagnies, il n'y a aucun titre pour justifier leur privilége; le Roi l'a simplement toléré après la conquête. Un des principaux abus est l'usage qui s'est introduit de réunir au fief les héritages de roture abandonnés depuis la guerre de 1636 et la peste de 1652, ainsi que les biens de mainmorte, et il serait nécessaire de les déclarer imposables.

Il faudrait supprimer les visiteurs des grands chemins qui existent dans chaque bailliage, et qui se contentent de faire des frais de procès-verbaux, ou d'exiger de l'argent des communautés pour les exempter des réparations; on les remplacerait par un visiteur général, qui ordonnerait les réparations, et en surveillerait l'exécution.

Voir une autre lettre de M. de la Fond, en date du 30 janvier 1684.

37. *M. le Vayer, intendant à Soissons,*
au Contrôleur général.

21 Décembre 1683.

Procès-verbal d'information contre les échevins de Château-Thierry, accusés d'avoir fait, à l'occasion de l'ustensile, des levées supérieures à celles qui étaient portées par la commission.

38. *M. Lebret, intendant en Dauphiné,*
au Contrôleur général.

22 Décembre 1683.

«Il y a cinq ou six jours que Messieurs du Parlement de Grenoble nommèrent six conseillers et un président pour examiner s'il estoit à propos qu'ils entrassent au droit annuel en corps de compagnie. Sitost que je fus informé de la résolution qui avoit esté prise, je parlay à M. le président de Saint-Jullien, qui devoit présider à cette conférence; j'ajoutay à toutes les raisons qui pouvoient obliger sa compagnie à prendre ce parti, celle de son intérest particulier et les avantages qu'il pourroit se procurer dans la suite s'il donnoit lieu par ses soins à une chose qui seroit agréable à S. M.; mais tout cela n'a rien produit, et il me dit, il y a deux ou trois jours, qu'il ne voyoit aucune apparence d'y réussir. M. le premier président, qui m'a paru très-zélé pour le service du Roy, ne perd pas encore entièrement l'espérance; mais moy, qui commence à bien connoistre les esprits du pays, et qui sais combien il est difficile de les engager à faire ce qui est de l'intérest de S. M., lorsque la chose dépend uniquement de leur volonté, je ne crois pas qu'on doive rien attendre de cette compagnie, non plus que des officiers de la Chambre des comptes, qui n'ont pas de meilleures intentions. Heureusement la chose n'est pas d'une grande conséquence pour le service de S. M., puisqu'ils feront tous en particulier ce qu'ils refusent de faire en général, et plusieurs d'entre eux ayment mieux donner 500 # en pure perte à des gens qui, moyennant cette remise, se chargent icy de prendre les augmentations de gages qui leur sont nécessaires pour estre admis au droit annuel, que de s'y engager en corps de compagnie.»

39. *M. le cardinal* DE *Bonzy*
au CONTRÔLEUR GÉNÉRAL.

23 Décembre 1683.

«J'ay reçu la réponse qu'il vous a plu de me faire sur l'affaire des isles, et sur celle d'une nouvelle recherche pour le tarif particulier de mon diocèse (de Narbonne). Je seray à la cour dans le mois prochain, et contribueray de toute ma force que le Roy tire quelque secours de l'affaire des isles et islots; mais cependant on commence à juger sur des maximes qui paroissent un peu au delà de la justice financière; car une inféodation faite avant 1566 par un commissaire ayant pouvoir est déclarée nulle par le défaut des enchères, c'est-à-dire qu'il n'y a point de titre, pour si ancien qu'il soit, qui soit trouvé suffisant si on ne justifie toutes les formalités, sans considérer que la preuve en peut estre perdue, ou qu'on n'avoit pas accoustumé de les observer en ce temps-là.

«On n'a point d'égard aux ordonnances de décharge rendues par des commissaires des recherches précédentes, de façon qu'il n'y a personne en sûreté, quoyqu'on ayt travaillé dans la bonne foy à cultiver lesdites isles.

«A l'égard du nouveau tarif de mon diocèse, vous savez que feu M. Colbert, depuis quelque temps, n'estoit guères dans le détail de ce qu'on luy proposoit, qui ne regardoit pas directement le service du Roy, et, quand il en écrivit à M. Daguesseau, il témoigna de craindre la dépense de cette recherche, qui se feroit pourtant avec beaucoup d'économie, et que l'on ne propose que comme une nécessité indispensable pour empescher ce diocèse de tomber en non-valeur..... Je seray bien ayse, avant mon départ, de savoir la résolution du Roy là-dessus, afin qu'à l'assiette prochaine on ne se trouve pas dans le désordre et dans le manquement de fonds pour payer les impositions*.

«Pour ce qui est de M. de Pennautier, vous pouvez compter que, dès aussitost que j'appris la faute du sieur Matry, je fis mes diligences, afin qu'il n'y eust point de retardement dans le fonds qu'il doit payer au Trésor royal, et je trouvay toutes choses en si bon estat, que vous ne devez pas en avoir le moindre doute. Il est fort net et fort fidèle; nous voyons ses comptes aux Estats, tous les ans, dans une grande exactitude, et j'ay ouy dire qu'il en est de mesme de ceux du clergé.»

* Voir les lettres de M. Daguesseau, 19 et 26 novembre.

40. *M. Poncet* DE LA *Rivière*, *intendant à Limoges*.
au CONTRÔLEUR GÉNÉRAL.

24 Décembre 1683.

Établissement des magasins de l'étapier général.

«Comme cette province n'avoit jamais eu d'étapier, il s'est trouvé beaucoup de difficultés à ce nouvel établissement, dont la plupart viennent des consuls, qui se trouvent exclus de quelque gain qu'ils faisoient sur les deniers d'étape qui passent par leurs mains pour les délivrer aux particuliers, et dont il y a des plaintes continuelles; mais j'espère y réussir, et que, nonobstant ces petits obstacles, le public jouira du soulagement que cet établissement doit luy procurer.»

41. *M.* DU *Bois* DE *Baillet*, *intendant en Béarn*.
au CONTRÔLEUR GÉNÉRAL.

26 Décembre 1683.

«Je suis dans la difficulté de savoir de quelles affaires je dois connoistre dans le pays de Bigorre, parce que, par la commission qui m'a esté envoyée, je n'ay inspection que sur le domaine, et, par une lettre particulière de feu M. Colbert, ordre d'examiner ce qui se passe dans les Estats de cette province. Cependant, parce que ces deux affaires sont les plus considérables et qu'elles embrassent presque toutes les autres de la province par quelque réflexion, outre que je suis quasi sur les lieux, tous ceux qui ont des affaires dans la province, qui regardent la jurisdiction de MM. les commissaires départis, s'adressent à moy, sans que néanmoins j'aye voulu, jusques à présent, m'ingérer d'en prendre connoissance, les renvoyant toutes à M. de Ris, qui, de son costé, en use de mesme à mon égard, ce qui fait que la plupart des affaires demeurent, et ce qui m'engage à vous supplier de marquer à l'un et à l'autre ce dont nous devons nous mesler.»

42. *M.* DE *Bâville*, *intendant à Poitiers*,
au CONTRÔLEUR GÉNÉRAL.

30 Décembre 1683.

Il envoie, suivant l'ordre qui lui a été donné, un mémoire de ce qui a été fait, et de ce qui reste à faire pour le papier terrier de Poitou, avec un état général des fiefs relevant du Roi, et un état particulier de ceux dont les titres manquent et doivent être recherchés à la Chambre des comptes*.

* A ce mémoire sont jointes les observations du contrôleur général, ainsi qu'aux mémoires semblables envoyés par M. de Nointel (Tours, 24 décembre) et par M. d'Ormesson (Lyonnais, Forez, Beaujolais, 3 janvier 1684). Voir aussi, sur le même sujet, les lettres des intendants de Lille (2 octobre) et de Bourges (18 décembre). — Il y eut, vers le mois de mars de l'année suivante, une circulaire à tous les intendants, portant ordre de terminer le papier terrier, tant pour les biens roturiers que pour les fiefs nobles, et d'en envoyer une copie collationnée à la Chambre des comptes de Paris.

43. *M. de Bercy, intendant en Auvergne,*
au Contrôleur général.

Fin 1683.

«Cette province est un pays rédimé de toute imposition, à la réserve de la taille, qui monte à 2,618,500 tt. Le recouvrement s'en fait sans peine. L'imposition en doit estre faite avec beaucoup de soin et d'application, à cause de la grande autorité que conservent encore sur les peuples les gentilshommes et les officiers de justice, qui font soulager leurs biens et leurs créatures et surcharger les plus foibles. Cette inégalité d'imposition fait naistre beaucoup de procès en surtaux, que les parties intentent d'autant plus facilement que cette demande réussit toujours en Auvergne pour le demandeur, et d'où il s'ensuit nécessairement une réimposition, dans l'année suivante, sur les paroisses, tant des sommes auxquelles montent les modérations accordées aux demandeurs en surtaux, que des frais faits pour y parvenir, et il arrive souvent que ces sortes de réimpositions font doubler l'imposition ordinaire de la taille*.»

Les dettes des communautés sont considérablement augmentées par les divertissements des consuls, qui sont assez puissants pour dissiper impunément les deniers patrimoniaux et le produit des impositions destinées à l'acquittement des dettes.

Le recouvrement du huitième denier est achevé; celui des échanges sera très-productif, mais fort onéreux, ainsi que le recouvrement des restes des tailles antérieures à 1679.

L'établissement de la marque du fer et de l'acier serait préjudiciable au commerce, qui se compose en grande partie des ouvrages de quincaillerie.

Les haras ont beaucoup perdu.

* Les procès en surtaux furent remplacés par les instances en comparaison; voir, contre ce changement, une lettre de l'intendant de Limoges (26 janvier 1685), dont la généralité relevait, pour moitié, de la Cour des aides de Clermont-Ferrand.

44. *M. Lebret, intendant en Dauphiné,*
au Contrôleur général.

4 Janvier 1684.

Il envoie un mémoire pour expliquer l'importance de la liquidation des dettes des communautés, et les raisons qui ont constamment retardé ce travail; il demande un arrêt pour faire venir des subdélégués de Languedoc, et pour ordonner, par lui-même, sans l'intervention du Conseil, le payement des dettes et les impositions nécessaires*.

* Certaines villes devaient jusqu'à 400,000 tt, certaines communautés villageoises, 50,000 écus, et il n'y avait guère que quinze ou seize villages du Briançonnais qui ne fussent pas endettés dans ces proportions. Comme il était d'usage, en cas d'imposition, que chaque contribuable payât sa cotisation en fonds de terre au choix du créancier, les habitants des communautés obérées, se voyant tous les jours à la veille d'une dépossession, avaient fini par ne plus cultiver leurs meilleurs biens. — Voir le détail des dettes de la ville de Grenoble, à la date du 16 février suivant, ainsi que le projet de transaction accepté par les créanciers, et envoyé par l'intendant le 26 du même mois et le 28 mars; voir aussi la lettre du 15 juillet, et celle du 5 août, où M. Lebret attribue les désordres dont il donne le détail à l'incurie des juges ordinaires, Parlements et Chambres des comptes.

45. *M. de la Berchère, intendant à Moulins,*
au Contrôleur général.

5 Janvier 1684.

Les peuples se plaignent beaucoup des taxes et des frais que leur imposent les traitants des lods et ventes des échanges, qui taxent indifféremment les moindres échanges à des sommes souvent supérieures à la valeur de la propriété, et en obtiennent le payement par la crainte d'une estimation encore plus coûteuse. Il serait nécessaire de limiter la perception de ces droits aux héritages d'une valeur de plus de 300 tt, pour mettre les pauvres à couvert.

Plaintes semblables contre les commis des aides, qui font payer le droit annuel à des fermiers de vignes dont la récolte ne monte qu'à un ou deux muids de vin, et ne vaut pas ce qu'on leur demande.

Les commis du droit du petit sceau obligent des particuliers à faire sceller des contrats d'un demi-siècle ou d'un siècle de date, bien que la déclaration porte expressément que cette formalité n'est exigible que pour mettre à exécution les actes passés devant notaires.

Mémoire sur l'état des affaires du domaine en Bourbonnais, et sur les exactions des fermiers de M. le Prince, engagiste de ce domaine.

46. *M. de Ris, intendant à Bordeaux,*
au Contrôleur général.

8 Janvier 1684.

«Les officiers de l'Amirauté de Bordeaux m'ont donné avis qu'il se charge beaucoup de blé, au port de Bordeaux, sur les vaisseaux anglois et hollandois, qui se transporte en Espagne, et m'ont demandé si, attendu la guerre entre la France et l'Espagne, ils feroient faire les soumissions aux chargeurs de rapporter certificat des ports où ils ont déchargé. Je prendray la liberté de vous dire là-dessus que, pendant la dernière guerre avec l'Espagne, et depuis que je sers dans cette généralité, on a dissimulé ce transport de blés et d'autres denrées en Espagne, par la nécessité de l'enlèvement des denrées du royaume, et parce que c'est ce débit qui y attire l'or et l'argent d'Espagne, ces provinces frontières n'ayant point d'autre porte pour l'y faire entrer que par la vente et enlèvement des denrées qui y croissent. C'estoit la maxime que me donna feu M. Colbert.»

47. *Mémoire instructif, concernant les provinces de Béarn, Navarre, Bigorre et Soule, laissé à M. Foucault par M. du Bois de Baillet.*

Janvier 1684.

«Le Béarn contient quatre cents tant villes que villages. Il produit beaucoup de grains, pas néanmoins suffisamment pour la nourriture des habitans.

«Le commerce des vins, qui y sont en plus grande abondance, y attire beaucoup d'argent. Il se fait aussy un grand commerce entre cette province et l'Espagne, de laynes, soyes, étoffes de soye et bestiaux, et il en revient bien 50 à 60,000 # d'argent comptant à la province.

«Les ouvriers qui passent en Espagne pour y travailler, en rapportent bien aussy 100,000 #.

«Le commerce de Bayonne, consistant en graines de lin, chastaignes, étoffes, etc., produit bien encore 25,000 écus, et le sel de Saliès, qui passe en Bigorre, 100,000 #.

«La Navarre contient soixante tant villes que villages. Son seul commerce est en bestiaux, particulièrement de cochons; il produit 50 à 60,000 #. Outre cela, il va aussy beaucoup d'ouvriers en Espagne.

«La Bigorre est assez abondante. Elle fait un grand commerce de grains avec le Béarn et Bayonne, qui produit environ 100,000 #. On y transporte aussy pour 20 ou 25,000 écus d'eaux-de-vie, et le grand débit de beurre qui s'enlève de cette province peut produire 100,000 #. Elle fait aussy commerce de linges et de bestiaux avec l'Espagne, d'où elle retire des sels, outre lesquels elle est encore obligée d'en prendre pour 30,000 # par an en Béarn. Il va aussy des ouvriers de Bigorre en Espagne.

«La Soule est peu considérable. Elle ne contient que soixante-trois paroisses, dont le seul commerce consiste en bestiaux, qui se conduisent en Espagne, où il va aussy des ouvriers pour travailler, ce qui peut produire 60,000 #.

«La connoissance des affaires de la religion est attribuée, par l'édit de 1664 et l'arrest du Conseil de 1670, au gouverneur et à l'intendant définitivement, et, par provision, à l'un en l'absence de l'autre. M. l'évesque de Lescar et l'archiprestre de Muslac travaillent avec beaucoup de fruit et de zèle à ces sortes d'affaires, ce que ne fait pas l'évesque d'Oloron.

«Pour ce qui est de la justice, il n'y a encore pu faire observer exactement les règlemens de 1680 et 1682, de l'exécution desquels M. le chancelier l'avoit chargé particulièrement. On a aussy beaucoup de peine à faire exécuter par les premiers juges et les officiers du Parlement l'ordonnance criminelle de 1670.

«Les officiers du Parlement sont peu instruits et mal intentionnés pour la justice. Ils ont peu de soumission aux ordres du Roy et du Conseil. Il n'y a aucune règle dans la forme de rendre les jugemens, les officiers demeurant souvent juges dans leur propre cause ou de leurs parens, surtout le président de Gassion, dont il est justifié qu'il a jugé ou distribué, en six semaines, plus de trente-huit affaires pour ses parens au degré de l'ordonnance; M. du Bois de Baillet a envoyé des mémoires fort amples de tout cela à M. le chancelier. Il y a aussy du désordre pour ce qui regarde la procédure, à laquelle les juges ne s'attachent point du tout, et ceux qui la font ne sont ni procureurs, ni avocats, mais gens sans caractère, qui commettent plusieurs abus.

«Les premiers juges royaux sont ceux du sénéchal. A l'égard du Parlement, il est premier juge et juge en dernier ressort, parce que l'on y porte en première instance indifféremment les affaires qui sont au-dessus de 12 #.

«Il y a encore d'autres juges royaux, qui sont les jurats. Ils sont fort considérables, parce qu'ils sont les premiers juges du civil, par concurrence avec les juges du sénéchal, et de police, à leur exclusion. Dans le criminel, ils ne peuvent, comme les autres juges, qu'instruire et donner leurs avis à Messieurs du Parlement, qui sont seuls juges criminels en Béarn. Ces jurats ont aussy l'administration des biens d'église; ils sont seuls appelés aux Estats, où ils sont maistres des impositions, le corps de la noblesse, qui ne fait qu'un avec celuy de l'église, n'ayant droit que de proposer, et le tiers estat pouvant seul résoudre. La grande autorité de ces jurats cause beaucoup d'abus dans leur conduite, et de brigues dans les élections qui s'en font; mais le Parlement et autres puissans de la province, qui s'efforcent d'y avoir des créatures, favorisent ces désordres, à la réformation desquels M. de Baillet s'est particulièrement appliqué; il avoit mesme envoyé des mémoires pour cela à M. de Croissy, pour recevoir les ordres du Roy. Il y a dans la sénéchaussée d'Orthez un petit canton où les gentilshommes ou nobles sont juges à l'exclusion des autres juges.

«Les finances sont ordinaires ou extraordinaires. Les ordinaires sont les domaines, affermés 97,000 #. Feu M. de Sève a fait la réformation du domaine de Bigorre; il avoit esté aussy commis pour travailler à celle de Béarn, avec M. le président de Gassion, mais M. du Bois a trouvé ce travail peu avancé. Il l'a continué et mis en estat d'estre fini dans deux mois. Il s'est présenté quelques questions sur lesquelles il a cru devoir rendre des jugemens différens de ceux rendus par les commissaires qui l'ont précédé, en rétablissant quelques droits domaniaux, dont les communautés avoient esté déchargées.

«L'affaire des greffes reste à régler pour les justices subalternes, pour lesquelles il n'y a point de tarif; le fermier s'est adressé pour cela au Parlement, suivant l'ordre de M. le contrôleur général; mais la chose n'est pas encore terminée.

«Il n'a pu, à cause de son départ, achever le règlement des tarifs demandés par le fermier du domaine, pour les droits de gabelles et de foraine, ni terminer une contestation qui est à juger entre le fermier et quelques communautés, qui se prétendent exemptes desdits droits de gabelles.

«Il y a eu ordre d'affieffer les moulins à cause des grandes réparations auxquelles ils sont sujets, et M. de Baillet a déjà envoyé son procès-verbal de l'estat de cette affaire. La réformation du domaine de Navarre n'a point encore esté ordonnée, à cause d'une contestation pendante au Conseil entre la Chambre des comptes et le syndic de la province, où le fermier est intervenant.

«L'arrest du Conseil, qui ordonne la réunion au domaine de la fontaine d'eau salée d'Andeise, n'a pas encore esté exécuté, parce que l'on cherche les moyens d'y faire consentir la province, aussy bien qu'à la préférence pour le débit des sels de cette fontaine.

« Outre la ferme générale des domaines, il y en a une particulière qui consiste en bois, mais ils sont peu considérables pour ceux qui appartiennent au Roy; les communautés en possèdent beaucoup.

« Les règlemens rendus sur cette matière n'ont point esté enregistrés au Parlement faute d'adresse; aussy ils ne s'exécutent pas bien exactement. N'y ayant point d'officier pour tenir la main à leur exécution, on est convenu avec le Parlement qu'on en chargeroit ceux qui lèveroient des charges de réformateurs du domaine vacantes aux revenus casuels.

« Les finances extraordinaires consistent aux dons des Estats.

« Les Estats de Béarn s'assemblent, comme les autres, une fois l'an, en vertu des lettres du Roy. Le gouverneur de la province y a beaucoup d'autorité, tant à cause des grandes prérogatives dont il jouit suivant l'usage de la province, que parce qu'il y est seul commissaire du Roy.

« Ces Estats sont fort nombreux, les entrées y estant fort communes, peu soumis aux ordres du Roy, et se retranchant toujours sur de prétendus priviléges, quoyque abusifs, qu'ils disent leur avoir esté accordés lors de leur prestation de serment de fidélité. Cette assemblée est absolument gouvernée par des officiers, tels que le syndic de la noblesse et le secrétaire des Estats, grands séditieux, et qui se font continuer dans leurs charges au delà des temps portés par les règlemens. L'évesque de Lescar préside à cette assemblée, mais il y a peu de crédit.

« L'imposition faite en 1683 par les Estats, estoit de	174,350 #

« Ce fonds s'employe, savoir :

« Pour le Roy, tant à titre de donation que de subsistance	45,638 #
« Pour les tailluquets, ou rétribution des gentilshommes qui entrent aux Estats, et gages d'officiers	14,000 #
« Pour M. le gouverneur, à titre de donation	38,500 #
« Au lieutenant général de la province	9,900 #
« A Mme la maréchale de Gramont	4,000 #
« Pour les gardes du gouverneur	2,000 #
« Pour son secrétaire	1,000 #
« Pour M. le secrétaire d'Estat de la province, et son commis	2,000 #
« Pour les interests des dettes, environ	24,000 #
« Pour le passage des gens de guerre	5,200 #
« Pour l'Abrégé, et payement des voyages à Paris	5,400 #
« TOTAL	151,638 #

« Le surplus s'employe à des dépenses dont M. du Bois n'a pu avoir connoissance, n'ayant point reçu les ordres du Roy qu'il avoit demandés pour obliger le secrétaire des Estats à luy représenter le registre des délibérations.

« Un des grands abus qui se commettent dans ces Estats, sont les frais de députation en cour, presque toujours inutiles.

« Il y a une assemblée particulière appelée l'*Abrégé*, composée de douze de la noblesse et autant du tiers estat. Elle ne doit se tenir que dans les affaires pressantes; mais, comme ceux qui la composent sont payés par jour, elle se tient fort souvent, et sans aucun autre fruit que d'exciter les peuples à la sédition contre les fermiers du domaine.

« Les Estats de Bigorre sont moins nombreux. L'évesque de Tarbes en est président-né, et, en son absence, le plus ancien des abbés qui s'y trouvent. Ces Estats, quoyque divisés entre eux, sont plus réglés et plus soumis.

« Il fut levé en Bigorre, l'année dernière	77,378 #

« Ce fonds s'employe, savoir :

« Pour le Roy, tant à titre de donation que de subsistance	20,375 #
« Pour le payement des arrérages des dettes	21,000 #
« Au gouverneur	3,000 #
« Pour le passage des gens de guerre	4,000 #
« TOTAL	48,375 #

« Le surplus s'employe pour les tailluquets, ou rétribution de ceux qui assistent aux Estats, et autres dépenses de la province.

« Les Estats de Navarre sont fort petits et n'imposent que 24,000 #, dont il y en a 8,000 pour le Roy, et le surplus pour le gouverneur, le lieutenant général de la province, le passage des gens de guerre, et frais des Estats.

« Dans la Soule, il se fait deux assemblées par an : l'une, des trois estats, et l'autre, du tiers estat seulement. Le juge-chastelain et les officiers du Roy y président. La levée s'ordonne simplement pour les gages du gouverneur, qui sont de 3,000 #, et autres charges de la province qui ne sont pas fixes.

« Les dettes des communautés ont esté liquidées en Bigorre, et la levée des deniers pour l'acquittement, ordonnée par arrest du Conseil; on prétend mesme qu'elle a esté faite sans que les créanciers ayent esté payés. Il n'a pu travailler à cela dans les commencemens, n'ayant point eu de commission, et il n'a pas eu assez de temps depuis l'arrest du 3 novembre dernier qui le commet.

« Les dettes des communautés de Béarn n'ont point encore esté liquidées; le meilleur moyen de pourvoir au payement de ces dettes seroit de faire compter depuis vingt ans ceux qui ont eu l'administration des biens des communautés.

« Il n'y a point d'étapes réglées, les Estats donnant simplement une somme aux habitans des lieux, à proportion des troupes qui y passent; la distribution de ce fonds se fait avec peu d'ordre.

« Il se tire de fort beaux mâts de cette province. Il y a de beaux bois et de beaux marbres dans les montagnes de Béarn, Navarre et Bigorre; mais la difficulté du transport et la paresse des habitans les rendent inutiles. Il y a aussy des mines de plomb, de cuivre et de fer, et des carrières d'ardoise; mais les habitans n'ont aucune disposition à faire valoir ces sortes de choses.

« Il s'y fait assez de commerce de serges, draps et autres étoffes avec l'Espagne, et l'on tasche à y faire exécuter le règlement qui s'observe dans le royaume sur le fait des manufactures.

«Comme ils ne sont pas encore accoustumés à avoir un commissaire du Roy, ils sont toujours en garde contre sa conduite, et il faut aussy apporter de grandes précautions pour faire exécuter les ordres du Roy. Il est surtout difficile de bien vivre avec le Parlement et les Estats, et il est d'une très-grande conséquence de faire paroistre beaucoup d'autorité et d'appuy du costé de la cour*.»

* Voir, à l'intendance de Montauban, une lettre du 10 février, par laquelle M. du Bois de Baillet répond aux accusations portées contre lui, après son départ, par les États de Béarn.

48. *M. de la Fond, intendant en Franche-Comté,*
au Contrôleur général.

4 Février, 7 et 28 Novembre 1684.

Recette des amendes. Malgré l'arrêt rendu le 7 juin 1681, pour confier ce fonds au fermier général, le recouvrement en est toujours fait par un receveur préposé par le Parlement, ou, dans quelques bailliages, par le Roi, dans d'autres, par le juge. Sur la recette, la Chambre des comptes alloue tous les frais qui se font pour les menues nécessités du Parlement ou des bailliages, pour les gages, pour les réparations, pour les prisons, etc. Mais il en est fait généralement un si mauvais usage, que les dépenses l'emporteront toujours sur la recette, et que, par suite, les fonds manqueront pour poursuivre les procès criminels, si l'on ne force le Parlement d'abandonner ce recouvrement au fermier général, en assignant un autre fonds pour les menues nécessités de la cour.

49. *M. Lebret, intendant en Dauphiné,*
au Contrôleur général.

5 Février 1684.

Les habitants de la ville de Valence demandent des lettres patentes pour rétablir les droits, appelés *Indits*, qu'ils levaient précédemment sur la viande et les autres denrées ou marchandises consommées dans la ville, et qui ont été récemment supprimés par un arrêt, à la suite duquel on a essayé, mais sans succès, d'établir sur les fonds taillables une imposition assez considérable pour suffire aux charges ordinaires ou extraordinaires, et particulièrement au logement des troupes de passage.

Ils réclament aussi l'exécution de l'arrêt qu'ils avaient obtenu en 1681, portant qu'on n'admettrait dans le conseil de ville personne «qui ne fût au moins à douze florins d'estime.»

L'intendant appuie ces deux requêtes.

50. *M. Foucault, intendant à Montauban,*
au Contrôleur général.

16 Février 1684.

Mémoire sur l'état de la généralité.

Désordres et contestations entre les professeurs de l'université de Cahors; différends pour la préséance entre les divers corps de la ville de Rodez.

Le projet de règlement préparé, en 1681, par MM. Daguesseau, d'Herbigny, Morant, de Ris et Foucault, pour établir une jurisprudence uniforme dans les pays de taille réelle (Provence, Dauphiné, Languedoc et Guyenne), n'a pas eu de suites.

La charge d'inspecteur des manufactures établie pour les généralités de Montauban et de Bordeaux, avec 2,000# de gages, peut être supprimée, en chargeant les consuls de faire observer les règlements.

État des travaux entrepris pour rendre la rivière du Lot navigable, et pour faire communiquer la Garonne avec le canal des Deux-Mers.

Mémoire sur l'état des domaines*.

* Observations du contrôleur général en réponse à ce mémoire.

51. *M. de la Fond, intendant en Franche-Comté,*
au Contrôleur général.

20 Février 1684.

Les domaines de Franche-Comté, qui étaient primitivement d'un revenu considérable, ont été réduits à peu de chose depuis que ceux à qui les rois d'Espagne en avaient confié le soin, se les sont appropriés, ou les ont aliénés ou dissipés; mais la conjoncture présente ne semble pas favorable pour en faire la recherche.

52. *M. le Vayer, intendant à Soissons,*
au Contrôleur général.

29 Février 1684.

«Je n'ay pas ordonné aux marguilliers ni aux échevins de rendre leurs comptes devant moy, car je sais que cela ne seroit pas de ma compétence, mais seulement de me représenter ceux qu'ils doivent avoir rendus, pour voir, premièrement, s'il les ont rendus chaque année conformément aux ordonnances, et quel en a esté le reliquat, et quel employ ils en ont fait, ce que j'ay fait par ce droit d'inspection générale qui nous est donné par nos commissions sur tout ce qui concerne l'administration des deniers publics, sans quoy nous ne pourrions pas avertir le Roy ni son Conseil des abus et des contraventions qui peuvent estre commises, sur ce sujet, à nos ordonnances. Je prends la liberté de vous dire cecy pour lever le scrupule qu'il me paroist que S. M. a eu sur ma compétence, touchant l'ordonnance que j'ay rendue à cet égard. Je me donne mesme l'honneur de vous en envoyer autant, parce que vous y verrez des motifs qui sont, ce me semble, de la nécessité absolue de mon devoir; joint que, n'y ayant point de jurisdiction que la mienne qui s'étende également dans tous les bailliages de cette généralité, il m'a paru que, si je ne prenois le soin d'y pourvoir, comme j'ay fait, le mal demeureroit sans remède, ou, en tout cas, que, les autres justices n'estant pas gratuites, le remède pourroit estre pire que le mal*.

* L'ordonnance, en date du 12 octobre 1683, porte : que la plupart des marguilliers ne rendent aucun compte des deniers des fabriques, et les emploient souvent à leurs affaires particulières, au lieu de les appliquer à l'entretien et à la réparation des églises, en sorte que les habitants sont réduits à faire des levées ou à aliéner les domaines de leurs églises, d'où s'ensuivent des procès et des contestations, au grand détriment des revenus du Roi, etc.

---

53. *M. Faultrier, intendant en Hainaut,*

au Contrôleur général.

7 Mars 1684.

«Il est vray qu'il y a beaucoup de prisonniers qui languissent dans les prisons faute d'instruire leurs procès, et par conséquent faute de donner l'argent qui seroit nécessaire. Combien de fois en ay-je écrit, sans que jamais on m'ayt donné des ordres, ni répondu! Il n'y a donc que depuis six mois que vous avez fait rendre deux arrests qui m'apprennent ce que je dois faire; mais l'intention du Roy est-elle que je paye tout le passé? Car on me rapporte des cahiers de frais pour plus de 4,000 ᵗᵗ, et, sur le pied qu'on voudroit exécuter ces arrests, il en cousteroit tous les ans plus de 2,000 écus. Pourvu que je sache que le Roy le veut bien, ce qui seroit mesme fort nécessaire, je n'auray nulle peine à signer des ordonnances; mais, sans faire le bon valet, je suis persuadé que, jusqu'aux moindres dépenses, il les faut connoistre, et y estre sévère; autrement le cahier seroit gros au bout de l'an. C'est donc dans ces dépenses arbitraires où il faut estre sur ses gardes; car il n'y a rien à retrancher sur celles qui sont réglées. Or, comment puis-je faire pour n'y estre pas trompé? Il faut, pour me faire entendre, vous dire quelque chose de la province.

«Ce que le Roy possède dans le Hainaut, est tout frontière et faufilé avec Beaumont, Chimay, le pays de Liége, et des bois. Les troupes d'Espagne sont encore à moitié composées de soldats de ce pays cédé, et, comme il n'y en a guère qui n'y demeurent, parce que ce sont tous assassins et voleurs qui ne seroient pas en sûreté chez nous, ils achèvent comme ils ont commencé, et ont leurs complices dans nos villages; car, quand il y a une fois du levain de ces sortes de gens-là dans une province, il est bien difficile de le détruire, par trois raisons : la première est que le pays est planté de places qui se touchent et qui n'ont pas tant de bourgeois que de soldats; ce n'est pas avec de tels hostes qu'on corrige les mauvaises habitudes; la seconde est cette facilité qu'il y a de passer de l'un en l'autre, et de trouver l'impunité; et la troisième est de n'avoir pas un seul homme dans tout mon département sur qui on puisse compter.

«Ce que je vous dis là passe l'imagination. Il y a six ans que je cherche des échevins pour faire le Magistrat de Maubeuge, je ne les y trouve pas; le mayeur vient de mourir; il avoit esté chapelier de son métier, il n'a pas laissé son semblable. Enfin, sans vous en faire un détail, c'est une chose pitoyable, et c'est partout de mesme, car je n'ay pas une seule ville dans mon département, ce sont tous villages murés, et les gens ne laissent pas de s'estimer autant que s'ils avoient du mérite, et la justice mesme, si on l'estime par le prix qu'elle couste, y est meilleure qu'ailleurs. Mais en voilà assez pour la description en gros que j'ay eu intention de vous faire de mon département : car, si je l'achevois en détail, vous me plaindriez trop, de l'humeur et des inclinations que vous me connoissez, d'avoir vécu si longtemps dans un pays où je suis assuré que Démosthènes n'est pas venu chercher son homme.

«Il faut donc appliquer ce que je viens d'avoir l'honneur de vous dire, à ce qui regarde les procès criminels, et vous dire que, en cent ans, on n'exécute pas un homme à mort dans tout le Pays-Bas, j'entends, par les justices ordinaires. J'en sais bien la raison, car j'étudie assez le bien et le mal qui se fait icy; mais enfin la chose est comme je le dis. Ce fut moy aussy qui proposay à M. de Louvois d'établir un prévost des maréchaux; j'avois eu d'autres idées de cet établissement, et je pourrois dire qu'on y a esté trompé, car celuy qu'on a fait est à charge à la province, et de nulle utilité pour le Roy et pour le public : mais, tel qu'il est, il s'en faut passer, et, pour cela, savoir si on payera tous les voyages du lieutenant et des archers, qui sont tous des valets et des misérables à qui on paye une partie de leurs gages; je ne sais ce que devient le reste. Ils comptent donc sur les extraordinaires pour vivre, au lieu qu'il seroit à souhaiter que, moyennant les gages que la province paye sur un pied assez fort, ces gens-là fissent toutes les courses nécessaires sans estre obligés de les compter, parce que, si tous les voyages devoient entrer dans le mémoire des frais, cela ira à l'infini, et on n'en punira guère plus les coupables. Car encore faut-il quelqu'un qui sache instruire un procès criminel, et il n'y a pas un seul homme qui en soit capable; les charges mesme de cette maréchaussée, destinées pour cette instruction, ne sont pas remplies : ce sont des noms qu'on emprunte pour consommer les gages. Je suis donc accablé du lieutenant, qui n'a que sa charge pour vivre (encore la doit-il); car, six fois le jour, il me vient demander de l'argent pour aller informer, dit-il, et je crois qu'il dit vray, car il ne manque pas de bonne volonté; mais, s'il faut instruire quarante procès l'année, aller chercher les témoins dans des lieux éloignés, prendre les coupables, les mener aux juges de la compétence, les ramener pour les juger définitivement, et que tout cela se fasse à pas comptés, le chapitre de dépense sera gros. Voilà ce qui me retient, et ce qui m'oblige de m'en expliquer, pour ne vous en plus importuner, et pour savoir ce que je dois faire; car, si je m'en croyois, je n'épargnerois rien pour avancer toutes ces instructions, et pour donner des exemples de sévérité au public, qui se retient plus par la peine que par la loy. Il y a mesme une chose qui me paroist fâcheuse pour toutes ces instructions, c'est le jugement des compétences; car ce sont des voyages fréquens et longs, et par conséquent qui coustent. Ce n'est encore rien que cela; mais les juges sont si ignorans qu'ils n'admettent presque point de compétence, au lieu que, dans un pays tel que je vous l'ay décrit, tout se devroit juger prévostalement; car, quand il y a preuve, faut-il tant de formalités? Je sais bien ce qu'il y a à redire dans ma proposition; mais, si je la voulois soutenir, je ferois voir que c'est une nécessité d'en user ainsy, et, en effet, on n'en usoit pas autrement sous la domination d'Espagne, et encore présentement la haute justice y est souveraine pour les crimes. Ainsy, en laissant les choses sur ce pied-là pour quelque temps, on pourroit remédier plus promptement à tous les désordres; car, quand un crime demeure dans la compétence du juge ordinaire, c'est bien pis, puisque, après les longueurs de l'instruction et du jugement, il faut recommencer à Tournay, y mener les prisonniers et les ramener..... Il y a encore le geôlier qui n'a aucuns gages ni aucuns droits, car les prisons ne sont pleines que de soldats et de vagabonds, qui n'ont pas de quoy payer leur giste. Je leur fais donner trois sous par jour pour le pain et l'eau. Je vous prie mesme de me dire si je dois faire payer cette dépense sur le domaine; jusqu'à présent je l'ay prise sur l'extraordinaire de la guerre.»

---

54. *M. de Ris, intendant à Bordeaux,*
au Contrôleur général.

13 Mars 1684.

Placet d'une habitante de la Réole, qui se plaint d'avoir été expulsée de sa maison pour faire place aux magistrats du Parlement, et de ne pouvoir obtenir justice.

L'intendant répond que, la ville de la Réole étant fort petite, il a fallu régler le prix des maisons de crainte qu'il ne devînt excessif en raison de la translation du Parlement; il a même été nécessaire, pour loger quelques-uns des principaux officiers, de faire sortir les propriétaires de leurs maisons, en leur facilitant les moyens de se loger ailleurs, et on a établi pour cela une espèce de chambre de police sous la juridiction du Parlement. Il est vrai qu'il y a eu quelques vexations; mais il ne paraît pas à propos d'entrer dans ce détail, tant pour ne pas donner aux magistrats un prétexte de s'absenter faute de logement, que parce que les propriétaires gagnent toujours beaucoup sur le loyer de leurs maisons.

---

55. *M. de Bezons, intendant à Orléans,*
au Contrôleur général.

14 Mars 1684.

Pièces relatives aux dépenses du domaine de Blois, et à l'entretien des châteaux de Blois et de Chambord.

---

56. *M. de Bercy, intendant à Moulins,*
au Contrôleur général.

15 Mars 1684.

Il envoie une requête des habitants de Moulins, et les pièces relatives à la demande qu'ils font de supprimer l'imposition par capitation établie pour l'acquittement de leurs dettes, et de la remplacer par un droit sur l'entrée des vins.

L'inconvénient de la capitation est de porter sur les gentilshommes comme sur les classes non privilégiées, et de les pousser à quitter la ville plutôt que de renoncer à leurs priviléges.

---

57. *M. de Madrys, intendant en Flandre maritime,*
au Contrôleur général.

23 Mars 1684.

Tous les magistrats du département sollicitent depuis longtemps la permission de députer en cour, pour représenter au Roi que les charges ont tellement augmenté depuis la conquête que, si l'on n'accorde des diminutions, le pays sera totalement ruiné.

Une partie des terres sont restées incultes; les châtellenies de Furnes et d'Ypres ont été épuisées par les contributions de guerre, et la seconde a souffert, lors du passage de l'armée du maréchal de Humières pour le siége de Dixmude, une perte de près de 90,000 florins. La déclaration de guerre oblige les habitants à abandonner leurs terres et leurs cultures pour se retirer, avec meubles et bestiaux, derrière les retranchements ou les canaux, etc.

L'intendant estime que, tant pour persuader aux peuples que le Roi veut les ménager, qu'en considération des frais extraordinaires dont ils contribuent à la garde des retranchements, il conviendrait de leur accorder, en général, une diminution (un tiers) pendant la guerre, sur l'imposition ordinaire, et une autre en particulier aux villages qui sont le plus exposés.

Outre cela, il serait juste de traiter encore plus favorablement les villages ruinés par le passage des troupes*.

* Voir les états de pertes et de frais joints à cette lettre, et à celle du 25 novembre suivant; voir aussi une lettre du 18 octobre 1683, et un placet des habitants de la châtellenie de Cassel, qui est à la date du 29 du même mois; il évalue les pertes de ce seul pays, pendant la dernière guerre, à plus d'un million de florins, outre 200,000 florins d'imposition ordinaire et 50,000 de charges.

---

58. *M. de Báville, intendant à Poitiers,*
au Contrôleur général.

26 Mars 1684.

L'état misérable de la ville de Poitiers s'oppose à ce qu'on en assujettisse les maisons à l'impôt du *devoir* : depuis dix ans elle est accablée de logements des gens de guerre, et elle paye les entrées et tous les droits d'aides dont elle était exempte jusque-là. Il n'y a plus de commerce, et les artisans sont si pauvres qu'il faut les mettre à l'hôpital dès qu'ils cessent de travailler. Les charges du présidial sont descendues de 40,000# à 12,000#, et ne trouvent point d'acheteurs; sur quarante officiers, treize seulement ont pu payer la paulette. Quant aux maisons dont il s'agit, plus de deux cents des propriétaires sont prêts à les abandonner pour la rente dont elles sont chargées; il n'y en a que quatre dont le loyer monte à 100 écus, et très-peu qui vaillent 200#.

«Cependant j'ay esté obligé d'exécuter un arrest sur requeste, qui a déclaré ce devoir roturier, c'est-à-dire, qui l'a défini à la douzième partie du revenu, qui est une taxe dont je crois qu'il n'y a aucun exemple dans le royaume..... Ce ne fut jamais l'esprit de l'arrest qui fut rendu à mon rapport, au mois de juillet 1679..... On jugea seulement que le franc-alleu n'y avoit point de lieu, et on crut que c'estoit assez d'y établir une seigneurie au profit du Roy, qui emporte un payement de cens, et des lods et ventes..... Il est vray que les prétentions du fermier estoient immenses, que cette ville auroit esté déserte dans dix ans, si je n'avois mis des bornes, et que je les ay réduites à près de 7,000# par an; mais je crois pouvoir dire que c'est encore une charge qu'elle ne peut porter, puisqu'elle a besoin de secours, au lieu d'estre en estat de supporter une nouvelle imposition*.»

* En marge on lit cette réponse: «On a fait bonne justice suivant son sentiment.»

59. *M. de Bercy, intendant à Moulins,*
au Contrôleur général.

27 Mars 1684.

Il demande des fonds pour le remboursement des étapes.

Il signale, à ce sujet, un abus considérable, qui est que les receveurs des tailles prennent une remise de 1 ou 2 sols par ration de fantassin, et de 3 ou 4 sols par ration de cavalier, quoiqu'ils n'avancent rien, et ne payent qu'à mesure que le Roi ordonne des fonds; des traités ont même été passés, dont le véritable but est d'assurer cette remise*.

* En marge: «C'est un abus qui mérite punition, et pour lequel les receveurs peuvent estre condamnés à une forte taxe.»

60. *M. de Bercy, intendant à Moulins,*
au Contrôleur général.

9 Avril 1684.

Il envoie: 1° une requête présentée par les habitants d'Aigueperse, pour s'imposer à perpétuité une somme de 800# destinée aux réparations et à l'entretien de la ville, au payement du prédicateur et du régent, etc.*; — 2° deux requêtes des habitants de Moulins, relatives aux terrains des anciennes murailles de la ville, qu'on a fait acquérir malgré eux aux propriétaires des maisons voisines. Le maire et les échevins demandent ces terrains pour en faire des places publiques ou des marchés.

* La déclaration du mois d'août 1683, en donnant pouvoir aux intendants de dresser le budget des dépenses des communautés, tant qu'il n'excéderait pas 4,000# dans les villes où il y avait cour souveraine, 2,000# dans celles qui n'avaient que des présidiaux, bailliages ou sénéchaussées, 1,000# pour les moindres, et 300# pour les gros bourgs fermés, portait que, faute de patrimoine suffisant, les habitants présenteraient requête au Conseil, avec l'avis des intendants.

61. *M. de Bois de Baillet, intendant à Montauban,*
au Contrôleur général.

19 Avril 1684.

Il a obtenu une diminution sur le bail des étapes, et espère faire encore mieux si l'on parvient à empêcher toutes violences, soit des habitants, soit des soldats. Il suffirait, pour cela, qu'on lui permît de commettre quelqu'un à la suite des troupes, pour faire délivrer exactement les étapes, et empêcher les soldats d'entrer dans les magasins, et de maltraiter les étapiers.

Il y a encore des communautés qui demandent à s'imposer pour payer les fourrages qu'elles ont eu à fournir pendant le quartier d'hiver; mais, comme le Roi défend en principe ces impositions, il faudrait prendre une décision à cet égard.

62. *M. Morant, intendant en Provence,*
au Contrôleur général.

21 Avril 1684.

«Lorsque je reçus, l'année passée, de la part de feu M. Colbert, le dernier arrest du Conseil qui a permis la sortie des blés du royaume, je crus luy devoir représenter dès ce temps-là qu'il n'y avoit pas lieu de le publier en Provence, parce que les blés y estoient en très-petite quantité, et suffisans à peine pour la provision de la ville de Marseille et autres maritimes de cette coste, qui en font la plus grande consommation. M. Colbert approuva ma pensée, et cette permission de sortir les blés n'eut lieu qu'en Languedoc. Du depuis, si la disette des blés n'a pas beaucoup augmenté en Provence, il est à craindre à présent qu'on ne vienne à y en manquer tout à fait, surtout à Marseille, où, tant du costé de la mer, que de ce qu'on peut recevoir du costé de terre, à peine peut-on compter qu'il y en ayt pour un mois. Je joins icy le mémoire que je me suis fait donner par les échevins de la cause la plus apparente de ce manquement, dont les suites ont toujours paru très-dangereuses pour une ville aussy peuplée que celle-cy. Les échevins m'ont parlé d'un ancien privilége que les comtes de Provence leur ont accordé, qui est de pouvoir forcer à main armée les bastimens qui passent dans leurs mers, à venir décharger à Marseille les blés dont ils seroient chargés. L'exécution de ce privilége, bien que confirmé précisément par un arrest du Conseil de l'année 1626, m'a paru d'une conséquence à ne leur permettre pas de s'en servir. L'expédient le plus prompt et le plus convenable, comme il me paroist nécessaire, seroit de défendre de nouveau la sortie des blés du Languedoc hors du royaume, quelque abondante qu'y ayt esté la récolte de l'année dernière; les particuliers qui ont des blés n'en souffriront point, puisqu'ils auront la voye ordinaire et accoustumée de les débiter à Marseille, qui en consomme une très-grande quantité, et dont les besoins et la nécessité où l'on est sont assez connus aux marchands de Narbonne, pour les inviter d'y transporter leurs blés comme cy-devant. En tout cas, si, après que Marseille s'en trouvera suffisamment fournie, il leur en reste assez pour estre obligés de le débiter aux pays étrangers, on pourroit, après deux ou trois mois, lever ces nouvelles défenses, l'usage ayant toujours esté, dans les dernières années, d'interdire ou de permettre la sortie des blés, mesme diverses fois en une seule année, suivant les différens besoins des provinces du royaume*.»

* Réponse en marge : «Attendre.»

63. *M. de Bâville, intendant à Poitiers, au Contrôleur général.*

7 Mai 1684.

Il a fait des marchés de neuf ans pour l'entretien des domaines du Roi, après avoir eu soin de les faire réparer.

«Cet ordre a esté établi du temps de M. Colbert : la quantité des réparations que les fermiers employoient dans leurs comptes, ou les dédommagemens qu'ils demandoient pour les non-jouissances, à faute de ces réparations, l'avoient obligé de prendre la résolution de faire publier la vente de ces domaines. Je luy représentay que cette vente ne réussiroit pas, et que le Roy y perdroit beaucoup, qu'il valoit mieux trouver un expédient qui ostast tout prétexte au fermier de demander de pareilles diminutions, et il approuva celuy en exécution duquel j'ay fait ces marchés.»

64. *M. de Bouville, intendant à Alençon, au Contrôleur général.*

8 Mai 1684.

Détails sur l'adjonction de deux trésoriers de France pour aider, chaque année, les intendants à faire le département des tailles; notes sur la capacité ou la sûreté de chacun des trésoriers de la généralité.

«Ce n'est pas qu'on peut dire que MM. les trésoriers de France connoissent peu les facultés des habitans des paroisses, et par conséquent ne savent pas mieux celles qui sont les meilleures, parce qu'ils ne font leurs chevauchées que dans les villes de la résidence des élus, auxquels, pour la forme seulement, ils demandent l'estat de leur élection, à quoy les officiers des élections ne répondent jamais juste. Mais, pour rendre ces Messieurs capables de bien et utilement servir, il seroit bon de les obliger d'envoyer deux d'entre eux dans chaque élection, lesquels iroient de paroisse en paroisse, de l'estat desquelles ils dresseroient leurs procès-verbaux, lesquels seroient remis entre les mains des deux nommés pour assister au département, et cela est d'autant plus juste, que la somme de 1,200# que le Roy donne de gratification, entre dans la bourse commune; ainsy, ils ont tous part à l'émolument. Ce seroit un soulagement pour MM. les intendans, lesquels prendroient ce qu'il y auroit de bon dans les procès-verbaux, et qui ne seroit pas venu à leur connoissance, au lieu que MM. les trésoriers de France n'assistent présentement au département que pour avoir soin de leurs terres et de celles de leurs amis.»

65. *M. Faultrier, intendant en Hainaut, au Contrôleur général.*

8 Mai 1684.

«Je ne vous ay dit mot du désordre qu'on a fait, dit-on, dans la forest de Mourmal, car je savois que M. le Féron vous en rend compte. C'est un homme qui sert aussy fidèlement et aussy utilement le Roy dans sa commission, qu'on le puisse servir; il n'a pas besoin mesme de ce que j'en puis dire, vous le connoissez. Mais il ne le sert dans le Hainaut que pour cela, et moy, je dois, ce me semble, concilier ce service avec celuy des troupes. Il jette donc tout du costé des marchands, c'est-à-dire de l'intérest; il a raison, car la sévérité est nécessaire et fort utile, tellement que, comme, pour le moindre désordre, on punit rigoureusement les particuliers, il croit qu'une garnison devroit estre sujette aux mesmes loys. Je le crois comme luy; mais, dans l'exécution, ce n'est pas tout à fait de mesme, car les soldats souffrent beaucoup pendant l'hiver, et vous savez qu'il les faut soulager autant qu'on peut, car, qui feroit autrement, feroit peut-estre aussy mal, dans la place où je suis, que M. le Féron fait bien dans celle qu'il remplit. Il ne faut donc pas toujours, ce me semble, prendre au pied de la lettre ce que les marchands écrivent; car, pour une busche, ils verbalisent et demandent des indemnités. Cependant je sais qu'on ne peut pas apporter plus de précautions que celles qu'on prend pour contenir la garnison de Landrecies; elle ne va au bois que par détachemens, qui sont commandés par des officiers, on visite aux corps de garde tout le bois que les soldats apportent, et on avertit les gardes de la forest, afin qu'ils soient présens quand ces détachemens y vont. Je ne dis pas que, malgré tous ces soins, il ne se commette quelque désordre; mais je dis qu'il ne se fait que celuy qu'il est absolument impossible d'empescher, ce qui est inséparable de la liberté qu'on donne aux troupes d'aller dans ce bois. Je crie : assez! et je fais des ordonnances foudroyantes; sur la moindre plainte, j'écris à M. de Lignères et à mon subdélégué; mais je ne sais plus qu'en croire, car ils me jurent tous qu'on ne peut pas user plus sobrement de la permission qu'on donne à la garnison de chercher le bois inutile, laquelle permission, après tout, l'est presque autant que mes ordonnances; car il n'y a point de taillis dans cette forest, c'est toute futaye, et le marchand ne néglige rien; le soldat va donc souvent et presque toujours sans trouver sa voiture. Je l'ay vu, et quiconque vous en parlera autrement, sera mal informé. Une garnison est un voisin incommode; je vous puis assurer aussy qu'elle souffre beaucoup pendant l'hiver. Voilà les deux extrémités qui me partagent, et il est bien difficile, quand on veut tout donner d'un costé, qu'on ne fasse pas beaucoup de mal de l'autre*.»

* Voir, sur le même sujet, la lettre du 28 novembre suivant.

---

66. *M. de Ris, intendant à Bordeaux,*
au Contrôleur général.

9 Mai 1684.

Il demande des fonds pour faire les réparations les plus urgentes dans certains présidiaux et dans plusieurs prisons, entre autres, dans celle du Parlement de Guyenne, où l'infection et la peste menacent les prisonniers*.

* Voir, sur les ouvrages publics, la lettre du 15 juin, et celle du 20 du même mois, touchant un projet d'amener des eaux dans la ville de Bordeaux, et d'y construire des fontaines.

M. du Bois de Baillet, intendant à Montauban, rend compte des travaux publics de son département le 10 et le 20 mai.

---

67. *M. de Ris, intendant à Bordeaux,*
au Contrôleur général.

14 Mai 1684.

«Pour vous rendre compte, conformément à l'ordre que vous m'en donnez, de ce qui se passe en cette province, et principalement au port de Bordeaux, sur la cargaison des blés, je prendray la liberté de vous dire qu'il y a une grande différence à faire entre la Provence et le Languedoc, qui sont des provinces stériles, et où il en croist fort peu, d'avec celle-cy, qui en a, non-seulement pour sa provision, mais encore pour secourir les autres, et d'où l'on en fait passer une grande quantité aux pays étrangers. Il y en descend mesme beaucoup encore de la généralité de Montauban, qui ne produit que des grains, et n'en auroit pas le débit, si l'on n'en enlevoit par les ports de Guyenne, à l'exception du peu qu'il s'en débite dans la Provence et le Languedoc. Nous sommes encore secourus de ceux de Saintonge et de Poitou, quand nous en manquons, en sorte qu'il faut une stérilité presque générale dans toutes ces provinces, pour que nous nous en apercevions. Il est rabaissé depuis quinze jours assez considérablement; les fruits de la terre promettent beaucoup pour la récolte prochaine, et il faut, s'il vous plaist, considérer qu'une des portes pour faire entrer l'or et l'argent d'Espagne dans le royaume, est la frontière de Guyenne, que nous n'avons point d'autre débit pour l'y attirer que celuy de nos vins et de nos blés, et, au prix courant des blés, il faudroit presque qu'il doublast pour obliger d'en défendre le transport aux pays étrangers. Je n'aurois pas manqué, s'il y avoit eu là-dessus quelque plainte ou quelque chose à craindre, de vous en informer.....

«Depuis cette lettre écrite, on me mande de la frontière que le môle de Saint-Sébastien est rempli de barques bretonnes qui y portent du blé, sans quoy les habitans de la province de Guipuzcoa seroient à la faim*.»

* Malgré ce rapport, M. de Ris reçut ordre de faire exécuter l'arrêt du Conseil prohibant la sortie des blés. (Lettre du 29 juin; lettres du 27 et du 30 octobre 1685.) Voir la lettre du 29 octobre 1684, par laquelle il demande pour les habitants de la Chalosse et des frontières de Béarn la permission d'exporter en Espagne leur récolte de millet; il annonce en même temps que la province regorge de blés, dont partie est arrivée des pays étrangers, et que le duc de Saint-Simon en a pour plus de 20,000 écus dans ses greniers, sans pouvoir rien vendre.

L'intendant de Montauban demanda également la permission d'écouler en Espagne l'excédant de la récolte de son département. (Lettres du 4 juillet et du 20 septembre.) — En Flandre, M. de Bagnols proposa l'exportation des colzas, cette graine ne servant qu'à faire de l'huile à brûler, ou à façonner les laines. (Lettre du 23 septembre.)

---

68. *M. de Bezons, intendant à Orléans,*
au Contrôleur général.

16 Mai 1684.

Requête des marchands d'eaux-de-vie, touchant le droit de 5^{tt} 1 s. 6 d. que les fermiers des aides prennent sur chaque pièce au passage du pont d'Étampes.

Mémoires et arrêts anciens sur le droit de *boîte*, qui se lève sur la Loire; il est nécessaire d'en renouveler les titres pour pouvoir en continuer la levée, qui sert uniquement à l'entretien de la navigation, au curage et au balisage du fleuve*.

* Voir, au sujet de ce droit, la lettre du 20 juin, et le tarif, imprimé en forme de pancarte, qui y est joint.

---

69. *M. de la Berchère, intendant en Auvergne,*
au Contrôleur général.

17 Mai 1684.

Il demande deux arrêts : le premier, pour fixer au 10 octobre la nomination des échevins et consuls, ce qui faciliterait la reddition des comptes et le payement des impositions; le second, pour abolir l'usage des asséeurs, et ordonner que les échevins de Clermont et les consuls de Riom feront eux-mêmes les rôles des impositions, en présence de leurs prédécesseurs*.

* Voir, au sujet des asséeurs, la lettre du 15 juin.

---

70. *M. de Séraucourt, intendant en Berry,*
au Contrôleur général.

17 et 23 Mai, 13 Juin 1684.

Rapport sur l'état des élections.

Mauvais état des récoltes; grande mortalité sur les bestiaux, qui font presque tout le commerce du pays*.

Le désordre est extrême parmi les officiers des élections : «Telle diligence qu'on apporte pour leur faire exécuter les règlemens, on peut dire qu'ils ne vont jamais au siége qu'en intention de favoriser leurs amis ou nuire à leurs ennemis**. »

* Cependant, l'intendant annonce que, dans l'élection de Saint-Amand, le vin sera en telle abondance et à si bas prix, faute de pouvoir le transporter, qu'il servira uniquement à entretenir la paresse du pays.

** Rapports semblables sur l'état des généralités : Alençon, du 28 avril au 19 mai; Poitiers, 23 avril; Orléans, du 27 mai au 19 juin; Tours, 2, 8 et 14 juin; Rouen, du 13 au 26 juin; Caen, du 29 mai au 25 juin; Paris, du 27 juin au 7 septembre, etc.

71. *M. le Vayer, intendant à Soissons,*
au Contrôleur général.

30 Mai 1684.

Il croit très-préjudiciable que, contrairement à l'ordonnance de 1680, les sels ne restent pas en dépôt trois ans avant d'être débités; il y a peu de greniers qui en renferment pour plus de six mois, et les sels vendus dans ces conditions salent moins, et sont moins sains.

Les intéressés aux gabelles prétendent que le dépôt dans les greniers n'est pas nécessaire, parce que les sels ne sortent jamais de Brouage qu'au bout de deux ans, et qu'ils demeurent encore autant et plus à l'embouchure des rivières, avant d'être voiturés dans les greniers*.

* M. Chauvelin, intendant à Amiens, envoie, le 20 juin 1686, des pièces et des informations relatives au dépôt réglementaire des sels.

72. *M. de la Fond, intendant en Franche-Comté,*
au Contrôleur général.

4, 23 et 30 Juin 1684.

La saunerie de Salins ne suffit plus pour la consommation de la province, qui a beaucoup augmenté depuis la conquête, ni pour le commerce avec la Suisse*. On pourrait y suppléer en rouvrant l'ancienne saunerie de Lons-le-Saunier, et les habitants de la ville offrent de faire les frais nécessaires pour nettoyer la mine et séparer l'eau salée de l'eau douce.

* La fourniture pour la province et pour le canton de Berne montait à cent quatre mille charges. — L'intendant fut autorisé à organiser le travail, de concert avec les fermiers généraux. (Lettre du 23 juillet.)

73. *M. du Bois de Baillet, intendant à Montauban,*
au Contrôleur général.

7 Juin 1684.

« . . . . . Quoyque je ne fasse estat de vous envoyer tout ce que j'ay remarqué dans la visite que j'ay faite de cette généralité pour le bien du service de S. M., il y a néanmoins deux choses qui pressent, parce qu'elles empeschent et retardent le commerce, sur lesquelles j'estime qu'il est absolument nécessaire de recevoir promptement les ordres du Roy.

«L'une regarde le traité des *Lies et Passeries*, sans lequel tout le commerce est mort sur toute la frontière des Pyrénées. M. de Chasteauneuf m'a fait l'honneur de m'écrire que S. M. trouvoit bon que ces traités fussent entretenus, pourvu que les Espagnols le demandassent. Je me donne l'honneur de luy envoyer une lettre, par laquelle il paroist que le vice-roy de Catalogne l'a accordé aux frontaliers d'Espagne, afin qu'il ayt la bonté d'en rendre compte à S. M. et de recevoir ses ordres là-dessus. Et j'ay cru qu'il estoit nécessaire que je vous en donnasse avis, parce que, si ces traités ne sont bientost entretenus, la rupture du commerce arrivant, les fermes de S. M. diminueront considérablement, et les habitans qui habitent les lieux situés dans l'étendue des *Lies et Passeries*, seront hors d'estat de payer leur taille.

«L'autre regarde une défense que M. le marquis de Mirepoix, gouverneur du pays de Foix, s'est avisé de faire du port d'armes dans le comté de Foix. Ce pays est exposé aux courses des Espagnols, les bestiaux passent tout l'été aux montagnes, qui sont sur les frontières, et, si ceux qui les gardent n'ont de quoy se défendre, ils sont exposés à estre souvent volés par les miquelets. De plus, j'ay reçu plainte des commis des fermes, que cette défense est contraire au bail qui leur permet de porter des armes en tout temps. . . . . On m'a assuré mesme que le capitaine des gardes de M. de Mirepoix et quelques autres de ses officiers tiroient des sommes considérables des habitans des montagnes, pour obtenir des permissions de porter des armes au préjudice de cette ordonnance.

«J'ay ordonné au sieur Picq de mettre au net la carte qu'il a faite de cette généralité. Du moment qu'il l'aura fait, je me donneray l'honneur de vous l'envoyer, afin que vous estimiez vous-mesme ce qu'il aura mérité pour récompense de son travail*.»

* Ce travail avait été commencé par l'ordre de Colbert. Picq fit en outre la carte des Pyrénées françaises, depuis Bayonne jusqu'à Perpignan. Il reçut 2,500 ††. (Lettre du 26 juillet.)

74. *M. de Miroménil, intendant en Champagne,*
au Contrôleur général.

12 Juin 1684.

«Depuis 1676, que les dettes de la ville de Bar-sur-Aube ont esté liquidées, et des octroys établis en conséquence pour le payement d'icelles, desquels octroys la perception s'estant trouvée très-difficile et de si peu de produit, on crut mieux faire, après le bail des octroys expiré, d'ordonner sur cette ville taillable une imposition ainsy qu'il s'est pratiqué dans le reste de la généralité, les habitans, qui n'ont jamais voulu se soumettre aux octroys, ont encore plus de peine à souffrir la levée des deniers imposés pour l'acquittement des dettes. Nous n'avons rien omis pour les réduire à la raison par voyes de douceur : on leur a diminué 1,500# de taille, en considération de la levée qu'il convient faire en vertu de l'arrest du Conseil. Après avoir donné différentes ordonnances aux fins de la levée des deniers après les deniers royaux de l'année 1683 acquittés, j'ay esté obligé d'envoyer en cette ville des archers de Troyes, qui ont esté maltraités et chassés. Pour ne point avoir lieu d'importuner le Conseil de la désobéissance de ces peuples, un président de l'élection de Châlons est allé tascher à les remettre dans leur devoir. Ses soins et les nostres sont sans succès. Depuis l'arrest du 28 novembre 1682 qui ordonne l'imposition, les habitans en ayant obtenu un second, le 17 aoust 1683, portant que nous donnerions nostre avis sur ce qu'ils demandoient d'estre reçus opposans à l'arrest du 28 novembre précédent, et que, au lieu de l'imposition au marc la livre de la taille, il fust permis de lever un sol sur chaque boisseau de froment sortant de la ville, et pareille somme sur chaque boisseau de farine qui y entreroit, outre néanmoins que celle dont le blé en seroit sorti, et ainsy des autres grains à proportion, il est véritable que j'ay toujours esté d'avis qu'après la difficulté qu'on avoit rencontrée en la perception des premiers octroys, il estoit d'autant plus périlleux d'en mettre un sur les grains, que presque tous les habitans de cette ville estant vignerons, causeroient chaque jour de nouveaux désordres, particulièrement en ce temps où le blé est un peu cher, et où il est de nécessité que le droit soit payé, allant aux moulins qui sont tous hors la ville. Cependant, en l'estat présent, vostre prudence voit les peuples dans une rébellion ouverte, et demandant un octroy sur le blé..... Si le Roy trouvoit bon d'ordonner l'exécution de l'arrest du 28 novembre 1682 pendant les années 1683 et 1684, attendu la diminution des tailles accordée à cette fin, et, après ledit temps, permettre la levée sur le grain, puisque les peuples la demandent si outrément, peut-estre que ce tempérament les réduiroit dans l'obéissance, et les convaincroit en mesme temps de la nécessité de se soumettre à l'exécution des arrests qu'il a plu au Roy prononcer. En ce cas, je crois qu'il seroit bon que l'arrest ordonnast qu'on fist le procès aux coupables de rébellion, et que, pour l'exemple, on emprisonnast quelques-uns des plus mutins, qu'on relascheroit dans la suite*. »

* Voir, pour la suite de cette affaire, les lettres de l'intendant jusqu'au 17 juillet, et les pièces qui y sont jointes.

---

75. *M. le Vayer, intendant à Soissons,*
au Contrôleur général.

12 Juin 1684.

Projet d'arrêt pour substituer, dans la nomination des collecteurs, le tirage au sort à l'élection par les suffrages des habitants, ce tirage ne devant s'appliquer qu'aux habitants riches ou aisés.

Visite des élections de Clermont et de Noyon; la stérilité sera complète dans celle de Clermont, ainsi que dans la Thiérache.

---

76. *M. de Bercy, intendant à Moulins,*
au Contrôleur général.

14 Juin 1684.

Il envoie une requête des habitants de Vichy, qui réclament la jouissance de leur bac sur l'Allier, et plusieurs pièces ou arrêts anciens relatifs à cette affaire.

---

77. *M. de Bercy, intendant à Moulins,*
au Contrôleur général.

16 et 28 Juin 1684.

Perception du droit de gabelle sur les habitants des pays rédimés (l'Auvergne) qui font valoir des terres dans les paroisses sujettes à l'impôt; ordonnance rendue précédemment, à ce sujet, par M. de la Berchère.

Autre ordonnance du même intendant, qui règle les frais d'exploits des huissiers des gabelles, et permet aux commis de faire payer aux débiteurs, qui viennent s'acquitter pendant la course de l'huissier, les frais de cette course.

L'intendant signale des abus dans ces deux ordonnances*.

* Voir, à la date du 21 juin, entre plusieurs mémoires, celui du fermier général des gabelles qui demande l'établissement d'un dépôt à Aubusson, et les observations qui y sont jointes, et, à la date du 20 octobre, la lettre et l'avis de M. de Creil sur les ordonnances de M. de la Berchère et les propositions de M. de Bercy.

---

78. *M. le Vayer, intendant à Soissons,*
au Contrôleur général.

17 Juin 1684.

Adjudication des ouvrages publics.

Entretien des grands chemins par les seigneurs péagers.

---

79. *M. du Bois de Baillet, intendant à Montauban,*
au Contrôleur général.

20 Juin 1684.

Il demande les ordres du contrôleur général sur trois questions relatives aux îles et îlots :

1° Si la rivière du Lot doit être réputée navigable, sans considérer qu'on ne pouvait la remonter avant la construction des écluses.

2° Si le Roi, comme ayant cause des comtes de Toulouse et d'Armagnac, doit garantir les ventes et affieffements faits par ces comtes, quoique ce ne soient pas précisément des actes de droit royal.

3° Si le fermier du traité doit assigner les particuliers

qui tiennent des îles à bail emphytéotique ou en arrière-fief d'autres seigneurs ou gens d'église, ou bien, si ces derniers doivent être pris à partie.

80. *M. de Séraucourt, intendant en Berry,*
au Contrôleur général.

22 Juin 1684.

Il demande s'il doit envoyer des ordonnances dans la principauté d'Henrichemont, dont les officiers prétendent n'obéir qu'à leur prince; il cite comme exemple la principauté de Bidache, où l'intendant a pour règle de ne faire publier ses ordonnances que *du consentement et sous le bon plaisir* du duc de Gramont.

81. *M. de Ris, intendant à Bordeaux,*
au Contrôleur général.

23 Juin 1684.

Mémoire sur l'état de la généralité.

Les récoltes et l'élevage des bestiaux ont assez mal réussi pour que les suites en soient à craindre.

Le recouvrement des tailles se fait assez facilement, quoique ce soit par la voie des porteurs de contraintes et du logement effectif. M. Colbert aurait voulu substituer à ce système celui des exécutions et des huissiers; mais il ne saurait réussir en raison de la dureté des peuples et du dénûment des fermiers; on s'est donc contenté de diminuer le nombre des porteurs de contraintes et des archers, ainsi que le montant de leurs taxations, et de veiller à ce que les titulaires des recettes particulières exercent en personne et perçoivent leur remise des receveurs généraux, au lieu de laisser l'exercice de la charge à des commis, qui multiplient les contraintes et les frais.

Mémoire sur le caractère et la conduite de chacun des receveurs particuliers et des receveurs généraux.

Les tribunaux d'élection sont presque tous composés d'officiers indisciplinés et prévaricateurs; les abus de cette juridiction ne pourraient être diminués qu'en soumettant les jugements au contrôle des intendants.

Les fermes générales ne sont composées que du *convoi et comptablie de Bordeaux*, et de la *traite d'Arzac*; il n'y a ni gabelles, ni aides.

Mémoire particulier sur le caractère et la conduite de chacun des intéressés aux fermes qui sont chargés de faire l'inspection des directeurs et des commis, tous les six mois. En général, il serait à désirer qu'ils fussent plus favorables aux négociants et à la liberté du commerce bordelais, qui égale, à lui seul, celui d'une partie du royaume, puisque le produit du convoi et comptablie est de 4 millions par an.

«Le privilége du droit de bourgeoisie, que l'on a osté aux habitans de Bordeaux pour les punir des derniers mouvemens arrivés en 1675, ensemble le droit de courtage dont les bourgeois estoient aussi exempts, a un peu diminué le nombre de ceux qui se jetoient dans le commerce. L'on peut dire, à l'avantage de celuy qui se fait en cette ville, que, en aucun autre lieu du royaume, les fortunes des marchands ne se sont faites si promptement; mais aussy le jeu et la bonne chère les détruisent presque toutes en moins de temps.

«Le principal qui se fait à Bordeaux, consiste dans la cargaison des vins, eaux-de-vie et chastaignes pour les pays étrangers. Le débit qui se fait en Angleterre des grands vins, fait la richesse de cette province, parce que les Anglois seuls les mettent à grand prix, et l'ont porté jusques à 400 [ll] et 450 [ll] le tonneau, sans y comprendre les droits et le fret.

«La culture des terres et la nourriture des bestiaux n'y sont point considérées à proportion, parce que l'on n'y ayme pas les choses dont le produit est long à venir, et qu'il faut nourrir par beaucoup de soins et de peines, les peuples de Guyenne estant chauds et volages, et croyant tous que, pourvu que la récolte de vin aille bien, le reste ne leur sauroit manquer.»

82. *M. Foucault, intendant en Béarn,*
au Contrôleur général.

25 Juin et 2 Juillet 1684.

Mémoire sur les réparations des six moulins qui composent tout le domaine du Roi en Béarn.

Mémoire sur l'emploi du fonds annuel destiné à l'entretien du château et des jardins royaux de Pau.

83. *M. de Ris, intendant à Bordeaux,*
au Contrôleur général.

25 Juin, 27 Juillet et 15 Août 1684.

Découverte de mines de plomb et de cuivre dans les Pyrénées.

La mine de cuivre est située sur le territoire espagnol, et l'exploitation n'en serait ni facile, ni profitable; mais celle de plomb se trouve dans la vallée d'Albigorry, à trois lieues de Saint-Jean-Pied-de-Port, et très-près des frontières; elle est fort abondante et rend moitié pour moitié.

Le marchand et le religieux qui ont fait la découverte, offrent de faire l'exploitation à leurs frais, en payant, suivant la règle ordinaire, le quarantième au seigneur et le dixième au Roi; le marchand se contenterait même d'obtenir une surséance contre ses créanciers*.

* Le privilége fut concédé aux charges ordinaires; voir les lettres du 1er février et du 10 mars suivants.

84. *M. du Bois de Baillet, intendant à Montauban,*
au Contrôleur général.

26 Juin 1684.

«J'ay remarqué, dans la visite que j'ay faite, de grands désordres dans les cadastres de la plupart des communautés, lesquels ne se trouvent point chargés de beaucoup de biens qui ont esté déclarés roturiers, ou qui, l'estant autrefois, ne se trouvoient point imposés à cause du crédit de ceux qui les possédoient. J'ay remarqué aussy qu'il y a des estimations très-mal faites, soit parce que, depuis le long temps qu'elles ont esté faites, les terres ayent changé, soit parce qu'elles ayent esté faites dans le commencement avec peu d'exactitude, ou beaucoup de partialité. Tous ces désordres me font croire qu'il y a une nécessité absolue de faire refaire les cadastres dans les communautés dans lesquelles ils n'ont point esté refaits depuis cinquante années *.»

* Cette proposition ne fut pas acceptée par le Roi. (Lettre du 9 juillet.) Voir aussi les lettres du 26 juillet et du 23 août, relatives à l'allivrement de la paroisse de Bellegarde.

---

85. *M. de Morangis, intendant à Caen,*
au Contrôleur général.

30 Juin 1684.

Visite de l'élection de Vire.

«Il se fait un commerce considérable de draps; il est fort augmenté depuis quatre ou cinq ans par le grand débit qui s'en fait à Rouen et à Paris, et aux foires de Caen et de Guibray; les soldats du Roy en sont presque tous habillés. La ville est fort peuplée, et tout le monde y travaille à la préparation des laynes. Le peuple y seroit fort riche sans la passion qu'il a pour les procès : c'est la ville de Normandie où l'on plaide le plus, et il n'y a point de jour de marché qu'on n'y contrôle plus de deux cents exploits. Les officiers du bailliage et de l'élection y sont capables et assidus, mais les épices sont un peu fortes; je les ay menacés de vous en donner avis; ils ont promis de mieux faire à l'avenir, et j'ose vous dire que vostre nom, qui fait la consolation des peuples, inspire une terreur incroyable aux juges intéressés.»

Détails sur la fabrication des ustensiles de cuivre au bourg de Villedieu.

---

86. *M. de Bezons, intendant à Orléans,*
au Contrôleur général.

30 Juin 1684.

État de la récolte; augmentation excessive du prix du blé; à Clamecy, elle est de près d'un tiers depuis le mois de mai.

«C'est un pays où il n'y a pas une grande abondance de blé, parce qu'il y a beaucoup de bois; j'ay cru pourtant que cette augmentation pouvoit provenir de ce qu'il y avoit des marchands qui envoyoient au-devant de ceux qui l'apportoient au marché, et qui l'achetoient, et, de cette manière, ne s'y en trouvant point, ils estoient les maistres du prix. J'ay donné les ordres qui m'ont paru nécessaires pour y prendre garde, et, en cas que cela se trouve véritable, que l'on obligeroit ceux qui avoient esté au-devant, d'ouvrir leurs greniers, et de le donner à un prix raisonnable *.»

* Voir la lettre du 26 août suivant.

---

87. *M. de Nointel, intendant à Tours,*
au Contrôleur général.

2 Juillet 1684.

Visite des élections d'Angers et de Châteaugontier.

Dans cette dernière, il est d'usage que les propriétaires changeant de métayers le fassent signifier aux habitants de la paroisse, et les somment, en même temps, d'ensemencer les terres, protestant que, à leur refus, ils le feront eux-mêmes, et ne payeront pas par conséquent la taxe imposée sur leur métairie. Cet usage produit des non-valeurs pour les collecteurs, lorsque ceux-ci ne peuvent faire les semences, et d'ailleurs il donne lieu à diverses fraudes.

---

88. *M. Lebret, intendant en Dauphiné,*
au Contrôleur général.

5 Juillet 1684.

«En réglant les affaires de la ville de Grenoble pour l'avenir, j'ay connu qu'il s'est fait, par le passé, un grand nombre de friponneries dans l'administration de ses revenus; entre autres, un nommé Tomé, d'intelligence avec les consuls et officiers de l'hostel de ville, trouva moyen, il y a quelques années, de se faire adjuger pour 600 écus les lods et ventes et rentes seigneuriales appartenant à la ville, dont il a tiré, dans la suite, plus de 12 ou 15,000 ll. Le nommé Pelat se rendit adjudicataire, au mois de septembre 1678, des octroys de la mesme ville, pour la somme de 60,000 ll par chacun an, dont il a joui pendant neuf mois, et les directeurs des créanciers, autres neuf mois, sans en avoir jamais payé un sol; et, lorsqu'on a voulu les poursuivre, ils se sont pourvus au Parlement, où ils trouveront sans doute tout le support qu'ils peuvent espérer, plusieurs officiers de cette compagnie ayant esté intéressés au bail de ce nommé Pelat; de sorte que, ne voyant point d'autre moyen de mettre la ville en estat d'espérer quelque justice, que celuy d'attribuer à l'intendant la connoissance de ses affaires, j'ay dressé le modèle d'arrest que je prends la liberté de vous envoyer.»

---

89. *M. de Ménars, intendant à Paris,*
au Contrôleur général.

8 Juillet 1684.

Rapport sur l'élection de Beauvais.

Cette élection est composée de cent soixante-huit paroisses, qui portent 216,125 ₶ de taille.

La plus grande partie du revenu est en terres labourables ou en prairies; quarante paroisses qui sont en vignobles produisent, année commune, trente-cinq mille muids de vin, dont sept à huit cents seulement se transportent au dehors.

Il n'y a point de rivière navigable, et il ne paraît pas utile d'élargir celle du Terrain pour porter bateau.

Le principal commerce est celui des serges, ratines et révêches, qui occupe quatre-vingt-deux maîtres drapiers, cent vingt-sept sergers et plus de vingt mille personnes, et qui produit annuellement six mille trois cent soixante et dix pièces de ratine d'une aune de large et de trente-deux aunes de long, et dix-huit mille pièces de serge.

État des récoltes; taux des blés sur les derniers marchés.

Il se fait, au franc marché qui se tient tous les mois, un très-grand commerce de bestiaux; les receveurs peuvent les saisir, mais non les vendre, et on ne les saisit pas pour dettes particulières.

Il n'y a ni ouvrages publics, ni domaines dans toute l'étendue de l'élection.

Les octrois de la ville de Beauvais consistent dans les droits d'*appétissement* et de *pinte* ou *godet*, dans un droit de 4 deniers pour livre sur tout ce qui entre et se vend, hors le bois et les vivres, dans un autre droit qui se lève sur le bois, le vin, le cidre, les bestiaux, les laines, les serges, les toiles, l'huile, le fer, le savon et la cire, et dans la moitié de 20 sols par chaque minot de sel qui se consomme dans la ville.

Ces octrois, avec le droit de *chaussée* ou de *travers*, qui est d'un double par cheval entrant dans la ville, forment un revenu de 13,430 ₶.

Détail des diminutions à opérer dans les charges de la ville pour supprimer le droit d'entrée de 4 deniers pour livre, et les droits qui frappent les laines et les étoffes; les drapiers et les sergers offrent 30,000 ₶ pour obtenir cette dernière suppression.

Il n'y a point d'abus dans la perception des droits des fermes, des gabelles et du domaine, ni dans l'exécution des commissions des tailles. L'abondance des sentences en surtaux pourrait s'éviter par l'établissement d'une échelle faite d'après les contrats de mariage.

Les gentilshommes ne se mêlent point de la taille, et les officiers de l'élection ne font aucune vexation aux collecteurs pour qu'ils soulagent leurs parents ou leurs fermiers.

L'hôpital général renferme trois cents pauvres, distribue du pain toutes les semaines à huit cents familles, et met trente enfants en nourrice. L'Hôtel-Dieu, qui a 12,000 ₶ de rente, reçoit quarante ou cinquante pauvres, et les soldats malades, lorsqu'il y a des garnisons.

Il n'y a ni officiers, ni commis de la R. P. R.

On ne voit ni fausse monnaie, ni pièces étrangères.

Compte rendu de la visite des prisons.

---

90. *M. de Morangis, intendant à Caen,*
au Contrôleur général.

10 Juillet 1684.

La perception de la taille est en bonne voie; les frais sont au-dessous du montant ordinaire, et beaucoup d'abus ont été modérés.

«Je n'ay point trouvé de gentilshommes ni d'ecclésiastiques qui se meslent de l'imposition de la taille, et, si cela se fait, c'est avec tant de précaution que je n'en ay reçu aucune plainte: il n'y a point de province dans le royaume où les seigneurs soient moins autorisés, et où les paysans soient plus instruits de leurs droits et les sachent mieux maintenir. Il seroit à désirer que les aydes fussent aussi bien régies que la taille; mais quelques remèdes qu'on y ayt apportés, le désordre et les fraudes n'y diminuent guères.

«Avant le bail de Mangué, en l'année 1680, il y avoit peu de fraudes, encore moins de rébellions, et les inscriptions de faux contre les procès-verbaux des commis y estoient inconnues. Mais ce sous-fermier ayant porté le prix de son bail bien au delà de ce qu'il estoit dans les baux précédens, il n'épargna rien pour le soutenir et pour y trouver son compte. Sa dureté, et la rigueur avec laquelle ses commis exercèrent sans faire aucune remise, le fit gagner considérablement la première année de son bail, qui se trouva fort bonne par la cherté des boissons; mais l'année suivante ayant esté abondante en fruits, les peuples irrités contre les commis vendirent en fraude, et la plupart des cabaretiers abandonnèrent. Ces désordres auroient pu d'abord estre arrestés par la punition de quelques-uns, si les particuliers qui fraudoient, assurés de trouver des témoins dans les complices de leurs fraudes, ne s'estoient avisés de s'inscrire en faux contre les procès-verbaux des commis, sur la foy desquels on eust pu faire des exemples.

«..... La plupart de ces désordres ayant esté connus de feu M. Colbert, contrôleur général des finances, il crut qu'il empescheroit le mal en faisant cesser une régie qui estoit odieuse: il réforma, à cet effet, la compagnie des fermiers, et il y plaça, sous le nom de Bigeois, des personnes dont il espéroit que la modération serviroit à ramener les peuples, et il leur fit mesme une réduction de 40,000 ₶.

«Ces nouveaux fermiers entrèrent en possession au premier jour d'avril de l'année dernière, et l'un d'eux m'ayant suivi dans la visite que je fis alors de cette généralité, je l'engageay à faire quelques changemens et quelques révocations de directeurs et de commis dans les lieux où la régie avoit paru plus rigoureuse.

«Les remèdes cependant n'ont pas produit tout l'effet qu'on avoit espéré :

«1° Parce que le mal avoit déjà trop duré, que la haine

des peuples pour les fermiers estoit passée à la ferme, et que le succès des inscriptions les avoit flattés par l'abondance des boissons et la vileté de leur prix, qui a mis beaucoup de particuliers en estat de vendre en fraude;

« 2° Par la négligence des commis, et quelquefois par leur affectation à ne point mettre dans leurs procès-verbaux ce qui peut faire à la décharge des particuliers. »

Détails sur la ferme des gabelles, et sur la consommation du sel blanc d'Avranches.

---

91. *M. de Miroménil, intendant en Champagne,*
au Contrôleur général.

10 Juillet 1684.

Il représente que les élections particulières sont à charge aux peuples, et que les élus multiplient les exactions et les contraintes contre les collecteurs, au détriment des droits de l'élection en chef, et par jalousie de juridiction; on devrait accepter les offres qui se font souvent, de rembourser ces officiers*.

* Le même avis se rencontre dans plusieurs rapports des intendants, dans ceux, entre autres, de M. de Ménars, intendant de la généralité de Paris (8 juillet et 5 août de la même année).

---

92. *M. de Bezons, intendant à Orléans,*
au Contrôleur général.

13 Juillet 1684.

Les marchands de Dourdan, qui faisaient autrefois un assez grand commerce de bas, se plaignent qu'il ait cessé entièrement depuis l'arrêt rendu entre les ouvriers en bas de soie au métier de la ville de Paris et les marchands bonnetiers, par lequel il a été permis aux ouvriers de faire toutes sortes de bas, même en laine, sans limiter le nombre des métiers*.

* Arrêts du 12 janvier 1684 et du 26 octobre 1680, ce dernier interdisant aux ouvriers en bas de soie de rien fabriquer en laine ou en fil; statuts et ordonnances pour la fabrication des bas, canons, camisoles, caleçons, chaussons et bas de soie (février 1672).

Réponse de M. de la Reynie, lieutenant général de police. Il objecte que les marchands de Dourdan ne fabriquent que des ouvrages de gros tricot, qui n'ont aucun rapport avec les bas à l'aiguille, et que les progrès de la fabrication des bas au métier ne peuvent porter préjudice qu'aux Anglais.

---

93. *M. de Miroménil, intendant en Champagne,*
au Contrôleur général.

17 Juillet 1684.

Il expose les motifs qui ont amené les habitants de Bar-sur-Aube à demander un octroi sur la sortie des blés et sur l'entrée des farines*.

* Voir la lettre du 12 juin reproduite plus haut. — A celle-ci est jointe la copie d'une lettre du contrôleur général, en date du 11 juillet, conçue en ces termes : « . . . . . Le Roy n'a pas esté de vostre sentiment à l'égard de la permission de lever un droit sur les grains qui sortiront de la ville, jugeant qu'il seroit d'une extrême conséquence d'accorder cette liberté aux villes, particulièrement à celles où il se fait des greniers, en ce que la levée du droit seroit uniquement à la charge des habitans des lieux pour lesquels les grains qu'on feroit sortir seroient destinés, et que la communauté en faveur de laquelle on donneroit l'octroy ne souffriroit aucun préjudice, ce qui ne paroist pas juste, ayant plus de raison que les deniers destinés pour l'acquittement des dettes d'une ville se lèvent sur les habitans qui les ont contractées, que sur ceux qui n'y ont aucun intérest. . . . . »

Cependant la permission d'établir l'octroi fut accordée, sans succès d'ailleurs, car il y eut de nouveaux troubles, qui ne cessèrent que lorsque l'octroi fut remplacé par une capitation. (Voir les lettres de janvier et février 1686.)

---

94. *M. de Marillac, intendant à Rouen,*
au Contrôleur général.

22 Juillet 1684.

L'évêque d'Évreux refuse les accommodements qui lui ont été proposés au sujet de la capitation établie sur tous les habitants de cette ville, privilégiés ou non privilégiés, pour l'acquittement des dettes communales, et ne veut pas demander à son clergé d'y contribuer pour 1,000 écus. Cette affaire ne peut se terminer qu'en ordonnant, par arrêt du Conseil, que le clergé continuera à être compris dans le rôle de l'imposition, ou bien en prorogeant l'octroi établi depuis quelques années pour le payement d'une autre partie des dettes*.

* Mémoire du syndic du clergé, lettres de M. Méliand, prédécesseur de M. de Marillac, réponse du contrôleur général, etc.

Voir, en date du 26 août 1685, une lettre de l'intendant de Soissons, au sujet des prétentions du clergé de ce diocèse.

---

95. *M. de Ris, intendant à Bordeaux,*
au Contrôleur général.

27 Juillet 1684.

Le sieur Eymar de Boisse, de Casteljaloux, qui s'était converti, mais qui avait sursis, par ordre du Roi, à faire sa déclaration publique, pour donner avis des mouvements des religionnaires, demande que l'on modère en sa faveur le prix de la charge vacante de lieutenant criminel de Bergerac. Ses services méritent cette récompense.

* A la nouvelle que le Roi avait fixé la charge, par modération, à 3,000#, les religionnaires de Bergerac se cotisèrent pour la lever sur le taux primitif de 6,000#, en faveur du fils du dernier pourvu. (Lettre de l'intendant, du 21 septembre.)

---

96. *M. de Bouville, intendant à Alençon,*
au Contrôleur général.

31 Juillet 1684.

« . . . . Voicy l'avis que vous m'avez ordonné de vous envoyer sur le projet de règlement pour la nomination des collecteurs; je souhaite que vous le trouviez conforme à vos sentimens. Vous ne pouviez mieux et plus utilement commencer à donner des règlemens sur le fait des tailles que par les nominations de collecteurs, car il est certain que c'est là que se rencontrent les plus grands abus, et ce qui cause un retardement considérable au recouvrement. La chose la plus nécessaire pour maintenir les peuples en tranquillité et leur donner moyen de payer les impositions avec plus de facilité, c'est de leur retrancher autant qu'on pourra les sujets de plaider, et c'est ce que toute l'application imaginable de MM. les intendans ne peut empescher sans le secours de l'autorité du Roy, parce qu'ils ne doivent pas connoistre des matières contentieuses, qui appartiennent aux élus, et, par appel, aux Cours des aydes. Mais, par leurs soins et par les connoissances que leurs visites leur doivent acquérir, ils peuvent pénétrer les abus et les moyens d'en empescher la continuation, et ensuite en donner avis à S. M. pour y donner tel ordre qu'elle jugera nécessaire. C'est ce qui m'a obligé de faire un mémoire exact de l'estat des affaires de cette généralité, et de ce que je croirois qu'il y auroit à réformer ou à ajouter dans les règlemens*. »

* Ce mémoire n'a pas été conservé; mais la liasse de 1683 en contient un autre du même genre, envoyé le 27 août à Colbert.

97. *M. de Bezons, intendant à Orléans,*
au Contrôleur général.

31 Juillet 1684.

Il trouve plusieurs inconvénients à n'accorder des diminutions qu'après l'envoi de la commission des tailles, et lorsque les rôles sont déjà faits.

1° Les collecteurs font des frais pour écrire le nouveau rôle et pour le faire vérifier à l'élection.

2° Ils regardent la diminution comme une gratification, et en disposent en faveur de leurs parents, de leurs amis, ou de ceux qui leur donnent de l'argent.

3° Les officiers de l'élection en veulent également disposer à leur profit, et, si les collecteurs s'y opposent, ils leur refusent la vérification.

Il y aurait donc avantage à retarder l'envoi des commissions pour y joindre les diminutions; il suffit qu'elles arrivent assez tôt pour que le département, qui exige au moins six semaines dans les généralités composées de beaucoup d'élections, soit achevé à la fin d'octobre, et que les collecteurs puissent faire leurs rôles en novembre*.

* Le Roi approuva cette proposition.

98. *M. Lebret, intendant en Dauphiné,*
au Contrôleur général.

2 Août 1684.

«J'ay lu avec beaucoup d'attention le projet d'arrest du Conseil concernant la nomination des collecteurs. Je n'y ay rien trouvé qui puisse convenir à la généralité de Grenoble, puisque les consuls, qui sont nommés dans toutes les communautés de la province fort longtemps devant que l'on fasse l'imposition, ont esté chargés de tout temps de faire la collecte des deniers de la taille, et de les porter au receveur de l'élection, de sorte que le retardement de la levée des deniers royaux n'arrive jamais en Dauphiné faute de nomination de collecteurs, et, bien loin que ce nouveau règlement apportast icy quelque utilité, il fourniroit sans doute une ample matière aux élus et aux receveurs des tailles, de faire de nouvelles vexations, s'ils estoient en droit d'obliger les peuples à l'observation de toutes les formalités qui y sont marquées, ce qui vous doit encore confirmer dans la pensée où vous estes avec grande raison, qu'il est impossible de remédier aux désordres qui s'introduisent dans l'imposition et recouvrement des deniers de la taille, par un règlement général, puisque l'expérience fait voir, et je l'ay connu sensiblement dans les provinces où j'ay déjà eu l'honneur de servir le Roy, que l'abus qui est en usage dans une généralité, et quelquefois mesme dans une élection, luy est particulier, et n'a rien de commun avec ceux qui se pratiquent dans toutes les autres du royaume, et que la bonne ou mauvaise fortune des peuples dépend, ainsy que vous me faites l'honneur de me le marquer, du zèle, de l'application et du désintéressement de MM. les intendans, et des bonnes intentions des receveurs des élections. »

99. *M. Bréant, intendant à Pignerol et Casal,*
au Contrôleur général.

4 Août et 12 Septembre 1684.

Il envoie l'état des travaux faits par ordre de M. de Louvois pour la réparation et l'élargissement des chemins, et demande une subvention pour la route qui relie Pignerol au Dauphiné, que les communautés ne peuvent achever à elles seules.

100. *M. de Bezons, intendant à Orléans,*
au Contrôleur général.

13 Août 1684.

Mémoire sur le transport des vins et des eaux-de-vie par le nouveau canal d'Orléans, et sur les plaintes portées à ce sujet par les fermiers des aides d'Orléans*.

* A la lettre est joint un relevé des transports faits par le canal, à destination de Paris, durant la saison 1683-84.

101. *M. Arnoul, intendant à la Rochelle,*
au Contrôleur général.

18 Août 1684.

L'élection de la Rochelle a beaucoup souffert de la rigueur de l'hiver; la moitié des bestiaux sont morts de froid ou de faim, les blés sont gelés, et les autres grains rendent à peine la semence. Les pluies ont nui au produit des marais salants, et les vignes, qui seules ont bonne apparence, ne sont que de peu de revenu. L'élection a d'autant plus besoin de soulagement que, depuis 1680, elle a toujours été surchargée, si bien que l'on n'a pu encore toucher que le tiers de l'imposition de cette année-là.

Il serait peut-être à propos de comprendre expressément dans la patente des impôts les fermiers des biens ecclésiastiques, qui montent à près de 40,000# de revenu.

Il est nécessaire d'affecter un fonds considérable aux chemins de ce pays, que les marais rendent inaccessible en hiver, et impraticable pour le commerce. Depuis dix ans, l'élection n'a rien touché de la part qui lui est allouée à cette fin sur les fonds de la généralité de Poitiers.

102. *M. de Bezons, intendant à Orléans,*
au Contrôleur général.

21 Août 1684.

Adjudication des étapes; il n'y a que les receveurs généraux qui puissent se charger de cette fourniture, et, avec le concours des receveurs particuliers, ils peuvent la faire à meilleur marché que personne.

L'intendant demande le pouvoir d'ordonner des réimpositions pour le recouvrement des restes dus sur les années précédentes.

Quelques communautés voudraient envoyer des députés pour soutenir des procès importants contre les fermiers des aides; mais, comme ce sont des fermiers du Roi, l'intendant n'a pas voulu donner l'autorisation nécessaire sans avoir l'avis du contrôleur général *.

* En marge de chaque article se trouve la décision du Roi :
1° Presser l'adjudication des étapes;
2° Éviter les réimpositions, qui aboutissent à faire payer deux fois les bons contribuables pour les mauvais;
3° Autoriser les poursuites, même contre les fermiers, pour peu qu'elles soient nécessaires.

103. *M. de Bouville, intendant à Alençon,*
au Contrôleur général.

22 Août 1684.

« . . . . . Je trouve un grand désordre dans les échelles des collecteurs, parce qu'il n'y a que les contribuables imposés à certaines sommes qui puissent estre collecteurs porte-bourses, à cause qu'ils sont les plus haut imposés; cela produit que ceux qui ont du crédit ne sont jamais porte-bourses, parce qu'ils ne payent pas ce qu'ils devroient payer, et ainsy les misérables sont les plus chargés, et le recouvrement est retardé. Les intendans pourroient, si vous le trouviez à propos, faire des échelles dans chaque paroisse après avoir entendu les habitans; ce travail seroit grand, mais fort utile, parce que, outre que les plus riches seroient porte-bourses, les intendans connoistroient la force des paroisses, et pourroient faire des taxes d'office, de manière qu'aucun contribuable ne pourroit plus s'exempter induement de payer sa part des impositions suivant ses facultés *. »

* A cette lettre est joint un mémoire en réponse à la proposition de M. de Bouville, et, en marge, on lit la décision négative du Roi.

104. *M. de Ris, intendant à Bordeaux,*
au Contrôleur général.

25 Août 1684.

Rapport sur la conduite de la Cour des aides et sur l'opposition faite par le premier président et plusieurs conseillers à la réception du sieur de Gombaud de Pontus, parce qu'il avait acheté une charge vacante aux parties casuelles depuis vingt-deux ans, sans s'accommoder avec les héritiers du dernier pourvu *.

* Voir, pour cette affaire, plusieurs lettres du même mois. Le Roi défendit qu'il se fît aucune transaction, et ordonna, sous menace d'intervenir, que l'on procédât sans plus de retard à la réception. — L'intendant (lettre du 21 septembre) se plaint également de la conduite scandaleuse du Parlement en ce qui regarde la levée des charges vacantes aux parties casuelles. En rendant compte (le 3 octobre) de la terminaison de l'affaire, il dit : « Les exemples, en ce pays, corrigent rarement ceux sur lesquels ils ne tombent pas; les Gascons ont un caractère particulier, qui ne leur laisse faire de réflexions qu'après que les folies sont faites; et, après avoir examiné, depuis que je suis icy, d'où cela peut venir, j'ay lieu d'estre persuadé qu'il faut s'en prendre au climat, et que le feu qui s'allume dans leur esprit est dans le sang, et ainsy plus difficile à corriger, et, pour ainsy dire, presque involontaire. »

105. *M. de Bezons, intendant à Orléans,*
au Contrôleur général.

30 Août, 6 et 11 Septembre, 8 Octobre 1684.

Voyage du Roi; travaux et réparations sur les chemins qu'il doit suivre.

Travaux des ponts et chaussées; adjudications à Châteauneuf, à Beaugency, etc.

Aliénation de quelques biens domaniaux à Blois; réparations aux moulins de la même ville.

106. *M. de Bagnols, intendant en Flandre,*
au Contrôleur général.

Août et Septembre 1684.

Il appuie la demande faite par les habitants et les manufacturiers de Roubaix, d'être exemptés pendant quelques années du vingtième, des tailles et autres impôts, en considération de l'incendie qui vient de détruire plus de quatre-vingts maisons et une grande partie des métiers.

Il appuie également le placet présenté par les États du Tournaisis, pour obtenir une diminution sur l'Aide et le rachat de garnison*.

* Voir le placet et les pièces jointes à la lettre.

107. *M. le Vayer, intendant à Soissons,*
au Contrôleur général.

1er Septembre 1684.

«Le blé, qui ne valoit que 20 ou 22 écus le muid l'an passé, et qui estoit monté jusques à 38 écus aux mois de juin et de juillet derniers, vaut à présent 46 écus, ce qui n'a jamais esté vu en ce pays dans le temps de la récolte. Cela cause une grande consternation dans les esprits, et un murmure dans le commun du peuple, auquel il est besoin de pourvoir.

«En attendant qu'il vous ayt plu me faire savoir les intentions du Roy sur ce sujet, comme il est demain jour de marché, où l'on appréhende quelque rumeur, je viens d'envoyer aux échevins une ordonnance pour obliger les marchands de s'accorder entr'eux pour garnir les marchés chacun à leur tour, et d'en régler le prix en sorte qu'il n'excède point celuy de Paris, avec défense d'en vendre aux marchands forains que les particuliers qui en voudront acheter en détail ne soient fournis pour leur nécessité présente. Je ne crois pas en devoir défendre le transport, parce que Paris a coutume de tirer d'icy une partie de sa subsistance, aussy bien que de Noyon. Je n'ay pas voulu non plus faire visiter les greniers, parce que cela estant extraordinaire en ce temps-cy, donneroit trop d'alarme, et mesme que la plupart pourroient estre par là empeschés de faire venir en ville leurs blés, qui ne sont pas encore battus dans leurs granges à la campagne.

«Les peuples se consolent sur un bruit qui court, que le Roy a la bonté d'en faire venir des pays étrangers; si j'en pouvois donner icy quelque certitude, cela pourroit sans doute apporter quelque modération au prix.

«Je crois que mon ordonnance produira mesme un bon effet pour Paris, où les marchands sont empeschés d'en envoyer par leurs correspondans, dont on a vu icy les lettres, parce que, au prix qu'on tient icy le blé, il est, sur la proportion des mesures, plus cher de 6 écus qu'à Paris*.»

* Deux exemplaires de cette ordonnance sont joints à une lettre du 13 septembre, en marge de laquelle on lit un projet de réponse du contrôleur général, qui recommande à l'intendant d'agir avec plus de discrétion et d'éviter tout éclat.

108. *M. du Bois de Baillet, intendant à Montauban,*
au Contrôleur général.

6 Septembre 1684.

Toutes les communautés qui ont des troupes en quartier d'hiver demandent à s'imposer pour payer la portion que le Roi laisse à leur charge dans la fourniture du fourrage, et qui monte à plus de la moitié. Leurs revenus, quand elles en ont, ne sauraient suffire à cette charge, et l'imposition est beaucoup moins lourde qu'un emprunt, puisqu'elle porte non-seulement sur les habitants effectifs, déjà chargés du logement, mais sur tous les propriétaires qui ont des biens dans la communauté*.

* C'était le principe de la taille réelle.

109. *M. Morant, intendant en Provence,*
au Contrôleur général.

9 Septembre 1684.

«Toutes les nouvelles qui viennent du costé de Paris font espérer des diminutions et un soulagement considérable sur les impositions de l'année prochaine; elles sont reçues dans cette province avec des transports et des ravissemens d'autant plus sensibles qu'elle ose concevoir quelque espérance d'y avoir part, dans une année que la mauvaise récolte des grains et les inondations des torrens rendroient plus misérable qu'aucune des précédentes, si les huiles, qui vraysemblablement y seront assez abondantes, et qui font une de ses principales richesses, ne réparoient ce malheur en plusieurs endroits. J'ay cru, dans l'heureuse conjoncture de cette trève glorieuse qui donne aux peuples une confiance d'autant mieux fondée qu'ils sont prévenus des bontés du Roy et de cette application particulière que vous donnez à leur soulagement, qu'il estoit de mon devoir de vous informer du véritable estat de cette province.

«Je suis convaincu, généralement parlant, et à la considérer en toute son étendue, qu'il en est peu dans le royaume dont les habitans ayent moins souffert, parce que, d'un costé, le commerce et la marine y apportent quantité d'argent, bien que, ne profitant pas seule des dépenses que le Roy fait à cette occasion, elle n'en ayt que la plus petite partie, et que, de l'autre, la parcimonie y est grande, et qu'on y vit avec d'autant plus de frugalité que les denrées y sont d'une cherté tout extraordinaire. Cependant je puis dire, par l'application avec laquelle j'ay cherché de connoistre et de pénétrer le fond de cette province depuis que j'ay l'avantage d'y servir, que toute sa richesse n'est fondée que sur ce proverbe aussy véritable que trivial, qui fait les Provençaux *savans de peu de science et riches de peu de bien.* En effet, si on excepte la coste maritime et trois à quatre villes du plat pays, tout le reste est dans une extrême nécessité. Cela paroist par le petit nombre de mariages qui se font et la modicité des dots des maisons les plus distinguées, ou par leur noblesse, ou par les premières charges des lieux de leur résidence. Il n'y a dans toute la Provence que médiocrité dans les bastimens, nulle propreté dans les meubles, peu d'aysance et de commodité dans le genre de vie que mènent les Provençaux.

«Pour en venir au particulier et au détail de l'estat présent de cette province, Arles, Tarascon, la montagne, où croissent tous les blés, ont eu une très-mauvaise récolte; Riez et divers autres lieux de son voisinage ont perdu une quantité considérable de leurs territoires et de leurs plantages par les torrens qui les ont inondés, ainsy qu'il m'a esté justifié par des procès-verbaux non suspects.

«J'ay vu sur le registre du trésorier du pays que la plupart des communautés luy doivent des arrérages très-considérables des précédentes impositions, et, comme j'ay absolument retranché, suivant les ordres du Conseil, les emprunts dont la facilité précédente donnoit, à la vérité, le moyen aux communautés de subsister et de supporter leurs charges dans les plus mauvaises années, mais les jetoit insensiblement dans ces engagemens extraordinaires où elles sont présentement, la plupart des familles qui ont du bien sur les communautés ne touchent point leurs intérests, à cause de l'impuissance où elles sont d'y satisfaire de leurs seuls revenus, ou par le moyen des impositions ordinaires et proportionnées aux fruits de la terre.

«Les vins, assez abondans en Provence, n'y sont d'aucun débit, soit par la difficulté des transports, soit parce qu'il y en a quasi partout plus que suffisamment pour la consommation des habitans, en sorte que la plupart des villes considérables, comme Aix, Marseille, Toulon, les seules où le vin des villages circonvoisins se pourroit débiter, ont des privilèges particuliers qui défendent l'entrée du vin autre que celuy de leur terroir.

«Des autres fruits, il n'y a que les amandiers et les orangers qui donnent quelque revenu; ces derniers ont esté absolument gelés cet hiver, et ne produiront rien de trois à quatre années.

«Je viens de recevoir les ordres du Roy pour le logement de soixante-dix-neuf compagnies d'infanterie outre les garnisons ordinaires; ces dernières troupes, qui sont dans les places, ne sont pas fort à charge à la province; il n'en sera pas de mesme des autres qu'on doit loger dans les villes, quelque soin que je prenne de les y faire vivre dans l'ordre et de les contenir.

«L'alarme, quoyque fausse, qu'on a eue des Génois et de la descente des galères d'Espagne sur la coste de cette province, a causé des frais assez considérables par la levée et l'entretien de la milice, qu'il a fallu faire marcher dans les lieux les plus exposés.

«Les choses en cet estat, s'il m'est permis de dire mon avis sur le soulagement qui pourroit estre accordé à cette province, voicy quel seroit mon sentiment.

«Le Don gratuit de la présente année a esté de 700,000#; il y a eu de plus 60,000# pour les réparations du port d'Antibes, et 40,000# pour la révocation de l'édit des échanges, payables en deux années. Le Don gratuit de 1683 fut de 600,000#, et 100,000# pour la taxe des colombiers; ceux des années précédentes, depuis 1680 que je suis dans cet employ, ont tous esté de 600,000#; les huitième et dixième deniers avoient produit des sommes très-considérables, de 15 à 1,600,000#, dans le cours de ces mesmes années et des précédentes. Il y a une déclaration pour la redevance des colombiers, taxés à 10# par an, dont j'ay sursis la publication, suivant les ordres que je reçus du Conseil en mesme temps que cette déclaration, et vous me les avez confirmés, lorsque j'eus l'honneur de recevoir les vostres avant mon retour en Provence.

«Je croirois, si tel estoit le bon plaisir de S. M., qu'il y auroit lieu de révoquer purement cette déclaration contraire aux anciens usages de la province, et que j'ay toujours estimée n'estre d'aucun avantage pour le Roy, ni pour les peuples, et que, en laissant subsister en leur entier les payemens qui restent à faire des sommes accordées pour Antibes et pour les échanges, le Don gratuit de l'année prochaine seroit remis à la somme de 600,000#, qui seroit imposée sur toute la province à quotité de feux, suivant la forme ordinaire des pays de taille réelle, et qu'ensuite S. M. accorderoit 100,000#, ou telle autre somme dont elle auroit agréable de soulager la Provence, qui seroit la seule diminution effective dont elle jouiroit, en sorte qu'au lieu d'en faire le régalement sur toute la province à proportion de ce mesme affouagement, qui ne luy procureroit qu'un très-médiocre soulagement si le Don gratuit estoit fixé à l'abord à la somme de 500,000#, elle seroit répartie sur les lieux les plus chargés et les plus fatigués, eu égard à la qualité de leurs récoltes, aux passages et logemens des gens de guerre, et autres besoins, ce qui se feroit par les commissaires de S. M. conjointement, ou en telle autre manière que l'on examinera plus particulièrement.

«Si cette pensée convient à ce que vous jugerez estre des intentions de S. M. et du bien de son service, au sujet des impositions qu'elle ordonnera estre levées dans les provinces de son royaume pour l'année prochaine, la seule objection qu'on pourroit faire contre cette manière de départir le soulagement qu'il plairoit au Roy d'accorder à cette province, dont l'affouagement est un des statuts le plus capital, est qu'elle n'y a pas encore esté pratiquée, et que c'est une espèce de nouveauté, de laquelle les autres villes qui n'y auroient point de part ne manqueroient pas de se plaindre. Mais cette nouveauté, que je sais et que je propose comme telle, me paroist avoir de si fortes raisons pour le soulagement de la province, dont toutes les parties ne se rencontrent pas dans une mesme situation, ni d'une égale force, que je n'estime pas que le seul motif de l'ancien usage doive empescher qu'on ne l'introduise, quand le cas le requiert, outre qu'il y a tous les ans un exemple quasi semblable dans le régalement des impositions des Terres adjacentes, qui sembleroit l'autoriser suffisamment pour le reste de la province*.»

* En marge de l'analyse de cette lettre est une partie de la réponse : «Luy dire qu'il aura vu par les deux lettres que je luy ay écrites, que le Roy a prévenu ce qu'il croyoit estre à faire au soulagement de la province, mais que je dois luy dire en confiance qu'à l'égard d'une remise plus forte, le Roy n'y a pas de dispositions.»

Voir, à l'année précédente, les lettres de M. Morant, 3 novembre, et du comte de Grignan, 17 et 22 décembre.

Pour ce qui concerne les impositions des Terres adjacentes, voir un mémoire avec pièces à l'appui envoyé le 23 novembre 1685.

---

110. *M. Lebret, intendant en Dauphiné,*

au Contrôleur général.

10 Septembre 1684.

«Je reçois présentement la lettre que vous m'avez fait l'honneur de m'écrire au sujet de la disette des blés. Il est vray qu'il y en a peu cette année en Dauphiné, et que les meilleures terres de la province sont celles qui ont le moins produit; cependant il s'est donné jusqu'à présent, dans les marchés, à un prix fort raisonnable, et je ne crois pas qu'il soit encore temps de se servir de la précaution marquée dans vostre lettre, parce qu'il est impossible de prendre les mesures nécessaires pour savoir la quantité des blés qui sont dans la province, que cela ne fasse du bruit et de l'éclat, qui ne peut servir, ce me semble, qu'à l'enchérir; et j'estime qu'il faut attendre à se donner du mouvement en Dauphiné, que les peuples commencent à se plaindre de la cherté, se contentant, quant à présent, de prendre toutes les précautions possibles pour empescher qu'il ne sorte hors du royaume, et, pour cela, il me paroist nécessaire que vous ayez la bonté d'ordonner à MM. les fermiers généraux, qui me paroissent dans le dessein d'en laisser passer autant qu'ils pourront en Savoye et dans le Comtat, de tenir soigneusement la main à l'exécution de l'arrest du Conseil*.»

* Le Roi tolérait jusque-là que les gentilshommes du Comtat fissent venir à Avignon les blés qu'ils récoltaient en Dauphiné. (Lettre du 11 août précédent.)

111. *M. de la Fond, intendant en Franche-Comté, au Contrôleur général.*

10 Septembre 1684.

«. . . . . J'ay à vous demander vos ordres sur un fait qui concerne l'imposition. Jusqu'à présent, on impose chaque communauté par mois et non par quartier; le collecteur en fait de mesme sur chaque habitant: il y a des mois dans l'année où le paysan ne peut faire d'argent, ce qui fait que l'on fait des poursuites et des frais, qui ont monté à des sommes excessives, de sorte que ma pensée seroit, sous vostre bon plaisir, de faire payer l'imposition de trois mois en trois mois. Le receveur général, qui est homme dur, ne s'accommodera pas de ce changement, parce qu'il prétend qu'on l'oblige de payer les deniers de sa recette tous les mois au Trésor royal; l'expédient seroit qu'il ne payera à l'avenir que dans le mesme temps. Je puis vous dire que vous soulagerez cette province de la valeur du tiers de l'imposition*.»

* Réponse en marge: «Le Roy a résolu de ne faire payer les contribuables qu'aux quatre quartiers de l'année. . . . . A l'égard du receveur, le Roy l'obligera à se contenter de recevoir dans les quatre quartiers, sans que cela change rien aux payemens qu'il doit faire au Trésor royal.» Cette mesure procura le plus grand soulagement à la province, d'après les lettres du 9 août et du 3 novembre 1686.

112. *M. du Bois de Baillet, intendant à Montauban, au Contrôleur général.*

13 Septembre 1684.

L'accroissement des impositions dans le pays de Foix vient en grande partie des avances considérables que le gouverneur et les autres officiers se font faire par le trésorier des États, et dont les intérêts à 10 p. o/o montent à plus de 15,000ᴴ.

Tous les désordres de ce genre ne pourraient s'éviter qu'en nommant un commissaire du Roi pour assister à l'examen des comptes et aux séances des États; le gouverneur, qui remplit seul actuellement ces fonctions, ne peut, en raison de ses intelligences avec l'assemblée et de ses intérêts particuliers, soutenir ceux du pays*.

* Autres lettres du même intendant, demandant des surséances ou des diminutions (30 août et 27 septembre).

113. *M. Faultrier, intendant en Hainaut, au Contrôleur général.*

21 Septembre 1684.

Il représente que la province n'a point produit de blés, et que la multiplicité des droits et les rigueurs des commis détournent les marchands d'en aller chercher dans les pays voisins, ce qui aboutira à une disette.

Outre le droit de sortie qui pèse sur les grains transportés du royaume dans les nouvelles provinces, il y en a un de *passe-avant* ou *transit*.

«C'est, à mon gré, le plus fascheux droit qu'on ayt pu establir; il est, dit-on, de l'invention du dernier temps. Voicy en quoy il consiste: c'est que tout homme qui mène un porc, une brebis, du foin, de la paille, la moindre chose enfin, sans excepter la volaille et les légumes, se doit détourner d'une lieue ou deux pour aller chercher le plus prochain bureau et y faire sa déclaration, en donnant 4 patars, c'est-à-dire 5 sous de nostre monnoye, quoyque ces denrées ne doivent rien. Or, ce qui ne paroist pas considérable en soy, l'est pourtant beaucoup quand il est universel; et puis, il y a une réflexion à faire: c'est que, pour la moindre faute, on saisit. Il n'y a point de garde de bureau ou de commis qui ne sache faire un procès-verbal; on vient donc devant moy, je confisque la denrée, et, le plus souvent, je condamne à l'amende, parce que la loy est écrite et qu'il n'est pas permis d'y toucher. J'ay pris quelquefois la liberté de m'en expliquer; mais on m'a toujours répondu de manière que j'ay bien entendu qu'on ne vouloit pas me répondre. Et puis, de là viennent toutes ces plaintes que font les nouveaux sujets, qui voyent que, jusqu'à la moindre chose, il y a des piéges tendus pour eux; et, puisque je me trouve naturellement dans l'endroit où je vous le puis dire, il faut que j'achève la réflexion que cette matière peut mériter.

«Je suis icy avec tous les députés des provinces du Brabant, du Hainaut et de la comté de Namur; ils me parlent de leurs maux passés, et m'assurent qu'ils se sont vus à la veille d'avoir une révolte générale, et que, cessant l'aversion que les peuples ont pour nostre domination, depuis qu'ils ont vu le pitoyable estat où est la prévosté de Maubeuge, tout le pays se seroit révolté. Je savois bien, il y a longtemps, que cela se disoit; mais des gens de l'autorité de ces députés ne me l'avoient pas encore dit. Je ne pensois pas que je dusse tomber dans cette digression quand j'ay commencé ma lettre; mais il y a des vérités qui sont bonnes à dire en tout temps.»

114. *M. le Vayer, intendant à Soissons,*
au Contrôleur général.

22 Septembre 1684.

Les habitants du village de Corbeny réclament la franchise que le roi Louis XI leur avait accordée, et qui avait été confirmée par ses successeurs, en l'honneur des reliques de saint Marcoul, devant lesquelles ils venaient, après leur sacre, faire une neuvaine et demander le pouvoir de guérir les écrouelles.

L'intendant est d'avis que cet affranchissement, ou plutôt cet abonnement, fixé, en 1477, à 10^{tt}, et porté ensuite à 50^{tt}, est hors de toute proportion dans un temps où de simples villages payent une taille plus forte que n'en payaient, au temps de Louis XI, certaines parties de provinces; il croit que cet abonnement doit être au moins porté à 400^{tt}, les habitants ne prenant plus, du reste, aucun soin de l'hôpital où ils devaient recevoir les malades, et qui est presque en ruines.

115. *M. Arnoul, intendant à la Rochelle,*
au Contrôleur général.

25 Septembre 1684.

Depuis les ordres donnés, il n'est point sorti de blés, et, au contraire, il en est arrivé beaucoup de Bordeaux et de l'Allemagne. La provision actuelle des greniers et le produit des marais pourront suffire pour fournir de toutes sortes de grains non-seulement le département, mais, au besoin, la Saintonge et une partie du Poitou.

«Le blé a mesme diminué depuis quelques jours; mais cela ne provient que de la pauvreté de quelques particuliers qui sont pressés de toucher de l'argent, et il ne laisse pas que d'estre encore fort cher, vu que le froment vaut 120^{tt} le tonneau de quarante-deux boisseaux, chaque boisseau pesant cinquante livres; la baillarge, qui est une espèce d'orge dont tous les paysans vivent dans ces provinces, vaut 60^{tt} le tonneau, et l'orge ordinaire 50^{tt}, le tonneau de l'une et de l'autre pesant trente-six et trente-sept livres; et il y a trois mois que tous ces grains valoient un tiers moins qu'à présent.

«Je n'ay point cru que, dans ce département, il fust à propos de faire savoir, ainsy que vous me faites l'honneur de me le marquer, que le Roy faisoit faire des achats de blés considérables dans les pays étrangers, vu que cela pourroit détourner les marchands d'en faire venir comme ils ont fait jusqu'à présent.»

116. *M. de Ris, intendant à Bordeaux,*
au Contrôleur général.

28 Septembre 1684.

Mémoire et pièces concernant le droit de *quarantain* qui se lève, dans l'étendue des présidiaux d'Agen et de Cahors, sur le sel et le poisson salé, et qui est affermé depuis 1669 à l'entrepreneur des ouvrages de la navigation du Lot, à charge de payer les gages des officiers desdits présidiaux.

Réparations faites à l'établissement des bains de Barèges, à l'occasion du voyage du maréchal de Créquy.

117. *M. le Vayer, intendant à Soissons,*
au Contrôleur général.

29 Septembre 1684.

Il envoie l'ordonnance qu'il vient de rendre au sujet de la diminution des droits de *gros*.

«Je ne manqueray pas de tenir la main que la perception de ce droit se fasse conformément aux intentions du Roy, et je ne doute point que les peuples ne s'y soumettent avec beaucoup d'obéissance; car elle est si juste dans son principe, si claire dans son sens, et si facile dans son exécution, qu'il ne leur reste qu'à considérer le bonheur d'estre sous un ministère où leur peine devient tous les jours plus facile à supporter. De ma part, pour satisfaire aux ordres que vous m'avez donnés par vostre lettre sur ce sujet, j'ay dressé mon ordonnance pour faire défense aux élus de souffrir que ledit droit se lève pour les années qui ont précédé le 1er octobre 1683.»

118. *M. Morant, intendant en Provence,*
au Contrôleur général.

2 Octobre 1684.

«Je m'abstiendray de proposer aucun soulagement au delà de ce que S. M. est en disposition d'accorder à l'occasion des pertes causées par les inondations extraordinaires, et je feray valoir, autant que je le dois, à l'assemblée des communautés la révocation de l'affaire des colombiers, qui ne peut qu'estre très-sensible à la province, surtout si on ne l'apprend qu'au temps de l'assemblée, et que cette grâce paroisse accordée aux très-vives remonstrances dont je prévois qu'on chargera toutes les lettres qui seront envoyées sur le Don gratuit.»

119 *M. de Marillac, intendant à Rouen,*
au Contrôleur général.

5 Octobre 1684.

Il envoie le projet d'un nouveau règlement des tailles, pour fixer la contribution des herbages et des terres exploitées, soit par des fermiers, soit par des propriétaires, en dehors de la paroisse où ils ont leur domicile *.

* Ce projet est accompagné d'un mémoire plus ample; voir, sur le même sujet, les lettres du 13 juillet et du 6 août de l'année suivante.

120. *M. le Vayer, intendant à Soissons,*
au Contrôleur général.

21 Octobre 1684.

«..... Je ne puis différer de vous informer d'une affaire qui ne souffre point de retardement dans ce temps-cy, où le passage des troupes est continuel. J'ay fait en sorte jusques à présent, nonobstant la rareté des denrées et le dessein qu'avoient les bouchers et boulangers d'étape d'abandonner, que la fourniture ne manquast point, mesme à Aubenton, Rozoy, Montcornet, et autres lieux de la frontière qui se ressentent le plus de la stérilité de l'année. Cependant, dans le temps que j'apporte toutes ces précautions, M. de Vrevin, intendant sur la frontière de Champagne, sans me faire l'honneur de me demander si les magasins sont remplis ou non, et sans savoir les charges particulières que j'impose, de ma part, à ces habitans selon les nécessités, les contraint de fournir encore des fourrages, de les voiturer à Rocroy, où ils consomment quatre et cinq jours à aller et venir, dans la saison des semailles, et de faire plusieurs autres corvées. Mesme, pour n'avoir pas exécuté quelques-uns de ses ordres, parce que je leur avois fait défense de le faire s'ils n'estoient visés de moy, il en a fait mettre de prisonniers. Si bien que ces habitans, incertains à qui ils doivent obéir, sont obligés de déserter, pour ne pouvoir plus y subvenir; dont vous pouvez prévoir les conséquences, car, outre l'impossibilité qu'il y aura de faire le recouvrement de la taille, parce que ces habitans sont obligés de vendre leurs bestiaux, faute de nourriture dont on les dégarnit, c'est que je suis tous les jours à la veille de n'avoir aucuns magasins d'étape.. .. Je me suis déjà donné l'honneur d'écrire sur cela à M. de Louvois, et je doute, n'ayant point reçu de réponse, qu'on luy ayt rendu compte de mes lettres; mais j'espère apprendre de vous, sur cela, la volonté du Roy, afin que ces habitans sachent qui, de M. de Vrevin ou de moy, ils doivent reconnoistre.

«J'oubliois de vous dire que, ayant écrit à M. de Vrevin sur ces inconvéniens, et l'ayant prié, avec le plus d'honnesteté qu'il m'a esté possible, d'en vouloir bien user à mon égard comme avoient fait MM. les autres intendans, il m'a répondu que je n'estois commissaire dans ce lieu-là que pour les tailles, et qu'il prétend estre l'intendant pour tout le reste. Si c'est la volonté du Roy, j'y déféreray avec toute sorte de soumission et de respect; mais, comme il m'a fait l'honneur de m'adresser jusques icy tous ses ordres pour ce qui concerne le passage et la subsistance des troupes dans ces lieux-là, et généralement toutes les affaires de l'intendance, je croirois prévariquer à mon devoir si j'y laissois exécuter d'autres ordres que les miens, jusques à ce que S. M. m'ayt ordonné le contraire *.»

* M. de Vrevin demanda, le 10 janvier suivant, que son département fût détaché, en ce qui concernait les étapes, des trois généralités de Metz, Châlons et Soissons; mais il ne l'obtint pas. Ce département était formé des gouvernements de Montmédy et de Stenay, y compris les prévôtés de Marville et d'Answeiler, de ceux de Charleville, Mézières, Rocroi, Sedan et Bouillon, y compris Mouzon, Carignan et Donchery.

121. *M. le Vayer, intendant à Soissons,*
au Contrôleur général.

24 Octobre 1684.

Rapport sur l'état de la généralité.

«..... Tous les receveurs particuliers de ces élections refusent de traiter cette année, quoyqu'il m'ayt paru par l'examen que j'ay fait de leur recouvrement, dont je vous envoye l'estat, qu'il n'y en a qu'un seul qui soit en avance, et qu'il soit dû très-peu de restes des années dernières.

«Les traités des receveurs généraux avec eux se font sur le pied de la remise de quatre deniers pour livre, et de seize payemens. Quand le Roy en donnoit seize aux receveurs généraux, ils en donnoient dix-huit aux receveurs particuliers; ils leur ont retranché deux mois, depuis que S. M. leur en a osté un à eux-mesmes *.

«Les frais, dont j'ay pris aussy l'estat en chaque élection, ne montent pas jusques à présent à de grandes sommes; mais je crains, si les receveurs sont poussés, que la nécessité ne les fasse sortir de la modération dans laquelle je les ay toujours vus depuis que je suis dans la généralité.

«..... Les autres recouvremens se font doucement. Je dois pourtant vous assurer, à l'égard des gabelles, que les paroisses des greniers d'impost se trouveront surchargées cette année, tant à cause de la disette, que par la mort et par la désertion des habitans en plusieurs lieux. Il y a tel village de la Thiérache où jusques à dix-neuf familles ont abandonné cette année, pour se retirer aux pays étrangers.

«Je trouvay onze prisonniers dans les prisons de Guise, sept pour le sel, et quatre pour le tabac. Il y en avoit cinq qui n'estoient que des enfans depuis dix jusques à treize ans, que je mis dehors en présence et du consentement du directeur, les croyant assez punis par une prison de quinze jours. Ils estoient onze, tant hommes, femmes que filles, tous ensemble dans une espèce de cachot qui n'a pas douze pieds en carré, sans jamais avoir la liberté de la cour, contre la pudeur et la décence, aussy bien que contre l'humanité. J'ay ordonné au directeur d'y mettre ordre, et défendu au geôlier d'en plus user ainsy, mesme fait promettre au directeur de faire la dépense nécessaire pour séparer les sexes et faire en sorte qu'on puisse leur donner la liberté de la cour avec sûreté.

«Je dois aussy vous dire, sur le sujet des prisons, qu'à Vervins les prisonniers des gabelles sont gardés dans le fond d'un puits sec, où on les fait descendre par une échelle et où le jour ne paroist jamais. C'est comme une espèce de ces *masmorres* où l'on met les esclaves **. J'en ay écrit autrefois à feu M. Colbert et parlé aux fermiers, sans qu'il y ayt esté mis aucun ordre. Cela seroit pourtant digne de la bonté du Roy, qui pourroit faire rétablir d'autres prisons qui sont au mesme lieu, et mesme obliger très-justement les intéressés, qui reçoivent les amendes auxquelles ces prisonniers sont condamnés, à en faire la dépense.

« . . . . . J'oubliois de vous avertir d'une chose qui me paroist de conséquence; c'est que je vois les premiers officiers des présidiaux et bailliages, tels que les présidens et lieutenans généraux, affecter de prendre des charges d'élus, et, de premiers juges qu'ils sont, devenir les derniers de ces compagnies, non-seulement contre l'honneur de leurs charges, mais à la foule des sujets du Roy, parce que tout cela ne se fait que pour la conservation de leurs terres, de leurs fermiers et de leurs créatures. Il est difficile d'estre assez bien informé de tout pour y remédier par des taxes d'office, et il me semble que le privilége de la compatibilité des charges d'élus avec les autres de judicature ne se doit pas étendre à ces premières charges***. »

* Voir, à ce sujet, dans la correspondance de Dauphiné, à la date du 9 mai 1688, la copie des traités passés entre un receveur des tailles et le receveur général, ainsi que les autres pièces d'une contestation relative au payement de la remise de quatre deniers.

** Cette phrase est effacée.

*** A cette lettre est joint l'état de la recette des tailles et des frais de recouvrement.

Mémoires semblables de MM. Chauvelin, intendant à Amiens, 7 novembre; de Séraucourt, à Bourges, 29 novembre; de Nointel, à Tours, 11 décembre; de Bercy, à Lyon, 5 mai 1685, etc.

122. *M. de Bagnols, intendant en Flandre,* *au Contrôleur général.*

1, 2 et 25 Novembre 1684.

Adjudication de la vente ordinaire de la forêt de Phalempin; transaction avec l'engagiste de ce domaine pour le payement des réparations et l'acquittement des gages des officiers.

123. *M. Raymond, receveur général à Moulins,* *au Contrôleur général.*

10 Novembre 1684.

« Suivant vos ordres, je me rendis en cette généralité, et assistay M. de Creil au département qu'il fit en l'élection de Nevers, après l'avoir auparavant concerté ensemble et mon commis à la recette des tailles, homme de bien, capable, et dont il est content.

« Les offices de receveurs m'appartiennent, ayant esté nécessité de les prendre, pour deniers divertis par le receveur, que j'avois avancés à S. M., et je n'ay encore pu trouver un honneste homme pour les acheter, à prix mesme beaucoup moindre que ce qu'ils me coustent, par le peu d'utilité des gages et droits de ces offices, consommés presque par les prests et annuels, ce qui les met hors de commerce, encore que nous en usions avec eux autant bien qu'il se peut par le retardement de leurs payemens, estant très-avantageux qu'il y ayt des officiers, tant pour la sûreté des deniers de S. M., la nostre, que singulièrement le soulagement et ménagement des peuples, et qu'ils soient honnestes gens.

« Ledit sieur de Creil donna ses ordres pour remédier aux frais qui s'y faisoient, ce qui fera du bien aux peuples.

« Je calculay le registre de la recette de cette année, en sa présence, que je trouvay ne monter qu'à peu de chose plus qu'à la moitié de l'imposition. Cela me parut d'autant moins avancé que les peuples payent toujours beaucoup mieux au commencement qu'à la fin; j'en fis beaucoup de bruit au commis, ainsy que je luy avois écrit avant mon départ, attendu les restes de mon confrère de 1683, rapportés par son commis, et qu'il m'est encore dû plus de 3,000 # de l'année 1682 dans l'élection. Il se défendit sur le mauvais travail des huissiers, et eux, de ce qu'ils ne trouvoient pas de quoy subsister, se plaignant de ce que mondit commis, pour éviter des frais aux peuples, envoyoit seulement des billets aux collecteurs, ce qu'on luy ordonna de continuer. Cela fit comprendre audit sieur de Creil la nécessité qu'il y a de permettre aux receveurs et commis de prendre les huissiers ou sergens qu'ils jugeront à propos, pour ne s'en servir qu'au besoin*. »

* Cet usage était adopté en Auvergne, et M. de la Berchère en développe les avantages dans une lettre du 30 mai précédent.

Voir, au sujet des receveurs particuliers et de leurs relations avec les recettes générales, deux lettres de M. Lebret, 11 octobre et 15 novembre; une de M. de Marillac, 22 octobre; une de M. le Vayer, 24 octobre, et une autre de M. de Bâville, 15 novembre.

Une ordonnance du 5 mars 1685 prescrivit à chaque receveur d'envoyer tous les mois un état de sa recette. (Lettres des intendants de Poitiers, 9 avril; de Champagne, 12 avril; de Bordeaux, 28 février, etc.)

124. *M. Faultrier, intendant en Hainaut,* *au Contrôleur général.*

14 Novembre 1684.

Mémoires sur les domaines du pays d'Entre-Sambre-et-Meuse, et sur les impositions ou les droits à établir dans cette partie du département (taille, droit sur les bières, droit du sol pour livre sur la vente des bois, droits de traites, d'aides, etc.).

125. *M. de Miroménil, intendant en Champagne,* *au Contrôleur général.*

17 Novembre 1684.

L'abondance des charges vacantes aux parties casuelles a pour cause le nombre toujours croissant des officiers de ville qui ne font aucune profession, et qui jouissent, plus sûrement même que les officiers royaux, des priviléges et exemptions, tant pour eux que pour leurs parents. Pour y remédier, on pourrait défendre de recevoir dans les corps de ville, comme officiers, échevins ou conseillers, personne qui n'ait porté les armes, exercé une charge de judicature ou de finance, plaidé au barreau, ou qui n'ait été reçu dans un corps de bourgeoisie, avec emploi public, ou de métier, après apprentissage*.

* Voir, au sujet des ordres donnés pour la publication des rôles d'offices vacants, une lettre des trésoriers de France à Montpellier, 11 mai 1685.

126. *M. de Bercy, intendant à Lyon,*
au Contrôleur général.

21 Novembre 1684.

« Deux particuliers de la R. P. R. ayant esté nommés consuls dans la paroisse où sont situés les héritages pour lesquels ils payent la taille, m'ont donné leur requeste et demandé qu'ils fussent déchargés de cette nomination, attendu que, par les arrests du Conseil, il paroist que l'intention de S. M. est que les gens de cette religion ne fassent aucun recouvrement de deniers royaux. Ce qui cause ma difficulté est qu'il est certain que ces arrests ne sont pas en leur faveur, et cependant ils s'en veulent servir pour se faire décharger de la collecte*. »

* A cette lettre est jointe une note explicative de M. de Châteauneuf, secrétaire d'État.

127. *M. Bernardon, président à la Chambre des comptes de Dijon,*
au Contrôleur général.

29 Novembre 1684.

Il offre de diriger le classement et l'inventaire des titres déposés dans les archives de la Chambre, et d'approprier ce travail à la confection du papier terrier*.

* Voir, à l'intendance de Franche-Comté, le rapport de M. Borrey, premier président de la Chambre des comptes de Dôle, sur l'inventaire des titres de cette Chambre dressé par ordre de M. de Louvois, et les lettres de M. de la Fond, intendant, 17 décembre 1684, 27 mars et 29 avril 1685. — Voir aussi un projet d'arrêt pour faire l'inventaire des titres de la Chambre de Béarn et pour réorganiser cette compagnie, 2 avril 1684, ainsi que les rapports de M. de Vaubourg sur l'inventaire, en 1686, 11 et 25 juillet, 22 août, 23 septembre, etc. — Voir enfin les lettres relatives à l'inventaire des titres du domaine conservés à la Chambre des comptes de Grenoble, dans les minutes de la correspondance du contrôleur général, 17 avril 1687, et dans les papiers de Dauphiné, 4 avril et 26 mai 1688, 27 mai 1689.

128. *M. de Grignan, lieutenant général en Provence,*
au Contrôleur général.

30 Novembre 1684.

« Les 50,000 # que S. M. fit demander pour le port d'Antibes furent accordées par une seule et unanime délibération de l'assemblée, et si, pendant la séance qui fut faite pour cela, un des procureurs du pays avoit fait paroistre un défaut de bonne volonté, je ne doute pas que, pour peu que la chose eust esté considérable, je n'en eusse esté averti par M. Morant, qui, avec l'engagement d'agir de concert avec moy, suivant les ordres qu'il reçoit, a un moyen bien sûr de savoir ce qui se passe ès délibérations de l'assemblée, puisqu'il y est présent. Ainsy, il me seroit difficile de comprendre par quel motif on a écrit contre la conduite de ce procureur du pays. Je me flatte que S. M. aura la bonté de se souvenir que je n'ay jamais eu de ménagemens pour ceux qui n'ont pas fait leur devoir avec tout l'empressement qu'il faut, et j'espère aussy que vous me ferez la grâce de l'informer de ce que j'ay l'honneur de vous mander. Il est vray qu'il fut dit que, n'y ayant point d'ordre de S. M. adressé à l'assemblée pour ces 50,000 #, comme on en a envoyé pour le Don gratuit, il estoit nécessaire d'en demander; mais j'ordonnay à l'assemblée, qui doit donner créance à ce que je dis de la part du Roy, de délibérer sans retardement, et cela fut fait*. »

* Voir, au sujet des restrictions insérées dans la délibération, et des difficultés qui s'ensuivirent, une lettre de M. Morant, en date du 2 novembre de l'année suivante. Le principal instigateur, le sieur Lambert, second consul d'Aix et procureur du pays, fut conduit à la citadelle de Marseille, et cet exemple de sévérité suffit pour faire rentrer l'assemblée dans l'ordre habituel. (Lettre du 22 décembre 1684.)

129. *M. de Ris, intendant à Bordeaux,*
au Contrôleur général.

3 Décembre 1684.

Plainte du syndic des courtiers royaux de Bordeaux contre les commis de la R. P. R., qui trouvent moyen d'accaparer tout le commerce étranger, en exerçant le courtage sous le nom de quelques pauvres courtiers catholiques*.

M. de Ris appuie cette plainte, et propose de refuser toutes provisions aux religionnaires, et de prendre des mesures sévères pour détruire les *courtiers volans*, qui rançonnent, sans aucun titre, les marchands étrangers.

* En 1680, à l'occasion de la réduction du nombre des courtiers, M. de Ris en ayant supprimé trois qui appartenaient à la R. P. R., le consistoire avait invité les commerçants étrangers à ne se plus servir que des commis ou garçons de la religion.

130. *M. Lebret, intendant en Dauphiné,*
au Contrôleur général.

6 Décembre 1684.

Il envoie un règlement qu'il vient de faire pour réprimer les principaux abus du recouvrement des tailles.

« Le premier abus est que les brigadiers et soldats que les receveurs des tailles envoyent en contrainte sur les communautés négligentes, au lieu de loger chez les contribuables qui refusent de payer leur cote, ainsy qu'il est de leur devoir, alloient tous loger au cabaret, lorsque je suis arrivé dans la province, ce qui faisoit que les redevables, qui ne savoient pas pour l'ordinaire que la brigade fust dans la communauté à leurs dépens, et qui ne souffroient aucune incommodité pendant le séjour qu'elle y faisoit, ne se pressoient pas de porter de l'argent au collecteur, qui, d'intelligence avec le brigadier, faisoit bonne chère au cabaret aux dépens des redevables, que l'on consommoit en frais, non-seulement inutiles, mais mesme fort préjudiciables au recouvrement.

«L'autre abus, encore plus considérable que le premier, est que les plus riches des communautés, et, par conséquent, les plus hauts en cote, ne payoient presque jamais leur taille qu'à la dernière extrémité, parce que les collecteurs, qui craignent toujours de se faire des affaires avec les coqs de paroisses, trouvoient moyen de leur épargner les frais de la brigade, en les faisant tomber fort injustement sur ceux qui n'y avoient pas donné lieu*.....

«Un autre désordre dont j'ay esté informé est que plusieurs seigneurs de fief, abusant du crédit et de l'autorité qu'ils ont sur leurs vassaux, se dispensent, à leur préjudice et fort injustement, de payer la taille des fonds roturiers qu'ils possèdent dans les communautés dont ils sont seigneurs.....»

* Voir, au 9 février 1685, un projet d'ordonnance envoyé par l'intendant de Limoges, pour réprimer les exactions des huissiers et des archers; les observations qui y sont jointes en réponse concluent à ce que l'intendant se contente de faire observer l'ordonnance du 4 juillet 1664, et de tarifer les frais des huissiers.

131. *M. d'Aussonne, avocat général au Parlement de Toulouse,*
AU CONTRÔLEUR GÉNÉRAL.

6 Décembre 1684.

«J'assistay hier à un conseil de l'hostel de ville de Toulouse, où l'on proposa de faire une chambre pour mettre les portraits des premiers présidens, et que, dans la suite, on en feroit une autre pour placer ceux des roys de France. Cet hostel est tout rempli des portraits des capitouls, et il n'y a qu'un seul tableau du Roy, qui ne représente que son entrée en cette ville : je crois, puisqu'on est dans le dessein d'agrandir cette maison et de l'embellir, que l'argent qu'on dépenseroit en portraits des premiers présidens doit estre employé à des tableaux qui représentent quelqu'une des victoires du Roy.

«Il est honteux pour cette ville qu'elle n'ayt élevé aucun trophée à la gloire du plus grand Roy qui fut jamais, et qui la comble tous les jours de ses bienfaits, puisque S. M. luy donne près de 200,000 # par l'octroy de la subvention, et qu'estant la seconde du royaume, elle soit la seule qui ayt manqué à ce devoir.

«Je représentay, dans mon avis, combien il estoit extraordinaire que l'on voulust préférer d'autres embellissemens à celuy-là, et qu'on cherchast à différer de donner des marques de la reconnoissance et du respect qu'on doit à un si grand prince. Ceux qui veulent les tableaux des premiers présidens répondirent que l'on avoit dessein de faire une place devant l'hostel de ville, où l'on élèvera la statue du Roy; mais, comme ce n'est qu'une idée qui ne s'exécutera de longtemps, parce qu'il faut acheter et démolir quantité de maisons pour faire la place, je crois que l'on doit mettre dans la chambre que l'on veut faire des tableaux qui représentent les victoires de S. M., d'autant mieux que, lors de l'exécution du dessein de la place, l'on verra dans le public et dans le particulier des marques de nostre zèle, et qu'au cas où ces Messieurs de l'hostel de ville ne fussent pas d'avis de commencer par les tableaux des conquestes du Roy, qu'ils surseoyent l'autre dépense jusqu'à ce qu'ils ayent assez de fonds pour faire celle de la place.

«Avant que de m'attacher à soutenir cet avis, j'ay cru devoir vous consulter et vous demander la règle de ma conduite : je ne puis errer en suivant vostre volonté, qui est toujours celle du Roy.»

132. *M. de Bezons, intendant à Orléans,*
AU CONTRÔLEUR GÉNÉRAL.

6 Décembre 1684.

Augmentation du prix des grains et du pain; les blés manquent en Beauce malgré les arrivages fréquents de l'Auvergne et du Bourbonnais, et il sera nécessaire d'en faire venir par la rivière d'Eure pour éviter une hausse excessive*.

Le renchérissement des denrées a empêché l'intendant de traiter avec les receveurs généraux pour l'adjudication des étapes, et il les a renvoyés par-devant le Conseil**.

* Voir une lettre de M. de Nointel, intendant à Tours, sur la hausse du blé, qui monta de 6 # 10 s. à 12 # (8 décembre), et une autre de M. de Bezons, du 7 janvier suivant, sur les magasins formés par les spéculateurs à Étampes et à Montlhéry.

** Voir, aux dates des 21 novembre, 29 et 30 décembre, les lettres par lesquelles M. le Vayer, intendant à Soissons, rend compte du traité conclu, sur l'ordre du Roi, avec le receveur général, à l'exclusion des autres concurrents. — Voir aussi la lettre et les états envoyés par M. Bossuet, successeur de M. le Vayer, le 28 juin 1685.

133. *M. de Ris, intendant à Bordeaux,*
AU CONTRÔLEUR GÉNÉRAL.

7 Décembre 1684.

La ville de Saint-Sever en Chalosse réclame, suivant des titres anciens de concession et de confirmation, ses priviléges de franchise et d'exemption.

L'intendant estime qu'il y a lieu de continuer l'imposition de la taille jusqu'à ce que ces priviléges aient été confirmés, et les lettres dûment enregistrées*.

* Voir, au 28 octobre, un avis de l'intendant de Poitiers en faveur des habitants des Sables-d'Olonne; ils avaient été exemptés, en 1671, de payer les droits de traites pour tout ce qui concernait la construction des vaisseaux.

11 janvier 1685, mémoire envoyé par l'intendant de Bourgogne sur le droit de *marc*, moyennant lequel la ville de Dijon jouissait, depuis plusieurs siècles, de l'exemption de la taille.

134. *M. le Vayer, intendant à Soissons,*
au Contrôleur général.

8 Décembre 1684.

Il envoie un projet d'arrêt pour régler les droits dus par les villages aux louvetiers pour la prise de chaque animal.

135. *M. de Bouville, intendant à Alençon,*
au Contrôleur général.

10 Décembre 1684.

«J'examine avec soin quels officiers des élections et des greniers à sel sont plus propres à bien servir le Roy et le public, et j'espère estre en estat dans peu de jours de vous en rendre compte. En vérité, la chose la plus utile que vous puissiez faire pour le peuple est la réforme que vous voulez faire dans les élections en ostant les mauvais officiers, et je vous assure que, par l'estat que je vous envérray de ceux qui composent ces compagnies, vous connoistrez parfaitement le caractère et la force de chacun d'eux*.»

* Voir, dans la correspondance de M. de Marillac, intendant à Rouen (22 et 28 février, 3 avril, 19 octobre, 5 novembre 1685), ses observations sur les inconvénients et les difficultés de cette mesure, sur l'exagération des taxes imposées aux officiers conservés, etc.

136. *M. de Creil, intendant à Moulins,*
au Contrôleur général.

10 et 24 Décembre 1684.

Il a été nécessaire de faire un grand nombre de taxes d'office à Montluçon, pour mettre un peu d'équité dans le rôle des tailles, comme M. de Bâville le fait en Poitou; il en faudrait user de même pour le rôle de la *subsistance*, dont les familles des maires s'exemptent depuis plus de trente ans, sans pouvoir justifier, soit de leur noblesse, soit de services suffisants.

«Si vous trouviez bon que, auparavant de faire le rôle de cette année, j'ordonne à tous ceux qui s'en sont soustraits depuis l'année 1650 de me faire apparoir du titre en vertu duquel ils ont cessé d'y estre imposés, j'auray bientost démeslé la fraude, et je me donneray l'honneur de vous en envoyer le détail, qui vous la fera connoistre sans peine, et vous engagera sans doute à agréer que je fasse remettre dans l'ordre ceux qui s'en sont écartés. Ce ne sera point une recherche de noblesse, et, sans entrer dans la discussion des pièces de tous ces prétendus exempts, tout l'argument que je tireray contre ce qu'ils pourront alléguer, sera de dire : «Vous payiez la «taille ou la subsistance en telle année, donc vous estiez roturier et par conséquent taillable en ce temps-là, et, si vous «n'avez point obtenu de lettres de noblesse du Roy, vous «l'estes encore aujourd'huy.» La recherche qui fut faite il y a dix-huit à dix-neuf ans, fit plus de nobles qu'il n'y en avoit; le traitant, pour de l'argent, consentoit à tout; aussy a-t-il fait amende honorable dans la généralité de Berry et dans celle-cy, plus heureux en cela que le traitant du Poitou, que M. Rouillé, lors intendant, fit pendre pour un cas pareil à Poitiers.....

«L'abus mesme a esté au point que j'ay arresté la prétention d'un, qui, sous le prétexte qu'un homme portant son nom avoit esté ennobli pour services rendus, prétendoit, cette année, s'enter sur la branche de l'autre, de la famille et descente duquel il n'est en aucune manière.

«Pour Nevers, on ne s'y pique pas de noblesse comme icy, et l'on se contente de l'exemption; mais tant de gens y prétendent et y sont si mal fondés, que j'ay besoin de vostre autorité pour les réduire à la raison et leur faire porter leur part des charges publiques, tailles, et passages des troupes, qui sont très-fréquens. Je n'abuseray pas du pouvoir que je vous demande, et ce n'a esté que le zèle que je sais, par mes yeux, que vous avez pour la justice, et le grand exemple que vous nous montrez, qui m'a excité à entrer dans cet embarras du détail, où j'ay vu qu'il y avoit à réformer et de quoy procurer aux peuples, dans une année misérable, un soulagement fort nécessaire*.»

* L'année suivante, M. de Creil demanda, pour éviter la connivence de la Cour des aides avec les officiers municipaux, qu'aucun certificat de noblesse et d'exemption ne fût plus délivré sans que l'intendant eût fait lui-même une enquête locale sur la généalogie du requérant; mais cette proposition fut repoussée. (Novembre 1685.)

137. *M. Arnoul, intendant à la Rochelle,*
au Contrôleur général.

11 Décembre 1684.

Rapport sur le département des tailles. Tout s'est passé en ordre, réception des commissions, nomination des collecteurs, imposition et confection des rôles. Il n'y a que trois paroisses où il ait fallu faire les rôles en présence d'un élu, l'une, à cause du seigneur qui s'en vouloit rendre maître, et les deux autres, parce que les religionnaires y étant les plus forts, surchargeaient les catholiques pour se soulager eux-mêmes.

La perception s'est faite parfaitement et sans trop de frais, tout entière pour 1683, et aux trois quarts pour l'année courante. Il n'y a eu que deux ou trois collecteurs emprisonnés, et très-peu de bestiaux ont été saisis.

Dans l'élection de Marennes, qui est abonnée, on n'envoie que trois fois au plus par an dans les paroisses, et il se fait très-peu de frais.

Il y a, dans la perception des droits de ferme, une quantité de formalités qui gênent le commerce et qui seraient à retrancher. Les pauvres gens surtout auraient grand besoin du règlement proposé au sujet d'un droit de 24 sous, qui est plus à charge par la manière de le lever que par lui-même.

Les étapes ont été payées régulièrement, et, comme le passage des troupes est rare, les habitants aiment mieux fournir eux-mêmes que de laisser établir des entrepreneurs.

La ville de la Rochelle a plusieurs dettes qui datent des guerres civiles; mais, comme les créanciers croient leurs dettes perdues et ne demandent aucun intérêt, il n'y faut point toucher. Cependant, il serait nécessaire de permettre aux habitants d'imposer quelques nouveaux droits pour suffire aux charges de la ville.

Il est plus que jamais indispensable d'obtenir un fonds pour les ponts et chaussées, depuis que la mer a détruit les digues et autres ouvrages, principalement dans l'île de Ré, qui est réduite à la dernière désolation.

Le pays de Brouage est aussi fort pauvre, les sels étant tombés à si bas prix que les propriétaires de marais trouvent à peine de quoi entretenir leur exploitation, tandis qu'autrefois ce commerce en faisait le pays le plus riche de France. On attribue cela aux grands droits établis sur les sels en divers temps, et à l'exemption dont jouissent les marais de Bretagne; mais il ne serait pas prudent de soulever cette question sans un ordre précis, puisqu'il faudrait, ou diminuer les droits, ou en imposer de pareils sur la Bretagne. Du moins, on pourrait rétablir la bonne intelligence entre les marchands et les propriétaires, et préparer, de concert avec eux, un projet de règlement où les intérêts des gabelles seraient sauvegardés.

138. *Le Président du présidial de Senlis*
au Contrôleur général.

11 Décembre 1684.

Il propose, au nom de sa compagnie, de prendre en corps des augmentations de gages pour le double du prêt que le Roi demande, à condition que les officiers pourront disposer de leurs charges durant leur vie, et que leurs héritiers en toucheront les gages jusqu'à ce qu'ils aient un acquéreur, et, en outre, que, par grâce spéciale, on leur accordera l'exemption des tailles et du logement des gens de guerre, ce qui est nécessaire pour la sécurité et la tranquillité des magistrats. Par ce moyen, les pauvres ne seront plus surchargés, le commerce se rétablira, les contribuables ne seront plus réduits à émigrer, et les offices des présidiaux, au lieu de rester vacants, acquitteront régulièrement le prêt et l'annuel *.

* Voir une demande d'autorisation présentée par les trésoriers de la généralité de Moulins, pour contracter un emprunt. (Lettre de M. de Creil, 3 avril 1685.) — On trouve dans les diverses intendances, particulièrement dans celles de Bordeaux, de Languedoc, de Provence, de Bourgogne, etc. une grande quantité de lettres relatives aux augmentations de gages créées par l'édit du mois de décembre 1683, et au payement de la paulette. (Décembre 1683 à avril 1684.) -- En 1686, les trésoriers de France à Rouen demandèrent un délai pour restituer au Trésor royal la moitié de leurs gages de 1684, qu'ils avaient touchée avant l'ordonnance; il fut répondu qu'ils payeraient 40,000 écus «pour leur opiniastreté.» (Lettre de M. de Marillac, 16 avril.)

139. *M. de Bezons, intendant à Orléans,*
au Contrôleur général.

12 Décembre 1684.

Accommodement entre la Chambre des comptes de Blois et le lieutenant général, commis à la confection du papier terrier, pour l'exercice de la juridiction domaniale *.

Adjudication des octrois de la ville de Blois; différences de tarif pour les habitants et pour les forains.

* Voir, pour les affaires du domaine, les lettres des 20, 21 et 27 décembre 1684, et 27 janvier 1685.

140. *M. de Morangis, intendant à Caen,*
au Contrôleur général.

14 Décembre 1684.

Il envoie l'état du produit de la ferme des aides dans sa généralité, d'après lequel les fermiers sont en perte de plus de 160,000^{tt}.

«Il y a un mois que M. Luillier est icy pour vérifier le compte des sous-fermiers des aydes. Tous les registres des bureaux généraux et particuliers ont esté apportés, mesme les portatifs des commis ambulans et les feuilles des entrées; le calcul a esté fait avec une extrême exactitude, et nous sommes persuadés que le compte des sous-fermiers est véritable, quant à la recette. Les deux raisons de la diminution du produit sont le bas prix des boissons, qui sont en telle abondance en cette généralité, qu'il y a beaucoup d'endroits où l'on ne vend le pot de cidre que 6 ou 8 deniers, et l'autre, les fraudes presque générales dans toutes les villes, bourgs et villages. Quoyque les fermiers ayent fait en beaucoup de lieux des diminutions des droits du sixième et du cinquième, les vendans n'ont pu trouver leur compte à vendre à si bas prix, et c'est ce qui a entraisné tant de monde à vendre en fraude, et, comme on dit en ce pays, *à musse-pot*. Il est certain qu'un tonneau de cidre de cinq cents pots, qui a cousté 25^{tt}, suivant le prix ordinaire, ne produit au cabaretier que 15^{tt} en argent, à un sol le pot, sur quoy il y a au moins cinquante pots de diminution pour les lies et coulages. Il y a les droits à payer par le règlement de 1680; outre cela, il faut payer, dans les villes et bourgs, les droits d'entrée, les voitures et les frais de l'encavement. Ainsy, il est vray de dire qu'un cabaretier y perd au moins 18^{tt}, ce qu'il est presque impossible qu'il gagne sur les denrées qu'il débite. A 2 sols le pot, la perte n'est guère moindre, et c'est cette perte qui a empesché les cabaretiers d'acheter, et qui a facilité la vente à musse-pot des bourgeois dans toutes les villes et tous les bourgs de la généralité. Quoyque les derniers arrests que vous avez accordés aux sous-fermiers, l'un pour le rétablissement des billets de remuage, l'autre pour condamner à l'amende ceux qui vont boire ou acheter en fraude dans les lieux où il n'y a point de bouchon, fassent un très-bon effet, et que la régie des aydes en devienne plus facile, cela ne remédie pas entièrement au désordre, et, tant qu'il y aura une aussy grande quantité de boissons, ou que les droits seront aussy hauts, il sera impossible d'empescher les abus.

«..... Le seul remède qu'on peut apporter à ces désordres est la diminution des droits, qui sont incomparablement plus hauts en Normandie que dans toutes les provinces du royaume. Si les nouveaux droits établis depuis 1654 jusques en 1659 estoient ostés, les fraudes diminueroient et cesseroient peut-estre tout à fait; et, quoyque ces droits montent au tiers de la ferme, je suis persuadé qu'elle ne diminueroit pas d'un quart, par la quantité de gens qui vendroient et payeroient le droit de bouchon, et par la consommation qui seroit incomparablement plus grande. Tout le monde est persuadé que le Roy veut faire sentir à ses peuples des effets de sa bonté; jamais il ne peut soulager ceux de cette province dans un plus grand besoin, et ils recevront les diminutions des aydes avec beaucoup plus de joye que celles de la taille.

«M. Luillier vous propose, en diminuant les droits en détail, d'augmenter les droits d'entrée pour les villes et bourgs où la subvention a lieu. Il est certain que les droits d'entrée sont bien plus aysés à recevoir que les droits de la consommation; mais, outre que les villes et bourgs en souffriroient beaucoup, et que cela pourroit nuire au commerce, qui ne subsiste, mesme dans la campagne, que par la richesse des villes, qui d'ailleurs ont des octroys considérables qui se lèvent sur les entrées des boissons, il sembleroit toujours que ce ne seroit point une grâce du Roy, et on ne regarderoit pas ce changement comme une diminution.

«A l'égard de la dépense du compte des sous-fermiers, je trouve qu'il y a quelques articles à rayer ou à diminuer. Les présens qu'ils disent avoir faits ne peuvent leur estre alloués; l'autorité du Roy est trop bien établie en cette province pour qu'ils ayent besoin d'acheter des protections. L'article des intérests, qu'ils font monter à 28,000 #, peut estre réduit au tiers, puisqu'il n'a jamais fallu plus de 150,000 # d'avance pour payer régulièrement le prix de cette ferme, dont les droits d'entrée se reçoivent tous les jours, et les autres, par quartier. Il y auroit encore quelque article de dépense à réformer, et je crois que, tout compté, la perte de la ferme est d'environ 80,000 #. Il dépendra de vostre prudence de régler combien les fermiers en doivent porter, pour la faute qu'ils ont faite d'avoir enchéri cette ferme au delà de la juste valeur; mais je suis obligé de vous dire que, si une fois ces fermiers sont ruinés, il sera mal aysé de remettre la ferme, et on tombera peut-estre dans un plus grand embarras que celuy de la diminution qu'on pourroit leur faire pour le reste de leur bail. Je crois encore que vous trouverez bon que je vous fasse observer que, pendant le bail de Legendre, en 1668, les aydes de cette généralité n'estoient qu'à 508,000 #, et qu'elles sont présentement augmentées de 272,000 #, suivant le détail en table que j'ay l'honneur de vous envoyer. C'est cette augmentation qui met les fermiers hors d'estat de soutenir la ferme. Je suis persuadé que, si S. M. remettoit les nouveaux droits, la ferme pourroit encore valoir le mesme prix qu'elle valoit en 1668, et cela rétabliroit entièrement cette province.»

---

141. *M. de Nointel, intendant à Tours,*
au Contrôleur général.

14 Décembre 1684.

Informations sur des cabales et des assemblées illicites faites par les principaux habitants de Châteaugontier, pour obtenir la conversion de la taille en un droit d'entrée et de sortie sur toutes les denrées*.

* Il fut prouvé que la ville tout entière s'était associée à ces menées, et avait réuni volontairement les fonds nécessaires pour obtenir des lettres patentes du Roi; mais les accusés furent condamnés par le présidial d'Angers à recevoir la réprimande, nu-tête et à genoux, et à payer une amende de 100 #. (Lettre du 26 août suivant.)

Voir dans la correspondance de l'intendance d'Alençon, au 2 et au 19 août 1687, les lettres de l'évêque d'Évreux et du duc de Bouillon, touchant les démarches faites par la ville d'Évreux pour obtenir un abonnement.

---

142. *M. de Turgis, intéressé aux fermes générales,*
au Contrôleur général.

17 Décembre 1684 et 16 Février 1685.

Il rend compte de l'inspection qu'il a été chargé de faire des services des fermes et gabelles en Touraine, en Bretagne et dans les provinces voisines*.

* L'année suivante, M. de Turgis fut chargé de faire la même inspection dans les départements de Bordeaux, Dax, Bayonne, etc.; son rapport, qui contient le détail le plus complet du service des fermes, est joint à quelques autres comptes rendus du même genre, de 1680 et des années suivantes. (Liasse intitulée : *Inspection des fermes générales, 1680-87.*)

---

143. *M. de Ris, intendant à Bordeaux,*
au Contrôleur général.

18 Décembre 1684.

Contestations entre les fermiers du convoi et comptablie de Bordeaux et les jurats de cette ville, au sujet des droits de sortie sur le sel et d'entrée sur le lard et la graisse, que les fermiers prétendent percevoir*.

* Au procès-verbal est joint l'avis de l'intendant, avec la pancarte du droit de convoi et le bail de cette ferme.

24 avril 1685 : mémoires par lesquels le domaine revendique la réunion des *echats et marchés* de Bordeaux.

144. *M. le cardinal* DE BONZY, *président des États de Languedoc,*
au CONTRÔLEUR GÉNÉRAL.

19 Décembre 1684.

«Les Estats estant sur le point de se séparer, le fermier du domaine nous a remis, de la part de M. l'intendant, un arrest du Conseil qui porte que, sans avoir égard à la dernière déclaration sur le fait des échanges, ledit fermier pourra lever le droit de quelques années qu'il prétend n'avoir pas esté comprises dans la somme de 40,000 écus que les Estats donnèrent au Roy l'année dernière pour l'entière fin de cette recherche. La compagnie espère que, y faisant réflexion, vous ne souffrirez pas que la bonne foy soit attaquée, et que l'on entende parler dans la province dudit droit, après que tout le monde a esté persuadé que ladite déclaration nous met à couvert et au mesme estat qu'on estoit avant 1645. La province a résolu de se pourvoir contre ledit arrest, estant convaincue que la déclaration la met entièrement à couvert, et, si cela n'estoit pas, il eust esté superflu de mettre dans ledit arrest : *sans avoir égard à ladite déclaration.* Cette manière de prononcer a fait croire qu'il pouvoit avoir esté surpris. A la vérité, M. l'intendant nous a dit que vous seriez bien ayse que la province donnast quelque chose au traitant; mais, comme il nous a demandé 24,000 ᵗᵗ, sans nous faire voir aucun contrat d'échange pour les années qu'il prétend, et que nous n'avons pas eu le temps de discuter l'affaire, outre les fortes impositions de cette année, nous avons cru deux choses, l'une, que, si nous pouvions vous persuader qu'il ne luy estoit rien dû, vous auriez agréable de nous en décharger, et l'autre, que, si vous nous condamniez, cela seroit aussy bon l'année prochaine, avec plus de connoissance de cause. Ainsy, les instances des Estats auprès de vous se réduisent à vous prier de donner ordre que cet arrest ne soit point exécuté, jusques à ce que vous ayez entendu nos raisons. C'est ce que nous espérons de vostre équité, et de la réflexion que vous ferez à l'accablement où est cette province.»

145. *M.* LEBRET, *intendant en Dauphiné,*
au CONTRÔLEUR GÉNÉRAL.

20 Décembre 1684.

«Par le bail qui a esté passé pour trois ans à l'étapier général de la province, la ration de gendarmerie, qui doit estre composée de 48 onces de pain, 2 pintes de vin, 2 livres 1/2 de chair, 40 livres de foin et 2 boisseaux d'avoine, mesure de Paris, est fixée à 46 sols, et celle de la cavalerie, qui doit estre de 36 onces de pain, 1 pinte 1/2 de vin, 2 livres de chair, 30 livres de foin et 1 boisseau 1/2 d'avoine, est fixée à 35 sols. Comme, par l'ordonnance du Roy du 15 octobre dernier, il est dit qu'on ne fournira plus à la gendarmerie que 30 livres de foin et 1 boisseau 1/2 d'avoine, et 20 livres de foin et 1 boisseau d'avoine à la cavalerie, il est de l'intérest du Roy, ce me semble, d'estimer raisonnablement les 10 livres de foin et le 1/2 boisseau d'avoine que l'on ne fournit plus, et d'en diminuer le prix sur le bail de l'étapier*.»

* Comparer ce détail avec les offres faites par un fournisseur de la généralité de Champagne (24 novembre 1683), et avec une lettre de l'intendant de Soissons, du 31 décembre de la même année.

146. *M.* FAULTRIER, *intendant en Hainaut,*
au CONTRÔLEUR GÉNÉRAL.

29 Décembre 1684.

Il envoie l'ordonnance qu'il a rendue pour l'établissement des bureaux des fermes sur la frontière.

«Les maistres des forges des nouvelles possessions me disent que le droit de sortie qu'ils payeront pour leurs fers est, dans le tarif, à une grosse taxe pour millier. Cette taxe, disent-ils, a esté faite dans un temps auquel le Roy avoit intérest qu'il ne sortist point de fer de son royaume, parce qu'il y en avoit peu, au lieu qu'il a intérest au contraire présentement de faire passer chez les étrangers celuy qui se coule et se raffine dans l'Entre-Sambre-et-Meuse, où il y a vingt-huit tant fourneaux que forges et fenderies où l'on fend le fer dont on fait les clous. Or, s'il est nécessaire, ajoutent-ils, de faire passer ce fer, qui fait tout le commerce de la comté de Namur, chez nos voisins, et que le droit de sortie soit si cher, il y aura d'autant moins moyen de s'y sauver qu'il faut que les maistres de forges qui sont devenus les sujets du Roy payent le mesme droit au pont de Namur. Ils prétendent donc justifier qu'ils seront obligés d'abandonner leurs forges.....

«Mon avis est qu'il faut, autant que l'on pourra, favoriser ces maistres de forges, pour mille raisons. Premièrement, ils consomment les charbons; ainsy, les bois ne valent qu'autant que ces forges travaillent, et qui dit forges et fourneaux, dit une république; car les uns tirent la mine, les autres la lavent; le charbon passe par trois ou quatre mains, on coupe le bois, on le brusle, un autre le voiture par terre, le batelier le mène par eau; quand il brusle, il occupe encore trois métiers pour couler le fer et pour le raffiner. Enfin, on compte qu'il y a plus de quatre mille cinq cents personnes qui ne vivent que de fer, dans le pays réuni, et ceux qui n'en vivent pas comme artisans sont riches de ce commerce.

«Si on ne le favorise donc pas, ce sera ruiner toute cette portion de province, qui n'a que ce minéral pour tout bien. Il faut encore vous dire qu'il reste huit ou dix autres fourneaux ou forges dans les terres d'Espagne, lesquels vont valoir au double; car ceux-là ne payeront simplement que la sortie de la comté de Namur, et les nostres, qui en payeront autant pour y passer, devront, outre cela, les droits de la sortie du royaume, sur lesquels seuls on les peut soulager. Car, quand un particulier peut donner la mesme marchandise à meilleur prix que les autres, celuy-là devient le maistre du commerce*.....»

* A cette lettre est jointe une réponse des fermiers qui offrent de faire la diminution demandée. Les droits sur les fers étaient, par cent pesant : 5 s. pour le fer cru, vieil et fort; 7 s. 6 d. pour le fer en latte, en verge, en barre, et blanc; 1 ᵗᵗ 5 s. pour le fer forgé brut en platine, corselets et autres armes. — Voir aussi la lettre du 14 décembre précédent et celle du 25 juillet 1685. — Le 17 avril 1686, le con-

trôleur général écrit que les fermiers ont enfin reconnu la nécessité de réduire à 25 ou même à 20 sous les droits perçus sur les fers de Fontaine-l'Évêque.

A la date du 15 août 1685, se trouve le résumé d'un mémoire demandé par M. de Louvois sur le commerce du Hainaut. L'intendant revient avec insistance sur la position fâcheuse faite au commerce des forges et au transit général, depuis le traité de Nimègue. Il y avait, par suite, des troubles et des soulèvements provoqués par les exactions des fermiers et des troupes. (Lettres du 3 et du 7 août.)

---

147. *M.* de *Ris, intendant à Bordeaux*,
au Contrôleur général.

2 et 9 Janvier 1685.

Les négociants se sont alarmés de l'ordre transmis aux fermiers généraux de ne point laisser décharger les vaisseaux de Rotterdam, mais de les faire visiter, et de tenir un contrôle exact de leurs chargements, le tout avec douceur et sans bruit. Il en arrive tous les jours de nouveaux, et le peuple verrait avec regret renvoyer ces navires qui le sauvent de la disette depuis plusieurs mois, et qui enlèvent en retour les vins du pays. L'intendant a pris sur lui de faire surseoir jusqu'à nouvel ordre; mais, en tout cas, il faudrait trouver un expédient pour que les Hollandais ne pussent déguiser leur nationalité*.

* La défense fut levée, satisfaction ayant été donnée au Roi. (Lettre du 15 janvier.)

---

148. *M.* de *Gourgue, intendant à Limoges*,
au Contrôleur général.

5 Janvier 1685.

Travaux publics: halle et poudrière de Limoges, prisons d'Uzerches, écluses de Bernouet et de Tonnay-Charente, etc.

«Le revenu le plus considérable des élections de Tulle et de Limoges est la vente des gros bestiaux, sans quoy le peuple de ces provinces ne pourroit payer la taille. Les marchands qui viennent présentement les enlever dans les foires font courir des bruits qui ruineroient ce commerce. Si les Hollandois et les Allemands avoient, comme ils disent, la liberté de faire conduire leur bétail dans ce royaume, les impositions considérables qui se lèvent à l'entrée les ont jusques à présent détournés de ce dessein, et ont fait le bonheur du dedans de la France, puisque, par ce moyen, le commerce se fait extrêmement bien, sans que nous ayons besoin du secours de nos voisins. Si S. M. n'est pas en volonté de rien changer sur cette matière, et veut bien laisser les choses sur le pied qu'elles sont, sans diminuer les entrées, je croirois qu'il y a lieu d'empescher que les marchands ne publient de tels bruits, dans la pensée qu'ils ont de profiter, par ces détours et par ces voyes, en épouvantant les peuples de ce pays, qui n'ont d'espérance que dans le débit de leurs bœufs, et qui ont eu recours à moy pour les éclaircir de la vérité, et, au cas que S. M. voulust faire quelque changement, vous supplier de réfléchir sur leurs pressans besoins.»

---

149. *M.* de *Bagnols, intendant en Flandre*,
au Contrôleur général.

5 Janvier, 16 Février et 9 Mars 1685.

Il représente que la surséance générale accordée en 1669 pour les dettes des communautés porte autant de préjudice aux communautés, en accumulant les intérêts, qu'aux créanciers, en les privant de ces mêmes intérêts, et qu'il vaudrait mieux procéder à la liquidation, non point pour les corps de ville ou les États, qui y perdraient leur crédit, mais pour les bourgs et les villages, qui ont plus contracté de dettes en Flandre qu'en aucune autre province. Il se rencontrera quelques difficultés pour la vérification; mais on peut compter que la plupart des créanciers transigeront pour avoir l'assurance d'être payés dans un délai quelconque*.

* A la lettre du 16 février est joint, entre autres pièces, un mémoire très-intéressant préparé par le précédent intendant, M. le Peletier de Souzy. — Suivant sa demande, M. de Bagnols fut chargé d'entreprendre la liquidation. — M. Morant avait fait le même travail en Provence. (Lettre du 25 septembre 1684.)

---

150. *M.* de *Bâville, intendant à Poitiers*,
au Contrôleur général.

14 Janvier 1685.

«Si un Poitevin demeurant dans l'étendue des déposts veut acheter du sel ailleurs qu'au dépost, il doit prendre un passe-avant du commis du dépost de sa demeure, à peine de 500^{lt} pour la première fois. C'est la disposition de l'article 18e du titre 16e de l'ordonnance des gabelles; mais il y a cette différence entre cette amende et celle portée contre les faux-sauniers, que la dernière, si elle est de 200^{lt}, est convertie en la peine du fouet, en cas qu'elle ne soit payée dans le mois du jour de la prononciation du jugement, et, si elle est de 300^{lt}, elle doit estre convertie en la peine des galères, faute de payement dans le mesme temps, article 8e du titre 17e. Il n'en est pas de mesme de l'amende de 500^{lt} qui concerne les Poitevins, qui n'est point convertie pour la première fois en une autre peine si elle n'est pas payée, d'où il arrive, contre l'esprit, ce me semble, de l'ordonnance, qu'elle est plus rude que l'autre, parce qu'elle emporte par l'événement une prison perpétuelle à l'égard des pauvres, qui ne peuvent jamais payer une si grosse amende. Il y a cinq prisonniers de cette espèce dans les prisons de Thouars, qui y sont depuis quinze mois, accablés de maladies et de misère, et qui y demeureront toute leur vie, s'il n'y est pourvu. Le procureur du Roy de l'élection en a écrit à M. le procureur général de la Cour des aydes, qui a mandé qu'il en falloit parler au Roy. Le directeur des déposts en a aussy écrit aux intéressés, qui ont fait réponse qu'ils ne peuvent se départir de l'ordonnance. Il me semble qu'il vaudroit mieux rétablir la mesme peine pour ce délit, que celle qui est marquée pour les faux-sauniers, c'est-à-dire, modérer l'amende à 200 ₶ et la convertir en la peine du fouet, en cas qu'elle ne soit pas payée. L'ordonnance estant précise sur ce point, il n'y a que la volonté du Roy qui y puisse remédier*.»

* Voir, au sujet des faux-sauniers invalides condamnés aux galères, une lettre de l'intendant de Tours (4 novembre 1684), et la décision royale qui y est jointe.

151. *M. de Ris, intendant à Bordeaux*, *au Contrôleur général*.

15 et 28 Janvier, 20 Février 1685.

La remise du droit de fret de 50 sols pour les vaisseaux chargés de blés étrangers n'a pas empêché que le commerce ne s'arrêtât considérablement; les blés n'arrivent plus comme par le passé, les vins ne se débitent pas, et un grand nombre de banqueroutes ont lieu les unes après les autres*.

* Les jurats de Bordeaux, voulant faciliter le commerce des blés et le soulagement du peuple, demandèrent à suspendre pendant six mois la levée d'un octroi de 7 s. 6 d. qu'ils percevaient sur chaque boisseau de blé, soit qu'il fût consommé dans la ville, soit qu'il passât seulement par eau devant le port. (Lettres du 28 février et du 1er avril.)

Voir l'avis de M. de Bâville sur la décharge du droit de fret (Poitiers, 13 janvier). — M. de Madrys, intendant en Flandre maritime, demanda, mais inutilement, la même exemption pour les avoines, orges et sucrions. (Lettre du 27 janvier.)

152. *M. de Creil, intendant à Moulins*, *au Contrôleur général*.

17 Janvier 1685.

Il a encouragé les habitants de Saint-Saulge à porter au Trésor royal le prix de la vente de leurs bois et à l'employer en rentes.

153. *M. de Harlay, intendant en Bourgogne*, *au Contrôleur général*.

18 Janvier 1685.

Mémoires relatifs à la réunion demandée par le fermier du domaine, contre Mmes de Carignan et de Nemours, des terres de Montcenis, Saumaise et Villaines, anciennes propriétés des ducs de la première race, et de celle de Noyers, acquisition particulière faite au XVe siècle*.

* Même intendance, 4 janvier précédent, réunion de la terre de Montbard au domaine; 2 août suivant, réunion des terres de Pouilly, d'Arnay-le-Duc et de partie de celle de Verdun.

Intendance de Bordeaux, 11 décembre, mémoire et pièces pour la revendication du domaine de Saujon.

154. *M. de Bâville, intendant à Poitiers*, *au Contrôleur général*.

19 Janvier et 19 Février 1685.

Il a cherché, comme on l'avait ordonné, à vendre la maison confisquée sur le receveur Pinet et affectée au logement de l'intendant; mais elle est tellement au-dessus des moyens des habitants de Poitiers, que l'évêque seul en a offert 10,000 ₶ pour y établir un séminaire.

«Ce dessein est l'ouvrage le plus important que l'on puisse concevoir pour le bien de la religion dans ce diocèse; car, outre qu'il y a plus de quarante mille nouveaux convertis qu'il faut instruire, il y a aussy la plus grande partie des religionnaires qui sont dans le Poitou. M. de Poitiers a commencé ce séminaire; il n'y en a jamais eu avant luy, ce qui rend cet établissement plus nécessaire, afin de former de bons sujets pour remplir ses cures, qui puissent effacer le mauvais exemple qu'ont donné quantité de curés dont la méchante vie a beaucoup contribué, par le passé, à augmenter l'hérésie. Je vous supplie de croire que je ne me suis pas laissé corrompre par M. de Poitiers pour vous faire ces raisonnemens, et que je n'aurois pas écouté ses offres si j'en avois pu espérer de plus avantageuses pour l'interest du Roy*.»

* Le Roi approuva cette proposition. (Voir la lettre du 10 mars.)

155. *M. Savary, commissaire pour le domaine en Bretagne*, *au Contrôleur général*.

20 Janvier 1685.

Mémoire sur la réformation des domaines en Bretagne*.

* (*Intendance de Bretagne.*— Liasse intitulée : *Réformation des domaines en Bretagne, 1685.* — Cette liasse renferme, outre la correspondance de M. Savary, plusieurs autres mémoires très-importants sur les droits particuliers aux ports de la Bretagne, sur les îles de la Loire ou les domaines congéables; des tableaux de la réformation; les arrêts rendus en 1679 pour la confection du papier terrier; les observations de M. de Pontchartrain, premier président du Parlement de Bretagne, sur ce travail; le règlement fait le 15 août 1681 pour la Chambre des comptes de Nantes, etc.)

Voir le cahier de remontrances présenté par les députés bretons le 2 février 1684 et les réponses du Roi et des fermiers.

156. *M. de Marillac, intendant à Rouen*, *au Contrôleur général*.

26 Janvier 1685.

«..... Vous savez que la disette des blés est grande, et que, sans le secours des blés étrangers, la famine seroit dans la province. Je n'ay trouvé par les chemins autre chose que des chevaux chargés de blés, que l'on vient querir de tous les costés à la mer, et un vaisseau ne dure guère. Les marchands de Rouen en font venir; ce que j'ay dit, que, dans le besoin, le Roy feroit les frais d'en faire transporter dans les marchés du milieu de la province, a excité deux ou trois marchands à mander qu'on chargeast des vaisseaux pour leur compte.

«J'apprends qu'il y a eu quelque chagrin parmi les marchands de la R. P. R. sur ce que l'on pousse des ministres de Caen, et qu'on a entrepris les ministres de Rouen, depuis quelques jours, sur des apostasies qu'ils ont fait faire. Ils ont fermé leurs bourses, et il y eut, le dernier jour, peu d'argent sur la place. Ils disoient assez haut qu'ils avoient sauvé la province en faisant venir des blés, et que cependant on les poussoit sur leur religion de toute manière. Je ne pense pas que cela doive fort étonner, car il y a non-seulement des marchands catholiques qui peuvent faire le commerce suffisamment, mais ces chagrins-là ne durent guère à des marchands de profession, qui ne sauroient s'empescher de faire commerce. Je veilleray à ce qui se passera et vous en informeray.»

---

157. *M. Lebret, intendant en Dauphiné,*
au Contrôleur général.

27 Janvier 1685.

Il rend compte des recherches que le président Guy Allard a faites, dans l'intérêt du domaine, à la Chambre des comptes de Dauphiné, et transmet un placet par lequel ce président demande au Roi de contribuer à l'impression de son *Dictionnaire**.

* Par une lettre du 26 mai suivant, M. Lebret annonce que le président lui a fait découvrir un fonds de plus de 30,000[#] qui était ignoré, et il propose de prélever sur cette somme les frais de l'impression du *Dictionnaire*.

---

158. *M. de Marillac, intendant à Rouen,*
au Contrôleur général.

29 Janvier, 25 Août, 28 Novembre,
13 et 27 Décembre 1685, 8 Janvier 1686.

Vente des charges de notaires nouvellement créées.

«Les gens de cette province ont des défiances outrées de tout ce qui a rapport aux affaires du Roy. Je crois que vous ne doutez pas que je ne m'efforce, par toutes les raisons dont je suis assez informé, de les redresser; mais il n'est pas aysé de persuader en ce pays-cy la confiance, parce que rien n'y est si naturel que la défiance et la présomption de prévoir mieux que les autres ce qu'ils ont à craindre.

«..... Il faudra du temps pour trouver dans la campagne le débit de ces offices-là. Quand je leur ay remonstré tout ce qui les doit disposer à prendre confiance, qu'ils doivent jouir sans trouble de ces offices, et que ce qui est si sagement établi, si utilement pour le public, et avec un avantage raisonnable pour les affaires du Roy, ne peut estre sujet à suppression, je ne puis faire autre chose que de vous rendre compte de leurs défiances déraisonnables et invincibles.

«..... Il sera absolument nécessaire que le Roy acquière les droits des seigneurs, ou que les seigneurs, ce qui sera plus raisonnable, acquièrent le droit du Roy dans leurs terres, car le Roy ne tireroit rien des offices de notaires ou tabellions qu'on établiroit en ces endroits-là*.....»

* M. de Bouville, intendant à Alençon, ayant rencontré les mêmes difficultés, proposa qu'on permît aux acquéreurs de faire exercer les charges par des commis, pour engager les gentilshommes, les magistrats ou les gros bourgeois à se porter adjudicataires. (Lettres des 19, 21 et 27 janvier, 10 juillet et 20 novembre 1686.) — Le Roi envoya un commissaire spécial dans chaque généralité pour activer la vente des charges. (Lettre du contrôleur général, du 23 juin 1686.) — Plus tard (lettres du 21 novembre et du 28 décembre, à M. de Gourgue), on permit de modérer les rôles, mais le Roi n'accepta pas l'expédient proposé d'envoyer de Paris des clercs de notaire pour exercer les charges par commission.

---

159. *M. de Vrevin, intendant sur la frontière de Champagne,*
au Contrôleur général.

30 Janvier 1685.

Les difficultés qui s'élèvent tous les jours entre les fermiers du domaine et les particuliers provenant de ce qu'une partie des titres sont restés entre les mains des Espagnols, l'intendant demande un arrêt pour faire dresser un papier terrier*.

* En marge : «Le Roy a trouvé cela mauvais, et me répète qu'il ne se mesle que de troupes.»

---

160. *M. de Creil, intendant à Moulins,*
au Contrôleur général.

1er Février 1685.

Il donne avis des vexations que les fermiers des aides et du papier timbré exercent contre les adjudicataires de la ferme des droits de *petites mesures*, pour les forcer de leur abandonner à vil prix cette ferme*.

* Ordre du Roi de réprimer les vexations et de donner un avertissement aux fermiers.

Plaintes de même genre contre les fermiers des *formules*, présentées par l'intendant du Dauphiné le 18 août, par celui d'Amiens le 29 avril et le 2 mai, et par celui de Provence le 10 décembre.

A Bordeaux, le fermier voulut obliger le secrétaire de l'archevêché à employer le papier timbré pour les adhésions au Formulaire; mais, sur la plainte transmise par M. de Ris le 2 août, il y eut ordre d'assoupir l'affaire. Voir d'autres faits du même genre dans la correspondance de cette même intendance, fin de 1687.

Voir encore, à la fin d'une lettre écrite le 11 octobre 1687 par M. de Bouville, intendant à Alençon, un rapport sur les procès intentés par les fermiers des aides au sujet de l'emploi du papier des généralités voisines.

161. *M. de Bagnols, intendant en Flandre,*
au Contrôleur général.

5 Février 1685.

Il envoie son avis sur le placet par lequel les États de Lille ont demandé le renouvellement des cahiers du *vingtième*; il estime que cette opération ne pourrait pas se faire avec plus de justice et d'utilité que le renouvellement des cadastres dans les pays de taille réelle*.

* Ce *vingtième* était une imposition extraordinaire, en dehors de la taille, introduite en 1620, et basée sur la déclaration que chaque communauté avait dû faire, à cette époque, de tous les biens situés dans son ressort taillable et de leur revenu, et qui n'avait pas été renouvelée depuis lors. Voir les mémoires joints à la lettre.

162. *M. de Marillac, intendant à Rouen,*
au Contrôleur général.

16 Février 1685.

Malgré les observations de l'intendant, le Parlement a rendu un arrêt à peu près conforme à celui de 1679, pour faire nourrir les pauvres dans leurs paroisses, et, si l'on ne recommande beaucoup de douceur et de réserve dans l'exécution de cette mesure, elle sera dangereuse et nuira aux recouvrements*.

Le prix des blés diminue partout, à cause des arrivages considérables de l'étranger, mais la misère est toujours aussi grande, et les vols se multiplient, sans que la maréchaussée puisse les réprimer.

L'intendant s'est occupé avec le curé de Saint-Maclou, dont la paroisse ne renferme pas moins de quatre ou cinq mille pauvres, d'un expédient pour donner à ces gens du travail. Un fabricant de bonneterie offre, par charité, d'employer tous ceux qui sont dans le besoin, sans retirer autre chose que ses avances; il propose en outre de faire l'apprentissage des enfants, à charge qu'on lui donne un lieu convenable pour y assembler les pauvres et qu'on lui fournisse les ustensiles et outils nécessaires. La paroisse accordera l'usage des galeries supérieures du cimetière, le curé donnera 300#, et il suffirait que le Roi permît de prélever une somme de 1,000# sur le fonds destiné aux ouvrages publics pour fournir aux autres frais, et, entre autres, donner deux liards ou un sol par jour à chaque enfant pendant son apprentissage.

* Cet arrêt (14 février) ordonne à tous les pauvres de se retirer dans leurs paroisses respectives et de ne plus vaguer ni mendier, et charge de leur nourriture les habitants, savoir : les ecclésiastiques pour un sixième, les seigneurs ou autres propriétaires laïques pour trois parts, et les fermiers et locataires pour le reste. — Voir une lettre de M. de Bouville, intendant à Alençon, sur les inconvénients et les abus de cette mesure (12 avril).

Voir aussi les lettres de M. de Marillac, du 29 janvier et des 8, 10 et 12 février : détails sur la famine et sur les attroupements de paysans.

163. *M. de Marillac, intendant à Rouen,*
au Contrôleur général.

16 et 27 Février, 4 et 15 Mars 1685.

Rapports sur les ouvrages publics : travaux à Pacy, Chaumont et Pont-Audemer; ateliers publics à Aumale et dans le pays de Caux; ouverture à Saint-Ouen d'un grand chemin conduisant, le long de la Seine, à Pont-de-l'Arche.

«Il y a déjà à cet ouvrage quatre à cinq cents ouvriers. J'ay voulu en faire une adjudication, mais les adjudicataires ne vouloient pas s'engager à faire travailler tous ceux qui se présenteroient, et, comme l'intention de S. M. est de donner moyen de vivre à ses peuples nécessiteux par ces travaux, j'ay cru devoir les faire commencer à journées, et cela est beaucoup plus utile, car il y a plus de deux cents ouvriers de cette ville qui ne trouvent plus à travailler pour les drapiers, chapeliers ou autres, qui vont travailler là à la terre. Je fais faire du pain à meilleur marché de quelques deniers que ces pauvres gens n'en trouvent chez les boulangers, et je leur fais donner pour le prix qu'il couste, au lieu d'argent, et ils en sont ravis; ils emportent cela et ils le partagent dans leur famille; on n'en donne qu'à ceux qui en veulent, mais tous en prennent. On donne 8 sols à ceux qui travaillent avec des pics dans des carrières, car il y en a le long de ce chemin, où il faut élargir, cela use leurs outils, et ce n'est pas trop; 6 sols, 5 sols et 4 sols aux autres, selon leur force et leur travail. J'ay mis des gens à les conduire : un piqueur a cent hommes sous sa conduite et il gagne 25 sols par jour, ce qui n'est pas trop; ce sont gens capables de ces ouvrages, que je visiteray de deux jours en deux jours. Il y avoit hier des ouvriers de sept lieues*.»

* Voir les lettres de l'intendant d'Orléans (7 janvier), de celui de Soissons (8 janvier), de celui d'Alençon (23 avril), et de M. de Bâville (Poitiers, 19 janvier et 16 juillet), sur l'ouverture des ateliers publics et leur réouverture au mois de juillet.

164. *M. le Vayer, intendant à Soissons,*
au Contrôleur général.

18 Février et 7 Mars 1685.

Réunion d'une partie des greniers à sel aux élections.

Certains officiers conservés ont des emplois qui ne leur permettent pas de s'appliquer à leurs charges. Quelques-uns servent dans les gabelles, d'autres sont médecins, d'autres même font secrètement les affaires des particuliers, ce qui est très-dangereux, puisqu'ils ne manquent pas de soulager les paroisses et les terres qu'ils régissent; d'autres enfin ne sont même pas gradués*.

* Le contrôleur général écrit, le 9 octobre 1686, aux intendants

de Normandie, que le Roi a été surpris d'apprendre que le cumul des charges les plus diverses est chose habituelle dans la province, et qu'il y voit une source de défauts et d'abus dans l'administration de la justice. — Voir, entre autres pièces, une lettre du contrôleur général (8 octobre 1688) et la réponse de M. de Gourgue, intendant à Caen (29 novembre), touchant l'incompatibilité d'une charge de lieutenant général de bailliage avec celle de receveur des tailles.

165. *M. de Marillac, intendant à Rouen,*
au Contrôleur général.

20 Février 1685.

«Il y a icy autour deux ou trois paroisses pleines d'ouvriers subordonnés aux marchands de draperies et de couvertures blanches, qui, ne trouvant point à travailler, sont venus en troupe en cette ville; on les a envoyés chez moy, et ils estoient deux ou trois cents hier à ma porte. Je les fis retirer en leur faisant dire que j'envverrois examiner d'où venoit cette cessation de travail et que je verrois à y pourvoir. J'y envoyay sur l'heure un marchand de cette ville, nommé Barandon, qui a bon sens; il m'a rapporté que le dernier navire qui est arrivé chargé de toiles peintes a fait cesser le débit des serges, en sorte que l'on n'en fait pas faire depuis quelque temps, et d'ailleurs, les marchands qui donnoient à travailler n'ayant pas de quoy avancer pour acheter des laynes et payer des ouvriers, qu'ils cessoient leur travail*. Je l'ay renvoyé sur les lieux pour y choisir quelques-uns de ces principaux maistres. Il m'en a amené six; j'ay conféré avec eux, et je suis convenu de leur prester jusques à 2,000#, pour lesquelles ils s'obligeront solidairement de les rendre dans quatre mois.....

«J'ay fait convenir ces misérables ouvriers de se contenter de 8 sols, quoyqu'ils ayent accoustumé d'en gagner 15, et j'ay promis à ces maistres que, s'ils rendent exactement cet argent, je leur laisserois une pistole de dix, c'est-à-dire qu'ils ne rendront que 1,800#, et je trouve que ce gain, joint à celuy qu'ils feront sur l'achat des laynes, à cause qu'ils les payeront comptant, qui va à pareil profit, et, outre cela, le profit qu'ils trouveront sur les marchandises, les mettra en estat, dans la suite, de se soutenir, et, de cette sorte, on fera subsister cette populace et on remettra des manufactures sur pied. Ces marchands font de bons draps dont on habille les soldats, et, si l'on pouvoit faire débiter ces draps-là à des officiers, qui seroient donnés au prix du marchand, on seroit par là bientost remboursé de la somme avancée.....»

* M. de Marillac dit encore, le 15 mars: «La misère est si grande que tel paysan achetoit un habit de drap, qui se passe d'un de toile, et les femmes de la campagne, qui estoient curieuses d'un cotillon rouge ou bleu, n'en portent plus guère; elles sont fort mal habillées, et presque toutes de toile blanche.....»

166. *Les Négociants raffineurs de Nantes*
au Contrôleur général.

24 Février 1685.

Ils exposent que leurs établissements de raffinerie, d'où dépendent à la fois l'alimentation des îles de l'Amérique et l'écoulement de leurs produits, ont été frappés en 1675 d'une taxe beaucoup plus forte que la taxe imposée aux autres ports du royaume, et que l'importance de leur commerce mérite une modification dans le sens de l'égalité*.

* A cette lettre et au placet sont joints: 1° un exemplaire de l'arrêt du 24 mai 1675, portant augmentation de droits sur les *mascouades* et sucres venant des îles françaises de l'Amérique; 2° le calcul imprimé du prix de revient des sucres bruts et des sucres raffinés.

167. *M. Lebret, intendant en Dauphiné,*
au Contrôleur général.

3 Mars 1685.

Les familles des religionnaires condamnés dans les derniers troubles ont trouvé le moyen de soustraire leurs biens aux recherches du fermier du domaine chargé de rembourser les frais des procédures, et se sont rendues insolvables en apparence, en faisant revivre des dettes éteintes et payées ou en fabriquant des contrats et des obligations.

Projet d'arrêt portant que les frais de justice seront prélevés sur les biens meubles ou immeubles des condamnés, par préférence aux droits de leurs veuves, enfants ou créanciers*.

* Voir, à la date du 30 juin, un placet et une lettre semblables demandant le payement du prévôt de la maréchaussée de Valence et de sa troupe. Le placet donne un résumé complet des opérations dirigées par MM. Lebret et de Saint-Ruth en 1683 et 1684. Il se trouve joint une seconde fois à une lettre écrite le 11 juin 1686 par M. Lebret, alors intendant à Lyon.

168. *M. de Gourgue, intendant à Limoges,*
au Contrôleur général.

8 Mars et 20 Avril 1685.

Les fermiers des traites foraines de Poitou ont fait afficher une ordonnance dont la nouveauté donne sujet aux peuples de se plaindre. Elle porte que les vins ou les eaux-de-vie qui sortiront de Saintonge par eau ou par terre, et même ceux du haut Poitou qui passeront par la Saintonge, payeront la *traite de Charente* comme s'ils passaient en Charente; les propriétaires seront tenus de déclarer dès le temps des vendanges tout ce qu'ils comptent transporter de Saintonge en Poitou et d'en payer les droits d'avance, à peine de confiscation et de 500# d'amende.

L'intendant réclame l'égalité dans la levée des droits pour les deux provinces, seul moyen d'empêcher, d'abord les fraudes, puis l'émigration des habitants de la Saintonge en Poitou*.

* Réponse des fermiers au mémoire de l'intendant. Observations

de M. de Bâville, intendant en Poitou. — Il s'oppose à ce que, pour égaliser la situation des deux provinces, on rejette sur le Poitou une partie des droits de la Saintonge, et il est d'avis qu'on tente l'essai de la nouvelle ordonnance, sauf à réprimer plus tard les fraudes par la rigueur, ou bien à donner, en se relâchant, plus de facilités au commerce.

En 1686, M. de Saint-Contest ayant renouvelé les mêmes observations que M. de Gourgue, le contrôleur général lui répondit, le 7 août : «Sur ce que vous observez que les habitans de l'élection de Saint-Jean-d'Angély se retirent en Saintonge et en Poitou pour éviter de payer les impositions, et que la culture des terres et le nombre des charrues diminue, parce que les collecteurs rejettent la plus forte partie de la taille sur les métairies, je crois qu'il seroit aisé de remédier à tous ces abus, qui paroissent venir uniquement de l'inégalité des impositions. Pour cet effet, il est nécessaire que, dans les paroisses qui sont le plus en désordre, vous fassiez faire les rôles en vostre présence, et que vous taxiez d'office ceux que vous voyez s'estre fait décharger par cabale et par autorité. . . . . »

---

169. *M. de Harlay, intendant en Bourgogne,*
au Contrôleur général.

10 Mars 1685.

Placet des habitants de Bourg-en-Bresse, demandant la suppression de l'assemblée provinciale du tiers état.

«Cela peut estre bon en soy, mais vient apparemment d'une source qui ne l'est pas, c'est-à-dire de quelques esprits échauffés et remuans qui sont en ce pays-là, et qui ont suivi plutost en cela leurs animosités particulières qu'ils n'y ont esté poussés d'un zèle véritable pour le bien public. Cela vient encore dans une conjoncture où il peut estre dangereux de l'écouter, parce que les assemblées des communautés de Bresse, Bugey et Gex estant indiquées pour la fin de ce mois et le commencement de l'autre, et devant estre tenues, suivant l'usage, avant les Estats de Bourgogne, on n'y peut rien changer désormais sans un grand éclat et quelque diminution du crédit et de l'autorité du gouverneur, ce qui seroit de conséquence à la veille de l'assemblée des Estats généraux de Bourgogne, d'autant plus que ces mémoires viennent de gens qui se sont tellement déclarés, à Bourg, contre M. le Duc, que j'ay reçu ordre, par une lettre de cachet, d'informer de leur manque de respect à son égard . . . . .

«Cependant, comme il est nécessaire que je sache sur cela les volontés du Roy et vostre réponse avant toutes choses, j'ay dit à ceux qui sont chargés icy de l'exécution des ordres de M. le Duc de surseoir la convocation de ces assemblées, qui se font sur des ordonnances de luy qu'on devoit envoyer dès aujourd'huy sur les lieux, et il est comme certain que, si les assemblées se tenoient présentement sans quelque précaution, il y pourroit avoir du désordre. . . . .

«Au surplus, pour vous expliquer de quoy il s'agit dans ces assemblées et vous faire entendre, autant que je le puis, ce que c'est en soy, et ce qui donne lieu à la plainte que vous m'avez fait l'honneur de m'envoyer, je vous dois dire que, depuis la réunion de ces pays, les communautés s'y sont maintenues dans l'usage de s'assembler pour pourvoir à leurs affaires et à la conservation de leurs priviléges, tantost contre les fermiers du Roy, comme vous en avez ouy beaucoup parler au sujet de la feuille des gabelles, par exemple, tantost contre des seigneurs particuliers, et tantost par d'autres raisons. Ils ont toujours eu pour cela des syndics, au payement desquels il a fallu pourvoir, aussy bien qu'aux frais de leurs voyages et des procès qu'ils ont eu à soutenir. Pour cela aussy, on a autorisé ces assemblées, et les impositions qui y estoient résolues ont esté permises par lettres expédiées en commandement, visées par MM. les surintendans ou contrôleurs généraux, et scellées; et, dans ces mesmes assemblées, les communautés y ont aussy toujours résolu des gratifications à diverses personnes, comme les gouverneurs, lieutenans de Roy, baillys, secrétaires d'Estat de la province, surintendans ou contrôleurs généraux, intendans, leurs commis et secrétaires, dont l'imposition s'est faite avec le reste. Mais il faut observer que cela s'est toujours pratiqué de mesme depuis l'origine, n'a presque point esté augmenté, ou du moins fort peu, et ne monte pour la Bresse qu'à 45,000^{tt} ou environ, en trois ans, qui ne sont que 15,000^{tt} par an, pour le Bugey à 30,000^{tt}, qui n'est que 10,000^{tt} par an, et pour Gex à 5,000^{tt} à peu près par an; le surplus de ce qui s'impose, et qui ne laisse pas d'estre considérable, estant pour les syndics et affaires du pays, qu'il faudroit toujours imposer, soit qu'il y eust des gratifications jointes ou non.

«Il faut encore ajouter que, de l'imposition de ces gratifications, on en a toujours compté à la Chambre des comptes, après vérification préalable par le bureau des finances et l'attache de l'intendant de la province sur les lettres d'assiette qui en sont expédiées, en sorte que ces gratifications ont esté considérées jusques à présent comme faisant partie des appointemens du gouverneur et autres officiers qui les reçoivent. Il est vray néanmoins que, quand cela seroit un peu diminué pour quelques-uns, ce ne seroit pas un grand inconvénient. . . . .

«J'ay appris aussy qu'il est vray que la levée de cette imposition a esté faite un peu durement et promptement pour la dernière triennalité, mais j'y ay déjà pourvu pour la triennalité prochaine.

«Je ne puis finir sans vous observer qu'à l'égard de l'intendant, la gratification n'est que de 3,000^{tt} dans les trois provinces et pour les trois ans, en sorte que ce n'est que 1,000^{tt} par an pour Bresse, Bugey et Gex, et cela, qui se donne toujours pour la triennalité suivante, ayant esté néanmoins touché d'avance par feu M. Bouchu en 1682, j'ay mieux aymé le perdre que de souffrir qu'on l'imposast par doublement à mon occasion, ni pour le passé, ni pour l'avenir, comme les syndics m'avoient prié de le permettre, et qu'il s'estoit pratiqué dans le changement de M. de Machault à M. de la Marguerie. Je n'aurois jamais pris la liberté de vous informer de cette bagatelle, sans que j'ay cru le devoir faire en cette occasion pour vous marquer que, de ces gratifications, je n'en ay encore rien touché jusqu'à présent*.»

* Plusieurs pièces importantes sont jointes à cette lettre, comme elle l'indique; l'une d'elles, qui est un extrait des délibérations de l'assemblée de Bresse (20 avril 1682), donne le détail des gratifications : 20,000^{tt} pour M. le Duc, et 3,000^{tt} pour son fils, 10,000^{tt} pour le lieutenant du Roi, 6,000^{tt} pour le bailli, 1,800^{tt} pour M. Colbert et autant pour M. de Châteauneuf, 1,600^{tt} pour l'intendant.

1,000[ll] pour le premier secrétaire de M. le Duc, et 500[ll] pour le second, 400[ll] pour M. Desmaretz, neveu de M. Colbert, autant pour le premier commis de M. de Châteauneuf et pour celui de l'intendant, etc.

170. *M. de Bagnols, intendant en Flandre,* au Contrôleur général.

12 Mars 1685.

Les États d'Artois se plaignent de ce que le droit de *travers* ou *péage de Bapaume*, dû par les marchandises qui passent de Flandre en France et réciproquement, est exigé en plusieurs endroits différents pour les mêmes marchandises, et que, après avoir été levé à Valenciennes, Bouchain et autres lieux circonvoisins par le fermier des domaines de Hainaut, il est encore réclamé ailleurs par celui d'Artois; ils demandent que défense soit faite à l'un ou à l'autre de continuer cet abus.

L'intendant estime que la contestation doit être décidée, suivant l'ordre originaire des choses, en faveur du fermier d'Artois, mais que, pour ne pas obliger les marchands à passer par Bapaume, on peut établir des commis dans les autres lieux de passage*.

* La tradition était que ce droit d'entrée et de sortie avait été établi au temps du roi Louis le Gros, pour payer les escortes que ce prince donnait aux marchands. — Plusieurs mémoires et des extraits tirés des archives d'Artois sont joints à la lettre de M. de Bagnols.

171. *M. de Harlay, intendant en Bourgogne,* au Contrôleur général.

15 Mars 1685.

Il conseille d'accorder aux juges et consuls de Dijon l'exemption du logement des gens de guerre, comme en jouissent déjà ceux de Bordeaux. Mais, quant à leur prétention de percevoir une taxe de 3[ll] pour l'établissement de chaque hôtelier ou artisan, et une autre de 2 sols pour chaque présentation et de 5 sols pour chaque défaut, rien ne lui semble plus contraire au but de cette juridiction, qui est de rendre la justice sans frais et sommairement; la première taxe seule pourrait leur être accordée, pour servir à l'achat d'un lieu d'audience.

172. *M. Mahieu, subdélégué à l'intendance de Luxembourg,* au Contrôleur général.

24 Mars 1685.

Mémoires sur l'origine et le recouvrement du droit de *protection*, pour lequel la ville de Trèves doit payer au Roi 400 florins d'or par an*.

* 5 juillet, réponse du contrôleur général : le Roi ordonne de surseoir à toute levée de ce genre.

173. *M. de Bâville, intendant à Poitiers,* au Contrôleur général.

26 Mars 1685.

«Le présidial de Poitiers est la seule juridiction royale de cette province où le Roy fasse fournir du pain aux prisonniers; c'estoit aussy la seule où les prévosts des mareschaux faisoient juger leur compétence. Il y a un arrest du Conseil, depuis quelque temps, qui ordonne qu'elles seront jugées à Fontenay pour le bas Poitou, d'où il arrive souvent que les accusés qui y sont transférés manquent de pain. Le défaut de subsistance est un prétexte pour les prévosts de ne pas faire leur devoir, et il est important, pour la punition des crimes, d'y pourvoir*.»

* Le 29 avril 1685, M. de Creil, intendant à Moulins, se plaint également que les fermiers des aides refusent de fournir le pain aux prisonniers détenus à leur requête, dont un grand nombre ne vivent que des libéralités particulières.

Le contrôleur général écrit, le 21 février 1686, au successeur de M. de Bâville, que le Roi veut bien continuer à fournir le pain aux prisonniers qui n'ont point de partie civile, et, le 21 novembre de la même année, au président Parisot, à Dijon, que le Roi accorde, par extraordinaire et par crainte de la contagion, un secours d'un sol par jour à chacun des malades détenus dans la prison de cette ville.

174. *M. de Marillac, intendant à Rouen,* au Contrôleur général.

30 Mars 1685.

Saisie de vingt-huit balles de peaux de castor. La compagnie du Canada, qui les faisait venir, prétend que le commerce en est libre pour elle; mais il paraît, d'après les pièces produites, qu'elle n'a ce privilége qu'à condition de tirer les peaux des colonies françaises et de les débiter dans le royaume*.

* Voir, dans la correspondance de M. de Bagnols, intendant en Flandre, une lettre du 22 juin de la même année, relative à l'exécution de l'arrêt du 24 mars précédent, établissant de nouveaux droits sur l'entrée des peaux de castor et défendant leur introduction par tout autre port que Rouen, Dieppe, le Havre et la Rochelle.

175. *M. Faultrier, intendant en Hainaut,* au Contrôleur général.

10 Avril 1685.

Il a modifié le projet d'ordonnance présenté par le commis des fermes pour empêcher les amas de sel blanc et autoriser la visite des maisons particulières, de façon à ce que le pays ne soit pas effrayé de cette atteinte portée à ses priviléges et n'y voie pas une apparence de gabelle*.

* Cet intendant avait demandé, le 19 janvier précédent, des ordres pour étendre aux pays nouvellement réunis la prohibition de se servir du sel gris et d'acheter le sel blanc ailleurs que dans les villes de Flandre. Voir (intendance de Flandre, 2 novembre et 14 décembre

1684) les lettres de M. de Bagnols, qui fait les mêmes observations, et les pièces qui y sont jointes, arrêts du Conseil, ordonnances, rôles de paroisses, mémoires des fermiers, etc. — Voir aussi, à la date du 16 mars 1685, une requête de l'archevêque de Cambrai en faveur de sa châtellenie de Cateau-Cambrésis, et l'avis de M. de Bagnols.

---

176. *M. Lebret, intendant en Dauphiné, au Contrôleur général.*

2 Mai 1685.

« La contrainte du logement effectif, à laquelle les peuples de cette province sont accoustumés depuis longtemps, ne leur est pas fort à charge lorsqu'on a un soin particulier d'en retrancher tous les abus, et je croirois que, au lieu de l'abolir dans les généralités où elle est en usage, on devroit s'attacher à l'établir dans les autres du royaume où elle n'a pas esté pratiquée jusqu'à présent. Les raisons sur lesquelles je me fonde sont :

« Premièrement, que cette voye est beaucoup plus douce que celle des huissiers et sergens, puisque les brigadiers et les gens de pied qui les accompagnent n'ont plus rien de militaire, que l'on choisit, pour l'ordinaire, des habitans des villes qui n'ont jamais esté à la guerre pour remplir cette fonction, dans laquelle ils ne sont pas en pouvoir de faire aucune vexation lorsqu'on veille un peu sur leur conduite, les redevables en estant quittes en leur donnant un simple lit, tel qu'ils l'ont dans leurs maisons, au lieu que les huissiers et sergens commencent par saisir, déplacer et vendre les meubles, emprisonnent, pour l'ordinaire, un grand nombre de collecteurs, qui gémissent dans les prisons, et, lorsque par ces différentes contraintes ils sont devenus insolvables, le receveur obtient en l'élection une contrainte solidaire contre les plus riches de la paroisse, qui sont forcés, par ce moyen, de payer ce qu'ils ne doivent pas.

« En second lieu, le logement effectif est beaucoup plus juste que la voye des huissiers et sergens, parce que le brigadier et ses deux piétons logent toujours chez ceux qui ont refusé de payer la taille et qui, par leur négligence ou mauvaise volonté, ont donné lieu à l'envoy de la brigade; mais les huissiers et sergens ne s'adressent jamais qu'au collecteur, qu'ils tourmentent de toutes les manières, bien qu'il ayt fait souvent toutes les diligences qui dépendoient de luy pour le payement des cotisés, dont l'impuissance ou la mauvaise volonté causent infailliblement sa ruine.

« Enfin, les frais que l'on fait supporter aux contribuables par la voye des sergens et huissiers sont infiniment plus grands et plus considérables que ceux des brigades, car les simples commandemens, les saisies, les déplacemens, ventes et délivrances des meubles à vil prix, les emprisonnemens des collecteurs, leurs dépenses, gîtes et geôlages, les taxes des procès-verbaux par les élus, les recours des collecteurs contre les cotisés pour leur remboursement des frais que le receveur leur a fait supporter, et les procès infinis que tout cela produit et qui sont portés en l'élection, causent des frais incroyables, et donnent lieu à une infinité de vexations, tant de la part du receveur et de ses huissiers envers les collecteurs, que de la part des collecteurs envers les redevables, auxquelles il est impossible de remédier que par une application tout extraordinaire, au lieu que la brigade ne couste présentement pour tous frais que 59 sols par jour, qui estant répandus sur ceux qui refusent ou négligent de payer leur cote et qui ont donné lieu à l'établissement de la garnison, leur sont si peu à charge que j'ay trouvé le moyen de faire faire le recouvrement de près de 1,500,000 # pour 10,000 # de frais. Je vous supplie d'ajouter quelque foy à ce que j'ay l'honneur de vous mander, parce qu'ayant connu d'abord qu'un intendant ne peut rien faire de plus utile pour le service du Roy et en mesme temps pour le soulagement des peuples, que de travailler à retrancher tous les désordres qui s'introduisent dans le recouvrement des deniers de la taille, je me suis attaché très-particulièrement à les bien connoistre dans la généralité de taille personnelle où j'ay servi d'abord, ensuite dans celle de taille réelle où j'ay l'honneur de servir présentement, et je ne crois pas qu'il y ayt aucun intendant dans le royaume qui soit plus entré dans le détail, ni qui ayt plus pénétré que moy cette matière*. »

* Le contrôleur général avait écrit à M. Lebret, le 18 avril : « S. M. a résolu d'abolir l'usage du logement effectif dans toutes les trois généralités de taille réelle, cette voye exposant ses sujets à de trop grandes vexations. S. M. est persuadée que les frais compris dans les estats que M. Lebret avoit envoyés du recouvrement des tailles ne sont autres que ceux qui se taxent aux brigadiers et porteurs de contraintes en exécution du règlement, mais qu'outre cela ils en font une infinité d'autres plus à charge aux contribuables et dont on n'a point de connoissance. Le Roy a bien voulu surseoir l'exécution de son dessein jusqu'à ce que M. le contrôleur général eust reçu de M. Lebret les éclaircissemens nécessaires sur cette matière. » (Voir le mémoire envoyé le 24 mars.) — A la lettre de M. Lebret sont jointes deux copies du règlement préparé par lui, portant en marge le développement motivé de chaque article, et les observations qui lui furent envoyées en réponse. On voit, par la lettre du 13 juillet suivant, que ces observations étaient l'œuvre de M. Pussort, et que M. Lebret fut engagé à s'y conformer autant que les usages et les circonstances le permettraient.

MM. de la Berchère, à Montauban, et de Ris, à Bordeaux, firent également des règlements sur cette matière; le dernier en envoie un exemplaire le 22 janvier 1686.

---

177. *M. de Bérulle, intendant en Auvergne, au Contrôleur général.*

9, 19 et 24 Mai 1685.

Contestations diverses entre la Cour des aides et l'intendant. Celui-ci se plaint que les magistrats entretiennent les désordres de toute espèce par leurs prévarications ou leur manque de soins; ils ne savent ni procédure, ni ordonnances, et ne se dirigent que d'après leurs amitiés et leurs faveurs personnelles. Ils chargent de l'exécution de leurs arrêts les gardes du tabac ou autres gens de cette espèce, qui se réunissent en troupes nombreuses et armées et provoquent des soulèvements parmi le peuple*.

* Les lettres suivantes sont accompagnées également de plusieurs rapports sur les mêmes désordres et sur les crimes dont la province

était continuellement infestée. M. de Bérulle écrit, le 30 juin, que toutes les prisons sont pleines et qu'il vient de faire arrêter une famille entière, composée du père, de la mère, de deux filles et de quatre garçons, convaincus d'avoir attiré dans leur maison un valet de garde du corps à qui ils avaient vu dix écus; ils l'avaient fait coucher, puis lui avaient donné un coup de marteau sur la tête et coupé la gorge, recevant le sang dans une terrine pour le faire manger par une truie; après quoi ils avaient fait porter le cadavre par un des enfants dans une masure abandonnée.

Les lettres du 26 juin, du 21 octobre et du 24 novembre contiennent des rapports ou des informations, pour mauvaise conduite, concussions et brigandages, contre le lieutenant criminel de Montferrand, le procureur du Roi au bailliage de Saint-Flour et le bailli d'Auzon, ce dernier accusé d'avoir assassiné, à coups de canne et d'épée, un sergent qui lui faisait une signification sans lui en demander la permission. Le procureur du Roi de Saint-Flour était prévenu d'avoir fabriqué un faux arrêt du Conseil, puis un faux certificat de mort du sergent par qui il avait fait faire la signification de l'arrêt, et d'avoir ensuite remarié la femme de ce sergent à l'aide du faux certificat. (Lettres des 5, 24 et 30 septembre, et 17 octobre 1686.)

---

178. *M. de Bagnols, intendant en Flandre,*
au Contrôleur général.

10 et 28 Mai, 12 Juin, 10 Août, 21 et 24 Octobre, 5 et 10 Novembre 1685.

Établissement d'une Monnaie à Lille: conversion des espèces espagnoles légères.

«On n'en voit presque plus d'autres en ce pays, et il en reste très-peu de bonnes. Je suis persuadé, après y avoir bien songé, qu'il faudra tost ou tard en venir à un décri général. Le mal sera grand; mais, plus on attendra, et plus il deviendra considérable, et si la perte, par le décri, est aujourd'huy de deux millions dans ce département, comme je n'en doute point, elle sera de trois dans deux ans et augmentera tous les ans, parce qu'on achèvera d'enlever tout ce qui reste de bonnes espèces en ce pays.»

L'arrêt rendu le 28 juillet pour le décri des *castilles* et l'établissement des changes, après avoir amené des désordres dans les marchés et dans le commerce, provoque le transport des espèces dans les Monnaies étrangères, qui les accueillent avec faveur.

Il y a erreur dans l'évaluation des *castilles*; le porteur qui change un écu en *castilles* à la Monnaie contre espèces nouvelles perd à la fois sur la valeur extrinsèque et sur la valeur intrinsèque. Cette perte est si forte que les négociants préfèrent tous envoyer leur argent, ainsi que les *retours* de la flotte d'Espagne, à Paris ou en Hollande.

«J'ay reçu l'arrest pour l'augmentation du prix du marc des réaux. Si nous le faisions publier présentement, nous serions accablés par le nombre de personnes qui nous en apporteroient, et cela ne conviendroit point à l'estat de nos affaires. Je crois qu'il suffit de laisser espérer cette augmentation dans quinze jours ou trois semaines; nous en empescherons, par ce moyen, la sortie hors du royaume, qui ne se peut faire sans risque*.»

* Voir, dans la correspondance de M. de Madrys, intendant en Flandre maritime, les lettres du 18 mai, du 22 octobre et du 10 novembre; voir également la correspondance de M. Chauvelin, intendant en Picardie, particulièrement les lettres des 23 avril, 16 et 28 septembre, 27 octobre, 3 et 10 novembre, et celles de l'intendant de Hainaut, du 4 août au 5 décembre et du 2 juillet 1686. — En 1686, on fit aussi le décri des escalins de Hollande, qui renouvela les mêmes troubles. (Lettre de M. de Bagnols, 14 avril.)

---

179. *Les Trésoriers de France de Rouen*
au Contrôleur général.

16 et 21 Mai 1685.

Procédures et visites faites à l'occasion du départ du receveur général et des déficit constatés dans ses comptes*.

* Voir, au sujet de ce même comptable, plusieurs lettres de l'intendant, et, entre autres, celles des 22 et 26 juillet.

---

180. *M. Ravault, procureur général au Parlement de Metz,*
au Contrôleur général.

27 Mai 1685.

Il envoie un mémoire détaillé des anciennes divisions judiciaires de la Lorraine et du Barrois et deux projets d'édits pour y établir la juridiction française*.

* Ce mémoire avait été dressé d'après les instructions données au mois d'août précédent par M. de Louvois, portant qu'il ne fallait mettre pour les Trois évêchés aucun tribunal principal que dans les lieux dont la France était en possession depuis longtemps; l'intention du Roi était de créer un présidial à Sarrelouis, un bailliage à Longwy, et de grandes juridictions à Ramberwiller et à Vic, de manière que les habitants de ce pays pussent avoir la justice à leur portée et qu'on ne reconnût plus la Lorraine et le Barrois démembrés.

Voir, sur le même sujet, une lettre de M. de la Goupillière, intendant à Hombourg, du 19 février précédent.

---

181. *M. Foucault, intendant en Béarn,*
au Contrôleur général.

27 Mai, 28 Juin et 5 Juillet 1685.

«Je me serois rendu à Tarbes aussitost après mon retour icy, pour y juger le procès des écoliers qui ont assassiné un commis des fermes du Roy, si je n'avois esté obligé de demeurer dans la province pour profiter des bonnes dispositions où paroissent estre les religionnaires de se convertir, des bourgs et des villages entiers ayant fait abjuration de l'hérésie en ma présence, avant et depuis mon voyage de la basse Navarre, où je n'ay séjourné que quatre jours, et d'autres m'ayant demandé trois ou quatre jours pour se faire instruire des principes de nostre religion, sur ce que je les ay assurés que leurs ministres les leur avoient malicieusement cachés, en sorte que, en moins de quinze jours, il s'est converti plus de cinq mille personnes, et j'espère qu'il y en aura encore autant, pour le moins, qui suivront leur exemple avant le 15 du mois prochain. J'employe tous les moyens dont je me puis imaginer pour avancer la réduction de tout le Béarn et pour donner au Roy la satisfaction de l'avoir rendu entièrement catholique en très-peu de temps, ne doutant point que cet exemple ne contribue beaucoup à ramener à l'Église les religionnaires des autres provinces*. »

* Voir, dans la même intendance, les lettres des 5 et 29 mars et du 18 avril, et, dans celle de Montauban, la copie d'une lettre du 29 août, où l'intendant donne à M. de Châteauneuf le rapport détaillé des opérations de M. de Boufflers et de son armée. En huit jours, il y avait eu près de dix mille conversions, dont plus de sept mille pour la seule ville de Montauban.

Voir aussi, sur les mesures prises pour la conversion générale, les lettres de M. de Bâville, intendant à Poitiers, du 7 mai et du 29 août, et celle de M. de Morangis, intendant à Caen, du 1er juillet.

182. *M. de Marillac, intendant à Rouen,*
au Contrôleur général.

29 Mai 1685.

« Le travail du port d'Honfleur s'avance autant qu'il est possible. C'est un ouvrage qui m'effraye, tant il est grand et difficile. J'espère que, en y veillant, nous le mènerons à bonne fin; il faudra l'année prochaine encore tout entière pour l'achever; il sera fort utile. Les habitans fourniront les 100,000 ᵗᵗ, mais avec peine; nous ne vous demanderons pas le reste du prix de l'adjudication que ces 100.000 ᵗᵗ ne soient consommées. En vérité, le peuple est peu accommodé; quand on entre dans ces détails-là, on est surpris de voir leur foiblesse dans les meilleures maisons : pour les travaillans, il faut les payer tous les jours; sans cela ils ne pourroient pas vivre*. »

* Les entrepreneurs étaient obligés de donner demi-paye les jours de fête, pour empêcher les ouvriers d'aller mendier un morceau de pain dans les villes. (Lettre du 9 juillet.)

Voir, à la date du 17 novembre 1683, un rapport de M. Méliand, alors intendant à Rouen, sur le commencement de ces mêmes travaux, et, dans la correspondance de M. de Marillac, son successeur, les rapports sur les travaux des rivières d'Eure et de Risle (juin, juillet et août, 26 octobre et 27 décembre 1685).

Voir aussi, à la date du 1er octobre 1684, un projet d'arrêt pour la construction d'une porte monumentale sur le quai de Rouen.

183. *M. de la Berchère, intendant à Montauban,*
au Contrôleur général.

2 Juin 1685.

Il proteste contre les dénonciations qui l'accusent d'avoir favorisé les exactions des troupes envoyées en quartier d'hiver dans son département et d'avoir refusé de rendre justice à plus de deux cents communautés, tandis que tout le pays, en réalité, se loue de la tranquillité et de la paix générales.

Il envoie pour sa justification le mémoire qu'il a adressé à M. de Louvois, et les ordonnances qu'il a rendues en conséquence de celle du Roi, pour empêcher les troupes de se faire payer en argent le fourrage et l'ustensile*.

* A ces pièces et à l'ordonnance royale sont joints deux états, l'un, des sommes levées indûment par les troupes et évaluées à près de 100,000 ᵗᵗ, et l'autre, des sommes minimes retenues sur la paye des régiments. — Voir, à la date du 14 mai, un placet par lequel le maire et le syndic du pays de Marsan exposent la triste situation de cette contrée.

Le désordre était le même en Auvergne, et M. de Bérulle en signale les conséquences dans une lettre du 23 avril; de même, M. Faultrier, intendant en Hainaut, le 17 janvier, etc.

184. *M. de Nointel, intendant à Tours,*
au Contrôleur général.

Du 2 Juin au 3 Juillet 1685.

Rapports sur l'état des élections.

L'augmentation considérable des frais de la perception des tailles est causée par les taxes illégales d'exécutoires, par les fréquentes nominations de collecteurs d'office, par la mauvaise récolte, et surtout par l'abus des emprisonnements à caution. (L'huissier rencontrant le collecteur contre lequel il est envoyé, l'arrête, mais sans le mener en prison, et, moyennant une caution, le relâche aussitôt, ce qui ne produit aucun effet, mais lui vaut une taxe de procès-verbal, et lui permet de renouveler la même manœuvre à l'égard des autres collecteurs.)

Certaines paroisses souffrent de la trop grande multiplicité des collecteurs, qui sont souvent au nombre de sept ou huit, quand l'impôt n'est que de 1,500 ou 1,600 ᵗᵗ. Le nombre en devrait être restreint à deux pour 600 ᵗᵗ, trois pour 1,200 ᵗᵗ, quatre pour 2,000 ᵗᵗ, et six pour 3,000 ᵗᵗ et au-dessus*.

* Intendance de Rouen, 9 octobre et 22 décembre 1684 : M. de Marillac demande à réunir sur le rôle des impositions les paroisses dont la contribution est inférieure à 300 ᵗᵗ, comme il a déjà obtenu de le faire en Poitou. (Pièces jointes à cette demande et observations en réponse.) — M. de Bezons, intendant à Orléans, fait la même proposition, dans ses rapports de tournée, du 10 juin au 7 août 1685.

185. *M. de Marillac, intendant à Rouen,*
au Contrôleur général.

9 Juin 1685.

Les couturières de Rouen ont été érigées en corps de maîtrise par arrêt du Conseil du 26 octobre 1675, et elles ont payé, au nombre de soixante, 80 ᵗᵗ chacune, pour obtenir des lettres patentes et faire enregistrer leurs statuts, malgré l'opposition des tailleurs; elles réclament leurs quittances de finance.

186. *M. Foucault, intendant en Béarn,*
au Contrôleur général.

10 et 22 Juin 1685.

Désordres au sujet d'une tentative d'établissement de la gabelle*.

«Je vous envoye une copie du jugement que j'ay rendu contre ces séditieux; il y en a eu deux qui ont esté pendus dans le lieu mesme où la sédition a esté faite, et deux autres condamnés aux galères. Cet exemple a entièrement rendu la tranquillité au pays, et, pourvu que les défenses de porter les armes, qui sont faites aux habitans de la basse Navarre par le jugement que j'ay rendu, soient exécutées, comme je n'en doute point, le Roy peut estre assuré que l'ordre et la paix régneront dans ces montagnes comme dans les autres provinces**.»

* Voir, dans la correspondance de M. Trobat, intendant en Roussillon, à la date du 14 juin 1685, la copie d'une lettre par laquelle le contrôleur général promet que la vente du sel continuera à se faire à prix réduit sur les frontières, ainsi que les traités l'avaient stipulé.

** A une autre lettre du 27 août sont jointes plusieurs pièces prouvant que les règlements des États eux-mêmes défendaient le port des armes, dont les capitaines des milices avaient le dépôt chez eux.

187. *M. de Bérulle, intendant en Auvergne,*
au Contrôleur général.

12 Juin 1685.

«Toute la ville de Riom est dans la dernière consternation sur le bruit qui court de la réduction des colléges de cette province; ils craignent pour le leur, qui leur est d'une extrême conséquence par l'avantage qu'ils en ressentent. Sans qu'il leur soit à charge, je puis vous assurer qu'il n'y en a point dont les écoliers soient si forts ni l'éducation plus régulière, cette congrégation (les oratoriens) pensant, non-seulement aux lumières de l'esprit, mais principalement à donner à cette jeunesse des sentimens de Dieu et de piété. Il y a six cents écoliers, dont les pères seroient fort embarrassés si on leur ostoit la commodité de les pouvoir élever sans qu'il leur en coustc rien.»

188. *M. de Harlay, intendant en Bourgogne,*
au Contrôleur général.

14 Juin 1685.

«Les Estats de cette province s'assemblèrent pour la première fois mardy dernier, 12e de ce mois, et, suivant la commission dont il avoit plu au Roy de m'honorer, la demande de 1.200.000# y fut faite à l'ordinaire le premier jour, et réduite dès le lendemain, conformément à l'instruction que M. le Duc me fit voir en arrivant, à un million de livres.

«Cette somme a esté accordée par tous les ordres avec beaucoup de zèle et d'impatience de plaire au Roy et de se conformer, pour y mieux réussir, à tout ce que M. le Duc leur marqueroit qui pourroit estre agréable à S. M.

«Ils députèrent pour cela, dès hier matin, vers M. le Duc, et ayant appris de luy qu'il estimoit que, si on offroit promptement et de bonne grâce un million de livres, S. M. auroit la bonté de s'en contenter, ils l'accordèrent sans différer, dès le matin mesme et aussitost après le retour de leurs députés, et y joignirent sans délay ni difficulté, outre le Don gratuit, tout ce que M. le Duc leur avoit fait entendre que S. M. désiroit, tant pour l'établissement des haras en Bourgogne que pour la digue des moulins d'Auxonne et le dédommagement des propriétaires d'héritages compris dans les fortifications de cette place et de la citadelle de Chalon. Vous le verrez plus particulièrement par les décrets qu'ils en ont faits et que M. le Duc m'a fait l'honneur de me dire qu'il vous envoyoit.

«Je crois que S. A. S. y joint aussy un mémoire que les Estats l'ont supplié d'envoyer au Roy pour luy représenter leur misère et l'augmentation qu'ils ont sujet d'en appréhender encore par la conjoncture du camp sur la Saône, dans la circonstance d'une année de sécheresse extraordinaire, ce qui n'est que trop vray, et qui, joint à la bonne conduite de tous les ordres de la province dans cette occasion, mérite bien assurément d'obtenir encore du Roy quelque grâce, suivant ce que M. le Duc a bien voulu me confier que vous luy aviez fait espérer. Cependant, je vous puis assurer que personne icy ne s'y attend, et que M. le Duc n'en a parlé à qui que ce puisse estre. Cela rendra la chose d'autant plus touchante qu'on la recevra icy avec autant de surprise que de joye et de reconnoissance envers S. M. Sur quoy, je dois vous dire que, me trouvant icy auprès de M. le Duc pour la première fois, je ne puis assez admirer combien il se donne de soin et d'application pour faire réussir d'un costé tout ce qu'il croit qui peut davantage plaire à S. M. de la part de la province, et y faire mieux sentir, de l'autre, toute la bonté du Roy pour augmenter, s'il est possible, dans le cœur des peuples, le zèle pour son service et la soumission à ses ordres, mais surtout avec quelle droiture et quelle pureté S. A. S. entre dans toutes les affaires et les intérests des Estats, depuis les plus petits jusques aux plus grands, pour les ménager avec plus d'économie qu'il ne feroit les siens propres.

«On va travailler incessamment à régler les fonds nécessaires pour le payement du Don gratuit dans les termes ordinaires, aussy bien qu'à pourvoir aux autres charges et affaires communes de la province. Il n'y en a jamais eu moins d'extraordinaires qu'à présent, par la bonté du Roy; ainsy, tout ce qui reste à faire aux Estats ne sera pas désormais d'une longue ni difficile discussion.»

189. *M. Lebret, intendant en Dauphiné,*
au Contrôleur général.

16 Juin 1685.

Mémoire et pièces présentés par l'ambassadeur de Savoie en faveur des habitants du lieu de Jallasse, sur la frontière de Dauphiné, à qui les anciens Dauphins avaient concédé le privilége, confirmé encore en 1658, de faire toutes sortes de transports en franchise entre les deux pays moyennant une redevance annuelle de 2 ducats 1/2 d'or et de 5 livres 1/2 de poivre. Ils réclament contre la défense d'exporter les grains, et représentent, en dehors de leur privilége, qu'ils ne pourraient consommer leur récolte et que la cessation de ce commerce nuirait à tous leurs voisins.

L'intendant appuie cette requête, mais en demandant que le commerce soit limité, pour prévenir les fraudes*.

* 22 juillet 1684, autre mémoire des fermiers des gabelles de Savoie, réclamant le privilége de transporter chaque année en franchise cent charges de vin du Vivarais.

190. *M. de Madrys, intendant en Flandre maritime,*
au Contrôleur général.

19 Juin 1685.

«J'estime qu'il conviendroit de charger celuy qui sera pourvu de l'office de receveur général du domaine des fonds destinés pour acquitter les rentes et autres dépenses assignées sur le domaine de Flandre, et de les payer suivant les estats qui sont expédiés tous les ans au Conseil. Je suis persuadé mesme que les propriétaires de ces rentes aymeroient mieux qu'il leur en coustast quelque chose en passant par les mains d'un receveur général, que de continuer à avoir à faire au fermier du domaine.»

191. *M. Arnoul, intendant à la Rochelle,*
au Contrôleur général.

24 Juin 1685.

Concession d'un haras à établir auprès de Rochefort, avec le droit de mettre en coupe la forêt de cette ville et d'y faire pâturer.

192. *M. de Morangis, intendant à Caen,*
au Contrôleur général.

27 Juin 1685.

Rapport sur l'état de l'élection de Vire.

Le commerce principal est celui du papier, qui se fabrique très-beau et très-bon, et dont le débit par Caen, Cherbourg et Granville monte annuellement à cinq cent mille livres pesant, ce qui fait pour les droits du Roi, à raison de 2 s. 6 d., plus de 60,000#. Comme la plus grande partie de ce papier se transporte en Angleterre, il est très-important de ne pas souffrir que les Anglais viennent débaucher les ouvriers. L'intendant a donc fait défense, sous peine de la vie, de s'engager à l'étranger, et l'on vient d'arrêter un nommé Manès, natif d'Angoulême et protestant, revenu en France pour entraîner des ouvriers à le suivre dans les fabriques qu'il a établies à Southampton*.

* Manès, ayant abjuré, fut condamné, après sept mois de prison, à une amende de 300#, avec menace de punition corporelle en cas de récidive. (Lettre du 27 novembre.)

1er, 12, 27 et 29 juillet, rapports sur l'état des autres élections.

193. *M. de Ris, intendant à Bordeaux,*
au Contrôleur général.

1er Juillet et 23 Août 1685.

Saisie de plusieurs ballots de livres défendus ou contrefaits venant de Hollande; informations et procédures du président de l'élection*.

* 11 mars 1686, rapport sur une saisie semblable et liste des livres confisqués. — Le contrôleur général ordonne, le 29 du même mois, de brûler les ouvrages défendus et de remettre les autres aux libraires qui les réclament. — 26 février 1688, lettre au procureur général du Parlement de Bordeaux au sujet d'une saisie faite à Dax : ordre de faire remettre les livres confisqués au greffe du lieutenant général de police de Paris.

Sur le même sujet, lettre à l'intendant de Provence (28 juin 1687) : refus d'accorder au directeur des fermes le pouvoir général qu'il demandait pour ouvrir tous les ballots au bureau de Marseille.

194. *M. de Marillac, intendant à Rouen,*
au Contrôleur général.

3 Juillet 1685.

«Il y a plus d'un mois que l'on me presse pour vous demander la prolongation de l'arrest qui porte exemption du droit de fret pour les vaisseaux qui apportent des blés en France. Je n'ay point voulu vous en écrire que je n'en visse une nécessité certaine en cette province. Il est vray que le nommé Vandreus, marchand de la R. P. R. dont M. de Louvois se sert pour faire venir les charbons de terre d'Angleterre, ayant fait venir des vaisseaux de blés, et ne les ayant pas voulu faire décharger parce qu'il ne les trouvoit pas assez chers en France, il les avoit renvoyés en Espagne, où l'on dit que le blé est cher. Cela fit enchérir le blé quelques jours après que ces vaisseaux furent partis de Rouen, et, m'estant fait informer de ce qu'il y en avoit sur les ports, j'en trouvay encore beaucoup; cependant j'ordonnay à ce marchand de faire revenir ses vaisseaux, qui n'estoient encore qu'à la rade du Havre, ce qu'il m'a promis de faire, et, comme le blé n'a pas enchéri depuis, je n'ay pas jugé à propos de vous demander cette prolongation d'arrest. Cependant, comme il sera avantageux à la France qu'il y ayt des blés, et, particulièrement en cette province, qu'il y en ayt sur le port de Rouen, jusques à ce que les nouveaux soient secs, j'estime qu'il seroit à propos d'accorder cette prolongation jusqu'à la fin de ce mois.»

195. *M. de Pontchartrain, premier président du Parlement de Bretagne,*
au Contrôleur général.

1er Août 1685.

Réunion des États à Dinan.

«M. le duc de Chaulnes doute que les fermiers des années 1686 et 87 veuillent prendre à deux millions l'année 88; M. de Fieubet et moy, au contraire, nous n'en doutons pas. M. de Chaulnes doit mander aujourd'huy ces fermiers, afin de les faire expliquer. Nous ferons tous nos efforts pour n'avoir pas besoin de nous servir de l'arrest du Conseil qui annule le bail, et j'espère que nous en viendrons à bout. C'est la seule affaire dont nous nous soyons encore entretenus; c'est aussy la principale et celle que vous nous recommandez davantage. M. de Fieubet a cru, avec raison, qu'il seroit beaucoup plus commode, plus agréable et plus utile mesme, que, au lieu qu'il traitast avec M. de Chaulnes d'un costé, et avec moy de l'autre, pour les mesmes affaires, nous les traitassions tous trois ensemble : cela a esté ainsy accepté de part et d'autre. Le service en ira mieux; je ne me livreray néanmoins qu'autant qu'il sera nécessaire pour l'exécution de vos ordres. Il me paroist toujours que vous devez vous expliquer au plus tost sur les 30,000 ᵗᵗ qui sont dues au Roy, car nous ne pouvons travailler à l'estat de dépenses sans savoir sur cela vostre volonté. Si vous voulez la rendre publique, et qu'elle soit avantageuse aux Estats, vous le pourrez faire en réponse des premières lettres qu'on vous écrira, qui porteront que le Don aura esté accordé. Cette occasion est fort naturelle. Si vous voulez que les commissaires seuls la sachent, pour s'en servir néanmoins à manier mieux les Estats par la crainte ou par l'espérance, vous le pouvez encore; mais le premier parti me paroist plus noble et plus élevé, d'autant plus que je suis convaincu que, sans avoir aucun frein pour gesner les Estats, nous leur ferons faire tout ce que nous voudrons . . . . . »

196. *M. de Marillac, intendant à Rouen,*
au Contrôleur général.

5 Août 1685.

Pièces relatives à l'acquittement des dettes de la ville de Rouen au moyen de ses revenus ordinaires. Projet d'arrêt pour rétablir pendant dix ans une imposition de 10,000 ᵗᵗ sur les trois généralités de Normandie, destinée à l'entretien et aux réparations du pont de Rouen*.

* Cette proposition ne fut pas acceptée. (Lettre du 24 août.)

197. *M. de Pontchartrain, premier président du Parlement de Bretagne,*
au Contrôleur général.

5 Août 1685.

«Les quatre arrests du Conseil que vous avez souhaité qui fussent enregistrés au greffe des Estats, y ont esté enregistrés aujourd'huy, après que la lecture en a esté faite. Nous avons cru qu'il n'y avoit rien contre le service du Roy de permettre à Messieurs des Estats de commettre quelques-uns d'entre eux pour les examiner plus particulièrement et pour nous représenter ensuite ce qu'ils y trouveroient de préjudiciable à leurs intérests et à leurs priviléges. Car, outre que l'obéissance est parfaite par l'enregistrement pur et simple, nous avons résolu de prendre occasion de ce que les députés nous représenteront pour les engager davantage, suivant vos intentions, à travailler à faire incessamment les mémoires d'un règlement général. L'estat de réduction n'a pas encore esté lu ni enregistré; nous ne l'avons point en forme, et je vois que, sous ce prétexte, M. de Chaulnes seroit bien ayse qu'il demeurast sans estre plus public. Cependant, comme vostre intention est qu'il soit enregistré comme le reste, nous avons arresté qu'on le feroit enregistrer au premier jour et qu'on vous le demanderoit en forme, si cela estoit nécessaire, ce que je ne crois pas*.

«M. l'évesque de Léon, suivant l'usage, a fait un très-beau et très-éloquent rapport de toutes les affaires qui se sont passées pendant le temps de sa députation, et a bien fait valoir la bonté du Roy pour la province, qu'il ne vouloit enrichir que pour elle-mesme.

«M. le duc de Chaulnes nous fit part hier d'un dessein qu'il avoit formé dès Paris, et qu'il a mesme déjà entamé par la connoissance qu'il en a donnée au Roy. Ce dessein est de faire élever une statue du Roy en quelque endroit de la province. M. de la Feuillade est celuy qui luy a inspiré ce dessein, qui se charge de faire faire la statue, qui en a fait sa cour et celle de M. de Chaulnes au Roy. La dépense de la statue ne montera qu'à 25 ou 30,000 ᵗᵗ, à quoy il faudra ajouter les frais de voiture et de la décoration de la place qu'on choisira. La ville de Nantes paroist la plus propre, et le pont qu'on fait rétablir paroist un endroit fort avantageux et une occasion très-favorable. Outre l'autorité de M. de la Feuillade, qu'on nous a cité mille et mille fois comme un auteur grave et souverain en cette matière, on nous a cité quantité d'intendans qui, suivant une instruction générale pour tous les intendans du royaume, avoient déjà fait élever de pareilles statues dans quelques provinces. Voilà le plan, l'exécution et les raisons de ce dessein. Il nous eust esté difficile ou inutile, à M. de Fieubet et à moy, de le combattre, par l'espèce d'engagement où est M. de Chaulnes; Nous l'avons fait convenir néanmoins que, si le Roy vouloit bien se contenter sur cela de la bonne volonté des Estats, ce seroit bien le mieux pour la province, et que le mérite de M. de Chaulnes auprès du Roy n'en seroit pas moindre. Il dépendra de vous de disposer l'esprit du Roy suivant ce que vous croirez le plus convenable. S'il m'estoit permis de parler sur telle matière, je croirois le second parti bien meilleur que tout autre, car, outre que la dépense est grande et que tous les avantages que vous procurez à la province s'évanouiront par ces dépenses extraordinaires, il me paroist quelque chose à dire dans la manière dont le projet a esté concerté.»

* Voir les lettres de M. de Fieubet et du duc de Chaulnes (1er et 4 août), et l'instruction donnée aux commissaires du Roi, datée du 27 juin.

198. *M. de Gourgue, intendant à Limoges,*
au Contrôleur général.

17 Août et 10 Octobre 1685.

Les tenanciers de la baronnie de Ruffec demandent à être déchargés, suivant leurs anciens titres d'affranchissement, des *bians* et corvées auxquels prétendent le duc et la duchesse de Saint-Simon.

Le procureur fiscal et le juge les ont poursuivis avec la dernière rigueur, sous prétexte de rébellion; ils en ont condamné plusieurs, par contumace, au bannissement; les sergents ont fait manger un homme par leurs chiens, et ce crime est resté impuni, tous les officiers y étant intéressés. Tout le pays d'ailleurs est hors d'état d'acquitter les impositions.

199. *Les Consuls et Viguier de Beaucaire*
au Contrôleur général.

19 Août 1685.

Ils se plaignent de la conduite des commis des fermes à l'égard des marchands de Catalogne et de Roussillon venus à la foire; les droits nouveaux qu'ils ont exigés, tels que celui de la *douane de Lyon*, les frais qu'il faut faire pour obtenir les expéditions et quittances, et enfin la mauvaise organisation des bureaux, réduisent à peu de chose les avantages de la franchise.

200. *M. Foucault, intendant en Béarn,*
au Contrôleur général.

27 Août 1685.

«Je suis persuadé que les bons témoignages qu'il vous a plu rendre au Roy de mon zèle pour son service, n'ont pas peu contribué à obliger S. M. de jeter les yeux sur moy pour remplir la place de M. de Basville, en Poitou, et je ne puis assez vous en témoigner ma reconnoissance.

«Les affaires que je laisse icy sont fort avancées : à l'égard de celles de la religion, il ne reste que trois à quatre cents personnes de la R. P. R. dans la province, qui sont dispersées et qui ne viendront à l'Église que les unes après les autres. Je viens présentement d'assister à l'abjuration du sieur d'Harigrand, ministre sans contredit le plus considéré de la province par son éloquence et par sa capacité; il a quatre-vingt-cinq ans et presche avec la mesme vigueur qu'il faisoit il y a cinquante ans qu'il fait la fonction de ministre. Il y avoit longtemps que je travaillois à le ramener à l'Église, et il m'est venu trouver ce matin, avec son gendre, pour faire son abjuration. C'est assurément une des meilleures acquisitions que l'Église pust faire, et il est bien important qu'il plaise à S. M. luy accorder une pension un peu considérable. Il doit aujourd'huy rendre raison des motifs de sa conversion devant plusieurs gentilshommes qui m'avoient demandé quinze jours pour se faire instruire, et qui doivent se déterminer sur la religion qu'ils veulent professer; le terme estant échu hier, j'espère que la plus grande partie se convertira.

«Pour ce qui regarde les affaires du domaine, je faisois estat de les finir avant trois mois, ne restant qu'un très-petit nombre d'aveux et de dénombremens à recevoir, et le papier terrier estant presque entièrement achevé.

«Reste la liquidation des dettes des communautés, à laquelle les affaires de la religion, qui m'ont occupé tout entier depuis mon retour de Paris, ne m'ont pas permis de vaquer. Ainsy, cette commission, qui est encore en son entier, donnera de l'occupation à M. de Vaubourg, auquel je laisseray les papiers qui regardent les affaires publiques et particulières de son employ qui ne sont pas terminées.»

201. *M. Faultrier, intendant en Hainaut,*
au Contrôleur général.

1er Septembre 1685.

Mémoire sur l'état des chemins publics.

Ils sont, en général, dans des conditions si déplorables que des réparations ne suffiraient pas et qu'il faudrait plutôt les refaire en entier; les communications sont devenues impossibles presque partout, non-seulement pour les voitures, mais même pour les cavaliers.

Cet état de choses est encore rendu plus intolérable par la multiplicité des droits que chaque petit seigneur s'est arrogés, comme *chaussages*, *péages* ou *vinages*, si bien que le même paysan paye trois ou quatre droits pour le même transport. Le Roi en lève autant de son côté, mais il ne fait pas mieux entretenir les chemins que ne font les autres seigneurs, quoique les droits semblent n'avoir été établis que pour cela dans l'origine.

Si les propriétaires ne veulent point se charger de l'entretien, l'occasion est bonne pour supprimer tous les droits. Quant à la grande dépense que nécessiteraient de semblables travaux, il n'y aurait qu'un moyen réellement praticable, ce serait d'y employer le revenu des terres seigneuriales, comme celles d'Avesnes, Chimay et Beaumont, en rejetant sur le seigneur haut justicier l'obligation de réparer les chemins, puisque les péages se lèvent à son profit.

202. *M. de Morangis, intendant à Caen,*
au Contrôleur général.

5 Septembre 1685.

«Je crois estre obligé de vous rendre compte de la cérémonie qui se fit hier icy. Messieurs de la ville de Caen avoient choisi le jour de la naissance du Roy pour y élever, dans la grande place, la statue de S. M. L'Université fit le matin une procession magnifique, où M. l'évesque de Bayeux, avec tout le clergé de la ville, assista. La messe fut chantée en musique, et le recteur y prononça, en latin, un éloge du Roy très-éloquent. Le soir, il y eut *Te Deum* en l'église des Jacobins, et un panégyrique du Roy en françois. Tous les corps de la ville y assistèrent, et ensuite on se rendit sur la place, où la bourgeoisie estoit en armes. On mit le feu aux cris de : Vive le Roy! et l'artillerie du chasteau y répondit. Aussitost que la nuit fut venue, on tira un fort beau feu d'artifice, et la place fut toute illuminée, et ensuite toutes les rues furent éclairées de lanternes et de feux devant chaque porte, où le peuple avoit fait dresser de grandes tables. Enfin, on ne peut témoigner plus de zèle pour le Roy que le peuple de Caen en a marqué en cette occasion, et l'Université et l'hostel de ville se sont engagés d'en renouveler la feste tous les ans, le jour de la naissance du Roy*.»

* Voir, au 25 août et au 10 septembre 1684, les lettres par lesquelles on avait consulté le contrôleur général sur le projet d'élever cette statue. — Les États de Languedoc demandèrent aussi la permission d'imiter cet exemple, mais le Roi ne l'accorda point. (Lettre de M. de Fieubet et mémoire des États, 7 novembre 1685.) Voir d'ailleurs, à ce sujet, la lettre reproduite plus loin, 6 décembre 1685. — En Béarn, les États votèrent aussi l'érection d'une statue, et, «quoyque le monument ne pust pas estre considérable,» le Roi leur laissa la liberté d'agir à leur gré. (Lettre du contrôleur général, 15 octobre 1687.)

Les États de Provence avaient devancé ceux de Béarn par une décision semblable. (Lettre à M. de Grignan, 21 décembre 1686.)

203. *M. de Ris, intendant à Bordeaux,*
au Contrôleur général.

8 Septembre et 27 Octobre 1685.

Rapports sur le département des tailles.

Dans la répartition des diminutions accordées par le Roi, il a semblé juste, et même conforme aux intentions du Roi et du ministre, de ne pas suivre toujours les tarifs et abonnements des pays de taille réelle, mais bien d'avoir égard aux accidents ou aux charges dont chaque paroisse avait plus ou moins souffert; sans cette attention, les pays malheureux ne pourraient jamais sortir de leur misère.

Quant à l'emploi des porteurs de contraintes, dont l'usage est ancien et généralement préféré pour le recouvrement des tailles, on ne pourrait en faire la suppression que peu à peu et substituer à mesure l'emploi des huissiers. Dans le commencement, les receveurs particuliers s'en plaindraient, car ils trouvent des avantages dans la voie du logement effectif, et même des bénéfices pour leurs commis, ce qui les dispense de leur donner des gages. Il arrive même souvent que les porteurs de contraintes se font nourrir chez les redevables, outre la solde entière qu'ils prennent; mais tous ces abus sont difficiles à prouver, et les conventions entre les uns et les autres sont tenues très-secrètes. Il faudrait donc, tout en annonçant l'intention formelle du ministre, commencer par un essai dans les élections les plus rapprochées de Paris et les moins difficiles*.

Une grande partie des abus signalés dans le recouvrement des impositions proviennent de ce que les élus se dispensent de faire leurs chevauchées et ne veulent marcher et faire leurs procès-verbaux qu'autant qu'ils sont payés.

* Voir, dans la lettre du 27 novembre suivant, les détails d'une expérience de ce genre tentée antérieurement, par l'ordre de Colbert. — L'imposition du département montait à 3,034,763#, sur quoi vingt-deux porteurs de contraintes et trente-deux archers firent, en 1685, 28,513# 19 s. de frais. — Voir aussi la lettre du 1er décembre, au sujet des accusations portées contre le receveur des tailles de Périgueux.

204. *M. de Gourgue, intendant à Limoges,*
au Contrôleur général.

19 Septembre 1685.

«Les troupes commandées pour loger dans cette généralité m'ont obligé de venir à Saint-Jean-d'Angely, où j'ay fait le département des tailles, et où je tasche de ramener dans le bon chemin par des exhortations et des conférences nos frères égarés. Il y en a, depuis cinq jours, quatre mille convertis, tant sur ma route qu'à Saint-Jean et Taillebourg. Il y en avoit beaucoup que j'avois, l'année passée, taxés d'office, à cause de leur religion, lesquels, s'estant convertis, ne seront pas taxés de mesme, car j'espère que, cette année, il n'y aura plus de collecteurs huguenots*.»

* Dans la lettre du 11 septembre, M. de Gourgue annonce l'arrivée de M. d'Asfeldt et de ses dragons «pour inviter ceux de la R. P. R. à songer à leur salut.» — D'après une autre lettre du 29 octobre, tout ce pays était dans la plus profonde misère; le paysan se nourrissait de châtaignes et de raves et ne donnait à ses bestiaux que de la fougère en place de foin. Voir une lettre du 23 mars et un placet du curé des paroisses de Boussac et du Buis près Limoges.

205. *M. Chauvelin, intendant à Amiens,*
au Contrôleur général.

24 Septembre et 18 Octobre 1685.

Conflit de juridiction entre la Cour des aides et l'intendant, au sujet d'une ordonnance rendue par celui-ci en matière de rejet d'imposition; rébellion des collecteurs contre les habitants et l'huissier envoyé par l'intendant, etc.

206. *M. de Marillac, intendant à Rouen,*
au Contrôleur général.

5 Octobre 1685.

«Un peu avant que je sois parti pour venir à Paris, j'ay vu une épouvante extrême que les marchands de la R. P. R. ont prise du logement des gens de guerre, sur un bruit qui s'est répandu qu'il en venoit. Cela les a portés à vendre leurs meubles, à retirer leur argent et à faire cesser une manufacture de sucres. Sur cela, j'ay fait assembler les chefs de famille des premiers de ceux de cette religion, je leur ay dit ce que j'ay cru qui pouvoit les rassurer. Cependant ils ont interprété mon discours à contre-sens, et ils se sont figuré que je les voulois amuser de paroles pour les mieux surprendre, et ils n'ont eu qu'une plus forte appréhension. Cela m'a obligé de concerter avec Messieurs du Parlement une conduite qui est suivie, qui arreste quelques-uns; mais cela n'empesche pas qu'ils ne vendent en secret et qu'ils ne recèlent leurs meubles, et que les manufactures ne diminuent. Cela m'a donné lieu de parler à des marchands catholiques, entre autres, au sieur Asselin, et au sieur Legendre, nouveau converti, qui sont gens puissans. Ils m'ont dit qu'ils se chargeroient de relever toutes les manufactures de sucres, et de faire toutes les avances qu'il faut faire pour cela, qui sont considérables, pourvu qu'il plust à S. M. de réduire le droit de 50 sols qui est sur les sucres de Rouen et qui ruine ce commerce. Vous avez déjà beaucoup ouy parler de cela, et, après avoir bien examiné l'affaire, je croirois que l'on devroit réduire les 50 sols à 30; mais, comme cela obligeroit à des diminutions à l'égard des fermiers qui ont ce droit dans leurs baux, j'ay fait convenir ces gros marchands que, pendant le reste de ce bail, ils payeroient les 50 sols, pourvu qu'il plust au Roy les réduire à 30 pour le prochain bail. Je crois qu'il est important de soutenir ces manufactures, qui employent des ouvriers qui, estant vacans, passent dans les pays étrangers, et ils y portent ces mesmes manufactures au préjudice du royaume, comme on l'a vu, les années précédentes, depuis les nouveautés qu'on a introduites, pensant établir des manufactures et des commerces en France, qui n'y estoient pas. Mais le plus grand secret est de laisser toute liberté dans le commerce; les hommes s'y portent assez par leur intérest, et il n'y a qu'à soutenir et faciliter les manufactures établies. Jamais elles n'ont si fort dépéri dans le royaume, et le commerce aussy, que depuis qu'on s'est mis en teste de les augmenter par des voyes d'autorité. Vous ferez toutes réflexions qu'il vous plaira sur cela, après le compte que je vous en rends.»

---

207. *M. de Bâville, intendant en Languedoc,*
au Contrôleur général.

15 et 19 Octobre 1685.

«J'ay esté, depuis que je suis entré dans la province, dans un mouvement si rapide pour les affaires de la religion, qu'il n'y a pas eu moyen de penser à d'autres..... Je crois pouvoir vous mander présentement la conversion de tout le Languedoc; du moins, les Cévennes sont entièrement converties. Il n'y a pas un lieu un peu considérable où je n'aye esté avec M. le duc de Noailles, et tout s'est converti à son arrivée. Il n'y a point aussy de paroisse qui n'ayt esté bien nettoyée..... Voilà un grand ouvrage; mais, en vérité, il ne faut pas encore le croire entièrement consommé. Il demande bien des soins. Il est question de gagner les cœurs, et de faire comprendre à ce grand nombre de convertis qu'ils ont bien fait de prendre ce parti, qu'ils n'ont pris que par une obéissance aveugle aux ordres du Roy. Ils m'ont paru fort disposés à recevoir l'instruction et la souhaiter ardemment; mais tout nous manque icy, évesques, prestres, curés, églises..... Celles des Cévennes ne sont pas plus grandes qu'une fort petite chambre; elles sont très-vilaines et très-obscures, et dénuées de tout. Dans les lieux où il y a jusqu'à cinq ou six mille convertis, il n'y avoit il y a un mois que sept ou huit familles et un misérable prestre, vicaire perpétuel à 200 # de pension, ignorant et souvent débauché. Je vous écris un mot de toutes ces misères afin que vous portiez le Roy à nous donner des fonds..... estant bien persuadé qu'il y va de la gloire de Dieu, du service du Roy et du bien de l'Estat que ces nouveaux convertis soient bien confirmés dans la religion qu'ils viennent d'embrasser*.»

* Voir, sur le même sujet, les lettres du 11 novembre, du 1er et du 4 décembre. Celle du 1er décembre est accompagnée de plusieurs mémoires relatifs à l'instruction des nouveaux convertis et à l'amélioration du traitement et de la condition des vicaires et prêtres : proposition de porter le traitement de ces derniers à 300 #, aux dépens des chapitres, des abbés ou des évêques.

---

208. *Les Officiers de la Chambre des comptes de Dôle*
au Contrôleur général.

23 Octobre 1685.

Ils protestent contre la permission obtenue par le marquis d'Yenne, d'établir un fourneau pour la fonte du fer dans la terre de Saint-Loup.

Ils demandent la création d'un procureur général pour suivre au nom du Roi les affaires de cette nature*.

* Voir leurs mémoires (3 juillet et 14 août) et, à la date du 6 janvier suivant, un long rapport de l'intendant sur la nécessité de faire cette création et sur le peu de valeur des réclamations présentées par le procureur général du Parlement de Besançon.

---

209. *M. Chauvelin, intendant à Amiens,*
au Contrôleur général.

24 Octobre 1685.

«Messieurs des fermes ont mandé à leurs commis de faire arrester ceux de la R. P. R. qui passeroient en pays étranger, de se saisir de leurs meubles et hardes et d'en dresser des procès-verbaux pour en poursuivre la confiscation devant les juges des traites. En exécution de cela, on fouille ceux que l'on arreste, et l'on leur prend tout leur argent et jusques aux moindres hardes, de sorte que, quand ils sont en prison, ils n'ont pas de quoy avoir du pain. J'ay cru que l'intention du Roy estoit que l'on saisist les ballots où seroient leurs meubles et leur argent, mais non pas les paquets qui ne contiennent que les hardes dont ils se servent journellement, ni le peu d'argent qu'ils portent sur eux.

«A l'égard de la confiscation que Messieurs des fermes ordonnent à leurs commis de poursuivre devant les juges des traites, il y a de la difficulté, car, cette confiscation n'estant pas fondée sur ce que ces gens-là ayent voulu frauder les droits des traites, mais seulement sur leur évasion hors du royaume, il semble que la confiscation ne se peut adjuger que par les mesmes juges qui font le procès à la personne et qui la condamnent suivant la rigueur des ordonnances faites contre ceux qui sortent du royaume. Autrement, il pourroit arriver que les juges des traites ordonneroient la confiscation, et que les juges du domicile de ces gens-là, auxquels nous avons ordre de les renvoyer pour leur procès leur estre fait, pourroient les absoudre*.

«Nous avons eu des prisonniers qui ont demandé à se faire instruire et qui se sont convertis; en ce cas-là, je ne sais si le Roy trouvera bon que l'on les mette hors des prisons et que je leur fasse rendre leurs meubles, ballots et hardes qui auront esté saisis**.»

* Par une lettre du 4 juillet 1686, à M. Lebret, intendant à Lyon, le contrôleur général ordonne que les deniers provenant de la confiscation des effets des religionnaires soient versés entre les mains des intendants sans passer par celles des receveurs du domaine. Par deux autres lettres du 20 septembre et du 17 octobre de la même année, à M. de Miroménil, il est dit que le Roi accorde aux fermiers du domaine un tiers de la confiscation des religionnaires condamnés, mais qu'ils ne doivent prétendre à rien avant la condamnation, et que la régie des biens confisqués sera confiée provisoirement à des personnes choisies avec soin dans chaque localité. Enfin, le contrôleur général écrit le 10 juillet à Mme de Guise, que, l'intention du Roi étant d'employer les biens des consistoires à des œuvres pieuses, il ne saurait en faire don à personne.

** A cette lettre est jointe la copie d'un avis envoyé de Saint-Quentin à l'intendant, le 18 septembre : «Ceux de la R.P.R. font icy un grand remuement pour la cessation de leur commerce : les exemples des provinces éloignées ont si fort jeté la terreur dans leurs esprits, qu'ils prennent toutes sortes de précautions pour assurer leur bien et le porter dans les endroits où ils ont la liberté de leur religion. Depuis huit jours, trois des plus forts marchands de ces religionnaires ont tiré de cette ville, tant en argent qu'en marchandises, pour plus de 200,000^tt^; une bonne partie a pris le chemin du Cateau et de Cambray..... Comme nostre commerce ne se fait, pour la meilleure partie, que par ceux qui se retirent, nostre ville en souffrira beaucoup, s'il n'y est pourvu. Les moyens n'en sont point à proposer aux ministres; ils savent bien mieux que nous ne pouvons penser ce qui doit estre fait.» — Voir une lettre de l'intendant de Soissons, en date du 29 novembre, et une réponse du contrôleur général à M. de Morangis, intendant à Caen, du 2 janvier 1686.

---

210. *M. de Marillac, intendant à Rouen,*
au Contrôleur général.

26 Octobre 1685.

«Je dois vous remercier de l'avis que vous eustes la bonté de me faire donner de revenir en cette ville, puisque vous voyiez les ordres importans que j'y devois recevoir et que je ne croyois pas si proches. J'ay eu beaucoup de joye de recevoir ce glorieux édit de suppression de celuy de Nantes et de voir que je ne m'estois pas si fort trompé qu'on avoit cru au choix des moyens de parvenir à un aussy grand ouvrage, et qu'enfin j'avois bien connu ceux de la R. P. R. Je ne doute pas que, comme vous m'accordez vostre protection, vous n'ayez la bonté de me rendre de bons offices dans les occasions que les affaires du temps peuvent faire naistre.»

---

211. *M. de Marillac, intendant à Rouen,*
au Contrôleur général.

5 et 28 Novembre 1685.

«L'arrivée du régiment des cuirassiers en cette ville, qu'on a logé chez les gens de la R. P. R., a fait un si grand mouvement depuis trois jours, que j'ay esté entièrement occupé à recevoir et à donner ordre à des plaintes, et à faire faire des abjurations.....

«Les conversions sont presque achevées..... J'ay reçu ordre de M. de Louvois de répandre le régiment des cuirassiers dans le plat pays. Ces mouvemens de trois régimens, qu'on avoit envoyés pour les conversions, et dont j'ay prié qu'on en retirast deux, ont cousté aux lieux de passage et aux quartiers où ils ont séjourné, outre ce qu'ils ont dépensé aux gens de la religion, qui d'ailleurs ont négligé leurs affaires, ont vendu de leurs effets et ont interrompu leur commerce. Je feray tout ce qui dépendra de moy pour le rétablir*.»

* M. de Morangis avait écrit de Caen, le 4 octobre précédent, que, malgré les bons résultats des taxes d'office, on ne pouvait espérer une conversion générale que par l'effet de l'arrivée des troupes.

---

212. *M. Chauvelin, intendant à Amiens*
au Contrôleur général.

15 Novembre 1685.

Jugement rendu contre deux commis et deux gardes des gabelles; libelle répandu dans les campagnes par l'un des condamnés, sous forme d'appel aux paroisses de son département.

---

213. *M. de la Fond, intendant en Franche-Comté,*
au Contrôleur général.

18 Novembre 1685.

Il rend compte de l'état de la généralité.

La justice est bien rendue dans les bailliages. Les petites villes se gouvernent bien aussi, et, pour les maintenir dans cette voie, on a fait un exemple sur cinq particuliers de Lons-le-Saunier qui s'étaient engagés à se faire élire maires tour à tour; tous les cinq ont été déclarés incapables de rentrer dans le corps de ville pendant dix ans, et un nouveau Magistrat a été composé des plus honnêtes bourgeois, avec mission de rendre la justice à chacun et de soulager surtout les pauvres dans les fréquents passages des gens de guerre.

De fréquentes tournées de l'intendant et des mesures sévères répriment le libertinage des troupes.

La diminution de 30.000^tt^ accordée par le Roi a permis de soulager les pays grêlés, sans surcharger les autres, et en même temps elle a fait connaître la bonté du Roi à la province, qui n'osait y compter.

«Ces soulagemens font un grand bien; les habitans estant de nouveaux sujets de S. M., s'estoient persuadé que jamais ils n'auroient de diminution; ils connoissent la bonté du Roy, ce qui les encourage, et je puis assurer qu'il n'y a province dans le royaume qui payera ses charges, à l'avenir, avec plus de soumission.....

«Les habitans ne sont point dans la pauvreté. On ne peut point dire qu'ils soient riches; ils mangent du pain, de la viande, boivent du vin, sont couchés et bien vestus; c'en est assez pour ces sortes de gens. Ceux de la montagne du costé de Saint-Claude sont plus sobres, ne mangent que du pain avec du petit-lait; mais ils sont accoustumés à cette manière de vivre dès leur enfance, et leur sobriété, avec ce qu'ils sont plus laborieux, fait qu'ils ont plus d'argent. Voilà l'estat de cette province, que l'on peut dire estre en bon estat.»

214. *M. Marieu, subdélégué à l'intendance de Luxembourg,*
au Contrôleur général.

21 Novembre 1685.

Il sollicite pour les habitants de Luxembourg le payement des gages ou rentes qu'ils possèdent sur le domaine et qui leur sont nécessaires pour relever leurs maisons; pour les habitants des environs, qui ont été contraints de se retirer sur les terres de France quatre ou cinq mois avant le siége et qui n'ont pu ensemencer leurs terres, ni soustraire aux soldats ce qu'ils possédaient, il demande la remise de leurs redevances, qu'ils seraient incapables d'acquitter.

215. *M. Lebret, intendant en Dauphiné,*
au Contrôleur général.

24 Novembre 1685.

«Le sieur Vial, ancien trésorier de France au bureau des finances de cette généralité, est parfaitement honneste homme, et sa conversion me paroist sincère, l'ayant vu plusieurs fois à la messe depuis qu'il a fait abjuration; mais je ne crois pas qu'il soit à propos de luy rendre les employs dont il n'a esté privé qu'à cause de sa religion, en estant d'ailleurs très-capable, avant que la dame sa femme, qui est extraordinairement entestée de l'hérésie et que nous n'avons pu mettre à la raison jusqu'à présent, quoyque nous l'ayons exilée à cinq ou six lieues de cette ville, n'ayt suivi son exemple*.»

* Voir une lettre écrite par M. de Bâville (Poitiers, 23 février) en faveur d'un ancien receveur des tailles de Châtellerault, revenu d'Angleterre et converti à la religion catholique.

216. *M. de Ris, intendant à Bordeaux,*
au Contrôleur général.

13 Décembre 1685.

Rapport sur les plaintes portées par les marchands de vins de Gascogne contre les fermiers, au sujet d'un droit que ceux-ci lèvent sur le vin du haut pays, indépendamment des droits de grande et de petite coutume, et sans autre titre d'ailleurs qu'une ancienne transaction.

L'intendant propose deux voies pour terminer cette contestation : l'une, d'achever le tarif des droits de la comptablie, dont la préparation a été arrêtée par la mort de M. Colbert; l'autre, d'établir que le marchand déclarera lui-même le prix de sa marchandise, et que, s'il l'estime trop bas, les fermiers pourront la lui prendre suivant son appréciation, expédient pratiqué en Hollande.

217. *M. de Vaubourg, intendant en Béarn,*
au Contrôleur général.

13 et 16 Décembre 1685.

Il appelle l'attention sur les délibérations et les actes des États, que l'absence du duc de Gramont a laissés sans direction et qu'il serait peut-être utile d'abréger.

Ils ont ordonné au fermier du domaine de cesser toutes poursuites pour le payement de certains droits dont plusieurs communautés se prétendent exemptes, et particulièrement du droit de *capsos* (lods et ventes), dû par les héritages qui relèvent de la censive du Roi. Ils ont même offert 100,000#, et donneraient plus encore, pour que le fermier cédât son bail à un arrière-fermier de leur choix.

Ils sont aussi fort opposés à l'arrêt qui prescrit l'emploi du parchemin timbré, au lieu de papier, pour les expéditions des greffiers et notaires, etc.*

* Voir plusieurs pièces de la correspondance de l'année 1686.
Le contrôleur général écrit, le 15 octobre 1687, à M. Feydeau du Plessis, successeur de M. de Vaubourg, que le Roi ne permettra jamais aux États de prendre la ferme des domaines pour un fermier de leur choix, c'est-à-dire pour eux-mêmes, «parce que cela osteroit la connoissance des droits du domaine, qui se confondroient et se perdroient insensiblement.»

218. *M. de Creil, intendant à Moulins,*
au Contrôleur général.

18 Décembre 1685.

«J'avois songé à un expédient pour empescher les troupes d'exiger plus de billets de logement qu'il ne leur en faut, qui est, à chaque lieu de passage, de faire mettre par le consul, à costé de son article, sur la route originale que porte l'officier : *passé*, pour tant d'officiers, tant de cavaliers, etc. Ainsy, les petits lieux où il n'y a que des paysans, et dans lesquels les troupes font ce qu'il leur plaist, ne donneroient plus des billets au par-delà des hommes effectifs et se pourroient régler sur les villes, où y ayant plus d'ordre et quelquefois mesme des commissaires, les revues sont plus exactes..... Je ne puis icy omettre que les huit compagnies de cavalerie du régiment de

Saint-Aignan et les trois de dragons du Colonel général, quelque soin que je prenne et quelques ordres que je donne, cousteront à cette province près de 40,000 écus, si le quartier d'hiver dure jusqu'à la fin d'avril. C'est un préparatif pour vous demander de la diminution dans les tailles pour l'année prochaine. Sans la rareté des fourrages, le quartier d'hiver n'auroit pas esté à la moitié*.»

* M. de Creil travailloit avec succès aux conversions : M. de Louvois écrit, le 26 octobre 1685, à M. de Saint-Pouange que, grâce aux exhortations de l'intendant et aux aumônes du Roi, la ville d'Aubusson a abjuré presque tout entière, mais qu'il faudra y répandre encore de l'argent pour compenser le départ de plusieurs manufacturiers qui se sont retirés à Paris. (Copie jointe à la correspondance de l'intendant.)

219. *M. de Marillac, intendant à Rouen,*
au Contrôleur général.

19 Décembre 1685.

«J'ay envoyé l'arrest pour faire remettre dans tous les greffes des siéges royaux les registres des contrôles et je tiendray la main à son exécution; c'est une pensée utile et digne d'un ministre comme vous, qui veille au bien public.

«J'ay reçu les projets du tarif des droits d'aydes, sur lesquels vous souhaitez qu'on travaille pour en arrester un..... Mais vous me permettrez de vous dire que les droits sont assez connus, et que les difficultés qui arrivent entre les commis et les peuples ne viennent pas de l'incertitude des droits, mais de deux choses qu'on ne peut régler par un tarif. L'une est l'incertitude du prix des boissons, sur le prix de la vente desquelles le droit est levé. L'autre est l'incertitude de la contenance des vaisseaux et la différence de leur contenance à celle du muid de Paris, qui fait que les commis et les peuples tombent en contestation sur l'excédant de jauge. Je ne sais point de remède à cela; c'est un mal nécessaire. Si tous les vaisseaux estoient de mesme contenance et qu'on fixast le droit, ce seroit le plus grand bien du monde pour les peuples, mais il est certain que la ferme en diminueroit considérablement. C'est ce que j'ay trouvé par l'examen que j'en fis l'année dernière. Que si S. M. vouloit un jour se résoudre à cette diminution, il est certain qu'elle donneroit un soulagement notable au plat pays, et les fruits qui produisent les boissons en augmenteroient de valeur*.»

* Voir, sur le même sujet, le commencement de la lettre de M. de Creil (Moulins, 18 décembre).

220. *M. de Harlay, intendant en Bourgogne,*
au Contrôleur général.

20 Décembre 1685.

«Je crois que vous avez été bien informé du désordre qu'avoit causé dans le pays de Gex le mouvement qui s'est fait dans le reste du royaume pour la conversion de tous les sujets du Roy de la R. P. R., et qu'il y a quelques mois que tous les habitans de ce petit pays, qui estoient tous religionnaires, désertèrent tout d'un coup, dans la crainte que l'on leur donna assez mal à propos, et la terreur panique qu'ils prirent encore avec moins de fondement, de la prompte arrivée des dragons. Cette désertion, presque générale, fut accompagnée et suivie de l'enlèvement de tout l'argent, meubles, grains, fourrages et bestiaux du pays, qui ne furent que trop bien reçus à Genève et en Suisse.

«Cependant, on a depuis si heureusement rétabli la confiance et rassuré les esprits du pays de Gex, que la plupart des fugitifs y sont non-seulement retournés, mais s'y sont convertis jusques au nombre de près de six mille, sur huit mille ou environ qu'il pouvoit y avoir en tout de gens de la R. P. R.

«Mais il est encore arrivé, depuis cet heureux changement (qui a esté fait sans troupes), que la plupart de ces nouveaux convertis, ayant voulu retirer de Suisse ou des terres de Genève ce qu'ils y avoient porté dans le temps de leur épouvante, ils n'ont pu en venir à bout pour la plus grande partie, leurs effets y ayant esté vendus à vil prix, enlevés ou détournés, ce qui leur est d'un préjudice très-considérable.

«D'ailleurs, les absens, fugitifs ou déserteurs, encore en assez grand nombre, et qui ne sortent pas des terres de Genève et des frontières du pays de Vaux, ayant vu les conversions qui se sont faites dans le pays de Gex, en ont conçu tant de rage que nous recevons souvent nouvelle de quelque course qu'ils y ont faite, dans laquelle ils ont blessé ou tué quelqu'un et bruslé quelques granges. J'en ay rendu compte à MM. de Chasteauneuf et de Croissy, mais je me donne l'honneur de vous en informer encore, parce que j'estime que toutes ces différentes agitations ont mis ce petit pays hors d'estat de payer la taille, que nous venons d'imposer et dont le premier quartier sera néanmoins exigible au mois de janvier prochain. En sorte que j'oserois vous proposer, comme chose presque nécessaire, d'y accorder quelque surséance, en attendant mieux, et je crois que, si le Roy avoit la bonté d'y donner une décharge entière de la taille pendant deux ou trois ans seulement, rien ne seroit plus capable d'y rétablir la tranquillité, et de faire non-seulement retourner dans l'Église et dans le pays tous les fugitifs ou déserteurs qui le persécutent, mais d'y attirer encore plusieurs étrangers voisins pour le repeupler et en faire valoir les terres, d'ailleurs assez bonnes et assez fertiles. Cette remise ne seroit pas d'une grande conséquence, la taille entière du pays, tant ordinaire qu'extraordinaire, ne montant en tout qu'à onze mille et tant de livres par chacun an.»

221. *Le Contrôleur général*
à M. de Chaulnes, lieutenant général en Bretagne.

1er Janvier 1686.

«J'ay rendu compte au Roy de la lettre que vous m'avez fait l'honneur de m'écrire du 26 du mois passé, par laquelle S. M. a vu toute l'application que vous avez donnée aux affaires de la religion, qui ont si bien réussi. Vous en donnez encore à l'exécution des délibérations des derniers Estats. J'avois différé de ma part à y donner aucune attention, sur ce que nous estions convenus, M. de Fieubet et moy, que nous attendrions vostre retour pour en parler..... Je feray rapport samedy, devant le Roy, du dernier contrat des Estats.....»

222. *Le Contrôleur général à M. de Marillac, intendant à Rouen.*

10 Janvier 1686.

«..... S. M. désire que vous examiniez quels sont les revenus ordinaires et extraordinaires de l'hospital de Rouen, et à quoy en monte la dépense, et que vous proposiez les moyens de pouvoir augmenter les fonds; mais S. M. désire encore que vous excitiez autant que vous pourrez les magistrats et principaux habitans de la ville d'y contribuer de leur costé, en leur faisant entendre que c'est une charge nécessaire et dont ils ne peuvent se dispenser de porter la plus grande part*.»

* Même avis à M. de Nointel, pour l'hôpital de Loudun, et à M. de Bezons, pour celui de Dourdan.

223. *M. de la Berchère, intendant à Montauban, au Contrôleur général.*

16 Janvier 1686.

Il n'est point exact que les receveurs des tailles fassent payer aux collecteurs les intérêts à raison de dix-huit deniers pour livre, lorsqu'ils ne satisfont pas au premier commandement; mais il y a des communautés qui empruntent au denier seize pour payer deux ou trois quartiers de la taille, et c'est un abus qu'il faudrait arrêter, quoiqu'on prétende que les contraintes, faute de payement, seraient encore plus onéreuses.

224. *Le Contrôleur général à M. de Bérulle, intendant en Auvergne.*

17 Janvier 1686.

«Lorsque je vous ay mandé que le Roy trouvoit bon que, pour faciliter l'assiette des tailles, vous vous fissiez informer par quelques personnes sûres et fidèles de la force des paroisses et des facultés de ceux qui les composent, l'intention de S. M. n'a point du tout esté que vous commissiez pour cela publiquement une personne, encore moins que vous luy donnassiez un pouvoir ni un caractère particulier à cet effet. Ce doit estre simplement un homme digne de confiance, qui aura des relations avec vous pour vous rendre compte du détail de toutes choses. Il sera mesme bon de choisir pour cela, autant qu'il se pourra, des gens de dessus les lieux, parce qu'ils auront une connoissance plus certaine et que cela fera moins d'éclat. Sur ce pied, vous jugez bien que le Roy ne compte pas de donner des gages ni des appointemens.»

225. *M. de Vaubourg, intendant en Béarn, au Contrôleur général.*

17 Janvier 1686.

«Vous m'avez fait l'honneur de me marquer que j'eusse à vous donner mon avis sur l'établissement du tabac dans le pays de Soule. Pour y satisfaire, je me suis informé fort exactement de la consommation qui s'en fait actuellement dans ce petit pays, lequel n'est composé que de soixante et douze villages, et j'ay reconnu que tout ce qui s'en vend ne monte pas à plus de 400 ou 500 ᵗᵗ, année commune; que deux marchands de la petite ville de Mauléon, chef-lieu du pays, font ce commerce; qu'ils achètent à Bayonne tout ce qu'ils en revendent; que les travailleurs du pays qui vont en Espagne peuvent encore en rapporter quelques paquets, lesquels se distribuent entre les gentilshommes et autres principaux habitans, et dont il est difficile de pouvoir dire au juste la quantité; et que le tout ensemble, supposé mesme qu'on pust empescher l'entrée de ce qui s'apporte d'Espagne, ce qui est très-difficile, pour ne pas dire impossible, pourroit tout au plus donner au fermier un profit de 600 ou 700 ᵗᵗ, sur quoy il seroit obligé d'entretenir au moins deux commis. Vous voyez par là si l'établissement de ce droit vaut la peine d'estre fait dans ce pays. A quoy j'ajouteray que, si une fois le Roy prend la résolution de l'établir à Bayonne, les marchands de Mauléon estant obligés de l'acheter au bureau de cette ville, le fermier y trouvera le mesme avantage que s'il avoit des bureaux dans la Soule. Le mesme raisonnement se pourroit faire pour la basse Navarre.....»

226. *M. de Morangis, intendant à Caen, au Contrôleur général.*

19 et 28 Janvier 1686.

Adjudication des octrois de la ville de Caen; les fermiers des aides, qui avaient éloigné tous les enchérisseurs, ne se sont décidés qu'après beaucoup de difficultés à se porter adjudicataires pour trois ans, au prix de 141,000 ᵗᵗ.

«Les échevins sont contens du prix, d'autant que l'extrême disette des cidres et la retraite de beaucoup de gentilshommes et bourgeois qui se sont retirés à la campagne à cause des gens de guerre, et mesme de quelques-uns qui sont sortis hors du royaume pour la religion, sont des raisons très-suffisantes pour faire diminuer le prix des octroys. D'ailleurs, ils ont considéré que c'estoit un grand avantage pour la ville de les affermer pour trois ans, et que le véritable et ancien prix n'estoit qu'à 142,000 ᵗᵗ. Ils préfèrent mesme la régie des fermiers des aydes, parce qu'ils y sont accoustumés, et j'ay cru que, dans le mouvement que cause le changement de religion de près de cinq mille personnes, il ne falloit rien changer à l'ordre établi. Cette diminution ne porte aucun préjudice à la moitié qui appartient au Roy, puisque les fermiers la font valoir.»

227. *Le Contrôleur général à M. de Gourgue, intendant à Limoges.*

23 Janvier 1686.

«J'ay rendu compte au Roy de vostre lettre. Vous ne sauriez rien faire de plus agréable à S. M. que de vous bien appliquer à procurer aux peuples un soulagement effectif dans leur pauvreté, soit en excitant les communautés et les Magistrats des villes de pourvoir à la subsistance des invalides par la distribution de quelques aumosnes, soit en occupant les valides aux ouvrages publics qui se feront aux dépens du Roy ou des villes. Je vous ay déjà expliqué sur cela les intentions de S. M., qui est disposée à fournir les fonds nécessaires pour les ouvrages que vous jugerez pouvoir contribuer à l'augmentation du commerce dans la province*.

«Sur ce que vous proposez à l'égard des syndics qui sont soupçonnés d'avoir levé des sommes sur les peuples d'intelligence avec les officiers de dragons, la condamnation aux galères a paru un peu forte, et il semble que les peines pécuniaires soient les seules que l'on ayt coustume de prononcer en ces sortes d'occasions, à moins que les circonstances particulières n'aggravassent le crime, et c'est sur quoy je ne puis vous répondre sans en estre plus particulièrement informé. Mais prenez bien garde, s'il vous plaist, que, sous prétexte de la permission que vous avez donnée d'informer, le procureur du Roy ne fasse des frais excessifs et mal à propos aux syndics des communautés. Au surplus, M. de Louvois s'est chargé de vous expliquer la manière de faire garder une exacte discipline aux dragons qui logent dans vostre généralité**.»

* Voir les rapports envoyés par M. de Saint-Contest, successeur de M. de Gourgue, les 3 et 23 mai suivant, sur les travaux publics et les affaires extraordinaires.

** Voir les plaintes portées par l'intendant, soit contre les magistrats ou les soldats, soit contre les malfaiteurs de toute espèce dont le pays était infesté, dans les lettres du 12 octobre précédent et des mois de janvier et de février. Celles du 12 et du 14 janvier, entre autres, sont accompagnées d'informations et de pièces relatives à des cabales faites à Tulle pour l'élection du maire.

---

228. *Le Contrôleur général à M. de Motteville, premier président de la Chambre des comptes de Rouen.*

24 Janvier 1686.

Le Roi a confié le recouvrement des débets aux receveurs généraux et commande qu'ils ne négligent rien pour le hâter; mais pourtant ils doivent éviter toute vexation.

La Chambre des comptes aura droit de juridiction dans toutes les affaires relatives à ce recouvrement.

---

229. *M. Bossuet, intendant à Soissons, au Contrôleur général.*

28 Janvier 1686.

Contestation entre les habitants de Soissons et les engagistes ou propriétaires du comté, pour la fixation des droits de *grand* et de *petit avallage*, qui se lèvent sur le port, et de *stellage*, qui se prend sur les grains vendus au marché.

---

230. *M. de Marillac, intendant à Rouen, au Contrôleur général.*

29 Janvier 1686.

Les marchands de vins et de cidres du Havre, qui avaient été condamnés à payer le droit de *subvention* et qui en avaient fait une soumission générale et solidaire, se trouvent incapables de s'acquitter, par suite de l'insolvabilité ou de la mort de plusieurs d'entre eux, ainsi que de leur extrême pauvreté et surtout de la diminution de leur commerce.

L'intendant est d'avis qu'il faudrait non-seulement les décharger de la solidarité, mais même leur remettre le montant des soumissions particulières. D'ailleurs, le fermier n'aurait pas à réclamer contre cette remise, puisque le droit n'était pas établi lors de sa prise de bail.

---

231. *M. Arnoul, intendant à la Rochelle, au Contrôleur général.*

5 Février 1686.

Il propose d'enlever la juridiction de la police de la Rochelle aux officiers du présidial, pour créer une charge de juge de police en titre d'office et confier à ce magistrat la surveillance générale, et particulièrement celle des nouveaux convertis.

---

232. *Le Contrôleur général à M. de Bercy, intendant à Lyon.*

8 Février 1686.

«Le Roy veut que les affineurs qui ont fait leur soumission à la Cour des monnoyes de Lyon fournissent les matières aux tireurs d'or et ouvriers sur le pied de l'arrest, sans entrer en discussion du prix de l'achat qu'ils ont fait ou font des matières. S. M. est informée de ce qu'ils ont gagné et de ce qu'ils gagnent encore, et veut procurer toute la justice et l'avantage possibles aux ouvriers qui travaillent dans Lyon et qui soutiennent un commerce si important..... Mais, pour les raisons que les affineurs voudroient vous dire, le Roy veut que vous ne laissiez pas de me les mander en particulier et exactement, et mesme que vous me donniez part des vues que vous avez pour le bien et l'augmentation du commerce de Lyon, vous faisant observer, par un ordre exprès de S. M., qu'il faut traiter cette matière avec discrétion, pour toutes les raisons que vous concevez très-bien, estant sur les lieux*.»

* Lettres à l'archevêque de Lyon et au président de Silvecane, sur le

même sujet. — Voir une précédente lettre du 24 janvier, et celles de M. de Bercy du 9 et du 29 du même mois.

233. *M.* DE *Ris, intendant à Bordeaux*,
AU *Contrôleur général*.

9 Février 1686.

Rétablissement de la *boîte* installée, au profit de l'hôpital de Blaye, dans le bureau du receveur des droits de la comptablie. Réclamations du syndic de la ville contre l'ancien receveur, accusé d'avoir détourné à son profit les sommes versées dans cette boîte par les marchands*.

* Mémoire explicatif sur la nature de ce droit, que les marchands acquittaient en échange de certaines facilités, et qui devait s'appliquer à la subsistance de l'hôpital.

234. *Le Contrôleur général*
à M. DE *Séraucourt, intendant en Berry*.

15 Février 1686.

«J'ay vu ce que vous me mandez touchant la prétention du fermier des aydes pour la levée du *droit annuel* sur les habitans de Baugy. Il n'y a pas de difficulté à les décharger des arrérages du passé, en rendant commun avec eux l'arrest du 22 juin dernier rendu entre le fermier et les habitans de la ville de Bourges. Pour ce qui est de l'avenir, les habitans de Baugy qui ne vendent pas jusqu'à deux ou trois poinçons de vin par an prétendroient ne payer que la moitié du droit annuel, parce que ceux qui en vendent moins ne trouvent pas dans la vente de quoy payer le droit entier. Ils prétendent mesme que cela produiroit quelque avantage au fermier, en ce que, au lieu qu'en payant seulement la moitié du droit il y aura toujours cinquante paysans qui vendront chacun un poinçon de vin, il ne s'en trouvera pas cinq ou six qui vendent, si on les oblige à payer le droit en entier. Mais tout cela est un accommodement que vous pouvez ménager avec le fermier, que l'on ne peut pas, dans le fond, obliger à se désister de la levée d'un droit qui luy est acquis par l'ordonnance*.»

* Voir, joint à la lettre de M. de Séraucourt, du 31 janvier, l'arrêt rendu le 23 juin précédent en faveur des habitants de Bourges. Voir aussi les lettres du 6 mai et du 30 décembre 1684.

235. *M.* DE *Marillac, intendant à Rouen*,
AU *Contrôleur général*.

15 Février 1686.

«M. de Louvois m'a écrit en réponse d'une lettre que je luy avois écrite du Havre, sur l'instance non-seulement des bourgeois, mais de toute la noblesse des environs et des officiers de marine, pour l'établissement d'un carrosse du Havre à Rouen. Il n'y a pour toute voiture qu'une charrette de messager couverte de toile, où il pleut, et, cette voiture n'estant ni honneste ni commode, il y a beaucoup de personnes qui en souffrent. On a cy-devant voulu établir un carrosse, mais le sieur de Bray, qui a la messagerie, et la dame Blavet n'ont pu s'accommoder. Le premier n'a pas voulu souffrir que cette femme eust, comme les carrosses de voiture, un panier sur le devant, qu'ils appellent un *magasin*, où l'on porte des marchandises, et la dame Blavet n'a pas voulu établir sans cela de carrosse, ne croyant pas y faire son compte; elle n'a pas voulu céder son droit de carrosse au sieur de Bray, prétendant que, comme il a les messageries de Paris à Rouen et de Rouen à Paris, il attireroit des pratiques par ce carrosse, qui prennent des carrosses à Rouen. Enfin ils n'ont pu tomber d'accord de leurs faits, et, par cette raison de leurs intérêts particuliers, le public n'est pas servi. Je crois, puisque cela vous regarde, comme M. de Louvois me le marque, que vous aurez la bonté d'ordonner à ces gens-là de s'accommoder, et le moyen de les faire parvenir à un accommodement seroit, ce me semble, de les faire convenir par vos ordres d'un arbitre*.»

* Voir, dans la correspondance de l'intendant de Soissons, au 26 septembre 1688, un tarif arrêté entre les échevins de cette ville et les fermiers des messageries, pour le départ régulier du carrosse de Paris et le transport des marchandises.

236. *M.* CHAUVELIN, *intendant à Amiens*,
AU *Contrôleur général*.

15 Février 1686.

Il demande un arrêt pour défendre l'introduction des pièces étrangères de 4 ᵗᵗ et de 40 sols, que les juges du Boulonnais ont eu tort de favoriser par leurs sentences*.

* Le 28 février, le contrôleur général envoie l'arrêt demandé et ajoute : «Il faut agir avec beaucoup de circonspection sur le fait des monnoyes, parce qu'elles ont une entière liaison avec le commerce. Ainsy, je vous prie d'estre toujours fort attentif à tous les mouvemens que cela donne dans vostre département, et d'examiner les vues générales que l'on pourroit avoir sur ce sujet.»

Le débit des pièces de 4 ᵗᵗ et de 40 sols était entretenu principalement par les négociants de Reims, qui les recevaient de Flandre en échange de leurs vins et les passaient aux marchands de la Bourgogne. (Champagne, 15 mars.)

237. *M.* DE *Bercy, intendant à Lyon*,
AU *Contrôleur général*.

16 Février 1686.

Il accuse réception de l'arrêt qui ordonne à tous les notaires et greffiers de la sénéchaussée de Lyon, supprimés ou sortis d'exercice, ainsi qu'à leurs héritiers, et généralement à toutes personnes, de quelque qualité que ce soit, de remettre dans le dépôt public établi au Palais les protocoles, minutes et registres qui peuvent se trouver en leur possession. Il propose son secrétaire pour faire les fonctions de garde du dépôt*.

* Le 10 janvier 1688, M. de Bérulle écrit : «Après la mort des

notaires de la province de Beaujolois, leurs héritiers vendent au plus offrant, et séparément de leurs offices, les notes et le protocole du défunt. Le lieutenant criminel de robe courte de cette ville a acheté les notes d'un notaire, et a menacé un particulier, qui luy demandoit une expédition d'un contrat, d'en brusler la minute s'il ne luy donnoit tant. Il me paroist qu'il seroit très-nécessaire de rendre un arrest du Conseil portant qu'après le décès des notaires, leurs veuves ou héritiers seroient tenus de porter au plus prochain siége présidial toutes les minutes des actes que lesdits notaires auroient passés, ensemble leurs protocoles, dont lesdits héritiers et le procureur du Roy auroient chacun une clef.»

238. *Le Contrôleur général à M. de Ris, intendant à Bordeaux.*

21 Février 1686.

Réponse au sujet du droit de 8 sols par tonneau que les commis des fermes exigent des marchands de vins de Gascogne.

«J'ay entendu les fermiers, qui prétendent que ce droit fait partie de la composition qui a esté faite entre eux et les marchands pour la différence des droits de *grande* et de *petite coustume*, et mesme qu'en cette considération ils donnoient à chaque marchand composé la permission de sortir une mine de sel sans payer aucun droit d'issue; mais il y a beaucoup plus d'apparence que ce droit, comme vous me le mandez, n'a esté établi précisément qu'en considération du crédit que les commis faisoient aux marchands. Ainsy, puisque l'on a cessé de leur faire crédit, il ne paroist pas juste de continuer la perception du droit de 8 sols par tonneau, ni des 4 ₶ 10 s. par cargaison, vu particulièrement que les fermiers ne disconviennent pas eux-mesmes qu'ils n'ont aucun autre titre que l'usage pour les lever. Cependant, avant que de faire sur cela aucune défense positive, je suis bien ayse de savoir si vous estimez que cela se doive faire par un arrest et si vous ne prévoyez pas qu'il y eust quelque tempérament à garder là-dessus entre les marchands et le fermier*. Quant à ce qui regarde la perception du droit de *grande* et de *petite coustume*, la voye de tarif paroist la meilleure pour faire cesser toutes les difficultés qui se rencontrent sur cela, et c'est à quoy je vais travailler incessamment.»

* Voir, à la date du 11 mars, la réponse de l'intendant et les pièces qui accompagnent le placet des marchands. — Le contrôleur général écrit encore, le 29 mars: «Pour ne pas discréditer les fermiers, il suffit de défendre par un ordre verbal la levée de 8 sols par tonneau, et, par cette mesme raison, vous ne devez pas souffrir que les marchands poursuivent les fermiers pour la restitution du passé, cette affaire n'estant pas si exempte de difficultés qu'ils se le persuadent.»

239. *Le Contrôleur général au premier Président et au Procureur général du Parlement de Metz.*

21 Février et 10 Mai 1686.

Création de procureurs au bailliage d'Épinal.

«Il se présente icy quantité d'officiers de Lorraine qui, se trouvant supprimés en exécution de l'édit du mois de février 1685, viennent demander leur remboursement. La plupart ne justifient d'aucune autre finance que de celle qu'ils ont payée au duc de Lorraine; il y en a d'autres, au contraire, qui ont effectivement financé aux coffres du Roy, n'ayant levé leurs charges que depuis la conqueste de la Lorraine. A l'égard des premiers, S. M. n'estime pas devoir estre tenue de leur faire aucun remboursement, mais, à l'égard des autres, il paroist qu'il y a de la justice à les écouter. Cependant, comme il pourroit y avoir des raisons particulières de ne leur pas rembourser leur finance, ou au moins d'en retrancher une partie, S. M. désire que vous vous informiez soigneusement de tout ce qui a esté fait jusqu'à présent et que vous en dressiez un mémoire exact.»

240. *Le Contrôleur général à M. de Séraucourt, intendant en Berry.*

25 Février 1686.

Ordre de retirer la taxe d'office mise sur un receveur de l'abbé d'Argenson. Il est juste de laisser jouir une personne de cette qualité des priviléges que le Roi a bien voulu accorder à la noblesse et au clergé*.

* Voir, dans la correspondance de Champagne (22 octobre 1687), un mémoire de M. de Miroménil, sur les faveurs accordées chaque année à une paroisse appartenant à Mme de Belloy.

241. *M. de la Berchère, intendant à Montauban, au Contrôleur général.*

27 Février 1686.

Travaux de construction au port de Montrejeau et réparations aux ponts et routes pour le transport des marbres.

242. *Le Contrôleur général à M. Desmaretz, ancien directeur des finances.*

28 Février 1686.

«Le Roy a résolu de finir présentement le règlement général auquel feu M. Colbert avoit commencé de travailler pour les cinq grosses fermes, et, comme il y a là-dessus plusieurs mémoires apostillés de sa main, je vous prie de me les faire donner, s'ils sont encore entre vos mains, ou de me mander qui les peut avoir. Je vous prie aussy de me mander un peu amplement ce que vous savez des vues générales que feu M. Colbert avoit eues sur ce sujet, afin que j'en puisse rendre compte à S. M.»

243. *M. de la Berchère, intendant à Montauban, au Contrôleur général.*

3 Mars 1686.

Les jésuites ont besoin de secours pour bâtir l'église

de leur collége et surtout pour agrandir leurs classes, en raison du nombre des élèves qui s'augmente tous les jours par les nouvelles conversions; il leur est nécessaire aussi d'avoir trois grandes salles pour servir aux congrégations des écoliers, des bourgeois et des artisans, et ils sont par eux-mêmes hors d'état de faire toutes ces dépenses.

« Je ne vois aucun moyen de leur trouver un fonds pour cela, si ce n'est sur les biens des religionnaires fugitifs, qui pourroient estre confisqués à leur profit. Quoyqu'on ne puisse pas tout à fait compter là-dessus, parce que plusieurs reviennent pour empescher la confiscation, je crois néanmoins qu'il en restera toujours à confisquer pour plus de 50,000 #. Mais, comme la donation de ces biens paroistroit peut-estre odieuse en leurs personnes, il me semble qu'il vaudroit mieux qu'ils demeurassent au Roy, et que S. M. eust la bonté de leur donner d'ailleurs un secours qui y fust proportionné*. »

* Les jésuites renouvelèrent leur demande l'année suivante; voir leur placet avec les avis de l'intendant, aux dates du 17 septembre, du 3 décembre 1687 et du 19 février 1688. Le Roi avait d'abord refusé de contribuer à cette dépense, ne la trouvant pas nécessaire (lettres des 28 mars et 4 juillet 1686, et du 24 décembre 1687); mais il permit, en 1688 (lettre du 12 mars), de faire à cette intention une imposition extraordinaire de 6,000 #.

La ville, de son côté, s'imposa la somme nécessaire pour entretenir dans les écoles un nombre de maîtres suffisant, en remplacement des subventions que les réformés faisaient à leurs ministres, et qui s'élevaient à 4,000 #. (Lettre de l'intendant, 4 décembre 1686.)

Voir, dans la correspondance de l'année 1687, les lettres du même intendant (14 mai), et du contrôleur général (29 mai), sur la création de deux chaires de théologie au collége des Pères de la Doctrine chrétienne de Villefranche, création demandée par les habitants et refusée par le Conseil.

La même année, les habitants de Pons, intendance de Bordeaux, ayant demandé à s'imposer une somme de 300 # pour subvenir à l'instruction publique, il leur fut répondu que le Roi avait déjà pourvu en nombre suffisant à l'établissement de régents et de pédagogues. (Lettre du 25 novembre 1688.)

Dans l'intendance de Lyon, les oratoriens du collége de Montbrison demandèrent (30 septembre 1688) que leur dotation fût portée sur la commission des tailles et imposée, pour deux tiers, sur les non exempts, et, pour un tiers, à proportion de leurs biens, sur les privilégiés.

Les jésuites de Limoges sollicitèrent aussi un secours pour terminer leur collége. (Lettre de M. de Gourgue, 25 janvier 1686.)

244. *M. Chauvelin, intendant à Amiens.*
au Contrôleur général.

5 Mars 1686.

Les habitants de la ville de Roye demandent le rétablissement de leur élu particulier, supprimé en 1685; il jugeait les contestations relatives à la taille, à la perception des droits d'aides et à la ferme du tabac.

L'intendant repousse cette demande et insiste sur les inconvénients des élections particulières.

245. *M. de Bérulle, intendant en Auvergne.*
au Contrôleur général.

6 Mars 1686.

« . . . . . Nos prisons sont pleines de scélérats et de faussaires; il y en a cinquante-huit dans celles de Riom et plus de cinquante dans celles de Clermont. Il ne se passe point de semaine que nous ne donnions des exemples au public par l'exécution de quelqu'un de ces misérables. Les notaires de cette province tremblent, et plus de trente en sont sortis; j'en ay fait prendre neuf tout d'un coup et l'on s'est en mesme temps saisi de leurs notes, parmi lesquelles l'on a trouvé des contrats, les sommes et la date en blanc, et les témoins qui avoient signé. L'on a aussy trouvé quantité de blancs signés de différens sergens, pour s'en servir en temps et lieu. Personne ne pouvoit se dire en sûreté, et tout le monde dépendoit du caprice de ces faussaires.

« Je suis après à faire le procès aux juges de villages, qui ruinent les peuples par la grande autorité qu'ils se donnent, et qui traitent de tous les crimes à prix d'argent; celuy de Vollore, qui a 150,000 # de bien et un fils conseiller au présidial de Riom, est allé à Avignon, et les autres ne savent quel parti prendre. J'espère, sans ruiner la province, y faire plus de bien que les Grands Jours.

« Le nommé Torax, fils de madame Daché, a esté condamné à avoir la teste tranchée pour avoir assassiné un homme, et nous avons roué depuis deux jours le complice de cet assassinat. Je vous prie de me mander si je dois faire arrester ledit sieur Torax, estant toujours dans la province; il est parent proche de Mme la duchesse d'Uzès et de plusieurs personnes de qualité; je l'ay déjà manqué deux fois, mais des gens qui le redoutent m'ont promis de le faire prendre*. »

* Lettre du 15 mars: « L'on m'est venu dénoncer depuis deux jours que M. de Broglie, accusé de poison, et contre lequel la Chambre royale a décrété, estoit en cette ville; je n'ay pas cru devoir rien faire, n'ayant ni ordre ni décret; il est cousin de celuy qui a épousé la sœur de M. l'avocat général de Lamoignon. »

Voir une précédente lettre de M. de Bérulle du 20 août 1685, et une autre du 30 mai 1686, ainsi que celles de M. de Vaubourg, son successeur (22 et 24 septembre, 17 décembre 1687, 8 janvier, 7 avril 1688).

M. de la Berchère, avant de quitter cette intendance, avait envoyé également, le 29 novembre 1684, un mémoire dans lequel il insistait particulièrement sur la mauvaise administration de la justice et sur la nécessité d'augmenter le nombre des juridictions pour restreindre l'étendue de chaque ressort. Ce travail avait été étudié et préparé par l'abbé le Peletier, au temps des Grands Jours.

En 1688, M. de Bérulle, devenu intendant de Lyon, rend compte, le 24 juillet, des poursuites dirigées à son instigation contre les notaires faussaires de son nouveau département.

246. *M. Faultrier, intendant en Hainaut.*
au Contrôleur général.

8 Mars 1686.

« Puisque vous m'ordonnez de dire ce que je pense de l'arrest du Conseil qui permet le transport des grains, je suis d'avis qu'on le laisse exécuter, mais je ne crois pas qu'on doive le publier, car mon département n'en a pas assez pour luy. Ce n'est donc pas du Hainaut qu'on tire celuy qui passe en pays étranger, puisque je suis obligé d'en faire acheter en Champagne et en Picardie pour munir les magasins des places. En disant donc aux commis des bureaux qu'ils laissent passer celuy qui viendra de France et du Cambrésis, c'est autant que si je rendois cet arrest public; et si, dans la suite, on voit qu'on en abuse et que l'abondance de nos voisins fasse l'indigence des sujets du Roy, il n'y aura qu'à fermer les passages en révoquant la permission qu'on aura donnée à ces commis, sans qu'il soit nécessaire de rendre un autre arrest, car les Espagnols sont toujours à l'affust sur ces titres publics et donnent des mémoires aux gazetiers sur la moindre chose que le Roy ordonne, témoin ce qu'ils ont dit sur les blés que j'ay eu ordre d'acheter et sur les bois que je fais monter de Dinant (où j'en avois fait mettre une quantité assez considérable dans le temps que la forest de Marlagne estoit encore contentieuse) dans les magasins de Givet, pour y estre plus en sûreté. Il n'est pas impossible aussy que la raison que je me fais ne soit bonne pour obliger S. M. de m'ordonner de faire publier cet arrest; ainsy, en vous disant ce que je pense, je vous sers comme vous le souhaitez, puisque je dis mon avis et que je vous fais penser à tout ce que je ne pense pas*.»

* Sur plusieurs lettres semblables d'Auvergne, de Berry, de Provence, etc., le contrôleur général répond à différentes reprises, le 2 janvier, le 14 et le 28 mars, le 31 mai et le 8 juin, que ces sortes d'arrêts ne doivent jamais être mis à exécution que lorsqu'ils concordent avec l'état de la province, et que le Roi s'en remet au jugement de chaque intendant en particulier. Ainsi, en Champagne, où le prix des grains était très-bas (état envoyé le 8 mars), l'exportation fut permise; au contraire, M. de Vrevin, dont le département (frontière de Champagne) ne tirait sa subsistance que des provinces voisines, demanda que la traite hors du royaume fût défendue; de même M. Arnoul, pour l'intendance de la Rochelle (17 mars).

247. *M. Foucault, intendant à Poitiers,* au Contrôleur général.

11 Mars 1686.

«Bien loin de permettre le transport des grains du Poitou, il seroit à souhaiter qu'il en pust estre apporté, ne s'en estant point recueilli les deux dernières années, et la misère est si grande en divers endroits que les habitans sont obligés, faute de pain, de manger de l'herbe bouillie. Les ateliers publics que le Roy a eu la bonté de faire établir dans la province sont assurément d'un grand secours pour faire subsister les pauvres; mais l'affluence de ceux qui se présentent pour travailler est si grande que le fonds auroit esté consommé dans la fin du mois passé, si je n'avois apporté une économie extraordinaire dans la distribution qui s'en est faite. J'ay esté mesme obligé, pour faire subsister les pauvres renfermés dans les hospitaux de la présente ville, de faire venir d'Orléans du blé méteil, qui, vendu icy et tous frais faits, revient à plus d'un tiers moins que celuy qui se vend aux marchés de Poitiers et des lieux voisins. Ce transport est très-facile par la Loire, en descendant jusques à Chinon, et de Chinon par la Vienne, en remontant jusques à cinq lieues de Poitiers. Si S. M. avoit la bonté de faire porter icy pour trois à quatre mille livres de seigle et de méteil, on pourroit les faire distribuer dans tous les endroits de la province où la nécessité est plus grande et où elle augmentera jusques au temps de la récolte, d'autant plus que les ateliers publics seront fermés dans la fin du mois de mars, et que les pauvres auront encore à pâtir jusques au mois de juin*.»

* Le contrôleur général répond, le 18 mars, que le Roi approuve les mesures proposées par M. Foucault, qu'il a déjà donné les ordres nécessaires à Orléans et que les grains qui arriveront doivent être mis en vente à 10 sols au-dessous du prix courant, et ensuite plus bas, s'il n'y a pas danger d'éloigner les marchands ordinaires. — Voir, pour la distribution de ces grains, une lettre de l'intendant, du 11 mai. — Le 10 novembre, le contrôleur général écrit encore à M. de Nointel que le Roi veut bien supporter la différence qui pourra se trouver entre le prix d'achat et le prix de vente des blés achetés par son ordre, mais qu'on doit les vendre aux pauvres de la campagne plutôt qu'aux boulangers ou aux marchands, qui en feraient un objet de spéculation.

248. *M. Trobat, intendant en Roussillon,* au Contrôleur général.

12 Mars 1686.

Il demande la permission de différer jusqu'à la récolte la publication de l'arrêt qui autorise la traite des blés. La disette est d'autant plus grande dans la province, qu'il faut toujours nourrir six ou sept mille hommes de troupes, et, sans les précautions prises par M. de Louvois, les grains auraient déjà manqué. D'ailleurs, il a été presque toujours nécessaire de défendre la traite depuis que le Roi fait travailler aux fortifications.

249. *Le Contrôleur général aux Trésoriers de France de Tours.*

13 Mars 1686.

Le Roi, conformément au mémoire de la Chambre des comptes, ordonne que dorénavant les revenants-bons des recettes particulières seront portés directement au Trésor royal, sans passer par la recette générale, pour éviter les retards ou les détournements.

250. *M. de Ris, intendant à Bordeaux,* au Contrôleur général.

14 Mars 1686.

Il envoie un projet d'arrêt pour enlever aux juges ordinaires l'instruction de la banqueroute du banquier Sossiando, et faciliter ainsi au receveur général et au fermier du domaine le recouvrement de deux lettres de change tirées sur ce banquier.

«Je sais bien que, par les règlemens, les fermiers de S. M. et les receveurs de ses deniers sont tenus de faire voiturer, et qu'il leur est défendu de remettre par lettres de change; mais cette généralité en a toujours esté exceptée, parce que ce seroit perdre la province et le grand commerce qui s'y fait, si l'on en transportoit l'argent, et le Roy n'y trouveroit mesme pas son compte, parce que, le commerce y diminuant, les droits de convoy et comptablie y diminueroient aussy beaucoup. Ainsy, loin d'y défendre, comme ailleurs, la remise des deniers du Roy par lettres de change, on l'a toujours appuyée tant qu'on a pu, pour le bien du commerce, par des ordres secrets*.»

* La proposition ne fut pas agréée par le Conseil. (Lettre du contrôleur général, 3 avril.)

251. *M. de la Fond, intendant en Franche-Comté,*
au Contrôleur général.

17 Mars 1686.

Il envoie son avis sur la prétention soutenue par les ducs de Wurtemberg, princes de Montbéliard, de débiter le sel de leur saunerie de Saulnot dans la terre des Granges et dans ses dépendances; il conclut au rejet.

252. *Le Contrôleur général*
à M. de Pontchartrain, premier président du Parlement de Bretagne.

28 Mars 1686.

Il le charge d'examiner un projet d'arrêt présenté par les fermiers des gabelles, au sujet des attroupements signalés en Bretagne*.

* Le 21 février, il avait été écrit que le Roi voulait bien pourvoir aux réparations de l'église de Bourgneuf, mais qu'on se gardât d'augmenter dans ce but l'octroi du sel.

Une circulaire avait été envoyée le 5 mars à tous les intendants des pays de gabelles pour la répression du faux-saunage et de la contrebande du tabac. — Voir également les lettres du contrôleur général à MM. de la Fond et de Miroménil, sur les relations de contrebande signalées entre la Champagne et la Franche-Comté (18 avril).

253. *Le Contrôleur général*
aux Trésoriers de France de Riom.

28 Mars 1686.

Le Roi veut éviter les frais que coûterait l'envoi de commissaires sur les lieux où il se trouve des îles, pour en dresser l'état. Ce seront les trésoriers qui devront recevoir les titres des propriétaires, tant pour les rivières navigables que pour les autres, sauf à distinguer par la suite celles qui doivent être réputées domaniales de celles qui ne le sont point; il en sera de même pour les bacs ou bateaux établis sur les rivières navigables.

254. *Le Contrôleur général*
à M. de Ris, intendant à Bordeaux.

28 Mars 1686.

Les syndics de la communauté de Montfort en Guyenne demandent à rembourser, au moyen d'une imposition, les engagistes des droits du Roi dans cette ville.

255. *Le Contrôleur général*
à M. de la Fond, intendant en Franche-Comté.

29 Mars 1686.

«J'ay rendu compte au Roy de vostre lettre concernant la sortie des blés. M. de Louvois, qui y estoit présent, a dit qu'il n'estoit pas d'usage de la permettre en Franche-Comté; ainsy, il n'y a qu'à suivre ce qui s'est pratiqué là-dessus par le passé. Cependant, comme il y a des temps auxquels c'est un très-grand préjudice aux peuples que de ne leur pas permettre le transport de leurs blés, vous devez, dans ces occasions, le représenter fortement à M. de Louvois, afin qu'il prenne là-dessus les ordres du Roy; et, quand cela obligeroit les munitionnaires à acheter les blés un peu plus cher, il ne paroist pas que ce soit un grand inconvénient, ni qui puisse entrer en comparaison avec le grand avantage que les peuples recevroient en débitant leurs blés avantageusement.»

256. *M. de Bâville, intendant en Languedoc,*
au Contrôleur général.

29 Mars 1686.

«Les 12,000 ll que le Roy a eu la bonté de m'envoyer pour faire des aumosnes dans les missions, font un effet merveilleux et gagnent tous les pauvres à la religion; bien que ce motif ne soit pas d'abord fort pur, les missionnaires savent très-bien le rectifier, et ils engagent par ce moyen une infinité de personnes à s'instruire et à fréquenter les sacremens. Elles sont d'autant plus utiles qu'il y a une misère extrême dans les Cévennes cette année, parce que le blé et les chastaignes y ont manqué, et beaucoup de paysans ne vivent à présent que de gland et d'herbe. Sur le bruit des aumosnes de la mission d'Alais, il en est descendu huit cents des montagnes, qui subsistent maintenant par la libéralité de S. M. Cette grande nécessité m'a fait penser qu'il seroit très-utile d'établir dans le fond des Cévennes quatre ou cinq missions après Pasques, dans lesquelles je ferois distribuer du pain; ainsy, les pauvres recevroient en mesme temps ce secours pour le temporel et l'instruction. ils connoistroient combien ils sont obligés au Roy de les assister si utilement pour les besoins de leurs corps et de leurs âmes, et rien ne seroit plus capable de fixer ces esprits, qui ont paru avoir des dispositions à se révolter, n'y ayant eu dans ces derniers mouvemens que des misérables, qui prendront toujours toutes sortes d'impressions au moindre secours qu'on leur donnera. Si le Roy agrée cette proposition, j'y apporteray tous mes soins, afin que la distribution soit utile et bien ménagée. Les besoins ne dureront que jusqu'à la prochaine récolte, dont l'espérance, Dieu mercy, n'a jamais esté si belle de mémoire d'homme; mais la difficulté est d'y pouvoir parvenir; j'ay déjà distribué 8,000 ᵗᵗ des 12,000 ᵗᵗ que vous m'avez envoyées. Le grand effort des missions est à présent pour porter les nouveaux convertis à faire leurs Pasques; c'est pour cela qu'il a fallu les ayder autant qu'il a esté possible. Ce qui me reste n'ira guère plus loin que Pasques; si je vais trop vite, arrestez-moy, s'il vous plaist*. »

* Par lettres du 11 avril et du 9 mai, le contrôleur général transmet à M. de Bâville les témoignages de la satisfaction du Roi, et lui annonce un nouveau secours de 8,000 ᵗᵗ.

257. *Les Receveurs des tailles de la généralité de Montauban au Contrôleur général.*

Mars 1686.

Ils remontrent que le Roi a supprimé, par arrêt du 21 août 1685, le droit de quatre deniers affecté aux frais des bureaux particuliers, que néanmoins il est utile de conserver ces bureaux, en raison de l'éloignement de certaines paroisses qui se trouvent à trois ou quatre journées des bureaux principaux, mais que les frais sont trop considérables pour que chaque receveur continue à les prélever sur la seule remise de quatre deniers que lui fait la recette générale*.

* Par lettre du 14 décembre, le contrôleur général dit que le Roi veut abolir l'usage des frais de bureau, et que, en cas de travail extraordinaire, il n'y sera plus pourvu que par ordonnances sur le Trésor royal.

258. *Le Contrôleur général à M. de Ménars, intendant à Orléans.*

4 Avril 1686.

Le Roi a approuvé le jugement rendu au présidial de Meaux contre un élu convaincu de prévarication. Rien n'est plus utile pour soulager les peuples que ces exemples de juste sévérité*.

* Cet élu, jugé par M. de Ménars lui-même, avait été déclaré incapable d'exercer aucune juridiction ou inspection sur les contribuables, et condamné à l'amende et aux dépens. (Lettre de l'intendant, du 27 mars.)

Intendance d'Auvergne, 11 et 30 mai, 23 juillet et 22 décembre : informations et procédures criminelles contre les consuls de Saint-Amand. Ces consuls furent condamnés aux galères et à l'amende honorable, comme concussionnaires et falsificateurs de rôles. Une copie du jugement est jointe à la lettre de l'intendant du 23 août 1687.

259. *M. Foucault, intendant à Poitiers, au Contrôleur général.*

5 Avril 1686.

« Je n'ay point pensé à faire mettre dans le couvent des carmélites de la ville de Niort, ni dans aucun autre de la province de cet ordre, des filles et femmes religionnaires pour tascher de les convertir, sachant bien qu'elles ne prennent point de pensionnaires et que ces personnes ne feroient que troubler le repos de ces communautés religieuses et ne profiteroient pas des instructions de ces saintes filles. Il nous reste très-peu de ces opiniastres à convertir, et je viens de faire une visite dans les élections de cette généralité, où j'ay trouvé que les nouveaux catholiques font assez bien leur devoir, n'en ayant vu aucun qui m'ayt paru avoir de la répugnance pour les mystères et les pratiques de l'Église romaine. J'espère que dans quelque temps on ne les distinguera pas des anciens catholiques*. »

* Voir, à l'année suivante, le compte rendu des mesures prises à propos d'assemblées nocturnes dans le bas Poitou (4 et 26 février 1687).

Intendance de Bordeaux, 9 et 25 avril, 17 et 26 septembre 1686 : rapports sur diverses conversions ou sur la conduite des nouveaux catholiques.

260. *M. de Miroménil, intendant en Champagne, au Contrôleur général.*

8 Avril 1686.

L'évêque de Châlons s'oppose à l'exécution des arrêts par lesquels le Roi a chargé l'intendant de surveiller les emprunts demandés par les Corps d'arts et métiers pour suivre des procès, et d'en restreindre la fréquence et l'importance*.

* Ces arrêts, du 10 février, sont joints à la lettre.

261. *Le Contrôleur général à M. de Bagnols, intendant en Flandre.*

11 Avril 1686.

Le Roi, informé de la plainte portée par le fermier général Fauconnet à propos des tabacs qui se cultivent et se façonnent dans le Cambrésis, ne veut point qu'on gêne ce commerce et ordonne qu'on se contente de subroger Fauconnet au bail fait précédemment par les magistrats de Cateau-Cambrésis.

262. *M. de Bérulle, intendant en Auvergne, au Contrôleur général.*

12 Avril 1686.

« . . . . . Il est très-facile de vous faire connoistre de quelle manière l'étape a esté fournie jusqu'à présent : quand il arrive des troupes dans un lieu de passage, les officiers envoyent devant leur mareschal des logis ou l'ayde-major, qui demandent aux consuls tant de billets qu'il leur plaist, ce que ces misérables n'oseroient refuser; et ensuite, les troupes estant arrivées, les officiers distribuent les billets à leurs soldats, qui s'en vont, aussy bien qu'eux, chez leurs hostes, qui non-seulement les logent et les nourrissent, mais encore sont obligés de leur donner de l'argent pour avoir la paix. Les officiers traitent avec leurs hostes de leurs places et des billets qu'ils ont de surplus de ceux qu'ils ont donnés à leurs soldats, et, quand l'hoste ne veut point traiter, ils envoyent chercher les chevaux de leurs camarades, avec des soldats qu'ils font passer pour valets, pour remplir les places qui leur appartiennent, quoyque les règlemens veuillent que l'étape ne soit fournie qu'aux effectifs, si bien que l'on est toujours forcé de traiter avec eux. J'ay un peu empesché ces désordres depuis que je suis dans la province, ayant fait arrester plusieurs commandans des régimens qui ont passé jusqu'à ce qu'ils eussent fait rendre tout ce que les officiers et soldats avoient exigé. Le lieutenant-colonel de Clérembault a esté six mois en prison et n'en est sorti qu'après avoir payé 3,000 #; j'ay fait rendre au major du régiment de Castries 2,000 #, au commandant de Vivonne 500 #, au commandant du régiment de cavalerie d'Heudicourt 600 #; j'ay fait retenir 6,000 # au régiment de dragons du Roy, et 1,500 # à sept compagnies de la Lande, et l'on n'empeschera jamais un soldat ni un officier de prendre ce qu'on luy présente, qu'en leur ostant l'occasion de demander.

«Je voulus, l'année dernière, établir un étapier, mais, comme elle se trouva très-fascheuse par la chèreté des vivres et fourrages, qui avoient triplé, personne ne voulut s'en charger; j'espère que cette année sera meilleure et qu'il s'en pourra présenter. Il faudra veiller de près à leur conduite, car autrement ils feroient fournir l'étape aux paysans et recevroient le remboursement. Ce qui a ruiné les habitans des lieux de passage, c'est que l'étape ne leur a jamais esté remboursée, et les consuls profitoient seuls du remboursement; j'en ay fait mettre en prison, qui n'en sont point sortis qu'après avoir remboursé les particuliers, et les ay condamnés à de grosses amendes, avec défense de récidiver à peine d'estre procédé contre eux extraordinairement*.»

* Cette lettre répond à l'ordre donné, le 11 mars et le 4 avril, par le contrôleur général, de s'appliquer à établir la régie des étapes de même qu'elle avait été organisée dans les autres départements.

Par lettre du 16 janvier 1687, le contrôleur général notifie à l'intendant de Berry que les communautés ne doivent plus fournir les étapes, et que, en attendant la création d'un étapier général, le receveur général en doit faire les fonctions.

---

263. *Le Contrôleur général à M. de Harlay, intendant en Bourgogne.*

18 Avril 1686.

«J'ay rendu compte au Roy de vostre avis sur le placet du baron de la Bastie, qui propose l'établissement d'un droit sur les blés, vins et autres denrées sortant du pays de Gex pour estre transportées à Genève. Quoyque les conjonctures présentes ne paroissent pas favorables pour cet établissement, le Roy est bien ayse d'éclaircir s'il seroit avantageux ou dommageable au pays de Gex, pour estre en estat de prendre par la suite telle résolution que S. M. estimera à propos. Ainsy, il faut examiner: 1° si ceux de Genève ne peuvent pas aysément se passer des denrées qu'ils tirent du pays de Gex; 2° si le pays de Gex peut aysément consommer tous les blés, vins et autres denrées qu'il produit; et en dernier lieu, s'il est bien vray que ceux de Genève tiennent les trois quarts des terres du pays de Gex, parce que, suivant cela, il seroit à craindre que l'établissement du droit de sortie que l'on propose ne portast les Genevois à se pourvoir ailleurs des denrées qu'ils tirent du pays de Gex, et que ce pays, estant par là privé du débit de ses denrées superflues, ne s'en trouvast par la suite surchargé et fort incommodé; et enfin, il pourroit aussy arriver que les Genevois affermeroient les terres qu'ils ont dans le pays de Gex, pour tirer par ce moyen leur revenu en argent, au lieu qu'ils en enlèvent présentement des denrées, ce qui seroit très-préjudiciable au pays*.»

* Voir les pièces envoyées par M. de Harlay le 12 mars.

---

264. *M. de Bâville, intendant en Languedoc, au Contrôleur général.*

19 Avril 1686.

Mémoire sur la manière dont se distribuent les aumônes envoyées par le Roi pour les nouveaux convertis.

«Le père Bourdaloue part demain pour s'en retourner à Paris, après avoir eu icy tout le succès que l'on pouvoit espérer. Il a ému toute la ville et a très-bien disposé la plupart des nouveaux convertis, qui se sont approchés des sacremens à Pasques; mais, quoyqu'il ayt beaucoup travaillé, il reste encore bien des choses à faire pour achever ce grand ouvrage icy et dans tout le Languedoc*.»

* 13 février 1688, lettre relative aux travaux du père Moreau, jésuite.

---

265. *M. de Bâville, intendant en Languedoc, au Contrôleur général.*

23 Avril 1686.

Les marchands de Nîmes l'ont chargé de les défendre contre les prétentions du prévôt des marchands de Lyon ou du fermier du *tiers-sur-taux*, qui exigent que toutes les marchandises passent par Lyon, et qui, sous ce prétexte, ont fait récemment saisir plusieurs ballots en Bourbonnais. De telles mesures ne sont propres qu'à ruiner entièrement le commerce des soies et des feuilles de mûrier, déjà diminué de deux tiers*.

* Voir le mémoire adressé par M. de Bâville le 11 juin suivant. — 21 septembre, ordre du contrôleur général au prévôt des marchands de faire restituer les marchandises saisies; le Roi veut prendre par lui-même connaissance de cette contestation. — Voir aussi une autre lettre de M. de Bâville, du 8 novembre, et le nouveau mémoire des marchands qui y est joint.

On voit, par une lettre du contrôleur général à M. Lebret (23 mai), qu'il avait été question d'enlever aux fermiers la régie de ce droit, appelé aussi droit de *rêve*, pour la confier à l'échevinage de Lyon; mais elle leur fut continuée sur le même taux. (Lettre du 6 mai 1688, aux prévôt des marchands et échevins de Lyon.)

---

266. *M. de Bagnols, intendant en Flandre,*
au Contrôleur général.

23 Avril 1686.

Les habitants de la ville de Comines demandent la confirmation du droit qui leur avait été anciennement concédé, de lever sur les boissons tels octrois dont ils auraient besoin.

«Nous ne pouvons estre d'avis de confirmer de pareilles concessions; le pouvoir de permettre la levée des imposts sur le peuple est un droit royal et qui ne peut estre cédé, comme a fait le duc de Bourgogne en l'an 1414. Le titre de 1620 est encore plus extraordinaire : le prince de Chimay donne pouvoir aux échevins de Comines de prendre quatre patars sur le lot de brandevin, et plus s'ils veulent, c'est-à-dire qu'il les laisse maistres des biens de la ville. Rien ne peut estre d'une plus dangereuse conséquence que cette liberté dans la main des Magistrats*.»

* Voir une lettre du contrôleur général à l'intendant de Hainaut (28 février précédent), au sujet des privilèges que le prince de Chimay réclamait pour ses vassaux.

267. *Le Contrôleur général*
aux Intendants.

24 Avril 1686.

Organisation des poursuites contre les traitants ou autres particuliers qui ont malversé les fonds des étapes depuis 1670 jusqu'en 1676.

«En substance, le Roy s'est proposé de chastier par la bourse les abus trop grands qui ont esté dans les étapes; mais S. M. ne veut pas donner occasion à inquiéter les communautés, ni à faire peur aux particuliers qui n'y ont point eu de part. S. M. est très-bien informée que les véritables intéressés, ou les étapiers qui ont commis plus de malversations, voudroient retomber sur les particuliers et affecteroient de troubler plusieurs familles par les bruits qu'ils répandroient*.»

* Voir, dans la correspondance de M. de Miroménil, intendant en Champagne, un mémoire touchant les réclamations présentées par les sous-étapiers (25 juillet), et, à l'intendance de Soissons, une lettre de M. Bossuet, du 11 du même mois. A propos des malversations commises dans le cours de la recherche, le contrôleur général écrit encore, le 2 octobre : «Le Roy ne veut pas que, sur des discours et faux prétextes d'alarmer les étapiers, les grandes friponneries qui se sont faites autrefois et qui recommenceroient si on ne les chastie, demeurent impunies.» — Voir également la correspondance de Limoges, 15 novembre 1686, et, au 6 décembre 1687, une lettre où l'intendant d'Auvergne rend compte des réductions qu'il a dû faire sur le montant des taxes et des frais que réclamait le commis du traitant.

Les instructions sur ce sujet furent renouvelées le 26 octobre 1686, avec recommandation particulière d'examiner scrupuleusement toutes les réclamations ou justifications, mais de montrer la plus grande rigueur pour les personnes qui, ayant eu part au maniement des étapes, essayeraient de le cacher. Il serait fort avantageux, ajoute le contrôleur général, aussi bien pour l'État que pour les étapiers, que ceux-ci se rachetassent en corps des poursuites du traitant.

Le contrôleur général écrit encore, le 15 octobre 1687, à M. de Ménars, intendant de la généralité de Paris, que, suivant l'intention du Roi et de M. de Louvois, on ne doit, en aucun cas, poursuivre les particuliers qui ont administré les étapes comme maires ou comme échevins, et non pour leur propre compte.

268. *Le Contrôleur général*
à M. Trobat, intendant en Roussillon.

25 Avril 1686.

Le Roi ne veut pas que les particuliers profitent, au détriment des fermes, de la grande diminution faite aux troupes sur le prix des tabacs*.

* Voir les pièces envoyées par M. Trobat le 21 février précédent et le 7 mai suivant, et par l'intendant de Provence le 16 mars 1685.

Voir également, au sujet de l'introduction des tabacs du Brésil et des fournitures particulières que l'on délivrait chaque jour aux *comes* des galères, une lettre de l'intendant de Provence, du 20 septembre 1686, les pièces, arrêts ou mémoires qui y sont joints, et la réponse du contrôleur général, du 11 octobre suivant.

La même correspondance de Provence contient, aux dates du 29 janvier 1687 et du 14 janvier 1688, diverses pièces relatives à la qualité des tabacs et aux traités passés à forfait entre les fermiers généraux et les *consommateurs* chargés du débit en détail dans les principales villes de la province.

269. *M. de Bérulle, intendant en Auvergne,*
au Contrôleur général.

25 Avril 1686.

«J'ay cru estre obligé de vous informer des abus qui se passent au bureau des trésoriers de France de cette généralité, qui, à l'occasion du terrier auquel je travaille par vostre ordre, connoissent de toutes les oppositions que l'on forme aux dénombremens que tous les vassaux de S. M. rendent par-devant eux : ils jugent tous les jours des qualités de curés primitifs, des banalités, des droits de disme et de haute justice, des propriétés d'héritages, et instruisent actuellement un faux incident à une opposition. J'avois cru que cette jurisdiction n'estoit point contentieuse; et, comme les officiers jouissent de grands gages, ils en employent une partie à plaider contre les présidiaux, qui, n'ayant pas le moyen de se défendre, abandonnent tous leurs différends, et, comme il me paroist de conséquence que des juges ignorans ne décident point des contestations les plus difficiles, que le plus souvent il n'y a que trois ou quatre mutins et emportés et qui sont maistres de cette compagnie qui les jugent, je vous demande l'honneur de vostre avis et vous prie de me donner vos ordres. Je vous envoye un mémoire d'une partie des contestations qu'ils jugent tous les jours et qui vous paroistront extraordinaires.

«Lesdits sieurs trésoriers de France forcent tous les jours les plus grands seigneurs de la province de mettre l'adresse de leurs requestes à l'intendant et à *nosseigneurs* les trésoriers généraux de France, quoyqu'ils ne l'eussent jamais fait. Ils prennent mesme la qualité de *chevalier*, qui me paroist n'appartenir qu'aux personnes distinguées ou par leur naissance ou par leurs charges, et j'ay de la peine à voir un paysan ou un bourgeois, revestu d'une charge de 25,000 #, prendre avec moy et dans un mesme acte la qualité de *monseigneur* et de *chevalier*. Je ne suis point personne qui me soucie de ces grands mots, mais il me paroist de l'indécence et de l'avilissement pour une qualité de distinction de la donner à des premiers juges et à des gens qui font actuellement commerce. Je vous demande aussy sur ce chapitre l'honneur de vostre avis et les ordres qu'il vous plaira me prescrire*.

«MM. les trésoriers de France ont joui d'une maison dépendant du chasteau de cette ville, qu'ils affermoient 60 # et qu'ils ont laissée dépérir; je vous prie de me mander si je leur feray rendre la jouissance, ou si je feray raccommoder ladite maison à leurs frais. Par le brevet, ils ont seulement la jouissance du chasteau; mais ils n'ont pas dû affermer une maison et en tourner à leur profit les loyers, qui regardoient plutost le receveur du domaine. Nous avons fait venir de Nevers un exécuteur: c'est un ouvrier nécessaire en ce pays, et, comme il est habile, il veut qu'on le loge: nous n'avons pu trouver dans la ville aucune maison qu'on voulust luy louer; il menace de nous quitter. Il ne se trouve que cette maison que louoient les trésoriers de France, dont on puisse se servir; il y faut pour une cinquantaine d'écus de réparations. Je vous prie de me mander si vous trouvez bon qu'on prenne ladite maison et que j'y fasse les réparations nécessaires, ou aux dépens de ceux qui en ont joui, ou aux dépens du domaine. Cet officier est extrêmement nécessaire par l'occupation qu'on lui donne journellement, et l'on a de la peine d'en trouver qui sachent leur mestier. Un Père de l'Oratoire, assistant à la roue un criminel, pensa estre tué à coups de pierres à cause de l'ignorance de l'ancien exécuteur, qui donna plus de cent coups à ce misérable, qui languit très-longtemps sans pouvoir mourir. L'on se servit, il y a quelques jours, d'une charrette et d'un cheval qu'on trouva dans la ville, pour porter aux fourches le corps d'un criminel: le maistre n'a plus voulu s'en servir, et en demande le payement, qui est de 40 ou 50 #. L'on a donné, sous vostre bon plaisir, cet équipage à nostre nouvel officier, qui n'en avoit point, et j'en ordonneray le payement sur le domaine, si vous le jugez à propos**.

«Nos prisonniers, qui sont en grand nombre, n'ont point d'eau dans la conciergerie; l'on ne peut faire une plus grande charité que de leur en donner; la conduite n'est pas grande, et je crois que la dépense n'ira pas à 150 #. Si vous le trouvez bon, je feray encore payer cette somme par le fermier du domaine, ou je la feray imposer sur la ville.»

* Voir, sur le même sujet, une lettre du même intendant, du 19 septembre. Le contrôleur général répondit de la part du Roi, le 3 octobre, qu'il n'y avait point lieu de relever l'usurpation des trésoriers, jusqu'à plus ample décision.

On trouve aussi, à la date du 9 février précédent, une lettre relative à la prétention que les conseillers de la Cour des aides avaient d'être traités de *monsieur*, et non de *sieur* ou de *maître*.

** Voir une autre lettre, du 25 juin.

270. *M. Bouchu, intendant en Dauphiné*,
AU CONTRÔLEUR GÉNÉRAL.

5 Mai 1686.

M. le duc de Savoie a fait arrêter et ramener à la frontière de France cent cinquante nouveaux convertis, sur deux cents qui avaient quitté le mandement d'Oisans et s'étaient retirés en Maurienne. Deux compagnies du régiment d'Arnolfini iront les recevoir des mains des troupes du duc et les ramèneront à Grenoble, où on les logera dans l'arsenal, faute de place dans les prisons*.

«Rien ne peut tant contribuer à donner le calme et le repos à cette province et à dissiper les desseins que les mauvais convertis qui y sont peuvent avoir de la quitter, que le peu de succès de cette fuite..... Je suis persuadé qu'il seroit très à propos que la punition de ce crime fust prompte, et peut-estre mesme qu'une exécution sur les lieux seroit d'une grande conséquence, car on m'écrit de toutes parts que les habitans qui restent, aussy mauvais convertis que ceux qui se sont enfuis, estoient près de suivre cet exemple.»

Il demande une commission, comme M. Lebret en avait une, pour instruire ces sortes d'affaires, de peur que le Parlement ne se relâche de la sévérité nécessaire.

* Le contrôleur général écrit, le 23 mai, que le Roi veut bien se charger de la subsistance des prisonniers, à condition qu'il y sera mis toute l'économie possible. On voit, par une lettre que M. Bouchu écrit le 11 mai, que, la place ayant manqué à l'arsenal, une partie des prisonniers furent logés dans un jeu de paume et le plus grand nombre dans une écurie, sous la garde des bourgeois.

271. *M. Bouchu, intendant en Dauphiné*,
AU CONTRÔLEUR GÉNÉRAL.

8 Mai 1686.

Il envoie son avis sur quelques difficultés relatives aux frais de justice: translation des religionnaires et des galériens, taxes des archers, payement des amendes et dépens, confiscation des meubles et effets que les religionnaires font sortir du royaume*.

* Voir, sur le même sujet, la lettre du contrôleur général du 23 janvier précédent et celle du 12 septembre. Voir aussi, à l'intendance de Champagne, une lettre de M. de Miroménil, du 6 avril, et une autre du 11 mars 1688; à l'intendance de Paris, celles de M. de Ménars, des 2 et 5 janvier et du 25 avril, et, à l'intendance de Provence, la lettre de M. Morant du 10 juillet, ainsi que l'ordonnance par laquelle il règle les frais de descentes, de captures, d'instructions, de translations et d'exécutions, et la fourniture du pain aux prisonniers. M. Morant revient encore sur cette question dans une lettre du 11 octobre.

La déclaration du 26 octobre 1683 avait chargé le fermier des domaines de faire toutes les fournitures nécessaires aux galériens, sur les exécutoires des juges locaux, visés par les intendants.

Voir une lettre du contrôleur général à M. de Sève, au sujet des frais demandés par le curé de l'église Sainte-Croix de Metz pour visiter les prisonniers et leur administrer les sacrements (juillet 1686), et une autre à M. de Bâville (24 décembre 1687), sur le chauffage des prisons.

M. de Miroménil, intendant en Champagne, envoie, le 18 septembre 1686, le tarif des salaires attribués à l'exécuteur des hautes œuvres :

Pour brûler vif	10 #
Pour le bois du bûcher	10 #
Pour rompre sur la roue	15 #
Pour l'échafaud et la roue	15 #
Pour pendre	10 #
Pour la potence et l'échelle	4 #
Pour fustiger et flétrir	7 # 10 s
Pour fustiger	5 #
Pour faire faire amende honorable	4 #
Pour une torche de deux livres	2 #
Pour une ou plusieurs exécutions en effigie	5 #
Pour le tableau d'un ou plusieurs coupables	4 #
Pour la potence de l'effigie	3 #
Pour traîner sur la claie jusqu'à la voirie	6 #
Pour la question ordinaire et extraordinaire	5 #

272. *Le Contrôleur général à M. Bouchu, intendant en Dauphiné.*

9 Mai et 28 Juillet 1686.

Le Roi désire que la liquidation des dettes des communautés soit poursuivie avant toute autre affaire. Les commissaires qui en sont chargés ne doivent point avoir le caractère de subdélégués; ils n'ont pouvoir que pour recevoir les pièces des créanciers, les examiner, les comparer avec les contredits des syndics des communautés et soumettre enfin le résultat de ce travail à l'appréciation des intendants*.

Le contrôleur général écrivait le 15 février précédent : « Le Roy persiste toujours dans la pensée qu'il ne faut point comprendre dans les arrests de liquidation des dettes des communautés les salaires de ceux qui ont esté chargés d'y travailler, parce que cela pourroit donner lieu à ces sortes de gens-là de prolonger leur travail, et c'est un inconvénient qu'il est bien important d'éviter. Mais aussy, comme S. M. est persuadée qu'il faut les exciter par quelque récompense certaine de leur travail, elle ne refuse pas d'y pourvoir de manière ou d'autre. »

* Voir une lettre de M. Lebret, prédécesseur de M. Bouchu, du 1er mai, les états qui y sont joints, et trois autres lettres de M. Bouchu, du 7 mai, du 18 juin et du 8 octobre de la même année.

273. *M. de Marillac, intendant à Rouen, au Contrôleur général.*

9 Mai 1686.

« Les blés diminuent si fort de prix que cela est surprenant; ce qui valoit 10 # l'année dernière se donne à 50 sols, et on n'en trouve pas d'argent. Il est important d'en faire enlever du royaume, vu la beauté de la moisson future, qui rendroit l'abondance ruineuse, et pour cela il faudroit oster les droits de sortie des blés, qui sont fort hauts et vont au quart et plus du prix, et ce ne seroit pas sage de les diminuer de moitié, parce que, par tous les pays où l'on en peut porter, les blés se trouvent en abondance cette année et à bas prix.

« Il y a des marchands qui, dans l'espérance qu'on diminuera les droits de sortie des blés, si on ne les oste, me sont venus demander à consigner entre les mains du fermier ceux qui sont dus à présent pour la sortie des blés qu'ils veulent enlever pour la Rochelle, pour leur estre rendus selon ce qu'il plaira à S. M. en son Conseil d'ordonner sur la diminution demandée*. »

* Le contrôleur général notifia, le 17 mai, que le Roi faisait remise de la moitié des droits de sortie, et plus tard (1er juillet), la permission d'exporter fut prorogée jusqu'au 31 décembre pour les départements de MM. de Marillac, de Creil, de Bouville, Foucault, de Gourgue, de Nointel, Chauvelin, Bossuet, de Miroménil, de Harlay, de Bérulle et d'Argouges.

274. *Le Contrôleur général aux Intendants.*

19 Mai 1686.

« Le Roy m'a commandé de vous renouveler les ordres que S. M. vous donne tous les ans en cette saison pour la visite de vostre département, afin que vous puissiez luy donner vostre avis juste et exact sur le brevet de la taille. Si vous n'avez point encore commencé vostre visite, vous n'avez point de temps à perdre à examiner par vous-mesme dans toutes les élections l'estat des biens de la terre et la force des contribuables, sans vous en fier à des relations d'autruy, que le manque d'application ou l'intérest pourroient rendre peu solides et peu sincères. Je vous expliquay fort au long, l'année passée, ce que le Roy désire de vostre application dans le cours de cette visite; je n'y puis rien ajouter. à l'égard du département des tailles, que deux choses, que le Roy a remarqué estre très-capitales dans les lettres qu'il se fait lire exactement de tous MM. les intendans. L'une regarde la conduite des officiers des élections : S. M. a voulu, dans la réforme qui s'est faite, établir un grand exemple, que ceux dont la conduite avoit esté mauvaise avoient tout à craindre de l'application que S. M. veut bien donner au soulagement de ses peuples, et surtout de ceux de la campagne. et S. M. croit avoir lieu d'espérer que ceux qu'elle a conservés, et auxquels elle a procuré de grands avantages dans l'établissement de leur jurisdiction, répondront mieux que par le passé à ses instructions par l'application et le désintéressement qu'ils apporteront dans leurs fonctions. Le Roy est très-convaincu que MM. les intendans peuvent se servir fort utilement du ministère de ces officiers-là en les éclairant, distinguant ceux qui ont la capacité et l'intention de bien faire par les employs qu'ils leur procureront et par les grâces que le Roy fera volontiers, à leur recommandation, à ceux qui se seront le plus distingués. Comme cela dépend beaucoup du détail, vous connoissez mieux ce qui est à faire pour répondre aux vues qu'a le Roy, que l'on ne peut vous le marquer.

« La seconde chose regarde les receveurs des tailles, dont la conduite est assurément le plus grand principe du bien ou du mal des contribuables. Pour cela, le Roy veut absolument que vous soyez si ponctuellement informé de la manière dont ils font leur recouvrement, que vous puissiez luy en rendre un compte très-exact et très-fidèle, et que vous proposiez d'année en année, et surtout à la fin de l'exercice, ceux qui mériteront d'estre destitués, sans y apporter aucune complaisance, ni autre considération que celle du bien du service. Le Roy, sur vostre avis, ou commettra, dans une autre année, à la place de ce mauvais officier, ou l'obligera absolument à se défaire de sa charge; comme, d'un autre costé, le Roy fera très-volontiers des grâces à ceux pour qui vous les demanderez et que vous marquerez les avoir méritées par les circonstances et les effets de leur conduite, ce que le Roy a fait en plusieurs rencontres à l'égard des receveurs des tailles de l'année passée. Vos visites sur les lieux, avec un séjour et une attention proportionnés aux besoins pour vous en instruire, le travail et la capacité des élus, l'application et le désintéressement des receveurs des tailles feront profiter les contribuables de la grande diminution que le Roy a bien voulu apporter à l'imposition de la taille, et S. M. croit que c'est le meilleur moyen pour rétablir la campagne.

«Je vous envoye un arrest portant que les rôles des tailles qui précéderont les cinq dernières années ne pourront estre exécutés qu'en vertu de vos ordonnances. Il est bien important, pour exécuter cet arrest conformément aux instructions du Roy, que vous soyez exactement informé de l'estat des restes de vostre généralité, afin que vous ne souffriez point que l'on accable de frais et de poursuites ceux qui ne pourroient pas payer, et que d'ailleurs vous empeschiez que les peuples ne se relaschent de l'exactitude du payement des tailles par une fausse espérance des remises que le Roy ne peut faire, à cause de la grande conséquence.

«Pour ce qui regarde les fermes, le Roy m'ordonne de vous répéter que tout consiste à veiller sur la conduite des commis et des directeurs, pour les soutenir dans les cas qui sont importans et nécessaires pour maintenir les droits du Roy, et les réprimer quand ils excèdent les règlemens et le bon usage pour la régie des fermes. Toutes fois que vous informerez le Roy précisément et en détail de la mauvaise conduite desdits fermiers, des directeurs et commis des fermes, S. M. y pourvoyra avec tant d'exactitude et de sévérité, que les exemples de ceux qui seront chastiés par l'autorité du Roy contiendront les autres dans le devoir.

«Le Roy m'ordonne de vous faire savoir que, dans la conjoncture du renouvellement des fermes, qui expirent l'année prochaine, il est important que vous donniez une application particulière, et sans trop le faire connoistre, à savoir au vray l'estat des sous-fermes, tant des aydes que du domaine, qui sont dans vostre généralité, et de la régie des principaux droits qui s'y lèvent au profit des fermiers généraux, dont vous m'envoyerez les mémoires particuliers, sans que les fermiers et sous-fermiers en puissent avoir connoissance. Prenez toutes les précautions et les mesures pour cela que vostre prudence y pourra apporter, ne vous en confiant qu'à des personnes discrètes et à ceux qui travaillent auprès de vous que vous verrez moins susceptibles de favoriser les gens d'affaires, qui ne manquent jamais d'expédiens pour concilier ceux qui leur peuvent donner les avis.

«Je travaille, par ordre du Roy, à des mémoires et règlemens sur le fait des étapes, estant une matière que le Roy regarde comme une des plus essentielles pour le soulagement de ses peuples; cependant, S. M. désire que, dans le cours de vostre présente visite, vous vous informiez exactement de tous les abus qui s'y commettent, et surtout que vous vous fassiez rendre un compte bien exact des remboursemens qui restent à faire des années précédentes. Car, comme le Roy en a fait le fonds, et qu'à l'égard des deux dernières années, les remboursemens ont esté ordonnés aux étapiers aussitost que les estats ont esté envoyés et les ordonnances expédiées, il n'est pas juste que les peuples qui ont souffert l'étape en attendent le remboursement, ou que ceux qui auroient fait les fournitures n'en soient pas payés. Appliquez-vous particulièrement à cette matière, que le Roy a fort à cœur.

«A mesure que vous aurez achevé la visite d'une élection, je vous prie de m'en envoyer vos mémoires, afin que j'en puisse rendre compte au Roy avec ordre. Observez de vous expliquer un peu au long sur le principal revenu du commerce de chaque élection, sur les impositions ordinaires ou extraordinaires dont elles sont chargées, la force ou la foiblesse des contribuables, la manière dont se font les recouvremens et s'ils sont bien avancés, la conduite des receveurs des tailles et celle des commis des fermes, les principaux abus que vous aurez reconnus et les moyens propres pour y remédier. A quoy vous ajouterez vos observations particulières et les vues générales que vous avez pour le service du Roy et le bien des peuples.»

---

275. *Le Contrôleur général*
à M. Chauvelin, intendant à Amiens.

21 Mai 1686.

Quelques curés du diocèse d'Amiens, sur la frontière d'Artois, se plaignent de ce qu'on veut les assujettir au payement des droits d'aides pour les boissons qu'ils fabriquent chez eux. Le Roi désire qu'ils jouissent de l'exemption, mais seulement jusqu'à concurrence de la consommation de leurs maisons, et non pour trafiquer*.

* Voir, au sujet des visites des commis dans les établissements religieux et de l'acquittement des droits dus par ceux-ci pour les boissons destinées à leur consommation, le commencement d'une lettre de l'intendant de Hainaut, 1er janvier 1688. — Le contrôleur général écrit, le 21 juillet de la même année, à M. Chauvelin, intendant à Amiens, que les commis doivent se contenter de la déclaration faite par les communautés religieuses, sans procéder à aucune visite.

En général, dans les questions de ce genre, les intendants avaient ordre de traiter favorablement les gens d'église et d'amener les officiers municipaux à des concessions ou des transactions. (Lettres du 30 avril 1687 à M. de Bezons, du même jour et du 26 février 1688, à l'intendant de Soissons.)

---

276. *Le Contrôleur général*
à M. Foucault, intendant à Poitiers.

31 Mai 1686.

«J'ay rendu compte au Roy de ce que vous proposez en faveur du sieur Paulmier, ministre nouveau converti; S. M. est entièrement disposée à accorder aux nouveaux convertis les grâces qu'ils demandent, mais elle estime qu'il faut y apporter beaucoup de réserve, surtout quand il s'agit de leur confier des charges de judicature, outre qu'il ne faut pas leur donner lieu de croire que leur conversion les mette en droit de demander tout ce qui se présente*.»

* M. Foucault avait demandé pour le nouveau converti, qui par son exemple et ses conseils avait entraîné plusieurs de ses coreligionnaires, une charge de conseiller au présidial dont le titulaire était mort sans avoir payé l'annuel. (Lettre du 28 mai.) — Voir plusieurs autres lettres du contrôleur général, une du même jour, 31 mai, à M. de la Berchère, intendant à Montauban, une autre du 4 avril précédent, à M. de Bâville, prédécesseur de M. Foucault, et celle du 3 août 1687, à M. de Nointel, intendant à Tours.

277. *Le Contrôleur général à M. Morant, intendant en Provence.*

31 Mai 1686.

«Vous aurez reçu l'arrest par lequel le Roy laisse la liberté tout entière à ceux qui avoient fait charger des toiles de coton de les renvoyer où bon leur semble sans payer aucuns droits; mais S. M. ne peut permettre qu'elles entrent dans son royaume, et l'on n'eust pu laisser un temps aux négocians pour faire venir celles qu'ils avoient achetées, sans en introduire une si grande quantité en France que le mal auquel le Roy a voulu remédier en auroit beaucoup augmenté*.

«. . . . . M. de Seignelay ayant rendu compte au Roy de vostre avis sur ce que Messieurs du commerce du Levant demandoient un arrest pour hausser le prix des pistoles à Marseille et des réaux, notamment de Séville et de Mexique, S. M. n'a pas cru qu'il fust du bien de son service, ni de l'avantage de tout le royaume, de donner un arrest contraire aux déclarations et au tarif général; mais S. M. a trouvé bon que, pour la facilité du commerce de Marseille, les réaux de grands poids s'y exposassent, comme ils ont toujours fait, pour le prix que le commerce mesme y donne, par une espèce de tolérance dans laquelle S. M. veut bien entrer. Et je dois vous dire qu'en ces affaires, qui sont générales et qui regardent le cours des monnoyes, vous devez m'en écrire quand vous en rendez compte à M. de Seignelay ou autre, comme vous devez l'informer de ce qui regarde le commerce, quand, dans les cas particuliers, je vous en écris par ordre du Roy; car, S. M. nous faisant l'honneur de nous demander nos avis aux uns et aux autres, il est nécessaire que nous soyons également informés.»

* Voir les lettres de M. de Marillac, intendant à Rouen, des 6 et 9 mai précédent, et la requête des marchands jointe à la première de ces lettres, ainsi que la réponse faite par le contrôleur général le 16 du même mois. — Le 3 juin, cet intendant reçut aussi ordre de révoquer l'ordonnance par laquelle il avait autorisé l'entrée des étoffes d'écorce d'arbre provenant des Indes, et de ne plus rien décider sur ces matières sans l'approbation préalable du Roi.

278. *M. de Saint-Contest, intendant à Limoges, au Contrôleur général.*

31 Mai 1686.

Il annonce qu'il a fait faire en sa présence le rôle de la taille de la ville de Tulle: tous les officiers du présidial y ont été portés pour la première fois, même le lieutenant général, qui a été taxé à cinq sols malgré sa vive opposition; on n'a excepté que ceux qui jouissaient d'une immunité formelle et authentique.

279. *Le Contrôleur général à M. de Saint-Contest, intendant à Limoges.*

8 Juin 1686.

Ordre de s'informer des faits contenus dans un mémoire envoyé par les curés de l'Angoumois sur les rigueurs de la perception des rentes seigneuriales et sur les exactions du fermier des aides.

«S. M. désireroit que vous vous attachassiez plus particulièrement à pénétrer les véritables causes du mauvais estat de la généralité et les moyens d'y remédier solidement. On a déjà pourvu à régler le payement des tailles de manière que les peuples en soient soulagés, mais il ne faut pas leur laisser paroistre tout le bien qu'on veut leur faire à cet égard, crainte qu'ils n'en abusent. Examinez bien tous les autres moyens de subvenir à la disette de la province, soit en y envoyant des blés, soit en faisant travailler aux ouvrages publics, ce qui est un des meilleurs expédiens dont on se puisse servir pour faire subsister les pauvres; mais il faut observer de choisir des ouvrages qui soient utiles pour le commerce, comme les grands chemins et la navigation des rivières, observant aussy, sur toutes choses, qu'ils soient de nature à pouvoir y employer toutes sortes de gens de tout sexe et de tout âge, afin que ce soit une voye ouverte aux uns et aux autres de gagner leur vie*.»

* Dans cette même vue, le Roi défendait qu'on mît à la charge des propriétaires riverains la réparation des chemins.

280. *M. de Harlay, intendant en Bourgogne, au Contrôleur général.*

10 Juin 1686.

«Après avoir pris une information particulière, et demandé plusieurs mémoires que j'ay reçus et examinés très-exactement, touchant le placet du baron de la Bastie, au sujet de l'établissement qu'il propose d'un droit de transit sur les blés, vins et fourrages qui sortent du pays de Gex pour estre transportés à Genève, je dois vous dire (nonobstant mes premières pensées et les avis des députés du pays qui estoient à Paris lors de ma lettre du 10 mars dernier) que j'estime que cette nouveauté seroit quant à présent plus dommageable qu'avantageuse au pays de Gex, d'autant que, surtout depuis les grandes désertions qui y sont arrivées en dernier lieu à cause de la religion, le nombre des habitans y est beaucoup diminué et moins en estat que jamais, par conséquent, de consommer ce que la terre y produit; que d'ailleurs, en tout temps, Genève se peut bien plus aysément passer des denrées du pays de Gex, que le pays de Gex de la consommation qui s'en fait à Genève, d'autant qu'au défaut du pays de Gex, Genève peut tirer les mesmes secours de Savoye et du pays de Vaud, au lieu que Genève, au contraire, est le seul endroit où l'on puisse porter les denrées du pays de Gex, le pays de Vaud estant très-abondant et plus que suffisant pour sa propre subsistance, la Savoye voisine de mesme, et le comté de Bourgogne fermé du costé du pays de Gex par des montagnes presque inaccessibles; et qu'enfin j'ay bien vu, par le détail où je suis entré sur ce sujet, que les Genevois ne possèdent pas, à beaucoup près, les trois quarts du pays de Gex, soit en domaine ou en souveraineté (comme le placet et le mémoire le supposent), sans compter qu'il s'en faut aussy bien plus de la moitié que ce nouveau droit ne pust valoir ce que l'on prétend, en déduisant les frais nécessaires pour en faire l'établissement et la régie, et c'est ce que j'avois cru qu'il falloit avant toutes choses vérifier sur les lieux mesmes, aussy bien que les conséquences des mesures nécessaires pour y réussir. On doit encore ajouter que, cessant tout cela, l'avis ne pourroit jamais estre fort utile pour les peuples qu'en cas qu'il plust au Roy, comme le placet le propose, de diminuer sur la taille ou les gabelles du pays ce qu'il gagneroit de ce costé-là.»

281. *Le Contrôleur général* *
à M. de Gourgue, intendant à Caen.

13 Juin 1686.

Depuis que le Roi a attribué la juridiction des gabelles aux élus, les fermiers se plaignent que le sel, qui leur coûtait 20 ou 30 sols, leur coûte 20 ou 30 #; ils prétendent que la plupart des élus sont propriétaires de salines et favorisent le faux-saunage*.

* Voir la lettre et les pièces envoyées par M. de Morangis le 9 avril. — Par une autre lettre du 27 décembre, le contrôleur général se plaint encore que les frais des rôles de l'impôt du sel, confiés depuis 1680 aux collecteurs des tailles, montent jusqu'à quatre ou cinq cents écus dans les mêmes élections où ils ne dépassaient pas 200 # quand l'adjudicataire était chargé de la confection des rôles et des frais.

282. *Le Contrôleur général*
à M. Lebret, intendant à Lyon.

13 Juin et 5 Décembre 1686.

Restauration de l'abbaye de Brienne-lès-Anse et réforme de la communauté.

Le Roi ne peut donner aux religieuses le reste des biens du consistoire de Lyon, parce qu'il s'est interdit de rien changer à l'ordre des choses jusqu'au mois de mars prochain; mais il est disposé à les secourir aussitôt qu'il aura été renseigné sur l'état du spirituel, qui doit se ressentir de celui du temporel*.

* Lettres de M. Lebret et pièces jointes, du 28 mai et du 12 novembre de la même année, du 7 janvier, du 15 février et du 30 avril 1687; lettres de M. de Bérulle, successeur de M. Lebret, 20 novembre et 12 décembre; lettres du contrôleur général, 26 février et 2 décembre. 11 mai 1688 : rapport de M. de Bérulle sur les désordres de tout genre imputés aux religieux de l'abbaye de Savigny.

283. *Le Contrôleur général*
aux Intendants.

14 Juin 1686.

Envoi du brevet de la taille pour 1687.

«S. M. avoit fait, les années précédentes, de si grandes diminutions pour le soulagement de ses sujets taillables, qu'elle n'a pas estimé devoir rien diminuer l'année prochaine sur le brevet de la taille. Il y a lieu d'espérer une si bonne année que, joignant aux avantages d'une abondante récolte tous les autres soulagemens que le Roy procure tous les jours à ses sujets, S. M. ne doute pas que la campagne ne se rétablisse avantageusement et ne profite des fruits de la paix et de toutes les grâces que le ciel verse sur ce royaume. Comme vous ne manquerez pas d'ajouter à tout cela vostre application et vostre exactitude pour faire un juste régalement dans vostre généralité et sur les élections de la somme portée par le brevet de la taille, le Roy se promet que l'année prochaine achèvera de réparer ce que la stérilité des années précédentes avoit causé de pertes dans la campagne.

«L'on vous envoye le brevet de la taille plus tost que les années précédentes, pour vous donner le temps de faire une visite dans tout vostre département et de donner avec une entière connoissance de cause vostre avis sur la somme que chaque élection doit porter de l'imposition de l'année prochaine, et vous recevrez de bonne heure les commissions, sur lesquelles vous serez en estat de faire faire exactement le devoir aux élus, aux receveurs des tailles et mesme au receveur général, qui se rendra auprès de vous lors du département.»

284. *M. de Creil, intendant à Orléans,*
au Contrôleur général.

14 Juin 1686.

«Tout ce que j'ay pu faire depuis que je suis arrivé en ce pays-cy, a esté de prendre des notions générales de toutes choses, le départ précipité de M. de Bezons m'ayant empesché de pouvoir prendre des instructions sur un pays qu'il connoissoit parfaitement et dans lequel l'employ dont le Roy l'a honoré marque bien qu'il avoit servi comme il devoit.

«J'ay visité la grande chaussée qui s'entretient aux dépens du Roy depuis Étampes jusqu'à Artenay, et je l'ay trouvée en plus méchant estat que je ne l'aye vue depuis un grand nombre d'années que je passe par ce chemin; je tiendray la main aux ouvriers le plus près que je pourray, et ne manqueray pas de vous rendre compte et de prendre vos ordres sur le tout.

«Les huguenots sont très-mal disposés, et je ne vois guère d'apparence à les maintenir si l'on n'ayde la parole de Dieu de l'approche de quelques troupes; le recouvrement n'en ira pas mieux, mais le zèle du Roy pour l'accroissement de la religion et pour l'extirpation de l'hérésie marche le premier, et je prends la liberté de prendre les devans là-dessus, pour que vous ne soyez pas surpris dans les temps si les deniers ne viennent pas si promptement. Il m'estoit venu une pensée, qui m'a servi en Bourbonnois, et sur laquelle j'ose vous demander vostre avis: ce seroit de n'accorder aucun privilége à ceux qui ont fait abjuration et qui ne se mettent pas dans la suite en devoir de bons catholiques. J'ay donné sur cela différens ordres: les uns, de loger les troupes chez ces faux convertis, les autres, de ne les pas laisser jouir des surséances accordées pour le payement de leurs dettes; en d'autres endroits, les obliger de prendre des certificats au du moins de s'inscrire sur une feuille du curé ou d'un supérieur de maison religieuse, pour marque qu'ils ont assisté à la messe les jours de feste et les dimanches, ce qui auroit fait un merveilleux effet, quand on pourroit y ajouter: Sous peine de loger pendant trois ou quatre jours un dragon *. »

* Voir les lettres du 11 juin et du 12 septembre, au sujet de l'entretien des nouveaux catholiques, et des menées pratiquées parmi les nouveaux convertis de la Charité par un nommé Léveillé, « à qui, selon le bruit commun, les ministres avoient imposé les mains. »

---

285. *M. de Bagnols, intendant en Flandre,*
au Contrôleur général.

15 Juin 1686.

Mémoire sur l'état du Hainaut et sur les droits payés par les fabricants de bières.

« Il est certain qu'il y a quelque différence à faire entre le Hainaut compris dans le département de Flandre et celuy qui est sous la direction de M. Faultrier. Le premier est composé de la prévosté le Comte, de la ville et chastellenie de Bouchain, de la ville de Condé et de ses dépendances, dans lesquelles la bonté du pays et le voisinage des grandes villes soulagent le paysan, qui n'est pas à beaucoup près dans une aussy grande misère que celle qui est répandue dans tout le reste du Hainaut, où il n'y a que très-peu de commerce, dont le pays est ingrat et stérile, et les villes pauvres et petites.

« C'est cette mesme pauvreté qui fait qu'on se sert dans cette partie du Hainaut d'une boisson inconnue dans le département de Flandre; elle s'appelle *bouillie, boulinage* ou *braquet*. Elle est composée de son ou du marc du grain qui a déjà servi à faire deux ou trois sortes de bières; on y ajoute quelquefois un peu de houblon, et on fait bouillir le tout pour en composer une liqueur qui est fort nuisible à la santé. Je n'en diray pas davantage . . . .

« Il est plus utile et plus important de parler de la petite bière et de bien expliquer ce que c'est et quels sont les droits qui sont dus sur cette boisson.

« Il se fait dans le département de Flandre plusieurs sortes de petite bière. On appelle quelquefois petite bière celle dans la composition de laquelle il entre une moins grande quantité de grain que dans la forte. Elle se fait encore en faisant bouillir de nouveau le grain qui a servi à la première, soit qu'on y ajoute du nouveau houblon ou qu'on n'y en ajoute pas; car les brasseurs pratiquent l'un et l'autre. D'autres fois, ils meslent de la forte bière dans les tonnes de la petite, en plus grande ou en moindre quantité à proportion de la force qu'ils veulent donner à cette petite bière.

« Il faut encore observer que dans les villes, où la consommation est plus grande et l'argent plus abondant, on peut faire et on fait ordinairement trois sortes de bière d'un mesme grain, parce qu'on l'employe en plus grande quantité. La première bière est celle qu'on appelle la forte; c'est celle qui a emporté la plus grande partie de la substance et de la force du grain; la seconde est la médiocre, qui a achevé de dégraisser le grain, pour se servir des termes du pays, et la troisième est l'eau qui n'a fait que passer sur le marc des deux premières. Elle est très-foible et à grand marché, et ne sert ordinairement que pour les pauvres gens.

« Dans le plat pays, où la rareté de l'argent oblige d'user d'une plus grande économie, on fait entrer très-peu de grain dans la composition de la meilleure bière, de sorte qu'il n'en reste précisément que ce qu'il en faut pour la seconde, qui n'a pas plus de force que la troisième, que j'ay dit estre en usage dans les villes.

« Les imposts qui se lèvent sur les bières dans les villes appartiennent ordinairement au Magistrat, et il est certain que toutes les bières, de quelque qualité qu'elles soient, fortes, médiocres ou petites, payent des droits, mais plus ou moins grands à proportion de leur force et de leur bonté.

« Il est aysé, après cela, de décider si les petites bières, dans les lieux où les imposts appartiennent au Roy, comme dans tout le plat pays du Hainaut de mon département, doivent payer. Je ne puis pas dire si, du temps de la domination d'Espagne, le Hainaut du département de M. Faultrier payoit pour les petites bières, mais je puis bien assurer que le mien n'en estoit pas exempt. Les criées de Mons, qui régloient, du temps d'Espagne, les conditions des baux, comme elles les règlent encore à présent pour le pays qui est resté au Roy Catholique, le portent en termes fort clairs. L'arrest du Conseil du 8 aoust 1682 le décide nettement, et la raison ne veut pas, à mon sens, que les petites bières, mesme celles qui ne sont composées que de l'eau qui passe sur le marc qui a servi aux premières, soient exemptes; autrement, les droits sur les bières seroient perdus et anéantis sans ressource, le paysan, qui ne songe qu'aux moyens de tromper le fermier, feroit de la bonne bière la petite, et de la petite la bonne; c'est-à-dire, pour m'expliquer plus intelligiblement, qu'il feroit passer légèrement et en petite quantité la première eau sur le grain; ce seroit celle qui payeroit les droits, et, pour la seconde, qui ne devroit rien, il la brasseroit en plus grande quantité et de manière qu'elle tireroit toute la substance du grain. C'est ce qu'il seroit fort difficile au fermier de pouvoir empescher. Ainsy, je crois qu'il est d'une très-grande conséquence pour la ferme de ne point exempter du payement des droits les petites bières, de quelque qualité qu'elles soient. Mais, si le Roy vouloit soulager les habitans de ce pays, dont la misère est toujours grande, quoyqu'elle ne soit pas extrême, ni pareille à celle du département de M. Faultrier, je croirois qu'on pourroit accorder quelque diminution des droits qui se lèvent sur ces petites bières et que l'arrest du Conseil du 8 aoust 1682 a fixés à la moitié de ceux qui se payent pour la forte. Je ne trouve pas que la proportion y ayt esté gardée, la forte bière estant meilleure et plus chère des trois quarts que la petite; les Magistrats, dans les villes qui jouissent des imposts, ne font payer que 10 ou 7 sols de cette dernière petite bière, lorsque la forte en paye 50 ou 60. Mais il faut aussy remarquer que la forte bière des villes est bien au-dessus à proportion de celle de la campagne, par les raisons que j'ay remarquées, de sorte qu'il faudroit trouver un tempérament qui réglast la levée de ces droits par rapport à la qualité des bières et qui ne donnast pas des vues aux brasseurs de la campagne pour faire la forte bière trop faible ou la petite trop forte. Mais ce tempérament, qui ne seroit pas impossible, doit estre réservé pour un nouveau bail; celuy-cy est trop avancé, et le moindre changement donneroit occasion à des indemnités qu'on demanderoit plus fortes qu'elles ne devroient estre et qu'il seroit difficile de régler.

«On a proposé de faire payer les droits sur les bières à l'espallement des chaudières, ou par des taxes sur les brasseries; mais cette nouveauté seroit sujette à de grands inconvéniens, qu'on remarquera aysément quand on voudra entrer dans ce détail, et on doit tenir pour une maxime certaine en ce pays de ne rien innover sans une grande nécessité*.»

* Dans un mémoire du 17 août 1687, M. Faultrier (Hainaut) ayant insisté, de son côté, pour la réduction de plusieurs droits domaniaux, et particulièrement de ceux qui se levaient sur les bières, ces derniers furent en effet réduits d'un tiers par arrêt du 16 mars 1688. Peu après, les fermiers arguèrent de cette réduction pour obtenir une diminution sur le montant de leur bail. (Lettre de M. Voysin, successeur de M. Faultrier, 20 septembre 1688.)

286. *M.* de Séraucourt, *intendant en Berry,*
au Contrôleur général.

20 Juin 1686.

Mémoire sur l'état de l'élection du Blanc et sur le recouvrement des impositions.

Un tiers seulement du pays est cultivé; le reste ne consiste qu'en étangs, ou ne produit que des fougères ou des herbes, dont la dixième partie suffirait à la nourriture des bestiaux; les bras manquent pour mettre ces terres en culture, et l'argent pour les défricher et construire des fermes. Une exemption de taille pour dix ans pourrait seule encourager les gens du pays ou attirer les étrangers.

Le commerce des bestiaux est le plus considérable, à cause des brandes où ils trouvent toujours à subsister. Celui du vin profitera beaucoup de l'exemption des droits de sortie qui a été accordée à l'élection. Quant à la fabrication des crépons de couleur, le nombre des métiers est si peu considérable qu'on ne peut considérer cela comme une manufacture.

L'argent vient encore dans le pays, soit par la vente du poisson des étangs, qui se transporte en Poitou et en Limousin, soit par le travail des manœuvres, qui vont tous les étés à Versailles et qui vivent assez sobrement pour rapporter une certaine somme à l'entrée de l'hiver.

Le pays étant rédimé des droits de gabelles, les fermiers n'ont qu'à y empêcher le trafic du faux sel. Ceux des aides se conduisent avec assez de douceur. Les étapes sont peu coûteuses et se remboursent régulièrement.

Un seul procès relatif aux tailles mérite d'être signalé. Il s'agit d'un curé qui a voulu faire rayer son frère du rôle, sous prétexte qu'il lui servait de domestique. Les habitants ayant soutenu, au contraire, qu'il faisait le commerce de bois, le curé a refusé de les recevoir à confesse et les a renvoyés, soit à d'autres curés très-éloignés, soit à un religieux augustin qui leur a également refusé l'absolution, de sorte que douze des habitants de la paroisse n'ont pu faire leurs pâques.

287. *M.* de Vaubourg, *intendant en Béarn,*
au Contrôleur général.

20 et 27 Juin, 11 Juillet 1686.

Il annonce des soulèvements à Saliès en Béarn et à Garris en basse Navarre contre les gardes des gabelles ou les commis des fermes*.

* Il y avait eu également en Hainaut des émeutes contre les commis du domaine. (Lettres de M. Faultrier, 3 janvier et 7 juillet; réponse du contrôleur général, 25 juillet.)

288. *M.* Morant, *intendant en Provence,*
au Contrôleur général.

24 Juin 1686.

«Les fermiers du domaine ne vous ont pas rendu un compte juste de l'ordonnance que j'ay faite sur une requeste des échevins de Marseille, et moins encore de ce qui leur convenoit faire pour son exécution. Les échevins n'ont point contesté la levée d'aucuns droits de ceux qui sont établis par les baux, déclarations et arrests du Conseil; ils ont seulement demandé, attendu que de tout temps la ville de Marseille se trouvoit exempte de souffrir les bureaux, pour raison de quoy mesme elle est regardée comme pays étranger et paye les droits de la *domaniale*, qui ne se lèvent en aucune autre ville de la province, que, par l'édit du port franc de l'année 1669, ces mesmes bureaux ont esté levés et les droits domaniaux ou éteints ou portés aux bureaux qui sont établis hors de son terroir, que les fermiers ou leurs commis fussent tenus de me représenter les arrests ou édits en vertu desquels ils ont établi des bureaux dans la ville de Marseille et font journellement des visites dans les bastimens, soit françois, soit étrangers, qui abordent dans son port, ce qui en incommode le commerce, parce qu'elles en détruisent les franchises. J'ay ordonné cette représentation dans la vue seulement de mettre les choses dans le véritable ordre où elles doivent estre, qui a esté pareillement celle des échevins, et non pas de prononcer sur la suppression, je ne dis pas des droits, sur lesquels je n'aurois garde de décider, mais mesme des bureaux, au cas qu'ils ne pussent convenir de ceux qui doivent subsister et de ceux qui doivent estre retranchés par l'édit du port franc.»

289. *M. de Bâville, intendant en Languedoc,*
au Contrôleur général.

1er Juillet 1686.

«Je reçois toujours les soumissions des propriétaires des isles à la dernière déclaration, et les habitans de la ville d'Avignon ont pris leur parti comme les autres. Je puis vous répondre maintenant du succès de cette affaire, qu'il n'y aura personne qui s'enteste mal à propos de ses titres, qui ne profite de la grâce que le Roy a bien voulu accorder, qu'elle se passera sans traité et sans frais, et que la somme que S. M. a désirée s'y trouvera apparemment, ou bien près*.

«Je n'ay rien à ajouter au mémoire que nous vous avons envoyé, M. Lebret et moy, pour le remboursement des péages de la rivière du Rhosne**. Si cette vue estoit agréable au Roy, il n'y auroit plus qu'à examiner les questions générales, qui sont de savoir si le remboursement sur le pied du denier quinze est suffisant, si l'imposition de 100.000 écus sur les quatre provinces est trop forte ou trop foible, si le temps de douze années n'est pas trop long, et si, en général, S. M. approuveroit cette pensée. Lorsque nous nous rassemblerions, M. Lebret et moy, sur l'exécution de l'arrest que vous nous enverrez, nous pourrions rendre ce premier plan plus correct, dont nous n'avons pris qu'une première idée, persuadés que le Rhosne, délivré de la servitude des péages, mériteroit bien d'estre mis au nombre des grands événemens de ce règne, et que ce seroit le bien le plus solide que l'on pourroit faire pour le commerce de ces provinces. La ferme des gabelles en recevroit aussy quelque augmentation, parce que les sels payent de grands droits.»

* Le Roi avait confié cette opération au cardinal de Bonzy et à M. de Bâville, en recommandant qu'on respectât les principes de la justice et de l'équité, et en même temps le contrôleur général avait annoncé que S. M., par bienveillance pour les États et par sollicitude pour ses peuples, renonçait à exiger dans toute leur rigueur les droits qui lui étaient dus. (Lettres du 19 avril.)

Voir les lettres et les ordonnances de M. de Bâville, 12 mars, 31 mai, 20, 22 et 28 juin de la même année.

** Ce mémoire se trouve à la date du 4 juin, avec un projet d'arrêt pour régler les péages du Rhône et une proposition de rembourser ceux que le pape possédait à la Palud et à Mornas. — M. Lebret (Lyon, 30 juin) insiste sur l'utilité d'une complète suppression et sur la nécessité de faire la déclaration «si bien raisonnée, qu'elle oste aux successeurs du Roy l'envie de rétablir jamais aucun péage.»

290. *Le Contrôleur général*
à M. de Bâville, intendant en Languedoc.

4 Juillet 1686.

Il l'informe, au sujet de la foire de Beaucaire, que, sur l'observation faite par le commerce de Marseille, que l'augmentation des droits d'entrée sur les toiles de coton causait un tort considérable aux manufactures de cette ville, le Roi en a déchargé les piqûres et autres ouvrages de fil et de coton fabriqués à Marseille*.

* Sur la proposition du fermier général Dodun, on exempta aussi du nouveau droit de 6 # les toiles de coton, appelées *voiles*, qui se fabriquaient en Suisse et ne traversaient la France que pour passer en Espagne, où elles se consommaient spécialement. (Lettre à M. Lebret, 24 octobre.) Mais la même faveur fut refusée aux négociants de Marseille pour les petites toiles de coton du Levant, les toiles bleues dites *d'Aman*, et autres, «en considération du préjudice qu'en recevroient les manufactures du royaume, particulièrement celles des petites étoffes de layne, comme futaynes, condillacs, serges, droguets et étamines, qui se fabriquent en Poitou, Languedoc, Provence, etc.» (Lettre aux fermiers généraux, 9 septembre 1687; lettre à M. de Bérulle, intendant à Lyon, 11 juin 1689.)

A ce sujet, il fut écrit, le 9 octobre 1687, à M. Lebret (Provence), que les arrêts du 30 avril 1686 et du 8 février 1687 devaient être exécutés sans restriction aucune. «On ne doit avoir aucun égard à la disproportion qu'il y a du droit avec le prix principal de la marchandise, l'intention du Roy ayant esté de l'exclure tout à fait du royaume, en mettant les droits sur un pied si fort que les marchands ne pussent trouver leur compte à en faire venir, et cela en faveur des manufactures du royaume.» Les négociants avaient représenté que l'introduction des étoffes grossières fabriquées dans les échelles d'Alep, Saïd, Smyrne, etc. ne pouvait nullement nuire au commerce des toiles fines des Indes dont la compagnie avait le privilége exclusif. Voir leur requête, à la date du 3 octobre 1687.

291. *M. de Bâville, intendant en Languedoc,*
au Contrôleur général.

5 Juillet 1686.

Les opérations du domaine sont plus difficiles pour les îles de la Garonne, où jamais on n'avait fait pareille recherche, que sur le Rhône. Les propriétaires ont réclamé contre le procès-verbal des experts, prétendant que, pour augmenter leurs vacations, ceux-ci avaient qualifié d'îles les domaines où la Garonne déborde régulièrement. Ce fait ayant été prouvé, il a fallu ordonner une nouvelle expertise aux frais des propriétaires*.

Plusieurs conseillers du Parlement de Toulouse, impliqués dans cette recherche, comptent en éluder les effets par leur autorité.

* Voir la réponse du contrôleur général, en date du 7 août, une autre lettre du 19 du même mois, et celle du 7 novembre, accompagnée d'un arrêt qui commet M. de Bâville pour terminer le travail dans la généralité de Montauban.

292. *M. de la Berchère, intendant à Montauban,*
au Contrôleur général.

8 Juillet 1686.

La ville de Montauban demande, pour achever la construction de son hôpital général, à continuer de lever pendant dix ans un droit de 5 sols par pourceau tué, et de 4 deniers par livre de chair débitée (la livre *carnassière* de Montauban valant trois livres et demie, poids de marc). Les revenus fixes ou casuels de l'hôpital ne pourront, en effet, suffire aux dépenses jusqu'à ce que les legs et les aumônes des anciens et surtout des nouveaux catholiques, qui sont les plus riches, les aient augmentés*.

* Même intendance, 20 juin et 24 juillet 1685, mémoires sur la construction d'un hôpital général à Cahors; 25 septembre 1686, lettre du contrôleur général annonçant que le Roi refuse de laisser faire une imposition de 12,000ᴴ sur la généralité pour servir à l'embellissement de cette même ville.

293. *M. de Madrys, intendant en Flandre maritime,*
au Contrôleur général.

11 Juillet 1686.

«Il me paroist, depuis le compte que j'ay eu l'honneur de vous rendre à Versailles de l'estat de ce département, et mon retour icy, que les chastellenies qui le composent ont plus de peine à satisfaire à leurs charges, tant ordinaires qu'extraordinaires, qu'elles n'avoient eu jusques à présent, à cause de toutes les exécutions auxquelles on est obligé d'avoir recours pour les y contraindre, ce que l'on peut attribuer au peu de valeur des denrées du pays, et desquelles mesme les habitans ne trouvent plus de débit. J'ay pris la liberté d'ailleurs de vous représenter par des mémoires que leurs impositions ont augmenté considérablement depuis qu'elles ont changé de domination*.

«J'ay mandé à ces chastellenies de faire trouver leurs pensionnaires, qui sont ordinairement bien informés de l'estat de leurs affaires, le 26 de ce mois, à Ypres, afin que je puisse conférer avec eux sur les moyens dont il conviendroit de se servir pour faire recultiver les terres abandonnées en friche.»

* Le contrôleur général répond, le 25 juillet, que le Roi est disposé à procurer les soulagements les plus convenables à ses sujets, mais qu'il ne veut pas qu'on leur laisse trop voir cette disposition, de peur que leur soumission n'en souffre. — Voir, pour le détail des impositions à titre d'*aide* et autres, la lettre de l'intendant du 15 août.

294. *M. de Bagnols, intendant en Flandre,*
au Contrôleur général.

11 Juillet et 29 Août 1686.

Mémoire des négociants de Dunkerque et avis de l'intendant touchant les conséquences de l'arrêt du 15 août 1685, par lequel l'entrée des soies et autres marchandises du Levant a été restreinte, comme franchise, au port de Marseille, et, moyennant un droit de vingt pour cent, à celui de Rouen.

De semblables prohibitions, loin de rétablir le commerce français et d'enlever le trafic du Levant à la marine anglaise, ruineraient à la fois le commerce de Marseille et l'industrie des pays conquis, qui est obligée de payer les soies dix-huit pour cent plus cher qu'à Londres, et qui n'aura plus d'autre parti à prendre que de passer dans les Flandres espagnoles. En outre, ces prohibitions sont complétement contraires à la protection spéciale que le Roi a toujours accordée à ses nouvelles provinces. Ainsi, l'entrée des vaisseaux anglais à Dunkerque étant interdite, et l'abord des ports de l'Angleterre n'étant point facile, ni même possible pour les navires français, il est indispensable de faire une exception au nouveau règlement et de permettre l'entrée libre à Dunkerque des marchandises du Levant destinées aux manufactures de la province*.

* Au mémoire des négociants sont joints plusieurs mémoires ou réponses des fermiers généraux, ainsi que les anciens édits relatifs à la franchise du port de Marseille et à l'introduction des soies et des marchandises du Levant en France. — M. de Madrys, intendant en Flandre maritime, écrit sur le même sujet et dans le même sens que M. de Bagnols, le 6 septembre suivant.

295. *M. Foucault, intendant à Poitiers,*
au Contrôleur général.

22 Juillet 1686.

Il réclame une diminution de 30,000ᴴ sur le brevet de la taille de 1687*. Les campagnes ont été ravagées par la grêle, et la récolte compromise par les alternatives de chaud et de froid; en outre, il est nécessaire de soulager les religionnaires qui ont abjuré depuis la dernière imposition et qui avaient été surchargés à dessein; beaucoup de conversions ne se sont faites que pour obtenir ces diminutions**.

* M. d'Argouges demande aussi, le 31 juillet, une diminution pour les élections de Nevers et de Moulins. — M. Foucault obtint 30,000ᴴ, M. de Bezons, 40,000ᴴ, MM. d'Argouges et Bossuet, chacun 20,000ᴴ, etc. (Lettres du contrôleur général, 29 août.)

** Dans le département de Hombourg, M. de la Goupillière avait obtenu une décharge d'impôts pour les cantons qui se convertissaient au catholicisme. (Lettre de l'intendant, 11 juillet.)

296. *Le Contrôleur général*
à M. de Séraucourt, intendant en Berry.

25 Juillet 1686.

«Le Roy n'a pas estimé qu'il convinst de donner une exemption absolue de taille dans l'élection du Blanc, comme vous le proposez, à ceux qui s'attacheroient au défrichement des fougères, parce qu'il arriveroit infailliblement que, pour jouir de cette exemption, plusieurs habitans quitteroient la culture de leurs terres qui sont en valeur pour venir défricher celles-cy; mais vous pouvez les exciter à ce travail par l'espérance du bénéfice qu'ils y trouveront, et mesme les assurer que le Roy ne leur refusera point tout le secours dont ils auront besoin. Au reste, comme vous me mandiez, il y a quelque temps, que le transport des blés estoit fort difficile dans vostre généralité, ce que vous proposez ne seroit pas d'un fort grand avantage pour la province, en cas qu'elle produisist déjà suffisamment de blés pour sa consommation sans estre obligée d'en tirer des provinces voisines.»

297. *M. de Saint-Contest, intendant à Limoges,*
au Contrôleur général.

27 Juillet et 2 Août 1686.

Il demande la permission d'appliquer les revenants-bons de l'année 1684 aux réparations urgentes des fontaines et des aqueducs de Limoges. Ces sortes de travaux regardent ordinairement les villes elles-mêmes; mais celle-ci n'a que des octrois insuffisants pour payer ses menues charges, et il est défendu d'emprunter*.

«Comme cette ville est extraordinairement peuplée, les rues y sont fort étroites, toutes les maisons hautes et élevées de trois à quatre étages, joignantes les unes aux autres, sans séparations, et toutes de bois de haut en bas, jusqu'aux planchers. . . . ; l'incendie d'une maison causeroit un incendie général.»

* On voit, par la lettre du 16 août, que l'intendant eut la permission de faire une imposition extraordinaire et générale sur toutes les maisons de la ville.

298. *Le Contrôleur général*
à M. de la Berchère, intendant à Montauban.

28 Juillet 1686.

«Le Roy n'estime ni juste, ni convenable à son service, dans les conjonctures présentes, que les communautés entières et les anciens catholiques portent les dettes des religionnaires. Il est plus à propos que les créanciers en souffrent et s'imputent s'ils ont mal pourvu à leurs affaires. Il faut premièrement surseoir et arrester leurs poursuites contre les nouveaux convertis, pour les ménager, et ensuite il sera de vostre prudence et de la connoissance particulière que vous pourrez prendre avec le temps, estant sur les lieux, de proposer au Roy les moyens et les expédiens que vous trouverez les meilleurs et les plus faciles pour finir ces natures d'affaires, qui sont en grand nombre partout. Il est présentement capital de pourvoir, sur toutes choses, à arrester l'esprit de désertion des nouveaux convertis*. . . . . »

* Voir, à la date du 10 avril précédent, le mémoire de l'intendant, accompagné d'un avis de M. Daguesseau.

En 1688 (19 novembre), le contrôleur général écrit encore à M. de la Berchère que le Roi ne peut prendre aucune décision publique et générale sur ce sujet, que chaque intendant doit se livrer à une enquête minutieuse, et que, pendant ce temps, on pourra trouver une solution.

299. *Le Contrôleur général*
aux Intendants des généralités taillables.

31 Juillet 1686.

«Le Roy, qui est toujours appliqué à procurer le bien et le soulagement de ses sujets taillables, connoist qu'il n'y a rien de plus important pour cela que la conduite des receveurs des tailles, lesquels peuvent plus procurer le bien ou le mal. C'est ce qui a obligé S. M. de m'ordonner de vous envoyer le mémoire cy-joint, contenant le nom des receveurs des tailles de vostre généralité, leurs qualités et l'opinion que l'on en a pu former suivant les avis qui en ont esté donnés. Le Roy désire que vous vous appliquiez par vous-mesme à en connoistre la vérité, en gardant le secret et la discrétion que vous jugerez convenable*.»

* Par une autre circulaire du 8 décembre, le Roi renouvelle l'ordre de signaler les receveurs qui auraient mérité une récompense ou ceux qui devraient être punis.

300. *M. de Gourgue, intendant à Caen,*
au Contrôleur général.

31 Juillet 1686.

«Le métier de drapier est composé de plusieurs branches qui ne font qu'un mesme corps.

«Les tondeurs sont de ce nombre; ils ne payent rien de leur travail, si ce n'est le droit ordinaire de la ferme lorsqu'ils vendent ou achètent.

«Les drapiers chaussetiers sont du mesme nombre; ceux-cy vendent en détail et payent, lors de la première vente, le droit de la *petite ferme*, qui consiste en 4 deniers pour livre de chaque pièce de serge qu'ils débitent, ce qui fait partie de la grande ferme de la draperie. Et, comme ni les uns ni les autres ne payent rien de leurs manufactures, et que ce droit de 4 deniers ne se paye qu'à la vente, ils ont jusqu'à présent esté distingués de tous les autres artisans qui ont esté déchargés, par divers arrests du Conseil, de semblables droits, qui depuis très-longtemps avoient esté établis chacun à leur métier. L'arrest mesme du Conseil du 9 février dernier semble avoir décidé la question à l'égard des drapiers et droguistes, les ayant condamnés à continuer à l'avenir le payement de l'ancien droit d'octroy.

«La perception de ces 4 deniers est très-difficile; c'est pourquoy l'un d'entre eux s'en rend ordinairement adjudicataire, et le bail de cet octroy ne monte qu'à la somme de 300 #, qui produisent plus de 600 # de frais par les différens procès qui se font entre ceux de ce métier pour la levée de ce droit, dont les contestations sont portées par-devant le lieutenant général de cette ville.

«Cependant, il est certain que les tondeurs de layne et les chaussetiers sont artisans, passent pour tels dans cette ville, gagnant leur vie par le travail de leurs mains, et qu'autrefois ce métier estoit considérable, parce que la ville de Caen, avant la manufacture des bas d'Angleterre, envoyoit dans ce royaume-là une infinité de bas que ces artisans faisoient, ce qui a beaucoup diminué depuis que les Anglois en font de soye, soit à l'aiguille, soit au métier. Vu le peu de revenu que produit cette ferme, qui n'est que de 300 #, et les frais qu'ils font pour la perception de ce droit, réfléchissant mesme qu'ils sont véritablement artisans, je croirois qu'il y auroit lieu, sous le bon plaisir de S. M., de les décharger de ce droit de 4 deniers composant la ferme de 300 #, que j'estimerois devoir estre spécifié dans l'arrest, afin de distinguer cette ferme d'une autre plus considérable qui se lève sur les drapiers.

«Le fermier des octroys, qui commence sa ferme, dont l'adjudication lui a esté depuis peu faite par feu M. de Morangis pour trois ans, demande diminution des sommes dont chaque métier d'artisan a esté déchargé par les arrests du Conseil, qui se montent jusqu'à présent à 1,662 ᵗᵗ. Les échevins m'ont représenté qu'ils espéroient de la bonté du Roy que, si le bail du total desdits octroys en estoit d'autant diminué, S. M. voudroit bien supporter moitié de la perte, puisque le total des octroys se partage et que le Roy a bien voulu, par ses déclarations, leur en accorder la moitié, en satisfaisant aux charges qui sont considérables. C'est sur quoy je vous supplie me faire savoir les intentions de S. M., et il semble que tous ces artisans ne payant, à proprement parler, la taille que par la perception de ces droits (car la somme de 28,000 ᵗᵗ à laquelle la ville de Caen est fixée pour la taille se prend sur la part des octroys dont elle jouit, et dont ces droits de 4 deniers font partie), et ces artisans en estant déchargés, il ne reste à leur égard que le droit de *consommation* qui se lève sur tous les habitans de la ville, et, comme ils en font beaucoup moins que les gros bourgeois, gentilshommes, officiers et autres manans, ils ne supporteront quasi aucunes charges de la ville, ou du moins peu, quoyque ce soient eux qui remplissent les hospitaux et qui consomment des sommes très-considérables du revenu de la ville*.»

* M. de Gourgue envoie, le 1ᵉʳ août, un tableau des *petits droits* supprimés, depuis 1680, sur les différents corps de métiers. Voir aussi une partie de la lettre du 29 août.

301. *M. de Bâville, intendant en Languedoc,*
au Contrôleur général.

3 Août 1686.

Il signale les exactions commises par les sous-fermiers d'une prétendue recherche des restes du traité des saisies mobilières*.

* A la lettre sont joints l'arrêt du Conseil, du 5 mai 1685, portant suppression des bureaux des saisies mobilières, et l'acte de désistement de M. de Pomponne, à qui les profits du traité avaient été accordés pour vingt ans.

M. de Ménars se plaint également, le 26 avril, les 10, 14 et 19 mai 1688, des exactions commises au nom du fermier du domaine dans la généralité de Paris, sous le prétexte de recouvrer des restes d'amendes et de droits de lods et ventes dus au précédent fermier.

302. *M. Faultrier, intendant en Hainaut,*
au Contrôleur général.

5 Août 1686.

Il se plaint que M. le Féron refuse ou retarde les fournitures de bois pour les garnisons et les fortifications, sous prétexte que l'époque n'est pas favorable pour les coupes.

303. *Le Contrôleur général*
aux Intendants.

7 Août 1686.

«Par édit du mois d'avril 1664, le Roy auroit réglé le nombre des notaires, procureurs, huissiers et sergens que S. M. vouloit réserver en toutes les villes et lieux du royaume. En conséquence, il a esté arresté des estats au Conseil, contenant le nombre de ceux qu'elle auroit choisis pour en continuer les fonctions, et fait défense à tous les officiers réservés de faire aucune fonction qu'après avoir obtenu des lettres de provision. Depuis, par déclaration du mois de mars 1672, S. M. a accordé l'hérédité aux notaires et procureurs, et ordonné que le nombre des notaires, procureurs, huissiers et sergens seroit augmenté dans les lieux où le nombre ne se trouveroit pas suffisant, en payant les sommes auxquelles ils seroient modérément taxés. S. M. a esté informée que le nombre a esté augmenté beaucoup au delà de ce qui estoit nécessaire, ce qui fait de la confusion, et il s'en trouve considérablement de vacans aux revenus casuels, dont on ne peut connoistre si leurs offices ont esté réservés. C'est pourquoy S. M. m'a commandé de vous envoyer un extrait des rôles qui ont esté arrestés au Conseil, de ces sortes d'offices, afin que vous preniez, s'il vous plaist, la peine de faire vérifier dans l'étendue de vostre département, en chacun lieu où est la résidence de ces officiers, s'ils sont vacans par le décès des réservés ou rétablis en vertu de la déclaration de 1672, et de ceux qui subsistent, et que vous me marquiez, en mesme temps, si le nombre de ceux qui exercent est suffisant, afin de ne point multiplier ces sortes de petits offices sans nécessité, parce qu'ils sont toujours à charge au public.»

304. *Le Contrôleur général*
à M. de Creil, intendant à Orléans.

7 Août 1686.

L'affaire de la contestation entre le fermier des aides et des octrois de la ville d'Orléans et les habitants des *franchises* est renvoyée par le Conseil devant les juges ordinaires; mais, au cas où elle tournerait à l'avantage du fermier quoiqu'il ait contre lui l'usage et les ordonnances, le Roi ne veut point qu'il use de rigueurs ni de contraintes pour recouvrer l'arriéré, et il préférerait surtout que les choses se terminassent par un accommodement*.

* Le fermier réclamait le droit sur les vins fabriqués par les habitants du pays privilégié avec le produit des vignes situées en dehors de ce même pays. Voir la lettre de l'intendant, du 20 juillet précédent, et les pièces qui y sont jointes.

A propos d'une semblable affaire entre le fermier des aides et la ville de la Châtre en Berry, le contrôleur général avait écrit, le 3 avril, à l'intendant de cette province, que le Roi renvoyait les parties devant le juge ordinaire, mais qu'il désapprouvait les façons d'agir de l'intendant, et que, s'il était juste de réprimer les vexations des fermiers, cela ne se devait faire qu'avec ménagement, pour ne pas achever de les discréditer.

Voir aussi, dans la correspondance de Champagne, 26 juin, 28 août, 1ᵉʳ et 17 novembre 1687, les pièces relatives à une contestation entre le fermier des aides et le corps de ville de Troyes, sur la jouissance du double droit d'entrée (4 ᵗᵗ sur le muid de vin) dans les faubourgs non taillables de la ville.

305. *M. de Bâville, intendant en Languedoc,*
au Contrôleur général.

8 Août 1686.

Il envoie un mémoire des services rendus au domaine par le sieur de Lavalette, et des réunions opérées par ses soins. Quoique cet agent pousse quelquefois trop loin ses prétentions, il a été très-utile, et le serait encore, comme procureur du Roi, pour terminer le travail du papier terrier, qui dure depuis vingt ans et qui a déjà coûté des sommes considérables*.

* C'était à l'instigation de Lavalette et de son collègue Leverrier que la recherche des îles et îlots avait été entreprise. (Voir la lettre de M. de Bâville du 27 septembre.)

306. *M. de la Berchère, intendant à Montauban,*
au Contrôleur général.

14 Août et 4 Septembre 1686.

Rapports sur la conduite des receveurs des tailles.

Les frais ont considérablement diminué. Du temps de M. Pellot, le mauvais esprit des contribuables forçait à entretenir un très-grand nombre de porteurs de contraintes, brigadiers et archers, et les frais montaient à 100,000# par an; ce chiffre, déjà réduit de moitié sous MM. Foucault et du Bois de Baillet, sera encore diminué par une nouvelle réduction du nombre d'employés, et surtout par un règlement qui forcera les consuls, collecteurs-nés des communautés, à faire assez de diligence par eux-mêmes pour n'avoir plus besoin tous les jours des archers et des contraintes*.

En outre, il a été ordonné aux consuls de dresser des états de tous les gentilshommes ou autres mauvais payeurs qu'ils appellent *gens de main-forte*, chez qui seulement ils pourront établir les porteurs de contraintes. A l'aide de ces états, l'intendant connaîtra ceux qu'il devra, au besoin, châtier sévèrement.

* Un exemplaire imprimé du règlement est joint à la lettre du 4 septembre.

307. *M. de la Fond, intendant en Franche-Comté,*
au Contrôleur général.

16 Août 1686.

Il repousse la demande présentée par le prieur de Saint-Désiré de Lons-le-Saunier, de lever les dîmes à l'onzième gerbe dans les lieux de sa paroisse où cette levée n'avait jamais eu lieu, et de se mettre en possession des héritages vacants ou usurpés.

308. *M. d'Argouges, intendant à Moulins,*
au Contrôleur général.

17 Août 1686.

Rapport sur l'état de diverses élections*.

La ville de Cusset ne s'alimentait d'eau que par des aqueducs de bois; ces aqueducs, s'étant rompus, sont devenus des cloaques dangereux qui nécessitent un nettoyage et des réparations, et les habitants demandent à y pourvoir par une imposition.

A Vichy, il a paru que les habitants n'avaient pas donné volontairement leur consentement à ce qu'une portion du fossé fût cédée aux célestins, et il a fallu ordonner une nouvelle délibération.

Les habitants de Saint-Pourçain ont choisi un endroit favorable pour construire un pont, et leur choix a été approuvé, après essai. Les frais, au lieu de monter à 300,000#, ne seront que de 45,000#, dont il est convenu que deux tiers seront fournis, en deux années, par l'Auvergne**.

Réparations à l'étang de la Varenne et au pont de Valençon, qui est le grand passage du commerce entre le Bourbonnais, l'Auvergne et le Lyonnais***.

* Voir le résumé de la tournée dans la lettre du 22 novembre. «Ce qu'il ne m'est pas possible d'exprimer, dit l'intendant, ce sont les effets des visites que nous faisons par vos ordres et tant de bien répandu partout en si peu de temps. Les peuples, qui voyent les soins du Roy pour les délivrer de tant de maux auxquels ils ne connoissoient point de remède, marquent sur leur visage la joye qu'ils ont d'une protection si peu espérée, et ces grâces leur sont si nouvelles que j'ay esté dans des communautés où ils n'avoient jamais vu la figure d'un intendant.»

** Le Roi approuva que les exempts de taille fussent compris dans la contribution affectée à la construction du pont, mais à condition qu'ils ne seraient taxés que selon leurs facultés personnelles et sur un rôle séparé de celui des tailles. (Lettre du 8 janvier 1687.)

*** Voir les rapports de l'année suivante, 18 juin, 14 et 17 août, sur les travaux du département, et particulièrement sur la reconstruction des ponts de Dezize-sur-Loire. Le contrôleur général en écrit aussi à l'intendant de Bourgogne, le 10 septembre suivant.

309. *Le Contrôleur général*
à M. de Bâville, intendant en Languedoc.

19 Août 1686.

«J'ay lu au Conseil ce que vous proposez, de permettre aux communautés d'emprunter pour le payement de leur taille, ou de leur accorder des surséances de payer leurs dettes pendant une année. Le premier expédient n'a pas paru praticable, et l'on a trouvé que cela alloit directement contre le dessein que l'on a de les libérer de leurs dettes. Pour ce qui est de leur donner une surséance, S. M. prendra plus volontiers ce parti*.»

* Des surséances furent, en effet, accordées à un grand nombre de départements. — Voir, entre autres, la lettre à M. de Madrys (9 février 1688).

310. *M. de Bâville, intendant en Languedoc,*
au Contrôleur général.

20 Août 1686.

« J'ay reçu la lettre que vous m'avez fait l'honneur de m'écrire sur les ouvrages publics que le Roy veut faire faire dans les provinces pour donner moyen aux pauvres de subsister. Mais je ne sais si cette lettre, qui est circulaire apparemment pour MM. les intendans, peut s'appliquer à cette province, qui est chargée du soin des chemins, ponts et chaussées. Comme elle aura besoin de secours dans plusieurs endroits où la récolte a esté très-mauvaise, je crois qu'il sera bien nécessaire que vous lui fassiez part de ce fonds destiné pour des charités, qui pourra estre distribué pour soutenir les manufactures, en cas que vous ne jugiez pas à propos de perdre la possession où l'on est de faire faire le fonds par les Estats pour la réparation des chemins et ouvrages publics. Celuy du canal donnera suffisamment à travailler aux pauvres du haut Languedoc, et le fonds des charités seroit employé dans le bas Languedoc, et principalement dans les Cévennes, dans la ville de Nismes et aux environs, où le blé a manqué et où il est important d'assister les nouveaux convertis et de soutenir les artisans. Je fais travailler à l'établissement d'un hospital général à Nismes, absolument nécessaire parce que tous les fainéans de la province s'y retirent, les mendians estant renfermés partout ailleurs, et j'espère que l'ordre y sera si bien établi, que les véritables pauvres estant renfermés, qui seront de la qualité pour l'estre, les autres artisans qui auront besoin de secours cette année seront aussy assistés dans leurs maisons. Il est bien important de s'appliquer à maintenir cette ville, afin d'y conserver les manufactures qui font vivre les Cévennes, et pour y établir la religion dans le cœur des nouveaux convertis par toutes sortes de moyens, estant bien certain que, quand ils feront bien leur devoir à Nismes, tout le reste suivra leur exemple, et il importe fort d'y gagner le peuple, en l'assistant dans la misère où il sera apparemment cette année *. »

* M. de Louvois obtint un secours de 4,000 ᵗᵗ pour les artisans nouvellement convertis de la ville de Nîmes, et 20,000 ᵗᵗ de pensions pour les personnages plus considérables. (Lettre de M. de Bâville, 9 mars 1687.)

311. *M. de Gourgue, intendant à Caen,*
au Contrôleur général.

20 et 27 Août 1686.

« J'ay trouvé en ce pays-cy des endroits à dessécher, qui sont des marais voisins de la mer; le nombre n'en est pas moindre que de quarante-huit mille vergées, et la vergée fait une acre de terre et un peu plus, et l'acre, le journal de Paris ou environ plus que moins. Ce travail tient fort au cœur de M. le mareschal de Bellefonds, parce que son principal domicile est situé au milieu de ce marais, qui est l'Isle-Marie; je ne doute pas qu'il ne vous en ayt parlé. M. de Vauban, qui a passé icy, a trouvé le desséchement très-utile, et, par commune estimation des peuples, chaque vergée, estant en estat et bien desséchée, produiroit 6 ᵗᵗ de revenu. Ces lieux appartiennent à trente-deux paroisses, et il semble que ce seroit à elles à faire les frais du desséchement. Les empeschemens qui ont esté faits par les personnes de qualité qui y ont leurs biens en ont jusqu'à présent empesché le succès. J'auray l'honneur de vous en envoyer le plan, si vous le jugez à propos, et auray celuy de vous proposer trois rivières qu'on pourroit rendre navigables et qui seroient très-utiles pour quelques élections de ce pays. »

312. *M. Bouchu, intendant en Dauphiné,*
au Contrôleur général.

25 Août 1686.

« . . . . J'ay reçu une de vos lettres concernant les travaux publics auxquels le Roy désire employer, au commencement de l'année prochaine, les pauvres gens, pour les occuper dans le temps qu'ils ne trouvent point d'ouvrage à la campagne. Je puis vous dire avec vérité qu'il n'y a aucune province dans le royaume où cela soit si nécessaire pour le bien du service de S. M. . . . , premièrement, parce que la récolte n'a point esté abondante dans cette province, mais médiocre. . . . , secondement, parce qu'il n'y a aucune autre généralité où les chemins soient si difficiles et où les torrens et les pluies causent tant de ravages. Mais, par-dessus cela, voicy la plus forte considération, qui est que je vous prie d'observer que tous les habitans des montagnes et des lieux fascheux de cette province en sortent tous les hivers pour aller chercher à gagner leur vie dans des climats moins rudes : c'est dans ces contrées où est le plus grand nombre de nouveaux convertis, qui commencent dès à présent à demander des passe-ports pour sortir hors du royaume, mais qui se présenteront en bien plus grand nombre dans le mois prochain. Leur refuser et les empescher de sortir, c'est les réduire à l'impossibilité de pouvoir subsister; leur donner des passe-ports, c'est risquer de ne les voir jamais revenir *. . . . . J'essayeray de faire de manière que le Roy puisse estre dédommagé du fonds qu'il employera pour lesdits ateliers, et peut-estre mesme avec un profit considérable.

« . . . . . J'ay esté à la Grande-Chartreuse, pour examiner le don que les chartreux de cette maison demandent au Roy de certains bois dépendans de son domaine de Saint-Laurent-du Pont, dont ils sont engagistes. Après avoir examiné moy-mesme lesdits bois, assisté de ceux qui ont soin de la fourniture des bois de la marine que l'on tire de cette province, je n'estime pas que, par leur situation et par l'estat auquel ils sont, ils puissent estre d'aucune utilité qu'à ces bons religieux. . . . . Il est inconcevable ce que le Père général a fait en bastimens et en chemins. Il a pour vous, aussy bien que toute sa maison, toute la vénération imaginable, et il m'a assuré qu'il n'y avoit point de jour que vous n'eussiez part à leurs prières. »

* Voir, sur le même sujet, les lettres des 20 juillet, 31 août et 6 novembre. La dernière se termine par cette phrase : « L'expérience nous a appris qu'il déserte peu de nouveaux catholiques des lieux où il y a des troupes ou des missionnaires, les unes les retenant par la crainte, et les autres les amusant par des prédications, des visites et autres choses semblables; car, quant à la persuasion, l'exemple du passé fait

bien voir que l'extérieur de ceux qui paroissoient se porter avec moins de répugnance à faire ce que l'on pouvoit désirer n'estoit que pure hypocrisie.»

M. Bouchu avait rendu compte, le 5 juin précédent, des mesures prises en 1683 à l'occasion des troubles suscités par les religionnaires. Voir sa lettre, et la réponse du contrôleur général (13 juin).

313. *M. de Bérulle, intendant en Auvergne,*
au Contrôleur général.

27 Août 1686.

Le bourg de la Chaise-Dieu a eu à loger trente-six compagnies de cavalerie en huit jours; les habitants, qui avaient déserté, sont revenus sur le bruit de l'arrivée de l'intendant, et celui-ci a ordonné, par exception et vu la misère et la petitesse du lieu, que les logements se feraient chez les habitants privilégiés aussi bien que chez les autres. Un contrôleur des fermes en a porté plainte devant la Cour des aides, quoique cette compagnie ne soit point compétente en pareille matière.

Cet abus se représente fréquemment par suite des priviléges qu'on donne aux gens qui prennent le contrôle des exploits, la distribution du tabac, du papier timbré, etc., et ce sont précisément les plus riches qui se trouvent soulagés aux dépens des pauvres.

314. *Le Contrôleur général*
à M. l'Évêque de Mâcon.

29 Août 1686.

«J'ay reçu la lettre que vous avez pris la peine de m'écrire au sujet de l'imposition de 14,000# qui a esté ordonnée pour l'acquittement des anciens droits de *gros* dus par le Masconnois. Vous savez bien qu'ils ne sont pas de la nature des autres restes qui se sont trouvés en quelques endroits du royaume par la seule misère des peuples ou la négligence du fermier, puisque, au contraire, ceux-cy sont l'effet d'une rébellion aux ordres du Roy de la part des habitans du Masconnois. C'est aussy par cette raison que S. M. ne peut approuver qu'on luy propose d'adhérer à leur opiniastreté au point de se charger elle-mesme de se payer ce qu'ils doivent si légitimement; c'est déjà une assez grande grâce que d'avoir réduit à 14,000# les 80,000# qu'ils s'estoient soumis de payer par le traité que vous avez fait faire vous-mesme entre les Estats et le fermier. Si, après cela, le fermier veut bien encore se relascher de ses intérests, le Roy ne s'y oppose pas; mais il ne convient pas du tout que S. M. entre dans un pareil accommodement. Il est nécessaire, au contraire, que vous preniez la peine de faire connoistre à tous ces peuples que, s'ils faisoient une nouvelle résistance, S. M. useroit à leur égard de toute son autorité et de toute sa sévérité pour les maintenir dans le respect et la soumission qu'ils doivent à ses ordres.»

315. *Le Contrôleur général*
à M. l'Archevêque de Lyon.

29 Août 1686.

Les avis de l'archevêque sur la suppression du droit de *deux pour cent* ont été suivis, et le Roi, qui considère cette affaire comme extrêmement importante pour le commerce de Lyon, s'est entendu avec M. de Louvois pour envoyer dans cette ville le duc de Villeroy, dont la présence sera fort utile pour l'exécution de ses ordres*.

* Par suite de mésintelligence avec l'archevêque, M. de Bercy avait été rappelé de l'intendance de Lyon et remplacé par M. Lebret, auquel M. Bouchu avait succédé en Dauphiné. Voir une lettre de M. de Bercy, du 29 janvier, et celle du contrôleur général à M. Lebret, 21 mars.

316. *Le Contrôleur général*
aux Intendants.

6 Septembre 1686.

Ordre de dresser un mémoire exact de l'état des moulins, fours, pressoirs, halles, étangs et autres domaines royaux qui ont besoin d'être réparés, de leur revenu, de leur situation, du devis des réparations, etc. Le Roi a résolu d'aliéner ces sortes de domaines à rente perpétuelle, sans deniers d'entrée. Les adjudications en seront faites par-devant les intendants et les commissaires du Conseil*.

* Le contrôleur général avait ordonné, dès le 29 janvier précédent, de dresser un état précis des domaines de chaque département. — Voir, pour les conditions des adjudications, une lettre adressée le 20 octobre, par le contrôleur général, à M. de la Fond, intendant en Franche-Comté. Dans la plupart des départements, les enchères ayant manqué, l'aliénation fut abandonnée ou suspendue «pour ne pas faire connoistre par trop de précipitation les véritables raisons que le Roy a de faire ces aliénations.» Voir les lettres du 8 mai 1687 à M. de Bâville et du 6 novembre à M. Faultrier, ainsi que la correspondance de ces deux intendants: Languedoc, 7 février, 22 et 27 avril; Hainaut, 6 et 17 août, 16, 26 et 29 octobre, etc.

317. *M. de Bezons, intendant à Bordeaux,*
au Contrôleur général.

7 Septembre 1686.

«.....Je crois que ma présence à la foire de Bordeaux est absolument nécessaire. J'entreray en connoissance de tout ce qui regardera le commerce, faisant connoistre aux négocians combien on veut les favoriser; je veilleray en mesme temps pour que les nouveaux convertis ne se servent pas de cette occasion pour déserter. Lorsque je suis arrivé à Bergerac, qui est une ville remplie de marchands et de négocians presque tous nouveaux convertis, j'ay trouvé qu'ils faisoient la plupart très-mal leur devoir; j'ay cru qu'il estoit important de tascher à les faire changer de conduite sans user de voyes de rigueur; j'y ay séjourné trois jours, et, lorsque je suis parti, le maire et les échevins de la ville sont venus avec tous les principaux négocians, ayant mesme le curé avec eux, pour m'assurer qu'ils vouloient vivre désormais comme les anciens catholiques, envoyant leurs enfans aux instructions et prenant, ceux qui n'ont point communié, des ecclésiastiques pour les instruire et les porter à bien faire leur devoir à l'avenir. Je les ay assurés que, s'ils tenoient cette conduite, ils auroient beaucoup de protection, et que j'irois dans cinq semaines pour voir comment ils exécutent les promesses qu'ils me donnent. Je ne sais comment cela réussira: j'espère pourtant, pourvu qu'il n'arrive pas d'écrits des pays étrangers qui les fassent changer de sentimens, que l'on les portera à tenir une meilleure conduite qu'ils n'ont fait jusques à présent. Il y a dans la ville ou le faubourg près de six mille nouveaux convertis*.»

* Voir, aux 15 et 24 octobre, les rapports de M. de Bezons sur le commerce de la foire et sur les mesures qu'il prit, d'après les ordres envoyés le 26 septembre par le contrôleur général, pour obvier aux tentatives d'émigration.

Voir aussi le rapport de M. de Vaubourg sur l'évasion des religionnaires du Béarn et des provinces voisines par les passages des montagnes espagnoles (8 août), et, d'autre part, ceux de M. Chauvelin (Amiens), sur le secours que les gardes des fermes prêtaient, moyennant finance, aux fugitifs de Normandie (23 mars, 28 avril, 26 octobre).

318. *Le Contrôleur général à M. de Vaubourg, intendant en Béarn.*

12 Septembre 1686.

Le Roi tolérera l'habitude qu'ont les fabricants d'étoffes de laine d'Oloron de reporter en Espagne les réaux et autres espèces de ce royaume, à condition qu'ils n'en abuseront point; mais S. M. ne voudrait pas que cela fût rendu public par un arrêt*.

* Une récente déclaration, qui augmentait la valeur des espèces d'or, contenait aussi la défense de transporter l'or et l'argent hors du royaume. Le roi d'Espagne avait de son côté élevé le taux des pistoles et des piastres espagnoles beaucoup au-dessus du taux des monnaies de France. (Voir les lettres de M. de Vaubourg, des 22 août, 8 octobre et 8 novembre, et les pièces qui y sont jointes.)

319. *M. de Bâville, intendant en Languedoc, au Contrôleur général.*

13 Septembre 1686.

Le receveur du domaine de la généralité de Toulouse réclame les droits dont jouissait autrefois le trésorier de la province, de prendre part à la nomination des capitouls et d'habiter la maison des archives du domaine.

«Il est constant que le trésorier jouissoit de ces deux avantages. C'estoit un office très-important: chaque lieu appartenant au Roy avoit des fermiers particuliers, appelés *Clavaires*, qui rendoient leurs comptes au trésorier, lequel ensuite en composoit un pour la Chambre; il recevoit les deniers et assistoit aux baux qui estoient faits par les trésoriers de France.

«Comme la fonction de ce nouvel office n'est pas si grande et qu'elle semble estre bornée à la reddition des comptes, principalement pour la conservation des droits du Roy, je ne sais si vous jugerez à propos d'y attribuer les mesmes priviléges. Il est certain qu'il en sera beaucoup plus considérable. Le droit d'assister à l'élection des capitouls n'est pas seulement un honneur, mais, par un abus insupportable et digne d'estre quelque jour réprimé, il est devenu un droit utile, les voix s'achetant tous les ans jusqu'à cinq cents écus, à cause du privilége de noblesse, ce qui fait qu'il n'y a souvent dans ces places que des sujets indignes et incapables de servir le public*. Quant à la maison, il me semble assez naturel que le receveur du domaine y habite, puisque, pour dresser ses comptes, il peut avoir à faire à tous momens des archives qui y sont.....»

* Voir, à la date du 1er décembre, la copie d'une lettre écrite par M. de Bâville à M. de Châteauneuf, au sujet de ces mêmes abus et de l'intérêt que le Parlement avait à en empêcher la répression.

Le 4 janvier 1688, M. Legras, grand maître des eaux et forêts à Toulouse, propose de joindre aux électeurs des capitouls les trois principaux officiers de la Table de marbre, pour faire contre-poids à l'influence du sénéchal et du viguier, aussi bien que pour assurer le service de l'administration forestière.

320. *M. de Bouville, intendant à Alençon, au Contrôleur général.*

16 Septembre 1686.

«.....Je me suis fait donner des estats, certifiés par les directeurs des aydes, du produit de chaque cabaretier ou vendant vin et autres boissons, et, sur ces estats pris sur les sommiers, j'ay envoyé vérifier la recette chez la plus grande partie des cabaretiers, qui ont représenté leurs quittances. Ce travail n'a donné aucun soupçon aux fermiers des aydes, parce que je l'avois commencé longtemps avant d'avoir reçu vostre ordre de vous faire savoir, autant que je le pourrois, le produit des fermes du Roy, et d'ailleurs ils croyent que c'est pour leur faire quelque diminution sur le prix de leur bail.....»

321. *M. de Gourgue, intendant à Caen, au Contrôleur général.*

19 Septembre, 15 Octobre et 3 Novembre 1686.

Adjudication des bois; répression de délits forestiers, etc.*

* Le 5 avril de l'année suivante, le contrôleur général donne commission au fils de M. le Féron, grand maître des eaux et forêts, pour diriger les informations et les procédures dans les forêts des environs de Valognes. — 9 janvier 1687, lettre de M. de Gourgue au sujet du recouvrement des adjudications et de la fourniture de quelques pieds d'arbres pour les ouvrages de Cherbourg. — 20 et 24 août suivants, lettres du même et de M. le Féron père, au sujet de la participation de l'intendant à l'organisation des coupes et des ventes annuelles.

322. *M. Bouchu, intendant en Dauphiné,*
au Contrôleur général.

21 Septembre 1686.

Il envoie le mémoire dressé par lui et M. le cardinal le Camus sur les réformes à opérer dans la répartition et la perception des décimes du diocèse.

---

323. *Le Contrôleur général*
à M. Foucault, intendant à Poitiers.

23 Septembre 1686.

«J'ay proposé au Roy l'arrest que vous demandez pour vous donner le pouvoir de faire les rôles des tailles de l'année prochaine*. Mais, dès l'année passée, S. M. avoit résolu de ne plus donner de semblables arrests, qui sont directement contraires à la jurisprudence des tailles, et qu'elle n'avoit accordés les années précédentes que parce que cela paroissoit pour lors d'une nécessité absolue. Présentement que les affaires de la province semblent mieux réglées, S. M. croit que le pouvoir que vous avez de faire des taxes d'office suffira pour vous mettre en estat de distinguer ceux des nouveaux catholiques qui ne font pas encore bien leur devoir d'avec les autres; cela mesme ne pourra pas donner lieu à de grands procès, parce que ceux qui voudroient se pourvoir contre vos taxes d'office ne le pourroient faire que par opposition devant vous; et, de plus, vous devez estre persuadé que, dans les faits particuliers, S. M. soutiendra toujours ce que vous aurez fait pour l'affermissement des affaires de la religion.»

* Une copie de cette commission, qui donnait à MM. Foucault, de Bâville et de Marillac le pouvoir de faire les rôles dans les lieux où ils le trouveraient à propos et de juger les pourvois en radiation ou en surtaux, est jointe à la lettre de M. Foucault du 15 septembre.

---

324. *M. de Miroménil, intendant en Champagne,*
au Contrôleur général.

25 Septembre 1686.

Il envoie les affiches imprimées de l'adjudication des étapes.

«J'ay inséré en fin du placard les secours qu'il vous a plu faire espérer à ceux qui se trouveront chargés de la fourniture; mais tous appréhenderont les voyages de Paris pour aller solliciter des ordonnances à compte ou autrement. Si vostre bonté alloit à faire espérer les payemens dans la province sur les receveurs généraux, et que vostre intention sur ce point pust estre connue sûrement lors de l'adjudication, on trouveroit un profit plus considérable pour S. M.*»

* M. Foucault, intendant à Poitiers, écrit dans le même sens le 4 juillet, et estime qu'il y aurait avantage à passer deux baux par an, au lieu d'un seul, l'un au mois d'août, la récolte étant achevée, l'autre au mois de janvier. — Voir une lettre du contrôleur général à l'intendant de Bordeaux (12 septembre), les lettres des intendants de cette généralité (2 avril, 11 et 21 juillet précédents), celles de M. de la Fond, intendant en Franche-Comté (12 septembre et 14 novembre 1687, 1er et 31 octobre 1688, etc.), et celle par laquelle M. de Harlay rend compte, le 19 mai 1687, de la vérification des dépenses et des avances faites par les élus de la province de Bourgogne, et du remboursement organisé par les États en deux termes, l'un de cinq mois, l'autre de sept.

---

325. *Le Contrôleur général*
à M. de Bâville, intendant en Languedoc.

26 Septembre 1686.

«.....Je profite avec plaisir d'un petit congé que le Roy m'a donné pour venir à Villeneuve donner quelques ordres à l'acquisition de la seigneurie que je viens d'acheter. Je prendrois plaisir à ne vous parler que de Launay-Courson et de Villeneuve, mais nostre métier ne le comporte pas; je dois donc vous dire que le Roy régla dans le Conseil de samedy dernier tout ce qui restoit à décider pour les affaires de Languedoc, mesme la demande du Don gratuit, qui sera de 2,100,000 ₶ et de 150,000 ₶ pour le canal. Je dois vous dire que le Roy me paroist disposé à accorder encore quelque remise à la province quand on luy envoyera la délibération des Estats conforme à la demande. M. le cardinal de Bonzy part d'icy fort content, le Roy luy ayant fait un présent honneste. J'ay fait tout ce qu'il falloit à vostre égard, et j'ay agi et parlé avec luy pour établir toute la bonne correspondance qui doit estre entre vous pour le service et pour vostre satisfaction réciproque; au surplus, vous ne changerez pas vos grands principes dans vostre ministère. Je suis fort serviteur de cette Éminence, comme je suis le vostre, mais j'entends tout ce qu'il faut entendre, et je crois me devoir tenir dans de certaines maximes, dont en aucun cas il ne faut pas s'écarter.....

«C'est trop parler d'affaires pour un homme qui a congé, et que vous savez qui est amateur de la campagne. Aymez-moy toujours et ne croyez tout à vous.»

---

326. *Le Contrôleur général*
à M. de Vaubourg, intendant en Béarn.

27 Septembre 1686.

«J'ay rendu compte au Roy de vostre avis sur la prétention que la Chambre des comptes de Navarre avoit formée d'envoyer un commissaire pour assister à la tenue des Estats de vostre département. S. M. n'a pas cru que cela pust estre utile ni à son service, ni au bien de ces provinces-là; mais elle m'a commandé de vous écrire que, sans vous en faire entendre, vous preniez les connoissances que vous jugez nécessaires pour proposer au Roy ce que vous estimerez et de son service et du soulagement des peuples dans ces petits Estats, dont S. M. est persuadée que la tenue est sujette à beaucoup d'abus. Feu M. Colbert en avoit parlé à S. M. dans ce sens-là, et elle me paroist disposée d'y pourvoir sur vos avis et pendant qu'il y a une personne comme vous dans vostre département, en laquelle l'on a confiance. Vos lettres ne seront vues de personne que de moy, pour en rendre compte à S. M.*»

* Voir, à la date du 4 août précédent, le mémoire envoyé par M. de Vaubourg. — L'année suivante, l'intendant de Béarn reçut, ainsi que ses collègues de Bordeaux et de Montauban, les pleins pouvoirs du Roi pour assister aux États et mission de dresser, à la fin de l'assemblée, un procès-verbal. (Lettre du contrôleur général, 21 mars 1688.)

327. *Le Contrôleur général à M. de Saint-Aignan, général des finances en Bretagne.*

27 Septembre 1686.

Le Roi, qui s'occupe particulièrement des affaires du domaine, a remarqué, dans le compte que M. de Saint-Aignan a rendu des réparations faites en Bretagne, que ses vacations sont très-fortes et qu'il y a même sujet de croire que, dans ses voyages, il se fait payer plusieurs journées pour différents domaines, quoique la visite s'en fasse dans un seul jour. Il paraît aussi qu'il met au compte du Roi des réparations dont les sous-fermiers sont tenus par leurs baux*.

* Autres lettres, sur le même sujet, à M. de Saint-Aignan et au premier président de la Faluère, 16 juin et 3 août 1687. — Le 26 septembre 1686, le contrôleur général avait écrit à divers intendants de protéger leurs départements contre les vexations ou les poursuites des fermiers du domaine.

328. *M. de Bâville, intendant en Languedoc, au Contrôleur général.*

27 Septembre 1686.

« . . . . . J'ay travaillé autant qu'il m'a esté possible pour vous proposer quelque fondement assuré sur lequel on puisse fixer ce que l'on peut demander aux prochains Estats pour racheter les deux affaires des garrigues et des amortissemens. Je vous avoue que j'y suis assez embarrassé, ne voyant, à l'égard de la première, que deux voyes pour l'éclaircir à fond : l'une, de conférer les nouveaux compois avec les anciens; l'autre, d'extraire de tous les papiers terriers, qui sont en trois cents volumes, tout ce qui a esté déclaré en garrigues, et, pour les droits d'amortissement, de faire donner des déclarations par les communautés de ce qu'elles possèdent et de les sommer de représenter les quittances.

« . . . . . Il me semble que si le Roy tiroit 350,000 ᴴ de ces deux affaires, en remettant le surplus, ce seroit une grâce importante pour le bien de la province, par toutes les raisons que je vous ay mandées, et je doute qu'il en revienne jamais davantage dans les coffres du Roy, par les frais excessifs qu'il faudra faire, principalement pour les garrigues, estant inévitable de nommer des experts pour connoistre la valeur des terres ouvertes, afin d'en tirer le douzième ou le quinzième des deniers d'entrée, suivant la déclaration dernière, sans compter tous les procès qu'il y aura sur la nature et la qualité de ces terres. Mais, pour parvenir à tirer des Estats 350,000 ᴴ, il faut en demander au moins 450,000 ᴴ.

« Je ne crois pas devoir m'étendre davantage sur toutes les raisons qui m'ont paru bonnes pour souhaiter que ces deux affaires se terminent par accommodement, vous les ayant marquées suffisamment par mes précédentes. Je n'ay donc plus qu'à attendre les ordres que vous m'envverez, s'il vous plaist, le plus tost qu'il vous sera possible, parce qu'il faudra un peu de temps pour faire réussir ce projet, en cas qu'il soit approuvé, ou du moins pour prendre des mesures afin que ce recouvrement se fasse aux termes de la déclaration, avec le moins de frais qu'il se pourra. Je voudrois bien vous faire de meilleurs raisonnemens, mais je crois que vous voyez assez par la qualité de ces deux affaires qu'il n'y a pas moyen de vous donner toutes les lumières que l'on pourroit avoir dans les autres*. »

* A cette lettre sont joints : 1° deux états par estimation des droits à percevoir pour les garrigues et pour les acquisitions des communautés sujettes à l'amortissement; 2° un avis motivé de M. Daguesseau (5 septembre 1685) sur la légitimité de la réclamation des droits d'amortissement.

329. *Le Contrôleur général à M. de Nointel, intendant à Tours.*

6 Octobre 1686.

« Vous marquez qu'il y a de la nécessité à défendre le transport des blés par terre, comme on a fait par la Loire. On avoit d'abord fait difficulté de prendre ce parti, parce que l'on craignoit de donner par là occasion aux commis des fermes de troubler le commerce du dedans mesme de la province en arrestant tous les blés qu'ils auroient trouvés chargés, sous prétexte de les empescher de sortir. Cependant, si vous estimez que l'appréhension de la disette doive prévaloir sur cette considération, le Roy y aura égard. Vous pourrez aussy examiner les moyens d'attirer des blés dans cette province et le proposer*. »

* 17 octobre, envoi à MM. de Harlay, Bouchu, de Bâville, Lebret et Morant, d'un arrêt portant décharge de la moitié des droits d'octrois et de péages pour les grains transportés par la Saône et le Rhône. — 18 janvier 1687, défense aux fermiers de lever aucun droit de minage sur les blés venant de l'étranger. — 17 décembre 1686, ordre à MM. de Creil et de Nointel d'acheter, au compte du Roi, des blés et des seigles pour les débiter à bas prix dans l'Anjou et le Maine. Malgré ces mesures, le seigle monta à 84 ᴴ le muid, mesure de Paris. Voir une lettre de M. de Creil (24 décembre).

M. de Nointel rend compte, le 27 juin 1687, de la perte supportée par le Roi et des résultats de cette mesure. La perte ne monta qu'à 1,382 ᴴ 5 s. 9 d. sur 29,364 ᴴ 9 s. 3 d. dépensés pour l'achat des blés.

330. *M. de Creil, intendant à Orléans, au Contrôleur général.*

6 et 15 Octobre, 21 Novembre 1686.

Rapports sur l'état des élections de Chartres, Romorantin, Beaugency, Montargis et Dourdan*.

* Paris, 5, 9, 10 et 16 août, rapports de M. de Ménars sur l'état des élections de Nogent, Rozoy, Provins et Coulommiers. — 22 novembre, réponse du contrôleur général aux rapports de M. Chauvelin, intendant à Amiens. Beaucoup d'abus avaient été signalés dans ce département, principalement en ce qui concernait les frais de recouvrement, qui étaient montés plus haut dans la seule élection d'Amiens que dans certaines provinces tout entières; les taxes des huissiers s'élevaient parfois jusqu'à 25 ᵗᵗ par jour, et celles des recors à 40 sols, tandis qu'elles ne dépassaient point à l'ordinaire 5 ᵗᵗ et 20 sols, sommes que le Roi trouvait même trop considérables.

331. *Le Contrôleur général à M. de Bâville, intendant en Languedoc.*

9 Octobre 1686.

« Vous connoissez assez la bonté du Roy à l'égard de ses peuples pour n'estre pas surpris que S. M. se contente de recevoir de Messieurs des Estats de Languedoc 50,000 écus pour les deux affaires des amortissemens et des garrigues. Excepté le Roy, personne ne saura la proposition que vous m'aviez écrite, et il est juste que vous partagiez avec le maistre la reconnoissance que la province doit avoir d'un si grand soulagement. Je dois vous dire que S. M. a fait réflexion premièrement sur l'estat de la province, tant à cause des mouvemens de la religion que des malheurs arrivés en plusieurs endroits par les mauvais temps, et qu'à l'égard du droit d'amortissement, elle a bien voulu avoir égard aux sommes déjà payées par la province pour racheter ce droit en partie, et qu'à l'égard des garrigues, elle a fort pesé que la culture de ces terres estoit le fruit de la sueur du travail des plus pauvres de la province. J'ay cru vous devoir expliquer ces principes, afin que vous eussiez occasion d'en faire honneur au Roy autant que la chose le mérite. La condition essentielle de cette grande remise est que les Estats ne fassent aucun recouvrement sur les particuliers et se chargent de payer la somme au Roy dans des termes que vous réglerez et à l'égard desquels le Roy n'aura pas moins de facilité qu'en fixant la somme..... Le Roy laisse à vostre discrétion et prudence de demander d'abord une somme plus forte, ou d'éviter cette mauvaise finesse, qui n'est guère à la mode présentement; mais il faut toujours prendre le tour et la manière des Estats*..... »

* Lettres au cardinal de Bonzy et au duc de Noailles, touchant la même affaire; 5 novembre, autres lettres aux prélats de la province. Voir la réponse du cardinal, en date du 12 du même mois. Sur la demande de ce prélat, le Roi fit une remise de 100,000 ᵗᵗ par un moins imposé sur la province tout entière. (Lettre du 20 novembre.)

332. *M. Morant, intendant en Provence, au Contrôleur général.*

11 Octobre 1686.

« S. M. ayant réglé par plusieurs arrests la manière en laquelle il doit estre procédé à la taxe des frais de justice qui doivent estre pris sur les deniers de ses domaines, je me suis attaché particulièrement à diminuer, en ce qui pouvoit dépendre de moy, ces sortes de dépenses, pour lesquelles les Compagnies qui décernent les exécutoires que je dois viser ont des facilités au delà de tout ce que je puis vous exprimer. C'est dans cette vue que, pour prévenir d'un costé cet abus, et faire de l'autre que l'administration de la justice criminelle eust son cours, je rendis l'ordonnance du 1ᵉʳ juillet dernier, dont j'ay eu l'honneur de vous envoyer un imprimé. J'ay tasché d'y prescrire des règles certaines dont l'observation uniforme dans les judicatures et siéges de la province remédiast au désordre et à la confusion en laquelle on arrestoit les taxes et on décernoit les exécutoires. Chaque officier qui y procédoit le faisant d'une manière toute différente, et nullement conforme à ce qui est porté par les arrests et règlemens, je ne puis assez vous marquer quelle peine j'avois eue jusqu'icy à les redresser, en sorte que la nécessité du service, l'interruption que je voyois, et mesme, j'ose le dire, la cessation entière de la poursuite des crimes faute de payement des frais, ou les longueurs et les difficultés que l'irrégularité des officiers et mon exactitude y apportoient quand je me suis attaché à l'exécution précise des arrests, m'ont forcé quelquefois à m'en dispenser. Mais, comme ce n'a jamais esté aux choses essentielles, mais seulement à l'égard de quelques formalités que j'ay cru qu'on pouvoit retrancher, j'ose croire que les visa que j'ay donnés, ou ne recevront point de difficultés quand ils seront présentés au Conseil, ou qu'il me sera facile de lever celles qu'on y fera par le compte que je rendray, si le Conseil veut bien agréer qu'elles me soient communiquées. Mais il s'en présente une aujourd'huy sur laquelle je n'ose passer sans vos ordres : c'est au sujet des visa donnés par mon subdélégué durant mon dernier voyage de Paris. Les fermiers généraux refusent, à ce que j'apprends, de passer les dépenses qu'il a visées en cette qualité pendant mon absence, et le sous-fermier me demande que je les vise de nouveau..... Que si vous aviez agréable d'ordonner aux fermiers généraux de recevoir les visa donnés par mon subdélégué durant mon absence de la province, j'estimerois que ce seroit bien le plus court, et qu'ils doivent y faire d'autant moins de difficulté, qu'un subdélégué, en pareil cas, est revestu de tout le pouvoir et remplit entièrement les fonctions qu'il plaist au Roy de confier aux intendans. »

333. *M. Lebret, intendant à Lyon, au Contrôleur général.*

14 Octobre 1686.

« ..... Après avoir passé deux années en voyages presque continuels dans toutes les élections de la généralité de Limoges, pour réprimer les abus qui s'estoient introduits dans l'imposition et recouvrement des tailles et faire cesser les vexations que plusieurs gentilshommes faisoient à leurs vassaux sous prétexte de corvées et d'autres prétentions injustes, j'eus ordre de me rendre incessamment à Grenoble et d'essuyer une traverse de quatre-vingt-dix lieues de pays, dans une saison très-rigoureuse, avec mes meubles et toute ma famille, et, pendant les trois années que j'ay passées en Dauphiné, j'ay esté dans un mouvement presque continuel, soit pour contenir les troupes qui y ont passé ou séjourné en assez grand nombre, soit pour calmer l'émotion des religionnaires du bas Dauphiné, ou pour la conversion de ceux de toute la province, au nombre de près de soixante mille, que nous engageâmes à faire abjuration en six semaines de temps, et, je puis dire, avec plus de douceur et de ménagement que dans la plupart des autres provinces où on a tenu la mesme conduite. Et, comme on ne peut pas douter qu'un si grand nombre de voyages faits, avec beaucoup de suite et d'équipages, par un intendant qui a toujours eu pour maxime inviolable de ne rien prendre de qui que ce soit, sous quelque prétexte que ce puisse estre, ne m'ayt causé des dépenses dont plus de la moitié n'a pu estre réparée par les appointemens que S. M. m'a fait l'honneur de me donner jusqu'à présent, j'espère que, joignant à toutes ces considérations celle du voyage que j'ay fait par son ordre au Saint-Esprit et des six années que j'ay passées dans ces provinces sans avoir pu obtenir la permission d'aller à Paris donner quelque ordre à mes affaires domestiques, que j'ay trouvées en un estat déplorable, elle aura la bonté de me faire une gratification proportionnée à toutes ces pertes, et qui me mette en estat de continuer mes services avec le mesme zèle et la mesme application que celle que j'ay eue jusqu'à présent *. »

* Il eut une gratification de 6,000 ᵗᵗ. (Lettre du contrôleur général, du 24 octobre.)

---

334. *M. de Bâville, intendant en Languedoc,* *au Contrôleur général.*

15 Octobre 1686.

« . . . . . Vous aurez su sans doute le malheur qui est arrivé dans les Cévennes à deux officiers de dragons qui ont esté tués près le Vigan, voulant charger une assemblée de nouveaux convertis. Je suis depuis six jours dans ces montagnes, où j'ay fait un grand exemple : il en a cousté la vie à un gentilhomme, nommé Saint-Julien, qui estoit à l'assemblée; il a eu le col coupé et j'ay aussy condamné sept accusés à estre pendus. Cela a jeté ce pays dans une assez grande consternation, avec le mouvement des troupes que l'on a fait marcher dans les communautés coupables. Dans tout autre pays il y auroit lieu d'espérer que cette punition rendroit les peuples sages, mais ceux-là sont si fols et si légers que je crains qu'ils ne s'en souviennent pas longtemps. Ils ont, quant à présent, la teste démontée par le bruit ridicule qui s'est répandu, qu'il y avoit une ligue en Allemagne contre le Roy pour faire rétablir l'édit de Nantes : toutes les assemblées sont néanmoins dissipées; il n'y a point de ministres qui preschent, ce ne sont que de misérables prédicans, cardeurs ou paysans, qui n'ont pas le sens commun; j'espère en faire arrester deux ou trois que je n'ay pu encore découvrir. »

---

335. *Le Contrôleur général* *à M. de la Berchère, intendant à Montauban.*

17 Octobre 1686.

Le Roi a approuvé en général le règlement fait par cet intendant en vue de diminuer les frais du recouvrement des tailles et l'a fait examiner par M. Pussort. Il s'y est seulement trouvé quelques modifications à faire, mais, puisqu'il a été publié, il faut l'exécuter tel qu'il est *.

* Par une précédente lettre, du 5 septembre, il lui avait été dit que le Roi voulait prendre connaissance de toutes les ordonnances relatives aux tailles avant qu'elles fussent publiées.

---

336. *Le Contrôleur général* *à M. de Bouville, intendant à Alençon.*

17 Octobre 1686.

« Les receveurs des tailles vous pressent de nommer d'office des collecteurs dans les paroisses où il en a esté nommé d'insolvables; mais vous savez que ces nominations d'office ne sont permises que lorsque les paroisses sont en demeure d'en nommer, et le Roy a trouvé qu'il seroit d'une trop dangereuse conséquence de les autoriser en tout autre cas. Lorsque les collecteurs ne paroissent pas solvables, il faut que le receveur veille de plus près à leur conduite; on peut mesme, pour porter les habitans à en nommer de meilleurs, leur faire entendre que, faute de cela, on sera obligé, pour la sûreté des deniers de la taille, d'en presser davantage le payement et d'avoir pour eux moins de ménagement. Et enfin, S. M. a trouvé bon que, pour remédier à ces inconvéniens, vous tentiez toute autre voye que celle de ces nominations d'office, qui seroient trop opposées à la jurisprudence qui s'observe sur le fait des tailles *. »

* 24 octobre, autre lettre, dans le même sens, à M. de Séraucourt, intendant en Berry.

---

337. *Le Contrôleur général* *à M. Bossuet, intendant à Soissons.*

3 Novembre 1686.

Il le charge d'examiner soigneusement toutes les sentences de rejet, pour ordonner la réimposition ou casser les sentences, s'il y a lieu.

Il n'est pas possible d'interdire par un arrêt le commerce de vin et d'eau-de-vie que font les commis des fermes, mais on peut les dégoûter de ce trafic, soit en les taxant d'office à proportion du débit qu'ils font, soit autrement *.

* Voir la lettre de l'intendant (18 octobre précédent).

---

338. *Le Contrôleur général* *à M. Morant, intendant en Provence.*

3 Novembre 1686.

Ordre de fermer la Monnaie d'Orange et d'arrêter le transport des sequins qui s'y fabriquent aux coins et armes de la république de Venise ou des princes d'Allemagne, sans avoir le titre, et qui se répandent de là à Marseille et dans les Échelles du Levant*.

* Voir un mémoire envoyé par M. de Bâville (Languedoc, 17 juin 1687) sur l'abandon de la Monnaie de Toulouse et les mesures à prendre contre les anciens officiers de cet établissement.

---

339. *Le Contrôleur général*
à M. de Miroménil, intendant en Champagne.

10 Novembre 1686.

«Le Roy a fort approuvé l'expédient que vous avez pris à l'égard des nouveaux convertis qui se sont retirés du royaume, de faire payer leurs tailles par les préposés à la régie de leurs biens. Pour ce qui est des exécutoires décernés pour le procès fait aux cadavres de ceux qui sont morts sans avoir voulu recevoir leurs sacremens, S. M. trouve bon que vous les visiez et que vous les fassiez acquitter par le fermier du domaine.»

---

340. *Le Contrôleur général*
à M. de Ménars, intendant à Paris.

10 Novembre 1686.

Il ordonne de répartir la taille de la paroisse détruite de Choisy-aux-Bœufs sur les paroisses où se sont retirés les habitants*.

* Ce village avait été compris dans le petit parc de Versailles, et toutes les maisons avaient été abattues. (Lettre de M. de Ménars, du 31 octobre.)

---

341. *Le Contrôleur général*
à M. de Gourgue, intendant à Caen.

10 Novembre 1686.

Son expédient de confier aux collecteurs des tailles le recouvrement des droits de *fouage* et de *monnéage* pourrait épargner des frais, et le Roi l'eût approuvé pour cette raison; mais il aurait aussi des inconvénients, et, entre autres, il ferait par la suite confondre les diverses natures de deniers, ce qui créerait des contestations entre les receveurs des tailles et ceux du domaine*.

* Malgré cette observation, le contrôleur général soumit la proposition de M. de Gourgue, le 28 décembre suivant, à l'examen des trois intendants de Normandie.

---

342. *Le Contrôleur général*
à M. de Vaubourg, intendant en Béarn.

16 Novembre 1686.

Le sous-fermier des domaines de Navarre et Béarn se plaint que, nonobstant tous les édits et déclarations donnés au sujet du contrôle des exploits, on se serve encore d'assignations verbales et non contrôlées.

---

343. *Le Contrôleur général*
à MM. de Ribeyre, de Bérulle et de Saint-Contest.

17 Novembre 1686.

Le vol commis sur la voiture des deniers des tailles de l'élection de Mauriac exigeant une répression exemplaire, le Roi en a retiré la connaissance aux élus et l'a confiée à M. de Bérulle, pour poursuivre le jugement devant tel présidial qu'il choisira*.

* Voir les lettres de l'intendant d'Auvergne du 23 octobre au 17 décembre, et celle de M. de Saint-Contest du 15 novembre. — Le contrôleur général avait envoyé, dès le 3 novembre, à tous les intendants les portraits des malfaiteurs soupçonnés d'avoir commis le vol. Deux soldats furent arrêtés par l'ordre de M. de Bérulle, et, quoiqu'ils eussent obtenu des lettres de rémission, ils restèrent plusieurs années en prison et furent enfin condamnés pour raison de différents autres crimes. (Lettres du 30 mai, du 28 août et du 1er septembre 1688.)

---

344. *M. de Bâville, intendant en Languedoc,*
au Contrôleur général.

18 Novembre 1686.

«Je viens d'établir dans les Cévennes le quartier d'hiver *en pure perte*, c'est-à-dire y causer une grande désolation. Ces peuples se sont attiré ce traitement par leur mauvaise conduite et par leur légèreté naturelle, qui les a empeschés de profiter de tous les exemples qui ont esté faits. Je ne crois pas cependant qu'il faille les abandonner et je suis persuadé, au contraire, qu'il est très à propos de se servir de l'abattement où ils sont pour les rendre bons catholiques. Je crois, pour cela, qu'il n'y a pas de moyen plus efficace pour gagner entièrement les pauvres, que de leur faire des aumosnes par les mains des missionnaires qui sont répandus de toutes parts, ayant observé que celles qui furent faites l'année dernière produisirent un très-bon effet. Ainsy, je crois qu'il conviendroit présentement de prendre 10,000# des 100.000# qu'il a plu au Roy de destiner pour des charités; je feray distribuer cette somme avec ordre et la feray durer le plus qu'il se pourra. C'est ainsy que je vous proposeray de temps en temps des employs de cette libéralité, si digne de S. M. dans l'estat présent de cette province, et je crois que l'application s'en peut faire à trois sortes d'usages : le premier, pour des aumosnes qui ayderont beaucoup à faire réussir les missions; le second, pour de pauvres communautés qui ont esté accablées ou par des logemens de gens de guerre ou par des stérilités, et que l'on pourra relever en payant leur taille; le troisième, pour des achats de blés, qui pourront estre distribués à propos, lorsque la saison sera plus avancée et que j'en verray une grande nécessité. . . . .

«Je crois aussy estre obligé de vous écrire sur un sujet qui me paroist important pour le bien de la religion et pour le service du Roy. Dans l'établissement de ce quartier d'hiver en pure perte dans les Cévennes sur les nouveaux convertis il y a une chose très-fascheuse, qui est que l'innocent est confondu avec le coupable, c'est-à-dire le converti sincèrement et qui a toujours bien fait son devoir, avec celuy qui a contribué par son mauvais exemple aux désordres qui sont arrivés. Il n'est pas possible de faire cette distinction, parce que, la solde n'estant plus payée aux troupes, il seroit impossible de trouver le fonds qui est nécessaire pour les faire subsister. Il n'y auroit de remède à cet inconvénient que de les dédommager sur le revenant-bon de l'extraordinaire des guerres qui revient par la solde de deux régimens d'infanterie et deux de dragons qui sont dans les Cévennes en pure perte. Si j'avois pour cela quelque somme un peu considérable, je ferois des estats de ces nouveaux convertis, je les consolerois en leur promettant d'estre remboursés de ce qu'ils payeront, et cette distinction les confirmeroit dans le bon chemin qu'ils ont pris et exciteroit les autres à suivre leur exemple. Sans cela, il est à craindre qu'ils ne se dégoustent de nostre religion, qu'ils n'ont d'abord embrassée que pour plaire au Roy, et il est, ce me semble, de sa bonté de leur en faire sentir les douceurs et quelque satisfaction. J'en ay écrit amplement à M. de Louvois; je lui ay marqué l'inconvénient, je lui ay proposé en général quelque fonds pour servir de dédommagement. Je ne luy ay pas proposé le revenant-bon de l'extraordinaire des guerres; il sera de vostre prudence d'en faire tel usage qu'il vous plaira. Je retourne demain à Nismes pour finir les affaires des Estats*.

«Nous sommes assiégés icy, depuis trois jours, par les inondations causées par des pluies continuelles : elles feront un grand mal dans les lieux où les semences ne sont pas encore faites.»

* Le contrôleur général écrit le 28 novembre : « . . . . . Pour ce qui est de l'établissement du quartier d'hiver, je me remets à ce que M. de Louvois vous expliquera là-dessus des intentions de S. M. et il sera bon que vous continuiez à l'informer du détail de tout ce qui se passera là-dessus. Cependant, je vous prie de continuer aussy à me faire part de toutes les vues que vous aurez pour le bien de la province et l'affermissement des affaires de la religion.»

---

345. *Le Contrôleur général à M. l'Évêque de Saintes.*

28 Novembre 1686.

«J'ay différé jusqu'à présent à répondre à vostre lettre contenant quelques observations que vous avez faites dans le cours de vos visites, parce que j'estois bien ayse d'en conférer avec M. Arnoul. Nous avons reconnu que les affaires dont vous m'écrivez sont les mesmes dont feu M. Colbert avoit déjà parlé au Roy, et dont moy-mesme j'ay depuis eu l'honneur de rendre compte à S. M. deux autres fois. Elle n'a pas estimé devoir rien changer à ce qu'elle a réglé sur cela avec une entière connoissance de cause; et, dans le fond, le droit de *huitième*, dont on se plaint le plus, n'est point si onéreux à la province qu'on a voulu vous le persuader, car il retombe uniquement sur les cabaretiers et point du tout sur le menu peuple.»

---

346. *M. de Bouville, intendant à Alençon, au Contrôleur général.*

2 Décembre 1686.

«Par les requestes qui m'ont esté présentées depuis le département des tailles par les particuliers nommés d'office collecteurs, j'ay remarqué que les nominations se font régulièrement dans la plupart des paroisses et dans les temps prescrits par les règlemens, mais que, pour l'ordinaire, elles ne sont point enregistrées dans les greffes des élections, par l'adresse des particuliers qui ont esté nommés, afin de donner lieu à une nomination d'office et, par ce moyen, s'exempter de faire la charge. Comme les syndics sont chargés de faire faire ces enregistremens à peine de 10 ᶫᵗ d'amende, ils y manquent volontiers, pour faire plaisir à leurs amis qui peuvent avoir esté nommés par les habitans et qui payeroient avec joye cette amende à leur place pour ne point passer collecteurs; et, dans les paroisses où il n'y a point de syndics, les particuliers nommés collecteurs par les habitans font en sorte que l'acte de leur nomination leur tombe entre les mains afin qu'il ne puisse estre enregistré. Il semble qu'on pourroit empescher aysément cet abus en ordonnant que les particuliers qui seroient nommés collecteurs par les paroisses seroient tenus de faire enregistrer au greffe de l'élection l'acte de leur nomination avant le 1er octobre : lequel acte seroit publié au prosne de la grand'messe, afin qu'ils ne pussent l'ignorer. Cela paroist d'autant plus juste que, comme les collecteurs ont les six deniers pour livre pour les frais de la collecte, il semble que ce soit à eux plutost qu'à un syndic de faire la dépense de l'enregistrement, et ils n'oseroient manquer de le faire, parce qu'ils seroient condamnés aux dommages et intérests de ceux qui pourroient estre nommés d'office. Il est certain que dans une infinité de petites paroisses les syndics ou marguilliers sont si pauvres qu'ils ayment mieux manquer à porter les actes aux greffes que de faire la dépense du voyage et payer 2 sols au greffier.*»

* 21 décembre : le contrôleur général est d'avis que la nomination est, par elle-même, trop onéreuse pour les collecteurs, et que les frais d'enregistrement devraient plutôt être mis à la charge des receveurs.

---

347. *Le Contrôleur général à M. de Ménars, intendant à Paris.*

5 Décembre 1686.

Les habitants de Fontenay-le-Fleury demandent un dédommagement des ravages commis par le gibier.

Les habitants de Villiers-le-Bel demandent de nouveau à faire une imposition pour rembourser les propriétaires des biens sur lesquels on a travaillé à établir la conduite des eaux*.

* Voir les pièces relatives à ce travail; elles sont jointes à la lettre de M. de Ménars, du 30 janvier précédent. Une autre lettre, du 1er octobre, est accompagnée de plans et devis dressés par Bruand, architecte du Roi.

348. *Le Contrôleur général à M. de Creil, intendant à Orléans.*

5 Décembre 1686.

Travaux aux abords de la ville de Dourdan.

«Le Roy m'ordonne de vous dire que, quand mesme ces sortes d'ouvrages ne seroient pas d'une nécessité absolue et qu'ils ne seroient que pour une plus grande commodité, il trouvera toujours fort bon que vous y fassiez travailler uniquement dans la vue de faire subsister les pauvres paysans et de ne les pas laisser dans l'oysiveté.....

«Il revient des plaintes que l'on n'observe plus dans la généralité d'Orléans l'ordre qui y avoit esté établi avant le départ de M. de Bezons pour le débit des blés, et que plusieurs particuliers les enlèvent avant que de les laisser venir aux marchés, pour en faire des magasins et les vendre ensuite à un prix trop fort; il est important que vous vous informiez de ce qui se passe à cet égard, pour prévenir doucement les inconvéniens qui en pourroient arriver.....»

349. *Le Contrôleur général à M. de Saint-Contest, intendant à Limoges.*

5 Décembre 1686.

«..... Il n'est pas de la règle de comprendre dans des rôles de tailles la rétribution d'un prédicateur, comme le demandent les habitans de Saint-Maurice et de Montbron. Cependant, si c'est un usage établi parmy eux, et que vous ne puissiez pas les porter à faire cette levée par une queste, comme cela se pratique ailleurs, S. M. trouve bon que, sans autoriser ouvertement ce qu'ils font, vous dissimuliez, et que vous les laissiez faire comme par le passé.

«A l'égard des lettres d'assiette que propose M. l'évesque d'Angoulesme pour régaler 2,800 ᵗᵗ sur la paroisse de Vars, S. M. ne les a pu approuver; ces sortes d'anciennes dettes sont toujours suspectes d'avoir pour tout fondement le crédit des particuliers et la foiblesse des communautés, qui succombent dans leurs procès faute d'estre bien défendues.»

350. *Le Contrôleur général à MM. de Bezons et de Vaubourg.*

5 Décembre 1686.

«J'ay rendu compte au Roy de l'augmentation des monnoyes qui a esté faite en Espagne. Il n'y a qu'à se donner sur cela un peu de patience, et cependant rassurer les marchands et les négocians que les inconvéniens qu'ils appréhendent le plus n'auront assurément pas lieu, tant par le bon ordre que le Roy y apportera, que parce qu'il est aussy absolument nécessaire que les choses changent d'elles-mesmes, ne pouvant pas subsister longtemps en l'estat où elles sont*.»

* Voir les lettres de M. de Bezons du 10 novembre précédent et du 4 janvier 1687.

351. *Le Contrôleur général au président Jacob, à Dijon.*

5 Décembre 1686.

«Au sujet des filles et femmes condamnées à estre rasées et mises au Refuge, l'intention du Roy est qu'à l'égard de celles qui ont du bien, il en soit pris une portion raisonnable pour leur pension, préférablement à toutes choses, et, lorsqu'elles n'ont pas de bien, il n'y a qu'à les faire conduire aux hospitaux, où elles sont nourries et entretenues comme les autres pauvres.....»

352. *Le Contrôleur général à M. Chauvelin, intendant à Amiens.*

11 Décembre 1686.

Adjudication de la fourniture des étapes, conformément à l'arrêt du 11 juin précédent*.

Si les receveurs généraux font des difficultés pour prendre l'adjudication et cherchent à se rendre maîtres de ces sortes d'affaires pour bénéficier sur les remboursements, il est facile de trouver d'autres compagnies, même à de meilleures conditions. Quant aux tempéraments à apporter à l'arrêt, c'est à M. de Breteuil qu'il faut en référer; le Roi lui a confié la direction des étapes.

* Voir les tableaux envoyés par M. Chauvelin, le 8 décembre, et par M. de Ménars, intendant à Paris, le 27 novembre, du prix des denrées dans chaque élection et de la valeur moyenne des rations.

353. *Le Contrôleur général à M. de la Goupillière, intendant à Hombourg.*

11 Décembre 1686.

Ordre d'arrêter les poursuites commencées par le receveur du domaine contre les propriétaires des terres affranchies anciennement par le prince de Phalsbourg*.

«S. M. n'estime pas non plus devoir autoriser par aucun arrest l'établissement du contrôle des exploits et actes d'affirmation que propose le fermier du domaine dans les lieux réunis: mais, si cela se faisoit insensiblement et sans bruit, S. M. ne le désapprouveroit pas**.»

* Voir, dans deux lettres de l'intendant du 26 novembre, le détail des exactions auxquelles se livraient les agents de la ferme du domaine dans un pays déjà ruiné.

** Ce département fut également exempté de l'établissement du timbre. (Lettres de M. de la Goupillière, 10 et 14 février 1688.)

354. *M. de Bezons, intendant à Bordeaux, au Contrôleur général.*

17 Décembre 1686 et 4 Janvier 1687.

«Nos nouveaux convertis donnent bien de la peine à gouverner, et je ne vois pas jusques à présent qu'ils reviennent de l'envie où j'en vois la plupart de sortir du royaume. Vous jugez bien qu'ils ne s'en expliquent pas ouvertement, mais les avis secrets que j'ay de leurs sentimens se trouvent confirmés par leurs démarches. Je suis à observer ce que font les principaux négocians, parce que la plupart de ceux de cette ville sont nouveaux convertis, et, comme par leur commerce tout leur bien est hors du royaume, dès qu'ils s'en vont, ils emportent tout leur argent. Cela oblige d'examiner de plus près comment ils se conduisent. L'on ne peut cependant prendre aucunes mesures sévères avec eux, parce que nous en avons vu qui s'en sont allés après avoir confessé et communié, et je crois que s'ils voyent que l'on fasse un exemple de ceux auxquels je fais faire le procès par le Parlement de Guyenne, qui ont esté pris estant embarqués sur des vaisseaux, cela en retiendra beaucoup.

«Il faut beaucoup faire faire de missions; cela en attire quelques-uns. Il est certain qu'en général ils font plus mal leur devoir qu'ils ne faisoient immédiatement après leur conversion. Ils estoient étourdis pour lors; ils sont revenus de leur étonnement, et l'on est obligé, dans les occasions d'éclat, d'estre plus sévère, afin de leur faire connoistre qu'on observe leur conduite et qu'il n'y a point à espérer de relaschement.

«..... Vous savez que, par les derniers ordres que nous avons reçus, il faut encore apporter plus de douceur que l'on ne faisoit, et, autant que je peux pénétrer, ils en ont eu des avis. Ils gardent dans toutes les provinces grande correspondance entre eux, et ils sont bien avertis de Paris de tout ce qui s'y passe. M. de Saint-Ruth et moy avons tenu les choses très-secrètes. Nous nous appliquons à faire aller les enfans aux instructions, et il faut de temps en temps éloigner des principaux lieux ceux qui donnent de méchans exemples, et l'on ne se peut dispenser de faire quelquefois de petits exemples de sévérité; cela contient tout, et il me paroist jusques à présent que l'on peut dire en général que les nouveaux convertis n'agissent que par la crainte. J'espère que le rétablissement de la santé du Roy fera un effet merveilleux.»

---

355. *M. Morant, intendant en Provence, au Contrôleur général.*

17 Décembre 1686, 11 Février et 7 Mars 1687.

Il a reçu du sieur Coquerel le titre concernant la *directe universelle*.

«Ce qu'il a dit, dans son mémoire, de l'inutilité du terrier au moyen de la directe universelle, si elle est jugée au profit de S. M., choque directement les principes, puisque, tout au contraire, c'est l'établissement de la *directe* qui donne lieu au terrier et qui en induit la nécessité. En sorte que, si elle appartient à S. M., tous les biens qu'on prétend allodiaux devront nécessairement estre reconnus, et qu'il y faudra mesme imposer un nouveau cens, l'ancienne jouissance de l'allodialité par les possesseurs en ayant entièrement prescrit la quotité. Du reste, cet homme estant l'un de ceux qui avoient tenté d'obtenir par le crédit d'une personne qualifiée de la cour, dont je crois que vous aurez conservé le souvenir, une commission pour agir seul dans le domaine à la place de ceux qui y sont employés, offrant pour cet effet de luy abandonner tous les appointemens qui seroient attribués à cette commission, ainsy que je le découvris dans l'original de leur mémoire qui me fut remis par mégarde au lieu de la copie, dont on avoit soigneusement retranché cette clause, et voyant que son mémoire d'aujourd'huy a pour but principal une semblable commission qu'il demande,.... j'avoue que je n'ay pas estimé jusques à présent qu'il pust estre d'une grande utilité pour l'augmentation des domaines en cette province.»

Payement des frais faits pour la recherche du titre.

---

356. *M. de Gourgue, intendant à Caen, au Contrôleur général.*

24 Décembre 1686.

«Les soldats qui sont en quartier d'hiver en cette ville ayant vendu et débité du sel au préjudice des fermiers des gabelles, j'en ay fait arrester trois, lesquels doivent estre mis au conseil de guerre aujourd'huy, suivant les ordres de S. M.; je presse les officiers à en faire un exemple sévère, afin d'empescher un plus grand désordre à l'avenir. Je tiendray la main à ce que le jugement, qui doit estre conforme à l'ordonnance qui condamne ces gens-là aux galères perpétuelles, soit exécuté *.

«Les religieuses hospitalières de cette ville, prenant le soin de cinquante soldats qui sont malades à l'hospital, désireroient pouvoir obtenir de S. M. la grâce d'avoir un minot de sel au delà de celuy qui leur est accordé, ces gens-là, dans leur convalescence, consommant beaucoup plus de sel que les autres. Je suis obligé de vous représenter que S. M., cette année-cy, a retranché les 2 sols par jour à chaque soldat qui estoit porté à l'hospital, pour ayder à supporter les frais de la maladie, et ce outre les 4 sols de paye ordinaire. Comme ces filles les secourent parfaitement bien, j'ose vous supplier de leur procurer cet avantage.»

* Le contrôleur général avait averti les intendants de Normandie de prendre garde que la présence des troupes, qui se servaient de sel blanc, n'amenât une augmentation du faux-saunage et des désordres. (Lettre du 24 octobre.) Il donne également ordre, le 27 décembre, à M. Chauvelin, de tenir sévèrement les garnisons de Picardie et de rendre les officiers responsables de tous les délits.

Voir les procès-verbaux envoyés en réponse par M. Chauvelin, le 31 décembre, et une lettre de M. de Madrys, du 25 novembre, sur les fraudes commises dans la Flandre maritime par les officiers ou autres consommateurs privilégiés.

---

357. *M. de Vaubourg, intendant en Béarn, au Contrôleur général.*

24 Décembre 1686.

Les États d'Aragon, au commencement de l'année, ont interdit le commerce en gros ou en détail à tous Français non naturalisés ou non mariés dans le pays. Les négociants d'Oloron ont été consultés sur les mesures à prendre en représailles de cette ordonnance; les uns semblent croire que les États reviendront sur une pareille mesure, d'autres demandent qu'on refuse l'entrée à toutes les denrées d'Aragon, ou, du moins, que cette prohibition frappe particulièrement les huiles et les laines.

«Pour moy, je croirois qu'il suffit, quant à présent, de défendre l'entrée des huiles et laynes d'Aragon, puisque peut-estre la publication de cette défense obligera seule les Estats à révoquer leurs règlemens, et, s'ils ne les révoquent pas et qu'on s'aperçoive dans la suite que les Aragonois font passer en France leurs huiles et laynes sous le nom des Navarrois ou des Catalans, il sera facile d'étendre la défense à toutes les denrées et marchandises de cette nature qui viennent d'Espagne. Quant aux inconvéniens qu'on pourroit craindre, comme le besoin indispensable que les François (surtout ceux de Béarn) ont des huiles et des laynes d'Aragon pour leurs manufactures, et que les Aragonois (trouvant ailleurs le débit de ces sortes de denrées) ne se missent pas fort en peine de la défense, j'ay trouvé à cet égard tous lesdits négocians dans une grande sécurité. Ils assurent qu'ils peuvent se passer des huiles d'Espagne au moyen de celles de Languedoc, qui ne se vendent pas davantage, mais qui, à la vérité, ne sont pas si grasses et par conséquent si propres pour les manufactures, dont néanmoins on ne laissera pas de s'accommoder, supposé que les Estats d'Aragon ne révoquent pas leurs règlemens. Et, à l'égard des laynes, ils en sont fournis pour longues années, outre qu'il s'en tire aussy bien de Navarre, de Catalogne et de Valence que de l'Aragon, en sorte qu'on n'en manquera pas. Mais, comme il est d'ailleurs très-certain que les Aragonois ne peuvent débiter ni leurs huiles ni leurs laynes qu'en France, par les passages de Béarn et autres provinces voisines, et que, si l'entrée leur est une fois fermée, il faut de nécessité qu'elles leur demeurent et que le peuple souffre par conséquent beaucoup, on ne doute nullement qu'aussitost que la défense sera faite, il ne force les Estats à révoquer les règlemens *.»

* Le contrôleur général répond, le 12 janvier suivant, que le Roi n'approuve pas la proposition de représailles, qui entraveraient le commerce, lorsqu'il faudrait, au contraire, chercher tous les moyens de le soutenir.

---

358. *Le Contrôleur général à M. Arnoul, intendant à la Rochelle.*

27 Décembre 1686.

Examiner la plainte des consuls de la Rochelle, qui prétendent que, lorsque les tabacs arrivent de Saint-Domingue, les fermiers généraux, pour avoir ces tabacs à bas prix, fatiguent les marchands par une infinité de chicanes, telles que de retarder l'expédition des acquits nécessaires pour recharger les vaisseaux, et qu'ils estiment en outre la marchandise au-dessus de sa valeur pour augmenter d'autant leur droit de 3 p. o/o.

---

359. *Le Contrôleur général à M. de Creil, intendant à Orléans.*

2 Janvier 1687.

«Il semble, par ce que vous m'avez mandé, que la diminution des droits qui a esté accordée sur la sortie des grains ayt fait tort à la province, en faisant vider trop tost les magasins. Si cela estoit, et que vous estimassiez qu'il fust plus à propos de rétablir ces droits en entier, mandez-le-moy.»

---

360. *M. Foucault, intendant à Poitiers, au Contrôleur général.*

6 Janvier 1687.

Il donne avis que, les habitants de Saint-Maixent ayant élu à dessein quatre collecteurs insolvables et incapables de remplir ces fonctions, il a cassé cette nomination, sur le fondement qu'elle n'avait été notifiée que le 1er octobre, au lieu de l'être avant le dernier septembre, et, de concert avec les élus, il a nommé quatre autres collecteurs, parmi lesquels est un notaire fort riche qui s'était soustrait jusque-là à la collecte et qui pousse ses collègues à interjeter appel de cette ordonnance.

---

361. *Le Contrôleur général à M. de Bâville, intendant en Languedoc.*

8 Janvier 1687.

Le Roi est persuadé de l'inutilité d'entretenir ce qu'il reste de mortes-payes dans le Languedoc, on a réduit de beaucoup l'imposition dont le produit leur est affecté, et ce qui en subsiste est considéré comme une gratification pour les gouverneurs et capitaines des châteaux *.

* M. de Bâville avait envoyé, le 29 décembre précédent, un mémoire sur l'inutilité de ces garnisons, et proposé la suppression du fonds destiné à leur entretien.— Voir aussi, à la date du 20 décembre 1687, une lettre du contrôleur général touchant l'entretien des autres garnisons de Languedoc sur les fonds des États.

---

362. *M. de Gourgue, intendant à Caen, au Contrôleur général.*

10 Janvier, 30 Août, 27 Septembre, 5 Octobre 1687.
24 Novembre 1688.

Travaux du port de Cherbourg; demandes de franchise pour l'entrée des matériaux étrangers et des vins destinés à la subsistance des ouvriers; accusations de faux portées contre l'entrepreneur, etc.

Remboursement des propriétés comprises dans la nouvelle enceinte.

Projet de digues et de portes à la rivière de Sée, sous Avranches.

363. *M. Bouchu, intendant en Dauphiné,*
au Contrôleur général.

12 Janvier 1687.

«Je prends la liberté de vous envoyer un mémoire contenant le détail du quartier d'hiver du régiment de dragons du Roy, qui est en cette province, qui a esté réglé suivant ce que je me suis donné l'honneur d'en écrire à M. de Louvois..... et il me seroit aysé de vous faire voir que trois régimens que l'on fera vivre en cette province sur le pied qui y est expliqué, cousteront moins qu'un seul ne faisoit auparavant, et que les régimens en sortiront en beaucoup meilleur estat. Et néanmoins, il n'y a de différence entre la grande foule du passé et l'économie d'à présent, que de faire faire l'avance par les receveurs généraux des finances et d'en permettre l'imposition en une seule fois pour toute une année, avec une égalité parfaite et sans aucuns frais, au lieu qu'il falloit accorder auparavant quatre et cinq fois des permissions qui coustoient infiniment plus que la subsistance des troupes, et ce qui se faisoit presque toujours sans aucune proportion d'un lieu à un autre.»

364. *M. d'Argouges, intendant à Moulins,*
au Contrôleur général.

12 Janvier 1687.

«Sous prétexte de ce que l'article 2e du titre des vendant vin de l'édit du mois de juin 1680 assujettit au droit annuel les fermes des vignes, l'adjudicataire des aydes prétend étendre ce droit et le faire payer aux vignerons qui cultivent et façonnent les vignes à leurs bras pour la moitié des fruits qui s'y recueillent, et, après avoir joui de son bail pendant six ans sans avoir eu cette prétention, il s'est avisé, cette année, de décerner une contrainte contre quatre ou cinq de ces misérables, et, leur donnant la qualité de vendant vin, il l'a fait viser par un élu et l'a fait mettre à exécution. A quoy s'estant opposés, ils ont esté déchargés de ce droit par deux sentences contradictoires; sur quoy, le fermier s'estant pourvu à la Cour des aydes et y ayant eu des conclusions favorables, il a eu recours à vous et a obtenu arrest portant que, dans trois mois, il fera juger son appel à la Cour des aydes, et, cependant, que par provision sa contrainte sera exécutée..... Je ne puis m'empescher de vous dire que ce fermier a surpris vostre religion, et que, si ce droit qu'il vous a exposé n'estre qu'une très-petite chose avoit lieu sur les vignerons de mesme que sur les fermiers des vignes, il iroit à plus de la moitié de la taille..... J'espère que vous aurez la bonté de faire surseoir les poursuites de ce fermier, lesquelles il fait avec d'autant plus de diligence qu'il est bien persuadé que, dès que vous aurez esté informé du mérite de cette affaire, vous l'arresterez tout court. Car, de prétendre que parmi tous ces vignerons il s'en trouve de capables de résister au fermier et de soutenir un procès contre luy à la Cour des aydes, c'est ce qu'il ne faut pas espérer, et ils attendent de vous seul leur libération*.»

* La requête des vignerons est jointe à cette lettre, et plusieurs autres pièces, édits, déclarations, projets d'arrêts, etc. à celles des 12 et 14 février.

365. *M. de Gourgue, intendant à Caen,*
au Contrôleur général.

14 Janvier 1687.

Contestations au sujet du desséchement des marais du bas Cotentin.

«M. le mareschal de Bellefonds, qui a signé la requeste cy-jointe, avec trois ou quatre autres personnes, avoit fait faire la publication des curemens des rivières, l'esté passé, sur le pied de 70# la perche. Les paroisses voisines de ces rivières, que l'on auroit obligées, dans la suite, à payer ce travail, me présentèrent une requeste et s'offrirent à faire cet ouvrage à 10 écus la perche, ce que je leur accorday, comme estant un soulagement considérable pour elles, et je ne donnay cette ordonnance qu'en exécution d'un ordre que vous me fistes l'honneur de m'envoyer..... Les communautés ne croyent pas le desséchement utile pour elles et prétendent avoir en leur faveur l'expérience d'une certaine quantité de ces terres desséchées, qui n'ont pas réussi; cependant, elles ne peuvent s'empescher de récurer les rivières, parce que les eaux refluant inondent les marais et incommodent extrêmement la maison de M. le mareschal.»

366. *M. de Bâville, intendant en Languedoc,*
au Contrôleur général.

14, 20 et 31 Janvier, 29 Février 1687.

La communauté de Mornas fait résistance aux sommations de payer la taxe pour les îles provenues des créments du Rhône; les habitants ont emprisonné le garde de la prévôté chargé de la signification.

Ces îles avaient été inféodées anciennement par le Roi, et l'inféodation confirmée en 1665; depuis ce temps, la communauté, quoique relevant du Comtat, avait reconnu les pouvoirs de l'intendant de Languedoc et des officiers du Roi sans qu'il fût besoin de prendre le *pareatis* du légat, comme cela se pratique pour la ville d'Avignon. D'ailleurs tous les titres semblent assez décisifs pour qu'il n'y ait pas lieu de faire une concession, sous peine d'éprouver le même effet sur toute la rive du Comtat*.

* Il avait été ordonné, le 18 avril précédent, de ne point faire de poursuites avant d'avoir vérifié si les îles de Mornas devaient appartenir au Pape, comme ayant fait partie primitivement de la terre ferme et n'en ayant été détachées que par l'action des eaux du Rhône, et M. de Bâville avait répondu par un mémoire qui est joint à la lettre du 20 janvier.

367. *Le Contrôleur général à MM. de Harlay, Morant et Bouchu.*

21 Janvier 1687.

Il blâme les modifications introduites dans certains articles du bail des gabelles lorsqu'il a été enregistré aux Parlements, principalement au sujet des frais de la voiture des sels et de l'étalonnage des mesures matrices en bronze. Il était dit aussi par le bail qu'il serait fait une évaluation de ce que chaque maison devait consommer de sel par an, et que, après l'évaluation, les familles seraient tenues de prendre la quantité réglée de sel et d'en payer le prix; la modification porte, au contraire, que le sel sera distribué par vente volontaire, conformément aux anciens usages et à une déclaration du 4 mars 1663.

---

368. *Le Contrôleur général à M. Lebret, intendant à Lyon.*

23 Janvier 1687.

«S. M. a esté fort satisfaite de ce que vous mandez de la conduite du nommé Dubert, receveur des tailles de l'élection de Saint-Étienne; mais il se présente tous les jours un si grand nombre de receveurs qui demandent comme luy la compatibilité des deux exercices, et S. M. est si fort persuadée du mauvais usage que la plupart en font, qu'elle n'a pas estimé luy devoir accorder cette grâce, à cause des conséquences *.»

* M. de Ménars (Paris, 14 mars 1688) demande une semblable compatibilité pour le receveur de l'élection de Joigny, dont le prédécesseur avait exercé les deux charges.

---

369. *M. de Bouville, intendant à Alençon, au Contrôleur général.*

27 Janvier 1687.

Depuis que la taille ne se lève plus, dans la ville d'Alençon, par capitation, mais par imposition sur les denrées, et que le tarif de cette imposition est joint à la ferme des aides, tous ceux des habitants qui veulent transporter leur domicile dans une ville franche ne peuvent être assujettis à payer dans leur ancienne résidence pendant les dix ans portés par le règlement de 1634. Les nouveaux convertis profitent de cette facilité pour aller se cacher à Paris, et la crainte des troupes poussera les plus riches habitants à prendre le même parti, si l'on ne les oblige à payer pendant dix ans au fermier des aides une somme égale à celle de leur consommation de la dernière année.

«Ce tarif d'Alençon donne lieu à un grand abus, auquel il seroit bien à propos de remédier, parce que, par la suite, il ruinera les paroisses de la campagne, auxquelles ce tarif est déjà beaucoup plus à charge qu'aux habitans de ladite ville. Comme l'élection du Mans n'est séparée de celle-cy que par la rivière qui coule le long des murailles d'Alençon, dont mesme un des faubourgs est du Maine, les plus riches habitans des paroisses voisines ne manquent pas de transférer leurs domiciles de cette élection dans Saint-Pater ou quelque autre paroisse du voisinage de cette ville et de l'élection du Mans; après quoy, ils font une autre translation pour de cette paroisse venir en ladite ville, où, par ce moyen, ils se trouvent exempts de taille, au lieu que, s'ils déclaroient venir droit en cette ville, ils payeroient toujours la taille, parce que les villes de tarif ne peuvent acquérir de taillables, le Roy n'ayant accordé cette grâce de lever la taille sur les denrées qu'aux habitans seulement qui demeuroient alors dans lesdites villes et à leurs familles; au moins, c'est l'usage de la province de Normandie, qui ne se pratique point dans le ressort de la Cour des aydes de Paris; de sorte que, lorsqu'un particulier déclare quitter une paroisse de l'élection du Mans pour venir en la ville d'Alençon, il cesse de payer la taille au Maine après trois années, et ainsy il se trouve plus tost exempt de taille que s'il alloit demeurer dans une ville franche, car ce qu'il paye pour le tarif ne monte pas si haut que ce qu'il payeroit pour les entrées des villes franches, et il se trouve dans le voisinage de son bien, où mesme il demeure paisiblement une bonne partie de l'année. Si le Roy trouvoit bon de faire expédier un arrest qui ordonnast que tous les particuliers habitans de la province de Normandie qui transféreront ou qui ont transféré cy-devant leurs domiciles pour venir dans une paroisse du pays du Maine, et qui ensuite sont venus ou viendront dans la ville d'Alençon, payeront la taille dans la paroisse de ladite province de Normandie qu'ils auront quittée, tant et si longuement qu'ils feront leur demeure en ladite ville, ces sortes de translations n'auroient plus de lieu *.»

* Le contrôleur général répond, le 26 février, que, malgré la gravité du fait, l'expédient paraîtrait trop extraordinaire, de faire payer les droits aux particuliers, nouveaux convertis ou autres, après qu'ils seraient sortis de la ville, mais que la seconde partie du projet est approuvée.

M. de Creil se plaint également, le 30 juin suivant, de la retraite générale des religionnaires d'Orléans, et demande à remettre en vigueur son ordonnance, approuvée précédemment, portant «que ceux qui viendroient s'établir dans les villes franches estant cotisables, aux termes des règlemens, pendant dix années, à la taille, seroient obligés de donner caution de ces dix années, ou que le revenu de leurs immeubles demeureroit saisi jusqu'à concurrence.»

---

370. *M. Morant, intendant en Provence, au Contrôleur général.*

29 Janvier 1687.

Les embarras que cause l'entrée dans la haute Provence des ouvrages de coton de Marseille proviennent en grande partie de la difficulté d'aller faire les déclarations régulières au bureau de Septèmes; la défense de passer ces marchandises par aucune autre voie a pour conséquence ordinaire, ou d'exciter les particuliers à la fraude, ou de les exposer à une confiscation. Il serait nécessaire d'autoriser les marchands à faire leurs déclarations, pour les marchandises destinées à la Provence même, dans les bureaux établis aux confins du territoire de Marseille, et de réserver celui de Septèmes pour les expéditions destinées au reste du royaume*.

* Voir une lettre du 3 juin précédent, et les pièces qui sont jointes à celle-ci. Un arrêt fut rendu conformément à la proposition de M. Morant; voir sa lettre du 9 avril.

371. *Le Contrôleur général à M. l'Évêque de Verdun.*

31 Janvier 1687.

La demande qu'il fait de procéder à une coupe de bois par pieds d'arbres est trop contraire à l'ordonnance de 1669 et au bon ordre pour que le Roi puisse l'autoriser.

372. *M. de Madrys, intendant en Flandre maritime, au Contrôleur général.*

31 Janvier 1687.

Il envoie son avis sur la requête par laquelle les Magistrats de son département proposent d'augmenter les anciens droits ou d'en imposer de nouveaux sur certaines denrées étrangères.

«Il nous paroist que ce sont les seuls moyens aussy pour pouvoir conserver cette province, où, depuis quelque temps, ces denrées sont diminuées de prix considérablement, et mesme le débit en est devenu difficile, ce que l'on ne peut attribuer qu'à la quantité qui y arrive des pays étrangers, et dont elle peut se passer, en ayant de son cru beaucoup plus qu'il n'en faut pour sa consommation, et particulièrement du charbon d'Angleterre, puisque, avant que les entrepreneurs des ouvrages des fortifications de Dunkerque et Bergues, et quelque temps mesme après la conqueste de ces places, s'en soient servis pour la cuisson de la chaux et des briques, l'on n'en connoissoit presque point l'usage en Flandre. Il est constant aussy que la tourbe que l'on y tire et qu'ils employoient au commencement au lieu de charbon de terre, est meilleure, parce que le feu en est moins ardent; mais l'effet n'en est pas si prompt, ce qui les oblige de préférer le charbon. D'ailleurs, il seroit très-avantageux au Roy de rendre plus florissant le commerce des denrées du pays, parce que cela obligeroit sans doute les habitans de faire de plus grosses nourritures, ce qui augmenteroit le produit des droits de *raclage* et *tuage*, qui sont des plus considérables de la ferme des domaines, de recultiver les terres et pastures en friche et abandonnées, feroit augmenter aussy la vente des bois des forests d'Outhulst et Nieppe, qui sont au Roy, et qu'enfin les Anglois et Hollandois ne continueroient pas à tirer l'argent le plus clair et le plus comptant du pays, estant certain qu'ils ne font aucun échange de leurs marchandises avec celles de son cru, et que leurs vaisseaux s'en retournent toujours à vide. Ainsy, nous estimons, sous le bon plaisir du Roy, qu'il conviendroit, pour le bien du service de S. M. et celuy de ses sujets de Flandre particulièrement, d'ordonner qu'à l'entrée de cette province et autres pays conquis, il sera levé sur les beurres, au lieu de 3# 15 s. qu'ils payent à présent, 10# pour cent pesant; sur les chairs salées, 7# 10 s., au lieu de 2# 10 s., pour cent pesant aussy; sur le suif, au lieu de 20 s., 5#, pour cent pesant aussy, et, sur les cuirs tannés, 1# 10 s. par pièce, au lieu de 7 s. 6 d.; et, quant au charbon d'Angleterre, qui n'est chargé que du droit de fret, 2# 10 s. par razière, mesure de Dunkerque, qui pèse environ quatre cent quatre-vingts livres, poids de marc, c'est à peu près sa valeur et ce qu'il couste rendu dans cette ville; mais l'on ne connoist point d'autre moyen pour en empescher l'usage en Flandre*.»

* Voir, dans les *Papiers des fermes*, les pièces relatives à cette proposition et à quelques autres du même genre : état des importations, tableaux comparatifs des anciens tarifs et des augmentations proposées, projets d'arrêts dressés en conséquence, objections des fermiers consultés, état de l'importation des fromages de Hollande, de Suisse et d'Angleterre, mémoire sur la diminution du commerce des beurres en Normandie par suite de l'introduction de ceux d'Irlande, etc.

373. *Le Contrôleur général à M. d'Argouges, intendant à Moulins.*

1er Février 1687.

«L'arrest du 12 octobre dernier, qui assujettit au payement du droit annuel ceux qui tiennent des vignes à moitié de fruits, a esté rendu en connoissance de cause, et a paru dans les règles. La possession avant et depuis l'ordonnance de 1680 pour la perception de ce droit est suffisamment établie, et, quand elle le seroit moins, le manque de vigilance et d'application de la part des fermiers ne pourroit pas estre un titre contre le Roy. D'ailleurs, vous jugez bien que, si l'on interprétoit l'ordonnance de la manière que vous le proposez, il ne s'afferme-roit plus de vignes à prix d'argent, et toutes se donneroient à moitié, en sorte que le droit annuel seroit entièrement détruit. C'est une réflexion qu'il est important de faire, surtout dans les conjonctures présentes du renouvellement des fermes, où il ne faut pas donner aux gens d'affaires lieu de craindre qu'ils ne soient pas soutenus dans la perception des droits qui leur sont affermés.

«Cependant, S. M. trouve bon que vous cherchiez à apporter dans l'exécution de cet arrest tous les ménagemens que vous pourrez pour les redevables, et que vous empeschiez les trop rigoureuses poursuites qui se pourroient faire de la part des fermiers, mesme que vous les portiez à se relascher d'une partie de leurs prétentions, devant s'imputer de n'avoir fait jusqu'à présent presque aucune diligence sur cela*.»

* Un soulèvement ayant eu lieu à Luché contre les commis de l'annuel, le contrôleur général donna ordre, le 7 août, d'en tirer un châtiment sévère.

M. Lebret écrit de Lyon, le 10 et le 13 avril, que le fermier des aides de l'élection de Villefranche réclame à un grand nombre d'habitants quatre ou cinq années du droit annuel, quoique la généralité de

Lyon se soit rachetée anciennement de ce droit et que les ordonnances ne l'aient rétabli que dans les lieux où il était en vigueur en 1680.

Voir aussi trois lettres de M. de Creil, intendant à Orléans (5 et 30 septembre, 14 novembre 1688), sur certaines falsifications commises dans le texte d'un arrêt aux dépens des fermiers des vignes ou de ceux qui les tenaient à moitié, que l'arrêt exemptait pour l'année suivante.

374. *M. de Bâville, intendant en Languedoc, au Contrôleur général.*

7 Février, 16 Mars, 25 Avril, 15 Juin, 30 Août 1687.

Suite des opérations du dénombrement des îles et îlots du Rhône et de la Garonne.

Les ecclésiastiques ont été compris dans les rôles et ont reçu commandement de fournir leurs dénombrements*; mais il est faux que le chapitre de Viviers et ses feudataires n'aient pu faire entendre leurs défenses; leur prétendu droit de régale accordé par les empereurs n'est appuyé par aucun des titres qu'ils ont fournis, et, avant de se plaindre au Roi, ils s'étaient tout d'abord décidés à se soumettre à la taxe.

«J'ay peine à comprendre comment ils avancent que je les ay contraints de se soumettre, car ils en auroient esté quittes, ou en disant qu'ils ne le vouloient pas faire, ou mesme en ne disant rien..... Je répétay vingt fois que l'on estoit entièrement libre..... que je n'estois venu sur les bords du Rhosne que pour leur faire plaisir et leur épargner les frais, et que tout cela se fist *suadendi magis quam jubendi potestate***.»

Les commanderies de Malte n'ont d'autre sujet d'espérer une décharge de la taxe que la grâce semblable que le Roi leur a faite à l'occasion du huitième denier.

* 19 juin : le contrôleur général répond qu'il n'y a aucune difficulté à presser les ecclésiastiques, sauf à user de ménagement dans les circonstances particulières.

** Il fut répondu, le 8 mai, que le Roi approuvait toute la conduite de M. de Bâville et n'écouterait plus aucune plainte sur ce sujet, convaincu qu'il ne pouvait que bien agir.

375. *Le Contrôleur général à M. de Bâville, intendant en Languedoc.*

8 Février 1687.

Le Roi permet à M. Bon, premier président de la Chambre des comptes de Montpellier, de faire agrandir l'ancien palais de la Chambre, assigné en demeure à son père en 1677; mais S. M. ne veut point payer les dépenses faites par ce dernier, et les nouvelles constructions ne doivent pas être trop considérables, pour le cas où le domaine devrait les rembourser plus tard*.

* Voir une lettre de M. de Bâville (25 février) au sujet de la reconstruction des greffes des requêtes du Parlement de Toulouse, et trois autres lettres (16 mars, 1er et 29 avril) relatives aux prisons du Vigan, de Nîmes, de Narbonne et de Carcassonne, et à la séparation des femmes et des malades d'avec les autres prisonniers.

Voir également, dans la correspondance de Franche-Comté (27 juillet et 31 août), le détail des travaux faits au palais du Parlement de Besançon et aux bâtiments de la Chambre des comptes de Dôle.

376. *Le Contrôleur général à M. Feydeau de Brou, intendant à Rouen.*

8 Février 1687.

L'intention du Roi est que les intendants laissent la connaissance entière des affaires domaniales aux juges compétents, et se contentent de surveiller l'instruction et le jugement*.

* Le fermier des domaines de ce département avait demandé (30 janvier) que l'intendant connût des contraventions relatives au contrôle des exploits et aux offices et droits des notaires, des instances pour le recouvrement des droits seigneuriaux casuels, des contestations concernant l'exécution des baux et arrière-baux, etc.

377. *Le Contrôleur général aux Élus de Caen.*

8 Février 1687.

«Le Roy est informé qu'il se commet des abus considérables dans le ressort de vostre élection, parce que non-seulement vous ne faites pas ce qui est du devoir de vos charges pour l'exécution des ordonnances, mais encore parce que vous y contrevenez souvent dans les jugemens que vous rendez. C'est pourquoy S. M. m'ordonne de vous faire savoir que vous ayez à tenir à l'avenir une meilleure conduite, et que cependant vous fassiez entendre au sieur Planchon qu'il ayt à venir icy incessamment pour rendre compte de la sienne. S. M. a bien voulu pour cette fois s'abstenir de donner des ordres plus sévères, ne doutant pas que vous ne vous appliquiez à faire cesser à l'avenir tous les sujets de plainte.»

378. *Le Contrôleur général à M. de Gourgue, intendant à Caen.*

13 Février 1687.

Le Roi accorde une somme de 300# aux veuves et parents des matelots des paroisses de Langrune et de Grandcamp qui ont péri en mer; mais la décharge des restes de la taille et la réduction des cotes pour les années suivantes seront restreintes à ces seules familles*.

* Plusieurs lettres de l'intendant ont trait à cette affaire; celle du 15 mars est ainsi conçue : «Je mets sous cette enveloppe le procès-verbal que vous avez désiré que je fisse à la paroisse de Langrune et sur la coste, pour empescher qu'à l'avenir il ne se noye des matelots sur les

plattes dont ils se servent. Pour y parvenir, il sera nécessaire d'un règlement pour empescher que, depuis le Havre jusqu'au Port-en-Bessin, on n'en fabrique plus à l'avenir, et qu'on fasse casser ces sortes de bastimens. Tous les matelots demeurent d'acord que, si la pesche du merlan en est plus aysée, d'un autre costé il se fait beaucoup plus de naufrages depuis qu'elles sont en usage, et m'ont remontré la nécessité qu'il y a que les défenses soient générales. Ainsy, il sera besoin d'un règlement, qui servira de loy pour toute la coste.»

379. *Le Contrôleur général à M. de Bâville, intendant en Languedoc.*

26 Février 1687.

«J'ay lu au Roy tout au long vostre lettre du 14 de ce mois*. Je dois vous dire que l'on est persuadé icy que l'effet que l'on s'est proposé du quartier d'hiver dans les Cévennes s'évanouiroit entièrement s'il paroissoit un relaschement, et que nonseulement ceux qui ont mal fait, et que l'on croit qui feroient mal encore s'ils le pouvoient, soyent rudement chastiés, mais aussy ceux qui laissent mal faire aux autres et qui ne s'y opposent pas. Ce raisonnement est susceptible de plus d'une réflexion, mais l'on s'y arreste, et, sur ce fondement, le Roy m'a commandé de vous écrire qu'en nulle façon il ne veut que ses aumosnes et ses libéralités paroissent estre appliquées à aucun soulagement de ceux qui ont souffert de ce quartier d'hiver. Néanmoins, S. M. m'a commandé de faire expédier une ordonnance de 30.000 ll, payable au porteur, pour employer par vos ordres en aumosnes aux pauvres de la province de Languedoc, et S. M. vous laisse la liberté d'en employer ce que vous jugerez, par forme d'aumosne, aux pauvres dans les Cévennes. Je remettray incessamment cette ordonnance au sieur de Pennautier, et vous pouvez tirer cette somme et en disposer quand vous voudrez. Je crois mesme vous pouvoir assurer que cette ordonnance sera suivie d'une autre.»

* Cette lettre était du 15 janvier, et non du 14 février. M. de Bâville y proposait de rembourser, avec le restant des fonds envoyés par le Roi, les nouveaux convertis des Cévennes à qui on avait imposé le quartier d'hiver comme aux religionnaires et aux rebelles. «Je croys, disait-il, qu'il est très-nécessaire de mesler quelque voye douce et quelque récompense avec la sévérité que l'on a esté obligé d'avoir dans ce canton, dans lequel il est d'autant plus nécessaire de répandre un peu d'argent, qu'il se trouve épuisé par des contributions pour les troupes qui durent depuis cinq ans, et que le commerce, à la fin, et les manufactures qui le font subsister pourroient entièrement cesser, auquel cas les habitans deviendront des bandits dans les montagnes, n'estant occupés que par les manufactures des cadis, parce qu'ils ont très-peu de terre à cultiver.» Le quartier d'hiver avait coûté 310,000 ll à la province.

380. *M. de Bezons, intendant à Bordeaux, au Contrôleur général.*

1er, 11 et 22 Mars 1687.

«On recommence la visite des vaisseaux, et l'on a mis à l'embouchure de la rivière des bastimens pour empescher la fuite des nouveaux convertis. M. de Seignelay m'ayant écrit que S. M. croyoit qu'il estoit de sa bonté de faire faire cette visite pendant quelque temps, pour leur faire perdre l'esprit de désertion....

«La foire n'est pas bonne; les vins et eaux-de-vie diminuent de prix. Vous aurez pu connoistre par l'estat des cargaisons du mois de février que le fret pour Hollande n'estoit qu'à un écu; il est encore diminué depuis. Il faut nécessairement qu'il y ayt moins d'argent en Hollande, parce que je vois qu'ils achètent des vins et eaux-de-vie à meilleur marché. Il y a trop de vins dans ce pays-cy; tout le monde en a à vendre, et, comme, pour subsister, il faut débiter, chacun s'empresse. Les nouveaux convertis qui sont allés s'habituer en Hollande l'ont fait connoistre aux Hollandois, et cela peut contribuer aussy à faire cette diminution;.... mais je vois, quoyqu'il se soit habitué des nouveaux convertis en Angleterre, qui leur auront inspiré la mesme chose qu'aux Hollandois, que néanmoins le prix du vin pour l'Angleterre se soutient, et le fret aussy, ce qui est une marque qu'il y a beaucoup moins d'argent en Hollande.

«..... Quoyque la dernière désertion des habitans de Mornac, de Royan et des environs ne monte pas à plus de six cents personnes qui habitassent dans cette généralité, y compris les femmes et les enfans, je puis néanmoins vous assurer que cela a causé beaucoup de misère dans ces lieux : ils avoient eu dixhuit mois de suite des troupes logées chez eux; une partie de la famille s'en est allée, qui a emporté partie des meubles, et je vois que, le long de la coste de la mer, l'on aura besoin de donner beaucoup de soulagement l'année prochaine sur les tailles. L'on prendra par préférence sur le bien de ceux qui sont sortis du royaume ce à quoy ils sont imposés de taille pour cette année, mais il y en a qui n'ont rien laissé; ainsy, les taux en seront perdus. J'ay laissé une personne sur les lieux, qui doit discuter les biens des fugitifs, et je vous rendray compte ensuite à combien cela ira pour chaque lieu. Je croys que vous voudrez bien entrer en commisération pour ces lieux, et, ce qui tomberoit en pure perte, je ne sais si vous ne voudrez pas bien en faire faire une remise et qu'on n'aille pas en faire un rejet sur la communauté, par la raison que l'on voit que ceux qui restent sont fort misérables. Je suis persuadé que s'il n'y avoit pas des frégates et des traversiers qui empeschent l'évasion de ceux qui restent, il y en auroit beaucoup qui s'en iroient, quoyqu'ils m'ayent protesté le contraire. Une partie des familles de Mornac et de Royan est en pays étranger, le reste est en France : ainsy, si ceux qui sont dehors ne reviennent pas entre cy et quelques mois, les autres s'en iront. Il me paroist absolument nécessaire de ramener ces gens-là par douceur, et de garder pendant quelque temps l'embouchure des rivières par le moyen des frégates et des traversiers : on rassurera doucement ces esprits, lesquels se trouvent entraisnés par le commerce continuel où ils sont avec les Anglois et les Hollandois; une grande partie sont des matelots, mais ils ne resteront point aux pays étrangers aux voyages qu'ils feront sur les vaisseaux françois, parce qu'une des principales causes de leur désertion, c'est les femmes qui les entraisnent, lesquels mesme se fortifient dans l'envie de s'en aller, parce qu'ils voyent tous les jours des Anglois et des Hollandois chez eux, et la facilité du transport.....»

381. *M. de Bâville, intendant en Languedoc, au Contrôleur général.*

9 Mars 1687.

«Je soumets mon jugement à la forte persuasion où j'estois qu'il estoit temps d'adoucir un peu la peine des Cévennes, présentement qu'elles sont soumises et disposées, autant qu'on le peut souhaiter, à suivre tous les exercices de nostre religion. Je croyois qu'après une extrême rigueur, il falloit agir par des voyes douces et ne pas confondre toujours l'innocent avec le coupable; mais je vois bien qu'il y a des raisons dans la politique qui sont au-dessus de mon raisonnement. Je me conformeray à l'ordre que vous m'avez envoyé . . . . .

«J'ay envoyé aujourd'huy à M. de Chasteauneuf un estat de la recette et dépense des biens des fugitifs, auxquels j'ay établi le meilleur ordre que j'ay pu. Je luy ay demandé des ordres pour l'avenir; je luy ay mandé que je croyois qu'il n'y avoit rien de mieux à faire que de ne point encore disposer de ces biens, parce que les fugitifs commencent à revenir, et je ne doute pas qu'il n'en revienne dans peu un grand nombre, mais que je croyois qu'il falloit employer les revenus à de bons usages, et principalement à bastir un hospital général à Nismes et une église paroissiale. Je vous prie d'appuyer cette pensée, qui est assurément très-utile pour la religion. Quant aux biens des consistoires, j'ay proposé de les donner aux diocèses de Nismes, Uzès, Mende et Viviers, pour les rembourser de l'avance qu'ils ont faite pour rebastir près de deux cents églises, où j'espère que l'on dira la messe dans trois mois*.»

* Le Roi permit d'appliquer une partie des biens des consistoires et des religionnaires fugitifs à l'achèvement des deux cent vingt-cinq églises que M. de Bâville venait de faire reconstruire. (Lettres de M. de Bâville, 15 avril, et du contrôleur général, 27 avril.)

382. *Le Contrôleur général à M. Feydeau de Brou, intendant à Rouen.*

14 Mars 1687.

«Si les particuliers qui se présentent à vous pour prendre des charges de notaires les veulent bien payer en particulier sur le pied de ce qu'on avoit résolu de les vendre en général, il n'y a pas d'inconvénient à recevoir leurs offres, car assurément, sitost qu'il y aura une de ces charges de levée, les autres ne demeureront pas longtemps. C'est pourquoy je vous prie de prendre avec le sieur Maynon toutes les mesures nécessaires pour faire réussir cet expédient, en cas que les anciens notaires ne profitent pas de la grâce que le Roy leur a bien voulu faire en leur laissant ces charges à 50,000 écus. Ce qu'ils vous disent de l'impuissance où ils sont, est un discours auquel, bien loin de devoir ajouter foy, vous pouvez reconnoistre le caractère de dissimulation et d'intérest qui est le génie ordinaire de la nation, outre que ce qu'ils font en cette occasion vient de ce qu'ils se sentent appuyés des officiers du Parlement, et particulièrement du procureur général, qui ont témoigné visiblement se vouloir rendre maistres de cette affaire. C'est ce que vous reconnoistrez bientost par vous-mesme, et qu'il est important de se tenir ferme avec ces sortes de gens-là, pour faire réussir les affaires que l'on entreprend*.»

* Voir une précédente lettre à M. de Gourgue, intendant à Caen (22 août 1686), et la correspondance de cet intendant (1er, 22 juillet et 6 août). A la dernière de ces lettres sont joints deux mémoires sur les origines et la pratique des saisies réelles et de la consignation.

383. *M. de Ménars, intendant à Paris, au Contrôleur général.*

15 Mars 1687.

Le sieur Baumgartner, ancien capitaine suisse, retiré à Argenteuil, se plaint d'être abandonné à la discrétion des paysans, qui, après avoir commencé à l'imposer à la taille sur le pied de 40 ᵗᵗ, l'ont augmenté jusqu'à 211 ᵗᵗ. Il mérite, en faveur de ses anciens services, d'être réduit d'office à 50 ᵗᵗ, sans jamais être imposé plus haut.

384. *M. de Creil, intendant à Orléans, au Contrôleur général.*

18 Mars 1687.

«Je ne sais comment on fera pour le payement des tailles à Maintenon, vu qu'il y aura près de cent cotes de gens que les habitans ont estimés taillables que je seray obligé de faire rayer, sur ce que M. de Louvois m'a mandé qu'estant venus dans ce lieu pour travailler aux ouvrages du Roy, ils ne devoient pas estre imposés. Les habitans soutenant, au contraire, que ces ouvriers y ayant demeuré l'an et jour, commerçant comme ils font et travaillant pour d'autres que pour S. M., et occupant des maisons de gens qui payeroient, ce qui diminue beaucoup le nombre des feux de cette communauté, ou ces ouvriers ne doivent pas estre tirés du rôle, ou les habitans ont lieu de recourir aux libéralités de S. M. pour un dédommagement de ces taux perdus*.»

* Voir la lettre du 10 septembre suivant, au sujet de l'expropriation d'une partie des marais légués anciennement à la communauté de Maintenon, et à l'emploi de ces fonds pour l'acquittement des dettes.

385. *Le Contrôleur général à M. Feydeau de Brou, intendant à Rouen.*

20 Mars 1687.

Le Roi, estimant que la charge de jaugeur des poids de la ville et banlieue de Rouen ne peut être que fort onéreuse pour le commerce, veut que personne, par surprise ou autrement, n'en fasse plus les fonctions ou n'en perçoive les droits*.

* Voir, à la date du 3 mai suivant, une lettre de l'intendant, sur l'exécution d'un arrêt obtenu par les vendeurs visiteurs de fruits et compteurs d'oranges. A la demande de M. de Brou, il fut ordonné au

fermier d'accorder une surséance et une remise aux paroisses condamnées. (Lettre du contrôleur général, du 8 mai.)

Voir une lettre écrite le 17 septembre à M. de Séraucourt (Berry), sur la suppression d'un office de langueyeur de porcs, et les pièces envoyées de l'intendance le 7 août précédent, ainsi qu'un rapport de M. de Saint-Contest, intendant à Limoges, sur la nécessité de supprimer un office de visiteur des cuirs dont l'exercice était suspendu depuis longtemps, comme nuisible à l'industrie. (Lettre du 30 avril 1688.)

386. *M. de Bâville, intendant en Languedoc,*
au Contrôleur général.

21 Mars 1687.

Les magistrats de la ville de Montpellier, le juge-mage, les consuls et autres officiers, ne font aucunement observer les règlements de police, soit sur les poids et mesures, soit sur le prix des denrées. Ainsi, pour avoir leurs propres provisions à meilleur marché, ils permettent à certains marchands d'accaparer les denrées de la campagne et de les vendre au public aussi cher qu'il leur plaît. Les tentatives faites pour réprimer ces abus n'ont produit aucun résultat, et il n'y aurait d'autre expédient que d'enlever le détail de la police à ces officiers et de le confier à une personne choisie et surveillée par l'intendant*.

* Voir, à la date du 22 avril suivant, les pièces relatives à la mauvaise administration de la ville de Toulouse et de ses revenus; il y fut pourvu, au mois de février 1688, par un règlement du Conseil, contre lequel les capitouls adressèrent une réclamation en forme de mémoire, le 28 avril suivant.

387. *M. de Miroménil, intendant en Champagne,*
au Contrôleur général.

22, 24 et 28 Mars, 3 et 10 Avril 1687.

Procès du baron de Clinchamp, conseiller au présidial de Chaumont, poursuivi à la requête du fermier des gabelles pour faux, concussions, exactions, etc.*

* Cette affaire, à laquelle tout le pays était intéressé, ne fut terminée qu'après soixante et onze vacations par un jugement condamnant le principal accusé à s'absenter du bailliage et du pays Barrois pendant trois ans, et à payer la moitié des dépens. Le Roi trouva que cette condamnation ne répondait point aux faits prouvés, et ordonna que les fermiers, ainsi que le procureur du Roi, interjetassent appel. (Lettre du contrôleur général, 3 avril.)

388. *M. Morant, intendant en Provence,*
au Contrôleur général.

28 Mars 1687.

«J'avois réglé que, à l'égard des titres que le procureur du Roy voudroit produire en forme probante, tant dans la confection du papier terrier que dans les diverses instances de réunions, ils seroient signés des archivaires et payés par le fermier, aux termes du règlement fait en 1683 pour les archives de Provence, mais que, à l'égard des simples mémoires ou instructions, il luy seroit libre de les faire prendre par celuy de ses commis qu'il a proposé à cet effet, sans aucuns frais, et de les produire signés du procureur du Roy pour copie, en la manière que font les procureurs aux instances ordinaires, n'estant obligés d'en représenter les originaux que quand la foy ou la forme en sont contestées par les parties. Je m'estois fondé, pour cette décision, sur ce que les titres sont au Roy, et qu'il faut distinguer les temps où l'on travaille à la recherche des droits de S. M. par une commission extraordinaire telle que la nostre, et celuy des contestations qui peuvent naistre dans le cours et pour la jouissance de la ferme. . . . . Mais les auditeurs ayant vu, par le contrôle qu'ils ont tenu depuis une année, que le fermier a fait prendre tous les titres dont il a eu besoin toujours comme simples mémoires, bien que la plupart ayent esté copiés entièrement. . . . , j'ay réglé, sous vostre bon plaisir, que le fermier continueroit de prendre les extraits en la forme qui luy conviendroit le mieux, ou par simples mémoires, ou par expéditions en due forme que les auditeurs signeroient à sa première réquisition, et que, pour toute indemnité, il payeroit aux auditeurs, qui sont au nombre de huit, 400 # pour l'année dernière, et continueroit sur le mesme pied*.»

* Voir la suite de cette affaire, entravée par l'opposition des auditeurs archivaires, à la date du 14 avril.

389. *Le Contrôleur général*
à M. de Ménars, intendant à Paris.

29 Mars 1687.

«J'ay rendu compte au Roy de vostre avis sur la paroisse d'Échouboulains, que vous proposez de réunir à l'élection particulière de Montereau; mais S. M., avant que de se déterminer, a esté bien ayse de savoir aussy où cette paroisse ressortit pour le grenier à sel et pour la justice ordinaire, afin de pourvoir en mesme temps de manière que les siéges dont ils ressortiront, tant pour la taille que pour le sel et la justice ordinaire, soient le plus à leur bienséance et les plus proches les uns des autres qu'il se pourra.»

390. *M. de Bezons, intendant à Bordeaux,*
au Contrôleur général.

1er Avril, 22 Juillet, 9 Août et 6 Septembre 1687.

Mémoires et procès-verbaux sur les affaires du pays de Bigorre et particulièrement sur la répartition et le recouvrement des impositions, ainsi que sur l'acquittement des dettes et les emprunts nouveaux contractés pour cet objet. — Tenue des États; difficultés de préséance entre le commissaire royal et l'intendant, etc.*

Mémoires et procès verbaux sur les impositions du pays de Marsan et sur l'assemblée de ses États. Projets de réformes à opérer dans les impositions extraordinaires et dans la reddition des comptes. Acquittement des dettes du pays; détail des charges, etc.

* Voir la lettre en date du 16 août, par laquelle le contrôleur général justifie l'adjonction de M. de Bezons à l'évêque de Tarbes, président-né des États de Bigorre, et le compte rendu de la session envoyé par M. de Bezons le 5 octobre.

391. *Le Contrôleur général à M. de la Berchère, intendant à Montauban.*

3 Avril 1687.

Ordre de continuer la réunion de tous les papiers et titres concernant le domaine qui se trouvent, soit au bureau des finances de Montauban, soit entre les mains des particuliers, et de les faire classer dans des armoires*.

* Voir la lettre de M. de la Berchère du 12 mars, et, à la date du 15 février 1689, le rapport sur le travail d'inventaire qui fut fait en conformité de l'arrêt rendu par le Conseil le 28 janvier 1679.

Une réunion semblable fut faite à Metz des titres conservés, soit à la citadelle ou dans la cathédrale, soit chez les officiers de la Cour des comptes. (Lettres du contrôleur général à M. de Corberon, 3 avril et 24 décembre 1687.)

En Alsace, où beaucoup de fiefs se trouvaient dans le cas de réversion faute d'hoirs masculins, et où les titres du domaine royal étaient dispersés en divers endroits, M. de la Grange (18 mars) proposa de renouveler une déclaration générale qui fît reconnaître les domaines aliénés, et il lui fut enjoint, le 10 juillet 1688, de faire mettre en ordre et inventorier tous les papiers utiles au domaine.

392. *Le Contrôleur général à M. de Frevin, intendant sur la frontière de Champagne.*

3 Avril 1687.

« . . . . . J'ay rendu compte au Roy de ce qui s'est passé entre les habitans de Maubert-Fontaine et les commis des fermiers des aydes; l'affaire a paru bonne pour le fermier, car il est fondé en une sentence contradictoire de l'élection de Reims, et l'arrest de la Cour des aydes qui a servi de prétexte à ce que vous avez fait contre luy ne portoit des défenses que pour un mois, qui estoit échu longtemps avant que les commis se fussent présentés pour faire les exercices. Ainsy, bien loin d'avoir approuvé vostre information, on a aysément reconnu que vous vous estiez laissé conduire en cecy par un esprit d'aigreur et de vivacité qui ne convient point du tout à un homme de vostre caractère, et que S. M. a déjà remarqué plus d'une fois vous estre trop ordinaire. Vous devez vous observer davantage et en user à l'avenir avec plus de modération, parce qu'autrement on ne pourroit pas empescher, comme on a fait jusqu'à présent, l'effet de la disposition où est S. M. de charger M. de Miromesnil du soin de toutes ces sortes d'affaires. J'ay dit icy au fermier de prendre avec vous les mesures nécessaires pour achever son recouvrement, et que vous luy en faciliteriez les moyens. »

393. *M. de Harlay, intendant en Bourgogne, au Contrôleur général.*

3 et 17 Avril 1687.

Il rend compte des poursuites dirigées concurremment par le Parlement et la Chambre des comptes de Dijon contre les receveurs des deniers destinés à l'acquittement des dettes des villages, pour raison de transactions qu'ils avaient faites, contrairement aux ordonnances, avec les créanciers.

L'intendant estime qu'il serait plus avantageux d'arrêter ces procédures et de tirer des coupables une taxe fixée par le Conseil.

* La correspondance de cette intendance, pour l'année 1687, se compose presque exclusivement de pièces relatives à cette affaire, lettres des principaux officiers de la Chambre des comptes, copies d'arrêts ou d'ordonnances, mémoire imprimé des accusés, etc.

394. *M. de Bâville, intendant en Languedoc, au Contrôleur général.*

4 Avril 1687.

« Je ne puis assez vous marquer quel bien font les aumosnes dans les missions, la facilité qu'elles donnent aux missionnaires pour réussir, et les bénédictions qu'elles attirent sur S. M. Elles sont d'autant plus nécessaires que les pauvres nouveaux convertis estoient assistés lorsqu'ils estoient de la religion, et qu'il est bien important qu'ils ne se trouvent point abandonnés après leur conversion. Je n'ay pu, sur ces fonds, rien donner aux diocèses où il n'y a que des anciens catholiques, parce que j'ay cru devoir aller au plus pressé et au plus grand bien; si la première ordonnance que vous m'avez fait encore espérer est un peu forte, je tascheray de faire en sorte que tous les diocèses s'en ressentent. . . . .

« Cette quinzaine de Pasques s'est très-bien passée : il n'y a eu aucune assemblée dans les Cévennes, parce que tous les nouveaux convertis y ont reçu les sacremens, et les missionnaires me mandent de toutes parts qu'ils ont beaucoup plus de succès qu'ils n'en avoient espéré. Cette ville de Montpellier a très-bien fait, et je viens de Nismes, où tous les principaux nouveaux convertis ont fait leurs pasques d'une manière très-édifiante. Leur exemple sera suivi du reste de la ville. J'ay fait ce que j'ay pu pour éloigner, depuis le commencement du caresme, toutes les impressions de crainte, et personne n'a parlé aux nouveaux convertis des sacremens que les missionnaires. Il est pourtant difficile de croire que le souvenir des chastimens et de la conduite un peu sévère qu'il a fallu tenir n'ayt pas une grande part à ce changement; mais, les dispositions présentes estant bonnes, il ne faut plus penser qu'à les cultiver, et l'on peut estre au moins assuré que la fausse honte, l'envie de se distinguer en mal, la répugnance aux cérémonies et aux exercices de nostre religion, et les autres obstacles semblables, sont entièrement levés. Il paroist mesme un désir sincère d'estre instruits*. »

* M. de Bâville écrit encore, le 24 juillet suivant : « J'ay cru qu'il seroit très-utile de faire établir des bureaux de charité dans les plus gros lieux des Cévennes, pour assister les pauvres. Rien n'est plus utile pour la religion, parce que les nouveaux convertis estoient secourus par le consistoire avant leur conversion, et il est très à propos qu'après s'estre convertis ils ne se trouvent pas abandonnés. Le Père Chaurand, jésuite, qui est un très-bon acteur pour ces sortes d'établissemens, y travaille. S'il plaisoit au Roy que, sur le revenu des biens des fugitifs, je pusse prendre jusqu'à 4,000 ᵗᵗ, cela serviroit pour commencer cette bonne œuvre et y donner la forme nécessaire. L'employ seroit pour les pauvres et apprendroit la manière dont les aumosnes doivent estre distribuées. »

Voir, à la date du 30 janvier 1688, un état des nouveaux catholiques sortis de la province depuis la conversion générale : 1,049 chefs de famille, 673 femmes, 2,726 garçons, 1,233 filles.

395. *M. Trobat, intendant en Roussillon,*
au Contrôleur général.

16 Avril 1687.

« Le fermier du domaine ayant fait condamner les habitans de Figuières à luy payer une redevance de 64 ᵗᵗ par an que cette communauté fait au domaine pour la faculté de pouvoir prendre de la neige des montagnes de Canigou, comme la communauté de Figuières est une ville de Catalogne et qui n'a aucuns biens dans les terres de S. M., le fermier du domaine représenta aux commissaires du domaine de Roussillon, qui sont ses juges, de luy accorder des représailles sur aucuns biens des sujets d'Espagne, ou de luy donner la permission de pouvoir prendre les mulets des marchands de Catalogne qui commercent en Roussillon..... Je me donnay l'honneur de proposer à M. de Louvois les inconvéniens qu'il y pourroit avoir..... Je doute fort que le moyen d'empescher les habitans de Figuières de prendre de la neige des montagnes de Canigou puisse donner aucune facilité au fermier pour recouvrer la redevance qui luy est due, tant parce que le Canigou est une montagne fort déserte, que parce que les habitans dudit Figuières ne profitent pas de cette faculté qu'aux années qu'ils ne peuvent pas remplir leurs glacières, ce qui arrive fort rarement*. »

* A la lettre de M. Trobat est jointe une copie de celle qu'il avait écrite le 10 février à M. de Louvois, avec le jugement prononcé par les commissaires du domaine. — Le contrôleur général avait écrit, le 20 mars, que le Roi ne permettait pas l'emploi des représailles. Ce droit de représailles, particulier au pays, consistait à faire payer les communautés voisines pour les communautés contre lesquelles le recours n'était pas possible.

Une lettre du 28 septembre 1688 et les pièces qui y sont jointes donnent le détail de la façon dont la commission du domaine exerçait sa juridiction.

396. *M. de Séraucourt, intendant en Berry,*
au Contrôleur général.

17 Avril 1687.

Le maire et les échevins de Bourges demandent justice contre le sous-fermier des aides.

« Je n'ay pas trouvé qu'il ayt perçu d'autres droits que ceux qui luy sont accordés par son bail, mais il est certain qu'il s'est attiré l'exécration de tout le peuple par deux raisons : l'une, pour avoir établi dans cette province le droit annuel, qui y est plus à charge que dans les autres, parce qu'il y a quantité de vignerons qui tiennent des vignes à ferme, dont le profit souvent n'est pas plus fort que les 8 ᵗᵗ qu'ils doivent payer; l'autre raison est la dureté avec laquelle il lève ses droits, que l'on peut dire estre extrême, employant les plus malhonnestes gens qu'il peut dans son recouvrement, qui ne cherchent que les occasions de faire des procès-verbaux. Ces manières ont esté d'autant plus désagréables dans cette ville, que ses associés aux aydes dans cette généralité, avec lesquels il a partagé les élections, n'en usent pas si durement dans leurs départemens, et n'exigent point le droit annuel de ceux qui vendent en détail, quand la vente n'excède pas trois muids. Il dit à cela qu'ils sont dans des petites villes, où, peu de gens vendant vin, *ils* n'en tireroient que peu de profit, mais que, dans la ville de Bourges, ce droit est trop considérable pour estre relasché. Il n'en use pas plus doucement dans le plat pays, où il le fait payer depuis la première année de son bail jusques à présent*. »

* Par lettres du 29 mai et du 10 juillet, le contrôleur général répond que le droit annuel, conformément à la déclaration de 1684, ne doit se lever que sur les particuliers qui vendent le vin en gros au-dessus de trois muids, et que le sous-fermier doit renoncer à l'arriéré, s'il y en a, et surtout agir avec moins de dureté. « Du reste, il n'y a pas lieu, ajoute-t-il, de rendre une ordonnance publique. »

397. *M. Bossuet, intendant à Soissons,*
au Contrôleur général.

20 Avril, 30 Juin, 10 Juillet, 22 Août 1687.

Biens domaniaux du département : prétentions de Mme de Roquépine sur les moulins de la Capelle; procédures des trésoriers de France contre le prince Philippe de Savoie, chargé, comme abbé de Saint-Médard, de la réparation des ponts et chaussées de Vic-sur-Aisne, et contre le duc de Mazarin, condamné, comme engagiste du péage, à l'entretien du pont de Bucy, de la chaussée de Nouvion-l'Abbesse et de celle de Crécy-sur-Serre*.

* Voir aussi, à la date du 26 mars 1688, les pièces relatives à une procédure du bureau des finances contre la duchesse de Mecklembourg, condamnée à entretenir et réparer les chemins du bourg de Mello, où elle percevait un droit de *travers*, et, à la date du 18 décembre de la même année, une affaire semblable entre le bureau et les bénédictins anglais possesseurs du bac de Choisy et du droit de *travers* sur la chaussée du même lieu.

398. *Le Contrôleur général*
à M. de la Berchère, intendant à Montauban.

21 Avril 1687.

Vérification des opérations faites dans la généralité de

Montauban, tant par Bauyn que par Gourville et Dallier, pour le recouvrement des restes.

«Les gens qui ont abusé de ces recouvremens sont fort fins et ont eu trop de temps pour couvrir les malversations; cependant le Roy a cette affaire à cœur et veut que l'on en tire tous les éclaircissemens possibles.....

«Pour le divertissement des quittances et le soin que l'on a pris de les retirer et de dépouiller les greffes des élections, aussy bien que les consuls et collecteurs des communautés, de leurs quittances, que l'on a voulu cacher particulièrement, des réimpositions, à quoy il faut s'appliquer, et des fausses reprises que l'on a voulu faire passer à la Chambre, il n'est plus possible d'établir une preuve entière de toute cette conduite, mais il suffira d'établir certains faits bien précisément, parce qu'ils feront présupposer les autres et serviront à prendre le parti que le Roy estimera de son service*.....

«Les gens à qui on a affaire employent bien des ressorts: je suis bien persuadé que cela ne vous embarrasse pas. Nostre métier, à vous et à moy, est de faire le service suivant les ordres et le goust du maistre, avec règle et justice, sans considérer autre chose, et je dois vous assurer que le maistre distingue vos services, et qu'il fera considération sur le travail extraordinaire que vous avez fait, tant pour les affaires de la religion que pour ces vérifications des restes.»

* Voir les lettres de M. de la Berchère, 12 mai 1686 et 2 juillet 1687.

---

399. *M. Bouchu, intendant en Dauphiné,*
au Contrôleur général.

23 Avril, 15 Juin et 20 Juillet 1687.

Construction, réparation ou agrandissement des églises; pièces justificatives de l'adjudication des travaux et de l'emploi des sommes envoyées par le Roi ou levées sur les communautés*.

* Sur le même sujet, voir une lettre de M. Foucault (Poitiers, 28 février 1686) et la réponse du contrôleur général (13 mars suivant).

Dans l'intendance de Montauban, l'évêque de Cahors ne put obtenir qu'il fût pourvu par le moyen d'une imposition au rétablissement de son palais épiscopal. Le contrôleur général lui répondit que de semblables impositions n'étaient ni dans l'usage du pays ni dans l'intention du Roi, et ne produiraient qu'un mauvais effet. (Lettre du 15 octobre 1687.) Mais, l'année précédente, il avait été accordé 25,000# pour l'agrandissement des églises du diocèse. (Lettres du 28 mars et du 4 juillet 1686.)

---

400. *Le Contrôleur général*
à M. de Bezons, intendant à Bordeaux.

26 Avril 1687.

«Le Père Chauvelin, chartreux, dont vous m'avez envoyé une lettre, est de la famille de feu M. le Chancelier, qui s'estoit employé pour le faire entrer dans cette maison, parce qu'il témoigna pour lors le souhaiter fort ardemment et qu'il paroissoit avoir en effet une bonne vocation. Il faut qu'il y ayt présentement un peu de légèreté et de foiblesse d'esprit dans ce qu'il propose. C'est pourquoy il y auroit de la charité si vous pouviez par quelque conversation luy remettre l'esprit dans une meilleure assiette, et le détourner du dessein qu'il a de quitter l'ordre des chartreux.»

---

401. *M. de Bâville, intendant en Languedoc,*
au Contrôleur général.

27 Avril 1687.

«J'ay examiné la prétention des marchands de vins de Languedoc contre la ville de Marseille pour y porter des vins dans le port et les verser sur des vaisseaux qui les puissent transporter dans les pays étrangers..... Je suis obligé de vous dire que le titre de la ville de Marseille m'a paru très-bon, qu'il est suivi d'une possession certaine et non interrompue, et qu'elle s'est fortement opposée à cette prétention toutes les fois qu'elle a paru. Il est vray qu'il seroit à souhaiter pour le bien du commerce de cette province, et mesme qu'il seroit avantageux aux droits du Roy, qu'il y eust liberté entière dans le port de Marseille; mais il est aysé de voir en mesme temps que le terroir qui l'environne, qui consiste presque tout en vins, seroit bientost ruiné s'il estoit permis d'y en apporter de toutes parts. Je ne doute pas que ce ne soit la véritable raison de ses priviléges, auxquels il me semble que l'on ne peut donner aucune atteinte*.»

* Cette lettre est jointe, dans les papiers de Provence, au premier rapport adressé sur ce sujet par M. Morant, le 29 janvier 1687, et accompagné des mémoires de la ville de Marseille et de ceux des fermiers.

---

402. *Le Contrôleur général*
à M. de Bâville, intendant en Languedoc.

8 Mai 1687.

«Le Roy n'a pas approuvé la voye de l'exécution sur les biens situés à Mornas, mais il trouve bon que vous fassiez emprisonner ceux des consuls de cette communauté que vous aurez occasion de faire arrester hors du Comtat d'Avignon, se remettant au surplus à vostre prudence de ne vous servir de cette dernière voye qu'autant que vous la jugerez absolument nécessaire, et après toutes les autres que vous pourriez encore mettre en usage pour faire payer volontairement ces taxes (d'autant plus qu'un payement volontaire établiroit le droit du Roy beaucoup plus solidement qu'un payement fait par force).»

---

403. *Le Contrôleur général*
à M. de Creil, intendant à Orléans.

8 Mai 1687.

«Vous proposez de juger au présidial d'Orléans les deux

commis des domaines dont le procès vous a esté renvoyé, et d'y choisir pour cet effet un certain nombre de ceux des officiers de ce présidial que vous jugerez le plus portés au bien de la justice. Cet expédient n'a pas esté approuvé, et il a paru qu'il seroit un peu extraordinaire d'exclure ainsy d'autorité et sans aucune formalité des juges contre lesquels il n'y a aucun reproche, ni aucune cause de récusation apparente. Vous pouvez, si vous trouvez jour à cela, ménager les choses de manière que les juges qui vous seroient suspects s'abstiennent d'eux-mesmes d'estre présens à cette affaire; mais on ne peut pas les y obliger de force, et il vaudroit beaucoup mieux vous servir de la faculté qui vous est donnée par l'arrest, de choisir un autre présidial*.»

* Voir les lettres de M. de Creil, 27 mars et 23 avril.

404. *Le Contrôleur général à M. de Bezons, intendant à Bordeaux.*

14 Mai 1687.

Le procureur du Roi au bureau des finances de Bordeaux a envoyé un mémoire sur les moyens qu'on peut employer pour contraindre les vassaux du Roi à fournir leurs dénombrements; mais, en attendant le règlement général qui se prépare sur cette matière, le Conseil a statué que l'usage du séquestre aurait trop d'inconvénients, au lieu que l'emploi d'amendes arbitraires exciterait la diligence des vassaux, après toutefois qu'on les aurait mis en demeure de s'acquitter*.

* Le mémoire, avec l'avis de M. de Bezons, se trouve dans la correspondance de cet intendant à la date du 14 janvier précédent. Voir aussi la lettre du 27 mars.

405. *M. de Bâville, intendant en Languedoc, au Contrôleur général.*

18 Mai 1687.

Il est de notoriété certaine, comme le porte le mémoire du syndic de Languedoc, que le canal de jonction des deux mers ruine le haut Languedoc, en ce qu'il apporte dans la partie basse de la province les blés de la Guyenne, et, dès le temps de M. Colbert, on avait proposé de suspendre pendant une partie de l'année l'introduction de ces blés, de même qu'on en use en Guyenne pour les vins du Languedoc; mais cette mesure fut alors rejetée, et elle serait en effet préjudiciable aux intérêts particuliers du canal, dont la navigation n'est pas encore assurée*.

* M. de Bâville renouvelle ces observations le 23 septembre 1688, et, cette fois, conformément au mémoire du syndic, il demande la fermeture du canal depuis le 1er juillet jusqu'au 1er février.

406. *M. de Séraucourt, intendant en Berry, au Contrôleur général.*

22 et 25 Mai, 2 et 7 Juin 1687.

Rapports sur l'état des élections d'Issoudun, Châteauroux, Saint-Amand, le Blanc et la Châtre.

Le prix des bêtes à laine, qui constituent le principal commerce, a beaucoup descendu depuis que le droit d'entrées sur les moutons d'Allemagne a été abaissé de 30 à 5 sols.

Les paroisses sujettes à l'impôt du sel sont tellement en retard, par suite de l'indulgence, calculée peut-être, du commis, que le recouvrement et la réimposition de ces restes offriront beaucoup de difficultés.

Compte rendu de l'examen des registres d'audience et des jugements des juridictions subalternes; indication de divers abus*.

* Année 1688, 3 et 15 juillet, rapports analogues. Ils constatent que le rétablissement de l'impôt sur les moutons d'Allemagne a relevé le commerce des bêtes à laine, et que la diminution du prix ne provient que de la multiplication de l'espèce.

Voir les rapports de M. de Vaubourg sur l'état du département d'Auvergne (20 et 30 octobre 1687, 26 janvier 1688).

407. *M. de Miroménil, intendant en Champagne, au Contrôleur général.*

22 Mai et 7 Juin 1687.

Le bureau des finances de Châlons a rendu une ordonnance pour fixer la largeur des grands chemins à quarante pieds, et celle des chemins de traverse, de village à village, à trente, enjoignant à tous les riverains de se retirer dans leurs limites, et ordonnant d'arracher les haies, arbres, épines, etc. Cette ordonnance ayant causé un grand désordre dans les campagnes, les trésoriers en ont rendu une seconde pour empêcher les destructions auxquelles les paysans commençaient à se porter.

«Je vois tant de commises et procès différens entre les propriétaires des terres voisines des chemins et les habitans des lieux, sur des procès-verbaux de violences et oppositions portées devant les trésoriers de France, que je crois devoir prendre la liberté de vous remontrer derechef la nécessité de remédier au désordre, qui s'augmente tous les jours. On ne peut trop soulager les peuples; aussy, on ne peut trop apporter de prudence et de précaution pour ne les pas rendre trop audacieux. Les suites en sont dangereuses.»

408. *M. d'Argouges, intendant à Moulins, au Contrôleur général.*

28 Mai et 26 Novembre 1687.

Il rend compte du procès instruit à la requête des

fermiers contre Bergier, ancien commis au grenier à sel.

«Une chose qui assurément mérite quelque réflexion, c'est que plusieurs témoins se sont plaints que, au lieu que le quart de sel qu'ils prennent au grenier doit peser vingt-cinq et vingt-six livres, il n'en pèse ordinairement que vingt-une, vingt-deux et vingt-trois tout au plus, ce qui est une perte considérable pour les peuples, et voicy la raison de cet abus: c'est que, les fermiers intéressant et les commis et les officiers du grenier dans les bons de masse et leur en donnant de fortes portions, ils ont des mesureurs à leur poste, lesquels, par leur adresse, ne donnent jamais la mesure, ni la quantité de sel qui est payée par l'habitant. Pour remédier à cet inconvénient, je croirois, sous vostre bon plaisir, qu'il y auroit lieu de défendre à MM. les intéressés aux gabelles ces sortes de portions avec leurs commis et les officiers des greniers, ou, tout au moins, de leur faire entendre que, si pareilles plaintes vous sont faites dans la suite, vous vous en prendrez à eux-mesmes*.»

* M. de Châteaurenard, successeur de M. d'Argouges, termina le procès le 15 octobre 1688, et Bergier fut condamné à l'amende et à une aumône, ainsi qu'aux dépens de cette longue procédure commencée en 1686, avec incapacité d'exercer aucun emploi, soit dans les offices royaux, soit dans les fermes, comme coupable d'avoir retenu des droits de collecte et exercé des violences contre les contribuables ou les collecteurs. (Lettres du 16 octobre, et des 7 et 10 novembre 1688.)

409. *Le Contrôleur général à M. de Miroménil, intendant en Champagne.*

29 Mai 1687.

«Il y a déjà des ordonnances qui règlent les heures auxquelles les cabaretiers doivent s'abstenir de donner à boire les jours de feste, et les défenses faites par M. l'évesque de Châlons estant beaucoup plus étendues, elles pourroient apporter un grand préjudice à la ferme des aydes; mais je vous prie, avant toutes choses, de me mander vostre sentiment sur les effets que cela a produits et que vous estimez que cela pourra produire par la suite dans le pays*.»

* Voir un second rapport de M. de Miroménil, 12 juin; le 19 du même mois, le contrôleur général annonce qu'il a prié l'évêque de restreindre les prohibitions.

410. *M. Feydeau de Brou, intendant à Rouen, au Contrôleur général.*

1er Juin 1687.

«Il doit passer dans vostre esprit pour un fondement certain qu'il n'y a eu aucune préméditation d'assemblée de la part des nouveaux convertis, aucun dessein de port d'armes, ni de s'opposer ou forcer les obstacles et empeschemens qu'ils auroient pu rencontrer de la part du Roy, persuadés qu'ils estoient que, depuis la levée de la garde-coste, il n'y avoit aucun ordre de S. M. de leur empescher le passage. J'ay eu l'honneur de mander plusieurs fois à M. de Chasteauneuf que l'esprit du passage dans les pays étrangers régnoit entièrement parmi les nouveaux convertis, principalement depuis deux à trois mois. J'ay appris que cette influence maligne avoit pris son origine en basse Normandie, fondée sur l'observance plus étroite et régulière des édits et déclarations qu'on a tenue à leur égard, soit pour l'éducation forcée de leurs enfans dans les colléges ou maisons religieuses, soit pour les obliger en général et en particulier, par des condamnations d'amendes considérables, à observer tous les devoirs d'un catholique parfait. Ces bas Normands, chagrins de ce traitement, ont pris une de leurs routes pour s'enfuir par deux ou trois faux ports de ce canton, entre autres, par celuy de Saint-Aubin, où ils ne trouvoient d'autres obstacles que celuy qui leur estoit causé par des paysans, qui les attendoient au passage et, après s'estre emparés de leur petit butin, les laissoient passer, à ce qu'on dit, mesme du consentement des juges, qui prenoient part aux dépouilles.

«..... Le bruit s'estoit répandu que l'embarquement devoit estre plus considérable qu'à l'ordinaire, mesme qu'il y avoit de l'argent comptant, ce qui pouvoit exciter la curiosité de gens plus élevés que la canaille ordinaire. Il y avoit plusieurs bandes de ces nouveaux convertis qui arrivoient à la mesme heure, et principalement de basse Normandie, au nombre, à ce que je puis conjecturer, de cent cinquante personnes au plus, tant hommes, femmes qu'enfans, dont partie estoit pour s'embarquer et l'autre partie pour les accompagner..... Le sieur de Vertot d'Aubeuf, gentilhomme du voisinage, ayant eu avis de cet embarquement (je veux croire qu'il n'avoit d'autre dessein, en s'y opposant, que d'entreprendre chose agréable à S. M.), accompagné de quelques valets et paysans, et de son propre mouvement, tomba sur la compagnie.

«..... Si l'on veut un jugement de rigueur et d'exemple, les femmes qui sont arrestées, de la manière que j'en entends parler, en fourniront la matière, pour peu qu'on veuille continuer à les interroger sur la religion qu'elles veulent professer, et tomberont infailliblement, du moins une partie, dans le cas de relaps, et par conséquent sujettes à la peine d'estre rasées et cloistrées. Si l'on veut suivre les hommes qui sont absens à la rigueur, ils se trouveront convaincus d'avoir tiré sur les sujets du Roy avec espèce d'attroupement, convaincus d'avoir appuyé et favorisé les évasions présentes les armes à la main, présumés auteurs de la mort de ce paysan, et, par conséquent, sujets à la condamnation de galères, supposé que, par contumace, elle n'aille point au dernier supplice. Un jugement de cette qualité feroit grand bruit parmi les nouveaux convertis, donnera occasion à quantité d'écrits de la part de leurs ministres, et déterminera la plupart de ceux qui sont indécis à prendre une dernière résolution de sortir hors du royaume..... Ce qui est encore à remarquer est qu'il est constant que personne n'a paru de la part du Roy, ni qui eust ordre de les arrester, et qu'ils ont pu présumer que cette troupe de paysans ..... n'estoit que pour les dépouiller et voler, comme on a fait depuis quelque temps en pareilles occasions.....

«Il me paroist que la justice se rencontre des deux costés. Si le parti de la douceur plaisoit davantage à la cour, il semble qu'il faudroit un peu moins de sévérité en basse Normandie pour ramener ces esprits, qu'on tient plus aliénés qu'en autres lieux et les véritables causes de la plupart de ces évasions*.»

* Par une autre lettre du 23 du même mois, l'intendant rend compte de l'impossibilité où les collecteurs du sel sont de s'acquitter de leur commission, à cause de la désertion des nouveaux catholiques (vingt paroisses du ressort de Dieppe étaient en partie abandonnées), et présente leurs moyens pour remédier à cet état de choses. Mais le contrôleur général répond, le 3 juillet, qu'il n'y a point lieu de permettre la revente du sel d'impôt des fugitifs, ni le rejet de leur cote sur ceux qui ne sont point partis, et moins encore de s'assurer des biens des nouveaux convertis sous prétexte qu'ils auraient l'intention de s'enfuir, le Roi ayant donné l'ordre aux fermiers de ne point presser les collecteurs, pour laisser aux fugitifs le temps de revenir, comme ils l'ont fait en beaucoup de lieux.

---

411. *Le Contrôleur général à M. Lebret, intendant en Provence.*

4 Juin 1687.

«L'on m'a donné avis d'un abus que commet le fermier du domaine de Provence pour s'approprier les droits de lods et ventes en entier, à quelque somme qu'ils puissent monter, et frustrer le Roy de ce qui luy en doit revenir lorsqu'ils excèdent 2,000 ᵗᵗ. On prétend que, lorsqu'une terre se vend 50,000 écus, et que, sur ce pied, les droits reviennent à 7,500 ᵗᵗ, le fermier s'entend avec l'acquéreur et le vendeur, en sorte que, au lieu d'un seul contrat de vente, ils en font plusieurs, pour chacun desquels les droits de lods ne passant pas 2,000 ᵗᵗ, ils vont entièrement au profit du fermier..... Vous pourriez vous faire représenter les contrats de vente qui ont esté faits des terres mouvant de S. M. ou estant dans sa censive, entendre les vendeurs et les acheteurs, et sur le tout dresser vostre procès-verbal*.»

* Voir une lettre du 3 novembre précédent, à madame d'Hocquincourt. — De 2,000 ᵗᵗ à 6,000 ᵗᵗ, l'excédant appartenait en entier au Roi, qui en faisait souvent remise aux parties contractantes. Au delà, il y avait toujours un tiers pour le fermier et deux pour le Roi.

---

412. *M. d'Aussonne, premier président de la Cour des aides de Montauban, au Contrôleur général.*

5 Juin 1687.

Il présente un mémoire «pour le soulagement des peuples». — Établissement d'hôpitaux dans toutes les bonnes villes, aux frais des habitants et sous l'administration des laïques, avec exclusion absolue du clergé; emploi d'une somme distraite sur le dernier quartier des impositions pour aider les familles gênées à soutenir leurs affaires et à prévenir la saisie de leurs biens; réunion des minutes de notaires dans des dépôts généraux, où se feraient les expéditions; règlement des droits du clergé pour les baptêmes et enterrements, et de ceux des juges pour les ouvertures de testaments, confections d'inventaires, etc.

---

413. *M. Lebret, intendant en Provence, au Contrôleur général.*

6 Juin 1687.

Il envoie la copie, faite aux archives de la Chambre des comptes, du titre en vertu duquel le fermier du domaine peut faire payer le droit de *garde de la mer* à la communauté de la Ciotat.

«Quoyque je n'aye pas encore eu le temps de m'instruire à fond des affaires de la Provence, je connois bien que le fermier du Roy ne peut pas exiger de chacune des communautés en particulier les droits qu'on appelle *garde de la mer, cavalcade, quiste* et autres, sans leur faire des frais souvent aussy considérables que la somme principale qu'on leur demande, et, comme tous ces petits droits ensemble ne peuvent jamais produire une somme considérable au Roy, il me semble que, pour terminer une fois les contestations qui surviennent fréquemment sur cette matière et qui consomment les communautés en dépenses inutiles, il seroit bien à propos d'examiner à peu près en quoy peuvent consister tous ces petits droits, et de charger ensuite le corps de la province de payer tous les ans au fermier du domaine la somme à laquelle ils se trouveroient revenir.»

---

414. *M. de Bezons, intendant à Bordeaux, au Contrôleur général.*

8 Juin 1687.

«..... Il s'est présenté une difficulté au sujet de l'exécution de l'arrest du 28 septembre 1684, par lequel il est porté que les sucres venant des isles de l'Amérique Françoise qui seront apportés dans les villes de Rouen, Dieppe, Bordeaux et la Rochelle, jouiront du privilége de l'*étape* après qu'ils y auront esté raffinés, et qu'il sera rendu et restitué à ceux qui feront charger lesdits sucres, bien et duement raffinés, pour les pays étrangers, la somme de 9 ᵗᵗ pour chacun cent pesant. Un marchand de Bordeaux a voulu envoyer de ces sucres dans l'Estat de Savoye, et demandé au directeur du convoy et comptablie de Bordeaux qu'en rapportant un certificat des commis qui sont dans la dernière ville de France du costé des Estats de M. le duc de Savoye, il eust à luy rendre les 9 ᵗᵗ pour cent pesant conformément audit arrest, luy faisant connoistre que lesdits sucres estoient bien raffinés. Le directeur a opposé deux choses : la première, que le Roy n'avoit entendu par son arrest que l'on restituast les 9 ᵗᵗ que quand on envoyoit lesdits sucres dans les pays étrangers par mer et non par terre; la seconde, qu'une partie de ces sucres estant en poudre et non en pains, c'estoit une marque qu'ils n'estoient pas bien raffinés. J'ay fait dresser des mémoires de part et d'autre, que je vous envoye avec la copie de l'arrest, afin de faire savoir la manière dont vous voulez que l'on en use à l'avenir; cependant, j'ay mandé au directeur de donner un passavant, afin que les sucres puissent estre conduits dans l'Estat de Savoye, et que le fermier et le directeur de la compagnie restitueroient les 9 ᵗᵗ pour cent pesant lorsqu'ils y auroient esté conduits, si vous l'ordonnez de cette manière*.»

* Plusieurs pièces justificatives sont jointes à cette lettre. — Réponse le 30 juin : l'arrêt a été donné pour favoriser les raffineries de France, et les fermiers sont prêts à l'exécuter; mais il faut remarquer que, si le bénéfice de l'étape s'étend jusqu'aux sucres en poudre, les marchands ne manqueront pas d'en profiter pour faire sortir les sucres raffinés aux îles, dont il vient une très-grande quantité en poudre.

---

415. *M. Chauvelin, intendant à Amiens,*
au Contrôleur général.

9 Juin 1687.

«Le faux-saunage se fait avec une si grande liberté d'Artois en Picardie, que j'en ay esté surpris. Si trois ou quatre cents hommes que MM. les intéressés ont à leur service sur la frontière depuis Doullens jusques à Péronne faisoient fidèlement leur devoir, qu'ils allassent exactement faire leurs exercices dans les trois lieues de l'Artois, il ne devroit pas y avoir un seul magasin de sel, et les faux-sauniers ne s'attrouperoient point aussy hardiment qu'ils le font. Il y en a une bande de quarante, qui s'appelle la Bande royale, lesquels font le faux-saunage attroupés avec port d'armes. Ce n'est point par les directeurs ou commis que j'en ay esté averti; ces gens-là ne nous informent jamais d'aucune chose, ils accommodent ou poursuivent les affaires comme il leur plaist, ou se contentent d'en rendre compte à la compagnie.....

«La moitié des gardes des gabelles sont des misérables, qui se laissent corrompre et qui font eux-mesmes le faux-saunage. Après avoir pensé aux expédiens d'empescher le versement du sel, qui est fort préjudiciable à la ferme générale, et de dissiper cette bande de faux-sauniers attroupés, j'ay cru qu'il n'y en avoit point de meilleur que de rendre une ordonnance par laquelle j'ay enjoint au prévost de la maréchaussée d'Artois de faire une recherche exacte des magasins ou amas de sel qui se font sur la frontière d'Artois, de les saisir et de courre sus aux faux-sauniers. Je l'ay mesme chargé du décret des juges de Corbie, pour le mettre à exécution*.»

* Voir, au sujet du faux-saunage en Picardie, plusieurs lettres du contrôleur général : 26 février 1687, ordre de livrer au conseil de guerre les faux-sauniers du régiment de Vermandois, sauf leur chef, qui n'est entré au régiment que pour s'assurer l'impunité de son commerce; 19 juin de la même année, ordre de fournir les exécutoires nécessaires pour la répression des délits; lettres aux États d'Artois et à l'intendant de Champagne, 24 juin 1688, 24 mars 1689, etc.

---

416. *M. de Saint-Contest, intendant à Limoges,*
au Contrôleur général.

Du 10 Juin au 22 Juillet 1687.

Rapports sur l'état des élections de Saint-Jean-d'Angely, Angoulême, Limoges, Brives, Tulle et Bourganeuf.

La première de ces élections est réduite à la misère par le dépérissement de tous les commerces; celui des gros draps et des cuirs a été presque entièrement arrêté par le départ des religionnaires; celui des mulets et des chevaux, aussi bien que plusieurs autres, est entravé par la multiplicité des droits, et particulièrement par ceux de *Traite-Charente*, qui se lèvent dans le transit des parties du département qui appartiennent à l'Aunis et au Poitou.

L'élection d'Angoulême s'est rétablie à l'aide des diminutions accordées par le Roi; mais le commerce des vins et des eaux-de-vie ne pourrait se développer qu'en rendant la Charente navigable au-dessus d'Angoulême, en diminuant les détours de cette rivière par un canal, et enfin en égalisant les droits de traite sur la Charente et à Marans.

La fabrication du papier est menacée par les établissements que les réfugiés ont fondés en Angleterre. Le commerce des fers est ruiné par les nouveaux droits des fermes.

Dans l'élection de Limoges, le commerce des bestiaux gras a souffert de la concurrence de la Normandie, qui les fournit à meilleur compte; il y a, du reste, manque absolu de rivières navigables, et les chemins ne sont pas praticables*.

Observations sur la perception des tailles et sur la conduite des collecteurs et receveurs. Les translations de domicile, qui augmentent toujours, auraient moins d'inconvénients si l'on pouvait y opposer des taxes d'office, ou bien exiger une déclaration formelle de ceux qui auraient l'intention de changer de résidence et les forcer à exécuter cette intention.

* Voir les lettres écrites l'année précédente par le contrôleur général, le 21 mars, le 13 juin et le 7 novembre, et par l'intendant, le 8 novembre, sur la distribution des secours dans les élections de Limoges et de Saint-Jean-d'Angely.

---

417. *M. de Noinтel, intendant à Tours,*
au Contrôleur général.

11 et 27 Juin, 12 et 22 Juillet 1687.

Il envoie son rapport sur l'état des différentes élections du département.

L'usage de nommer un trop grand nombre de collecteurs est réformé presque partout; mais les nominations d'office sont une source d'abus, faute de peine prononcée contre les habitants retardataires.

En beaucoup d'endroits, la diversité des vaisseaux servant à mesurer donne lieu à des vexations des commis, et il serait utile d'en faire régler de nouveau la contenance, avec défense de fabriquer ou d'employer d'autres modèles.

Dans l'élection de Saumur, le commerce des vins est presque ruiné, et les marchands en donnent pour raison l'augmentation des droits sur la consommation de Paris et la cessation du commerce avec les Hollandais, qui tirent les eaux-de-vie à meilleur marché de la Bretagne.

«Comme la plus grande partie des paroisses de l'élection de Richelieu sont frontières de la province de Poitou, où la gabelle n'a point de cours, les particuliers se retirent dans les paroisses du Poitou et laissent ruiner leurs métairies qui sont en Anjou, dont ils font presque partout valoir les héritages, et, quand on les veut taxer pour le sel sous le nom d'exploiteurs, ils prétendent que lesdits héritages sont situés en Poitou, ce qui donne lieu à la plus grande partie des procès qui sont portés en l'élection. Il y a eu autrefois un procès-verbal fait par ordre de la Cour des aydes, pour régler les limites de Poitou et d'Anjou, mais on ne les régla que pour les métairies, et il paroistroit fort à propos, pour prévenir toutes sortes de contestations, de faire un nouveau procès-verbal desdites limites par rapport aux héritages.»

Dans le ressort du grenier à sel de Mayenne, la plupart des paroisses avaient été surchargées pour empêcher le faux-saunage; mais, par suite de la diminution des feux, cet impôt est devenu trop fort et nuit à la perception de la taille.

Dans les greniers de vente volontaire, les receveurs ont le tort d'augmenter le débit en multipliant les prêts, dont le recouvrement ne peut que produire beaucoup de frais.

En général, le recouvrement de tous les impôts se fait assez régulièrement, et l'état des récoltes promet une année abondante et heureuse.

---

418. *Le Contrôleur général aux Intendants.*

12 Juin 1687.

«Le Roy m'a commandé de vous donner avis de la résolution que S. M. a prise d'envoyer incessamment cinq de MM. les conseillers d'Estat, accompagnés d'autant de MM. les maistres des requestes, dans les généralités où les gabelles, aydes et droits y-joints ont cours, pour y prendre une connoissance la plus exacte et la plus particulière qu'il se pourra de la régie des fermes et des droits qui les composent. Le renouvellement des baux des fermes est le motif de cette résolution, le Roy ayant cru qu'il estoit important de prévenir les abus qui se commettent ordinairement dans les changemens de fermiers et de commis, tant au préjudice des fermes qu'à la foule des peuples, de faire commencer les nouveaux baux d'une manière qui pust remédier à une partie des inconvéniens que l'on a reconnus dans les précédens, d'empescher, autant qu'il se peut, les fraudes qui se commettent par les contribuables au préjudice des droits du Roy, et surtout de retrancher les frais et procédures dont S. M. a reçu beaucoup de plaintes, qui diminuent en mesme temps le produit des fermes et sont plus à charge aux contribuables que les droits mesmes. S. M. a estimé qu'il estoit important pour le bien de son service et pour faire exécuter ses bonnes intentions, d'avoir au plus tost la connoissance de ces faits particuliers et des circonstances, selon la différence des droits et des provinces, et ayant considéré l'étendue de vos fonctions nécessaires dans vostre département et la conjoncture présente de vos visites pour les tailles, elle a cru vous devoir dispenser de ce travail, renfermé uniquement dans ce qui regarde l'administration des fermes et qui désire une particulière attention, surtout le détail de la perception de ces droits. Mais S. M. est persuadée que le concert que vous aurez avec ces Messieurs qui se trouveront dans vostre généralité, les avis qu'elle désire que vous leur donniez, tant à l'égard des officiers et employés, que de la régie des fermes, suivant les connoissances que vous vous estes acquises par vostre application, et les conférences que vous aurez ensemble sur les meilleurs moyens et les plus convenables pour remédier aux abus et inconvéniens plus préjudiciables auxdits fermiers et aux sujets, contribueront beaucoup à produire tous les bons effets que le Roy s'est promis de cette commission.

«S. M. m'a particulièrement recommandé de vous marquer combien il est important que vous fassiez connoistre par tous vos discours que son intention n'est pas de rien changer dans la perception des droits, afin d'éviter tout ce qui pourroit mettre les peuples en quelque mouvement et les exciter contre les fermiers, sous-fermiers et employés. C'est pourquoy S. M. désire que vous donniez vos soins et que vous usiez de vostre prudence ordinaire en cette occasion.

«Je vous adresse les départemens de ces Messieurs, qui vous communiqueront leur instruction et toutes choses, lorsqu'ils seront arrivés dans vostre généralité. Vous me donnerez, s'il vous plaist, avis sur tout ce que vous estimerez utile pour l'exécution des ordres du Roy à cet égard, et vous m'informerez exactement de tout ce qui se passera, pour en rendre compte à S. M.»

---

419. *M. Foucault, intendant à Poitiers, au Contrôleur général.*

16 Juin 1687.

Il envoie son rapport sur l'état de la généralité, et demande, en raison des conclusions qui en ressortent, une réduction de l'imposition.

«Il résulte que les apparences de la récolte des grains sont très-belles, mais que l'abondance qu'elle produira mettra bien le peuple en estat de subsister, mais non pas de payer la taille, si les blés demeurent dans le royaume, les étrangers et particulièrement les Hollandois ayant cessé, depuis quelques années, de venir enlever nos blés comme ils avoient accoustumé de faire sur nos costes, où ils en ont apporté beaucoup l'année dernière, surtout à la Rochelle, la disette de 1685 ayant obligé de recourir à eux, ce qui a fait subsister le bas Poitou jusques au temps de la récolte de 1686. Mais, comme tous les grains de 1686 sont demeurés dans les greniers, il y aura disette d'argent dans la province, si les étrangers ne les viennent enlever. Pour cet effet, il sembleroit nécessaire de faire encore une nouvelle diminution des droits de sortie. Il en est de mesme des eaux-de-vie, dont le débit a esté entièrement et tout à coup interrompu par l'augmentation mise sur les droits de sortie*.»

* A une lettre du 12 novembre suivant est joint un autre rapport sur la répartition et le recouvrement des impôts, et à celle du 8 décembre, un état des restes dus à la ferme des aides.

420. *Le Contrôleur général à M. de Bezons, intendant à Bordeaux.*

19 Juin 1687.

«J'ay rendu compte au Roy du projet d'arrest que vous m'avez envoyé le 21 du mois passé, pour vous donner le pouvoir de travailler avec le sieur Baritault au renouvellement des cadastres dans quelques communautés de la jurisdiction d'Agen; mais je dois vous dire que, quand je suis entré au Conseil, j'y ay trouvé établi pour maxime de ne toucher en aucun cas aux cadastres, et quoyque, depuis ce temps, MM. les intendans des pays de taille réelle ayent souvent proposé ce que vous proposez aujourd'huy, S. M. a toujours persévéré dans le mesme sentiment, persuadée que les communautés ne peuvent estre exposées à aucun inconvénient aussy grand que ceux qui arriveroient si l'on entroit une fois dans le changement des cadastres*.»

* Voir la lettre de M. de Bezons, 21 mai, à laquelle sont joints les arrêts ou déclarations de 1668 et 1671, relatifs au renouvellement fait alors du cadastre de l'élection de Condom.

Défense fut faite également aux États de Languedoc et de Provence de demander le raffouagement. (Lettres à M. Morant et à M. de Grignan, 21 décembre 1686, 7 janvier 1688.)

421. *Le Contrôleur général à M. de Bouville, intendant à Alençon.*

19 Juin 1687.

«Le Roy approuve fort la proposition que vous faites de convoquer à Rouen une assemblée de MM. les trois intendans de Normandie pour conformer autant qu'il se pourra leurs mandemens et les usages de ces trois provinces sur le pied d'une jurisprudence uniforme, qui fasse cesser les inconvéniens que vous remarquez*.....»

* Voir, sur le même sujet, une lettre de M. de Bouville, du 22 octobre suivant, et les détails qu'il donne sur les inconvénients du dernier règlement émané du Conseil le 25 janvier, et de la jurisprudence contraire pratiquée par la Cour des aides de Rouen.

422. *M. Faultrier, intendant en Hainaut, au Contrôleur général.*

20 Juin 1687.

«Un marchand de mon département avoit onze livres de soye dans sa voiture, qui venoit de Bruxelles; il fut de bonne foy au premier bureau faire sa déclaration et payer pour les autres marchandises; le commis les arresta, prétendant que le Roy, par un arrest du Conseil, défendoit qu'on fist entrer des soyes dans le royaume que par les ports de mer qui sont désignés. Pour moy, je limitois cette défense pour les soyes crues en ballots, et celle-cy est soye torse pour coudre; le commis me soutint que cela estoit indéfini et ne compta pour rien ce que je luy représentay, que, s'il falloit aller du Hainaut à Marseille ou à Rouen pour ces sortes de marchandises, on ne coudroit plus icy le taffetas qu'avec du fil. Enfin, je me suis rendu, et j'ay confisqué la soye de ce marchand*. ...»

* Voir une lettre écrite, le 27 février 1688, par M. Mahieu, subdélégué à l'intendance de Luxembourg, au sujet des entraves apportées par les commis au commerce de cette contrée avec le pays de Liége et à l'introduction des draps allemands dans le comté de Schleyden, nouvellement réuni, où ces draps n'entraient que pour recevoir la façon et la préparation.

423. *M. de Bâville, intendant en Languedoc, au Contrôleur général.*

24 Juin 1687.

«Après avoir bien pensé au meilleur employ que l'on pourroit faire des 40,000 # restant des fonds envoyés par le Roy, il me semble qu'il n'y auroit rien de mieux à faire que de les destiner pour faire accommoder les chemins des Cévennes, qui sont presque inaccessibles en plusieurs endroits. Ce dessein sera utile au commerce, aux pauvres qui trouveront ce travail quand ils n'en auront point d'autre, et au service du Roy, estant très-important que l'on puisse aller en tout temps avec facilité dans ces montagnes, dont les habitans ont souvent fait de folles entreprises, croyant que l'on ne pourroit aller à eux. Cela est d'autant plus nécessaire qu'il faut une communication libre et aysée pour les forts que l'on construit; on ne peut maintenant aller de l'un à l'autre qu'avec peine et par des chemins fort étroits*.....

«La moisson s'avance fort; elle sera très-bonne cette année. Il y a beaucoup de blé, et cette abondance est également partout. Il y a eu aussy une grande quantité de soyes, dont le commerce paroissoit, il y a un an, en mauvais estat; les vignes sont très-belles et les oliviers aussy. Je crois que cette année pourra estre comptée au rang des meilleures.»

* Voir le détail des travaux, aux dates du 25 novembre et du 13 février suivants. Au mois de septembre de cette année (1688), M. de Bâville obtint de nouveaux fonds pour faire trois autres routes, de Saint-Hippolyte à la Salle, de la Salle à Saint-Romans et de Sumène au Vigan. (Lettre du 17 septembre et réponse du 8 octobre.)

424. *Le Contrôleur général à M. de Sève, premier président du Parlement de Metz.*

25 Juin 1687.

«J'ay rendu compte au Roy, ces jours-cy, d'un placet des officiers du Parlement de Metz, qui demandent d'estre dispensés à l'avenir de la consignation. S. M. ne s'estoit déterminée à ce qu'elle a fait sur cela que parce qu'elle a vu que quelques charges s'estoient vendues au delà de la fixation et que le prix en augmentoit beaucoup tous les jours. Mais, comme, par ce placet, on expose, au contraire, que les charges ne se vendent présentement que sur un pied bien moindre que celuy de la fixation, que mesme il y en a plusieurs qui demeurent à vendre depuis que l'usage de consigner est établi, S. M. m'a ordonné de vous en écrire, afin que vous l'informiez de la vérité de ces faits, parce que, en ce cas, elle se résoudroit aysément à oster la fixation et à laisser la mesme liberté que par le passé, de traiter de ces charges sans consigner. Mais vous observerez, s'il vous plaist, de bien prendre garde si les ventes que l'on prétend avoir esté faites de ces charges sur un pied si modique sont bien sérieuses et s'il n'y a point quelque composition particulière qui en augmente le prix considérablement. Et, comme en cecy le Roy ne regarde que le plus grand bien de la justice, vous pouvez me mander vostre sentiment sur tout ce que vous estimez qui puisse déterminer à laisser subsister l'usage de la consignation ou à l'oster.»

425. *Le Contrôleur général à M. Bouchu, intendant en Dauphiné.*

25 Juin 1687.

Le Roi, averti de la rencontre arrivée entre les gardes de la douane de Valence et les soldats de la garnison de Montélimar qui faisaient la contrebande du tabac, a trouvé bon de ne pas sévir davantage contre les soldats et d'accorder, d'autre part, aux brigadiers et gardes des gabelles des lettres de rémission lorsqu'ils en demanderont. M. de Louvois s'est du reste chargé de réprimer la contrebande pratiquée par les troupes*.

* Voir les rapports de l'intendant (18 mai et 4 juin).

426. *M. Faultrier, intendant en Hainaut, au Contrôleur général.*

25 Juin 1687.

«Le 22 du mois de may dernier, le village de Wignehies, de la terre d'Avesnes, fut tout bruslé, l'église mesme, et les espèces qui estoient dans le tabernacle. Le fermier du domaine ne laisse pas de demander la taille des bestiaux aux malheureux paysans, qui les ont presque tous perdus. Je sais bien que le fermier ne doit pas souffrir de cette disgrâce, mais j'ay cru que je devois au moins suspendre les contraintes jusqu'à ce que je vous en eusse rendu compte. Ces pauvres gens font pitié; il faut qu'ils courent dans les autres villages, où ils ne trouveront pas de quoy réparer leurs maisons. Que si le Roy avoit la bonté de leur accorder une remise de ce qu'ils payent à son domaine pendant deux ou trois ans, cela contribueroit beaucoup à les consoler; au moins, quoyqu'ils eussent leurs bestiaux la veille de cet incendie, qui estoit le terme du payement de la taille, je voudrois qu'il me fust permis de vous demander que, les ayant perdus depuis, ils n'eussent pas ce second mal à souffrir, de la payer. Je sais que vous aymez qu'on vous avertisse de pareilles occasions, pour solliciter la bonté et la tendresse paternelle du Roy pour ses sujets*.»

* Voir un placet semblable de l'intendant d'Amiens (16 mai 1686), en faveur d'une paroisse incendiée, et une lettre du contrôleur général à M. de Bagnols, intendant en Flandre, du 25 juillet de la même année, par laquelle il annonce une décharge de tout ou partie de la quote-part des incendiés dans l'imposition de l'aide, mais à la charge ordinaire de rebâtir leurs maisons.

427. *Le Contrôleur général à M. de Bâville, intendant en Languedoc.*

30 Juin 1687.

«Le syndic de la province de Languedoc a donné, ces jours-cy, un mémoire par lequel il propose d'augmenter les droits d'entrée sur la bacile d'Espagne et sur les cendres venant du Levant qui servent à la confection du savon, et cela parce que le débit de ces denrées fait tort à celuy du salicot qui se cultive en Languedoc. L'on conçoit aysément quel est en cela l'intérest de la province de Languedoc; mais, comme il faut aller au bien général du commerce, il est important, pour se pouvoir déterminer sur cette proposition, de savoir si le Languedoc peut produire une aussy grande quantité de salicots qu'il seroit nécessaire pour la confection des savons qui se fabriquent en France et dont le débit augmente tous les jours considérablement. Car vous jugez aysément que, si le Languedoc ne peut, comme on le croit, fournir que fort peu de salicots, non-seulement il ne faut pas charger de nouveaux droits la bacile d'Espagne et les cendres du Levant, mais mesme il en faut favoriser l'introduction dans le royaume pour maintenir les savonneries de Provence et de Rouen, lesquelles, outre qu'elles servent à la consommation des huiles de Provence, donnent encore lieu à un commerce fort étendu et à l'employ des navires françois pour le transport des huiles étrangères en France. C'est ce que je vous prie d'examiner et de faire sur cela les réflexions nécessaires avec les principaux négocians du pays*.»

* M. de Bâville répond, le 18 juillet, que le salicot de Languedoc ne fournit pas la cinquantième partie de ce qui s'emploie dans les savonneries du royaume, et que l'augmentation demandée par le syndic serait très-préjudiciable à ce commerce.

428. *M. de Bouville, intendant à Alençon, au Contrôleur général.*

30 Juin 1687.

Les officiers de l'élection d'Alençon accusent le receveur du grenier à sel de donner certaines facilités aux pauvres gens les jours de grande livraison, et les commis du même grenier de mêler du faux sel au sel des gabelles; ils ont même fait lancer contre ces derniers un monitoire, dont copie est jointe.

429. *M. de la Fond, intendant en Franche-Comté.*
au Contrôleur général.

6 Juillet, 1er Août et 5 Septembre 1687.

Mémoires sur le curage et la réparation des sauneries de Salins et sur les causes de leurs alternatives d'abondance ou de stérilité. Le mesurage des eaux donne lieu de croire qu'il serait possible et même avantageux de reprendre l'exploitation sans faire d'autres travaux.

430. *Le Contrôleur général*
à M. Lebret, intendant en Provence.

10 Juillet 1687.

Le Roi, en rendant son arrêt du 26 février 1685, n'a eu d'autre intention que de donner au munitionnaire de la marine la faculté de vendre les vivres de retour, que les fermiers lui contestaient. Mais il faut chercher les expédients les plus convenables pour que cette faculté ne dégénère point en abus, tels que d'observer si les munitionnaires ne chargent point sur les vaisseaux plus de vivres qu'il ne leur est ordonné, dans la vue de les débiter avantageusement à leur retour, ou bien de faire faire une déclaration, au retour des navires, de la quantité de vivres qu'ils rapportent, afin que le munitionnaire n'en puisse débiter davantage*.

* Voir, à la date du 27 juin précédent, la lettre de M. Lebret et les pièces relatives aux plaintes portées par les fermiers des gabelles.

431. *M. de Bâville, intendant en Languedoc.*
au Contrôleur général.

11 Juillet, 26 Septembre et 9 Décembre 1687.

Le Parlement de Toulouse ayant condamné à mort plusieurs juifs de cette ville et confisqué leurs biens, leurs créanciers avaient obtenu la répartition de ces biens; mais, sur la plainte du fermier du domaine, à qui revient un tiers de la confiscation, il a été prouvé que plusieurs créances étaient supposées et qu'il y avait eu, en outre, du fait des créanciers, des détournements considérables d'effets et de marchandises. Une procédure de ce genre, dans laquelle des magistrats, des gentilshommes et surtout quelques-uns des principaux négociants de Bordeaux se trouveraient impliqués, serait fort difficile, entraînerait de grands frais, et, dans les conjonctures présentes, elle amènerait une dangereuse interruption du commerce; il semble donc prudent de se prêter à l'accommodement que les parties intéressées ont proposé au fermier, et pour lequel celui-ci n'attend que l'autorisation du Roi.

432. *Les Officiers de la Chambre des comptes de Dôle*
au Contrôleur général.

11 Juillet 1687.

Le premier substitut du Parlement de Besançon, ayant acquis des biens féodaux, demande à présenter son dénombrement et à le faire enregistrer; il ne justifie ni de sa noblesse, ni d'une permission spéciale, mais prétend jouir des mêmes immunités que les avocats et procureurs généraux du Roi. Suivant la règle ordinaire, il eût dû obtenir l'autorisation royale, et, dans ce cas, la Chambre lui eût fait payer une taxe*.

* Il se payait aussi une taxe pour l'enregistrement des lettres de noblesse, mais le montant n'en était pas fixe et variait suivant les facultés des anoblis; quand ils étaient riches ou aisés, le Roi ne voulait point leur en faire remise. (Lettre à M. de Bérulle, 26 décembre 1688.)

433. *Le Contrôleur général*
à M. de Bâville, intendant en Languedoc.

14 Juillet 1687.

«J'ay rendu compte au Roy du mémoire que vous m'avez envoyé et de l'arrest que vous proposez concernant les offices comptables de Languedoc. Les réflexions qui ont esté faites sur cela en présence de S. M. sont qu'il pourroit y avoir beaucoup d'inconvéniens à obliger tous les propriétaires de ces sortes d'offices de les exercer eux-mesmes, car tel a les talens et les connoissances nécessaires pour les exercer, qui n'a pas le moyen de les acquérir, et tel, au contraire, qui a le moyen de les acquérir, a souvent des raisons particulières pour ne les pouvoir exercer; et l'on a trouvé qu'en cela le Roy ne souffroit aucun préjudice, parce que le titulaire d'un office est celuy auquel on peut toujours s'adresser pour faire compter et que le fonds de la charge répond de son maniement. A l'égard des droits casuels, ils sont aussy toujours également acquis au Roy par les mutations qui arrivent en la personne des titulaires, soit qu'ils soient les véritables propriétaires, ou non. Pour ce qui est des cas dans lesquels il s'agit de faire exercer les offices comptables par de simples commissionnaires, vous voyez que l'on a osté aux trésoriers de France la liberté de donner de ces sortes de commissions, et qu'elles doivent présentement se prendre directement du Roy et du Conseil, qui ne les accorde qu'en connoissance du mérite et de la capacité des sujets qui se présentent, outre que les Chambres des comptes, en recevant ces commissionnaires, prennent toujours la précaution de faire donner des cautions pour la sûreté du maniement. Ce sont là les considérations qui ont donné lieu à la liberté qu'il y a toujours eu jusqu'à présent d'acquérir des offices comptables pour les faire exercer par un autre, et qui font juger qu'il pourroit estre préjudiciable au Roy de ne pas continuer cet usage, si ce n'est lorsqu'il se trouve des raisons particulières, comme d'incompatibilité de plusieurs offices, ou autres oppositions personnelles de la part, tant des propriétaires, que de ceux que l'on présente pour estre titulaires ou commissionnaires*.... »

* Voir, dans la correspondance de 1688, diverses lettres de M. de

Bâville, entre autres, celles des 2 et 6 juin et du 11 juillet, relatives à des incompatibilités d'offices des tailles, et un rapport du 3 décembre, sur les résolutions prises à ce sujet par les États. — Le 30 novembre 1687, M. de Bérulle (Lyon) fut chargé d'avertir le sieur Noël, qui était à la fois intéressé dans la sous-ferme des aides et receveur des tailles, que le Roi tolérait avec peine ce cumul, et, à la première plainte, forcerait ce receveur à opter entre les deux emplois.

434. *M.* Arnoul, *intendant à la Rochelle,*
au Contrôleur général.

15 Juillet 1687.

Mémoire sur l'origine des *secondes rentes* qui se payent à Rochefort.

Lorsque l'on résolut de faire murer cette ville, en 1669, on réunit au domaine tous les lieux qui en dépendaient, moyennant remboursement aux engagistes, et ensuite on les aliéna, à charge de bâtir et sous une redevance de 100 deniers par arpent. Mais, les concessionnaires ayant en partie revendu les terrains moyennant de grosses charges et une seconde redevance ou rente, cette dernière stipulation fut cassée plus tard, à la requête des acquéreurs. Il ne faut pas confondre ce cas avec celui de terrains qui n'ont jamais appartenu au domaine et qui ont été pareillement aliénés par des particuliers moyennant de secondes rentes.

435. Le Contrôleur général
à M. de Saint-Contest, *intendant à Limoges.*

17 Juillet 1687.

« . . . . . Vous pouvez essayer dans quelques élections si des taxes d'office, comme vous proposez d'en faire, diminueroient le nombre des translations de domicile; mais aussy il faut bien prendre garde si ce n'est point l'inégalité des impositions qui les rend si fréquentes, et si celuy qui transfère son domicile n'est point en effet surtaxé.

« Pour ce qui est de la nécessité de changer de domicile, que vous voudriez imposer à ceux qui en auront fait une fois leur déclaration, il paroist que cette contrainte pourroit avoir ses inconvéniens, et cela mérite quelque réflexion.

« Vous ne sauriez prévenir plus sûrement les abus des huissiers sur les frais de recouvrement qu'en les obligeant à en faire arrester des estats au moins tous les trois mois par les élus, conformément aux anciens règlemens . . . . »

436. Le Contrôleur général
à M. de Miroménil, *intendant en Champagne.*

17 Juillet 1687.

Liquidation des dettes des communautés.

« Il paroist difficile de pouvoir rien ajouter aux précautions que la déclaration du mois d'avril 1683 contient, pour empescher que les communautés n'entreprennent des procès et ne fassent des députations légèrement. Vous pouvez, de vostre costé, lorsque vous estes averti que quelque communauté contrevient aux dispositions de cette déclaration, faire ce que vous jugez à propos pour l'empescher, et, quand vous en arrestez les comptes, y rayer absolument les dépenses employées pour ces sortes de députations faites sans les formalités requises, mesme obliger les députés à rapporter ce qu'ils ont touché, pour les empescher de se charger une autre fois de semblables députations*. »

* Voir les lettres de M. de Miroménil, 10 et 12 juillet. — L'année précédente, 27 juin et 20 septembre, le contrôleur général avait notifié, de la part du Roi, à cet intendant, qu'il devait soigneusement éviter les procès pour les communautés, mais que, dans le cas où leurs droits seraient évidents et où elles manqueraient d'argent pour s'y faire maintenir, l'intendant devait prendre l'affaire en main propre et faire en sorte d'éviter les frais.

437. *M. de la* Fond, *intendant en Franche-Comté,*
au Contrôleur général.

18 Juillet 1687.

Il propose un règlement particulier pour l'administration des Eaux et Forêts dans son département.

Les règles de l'ordonnance de 1669 ne sont nullement applicables aux bois dont les produits alimentent les saunerics; les coupes en doivent rester, comme par le passé, à la discrétion des officiers des salines. Pour les autres bois de la province, les formalités nouvelles ne sauraient être introduites qu'avec beaucoup de ménagements pour les particuliers ou les communautés; ainsi, les bois de sapins, comme ceux des sauneries, ne peuvent se mettre en coupe aux temps fixés par l'ordonnance.

Le produit en coupe réglée, loin d'être de deux mille trois cent quatre-vingt-dix-huit arpents, comme il a été dit, ne monterait de longtemps qu'à une trentaine, dont le prix commun est de 4 ou 5 ₶ chacun. Il ne pourrait donc fournir à l'entretien d'un grand maître et de ses officiers; mais il suffirait d'établir une Table de marbre, dont le lieutenant général ferait les fonctions de grand maître, et qui dirigerait les officiers des grueries et jugerait leurs appels, avec recours en dernier ressort au Parlement.

L'établissement des maîtrises particulières n'est pas nécessaire avant trente ans. Les forestiers continueront à être nommés et payés par les communautés, sauf à rendre celles-ci responsables de leurs malversations.

Les amendes serviront à payer les gages des officiers de la Table de marbre*.

* Précédemment, le 29 décembre 1684, M. de la Fond avait proposé de ne point créer de juges spéciaux pour les eaux et forêts, mais de confier la juridiction à la Chambre des comptes et, par appel, au Parlement.

438. *M. Arnoul, intendant à la Rochelle, au Contrôleur général.*

19 Juillet 1687.

Projet d'ordonnance pour l'entretien des chemins.

«Ordonnons..... que, dans les chemins du pays d'Aunis conduisant de ville en ville, il sera laissé une largeur de quarante-cinq pieds, et que, dans les chemins qui mènent des bourgs et villages aux villes, principalement à deux lieues autour de la Rochelle, lesdits chemins auront trente pieds de large, sans que, pour les largeurs cy-dessus désignées, il soit permis de rétrécir ceux desdits chemins qui se trouveront en avoir davantage; à l'effet de quoy, que, dans quinzaine du jour de la publication de nostre présente ordonnance, les propriétaires des terres riverains desdits chemins, laboureurs, vignerons et autres, seront tenus de se retirer chacun en droit soy, pour laisser auxdits chemins lesdites largeurs de quarante-cinq pieds pour les grands chemins et trente pieds pour ceux de traverse. Ce faisant, ordonnons que toutes hayes, ronces, épines et arbres qui se trouveront dans lesdits espaces seront arrachés et coupés, les carrières et fossés comblés; faisons défense à toutes personnes, de quelque qualité et condition qu'elles soient, de planter aucunes hayes, sinon à six pieds près du bord desdits chemins; ordonnons à tous propriétaires, laboureurs et vignerons d'aplanir toutes les élévations qui seront au-devant de leurs terres et vignes et de remplir les grands trous et précipices qu'ils ont faits pour tirer de la pierre; leur enjoignons de faire, au long de leursdites terres et hors desdits chemins, de petits fossés ayant talus tant à l'intérieur qu'à l'extérieur, pour faciliter l'écoulement des eaux, qu'ils relèveront, recalleront et nettoyeront tous les ans au mois de novembre, et jetteront les décombres du costé de leurs terres pour en relever les bords, et non sur lesdits chemins; porteront les chirons qui proviendront du nettoyement de leursdits héritages aux endroits des chemins où il y aura quelque affaissement aux ornières, où ils les étendront sans y laisser aucune élévation; le tout à peine d'y estre pourvu à leurs dépens, à la diligence du sieur Buisson, et seront, en outre, condamnés à payer en forme d'amende 5 ᵗᵗ par toyse de chemin qu'ils auront manqué de réparer en la manière susdite, pour estre lesdites amendes employées à planter des ormes femelles de quarante-huit en quarante-huit pieds, si mieux n'ayment les faire venir et planter eux-mesmes le long de leursdites terres, à la distance susdite desdits chemins, pour servir de bornes, auquel cas la dépouille desdits arbres leur appartiendra, à condition qu'ils auront soin de les entretenir, sans les pouvoir couper, et, en cas qu'ils vinssent à mourir ou à estre abattus, lesdits propriétaires seront tenus, à leurs frais, d'en replanter d'autres*..... »

* Le Roi approuva ce projet; mais cependant, de crainte que les subdélégués ou autres juges n'abusassent de quelques-unes des dispositions, comme il était déjà arrivé en d'autres pays, l'ordonnance, au lieu de servir de règlement général, dut être restreinte à des faits particuliers et spécialement motivés. (Lettre du contrôleur général, 26 juillet.)

Voir, au 6 août 1686, un état des travaux exécutés ou à exécuter dans ce pays, sur les routes de Paris, de Rochefort et de Bordeaux.

439. *Le Contrôleur général aux Commissaires du Conseil envoyés dans les pays d'aides et de gabelles.*

22 Juillet 1687.

«Le Roy a attendu que vous fussiez dans vos départemens et que les fermiers et sous-fermiers fussent à vostre suite, pour vous faire savoir ses intentions sur le sujet des recouvremens qui se font présentement, tant pour les droits d'aydes que de gabelles.

«Comme, à l'égard des gabelles, le recouvrement consiste dans les restes qui sont dus du sel d'impost et des prests, le Roy m'a commandé de vous faire remarquer que, dans les mois de juillet et d'aoust, l'usage a établi que l'on ne fist ni poursuites ni exécutions sur les contribuables de la campagne pour raison des recouvremens, non plus que pour les tailles. Il est important que tous les directeurs et commis sachent que vous avez les yeux ouverts sur eux pour connoistre s'ils contreviendront à cet usage, et que les juges sachent que le Roy veut qu'il soit exécuté. Il n'est point nécessaire pour cela ni d'ordonnances ni d'actes publics, qui pourroient faire croire aux peuples qu'on leur veut faire des remises de ce qu'ils doivent, ce qui seroit d'une très-dangereuse conséquence.

«J'ay ordonné aux fermiers généraux du bail de Fauconnet de me fournir incessamment des estats certifiés pour chacun grenier de tous les restes dus au dernier juin, tant pour les sels d'impost que prestés, et de distinguer précisément ce qui est dû à l'égard des sels d'impost pour le quartier échu, suivant l'ordre des gabelles, d'avec les anciens quartiers et restes des années précédentes; et, à l'égard des sels prestés, de bien distinguer aussy ce qui est dû à l'échéance des dernières obligations passées par les contribuables, d'avec les anciens prests et vieilles obligations, s'il y en a. Il est nécessaire aussy que vous vous appliquiez, de vostre costé, à bien connoistre ces distinctions et à les établir, pour vérifier la vérité des estats que les fermiers généraux me donneront et que je vous envoyeray. Faites agir pour cet effet les fermiers généraux qui sont auprès de vous, et mettez en œuvre les meilleurs employés des gabelles, le Roy désirant, sur vos avis, prescrire à Fauconnet les différentes manières dont S. M. entend qu'on fasse ces différens recouvremens.

«Pour ce qui regarde le recouvrement des droits d'aydes, il n'y a pas le mesme usage pendant les mois de juillet et d'aoust; mais il n'est pas moins important de veiller en cette saison à la conduite des sous-fermiers des aydes et de leurs commis, qui pourroient vexer les peuples par des saisies et des procédures faites hors de temps.

«A cet égard, les distinctions que le Roy m'a commandé de vous faire remarquer tombent sur les droits d'aydes, qui doivent toujours estre payés comptant, sur ceux qui se payent à l'échéance des tierces, sur ceux qui se payent en certaines saisons de l'année ou lors des récollemens des inventaires, et sur ceux pour lesquels l'usage a établi que les fermiers font crédit aux vendant vin ou autres redevables. Bien entendu pourtant que tous ces payemens doivent estre exigés et faits dans le cours et la révolution d'une année ou de dix-huit mois au plus. Sur ce fondement, vous jugez combien il est nécessaire de bien connoistre les droits d'aydes que les sous-fermiers et leurs commis ont laissé accumuler d'anciennes années, soit par négligence, soit par une mauvaise pratique, d'avec ceux qui leur sont dus dans l'ordre d'une bonne et ordinaire régie. Il faut encore distinguer les droits pour lesquels il y a eu des demandes faites en justice et contestées, d'avec ceux que l'on demande présentement, quoyque dus pour des années précédentes, ou à l'égard desquels on ne rapporteroit que de simples exploits contrôlés, dont les sous-fermiers, qui pour la plupart ont le contrôle, pourroient aysément abuser.

«Ces principes posés, le Roy désire que vous preniez une connoissance exacte, par les sous-fermiers et par leurs commis, des recouvremens qu'ils font et qu'ils prétendent faire de tous ces différens droits d'aydes; que, selon ces distinctions, vous y pourvoyiez par provision, selon vostre prudence et par les voyes que vous connoistrez les meilleures pour faire le bien et pour éviter les inconvéniens, et que vous me donniez vos avis sur ce que vous croirez de meilleur à faire, pour en rendre compte au Roy.

«Je n'entre point dans le particulier de ces droits, que vous connoistrez mieux estant sur les lieux. Il est certain que tout ce qui regarde les différens droits d'entrée et du gros se paye comptant, que le détail se paye par les vendant vin, suivant les tierces, que le droit annuel se paye communément au mois de février et que le gros manquant des inventaires ne peut estre établi que par les récollemens.

«Il reste sur les droits d'aydes un ordre important que le Roy m'a commandé de vous expliquer. S. M. entend que, quand les sous-fermiers n'ont point fait de demandes ni de recouvremens de certains droits pendant les quatre ou cinq premières années de leur bail, soit parce que le droit paroissoit douteux, soit pour se rendre plus favorables ceux qui les devoient, ils ne puissent plus, dans cette dernière année, délivrer aucunes contraintes, ni en faire aucunes demandes, sous prétexte d'exécuter ou d'interpréter l'ordonnance et les arrests.

«Comme vous estes sur les lieux, que vous avez les fermiers généraux et leurs directeurs, les sous-fermiers et leurs commis auprès de vous, le Roy est persuadé que vous estes en estat de connoistre plus sûrement et plus exactement ce qui peut estre fait pour le bien de ses fermes et pour le soulagement de ses sujets, tant dans les conjonctures présentes, que pour établir un bon ordre à l'avenir et faciliter l'exécution des intentions favorables de S. M. par les voyes les plus sûres et les plus convenables.»

---

440. *Le Contrôleur général à M. de Nointel, intendant à Tours.*

24 Juillet 1687.

«..... Le dernier arrest qui a esté rendu sur la nomination d'office des collecteurs ne prononce pas d'amendes contre les habitans, faute d'avoir nommé des collecteurs dans le temps, parce que l'on a reconnu que ces amendes donnoient lieu à une infinité de frais. Cependant, comme il n'a point esté positivement dérogé à ce qui a esté ordonné à cet égard par le règlement de 1673, on pourroit toujours se servir de cette voye pour exciter les habitans, et les punir lorsque l'on reconnoistroit évidemment qu'ils affectent de ne point nommer des collecteurs*.»

* Sur le même sujet, voir une lettre à M. de Miroménil (Champagne), 18 juin 1688.

---

441. *Le Contrôleur général à M. Foucault, intendant à Poitiers.*

24 Juillet 1687.

Le Roi décharge de tous droits l'exportation des blés*.

«Pour ce qui est des eaux-de-vie, dont vous marquez que le commerce qui s'en faisoit dans les pays étrangers diminue, je ne vois pas d'où cela peut provenir, vu que la nouvelle augmentation de droits qui a esté faite ne tombe que sur la consommation qui se fait dans le royaume, et que les droits de sortie sont diminués.»

* L'arrêt avait été rendu le 15 du même mois pour les provinces de Poitou, Touraine, Anjou, Orléanais, Normandie, Picardie, Soissonnais, Champagne, Bourgogne, Bourbonnais, Berry et Auvergne, et la décharge étendue jusqu'au 1er mars suivant. (Circulaire du 2 août.)

---

442. *M. Lebret, intendant en Provence, au Contrôleur général.*

28 Juillet 1687.

«J'ay connu, par les deux déclarations qui m'ont esté envoyées depuis huit à dix mois, que le Roy veut faire cesser la mendicité par toutes les terres de son obéissance, et, comme il est très-difficile de parvenir à l'entière exécution de ce dessein, digne de la grandeur et de la piété de S. M., sans établir des hospitaux généraux dans la plupart des villes du royaume, j'ay cru que celle de Marseille, qui augmente tous les jours en édifices et en habitans et qui, en peu d'années, sera sans doute au nombre des plus belles et des plus considérables du royaume, si on s'applique toujours à l'augmentation de son commerce, devoit travailler comme les autres à un établissement de cette qualité, et la proposition que j'en ay faite a esté si bien reçue que, dans l'assemblée convoquée depuis dix à douze jours à cet effet et composée des échevins et autres plus notables habitans, on a résolu de prendre jusqu'à 20,000 # sur les revenus publics, pour estre incessamment employées aux bastimens absolument nécessaires pour commencer cet établissement. Et, quoyque je sache que la ville est présentement en estat de faire cette charité à ses pauvres, je n'ay pas cru qu'une résolution de cette qualité, qui n'a esté prise dans l'assemblée des notables que sous le bon plaisir de S. M., dust estre exécutée qu'elle n'en eust une entière connoissance et qu'elle ne l'eust approuvée. Ce que je ne dois pas omettre est que le Père Dunau, jésuite, qui a déjà travaillé avec succès à l'établissement de plusieurs hospitaux généraux dans la Normandie et ailleurs, et qui veut bien se charger du détail de celuy-cy, assure que cette somme de 20,000 #, jointe aux 8,000 # que les pauvres de la ville ont déjà de revenu fixe et certain par chacun an et aux charités journalières des particuliers, qui deviendront abondantes lorsque la mendicité aura entièrement cessé dans la ville, sera suffisante pour l'accomplissement de cette entreprise*.»

* La proposition fut approuvée et encouragée par le Roi. (Lettre du 10 septembre.)

Voir, à la date des 12 mars et 22 décembre de la même année, les mémoires envoyés par M. de Bouville sur la nécessité d'établir des hôpitaux généraux dans les principales villes du département d'Alençon et d'affecter à leur entretien les octrois ou même les revenus communaux. Ces établissements, suivant M. de Bouville, devaient recevoir non-seulement les pauvres, mais aussi les fils des nouveaux convertis, de même que les couvents ou les maisons de nouvelles catholiques recevaient leurs filles.

443. *M. de Ménars, intendant à Paris,*
au Contrôleur général.

29 Juillet 1687.

Il envoie un procès-verbal constatant qu'un commis des aides de l'élection de Meaux a taxé indûment un vigneron pour n'avoir pas déclaré au bureau la donation que son beau-père lui avait faite d'un demi-quartier de vignes.

«Je ne doute pas qu'en approfondissant la conduite de ce commis, on ne trouvast plusieurs autres exactions; mais je crois qu'on ne peut avoir trop de prudence et de circonspection lorsqu'il s'agit de connoistre et d'approfondir ces abus, et que l'éclat, en pareilles occasions, pourroit nuire aux droits du Roy. Cependant, il ne faut pas laisser les crimes impunis, ni les sujets de S. M. sans aucun secours, lorsqu'on les force de payer des droits qu'ils ne doivent pas. J'en fais toute mon étude, et c'est ce qui m'a empesché, dans cette occasion, d'envoyer ce commis en prison; je luy ay fait rendre les 33 ^tt^ qu'il avoit exigées, et je luy ay fait en particulier une si sévère réprimande qu'elle pourroit tenir lieu de peine*.»

* Voir un mémoire de M. Arnoul (la Rochelle, 28 septembre) sur les rigueurs et les exactions renouvelées à chaque visite annuelle par les fermiers généraux et sur les inconvénients d'une semblable régie pour les négociants et pour le commerce en général.

444. *M. de Saint-Contest, intendant à Limoges,*
au Contrôleur général.

2 Août 1687.

Rapport général sur les réformes à faire dans la perception des tailles.

La qualité de collecteur est fort briguée en raison des avantages indirects qu'elle procure, et, dans les grandes communautés, cette fonction ne sort pas des mains des coqs de paroisse, qui s'entendent pour se donner tour à tour leurs suffrages. Il faudrait régulariser la permission accordée par le règlement de 1673, d'établir des *échelles* ou *classes*, suivant lesquelles chaque habitant serait nommé à son tour, trois dans les paroisses au-dessus de 1,500 ^tt^ et deux dans les autres. Cette mesure empêcherait la multiplicité des collecteurs et des procès en confirmation ou en décharge de collecte*.

D'autre part, les collecteurs seraient tenus, sous des peines sévères, de faire vérifier sans aucun retard leurs rôles. Pour éviter qu'ils ne se diminuassent eux-mêmes ou les leurs, ils donneraient un état séparé de leurs impositions. Ils seraient rigoureusement punis si, outre les 6 deniers alloués pour leurs frais, ils faisaient payer aux contribuables une somme plus forte.

Quant aux frais faits par les receveurs aux collecteurs, ils viennent le plus souvent du calcul de ces derniers, qui se mettent en retard pour avoir occasion de se rembourser aux dépens de leurs communautés**.

* M. de Marillac, intendant à Rouen, avait précédemment, dès le 10 octobre 1685, proposé l'établissement des échelles pour obvier à la connivence des échevins avec les principaux habitants.

** Dans son rapport de l'année 1688, 8 août, M. de Saint-Contest revient sur les mêmes abus, et, en outre, fait connaître que souvent les contribuables profitent de ce que les collecteurs ne savent pas lire pour écrire eux-mêmes leurs quittances et en grossir le montant, et qu'il serait bon par conséquent d'exiger, au moins dans les grosses paroisses, que le collecteur chargé du rôle sût lire.

445. *Le Contrôleur général*
aux Intendants des provinces où ne vont point les commissaires du Conseil.

3 Août 1687.

«Le Roy m'a commandé de vous écrire qu'il désire que, outre l'application que vous avez sans doute donnée jusqu'icy à bien connoistre la conduite et les qualités des directeurs et principaux employés à la perception des droits de ferme de vostre département, mesme des sous-fermiers, vous fassiez encore des diligences particulières pour estre sûrement et solidement instruit de la manière dont ils font leur régie de leurs fermes, tant par relation à l'intérest des fermiers, que par rapport aux intérests des peuples et des contribuables, observant néanmoins de ne laisser prendre à ceux-cy aucune impression d'un changement dans la perception des droits du Roy, ce qui pourroit les mettre en mouvement et les exciter contre les fermiers, sous-fermiers et leurs commis. Vous ne manquerez pas de faire vos réflexions et vos remarques, tant sur les bureaux des cinq grosses fermes, qui sont d'une grande conséquence, que sur tout ce qui compose les droits du Roy ou qui y a quelque rapport. Vous jugez bien qu'il n'est pas indifférent de savoir par quelles recommandations et par quels intérests les employs ont esté donnés, quelle relation les employés ont avec les fermiers, quel commerce et quelles affaires ils font outre l'employ des fermes. Cet article a esté l'un des plus exprès des instructions de MM. les commissaires du Conseil que le Roy a envoyés dans les provinces de gabelles et d'aydes, et S. M. a réservé en ce temps à vous demander les mesmes éclaircissemens pour vostre département, qu'elle attend au retour de Messieurs du Conseil, dans le mois de septembre. C'est dans tout ce mois que le Roy désire que vous m'envoyiez vostre réponse et vos mémoires sur cela, pour en rendre compte à S. M. Vous pouvez vous assurer du secret et de toute la réserve nécessaire à vostre égard, comme S. M. est bien persuadée que vous satisferez en cela à ses ordres et que vous répondrez à ses intentions avec toute la prudence et la discrétion que vous jugez convenables en telle occasion.»

---

446. *M. Lebret, intendant en Provence,*
au Contrôleur général.

6 Août 1687.

Il annonce que le droit de *directe universelle* a été adjugé en dernier ressort au Roi sur tous les fonds de terre, maisons ou héritages situés dans l'étendue des comtés de Provence et de Forcalquier, dont les possesseurs ne justifieraient d'aucun privilége particulier. Les procureurs du pays ont prétendu que ce jugement serait la ruine de la province; mais il suffira de rembourser les communautés ou les particuliers qui avaient, conformément à l'ancienne déclaration, payé le dixième denier pour jouir allodialement de leurs biens.

---

447. *M. d'Argouges, intendant à Moulins,*
au Contrôleur général.

6 Août 1687.

«Plusieurs curés et habitans me sollicitent avec beaucoup d'empressement sur le rétablissement de leurs églises et presbytères; il y en a qui consentent des impositions sur eux, d'autres qui offrent d'en payer une partie, et d'autres qui ne sont point en estat de rien contribuer..... Il y a des paroisses où les propriétaires fonciers ne demandent pas mieux que de payer pour faire rétablir la nef de leurs églises, et, consentant des impositions sur eux selon les revenus des biens qu'ils ont en chaque paroisse, il y auroit lieu de leur accorder ce qu'ils demandent et de mettre les levées en plusieurs années, afin qu'ils s'en aperçussent moins*.»

* Le contrôleur général répond, le 14 du même mois, que les gros décimateurs sont seuls tenus des réparations des chœurs, et que pour celles des nefs, que les communautés soient consentantes ou non, l'intendant doit dresser un procès-verbal, avec un devis et l'état des facultés de la paroisse, et adresser le tout au Conseil.

Voir, sur le même sujet, les lettres de M. de Bouville, intendant à Alençon, 22 mai, 24 août et 7 décembre 1686.

---

448. *M. de Bagnols, intendant en Flandre,*
au Contrôleur général.

6 Août et 15 Septembre 1687.

Règlement des indemnités dues aux propriétaires des terrains occupés par les fortifications des villes du département: remboursement par les corps de ville et les États*.

* Intendance de Bordeaux, 27 juin 1686, 6 janvier et 20 mai 1688 : pièces relatives au payement des indemnités dues à cause des maisons expropriées pour faire l'esplanade du Château-Trompette.

---

449. *M. Feydeau de Brou, intendant à Rouen,*
au Contrôleur général.

7 Août et 15 Décembre 1687.

Il envoie les informations relatives à des levées faites dans la ville d'Évreux pour fournir aux frais d'une députation et obtenir du Conseil un tarif d'abonnement. Ce projet avait été accepté par les habitants dans la vue de faire contribuer à l'imposition les ecclésiastiques et autres principaux privilégiés de la ville; les levées ont donc été volontaires, et du reste, les négociations n'ayant point réussi, il n'a été consommé que les fonds alloués à la députation, le reste a été rendu aux habitants. Si le Roi juge convenable de punir cette tentative, on ne peut que condamner les députés à restituer l'argent qu'ils ont reçu, et on l'appliquera à quelque dépense de la ville*.

* Le Roi, persistant dans la résolution générale prise au temps de Colbert, rejeta la demande d'abonnement. (Lettres au duc de Bouillon et à M. de Brou, 10 et 17 septembre.)

Voir, en date des 14 et 17 décembre, les rapports de M. de Brou sur une sédition excitée dans la même ville contre le fermier des aides, et sur les torts respectifs de ce fermier et des fraudeurs. Le contrôleur général répond, le 22 décembre, qu'il y a lieu de faire un exemple des principaux coupables et même des élus, s'il est vrai qu'ils n'aient pas fait leur devoir, mais qu'il faut épargner à la ville les frais et les procédures.

M. de Gourgue (Caen, 9 novembre 1688) demande aussi un tarif pour les villes de Valognes et Bayeux.

---

450. *M. d'Argouges, intendant à Moulins,*
au Contrôleur général.

8 Août 1687.

«Si, par le compte que j'ay eu l'honneur de vous rendre par mes dépesches des 25 juillet et 1er de ce mois de ce qui s'est passé au sujet du droit annuel, il m'avoit esté possible de vous mander à la lettre toutes les circonstances du voyage que j'ay fait dans ces paroisses mutinées et comme j'ay parlé à tout ce peuple, vous auriez bien jugé sans doute que l'autorité du Roy n'y a point souffert et qu'il est inutile de faire aucune procédure pour leur donner de la terreur. Jamais gens n'ont esté si consternés; il n'y en a pas un qui ne crust estre à son dernier jour, lorsqu'ils me virent en personne dans leurs villages; il ne tint qu'à moy de les faire tous arrester, et non-seulement il n'y eut aucune résistance, mais pas un ne songea mesme à disparoistre. Tous ont depuis fait leur devoir, de manière que le fermier des aydes est content, et, si j'y retournois à présent, la peur les prendroit si fort que je crois que tous déserteroient, parce que je les ay menacés de les faire tous pendre, au premier refus qu'ils feroient de payer ce droit.»

451. *M. de Gourgue, intendant à Caen,*
au Contrôleur général.

9 Août 1687.

Il propose de rectifier un arrêt par lequel le Parlement de Rouen, à la remontrance du procureur général, a fait défenses de lever aucun droit, dans les foires et marchés, sur les bestiaux qui ne se vendent point, et de rien exiger des marchands pour prêter serment ni pour étaler leurs marchandises. Cet arrêt a eu pour conséquence d'entraver la perception du droit de *pied fourché*, qui s'est toujours levé sur le bétail entrant en foire, qu'il se vendît ou non *.

* Précédemment, le 29 mai de la même année, le contrôleur général avait chargé le premier président, M. de Ris, d'avertir le même Parlement qu'il n'avait point qualité pour ordonner aucune imposition particulière ou générale, et que ce droit n'appartenait qu'au Conseil.

452. *M. de la Fond, intendant en Franche-Comté,*
au Contrôleur général.

12 Août 1687.

«Vous m'ordonnez de faire des diligences exactes pour estre instruit de la manière dont les directeurs et principaux employés, mesme les sous-fermiers, font la régie de leurs fermes. Il n'y a dans mon département aucun bureau de douane, de gabelle, aucun sous-fermier; il ne se lève que le seul droit *d'imposition*, dont les deniers sont portés à des receveurs qui sont établis dans chaque bailliage pour la facilité des peuples. Lorsque je suis venu en cette province, je trouvay que ces receveurs se servoient de mauvais manéges pour faire des vexations aux communautés; j'ay remédié à ces abus, et je puis vous assurer que, depuis deux ans, il n'a point esté fait 2,000 ll de frais sur tous les peuples de cette province pour recevoir l'entier payement des impositions. Vous ne serez peut-estre pas fasché de savoir de quelle manière j'en use, et je suis persuadé que, si l'on en usoit de mesme dans les autres provinces, il n'en cousteroit point tant aux peuples. Le receveur général ni les particuliers ne peuvent faire aucunes contraintes contre ceux qui sont en reste de payer sans ma permission. A la fin de chaque quartier, on me donne un estat de chaque bailliage, dans lequel sont comprises les communautés qui n'ont point satisfait à l'entier payement de leurs cotes. Au pied de chaque mémoire, j'ordonne que les communautés seront tenues de payer leur reliquat quinze jours après la signification de mon ordonnance, sinon, que les échevins de chaque communauté seront mis en prison. Cette ordonnance signifiée, chacun paye, et jusqu'à présent un seul échevin a esté mis en prison.

«Il n'y a en cette province que la seule ferme des saunerics. Le prix du sel est fixé, et, comme il est à beaucoup moindre prix que celuy de France, il ne faut point craindre le faux-saunage. Les commis de cette ferme sont pour la faire valoir, et résident tous dans la ville de Salins et n'ont nulles relations avec les peuples.»

453. *Le Contrôleur général*
à M. Lebret, intendant en Provence.

17 Août 1687.

Pour éviter de recommencer le travail qui a déjà été fait dans les archives de Provence au profit des fermiers du domaine, on propose de se saisir des copies, mémoires et extraits faits par les derniers fermiers, et de les faire passer successivement de bail en bail *.

* 22 mai précédent, lettre au sieur Belet, ancien commissaire pour le domaine en Provence: «Je me suis informé de ce que c'estoit que les papiers que les commissaires du domaine ont tirés de vostre cabinet à Aix, et, comme j'apprends que ce ne sont que des titres concernant le domaine du Roy, je ne crois pas que vous ayez sujet de vous en plaindre, ni que cela vous puisse faire aucun tort, puisqu'on ne vous a pris aucun papier qui regarde vos affaires particulières.»

Le 17 mai 1689, M. de Bérulle demande un arrêt pour recouvrer d'un banquier de Lyon les terriers et autres papiers de la châtellenie royale de la Fouillouse.

454. *M. Mahieu, subdélégué à l'intendance de Luxembourg,*
au Contrôleur général.

19 Août 1687.

Il rend compte des raisons qui l'ont décidé à assujettir aux charges et impositions plusieurs nouveaux anoblis. L'anoblissement en question ne date que de 1674, et, lors de la réunion du comté de Chiny au Barrois, il a été réglé que les gentilshommes d'ancienne extraction, ou du moins anoblis avant 1611, auraient seuls droit aux exemptions et priviléges réservés dans ce pays à l'ancienne noblesse.

«Ce n'est pas le seul motif qui m'a porté à condamner le sieur Robert; la finance au moyen de laquelle il a acquis sa noblesse m'a paru, dans ses lettres, comme une clause qui devoit les distinguer de celles qui sont accordées à ceux qui sont anoblis par leur mérite et qui se sont mis en estat de les obtenir en vivant noblement avant de parvenir à l'estre..... Le nombre de personnes du pays qui se sont fait anoblir par semblables moyens dans les dernières années qu'il a esté à l'Espagne, où l'on y faisoit argent indifféremment de toutes choses, m'a fait avoir aussy de la considération à ne pas dispenser ledit sieur de payer ses taxes..... Je dois encore vous faire savoir que les habitans m'ont assuré qu'il n'avoit jamais joui de la franchise en qualité de gentilhomme, mais bien en celle de *franc-homme*, estant parvenu à avoir la lieutenance de cette compagnie, dont ceux qui la composoient estoient obligés d'avoir des chevaux et des armes et d'estre prests à marcher pour le service du Roy au premier commandement..... Ils n'estoient pas les seuls d'exempts: il y en avoit une si grande quantité dans le pays, lorsqu'on y est entré, qu'il n'y avoit presque que ceux qui estoient les plus misérables et qui ne pouvoient se faire valoir qui payassent. Mais toutes ces franchises ont pris fin, et les charges sont à présent distribuées généralement à tous ceux qui sont cotisables*.»

* La noblesse et les maisons religieuses du pays réclamèrent également contre la perception du droit de *tonlieu* ou *haut-conduit*; mais M. Mahieu (1er avril et 6 mai 1688) fit observer que tous les priviléges des deux ordres étaient antérieurs à l'époque où ce droit avait été établi par les Espagnols sur l'entrée et la sortie des marchandises. — En Hainaut, la noblesse, qui, avant la conquête, avait la faculté de s'abonner pour la consommation des boissons, protesta aussi contre les visites et les exercices des commis. (Lettre de M. de Montbron, subdélégué de M. de Bagnols à Cambrai, 16 janvier 1688.) — Voir sur cette question de priviléges plusieurs autres lettres de M. Mahieu, 22 juin 1687, de M. Faultrier, 8 septembre, etc.

455. *M. Chauvelin, intendant à Amiens,*
au Contrôleur général.

22 Août et 12 Septembre 1687.

M. de Breteuil, en conséquence des défenses faites par les États d'Artois de cultiver le tabac dans les paroisses distantes de moins de trois lieues de la Picardie, avait à plusieurs reprises ordonné l'arrachement de tous les tabacs trouvés en contravention et leur confiscation au profit du fermier; il en avait également défendu l'entreposement ou le façonnement dans le même rayon. L'ordonnance nouvelle, qui vient de provoquer un soulèvement à main armée, était entièrement conforme aux anciennes dispositions, et il n'y a autre chose à faire que de procéder aux informations légales, et peut-être de loger quelques compagnies de cavalerie dans les communautés séditieuses et à leurs dépens. En même temps, un subdélégué dressera procès-verbal de la contenance des terres cultivées, pour éviter le détournement des récoltes, ou du moins pour en constater la valeur; l'envoi du prévôt et des gardes ne manquerait pas d'exciter une nouvelle sédition*.

* Voir les pièces qui sont jointes à ces deux lettres et les protestations de diverses communautés, classées à la fin de la correspondance de cette année.

456. *Le Contrôleur général*
à M. Lebret, intendant en Provence.

25 Août 1687.

La Chambre des comptes de Provence a pris l'habitude de faire déposer les gages rayés et même les *débets de clair* entre les mains d'un auditeur, où ils demeurent cachés et sans emploi, contrairement à l'ordonnance de 1669, qui ordonne de porter tous les débets au Trésor royal. Il faut s'informer d'où vient cet abus et s'il a quelque raison d'être.

Les fermiers se plaignent également que la même Chambre les empêche de participer par préférence à la distribution des biens des religionnaires.

457. *M. Bouchu, intendant en Dauphiné,*
au Contrôleur général.

29 Août 1687.

Les consuls de Sablonnières ont demandé une décharge de deux feux trois quarts sur huit et demi; les raisons qu'ils allèguent sont: 1° que la noblesse avait acquis plus du tiers du territoire avant le règlement du cadastre (1639); 2° que plus de deux cents journaux de terres ont été emportés par une inondation; 3° qu'une autre partie du territoire a été rattachée à une communauté voisine.

L'intendant juge que les deux derniers motifs ne sauraient donner lieu tout au plus qu'à une décharge momentanée; le premier est plus grave, parce qu'il intéresse toute la province, mais aussi il entraînerait une révision générale, pour vérifier de quelle quantité de feux l'ensemble des fonds taillables peut avoir diminué depuis le règlement des anciens cadastres, et ces cadastres, qui datent du quinzième siècle, manquent le plus souvent, ce qui rend la recherche impossible.

«Je ne saurois néanmoins dissimuler la peine que je ressens, dans l'impossibilité où me réduit cette obscurité impénétrable du véritable estat des communautés à cet égard, de ne pouvoir rien décider dont je sois content, lors du département des tailles, pour porter les choses à l'égalité, qui doit estre l'unique but dans les impositions, et c'est ce qui me feroit regarder comme une nécessité presque indispensable de profiter un jour d'une conjoncture favorable du temps, si elle se présente, pour reprendre et achever la nouvelle révision générale des feux de cette province, afin de rétablir un pied juste et certain pour les impositions, sans quoy il est inévitable de tomber ou dans l'inconvénient de laisser souffrir des communautés qui se trouveroient effectivement surchargées si on pouvoit approfondir les choses, ou dans celuy d'en soulager au hasard et quelquefois sans nécessité, en ajoutant foy à leurs plaintes sans aucun fondement plus certain.

«La nécessité de cette révision a esté si bien reconnue qu'elle a esté ordonnée dans toutes les occasions où il a esté fait quelque disposition considérable au sujet des tailles de cette province. Elle le fut par le célèbre arrest du 15 avril 1602, rendu au Conseil entre les trois ordres de cette province, qui a esté comme la base du règlement de 1639, et j'apprends qu'on la commença en conséquence en 1608, sans avoir pourtant eu de succès, à cause de la continuation des différends des trois ordres, qui n'ont esté entièrement assoupis que par ledit règlement de 1639, lequel ordonna encore cette révision et mesme nomma des commissaires pour y procéder, sans qu'elle ayt eu plus de suites. Enfin elle l'a encore esté par l'édit du mois d'octobre 1658, après lequel les commissaires nommés à cet effet du Parlement, de la Chambre des comptes et du bureau des finances, par arrest du Conseil, y travaillèrent durant l'année 1660 et 1661 jusqu'au mois de novembre, que la commission fut révoquée immédiatement après le changement de feu M. Fouquet*.»

* Le contrôleur général répondit, le 10 septembre, que le Roi persistait toujours dans la résolution de ne tenter aucune réformation du cadastre, mais que, si les inconvénients signalés provenaient du règlement de 1639, il était facile d'examiner si ce règlement méritait d'être réformé et comment on pourrait éviter que, par la succession des temps, tous les fonds d'une communauté ne devinssent exempts de la taille.

458. *M. de Bérulle, intendant à Lyon,*
au Contrôleur général.

8 et 16 Septembre 1687.

Les consuls de Tarare ont été assignés au nom du fermier des formules, pour avoir donné des quittances sur papier non timbré; mais le règlement de 1680 n'impose l'emploi du papier timbré qu'aux receveurs, et non aux collecteurs, qui d'ailleurs ne sont pas tenus de donner des quittances, mais seulement de bâtonner leurs rôles. Il serait donc plus juste de condamner le fermier et les huissiers pour vexation indue.

Les agents du même fermier se sont opposés à la distribution des tarifs des droits d'aides, sous prétexte qu'ils étaient imprimés sur du papier timbré de Paris, et ils multiplient à tout propos les vexations de ce genre.

459. *M. Lebret, intendant en Provence,*
au Contrôleur général.

8 Septembre et 5 Novembre 1687.

Il rend compte de l'adjudication des domaines sujets à réparations: jardin et bâtiments d'Hyères, fours, moulin et autres domaines d'Antibes, boutiques du palais d'Aix*.

* Le Roi manifesta d'abord l'intention de conserver le jardin d'Hyères, mais ensuite il y renonça, en considération du mauvais état de cet établissement et des frais qu'on eût été obligé d'y faire. (Lettres du contrôleur général, 23 octobre 1687, 7 janvier 1688; lettre de M. Lebret, 15 février 1688.)

460. *M. d'Argouges, intendant à Moulins,*
au Contrôleur général.

10 Septembre 1687.

«Outre les dépenses qui furent faites l'année dernière pour le rétablissement des prisons de cette ville, j'ay esté obligé d'y en faire celle-cy pour trois cents et tant de livres, pour quelques grosses réparations absolument nécessaires; j'en ay ordonné le payement, sous vostre bon plaisir, sur un revenant-bon du fonds des ponts et chaussées; mais cela n'a pas empesché que les criminels condamnés aux galères ne se soient sauvés en la manière accoustumée.

«En voilà quatorze depuis quatre mois, qui tous sont sortis à deux fois par les portes en plein jour, et, comme l'une et l'autre de ces évasions ne m'ont point paru naturelles, j'ay cru que la plupart de ces forçats estant gens de la ville qui, ayant mérité cent fois la mort, n'avoient esté ménagés et condamnés aux galères par les juges que dans la vue d'obliger leurs parens et leur donner lieu de les sauver dans la suite, avec d'autant plus de raison que les derniers, qui avoient encore les fers à un de leurs pieds, n'ont point esté arrestés par le lieutenant du prévost et quelques archers, qui pouvoient le faire, j'ay eu l'honneur d'en rendre compte à M. de Seignelay.....

«Il est nécessaire que vous parliez aussy et que vous leur fassiez entendre aux uns et aux autres que S. M. ayant une fois fait mettre les prisons en bon estat, c'est à eux de répondre du reste, et qu'il est de vos intentions qu'ils exécutent sans commentaires les ordres que je leur donne; autrement, tout sera toujours dans le dernier dérèglement. Il n'est presque point de jour que je ne rende des ordonnances pour les obliger de faire justice, mais ils savent si bien les éluder, que les crimes les plus énormes demeurent impunis. Ils ne jugent que par cabale, et celuy qui a le plus de crédit parmy eux ne manque jamais de l'emporter sur le plus foible*.»

* Le 23 octobre suivant, on écrit à M. de Gourgue (Caen) que le Roi approuve le projet de prendre en son nom l'adjudication des prisons d'Avranches; — le 29 juillet 1688, à M. de Brou (Rouen), que, les prisons de Cany n'étant pas prisons royales, le Roi ne peut, à cause des conséquences, se charger des réparations, mais que, pour la fondation d'une messe, cela est laissé à la discrétion de l'intendant.

461. *Le Contrôleur général*
aux Intendants des généralités taillables.

13 Septembre 1687.

«Vous recevrez cette lettre avec les commissions des tailles un peu plus tard que l'année passée. Je vous prie de suppléer à cela par vostre diligence à travailler au département; vous en connoissez l'importance et le bien que vous pouvez procurer aux sujets du Roy taillables par vostre application. Je ne puis assez répéter ni expliquer combien vous satisferez en cela aux désirs et aux intentions du Roy, qui ne souhaite rien tant que le soulagement de ses peuples. La récolte de cette année est, par la grâce de Dieu, très-abondante quasi partout, et cependant le Roy veut que la campagne profite encore de grandes diminutions que sa bonté a faites sur les tailles pendant les années précédentes, en considération de la stérilité. Cela vous doit donner de grands moyens de faire le régalement des tailles et facilement et avantageusement pour les peuples. S'il y a des paroisses qui ayent esté affligées par des gresles et des accidens particuliers, vous pouvez m'en donner des avis circonstanciés et envoyer vos procès-verbaux, sur lesquels le Roy ordonnera ses charités, dont S. M. estime que le secours est bien plus effectif que celuy des arrests de diminution sur les tailles, hors certains cas où cette diminution est toujours nécessaire.

«Je dois, à cette occasion, vous expliquer particulièrement une réflexion que le Roy a faite en voyant les avis de MM. les intendans sur le département de la taille, qui est que vous ne pouvez assez faire la distinction des élections où l'abondance est grande et qui reçoivent des avantages particuliers par les dispositions de leurs biens, de leur situation et d'autres circonstances, d'avec celles qui souffrent, au contraire, par la stérilité de leurs récoltes, par des accidens, ou autrement. Et, comme ces circonstances sont quasi toujours certaines et déclarées dans le temps du département, vous devez y avoir beaucoup d'égards pour les élections, comme, dans la suite, pour les paroisses, et, sur ce pied-là, vous ne devez pas hésiter à augmenter considérablement la taille de l'année précédente, ou la diminuer, sans vous arrester ni au sol la livre ni au pied déjà établi, ce qui est absolument contraire aux intentions du Roy, à l'ordre général des départemens des tailles, et qui n'a autre raison ni avantage, sinon que c'est le plus tost fait. Il faut bien prendre garde, à cet égard, aux receveurs des tailles et aux élus, qui suivent en cela leur négligence et leur paresse, ou bien la faveur et leur intérest, et il est bon que les contribuables comprennent que leurs tailles doivent augmenter ou diminuer selon leur récolte et l'estat des paroisses et des élections en particulier, comme ceux qui y travaillent ne doivent point s'arrester aux considérations d'un seigneur qui se tient offensé qu'on augmente sa paroisse, ou aux plaintes des peuples et des officiers des élections.

«Il m'a paru, par les lettres de plusieurs de MM. les commissaires départis, qu'il s'introduit en quelques endroits un abus considérable, en ce que les receveurs des tailles et ceux qui sont porteurs de leurs contraintes saisissent les grains ou les granges des collecteurs, y établissent des commissaires, et ces commissaires des batteurs en grange, lesquels commissaires et batteurs sont payés par journée, ce qui consomme la récolte en frais, sans acquitter le redevable. C'est à quoy vous pouvez remédier en ordonnant aux receveurs des tailles, quand ils feront saisir des grains pendans par les racines ou entassés dans les granges, de les faire vendre ou sur le pied ou sur le tas, sans établir des commissaires ni des batteurs. Vous devez faire observer la mesme chose à l'égard des collecteurs contre les contribuables.

«Le Roy m'a très-expressément ordonné de mettre un article particulier dans cette lettre pour faire connoistre à tous MM. les intendans en général (leur laissant à en faire l'application en particulier) que S. M. a très-bien remarqué, sur le compte que je luy rends exactement de tout ce qui m'est écrit sur le sujet des tailles pendant le cours de l'année et à l'occasion des départemens, qu'il y a quelques-uns de MM. les intendans qui se dispensent souvent d'envoyer tous les mois, ou au moins tous les trois mois, l'estat des recettes des tailles, des frais du recouvrement, avec les distinctions qui en font la solide différence, l'estat ou le nombre des prisonniers pour la taille, et la conduite des receveurs. Le Roy désire remarquer en cela un changement pendant l'année prochaine dans les lettres de ceux qui y ont manqué pendant les précédentes.

«S. M. désire aussy que, outre l'avis que MM. les commissaires départis envoyent sur le brevet de la taille et qui ne regarde que l'estat des biens de la terre, ils envoyent régulièrement, après avoir achevé la visite de leur généralité, des mémoires qui expliquent nettement les abus qui se commettent le plus ordinairement sur le fait des tailles et des fermes, tant par les collecteurs, receveurs et commis, que par les officiers mesmes des élections, et les moyens d'y remédier. Ils doivent aussy expliquer en quoy consiste le commerce de chaque élection, s'il augmente ou s'il diminue, les causes les plus ordinaires de l'un ou de l'autre, et généralement tout ce qui peut servir à donner une connoissance exacte de l'estat d'une province et de sa force ou de sa foiblesse.

«Les receveurs généraux doivent se rendre auprès de vous, et, s'ils y manquoient ou qu'ils n'y fissent pas leur devoir avec application et zèle pour le service du Roy, ne manquez pas, s'il vous plaist, de m'en donner avis, et surtout de la conduite des receveurs des tailles et des officiers des élections.

«Le Roy m'a commandé de vous dire qu'il fait travailler à des règlemens généraux sur les tailles, pour les fixer, les simplifier et mesme en retrancher la multiplicité et les différences, et pour cela S. M. désire qu'en travaillant au département et estant dans le commerce des receveurs, des élus et des collecteurs, vous ramassiez tous les mémoires et toutes les vues que vous pourrez avoir sur le régalement et la levée des tailles dans vostre département, pour m'en envoyer à loisir des mémoires et après les avoir bien digérés.

«Je n'ay plus qu'à vous ajouter que le Roy m'a particulièrement ordonné de vous marquer que, de toutes les choses sur lesquelles vous recevez ses ordres, surtout dans le temps du département des tailles, il n'y en a aucune qu'il affectionne si fort que celle-là, qu'il croit plus importante pour son service et pour le bien de ses peuples, et qu'en nul cas vous ne devez vous en dispenser ni vous en remettre à vos subdélégués, aux receveurs, ni aux officiers des élections, qui sont trop sujets à préventions et à leurs intérests particuliers, et desquels le Roy ne peut point attendre le mesme zèle et les mesmes vues que S. M. attend de vous*.»

* Il y a quelques additions à cette circulaire, pour MM. de Saint-Contest, de Nointel et de Miroménil, sur la comptabilité des collecteurs, pour M. Foucault, sur les chevauchées des élus et des trésoriers de France, etc.

---

462. *Le Contrôleur général à M. de la Faluère, premier président du Parlement de Bretagne.*

15 Septembre 1687.

Les commissaires royaux partent pour les États, porteurs de leur instruction et du règlement dressé, suivant l'ordre du Roi, par les députés bretons.

«Comme l'intention du Roy est que ce soient les Estats mesmes qui proposent et passent entre eux ce règlement, il faut autant de discrétion pour les conduire en cela, que de fermeté pour les redresser, s'ils s'égaroient. Car, en cela comme en toute autre chose, il faut que les ordres du Roy soient ponctuellement exécutés.»

L'état de fonds de la dernière assemblée doit servir de modèle de point en point.

«Je ne vous dis rien de la conduite que vous devez garder avec M. le duc de Chaulnes et M. de Fieubet; vous estes sage et vous savez quelle elle doit estre. Je vous diray seulement que le concert entre vous doit estre aussy grand pour le service du Roy, que la fermeté doit estre exacte pour l'exécution de ses ordres. C'est ce que vous savez bien allier ensemble.»

---

463. *M. Charuel, intendant à Metz et Nancy,*
au Contrôleur général.

16 Septembre et 12 Décembre 1687, 20 Janvier 1688.

Il appuie la demande faite par la ville de Toul, d'établir un tarif de droits d'entrée pour l'acquittement des arrérages de ses dettes, et adresse au contrôleur général la copie de la lettre qu'il écrit à ce sujet à M. de Louvois et des pièces jointes à la requête de la ville.

---

464. *Le Contrôleur général*
à M. Bouchu, intendant en Dauphiné.

17 Septembre 1687.

«Le Roy vient d'estre informé de la désertion presque universelle des nouveaux convertis de la vallée de Pragilas, et qu'à leur exemple ceux des vallées de Queyras et de Pérouse semblent vouloir faire la mesme chose. Comme ces premiers laissent leurs maisons pleines de denrées et de bestiaux, le Roy m'ordonne de vous faire savoir que son intention est que vous fassiez publier partout, par affiches, à son de trompe ou de telle autre manière que vous jugerez, que ceux qui se présenteront pour se mettre en possession de ces héritages y seront reçus, que mesme le Roy leur en confirmera la propriété. Vous verrez, selon les suites que cela aura, s'il seroit à propos d'y ajouter une déclaration générale, ou seulement des arrests particuliers en faveur des premiers qui viendront occuper les héritages de ces fugitifs. Si vous aviez quelque autre vue pour arrester le cours de ces désertions et faire revenir ceux qui sont déjà sortis, vous pourrez aussy les proposer, et j'en rendray compte au Roy exactement*. . . . . »

* Par un premier mémoire, du 27 septembre, M. Bouchu répond que la désertion n'est pas aussi générale, ni les conséquences aussi désastreuses qu'on l'avait dit, et il demande qu'il lui soit permis de surseoir à l'adjudication des immeubles confisqués sur les religionnaires, sinon à celle des meubles et rentes; encore serait-il bon de laisser cette mesure sous la responsabilité de l'intendant, pour ne pas compromettre le nom du Roi, et, avant de faire donation des biens, il faudrait engager les créanciers des fugitifs à faire valoir leurs droits.

Par un second mémoire (26 novembre), conçu dans le même sens, mais beaucoup plus ample, l'intendant indique le préjudice causé au commerce et aux fermes par les désertions ou par les défiances de ceux des religionnaires qui n'ont pas encore quitté le pays, et il donne plusieurs expédients qui lui semblent plus propres à arrêter le cours du mal que l'emploi des troupes et des moyens violents.

Ce mémoire se termine ainsi : «Pour réduire en peu de mots. . . . , mon sentiment est qu'on ne doit point presser les nouveaux convertis de s'acquitter des devoirs de la religion et d'envoyer leurs enfans à l'école d'une manière qui puisse augmenter le penchant qu'ils ont à la désertion.

«Que cela ne doit pas empescher d'établir des maistres d'école dans les lieux portés par l'estat qui sera cy-joint, et d'envoyer des missionnaires dans tous les diocèses, au nombre marqué par le mémoire aussy joint à celuy-cy.

«Qu'il seroit à propos d'inviter MM. les évesques de soutenir autant qu'il se pourra ces missions par leur présence, non que je voulusse faire entendre par là qu'il y eust du relaschement dans la conduite que leur zèle leur doit inspirer sur cette matière, mais parce que je crois la chose de telle conséquence, qu'il ne doit rien estre négligé de tout ce qui la peut maintenir en cet estat.

«Qu'un traitement plus rigoureux à l'égard des nouveaux convertis ne peut estre mis en usage sans le rétablissement de la garde des frontières, dont les inconvéniens faisant douter que S. M. prenne la résolution, je crois qu'on doit gesner la liberté des désertions en arrestant, par le ministère des gardes de la douane, les meubles et hardes, l'argent dont les déserteurs se trouveront saisis et les enfans au-dessous de quatorze ans; à l'effet de quoy, pour prévenir toute violence contre les brigades des fermes, M. le comte de Tessé pourra, par une ordonnance, défendre à toutes personnes de marcher attroupées.

«Ordonner la disposition définitive et irrévocable de la propriété des biens des déserteurs et en commencer incessamment les préliminaires, pour exciter au retour ceux qui sont sortis et retenir ceux qui restent dans le royaume par la crainte de la perte certaine de leurs biens.

«Prendre les mesmes mesures pour disposer des biens des consistoires.

«Ne donner aucune part dans cette distribution à d'autres nouveaux convertis qu'aux enfans, à l'exception des lieux où l'on ne s'en pourra passer par quelqu'une des causes qui ont esté remarquées, et leur cacher toutefois cette résolution.

«Me faire savoir, s'il est possible, avant la fin du mois de décembre, les intentions de S. M., pour que, depuis le jour de la publication de l'arrest qu'il plaira au Roy d'ordonner pour parvenir à cette disposition, duquel je joins icy un projet, jusques à la fin du mois de mars, les nouveaux convertis puissent avoir les trois mois de délay que je crois leur devoir estre accordés pour rentrer dans le royaume, et que les deux mois destinés pour recevoir les déclarations des créanciers et prétendans droit sur les biens des déserteurs puissent estre écoulés à la fin du mois de may, auquel temps le mouvement de cette distribution peut estre de quelque conséquence pour arrester les désertions, qui sont le plus à craindre dans cette saison.

«Dresser de mon costé, pendant ces délays, les mémoires pour servir aux instructions qu'il est indispensable que je reçoive pour me conduire dans la disposition de ces biens, en régler les principales difficultés, distinguer les choses qui doivent estre laissées au cours de la justice ordinaire et celles qui devront passer par mon canal, à quoy je travailleray, après avoir remarqué pendant les premiers mois les mouvemens que la publication de l'arrest du Conseil aura causés dans les esprits et les propositions qu'elle m'attirera, et assez à temps pour pouvoir recevoir les ordres du Roy avant l'expiration du dernier délay.

«Enfin, apporter quelque restriction à la liberté dont ont joui jusqu'icy les nouveaux convertis touchant la disposition de leurs biens, soit par les voyes que j'ay proposées, ou par d'autres mesme plus rigoureuses, si elles paroissoient plus convenables à S. M.»

Ces propositions furent approuvées, et M. Bouchu prit les mesures nécessaires pour procéder aux adjudications. Voir sa lettre du 28 avril

1688, avec les pièces imprimées qui y sont jointes. Le délai d'un an accordé aux créanciers des religionnaires fugitifs pour produire leurs titres ne fut pas même observé, et, dès le 24 mai, le contrôleur général écrit de passer outre et de procéder aux adjudications. — Une contestation importante eut lieu à ce sujet entre le domaine et le fermier du papier timbré. (Lettre de M. Bouchu, 19 juin 1689.)

---

465. *M. de Bérulle, intendant à Lyon,*
au Contrôleur général.

21 Septembre, 17 Octobre, 6 et 18 Novembre 1687.

Il signale divers abus ou désordres dans l'administration de la justice, et les impute aux juges de village, aux élus, qui multiplient les frais d'exploits et les épices, aux lieutenants généraux, ou aux greffiers, qui, à l'exemple des élus, s'attribuent des taxations auxquelles ils n'ont point droit.

Les commis des douanes ou des aides se font pareillement payer des droits qu'ils inventent, pour se dédommager du peu d'appointements que les fermiers leur donnent.

«Il y a des désordres qu'on ne peut concevoir dans les recettes des consignations, et, quand une personne est assez malheureuse que son bien soit saisi, ni la partie saisie ni les créanciers n'en voyent jamais rien..... Il y a un abus de la dernière conséquence qu'il est nécessaire de réformer : ce sont les droits de greffe, et les volumes d'écritures que les greffiers mettent dans le *vu* des sentences, pour les grossir, contre la disposition des règlemens. Vous verrez, dans le *vu* de quelques jugemens que je prends la liberté de vous envoyer, les demandes, les défenses, les sommations, les écritures et les pièces tout au long. Vous y verrez un juge juger seul et prendre 10 écus d'épices, un jugement d'audience par défaut contenir cinq rôles en parchemin et tous les plaidoyers de l'avocat et celuy de l'avocat du Roy, qui n'est qu'une répétition du premier..... Enfin tout pille en ce pays*.»

* Voir encore les pièces jointes à un rapport du 10 janvier suivant, sur les injustices commises par les échevins de Saint-Étienne dans la confection des rôles et la levée des tailles.

---

466. *Le Contrôleur général*
à M. de Bezons, intendant à Bordeaux.

24 Septembre 1687.

«Le sieur de Saint-Amans m'écrit qu'il entre par le port de Bayonne quelques draperies de Hollande et d'Angleterre, que, par un privilége particulier des bourgeois, celles qui viennent pour leur compte ne payent point de droits, et que celles qui viennent pour le compte des juifs et des Portugais payent deux pour cent seulement, Saunier et, depuis luy, Fauconnet ayant esté obligés de composer avec eux sur ce pied pour empescher qu'ils ne fissent venir leurs marchandises sous le nom de bourgeois, comme ils faisoient auparavant. Le sieur de Saint-Amans demande des ordres, tant sur la continuation de cette composition pour le bail prochain, que sur la surséance qu'il a apportée à l'expédition de quelques-unes de ces marchandises, qui estoient déjà arrivées lorsque l'ordre pour l'exécution du tarif de 1667 a esté publié. Je luy mande que non-seulement il ne faut pas, sous quelque prétexte que ce soit, continuer la composition avec les juifs et Portugais, mais encore qu'il faut bien prendre garde qu'à l'avenir il n'entre par le port de Bayonne aucunes draperies d'Angleterre et de Hollande sans en faire payer les droits suivant le tarif de 1667, mesme pour celles qui viendront pour le compte de bourgeois, leurs prétendus priviléges ne devant estre d'aucune considération en cette occasion. La raison est que le Roy, en ordonnant l'exécution du tarif de 1667, a eu l'intention de favoriser les manufactures de draperies qui se fabriquent dans le royaume par l'exclusion des étrangères. Ainsy, vous voyez bien qu'il est absolument nécessaire que l'ordre s'exécute à Bayonne comme dans tous les autres ports du royaume, à quoy vous tiendrez, s'il vous plaist, la main*.

«Pour ce qui est des marchandises dont l'expédition a esté sursise, si les vaisseaux qui les ont apportées sont montés d'équipages françois, et s'il est justifié qu'ils ayent esté chargés avant la publication de cet ordre, on ne peut se dispenser de les expédier en faisant payer seulement le droit de la composition. Au surplus, je mande au sieur de Saint-Amans de ne rien faire sur tout cela sans vostre participation, estant important que vous preniez une entière connoissance de tout ce qui se passe à cet égard dans vostre département.»

* Voir l'ordre envoyé aux fermiers généraux le 25 août précédent.

---

467. *Le Contrôleur général*
à M. de Gourgue, intendant à Caen.

24 Septembre 1687.

Il répond au sujet de la requête d'un prétendu créancier de la communauté de Valognes, renvoyée par l'intendant au Conseil.

«Vous jugez bien qu'un pareil renvoy ne peut que causer des frais aux parties, le Conseil n'estant pas suffisamment instruit du fond de l'affaire pour y pouvoir statuer. Lorsque vous en avez de semblables, vous devez examiner si les dettes de la communauté ont esté liquidées, et, en ce cas, rejeter ces anciennes dettes, soit qu'elles ayent déjà esté rejetées lors de la liquidation, soit qu'elles ayent esté omises. Autrement, ce travail ne finiroit pas, et les communautés ne seroient jamais certaines de leur estat, si la liquidation des dettes n'est pas parfaite. Il faut remettre tous ces prétendus créanciers au temps que l'on y travaillera. Enfin, si la communauté n'a point d'autres dettes que celles dont on poursuit le payement, vous en devez examiner la qualité et les moyens que la communauté a de les pouvoir acquitter, pour donner ensuite vostre avis au Conseil.

«Dans le fait particulier, la dette dont il s'agit paroist d'une assez méchante nature, tant par son origine, qui est une taxe de dépens, dont on charge ordinairement les communautés sans aucune règle ni justice, que par son ancienneté, estant extraordinaire que l'on ayt attendu jusqu'en 1686 à faire expédier l'exécutoire de dépens d'un procès jugé en 1656.»

468. *Le Contrôleur général à M. Bossuet, intendant à Soissons.*

24 Septembre 1687.

Le Roi accorde un secours de 20,000[#] aux paroisses ravagées par la grêle.

«Il faut bien prendre garde de ne pas mettre les peuples sur le pied de recevoir ainsy des diminutions et gratifications toutes les fois qu'il tombera quelque gresle. Ces sortes de secours extraordinaires, que S. M. ne refuse jamais dans les besoins pressans, ne doivent pas s'appliquer à beaucoup d'occasions, dans lesquelles il suffiroit bien souvent d'user de ménagement et d'apporter un peu plus d'application qu'à l'ordinaire, pour exciter le travail et l'industrie des contribuables. Les ouvrages publics, sur lesquels je vous ay souvent expliqué les intentions du Roy, sont encore un expédient très-avantageux, dont le Roy veut bien se servir pour faire subsister les pauvres et pour répandre de l'argent dans la province. Il est mesme d'autant meilleur que le général et le particulier y trouvent également de l'utilité, et qu'il tire les peuples d'une oysiveté qui leur est souvent plus pernicieuse que la plus grande misère*.»

* Voir diverses lettres accompagnant des envois de secours pour quelques villes incendiées, 17 novembre 1686, 16 septembre 1688, etc.; ordres de faire la distribution soit en grains pour ensemencer les terres, soit en argent pour relever les maisons ou pour acheter des meubles, et, dans ces derniers cas, de confier l'argent aux curés ou à quelque autre personne capable d'en surveiller l'emploi suivant les besoins, plutôt que suivant les pertes de chacun. Il arrivait, en effet, que les corps de ville essayaient de profiter de semblables conjonctures pour obtenir des faveurs personnelles. (Lettre de M. de Miroménil, Champagne, 3 octobre 1686.)

469. *Le Contrôleur général à M. Feydeau de Brou, intendant à Rouen.*

24 Septembre 1687.

Sur la demande des prieur et consuls des marchands de Rouen, le Roi a réduit au taux du tarif de 1664, pour les vaisseaux français, comme pour ceux de Hollande, les droits à percevoir sur les huiles de baleine provenant de la pêche hollandaise et sur le charbon d'Angleterre.

470. *Le Contrôleur général aux Intendants des pays d'aides et de gabelles.*

29 Septembre 1687.

«Je vous adresse copie de l'ordre que le Roy a donné aux fermiers généraux pour le recouvrement des restes des sels d'impost et prestés. Il est bien important que vous donniez une application particulière pour estre instruit de ce qui se passera en exécution de cet ordre, et vous jugez bien que vous devez user de toute vostre prudence et mesme de vostre adresse pour le faire exécuter avec tout le secret qui s'y peut apporter et avec de grandes mesures; car, d'un costé, le Roy ne veut pas abandonner ses peuples à l'ardeur des commis et des directeurs des gabelles, non plus que de ses fermiers sortant de ferme, et, de l'autre, S. M. ne veut pas faire injustice à ses fermiers, qui ont bien payé le prix de leur bail, ni laisser répandre parmy les peuples une opinion de remise toujours très-nuisible aux affaires du Roy et mesme à ses sujets, parce que leur soumission et leur ponctualité au payement assurent en mesme temps les droits du Roy et sauvent les frais que les fraudes, la paresse et l'opiniastreté des contribuables causent inévitablement. Sur ces fondemens, estant sur les lieux et connoissant les dispositions des peuples de vostre département, l'estat des recouvremens et la conduite des employés des fermes, vous pouvez mieux apporter les tempéramens nécessaires, que je ne puis vous les expliquer, pour exécuter les bonnes intentions du Roy et pour procurer l'effet que S. M. se promet de vos soins et de vostre application. Surtout, il faudroit tascher à procurer le soulagement des peuples quasi sans qu'ils s'en aperçussent, et pour cela le Roy est bien persuadé que vous ne devez jamais rendre d'ordonnance générale, que vous ne devez guère vous expliquer en public ni par écrit, et que tout doit consister à avoir de bons et sages inspecteurs en différens endroits de vostre département, et à vous expliquer aux principaux directeurs et employés des faits particuliers, en leur donnant vos ordres.

«A l'égard des aydes, qui sont quasi toutes sous-fermes, il faut distinguer les droits qui se payent toujours comptant d'avec ceux qui ne se payent que de temps en temps ou de quartier en quartier et à l'égard desquels il est d'usage que les fermiers ou leurs commis fassent crédit aux redevables. Sur quoy, le Roy m'a commandé de vous faire savoir que son intention est que les sous-fermiers ou leurs commis exercent toutes les contraintes à l'ordinaire et fassent toutes les poursuites et diligences pour le recouvrement des droits de la ferme de la dernière année commençant au 1er octobre 1686, mais qu'à l'égard du recouvrement des restes des années précédentes ou des demandes nouvelles que les sous-fermiers auroient voulu faire pour des droits qu'ils n'auroient pas perçus pendant le cours de leur bail, vous preniez toutes les meilleures mesures pour en empescher les poursuites et les contraintes sans vostre participation, vous faisant entendre sur cela aux juges et aux officiers qui en doivent connoistre et aux sous-fermiers et à leurs commis, avec toute la prudence et la discrétion que vous jugerez nécessaires. Le Roy désire que vous me mandiez vos sentimens sur ce que je vous écris, suivant les connoissances que vous avez de vostre département, et que vous m'informiez de ce qui se passera à cet égard et de tout ce que vous ferez, pour en rendre compte à S. M., observant de me donner avis de ce que vous voudrez faire exécuter, autant qu'il se pourra, avant que de le rendre public, afin que je puisse vous donner les ordres du Roy et que l'on tasche à établir quelque uniformité dans toutes les provinces de gabelles et d'aydes*.»

* Par une lettre du 6 novembre suivant, le contrôleur général répète à M. de Harlay, intendant en Bourgogne, que le Roi n'a aucune-

ment l'intention de faire la moindre remise, mais qu'il désire seulement protéger les peuples contre les poursuites trop violentes de ses fermiers ou de ceux des engagistes. Voir la lettre de M. de Harlay qui avait donné lieu à cette nouvelle explication (24 octobre). — Voir aussi un mémoire envoyé par M. de Bouville (Alençon, 11 octobre).

471. *Le sieur* Simon, *receveur particulier à Troyes, au* Contrôleur général.

3 Octobre 1687.

Il demande protection contre la nouvelle ordonnance des trésoriers de France de Châlons, portant que, faute par les receveurs de donner caution, il sera commis à l'exercice de leurs charges, ce qui est contraire aux dispenses accordées en 1654 et 1655 moyennant le payement d'une certaine somme*.

* Le contrôleur général donne l'ordre à M. de Miroménil, le 10 du même mois, de s'entremettre entre le receveur et les trésoriers ou le receveur général. — Voir aussi une lettre, du 26 avril 1689, aux trésoriers de France d'Alençon.

472. *Le* Contrôleur général *à M.* de Fieubet, *commissaire du Roi aux États de Bretagne.*

10 Octobre 1687.

Il lui transmet les témoignages de la satisfaction du Roi.

«Il est certain que ce qui s'est fait à l'occasion du règlement projeté icy par ordre du Roy n'est point conforme aux intentions de S. M. Vous savez quelles elles estoient; M. de Chaulnes et M. de Poitiers le savoient aussy, et il est surprenant que ce dernier ayt donné à cette affaire un tour aussy différent et aussy opposé à celuy qu'on y vouloit donner. Cependant, comme le remède que vous proposez pour remettre les choses en règle conformément aux ordres du Roy paroistroit un jeu trop grossier, le Roy a résolu de laisser subsister ce que les Estats ont fait et de ne rien changer à la forme qu'ils ont gardée dans l'enregistrement de ce règlement. Mais S. M. juge à propos qu'il y ayt quelque chose d'expliqué dans la délibération qui a esté faite sur ce sujet : S. M. veut qu'elle porte la manière dont ce règlement a esté dressé, c'est-à-dire, par les députés mesmes des Estats, en exécution de l'arrest de 1684 et de la permission que S. M. en avoit donnée aux Estats assemblés en 1685 par la bouche de ses commissaires; que la délibération marque une lecture et une discussion du règlement, et qu'elle porte que S. M. sera suppliée de l'agréer et de l'autoriser, afin qu'il ne paroisse pas que c'est l'ouvrage de l'autorité du Roy, mais l'ouvrage mesme des Estats, revestu dans la suite du sceau et du caractère du maistre. Le Roy donnera un arrest qui approuvera et confirmera la délibération telle que je viens de vous marquer qu'elle doit estre, et, pour cet effet, avant qu'elle soit insérée dans le registre des Estats, vous prendrez la peine de m'en envoyer icy le projet ou le modèle.»

473. *Le* Contrôleur général *aux Intendants.*

10 Octobre 1687.

Instruction pour faire l'état des aumônes ou des diminutions que le Roi doit accorder aux pays les plus malheureux.

Le meilleur moyen de profiter des libéralités du Roi est d'employer les pauvres de tout âge et de tout sexe aux travaux publics.

Pour les diminutions, elles doivent être appliquées aux paroisses les plus maltraitées, en rejetant la charge sur celles qui ont profité de l'abondance de l'année ou des libéralités précédentes. Au besoin même, ces dernières paroisses pourraient recevoir encore une nouvelle augmentation ou continuer à payer les charges extraordinaires dont le motif n'existe plus, comme ponts et chaussées, dettes de communautés, etc.*

* Voir les instructions adressées à M. Feydeau de Brou (Rouen), le même jour et le 24 septembre précédent.

Des secours considérables furent accordés vers la fin de cette année : 58,895 # à l'intendance de Montauban (lettre du 24 décembre), 40,000 # et des ateliers publics à l'élection d'Agen (lettre du 24 septembre, à M. de Bezons), etc.

474. *M.* de Harlay, *intendant en Bourgogne, au* Contrôleur général.

11 Octobre 1687.

Il envoie l'état des droits payés par les fourneaux de Bourgogne et de Champagne à la sous-ferme de la marque des fers, de l'année 1680 à l'année 1686.

475. *M.* Lebret, *intendant en Provence, au* Contrôleur général.

15 Octobre 1687.

Il envoie les pièces nécessaires pour fixer l'indemnité due aux religieux du couvent de Saint-Honorat de Lérins en raison de la suppression du privilége de battre monnaie dont ils jouissaient dans la terre du Sabourg.

476. *M.* Lebret, *intendant en Provence, au* Contrôleur général.

17 Octobre 1687.

«Quoyque je ne me sois point encore donné l'honneur de vous écrire au sujet de la vérification et liquidation des dettes des communautés de Provence, je n'ay pas laissé de m'instruire du mérite de cette affaire, autant que mes autres occupations indispensables et le peu de séjour que j'ay fait jusqu'à présent en cette ville me l'ont pu permettre, et j'en suis maintenant assez informé pour vous assurer qu'elle doit estre considérée non pas seulement comme très-grande par rapport au détail prodigieux dans lequel il faut nécessairement entrer, mais comme des plus importantes pour le service du Roy de toutes celles de ce département. Car vous savez sans doute qu'en l'année 1639 et suivantes, on fit le mesme travail à peu près que celuy qui est à faire présentement, et qu'en l'année 1642, la plupart des communautés de la province payèrent tous leurs créanciers; cependant, elles se trouvent chargées aujourd'huy de 23 millions de dettes, ce qui ne peut estre arrivé, et n'est arrivé effectivement que par une dissipation et déprédation sans exemple de la part des consuls, exacteurs, trésoriers, et autres administrateurs. Et, comme le désordre continue et augmente mesme tous les jours, les habitans de quelques communautés m'ayant déjà fait dire qu'ils sont sur le point de quitter et d'abandonner leurs fonds, dont les fruits ne sont plus suffisans pour payer les impositions qu'ils sont obligés de faire sur eux tous les ans, tant pour le payement des deniers du Roy et du pays, que pour satisfaire aux intérests courans de leurs dettes, il est à craindre que le mal ne devienne si grand dans la suite qu'il ne puisse plus estre supporté. Car ce que l'on accorde au Roy tous les ans pour Don gratuit ou autre dépense monte environ à 660,000 ᵗᵗ; les autres charges du pays, comme intérests des sommes empruntées par la province en général, appointemens de MM. les gouverneur et lieutenant de Roy, solde de la maréchaussée, étapes des troupes de S. M., gages d'officiers et autres, vont à plus de 500.000 ᵗᵗ, et les intérests des 23 millions dus par les communautés, environ à 1,150,000 ᵗᵗ. De sorte que, outre les frais de procès, qui sont infinis, et autres dépenses procédant du mauvais ménage des administrateurs, il faut imposer tous les ans deux millions trois à quatre cent mille livres sur les six cents communautés de la province, qui me paroist bien petite et bien stérile pour pouvoir soutenir bien longtemps un fardeau aussy pesant que celuy-là. Je souhaite que les connoissances que je pourray prendre plus particulièrement, dans la suite, de l'estat des choses me fournissent quelque bon moyen de le rendre plus léger; mais, jusqu'à présent, je n'en vois point d'autre que celuy de procéder à la liquidation et payement de toutes ces dettes avec le plus d'exactitude et de diligence qu'il se pourra, et de faire ensuite un bon règlement qui puisse empescher toutes ces communautés de retomber, comme elles ont déjà fait une fois, dans le désordre dont on les aura tirées. Et, comme, de six cents dont les dettes sont à liquider, MM. Rouillé et Morant n'ont pu faire la vérification que de celles des villes de Marseille, Arles et Hyères, en quinze ou seize ans qu'ils ont passés dans la province, et que la grande difficulté d'avancer ce travail et de le bien faire vient principalement de ce que tout ce qu'il y a de personnes de crédit et d'autorité dans la province s'y trouvant intéressées, les gens du pays qu'on employe à ces liquidations sont forcés par leurs propres intérests d'avoir des considérations contre la justice, j'ay mandé, sous vostre bon plaisir, deux hommes de Dauphiné, que je connois capables et gens de bien, afin de mettre les fers au feu de la bonne manière, à mon retour de l'assemblée. J'ay connu, dans la conversation que j'ay eue avec M. Morant sur ce sujet, que sa pensée n'estoit pas qu'on dust entreprendre la révision des comptes rendus par les administrateurs des communautés, pour découvrir et les condamner ensuite à la restitution des malversations passées; mais vous verrez, par l'ordonnance que j'ay rendue en faveur de la communauté qui m'est tombée la première sous la main, qu'en examinant trois parcelles ou mémoires de frais fournis par deux particuliers qui avoient esté députés à Paris à la poursuite d'un procès, j'ay trouvé le moyen de les condamner à la restitution d'environ 12,000 ᵗᵗ qui ont esté friponnées à cette communauté, ce qui me fait croire qu'en travaillant à la vérification des dettes, il sera fort à propos d'examiner, non pas avec scrupule, pour ne pas entrer dans un détail infini et qui pourroit estre nuisible, mais grossièrement les comptes rendus par les administrateurs depuis vingt années, et cela par deux raisons : l'une, qu'il en reviendra souvent des sommes considérables au profit des communautés, la dissipation ayant esté à un point qui ne se peut exprimer, et l'autre, que les consuls et autres administrateurs à présent en charge et ceux qui leur succéderont s'acquitteront mieux de leur devoir dans la crainte d'une pareille recherche. Je vous supplie de faire bien examiner cette ordonnance et les défenses qui y sont jointes, et de me mander ensuite si l'intention du Roy est que je la fasse exécuter, parce que, si les particuliers condamnés à la restitution des 12,000 ᵗᵗ, dont ils prétendent avoir fait des gratifications icy et à Paris, sans nommer ceux qui les ont reçues, interjetoient appel de ce jugement, et qu'il fust infirmé au Conseil, cela feroit icy le plus méchant effet du monde, et ouvriroit la porte plus que jamais à toutes les friponneries*. »

* Le 27 juillet précédent, M. de Bâville avait proposé, pour le Languedoc, de faire dresser des états de tous les administrateurs des deniers communaux ayant exercé depuis trente ans, et de ceux qui n'avaient pas rendu leurs comptes ou payé leurs dettes. Un arrêt en conséquence lui avait été envoyé le 24 septembre, mais avec restriction de l'effet rétroactif à dix ans.

Voir aussi, entre autres exemples, une lettre de M. de Creil, intendant à Orléans, 15 novembre, au sujet de certains faits portés à la charge du maire de Montargis, et de la difficulté d'achever la liquidation des dettes sans faire d'abord justice des faux créanciers ou des rétentionnaires.

477. *Le Contrôleur général à M. de Gourgue, intendant à Caen.*

18 Octobre 1687.

Le Roi a fait casser l'arrêt de la Cour des aides qui convertissait la peine des galères prononcée contre un faux-saunier, et il a été ordonné que le condamné serait attaché à la chaîne et conduit à Marseille. Cependant, s'il est vrai que cet homme soit âgé de quatre-vingts ans et ait perdu la vue, il faut s'entendre avec le directeur des fermes et faire ce que l'on pourra pour l'exempter de la chaîne, mais sans qu'il conserve aucune possibilité de reprendre le faux-saunage, ni que cela tire à conséquence.

478. *M. de la Grange, intendant en Alsace,*
au Contrôleur général.

18 Octobre 1687.

«J'ay examiné les moyens les plus avantageux au pays pour que les chemins puissent estre mis en estat, et il m'a paru qu'il seroit plus facile à la province d'y travailler par corvées, que si l'on en faisoit la levée sur les communautés, parce qu'elles sont déjà assez chargées des impositions ordinaires et des quartiers d'hiver, d'autant plus que, de tout temps, l'on n'en a point usé autrement*.»

* Le contrôleur général répond, le 7 novembre : «Le Roy n'a pas approuvé la proposition que vous faites de faire travailler par corvées, estimant que cela ne seroit pas moins onéreux qu'une imposition; mais S. M. veut que vous examiniez les endroits où il y a à travailler, à quoy peut monter la dépense qu'il y faudra faire et ce que les communautés pourroient porter sans estre trop surchargées, et S. M. pourra bien, pour les soulager, contribuer de quelque chose à cette dépense.»

Le 5 du même mois, un ordre avait été envoyé à tous les trésoriers de France de dresser un état des ponts, chaussées et chemins dont l'entretien était à la charge des seigneurs et péagers, et des réparations qu'il était nécessaire d'y faire.

479. *Le Contrôleur général*
à M. de Miroménil, intendant en Champagne.

23 Octobre 1687.

«Il paroist que la régie de la sous-ferme des aydes de Reims, Châlons et Troyes commence fort mal. Le sieur Gabourd se plaint qu'ayant pour associés le sieur Tellier, son frère et ses deux neveux, peu instruits des affaires des aydes, ils emportent néanmoins tout à la pluralité des voix, qu'ils remplissent tous les employs de leurs parens, méchans sujets et gens qu'ils ont nouvellement tirés de la province de Normandie, où ils n'ont jamais travaillé, ce qui m'a déjà esté confirmé d'ailleurs..... Il ajoute beaucoup d'autres faits, lesquels, s'ils estoient véritables, pourroient opérer non-seulement la ruine de cette ferme, mais encore beaucoup de concussions sur les peuples.»

480. *Le Contrôleur général*
à M. de Bezons, intendant à Bordeaux.

26 Octobre 1687.

«Les fermiers généraux des cinq grosses fermes prétendent que la liberté que les portiers des portes de la ville de Bordeaux ont d'ouvrir à toutes les heures de la nuit donne lieu à beaucoup de fraudes; pour y remédier, sans néanmoins trop gesner le commerce, ils demandent que les jurats donnent ordre que l'on ne puisse ouvrir pendant la nuit que deux portes, dont on conviendra avec eux, afin que l'on puisse plus aysément veiller à ce qui s'y passera. Je vous prie d'en conférer avec les jurats.»

481. *M. Lebret, intendant en Provence,*
au Contrôleur général.

27 Octobre 1687.

Le pont de bateaux que M. de Vendôme demande à faire jeter sur la Durance ne sera pas aussi utile au lieu proposé qu'il l'aurait été sur un point du grand chemin d'Avignon à Aix et Marseille; mais pourtant les marchands y trouveront des avantages réels pour le transport des marchandises à la foire de Beaucaire, et il sera d'un grand secours pour tout le monde lors des débordements de la rivière, pourvu qu'on fixe modérément le taux du passage*.

* Le 12 mai 1688, M. Bouchu, intendant en Dauphiné, envoie la requête présentée par le séminaire de Laux pour obtenir la concession d'un autre pont sur la Durance et la fixation du péage à 1 sol ou 6 deniers par tête.

L'archevêque d'Arles proposa, l'année suivante, de faire poser un pont de bateaux au port de Fourques. (Lettre du contrôleur général à M. Lebret, 20 septembre 1689.)

Voir dans la correspondance de Bourgogne, à la fin de l'année 1686, les pièces relatives à la construction d'un pont de bois de dix-huit cents pieds de long sur la rivière d'Ain, et un rapport de M. de Harlay sur l'utilité de cette entreprise et sur l'opposition que les péagers et bateliers y faisaient.

482. *M. Chauvelin, intendant à Amiens,*
au Contrôleur général.

29 Octobre 1687.

Il rend compte de l'expérimentation de la nouvelle trémie inventée pour le service des petites mesures du sel, et des additions à faire à cette machine pour empêcher la condensation du sel ou les fraudes des regrattiers.

«Il arrive encore une difficulté, au sujet des fractions qui se trouvent dans les sommes réglées par l'estat cy-devant arresté par les officiers de l'élection pour le prix du sel qui se vendoit aux regrats, par lequel lesdits officiers ont employé des pites, demi-pites et quarts de pite. Le sieur Bault, chargé du nouvel établissement, prétend que ces pites doivent toujours emporter le denier quand elles se trouvent, par exemple, entre trois et quatre deniers, et qu'elles doivent emporter deux deniers quand elles se trouvent entre deux et trois, parce qu'il ne se fait plus de compter sur le pied des pites et qu'il n'est plus de deniers dans le commerce, prétendant que cela se pratique en plus forts termes à Paris, disant aussy qu'il ne seroit pas juste que les pites fussent à la perte du distributeur, parce que cela en emporteroit une grande dans la distribution d'un minot de sel par les plus petites mesures. Je n'ay pas cru devoir rien statuer sur une chose que vous rendrez apparemment uniforme par un tarif général, en gardant la proportion du prix du sel en chaque lieu, et j'ay seulement marqué qu'il faut, quant à présent, recevoir le mesme prix que l'on recevoit au regrat.....»

483. *Le Contrôleur général à M. de Bérulle, intendant à Lyon.*

4 Novembre 1687.

«J'ay lu ce matin au Roy vostre lettre du dernier du mois passé. S. M. est persuadée que ce que vous mandez est un effet de vos bonnes intentions pour le bien de son service; mais elle m'ordonne de vous dire qu'il ne faut pas se laisser aller à tous les mouvemens du peuple, et que ce qui est arrivé à Lyon est peut-estre moins un effet de l'opinion du public que de la cabale de quelques particuliers, qui, par des vues d'intérest, ont excité tout ce désordre. Au fond, le Roy persiste, comme je vous l'ay déjà mandé, à ne vouloir faire aucun changement pour l'augmentation ou diminution de l'or ou de l'argent, et, pour ne laisser sur cela aucune inquiétude dans l'esprit des peuples, je mande aux receveurs généraux que le Roy veut qu'ils ne fassent nulle difficulté, non plus que les receveurs des tailles, de recevoir tout l'or qu'on leur apportera en payement, pourvu qu'il soit de poids; que mesme ils fournissent, sur vos ordres, tout l'argent blanc qu'ils auront, quand vous croirez nécessaire d'en faire distribuer dans la province pour changer l'or. Vous pouvez aussy faire changer à la Monnoye tout l'or qu'on y apportera. Il est certain que cela doit désabuser promptement les peuples des fausses idées qu'ils pourroient avoir. Si vous apprenez que les commis des fermes, ou autres qui reçoivent les deniers du Roy, fassent la moindre difficulté de recevoir de l'or, vous devez les menacer de punition et m'en donner avis en mesme temps*.»

* Même circulaire à tous les intendants et receveurs généraux. — M. de Miroménil, intendant en Champagne, écrit, le 8 novembre : «Nous fûmes dès hier forcés de prévenir vos ordres du 4 de ce mois, au sujet des monnoyes, et faire publier qu'on eust à prendre les espèces ordinaires et l'or au prix porté par l'arrest du 20 octobre dernier, sous de grosses amendes, tout estant en consternation par mille méchans bruits de diminution, tant sur l'or que sur les pièces de 3 sols.»

484. *M. le Coadjuteur d'Arles au Contrôleur général.*

5 Novembre 1687.

«.....Cette pauvre ville est abismée sans ressource, si le Roy n'a pitié d'elle. On avoit regardé la perte de la *directe générale* comme le plus grand malheur qui pouvoit luy arriver, et cependant il se trouve, par l'arrest, que c'est quasi son moindre mal. Le nouvel impost pour la dérivation des eaux du Rhosne, quoyqu'elle ayt cousté aux particuliers des sommes immenses, le vingtain du revenu de toutes les isles depuis la ville jusqu'à la mer, le poids de la farine, l'entrée des vins, mesme de ceux du terroir, le droit d'étalage de la boucherie, les censes des maisons basties sur les remparts, qui sont en grand nombre, et les arrérages de presque toutes ces contributions depuis vingt-neuf ans, sont assurément la ruine totale de cette malheureuse ville. Croyez, s'il vous plaist, que je ne vous exagère point. Quand ce seroit une ville ennemie, je prendrois la liberté de vous représenter la mesme chose, et cependant, y en a-t-il une dans le royaume qui se soit plus distinguée par une fidélité constante et inviolable dans tous les temps les plus difficiles? Qu'on voye, dans l'histoire de Provence, si Arles s'est jamais démentie pour le service du Roy! S. M. eut la bonté, à son passage, de luy donner des marques publiques de son estime et de sa confiance, puisqu'elle ne voulut estre gardée que par les habitans. Cette ville a esté la première qui a érigé un monument authentique à la gloire du Roy, par l'obélisque qu'elle luy a consacré. Avec quelle joie n'a-t-elle pas envoyé la statue de Vénus au Roy, dès qu'elle a cru par là luy plaire! Sacrifice pourtant de la chose du monde la plus chère et la plus précieuse à ses habitans! Il leur est revenu qu'on a voulu les traiter de républicains dans ce procès. Quelle calomnie atroce et quelle injustice! Jamais il n'y a eu de peuple si docile, si monarchique, si plein de soumission, de respect et d'amour pour le Roy. C'est un témoignage que je dois et que je rendray toujours à la vérité..... On vous justifiera que, si le Roy n'a la bonté de modérer cet arrest, il y a une fort grande quantité de terres dont les propriétaires, de vingt parts, seront obligés d'en payer onze, sans compter leurs contributions pour les chaussées et pour les autres ouvrages publics, le payement des dettes de la ville, ses charges ordinaires et annuelles, la réparation des inondations du Rhosne, les mauvaises récoltes et les arrérages qu'ils doivent encore des 80,000 écus de l'imposition qui fut faite sur eux lorsque M. Rouillé estoit intendant dans cette province, et du huitième denier qu'on a exigé. Je ne saurois croire que, si ce détail, qui est dans la plus exacte vérité, est bien connu du Roy, ayant les entrailles de père qu'il a toujours eues pour ses sujets, et estant le meilleur roy et le meilleur maistre qui fust jamais, il n'ayt quelque compassion pour une ville qui luy a toujours esté fidèle. J'aurois assurément esté me jeter aux pieds de S. M. pour implorer sa clémence, et j'irois encore, si je croyois qu'elle eust la bonté de l'agréer; on m'en a fort pressé icy, mais je n'ay voulu prendre aucune résolution que je ne sache auparavant ses intentions. Faites-moy la grâce, s'il vous plaist, de me les apprendre. On peut trouver des adoucissemens pour le passé et pour l'avenir, qui ne seront presque rien pour le Roy et qui soulageront extrêmement ces pauvres gens. Je vous parle peut-estre avec trop de chaleur et trop de liberté; mais, en vérité, c'est la charité de Dieu qui me presse, et la compassion naturelle que je dois avoir pour un pauvre peuple à la conduite duquel je me vois destiné par la Providence. Je vois de trop près l'estat pitoyable où il est réduit, pour n'en estre pas sensiblement touché. D'ailleurs, quand j'aurois autant de sujets de m'en plaindre, que j'ay lieu de m'en louer, je regarderois toujours comme une obligation étroite de ma conscience et comme un devoir des plus essentiels de mon ministère de représenter ses pressans besoins aussy fortement qu'il me seroit possible, néanmoins avec toute sorte de respect et de soumission, comme je fais. Je me flatte que vous ne blasmerez pas la confiance avec laquelle je m'adresse à vous, puisqu'elle est fondée sur l'expérience que j'ay de vostre bonté naturelle et de vostre cœur plein d'humanité. Tout le royaume en reçoit tous les jours mille marques; que la ville d'Arles ne soit pas la seule qui n'en ressente pas les effets*!»

* Le contrôleur général répond, le 30 décembre :

«Le Roy n'a pu se dispenser de réunir à son domaine des droits qui luy appartiennent légitimement et dont l'usurpation a esté si clairement prouvée; mais la ville doit reconnoistre que S. M. luy a fait en mesme temps toute la grâce qu'elle pouvoit luy faire. Il est de vostre prudence de le faire bien concevoir aux habitans, le Roy ayant ordonné à M. Lebret d'apporter dans l'exécution de cet arrest toute la douceur et tout le ménagement qu'il pourra.»

Voir les pièces qui sont jointes à la lettre du coadjuteur, et l'instruction envoyée, le 18 juin 1688, à M. Lebret, ainsi que l'ordonnance rendue par celui-ci, le 10 mai précédent.

485. *Le Contrôleur général*
à M. de Vaubourg, intendant sur la frontière de Champagne.

6 Novembre 1687.

«J'ay reçu des mémoires par lesquels il paroist que les soldats de vostre département, surtout à Sedan, font beaucoup de fraudes sur les droits du tabac, et que vous vous opposez aux mesures que les commis prennent pour s'en garantir, mesme que vous avez logé depuis peu chez eux des soldats. Sur quoy je dois vous dire qu'il est du bien du service de donner une protection particulière à cette ferme, notamment contre les soldats, qui y sont naturellement opposés. M. de Louvois, à qui j'en ay parlé, est dans le mesme sentiment et m'a assuré qu'il s'en estoit déjà expliqué. Ainsy, vous devez bien prendre garde à ne rien faire qui puisse trop décréditer les commis dans l'esprit des peuples, et, lorsque vous ne pouvez vous dispenser de faire quelque chose contre leur intérest, comme de leur donner des soldats, vous devez faire paroistre que vous n'agissez en cela que par un esprit d'ordre et de justice, et non pas par un manque de protection et de considération pour les préposés au recouvrement des droits du Roy*.»

* 24 juin 1688, lettre semblable à M. de Bâville, sur ce que les fermiers du domaine de Languedoc se plaignaient qu'il fît des réprimandes en public à leurs commis ou sous-fermiers.

486. *Le Contrôleur général*
à M. de Bezons, intendant à Bordeaux.

7 Novembre 1687.

Il y a contestation entre les fermiers et les marchands, au sujet des draperies, bas de soie et de laine, charbons de terre et cuirs tannés venus pendant le temps de la foire, et nouvellement assujettis au tarif de 1667*.

Pour faciliter le commerce et surtout l'enlèvement des vins, le Roi a bien voulu accorder remise d'une moitié de l'augmentation, et les marchands ont tout intérêt à en profiter, puisque ces marchandises vont devenir plus rares et plus chères. Mais, si le bien du commerce l'exige absolument, le Roi laisse à l'intendant la liberté de faire remise entière, pour cette fois seulement, et pour ces seules classes de marchandises.

Quant aux trois points contenus dans la lettre des fermiers généraux au sieur de Saint-Amans :

1° Le droit de courtage, quoi qu'en disent les fermiers, est compris et absorbé dans le tarif de 1667;

2° Ce tarif doit être exécuté pour les bas de soie comme pour ceux d'étame;

3° Il doit être exécuté aussi, sans aucune innovation, sur tous les points du pays de Labour par lesquels les marchandises entrent en France.

Momentanément, on peut exempter de l'exécution du tarif les bouracans, camelots, bas de coton, bonnets de laine et cuirs dorés; mais il faudra voir par la suite ce que cette dispense produira pour l'industrie française**.

* Sur le commerce de Bordeaux, et particulièrement l'importation des cotons, de la gomme arabique (compagnie du Sénégal), des basins et futaines de Flandre, etc. voir les lettres du contrôleur général, 16 janvier, 24 février, 14 mars et 9 avril précédents, et celles de M. de Bezons, 11 et 22 mars.

** Le 1er mai 1688, la permission fut accordée aux marchands d'enlever les draperies étrangères arrivées depuis le 1er janvier.

Voir, dans la correspondance de Caen, à la date du 11 septembre 1687, une requête des marchands de cette ville, sollicitant remise des droits nouveaux pour les marchandises qui avaient été apportées d'Angleterre avant la publication du tarif.

487. *M. de Cosnac, évêque de Valence et Die,*
nommé archevêque d'Aix,
au Contrôleur général.

11 Novembre 1687.

«J'ay cru que je devois vous rendre compte du détail de ce qui s'est passé dans nostre assemblée des communautés de Provence, non pas à dessein de m'en faire un mérite, estant bien persuadé que mille vies comme la mienne ne sauroient satisfaire à mes devoirs à l'égard de S. M., mais afin de vous donner une entière connoissance de ce qui s'est fait.

«J'appris seulement hier qu'on avoit accoustumé, après que M. l'intendant avoit fait la demande du Don du Roy, de donner aux députés de l'assemblée cinq ou six jours pour délibérer sur ce Don, et qu'on leur laissoit la liberté de s'assembler et de faire des conférences entre eux pour examiner ce qu'ils devoient faire; on me dit mesme que, dans ces conférences, on y parloit avec trop de licence et qu'on y examinoit les misères publiques avec exagération, ce qui donnoit aux députés souvent des impressions peu conformes à leurs devoirs et pouvoit faire de mauvais effets. Je conféray sur cela avec M. l'intendant, lequel ayant convenu que ce seroit rendre service au Roy de supprimer ces conférences et d'inspirer aux peuples une prompte obéissance aux ordres du Roy, j'y ay travaillé avec diligence, en telle sorte qu'après avoir fait connoistre à l'assemblée qu'il estoit de leurs intérests de prendre une manière plus soumise, dans le mesme temps, il a esté unanimement résolu par tous les députés d'accorder au Roy ce qu'il avoit demandé, sans conférence ni délay. Cela s'est fait mesme de si bonne grâce et de si bon cœur, qu'on peut dire que jamais délibération n'a esté plus libre ni faite avec plus de joye; j'espère bien que les suites ne seront pas moins soumises.»

488. *M. de la Fond, intendant en Franche-Comté, au Contrôleur général.*

14 Novembre 1687.

«Vous m'avez fait savoir les intentions de S. M. sur le bruit qui a couru d'une nouvelle diminution des espèces d'or : j'ay fait savoir aux principaux marchands, au receveur général de la province et au trésorier de l'extraordinaire de la guerre que lesdites espèces demeureroient sur le pied de la dernière déclaration de S. M. du 20 octobre. Permettez-moy que j'aye l'honneur de vous remontrer que, lors d'un pareil décri, ou augmentation de monnoye, il est très à propos que j'en sois averti. Ladite déclaration du 20 octobre ne m'a point esté envoyée et je n'en ay eu connoissance que par le bruit public; cependant, le trésorier des guerres qui sert près de moy, ayant eu avis, selon les apparences, de la diminution desdites espèces d'or, avoit son fonds en or, et payoit les troupes avec icelles, sur le pied de 11# 10 s. Plusieurs soldats avoient une pistole, à chaque prest, à partager entre eux : aucun marchand ne vouloit ni la changer, ni la prendre en payement, en sorte qu'il a fallu user de prudence pour éviter un désordre, et je fus obligé d'ordonner audit trésorier de payer les troupes en argent blanc. Je ne savois, de l'autre costé, si l'intention de S. M. estoit de donner exécution à ladite ordonnance en cette province. Vous jugerez de la nécessité que je sois informé de la volonté de S. M. en pareille occasion.

«Je suis persuadé que vous estes averti combien les Suisses font transport de l'argent de France; je me contenteray de vous en faire une seule remarque, savoir que, lorsque nos marchands vont en emplette, soit en Allemagne, soit en Suisse, lorsque l'on est convenu du prix, on demande en quel argent on payera. Si l'on paye en écus de France, on diminue dix pour cent; si l'on paye en patagons ou autres espèces qui ont cours en cette province, on diminue cinq pour cent. J'ay cru jusqu'à présent que le seul remède pour empescher ledit transport seroit d'augmenter les espèces d'argent et de mettre la valeur d'un écu à 64 sols*.»

* Le contrôleur général répond, le 2 décembre, qu'il faut faire tout ce qui sera jugé nécessaire pour désabuser les peuples de l'idée d'une nouvelle diminution, et arrêter soigneusement toute exportation d'or et d'argent monnayés.

Dans les pays de frontières, le commerce des bajoires, escalins et autres espèces étrangères, sauf les pistoles d'Espagne, était toléré et admis, même pour le payement des adjudications, sans aucun droit de change; cependant on ne pouvait obliger les receveurs des fermes, ceux des traites, par exemple, à recevoir ces monnaies en payement. (Lettres du contrôleur général à M. Chauvelin, intendant à Amiens, 16 janvier et 20 août; lettre de M. Malhieu, Luxembourg, 31 décembre.)

489. *M. de Bâville, intendant en Languedoc, au Contrôleur général.*

14 Novembre 1687.

Le président de Solas et son gendre, le marquis de Graves, ayant dépensé une partie de leur bien pour canaliser la rivière du Letz et donner par ce moyen à la ville de Montpellier une communication avec le canal des Deux-Mers, il serait juste que cette ville les aidât de son crédit pour achever les travaux, sauf à se garantir sur les produits futurs, et elle en retirerait plus d'avantages que n'a fait la ville de Narbonne, qui a dépensé 40,000 écus en pure perte dans une tentative du même genre*.

* Le Roi ne voulut pas obliger par un arrêt la ville à faire ce prêt, mais M. de Bâville fut autorisé à s'entremettre à l'amiable. (Lettre du contrôleur général, 24 décembre.)

490. *Le Contrôleur général à M. le cardinal de Bonzy, président des États de Languedoc.*

15 Novembre 1687.

«Le Roy a entendu la lecture tout au long du mémoire de Messieurs des Estats, et des impositions qu'il faut faire pendant l'année 1688*. Je dois informer Vostre Éminence que S. M. a fort remarqué toutes les choses qui chargent la province, et je suis persuadé qu'en toutes les occasions qui s'en présenteront, elle y fera les réflexions utiles pour le soulagement du Languedoc. Mais, quant à présent, le Roy n'a pas cru devoir rien remettre sur le Don gratuit; la somme ne pourroit estre que médiocre, et ne laisseroit pas de tirer à conséquence . . . . .

«A l'égard de ce que vous m'avez écrit de vostre main, j'ose supplier Vostre Éminence d'estre bien persuadée qu'elle est fort au-dessus des choses que l'on pourroit dire au Roy de cette nature. Je dois vous marquer que S. M. a dit ce matin que le bruit de la promotion des chevaliers se ralentissoit, et qu'elle avoit répondu à quelqu'un qui prenoit la liberté de luy en parler, qu'il attendist que S. M. s'en expliquast elle-mesme.

«J'oubliois de répondre à Vostre Éminence sur l'article qui regarde ou l'emprunt ou l'imposition pour fournir aux charges de la province. Vous connoissez trop les conséquences des emprunts pour le courant. Il faut du temps, et de plus forts remèdes, plusieurs bonnes récoltes de suite, et les intentions que le Roy marque de ménager le Languedoc, dont il reconnoist les besoins, notamment à cause des affaires de la religion, donneront occasion à vostre application et à vostre zèle de procurer le bien solide du Languedoc, autant qu'il se pourra**.»

* Les États avaient accordé 2,050,000# pour le Don gratuit et 150,000# pour le canal, mais en chargeant le duc de Noailles et le cardinal de Bonzy de représenter au Roi l'accablement de la province. (Lettres du 6 novembre.)

** Voir, sur le même sujet, les lettres à M. de Bâville, 15 et 22 novembre, la dernière relative à l'imposition des sommes dues pour la construction des forts des Cévennes, et les lettres du cardinal et de M. de Bâville, 12 et 15 décembre.

M. de Bâville avait demandé, par ses lettres du 3 et du 28 octobre, qu'on supprimât ou qu'on réduisît la commission spéciale établie en dehors de la grande commission des États, pour faire le rapport sur les impositions de la province; elle coûtait 12,000#. Mais, comme la nomination des commissaires, pris dans l'assemblée, appartenait au cardinal de Bonzy, on se borna à réduire les appointements de moitié. (Lettre de M. de Bâville, 21 novembre.)

491. *M. Bossuet, intendant à Soissons,*
au Contrôleur général.

15 Novembre 1687.

L'adjudicataire des nouveaux droits d'entrée de la ville de Noyon a obtenu des échevins une diminution, en raison de la perte considérable qu'il a éprouvée de ce que les habitants ont pu, avant l'établissement et l'adjudication de ces droits, s'approvisionner pour plusieurs années.

Le corps de ville peut couvrir cette diminution à l'aide de ce qui restera du prix de l'adjudication, après que les dettes auront été préalablement acquittées*.

* Cet excédant était primitivement destiné aux réparations de l'hôtel de ville. (Lettres du 14 août et du 8 septembre 1689.)

492. *M. de la Fond, intendant en Franche-Comté,*
au Contrôleur général.

16 Novembre 1687.

En 1684, les moulins d'Athoze, qui dépendent de la directe du Roi, avaient été adjugés moyennant une redevance de 40 sols. Lorsque les lettres d'acquisition ont été présentées à la Chambre des comptes, le droit de *retrait ou retenue*, dont le Roi jouit pendant quarante jours, a été mis en adjudication, et le domaine a été adjugé à un plus fort enchérisseur, par procès-verbal de l'intendant.

493. *M. de Bâville, intendant en Languedoc,*
au Contrôleur général.

16 Novembre 1687.

Il croit à propos d'accepter les offres d'augmentation sur la ferme de l'*équivalent*, à charge de porter la durée du bail à six ans, au lieu de trois. Les États n'avaient jusqu'ici reculé devant cette mesure que par crainte que le Roi ne s'emparât de ce droit, et, dans cette idée, ils réitéraient les actes de possession le plus souvent possible.

494. *Le Contrôleur général*
au sieur le Tellier, sous-fermier des aides
en Champagne.

20 Novembre 1687.

«L'on se plaint que vous obligez les voituriers du vin à prendre des quittances des droits d'entrée qu'ils payent, et que vos commis prennent 6 deniers pour chacune de ces quittances. Ne manquez pas, aussitost que vous aurez reçu cette lettre, de donner ordre à vos commis de cesser cette exaction, dont le Roy vous rendroit responsable, si elle continuoit, car il doit estre libre à ceux qui veulent bien se fier à la bonne foy des registres, de ne point prendre de quittances.

«Je reçois encore beaucoup d'autres plaintes auxquelles l'ignorance et la mauvaise conduite de vos commis donnent lieu; appliquez-vous à les faire cesser promptement, parce qu'autrement le Roy sera obligé d'y pourvoir*.»

* Le 19 août précédent, il avait été écrit aux commissaires du Conseil de punir sévèrement les commis qui faisaient payer 5 s. 6 d. pour la visite des bagages à l'entrée du royaume et forçaient en outre les marchands ou les voyageurs à faire *rafraîchir* leur acquit dans tous les bureaux où ils passaient, et à payer 5 sols chaque fois, sous peine de confiscation des marchandises.

495. *M. de Bouville, intendant à Alençon,*
au Contrôleur général.

20 Novembre 1687.

Le fermier des aides d'Argentan demande à être subrogé au nouveau bail du tarif de cette ville, sous prétexte que les adjudicataires étant tous hôteliers ou cabaretiers, ils favorisent les fraudes sur les droits d'entrée. Le public trouverait avantage à cette mesure, qui réunirait les deux bureaux en un seul; mais il est à craindre qu'au renouvellement du bail le fermier n'en profite pour obtenir une diminution.

Le même fermier prétend que les congés, billets de renvoi et autres servant à l'exploitation du tarif, ainsi que ceux que délivrent les propriétaires des droits de foires et marchés, doivent être donnés sur papier timbré, comme cela se pratique pour les fermes du Roi.

Enfin, il conteste au séminaire de Lisieux l'exemption des droits d'entrée que réclame cette maison pour le vin et les autres boissons destinées à sa consommation*.

* A cette dernière requête sont jointes plusieurs pièces, et, entre autres, un exemplaire du tarif de l'élection de Lisieux.

Par lettre du 2 décembre, le contrôleur général notifia que le Roi n'approuvait la subrogation du bail que moyennant une augmentation, et que, pour la seconde question, il fallait s'en tenir strictement à l'usage ordinaire.

Quant à la requête du séminaire, le contrôleur général ne l'admit qu'autant que les boissons proviendraient de biens donnés à l'établissement et amortis et ne serviraient point à la consommation des écoliers ou des pensionnaires. (Lettre du 11 décembre.)

496. *Le Contrôleur général*
à M. de Saint-Contest, intendant à Limoges.

27 Novembre 1687.

Les intendants ne doivent point se mêler de certains faits de police, comme de rendre des ordonnances pour obliger les habitants des villes à paver les rues devant leurs maisons*.

* M. de Saint-Contest envoie, le 27 décembre suivant, un rapport

contre la proposition faite par les trésoriers de France, d'aliéner un terrain dépendant des fossés de Limoges et d'y ouvrir une rue.

Le 2 janvier précédent, sur la proposition de M. de Miroménil, intendant en Champagne, il avait été décidé que, au lieu de faire une imposition de 40 ou 50,000# pour le pavage de la ville de Bar-sur-Aube, on n'y pratiquerait qu'un simple cailloutage avec les cailloux des vignes, comme en certains autres endroits, et que les paysans seraient employés à ce travail.

Voir, dans la correspondance de M. de Bezons (Bordeaux, 7 janvier) les détails d'une contestation entre les échevins de Bayonne et le lieutenant général, au sujet de la participation que ce dernier prétendait avoir à l'adjudication des travaux publics et à l'audition des comptes du trésorier municipal.

---

497. *M. Bossuet, intendant à Soissons,*
au Contrôleur général.

30 Novembre, 13, 16 et 31 Décembre 1687.

Contestation entre les corps de ville de Soissons et de Crépy et les fermiers des aides de la généralité, ceux-ci réclamant le droit de se faire subroger au bail de la moitié des octrois qui appartient aux villes, lorsque le partage de ces octrois avec le Roi n'est pas déjà fait, selon les termes de la déclaration de 1681 *.

* L'affaire fut décidée en faveur des fermiers. Voir, dans la correspondance de l'année suivante, un mémoire des échevins de Crépy, 1er janvier, les pièces qui y sont jointes, avec la réponse des fermiers, et, au 12 février, une lettre de l'intendant.

Dans la généralité de Champagne, les habitants de Reims réclamèrent aussi le droit de procéder à l'adjudication de leurs octrois sans faire droit au privilége de subrogation prétendu par le fermier des aides; M. de Miroménil appuya la réclamation des habitants. (Lettre du 10 juillet 1687.)

Voir encore, 4 juin 1688, une lettre de M. de Bagnols, intendant en Flandre, touchant pareille subrogation réclamée par le fermier des domaines de ce département.

A Chartres, M. de Creil demanda que, si l'on confirmait le privilége des fermiers des aides, on restreignît du moins le délai pour user de cette faculté à la quinzaine après la publication du bail ou la huitaine avant l'entrée en jouissance. (Lettre du 16 janvier 1687.)

---

498. *Le Contrôleur général*
à M. de Miroménil, intendant en Champagne.

2 Décembre 1687.

Le Roi veut que les élus observent les ordonnances qui leur défendent positivement, et même sous peine de la vie, d'accepter des rôles supérieurs au montant des commissions et des mandements des tailles, comme ils se permettent de le faire. Si l'excédant est considérable, ils doivent refuser de vérifier le rôle et en faire mention dans leur procès-verbal; mais s'il s'agit de peu de chose, ils peuvent simplement mettre au bas du rôle que la somme sera remise aux mains du syndic, pour être déduite, en moins imposé, sur l'année suivante *.

* Voir les rapports de M. de Miroménil, 11 août et 8 novembre précédents, sur cet abus et plusieurs autres du même genre.

Voir aussi une lettre du 24 décembre 1687, aux officiers de l'élection de Saint-Flour, et les rapports envoyés, à leur sujet, par M. de Vaubourg (Auvergne), 15 et 22 décembre 1687, 2 janvier 1688. Outre des connivences avec les collecteurs, ils étaient accusés de s'opposer à l'exercice d'un receveur nouvellement pourvu de provisions.

---

499. *Le Contrôleur général*
à M. de Bâville, intendant en Languedoc.

2 Décembre 1687.

L'intention du Roi au sujet du dénombrement des arrière-fiefs est toujours la même *. On ne pourrait sans beaucoup d'inconvénients changer la disposition des anciens règlements, qui ont été faits en connaissance de cause.

«Pour ce qui est de l'ordonnance que vous projetez de rendre conjointement avec les commissaires du domaine pour obliger les vassaux à spécifier à l'avenir en détail, dans leurs dénombremens, la consistance des arrière-fiefs, l'on a trouvé qu'elle donneroit lieu à deux incidens qu'il est nécessaire d'éviter : le premier, en ce qu'il seroit toujours difficile de refuser aux seigneurs les délays qu'ils demanderoient pour obliger leurs vassaux à dénombrer, ce qui iroit à l'infini; le second, en ce que cela iroit directement contre les règlemens, qui ont sursis toutes les poursuites des seigneurs particuliers contre leurs vassaux et emphytéotes jusqu'à ce que les dénombremens soient rendus au Roy et que le papier terrier de S. M. soit entièrement achevé. C'est pourquoy le Roy veut que l'on continue à recevoir présentement tous les dénombremens en la manière accoustumée, se réservant, après que la commission sera finie, de laisser aux seigneurs particuliers la liberté de faire leur papier terrier, et d'ordonner que, dans un certain temps qui leur sera prescrit, ils rapporteront aux archives du Roy des copies signées d'eux des dénombremens de leurs vassaux, lesquelles seront reçues sans frais, ou du moins pour peu de chose.»

* Les États, par un cahier séparé, avaient demandé que les arrière-vassaux fussent dispensés de fournir leur dénombrement autrement qu'à leurs seigneurs particuliers, et le Roi avait ordonné qu'on s'en tînt, comme par le passé, au règlement fait par M. de Bezons en 1671 et à l'usage commun du reste du royaume. Voir les lettres de M. de Bâville, 5 octobre et dernier décembre 1687.

---

500. *Le Contrôleur général*
à M. Lebret, intendant en Provence.

2 Décembre 1687.

L'évêque d'Orange demande la permission de destituer son vicaire de Mondragon, que l'on accuse de frauder les droits du Roi; mais S. M. a peine à consentir à la destitution d'un prêtre par la seule considération de ses intérêts, et veut qu'on tente auparavant de le faire changer de conduite.

---

501. *Les Officiers de la Chambre des comptes de Dôle au Contrôleur général.*

9 Décembre 1687.

Ils réclament l'exemption du logement des gens de guerre, dont l'intendant prétend les dépouiller, ne laissant ce privilége qu'au premier président et au procureur général *.

* Le même privilége fut attaché aux charges des eaux et forêts créées en Lorraine, pour en faciliter le débit. (Lettre de M. Charuel, 25 janvier 1689, et réponse du contrôleur général, 10 février.)

Voir, à la date du 30 novembre 1688, le procès-verbal dressé par M. de la Berchère, intendant à Montauban, au sujet de l'exemption prétendue par les jésuites de Rodez et contestée par les consuls, de toute contribution aux frais de logement des gens de guerre, de fourrages, d'étapes, etc.

502. *Le Contrôleur général à M. de Saint-Contest, intendant à Limoges.*

10 Décembre 1687.

«J'ay rendu compte au Roy du contenu de plusieurs mémoires et pièces qui m'ont esté envoyés et des lettres que vous m'avez écrites sur la conduite du sieur Hémart, receveur particulier de Limoges, dans le recouvrement de la taille de cette année, comme aussy de la difficulté que font les élus sur la taxe des frais des huissiers employés dans ce mesme recouvrement.

«S. M. a fort désapprouvé que ce receveur ayt fait faire un aussy grand nombre d'emprisonnemens, la plupart sans règles ni formalités, et que, comme commis à la recette générale par le sieur Sandrier, il ne tienne point de registre paraphé, suivant l'ordonnance de 1669, pour écrire tous les payemens qui se font à ladite recette. L'intention du Roy est que vous l'obligiez à ne se départir en rien à l'avenir des règlemens là-dessus, et qu'à l'égard des prisonniers, vous empeschiez qu'il s'en fasse aucun sans contraintes ni écrous, et dans les cas seulement d'une absolue nécessité, dont il vous ayt auparavant informé.

«Il y a plusieurs autres faits avancés contre ce receveur, desquels jusqu'à présent la preuve n'a pas esté bien établie.

«L'on prétend, par exemple, qu'il a rétabli l'usage des fusiliers dans l'élection, qu'on en avoit ostés depuis dix ans, que les paroisses en ont souffert beaucoup de frais et de vexations, qu'il a fait taxer doublement les journées de ses huissiers, une fois en l'élection pour la taille, et encore en la Chambre ecclésiastique pour les décimes, dont il s'est chargé du recouvrement, qu'il a fait payer les deniers de la taille à quelques paroisses avant l'échéance des termes, et exigé de quelques-unes 6 deniers pour livre de leur part de la diminution que le Roy a faite à la généralité, et notamment 29# de la paroisse de Glaudon. S. M. veut que vous vous mettiez en estat, par des voies sûres et secrètes, de m'informer très-précisément de la vérité de tous ces faits jusqu'à présent mal prouvés, afin que S. M. puisse prendre une résolution convenable contre ce receveur, duquel il est difficile de croire que la conduite soit tout à fait exempte de tant d'abus si précisément articulés. Et vous devez d'autant plus redoubler vos soins et vostre application pour en bien éclaircir S. M., que je crois vous devoir avertir qu'on a voulu faire entendre que vous estiez trop favorable à ce receveur.

«Quant à la difficulté concernant la taxe des frais faits, les uns à l'encontre des collecteurs, et les autres contre les contribuables, les premiers ayant esté taxés par les élus, qui prétendent l'avoir fait eu égard à la distance des lieux et au travail utile des huissiers, suivant le règlement de 1664, il semble que le receveur et les huissiers feront mieux d'accepter cette taxe que d'avoir recours à la voye d'appel, qui seroit la seule à prendre pour se pourvoir contre ce que ces officiers ont fait à cet égard. Et, pour ce qui concerne les autres frais, S. M. veut que vous avertissiez les élus et procureur du Roy de l'élection de se rendre auprès de vous pour travailler en vostre présence à la taxe de ces frais, et que vous leur fassiez bien observer de n'y point comprendre ceux du transport ni du retour des huissiers qui paroistront avoir esté dans les paroisses par ordre du receveur et sans réquisition des collecteurs, et qu'ils ne doivent pas non plus faire de taxe du travail que ces huissiers auront fait dans aucun des villages où il pourroit paroistre, suivant les procès-verbaux de chevauchées des élus, que le mesme huissier aura reçu de l'argent des collecteurs ou des contribuables, d'autant plus que, suivant les règlemens, ces huissiers pourroient encourir de plus grandes peines pour raison de ce, si le fait est bien prouvé.

«S. M. veut aussy que vous vous appliquiez soigneusement à empescher à l'avenir que les huissiers des tailles ne soient jamais employés contre les contribuables de difficile discussion que lorsqu'ils iront travailler sur les contraintes du receveur visées des élus, et qu'ils en seront, dans les circonstances, bien et valablement requis par les collecteurs *.»

* Voir la réponse justificative de l'intendant, 2 janvier 1688.

503. *Le Contrôleur général à M. de Bouville, intendant à Alençon.*

11 Décembre 1687.

«J'ay rendu compte au Roy de vostre lettre du 20 de ce mois passé et des deux requestes qui y estoient jointes. S. M. est persuadée qu'il peut arriver quelquefois que des collecteurs surtaxent des officiers de justice par animosité; mais aussy elle croit que ceux-cy abusent souvent de leur caractère et que ce n'est pas toujours l'exactitude avec laquelle ils rendent la justice qui leur attire ces surtaxes. On ne peut, quant à présent, faire ce que vous proposez en leur faveur, parce que cela feroit un trop grand mouvement dans tout le royaume; mais, pour ne les pas abandonner tout à fait à la discrétion des collecteurs, le Roy veut bien, dans les faits singuliers, leur accorder sa protection, et modérer leurs cotes par des arrests, lorsque vous les trouverez excessives et faites sur de mauvais principes *.»

* Voir, à la date citée, le rapport de l'intendant. Il demandait, pour assurer l'indépendance des officiers de judicature, qu'ils fussent traités comme ceux des eaux et forêts, c'est-à-dire, taxés d'office par l'intendant lui-même, sans que les collecteurs pussent augmenter cette taxe.

504. *Le Contrôleur général aux Intendants des généralités taillables.*

14 Décembre 1687.

« Le Roy ayant esté informé par les procès-verbaux de MM. les commissaires du Conseil qui ont esté par son ordre dans les provinces, et par le rapport qu'ils ont fait à sa propre personne, que le grand nombre de privilégiés exempts de la taille et de la collecte et les abus qui se commettent en cela causoient une grande surcharge aux plus pauvres habitans de la campagne, S. M. m'a commandé de vous écrire qu'elle désire qu'au plus tost que vous le pourrez, et néanmoins avec toute l'exactitude et le temps qui vous est nécessaire pour bien exécuter l'ordre du Roy, vous fassiez un rôle ou estat des privilégiés établis et demeurans dans les paroisses de vostre département, contenant leurs noms et le titre en vertu duquel ils jouissent de l'exemption de la taille en tout ou en partie et de la collecte; que vous spécifiiez s'ils possèdent les charges de père en fils ou s'ils en ont esté pourvus après avoir fait commerce ou tenu des fermes d'autruy, s'ils ont payé la taille auparavant, à quelle somme ils estoient cotisés, s'ils ont continué leur commerce et leurs exploitations sous le nom de leurs enfans ou autres personnes confidentes, et, autant que vous pourrez, quelles sont leurs facultés. Vous vous informerez aussy s'ils servent actuellement et par quartier, et s'ils obtiennent des certificats sans service et des dispenses sans cause légitime. Le Roy est persuadé que, par les réflexions que vous ferez sur cet ordre, vous trouverez beaucoup de remarques à faire sur le particulier, en entrant dans l'esprit et dans les intentions de S. M. pour procurer le soulagement de ses sujets taillables, sans donner atteinte aux anciens priviléges établis par l'ordre du royaume et par les règlemens dont l'exécution a fait connoistre le succès et l'avantage. Vous n'omettrez pas, sans doute, le nombre des officiers privilégiés en chacune paroisse, distinguant les maisons royales dont ils sont officiers, et s'ils excèdent celuy porté par le règlement de 1634, ni celuy des maistres de poste ou de ceux qui tiennent des chevaux de louage, et des commis et employés des fermes qui prétendent jouir de l'exemption, spécifiant s'ils sont du lieu où ils exercent leurs employs, quelle estoit leur profession auparavant, quels biens ils possèdent et, s'ils y estoient taillables, à quelles sommes ils estoient cotisés, ou s'ils n'ont autre revenu que leurs appointemens et d'autres fonctions ni métier que le service des fermes, et mesme si vous estimez leur employ nécessaire et si on n'a point multiplié les commissions plutost pour les exemptions qu'elles procurent que pour la levée des droits du Roy, et particulièrement à l'égard des buralistes, regrattiers, commis à la distribution du papier et au contrôle des exploits, qui sont des employs dont les plus aysés des paroisses pourroient se servir pour s'exempter de la collecte, du logement des gens de guerre, et autres charges publiques *. »

* Voir, dans la correspondance de M. Bossuet, intendant à Soissons, 3 avril 1688, le modèle d'état qu'il propose.

L'intendant de Tours (2 octobre 1685) avait, entre autres exemples, réclamé contre la multiplicité des salpêtriers qui, sans travailler à la recherche des salpêtres, prenaient des commissions du grand maître de l'artillerie. — A Alençon, M. de Bouville (4 décembre 1687) se plaignait aussi des priviléges accordés soit aux gardes des étalons ou des chevaux de louage soit aux petites charges des maisons royales.

505. *M. de Bâville, intendant en Languedoc, au Contrôleur général.*

24 Décembre 1687.

Le chapitre de Beaucaire ayant cédé aux consuls de cette ville et d'autres lieux voisins, vers la fin du siècle dernier, une grande quantité de terres dont la culture aurait été dispendieuse pour lui, le prix de cette aliénation avait été converti en rentes payables à 7 p. o/o. A plusieurs reprises, les consuls ont voulu profiter des réductions des rentes pour se faire décharger de celles qu'ils payaient au taux des contrats primitifs, mais ils ont toujours été déboutés de leur prétention. Actuellement, les communautés de Valabrègues et de Jonquières intentent une procédure à même fin; la seconde seule a droit à obtenir la réduction, le chapitre n'étant point, dans le cas particulier, créancier originaire et privilégié, mais seulement cessionnaire.

506. *M. de Bérulle, intendant à Lyon, au Contrôleur général.*

26 Décembre 1687.

« Les abus qui se sont glissés jusqu'à présent dans la ville de Lyon et dans toute cette généralité sur le fait des faux bourgeois de ladite ville sont venus jusqu'à un tel point, que j'ay cru qu'il n'y avoit rien de plus de conséquence que d'en arrester le cours par quelque exemple rigoureux qui pust contenir à l'avenir ceux qui voudroient jouir induement de ce privilége et sans l'avoir acquis. Vous savez quels sont les priviléges des bourgeois de la ville de Lyon, et comme ils sont considérables; il n'y a personne dans la province qui ayt du bien qui ne prenne cette qualité pour tascher de jouir de l'exemption de la taille et du payement des droits d'aydes pour le vin de leur cru, qu'ils vendent en ladite ville, à la faveur de la bourgeoisie, sans les payer. Il n'y a pas une paroisse dans le Beaujolois et dans le Lyonnois où il n'y ayt un nombre infini de ces prétendus bourgeois, et j'en ay compté dans des paroisses, en examinant les rôles, jusqu'à cinquante, ce qui tourne à la charge et à la foule des autres habitans desdites paroisses, qui sont accablés de taille par l'exemption desdits faux bourgeois, qui, à la faveur d'une *nommée* qu'ils ont donnée à l'hostel de ville et de faux certificats des officiers des quartiers, qui n'en refusent point, jouissent des priviléges qu'ils n'ont point acquis *. »

* Le 30 avril de l'année suivante, le contrôleur général écrit que les fermiers des aides demandent que, conformément à la déclaration de 1669, le privilége de bourgeois s'acquière seulement par un séjour consécutif de dix années et une résidence régulière de sept mois par an.

507. *M. de la Goupillière, intendant à Hombourg,*
au Contrôleur général.

27 Décembre 1687.

« . . . . . M. Charuel ayant jusqu'à présent pris soin de ce qui concerne le domaine des prévostés de Phalsbourg et de Sarrebourg, quoyque situées en deçà de la Sarre, parce qu'elles ont esté cy-devant de la généralité de Metz, je vous supplie très-humblement de vouloir bien disposer mondit sieur Charuel de ne point trouver mauvais que je vous en rende compte, pour que je puisse suivre vos ordres sans luy faire de peine. »

508. *M. Feydeau du Plessis, intendant en Béarn,*
au Contrôleur général.

28 Décembre 1687.

« Je n'ay pu me défendre de la prière que m'a faite M. le premier président du Parlement de Pau, de vous faire souvenir que, depuis qu'il a cette place, vous avez eu la bonté de le faire employer tous les ans sur l'estat des gratifications pour une somme de 3,000 ᵗᵗ. Si vous aviez agréable de luy marquer que je me suis donné l'honneur de vous en écrire, cela pourroit estre de quelque utilité pour le service du Roy, qui se fait plus aysément lorsque les intendans entretiennent avec les principaux chefs des Compagnies une certaine correspondance qui facilite les choses. Je vois par expérience que la plupart d'entre eux ne nous considèrent qu'autant qu'ils nous croyent leur pouvoir estre bons pour leurs intérests particuliers. Icy, la division est très-grande dans le Parlement; je cherche, autant que je puis, à réunir leurs esprits, observant une neutralité, pour ne leur point donner de jalousie. J'auray bien de la peine, avec cela, d'y réussir. »

509. *M. de Gourgue, intendant à Caen,*
au Contrôleur général.

30 Décembre 1687.

Rapport sur quelques contestations relatives à l'élection des échevins de Grandville, et sur la levée de certains droits assignés pour la réparation du port et des chaussées de la ville*.

* Le procès-verbal de l'assemblée des habitants est joint au rapport. Ils demandaient, pour suppléer à l'insuffisance de leurs revenus et spécialement pour fournir aux frais de plusieurs procès, à lever un droit d'octroi sur le vin et le cidre; mais le Roi fit répondre par le contrôleur général (7 janvier 1688), qu'il n'admettait pas ce genre d'impositions et que ces deux denrées ne devaient porter d'autres droits que ceux qui se levaient à son profit.

Touchant la même ville et les paroisses voisines, voir les mémoires envoyés le 12 octobre et le 19 décembre 1687, à propos d'une sorte de droit de *guet* que le gouverneur avait rétabli de sa propre autorité et contrairement à la décharge générale accordée à tout le royaume. (Lettre du contrôleur général à M. de Gourgue, 24 décembre.)

510. *Le Contrôleur général*
à M. de Gourgue, intendant à Caen.

1ᵉʳ Janvier 1688.

Le fermier des aides a le droit d'interdire l'établissement des entrepôts francs dans la ville de Caen, ou de le tolérer à son choix; mais, quant aux entrepôts dans les trois lieues hors de la ville, l'ordonnance qui les prohibe n'est applicable qu'aux villes de Paris et de Rouen*.

* Le fermier précédent avait permis aux marchands d'entreposer les vins étrangers dans la ville même, pour les débiter aux environs, sans payer l'entrée; son successeur avait retiré cette permission, sous prétexte qu'elle nuisait au produit de la ferme. Le prix d'entrée du muid à Caen montait à 48 ᵗᵗ. (Lettre de M. de Gourgue, 20 novembre 1687.)

En Boulonnais, les fermiers ayant voulu assujettir la ville d'Étaples au règlement qui interdisait les entrepôts de boissons à moins de trois lieues des pays où la subvention se levait à l'entrée, les marchands firent exposer par M. Chauvelin (1ᵉʳ novembre 1688), que le Boulonnais avait toujours été exempté des droits d'aides, que d'ailleurs Étaples était le seul lieu propre à faire des entrepôts, et que, la ville étant fermée, les fermiers avaient pour garantie l'obligation imposée aux habitants de faire des déclarations et de prendre des billets de remuage.

511. *Le Contrôleur général*
à M. Ricoul, fermier général à la Rochelle.

1ᵉʳ Janvier 1688.

« . . . . . Comme la plus grande partie des eaux-de-vie de Poitou se vendent pour la France, et non pour les pays étrangers, l'augmentation de 3 ᵗᵗ sur celles qui sortiront par Marans ne causera pas un grand préjudice à la province, dont on a examiné les intérests et les raisons qu'elle pourroit à présent représenter, avant que d'ordonner ladite augmentation, et il seroit difficile qu'on pust rien dire de nouveau là-dessus. On a aussy examiné vostre dernier mémoire, celuy qui avoit esté donné pour empescher l'entrée des eaux-de-vie de Saintonge et d'Angoumois dans le Poitou et l'Aunis, que vous marquez n'avoir osé proposer, et quantité d'autres, et on n'a pas trouvé de moyen plus prompt et plus propre pour faciliter la sortie des eaux-de-vie desdites provinces de Saintonge et d'Angoumois, qui souffriroient considérablement par le manque du débit de leurs eaux-de-vie, que celuy que l'on a pris par l'arrest du 29 novembre. »

512. *Le Contrôleur général*
à M. de Miroménil, intendant en Champagne.

7 Janvier 1688.

« A l'égard de ce que vous proposez pour empescher que les seigneurs hauts justiciers ne se laissent prévenir par le juge royal dans l'instruction des affaires criminelles, cela est trop contraire à l'usage qui s'est pratiqué de tout temps, et il seroit difficile de le changer, joint que les frais de justice doivent toujours se prendre sur le fonds des amendes et confiscations, lesquelles appartiennent au Roy lorsqu'elles sont ordonnées par le juge royal.

«L'intention du Roy n'est pas que les chirurgiens jurés prétendent aucune taxe de leurs rapports dans les affaires où il n'y a point de partie civile; il n'y a pas d'exemple que l'on en ayt jamais usé autrement, et ils sont suffisamment indemnisés par leurs priviléges.

«Pour ce qui est des exécutoires des Cours supérieures qui n'expriment pas la qualité des crimes, vous pouvez surseoir de les viser jusques à ce que l'on vous ayt représenté le jugement qui aura esté rendu et qui vous fera connoistre si les exécutoires doivent estre visés ou non*.»

* Lettres de M. de Miroménil, 21 avril, 26 juin et 24 décembre 1687, 11 mars 1688.

Voir, au sujet des frais de translation des prisonniers à Paris et de port des procès, une lettre de M. de Creil, intendant à Orléans, 23 décembre 1687, et au sujet du payement des fournitures de pain et de l'écu affecté, pour chaque mois, à la nourriture des enfants trouvés, une lettre de l'intendant de Limoges, 21 février 1688, les pièces qui y sont jointes, et la réponse du contrôleur général, 17 avril. — Les frais d'entretien des enfants trouvés, auxquels on joignait les enfants des religionnaires et des galériens, étaient payés par le domaine sans qu'il y eût aucun marché ou bail avec les directeurs de l'hôpital. (Lettre du 31 mai 1686, à l'intendant de Dauphiné.)

---

513. *Le Contrôleur général à M. de Bâville, intendant en Languedoc.*

16 Janvier 1688.

«Le Roy a fort approuvé le plan que vous vous estes fait pour l'acquittement des dettes de la ville de Nismes, à la réserve de ce que vous proposez pour payer les 36,300# du restant des dettes des nouveaux catholiques. S. M. vient de prendre une résolution générale au sujet des biens de tous les religionnaires fugitifs, dont vous serez informé dans peu de jours, et suivant laquelle vous verrez que S. M. ne doit pas présentement permettre la vente de ces biens. Ainsy, il faudra tascher à trouver quelque autre moyen de faire réussir vostre projet, que le Roy a trouvé d'ailleurs fort utile et fort nécessaire pour le bien de la ville de Nismes*.»

* M. de Bâville, par une lettre du 29 décembre, avait proposé d'acquitter les dettes de la ville et celles des nouveaux et des anciens catholiques tout ensemble, d'abord au moyen du revenant-bon des droits de *souquet* et de la boucherie, puis avec le produit des confiscations ou des revenus des biens des fugitifs mis en régie, de façon à ne point faire peser sur les anciens catholiques, qui ne devaient pas 6,000#, l'excédant des dettes des nouveaux, lesquelles montaient à plus de 42,000#.

---

514. *M. de Saint-Contest, intendant à Limoges, au Contrôleur général.*

17 et 24 Janvier, 21 Février 1688.

Exemption de taille et d'aides pour les commis et les ouvriers de la manufacture royale de canons, armes et fers de marine établie en Angoumois; droit de *tiercer* la vente des bois du Roi pour la même manufacture.

---

515. *M. de Creil, intendant à Orléans, au Contrôleur général.*

20 Janvier et 7 Février 1688.

Il rend compte de diverses exactions ou prétentions des fermiers du contrôle, et du jugement rendu contre un contrôleur des exploits, pour substitutions et faux commis dans ses registres.

«Je me suis donné l'honneur de vous mander plus d'une fois combien il y avoit de désordre dans les contrôles et de quelle importance il estoit d'y tenir la main. J'ay enjoint aux nouveaux fermiers une extrême exactitude, et leur ay remonstré que l'édit des contrôles n'estoit point purement bursal et que l'usage en avoit esté sagement introduit à la place des recors, qui n'alloient quasi jamais aux lieux où se donnoient les exploits et y signoient au retour et sur la foy du sergent, comme s'ils y eussent esté présens. Les gens d'affaires ne regardent point l'exécution de cet édit de ce costé-là, et, préférant un gueux et un malhonneste homme pour tenir le registre des contrôles, quand il leur en couste moins que pour avoir le plus honneste homme du lieu, ne songent qu'à tirer plus d'argent, et point à la sûreté publique. Nous sommes heureux, je ne puis m'empescher de le dire, d'avoir à la teste des affaires de S. M. un ministre éclairé comme vous, élevé par tous les degrés de la magistrature et de la justice à la confiance du prince, également appliqué à la conservation de ses revenus et à la destruction de tous les abus et de toutes les vexations auxquelles sont toujours portés ceux qui ne songent qu'à leurs intérests et qui tiennent en ferme des droits établis pour la conservation de la justice et pour les appointemens et la récompense de ceux qui la rendent.»

---

516. *M. Bouchu, intendant en Dauphiné, au Contrôleur général.*

28 Janvier 1688.

Distribution des 50,000# accordées par le Roi.

«Je connois, par vostre lettre du 22 du mois dernier, que vous changez la forme qui a esté pratiquée par le passé en cette province à cet égard, sur le fondement que cette distribution se faisoit au marc la livre et non par proportion aux nécessités particulières. Sur quoy je prends la liberté de vous représenter que, encore que ces sortes de soulagemens ayent esté ordonnés par le passé en diminution de la taille, néanmoins l'application n'a pas laissé d'en avoir toujours esté faite par les ordonnances de MM. les intendans au profit des communautés qu'ils ont connu en avoir le plus de besoin, et mesme des particuliers contribuables, lorsqu'ils ont eu le malheur de faire quelque perte considérable, soit par incendie, tempeste, débordemens de rivières, ou autrement; et cet usage est si notoire, que lorsqu'il arrive quelque accident aux communautés ou aux particuliers après le département des tailles, dans lequel on n'a pu par conséquent y pourvoir, ils envoyent incessamment leurs plaintes et procédures justificatives, afin qu'on y ayt égard dans ces sortes de distributions. Ainsy, il semble que ce que vous cherchez principalement s'exécutoit déjà.

«D'ailleurs, il y a cette considération à faire, que les tailles en Dauphiné estant réelles et se payant par conséquent à proportion des fonds roturiers, et non des autres biens que possèdent les contribuables, comme il se pratique dans les pays où les tailles sont personnelles, la répartition au marc la livre entre les contribuables des communautés auxquelles on a jugé à propos de faire part de cette diminution ne sauroit guère s'éloigner de la justice, parce que, bien loin que les gros cotisés soient les plus riches, au contraire, ce sont très-souvent les plus mal aysés, l'expérience faisant voir que les petites cotes sont pour l'ordinaire celles dont les collecteurs sont le mieux payés, outre que les maux qui arrivent à une communauté sont communément généraux à toute cette communauté, ce qui justifie cette distribution au marc la livre, en n'y faisant pas participer toutes les paroisses de la généralité sans distinction, mais seulement celles que l'on juge avoir souffert.

«Je trouve encore plusieurs inconvéniens à la distribution manuelle qui seroit faite de la somme qu'il plairoit à S. M. accorder annuellement : l'un, que cette distribution se faisant aux plus pauvres, comme vostre lettre le porte, il est sensible par deux raisons que le recouvrement de la taille ne sera facilité en aucune manière par cette remise, que j'avois cru jusqu'à présent estre accordée, entre autres choses, pour donner les moyens aux receveurs généraux et particuliers d'apurer leur recette : l'une, parce que, si MM. les intendans font part de cette somme à ceux qui ont des fonds roturiers en assez grande quantité, on dira qu'ils ne suivent pas l'intention du Roy, qui est de donner aux pauvres, et, s'ils donnent effectivement aux pauvres, de quel soulagement cela sera pour la levée de la taille, à laquelle ces pauvres ne contribuent presque de rien, puisqu'ils ne la payent qu'à proportion de leur industrie, qui ne supporte que le douzième de la taille par les règlemens de cette province, et qu'ils n'ont guère d'industrie, puisqu'on suppose qu'ils sont pauvres nonobstant l'industrie qu'ils peuvent avoir? l'autre, que cette somme se distribuant en deniers (quand mesme elle seroit donnée à ceux qui sont assez hauts en cote), sera dissipée sur-le-champ par les mauvais ménagers et employée par les meilleurs économes à leurs besoins les plus urgens, sans qu'il s'en trouve rien entre leurs mains à l'échéance du quartier de la taille pour y satisfaire, ce qui n'arrivoit pas quand cette distribution se faisoit par les receveurs particuliers en suite d'un arrest du Conseil et de l'estat arresté en conséquence par MM. les intendans, parce que lesdits receveurs particuliers payoient ces sommes en compensation de la taille.

«Un autre inconvénient est que la situation montueuse de cette province expose son terroir et les chemins publics à une si prodigieuse quantité de torrens, que, outre les désordres qui en arrivent aux fonds par toutes les pluies un peu fortes, il est incroyable combien grande est la quantité de ponts, planches et digues qu'il faut entretenir pour éviter de plus grands maux et pour maintenir la liberté du commerce, y ayant telle contrée où j'ay passé, dans l'étendue de deux lieues, sur trente-deux ponts de bois, qui sont sur la mesme rivière; et, comme la nécessité de cet entretien retombe indispensablement sur les communautés, chacune dans son territoire, qu'on ne peut secourir du fonds des ponts et chaussées, qui par sa modicité ne suffit pas seulement à beaucoup près pour l'entretien des grandes routes et des chemins royaux, on a toujours pris soin, dans ces distributions, d'en faire quelque part aux communautés les plus chargées de ces sortes de travaux, pour leur ayder à en soutenir la dépense, et de fixer mesme l'employ par l'estat de distribution . . . . .

«Une distribution manuelle ne roulant que sur la foy d'un intendant, il seroit toujours libre de faire tel jugement qu'on voudroit de l'usage qu'il en auroit fait, et luy, dans la nécessité de garder éternellement des acquits, ce qui seroit une contrainte très-surchargeante à un honneste homme, et qui n'empescheroit point qu'un malhonneste homme n'abusast de la somme qu'on luy confieroit. Ce que porte ladite ordonnance de 50,000 ll, savoir, que cette somme sera remise au porteur pour estre distribuée sur les ordres de l'intendant, n'y remédie pas, à mon sens; car, comme c'est l'intendant qui choisit ce porteur, lequel ne compte à personne de la somme qu'on luy remet, ce seroit toujours sur luy que retomberoit l'événement de la chose*. . . . . »

* Voir, à la date du 16 octobre suivant, une lettre par laquelle M. Bouchu rend compte des heureux résultats que ces secours produisirent pour le recouvrement des tailles.

517. *M. Faultrier, intendant en Hainaut,*
au Contrôleur général.

28 Janvier 1688.

Projet d'aliénation des prairies et des terres du domaine du Quesnoy.

«J'ay eu l'honneur de vous dire, il y a déjà longtemps, que ces terres estoient négligées, parce que, si le fermier les engraissoit, il verroit finir son bail devant qu'il pust retirer le fruit de la dépense qu'il auroit faite. A l'égard des prés, je ne sais si tous les fossés qu'on y feroit les garantiroient des inondations. On vous avoit proposé de faire un canal pour rendre la rivière de Sambre navigable depuis Landrecies jusqu'à Maubeuge, où elle commence de l'estre jusqu'à la Meuse, et par vostre ordre j'avois renvoyé cette proposition à M. de Mesgrigny, pour l'examiner; mais, comme ce ne seroit pas une affaire d'un jour, il faut que je répète icy ce que j'ay dit à M. l'intendant : que je n'estois pas persuadé qu'un bail de ces terres pour neuf ans intéressast plus un fermier que celuy de six; je consulte sur pareille chose les laboureurs, ils en savent plus que moy, c'est ce qu'ils m'ont répondu. J'irois donc, si on les croit, jusqu'à douze. Je ne vois pas, si les preneurs ne donnent point de pots-de-vin d'entrée, qu'il y ayt rien à craindre; on pourroit mesme se tenir au bail que les nouveaux fermiers viennent de faire; il est, dit-on, fort avantageux, et il le seroit davantage pour le Roy, s'il est vray qu'en doublant sa durée on dust améliorer ces terres . . . . . »

518. *Le Contrôleur général*
à M. de la Berchère, intendant à Montauban.

29 Janvier 1688.

« . . . . . L'on a donné avis au Roy qu'un nouveau converti, nommé Solignac, qui estoit marchand à Montauban, riche de 400,000 #, y est décédé sans avoir reçu ses sacremens. S. M. désire que vous vous informiez si cela s'est passé avec quelque scandale public, ou non, si l'on a fait là-dessus quelque procédure, et s'il est nécessaire que S. M. donne quelques ordres de manière ou d'autre.

« L'on mande aussy que Solignac laissant plusieurs héritiers, dont l'un est sorti du royaume pour cause de religion, le père de ce fugitif prétend représenter son fils et luy succéder. A quoy l'on oppose que les pères ne succèdent qu'aux enfans qu'ils ont en leur puissance et que, dans cette espèce-cy, le fils n'estoit pas dans la puissance du père qui luy veut succéder. Mandez-moy, s'il vous plaist, vostre sentiment sur cette difficulté, non-seulement par rapport aux règles de la jurisprudence ordinaire, mais aussy par rapport à l'estat présent des affaires de la religion, qui demanderoit peut-estre qu'on changeast de maxime. »

519. *M. d'Argouges, intendant à Moulins,*
au Contrôleur général.

30 Janvier et 23 Avril 1688.

Il signale plusieurs désordres dans la confection des rôles et dans la répartition de l'impôt. Le rôle ayant dû être refait d'office, quelques habitants ont nommé des procureurs pour en poursuivre la cassation par-devant le Conseil, et ils annoncent même qu'ils veulent prendre l'intendant à partie. Cet exemple d'insubordination commence déjà à agiter les paysans des paroisses voisines.

« Vous voyez non-seulement jusques où va l'insolence de tout ce peuple-cy, mais qu'estant accoustumé à se gouverner luy-mesme, il ne peut rien souffrir au-dessus de luy . . . . . J'espère que vous voudrez bien me soutenir et faire un exemple de quelques-uns de ces mutins, et, envoyant le lieutenant particulier de Bourbon et le nommé Loyseau, avocat, en bas Poitou pour quelque temps, vous contiendrez les autres, car l'arrest que vous venez de rendre contre le procureur du Roy pour la continuation de son procès et l'interdiction de sa charge, nonobstant toutes ses espérances, ne les touche point, et ils n'en deviennent que plus insupportables *. »

* Le contrôleur général écrit, le 29 novembre suivant, à propos d'une sédition contre les fermiers des aides de la même généralité : « Il ne s'agit pas seulement de punir un assassinat, mais il est aussy de la dernière importance de réprimer l'esprit de sédition et de désobéissance aux ordres du Roy dont tous ces habitans viennent de donner une preuve bien convaincante. Il est très-nécessaire que le fermier ne paroisse pas manquer de protection dans de pareilles rencontres, et il est mesme bon de luy en donner quelquefois de plus grandes marques que l'on ne feroit, si les peuples estoient plus soumis. »

520. *Le Contrôleur général*
à M. de Bâville, intendant en Languedoc.

1er Février 1688.

Le Roi a fait examiner ses mémoires et son projet de déclaration touchant les terres incultes du Languedoc par M. Pussort, qui avait déjà traité la même question à propos des tailles réelles. Le résultat de cet examen a été que, avant de rien décider, il convenait d'avoir des informations plus exactes sur la quantité de ces terres et la part qui devrait leur être attribuée dans la taille. Il semble d'ailleurs difficile d'accorder à ceux qui les cultiveraient la prescription par trois ans de possession. On pourrait seulement leur laisser le privilége de ne pouvoir être dépossédés ni troublés pendant dix ans; si, après ce terme, les véritables propriétaires revenaient, ils pourraient rentrer dans leurs biens; sinon les possesseurs continueraient leur jouissance et acquerraient la prescription ordinaire au bout de trente ans.

521. *Le Contrôleur général*
à M. Mahieu,
subdélégué à l'intendance de Luxembourg.

5 Février 1688.

« J'ay esté fort surpris d'apprendre par les fermiers généraux que vous avez fait entendre à leurs commis que vous n'avez pas reçu la copie de l'ordre du 4 décembre dernier touchant l'exécution du tarif de 1667, que non-seulement vous faisiez difficulté de souffrir qu'ils le missent à exécution aussy bien que quelques arrests du Conseil qui ont esté rendus depuis, mais encore que vous les menaciez de les faire mettre en prison s'ils le prétendoient. Il auroit esté de vostre devoir, sitost que vous avez entendu parler de ce changement, de m'écrire pour me donner avis que vous n'aviez pas reçu l'ordre du 4 décembre, ni ma lettre qui l'accompagnoit, et d'en informer aussy M. de Charuel, vostre supérieur, duquel vous auriez pu apprendre la conduite que vous aviez à tenir là-dessus *. »

* Lettre semblable à M. de la Goupillière, intendant à Hombourg.

522. *Le Contrôleur général*
à M. de Bâville, intendant en Languedoc.

6 Février 1688.

« L'on a avis que le sieur des Roys, qui estoit pourvu des charges de juge royal et ordinaire, commissaire examinateur et lieutenant criminel de la ville et viguerie de Beaucaire, est mort en perte de ses offices; mais, pour en estre sûr, il faut savoir certainement le jour de son décès, car n'estant point entré à l'annuel depuis plusieurs années et estant tombé malade au mois de décembre dernier, il a envoyé à Montpellier, où, sur sa procuration, on a payé les années omises et la présente, et depuis il est mort. S'il a vécu jusqu'en 1688, les charges sont conservées, sans difficulté; mais, s'il est mort au mois de décembre, elles sont incontestablement perdues, et c'est ce que vous devez éclaircir, car il est à présumer que les héritiers auront fait leur possible pour en cacher la vérité.»

523. *Le Contrôleur général à M. de Bagnols, intendant en Flandre.*

10 Février 1688.

Il est accordé, pour trois ans, une exemption de moitié des droits des cinq grosses fermes aux manufactures de toiles damassées et de ligatures de la ville de Menin, et une exemption complète des droits du tarif de 1671 sur les toiles grises et écrues qui viennent dans la même ville pour y subir le blanchiment*.

* Une diminution fut également faite en faveur des bières, et une autre en faveur des cires blanchies dans le pays conquis. Ces cires ne payèrent plus que 10^{ll} du cent pesant à l'entrée en Picardie, bien que le droit ordinaire sur les cires étrangères eût été récemment fixé à 20^{ll}, par un arrêt du 3 février précédent. (Lettres de M. de Bagnols, 27 mars et 13 avril.)

524. *Le Contrôleur général à M. de Creil, intendant à Orléans.*

10 Février 1688.

«J'ay reçu vostre lettre du 3 de ce mois, sur l'affaire du curé de Bouzy, dont j'ay rendu compte au dernier Conseil, ensemble de toutes les difficultés que l'official d'Orléans a faites de procéder à l'instruction de ce procès, et l'ordonnance que vous avez rendue sur cela a esté fort approuvée. La déclaration de 1684, qui est la dernière qui ayt esté rendue sur cette matière, porte que le renvoy de l'accusé près l'official doit estre ordonné par le juge royal sur la requeste de l'accusé mesme ou du promoteur; ensuite le procureur du Roy en doit informer l'official, afin que celuy-cy, ou se transporte sur les lieux pour faire l'instruction, ou déclare s'il la veut faire à l'officialité, et, en ce dernier cas, il y faut transférer le prisonnier dans huitaine, dans lequel temps le lieutenant criminel ou autre juge royal s'y doit aussy transporter pour y achever l'instruction conjointement avec l'official, et, après que le procès a esté jugé pour le délit commun, il faut ramener l'accusé dans les prisons du juge royal, pour y juger le cas privilégié. Voilà l'ordre de la procédure qui est à faire en pareil cas; cependant je parleray icy à M. l'évesque d'Orléans, pour le prier de donner ordre sur les lieux à ce que tant l'official que le promoteur fassent ce qui est en cela de leur ministère, et retranchent toutes les difficultés qui ne tendent qu'à allonger la procédure et à faire dépérir les preuves*.»

* Autre lettre, du 23 mars, à l'évêque d'Orléans. Voir celles de l'intendant, 3 janvier, 16 février, 4, 7, 18 et 21 mars, 14 mai. — Le curé était accusé de complicité dans un vol des deniers de la recette de Montargis.

525. *M. de Vaubourg, intendant en Auvergne, au Contrôleur général.*

11 Février 1688.

Il envoie un projet d'arrêt pour obliger les consuls et collecteurs à marquer dans les rôles des tailles, conformément aux règlements : 1° les héritages que chaque taillable fait valoir comme propriétaire, ou à titre de fermier; 2° les noms des propriétaires; 3° la quantité de terres et le nombre de charrues de labourage; 4° les noms des exempts et privilégiés.

Les rôles ainsi faits donneront les renseignements nécessaires sur la force et la faiblesse des paroisses, et faciliteront l'exécution des derniers ordres du Roi au sujet des exempts et privilégiés*.

* M. de Gourgue (Caen, 31 mars) proposa de faire diriger ce travail par les officiers des élections. Un arrêt avait été envoyé dans ce sens, le 23 du même mois, à tous les intendants des généralités taillables; mais ce nouveau règlement donna lieu à tant de procédures de la part des élus, qu'il fallut en arrêter l'exécution et s'en rapporter aux soins des intendants pour rétablir l'égalité dans les impositions, suivant les *anciennes prescriptions*. (*Lettre du 14 juin, aux intendants.*)

A plusieurs reprises (13 février, 9 et 23 octobre, 5 novembre de la même année), M. de Vaubourg représente que le seul moyen d'établir l'égalité dans les impositions est d'accorder à l'intendant le pouvoir de faire faire les rôles en sa présence et de donner la prépondérance à sa voix sur celles des consuls; c'était aussi la pensée du contrôleur général. M. de Bérulle, qui avait été intendant en Auvergne avant d'aller à Lyon, écrit, dans le même sens, le 14 février 1688, une longue lettre sur la confection des rôles à Clermont.

526. *M. de Bâville, intendant en Languedoc, au Contrôleur général.*

13 Février 1688.

Le fermier du domaine se prête à tout accommodement avec les juifs de Bordeaux, et ceux-ci offrent 100,000^{ll}, quittes du tiers qui revient au fermier.

«La principale raison qui peut porter à accepter cette proposition est que je ne crois pas, par les preuves qui sont au procès, qu'il soit possible de porter la condamnation au delà de 50,000 écus; encore je ne sais si les juges, qui n'auront, comme je vous l'ay mandé, aucune connoissance de ce qu'il y avoit dans les ballots divertis, pourront aller jusqu'à cette somme. Cela sera purement arbitraire. Or, si la condamnation est de 50,000 écus, le fermier du domaine en demandera aussitost le tiers, que l'on ne peut luy refuser, puisqu'il s'agit d'une confiscation. Ainsy, il arrivera, en ce cas, que le Roy n'y aura pas d'avantage, et que l'on aura consommé beaucoup d'argent inutilement en frais pour assurer l'instruction du procès et pour le juger. Vous ferez sur cette réflexion telles considérations que vous jugerez à propos; cependant j'instruiray toujours contre les juifs qui sont icy et qui y arriveront au premier jour, ayant esté arrestés à Bordeaux; mais je ne feray pas venir un grand nombre de témoins de Toulouse que je n'aye eu vostre réponse, que je vous supplie de m'envoyer au plus tost, parce que je suis persuadé que c'est dans la vue des foires de Bordeaux, qui sont au 10 du mois de mars, que ces juifs se sont portés à cette dernière proposition, espérant avoir leur liberté pour ce temps-là, dans lequel ils prennent leurs mesures pour leur commerce pendant le cours de toute l'année. Ils me l'ont fait dire ainsy*.»

* Réponse du contrôleur général, 26 février : le Roi accepte l'offre de 100,000 ᵗᵗ, et donne l'ordre de mettre en liberté les prisonniers, sous caution suffisante. — M. de Bâville rend compte, le 7 mars, de la terminaison de l'affaire.

527. *M. de Bérulle, intendant à Lyon,*
au Contrôleur général.

13 Février 1688.

La ville de Lyon demande le rétablissement de son académie, pour retenir les jeunes gens de la province et les détourner d'aller faire leurs exercices en Piémont. Comme le Roi a permis à plusieurs provinces de s'imposer pour aider les écuyers qu'il a établis dans les grandes villes, on pourrait également autoriser la généralité à faire une imposition de 2,000ᵗᵗ*.

* Réponse, le 21 mars : le Roi juge que cette dépense ne doit retomber que sur la ville de Lyon.

528. *M. de Ménars, intendant à Paris,*
au Contrôleur général.

14 Février 1688.

Le fermier du domaine de Melun prétend que le tabellionage dépend de sa ferme, les notaires le réclament pour eux, et, l'affaire étant pendante au Conseil, chacun à son tour se fait payer le droit pour une même expédition. Le notaire l'exige pour passer l'expédition et délivrer la grosse, et, lorsque cette grosse est envoyée au fermier pour être contrôlée, celui-ci la retient et en expédie un double, dont il se fait payer à son tour, ainsi que du parchemin. Il serait urgent de forcer les parties à obtenir une décision, et, en attendant, de confier exclusivement à l'une d'elles l'exercice du tabellionage.

529. *Le Contrôleur général*
aux Intendants des pays de gabelles.

17 Février 1688.

Le Roi a dû attendre pour régler le recouvrement des restes des sels, tant de prêt que d'impôt, que les mouvements et les mutations occasionnés par le renouvellement des baux fussent finis. S. M. vient de faire conclure un accommodement à ce sujet entre les anciens fermiers et les nouveaux, qui se sont chargés de faire tous les recouvrements, sous les conditions portées dans l'instruction circulaire du 10 février

«Le Roy n'a point voulu donner sur cela d'arrest ni de déclaration, et s'est contenté d'obliger les fermiers à remettre leur soumission entre mes mains, afin que ses ordres soient tenus secrets et ne rendent pas les redevables plus difficiles pour le payement. Il est nécessaire que, agissant dans le mesme esprit, vous ne donniez jamais nulle ordonnance sur toutes les difficultés qui se pourront présenter. Lorsque vous n'y pourrez pas pourvoir par vous-mesme, vous pouvez, par le moyen d'une surséance verbale, vous donner tout le temps nécessaire pour m'en écrire et recevoir les ordres du Roy. Il est aysé de voir que, si vous en usiez autrement, et si les redevables s'apercevoient des ménagemens que le Roy veut que l'on ayt pour eux, ils en abuseroient assurément, et croiroient que le retardement de payer seroit une voye sûre pour obtenir à la fin une décharge de ce qu'ils doivent..... De vostre discrétion et de vostre application dépend tout le succès de cette affaire, que le Roy regarde comme une des plus importantes pour le soulagement et le repos de ses peuples.»

Ordre de surveiller soigneusement les nouveaux employés et commis, et d'inspecter les registres des sous-fermiers*.

* Voir la circulaire adressée le 10 février aux intéressés des fermes : elle interdit toutes voies extraordinaires pour opérer le recouvrement, telles que la contrainte par corps et la solidarité.

Une autre circulaire, du 28 mars, renouvela, à l'égard des commis, la défense expresse de se faire offrir des présents pour prêter le sel.

530. *Le Contrôleur général*
à M. Foucault, intendant à Poitiers.

18 Février 1688.

Il lui annonce que le Roi a prévenu sa proposition de proroger jusqu'à la moisson la permission d'exporter les blés, et qu'un arrêt conforme sera prochainement publié.

531. *M. de la Berchère, intendant à Montauban,*
au Contrôleur général.

18 et 25 Février 1688.

Il envoie les procès-verbaux qu'il a dressés touchant les affaires des pays des Quatre-Vallées (Aure, Magnoac, Nestes et Barousses), de Nébouzan et de Foix, et les réunions de leurs États*.

«Il me semble que, quoyque ces pays soient bien fondés dans la jouissance de leurs priviléges, ils ne doivent pas subsister plus longtemps que le Roy le trouvera à propos pour le bien de son service. Les Estats de Rouergue, de Quercy et de Comminges ont esté supprimés depuis le commencement de ce siècle, dans cette généralité, et le pays est régi par les élections qui y ont esté établies, et les assemblées des Quatre-Vallées, les Estats de Nébouzan et de Foix ont esté supprimés par édit de 1629. Ainsy, quoyqu'ils ayent esté rétablis par autre édit de 1633, il semble qu'on peut présentement les supprimer tout de nouveau, si le Roy trouve plus à propos et plus avantageux pour le bien de son service qu'il seroit utile de donner la mesme forme à ces petits pays que celle qui est établie dans la généralité de Montauban, et que les peuples mesmes y trouveroient de l'avantage. Le temps où on se trouve paroist, au surplus, aussy favorable qu'on le peut désirer, pour exécuter une pareille résolution.»

* Ces mémoires, analogues à ceux dont l'analyse sera donnée plus loin pour les pays de Bigorre et de Béarn, étaient dressés en conséquence de l'arrêt du 1er juillet 1687, qui avait chargé les intendants de Bordeaux, de Montauban et du Béarn d'assister aux tenues des États, chacun dans son département, et de se faire représenter les réglements, les registres, les états d'impositions et les comptes des trésoriers et receveurs.

532. *M. de Corberon, procureur général au Parlement de Metz,*

au Contrôleur général.

25 Février 1688.

«Ayant eu avis que le bailly de Longwy s'ingéroit, de son autorité privée, de commettre des particuliers pour exercer la justice au nom du Roy dans les mairies royales qui sont du ressort de son bailliage et dont les offices sont vacans aux parties casuelles, que ces prétendus commis en rendoient annuellement 5 écus de rétribution, qu'ils se faisoient recevoir au bailliage de Longwy, et qu'ils rendoient ensuite la justice comme de véritables titulaires, j'ay cru que cet abus, qui pouvoit estre un obstacle au débit des charges qui sont aux parties casuelles, méritoit d'estre réprimé.»

533. *Le Contrôleur général*

aux Intendants des pays d'aides.

Mois de Février 1688.

Le Roi a rendu un arrêt pour faire cesser toutes les contestations au sujet de l'excédant de jauge. Chaque intendant doit, en conséquence, faire une enquête sur les coutumes locales, les règlements de police, la contenance des vaisseaux de toute nature et les statuts des maîtres tonneliers pour la fabrication de ces vaisseaux. Il devra aussi indiquer les rapports des anciennes mesures avec les nouvelles et leur utilité respective, et enfin signaler la jauge la plus convenable à établir pour le commerce de la province, sans qu'il en résulte un trop grand préjudice pour les particuliers détenteurs des anciennes mesures, et le moyen de régler la fabrication et la marque des mesures, ainsi que les peines à infliger aux contrefacteurs*.

* Entre autres documents relatifs à cette matière, voir une lettre du contrôleur général à M. de Bouville (18 février), sur l'emploi des barils de la contenance de trente pots (*barillage*), permis à Lisieux pendant une partie de l'année, du mois d'octobre à la fin de mars, ainsi que les pièces envoyées, le 20 novembre 1687, par le fermier, qui conteste ce privilége, fondé sur l'usage ancien aussi bien que sur le mauvais état des chemins, et, le 21 janvier suivant, par M. de Bouville, qui soutient la cause des habitants.

Dans la généralité voisine de Caen, la jauge n'existait point; la seule mesure de détail était la pinte d'Arques, qui variait dans chaque endroit; en gros, on se servait de vaisseaux d'une contenance de trois, six ou huit cents pots, et même d'autres tellement volumineux qu'ils passaient pour immeubles. (Lettre de M. de Gourgue, 12 novembre 1688.)

Voir, sur le même sujet, à la date du 14 novembre 1687, une lettre des gouverneur, maire et échevins de Soissons.

Le 19 mars 1689, MM. de Bâville et de Bezons furent consultés sur les moyens de régler de même cette matière dans leurs départements.

534. *M. Mariet, subdélégué à l'intendance de Luxembourg,*

au Contrôleur général.

2 Mars 1688.

Les marchands de moutons demandent si, outre le nouveau droit de 30 sols par tête entrant dans la province, ils continueront à payer une seconde fois ce même droit que leur faisaient déjà payer les bureaux de France. Il est aussi à observer que ce droit d'entrée ruinera le pays, dont les pâturages sont trop gras pour y tenir longtemps le bétail, et qui profite de cela pour recevoir à l'engrais les moutons des pays voisins de Liége et de Limbourg, ou même de l'Allemagne. L'envoi monte parfois à huit ou dix mille têtes, et certaines communautés tirent de ce commerce un revenu de 100 écus et plus par année. Aussi, les États de la province ne manquaient-ils pas de stipuler l'exemption du droit d'entrée, pour favoriser la consommation des pâturages et des fourrages*.

* Réponse, du 12 mars : l'arrêt n'ayant été rendu que pour favoriser le commerce des provinces du centre, il ne doit être exécuté dans les intendances des pays frontières qu'à l'égard des bestiaux destinés aux provinces des cinq grosses fermes et seulement au moment de leur passage dans cette zone.

535. *Le Contrôleur général*

au sieur Poirel, subdélégué à la Rochelle.

8 Mars 1688.

«J'ay examiné le mémoire des habitans de l'isle de Ré que vous m'avez envoyé, et j'en ay rendu compte au Roy*. S. M. n'a pas approuvé le refus qu'ils font d'exécuter les arrest du Conseil du 25 novembre et ordre du 4 décembre derniers, de la mesme manière qu'ils s'exécutent en Bretagne, Bourgogne, Lorraine et autres provinces réputées étrangères et non sujettes aux droits des cinq grosses fermes. Ce qu'ils disent des ports de Bayonne et de Marseille n'a rien de commun, et il a fallu continuer la franchise de ces ports à cause des entreposts qui s'y font et qui y sont permis en faveur du grand commerce qui s'y fait de tous les pays étrangers. C'est ce que vous ferez entendre aux habitans de l'isle de Ré, et vous tiendrez la main à ce qu'ils s'y conforment**.»

* Le mémoire des habitants et la réponse du fermier général sont joints à la lettre de M. Poirel, du 13 janvier. Un second mémoire du syndic de l'île est à la date du 15 février.

** Voir, à la même date, une autre lettre du contrôleur général à M. d'Aubarède, gouverneur de l'île : «..... En cette occasion et en toute autre de la mesme nature, non-seulement il ne convient pas de favoriser la résistance des peuples à payer les droits du Roy, mais mesme vous ne devez pas refuser aux fermiers les secours qu'ils demandent.....»

536. *Le Contrôleur général à M. de Bagnols, intendant en Flandre.*

12 Mars 1688.

«J'ay rendu compte au Roy des mémoires que vous a donnés le Magistrat de Lille pour soutenir l'ordonnance par laquelle il interdit dans la ville le commerce des chapeaux manufacturés en France. L'on n'a pas trouvé que la possession en laquelle ils sont de faire des règlemens politiques pour le bien de leur ville, et sur laquelle ils fondent leur ordonnance, les mette en droit d'interdire le commerce des manufactures du royaume. Ainsy, S. M. a jugé à propos d'accorder à Domergue l'arrest qu'il demande pour casser cette ordonnance*.»

* Voir, à la date des 10 et 13 février, les lettres de l'intendant et les exemplaires de l'ordonnance municipale, dont le but était de réserver exclusivement aux chapeliers de la ville la fabrique et le commerce des chapeaux communs.

537. *Le Contrôleur général à M. de Bâville, intendant en Languedoc.*

12 Mars 1688.

«J'ay rendu compte au Roy des propositions du nommé Lespine, au sujet des mines de cuivre qu'il a découvertes dans la montagne de Corbières. S. M. veut bien luy en permettre l'ouverture, à la charge d'en fournir à Perpignan, comme il l'offre, la quantité dont on aura besoin, sur le pied de 48^{tt} le quintal. Pour ce qui est des conditions qu'il demande, le Roy se remet à vous de les régler comme vous le jugerez à propos, observant néanmoins que, pour celles qui ne regardent que l'intérest particulier de S. M., elle trouve bon que vous en relaschiez autant et si peu que vous le jugerez à propos; mais, à l'égard des articles qui intéressent le public et les particuliers, elle désire que vous en usiez avec plus de réserve et de ménagement, et que vous taschiez, autant que vous pourrez, à mettre les choses sur un pied tel que le sieur Lespine ne puisse pas abuser de son privilége et exercer contre les propriétaires des héritages où il faudra fouiller des vexations et des violences qui sont fort ordinaires en pareil cas, et qui font que S. M. rejette souvent des propositions de la nature de celle-cy*.....»

* Lespine obtint pour neuf ans le privilége exclusif d'ouvrir les mines dans un rayon de trente lieues autour de Perpignan, sans rien payer au Roi pour les terrains du domaine, mais en indemnisant les seigneurs particuliers suivant expertise; il eut le droit de se fournir de bois, aux mêmes conditions, dans les forêts particulières ou dans celles du Roi, et enfin il fut exempté de tous droits de traite ou de péage pour le transport du cuivre à Perpignan. (Lettres de M. de Bâville, 8 février et 16 avril.)

Une mine d'or avait été signalée par un forçat à l'intendant de Dauphiné, mais elle se trouvait dans la vallée de Luzerne, sur le territoire de Savoie. (Lettres de M. Lebret (Provence), 16 janvier, et du contrôleur général à M. Bouchu (Dauphiné), 11 février.)

538. *M. Charuel, intendant à Metz et Nancy, au Contrôleur général.*

12 Mars et 12 Mai 1688.

Il envoie le procès-verbal de l'assemblée générale tenue à Verdun, en conséquence d'un arrêt du Conseil, pour choisir la manière la plus profitable et la moins gênante de percevoir le droit de *quarantième denier* sur les marchandises qui relèvent de la ferme de la *draperie*, *mercerie et chenevança ge*. Les députés des paroisses, à l'avis desquels les marchands se sont rangés, ont opiné pour que le droit fût réduit au quatre-vingtième, mais perçu immédiatement à l'entrée des marchandises; les échevins et le syndic du clergé se sont opposés à cette réduction.

Les marchands tanneurs, en leur particulier, ont également demandé une réduction semblable sur les cuirs façonnés dans leurs manufactures.

L'intendant appuie ces propositions de réduction, comme le seul moyen de rétablir le commerce, au profit de la ville aussi bien que des marchands.

539. *M. de la Faluère, premier président du Parlement de Bretagne, au Contrôleur général.*

13 Mars 1688.

«Apparemment il n'y aura plus de difficultés sur la perception des nouveaux droits et renvoy des marchandises qui ne doivent pas estre apportées en cette province; mais, par le renvoy d'un vaisseau chargé de toiles qu'il a esté obligé de rapporter des Indes, et par le déplaisir que les Anglois témoignent du renvoy de ce qui vient de chez eux, il est à craindre que le commerce, qui a souffert cette année par le retour de ce que les marchands ont esté obligés de rapporter, ne diminue notablement par ce qu'il leur est ordonné de renvoyer. Ceux de Saint-Malo sembleroient assez vouloir équiper une espèce de flotte, si le Roy le leur vouloit permettre, et par là se rendre les maistres du commerce; mais, outre que l'on m'a dit que la permission leur en a esté cy-devant refusée, en ayant conféré icy, on a trouvé que la chose, à la vérité, seroit bonne pour eux, mais feroit tort au reste du royaume. On convient néanmoins que leur extrême fidélité dans le commerce et leur bravoure sur la mer, jointe avec leur adresse, peut dans les occasions mériter de la préférence*.»

* M. de la Faluère écrit encore, le 16 octobre suivant : «Les habitans de Saint-Malo ont déjà des vaisseaux équipés pour aller en course; on prétend qu'avant six mois ils auront plus de trente corsaires en mer. Je suis persuadé fortement, par tout ce que l'on m'en a dit dans la province, qu'ils n'y perdront pas leur temps, estant les plus hardis corsaires de la mer; mais ils demandent les prises et qu'on laisse le jugement dans la province, sans les traduire au Conseil, où toute l'utilité de leurs conquestes se perdroit à poursuivre la confirmation de leurs prises, et par conséquent les décourage. . . . . Quand ils se sont autrefois meslés de ce métier, le commerce n'a pas laissé d'aller chez eux.» Voir aussi une lettre du 6 novembre.

---

540. *M. l'Évêque de Pamiers*
au Contrôleur général.

16 Mars 1688.

«Je continue de vous demander l'honneur de vostre protection pour le pays de Foix. Les peuples qui l'habitent n'ont jamais manqué à la fidélité qu'ils doivent à leur prince, et la liberté que les Roys leur ont donnée jusqu'icy de s'assembler en corps d'Estats, n'a fait qu'affermir cette obéissance aveugle qu'ils ont toujours eue pour les ordres de S. M. . . . . La cour a toujours eu des raisons de flatter par quelque endroit les peuples des provinces frontières, de qui il est d'ailleurs plus aysé de tirer des sommes considérables dans des besoins pressans de l'Estat, ou par des impositions, ou par des emprunts qu'elles ont souvent faits pour le Roy, que de celles dans lesquelles on a établi des élections.»

Le diocèse de Pamiers comprend quarante-deux paroisses situées en Languedoc, qui se plaignent d'être obligées de contribuer aux impositions générales de cette province. Le seul moyen de remédier à cette mauvaise organisation serait de rendre à l'évêque et aux consuls de Pamiers l'entrée dont ils jouissaient autrefois aux États généraux de Languedoc. La ville de Pamiers, au lieu de rester neutre entre les deux provinces, contribuerait elle-même aux impositions du Languedoc. L'évêque ne cesserait pas, du reste, de présider les États de Foix, dans les mêmes conditions que les évêques de Mende, du Puy et de Viviers, qui, ayant entrée aux États de Languedoc, président en outre ceux de Gévaudan, de Velay et de Vivarais. Enfin, cette mesure aurait l'avantage d'éviter que les États de Languedoc ne fissent difficulté de recevoir l'évêque nouvellement créé d'Alais, sous prétexte que le nombre des prélats ne doit pas être impair*.

** Voir, au sujet de ces États, les rapports envoyés précédemment par le même prélat, le 23 décembre 1687 et le 10 février 1688, puis les lettres du 31 mai, du 2 juillet, du 31 août (gratifications du gouverneur et du lieutenant de Roi), du 28 septembre (comptes du trésorier), du 5 octobre (projet de règlement) et du 21 décembre. — La session ayant été retardée, on remit à l'année suivante les réformes proposées par M. de la Berchère. (Lettre du 25 février; lettres du contrôleur général, 30 août et 8 octobre.)

Sur la session des États de Nébouzan et des Quatre-Vallées, voir les rapports de M. de la Berchère, à la date du 17 novembre.

---

541. *Le Contrôleur général*
à M. de Bâville, intendant en Languedoc.

20 Mars 1688.

«J'ay différé à vous répondre sur l'affaire des *attentes* et à vous faire savoir les intentions du Roy, parce qu'elle est absolument importante et difficile dans les conjonctures présentes, comme vous l'avez marqué vous-mesme, et il m'a paru que, n'y ayant rien à changer à l'égard du premier terme, il n'y avoit rien qui dust presser jusqu'icy. J'ay attendu le retour du sieur de Pennautier, qui a tardé plus que je n'avois cru, et j'ay rapporté l'affaire deux différentes fois au Roy, après quoy je suis en estat de vous expliquer ses intentions. Mais je vous dois dire d'abord qu'il n'y a pas à douter que l'abus et les inconvéniens ne soient trop grands pour les tolérer, et qu'ils ne soient autant venus de l'avidité des financiers pour se procurer du gain et des intérests, que de toute autre cause. Le trésorier de la Bourse s'est fait un revenu de ce qu'il tire des receveurs, les receveurs ont voulu s'indemniser et profiter aussy de leur costé aux dépens des collecteurs, et les collecteurs aux dépens des contribuables. Je crains mesme, par tout ce que j'en ay appris, qu'outre ces intérests d'attente excessifs, l'on ne tire encore une espèce d'usure pour les moindres reculemens. Le prétexte le plus spécieux est d'éviter les frais, et il est vray que ces frais pourroient estre de telle nature, notamment en Languedoc, où il n'y a point d'officiers pour les taxer et où la voye la plus ordinaire de contraindre est le décret des fonds, qu'ils seroient encore plus à charge que les intérests d'attente; mais il faut tascher à éviter l'un et l'autre de ces inconvéniens, autant qu'il se peut. Le Roy s'attend que vostre vigilance et vos lumières y contribueront beaucoup, et que MM. les évesques, qui ont l'autorité dans les assiettes, voulant répondre aux intentions du Roy, qui n'a rien plus à cœur que le soulagement de ses peuples et le bon ordre dans le gouvernement de ses provinces, y contribueront de toutes leurs forces. Pour cela, la première résolution du Roy a esté de ne point donner d'arrest qui pust en façon quelconque autoriser une chose que S. M. désire fort de voir réformer, et qui fist d'ailleurs trop d'éclat, sans néanmoins produire plus de fruit que celuy que S. M. attend du concours de tous ceux qui doivent agir en cela pour le bien de la province.

«A l'égard du premier terme de l'attente, S. M. convient de n'y pas toucher pour cette année, la chose estant trop engagée; mais j'ay bien fait entendre au sieur de Pennautier qu'il doit prendre ses mesures en sorte que, pour l'année prochaine, l'intérest soit réduit à deux pour cent, si l'on ne peut pas mieux faire; car, entre cy et ce temps-là, une heureuse récolte, les dispositions générales et les bontés du Roy pour la province pourroient vous donner occasion d'éviter ce double payement en un mesme temps, qui doit presser les contribuables de débiter leurs denrées avec perte et souvent à contre-temps. Il y a une si grande relation en cela aux traités que les Estats font avec le trésorier de la Bourse et que les assiettes des diocèses font avec leurs receveurs, qu'il faut beaucoup d'attention pour bien ménager ses mesures de part et d'autre. Pour toutes les attentes des autres payemens que les receveurs prennent des collecteurs, et, par contre-coup, les collecteurs des contribuables, le Roy n'en peut, en aucune manière, tolérer l'abus plus longtemps. . . . . Mais il est bien important, en mesme temps, que vous prévoyiez tous les expédiens et les moyens les plus sûrs pour prévenir les frais et la rigueur des contraintes, que l'on pourroit peut-estre mesme affecter pour continuer le profit particulier et rendre plus difficile l'exécution des ordres du Roy pour le soulagement de ses peuples. Je suis persuadé que le moyen le plus sûr et le plus efficace est le choix des receveurs et le soin que l'on prendra de veiller à leur conduite, avec la distinction que Messieurs des Estats pourront faire de ceux qui font leurs recouvremens en ménageant les peuples, d'avec ceux qui les surchargent, comme le Roy en use dans les généralités*. . . . . »

* Pour favoriser ces mesures, il fut ordonné que les fonds destinés aux États, aux réparations, aux mortes-payes et aux garnisons ne seraient exigibles qu'à la fin du mois d'août, c'est-à-dire à l'échéance du second terme. (Lettre du 31 décembre.)

542. *M. Feydeau de Brou, intendant à Rouen,*
au Contrôleur général.

24 Mars 1688.

« Je trouve les échevins et habitans de la ville de Dieppe bien fondés en leurs remonstrances, parce qu'effectivement les communautés y ont fait un très-grand nombre d'acquisitions, et que les règlemens anciens et nouveaux les défendent absolument; c'est pourquoy j'estime, sous vostre bon plaisir, sans qu'il soit besoin de renouveler lesdits règlemens, que l'on peut seulement enjoindre au commissaire départi d'y tenir la main et empescher qu'à l'avenir il ne soit fait aucunes acquisitions par lesdites communautés sans sa participation, desquelles lesdits échevins seront tenus l'avertir, afin qu'il puisse donner les ordres nécessaires en conséquence de ceux qu'il vous plaira luy prescrire, sur le rapport qu'il vous fera de leurs raisons réciproques. »

543. *Le Contrôleur général*
à M. de Bérulle, intendant à Lyon.

25 Mars 1688.

« . . . . . Pour ce qui est de l'exemption des commis pour logemens de gens de guerre, elle a esté mise dans l'ordonnance parce que, sans cela, les officiers des villes ne manqueroient pas de les en accabler par animosité; mais, lorsque ces commis sont riches, et surtout lorsqu'ils ont des maisons ou autres biens dans les lieux de passage, il est de la prudence de MM. les intendans de leur faire porter leur part de ces charges publiques, sans néanmoins en laisser les officiers de ville les maistres.

« Il n'en est pas de mesme des exemptions de tailles. Un commis qui fait de nouvelles acquisitions ou un commerce particulier pour son compte, dans le lieu où il est établi, peut sans difficulté estre imposé aux tailles et augmenté à proportion de l'augmentation de ses facultés, nonobstant le privilége de sa commission. Si, au contraire, il ne fait autre chose que sa commission, quelque utile qu'elle luy soit, il ne doit point estre imposé, s'il n'est point taillable d'ailleurs. »

544. *M. Feydeau du Plessis, intendant en Béarn,*
au Contrôleur général.

4 Avril 1688.

Il envoie, suivant les ordres du Roi, un mémoire sur l'assemblée des États de Béarn et de ceux de Navarre, avec un projet de règlement et de réformation de divers abus.

Composition de ces États; forme et ordre des délibérations. — Le droit d'entrée, en ce qui concerne la noblesse, pourrait être considérablement réduit et restreint, comme dans l'ancien temps, aux seuls barons ou aux seigneurs ayant baile, jurats et cour. — Au lieu de laisser aux États une apparence de liberté dans la fixation du Don gratuit, le Roi pourrait en fixer le montant dans les commissions qu'il adresse pour la tenue des assemblées. — Projet de réduction et de répartition nouvelle des gratifications ou *tailluquets;* règlement semblable pour les frais de députation et les vacations de l'Abrégé, etc. *

* Ce procès-verbal est beaucoup plus considérable, au point de vue des États, que celui qui est reproduit plus haut, n° 47. — Le Roi approuva quelques-unes des réformes proposées, et, en outre, déchargea la province des sommes qu'elle restait devoir pour le huitième denier; mais, quant aux changements dans le droit d'entrée, dans les gratifications ou la répartition des tailluquets, il se réserva de les faire successivement et avec ménagement. (Réponse, du 28 juin.)

Sur le recouvrement du huitième denier dans cette province, voir les lettres de MM. de Vaubourg, 25 avril 1686, et Feydeau du Plessis, 12 et 29 janvier, 16 mai 1688.

545. *Le Contrôleur général*
à M. de Miroménil, intendant en Champagne.

5 Avril 1688.

« J'ay rendu compte au Roy de vos deux lettres des 16 et 18 du mois passé, sur les difficultés qui se trouvent à faire les recouvremens de la taille dans les paroisses des élections de Reims et Vitry. S. M. n'a pas estimé, à cause des conséquences, devoir laisser espérer aux contribuables aucune diminution, ni mesme de surséance; mais, comme elle est résolue de pourvoir à leur soulagement à proportion du besoin qu'ils en ont, elle désire que, sans rien forcer par des frais et des poursuites extraordinaires contre les redevables, vous poussiez les recouvremens le plus loin que vous pourrez, et le Roy tiendra le surplus en surséance au receveur général, qui pourra, par ce moyen, en user de mesme envers les receveurs particuliers, et ceux-cy envers les peuples. Le receveur général se doit rendre incessamment auprès de vous, et il sera de vostre prudence d'examiner soigneusement avec luy ce qu'il sera nécessaire de surseoir à chaque communauté, observant que le trop de relaschement et le trop de rigueur peuvent estre également nuisibles en de pareilles conjonctures. Mais le principal est d'exécuter cela de manière que les peuples profitent de cette grâce sans s'apercevoir que c'est par ordre du Roy, ce qui est d'autant plus important que j'apprends qu'ils sont déjà fortement prévenus qu'il y a ordre de ne les point poursuivre et de ne leur faire aucuns frais, que mesme les officiers des élections confirment cela par leurs discours. Il est dangereux de laisser prendre pied à de telles opinions dans l'esprit des peuples, surtout dans ce temps-cy, qui demande qu'on les traite avec beaucoup de ménagement, et vous devez vous expliquer fortement là-dessus avec les officiers des élections, témoigner hautement que l'intention du Roy est que les payemens se fassent dans les termes ordinaires; mais vous veillerez aussy, en mesme temps, à ce que les receveurs ne fassent point d'emprisonnemens ni aucunes autres poursuites trop vives, si ce n'est contre ceux qui seroient notoirement en demeure de payer par pure obstination. Il sera bien nécessaire, pour exécuter cecy avec prudence et discrétion, que vous vous transportiez vous-mesme sur les lieux le plus souvent que vous pourrez, et que vous me mandiez exactement tout ce qui se passera en exécution de cecy, afin que j'en rende compte au Roy*. »

* La baisse très-considérable du prix des vins (plus des trois quarts) avait amené des retards dans le recouvrement des impôts, et plusieurs paroisses avaient tenté de s'assembler pour demander au Roi des diminutions. (Lettres de M. de Miroménil, 16 et 18 mars.)

546. *M. de Bagnols, intendant en Flandre,*
au Contrôleur général.

5 Avril 1688.

Plaintes des négociants au sujet de la révocation du transit (arrêt du 9 mars).

« Le préambule de l'arrest fait assez connoistre que l'intention du Roy a esté de comprendre dans la révocation du transit les marchandises du pays conquis, aussy bien que celles des pays étrangers, et, quoyque le dispositif ne parle que de ces dernières, il faut nécessairement supposer que, sous le terme de «pays étrangers», les provinces réputées étrangères, comme celle-cy, sont comprises. C'est ce qui a obligé les commis des cinq grosses fermes de refuser les billets ordinaires pour le transit et les négocians du pays conquis d'avoir recours à vostre autorité pour faire passer, comme à l'ordinaire, leurs marchandises dans les pays étrangers en traversant le royaume. Une grande partie des étoffes qui se manufacturent en cette ville sont envoyées par terre à Marseille, d'où elles passent à Barcelone et en Italie. Il faut de nécessité que ce commerce tombe, si ces marchandises, qui ne sont considérables et que les étrangers ne nous demandent qu'à cause de leur bas prix, sont obligées de payer les droits d'entrée et de sortie du royaume. Ce fut sur ces mesmes raisons qu'en l'année 1674, le transit ayant esté révoqué, comme il l'est aujourd'huy, le Roy trouva bon que les villes de Lille et de Tournay envoyassent des députés à la cour, et qu'après les avoir entendus, S. M. leur accorda l'arrest dont je joins un exemplaire à cette lettre, par lequel la liberté des entreposts et transit fut accordée aux négocians de ce pays, à condition que les manufactures qui passeroient par transit seroient accompagnées de certificats des juges et Magistrats des villes et visitées et plombées en la manière accoustumée, à la sortie des bureaux..... Je crois qu'on pourroit y ajouter, pour une plus grande précaution, que non-seulement les ballots seroient visités et plombés dans les bureaux, mais encore que les marchandises seroient emballées en présence des commis*. »

* A cette lettre est joint, outre les arrêts de 1674 et 1688, le mémoire présenté par les négociants flamands, où se trouvent développés les mêmes raisonnements en faveur du transit.

Voir, à la date du 1er juin, l'adresse de remercîment envoyée par le corps de ville de Lille au contrôleur général, à l'occasion du rétablissement du transit.

547. *M. de Ménars, intendant à Paris,*
au Contrôleur général.

5 Avril 1688.

Les marchands drapiers de Beauvais demandent à s'imposer pour rembourser leur part dans les 1,500# de rente dues par la ville à l'Hôtel-Dieu et au bureau des pauvres, par suite de la suppression des octrois qui frappaient anciennement leur commerce et qui étaient appliqués au payement de cette rente; mais, avant d'autoriser cette imposition, il convient de fixer à quelle somme doivent monter les frais du remboursement, du payement des arrérages et des dépenses faites pour l'obtention de l'arrêt de suppression*.

* L'arrêt, daté du 25 mars 1687, est joint, avec plusieurs autres pièces, à la lettre de l'intendant.

548. *Le Contrôleur général*
à M. de Saint-Contest, intendant à Limoges.

8 Avril 1688.

« L'intention du Roy est que l'on laisse aux juges ordinaires la connoissance des affaires qui naissent en exécution des édits et déclarations registrés aux greffes des jurisdictions; mais, lorsque les officiers, faute d'autorité ou de lumières, et mesme quelquefois de bonnes intentions, ne soutiennent pas les droits du Roy avec assez de vigueur, il est nécessaire que vous en preniez connoissance, soit pour instruire les juges de leur devoir, soit pour rectifier par vos ordonnances ce qu'ils auroient fait de mal. Mais le premier parti est plus régulier et plus conforme aux intentions du Roy *.»

* Cette instruction fait réponse à une lettre du 27 mars précédent, par laquelle l'intendant se déclarait incompétent pour prendre connaissance, sur la requête du fermier du domaine, des contraventions relatives au contrôle des exploits.

Une circulaire avait été adressée le 16 mars à tous les intendants, au sujet de la déclaration rendue le 17 février précédent pour le règlement des procédures et des frais de justice.

549. LE CONTRÔLEUR GÉNÉRAL
à M. DE NOINTEL, intendant à Tours.

8 Avril 1688.

Les fermiers des gabelles se plaignent que les officiers de l'élection et du grenier à sel de Richelieu modèrent toujours les amendes prononcées pour faux-saunage, sous prétexte qu'ils ne trouvent qu'une petite quantité de sel chez les délinquants. Ces modérations ne sont permises qu'en matière d'aides, et le Roi ne donne pas aux élus cette liberté d'appréciation en ce qui touche les gabelles.

550. *M. DE BÉRULLE, intendant à Lyon,*
AU CONTRÔLEUR GÉNÉRAL.

8, 15, 21, 24 et 27 Avril 1688.

L'argent blanc devient si rare que les courtiers de change en donnent jusqu'à 1 1/2 p. 0/0; on sait, d'autre part, qu'il en sort beaucoup dans des balles de draps, ou par d'autres moyens de fraude que favorisent les commis de la douane. La seule ressource pour faire revenir les espèces serait de réduire de moitié, comme c'était l'usage précedemment, le droit d'entrée de 10 sols par marc qui pèse sur les matières en lingots, et en même temps d'empêcher que les échevins de Marseille n'aillent chercher des blés à l'étranger, au lieu de venir acheter ceux de la Bourgogne, qui se perdent dans les greniers *.

La Monnaie de Chambéry comptait sur l'argent que M. le duc du Maine devait envoyer en Savoie pour partie du payement du duché d'Aumale; mais, suivant l'ordre du Roi, il n'a été permis au fermier de Madame Royale d'emporter que des louis d'or, et l'on a arrêté à la sortie un ballot où il avait fait cacher plusieurs sacs d'espèces blanches **.

* M. de Bérulle donne pour raison de cette préférence, que les droits exigés indûment à Lyon et les péages du Rhône élèvent trop haut le prix des blés, et il dit que le royaume y perd plus de 4 millions.

** Voir aussi, aux dates du 15 septembre suivant, du 16 et du 17 octobre, les lettres relatives à la saisie d'espèces envoyées en Suisse par deux banquiers lyonnais, avec un simple passe-port de l'archevêque, et non de l'intendant, les Suisses prétendant être exemptés de cette obligation.

551. *M. LEBRET, intendant en Provence,*
AU CONTRÔLEUR GÉNÉRAL.

9 Avril 1688.

«..... La seule grâce que M. l'abbé Verjus, nommé évesque de Grasse, demande présentement, est qu'il luy soit permis de rentrer dans les dixmes dont le Roy jouit, comme ayant esté vendues à S. M., en l'année 1608, avec les autres droits de la terre, et je suis persuadé que vous ne trouverez pas beaucoup de difficulté à sa prétention, si vous avez la bonté de considérer deux choses : l'une, que ces dixmes, qui sont purement ecclésiastiques, ayant esté inféodées au profit de MM. de Grimaldi contre les règles prescrites par les canons, il est de la bienséance, et peut-estre mesme de la piété du Roy, qu'elles retournent à l'évesché de Grasse, que vous savez estre d'un très-petit revenu, et dont elles faisoient originairement le patrimoine; et l'autre, qu'en les remettant à M. l'abbé Verjus aux conditions qu'il les demande luy-mesme, c'est-à-dire, avec leurs charges, S. M. ne diminuera son revenu que de 3 à 400 # par chacun an, puisqu'il résulte des mémoires que j'ay fait prendre sur les lieux avec beaucoup de soin, que ces dixmes ne produisent au sous-fermier des domaines d'Antibes que 2,200 # de rente, et que les charges indispensables montent annuellement à la somme de 1,770 #, savoir : au curé, qui demande sa portion congrue, suivant la dernière déclaration, 300 #; à cinq autres ecclésiastiques qui desservent la paroisse, à raison de 150 # chacun, suivant la mesme déclaration, 750 #; au prédicateur de l'advent et du caresme, 120 #; à M. l'évesque de Grasse, pour une pension qui luy a esté payée de tout temps, 150 #; pour la part que la dixme doit porter des décimes ordinaires et extraordinaires, à proportion des autres revenus de la terre, 150 #; pour les réparations et entretien de l'église, qui est en très-mauvais estat et sans ornemens, 150 #, et enfin, pour le clerc et pour la lampe de l'église, 150 #. Aussy paroist-il, par le dernier mémoire de M. l'abbé Verjus, que son dessein, en cas que le Roy luy permette de rentrer dans cette dixme, est d'en augmenter le produit, en obligeant les possédant fonds au terroir d'Antibes, qui, depuis l'inféodation, ne l'ont fournie qu'au quarantain, de luy payer à l'avenir à la cote qu'elle estoit levée, lorsque Clément VII en dépouilla l'église de Grasse en faveur de MM. de Grimaldi, ou du moins sur le pied et suivant l'usage des lieux circonvoisins *.»

* A cette lettre sont joints deux mémoires historiques sur les droits des évêques de Grasse.

552. *M. FAULTRIER, intendant en Hainaut,*
AU CONTRÔLEUR GÉNÉRAL.

12 Avril 1688.

Saisie de louis d'or faite sur deux marchands liégeois, à la sortie du royaume.

«Ces marchands disent pour eux qu'ils sont étrangers, qu'ils peuvent passer sur les terres du Roy et porter l'argent dont ils ont besoin pour leur trafic, que les règlemens du royaume sont sans autorité sur les personnes de différente domination; qu'ainsy l'arrest qui défend de faire sortir de l'argent des Estats du Roy n'est pas une loy pour ceux dont il n'est pas le souverain; que, dans la pratique mesme, ces règlemens ne se peuvent pas exécuter à la rigueur pour les petites sommes; que, tous les jours, nos marchands vont au loin acheter des marchandises pour l'argent qu'ils y portent, comme les étrangers viennent aussy en France avec l'argent de leur pays, sans quoy le commerce ne pourroit subsister. Voilà tout ce qu'il y a de meilleur pour eux; mais je pense que la conjoncture du temps ne leur est pas favorable, car il seroit aysé à tous les religionnaires de se servir d'un étranger pour emporter impunément de l'argent du royaume*.»

* Le contrôleur général écrit, le 24 avril, que, en qualité d'étrangers, «que l'on peut dire en quelque façon n'avoir fait qu'emprunter le passage,» et en faveur du commerce, les marchands peuvent réclamer leurs espèces, pourvu que le public soit clairement instruit des conditions particulières de cette restitution.

Diverses saisies faites à la frontière de Suisse, par ordre de M. de Bérulle, furent également désapprouvées (lettres de M. de Bérulle, Lyon, 24 janvier 1689, 22 février, 1er, 2 et 5 mars, 5 avril; lettres du contrôleur général, 4, 15 et 23 mars, 16 avril); ce dernier écrit, le 30 janvier : «Pour ce qui est de la quantité d'argent que l'on peut laisser emporter à un passager, il est difficile de donner sur cela des règles bien précises, cela dépendant des circonstances, qui ne se trouvent jamais les mesmes, comme la qualité, l'équipage, le lieu où l'on va, et autres.» — Voir aussi une autre lettre, du 6 mai 1688, au même intendant, sur les arrivages de matières monétaires, les fontes ou affinages clandestins, l'exportation des espèces, etc.

553. *M. de la Berchère, intendant à Montauban, au Contrôleur général.*

14 Avril 1688.

Il envoie un mémoire pour l'achèvement de la réformation des domaines de la généralité. Depuis la suspension du travail, en 1683, l'arrêt qui ordonnait aux vassaux de rendre par-devant les bureaux des finances leurs foi et hommages, aveux et dénombrements, n'a reçu presque aucune exécution. M. de la Berchère propose d'établir pour cet objet une commission pareille à celle qui fonctionne en Languedoc, composée de deux trésoriers de France, de deux conseillers de la Cour des aides et d'un procureur du Roi, sous la présidence de l'intendant*.

* Voir, à la même date, une lettre du sieur d'Héricourt, qui avait rempli les fonctions de procureur du Roi pour la réformation, d'abord à Montauban, puis en Béarn.

En Bourbonnais, les trésoriers de France avaient prétendu forcer les vassaux du Roi à renouveler leurs aveux, sous le prétexte d'en former un second papier terrier pour le service de la taxe des francs-fiefs. M. d'Argouges (17 mars) proposa, pour épargner cette dépense aux propriétaires des fiefs, d'obliger les fermiers du domaine à délivrer au bureau des finances une expédition de tous les hommages qu'ils avaient reçus avant que cette fonction fût réservée exclusivement aux trésoriers de France.

554. *Le Contrôleur général à M. de Miroménil, intendant en Champagne.*

20 Avril 1688.

«..... Pour ce qui est de la répartition de l'impost du sel, que vous me marquez estre faite avec beaucoup d'inégalité dans l'élection de Vitry, le Roy trouve bon que, pendant le cours de cette année, vous dressiez le projet d'une nouvelle répartition en la manière que vous estimez qu'elle doive estre réformée, observant de rejeter sur les paroisses les plus fortes ce dont vous jugez à propos de soulager les plus foibles, et de diminuer le moins qu'il se pourra le total de l'imposition ordinaire.

«Quant à ce que vous me mandez de l'inégalité des mesures pour la vente des grains, M. Pussort, qui estoit présent lorsque j'en rendis compte au Roy, dit que cela provenoit de ce que, par les coustumes de Champagne, chaque seigneur justicier peut avoir une mesure particulière, qu'ainsy il est difficile d'y donner atteinte. Examinez ce qui en est, et, si vous croyiez que l'on pust faire sur cela quelque règlement utile, sans intéresser en rien le droit des seigneurs particuliers, envoyez-m'en le projet, afin que j'en rende compte au Roy.»

555. *Le Contrôleur général à M. de la Grange, intendant en Alsace.*

24 Avril 1688.

«L'on m'a donné avis que feu M. l'Électeur palatin s'estant mis en possession de tous les biens des ecclésiastiques qui estoient sous sa domination, il en est arrivé que, depuis que le Roy jouit du bailliage de Gemersheim, les bénéficiers et les fermiers ont joui confusément du bien les uns des autres; je vous prie de vous informer de ce qui en est, et d'examiner s'il ne seroit pas à propos de séparer les droits du Roy d'avec ceux de l'Église.»

556. *Le Contrôleur général à M. de Nointel, intendant à Tours.*

24 Avril 1688.

«Les étapiers se plaignent de ce que les maires, échevins et autres officiers, chagrins de ce qu'ils ne sont plus chargés de faire les fournitures, sur lesquelles ils faisoient des profits excessifs, font tout ce qu'ils peuvent pour traverser les établissemens des étapiers particuliers et les obliger à tout abandonner, qu'ils prennent les *routes* des mains des officiers, et les font sortir des lieux sans prendre leurs quittances d'étapes, et que de plus ils ne veulent point remettre à l'étapier les *routes* ni les revues, si on ne leur paye un droit de 30 sols pour chacune*.....»

* Le 27 février précédent, M. d'Argouges, intendant à Moulins, au sujet d'un procès intenté pour de semblables concussions aux consuls de Bourbon, proposait de convertir les procédures et les châtiments ordinaires en une taxe proportionnée au gain fait «par ces petits pillards» sur les fournitures de toute espèce.

557. *Le Contrôleur général à M. de la Reynie, lieutenant général de police à Paris.*

25 Avril 1688.

Il lui envoie une instruction pour l'exécution précise des arrêts relatifs au commerce des toiles de coton.

Le directeur de la compagnie des Indes orientales devra dresser un état de toutes les toiles qu'on a fait venir et de celles qui ont été vendues sans être marquées. Il sera fait une perquisition chez tous les marchands, en leur laissant la libre disposition des toiles marquées ou déclarées; celles qu'ils pourront prouver par leurs registres avoir été achetées de la compagnie seront marquées; celles pour lesquelles ils ne pourront faire la preuve resteront à leur charge, pour être représentées à toute réquisition, sans qu'ils en puissent disposer.

Quant aux toiles entrées en fraude ou recélées, elles doivent être brûlées.

558. *M. de Bâville, intendant en Languedoc, au Contrôleur général.*

25 Avril et 16 Novembre 1688.

Réglementation du droit de *cosse*, perçu à raison d'un quarantième sur les grains vendus en détail par les étrangers au marché de Narbonne; il appartient au domaine pour un quart et demi.

559. *M. Feydeau de Brou, intendant à Rouen, au Contrôleur général.*

27 Avril 1688.

A l'annonce d'un arrêt rendu sur le rapport de M. de Louvois et portant permission aux drapiers drapants de Rouen d'employer toutes sortes d'ouvriers et même des étrangers, les compagnons ouvriers de la ville se sont soulevés et demandent la suppression de cet arrêt, comme contraire à leurs priviléges et aux intérêts de deux ou trois mille familles.

560. *M. Godefroy, procureur du Roi en la Chambre des comptes de Lille, au Contrôleur général.*

27 Avril 1688.

«La lettre que vous m'avez fait l'honneur de m'écrire pour me demander en quel estat est l'inventaire des titres de la Chambre des comptes de cette ville, auquel je travaille depuis longtemps, m'oblige à vous rendre un compte exact de ce que j'ay fait depuis sept années que le Roy m'a commis à la garde de cette Chambre, en la place de mon père, qui y est mort après treize années de services.

«Les inventaires que M. de Bagnols m'a demandés par vos ordres vous auront pu faire connoistre que cette Chambre contient les comptes des domaines et aydes de Flandre, d'Artois, de Hainaut, de Namur, d'une partie de Picardie, du Boulonnois, du Cambrésis et du comté de Bourgogne.

«Les registres de toutes ces provinces sont au nombre d'environ quarante mille, suivant l'estimation que j'en ay pu faire; ils sont séparés dans sept chambres différentes, et divisés suivant l'ordre des villes. Le détail en parut si grand à M. de Souzy, pour lors icy intendant, que, lorsqu'il me mit en possession, en 1681, en vertu des lettres patentes du Roy, il crut devoir faire mention dans son procès-verbal qu'il avoit trouvé les registres en bon ordre et en bon estat, et qu'il ne jugeoit pas qu'on en pust faire un inventaire exact, à cause du trop grand nombre et de la diversité des titres et papiers. Je n'ay pas laissé pourtant de m'y attacher; j'en ay fait l'inventaire d'environ vingt mille, et je continue pour le reste, autant que les autres affaires qui me surviennent me le peuvent permettre.

«Il y a, outre cela, la tour des chartres, qui est un lieu destiné pour renfermer les titres originaux les plus considérables, qui y sont au nombre d'environ douze mille, et qui augmentent tous les jours, par les nouvelles découvertes que je fais entre plusieurs milliers de liasses qui ont esté fort longtemps négligées. Je fais à présent l'inventaire de ces titres, sans savoir quand il pourra estre achevé; je puis dire cependant qu'ils sont en très-bon ordre, et que je n'y perds pas mon temps, puisque en confrontant l'ancien inventaire avec le nouveau, on trouvera que le mien est en meilleur ordre et augmenté de plus du double.

«L'usage ordinaire que je dois faire de tous ces registres et titres est, après m'estre instruit de ce qu'ils contiennent, de fournir à MM. les intendans, officiers de justice, et aux fermiers des domaines les mémoires et titres pour la conservation et augmentation des droits de S. M., qui veut bien aussy permettre que ses sujets tirent de ce mesme dépost les lumières dont ils ont besoin pour leurs affaires particulières et pour se défendre contre la trop grande avidité des fermiers. J'ay déjà pris la liberté de vous mander que je délivrois gratuitement aux uns et aux autres les copies des titres qu'ils me demandent et que je leur puis donner sans blesser mon devoir*.»

* Voir, à la date du 17 mars de l'année précédente, un rapport de M. de Bagnols, sur les archives domaniales du bailliage de Tournai.

561. *M. d'Argouges, intendant à Moulins, au Contrôleur général.*

28 Avril 1688.

«J'ay rendu mon ordonnance pour l'exécution de l'arrest portant que les consuls et collecteurs dresseront des estats contenant les noms des propriétaires des biens de chaque paroisse, la quantité de terres, et autres choses nécessaires pour mieux connoistre dans la suite la force et la foiblesse des paroisses et faire les impositions avec plus d'égalité. Elle se publie actuellement; mais, comme la plupart de ces sortes de gens ne savent ni lire ni écrire, qu'ils sont d'une fort grande ignorance, et qu'en bien des endroits les curés, non plus qu'eux, ne sont pas capables de grand'chose, qu'ainsy, quelque soin que nous prenions pour dresser des modèles de ces instructions pour avoir les éclaircissemens que l'on demande, jamais nous n'en viendrons à bout, si l'on ne trouve des moyens d'y parvenir par d'autres voyes que celles qui sont portées par l'arrest, et faisant réflexion sur cela, j'ay trouvé un expédient que je souhaite qui soit de vostre goust. Voicy bientost le temps que les élus doivent faire leurs chevauchées; si vous aviez agréable de les charger de travailler à ces estats en visitant leurs paroisses, il en résulteroit deux choses également avantageuses : l'une, que ce travail seroit entièrement fait à la fin du mois de juillet, que nous pourrions par conséquent nous en servir dès le prochain département et commencer à remédier aux abus passés, qu'il seroit plus exact, mieux circonstancié et plus authentique; et l'autre, que la plupart de ces officiers se dispensent de faire leurs visites, et, se contentant de faire des procès-verbaux sans sortir de leurs maisons, seront obligés de se promener, et connoissant leurs paroisses par eux-mesmes, ils nous mettront en estat de mieux pourvoir à une infinité de désordres et de vexations qui se font dans les lieux écartés, où les habitans sont contraints de se conformer aux volontés de leurs seigneurs, ou des coqs de paroisse*.»

* Le 8 du même mois, M. Foucault, intendant à Poitiers, avait également remontré la difficulté d'obtenir des collecteurs les renseignements qu'on leur demandait. Il se servait des curés pour publier sans frais les ordonnances au prône de la paroisse, et proposait de permettre, par exception, aux collecteurs de ne point dresser les états sur papier timbré. «D'ailleurs, disait-il, je prendray la liberté de vous observer que le grand abus des tailles ne vient pas de l'inégalité des impositions sur les paroisses, mais des injustices que commettent les collecteurs.»

---

562. *M. Feydeau de Brou, intendant à Rouen,*

au Contrôleur général.

30 Avril 1688.

Saisie d'une caisse de livres défendus venant de Hollande.

Les mesures sont prises pour arrêter ce genre de contrebande; suivant les termes de l'arrêt du 1er mars 1681, la librairie étrangère à destination de Paris est plombée à Rouen et envoyée, sous acquit-à-caution, aux fermiers généraux, qui en donnent communication à la Chambre royale établie pour faire la visite; ce qui est destiné à la ville de Rouen même est examiné à la Romaine par les syndics et jurés des libraires.

---

563. *M. de Gourgue, intendant à Caen,*

au Contrôleur général.

1er Mai 1688.

«L'arrest que vous m'avez fait l'honneur de m'envoyer, concernant les toiles de coton, tant blanches que peintes, cause beaucoup d'embarras dans cette ville pour son exécution, car la foire franche, qui doit se tenir dans deux jours, a fait qu'il y a beaucoup de ces sortes de marchandises dans cette ville. A la publication de cet arrest, les marchands de Paris, de Rouen, de Bretagne et de quantité d'autres villes me sont venus trouver, et m'ont représenté que, si cet arrest est exécuté à la rigueur, cela va causer beaucoup de banqueroutes, mesme l'impossibilité qu'il y a d'exécuter présentement cet arrest, parce qu'ils n'ont point porté leurs registres, qui est une preuve nécessaire que vous m'avez fait l'honneur de me marquer dans vostre lettre, et, par conséquent, ne peuvent avoir la liberté de les vendre.

«Ils soutiennent que l'arrest du 8 février 1687 n'a point esté exécuté à Rouen ni en Bretagne, qu'il n'y a point eu de bureau pour marquer leurs toiles, et qu'ils n'ont pas su qu'il y eust des déclarations à faire, ledit arrest n'estant point venu à leur connoissance.

«Tous disent tenir leurs toiles de différentes manières de la compagnie des Indes, peu en première main, et beaucoup de la cinquième et sixième main; car ils soutiennent qu'à l'ouverture des bureaux de la compagnie et vente des marchandises, leur maxime est de choisir, entre dix ou douze qu'ils sont, un homme qui mette à prix un lot de la valeur de 40 à 50,000#; celuy qui est l'adjudicataire a quelquefois le moins d'intérest à la chose, et ceux qui se sont unis avec luy prennent et lotissent, suivant leur convention qu'ils ont faite, fournissent leur argent, et retirent leurs marchandises, sans déclarations de la personne qui a mis à prix ou s'est rendue adjudicataire, et sans tenir registre, parce que ce sont de ces sortes d'affaires qui se font de la main à la main.

«Il y a mesme preuve que quantité de ces étoffes qui viennent de la compagnie des Indes n'ont point esté marquées, et ceux qui les ont achetées ont agi de bonne foy, se croyant en sûreté dès que la marchandise venoit de leurs mains. D'autres en ont acheté de marquées en blanc, et, les ayant fait teindre, la teinture forte a emporté la marque, si bien que, quoyque véritablement elles viennent de la compagnie, on peut toutefois en douter.

«Cette mesme compagnie a un bureau à Rouen, qui est un lieu d'entrée de ces sortes de marchandises et où le débit en est très-grand; cependant l'arrest du 8 février 1687 n'y a point esté exécuté. Je croirois qu'en considérant ces diverses espèces, et pour ne porter aucun préjudice au commerce, il seroit à propos de suppléer à ce qui n'a point esté fait, et de simplement marquer toutes les marchandises qui seront portées en cette foire de la marque que je feray faire*.....»

* Le 5 juin suivant, M. de Bezons envoie aussi un mémoire analogue; il estime à plus de dix-huit mille pièces la quantité de marchandises que l'arrêt frapperait dans la seule ville de Bordeaux, et juge que, sur ce pied, la France doit en avoir plus qu'il ne s'en pourrait débiter en six ans.

Le 18 du même mois, le contrôleur général lui répond que le Roi ordonne l'exécution rigoureuse de l'arrêt, et que, indépendamment de la marque, les marchands, sous peine de saisie, doivent justifier de la provenance. Il ajoute, sur la question posée par M. de Bezons, que le privilége est réservé exclusivement à la compagnie des Indes de France.

et non à celles de Hollande ou d'Angleterre, dont les produits doivent être prohibés.

Voir, sur le même sujet, entre autres lettres, celles de M. de Vaubourg (Auvergne, 17 mai et 28 juin), de M. de Madrys (Flandre maritime, 19 mai et 24 juin), de M. Mahieu (Luxembourg, 29 mai), de M. Bouchu (Dauphiné, 30 mai), de M. de la Goupillière (Hombourg, 29 juillet), etc. Toutes ces correspondances s'accordent sur la nécessité de montrer une certaine tolérance et de restreindre la portée des arrêts.

---

564. *M. de Bezons, intendant à Bordeaux,*
au Contrôleur général.

1er, 13, 20 et 24 Mai 1688.

Rapports sur l'état du commerce, sur la conduite des nouveaux convertis, la désertion des religionnaires, l'administration des biens des fugitifs, etc.

«J'ay jugé ce matin, avec le présidial, la Montjoye, qui estoit cette femme qui faisoit la prière dans toutes les assemblées qui se sont faites de nuit; elle a esté condamnée à mort et exécutée. On luy a donné la question, pour voir si elle ne découvriroit point qui ce sont ceux qui provoquoient ces assemblées et s'il n'y avoit point de personnes plus considérables que de misérables paysans et vignerons; mais elle n'a rien dit de nouveau. Elle est morte et ne s'est point voulu convertir; elle n'avoit jamais fait abjuration. L'on a aussy exécuté au mesme temps trois métayers et vignerons chez lesquels les assemblées s'estoient faites : ils ont marqué beaucoup de repentance et ont déclaré tous trois en mourant qu'ils mouroient catholiques, et se sont confessés auparavant. Il y a eu deux autres hommes condamnés aux galères perpétuelles, dont l'un avoit esté lecteur dans une assemblée, et l'autre avoit esté dans quatre assemblées, et avoit esté une fois chez des particuliers pour les y mener. A l'égard de tous les autres prisonniers, l'on a sursis le jugement, hors deux contre lesquels il ne s'est trouvé aucune preuve, et qui ont esté mis hors des prisons. . . . . »

---

565. *M. de Miroménil, intendant en Champagne,*
au Contrôleur général.

1er Mai et 10 Juillet 1688.

«Les officiers des élections de Vitry et Épernay sont absolument négligens d'assister aux greniers les jours d'ouverture et vente, en conformité de l'édit du mois de novembre 1685. Cet exemple donnera lieu aux officiers d'autres élections de croire pouvoir pareillement se dispenser de ce service, dont il peut arriver de très-grands inconvéniens; les receveurs restant seuls les maistres, les fermiers généraux mesmes en pourroient souffrir.

« . . . . . Nous croyons avoir concilié les fermiers des gabelles avec les fermiers des regrats, entre lesquels il se lève chaque jour d'ouverture de grenier des contestations dont les peuples souffrent. Reste une seule difficulté, au sujet des registres qu'on veut faire tenir par les regrattiers, la plupart ne sachant écrire ou ayant si peu d'habitude que, surtout les jours de gabelles dans les villes, à cause de la quantité de mesmes gens, ils ne savent à qui entendre et, dans la confusion, font tout de travers*. »

* Au sujet de la tenue des registres des fermes, telle qu'elle avait été ordonnée par arrêt du Conseil, en date du 6 décembre 1687, voir une lettre de M. de Nointel (Tours), 9 décembre 1688, les pièces qui y sont jointes, et la réponse du contrôleur général, 31 décembre.

---

566. *Le Contrôleur général*
à M. de Bagnols, intendant en Flandre,
et à M. de Madrys,
intendant en Flandre maritime.

3 et 4 Mai 1688.

«M. de Seignelay m'a communiqué un projet d'arrest par lequel on prétend augmenter considérablement le commerce des Indes occidentales et en établir un réglé entre Dunkerque et Cadix. On propose par cet arrest d'exempter généralement de tous droits d'entrée et de sortie toutes les marchandises qui seroient apportées de la Flandre espagnole à Dunkerque pour estre de là transportées à Cadix, et toutes celles du cru d'Espagne et des Indes occidentales, lesquelles, par le retour des vaisseaux françois, seroient apportées à Dunkerque pour estre de là conduites dans la Flandre espagnole. Comme je sais que vous avez eu connoissance de ces propositions, je vous prie de me mander vostre avis, que j'attendray avant que de rendre compte au Roy de cette affaire*. »

* Le port de Dunkerque avait déjà été, sur le rapport de M. de Seignelay, exempté de l'ordonnance qui défendait l'introduction des harengs, autrement qu'en vrac, dans les ports de Flandre, pour laisser aux pêcheurs dunkerquois le temps d'organiser ce commerce, de façon à ce qu'ils pussent alimenter le pays, dans le cas où les pêches de Normandie et de Picardie feraient défaut. (Lettre de M. de Bagnols, 2 mai.)

Voir, à la date du 3 octobre suivant (Flandre maritime), un mémoire par lequel les officiers de l'amirauté de Dunkerque réclament les bénéfices de la franchise de leur port, et demandent justice des vexations que leurs vaisseaux et leurs équipages éprouvent, de la part des commis des fermes, dans les autres ports du royaume.

---

567. *Le Contrôleur général*
à M. de Bezons, intendant à Bordeaux.

6 Mai 1688.

«Le Roy désire que vous examiniez ce qu'il y auroit présentement à faire pour accomplir le dessein que l'on a eu d'expulser tout à fait les juifs du royaume; mais cela se doit faire avec d'autant plus de réserve et de précaution, que le commerce, qui est déjà beaucoup altéré par la retraite des huguenots, pourroit tomber dans une ruine entière, si l'on agissoit trop ouvertement contre les juifs*. »

* Sur l'avis que les juifs portugais commettaient certaines profanations, M. de Ris avait reçu l'ordre, en 1683, de dresser des états exacts des familles et des individus de cette religion qui se trouvaient établis à Bayonne, Bordeaux, Dax, Bidache et Peyrehorade, et de distinguer par

classes les nouvelles et les anciennes familles et celles que l'on pouvait exiler sans faire souffrir le commerce, qui était presque tout entier entre leurs mains. En conséquence de ce travail, un arrêt du 20 novembre 1684 avait prononcé l'expulsion de quatre vingt-treize familles.

M. de Bezons, consulté sur la possibilité d'exécuter plus complétement cette mesure, et particulièrement de chasser une partie des anciennes familles, ainsi que le portait le projet primitif, répondit, le 13 mai 1688, qu'il n'y fallait point songer en présence des pertes causées au commerce par la désertion continuelle des nouveaux convertis, et que les Portugais étaient plus que jamais nécessaires à Bordeaux, où ils fournissaient la plus grande partie de l'argent pour la négociation des lettres de change.

---

568. *Le Contrôleur général à M. Chauvelin, intendant à Amiens.*

6 Mai 1688.

«J'ay rendu compte au Roy de vostre lettre du 30 du mois passé, au sujet de la levée du droit de *gros et augmentation*, à la sortie du royaume, sur les vins venant des pays où ces droits n'ont point de cours. La prétention du fermier a esté trouvée juste, parce que l'ordonnance porte que le vin venant des pays où le droit de gros et augmentation n'a pas cours et qui est transporté en un pays où il a cours, le doit payer en arrivant au lieu de sa destination. Or, le lieu de la sortie doit estre réputé celuy de la destination et de la consommation pour le vin qui est transporté en pays étranger; autrement, ce vin, qui est commercé dans le royaume, en sortiroit sans payer aucuns droits, ce qui est contre toutes les maximes.....*»

* Voir le rapport de M. Chauvelin, du 30 avril précédent.

---

569. *M. de Bérulle, intendant à Lyon, au Contrôleur général.*

8 Mai 1688.

Le directeur des poudres de Lyon ayant voulu empêcher les distillateurs de vendre de l'eau-forte, sous prétexte qu'elle ne pouvait se fabriquer qu'avec le salpêtre, et l'expérience ayant prouvé, au contraire, qu'elle se faisait également avec le cristal minéral, il prétend encore que, le cristal minéral étant tiré du salpêtre, le commerce en doit être réservé à la ferme*.

* A cette lettre est jointe la réponse de M. Berthelot, fermier des poudres, expliquant l'origine de la contestation et le préjudice porté à la fabrication des poudres.

---

570. *M. Bouchu, intendant en Dauphiné, au Contrôleur général.*

9 Mai 1688.

«Vous connoistrez, par les lettres dont je vous envoye les copies, le retour des déserteurs dans les vallées de Pragilas et de Queyras, et la situation dans laquelle y sont à présent les esprits. Il s'ensuivra de là un inconvénient, qui est que les baux des biens qui ont esté délaissés n'auront pas plus tost esté passés, qu'une partie des propriétaires reviendront, ce qui sera assez difficile à accorder avec l'entretien des adjudications qui auront esté faites. Les résoudre aussitost que les propriétaires paroistroient, ce seroit obliger les adjudicataires à abandonner partout l'exploitation de leurs baux, après deux ou trois exemples de cette nature; ne pas rétablir aussy ceux qui reviennent avec leur famille entière, c'est les forcer une seconde fois à prendre un mauvais parti. Il me semble qu'on ne peut rien faire de plus convenable pour se tirer de cet embarras, qui est heureux, et qu'on doit regarder comme la chose la plus souhaitable qui pust arriver, que de ne point donner d'ordonnance qui résolve ces baux, crainte de décourager tous les autres adjudicataires, et néanmoins interposer mes offices, lorsque les propriétaires reviendront avec toute leur famille, ou du moins avec la plus grande partie, pour faire en sorte que les adjudicataires s'accommodent avec eux et leur abandonnent la jouissance de leurs biens.....»

---

571. *M. de la Reynie, lieutenant général de police à Paris, au Contrôleur général.*

15 Mai 1688.

«J'ay esté averti de bonne part qu'il est venu depuis peu de jours à Paris des gens qui ont cherché à acheter des matières d'argent à 29^{ll} 15 s. le marc pour Lyon, et j'ay cru cet avis de telle conséquence, que je devois me donner l'honneur de vous en rendre compte, parceque, si le gain de l'or et de l'argent pour les dorures estoit si considérable qu'on pust acheter les matières à un aussy haut prix, non-seulement on n'en porteroit plus aux Monnoyes, mais encore, avec la certitude d'un tel profit, on fondroit sans doute toutes les espèces d'argent fabriquées, pour les convertir en dentelles et en dorures*.....»

* Voir, dans les papiers de la même intendance, à la date des 17 et 19 juillet 1687, le procès-verbal de la destruction des pièces d'orfévrerie saisies pour contravention à la déclaration du 10 février précédent.

---

572. *M. de Bagnols, intendant en Flandre, au Contrôleur général.*

18 Mai 1688.

«Les grandes et excessives dépenses que le Magistrat de Valenciennes a esté obligé de faire pour le service du Roy l'ayant obligé de demander à S. M. des octroys pour établir les imposts sur toutes les marchandises qui s'y débitent, et principalement sur les boissons, les droits en sont augmentés si considérablement, que la tonne de bière payoit 7 florins dans les cabarets de la ville, pendant qu'elle n'estoit chargée que de 39 patards dans les cabarets du plat pays de la Prévosté-le-Comte. La grâce que le Roy vient d'accorder à ses sujets du Hainaut réduit ces 39 patards à 27, et cette différence est si grande, que, si on ne soutient et si on ne secourt pas la ville de Valenciennes, il est impossible que la ferme de ses bières, qui vaut près de 100,000 écus par an, ne soit abismée, et qu'on ne soit réduit dans l'impossibilité de trouver des fermiers, lorsqu'elle sera renouvelée. C'est néanmoins cette ferme qui fait presque tout son revenu et qui assure le payement des créanciers de ladite ville.

«Ces raisons ont obligé le Magistrat de ne rien oublier de ce qui peut contribuer à la conservation de cette ferme. Il a cru qu'il falloit renouveler les anciens règlemens, et j'ay donné pour leur exécution l'ordonnance dont on se plaint. Le Magistrat défendroit inutilement aux bourgeois de boire hors de la ville (ce qui est un fait de police), si les fermiers n'avoient la liberté d'envoyer leurs commis à la campagne pour voir si les bourgeois ne contreviennent point aux défenses; et, comme le Magistrat n'a point de jurisdiction dans le plat pays, il a eu recours à moy pour donner cette ordonnance. Remarquez, s'il vous plaist, que le fermier du domaine dispute icy pour gagner, et le Magistrat pour ne pas perdre, ce qui doit rendre la cause de ce dernier plus favorable. Il ne faut pas appréhender que les habitans du plat pays quittent les cabarets où ils trouvent la bière à 27 patards la tonne, pour l'aller chercher dans la ville à 7 florins, et rien n'est plus naturel, par une raison contraire, aux bourgeois de ladite ville, que d'en sortir pour aller boire à la campagne. Je puis vous assurer cependant, que, quoyque ces sortes de défenses soient fort ordinaires en ce pays, à cause de la différence des imposts des villes et de ceux de la campagne, elles ne s'exécutent jamais à la rigueur. Ce seroit trop contraindre les habitans d'une ville, que de les empescher de boire un verre de bière en passant dans le plat pays; mais il me paroist qu'on ne doit pas souffrir que, les festes et les dimanches, on y aille par troupes. C'est néanmoins ce qui arrivera infailliblement, si on n'y tient la main, et ce n'est aussy que dans ce seul cas qu'on prétend faire exécuter le règlement.»

---

573. *M. Bouchu, intendant en Dauphiné,*
au Contrôleur général.

30 Mai 1688.

Beaucoup de nouveaux convertis sont retenus dans les prisons de Grenoble, faute de preuves suffisantes pour les condamner comme déserteurs. Il n'a pas été possible de faire payer sur les fonds du domaine le pain fourni pour leur subsistance, et il a semblé naturel d'assigner cette dépense sur les deniers de la régie des biens des religionnaires.

«Cet embarras pourroit cesser, s'il plaisoit au Roy de permettre qu'on mist ces personnes en liberté, et il me paroist mesme que c'est en quelque manière une suite de l'ordre que S. M. a jugé à propos de donner, de chasser du royaume ceux qui y estoient encore sans avoir fait abjuration. Régulièrement parlant, après une condamnation par un arrest, il faudroit une grâce; mais on n'a pas gardé jusques icy scrupuleusement les formes ordinaires dans cette affaire, qui n'en estoit point susceptible, et qu'il me semble du bien du service de S. M. de faire finir absolument, autant qu'on le peut.....»

---

574. *Le Contrôleur général*
aux Intendants.

21 Mai 1688.

Instruction pour la visite annuelle des généralités.

«Il est bien nécessaire que vous repassiez sur tout ce que je vous ay déjà écrit par l'ordre de S. M., et que vos lettres y répondent précisément sur chaque article, en sorte que, par la lecture que j'en feray à S. M., elle connoisse distinctement l'estat présent des biens de la terre dans vostre généralité, la force ou la foiblesse de chaque élection, si elle est plus ou moins peuplée que les années précédentes, s'il y a beaucoup de terres incultes, les moyens de les remettre en valeur, quel est le commerce qui s'y fait ou qui s'y peut faire le plus commodément, s'il augmente ou s'il diminue depuis quelques années, d'où cela provient, et les moyens de le soutenir, comme aussy si les élus jugent conformément aux règlemens, si le nombre des procès, aussy bien que les frais du recouvrement, augmentent ou diminuent, et, en cas qu'ils augmentent, si cela vient de la pauvreté ou de la malice des contribuables, si l'avidité des huissiers, aussy bien que celle des receveurs, ou la négligence des officiers des élections, n'y donnent pas lieu, si les habitans sont exacts à nommer les collecteurs dans les temps prescrits.....

«Le Roy a remarqué, par quelques lettres de MM. les intendans, que l'exécution trop exacte de l'arrest du 28 février dernier pouvoit faire naistre beaucoup de difficultés et de contestations, que mesme des collecteurs ayant voulu en quelques endroits faire arpenter les héritages des taillables, cela avoit donné lieu de publier que c'estoit pour y établir la taille réelle*. C'est pourquoy S. M. désire que, dans tous les lieux où vous passerez, vous fassiez entendre que son intention n'a jamais esté de rien changer à la forme ordinaire des impositions, mais seulement d'y apporter tout le plus d'égalité que faire se pourra.....»

* Le procureur du Roi en l'élection de Paris demande, les 23 et 30 juillet suivant, qu'il soit défendu aux imprimeurs de publier les commissions des tailles sous le titre de *Nouveau règlement* et de faire croire que la taille devienne réelle.

---

575. *Le Contrôleur général*
aux Intendants.

21 Mai 1688.

Le Roi envoie dans toutes les provinces plusieurs des fermiers généraux des aides, avec les plus habiles de leurs sous-fermiers, pour vérifier si les nouveaux règlements pour la régie des fermes sont exactement interprétés*.

* Le 9 avril précédent, ordre avait été donné aux fermiers généraux

d'envoyer immédiatement un état du produit des «droits d'anciens et nouveaux cinq sols, subvention aux entrées, gros manquant des inventaires, détail, subvention à la consommation dans la province de Normandie, et droit annuel des fermiers de vignes, dixmes et pressoirs,» sous le bail précédent.

576. *Le Contrôleur général*
à M. Bouchu, intendant en Dauphiné,
et aux Fermiers généraux.

21 Mai 1688.

Envoi d'un arrêt par lequel le Roi approuve les précautions prises pour empêcher l'exportation des graines de mûrier et des jeunes plants que les nouveaux convertis envoyaient en Suisse.

577. *M. de Bagnols, intendant en Flandre,*
au Contrôleur général.

21 Mai 1688.

«Il me paroist, sur la proposition qui a esté faite de charger la sortie des colzas de Flandre, que rien ne seroit plus avantageux pour les entrepreneurs des manufactures de savon, mais que, d'un autre costé, rien ne peut faire plus de préjudice au pays. Le bon marché des blés oblige les paysans de semer plus de colzas qu'ils n'ont jamais fait. Ce sont les premiers fruits qui se dépouillent, et ils se vendent fort cher; la razière vaut jusqu'à 4 et 5 florins, pendant que celle du plus beau blé se donne à 3. Il est bien certain qu'il y a dans le pays conquis infiniment plus de colzas qu'il n'en faut pour son usage et sa consommation; le reste va dans les pays étrangers, et particulièrement en Hollande. Si on en charge la sortie, les entrepreneurs des manufactures de savon auront à 3 florins, et peut-être à moins, ce qui leur en couste aujourd'huy 4 et 5; mais les Hollandois perdront l'habitude de prendre des colzas dans le pays conquis, et ils feront de deux choses l'une : ils le tireront des Polders, où il en croist une très-grande quantité, ou ils se serviront de l'huile de poisson pour leurs savons, et augmenteront leur pesche. L'un et l'autre sera également ruineux pour le pays, luy fera perdre tous les ans des sommes considérables qui viennent de la vente des colzas, et n'enrichira que les savonniers, qui en ont plus qu'il ne leur en faut pour la fabrique de leurs savons.»

578. *M. de Vaubourg, intendant en Auvergne,*
au Contrôleur général.

22 Mai, 18 et 25 Juin, 28 Juillet 1688.

Rapports sur l'état du département.

États particuliers des recouvrements et des frais dans chaque élection.

La recette des tailles se fait avec beaucoup de ménagements et sans frais extraordinaires. Seul, le receveur d'Aurillac a conservé l'ancienne habitude de recevoir quelques menus cadeaux ou d'accepter les services des consuls de son élection.

Les pays de la haute Auvergne sont plus riches et payent plus facilement l'impôt que la Limagne, parce que, outre le commerce des bestiaux, fromages, cuirs, toiles, étoffes et dentelles, beaucoup d'habitants du haut pays vont dans les autres provinces et jusqu'en Espagne, pour scier le bois, remuer la terre ou faire d'autres ouvrages de ce genre, dont ils rapportent le produit chez eux; au contraire, la Limagne et les autres pays de vignobles ne peuvent écouler qu'à vil prix leurs produits et ils sont réduits à la misère et à la mendicité.

La fabrication des points d'Aurillac semble avoir beaucoup souffert de l'émigration des religionnaires du Languedoc et de la Guyenne, qui tiraient d'Auvergne leurs toiles, leurs dentelles de fil, et même des bestiaux et des fromages. Cette diminution vient encore de ce que la mode des dentelles a changé, et que d'ailleurs les manufactures d'Alençon peuvent procurer cet ouvrage à meilleur marché, puisqu'il leur est moins coûteux de faire venir le fil de Flandre et qu'elles ne payent que l'entrée des cinq grosses fermes, tandis que le fil destiné à Aurillac, après avoir payé l'entrée et la sortie comme fil, supporte encore un droit d'entrée lorsqu'il retourne à Paris façonné en point.

La population augmente plutôt qu'elle ne diminue, et il n'y a aucune terre inculte, hors celles de la montagne, qui ne peuvent rapporter que des bruyères.

Les élus s'acquittent bien de leurs fonctions, et il y a peu d'instances en comparaison; mais, dans certaines paroisses, les notaires, sergents ou patriciens accablent d'instances en abus les consuls, qui ne sont que des paysans et ne savent ni lire ni écrire.

États de liquidation des étapes de 1687.

579. *M. Lebret, intendant en Provence,*
au Contrôleur général.

24 Mai 1688.

Il attendra de nouveaux ordres pour mander à ses subdélégués d'exécuter les instructions relatives à la destruction des toiles indiennes, tant peintes que blanches, entrées en fraude, de peur de ruiner les marchands, chez qui on en trouverait de grandes quantités.

«Je ne crois pas que l'exécution de cet arrest regarde en aucune manière la ville de Marseille, car, au moyen de son port franc, des bureaux établis aux environs de son terroir, et de la *domaniale* que ses habitans payent actuellement, elle doit estre considérée à cet égard comme une ville étrangère, outre que, si on ostoit la liberté d'y faire entrer ces sortes de marchandises, il en arriveroit deux inconvéniens : l'un, que les Marseillois seroient privés d'en fournir l'Espagne et autres pays étrangers, d'où ils rapportent en France les lingots d'argent et les piastres, qui sont absolument nécessaires pour le commerce du Levant, et l'autre, que certaines manufactures du royaume, et particulièrement celle des bonnets, qui se fabriquent dans cette ville, en souffriroient une diminution considérable, puisqu'elles n'ont presque de débit dans le Levant qu'en échange de ses toiles de coton..... Mais je suis persuadé qu'on aura bien de la peine à en tarir la source dans le royaume et à remédier à toutes les fraudes et contrebandes, si on ne fait dès à présent des défenses très-expresses d'en porter et acheter après le 1er janvier prochain, à peine d'amende contre ceux qui auront moyen de la payer, et de prison contre les autres*. »

* Voir une autre lettre de M. Lebret, du 7 juin, la réponse du contrôleur général, du 18 du même mois, et, au sujet des difficultés que présentait la vérification de l'origine des toiles, une lettre de M. de Saint-Contest, intendant à Limoges, 8 octobre suivant.

580. *M. Lebret, intendant en Provence,*
au Contrôleur général.

28 Mai, 17 Juin et 12 Juillet 1688.

Exécution de l'arrêt portant rétablissement de la *directe* à Arles.

Sur l'ordre donné à tous les possesseurs de maisons ou héritages d'en passer leur déclaration au papier terrier, dans la forme ordinaire, les consuls ont demandé que, faute de cadastres ou de livres, il fût permis de n'indiquer la contenance des biens que par tenants et aboutissants, et non par quantités; mais, bien que ce soit l'usage du pays, il a de grands inconvénients, et on peut exiger, sans trop grands frais, un mesurage de chaque propriété. Quant à la remise du droit dû pour chaque déclaration aux archivaires de la Chambre des comptes, elle aiderait beaucoup à l'exécution de l'arrêt, à la seule condition de dédommager les archivaires par quelque gratification.

Tous les ecclésiastiques ou particuliers prétendant à une directe quelconque dans la ville ou dans son terroir devront représenter leurs titres.

581. *M. Nau, lieutenant général à Tours,*
au Contrôleur général.

29 Mai, 11 Juin et 9 Juillet 1688.

Il rend compte des procédures suivies dans une affaire de banqueroute frauduleuse. D'après ses observations, la multiplicité de ces banqueroutes dans le commerce des soies doit être attribuée soit à la lenteur des payements, qui, depuis plusieurs années, se font en sept termes francs, c'est-à-dire, en vingt-deux mois, soit à l'usage de l'escompte. Ces deux matières avaient été réglées par arrêt du 26 août 1686; mais, l'exécution en ayant été confiée aux maire et échevins, qui tiennent tous au commerce, l'arrêt est resté sans effet.

Par la même raison, la juridiction des questions relatives à l'apprêt et au moulinage des soies ne devrait pas appartenir à la maison de ville, tant que l'échevinage sera aussi nombreux et se prendra parmi les marchands.

582. *M. Chauvelin, intendant à Amiens,*
au Contrôleur général.

2 Juin 1688.

Les brasseurs d'Amiens cherchent de toutes manières à éluder l'exécution de l'arrêt qui a continué leur abonnement avec la ferme des aides au même taux que pour le bail précédent. Une partie ont cessé de brasser, et ceux qui ont persisté dans leur commerce ne peuvent payer pour tous. Il conviendrait, pour rétablir l'ordre et la bonne entente, de ne pas leur cacher plus longtemps que le Roi leur accorde une diminution de 10,000 ₶, à condition qu'ils s'unissent et qu'ils travaillent*.

* Voir, à la date des 3 et 28 novembre précédent, le détail des procédures poursuivies entre les brasseurs et les fermiers pour la perception de l'abonnement ou des droits de gros et de huitième. — Le contrôleur général en écrit le 30 avril et le 3 juin, et, par la dernière de ces lettres, il donne l'ordre de déclarer aux brasseurs, sans aucun retard, que leur abonnement est réduit de 61,000 ₶ à 50,000 ₶, payables sans autre remise ni difficulté.

583. *Le Contrôleur général*
à M. de la Falvère, premier président du Parlement de Bretagne.

5 Juin 1688.

« Je recois présentement vostre lettre du 1er de ce mois comme une marque de vostre amitié, dont je vous suis obligé. Je la mérite par l'estime que j'ay toujours eue pour vostre vertu et par l'affection sincère que j'ay pour tout ce qui vous regarde.

« Je vous envoye les ordres du Roy et une instruction sur les droits d'entrée et de sortie du royaume, qui ne sont pas établis en Bretagne comme dans les autres provinces; mais le général, qui regarde le commerce, est pour le moins aussy important en Bretagne que partout ailleurs. Le Roy a choisi M. de Ribeyre pour y aller travailler de concert avec vous. Il est d'une sagesse et d'une honnesteté que j'ay cru qu'il vous conviendroit. Ce qui est à faire à cet égard ne peut convenir avec l'assiduité que vous devez au Parlement; mais, pour les vues générales, le Roy se promet que les conférences que vous aurez avec M. de Ribeyre, et le rapport que vous aurez ensemble produiront de très-bons effets pour l'exécution des intentions de S. M., en fait de partie des fermes qui est très-importante. Vous pouvez en particulier m'écrire ce que vous penserez, en la confiance qui est très-établie entre nous*. . . . . »

* L'édit concernant les droits des fermes fut enregistré aux États, «avec toute la soumission que l'on doit à ce qui vient de la part du Roy;» mais M. de la Fabrère (9 octobre) fit observer que les deux tiers de l'édit n'étaient aucunement applicables à la province, et que le reste exigerait beaucoup de modifications, aussi bien dans l'intérêt du Roi que dans celui du commerce. Le procureur général au Parlement fit les mêmes observations, par lettre du 30 octobre.

584. *Le Contrôleur général à M. de Bâville, intendant en Languedoc.*

4 Juin 1688.

«Vous n'aurez qu'à vous donner la peine d'envoyer à M. de Chasteauneuf l'estat des biens des religionnaires fugitifs de vostre département, ayant fait trouver bon à S. M. de me décharger de ce détail*. . . . . »

* Le contrôleur général avait écrit, le 24 du mois précédent, à M. le Guerchois, que les intendants ne devaient point se considérer comme juges des affaires relatives aux biens des religionnaires, et qu'ils devaient seulement rendre compte des questions contentieuses.

Voir les lettres de M. de Bâville, 10 et 30 mai, touchant l'exécution du nouvel édit et l'adjudication des biens-fonds des fugitifs, ainsi que celles de M. de Bagnols (Flandre), 14 juillet, de M. Bégon (la Rochelle), 17 mai 1689, etc.

M. Chauvelin envoie d'Amiens, le 5 juin et le 14 août 1688, les comptes de l'administration des biens confisqués et les baux passés à la requête du receveur général du domaine. Le 17 février suivant, il adresse aussi une liste des enfants de fugitifs qui réclament les biens abandonnés par leurs parents.

585. *M. de Bâville, intendant en Languedoc, au Contrôleur général.*

6 Juin 1688.

«J'ay visité l'archevesché de Narbonne, que j'ay trouvé en méchant estat. La plupart des paroisses y doivent des restes de tailles depuis cinq années; il y a beaucoup de terres en non-valeur et qui ne sont point cultivées. Ce désordre est arrivé par les mauvaises récoltes qui ont affligé ce diocèse depuis neuf ans, et par les attentes excessives des receveurs que l'on y a souffertes impunément, qui ont esté jusqu'à douze pour cent. L'espérance de la récolte de cette année est assez belle; mais tout est incertain dans ce pays jusqu'à la moisson.

«Comme il m'a paru que le courage des paysans y estoit fort abattu, je crois qu'il seroit de la bonté du Roy de le relever par quelque secours extraordinaire, et j'ay pensé que l'un des plus grands biens que l'on pust faire, ce seroit d'exciter les propriétaires des terres abandonnées de les remettre en valeur, en leur promettant du blé pour les ensemencer, si on les trouve en assez bon estat lorsqu'il sera temps de semer. J'ay voulu voir quel effet feroit l'espérance de ce soulagement, et l'ayant proposé en plusieurs endroits, l'on m'a assuré que rien n'est plus capable d'exciter les paysans à faire de nouveaux efforts. Ce seroit un bien d'autant plus grand, que, si l'année prochaine estoit abondante, l'on continueroit la culture des terres, et l'on ne tomberoit pas dans l'inconvénient où ce diocèse est présentement, auquel il n'y a presque aucune ressource, parce que la taille des terres abandonnées retombant sur celles qui sont cultivées, il n'est pas possible que les dernières portent une si grande charge. Ainsy, il est à craindre que des paroisses entières n'abandonnent. Le blé sera apparemment à très-grand marché cette année au mois d'octobre; il est déjà à vil prix, et par toute la province il y a une si belle apparence d'une grande abondance, que, sans un malheur, on peut compter que cette année sera des meilleures qu'on ayt vues. Quand cette dépense, qui pourroit estre fixée à quelque somme, seroit prise sur le Don gratuit, et que, dans cette vue, il seroit un peu augmenté, pour rembourser ce qui auroit esté avancé, je crois que ce seroit un moyen insensible de faire du bien à ce diocèse, sans que tous les autres pussent y trouver à redire*.»

* Le contrôleur général répond, le 24 juin, que le Roi s'engage à fournir les semences nécessaires pour toutes les terres qui auront été façonnées; il écrit encore, le 21 juillet, au cardinal de Bonzy, que le Roi, satisfait des sentiments de gratitude exprimés par la province, s'occupe des moyens de la faire profiter de la grande abondance de grains annoncée pour cette année.

M. de Bâville rend compte, le 27 août, des mesures prises pour évaluer la quantité de terres à remettre en valeur et pour assurer, en conséquence, la distribution des blés prêtés par le Roi. Les fonds nécessaires furent avancés par le trésorier de la Bourse (Lettre du 17 septembre, et réponse du contrôleur général, du 8 octobre.) Suivant un autre rapport, du 26 décembre, vingt-deux mille cent soixante et onze sesterées furent ensemencées par ce moyen, et consommèrent treize mille six cent quatre-vingt-trois setiers de blé, mille dix de seigle et quatre mille neuf cent quatre-vingts d'avoine. Il ne restait que deux mille sesterées à mettre en valeur.

586. *M. de Creil, intendant à Orléans, au Contrôleur général.*

Du 13 Juin au 8 Juillet 1688.

Rapports sur la situation de la généralité : recouvrement des impôts, état des récoltes et du commerce, travaux publics, etc.

Proposition d'échanges à effectuer entre diverses élections.

«Je vous rendis compte, lors des départemens, de l'inconvénient de certains *tournans-virans*, qu'ils appellent; ce sont hameaux qui payent alternativement dans deux paroisses. Il seroit à propos de les fixer; il y en a, dans deux ou trois élections, qui incommodent autant pour le spirituel que pour la taille. MM. les évesques prendroient pied sur le règlement que je ferois, estant assez singulier et sujet à des inconvéniens qu'une année trente habitans soient d'une paroisse, et, l'année d'après, d'une autre. . . . . »

587. *M. Chauvelin, intendant à Amiens,*
au Contrôleur général.

14 Juin 1688.

Le fermier des aides prétend obliger les greffiers des justices ordinaires et ceux des villes, ainsi que les notaires et tabellions, à ne délivrer aucun acte que sur parchemin timbré. Tous les officiers représentent que cette mesure doublerait les frais. Par exemple, les greffiers des villes, dont les expéditions n'ont rapport qu'à des faits de police peu graves et se font sur papier, ne prennent pas plus de 4 sols, au lieu qu'une expédition en parchemin coûterait souvent plus que le principal de l'affaire et les autres droits à la fois. D'ailleurs, l'ordonnance de 1680 n'a prescrit l'usage du parchemin timbré que pour les cas où le parchemin était usité avant l'établissement de la formule*.

* Sur un différend semblable, M. Lebret (Provence, 15 octobre suivant) envoie un projet de règlement dont les principaux points sont : 1° l'emploi du papier timbré pour les *étiquettes* sur lesquelles on appelle les causes, pour les copies de procédures que les procureurs se délivrent entre eux et pour les registres de délibérations des corps de procureurs; 2° l'emploi du parchemin pour les jugements rendus en dernier ressort; 3° l'exemption du timbre pour les copies d'inventaires de productions et les registres personnels des procureurs; 4° la fixation de la contenance des inventaires et des rôles, des taxes de dépens, etc.

588. *M. de Bâville, intendant en Languedoc,*
au Contrôleur général.

14 Juin 1688.

«J'ay esté obligé de venir dans les montagnes de l'évesché de Castres, sur l'avis que j'ay eu de quelques assemblées de nouveaux convertis; elles ont esté dissipées aussitost que j'y suis arrivé avec des troupes. Ce mouvement est entièrement fini; il n'a esté excité que par des lettres que les ministres ont écrites des pays étrangers pour porter les peuples à s'assembler; il ne s'y est trouvé aucune personne considérable, et les paysans ont suivi comme des bestes un misérable notaire, qui a voulu s'ériger en ministre. Il ne me reste plus qu'à juger les principaux coupables que j'ay fait arrester, et je ne doute pas que cet exemple n'achève de mettre ce canton dans la mesme soumission où est le reste de la province. Cet événement néanmoins doit servir à faire connoistre qu'il faut estre dans une défiance continuelle des nouveaux convertis, mesme lorsqu'ils font bien en apparence; car ceux-là, depuis trois ans, avoient paru bien intentionnés pour la religion, et c'est par cette raison que nous avions cru à propos d'en éloigner les troupes il y a près d'un an et de les laisser un peu sur leur bonne foy, pour voir ce que l'on en pouvoit attendre. Vous pouvez compter que ce n'a esté qu'une étincelle, qui a esté éteinte dans un moment, et j'ay laissé ce pays si consterné, que je ne crois pas qu'on en entende parler dans la suite. J'y ay laissé ce qu'il falloit de troupes pour les contenir et achever de les punir.»

589. *Le Contrôleur général*
à M. de Bezons, intendant à Bordeaux.

18 Juin 1688.

Le Roi désapprouve l'arrêt par lequel la Cour des aides de Libourne, sur la simple réquisition du procureur général, a déclaré taillable le sieur de Villars, qui avait été maintenu dans sa noblesse par jugement souverain de M. Pellot. Les procureurs généraux n'ont pas le droit d'attaquer sans un motif spécial les particuliers qui sont en jouissance paisible des priviléges de la noblesse*.

* Voir, à la date du 20 juillet, l'analyse de cette affaire, avec la réponse de M. de Bezons.

Le 25 mars précédent, l'ordre avait été donné à M. de Bérulle (Lyon) de ne faire aucune procédure contraire aux jugements rendus lors des recherches de la noblesse.

590. *Le Contrôleur général*
aux Intendants.

20 Juin 1688.

Envoi du brevet de la taille.

«Quoyque l'année précédente ayt esté fort abondante, et que celle-cy promette encore davantage, le Roy a bien voulu laisser toujours les impositions sur le mesme pied, c'est-à-dire plus bas qu'elles n'ont esté de mémoire d'homme. Ainsy, il ne reste plus, pour faire jouir les peuples du bonheur que S. M. a toujours désiré de leur procurer, que d'exécuter de vostre part, avec toute l'application nécessaire, les ordres qu'elle vous a si souvent renouvelés par mes lettres, pour l'égalité des impositions et l'exécution de tous les règlemens qui ont esté faits sur le recouvrement de la taille.»

591. *M. de Bouville, intendant à Alençon,*
au Contrôleur général.

20 Juin 1688.

Il appuie la requête par laquelle les habitants de Bonmoulins demandent à être déchargés du droit de *subvention*, ce droit ne devant se lever, selon les ordonnances, que dans les lieux où il y a foire ou marché et juridiction.

592. *M. de Miroménil, intendant en Champagne,*
au Contrôleur général.

20 Juin 1688.

Les habitants de Rouvroy demandent à vendre le quart de leurs bois de réserve, pour en employer le prix aux réparations urgentes de leur église. Cet emploi étant autorisé précisément par l'ordonnance de 1669, la permission peut être accordée, aux charges ordinaires et à condition qu'il sera réservé seize baliveaux par arpent.

593. *M. de Silvecane, président de la Cour des monnaies de Lyon,*
au Contrôleur général.

22 Juin et 8 Juillet 1688.

Il réclame l'intervention du contrôleur général au sujet de la fabrique de dorures récemment établie ou réglementée par S. A. R. Mademoiselle, à Trévoux en Dombes, dans des conditions qui doivent rendre cette concurrence ruineuse pour les fabriques lyonnaises. M. Colbert s'était autrefois opposé à un semblable établissement.

594. *Le Contrôleur général*
à M. de Miroménil, intendant en Champagne.

24 Juin 1688.

La prétention du fermier du domaine à lever l'*amende foraine* ou *de reclain* est mal fondée, et la possession qu'il allègue étant vicieuse, elle ne fait pas titre. Le Roi a résolu de décharger de cette amende tous les lieux qui n'y sont point sujets par leurs coutumes particulières*.

«Le Roy trouve bon que, pour exciter ceux qui auroient connoissance des effets des religionnaires à les découvrir, vous les fassiez jouir dès à présent de ce qui leur est accordé par l'édit du mois de janvier dernier (qui est moitié des meubles et la jouissance des immeubles pendant dix ans), sauf à leur estre pourvu autrement lorsque le Roy disposera de ces effets.»

* L'amende foraine frappait le débiteur retardataire qui se laissait exécuter en vertu de commission du juge; cette amende se payait à raison de 3 ᵗᵗ 1 d. dans les paroisses de l'ancienne prévôté de Châlons et de 7 s. 6 d. dans le ressort de la coutume de Vitry, et elle n'avait pas cours dans le reste du bailliage. Voir les mémoires joints aux lettres de M. de Miroménil, 8 mai et 29 juin.

595. *Le Contrôleur général*
à M. de Sève, premier président du Parlement de Metz.

24 Juin 1688.

«Plusieurs propriétaires des fiefs du ressort de la Chambre des comptes de Metz se sont plaints icy des droits excessifs qu'il leur faut payer pour l'expédition des actes de foy et hommage; on ajoute que les auditeurs prétendent suivre en cela le pied des taxes qui se font à la Chambre des comptes de Paris pour de semblables expéditions. En quoy il y a une grande différence à faire, par l'inégalité qu'il y a entre la valeur et la qualité des fiefs du ressort de ces deux Compagnies. C'est pourquoy le Roy m'ordonne de vous dire que vous fassiez entendre aux auditeurs et aux autres officiers de vostre Compagnie que, les règlemens et les usages de la Chambre des comptes de Paris ne pouvant pas servir de loy pour eux, ils doivent s'en tenir à ce qui a esté pratiqué jusqu'à présent à Metz. S. M. désire, outre cela, que vous me mandiez sur quel pied se taxent les droits, si cette taxe n'est fondée que sur un simple usage, ou s'il y a des règlemens, et si elle n'est pas trop forte, auquel cas S. M. veut que vous m'en envoyiez des mémoires exacts, pour y pourvoir par un règlement général*.»

* Cette instruction avait été demandée par M. de Sève lui-même; voir sa lettre du 2 juin, où il est dit que les droits réclamés montaient à 25 ᵗᵗ au moins pour une grande quantité de fiefs dont le revenu n'allait parfois qu'à 6 ᵗᵗ par an.

596. *M. de Creil, intendant à Orléans,*
au Contrôleur général.

26 Juin 1688.

«Les receveurs d'icy commencent à apprendre leur métier, et, à force de leur avoir fait des réprimandes et des leçons, ils ont du moins compris que leur principale application doit estre à retrancher les frais du recouvrement. Le tarif que j'ay fait, et qui s'y observe exactement, n'y contribue pas peu, et je ne doute point que l'année prochaine ils ne soient encore moindres. Ils s'estoient mis en teste d'envoyer dès le 2 décembre une contrainte générale dans toutes les paroisses, fondés sur la clause de la commission qui porte que le premier quartier sera payé dans ce temps-là. La recette de l'année dernière est acquittée il y a près d'un mois, et les frais de tout ce recouvrement ne montent pas à 600 ᵗᵗ; la recette de cette année approche fort de la moitié de l'imposition, et les frais jusqu'aujourd'huy ne passent guère 300 ᵗᵗ.

«Comme cette élection est située dans un pays meslé, toute pauvre qu'elle est, elle paye mieux que les autres.....

«Beaucoup de gens se prétendent exempts de la *subsistance*, qui est une véritable taille, surtout les officiers du présidial, fondés sur un arrest du Conseil de 1655, les officiers des chasses, grands et petits, jusqu'aux moindres gardes, ainsy que ceux des forests, quoyque je ne voye aucun titre attributif de tous ces privilèges. Ce tribunal des chasses s'accroist et se multiplie par toute la France, à la foule du public, et il est des endroits où l'exercice en a plus cousté que la taille mesme. Les gardes qui font leurs rapports n'ont d'autres salaires qu'une part qu'on leur donne dans les amendes, et, comme il en est peu qui ayent serment à justice, et que beaucoup mesme des juges n'ont ni provisions ni caractère, la passion et l'avidité des uns et des autres sert de règle et de loy aux rapports et aux jugemens, et, dans la vue que S. M. a de soulager ses peuples, j'ose vous dire qu'il n'est point de moyen plus assuré pour le faire qu'en retranchant de ces tribunaux et en diminuant leur autorité*.»

* M. de Creil revient plusieurs fois sur ce sujet, dans la suite de sa correspondance, et, le 10 janvier précédent, il disait : «Les officiers des maisons royales sont en grand nombre, et il y en a bien peu qui rendent service. Des pourvoyeurs de commun de la maison d'un prince prétendent, en cette qualité, pouvoir faire un trafic de 12 et 15,000 écus sans payer de tailles ni loger les gens de guerre, sans pourtant sortir de leur maison que pour raison de leur trafic; des gros bourgeois, sous

le titre de graveurs en marbre de la garde-robe du Roy, des gentilshommes de la vénerie, exemptés, en vertu d'un arrest du Conseil de 1682, de faire aucun service, des officiers de feu Mme la duchesse douairière d'Orléans, pourvus ou au jour ou à la veille de son décès, et non mesme sans soupçon que ce soit après, tous ne payent ni ne logent..... » Voir, entre autres lettres, celles du 1er octobre et du 18 novembre de la même année; cette dernière contient un projet pour taxer d'office les officiers signalés précédemment.

597. *Le Contrôleur général à M. de Vaubourg, intendant en Auvergne.*

30 Juin 1688.

Le Roi n'approuve pas l'idée de faire arracher une partie des vignes de l'élection d'Issoire, pour y substituer la culture du blé; mais il sera fait défense d'en planter à l'avenir, si la mesure est nécessaire.

598. *Le Contrôleur général à M. de la Faluère, premier président du Parlement de Bretagne.*

30 Juin 1688.

«Sur la difficulté que vous a faite le sénéchal de Pontivy, au sujet des toiles de coton que les marchands forains pourront apporter à la foire de Vannes, je vous diray que celles dont on peut permettre le débit sont : premièrement, celles qui se trouveront avoir esté marquées en exécution de l'arrest du 8 février 1687; secondement, celles qui n'ont point esté marquées, mais que l'on justifiera nettement provenir des intéressés en la compagnie des Indes, auxquels seuls il a esté permis de faire venir des toiles peintes; et enfin, les toiles blanches, soit qu'elles viennent de la compagnie ou non, parce qu'elles ont esté exceptées des défenses générales qui ont esté faites pour toutes les toiles d'Inde; observant néanmoins, avant que de permettre le débit de ces toiles, qu'il est bon de les marquer toutes, tant celles qui le sont déjà, que celles qui ne le sont pas, d'une nouvelle marque. A l'égard de toutes les autres toiles qui ne se trouveront point dans l'un ou l'autre de ces trois cas, non-seulement il n'en faut pas permettre le débit, mais mesme il faut les tenir saisies et arrestées entre les mains des marchands qui les ont, jusqu'à ce qu'ils ayent justifié qu'elles proviennent de la compagnie des Indes, et cela par le moyen des déclarations qu'ils fourniront de ceux de qui ils auront acquis, et, en cas que les vendeurs se trouvent n'estre pas marchands de la compagnie des Indes, il faudra les obliger à tirer de ces marchands leurs vendeurs de semblables déclarations de ceux de qui ils auront acquis, pour remonter ainsy jusques à la source et reconnoistre sûrement les toiles qui seront entrées en fraude ou non *.....»

* Voir, sur ce sujet, les réponses de M. de la Faluère, 17 août et 16 octobre. Les retards apportés par les négociants à se rendre aux injonctions générales l'obligèrent à faire quelques exécutions. «Mais, dit-il, l'épouvante est si grande que, sous main, j'ay donné ordre de ne rien faire sans m'en avertir et sans que je prescrive la manière dont on doit procéder, c'est-à-dire, une surséance accordée. J'ay voulu voir s'il y avoit moyen de faire porter ces marchandises hors du royaume; mais, dans le mouvement où l'on est, les marchands prétendent que cela est impossible. Vous me ferez la grâce de me prescrire ce que je dois faire.»

Le contrôleur général écrivit, le 22 octobre, que le Roi était satisfait de l'effet produit, et qu'il ne serait nécessaire de recommencer à brûler les toiles que si les marchands se relâchaient de nouveau.

599. *M. d'Argouges, intendant à Moulins, au Contrôleur général.*

30 Juin 1688.

«J'ay reçu l'arrest qui proroge jusqu'au 1er octobre prochain la permission de transporter les blés hors du royaume. Je me suis d'autant plus pressé de le rendre public, que, ces provinces estant extrêmement fournies de grains, elles ne peuvent estre trop tost informées de vos soins pour le bien et la facilité du commerce. Il y seroit très-considérable, non-seulement de cette sorte de marchandise, n'y ayant point de lieu en France plus propre pour un dépost à blé que Moulins, mais encore pour beaucoup d'autres choses, particulièrement pour les bois, le charbon, les épiceries, les morues et les étoffes que nos marchands tirent de Paris, Lyon, Tours, Amiens et autres lieux où il y a des manufactures, et qu'ils distribuent dans les villes voisines et jusques à trente lieues aux environs. Mais la difficulté que les marchands trouvent à obtenir justice les uns contre les autres, faute de jurisdiction consulaire, les retient et empesche un plus grand débit. S'ils ont procès ou quelque compte à faire ensemble, ils sont obligés d'aller devant les juges ordinaires, qui, n'entendant pas le commerce comme feroient d'anciens négocians, rendent des sentences avec de grosses épices, et il arrive souvent que, bien loin de régler les parties, ils les embrouillent davantage et les consomment en frais. Il y a longtemps que l'on parle de cet établissement; mais les marchands n'avoient osé se déclarer ouvertement jusques au passage de M. Daguesseau, parce que les magistrats qui y sont opposés se trouvant toujours dans l'échevinage, accablent de subsistances et de logemens de gens de guerre ceux qu'ils savent avoir esté assez hardis pour en parler. Nous avons trois ou quatre marchands à Moulins et autant à Nevers, dont le commerce va, par année commune, à 2 et 300,000 ᵗᵗ, et nombre d'autres de 80, 100 et 120,000 ᵗᵗ, et cela sans doute augmenteroit, s'ils n'estoient point détournés par les procès qu'ils sont obligés d'essuyer en plusieurs jurisdictions. Il y en a qui ont justifié à M. Daguesseau qu'ils sont actuellement traduits en huit ou dix différens siéges ordinaires, pour raison de leur négoce, et, estant forcés de quitter leurs maisons et leurs magasins pour s'y transporter, il est bien certain qu'ils souffrent et que leur débit diminue..... En mon particulier, je crois estre obligé de vous dire qu'il n'y a point de juges consuls dans toute la généralité, et que, si cet établissement leur manquoit, les juges ordinaires les désoleroient, dans la suite, et n'oublieroient rien pour ruiner entièrement leur commerce.»

600. *Le Contrôleur général aux Procureurs généraux et Procureurs du Roi.*

Premier semestre 1688.

«Le Roy désirant estre pleinement informé de l'estat de tous les offices de son royaume, tant de judicature que de police et de finances, afin de pourvoir à remplir les vacans de personnes capables, S. M. veut qu'aussitost que vous aurez reçu cette lettre, qui vous sera remise par le receveur général des finances ou par le receveur particulier de l'élection, vous fassiez, en la présence de l'un ou de l'autre, dresser par vostre greffier un estat divisé en trois colonnes. Dans la première, vous comprendrez tous les noms des officiers actuellement pourvus et servans, observant d'y marquer exactement les dates, noms et surnoms, et les véritables qualités des offices, que vous prendrez sur les originaux mesmes des provisions; dans la seconde, vous marquerez tous les offices vacans et le temps du décès des derniers pourvus, autant que vous le pourrez, et, dans la troisième, vous mettrez les noms, surnoms et demeures de ceux qui exercent sans provision, par la tolérance des juges, afin qu'il y soit pourvu.

«Vous examinerez aussy soigneusement, avec celuy qui vous remettra cette lettre, si, dans les originaux des provisions qui vous seront représentés, il ne se trouve point de rature aux noms, qualités et dates, auquel cas vous les retiendrez, pour me les envoyer avec tous ces estats, qui seront signés et certifiés de vous et de vostre greffier.»

Dresser un état pareil des officiers qui ont acquitté les taxes pour être conservés, en conséquence de la déclaration de 1672.

«Si vous demeuriez trop longtemps à exécuter sur cela les ordres du Roy, S. M. y pourvoiroit par le retranchement de vos gages *.»

* Cette lettre fut écrite à différentes époques du premier semestre. — Suivant deux autres, du 4 août, au premier président et au procureur général du Parlement de Bordeaux, le travail n'avait été ordonné qu'en vue des officiers inférieurs, tels que procureurs, notaires ou sergents, dans les provisions desquels on pouvait présumer quelque fraude.

601. *Le sieur de Villehay, marchand à Morlaix, au Contrôleur général.*

3 Juillet 1688.

Il donne avis que des bâtiments français introduisent dans le royaume une grande quantité de draperies d'Angleterre, d'Irlande et de Hollande, qu'ils vont chercher à Jersey et à Guernesey; ils se servent de connaissements et de passavants pris à Tréguier, à l'occasion de la foire de cette ville. L'introduction de ces marchandises, et surtout des melins de Hollande, qui sont une espèce de revêche, dont la consommation monte à près de 500,000 écus par an, est un obstacle au développement des manufactures de France.

602. *M. Lebret, intendant en Provence, au Contrôleur général.*

5 Juillet 1688.

Le syndic des marchands de la ville d'Aix représente que les fermiers lèvent la même augmentation de droits sur les ouvrages de coton ou de soie et coton fabriqués à Marseille, que sur les produits étrangers. Le fermier donne pour raison que les fabricants introduisent les toiles étrangères comme venant de leurs manufactures; mais, outre que la distinction est aisée à faire, le dommage qui pourrait résulter de cette fraude ne peut se comparer avec celui que produit la ruine certaine de ce commerce.

603. *M. de Vaubourg, intendant en Auvergne, au Contrôleur général.*

7 Juillet 1688.

Les échevins de Clermont ont demandé, pour eux et les autres juges de police, le pouvoir d'ordonner les alignements et les expropriations ou démolitions nécessaires dans les rues de leur ville, moyennant des indemnités fixées par les experts et payées moitié par les autres habitants, moitié sur les fonds de la communauté.

L'intendant appuie cette proposition, comme devant faciliter la circulation, principalement aux jours de foire et de marché; mais il croit que la communauté ne doit payer qu'un quart des indemnités, pour ne point retarder l'acquittement des anciennes dettes.

Ce sera, en même temps, une occasion de régler les droits respectifs du bailliage et des trésoriers de France en ce qui touche la police municipale et la voirie *.

* Voir, à la date du 31 août, un projet d'arrêt envoyé par M. de Gourgue, au sujet des expropriations requises pour l'élargissement de la principale rue de Caen, et de la contribution proportionnelle à exiger des propriétés conservées.

604. *M. de Vaubourg, intendant en Auvergne, au Contrôleur général.*

16 Juillet et 5 Novembre 1688.

Il envoie copie du jugement rendu contre les compagnons papetiers qui s'étaient mutinés aux moulins d'Ambert, et propose un règlement pour ces manufactures. (Fixation de la durée et du produit du travail, nourriture des compagnons, congés et démissions, apprentissages, réception des maîtres, marque du papier, etc.*)

* Voir, dans une liasse de *Résumés des rapports des intendants*, 1679

à 1687, plusieurs rapports sur le droit de marque des papiers d'Angoumois.

605. *Le Contrôleur général à M. Charuel, intendant à Metz et Nancy.*

21 Juillet 1688.

«J'ay reçu vostre lettre concernant les ordonnances rendues par vostre subdélégué dans l'instance d'entre le fermier de la marque de l'or et de l'argent et la veuve Ollery, orfévre. Cette affaire a paru purement de la compétence des juges ordinaires des droits des fermes. L'on a aussy trouvé que le titre commun pour toutes les fermes, sur lequel vostre subdélégué s'est fondé, n'interdit la connoissance de ces matières qu'aux Parlemens qui ne sont pas Cours des aydes, et non pas à ceux qui ont cette jurisdiction, comme le Parlement de Metz. Ainsy, le Roy a jugé que vous deviez laisser à cette Compagnie la connoissance de l'affaire dont il s'agit, et de toutes celles de cette nature qui se présenteront à l'avenir. S. M. m'a ordonné de vous ajouter que, si vous vous estiez cru en droit de connoistre de cette affaire, vous ne deviez pas, puisque vous estiez présent, la laisser juger par un subdélégué, cela estant directement contraire aux ordres que vous avez reçus de S. M. *»

* Lettres de M. de Sève, 22 juin et 26 juillet, et de M. Charuel, 13 juillet; pièces jointes.

606. *M. de Bouville, intendant à Alençon, au Contrôleur général.*

24 Juillet, 8 Novembre et 21 Décembre 1688.

Rapports sur le recouvrement des impositions. — La recette s'en fait assez complétement, mais au moyen d'un grand nombre d'emprisonnements et de ventes de meubles.

«Cette manière de faire payer la taille est trop dure. Un receveur ne doit se servir de la voye des emprisonnemens que lorsqu'il n'en reste aucune. Mais ils s'en servent d'autant plus volontiers, depuis deux ans, qu'ils espèrent y trouver une double utilité, en avançant le recouvrement par la crainte d'une longue prison, et ne faisant paroistre que peu de frais lorsqu'on leur en demande des estats, comme on fait souvent.

«Cela fait voir l'absolue nécessité d'entrer dans ce détail de frais; car un emprisonnement qui n'est taxé que 30 sols pour l'huissier couste souvent aux collecteurs 100 ᵗᵗ, par les gistes et geôlages qu'ils payent, par la nourriture et cessation du travail, s'ils tiennent prison actuelle, par les dommages et intérests de l'emprisonné, qui sont estimés en l'élection à 12, 15 ou 20 sols par jour, suivant sa vacation, et par les procès que cela leur cause.....

«Les collecteurs de toutes les paroisses ne demandent qu'à s'abonner à payer par mois, dont le dernier sera le mois de mars, mais ils n'osent le proposer aux receveurs, parce que les huissiers leur font connoistre que c'est chose inutile, et les receveurs ne les en recherchent pas, parce que leur autorité sur les collecteurs cesseroit en satisfaisant à l'abonnement, au lieu que présentement ils peuvent toujours les tourmenter en les obligeant, par des exécutions et des emprisonnemens, de payer dans les termes portés par la commission.

«Il est aussy fort nécessaire de pourvoir à ce que les huissiers n'arrestent point les collecteurs dans les marchés; ils disent tous qu'ils n'osent plus y aller, et, en outre, que cela nuit fort au commerce. Le recouvrement en souffre aussy, en ce que les collecteurs vont aux marchés pour y toucher de l'argent des contribuables de leurs paroisses qui y vendent quelques denrées *.....

«Il m'a paru que quelques seigneurs établissent des messiers, pour prendre garde que les grains ne soient gastés par les bestiaux; mais tout le monde se plaint de ces messiers, qui, au lieu de demander des appointemens pour leur subsistance, prennent ces employs à ferme, et l'un d'eux m'a dit qu'il tient cinq paroisses pour 250 ᵗᵗ, de sorte que les paysans prétendent que, bien loin d'empescher les bestiaux de gaster les grains, ils ne font que demander de l'argent aux marchands de bestiaux..... Il semble qu'il seroit bon de faire rapporter les titres en vertu desquels les seigneurs jouissent de ce droit.

«Le peuple se plaint fort aussy que quelques seigneurs font payer les rentes seigneuriales qui leur sont dues en grains dans des mesures trois fois plus grandes que ne portent leurs titres et que les fermiers du domaine ne les perçoivent.....»

* Voir la réponse du contrôleur général à la première lettre, 4 août, et le rapport envoyé l'année suivante, 22 mai 1689, par M. de Pomereu de la Bretèche, successeur de M. de Bouville, sur les frais de recouvrement des tailles, aides et gabelles.

Voir aussi les lettres de M. de Nointel (Tours), du 15 au 18 juillet, et le rapport laissé par cet intendant lorsqu'il quitta la Touraine, 10 février 1689.

607. *M. de Bâville, intendant en Languedoc, au Contrôleur général.*

30 Juillet 1688.

Il envoie l'état par comparaison du produit de la foire de Beaucaire pendant les sept dernières années.

608. *M. de Bezons, intendant à Bordeaux, au Contrôleur général.*

10, 19, 26 Août et 2 Septembre 1688.

Il rend compte des enquêtes qu'il fait, de concert avec M. de Pomereu et le sieur du Ruau-Pallu, pour préparer un tarif général des différents droits perçus par les fermes dans son département : *traite de Charente* en Saintonge, *convoi et comptablie* à Bordeaux, *traite d'Arzac* dans les Landes, *coutume* à Bayonne, *patente de Languedoc* en Bigorre.

Les mémoires fournis par les marchands se trouvaient

d'abord fort différents de ceux que présentaient les fermiers; mais les difficultés ont été tranchées en basant les calculs sur les registres de vente aussi bien que sur ceux de la recette des droits.

Les plus grands défauts à signaler étaient dans la ferme du convoi, et surtout dans celle de la traite de Charente.

La réunion de tous ces divers droits en un seul serait une simplification très-avantageuse pour le commerce*.

* Voir, à la date du 29 janvier 1689, une copie de l'instruction adressée en 1688 à M. de Bezons, et de ses réponses. Le nouveau règlement, produit de ce travail, fut complétement approuvé par le Roi. (Lettre du contrôleur général, 9 septembre 1688.)

---

609. *Le Contrôleur général à M. de Séraucourt, intendant en Berry.*

13 Août 1688.

«Je vous envoye un mémoire que les fermiers des aydes de Berry et Bourbonnois m'ont donné, afin que vous interposiez vos soins et vostre autorité pour leur faire rendre promptement justice sur toutes les violences qui s'exercent depuis quelque temps contre leurs commis. L'esprit de sédition semble s'augmenter tous les jours parmy les peuples des deux provinces, et il est important de le réprimer dans son commencement, tant pour soutenir les droits du Roy, que pour éviter de plus grands exemples de sévérité, qui deviendroient assurément nécessaires, si cela s'augmentoit. Vous devez, pour cet effet, vous faire informer, sans perte de temps, de l'estat présent de chacune de ces affaires, obliger les procureurs du Roy des élections et autres qui sont chargés de les poursuivre de vous rendre compte jour par jour des procédures qu'ils font, aller le plus souvent que vous pourrez examiner par vous-mesme s'ils ne prévariquent point dans leurs fonctions, et enfin leur faire sentir que vous avez toujours les yeux ouverts sur leur conduite pour en rendre compte au Roy. C'est là le véritable moyen de contenir dans le devoir les redevables des droits du Roy et les juges mesmes. Je vous prie aussy de m'écrire un peu en détail sur tous les faits contenus en ce mémoire, estant bien ayse d'en rendre compte au Roy*.»

* Voir le rapport envoyé par M. de Séraucourt, le 24 août suivant.

---

610. *Le Contrôleur général aux Intendants de Rouen, Caen et Alençon.*

13 Août 1688.

«Par le compte que je me suis fait rendre du produit de la ferme du tabac, j'ay trouvé que les ventes en sont fort diminuées dans la Normandie, et j'ay reconnu, par les saisies qui s'y font tous les jours des tabacs d'Angleterre, et par les espèces de rébellions qui se sont faites en plusieurs cantons de cette province, qu'on ne pouvoit mieux pourvoir au mauvais estat où cette ferme pourroit tomber, qu'en établissant une régie, dont la régularité prévinst tous ces inconvéniens. Le détail de cette régie ne peut s'expliquer icy; un de ses principaux points est de faire que les seuls marchands du royaume fassent les ventes des tabacs au fermier, et que les petits marchands qui revendent pour le fermier ayent un gain suffisant pour les détourner du tabac de fraude, et qu'ils ayent un détroit réglé pour leurs ventes, en sorte que le contrôle en soit facile, ce qui empeschera beaucoup de procès qui consomment le fermier et le marchand en dépenses inutiles. Le reste n'a rien de nouveau, et n'est qu'une exécution plus exacte et plus sévère de l'ordonnance. J'ay chargé le sieur de la Vignegicquel d'aller faire l'établissement de cette régie.....»

---

611. *M. de la Faluère, premier président du Parlement de Bretagne, au Contrôleur général.*

17 Août 1688.

«..... Le commis pour le papier timbré veut faire perquisition chez toutes sortes de personnes, pour les obliger à avoir des registres en papier marqué, et, à faute de ce, les poursuivre pour l'amende encourue. Il a, en conséquence de ce que j'ay l'honneur de vous dire, fait assigner toutes sortes de marchands, tous les procureurs, tous les maistres d'auberge, en sorte qu'il n'y a presque pas une vacation qui n'en soit, puisqu'il y a eu des vitriers mesme. J'ay cru pouvoir, en attendant vos ordres, surseoir toutes ces poursuites, dont, ainsy que vous pouvez le croire, on crie tant qu'on peut. J'en ay excepté les marchands dont les livres sont en *débit et crédit*, faisant ou devant faire foy entre eux en justice, quoyqu'ils assurent ne s'en estre point servis jusques à présent en papier timbré. Quant aux autres, il me paroist, hors les couvens et les paroisses, pour les registres baptismaux, mortuaires et de mariage et pour la profession des religieux, qu'on n'en a point exigé jusques à présent à Paris. Je le puis bien assurer à l'égard des procureurs, qui seroient ruinés, s'ils y estoient assujettis, attendu la grosseur de leurs registres de présentations, dans chaque feuillet desquels, et en grand papier, il n'y a que quatre présentations inscrites, afin de laisser de la place pour avoir la décharge des parties, ce qui fait qu'il y a tel de ces registres à Paris qui est, à ne servir que quatre ou cinq ans, de plus de huit ou neuf cents feuilles, et de davantage. Je l'avance sur l'assurance que mon secrétaire, qui a esté pendant longtemps maistre clerc, m'en a précisément réitérée. Ce que je puis remarquer en cet endroit, est que le sieur des Chiens, à qui cette ferme appartient, est un homme vif, que l'on accuse de prendre facilement des fermes à un haut prix, et, pour les payer ou s'en faire payer, ne douter point de pousser les choses à de grandes extrémités. Je vous supplie d'avoir considération de la difficulté de porter cette charge par ceux à qui il la veut imposer, qui d'ailleurs est compensée par la dépense que les procureurs font en papier marqué, dont ils ne pourroient plus à l'avenir faire si facilement. M. de Pontchartrain, meilleur connoisseur de cette province que moy et que personne du monde, ne sera pas apparemment de sentiment contraire, s'il vous plaist de luy en demander son avis.

«Vous me permettrez, s'il vous plaist, de vous parler d'une plainte que les marchands qui font peser leurs marchandises en cette ville au lieu que l'on appelle *le Poids du Roy*, m'ont présentée : c'est de la facilité que les fermiers du domaine ont de l'augmenter, faute de pancarte, estant véritable, à ce qu'ils offrent de prouver, que de tout temps on avoit seulement pris pour charge de cheval 1 sol, c'est-à-dire 2 liards ou environ par cent, et présentement on prend 1 sol; et ainsy on pourra augmenter. Cela fait tort aux denrées, apporte peu de profit au Roy, et peut dégénérer en vexation. On en a, comme je crois, parlé à M. de Ribeyre, en passant; mais, comme cela n'est venu à moy que depuis son départ, je prends la liberté d'en parler.»

---

612. *M. de Nointel, intendant à Tours.*

au Contrôleur général.

17 Août 1688.

Informations et procédures au sujet d'exactions commises par les baliseurs de la Loire et des rivières affluentes au détriment des riverains de la Maine.

---

613. *M. de Miroménil, intendant en Champagne.*

au Contrôleur général.

25 Août 1688.

«Travaillant à prendre des mesures touchant les ordres qu'il vous a plu me donner le 8 de ce mois, au sujet des magasins à blés que S. M. projette d'établir du costé de Rethel, je vois des gens qui en achètent déjà chacun de leur costé, dans le dessein de les vendre aux commis qu'il plaira au Roy préposer, dont je crois devoir prendre la liberté de vous avertir, afin qu'il vous plaise donner les ordres que les grains qu'on pourra acheter pour le Roy soyent pris des paysans à la menue main, y ayant mesme à se précautionner dans les marchés contre certains trafiquans, officiers ou bourgeois, qui auront l'industrie d'en faire trouver pour vendre au préjudice des peuples.»

---

614. *M. Bouchu, intendant en Dauphiné.*

au Contrôleur général.

29 Août 1688.

Par arrêt du 18 novembre 1687, portant nouvelles défenses d'exporter les espèces monnayées, il est dit que la moitié des confiscations reviendra aux dénonciateurs ou à ceux qui auront fait la capture. Mais, si ce profit est pour le fermier des traites ou pour ses commis, ceux-ci ne manqueront pas de fatiguer les commerçants par des saisies de sommes modiques, et interrompront les voyages et le négoce. Les juges des fermes eux-mêmes conviennent de la justesse de cette observation et de l'augmentation du nombre des saisies. Le seul remède serait de fixer à quelle somme commence le droit de saisir, ou de donner la surveillance de cette affaire aux intendants.

---

615. *Les sieurs Vincens et Silvy, d'Aix.*

au Contrôleur général.

30 Août 1688.

«. . . . . Nous travaillons continuellement, avec les procureurs du Roy, à l'examen des provisions et à l'estat que Vostre Grandeur désire. . . . . Cependant nous devons informer Vostre Grandeur de ce que tous les censaux*, courtiers, mesureurs, étalonneurs, arpenteurs et géomètres n'ont autres provisions que celles que les consuls et échevins leur fournissent; les trésoriers généraux de France délivrent celles des voyers, et les sergens pourvus par les seigneurs hauts justiciers exploitent, par un abus qui augmente tous les jours, toutes sortes de commissions, tant des cours supérieures que des jurisdictions subalternes : cela fait que deux ou trois cents offices de sergens royaux sont abandonnés ou tombés aux parties casuelles, d'où on ne les retire que rarement, et qu'il n'y a que quelques sergens d'Aix et de Marseille qui payent l'annuel. Il faudroit, pour remédier à cela, un arrest qui fist défense aux sergens pourvus par les seigneurs hauts justiciers d'exploiter aucune desdites commissions, et aux contrôleurs des exploits de les leur contrôler, sous quelques peines et amendes. Pour faciliter la levée de ce grand nombre d'offices, il seroit bon d'en modérer et réduire les droits à 75^{ll}; autrement nous pouvons affirmer à Vostre Grandeur que, dans peu de temps, il n'y aura presque plus de sergens royaux en Provence. Nous découvrons quantité de notaires et procureurs qui exercent sans provisions de S. M. et sur simples matricules; le nombre passera sept cent cinquante; aucun ne daigne prendre de provisions, présupposant d'en estre dispensés par la déclaration du mois de mars 1672. . . . .»

* Voir, au sujet des courtiers censaux, une lettre des députés du commerce de Marseille, à la date du 14 janvier 1689. Ces courtiers censaux, qui étaient les seuls intermédiaires du négoce, étaient nommés par les échevins et les députés du commerce.

---

616. *M. de la Fond, intendant en Franche-Comté.*

au Contrôleur général.

31 Août 1688.

Il appuie la demande faite par le propriétaire du bac établi sur la Louve, d'augmenter les droits de passage pour suffire à ses charges et s'indemniser des frais de construction de deux petits ponts sur la rivière d'Arbois*.

* Voir plusieurs autres lettres de la même intendance relatives à de semblables confirmations ou adjudications de bacs, 6 octobre 1684, 22 juin et 6 juillet 1685.

Voir aussi une lettre du 14 mai 1688, concernant les écluses établies sur la Saône pour la rendre navigable en tout temps.

---

617. *Le Contrôleur général aux Intendants.*

31 Août 1688.

«Je vous envoye les commissions pour les impositions de l'année prochaine 1689. Comme le Roy a bien voulu laisser la taille sur le mesme pied de l'année précédente, la levée en sera facile; mais cela ne vous doit pas empescher d'entrer dans le détail de la répartition avec tout le soin et l'exactitude possible, pour la faire avec justice et égalité, et faire par là profiter les contribuables de tout le soulagement que le Roy désire leur procurer. Et, comme c'est la plus importante de toutes vos fonctions, vous y devez donner tout le temps nécessaire, et surseoir plutost toutes les autres affaires dont vous estes chargé. Si l'étendue de vostre département ne vous permet pas de demeurer dans chaque élection autant qu'il seroit utile pour y bien régler toutes choses par vous-mesme, vous devez au moins observer d'y choisir, tous les ans, certain nombre de paroisses qui vous paroistront les moins bien réglées, y séjourner quelque temps pour y entrer jusque dans le moindre détail des facultés et des cotes de chaque contribuable, pour connoistre si la proportion y est bien gardée, y faire faire ou réformer les rôles en vostre présence, et enfin y mettre par vos soins et vostre application les choses sur un pied qui y puisse servir de règle pour l'avenir. Mais, pour cela, il est absolument nécessaire que vous alliez vous-mesme visiter tous les cantons de vostre généralité.

«S. M. désire que vous vous appliquiez particulièrement à deux choses dans cette visite que vous allez faire : la première est de finir et d'envoyer le plus promptement que vous pourrez, si vous ne l'avez fait, l'estat des privilégiés et exempts des tailles; et la seconde est d'envoyer aussy le mémoire que je vous ay demandé, dès l'année passée, des observations que vous avez faites pour parvenir à un règlement général des tailles. Je vous ay écrit si amplement sur ces deux affaires, que je n'ay rien à ajouter, sinon que le Roy m'ordonne souvent de presser l'exécution de ses ordres, afin de pouvoir faire travailler incessamment à ce nouveau règlement, et que les peuples puissent au plus tost ressentir le soulagement que le Roy veut leur procurer.»

Si quelques paroisses ont été ravagées par la grêle, et qu'il ne soit pas possible de les décharger par un rejet partiel sur le reste du département, le Roi y pourra ajouter des secours spéciaux, soit en argent, soit en semences, sur la proposition motivée qui devra lui en être faite.

«Le Roy m'ordonne de faire observer à MM. les intendans, sur ce qui regarde les impositions particulières, comme pour dettes de communautés, réparations d'églises et autres, qu'ils doivent les proposer, autant qu'ils pourront, dans le commencement de l'année, afin que j'en puisse rendre compte à S. M. lorsqu'elle résout le brevet de la taille, et que ces impositions puissent ainsy estre comprises dans les commissions des tailles. Autrement, l'on est obligé quelquefois de remettre à l'année prochaine l'exécution des arrests qui interviennent sur ces avis*.»

* Une autre circulaire fut envoyée le 29 octobre, pour activer la remise des différents mémoires que le Roi demandait depuis un an.

618. *Le Contrôleur général à M. de Miroménil, intendant en Champagne.*

4 Septembre 1688.

Les notaires royaux de Langres se plaignent des entreprises des notaires apostoliques et de l'accroissement de leur nombre.

619. *M. de Bérulle, intendant à Lyon, au Contrôleur général.*

7 et 14 Septembre 1688.

Les fermiers des aides, dans le but d'obtenir une indemnité plus forte pour la suppression du droit annuel, inventent chaque jour de nouveaux recouvrements. Ainsi, ils réclament le *détail* et l'*annuel* aux gens qui logent les écoliers des jésuites, bien que l'ordonnance ne soit applicable qu'aux trafiquants, et que les pédagogues écuyers, notaires ou autres gens de condition relevée qui tiennent des pensionnaires, aient été expressément exemptés, en vue de favoriser l'éducation de la jeunesse. Ils comprennent aussi dans leurs états les fermiers de vignes ou ceux qui en tiennent à moitié, et les grangers, quoique les uns et les autres ne trafiquent point.

620. *M. de la Reynie, lieutenant général de police à Paris, au Contrôleur général.*

11 Septembre 1688.

«Les Hollandois n'ont pu avoir cette année aucun retour de Bengale, ni de toute la coste de Coromandel, et peut-estre n'en auront-ils aucun encore de quelques années, tous les Hollandois, aussy bien que les Anglois, qui s'y sont trouvés, estant morts, aussy bien qu'une grande partie des habitans naturels du pays. Une grande disette qui succéda à la guerre, et les maladies qui suivirent ces deux fléaux firent mourir un grand nombre d'hommes. C'estoit ce qu'on racontoit l'année dernière sur ces costes; mais on en parloit comme de choses passées, et on n'y faisoit aucune mention que la peste y eust esté. Ceux qui y sont allés faire les achats des marchandises chargées dont il s'agit en sont revenus en bonne santé. Ils n'ont pris aucune précaution à leur retour; les marchandises ont esté chargées dans les vaisseaux sans qu'il en soit arrivé aucun accident et sans qu'il y ayt eu aucune mortalité dans les équipages pendant la route ni depuis le retour, et, selon toutes les apparences, l'avis contenu au petit mémoire que je vous renvoye vient d'un lieu suspect, et ce sont vraysemblablement des Hollandois, ou des François retirés en Hollande, qui ont donné cet avis, plus à dessein de nuire qu'à dessein de préserver d'un véritable danger.»

621. *Le Contrôleur général à M. de Bezons, intendant à Bordeaux.*

15 Septembre 1688.

«Le sieur Boutin me mande que les Bayonnois font de grands versemens de tabac dans les provinces de Guyenne, basse Navarre et Béarn, d'où il se communique en Languedoc, Limousin et Auvergne. Pour y remédier, il propose d'établir un bureau à Bayonne, dans lequel tous les particuliers qui ont du tabac seront tenus de le venir déposer et prendre des acquits-à-caution pour le porter à l'étranger, à la charge par le fermier de fournir aux habitans du pays privilégié la quantité de tabac nécessaire pour la consommation, et cela sur le pied du prix courant.

«Il demande aussy qu'il soit fait défense aux habitans du pays de Labour de faire aucune plantation de tabac, ni de s'en pourvoir ailleurs que dans les bureaux du fermier, ajoutant que le grand relaschement des officiers de l'élection de Dax envers les fraudeurs en augmente considérablement le nombre*.»

* Voir une lettre du contrôleur général à M. de Bagnols, intendant en Flandre, 11 avril 1686, touchant les plaintes portées par les fermiers généraux contre la culture du tabac dans le Cambrésis, et les ordres donnés par le Roi pour protéger ce commerce tout en sauvegardant les droits de la ferme.

622. *M. de Gourgue, intendant à Caen, au Contrôleur général.*

24 Septembre 1688.

Il demande, à propos de l'adjudication des octrois de la ville de Caen, l'appui du Roi pour supprimer certaines sommes que le bailli de robe courte, le lieutenant général, le procureur du Roi et l'hôpital général se font payer sous main, au préjudice des droits du Roi et de ceux de la ville.

623. *Le Contrôleur général à M. l'Archevêque de Lyon.*

27 Septembre 1688.

«J'ay reçu la lettre que vous avez pris la peine de m'écrire en faveur du nommé Huguetan, et j'en ay rendu compte au Roy. Comme il y a de fortes présomptions qui le font soupçonner de vouloir se retirer, S. M. m'a ordonné de le renvoyer sur les lieux, et de charger M. de Bérulle de prendre toutes les précautions nécessaires pour luy laisser la liberté de son commerce sans qu'il puisse en abuser*.»

* Voir, au sujet de ce libraire, nouveau converti que l'on soupçonnait de vouloir rejoindre son frère à l'étranger, les lettres de l'archevêque, 7 septembre, de M. de Bérulle, 3, 5 et 12 juin, 13 juillet, 5 août, 22 septembre 1688, 2 juillet 1689, du contrôleur général, 22 juillet, et, relativement à la confiscation et à la régie des biens des religionnaires, les lettres de M. de Bérulle, 21 août, 7 septembre, 12 octobre 1688, et les pièces qui y sont jointes.

624. *M. Bossuet, intendant à Soissons, au Contrôleur général.*

27 Septembre 1688.

Il envoie copie d'une lettre qu'il a écrite à M. de Louvois, au sujet du placet présenté par les maire et échevins de Soissons pour l'établissement d'une manufacture de draps de Berry, de serges de Mouy, etc.

«La ville est bien située pour faire cet établissement, l'abondance des laynes s'y trouve, et les rivières sont propres pour la teinture et pour le transport des marchandises.

«Ces mesmes considérations avoient porté S. M. à faire expédier des lettres patentes, en l'année 1657, pour l'établissement d'un hospital général dans ladite ville, dans lequel les pauvres seroient employés aux manufactures des ouvrages de layne, draperies ou autres, que S. M. vouloit estre faites dans ledit hospital.

«En conséquence de ces lettres, un marchand, nommé le Blond, ayant proposé de mettre une manufacture sur pied, les conditions en furent acceptées, en 1663, et par la ville et par les directeurs de l'hospital, qui estoit dès lors construit, et ce marchand a continué à faire subsister cette manufacture pendant sa vie; mais elle a cessé par son décès, et il n'y a plus de commerce que par le moyen du gros tricotage, qu'un marchand bonnetier de la ville y avoit introduit avant mesme qu'il y eust un hospital.

«Mais ce secours n'estant pas suffisant, il est à désirer qu'il plaise à S. M. de faire revivre cette manufacture; toutes choses concourent à la maintenir, et les maire et échevins croyent qu'ils ne manqueront pas de gens pour l'entreprendre. Les hommes et les femmes du dedans et du dehors de la ville y pourront estre employés, et les enfans de l'hospital seront tirés du gros tricotage à l'âge de huit ou dix ans, pour travailler à préparer les laynes et ensuite à les mettre en œuvre, ce qui les conduira insensiblement à la marchandise. L'hospital sera un lieu propre pour faire cette manufacture, parce qu'en resserrant un peu les pauvres, on y peut ménager deux grandes salles basses pour y mettre des métiers, mesme des greniers au-dessus pour y mettre des laynes, d'autant plus que les bastimens de cet hospital sont bien plus spacieux qu'ils n'estoient autrefois, par les augmentations qui y ont esté faites.»

625. *M. de Miroménil, intendant en Champagne, au Contrôleur général.*

4 Octobre 1688.

Le fermier des cinq grosses fermes prétend faire exécuter l'article de l'ordonnance de 1681 qui assujettit à la marque et à la représentation durant trois mois les vins portés par acquit-à-caution dans les villages de la frontière. Les marchands, et particulièrement ceux de Reims, résistent à cette prétention, et donnent pour raison que c'est là une nouveauté et un embarras pour leurs voitures, qui seraient obligées de s'aller présenter à des bureaux souvent éloignés; ils refusent même l'accommodement proposé par le fermier, de faire l'opération dans le bureau le plus voisin de leur route*.

* A cette lettre sont joints les mémoires des fermiers généraux consultés par le contrôleur général, avec une note de M. de Pontchartrain; alors intendant des finances, ainsi conçue : «Je ne puis estre de l'avis de M. Rémond. Il se trompe dans le fait; il suppose que les marchands consentent d'aller aux premiers et plus prochains bureaux de leur route; c'est ce qu'ils contestent, et ce qui fait la question que M. Rémond ne traite pas.

«Je ne puis non plus estre de l'avis de M. Baussan : il sait les maximes, il les expose dans leur force et dans leur netteté, mais il conclut au contraire, en imposant une nouvelle charge au marchand, sous un prétexte de commodité et de sûreté pour le fermier.

«M. de Miromesnil ne dit point son avis, il propose seulement la difficulté et demande des ordres.

«L'avis de M. des Hagnais me paroist le plus juste et le plus réglé : il est fondé sur l'ordonnance, sur l'usage et sur la différence qu'il y a, sur ce sujet, entre l'ordonnance de 1687 et celle de 1681, qu'on affecte de confondre. Ainsy, je croirois qu'il faudroit ordonner à M. de Miromesnil d'empescher toute nouveauté de la part du fermier, et défendre icy aux fermiers d'en introduire aucune.»

626. *LE CONTRÔLEUR GÉNÉRAL à M. DE BÉRULLE, intendant à Lyon.*

15 Octobre 1688.

«J'ay rendu compte au Roy de ce que vous m'avez écrit le 27 du passé, en m'envoyant la requeste du nommé du Bié, et de ce que M. le procureur général m'avoit fait dire sur cette affaire. La chose fort discutée, l'arrest que je vous envoye fut résolu. Sur ce fondement que vous n'aviez pas pu commettre le lieutenant criminel de Lyon pour connoistre d'une affaire qui n'estoit pas de son ressort, et qu'il ne falloit pas oster aux parties la voye de l'appel qu'ils avoient relevé au Parlement, S. M. voulut que ces prisonniers ne pussent estre élargis qu'en vertu d'arrest du Parlement. Je vous prie d'agréer qu'à cette occasion, je vous dise que le Roy est très-persuadé de vostre zèle et de vostre bonne intention pour son service et pour la justice; mais il faut que vous preniez garde aux formes, puisque les meilleures choses manquent souvent par là. Par exemple, si, au lieu de commettre le lieutenant criminel et luy faire faire toute cette instruction, vous eussiez demandé d'abord un arrest, il n'y auroit eu nulle difficulté. Nous nous sommes entretenus, M. Daguesseau et moy, sur vostre sujet. Il connoist et estime comme moy vostre cœur et vostre application, mais il croit que vous devez prendre garde à vous retenir vous-mesme quelquefois et à faire réflexion sur vostre pouvoir et sur les grandes règles des procédures. Je suis persuadé que vous connoistrez parfaitement avec quel esprit je vous parle ainsy; personne n'estime et ne loue plus que moy vos bonnes qualités et vostre droiture, et je puis vous assurer que le maistre est bien persuadé sur cela à vostre égard; mais allez, je vous prie, quelquefois plus pesamment, et ne prenez vos résolutions qu'après avoir donné le temps à vos réflexions, sans mesme croire trop facilement ce qu'on peut vous dire trop légèrement ou méchamment. J'ay cru qu'il estoit bon que vous remissiez vous-mesme l'arrest aux parties, et je ne l'ay pas voulu donner ni laisser lever par le garde du corps qui est icy*.»

* Les pièces relatives à cette affaire sont, avec la lettre de M. de Bérulle, à la date du 27 septembre.

627. *M. DE GOURGUE, intendant à Caen, au CONTRÔLEUR GÉNÉRAL.*

15 Octobre 1688.

«M. de Matignon a convoqué la noblesse et la milice de cette généralité, mesme d'une partie de celle d'Alençon. La milice est sur la coste depuis dix jours; cependant voicy le temps de la semence, qui donne aux paysans une occupation indispensable pour la récolte de l'année prochaine, et, s'ils ne sont renvoyés à leur charrue, il y a lieu de craindre qu'il n'y ayt, l'année prochaine, beaucoup de terres incultes, qui produiroient une stérilité qui rendroit le payement de la taille très-difficile. Vous savez que les semences ne se font que dans le mois d'octobre, et, sur la connoissance que vous avez des desseins des ennemis de l'Estat, je vous supplie de me faire savoir les intentions de S. M. sur leur séjour ou sur leur retour. J'ay cru que cette matière méritoit attention, parce que ce temps perdu porte beaucoup de préjudice dans le cours de l'année. Il n'en est pas de mesme du séjour de la noblesse, quoyque la consommation qu'elle fait des fourrages préjudicie à la nourriture du bétail, qui fait la majeure partie du revenu de ce pays*.»

* Par lettre du 22 octobre, le contrôleur général renvoie cette affaire au secrétaire d'État de la province.

Voir deux autres lettres de M. de Gourgue, 9 et 29 octobre.

628. *LE CONTRÔLEUR GÉNÉRAL à M. DE BÂVILLE, intendant en Languedoc.*

21 Octobre 1688.

«Je me sers de l'occasion du sieur de Pennautier, qui arrivera auprès de vous avant l'ouverture des Estats, et avec lequel j'ay parlé icy, tant sur les semences que sur l'estat du diocèse de Narbonne et sur les attentes. A l'égard des semences, il faut que nous ne nous soyons pas bien entendus, et que je ne me sois pas assez bien expliqué par mes lettres sur cette matière. Le Roy en a trouvé la proposition admirable, et si utile, que j'ay eu ordre de m'appliquer à la faire pratiquer dans les autres endroits du royaume où la misère des habitans laisse des terres incultes. A l'égard du Languedoc, le Roy n'avoit pas cru que la proposition fust simplement pour le diocèse de Narbonne, mais qu'elle s'étendroit dans les autres qui pourroient avoir un pareil besoin. Pour bien mettre en œuvre cet expédient, dont la vue vient de vous, l'on a estimé qu'il estoit capital de ne pas laisser prendre l'opinion aux peuples que l'on leur donnoit entièrement ces semences, mais qu'on leur fournissoit du blé pour mettre dans les terres qu'ils auroient mises par le travail en estat de le recevoir, et qu'à la récolte suivante, on pourroit en retirer une partie, soit pour le donner à d'autres, soit pour se rembourser. Le Roy, qui entend parler de ces natures d'affaires depuis longtemps, par l'application qu'il y donne, répète toujours qu'il n'y a rien de plus dangereux que de laisser croire aux paysans que les plus paresseux seront les plus heureux, ou en ne payant pas, ou en s'attirant des charités. Sur ce fondement, l'on a conçu que le trésorier de la Bourse feroit l'avance par l'ordre des Estats de cette année, et qu'à ceux de l'année prochaine, l'on pourvoiroit à son remboursement selon l'événement et ce que l'on estimeroit pour le mieux. Le sieur de Pennautier me paroist convenir et bien entendre cela, et, supposé qu'il y ayt des terres cultivées, je crois que vous devez porter la charité jusqu'aux 60,000 ## que vous me marquez, et mesme au delà, s'il est nécessaire, tant la chose est bonne. Le Roy n'a pas cru qu'il fallust faire le fonds dès à présent, comme d'une dépense sans retour, et une fausse dépense ne seroit pas agréée. Je ne l'ay pas proposé, estant persuadé que vous conviendrez aysément avec le sieur de Pennautier, et, en tout cas, s'il falloit un arrest pour sa sûreté, vous en dresseriez un projet et me l'enverriez, pour en prendre l'ordre du Roy. Vous en recevrez un que M. de Seignelay a fait résoudre depuis que j'ay délivré l'instruction et qu'elle a esté expédiée.

«Pour ce qui regarde le diocèse de Narbonne, le sieur de Pennautier s'est fort récrié sur les conséquences de surseoir toutes poursuites pendant dix ans; mais il m'a expliqué les ménagemens qui ont esté apportés pour ce diocèse et plusieurs autres. Ainsy, je ne doute pas que vous ne trouviez le moyen de soulager les contribuables, sans établir de mauvais exemples qui pourroient beaucoup nuire au recouvrement*..... »

* Voir encore, sur ce sujet, la lettre et le mémoire de M. de Bâville, 7 novembre. Il proposait de surseoir pendant deux ans la levée des anciens arrérages, tout en redoublant d'exactitude pour les impôts courants; mais le Roi ne trouva pas que cette mesure fût acceptable, et prolongea seulement de deux ans le délai fixé pour le recouvrement.

629. *M. de Creil, intendant à Orléans,*
au Contrôleur général.

28 Octobre 1688.

Le sous-fermier des aides prétend, contre les habitants de Romorantin, que le texte du dernier tarif les assujettit aux droits d'entrée, non-seulement quand ils vendent en détail ou aux cabaretiers une partie de leur récolte de vin, mais même lorsque, faute de la consommer tout entière, ils en cèdent quelques pièces à leurs voisins. Les poursuites déjà commencées ont été suspendues de part et d'autre, en attendant la décision du contrôleur général.

630. *M. Marin, premier président du Parlement de Provence,*
au Contrôleur général.

30 Octobre 1688.

Il envoie le procès-verbal de la prise de possession de la ville d'Avignon et du Comtat-Venaissin : installation de la juridiction française, prestation de serment des gens des trois États et des nouveaux magistrats, etc.*

* Voir les instructions envoyées par le contrôleur général, le 22 octobre et le 11 novembre, et les lettres de M. Lebret, 30 octobre et 15 novembre. Cet intendant donne, le 7 janvier suivant, l'état détaillé des revenus et des charges de la Chambre apostolique, qui administrait les finances du Comtat.

631. *M. l'Évêque de Tarbes*
au Contrôleur général.

7 Novembre 1688.

Session des États de Bigorre.

«L'imposition pour le Roy a esté faite à l'ordinaire, savoir : 1,674 ## pour les *lances*, 12,000 ## pour la *subsistance*, et 7,000 ## pour la *donation*, desquelles 7,000 ## ont esté déduites 300 ##, pour estre employées, suivant l'ancien usage et les arrests du Conseil, pour une partie du défrai de ceux qui assistoient aux Estats.»

Le receveur du pays s'étant enfui en faisant banqueroute, ses cautions ont été condamnées à payer les sommes dont il se trouvait redevable*.

Les États ont accordé une gratification de 4,000 ## à l'évêque, qui n'a accepté que sous le bon plaisir du Roi et comme compensation des pertes subies par son évêché. Des gratifications analogues ont été faites aux syndics.

«Le total de l'imposition pour l'année courante monte à la somme de 78,386 ##, savoir : 20,674 ## pour le Roy, 22,968 ## 2 s. 1 d. pour les intérests des sommes dues par le pays, 30,862 ## 10 s. pour les frais municipaux et dépenses extraordinaires, et 3,725 ## pour payer des capitaux. L'imposition est à 38 ## 10 s. par feu, sur deux mille trente-six feux..... »

* Voir, au sujet de cette banqueroute, les lettres de M. de Bezons (Bordeaux), 10 juillet, 5 août et 2 décembre.

632. *M. de la Faluère, premier président du Parlement de Bretagne,*
au Contrôleur général.

13 et 16 Novembre, 10 Décembre 1688.

Établissement de l'impôt sur l'exportation des eaux-de-vie*.

«La jonction de ce droit et mesme des *imposts et billots* aux *grands devoirs* sera avantageuse au Roy et plus commode à la province. M. de Montaran offre plus; du moins, il espère le faire agréer à tous les associés : c'est de décharger au 1er janvier prochain le sieur des Chiens de la ferme des *imposts et billots*, et joindre cette ferme, avec les eaux-de-vie, à la ferme des Estats. Il la feroit aller à 500,000 ## : c'est 25,000 ## de bon pour le Roy, et la ferme en main sûre, sans appréhender de demande de diminution**. . . . . »

* Voir la lettre du contrôleur général au premier président, du 24 juin précédent.

** M. de Montaran avait conservé la ferme des États, malgré les offres supérieures des fermiers généraux, le contrôleur général ayant laissé aux États la liberté de choisir leur adjudicataire et de fixer la durée du bail. (Lettre du 27 septembre 1687, à M. de Fieubet.)

---

633. *M. de Grignan, lieutenant général en Provence, au Contrôleur général.*

17 Novembre 1688.

« Les peuples de Provence ont trouvé, cette année, une nouvelle manière de marquer l'excès de leur zèle pour le service du Roy, en accordant par acclamation, et sans observer les formes ordinaires, les 600,000 ## du Don gratuit, pour lequel on avoit accoustumé de prendre une délibération réglée. Je suis persuadé que vous approuverez un si bon usage de la permission que le Roy leur donne de s'assembler. . . . . J'ose me flatter que S. M. est persuadée de mon extrême application à tout ce qui peut luy plaire*. »

* M. Lebret écrit, le même jour : « J'oubliois de vous marquer une circonstance assez considérable, qui est que, suivant l'usage inviolablement observé jusqu'à présent dans toutes les assemblées des communautés de cette province, le commissaire du Roy se retiroit sitost qu'il avoit fait la proposition, pour laisser la liberté aux députés de conférer un peu de temps en son absence, avant que d'opiner sur la somme que le Roy vouloit luy estre accordée, ce qui n'est point arrivé cette année, puisqu'en finissant la lecture de la commission qui contient la somme, M. l'archevesque a fait opiner sans que j'aye quitté ma place, et les délibérans nous ont accordé tout d'une voix les 600,000 ## que nous avions demandées au nom de S. M. »

Les États d'Artois avaient voté, le mois précédent, les 400,000 ## « dont le Roy avoit bien voulu se contenter cette année. » (Lettre des commissaires, et réponse du contrôleur général, 10 et 22 octobre.) Cette somme se levait sur le pays par forme de centième, et devait se payer en trois termes, le 15 novembre, le 15 décembre 1689 et le 1er janvier 1690.

---

634. *M. le cardinal de Bonzy, président des États de Languedoc, au Contrôleur général.*

24 Novembre 1688.

« Nous avons reçu des lettres de M. de Louvois pour ajouter cinq compagnies de dragons aux douze que nous avions déjà délibéré. C'est une dépense présente de 127,500 ##, par emprunt, pour la levée, et de 244,000 ## par an, pour l'entretien, tant que la guerre durera. Jugez, s'il vous plaist, de la consternation de toute la province; c'est la dernière goutte d'eau, qui fait le comble de la mesure, et en vérité j'irois contre mon devoir, si je ne vous informois qu'il sera impossible de satisfaire aux charges de cette année, si le Roy n'a la bonté de nous soulager par quelque endroit. »

---

635. *Le Contrôleur général à M. de Gourgue, intendant à Caen.*

25 Novembre 1688.

En attendant que le Roi ait pourvu par un règlement général à la comptabilité des villes qui ont un tarif, il est déjà établi nettement, par les anciens arrêts, que les Chambres des comptes n'ont le droit d'exiger des receveurs des octrois municipaux un compte tous les ans que si la valeur des baux le comporte, et qu'elles ne peuvent prendre leurs épices que sur le pied du produit de ces comptes. Quant aux deniers patrimoniaux, il n'en est dû aucun compte aux Chambres, et la recette en doit toujours être distinguée de celle des octrois.

On examinera plus tard si les communautés doivent être dispensées de compter par-devant les bureaux des finances*.

* Voir, à ce sujet, les détails donnés par M. de Gourgue, le 9 septembre 1687 et le 9 novembre 1688, sur la reddition des comptes des villes tarifées et la multiplicité des droits exigés par les diverses juridictions. — Voir aussi, à la date du 3 mars 1687, les plaintes transmises par l'intendant de Soissons, de la part de plusieurs villes poursuivies par les huissiers de la Chambre.

---

636. *Le Contrôleur général à M. de Bâville, intendant en Languedoc.*

30 Novembre 1688.

« Le Roy a fait discuter avec une grande exactitude les différentes propositions sur les blés et les réflexions que vous y avez faites; après quoy, S. M. m'a ordonné de vous faire savoir :

« Premièrement, qu'elle désire absolument que le bien qu'elle a voulu faire à la province de Languedoc ayt son effet tout entier. Pour cela, elle a résolu de faire fournir effectivement 200,000 ## en deniers comptans de son Trésor royal, qu'elle laissera sans aucuns intérests aux Estats jusques à la fin de l'année 1690, qu'elle entend que cette somme luy soit rendue. Bien entendu que l'on fasse, dans le dernier avril de cette année, et, s'il se peut, de la suivante, des achats de blés du cru des diocèses qui en sont plus chargés, pour 600,000 ## par an, et qu'ils demeurent dans des greniers où ils soient bien conservés jusqu'à la récolte de chacune année, laquelle estant bonne, les entrepreneurs en pourront disposer hors la province, pour leur plus grand avantage. Je vous prie de bien remarquer que le Roy s'est proposé deux choses dans ces achats de blés qu'il fait faire dans tout son royaume : l'une, d'en procurer un débit présent, et l'autre, de s'assurer contre les stérilités et mauvaises années qui pourroient arriver.

« Pour ce qui regarde les deux différentes propositions, le Roy croit que celle des marchands de Narbonne peut estre plus avantageuse à la province, premièrement, parce qu'elle ne sera point obligée de faire un emprunt de 400,000 ##, secondement, parce que l'effet en continuera au moins pendant une seconde année; mais c'est à condition qu'ils s'obligent de laisser en grenier les blés jusqu'à la récolte de chacune année. Pour toutes les autres conditions, le Roy s'en remet à vostre application et à la prudence de Messieurs des Estats, principalement pour empescher qu'ils ne comptent pour les blés qu'ils doivent acheter ceux qu'ils auroient déjà négociés pour leur commerce ordinaire, ou qu'ils auroient en grenier.

«Secondement, pour oster les clauses de la rupture du canal et autres qui pourroient donner ouverture mal à propos à l'inexécution du traité, l'on a trouvé la proposition de du Pille trop forte, de vouloir avoir 600,000 # argent comptant et les garder pendant deux ans, sans autre obligation que d'acheter pour 600,000 # de blés dans le mois d'avril prochain, dont il seroit bien assuré d'avoir la consommation incontinent après la récolte, dans les vivres de la marine, avec un double avantage pour luy. Je dois pourtant vous dire que, si l'on trouvoit des inconvéniens dans le traité avec les marchands, que l'on ne prévoit pas jusqu'icy, ou qu'ils ne voulussent pas laisser les blés en grenier jusqu'à la récolte, le Roy désire si fort que sa bonne volonté pour le Languedoc ne soit pas inutile, que S. M. aymeroit mieux que l'on revinst à la proposition de du Pille, que de ne rien faire.

«Supposé que l'on conclust sur la proposition des marchands, aux conditions que je vous ay marquées comme nécessaires, il a paru au Conseil que l'avantage seroit considérable pour la province, à laquelle il ne cousteroit que l'interest des deux années, et qui pourroit se servir utilement des 200,000 # qu'il plaist au Roy luy prester pour deux ans, sans en vouloir aucun intérest. Le Roy vous autorisera en vostre particulier, par lettre et par tous les ordres que vous désirerez, pour pouvoir empescher les marchands d'abuser soit du canal, soit des autres prétextes, pour ne pas exécuter leur traité. Et, à l'égard de la remise des droits du canal, soit pour la moitié ou une plus grande partie, S. M. approuve fort la vue qu'ont eue Messieurs des Estats, et veut bien leur en laisser encore tout le profit. Il est certain que c'est un cas tout extraordinaire, et que les entrepreneurs du canal n'auroient pas raison d'en vouloir tirer l'avantage tout entier. Ainsy, l'on peut sur cela employer le nom du Roy, et vous pouvez interposer l'autorité que S. M. vous a confiée, pour ménager la chose aux termes que l'on estimera plus convenables.

«Le Roy entend que l'on se renferme à l'achat des blés, et n'estime pas à propos d'y mesler des vins et des huiles. Pour l'exemption des droits de sortie sur les blés que les entrepreneurs auront achetés pendant les deux années, S. M. veut bien l'accorder. Je vous parle toujours sur le pied de deux années, parce que l'on a cru suffisant d'assurer cet avantage à la province pendant ce temps-là, et il pourroit estre que l'expérience donneroit occasion de le continuer; mais il est si peu ordinaire que l'abondance dure quatre années de suite, que l'engagement des marchands pour un si long temps, qui pourroit leur estre à charge, ne seroit pas nécessaire, ni utile à la province. Les clauses que peuvent demander les entrepreneurs sur le prix des blés peuvent estre mesurées avec raison; car il ne seroit pas juste que ceux qui ont du blé à vendre voulussent se prévaloir de la nécessité d'en acheter pour les survendre, l'intention du Roy ne pouvant estre que de procurer le débit et non la cherté des blés*.»

* Voir le premier projet envoyé par M. de Bâville, le 24 septembre, et son rapport du 24 novembre, sur les différentes propositions présentées à l'assemblée des États, à savoir, de charger la province même de l'entreprise, ou de la confier, soit à du Pille, munitionnaire général des vivres de la marine, soit aux marchands de Narbonne.

---

637. *Le Contrôleur général à M. de Bâville, intendant en Languedoc.*

30 Novembre 1688.

L'intention du Roi, malgré la délibération des États, est qu'on rétablisse les collecteurs volontaires, en leur laissant leur droit entier de 14 deniers, et que l'on n'ait recours aux collecteurs forcés que dans les lieux où il sera impossible d'en avoir de volontaires. En tout cas, ce sont les communautés, et non les États, qui doivent profiter du bénéfice de 3 deniers sur les collecteurs forcés; autrement, les États, dans leur intérêt particulier, ne mettraient pas la fermeté requise pour rétablir l'ordre des choses*.

* Les collecteurs étaient primitivement tous volontaires, en Languedoc; c'étaient les plus riches habitants, qui se chargeaient à forfait du recouvrement, moyennant un droit de collecte. Voir le mémoire de M. de Bâville, 24 novembre.

Voir aussi une lettre du contrôleur général à l'intendant d'Auvergne, 20 août 1687, défendant d'autoriser aucune augmentation du droit de collecte en faveur des consuls qui faisaient les avances nécessaires jusqu'à la moisson.

---

638. *M. le duc de Chaulnes, gouverneur de Bretagne, au Contrôleur général.*

5 Décembre 1688.

«..... Il est vray qu'il y a beaucoup de blé dans la province; cependant il ne m'a point paru, sur toute la coste du midy, que ceux qui sont chargés de ces grandes quantités de blé souffrissent encore assez pour se plaindre et pour souhaiter de vendre leurs blés à un bas prix. La raison est que cette province n'est pas comme plusieurs autres de ce royaume, dont la vente des blés plus ou moins cher dépend uniquement des bonnes ou mauvaises années dans les mesmes pays, ne pouvant faire sans beaucoup de frais un grand transport de blés hors de l'étendue de leurs provinces. La Bretagne, au contraire, n'attend pas seulement pour la vente de ses blés une mauvaise année, ou chez elle ou chez ses plus proches voisins, mais envisage tous les royaumes de l'Europe où il y en auroit disette. Tous les greniers sont sur le bord de la mer, les embarquemens s'y font facilement, et il se fait, dans ces conjonctures, de gros profits. Il est encore à remarquer que les meilleures bourses de cette province font le commerce des blés, qu'ainsy ces compagnies achètent un grand nombre de blés des particuliers, lorsqu'ils sont à bon marché, ce qui répand de l'argent dans la province et fait subsister grand nombre de familles, ce qui me paroist estre la première intention de S. M. dans l'établissement des greniers. Cette grâce du Roy ne se répandroit donc au plus que sur ceux qui ont des grands greniers bien remplis par les achats qu'ils ont fait de blés, et je doute qu'ils souhaitassent de vendre le leur, à moins qu'ils ne vissent un profit considérable, parce qu'ils sont dans de grandes avances et dans l'attente que quelques royaumes étrangers auront besoin de blés*. . . . . »

* Sur ces observations et sur celles du premier président, le Roi renonça à établir des magasins, sauf à faciliter le débit des blés par d'autres voies plus promptes et plus faciles, si par la suite il y en avait une trop grande abondance. (Lettre du contrôleur général, 31 décembre.)

639. *M. de Bâville, intendant en Languedoc,* *au Contrôleur général.*

7 Décembre 1688.

« Les marchands de Narbonne n'ont point voulu traiter pour les blés à condition de les laisser dans les greniers jusqu'à la récolte prochaine; ils se sont arrestés à ces deux raisons : la première, que les blés se peuvent gaster, et qu'en ce cas, ils seroient ruinés sans ressource; la seconde, que, si la récolte est abondante, comme il y a apparence, parce que les semences partout ont bien réussi, on ne pensera qu'à acheter les nouveaux blés, et les anciens demeureront; d'autant plus que les blés de Languedoc ne se gardent pas si longtemps que dans les autres provinces. . . . . Il y a deux choses, dans ce traité, qui diminuent le plaisir qu'il auroit pu faire à l'assemblée : l'une, qu'il faudra que la province emprunte 400,000#, et l'autre, que le sieur du Pille ne veut plus estre obligé d'acheter, si le prix excède celuy des trois derniers marchés du mois passé. A l'égard de l'emprunt, je n'y trouve pas un grand inconvénient, parce que la province trouve le fonds des arrérages qu'elle payera dans la moitié des droits du canal que le Roy veut bien luy accorder. . . . . L'autre difficulté me paroist plus considérable, et, comme il est déjà arrivé que les blés sont augmentés, il est à craindre que le traité ne soit pas exécuté par cette raison. Mais, comme le sieur du Pille est à Paris, que d'ailleurs il m'a paru avoir envie de servir, vous trouverez peut-estre quelque expédient pour l'obliger de suivre le courant des marchés, en l'indemnisant sur le pied de son traité. Pendant qu'il a esté icy, je n'ay pu le faire désister de cette condition, et la raison qu'il en apporte est qu'ayant des blés à meilleur marché dans toutes les autres provinces, il n'est pas juste qu'il en achète dans celle-cy plus chèrement. . . . . A cela près, l'on trouve avec le sieur du Pille tout ce que le Roy souhaite, et une grande sûreté pour l'exécution, parce qu'il a une consommation certaine dans les vivres de la marine. »

640. *M. Lebret, intendant en Provence,* *au Contrôleur général.*

7 Décembre 1688.

« La qualité de vice-légat renfermoit deux fonctions : l'une, de commandant, puisqu'il commandoit effectivement dans la ville d'Avignon et Comtat-Venaissin, et l'autre d'intendant, puisqu'il avoit inspection sur les juges, qu'il jugeoit luy-mesme en différentes rencontres, et qu'il connoissoit de la police, des finances et des affaires de toutes les communautés. Et, comme je croyois, peut-estre avec raison, que le soin qu'il prenoit d'examiner tous les ans les dettes, revenus et dépenses de ces communautés, et d'ordonner ensuite suivant leurs besoins, au bas des mémoires ou tabelles qui luy estoient présentés par chacune communauté en particulier, dépendoit de la fonction d'intendant, j'avois pris la liberté de vous demander, par ma lettre du 24 du mois passé, si le Roy désiroit que je continuasse cette fonction, et si S. M. auroit agréable que je prisse de ces communautés les petits présens qu'elles faisoient à M. le vice-légat, et qui sont portés par le premier article de ces tabelles, ainsy que vous aurez vu sans doute par celle dont je m'estois donné l'honneur de vous envoyer une copie. Cependant, j'ay appris, depuis deux jours, que M. le comte de Grignan a des prétentions non-seulement sur les autres revenus dont M. le vice-légat jouissoit dans la ville et Comtat d'Avignon, mais encore sur les présens portés par toutes ses tabelles, et, comme ils sont d'une fort petite considération, ainsy que j'ay eu l'honneur de vous le mander, et que j'ay eu toute ma vie une extrême répugnance à tirer au baston pour des intérests de cette qualité, si, lorsque cette lettre vous sera rendue, vous n'aviez point encore parlé au Roy de ce que contenoit à cet égard celle que j'ay eu l'honneur de vous écrire le 24 du mois passé, et dont qui que ce soit n'a eu jusqu'à présent connoissance, je vous supplierois très-humblement de vouloir bien la supprimer*. . . . . »

* 31 décembre : ordre à M. Lebret de régler les emprunts, et de supprimer l'usage des présents au vice-légat.

Voir, au 10 décembre et au 28 janvier suivant, les lettres de M. de Grignan, touchant les appointements du vice-légat et les fournitures que ses gardes se faisaient faire par les habitants du Comtat, et les réponses du contrôleur général, 31 décembre 1688 et 18 février 1689.

641. *Le Contrôleur général* *à M. le Féron, grand maître des eaux et forêts.*

8 Décembre 1688.

« Vous donnez avis que plusieurs gentilshommes de Normandie courent le cerf sans brevet. Comme ce pays est fort éloigné des plaisirs du Roy, S. M. ne se soucie pas beaucoup d'y conserver la chasse avec tant de rigueur, et elle n'a pas jugé nécessaire de donner aucun ordre sur cela. »

642. *M. de Bezons, intendant à Bordeaux,* *au Contrôleur général.*

12 et 21 Décembre 1688.

La désertion continue parmi les nouveaux convertis, et elle est d'autant plus fâcheuse que ce sont ces gens-là qui font la plus grande partie du commerce de Bordeaux. Si l'on prenait quelque mesure violente pour les arrêter, ils pourraient aussitôt suspendre toutes les affaires, et, d'autre part, quoiqu'on les surveille, il est difficile d'empêcher qu'ils ne sortent, sous prétexte d'aller à la campagne, ne s'embarquent sur leurs vaisseaux et ne s'y dérobent à toutes les recherches.

«La situation où les choses sont dans l'Europe réveille l'attention des nouveaux convertis, et leur fait croire que la prophétie (de Nostradamus) de 1689 est véritable, et il faut compter que, l'année prochaine, il faut les bien observer. Il ne faudra rien souffrir qui fasse de l'éclat; mais il y a bien de petites choses que l'on est obligé de dissimuler.»

Les nouvelles des succès du prince d'Orange et de la réunion du Parlement anglais font craindre une suspension de commerce entre les deux royaumes, et les marchands de chaque pays s'efforcent de terminer leurs chargements de vins de France avant l'ouverture du Parlement. En vue de ces circonstances, on peut maintenir le droit de fret, et ne le supprimer qu'après le 15 janvier. A cette époque, l'annonce de la suppression attirera les marchands de toutes nations à la foire de mars et les excitera à continuer le trafic*.

«Il s'est répandu une terreur parmi les marchands, que l'on ne fist arrester icy les vaisseaux anglois, parce que la plupart viendront sans passe-port du roy d'Angleterre; ils n'ont pas mesme accoustumé d'en apporter. Ils m'ont fait parler, pour savoir si les vaisseaux seroient assurés icy; j'ay répondu que je n'en doutois pas, que je n'avois aucun ordre contraire, et il me paroist qu'il est absolument nécessaire que l'on ne cherche aucun incident à tous les vaisseaux qui viendront charger. Ce sont des gens qui apportent de l'argent dans le royaume, et surtout dans cette province, où il en est nécessaire. J'ay pris la liberté de vous proposer, en cas que les Hollandois voulussent venir sous d'autres bannières, si on ne les laisseroit point aller, sans montrer qu'on les connoist. Je crois devoir vous ajouter que, quoyque l'on sache les vaisseaux anglois partis pour venir icy, et que les marchands ayent des commissions, ils n'offrent jusqu'à présent qu'un peu plus de la moitié de ce que les vins se vendoient l'année dernière**..... La prospérité de M. le prince d'Orange en Angleterre étonne, dans cette province, les anciens catholiques et élève le courage aux nouveaux convertis. J'ay parlé sur cela comme je devois, à mon retour de Bayonne, faisant connoistre que ce qui se passoit en Angleterre n'avoit rien de commun avec les affaires de France, que l'on devoit estre indigné contre les Anglois de la manière qu'ils en avoient usé à l'égard de leur Roy.»

* Contrairement à cet avis, la décharge du droit de fret fut accordée à partir du 1er janvier. (Lettres du contrôleur général, 4 et 31 décembre.)

** Ordre fut donné de tolérer l'entrée des vaisseaux hollandais venus sous les bannières de Hambourg ou de Lubeck, ou des navires anglais non munis de passe-ports. (Lettre du 31 décembre.)

Dès le mois d'octobre, les négociants de Bordeaux s'étaient associés pour faire la course contre les Hollandais, et les étrangers naturalisés s'étaient même unis à cette association sous des noms intermédiaires. (Lettres de M. de Bezons, 14 octobre et 12 décembre.)

---

643. *Le Contrôleur général à M. de Ménars, intendant à Paris.*

23 Décembre 1688.

La recette de la sous-ferme des aides de Beauvais diminue par suite de la prétention que les cuisiniers, pâtissiers, rôtisseurs et charcutiers ont d'empêcher les hôteliers et cabaretiers de vendre aucune viande bouillie ou rôtie. Faire une information en conséquence. Un arrêt du Parlement a autrefois donné gain de cause aux hôteliers et cabaretiers de la ville de Noyon.

---

644. *Le Contrôleur général à M. de Châteaurenard, intendant à Moulins.*

26 Décembre 1688.

Le Roi n'accède pas à la demande faite par les maire et échevins de Moulins de continuer la levée de l'octroi qui avait été établi pour l'acquittement des dettes de la ville, et de l'employer au payement de la subvention et de la subsistance; il faut au contraire que cette contribution soit supprimée aussitôt que possible*.

* Les maire et échevins avaient demandé de substituer le droit d'octroi à la capitation qui se levait sans distinction de privilèges, à proportion de l'industrie de chacun, et qui avait fait déserter une partie des gros marchands et des artisans. Voir les observations de M. de Châteaurenard et celles de M. de Lévis-Charlus, gouverneur de Moulins, 10 et 22 décembre.

---

645. *M. de Bâville, intendant en Languedoc, au Contrôleur général.*

28 Décembre 1688.

Liquidation des dettes de la ville de Nîmes.

«J'ay eu plusieurs conférences avec les habitans, sur ce sujet, et nous n'avons pas trouvé de meilleur expédient à prendre que d'établir une subvention en la manière suivante, savoir: sur chaque muid de vin que les habitans recueilleront hors du terroir et qu'ils feront porter dans la ville, 30 sols; sur chaque muid de vin recueilli dans le terroir, 20 sols, et sur chaque muid que les étrangers vendront aux habitans, 6 #, et sur chaque pourceau vendu dans le taillable, 20 sols, et ce pendant le temps de huit années, à commencer le 1er septembre prochain.

«Les anciens catholiques y souffrent quelque dommage, en ce qu'ils ne composent que le tiers de la ville et qu'estant en plus petit nombre que les nouveaux convertis, ils payeront la subvention plus longtemps que s'il ne s'agissoit que de leurs dettes; mais ils portent cette perte, qui n'est pas considérable, avec plaisir, pour s'unir davantage aux nouveaux convertis. Ils l'ont offert devant moy, dans une assemblée générale que j'ay convoquée à l'hostel de ville, et cette démarche a fait un très-bon effet. Je crois cette vue fort utile pour effacer autant qu'il est possible le souvenir des différentes religions.»

646. *Le Contrôleur général*
à M. Lebret, intendant en Provence.

29 Décembre 1688.

Contestation entre les échevins du commerce de Marseille et les marchands de Lyon, au sujet du droit de 20 p. 0/0.

Les échevins, qui se prétendent en possession de faire le tarif et de le changer selon que les marchandises changent de prix, disent qu'ils confient la prisée des marchandises à des courtiers jurés et que, si le tarif se trouve un peu trop fort, ils ne font que mieux rentrer dans les intentions du Conseil, puisqu'on vise à exclure les étrangers du commerce du Levant; ils ajoutent que, d'ailleurs, il ne serait pas possible de faire homologuer par le Conseil les changements fréquents du tarif.

«Les marchands disent, au contraire, qu'il n'est pas régulier qu'il se lève aucuns droits que sur un titre émané de l'autorité du Conseil; qu'il y a certaines marchandises du Levant dont il seroit préjudiciable de troubler et éloigner le commerce; que les échevins du commerce taxent les marchandises si haut que le droit revient quelquefois à quarante pour cent, et cela, pour s'attirer tout le commerce sous les noms de différens particuliers qu'ils trouvent moyen de décharger des droits; qu'il est impossible que le tarif soit juste suivant la valeur de la marchandise, puisqu'il y en a de plusieurs sortes qui ne passent jamais par Marseille pour venir à Lyon. Ils ajoutent que l'on pourroit se servir à Marseille de la voye des experts, qui seroient reçus à serment, et, à Lyon, des courtiers qui y sont déjà établis. Il sera nécessaire que vous examiniez soigneusement toutes les raisons et propositions de part et d'autre, pour en dresser un mémoire, que vous m'envoyerez ensuite avec vostre avis*.»

* Par une autre lettre, du 6 avril 1689, le contrôleur général notifie à M. de Bérulle (Lyon) qu'il ne convient définitivement pas de rien changer à l'usage de suivre le tarif arrêté par les échevins.

647. *Le Contrôleur général*
à M. de Bâville, intendant en Languedoc.

31 Décembre 1688.

L'hésitation des États à se charger de l'emprunt de 400,000#, le refus de du Pille de s'engager sans avoir l'assurance que le prix du blé ne monterait point, et la nouvelle même d'une augmentation déjà annoncée ont décidé le Roi à ne pas engager plus avant les États dans l'affaire des blés.

«Mais je dois vous dire, pour vous seul, que je vois beaucoup d'apparence à faire un traité avec du Pille, sur quelques avances que le Roy luy fera, qui procurera pour le moins autant de débit des blés de la province de Languedoc, qu'auroit pu faire le traité que vous aviez projeté, outre d'autres avantages qui pourront mesme regarder encore d'autres provinces du royaume.

«Je vous prie de me marquer, pour nous deux seulement, si la proposition de décharger ces blés de la moitié des droits du canal n'a pas fait changer les dispositions des Estats et formé des incidens.....

«Je fais travailler icy avec le sieur de la Valette sur les mémoires que vous m'aviez envoyés et sur ses propositions, pour y prendre les meilleures mesures qu'il se pourra; car, quoyque le Roy ayt besoin de fonds extraordinaires pour fournir aux grandes dépenses des affaires présentes, il n'a encore rien changé, Dieu mercy, à ses intentions de ménager ses peuples et d'éviter les matières de recouvremens qui causent des frais et des procédures.

«Je vous écriray en particulier sur ce qui regarde Toulouse et sur le billet que j'ay reçu de vostre main.»

648. *M. de Bouville, intendant à Alençon,*
au Contrôleur général.

3 Janvier 1689.

«..... Il se trouve icy, dans un mauvais grenier d'une maison de la ville où ont demeuré MM. du Boulay-Favier et de Marle, quantité de papiers, parmi lesquels M. le Féron prétend qu'il y en a concernant la réformation des forests. Ce qu'il y a de certain, c'est qu'il s'y trouve quantité de titres de noblesse et de registres de notaires, qui peuvent estre de conséquence pour les familles. Si vous le trouviez à propos, je louerois une chambre proche chez moy, dans laquelle je les ferois porter, et j'en ferois faire un inventaire par le lieutenant des eaux et forests, afin de les faire remettre ensuite dans les lieux où ils devroient estre.»

649. *Le Contrôleur général*
à M. de Saint-Contest, intendant à Limoges.

8 Janvier 1689.

Suivant l'arrêt du 11 septembre 1688, les expéditions sujettes à exécution sont seules soumises aux droits de sceau et de greffe, et rien n'autorise à comprendre sous cette qualification les mandements, rôles de tailles ou contraintes des receveurs. — Le montant des droits de sceau ne peut être supérieur à 5 sols, et l'arrêt ne permet pas de les augmenter dans les lieux où ils étaient primitivement moins élevés.

650. *Le Contrôleur général à M. de Bouville, intendant à Alençon.*

8 Janvier 1689.

«Le Roy ayant remarqué que, dans beaucoup de généralités du royaume, les receveurs des tailles véritablement appliqués au soulagement du peuple ont pris le parti d'abonner les paroisses afin d'éviter les frais du recouvrement, S. M. désire que vous portiez les receveurs des tailles de vostre généralité à en user de mesme, particulièrement ceux de Mortagne et de Conches, où je remarque que les recouvremens se font avec beaucoup plus de dureté qu'ailleurs. Comme S. M. est persuadée qu'il n'y a que l'envie de profiter sur les frais qui puisse empescher les receveurs de se servir de cet expédient, vous pouvez les assurer qu'elle aura bien moins d'indulgence qu'elle n'en a eu jusqu'à présent pour ceux qui se trouveront en avoir fait des frais excessifs.»

651. *M. de Nointel, intendant à Tours, au Contrôleur général.*

8 Janvier 1689.

La crue des eaux de la Loire ayant renversé le pont de bois de Saumur, les officiers de l'élection ont fait, de leur propre autorité, l'adjudication d'un pont volant et établi un droit de péage, quoique, d'une part, ils n'aient point la direction des ouvrages publics, qui regarde les intendants, et que, d'autre part, ils ne doivent ordonner ni péages ni impositions sans l'ordre du Roi.

652. *M. Bouchu, intendant en Dauphiné, au Contrôleur général.*

9 Janvier et 9 Avril 1689.

Exécution des derniers édits concernant les receveurs des consignations, arpenteurs, ou autres officiers inférieurs.

«Il ne me paroist pas que l'édit portant création des receveurs et contrôleurs des consignations, dans les termes auxquels il est conçu, blesse en aucune manière les droits et l'usage de cette province, puisqu'il ne nécessite point les créanciers de se servir de décrets pour la vente des biens de leurs débiteurs, et qu'ils demeurent toujours dans la faculté d'user des simples subhastations, qui sont la voye ordinaire qui a esté suivie jusques à présent. Mais aussy cette liberté, à laquelle on ne peut toucher sans renverser tout l'ordre de cette province, réduit le produit de ces charges à si peu de chose, que la vente n'en peut estre ni facile ni de grande utilité; je doute mesme entièrement qu'il se présente des acheteurs*.....»

* Voir la lettre écrite, le 30 juillet suivant, par le contrôleur général à M. de Saint-André, premier président du Parlement de Grenoble.

Le Parlement de Provence protesta contre l'établissement des receveurs, comme étant entièrement opposé aux usages de la province. (Lettre et mémoires des procureurs généraux, avec les observations de M. de Pontchartrain, intendant des finances, 20 avril 1689.)

Dans les provinces nouvellement conquises, le Luxembourg et le comté de Chiny furent seuls exemptés de l'édit, par suite de la promesse qu'ils avaient eue de conserver pendant un certain temps leurs anciens usages. (Lettre du contrôleur général à M. Charuel, intendant à Metz et Nancy, 27 août.)

653. *M. de Cosnac, évêque de Valence et Die, nommé archevêque d'Aix, au Contrôleur général.*

10 Janvier 1689.

«J'ay eu l'honneur de vous écrire par les précédens ordinaires touchant la directe universelle et les dettes des communautés, qui sont deux affaires dont S. M. peut tirer un prompt et considérable secours, si elle agrée les propositions que j'ay faites dans l'unique vue du bien de son service. Présentement, je suis obligé, suivant les délibérations prises dans nostre assemblée, en présence de M. l'intendant, de vous représenter que cette province n'a aucun moyen d'avoir de l'argent pour subvenir au Don du Roy et aux passage et quartier d'hiver de ses troupes que par la vente des blés et des huiles, qui sont les seuls fruits et denrées qui soient en commerce dans cette province, lesquels à présent n'ont aucun débit; ce qui nous contraint de vous supplier d'examiner et de considérer s'il conviendroit à la justice et à l'intérest du Roy d'employer les remèdes suivans :

«D'avoir la bonté de révoquer l'exemption des droits du domaine accordée en Languedoc pendant six mois de chaque année pour les blés qu'ils font transporter en Provence, parce que, par ce transport, qui se fait par mer avec moins de frais, les blés de Provence, qui ne se peuvent porter que par terre et à grands frais, n'ont aucune vente dans les villes maritimes, qui sont les seules où il y ayt du commerce.

«De régler la quantité de blé qui est nécessaire pour les vaisseaux, galères et garnisons pour chaque année, avec défense aux munitionnaires d'en faire porter davantage. Comme les grains qui sont destinés pour le service du Roy sont exempts de péages et d'autres impositions, les munitionnaires en font de grandes acquisitions et tout le commerce, profitent seuls du débit et empeschent la vente de ceux de la province.

«D'interdire l'entrée des blés qui sont portés des pays étrangers dans les temps où les blés de la province n'excèdent pas le prix de 15^{ll} la charge, qui est le moindre prix que la charge ayt valu depuis vingt années : par ce moyen la province et les villes maritimes pourront toujours avoir du cru de la province ou des pays étrangers le blé à 15^{ll}, et bien souvent au-dessous, et les possesseurs des terres du pays pourront payer les charges et subvenir à la culture de leurs biens, qui est en cette province d'une grande dépense, par la situation et la stérilité. Ce qui donne occasion de faire cette supplication au Roy, c'est que nous voyons que les particuliers abandonnent leurs biens et que les fermiers ne peuvent payer, n'ayant aucun débit de leurs grains; cet abandonnement fait encore un grand préjudice à S. M., parce que, par les usages de cette province, un bien abandonné revient au seigneur et ne paye plus de taille au Roy. On est obligé mesme de remarquer que c'est un avantage pour le peuple lorsque le blé est à un honneste prix, parce que, lorsqu'il est à vil prix, les possesseurs n'ont pas de quoy travailler à la culture, ni de quoy fournir aux champs, ni de quoy faire travailler les pauvres.

«Pour les huiles, qui sont les fruits les plus abondans, et dont le commerce est le plus nécessaire, on n'en a plus de débit, à cause de la franchise du port de Marseille, où l'on apporte par mer, et à peu de frais, sans payer aucuns droits, les huiles étrangères, et celles de la province ne peuvent estre vendues que bien au-dessous des huiles étrangères, quoyqu'elles payent au Roy des droits considérables, et nous voyons que les facteurs de savon quittent et abandonnent cette facture et vont s'établir hors du royaume. On ne peut remédier à ces maux qu'en interdisant l'entrée des huiles étrangères, qui emportent l'argent du royaume, ou en faisant payer aux étrangers le mesme droit que la province paye au Roy. Il y a dans la Provence et en Languedoc assez d'huiles pour fournir à tous les besoins du royaume; mais, quand il y en auroit disette, on pourroit en permettre l'entrée, lorsque la charge de trois cents pesant vaudroit plus de 40 #, qui est le moindre prix qui ayt esté vendu depuis plusieurs années. Voilà tout ce qu'on m'a chargé de vous écrire, et que je vous prie de recevoir comme d'une personne qui n'a d'autre intention que le service du Roy et le bien public*.»

* M. Lebret envoie, le 6 février suivant, son avis sur les principaux articles de cette lettre : il appuie la pensée de l'archevêque quant aux privilèges donnés aux blés de Languedoc et aux abus reprochés aux munitionnaires de la marine; mais, pour interdire l'entrée des blés étrangers, il fait observer que cette prohibition pourrait être suivie d'une disette, et que, d'autre part, l'interdiction des huiles étrangères causerait la ruine des manufactures de savon et serait d'ailleurs contraire au principe adopté, d'exclure la fabrication étrangère, mais de favoriser l'importation des denrées et marchandises destinées aux manufactures. — Le contrôleur général répond, dans le même sens, à l'archevêque, le 4 mars.

---

654. *M. Lebret, intendant en Provence,*
au Contrôleur général.

14 Janvier 1689.

Il a conféré avec les échevins et les députés du commerce de Marseille et le sous-fermier du tabac, sur les mesures à adopter par ce dernier pour surveiller les bâtiments chargés de tabacs à destination de l'étranger ou ceux qui en peuvent apporter en France. Les parties pourront s'accorder de façon à prévenir les fraudes sans contrevenir aux précautions sanitaires; mais il serait à craindre que trop d'entraves ne détournassent les Marseillais de ce commerce, qui est un débouché pour les tabacs cultivés à Clairac, en Guyenne.

---

655. *M. Bouchu, intendant en Dauphiné,*
au Contrôleur général.

16 Janvier 1689.

Il envoie un mémoire des instances en réunion que les sous-fermiers du domaine ont entreprises et dans lesquelles toutes les personnes les plus considérables de la province se trouvent intéressées*.

* Voir, aux dates du 4 janvier, du 8 février, du 7 avril et du 9 mai de l'année précédente, le détail de plusieurs tentatives semblables des fermiers du domaine.

---

656. *Le Contrôleur général*
à M. de Crenan, gouverneur de Casal.

23 Janvier 1689.

«Les fermiers des gabelles de Lyonnois ayant reçu ordre du Roy de tascher à introduire le débit de leurs sels en Italie, ils ont, conformément à cela, pris quelques mesures avec le fermier des gabelles du Montferrat, et l'ont disposé à prendre jusqu'à quinze mille minots de ces sels. Il est du bien du service que vous donniez aux fermiers du Roy, en cette occasion, toute la protection dont ils auront besoin, et mesme que vous fassiez entendre à celuy du Montferrat que le Roy approuvant et autorisant le marché qu'ils concluront, vous leur en faciliterez de vostre part l'exécution en tout ce qui dépend de vous*.»

* Le 18 mai suivant, le contrôleur général écrit encore au résident français à Gênes de seconder l'agent qui avoit été chargé de négocier l'introduction des sels dans cet État.

---

657. *M. de Séraucourt, intendant en Berry,*
au Contrôleur général.

25 Janvier 1689.

«Les nouveaux convertis de Sancerre ayant porté leurs armes au greffe du bailliage, et ces armes ayant esté apportées à Bourges et mises dans l'hostel de ville, M. le lieutenant de Roy a ordonné que celuy qui les a amenées seroit payé de la somme de 15 # pour la voiture, laquelle luy seroit délivrée par les maire et échevins de la ville de Bourges, sur leurs deniers communs. Cette ordonnance portée au maire, il a esté trouver M. le lieutenant de Roy, et luy a représenté que, jusques à présent, ils n'ont point d'exemples que l'on ayt employé leurs deniers communs pour les affaires de S. M., qu'il ne leur est pas permis d'employer leurs deniers communs à d'autres usages que ceux auxquels ils sont destinés, que cette somme ne pourroit estre employée dans leurs comptes, et que, par conséquent, elle tourneroit en pure perte pour eux..... Il semble..... qu'on a pu aussy peu ordonner sur les deniers communs d'une ville que sur les deniers appartenant à un particulier, et, si cette ordonnance estoit autorisée, elle seroit d'une dangereuse conséquence.....»

---

658. *Le Contrôleur général à M. de Bagnols, intendant en Flandre.*

30 Janvier 1689.

Les tanneurs de Tournai prétendent que l'introduction des cuirs étrangers ruine leur industrie, et demandent qu'il soit imposé un double droit d'entrée sur cette marchandise.

---

659. *M. Feydeau du Plessis, intendant en Béarn, au Contrôleur général.*

30 Janvier et 15 Février 1689.

Il envoie, de la part des États, deux mémoires : l'un a trait au droit de *mayade*, par lequel diverses communautés ont le pouvoir d'affermer la permission de vendre le vin en détail à un certain prix pendant toute l'année. Le fermier du domaine renouvelle ses tentatives pour se faire adjuger ce droit ; mais sa prétention est aussi peu valable que certaines autres dans lesquelles il a été déjà repoussé, et celle-ci aurait pour conséquence d'introduire les aides en Béarn.

L'autre mémoire concerne le droit acquis de tout temps aux bailes des seigneurs particuliers d'exploiter dans l'étendue de leurs baillies les jugements des juges royaux, droit qu'un récent arrêt du Conseil leur a enlevé.

---

660. *M. de Bezons, intendant à Bordeaux, au Contrôleur général.*

3, 8 et 15 Février 1689.

Rapports sur le mouvement du port de Bordeaux. Le nombre des vaisseaux étrangers, et particulièrement des anglais, va à peine au cinquième de ce qu'il était l'année précédente à pareille époque. Par suite, les vins ne se vendent que très-peu, et à si bas prix, que les commerçants ne trafiquent qu'à la dernière extrémité. Le taux du fret est extraordinaire, et dépasse 150 ll par tonneau, pour l'Angleterre.

Il semble certain que cet état de choses est entretenu par une coalition des négociants anglais, non naturalisés, établis à Bordeaux ; mais on ne saurait prendre aucune mesure contre eux avant qu'ils aient terminé les expéditions annoncées pour le mois de mai *.

* Le mouvement reprit vers la fin de mars, et le prix des eaux-de-vie remonta à 40 ll et au-dessus. (Lettres des 24 et 31 mars et du 2 avril.) Ce résultat était dû particulièrement à ce que M. de Bezons obtint des passe-ports en blanc du ministre de la marine pour protéger contre les corsaires français de Dunkerque les vaisseaux flamands qui étaient arrivés à Bordeaux avant la déclaration de guerre et que les négociants de ce port avaient chargés de leurs vins en retour. Le contrôleur général seconda dans ce sens les propositions de M. de Bezons, et le laissa même libre de prendre les mesures les plus convenables pour assurer la continuation du commerce malgré la guerre. (Lettres de M. de Bezons, 26 avril, 3, 10 et 12 mai, et du contrôleur général, 5 et 18 mai.) Ce dernier écrit encore, le 30 juin : « J'ay fait tout l'usage que vous pouviez désirer de ce que vous m'avez écrit au sujet des passe-ports que demandent les Écossois et les Hambourgeois, et S. M. est demeurée très-persuadée de la nécessité qu'il y a d'en envoyer ; elle a donné sur cela tous les ordres nécessaires, mesme pour vous en faire remettre incessamment une certaine quantité, afin que vous les puissiez délivrer plus facilement aux marchands. Vous pouvez compter, et le faire aussy entendre aux négocians, que l'on aura toujours icy pour eux le mesme esprit de facilité que je vous ay marqué par mes précédentes. »

---

661. *M. de Bouville, intendant à Alençon, au Contrôleur général.*

7 Février 1689.

« Le bourg de Chasteauneuf est un lieu où il passe quantité de troupes, et qui est rempli d'une infinité de pauvres, qui ne sont pas soignés dans leurs maladies et dont les enfans ne sont point instruits. Les principaux habitans, qui connoissent la nécessité d'y pourvoir, voudroient bien établir deux sœurs grises, en attendant qu'ils puissent commencer un hospital, et ils destinent à leur entretien 300 ll par an, à prendre sur leurs deniers communs, montant à 700 ll. Il est certain qu'ils n'en peuvent faire un meilleur usage, au lieu que présentement ces deniers sont consommés en dépenses inutiles, ce lieu-là n'ayant aucune charge à laquelle ils soient destinés *. . . . . »

* A Bernay, les habitants, ayant épargné une partie des fonds accordés par le Roi pour la reconstruction de l'église Sainte-Croix, avaient demandé à s'en servir pour l'établissement d'un hôpital général. (Lettre de M. de Bouville, 21 janvier 1688.)

---

662. *Le Contrôleur général à M. de Bérulle, intendant à Lyon.*

13 Février 1689.

« . . . . . L'arrest du 29 du mois passé, qui regarde les marchandises arrivées par la flotte de Cadix, a esté résolu avec une entière connoissance, et ce que vous me mandez vous avoir esté dit là-dessus ne peut assurément venir que de quelques marchands qui ne parlent que pour leur intérest particulier. Je crois mesme devoir vous dire qu'il paroist par plusieurs de vos lettres que les plaintes outrées de ces sortes de gens-là font souvent trop d'impression sur vostre esprit. Cependant, vous jugez bien que, dans les affaires générales, il est nécessaire d'avoir des vues plus élevées, et que ce n'est pas sans de très-fortes raisons que le Roy donne des ordres de la nature de celuy dont il s'agit *. »

* Cet arrêt exemptait des droits de transit les marchandises destinées à Saint-Malo, lorsque des ordres spéciaux les faisaient passer par Marseille et la voie de terre, pour éviter les flottes ennemies. (Lettre à M. Lebret, intendant en Provence, 11 mars.)

---

663. *Le Contrôleur général à M. de Bezons, intendant à Bordeaux.*

18 Février 1689.

Le fermier du tabac ne doit prendre que de gré à gré les barques dont il a besoin pour faire des transports en Bretagne et en Normandie; mais, en raison du préjudice que la disette de tabacs dans ces pays-là cause à la ferme, il convient de faciliter par tous les moyens possibles les arrangements entre le fermier et les patrons de barques.

664. *Le Contrôleur général à M. de Bâville, intendant en Languedoc.*

18 Février 1689.

«..... Il faut profiter, dans l'occasion, des éclaircissemens que vous me donnez sur la manière dont s'est passée l'affaire des blés; la grande quantité de vivres et de pain de munition que le Roy fait fournir à ses troupes, tant de terre que de mer, produit beaucoup plus de débit que n'auroient pu faire les achats et les magasins que S. M. avoit voulu faire pendant la paix.....

«Pour ce qui regarde la restitution des droits d'attentes reçus au préjudice de la délibération des Estats, le Roy a jugé qu'il falloit y travailler avec prudence, pour ménager le crédit de ceux qui font toutes les affaires du Languedoc.....

«L'avance que vous avez fait faire par le sieur de Pennautier pour les semences du diocèse de Narbonne doit luy estre remboursée de quelque manière que ce soit; mais, comme la somme est forte, le Roy, dans les conjonctures présentes, ne croit pas la devoir faire rembourser pour son compte. S. M. a jugé à propos de gagner le temps de la récolte, pour voir l'estat auquel sera ce diocèse et ce que l'on pourra ménager à l'égard de ceux auxquels on a fourni ces semences, non-seulement par esprit d'économie, mais pour ne les rendre pas paresseux*.....

«..... Le Roy n'a rien fait changer aux délibérations des Estats au sujet des receveurs des tailles et de la nomination des collecteurs, sinon que l'on a estimé, à l'exemple de tout le reste du royaume, que, pourvu que les receveurs des tailles fussent alternatifs, ils pourroient partager entre eux le triennal, mais qu'il falloit, dès à présent, faire exécuter le règlement et ne pas souffrir que ceux qui ont les trois charges continuassent à les exercer.

«..... J'ay lu au Roy vostre lettre sur le sujet des villes de Languedoc dans lesquelles vous avez passé, et que vous avez trouvées disposées à offrir quelque secours à S. M. Sur quoy, elle m'a mandé de vous expliquer que, comme vous avez très-bien commencé cette affaire par la ville de Toulouse, le Roy se remet à vostre prudence de ménager la chose à l'égard des autres villes, selon les occasions et comme vous le trouverez à propos; bien entendu que vous examiniez vous-mesme si ces villes sont en estat de pouvoir emprunter ou fournir les sommes que vous croirez qu'elles peuvent offrir suivant leurs forces, sans faire préjudice à leurs créanciers ou à d'autres charges publiques qui presseroient. Quand il ne s'agit que d'un reculement à l'égard des dettes, ou de ne pas faire des ouvrages qui ne sont pas nécessaires ou engagés, le Roy estime très à propos et d'un bon exemple que ces villes le secourent dans les conjonctures présentes. Je dois vous dire qu'en parlant sur cela avec M. le cardinal de Bonzy, il m'a dit qu'il y avoit des villes franches, comme Carcassonne, Aigues-Mortes, Villeneuve-Saint-André et Challaures, qui pouvoient fournir ce secours plus aysément que d'autres..... »

* Sur la proposition de M. de Bâville, on résolut qu'il serait retiré de chaque particulier une quantité de blé égale, ou à peu près, à celle qu'il avait reçue. (Lettre du 20 juin suivant.)

665. *M. Lebret, intendant en Provence, au Contrôleur général.*

18 Février 1689.

Les matières d'or et d'argent apportées par les navires de Saint-Malo, depuis l'arrivée de la flotte des Indes à Cadix, montent à 1,884,000 ᵗᵗ pour la France, et à 205,000 ᵗᵗ pour Gênes; mais ces dernières sont restées à Marseille, les Malouins ayant voulu s'en retourner immédiatement, pour profiter de l'escorte de M. de Château-Renaud*.

La prise faite sur les Hollandais, auprès de Messine, ne monte qu'à 400,000 ᵗᵗ.

* Quelques mois plus tard, il fut accordé exemption complète de tous droits sur l'introduction des matières d'or et d'argent; un droit de 10 sols par marc fut seul conservé sur le fil d'or et d'argent faux fabriqué à l'étranger. (Lettres circulaires des 15 et 27 juin.)

666. *Le Contrôleur général à M. de Bérulle, intendant à Lyon.*

24 Février 1689.

«..... La proposition du nommé Soyex, de faire venir de Genève à la Monnoye de Lyon des matières d'argent, à la charge d'en remporter la valeur en écus blancs, n'est pas de nature à devoir estre seulement écoutée, surtout présentement que le Roy veut bien faire les frais du monnéage; car il est sensible qu'ils tomberoient en pure perte à S. M.»

667. *M. de Pomereu, commissaire du Roi en Bretagne, au Contrôleur général.*

27 Février 1689.

«Je m'instruis de mon mieux des affaires de la province, pour m'acquitter dans la suite de mon devoir, et j'ay déjà établi des correspondans partout.

«..... Comme le sieur de Montaran est le principal moteur de la trésorerie des Estats, je me suis adressé à luy pour le rendre un peu plus souple qu'il n'estoit à faire des avances pour la subsistance d'un régiment de dragons que la province lève et pour autres choses qui seront nécessaires pour le service du Roy, jusqu'à la tenue des Estats, où ses remboursemens seront ordonnés. Il faut bien mieux prendre cet expédient-là que d'avoir recours, comme il avoit esté proposé, à faire présentement une taxe sur les roturiers possesseurs des fiefs nobles, pour estre dispensés du service*; car, outre l'intérest qu'ont à cela neuf ou dix mille personnes, la discussion seroit trop longue et feroit un trop grand mouvement dans la conjoncture, la somme de 60,000 ᴴ, qu'on avoit dessein d'en tirer, ou 10,000 ᴴ par delà, ne méritant pas un si gros bruit. C'est là du moins ma pensée, que j'exprime aussy en mesmes termes à M. de Louvois.

«Je m'aperçois en ce pays-cy d'une plainte générale qui se fait contre le papier timbré : les fermiers et sous-fermiers qui le débitent le donnent très-vilain et d'une très-méchante espèce; à moins de quelque condamnation un peu sévère, on n'en réformera pas l'abus**.»

* Suivant une lettre de M. de Louvois au contrôleur général (Bretagne, 24 mars), sur les quarante-six mille quatre cents feux dont se composait la province, il y en avait quatre mille anoblis, qui ne portaient aucune charge, dix mille autres également exempts, comme amortis et possédés par des roturiers, et trente-deux mille quatre cents qui contribuaient.

** Voir, sur ce point, une autre lettre, du 20 juin, et la requête du fermier qui y est jointe.

---

668. *Le Contrôleur général à M. de Bezons, intendant à Bordeaux.*

4 Mars 1689.

«..... A l'égard des toiles de coton, dont vous proposez de laisser le commerce libre par Bayonne pour l'Espagne, M. le duc de Gramont avoit déjà demandé la mesme chose; mais M. de Louvois a soutenu que cela estoit sujet à de trop grands inconvéniens, en sorte que le Roy n'a pas jugé à propos de donner cette permission.»

---

669. *Le Contrôleur général à M. d'Argouges, intendant en Bourgogne.*

4 Mars 1689.

«J'ay rendu compte au Roy du mémoire qui vous a esté donné au nom des habitans du pays de Gex. On a eu peine à croire que ce mémoire ne vienne de quelques personnes, comme des étapiers ou autres, intéressées à diminuer considérablement le prix des blés; car on a toujours vu que le pays de Gex en produisoit beaucoup plus qu'il ne s'y en pouvoit consommer, et ceux qui viennent de dessus ces lieux disent la mesme chose pour cette année, outre que la Franche-Comté, la Bresse et la Bourgogne, où vous avez mandé vous-mesme qu'il y avoit cette année une abondance extraordinaire, peuvent aysément envoyer de leurs blés dans ce petit pays. Cela, joint à beaucoup de raisons particulières pour lesquelles on n'a jamais cru devoir rompre le commerce établi entre le pays de Gex et Genève, a fait juger à S. M. qu'il n'estoit pas à propos, quant à présent, d'y défendre le transport des blés.»

---

670. *M. de Basville, intendant en Languedoc, au Contrôleur général.*

11 Mars 1689.

Il envoie son avis sur la requête par laquelle les juges royaux de la province et le fermier du domaine demandent qu'il soit interdit aux juges des seigneurs particuliers de connaître des affaires relatives aux tailles et autres impositions, et à la Cour des aides de juger lesdites affaires en première instance.

A l'égard de l'action du receveur envers le collecteur, elle ne doit en effet jamais être portée que devant les juges royaux, puisqu'il s'agit en ce cas de deniers royaux, que la demande est faite par un officier du Roi, et que, d'ailleurs, s'il fallait traduire chaque collecteur dans sa juridiction particulière, ce serait une source de procédures infinies.

Quant à l'action du collecteur envers le cotisable, l'usage de se pourvoir à volonté devant les juges particuliers est préférable; autrement, il faudrait traduire les nobles devant le sénéchal, qui est leur juge naturel, les roturiers devant le juge ordinaire, les particuliers domiciliés devant le juge du domicile, et la collecte en souffrirait. Cependant on pourrait ordonner qu'il y aurait lieu de préférer les juges royaux dans le cas où il s'en trouverait sur les lieux.

---

671. *M. l'Évêque de Pamiers au Contrôleur général.*

14 Mars, 6 et 10 Mai, 16 Août 1689.

Rapports sur les changements introduits dans la tenue des États et de la Chambre des comptes du pays de Foix, et sur la révision des comptes du trésorier*.

* M. de la Berchère envoie, de son côté, le 22 mars, un rapport sur les États, où il dit : «Puisque, par l'examen que l'on a fait des affaires de ces pays pendant les dix dernières années, on n'a pas trouvé qu'ils ayent abusé de leur pouvoir, ni qu'il s'y commist que des abus de peu de conséquence, auxquels on a mesme pourvu par les délibérations en forme de règlement qu'on y a prises dans les dernières assemblées, ... et que d'ailleurs ceux qui composent ces assemblées d'Estats que l'on a trouvé à propos de laisser subsister commencent à se plaindre que, par la présence du commissaire départi à toutes les délibérations qu'ils prennent, ils ne sont pas dans une entière liberté d'opinion, et que cela donne atteinte à leurs anciens privilèges, desquels on veut bien les laisser jouir, vous ferez sur cela les réflexions que vous estimerez à propos.» — Le rapport de l'intendant sur la Chambre des comptes est à la date du 18 mai.

672. *M. DE CREIL, intendant à Orléans,*
au CONTRÔLEUR GÉNÉRAL.

16 Mars 1689.

« J'assemblay hier la ville, sous prétexte de quelques affaires de police, après lesquelles je pris occasion de leur parler de ce qu'avoient fait les villes de Toulouse et de Paris, et leur témoignay, comme de moy, que je savois de bonne part que le Roy avoit su très-bon gré à ces deux villes de cette offrande volontaire, et qu'il me paroissoit que les descendans de ces mesmes habitans qui avoient si bien soutenu l'effort des Anglois sous le règne de Charles VII, et qui avoient pris, en ce temps-là et du temps que le prince de Galles costoyoit leur pays pour l'envahir, tant de précautions, et fait des levées par eux-mesmes pour ne pas tomber, en 1367 et en 1428, sous la domination angloise, voudroient bien imiter l'exemple de Toulouse et de Paris, pour ayder au Roy à repousser le nombre infini d'envieux que sa gloire et celle du nom françois avoit rendus nos ennemis, qui, pour se rendre plus forts, s'estoient mesme masqués du prétexte de religion : que, pour soutenir ce haut pied de supériorité que les armes françoises avoient acquis sur celles des autres nations depuis le règne de S. M., ses bons sujets ne devoient rien épargner, et que, de l'effort qu'on feroit d'abord pour se maintenir dans l'estat glorieux où la valeur et la sagesse du Roy ont porté ce royaume, s'ensuivroit la désunion infaillible de tant de gens lignés et conjurés contre la France, et ensuite une bonne, ferme, sûre et durable paix, pendant laquelle le Roy s'appliqueroit, ainsy qu'il a fait pendant la durée de la dernière, à rétablir l'abondance dans son royaume et à faire voir à ses sujets sa gratitude de l'affection et du zèle qu'ils luy ont fait voir dans l'occasion et quand l'Europe quasi entière se trouve armée contre nous ; que je savois, et que S. M. mesme estoit pleinement informée du peu de débit de leurs vins et de leurs blés, qui le persuaderoit que la foiblesse de leur offrande ne viendroit pas de la foiblesse de leur dévouement, et qu'enfin la pite de la veuve de l'Écriture n'avoit pas esté désagréable au Seigneur ; que les offrandes estoient les plus agréables tributs, partant d'une volonté libre et prévoyante de ceux qui les offroient à propos, se portant surtout à un prince qui savoit si bien mettre le prix aux choses et assaisonner toutes les grâces qu'il faisoit d'une manière infiniment plus touchante que la grâce mesme.

« Les députés des paroisses me prièrent de trouver bon qu'ils en parlassent à leurs confrères, me protestant tous, d'une manière à oster toute suspicion de compliment, qu'ils trouvoient ma proposition très-juste, très-raisonnable, et mesme honorable, et qu'ils feroient tous leurs efforts, quoyque peu riches, pour offrir au Roy un présent, non pas tel qu'ils l'auroient souhaité, mais tel qu'une année où ils avoient leurs vins et tous leurs blés sur les bras le pouvoit permettre.

« Je suivray cette affaire, et je feray mon possible, avec toutes les précautions que vous m'ordonnez, d'en tirer le plus qu'il se pourra. La ville, dès la moindre affaire extraordinaire, mange sur l'année d'après, n'ayant, toutes les charges ordinaires payées, que 3 à 4,000 # de revenu, sur quoy on payoit autrefois le logement des intendans, ce qui ne s'est plus fait depuis M. de Bezons, et que je n'ay pas voulu renouveler sans vostre ordre, quoyque je puisse icy vous dire que l'absence du gouverneur, le passage continuel des troupes, l'assemblée du régiment de milice et de l'arrière-ban m'engagent au double d'une dépense que je ne plaindray jamais, quand il s'agira du service et de faire connoistre que tout ce que j'ay au monde, vie et biens, sont entièrement au service du Roy. »

---

673. *M. CHAUVELIN, intendant à Amiens,*
au CONTRÔLEUR GÉNÉRAL.

18 Mars 1689.

« Il seroit à souhaiter que les villes de Picardie fussent en estat de pouvoir marquer au Roy leur fidélité et leur zèle pour son service, comme Messieurs de Toulouse ont eu la gloire de faire les premiers, et je serois fort ayse d'employer mon ministère avec succès pour les porter à se conformer à cet exemple. Les villes de cette province ont de très-foibles revenus, qui ne consistent, pour la plus grande partie, qu'en de petits octroys que S. M. leur a laissés, et à peine ont-elles de quoy satisfaire à leurs charges ordinaires. Les deux principales villes sont Abbeville et Amiens ; vous avez pu connoistre, par les arrests qui ont esté rendus pour régler les dépenses ordinaires de la première et pour la liquidation des dettes de l'autre, quelles sont leurs facultés. Abbeville est une grande ville médiocrement peuplée ; j'ay fait le procès-verbal de liquidation de ses dettes, qui montent à cent et tant de mille livres ; mais les difficultés de trouver des expédiens pour lever cette somme, à cause du peu de commerce qu'il y a dans cette ville, m'ont empesché jusqu'à présent d'envoyer ce procès-verbal au Conseil. La ville d'Amiens a un octroy de 5 # 6 s. sur chacun muid de vin, 6 # sur chaque barrique d'eau-de-vie, et 6 # sur chaque cent pesant de tabac, affermé la somme de 23,500 #, laquelle est destinée à acquitter ses dettes. Le Roy pourroit, s'il le juge à propos, prendre cette somme, en différant le payement de dettes, et c'est tout ce qui se peut faire, car, bien que cette ville soit grande et bien peuplée, il n'y a que cinq ou six marchands qui ayent du bien considérablement ; il y a des officiers du présidial et des trésoriers de France, et tout le reste est un très-grand nombre de petit peuple et d'ouvriers que la manufacture y attire et y fait vivre.

« Les villes de Péronne et Saint-Quentin sont les plus fortes après celles-cy, et sont des places de guerre, qui ont raisonnablement de revenu, sans estre riches, et qui sont à présent sujettes à des charges extraordinaires, pour les fournitures qu'elles sont obligées de faire aux troupes que l'on y envoye en garnison. Montdidier est si pauvre qu'elle ne peut subvenir aux dépenses ordinaires, ce qui est si véritable que, pour faire rétablir les portes, qui sont en mauvais estat, je suis obligé de stipuler par l'adjudication que l'entrepreneur sera payé en plusieurs années. Montreuil a 3 à 4,000 # de revenu, qui a esté suffisant jusqu'à présent pour ses charges ordinaires, lesquelles augmenteront considérablement, à cause de la forte garnison que l'on y mettra dans un mois ou deux, quand les travaux que l'on y fait seront achevés ; cette ville n'est remplie que de petit peuple et n'a nul commerce. Vous jugez bien qu'il n'y a pas grande réflexion à faire sur la ville de Calais : son commerce est interrompu, elle est chargée d'une très-forte et très-nombreuse garnison, et le corps de ville a un si petit revenu que les bourgeois sont obligés d'imposer sur eux plus de 2,000 # par an pour les logemens des officiers de l'estat-major et autres dépenses auxquelles une ville de guerre est obligée. Je dois encore vous observer que, dans ce temps-cy, toutes les villes de Picardie sont sujettes à de grands passages de troupes, et que pendant l'hiver elles auront de grosses garnisons. Voilà quel est l'estat de ces villes, sur lequel vous pouvez juger de leur pouvoir, et qu'il ne s'y trouveroit pas de personnes qui voulussent leur prester.

«Les corps des villes d'Artois sont beaucoup plus riches que celles de Picardie, particulièrement celles d'Arras et Saint-Omer; mais aussy ont-elles de si grandes charges qu'elles ne peuvent payer les vieux arrérages des rentes qu'elles doivent, et je remarque, par les comptes que j'arreste tous les ans, que les dépenses qu'elles sont obligées de faire consomment leurs revenus, et qu'elles sont arriérées, quand il survient quelque charge extraordinaire.

«Les Estats de la province pourroient bien donner au Roy quelque somme d'extraordinaire; mais, lorsque je considère que. cette province estant frontière, S. M. y fera subsister le nombre de troupes qu'elle trouvera à propos, qu'elle en tirera le secours dont elle aura besoin par la fourniture des fourrages aux troupes qui y passeront et séjourneront, des avoynes qu'elle en tire pour son armée de Flandre, et des deniers pour les fortifications des places et autres choses qui conviendront aux affaires du temps, je ne sais si S. M. voudra que l'on fasse à présent quelque démarche, et si elle n'estimera pas qu'il soit plus à propos de différer jusqu'à la prochaine assemblée des Estats de la province *. »

* Le Roi approuva cet avis. (Lettre du contrôleur général, 23 mars.) Sur les représentations analogues de M. de Bezons, la demande fut restreinte, pour la généralité de Bordeaux, à cette ville et à celle de Bayonne. (Lettre du 29 mars, et rapport de M. de Bezons, 17 mars.) Le Roi s'en remettait aux intendants pour fixer, de concert avec les magistrats municipaux, le taux auquel les villes devaient faire leur emprunt. (Lettre du 14 avril, à M. de Bezons.)

674. *M. de Bagnols, intendant en Flandre,*
au Contrôleur général.

18 Mars 1689.

Les corps de ville et les États s'empresseront d'imiter l'exemple de la ville de Toulouse et d'offrir des présents au Roi.

«Il y a trois ans que je leur proposay d'élever des statues à la gloire du Roy, comme on avoit fait presque dans tout le royaume. Les villes de Valenciennes, de Tournay et de Lille me portèrent parole, en huit jours de temps, d'y employer chacune jusqu'à 30,000 écus, et, s'il eust esté nécessaire, elles auroient esté encore plus loin. Le Roy s'est contenté de leur bonne volonté, et c'est une réflexion dont on peut se servir utilement en cette occasion. Je ne croirois pas qu'on dust leur proposer un retardement du payement des dettes des villes et des Estats. Les Magistrats et les Chefs sont ceux qui ont le plus de cette nature de revenus, et c'est mettre les Flamands à une trop forte épreuve, que de leur demander en mesme temps le bien public et le leur. Il faudra avoir recours à leur crédit pour trouver les fonds nécessaires, et il suffira, pourvu qu'on proportionne les secours qu'ils donneront au Roy avec leurs revenus, leurs dettes et leurs charges. Celles-cy, dans la conjoncture de la guerre, deviennent bien grandes..... Autant que j'en puis juger, vous pouvez compter sur plus de 100,000 écus pour ce département *..... »

* Sur l'avis de M. de Louvois, le Roi ne voulut rien accepter que de la ville de Lille, qui offrit 150,000 florins. (Lettres du contrôleur général, 23 mars et 6 avril.) — Pour ce qui concerne la Flandre maritime, où le Roi ordonna la même réserve, voir une lettre de M. de Madrys, du 9 avril.

En Normandie, la ville de Rouen offrit 100,000 écus, et celle de Dieppe, 40,000; mais, celles du Havre et de Caen n'étant pas en état de fournir des sommes suffisantes, le Roi n'en voulut rien recevoir. (Lettres à M. Chamillart, 30 mars, 14 avril et 8 mai, et à M. Foucault, 30 mars et 24 avril.)

675. *Le Contrôleur général*
à M. de la Faluère, premier président du Parlement de Bretagne.

19 Mars 1689.

«Sur la conduite que l'on peut tenir avec les nouveaux convertis, l'intention du Roy n'est pas que l'on paroisse se relascher en rien de l'exécution des édits et déclarations qui ont esté donnés sur le fait de la religion. Vous jugez aysément de quelle conséquence cela est dans les présentes conjonctures; mais aussy S. M. trouve bon et mesme désire que, dans beaucoup de rencontres, on ayt sur cela tous les ménagemens possibles. Il y a beaucoup de petites choses sur lesquelles on peut fermer les yeux, pour les laisser tomber, au lieu que, quand elles sont relevées, on est obligé de les soutenir avec vigueur. Comme tout cela dépend des circonstances et des faits particuliers, il est impossible de donner là-dessus de règles générales, et le Roy ne peut que s'en remettre à la prudence de ceux qui se trouvent chargés de la conduite des affaires dans les provinces.»

676. *Le Contrôleur général*
à M. de Châteaurenard, intendant à Moulins.

19 Mars 1689.

«S. M. n'a pas approuvé le contrat que les Pères de l'Oratoire de Nevers ont fait avec la communauté de Saint-Saulge, n'estimant pas qu'il convienne d'autoriser toutes ces sortes de nouveaux établissemens. Ainsy, elle désire que vous voyiez à employer d'ailleurs utilement pour la communauté les 585 # que l'on destinoit pour l'entretien des religieux. Le maistre d'école qui est établi peut suffire pour instruire les enfans, et, en tout cas, on pourroit en payer encore un second sur le mesme pied, si le premier ne suffit pas seul*.»

* Cette communauté, ayant achevé de payer ses dettes en 1681 et employé en rentes le prix des bois qu'elle avait vendus, avait traité avec les oratoriens de Nevers pour l'établissement d'une école, moyennant cession desdites rentes. L'intendant approuvait cette démarche. (Lettre de M. de Châteaurenard, 6 mars.)

677. *M. de Pomereu, commissaire du Roi en Bretagne, au Contrôleur général.*

20 Mars 1689.

M. le duc de Chaulnes ne croit pas qu'il soit possible à la Bretagne d'offrir au Roi les mêmes secours qu'offraient certaines villes du royaume; les communautés sont toutes trop pressées par leurs charges particulières et par leurs dettes, et elles trouveraient d'autant moins à emprunter, que cet emprunt ne pourrait se faire qu'au détriment des créances antérieures. Les trois villes de Morlaix, Nantes et Saint-Malo, qui sont les plus importantes, souffrent elles-mêmes, soit de la diminution du commerce, soit des grands mouvements de troupes ou des dépenses des fortifications. Tout ce que l'on peut espérer, c'est que le pays contribue d'une partie de ses octrois à l'entretien du régiment de dragons qu'il a levé*.

* La province contribua, en effet, d'une somme de 67,000# à cette dépense. Mais, en outre, les principales villes furent amenées, «par des batteries adroites et secrètes de M. de Chaulnes,» à offrir des présents considérables : Saint-Malo, 50,000 écus; Vannes, 100,000#; Nantes, 50,000 écus; Morlaix, 100,000#. (Lettres des 3, 17, 27 avril, 27 mai, etc.; réponses du contrôleur général, 30 mars, 16 avril, etc.). En considération de ce que ces villes ne trouvaient point à emprunter, il leur fut permis, après plusieurs refus, par extraordinaire et «sans tirer à conséquence,» de doubler leurs octrois, ou de les engager pour un certain nombre d'années. (Lettres du contrôleur général, 25 mai, 8 et 19 juin.)

678. *Le Contrôleur général à M. de Miroménil, intendant à Tours.*

23 Mars 1689.

Le Roi n'accepte pas les 50,000# de la ville de Tours, et comprend qu'elle ne puisse offrir mieux, en raison de ses charges extraordinaires. Quant au monument que les habitants ont déjà commencé à élever en l'honneur du Roi, il peut se continuer, sans que la ville ni les créanciers en souffrent*.

* Ce monument devait être un portique surmonté de la statue royale. Les frais en étaient pris, ainsi que ceux de l'entretien des ponts, pavés et avenues de la ville, sur les droits d'entrée payés par les vins du pays et par les vins étrangers. (Lettre de M. de Miroménil, 23 mai.) — Le corps de ville de Marseille vota aussi l'érection d'une statue équestre, outre le présent qu'il faisait au Roi. (Lettre à M. Lebret, 23 mars.)

En 1687, les habitants de Limoges avaient offert une statue pédestre; mais ils ne pouvaient y mettre qu'une faible somme, et le Roi avait refusé son consentement. (Lettre du mois de juillet 1687, à M. de Saint-Contest.)

679. *M. de Creil, intendant à Orléans, au Contrôleur général.*

23 Mars 1689.

«La ville d'Orléans délibéra hier après midy, par les députés de toutes ses paroisses, qui en avoient conféré dimanche dernier avec ses coparoissiens, de lever sur tous les habitans, exempts et non exempts, ecclésiastiques, nobles, officiers, et tous autres, une somme de 50,000#. Je tascheray que la ville puisse retrancher quelque dépense moins nécessaire, pour soulager le petit peuple, qui est fort accablé de passages. Je ne puis assez vous expliquer le zèle et l'affection avec laquelle tout le monde s'est porté à cette levée, et je vous supplieray de trouver bon que je vous demande, dans les temps, et quand la chose sera un peu avancée, une lettre du Roy qui fasse connoistre que S. M. a eu leur zèle en ce rencontre pour très-agréable.

«J'ay écrit à quelques autres villes de la généralité, dont je ne vois pas grand secours à espérer. Je m'y transporterois incessamment, n'estoient l'assemblée du régiment de milice qui se doit faire icy dans quelques jours, et la convocation de l'arrière-ban, où l'absence de M. le gouverneur et la commission que j'ay eue d'y donner les ordres à son défaut me rendent absolument nécessaire en cette ville. Je tascheray de tirer 15 ou 20,000# de Blois, et 25 ou 30,000# de Chartres. Les autres ne sont point en estat de rien fournir : Montargis est noyé de dettes, Gien ruiné par la désertion des religionnaires, Beaugency par la vilité des vins et par la rupture de son pont, Vendosme et Chasteaudun par la cessation du commerce. Dourdan est la plus gueuse ville de la généralité; il n'y a ni deniers communs ni couvens; Pithiviers petit et chargé de passages; Clamecy pourra peut-estre donner quelque chose. Je feray de mon mieux pour y engager tout le monde, qui y seroit assez porté de luy-mesme, si l'estat de leur fortune répondoit à leurs bonnes intentions*.

«Si je pouvois savoir si un bruit qui court, que l'arrière-ban sera converti en taxe, est véritable, il seroit bien nécessaire que la noblesse, aussy pauvre que bien intentionnée, épargnast l'argent qu'elle pourroit mettre en équipages pour quelque autre employ plus utile au service de S. M.»

* Voir les réponses du contrôleur général, 30 mars et 6 avril. Le présent de la ville d'Orléans fut refusé.

680. *Le Contrôleur général à M. Chamillart, intendant à Rouen.*

24 Mars et 26 Avril 1689.

Les habitants de Pont-Audemer proposent d'achever le canal et le bassin de leur port, pourvu qu'il leur soit permis d'emprunter les sommes nécessaires et qu'on leur accorde un tarif sur le même pied que la subvention qu'ils payent actuellement. Ce port sera très-utile, en ce qu'il ne gèlera jamais et qu'il diminuera considérablement les frais de la voiture des sels; mais le Roi craint toujours d'engager mal à propos les habitants dans de grandes dépenses, et les devis dressés par l'architecte Bruand ne semblent pas suffisamment sûrs.

681. *M.* DE *Bagnols, intendant en Flandre,*
AU *Contrôleur général.*

28 Mars 1689.

Le comte de Solre, en qualité de seigneur de Condé, réclame le droit de *gambage*, qui consiste en quatre pots de bière par chaque brassin brassé tant dans la ville que dans ses dépendances, et que le cantinier refuse d'acquitter, sous prétexte que son bail l'exempte de tous droits. Celui-ci est si minime qu'il n'y a point d'inconvénient à le maintenir.

682. *M.* DE *Bagnols, intendant en Flandre,*
AU *Contrôleur général.*

3 Avril 1689.

L'édit des receveurs des consignations n'offre rien qui soit contraire aux coutumes de la province.

Ce sont actuellement les greffiers qui perçoivent les droits, lesquels sont fixés simplement par l'usage, et montent, dans certains pays, à 1/2 p. 0/0, et, dans d'autres, à un peu plus. On ne pourrait les élever à 5 p. 0/0, mais seulement à 2 1/2.

L'établissement de commissaires aux saisies réelles serait aussi utile au Roi qu'aux peuples. A cet égard, l'usage est de faire régir les effets saisis par des huissiers exploiteurs, qui prennent pour droits le vingtième denier, et qui consomment tout en procédures. Les séquestres que le Parlement nomme quelquefois agissent de même*.

On pourrait joindre ces fonctions à celles des receveurs des consignations, avec un droit de recette de 2 1/2 p. 0/0, et la diminution qui résultera de cette mesure compenserait pour le public l'augmentation des droits de consignations.

Si l'établissement des consignations réussit, il sera possible d'en créer dans les villes des pays conquis, alors même que la justice y appartiendrait aux Magistrats. Ces justices-là sont beaucoup plus étendues que les juridictions royales, et rapporteraient bien davantage.

* Sur le même sujet, M. de Bérulle (Lyon, 2 mars) écrit : «Tout ce que je puis vous dire, c'est que, dès le moment qu'une personne est assez malheureuse pour que son bien soit saisi réellement, les créanciers et la partie saisie n'en touchent jamais rien.»

683. *Le Contrôleur général*
à M. DE *Bâville, intendant en Languedoc.*

6 Avril 1689.

«J'ay toujours esté, au sujet de la disposition des fonds et revenus des biens des religionnaires fugitifs, du mesme sentiment que vous, qu'il falloit établir une règle pour faire justice aux créanciers et à tous ceux qui pouvoient avoir quelque prétention légitime sur tous ces biens. S. M. y est aussy fort entrée, et vous pouvez compter que dans peu elle mettra à exécution la résolution qu'elle a prise, de laisser la possession de ces biens aux plus proches parens et héritiers naturels de ceux qui se sont retirés.

«A l'égard de l'arrest qui a affecté ces revenus aux pensions des nouveaux convertis, il n'a esté rendu qu'après avoir reconnu, par une discussion fort exacte, qu'ils se consommoient à des usages beaucoup moins raisonnables que celuy-cy, et qu'ainsy S. M. pouvoit avec justice s'en servir pour décharger d'autant les dépenses du Trésor royal*.»

Le Roi envoie 30,000# pour la continuation des chemins des Cévennes.

* C'est ainsi que M. Bouchu, intendant en Dauphiné, reçut l'ordre de faire payer sur ces revenus la pension des enfants renfermés à la maison de la Propagation de la Foi, à raison de 75# pour les garçons et de 50# pour les filles. (Lettre du 16 septembre.)

684. *M.* DE *Bâville, intendant en Languedoc,*
AU *Contrôleur général.*

8 Avril 1689.

Il appuie le projet de créer au Puy un présidial pour le Velay. La justice n'est pour ainsi dire pas connue dans ce pays, en raison de sa situation et de l'éloignement du Parlement de Toulouse. Le sénéchal peut juger les crimes prévôtalement; mais les cas présidiaux restent ordinairement impunis, parce qu'ils ne se jugent qu'à charge d'appel, et que les difficultés et les frais de transport des prisonniers en font abandonner la poursuite*.

* Le 11 mars précédent, le contrôleur général demande à M. de Vaubourg (Auvergne) son avis sur une proposition de créer un présidial à Brioude, en démembrant ceux de Riom et d'Aurillac. «Le Roy, dit-il, envisage plus en cela de faire le bien de la justice, que de tirer aucun profit d'une nouvelle création d'offices.»

685. *M.* DE *Bérulle, intendant à Lyon,*
AU *Contrôleur général.*

9 et 30 Avril 1689.

Il envoie le procès-verbal d'estimation des moulins du

Rhône qui ont été réunis au domaine, et les offres faites par les enchérisseurs. Ceux-ci demandent, en dehors des conditions portées dans la mise en adjudication, 1° que ces moulins soient rendus *banaux* pour la ville de Lyon et les faubourgs; 2° que l'adjudicataire puisse établir sur le fleuve autant de moulins nouveaux qu'il lui plaira; 3° que cette faculté soit réservée pour lui seul, à l'avenir, dans toute l'étendue de la ville et de la banlieue*.

* Suivant l'avis de M. de Bérulle, la première stipulation fut rejetée et les deux autres acceptées. (Lettre du contrôleur général, 14 mai.)

686. *Le Contrôleur général à M. de Vaubourg, intendant en Auvergne.*

14 Avril 1689.

«Il faut que ce soit par omission que vous n'ayez pas reçu de lettres de moy au sujet des présens que plusieurs villes du royaume ont déjà faits au Roy. L'usage que S. M. désire que vous fassiez de ces exemples est d'examiner les villes de vostre département qui pourroient, à proportion de leurs forces, donner de semblables marques de leur bonne volonté. S. M. veut surtout que la chose vienne d'une entière liberté des Magistrats et des habitans des villes, et que ce soit sans préjudicier au payement de leurs charges et à leurs autres besoins. Le moyen le plus naturel, et dont S. M. a le plus souhaité que l'on se servist, est la voye de l'emprunt, pour les communautés qui ont assez de crédit pour cela. On peut aussy, comme vous le proposez pour Clermont, reculer de quelques années seulement le payement des créanciers. C'est pourquoy vous n'avez qu'à voir sur ce pied-là ce que l'on peut attendre des villes de vostre département; mais je vous répète encore que le Roy désire que cela soit conduit avec tant de prudence, que le public ne s'aperçoive pas que S. M. ayt demandé ce secours, pour peu que vous prévoyiez de difficultés au succès de la chose*.»

* Pour les résultats de cette démarche, voir les lettres de M. de Vaubourg, 29 juillet, 17 août et 19 septembre.

687. *Le Contrôleur général à M. de Nointel, intendant en Champagne.*

14 Avril 1689.

«J'ay rendu compte au Roy de la délibération de la ville de Troyes que vous m'avez envoyée*, et du mémoire qui y estoit joint, sur l'imposition de 10 sols par muid de vendange qui a esté proposée. S. M. est extrêmement satisfaite du zèle de ces habitans; elle n'est pas néanmoins tout à fait déterminée à accepter leurs offres, parce qu'elle s'est souvenue que la levée des anciens et nouveaux 5 sols avoit esté la matière d'une infinité de procès, qui n'ont pu finir que par l'abonnement que l'on a esté obligé de faire de ces droits. S. M., qui a toujours en vue le soulagement de ses peuples, craint que cette nouvelle imposition de 10 sols, quoyque levée et régie par les habitans mesmes, ne soit encore une nouvelle occasion de procès et ne gesne le commerce. C'est ce que S. M. désire que vous examiniez avec un soin particulier.»

* Reims et Châlons offrirent aussi des sommes considérables; mais, pour les autres villes, dont les offres étaient trop peu élevées, le Roi ne voulut pas les accepter, de peur que ces présents ne leur fussent trop à charge. (Lettres du 30 mars, des 6 et 24 avril, et du 8 juin.)

688. *Le Contrôleur général à M. de Pomereu, commissaire du Roi en Bretagne.*

16 Avril et 14 Mai 1689.

«..... Dans cette diversité de levées et d'impositions qui ont esté résolues, j'ay cru qu'il falloit, sur toutes choses, s'appliquer à distinguer celles qui se font par le ministère et l'autorité des Estats d'avec celles qui suivent la nature des fouages et autres impositions ordinaires, pour observer exactement de faire passer les premières par les mains du trésorier des Estats et les autres par les mains du receveur général des finances. Outre que c'est là l'ordre naturel des finances qui a esté suivi pour les levées des impositions de pareille nature qui ont esté faites pour les milices du dedans du royaume, je dois vous dire, en particulier pour la province de Bretagne, que cette confusion de deniers et de maniement entre les mains du sieur de Lezonnet auroit esté une occasion de le faire tomber dans le mesme désordre que son prédécesseur, et que cela l'auroit exposé à perdre tout son crédit. Cecy est un détail auquel il est fort difficile que M. de Louvois ayt pu faire réflexion, mais que j'ay fort présent, par la discussion dans laquelle je suis entré des affaires du sieur d'Harouys. Au surplus, il est juste de pourvoir au remboursement des avances faites par les sieurs de Lezonnet et de Montaran, et de les rassurer de leurs craintes.....»

689. *M. de Pomereu, commissaire du Roi en Bretagne, au Contrôleur général.*

17 Avril 1689.

«..... Je crois estre obligé de me plaindre un peu de ce que, depuis mon arrivée en Bretagne, je n'ay vu qu'à l'abord les directeurs et principaux commis des fermiers du Roy. Je ne connois pas mesme encore le commis du receveur général des finances; celuy du trésorier de l'extraordinaire de la guerre ne m'avoit pas encore vu, et faisoit son commerce par lettres avec moy, demeurant paisiblement à Nantes. J'ay commencé par prier ce dernier de venir demeurer en cette ville (Rennes), ayant à luy donner continuellement des ordres, dans la conjoncture, et, quant aux autres, j'ay à vous supplier de trouver bon qu'ils soient plus souvent auprès de moy, pour m'informer de ce qui se passe dans l'étendue de leurs commissions, et que, sur les plaintes que je reçois, il y ayt toujours des gens sous ma main qui soient prests à répondre. Je ne les empescheray pas d'aller à Nantes, Vannes et partout ailleurs où la nécessité de leur employ les appellera; mais, que nous soyons dispersés en tant d'endroits les uns et les autres, sans presque nous connoistre que par la voye des courriers, je ne sais si cela sera bien conforme à vos intentions.»

690. *LE CONTRÔLEUR GÉNÉRAL à M. l'Évêque de Pamiers.*

24 Avril 1689.

Le Roi est très-satisfait du règlement préparé dans la dernière assemblée des États de Foix, et rien ne sera changé aux privilèges ni aux usages de la province, si ce n'est que la session de la Chambre des comptes aura lieu au mois d'août, comme celle des États au mois de septembre, pour pouvoir réunir et imposer en un seul mandement les impositions proposées par la première de ces assemblées et approuvées par la seconde*.

«Sur ce que vous marquez que la présence du commissaire départi oste la liberté des opinions, j'explique à M. de la Berchère les intentions de S. M. sur cela : elle désire que luy et MM. les intendans qui luy succéderont continuent d'avoir entrée aux Estats toutes les fois que le bien du service le requerra; mais elle trouve bon qu'ils se retirent quand on commencera d'opiner, à la charge qu'ils seront après informés des délibérations qui auront esté prises, qu'ils signeront les estats des impositions, et qu'ils seront présens dès qu'il s'agira d'arrêtés ou de révisions de comptes.

«J'ay fait remarquer au Roy que vous voulez bien remettre vos appointemens de président à la Chambre des comptes. S. M. a fort loué cette marque de vostre désintéressement, et elle auroit déchargé tout à fait les Estats de cette somme, si elle pouvoit compter que vos successeurs apportassent dans cette place les mesmes sentimens de zèle pour le bien du service et pour le soulagement des peuples.»

* A la demande de l'évêque, ce changement ne fut pas même exécuté. (Lettres des 24 avril et 25 juin, à M. de la Berchère.)

691. *M. DE MIROMÉNIL, intendant à Tours, AU CONTRÔLEUR GÉNÉRAL.*

24 Avril 1689.

Il envoie le tarif des droits d'entrée sur le bétail, le bois et le poisson, tel qu'il a été nouvellement réglé par transaction entre les fermiers des aides et les habitants de la ville de Tours.

692. *LE CONTRÔLEUR GÉNÉRAL à M. DE MIROMÉNIL, intendant à Tours.*

24 Avril et 5 Mai 1689.

Le Roi juge qu'une imposition au profit de l'hôpital général de Tours serait trop à charge aux habitants; mais, puisqu'ils semblent disposés à soutenir cet établissement, il serait plus naturel de soumettre chaque maison ou chaque famille à une taxe pour les pauvres, comme cela se pratique à Paris. Le Roi donne, pour sa part, 6,000 ᵗᵗ.

693. *LE CONTRÔLEUR GÉNÉRAL à M. CHAUVELIN, intendant à Amiens.*

25 Avril 1689.

Les fermiers se plaignent que certains officiers de troupes prétendent, en vertu des *routes* qui leur sont délivrées, faire entrer des chevaux en franchise dans le royaume; les *routes* ne leur donnent pas ce droit, qui ne peut leur être accordé que sur un passe-port de M. de Louvois.

694. *LE CONTRÔLEUR GÉNÉRAL à M. DE CHÂTEAURENARD, intendant à Moulins.*

26 Avril 1689.

«Je vous envoye copie d'un arrest que le Roy a fait expédier pour travailler à l'ouverture de quelques mines de charbon qui se sont trouvées dans le Nivernois. Comme cela peut estre très-utile pour le bien général du commerce, et particulièrement pour les peuples du Nivernois, je vous prie de tenir la main à l'exécution de cet arrest et de donner, pour cela, à celuy qui est chargé de cette entreprise tout le secours dont vous jugerez qu'il aura besoin.»

695. *M. DE BEZONS, intendant à Bordeaux, AU CONTRÔLEUR GÉNÉRAL.*

29 Avril 1689.

Il paraît nécessaire, pour assurer la subsistance des peuples de la frontière, qui ne vivent que de leur commerce avec l'Espagne, de faire des *traités de bonne correspondance*, comme cela se pratiquait durant les guerres précédentes. Lors de celle de Hollande, on tolérait même que des pinasses portassent les vins et les eaux-de-vie au môle de Saint-Sébastien, où les vaisseaux hollandais les venaient prendre*.

* Le Roi approuva (lettres du contrôleur général, 18 mai et 10 août), et il y eut une réunion des députés de la province de Guipuzcoa avec ceux de Bayonne, pour fixer les articles d'un *traité de liberté du commerce;* mais les restrictions de la cour d'Espagne en ce qui touchait le commerce par mer empêchèrent de rien conclure, et même, au mois de septembre, le gouvernement espagnol rompit les relations que la haute Navarre avait continuées jusque-là. (Lettres de M. de Bezons, 2 août et 8 septembre; réponse du contrôleur général, 20 septembre.) Des mesures avaient été prises pour assurer de ce côté un débouché aux blés de Languedoc, à l'aide de passe-ports personnels; mais l'exportation fut interdite aux provinces de l'Ouest. (Lettres de

M. de Bâville, 30 juillet; de M. de Bezons, 16 août; du contrôleur général, 10 et 24 août.)

---

696. *M. de Bâville, intendant en Languedoc,*
au Contrôleur général.

30 Avril 1689.

Quelques receveurs des tailles avaient pris l'habitude de payer d'avance les épices de leurs comptes, avec retenue des intérêts, à celui des conseillers de la Cour des comptes de Montpellier qui était préposé par la Compagnie à la recette des épices. Ce conseiller étant mort insolvable, la Cour considère ces payements anticipés comme non avenus, et elle semble en avoir le droit, puisque le versement des épices ne devait se faire qu'au mois de mai et qu'il n'a été avancé que par un arrangement particulier des receveurs.

---

697. *M. de la Berchère, intendant à Montauban,*
au Contrôleur général.

4 Mai et 6 Juillet 1689.

Peu de personnes se présentent pour acquérir les charges d'arpenteurs; celles de receveurs des consignations dans les présidiaux pourraient se débiter, si le prix en était modéré en raison de ce que les particuliers qui poursuivent les décrets ne sont pas obligés de consigner le prix de leur adjudication, mais seulement de payer les créanciers colloqués utilement. La même sentence qui adjuge le décret fait le règlement des créanciers suivant l'ordre de leurs hypothèques, et, si l'enchérisseur est du nombre, il est naturellement dispensé de consigner le montant de sa créance, comme cela se pratique aussi au Parlement de Toulouse. Ainsi, ces offices auraient pour unique avantage l'exemption de logement. Les fonctions en sont faites actuellement, ainsi que celles de contrôleurs parisis, de greffiers des présentations et de gardes des petits sceaux, par les fermiers des domaines, qui en perçoivent les émoluments avec les autres droits de greffes.

On ignore quelles peuvent être les fonctions de contrôleur des titres.

---

698. *M. l'Évêque de Pamiers.*
au Contrôleur général.

6 Mai 1689.

La Chambre des comptes de Foix a liquidé les frais d'étapes, qui seront remboursés à raison de 8 sols par place d'infanterie et de 25 sols par place de cavalerie. La dépense des logements fixes de la cavalerie sera également remboursée à raison de 4 sols par officier, et de 14 sols par cavalier, savoir : 4 sols pour l'ustensile, et 10 sols pour le fourrage, y compris les 5 sols que le Roi donne aux communautés.

---

699. *Le Contrôleur général*
aux Intendants des généralités taillables.

12 Mai 1689.

D'après les avis des commissaires du Conseil et les mémoires des intendants, le Roi a créé des inspecteurs pour visiter régulièrement les bureaux de recette des tailles et ceux des fermes, et rendre compte, soit aux intendants, soit au Conseil, de l'exécution des règlements. Ils auront le droit de réclamer la communication de tous les registres et d'y prendre gratuitement tous les extraits ou les renseignements nécessaires*.

* Le Roi exclut de ces emplois toutes les personnes déjà pourvues d'une autre charge. (Lettre du 22 mai, à M. de Miroménil.)

---

700. *M. Feydeau du Plessis, intendant en Béarn,*
au Contrôleur général.

14 Mai 1689.

La Monnaie de Pau chôme souvent faute de matières, et ne peut fabriquer les huit mille marcs d'espèces qu'elle devrait fournir par an. Le directeur attribue ce fait à ce que, malgré les édits, beaucoup de particuliers font sortir l'or et l'argent du royaume, et il prétend que le mal ne pourra être arrêté que lorsque la connaissance des affaires de monnaies aura été enlevée aux juges ordinaires et donnée à l'intendant*.

* La Monnaie de Bordeaux venait d'être fermée, en vertu d'un arrêt du 5 avril. (Lettre de M. de Bezons, 21 juillet.)
Celle de la Rochelle fut aussi supprimée. (Lettre de M. Bégon, 7 juillet.)

---

701. *Le Contrôleur général*
aux Intendants.

15 Mai 1689.

«Le Roy ne doute pas que vous ne commenciez présentement la visite de vos départemens suivant ses ordres et l'usage des années précédentes. Sur quoy, S. M. m'a commandé de vous écrire concernant plusieurs points que son application, qui redouble tous les jours, pour le soulagement de ses peuples dans les conjonctures présentes, luy a fait juger très-importans.

«Premièrement, S. M. désire que vous vous appliquiez très-particulièrement à bien connoistre l'estat présent de vos généralités et des élections particulières, par relation aux espérances que donnent les biens de la terre pour l'année prochaine et au débit des denrées des années précédentes, au succès du commerce et des manufactures particulières dans chaque lieu, et à la diminution ou multiplication des habitans, en sorte que le Roy puisse prendre de solides mesures, sur vostre avis, pour l'imposition des tailles de l'année prochaine.

«S. M. veut estre particulièrement informée de ce que la levée des milices a pu couster dans vostre généralité, de la manière en laquelle la chose a esté faite, par relation à la charge qu'elle a apportée aux contribuables, quel effet ont produit les ordres que le Roy a donnés pour l'arrière-ban.

«Vous devez donner une attention particulière sur ce qui s'est passé et se passe encore tous les jours dans les logemens et marche des troupes, dans la distribution et le remboursement des étapes. C'est l'une des plus importantes affaires que vous ayez à examiner présentement, et sur laquelle vous devez donner des mémoires et des avis plus précis au Roy.

«Il y a beaucoup à veiller sur la conduite des gens de guerre et sur celle des étapiers, pour connoistre l'avantage ou la surcharge que les passages des troupes peuvent produire dans le royaume; la multiplicité et le mouvement en sont si grands, qu'il s'y commet beaucoup d'abus que le Roy ne peut connoistre que par vous.

«Il est encore bien important de savoir la disposition des peuples, et singulièrement des nouveaux convertis, qui sont choses sur lesquelles vous pouvez et devez faire de grandes réflexions, en visitant les différens lieux de vostre département, sans que vous fassiez quasi connoistre l'attention que vous y avez, car vous savez avec combien de prudence et de discrétion il faut traiter ces matières-là.....

«J'ay prié M. de Breteuil, qui a le département des tailles, de vous envoyer les mémoires particuliers qu'il peut avoir, et de vous écrire les réflexions que nous avons souvent faites en travaillant ensemble sur le fait des tailles. Si vous pouvez prévenir le temps dans lequel on vous envoye les commissions pour travailler aux départemens, en envoyant les mémoires et vos avis sur les réparations des maisons curiales, des églises et des ouvrages publics que vous croyez urgentes, et mesme sur les dettes de communautés, vous me donnerez plus de temps pour en rendre compte au Roy et pour y statuer par les commissions sans trop de précipitation. Je vous prie de faire réflexion que, dans les occasions présentes de la guerre et des affaires de l'Estat, il faut soulager les peuples autant qu'il se peut de toutes les dépenses qui se peuvent différer et qui ne sont pas absolument nécessaires.»

---

702. *M. de Bagnols, intendant en Flandre,*
au Contrôleur général.

15 Mai 1689.

Quelques officiers ou ouvriers de la Monnaie de Lille, se reconnaissant incapables de faire le travail, consentent à céder leurs charges. Ces changements sont assez communs, et n'ont aucun inconvénient quand les officiers n'ont point fait race, ni transmis leur privilége à leurs enfants; c'est, d'autre part, un profit pour les parties casuelles.

---

703. *Le Contrôleur général*
à M. Brûlart, premier président du Parlement
de Bourgogne.

16 Mai 1689.

«..... Il est sans difficulté que le droit de *demy-parisis* n'est établi que pour le prix principal de la vente des sels, et nullement pour des augmentations qui se font extraordinairement, comme celle-cy; c'est pourquoy la requeste qui vous a esté présentée par un des fermiers des regrats doit estre rejetée.

«Pour ce qui est des 30 sols d'augmentation, il est assurément juste de les ajouter au prix du sel à petites mesures. J'avois néanmoins écrit à M. le procureur général pour n'en pas presser le régalement, parce que le Roy eust voulu vérifier auparavant s'il est vray, comme les Estats s'en plaignent, que le mauvais espalement qui a esté fait des petites mesures produit au regrattier un profit sur le peuple de 6# 10 s. par minot de sel. Mais, puisque ce régalement se trouve déjà fait, il n'y a qu'à le laisser exécuter. Il est bon mesme de l'achever dans les lieux où il ne seroit pas encore fait, et, par la suite, S. M. donnera ses ordres pour faire procéder à un nouvel espalement des petites mesures.»

---

704. *Le Contrôleur général*
à M. Foucault, intendant à Caen.

17 Mai 1689.

«Les fermiers des aydes de Normandie se plaignent que l'abus de la vente du vin à *musse-pot*, ou *cache-pot*, devient fort fréquent en Normandie, mais surtout à Caen, où l'on prétend qu'il y a dans une mesme rue jusqu'à quarante et cinquante maisons qui vendent du vin de cette manière; que, quand les commis arrivent, tous les particuliers s'avertissent les uns les autres, et que, si par hasard quelqu'un se trouve surpris en fraude, ce sont des rébellions, des inscriptions de faux contre les procès-verbaux, et une suite d'autres semblables procédures encore pires que l'abus mesme. Vous jugez bien qu'il est d'une extrême conséquence pour le bien du service de rompre le cours de tout ce désordre, et, pour y parvenir, le Roy désire que vous donniez aux commis des fermes toute la protection nécessaire pour les soutenir dans les visites qu'ils feront, que vous donniez une application particulière à surprendre en fraude quelqu'un des contrevenans, pour en faire un exemple de sévérité qui puisse contenir les autres par l'appréhension du mesme chastiment, et, par la suite, si la discussion exacte dans laquelle vous serez entré pour découvrir ce qui donne lieu à ces fraudes vous fournit quelques ouvertures pour y remédier solidement par arrest ou règlement particulier sur ce fait, vous m'en enverrez, s'il vous plaist, un mémoire, afin que j'en rende compte au Roy.»

705. *Le Contrôleur général à M. de Bâville, intendant en Languedoc.*

21 Mai 1689.

«Le Conseil de finances est si chargé d'affaires par les conjonctures présentes, qu'il y a longtemps que j'y porte plusieurs affaires de Languedoc sans avoir pu en rendre compte au Roy; je l'ay fait enfin ces derniers jours, et j'ay aussy pris occasion de recevoir les ordres de S. M. sur ce que vous m'aviez écrit, que je ne pouvois luy expliquer qu'en particulier. Après quoy, je profite de deux jours que le Roy m'a permis de passer à Villeneuve, pour vous écrire plus à loisir que je ne puis faire à Versailles.»

Le Roi approuvera que les États contractent un nouvel emprunt d'un ou de deux millions, sur le même fonds qui a déjà été affecté au payement du précédent emprunt; mais cela ne doit nuire en rien à l'importance du secours que S. M. compte recevoir de la province.

«. . . . . J'ay rendu compte au Conseil de ce que vous m'écrivez sur le résultat et les projets de déclaration que le sieur de la Valette a donnés pour les gardes des archives des communautés. J'ay toujours cru que cela feroit plus de bruit que d'effet; l'on en a jugé de mesme dans le Conseil. Cela ne peut estre bon qu'en tant qu'on y joindroit la fonction de notaire; c'est à vous à voir s'il en manque dans le Languedoc. L'on auroit plutost cru qu'il y en avoit trop, comme dans la plupart des autres provinces du royaume. Il avoit esté proposé d'ailleurs de pourvoir à la conservation des registres des notaires après leur mort, et l'on prétendoit qu'il y avoit en cela un grand abus en Languedoc. Je vous en envoye un mémoire : vous jugerez, s'il vous plaist, quel usage on pourroit faire de tout cela, et s'il faudroit laisser cette matière aux Estats, pour en faire eux-mesmes la proposition et en faire de l'argent, ou s'il seroit plus avantageux au Roy de faire un recouvrement séparé et sans participation des Estats.

«A l'égard des justices, le Roy est toujours persuadé qu'il ne peut faire un plus grand préjudice à ses sujets que de les faire sortir de ses mains pour les mettre entre celles des seigneurs; comme vous jugez qu'il y auroit de l'inconvénient de les faire acquérir par les communautés, qui s'endetteroient, l'on n'a pas jugé qu'il y eust rien à faire présentement sur la proposition de la Valette, d'autant plus qu'à l'égard des petits domaines, dont il paroist peu, par vostre mémoire, à aliéner, vous pouvez le faire en vertu des arrests cy-devant expédiés pour cela.

«Vous aurez, s'il vous plaist, à consoler la Valette sur ce qu'il n'a pas assez bien rencontré dans ses dernières propositions; il en pourra trouver d'autres qui seront plus du goust du Roy, et dans lesquelles on luy donnera volontiers à gagner, pour récompenser son activité et son travail*.»

* Voir une autre lettre, du 24 juin : «. . . . . J'ay fort appuyé auprès du Roy sur les ménagemens que vous proposez, avec grande raison, soit pour le quartier d'hiver, soit pour la dépense du canal, et autres : S. M. y est fort entrée, et j'y feray, dans la suite, tout ce qui peut dépendre de moy pour n'engager, dans les conjonctures présentes, le Languedoc et les autres provinces qu'aux dépenses absolument nécessaires. . . . »

706. *M. de Bouville, intendant à Limoges, au Contrôleur général.*

24 Mai 1689.

«La visite que je viens de faire dans la généralité m'a fait connoistre la nécessité de maintenir l'usage des fusiliers pour le recouvrement des tailles; mais, en mesme temps, il m'a paru si dangereux de le continuer de la manière qu'il se pratique, que je me suis attaché à y trouver des règles qu'on y pust établir, pour ne pas laisser les receveurs des tailles absolument les maistres de faire autant de frais qu'il leur plaist, sans qu'ils puissent venir à ma connoissance, et, en mesme temps, empescher leurs employés d'exiger de grosses sommes des collecteurs et des contribuables sous prétexte de leurs frais, qu'ils touchent dans les paroisses sans estre taxés. Quoyqu'il soit très-nécessaire d'empescher la continuation de ce mauvais usage, il est encore de plus grande conséquence de retrancher les frais immenses que les collecteurs font aux contribuables sous prétexte de leur faire payer ceux qui leur sont faits de la part des receveurs, dont ils s'attirent les contraintes dans la vue de cette exaction, de sorte qu'ils ne se donnent aucun mouvement pour le recouvrement, parce qu'ils ne songent qu'à l'éloigner, afin d'exiger davantage des contribuables. Je ne puis trop vous exprimer la nécessité d'y pourvoir, par le mal que j'ay connu que cela fait. Vous trouverez cy-joint un projet d'ordonnance que je feray exécuter, si vous l'agréez; je ne l'ay dressé qu'après avoir conféré avec tous les receveurs des tailles et les officiers des élections, qui en sont convenus, à l'exception des officiers de l'élection de Limoges, que j'ay trouvés obstinés à ne point laisser continuer l'usage des fusiliers, sans que tout ce que je leur ay pu dire, ni que les restrictions que j'ay mises dans cette ordonnance, non plus que l'avis de tous les autres officiers, les ayent pu faire changer de sentiment. . . . . Ce qui me confirme, malgré leur avis, dans la pensée que les fusiliers sont nécessaires, avec des règles, c'est que, ces jours passés, ayant esté à Saint-Jean-d'Angely, et y ayant fait voir ce projet d'ordonnance au sieur Courtial, commis à la recette, et aux élus, je trouvay que ce commis pratique de luy-mesme à peu près la mesme chose, et que, depuis qu'il est dans cette élection, que vous savez avoir toujours esté en de grands retardemens, il a fait le recouvrement de la plus grande partie des restes des anciennes années, outre le courant, et tout le monde se loue de luy*. . . . .»

* M. de Saint-Contest, prédécesseur de M. de Bouville, écrivait aussi, dès l'année précédente, le 14 février et le 24 avril 1688, pour recommander l'emploi des fusiliers.

707. *Le Contrôleur général aux Intendants.*

25 Mai 1689.

Il leur envoie plusieurs arrêts : défense de peindre ou imprimer aucune toile de lin ou de chanvre dans toute l'étendue du royaume; prorogation de l'exemption du droit de fret jusqu'à la fin de l'année.

708. *M. Chamillart, intendant à Rouen,*
au Contrôleur général.

26 Mai 1689.

«..... Il est vray que le sieur Hotman, directeur des fermes, a procuré autant d'employs qu'il a pu à ses parens. Qu'il ayt fait cela à mauvaise intention, je ne le puis croire, et j'ose vous assurer que, du costé de l'intérest, il me paroist sans reproche. Il est assez naturel de songer à l'établissement de sa famille, quand on le peut sans faire tort à personne. Il n'a pas eu toutes les connoissances des cinq grosses fermes, dans les commencemens de son employ, dont il auroit pu avoir besoin pour un poste aussy important que Rouen; cela a un peu fatigué les marchands; mais, depuis quelque temps, cela me paroist assez calme, et il est bien difficile qu'il n'y ayt des plaintes, quand on veut de l'exactitude*.»

* Voir une lettre écrite par le contrôleur général, le 28 juillet suivant, au duc d'Aumont, gouverneur du Boulonnais.

709. *M. de Malezieu, intendant sur la frontière de Champagne,*
au Contrôleur général.

26 Mai 1689.

Les fermiers du domaine ont déjà essayé, en 1685, de faire retirer aux boulangers forains la faculté d'apporter leur pain dans la ville de Sedan, aux jours de foire et de marché, et de le vendre en franchise; ils prétendaient que cette mesure augmenterait d'autant les droits de *banalité* des fours et moulins de la ville*. Mais ils ont été déboutés par arrêt du Conseil, et M. de Louvois a donné ordre de ne plus recevoir leurs requêtes.

«Il est important de procurer par toutes sortes de voyes l'abondance et le bon marché du pain dans un lieu comme la ville de Sedan, où l'établissement des manufactures, tant des draps que des armes, doit faire rechercher tous les moyens d'y attirer les ouvriers et les étrangers, sans parler du grand nombre de troupes et de paysans que la nécessité du service y appelle pour les fortifications considérables qui s'y font présentement.»

* Sur le droit de banalité, voir une lettre de M. de Bouville (Alençon), du 13 janvier précédent.

710. *M. de Bezons, intendant à Bordeaux,*
au Contrôleur général.

27 Mai et 1er Juin 1689.

Les faux frais occasionnés par la levée de la milice égalent la dépense de l'organisation. Dans certaines communautés, il a fallu faire huit ou dix nominations, soit que les garçons choisis comme propres pour le service eussent déserté, soit que ceux que les paroisses envoyaient y fussent impropres. Dans les paroisses où il n'y a que des nouveaux convertis, les syndics ont été obligés d'aller chercher des garçons des paroisses voisines.

«Je crois devoir vous représenter que cette province est celle du royaume qui souffre le plus par la guerre, par deux raisons. La première est qu'à la réserve de la Bretagne, où l'on porte des vins et des eaux-de-vie, tout le reste est pour les étrangers, et, comme la France a la guerre avec les Anglois et les Hollandois, que l'entrée des denrées de France y est interdite, que ce n'est qu'en portant dans les villes neutres que l'on fait entrer les denrées de France en Hollande, cela donne lieu que les vins et eaux-de-vie se vendent à un très-vil prix, et qu'il n'y a que les négocians qui profitent. La seconde raison qui fait que cette province souffre plus qu'aucune autre par la guerre, est que l'on est obligé, à cause des costes, d'avoir toujours beaucoup de troupes: il y eut, pendant les mois d'octobre et de novembre de l'année dernière, soixante compagnies de cavalerie, pendant le quartier d'hiver dernier, cinquante-une, et pendant les mois de may et juin derniers, il y en a eu encore soixante.»

711. *M. Bégon, intendant à la Rochelle,*
au Contrôleur général.

29 Mai et 10 Septembre 1689.

Sur les plaintes portées par les fermiers des aides, le nombre des vivandiers des régiments a été réduit à un seul par compagnie; défense leur a été faite de vendre du vin à d'autres qu'aux soldats, et même la consommation de chaque officier a été réglée à une barrique par trimestre. Mais, malgré les exemples qui ont été faits à propos de quelques contraventions, les fermiers prétendent que ces mesures ne suffisent pas, en raison de l'affluence des ouvriers de tout genre, et ils demandent que l'on réduise le nombre des vivandiers à un seul par régiment, ou qu'il soit établi une cantine à leur propre profit*.

* Le 10 février précédent, le contrôleur général écrit à M. Chamillart (Rouen) de tenir la main à ce qu'il ne s'établisse point de cantines dans la ville du Havre, soit pour la nouvelle garnison, soit pour les ouvriers employés aux travaux du port.

712. *M. de Bâville, intendant en Languedoc,*
au Contrôleur général.

31 Mai 1689.

«..... Le mot de déjuger, aussy bien que la chose en soy, est inconnu au bureau du domaine. Les jugemens y sont par défaut ou contradictoires: lorsqu'ils sont par défaut, on reçoit les oppositions, comme dans toutes les jurisdictions du royaume; si les jugemens sont contradictoires, les commissaires examinent s'il y a appel ou non. Au premier cas, ils ne reçoivent plus de production et renvoyent au Conseil; mais, s'il n'y a pas d'appel et que la partie condamnée rapporte des pièces nouvelles, on examine si elles sont décisives et si elles paroissent telles; après les avoir communiquées, on les reçoit, et l'on rejuge de nouveau la question. C'est ainsy que s'est passée l'affaire de Lunel, dans laquelle il ne s'agit point du péage, qui n'a jamais esté contesté au Roy, mais d'une directe universelle..... On a toujours estimé qu'il seroit très-rude de ruiner une communauté ou des particuliers par un procès au Conseil, en les obligeant d'y aller, lorsqu'il n'est pas saisi par un appel et qu'il y a des pièces nouvellement recouvrées sur les lieux, qui sont importantes. »

Les dénombrements sont terminés, sauf ceux des évêques, qui ne veulent ni justifier de leurs titres à la possession des arrière-fiefs, ni permettre à leurs feudataires de présenter leurs dénombrements au Roi. Les commissaires ont dû rendre une ordonnance pour avoir raison de cette résistance.

---

713. *M. DE MADRYS, intendant en Flandre maritime,*
AU CONTRÔLEUR GÉNÉRAL.

3 Juin 1689.

Un marchand de Dunkerque ayant fait un tiercement sur le prix de l'adjudication des fermes de la ville le surlendemain de cette adjudication, M. de Louvois a donné ordre de recevoir cette enchère, en prenant toutes les sûretés requises, bien que l'usage en Flandre ne soit pas d'accepter les tiercements ni les doublements.

«Je n'aurois pas attendu que vous m'eussiez ordonné de vous rendre compte de cette affaire, si M. de Louvois n'avoit pris connoissance jusques à présent du produit et de l'employ des fermes des villes de ce département.»

---

714. *M. DE POMEREU, commissaire du Roi en Bretagne,*
AU CONTRÔLEUR GÉNÉRAL.

4 Juin 1689.

«..... J'ay mandé à M. de Louvois et mesme à M. de Seignelay la confusion où j'avois trouvé tout ce qui s'est passé touchant les travaux des fortifications de Brest. On a tiré des paroisses à vingt, vingt-cinq et trente lieues de Brest un très-grand nombre de paysans, pour travailler, et il y en a eu quelquefois dix-huit et vingt mille ensemble aux ouvrages, sans compter beaucoup de charrettes attelées, d'aussy loin. Or, ce que je trouve à redire est que l'on n'a point dressé d'estat ou contrôle des paroisses d'où l'on devoit tirer les hommes et les charrettes, suivant le plus ou moins de la force des unes et des autres, en sorte qu'on ne sait pas pourquoy on a tiré de l'une quatre et cinq cents hommes, d'une autre plus ou moins, et de là il se connoist à présent qu'on a trop poussé des paroisses sur le nombre d'habitans qu'on en a fait venir, et que d'autres ont esté bien mieux traitées, et dont on auroit pu retirer davantage. Si on avoit pris le pied du rôle des fouages ou quelque autre règle, on ne seroit pas tombé dans ce désordre, dont j'ay reçu des plaintes partout. J'ay marqué aussy les mauvais traitemens qu'ont reçus tous ces pauvres gens, et comme ils ont perdu partie de leur paye, en les faisant attendre pour la recevoir, et comme les capitaines et souvent les recteurs mesmes des paroisses ont consommé en voyages et mauvaises dépenses ce qui estoit dû aux paysans qui avoient travaillé. J'ay parlé de tout ce détail et de bien d'autres à M. le mareschal d'Estrées et à M. de Bercy; mais ils se rejettent la faute l'un sur l'autre.

«Je ne vous entretiens point de tous les actes de justice que j'ay faits dans toute ma tournée, et surtout en obligeant les troupes de restituer et de réparer les torts qu'elles avoient faits en bien des endroits: je ne m'acquitte en cela que de mon devoir; mais je vous puis dire seulement qu'il ne se fait point de bien en tous ces pays-cy qu'avec beaucoup de travaux de tous costés, et que, puisque vous m'encouragez, en me faisant entendre que le Roy est informé de tout, je prends la peine à gré et suis résolu de mieux faire que jamais.»

---

715. *M. DE BOUVILLE, intendant à Limoges,*
AU CONTRÔLEUR GÉNÉRAL.

5 Juin 1689.

«..... Les publications pour la vente des charges de receveurs des consignations sont faites en beaucoup d'endroits, et on fait les dernières dans les autres, et cependant il ne se fait aucunes offres*. Il y a beaucoup de lieux où il n'y avoit point de receveurs reçus, et, dans les autres, ils ne faisoient point de fonction, les consignations se faisant toujours entre les mains d'un bourgeois, de sorte que, quoyque je dise à tout le monde que cet usage ne s'observera plus et que le nouveau règlement rend ces charges considérables, on a peine à se résoudre si tost à y mettre son argent, d'autant plus que les propriétaires de ces offices, dans des siéges considérables, comme Brives, Saint-Jean-d'Angely et autres, les avoient abandonnés, quoyque je sache qu'ils ont des quittances de finance pour des sommes considérables et qu'ils se réveillent présentement pour en demander le remboursement.»

* M. de Ribeyre, intendant à Poitiers, signale la même lenteur, (17 juin et 16 juillet), et l'attribue aux manœuvres des traitants, qui espèrent avoir ainsi les charges à bon marché et les revendre ensuite à leur gré.

---

716. *M. DE VAUBOURG, intendant en Auvergne,*
AU CONTRÔLEUR GÉNÉRAL.

10 Juin 1689.

Rapport sur l'état des élections de Riom et Clermont.

«Tout le commerce du pays que j'ay visité consiste aux manufactures de quincaillerie, de cartes, de filets pour coudre et de rubans de layne, qui se font à Thiers et aux environs. Comme le principal débit se fait en Espagne, la déclaration de la guerre y a donné quelque atteinte, les correspondans espagnols n'ayant donné aucune commission depuis trois ou quatre mois..... Quant à la multiplication ou diminution des habitans, toute cette province est si peuplée qu'on ne s'y aperçoit point des grandes levées d'hommes que le Roy a fait faire pour ses armées, et le peuple augmente partout, plutost qu'il ne diminue. »

La dépense de la milice ne montera pas à 75,000 ₶, pour sept cent cinquante soldats; les équipements, fournis par traité, moyennant une commission de 18 deniers pour livre, sont de 38 ₶ 6 d. par soldat, et les fusils, que les paysans se sont procurés comme ils ont pu, ont coûté 12 ₶ chacun. La dépense faite par les paroisses, soit pour empêcher leurs soldats de déserter, soit pour en acheter, la plupart des garçons s'étant sauvés à l'annonce de cette nouvelle organisation, a été au moins de 3 ou 4 pistoles pour chacune.

La convocation du ban ne saurait réussir de même, bien que le Roi n'ait demandé que soixante et quinze gentilshommes. Outre qu'une partie de la noblesse est déjà dans l'armée réglée, le service du ban déplaît à ceux qui sont riches ou haut placés, de même qu'il gêne ceux qui ont moins de fortune.

717. *M. de Creil, intendant à Orléans, au Contrôleur général.*

11 Juin 1689.

Par arrêt du 13 mai 1687, il a été ordonné que tous rouliers, charretiers ou voituriers allant à Paris par la grande chaussée d'Orléans à Étampes seraient tenus de consigner 3 ₶ chacun, avec engagement de charger, à leur retour, du sable à Étampes et des pavés à Étréchy, pour le service du pavage de la chaussée. Certains rouliers font une résistance opiniâtre, et ils ont intenté une action contre les commis chargés de recevoir ces consignations. De semblables procédures portant préjudice à l'entreprise de la chaussée, l'intendant demande à être chargé de les terminer*.

* Voir, sur le même sujet, les lettres des 29 janvier et 8 février 1688, et du 3 juin 1689.

718. *Le Contrôleur général à M. Malezieu, intendant sur la frontière de Champagne.*

12 Juin 1689.

Il lui donne l'ordre de faire commencer les travaux de pilotis le long des quais de la Meuse et de prendre les bois nécessaires dans les forêts du domaine, en attendant l'arrêt qui sera dressé conforme à celui de 1674.

719. *Le Contrôleur général à M. de Nointel, intendant en Champagne.*

15 Juin 1689.

« Le sieur Desaunetz me mande que presque tous les greffiers des jurisdictions de la campagne écrivent sur des feuilles volantes et n'ont point de registres reliés, en sorte que le fermier ne peut connoistre si les exploits sur lesquels interviennent les sentences sont contrôlés ou non. Je vous prie de vous appliquer à réformer cet abus, qui paroist grand non-seulement par rapport à la ferme du contrôle, mais encore par rapport au bien de la justice. »

720. *M. Feydeau du Plessis, intendant en Béarn, au Contrôleur général.*

18 Juin 1689.

Il demande à prendre sur les biens des religionnaires le montant des sommes dues au sieur Darhetz, procureur du Roi à Saint-Palais, qu'il a chargé, en 1688, des affaires de religion, et qui, depuis cette époque, a fait raser vingt-cinq temples, achever la démolition de quarante-cinq autres et labourer quatre-vingts cimetières, a découvert plus de 57,000 ₶ d'effets des consistoires, plus de 360,000 ₶ de biens des fugitifs, etc.

721. *M. de Bâville, intendant en Languedoc, au Contrôleur général.*

24 Juin, 3, 26 et 29 Juillet 1689.

L'usage, à Toulouse, est que les capitouls fassent la levée de la taille chacun dans son capitoulat. Ils ne peuvent être contraints, comme les collecteurs ordinaires, à payer dans les termes habituels, et, pour profiter entièrement du droit de *levure* (collecte), ils font faire la recette par leurs domestiques. Pour remédier aux inconvénients de cet état de choses, il avait été ordonné que le recouvrement de la taille serait mis en adjudication *au moins disant*, comme dans le reste de la province, et les capitouls eux-mêmes y avaient consenti; mais ensuite ils ont fait diverses oppositions, et, par plusieurs rabais successifs sur l'offre de l'enchérisseur, ils l'ont forcé de se désister. L'affaire étant suspendue, l'occasion semble favorable pour adjuger le recouvrement à l'enchérisseur, sur le pied de sa dernière offre, ou du moins pour astreindre les capitouls aux mêmes obligations que les autres collecteurs; encore ce dernier expédient serait-il d'une exécution difficile.

Depuis que l'ordre a été établi dans l'administration des revenus de la ville, par la création d'un trésorier, qui ne paye plus rien que sur les états arrêtés au Conseil ou sur l'ordre de l'intendant, les bourgeois inquiètent de toutes les façons ce trésorier, et prétendent même le destituer, s'il ne fournit caution, bien qu'il ait été nommé par le Conseil. Cette opposition, qui émeut toute la ville, ne vient point du Parlement ou de la classe élevée, mais de quatre ou cinq avocats qui voudraient reprendre la haute main sur les deniers communaux; ils osent discuter non-seulement les ordonnances de l'intendant, mais même les arrêts du Conseil, et cherchent à communiquer le même esprit de sédition au reste de l'assemblée. C'est ce qu'il est nécessaire de réprimer; on pourrait leur interdire l'entrée du conseil de ville*.

* Voir les pièces jointes à la correspondance de M. de Bâville, les lettres du contrôleur général, 28 juillet, 6 août, 2 et 20 septembre, et celle des capitouls, 3 août.

---

722. *M. de Bouville, intendant à Limoges,*
au Contrôleur général.

25 Juin 1689.

Le curé de Tulle a indiqué un fonds pour servir à la construction de son presbytère. C'est une somme annuelle de 2,100#, imposée en 1651 sur l'élection, pour le remboursement d'une dette et le payement d'une pension due aux jésuites, et dont les receveurs n'ont point rendu compte ou ont gardé les deniers. La vérification ne peut se faire qu'en obligeant tous les anciens receveurs des deniers d'octrois et patrimoniaux, depuis 1651, à venir compter par-devant l'intendant, ou à lui représenter les comptes qu'ils prétendraient avoir fournis à la Chambre.

---

723. *M. de Creil, intendant à Orléans,*
au Contrôleur général.

26 Juin 1689.

Le département a fourni neuf cents hommes de milice, et les frais, en joignant aux dépenses d'habillement et d'armement la solde des officiers pendant six mois et la paye des soldats pendant trois, celle-ci à raison de 2 sols par jour, l'argent donné par plusieurs paroisses à leurs soldats, celui que certains garçons donnaient à l'un d'entre eux pour s'enrôler, et enfin les frais de garnison dans certaines paroisses récalcitrantes, forment un total de près de 86,000#, dont plus de 25,000# de faux frais. L'entretien de cette troupe pendant deux mois de quartier d'hiver pourrait coûter 5,000# en plus, et 12,000 écus suffiraient, l'année prochaine, soit pour la subsistance du corps, soit pour la réparation de l'habillement.

---

724. *Le Contrôleur général*
à M. de Bezons, intendant à Bordeaux.

30 Juin 1689.

« . . . . . Le Roy a fort approuvé le parti que vous avez pris pour laisser libre le cours de la monnoye d'Espagne sur la frontière; mais je crois que vous faites en cela différence de ce qu'on appelle *monnoye plate*, ou espèce d'argent, d'avec ce que l'on appelle *billon*, ou espèce de cuivre. La tolérance qu'il est bon d'avoir ne regarde que les premières; car, à l'égard des autres, leur introduction ne seroit qu'une pure perte pour les sujets du Roy, et il ne la faut assurément pas souffrir. Pour ce qui est des monnoyes rognées, vous avez aussy très-bien fait d'en défendre l'usage sans le faire par aucune ordonnance, et c'est la seule précaution que l'on puisse prendre, si elles se rognent avant que d'estre apportées en France. Mais, si elles se rognent dans les terres de France, il seroit très-important de tascher à arrester quelqu'un de ces rogneurs, et d'en faire un exemple*. . . . . »

* Voir une réponse de M. de Bezons, du 2 août, et une autre lettre du contrôleur général, 10 août.

---

725. *M. de Pomereu de la Bretèche,*
intendant à Alençon,
au Contrôleur général.

30 Juin et 14 Juillet 1689.

Il est véritable que les prévôts des maréchaussées négligent leur devoir; la plupart ne font point résidence, malgré l'ordonnance de 1673, ou bien ils n'ont pour archers que des paysans, qui achètent les charges pour jouir des priviléges, et qui habitent trop loin pour pouvoir se rassembler. Ce désordre peut venir de ce qu'il n'y a de prévôts généraux qu'à Rouen et à Caen; mais, quand il y en aurait un dans le département, il ne remplirait peut-être pas mieux son devoir que ne feraient des vice-baillis, ou que ne font les lieutenants actuels*.

* Sur la composition des maréchaussées, voir une lettre de M. de Châteaurenard, intendant à Moulins, du 25 mai précédent.

---

726. *M. de Bezons, intendant à Bordeaux,*
au Contrôleur général.

1er Juillet 1689.

« J'ay reçu, il y a quatre jours, une lettre de M. de Seignelay, par laquelle il me marquoit que l'intention du Roy estoit que l'on renvoyast tous les marchands anglois qui sont en cette ville et qui ne sont pas catholiques. Je ne crus pas devoir faire parler à ces marchands sans avoir dit auparavant à M. le mareschal de Lorges l'ordre que j'avois reçu; il crut qu'il estoit bon de différer à l'exécuter jusqu'à ce qu'il eust représenté au Roy les conséquences qu'il pouvoit y avoir, dans la conjoncture présente, d'exécuter cet ordre, parce que, les Anglois ayant défendu l'entrée des marchandises et denrées de France en Angleterre, l'on ne pouvoit les y apporter qu'en trouvant des expédiens pour éluder ces défenses; qu'il n'y avoit que l'espérance d'un gain considérable qui pust faire trouver aux négocians les moyens pour faire entrer ces denrées; que ce ne pouvoit estre que ceux qui font le commerce ordinairement qui pussent les trouver; que, si l'on renvoyoit tous les Anglois, il ne resteroit que peu de ceux qui avoient accoustumé de négocier en ce pays-là; que ce n'est pas une conjoncture où il se puisse établir de nouveaux négocians pour faire le commerce; qu'il n'y a que ceux qui ont des habitudes de longue main qui puissent présentement trouver des moyens pour y faire transporter des denrées de France.....

«Si l'on prévoit qu'il y ayt quelque descente à craindre de ce costé-cy, cela peut déterminer à les renvoyer, par la crainte que l'on auroit qu'ils donneroient des avis; mais, quand ils n'y seroient pas, il y a icy un grand nombre de nouveaux convertis, dont plusieurs sont étrangers, qui estoient de la religion, et lesquels, s'estant fait naturaliser, ont esté obligés de se convertir: je suis persuadé que ceux-là donneront aussy tost des avis que les Anglois qui ne sont point naturalisés.....»

727. *M. de Bâville, intendant en Languedoc,*
au Contrôleur général.

1er et 3 Juillet 1689.

Il rend compte des procédures intentées par les propriétaires ou les feudataires de quelques îles du Rhône et de la Garonne réunies au domaine.

Comme beaucoup de ces terres sont incultes, il y aurait avantage à accepter une redevance de 5 sols par arpent, au lieu du champart du vingt-deuxième des fruits, dont la levée est incertaine et fatigante pour les uns et les autres. Un exemple de ce genre entraînerait peut-être les autres propriétaires dans la même voie.

728. *M. Feydeau du Plessis, intendant en Béarn,*
au Contrôleur général.

2 Juillet 1689.

«..... Il paroistroit qu'il seroit mieux pour le bien du service que, dans la Monnoye de Pau comme dans toutes les autres de France, il y eust deux gardes égaux en fonction. La raison est que la fonction de garde estant d'examiner et de connoistre si les espèces que l'on fait à la Monnoye ont la façon et le poids requis par les ordonnances, deux gardes seroient en estat d'en mieux juger qu'un seul, joint à cela qu'on pourvoiroit par là à un inconvénient qui arrive de ce que, n'y ayant qu'un garde, s'il est d'intelligence avec le maistre de la Monnoye, il luy peut faciliter les délivrances, ou, s'il est mal avec luy, il luy peut faire des difficultés mal à propos, dans la vue d'exiger quelque chose au delà de ses droits.»

729. *M. de Bezons, intendant à Bordeaux,*
au Contrôleur général.

5 Juillet 1689.

Parmi les villes du département, il n'y a que Bordeaux et Bayonne qui possèdent des octrois considérables. A Bordeaux, à part les deniers assignés pour le payement des charges ordinaires ou des intérêts des dettes et pour l'amortissement des capitaux, tout le reste des revenus sera consommé pendant trente ans par le remboursement des expropriations faites au Château-Trompette, et le crédit de la ville diminue si fort chaque jour, qu'on ne peut trouver à Paris, ni autre part, la somme de 200,000 ₶ promise au Roi. A Bayonne, les anciens revenus suffisant à peine au payement des charges ordinaires et des dépenses extraordinaires, et, entre autres, à l'entretien de la digue de l'Adour, des droits nouveaux se lèvent, depuis quelques années, pour le payement des dettes.

Il n'y a que les élections de Saintes et de Cognac où les aides aient cours, et que deux villes dans ces élections où il y ait quelques deniers d'octrois, dont les fermiers des aides touchent la moitié. Tout le reste de la généralité n'a jamais présenté aucun compte d'octroi à la Chambre, et la plupart des villes sont même obligées, faute de revenus suffisants, de s'imposer annuellement pour le payement des frais municipaux.

Cette situation fait juger que l'établissement des receveurs des deniers d'octrois en Guyenne serait peu productif*.

* Le contrôleur général écrit, le 10 août suivant, aux intendants des pays d'États, pour savoir si les offices de receveurs des octrois ne pourraient pas s'y établir comme dans le reste du royaume, et s'il n'y aurait pas avantage à unir ces recettes à celles des tailles ou du domaine.

730. *M. Chamillart, intendant à Rouen,*
au Contrôleur général.

5 et 6 Juillet 1689.

Il demande une décharge pour l'élection de Montivilliers, dont tous les habitants, sans distinction, ont été requis pour travailler aux ouvrages du Havre ou obligés de fournir des remplaçants, et une surséance pour les matelots de toutes les classes qui ont été embarqués sur les vaisseaux du Roi (quarante dans une seule paroisse), et dont les femmes ne sauraient payer la taille. Ce serait également une injustice de vendre les biens des contribuables partis pour la milice.

Dans le nombre des matelots, le commissaire des classes a eu tort de faire partir des collecteurs; mais, pour ce qui est de monter la garde sur les côtes, comme ce service ne revient que tous les quinze jours, il n'empêche point les collecteurs de vaquer au recouvrement des tailles, et il a été fait défense seulement d'y obliger les porte-bourses.

731. *M. Bégon, intendant à la Rochelle,*
au Contrôleur général.

7 Juillet et 18 Septembre 1689.

Les habitants de la Rochelle, pour se libérer du logement des gens de guerre, ont loué et meublé des casernes, où les troupes se sont installées. Cette dépense est trop considérable pour qu'on l'impute sur le revenu de la ville, qui est absorbé par l'entretien du collége, l'abonnement de la taille, les gages du présidial, etc. M. de Louvois a engagé les habitants à lever une taxe sur les maisons; mais, comme la dépense ne peut qu'augmenter, il faudrait y pourvoir d'une manière fixe, soit en rétablissant le droit d'*un pour cent*, anciennement supprimé, soit plutôt, pour concilier les avis des habitants avec les réclamations des fermiers, en imposant un droit d'entrée sur les denrées alimentaires; le projet de tarif est ci-joint.

732. *Le sieur de Benoist de Saint-Port, avocat général au Grand Conseil,*
au Contrôleur général.

9 Juillet 1689.

Il envoie un mémoire sur l'instance pendante entre le prince de Salm et les religieux de Senones (*intendance de Metz*), au sujet de la propriété des forêts et des domaines donnés à cette abbaye par le roi Childéric II.

733. *M. de Creil, intendant à Orléans,*
au Contrôleur général.

14 Juillet 1689.

Il signale plusieurs inconvénients du règlement qui attribue l'adjudication des octrois aux trésoriers de France et l'enlève aux lieutenants généraux, chargés de cette fonction dans certaines grandes villes. Il arrivera surtout que l'éloignement empêchera les trésoriers d'aller procéder aux adjudications, et que les élus, qui en resteront chargés, y chercheront une compensation aux profits qui leur ont été retranchés. En outre, les trésoriers n'auront point la connaissance particulière de chaque ville qui est nécessaire soit pour faire les baux dans de meilleures conditions, soit pour ménager les intérêts de la ville.

Les intendants devraient avoir partout le droit de faire ces adjudications et de subdéléguer, à cet effet, un trésorier ou un élu, quand il en serait besoin, et lorsque les officiers municipaux n'auraient point de titres valables pour y procéder eux-mêmes.

734. *Le Contrôleur général*
à M. de Pomereu, commissaire du Roi en Bretagne.

20 Juillet 1689.

« Pour ce qui regarde la matière des Estats prochains, j'ay écrit par cet ordinaire à M. de Chaulnes, luy marquant en mesme temps que les conjonctures présentes sont peu propres à prendre des résolutions sur cette matière; que je préjuge bien qu'on ne pourra tenir les Estats qu'au mois d'octobre, mais qu'en attendant, le Roy m'a commandé de luy écrire, afin qu'il puisse y faire ses réflexions, en conférer avec vous, et m'écrire les vues qu'il pourroit avoir, sans néanmoins s'en expliquer dans la province, dont les esprits doivent estre trop occupés des objets présens. De ma part, je vous avoue que je n'ay pu encore donner mon application aux choses qu'il faut discuter sur cela, ni reprendre mes mémoires de Bretagne, tant par l'accablement où je suis des affaires courantes, que parce qu'il me semble que les résolutions doivent estre suspendues en partie jusqu'à ce que ces mois de mer et de campagne soient passés . . . . . »

735. *M. de Bouville, intendant à Limoges,*
au Contrôleur général.

25 Juillet 1689.

Contestation entre les habitants de Château-Chervix et de la Chapelle et le seigneur de ces deux pays, qui a été dépouillé des droits de corvées par plusieurs anciens arrêts.

« Il seroit fort à souhaiter que toutes ces sortes d'affaires fussent entièrement terminées, car il est certain que, depuis l'année 1671, que les seigneurs ont esté obligés de rapporter leurs titres, tous les vassaux se sont mis en teste qu'ils en seroient déchargés, et, sur ce fondement, ils ont refusé de continuer de faire les corvées et de payer les autres droits, soit qu'ils en fussent effectivement tenus, ou non, de sorte qu'il s'est fait des violences et des frais pour les y contraindre *. »

* A cette lettre est jointe la production des habitants contre leur seigneur.

Voir, à la date du 24 février précédent, une lettre du contrôleur général à M. d'Argouges (Bourgogne), sur un droit de *bourin* usurpé par quelques seigneurs.

736. *Le Contrôleur général*
à M. le duc de Noailles, gouverneur de Languedoc.

28 Juillet 1689.

« . . . . . Il est vray que le Roy a créé de nouveaux greffiers en chef dans les Compagnies où il n'y en avoit point; mais, en mesme temps, S. M. en a fait un traité avec des gens d'affaires, qui ont avancé l'argent, dont vous savez qu'on a besoin dans ces temps-cy. Je ne laisseray pas pourtant de chercher tous les expédiens pour proposer au Roy de faire quelque grâce au sieur Alison, en considération de vostre recommandation et des témoignages que vous luy rendez.

«Après cela, souffrez que je vous fasse mon compliment sur ce que vous avez fait la première conqueste de cette guerre. J'espère que vous continuerez; mais je vous prie que ces conquestes nous donnent une prompte paix. La cour d'Espagne se fera plus sage par ce que vous luy ferez sentir, que par tous les autres avantages que les armes du Roy peuvent remporter ailleurs.

«Parmy vos opérations guerrières, ne laissez pas, je vous prie, de songer aux Estats de Languedoc; vous savez combien le Roy a besoin de secours extraordinaires, et qu'il faut aussy, en mesme temps, étudier tous les moyens qui peuvent procurer à la province les facilités de trouver de l'argent. Le cahier a esté présenté au Roy, et je vais travailler sur toutes les affaires qui regardent le Languedoc et qu'il faudra traiter dans les Estats prochains. Aussitost que j'en auray rendu compte au Roy, je vous en informeray, et, cependant, si vous avez agréable de me communiquer vos vues, j'en profiteray pour le service du Roy et le bien de la province de Languedoc.»

737. *M.* DE NOINTEL, *intendant en Champagne,*
au CONTRÔLEUR GÉNÉRAL.

28 Juillet 1689.

Les habitants de Vitry demandent à prélever sur la partie de leurs octrois destinée au payement de leurs dettes les sommes nécessaires pour la milice, les rations de fourrages, les réparations des ponts et fossés et celles des chaussées, outre les frais d'un envoi de grains fait à Paris pour les Invalides et pour l'hôpital général.

Les habitants de Vaucouleurs demandent à s'imposer par capitation pour la réparation des murailles et clôtures de leur ville.

L'intendant appuie ces deux requêtes*.

* Les villes d'Angoulême et de Limoges, qui avaient offert chacune un régiment d'infanterie, demandèrent à pourvoir aux dépenses de la levée, l'une par un doublement momentané des droits d'octroi, l'autre par une imposition sur les habitants taillables. (Lettres de M. de Bouville (Limoges), 16 août et 6 septembre.)

738. *M.* DE BÂVILLE, *intendant en Languedoc,*
au CONTRÔLEUR GÉNÉRAL.

29 Juillet et 14 Août 1689.

On a découvert que le receveur du diocèse de Narbonne a diverti 200,000 # versées entre ses mains pour payer une partie des dettes, sans que personne ait rien soupçonné. Il s'est sauvé de prison. Tous ses biens sont saisis et ses créanciers s'accommoderont avec le diocèse, à l'amiable. La Cour des aides de Montpellier réclame l'instruction criminelle de cette affaire.

739. *M. le duc* DE CHAULNES, *gouverneur de Bretagne,*
au CONTRÔLEUR GÉNÉRAL.

30 Juillet 1689.

«Quand les neuf régimens de la noblesse sont convoqués en Bretagne, les cantines ont toujours esté établies comme si une armée y eust esté, parce que, sans cela, la noblesse souffriroit trop, et que, quand les gentilshommes sont chez eux, les vins ne leur coustent point de droits dans leurs caves; ils ont ce mesme droit quand ils sont dans les villes, et aucuns des fermiers ne peuvent leur contester. Ainsy, c'est pour racheter ce droit, en quelque façon, que la plupart des fermiers vont au-devant de tous les ordres, pour offrir aux troupes d'établir des cantines exemptes de droits, et jamais ni les fermiers des imposts ni ceux de la province n'ont prétendu de diminution, parce que, le vin estant fixé à chaque gentilhomme, il ne laisse pas de se faire une bien plus grande consommation de vins dans les cabarets, ce qui va au moins l'un pour l'autre, et, si le sieur des Chiens n'avoit point esté dans ces fermes, vous n'en eussiez jamais esté importuné. Il a assurément plus d'esprit qu'un autre, mais si mal tourné et si fertile en incidens déraisonnables, que je crois que vous aurez à prendre quelques mesures sur son sujet, dans la prochaine tenue des Estats, si vous voulez qu'ils soient tranquilles.»

740. LE CONTRÔLEUR GÉNÉRAL
aux Intendants.

5 Août 1689.

«Vous aurez déjà appris sans doute que toutes les Compagnies de la ville de Paris, à commencer par le Parlement, ont arresté de prendre des augmentations de gages nouvellement créés, suivant le mémoire que je vous envoye. Je vous dois marquer que cela est venu du zèle et de la bonne volonté des officiers, conduits par la prudence et l'application de leurs chefs, sans qu'il y ayt eu ordre de la part du Roy. Vous jugez combien de réputation cela donne aux affaires, au dedans et au dehors, dans les conjonctures présentes. Ce doit estre un grand exemple à toutes les autres Compagnies des provinces. Il est très-important pour le service du Roy que vous vous appliquiez, dans vostre département, à inspirer à tous les corps qui le composent de suivre l'exemple de Paris et de s'empresser de le donner aux autres de leur voisinage et de tout le royaume. Ces augmentations de gages, que le Roy veut bien aliéner pour fournir aux dépenses de la guerre aussy grandes que nécessaires, sans charger ses peuples, font un bien et un revenu si sûr et si commode, que les officiers ne peuvent regarder ce qu'on désire d'eux comme une charge. Aussy, la chose n'est-elle point susceptible de conditions, et doit estre conduite en sorte qu'elle paroisse venir de leur mouvement et de leur bonne volonté. La jouissance de ces augmentations de gages est réglée avantageusement par la déclaration, et l'on apportera d'ailleurs toutes les facilités que vous jugerez convenables.

«Pour la quantité, le Roy laisse à vostre prudence de concerter avec les chefs et les plus honnestes gens le plus ou le moins suivant la force et selon les dispositions des Compagnies. Le principal est de faire en sorte que toutes les Compagnies y entrent, et que les choses s'avancent autant qu'il se pourra.

«Le Roy a aussy créé 500,000 ᴴ de rentes, payables sur les recettes générales. S. M. désire que vous vous appliquiez particulièrement à voir par quelle voye on peut procurer le débit, qui dépend fort du commerce différent et des dispositions des habitans de chaque province. Vous ferez, s'il vous plaist, vos réflexions sur l'édit, par relation aux connoissances que vous avez prises dans vostre département.

«A l'égard des charges de payeurs des gages de bureau des finances, il en a déjà esté levé quelques-unes aux revenus casuels; mais il est bon que vous vous appliquiez à procurer le débit de celles de vostre département autant que vous le pourrez.

«Je vous envoye des exemplaires des édits que je compte qui auront esté enregistrés dans les Compagnies. Si, à l'exemple de ces natures d'affaires, par lesquelles vous voyez que le Roy s'applique à faire venir de l'argent dans son Trésor royal, pour soutenir une aussy grande guerre, vous trouvez quelque voye et quelque affaire dont vous estimiez que le Roy pust tirer quelque secours d'argent dans vostre département, S. M. désire que vous me le proposiez, pour luy en rendre compte.»

---

741. *Le Contrôleur général à M. de Bâville, intendant en Languedoc.*

6 Août 1689.

Le Roi consent à inféoder la *leude* de Nîmes aux habitants de cette ville, mais pour trente ans seulement et moyennant une redevance de 2,000 ᴴ par an*.

* Ce droit domanial, sorte de péage qui se percevait sur les blés apportés du dehors au marché de Nîmes, donnait lieu à beaucoup de fraudes, à des contestations entre la ville et le fermier du domaine, et quelquefois même à des émeutes. (Lettre de M. de Bâville, 24 juillet.)

---

742. *M. de Pomereu, commissaire du Roi en Bretagne, au Contrôleur général.*

17 Août 1689.

Les habitants de Belle-Isle demandent la continuation de l'exemption de tailles et de fouages dont ils jouissent à charge de travailler aux réparations des ports et aux fortifications, de faire la garde le long des côtes, de transporter les lettres pour la garnison, ou de faire le passage des troupes. Cette franchise leur est commune avec les îles voisines, et non-seulement il convient de la confirmer, mais il serait utile d'étendre ces sortes de privilèges, pour augmenter la population.

---

743. *M. Chamillart, intendant à Rouen, au Contrôleur général.*

19 Août 1689.

Il envoie un état détaillé des charges de la ville de Dieppe, et son avis sur les moyens d'en assurer le payement durant le temps que la moitié des revenus sera affectée au remboursement de la somme offerte au Roi.

---

744. *M. Bouchu, intendant en Dauphiné, au Contrôleur général.*

24 Août 1689.

«Ayant, en exécution de la lettre que vous m'avez fait l'honneur de m'écrire, examiné quels pourroient estre les moyens les moins à charge au peuple par lesquels le Roy pust tirer de cette province quelque secours d'argent pour soutenir les dépenses de la présente guerre*, le premier auquel je me suis arresté est celuy du rétablissement des secrétaires greffiers des communautés de cette province, auquel je me suis attaché d'autant plus volontiers, que c'est une voye pour faire cesser les plaintes que les propriétaires ou titulaires de ces offices font depuis longtemps, avec justice, d'avoir esté supprimés et privés de leurs gages sans aucun remboursement, quoyque ordonné par l'édit de leur suppression et par divers arrests du Conseil rendus en conséquence.....»

On pourrait, soit traiter à forfait de cette création, soit confier la vente des offices à quelque particulier, moyennant une partie des 2 sols pour livre que payeraient les acquéreurs; ce traitant donnerait caution, et remettrait, au bout de chaque mois, le montant de ses recouvrements. Dans ces conditions, le traité et ses profits indirects pourraient produire près de 150,000 ᴴ.

«Le fonds des gages pourroit estre pris sur les communautés, nonobstant l'incorporation qui a esté faite avec le principal de la taille, en suite de l'arrest du Conseil du mois de may 1682, de ceux dont elle faisoit l'imposition en conséquence de l'édit de création de 1634, soit parce qu'il seroit à charge à S. M. de tirer de son Trésor royal ce à quoy montent les gages que l'on rétablit pour ce supplément de finance, soit parce qu'une partie considérable des communautés donne actuellement des gages à ceux qui exercent les fonctions de ces charges par commission. Néanmoins, il sera de la bonté et de la justice de S. M. d'avoir égard, en d'autres conjonctures, à ce que les communautés payent, par ce moyen, deux fois lesdits gages**.....»

* Sur les observations de M. Bouchu, le Roi avait renoncé à demander au Dauphiné les mêmes présents qu'à la plupart des autres provinces, et il avait même refusé 40,000 # offertes par la ville de Grenoble. (Lettre du contrôleur général, 5 avril.)

** Au projet de création sont joints les anciens arrêts ou édits relatifs aux secrétaires greffiers. — Le Roi rejeta la proposition, «pour ne pas surcharger présentement la province d'un pareil recouvrement.» (Lettre du 26 septembre.)

745. *M. de Bâville, intendant en Languedoc,*
au Contrôleur général.

26 Août 1689.

«..... M. de Louvois m'a mandé que l'ordonnance qui regarde ceux qui ont des parens au service des ennemis n'est faite que pour le pays de conqueste, et ne doit pas estre exécutée dans l'ancienne France. Cela remettra nos nouveaux catholiques en tranquillité, et rétablira le commerce, qui en souffroit.»

746. *Le Contrôleur général*
à M. de Noinтel, intendant en Champagne.

27 Août 1689.

«J'ay rendu compte au Roy de ce que vous m'avez écrit au sujet des communautés des élections de Reims et Rethel où il a esté fait défense de semer. S. M. m'a ordonné de vous faire observer que cette défense est particulière pour les blés seulement, afin que les ennemis n'en profitent pas, en cas qu'ils puissent par hasard pénétrer jusque-là; mais elles ont toujours la liberté d'y semer beaucoup d'autres petits grains, en sorte que les terres ne demeureront pas absolument inutiles. C'est pourquoy S. M. n'estime pas qu'il soit nécessaire pour cela de rien changer aux commissions des tailles..... sauf, par la suite, à faire à ces paroisses telles diminutions ou surséances que l'on jugera nécessaires.....»

747. *Le Contrôleur général*
aux Intendants.

Mois d'Août 1689.

Instruction pour faciliter au traitant et aux sous-traitants le recouvrement des droits d'amortissement et de nouveaux acquêts dus par les gens de mainmorte ou par les communautés laïques. — Les hôpitaux et Hôtels-Dieu, servant à la nourriture des pauvres, ne doivent pas être compris dans la recherche. Au cas où toutes les communautés d'un même ordre, dans un département, voudraient s'acquitter ensemble par un seul traité, il faudrait transmettre leurs offres et arrêter les poursuites.

«Vous devez surtout avoir l'œil à la conduite des sous-traitans, et, en cas que vous reconnoissiez qu'ils fassent des frais et des procédures inutiles, qui peuvent estre à charge aux redevables, sur l'avis que vous en donnerez, S. M. y pourvoira..... Enfin, le Roy se propose, dans le cours de cette affaire, de tirer un secours prompt et considérable par le recouvrement d'un droit très-légitime, et S. M. souhaite qu'il se fasse avec le moins de procédures et de frais que faire se pourra, pour n'estre point à charge à ses sujets. Le moyen le plus sûr pour y parvenir est d'abréger les formalités autant que faire se pourra, n'omettant rien néanmoins de ce qui peut maintenir l'ordre dans cette affaire.»

748. *Le Contrôleur général*
aux Intendants des généralités taillables.

2 Septembre 1689.

«Je vous envoye les commissions des tailles que le Roy a résolues sur vos avis. L'augmentation qu'elles portent n'est pas proportionnée à celle des dépenses extraordinaires de la guerre, et elle deviendra presque insensible aux peuples, si vous apportez tout le soin et toute l'application que S. M. attend de vostre zèle pour en faire la répartition avec égalité. Vous pouvez surtout vous servir très-utilement pour le soulagement des contribuables de la connoissance que vous devez vous estre présentement acquise de l'estat des privilégiés de vostre département, parce que, comme il s'en trouve beaucoup dont les titres sont mal établis ou qui n'ont pas satisfait à ce qui est requis par les règlemens et ordonnances pour jouir de leurs prétendus privilèges, vous n'avez qu'à les faire taxer par les collecteurs, ou les taxer vous-mesme d'office à des sommes proportionnées à leurs biens et facultés, ce qui sera une décharge pour les autres taillables.....

«Je dois vous dire, après cela, que, plus le Roy a fait examiner avec soin les moyens de remédier aux abus que MM. les intendans remarquent dans la levée des tailles et des autres droits des fermes, plus S. M. demeure persuadée que cela dépend présentement uniquement de leur application à faire exécuter les ordonnances et règlemens du Conseil et de leur prudence à bien user de toute l'autorité que S. M. leur donne pour cet effet. Sur quoy, elle m'ordonne de vous faire particulièrement observer trois choses : la première, que presque tout ce qui reste à réformer consistant en certains usages vicieux qui ont passé en maximes en beaucoup de lieux, il ne suffit pas, pour les bien corriger, d'en écrire au Conseil et d'en avertir une fois seulement ceux qui y sont sujets; il faut avoir continuellement la vue sur eux par vous-mesme ou par gens sûrs, en sorte qu'il ne se fasse pas la moindre contravention aux ordres que vous aurez donnés, que vous n'en soyez aussitost averti.

«La seconde, qu'il faut, autant que vous le pourrez, éviter de rendre des ordonnances, mais au contraire faire agir les officiers et faire rendre par eux-mesmes les jugemens nécessaires pour l'exécution des règlemens et ordonnances. Cela produira plusieurs bons effets; car, en mesme temps que vous ferez rendre la justice aux contribuables, vous instruirez les juges et vous augmenterez la considération que l'on doit avoir pour eux, et vous releverez par là le crédit et l'estime de leurs charges, que l'on marque estre un peu avilies.

«Et la troisième, que, quand des élus, des receveurs des tailles, collecteurs ou sergens, tombent dans des fautes considérables, dont vous pouvez avoir des preuves juridiques, il faut s'appliquer à en faire des exemples de sévérité, qui soient rares à la vérité, mais qui servent à instruire et à corriger les autres.»

749. *Le Contrôleur général à M. de Vaubourg, intendant en Auvergne.*

2 Septembre 1689.

«L'expédient que vous proposez, d'engager les receveurs particuliers à s'abonner avec les consuls pour les termes des payemens, est assurément très-bon; mais, comme on ne peut pas faire de cela une règle générale, il est de vostre prudence de porter les esprits des uns et des autres à entrer ensemble volontairement dans ces sortes d'accommodemens. . . . .

«Rien n'est plus important que d'empescher les héritages que vous me marquez avoir esté abandonnés de tomber entièrement en non-valeur, et le Roy a fort approuvé les précautions que vous proposez de prendre pour cela au prochain département. . . . .

«Vous ne sauriez aussy rien faire de plus utile pour le soulagement des peuples que d'établir un bon ordre dans la distribution des logemens des gens de guerre, et, comme vous remarquez fort bien que le principal pour cela est d'avoir des consuls d'une probité connue, le Roy approuvera tout ce que vous ferez pour en faire choisir de tels à la première élection, et donnera volontiers pour cela tous les ordres que vous jugerez nécessaires.»

750. *M. de Bouville, intendant à Limoges, au Contrôleur général.*

3 Septembre 1689.

Les créanciers de la ville d'Angoulême, qui ne touchent depuis longtemps ni principaux ni arrérages, consentiraient à prendre en payement des rentes provinciales, et ce moyen serait plus expéditif qu'une imposition par capitation.

«Je feray consentir les créanciers de perdre la moitié ou le tiers de leurs arrérages, que le Roy pourra laisser aux receveurs généraux des finances pour les engager à avancer à S. M. la somme pour laquelle elle donnera des rentes provinciales auxdits créanciers, et les receveurs généraux feront le recouvrement des sommes qui seront imposées sur la ville, dans les termes portés par l'arrest du Conseil qui interviendra sur le procès-verbal de liquidation qui sera faite des dettes de la ville. Moyennant quoy ils se trouveront remboursés de ce qu'ils auront avancé et du bénéfice que S. M. leur aura abandonné pour l'intérest de leurs avances.»

751. *Le Contrôleur général à M. de Bâville, intendant en Languedoc.*

4 Septembre 1689.

«. . . . . L'arrest du 26 juillet 1687 assujettissant nommément les soyes du Comtat-Venaissin à passer par Lyon (pour y acquitter le droit de tiers-surtaux), comme toutes les soyes étrangères venant de Marseille, et S. M. n'estimant pas, à cause des conséquences, devoir rien changer à la disposition de cet arrest, il n'y a qu'à exécuter la sentence du juge de la douane, qui a esté approuvée pour ce qui regarde les soyes. Car, à l'égard des étoffes manufacturées, n'en estant pas fait mention dans l'arrest du Conseil, il n'y a qu'à suivre l'usage ordinaire. . . . .»

752. *M. de Bezons, intendant à Bordeaux, au Contrôleur général.*

6 Septembre 1689.

«. . . . . Les défenses de recevoir les denrées de France en Angleterre et en Hollande font un grand tort au commerce de cette province. Il y a quelques négocians qui m'ont dit un expédient dont ils se sont avisés, qui me paroist bon, qui est de faire partir des vaisseaux de Saint-Sébastien et de Bilbao, chargés de fustailles que l'on nomme des pipes d'Espagne, lesquelles ne seront remplies que d'eau, et déclareront que c'est des eaux-de-vie. Ils feront venir les vaisseaux dans le port de Bordeaux, ils chargeront les eaux-de-vie et videront l'eau qui sera dans les pipes, et ils prétendent de cette manière pouvoir faire entrer en Angleterre des eaux-de-vie. Ils m'ont dit qu'ils estoient les maistres de leurs équipages, en sorte qu'ils ne parleroient point du voyage qu'ils auroient fait de Saint-Sébastien en France. Si cela peut réussir, il me paroist que ces négocians auroient trouvé un assez bon expédient. Mais l'on ne pourra le pratiquer que pour peu de vaisseaux : cela seroit découvert, si l'on le faisoit pour beaucoup. . . . .»

753. *M. de Grignan, lieutenant général en Provence, au Contrôleur général.*

12 Septembre 1689.

Avant la réunion du Comtat-Venaissin, lorsque des communautés ou des particuliers faisaient une acquisition, ils obtenaient presque toujours du vice-légat une remise d'un tiers sur les droits de lods et ventes; mais si, après un délai de quarante jours, ces droits n'étaient pas acquittés, la Chambre apostolique pouvait faire saisir les biens acquis, ce qui, du reste, s'exécutait rarement. Depuis la réunion à la France, les nouveaux acquéreurs ont demandé la remise, comme par le passé; mais, le délai s'étant écoulé avant qu'il y ait eu décision, les officiers de la Chambre, devenue royale, ont procédé immédiatement à la réunion des biens acquis, malgré la bonne loi des acquéreurs, qui demandent à être relevés de cette mesure.

754. *M. Bouchu, intendant en Dauphiné, au Contrôleur général.*

16 Septembre 1689.

«Je ne me suis point donné l'honneur de vous écrire du passage des premiers religionnaires qui, sortant du pays de Vaud et ayant traversé la Savoye au nombre de huit cents, se sont jetés dans les vallées de Luzerne et de Saint-Martin, dépendantes des Estats de M. le duc de Savoye, après avoir forcé le passage de la vallée d'Oulx en Dauphiné, auquel s'estoit opposé M. le marquis de Larray, commandant en cette province, avec ce qu'il avoit pu rassembler de troupes, fort inférieures en nombre, qui estoient à portée de cet endroit-là, parce que cette affaire ne m'avoit pas paru d'abord d'aussy grande conséquence qu'elle s'est rendue dans les suites. Mais l'on voit à présent quel est l'effet d'une longue préméditation des ennemis de l'Estat, principalement du prince d'Orange, car nous sommes assurés, par différens avis, qu'il y a encore près de deux mille hommes en Suisse, sur le bord du lac de Genève, enrôlés et qui composent dans ses compagnies, qu'on leur donne le pain chaque jour régulièrement, et 5 ou 6 sols, suivant qu'il fait plus ou moins cher vivre dans les villages de Suisse où ils sont; que la résolution est prise parmy ces gens-là de passer le lac de Genève en deux endroits; cependant, qu'il se pourroit faire qu'ils tenteroient le passage par le pays de Gex. M. de Bachivilliers et moy avons prié M. le premier président, comme estant plus à portée, de veiller sur les passages de la vallée de Grésivaudan et du Pont-de-Beauvoisin, et nous demeurons icy (à Briançon), où il nous paroist toujours que doit estre le plus grand effort, tant parce que c'a esté la route des premiers, que parce qu'il n'y a guère d'apparence que ces séditieux voulussent prendre leur chemin par la vallée de Grésivaudan ou par le Viennois, dans lesquels il n'y a que très-peu ou presque point du tout de nouveaux convertis. Au surplus, nous aurons icy treize cents hommes d'infanterie ou dragons, le 21 de ce mois, avec lesquels nous espérons de charger ces attroupés avec succès, s'ils ne passent pas en nombre de plus de deux mille. Toute cette province, à l'exception des frontières, qui sont fort alarmées, me paroist tranquille jusqu'à présent, nonobstant que ces séditieux se vantent, à ce que l'on écrit, qu'ils ont un parti en Dauphiné, qui éclatera aussitost qu'ils y seront entrés.....»

755. *Le Contrôleur général aux Intendants.*

20 Septembre 1689.

«Je vous prie de rendre compte dorénavant des affaires de finances dans vostre département à M. de Pontchartrain, contrôleur général. Je luy feray remettre vos dernières dépesches et celles que je recevray encore de vostre part, afin qu'il vous fasse savoir les ordres et les intentions de S. M.»

756. *Le Contrôleur général à M. de la Faluère, premier président du Parlement de Bretagne.*

24 Septembre 1689.

«S. M. est si satisfaite des dispositions où elle voit vostre Compagnie, qu'elle est résolue de le faire connoistre de la manière la plus avantageuse qu'il pourra, et en des termes qui ne laissent aucun lieu de douter, comme vous le souhaitez, que la nouvelle création n'est nullement pour faire racheter le rétablissement du Parlement à Rennes. Je concerteray icy avec M. de Pontchartrain la forme en laquelle cela se pourra faire le plus honorablement pour vostre Compagnie.

«Pour ce qui est de réduire la création au nombre de quatre charges de conseillers, je ne puis sur cela que vous répéter ce que je vous en ay déjà mandé, qui est que le Roy s'est fixé à vouloir 500.000 ᵗᵗ. Il est question de faire cette somme de quelque manière que ce soit. Le Roy vous laisse volontiers le choix des expédiens; mais, tout bien examiné, il appert icy que le meilleur estoit la création d'une charge de président à mortier et de six conseillers, joint que cette proposition ayant esté une fois faite à la Compagnie, je doute que, si l'on en faisoit de nouvelles, cette variété n'eust beaucoup d'inconvéniens. Cependant, examinez si l'on pourroit venir au mesme point par la création de quelques petits offices ou autres, et je rendray compte au Roy de ce que vous proposerez.

«Le Roy est convenu d'accorder, au moyen de cette création, que les évocations ne se pourroient plus faire que sur le pied des grands Parlemens, comme vous le demandez.....»

II

Louis PHÉLYPEAUX DE PONTCHARTRAIN.

CONTRÔLEUR GÉNÉRAL

DU 20 SEPTEMBRE 1689 AU 5 SEPTEMBRE 1699.

---

757. *M. Feydeau du Plessis, intendant en Béarn,*
au Contrôleur général.

26 Septembre 1689.

Il transmet, de la part des États, leur protestation contre le recouvrement des droits d'amortissement et de nouveaux acquêts.

Les États prétendent que l'amortissement est inconnu dans leur pays et qu'il est antérieur, en France, à la réunion du Béarn; que l'édit de réunion a maintenu les peuples dans leurs anciens priviléges et leur a garanti l'observation des lois et des ordonnances de leurs souverains particuliers, où il n'a jamais été question d'amortissement; que, d'ailleurs, le Roi n'a de droits à réclamer que comme prince et seigneur souverain de Béarn, et non comme roi de France*.

* En marge, le contrôleur général écrit: «S'informer de ce qui s'est passé en cas semblables, et inspirer aux Estats que le droit est incontestable.»

Les priviléges particuliers à certaines villes de la province, spécialement en ce qui touchait la consommation et le débit des denrées du cru, donnèrent lieu à des réclamations du fermier du domaine, qui fut débouté. (Lettres du contrôleur général, 5 octobre et 7 décembre.)

---

758. *M. de Vaubourg, intendant en Auvergne,*
au Contrôleur général.

28 Septembre 1689.

Il propose, suivant la permission qui lui en a été donnée, de faire élire à Aurillac des consuls d'une probité certaine, indépendants des deux cabales qui se sont partagé le consulat depuis quelques années, et il demande une lettre de cachet pour s'en servir au besoin, dans le cas où ses avis ne seraient point suffisamment écoutés.

---

759. *M. Chamillart, intendant à Rouen,*
au Contrôleur général.

2 Octobre 1689.

«Le Roy avoit accordé depuis longtemps une diminution de 3# 10 s. sur la somme de 7# qui se levoit, en conséquence de l'ordonnance du mois de juin 1680, sur les vins du cru des vignobles situés dans l'étendue de huit lieues des rivières de Seine, Andelle, Eure et Iton; le dernier arrest est du 15 mars, qui proroge la grâce que S. M. avoit faite dès l'année 1688 jusqu'au 1er octobre du présent mois. Le terme estant expiré, permettez-moy de vous demander si l'intention de S. M. est que l'on paye ce droit entier, ou s'il y aura un nouvel arrest. Il y a peu de vins cette année, et les mesmes raisons qui ont donné occasion à cette diminution subsistent encore; car, comme le droit ne se paye que quand le vin se transporte par charroy en Picardie ou en Normandie, le prix n'estant pas considérable, les marchands de vin, plutost que de l'envoyer dans cette province, le feront transporter ailleurs, ce qui causeroit un très-grand préjudice aux fermiers des aydes de cette province.»

---

760. *M. de la Goupillière, intendant à Hombourg,*
au Contrôleur général.

4 Octobre 1689.

Le département de cet intendant, qu'on appelle *Province de la Sarre*, se compose de plusieurs comtés ou seigneuries situés entre le Rhin, la Sarre et la Moselle, et cédés par le traité de Munster*. Les seigneurs qui autrefois possédaient ces terres en souveraineté immédiate de l'Empire continuent à y lever les mêmes droits que par le passé. Le Roi n'a que la simple souveraineté et ne perçoit qu'un droit de subvention, dont l'intendant de Lorraine dirige le recouvrement, sur les seigneuries qui ont été réunies les premières; mais cette imposition pourrait être étendue à toute la province.

Les seuls domaines royaux sont les prévôtés de Phalsbourg et de Sarrebourg, dont les revenus se portent à la recette générale de Metz. Les charges de judicature n'y sont encore exercées que par commissions **.

Les offices du présidial de Sarrelouis sont dans le même cas. L'administration de la justice seigneuriale est réglée dans ce ressort par un arrêt du 5 janvier 1685; mais aucun établissement nouveau n'y a été introduit, et même l'usage du papier timbré y est interdit. Ce sont toujours les seigneurs qui jouissent des droits de gruerie, d'eaux et forêts, amendes, péages, gabelles, corvées, tailles personnelles, servitudes, maîtrises, etc. Les réparations des ponts et chaussées se font par corvées, sauf celles de la route de Phalsbourg à Sarrebourg, qui se payent sur le revenu de ces deux prévôtés.

L'exercice de la religion protestante est toléré partout, excepté dans ces mêmes prévôtés, dans le comté de Bitche, la principauté de Lixheim et les autres lieux qui faisaient autrefois partie de la Lorraine et des Évêchés. Plusieurs églises sont même communes entre les catholiques, les luthériens et les calvinistes.

* Un état détaillé de ces terres est joint à une lettre du 26 septembre 1691.

** Voir quelques autres détails dans deux lettres du 13 juillet et du 6 décembre 1691. « Le Roy, est-il dit dans cette dernière, ne jugeant pas de son service qu'on y fist de nouveaux établissemens, cela viendra un jour; mais il n'est pas encore temps, pour ne point exciter de clameurs parmy les nouveaux sujets. La conservation de cette province est d'une très-grande importance à l'Estat; elle porte l'autorité de S. M. jusques au bord du Rhin, et elle entretient à peu de frais un grand corps de troupes, qui ne subsistent que par le moyen du peu d'habitans qui s'y trouvent et qu'on doit soigneusement ménager, pour en augmenter le nombre..... »

Voir, à l'intendance de Metz, une lettre de M. de Sève, du 14 octobre 1689, et deux mémoires, du 29 octobre et du 29 novembre, sur la création d'un présidial à Épinal, les inconvénients d'une translation du présidial de Sarrelouis à Vic et la nécessité de supprimer les bailliages particuliers et les tribunaux des seigneurs hauts justiciers.

761. *M. de Séraucourt, intendant en Berry,*
au Contrôleur général.

4, 22 et 27 Octobre 1689.

Il rend compte de l'état des élections de la Châtre, du Blanc et de Châteauroux.

Recouvrement des impôts et du prix du sel; administration de la justice par les élections, etc.

Les biens de la terre ont souffert partout; mais le commerce a considérablement augmenté depuis trois ou quatre ans. Dans l'élection de Châteauroux, il porte sur les bestiaux, les draps et les serges, dont la fabrication s'est étendue en raison de l'augmentation des troupes, et les fers, qui occupent quatre grosses forges*.

* Suivant un état envoyé le 25 novembre suivant, la généralité de Bourges était composée de six cent soixante-neuf paroisses, dont neuf seulement portaient de 5,000 à 8,000 ₶ de taille, et dix autres passaient 3,000 ₶.

Les officiers de l'élection du Blanc demandaient qu'il fût permis de saisir les bestiaux, ou au moins la cinquième partie des cheptels, pour hâter le payement de la taille; mais l'intendant, en discutant l'utilité de cette mesure, admise, dit-il, dans plusieurs provinces, objecte que les anciennes défenses de saisir ont favorisé la multiplication des bestiaux dans la province et fait baisser les prix de plus d'un quart, sans compter beaucoup d'autres avantages. (Rapport du 22 octobre.)

Voir de semblables mémoires pour l'année 1692, aux dates des 7, 9, 12 et 27 octobre.

762. *M. de Madrys, intendant en Flandre maritime,*
au Contrôleur général.

6 Octobre 1689.

Les huit francs-poissonniers d'Ypres réclament, aux termes de leur ancien octroi, le droit exclusif d'acheter le poisson sur la place et de le revendre en détail.

Ils protestent contre la création de trente autres francs-poissonniers qui ont été établis par le Magistrat, et même contre un arrêt du 22 novembre 1688, qui leur a défendu de réunir à leurs fonctions celles de minqueurs, lesquelles consistent à vendre au rabais le poisson aux francs-poissonniers eux-mêmes, en percevant un droit sur chaque panier.

L'intendant est d'avis que, tout en confirmant les priviléges des anciens francs-poissonniers, mais non leur prétention aux fonctions de minqueurs, leur nombre doit être maintenu à trente-huit, sauf à le réduire plus tard par la suppression des huit premières places vacantes.

763. *M. de Châteaurenard, intendant à Moulins,*
au Contrôleur général.

7 Octobre 1689.

Bien qu'il y ait eu ordre, vu l'augmentation des impositions, de suspendre tous avis pour la réparation des églises et des presbytères, il a cru devoir faire exécuter le jugement du Parlement de Paris qui, après vingt-cinq ans de procès, condamne les habitants fonciers de Gannay-sur-Loire à rétablir le presbytère de leur paroisse et à payer à l'ancien curé ses frais de logement depuis 1644*.

* Intendance de Paris, 24 mars 1690 et 27 juillet 1691 : avis de M. de Ménars et de M. Phélypeaux, sur des réparations indispensables ou des achats de presbytères. Intendance d'Alençon, 30 septembre 1691, 28 février et 7 avril 1692 : rapports de M. de Pomereu de la Bretèche, etc.

764. *M. de Madrys, intendant en Flandre maritime,*
au Contrôleur général.

15 Octobre 1689.

« . . . . . La Flandre est beaucoup plus chargée qu'elle n'estoit du temps de la domination d'Espagne et elle a besoin d'estre ménagée, mais particulièrement les chastellenies qui sont exposées à la contribution, et c'est pour cette raison aussy que M. le Peletier luy a procuré depuis un an des soulagemens, tant par la réduction du droit de *moulage* que de l'imposition de quatre patars par mesure de terre destinée pour la dépense des fortifications des places de ce département, et qu'il a trouvé bon qu'on ne pressast point de payer par avance son imposition à titre d'ayde, quoyque les arrests qui m'ordonnent de le faire le portent en termes exprès*. »

* Voir (Champagne, 19 octobre) le procès-verbal de la chevauchée annuelle des trésoriers de France; les élections de Rethel et de Chaumont, déjà surchargées des dépenses qu'elles font pour la garde de la Meuse, pour la démolition de Stenay, les fournitures de fourrages, etc., sont encore accablées par l'augmentation de la taille, qui est de 2 sols pour livre.

765. *M. de Cosnac, archevêque d'Aix,*
au Contrôleur général.

20 Octobre 1689.

« Je n'ay pas asseurément oublié les conversations que j'ay eues avec vous sur l'offre que les créanciers des communautés de cette province ont faite au Roy. Je me souviens fort bien de toutes les difficultés qui ont esté faites dans le Conseil royal et des modifications que vous avez trouvé bon d'y mettre; mais je vous avoue que je n'ay pas cru que le projet d'arrest qui vous a esté envoyé rendist cette affaire moins faisable, ni qu'il inspirast de nouveaux sujets de rebut. Il faut sans doute que je me sois mal expliqué, ou que j'aye mal compris cette affaire, car j'ay cru que cet arrest rendroit ce secours plus prompt et plus facile, et qu'il ne détruisoit aucune des conditions que vous aviez désirées. Il me semble que les voicy toutes : la première, que la vérification des dettes seroit continuée; la deuxième, que celles qui seroient mauvaises seroient rejetées; la troisième, que les payemens de celles qui seroient jugées bonnes se pourroient faire en fonds; la quatrième, qu'à l'avenir nuls intérests ne seroient dus qu'après sommation ou interpellation; la cinquième, que, dès à présent, on réduira les intérests pour l'avenir à quatre pour cent, nonobstant stipulation ou condamnation précédentes, et que, moyennant ce, on déchargera les créanciers de l'imputation des intérests cy-devant reçus sans stipulation ou condamnation valables.

« J'ay eu l'honneur de vous écrire que toutes ces conditions me paroissoient justes, qu'il falloit les exécuter, et que je ne doutois pas que cela ne se fist du consentement mesme des créanciers. Aussy, dans le projet de l'arrest que M. Lebret vous a envoyé, il n'y a rien qui détruise ces conditions. Il est véritable que cet arrest ne les établit pas, parce que j'ay cru que, dans le besoin et dans l'empressement où vous estiez de recevoir un prompt secours, il falloit assurer celuy-cy et entrer en possession du payement, et que nous serions toujours assez à temps de faire exécuter les conditions cy-dessus exprimées, dont je n'ay jamais prétendu que les créanciers se puissent dispenser de pas une.

« Vous aurez vu dans la lettre de M. Lebret, du 3 de ce mois, les raisons qui nous ont obligés de ne pas les exprimer dans l'arrest : nous avons jugé que, ne parlant pas de ces conditions (qui sont toutes désavantageuses aux créanciers) dans l'arrest, la levée de ces deniers se feroit avec plus de facilité et de diligence, parce que, si on en parle, il faudra faire une assemblée de créanciers pour leur faire accepter ces conditions, ce qui sera d'une longue et moins facile discussion. Je sais que la plus grande et la plus considérable partie des créanciers y consentiront, et que tous s'y soumettront, lorsqu'il y aura un arrest qui aura précédé, et cela sans murmurer, au lieu que, si l'arrest paroist avec les conditions qui leur seront désavantageuses, nous aurons beaucoup plus de peine pour l'exécution dudit arrest et pour obtenir leur consentement . . . . .

« Je vois que vous croyez avoir besoin d'exprimer ces modifications dans l'arrest, pour obtenir le consentement de Messieurs du Conseil royal et les obliger d'accepter un million qu'on veut donner au Roy; et moy, qui ay cru qu'il y avoit plus de difficulté à obliger les créanciers à faire ce don, j'aurois souhaité qu'ils eussent esté engagés avant que de leur faire savoir les conditions. Comme elles sont justes et raisonnables, on ne fait ni surprise ni injustice, d'autant mieux que la plus saine partie des créanciers est informée de ces conditions, et que ce n'est qu'une précaution contre les malhonnestes gens. Vous prendrez sur cela le parti qui vous conviendra le mieux* . . . . . »

* Voir les lettres écrites par M. Lebret, le même jour et les 3 et 4 octobre précédent, ainsi que la délibération d'une partie des créanciers, envoyée par l'archevêque, le 3 octobre. Le contrôleur général y avait répondu dès le 15 du même mois, disant que le Roi ne pouvait pas accepter une annulation des liquidations faites ou à faire, et qu'il consentirait tout au plus à une surséance de dix ans.

766. *M. Lebret, intendant en Provence,*
au Contrôleur général.

25 Octobre 1689.

« Il y a environ un an que M. l'archevesque d'Aix écrivit à M. le Peletier sur les offres que les communautés de Provence avoient faites d'abandonner au profit du Roy une année de leurs intérests, à deux conditions : l'une, qu'elles ne pourroient estre payées de leurs principaux qu'en deniers comptans, et l'autre, que les intérests des sommes prestées par obligation, exigés sans demande ni condamnation en justice, ne pourroient estre répétés ni imputés sur le capital; et, comme cette proposition estoit entièrement opposée aux intérests du Roy et au bien général des communautés, qu'on auroit mises par ce moyen dans l'impossibilité de se libérer, elle fut rejetée, et on m'ordonna de continuer le travail comme auparavant, et je l'ay tellement avancé que, depuis environ dix-huit mois que j'y donne tous mes soins, il y a pour près de 8,000,000 ll de dettes liquidées. Mais, M. l'archevesque ayant mis de nouveau cette affaire sur le tapis dans son dernier voyage, et fait entendre au Roy qu'on pouvoit engager facilement les créanciers à modérer leurs prétentions et se contenter d'un arrest tel qu'on le jugeroit convenable, je connus, dans la petite audience que S. M. me fit l'honneur de me donner, que la nécessité des affaires présentes luy faisoit regarder de meilleur œil ce qui avoit paru mauvais dans un autre temps, et qu'elle estoit touchée du secours présent de 8 à 900,000 [#] qu'elle espéroit tirer de cette année d'intérests. En effet, quoyque j'eusse pris la liberté de luy faire toucher au doigt l'avantage qu'elle tiroit de ces liquidations et la difficulté qu'il y auroit peut-estre à faire consentir un si grand nombre de créanciers à ce qu'on désiroit d'eux, M. le Peletier m'ordonna de mettre sur le papier la manière dont je croyois que la chose se pourroit faire sans porter un préjudice irréparable aux communautés et par conséquent aux affaires du Roy; et, pour satisfaire à ce qu'on désiroit de moy, je luy présentay un mémoire quelques jours après, dans lequel il estoit parlé, à la vérité, d'une surséance pour six, huit ou dix ans au plus des liquidations faites et à faire et du payement des pensions et intérests pendant ce temps-là, en la manière qu'ils l'ont esté jusqu'à présent, non pas comme d'une condition convenue et acceptée par les créanciers, car personne ne leur en avoit jamais parlé, mais comme d'une proposition que je croyois leur pouvoir estre faite, et cela si vray, qu'en prenant congé de M. le Peletier, il m'ordonna de travailler de concert avec M. l'archevesque pour la faire accepter. Je n'ay rien oublié pour cela dans les conférences que j'ay eues avec les principaux créanciers; mais, trouvant d'extrêmes difficultés à les y faire consentir, je tournay moy-mesme le projet d'arrest, en leur présence et de leur consentement, de la manière qu'il vous a esté envoyé; et, si vous avez la bonté d'y faire un peu de réflexion, vous conviendrez, je crois, qu'il seroit plus avantageux aux communautés de le passer dans les termes qu'il est conçu, que de suivre la première proposition; car, à l'égard des liquidations qui restent à faire, il est certain que, si on en avoit fixé la surséance à dix années, par un arrest de cette qualité, il seroit difficile de la lever avant que ce temps fust expiré, sans aller un peu contre la bonne foy, au lieu que l'arrest ne fixant aucun temps et portant simplement que les liquidations qui restent à faire cesseront entièrement, le Roy pourra, toutes les fois que S. M. le jugera à propos, ordonner, sur la requeste du syndic des communautés de Provence, qu'il sera travaillé de nouveau à la liquidation de leurs dettes, n'estant pas possible d'induire de ces termes : *cesseront entièrement*, mis dans un arrest où les communautés ne sont point parties, que le Roy auroit voulu priver à jamais toutes ces communautés de la faculté qu'elles ont naturellement de se libérer. Et il est si vray que les créanciers, qui ne connoissent pas trop bien eux-mesmes leurs intérests, l'entendent de cette manière, qu'ils vouloient absolument qu'on se servist de ces termes : *cesseront pour toujours et sans retour;* et, sur ce que je leur fis connoistre que cela alloit trop loin, le Roy ne pouvant pas empescher avec justice les communautés de payer leurs dettes, ils se contentèrent du mot *entièrement*. A l'égard des liquidations que j'ay faites, il est indubitable que, quand on ne feroit que les surseoir, comme vous témoignez le désirer, elles seroient toujours annulées par le temps, je ne dis pas seulement dans l'espace de dix années, mais dans l'espace de huit et mesme de six, à cause des changemens qui arrivent journellement par le décès des créanciers et par les payemens qui se font des principaux et intérests, qui les font augmenter ou diminuer; et, de quelque manière que l'arrest soit tourné, on ne tirera jamais d'autre utilité de ce travail en le laissant imparfait, comme il est, pendant plusieurs années, que celle de le refaire en beaucoup moins de temps et avec plus de facilité que la première fois, en se servant de ce qui est fait comme de mémoires*.»

* Voir, à la date du jour précédent, une lettre et un mémoire de M. l'archevêque d'Aix.

767. *Le Contrôleur général aux Intendants.*

27 Octobre 1689.

«Je vous envoye un estat de ce que les Compagnies de vostre généralité ont délibéré de prendre d'augmentations de gages ou de rentes sur les recettes générales, des payemens qui ont esté faits sur cela, et de ce qui reste à payer. Le Roy avoit cru que toutes ces sommes seroient fournies au plus tard dans le courant de ce mois, et comptoit sur ce fonds pour subvenir à plusieurs dépenses qui ne peuvent estre remises. Ainsy, vous jugez bien que la lenteur des payemens cause de grands inconvéniens. S. M. désire que vous pressiez un peu ceux qui sont en demeure, et c'est une affaire qu'il est nécessaire que vous suiviez de près; car, n'y ayant icy ni traitant pour agir ni contraintes à décerner, vous devez suppléer à tout cela par vostre vigilance, vostre application et par vostre industrie à échauffer le zèle des Compagnies. Elles sont naturellement lentes dans toutes leurs affaires, et vous jugez bien qu'elles n'avanceront dans celle-cy qu'autant qu'on les pressera. Il faut leur faire entendre que ce n'est pas leur délibération qui fera juger de leur zèle, mais l'exécution qu'elle aura. Il faut que vous leur demandiez souvent où elles en sont, pour en rendre compte icy, ce que je vous prie en effet de faire exactement, afin que l'on puisse prendre de justes mesures sur ce que vous manderez. Vous devez aussy avoir quelque officier de confiance dont vous vous servirez pour exciter les autres. Il sera encore très-utile que vous vous entremettiez un peu pour faciliter aux Compagnies les moyens d'emprunter; que vous encouragiez là-dessus les particuliers qui ont de l'argent, et enfin que vous fassiez tout ce que la prudence vous suggérera pour faire en sorte que S. M. puisse tirer de cette affaire un secours prompt et effectif. S. M. m'ordonne de vous expliquer ce détail, parce qu'elle a remarqué que, dans quelques généralités où MM. les intendans ont tenu cette conduite, les Compagnies ont achevé de payer il y a déjà quelque temps. Au surplus, à mesure que les Compagnies auront tout ou partie de leur argent prest, souvenez-vous, je vous prie, en m'en donnant avis, de me marquer exactement et précisément si elles veulent une ou plusieurs quittances du receveur des revenus casuels; et, en cas que chaque officier veuille la sienne, envoyez-moy un estat exact de leurs noms, surnoms, des sommes qu'ils versent, mesme des noms de ceux de qui ils empruntent, en cas qu'ils en veuillent faire leur déclaration dans les quittances. Vous jugez bien que, dans la conjoncture présente, le Roy a cette affaire fort à cœur, et que vous ne sauriez luy rendre un service plus agréable que de la faire finir promptement.»

768. *Les Échevins de Rouen*
au Contrôleur général.

27 Octobre 1689.

Ils réclament pour leur ville le privilége, déjà accordé à celles de Paris et de Lyon, de conserver la recette des octrois indépendante de celle des tailles.

«Tous nos octroys ensemble ne montent présentement qu'à 12 ou 13,000 ₶ de rente, qui ne sont pas suffisans, à beaucoup près, pour soutenir les dépenses auxquelles ils sont destinés. Vostre Grandeur ne voudra pas mettre une ville aussy grande et aussy célèbre que celle de Rouen, pour une affaire de si petite conséquence, au rang des dernières villes et taillables du royaume, et donner séance et voix délibérative dans nos assemblées aux receveurs des tailles*. . . . . »

* Cette requête est appuyée par l'intendant. (Lettre du 3 novembre.)

769. *M. de Bâville, intendant en Languedoc,*
au Contrôleur général.

30 Octobre 1689.

Le projet de création des receveurs des octrois et deniers communs en Languedoc, tel qu'il a été transmis par M. de Breteuil, n'est point raisonnable. Pour 250,000 ₶ qui en reviendraient au Roi, le traitant, en gages ou en droits, toucherait plus de 76,620 ₶ d'intérêts. D'ailleurs, cette création serait contraire à tous les usages de la province, où les deniers patrimoniaux, ou *émoluments*, s'emploient en moins imposé sur la taille, et où les *subventions* doivent bientôt finir avec l'extinction des dettes; quant aux octrois, il n'y a que les villes de Toulouse et du Puy qui en possèdent, et, à Toulouse, où ils montent à 180,000 ₶, on ne voudrait pas confier un si gros recouvrement à un receveur des tailles. Au contraire, l'affaire pourrait non-seulement réussir, mais même rapporter 600,000 ₶, sans intervention du traitant : 1° en accordant un receveur particulier pour la ville de Toulouse; 2° en confiant aux receveurs des tailles le recouvrement des subventions et des deniers affectés aux dépenses ordinaires, moyennant 400,000 ₶ ou plus d'augmentations de gages au denier dix-huit, qui donneraient, au sol la livre sur le recouvrement, environ 1,750 ₶ pour chacun des vingt-deux receveurs. Les choses étant ainsi fixées, l'édit de création n'aurait plus rien d'extraordinaire pour la province, puisque le reste du royaume a déjà des receveurs des octrois, créés moyennant des augmentations de gages*.

* Deux mémoires et une copie de la correspondance échangée entre M. de Breteuil et M. de Bâville sont joints à cette lettre. — La nouvelle proposition fut agréée par le Roi. (Réponses du 16 novembre et du 29 décembre.)

Un autre mémoire se trouve à côté de la lettre du 30 octobre, avec l'avis de M. de Bâville. En voici les principaux points :

La levée de la taille en Languedoc s'adjuge au rabais de 14 deniers pour livre, et, à défaut d'adjudicataire, la communauté doit nommer un collecteur forcé, comme dans les pays où la taille est personnelle. Mais ce collecteur n'est point tenu de faire les deniers bons, comme le serait l'autre, et, en cas de reprises à faire, ce qui est très-ordinaire, les receveurs sont réduits à se pourvoir contre les nominateurs, par des contraintes personnelles ou même solidaires. L'emploi des collecteurs forcés, qui ne donnent pas de caution et peuvent mourir insolvables, est encore sujet à divers autres inconvénients.

On propose donc de créer en chaque communauté un double office héréditaire, ancien et alternatif, de collecteur des tailles, pour faire, outre la recette des tailles, celle des émoluments ou deniers patrimoniaux, avec une taxation de 15 deniers sur la première recette, de 6 sur la seconde. Les intérêts des communautés seront garantis par une caution, une hypothèque et l'obligation de compter trois mois après la clôture de l'exercice, de payer le reliquat un mois après, etc.

M. de Bâville, reconnaissant les inconvénients de la collecte forcée, croit que les offices dont on propose la création seraient facilement levés et produiraient, à raison de 500 ₶ chacun, une somme de 1,300,000 ₶. Mais, si la remise se trouve ainsi portée à 15 deniers, tandis que le rabais la met souvent à 10 ou à 8, la différence très-considérable retombera sur les communautés, qui seront, d'autre part, exposées à des négligences ou à des vexations. Enfin, il semble difficile que le Conseil oublie que la province a déjà racheté, en 1666, une pareille création moyennant une somme de 1,400,000 ₶, qui a été employée aux travaux du canal.

En 1692, on proposa encore au contrôleur général de faire cette même création, en réduisant la remise à 13 deniers. Les frais déduits, il resterait à ces receveurs des communautés un bénéfice de 7 deniers, qui, au denier dix, équivaudrait à une finance de 1,458,330 ₶. (Lettre du 21 juillet, à M. de Bâville.)

770. *Le Contrôleur général*
à M. d'Argouges, intendant en Bourgogne.

31 Octobre 1689.

Il lui transmet un projet présenté par les fermiers, de transférer de Fontaine-Française à Saint-Seine le bureau établi pour l'entrée des chevaux étrangers.

771. *Le Contrôleur général*
à M. de Bezons, intendant à Bordeaux.

31 Octobre 1689.

«. . . . . Il est vray que j'ay dit à ceux qui m'en sont venus parler icy qu'ils ne devoient pas tirer à conséquence pour Bordeaux ce qui se faisoit pour Rennes, et que c'estoit à vous qu'il falloit s'adresser, si l'on avoit quelque proposition à faire. Continuez, s'il vous plaist, à écouter tout ce qui vous sera dit sur cela de la part du Parlement ou de la ville de Bordeaux, et de m'en donner avis; faisant néanmoins toujours entendre à ceux qui vous parleront que vous n'avez aucun ordre de la cour là-dessus, en sorte que, si les choses en viennent à un point qui soit agréable au Roy, il paroisse toujours que ce soit de vostre propre mouvement que vous donnez avis à S. M. de leurs offres. C'est ainsy que l'affaire de Rennes a esté conduite: M. de Pomereu ayant vu les officiers du Parlement et les habitans de la ville disposés à concourir ensemble au rétablissement du Parlement à Rennes, il a ménagé l'affaire jusqu'au bout avec les uns et les autres, comme de son seul mouvement, et ne s'est expliqué qu'il en informoit le Conseil que lorsqu'il a esté tout à fait sûr de l'exécution des propositions qui luy avoient esté faites, et quand S. M. luy a fait connoistre qu'elle les agréoit. . . . . . La ville de Rennes a donné 100,000 écus, et les bourgeois 200,000#, que ceux-cy ont prises sur le loyer des maisons, qui va augmenter considérablement par ce retour du Parlement à Rennes. Le Parlement, de son costé, a donné 500,000#, au moyen d'une création qui a esté faite de six offices de conseillers et un de président à mortier; ce qui revient à un million. Je ne comprends point dans cela que le Parlement a pris des augmentations de gages pour 260,000#. S'il vous paroist que tout cela, ou partie, puisse avoir quelque application à ce qui regarde Bordeaux, il vous sera aysé d'en insinuer quelque chose à ceux qui vous viendront trouver. Vous avez bien fait de ne consentir à aucune assemblée de ville; il n'y en a point eu à Rennes, qu'après que tout a esté réglé, et pour l'entière consommation. Je suis mesme persuadé que, pour faire réussir des affaires de cette nature, il faut les digérer entièrement avec les chefs, avant que les autres en ayent connoissance.

«Vous pouvez compter que le Roy voudra bien décharger cette ville de l'établissement des receveurs d'octroys, mais non pas gratuitement : beaucoup d'autres villes, qui demandent la mesme chose avec autant et mesme plus de droit que Bordeaux, font des offres pour se racheter; il faut que Bordeaux en fasse de mesme et donne pour cela au moins ce qu'en tireroit le traitant. Au reste, vous pouvez dire aux maire et échevins de Bordeaux que l'on commence à n'estre pas content du peu de diligence qu'ils font pour payer leur présent de 200,000#*. . . . . »

* M. de Bezons (14 octobre) avait insisté sur les inconvénients de cette création, particulièrement sur ce que les communautés seraient assujetties à compter en la Chambre des comptes et à y faire de grands frais.

772. *Le Contrôleur général à M. l'Archevêque d'Aix.*

2 Novembre 1689.

«Les traitans du droit d'amortissement m'ont dit que vous aviez écrit à tous les bénéficiers et communautés de vostre diocèse sujettes au droit d'amortissement, pour les exciter à se libérer de cette recherche en faisant des offres; mais je dois vous avertir que l'intention du Roy n'est point de consommer l'affaire sur ce pied-là. S. M. désire au contraire que tous les bénéficiers, communautés ou autres, sujets au droit, donnent, chacun en particulier, déclaration exacte de toutes leurs acquisitions, afin que le Roy, pleinement informé de ce qui luy est dû, puisse sur cela, et avec une entière connoissance de cause, faire telle remise que S. M. jugera à propos; et je puis vous assurer que la vue de S. M. en cela a esté de pourvoir à la sûreté et à l'avantage des gens de mainmorte; car il est constant qu'en leur accordant par ce moyen des lettres d'amortissement, particulières pour chaque acquisition, ou générales pour toutes celles qui ont esté faites, les rappelant néanmoins et les spécifiant en détail, ils seront bien plus en sécurité pour l'avenir, que si l'affaire se terminoit par un accommodement général*.»

* Même lettre pour M. Lebret. Les propositions auxquelles le contrôleur général répond ainsi sont contenues dans les lettres de l'archevêque et de l'intendant, des 9 et 14 octobre.

773. *Le Contrôleur général à M. de Bezons, intendant à Bordeaux.*

2, 8, 15, 24 et 28 Novembre 1689.

«. . . . . Je n'avois pas cru que la Cour des aydes de Libourne eust jamais esté à Bordeaux; mandez-moy, je vous prie, en quel temps celle-cy a esté transférée et à quelle occasion, estant bien ayse d'estre instruit à fond de ce fait. Je me remets à ce que je vous ay écrit pour ce qui regarde la conduite que vous avez à tenir avec Messieurs du Parlement. Vous pouvez en user de mesme avec les officiers de la Cour des aydes. Les offres que les uns et les autres vous ont faites jusqu'à présent ne méritent guère d'estre écoutées. Vous pourrez peut-estre vous servir utilement de l'empressement des uns pour exciter les autres; mais il me semble que la première chose qu'il y a à examiner sur cela est s'il conviendroit de rétablir toutes ces deux Compagnies à Bordeaux. Il est certain que, si l'on prenoit ce parti, comme la ville y profiteroit beaucoup, elle devroit faire un grand effort pour obtenir cette grâce. . . . .

«Je vous diray encore que S. M. a toujours compté que l'affaire du Parlement de Bordeaux, surtout en y joignant la Cour des aydes, produiroit beaucoup plus que celle du Parlement de Bretagne, dont vous savez les conditions. Pour ce qui est des moyens de parvenir à l'exécution des offres qui seront faites, ils sont indifférens à S. M., c'est-à-dire qu'elle n'entrera point dans le détail de ce que la ville et les Compagnies contribueront, ni des expédiens dont chacun se servira pour trouver de l'argent; mais vous observerez seulement que ce que l'on offre pour des augmentations de gages ne doit point entrer en compte, comme il n'y est point entré à Rennes. En effet, ce n'est pas un profit pour le Roy, puisque S. M. donne de la marchandise pour cela. Il ne faut point non plus compter toutes les autres dépenses dont vous marquez que la ville se trouve chargée, puisqu'elle trouve dans la plupart son utilité particulière, et qu'enfin ce n'est point un nouveau secours. Sur ce pied, vous voyez que les offres tant de la ville que des deux Compagnies se réduisent à très-peu de chose, et l'impuissance dans laquelle vous me marquez que les uns et les autres sont de pouvoir faire rien davantage est une raison pour différer cette affaire à de meilleurs temps, au lieu de la consommer présentement. S. M. n'en tireroit qu'un foible secours et nullement proportionné à ce qu'une chose de cette importance peut et doit produire.»

774. *M. de Miroménil, intendant à Tours,*
au Contrôleur général.

3 Novembre 1689.

Il envoie son avis sur plusieurs demandes en rejet de prix du sel présentées par les habitants de diverses paroisses, et propose d'autoriser ces rejets, sous forme d'augmentation de prix, pour prévenir les inconvénients de la solidarité, qui ruine les communautés, lorsqu'il se trouve des non-valeurs par la mort ou l'insolvabilité des collecteurs.

775. *M. de Vaubourg, intendant en Auvergne,*
au Contrôleur général.

4 et 21 Novembre 1689.

Rapports sur les dispositions prises par les diverses Compagnies pour lever leur part des augmentations de gages. Presque toutes ont résolu de s'acquitter sur leurs gages de l'année courante, de manière que le receveur général des finances en exercice puisse en faire l'avance au Trésor royal. Cet expédient est d'ailleurs le plus sûr, puisque les Compagnies de province ne pourront trouver d'argent à emprunter tant que celles de Paris n'auront point terminé leurs emprunts particuliers*.

Si l'on persiste à former un présidial à Brioude, celui de Riom ne sera plus en état de fournir 50,000#.

En fait d'affaires extraordinaires, aucune ne serait plus praticable que d'attribuer aux chefs et aux principaux officiers des présidiaux l'exemption des impositions, et aux officiers inférieurs celle du logement. Les premiers ne sont jamais cotisés que pour la forme tout au plus, c'est-à-dire à 5 sols; aucun collecteur n'ose leur demander le payement, et, en cas de taxe d'office, il est bien rare que le receveur des tailles n'aime pas mieux payer de sa propre bourse que de se brouiller avec un officier important. Il en est de même pour le logement, car les officiers de troupes qui sont envoyés chez les conseillers des présidiaux ne manquent pas de refuser leurs billets. L'exemption, de part et d'autre, ne serait donc point à charge au peuple, et l'on en pourrait tirer une certaine somme, ou, mieux encore, laisser aux présidiaux la faculté de prendre le double de la taxe en rentes provinciales, rentes qui trouveront partout un débit difficile.

* Sur les augmentations de gages prises par les Parlements ou les Cours souveraines, voir : en Franche-Comté, diverses lettres du 9 janvier au 23 juin 1690; en Dauphiné, les rapports de M. Bouchu, 7, 20 et 30 décembre 1689; en Bourgogne, une lettre du contrôleur général à M. d'Argouges, 2 novembre, et une autre lettre des chevaliers d'honneur en la Chambre des comptes de Dijon, 7 décembre, même année, etc.

776. *Le sieur de la Valette,*
procureur du Roi en la commission du domaine de Languedoc,
au Contrôleur général.

5 Novembre 1689.

Il demande la permission de reprendre pour son compte le recouvrement des arrérages de lods et ventes, censives, albergues, qui ont été abandonnés ou négligés par les anciens fermiers, et de se rembourser ainsi des sommes qui lui sont dues pour appointements, avances ou frais de travail*.

Il renouvelle sa proposition de faire payer les demi-lods des ecclésiastiques, qui forment, en Provence et en Languedoc, un droit d'indemnité distinct de celui d'amortissement.

Il envoie un factum par lequel il prouve, contre le duc de Ventadour, les droits du Roi sur les péages du Rhône et sur divers arrière-fiefs du Vivarais.

* Il fit poursuivre les habitants de Beaucaire pour la propriété des fossés, murailles, places et remparts de cette ville, et l'affaire se termina par une transaction, moyennant le payement au domaine d'une albergue annuelle de 250# et d'une partie de l'arriéré. (Lettre de M. de Bâville, 23 mars 1691.)

777. *M. de Nointel, intendant en Champagne,*
au Contrôleur général.

7 Novembre 1689.

Il envoie l'état des recettes et des frais de recouvrement des tailles et des droits d'aides et de gabelle*.

* Plusieurs intendants continuent à envoyer régulièrement ces états, ou ceux des étapes : MM. Bouchu, en Dauphiné; de la Bourdonnaye, à Poitiers; de Miroménil, à Tours, etc.

778. *Le Contrôleur général*
à M. de Bâville, intendant en Languedoc.

8 Novembre 1689.

«..... L'établissement du présidial du Puy est résolu conformément à vostre avis, l'édit est mesme expédié et scellé; il ne reste plus, pour consommer cette affaire, que de savoir de quelle manière nous le ferons, c'est-à-dire, si on débitera ces offices en détail, ou si ce sera par un traité; si on les débitera dès à présent au profit du Roy, ou si S. M. ne trouveroit pas mieux son compte à en charger la province, surtout s'il y avoit lieu de joindre cela à quelque autre chose, pour en faire une affaire un peu considérable. Vous ferez, s'il vous plaist, vos réflexions sur cela; mais, de quelque manière que les choses tournent, il sera toujours très-bon de vous assurer autant que vous pourrez de marchands pour le débit de ces charges, particulièrement s'il se présente de bons sujets pour les remplir.»

779. *Le Contrôleur général à M. de Madrys, intendant en Flandre maritime.*

8 Novembre 1689.

Les marchands d'Ypres, ayant représenté les difficultés qu'ils éprouveraient à faire venir des sels de France durant la guerre, obtiennent du Roi, mais sans arrêt, la permission d'en faire venir d'Espagne par Nieuport, ou même de se procurer des sels de France à l'étranger, en payant les droits sur le pied de 30 sols la razière, mesure de Lille, ainsi que cela se pratique toujours à Dunkerque.

780. *M. de Bérulle, intendant à Lyon, au Contrôleur général.*

8 Novembre 1689.

Il assure avoir gardé un secret absolu sur le projet de créer des officiers de police dans tout le royaume, dont le bruit n'est venu à Lyon que par des lettres de Paris.

«Sur cela, je pris la liberté d'en écrire à M. le Peletier, ministre d'Estat, auquel j'avois proposé cet établissement il y a huit mois, et je le suppliay, en cas que la chose eust lieu, de vous faire part des vues que j'avois eues là-dessus. Quatre jours après, je reçus la lettre que vous m'avez fait l'honneur de m'écrire touchant cet établissement, par laquelle vous m'ordonnez le secret..... Depuis ce temps-là, j'ay entendu tous les discours qu'on a tenus sur les différentes prétentions des gens, sans dire un seul mot qui pust faire connoistre que je fusse instruit du fond de l'affaire, pas mesme au sieur Subot, que j'ay eu l'honneur de vous proposer pour remplir la place de lieutenant de police..... M. le Peletier, qui m'a fait l'honneur de me confier, depuis que je suis dans cette intendance, des affaires de la dernière conséquence, aura bien la bonté de vous assurer qu'il n'a jamais eu lieu de se plaindre de mon manquement de secret.

«Cependant, je crois devoir vous rendre compte de ce qui s'est passé icy depuis deux jours. Mme du Lieu, femme du lieutenant particulier, montra hier et avant-hier, en pleine bassette qui se tenoit chez elle, une lettre de Mme de la Lande, sa belle-sœur, qui luy marquoit qu'après avoir reçu celle que Mme du Lieu luy avoit écrite pour faire avoir à son mari la charge de lieutenant de police, elle vous avoit envoyé prier de luy venir parler (pardonnez-moy, mais ce sont les propres termes de la lettre), ce que vous auriez fait, et qu'ensuite elle vous auroit prié de faire donner cette charge à M. du Lieu, ce que vous luy aviez accordé sur-le-champ, en ajoutant seulement qu'il falloit que M. du Lieu parlast à M. l'archevesque et à M. le duc de Villeroy, pour avoir leur agrément*.....»

* Le 12 du même mois, le contrôleur général répond : «.....Ce que vous me mandez me surprend beaucoup, et je ne conçois pas comment cette affaire peut avoir esté divulguée au point qu'elle l'est, n'en ayant parlé à personne. Pour ce qui est de la dame du Lieu, je ne la connois, ni elle, ni sa belle-sœur, pas mesme de nom; ses discours sont ridicules et ne méritent pas d'estre relevés. Vous pouvez néanmoins, dans l'occasion, faire usage de ce que je vous écris.»

781. *Les Commissaires du Roi aux États de Languedoc au Contrôleur général.*

Du 11 au 15 Novembre 1689.

Les États ont accordé avec empressement et unanimité 3 millions pour le Don gratuit et 150,000 ₶ pour les travaux du canal; mais ils représentent qu'ils auront à payer, pour 1690, 2,300,000 ₶ de plus que l'année précédente, savoir: 920,000 ₶ pour l'augmentation du Don, 400,000 ₶ pour l'entretien des milices, 217,600 ₶ pour celui du régiment de dragons, qui en vaut deux depuis qu'il a été porté à dix-sept compagnies, 100,000 ₶ environ pour le logement des troupes et le fourrage, et près de 700,000 ₶ pour le remboursement des étapes, qui ne montaient qu'à 200,000 ₶ l'autre année. Pour fournir de pareilles sommes, il n'y a que trois voies : l'imposition, l'emprunt, l'aliénation des biens ou des droits de la province. L'imposition ne peut être uniquement employée, car elle arriverait à excéder la valeur des terres et les ferait abandonner. Quant à emprunter la somme totale, le crédit de la province n'y suffirait plus; les prêteurs ne se trouvent point et les espèces commencent à manquer. Il faudra donc en partie imposer, et en partie emprunter; puis, s'il en est besoin, on procédera à quelques aliénations; mais elles ne se feraient qu'à un taux plus désavantageux que l'emprunt.

Dans cette situation, la province, tout en convenant de la nécessité d'avoir les milices pour faire face aux tentatives des nouveaux convertis, compte que le Roi la déchargera de l'entretien des dragons, et elle demande aussi une réduction sur les fonds affectés aux travaux du canal.

782. *M. de Bouville, intendant à Limoges, au Contrôleur général.*

12 Novembre 1689.

Le sieur Landouillette, chargé de la fourniture des canons et des armes pour la marine, demande à faire couper trois cents arpents de bois dans la forêt de Braconne.

Sur une contenance de dix mille deux cent soixante et seize arpents, deux mille cent soixante sont bons à couper, en attendant que le taillis de 1674 devienne propre à fournir du charbon et du bois. On peut donc aménager les coupes à raison de trois cents arpents par an, ce qui laissera encore une réserve de près de mille arpents, à laquelle on pourra joindre deux mille autres arpents de taillis. Ainsi aménagée, la forêt pourra produire plus de 8,000 ## de rente par an, tandis qu'elle ne produit que 1.000 ## environ, depuis la réformation.

783. *Le sieur* GERMAIN, *intéressé à la ferme des gabelles, à la Rochelle*, AU CONTRÔLEUR GÉNÉRAL.

13 Novembre, 1er, 18 et 27 Décembre 1689.

Il envoie un état de quarante et un navires, appartenant aux négociants de la Rochelle, qui ont été pris par les corsaires ennemis sur les côtes de France, depuis le 1er octobre jusqu'au 10 novembre. Les négociants demandent des escortes pour la sortie et l'entrée des ports du royaume; ils n'oseront plus faire d'expéditions, si l'on n'ordonne qu'à l'avenir les départs se fassent en flotte, dans les saisons convenables.

L'intendant persiste à refuser de payer aux fermiers le droit de fret de 50 sols sur les vaisseaux hollandais qui ont été saisis dans le port et vendus au profit du Roi.

Le commerce du tabac se fait publiquement dans l'île de Ré, qui sert même d'entrepôt pour introduire cette denrée en fraude dans le royaume.

«Le moyen le plus assuré pour l'établissement de la ferme du tabac en cette isle est de permettre au fermier le débit au mesme prix qu'il y est vendu par l'habitant, et d'y établir des débitans, comme à Brouage et à Oléron, cherchant seulement la sûreté de la ferme, sans vouloir gagner. J'ose vous dire que le tabac s'y vend aux troupes et aux habitans 20 deniers l'once, quoyque l'ordonnance du Roy porte qu'il leur sera vendu 9 deniers.»

Il envoie copie du traité qu'il vient de passer avec un marchand de Lisbonne pour la fourniture de quatre cents rôles de tabac du Brésil et de Marignan, au prix de 160 ## le rôle.

État comparatif de la recette faite au bureau du domaine d'Occident pendant les années 1688 et 1689.

784. LE CONTRÔLEUR GÉNÉRAL *à M.* DE BÉRULLE, *intendant à Lyon*.

15 Novembre 1689.

Le Roi a fait expédier un arrêt portant que les marchands qui ont établi des magasins de vins à Lyon auront la faculté de faire venir pendant huit mois des vins étrangers sans payer d'autres droits que ceux qui se lèvent dans le gouvernement de Lyon, mais à la charge de débiter ces vins au prix coûtant. Cependant, et malgré ces termes exprès de l'arrêt, l'intention du Roi est que les marchands recouvrent leurs frais, et même qu'ils fassent un profit raisonnable*.

* Les fermiers des aides s'opposèrent à l'exécution de cet arrêt, rendu nécessaire par une disette complète de vin dans la province, et ils firent même saisir des chargements venus de Languedoc ou de Provence, quoique M. de Bérulle combattit leurs prétentions. Voir une lettre qu'il écrit le 5 décembre.

785. *M.* DE CREIL, *intendant à Orléans*, AU CONTRÔLEUR GÉNÉRAL.

15 Novembre 1689.

«..... Nous sommes obligés, ne pouvant pas estre partout en mesme temps, d'envoyer dans chaque élection les ordres que nous recevons de la cour à des gens que les uns nomment subdélégués, et moy simplement gens de confiance, de probité, et capables de tenir la main à l'exécution des ordres et de rendre compte de ce qui se passe. Dans cette généralité, pas un de ces gens-là ne prend un sol, et ils n'ont pour se dédommager des ports de lettres, voyages, corvées et autres dépenses qu'ils ne peuvent se dispenser de faire, qu'un vain titre de dispensateur des ordres que je leur adresse. Ces gens, pour la plupart, sont officiers des élections, des greniers à sel, ou receveurs des tailles. Enfin, je m'aperçois que leur zèle se ralentit fort, voyant qu'au lieu d'estre dédommagés de la dépense qu'ils font et du temps qu'ils consomment gratuitement pour le service, ils ne sont pas distingués des autres, et la fortune de quelques-uns d'eux entièrement ruinée, par la nécessité d'obéir à la loy générale et de contribuer, au-dessus de leur force, à ce qu'on souhaite de sujets zélés. Pas un en particulier ne m'a parlé; mais quasi tous en général, soit qu'ils soient occupés de leurs propres embarras, soit la raison que je viens d'avoir l'honneur de vous déduire, ne sont plus exacts à me rendre compte, ni à faire tout ce qu'ils avoient accoustumé. Les plus belles paroles que je leur puis dire et toutes les honnestetés que je leur écris n'ont plus leur effet ordinaire, et je me vois quelquefois réduit à aller moy-mesme en des endroits où un mot de lettre à un homme de confiance faisoit effet. Cependant, la difficulté des temps demande des gens sur les lieux qui donnent la couleur qu'il faut aux nouveautés qu'une guerre aussy grande introduit tous les jours. Je payeray de ma personne tant que je pourray, je n'omettray rien de mon ministère, mais je ne puis pas, comme je vous l'ay dit, estre partout, pour l'exécution de bien des choses que la misère générale et les accidens particuliers de la généralité ont rendues très-difficiles. Le Roy le veut : c'est assez pour qu'on tire tout ce qu'il y a d'argent dans la province; mais, si l'on ne trouve un moyen d'y en faire revenir, et que la circulation cesse, comme elle commence, il ne restera qu'une bonne volonté et une impuissance parfaite dans des sujets plus dévoués encore à leur prince par inclination que par devoir.»

786. *M.* LEBRET, *intendant en Provence*, AU CONTRÔLEUR GÉNÉRAL.

15 Novembre 1689.

L'assemblée des communautés a accordé, sans autres

conférences, le Don gratuit de 800,000 ᵗᵗ et une somme de 60,000 ᵗᵗ pour quelques ouvrages de marine; mais la province est si misérable, qu'elle sera contrainte de faire un emprunt *.

* Dans une lettre du 9 décembre, M. l'archevêque d'Aix attribue l'interruption du débit des denrées du pays à l'introduction des blés et des huiles étrangères par le port franc de Marseille, et il fait observer que cette ville, qui seule profite de l'importation, ne contribue point aux charges de la province et qu'elle enlève, au contraire, une partie des bras nécessaires à l'agriculture. «Elle attire tout ce qu'il y a de gens riches et mesme les artisans et les paysans du reste de la province, parce qu'ils trouvent un établissement plus commode dans cette ville que dans les autres endroits, où la culture des terres est difficile et fort souvent ingrate. Cependant, nous avons la meilleure intention du monde, et, si nous avons un sol, ce sera assurément pour le Roy.» — En 1690, les charges de la province devaient monter à 1,640,000 ᵗᵗ, pour le Don, le taillon et le subside, le payement des expropriations de Marseille et de Toulon, l'entretien du régiment de milice, les étapes, le quartier d'hiver, les appointements, etc.; un million pour les intérêts des dettes et un million et demi environ pour les fermes, le domaine, etc., sans parler des charges particulières de chaque communauté.

787. *Le Contrôleur général au sieur de la Valette, procureur du Roi en la commission du domaine de Languedoc.*

16 Novembre 1689.

«.....La création que vous avez proposée n'a pas esté approuvée icy, et c'est une affaire à laquelle il ne faut pas penser, non plus qu'au recouvrement des demy-lods des ecclésiastiques et des anciens arrérages des lods et ventes négligés; car tout ce que vous avez fait de recherches n'est guère du goust de S. M. Si vous trouvez quelque autre affaire qui ne soit pas de ce caractère, vous pouvez la proposer. Soyez assuré que j'auray soin de vos intérests, et que je seray bien ayse d'avoir occasion de vous faire plaisir.»

788. *M. de Bâville, intendant en Languedoc, au Contrôleur général.*

18 Novembre 1689.

Les États réclament que la permission, précédemment accordée par simple tolérance, de donner cours aux piastres dans la province, soit confirmée par un arrêt ou une ordonnance en forme. Quoiqu'on puisse redouter la grande facilité qu'il y a à altérer le poids de ces espèces étrangères, c'est le seul moyen de faire revenir l'argent qui a disparu. Il suffira de stipuler que les piastres seront prises, comme en Provence, sur le pied des pièces de 4 pistoles d'Italie, ou, si elles se trouvent plus légères, qu'elles seront reçues à la Monnaie au prix de 27 ᵗᵗ le marc, qui est leur valeur réelle *.

* Proposition approuvée par lettre du 26 du même mois.

789. *Le Contrôleur général à M. de Bâville, intendant en Languedoc.*

22 Novembre 1689.

«J'ay rendu compte au Roy de la délibération des Estats de Languedoc et de tout ce que vous m'avez écrit sur ce sujet. On ne peut estre plus satisfait que S. M. l'a esté de la manière dont vous marquez que les choses se sont passées; mais je crois que vous avez bien jugé par avance que les conjonctures présentes des affaires ne permettroient pas d'accorder tout ce que l'assemblée demande. S. M. veut bien entrer en considération de ce que vous observez sur les 50,000 écus du canal et partager en deux années le payement de cette somme; mais, pour ce qui est des milices et des régimens de dragons, le Roy ne peut décharger la province du tout, ni de partie de cette dépense. S. M. se trouve mesme obligée de demander encore aux Estats de nouveaux secours, sans qu'il leur en couste rien néanmoins, et pour cela elle a résolu de se servir de l'expédient que vous avez ouvert il y a quelque temps à M. le Peletier, qui est de demander le crédit de la province pour faire un nouvel emprunt.

«Je vous envoye des mémoires qui vous feront connoistre que, des deux millions qui ont esté empruntés de cette manière en 1672 et en 1680, il ne restera plus à acquitter du principal, au 1ᵉʳ janvier prochain, que 446,735 ᵗᵗ 2 s. 6 d. Vous proposez à M. le Peletier de porter le nouvel emprunt jusqu'à 1,500,000 ᵗᵗ; mais, en considération de tout ce que vous me marquez de l'estat de la province, S. M. se contentera d'un million, se remettant néanmoins à vostre prudence de demander d'abord une plus grande somme, si vous le jugez nécessaire, pour faire plus aysément accepter la proposition d'un million. L'intention de S. M., si cette affaire a lieu, est de continuer toujours aux Estats la jouissance de 100,000 ᵗᵗ d'une part, qui leur a esté abandonnée pour le payement des intérests, et de 60,000 ᵗᵗ d'autre, dont il a toujours esté fait fonds pour amortissement de partie des capitaux. La régularité avec laquelle ces payemens ont toujours esté faits est un grand moyen, comme vous l'avez observé vous-mesme, pour déterminer les Estats et faire réussir cette affaire. S. M. se remet à vous de fixer les intérests de ce nouvel emprunt au denier dix-huit ou au denier seize, selon ce qui vous paroistra plus convenable pour le succès de l'affaire et l'avantage de la province. Le Roy désire que, avant de faire cette proposition dans l'assemblée, vous preniez les mesures nécessaires avec M. le duc de Noailles et M. l'archevesque de Toulouse, auxquels j'en écris, non comme d'une pensée qui vienne de vous, mais comme d'une chose qui vient du propre mouvement de S. M.*»

* Les États se conformèrent au désir du Roi, «pour témoigner à S. M. qu'ils ne trouvoient rien difficile lorsqu'il s'agissoit de luy plaire,» et ils consentirent même à ce que, s'il en était besoin, l'emprunt se fît au denier seize, ou que l'on procédât à l'aliénation de trois deniers sur l'imposition. (Lettres du 29 novembre au 18 décembre.)

Voir, à l'année 1690, du 31 octobre au 30 novembre, les délibérations relatives au Don gratuit et les demandes des États. Il leur fut accordé, comme les autres années, qu'il n'y aurait point, durant l'année 1691, de quartier d'hiver, de logement fixe ou d'assemblée de troupes, à la charge du pays; qu'aucune imposition extraordinaire ne serait faite contrairement aux droits et aux libertés de la province, etc.

790. *M. Lebret, intendant en Provence,*
au Contrôleur général.

24 Novembre 1689.

Il demande à suivre les règles établies sous le gouvernement des papes pour l'administration des communautés du Comtat d'Avignon.

Chaque année, les consuls présentaient au vice-légat un état (tabelle) des affaires de chaque communauté, contenant par colonnes séparées : 1° les arrérages des rentes et des dettes; 2° les dépenses ordinaires; 3° les revenus de l'année. Lorsque les charges excédaient les revenus, le vice-légat permettait l'imposition de l'excédant. Dans le cas contraire, l'excédant des revenus était applicable au profit de la communauté, à l'amortissement des dettes, etc., et, si les consuls négligeaient d'en faire l'emploi, ils étaient comptables des intérêts.

Le vice-légat et son secrétaire touchaient une somme pour l'ordonnancement de ces états.

---

791. *M. de Ribeyre, intendant à Poitiers,*
au Contrôleur général.

24 Novembre 1689.

«En vous renvoyant le placet des demoiselles Ingrand, j'auray l'honneur de vous dire, pour vous rendre compte de leur affaire, qu'on fit payer à leur mère, il y a environ quatre ans, une amende de 1,000 ⁺⁺, comme à beaucoup d'autres qui refusoient de se convertir. On les a rendues à tous ceux qui ont depuis abjuré l'hérésie; celle de la mère de ces demoiselles, qui n'a jamais abjuré et qui est devenue folle, a esté remise par le receveur du domaine, moitié, sur un ordre verbal de M. Foucault, aux pères cordeliers de cette ville, qui s'en sont servis pour achever de bastir leur cloistre et dont quelques-uns avoient travaillé aux conversions avec beaucoup d'application et de succès, et l'autre au fermier du domaine de ce temps-là, à qui elle appartenoit, qu'on prétend en avoir compté à la Chambre des comptes et avoir par là entièrement consommé cette affaire.

«A l'égard de la conduite de ces demoiselles, elle est très-mauvaise. C'est la voix publique, le témoignage de leur curé, et mesme celuy de M. l'évesque de Poitiers, qui m'en répondent. Depuis leur abjuration, elles ne se sont pas confessées une seule fois et ne vont presque point à la messe. On ne sait où est leur frère, âgé de quatorze ou quinze ans; elles ont un oncle du mesme nom, qui fait fort mal son devoir.»

---

792. *M. Chauvelin, intendant à Amiens,*
au Contrôleur général.

24 Novembre 1689.

Il envoie l'état des impositions dans la généralité d'Amiens.

Cette généralité se compose de six élections et de douze cent quarante-cinq communautés, qui portent, pour l'année 1690, 919,544 ⁺⁺ de taille.

Une seule paroisse, celle d'Ault-sur-la-Mer, est imposée à 5,371 ⁺⁺; trois autres paroisses vont de 4,000 ⁺⁺ à 5,000 ⁺⁺; seize dépassent 3,000 ⁺⁺; trente dépassent 2,000 ⁺⁺; cent soixante et onze vont de 1,000 ⁺⁺ à 2,000 ⁺⁺*.

* Ces états avaient été demandés aux intendants en vue du rétablissement des greffiers des tailles qu'on avait proposé, mais dont l'idée fut momentanément abandonnée. (Lettre du contrôleur général à M. d'Argouges, intendant en Bourgogne, 3 décembre.) — Voir, au 8 novembre, Champagne et Orléans; au 12, Poitiers et la Rochelle; au 13, Moulins et Tours; au 15, Rouen et Paris; au 16, Soissons, Montauban, Dauphiné; au 17, Lyon et Provence; au 22, Languedoc; au 30, Bordeaux; sans date, Auvergne, etc.

En février et mars 1690, chaque intendant envoya d'autres états, contenant le relevé des villes qui possédaient des hôtels de ville et donnant le montant de leurs revenus patrimoniaux ou de leurs octrois : 20 février, Alençon; 22, Paris, la Rochelle, Tours, Bretagne, Moulins; 28, Caen, Rouen, Béarn; 23 avril, Berry, etc.

---

793. *M. de Bérulle, intendant à Lyon,*
au Contrôleur général.

24 Novembre 1689.

«Je crois devoir vous donner avis que le sieur de Mouleeau, procureur général de cette ville, partit hier, par l'ordre de M. l'archevesque, pour vous aller proposer de trouver bon que la ville donne une somme d'argent pour avoir à l'avenir la faculté de nommer les officiers de police, comme elle a fait depuis quelque temps, c'est-à-dire, en bon françois, pour avoir lieu d'entretenir les mesmes abus et la mesme confusion qui règne icy depuis très-longtemps, au grand préjudice du public et du commerce. Cela est si vray, qu'il sera facile de vous en éclaircir par vous-mesme, si vous voulez bien avoir la bonté, lorsque vous donnerez audience audit sieur de Mouleeau, de luy dire que vous savez qu'il est honneste homme et que, sur ce pied-là, vous le priez de vous dire s'il y a présentement de la police dedans Lyon. Quelque dévoué qu'il soit à la ville et à ceux qui la gouvernent, je suis assuré qu'il n'oseroit vous dire qu'il y en a, par les désordres et les plaintes publiques, qui souvent approchent des émeutes populaires et qui arrivent icy tous les jours à cette occasion. Il conviendra donc assurément qu'il n'y a point de police et qu'il y en faut mettre; et moy, je vous réponds que, tant que la ville nommera à ces sortes d'employs, il n'y en aura jamais, puisque la source des abus sera toujours la mesme, c'est-à-dire la facilité de ceux qui gouvernent la ville à protéger, sur toutes sortes de recommandations, ceux qui commettent les malversations, de manière qu'il ne s'en fait jamais de justice, les plus grands fripons estant assurés, avec un peu d'argent, de se tirer de toutes sortes de mauvaises affaires. Ainsy, il est inutile de dire, comme je sais qu'on vous le dira, que le désordre vient de ce que les officiers de police ne sont qu'un an dans leurs employs et qu'il arrive de là qu'ils ne s'y appliquent pas, et qu'il en faut établir pour toujours, ou du moins pour autant de temps qu'ils s'acquitteront bien de leurs employs. Ce n'est pas là, je vous assure, d'où vient le mal, mais de ce que les officiers de police ne peuvent faire leurs charges, et que, du moment qu'ils ont trouvé quelqu'un en contravention et en friponnerie et qu'ils prétendent en faire justice, on leur ordonne au mesme temps de ne les pas pousser; et, depuis un an, je vous fournirois, s'il le falloit, cinquante exemples de cette nature. C'est là ce qui dégouste les officiers de police et les fait abandonner les fonctions de leurs charges, et vous jugez bien par là que, tant que les officiers dépendront de la ville, ou, pour mieux parler, de ceux qui en sont les maistres, le désordre y sera toujours également et ne cessera point, jusqu'à ce que ceux qui seront dans ces fonctions se trouvent indépendans de la ville et autorisés par les relations directes que vous aurez la bonté de souffrir qu'ils ayent avec vous. Et je suis bien caution qu'aussitost que les choses seront établies sur ce pied, la police sera dans une aussy grande vigueur qu'elle est à Paris*.»

* Le 22 du même mois, M. de Bérulle avait déjà dénoncé les abus qui se pratiquaient dans l'emploi des deniers de la ville et du produit des octrois.

---

794. *Le Contrôleur général à M. l'Archevêque d'Aix.*

26 Novembre 1689.

L'offre des créanciers des communautés a été rejetée, et le Roi sacrifie son intérêt particulier à l'utilité que la province doit trouver à ce qu'on achève la liquidation de ses dettes*.

* Le 22 décembre suivant, autre lettre à M. Lebret, relative à la reprise du travail de liquidation. Voir, à la date du 17 novembre, le placet envoyé par les communautés pour obtenir cette continuation, et l'état des travaux faits par M. Lebret : cent soixante et quatorze communautés liquidées, pour lesquelles il y avait lieu de réduire près de 1,500,000 ᵗᵗ, sur plus de 12 millions que demandaient les créanciers. L'archevêque d'Aix s'opposait, au contraire, à cette mesure. (Lettre du 5 décembre.) M. Lebret demande, le 6 décembre, les ordres pour continuer le travail. «Mais, dit-il, à l'égard des autres communautés, dans lesquelles on n'a encore rien fait, il me semble qu'il faudroit bien se garder de commencer la vérification de leurs dettes, montant à 7 ou 8 millions, laquelle leur cousteroit de l'argent, sans leur procurer aucun avantage, si vous jugiez que le temps ne fust pas propre pour expédier les arrests de liquidation et payement dont elle doit estre suivie, dans lesquels se renferme toute l'utilité de ce travail, qui ne causeroit pas un si grand mouvement dans la province que vous paroissez le craindre par vostre lettre, si les créanciers estoient une fois convaincus, comme ils le sont déjà pour la plupart, qu'ils ne peuvent plus retarder la liquidation et le payement en fonds, suivant l'usage de la province, de ce qui se trouvera leur estre légitimement dû. Et ce qu'il y a de très-vray, est que, s'il ne survenoit point de nouveaux incidens, je mettrois ce qui reste à faire de ce grand œuvre dans sa dernière perfection en moins de deux années; au lieu que, si on laisse les choses en l'estat qu'elles sont, c'est-à-dire les communautés chargées de payer plus d'un million de livres d'intérests tous les ans à leurs créanciers, avec les autres charges indispensables, il sera bien difficile que le Roy tire des secours extraordinaires de la province, à moins que les particuliers ne trouvent les moyens de faire de l'argent de leurs blés, qui n'ont presque point de débit. Et il est certain que la dernière assemblée n'auroit pas accordé si facilement, ni si agréablement, les 200,000 ᵗᵗ dont le Don gratuit vient d'estre augmenté, si elle n'avoit pris en mesme temps la résolution de les emprunter en corps de province, pour en éviter l'imposition.»

---

795. *M. de Beuvron, lieutenant général en Normandie, au Contrôleur général.*

26 Novembre 1689.

Il se plaint que le maître particulier des eaux et forêts de Caudebec ait informé contre des paysans qui arrachaient des plants dans la forêt de Brothonne pour les transporter dans son jardin de la Mailleraye, ainsi que le grand maître l'avait permis.

«J'estimay à propos d'envoyer dire audit Surosne, qui est dans ma terre de la Mailleraye, à demy-lieue de chez moy, de me venir trouver le lendemain..... Il dit qu'il ne m'obéiroit pas et ne viendroit pas me trouver; ce qui m'a obligé de l'envoyer arrester aujourd'huy prisonnier pour sa désobéissance et le conduire au chasteau du Vieux-Palais de Rouen; ce que je ferois au plus grand seigneur de la province, si pareille désobéissance luy arrivoit. Et, comme je connois cet homme-là pour fort insolent et artificieux, si par hasard il vous faisoit quelque plainte ou écrivoit autre chose, je vous supplie très-humblement de ne vous y pas laisser surprendre et de n'y pas ajouter foy. Et, quand vous voudrez me faire part de ce qu'il pourra dire, en cas qu'il se plaigne, je vous justifieray tout ce que je vous dis, et qu'il n'y a rien de plus, et qu'il mérite d'estre chastié très-sévèrement. Cependant, je ne le tiendray en prison que peu de temps et seulement pour l'exemple et ne pas accoustumer le monde à désobéir et ne pas venir recevoir les ordres de ceux qui ont l'honneur de commander pour le Roy dans les provinces*.»

* Voir, du mois d'août au mois de novembre 1691, diverses lettres relatives à de nouvelles contestations survenues entre M. de Beuvron et le sieur de Surosne.

---

796. *M. de Bezons, intendant à Bordeaux, au Contrôleur général.*

26 Novembre 1689.

«..... Je vous envoye un projet que j'ay fait faire, pendant mon séjour à Dax, entre les fermiers de la Traite d'Arzac et les marchands d'Oloron, pour pouvoir porter des épiceries et de la cassonade de Bayonne en Aragon. Les fermiers s'estoient opposés à ce transport, parce qu'ils craignoient que l'on ne les versast dans l'étendue de la Traite d'Arzac, et je crois que, par ce traité, on a pris toutes les précautions pour que cela n'arrivast pas; et, si cela peut s'exécuter, les fermiers y trouveront un profit, en ce qu'ils toucheront deux et demi pour cent, et il se trouvera un avantage pour le royaume, en ce que l'on tirera de l'argent d'Espagne par ce moyen, au lieu que les habitans d'Aragon estoient obligés d'aller acheter ces épiceries et cassonades vers Barcelone, et qu'elles leur estoient portées par les Hollandois. Les habitans d'Aragon avoient fait une constitution pour ne point souffrir que les François leur portassent aucunes marchandises, mais ils doivent estre assemblés présentement à l'effet de résoudre de souffrir que les marchands d'Oloron leur portent des épiceries et drogueries. Ainsy, il me paroist nécessaire de faire autoriser ce traité par un arrest du Conseil, parce que, si les habitans d'Aragon font savoir qu'ils recevront volontiers les François, on leur portera dans le mesme temps ce qu'ils souhaitent, et je crois, dans la conjoncture présente, que ce sera une chose très-avantageuse, si elle se peut exécuter. M. de Lagny avoit voulu faire ce traité dès l'année 1680, estant venu dans cette province comme intéressé aux fermes. Il prétendoit que les marchands avoient promis cinq pour cent; mais, tant que l'on s'est voulu tenir ferme sur cette proposition, ils ne l'ont point voulu faire. Ainsy, il m'a paru que deux et demi pour cent suffisoient, et que l'on devoit recevoir tous les expédiens qui pouvoient apporter de l'argent dans le royaume et donner des droits au Roy : c'est la raison pour laquelle j'ay conclu ce traité, sous vostre bon plaisir*. . . . . »

* Voir une autre lettre, du 7 décembre, sur les difficultés qui se présentèrent dans les négociations avec la province de Guipuzcoa, et sur l'état du port de Bordeaux.

797. *M. de Vaubourg, intendant en Auvergne,*
au Contrôleur général.

28 Novembre 1689.

Il ne voit aucun inconvénient à ce que le sous-fermier du domaine procède aux instances en réunion des îles et îlots de l'Allier dont on croit que les riverains se sont emparés, et il demande un arrêt pour juger cette affaire conjointement avec les trésoriers de France.

798. *Le Contrôleur général*
à M. Trobat, intendant en Roussillon.

29 Novembre 1689.

Un arrêt du 12 juillet dernier a porté à 3ᴴ du cent pesant le droit de 10 sols fixé par le tarif de la Douane de Lyon pour les huiles étrangères qu'on introduit en Languedoc. Il faut décider s'il est de l'intérêt du Roussillon de faire payer les huiles d'Espagne au moment où elles entrent dans cette province, ou seulement lorsqu'elles passent de Roussillon en Languedoc.

799. *M. de Madrys, intendant en Flandre maritime,*
au Contrôleur général.

30 Novembre 1689.

Un des valets de garde-robe du Roi a demandé le don des terres abandonnées par la mer le long des côtes, depuis Gravelines jusqu'à Nieuport. La plupart de ces terrains ont été occupés, sans aucun titre, par les propriétaires ou les fermiers limitrophes; il y aurait donc avantage à en faire le don à charge d'une redevance annuelle, sans préjudice des droits des terres limitrophes plus anciennement abandonnées par la mer, ou de la possession de ceux qui en ont la jouissance paisible depuis quarante ans*.

* Malgré cet avis, la demande fut rejetée.

800. *Le Contrôleur général*
à M. d'Argouges, intendant en Bourgogne.

3 Décembre 1689.

Il y a des raisons importantes pour ne pas se presser de défendre le transport des grains, et le Roi, avant d'accueillir les observations de l'intendant, veut savoir au juste quelle quantité de blé il y a dans la province, combien et pour quels lieux il s'en enlève.

801. *M. de la Tullaye, procureur général*
en la Chambre des comptes de Bretagne,
au Contrôleur général.

3 Décembre 1689.

Il donne l'indication d'une partie des amortissements qui sont dus par les communautés religieuses.

Les procureurs du Roi chargés de lever chez les notaires des extraits des contrats d'acquisition postérieurs à 1641 ne savent s'ils doivent y comprendre les donations de minime importance, comme celles de 10 sols de rente pour dire un *miserere*, d'un sillon de terre pour fondation de chapelle particulière, etc.

802. *Le Contrôleur général*
aux Intendants.

4 Décembre 1689.

Il envoie un arrêt portant défense d'introduire en France les droguets d'Allemagne.

803. *M. de Bérulle, intendant à Lyon,*
au Contrôleur général.

4 Décembre 1689.

Sur la requête présentée par le fermier général des aides pour obtenir l'établissement des droits de jauge et de courtage à Lyon, la ville a remontré qu'elle doit en être exempte, s'étant rachetée en 1674 de tous droits domaniaux. Mais il est à observer que la création des droits de jauge et de courtage est postérieure de six mois à ce rachat. Si, en conséquence, on ne donne pas suite aux réclamations de la ville, la seule manière d'établir lesdits droits serait de les lever à l'entrée sur les vins venant des pays exempts des aides et du gros ou des provinces étrangères. Autrement, perçus sur la vente en gros ou en détail, ils ne donneraient qu'un produit presque insignifiant, puisque les bourgeois font l'une et l'autre vente en franchise, et que les cabaretiers ou les forains seraient seuls à payer*.

* Dans le Boulonnais et le Pays reconquis, où les aides n'étaient point en vigueur et où certaines impositions, telles que les anciens et nouveaux cinq sols ou le droit de sol pour pot, n'avaient été admises que pour servir aux dépenses des fortifications, l'établissement des droits de jauge et de courtage présentait d'autant plus de difficultés que les habitants y voyaient une infraction à leurs priviléges, et qu'ils s'en étaient déjà délivrés en 1674. (Lettre de M. Chauvelin, Amiens, 24 novembre.)

804. *Le Contrôleur général au Père de la Chaise.*

6 Décembre 1689.

«Les fermiers se plaignent beaucoup de la conduite du commis au grenier à sel de Creil et demandent sa révocation; mais, ayant su que ce commis a l'honneur de vostre protection, j'ay esté bien ayse, avant que de rien faire, de vous communiquer le mémoire qu'on m'a donné contre luy. En cas que vous souhaitiez qu'il reste en place, je vous supplie de luy recommander de se mieux acquitter de ses devoirs.»

805. *M. Colbert, archevêque nommé de Toulouse, au Contrôleur général.*

6 Décembre 1689.

«Comme il est de conséquence que, cette année, il y ayt dans la ville de Toulouse des capitouls qui puissent rétablir l'ordre nécessaire pour le bien de la ville...... il n'y a pas d'autre moyen..... que de mettre les sujets proposés par M. de Basville. Il est vray qu'il y en a deux qui ne sont pas proposés ni par la ville ni par les officiers; mais, comme il n'y a aucun sujet des quarante-huit, non plus que des vingt-quatre, qui puisse estre chef du consistoire, il y a nécessité de prendre celuy qui est proposé, estant nécessaire d'avoir un homme de teste pour faire les propositions. D'ailleurs, parmy les sujets proposés des vingt-quatre, il n'y en a que six, que propose M. de Basville, qui puissent remplir le capitoulat, les autres estant des misérables marchands, avocats et autres personnes incapables. Il semble mesme que, les officiers ayant voulu faire chef du consistoire un nommé d'Olive, qui est un séditieux et qui est cause de tout le désordre arrivé l'année passée dans la ville de Toulouse, il est donc nécessaire de prendre le nommé Bosquet, avec le nommé Gilède, proposé pour chef du consistoire..... Avec de bons capitouls, il sera facile de faire exécuter toutes choses. Ainsy, comme l'on doit parler du capitoulat dans un conseil devant le Roy, où vous serez, j'ay cru que je devois vous rendre compte de ce petit détail*.»

* Voir, aux dates du 7 et du 14, deux lettres et un mémoire des capitouls, et, à celle du 7, le rapport de M. de Bâville.

806. *M. Voysin, intendant en Hainaut, au Contrôleur général.*

7 Décembre 1689.

«..... Je crois estre obligé d'avoir l'honneur de vous dire ce qui est venu à ma connoissance de la conduite du sieur Chevalier, grand maistre des eaux et forests du département de Flandre. Il me paroist qu'il songe à se dédommager du prix de sa charge, et, comme la vente des bois de la forest de Mormal est celle qui produit une plus grosse somme et sur laquelle il a cru pouvoir plus profiter, je sais qu'il a proposé à un homme qui me l'a dit, que, s'il pouvoit luy donner un marchand de confiance, il adjugeroit les bois à un bon prix, et qu'il trouveroit moyen de trancher sur les enchères et de se rendre le maistre. Il ajouta qu'une personne de ses amis du Quesnoy régleroit la manière dont on en useroit, et cette personne dit qu'il falloit 10,000#, dont la moitié seroit pour le grand maistre et le surplus partagé entre ceux qui seroient du complot.....

«Comme toutes les charges de grand maistre ne sont peut-estre pas encore vendues, et qu'il peut y avoir raison de ne pas chercher à dégouster ceux qui y pensent dans ce commencement, en veillant de trop près sur leur conduite, je me contenteray d'empescher autant que je pourray l'abus et de vous faire savoir ce que j'auray appris qui se sera passé dans l'adjudication*.»

* A la date du 26 du même mois, M. de la Mairye, grand maître des eaux et forêts à Nancy, transmet les informations faites au sujet des prévarications du receveur des ventes de Bar, et proteste contre l'appel reçu, en cette affaire, par la Table de marbre de Paris.

807. *Le sieur de Blair, intéressé aux fermes, envoyé en Picardie, au Contrôleur général.*

9 Décembre 1689.

Il rend compte des mesures qu'il a prises, depuis son arrivée dans la province, de concert avec les commandants des troupes, pour empêcher les soldats de pratiquer la contrebande du sel et du tabac.

«L'envie de gagner estant ordinairement ce qui engage les troupes dans le faux-saunage, lorsqu'elles trouvent de la facilité à le faire, particulièrement la cavalerie, qui en a une très-grande dans la campagne, j'ay cru qu'il convenoit au service de tascher à les jeter dans un lucre opposé, en leur donnant envie d'arrester les faux-sauniers et leur abandonnant, pour les y porter, leurs chevaux, avec 25 écus pour ceux à cheval, et 10[#] pour ceux à pied, de gratification. Cela les rendra suspects aux bandes desdits faux-sauniers, qui, autrement, les rechercheroient pour se joindre à eux et s'en fortifier; et quelques commandans de cavalerie, à qui j'ay fait l'ouverture de ce moyen, m'ont promis de le faire mettre en pratique par leurs mareschaux des logis.»

808. *Le Contrôleur général à M. Feydeau du Plessis, intendant en Béarn.*

10 Décembre 1689.

L'adjudicataire des banalités qui appartiennent au Roi en Béarn doit en jouir comme le ferait le Roi lui-même, et, par conséquent, il a le droit de faire construire des moulins et d'empêcher *tous* les autres meuniers de travailler; mais on pourrait arriver à une transaction, en amenant les propriétaires particuliers à abandonner leurs moulins à l'adjudicataire moyennant un prix raisonnable.

809. *Le Contrôleur général à M. de Bagnols, intendant en Flandre.*

10 Décembre 1689.

Le Roi, informé que les Espagnols n'observent plus les règlements de transit établis par le traité de Nimègue pour les enclavements des terres franches, approuve qu'il soit ordonné au bureau du domaine de Chièvres de percevoir les droits ordinaires sur les marchandises qui viendront d'Espagne et passeront par les terres de France pour rentrer sur celles d'Espagne.

810. *M. de Creil, intendant à Orléans, au Contrôleur général.*

10 Décembre 1689.

Payement de la taxe imposée aux villes de Chartres et de Blois pour le rachat de l'ustensile et du logement.

«Il sera de nécessité que je leur permette de donner à quelques gens qui voudront bien avancer pour eux des mandemens sur les fermiers de leurs octroys ou biens patrimoniaux. Les murailles des villes et les pavés en souffriront un peu; mais ensuite ce sera beaucoup à ces communautés de satisfaire à ce qu'on souhaite. La ville de Blois surtout dépérit à vue d'œil. Depuis deux ans, elle ne vend point ses vins; les huguenots et les étrangers, qui venoient y passer du temps pour apprendre la langue et à cause de la pureté de l'air, ont tous déserté. Par-dessus cela, l'inondation de la Loire, par la rupture des levées en trois endroits au-dessus et en deux au-dessous de la ville, a perdu tout le val et pour jamais beaucoup de leurs meilleurs héritages, qui sont tout couverts de sable. 10.500[#] pour l'ustensile de l'infanterie qui devoit y loger, qu'il y faut lever, et vingt-une compagnies du régiment de la Marche qui y sont actuellement en quartier, quoyqu'il fust dit par l'ordonnance des 10,500[#] que c'estoit pour estre exempte du quartier d'hiver, tout cela, sans compter les gros passages continuels, va ruiner absolument cette ville*.»

* Le 13 du même mois, il appuie la demande faite par les habitants de Montargis de racheter l'ustensile et la subvention, non par capitation, mais en mettant un octroi de 3 sols sur chaque boisseau de blé et d'un sol sur celui de seigle. — Les mêmes habitants demandèrent encore, pour acquitter la subsistance et le taillon, à établir un droit d'entrée sur le vin, et cette demande fut pareillement soutenue par l'intendant. (Lettres et pièces du 24 novembre 1690 et des 25 mars et 14 mai 1691.)

811. *M. de Châteaurenard, intendant à Moulins, au Contrôleur général.*

11 Décembre 1689.

Il envoie un mémoire sur l'origine des droits d'octroi que les échevins de Decize lèvent sur les charbons de terre exploités dans le voisinage de leur ville.

812. *M. l'Évêque de Chalon-sur-Saône au Contrôleur général.*

12 Décembre 1689.

L'établissement des commissaires aux saisies réelles ne peut se faire en Bourgogne. Depuis le règlement dressé en 1614, la régie des biens saisis, jusqu'à la première criée, est faite d'office et sans frais par un des principaux habitants, que désigne le créancier, et qui est à portée de veiller à leur conservation. Les baux se passent pardevant les juges locaux. Par suite des avantages que présentent ces usages, la province a racheté, dès 1631, les charges de commissaires aux saisies réelles créées à cette époque, et l'établissement n'en a jamais été fait*.

* Sur certaines attributions des commissaires, voir un rapport de M. Chamillart (Rouen, 21 décembre).

813. *M. de Bezons, intendant à Bordeaux, au Contrôleur général.*

13 Décembre 1689.

Il transmet un mémoire contraire au projet d'augmenter le ressort du Parlement de Pau.

«Les pays de Labour, de Soule et Bayonne sont habités par des Basques. Ce sont des peuples que le Roy a toujours considérés, et auxquels il a fait des grâces particulières, à cause du voisinage d'Espagne : ils ne supportent point de tailles, ni aucunes impositions; l'on n'y met point de troupes. Ce sont des gens fort fidèles et attachés au service du Roy, mais fort légers. Ils ont une antipathie naturelle contre les Béarnois et une si grande aversion, que je suis persuadé, me l'ayant paru de cette manière, qu'il n'y a aucune chose qui pust leur arriver qui leur fust si douloureuse que d'estre dans le ressort du Parlement de Pau. Ils sont persuadés qu'ils n'auroient pas un sou de bien, et je crois estre obligé de vous dire que, dans la conjoncture présente, il ne me paroist pas qu'il soit du service du Roy de faire cette distraction : j'en craindrois les suites. A l'égard de la Chalosse, elle est, pour les tailles, de l'élection de Dax, par conséquent, de la Cour des aydes de Libourne. Ainsy, les habitans qui y habitent seroient, pour les tailles, dans le ressort de Guyenne, pour les affaires ordinaires, dans le ressort du Parlement de Pau. Ils n'auroient pas moins de douleur que ceux du pays de Labour et de Soule d'estre dans le ressort de Pau; mais ils ne sont pas sur les frontières. Pour ce qui est de Bayonne, outre qu'elle est la capitale du pays de Labour, je crois qu'il y a mesme une considération particulière pour empescher cette distraction, qui est la liaison du commerce avec Bordeaux, qui fait que les négocians qui ont des affaires chargent leurs correspondans de les solliciter, sans estre obligés d'y venir eux-mesmes. Pour ce qui est du Marsan, il n'y a que quelques paroisses particulières qui sont en delà de la rivière de l'Adour et meslées avec celles de Chalosse, et j'ay appris, par des personnes sur les lieux, que l'on craint, dans le ressort du Parlement de Pau, que les conseillers acquièrent du bien dans une paroisse, en sorte que les habitans font tout ce qu'ils peuvent pour éviter de les avoir. L'on prétend mesme qu'ils ordonnent volontiers des descentes sur les lieux, et cela contribue à faire craindre d'estre dans leur ressort. Ainsy, par les raisons que j'ay l'honneur de vous expliquer, cette proposition me paroistroit ne devoir pas estre écoutée*..... »

* M. de Bezons avait déjà protesté, le 7 décembre, contre le projet de démembrement, et, le 24 du même mois, il envoya, dans le même sens, un mémoire du syndic du pays de Labour. Voir une lettre du contrôleur général à l'intendant, du 13 novembre précédent, et celle de M. de la Tresne, président au Parlement de Guyenne, du 2 décembre; dans la correspondance de Béarn, à la date du 17 décembre, deux lettres de M. Feydeau du Plessis, intendant, et de M. Dalon, premier président du Parlement de Pau; dans celle de Languedoc, l'avis de M. de Bâville, sur la distraction du pays de Bigorre, qui ressortissait du Parlement de Toulouse (13 décembre).

M. Feydeau du Plessis envoie encore, le 17 avril 1691, de nouveaux mémoires sur ces divers démembrements et sur le projet d'ériger le département de Béarn en généralité aux dépens des intendances de Bordeaux et de Montauban.

---

814. *M. de Bâville, intendant en Languedoc.*

au Contrôleur général.

13 Décembre 1689.

Les habitants du Pont-Saint-Esprit se plaignent de ce que, suivant les maximes de la province, ils continuent à payer la taille pour une grande partie de leurs terres qui ont été emportées par le Rhône, et ils demandent qu'il soit procédé à un nouveau cadastre de leur territoire. Dès 1681, la Cour des aides de Montpellier avait ordonné, au préalable, la vérification de l'ancien compoix; mais, puisque le Conseil a cassé cette décision, sous le prétexte, mal fondé d'ailleurs, que la demande aurait dû être présentée à l'*assiette* du diocèse, il semble juste d'ordonner une nouvelle assemblée de la communauté pour délibérer, devant un commissaire spécial, s'il est nécessaire de renouveler le compoix, et présenter un état des surcharges dont les habitants se plaignent*.

* En 1692 (lettres du 30 octobre et du 26 novembre), M. de Bâville demanda la même opération pour la ville de Toulouse; il lui fut d'abord répondu par un refus «à cause des conséquences»; mais ensuite le Conseil approuva, sur ses instances, et parce que le cas était tout particulier.

---

815. *M. de Bezons, intendant à Bordeaux.*

au Contrôleur général.

13 Décembre 1689.

Les officiers des élections ont reçu signification du rôle des gages héréditaires qu'ils doivent prendre, mais ils ne sont pas en état de trouver des sommes aussi considérables.

«Il est bon mesme de vous remarquer que, à l'égard de Bordeaux, l'exemption de taille et de logement de gens de guerre n'est d'aucune considération, parce que la ville n'est point assujettie à la taille et qu'il n'y loge jamais de troupes. Périgueux est une ville exempte de taille; Sarlat et Cognac sont des villes abonnées, la première à 300#, la seconde à 500#. Agen, Condom et Dax sont des élections où les tailles sont réelles. Ainsy, il n'y a que Saintes où l'exemption de taille puisse estre de quelque considération à leur égard. Pour ce qui est du franc-salé, la gabelle n'est point établie dans la généralité de Bordeaux, et l'on ne pourra point imposer à la taille les élus de Saintes en 1690, qui ne payeront point leurs taxes, puisque tous les rôles seront faits et que l'on aura commencé à payer*.»

* Le contrôleur général répond, le 22 du même mois :

«..... Les attributions portées par l'édit ne sont proprement que le prétexte pour la création des augmentations de gages. Celle qui fut faite en 1674 estoit sur un pied bien plus onéreux. Au reste, on a créé les gages héréditaires, afin que les officiers qui ne pourront pas les acquérir eux-mesmes puissent les faire acquérir par d'autres, et il est juste que, dans des conjonctures comme celle-cy, tout le monde soit intéressé à procurer au Roy, par soy ou par autruy, les secours dont S. M. a besoin.»

Il avait écrit, le 22 novembre précédent, à M. de Châteaurenard, qui lui transmettait l'offre du présidial de Moulins de prendre 15,000# d'augmentations de gages : «Je dois vous dire, pour tous les autres siéges royaux de vostre généralité, qu'il est bon de les préparer insensiblement à faire des fonds pour donner au Roy quelque secours, dans l'estat présent des choses, leur faisant entendre qu'il n'est ni juste ni possible qu'ils demeurent les seuls qui ne contribuent point aux grandes dépenses qu'il faut soutenir.»

Voir, sur les mesures prises pour l'exécution de l'édit, une lettre de M. de Ménars (Paris, 2 février 1690) et une réponse du contrôleur général à M. de Bérulle, du 28 décembre 1689. Cet intendant (Lyon, 22 et 27 décembre) remontrait que l'exemption ainsi achetée sous forme d'augmentations de gages, par des compagnies composées le plus souvent de gens très-riches et imposés fort haut, était plus préjudiciable aux communautés que productive pour le Roi.

816. *Le Contrôleur général à M. de Bérulle, intendant à Lyon.*

14 Décembre 1689.

«Il est vray que les receveurs généraux ont traité du recouvrement de l'ustensile sur le pied que vous le marquez; il est vray aussy qu'il est important, et mesme nécessaire, pour le bien de cette affaire, que les receveurs particuliers y entrent et y donnent leurs soins; mais vous jugez bien que, pour moy, je ne dois avoir affaire qu'aux receveurs généraux, qui sont responsables au Conseil de tout ce qui se passe dans leur généralité. Dans beaucoup de généralités, les receveurs particuliers se sont déjà accommodés là-dessus avec les receveurs généraux: il faut en faire de mesme pour le Lyonnois. Comme les receveurs généraux offrent de faire une composition honneste aux receveurs des tailles, il ne faut pas souffrir que ces derniers fassent les difficiles mal à propos, et il est de vostre prudence de les engager de manière ou d'autre à entrer dans cette affaire.»

817. *M. de la Berchère, intendant à Montauban, au Contrôleur général.*

14 Décembre 1689.

Il envoie les pièces produites dans la contestation des États du pays de Foix avec leur trésorier, et y joint son procès-verbal et son avis. Il conclut, contre l'avis de l'évêque de Pamiers et de certains autres députés, à la décharge du trésorier, auquel on réclamait près de 300,000 ₶ *.

* 4 octobre 1691: procès-verbal et avis pour la vérification des dettes du pays. — Plusieurs lettres de ce même mois sont encore relatives aux dissensions qui séparaient l'évêque de Pamiers et le président de la noblesse de l'intendant et du reste des États.

818. *Le sieur Marcilier, ancien intéressé de la ferme des domaines en Dauphiné, au Contrôleur général.*

14 Décembre 1689.

Il rend compte des travaux qu'il dirige depuis plusieurs années à la Chambre des comptes de Grenoble, pour dresser l'inventaire des titres du domaine.

«L'on verra très-distinctement par ce travail, terre par terre et bailliage par bailliage, la consistance de tout ce qui a appartenu ou dû appartenir au Roy en toute propriété, comme successeur tant des anciens dauphins de Viennois, depuis le transport du Dauphiné à la royale maison de France, des années 1343 et 1349, que des anciens comtes de Valentinois et Diois, en suite du transport de ces comtés de l'année 1426, et, outre ce, la consistance, par un mesme ordre bien suivi, de tous les fiefs et arrière-fiefs, choses si obscures et si négligées, qu'il n'est personne en cette province qui en connust presque rien*.....»

* Sur la suite de ce travail et la rémunération qui y était attachée, voir une lettre de l'intendant, M. Bouchu, du 5 décembre 1691.

819. *Le Contrôleur général aux Intendants.*

17 Décembre 1689.

Publication des arrêts rendus à la suite de l'édit de création des rentes viagères. Les receveurs généraux sont chargés de faire la recette, et devront avoir un commis spécial à cet effet*.

* La communauté des notaires de Paris avait délibéré de faire entrer dans la bourse commune le produit des contrats de ces rentes, mais il leur fut fait défense de procéder ainsi, non plus que pour les contrats de rentes ordinaires. (Lettre au syndic, 12 décembre.)

820. *M. de Séraucourt, intendant en Berry, au Contrôleur général.*

17 Décembre 1689.

«J'ay reçu l'édit que vous m'avez fait l'honneur de m'envoyer, pour la création des rentes viagères sur l'hostel de ville, que l'on appelle la Tontine royale. J'aurois peine à vous expliquer l'applaudissement qu'on luy donne dans cette province, tant pour l'invention (chacun présumant qu'il vivra plus que les autres et espérant par là parvenir à une grande fortune) que par la sagesse avec laquelle tous les cas qui peuvent tomber dans l'imagination ont esté prévus. L'empressement avec lequel tout le monde y portera ce qu'il a d'argent vous le persuadera bien mieux que tout ce que je pourrois vous dire. Je prendray la liberté de faire deux réflexions sur cet édit: la première, que plusieurs personnes souhaitent avoir intérest en plusieurs classes, et, comme ils ne peuvent y entrer sous leur nom, ils voudroient qu'il leur fust loisible d'y mettre sous le nom de telle personne qu'ils voudroient choisir, en se mettant dans la classe où elle devroit estre et en courant le risque de perdre sa rente par la mort de cette personne, et d'augmenter son revenu tant qu'elle vivra. La seule avidité du gain faisant naistre cette envie, on choisiroit sans doute des gens de la treizième ou quatorzième classe, afin de voir bientost augmenter son revenu; et ainsy, il semble qu'il seroit avantageux pour le Roy d'en accorder la liberté; mais il faudroit pour cet effet déroger à l'article 7 de l'édit, qui y est contraire. L'autre est que, si l'on établissoit dans les capitales des provinces des bureaux pour y recevoir de l'argent et y passer les contrats, plusieurs personnes qui ont peu de bien, et qui n'ont pas assez d'habitudes à Paris pour y adresser leur argent et leurs pièces, seroient attirées par cette facilité, qui, à ce que je crois, ne seroit pas inutile*.»

* M. de Bezons envoie, de Bordeaux, le 20 décembre, les mêmes observations, ainsi que M. de Bagnols (Flandre, 30 décembre), M. de Bérulle (Lyon, 29 décembre), M. Bouchu (Dauphiné, 30 décembre), etc.

M. Lebret (Provence, 19 et 28 décembre) avait proposé aussi divers expédients en faveur des rentiers de province, et indiqué le receveur général comme devant ouvrir les bureaux nécessaires dans chaque ville importante.

821. *M. de la Briffe, procureur général au Parlement de Paris,*
au Contrôleur général.

18 Décembre 1689.

Il envoie les pièces concernant les contestations qui se sont élevées entre les différents imprimeurs du Roi, Michallet, Léonard, Desprez, pour le privilége de l'impression des édits relatifs aux finances ou aux monnaies.

822. *Le sieur Leprévost, avocat du Roi en l'Amirauté du Havre,*
au Contrôleur général.

18 Décembre 1689.

Sur soixante siéges d'amirauté, il n'y a que deux charges d'avocat du Roi qui aient été levées. Le débit en serait certain, au contraire, si, moyennant finance, on donnait à ces officiers des taxes fixes et des attributions, comme serait de visiter les vaisseaux pour empêcher le transport des espèces, de faire les rapports conjointement avec les procureurs du Roi, de recevoir les maîtres de navire, pilotes, etc., et si, en même temps, on leur accordait l'exemption de logement, de taille, etc.

823. *Le sieur Tiercelet, inspecteur des fermes dans les Flandres,*
au Contrôleur général.

19 Décembre 1689.

Il envoie un état détaillé des recettes de tous les bureaux établis pour la perception des droits du Roi : droits d'entrée et de sortie, acquits, confiscations, etc., en Hainaut, en Flandre et dans le pays d'Entre-Sambre-et-Meuse. La recette, pour la première année du bail de Domergue, dépasse la dépense, en l'état actuel, de 358,548 ᵗᵗ 8 s. 3 d., sans compter 55,378 ᵗᵗ 3 s. de modérations que les commis ont faites malgré les défenses du contrôleur général.

824. *M. Chamillart, intendant à Rouen,*
au Contrôleur général.

21 Décembre 1689.

Les échevins de Pontoise ayant demandé que quelque officier fût présent au département des tailles pour empêcher que les collecteurs ne pussent, comme par le passé, soulager leurs amis au détriment des autres contribuables, les collecteurs n'ont pas voulu souffrir que l'intendant leur imposât la présence du lieutenant général, qui est son subdélégué, d'un élu et d'un receveur des tailles*.

«Ils ont tenté de se pourvoir à la Cour des aydes; on ne les a pas voulu écouter; ils se sont ensuite adressés à vous. Ils mériteroient d'estre punis de leur résistance. Nous ne donnons ces ordonnances que pour les lieux où il y a de l'abus, et souvent sur la demande qui en est faite par les communautés; nous devrions avoir l'autorité entière pour les faire exécuter. Comme elles ne vont qu'au bien, il est fascheux de voir ces ordonnances sans exécution.»

* Sur le même fait, qui se passait aussi dans l'élection de Montlhéry, voir une lettre de M. de Ménars (Paris, 13 décembre).

825. *M. de la Berchère, intendant à Montauban,*
au Contrôleur général.

21 Décembre 1689.

«Ayant appris que le Roy a fait porter à la Monnoye quelques pièces d'argenterie, j'ay donné ordre aussitost de faire porter à la Monnoye de Toulouse des chenets d'argent, un lustre d'argent, avec plusieurs branches, attaché au plancher, la toilette de Mme de la Berchère, des corbeilles et autres vases d'argent, que j'avois apportés en ce pays pour y estre meublé un peu proprement et pour faire quelque honneur en m'acquittant de mon employ.»

826. *M. de la Reynie, lieutenant général de police à Paris,*
au Contrôleur général.

21 et 23 Décembre 1689.

Il rend compte des visites et des saisies faites chez les orfèvres.

« . . . . Au nombre des ouvrages d'argent doré qu'on a trouvés chez plusieurs particuliers marchands et qui font partie de ceux compris dans l'estat des visites faites par les commissaires, il y en a plusieurs qui sont garnitures appliquées à des porcelaines, écritoires, tablettes et autres menus ouvrages, dont le commerce est assez considérable; et, s'il faut séparer ces garnitures, par exemple, des porcelaines, etc., on cassera des porcelaines d'un plus grand prix que la valeur de ces garnitures ainsy appliquées : ce qui causera une perte considérable à plus de vingt marchands qui font un trafic de cette sorte de bijoux; et cette perte sera d'autant plus grande, que ces marchands se trouvent plus chargés de ces petits ouvrages en cette saison, à cause du temps des étrennes et du premier jour de l'an. D'un autre costé, il peut estre de conséquence de permettre le débit de cette sorte d'ouvrages, estant à craindre qu'en se relaschant de la dernière règle établie, on ne s'en éloigne de plus en plus, et qu'on ne retombe insensiblement dans le mesme abus auquel il vient d'estre pourvu.

«On a déjà trouvé dans les visites une quantité considérable d'ouvrages d'argent et d'argent doré d'Allemagne, et on croit qu'il s'en pourra trouver encore chez d'autres marchands : sur quoy, il peut estre important de considérer qu'on envoye de France en Allemagne des rubans et autres ouvrages des manufactures de France, et pour la valeur d'une partie desquels on envoye ordinairement aux marchands françois des ouvrages d'orfévrerie d'argent d'Allemagne; et, quoyque le titre en soit bas et beaucoup au-dessous du titre auquel on travaille en France, ce sont toujours des matières qui entrent dans le royaume et qu'on cessera d'y envoyer, dès que les façons de ces ouvrages seront perdues et qu'on ne les recevra que pour la valeur du poids seulement. Savoir si les ouvrages d'argent d'Allemagne, de la qualité de ceux qui sont défendus par la déclaration et qu'on a trouvés dans les visites, seront difformés et rompus.

«Un orfévre a déclaré qu'il travailloit à refaire une lampe pour l'église de Saint-Eustache, mais que, au lieu que cette lampe estoit de quarante marcs, il avoit ordre de la faire du poids de quatre cents; et, comme cette augmentation est considérable et que le prix seroit sans doute beaucoup mieux employé à la nourriture des pauvres, S. M. en pourra juger, lorsqu'on luy demandera la permission de faire cette lampe*.»

* Voir, dans la même intendance, à la date du 9 décembre, une proposition de remédier aux excès du luxe de l'orfévrerie par l'observation exacte des arrêts relatifs à la marque, et une lettre par laquelle M. de Selve, procureur général à la Cour des monnaies, réclame la connaissance des procédures auxquelles pourra donner lieu le règlement projeté.

827. *Le Contrôleur général à M. de la Fond, intendant en Franche-Comté.*

22 Décembre 1689.

«J'ay reçu vostre lettre du 16 de ce mois. J'avois déjà donné ordre à Mestanier de vous continuer la surséance qui vous a esté accordée du temps de M. le Peletier pour ce qui regarde la ferme de Brouage, de l'année 1661. Mme de la Fond m'avoit aussy parlé de quelques autres affaires concernant les impositions des années 1656, 1657, 1658 et 1659; mais, comme feu M. vostre père n'y avoit qu'un fort léger intérest et que cela regarde plusieurs particuliers qui y en avoient un bien plus considérable, je ne puis empescher le jugement de ces instances, dont l'instruction est achevée il y a déjà près de deux ans*.»

* Voir les lettres de M. de la Fond, du 16 décembre précédent, des 8 août et 14 novembre 1690, du 25 décembre 1693, et les pièces qui y sont jointes.

828. *M. de Bérulle, intendant à Lyon, au Contrôleur général.*

22 Décembre 1689.

Il estime que le rétablissement des greffiers des rôles des tailles nuira au recouvrement des impositions et sera une source de malversations et de vexations pour ceux des contribuables qui ne pourront acheter la bienveillance de ces officiers.

Le rétablissement des secrétaires des villes, supprimés en 1665, serait plus avantageux. Malgré la suppression, chaque ville a conservé un secrétaire, qui fait les rôles et les billets de logement et rédige les actes des assemblées; il ne change jamais, reçoit des appointements de la ville et est exempt du logement. Il serait donc facile de mettre en titre ces sortes de commissions perpétuelles.

829. *M. de Bezons, intendant à Bordeaux, au Contrôleur général.*

24 Décembre 1689.

«. . . . . Les officiers du Parlement convinrent hier au soir d'offrir 100,000# au Roy, et, pour faire la somme de 300,000#, que l'on supplieroit S. M. de créer six charges de conseillers, lesquelles le Roy pourroit faire vendre 40,000# chacune; que ce ne seroient point eux qui se chargeroient de faire faire la vente de ces six offices, mais qu'ils agiroient de tout leur pouvoir pour procurer des marchands pour ces charges. Ils prétendent mesme qu'il y a plusieurs personnes qui songent à en acheter; mais je ne suis point entré en discours pour savoir s'ils voudroient donner la somme de 40,000#, ou non. A l'égard de celle de 60,000# qu'il faut outre celle de 240,000# à quoy, dans leurs offres, la crue de six charges est fixée, MM. les présidens au mortier et autres officiers de la Compagnie qui ne souffrent point de crue se chargent de la procurer, et, pour cet effet, ils supplient le Roy de vouloir créer deux charges de conseillers aux requestes du Palais et une charge d'huissier, et le surplus sera fourni soit par ce que les bas officiers contribueroient, ou par ce que les officiers qui ne souffrent point pour la crue fourniroient. Voilà la manière dont ils comptent les 300,000#. Les commissaires de la Compagnie, qui sont chargés de la conduite de cette affaire, doivent demain régler leur délibération, afin de la porter à M. le premier président, pour discuter avec luy ces offres et voir s'il veut se charger de les faire; mais j'appris hier au soir par des officiers de la Compagnie, et j'ay cru devoir vous le mander, et vous demander en mesme temps si je dois permettre une assemblée de ville, sous prétexte que les 200,000 # promises au Roy ne sont point payées et pour voir s'ils désirent rembourser les 27,000 # pour les taxations des charges de receveurs des octroys. A cette assemblée de ville, la plupart des avocats du Parlement qui se trouvent icy assisteront; il y en auroit un, qui est honneste homme, qui pourroit dire que la ville se trouvant assemblée, et luy paroissant que le Parlement a fait des offres pour son retour, il semble qu'il faudroit que la ville en fist aussy. M. le marquis d'Estrades, comme maire de la ville, présideroit à cette assemblée, et je conviendrois avec luy qu'en cas que la délibération ne fust pas de la manière dont on souhaiteroit, il diroit que l'assemblée n'a pas estée convoquée pour cet effet, et empescheroit qu'il ne fust pris une délibération sur ce sujet. Il est homme qui conduiroit très-bien cette affaire, et qui a très-bien agi, depuis qu'il est icy, dans les occasions qui se sont présentées. Ainsy, j'attendray la réponse que vous aurez la bonté de me faire à cette dépesche, pour savoir si, dans l'assemblée de ville qu'il faut faire faire pour les 200.000 # et du receveur des deniers d'octroy, il faut souffrir que l'on fasse les propositions pour le retour du Parlement.. Mais, comme je serois bien ayse que les avocats du Parlement y fussent, cela est cause que je vous prie de me faire savoir au plus tost ce que vous estimez à propos. L'on peut tirer par les loyers des maisons, ou par ce que les propriétaires peuvent contribuer pour leurs propres maisons qu'ils habitent, 200.000 #. Les 100,000 # que l'on poura tirer par la crue des officiers de la Cour des aydes, 300.000 # par les propositions que font les officiers du Parlement, toutes ces sommes ne font que celle de 600.000 #. Ainsy, en cas que le Roy veuille avoir un million, comme il a eu pour Rennes, il faudroit nécessairement résoudre d'emprunter 400,000 #. L'on pourra trouver 70.000 # au plus, soit par l'excédant de ce qui reste de fonds, destiné pour les maisons démolies, après le payement des intérests, et, au lieu d'employer cette somme à rembourser quelques capitaux, les prester à la ville, et ce seroit de l'argent comptant dans le 1er avril. L'on pourroit aussy obliger ceux qui seront fermiers d'avancer un ou deux quartiers de ce qu'ils seront obligés de fournir d'augmentation, en cas que les Compagnies reviennent à Bordeaux. Mais tout cela, au plus, ne pourra pas produire plus de 70,000 #, de sorte qu'il faudroit que la ville empruntast 330,000 #, et 150,000 # qu'il luy faut encore pour achever les 200.000 #; et, si l'on y joint le remboursement des taxations pour l'office des receveurs des deniers d'octroy, cela monteroit à 500.000 #. Il me paroist que c'est une grosse somme à trouver. Je ne sais si la déclaration qui oblige tous ceux qui ont de l'argent à le porter à la Monnoye fera qu'il y aura des personnes qui aymeront mieux le prester que de l'aller changer ou le garder dans leurs coffres; mais tout ce que l'on voudra prester dès à présent à la ville, l'on l'emprunteroit, parce qu'il serviroit au payement des 200.000 #. Je compte que les revenus de la ville, ou ce qui regarde le payement des maisons démolies, augmentera de près de 50.000 # par le retour des Compagnies à Bordeaux; et, comme cette augmentation auroit esté procurée par l'emprunt que la ville auroit fait, il n'y auroit point de difficulté, à mon sens, d'affecter tout ce qui proviendroit de cette augmentation au payement des intérests et au remboursement du capital de ce qui auroit esté emprunté pour le retour du Parlement; parce que, à l'égard des 200,000 # promises au Roy, il y a un fonds particulier destiné pour cela. Je vous explique par ce détail l'estat des affaires de cette ville, afin que vous puissiez décider le parti qu'il y a à prendre dans cette conjoncture. Je ne vois d'autre expédient présentement pour soutenir la ville de Bordeaux que le retour des Compagnies supérieures : c'est la raison pour laquelle j'ay pris la liberté de vous en écrire souvent. Je suis mesme persuadé que, tant que Bordeaux subsistera, cela contribuera beaucoup à soutenir cette province, qui est présentement dans un très-mauvais estat, par la cessation du commerce*. . . . . »

* Voir, entre autres pièces, une lettre de M. d'Aulède, premier président, et un mémoire pour le Parlement, à la date du 22 décembre.

Sur la vente des offices créés au Parlement et à la Cour des aides, et sur le recouvrement des taxes des greffes engagés et de la taxe des maisons, qui monta à 200,000 #, voir les lettres de M. de Bezons, 9, 12, 16 et 30 décembre 1690, 11, 16, 27 janvier et 20 mars 1691.

830. *M. de la Fond, intendant en Franche-Comté,*
au Contrôleur général.

25 Décembre 1689.

Adjudication des étapes.

« Le nombre des chevaux de remonte et celuy des cavaliers et dragons à pied sont toujours si peu considérables dans cette province, qu'on ne les avoit pas encore compris dans les adjudications; mais on a toujours passé dans les comptes le cavalier à pied pour la moitié du prix du cavalier monté, aussy bien que le cheval de remonte, c'est-à-dire que, pour un cavalier à pied et un cheval de remonte, on a toujours passé le prix du cavalier entier, et de même du dragon. Ainsy, pour tirer un bon parti des rations de cavaliers, dragons, soldats et chevaux d'officiers d'infanterie, dont le nombre est toujours considérable, j'ay laissé le reste, suivant l'usage, parce que cela n'est allé ordinairement qu'à trois ou quatre cents rations par chaque compte, et c'est pour cette raison que la ration de dragon à pied se trouve à 9 s. 7 d., lorsque celle de soldat est à 7 s. 6 d.

« Je puis vous dire avec respect que j'ay fait tout mon possible pour trouver à S. M. de meilleurs prix; mais il n'y a pas eu moyen, et je suis mesme persuadé que, si on eust différé l'adjudication jusqu'à présent, on ne parviendroit pas aux prix qui y sont portés; car, tous les jours, les blés, vins et avoynes augmentent de prix, particulièrement sur les routes fréquentées, comme celle de Saint-Amour à Belfort*. »

* Le 29 du même mois, le contrôleur général répond que le Roi a trouvé le taux de l'adjudication beaucoup trop supérieur à ce qui se faisait dans les autres provinces, pour l'approuver; qu'il est à craindre que, comme en d'autres endroits, des compagnies n'aient fait des cabales pour éloigner les enchérisseurs, et qu'il faudrait, en ce cas, leur imposer une diminution. — Le 8 janvier suivant, l'intendant donne des explications, suivant lesquelles le prix commun de la pinte de vin,

mesure de Paris, montait à 3 s. 6 d., et même à 4 s.; celui de la livre de bœuf, pour le soldat, à 2 s., et de veau ou mouton, pour les officiers, à 3 s., et enfin celui du pain (24 onces, entre bis et blanc) à 1 s. 6 d. Le blé, qui ne coûtait l'année précédente que 6 ᵗᵗ au plus, le sac de deux cents livres, avait été payé par du Pille, munitionnaire de l'armée d'Allemagne, de 9 ᵗᵗ à 10 ᵗᵗ 10 s. Le foin seul était encore abondant, et se vendait néanmoins de 20 à 25 s. le quintal, en certains endroits, et en d'autres, 12 et 15 s. L'adjudicataire faisait ses sous-traités, au plus bas, à 6 s. 6 d. pour le fantassin et à 19 s. pour le cavalier, et, au plus haut, à 7 s. 6 d. et 21 s. — Comparer ces chiffres avec ceux que donnent divers autres intendants, entre autres, M. de Châteaurenard (Moulins, 9 octobre 1689) et M. de Nointel (Champagne, 26 octobre).

---

831. *M. d'Argouges, intendant en Bourgogne,*
au Contrôleur général.

26 Décembre 1689.

Les élus des États, le receveur général et le commis de l'extraordinaire des guerres se disputent le profit à faire sur les espèces envoyées pour les étapes du camp de 1688.

« Ce que j'admire en tout cela, c'est que ni les uns ni les autres ne songent ni au Roy ni aux peuples. Ce sont cependant les parties les plus intéressées; car, S. M. ayant fait le fonds et ce fonds se trouvant encore en estat, l'augmentation la regarde plus que tous les autres, sinon les peuples, puisque cet argent estoit destiné pour eux..... Il est sans difficulté qu'elle doit appartenir au Roy, puisqu'on n'a commencé la distribution de ces étapes que depuis le changement des monnoyes*. »

* Aussitôt après la publication de l'augmentation, les trésoriers de France avaient dû dresser et envoyer au contrôleur général un procès-verbal, par qualités et quantités, des espèces qui se trouvaient dans les caisses de tous les receveurs. (Lettre des trésoriers de France de Poitiers, 19 décembre.) — Sur les difficultés que le décri fit naître entre les diverses caisses, voir deux lettres du receveur général de Bourgogne (2 et 14 août 1692).

---

832. *Le sieur Boulanger, receveur général des finances en Bretagne,*
au Contrôleur général.

27 Décembre 1689.

Il propose un plan pour la création de receveurs des épices dans toutes les juridictions de Bretagne, avec attribution de 2 sols pour livre, dont la finance, au denier dix, produirait 240,000 ᵗᵗ, somme égale au produit présumé des épices dans la province. À la Chambre des comptes, les 2 sols pour livre se prendraient en dedans, puisque les épices sont fixées par les états du Roi*.

En joignant à cette recette celles des insinuations et des affirmations, le produit deviendrait beaucoup plus avantageux.

* Le 2 avril 1691, les procureurs généraux au Parlement de Provence demandent que cette Compagnie, de même que les Parlements de Toulouse et de Grenoble, soit exemptée d'une nouvelle création de ce genre, ayant déjà des receveurs des épices depuis 1649.

---

833. *Le Contrôleur général*
à M. l'Évêque de Dol.

28 Décembre 1689.

« Il faut qu'on ne vous ayt pas rendu un compte fidèle de ce que contient l'édit portant création des rentes viagères, parce qu'assurément, outre la classe de soixante jusqu'à soixante-cinq ans, il y en a une dernière depuis soixante-cinq jusqu'à soixante-dix et au-dessus, en sorte qu'il n'y a personne, de quelque âge que ce soit, qui ne puisse estre reçu à y mettre.

« À l'égard de ce que vous proposez pour le sieur Boisson, je dois vous dire que le Roy a voulu, sur toutes choses, que le syndic fust uniquement au choix des rentiers, et S. M. est absolument déterminée à ne rien faire qui puisse donner la moindre atteinte à l'entière liberté qui a esté laissée sur cela aux rentiers. »

---

834. *Le Contrôleur général*
aux Intendants.

28 Décembre 1689.

Il leur recommande de faciliter le débit des charges de grands maîtres et de maîtres particuliers des eaux et forêts.

« Le Roy avoit résolu de n'admettre dans aucune des charges de grand maistre personne qui fust du ressort de la charge qu'il demanderoit; mais S. M. a depuis reconnu que la convenance du pays est ce qui détermine beaucoup de gens à entrer dans ces charges, mesme à en augmenter le prix, comme il est arrivé en Bretagne..... »

---

835. *Le Contrôleur général*
à M. de Bâville, intendant en Languedoc.

28 Décembre 1689.

Le Roi n'agrée pas la demande que les États lui ont faite de créer eux-mêmes des rentes viagères, de peur que cette émission ne nuise à celle des rentes qui ont été créées à Paris; mais on a pourvu aux moyens de payer les intérêts en province*.

Il n'est pas possible d'accorder aux habitants du Pont-Saint-Esprit la permission de renouveler leur cadastre, travail qui ne saurait être avantageux pour les communautés.

* Aussitôt que la création de la Tontine avait été connue, les États avaient demandé à en faire une de 2 ou 3 millions, pour fournir à leurs charges ou à leurs dettes. Ils prétendaient que la province ne pouvait envoyer son argent à Paris, les intérêts n'étant pas payables

sur les lieux mêmes, et ajoutaient que d'ailleurs ils ne commenceraient cette tontine qu'après la clôture de l'autre, et qu'on n'y admettrait que les habitants du Languedoc et des provinces voisines. (Lettre de M. de Bâville, 13 décembre.)

836. *Le Contrôleur général à M. de Bezons, intendant à Bordeaux.*

29 Décembre 1689.

«Plus je retourne les différentes manières par lesquelles vous me proposez de faire revenir les Compagnies à Bordeaux, plus je repasse tous les mémoires qui me sont envoyés sur cela par M. d'Aulède et par autres, et plus je trouve que cette affaire n'est pas praticable, tant par le peu d'avantage que le Roy en retireroit, que par la difficulté du payement du peu que l'on propose. Ainsy, je crois qu'il faut remettre cette affaire à un autre temps, dans lequel chacun estant plus persuadé de l'interest essentiel qu'il a à ce retour et plus en estat de remplir sur cela les justes idées que nous nous en sommes formées icy [ce retour] pourra procurer un avantage aussy considérable à S. M. qu'à la ville de Bordeaux, aux Compagnies et à toute la province, mesme sur ce pied-là. Mais ne souffrez pas qu'il soit parlé de cette affaire dans l'assemblée de ville que vous mandez qui se doit tenir au premier jour, au sujet du prest des 200,000 ᵗᵗ que la ville a données au Roy et de la somme à laquelle se monte la charge de receveur des octroys. Si cette assemblée peut finir ces deux affaires, j'en tiendray le succès assez grand et suffisant : il n'en faut point tant mesler ensemble, parce qu'en ce genre elles se nuisent les unes aux autres. Finissez donc ces deux-là, s'il vous plaist. Nous comptons depuis trop longtemps sur ces deux sommes, pour n'avoir pas beaucoup d'impatience de ne les pas toucher.

«Je recevray l'ordre du Roy sur la proposition que vous faites de continuer la remise de 50 sols par tonneau des vaisseaux étrangers. Les choses me paroissent engagées de manière qu'il est difficile de ne pas continuer cette décharge; la grande et principale question estoit de savoir si on la devoit accorder.»

837. *Le Contrôleur général à M. d'Argouges, intendant en Bourgogne.*

29 Décembre 1689.

«L'édit des présidiaux estant registré, publié et mesme exécuté en beaucoup d'endroits, vous jugez bien qu'il n'est pas possible d'en changer présentement la disposition.

«Ce que vous proposez au sujet de quelques particuliers qui sont prests à se charger des affaires de la province est très-bon. Il y a mesme matière pour les occuper; par exemple, il y a la charge de grand maistre à vendre, et, dans les maistrises particulières, il y a encore beaucoup de petites charges vacantes; sur quoy ils pourroient faire leurs propositions, ainsy que sur les autres affaires que vous et eux pouvez proposer pour la Bourgogne. Si vous m'aviez donné plus tost avis de cecy, j'aurois pu employer ces gens-là au recouvrement des taxes sur les officiers des élections et présidiaux, dont les receveurs de la province ont fait difficulté de se charger.»

838. *M. de Nointel, intendant en Champagne, au Contrôleur général.*

2 Janvier 1690.

La ville de Langres paye tous les ans, pour la subvention, une somme de 1,000 ᵗᵗ, qui se prend sur le produit des droits d'entrée. L'adjudication de ces droits se fait ordinairement sur ce taux, et, comme c'est la ville elle-même qui prend le bail et le cède à un sous-fermier, à la condition de lever les droits moitié moins haut qu'ils ne sont portés par le tarif, on n'a jamais accepté les offres du fermier des aides, qu'il portait jusqu'à 2,000 ᵗᵗ, mais à charge d'exécuter intégralement le tarif et de ne le diminuer que pour les vins de Bourgogne. Afin d'éviter le retour des mêmes difficultés, il conviendrait de réduire le tarif au taux de la perception ordinaire.

839. *M. Lebret, intendant en Provence, au Contrôleur général.*

9 Janvier 1690.

La faillite du trésorier des États en a provoqué plusieurs autres à Aix ou à Marseille. On croit qu'il y aura perte de moitié pour les créanciers, et, quoique la province soit privilégiée pour 300,000 ᵗᵗ, comme elle ne sera pas payée en argent comptant, il faut emprunter les sommes nécessaires pour les payements courants. Les nouveaux procureurs du pays ne s'entendent point avec l'archevêque d'Aix pour choisir un trésorier, et, en attendant, on pourrait confier ces fonctions au sieur Revest, greffier des États*.

Débit des rentes viagères.

«Il m'avoit paru d'abord quelque chaleur pour cette nouvelle manière de se faire avec une bonne santé un revenu considérable pour peu d'argent; mais, s'il vient souvent des nouvelles qui portent, comme quelques-unes du dernier ordinaire, que cette affaire n'a pas un si grand cours à Paris qu'on s'estoit imaginé, je ne sais ce que cette chaleur deviendra. A mon égard, je ne puis mieux faire, pour remplir mon zèle, que de prosner cette invention, ainsy que je fais en toutes rencontres, et sans qu'il paroisse d'affectation, comme la plus belle et la meilleure qui ayt jamais esté pensée; de me servir de toutes les raisons qui me paroissent propres pour la faire valoir et lever les scrupules et les craintes, et enfin, de donner l'exemple aux autres, en portant le premier mes deniers, pour moy et pour le reste de ma famille, au bureau de cette ville, sitost qu'il sera ouvert**.....»

* Les États choisirent le sieur Creyssel, qui offrait 40,000 écus de

caution et 140,000 ^{tt} comptant pour faire les avances; ils portèrent ses droits de recette de 8,500 ^{tt} à 11,000 ^{tt}. (Lettres de M. Lebret et de M. l'archevêque d'Aix, 3 mars.)

** Voir, aux dates du 7 avril, du 5 mai et du 12 juin, les lettres du receveur général Revest et les états de souscription.

840. *M. Lebret, intendant en Provence,*
au Contrôleur général.

11 Janvier 1690.

«Depuis que j'ay l'honneur de servir dans les provinces, mon secrétaire a toujours touché par ses mains les 1,200 ^{tt} que le Roy luy donne par chacun an, et, outre cela, je l'ay logé et nourri à mes dépens, pour éviter qu'à l'exemple des secrétaires de plusieurs autres intendans, il ne prist de l'argent des parties; mais, comme le traité des droits d'amortissement et celuy des taxes faites sur les procureurs, huissiers et notaires royaux exerçant sans provisions seront d'un assez grand détail dans mon département, mon secrétaire ne pourroit se dispenser de consommer la meilleure partie de ses appointemens à l'entretien d'un commis qu'il sera obligé d'avoir d'extraordinaire pour l'expédition des ordonnances que je rendray dans ces deux affaires, dont il est important de garder des minutes, s'il ne luy estoit pourvu de quelque secours, qui ne peut venir que de la permission qu'on luy donneroit de prendre quelque petit droit, comme ont fait en pareilles occasions les secrétaires de ceux qui m'ont précédé, pour l'expédition des ordonnances portant décharge ou modération des taxes; à moins que le Roy n'eust agréable de luy faire donner une somme de 5 à 600 ^{tt} par an, et autant de temps seulement que le recouvrement durera, savoir : 400 ^{tt} par le traitant des amortissemens, et 200 ^{tt} par celuy des taxes des procureurs et notaires; et, comme cette dernière manière de l'indemniser est bien plus de mon goust que la première, je prends la liberté de vous la proposer, parce que, si elle vous estoit agréable, une lettre que vous auriez la bonté de m'écrire, portant ordre de passer à ces traitans la somme que vous jugeriez convenable dans le compte qu'ils rendront dans la suite de leur recouvrement, en rapportant la quittance de mon secrétaire, seroit suffisante pour empescher qu'il ne prist quoy que ce soit des parties, et me tirer de la crainte où je serois que, luy permettant de toucher quelques petits droits pour l'entretien de ce nouveau commis, il n'en exigeast davantage de ceux qui seroient déchargés, ou dont les taxes seroient modérées.»

841. *M. Lebret, intendant en Provence,*
au Contrôleur général.

30 Janvier 1690.

«..... Le préjudice considérable que le pays souffre de la faillite du sieur Blanc m'a fait croire qu'il estoit de l'intérest de S. M. d'en bien pénétrer les causes. J'en trouve deux principales : l'une, que, pour s'attirer la bienveillance et la protection de ceux qui ont l'autorité dans la province, il leur prestoit ou avançoit des sommes assez considérables, dont il estoit obligé de payer l'intérest à ceux de qui il les empruntoit; et l'autre, que la manière introduite par S. M., depuis l'année 1664 seulement, de se faire payer de la somme accordée par la province en douze payemens égaux, au 1er de chacun mois de l'année, l'ayant mis dans la nécessité indispensable de faire des avances, elle luy a fourni en mesme temps un prétexte très-spécieux de tromper le public, en empruntant, comme il a fait, des sommes beaucoup plus considérables que celles qui luy estoient nécessaires pour satisfaire à la partie du Roy, dont l'excédant a esté consommé à la bastisse et embellissement de ses maisons de la ville et de la campagne et à d'autres dépenses encore plus inutiles, qui ont enfin jeté ses affaires dans le décri et dans la confusion où elles se trouvent aujourd'huy. Il me semble qu'il y auroit deux moyens d'éviter à l'avenir de pareils inconvéniens, dont l'un dépend du Roy, et l'autre des procureurs du pays. Celuy qui dépend de la bonté du Roy seroit que S. M. eust agréable de rétablir l'ancien usage, c'est-à-dire que, au lieu de continuer à payer le Don gratuit mois par mois, à commencer du 1er janvier, le trésorier ne l'acquittast à l'avenir qu'en quatre payemens égaux, à la fin de chacun quartier, dont le premier écherroit au dernier mars, le second au dernier juin, le troisième au dernier septembre et le quatrième au dernier décembre de chacune année; car, de cette manière, le trésorier, qui ne commence à recevoir qu'au milieu de chacun quartier, c'est-à-dire au quinzième des mois de février, may, aoust et novembre, auroit suffisamment de fonds à la fin de chacun quartier pour l'entier payement du Don gratuit, et cette facilité fourniroit un moyen aux procureurs du pays de remédier bientost à l'autre inconvénient, en faisant publier et afficher que les emprunts qui seroient faits à l'avenir par le trésorier du pays, tant qu'il seroit en exercice, seroient nuls, s'ils n'estoient par eux visés et approuvés, ce qui les mettroit à couvert de sa mauvaise conduite*.»

* Sur la faillite de Blanc, qui était trésorier et receveur général des États, et sur les mesures prises pour sauvegarder les intérêts de la province, voir les lettres de M. l'archevêque d'Aix, 19, 21 et 28 décembre 1689.

842. *M. Lebret, intendant en Provence,*
au Contrôleur général.

17 Février 1690.

«Pour réponse à la lettre que vous m'avez fait l'honneur de m'écrire, je n'ay reçu aucuns ordres d'empescher absolument la sortie des blés, et il y en a une si grande abondance dans cette province, que la principale plainte des habitans est qu'ils ne trouvent pas le débit de ceux qu'ils gardent dans leurs greniers depuis deux ans, à quoy ils attribuent la rareté des espèces d'or et d'argent.....»

843. *M. de Châteaurenard, intendant à Moulins,*
au Contrôleur général.

10 et 12 Mars 1690.

Il rend compte de la contestation survenue entre le

fermier du domaine et du contrôle des exploits et la ferme des gabelles, au sujet des exploits donnés par les huissiers ou les gardes des gabelles*.

«Il résulte des informations.....que les huissiers et employés ont exécuté les meubles des redevables sans faire ni laisser le plus souvent aucun inventaire ni exploit d'exécution; et, à ceux qui leur payoient 10 sols qu'ils demandoient, ils leur rendoient leurs meubles ou ne les déplaçoient pas, et un seul de ces huissiers ou employés faisoit des douze ou quinze de ces exécutions en un jour. De cette preuve, vous pouvez comprendre le préjudice fait au contrôle des exploits et l'abus de ces huissiers et employés au recouvrement des débets du sel, lequel ils retardoient au lieu d'avancer, et ces abus sont pour eux une vache à lait.....»

* Procédure analogue des officiers du grenier à sel de Janville contre le receveur du grenier (intendance d'Orléans, 16 décembre 1689).

---

844. *M. de* Bagnols, *intendant en Flandre,*
au Contrôleur général.

31 Mars 1690.

Mémoire sur l'origine du droit de *Péage de Bapaume*, sur le montant des taxes applicables au passage des marchandises de l'Île-de-France, de la Bourgogne, de la Champagne, de la Provence et des pays d'outre-monts, et sur la possibilité d'accorder au fermier un plus grand nombre de bureaux*.

* 26 décembre 1690 : autre mémoire de M. Chauvelin, intendant à Amiens. — 9 septembre 1691 : mémoires des Magistrats de Dunkerque, Furnes, Bergues et Ypres, et lettre de M. de Madrys, protestant contre l'établissement de bureaux de ce péage à Ypres et à Bergues.

---

845. *M. de* Châteaurenard, *intendant à Moulins,*
au Contrôleur général.

19 Avril 1690.

La généralité étant trop pauvre pour offrir un don au Roi, il propose de créer un Parlement à Moulins, aux dépens de celui de Paris, qui pourrait trouver une compensation dans l'adjonction à son ancien ressort de la Flandre et des pays conquis.

---

846. *M.* Lebret, *intendant en Provence,*
au Contrôleur général.

23 Avril et 2 Juin 1690.

Tous les possesseurs de madragues pour la pêche du thon en jouissent par lettres patentes et privilèges authentiques dûment enregistrés. Il y en a six depuis l'embouchure du Rhône jusqu'à la Ciotat, qui rapportent ensemble 12 ou 13,000# aux propriétaires; les autres, depuis la Ciotat jusqu'aux côtes de Piémont, appartiennent à Mme de Boyer-Bandol, et, comme le Roi lui en confirme la jouissance, il semble difficile d'entreprendre la réunion et l'aliénation des premières*.

* Voir, à la date du 17 juillet 1691, une lettre et un mémoire sur la permission que M. de Grignan demandait d'établir une madrague entre Cassis et la Ciotat; permission qui fut refusée dans l'intérêt de la navigation du golfe de Cassis.

En Languedoc, Pierre Tausier, intendant des fortifications, avait obtenu, en 1689, un privilége pour faire construire des bordigues tout le long des côtes, à l'entrée des graux et étangs. Il acquit de la communauté d'Aigues-Mortes la propriété de l'étang du Repausel. (Lettre de M. de Bâville, 30 novembre 1691.)

---

847. *M. de* Ménars, *intendant à Paris,*
au Contrôleur général.

24 Avril 1690.

«Pour réponse à la lettre que vous m'avez fait l'honneur de m'écrire touchant les taxes d'office, je m'informe tous les ans avec grand soin des noms des seigneurs qui par leur autorité empeschent que leurs fermiers ne portent la taille qu'ils doivent à proportion de leur bien et de ce qu'ils font valoir, et je les taxe d'office, après avoir pris toutes les lumières nécessaires et les avoir entendus. J'examine moy-mesme les rôles, et j'écris tous les ans à des officiers de confiance de faire de nouvelles recherches dans chaque élection, paroisse par paroisse, de tous ceux qui par cabale ou par autorité s'exemptent de payer ce qu'ils peuvent, afin de les comprendre dans les rôles des cotes d'office. Ce travail sera continué cette année avec la dernière exactitude.»

---

848. *M. de* Châteaurenard, *intendant à Moulins,*
au Contrôleur général.

3 Mai 1690.

Des ordres ont été donnés pour que les receveurs des caisses publiques ou les porteurs d'espèces anciennes fassent porter à la réformation toutes les monnaies comprises dans l'édit; mais cette opération sera difficile dans les pays où il n'y a point de Monnaies ouvertes, et où les changeurs ne pourront, dans le délai d'un mois, faire venir des quantités suffisantes d'espèces nouvelles*.

* M. Bouchu faisait les mêmes observations, pour le Dauphiné, dès le 30 décembre 1689.

M. de Châteaurenard écrivit, le 28 janvier 1691, au sujet de l'arrêt qui obligea les receveurs, changeurs, etc. à faire convertir les anciennes espèces aux Monnaies de Bourges, Riom et Dijon, et à payer en monnaie nouvelle les charges assignées sur les recettes : «Ce convertissement rapportera beaucoup de facilité dans le commerce pour les payemens, et rendra peut-estre plus commune la petite monnoye des sols, doubles et deniers, qui sont très-rares depuis le dernier arrest qui a diminué l'or et l'argent dans le public.»

849. *M. de Bezons, intendant à Bordeaux,*
au Contrôleur général.

9 Mai 1690.

Enregistrement des deux déclarations rendues pour l'augmentation des droits sur le papier et le parchemin timbrés, et pour le règlement des instances en surtaux.

«Je ne suis pas persuadé que ce soit une chose favorable aux communautés, que les élus ayent une augmentation de pouvoir, parce qu'il m'a toujours paru, dans les généralités où j'ay esté, qu'ils favorisent plutost les contribuables que les communautés, et que l'on estoit souvent obligé de recourir à la voye de l'appel, afin d'éluder l'exécution des jugemens qu'ils donnoient.....

«Le travail de la réformation des monnoyes est présentement en bon train. Je n'ay point besoin d'exciter les gens à porter leur argent à la Monnoye; ils y vont volontiers, et, si on avoit de quoy changer tout l'argent que l'on y porte, en peu de jours il n'y auroit plus d'anciennes espèces..... Je crois que vous trouverez bon que, jusqu'au dernier de ce mois, les receveurs des tailles, les collecteurs et les changeurs reçoivent les anciennes espèces sur le pied de ce qu'elles valent présentement. Ainsy, on comptera le nombre de jours qu'il faudra aux receveurs des tailles et aux changeurs pour venir du lieu de leur résidence à Bordeaux, afin de pouvoir leur recevoir leurs espèces à la Monnoye dans les premiers jours de juin, sur le pied qu'ils les auront reçues. Cela ne peut pas passer le 4 ou le 5 de juin*.»

* M. de Bezons écrit encore, le 30 décembre, au sujet de la prorogation du cours des anciennes espèces. Selon lui, leur conversion avait facilité les recouvrements des receveurs des fermes et des tailles, qui ne recevaient que des anciennes épèces, et auxquels il donnait la charge de répandre les nouvelles monnaies dans le commerce. Autres lettres du 13 janvier 1691, du 3 février et du 1er avril.

850. *Le Contrôleur général*
à MM. de la Bourdonnaye et Bégon, intendants
à Poitiers et à la Rochelle.

15 Mai 1690.

«On me mande de différens endroits de vostre généralité que les officiers d'infanterie qui lèvent des soldats vont dans les foires et marchés, et qu'ils enlèvent les hommes avec force et violences, et les font marcher sans aucun engagement de leur part; que ces violences vont si loin, qu'il ne se trouve presque plus personne qui aille aux cabarets, ni dans les foires et marchés, ce qui est non-seulement contre la liberté publique, mais mesme fort préjudiciable aux droits du Roy et à la ferme des aydes. Vous ne sauriez trop vous appliquer à empescher ces violences, et, si dans la suite il en arrive quelques-unes, vous en ferez informer et m'enverrez ensuite les informations, pour en rendre compte au Roy*.»

* Lettre semblable à M. de Pomereu de la Bretèche, intendant à Alençon, 15 mars 1691.

M. de Châteaurenard (Moulins, 19 mars 1690) constatait, d'après les commis des gabelles, que, malgré toutes les ordonnances qu'on pouvait rendre contre les troupes, la crainte des enrôlements forcés empêchait les paysans d'aller se fournir aux greniers à sel. — Dès le 11 décembre 1689, M. de Creil écrivait d'Orléans que M. de Louvois devrait interdire l'approche des marchés aux officiers recruteurs; mais, pour lui, il craignait «de ne pas ajuster les termes de ses ordonnances avec les intentions et les idées générales que M. de Louvois a plus particulièrement que personne pour le service du Roy.»

851. *M. Boisot, procureur général au Parlement*
de Besançon,
au Contrôleur général.

9 Juin 1690.

«..... Il se fait icy un commerce d'argent comptant assez considérable sur les petites monnoyes étrangères, dont le pays estoit rempli, faute d'en avoir de celles du royaume. Présentement, on reporte ces petites monnoyes étrangères en Suisse et en Allemagne, parce que l'écu étranger a icy augmenté de prix et les petites monnoyes sont demeurées dans leur valeur, de manière qu'il y a du profit en pays étranger de porter ces petites monnoyes et de rapporter icy des écus, ce que j'estime avantageux au service, en ce que la valeur intrinsèque de ces petites monnoyes est très-mauvaise. Mais le public pourra souffrir, si, par vos ordres, il ne se répand icy quelques monnoyes aux armes du Roy, en place des étrangères que les marchands enlèvent.....»

852. *M. de Montcrif, subdélégué, en l'absence*
de M. de la Fond, à l'intendance de Franche-Comté,
au Contrôleur général.

16 Juin 1690.

Il envoie le procès-verbal d'une saisie de plusieurs balles de draps d'Angleterre introduites en fraude par la frontière de Suisse et placées en entrepôt à Dôle*.

* Saisies semblables sur la frontière lyonnaise. (Lettre de M. de Bérulle, 17 décembre 1689.)

Outre les draps d'Angleterre et ceux de Hollande, il entrait aussi des sucres étrangers, des toiles peintes, des bas, etc., malgré les visites qui se faisaient régulièrement chez les marchands, et quoique les passages de la frontière fussent gardés pour empêcher la sortie des grains. Le contrôleur général ordonna l'établissement de bureaux à Besançon, Montbéliard, Saint-Claude, Pontarlier, Foncine et Salins. (Lettre de M. de la Fond, 5 novembre 1690.)

853. *M. de Selve, procureur général en la Cour*
des monnaies,
au Contrôleur général.

19 Juin 1690.

«..... Nous nous apercevons que la dernière prorogation a bien ralenti l'apport des espèces à la Monnoye, et, sans 400,000# qu'on a envoyé querir aujourd'huy au Trésor royal, et 150,000# qu'on aura encore demain, on auroit eu peine à fournir au travail, ce qui fait croire qu'une troisième prorogation le ralentiroit beaucoup. Mais on pourroit, pour satisfaire le public, faire donner le mesme prix des espèces dans les Monnoyes pendant le premier mois, en déclarant que, le mois suivant, on en donneroit moins. Le profit qu'il y auroit à les porter dans les Monnoyes, et l'appréhension qu'on auroit d'en avoir moins le mois suivant, produiroient dans les Monnoyes une affluence plus grande qu'il n'y en a point encore eu*.»

* Voir, joint à une lettre du 17 du même mois, un exemplaire du *Réaggrave* que M. de Selve fit publier à tous les prônes, portant excommunication contre ceux qui ne dénonceraient point les exactions des changeurs ou des commis de la Monnaie chargés de recevoir les anciennes espèces, et les connivences criminelles des uns avec les autres. — Voir aussi, à la date du 19 janvier 1691 (autre lettre de M. de Selve), un arrêt portant injonction aux commis des recettes particulières de recevoir les espèces sur le même pied que les commis des Monnaies.

---

854. *M. Lebret, intendant en Provence,*
au Contrôleur général.

28 Juin 1690.

Il insiste pour que les États soient admis à se racheter de la directe universelle en payant 6,500# par an, au profit du fermier des domaines*.

* A cette lettre est joint un mémoire du fermier, qui réclame une indemnité annuelle de 15,000#. Suivant ce mémoire, «la directe universelle du Roy, comme comte de Provence et de Forcalquier et des Terres adjacentes, est un droit particulier à ce pays-là, que l'on appelle *Majus dominium*, directe majeure, ou directe universelle.

«Elle consiste en ce que la directe de tous les droits régaliens, comme pressoirs, fours et moulins banaux, halles, communaux, terres vaines et vagues, et les cens, rentes, lods et ventes qui en dépendent, appartiennent au comte de Provence dans tous les territoires particuliers du comté où, de droit commun, il est seigneur haut justicier universellement, et les droits régaliens, ni la directe universelle de ces mesmes droits ne sont jamais compris ni sous-entendus dans les inféodations ordinaires, parce qu'ils ne font point partie des fiefs servans de ce pays-là, à moins que le prince n'en ayt fait une concession expresse. Ainsy, il y a dans le mesme territoire deux directes : celle du seigneur particulier, et celle du comte, que l'on appelle la directe universelle.»

Le produit du droit avait beaucoup augmenté par suite des défrichements du XVIe siècle et de la recherche domaniale de 1667 ; mais les seigneurs particuliers en avaient usurpé une grande partie, et, comme une poursuite générale eût fait trop d'émotion dans la province, on avait commencé par Arles, et ce ne fut qu'après avoir gagné l'affaire devant les commissaires de la province, que le fermier du domaine forma sa demande pour toute l'étendue des comtés de Provence et de Forcalquier et des Terres adjacentes. Le jugement relatif à Arles ayant été confirmé en appel le 24 octobre 1687, les syndics du pays ne songèrent plus à soutenir l'appel qu'ils avaient également interjeté pour la seconde affaire. Ils obtinrent une surséance jusqu'à ce qu'on fit un abonnement général, et cet abonnement, tant pour la directe que pour tous les autres droits domaniaux, fut conclu au taux de 35,000# par an, en 1691. (Lettre de M. Lebret, 21 février 1691.)

Suivant une lettre écrite par cet intendant, le 28 octobre 1689, le fermier avait eu, à cette époque, la prétention de faire opérer la réunion de tous les atterrissements formés sur les bords du Rhône, depuis Arles jusqu'à la mer, en vertu de la déclaration des îles et îlots de 1683 ; mais l'intendant avait refusé de donner son ordonnance.

---

855. *M. de Châteaurenard, intendant à Moulins,*
au Contrôleur général.

4 Juillet 1690.

«..... Les habitans de Saint-Pourçain se plaignent de ce que les marchands qui sont établis au depost du sel qui s'y débite le vendent sur un pied excessif, et demandent que l'on reçoive les propositions de deux autres particuliers, qui offrent de le donner à moins..... Je les fis tous convenir que la proposition de ces deux particuliers n'estoit pas raisonnable et tiroit mesme à conséquence contre l'intérest du public et la liberté que tout le monde avoit également de vendre du sel à ce depost.....»

---

856. *M. Lebret, intendant en Provence,*
au Contrôleur général.

10 Juillet 1690.

Il demande que, conformément aux anciens titres et aux arrêts du Conseil, les propriétaires des salins de Berre aient le droit de prélever chaque année, comme franc-salé, soixante minots de sel pour leur consommation personnelle*.

* Voir le mémoire qui accompagne l'avis de M. Lebret et la réponse du fermier, demandant que, si l'on faisait droit à la requête, il fût du moins indemnisé, comme cela se pratiquait pour les autres francs-salés de Provence.

---

857. *Le Contrôleur général*
à M. Bégon, intendant à la Rochelle.

14 Juillet 1690.

«Les fermiers des aydes de la Rochelle continuent leurs plaintes contre les soldats. Je ne vois pas que la proposition que vous faites, de leur permettre d'acheter du vin de provision, en faisant préalablement déclaration au bureau, et d'en fixer la quantité à une barrique pour quatre mois, soit un moyen assuré pour empescher les fraudes. Il est difficile de se persuader qu'il y ayt grand nombre de soldats en estat de faire les avances nécessaires pour cela, à moins qu'ils ne soient aydés par les bourgeois, ou qu'ils ne se dédommagent par ailleurs, ce qu'il faut absolument empescher. Après avoir bien examiné la chose, je trouve que la fixation que vous aviez faite pour leur faire distribuer du vin blanc à raison de 18 deniers, et du rouge à 2 sols, devoit empescher toutes les fraudes; mais, puisqu'il s'en commet encore, pour leur oster tout prétexte, le fermier donnera le vin blanc à l'avenir à 15 deniers la pinte, et le rouge à 20 deniers, qui est le plus bas prix auquel il puisse estre. Vous ferez savoir aux commandans que l'intention du Roy est que les soldats n'ayent plus de vin de provision.»

858. *M. de Séguiran, premier président de la Chambre des comptes de Provence,* au Contrôleur général.

14 Juillet 1690.

Il envoie un mémoire sur les causes de l'accroissement des dettes des communautés, et propose de faire compter les trésoriers par-devant la Chambre des comptes, et non plus seulement devant les auditeurs ou les consuls des communautés, qui ont toujours quelque intérêt à s'entendre avec les comptables.

---

859. *M. de Châteaurenard, intendant à Moulins,* au Contrôleur général.

16 Juillet 1690.

Procédures contre les habitants des communautés de Champvoux et de Four, accusés d'avoir abattu et vendu leurs bois sans lettres patentes ni autres formalités.

Les coupes ont été faites sur un arrêt rendu par la Table de marbre en faveur du propriétaire de ces bois et des habitants, qui en sont simplement usagers, et, par conséquent, on ne peut qu'ordonner le remploi en rentes ou en fonds des deniers qui doivent revenir pour leur part aux communautés*.

* Moulins, 18 mai 1692, lettre de M. de Châteaurenard et mémoire sur l'emploi du prix des bois de la communauté de Saint-Saulge.

---

860. *M. de Pomereu, intendant en Bretagne,* au Contrôleur général.

26 Juillet 1690.

Il donne son avis sur le mémoire présenté par M. de la Faluère pour la création d'une compagnie du guet à Rennes. Cet établissement semble plus avantageux pour la police et la sûreté de la ville qu'au point de vue de l'argent que le Roi en tirera. Un chevalier du guet, un lieutenant et dix archers suffiront, puisque, pour toute la province, la grande maréchaussée ne se compose que de quatre officiers et vingt-huit archers. Les charges peuvent être héréditaires, ou, comme cela se pratique dans le reste du royaume, à survivance, avec l'exemption de tutelle et de logement. La ville de Rennes étant trop obérée pour fournir les appointements, on peut en faire faire le fonds, en grande partie, par les États, et prendre le reste sur la recette générale des finances*.

* M. de la Faluère envoie le projet d'édit, le 27 août suivant. Voir aussi une lettre du 17 mai 1691, et une autre du 2 décembre, sur la police en Bretagne et sur les règlements municipaux de voirie, de marchés, etc.

---

861. *M. de Châteaurenard, intendant à Moulins,* au Contrôleur général.

11 Août 1690.

Projet d'impositions destinées à l'acquisition d'un presbytère sur la paroisse Saint-Pierre de Moulins, et à la démolition d'un certain nombre de maisons bâties sur piliers, dont l'état de vétusté nuit à l'embellissement de la ville ou à la circulation.

---

862. *M. de Ménars, intendant à Paris,* au Contrôleur général.

21 Août 1690.

« J'ay examiné la requeste et les pièces des habitans de Crécy-en-Brie, que M. de Breteuil m'a envoyées par ordre du Conseil, par lesquelles ils demandent, ainsy qu'il a esté fait pour la ville de Meaux, que le rôle des tailles de ce lieu soit fait, pour l'année 1691, par douze habitans, suivant les facultés d'un chacun, et que ce rôle soit suivi et exécuté les années suivantes par les collecteurs, sans que les cotes puissent estre à l'avenir augmentées ni diminuées qu'au sol la livre de l'augmentation ou diminution de la taille.

« Je trouve qu'il n'est pas juste de leur accorder ce qu'ils demandent. Il y a une différence considérable d'une ville comme Meaux à Crécy. Le nombre des paroisses et des habitans causoit une jalousie qui donnoit matière à beaucoup de procès, qui ont esté éteints par l'arrest que j'ay fait rendre; mais, dans une petite ville comme Crécy, les douze habitans qui seroient collecteurs feroient la partie la plus considérable de la ville et seroient les maistres d'accabler les pauvres.

« J'avoue que ce seroit un grand bien si l'on pouvoit fixer dans une juste égalité ce que chacun doit porter. J'y ay souvent fait réflexion; mais l'usage m'apprend que rien n'est plus difficile à exécuter, parce qu'il n'est pas aysé d'avoir une entière connoissance des biens et facultés des particuliers, et qu'il est rare que les cotisables demeurent longtemps avec le mesme bien ou les mesmes tenures; le moindre accident, la moindre maladie, le changement de quartier, de maison, de boutique, et beaucoup d'autres inconvéniens changent la fortune des marchands et des artisans d'une ville, et les moindres disgrâces celle des laboureurs et des habitans de la campagne.

« Je crois qu'il est bon de ne rien changer à l'usage établi et pratiqué pour la confection des rôles. Puisque les habitans de Crécy se plaignent que le rôle des tailles est mal fait et qu'il y a beaucoup d'abus, S. M. peut ordonner que le rôle de l'année prochaine 1691 sera fait en présence du sieur Macé, président en l'élection de Meaux, lequel se transportera sur les lieux, entendra tous les habitans, fera tout ce qui luy sera possible pour connoistre les biens, les facultés et les tenures d'un chacun, les fera convenir de leurs cotes, ou les réglera sommairement. J'ay, par ce moyen, rétabli l'ordre dans plusieurs paroisses de l'élection de Paris. Lorsqu'on est sûr de la probité et de l'exactitude de celuy qu'on envoye, le succès est certain : le président Macé a ces deux qualités. »

863. *M. Lebret, intendant en Provence,*
au Contrôleur général.

26 Août et 27 Octobre 1690.

Mémoire sur les opérations de la Chambre du domaine et sur les résultats qu'elles ont eus pour le Roi.

Le travail du papier terrier, commencé en 1682, est achevé; il a amené le rétablissement de plusieurs droits qui avaient été négligés; onze mille reconnaissances ont été faites au profit de la directe royale, et les déclarations ont toutes passé à l'examen du procureur du Roi et des commissaires. Rien ne s'oppose plus à ce que l'on procède à la dissolution de la Chambre.

864. *M. Lebret, intendant en Provence,*
au Contrôleur général.

8 Septembre 1690.

L'échevinage de Marseille est disposé à racheter les charges de procureur du Roi et de greffier de l'hôtel de ville, et à payer même une somme plus forte que celle que produirait le débit des deux offices. Outre l'avantage de donner un bon exemple, on éviterait ainsi d'offrir aux nobles un moyen de rentrer dans l'administration des affaires publiques, d'où on a dû les exclure*.

* Le 26 novembre suivant, M. Lebret propose, pour faciliter le débit de ces charges dans les communautés, d'augmenter leurs privilèges, de donner aux acquéreurs la préséance sur les juges seigneuriaux et locaux et la faculté de faire exercer par un commis, d'appeler les premiers consuls à partager la garde des archives communales, etc.

Sur les vexations que commirent à leur tour les nouveaux pourvus, lorsque l'intendant eut été obligé de leur prêter appui, voir une autre lettre du 14 octobre 1691.

865. *M. de Châteaurenard, intendant à Moulins,*
au Contrôleur général.

13 Septembre et 11 Octobre 1690.

Les receveurs généraux pourront seuls entreprendre la fourniture des étapes, en raison du renchérissement des denrées, à moins que le Roi ne veuille faire les avances.

«Il me revient de toutes parts que la récolte du blé a esté fort trompeuse; qu'en beaucoup d'endroits l'on n'a pas recueilli de quoy semer; qu'une grande partie des vignes ont coulé, et que les pluyes continuelles qu'il fait depuis près de quinze jours achèveront de les perdre, en pourrissant le raisin, qui, à l'heure qu'il est, n'est pas encore à demy-mûr. Mais ce que je sais de plus véritable, est qu'il y a eu une mortalité de bestiaux considérable depuis six semaines, surtout dans le Bourbonnois, y ayant des paroisses entières qui les ont tous perdus; et ce qui est de plus fascheux, est qu'on n'oseroit se basarder sitost de remplacer ceux qui sont morts. Cependant les terres demeureront incultes, et je vous avoue que toutes ces considérations ne me donneront pas peu d'embarras et aux receveurs des tailles, pour en faire bien juste les départemens*.»

* Voir, à la date du 25 octobre, l'état des impositions de la généralité, montant à 1,333,406 #, sans compter l'ustensile de la cavalerie et la dépense de la milice, qui allaient à 326,646 #, non plus que l'ustensile de l'infanterie, évalué à 69,000 #.

866. *M. Lebret, intendant en Provence,*
au Contrôleur général.

3 Octobre 1690.

Il envoie un nouveau projet d'arrêt pour retenir au profit du Roi une année des intérêts dus aux créanciers de la province.

Pareille mesure a déjà été prise plusieurs fois, particulièrement en 1631, où les États ordonnèrent que les créances seraient encadastrées et imposées à la taille, à un pour cent.

«Je ne crois pas que tous ces créanciers, qui, depuis dix, vingt, trente et cinquante années, ont touché sans aucune remise ni diminution tous les intérests de plus de 20 millions de livres qui leur sont dues en principal, pendant que les propriétaires des fonds ont supporté toutes les charges de la province, ayent sujet ni raison de se plaindre, si on les oblige maintenant à contribuer un peu et d'une seule année de leurs intérests, payable dans deux ans, aux pressantes nécessités de l'Estat.

«Je n'ay point parlé dans ce projet d'arrest de la continuation de la vérification des dettes, du rejet de celles qui seront trouvées mauvaises, du payement des bonnes en fonds, ni de la réduction des intérests à l'avenir sur le pied de quatre pour cent, parce que tout cela ne serviroit pas à le rendre agréable, et que, si on y parloit de décharger les créanciers par simples obligations de l'imputation des intérests par eux exigés sans demande ni condamnation valable, on irriteroit tellement les créanciers par contrats de constitution, qui ne gagneroient rien à cette grâce et qui sont en beaucoup plus grand nombre, qu'il seroit impossible de leur faire entendre raison dans la suite. Mais, si les uns et les autres crient un peu trop haut, lorsque cet arrest paroistra, on entrera en raisonnement avec eux, et on taschera de les apaiser, en leur accordant par un second arrest, si vous le trouvez à propos, ce que S. M. jugera ne pouvoir apporter un préjudice notable au général de la province. Car M. l'archevesque d'Aix, qui a vu ce projet d'arrest, est convenu avec moy que, dans la situation où se trouvent présentement les esprits de tous ces créanciers, qui ne sont pas d'accord entre eux et dont la plupart se laissent conduire par un avocat de cette ville, atrabilaire, entré dans ces sentimens et père de toutes sortes de difficultés, on ne parviendroit pas à les faire consentir, dans des conférences qui n'auroient point de fin, à rien qui approchast de ce que vous me marquez désirer par vostre lettre, et il faut espérer que la vue de cet arrest bien signé et scellé les rendra beaucoup plus traitables. . . . .»

867. *M.* DE CHÂTEAURENARD, *intendant à Moulins,*
AU CONTRÔLEUR GÉNÉRAL.

24 Novembre 1690.

«..... Vostre autre lettre est pour m'avertir de vous faire des lettres séparées de ce qui regarde les finances d'avec les autres choses qui ont rapport à la charge de secrétaire d'Estat, ce que j'eus la pensée de faire, sur l'avis que me donna M. de Louvois, que la province de la Marche seroit à l'avenir de vostre département.»

868. LE CONTRÔLEUR GÉNÉRAL
à M. LARCHER, *intendant à Rouen.*

26 Novembre 1690.

«Le projet d'arrest et les mémoires que vous trouverez cy-joints vous feront connoistre que les pescheurs de la coste de Normandie demandent la liberté d'aller à la pesche du hareng, appelée *roulage*, comme ils faisoient avant l'arrest du 24 mars 1687, qui ne leur permet de faire cette pesche que jusqu'au dernier décembre. Les habitans de Dieppe, qui font la pesche du bon hareng, ont un véritable intérest d'empescher qu'il se répande une trop grande quantité de hareng de cette pesche dans le royaume. S'ils pouvoient fournir celle qui est nécessaire pour la consommation, je crois qu'il ne faudroit rien changer; mais, comme il me paroist que, depuis qu'il n'en est point venu de l'étranger, le hareng est de beaucoup renchéri, et qu'il en entre une bien moindre quantité que celle qui entroit, vous prendrez la peine d'examiner ce qui seroit plus avantageux par rapport au temps présent, et me manderez vostre sentiment sur ce que vous croyez qu'il y auroit à faire*.»

* L'arrêt portant permission de pêcher jusqu'au 15 mars est envoyé le 15 janvier 1691.

L'année précédente (1689, sans date) M. Chamillart, prédécesseur de M. Larcher, rapportant, d'après les plaintes des sous-fermiers, que l'augmentation des droits sur les morues étrangères (décembre 1687) avait ruiné l'importation et diminué les recettes des fermes, disait qu'en effet le produit de ces droits était descendu de plus de 20,000# à 13,000# environ, mais que cette diminution était une conséquence de la guerre plutôt que de la hausse des droits, puisque ces droits portaient sur les acheteurs et non sur les importateurs.

869. *Les Députés du commerce de Marseille*
AU CONTRÔLEUR GÉNÉRAL.

29 Novembre 1690.

Ils se plaignent que, contrairement aux usages et aux arrêts qui permettent la traite des espèces d'or et d'argent à l'intérieur du royaume, une somme de 40,000# envoyée à un banquier de Marseille ait été arrêtée aux portes de Lyon, sous prétexte qu'il n'y avait pas de permission spéciale, ni de déclaration.

«Rien n'exposeroit tant ceux qui font pareils traités à estre volés, que la manifestation qu'ils en feroient s'il falloit le déclarer..... L'on ne sauroit se conduire avec trop de secret, quand ce ne seroit mesme que pour ne divulguer pas les desseins des négocians, par rapport de l'un à l'autre, où l'émulation se rencontre souvent.

«Il y a cette importante considération à faire, que cette saisie n'a point esté faite à la sortie du royaume, mais bien dans le cœur mesme du royaume. Cependant, qui seroit ce fameux banquier qui pourroit s'empescher de faire banqueroute, si, tandis que les lettres de change pour des sommes de cette considération luy seroient tirées, les fonds destinés pour les payer estoient retenus en chemin?.....»

870. *M.* DE COSNAC, *archevêque d'Aix,*
AU CONTRÔLEUR GÉNÉRAL.

29 Novembre 1690.

L'assemblée des communautés a accordé par acclamation le Don gratuit de 800,000# et tout ce que le Roi demandait; mais la province doit payer de plus que l'année passée 400,000#, que M. de Louvois réclame pour les étapes et les ustensiles, et elle a en quartier d'hiver cinquante-six compagnies de cavalerie et trois mille six cents hommes d'infanterie. L'imposition monte à 1,800,000#, pour six cents paroisses, dont les deux tiers n'ont plus ni récoltes ni commerce, et qui, en outre, doivent payer un million d'intérêts à leurs créanciers et faire l'avance des étapes et de la subsistance des gens de guerre.

«Et, par-dessus tout, il faut que les peuples vivent! Voilà un détail désagréable que vous savez mieux que moy, je l'avoue; mais j'en ay fait un plus long et plus fort, lorsqu'il a fallu faire connoistre à ces peuples leur devoir et les porter à faire les efforts qu'ils ont faits avec joye et sans murmurer. Je vous assure que je fais plus naturellement, de meilleur cœur et mieux l'homme du Roy que l'orateur du peuple. J'espère que vous en serez convaincu dans toutes les occasions où il s'agira de servir et de plaire à S. M.

«Je ne dois ni ne veux jamais vous rien cacher de tout ce qui peut regarder le bien du service du Roy. Je vous feray savoir le bien et le mal avec liberté, sans prétendre en retirer aucun avantage que celuy d'avoir satisfait à mon devoir; vous en ferez l'usage qu'il vous plaira, pour ou contre moy : tout ce qui conviendra à S. M. me sera également agréable.

«C'est un ordre qui a esté de tout temps observé dans cette province, que, lorsque les communautés ont fait des dépenses par les ordres de S. M. ou de ceux qui commandent pour elle, toute la province en corps supporte cette dépense; les procureurs du pays en font la liquidation; l'assemblée en ordonne l'imposition, et ceux qui ont fait des avances en sont remboursés sur les mandemens des procureurs du pays. En suite de cet usage, les communautés qui ont fait des dépenses (à l'occasion de la guerre de Savoye et sur les ordonnances de M. le comte de Grignan, dont vous avez tant ouï parler) ont demandé la liquidation et le remboursement dans cette assemblée. Je n'ay pas cru qu'il fallust leur accorder leur demande, tant parce qu'il n'y avoit encore que cent et quelques communautés qui eussent donné l'estat des frais qu'elles avoient faits, que parce qu'il eust fallu faire l'imposition de ces frais, ce qui eust porté un grand préjudice à la levée des deniers qui regardent le Roy. De sorte qu'il a esté délibéré que les communautés qui prétendroient d'estre remboursées apporteroient leurs demandes justifiées par actes, qu'elles feroient examiner, régler et arrester par les procureurs du pays, et rapporter dans la prochaine assemblée, où l'imposition seroit ordonnée. Ces dépenses me paroissent (autant que j'en puis juger par les actes qui m'ont esté remis) très-grandes et très-considérables : en telle sorte qu'il y a plusieurs villages, qui sont sur les frontières de Savoye, qui sont dans l'impuissance de payer leurs tailles, si on ne leur paye les avances qu'ils ont faites sur les ordres des commandans, qui leur ont promis que la province les rembourseroit, suivant ce qui s'estoit toujours pratiqué. A cela je ne sais point de remède que celuy de donner à ces communautés, visiblement accablées, quelque secours, qu'il faudra tascher de trouver dans la province, et, lors de la liquidation, n'allouer que les frais qui auront esté inévitables et spécialement ordonnés. Sur les ordres que M. le comte de Grignan reçut de prendre garde à ce qui se passeroit sur les frontières de Savoye et de Provence, sa prévoyance fut grande, et la frayeur des peuples les obligea à beaucoup de dépenses qui se trouvent inutiles et dont le Roy auroit fait assurément un meilleur usage. C'est un malheur qu'on peut adoucir*. De ma part, je feray toujours ce que vous avez désiré de moy; et, si l'on vouloit vous persuader le contraire, je vous supplie de ne me pas condamner sans m'entendre, car j'auray toujours de quoy me justifier et de quoy les convaincre. Quiconque servira le Roy mieux que moy, je le laisseray faire, et n'en auray ni envie ni jalousie. Je me contenteray de ma bonne volonté, de mon zèle et de ma fidélité, que personne ne pourra jamais surpasser.»

* Les procureurs du pays, par lettre du 8 septembre précédent, s'étaient plaints des dépenses que M. de Grignan avait ordonnées pour la mise sur pied immédiate de cinq régiments de milice, avec leurs états-majors nommés par lui-même, et de six compagnies de cadets. Voir, jointes à cette lettre, les copies des ordonnances de M. de Grignan et de la correspondance qu'il avait eue, durant le mois d'août, avec M. de Louvois. Voir aussi, pour la réponse du contrôleur général aux procureurs du pays, une lettre de M. l'archevêque d'Aix, du 27 septembre, et, sur les dépenses qui furent faites pour la réunion des milices et pour la mise en défense des frontières, les lettres des 1er, 17, 19 et 21 janvier 1691.

M. de Grignan, le 6 et le 15 octobre 1692, justifie encore les mesures analogues qu'il prit cette année-là, et l'archevêque, qui avait fait employer les deniers du Don gratuit pour la subsistance des milices, écrit également pour défendre sa conduite, les 10, 12, 15, 22 septembre et 6 octobre. Voir aussi une lettre de M. de Barbezieux, au 28 septembre.

871. *M. Lebret, intendant en Provence,*
au Contrôleur général.

1er et 8 Décembre 1690.

Le délai pour le payement des taxes de l'hérédité étant passé, rien n'a pu empêcher toutes les juridictions de la ville d'Aix, notaires, procureurs, huissiers, sergents, de cesser leurs fonctions, et les notaires ont même refusé de recevoir des testaments. Comme cette interruption du service leur est aussi nuisible qu'au public et au domaine royal, on a pu les rassurer, et ils sont rentrés au Palais.

«Je crois bien que vostre intention n'est pas que l'administration de la justice et les fonctions ordinaires des notaires cessent tout d'un coup par toute la province, puisque, sans en venir à cette extrémité et à l'exécution d'une clause de cette qualité, qui ne peut estre que désavantageuse et qu'on a apparemment insérée dans l'arrest sans faire réflexion sur les conséquences, le traitant a la faculté de contraindre les redevables des taxes par saisie et vente de leurs meubles et mesme par établissement de garnison.»

Les uns et les autres sont persuadés qu'ils doivent obtenir une décharge ou une modération, en raison des taxes qu'ils viennent de payer précédemment et de l'inégalité évidente de celles qu'on leur a imposées. Les notaires ont presque tous consenti à en avancer un quart*.

* Sur une plainte portée par le traitant contre les vues particulières de M. Lebret, voir une lettre de celui-ci, en date du 20 février 1691.

Une semblable suspension de la justice eut lieu dans plusieurs provinces, et particulièrement dans certaines juridictions de la généralité de Rouen. (Lettres de M. Larcher, 13 janvier; de M. de Vaubourg, Auvergne, 9 mars; de M. de Pomereu, Bretagne, 3 avril 1691.)

872. *M. de Bouville, intendant à Limoges,*
au Contrôleur général.

5 Décembre 1690.

«Un avocat, nommé la Bastie, ayant donné des mémoires, au département dernier, contre les nommés Boisredon et Desmaretz, prétendus nobles, de la paroisse de Saint-Quentin-le-Vieux, élection d'Angoulesme, je les taxay d'office, fondé sur les rôles des tailles, dans lesquels, depuis leur bisayeul jusques à eux, ils avoient esté compris et ne s'en estoient fait tirer que par autorité. Desmaretz, ayant su cette taxe d'office, vint me présenter une requeste pour sa décharge, sur laquelle je mis une ordonnance de communication, tant au receveur des tailles qu'aux habitans de ladite paroisse, dont la Bastie ayant esté averti, me vint trouver, et, après m'avoir fait voir tous les rôles des tailles, dans lesquels ces gens-là avoient esté compris, il me dit qu'infailliblement ils obtiendroient leur décharge, parce que le receveur des tailles déclaroit ne vouloir pas soutenir la taxe d'office, et que les habitans n'auroient pas la hardiesse de se déclarer contre ces gens-là. Je luy répondis que, s'ils n'estoient pas nobles, comme il y a grande apparence, je les condamnerois à payer, quand mesme les habitans consentiroient leur décharge; mais qu'en tous cas, comme il avoit du crédit dans cette paroisse, il pouvoit se trouver à l'assemblée, lorsqu'on délibéreroit à la porte de l'église. Et en effet, s'y estant trouvé, ce nommé Boisredon l'a tué d'un coup de fusil, en présence de tout le monde qui y estoit. J'en ay fait informer, et il y a preuve constante qu'il l'a tué de sang-froid, sans qu'ils se fussent dit un mot. Il est bien nécessaire de faire un exemple en cette occasion, et dans un pays dont les habitans ont la teste aussy chaude que ceux-cy. Comme il s'agit d'une taxe d'office, j'ay fait faire l'information par le lieutenant de l'élection *. »

* Sur le jugement, qui fut rendu par contumace, voir la lettre du 13 mars 1691.

873. *M.* de Bâville, *intendant en Languedoc,* au Contrôleur général.

8 et 15 Décembre 1690.

Les États se sont occupés, en dernier lieu, de la liquidation des étapes, qui ont monté à près de 700,000^{tt}, et, sur l'avis de M. de Louvois, l'étape générale a été adjugée, pour trois ans, au sieur Sartre, receveur général des finances, qui a pour associés quatre receveurs des tailles.

874. *M.* Larcher, *intendant à Rouen,* au Contrôleur général.

13 Décembre 1690.

« . . . . . Quoyque la ville de Dieppe ne soit composée que de trois sortes de personnes : d'officiers de justice, qui sont véritablement les plus à leur ayse, mais qui, ayant acquis l'exemption de logement de gens de guerre par des augmentations de gages, sont exempts, par la mesme raison, de l'ustensile; de marchands trafiquans, qui languissent présentement, par la cessation entière du commerce; et enfin, de matelots et de pescheurs, dont les premiers, ayant servi sur la flotte tout l'esté et estant encore engagés pour l'année prochaine, prétendent ne devoir point l'ustensile, et les seconds ne sont pas en estat d'en payer, par le peu de profit qu'ils font dans leur métier, à cause du peu de sûreté qu'il y a dans la pesche, par le grand nombre des corsaires qui les fatiguent, cette ville a esté néanmoins imposée cette année à la somme de 30,000^{tt} d'ustensile, qui paroist si fort disproportionnée à ses forces, que j'ose vous assurer qu'il seroit presque impossible d'en faire la levée par capitation sans achever de la ruiner entièrement. J'en juge par les difficultés qui se trouvèrent, l'année dernière, pour la levée de 27,750^{tt}, dont on ne vint à bout qu'avec des peines infinies et en employant les dernières rigueurs. De sorte que, la misère de la ville estant devenue plus grande, la somme augmentée, ainsy que le nombre des privilégiés, par des créations nouvelles et des augmentations de gages, j'estime que la capitation est tout à fait impraticable. Vous savez d'ailleurs que cette voye est beaucoup plus difficile dans une ville qui ne paye point de taille, parce que, n'y ayant point de pied certain pour régler la capitation, chacun cherche des prétextes pour faire diminuer la sienne, de manière que la plus grande charge tombe sur le pauvre. Il me semble, par toutes ces raisons, que le parti qui vous est proposé par les échevins de la ville de Dieppe et par les habitans, qui le désirent passionnément, d'un nouvel octroy, suivant le tarif qu'ils ont joint à leur placet, seroit non-seulement très-avantageux à la ville, mais qu'il est nécessaire pour la levée des 30,000^{tt} d'ustensile qu'elle doit payer. Le tarif de ces nouveaux droits a esté fait à peu près sur le pied de cette somme, avec l'intérest des avances que l'adjudicataire en fera dans les termes portés par les ordres de S. M. Toutes les difficultés concernant les exemptions cesseront par ce moyen-là, et cette levée se faisant en une année sera presque imperceptible, et de manière que les plus riches, en consommant davantage, contribueront le plus à ce payement. Comme les communautés et les privilégiés pourroient se plaindre de ce changement, si on les assujettissoit au payement de ces nouveaux droits, dont ils prétendroient l'exemption, puisqu'ils ont celle de l'ustensile, on a pris soin de composer le tarif sur le pied de leur exemption, de sorte que, si vous trouvez bon de rendre l'arrest que l'on vous demande, l'on vous supplie très-humblement d'ordonner que les communautés et les privilégiés jouiront de l'exemption des nouveaux droits pour les denrées qui proviendront de leur cru seulement. S. M. ne tirant aucuns droits d'aydes de la ville de Dieppe, qui se lèvent tous au profit de cette ville, ce nouveau droit ne luy fera aucun tort. On ne vous en demande la levée que pour une seule année, à commencer au 1er janvier 1691, sauf à vous supplier de la mesme grâce l'année prochaine, s'il plaist à S. M. de charger la ville d'un aussy fort ustensile. »

875. *M.* de Vaubourg, *intendant en Auvergne,* au Contrôleur général.

15 Décembre 1690.

Dans les villes de Clermont et de Riom, la collecte est attachée aux fonctions des échevins et des consuls, et, comme les officiers des bailliages et des présidiaux jouissent maintenant de l'exemption de la taille et de la collecte, ils ne peuvent plus entrer dans l'échevinage et y font souvent défaut. M. de Vaubourg propose de changer cette organisation : chaque corps de ville nommera un premier échevin, qui pourra être pris parmi les privilégiés, et deux autres échevins; ils seront deux ans en charge, exerceront gratuitement et se renouvelleront alternativement; ils prendront soin de toutes les affaires de la ville, à l'exception de l'assiette et de la levée des impositions, qui seront confiées à trois collecteurs nommés par le corps de ville. Personne ne pourra devenir second ou troisième échevin, sans avoir fait durant deux années la fonction de collecteur.

A l'avenir, les assemblées de ville seront composées de cinquante-deux habitants : deux consuls en charge et deux anciens, le lieutenant général, cinq officiers du bureau des finances, autant du présidial et trois de l'élection, six avocats, trois bourgeois et autant de procureurs, quatre notaires, huit marchands, deux artisans et deux laboureurs. Tous seront choisis chaque année par leurs corps respectifs.

Les assemblées générales ne pourront être de moins de quarante membres, et les conseils particuliers de moins de dix.

Les conseils de ville seront composés, outre les consuls et le lieutenant général, de deux trésoriers de France, deux officiers du présidial, un officier de l'élection, deux avocats, deux bourgeois, deux procureurs, un notaire et deux marchands.

L'élection des consuls, collecteurs, conseillers de ville, etc. se fera publiquement, ainsi que celle des administrateurs de l'hôpital*.

* Malgré les instances de l'intendant, ces propositions furent rejetées. Voir sa lettre du 17 janvier 1691.

876. *Le Contrôleur général à M. de Bezons, intendant à Orléans.*

20 Décembre 1690.

«J'ay examiné la lettre que vous avez pris la peine de m'écrire le 21 du mois passé, au sujet de la diminution du commerce des sucres à Bayonne. Je ne puis pas croire qu'elle ne soit plutost causée par la conjoncture du temps que par les nouveaux droits qui ont esté imposés sur cette marchandise par l'arrest du 25 avril dernier. Néanmoins, dans la vue d'apporter toutes les facilités possibles pour en procurer le rétablissement et de compatir en mesme temps à l'entestement des négocians de cette ville, j'ay proposé aux fermiers généraux de dispenser les marchands de donner leurs soumissions pour les petites parties de sucres que les voituriers espagnols transportent par terre, jusques à la concurrence de cent livres pesant, en donnant seulement par les marchands leur déclaration qu'ils ont livré une telle quantité de sucre à un tel voiturier pour l'Espagne, sauf aux fermiers à faire veiller par les commis et gardes des fermes pour empescher qu'il ne s'en fasse des versemens.

«Quant à l'entrepost, je ne crois pas que les marchands puissent s'en dispenser, ni qu'ils ayent de bonnes raisons pour le prétendre. Cependant, si vous jugiez que cela fust encore indispensablement nécessaire, l'on pourroit prendre le parti d'ordonner qu'après que les marchands auroient fait leur déclaration des sucres qu'ils destineroient pour les pays étrangers, ils pourroient les faire transporter dans leurs boutiques et les y garder par forme d'entrepost. Mais, comme ce relaschement donneroit directement atteinte à la disposition de l'arrest du 25 avril, il est bon que vous ne fassiez entendre cela aux négocians qu'à l'extrémité, et vous devez, s'il vous plaist, user de vostre prudence ordinaire pour ménager le terrain, afin de maintenir la disposition de cet arrest et les droits de la ferme.»

877. *Le sieur des Grassières, receveur général du domaine en Bretagne, au Contrôleur général.*

20 Décembre 1690.

Le Chapitre de Guérande prétend assujettir à la dîme les salines que possèdent en ce lieu, par donation des ducs de Bretagne, les chartreux d'Auray, quoiqu'elles en aient toujours été exemptées, ainsi que celles qui appartiennent au Roi dans le même canton. Le receveur général a dû se porter partie intervenante, dans l'intérêt des salines du Roi, et il demande une évocation, pour éviter l'influence du Chapitre sur les officiers du Parlement.

878. *M. le duc de Gramont, gouverneur de Bayonne, au Contrôleur général.*

20 Décembre 1690.

Il donne avis qu'un bâtiment portugais, chargé de cassonades et de tabacs pour Bayonne, a reçu ordre des expéditeurs de décharger ces marchandises à Saint-Sébastien.

«C'est une raison de fait que je mettray au nombre de celles que je vous ay alléguées plusieurs fois pour essayer de vous prouver que l'établissement du dernier arrest sur les cassonades a nui et nuira au commerce desdites cassonades, et que les Espagnols en profiteront à nostre préjudice. Le temps n'est peut-estre pas encore venu que vous vous rendiez à ce que j'ay l'honneur de vous dire sur ce chapitre, car un peu de mon intérest propre vous met peut-estre en garde contre moy; cependant, je suis sûr que le bon esprit que Dieu vous a donné et vostre droite raison me donneront gain de cause à la fin.»

Les Basques et les Bayonnais sollicitent la permission d'écouler en Espagne leurs eaux-de-vie et leurs morues, seules marchandises qu'ils puissent vendre pour couvrir la dépense de leur pêche*.

* En marge : «Bon pour du fer ou de la poudre.»

879. *M. Charuel, intendant à Metz et Nancy, au Contrôleur général.*

20 Décembre 1690.

Le sous-fermier du magasin à sel de Sarrelouis demande une indemnité, donnant pour raison que la guerre entrave l'exercice de ses droits en divers cantons, et que, d'autre part, la déclaration du 9 mars 1690 a fixé la valeur des monnaies dans le département de la Sarre plus haut que dans le reste du royaume (les louis à 13 ₶ et les écus à 3 ₶ 12 s.). Cette différence lui donne en effet un dix-huitième de perte, lorsqu'il fait ses payements à Nancy, et il en doit être indemnisé par le Roi, ou plutôt par le fermier général.

Il prétend aussi que la consommation du sel soit réglée dans les lieux voisins de ses magasins. Mais cette requête ne doit pas plus être prise en considération que la première des deux autres demandes.

880. *M. de Châteaurenard, intendant à Moulins,*
au Contrôleur général.

20 Décembre 1690.

« . . . . . Il vous a plu de me faire savoir la plainte que vous avoient portée les fermiers des aydes, que l'on envoye chez leurs commis des gens de guerre, et qu'ils contribuent au payement de l'ustensile*. Il est vray que, dans les passages des régimens entiers de huit à neuf cents hommes en corps, il a esté impossible de les en exempter dans d'autres villes que celle-cy, puisque les échevins et consuls mesmes se sont trouvés obligés d'en loger, et cela n'est arrivé au plus que cinq ou six fois cette année; et, à l'égard de l'ustensile, le Roy en ayant ordonné l'imposition au sol la livre de la taille, il est de conséquence que tous ceux qui se trouvent imposés à la taille le soient aussy à l'ustensile; autrement, un si grand nombre d'employés dans les fermes seroit une surcharge très-grande au peuple, si on leur accordoit une exemption qui n'est marquée par aucun arrest ni déclaration, et il seroit mesme à souhaiter que les fermiers ne multipliassent pas comme ils font leurs commis sans une nécessité absolue, particulièrement pour le contrôle des exploits, distribution du papier timbré et vente du tabac, dont ils font trois privilégiés dans un mesme lieu, et encore choisissent-ils les meilleurs habitans, dont un seul pourroit facilement exercer ces trois commissions. »

* Les commis des fermes et autres se plaignaient même, en Languedoc, d'être contraints à faire le guet avec la garde bourgeoise. (Lettres de M. de Bâville, 2 avril 1691, et des officiers de la Monnaie de Montpellier, 3 juin.)

881. *M. de Bâville, intendant en Languedoc,*
au Contrôleur général.

22 Décembre 1690, 2 et 6 Janvier 1691.

Il envoie son avis sur un projet de nouvelle création au Parlement de Toulouse.

L'argent est si rare dans cette ville, qu'il faudra tâcher de rendre obligatoire l'acquisition des charges, si l'on veut en retirer 3 ou 400,000 ᵗᵗ, au plus.

« Il faudroit, avant toutes choses, s'assurer d'un traitant à Toulouse, qui les prist sur un certain prix, après quoy on pourroit raisonner plus juste. Le sieur Crozat, qui y est, seroit bien propre à traiter de ces charges. J'ay cru pouvoir luy faire proposer par un de ses amis, et fort secrètement, sur quel pied il voudroit prendre celles de président ou de conseiller, supposé qu'on en créast de nouvelles. Il n'y a aucun risque à cette proposition, d'autant plus que c'est un bruit public à Toulouse qu'il y aura bientost une augmentation au Parlement* . . . . . »

* La Cour des comptes de Montpellier fut aussi l'objet d'une création, dont elle acheta les charges, sauf une, pour la somme de 429,400 ᵗᵗ. (Lettre de M. de Bâville, du 24 décembre.) — Quant au Parlement, comme il ne se montrait pas disposé à acquérir les nouvelles charges, le traitant le Verrier proposa de s'en charger à forfait, au taux de 500,000 ᵗᵗ, sur quoi il aurait un sixième de remise en dedans, avec les deux sols pour livre en dehors, et autant sur l'excédant, s'il y en avait. (Lettre du 5 mars 1691; lettres de M. Morant, premier président, 7 et 22 mars.) Voir, à la date du 29 du même mois, un mémoire du Parlement, établissant la différence de la crue qu'on lui demandait d'avec celle qui avait eu pour résultat de joindre la juridiction du domaine aux attributions de la Cour des comptes; 18 avril, lettre du premier président; 8, 22 et 28 avril, lettres de M. de Bâville; 2 janvier 1692, état envoyé par M. Morant des personnes les plus capables de prendre des charges, etc.

882. *M. le cardinal de Bonzy, archevêque de Toulouse,*
au Contrôleur général.

24 Décembre 1690.

« Vous verrez, par la lettre que Mˡˡᵉ Bailot m'a écrite, le grand besoin qu'elle a de vostre protection, et je m'assure que vous la luy accorderez tout entière, luy en ayant fait ressentir de si puissans effets lorsqu'elle fut à la cour, il y a quelques mois. Vous aurez agréable de vous souvenir que vous trouvastes le Roy très-favorablement disposé à conserver à son mari la charge que S. M. luy avoit donnée sa vie durant, lorsqu'il épousa cette demoiselle, par ses ordres, pour le triomphe de la religion. Vous n'aurez pas oublié aussy que ces bonnes gens ne demandoient que d'estre conservés dans leur employ comme ils estoient, et que vous voulustes qu'ils finançassent; à quoy je les portay; et, après tous leurs efforts et le secours de leurs amis, je vous offris 20,000 ᵗᵗ, dont le Roy eut la bonté de se contenter; il leur en cousta encore 3,000 ᵗᵗ pour les provisions, dont vous ne pustes pas leur faire grâce. Ils partirent contens et pleins de reconnoissance, et, estant arrivés à Toulouse pour faire enregistrer leurs provisions, ils ont trouvé dans l'hostel de ville une cabale, suscitée par l'envie, qui oblige les capitouls à s'opposer à ce registre, sans autre fondement que l'inconstance de leurs esprits, qui ont toujours aymé le sieur Bailot pendant qu'il estoit leur officier, et qui ne l'ayment plus, depuis qu'il l'est devenu du Roy. Il est absolument nécessaire que vous vous souveniez que vous l'avez voulu de la sorte, car on l'accuse à Toulouse d'une trahison dont je ne le crois pas capable. On prétend que la ville l'avoit député pour empescher que son employ ne devinst une charge, et qu'au lieu de faire son devoir, il l'avoit demandée et achetée. Vous savez ce qui en est. L'insulte qu'on luy fait crie vengeance devant Dieu et devant les hommes, et je ne doute pas que vous ne souteniez vostre ouvrage, et que vous n'ayez pour eux toute la charité et toute la justice qu'ils méritent, et dont vostre cœur est capable. L'intérest de la ville peut avoir quelque part à ces mouvemens; mais vous jugerez apparemment que celuy du Roy y est contraire, et qu'un changement dans tout ce que vous avez fait seroit d'une extrême conséquence, puisque la ville veut profiter de la grâce que le Roy a faite à Bailot*. »

* A cette lettre est jointe l'analyse des mémoires présentés de part et d'autre. L'affaire fut terminée par le remboursement de la finance et des frais que le sieur Bailot avait avancés, moyennant quoi le conseil de bourgeoisie conserva le droit de pourvoir à la place de syndic, lorsque Bailot la laisserait vacante. (Lettre de M. de Bâville, 28 mai 1691.)

883. *M. de Bâville, intendant en Languedoc,*
au Contrôleur général.

24 Décembre 1690.

«Permettez-moy de vous demander vostre protection dans une affaire qui m'est de la dernière importance. J'apprends que le Roy échange la comté de Limoux avec le duché de Chevreuse. J'ay acheté toutes les charges de Limoux, dont je jouis, il y a vingt ans. S. M. a eu la bonté, l'année dernière, d'en accorder la survivance à mon fils, et je considérois cet établissement non-seulement comme un très-grand agrément pour moy, par la bienséance et la proximité de ma terre, mais encore comme la meilleure partie de mon bien : ce l'est en effet, et le reste du patrimoine est très-médiocre. Depuis que j'ay l'honneur de servir le Roy dans des employs, je n'ay pas pensé à l'augmenter, et je ne crois pas que je change de conduite sur cela à l'avenir. Je vous supplie donc de vouloir bien appuyer mes intérests. Mon frère aura l'honneur de vous entretenir de ce que l'on pourroit faire pour moy, si je fais cette perte. J'espère tout de la bonté que vous m'avez toujours témoignée. Je vous en demande la continuation dans cette occasion*.»

* Malgré cette sollicitation, M. de Bâville fut contraint d'abandonner ces charges. Voir sa lettre du 21 janvier.

884. *M. Bouchu, intendant en Dauphiné,*
au Contrôleur général.

3 Janvier 1691.

Les receveurs des tailles qui ont acquis les charges de receveurs des octrois prétendent que les consuls des lieux situés hors de leur résidence doivent apporter à leurs bureaux les recettes des octrois et les y reprendre plus tard, à leurs frais ou aux frais des parties prenantes. Les consuls, à part même la question de frais et de déplacement, objectent que la plupart de ces deniers sont des revenus patrimoniaux et n'entrent point dans le maniement des receveurs des tailles; qu'ils ont une destination régulière, et qu'on pourrait se contenter de demander au fermier des octrois les quittances des parties prenantes, pour satisfaire aux règles de comptabilité. Au moins, les receveurs devraient-ils avoir en chaque lieu des commis pour faire le recouvrement et le maniement.

885. *M. de Cosnac, archevêque d'Aix,*
au Contrôleur général.

3 Janvier 1691.

Il envoie son avis sur les inconvénients et les difficultés que présenterait la création projetée de deux receveurs des tailles, octrois patrimoniaux et autres deniers, dans chaque viguerie*.

* Sur les instances des traitants, il revit le projet de création et le renvoya réformé au contrôleur général, le 21 mars, en demandant, comme compensation, la suppression du traité des collocations et de celui des greffiers et procureurs des communautés.

Voir, à la date du 20 juin 1692, une dénonciation des bénéfices que Creyssel, trésorier des États, fit dans le débit de ces charges de trésoriers ou receveurs des vigueries.

886. *M. de Bâville, intendant en Languedoc,*
au Contrôleur général.

6 Janvier 1691.

«J'ay reçu aujourd'huy la lettre que vous m'avez fait l'honneur de m'écrire par un courrier extraordinaire, et j'ay envoyé aussitost dans les ports de cette province pour y défendre la sortie des blés pour les pays étrangers, en attendant les ordres que vous devez m'adresser.

«Puisque vous m'ordonnez de vous mander mon avis sur cette défense, je crois devoir commencer par vous rendre un compte exact de l'estat de cette province pour les blés. Il est vray qu'il y en a beaucoup, et que le prix en est augmenté depuis un an de 40 à 45 sols par setier, mesure de Narbonne; mais il est certain que le prix n'en est pas encore excessif. C'est une règle que j'ay toujours ouy établir, depuis que je suis icy, que le prix convenable du blé pour entretenir les laboureurs, et proportionné à la culture des terres, est de 7 ff, mesure de Narbonne, pour le beau blé, et 6 ff pour le blé appelé *tremezon*, qui est celuy dont se servent les munitionnaires; vous verrez, par l'extrait cy-joint, qu'il n'est pas encore à ce prix.

«L'augmentation du prix est venue insensiblement. Il ne m'a point encore paru qu'il en soit beaucoup sorti pour les pays étrangers; je le sauray plus précisément, et je vous le manderay. Je sais bien que celuy qui est sorti n'a pas esté porté en Espagne : les Génois l'ont enlevé pour l'Italie, et il se pourroit bien faire qu'ils en eussent envoyé en Piémont.

«Je ne m'arresteray point à examiner les raisons générales que vous me mandez. Le Conseil doit décider s'il est plus avantageux à l'Estat d'avoir l'argent de nos ennemis, ou de les priver du secours qu'ils peuvent tirer de nos blés. S'il leur estoit impossible d'en avoir d'ailleurs, il me semble qu'il ne faudroit pas hésiter de leur oster ce moyen d'exécuter contre nous leurs mauvais desseins; mais, si M. le duc de Savoye peut en avoir du duché de Milan, les Espagnols, de Sicile, de l'Italie et des autres endroits, peut-estre seroit-il aussy bon d'avoir leur argent.

«Quant au munitionnaire, je ne sais si son intention est de prendre en cette province une assez grande quantité de blés pour en souhaiter la diminution. Il a toujours dit qu'il vouloit s'en pourvoir ailleurs, et le profit qu'il retireroit de cette diminution ne seroit pas comparable à la perte que souffriroit cette province, si elle perd le moyen de payer les impositions excessives dont elle est chargée.

«L'exemple de toutes les autres provinces où la défense est déjà publiée me paroist une raison plus forte, n'estant pas juste que le Languedoc soit la seule province du royaume qui jouisse de ce privilége.

«Pour concilier son intérest avec toutes ces raisons que vous m'avez marquées, voicy l'avis que je prends la liberté de vous proposer : il faut trouver un expédient pour retenir le prix des blés à un point raisonnable et pour faire en sorte qu'il n'augmente pas. Je vous ay marqué cy-dessus ce prix, tel qu'il doit estre pour maintenir la culture des terres et contenter tout le monde; il faudroit pour cela défendre maintenant la sortie, faire publier les défenses dans les formes; mais en mesme temps on pourroit en laisser sortir par des passe-ports, et non autrement. La règle pour les délivrer seroit d'examiner le prix des blés : s'il passoit 7 ᴴ pour le beau blé et 6 ᴴ pour le tremezon, il ne faudroit pas en donner; si le prix se maintient au-dessous, on pourroit les délivrer. Cette règle, observée inviolablement, conserveroit, si je ne me trompe, les choses au point qui est à désirer, et empescheroit l'excès. Par le moyen des passe-ports, on sauroit encore où les blés sont destinés, et on seroit maistre de s'arrester, quand on le jugeroit à propos. Il est vray qu'il faut s'attendre que les Génois feront ce commerce et qu'ils ne manqueront pas d'en porter en Piémont et en Espagne, quand elle en aura besoin. Je ne sais rien de mieux à vous proposer sur cette matière. En m'envoyant certaine quantité de passe-ports, je vous en rendrois compte. M. de Croissy m'en envoya cinquante-neuf l'année dernière; je n'en ay rempli que . . . . ., en vertu desquels on n'a sorti qu'environ vingt-deux mille setiers de blé, ce qui est une très-petite quantité. Il est vray que la sortie estant libre et les Génois venant dans nos ports, ces passe-ports n'ont pas esté nécessaires aux marchands de cette province, comme ils le deviendroient, si l'avis que je vous propose est bon. M. de Seignelay m'a envoyé aussy quarante passe-ports pour Nice, dont les marchands n'ont pris que quinze. Je dois encore vous observer que jamais les blés n'ont esté si bon marché que pendant les trois dernières années, et que l'on n'est nullement surpris du prix où ils sont maintenant*. »

* Il n'était sorti de Narbonne, pour Nice, Monaco et Gênes, pendant le dernier trimestre de 1690, que huit mille six cent vingt-deux setiers de froment (état envoyé le 14 janvier), et, en 1691, les défenses furent scrupuleusement observées par les agents de M. de Bâville, jusqu'au mois de mai, où il fut permis de faire des transports à destination de Nice et de Villefranche. (Lettres du 9 février et du 4 mai.)

887. *M.* DE BEZONS, *intendant à Bordeaux,*
AU CONTRÔLEUR GÉNÉRAL.

16 Janvier 1691.

« L'on m'a encore écrit de Bayonne pour savoir si l'on souffriroit que l'on portast en Espagne des vins, de l'eau-de-vie, de la molue et du poisson frais. A l'égard du vin et de l'eau-de-vie, je mande que oui; il m'a paru que c'estoit vostre intention, et ce que l'on y porte ne sera pas consommé en Espagne : c'est pour envoyer en Angleterre et en Hollande. Ainsy, il n'y a aucune difficulté, parce que s'ils en avoient besoin d'icy, ils en auroient autant comme ils voudroient. A l'égard de la molue, vos ordres sont pour que l'on n'en porte point qu'en échange du fer et de la poudre. Je vous ay mandé, à l'égard de la poudre, la difficulté qu'il y auroit d'en avoir et qu'il ne faut pas compter que l'on en puisse avoir en échange. Pour du fer, j'apprends que les Espagnols en portent beaucoup; ainsy, je crois qu'on peut donner la liberté de porter de la molue, sans estre obligé de traiter par échange. Mais, jusques à ce que vous m'ayez envoyé des ordres contraires, je mande que l'on suive ceux que vous avez donnés. A l'égard du poisson frais, je ne vois aucune difficulté d'en laisser porter : c'est un moyen de tirer de l'argent des Espagnols. J'ay déjà eu l'honneur de vous expliquer les raisons pour lesquelles je ne croyois pas qu'il fallust en défendre le transport. A l'égard des grains, je persévère toujours à dire qu'il en faut défendre absolument le transport, et quand je serois persuadé que cela n'obligeroit point les Espagnols de faire le traité de commerce. Tout le blé que l'on porte en Espagne par terre vient de l'Armagnac ou des environs du Mont-de-Marsan; l'on porte ces grains vendre au marché du Mont-de-Marsan, et je vois que depuis Noël il augmente de prix considérablement, ce qui me confirme dans la pensée où j'avois toujours esté, qu'il estoit à craindre que l'on ne manquast de blé cette année de ce costé-là*. »

* M. de Bezons avait déjà réclamé, dès le 26 décembre précédent, cette liberté du commerce, sauf pour ce qui concernait les blés. — Il se plaignait que toutes les barques étaient mises en réquisition depuis deux ans pour le munitionnaire de la marine et que le transport des vins s'en trouvait interrompu. « Le propriétaire, disait-il, retire quelque chose de plus des vins communs rouges que ce qu'il y met. Pour ce qui est des vins blancs, il n'y en a aucun qui en retire la moitié de ce qui luy en couste. Ainsy, sans l'espérance qu'ont les propriétaires que le commerce se rétablira dans la suite, la plupart abandonneroient la culture de leurs vignes, qui fait la meilleure partie du revenu de l'élection de Bordeaux . . . . . Les négocians de cette ville souhaiteroient qu'il vous plaise de faire continuer la décharge de 50 sols par tonneau pour droit de fret des vaisseaux étrangers. Il est vray que cela pourroit donner lieu à en faire venir quelques-uns. Je vois jusques à présent si peu de véritables vaisseaux étrangers, que je ne crois pas que cette remise puisse causer une grande diminution à la ferme, et ce que l'on voit de vaisseaux avec pavillon étranger appartiennent pour la plupart à des marchands françois qui les font naviguer sous différens pavillons, parce que le fret vaut beaucoup. . . . . » Suivant une lettre du 2 janvier 1691 et l'état qui y est joint, le montant des cargaisons pour 1690 avait été inférieur de 56,086 tonneaux à celui de 1689. Les grands vins de la récolte de 1689 ne pouvaient se vendre à la moitié du prix ordinaire; on les débitait dans les cabarets. (Lettres du 3 février et du 24 avril.)

888. *M.* DE BÉRULLE, *intendant à Lyon,*
AU CONTRÔLEUR GÉNÉRAL.

16 Janvier 1691.

Il se plaint de trouver de la difficulté à établir dans les différents départements des gabelles l'égalité du minot, sur le pied de soixante-deux litrons*.

« Il seroit nécessaire d'établir dans les gabelles du Lyonnois la mesme police que celle qui est établie dans les gabelles de France, c'est-à-dire la trémie; que les greniers ne fussent point à déchet, et que les fermiers donnassent aux receveurs des appointemens, au lieu de deux minots de sel qu'ils leur donnent par chaque centaine de minots de sel qui se débite au grenier, ce qui donne lieu à tous les abus qu'ils commettent, parce que, comme ils n'ont pour tous appointemens que deux minots par cent, que le sel des gabelles de Lyonnois n'est point gabellé, qu'il ne demeure point dans les greniers ou déposts les deux ans portés par l'ordonnance, et qu'on le débite sitost qu'il y est déchargé, il se fait un déchet considérable, lequel tombant sur le receveur, il est obligé de frauder pour se dédommager; et, si par l'ordonnance de 1680 les déchets ordinaires ont esté réglés à deux minots par muid, c'est-à-dire à quatre minots par cent, jugez quels doivent estre les déchets des gabelles de Lyonnois, dont le sel n'est point gabellé, et si un receveur qui n'a que deux minots pour ses appointemens n'est pas obligé, pour se tirer d'affaire, de frauder et de faire mauvaise mesure..... »

* Voir, à la date du 22 décembre 1689, une lettre de M. Dubois, procureur général en la Cour des aides de Paris, sur l'établissement uniforme des petites mesures de regrat, à soixante-quatre litrons le minot, tarif des greniers d'impôt. (Dans les greniers de vente volontaire, le minot valait soixante-six litrons un quart et demi.)

---

889. *M. Dalon, premier président du Parlement de Béarn,*
au Contrôleur général.

16, 23 et 27 Janvier, 6 Février 1691.

Installation du receveur des consignations, commissaire aux saisies réelles.

« Comme ce pays se gouverne par des lois particulières, il est difficile qu'elles compatissent avec ce nouvel établissement, parce que la saisie, en Béarn, ne dépossède jamais le saisi, qui demeure toujours dans son bien-fonds et conserve le meuble en donnant un commendataire qui s'oblige de le représenter, de sorte que le décret mesme des fonds ne dépossède pas les personnes dont les biens sont décrétés, parce que le décret de Béarn n'est proprement qu'une sûreté que la loy du pays donne au créancier pour la sûreté de sa dette, sans déposséder le propriétaire. Or, le commissaire des saisies dépossède le saisi et met les fruits sous la main du Roy, et c'est ce qu'on n'a jamais connu et qui va faire tomber ce pays dans la confusion. »

Néanmoins, la commission donnée au nom du Roi a été enregistrée, et les États demandent seulement que la compagnie qui a traité de l'affaire et présenté le porteur de la commission, fournisse une caution suffisante pour garantir les consignations.

« Je vous ay bien de l'obligation d'avoir éclairci mes doutes sur les affaires des amortissemens, car les traitans sont bien aspres, et, si j'avois osé prendre quelque voye de douceur, je puis vous assurer que la plupart des personnes taxées auroient déjà payé une partie de ce qu'on leur demande. Il n'y auroit peut-estre pas de mal de prendre quelquefois cette voye douce, qui feroit obéir plus promptement; néanmoins, comme S. M. a besoin de traitans pour faire les avances, j'estime qu'il faudroit la prendre de leur consentement et la leur faire agréer..... »

---

890. *M. de Vaubourg, intendant en Auvergne,*
au Contrôleur général.

17 Janvier et 5 Février 1691.

Requête du marquis de Canillac, pour obtenir une augmentation du péage dû au passage de l'écluse qu'il possède sur l'Allier, au-dessus de sa seigneurie du Pont-du-Château.

---

891. *Le Contrôleur général*
à M. Bégon, intendant à la Rochelle.

20 Janvier 1691.

Les sous-fermiers des aides de la Rochelle se plaignent qu'on les trouble dans la jouissance de la ferme des octrois. Si les bouchers, entre autres, se refusent à mettre les viandes en vente, sous prétexte que les prix fixés par les juges de police ne sont plus en rapport avec les nouveaux octrois, il faut examiner l'affaire, de concert avec les uns et les autres, élever les prix, s'il y a lieu, ou bien, au cas contraire, user d'autorité contre les bouchers.

---

892. *Le sieur de la Lande-Magon, négociant*
à Saint-Malo,
au Contrôleur général.

21 Janvier 1691.

Il a averti tous ses correspondants qu'une frégate se tient à Gênes pour escorter leurs envois jusqu'à Marseille et que les barres et piastres se vendront mieux en France qu'en Italie; mais, pour attirer les matières métalliques, une fois qu'elles seront arrivées à Gênes, il faudrait en hausser le prix jusqu'à 66 sols l'écu. Cette augmentation coïncidant avec l'arrivée des galions, que l'on dit chargés de plus de 40 millions de piastres, les manufactures de France pourraient probablement en profiter, au détriment des ennemis.

Les déchargements et les négociations se font facilement sur la place de Cadix, à la faveur de l'indult; le commerce s'habitue à employer les vaisseaux génois et à prendre la route d'Italie, pour éviter celle de la Manche*.

« Il partira une flotte pour le Mexique dans le commencement de juillet; j'ay pris des mesures avec des plus puissans marchands espagnols de leur fournir dans la my-juin pour près de 500,000 # de toiles de Rouen, Bretagne, et autres marchandises de France, pour y charger, dans lesquelles j'auray un notable intérest. Il me faut tout le mois d'avril pour composer une aussy forte cargaison. Je ne saurois l'introduire à Cadix que par l'entrepost de Lisbonne et par une de nos frégates; j'en destine une pour cette expédition, de trois cents tonneaux, trente pièces de canon, bonne voilière et bien commandée, sous le bon plaisir de Vostre Grandeur, la suppliant très-humblement de m'accorder pour cet effet seulement cinquante matelots de ce département, avec lesquels je formeray un équipage de cent cinquante hommes, en prenant le surplus de soldats et matelots irlandois, n'estant pas de la prudence de risquer un si gros bien avec moins de forces et avec tous gens inconnus et vagabonds. Il est d'une si grande importance de soutenir ce commerce, tant parce qu'il décharge le royaume de nos manufactures, y apporte l'argent, qu'il convient encore d'entretenir l'Espagne et les Indes dans l'usage de nos toiles et ne les mettre pas, en les privant, dans la nécessité de s'accoustumer à celles de Hambourg et d'ailleurs, où ils s'étudient autant qu'ils peuvent à les contrefaire, afin de s'attirer un commerce aussy utile et précieux, que j'ose espérer que Vostre Grandeur aura la bonté d'en pénétrer les conséquences. . . . . »

* Le conseil de ville de Lille et plusieurs négociants de Flandre demandent, le 19 mai et le 19 juin de la même année, des passe-ports pour faire venir par la voie de terre les marchandises, telles que laiton, matières de teinture ou cires brutes, que la Flandre espagnole leur envoyait en échange de leurs produits.

893. *M. de la Reynie, lieutenant général de police à Paris,*
au Contrôleur général.

22 Janvier et 1er Février 1691.

Malgré les défenses verbales du contrôleur général, les mesureurs de grains ont établi des bureaux aux portes de la ville et ne laissent entrer ni grains ni farines sans les taxer à leur discrétion. Il est urgent de faire statuer sur les plaintes auxquelles ces exactions donnent lieu, soit par le Conseil, soit par le Parlement ou le magistrat chargé de la police.

«Il seroit d'une très-pernicieuse conséquence de laisser subsister le monstrueux et prétendu règlement que les soixante-huit mesureurs de grains ont surpris à l'hostel de ville, ... touchant l'ordre qui doit estre observé à l'entrée des blés et farines venant par terre pour estre vendus aux halles et autres marchés de Paris, dont l'hostel de ville ne peut prendre aucune connoissance, et moins encore faire des règlemens.

«M. le contrôleur général est aussy très-humblement supplié de considérer ce qui doit estre fait à l'égard de l'arrest du Conseil de l'année 1686, qui a défendu aux boulangers de Paris d'aller chercher des blés et des farines à la campagne, contre la disposition de tous les règlemens, et s'il est possible de l'exécuter, par exemple, dans la conjoncture présente que la rivière est glacée, ... et s'il est juste que les habitans de Paris manquent de pain, pour faire subsister cet arrest en faveur de soixante-huit hommes qui sont les seuls qui en profitent. . . . . »

Ils ont obtenu une augmentation de droits sur l'avoine et l'exigent, sous forme de laissez-passer, aussi bien des propriétaires qui vont à leur logis et non à la halle, que des marchands forains. Le bourgeois, le laboureur ou le voiturier aiment mieux passer en payant 30 ou 40 sols que d'intenter une action.

«Ce n'est point l'augmentation du droit qui fait de la peine au public; sa bonne volonté est telle qu'il consentiroit, si son consentement estoit nécessaire, à voir encore augmenter ces mesmes droits pour des dépenses aussy utiles que celles auxquelles le fonds en est employé. Ce n'est pas non plus de ce qu'on est persuadé que les jurés mesureurs jouissent de 60.000# de revenu, pour l'argent qu'ils ont donné au Roy; c'est de ce que ces soixante-huit hommes vivent, sous ce prétexte, sans garder aucune règle; qu'ils exigent des droits à discrétion, et qu'ils sont les maistres de porter à telle somme que bon leur semble le produit des droits qui leur ont esté attribués*. . . . . »

* L'indécision où cette affaire restait depuis 1690 causa dans Paris, vers la fin de l'année 1691, une cherté extraordinaire, et, quoique le Parlement désapprouvât, comme M. de la Reynie, l'ordonnance et les prétentions du prévôt des marchands, il ne voulut point prendre connaissance de l'affaire. Voir, à la date du 29 décembre, la lettre de M. de Harlay, premier président, et les pièces qui y sont jointes, entre autres, une lettre de M. le Camus, lieutenant civil, au rapport duquel l'arrêt de 1686 avait été rendu, bien qu'il fût d'avis contraire. M. de la Reynie revient de nouveau sur cette question, le 22 mars et le 27 avril 1692, le contrôleur général et le Conseil persistant à maintenir l'état des choses.

894. *M. Larcher, intendant à Rouen,*
au Contrôleur général.

23 Janvier 1691.

Le froid et l'état du fleuve empêchent l'arrivée des bateaux qui apportent les boissons et autres marchandises pour la foire de la Chandeleur de Rouen; on demande que l'ouverture de cette foire soit remise au 1er mars*.

* Cette demande se représente d'ordinaire chaque année, à la même époque.

895. *M. Bouchu, intendant en Dauphiné,*
au Contrôleur général.

28 Janvier 1691.

Personne autre que les étapiers de Dauphiné n'a voulu entreprendre la fourniture des étapes en Savoie, et la rareté et la cherté des denrées, ainsi que la difficulté et la longueur des transports, obligeront d'accepter leurs conditions, qui sont: les fournitures bornées à un certain nombre de lieux de passage; le prix de la ration fixé depuis le taux de 54 sols pour la gendarmerie jusqu'à celui de 12 sols pour le fantassin; une avance de 100,000# par le Trésor royal; le remboursement des frais de trois en trois mois; le remplacement de la moitié de la ration de foin par un quart de boisseau d'avoine; la faculté de tirer les approvisionnements des provinces voisines sans payer au Roi ni aux communautés aucun droit d'entrée ou de sortie; le pouvoir de mettre en réquisition, moyennant payement raisonnable, les bêtes de somme et les voitures, et de payer sur le pied des trois derniers cours les denrées et les fourrages, etc.*.

* A la lettre de l'intendant sont joints le projet de bail et des états comparatifs du prix des denrées. — Suite de cette affaire : 13 et 24 février, fixation du salaire des voitures mises en réquisition de Grenoble à Pignerol, et envoi du bail, réformé en certains articles; du 27 avril au 22 juillet, lettres diverses de Berthelot de Séchelles et des autres munitionnaires, sur les approvisionnements de blés et de farines, les subsides demandés au Trésor royal ou à la caisse de l'extraordinaire des guerres, les préparatifs du quartier d'hiver; 27 novembre et 17 décembre, lettres de M. Bouchu sur les retards survenus dans l'approvisionnement de cinquante-six mille sacs de blé que le maréchal de Catinat demandait pour la campagne de 1692, etc.

Voir, à la date du 29 octobre, le règlement pour le quartier d'hiver fait par M. Bouchu, avec un état comparatif du prix des rations en Savoie, en Bresse et en Franche-Comté.

Voir aussi, dans les papiers de Languedoc, à la date du 7 mai, le bail passé en décembre 1690 pour la fourniture du pain de munition aux armées d'Italie et de Roussillon, et une lettre de M. de Bâville, du 23 mai.

896. *M.* de Nointel, *intendant en Champagne,*
au Contrôleur général.

29 Janvier 1691.

La ville de Châlons, épuisée par l'ustensile de 1690, pour lequel certains particuliers ont été imposés à 300^tt^ chacun, est hors d'état de fournir la levée actuelle, qui monte à 38,250^tt^, d'autant plus que les habitants le plus haut taxés ont abandonné la ville ou acheté des charges donnant l'exemption. On peut donc accorder la permission de couvrir une partie de la contribution avec les fonds destinés au payement des dettes, dont les intérêts seront, du reste, servis aux créanciers*.

* Sur la désertion des habitants ou des négociants de la R. P. R., voir le placet des lieutenant et gouverneurs de cette ville, à la date du 13 septembre suivant.

MM. de Bagnols et de Madrys demandent des compensations pour les pertes causées par les troupes dans leurs départements, ou pour les dépenses des fortifications. (Flandre, 15 février; Flandre maritime, 25 mars et 16 avril.)

Voir aussi, en 1692 (Flandre, 21 juillet, 2 et 12 septembre, 20 octobre), l'état des pertes subies par ces deux départements en chevaux, chariots, pionniers, etc., à l'occasion du siége de Namur.

897. *M.* Larcher, *intendant à Rouen,*
au Contrôleur général.

31 Janvier 1691.

Il envoie son avis et celui de M. de Ris, premier président, sur les créations à faire dans le Parlement de Rouen*.

« A l'égard de la création d'un greffier des assurances dans plusieurs villes du royaume, sur laquelle vous m'avez encore fait l'honneur de me demander mon avis, après l'avoir soigneusement discutée avec le sieur Legendre, fameux négociant de cette ville, qui entend mieux que personne du monde ces sortes d'affaires-là, nous estimons que, la faisant suivant le projet que je vous envoye, elle sera parfaitement bonne, et qu'elle pourra produire au moins 600,000^tt^. Le sieur Legendre est mesme si persuadé que le débit en sera prompt et facile, qu'il n'estime pas nécessaire de la mettre en parti, afin d'épargner au Roy la remise. »

* Sur cette création, voir les autres lettres de M. Larcher ou de M. de Ris (31 janvier, 8, 9, 19 février, 10, 24 et 31 mars, 10 avril). Elle se composa de deux présidents, neuf conseillers et autres officiers de greffe ou de parquet, et le produit total devait dépasser 800,000^tt^. Sur la vente de ces charges, voir les lettres de M. Larcher (1er et 16 mai).

898. *M.* Dalon, *premier président du Parlement de Béarn,*
au Contrôleur général.

Mois de Janvier 1691.

Fourniture de trois cents mâts pour la marine.

« On tire des mâts pour le Roy en deux montagnes différentes (des Pyrénées) : les uns dans la montagne de Liers, dans les montagnes d'Aspe, les autres dans la vallée de Baretons, du costé d'Arrete. Celuy qui fait tirer les mâts à Liers ne les porte pas bien loin, car de Liers au Gave, qui est la rivière sur laquelle les mâts sont portés à Bayonne, il n'y a pas deux lieues ou environ, et ce commis a besoin de vingt-quatre paires de bœufs par jour, qui luy sont fournis par les séneschaussées d'Oloron et de Sauveterre; de sorte que les laboureurs qui sont dans ces deux séneschaussées y vont faire un voyage chacun à leur tour. Mais, parce que les syndics des communautés qui composent ces deux séneschaussées ont vu que ces charroys ruinoient les bestiaux et empeschoient qu'on y labourast les terres, et qu'il arrivoit mesme que la plupart des laboureurs se défaisoient de leurs bestiaux à cornes, ils ont mieux aymé acheter douze paires de bœufs qui ne bougeassent du travail, et celuy qui entreprend de charroyer les mâts de Liers au Gave en achète douze autres paires, qui seront pareillement toujours au travail, et il s'oblige de nourrir les douze paires que le pays luy fournit et de payer les valets qui les conduisent, moyennant quoy le pays est soulagé de tous les charroys, et l'entrepreneur prend aussy tout le salaire que S. M. donnoit à ceux qui alloient faire les charroys, lequel salaire est taxé à 30 sols par paire de bœufs par jour, de sorte qu'il n'en couste ni plus ni moins à S. M. Il n'en couste aussy presque rien au pays, parce que les sommes nécessaires pour l'achat des bœufs que le pays fournit, au nombre de douze paires, et pour l'entretien d'iceux, se prend sur les laboureurs, lesquels, pour soulager leurs bestiaux, donnent, chacun de ceux qui tiennent des bœufs, 45 sols une fois payés pour toujours, et ceux qui n'ont que des vaches, 30 sols, qui doivent estre remis entre les mains des syndics, qui trouvent là de quoy acheter et remplacer les douze paires de bœufs nécessaires pour le travail qui se fait en Aspe.

«Quant au travail qui se fait en Baretous, il est plus difficile, parce qu'il faut porter les mâts de la montagne à Arrete, c'est-à-dire plus de deux lieues, et d'Arrete au pont de Vert. Il y a des paysans du pays qui ont entrepris de porter les mâts de la montagne au bourg ou village d'Arrete; mais le temps porté par leur marché va bientost finir, et d'Arrete au pont de Vert, où l'on embarque les mâts, le sieur Borne, commis du sieur de Laboulaye, commissaire général, se sert des bœufs de la vallée de Baretous et du lieu de Josbaig, et de quelques autres paroisses voisines qui sont dans son département, lesquelles sont obligées de luy fournir les charroys nécessaires; et, comme la préférence ou ménagement qu'on avoit pour quelques laboureurs, aussy bien que le salaire qu'ils prétendoient, faisoient des sujets de contestation entre eux, nous les réglasmes pareillement, la semaine passée, à vingt-quatre paires de bœufs par jour, que le pays enverroit au charroy, sans préférence ni soulagement de personne, et à la charge qu'ils se contenteroient du salaire déjà réglé, à tant par mât, suivant la grosseur. Il est vray qu'ils soutiennent qu'il leur faut maintenant sept paires de bœufs là où il n'en falloit que six, à cause que les mâts sont verts, et par conséquent plus pesans; et c'est de quoy j'ay donné avis au sieur de Laboulaye, qui me paroist très-bien intentionné, afin qu'il prist la peine d'aller luy-mesme sur les lieux pour faire l'expérience nécessaire. Car, si on ne met pas à chaque mât le nombre de bœufs nécessaire pour le tirer, les bestiaux, qui feront des efforts, seront aussitost perdus, et il sera difficile de les remplacer, ni de tirer à l'avenir aucun service du pays. Peut-estre seroit-il bon, si on pouvoit trouver un entrepreneur en Baretons qui se contentast de douze paires de bœufs, comme celuy d'Aspe, de prendre ce parti, car ce qui retient les peuples en ce pays-cy, c'est le labourage, et, s'ils cessent d'en tenir, ils quitteront pour s'en aller en Espagne, où ils gagnent beaucoup par leur travail. Voilà ce que j'ay fait ce concernant, dont les commis préposés au travail, aussy bien que le sieur de Laboulaye et les peuples, sont tous contens*..... »

* Voir, à la date du 18 décembre suivant, une lettre de l'intendant et un mémoire des habitants de la vallée d'Aspe, touchant les dégradations et les exactions commises par les entrepreneurs de la fourniture des mâts, et touchant aussi certains priviléges du pays, tels que celui de moudre les grains dans les moulins des particuliers, sans payer aucun droit de banalité, etc.

899. *M.* DE *Bâville, intendant en Languedoc,*
au Contrôleur général.

3 Février et 22 Avril 1691.

Productions contradictoires, mémoires et projet d'édit pour l'établissement d'une Bourse commune des marchands à Montpellier, et pour la distraction, au profit de cette Bourse nouvelle, d'une partie de la juridiction exercée par celle de Toulouse en matières de commerce de mer ou de terre.

900. *Le sieur* LE *Gras,*
grand maître des eaux et forêts en Languedoc et Guyenne,
au Contrôleur général.

4 Février 1691.

Mémoire contenant la proposition et les motifs de l'établissement à Paris d'une Chambre souveraine qui devra juger en dernier ressort, sur les appels des siéges généraux des Tables de marbre, les affaires relatives aux eaux et forêts et à la marine, au lieu et place des Chambres mi-parties d'officiers des Parlements et d'officiers des Tables de marbre.

901. *Le sieur Lorenchet, receveur général des finances en Bourgogne,*
au Contrôleur général.

4 Février 1691.

Il envoie un exemplaire du mémoire par lequel il réclame, comme receveur général des finances, à l'exclusion du receveur commis par les États, le droit de percevoir et de porter au Trésor royal les deniers provenant du rachat du logement et de la subsistance*.

* Sur cette affaire, voir une lettre de M. Brûlart, premier président du Parlement de Dijon, en date du 25 juin.

902. *M.* DE *Bouville, intendant à Limoges.*
au Contrôleur général.

6 et 15 Février 1691.

Les fermiers généraux viennent d'établir des bureaux à Rochechouart et à Bourganeuf, et non-seulement ils y font percevoir des droits d'entrée et de sortie entre les pays des fermes et les provinces réputées étrangères, mais même ils prétendent y faire payer aussi 6 s. 6 d. sur les blés qui passent du Poitou et de la Marche en Limousin et en Angoumois. En aucun temps ces droits n'avaient été levés, et, indépendamment de cette considération et de ce qu'ils vont donner lieu à des frais, il faut observer que le Limousin n'a recueilli ni blés ni châtaignes et qu'il se trouvera exposé à une famine certaine, si les provinces voisines n'ont la liberté de l'approvisionner.

S'il est vrai que ces bureaux, qui n'avaient jamais existé, soient devenus nécessaires pour le service des cinq grosses fermes, du moins faut-il obliger les fermiers à ne rien prendre sur le transport des blés *.

* Voir deux lettres de M. de la Bourdonnaye, intendant à Poitiers, (17 et 26 février). — Par délibération du 17 février, la compagnie des fermes unies, tout en représentant que «ces considérations ne peuvent pas prévaloir au grand intérest qu'a la ferme dans cet établissement, qui

regarde bien plus le commerce qui se fait de Limousin, Angoumois et Guyenne en Poitou et Touraine en fraude des droits, que le payement desdits droits sur les denrées qui croissent et qui se commercent dans l'une et l'autre province,» consentit à maintenir la franchise pour les blés jusqu'à la fin de l'année. (Pièces jointes aux lettres de M. de Bouville.)

M. de Bouville envoie, le dernier février, deux lettres de l'évêque de Tulle et du procureur du roi au présidial, sur la misère de ce diocèse et sur les accaparements dont on accusait plusieurs riches habitants; mais il repousse, comme prématurée, la proposition de faire ouvrir les greniers. Le blé était alors à 3 ₶ le setier, mesure du pays.

A Limoges, il y avait près de cinq mille pauvres à nourrir, que la charité particulière soutint pendant plusieurs mois, et auxquels le Roi accorda ensuite des secours en argent. (Lettres de l'évêque, 25 mai, 12 juillet, 28 septembre.)

---

903. *M. de Creil, intendant à Orléans,*
au Contrôleur général.

11 Février 1691.

«L'impossibilité d'avoir de la monnoye nouvelle cause une cessation de commerce que vous ne sauriez croire : les receveurs ne payent personne, parce que personne ne veut prendre d'argent à perte, et que les receveurs, le recevant au prix ancien, ne le veulent pas donner à moins. Les tailles ne seront pas, au mois de mars, au tiers de ce qu'elles estoient l'année dernière, et il y a des paroisses où elle n'est pas encore assise. Je crois estre obligé de vous informer de bonne heure de ce détail, et que j'ay déjà vu plus de cent fermes en non-valeur par l'abandon des fermiers, qui sont sortis le baston blanc à la main, ce qui est d'une conséquence extrême pour la Beauce, où les taux des laboureurs sont extrêmement forts. Outre cela, les marchés sont pleins de gens qui emmènent par force tous les gens qu'ils croyent propres au service; la chose a esté si loin qu'à Brou, qui est un gros marché, ainsy qu'à Chasteaudun et à Vendosme, les paysans des environs ne viennent plus aux marchés. J'en ay écrit à M. de Louvois, j'ay mesme envoyé les prévosts des mareschaux sur les lieux; mais, à moins d'un ordre particulier pour en faire un exemple, et un pour contenir la licence et la violence qui commencent à prendre le dessus, le commerce achèvera de se ruiner entièrement. J'avois écrit à M. de Louvois sur la monnoye : il me mande qu'il faut l'envoyer changer à Paris; mais aux dépens de qui, des archers de mareschaussée, ou du receveur qui les paye? Vos lumières me font grand besoin, et je ne sais que décider entre deux parties qui ont également raison.»

---

904. *M. Bouchu, intendant en Dauphiné,*
au Contrôleur général.

12 Février 1691.

La surséance au jugement des instances en réunion formées par les fermiers du domaine provient de ce que la commission n'est composée, outre l'intendant, que de deux trésoriers de France et d'un avocat, qui sont las de travailler gratuitement.

«Mais, si le mouvement dans lequel est à présent le Dauphiné et toutes ses souffrances dans les conjonctures présentes, qui vous sont parfaitement connues, ne sont pas des obstacles à entreprendre de l'agiter encore par un mouvement aussy universel que celuy de la réunion du domaine (car plus des deux tiers, sans contredit, des terres du Dauphiné en dépendent, et il n'y en a aucune à présent qui soit en la main du Roy), s'il vous plaist d'entrer dans la proposition que j'avois faite à M. le Peletier dans des temps plus calmes, savoir : de faire un tribunal auquel je présiderois, composé de deux conseillers, de deux maistres des comptes et de deux trésoriers de France, qu'on choisiroit tels que l'on doive estre sûrs de leur droiture, outre que ma présence en répondra, vous pouvez vous assurer qu'il se fera, avec le secours d'un homme versé dans le domaine du Dauphiné pour poursuivant, tout le chemin que vous voudrez dans ces réunions. Et, soit que le Roy ou le fermier paye les appointemens de ces juges, l'un ou l'autre en sera abondamment dédommagé par l'utilité desdites réunions. Je demande des juges de ces trois Compagnies pour que, dans une affaire qui va à renverser absolument l'estat de cette province, tant elle est étendue, l'esprit des intéressés trouve quelque consolation dans un certain nombre de juges de leur pays et tirés des corps qui ont accoustumé de les juger. Car, quelque confiance que le public ayt en la droiture reconnue de l'un de MM. les intendans, on les croit toujours extrêmement portés à favoriser la cause du Roy, et on ne se persuade pas que deux trésoriers de France puissent suffisamment balancer le parti qu'il a résolu de prendre*.»

* La commission du domaine de Languedoc, qui venait d'être dissoute (lettre des commissaires, 11 février), se composait de deux officiers de la Cour des comptes et de deux trésoriers de France.

---

905. *M. Lebret, intendant en Provence,*
au Contrôleur général.

19 Février 1691.

Mémoire sur les moyens d'empêcher la contrebande du tabac et de remédier aux abus qui nuisent au développement de cette ferme : la détacher des fermes générales, au profit de traitants, qui la prendront pour vingt ou trente ans à raison de 4 ou 500,000 ₶; créer des charges de commis débitants à vie, avec pouvoir de faire poursuivre les contrebandiers, droit d'être nommés par préférence aux charges honoraires des communautés, exemption de logement, etc., et mettre ces charges aux enchères; condamner les contrebandiers à l'amende de 1,000 ₶, et, pour la récidive, au service militaire; en outre, stipuler que, en cas de fraude, d'abus ou de négligence, les adjudicataires de la ferme seront destitués*.

* Voir les réponses mises en marge de cette proposition, et, à la date du 6 avril 1691, une lettre du sieur Isnard, touchant la contrebande qui se pratiquait dans la partie du comté de Nice située en deçà du Var et de l'Esteron.

906. M. DE MIROMÉNIL, *intendant à Tours*,
AU CONTRÔLEUR GÉNÉRAL.

24 Février 1691.

«L'établissement des droits sur le bois, foyn, avoyne et paille, en faveur de la Renfermerie de cette ville de Tours, ayant donné lieu à quelques émotions populaires, dont la voix publique pourroit aller jusqu'à la cour et faire le mal plus grand qu'il n'est, je me donne l'honneur de vous informer qu'hier au matin, à différentes portes, grand nombre de pauvres habitans ayant battu et chassé les commis établis par les administrateurs de la Charité, et mesme fait passer de force plusieurs chevaux chargés d'avoyne, nous fismes arrester deux coupables, qui sont dans la prison. Le lieutenant criminel instruit le procès, qui, sans la feste d'aujourd'huy et de demain, auroit esté jugé en dernier ressort, pour empescher, par un exemple prompt, les suites de cette mutinerie.

«Aujourd'huy matin, jour de marché, nous avons fait mettre à chaque porte un capitaine de quartier, avec une douzaine des principaux habitans, sans armes, fait monter à cheval une cinquantaine d'archers, qui, partagés en différentes brigades, un officier à la teste de chacune, vont de porte en porte pour tenir la main à ce que chacun se contienne dans le devoir. Il sera besoin de veiller pendant quelques jours, surtout en la saison où le vin excite au désordre les esprits naturellement séditieux. Présentement, tout est en bonne situation et il n'y a aucun sujet d'inquiétude *.»

* Voir, sur l'origine de ces mouvements, excités en partie par les conseillers du présidial et par les chanoines de Saint-Martin et de Saint-Gatien, les lettres des 3 et 4 janvier, ainsi que les pièces qui y sont jointes. L'affaire s'apaisa par l'arrestation des principaux agitateurs. (Lettres des 25 février et 3 mars.) Mais le produit des droits fut reconnu insuffisant, et il fut question d'y suppléer, soit par une taxe sur les maisons, demandée par les habitants et autorisée par le Conseil, soit par une mesure moins grave, telle que des quêtes et des offrandes volontaires. (Lettres des 4 et 24 octobre.)

907. M. TROBAT, *intendant en Roussillon*,
AU CONTRÔLEUR GÉNÉRAL.

3 Mars 1691.

Il rend compte des procédures qui avaient été commencées contre le procureur principal des gabelles en Conflent, et qu'il a eu ordre d'interrompre.

«Il est certain que ledit sieur d'Assigny a fait trois différens accommodemens ou compositions, qui montent à 178 #, sans faire aucune forme de procès, et, quoyque véritablement ces gens-là ayent esté criminels, comme ces sortes de compositions ne paroissent pas au jour ni en justice, cela fait non-seulement préjudice au service du Roy et à la ferme des gabelles, en rendant les criminels plus hardis à la récidive, mais encore décrie si fort la gabelle, qu'il n'y a aucune composition qui ne passe pour une injustice; et, jusqu'à ce que, par l'examen des mesmes prévenus, on a trouvé que véritablement ils portoient du faux sel, tout le monde croyoit que ce n'estoit pas un accommodement d'un crime, mais une concussion et violence faite sans forme de procès; et, comme le pays de Cerdagne est le plus éloigné du Conseil supérieur de Roussillon et frontière d'Espagne, et que les désordres pour raison de la gabelle ont esté fort fréquens en ce pays-cy *, il est extrêmement nécessaire que ceux qui font le faux-saunage soient punis par la voye de la justice, et cette seule sévérité qu'on a tasché de maintenir depuis les désordres passés est celle qui maintient la tranquillité dans ce pays **.»

* Sur les séditions occasionnées par le transport du faux sel et sur la répression proposée par M. Trobat, voir les lettres des 14 et 22 mars suivant, du 21 avril et du 16 mai.

** Les fermiers généraux obtinrent définitivement que les poursuites cessassent. (Lettre de M. Trobat, 3 avril.)

Voir, sur une affaire analogue où fut compromis le sieur Rémond, directeur du bureau du convoi et comptablie de Bordeaux, une lettre de M. de Bezons, la justification de l'inculpé et une lettre du sieur de la Vigne-Gicquel, intéressé aux fermes (29 mars, 10 et 17 avril).

908. M. DE POMEREU, *intendant en Bretagne*,
AU CONTRÔLEUR GÉNÉRAL.

3 Mars 1691.

Il demande l'approbation d'une ordonnance qu'il a préparée pour le nettoiement de la ville de Brest et pour l'enlèvement, aux frais de la ville ou des propriétaires, des boues, immondices, décombres, etc. *

* 1er avril suivant : proposition d'employer le revenant-bon des octrois de Brest à la construction d'un auditoire et d'une halle, dont la concession avait été donnée à un particulier, en 1685, sans qu'il eût, depuis ce temps, commencé les travaux.

Le contrôleur général écrit à M. de Nointel, successeur de M. de Pomereu, les 30 janvier, 22 août, 7 octobre et 29 décembre 1692, relativement aux travaux des halles de Lannion, Rennes et Ploërmel.

30 septembre 1692 : lettre de M. de Nointel et projet d'arrêt pour transporter en dehors de la ville de Saint-Malo les abattoirs des bouchers et faire régler le prix de la viande par le juge de police.

909. M. DE BÂVILLE, *intendant en Languedoc*,
AU CONTRÔLEUR GÉNÉRAL.

3 Mars 1691.

Conversion du droit de cosse en une albergue payable annuellement par les diocèses qui envoient leurs blés au marché de Narbonne.

La province demande que, outre ces diocèses, le haut Languedoc et la Guyenne payent un droit ou une partie de la contribution, à proportion de l'utilité qu'ils tirent du canal et du détriment qui en résulte pour les blés du pays *.

* M. de Bâville avait proposé cette conversion le 19 août 1690, pour mettre fin aux difficultés dont le droit de cosse était continuellement l'objet. — Sur la proposition relative au haut Languedoc, voir une

autre lettre du 4 juillet 1692, et, en ce qui concerne les blés de Guyenne, une lettre du contrôleur général, du 26 avril précédent.

---

910. *M. de Bezons, intendant à Bordeaux,*
au Contrôleur général.

6 Mars 1691.

Il juge inutile et inopportun d'entreprendre en Guyenne une recherche et une confirmation des possessions de franc-alleu, analogues à ce qui s'est fait en 1676 pour la Provence. Ce serait fort souvent détruire les résultats obtenus par la confection du papier terrier, en confirmant, moyennant un dixième de la valeur des biens, des possessions qui ne seraient appuyées sur aucun titre. D'ailleurs, dans toute la sénéchaussée de Bordeaux, les habitants de cette ville, qui possèdent presque tous les francs-alleux nobles ou roturiers, ont obtenu déjà leur confirmation en 1674, et il ne reste plus qu'à décider de quelle époque doivent partir les cent ans de possession exigés. D'autre part, la déclaration proposée ferait tomber la ferme du domaine, en diminuant les droits casuels, et enfin ce serait une nouvelle surcharge pour un pays déjà ruiné *.

* La déclaration de décembre 1676, qu'on proposait d'appliquer à la Guyenne et au Languedoc, avait confirmé à tout jamais les contrats d'inféodation de biens allodiaux à titre de cens portant lods et ventes aux mutations, avec droit de retenue par prélation, qui avaient été faits soit par les communautés, soit par les particuliers, à charge par eux de payer au Roi le dixième de la valeur de ces biens. Le nombre des contrats de ce genre était si grand en Provence, qu'on n'eût pu les annuler sans produire un grand désordre. (Voir les pièces jointes à la lettre de M. de Bezons.) — M. de Bâville rejette également cette proposition pour le Languedoc, et ses motifs sont : 1° que le franc-alleu roturier y est admis sans titres, sur les principes du droit écrit, qui répute libres de servitudes tous les fonds contre lesquels il n'y a pas preuve du contraire; 2° que très-peu de terres se trouvent en dehors de la mouvance du Roi ou de celle des seigneurs, et qu'il y aurait, par conséquent, peu de profit à tenter la recherche, et beaucoup de danger à toucher aux privilèges du pays. (Lettre du 11 février.)

---

911. *M. de Miroménil, intendant à Tours,*
au Contrôleur général.

6 Mars 1691.

«Le nombre des métiers pour les manufactures de soye en la ville de Tours est encore augmenté de cinq cents depuis que je me suis donné l'honneur de vous écrire, le 27 novembre dernier. Il y en a actuellement trois mille, nonobstant que les maistres, qui ont assisté les ouvriers dans le temps que l'ouvrage manquoit, retiennent sur leur salaire un quart pour les avances qu'ils leur ont faites; en quoy, loin de blâmer les maistres, ils sont à louer, parce que l'usage estoit cy-devant de retenir par eux un tiers en pareilles conjonctures. Si le nombre continue d'augmenter, comme il est néanmoins toujours à désirer (dans le bon temps, il y a eu jusqu'à six mille métiers à Tours), on aura peine à trouver des ouvriers, la guerre en ayant fait sortir un très-grand nombre.

«Cette manufacture est un des principaux motifs de veiller à soutenir l'hospital général, où y ayant toujours deux ou trois cents enfans qui sont élevés et travaillent en soye, à mesure que ces enfans deviennent grands, ils entrent dans la ville sous les maistres et conduisent les ouvriers moins expérimentés.»

---

912. *M. Larcher, intendant à Rouen,*
au Contrôleur général.

7 Mars 1691.

Les arrêts qui autorisent l'établissement à Pont-Audemer d'un tarif pour le payement de la taille n'exemptent des droits les communautés religieuses et les privilégiés que pour les denrées venant de leur cru. Bien que les religieuses carmélites prétendent que l'abonnement n'est qu'une conversion de la taille et ne peut, par conséquent, retomber sur les privilégiés, elles ne sont pas plus fondées que les autres à revendiquer une exemption complète.

---

913. *Le sieur Curault, lieutenant général à Orléans,*
au Contrôleur général.

11 Mars 1691.

«Je prends la liberté de vous écrire au sujet de l'assemblée générale des habitans de cette ville, qui fut tenue jeudy 8 du présent mois de mars, pour faire l'élection d'un maire et trois échevins, suivant l'usage accoustumé, à laquelle M. de Creil, intendant de cette généralité, voulut estre présent, quoyque les maire et échevins luy eussent auparavant représenté que sa présence pourroit gesner les suffrages des habitans et que MM. ses prédécesseurs n'y estoient jamais venus. Ce qui m'obligea, estant allé en ladite assemblée, où j'ay droit de présider, en qualité de lieutenant général, de remonstrer très-humblement à M. de Creil, que, ne s'y agissant que de l'élection d'un maire et trois échevins, toute l'assemblée estoit surprise qu'il eust voulu se donner la peine d'y venir, vu que MM. les intendans, ses prédécesseurs, n'y estoient jamais venus, et avoient toujours laissé la liberté entière aux habitans de choisir les personnes qu'ils jugeoient les plus capables pour remplir ces charges, que sa présence pourroit leur oster; et de plus, qu'elle apportoit du changement à l'ordre établi sur le fait desdites assemblées par les ordonnances et règlemens, qui attribuoient aux baillys et séneschaux, ou leurs lieutenans, le droit de présider auxdites assemblées, à l'exclusion mesme des gouverneurs; en sorte que, l'office du bailly d'Orléans estant vacant, je me trouvois seul en droit d'y présider. M. de Creil me dit qu'en qualité de maistre des requestes et d'intendant, il estoit au-dessus des baillys, estoit maire perpétuel dans toute son intendance, et avoit droit d'assister, quand il luy plairoit, aux assemblées des habitans; mesme avoit assisté, il y avoit deux ans, à l'élection du maire et des échevins qui devoient sortir à présent. Je luy dis que je luy avois fait la mesme remontrance il y a deux ans; que lors, ne m'ayant fait aucune réponse, j'avois eu sujet de croire qu'il l'avoit pris en bonne part et l'avoit trouvé juste, et qu'il s'en abstiendroit à l'avenir; vu mesme qu'il m'avoit laissé le procès-verbal du résultat de l'assemblée, comme président. Pourquoy je le priay, avec tout le respect que je luy dois, de me laisser la fonction de ma charge et aux habitans la liberté de leurs suffrages, qui estoit diminuée par sa présence. Il est vray qu'il me répondit qu'il ne vouloit pas m'empescher de faire le procès-verbal du résultat de l'assemblée, mais qu'il y vouloit estre présent. Je crus n'en devoir pas dire davantage, pour ne point retarder le service du Roy, et vous donner avis de ce qui s'est passé, afin que vous ayez la bonté de nous marquer quelle est la volonté de S. M. sur ce sujet, et de me maintenir dans tous les droits de ma charge et les bourgeois d'Orléans dans la liberté de leurs suffrages, et de tenir leurs assemblées en la manière accoustumée, dans lesquelles je tiendray toujours la main à ce qu'il ne s'y passe rien qui ne soit conforme à la volonté du Roy et avantageux pour son service.»

---

914. *M. de Malezieu*, *intendant sur la frontière de Champagne*.

au Contrôleur général.

12 Mars 1691.

Il expose les motifs pour lesquels il a dû réduire à une simple amende une confiscation prononcée à la requête des fermiers généraux.

«Le sieur Gardy est un homme des terres ennemies, fort hasardeux, dont M. le marquis de Boufflers et M. le comte de Tessé, commandant en ce pays-cy, qui m'ont fortement recommandé ses intérests, se sont servis très-utilement en des occasions secrètes et importantes au service du Roy. Il a, malgré toutes les défenses et les précautions des ennemis, tiré de leur pays un nombre de chevaux considérable qu'il a amenés pour la cavalerie, des laynes et des teintures pour les manufactures, qui seroient icy tombées sans son secours, du salpestre et de la poudre pour les magasins, des armes, brides et autres besoins des troupes, et vous verrez, par le certificat que je vous envoye cy-joint, de M. de Courcelles, inspecteur général, que, par le moyen dudit Gardy, une grande partie de la cavalerie de son département est pourvue de bonnes épées, qu'il leur a fournies d'Allemagne.....

«La situation de cette frontière est telle, qu'il est difficile qu'un intendant ne soit quelquefois obligé, pour le bien du service du Roy, de se relascher en certaines occasions de cette nature..... Vous me marquez qu'il ne vous paroist pas que j'aye pu, en nul cas, ordonner de cette modération de mon autorité, à quoy je répons, avec tout le respect que je dois, que, par le caractère dont il plaist au Roy de m'honorer en cette province pour l'exécution de ses ordres, j'ay cru estre sur les lieux le seul compétent de connoistre de celle de l'ordonnance du 11 décembre 1689, à l'exclusion d'un juge de village établi à Donchery, aux gages et à la dévotion des fermiers, qui n'y ont aucune part*.....»

* Voir les lettres du 17 et du 23 du même mois, touchant les accusations portées par les fermiers contre M. de Malezieu et les connivences qu'ils lui reprochaient, ainsi qu'une autre lettre et un mémoire, du 8 septembre, sur la contrebande pratiquée dans ce département par les marchands de la ville de Bouillon. — M. de Sève (Metz, 14 et 24 mars 1693) fait un rapport sur la conduite des administrateurs des pays frontières, particulièrement en ce qui touche les exactions commises sous prétexte d'empêcher l'entrée des marchandises étrangères ou la sortie des grains.

---

915. *Le sieur Boulanger, receveur général des finances en Bretagne*.

au Contrôleur général.

14 Mars 1691.

«Qui n'entend qu'une partie n'entend rien. Les Montaran vous ont dit leurs raisons touchant les receveurs des fouages, et voicy les miennes.

«Lesdits receveurs des fouages font voiturer leurs recettes à Rennes. Les Montaran prennent un pour cent pour me faire compter cet argent à Nantes; cela ne me regarde pas jusque-là; mais, ayant écrit aux receveurs des fouages que, puisqu'ils faisoient ce commerce avec les Montaran, je les priois de leur dire qu'ils missent les vieilles espèces à la Monnoye dudit Rennes, et que j'irois les recevoir là, et qu'ensuite je les voiturerois jusqu'à Nantes, à mes dépens : point du tout; les Montaran prennent mon argent tout voituré à Rennes, et me font compter à Nantes celuy qu'ils ont là. Si bien que je suis obligé, pour avoir des espèces nouvelles, de prendre leur argent audit Nantes et de revoiturer à mes frais et à mes risques à la Monnoye de Rennes, ou bien de changer à Nantes avec eux-mesmes leurs vieilles espèces qu'ils me donnent avec des nouvelles, pour quoy ils me prennent un et demy pour cent, ainsy que j'ay fait depuis peu, pour acquitter les charges de la recette générale, de sorte qu'il m'en a cousté près de 100 pistoles depuis un mois. Cependant, toute la contestation ne devoit avoir lieu avec les receveurs des fouages que pour ce terme icy, à cause du changement de monnoyes; car, pour l'avenir, que ce soient les Montaran ou d'autres qui me payent à Nantes, je n'en suis pas en soin. Si j'avois su qu'ils vous eussent donné la peine d'en écrire à M. de Pomereu, je n'aurois jamais troublé leurs ambitions et leur avidité, qui leur fait entreprendre sur tout le monde, de manière qu'ils croient que [.........] pust approcher de leurs suffisances.»

---

916. *M. Chauvelin, intendant à Amiens*.

au Contrôleur général.

18 Mars 1691.

«.....La ferme du droit de 5 sols pour livre de tabac dans les ville, cité et banlieue d'Arras a esté établie en 1680, pour en estre les deniers employés aux travaux que le Roy ordonne tous les ans pour les fortifications de ladite ville.

«Ce droit se lève sur toutes sortes de tabacs qui se consomment dans la ville et banlieue; les marchands, lorsqu'ils les y font entrer, sont tenus de les porter au bureau du fermier, pour les faire marquer avant que de les exposer en vente.

«Pour éviter les fraudes que les marchands de la mesme ville pourroient faire, il leur a toujours esté défendu, et aux étrangers, de tenir des magasins dans les villages des environs de la ville, et, comme cette défense n'estoit pas assez déterminée, M. de Breteuil rendit, le 23 juin 1679, une ordonnance portant qu'elle auroit lieu dans tous les villages de l'étendue de trois lieues aux environs de la mesme ville : dont le fermier a pris occasion de prétendre que nulle personne, dans la distance desdites trois lieues, ne peut faire sur son fonds aucune plantation de tabacs; de manière que, trouvant il y a quelque temps des particuliers qui en avoient en feuilles provenant de leur cru, il les fit saisir comme sujets à confiscation. Les parties ayant sur cela contesté par-devant moy, ledit fermier prétendit que ces particuliers estoient dans le cas de la contravention à l'ordonnance de M. de Breteuil, qui défendoit les magasins dans la distance de trois lieues.

«Ces particuliers soutinrent que la défense de faire des amas de tabacs regardoit uniquement les marchands et les étrangers; que, pour eux, ils n'estoient ni marchands ni étrangers, mais seulement des propriétaires qui faisoient valoir leurs terres et les cultivoient en tabacs, pour en tirer un revenu qui leur estoit permis, la plantation des tabacs n'ayant point esté interdite par l'ordonnance de M. de Breteuil. Ledit fermier insista en disant que le mesme motif qui avoit obligé de défendre aux marchands de la ville et aux étrangers de faire des magasins pour les empescher de vendre des tabacs en fraude, en devoit estre un de défendre la plantation des tabacs, puisque ces particuliers sont eux-mesmes des marchands, qui font commerce des tabacs qui croissent sur leurs terres, et qu'ils les peuvent vendre aux marchands de la ville, lesquels en feroient des magasins sous leurs noms.

«Sur cette contestation, ayant conféré avec les échevins d'Arras et les députés des Estats, je rendis, au mois de novembre dernier, une ordonnance par laquelle je fis mainlevée des feuilles de tabac saisies, avec défense audit fermier de faire à l'avenir semblables saisies de tabacs sur les particuliers qui en recueillent sur leurs terres.

«Il n'y avoit aucune difficulté à cette mainlevée, parce que jusqu'icy il n'a point esté fait de défense de planter des tabacs et que ces particuliers n'avoient point esté troublés par ledit fermier dans l'usage de faire des plantations de tabacs; il estoit seulement question de savoir s'il estoit à propos de les défendre à l'avenir. J'estimay à propos de laisser les choses dans l'usage ordinaire, pour ne pas oster, dans le milieu du pays d'Artois, aux propriétaires des terres la liberté de les faire valoir et cultiver suivant leur nature, d'autant mieux que cette ferme n'est pas extrêmement considérable et que la défense de planter des tabacs ne l'augmenteroit pas de beaucoup, y ayant très-peu de terres plantées en tabacs.

«Ledit fermier n'a nulle raison de dire que cette liberté de planter des tabacs diminue le produit de sa ferme et qu'il est moindre que les années précédentes, paroissant, par l'estat cy-joint des adjudications qui en ont esté faites, année par année, depuis son établissement, que depuis dix ans il a toujours esté à peu près sur le mesme pied. Il est vray que, les deux premières, il a esté un peu plus considérable; mais c'est qu'alors les fermiers n'en connoissoient pas encore la force; aussy m'a-t-on assuré qu'ils y perdirent beaucoup.

«Ledit fermier propose, comme un moyen de bonifier cette ferme, qu'il soit fait défense à toute personne de vendre du tabac, ce que je ne crois pas que vous estimiez raisonnable, puisque ce seroit changer la nature de la ferme, laquelle consiste seulement à lever le droit sur le tabac qui se débite dans ladite ville et banlieue.

«La seule précaution qu'on pourroit ajouter à celles qu'on a déjà prises pour éviter les fraudes seroit de défendre aux paysans qui font sur leurs terres des plantations de tabacs de les filer et les garder en rouleaux chez eux, sauf à les porter vendre en feuilles dans tels lieux que bon leur semblera hors de la ville et banlieue. Si vous approuvez qu'on l'ordonne de cette manière, quand je sauray sur cela vos intentions, je me feray présenter par le fermier une requeste et luy accorderay cette espèce de défense.»

---

917. *M. de Bezons, intendant à Bordeaux,*
au Contrôleur général.

20 Mars 1691.

«.....Je vais faire au plus tost les adjudications pour que les ouvriers profitent de la belle saison et que l'on fasse les ouvrages des ponts et chaussées. Les chemins deviennent très-mauvais dans cette province, parce que l'on ne peut pas employer des grosses sommes pour les rétablir, à cause de la conjoncture présente, et l'on ne sait quel remède apporter pour que l'on puisse voyager pendant l'hiver*.»

* Dauphiné, 6 novembre 1689, rapport de l'ingénieur Dieulamant, sur les ouvrages publics qu'il dirige.

1er octobre et 3 novembre 1689, lettres de M. de Miroménil, sur les travaux publics entrepris à Angers et dans le département de Tours: 3 décembre, procès-verbal des trésoriers de France, etc.

9 et 27 juillet 1691, lettres de M. de Pomereu, sur les améliorations faites aux chemins de Bretagne et sur les travaux de pavage commencés aux abords de certaines villes, telles que Morlaix, Saint-Brieuc, Landerneau.

---

918. *M. de Pomereu, intendant en Bretagne,*
au Contrôleur général.

20 Mars 1691.

Les habitants de l'île de Grois demandent une prorogation de l'exemption des fouages qui leur avait été accordée pour neuf ans en 1664, mais dont ils ont continué depuis lors à jouir paisiblement.

L'intendant appuie leur requête; il représente que l'île a été ravagée plusieurs fois par les Hollandais et que le départ de la plus grande partie des marins laisse les terres incultes.

919. *M. de Bezons, intendant à Bordeaux,*
au Contrôleur général.

20 Mars, 8 Mai, 28 Juillet 1691.

Il rend compte de l'emploi des revenus des consistoires du diocèse de Bordeaux et du reliquat des biens des fugitifs. Il a préféré, ainsi que l'évêque d'Agen, employer ces fonds à l'établissement de régents et de maîtres d'école et à l'instruction des enfants des nouveaux catholiques, plutôt qu'à la réparation des églises*.

Payement des pensions des filles de l'Union chrétienne et des prédicateurs; distribution de secours aux nouveaux convertis.

* M. Bouchu (Dauphiné, 9 mars) demande à prélever sur les fonds de cette régie les sommes nécessaires pour reprendre et achever la reconstruction des églises de son département, qui avait été suspendue au commencement de la guerre.

Voir aussi, au 8 octobre 1689, une lettre de M. Charuel, intendant à Metz et Nancy, exposant la difficulté de payer les fonds assignés sur les confiscations et de rendre d'autre part leurs biens à ceux des nouveaux convertis qui en obtenaient la restitution.

920. *M. de Pomereu, intendant en Bretagne,*
au Contrôleur général.

21 Mars 1691.

Il donne son avis sur les mesures à prendre pour le rétablissement des affaires de la communauté de Saint-Brieuc, et particulièrement sur l'affectation d'une somme de 600tt à l'entretien du collège, qui, seul dans tout l'évêché, pourvoit à l'instruction de la jeunesse ou à celle des prêtres.

Le revenu de la prébende qui est affectée au collège et les rétributions des écoliers, formant en tout 700tt environ, ne peuvent suffire à la subsistance d'un principal et de quatre régents, et il convient mieux d'y appliquer 600tt prises sur les octrois, que d'employer cette somme aux réparations de la clôture de la ville*.

* Voir les diverses requêtes et pièces, lettres de l'évêque de Saint-Brieuc, de M. de la Rivière, gouverneur de la ville, du sénéchal, etc., qui sont jointes à la lettre de M. de Pomereu.

921. *M. de Bâville, intendant en Languedoc,*
au Contrôleur général.

23 Mars et 16 Octobre 1691.

Le sieur Linsolas, qui s'était chargé en 1681, sous le nom de Jacques Rostang, de détourner le cours du Rhône et d'attirer la navigation du côté de Villeneuve, a obtenu, pour prix de cette entreprise, la concession d'un bac entre Villeneuve et Avignon. Les intéressés en la pêche sédentaire de l'Acadie demandent, à leur profit, la révocation du don, pour inexécution du traité; mais le concessionnaire a déjà achevé de grands travaux, et il conviendrait de ne le priver de la jouissance de sa concession qu'en proportion des engagements qu'il n'a point tenus*.

* A la lettre du 16 octobre sont jointes toutes les pièces relatives à l'entreprise, l'adjudication passée en 1681, les procès-verbaux de M. de Vauban et des autres ingénieurs, etc. — Par une autre lettre du 16 novembre, accompagnée de nouvelles pièces, M. de Bâville rend compte des protestations faites par le vice-légat d'Avignon contre tout travail qui aurait pour résultat de changer la navigation et le cours du commerce. Enfin, le 23 juillet 1693, il envoie le rapport dressé par l'ingénieur Niquet, pour le règlement de l'affaire.

922. *M. d'Ableiges,*
maître des requêtes, envoyé en mission en Auvergne,
au Contrôleur général.

29 Mars 1691.

«A mon arrivée à Riom, je me suis informé le plus exactement qu'il m'a esté possible de la disette des blés. Ce qu'il y a de certain est que tous ceux qui se meslent du bien public sont convenus, quant à présent, qu'il n'y a aucune nécessité pressante, mais qu'elle est à craindre, et qu'elle doit estre regardée comme certaine dans les mois de may et de juin, à l'égard des pauvres. Ainsy, il est nécessaire à présent que vous donniez vos ordres pour acheter à Orléans jusques à quinze cents setiers de blé méteil, mesure de Paris, pour la basse Auvergne. Mille setiers, mesure de Paris, suffiront pour l'élection d'Aurillac, qui est la haute Auvergne, car elle est petite. Ces blés seront seulement destinés pour la subsistance des pauvres. A l'égard des riches, il y en a plus qu'il n'en faut, car ce qui fait le grand mal est la disette d'argent, en sorte que le paysan n'a pas un sol pour acheter le blé dans le marché. Il est nécessaire que ces blés arrivent, au plus tard, dans la fin du mois d'avril. La charité que le Roy peut faire à son peuple est de donner ce blé à la province sur le pied du prix coustant, et de ne rien prendre sur les frais de voiture. Ce sera une très-grande charité que S. M. fera, et qui conservera entièrement tous les pauvres d'Auvergne.

«J'ay eu l'honneur de vous écrire, avant mon départ de Paris, qu'il estoit à propos de surseoir pour cette année le payement des capitaux des dettes des villes et communautés. C'est un argent certain, qui servira à rembourser S. M. des blés qu'elle aura la bonté d'envoyer. Je vous envoye un mémoire, afin que S. M. accorde, s'il luy plaist, cet arrest de surséance pour le payement desdites dettes; c'est une seconde charité, plus grande que la première, car elle fera subsister les pauvres, sans qu'il couste rien au Roy, et tous les créanciers des villes y consentent. . . . . »

923. *M. de Bérulle, intendant à Lyon,*
au Contrôleur général.

29 Mars 1691.

Le nombre des offices de notaires à Lyon a été porté à soixante et un, et, comme les affaires se font presque toutes à l'amiable, le revenu de ces offices est à peu près nul et le prix en est si bas (2,000 ou 2,500^{tt}), que les acquéreurs ne présentent souvent aucune garantie et sont même capables de commettre des faux ou autres crimes. Ce nombre devrait donc être réduit à celui de quarante, en faisant payer aux notaires qui seraient conservés une somme de 4,000^{tt} chacun et leur accordant la confirmation de leurs priviléges, l'hérédité et le tabellionage. Ils rembourseraient en outre leurs collègues dont les offices seraient supprimés.

«..... Si S. M. vouloit établir un pareil ordre dans toutes les principales villes de son royaume, le prix des charges de notaires augmenteroit, et elles ne seroient remplies que par des gens qui auroient du bien; le public en seroit mieux et plus sûrement servi, et S. M. pourroit tirer de ces corps, composés de personnes de mérite et de bien, des secours considérables; au lieu que, présentement, la plupart des notaires sont officiers inutiles, à charge au public par le grand nombre et leur peu de capacité, et dont l'on ne peut tirer aucun argent, à cause de leur misère, qui très-souvent leur fait oublier leur devoir.

«Ce sont les principaux notaires de Lyon et les plus honnestes gens qui vous demandent cette réforme, et offrent de payer les sommes cy-dessus; du moins ils m'ont prié de vous en écrire*.»

* M. de Bérulle demanda que l'affaire ne passât pas par les mains d'un traitant, tel que le receveur général Prondre. «Si le traitant entroit là-dedans, les fripons trouveroient très-sûrement les moyens de se faire conserver bien plutost que les honnestes gens.» (Lettres du 17 avril et du 16 octobre.) Voir, aux dates des 3 et 4 novembre, les projets d'édit et une liste des notaires à conserver, chacun d'eux devant payer une taxe de 3,000^{tt} et contribuer au remboursement des offices supprimés. M. de Bérulle écrit encore, le 15 décembre, au sujet de l'opposition que l'affaire trouvait, au dernier moment, chez les notaires conservés, et il propose de faire un exemple des plus séditieux.

Voir aussi la suite de la correspondance de Prondre, 1er et 19 janvier 1692.

---

924. *M. Bossuet, intendant à Soissons,*
au Contrôleur général.

30 Mars 1691.

Il rend compte de la portée des priviléges que réclament quelques greffiers des rôles des tailles.

«..... Il sera observé que ceux qui avoient acquis lesdits greffes au commencement du quartier d'hiver sembloient se contenter des avantages qu'ils trouvoient dans les termes de l'édit, à les prendre dans leur propre signification, sans les étendre, savoir : la jouissance de leurs droits sur un pied avantageux, avec quelques émolumens; de ne pouvoir estre augmentés à la taille; d'estre considérés et autorisés par leurs fonctions dans la confection des rôles, exempts de tutelle, curatelle, etc., et ils s'estimoient heureux de n'estre pas exposés, avec leurs femmes et leurs enfans, comme tous les autres, à avoir jour et nuit dans leurs maisons le visage et la présence des cavaliers, qui ne sont pas toujours de sang-froid..... Mais depuis, on a donné à ces acquéreurs et à leurs commis de si grandes espérances, que cette exemption pourroit s'étendre à toutes les charges que supportent les communautés pendant la guerre, qu'ils ont cru ne rien avoir, s'ils n'en estoient déchargés, et, sous prétexte que, dans les villes, les officiers principaux, qui sont exempts de logement de gens de guerre, ne payent ni les ustensiles ni les autres charges (quoyqu'il n'en soit point parlé dans leurs édits, qui sont les titres de leurs priviléges), ces greffiers prétendoient de mesme ne rien devoir de l'ustensile, qui s'impose au marc la livre de la taille sur le général de la province, des appointemens des officiers et de la dépense des soldats de milice, de ce qui s'impose dans les paroisses pour le logement et le bien-vivre des officiers et cavaliers estant en quartier d'hiver et pour le fourrage des chevaux des cavaliers, dont le Roy ne rembourse que 5 sols par ration. Ils prétendoient encore ne point contribuer à leur tour à la fourniture des charrettes que font les laboureurs, soit pour conduire les équipages des troupes qui passent par étape, soit pour voiturer des fourrages et munitions de bouche et de guerre, ce qui arrive fréquemment dans les élections qui sont frontières, y en ayant présentement quatre ou cinq cents commandées pour aller à Maubeuge porter des avoynes en suite des ordres de M. de Louvois, non plus qu'aux petites gardes de milices établies sur la mesme frontière contre les partis ennemis; et n'estre sujets généralement à rien de ce qui pouvoit regarder la guerre.....

«Au surplus, les habitans réclamoient beaucoup contre cette extension de priviléges, surtout dans les paroisses où ceux qui ont ces greffes estant les plus forts en biens et les plus hauts à la taille, comme il arrive presque partout, en portent seuls une grande partie, et quelquefois le quart, le tiers et jusqu'à la moitié. Et, comme les contributions sont dues sur le mesme pied, et qu'elles ne montent souvent à guère moins que la taille, quand il n'y auroit que le bien-vivre, le fourrage et la milice, particulièrement dans les paroisses qui sont foibles, si cette exemption avoit lieu, il arriveroit que les plus aysés des lieux et les plus gros fermiers n'en payeroient rien, et que les moins accommodés et ceux qui se voyent exclus des fermes et des profits, les veuves et les manouvriers, seroient surchargés de la part que ceux-là devroient porter, ce qui faisoit craindre que plusieurs n'abandonnassent (et, en effet, quelques-uns ont quitté), pendant que les acquéreurs, en s'exemptant de ces contributions, se remboursoient en peu de temps du fonds de la finance qu'ils avoient faite, et continueroient de jouir des droits qui leur sont attribués à cause de cette finance qu'ils auroient retirée. Cela paroist sensiblement dans les paroisses qui ne portent que 2, 3 et jusqu'à 500^{tt} de taille ou environ, ce qui fait près du tiers de la généralité, et où la finance des greffes ne va que depuis 3 pistoles jusqu'à 6 ou 7. Et, quand ces greffiers se trouvent dans une mesme paroisse où il y a des postes, courriers, loueurs de chevaux et gardes-étalons, qui sont toujours les plus riches, qui font le plus de commerce, qui occupent les fermes, les cabarets et les plus grandes maisons, les communautés en deviennent si fort affoiblies, qu'il est à craindre que, dans peu, cela ne soit fort préjudiciable au recouvrement de la taille.....

«L'arrest (du 20 mars 1691, déchargeant quatre greffiers de contribuer aux compositions faites pour le logement et le bien-vivre) doit faire un bon effet pour le débit de ces greffes; les receveurs généraux en sauront bien faire un bon usage. Mais peut-estre trouveront-ils à propos, au sortir d'un fascheux quartier d'hiver et dans le temps qu'on poursuit les communautés pour la taille, de faire surseoir la contrainte pour la restitution qui regarde les habitans, lesquels ne sont guère en estat d'essuyer cette recherche, les syndics n'ayant rien fait de leur chef.....

«Ne pourroit-on point permettre aux habitans de payer le prix de l'office qui ne seroit point exercé, et, s'ils y consentoient, que l'imposition s'en fist avec la taille prochaine*?»

* Voir, à la date du 13 novembre, un avis sur les moyens de faciliter le débit de ces charges.

Voir plusieurs lettres de M. de Miroménil (Tours, 14 et 24 octobre, et 7 novembre). Dans la première, il écrit que les receveurs particuliers prétendent que les taxes d'office employées pour hâter le débit des charges de greffiers des rôles nuisent au recouvrement des tailles. «Ils disent vray pour ce point, mais les raisons d'Estat sont au-dessus de ces considérations.»

M. Chauvelin (Amiens, 6 décembre) estime que le débit par les receveurs particuliers prévient les mesures rigoureuses dont les receveurs généraux ne manqueraient pas d'user, telles que taxes d'office, solidarités, etc. — Sur les remises que les receveurs généraux faisaient aux receveurs particuliers, voir les lettres de M. de Creil, intendant à Orléans, 9 mai, de M. Larcher, intendant à Rouen, 2 décembre, et des receveurs généraux de ce département, 25 novembre.

925. *M.* Trobat, *intendant en Roussillon,*
au Contrôleur général.

31 Mars 1691.

Il rend compte des raisons qui l'ont amené, en 1686, à réduire le prix des tabacs, et à faire un tarif commun pour les garnisons et les habitants : 10 sols la livre de tabac avec côtes, 12 sols la livre de tabac sans côtes et 30 sols la livre de tabac en poudre. Bien que le sous-fermier, qui avait accepté cette mesure, demande à augmenter les prix portés par le tarif, comme il ne peut faire tomber l'augmentation sur les soldats, auxquels le tabac doit être livré au prix coûtant, il trouverait tout avantage à conserver un seul prix uniforme, pour détourner les habitants de faire la fraude avec la Catalogne ou de s'entendre avec les soldats.

«Je crois encore que, si cet arrière-fermier perd, c'est parce que tout le monde se plaint que le tabac n'est pas bon, et, s'il vouloit se donner la peine de le faire comme on le fait en Espagne, il empescheroit par ce soin que les personnes de qualité ne fissent toutes choses possibles pour en avoir d'ailleurs*.»

* M. de Bezons (Bordeaux, 20 janvier et 10 février), en rendant compte des raisons qui s'opposent toujours à l'établissement d'un bureau de tabac dans le pays de Soule, malgré les requêtes réitérées des fermiers, envoie plusieurs mémoires sur la fabrication des tabacs et sur les lois qui en régissaient la culture dans certaines parties de son département.

926. *M.* Larcher, *intendant à Rouen,*
au Contrôleur général.

31 Mars, 8 et 23 Avril 1691.

Il se plaint que les magistrats du présidial de Rouen mettent des obstacles à l'installation des conseillers d'honneur et leur refusent le rang et la séance qui leur sont attribués par l'édit de création. Il demande des lettres de cachet pour punir les principaux opposants*.

* Voir, à la date du 26 avril, une lettre de justification du sieur de Boisguilbert, lieutenant général au présidial.

Contestation analogue dans le présidial de Blois, à propos de la réception d'un valet de garde-robe de Monsieur, qui, ayant acquis une charge de conseiller honoraire, prétendait être reçu en épée, bien qu'il n'eût jamais servi, et qui ne pouvait point non plus porter la robe longue, n'étant pas gradué. (Lettres de M. de Creil, 5 mars, 14 mai et 3 décembre.)

En Dauphiné, M. Bouchu fut obligé de soutenir contre les officiers de l'élection de Grenoble un sieur Michel Farinel, qui avait acquis une des nouvelles charges d'assesseurs, et que ses collègues repoussaient comme ayant été joueur de violon et maître de danse. Il n'avait cependant cultivé la musique que comme surintendant chez la feue reine d'Espagne, après avoir été gentilhomme chez le duc de Saint-Pierre et chez le roi d'Angleterre. (Dauphiné, 17 décembre.)

Sur l'acquisition de ces charges par les gentilshommes et sur l'exemption de l'arrière-ban qu'elles procuraient, voir une autre lettre de M. de Creil, du 26 novembre.

927. *M.* Feydeau du Plessis, *intendant en Béarn,*
au Contrôleur général.

Fin de Mars 1691.

«..... Les syndics des Estats de Béarn, qui sont gens qui ne se rebutent jamais, ont fait diverses tentatives pour éluder l'effet de chaque édit et déclaration en particulier que le Parlement de Pau a vérifiés dans ces derniers temps..... Leur but a toujours esté de faire distinguer leur pays d'avec le reste du royaume, à cause de leurs différens usages et priviléges. N'ayant pas trouvé de dispositions de se faire écouter par cette voye (des remonstrances), ils ont changé de discours et, par un mémoire tout nouveau qu'ils ont adressé en droiture à M. de Croissy, ils se sont contentés de demander simplement au Roy qu'il plust à S. M. leur permettre de s'assembler pour chercher eux-mesmes les moyens les moins à charge pour la province d'exécuter ces édits et déclarations..... C'est par le canal de M. de Croissy que j'ay eu connoissance de la nouvelle démarche des Estats, et j'ay pris toutes les précautions nécessaires pour me mettre en estat de vous informer de tout ce qui se passeroit, afin qu'il ne se fist rien que par vostre ordre et de vostre participation. J'aurois un déplaisir le plus sensible du monde, si, aymant mon devoir et faisant profession aussy publique que je le fais de respect et d'attachement tout entier pour vous, j'avois pu passer un moment dans vostre esprit pour un homme capable de donner sans vostre ordre la moindre connoissance à qui que ce soit d'un secret que vous m'auriez confié. Je n'ay compris qu'il fust mention en façon du monde, par la lettre de cachet, des affaires qui ont esté proposées par le sieur des Chiens, et cela est ainsy. Je vous puis assurer que les Estats de Béarn n'en ont rien appris par moy, et qu'au contraire de cela je suis très-persuadé qu'on ne sauroit estre trop circonspect et réservé à leur égard*..... »

* Voir deux autres lettres du 27 mars et du 7 avril, accompagnées de la lettre de cachet et de l'arrêt autorisant la réunion de l'Abrégé des États. L'intendant envoie, le 5 mai, un extrait des délibérations de cette assemblée, qui accepta la création des procureurs-syndics et des greffiers des communautés et s'offrit à racheter la taxe des amortissements, mais protesta contre la réduction du taux de l'intérêt au denier dix-huit et contre l'imputation sur le principal des dettes du montant des intérêts reçus au-dessus de ce taux.

Voir, au 11 octobre suivant, une lettre écrite par le comte de Rebenac, dans le but de faire exempter la vallée d'Ossau de l'établissement des procureurs-syndics et des greffiers.

928. *M. Lebret, intendant en Provence,*
au Contrôleur général.

5 Avril 1691.

Les propriétaires des bacs de Châteaurenard, Barbantane et Rognonas, sur la Durance, prouvent qu'ils ont droit à réclamer une indemnité en raison du tort que leur fait le pont de bateaux construit par M. de Vendôme sur cette rivière; il y a lieu de fixer l'indemnité à 700^{tt} par an*.

* Voir les pièces justificatives jointes au rapport de M. Lebret.

En 1692, un projet fut présenté pour remplacer le pont de bateaux par un pont sur piles, vis-à-vis de Notre-Dame-de-Bonpas, et il fut approuvé par l'intendant et par l'assemblée des communautés. Le vice-légat d'Avignon refusa de contribuer à ce travail. (Lettres de M. Lebret, 2 janvier et 13 septembre 1693; 14 juillet 1694.)

MM. de Bâville et Lebret envoient, le 15 juin 1693, un rapport sur la construction de l'autre pont de bateaux que M. de Vendôme avait établi sur le Rhône, entre Beaucaire et Tarascon, et ils concluent à une augmentation des droits de péage.

929. *M. de Nointel, intendant en Champagne,*
au Contrôleur général.

5 Avril 1691.

A l'occasion de l'examen de la régie des biens saisis sur les religionnaires fugitifs, puis restitués aux plus proches parents ou héritiers, il envoie un état des biens de cette nature qui ont été recélés et dont les receveurs généraux du domaine n'ont point eu la jouissance.

« Les particuliers qui ont ainsy joui des biens des religionnaires absens qu'ils avoient recélés paroissent avoir contrevenu aux édits du Roy et s'estre rendus indignes de ces successions. Cette affaire, poursuivie dans tout le royaume, pourroit peut-estre produire un fonds considérable, y ayant apparence que, dans les provinces où il y avoit un grand nombre de gens de la R. P. R. qui se sont retirés, leurs parens et amis ont pris soin de cacher leurs effets pendant la régie des receveurs généraux des domaines, et n'auront pas manqué de les déclarer ensuite, pour demander d'en estre mis en possession en conséquence de l'édit du mois de décembre 1689.... »

930. *M. Lebret, intendant en Provence,*
au Contrôleur général.

10 Avril 1691.

Les concierges des prisons, ainsi qu'on l'a exposé, ne payent aux boulangers chargés de fournir le pain du Roi que 2 sols ou 2 sols 1/2, au lieu des 5 sols qui sont attribués à chaque prisonnier, et même ils se font donner en outre une gratification; mais, comme les adjudicataires de la ferme du domaine ont compté sur ce revenant-bon, ils demanderont une diminution, si on le leur ôte, et le Roi perdra sur la ferme ce qu'il gagnera sur la fourniture du pain.

Projet d'arrêt pour ordonner que la fourniture sera mise aux enchères et faite directement par l'adjudicataire.

931. *M. de Nointel, intendant en Champagne,*
au Contrôleur général.

12 Avril 1691.

Il demande qu'il soit interdit aux habitants de la paroisse d'Esclaron de continuer la levée des 2 sols dont ils augmentent, de leur chef, le prix de chaque pinte de sel d'impôt. Quoique cette surimposition soit affectée au payement de quelques charges de la communauté, comme l'entretien du prédicateur et de l'organiste, et qu'elle supplée par conséquent à l'insuffisance des deniers patrimoniaux, il ne peut pas être permis de porter, aux dépens des pauvres plutôt que des riches, le prix du sel d'impôt plus haut qu'il n'est réglé par les ordonnances du Roi, et, par suite, d'augmenter la difficulté des recouvrements*.

* Voir, à la date du 8 septembre suivant, un mémoire justificatif touchant un droit que les maire et échevins de Langres levaient sur le sel débité aux greniers de Langres et de Montsaujeon.

932. *M. de Vauvré, intendant de la marine du Levant,*
au Contrôleur général.

13 Avril 1691.

Rapport sur la capitulation de Nice*.

Mémoires sur la saisie des sels et des tabacs appartenant au duc de Savoie; sur les revenus du comté et son administration financière; sur l'état des édifices domaniaux; sur le produit du droit de deux pour cent du port de Villefranche et sur le nouveau bail proposé par le fermier du tabac de Provence**; sur le droit des cartes;

sur les charges ordinaires de la recette générale; sur la population du comté, et particulièrement sur les privilèges des juifs; sur le sénat et l'administration judiciaire, etc.

* Voir une lettre d'un traitant, du 25 du même mois, et, à la date du 6 mai suivant et du 26 mars 1692, les pièces envoyées par le comte de Bueil, touchant les droits que la France pouvait réclamer sur le comté de Nice.

** Ce droit, que M. de Vauvré voulait faire lever au port de Marseille, fut supprimé par ordre du Roi. (Lettres du contrôleur général et de M. Lebret, 6 juin, 7 août.)

933. *M. Bouchu, intendant en Dauphiné,*
au Contrôleur général.

14 Avril 1691.

Il demande une décharge de la taille pour les cantons des vallées de Queyras et de Cezanne qui ont été pillés par les Barbets, et pour les douze villages de la vallée de Pragilas que M. de Catinat a fait brûler en 1690, faute de pouvoir les occuper assez fortement.

934. *M. de Bérulle, intendant à Lyon,*
au Contrôleur général.

24 Avril 1691.

« Le sieur de Madières, l'un des conseillers d'honneur de ce présidial, est tellement appliqué et rempli du zèle de la justice, que, depuis sa réception, il n'a pas manqué un jour d'assister aux jugemens de tous les procès, tant civils que criminels; mais, comme il n'est point gradué, qu'il a toujours esté à l'armée et qu'il n'entend et ne sait point les affaires, il opine très-souvent de travers et presque toujours sans savoir les raisons de son avis. Mais ce qui me paroist d'une très-grande conséquence, est la liberté qu'il a de pouvoir opiner dans les affaires criminelles, dans lesquelles une voix décide de la vie et de l'absolution d'un accusé, et c'est aussy ce qui me fait prendre la liberté de vous représenter qu'un officier de cette qualité, qui n'est point gradué, et qui est très-ignorant dans les affaires, ne devroit point estre juge dans les criminelles, où les plus habiles se trouvent souvent très-embarrassés. Vous en avez si bien reconnu la conséquence, que vous n'avez pas jugé à propos d'accorder cette faculté aux chevaliers d'honneur*. »

* Voir la lettre de M. de Madières, à la date du 21 du même mois.

935. *M. de la Berchère, intendant à Montauban,*
au Contrôleur général.

24 Avril 1691.

Il rend compte de la dépense faite pour l'habillement et l'armement des trois régiments de milice et des fonds qui restent à recouvrer pour les rétablir et les entretenir à leur retour, si l'on n'évite cette charge en les tenant en garnison.

« J'ay eu aussy l'honneur de représenter à M. de Louvois que les quatre régimens de milice que le Roy avoit ordonnés d'estre mis sur pied pendant trois mois dans cette généralité causeroient de grands frais et un grand mouvement dans les communautés; que l'imposition qui doit estre faite sur les nouveaux convertis pour leur subsistance, comme l'année dernière, estoit si forte en ce pays, qu'ils auroient peine à payer d'autres subsides, et que, y ayant des compagnies bourgeoises établies par ordre du Roy dans les communautés de ce département, elles seroient suffisantes pour maintenir la tranquillité dans cette province pendant la campagne..... J'ay apporté et j'apporte toutes sortes de soins pour faire en sorte qu'il se fasse le moins de frais et le moins de friponneries que faire se peut à l'occasion de toutes ces milices; mais, outre les dépenses nécessaires, qu'on ne peut éviter, les consuls d'un costé et les officiers de milice de l'autre tirent de l'argent pour exempter les uns ou les autres; les consuls sont obligés de faire des voyages et affectent d'en faire aux dépens de la communauté; quelquefois les habitans désertent pour éviter la nomination. De sorte qu'il est à craindre que l'estat des communautés ne se trouve, à la fin, troublé par l'établissement de tant de sortes de milices; que les habitans n'employent l'argent qu'ils devroient payer pour les tailles aux dépenses que ces milices leur causent, et que la culture des terres ne soit mesme abandonnée en partie*..... »

* Malgré cette requête, M. de Louvois fit mettre sur pied les quatre mille hommes de milice. (Lettre du 13 mai.) En outre, le quartier d'hiver fut de soixante-huit compagnies de cavalerie ou de dragons. (Lettre du 8 novembre.)

À Tours, M. de Miroménil (30 juillet) demande que, au lieu de faire peser les dépenses de l'entretien sur les mêmes paroisses qui ont fourni les soldats et qui pourvoient encore à leur subsistance ou à leur remplacement, on les reporte, pour 1692, sur les paroisses qui n'ont point donné d'homme.

En 1689 (Orléans, lettre du 23 novembre), M. de Creil avait proposé d'employer pendant l'hiver les milices aux travaux du canal d'Orléans, pour éviter la dépense du rhabillement et de l'entretien.

936. *M. de Miroménil, intendant à Tours,*
au Contrôleur général.

25 Avril 1691.

« Après vingt années d'absence de Paris, pendant lesquelles j'ay tasché de ne rien omettre pour l'exécution des ordres de S. M., avec une fidélité et un désintéressement que j'ose dire avoir esté sans réserve, souffrez-moy la liberté de vous demander l'honneur de vostre protection, en cas de quelque vacance de place au Conseil. Encore que M. de Marillac, qui me succéda à l'intendance de Poitiers, soit aujourd'huy le premier montant des conseillers d'Estat semestres, et qu'il semble que je doive peu espérer, après que tant de personnes moins âgées que moy et moins anciennes dans l'employ ont esté placées, si j'ay le bonheur de vous voir persuadé en ma faveur, je ne désespéreray point d'un moment heureux qui me donne la consolation qu'ont eue les sieurs des Hameaux et de Miroménil, mes deux oncles, de mourir conseiller d'Estat*.»

* Le 7 août suivant, il demande la place de premier président du Parlement de Rouen.

937. *M. de Vaubourg, intendant en Auvergne,*
au Contrôleur général.

27 Avril 1691.

Il envoie l'état du recouvrement des impositions.

«Vous trouverez l'élection d'Aurillac un peu arriérée, et je dois prendre la liberté de vous dire qu'elle souffre effectivement cette année, par la modicité de la dernière récolte et le manquement absolu des chastaignes et des blés noirs, qui nourrissent pour l'ordinaire une partie des habitans. Si la guerre permettoit d'y distribuer des aumosnes, comme le Roy en faisoit distribuer pendant la paix, j'aurois déjà pris la liberté de vous le proposer. Mme la duchesse douairière de Noailles a fait faire une mission dans les terres de M. le duc et de M. le marquis de Noailles, ses enfans, par des prestres de la congrégation de Saint-Lazare, lesquels ont reconnu des détails de la misère de la plus grande partie des habitans qui seroient difficiles à croire, si tout autre qu'eux les rapportoit, comme vous pourrez en apprendre quelque chose, ou par MM. les duc et marquis de Noailles, ou de la part de madame leur mère, qui ne manque pas de faire distribuer des aumosnes considérables. J'ay cru, bien que le temps ne soit pas propre pour insister beaucoup sur la misère des peuples, devoir aussy, et mesme pour l'intérest du Roy et le bien de son service, prendre la liberté de vous représenter que peut-estre on soutiendroit cette élection par une avance de 2 ou 3,000# faite par MM. les receveurs généraux, dont ils seroient remboursés, avec les intérests, par une imposition l'année prochaine, et qui seroit employée à distribuer aux pauvres des paroisses quelque pain d'orge ou d'avoyne meslée avec un peu de seigle. C'est cette année la nourriture des meilleurs paysans des paroisses de cette province, et surtout dans la montagne; mais le plus grand nombre n'en a pas*.»

* Le Roi envoya un premier secours de 3,000#, que M. de Vaubourg employa à faire des distributions de pain régulières, à l'exemple de ce qui se pratiquait déjà chez les bénédictins de l'abbaye de Saint-Alyre, qui avaient plus de quatre mille pauvres, et dans d'autres monastères. L'abbé de Gèvres se chargea de diriger ces distributions. Un autre secours de 1,000# suivit le premier. (Lettres du 18 mai et du 6 juillet.)

938. *M. de Bezons, intendant à Bordeaux,*
au Contrôleur général.

8 Mai 1691.

Le montant des cargaisons semble être plus élevé, mais c'est un effet des transports requis pour l'armée navale, auxquels on a affecté presque tous les bâtiments du port de Bordeaux, et même les vaisseaux neutres. Par suite, les vins restent sur place, et ils manquent complétement en Bretagne.

Le blé fait défaut dans le pays de Marsan; il a encore augmenté d'un quart en deux marchés.

«Si l'on avoit des bastimens, l'on pourroit donner ordre en Poitou et en Saintonge pour en faire acheter et le faire porter pour le compte du Roy et le distribuer au peuple au mesme prix qu'il auroit cousté; cela feroit un très-bon effet..... Il y a deux mois d'icy à la récolte, et il faut empescher, s'il se peut, que le peuple ne meure de faim, tant qu'il se pourra. L'on autorisera les juges à faire ouvrir les greniers, afin de faire distribuer le blé qui est nécessaire, en payant, pour que le peuple subsiste. La nécessité n'est pas si grande en Agénois et en Condomois, ni de ce costé-cy: il est venu quelques barques de Bretagne..... Vous voyez que j'ay eu raison, au commencement d'octobre, lorsque je me suis opposé que l'on ne portast point du blé en Espagne, parce que je prévoyois ce qui arriveroit*.....»

* En marge: «Ouvrir les ports pour le blé et pour ce pays-là.»
Comme les nouveaux convertis de Clairac faisaient presque à eux seuls tout le commerce des grains, il s'était répandu à Bordeaux un bruit qu'ils accaparaient les blés. M. de Bezons l'avait démenti, le 29 mars et le 10 avril, mais en constatant que les approvisionnements de la province n'iraient pas jusqu'au mois d'août et que la disette se faisait déjà sentir en Périgord et dans tous les pays de Marsan, Dax et Bayonne.

939. *M. Morant, premier président du Parlement de Toulouse,*
au Contrôleur général.

9 Mai 1691.

Il a transmis la nouvelle que le Roi donne à la Compagnie la préférence sur le traitant pour la vente des charges de nouvelle création.

«Il a esté dit, à la pluralité des suffrages, que la Compagnie ne se trouveroit point en estat d'exécuter ces engagemens, puisque, n'ayant aucun crédit ni aucun fonds pour les avances qu'il conviendroit faire ou remplir après le premier payement, que les acquéreurs devoient fournir comptant, et ne pouvant y satisfaire que par les deniers qu'elle retireroit de ces mesmes acquéreurs, elle ne croyoit pas pouvoir trouver ses sûretés avec eux pour l'exécution des termes suivans, de quelque bonne foy ou de quelque solvabilité qu'ils pussent estre, et qu'ainsy elle estoit dans une entière impossibilité de se charger de la vente des offices de nouvelle création. Cette défiance, fondée sur la connoissance particulière de l'estat des familles, sur la rareté de l'argent comptant, sur le défaut de crédit de la Compagnie, qui, par une prévention qui luy est désavantageuse, mais établie depuis très-longtemps, ne trouveroit pas à emprunter la moindre somme; enfin, sur ce qu'elle ne peut plus se servir du secours des 80,000# que les bureaux des finances avoient offertes à des conditions qui n'ont plus lieu: toutes ces réflexions jointes ensemble ont prévalu dans la plus grande partie des esprits au zèle de la Compagnie. Tous ont témoigné souhaiter avec ardeur de pouvoir profiter d'une occasion de faire chose qui fust agréable au Roy et à vous; la plupart ont appréhendé de manquer aux engagemens; peu se sont flattés de pouvoir les exécuter. Comme j'avois prévu, il y a quelque temps, ces dispositions dans les esprits, je me suis appliqué, en mon particulier, à chercher des acquéreurs, et ceux-là mesmes qui balançoient de faire des offres à la Compagnie capables de faciliter les engagemens qu'elle auroit pris, veulent bien donner au Roy les mesmes sommes qu'ils ne luy avoient jamais offertes. Vous connoistrez sans doute en cela l'esprit des Compagnies telles qu'un Parlement nombreux *. »

* Autres lettres, du 12 juin, sur l'installation de la troisième chambre créée par l'édit, et du 22 novembre, sur les conditions mises au débit des dernières charges.

940. *M.* DE LA FALUÈRE, *premier président du Parlement de Bretagne,*
AU CONTRÔLEUR GÉNÉRAL.

10 Mai 1691.

« Quoyque ce qui regarde la convocation de l'arrière-ban semble estre plutost du fait de M. de Louvois que du vostre, je n'ay pu refuser aux avocats du Parlement la prière qu'ils m'ont faite de vous demander grâce pour eux et de leur obtenir une exemption que la nécessité du peu de bien de plusieurs semble leur pouvoir faire espérer, et que la profession de tous ne leur permet pas d'effectuer en montant à cheval pour le service du Roy. Ils se mirent l'année passée en estat d'obéir, et la démarche qu'ils firent pensa faire entièrement et, de fait, fit cesser pendant quelque temps les affaires du Palais. Ils se flattent que vous n'avez pas oublié un pays et un corps en particulier où l'on ne vous oublie jamais et où vous serez toujours honoré. Je puis ajouter à cela que, comme ils sont inférieurs à la capacité de ceux du Parlement de Paris, ils le sont encore beaucoup plus en moyens * . . . . . »

* Voir, à la date du 8 mai, une lettre du maréchal d'Estrées, relative à la revue des compagnies de la noblesse bretonne et à la convocation des possesseurs de fiefs et terres nobles.

M. de Châteaurenard (Moulins, 21 juillet 1690) se plaint que le lieutenant général de Nevers ait taxé une grande quantité de fiefs ou arrière-fiefs imaginaires, et qu'il fasse payer à des particuliers désignés comme vivant noblement, quoique taillables en réalité, des sommes dont il se sert pour aider les gentilshommes pauvres à faire leur équipement.

941. *Le sieur* DES GRASSIÈRES, *receveur général du domaine en Bretagne,*
AU CONTRÔLEUR GÉNÉRAL.

14 Mai 1691.

Les directeurs de la Compagnie des Indes orientales ne pouvant, en raison de la guerre, faire arriver leurs vaisseaux à Rouen, et ayant obtenu dès 1689 de faire leurs ventes sur la place de Nantes, avec les mêmes priviléges que sur celle de Rouen et sans payer d'autres droits que ceux du tarif de 1664, ils prétendent, par suite, échapper au payement des droits locaux, tels que la *traite domaniale* de Nantes. Mais ces droits ne montent pas aussi haut qu'ils le disent, pour s'en faire exempter; celui de la traite ne se paye que pour les marchandises qui ne se consomment pas dans la province, et d'ailleurs la ferme des domaines de Nantes a si fort diminué depuis deux ans, que le produit des marchandises des Indes ne saurait encore compenser les pertes.

942. *M.* DE BEZONS, *intendant à Bordeaux,*
AU CONTRÔLEUR GÉNÉRAL.

15, 17 et 24 Mai, 15 et 16 Juin 1691.

« . . . . . Je suis très-convaincu qu'il n'y aura pas de mouvement de la part des nouveaux convertis; je vois, par les dispositions où les choses sont, qu'il y en a qui commencent à se désabuser du rétablissement de la religion. La consternation est grande parmy eux depuis la prise de Mons, et, dans tous les lieux où il y en a un grand nombre, l'on a vu les principaux, dans le moment de cette nouvelle, très-étonnés. . . . . J'espère que l'on ramènera le peuple; il me paroist déjà qu'il y en a plusieurs parmy eux qui se désabusent, mais, pour les gros bourgeois et les marchands, ce ne sera que par foiblesse et parce qu'ils ne pourront rien faire, que l'on les fera revenir. »

L'ouverture forcée des greniers n'a pas suffi dans les cantons qui manquent de blé, et l'on en vient chercher à Bordeaux de douze et de vingt-quatre lieues de distance. Ordre a été donné aux jurats, non-seulement de faire la visite dans les greniers, mais aussi de constater quelles sont les provisions des boulangers et quels envois on peut faire à l'extérieur, après avoir assuré l'approvisionnement de la ville pour un mois.

Malgré les instances de M. Bégon, les marchands de Saintonge n'osent pas hasarder leurs bâtiments sur mer.

Les recouvrements se retardent dans une proportion équivalente aux progrès de la disette, et le quartier d'hiver sera encore une surcharge fort lourde, puisque les contribuables les plus riches sont exempts du logement. La multiplication des contraintes et des instances en surtaux est une preuve de la misère générale. Une diminution des impositions devient nécessaire; elles font sortir tout l'argent de la province, sans que le commerce en ramène la moindre portion, puisqu'il est complétement interrompu.

« Comme il y a une extrême misère dans cette province, que les vins ne se débitant point ou se donnant pour peu de chose, les propriétaires des vignes ne sont plus en estat de les faire façonner comme ils faisoient, ainsy le paysan ne trouve presque plus de quoy subsister. Je crains qu'ils ne soient obligés de vendre immédiatement après la récolte tout le blé qu'ils pourront avoir recueilli, pour avoir de l'argent pour payer la taille, l'ustensile et les autres choses qu'ils doivent de reste, et [que l'on ne voye] une extrême misère pendant l'hiver prochain, parce que les paysans n'auront plus de quoy subsister. Voilà la crainte où je suis, laquelle est fondée sur la misère extrême où j'ay reconnu que le peuple estoit, parce que dans presque tous les endroits il y avoit plus de la moitié et presque les trois quarts qui demandoient l'aumosne*. . . . . »

* Sur la disette et la désertion en Béarn, voir les lettres de M. Feydeau du Plessis, 19 mai, des syndics généraux et du Parlement, du 8 au 12 juin. Cette Compagnie, au lieu de faire ouvrir les greniers ou apporter des grains, avait permis aux communautés de procéder à des aliénations ou de contracter des emprunts.

943. *M. Lebret, intendant en Provence,*
au Contrôleur général.

16 et 28 Mai, 16 et 30 Juin, 21 Août 1691.

Exécution de l'édit des consignations.

Il y a des difficultés pour décider si les biens vendus par autorité de justice ou pris en collocation, sans saisie, ni opposition, ni concours de créanciers, comme cela se pratique en Provence, doivent payer le droit, à raison d'un sol par livre*.

«Si les traitans des offices des receveurs ne débitent pas leur marchandise aussy promptement que je le souhaiterois, ce n'est point par le défaut de protection, que je leur ay donnée tout autant qu'ils le pouvoient désirer, mais parce que les gens du pays ne font pas de cas des nouveautés les mieux établies, que l'argent y diminue, et que le grand nombre de différens offices qui y ont esté mis en vente en mesme temps et par différens particuliers fait que le débit des uns nuit considérablement au débit des autres*. . . . . »

* Les saisies réelles n'existant pas en Provence, M. Lebret lui-même, le 9 novembre 1689, avait proposé d'attribuer aux receveurs 12 deniers pour livre sur les collocations faites en justice. Voir aux dates du 30 novembre 1691, du 6 février 1692 et du 20 juin, son avis et ses corrections sur certains points de l'édit de création proposé par M. de Langlée, et sur l'augmentation des droits.

944. *M. de Bérulle, intendant à Lyon,*
au Contrôleur général.

17 Mai 1691.

«La gelée vient de ruiner entièrement les vignes des provinces de Lyonnois, Forez et Beaujolois, et, à la réserve de celles qui se sont trouvées sur les hauteurs et exposées au vent, elles sont toutes perdues, de manière que ces trois provinces, dont le principal revenu est en vin, et qui n'ont rien recueilli depuis trois années, se voyent encore cette année sans espérance d'aucune récolte. La plupart des vignerons désertent et passent dans les provinces voisines pour gagner de quoy pouvoir subsister. Je vous assure que cela me fait beaucoup de peine*. . . . . »

* Voir, à la date du 29 du même mois, le placet par lequel le sous-fermier des aides demande une diminution extraordinaire.

La même gelée détruisit les vignes dans l'Orléanais et il fallut rejeter une partie de la taille sur la Beauce, bien qu'elle souffrît aussi du bas prix des grains et de leur mauvais débit. (Lettre de M. de Creil, 20 mai.)

945. *M. Bossuet, intendant à Soissons,*
au Contrôleur général.

17 et 28 Mai 1691.

Les maire et échevins de Soissons, avertis qu'une cabale se prépare parmi le menu peuple pour empêcher qu'ils ne soient continués dans leurs charges, demandaient primitivement qu'on exclût de l'assemblée électorale tous les particuliers imposés à moins de 100 sols de taille. Il y a déjà exemple d'une pareille mesure, qui ne saurait être préjudiciable; mais, comme il faudrait réunir quelques-uns des principaux habitants pour délibérer sur ce projet de règlement général, les maire et échevins renoncent à leur prétention, et ils préfèrent que l'élection se fasse à l'époque ordinaire*.

* Voir, à la date du 25 août suivant, une lettre et un mémoire de l'évêque de Soissons, touchant la surcharge d'ustensile que cet échevinage faisait peser sur la ville.

946. *M. de Basville, intendant en Languedoc,*
au Contrôleur général.

18 Mai 1691.

La connaissance en première instance des contraventions aux règlements du papier et du parchemin timbrés a été donnée, dans plusieurs diocèses du Languedoc, aux visiteurs des gabelles. Comme ces juges sont trop peu nombreux et souvent trop éloignés, les États ont demandé qu'on leur substituât des commissaires subdélégués, ou bien les juges royaux. Ce dernier parti semble le plus avantageux, et le fermier du domaine, qui l'approuve, demande qu'on joigne à cette juridiction ce qui touche les droits sur le tabac, ainsi que la marque de l'or et de l'argent et celle des chapeaux, affaires dont la connaissance en appel appartient à la Cour des aides*.

* Approuvé, à charge de l'appel à la Cour des aides.

947. *M. d'Argouges, intendant en Bourgogne,*
au Contrôleur général.

19 Mai 1691.

«Je crois estre obligé de vous donner avis que, sur les

diverses plaintes qui ont esté portées à M. de Louvois des vexations que les commis employés par le munitionnaire des vivres des armées d'Italie et Catalogne faisoient dans mon département, à l'occasion de l'achat et voiture des grains, ce ministre m'a donné des ordres d'en arrester le cours et de faire emprisonner ceux qui se trouveroient coupables. Je me suis appliqué à les découvrir, et, ayant esté informé que le nommé Lallemant, d'Autun, avoit non-seulement profité sur les voitures, mais mesme sur les achats qu'il a faits, je l'ay fait arrester et amener dans les prisons de cette ville, et permis au commissionnaire général de faire informer contre luy : ce qui se fait actuellement. J'ay encore esté averti depuis peu que le nommé Dubois, aussy commis des vivres, n'avoit pas moins fait de concussions dans le Chalonnois, et que, pour mieux réussir dans ses mauvais desseins, il a faussement fabriqué une de mes ordonnances, qu'il a fait imprimer, et contrefait la signature de mon secrétaire. Cela m'a obligé de permettre au mesme commissionnaire général des vivres d'en faire informer; et cependant, pour la supposition de mon ordonnance, j'ay fait arrester ledit Dubois, qui est actuellement détenu dans les prisons de cette ville, et l'on assigne les témoins qui peuvent déposer du fait. Lorsque les informations qui se font contre luy et Lallemant seront parachevées, j'auray l'honneur de vous en envoyer des extraits, ainsy qu'à M. de Louvois, qui me les a déjà demandés et m'a ordonné de faire réparer en argent par le munitionnaire tous les dommages que Lallemant a causés dans l'Autunois. »

948. *Le sieur* DE BLAIR, *intéressé aux fermes, envoyé en Bretagne,*
au CONTRÔLEUR GÉNÉRAL.

22 Mai 1691.

Le manque de sels en Bretagne et les risques du transport par mer lui ont inspiré la pensée d'utiliser un canal que forme la petite rivière du Tenu, pour faire passer directement dans la Loire, à cinq lieues au-dessous de Nantes, les produits des marais salants de Bourgneuf. Ce canal, qui porte des bateaux de trente tonneaux depuis Saint-Même, près Machecoul, et qui a dix lieues jusqu'à sa chute dans la Loire, serait facile à nettoyer et deviendrait une ressource assurée pour les bateliers de la ferme. L'augmentation sur le prix du transport par mer ne dépasserait pas 4ll par minot*.

* Voir plusieurs lettres de M. de Miroménil (Tours, 6 juin, 15 et 23 juillet) sur les travaux faits à la rivière de Maine, dans le but de favoriser également la voiture des sels.

949. *M.* DE VAUBOURG, *intendant en Auvergne,*
au CONTRÔLEUR GÉNÉRAL.

23 Mai 1691.

Il représente que les grains, pour sortir de l'étendue des cinq grosses fermes, payent au bureau de Vichy des droits trop considérables : 22ll par muid de blé, 16ll 10 s. par muid de seigle. Aucun marchand des provinces situées sur la Loire et l'Allier ne peut, à ce prix, faire des envois en Auvergne, et les commis des fermes reconnaissent eux-mêmes que l'excès de ce droit empêche absolument le transport.

Il demande un arrêt particulier, portant exemption pour les blés destinés à son département*.

* Cet arrêt fut accordé pour quatre mois. (Lettre du 4 juin.)

950. *M.* DE BÉRULLE, *intendant à Lyon,*
au CONTRÔLEUR GÉNÉRAL.

24 Mai 1691.

Un bourgeois de Villefranche en Beaujolais ayant obtenu des lettres de noblesse de Mademoiselle, en qualité de souveraine de Dombes, il ne semble pas qu'il ait droit à réclamer les priviléges de la noblesse en dehors de ladite souveraineté.

951. *Les Trésoriers de France en la généralité de Toulouse*
au CONTRÔLEUR GÉNÉRAL.

25 Mai 1691.

« M. Daguesseau, cy-devant intendant en Languedoc, ayant, en l'année 1681, retiré par ordre du Roy plusieurs titres qui estoient en dépost ès archives royales de Toulouse et de Carcassonne, qui sont sous nostre charge, ... les fermiers du domaine ayant souvent demandé l'expédition desdits titres déffectueux, ne pouvant y satisfaire, nous avons appris que lesdits titres sont à présent dans la bibliothèque de défunt Mgr Colbert, et, nous apparoissant qu'ils seroient plus utiles au bien et avantage des affaires de S. M., s'ils estoient rapportés et remis aux archives royales de cette province, que non pas de demeurer dans la bibliothèque de Mgr de Seignelay, nous avons cru qu'il estoit de nostre devoir de vous en informer, pour qu'il plaise à S. M. y pourvoir selon son bon plaisir* . . . . . »

* Par les inventaires joints à cette lettre, on voit que l'envoi fait à Paris se composait de titres originaux et de cent onze registres de transcriptions anciennes concernant le domaine et les droits de la couronne dans les sénéchaussées de Toulouse, Carcassonne et Nîmes. L'absence en avait été constatée au commencement de 1691, lorsque M. Vignes, procureur général en la Chambre des comptes de Montpellier, avait fait faire la réunion au dépôt de cette Chambre de toutes les archives des sénéchaussées particulières. (Lettres de M. Vignes, du 12 juin 1689 et du 13 février 1691; de M. de Bâville, du 23 du même mois, etc.) Sur l'ordre du contrôleur général, et par l'entremise du duc de Beauvilliers auprès de l'archevêque de Rouen, M. Baluze remit au dépôt de la Chambre des comptes de Paris les registres ou pièces qui se retrouvèrent dans la bibliothèque Colbertine. (Lettre de M. Rouillé du Coudray, procureur général, Paris, 6 juillet.)

952. *M. de Bouville, intendant à Limoges,*
au Contrôleur général.

26 et 29 Mai 1691.

Rapports sur l'état des récoltes et sur la difficulté du recouvrement des impositions.

«Depuis quelques jours, il passe des blés de Poitou en Limousin, et j'en fais demain partir d'icy pour Tulle; mais la liberté qu'on a de passer sans payer de droits n'est pas ce qui engage à y en voiturer, parce que ces droits-là n'avoient point encore esté établis et on ne les avoit jamais payés. Ainsy, on n'y trouve aucune autre utilité que les années précédentes, que parce qu'il y est plus cher à cause de la disette. J'ay demandé qu'on me fasse savoir tous les greniers de la province, afin de les faire ouvrir dans la dernière nécessité; mais la prodigieuse quantité des pauvres qu'il faut nourrir est ce qui embarrasse le plus, parce que les aumosnes ne sont pas à beaucoup près assez fortes pour les faire subsister; et, sans un fonds que j'ay trouvé à Limoges de 2,000# qui estoient entre les mains d'anciens consuls, il n'auroit pas esté possible de faire subsister jusqu'à présent près de sept mille pauvres qui y reçoivent l'aumosne présentement. Je crois qu'avec quelque secours d'argent pour Tulle, Brives et Limoges, nous trouverons moyen d'avoir assez de blé pour aller jusques à la récolte et nourrir jusque-là près de douze mille pauvres dans ces trois endroits-là*.»

* Sur les mesures prises pour l'approvisionnement, voir deux lettres du sieur de Chauffour, receveur général (9 et 14 juin). Dans la seconde de ces lettres, il écrit : «.....Je crois que l'on sera obligé de faire un exemple (ouvrir les greniers), car l'abbé de Saint-Martial, qui a du blé plein ses greniers, en ayant exposé en vente pendant deux jours et voyant que, sur le bruit qui s'est répandu que le Roy alloit faire vendre du blé à bon marché, il estoit baissé de 3 et 4 sols par boisseau, a refermé ses greniers, sans avoir pitié de six mille pauvres que l'on tasche de nourrir tous les jours..... Si j'étois en exercice cette année, je ne ferois aucune difficulté de prendre de l'argent dans ma caisse..... Mais n'y estant point, les receveurs des tailles font quelque difficulté de donner de l'argent sur mes récépissés, quoyque visés de M. de Bouville, dans la crainte que M. Sandrier, mon confrère, ne veuille prendre mes récépissés pour comptant, en attendant qu'il soit remboursé, tant de l'argent qui reviendra de la revente des blés, que de ce que S. M. portera de perte.....»

Les excessives chaleurs de l'été et la réunion des pauvres à Tulle et à Brives donnèrent naissance à une épidémie, qui se répandit, au mois de juillet, dans tout le bas Limousin. Le Roi accorda un secours de 40,000#. (Lettres du 19 juillet et des 2 et 9 août.)

953. *S. A. S. Mgr le Prince, gouverneur de Bourgogne,*
au Contrôleur général.

2 Juin 1691.

«Je vous envoye le décret du million pour le Don gratuit extraordinaire, et je puis vous assurer que je n'ay jamais vu tant de zèle ni tant d'affection pour le service du Roy que les Estats en ont témoigné en cette occasion-cy, n'ayant meslé à l'ardeur qu'ils ont montrée d'obéir aux ordres de S. M. aucune attention sur l'estat de leurs affaires, lequel, pour vous dire la vérité, n'est pas bon; et je suis obligé de vous dire que j'ay trouvé plus de misère icy que je ne croyois. Outre toutes les nouveautés qui ont esté établies, que vous savez mieux que moy, et la gelée de la plus grande partie des vignes, les blés le sont aussy dans beaucoup d'endroits; et ce qui m'a extrêmement scandalisé, c'est que, dans tous les villages de la route que j'ay faite, je n'ay pas vu un seul habitant qui ne m'ayt demandé l'aumosne. Il est vray que c'est le pays le plus pauvre de la province; mais je juge que les autres peuvent estre tombés à proportion*. Cela me confirme dans l'opinion qu'il est impossible d'augmenter l'imposition, et qu'il faut recourir à d'autres moyens. La continuation des quatre crues pendant trois ans en est un bon : les Estats ont délibéré de les demander; mais, quoyque vous m'ayez dit que le Roy les veut bien accorder et qu'elles leur ayent toujours esté données, ou pour les dons faits au Roy ou pour le payement de leurs dettes, j'ay paru fort difficile là-dessus, et ne m'engager qu'avec peine à vous faire cette proposition, pour faire croire ce moyen épuisé et n'avoir à recourir à une quatrième année qu'à la dernière extrémité. Cependant, on peut accorder ces crues pour trois ans, ou présentement, ou par les cahiers. Je crois que cela vous sera assez indifférent. J'avois souhaité quelques autres fois de les remettre aux cahiers, parce que j'estois bien ayse de rendre les élus, qui en sont chargés, agréables à la province par quelques réponses favorables; mais je crois, cette fois-cy, qu'il seroit meilleur de dire dès à cette heure que le Roy les accorde à la très-humble prière des Estats, pour leur donner quelque consolation des charges qu'ils ont à supporter, et que, n'ayant plus l'esprit embarrassé sur le payement du Dón gratuit et des étapes, dont ils sont extrêmement chargés, ils n'ayent à songer qu'aux fonds qu'ils auront à faire pour les autres dons que je vais leur demander. La remise des 100,000#, qui réduira le Don extraordinaire à 900,000#, sera une consolation pour le reste et une joye d'autant plus grande, que je ne l'ay pas laissé espérer.»

* Une lettre du sieur de Combes, directeur des fermes dans cette province, dit, à la date du 19 juillet : «J'arrive d'une tournée de trois semaines dans tout le Charollois et l'Auxois. Ces pays-là m'ont paru bien gueux. L'on n'y vend du sel qu'à force de prests; les ventes y diminuent presque partout, et la misère y est si grande, qu'il y a des familles qui n'ont pas mangé de sel depuis plus de six mois. Ils se servent d'herbes et de racines amères pour mettre dans leurs soupes, qui équipollent le sel.....» En marge : «Que feroient les peuples, si on ne prestoit point? Et, si les commis estoient plus hardis à prester, ce désordre n'arriveroit pas.»

954. *M. Chauvelin, intendant à Amiens,*
au Contrôleur général.

2 Juin 1691.

Mémoire sur les consignations, sur l'usage de déposer les deniers au greffe du Conseil d'Artois, sur l'établissement plus récent d'une caisse spéciale pour le dépôt, sur les moyens de recouvrer les deniers de cette nature qui peuvent être restés entre les mains des anciens greffiers, et sur l'impossibilité d'invoquer, en ce cas, la prescription trentenaire au profit du Roi.

955. *M. de Bâville, intendant en Languedoc,*
au Contrôleur général.

2 Juin 1691.

«Il est arrivé à Toulouse une espèce d'émeute excitée par quelques femmes, qui ont battu un des commis du traitant des offices de jurés crieurs publics; et, quoyqu'elle ayt esté apaisée aussitost et qu'elle n'ayt point eu de suites, je crois néanmoins qu'il est important que je vous en informe. Il y a environ un mois que vous m'avez écrit d'arrester un tarif des droits attribués à ces offices : je le fis deux jours avant mon départ de Montpellier, et je me conformay entièrement à celuy qui a esté arresté pour la Provence. Cinq ou six jours après, on me manda que les commis de ce traitant vouloient lever ces droits aux portes de la ville de Nismes sur toutes les denrées, soit qu'elles fussent sujettes au cri ou non. Cela me parut si extraordinaire et si éloigné de l'esprit et des termes de l'édit, que j'écrivis aussitost au traitant de n'en rien faire. Il n'a pas laissé de continuer à Toulouse; ses commis, qui sont des gens de la lie du peuple, ont exigé à la porte de la ville 10 sols de chaque charretée de bois qui entroit, et certaine somme de chaque panier de pois, d'herbages et de fruits. Quelques femmes maltraitèrent d'abord un de ces commis; cela n'alla pas plus loin, parce que M. le premier président fit venir le traitant devant luy, et que, luy ayant demandé en vertu de quoy il avoit prétendu lever ce droit aux portes de la ville, il convint qu'il n'avoit pas dû le faire et que cela n'arriveroit plus. J'ay mandé cependant à Toulouse qu'on informe contre ces femmes qui ont excité cette espèce d'émeute, parce qu'il me paroist important de désaccoustumer ce peuple de se faire justice luy-mesme en pareil cas. Quant au traitant, je crois que vous estimerez qu'il est à propos aussy qu'il soit puni. Il n'a pas pu ignorer que ces droits portés par le tarif ne sont dus qu'en cas de cri, puisque le tarif le porte; ainsy, que les ayant levés mesme sur des choses qui ne sont jamais criées à Toulouse, c'est une véritable concussion, qui ne doit point estre, et beaucoup moins dans un temps comme celuy-cy*.»

* Un mouvement analogue eut lieu à Alençon, et pour triompher de cette résistance, qui pouvait devenir générale, puisque la plupart des droits attribués aux crieurs étaient depuis longtemps exercés par les villes, avec ou sans concession valable, le traitant proposa, pour l'exemple, d'obliger Toulouse et Alençon à racheter les charges, et même de préparer un règlement pour les villes et les hôpitaux qui devaient avoir l'intention d'acquérir ces offices par subrogation, aussitôt que les particuliers voudraient les lever. (Lettre du sieur Langlois, à Alençon, 21 juin; lettres et procès-verbaux de M. de Pomereu de la Bretèche, 10 et 14 juin.)

A Montauban (lettres de M. de la Berchère, 9 et 12 septembre), les femmes du peuple se soulevèrent, croyant, aux termes d'une affiche apposée par le traitant, qu'elles payeraient 6 deniers pour chaque chemise blanchie, 10 sols pour chaque garçon qu'elles mettraient au monde et 5 sols pour chaque fille. Le commis du traitant fut menacé et poursuivi; mais le soulèvement fut facilement calmé par l'arrestation de quelques femmes et par l'explication qu'on donna des termes de l'affiche.

Le 12 septembre, le contrôleur général, répondant à M. de Bâville, lui recommande, en dehors des cas d'émotion populaire, de tenir la main à l'exécution entière des édits et de donner tout secours aux traitants, malgré l'opposition des consuls et des capitouls. —Voir encore les lettres écrites à M. Phélypeaux, intendant à Paris, les 25 mars et 21 novembre 1692. Elles sont relatives aux exemptions et priviléges concédés aux jurés crieurs.

956. *S. A. S. Mgr le Prince, gouverneur de Bourgogne,*
au Contrôleur général.

6, 7 et 10 Juin 1691.

Il rend compte des travaux de l'assemblée des États.

La province est tellement épuisée par les nouvelles créations, que l'argent manque aussi bien pour les appointements du gouvernement que pour le service des étapes*.

«Depuis un temps assez considérable, le clergé d'Autun s'est dispensé de contribuer à la taille négociale, et les magistrats, je ne sais par quelle raison, l'ont souffert..... Il faut vous expliquer ce qui cause cette *taille négociale*, et louer le travail de M. Bouchu et de M. de Harlay. Le premier, après avoir liquidé toutes les dettes des communautés de la province, avoit commencé à régler les charges des villes et des bourgs et à examiner la valeur de leur patrimoine; mais, estant mort et n'ayant laissé ce travail qu'ébauché, il a esté continué et achevé avec beaucoup de soin et d'application par M. de Harlay..... On a obtenu des arrests au Conseil pour chaque ville en particulier, et, comme presque partout les charges se sont trouvées excéder le patrimoine, ces mesmes arrests ont ordonné que le surplus sera payé par imposition, et c'est du payement de ce surplus dont il est question présentement.

«Je vous ay proposé à Paris ce que j'ay vu autrefois fort souhaité par les villes, conformément au projet de feu M. Bouchu, qui estoit, pour payer cet excédant, d'obtenir des octroys en forme de biens patrimoniaux, ainsy qu'il y en a déjà plusieurs exemples dans les villes qui ont pour bien de ces sortes de concessions-là. Ces octroys estant à peu près de la valeur de cet excédant, et les privilégiés en payant leur part, la taille négociale cesseroit, et il n'y auroit plus matière de procès. Dailleurs, ces charges qu'il faut payer tous les ans devant estre perpétuelles, il est indispensable de pourvoir à des fonds pour les acquitter qui le soient aussy. J'ay donc cru, pour obtenir cette grâce du Roy, que les villes pourroient donner à S. M. 200,000#, qu'elles emprunteroient, car elles n'auront pas d'autres voyes pour les payer; et, pour le remboursement de ceux qui presteront, il faudra qu'elles s'obligent à continuer pendant quelques années la mesme imposition qu'elles ont accoustumé de faire pour la taille négociale, et qu'elles engagent aussy, en cas de besoin, ces mesmes biens patrimoniaux pour la sûreté de leurs créanciers. Car je doute qu'une imposition à faire dans une ville soit une assez sûre hypothèque pour trouver de l'argent, surtout en ce temps-cy, où il y en a bien peu. Il est certain que ce sera un bien aux villes dans les suites; mais cette continuation de tailles pendant quelques années, jointe au nouvel établissement des octroys, ne laissera pas d'estre une foule présente. J'avois espéré que, pour la soulager pendant ces années de taille négociale qu'il faudra continuer, je pourrois obtenir quelque somme de la justice et de la charité du clergé en faveur des peuples, ou au moins de l'honneur dont ils se sont piqués de n'estre pas imposés. Cependant, quand je leur ay voulu proposer d'acheter l'établissement des octroys, pour n'estre plus offensés du mot de *taille*, ils m'ont paru bien moins touchés de l'honneur de cette spéculation que de la réalité de la part qu'ils payeront dans ces octroys. Ainsy, je n'espère plus rien de ce costé-là, et il faudra tout prendre sur les villes.

«De la manière dont je vois icy les esprits, je crois que, le Roy voulant bien accorder ces octroys en forme de biens patrimoniaux (car c'est l'essentiel) pour payer l'excédant dont je vous ay parlé, on donnera sans répugnance jusques à 250,000ᴴ, si le Roy les veut, pourvu qu'elles ne soient pas imposées, mais empruntées.

«Je crois qu'il n'est pas nécessaire de vous prier d'observer que ces octroys patrimoniaux que l'on vous demande seront un bien pris sur ceux mesmes à qui vous les donnerez, dont le plus grand avantage ne sera qu'en la contribution des privilégiés.

«Cecy a esté agité dans la Chambre seule du tiers estat; mais je puis vous répondre que l'affaire passera sans difficulté dans les autres Chambres**. . . . . »

* Sur les mesures prises en Bresse pour rétablir le service abandonné par les étapiers, voir diverses lettres des 12 et 25 juillet et du 5 août.

** Le Don extraordinaire monta à 450,000ᴴ, dont une partie devait être affectée à l'hôpital général d'Autun, recommandé par Mᵐᵉ de Maintenon. Les États demandèrent que le dernier quart des octrois de la Saône ne fût pas augmenté, et sollicitèrent, d'autre part, une prorogation des quatre crues sur le sel. (Lettre du 10 juin.) Pour la suite des travaux de l'assemblée, voir, entre autres lettres, celle de M. le Prince, du 15 juin.

957. *M.* Voysin, *intendant en Hainaut,*
au Contrôleur général.

17 Juin 1691.

«Je n'ay point donné d'ordre pareil à celuy que l'on vous a dit, pour faire entrer toutes les marchandises venant du Pays conquis qui est situé au delà des lignes où les bureaux sont établis, sans payer les droits. Je sais bien que cela donneroit lieu à beaucoup de fraudes et à faire venir toutes les marchandises du pays d'Espagne, dont l'entrée est entièrement défendue. Il n'y a que deux sortes de marchandises qui se fabriquent dans les villages dépendans de ce département situés au delà des lignes et des bureaux, savoir : des toiles du costé de Lessines, et des clous du costé de Binche. Il ne me paroistroit pas juste d'oster tout commerce à ces sujets du Roy, et, parce qu'il se fabrique aussy des toiles et des clous sur le pays d'Espagne, d'empescher absolument l'entrée de ce qui est fabriqué sur terre de France. La seule précaution que j'ay cru y pouvoir prendre est d'obliger les marchands à rapporter des certificats des mayeurs des villages, afin de les tenir en quelque crainte, supposé que l'on découvrist que le certificat ne fust pas véritable. Mais, comme il y auroit toujours trop de facilité à frauder en rapportant de faux certificats, j'ay dit aux commis de recevoir les droits, et ils les ont effectivement reçus dans le bureau de Mons, qui est mesme le seul par où j'aye permis l'entrée jusqu'à présent de ces toiles et clous. Je ne sais pas s'il y a eu de l'abus dans les autres bureaux; cela peut arriver facilement, parce qu'il n'y a dans ce département aucun commis principal qui ayt autorité sur les autres, ce qui fait que, quand ils reçoivent quelque ordre, chacun l'entend à sa manière et l'exécute comme il veut. Il seroit à propos que les fermiers eussent dans le département un directeur ou contrôleur qui pust veiller sur la conduite des commis et les instruire.»

958. *M.* de Bérulle, *intendant à Lyon,*
au Contrôleur général.

18 Juin 1691.

Mémoires sur le pont Saint-Vincent de Lyon et sur la réunion que réclame le fermier du domaine.

Ce pont de bois, construit en 1637 par l'entrepreneur Marie, ainsi que celui de Bellecour, avait été fait moyennant concession du péage pendant cinquante ans. Mais, ayant été détruit par les glaces dès 1656, il fut rétabli par deux anciens échevins, qui firent porter à soixante et dix ans la durée primitive de la concession, par contrat passé avec la ville de Lyon et homologué au Conseil. En 1679, la ferme du domaine a été déboutée une première fois de sa prétention à faire payer le huitième denier aux concessionnaires et à opérer la réunion : elle donnait pour raison que le privilége général accordé en 1608 à Marie ne comportait que des concessions de trente ans. Actuellement, le fermier renouvelle ses poursuites et soutient que la ville de Lyon ne pouvait valablement faire le second traité et que l'homologation a été obtenue par surprise*.

* Un semblable mémoire avait été donné le 9 juillet 1689.

Voir, au 5 juillet 1694, un projet d'arrêt envoyé par M. de Bérulle, pour la reconstruction du pont de Bellecour, détruit en partie par les glaces du dernier hiver.

959. *M.* de Bâville, *intendant en Languedoc,*
au Contrôleur général.

29 Juin 1691.

Il demande, avant de travailler avec M. Lebret au tarif des droits de péage qui se lèvent sur le Rhône, si le Roi n'a pas le dessein de supprimer entièrement ces péages, comme on le lui a proposé, ce qui terminerait l'affaire plus rapidement et permettrait de ne point inquiéter à plusieurs reprises les propriétaires*.

* Sur les péages que les fermiers du pape dans le Comtat-Venaissin levaient à Caderousse, à Mornas et à la Palud, voir plusieurs lettres, à la date du 19 octobre.

960. *M. le duc* de Gramont, *gouverneur de Bayonne,*
au Contrôleur général.

1ᵉʳ Juillet 1691.

«Je ne sais qui sont les gens qui vous donnent des mémoires sur le Béarn, mais ils en connoissent mal la force, lorsqu'ils vous conseillent, par des créations de charges nouvelles, d'en tirer des sommes considérables pour le Roy. Faites-moy l'honneur de me croire; j'ay plus de connoissance du Béarn qu'un autre, et, j'ose dire, plus d'envie d'y bien servir le Roy. C'est un pays qui est aysé, qui se soutient assez de luy-mesme, mais qui, pour peu que vous le surchargiez, n'en reviendra jamais, et moins dans la conjoncture où nous sommes que dans une autre. Le peuple vient d'y souffrir une famine considérable. Les Aragonois ont levé le masque depuis quinze jours, et ont fait ce qu'ils n'avoient fait de mémoire d'homme : ils ont tué dans Saragosse plusieurs François qui y estoient établis; ceux qui sont restés ont esté désarmés et démontés ignominieusement. Ils ont fermé tous leurs ports et soustrait entièrement le commerce avec les Béarnois, qui est la seule chose qui nous fait subsister. Ils lèvent actuellement du monde dans le royaume et font des mouvemens qui ne leur sont point ordinaires et qui me vont engager d'estre fort alerte.

«L'on m'écrit que vous songez à faire créer par le Roy six maires perpétuels dans les six principales villes de Béarn : ce sera au plus un revenant-bon de 100,000 # pour S. M., qui est une somme médiocre pour elle, mais très-considérable à tirer de la province. Au moyen de cet établissement, les jurats, qui se trouveront avoir un homme au-dessus d'eux, auquel ils ne s'attendent pas et à qui l'on donne dans les villes une autorité absolue, seront désolés; ce sont gens dont l'esprit est léger et remuant et que les nouveautés effarouchent.

«Pour moy, je n'ay d'autre intérest à la chose que l'unique bien du service de S. M., qui seul me porte à vous parler comme je fais et à vous conjurer, pour le mesme bien de ce service, de vouloir bien donner un peu plus d'attention aux raisons que je vous allègue qu'à l'avis d'un traitant, qui, très-souvent, sous prétexte de l'intérest du Roy, ne regarde que le sien propre et n'envisage guère les suites qui peuvent arriver d'un nouvel établissement dans un pays où le Roy et ses prédécesseurs ont soigneusement affecté de n'en pas faire*.»

* M. de Gramont écrit encore, le 18 du même mois : «Il me suffit de savoir..... que la pauvreté du Béarn et la légèreté de l'esprit de ceux qui l'habitent vous sont connues, et que vous seriez touché du désir, dans les occasions, de les bien fixer, en les faisant jouir d'ailleurs de quelque opulence. Il n'en faut pas davantage présentement aux Béarnois pour estre à l'abri des affaires forcées et pour se tenir heureux d'en estre quittes pour les volontaires. J'entends assez bien vostre françois pour porter, de ma part, les particuliers à acheter tout le plus cher qu'il sera possible les nouvelles charges de maires que le Roy veut créer dans la province, et pour donner tous mes soins pour que les doses soient fortes.....» — Le 14 septembre 1692, il demande au Roi, pour lui-même, la charge de maire de Bayonne, qui avait été possédée par sa famille jusqu'à l'époque de la première suppression.

961. *M. l'Évêque d'Agde*
au CONTRÔLEUR GÉNÉRAL.

5 Juillet 1691.

«Les grandes affaires que vous soutenez m'ont souvent retenu de vous exposer les intérests particuliers de l'église d'Agde; mais on me force de recourir jusqu'à vous pour son droit d'*attache* des bastimens de mer à nos terres. M. de Basville a reconnu que nous le possédions justement depuis plusieurs siècles; vous avez son avis, et nostre possession est interrompue jusqu'à un arrest.

«Si je pouvois prétendre une audience de vous, je tascherois de vous représenter les grandes choses que l'on peut faire dans mon éveschė, sans estre à charge aux finances au delà des profits de l'Estat et de la gloire de vostre ministère. On convient qu'une petite partie de ces inutiles et immenses dépenses qui n'ont pas tant appauvri les chefs de la province que la province, auroit mis les galères en estat d'aller à Toulouse, succès digne des inscriptions et de la postérité, et capable de contenir et d'enrichir les deux plus belles et plus belliqueuses provinces du royaume. Une foire franche au bout du canal joindroit le commerce d'Orient à celuy de l'Occident, et celle de Beaucaire dépérit tous les ans. Quand l'illusion de Cette sera dissipée par les sables irremédiables, on songera à l'embouchure de nostre rivière, qui se garantit d'elle-mesme et, tout abandonnée de la faveur de divers ministères, ne laisse pas d'estre plus utile que le reste du golfe de Lyon. On pourroit préserver de ruine un môle qui a fait l'espérance de la navigation, du temps du grand cardinal de Richelieu.

«J'irois trop avant de vous montrer qu'Agde peut mieux servir de magasin pour les desseins vers le détroit, que Marseille pour ceux du costé d'Italie. Il faut de la fortune pour les propositions comme pour les événemens; d'ailleurs je suis occupé et content de mes soins ecclésiastiques.»

962. *M. de Bâville, intendant en Languedoc,*
au CONTRÔLEUR GÉNÉRAL.

6 Juillet 1691.

«Comme je ne doute point que vous ne travailliez bientost aux affaires de cette province, les députés m'ayant mandé qu'ils vous demanderont audience au premier jour, je crois vous en devoir mander l'estat présent. Je commenceray par la récolte, qui sera très-bonne dans tout le haut Languedoc* et médiocre dans le bas, à l'exception de trois diocèses fort maltraités par la sécheresse, savoir : Narbonne, Béziers et Montpellier; les deux derniers pourront se soutenir avec peine, mais celuy de Narbonne n'a pas recueilli pour semer. Il y a dix ans que ce diocèse n'a eu aucune bonne récolte; il est, cette année, dans un estat pitoyable; la difficulté est de trouver les moyens de le soulager. Dans les pays de taille personnelle, quand il arrive pareil malheur dans un canton, il est facile d'y apporter du remède, en chargeant les autres élections et en diminuant celle qui a souffert; mais, dans les pays de taille réelle, ce soulagement ne peut venir que de la bonté du Roy. Je ne ferois pas de difficulté de vous proposer d'en demander à S. M. pour ce diocèse dans un autre temps que celuy-cy; mais je sais bien que cela ne se peut pas maintenant**.

«Quant aux autres affaires de la province, vous savez qu'elle a imposé cette année 5,689,000 # pour satisfaire au Don gratuit et aux charges ordinaires, et qu'elle a réservé à emprunter

530,000 # pour le payement de huit régimens de milices, deux de dragons, et le quartier d'hiver. On se trouve maintenant fort embarrassé pour la solde des deux régimens de dragons. J'ay eu beaucoup de peine à résoudre le sieur Sartre, receveur général de cette province, d'avancer le fonds nécessaire jusques aux Estats prochains, pour les milices. Les sieurs de Pennautier et de Monthel me mandent de Paris qu'ils ont emprunté au change de quoy payer les premiers mois des dragons et qu'ils ne savent plus comment faire pour trouver le reste. Cependant, ce ne sera qu'à Paris où l'on trouvera de l'argent: car il faut compter que, depuis six mois, le crédit de cette province a entièrement cessé. Cela est venu de ce que les fonds ordinaires qui rouloient dans le commerce ont esté employés à d'autres affaires, et l'on n'a pas esté sans crainte que la province, contractant trop de dettes, ne devinst à la fin insolvable. Il a fallu se servir de son crédit autant qu'il a esté possible; mais, présentement qu'il n'y en a plus, il faudra nécessairement, aux premiers Estats, imposer ce mesme fonds de 530,000 # qui a esté réservé pour les emprunts de cette année, et l'on sortira des difficultés présentes le moins mal qu'il sera possible. Je sais qu'il est à craindre que, la taille estant réelle en cette province et les terres trop chargées, la culture n'en soit abandonnée; mais il ne sera pas possible de faire autrement, et je trouve qu'en comparant les impositions, sur ce pied-là, avec celles de 1684, elles ne sont augmentées que d'un tiers. Vous trouverez cy-joint un estat des impositions, depuis cette année 1684 jusques à présent, qui vous en fera connoistre le progrès.

«Cette augmentation du tiers ne laisse pas d'estre fort considérable, par la raison que je viens de vous observer : c'est ce qui m'a obligé de chercher les moyens de la diminuer autant qu'il sera possible, en retranchant ce qui n'est pas absolument nécessaire. Comme il n'y a pas d'apparence que le Roy reprenne sur luy la solde de l'un des deux régimens de dragons, je ne vois à retrancher de la demande ordinaire que les commissaires font aux Estats que l'article du canal de 25,000 écus. Il n'est point d'une nécessité absolue de rien imposer à cet égard pour l'année prochaine, parce que, sur le fonds de cette année, je feray achever tout ce qui est nécessaire pour la navigation, c'est-à-dire tous les ponts et les aqueducs, et il y aura près de 35,000 # de reste, qui suffiront pour les ouvrages de l'année prochaine. Ce qui reste à faire peut estre remis dans un autre temps, et n'a esté proposé par M. de Vauban que pour certaines perfections qui ne pressent pas. Cela fera toujours une épargne de 25,000 écus à la province, et elle connoistra par là que, quand les dépenses ne sont pas d'une absolue nécessité, le Roy veut bien ne les pas faire présentement. Je ne vois point qu'on puisse rien épargner d'ailleurs, ayant réduit les régimens de milices à trente hommes par compagnie et mis cette dépense sur le plus bas pied qu'elle puisse estre.»

* Deux jours avant que les blés dussent être coupés, la grêle détruisit les récoltes dans une partie des évêchés de Castres, Saint-Papoul et Toulouse. (Lettre du 10 juillet.)

** Le syndic de ce diocèse demanda à la Cour des aides, en attendant que le Roi permît de procéder à une nouvelle *recherche générale*, de modifier le tarif qui servait au département des impositions. (Lettre de M. de Bâville, du 12 août.)

Sur les mesures que les États prirent pour fournir les sommes voulues, et qui aboutirent à une imposition extraordinaire de 500,000 #, voir les lettres de M. le duc de Noailles, de M. de Pennautier et de M. de Bâville (6, 11 et 16 novembre).

963. *M. de Bouville, intendant à Limoges,*
au Contrôleur général.

7 Juillet 1691.

Un seul grenier ne suffirait pas pour toute la généralité; il en faudrait établir un dans chaque élection, à Limoges, Tulle, Brives et Bourganeuf, en achetant, un peu après la récolte, les blés du pays même, où l'on pourrait, en outre, faire enlever par les entrepreneurs de la fourniture des armées les bœufs et les pourceaux, et payer ces bestiaux partie en argent et partie en blé des magasins. Si la disette de châtaignes interrompait l'élevage des pourceaux, tout manquerait aux paysans, et il faudrait encore du blé pour ensemencer leurs terres, parce que les collecteurs saisiraient les récoltes*.

* Il écrit encore, le 30 octobre, que la famine devient certaine, et que, sur le simple bruit de la perception des droits des fermes, les grains disparaissent des marchés.

Dans la généralité de Montauban, où le blé avait doublé de prix (16 # le setier) et le seigle triplé, et où beaucoup de pauvres mouraient de faim, à Montauban particulièrement, malgré les secours que l'on distribuait, M. de la Berchère demanda qu'on fît quatre greniers de seigle ou de menus grains, qu'ils fussent régis au compte du Roi et qu'on forçât les particuliers à ouvrir leurs magasins. (Lettres des 13 et 23 mai et du 15 août.)

964. *M. de Bagnols, intendant en Flandre,*
au Contrôleur général.

17 Juillet 1691.

«Je ne puis vous rendre un meilleur compte des difficultés que le sieur Godefroy, garde des archives de la Chambre des comptes de Lille, trouve à délivrer une copie du registre des fiefs mouvant de la cour et chastellenie de Cassel, qu'en vous envoyant le mémoire qu'il a fait sur ce sujet. J'y adjouteray seulement ce qu'il me mande par sa lettre, que dans ce registre il y a des titres qui ne sont pas favorables aux prétentions du Roy, au sujet des différends qu'il y a eu à la conférence de Courtray pour les dépendances de Cassel et du bois de Nieppe, et que c'est une des principales raisons qui l'ont empesché de donner copie de ce registre, qui luy a esté demandé depuis longtemps*.»

* Voir, à la date du 30 octobre 1689, un mémoire de M. Godefroy sur ses fonctions et sur les dépôts dont il était chargé. — Les 21 mai et 3 juillet 1692, il indique des pièces importantes touchant les subsides que les rois d'Espagne levaient sur le clergé flamand. Il propose aussi d'enlever une partie des titres originaux trouvés à Namur, et, avec l'inventaire de ces titres, il donne plusieurs mémoires sur l'administration financière du comté, sur ses domaines, ses bois, ses mines de plomb, etc.

965. *Le Contrôleur général à M. d'Aulède, premier président du Parlement de Guyenne.*

20 Juillet 1691.

« J'ay rendu compte au Roy des deux lettres que vous m'avez écrites sur les difficultés qui se sont rencontrées dans l'exécution du règlement du mois de juin dernier fait au sujet du papier et du parchemin timbré; je n'ay pu me dispenser en mesme temps de faire souvenir S. M. que le projet vous avoit esté communiqué, et que l'on n'avoit rien fait que de concert avec vous. Elle a esté fort surprise de voir que vous n'aviez pas assez d'autorité pour faire exécuter sans peine les choses qui vont au bien de son service. La dernière observation, au sujet des lignes, fait bien connoistre le peu de disposition qu'il y a dans vostre Parlement à suivre avec obéissance tout ce qui vient de la volonté du Roy, et je ne comprends pas comme il est possible que vous ayez donné assez peu d'attention à la remonstrance des avocats, pour n'avoir pas fait différence des minutes qu'ils font d'avec les grosses que leurs clercs écrivent. Laissez-les s'enivrer dans leur travail : qu'ils ajoutent, qu'ils corrigent tant qu'il leur plaira; leurs clercs n'auront pas tant de feu, et vous devez connoistre aussy bien que moy que l'on ne change rien aux écritures qui sont produites en grosse; elles sont pour l'ordinaire très-correctes. Ce n'est point une chose nouvelle que de régler le nombre de lignes qu'il doit y avoir dans chaque page; il est avantageux au public qu'elles le soient; autrement, il dépendroit de la volonté d'un avocat ou d'un procureur d'en mettre dans chaque page un si petit nombre, que cela iroit à la ruine des parties. C'est une chose réglée dans tous les Parlemens du royaume pour toutes les écritures qui entrent en taxe, et vous auriez dû corriger cet abus, s'il n'y a rien de certain dans le vostre à cet égard. Cependant, comme S. M. n'a eu d'autre intention que celle de soutenir la ferme du papier et parchemin timbré, sans faire préjudice au bien de la justice et en retarder l'exécution, elle m'a commandé d'examiner le mémoire qui m'a esté envoyé par M. de Bezons, et de faire le projet d'une nouvelle déclaration, que je luy envoye pour vous la communiquer, afin de lever toutes les difficultés qui pourroient causer le moindre embarras dans la suite*. . . . . »

* Le 22 août suivant, la déclaration réformée fut envoyée au Parlement. — Une première correction des articles relatifs au nombre des syllabes et à l'obligation de mettre sur parchemin les actes portant exécution avait déjà été faite, à la demande de certaines Compagnies. (Lettres du 29 juin, aux Parlements de Bordeaux, Metz, Aix et Dijon.)

966. *M. Larcher, intendant à Rouen, au Contrôleur général.*

20 Juillet 1691.

Le corps de métier des maîtresses lingères toilières de Rouen, qui compte plus de mille maîtresses et de deux cents marchandes en boutique, ayant perdu ses statuts, a été dûment confirmé par le vicomte de Rouen, et il n'y a pas lieu de procéder à un nouvel établissement, ainsi que le demande Mme la princesse d'Harcourt.

967. *M. Lebret, intendant en Provence, au Contrôleur général.*

21 Juillet 1691.

« Quelque soin que j'aye pris d'engager les chapeliers de la province à se charger, comme ils ont fait dans la suite, de la nouvelle marque des chapeaux, qui auroit porté un préjudice notable au commerce qui s'en fait à l'étranger, si elle estoit demeurée entre les mains du traitant, ils n'ont voulu entendre raison sur cela qu'après avoir essuyé pendant quelque temps le désagrément des visites presque continuelles des commis dans leurs boutiques et dans leurs magasins. Il en sera de mesme des potiers d'étain, qui ne se porteront point à acheter en corps les offices nouvellement créés d'essayeurs et marqueurs des ouvrages d'étain, qu'ils ne sachent à peu près quel en sera le revenu, et qu'ils n'ayent essuyé pendant quelque temps, comme ont fait les chapeliers, l'incommodité des visites; et tous les soins que je me donnerois pour les y engager présentement ne seroient d'aucune utilité. »

968. *M. Parisot, procureur général au Parlement de Bourgogne, au Contrôleur général.*

21 Juillet 1691.

Il annonce l'enregistrement des derniers édits.

« Je ne saurois vous envoyer les actes d'enregistrement de ces mesmes édits et déclarations dans les siéges inférieurs de ressort, suivant que vous le désirez, car je ne crois pas qu'ils y soient jamais registrés, non plus que tous les autres édits et déclarations qui ont paru depuis vingt ans ou environ, quoyque mes prédécesseurs et moy nous ayons esté très-exacts à les adresser à nos substituts dans les justices royales; et voicy la source de ce désordre. Les fermiers des postes prétendent qu'il est défendu à toutes sortes de personnes de porter aucun paquet ni lettre, non pas mesme de recommandation, et, sous ce prétexte, on a commis des vexations inouïes dans cette province. On a fouillé, aux portes des villes, des filles, des femmes, les religieux et les religieuses, jusque dans les endroits que la pudeur défend de nommer. Lorsqu'un particulier, ne voulant point hazarder par la poste un paquet de papiers importans, l'a confié à un de ses amis pour le rendre sûrement et en main propre à ceux auxquels l'adresse en estoit faite, on a dressé des procès-verbaux de prétendue contravention, donné des assignations au Conseil, exigé des sommes considérables, en telle sorte que qui que ce soit ne veut se charger d'aucune lettre ni paquet. Il faut donc que j'envoye les édits et déclarations par la poste. Or, les directeurs des bureaux veulent faire payer irrémissiblement à mes substituts les ports de ces sortes de paquets, quoyque j'aye la précaution d'ajouter à la superscription ces mots : *Pour les* *affaires de S. M.—Édits et déclarations du Roy, envoyés par le procureur général.* Mes substituts, d'ailleurs, n'ayant pas le moyen de fournir à cette dépense, ni ne se croyant point obligés à le faire, laissent les paquets dans les bureaux. Ainsy, les volontés du Roy estant inconnues aux peuples, l'exécution en est retardée ou anéantie. J'en ai reçu des plaintes très-fréquentes; mes substituts en ont dressé des procès-verbaux, qu'ils ont envoyés à feu Mgr de Louvois; je luy ay écrit aussy en mon particulier, et aux directeurs des bureaux : tout cela n'a produit aucun effet, et je vous en donne maintenant avis, puisque l'occasion s'en présente, afin que vous ayez la bonté d'y apporter l'ordre convenable et qu'on ne me puisse rien imputer à cet égard *.»

* Plaintes semblables de M. de Vergons, procureur général au Parlement d'Aix, 30 juillet 1691; de M. Denis, avocat général à Bordeaux, 29 février et 23 mars 1692; de M. de Corberon, procureur général à Metz, 25 avril. — Sur la franchise accordée aux intendants, voir les lettres de M. de Sève (Metz, 26 avril) et de M. de Vaubourg (Nancy, 13 juillet et 26 septembre); sur celle que réclamaient les commandants de province, une lettre de M. d'Herbigny, intendant à Montauban, et un mémoire du marquis de Grillon, commandant en cette généralité (17 août et 7 septembre).

969. *M. de Pomereu de la Bretèche, intendant à Alençon,*

au Contrôleur général.

25 Juillet 1691.

Rapport sur les dépenses à faire pour l'établissement de l'hôpital de Falaise dans une maison achetée en 1687.

«Il y a à Falaise, comme en plusieurs villes de Normandie, un tarif, c'est-à-dire des droits établis sur les denrées, dont les deniers en provenant servent à acquitter la taille desdites villes, et où l'on n'en impose, par capitation, que ce qui excède le prix des fermes des tarifs. Falaise portoit lors 30,000 ᵗᵗ d'imposition, et la ferme du tarif alloit presque à pareille somme : ainsy, il n'y restoit rien à imposer par capitation, ou du moins peu de chose. On jugea qu'il falloit, pour l'établissement dudit hospital, demander la permission d'augmenter les droits dudit tarif d'un sixième, ce qui produisoit 5,000 ᵗᵗ par an, et de luy en appliquer le revenu.»

Il fut mis pour condition que les administrateurs ne toucheraient jamais que ce qui resterait après l'acquittement de la taille. Celle-ci ayant été augmentée de près de 4,000 ᵗᵗ, sans compter de nouveaux frais de régie, il ne reste qu'une somme trop modique pour l'hôpital, quoique, dans le principe, les habitants n'aient consenti à une augmentation d'un sixième sur le tarif qu'en faveur de cet établissement. Il semble donc nécessaire, non pas de rejeter sur le reste de l'élection l'augmentation de la taille, mais de l'imposer, suivant l'usage ordinaire, par capitation. Pour l'avenir, on pourrait réduire de moitié l'allocation de l'hôpital, qui suffirait encore, avec le travail des pauvres, à soutenir l'établissement.

970. *Le sieur Cazier, secrétaire du Roi,*

au Contrôleur général.

25 et 30 Juillet 1691.

Traité pour la vente des charges du bureau des finances de Lille *.

«Comme j'agis par la seule vue du service du Roy, et que vous avez esté de sentiment, lorsqu'il s'est proposé d'établir une Chambre des comptes à Lille, de ne le pas faire par des traitans, et qu'il est du service et de l'intérest du Roy de suivre ce sentiment pour toutes les charges qui se créeront en Flandres, pour que leur établissement se fasse agréablement avec les Estats et Magistrats, et que les charges se vendant pour et au nom du Roy, par la vente de leur juste valeur, ne fassent point de tort au prix des terres, qui, dans la chastellenie de Lille, se vendent le denier cinquante, au crédit des Estats et villes, qui vendent leurs rentes le denier vingt-cinq, et au crédit du commerce, qui est si grand que les négocians trouvent encore actuellement l'argent à trois et trois et demy pour cent, j'ay proposé à M. le Peletier de faire l'établissement du bureau de Lille sous vos ordres. Vous commettrez telle personne qu'il vous plaira pour recevoir le prix des charges.»

Il propose de préparer des créations successives dans les Pays conquis et en Franche-Comté, et d'en assurer le débit.

«Si vous avez la bonté de m'employer à cet établissement, il ne se passera rien dans la Hollande, ni dans les Pays-Bas espagnols, dont vous ne soyez averti aussitost. J'auray l'honneur de vous faire voir, quand il vous plaira, par les pièces que j'ay tirées des secrétaires de M. le prince d'Orange et de M. de Castanaga, de tous les Conseils, et par les mémoires que j'ay donnés à Mgr de Louvois, qu'il ne s'est rien caché de ce qui s'est fait par écrit entre M. le prince d'Orange, les Estats de Hollande et M. de Castanaga..... M. de Bagnols, qui a vu par expérience les habitudes que j'ay dans ces pays-là, et qui a tasché de me faire repasser aux Pays conquis pour les employer, vous dira et au Roy, si vous le souhaitez, que personne du Pays conquis n'a de meilleures habitudes que moy dans les pays ennemis. Je suis le premier des Pays conquis qui a pris des charges dans le royaume; je me soumets à les perdre, si le Roy n'est pas satisfait des services que j'offre de luy rendre. J'auray l'honneur de me rendre demain à Versailles, pour vous présenter le mémoire par lequel le Roy tirera de ses ennemis le secours que je propose **.....»

* Il avait été primitivement question de créer une Chambre des comptes; mais, d'après ce que dit, à la date du 16 janvier, le sieur Godefroy, garde des archives de l'ancienne Chambre, ce projet fut momentanément abandonné.

** Sur Cazier, voir une lettre du procureur de la ville de Lille, du 26 octobre; une autre du maréchal de Humières, du 3 novembre, et celles qu'il écrit lui-même, les 1er, 12, 16, 21 et 27 du même mois, et le 1er décembre, la première portant quelques annotations du contrôleur général.

Voir aussi, aux dates des 21 et 30 septembre, les propositions d'un autre agent de M. de Louvois, Hollandais de nation, recommandé par M. de Magalotti.

971. *M. de Pommereu, intendant en Bretagne,*
au Contrôleur général.

28 Juillet 1691.

Durant son séjour à Saint-Malo, le maréchal d'Estrées a ordonné plusieurs dépenses considérables sur les fonds des octrois ou des deniers communs de la ville, et, faute de visa, le receveur fait des difficultés pour payer.

«J'aurois bien pu prétendre que toute ordonnance des commandans en chef en Bretagne, pour des dépenses extraordinaires, surtout quand elles sont considérables, dans les communautés, devroient estre visées de moy, par conséquence de ce qui est porté dans l'arrest du Conseil rendu à vostre rapport et qui est cy-joint; et j'estime, à ne vous rien déguiser, que c'est le bien du service que de rendre les intendans des surveillans généraux en ce pays-cy comme ailleurs. Je vois mesme que, par lettres de feu M. de Louvois, j'ay reçu ordre du Roy de viser les ordonnances que M. le mareschal donneroit pour la dépense de l'arrière-ban de Bretagne sur les taxes faites sur les inhabiles, veuves, et que j'ay de pareils ordres pour beaucoup d'autres dépenses extraordinaires qui se faisoient en Bretagne un peu trop facilement auparavant, comme vous le savez. J'ay encore remarqué, en mon voyage de Brest, qu'il y a bien des ordonnances de M. le mareschal rendues pour faire payer à la communauté de Brest des choses qui ne se doivent point sur les octroys, et j'ay trouvé M. de Campagnolle qui en avoit usé de mesme; mais, sur tout cela et autres choses dont le détail seroit ennuyeux, j'élude et fais comme si je ne savois pas, afin d'éviter des divisions qui nuisent par la suite au service du Roy, et j'entretiens partout honnesteté et correspondance autant qu'il est possible. J'exécuteray les ordres qu'il vous plaira me donner sur ce sujet.»

972. *M. de Bezons, intendant à Bordeaux,*
au Contrôleur général.

31 Juillet 1691.

Il demande un ordre pour faire suspendre les poursuites des traitants dans tous les cas où ils se sont engagés par avance à modérer les taxes des hérédités.

Le Roi est déjà en jouissance du droit de courtage à Bordeaux, et il fait une pension de 500 ₶ à chaque courtier. Il faut donc décider si, conformément au nouvel édit de création des courtiers royaux, il y aura lieu d'établir un second droit de courtage. Dans l'incertitude, et vu la situation exceptionnelle où se trouve la ville de Bordeaux, on a permis aux marchands de faire par eux-mêmes leurs transactions, en se soumettant à payer le second droit, si le Roi l'ordonne. Sans cette facilité, tout le commerce s'arrêterait *.

* Les courtiers de Bordeaux furent exemptés de l'exécution du nouvel édit. — M. de Bezons, dans une autre lettre du 14 août, s'élève contre l'établissement projeté des commissionnaires en titre, qui éloignerait les marchands étrangers; contre l'emploi obligatoire des courtiers dans le commerce des vins, et enfin contre la création des gourmets, dont les fonctions venaient déjà d'être rachetées récemment par la ville, avec celles des autres officiers de ville. Les jurats s'étaient engagés à donner 72,000 ₶ pour qu'on leur conservât la nomination des officiers de police et qu'on les exemptât aussi de la création des crieurs d'enterrement. (Lettre du 17 septembre.)

973. *Le Contrôleur général*
à M. Larcher, intendant à Rouen.

10 Août 1691.

Le fermier des aides de l'élection d'Arques se plaint qu'un grand nombre de particuliers de Dieppe, deux cents environ, fabriquent avec de l'eau de son et du levain une boisson qu'ils appellent *bouillon*, et que les habitants consomment au lieu de bière, sans avoir à payer aucun droit.

974. *M. de Bezons, intendant à Bordeaux,*
au Contrôleur général.

11 Août 1691.

«Je reçois dans ce moment la lettre que vous m'avez fait l'honneur de m'écrire du 4 de ce mois, avec laquelle estoit celle d'un nouveau converti de Bergerac, qui se plaint d'une taxe qui a esté faite sur luy. Il ne devoit pas prendre la liberté de vous en écrire, parce que j'ay remédié à ce qui concernoit sa taxe : au lieu de mettre 4 ₶, en copiant, on avoit mis 40 francs, et cela a esté corrigé. Pour ce qui est des taxes qui se font sur les nouveaux convertis, M. de Louvois manda, par ordre du Roy, l'année dernière, à M. de Sourdis de former quatre nouveaux régimens de milices dans cette généralité; l'on en fit autant dans celle de Montauban. Ils furent sur pied depuis le 20 de juin jusqu'au 25 de septembre, et ils furent payés par le moyen des taxes faites sur les nouveaux convertis. M. de Louvois a mandé la mesme chose cette année, et, au lieu de les mettre sur pied le 20 juin, on les a mis au 1er juin, ainsy qu'il l'avoit mandé; ils subsistent encore. J'ay fait des taxes pour le payement de ces régimens. Les officiers ont des commissions du Roy. Les taxes de l'année dernière montèrent à plus de 40,000 écus; celles de cette année sont plus fortes, elles vont à 50,000 écus. L'on en a exempté les nouveaux convertis qui font le devoir de catholiques et le font faire à leurs familles, ceux qui ont des enfans officiers, et les matelots. Pour les autres, on leur fait payer. Je compte que, suivant les apparences, ces régimens pourront estre congédiés vers le 20 de septembre, et qu'on pourra tirer, par le moyen de ces taxes, de quoy fournir pour l'entretien de ces régimens, sans qu'il en couste rien au Roy *. Cela ne reste pas d'estre fort à charge aux paroisses, parce qu'elles sont obligées de fournir les soldats, sans leur rien donner; mais, sous prétexte que des soldats ne sont pas propres pour le service, les syndics ou collecteurs sont obligés de faire beaucoup de voyages pour conduire les soldats qu'on leur demande. L'on a pris soin de défendre aux syndics de rien donner à ces soldats; mais, comme la plupart sont sans souliers, bas ni chapeaux, dans des paroisses l'on donne des chapeaux, dans d'autres des bas, et, dans plusieurs autres, des souliers. A l'égard des armes, l'on prend des meilleures que l'on trouve dans les paroisses. Chacun de ces régimens est composé de vingt compagnies; les colonels qui sont à la teste sont des gens de condition, et M. de Sourdis a choisi pour estre officiers des personnes qui ont esté dans le service.»

* Sur les taxes, voir deux lettres de M. d'Herbigny (Montauban, 10 et 28 septembre 1692).

Suivant un rapport de M. d'Ableiges (Auvergne, 5 décembre 1692), les frais avancés par les consuls montaient quelquefois à 400 ᵗᵗ par soldat.

975. *M. Bouchu, intendant en Dauphiné,*
au Contrôleur général.

11 Août 1691.

«Je viens de recevoir la lettre que vous m'avez fait l'honneur de m'écrire le 29 du mois dernier, par laquelle vous me donnez avis que vous estes chargé du soin des manufactures et des haras, et m'ordonnez de vous dire en quel estat sont ces deux affaires en Dauphiné. Il n'y a en ladite province que la fabrique des canons établie à Saint-Gervais, dont vous avez une particulière connoissance, et une manufacture de soyes établie depuis peu à Vienne, où à peine commence-t-on de travailler, qui méritent qu'on vous en parle séparément. Tout le reste du commerce de cette province roule sur des fabriques de draps, de serges et de chapeaux assez grossiers, et sur beaucoup de forges. Il n'y a point de commis établi en Dauphiné pour avoir soin de l'observation des règlemens faits au sujet des fabriques et des manufactures, lesquels n'y ont eu aucun lieu jusqu'à présent. Il avoit esté proposé à feu M. le marquis de Louvois, il y a environ deux ans, de les y faire exécuter; mais la désertion des huguenots, qui faisoient le principal commerce de Dauphiné, l'avoit si fort diminué pour lors, qu'il parut plus convenable d'essayer de le ranimer en laissant la première liberté aux artisans, que de les gesner dans de pareilles conjonctures par l'exactitude desdits règlemens.

«A l'égard des haras, je n'en connois aucun appartenant aux particuliers, depuis que celuy de Vizille a esté détruit par la mort de M. le duc de Lesdiguières. Il n'y a point d'étalons non plus au Roy. Il est vray que, dans le temps que je passois pour venir à Pignerol, il se présenta un homme à moy, au lieu de Lesdiguières, qui me dit qu'il estoit chargé de l'établissement de trois étalons, tant dans le haut Dauphiné que dans la Provence, et qu'il alloit visiter les lieux qui luy paroistroient le plus convenables. Je le priay de me donner de ses nouvelles; cependant je n'en ay point eu depuis*.»

* M. de Pomereu répond aux mêmes demandes, le 8 août, pour la Bretagne. On y comptait, dans les deux évêchés de Léon et de Tréguier, trente mille cavales, mais les étalons envoyés par ordre du Roi ne servaient qu'à la charrue, et la direction des haras n'avait jamais été surveillée par l'intendant. Il en était de même des manufactures.

976. *M. l'Archevêque de Lyon*
au Contrôleur général.

17 Août 1691.

«Je crois qu'il est de mon devoir de vous envoyer un mémoire qui me fut donné hier par les négocians de la place, et d'autant plus que, deux heures après, j'eus une grande députation des artisans, sur le mesme sujet. Les premiers sont gens raisonnables; mais les derniers fort brutaux, avec qui il y a peu de raison. Lesdites députations sont au sujet de ce que les fermiers des aydes de cette généralité veulent que les marchands se servent de papier timbré pour la confection de leurs livres, ce qui n'a pas esté fait jusqu'à présent, à cause du préjudice qu'on a jugé qu'en recevroit le commerce, et qu'il seroit impossible d'obliger tous les particuliers artisans, qui tiennent des cahiers où ils écrivent ce qu'ils reçoivent des marchands et ce qu'ils leur délivrent, à se servir dudit papier*.»

* Le contrôleur général répond (lettre sans date, vers la fin de l'année) que le registre journal seul devrait être marqué et qu'il n'y aurait aucun inconvénient à faire observer cet article du règlement, mais que cependant le Roi y renonce, pour ne point troubler le commerce.

En 1693 (lettre sans date), M. d'Argouges, intendant en Bourgogne, envoie un projet pour créer des parafeurs des registres de commerce, création qui pouvait, dit-il, produire 8 millions.

977. *M. de Bâville, intendant en Languedoc,*
au Contrôleur général.

21 Août 1691.

États contenant la comparaison du produit des fermes pendant les trois premiers quartiers de l'année avec celui de l'année précédente, et donnant également le produit de la foire de Beaucaire. Ces recettes offrent une augmentation, la première, de 27,602 ᵗᵗ 9 s. 5 d., la seconde, de plus de 20,000 ᵗᵗ*.

* M. de Pennautier, trésorier des États, écrit, le 30 octobre suivant : «Le commerce des draperies, dans tout le haut Languedoc et dans tous les lieux où il s'en fait, ne sauroit estre plus florissant. On travaille partout à force, et les ouvriers manquent plutost que le débit. Les seuls marchands de la ville de Carcassonne avoient déjà acheté, depuis le mois de may, pour plus de 400,000 écus de layne, ce qui ne fait guère que la moitié de la valeur du drap. J'ay vu la manufacture des Saptes, qui n'avoit d'ordinaire, mesme selon son obligation, que trente métiers battans. Elle en avoit, le 20 de ce mois, cinquante-trois, et on alloit en établir d'autres. Si elle ne fait pas la quantité de pièces de drap pour le Levant qu'elle devroit faire, c'est parce que les ouvriers lui manqueront, quoyque, depuis peu, il luy soit venu dix-sept familles hollandoises, toutes catholiques. Je n'ay pas eu le temps d'aller à celle de Clermont; mais j'apprends qu'elle travaille aussy considérablement.» Il ajoute que les travaux du canal, à l'exception du passage de la rivière de Béziers, sont presque tous achevés et la navigation établie. — Deux autres lettres, du 20 novembre suivant et du 19 janvier 1693, rendent compte d'une nouvelle entreprise pour la fabrication des draps communs, dits *londres*, destinés au Levant, et de l'état des diverses manufactures soutenues par la province.

978. *M. de Miroménil, intendant à Tours,*
au Contrôleur général.

22 Août 1691.

« L'arc de triomphe entrepris à la gloire du Roy en cette ville s'avançant fort, nous projetons de faire mettre sur la frise, dont le modèle est cy-joint, une inscription, en une seule ligne, de grandes lettres de bronze dorées à feu, portant des queues et incrustées dans la pierre, faisant ces mots, du costé dont la figure pédestre du Roy aura le visage tourné :

IMPERANTE LUDOVICO MAGNO,

et de l'autre costé, seulement :

ANNO DOMINIM. DC.XCI.

Mais, avant de rien engager, nous avons cru devoir prendre la liberté de vous demander les ordres de S. M., savoir, si le mot Imperante sera du goust du Roy. Si ce terme n'agréoit pas, on se contenteroit de mettre : Ludovico magno *. »

* L'architecture de ce monument étant terminée, l'intendant demande, le 3 janvier suivant, un «ouvrier» pour faire en bronze la statue pédestre. Le sculpteur Girardon et le fondeur Keller en furent chargés. (Lettres des 15 février, 27 mai, 26 juillet.) Pour le payement des frais, voir une lettre de M. de Miroménil, du 15 septembre, et pour l'achèvement du travail, celle qu'il écrit le 17 janvier 1693, ainsi que le placet de Girardon, joint à une lettre de M. de la Chapelle-Bessé, du 19 février suivant, et une lettre de M. de Miroménil, du 14 mars.

979. *M. Lebret, intendant en Provence,*
au Contrôleur général.

22 et 24 Août 1691.

Les consuls d'Aix se sont soumis à l'ordre d'acheter, sur le pied du denier douze, l'office de trésorier des revenus de la ville, et les députés de plusieurs vigueries sont disposés à suivre cet exemple; mais partout il sera nécessaire d'autoriser la voie de l'emprunt.

« Je me rendray demain à Marseille pour faire le mesme manége à l'égard des échevins, qui commencent à me faire des reproches de ce que, les ayant engagés, il y a deux ans, à faire un présent au Roy d'une somme de 400,000 ᵗᵗ, sur l'assurance qu'on leur en sauroit quelque gré, ils n'ont reçu jusqu'à présent aucune grâce de S. M., ni mesme aucune marque de distinction qui puisse faire le moindre plaisir à leurs habitans. Vous ne devez pas douter que cela ne rende les choses plus difficiles et ne ruine peu à peu le crédit que j'avois sur leurs esprits, dont je n'ay aucun besoin à mon égard, et que je n'ay jamais désiré de ménager que par rapport au service du maistre *. »

* Les échevins consentirent à traiter sur le pied de 180,000 ᵗᵗ, mais à condition, 1° qu'on ne les obligerait point à payer 4,200ᵗᵗ de gages; 2° qu'on différerait la construction des casernes pour les soldats des galères; 3° que la ville ne serait point, pour le moment, chargée de rembourser les propriétés expropriées pour l'esplanade du fort Saint-Jean; 4° que l'on accorderait la suppression des bureaux du sucre, du tabac, de l'étain, établis au mépris des franchises de la ville; enfin, qu'on lèverait les défenses relatives aux toiles de coton; qu'on déchargerait les lettres venant par mer des droits établis sur celles qui venaient de l'étranger par la voie des postes, etc. (Lettre du 28 septembre.)

Les consuls de la Ciotat demandèrent à employer pour le même usage la portion des sommes fournies par eux pour le rachat des esclaves de leur pays qui restait vacante par la mort ou l'évasion de quelques-uns de ces esclaves. (Lettre des consuls, 3 octobre.)

Pour l'affaire d'Aix, voir les lettres du contrôleur général, des 8, 20 et 27 août, et 9 septembre.

Le débit de ces créations fut difficile en général, et on dut réduire le prix des offices. (Lettres du 8 octobre et du 3 décembre.)

980. *M. Bouchu, intendant en Dauphiné,*
au Contrôleur général.

24 Août 1691.

Il discute les motifs allégués pour l'établissement d'une élection à Briançon et la distraction du Briançonnais de l'élection de Gap. Il ne voit point que l'avantage en soit assez considérable pour le Roi ou pour le public, et puisse compenser la ruine de l'élection de Gap *.

« A l'égard du public, toute l'utilité alléguée pour le Briançonnois consiste à la facilité que les communautés auroient de faire vérifier leurs rôles plus près et de solliciter leurs procès concernant les tailles par occasion, en fréquentant le marché de la ville. J'avoue que cette commodité s'y trouveroit; mais je ne sais s'il la faudroit regarder comme avantageuse, et si elle ne seroit pas fortement balancée par la multiplication des procès et des chicaneurs qu'elle procureroit dans ce canton, qui a une manière de se gouverner assez réglée et assez tranquille, laquelle ne me paroist s'estre soutenue que par l'attachement des habitans au travail, à l'épargne et au négoce, et par la facilité qu'ils ont eue d'entretenir leurs anciens usages sans y estre troublés par la noblesse, n'y ayant point de gentilshommes dans ce pays-là, ni par le nombre des officiers, qu'on sait estre toujours à charge au public directement ou indirectement et détourner les gens de l'agriculture et du négoce, n'y ayant dans tout le Briançonnois d'autres officiers de judicature que le vice-bailly de Briançon, son lieutenant, un assesseur et le procureur du Roy, ni de finance, que les deux receveurs des tailles. Sur le tout, il seroit injuste, à mon sens, de faire payer aux communautés 2,000 ᵗᵗ de finance, pour acquérir aux procureurs du bailliage la faculté de postuler en cette élection, et il y a apparence que ce dessein est l'ouvrage de quelques particuliers qui croyent y trouver leur avantage.

« A quoy on peut ajouster qu'il est de grande utilité au public que MM. les intendans se transportent, pour l'imposition des tailles, dans chaque lieu du siége de l'élection. Cependant, quoyqu'il n'y ayt que six élections en Dauphiné, la difficulté des chemins de cette province fait qu'il faut près d'un mois pour en faire la tournée, en ne travaillant qu'aux seules affaires de l'imposition. L'augmentation de l'élection de Briançon ajouteroit près de sept jours au temps du département, et, comme la mauvaise saison et l'hiver, qui y commencent de très-bonne heure, sont de la dernière rigueur, on peut compter que, à moins que l'intendant ne soit jeune et d'une santé vigoureuse, il ne s'y transportera jamais dans ce temps-là, et tous les frais du transport des officiers de cette élection au lieu où M. l'intendant voudroit travailler avec eux à l'imposition des tailles seroient toujours à la charge des habitans de cette élection. Toutes ces considérations me portent à croire que la proposition de cet établissement doit plutost estre rejetée qu'acceptée*.»

* Mémoires pour le rétablissement de l'élection en chef de la Charité : M. de Châteaurenard, Moulins, 15 janvier 1690; M. de Creil, Orléans, 27 janvier, et M. de Séraucourt, Bourges, 28 janvier.

6 juillet 1691, mémoire de M. de Nointel (Champagne), sur un projet de rétablir l'élection de Sainte-Menehould.

17 avril précédent, mémoire de M. Larcher (Rouen), sur l'exercice des fonctions criminelles, qui était confié aux présidents des élections, à l'exclusion des lieutenants.

981. *Le Contrôleur général à M. Lebret, intendant en Provence.*

28 Août 1691.

Il lui demande de s'enquérir s'il est vrai que les ouvrières de Marseille souffrent de la prohibition des toiles de coton blanches, et s'il ne serait pas possible, en ce cas, de permettre aux marchands de retirer de l'entrepôt les toiles qu'ils se chargeraient de faire piquer et de renvoyer ensuite à l'étranger*.

* Les échevins de Calais demandaient, le 12 juillet précédent, à continuer dans leur hôpital la fabrication des dentelles d'Angleterre, nonobstant l'arrêt récent du 12 mars qui la défendait.

982. *M. de Valbonnays, premier président de la Chambre des comptes de Dauphiné, au Contrôleur général.*

2 Septembre 1691.

Une partie des prélats de la province ont la prétention de ne point rendre hommage au Roi pour le temporel de leurs bénéfices, et repoussent les instances de la Chambre.

«Leur principale raison est que, de tout temps, ils ont possédé en pariage les villes de leur résidence, dont ils se sont qualifiés conseigneurs, et ont joui en commun avec les Dauphins des droits seigneuriaux. Mais ils ne prennent pas garde que non-seulement les Roys sont revestus du droit de ces Dauphins, auxquels ils ont succédé, mais qu'ils ont aussy réuni à leur couronne par divers traités tous ceux des empereurs, et qu'ils sont eux-mesmes empereurs dans leur royaume, de sorte qu'apparoissant, par divers registres qui sont dans la Chambre, que ces prélats estoient feudataires des empereurs et leur ont rendu hommage en divers temps, le droit des Roys est à cet égard parfaitement établi.»

L'archevêque de Vienne et l'ancien évêque de Valence ont reconnu que ces droits étaient incontestables; mais, comme les prélats opposants s'appuient sur certaines exemptions qu'ils prétendent tenir des dernières assemblées du clergé, la Chambre n'a osé entreprendre une poursuite sans l'aveu du Roi*.

* 25 novembre, lettre de M. l'archevêque d'Embrun.

983. *Le Contrôleur général à M. de Bagnols, intendant en Flandre.*

6 Septembre 1691.

«Les maistres épingliers de Lille demandent permission de tirer des pays étrangers du fil de laiton propre à faire des épingles. Comme ce sont de pauvres gens, auxquels il ne faut pas oster les moyens de gagner leur vie, et que d'ailleurs il est bon de soutenir cette manufacture, le Roy a bien voulu leur accorder cette permission. C'est pourquoy vous leur permettrez l'entrée du fil de laiton dont ils ont besoin, en payant les droits*.»

* Un négociant de la même ville, pour s'assurer le monopole du laiton, voulut faire révoquer la permission; mais M. de Bagnols s'y opposa, au nom des épingliers, qui trouvaient un profit de moitié à tirer le fil de Gand. (Lettre du 14 octobre.)

24 janvier 1692, permission pour les potiers d'Ypres de faire venir leur mine de plomb d'Angleterre, mais à la condition expresse d'exporter l'équivalent. (Lettre à M. de Madrys.)

984. *M. Trobat, intendant en Roussillon, au Contrôleur général.*

12 et 30 Septembre 1691.

Mémoires sur le pays de Puycerda, la Cerdagne espagnole, le bailliage de Belver, etc.; sur les droits domaniaux de *livia*, de *péage* ou *leude*, d'*alcadie*, de *guerre*, de *général*, de *foraine*, de *bouille;* sur leur rapport, et sur l'opportunité d'établir des bureaux pour le service des fermes.

985. *Le sieur Baugier, intéressé aux fermes en Bourgogne, au Contrôleur général.*

13 Septembre 1691.

Il donne un mémoire sur les mesures qu'il convient de prendre au sujet des franchises exceptionnelles dont jouissent, pour entrer à Chalon-sur-Saône, les marchandises de Lyon et celles du Beaujolais et de Saint-Étienne, de façon que ce ne soit pas un moyen frauduleux d'introduire dans les départements des cinq grosses fermes les marchandises des provinces réputées étrangères.

Il demande des ordres pour faire payer les droits sur

les blés à leur sortie de Bourgogne, alors même qu'ils sont destinés à Lyon, puisqu'ils ne payent pas dans cette ville le droit de *douane*, en raison duquel les autres marchandises à même destination sont exemptées du droit de sortie. Autrement, la ville de Lyon servirait d'entrepôt pour répandre les blés dans les provinces étrangères, sans payer ni sortie ni entrée *.

* D'après une lettre de M. Quarré, élu des États, du 15 septembre, cette prétention nouvelle avait pour but de faciliter la fourniture des blés pour la marine, dont les fermiers des gabelles s'étaient chargés, et d'empêcher que les marchands particuliers ne leur fissent concurrence. Pour le même motif, Baugier (lettre du 27 septembre) demanda qu'on fît défense « à toutes personnes de faire des magasins ni de sortir de la province aucuns blés sans une permission par écrit ou un passe-port du Roy, avec liberté au munitionnaire de prendre tous les blés qui se trouveront avoir esté achetés par les marchands, en leur remboursant le prix coustant et les frais. »

Voir, à la date du 9 octobre, un mémoire du syndic des États contre les fermiers, et la réponse de ceux-ci.

---

986. *M. de Creil, intendant à Orléans,*
au Contrôleur général.

14 Septembre 1691.

Il demande que l'on organise des battues ou des chasses contre les animaux carnassiers qui parcourent la forêt d'Orléans et qui font tant de ravages que l'on a dû, malgré les défenses générales, autoriser les paysans à porter des armes à feu *.

* Sur ce sujet, voir deux lettres du 28 mai et du 20 septembre 1692. Les véneries du Roi et du Dauphin vinrent chasser, et M. de Creil offrit à chaque chasseur qui tuerait un animal 100# et une diminution de taille pour sa paroisse.

En 1692, M. Phélypeaux, intendant de Paris, envoie, le 26 juillet et le 23 septembre, des rapports sur les dégâts commis par le gibier dans les cantons de Palaiseau et de Verrières.

---

987. *M. de Bezons, intendant à Bordeaux,*
au Contrôleur général.

18 Septembre 1691.

Il renouvelle ses observations contre l'établissement des commissionnaires en titre.

« La suppression du droit de bourgeoisie à l'égard des habitans de Bordeaux a esté cause que les étrangers n'ont plus pris de lettres de naturalité, parce qu'ils ont vu qu'il n'y avoit plus aucun privilége, et que, quand ils avoient fait le commerce dans cette ville et qu'ils y avoient amassé beaucoup de bien, ils pourroient retourner dans leur pays, s'ils en avoient envie. Ils jouissent cependant de quelque douceur sur l'entrée des denrées dans leur pays, parce qu'on les traitoit comme faisant partie des habitans du pays, n'ayant pas pris de lettres de naturalité en France. Je crois que cette suppression de droit de bourgeoisie a bien augmenté les droits de la comptablie d'environ 80,000# tous les ans. Si l'affaire n'avoit pas esté aussy considérable pour le Roy, j'aurois proposé le rétablissement des droits de bourgeoisie, par l'inconvénient que je trouvois que les étrangers vinssent s'enrichir en France et emportassent dans la suite tous les biens qu'ils y avoient amassés dans les pays étrangers..... Cela fit que j'examinay s'il seroit à propos d'empescher que les étrangers non naturalisés ne fissent point de commerce. Après avoir bien discuté l'affaire, je trouvay que ce n'estoit point une chose que l'on dust hazarder, parce que je reconnus que le commerce de Bordeaux estoit tout différent de celuy qui se fait dans la plupart des autres ports du royaume. La plupart des vins et denrées qui s'achètent à Bordeaux sont pour le compte des étrangers, et tous les marchands sont commissionnaires, de sorte qu'ils agissent quelquefois pour le compte des étrangers, et quelquefois pour le leur; et les étrangers, lesquels ne veulent point souvent se confier aux marchands de Bordeaux, sont bien ayses d'envoyer de leurs parens, de leurs amis, ou des gens qui dépendent d'eux, pour faire leurs achats. Cela est si véritable, que, lorsque la guerre a esté déclarée avec l'Angleterre, il y avoit icy vingt-quatre Anglois non naturalisés qui faisoient le commerce : ils s'en sont tous retournés, à la réserve d'un seul qui s'en est allé en Angleterre avec passe-port du Roy, qu'on nomme Lewis, et qui a laissé icy sa famille. Il y avoit aussy plusieurs Hollandois non naturalisés, et il y a encore présentement des Danois et des Suédois; et il me parut que ces étrangers non naturalisés estoient ceux qui faisoient le plus gros commerce, de sorte que je craignis que, si l'on vouloit obliger les étrangers d'adresser leurs commissions à des François ou à ceux qui estoient naturalisés, il estoit à craindre qu'ils envoyassent moins de commissions. L'on s'est trompé, quand l'on a esté persuadé que les étrangers ne pouvoient point se passer de nos vins et de nos denrées : j'ay vu par expérience que, depuis la défense des manufactures étrangères, il vint moins de commissions, et, quoyque, dans cette dernière année de la paix, l'on ayt pour le moins autant chargé que dans aucune autre, si l'on examinoit bien le détail, je suis sûr que l'on verroit qu'un grand nombre de propriétaires furent obligés de charger pour leur compte, dont ils ne se trouvèrent pas bien; mais ils prirent cette résolution parce que, l'année s'estant trouvée extrêmement abondante en vins, et voyant peu de commissions, ils furent obligés de charger pour n'avoir pas leurs vins sur leurs bras. Ainsy, vous voyez que, si, dans un temps de paix, après de très-sérieuses réflexions, l'on a cru qu'il estoit bon de laisser la liberté aux étrangers de prendre pour commissionnaires qui il leur plairoit, l'on doit hazarder dans un temps de guerre, où il n'y a presque plus de commerce, et que, pour le faire présentement, l'on est obligé de mettre dans des pipes d'Espagne ou de se servir du nom de marchands danois, suédois, et où il faut garder un grand secret pour n'estre pas découvert. Si l'on établit qu'il n'y ayt que certaines personnes commissionnaires, les étrangers voudront-ils s'assujettir de donner connoissance de leurs secrets à ceux que l'on aura revestus de ces fonctions?

« Il ne me reste que deux réflexions à vous ajouter : la première, que je crois que les négocians se rebuteront du commerce, lorsqu'ils verront qu'on les taxera pour l'avoir fait, parce que la proposition, de la manière dont elle est conçue, me paroist estre de cette manière. L'on n'a aucune preuve que ces marchands ayent prévariqué dans leurs ministères, et, parce qu'ils auront amassé du bien, l'on veut qu'ils prennent une charge de commissionnaire en titre, moyennant une certaine somme. La seconde est que je ne crois pas que l'on veuille que des étrangers non naturalisés puissent faire la fonction de commissionnaire, puisqu'ils doivent avoir serment en justice; et, par ce que j'ay eu l'honneur de vous expliquer, je vous ay fait connoistre que l'on n'a pas cru devoir tenter pendant la paix d'empescher qu'on se servist du ministère des étrangers non naturalisés, parce que l'on craignoit que le commerce n'en souffrist.....

«Il ne faut point faire comparaison des commissionnaires de Bourgogne et Champagne avec ceux de Bordeaux : les premiers n'ont rapport qu'à Paris, et ces derniers, toute leur correspondance est avec les étrangers, hors ce qui est avec la Bretagne; et il n'y a pas seulement le commerce du vin et de l'eau-de-vie à Bordeaux, il y a aussy la prune et les autres denrées que les étrangers en retiroient.....»

---

988. *M. de Vaubourg, intendant en Auvergne,*
au Contrôleur général.

21 Septembre 1691.

«J'ay reçu la lettre que vous m'avez fait l'honneur de m'écrire, au sujet de l'arrest que les habitans de la ville de Clermont souhaiteroient d'obtenir, pour lever sur le vin et sur les bestiaux entrant pour la boucherie certains droits qui puissent payer les impositions qu'on lève présentement par capitation. Je m'estois rendu à leurs instances, parce que la chose m'a paru utile pour le soulagement du menu peuple, qui se trouve plus fatigué de payer des cotes considérables à certains termes fixes, que d'acheter un peu plus cher le vin et la viande de boucherie; joint que, comme le peuple ne fait pas grande consommation de viande, la plus forte imposition estant sur le bétail, la charge tombe, par ce moyen, plutost sur les riches que sur les pauvres, et le Conseil l'a reconnu, dans l'instruction envoyée autrefois à MM. les intendans pour la liquidation des dettes des communautés; laquelle porte qu'en cas que les villes choisissent, pour parvenir à l'acquittement, des impositions sur les denrées et non des capitations, ce soit seulement sur les denrées qui se consomment plus par les riches que par les pauvres, comme la viande, la farine blanche et autres. Je me suis mesme souvenu qu'ayant, en l'année 1688, envoyé à M. le Peletier mon procès-verbal de liquidation des dettes de la ville de Riom, il me fit l'honneur de m'écrire que le Roy avoit esté surpris que je proposasse une imposition par capitation, l'intention de S. M. estant que les dettes soient acquittées par imposition sur les denrées; en quoy j'avoue que je m'estois trop facilement rendu aux instances des principaux habitans de Riom, toujours remplis de la crainte chimérique que, quelque jour, les fermiers du Roy ne fissent joindre à leur ferme les droits établis sur les denrées, comme il est arrivé à l'égard de la moitié des octroys des villes situées dans les provinces où les aydes ont cours. Comme partie des impositions qui se lèvent dans Clermont est destinée à l'acquittement des dettes, et que M. de Fortia, cy-devant intendant de cette province, sur l'avis duquel elles ont esté liquidées en 1667, n'a vraysemblablement proposé la capitation qu'à la prière des habitans de Clermont, qui, pour lors, avoient la mesme crainte mal fondée que ceux de Riom ont eue depuis, j'ay cru ce changement conforme à l'esprit du Conseil et à l'instruction pour la liquidation des dettes des communautés, et d'autant plus avantageux pour le peuple que les privilégiés contribueront, s'il y a lieu, à l'acquittement des dettes et autres impositions, auxquelles ils ne contribuent point pendant que la capitation subsiste. Néanmoins, puisque le Roy en juge autrement, je feray entendre qu'il n'y faut plus penser*.»

* L'imposition par capitation, tant pour l'ancien octroi que pour la subsistance, les étapes, la subvention, l'ustensile et le payement des dettes, montait à plus de 60,000#, ce qui était plus haut que dans aucune autre ville du royaume. Voir le détail des droits d'entrée que les habitants demandaient à substituer à la capitation, dans une lettre de M. de Vaubourg, du 22 août. L'adjudication, autorisée sur les instances de l'intendant, en fut faite sur le pied de 27,000# pour la première année, et de 45,000# pour chacune des cinq suivantes. (Lettres de M. d'Ableiges, successeur de M. de Vaubourg, 5 et 23 novembre.)

---

989. *M. l'Évêque de Saint-Malo*
au Contrôleur général.

22 Septembre 1691.

«Voicy bientost nos Estats sur leur fin, car les principales commissions sont quasi terminées. Celle des contraventions estoit heureusement en bonne main, et tout autre que M. de Léon eust eu bien de la peine à couler sur la glace, comme il a fait fort habilement pour cette flotte d'édits auxquels la Bretagne n'estoit point accoustumée jusqu'icy. Mais enfin, cela s'est passé fort doucement, c'est-à-dire autant qu'on le pouvoit sur une matière aussy délicate que celle-là, vu l'article de nos contrats qui y est si formellement contraire, ce qui faisoit bien de la peine à tous les esprits et estoit fort difficile à défendre.

«Pour l'édit des communs et des landes, qui eust fort incommodé la province et ne vous eust pas rendu grand argent, nous nous sommes saignés volontiers nous-mesmes, et, sous vostre bon plaisir, nous l'avons racheté pour 50,000 écus, dont se sont bien voulu contenter MM. les commissaires du Roy, suivant vos ordres et leurs instructions. Apparemment, Messieurs de la noblesse auroient grandement à cœur d'obtenir la mesme grâce pour l'édit des consignations; mais on leur fait entendre qu'il n'y a pas de lieu de l'espérer.

«L'on a fort crié icy ces jours passés contre nostre trésorier des Estats, pour avoir souffert le remboursement des contrats des Estats spécifiés dans son mémoire, et dont il a dit que vous aviez eu bonne connoissance; et c'est ce qui a fait aller un peu plus bride en main; car, après avoir bien bataillé sur le théâtre et qu'on eut avancé publiquement sur le théâtre mesme que MM. les commissaires du Roy avoient ordre d'en faire faire la ratification dans les Estats, on députa vers eux pour le savoir.

A quoy ayant répondu qu'ils n'en avoient pas d'ordre précis, mais qu'ils croyoient que, puisqu'aux derniers Estats on en avoit ratifié quatre ou cinq, on ne manqueroit pas de ratifier dans ceux-cy les dix-neuf contrats dont il estoit question, les esprits s'échauffoient, car surtout on savoit que des personnes principales y estoient intéressées; et ainsy, il passa dans les trois ordres, après s'estre bien opiniastrés les uns contre les autres, qu'on ratifieroit ces contrats-là purement et simplement, parce que néanmoins il seroit fait défense au trésorier de rembourser à l'avenir aucuns contrats sans le consentement exprès des Estats, à peine d'en répondre en son propre et privé nom; et la noblesse vouloit mettre *à peine de destitution*, et faire dans les actes de ratification des réserves et des protestations, et se pourvoir en cas qu'on découvrist dans la suite quelque surprise dans lesdits contrats, ce que je puis dire avoir moy seul empesché dans la Chambre de l'Église, et ensuite sur le théâtre, dans la Noblesse, quand il fallut aux trois ordres se concilier, lorsqu'on les vit dans trois sentimens différens; et tout mon motif en cela ne fut que la persuasion où j'estois que vous et quelques-uns de vos amis preniez quelque intérest à ces contrats remboursés. »

---

990. *M. l'Évêque de Nantes*
au CONTRÔLEUR GÉNÉRAL.

Mois de Septembre 1691.

« . . . . . Il m'est venu une pensée digne de la religion du grand Roy qui nous gouverne, qui est d'établir un lieu comme M. de Louvois avoit fait pour les officiers et soldats qui estoient blessés au service du Roy en ses armées de terre. Quelque envie que j'eusse que cet établissement se fist à Nantes, dans une maison que j'avois prestée aux religieuses catherinettes qui estoient autrefois en cette ville, qui est dans un bel air, à la porte de Nantes, lieu le plus commode pour un pareil établissement qui se puisse trouver, fors Paris, je consentirois volontiers qu'il fust fait ou à Brest ou en quelque autre lieu de la province que vous souhaiteriez. Cela contribueroit à la gloire de Dieu, à celle du Roy, et je puis dire, à la vostre et surtout à vostre sanctification, en ce que vous contribueriez au salut d'une infinité d'âmes qui se perdent par désespoir, ou par de méchantes habitudes qu'ils ont contractées sur les vaisseaux et qu'ils continuent le reste de leurs malheureux jours. J'ay entretenu beaucoup de matelots, mon diocèse estant rempli de ces gens-là; et j'ay reconnu, par mon expérience et celle de mes missionnaires, que ces gens-là ont peu de religion et de véritable piété. Je sais qu'il y a de ces officiers de terre et soldats qui sont aux Invalides à Paris qui font des pénitences surprenantes, qui seront par ce moyen des saints, qui, de leur propre aveu, n'auroient jamais songé à leur salut, s'ils ne s'estoient trouvés en un lieu comme celuy-là, où ils ont toutes les instructions et secours nécessaires à la vie spirituelle et temporelle.

« Il est d'une grande piété au Roy d'avoir excité ses sujets à joindre leurs prières aux ministres des autels pour le repos des âmes de ceux qui sont décédés dans les armées de terre ou de mer : il ne seroit pas moins grand pour luy de subvenir aux nécessités spirituelles et temporelles de ceux qui seront blessés à son service dans les armées de mer, comme il fait pour ceux qui sont blessés dans ses armées de terre. Je sais que l'établissement des Invalides de Paris a attiré beaucoup de gens dans le service, qui n'y seroient jamais entrés, dans l'appréhension qu'estant une fois estropiés et ne pouvant plus gagner leur vie, ils se trouveroient réduits à demander l'aumosne pour vivre. . . . . »

---

991. *M. de Bezons, intendant à Bordeaux,*
au CONTRÔLEUR GÉNÉRAL.

5 et 9 Octobre 1691.

Préparation du département des tailles dans l'élection de Périgueux*.

Le pays a souffert de la grêle, de la mortalité des bestiaux et des débordements de la Dordogne. La récolte de vin est à peine suffisante pour la consommation ordinaire. Celle des châtaignes est très-abondante dans les paroisses où il n'a point grêlé; mais, comme ces châtaignes doivent servir à défaut de blés, les paysans les consommeront eux-mêmes et n'en auront point pour engraisser leurs porcs, qui manqueront également de glands. D'ailleurs, on a coupé un grand nombre de châtaigniers pour l'usage des fonderies de canons, faute d'autres bois, et ce sera dans l'avenir une cause de disette, puisqu'il paraît impossible de remédier à ce mal nécessaire. L'emploi des bœufs au transport des canons semble être aussi une des causes de la mortalité qui a décimé ces animaux; mais, maintenant que la navigation est établie sur la rivière de l'Isle, les bateaux pourront facilement en profiter pour porter les canons depuis le Périgord jusqu'à Libourne.

« Sur les 100,000 # que vous avez eu la bonté d'accorder pour les paroisses greslées, dont M. de Breteuil m'a envoyé l'arrest, j'ay distribué à celles de cette élection 15,160 #. Je vous assure qu'elles en avoient un grand besoin. Je crains que l'imposition de 495,105 # que je viens d'apprendre, par une lettre de M. de Barbezieux, qu'il faut faire pour le payement de l'ustensile de la cavalerie, ce qui reviendra à un sixième de la taille, en diminuant les moins imposés, ne soit cause que la taille ne se puisse pas payer l'année prochaine dans un grand nombre de paroisses, parce qu'il y en a plusieurs où il n'y a pas présentement de quoy semer, et je viens d'écrire à Bordeaux, afin qu'on fasse porter des blés du costé de Fleix, pour que les paysans qui n'en ont pas puissent trouver à en acheter afin de faire la semence. Dans la plupart, ils n'auront point de blé après la semence faite, ou dans la fin de novembre au plus tard. Ainsy, vous pouvez juger si ces paroisses seront en estat de payer cette imposition de l'ustensile, qui fait le sixième de la taille, dans la fin de mars. Il y a, outre ce, 93,750 # à imposer sur les principales villes pour l'ustensile de l'infanterie, et trente-sept compagnies de cavalerie ou de dragons en quartier d'hiver. Je sais que c'est la mesme chose que l'année passée; mais la récolte avoit esté meilleure, et les efforts que l'on a faits pour le payement des subsides de l'hiver dernier et des tailles de cette année ont mis bien des paroisses, à ce que je vois, hors d'estat de pouvoir payer**. . . . . »

* M. de Bezons avait demandé une diminution en moins imposé de 100,000 ll, pour soulager les cantons les plus malheureux, où les vins, les millets, les blés d'Espagne avaient été détruits. (Lettres des 7, 11, 21 et 28 août, 17 septembre et 1er octobre.)

** Sur le même sujet, voir une lettre du receveur général Crozat, du 9 octobre, et celle que M. de Bezons écrit à la date du 22 du même mois.

En Dauphiné, la récolte fut aussi «extraordinairement médiocre en presque toutes sortes de denrées, mais particulièrement en vins et en foyns,» et des débordements de torrents achevèrent de ravager la province. (Lettre de M. Bouchu, 19 novembre.)

---

992. *M. de Bâville, intendant en Languedoc,*
au Contrôleur général.

7 Octobre 1691.

La ville de Marseille étant réputée pays étranger, le blé qui s'y transporte paye 8 s. 6 d. de droits forains par setier, et 3 sols pour livre sur la totalité, tandis que les droits forains ne montent, pour le reste de la Provence, qu'à 3 s. 6 d. Il est facile de s'assurer, par les acquits, qui portent au dos le certificat de déchargement, s'il est vrai que, durant les années où l'exportation des grains se faisait en franchise, les fermiers obligeaient les marchands à déclarer pour Marseille même les blés qui n'étaient destinés qu'à la Provence, afin de gagner la différence sur le dédommagement que le Roi leur faisait donner.

---

993. *M. Trobat, intendant en Roussillon,*
au Contrôleur général.

10 Octobre 1691.

«Ce sera un grand bien pour la ferme des gabelles et pour la sûreté du pays de Roussillon d'oster tout le sel qui s'est formé autour de l'étang de Saint-Nazaire. La sécheresse est si grande en ce pays-cy, que cet étang, qui a une lieue et demie de pourtour, est à présent presque tout réduit en sel et si blanc, que, des hauteurs de cinq lieues de l'étang, il se fait découvrir comme s'il y eust neigé. Depuis le dernier attroupement dont j'ay eu l'honneur de vous informer, il n'est arrivé aucune chose; les deux paysans qui ont esté blessés et arrestés commencent d'estre guéris, et, dans la conférence que j'ay eue avec Messieurs du Conseil supérieur de Roussillon, ils les jugeront au premier jour. L'on a fait toutes les diligences qu'on a cru nécessaires pour arrester celuy qui alla solliciter les autres à s'assembler; mais, s'estant trouvés deux du mesme nom et surnom et du mesme lieu, l'on a arresté celuy qui n'estoit pas le criminel, à qui pourtant l'on a trouvé du faux sel.

«Je suis si convaincu qu'il ne faut point publier, ni mesme faire semblant de croire que les ennemis forment ces rébellions, quoyqu'ils n'oublient rien pour le faire, que j'ay eu un très-grand plaisir de voir, par vostre lettre et par vos ordres, l'approbation de ceux que j'avois donnés, au mesme temps que M. le président de Prat, mon subdélégué à Perpignan, m'en eut donné avis. J'ay donné ordre de laisser endormir cette affaire, afin que, ne faisant aucune poursuite contre luy, nous puissions plus facilement attraper l'auteur de ce dernier attroupement*. . . . . »

* Sur cette sédition et sur divers autres mouvements du même genre, voir les lettres des 8, 13, 20, 22, 24 et 29 juillet, 12 août, 4 et 18 septembre. Le Conseil supérieur fit exécuter un des principaux mutins, qui était consul; son corps fut attaché à une potence au bord de l'étang. D'autres habitants furent condamnés au fouet, au carcan, ou à l'amende.

---

994. *M. de Madrys, intendant en Flandre maritime,*
au Contrôleur général.

12 Octobre 1691.

Il demande des ordres pour faciliter aux habitants de son département le même trafic de marchandises que le gouverneur espagnol autorise dans les Pays-Bas.

Les troupes de l'armée de Flandre se contentent des rations de fourrage ordinaire que M. de Luxembourg leur a attribuées; mais, dans beaucoup de quartiers qui sont surchargés, elles seront réduites bientôt à consommer les blés que les paysans n'ont pu mettre en sûreté. Cependant, il est défendu aux soldats, sous peine de la vie, de battre les grains.

---

995. *M. de Sève, intendant à Metz,*
au Contrôleur général.

14 Octobre 1691.

«M. le Peletier de Souzy m'ayant consulté sur la manière dont je croyois qu'on pouvoit se servir pour distinguer les commissions qui seront envoyées aux deux nouveaux intendans pour l'imposition de la subvention de l'année prochaine, je luy avois proposé deux partis, et témoigné que celuy de séparer les intendances, comme le Roy l'a fait, en donnant à M. de Vaubourg les recettes de la subvention du Barrois et de Toul, estoit le meilleur. Je suis fort ayse que mes sentimens se soient trouvés conformes aux intentions de S. M., et, bien loin d'affecter un département plus étendu que celuy qu'elle me donne, j'ay regardé comme un très-grand avantage pour moy cette division*.»

* M. de Sève, qui n'était primitivement que premier président du Parlement de Metz, venait d'être chargé de l'intendance des Trois-Évêchés. (Lettre du 7 octobre.)

M. de Vaubourg eut un autre département, qui se composa de l'évêché de Toul, du Barrois et des Pays réunis, ayant Nancy pour chef-lieu. (Lettre de M. de Vaubourg, du 1er novembre.)

996. *M. de Sève, intendant à Metz,*
au Contrôleur général.

14 et 25 Octobre 1691.

On a remis à la garde du procureur général du Parlement les titres domaniaux concernant les duchés de Lorraine et de Bar, qui étaient précédemment conservés à la citadelle de Metz et confiés à un homme de la maison de M. Charuel*.

* M. le Féron du Plessis, grand maître des eaux et forêts à Soissons, rend compte de la découverte des titres de l'ancien domaine de Navarre, trouvés chez le procureur du Roi de la Fère, et réclame, contre les trésoriers de France, ceux de ces papiers qui intéressent son département. (Lettre du 19 juin.)

M. de Bérulle (Lyon, 4 décembre) obtient de réunir au dépôt du domaine, tenu par les trésoriers de France, les titres du Forez qui se trouvaient exposés à la destruction, dans les restes du château comtal de Montbrison. Voir, à ce sujet, une autre lettre du 8 mai 1692, et les informations qui y sont jointes, faites à propos de l'opposition du bailliage et des officiers domaniaux de Montbrison.

Le sieur Obrecht envoie de Strasbourg, le 15 mai, l'inventaire des comptes domaniaux rapportés de Spire, concernant les bailliages situés en deçà du Rhin.

M. Pavyot, procureur général à la Chambre des comptes de Rouen, se plaint, le 31 juillet, de l'insuffisance et du mauvais état du dépôt des comptes, où les soustractions se commettent impunément.

Sur la communication des titres domaniaux aux fermiers du domaine, voir deux lettres de M. Bouchu, premier président de la Chambre des comptes de Dijon (26 juin et 2 septembre 1692). Ce même magistrat fit réunir aux archives de sa Compagnie les terriers et titres des domaines de Bresse, Bugey, Gex et Valromey, qui étaient restés à Chambéry, sauf une partie envoyée à Grenoble en 1601 et une autre portion des titres du Bugey qui resta en Savoie. (Lettres des 10 janvier et 21 août; lettres de M. Bouchu, intendant en Dauphiné, 14 juin, 3 juillet, 2 septembre 1692 et 1er février 1693, touchant la restitution des titres déposés à la Chambre de Grenoble.)

997. *M. de Bagnols, intendant en Flandre,*
au Contrôleur général.

17 Octobre 1691.

«..... Le plat pays supporteroit ses maux patiemment, si on laissoit aux habitans la liberté de vendre leurs denrées en les portant où ils jugeroient plus à propos; mais il leur estoit défendu, l'année passée, de s'éloigner de plus d'une lieue de leurs clochers, et, quand ils estoient trouvés hors de cette distance, leurs personnes, leurs chevaux et leurs effets estoient déclarés de bonne prise. L'avidité des partisans, qui n'a point de bornes, rendoit cet ordre encore plus sévère et plus rigoureux dans son exécution; ils estoient juges dans leurs propres causes, et les prises se trouvoient toujours faites à plus d'une lieue du clocher, quoyque les habitans prouvassent qu'ils avoient esté arrestés dans les jardins et dans les hayes de leurs villages. J'ay vu plus de cent exemples, pendant l'hiver dernier, de ce que je viens de remarquer, et on peut dire que cet article seul coustoit à tout le Pays-Bas espagnol une seconde contribution. Il seroit de la justice et de la bonté du Roy, et mesme de son intérest, de mettre des bornes à la tyrannie des partisans et de délivrer de cette contrainte les habitans du plat pays, et de leur donner moyen de respirer et de payer les impositions ordinaires et réglées, qui ne laissent pas d'estre fort considérables.

«J'ajouteray encore icy une autre chose qui ne l'est pas moins : le commerce se rétablit insensiblement; les Espagnols reçoivent une grande partie de nos marchandises; le Roy a permis l'entrée de celles qui passent par le Pays-Bas espagnol, et qui sont nécessaires à nos manufactures. S. M. donne tous les jours des permissions particulières à des négocians pour tirer de Gand et des autres villes de la domination du roy d'Espagne les marchandises dont ils ont besoin, en faisant leur soumission de faire sortir une certaine quantité de celles du royaume. Les passe-ports de guerre n'avoient esté défendus qu'en conséquence de l'interdiction du commerce; le Roy s'est privé par là de plus de 40,000 écus par an, dans mon département seul. Les huit derniers mois de l'année 1689 ont produit plus de 30,000 écus, dont il a esté compté au profit du Roy. Les sujets d'Espagne demandent tous les jours avec empressement le rétablissement de ces passe-ports, et il me semble que, dans le temps où nous sommes, ce revenu, qu'on peut dire certain pendant la guerre, ne seroit pas à négliger*.»

* Sur le même sujet, voir les lettres des 5, 20, 24, 30 et 31 décembre, et les soumissions des négociants qui y sont jointes.

998. *M. de Suduiraut,*
premier président de la Cour des aides de Guyenne,
au Contrôleur général.

22 Octobre 1691.

Il transmet les plaintes des bourgeois et des marchands de Bordeaux contre le sieur de Grandval, intéressé aux fermes, qui interrompt tout le commerce des ports de Guyenne en refusant les congés nécessaires pour le chargement des bâtiments. La Cour des aides, étant en vacances, ne peut prendre connaissance de cette affaire.

«Je voudrois que l'estat de cette province vous fust connu, parce qu'assurément vous empescheriez les vexations qu'on y fait sous le nom du Roy. Ledit sieur de Grandval a traité avec trois ou quatre marchands de vins de cette ville pour la fourniture des vins nécessaires pour les vaisseaux du Roy, et, sous ce prétexte, ces marchands, qui en ont besoin pour leur compte, font leurs cargaisons, pendant que les autres marchands n'ont pas de vaisseaux pour charger, ce qui fait que les bourgeois, ne pouvant vendre à d'autres, sont obligés, estant pressés d'argent, de leur donner leurs vins à tel prix qu'il leur plaist..... Vous pourriez, estant le maistre de la marine, ordonner aux bruslots et autres vaisseaux du Roy propres à cet usage, lesquels restent inutiles en ce temps, de venir charger en ces ports les vins et autres choses nécessaires pour le service du Roy, qui en retireroit de l'avantage, faisant faire ses voitures par ses vaisseaux, et le public, surtout cette province, seroit un peu soulagé de sa misère, parce que, s'il y avoit des vaisseaux pour charger les vins, ils augmenteroient de prix et pourroient remplacer quelque partie de ce qui a esté perdu par la disette générale*. . . . . »

* M. de Bezons, se plaignant encore des mêmes inconvénients en 1692, écrivait, le 12 juillet : «Je crois que vous trouverez qu'il faudra prendre des mesures pour ne point autant interrompre le commerce une autre année, que l'on a fait celle-cy.»

Le défaut d'escortes permanentes pour protéger les navires entre la Bretagne et la rivière de Bordeaux, contre les corsaires espagnols postés à l'embouchure de cette rivière, fut aussi une des causes qui s'opposèrent, soit à la réussite de la foire d'octobre, soit à l'arrivée des blés de Bretagne et à l'enlèvement des vins de Gascogne. Quelques négociants entreprirent d'armer des navires en course; ils obtinrent le prêt d'une frégate et firent commencer la construction d'un autre bâtiment par les charpentiers invalides qui n'avaient pas été mis en réquisition pour les arsenaux; mais les matelots leur manquaient durant toute la campagne navale. (Lettres de M. de Bezons, 22 et 30 octobre 1691.)

Le contrôleur général, sur les observations qui lui étaient renouvelées de toutes parts, accorda une prorogation des priviléges de la foire et la permission de faire expédier une partie des vins au prix que marchands voudraient fixer eux-mêmes. (Lettre du 6 novembre.)

999. *M.* de *Bâville, intendant en Languedoc,*
au Contrôleur général.

30 Octobre 1691.

Les ordres ont été donnés pour permettre l'exportation en Provence de la vesce, qui sert à nourrir les pigeons.

«A l'égard du transport des blés, je l'ay empesché jusqu'à présent pour ne tomber pas dans l'inconvénient où se trouvèrent plusieurs lieux de cette province dans les mois de janvier et de février de cette année, où il y a eu de la disette et une espèce de famine, qui pensa causer du désordre. . . . . Il me paroist qu'il est à propos de laisser achever les semences, qui pourront durer encore quinze jours*. . . . . »

* Dès le 10 juin, avant que l'exportation eût été interdite, il avait sollicité cette mesure. — M. d'Argouges (Bourgogne, 9 septembre et 13 octobre) demandait également la permission de suspendre la sortie des blés de son département, sous prétexte que la disette sur les marchés provenait d'accaparements ou de transports à l'extérieur.

1000. *M. Feydeau du Plessis, intendant en Béarn,*
au Contrôleur général.

Mois d'Octobre 1691.

La noblesse en Béarn est réelle; les biens anoblissent leurs possesseurs et leur donnent entrée aux États, quelle que soit leur qualité, et ce privilége, qui se comprend dans les dénombrements et les hommages, fait le prix de certaines terres. Mais, dans la dernière assemblée, les États ont repoussé, quoique possédant des terres nobles, les notaires et les procureurs en Parlement, comme faisant profession d'arts mécaniques. Il semble juste de s'opposer à cette innovation, qu'aucun précédent ne justifie.

1001. *M. Bouchu, intendant en Dauphiné,*
au Contrôleur général.

2 Novembre 1691.

Il transmet un mémoire et un projet d'édit pour la création de commis en titre expédiant toutes les lettres de chancellerie près les Parlements et présidiaux*.

* Sur la création des commis à la peau tenant le plumitif, et leur réunion aux greffes, voir deux lettres du contrôleur général à M. Nicolay, premier président de la Chambre des comptes de Paris, et à M. de Bezons, pour le Parlement de Bordeaux (6 février et 1er mars 1692).

1002. *M.* de la *Goupillière, intendant à Hombourg,*
au Contrôleur général.

3 Novembre 1691.

Le duché des Deux-Ponts, confisqué depuis que le roi de Suède, à qui il devait revenir, a refusé de faire les *reprises* au Roi, est actuellement entre les mains du prince de Birkenfeldt, à qui la jouissance en a été concédée, et il ne donne point de grands revenus. Il produirait davantage, s'il était administré par le Roi*.

* M. Bourcier, procureur général au Conseil provincial de Luxembourg, rend compte, le 10 septembre précédent, de la confiscation des biens dont se composait la succession de la comtesse douairière de Schomberg. La moitié dont la comtesse n'était qu'usufruitière et qui eût dû revenir aux fils du maréchal de Schomberg, établis à l'étranger, fut saisie au nom du Roi.

1003. *M. Lebret, intendant en Provence,*
au Contrôleur général.

4 Novembre 1691.

L'atelier ouvert auprès de la ville de Guillaume par les concessionnaires du privilége des mines de Provence a produit environ deux quintaux de cuivre sur trente et un de mine; mais l'hiver arrête les travaux*.

* Voir une lettre du contrôleur général (7 août) à M. de la Berchère, sur la découverte d'une mine de plomb dans le département de Montauban, et, à la date du 30 juin précédent, un rapport des trésoriers de France à Soissons, sur l'exploitation d'une mine d'alun au bord de l'Aisne.

En Bretagne, le sieur le Bartz, le jeune, demanda à prendre l'exploitation de diverses mines de plomb et de charbon de terre. (Lettre de M. de Nointel, 9 juillet 1692.)

La même année, le sieur Caillau sollicita un privilége pour exploiter des mines de jayet dans les montagnes de Provence. (Lettre du contrôleur général, 9 février 1692.)

1004. *M. Savary, grand maître des eaux et forêts en Normandie,*
au Contrôleur général.

7 Novembre et 3 Décembre 1691.

Mémoire sur les aliénations et les inféodations faites dans les forêts de Normandie et sur les moyens de taxer les possesseurs au dixième de la valeur des biens qu'ils détiennent.

1005. *Le Contrôleur général*
à M. Larcher, intendant à Rouen.

8 Novembre 1691.

«J'ay vu la lettre que vous m'avez fait l'honneur de m'écrire, le 27 octobre, sur l'établissement que veut faire le sieur Riquier, à Saint-Aubin-la-Rivière, d'une manufacture de draps fins, et l'opposition qu'y ont formée les maistres drapiers drapans de la ville et banlieue de Rouen. Quoyque cet établissement soit favorable, néanmoins l'opposition de ces maistres doit estre beaucoup considérée, estant fondée sur des statuts confirmés par des lettres patentes, sous la bonne foy desquels ils travaillent, et ayant depuis peu payé une somme de 8,200# et tant, en conséquence de l'édit de création des jurés. Mais ce qui m'a paru de plus favorable pour eux, est qu'ils m'ont offert de faire des draps aussy fins que ceux que veut faire ledit Riquier, et jusques à trois mille deux cents, quatre cents et six cents fils à la chaisne, promettant d'établir soixante métiers battans au moins pour la fabrique de ces draps, outre ceux qu'ils ont présentement pour leur fabrique ordinaire. Vous recevrez donc, s'il vous plaist, leur soumission de faire cet établissement dans six semaines ou deux mois, et leur déclarerez, ensemble audit Riquier, que si, dans ce temps, ils n'y ont pas satisfait, le Roy accordera audit Riquier la permission qu'il demande, afin que le public ne soit pas privé de l'avantage qui luy en doit revenir; et mesme, s'il vouloit faire son établissement dans quelque autre lieu hors de la banlieue de Rouen, S. M. le luy permettroit dès à présent*.»

* Les concessionnaires ne purent établir dans les délais marqués le nombre de métiers qui leur était imposé, et, peu après, l'un d'eux fit banqueroute. (Lettres du 26 mai et du mois de décembre 1692, à M. de la Berchère, successeur de M. Larcher.)

1006. *Le Contrôleur général*
à M. Lebret, intendant en Provence.

8 Novembre 1691.

Exécution du privilége accordé au sieur Fabre pour l'établissement à Marseille d'une manufacture d'étoffes de soie, or et argent.

«L'intention du Roy n'est pas de donner de nouvelles lettres pour le privilége qui luy a esté accordé, et S. M. veut que vous retiriez sa soumission pour l'exécution de ce qui y est contenu, et que vous l'obligiez à travailler fortement pour remettre sur pied cette manufacture. S. M. veut pourtant bien que vous luy donniez des assurances de sa part, pour le décharger de l'obligation d'établir soixante métiers, à condition d'en avoir au moins vingt battans et travaillans dans la première année, et de les augmenter dans les quatre subséquentes jusques à quarante, et que vous luy promettiez aussy qu'en remplissant cette condition, S. M. luy fera continuer pour chacune des dix années qui resteront du temps de son privilége, sur le revenu des deniers d'octroy de Marseille, les 8,000# qu'elle luy a déjà accordées pour chacune des cinq premières.»

Comme le caractère du concessionnaire fait douter qu'il réussisse, le Roi trouverait bon qu'on lui substituât les négociants qui seraient disposés à prendre sa place. Du moins, il est nécessaire qu'il accepte pour associé le sieur Manfredini, qui s'est déjà occupé avec succès de cette fabrication, et qui avait ramené de Gênes des ouvriers habiles pour la Compagnie de la mer Méditerranée*.

* Sur une nouvelle demande du concessionnaire, le nombre des métiers à établir fut réduit à trente, mais le Roi ne promit que sous réserve du succès de proroger pour dix ans la subvention à laquelle la ville de Marseille s'était engagée pour cinq années seulement, lorsque la Compagnie de la mer Méditerranée avait cédé son privilége au sieur Fabre, et celui-ci fut menacé d'être poursuivi avec toute rigueur, s'il n'exécutait point les conditions du traité. (Lettres du 9 janvier et du dernier février 1692.) — Sur la subvention qu'on avait forcé la ville de Marseille d'accorder à cette manufacture, voir une lettre des échevins, du 29 janvier 1691.

1007. *Le Contrôleur général*
au sieur de Levrat, commis des manufactures à Calais.

8 Novembre 1691.

Il l'informe que le Roi permet encore une fois de renvoyer par mer les draps et étoffes de laine apportés de l'étranger dans l'ignorance des édits qui en défendent l'importation; les fermiers ont reçu l'ordre de ne percevoir aucun droit sur ces chargements.

1008. *Le Contrôleur général*
à M. de Bâville, intendant en Languedoc.

10 Novembre 1691.

«Pour répondre à vostre lettre du 15 du mois passé, au sujet des terres données en assises, je prendray toujours volontiers le parti de l'abonnement, quand le prix se trouvera proportionné à ce que ce recouvrement pourroit produire au Roy. Mais, pour cela, il ne faut pas seulement faire estat de ce qui a esté employé dans le premier rôle que j'ay fait arrester sur vos mémoires, car vous savez qu'il reste encore un grand nombre de ces terres dont le sieur de la Valette a dressé un second rôle, que vous me devez envoyer aussitost après que vous en aurez fait faire les estimations. Il prétend que ce second rôle doit monter à une aussy grosse somme que le premier : auquel cas vous voyez que la somme de 300,000^{tt}. que vous me proposez, n'auroit guère de proportion. Quant au fonds que vous destinez pour fournir cette somme, il ne me paroist pas d'inconvénient de retrancher les gages de consuls; mais, pour ceux des maistres et maistresses d'école, le Roy aura peine à en souffrir le retranchement, attendu l'utilité dont cet établissement est dans cette province. Pour ce qui est des gardes-terres, je n'en puis juger, car je n'avois point encore connu ni le titre ni la fonction de cet employ, et vous me ferez plaisir de m'en instruire. Cependant, vous pouvez toujours faire aux Estats les ouvertures que vous jugerez à propos sur cette proposition d'abonnement, qui seroit assurément la voye la plus facile et la plus prompte pour sortir de cette affaire *. »

* M. de Bâville, dans sa lettre du 15 octobre, faisait observer que, puisque le clergé et la noblesse avaient contribué, pour le tiers état, à l'affaire des terres ouvertes dans les garrigues, le tiers état pouvait bien, à son tour, aider les classes privilégiées à se racheter de l'affaire des assises, en permettant aux receveurs d'avancer pour le service du Roi les fonds affectés aux charges des communautés.

Les États conclurent le rachat sur le pied de 200,000^{tt}. (Lettre de M. l'archevêque de Toulouse, 2 décembre.)

1009. *M. de Cosnac, archevêque d'Aix,*
au Contrôleur général.

13 Novembre 1691.

« Je continue de vous rendre compte à l'occasion du sieur procureur du pays qui a esté envoyé dans le chasteau de Tarascon par les ordres de M. le comte de Grignan. On a su que ce changement d'étape avoit esté fait par le secrétaire du procureur du pays, sans sa participation et sans aucun mauvais dessein, l'ayant fait pour éviter qu'un capitaine, qui avoit sa route à sept lieues du lieu de son quartier, ne fist un chemin inutile, de sorte qu'un peu plus de soin d'examiner ce qui s'estoit fait auroit sans doute obligé M. le comte de Grignan d'en user avec plus de douceur envers une personne publique et qui nous estoit utile, dans le temps où nous sommes. J'ay cru estre obligé de vous rendre compte de ce qui s'est passé, parce qu'il est de mon devoir de vous avertir de tout ce qui peut estre de quelque considération, et de vous faire remarquer que j'en use mieux avec M. le comte de Grignan qu'il ne m'y oblige, ayant bien adouci les choses icy *. »

* Lettres de M. de Grignan justifiant sa conduite : 6, 14 et 30 novembre.

1010. *M. de la Briffe, procureur général au Parlement de Paris,*
au Contrôleur général.

13 Novembre 1691.

Il expose l'état de l'hôpital des Petites-Maisons, et demande que l'ordre soit donné aux fermiers généraux de délivrer le tiers des droits des anciens cinq sols qui fait toute la subsistance de cet établissement *.

* Sur les œuvres de charité de Paris, voir, à la date du 7 décembre suivant, une lettre du curé de l'église Saint-Étienne-du-Mont, dont la seule paroisse secourait plus de quatre mille cinq cents pauvres.

1011. *M. Lebret, intendant en Provence,*
au Contrôleur général.

14 Novembre 1691.

Les échevins de Marseille se plaignent que des ordres aient été donnés pour empêcher, à partir du dernier jour du mois, la sortie de leurs navires, et même de ceux qui vont chercher des grains au cap Nègre. Le blé vaut déjà 22^{tt} la charge (setier de Paris), et, si l'on n'en peut tirer des pays étrangers, on doit craindre la disette et des séditions. Les achats faits dans les vallées des Alpes par les munitionnaires de l'armée d'Italie augmenteront encore le mal et feront hausser les prix.

1012. *M. de Bérulle, intendant à Lyon,*
au Contrôleur général.

15 Novembre 1691.

La taxe qui a été imposée aux anciens prévôts des marchands et échevins de Lyon pour se racheter de toutes poursuites relatives à leur administration passée excite des plaintes unanimes, et il n'est pas possible de comprendre cette dérogation spéciale à la mesure générale qui ne taxe les échevins des autres villes que pour la confirmation de leur noblesse. Ici, on semble n'avoir eu d'autre but que de mettre à couvert les prévaricateurs aux dépens de ceux qui ont dignement administré les revenus de la ville; ainsi, la recherche remonte à 1640, bien qu'il soit notoire que les désordres, la création des rentes viagères, etc. n'ont pas commencé avant 1653 *. Le nombre des innocents dépasse de beaucoup celui des coupables, et l'on aurait dû plutôt remettre à un autre temps de poursuivre ces derniers, quitte, en attendant, à taxer tout le monde uniformément et d'une façon obligatoire pour la confirmation de la noblesse. Actuellement, beaucoup de gens aiment mieux renoncer à cette noblesse que de subir une taxe injuste pour le passé **.

* Voir, à la date du 1er mars précédent, plusieurs états comprenant le budget de la ville et la liste de ses pensionnaires.

** Voir, du 20 novembre au 3 décembre, les lettres de M. l'archevêque de Lyon et celles du receveur général Prondre, qui avait demandé à faire par traité le recouvrement de la taxe.

Des poursuites semblables, dont l'effet remontait jusqu'au commencement du siècle, étaient entreprises dans plusieurs autres villes, et occasionnaient une consternation générale et même des désertions.

(Lettres du maire de Tours, 13 avril, et des échevins de Reims, 21 mai et 7 juillet.)

1013. *M. d'Aulède, premier président du Parlement de Guyenne,*
au Contrôleur général.

24 Novembre 1691.

Vente des charges nouvellement créées au Parlement.

«Le fils de feu M. d'Alesme est en fuite pour avoir tué son père. M. Duval, que j'ay pris et repris par tous les endroits, m'a constamment juré qu'il estoit dans la meilleure volonté du monde, mais aussy dans une impuissance qu'il ne pouvoit vaincre : il ne faut donc pas compter sur ces deux-là.

«Je suis revenu à M. le président de la Tresne, dont le fils a déjà pris quelque engagement dans l'épée, et qui d'ailleurs a l'étude nécessaire pour estre conseiller. Je ne me suis pas contenté d'agir avec luy de mon chef et en particulier; j'ay fait agir la Compagnie par des commissaires; en un mot, nous l'avons déterminé. Le reste consiste à trouver de l'argent; il en cherche de bonne foy, on en cherche pour luy; mais, je dois vous le dire, c'est chose rare icy et qu'on ne trouve guère, quoyque d'ailleurs on ayt du bien.

«Je n'en ay pas demeuré là : M. le président de Lalanne a un fils qui sort du collége de Clermont et qui étudie en droit à Paris. Je luy ay proposé de faire cette acquisition. Il m'a répondu d'abord que son fils estoit un écolier; qu'il n'avoit que vingt-un ans; que cet âge, non plus que ses affaires, ne luy permettoient pas d'y songer; il a répondu encore par la disette d'argent, raison commune à tout le monde. J'ay répliqué par l'intérest de sa famille et par le service de S. M., qui luy devoit estre plus cher que sa famille. J'ay conduit l'affaire à ce point que, si la qualité d'écolier n'est pas un obstacle, et que S. M. veuille bien donner une charge pour 35,000 #, vous pouvez compter sur cet argent-là.

«Il y a raison mesme de croire que cet exemple pressera M. le président de la Tresne aux derniers efforts, auquel cas ce seroit une affaire finie, et S. M. auroit encore 10,000 # au delà des 300,000 # *.»

* Voir les mêmes détails dans les lettres de M. de Bezons, du même jour, 24 novembre, du 26 décembre suivant, et du 8 mars, du 1er avril et du 8 juillet 1692. A celle du 8 mars est joint un fragment de lettre écrite par le contrôleur général, le 28 décembre 1689, à M. de la Faluère, premier président du Parlement de Bretagne : «J'ay enfin obtenu que M. le Chancelier ne refuseroit plus aucune dispense d'âge, ni de parenté, et mesme, à l'égard des études, qui estoit le plus difficile, il se réduit à demander six mois seulement à ceux à qui il manquera le plus de temps. Sur ce pied, ce qui nous reste de charges ne doit pas estre difficile à débiter.»

1014. *M. de la Berchère, intendant à Montauban,*
au Contrôleur général.

25 Novembre 1691.

Établissement des offices de courtiers en vins.

«J'ay vu, par la copie d'une lettre écrite de vostre ordre par M. de Caumartin à M. de Basville, que l'intention du Conseil sur les droits que lesdits courtiers doivent avoir n'est autre que ce qui est porté par l'édit, et que l'intention du Roy est de laisser la liberté entière à tous ceux qui voudront vendre leurs vins directement aux marchands, mais de les obliger à se servir desdits courtiers préférablement à tous, lorsqu'ils voudront se servir du ministère de quelqu'un..... Néanmoins, le directeur qui est icy pour cette affaire n'a pas laissé de me remettre de nouveaux mémoires, dont j'ay l'honneur de vous envoyer copie, par laquelle vous verrez qu'ils conviennent que le vin vendu en détail à pot et pinte n'est point sujet au droit desdits courtiers, non plus que celuy qui est acheté par les bourgeois uniquement pour leurs provisions et sans fraude, et qu'ils n'ont pas droit de faire aucune visite, comme ils le prétendoient d'abord; mais que le vin qui se vend dans un plus gros détail, c'est-à-dire par barriques, pipes, poinçons, muids, ou pièces, y est sujet, lorsqu'il est acheté par des marchands ou négocians et par les cabaretiers, auxquels ils prétendent qu'il est défendu par l'édit, à peine de 3,000 # d'amende et de confiscation, de faire aucun marché de vins sans y appeler les courtiers et leur en payer les droits..... Je vous supplie encore de donner vos ordres aux traitans généraux de mander à leurs commis de s'en tenir précisément à ce qui est porté par l'édit et la décision qui a esté donnée par M. de Caumartin de vostre ordre, ou bien de vouloir régler vous-mesme par un arrest pour quelles ventes de vins et par quelles personnes les droits des courtiers seront dus, afin qu'on puisse savoir à quoy on doit s'en tenir; parce qu'autrement les commis qui sont sur les lieux ne se lassent point de presser et d'agir suivant leurs instructions, et mesme de les étendre autant qu'ils peuvent, ce qui fatigue beaucoup les peuples et consomme beaucoup de temps, par l'application continuelle qu'il faut avoir à les contenir à ce qui leur est légitimement attribué *.»

* Sur la résistance que les traitants de ces offices trouvèrent en Bourgogne, résistance fomentée par le Parlement, voir une lettre de M. d'Argouges, du 10 décembre.

1015. *M. Boucuu, intendant en Dauphiné,*
au Contrôleur général.

27 Novembre 1691.

La ville de Vienne, où les charges ordinaires excèdent les revenus, demande la prorogation d'un octroi qui lui a été accordé en 1652, puis renouvelé à plusieurs reprises, de 2 sols et autres 2 sols pour livre, sur chaque charge de marchandises passant sur le Rhône ou par terre.

Le contrôleur général du domaine prétend que cet octroi devait être affecté à la réparation des murailles et des ponts, et que, l'emploi n'ayant pas été observé, il y aurait lieu de réunir le droit au domaine et même de réclamer une restitution. D'autre part, le procureur du Roi en la commission pour les péages du Rhône établie au Pont-Saint-Esprit demande que l'octroi de Vienne soit supprimé, comme étant plus nuisible au commerce général qu'utile à la ville.

Il est cependant parfaitement établi que l'octroi a été concédé pour servir aux réparations des portes, quais et murs de la ville, et à la construction de l'église des jésuites, et d'ailleurs les circonstances actuelles rendent indispensable une nouvelle prorogation *.

* En marge : «Bon, sans s'arrester aux difficultés nouvelles.» — M. Bouchu revient sur cette affaire le 16 janvier 1692.

1016. *M. de Miroménil, intendant à Tours, au Contrôleur général.*

28 Novembre 1691.

Liste des privilégiés de nouvelle création qui prétendent être exemptés de l'ustensile, bien que les édits ne parlent que du logement : vingt-cinq officiers des bureaux des finances; environ vingt receveurs des consignations et autant de commissaires aux saisies réelles, deux cent trente officiers d'élections, deux cents officiers de présidiaux, bailliages, etc., quinze cents jurés crieurs, cent experts jurés, quatre-vingts procureurs et greffiers des villes, seize cents greffiers des rôles, cinq cents contrôleurs d'exploits *.

* Voir une lettre de M. de Bezons (Bordeaux, 15 septembre). Il cite un receveur des consignations qui avait acheté sa charge 1,500ll et qui prétendait se faire exempter de plus de 400ll de taille et d'ustensile qu'il payait jusque-là. Suivant une autre lettre de cet intendant, (11 novembre 1692), la moindre ville, sans compter les maires, procureurs du Roi et greffiers, avait au moins dix exempts, et ces exemptions se multipliaient dans les lieux où les offices étaient complètement inutiles, au profit même des gens les plus haut imposés. «Dans un an, dit-il, il n'y aura plus dans toutes les paroisses que les misérables pour payer les subsides.»

1017. *M. Bouchu, intendant en Dauphiné, au Contrôleur général.*

1er Décembre 1691.

«Je me donne l'honneur de vous envoyer l'estat des familles et des personnes dont sont composées les paroisses de Dauphiné, que vous m'avez fait l'honneur de me demander par vostre lettre du 15 octobre dernier. Je le crois aussy exact qu'on le puisse faire dans un pays où, la taille n'estant pas personnelle, on n'a pas de longue main sur cela les éclaircissemens qu'on a dans les autres provinces. On ne peut pas mesme le vérifier sans un long temps sur le cadastre qui comprend toutes les communautés, parce qu'il n'y a aucune connexité, en Dauphiné, des communautés aux paroisses : de manière que certaines communautés contiennent chacune plusieurs paroisses, et certaines paroisses, au contraire, plusieurs communautés.»

1018. *M. de Bouville, intendant à Limoges, au Contrôleur général.*

2 Décembre 1691.

«.....J'ay fait connoistre à M. l'évesque de Limoges les grands abus qui se commettent dans les *Aumosnes générales*; il est convenu de la plus grande partie de ceux que je luy ay marqués, et il est retourné convaincu que c'est la plus mauvaise manière qu'on puisse choisir pour le soulagement des pauvres. L'expérience nous met en estat de nous assurer avec certitude que ce grand assemblage de pauvres de tous âges, de tous sexes et de pays différens donne lieu à des abominations qui font horreur, cause une infinité de maladies que la mauvaise nourriture augmente dans le temps que les fruits commencent à changer de couleur, établit la fainéantise par la certitude d'avoir du pain et de la soupe et la liberté de mener une vie libertine, et par l'impossibilité d'empescher que, parmy les vrays pauvres, il ne se mesle des gens en estat de gagner leur vie, ou qui mesme n'ont de besoin que celuy que leur avarice fait naistre. Il arrive que l'Aumosne générale devient abusive et couste beaucoup davantage qu'il ne seroit nécessaire pour le soulagement de ceux qui souffrent une vraye nécessité.

«Outre ces raisons, qui me paroissent bonnes, pour ne pas continuer ces aumosnes, la crainte qu'elles n'apportent le mal contagieux dans la province, et la difficulté de les soutenir aussy longtemps qu'il sera nécessaire, doivent, ce semble, engager à se déterminer à quelque autre moyen de soulager les pauvres.

«Celuy qui me paroist le plus convenable seroit d'empescher cet assemblage de pauvres, en obligeant les lieux de leur demeure de les nourrir. Nous avons pris des mesures justes, M. de Limoges et moy, pour connoistre dans chaque ville et dans chaque paroisse les besoins auxquels il sera nécessaire de remédier; après quoy, il sera facile de distribuer les pauvres entre ceux qui se trouveront en estat de les soulager, en ordonnant aux curés et aux syndics de faire des rôles de tous les propriétaires d'héritages et de leur envoyer, sur leurs billets, le nombre de pauvres qu'ils devront nourrir, à proportion de leurs fonds; et, afin que l'oysiveté ne donne pas lieu à la pauvreté, par la paresse de travailler pour gagner leur vie, il faudroit ordonner auxdits pauvres de s'occuper aux ouvrages qui leur seront indiqués par ceux qui seront chargés de les nourrir. Mais, comme il se pourroit faire que bien des gens auroient des fonds dans les paroisses sans y avoir de maison ou mesme sans y demeurer, et que, par cette raison, il leur seroit difficile de nourrir leurs pauvres et de les faire travailler, il semble qu'on pourroit les décharger de cette nourriture en payant, de dix en dix jours d'avance, à chacun de leursdits pauvres, 15 sols, à raison de 18 deniers par jour, et donner cette mesme option à tous les particuliers chargés de ces pauvres, au payement desquels il faudroit contraindre les fermiers qui sont sur les lieux, par préférence à toute dette.

«Il y a dans les villes des honteux auxquels il faut de nécessité un secours considérable par les mains des curés, et on pourroit trouver le fonds nécessaire par les questes dans les églises, en prenant quelque partie des revenus publics, et par les charités que le Roy veut bien faire.»

Si l'on veut assurer les approvisionnements, il faut traiter avec des marchands et leur avancer les fonds nécessaires pour qu'ils prêtent des semences aux pays les plus malheureux, sans que le nom du Roi paraisse et sans que ce prêt semble venir de S. M*.

* En marge : «Néant pour le premier chef; bon pour l'avance et le prest du blé.»

Le 13 novembre précédent, il avait été donné ordre aux fermiers généraux de ne plus lever aucun droit, jusqu'à l'époque de la récolte, sur les blés envoyés en Limousin par l'Angoumois, la Marche ou les autres provinces voisines.

1019. *Le sieur* PRONDRE, *receveur général des finances à Lyon*,
au CONTRÔLEUR GÉNÉRAL.

4, 6 et 8 Décembre 1691.

Recouvrement de la taxe des notaires et de celle des prévôts des marchands et échevins.

«Je crois que vous n'avez qu'à persister dans les sentimens que vous avez marqués à M. l'archevesque, et, si vous luy récrivez, luy mander que le Roy ne peut entrer dans d'autres tempéramens que ceux que vous m'avez donné ordre de luy proposer, qui sont de permettre que la ville donne des contrats à tous les taxés pour moitié de ce qu'ils sont compris dans le rôle, au moyen de quoy on les relèvera de leurs renonciations, et on donnera un arrest qui lèvera tous les scrupules de la mauvaise administration à ceux qui s'en sont formalisés. Je crois que vous ne devez point entendre à aucune proposition sur le plus ou le moins, mais seulement écrire à M. l'archevesque que vous vous reposez sur ses soins pour faire qu'il n'y ayt point de non-valeurs dans le rôle; que vous m'ordonnez de luy dire que vous permettrez à la ville d'emprunter pour ceux qui ne seront point en estat de payer. Moyennant cela, je suis sûr que, sans exercer icy aucune contrainte extraordinaire, je vous feray trouver les 744,000^{ll} portées par le rôle, et que vous n'entendrez aucune plainte faite avec justice.

«La raison qu'on vous donne, que plusieurs échevins sont retournés à leur commerce, n'est qu'un prétexte pour vous déterminer à vous relascher sur ce que vous pouvez prétendre. Il n'y en a pas un seul dans ce cas. Ayez la bonté de continuer à vous plaindre sur les renonciations, et mandez à M. l'archevesque que vous le priez de s'employer à ramener tous les renonçans, à cause des conséquences que cela pourroit faire dans le royaume. Dès qu'il verra que vous voulez proposer la ville de Lyon pour exemple aux autres villes, il se fera une affaire de savoir mieux obéir qu'un autre.

«Pardonnez-moy, je vous supplie, la liberté que je prends de vous donner des avis; l'application que je me donne à connoistre les esprits, pour faire réussir les affaires dont vous me faites l'honneur de me charger, m'enhardit à vous écrire comme je le fais.....

«M. l'archevesque est d'avis que je commence à mettre quelques garnisons; je luy ay dit que je menacerois d'en mettre la semaine prochaine. Si mes menaces font quelque effet, je vous promets que je n'en mettray pas une*.....»

Il propose de se charger à forfait, moyennant 700,000^{ll}, de vendre au présidial de Lyon le pouvoir de juger souverainement jusqu'à 1,000^{ll}, et par provision jusqu'à 1,500^{ll}.

«L'éloignement de cent lieues d'une ville qui n'est remplie que de négocians peut fournir un juste prétexte à cette augmentation d'attributions, et le Parlement n'en souffrira que peu ou point du tout, puisque tous ceux qui ont des affaires en ce pays estant négocians, ayment mieux s'en tenir aux jugemens du présidial que de venir dépenser à Paris, à la suite d'un appel, plus que la somme contestée.»

Il propose encore de créer en titre d'office des courtiers de change et des mouleurs de bois; ces deux affaires pourront valoir 300,000^{ll}.

* Pour la suite de cette affaire, voir les lettres de Prondre, du 19 janvier et du 17 février 1691, et celles de divers plaignants, entre autres, de M. de Sève de Fléchères, président au présidial, que Prondre qualifie «d'esprit républicain» (12, 15 et 28 février).

1020. LE CONTRÔLEUR GÉNÉRAL
à M. LARCHER, *intendant à Rouen.*

6 Décembre 1691.

«Vous savez déjà que le prix des rations des étapes de vostre généralité a esté diminué considérablement depuis l'adjudication que vous avez faite de cette fourniture; mais ce qui doit vous surprendre, c'est qu'il a encore esté fait, en dernier lieu, un rabais par le mesme auquel vous avez fait l'adjudication, ainsy que vous verrez par le mémoire cy-joint. Quoyque ce rabais soit considérable, le Roy n'a pu en profiter, parce que, sur le refus des associés de ce premier adjudicataire de rabaisser, le résultat estoit signé et expédié au profit de le Fouyn et sa compagnie. Vous voyez par là combien les prix de vostre adjudication estoient excessifs; c'est pourquoy il faut à l'avenir que vous preniez de si bonnes mesures que vous rompiez celles dont la mesme cabale, qui a affecté de ne point rabaisser devant vous, pourroit se servir encore dans la suite pour obtenir des marchés si désavantageux au Roy, et vous devez à cet effet disposer de loin d'autres gens à se charger de cette entreprise pour l'année 1693*.»

* Voir une autre lettre, du mois de novembre, à M. de la Grange (Alsace), dans le département duquel les fermiers des domaines enlevèrent l'adjudication aux traitants ordinaires.

1021. *Le sieur* DES GRASSIÈRES, *receveur général du domaine en Bretagne*,
au CONTRÔLEUR GÉNÉRAL.

6 Décembre 1691.

Les afféagistes qui avaient obtenu, en 1680, la concession d'une partie des terrains achetés à Keravel, près Brest, pour le service de la marine et pour l'établissement de la corderie, des magasins, etc., ont été condamnés par le commissaire chargé de la réformation des domaines à payer au Roi une redevance de 20 sols par pied de face, au lieu de celle d'un sol primitivement fixée par l'intendant de la marine. Ce jugement est motivé sur ce que l'intendant n'avait pas commission pour passer les contrats d'afféagement et que la redevance se trouve de beaucoup inférieure au rapport des terrains concédés et à la valeur de ceux qui les avoisinent. Il est juste et conforme à plusieurs autres sentences du même genre rendues sur divers points de la Bretagne; mais, pour favoriser l'accroissement de la ville de Brest et la construction de maisons sur les emplacements vagues qui restent à Keravel, la redevance peut être réduite à 10 sols*.

* Un grand nombre de pièces justificatives sont jointes à l'avis du receveur général.

Voir, sur la même affaire, diverses lettres précédentes, et particulièrement celle du sieur Bérard, sénéchal de Brest, du 20 avril, et le placet des habitants de la ville, en date du 20 juillet.

1022. *M. d'Argouges, intendant en Bourgogne,*
au Contrôleur général.

8 Décembre 1691.

«Ce n'estoit pas sans sujet que je me suis donné l'honneur de vous écrire, par ma lettre du 24 du mois passé, que l'on ne me pouvoit point imputer les désordres dont le munitionnaire de la marine vous avoit porté ses plaintes, en vous donnant avis que j'avois fait arrester tous les bateaux de la rivière de Saône pour les remettre au munitionnaire de Piémont, puisque je n'ay donné aucun ordre de cette qualité, et que les gens qui s'estoient donné cette licence disoient agir par ceux de M. de Bérulle, qui les avoit du Roy. Passant à Tournus, à mon retour de Bresse, j'ay trouvé que l'abus a esté mesme beaucoup plus grand qu'on ne vous l'avoit dit, et au point que les peuples estoient presque en estat de commencer une sédition pour réprimer la violence du nommé Bourgeois, de Lyon, qui enlevoit tous les fourrages et mesme ceux destinés pour la subsistance des troupes qui sont en quartier d'hiver en Bresse et Bugey. Il s'estoit saisi de tous les bateaux qui estoient le long de la rivière pour les faire descendre à Lyon, faisant décharger les marchandises qu'ils portoient, et enlevoit par force les foyns appartenant aux maistres des postes, ce qui a entièrement interrompu le commerce. Comme les habitans de Tournus et ceux des autres lieux voisins m'ont porté leurs plaintes et qu'ils m'ont fait connoistre que ce particulier, outre la violence qu'il commettoit, taxoit sans aucun pouvoir les fourrages et les voitures à sa volonté et à un prix beaucoup au-dessous de leur juste valeur, sans néanmoins en payer aucune chose, cela m'a obligé de le mander et de savoir de luy de quel ordre il agissoit. Il m'a dit que c'estoit par ceux de M. de Bérulle. Mais, comme j'ay eu de la peine à croire qu'il en eust qui pussent autoriser un procédé si extraordinaire, je luy ay ordonné de me les faire voir, et j'ay reconnu, par ceux qu'il m'a représentés, qu'il n'avoit point la liberté d'agir dans mon département; qu'au contraire, M. de Bérulle luy avoit marqué les endroits du Lyonnois où il pourroit prendre des bateaux. J'ay cru que l'entreprise de ce particulier ne devoit pas demeurer impunie, et que, pour apaiser les peuples et empescher une émotion, il estoit à propos de le faire mettre en prison, comme j'ay fait. Mais, craignant que cela ne retardast le service, et voyant d'ailleurs les peuples apaisés, je l'ay fait mettre en liberté, après avoir demeuré quelques heures en prison, et je luy ay enjoint de me venir rendre compte de sa conduite, afin de le porter à ne plus abuser des ordres qu'on luy donnera.....»

1023. *M. de Séraucourt, intendant en Berry,*
au Contrôleur général.

13 Décembre 1691, 5 Janvier, 1er Février et 6 Mars 1692.

Procès de deux bandes de faux-sauniers.

Six des accusés, convaincus d'attroupement avec armes et chevaux, ont été condamnés aux galères pour neuf ans; mais un capitaine de brigade des gabelles, qui favorisait leur passage moyennant un écu par tête, n'a été condamné qu'aux galères, bien qu'il méritât la peine de mort, aux termes mêmes de l'ordonnance.

«Ce jugement doit estre cassé et les juges tenus des dommages et intérests des parties; mais je ne crois pas qu'il y ayt d'exemple qu'on ayt exposé un accusé une seconde fois à l'incertitude des jugemens. Cependant, ... si vous jugiez à propos d'en faire un exemple, il semble qu'on pourroit, sans toucher au jugement, dont on ordonneroit l'exécution, quoy qu'il soit nul, comme rendu contre la disposition de l'ordonnance, condamner les juges aux frais du voyage de l'accusé à Marseille, pour dommages et intérests des parties, ou les interdire pour tel temps qu'il plaira à S. M.....»

Cinq autres faux-sauniers, reconnus coupables du meurtre d'un capitaine de brigade, ont été condamnés, l'un à la potence, les autres aux galères à vie ou à temps et à l'amende*.

* Voir, au 1er mai suivant, une information faite contre les gentilshommes de l'arrière-ban du Nivernais, qui avaient introduit clandestinement du sel en pays de gabelle; et, au 28 septembre, les procédures suivies à la requête du fermier général contre un commis du grenier à sel d'Issoudun, coupable d'avoir enlevé treize poches de sel du grenier.

1024. *M. de Miroménil, intendant à Tours,*
au Contrôleur général.

19, 23, 26 et 27 Décembre 1691.

Les habitants de Laval, qui de tout temps se sont

opposés à l'exportation de leurs grains, se sont soulevés le 7 décembre et ont enlevé avec violence plusieurs charrettes chargées de blé. Les mesures sont prises pour faire justice des mutins, et, faute d'une maréchaussée suffisante, les bourgeois ont été mis sous les armes.

La généralité, malgré les envois faits à l'armée d'Italie, possède encore près de cent soixante-dix mille setiers de blé d'une part, et cent quarante mille boisseaux d'autre part, indépendamment des approvisionnements nécessaires pour la population, qui compte deux cent soixante-treize mille familles*.

* Voir, à la date du 16 novembre précédent, une lettre du maire d'Angers, sur la nécessité de débarrasser l'Anjou de ses blés au profit des provinces voisines et de la marine, et sur les précautions à prendre dans le choix des commissionnaires.

1025. *M. de Cosnac, archevêque d'Aix,*
au Contrôleur général.

21 Décembre 1691.

«Comme toutes les sommes que nous imposons dans cette province ont leur destination, que nous ne pouvons changer ni retarder, et qu'il se trouve fort souvent que le fonds destiné pour le service du Roy n'est pas encore dans les mains de nostre trésorier général, parce que les termes des payemens ne sont pas échus, ou que les communautés n'ont pas encore satisfait à ce qu'elles doivent, j'avois cru que ce seroit une chose fort avantageuse pour S. M. que nous eussions le pouvoir de renvoyer le payement des rentes que nous faisons à nos créanciers jusques à la fin de l'année, en un seul payement, au lieu que, par l'usage, nous payons dans les premiers six mois la moitié de ces rentes et l'autre moitié à la fin de l'année..... Je ne prétendois pas forcer les créanciers de nous donner ce petit délay malgré eux; je désirois leur persuader que les intérests de l'Estat estoient préférables aux leurs, et, en cas de besoin, leur faire voir que c'estoit l'intention de S. M., n'ayant pas l'autorité de le faire de moy-mesme. Je n'appréhendois pas qu'un tel ordre du Roy apportast des obstacles aux emprunts que nous devons faire, puisque nous ne les ferons que sous condition de payer la rente à la fin de l'année, en un seul payement.

«Mais, puisque S. M. ne l'a pas jugé à propos, il faut que je me sois trompé. Je vous supplie d'estre persuadé que tout ce que je vous propose ou que je vous proposeray, ce sera toujours sans aucune vue ni aucun intérest que celuy du bien du service du Roy.....»

1026. *Le Contrôleur général*
à M. de Miroménil, intendant à Tours.

22 Décembre 1691.

«Je vous envoye un procès-verbal et une lettre du sieur de Névillac, commis aux manufactures de Tours et d'Alençon, par la lecture desquels vous verrez qu'un marchand de Laval a parlé insolemment à ce commis dans le marché de cette ville. Comme il est bon que les marchands et ouvriers ayent quelque respect pour les commis préposés par S. M. pour l'exécution des règlemens et arrests, et qu'ils soient réprimés, lorsqu'ils y manquent, vous ferez, s'il vous plaist, arrester le particulier dénommé dans ce procès-verbal et le conduire dans des prisons autres que celles de Laval, et ferez dire publiquement que vous ferez condamner aux galères le premier qui tombera en de pareilles fautes, afin que cette punition serve à empescher qu'à l'avenir les commis ne reçoivent aucun trouble dans l'exercice de leurs fonctions, et pour prévenir les mutineries du menu peuple, que je sais estre fort séditieux*.»

* Le marchand coupable fut mis en prison, et on ne le relâcha que trois mois plus tard. (Lettre du mois de mars 1692.) — Voir des instructions analogues dans une autre lettre, du 9 décembre 1691, au sieur Chervin, commis à Beauvais, et un rapport de M. d'Argouges (Bourgogne, 11 novembre).

1027. *M. de la Fond, intendant en Franche-Comté,*
au Contrôleur général.

22, 28 et 30 Décembre 1691.

Il rend compte de l'achat des blés que le Roi s'est engagé à fournir aux Cantons suisses. La fourniture se monte à quatorze mille sacs, sur lesquels le Roi aura à payer 20 ou 25 sols par sac, outre les frais des commis, le prix n'ayant été fixé qu'à 12^{ll} pour les Cantons*.

* Voir sur ce sujet, à la date du 28 décembre, un mémoire de M. Amelot, ambassadeur français en Suisse. Par une lettre que le munitionnaire Boutault écrit de Lyon, le 9 octobre précédent, il paraît que la compagnie des vivres de l'armée d'Italie, sur l'invitation du contrôleur général, l'avait envoyé à Genève pour traiter avec les directeurs de la Chambre des blés d'une fourniture de vingt mille quintaux, rendus au grenier au prix de 11^{ll}. Le Roi avait promis primitivement d'en fournir une quantité double.

Ces envois duraient depuis plusieurs années et étaient constamment favorisés; il en est question dans une lettre que le contrôleur général écrit, le 3 octobre 1689, à M. de Bérulle (Lyon). Ils continuèrent en 1692. (Lettres de M. de la Fond, du 29 janvier; de M. Amelot, 27 avril et 8 juin; de M. de Montcrif, subdélégué, 30 mai, 8 juin, 15 juillet, etc.) Comme le transport des blés était interdit entre la Lombardie ou le Milanais et la Suisse, M. Amelot (14 novembre) demanda que, pour l'année 1693, on fit une nouvelle fourniture de vingt mille sacs, sur le pied de 13^{ll} 10 s.; mais il était impossible de se procurer ces blés à moins de 20^{ll} pour Bâle et 18^{ll} pour Pontarlier, ce qui faisait, au total, une perte de 98,000^{ll} pour le Roi.

1028. *Le Contrôleur général*
à M. Dalon, premier président du Parlement de Béarn.

25 Décembre 1691.

Union des juridictions de la Chambre des comptes et de la Cour des monnaies au Parlement de Pau.

«J'ay lu avec attention tout ce que vous m'avez écrit touchant la cabale qui a esté formée dans vostre Compagnie par les intrigues du sieur de Salles. Je n'ay pas esté surpris qu'un mauvais esprit comme le sien en ayt trouvé quelques autres, parmy les jeunes gens de vostre Compagnie, qui ayent pu entrer dans ses sentimens; mais je l'ay esté fort que les sieurs de Claverie et de Saint-Macary, qui sont tous deux des anciens et devroient avoir appris à se conduire, ayent pu suivre les mouvemens d'un brouillon et se faire chefs de la cabale. Les autres ne méritent pas qu'on fasse aucune attention sur eux; mais, pour eux, leur conduite mériteroit une punition très-sévère, et ils se l'attireront infailliblement, s'ils ne changent de mesures. Je dissimuleray tant que vous le jugerez à propos, mais il est bon qu'ils sachent que c'est un pur effet de la considération que j'ay pour vous; car, si j'avois rendu compte au Roy de leur conduite, je ne doute point que S. M. ne m'eust donné les ordres nécessaires pour les éloigner si bien de Pau, qu'ils fussent tout à fait hors d'estat d'y faire aucun mouvement contraire aux intentions et aux intérests de S. M. J'écris à M. Feydeau et luy mande que vous luy ferez voir cette lettre, afin qu'il parle à ces officiers en conformité; après quoy, je ne crois pas qu'aucun d'eux soit assez hardi pour se charger de venir icy faire les remonstrances que leur cabale a projetées.

«Il peut estre, comme vous me le mandez, que la province aura peine à fournir en mesme temps tout l'argent nécessaire pour le payement des sommes qui doivent estre payées par les officiers des deux Compagnies et pour le prix des charges de nouvelle création; mais c'est moins là mon affaire que celle du traitant, lequel, moyennant la remise du dixième que le Roy luy a accordée, s'est chargé de faire valoir cette affaire au Roy une somme entière, dont il doit faire le payement en des termes réglés.»

1029. *Le sieur* LE CLUZEAU, *inspecteur des manufactures à Morlaix,*
au CONTRÔLEUR GÉNÉRAL.

29 Décembre 1691.

Les juges locaux de Bretagne ont trop d'occupation pour se charger de la police des villes, et l'on pourrait créer des tribunaux spéciaux pour régler les poids et les mesures, diriger la voirie, faire la police des cabarets, des hôpitaux, etc.

«Je crois aussy qu'il est de mon devoir de vous faire observer que, dans toutes les villes de Bretagne, les habitans s'assemblent toutes les années au mois de may pour tirer à un but, qu'ils appellent le *papegau*. Celuy qui l'emporte a un certain droit, qui se prend sur les devoirs du vin. Il y a apparence que cette coutume n'a esté établie que pour rendre les hommes adroits à tirer du fusil ou du mousquet. Par la suite des temps, on s'est beaucoup relasché; les bourgeois et marchands méprisent cet exercice, et, à l'heure qu'il est, il n'y a plus que l'artisan qui se donne tout à cela; et, pendant quinze à vingt jours, et quelquefois un mois, ils abandonnent leur travail et leur famille, et sacrifient ce qu'ils peuvent avoir gagné pendant six mois, pour fournir à la dépense qu'il faut faire pour tirer au papegau, ce qui cause plus de préjudice que d'utilité au peuple.

«Peut-estre jugeriez-vous à propos de faire interdire ces sortes de divertissemens, et de faire établir dans chaque ville un homme d'expérience pour apprendre l'exercice des armes à la jeunesse, qui leur feroit faire l'exercice deux fois la semaine et les jours de campo; ordonner une pension de 12, 15 à 20 pistoles à celuy qui seroit nommé pour prendre ce soin, lesquels appointemens seroient pris sur le droit du papegau; le surplus retourneroit au profit du Roy. Il y a un si grand nombre d'officiers ou soldats estropiés, qui ne sont plus en estat de servir dans les troupes, qui ne laisseroient pas d'estre propres pour apprendre l'exercice des armes à la jeunesse, qui seroit dans la suite en estat de servir S. M. dans l'occasion.»

1030. *M.* DE MIROMÉNIL, *intendant à Tours,*
au CONTRÔLEUR GÉNÉRAL.

2 Janvier 1692.

La taxe d'office dont se plaint le lieutenant particulier de la prévôté de Saumur n'a d'autre but que de l'obliger à acheter, avec cinq autres habitants, l'office de contrôleur d'exploits, et aucun d'eux n'en sera déchargé jusqu'à ce que le traité soit conclu. C'est la seule manière de finir l'affaire*.

* La même opération ayant été faite pour le débit des charges de greffiers des rôles des tailles, et ayant donné lieu ensuite à des décharges anticipées et arbitraires, les ordonnances de l'intendant furent attaquées par-devant la Cour des aides. (Lettre du 3 juin.)

1031. *M.* D'ARGOUGES, *intendant en Bourgogne,*
au CONTRÔLEUR GÉNÉRAL.

3 Janvier 1692.

Les juges-consuls d'Auxerre ne prennent des honoraires que pour payer les avocats dont ils ont besoin dans les questions difficiles, selon l'usage généralement adopté en tous pays. Ils ne taxent la séance qu'à 3^{tt}, et le total ne s'élève pas par an à 200^{tt}.

Quant aux droits de présentation, loin de les partager avec les greffiers, ils ont essayé de les faire supprimer, et, du moins, ils les ont fait réduire à 2 s. 6 d. pour les habitants d'Auxerre.

1032. *M.* DE SÈVE, *intendant à Metz,*
au CONTRÔLEUR GÉNÉRAL.

5 Janvier 1692.

«Les courriers et les messagers de mon département ont esté maintenus, depuis la mort de M. de Louvois, dans les mesmes exemptions dont ils jouissoient pendant sa vie, et je n'aurois pas souffert que les maires et échevins les en eussent privés, estant persuadé que ce changement dans le ministère n'en devoit point produire pour ceux qui se trouvent dans les mesmes employs. Ce que vous me faites l'honneur de m'écrire m'autorisera davantage à les confirmer dans leurs priviléges*.»

* M. de Miroménil (Tours, 7 et 20 mars) demande si les maîtres de poste qui font le commerce en boutique ouverte doivent jouir des priviléges.

1033. *M. de Bérulle, intendant à Lyon,*
au Contrôleur général.

5 et 19 Janvier 1692.

«..... Par la déclaration de 1669, les bourgeois de la ville de Lyon doivent jouir de l'exemption des tailles pour leurs maisons de plaisir..... Je crois, sous vostre bon plaisir, qu'il est nécessaire de rendre un arrest, en interprétation de la déclaration, qui restreigne les priviléges aux maisons de plaisir et aux clos fermés de murs, et, où vous y feriez difficulté, il seroit toujours nécessaire de limiter la contenue du clos à quatre ou six bicherées de terre, quand il n'y auroit point de clos de murs, c'est-à-dire fermés de murailles. Je crois qu'il seroit aussy nécessaire de restreindre les priviléges des bourgeois de la ville de Lyon dans la banlieue, ou tout au plus dans l'étendue de l'élection de Lyon, comme les bourgeois de Paris, qui ne jouissent des leurs que dans celle de l'élection de Paris.

«L'élection de Villefranche, qui, depuis cinq années, est abismée par la gresle, l'est encore davantage par les acquisitions que font journellement les bourgeois de Lyon, qui achètent tout ce qu'il y a de bons fonds dans les paroisses de cette élection, de manière qu'il faudra nécessairement diminuer les tailles, ou elles seront dans l'impuissance de les pouvoir payer. Le receveur demande en grâce que vous augmentiez son élection de 80,000#, pourvu qu'il vous plaise de supprimer les priviléges des bourgeois de Lyon dans l'étendue de son élection, et m'a dit que cette augmentation seroit moins à charge aux paroisses que lesdits priviléges.....»

1034. *M. Bouchu, intendant en Dauphiné,*
au Contrôleur général.

7 Janvier 1692.

«..... La taille estant réelle en toute la province, toute la lésion qu'un particulier peut souffrir dans la répartition des charges publiques ne peut rouler que sur une erreur de calcul, facile à découvrir et encore plus à réparer; mais l'ancienne contestation des messagers et particulièrement des maistres de poste en Dauphiné avec les consuls et habitans des lieux où leurs biens sont situés roule sur l'exemption prétendue par les premiers de tous les deniers négociaux qui s'imposent. À quoy il n'y a jamais eu aucun consul ni habitant qui ayent donné les mains; car, à l'égard de l'exemption de toutes charges personnelles, telles que celles du guet et garde, du logement effectif des troupes, et autres semblables, lesdits maistres de poste en jouissent paisiblement et sans contestation. Mais, à l'égard de ce qui s'impose sur les fonds, lesdits consuls et habitans ont toujours soutenu que le règlement de la province de Dauphiné pour la réalité des tailles est entièrement opposé à cette prétention, et qu'un maistre de poste ne peut pas estre traité plus favorablement que l'ecclésiastique le plus éminent en dignité et le gentilhomme le plus qualifié de Dauphiné, lesquels supportent, sans aucune distinction et comme le dernier du peuple, les charges qui s'imposent sur les fonds, à proportion des biens roturiers qu'ils possèdent..... Je sais bien qu'on peut représenter des jugemens de mes prédécesseurs, et mesme des miens, favorables à la prétention desdits maistres de poste; mais ils sont fondés sur des lettres particulières de M. de Louvois, qui n'ont esté accompagnées d'aucune ordonnance qui ayt décidé la question en général; de sorte qu'on ne les a pas tirés à conséquence d'un cas à un autre, et que les consuls et habitans des lieux se sont toujours opposés autant qu'ils l'ont pu à l'exécution desdits jugemens*.....»

* En Provence, où la réalité des tailles entraînait les mêmes conséquences, la province donnait en dédommagement à chaque maître de poste une subvention de 100#; mais M. Lebret (19 mars) demandait encore qu'on ne leur enlevât point l'exemption des charges négociales et particulières, attendu le mauvais état du service et son organisation insuffisante.

Voir, au 21 juillet, un mémoire sur le droit supplémentaire de *traverse* qui se payait dans la même province pour le transport des lettres entre Aix et Nice, Grasse, etc.

1035. *M. de Bagnols, intendant en Flandre,*
au Contrôleur général.

9 Janvier 1692.

Mémoire sur la ferme des domaines des Flandres, d'Artois et de Hainaut, et sur un nouveau plan de régie*.

* Voir, au 26 octobre suivant, le rapport de M. de Sève, intendant à Metz, sur un projet de recherche des domaines et droits domaniaux usurpés dans le comté de Chiny.

1036. *M. de Bagnols, intendant en Flandre,*
au Contrôleur général.

10 Janvier 1692.

Les marchands de Courtrai qui ont dans leurs boutiques des draperies étrangères demandent un délai jusqu'à la fin du mois de mars pour débiter ces marchandises, et s'obligent à ne plus en recevoir en aucun temps.

«Mais ils vous représentent que ces marchandises estant renvoyées à Gand, ou dans les autres villes du Pays-Bas espagnol, y seront sujettes à confiscation, comme appartenant à des sujets du Roy; que, quand mesme ils sauveroient la confiscation, il leur seroit impossible d'en trouver le débit; qu'ils ont payé et payent tous les jours les lettres de change qui ont esté tirées sur eux pour le prix desdites marchandises, dont il ne leur est pas possible de pouvoir s'exempter, et qu'ainsy ils se trouveroient dans une condition bien rude et bien fascheuse, n'ayant plus ni la marchandise ni l'argent. Ceux qui ont dans Courtray ces draperies dans leurs boutiques sont les meilleurs et les plus riches bourgeois et ceux qui payent plus aysément les impositions que le Magistrat de ladite ville est obligé de faire tous les jours pour subvenir au payement de toutes les sommes que nous leur demandons de la part du Roy, pour les fournitures de la garnison et les autres dépenses du quartier d'hiver*. . . . . »

* Il parle encore, le 8 février suivant, de cette affaire et des mesures prises pour combattre la contrebande.

1037. *M. Bossuet, intendant à Soissons,*
au Contrôleur général.

11 Janvier 1692.

Il rend compte de la saisie d'une pièce de toile peinte.

«Bien loin d'avoir rien décidé, ni de m'estre déterminé sur ce qu'on disoit qui se faisoit à Paris, je différay simplement de le faire sans ordonnance et sans écrit. Je n'hésitay point sur la confiscation, la pièce ne coustoit mesme que 8 ᵗᵗ; mais j'ose vous dire ingénuement que la condamnation à l'amende de 3,000 ᵗᵗ, à quoy le commis insistoit plus qu'au reste, me retint un peu. Je pensois mesme à avoir l'honneur de vous en écrire, s'agissant de la première faute d'un petit marchand, peu accommodé, chargé de famille, où il ne paroissoit point de mauvaise foy, et sachant d'ailleurs qu'en toute cette province il ne s'estoit pas trouvé, depuis les défenses, une seule pièce de cette marchandise. Mais je connois que je me suis laissé toucher par de mauvaises raisons, et je profiteray de ce que vous aurez la bonté de m'en dire, non-seulement en cette sorte d'affaires, mais en toutes les autres*. . . . . »

* Voir un jugement rendu en pareilles circonstances contre deux marchands de Picardie, par M. Chauvelin (Amiens, 13 janvier).

1038. *M. de Bouville, intendant à Limoges,*
au Contrôleur général.

12 Janvier 1692.

«Vous serez sans doute surpris d'apprendre qu'après avoir examiné l'estat des paroisses de Limousin avec toute l'exactitude imaginable, j'ay trouvé plus de soixante et dix mille personnes de tous âges et des deux sexes qui se trouvent réduites à mendier leur pain avant le mois de mars, vivant dès à présent d'un reste de chastaignes à demy pourries, qui seront consommées dans le mois prochain au plus tard. Je ne comprends point dans ce nombre de pauvres tous ceux qui habitent dans les villes et les paroisses circonvoisines, non plus que de toutes les paroisses situées entre Limoges et Angoulesme, parce qu'elles ont esté moins maltraitées que les autres, outre qu'on y porte aysément du blé de Poitou, et que les villes et ces paroisses pourront secourir leurs pauvres. Je me suis réduit aux paroisses qui n'ont aucune ressource, ni par les chastaignes, que la gelée a gastées, ni par le blé ni le vin, qui ont esté entièrement gelés, ni par la vente des bestiaux ou des meubles, la plupart des habitans les ayant vendus pour vivre et semer l'année dernière.»

Les exigences des marchands, les frais de magasin et de transport, les pertes, etc., ne permettraient point d'établir, comme on l'a projeté, des greniers, qui, d'ailleurs, seraient trop éloignés des peuples. Le seul moyen de porter secours au département est d'acheter à Libourne les trente mille setiers qui lui sont nécessaires, de les faire amener à Bergerac par le retour des gabarres qui descendent les canons, de partager ce blé par prêt entre les paroisses, contre reçu des syndics, qui se chargeront de l'aller prendre à Bergerac, et enfin, d'en vendre une partie au rabais sur le marché de Limoges. Le setier, qui vaut 66 sols, et qui vaudrait dans un mois 4 ᵗᵗ, ne reviendra qu'à 52 sols; le Roi n'aura qu'à faire une avance de 60,000 ᵗᵗ environ, dont une partie pourra se recouvrer plus tard*.

* Approuvé.

Le 6 avril suivant, M. de Châteaurenard, intendant à Moulins, envoie son rapport sur la partie de son département (cent dix paroisses) qui appartient au diocèse de Limoges. Il y compte vingt-six mille personnes réduites à la mendicité, et plus de cinq mille pauvres honteux, sans parler des habitants qui ont déserté. Le setier (mesure d'Aubusson) vaut 9 ᵗᵗ et vaudrait encore plus, s'il y avait de l'argent sur la place; mais les munitionnaires ont des amas de blés sur la Loire et l'Allier. «Ces habitans, dit-il, sont actuellement assiégés par les neiges, en sorte qu'ils ne peuvent sortir de leurs maisons. La plus grande partie sont contraints d'arracher des racines de fougère, les faire sécher au four et piler pour leur nourriture; d'autres, à faire du pain d'avoyne pied-de-mouche, qui n'est pas suffisant pour les nourrir, ce qui leur donne une si grande foiblesse, qu'ils en meurent, et ce qui peut causer dans peu de temps une peste.»

1039. *M. Bossuet, intendant à Soissons,*
au Contrôleur général.

20 Janvier 1692.

Les désordres et la désertion que causent dans les campagnes les manœuvres des officiers recruteurs ont donné lieu de rendre une ordonnance qui prohibe les recrutements forcés et annule les promesses exigées par violence, charge la maréchaussée de punir les auteurs de ces voies de fait, et interdit à tous officiers ou conducteurs de recrues de maltraiter les gens de la campagne ou les guides dont ils se servent*.

* Cette ordonnance est approuvée, le 26, par le contrôleur général. — M. le Féron du Plessis, grand maître des eaux et forêts, envoie, le 27 du même mois, un rapport sur les violences commises par quelques officiers des environs de Chauny contre les bûcherons ou les travailleurs employés dans les forêts.

Sur les enrôlements forcés et la licence des troupes cantonnées en Bourgogne, ainsi que sur le rôle de M. de Barbezieux dans cette affaire, voir deux lettres et une ordonnance de M. d'Argouges (16 et 30 mars).

A propos des désordres que commettaient les soldats de passage, sous le prétexte de prendre des guides dans la campagne, un sieur Nault (intendance de Moulins, 8 novembre), qui se plaint des désertions résultant de ces violences, propose de supprimer l'usage des guides et de placer sur les chemins des poteaux indicateurs; et l'on voit par une lettre anonyme de l'intendance de Tours (23 avril 1694) que des ordres conformes à ce projet furent donnés aux syndics des paroisses, mais qu'ils ne furent généralement pas exécutés.

1040. LE CONTRÔLEUR GÉNÉRAL
à M. Brulart, premier président du Parlement de Bourgogne.

22 Janvier 1692.

«Vous m'avez fait plaisir de me donner avis de la petite émotion arrivée à Dijon au sujet des fonctions des jurés crieurs. Vous avez bien fait de faire rendre l'arrest qui a ordonné qu'il en seroit informé, avec défense de s'attrouper; mais il suffit que l'émotion soit apaisée. Il faut étouffer cette affaire. Je mande à M. d'Argouges que, pour prévenir de pareils troubles, il est nécessaire qu'il réforme son tarif par une ordonnance portant qu'il sera libre à toutes personnes de se servir de jurés crieurs, à la charge toutefois qu'il ne sera permis à personne qu'eux de fournir les tentures et autres choses pour les cérémonies des enterremens, sans que pour cela ils puissent faire les fosses ni fournir les bières. Vous continuerez, s'il vous plaist, de donner les ordres nécessaires pour empescher que cette affaire n'ayt aucune suite, sans cependant exposer les crieurs aux insultes qui leur pourroient estre faites par le petit peuple*.»

* Voir une lettre du 21 novembre suivant, à M. Bégon, intendant à la Rochelle, touchant les jurés crieurs de cette ville, qui prétendaient, en s'appuyant sur des usages particuliers de police, forcer les marchands de blé, de vin, de chaux, etc. à faire crier leurs marchandises avant de les vendre. — Le 15 avril, le contrôleur général écrit au cardinal le Camus que, bien que l'hôpital de Grenoble ait acheté moyennant 4,000 # le privilége de faire les fournitures funéraires, le traitant n'en a pas moins le droit de vendre un office de crieur pour faire les cris publics.

Pour terminer l'affaire dans tous les lieux où les offices n'étaient pas encore levés, les fabriques paroissiales furent tenues de racheter les droits en ce qui concernait les pompes funèbres, et les corps de ville, pour ce qui était des cris publics. (Circulaires aux intendants, 16 mai et 19 août.) — Voir une lettre écrite par M. de Miroménil (Tours, 29 octobre) à propos des exactions que les commis des traitants multiplièrent dans l'exécution de cette mesure.

1041. *M. Lebret, intendant en Provence,*
AU CONTRÔLEUR GÉNÉRAL.

25 Janvier 1692.

«Je crois bien que le service des vivres d'Italie n'est pas moins pressant cette année que la précédente; mais il y a bien à dire que l'abondance de blés soit présentement en Provence comme elle estoit lorsque je permis au munitionnaire d'Italie d'en transporter à Briançon; car la ville de Marseille commence à en manquer, et les échevins sont allés supplier M. de Basville de leur permettre d'en tirer quelque peu de Narbonne, où leurs correspondans assurent y en avoir une assez grande quantité. Je vous ay fait connoistre que le Martigues, la Ciotat et plusieurs autres lieux maritimes en ont un besoin pressant. Les consuls des villes d'Arles, Tarascon et Toulon, suivant la coustume de tout temps pratiquée en Provence en pareil rencontre, commencent à empescher que celuy qui leur reste ne sorte de leur terroir, et quelques pauvres femmes d'un des faubourgs de cette ville, où le blé se vend présentement 24 à 25 # la charge, s'ameutèrent avant-hier et allèrent crever les sacs d'un voiturier du lieu de Bouc, qui en avoit acheté quelque peu au dernier marché pour le transporter à Marseille, prétendant que c'est ce transport qui en augmente le prix; et, si le blé continuoit d'enchérir en Provence, comme il a fait depuis dix à douze jours, il seroit à craindre qu'il n'arrivast quelque désordre: car le menu peuple est pauvre et insolent et accoustumé à craindre la famine sur la moindre apparence, quoyque, dans la vérité, les plus intelligens assurent qu'il y a encore autant de grain dans le pays qu'il en faut pour aller jusques à la récolte prochaine. Mais ceux qui en ont à vendre le resserrent présentement, dans l'espérance que jusques à la fin du mois de mars il renchérira considérablement. Nous chercherons demain les moyens de les obliger à le mettre en vente, à quoy on peut bien forcer un marchand qui a acheté du blé pour en faire des amas; mais il n'en est pas de mesme d'un gentilhomme, bourgeois ou fermier, qui n'en a point d'autre que celuy qui a esté recueilli sur sa terre, et qui doit avoir la liberté de le vendre quand il luy plaist, à moins d'une extrême nécessité, à laquelle nous ne sommes pas encore réduits*. . . . .»

* Le 1er février suivant, il envoie son règlement pour l'ouverture des greniers et la vente des grains au peuple.

M. de Bâville écrivait, de son côté, le 25 janvier, que le blé étoit déjà d'un tiers plus cher qu'en 1691, et que le Languedoc ne pouvait en fournir à la Provence ou à l'armée de Roussillon; cependant, les prix finirent par baisser, sur l'apparence d'une bonne récolte, et, les défenses ayant été levées au commencement d'avril, il sortit de Narbonne douze mille setiers à destination de la Provence. (Lettre du 20 avril.) En outre, les négociants de Marseille firent venir beaucoup de grains de Tunis, d'Italie et des côtes de Barbarie. (Lettre de M. Lebret, 3 février.) La Compagnie du Bastion traita pour faire ce transport, avec un bénéfice de 40 sols par charge; mais l'état de la mer ou le manque de matelots (les commissaires des classes les enlevaient partout) entravèrent l'exécution exacte du traité, et le pays ne se soutint qu'à l'aide des blés que les munitionnaires avaient fait descendre de la Bourgogne et que le Roi leur ordonna de distribuer dans les marchés. Dès le mois de mars, la crainte de la famine amena des désordres ou des mouvements à Arles et à Marseille; quelques greniers furent pillés. (Lettres des 6, 19, 21 mars et 11 avril.) Le contrôleur général répond, en marge de la lettre du 6 mars: «Faire de son mieux, et veiller à Marseille.»

1042. LE CONTRÔLEUR GÉNÉRAL
à M. de Bagnols, intendant en Flandre.

29 Janvier 1692.

«Le Roy ayant ordonné, par l'arrest du Conseil du 6 juillet 1688, la levée de 40 #, pour chacun last de douze tonnes, sur la *derle*, ou terre à faire des porcelaines, sortant des pays conquis ou cédés, au lieu de 6 ᵗᵗ qui se payoient auparavant, l'intention de S. M. a esté non-seulement de conserver ces terres pour les manufactures de fayences et de pipes, mais aussy d'en priver les étrangers, qui s'en servoient, comme des plus fines et des plus légères, pour leurs manufactures, qu'ils débitoient ensuite dans le royaume. Cependant, les fermiers généraux ont proposé de réduire lesdits droits, et on a remonstré que les propriétaires des fonds estoient inutilement privés du débit desdites terres pour les étrangers, parce que les Hollandois en tiroient d'Angleterre d'aussy bonnes et meilleures. Outre qu'il n'y a guère d'apparence qu'ils préférassent les terres de France à celles d'Angleterre, si ces dernières estoient aussy bonnes, on prétend d'ailleurs que celles d'Angleterre sont beaucoup plus pesantes et ne peuvent produire d'ouvrage aussy fin. Néanmoins, S. M. voulant prendre une plus particulière connoissance de tout ce qui concerne ce commerce, je vous prie de l'examiner et de me mander l'estat des manufactures des fayences et autres auxquelles on employe ces terres en Flandre, et de me faire savoir vostre sentiment sur la proposition de la réduction des droits.»

1043. *M. Bouchu, intendant en Dauphiné,*
au Contrôleur général.

29 Janvier, 12 Février, 22 et 23 Mars 1692.

Rapports sur l'incendie qui a détruit entièrement la ville de Briançon : devis de reconstruction des maisons, des magasins militaires, de l'hôpital, etc.; projets de diminutions ou de secours pour les habitants; rétablissement des registres du bureau des finances, de ceux de la recette des tailles et des octrois, etc.*

* Les habitants furent déchargés pour dix ans des tailles et autres contributions, qui se transformèrent en une imposition applicable à la reconstruction des maisons, outre une somme de 100,000 ᵗᵗ fournie, en trois ans, par la généralité; mais le Roi refusa de distraire pour la même destination 45,000 ᵗᵗ affectées précédemment à bâtir des casernes. (Lettres du 22 avril et du 2 juin.)

1044. *Le Contrôleur général*
à M. de Bâville, intendant en Languedoc.

30 Janvier 1692.

Recouvrement des gages intermédiaires indûment touchés par les officiers du ressort de la Chambre des comptes de Montpellier.

«On n'entend point ce qu'ils veulent dire, quand ils disent que les frais devoient estre remboursés à ceux qui les ont exposés, et non pas à Aubourg; car Aubourg n'est autre que les sieurs des Chiens et de la Valette, qui ont avancé tous les frais qui ont esté faits pour ce recouvrement, et à qui ils doivent estre remboursés..... A l'égard du chef de leurs remonstrances qui regarde la jouissance des gages intermédiaires lesquels n'avoient point encore esté reçus et dont le fonds est entre les mains des comptables, je n'ay jamais entendu que cela dust entrer dans l'abonnement des 45,000 ᵗᵗ. Autrement, ce seroit reprendre d'une main ce qu'ils payeroient de l'autre. Mon intention n'a jamais esté que de les décharger de la restitution des gages intermédiaires qu'ils avoient reçus sans lettres d'intermédiat, et non pas de leur donner un titre pour recevoir ceux qu'ils n'avoient pu toucher, dont le fonds doit estre porté au Trésor royal, s'il ne l'a pas encore esté..... En tout cas, si les officiers sujets à la restitution refusent de tenir le marché des 45,000 ᵗᵗ, je ne pense pas que le Roy y perde rien en faisant faire le recouvrement sur les redevables*.....»

* Les officiers redevables de débets et revenants-bons offrirent pareillement une somme de 35,000 ᵗᵗ pour se soustraire aux opérations des traitants. (Lettres du 5 mars et du 1ᵉʳ avril.)

1045. *M. de la Reynie, lieutenant général de police à Paris,*
au Contrôleur général.

30 Janvier 1692.

Il blâme les mesures prises par M. de Creil pour l'arrestation de deux marchands d'Orléans, les frères Blanchet, soupçonnés de détenir des marchandises étrangères prohibées.

«Les preuves estoient très-claires et toutes trouvées par les lettres; il n'en falloit point chercher ailleurs, et il ne s'agissoit d'arrester des marchands pour chercher des preuves ensuite. Il n'y avoit qu'à s'assurer de ces deux hommes, qu'à exécuter les ordres que vous aviez donnés, et à vous donner le moyen de remédier au mal en différens endroits de ce costé-là; ce qui devoit estre fait en les obligeant, sur leurs lettres, de déclarer par quelles personnes ils recevoient les draperies étrangères et, en rétrogradant, savoir d'eux par quelles voyes, par quels bureaux, par quelles entrées dans le royaume, par quels moyens ils les recevoient, moyennant quoy, à qui ils en avoient fait le débit, etc. Mais ce n'a point esté dans cet esprit ni dans ce sens qu'on est entré dans cette affaire, qui avoit et qui a besoin d'estre traitée toujours justement, mais fortement, dans la conjoncture, pour estre utile au public et aux manufactures de France. C'est ce qui ne se peut faire qu'en réprimant la licence de quelques marchands françois, si utile aux manufactures étrangères et aux ennemis. On a eu sujet de croire à Orléans que l'emprisonnement d'un marchand n'accommode pas ses affaires; on le croiroit ainsy partout ailleurs; mais, lorsque le chastiment est devenu nécessaire, comme en cette occasion, il ne peut estre juste de s'en dispenser. Ce marchand arresté est sans doute incomparablement moins coupable que son frère, mais il n'est pas sans faute. Il paroist par ses propres lettres qu'il concertoit icy avec un correspondant à Paris un commerce et des envoys de marchandises en fraude, et, quand il n'y auroit que ce qu'il avoue, d'avoir acheté d'un marchand de Paris une demy-pièce de drap de Hollande, à la fin d'octobre dernier, soit que cette demy-pièce fust entrée, ou non, en France avant les défenses, il n'a pas dû l'acheter pour la revendre et pour en faire commerce, comme il a fait..... Si le frère coupable est échappé, il paroist nécessaire de le demander fortement, dire qu'il faut qu'il se trouve et qu'il faut que vous sachiez tout: que, jusque-là, vous n'écouterez rien pour l'un ni pour l'autre*.....»

* Voir les lettres du 12 février, du 20 février et du 18 mars (à la première de ces lettres sont joints les échantillons), et celles de M. de Creil (Orléans, 30 janvier, 5, 16, 27 février et 12 mars).

1046. *M. de Bouville, intendant à Limoges,*
au Contrôleur général.

9 Février 1692.

«J'apprends par M. de Marillac la bonté avec laquelle vous avez bien voulu entrer dans ma peine de me voir encore après un long service dans une province éloignée, sans distinction, et par laquelle on m'a fait commencer, comme la plupart des autres qu'on a fait entrer dans l'employ. Je sais que les employs ne sont que ce que vous les faites, et que j'ay l'avantage d'avoir en celuy-cy un rapport plus particulier avec vous qu'on n'a peut-estre dans les premières intendances. C'est aussy ce qui m'y a soutenu, et je suis très-content d'y demeurer aussy longtemps que vous m'y croirez utile pour l'exécution de vos ordres; mais permettez-moy de vous représenter que j'ay connu, par les complimens que j'ay reçus à l'occasion du dernier mouvement des employs, dans lequel on ne m'a pas entendu nommer, que le public jugera de moy par la manière dont je seray traité sous vostre ministère. Il avoit suspendu son jugement sous les précédens, persuadé qu'il estoit que je n'en devois attendre d'autre faveur que l'oubli; mais, si, sous un ministre aussy bienfaisant et aussy juste que vous estes, je ne reçois quelque distinction, dans mon employ chargé de fatigues et de dépenses extraordinaires, le public doit croire qu'on m'a fait grâce de m'y conserver..... Je ne vous propose point une augmentation d'employ; il me suffit de bien exécuter ce que vous m'ordonnerez pour les affaires ordinaires de l'intendance et pour celles de la marine, qui m'engagent à une infinité de voyages longs et pénibles hors la généralité. Mais j'ay pensé qu'une pension, telle qu'il vous plaira, que vous voudriez bien me procurer, en attendant la place au Conseil que j'ay demandée au Roy, par vostre avis, feroit connoistre au public que vous avez des raisons qui me font honneur pour me laisser dans cet employ..... Je ne vous fais point recommander mes intérests par M. de Beauvilliers; j'attends tout de vostre seule protection et de vostre bonté, que je mérite assurément.....»

1047. *M. Bouchu, intendant en Dauphiné,*
au Contrôleur général.

10 Février et 24 Avril 1692.

Rapports sur l'état de la forêt domaniale de Claix, et sur l'opportunité qu'il y aurait à la céder temporairement au maréchal de Lorges, avec faculté de défricher et d'inféoder les terrains propres à produire du blé ou des fourrages.

1048. *Le Contrôleur général*
aux Intendants.

13 Février 1692.

Il leur envoie copie des instructions qu'il a fait dresser pour les commis des manufactures, et les charge d'établir ou de reviser la répartition de la somme de 2,000 ₶ à laquelle ont été fixés les appointements de ces commis, sur tous les lieux qui doivent y contribuer, à proportion du produit du *sol pour pièce.*

«Vous vous ferez aussy informer, s'il vous plaist, de temps en temps, si les commis en usent avec fidélité et sagesse; s'ils ne font point de composition avec les contrevenans auxdits règlemens et arrests; et, pour en estre mieux instruit, il seroit bon que vous eussiez dans les lieux des fabriques des correspondances secrètes, par le moyen desquelles vous puissiez estre averti de ce qui s'y fait, et connoistre si, d'un costé, les commis ne fatiguent point mal à propos les ouvriers et les marchands et ne traversent point par là leur fabrique et leur commerce, et, de l'autre, si les ouvriers se contiennent dans l'exécution des règlemens et arrests, afin que, par les soins et l'application des uns et des autres, on puisse porter à la perfection les ouvrages de nos manufactures.

«Il me reste seulement à vous dire que le Roy veut que vous apportiez une application particulière à tout ce qui peut contribuer à l'augmentation du commerce et à la perfection et débit des manufactures du royaume, et, pour cet effet, que vous ayez soin, dans les différens voyages que vous ferez dans les villes de vostre département, d'entendre les principaux marchands et facturiers, et de prendre leurs avis sur tout ce qui peut contribuer à cette fin; dont vous prendrez, s'il vous plaist, la peine de m'envoyer les mémoires, afin que j'en puisse rendre compte à S. M., et faire valoir par là vos services en une matière qu'elle a si fort à cœur*.»

* Précédemment, le 16 novembre 1691, les intendants avaient déjà été chargés de faire des enquêtes secrètes sur la conduite et le travail des commis inspecteurs.

1049. *M. de Bezons, intendant à Bordeaux,*
au Contrôleur général.

14 Février 1692.

«Il me paroist que l'expédient que vous prenez d'obliger les receveurs généraux, les receveurs des tailles et les collecteurs de faire l'échange gratuit est le meilleur pour retirer au plus tost les anciennes espèces. Je ne doute point qu'avant la fin de mars l'on n'ayt porté à la Monnoye tout ce qui reste d'anciennes espèces qui sont dans le commerce. Vous savez que l'arrest n'est que jusqu'à la fin de février; je ne serois point d'avis que l'on en donnast un pour le mois de mars, mais seulement un ordre pour qu'on reçust aux Monnoyes tout ce qui sera porté d'anciennes espèces par les receveurs généraux, par les receveurs des tailles et par les intéressés aux fermes, sur le pied de 11 # 12 s. les louis d'or et de 3 # 2 s. les écus. Il ne sera point nécessaire que l'on reçoive aux Monnoyes des particuliers, et cette différence montrera que vous voulez que cette affaire finisse et qu'il n'y a plus de retardement à espérer. Il y a longtemps que j'avois commencé de faire changer aux recettes, lorsque des particuliers avoient de l'argent, comme l'on ne payoit pas comptant aux Monnoyes, et il me paroissoit que cela faisoit un bon effet. Je crois que vous pouvez estre assuré qu'avant la fin de mars la conversion sera finie par l'expédient que vous avez pris*.»

* Le 1er juin, il demande encore une prorogation jusqu'à la réalisation des récoltes, et dit qu'elle doit être de deux mois pour laisser la faculté de faire les versements à Paris en lettres de change, au lieu d'y envoyer tout l'argent de la province.

M. Foucault, à Caen, réclamait aussi une prorogation et des approvisionnements d'espèces nouvelles pour que les receveurs pussent faire le change, à un sol par écu. Il se plaignait également que l'envoi de 2,500,000 # d'espèces anciennes au Trésor royal eût épuisé la province. (Lettre du 6 février.)

M. de Miroménil (Tours, 24 mai) prétend que les prorogations successives et les délais ou les incertitudes qu'elles occasionnent nuisent aux recouvrements et arrêtent toute l'activité des receveurs. Voir, au 4 mars et au 12 juin, l'état des frais de recouvrement et de régie dans cette généralité.

1050. *M. l'abbé* Melani
au Contrôleur général.

18 Février 1692.

«J'ay cru devoir avertir Vostre Grandeur que toutes les lettres qui viennent de Vienne portent que l'Empereur va mettre un impost sur les cartes à jouer, dont il prétend tirer de fort grosses sommes, jusque-là mesme que la Gazette de Hollande en parle. Comme je suis en quelque façon intéressé au succès d'un pareil impost en France, dont Vostre Grandeur pourra tirer de bien plus considérables secours pour le service du Roy, puisque j'ay esté assez heureux pour luy en donner la première idée à Fontainebleau, j'ose la supplier de vouloir considérer que cet impost n'est nullement à charge aux peuples, et, si le Roy en prend la résolution, de vouloir bien vous souvenir de moy en cette occasion, en me procurant quelque gratification de la bonté de S. M., qui me seroit d'autant plus nécessaire, que, dans la banqueroute de Valenti et le désordre des Incurables, j'ay perdu près de 20,000 #; que c'estoit tout ce que j'avois pu amasser en plusieurs années, pour subvenir dans un âge avancé à mes nécessités.»

1051. *Le* Contrôleur général
à M. Lebret, *intendant en Provence.*

19 Février 1692.

Vente des derniers offices d'auditeurs à la Cour des comptes*.

Recouvrement du prix des offices de trésoriers rachetés par les communautés et du traité conclu par la ville de Marseille.

«Les dix-huit mois pour délay de payement que vous avez fait donner aux communautés qui ont traité avant le 1er octobre m'ont paru un terme qui leur est favorable et avantageux, puisqu'il excède de trois mois ceux donnés au traitant pour payer au Trésor royal. Mais il n'est point raisonnable d'accorder un aussy long terme aux communautés qui ne se sont pas présentées pour traiter avant ce temps-là; ce seroit récompenser leur retardement. Il faut, au contraire, pour les en punir et exciter les autres à s'approcher, compter les dix-huit mois du 1er octobre, et, quant aux intérests que vous estimez devoir estre payés au traitant par les communautés, à proportion des termes de payement, comme il n'est point parlé d'intérests dans son traité, mais bien du sol pour livre en attendant la vente, il faut dans les conventions exprimer le montant de l'intérest sous le mot du sol pour livre, lequel sera arbitré à la mesme somme que l'intérest, ou approchant**. . . . . »

* Voir les lettres des 24 et 31 mars, 12 juin et 29 septembre. Deux conseillers maîtres furent exilés à la suite de cette opération.

** Le 17 juillet suivant, il presse encore M. Lebret d'accorder au traitant quelques contraintes pour agir contre les communautés retardataires et intimider les autres. Cependant, à la demande de l'intendant et de M. de Grignan, la finance de plusieurs des offices de trésoriers fut réduite de près de 7,000 # à 5,500 #. (Lettre à M. de Grignan, 4 août.)

1052. *Le sieur* Chausse, *officier en l'élection de Lyon,*
au Contrôleur général.

19 Février 1692.

«Tous les prévosts des marchands et échevins de la ville de Lyon qui ont esté taxés pour la noblesse et qui y ont renoncé supplient très-humblement Vostre Grandeur d'arrester les violences du sieur Prondre, ou de leur faire savoir par la bouche de M. l'archevesque ou de M. l'intendant si vous ne voulez pas leur permettre de se servir de la liberté que le Roy a accordée par son édit de renoncer à ladite noblesse; car, si Vostre Grandeur veut qu'ils la payent, ils sont prests de se sacrifier pour cela, et ils n'ont rien qui ne soit au service de S. M. et au vostre; mais, si vous avez la bonté de leur en laisser la liberté, comme vous avez fait aux autres villes du royaume, ils vous supplient en toute humilité d'imposer silence au sieur Prondre, qui va dans toutes les maisons insulter et menacer tout le monde de prison et de ruine totale. Il montre des lettres de Vostre Grandeur, par lesquelles il paroist que le Roy traitera comme séditieux et ennemis de l'Estat ceux qui persisteront dans leurs renonciations. On croit ces lettres fausses, et, si on les croyoit vrayes, tout le monde porteroit bien vite jusqu'à son dernier sou. Cependant, cela ne laisse pas d'inquiéter, car le sieur Prondre, qui a beaucoup d'artifice, sait si bien persuader qu'il peut tout auprès de Vostre Grandeur, que bien des gens ne savent que croire. On ne va jamais chez luy qu'on ne voye quantité de perdrix et de truffes, qu'il dit hautement qu'il envoye trois fois la semaine à Vostre Grandeur, et il en montre en confidence des articles de lettres vrays ou faux, qui marquent une si grande confiance en luy, que la plupart des gens ne savent que penser de tout cela. Quand on en parle à M. l'archevesque ou à M. l'intendant, ils haussent les épaules et font assez connoistre qu'ils craignent cet homme, et cela fait plus de peur que tout le reste. Cependant, ledit Prondre vit icy dans la dernière magnificence. Il a des valets de chambre vestus comme des princes, et des laquais comme des officiers. Il n'y a que trois ou quatre jours qu'il perdit 350 pistoles en un soir, et il donna avant-hier aux dames de la ville l'opéra, le bal et un très-grand souper. Le bruit commun est que cette feste luy couste plus de 500 écus. Je vous assure que cette conduite révolte tout le monde, et qu'il nous paroist bien dur qu'un homme que nous avons tous vu icy autrefois serviteur de boutique fasse tant de bruit avec nostre argent. Si vous avez la bonté de vous informer de tout ce que dessus, vous en trouverez bien plus que je n'en avance. Si cependant des raisons d'Estat, que nous ne connoissons pas, veulent que nous payions la noblesse et que nous ne puissions y renoncer, toute la grâce que nous vous demandons, c'est de nous le faire dire par M. l'archevesque, M. l'intendant ou M. le prévost des marchands. Au reste, croyez, s'il vous plaist, que ce n'est ni sédition ni cabale qui nous fait renoncer à ce privilége; l'argent est icy fort rare, et presque tous ceux qui ont renoncé sont marchands, actuellement dans le négoce, et qui ont bien plus besoin d'argent comptant que de noblesse *. »

* Voir une autre lettre, anonyme, du 22 du même mois.

Prondre venait de faire proposer par M. de Bérulle (lettre du 2 février) une taxe particulière pour les trésoriers de France, qui prétendaient renoncer à la noblesse de l'échevinage et soutenaient qu'ils avaient acquis cette noblesse par le fait même de leur charge. A 3,000 # par personne, il calculait que cette opération, faite dans tout le royaume, rapporterait 2 millions.

1053. *M. de Bâville, intendant en Languedoc,*
au Contrôleur général.

19 Février 1692.

« Je crois devoir vous donner avis que le nommé Vivens a esté tué cette nuit dans les Cévennes. C'estoit comme le chef de tous les gens mal intentionnés de cette province et celuy qui avoit fait ce beau projet de faire entrer par le port de Cette des officiers des ennemis. Il avoit une pension du prince d'Orange, à qui il avoit promis en Hollande de soulever les Cévennes. Il n'y a rien que je n'aye tenté depuis deux ans pour le faire arrester. Ayant découvert qu'il estoit caché dans une caverne située dans une montagne presque inaccessible, il y a esté attaqué par M. de Chantereine, gouverneur d'Alais, et le sieur de Mandajors, juge d'Alais, dont je me sers très-utilement dans ce pays. Vivens s'est défendu, à l'entrée de la caverne, avec une fermeté extraordinaire; il a tué un sergent, deux soldats, et blessé un lieutenant d'infanterie. Dans le temps qu'il estoit prest de tirer sur M. de Chantereine, il a esté tué tout roide d'un coup de fusil qu'un lieutenant de milice a esté obligé de tirer. Il n'avoit que deux hommes avec luy dans la caverne, qui ont esté pris, avec les papiers. Je vais à Alais pour les visiter et juger tous les complices de ce scélérat, qui a fait bien du mal, et qui estoit encore capable d'en faire davantage, par le crédit qu'il s'estoit acquis sur l'esprit des peuples de ces montagnes. »

1054. *M. de Bérulle, intendant à Lyon,*
au Contrôleur général.

28 Février 1692.

La compagnie des Pénitents de la Miséricorde avait l'habitude de donner aux prisonniers de Lyon le chauffage, les médicaments et le pain, sur lequel le domaine ne fournissait que 400 #. Le nombre des prisonniers s'étant considérablement augmenté, les Pénitents se refusent à continuer leur service, si on ne les décharge de la taxe qui leur a été imposée pour l'amortissement de la maison où est établi leur vestiaire. Cette taxe étant de 2,600 #, et la dépense annuelle montant à plus de 1,200 #, le domaine aurait tout intérêt à ce que le service des Pénitents continuât. D'ailleurs, ils sont les seuls de tout le royaume qui se trouvent dans ce cas particulier *.

* A la lettre sont joints les états de prisonniers, de fournitures, etc. En marge : « Néant. »

1055. *M. Bégon, intendant à la Rochelle,*
au Contrôleur général.

28 Février et 10 Avril 1692.

Il propose de faire élire à Rochefort un corps de ville, composé de quatre échevins, exerçant pendant deux ans, sous la présidence du maire et du procureur du Roi, ou, en attendant que ces dernières charges soient levées, sous celle du juge et du procureur du Roi au siége royal; et, d'autre part, d'accorder aux habitants sur la vente en détail du vin un octroi équivalent à la moitié des droits que lèvent les fermiers des aides, pour en appliquer le produit au nettoiement de la ville et au pavage, dont le Roi s'était chargé avant la guerre. Ces améliorations augmenteront le nombre des habitants, en assainissant la ville et en assurant son administration, et la ferme des aides, au lieu de souffrir de la surtaxe, qui ne sera que de 50 sols par barrique, profitera de l'accroissement de la consommation *.

* L'année suivante, cette proposition ayant été approuvée par le Roi, la ville chargea le fermier des aides de faire la régie du nouvel octroi, avec une taxation de 3 sols pour livre, à condition que l'un des deux commis serait à la nomination du corps de ville. (Lettre du 29 mai 1693.)

Une partie du produit devait servir à payer le louage des lits et des meubles que la ville fournissait aux compagnies franches de la marine dans les casernes bâties aux frais du Roi. (Lettre du 16 novembre 1692.)

1056. *M. Boisot, procureur général au Parlement de Besançon,*
au Contrôleur général.

4 Mars 1692.

«..... Vous savez sans doute qu'il y a deux partis en ce Parlement sur la vénalité des charges : les uns, en petit nombre, la désirent, et les autres la craignent et la regardent comme une affaire qui les privera de tout le revenu de leurs charges, lequel il faudra qu'ils employent à payer l'intérest de la somme qu'il faut nécessairement qu'ils empruntent pour satisfaire à la taxe de leur office. Car, s'ils empruntent 10 ou 12,000# pour cette taxe, il faudra payer 5 ou 600# d'intérests chaque année; or un conseiller n'a que 296# de gages par an : ainsy il faudra que les épices qui sont le fruit de son travail soient employées pour achever le payement de ces intérests, à quoy les seuls gages ne peuvent pas suffire; tellement que ces officiers regardent cette vénalité comme une affaire qui les dépouille de tout le revenu de leur charge et qui leur rend inutile la grâce que le Roy leur a faite en les élevant à la dignité de conseiller. Il y auroit, ce me semble, un moyen de réunir ces deux partis, non-seulement pour leur faire agréer la vénalité, mais encore pour la demander au Roy comme une très-grande grâce que S. M. leur feroit : ce seroit qu'il vous plust admettre les officiers de ce Parlement à prendre chacun une augmentation de gages pour telle somme qu'il vous plaira de déterminer, moyennant laquelle le Roy érigeroit en offices héréditaires toutes les charges du Parlement, et en mesme temps établiroit icy une uniformité avec ceux du royaume, ce qui semble nécessaire pour l'administration de la justice. Je crois que, de cette sorte, chaque officier seroit content, parce qu'on luy laisse le moyen de vivre en jouissant des mesmes revenus dont il jouissoit avant la vénalité, sans estre obligé d'employer ses gages et ses épices au payement des intérests de la somme qu'il aura empruntée*.....»

* Le Parlement envoya des députés au Roi pour lui transmettre ses remontrances, malgré l'opposition de l'intendant. (Lettres diverses des 20 et 21 novembre.)

1057. *M. de Bérulle, intendant à Lyon,*
au Contrôleur général.

10 Mars 1692.

«Les commis de Damaine ont saisi à la douane et fait porter dans leur bureau un ballot de café de sept à huit quintaux, que madame la princesse de Wirtemberg, qui est icy dans un couvent, réclame et redemande comme à elle appartenant, et qu'elle prétend avoir fait venir pour sa provision : il est vray que cette princesse en fait une très-grande consommation et qu'elle en régale tous ceux qui la viennent voir; mais, comme cette quantité m'a paru un peu forte, je n'ay pas cru pouvoir ni devoir faire rendre le ballot sans vos ordres. Cependant, je prends la liberté de vous représenter que l'estat malheureux de cette princesse, qui n'a d'autres plaisirs que de prendre du café, mérite quelque considération et quelque grâce, et c'est une vraye charité à luy faire.»

1058. *M. d'Ableiges, intendant en Auvergne,*
au Contrôleur général.

(De Paris) 13 Mars 1692.

Il transmet les renseignements qui lui sont envoyés sur les progrès de la disette dans son département.

«A l'égard de la basse Auvergne, qui est la Limagne, le blé y enchérit tous les jours, vaut à présent 10# 5 s. le setier (il pèse deux cents livres), et on m'écrit de beaucoup d'endroits que l'on y trouve des gens que la grande pauvreté a fait mourir de faim. Quelques personnes de probité ont proposé de faire une *marmite* dans les villes pour les pauvres, et de prendre pour cela la moitié de ce qui se paye par les villes pour le remboursement des capitaux de leurs dettes..... Un secours plus prompt pour la basse Auvergne est de faire remonter les blés de la Beauce par la rivière de Loire et par la rivière d'Allier : il y en a abondamment. Il faut les faire aborder à Maringues ou au Pont-du-Chasteau, qui n'est qu'à deux lieues de Clermont. Il est nécessaire que le Roy avance les deniers, et qu'il les fasse vendre moins qu'ils ne cousteront*.....»

* Des 16, 19 et 23 mars, 5, 8, 9, 22 et 29 avril, 7, 27 et 31 mai, 19 août et 8 septembre, lettres relatives aux envois de blés organisés par les intendants d'Orléans et de Bordeaux et aux dépenses faites pour le compte du Roi. Voir, d'autre part, la correspondance de M. de Bezons (Bordeaux, 1er et 19 avril).

Les achats se firent en Orléanais aux prix suivants : 21# ou 22# le muid (six cents livres) de froment; 19# à 20# celui de méteil (deux tiers de froment); 15 à 16# celui de seigle (de cinq cent soixante-douze livres). Le coût du transport à Roanne montait à 8# 15 s. — Toutes les mesures devaient être prises dans le plus grand secret, car la moindre nouvelle d'achats faisait hausser les prix ou fermer les greniers. (Lettres de M. de Creil, 20 et 23 mars, 3 et 22 avril.)

1059. *M. d'Argouges, intendant en Bourgogne,*
au Contrôleur général.

14 Mars 1692.

Travaux de réparation à l'établissement des eaux de Bourbon-Lancy*.

* 18 janvier : rapport du sieur Loyseau, procureur du Roi à Bourbon (intendance de Moulins), sur les travaux entrepris par l'ordre de l'intendant des eaux minérales.

1060. *M. de Bérulle, intendant à Lyon,*
au Contrôleur général.

18 Mars 1692.

Rapport sur la bonne conduite du sieur Dubois, directeur des postes étrangères à Lyon; instances pour qu'il ne soit pas forcé de remettre ses fonctions entre les mains du sieur Pajot, fermier des postes françaises*.

* Dans une autre lettre du 29 du même mois, M. de Bérulle expose de nouveau les plaintes des commerçants lyonnais contre Pajot : il taxe les

lettres au delà du règlement, remet à la voie de Turin les lettres venant d'Italie par Genève, pour leur faire payer double prix, pratique la contrebande par l'intermédiaire des courriers, garde les paquets ou les lettres, etc. Dubois justifie lui-même sa conduite par les pièces jointes à deux lettres qu'il écrit de Chambéry, le 1er et le 3 avril.

Flandre, 23 janvier et 11 février : mémoire sur le bureau des postes étrangères de Lille et sur la correspondance avec la Hollande; rapport contre le commis contrôleur de Menin.

En Bourgogne (17 août 1693), M. d'Argouges fit juger le maître de poste de Chålon, qui était en outre receveur des consignations et banquier, et qui profitait de sa place pour favoriser ses opérations particulières.

1061. *Le Contrôleur général à M. de la Bédoyère, procureur général au Parlement de Bretagne.*

20 Mars 1692.

«Le nommé Miette ayant présenté requeste afin qu'il luy fust permis d'exécuter l'arrest qu'il a obtenu au Parlement de Bretagne contre le sieur Revellois, cy-devant commis des manufactures, le Roy, à qui j'en ay rendu compte, a trouvé bon, sans tirer à conséquence, de permettre à ce marchand de vendre les morceaux d'étoffes étrangères qui ont esté saisis chez luy. J'écris à cet effet au commis des manufactures et luy mande de vous aller trouver. Il sera juste que, moyennant cette permission, ledit Miette vous donne un désistement du profit de l'arrest, et c'est ce que vous tascherez, s'il vous plaist, de ménager, suivant que vous me l'avez proposé par vostre lettre du 28 novembre*.»

* On voulut forcer le plaignant à se contenter de 10 pistoles, comme dédommagement de la perte qu'il avait subie, et d'un délai de grâce pour débiter ses marchandises; mais le Parlement de Bretagne rendit un arrêt conforme à sa requête. (Lettres du 30 avril et du 13 décembre.) L'instruction de cette affaire avait fait découvrir que Revellois était l'agent le plus actif d'un commerce régulier avec l'Angleterre et qu'il favorisait l'entrée des marchandises étrangères. Voir, entre autres lettres, celle que M. de Lezonnet écrit de Rennes, le 24 février, un placet de Revellois, à la date du 20 mars, etc.

1062. *M. de Miroménil, intendant à Tours, au Contrôleur général.*

21 Mars 1692.

Il envoie l'ordonnance qu'il a rendue pour empêcher que les coqs de paroisse ne fassent dispenser leurs enfants ou leurs parents de tirer au sort pour la milice, et ne traitent avec les officiers pour les faire remplacer.

«Nous avons fait et faisons très-expresses inhibitions à tous habitans des paroisses de cette généralité qui ont eu ordre de remplacer des soldats de milice pour la campagne prochaine d'entrer en aucune composition pour fournir lesdits soldats, soit avec ceux qui se présenteront pour servir, ou avec les officiers du régiment. Enjoignons à tous les jeunes gens mariés depuis le mois de novembre 1688, et aux garçons desdites paroisses, de tirer indispensablement au sort pour savoir qui doit servir d'entre eux, et, en cas d'absence ou refus desdits garçons et jeunes mariés, permettons aux syndics et fabriciens de tirer les billets pour eux. Défendons auxdites paroisses, leurs syndics et fabriciens, et auxdits garçons et jeunes gens mariés, mesme aux capitaines et autres officiers du régiment, d'admettre aucun soldat pour une paroisse qu'il ne soit habitant de ladite paroisse. Défendons pareillement de se cotiser entre eux à aucune somme de deniers ni autre chose, pour engager l'un d'eux à servir volontairement, et au soldat qui sera nommé par l'effet du sort, d'exiger aucun argent sous prétexte d'habits, souliers, armes, linges et chaussures, le tout à peine de punition corporelle. Ordonnons que ce qui peut en avoir esté exigé sera restitué par ceux qui l'ont reçu, soit soldats ou officiers, à peine d'y estre contraints, mesme leurs plus proches parens, par saisie de leurs biens; à l'effet de quoy les parties plaignantes se retireront par-devers nos subdélégués, qui leur feront justice sur-le-champ. En cas que le soldat qui aura esté nommé par l'effet du sort vienne à s'absenter, il sera payé une somme d'argent par ses parens à celuy de la paroisse qui voudra servir volontairement en sa place; à quoy faire ils seront contraints, sur les ordonnances desdits subdélégués, par vente de leurs meubles.»

1063. *M. de la Fond, intendant en Franche-Comté, au Contrôleur général.*

21 Mars et 8 Juillet 1692.

Il transmet ses informations sur les faits imputés à MM. de la Grange, intendant en Alsace, et de la Chétardie, commandant à Brisach, particulièrement en ce qui touche l'exportation des espèces d'or et d'argent et l'accaparement des blés.

«Il est de la connoissance de tous ceux qui ont quelque commerce en Alsace que, pendant les deux dernières campagnes, M. de la Grange, dès le commencement de juillet, faisoit ordonner aux habitans du Bas-Rhin (ce sont ceux proprement du Brisgau) d'apporter tous leurs blés en Alsace, parce que l'armée de S. M. alloit entrer dans le pays. Il a fait acheter lesdits blés à bon prix, et, comme l'hiver ces malheureux peuples n'avoient pas de quoy subsister, on leur a revendu les mesmes blés bien cher. Il ne faut pas douter que l'on ne se fasse riche avec un tel commerce.....

«Depuis deux années, il est bien certain que l'on a trafiqué à Brisach les vieux louis d'or et les vieux écus. Les Suisses et les juifs ont donné 10 et 12 sols au delà de la valeur des louis d'or et 2 et 3 sols par écu..... On a fait mille plaintes de ce négoce à M. de la Grange, qui jamais n'a répondu.....

«Il n'y a pas une ville d'Alsace qui n'ayt des revenus très-considérables. Les fermiers ou les receveurs, pour la plus grande partie, sont des gens qui ont esté ou sont actuellement domestiques dudit sieur de la Grange, ce qui fait juger que ces revenus ne sont pas dans leur juste valeur.....

«Le plus grand abus qui se commet dans ladite province

d'Alsace n'est point marqué dans le mémoire présenté au Roy : il provient des baillys et des magasiniers.

«Ces baillys sont les maistres absolus des communautés et des peuples. Pour vous le faire entendre, j'ay l'honneur de vous remarquer que, lorsque S. M. ordonne audit sieur de la Grange de faire une imposition, soit en argent, soit en fourrages, soit en charroys, ou autre chose, jamais ledit sieur de la Grange ne fait aucun répartement sur les communautés, mais partage son imposition sur les bailliages, et les baillys sur chaque communauté. Celles qui donnent le plus aux baillys sont les plus soulagées, et les pauvres sont dans la vexation. On dit dans la province que lesdits baillys donnent des rétributions audit sieur de la Grange; mais vous jugez bien que cela ne se peut savoir.

«Pour les magasiniers des fourrages, c'est une hydre de friponneries. Ils achètent tous les fourrages d'un canton de la province, et les paysans sont obligés d'acheter d'eux 20 sols ce qui leur en a cousté 5. Lorsque les paysans ne veulent point passer par leurs mains, on dit que le foyn et l'avoyne qu'ils amènent ne valent rien ou ne pèsent pas, de sorte que ces pauvres malheureux, pour sortir de la vexation, donnent deux charroys pour un. Il y a tel magasinier de fourrages en Alsace qui a 200,000$^{#}$ de bien, qui n'avoit pas 100$^{#}$ il y a dix ans. Je n'aurois jamais fait, si je vous détaillois toutes les vilenies de ces sortes de gens, dont on fait journellement des plaintes audit sieur de la Grange, sans que jamais il ayt fait la moindre justice.

«De tout ce que j'ay l'honneur de vous marquer il résulte que cette province est très-mal administrée, que le Roy n'en tire rien, que les peuples ne laissent pas que d'y estre bien foulés, et beaucoup plus que je ne le pensois. Vous remarquerez que l'on fait payer au Roy tous les fourrages que les habitans d'Alsace fournissent. Ce qui me paroist très-préjudiciable pour le service du Roy est que ledit sieur de la Grange est haï universellement, soit de la noblesse, soit des bourgeois, soit des peuples, ce qui fait que, suivant mon sentiment, il est difficile qu'il puisse servir utilement S. M. J'ay éprouvé que l'on fait faire souvent aux peuples et à tout le monde beaucoup plus par la douceur que par la dureté*.»

* Voir, à la correspondance d'Alsace, une lettre écrite par M. de Puyzieulx, le 3 août.

1064. *M. de Bagnols, intendant en Flandre,*
au Contrôleur général.

23 et 30 Mars 1692.

La vente des charges du bureau des finances de Lille se ferait, même au denier trente, si l'on y établissait une buvette et si l'on attribuait aux trésoriers l'audition des comptes d'octrois des villes où les commissaires du Roi ou les intendants ne font point cette opération. Comme le commissaire de la Flandre maritime a toujours entendu les comptes des petites villes et des bourgs, en faisant le renouvellement des Magistrats, et perçu doubles droits pour ce renouvellement et pour l'audition, on pourrait conserver ces droits en entier à M. de Madrys pour la seule opération du renouvellement, et faire payer en outre par les communautés les droits qu'elles devront au bureau des finances suivant le tarif*.

* Sur la création du bureau des finances, voir les lettres du sieur Cazier, qui en avait été primitivement chargé (30 janvier, 6, 8, 10, 24, 27 février, 19 mars et 11 avril), et celles des sieurs Charlier et Merveilliaud, qui le remplacèrent après sa révocation (11 et 12 mars, 7 avril, 15 août).

M. de Madrys (Flandre maritime, 13 avril) écrit, au sujet de ses droits d'audition : «Avant la conqueste de la Flandre, et mesme depuis, les commissaires au renouvellement des Magistrats faisoient lire et arrestoient leurs comptes, après les avoir examinés en particulier avec les receveurs-trésoriers, en public et en présence des notables, nobles-vassaux, ou les députés des communautés. Mais, m'ayant paru que les uns et les autres, ni mesme les Magistrats, n'avoient pas assez de connoissance de ces comptes, et qu'il en pouvoit arriver de grands abus, j'ay établi qu'avant qu'ils me soient présentés, ils seront examinés par ceux qui y doivent intervenir, dressé un bordereau de toutes les parties tant de la recette que de la dépense, et signé d'eux, moyennant quoy il n'est pas aysé aux auditeurs de ces comptes d'abuser du pouvoir qu'ils ont par leurs commissions. . . . . »

1065. *M. Bouchu, intendant en Dauphiné,*
au Contrôleur général.

24 Mars 1692.

«Quelques personnes charitables de Grenoble ayant cru, à l'exemple de ce qui se pratique à Lyon, que ce seroit une chose soulageante pour les pauvres et pour des familles obérées d'empescher les abus qui se commettent par des prests sur gages, avec des intérests de 2, 3 et 4 sols par écu par mois, qui consomment dans peu de temps une partie de la valeur des gages, lesquels sont après vendus à vil prix, se sont proposé de faire un petit fonds de questes, qu'ils pourront assembler entre eux, pour prester aux pauvres familles, sur gages, sans aucun intérest, pendant six mois ou une année; et, n'ayant pas voulu rendre leur projet public sans m'en informer, j'ay cru, quoyque je ne voye rien que de très-bon dans ce dessein, tant par son objet que par les personnes qui en doivent avoir la direction, entre lesquelles il y a plusieurs officiers du Parlement et de la Chambre des comptes des plus estimables et des plus gens de bien, que je devois de ma part vous en rendre compte*. . . . . »

* Cette *Compagnie du prêt charitable* adopta les mêmes statuts que celle de Lyon. M. Bouchu se contenta de demander, sur l'avis du contrôleur général, que la Compagnie restât civilement responsable de l'administration de ses officiers, sous la surveillance d'un magistrat supérieur ou de l'intendant, et qu'il n'y eût point de frais de bureau ni de vente à prélever sur la valeur des gages. (Lettres des 7 septembre, 21 novembre et 27 décembre; lettre du contrôleur général, 11 octobre.) Les principaux articles des statuts sont analysés avec la première de ces lettres.

Voir, dans l'intendance de Hainaut, à la date du 5 octobre 1693, un mémoire sur l'administration du mont-de-piété établi depuis 1685 à Dinant. Le sieur Boren, qui envoie ce mémoire, insiste pour qu'on fasse rendre compte à l'administrateur de cet établissement et que l'on taxe en outre sa charge en raison des profits et des privilèges dont il jouit.

1066. *M. de la Berchère, intendant à Rouen,*
au Contrôleur général.

25 Mars 1692.

Il demande pour le frère Côme, capucin, la permission de continuer à soigner les malades et à débiter ses remèdes, nonobstant la récente création des médecins et chirurgiens jurés.

1067. *M. le maréchal d'Estrées, commandant en Bretagne,*
au Contrôleur général.

28 Mars 1692.

L'assemblée générale des habitants de Nantes a résolu d'offrir 200,000 ᶠᶠ pour la confirmation des priviléges de la ville, et particulièrement de l'exemption des droits de lods et ventes*. Si le Roi se contente de cette offre, une partie de la somme pourra être imposée sur les maisons, et l'autre sera fournie par un octroi de 2 liards par pot de vin vendu dans la ville et dans la banlieue.

«Si vous jugez que 200.000 ᶠᶠ données très-volontiers fussent meilleures que 100,000 écus donnés avec beaucoup de peine, vous pourriez vous dédommager par le moyen du mesme impost de 2 liards par pot de vin, que l'on feroit continuer, dans un an, pour autant de temps qu'il faudra pour recouvrer les premières 100.000 ᶠᶠ. Je n'ay communiqué ma pensée qu'à vous, et, comme je suis méchant financier, je m'en défie.....

«Dans la crainte de ne m'estre pas assez expliqué, je dois ajouter que je suppose qu'on ne s'expliqueroit pas présentement des 100,000 ᶠᶠ au delà des 200, mais seulement au bout de l'année, dont on continueroit l'impost sous quelque prétexte.»

* Sur l'origine et les suites de cette affaire, voir la lettre écrite par M. de Nointel, le 9 du même mois, et les mémoires qu'il envoie les 4 mai, 20 septembre et 24 octobre suivants, le traité ayant été conclu à 200,000 ᶠᶠ et dans les conditions indiquées par le maréchal, si ce n'est que l'exemption du droit de franc-fief ne fut pas comprise dans la confirmation.

1068. *Le Contrôleur général*
à MM. de Nointel, Chauvelin et de Madrys.

Mois de Mars 1692.

Arrêts ou règlements concernant les adjudications des marchandises étrangères dont l'introduction est défendue, et le renvoi de ces marchandises hors du royaume*.

* Il fut même défendu de vendre par adjudication les marchandises prises par les corsaires français sur les vaisseaux ennemis ou apportées par l'escadre du Nord, et on donna ordre, à plusieurs reprises, de faire des visites chez les marchands et de saisir et renvoyer à l'étranger tout ce qui se trouverait dans les cas de prohibition, malgré les observations et les requêtes de beaucoup de négociants des provinces maritimes. (Lettres du 24 janvier, à M. de Madrys, et au sieur de Leyrat, commis à Calais; lettre de M. de la Faluère, premier président du Parlement de Bretagne, 12 décembre 1691.)

Sur les gratifications qui étaient attribuées au dénonciateur, voir une lettre du 13 décembre 1692, au sieur Merveilhaud (Flandre), et, sur les mesures prises pour la garde des lignes, une instruction envoyée le 9 juillet aux commandants des places fortes.

La location des entrepôts où les marchandises étrangères attendaient le rembarquement était au compte des propriétaires ou des acheteurs. (Lettre du 6 septembre 1691, à M. de Madrys.)

L'introduction de certaines marchandises, et surtout des matières premières, fut seule, et dans des circonstances spéciales, autorisée sur passe-ports. (Voir deux lettres du contrôleur général à M. Voysin, intendant en Hainaut, et à M. de Malezieu, intendant sur la frontière de Champagne, 2 et 20 mars 1692; une lettre de M. de Bezons, Bordeaux, 11 mars, etc.)

1069. *M. Robert, procureur du Roi au Châtelet de Paris,*
au Contrôleur général.

4 Avril 1692.

Il rend compte d'une condamnation prononcée contre quelques-uns des principaux maîtres brodeurs, qui, contrairement aux statuts et pour augmenter leur profit, emploient des *fausses ouvrières*, tandis qu'ils doivent ne faire travailler que leurs femmes, leurs enfants, leurs apprentis et compagnons, ou les filles des pauvres maîtres.

1070. *M. Parisot, procureur général au Parlement de Dijon,*
au Contrôleur général.

14 Avril 1692.

«Quoyque l'édit du mois de janvier 1690, portant création des jurés crieurs d'enterremens dans les provinces, soit rédigé en des termes très-clairs, très-précis et limitatifs aux seules cérémonies funèbres, suivant l'usage de Paris, cependant, ceux qui ont traité de ces nouveaux offices ont surpris deux arrests du Conseil, les 12 septembre 1690 et 13 janvier 1691, par lesquels on leur attribue, privativement à toutes sortes de personnes, la faculté de faire tous les cris publics, ce qui me paroist entièrement contraire à l'intention de S. M.; car non-seulement il n'y en a pas un seul mot dans l'édit, mais encore l'exclusion de ces fonctions y est formelle, puisqu'elles sont réduites taxativement et uniquement aux enterremens, à l'instar de celles qui sont exercées par les crieurs de Paris. Or, il est certain que ceux-cy ne font et n'ont jamais fait aucun cri public; par conséquent, les autres ne doivent point jouir de ce droit, qui n'a aucune relation avec leur ministère, et qui ne sauroit estre introduit sans une déclaration expresse pour cela. D'ailleurs, c'est un terrible embarras, et leur tarif est extrêmement onéreux aux peuples. Vous savez que, dans les criées et dans les procédures des décrets, des ventes judicielles et autres actes de cette nature, les publications doivent estre faites, suivant les ordonnances, aux prosnes des paroisses par les curés, ou à l'issue de la messe paroissiale par des huissiers, à peine de nullité. Cependant, ces nouveaux crieurs veulent exclure les uns et les autres, et, au lieu de 1 ou 2 sols que chaque curé reçoit ordinairement en Bourgogne pour une publication, ils prétendent avoir 10 sols; et, au lieu de 5 ou 10 sols qu'on donne à un sergent pour une proclamation d'enchère, ils veulent exiger 30 ou 40 sols, conformément à leur tarif. En vérité, je ne saurois me persuader que le Roy ayt jamais eu la pensée d'attribuer de pareils émolumens et fonctions et de transmettre le pouvoir de publier les monitoires et de fulminer les censures ecclésiastiques à des crieurs dont l'institution est bornée à la conduite des enterremens et à l'intendance des funérailles, ni que S. M. ayt voulu enrichir des dépouilles des vivans ceux qui ne doivent subsister qu'aux dépens des morts, et leur fournir les voyes de se rembourser en moins d'une année du prix de leurs charges, dont chacune ne couste pas plus de 3 à 4,000 ᵗᵗ. Ces abus méritent vostre réflexion, et je satisfais à mon devoir, lorsque je vous en adresse mes remonstrances. Vous avez l'autorité en main pour y pourvoir; il me suffit de vous les indiquer.»

1071. *M. de la Fond, intendant en Franche-Comté,*
au Contrôleur général.

18 Avril et 12 Mai 1692.

Renouvellement des octrois que les villes de Besançon et de Salins perçoivent sur l'entrée des denrées et des animaux de boucherie, et dont le produit est affecté aux dépenses ordinaires, comme entretien des casernes, logement des états-majors, acquittement des dettes, entretien des rues et chemins, etc.

«A l'avenir, j'auray l'honneur de vous demander vos ordres pour ce qui concernera pareilles affaires et celles des finances. Si j'ay fait faute dans cette occasion, c'est que j'ay suivi l'usage que j'ay trouvé établi; mais je n'y retomberay plus*.»

* Il avait adressé ces affaires, ainsi que plusieurs autres, à M. de Barbezieux, secrétaire d'État de la guerre, et celui-ci les renvoyait, par ordre du Roi, au contrôleur général.

1072. *M. de Bezons, intendant à Bordeaux,*
au Contrôleur général.

19 Avril 1692.

Une partie des blés apportés d'Irlande s'étant trouvés mauvais, il a fallu les jeter, et, comme le reste (huit mille deux cent soixante et quatorze boisseaux) n'était pas de bonne qualité, les fermiers de Bordeaux n'ont pris que 6 sols, au lieu de 7 sols 1/2, d'entrée par boisseau.

Détails sur les frais d'achat et sur la distribution des blés. Ce secours assure la nourriture des pauvres pour un mois environ; mais il faudra le renouveler, et les frais de transport font monter le prix du boisseau (mesure de Bordeaux) à 4 ᵗᵗ.

Il est arrivé quelques blés ou seigles de Bretagne, mais en quantité insuffisante, car la seule ville de Bordeaux consomme dix mille boisseaux par mois, et le pays environnant quinze mille.

«Je ne puis vous exprimer le nombre des paroisses qu'il y a où ceux qui sont le mieux font du pain avec du son; les autres n'en ont point. Il y a près de trois mois jusques à la récolte. Je vois qu'il est à craindre qu'il ne périsse beaucoup de personnes de faim, faute d'avoir de quoy les assister. Je puis vous assurer que, s'il y avoit eu trente mille boisseaux de blé à distribuer dans cette généralité, j'aurois trouvé des lieux à les pouvoir donner avec justice. Plus l'on entre dans le détail, plus l'on trouve que la misère est au delà de ce que l'on peut exprimer*.»

* Le Roi accorda encore un secours de six mille boisseaux de seigle, que M. de Bezons fit distribuer, avec un cinquième de fèves, aux pauvres des campagnes. (Lettres des 6 et 26 mai.) Dans la dernière de ces lettres, l'intendant dit : «L'on commence à s'apercevoir que la misère est cause que les collecteurs divertissent plus les deniers de la taille qu'ils ne faisoient, parce qu'ils les appliquent à leurs affaires ou pour subsister..... Je vous envoye un mémoire qui m'a esté donné sur ce sujet, pour que vous jugiez s'il seroit à propos d'accorder une déclaration qui établist une peine afflictive contre ceux qui divertiroient les deniers. Je crois que celle des galères seroit la véritable peine, puisque c'est un vol qu'ils font, dont les habitans ne peuvent se garantir.»

Les états de la dépense faite pour les distributions de grains sont envoyés le 28 juin et le 18 juillet.

1073. *M. d'Ableiges, intendant en Auvergne,*
au Contrôleur général.

22 Avril 1692.

La ville d'Issoire a chargé le sculpteur Jacques Suirot d'élever, aux frais des habitants, une statue au Roi sur la place principale, et, pour prix de ce travail, on lui a accordé, sa vie durant, et, après lui, à sa veuve et à son fils aîné, l'exemption de la taille et de certaines charges publiques. La Cour des aides a homologué cette délibération*.

«Vous savez mieux que moy qu'il n'appartient ni à la Cour des aydes ni aux habitans des villes de donner des exemptions et priviléges de cette qualité. Il n'y a que le Roy seul qui le puisse.....»

* L'acte de délibération, contenant le devis du travail, et l'arrêt de la Cour sont joints à la lettre.

Le contrôleur général répc : «Louer leur zèle et casser tout.»

1074. *Le Contrôleur général*
à M. d'Ableiges, intendant en Auvergne.

23 Avril 1692.

Le sous-fermier des domaines d'Auvergne réclame la réunion des droits de poids-le-roi, dont les consuls se sont emparés dans plusieurs villes, quoique ces droits de poids et mesures appartiennent au Roi dans tout le royaume aussi bien qu'à Paris, où ils ont été réunis au domaine en 1675.

1075. *M. de Bâville, intendant en Languedoc,*
au Contrôleur général.

27 Avril 1692.

«. . . . . Pour la requeste concernant la prétention du syndic de la province, que la saisie féodale, pour les fiefs mouvans de S. M., n'est pas d'usage en Languedoc, ou qu'elle doit estre précédée par un commandement préalable, je ne crois pas qu'il soit à propos de donner un semblable arrest, parce qu'il n'a jamais esté permis au syndic de la province de mettre les droits du Roy, qui lui appartiennent de droit commun, en contestation ni en compromis, ni de se pourvoir par requestes contre les édits. Il seroit d'ailleurs d'une dangereuse conséquence de souffrir cette nouvelle introduction, particulièrement dans une province d'Estats comme celle-cy. Il n'y auroit jamais aucuns droits du Roy négligés que ses officiers voulussent rétablir, dont la levée ne fust empeschée; le syndic ou quelque autre particulier n'auroit qu'à les traiter d'insolites dans les Estats, pour les rendre douteux dans l'esprit des peuples et pour les porter à ne pas s'y soumettre. Ainsy, comme le droit de saisie féodale est une suite nécessaire du droit de fief, et que par conséquent le Roy a droit d'en jouir de droit commun, comme les autres seigneurs, tout ce que peut faire le syndic dans cette occasion, c'est de vous présenter des mémoires pour établir sa prétention, afin que le Conseil puisse juger ensuite s'ils sont suffisans pour priver le Roy de l'un des plus beaux droits qu'il puisse avoir dans le Languedoc. . . . . »

1076. *Le Contrôleur général*
au sieur Caillaud, commis des manufactures en Bretagne.

30 Avril 1692.

«Vous demandez si je souhaite que vous modériez l'amende de 100# aux marchands de Quintin et des environs, comme à ceux de Morlaix : je n'ay pas entendu que ce que je vous ay écrit au sujet d'un ouvrier de Morlaix, que vous avez trouvé en faute pour la première fois, vous dust servir de règle pour toutes les contraventions que vous trouveriez, sur lesquelles vous devez suivre ce qui vous est prescrit par les règlemens; à moins que, par des considérations particulières, et avec beaucoup de circonspection, il n'y ayt lieu d'user quelquefois de modération, quand vous trouvez des ouvriers qui ont coustume de bien faire auxquels il est échappé quelque faute qu'il ne faut pas laisser impunie, mais qu'il ne faut pas aussy faire punir avec toute la rigueur prescrite par les règlemens, ou dans d'autres circonstances particulières qui méritent quelque indulgence.»

1077. *M. de Séraucourt, intendant en Berry,*
au Contrôleur général.

6 Mai 1692.

«Le sieur de Beaumont de Vilars m'a rendu celle que vous m'avez fait l'honneur de m'écrire le 11 du mois passé. Il n'a encore connoissance d'aucune chose qui se pratique en cette province par les nouveaux convertis; mais, comme il a fait très-longtemps profession de la R. P. R., il espère s'insinuer si bien dans leurs esprits par son adresse, que rien ne lui échappera de leurs assemblées, s'ils en font, ni des autres choses qui concernent le service du Roy. Il dit qu'un peu d'argent comptant est un moyen des plus nécessaires pour réussir dans ses découvertes, et m'a engagé de vous en écrire, en me découvrant la misère où il est réduit*.»

* Par la lettre du sieur de Beaumont (dont le vrai nom était : Jacques Fayolles, sieur de Belmont, de Périgueux), jointe à celle de l'intendant, on voit qu'il avait été employé par M. de Louvois, et que le contrôleur général l'envoyait en Berry et en Languedoc pour découvrir les endroits où se faisait la cène et les nouveaux convertis qui y prenaient part. Mais, quatorze mois plus tard, il fut arrêté comme suspect par M. de Bâville, et ne put justifier de l'emploi du temps qui s'était écoulé depuis que le contrôleur général lui avait donné sa mission. (Languedoc, 9 et 14 juin 1693; voir l'interrogatoire joint à la dernière de ces lettres.)

1078. *Le Contrôleur général*
à MM. Phélypeaux, de la Berchère et Chauvelin.

9 Mai 1692.

«J'ay esté informé d'un abus assez considérable qui se commet dans les départemens de Beauvais, Aumale et Amiens, au sujet de la marque des étoffes qui s'y fabriquent. Ce qui y donne lieu est que les ouvriers sont souvent épars dans la campagne, loin des villes où il y a maistrise et jurande, et qu'ils portent leurs étoffes à vendre dans des lieux de marché où il n'y a pareillement ni maistrise ni jurande, ni mesme des marchands résidens, mais seulement des étrangers, qui y viennent pour acheter aux mesmes jours de marché. Il arrive de là que, dans quelques-uns des bourgs et villages desdits départemens, il y a des gardes jurés qui sont chargés de ladite marque, mais qui, n'ayant point de bureau ni de lieu pour visiter et marquer les étoffes, vont chez les ouvriers du bourg ou village, ou chez les marchands qui achètent les étoffes, et marquent chez lesdits ouvriers ou marchands lesdites étoffes, sans les visiter, et le plus souvent mesme ils envoyent le poinçon de la marque auxdits ouvriers ou marchands pour marquer eux-mesmes leurs étoffes : en sorte que le commis d'Aumale estant allé en visite dans les bourgs de Granvilliers et de Feuquières, et ayant demandé aux jurés le poinçon de la marque, il fallut l'aller chercher chez les ouvriers et les marchands desdits lieux, à qui ils l'avoient presté. Dans d'autres endroits, où il n'y a point de jurés, les étoffes qui s'y fabriquent ne s'y marquent point, mais se portent en certains lieux où il y a des marchés, et là elles se marquent par les commis ou par ceux à qui ils afferment leur marque, ce qui cause un autre désordre, en ce que les étoffes qui ne passent pas en un endroit se portent en un autre, où le commis plus facile, ou celuy qui tient la marque à ferme, par l'envie de gagner, les marque et les met en estat d'estre vendues, quoyque défectueuses et de mauvaise qualité; ce qui est contraire à l'esprit des règlemens et arrests et au bien du commerce, et ce qui donne lieu à toutes les plaintes des négocians sur le défaut de ces étoffes. On pourroit, pour remédier à ces désordres, ordonner que toutes les étoffes qui se fabriquent dans les différens lieux de la campagne seroient portées, avant que de pouvoir estre exposées en vente en aucun marché, dans le chef-lieu de chaque canton, c'est-à-dire dans le lieu où les autres répondent pour la justice, comme: à Granvilliers, toutes les étoffes qui se fabriquent dans les villages et autres lieux qui sont du ressort de la justice de Granvilliers; à Feuquières, toutes celles des lieux de sa justice, et ainsy des autres; dans lesquels lieux il y auroit des gardes jurés, soit marchands ou ouvriers, qui seroient chargés de la marque, et un bureau où les étoffes des différens lieux seroient apportées à certain jour de la semaine, pour y estre visitées et marquées d'une marque particulière, portant le nom dudit chef-lieu et l'année, afin que l'on puisse reconnoistre et le lieu de la fabrique et l'année qu'elles auront esté marquées; et que, par ce moyen, on puisse exécuter à l'égard de ces étoffes les réglemens et arrests qui ont esté faits pour toutes les étoffes du royaume, qui n'ont pu jusques à présent estre exécutés dans ces départemens. Je vous prie d'examiner si cet expédient peut estre suivi sans incommodité pour les ouvriers et marchands, et, pour cela, de les entendre les uns et les autres; sur quoy, vous me donnerez ensuite, s'il vous plaist, vostre avis; ou, si vous en trouvez quelque autre pour faire cesser ces abus, vous me ferez plaisir de m'en informer*.»

* Sur le même sujet, et, en général, sur ce qui concerne la juridiction des manufactures, voir les lettres du 9 janvier, à M. Foucault (Caen); du mois d'août, à M. Bégon (la Rochelle); des 31 mars, 31 août, etc., au sieur L'hôpital, commis à Aumale, etc.

Sur la fabrication des toiles, en particulier, dans les départements d'Amiens, Tours, Alençon, Poitiers, voir les lettres du 6 septembre 1691, à M. Chauvelin; du 9 décembre, au sieur Chervin, commis à Beauvais; du 5 novembre 1691 et des 9 février, 26 avril, 23 mai, 14 septembre 1692, etc., au sieur de Névillac, commis à Tours et Alençon.

1079. *Le Contrôleur général*
à M.r de la Reynie, lieutenant général de police à Paris.

9 Mai 1692.

«Je vous envoye un mémoire des sieurs Vanrobais, entrepreneurs de la manufacture de draps établie à Abbeville, au sujet de quelques pièces de drap de leur fabrique qui ont esté arrestées à la Halle par les gardes des marchands drapiers de Paris. Je vous prie d'examiner les raisons qu'ils allèguent dans ce mémoire, et, comme ce sont des étrangers auxquels on a promis protection en les établissant à Abbeville, d'entendre les gardes sur cette contestation, et, s'il vous paroist qu'il n'y ayt pas de fraude affectée de la part desdits Vanrobais, mais seulement de la méprise, de les traiter avec indulgence*.

«Le nommé le Tellier prétend avoir le secret de faire l'écarlate en perfection, dont il a fait des épreuves en présence des gardes et de plusieurs marchands drapiers de Paris et des manufacturiers de Sedan. Il m'a présenté un placet, par lequel il demande un privilége pour s'établir à Paris et y travailler à la teinture en écarlate seulement. Comme il n'y a que le sieur Glus (?) qui fasse cette teinture à Paris et qu'il seroit peut-estre bon pour le public qu'il ne fust pas seul, il me semble qu'il y auroit lieu d'accorder audit le Tellier ce privilége. J'ay esté bien ayse néanmoins d'avoir auparavant vostre avis. Vous pourrez mander les gardes jurés drapiers, pour savoir s'ils sont contens de l'écarlate dudit le Tellier, si elle est parfaite, et s'il sera utile au commerce de luy accorder le privilége qu'il demande. Sur quoy, vous me ferez plaisir de m'envoyer vostre sentiment le plus tost qu'il vous sera possible, afin que j'en rende compte au Roy**.»

* Voir deux lettres du 25 août et du 30 novembre, à M. Chauvelin et au sieur Tiquet, commis à Abbeville, au sujet d'une somme de 60,000# que le Roi avait avancée aux Vanrobais et du reproche qu'on leur faisait d'employer des laines médiocres et de ne pas dégorger suffisamment leurs draps.

** Sur cette même teinture d'écarlate, qu'un fabricant faisait à Reims, voir une lettre écrite à M. Larcher, intendant en Champagne, le 13 décembre suivant.

On avait, au commencement de l'année, proposé de faire venir des teinturiers de Hollande. (Lettres du 24 janvier, à M. de la Reynie; du 13 mars, à M. de la Berchère, intendant à Rouen, et du 26 avril, au sieur Merveilhaud, commis inspecteur en Flandre.)

1080. *Le Contrôleur général*
à M. de Bâville, intendant en Languedoc.

12 Mai 1692.

Les receveur et contrôleur généraux des domaines de la généralité de Montpellier demandent, conformément au droit que leur donnent les édits, à avoir l'entrée libre dans les dépôts de la Cour des comptes, à y prendre communication des titres, à lever des extraits sans frais et même à conserver une clef des archives*.

* On fit à cette époque l'inventaire de ces archives domaniales, sous la direction de M. de Bâville et du procureur général, M. Vignes. (Lettre à M. Vignes, du 27 mai; lettres de M. de Bâville et du sieur Carguet, qui fut chargé du travail, 12 mai et 14 juillet.)

A la Chambre des comptes de Paris, les traitants et sous-traitants des francs-fiefs et des débets avaient obtenu l'entrée dans les dépôts. (Lettre du 14 octobre, au premier président Nicolay.)

1081. *Le Contrôleur général*
aux Intendants.

16 Mai 1692.

On propose de créer en titre d'office les charges d'officiers de milice qui sont à la nomination des maires et échevins; ils auraient pour fonction de commander la milice bourgeoise, lorsqu'il y a lieu de la mettre sur pied, et jouiraient, pour tous priviléges, de l'exemption du logement. On offre de faire valoir cette affaire jusqu'à 1,500,000#. Le Roi désire avoir les avis des intendants et leurs rapports sur l'usage actuel.

1082. *M. de Sève, intendant à Metz,*
au Contrôleur général.

24 Mai 1692.

Le nombre des maîtrises particulières des eaux et forêts est trop considérable, et leurs juridictions ont trop peu d'étendue, pour qu'on songe à en créer de nouvelles.

«Quant à l'établissement des nouveaux bureaux que propose le sieur Clément Bagnaux, sous-fermier des traites foraines et des droits de traverse de Lorraine et Barrois, et dont il m'a parlé plusieurs fois, il m'a paru que son but estoit plutost de lever de nouveaux droits et faire contribuer les rouliers, surtout ceux qui ne sont pas de cette province et qui, dans la crainte d'y estre retenus, payeront ce qu'on leur demandera, pour éviter un procès et un voyage. J'en ay vu un échantillon dans une affaire qui a commencé du temps de feu M. Charuel et que j'ay finie. Quoyqu'il n'ayt jamais esté payé de droits pour les marchandises qu'on tire de Metz pour les mener à Verdun ou ailleurs, et que, n'y ayant aucun bureau sur cette route, on ne puisse pas dire qu'elles passent en contravention, le sieur Bagnaux n'avoit pas laissé de faire saisir, en sortant de Verdun, les chevaux de quelques rouliers de Champagne, qui, après avoir conduit à Metz des vins pour l'armée, s'estoient chargés de quelques planches de sapin pour gagner les frais de leur retour; et cela sous un prétexte peu spécieux, qu'ils n'avoient point fait de déclaration ni payé les droits. Il croyoit que ces voituriers aymeroient mieux souffrir cette exaction que de s'engager dans un procès; mais, s'estant trouvés dans des sentimens contraires, et le sieur Bagnaux ayant esté obligé de convenir que les marchandises qui s'achetoient dans la ville de Metz ne devoient aucun droit, et que, sur la route de Metz à Verdun, il n'avoit jamais eu ni bureau, ni commis, ni gardes, je le condamnay aux frais faits par ces rouliers, en les modérant néanmoins à très-peu de chose . . . . »

1083. *M. de la Berchère, intendant à Rouen,*
au Contrôleur général.

25 Mai 1692.

Il approuve le projet de déclaration dressé pour les îles, îlots et autres biens-fonds compris dans la déclaration de 1683.

«L'expédient que l'on propose à l'égard des inféodations faites par les seigneurs particuliers et pour les redevances qui leur sont dues, qui est de confirmer lesdits seigneurs dans la jouissance de leurs fiefs et redevances en payant sur le pied du dixième de la valeur de leurs fiefs, droits et redevances, et en mesme temps, de déduire sur l'estimation qui sera faite de la valeur des biens les droits de fiefs et les redevances dues aux seigneurs, pour fixer ensuite la taxe des tenanciers sur un pied que, tant ce qu'ils payeront au Roy que les droits et redevances qu'ils payeront aux seigneurs particuliers ne reviennent qu'à la mesme chose qu'ils seroient obligés de payer au Roy, s'il n'y avoit point de seigneur particulier, me paroist aussy devoir estre suivi . . . . »

1084. *Le Contrôleur général*
à M. de Bâville, intendant en Languedoc.

27 Mai 1692.

«J'ay examiné le projet d'arrest que vous m'avez envoyé pour faire compter par-devant vous les receveurs généraux des domaines des généralités de Toulouse et de Montpellier. J'ay trouvé qu'il n'estoit guère des règles de faire compter des receveurs généraux par-devant MM. les intendans. L'ordre est qu'ils comptent par estat au bureau des finances, et ensuite dans les Chambres des comptes. Il estoit mesme ordonné par l'édit de création de ces charges qu'ils compteroient par estat au Conseil; on en dispense ceux qui rendent leurs comptes dans d'autres Chambres des comptes que celle de Paris, à cause de l'embarras que leur auroit causé l'obligation de faire apporter leurs acquits et les faire ensuite reporter dans les Chambres des comptes où ils ressortissent; mais on les a obligés en mesme temps d'envoyer au Conseil des doubles de leurs estats arrestés au bureau des finances, ce qui me paroist une précaution suffisante; joint que d'ailleurs ces officiers ne recevant que le fonds des charges locales et autres dépenses assignées sur le domaine, dont ils ne manient le plus souvent que les acquits, il ne peut arriver qu'il leur reste aucuns fonds. . . . . »

1085. *M. de Pomereu de la Bretèche, intendant à Alençon,*
au Contrôleur général.

2 Juin 1692.

Le sieur Thiboust demande la permission de créer dans sa terre du Grez, élection de Falaise, une verrerie et un four à chaux. Ces deux établissements devant être utiles au public, il y a lieu de les autoriser, malgré le voisinage de la forêt de Monthaire et les défenses précises de l'ordonnance de 1669.

1086. *Le Contrôleur général*
à M. Amelot, ambassadeur en Suisse.

4 Juin 1692.

«Le Roy ayant fait rendre un arrest pour empescher l'entrée des toiles des pays étrangers dans son royaume par autres villes que celles de Lyon et de Rouen, et pour en augmenter les droits, à l'exception de celles du cru et fabrique des Suisses, dont les privilèges sont conservés, j'ay esté bien ayse de vous en envoyer un exemplaire, que vous trouverez cy-joint, afin que vous ayez agréable de leur faire connoistre le soin que S. M. a eu de prévenir ce qu'ils auroient pu luy demander pour leurs intérests en cette occasion; et, comme quelques-uns de ceux qui négocient de ce costé-là ont représenté que cette nécessité de passer par Lyon pourroit gesner le commerce des Suisses, et particulièrement le débit qu'ils font de leurs toiles en Alsace, j'ay cru devoir aussy vous observer que, quand on a choisi la ville de Lyon pour l'entrée des toiles, on a eu en vue de favoriser les Suisses, parce qu'on sait que c'est dans la mesme ville qu'ils font tous leurs envoys pour la France. On n'en pourroit donc choisir une qui leur convinst mieux, ni où ils ayent un commerce plus ordinaire. A l'égard de l'Alsace, ils n'y envoyent qu'une petite quantité à droiture; et, bien loin que leur commerce diminue en passant par Lyon pour cette province, il y augmentera, parce que le bon marché luy fera préférer, ainsy qu'aux autres provinces circonvoisines du royaume, les toiles des Suisses à celles des pays étrangers, qui seront beaucoup plus chères, par les droits dont elles seront chargées; outre que l'entrée des marchandises des pays ennemis a esté encore défendue, pendant la guerre, par une ordonnance que S. M. a fait renouveler et publier depuis peu à toutes les frontières de ces Estats. Il estoit nécessaire que vous fussiez instruit de ce détail, pour répondre aux difficultés qu'on pourroit vous faire sur ce sujet; et, si on en ajoute d'autres, je vous prie d'en prendre les mémoires et de me les envoyer, avec tous les éclaircissemens que vous pourrez trouver sur les lieux, afin que je puisse en rendre compte au Roy et vous faire savoir ensuite les intentions de S. M.* »

* Cette mesure coïncidait avec la prohibition absolue de toutes les provenances d'Allemagne, sauf les chevaux. (Voir plusieurs lettres écrites, à la date du 20 mars, aux administrateurs des provinces frontières.) La liberté du commerce n'était plus maintenue qu'avec Gênes et Venise. (Lettres du 30 janvier, au sieur Héron, et du 25 septembre, au consul de Smyrne.) — Sur les privilèges accordés aux commerçants suisses, et sur la nécessité de restreindre ces privilèges aux seuls marchands établis à Lyon, voir, au 9 août 1694, un mémoire du sieur Degrassy, directeur de la douane de cette ville.

1087. *M. Foucault, intendant à Caen,*
au Contrôleur général.

14 Juin 1692.

« Je me suis rendu en toute diligence à Caen, sur les avis qui m'avoient esté donnés que les anciens catholiques de cette ville murmuroient contre les religionnaires, qui ne font pas la vingtième partie des habitans, et les menaçoient de mettre le feu à leurs maisons, se prenant à eux du malheur arrivé à nos vaisseaux et les accusant d'avoir donné des avis au prince d'Orange; mais tout a esté apaisé, et j'ay pris des précautions pour empescher que ces murmures n'ayent les suites que l'on en pouvoit craindre, ayant recommandé au lieutenant de Roy de la ville, aux magistrats et aux échevins d'avertir les bourgeois de se contenir et de faire punir sévèrement et sur-le-champ les auteurs du désordre, s'il en arrivoit quelqu'un. J'ay mesme mandé plusieurs des principaux nouveaux catholiques, que j'ay rassurés en leur promettant toute la protection qu'ils doivent attendre, pourvu qu'ils se montrent bons et fidèles serviteurs du Roy*.

« A l'égard des autres villes et paroisses où il y a des religionnaires, ils n'y sont pas en assez grand nombre pour craindre qu'ils osent faire une entreprise d'éclat; les catholiques leur courroient d'abord sus, et il ne peut y avoir que quelques particuliers qui pourroient donner des avis de ce qui se passe dans la province à leurs parens et amis réfugiés en Angleterre et en Hollande; et tout ce que l'on peut faire est d'éclairer la conduite de ceux dont on se défie dans chaque canton, et surtout de veiller à ce qui se passe sur la coste. Je la visiteray souvent moy-mesme cet été, et vous rendray compte de tout ce que j'auray découvert. »

* Voir, à la date du 8 mai, la plainte portée par un nouveau converti de Caen contre M. Foucault, qu'il accusait de lui avoir enlevé ses enfants.

1088. *M. de Bérulle, intendant à Lyon,*
au Contrôleur général.

17 Juin 1692.

Mémoire sur les moyens de garantir les fermiers des octrois de Bourgogne contre l'usage abusif des passe-ports du Roi, et sur les réformes à faire dans la perception des droits de péage de la Saône*.

* M. de Creil, intendant à Orléans, rend compte, le 31 juillet suivant, de l'état de la navigation de l'Eure entre Orléans et Maintenon et des péages qui se lèvent sur cette rivière.

1089. *M. de Suduiraut,*
premier président de la Cour des aides de Guyenne,
au Contrôleur général.

18 Juin 1692.

Les particuliers qui ont de l'argent comptant aiment mieux le garder, pour profiter des circonstances et acheter à bon compte des biens-fonds, que de le mettre dans le commerce ou de le prêter. Il serait donc utile de suspendre le retrait lignager et les décrets tant que durera la guerre, sauf aux créanciers à mettre en bail judiciaire les biens saisis, ou à en prendre les fruits.

1090. *M. de Miroménil, intendant à Tours,*
au Contrôleur général.

19 Juin 1692.

« Vous ne serez point fasché que j'ose prendre la liberté de vous dire qu'à force de veiller à augmenter la manufacture des salpestres, la fourniture, qui ne se faisoit dans le magasin de Tours que de vingt-cinq milliers par an, va aujourd'huy à vingt-deux milliers par mois, non compris un autre magasin qui est à Chinon et lequel a augmenté à proportion, en sorte qu'il se tire aujourd'huy plus de six cents milliers de salpestre dans la généralité*. »

* L'année suivante, comme les trésoriers de France, malgré les ordres donnés à ce sujet, inquiétaient pour le payement du droit d'alignement les propriétaires dont les salpêtriers démolissaient les bâtiments, M. de Miroménil réduisit le montant du droit à un sixième de

ce qu'il était primitivement, c'est-à-dire à 2# 10 s. (Lettres du 10 mars et du 2 mai 1693.)

1091. *M. d'Herbigny, intendant à Montauban,*
au Contrôleur général.

26 Juin 1692.

Les évêques et les receveurs des tailles ont été avertis qu'ils seraient chargés de distribuer suivant les besoins de chaque canton les secours accordés par le Roi sur les fonds de la recette générale.

Le blé vaut jusqu'à 32# le setier de trois cent soixante livres, du côté de Figeac, et 13 à 14# en Rouergue.

Les brouillards et les pluies ont compromis la récolte, de même que la gelée ou la grêle avaient frappé les vignes et les châtaigniers.

On travaille à dresser les états de la taxe de 200,000# imposée aux marchands et artisans, mais cette somme est beaucoup trop forte, et on souhaiterait que la moitié fût convertie en une imposition sur la province.

«Je n'ose vous proposer absolument ce parti, les impositions estant si fortes et augmentant tous les jours, par les réunions qui se font aux corps des communautés. J'auray seulement l'honneur de vous représenter deux raisons assez importantes qui peuvent y porter : l'une est que, sans cela, le recouvrement sera très-difficile et ruineux pour les marchands et artisans; l'autre est qu'enfin il faudra bien qu'ils retrouvent dans la vente de leurs marchandises et de leurs ouvrages une partie de ce qu'ils auront payé, et que pour cela ils vendent plus cher qu'auparavant; en sorte que le public a intérest de soulager ces sortes de gens, mesme à ses propres dépens.»

Les communautés ont aussi besoin de s'imposer pour racheter les offices de procureurs du Roi, de jurés crieurs, etc., et, si l'on pouvait faire ces impositions sur le même rôle que la taille, ce serait éviter des frais.

Les receveurs des tailles se chargeront de vendre les offices de greffiers des baptêmes; mais ils ne trouveront point d'acheteurs, et ils sont déjà accablés, tant par la difficulté des recouvrements que par l'acquisition des offices de receveurs des octrois et par celle du denier et demi pour livre qui vient de leur être attribué.

1092. *Le Contrôleur général*
à M. Parisot, procureur général au Parlement de Bourgogne.

2 Juillet 1692.

«Pour réponse à la lettre que vous m'avez écrite le 23 juin dernier, au sujet des trois procès criminels dont vous poursuivez l'instruction à vostre requeste, il me paroist que la voye de faire assigner les témoins est plus régulière et sera mesme sujette à moins de frais, que ne seroit celle de faire transporter des commissaires du Parlement pour les entendre; mais il faut observer de n'en faire venir que le nombre qui sera nécessaire pour l'instruction. D'ailleurs, je dois vous observer qu'y ayant un de ces trois procès pour faux-saunage, il me semble que l'instruction en devroit estre faite aux frais du fermier des gabelles, lequel profitera des amendes adjugées contre les faux-sauniers. Cependant, c'est à juger si ce procès doit estre instruit aux frais de S. M.*»

* Comparer une lettre écrite à M. de Malezieu, intendant sur la frontière de Champagne, le 15 janvier précédent.

1093. *M. Bossuet, intendant à Soissons,*
au Contrôleur général.

6 Juillet 1692.

Il est vrai, ainsi que s'en plaignent les échevins de Noyon, que cette ville a été abandonnée par une grande partie des contribuables. La désertion est presque générale depuis la guerre; dès le 19 février 1691, il avait fallu rendre une ordonnance portant que ceux des habitants qui avaient délogé depuis un an seraient tenus de revenir dans la huitaine et de mettre leurs maisons en état de loger les gens de guerre, faute de quoi les troupes seraient placées à leurs dépens chez les cabaretiers ou ailleurs, et les locataires des maisons dont les propriétaires seraient absents payeraient les frais de l'ustensile et du logement, à déduire sur le montant de leurs loyers.

1094. *M. Pinon, premier président du bureau des finances de Paris,*
au Contrôleur général.

8 Juillet 1692.

Il justifie l'ordonnance rendue par le bureau pour la suppression des saillies et coudes d'une maison à reconstruire dans la rue Saint-Germain. Le propriétaire allègue que l'élargissement projeté de la rue l'obligera plus tard à retrancher une partie de sa façade, et qu'on ne doit pas lui faire devancer cette époque.

«Nous avons considéré ce nouveau plan de la ville levé par le maistre des œuvres d'icelle comme un de ces grands desseins qu'il faut des siècles pour exécuter, et qui bien souvent ne le sont jamais dans toutes leurs parties, et enfin, qu'il seroit d'une dangereuse conséquence, puisqu'il fourniroit un prétexte aux particuliers pour ne plus supprimer leurs avances et saillies, ni redresser les plis et les coudes qui se trouveroient à leurs maisons, n'y ayant point de quartiers et fort peu de rues qui ne soient dans ce dessein presque général de retranchement. . . . .

«Je vous supplie d'agréer qu'en finissant cette lettre, je vous représente que ces retranchemens font une des principales fonctions de nos charges, que M. le prévost des marchands et officiers de cette ville se sont arrogée depuis peu d'années sans titre, et que nous espérons de vostre justice de nous y voir rétablir, lorsqu'il plaira au Roy d'en faire continuer le dessein.»

1095. *M.* de la *Reynie, lieutenant général de police à Paris,*
au Contrôleur général.

8 Juillet 1692.

«Je vous renvoye la lettre de M. de Creil, que j'ay reçue avec celle que vous m'avez fait l'honneur de m'écrire du 5 de ce mois, touchant les nommés Blanchet d'Orléans. Il n'est pas impossible que leurs affaires ne soient en mauvais estat et que le désordre où ils peuvent estre ne procède aussy d'ailleurs que de leur détention; mais, quand il seroit vray qu'elle en seroit la seule cause, elle n'en seroit pas moins juste, et cela mesme serviroit à l'exemple que vous avez eu intention de faire. Cependant, comme les contre-temps et les autres mécomptes qu'il y a eu dans cette affaire et la fermeté que les Blanchet ont eue ont couvert leurs complices et empesché que vous ayez connu toute l'étendue de la faute, il semble qu'il est impossible d'y faire un plus grand progrès à l'avenir, et, par les raisons que j'ay expliquées dans le mémoire que j'ay eu l'honneur de vous envoyer le 29 de may dernier, au sujet du placet du nommé Carel, prisonnier pour la mesme affaire, j'estimerois qu'à cette heure M. de Creil pourroit la terminer à l'égard des Blanchet, en la jugeant luy-mesme et en déclarant la peine encourue, qui est portée par les arrests du Conseil contre ceux qui se trouvent saisis ou qui auront fait commerce de draps de layne de fabrique étrangère; et, s'il vous plaisoit de luy écrire qu'il est nécessaire pour cela qu'il vous propose la manière dont il feroit estat de finir cette affaire à l'égard de la condamnation d'amende, cela ne seroit peut-estre pas inutile, parce que, encore que la faute soit prouvée, il convient néanmoins de garder quelque forme, et que le jugement qui interviendra soit rendu sur la poursuite de quelqu'un, comme pourroit estre le commis des manufactures, au défaut de la partie publique.

«Quant au fait de la faillite prétendue, feinte ou véritable, il semble que la connoissance en doit estre laissée aux juges ordinaires et que M. de Creil n'y doit point entrer, d'autant moins que la conduite des Blanchet n'a pas esté assez bonne pour mériter un secours si extraordinaire; et la protection que M. de Creil pourroit leur donner en cette occasion, quoyque ce fust dans une bonne vue, feroit sans doute un mauvais effet à l'égard du public*.»

* Arrêtés par lettre de cachet et détenus pendant sept mois, les deux marchands n'avaient pu empêcher que leur faillite fût déclarée, et M. de Creil, en se chargeant des inventaires et des procédures, voulait épargner les frais. Le jugement, rendu sous la présidence de M. de Creil, aboutit, sauf une légère amende, à l'absolution complète, et encore fallut-il que l'intendant fît recommencer trois fois la délibération des magistrats du présidial pour obtenir la condamnation à une amende. En effet, il était prouvé, par un certificat des jurés drapiers de Paris, que l'on continuait à y tolérer la vente des draps étrangers venus avant les arrêts et marqués régulièrement, comme l'étaient les pièces saisies à Orléans. (Lettres de M. de Creil, 2, 7, 12 juillet, 13 août.)

1096. *M. Phélypeaux, intendant à Paris,*
au Contrôleur général.

9 Juillet 1692.

Le château de Melun se trouve dans un tel état de dégradation, que les réparations dépasseraient 4,000^{tt}, et, comme ces ruines ne sont d'aucune utilité, il n'y a pas d'inconvénient à permettre aux échevins de faire vendre la couverture et les matériaux des combles et du donjon, pour en appliquer le produit à la restauration du pont de leur ville*.

* Caen, 30 décembre 1691 : rapport de M. Foucault sur l'état du château de Saint-Sauveur-le-Vicomte, et projet de transformer cet édifice en hôpital.

Paris, 25 juillet 1693 : rapport de M. Phélypeaux et devis de l'architecte Bruand pour la réparation du château de Pontoise.

1097. *Le Contrôleur général*
à M. Chauvelin, intendant à Amiens.

12 Juillet 1692.

«Le nommé Maressal, marchand à Saint-Valery, propose d'établir une manufacture de draps fins, façon de Hollande, d'Angleterre et d'Espagne, en la ville de Saint-Omer, et le sieur Imbert me mande que les échevins de cette ville vous ont écrit sur ce sujet. Je vous envoye le mémoire des propositions que ce marchand fait et des privilèges qu'il demande pour cet établissement, afin que vous preniez la peine de les examiner, en vous observant qu'il y a déjà un grand nombre de manufactures de draps établies en France; qu'il est peut-estre à craindre que le trop grand nombre n'introduise le relaschement dans la fabrique; que, d'ailleurs, Saint-Omer estant sur la frontière, cet établissement pourroit donner lieu à faire passer des marchandises de Hollande et d'Angleterre sous le titre de cette manufacture; et qu'au surplus l'on demande par ce mémoire bien des privilèges que le Roy n'accorde pas ordinairement. Je vous prie de me donner sur le tout vostre avis*.

«Les six premiers mois de la présente année estant expirés, je vous prie de vous faire rendre compte, par les commis préposés pour empescher l'entrée des marchandises étrangères dans le royaume, de celles vendues dans vostre département pendant ces six premiers mois, à la charge d'estre transportées hors du royaume, conformément à l'arrest du 15 décembre dernier; comme aussy de continuer de vous faire rendre compte de toutes celles qui ont esté vendues à la mesme condition jusqu'au dernier décembre 1691, ainsy que je vous ay mandé par une de mes précédentes.»

* Le sieur Ricouard demandait un privilège pour établir à Abbeville une manufacture de ratines de Hollande, de draps d'Elbeuf et d'autres draperies que ne fabriquaient point les Vanrobais. — Le sieur Boistel proposait de même de fonder une manufacture de mocades à Amiens, en concurrence avec celles d'Abbeville. (Lettres du 9 octobre et du 15 novembre.) — Une manufacture de coutils s'était établie aussi à Abbeville. (Lettre du 9 décembre 1691, à M. Chauvelin.)

A Bayonne, le sieur Daguerre avait offert d'établir une fabrique de toiles, façon de Hollande; mais il demandait le privilége exclusif, ce que le Roi n'accordait que pour des inventions nouvelles ou non connues dans le pays. (Lettre du 30 décembre 1691, à M. de Bezons.) Cependant, un fabricant de dentelles de Malines obtint un privilége de cette nature pour s'établir à Villiers-le-Bel, bien que la fabrication y fût déjà pratiquée généralement. (Lettre du 19 juillet 1692, à l'intendant de Paris.)

1098. *M. d'Ableiges, intendant en Auvergne,*
au Contrôleur général.

14 Juillet 1692.

Il donne son avis sur deux propositions : l'une de rendre la rivière de Sioule navigable, et l'autre d'établir une corderie pour la marine à Gannat, ou plutôt à Vichy.

1099. *M. Larcher, intendant en Champagne,*
au Contrôleur général.

17 Juillet 1692.

Un prisonnier de guerre allemand, interné depuis trois ans à Reims, propose d'organiser régulièrement le ramonage des cheminées dans toute la France.

Chaque ville a généralement un maître Savoyard, au profit duquel travaillent les petits ramoneurs. Ceux-ci gagnant environ 4 ou 5 sols par cheminée chaque année, le profit total peut monter à près de 4 millions; et, comme il n'est pas juste que les maîtres conservent ce monopole aux dépens des ramoneurs, on pourrait établir les premiers à poste fixe dans chaque endroit, avec un certain nombre de petits Savoyards, et rendre le ramonage obligatoire, à raison de 5 sols par cheminée, dont une moitié appartiendrait au maître et à ses ouvriers, et l'autre au Roi.

1100. *Le Contrôleur général*
à M. de Châteaurenard, intendant à Moulins.

19 Juillet et 15 Août 1692.

Il demande des renseignements sur la situation et les produits de la manufacture de fer-blanc établie en Nivernais, en l'année 1665, avec un privilége de trente ans*. Il désire savoir si les concessionnaires se sont conformés aux conditions de ce privilége, particulièrement s'ils ont livré, après les vingt premières années, le secret de leur fabrication à dix des principaux ouvriers, et si une partie de la subvention royale a été employée en terres.

* Enquêtes analogues sur l'état des manufactures de la Flandre française ou de la Normandie, sur la fabrication des savons, etc. (Lettres du 16 mai et du 4 juin, au sieur Merveilhaud (Flandre); du 31 août et du 15 novembre, à M. de la Berchère (Rouen) et au commis de ce département; du 19 juillet, à MM. Lebret, de la Berchère, de Bagnols, etc.)

1101. *M. de Bezons, intendant à Bordeaux,*
au Contrôleur général.

5 Août 1692.

« J'apprends que les intéressés aux fermes ont tiré entre eux les lots touchant les employs desquels ils doivent disposer, et, comme il me paroist qu'il y a un directeur dans la ferme de la traite d'Abzac qui se nomme M. Bachelier, qui s'acquitte bien de cet employ, lequel est habile et intelligent, j'ay cru devoir vous rendre ce témoignage, afin que, si vous trouviez à propos, vous fissiez dire aux intéressés dans les fermes qu'il est nécessaire qu'il reste dans cet employ, parce qu'il le fait bien. L'expérience me fait connoistre qu'il est nécessaire qu'il y ayt de bons directeurs pour que les fermes aillent bien. C'est ce qui m'a obligé d'avoir l'honneur de vous écrire sur ce sujet. »

1102. *Le Contrôleur général*
aux Intendants.

6 Août 1692.

« Vous avez vu, par les lettres que je vous ay écrites les années passées, au sujet de l'adjudication des étapes de vostre généralité, que rien ne peut tant contribuer à la rendre avantageuse au Roy que de la conclure de bonne heure, et de faire en sorte qu'il y ayt au moins trois ou quatre personnes qui paroissent avoir envie de prendre le marché de cette fourniture, les jours que vous aurez destinés pour recevoir les rabais. C'est ce que l'expérience a encore justifié cette année en différentes provinces, et ce qui détermine maintenant S. M. à désirer que l'adjudication de vostre département soit faite et conclue définitivement avant le 15 octobre de l'année courante.

« Il faut à cet effet qu'aussitost que vous aurez reçu cette lettre, vous indiquiez par de premières publications le temps à peu près que vous ferez cette adjudication; que cependant vous vous informiez du prix des denrées de chaque lieu de passage, vous adressant pour cela à des personnes de confiance, outre les maires et échevins, qui pourroient estre de concert avec les entrepreneurs des étapes ou ceux qui ont dessein de l'estre; et, sur les différens mémoires du prix des denrées, vous ferez dresser un estat certain du prix auquel reviendra chaque ration d'étape dans les lieux de passage et par un pied commun dans toute vostre généralité, lequel estat vous m'enverrez dans un mois au plus tard.

« Et quand, aux jours précisément indiqués par les dernières publications, vous aurez épuisé les rabais, vous observerez de m'informer de ceux qui vous paroistront les plus avantageux, afin que, s'il ne se trouve pas d'autre personne icy qui veuille faire la condition du Roy meilleure, vous puissiez conclure et m'envoyer l'adjudication, pour la faire confirmer par S. M.* »

* Voir deux autres circulaires, des 8 et 15 octobre, sur l'établissement des sous-étapiers. — Pour plusieurs généralités, les adjudications furent faites à Paris même et par le contrôleur général; mais,

comme ces traités ne purent être conclus que très-tard, les anciens soumissionnaires furent invités à continuer momentanément la fourniture. (Lettre du 15 décembre, à divers intendants.) La nouvelle compagnie ne commença son établissement qu'à la fin de l'année. Elle était composée, dit le contrôleur général, de gens honnêtes et solvables, et avait pris les traités à un rabais considérable. (Lettre du 29 décembre, à M. de Creil, intendant à Orléans.)

Le 23 octobre de la même année, M. de Grignan proposait d'organiser le système des étapiers en Provence, où la fourniture se faisait encore par les habitants, contre remboursement de ceux-ci par les communautés et des communautés par la province.

1103. *M. DE LA BERCHÈRE, intendant à Rouen,*
AU CONTRÔLEUR GÉNÉRAL.

12 Août 1692.

Philippe Mendez, juif portugais, qui a fait une fortune de 4 ou 500,000# depuis son établissement à Rouen, demande un passe-port pour aller en Flandre avec sa femme et ses enfants; mais, comme il ne manquerait pas d'emporter son argent à l'étranger, la permission ne saurait lui être accordée tout au plus que s'il donne une somme au profit du Roi.

1104. *LE CONTRÔLEUR GÉNÉRAL*
à M. l'Archevêque de Lyon.

15 Août 1692.

«.....Au sujet de la requeste qui vous a esté présentée par les marchands et maistres futainiers de la ville de Lyon, je vous diray que S. M., en augmentant les droits sur le coton filé qui entre en France, n'a eu autre chose en vue que l'avantage des peuples et de procurer à plusieurs pauvres gens sans métier, sans employ et incapables de toute autre chose, soit par leurs infirmités ou autrement, le moyen de gagner leur vie en s'employant à filer du coton, dans les lieux où il y a des manufactures d'étoffes de cette matière, comme il se pratique dans les lieux des manufactures de layne et de fil. Et ainsy, ceux qui vous ont présenté cette requeste n'ont pas lieu de se plaindre de cette imposition, puisqu'ils peuvent faire venir des cotons non filés, dont les droits ne sont pas augmentés, et les faire filer dans le pays, ce qui sera la mesme chose pour eux que s'ils les achetoient tout filés; et, outre cela, ils feront dans la province le bien que le Roy a eu l'intention d'y procurer, en y conservant l'argent que cousteroit le coton filé plus que le non filé, et en le répandant parmy ceux qui n'en ont point et qui s'appliqueront à filer du coton. C'est ce que je vous prie de leur faire entendre.»

1105. *M. LEBRET, intendant en Provence,*
AU CONTRÔLEUR GÉNÉRAL.

30 Août et 2 Septembre 1692.

Conformément aux ordres précis qui ont été donnés de ne point laisser sortir les grains de la Provence, on a refusé au vice-légat la permission de tirer d'Arles mille charges de blé que les consuls d'Avignon y avaient achetées.

Une sédition a eu lieu à Tarascon, et des convois de blé qu'on préparait pour le transport ont été pillés.

* L'exportation à l'étranger fut suspendue par ordonnance du 13 septembre. (Lettre de M. d'Audiffret, de Marseille, 1er octobre.)

1106. *M. DE MIROMÉNIL, intendant à Tours,*
AU CONTRÔLEUR GÉNÉRAL.

31 Août 1692.

«..... Les solidités (en matière d'impost du sel) procèdent de deux causes : l'une, de ce que les coqs de paroisse font toujours tomber la collecte sur des malheureux, et, en ce cas, personne ne peut plus justement qu'eux supporter l'événement qui suit cette affectation. La seconde cause vient de ce que les pays d'impost estant limitrophes de la Bretagne, où les contraintes ne pouvoient autrefois estre exercées, il en arrivoit que les collecteurs, mesme les plus solvables, s'y retiroient pour s'en mettre à couvert; mais, présentement que vous avez apporté remède à ce mal en faisant expédier, au mois de may dernier, un arrest qui permet d'exercer ces contraintes en Bretagne, tous inconvénieus sont levés à cet égard, et je crois qu'il seroit extrêmement dangereux pour les paroisses d'accorder légèrement, et sans une discussion exacte de la solvabilité des collecteurs, les réimpositions dans ces sortes de cas, et peut-estre encore plus dans le cas de l'insolvabilité notoire des collecteurs..... Nous ne laissons pas néanmoins, lorsqu'il y a apparence de justice, de continuer ces rejets cy-devant accordés par les intendans qui nous ont précédé, pour des sommes peu considérables, et toujours sans dépens, les communautés estant d'ailleurs fort fatiguées par les chicanes qu'on leur suscite.»

1107. *M. FOUCAULT, intendant à Caen,*
AU CONTRÔLEUR GÉNÉRAL.

2 Septembre 1692.

La ville de Caen offre 40,000# au Roi et demande à se rembourser au moyen d'une augmentation temporaire des octrois; mais elle craint d'être plus tard obligée de donner encore une fois la même somme pour le rachat du droit de franc-alleu, qu'elle a déjà payé en 1674.

«A l'égard des autres petites villes, elles sont aussy remplies de bonne volonté et ne manquent que de moyens pour y satisfaire. Vous aurez agréable de voir par le mémoire cy-joint l'expédient que j'estime le plus propre pour leur procurer un avantage, en les mettant en estat d'effectuer leurs bonnes intentions pour le service du Roy.

«*Mémoire contenant les moyens de faciliter aux villes de la généralité de Caen le payement des sommes qu'elles offriront pour subvenir aux dépenses de la guerre.*

«Les petites villes de la généralité de Caen sont, pour la

plus grande partie, taillables; mais elles payent leurs tailles différemment, y en ayant plusieurs qui ont obtenu la faculté d'établir des droits de tarif sur les denrées et marchandises qui entrent et se consomment dans leurs villes, et, du prix des adjudications desdits tarifs ou octroys, elles payent l'imposition de leur taille, qui est fixée par le Conseil et qui est augmentée ou diminuée tous les ans, suivant que le Conseil le juge à propos.

«Les autres villes qui n'ont pas obtenu ces octroys payent leur taille par imposition par teste, comme dans les paroisses de la campagne; et, comme il se rencontre dans ces villes plusieurs bourgeois et marchands qui souffrent avec impatience de se voir par ce moyen exposés à la jalousie ou vengeance des collecteurs, ce qui leur oste mesme la volonté naturelle d'augmenter leur commerce et ménager leurs biens, elles désirent avec beaucoup d'empressement de jouir des mesmes avantages des autres villes, qui payent leur taille par octroy, ce qui leur est beaucoup moins sensible et n'est porté qu'à proportion de la consommation et du commerce de chaque particulier. Pour obtenir cette grâce, elles feront des offres de sommes qu'elles payeront volontairement.

«A l'égard des villes de la première espèce, on observera que les ecclésiastiques, nobles et privilégiés y sont exempts desdits droits de tarif ou octroys, sous prétexte qu'ils tiennent lieu de la taille, dont ils sont exempts. En quoy ces privilégiés sont bien plus favorablement traités que dans les villes de Paris, Rouen, Caen et les principales du royaume, dans lesquelles les ecclésiastiques, nobles et privilégiés ne jouissent pas de ce mesme avantage, payant tous les droits de tarif et octroys comme les autres habitans; ce qui fait juger que, s'il plaisoit au Roy ordonner que tous les habitans de ces villes payassent indistinctement lesdits droits, le prix des adjudications en augmenteroit considérablement; et, comme ce seroit un soulagement pour les autres habitans, ils donneroient volontairement des sommes pour obtenir cette grâce, ou les adjudicataires feroient des avances pour jouir pendant deux ou trois ans des augmentations desdits droits, qui donneroient lieu dans la suite à augmenter l'imposition de ces villes au profit du Roy, ou à la décharge des paroisses de la campagne.

«L'exécution de ces propositions dans tout le royaume paroist avantageuse pour le Roy, qui en tirera des sommes considérables volontairement, et il semble que les habitans des villes et ceux de la campagne en recevront de l'utilité.

«Les premiers seront déchargés de l'imposition de la taille par teste, qui leur est onéreuse, et jouiront d'une entière liberté d'augmenter leur commerce, ménager et améliorer leurs biens, sans crainte d'estre augmentés à la taille.

«Les peuples de la campagne profiteront sur les biens que les habitans des villes y possèdent, et qu'ils seront obligés de leur bailler à ferme, n'ayant pas la liberté de les faire valoir, à moins d'estre imposés à la taille.

«Et, pour empescher que les peuples de la campagne ne se retirent dans les villes, il sera fait des rôles de ceux qui y estoient domiciliés dans l'année dernière 1691, lesquels seuls jouiront des privilèges qui leur seront accordés, sans qu'aucun de ceux de la campagne puisse à l'avenir y acquérir aucun droit de bourgeoisie.

«Les ecclésiastiques, nobles et privilégiés ne quitteront pas leur demeure dans les villes par la sujétion d'en payer les tarifs et octroys, y estant attachés par leurs bénéfices, charges, employs et commerce.»

1108. *M. de Bezons, intendant à Bordeaux,*
au Contrôleur général.

2 Septembre 1692.

Les deux villes de Bordeaux et de Bayonne seraient, par leurs revenus, en état d'offrir un don au Roi; mais, depuis le commencement de la guerre, Bordeaux a déjà donné 200,000 ††, puis 400,000 †† pour le retour du Parlement et 160,000 †† pour les charges municipales et pour celles de police, sans compter plusieurs autres dépenses, et il lui reste à peine de quoi payer les intérêts de ses dettes. C'est la ville du royaume où les droits sur la consommation sont le plus élevés, en raison de ces mêmes dettes, dont la principale a pour origine les expropriations de l'esplanade du Château-Trompette, qui ont monté à 2,800,000 ††. En outre, les marchands et artisans y payent 115,000 †† et les 2 sols pour livre pour les arts et métiers, et il y aura encore plus tard à traiter pour les francs-fiefs et le franc-alleu.

Quant à Bayonne, cette ville ne peut suffire à ses charges et au payement des créanciers, et elle souffre plus que toute autre de l'interruption du commerce.

1109. *M. le duc de Chaulnes, gouverneur de Bretagne,*
au Contrôleur général.

3 et 30 Septembre 1692.

Les difficultés qui se rencontrent pour ériger la statue équestre du Roi dans la ville de Nantes semblent si considérables, que la province accepterait volontiers que la statue fût offerte au Roi et placée soit à Versailles soit sur le nouveau pont du Louvre.

«Je me suis fait d'abord une opposition, parce que peut-estre le Roy croiroit, par sa bonté ordinaire, qu'il feroit quelque peine à cette province, s'il la privoit de la jouissance d'un bien qu'elle a souhaité avec tant d'empressement; mais je n'ay pas eu de peine à surmonter cette délicatesse, par la connoissance que j'ay que S. M. ne feroit aucune peine à la province, mais qu'au contraire il luy seroit bien plus glorieux et plus avantageux que cet ouvrage ornast une maison royale, où elle seroit à la vue, ce qui se peut dire, de tout l'univers, plutost que d'estre dans une ville reculée, comme est celle-cy, en vue à peu de personnes, où la province mesme ne peut avoir la satisfaction de jouir de la vue de la statue du Roy, par l'éloignement de Nantes.....

«C'est un ouvrage qui assurément se peut comparer à tous

ceux de l'antiquité, et, dans mon sens, je le crois au-dessus du Marc-Aurèle qui, depuis si longtemps, fait tant de bruit à Rome*.....»

* Sur le refus du Roi, le duc demanda que M. Mansart fût chargé de choisir lui-même l'emplacement qui conviendrait le mieux, soit à Nantes, soit à Rennes, où l'on avait déjà proposé de transporter la statue. (Lettre du 19 novembre.) Mais cette statue, avec les marbres et les bas-reliefs du piédestal, resta dans un atelier, et, en 1695, les États furent requis de faire payer au sculpteur Coyzevox les frais de loyer de l'atelier et à l'entrepreneur du transport les dépenses du voyage de Paris à Nantes. (Lettres de M. de Lavardin et de M. de Nointel, 9 octobre 1695.)

1110. *M. Lebret, intendant en Provence,*
au Contrôleur général.

4 Septembre 1692.

Il rappelle que M. de Seignelay, pour empêcher que certaines cabales ne portassent à l'échevinage de Marseille des sujets indignes ou incapables, avait réglé qu'on ne pourrait choisir que les gros négociants, et même avait fait destituer un premier échevin pour la seule raison qu'il n'appartenait pas au commerce. Plus tard, cet échevin s'étant fait rétablir, à l'insu de l'intendant et par un arrêt rendu sur commandement, les habitants ont élu l'année suivante un simple bourgeois, ce dont le gouverneur a raison de se plaindre.

«Si le Roy n'y met la main en nommant, de sa pure autorité et de trois en trois ans au moins, des échevins et des conseillers de ville de la qualité requise, la cabale des malintentionnés prendra tellement le dessus, que non-seulement les affaires de la ville, mais encore celles du commerce, qui sont infiniment plus importantes, tomberont en peu de temps dans le désordre.»

Il propose de destituer le dernier élu et de faire nommer par le Roi, sur une liste des principaux sujets, son remplaçant et les deux autres échevins, dont l'élection est prochaine, sans préjudice des élections suivantes.

D'autre part, il est indispensable que le gouverneur, dont l'autorité est suffisamment assurée par les deux citadelles, n'abuse pas de la perpétuité qui lui a été rendue, et qu'il trouve un contre-poids dans le pouvoir des échevins.

1111. *M. Lebret, intendant en Provence,*
au Contrôleur général.

4 Septembre 1692.

Les circonstances ne sont pas favorables pour obtenir que les principales villes de la province suivent l'exemple donné par les habitants de Rouen*.

La ville de Marseille, au lieu de voir réaliser les promesses que le Roi lui avait faites lors du don de 400,000#, a été contrainte de payer les deux offices de trésoriers plus cher que le traitant n'en était convenu, et les échevins sont persuadés qu'on les surcharge au delà de leurs forces, sur une fausse idée qu'ils sont dans l'abondance.

«Mais, quand il y auroit de la bonne volonté de la part des habitans, le pouvoir manqueroit : car cette ville, qui a payé il y a dix ou douze ans 3,000,000# de dettes, se trouve engagée depuis ce temps-là d'environ 500,000 écus. Ses revenus diminuent tous les jours par la misère du temps; les charges de trésoriers, procureurs du Roy, greffiers et courtiers de vin, nouvellement acquises des traitans à ma persuasion, ne sont pas encore payées, et je vous ay fait toucher au doigt que cette ville, qui ne peut se dispenser de faire des provisions de blé, est dans l'impuissance de contribuer comme vous le souhaitez, et comme je l'aurois moy-mesme désiré ardemment, à la dépense de la construction des casernes pour les soldats des galères. La ville d'Aix doit 16 à 1,700,000#; celle d'Arles doit plus de 1,000,000#; celle de Tarascon doit environ 600,000#. Par-dessus cela, l'ennemi est aux portes de Sisteron, qui brusle tous les villages de Dauphiné, et mesme ceux de Provence qui sont aux environs; nous sommes menacés d'une grande disette de blés; et, quand ces principales villes et toutes les autres de la province, qui ne trouvent pas les moyens de payer les charges de trésoriers, greffiers, procureurs du Roy et autres, voudroient, par leur zèle, surmonter toutes ces difficultés, il deviendroit inutile, par l'impossibilité où elles seroient de trouver de l'argent à emprunter. Je ne vois que la seule communauté de Toulon qui seroit plus en estat de faire quelque effort que toutes les autres**.....»

* La ville de Rouen venait de voter un nouveau don de 300,000#. (Lettre de M. de la Berchère, 9 août.)

** Les consuls de Toulon préféraient acheter les charges de maire perpétuel et d'assesseurs créées par l'édit du mois d'août, et M. Lebret leur proposa d'offrir 150,000#, moyennant quoi le Roi leur donnerait gratis ces charges; mais il ne réussit pas dans la négociation. (Lettres du 15 septembre et du 22 octobre.)

1112. *M. de la Reynie, lieutenant général de police à Paris,*
au Contrôleur général.

4 Septembre 1692.

Les gardes des six corps de marchands acceptent le nouveau tarif des droits de *domaine et barrage* que toutes les marchandises doivent payer à l'entrée de Paris.

«Ils croyent, et je le crois avec eux, qu'il est du bien du commerce en général que ce tarif soit conçu en des termes très-clairs, et que, nonobstant que les droits soient augmentés, le public ne laissera pas d'y trouver quelque soulagement, si, par ce moyen, on en retranche le prétexte d'une infinité de vexations et le prétexte d'augmenter encore à l'avenir ces nouveaux droits par de nouveaux abus, qui traversent et qui diminuent le commerce, et qui font, par cette diminution, un notable préjudice à d'autres droits de S. M. qui sont beaucoup plus considérables. La clarté et la netteté du tarif est d'autant plus à désirer, que, sur le moindre prétexte, les commis du fermier exigent du voiturier ou du marchand ce que bon leur semble, et que pour 5 sols, ni pour 10 sols, mesme pour une pistole, aucun d'eux en particulier ne s'avise de faire un procès en son nom à la Chambre du Trésor, et de s'exposer, en attendant, au dépérissement de ses marchandises..... »

1113. *Le Contrôleur général aux Intendants des généralités taillables.*

8 Septembre 1692.

Envoi des commissions pour l'imposition de la taille.

« Mes lettres des années passées et vostre propre expérience vous ont sans doute convaincu qu'une répartition équitable et proportionnée à la force de chaque paroisse contribue également à la facilité du recouvrement et au soulagement des peuples. Cependant, je ne puis m'empescher de vous dire que vous n'aurez pas tout le succès que vous pourriez attendre de vostre application à cet égard, si vous ne la portez encore plus loin, pour tascher de faire cesser dans les rôles des paroisses l'inégalité des cotes, causée d'ordinaire par la brigue et l'autorité des principaux habitans *..... »

* Plusieurs lettres circulaires de la même année ont trait à la préparation d'un règlement général des tailles.

1114. *M. Bouchu, intendant en Dauphiné, au Contrôleur général.*

11 Septembre 1692.

L'invasion ennemie a fait déserter les habitants, et tout le pays a été incendié; quatre villes seulement, dont Gap et Embrun, sont épargnées, et les commissaires du duc de Savoie leur demandent une contribution de 100,000# environ, sous peine de subir le même sort.

« Il reste 75,000#, ou environ, qu'il ne faut pas espérer que ces communautés puissent trouver à emprunter. La conséquence dont il est au Roy de conserver ces quatre endroits, non-seulement parce qu'il faudroit des siècles pour les rétablir, mais parce que l'incendie desdits lieux jettera S. M. dans des dépenses immenses et dans des difficultés inexprimables et peut-estre insurmontables à l'égard de la guerre d'Italie, m'auroit déjà fait avancer, suivant le conseil de M. de Catinat, ces sommes à ces communautés par le receveur particulier des tailles de l'élection de Gap, si les ennemis avoient voulu faire des traités par écrit; mais ils ne veulent les faire que verbalement, de sorte que mondit sieur de Catinat a cru jusqu'à présent, comme moy, qu'ils n'en usoient pas de bonne foy, et qu'après le payement de ces sommes, ces lieux ne se trouveroient pas moins exposés aux rigueurs de la guerre..... Cependant, j'espère que S. M. ne désapprouvera pas, au cas que le délay que les ennemis accorderont pour le payement de ces contributions ne permette pas d'attendre vostre réponse, et soit qu'ils veuillent signer des traités ou non, que je fasse faire ces avances, en prenant la précaution de les mettre sous le nom de quelques personnes interposées, comme si c'estoient elles qui prestassent, pour éviter les conséquences dont il pourroit estre de faire paroistre que cet argent vient des deniers du Roy, tant à l'égard des ennemis, qui, en d'autres cas pareils, proposeroient des conditions beaucoup plus dures, qu'à l'égard des peuples, qui, s'appuyant sur ce secours, ne feroient plus rien d'eux-mesmes en de semblables occasions *..... »

* Les ennemis, sans attendre le résultat des négociations, brûlèrent toutes les moissons et mirent enfin le feu à la ville de Gap. (Lettre de l'évêque de cette ville, du 26 octobre.) Celle d'Embrun, ayant fourni d'elle-même la contribution, fut seulement démantelée, et les alliés retinrent 28,000# que M. Bouchu envoyait pour aider au payement, en forme de contribution personnelle de M. l'archevêque d'Embrun. (Lettres des 12, 19 et 21 septembre, 2 octobre et 18 novembre.)

M. de Vauban, chargé d'inspecter les fortifications de cette frontière, écrit d'Embrun, le 30 novembre : « ..... La suite de mon voyage m'a conduit dans le plus malheureux pays du royaume, dont la plus grande partie est bruslée, où les ennemis ont fourragé et gasté toutes les récoltes, et où on n'a que peu ou point semé. Les maladies et la faim tuent et tueront les trois quarts des peuples de l'Embrunois et du Gapençois devant la fin de may prochain, si le Roy, par sa bonté, ne leur fait donner ou prester quelque quantité de blé. Quatre ou cinq mille setiers répandus à propos les tireroient d'affaire..... J'oseray vous dire que, de toutes les misères que j'ay vues en ma vie, aucune ne m'a tant touché que celle-cy..... »

Pour la récapitulation des pertes subies par le pays et la discussion des mesures propres à les réparer, voir les lettres du 19 novembre, du 6 décembre, du 1er février 1693 et du 1er mars. Dans celle du 1er février, M. Bouchu demande que, sur les 50,000# payées par la ville d'Embrun aux ennemis, un tiers soit mis à la charge du clergé séculier et le reste à celle des taillables, sauf 3,000# payables par le clergé régulier et 4,000# par les habitants imposés pour l'industrie ou les facultés mobilières. Pareille répartition s'était déjà faite en 1629, après une épidémie contagieuse.

1115. *Le Contrôleur général à M. de Bâville, intendant en Languedoc.*

14 Septembre 1692.

« J'ay esté bien ayse d'apprendre par vostre lettre du 19 du mois passé et par l'estat du produit de la foire de Beaucaire qu'il s'y est fait un plus gros débit cette année que les précédentes *. Comme cela vient de ce que les manufactures sont en meilleur estat et de ce que les ouvriers travaillent avec plus de soin, je vous prie de tenir la main à ce qu'ils ne se relaschent pas, mais au contraire s'appliquent de plus en plus à bonifier et perfectionner leurs étoffes, dont la bonté et la perfection tournent à leur profit, puisque plus elles sont parfaites et plus ils en vendent. Vous me ferez plaisir de m'informer de temps en temps de l'estat de ces manufactures et des soins que vous prendrez pour en maintenir la réputation. Je ne manqueray pas d'en rendre compte au Roy et de faire valoir vos services dans une chose que S. M. a si fort à cœur. »

* Dès le commencement de l'année (9 janvier), il écrivait à l'intendant de Montauban que les produits des manufactures augmentaient chaque jour.

M. Foucault (Caen, 26 août) fait aussi un rapport favorable sur les marchandises apportées à Guibray, représentant une valeur de 7,800,000#, et sur les résultats de la foire. — Sur celle de Reims, voir deux lettres du contrôleur général au sieur Blampignon, commis inspecteur (25 septembre et 15 novembre).

1116. *M.* DE GRIGNAN, *lieutenant général en Provence,*
au CONTRÔLEUR GÉNÉRAL.

15 Septembre 1692.

Il recommande les projets qu'un gentilhomme provençal, nommé Bellanger, veut communiquer au Roi ou aux ministres, en matière d'impôts et de levée de troupes*.

* M. le président de Galliffet transmet pareillement diverses propositions : un moyen de convertir le son en farine; un projet de privilége pour le transport des fruits et du savon de Provence à Paris; une recherche de domaines ou de droits usurpés, etc. (Lettres des 1er, 16, 21 septembre et 14 novembre.)

L'année précédente, en Béarn, M. de Préchac recommandait un habitant du pays, qui avait préparé et même présenté autrefois à Colbert un plan pour enlever le Pérou aux Espagnols et y établir la domination française. (Lettre du 27 novembre 1691.)

1117. *M.* DE LA FOND, *intendant en Franche-Comté,*
au CONTRÔLEUR GÉNÉRAL.

17 Septembre 1692.

Les mayeur et échevins d'Ornans demandent au Roi la même grâce qui a été accordée en 1685 à la ville de Pontarlier, de réunir la justice de leur châtellenie à la mairie. Le château ayant été démoli, il n'y a plus lieu de maintenir la charge de juge-châtelain, à laquelle le capitaine commettait un praticien.

«Cette petite grâce ne porte aucun préjudice aux droits du Roy. Au contraire, par cette réunion les fermiers du domaine demeureront déchargés de payer annuellement des appointemens à un juge, à un procureur d'office et à un greffier; d'ailleurs, il est certain que ce sera un avantage et un soulagement très-considérable pour une infinité de pauvres paysans qui demeurent dans les villages dépendans de ladite chastellenie, lesquels, au lieu de recevoir une bonne et prompte justice, sont journellement inquiétés par de mauvaises procédures que font ces trois officiers, qu'ils consomment en faux frais, et dont je reçois des plaintes continuelles.

«Il est sûr que, lorsque ce sera le mayeur de ladite ville d'Ornans qui exercera cette jurisdiction de la chastellenie au nom du Roy, les vexations cesseront, parce qu'ordinairement l'on choisit d'honnestes gens, d'expérience et de probité, pour remplir un tel employ, lequel rendra la justice gratuitement et avec plus de connoissance et d'équité que des petits praticiens de village, dont la plupart ne sont propres qu'à fouler et accabler les peuples*.»

* En marge : «Néant.»

1118. *M. l'Archevêque de Lyon*
au CONTRÔLEUR GÉNÉRAL.

18 Septembre 1692.

Il donnera tout le secours désirable aux traitants; mais le commerce est réellement ruiné par la guerre avec le Piémont et l'Angleterre et par la difficulté de retirer d'Espagne le produit des envois faits aux Indes*.

«Ce n'estoit pas la crainte des armes de Savoye qui m'avoit fait prier les commis des traitans de surseoir pour sept ou huit jours l'établissement des garnisons, mais bien la créance que j'avois qu'il n'estoit pas avantageux au service du Roy que les étrangers se passent persuader que les Lyonnois manquassent à leur devoir**.»

* Par une lettre précédente, du 14, l'archevêque avait proposé, comme unique moyen de faciliter à la ville le payement des sommes qu'on lui demandait, de rétablir le droit de *deux pour cent*. Le jour suivant, 15 septembre, M. du Lieu, prévôt des marchands, avait renouvelé la même requête.

Des mémoires analogues avaient déjà été présentés au contrôleur général, mais rejetés sur l'avis de M. Daguesseau. Voir la lettre de ce dernier et les mémoires, à la date du 27 avril.

** Voir la lettre écrite le 5 septembre, lorsque le duc de Savoie était entré en Dauphiné.

1119. *M.* ROBERT, *procureur du Roi au Châtelet de Paris,*
au CONTRÔLEUR GÉNÉRAL.

21 Septembre 1692.

État du recouvrement des sommes que les communautés d'arts et métiers de Paris se sont engagées à payer pour le rachat des offices de jurés.

1120. *M.* DE POMEREU DE LA BRETÈCHE, *intendant à Alençon,*
au CONTRÔLEUR GÉNÉRAL.

25 Septembre 1692.

Il envoie, conformément aux ordres de M. le chancelier Boucherat, son rapport sur les droits que les seigneurs et autres particuliers de Normandie lèvent dans les foires et marchés.

1121. *M.* D'HERBIGNY, *intendant à Montauban,*
au CONTRÔLEUR GÉNÉRAL.

1er Octobre 1692.

Rachat des charges de jurés crieurs.

«Vous trouverez peut-estre les modérations que je propose un peu fortes; mais deux raisons m'y ont engagé. La première est que les communautés n'ayant point de biens patrimoniaux, ne peuvent payer que par imposition, et tant d'impositions extraordinaires font un très-grand tort aux levées ordinaires, ce qui est d'autant plus préjudiciable aux intérests du Roy que, dans les impositions extraordinaires, les traitans en ont un quart, au lieu que, pour les deniers de la taille, les droits des receveurs sont bien plus foibles, et qu'il en revient par conséquent beaucoup plus dans les coffres du Roy. La seconde raison est que, n'y ayant presque aucune fabrique qui ayt du revenu, il a fallu régler la finance de ces offices sur le pied que les communautés seules la payeront.»

Les paroisses, en général, ont reçu les registres baptistaires et payé les droits; mais il ne se présentera personne pour prendre les charges de greffiers conservateurs, si l'on n'en assure le revenu, en diminuant les frais de recette et en chargeant, par exemple, les receveurs des décimes de distribuer les registres aux curés lorsque ceux-ci viendront payer leurs décimes. Cette suppression des commis et de leurs poursuites engagerait le clergé à favoriser les accommodements*.

* En Languedoc, M. de Bâville écrit, le 19 novembre, que, si le clergé ne rachète point ces charges, les receveurs des tailles sont disposés à les acquérir et à en donner même moitié plus que le traitant, à condition qu'ils seront dispensés de prendre des augmentations de gages.

Voir, au 14 août précédent, un rapport de M. de Bezons sur des désordres survenus dans le pays de Soule à l'occasion de la distribution des registres.

1122. *M. de Bouville, intendant à Limoges, au Contrôleur général.*

2 Octobre 1692.

«J'ay déjà visité la meilleure partie du Limousin, et je vais voir le reste sur le chemin de Périgord, mais je vous avoue que je ne pouvois pas croire ce que je vois. Toutes les chastaignes sont perdues, et la plus grande partie des blés noirs; les vignes ont beaucoup souffert et souffrent actuellement, de manière qu'il y aura si peu de vin que le prix en augmente tous les jours. Il y a un peu plus de blé que l'année dernière; mais, en vérité, la chastaigne et le blé noir ayant manqué, il ne suffira pas jusques au caresme pour la nourriture des habitans. Tout le monde veut garder ce qu'il a, et ceux qui, par leurs affaires, sont forcés d'en vendre, trouvent à s'en défaire à 5 sols par boisseau plus qu'il n'a esté vendu pendant tout l'esté. Les gens qui craignent d'en manquer, ou qui en veulent acheter pour le revendre, allant au-devant sur les chemins et dans les maisons, de sorte qu'il n'en venoit plus dans les marchés, cela m'a engagé de rendre une ordonnance publiée dans toutes les élections, afin d'empescher un pareil abus, et j'ay fait savoir que le Roy aura la bonté de faire venir dans la province une quantité considérable de blé, dont on fera part préférablement à ceux qui auront employé une plus grande quantité à ensemencer leurs terres, que j'avois peur, avec raison, qu'on ne laissast incultes pour conserver de quoy se nourrir. Et ce qu'il y a de plus fascheux, c'est que les élections d'Angoulesme et de Saint-Jean-d'Angely sont encore plus maltraitées à proportion que le Limousin. Le mal est si grand que, sans un grand remède, la généralité tombera, à n'en revenir de longtemps. Je me crois obligé en conscience, et pour le service, de dire ces vérités, qui sont d'autant plus fascheuses que le temps demande tout autre chose; mais il est certain que la plus grande partie des bestiaux ayant esté vendus ces deux dernières années, et la récolte estant aussy mauvaise qu'elle est, je ne sais pas de quoy on fera de l'argent pour payer les impositions. Les contribuables font des efforts, et, en leur donnant plus de temps qu'à l'ordinaire, avec le soulagement que le Roy a bien voulu leur accorder, j'espère que, si la récolte de l'année prochaine est bonne, le recouvrement se fera; mais il faut bien du ménagement de la part des receveurs, et, comme j'ay trouvé que le sieur Vitry, receveur des tailles à Limoges, avoit parfaitement bien exécuté l'ordonnance que je luy avois donnée pour ne se plus servir de fusiliers, je vais en faire de mesme dans les autres élections. Car, outre les grands frais qui se trouveront retranchés, il me semble qu'il y auroit de la cruauté à moy de laisser envoyer un fusilier en garnison chez un contribuable, duquel il mangeroit peut-estre le seul pain qu'il auroit pour sa subsistance et de sa famille*.....»

* Le 18 octobre, il écrit encore : «..... La gelée a achevé de perdre le peu de chastaignes et de blé noir qui restoient et de mettre les vignes en un estat qu'il semble que le feu y ayt passé..... C'est un grand bien qu'il ne vienne point de troupes, qui auroient consommé l'avoyne que les pauvres gens conservent pour faire du pain. Le blé que le Roy veut bien envoyer ne pourroit pas suffire, à beaucoup près, pour nourrir tous ceux qui en auront besoin, sans le secours de l'avoyne, de l'orge, des pois et autres légumes..... Rien ne me paroist plus important que de continuer à empescher les assemblées des pauvres; j'en vois la conséquence, et, Dieu mercy! nous avons évité les maladies cet été. Le Périgord en est plein, et elles semblent prendre le chemin de venir en Limousin, mais j'espère que le froid les arrestera.»

Voir diverses lettres de Limoges et de Tulle, aux dates des 24, 30 et 31 octobre. Le Roi accorda une diminution de 200,000# sur la taille et de 122,000# sur l'ustensile, outre les blés qu'il fit distribuer. Les semences se firent principalement en seigle ou en baillarge, le froment ne s'étant point trouvé propre à cet usage, et, par suite, une certaine quantité de terres restèrent incultes. — Pour éviter l'accumulation des pauvres, M. de Bouville demanda encore, d'une part, à les faire nourrir dans leurs paroisses respectives, et, d'autre part, à former des magasins pour cet effet. (Lettres de M. de Bouville, 8 et 29 novembre, 20 décembre.)

1123. *M. de Suduiraut, premier président de la Cour des aides de Guyenne, au Contrôleur général.*

7 Octobre 1692.

Il a obtenu que la Compagnie fît l'acquisition entière des augmentations de gages qu'on lui demande conjointement avec l'annuel.

«Il m'a fallu promettre de vostre part la conservation de nostre ancienne jurisdiction, laquelle nous a esté presque enlevée par l'autorité que MM. les intendans donnent à leurs subdélégués, et par les différens traités qui se font de jour à autre dont la connoissance est renvoyée, sous prétexte de l'exécution d'iceux, à MM. les intendans et, par appel, au Conseil. Je vous supplie d'estre persuadé que les traitans auront une aussy bonne et prompte justice devant nous que devant MM. les intendans, lesquels, estant accablés d'affaires, sont obligés de les renvoyer à des subdélégués, dont la majeure partie n'est pas incorruptible..... »

1124. *M. de Miroménil, intendant à Tours,*
au Contrôleur général.

9 Octobre 1692.

Les blés manqueront en Anjou, et il y a déjà eu quelque agitation dans les marchés, par la négligence des magistrats.

« La cause de tout le désordre en Anjou est que plusieurs paroisses effectivement n'ont pas recueilli de quoy vivre jusqu'à Noël, et, en celles où il y a eu du grain raisonnablement, on ferme les greniers. Ce mal est aussy en beaucoup de lieux de Touraine et du Maine, et demanderoit une application singulière, pour faire que dans les marchés il soit porté du blé par ceux qui en ont, afin que les malheureux n'en manquent point : à l'effet de quoy j'ose prendre la liberté de vous dire qu'il seroit besoin qu'un homme sage, vigilant, désintéressé, mais étranger, fust établi avec autorité dans chaque élection médiocre où il en seroit nécessaire, et deux dans celles du Mans et Angers. Par ce moyen, on espéreroit d'entretenir le calme partout. Chacun de ces hommes pourroit dépenser 100# par mois, dont il seroit indemnisé, si S. M. l'approuve, par les paroisses où il a crû du blé.

« La proposition paroistra extraordinaire; aussy, les conjonctures ne sont point sans péril.....

« Peut-estre, pour prévenir les accidens, seroit-il bon d'inspirer aux juges de police de rendre, dans le besoin, des ordonnances portant défense de voiturer les blés autres jours que ceux de marché, ni de les porter ailleurs qu'aux halles, sauf, après le marché fini, la liberté aux particuliers de disposer de ceux qui n'auroient esté vendus et les reporter d'un lieu à l'autre, sans pouvoir en estre empeschés, sous de grosses peines contre ceux qui y apporteroient le moindre trouble*. »

* On voit, par une autre lettre du 15 novembre suivant, que M. de Miroménil établit une relation entre soixante marchés différents et fit délivrer le blé pour les pauvres au prix moyen et courant. Ce prix était, à Tours, 12# pour le setier de deux cents livres.

1125. *M. le duc de Gramont, gouverneur de Bayonne,*
au Contrôleur général.

15 Octobre 1692.

« Je suis obligé de vous avertir de bonne heure que, ne s'estant fait cette année aucune récolte, nous allons tomber dans le plus fascheux inconvénient où l'on ayt encore esté, et la disette va devenir générale dans ces quartiers. Le blé est enchéri de la moitié; le froment s'y vend à 5# la conque, et le seigle à 3# 13 s., ce qui est une chose exorbitante. De plus, MM. les Basques du pays de Labour ont assez le diable dans le corps pour faire passer tout le blé qu'ils peuvent en Espagne, par l'appast du grand profit qu'ils trouvent à l'y vendre. Je sais que vous m'allez dire à cela : Pourquoy ne l'empeschez-vous pas? Mais je vous répondray que je ne sache plus que Dieu qui puisse l'empescher, car tout ce qui a dépendu de l'humanité, je l'ay mis en pratique et le mets encore tous les jours, mais inutilement. Quand j'y établis des gardes, elles sont subornées le quart d'heure d'après; les gardes et les passagers sont d'intelligence et partagent le profit de la vente des blés. J'ay beau menacer, j'ay beau faire des exemples et donner la confiscation de tout ce qu'on peut attraper qui passe furtivement; tout cela ne fait que blanchir, et, à moins de prendre le parti de faire pendre tout le pays, qui en est un bizarre, je n'y vois, comme je vous ay déjà dit, nul remède. Cependant, je prévois un inconvénient très-fascheux et très-présent pour la banlieue de Bayonne, la Navarre, la Chalosse et généralement tout le Béarn, si, de bonne heure, vous ne prenez des mesures pour faire passer des blés de Bretagne icy par mer, comme l'année passée, au moyen de quoy vous sauvastes réellement tous les pays que je vous viens de nommer. »

1126. *M. de Bernières de Bautot,*
procureur général au Parlement de Rouen,
au Contrôleur général.

19 Octobre 1692.

La récolte a été si mauvaise que le blé vaut 5 et 6# le boisseau. Il en est arrivé un peu du dehors, et le premier président, M. de Montholon, a obtenu pour les marchands la permission d'en faire venir de la Picardie et de l'Île-de-France; mais les fermiers généraux ne sauraient en trouver pour l'approvisionnement de la marine royale, à moins d'aller à Dantzick, où il y a abondance*.

La cessation du commerce des chapeaux a réduit cinq cents habitants de Caudebec à la mendicité, et cette circonstance, jointe à la disette, obligera à renouveler la cotisation pour les pauvres, comme on fit l'hiver passé**.

* M. de Montholon fut chargé par le contrôleur général d'engager le négociant Legendre à faire venir des blés du Nord ou de l'Irlande, plutôt que de la Bretagne. (Lettres des 14 et 18 novembre.) — Sur le transport des grains entre Honfleur et le Havre, voir une lettre de M. de la Berchère (24 novembre), une autre lettre du procureur du Roi en l'Amirauté (30 novembre) et un rapport de M. Foucault (Caen, 10 novembre), dans le département duquel plusieurs émeutes, suivies de pillage, avaient eu lieu. — Il fut défendu d'acheter les blés en Beauce ou en Picardie; mais M. de Bernières (3 décembre) demanda que cette prohibition ne fût pas étendue aux seigles, puisqu'il ne s'en consommait pas à Paris.

Pour l'intendance de Bordeaux et au sujet des négociations entamées par M. de Bezons en Bretagne ou en Hollande, voir les lettres des 5, 11, 14, 16 et 27 octobre, 2, 4, 6 et 8 novembre. Les approvisionnements faits dans le Nord pour les armées ennemies y avaient causé une hausse excessive (8# le boisseau de Bordeaux), et les marchands français ne voulaient y ordonner des achats que lorsque l'interruption de la navigation par les glaces aurait fait baisser les prix.

** Sur les assemblées nocturnes des pauvres, qui vaguaient par la campagne, en mendiant ou en se livrant à des violences, voir les lettres de M. de Bernières et de M. l'archevêque de Rouen (22 mai). Le premier avait déjà fait rendre un arrêt pour nourrir les pauvres du pays de Caux au moyen d'une cotisation générale, en attendant la moisson. (Lettre du 6 juin.)

1127. *M. Voysin, intendant en Hainaut,*
au Contrôleur général.

22 Octobre 1692.

«Suivant l'ordre que vous m'avez fait l'honneur de me donner, j'ay fait savoir à tous les commis des bureaux des traites de ce département que le Roy trouvoit bon de permettre l'entrée libre des laynes, sans mesme que les marchands soient obligés de prendre des passe-ports de S. M. Je leur ay fait savoir aussy que vous trouviez bon de permettre la traite des grains de dehors de toutes sortes*. A cet égard, les ennemis en défendent si exactement le transport, que l'on ne peut pas compter qu'il en vienne beaucoup par cette voye. J'excite autant que je puis les marchands de Namur et autres places du costé de la Meuse d'aller en acheter en Champagne, et ils prendront insensiblement ce chemin, quoyqu'il y ayt beaucoup de droits à payer, tant pour la sortie du royaume que pour les vinages et péages de la rivière. Tous ces droits ensemble montent à près d'un écu par setier de Paris, suivant le calcul que j'en ay fait. Les marchands n'avoient pas besoin cy-devant de chercher du blé ailleurs, parce que le pays en fournissoit suffisamment; mais, comme, depuis quatre ans, il n'y a point eu de récolte, les campagnes ayant esté fourragées tous les ans, le blé est fort cher, et, si le Roy n'avoit pas eu la bonté de faire fournir le pain pendant l'hiver aux troupes, il auroit esté à craindre que le pain bis, qui vaut déjà 2 s. 6 d. la livre dans les places du costé de la Meuse, n'eust esté porté à un prix plus excessif par la rareté du blé, n'en venant pas autant qu'il s'en consommeroit dans les villes**. . . . . »

* M. de Bagnols, en Flandre, demande, le 16 novembre suivant, et obtient également la suspension momentanée des droits d'entrée établis par le tarif de 1671. M. Voysin avait sollicité cette même faveur dès le 21 novembre 1691, pour soutenir le pays d'Entre-Sambre-et-Meuse, en insistant sur la nécessité de supprimer les droits de péage qui surchargeaient les transports par la Meuse.

** M. de Guiscard, gouverneur du comté de Namur, envoie, le 29 octobre, un mémoire sur la rareté et la cherté des subsistances, et, le 16 octobre 1693, il propose encore de favoriser le commerce des grains avec l'État de Liége, autant que le gouvernement de ce pays le permettra.

1128. *M. Lebret, intendant en Provence,*
au Contrôleur général.

22 Octobre 1692.

«Les députés des communautés de Provence imaginent tous les ans quelque nouveau moyen de persuader S. M. de leur ardeur pour l'exécution de ses ordres. Ils luy ont accordé ce matin les 700,000# portées par nostre commission, dans le moment qu'elle a esté lue et par une acclamation générale, sans vouloir souffrir qu'on prist les voix régulièrement et en la manière qui a esté pratiquée jusqu'à présent. Quelque soin que j'aye pris de leur inspirer cet empressement extraordinaire, je vous avoue que je ne m'y attendois pas, parce qu'il ne convient en aucune manière à l'estat présent des affaires de cette province, et je crains fort qu'ils ne quittent cette belle humeur, quand il sera question de faire les fonds nécessaires pour toutes les dépenses qui sont indispensables et dont apparemment ils ne sont pas si bien informés que moy*. . . . . »

* Le total des impositions montait à près de 3 millions, suivant un mémoire envoyé, le 29 septembre, par M. l'archevêque d'Aix, quoique le Roi réduisît de 100,000# le Don gratuit. — Voir les lettres des autres commissaires du Roi, du 22 et du 23 octobre.

1129. *M. d'Ableiges, intendant en Auvergne,*
au Contrôleur général.

24 Octobre 1692.

Il remercie le contrôleur général d'avoir obtenu pour son département une diminution de 60,000# sur la taille, une autre réduction de 300,000# sur l'ustensile, et l'exemption du quartier d'hiver.

«Ce qui est à craindre est une grande disette de blé, non-seulement pour l'année qui vient 1693, mais encore pour l'année 1694. La plupart des terres ne sont pas semées dans la haute Auvergne. Je ne dis pas pour cela qu'elles soient en friche, ni qu'il n'y ayt pas assez de blé pour semer; mais les mauvais temps ont si fort retardé la moisson et les semailles, que la plupart des laboureurs n'ont osé semer, et ceux qui ont semé sont persuadés qu'ils ne feront aucune récolte. . . . . A l'égard des terres incultes, je peux, nonobstant ce qu'on peut vous en dire, vous assurer qu'il n'y en a pas dans l'Auvergne. Si vous faisiez examiner les terres voisines de Paris, vous y en trouveriez davantage. . . . . Les vignes, qui promettoient beaucoup, sont entièrement perdues par ces dernières gelées; il ne faut pas espérer que le raisin mûrisse*. . . . . »

* Voir une précédente lettre, du 13, et une autre du 31 du même mois.

1130. *Le Contrôleur général*
à M. de Miroménil, intendant à Tours.

31 Octobre 1692.

«J'ay vu le règlement que vous avez fait pour la fabrique des toiles de Laval, et la lettre que vous m'avez écrite à ce sujet le 2 de ce mois. J'ay esté bien aise de voir, par ce règlement fait avec les facturiers mesmes et sur leurs avis, les ménagemens que vous prenez pour les porter doucement à la perfection, cette voye estant la plus sûre pour en venir à bout. Ce règlement estant bien exécuté pourvoyera à une plainte que font les marchands de Paris de ce que les tisserands de Laval ne font pas leurs toiles égales dans toute la largeur et dans toute la longueur de la pièce, ce qui les décrie et fait un tort considérable au commerce. Vous tiendrez donc, s'il vous plaist, la main à ce que, en exécution du règlement que vous venez de faire, lesdits tisserands fassent leurs toiles égales partout; que celles qu'ils fabriquent et vendent pour clairettes ne le soient pas plus à un endroit qu'à l'autre, et que les deux lis soient toujours égaux, afin, par ce moyen, de rétablir cette manufacture dans son ancienne réputation.

«Pour arriver sûrement à cette perfection, il seroit nécessaire de faire refaire toutes les lames suivant la forme qu'on a reconnue, par l'épreuve qu'on en a faite, estre la meilleure, et donner pour cela un temps aux facturiers, avec défense de se servir d'autres lames que de celles qui auront esté contrôlées et marquées, après qu'elles auront esté vérifiées et trouvées conformes au modèle qui aura esté arresté. Vous concerterez, s'il vous plaist, tout ce qui sera nécessaire pour cela avec le commis, les marchands, les facturiers et les juges de police et des manufactures de Laval. Les mesmes marchands se plaignent encore de ce que les ouvriers*, pour cacher les défectuosités de leurs toiles, lesquelles s'agrandissent au blanchissage; ils demandent qu'il soit fait défense aux ouvriers de les empointer, sous peine d'amende, et prétendent qu'il suffiroit de les tirer par les deux bouts avec des cordes et nœuds coulans, pour les porter et manier aussy aysément que si elles estoient empointées. Je vous prie d'examiner cet expédient avec le commis et les facturiers et de prendre les mesures que vous jugerez les meilleures là-dessus **.»

* Cette phrase présente une lacune dans le texte.

** Autre lettre, du 8 novembre.

1131. *M. d'Herbigny, intendant à Montauban,*
au Contrôleur général.

5 Novembre 1692.

Plusieurs communautés maltraitées par la grêle n'ont point fait de semailles depuis deux ans, et les receveurs des tailles, dont par suite les recouvrements se trouvent compromis, n'oseront se risquer à secourir les contribuables que si le Trésor royal accorde un délai au receveur général et si celui-ci les en fait profiter eux-mêmes.

Les travaux commencés depuis vingt ans pour la réformation du cadastre de l'Ile-Jourdain étant restés inachevés, il devient absolument nécessaire d'y suppléer, soit en faisant procéder à la recherche des parties omises, soit en offrant aux contribuables de faire la vérification des articles où ils se trouvent lésés, aux frais de la communauté, si leurs griefs sont bien fondés, et aux leurs, s'ils ne justifient pas leurs réclamations.

Les Pères de la Merci demandent l'exemption des charges publiques pour les receveurs qu'ils chargent de récolter les aumônes destinées à la rédemption des captifs. Quoique ces exemptions soient admises en beaucoup d'endroits pour ces receveurs et pour les Pères temporels qui donnent asile aux quêteurs des religieux mendiants, et bien que le Parlement y ait prêté la main, ce sont des abus à détruire.

1132. *M. Parisot, procureur général au Parlement de Bourgogne,*
au Contrôleur général.

6 Novembre 1692.

Il se plaint des violences et des exactions du commis de la ferme des carrosses et messageries, et de la suppression de la messagerie à cheval de Dijon à Paris.

«Nous avons toujours eu deux carrosses et un messager à cheval qui partoient chaque semaine de Dijon pour Paris et de Paris pour Dijon. Les carrosses ont toujours employé huit jours en hiver et sept jours en été; le messager, en tout temps, n'estoit que cinq jours en route; et on avoit le choix de ces deux voitures publiques. Ceux qui estoient incommodés dans le carrosse, ou qui estoient pressés par l'estat de leurs affaires, ou qui aymoient la diligence, avoient coustume de prendre le messager, et presque tous les officiers des troupes estoient de ce nombre, parce que cette voye estoit plus courte et de moindre dépense, puisqu'on ne donnoit que 30# pour estre monté, nourri et défrayé de Dijon à Paris, et 33# de Paris à Dijon. Ceux qui estoient fatigués à cheval et qui aymoient leur commodité se mettoient dans le carrosse, moyennant 24# pour la seule voiture de Paris à Dijon et 20# de Dijon à Paris; à quoy ajoutant la dépense de la nourriture, cela monte à près de 50#.

«Le sieur Langlois, au lieu de suivre ce qui a esté pratiqué par les précédens fermiers, s'est avisé de supprimer la messagerie et de la réunir aux deux carrosses qu'il fait partir chaque semaine. Rien n'est plus contraire à son bail, au bien public et au service du Roy.....

«On n'a point de tarif de ce qu'on a droit d'exiger du port des hardes et paquets, et l'on en prend 3 sols par livre, quoyqu'autrefois on se contentast de 2 sols pour ce qu'apportoit le messager, qui venoit en cinq jours, au lieu qu'il en faut huit maintenant par le carrosse. Souvent mesme, soit que les carrosses soient trop chargés et que le nombre des paquets soit trop grand, on ne les reçoit que quinze jours, trois semaines, un mois après qu'on les a déposés au bureau, et on ne laisse pas d'en faire payer le port comme si un messager les avoit apportés en cinq jours*.....»

* Voir, à la date du 24 décembre, une réponse des fermiers et la réplique du procureur général.

1133. *Le Contrôleur général*
à M. Foucault, intendant à Caen.

10 Novembre 1692.

«Vous aurez vu, par ma lettre du 27 du mois dernier, que, pour vous disculper de tout ce qui s'estoit passé l'année dernière, le Roy avoit bien voulu accepter les offres qui avoient esté faites d'abord pour la fourniture des étapes de vostre généralité pendant l'année prochaine. C'est pourquoy je n'ay pas cru devoir rendre compte à S. M. de ce que vous me mandez par vostre lettre du 1er de ce mois, que les mesmes gens demandent à présent un prix plus fort que leurs premières offres. Car, quoyque l'on voye bien (nonobstant le prétexte dont ils veulent se servir pour excuser l'augmentation qu'ils demandent) qu'ils n'en usent ainsy que parce qu'ils croyent qu'ils n'auront point de concurrens pour ce marché, on n'auroit pas laissé néanmoins de relever à cette occasion tout ce qui s'est passé. Ainsy, il faut absolument (beaucoup plus pour vous-mesme que pour eux) que vous les obligiez à la conclure au mesme prix qu'ils ont d'abord demandé; et comptez que, de finir par cette voye un manége susceptible de tant d'interprétations, est un des plus grands services que je puisse vous rendre*.»

* Le contrôleur général avait déjà écrit, le 12 février précédent, à M. de Séraucourt (Berry) dans des termes analogues, pour le forcer à rompre un traité qu'il avait eu tort de passer et à laisser aux communautés, si les receveurs généraux ne s'en chargeaient, le soin de faire les fournitures. Il lui recommandait encore, le 21 avril, de favoriser ce dernier expédient.

1134. *M. d'Ableiges, intendant en Auvergne,*
au Contrôleur général.

12 Novembre 1692.

L'établissement du bureau de contrôle que le fermier des gabelles de Languedoc demande à placer à Polminiac, sur la frontière de la haute Auvergne, a été reconnu de tout temps comme une entrave des plus nuisibles au commerce des bestiaux et des fromages, qui fait subsister la province.

1135. *Le Contrôleur général*
à M. de Bérulle, intendant à Lyon.

15 Novembre 1692.

Le Roi désire savoir quelle est l'importance du commerce entre la France et Turin et lequel des deux pays envoie à l'autre plus de marchandises qu'il n'en tire. Ce renseignement doit être pris sur les registres d'entrée et de sortie des fermes, et le sieur Grimod peut aider à faire le travail.

1136. *M. de Harlay,*
premier président du Parlement de Paris,
au Contrôleur général.

16 Novembre 1692.

Il se plaint que les commissaires du Châtelet n'aient pas eu de secours pour réprimer les désordres arrivés au marché de la place Maubert, et que les volontés du Roi et les prescriptions du contrôleur général ne soient point exécutées.

«Le pain estant encore enchéri hier très-considérablement, l'estat de la campagne, celuy de la rivière, et le défaut de vin, qui augmente en bien des manières celuy du blé, m'obligeroient, suivant l'usage observé jusques à cette heure, de tenir une assemblée de police générale, pour y chercher les moyens de procurer la subsistance de cette ville et des pauvres qui y abonderont de toutes parts, d'une manière qui ne fust pas si difficile à supporter. Mais, comme cela ne se peut faire sans un grand éclat, qui ne conviendroit peut-estre pas à l'estat des choses, et que l'on ne peut s'empescher de résoudre dans ces assemblées ce que l'on trouve à propos d'ordonner, je me passeray bien volontiers de cette fonction, pourvu que l'on procure par une autre voye au public le secours qu'il doit attendre. Pour cela, il me semble qu'il faudroit assembler en particulier M. le lieutenant de police, M. le prévost des marchands, avec les deux procureurs du Roy au Chastelet et à l'hostel de ville; entendre les meilleurs négocians que nous puissions avoir, d'anciens officiers de police, nos marchands de blé et les boulangers de cette ville; envoyer dans les plus considérables marchés de blé que nous ayons icy aux environs; et, sur le tout, voir ce que l'on trouveroit le plus utile et en rendre compte au Roy, afin qu'il plust à S. M. commander ce qu'elle estimeroit le plus convenable à son service et au soulagement de ses sujets.

«Mais il est de mon devoir de vous dire encore, dans une occasion qui peut devenir aussy importante, qu'il n'est plus temps de souffrir des règles de police et une jurisprudence aussy opposées, sur la fourniture du pain dans cette ville, que le sont celles du Chastelet et de l'hostel de ville, et que l'on ne peut prendre aucunes précautions solides ni efficaces, si l'on ne demeure d'accord de travailler de concert et dans le mesme esprit à l'exécution de ce qui sera ordonné sur ce sujet. Cependant, M. de la Reynie demeure dans ses sentimens pour l'ancien usage et les arrests du Parlement et sentences du Chastelet, nonobstant les arrests du Conseil de finance et les jugemens de l'hostel de ville, qui ont encore beaucoup étendu les dispositions des arrests du Conseil en faveur des mesureurs. Il y a des raisons de part et d'autre, et je n'y prends de parti que celuy de dire qu'il n'y doit avoir qu'une mesme règle de police pour la mesme chose et dedans la mesme ville, et qu'il paroistroit bon qu'on examinast, entre M. de la Reynie et M. le prévost des marchands, les considérations qui se peuvent trouver pour l'un et l'autre des partis, et que le Roy en estant informé, prononcera définitivement et avec la connoissance entière ce qu'il plairoit à S. M. que l'on observast sur ce sujet, et que, sans en reparler davantage, l'on le fist également exécuter dans les deux jurisdictions et au Parlement.

«Si le Roy me juge capable de contribuer à l'exécution de ce qu'il plaira à S. M. de commander sur le sujet de cette lettre, je m'y employeray de tout mon cœur, avec M. le procureur général; sinon, je seray consolé de voir procurer le soulagement des pauvres et prévenir le désordre par quelque autre voye que l'on estimera meilleure.»

1137. *M. de Sève, intendant à Metz,*
au Contrôleur général.

17 Novembre 1692.

Les habitants du pays de Luxembourg ne se rendent point aux recommandations qu'on leur fait de prendre leurs sels aux gabelles de Lorraine; ils trouvent ceux de la Flandre française de meilleure qualité et moins chers que les sels des fermiers, que ceux-ci ne veulent point céder à moins de 2 sols la livre. Ils persisteront donc dans leur habitude, tant qu'on leur laissera la liberté de commercer avec les Flandres*.

* Dans un département voisin, celui de Hombourg, M. de la Goupillière, en adjugeant le débit du sel, permettait au traitant de s'approvisionner à l'étranger plutôt qu'en Lorraine. Voir sa lettre du 28 janvier 1695, et le mémoire qui y est joint, de M. de Lagny, intéressé aux fermes.

1138. *M. Bouchu, intendant en Dauphiné,*
au Contrôleur général.

18 Novembre 1692.

Les ordres ont été donnés par les fermiers du timbre pour que leurs commis marquent régulièrement les arrêts, édits et déclarations que le procureur général du Parlement envoie dans toute l'étendue du ressort.

1139. *M. de Pomereu de la Bretèche,*
intendant à Alençon,
au Contrôleur général.

20 Novembre 1692.

Il appuie la demande que fait le maître des forges de la Frette, de prendre de la mine dans la forêt royale de Resno, suivant l'usage commun, en payant un sol de redevance par tonneau au receveur du domaine*.

* Voir, à la date du 21 juillet 1693, un dossier concernant les forges établies dans la seigneurie de Boucey, du même département.

1140. *M. d'Ableiges, intendant en Auvergne,*
au Contrôleur général.

21 Novembre 1692.

«La plupart des Auvergnats qui vont en Espagne sont mariés; ils ont femme et enfans; quand les garçons sont assez grands pour travailler, le père les mène avec luy. Tous ces gens-là ont l'esprit de retour. Ils rapportent des pièces de 4 pistoles; c'est par cette voye qu'il en entre en Auvergne, et cela leur sert à payer la taille. Ce qui est à craindre est qu'en sortant d'Espagne, on ne leur oste l'argent qu'ils auront en revenant; car il ne faut pas craindre que ces gens-là quittent leur pays tout à fait. Jusques à présent il n'y a point d'exemple*.»

* Sur un premier avis du contrôleur général, M. d'Ableiges avait cru devoir prendre des mesures contre les émigrations habituelles, mais des ordres contraires lui furent donnés ensuite. — Il était vrai que les Espagnols avaient voulu saisir l'argent que les Auvergnats apportaient en France, et ceux-ci le dérobaient aux recherches en avalant les pistoles. (Lettres du 31 octobre et des 5 et 8 décembre.)

1141. *M. de Bagnols, intendant en Flandre,*
au Contrôleur général.

29 Novembre 1692.

Il croit qu'on peut permettre aux chartreux de Valenciennes de tirer de Bruxelles leurs provisions de poisson salé.

«Les religieux, dans ce pays, ont beaucoup de crédit, et ils gouvernent une grande partie des consciences, non-seulement dans le menu peuple, mais ils conduisent les maisons et les affaires des personnes plus relevées. Rien ne leur fait plus de peine que de ne pouvoir plus, par l'interdiction du commerce, tirer leurs provisions de morue et de hareng de la Flandre espagnole. Vous jugerez peut-estre que, dans le pays et dans la conjoncture où nous sommes, on pourroit les ménager*..... »

* Voir, dans la correspondance des années suivantes, plusieurs pièces relatives à des demandes analogues de divers ordres religieux.

1142. *Le Contrôleur général*
à M. de la Reynie, lieutenant général de police
à Paris.

30 Novembre 1692.

«J'ay esté informé que les marchandises qui sont exposées en vente dans les foires de Paris et de Saint-Denis s'y apportent pendant cinq à six jours avant l'ouverture de ces foires, et que, pour visiter les étoffes, les gardes drapiers et merciers de Paris s'y transportent en corps le premier jour de l'ouverture et se partagent un à un pour faire cette visite dans les loges des marchands; à laquelle visite ils employent les deux premiers jours de la foire, pendant lesquels on ne vend point, ce qui est autant de perdu pour les marchands forains et leur fait beaucoup de préjudice; joint que chacun des gardes faisant sa visite fait, à ce qu'on prétend, mettre à part par le commissionnaire ce qu'il désire retenir pour luy, qu'il paye ensuite au prix qu'il veut; en suite de quoy, les gardes jurés se transportent tous les jours deux à deux dans les foires pendant le reste du temps qu'elles durent. Cette visite se faisant ainsy, il est impossible que l'inspecteur envoyé de la part du Roy à ces foires s'acquitte comme il faut de sa commission, dont la principale partie est de visiter les étoffes avec les gardes, pour en connoistre les défauts ou la perfection, ensemble les lieux de fabrique où il y a du relaschement, et rendre compte ensuite de l'estat où il aura trouvé toutes choses.

«Pour remédier à ces abus, on propose d'obliger les gardes de l'un et de l'autre corps de se transporter à l'avenir deux à deux au lieu des foires pendant les cinq ou six jours qui en précèdent l'ouverture, pour y visiter les marchandises en présence de l'inspecteur, à mesure qu'elles arrivent, comme ils ont accoustumé de faire après la première visite, après le cours des foires. Je vous prie d'examiner si ces abus que je vous marque sont véritables, si l'expédient qu'on propose est bon, et s'il n'y en a point quelque autre meilleur pour y remédier*.»

* Voir une autre lettre, du 30 juillet précédent, à M. de Pomereu de la Bretèche, intendant à Alençon.

1143. *Le Contrôleur général au sieur Blampignon, commis aux manufactures à Reims.*

30 Novembre 1692.

«J'ay reçu plusieurs plaintes des abus qui se commettent dans les manufactures de draps de Sedan, auxquels vous devez faire beaucoup d'attention, afin de les faire cesser.

«Le premier est que les fabricans meslent les laynes de Ségovie avec d'autres de moindre qualité, ou celles de la première sorte avec celles de la seconde, et celles-cy avec celles de la troisième. Comme ces différentes sortes de laynes sont propres pour diverses qualités de draps, leur mélange ne peut qu'estre très-préjudiciable à la perfection et à la réputation des draps, ceux qui sont fabriqués de laynes ainsy meslées estant durs et inégaux, moins parfaits et moins beaux que s'ils estoient tout d'une mesme sorte de layne; à quoy il faut que vous apportiez remède, en empeschant ce mélange par de fréquentes visites chez les facturiers, pour les surprendre lorsqu'ils le font, et en faisant condamner à l'amende ceux que vous y aurez surpris, après néanmoins les avoir avertis de cet ordre*.

«Le second abus est le mauvais usage que les fabricans font des rames dont ils se servent pour étendre et unir leurs draps, au retour du foulon. Comme cet abus est très-préjudiciable au public, vous ne saurez donner trop de soin et d'application pour l'empescher. Vous ne manquerez pas de me faire savoir au plus tost si ce que j'ay réglé à ce sujet, dès le mois d'avril dernier, sur une proposition qui me fut faite alors par M. de Malezieu, et qui sembloit devoir arrester l'excès de cet abus, s'exécute, et, en ce cas, vous y tiendrez exactement la main. Si au contraire cela ne s'est pas encore exécuté jusques à présent, vous solliciterez M. Larcher de le faire exécuter de point en point, afin que je ne reçoive plus à l'avenir de plaintes sur ce désordre.

«Le troisième est en ce que les forts manufacturiers achètent les draps qui se fabriquent par les autres, au chef desquels ils font mettre leurs noms, et les vendent ensuite comme draps de leurs manufactures; ce qui est une fraude et un abus préjudiciable au public et au commerce, qui ne se commettroit pas, si les ouvriers mettoient, suivant l'esprit du règlement, leur nom sur le chef de la pièce de drap, lorsqu'ils commencent à travailler, ce que vous devez faire exactement observer par les facturiers, pour empescher les fraudes.

«Comme cette manufacture est la plus considérable de vostre département, elle mérite aussy plus d'application que les autres. Vous y ferez donc de plus fréquentes visites que vous n'avez fait jusques à présent, pour arrester les désordres qui s'y sont glissés, et vous me rendrez compte de temps en temps de l'estat où vous trouverez toutes choses.

«Je suis bien ayse de vous avertir que, si les abus dont je vous écris continuent dans vostre département, et si je vois dans quelque temps qu'on les ayt pas corrigés, je m'en prendray à vous et vous révoqueray de vostre employ, parce que ce sera par le succès que je jugeray de vos soins et de vostre application**.»

* Pour remédier à cet abus, le contrôleur général demandait le même jour à divers intendants de s'enquérir s'il ne serait pas convenable de défendre la fabrication de différentes sortes d'étoffes dans une même manufacture.

** Mêmes lettres, à la même date, au sieur de Lamarque, commis en Languedoc, et au sieur Presdeseigle, commis en Bourbonnais.

1144. *Le Contrôleur général à M. de Madrys, intendant en Flandre maritime.*

30 Novembre 1692.

«J'ay fait examiner les pipes que vous m'avez envoyées de la manufacture du sieur de la Haye, qui se sont trouvées aussy bien travaillées et d'une matière aussy fine et aussy belle que celles de Hollande. J'en ay rendu compte au Roy, qui en a esté fort content; mais S. M. n'a pas trouvé à propos de luy accorder un privilége exclusif, voulant laisser la liberté à tout le monde de travailler et de faire valoir son industrie*. Elle trouve bon néanmoins que vous donniez audit de la Haye tout le secours et toute la protection dont il aura besoin pour le progrès de sa manufacture, afin qu'il n'y soit point troublé ni inquiété.

«A l'égard de l'imposition qu'il demande sur les pipes étrangères, pour en empescher l'entrée et procurer le débit de celles de sa fabrique, il y a déjà esté pourvu par l'arrest du 3 juillet dernier, par lequel les droits d'entrée des pipes à tabac ont esté augmentés jusqu'à 24 sols la grosse; ce qui fera que, pouvant donner à beaucoup meilleur compte les siennes, qui sont d'ailleurs d'aussy bonne qualité que les étrangères, il aura un débit facile et aysé de tout ce qu'il en pourra fournir**.»

* Écrivant sur le même sujet, le 9 juillet précédent, le contrôleur général disait : «A l'égard de la manufacture de fayence que ce particulier veut entreprendre à Ypres, le Roy luy accordera le privilége qu'il demande, pourvu que ce soit sans exclusion, attendu qu'il y a d'autres endroits dans le royaume où il s'en fait de très-belles, et qu'il ne faut pas empescher l'industrie de ceux qui voudroient faire de pareilles entreprises et qui pourroient peut-estre réussir mieux que luy.»

Le 9 et le 29 février de la même année, il demandait aussi à M. de Creil, intendant à Orléans, des renseignements sur la manufacture privilégiée de faïence établie dans cette ville par le sieur Perrot, à propos d'un autre privilége que sollicitait le sieur de la Motte pour fabriquer, avec une matière vitrifiée dont il avait le secret, des ouvrages en façon de porcelaine, d'agate, de jaspe, de lapis, etc.

** Le droit de 12 sols par grosse sur les pipes étrangères avait été établi à la requête d'un autre fabricant, Ragon, qui avait obtenu en 1689 un privilége exclusif dans les provinces du Midi, et dont les principales fabriques étaient à Toulon et à Tain. (Lettre du 13 novembre 1691, à MM. Lebret et Bouchu, intendants en Provence et en Dauphiné.)

En 1694, les maire et échevins de Rouen réclamèrent contre un privilége que venait d'obtenir le sieur Cottereau pour fabriquer, à l'exclusion de tous autres, les pipes à fumer, et, bien loin que cette fabrication fût nouvelle en France, ils représentèrent que les clauses exclusives du privilége ruineraient plus de cinq cents familles de Rouen qui ne vivaient que de cette industrie.—Voir la lettre et le mémoire des échevins, du 25 décembre 1694; un autre mémoire transmis le 29 du même mois, par M. de Bernières de Bautot, procureur général au Parlement, et les pièces envoyées par Cottereau lui-même, le 26 juin et le 28 décembre 1695.

1145. *Le Contrôleur général au sieur Bocquet, commis des manufactures à Caen.*

30 Novembre et 31 Décembre 1692.

«J'ay reçu quelques plaintes au sujet des draps qui se fabriquent à Saint-Lô, Vire, Valognes et Cherbourg, en ce que les fabricans meslent depuis quelque temps des laynes d'Angleterre avec celles du Cotentin, dont ils fabriquent leurs draps et leurs serges, qui sont présentement bien moindres en qualité qu'ils n'estoient dans le temps qu'ils n'employoient dans leurs fabriques que des laynes du Cotentin. Vous tiendrez la main à ce qu'ils ne fassent plus ce mélange, qui nuit beaucoup à la perfection de leurs étoffes, qui auroient sans cela plus de cours et plus de réputation.

«Les marchands se plaignent encore de ce que les facturiers ne marquent pas un aunage fidèle sur la tranche de chaque pièce d'étoffe. Comme c'est sur la bonne foy de cet aunage que s'achètent les pièces d'étoffe, vous devez veiller à ce que les ouvriers ne marquent pas une pièce d'étoffe pour plus d'aunes qu'elle n'en contient. Il est bon, pour arrester ce désordre, que vous auniez quelquefois, dans les visites que vous ferez chez ces facturiers, les pièces d'étoffe que vous y trouverez, et, s'il s'en trouve quelqu'une mal marquée, vous en dresserez procès-verbal, saisirez la pièce et ferez ensuite condamner le facturier trouvé en faute à une amende proportionnée à la fausseté de son aunage.

«Je suis bien ayse de vous avertir que, si les abus dont je vous écris continuent dans vostre département, et si je vois dans quelque temps qu'on les ayt pas corrigés, je m'en prendray à vous et vous révoqueray de vostre employ, parce que ce sera par le succès que je jugeray de vos soins et de vostre application *.

«..... J'ay reçu quelques plaintes des draps de Vire qui ont esté portés à la dernière foire de Niort, qui se sont trouvés mal dégorgés, ce qui provient, à ce que l'on prétend, de ce que les facturiers employent dans la fabrique de ces draps des peignons, dont l'usage est absolument défendu pour les étoffes de cette qualité. Vous tiendrez donc la main à empescher cet abus, comme aussy, que les foulons ne foulent point ces draps avec des étoffes de bas prix, dans la composition desquelles on ayt employé des peignons, une seule pièce d'étoffe faite avec ce rebut de laynes estant suffisante pour gaster quatre pièces de draps que l'on mettroit fouler ensemble **.»

* Même lettre, du même jour, 30 novembre, au sieur Chrestien, commis à Beauvais.

** Voir les lettres écrites : le 30 novembre, au sieur Cauvière, sur les draperies de Rouen et de Darnetal; le 13 mars et le 5 juillet, au sieur Balmier, commis dans la généralité d'Alençon, sur la fabrication des frocs (étoffes grossières destinées à la Bretagne) à Bernay.

1146. *M. de Creil, intendant à Orléans, au Contrôleur général.*

8 Décembre 1692.

«Les grains n'augmentent et ne diminuent guère; mais ils sont à si haut prix, que sûrement la famine arrivera dans cette généralité, si l'on continue à en transporter les blés à Paris comme l'on fait. J'en ay trouvé le pavé tout couvert, et bien plus de charrettes de blés que de vins*. Les pauvres assiégent les portes dans tous les lieux. Le pain bis vaut près de 20 deniers la livre. Ainsy, sous vostre bon plaisir, je crois qu'il seroit à propos d'empescher les laboureurs de porter aux marchés d'Étampes, Dourdan et Montlhéry ce qu'ils débiteroient à très-peu de chose moins en ces quartiers-cy, qui se dégarnissent beaucoup. On tient que ce sont les grandes provisions qu'on a faites à Paris pour la Flandre qui font tirer nos blés d'icy. Voilà ce que je puis vous dire quant à présent. Nos marchands font les fins et ont quelques magasins en campagne; on pourroit encore prendre l'expédient d'en faire vider quelques-uns et les apporter à nos marchés.»

* Voir, à la date du 29 novembre précédent, une lettre écrite de Nogent-le-Roi.

1147. *M. de Bâville, intendant en Languedoc, au Contrôleur général.*

14 Décembre 1692.

On demande que les États donnent une gratification aux lieutenants de Roi *.

«Ils sont trois. Ayant la préséance sur l'intendant, on ne peut leur donner moins qu'à luy (il a eu de tout temps 7,000 #). Voilà donc un fonds d'au moins 21,000 # de rente annuelle, qui pourroit produire quelque secours extraordinaire et plus utile au service du Roy. Je ne sais mesme si ces Messieurs se contenteront de cette somme. Ils sont en droit, par leur rang, d'en demander davantage, et je ne crois pas que l'on refuse à leurs femmes pareille gratification, puisque l'on en donne aux femmes des lieutenans généraux, la première fois qu'elles viennent aux Estats. Tout cela va loin pour une province aussy chargée qu'est maintenant le Languedoc.....»

* Voir la lettre du 25 mars précédent, par laquelle M. de Bâville avait proposé des gentilshommes pour remplir ces charges.

1148. *M. de la Reynie, lieutenant général de police à Paris, au Contrôleur général.*

16 Décembre 1692.

«J'ay reçu, avec la lettre que vous m'avez fait l'honneur de m'écrire le 14 de ce mois, l'arrest concernant les toiles peintes, par lequel il est ordonné qu'elles seront bruslées*.

«Quoyque les principes et les sentimens des dames dévotes et charitables soient uniquement fondés sur la charité et sur l'amour du prochain, et quoyque le vray bien ne puisse estre opposé et contraire en luy-mesme, il est vray, néanmoins, que ces principes et que ces sentimens ne s'accordent pas en cette occasion avec le bien public, et, pour en juger, il doit estre supposé: 1° que l'introduction des toiles peintes en ce royaume et que la mode que la France en a donnée à toutes les nations de l'Europe, qui tiroient avant cela une prodigieuse quantité de petites étoffes des fabriques de France, avoient déjà causé une perte à cet Estat de plus de 100 millions effectifs et de plus de quarante mille ouvriers, qui, faute de travail, pendant plus de vingt années, estoient passés dans les pays étrangers, lorsque les toiles peintes furent défendues; 2° ce qui a esté ordonné par le dernier arrest du Conseil est entièrement conforme à tous les arrests généraux précédens depuis 1686, et ils contiennent tous la mesme disposition; 3° l'invention et l'usage des toiles peintes sont d'un si grand préjudice, qu'on ne sauroit faire trop d'exemples sur cette matière; il seroit mesme à désirer qu'on eust pu en faire davantage, surtout dans les provinces, où le moindre relaschement peut faire de très-méchans effets et détruire en un moment tout ce qu'en grande connoissance de cause le Roy a rétabli sur ce sujet; 4° ce qui est prescrit sur le fait des toiles peintes, selon l'usage et la manière ordinaire, a esté encore pratiqué depuis peu, et on a bruslé en public, à Paris, une très-grande quantité de bas de layne faits et arrivés contre l'ordre, et on auroit bien pu les donner, s'il eust esté permis ou convenable, à beaucoup de pauvres qui en manquoient. On brusle tous les jours des chapeaux de castor mal fabriqués, et ces chapeaux pourroient bien aussy estre de quelque usage. C'est en une infinité d'autres cas où il y a pareille nécessité d'en user ainsy, et c'est ce que l'on a pratiqué dans tous les temps pour le bien et pour l'ordre public, qui ne se peut maintenir autrement; 5° quelques pauvres qu'on pourroit habiller à Paris ou dans les provinces avec les toiles peintes confisquées peuvent estre à la vérité soulagés par ce moyen, mais ces pauvres doivent estre considérés comme particuliers, et, quand ces toiles ne seront pas employées à cet usage, et si ces pauvres manquent d'estre assistés par cet endroit, il faut espérer qu'ils seront secourus de quelque autre façon, soit que la charité s'exerce par d'autres particuliers, qui leur donneront de vieux habits ou de méchantes toiles usées, ou autrement, et ceux qui donneront ainsy achèteront pour remplacer, et ils consommeront des marchandises neuves, qu'on tirera des manufactures du royaume, dans lesquelles d'autres particuliers trouvent à vivre en travaillant, et qui seroient pauvres comme les autres, s'il n'y avoit ni consommation ni travail.

«Vous savez mieux que personne de combien, depuis l'interdiction sérieuse des toiles peintes, les manufactures des petites étoffes de France se sont augmentées; jusques à quel point le nombre des pièces de ces marchandises a esté multiplié d'année en année depuis 1686, en diverses provinces du royaume, et combien la fabrique et le commerce de ces marchandises ont esté augmentés, puisque dans les seules provinces de Picardie et de Champagne, dans les seules villes d'Amiens, de Reims et de Châlons et des environs, on a, par l'interdiction de l'usage des toiles peintes, donné à travailler à plus de vingt-cinq mille nouveaux ouvriers, qui seroient sans cela au nombre des autres pauvres. Faire de nouveaux pauvres pour secourir ceux qui le sont déjà n'est rien faire du tout, et il est encore plus juste de soutenir les ouvriers qui travaillent dans l'ordre et qui sont utiles à l'Estat. Quand on se sera relasché à faire des habits des toiles peintes aux mendians, on en donnera bientost après, suivant le mesme esprit, aux pauvres honteux et aux pauvres artisans. Cet exemple sera suivi de tout le menu peuple, et les marchands étrangers et autres qui veillent continuellement à frauder la loy entendront bien qu'il y a du relaschement, et ils reprendront aussy bientost après leur mauvais commerce.

«Lorsqu'en Angleterre la reine Élisabeth jeta les premiers fondemens de l'excellente fabrique des draps d'Angleterre, elle ne fit aucune difficulté de faire acheter tous ceux qui furent fabriqués en premier lieu. Il en fut acheté pour 100,000 écus, qu'elle fit brusler ensuite, quoyque ces draps pussent estre utilement employés à faire des habits pour les pauvres. La liberté que je prends de citer cet exemple vous fera facilement connoistre sur quels principes je me suis engagé à le citer. Mais, pour déclarer encore plus nettement mon sentiment sur la proposition d'employer les toiles peintes à faire des habits pour les pauvres, je crois en mon particulier qu'il seroit, à cause des conséquences, beaucoup plus utile au Roy et à l'Estat d'habiller ces mesmes pauvres de bons draps de layne, des fabriques de France, à 20 # l'aune, que de les habiller de toiles peintes, sans aucune dépense.»

* Le 24 mai 1691, une circulaire avait été préparée pour tous les intendants, portant de nouveau défense expresse de tolérer le commerce des toiles peintes et ordre de faire brûler toutes celles qu'on découvrirait; cette lettre n'avait pas été envoyée, mais on trouve que, conformément aux premiers règlements, il avait été saisi à Paris, depuis 1690, onze mille huit cents aunes de toiles, qui furent brûlées le 31 décembre 1692. On n'excepta de l'exécution que les toiles blanches ou engalées, dont M. de la Reynie proposa de faire des charités. (Lettres des 2 décembre 1692, 9 et 26 janvier 1693.)

1149. *Le Contrôleur général à M. Boisot, procureur général au Parlement de Besançon.*

17 Décembre 1692.

Le Roi désire que les édits pour le recouvrement des droits de franc-fief et de franc-alleu soient immédiatement enregistrés.

«Après quoy, S. M. veut bien que vous m'envoyiez icy vos mémoires des raisons et des titres particuliers que la Franche-Comté peut avoir pour fonder son exemption. Ce qui m'en paroist, par ce que vous m'avez écrit, c'est que de tout temps le droit de franc-fief est en usage dans cette province comme dans toutes les autres du royaume; que, par les ordonnances, l'incapacité des roturiers par rapport à la possession des fiefs y est très-bien établie. Si la manière de percevoir ce droit a esté différente, c'est une chose qui doit dépendre de la volonté du souverain; mais, encore une fois, c'est ce qui se discutera plus à fond sur les mémoires que vous m'enverrez, et je puis mesme vous assurer par avance que tout ce que vous proposerez de moyens pour faciliter et pour adoucir l'exécution de l'édit sera accepté par S. M. Elle est satisfaite du service et du zèle de la noblesse en vostre province; elle est contente de l'obéissance et de la soumission de tous ses peuples; elle en conservera tous les priviléges qui se trouveront bien fondés, et ménagera avec bonté les voyes de leur rendre plus doux tout ce qui est nécessaire. Ne craignez pas que cet édit donne pouvoir au traitant de rechercher tous les nobles sur leur qualité et de leur susciter par là une autre affaire que celle portée par l'édit. S. M. veut que le traitant, en ce rencontre, suive l'estat présent et reçoive ainsy tous ceux qui ont déjà esté déclarés nobles par arrest, par jugement ou autrement; ceux mesmes qui seront reconnus pour tels universellement et qui auront vécu et vivent encore actuellement noblement, seront exempts aussy, comme les autres. Enfin, rassurez les esprits et comptez que la bonté du Roy est au-dessus de tout.

«A l'égard du franc-alleu, l'édit qui vous a esté envoyé ne peut porter aucun préjudice à la province, puisque, si la coustume et les ordonnances établissent le franc-alleu aussy expressément que vous le marquez, cet édit ne fera que les confirmer et autoriser encore davantage, S. M. n'ayant voulu rien changer aux usages des provinces dans lesquelles l'allodialité se trouvera bien établie. Ainsy, vous ferez, s'il vous plaist, incessamment enregistrer ces deux édits, et m'en donnerez avis, afin que j'en rende compte au Roy. Vous ferez part de cette lettre à M. le premier président*.»

* Voir la circulaire envoyée précédemment, le 15 septembre, à tous les intendants, et une lettre à M. de la Bourdonnaye, intendant à Poitiers, du 19 décembre.

1150. *M. de Bâville, intendant en Languedoc,*
au Contrôleur général.

18 Décembre 1692.

Il insiste pour que M. de Belleval, président à la Cour des comptes, soit préféré à M. de Castries, neveu de M. le cardinal de Bonzy, pour la mairie de Montpellier.

«Il estoit question de faire réussir l'affaire générale; tout le monde avoit les yeux sur Montpellier. Il estoit de la dernière importance de déterminer un homme riche, accrédité, honneste homme et souhaité de toute la ville, à y penser, et qui eust mesme assez de fermeté pour ne pas se laisser ébranler par tous les artifices et menaces qu'on pourroit luy faire. J'ay réussi dans ce dessein; j'ay traité avec le sieur de la Chapelle, qui avoit pouvoir de le faire. Seroit-il juste que, parce que vous avez esté trompé et que l'on vous a demandé, par un courrier extraordinaire, l'exclusion du président de Belleval, sans vous dire que j'avois traité avec luy, il fust effectivement exclus et déshonoré en quelque manière, pour avoir fait une chose très-utile au service et agréable au Roy? Au fond, quelle raison d'exclusion? Toute la ville le souhaite avec tant d'ardeur, qu'elle financeroit volontiers pour l'avoir. Cela n'est pas seulement fondé sur l'estime et l'amitié que l'on a pour luy, mais sur l'espérance de sortir d'une domination qui fait beaucoup souffrir depuis très-longtemps. Je ne vous répéteray point ce que je vous ay mandé sur les moyens que les dames amies de M. le cardinal de Bonzy ont eus jusqu'à cette heure de s'enrichir. Puis-je en rapporter un exemple plus sensible que celuy de la boucherie, dont elles s'estoient emparées? Et l'ayant affermée, j'en tire 20,000 écus en pure perte pour le Roy, 10,000 ᵗᵗ pour la ville et 2 deniers de meilleur marché par livre pour le peuple. Peut-on voir un plus grand brigandage? Il y a vingt ans que cela dure. J'apprends mesme que M. le marquis de Castries s'en est fait un revenu de 4 à 500 pistoles. Voilà pourquoy l'on ne veut point de maire, parce que toutes ces voyes illicites estoient cachées par le premier consul, qui est seul maistre de la police, et que ce consul se faisoit tous les ans au gré des dames. Je puis vous assurer que je n'ay eu d'autre vue que de corriger tous ces abus, en faisant l'affaire du Roy pour les maires, qui demande encore toute l'autorité pour estre soutenue. Elle est en très-bon chemin. Il y a déjà pour plus de 600,000 ᵗᵗ de soumissions, et je prends toutes les mesures possibles pour la faire réussir. . . . .

«Je crois qu'il est du service du Roy que je vous dise un mot de moy, après vous avoir beaucoup parlé du président de Belleval. De la manière que les gens de ce pays sont faits, si l'on voit que je ne puisse obtenir l'agrément pour un homme que j'ay proposé, il est bien à craindre que l'on ne perde la confiance que l'on a eue jusqu'à cette heure en mes paroles et qui a beaucoup abrégé toutes les difficultés qui se sont présentées*.»

* Malgré les sollicitations de Mme de Castries et du cardinal de Bonzy, son frère, le président de Belleval l'emporta par une surenchère et obtint l'agrément du Roi. (Lettres de Mme de Castries et du cardinal, 18, 27 et 29 décembre, 8 et 9 janvier 1693; lettres de M. de Bâville, 9 janvier et 17 mars.) M. de Belleval étant mort la même année, son fils lui succéda et fut installé sans nouvelle opposition. (Lettres du cardinal de Bonzy, 30 octobre et 8 novembre 1693.)

M. de Bâville se plaignait déjà, le 29 novembre 1692, de l'administration de la police à Montpellier, et demandait, au nom des habitants, qu'elle fût confiée à un conseil de bourgeoisie, composé, à l'élection, de six officiers, quatre bourgeois, deux marchands et deux artisans, au lieu d'être formé, en grande majorité, de simples artisans.

1151. *M. de Bâville, intendant en Languedoc,*
au Contrôleur général.

19 Décembre 1692.

Comme les impositions ne se lèvent qu'en trois termes dans le Languedoc, et que cependant le trésorier est obligé de faire douze payements égaux de mois en mois au Trésor royal, ses avances et les remises auxquelles elles donnent lieu, à raison de deux pour cent, coûtent à la province 130,000 ᵗᵗ par an. Si l'on remettait les versements sur le même pied que les recouvrements, comme il en était avant M. Colbert, la province consentirait à ce que le Roi profitât, sous forme d'imposition, de 100,000 ᵗᵗ: elle bénéficierait du reste, et elle y gagnerait encore que l'argent pourrait être consommé sur place par les trésoriers de la guerre ou de la marine*.

* Voir le mémoire joint à cette lettre, et les observations par suite desquelles on rejeta la proposition, que M. de Bâville avait déjà faite le 8 décembre 1691.

1152. *Le sieur* BOULANGER, *receveur général des finances en Bretagne*,

AU CONTRÔLEUR GÉNÉRAL.

(De Paris) 20 Décembre 1692.

Il offre de traiter au prix de 800,000# pour la confirmation des feux affranchis de Bretagne et pour la création de receveurs généraux et particuliers des fouages extraordinaires*.

«Vous me querellastes un petit hier, et j'en suis bien ayse, parce que je suis sûr que vous n'estes pas persuadé que j'aye mis mal les affaires du prince ni les miennes, puisque, de tous les traités que vous avez eu la bonté de me donner, je n'en dois rien; mais cela sert à m'empescher de m'écarter tant soit peu de mon devoir. Ce n'est cependant pas d'aujourd'huy que j'appréhende de vous déplaire, et c'est ce qui fait que j'avance mes payemens, pour faire mes recouvremens avec plus de douceur et sans frais, qui est une qualité qui m'attire assurément la bénédiction du ciel sur mes travaux et la continuation de vostre bienveillance**.»

* L'année précédente, il avait proposé de rembourser les charges de trésorier et de procureur-syndic des États, et de les rétablir en titre d'offices. (Lettre de M. de la Faluère, premier président, 29 août 1691.)

** Sur ses démêlés avec le sieur de la Motte-Picquet, payeur des gages du Parlement, qui était aussi un traitant, voir une lettre de celui-ci, du 28 du même mois; une autre lettre du 30 novembre 1695, et la réplique du receveur général, au 10 décembre suivant.

1153. *M. le cardinal* DE BONZY, *président des États de Languedoc*,

AU CONTRÔLEUR GÉNÉRAL.

27 Décembre 1692.

Détail des négociations suivies entre M. de Bâville et les commissaires des États pour le rachat des charges de syndics et greffiers des diocèses.

«Comme je m'allois retirer, sur les onze heures du soir, l'ordinaire m'apporta la lettre dont vous m'avez honoré du 19, par laquelle vous me marquez, avec beaucoup de bonté pour la province, que le Roy ne se peut pas contenter de 200,000#, mais que, si on ajoute 20,000#, pour tenir lieu des 2 sols pour livre, par les raisons que vous mandez le mesme ordinaire à M. de Basville, S. M. sera très-satisfaite. J'ay esté ce matin chez luy pour voir s'il me communiqueroit vos ordres et pour luy dire tout ce qui s'estoit passé dans la conférence d'hier au soir. Il m'a paru disposé à diminuer 30,000# sur les 300,000#. J'ay cru alors luy devoir montrer vostre lettre; il l'a lue deux fois, et m'a dit qu'il connoissoit la main du commis de M. de Chamillart, qu'il avoit des ordres de vous plus secrets, et qu'il ne pouvoit pas rabattre davantage.....

«Je suis revenu chez moy, où j'ay assemblé les commissaires, pour leur dire tout ce que j'avois pu faire auprès de M. de Basville, et qu'il n'y avoit pas autre chose à espérer. Sur quoy, quelqu'un de la commission a dit qu'il avoit des lettres de bon endroit de Paris, par lesquelles on luy mandoit que le Roy s'estoit entièrement remis à M. de Basville pour ménager ses intérests et ceux de la province, et qu'ainsy il y avoit lieu de croire qu'il ne tenoit qu'à luy de réduire l'affaire à peu de chose au delà de 200,000#. Je n'ay pas fait semblant de ce que vous m'avez écrit du 19, de peur que l'affaire n'échouast dans les Estats; mais j'ay connu que, s'il y avoit du temps, la Compagnie vous envèrroit un courrier pour mieux savoir les intentions du Roy; et, si j'avois dit le moindre mot de vostre lettre, on eust attendu vos ordres en conformité. J'ay mesme consulté ma conscience, si, pouvant épargner 50,000# à la province, je n'estois pas obligé de rendre vostre lettre publique; mais j'ay considéré qu'on auroit perdu toute créance en M. l'intendant, ce qui n'est pas du service du Roy. Ainsy, je me suis contenté, voyant qu'il ne montroit point aucune de vos lettres, de luy dire que je m'en rapportois à sa conscience et à son honneur, s'il ne pouvoit pas mieux faire pour la province, suivant la volonté du Roy et la vostre. De sorte que vous pouvez compter que vous aurez 50,000# plus que vous ne vouliez. Vous luy en saurez le gré qu'il vous plaira, et je crois en mériter une portion pour la conduite que j'ay tenue.

«Voilà la vérité toute nue de tout ce que j'ay dit et fait. Si j'avois esté à vostre école en Bretagne, où vous avez brillé avec tant de gloire, je remplirois encore mieux tous mes devoirs*.»

* Le contrôleur général avait écrit, le 18 décembre, à M. de Bâville de tâcher d'obtenir plus de 200,000#, «d'autant que le Roy estoit obligé d'en faire part à des gens qui avoient donné des mémoires.»

Voir les autres lettres du contrôleur général, aux dates des 9 et 25 juin, 22 juillet, 16 et 18 décembre; celles de M. de Bâville, 28 et 30 décembre, et celles du cardinal, 29 décembre. — Les États votèrent les 270,000# pour les syndics-greffiers, 100,000# pour la suppression des courtiers et 30,000# pour celle des crieurs.

La création des syndics avait été proposée par M. de Bâville, le 2 novembre 1691.

Plusieurs villes de la province fournirent, en outre, dans le cours de l'année 1692, des sommes considérables: Toulouse paya 250,000# pour la confirmation de la noblesse des capitouls et le rachat des offices des jurés marchands; Béziers offrit 30,000#; Nîmes, 45,000#; Beaucaire, 12,000#; Montpellier, 180,000#; Castres et Pézenas, 15,000# chacune; Villeneuve-lès-Avignon, 7,000#, etc. (Lettres des 27 avril, 11 et 20 juillet, 14 et 24 août, 5 septembre, 19 et 31 octobre, 18 et 30 décembre.)

1154. *M.* DE CHÂTEAURENARD, *intendant à Moulins*,

AU CONTRÔLEUR GÉNÉRAL.

28 Décembre 1692.

Les maîtres de poste se plaignant de la pesanteur excessive des malles qui viennent de Lyon, ordre a été donné par M. le Peletier de visiter ces malles et d'y confisquer tout ce qui ne serait pas lettres ou papiers. Il a été constaté que la fraude devait se faire de concert avec les fermiers des postes, et c'est pour cette raison qu'ils se plaignent qu'on ait retardé le départ des courriers ou ouvert les paquets de lettres.

«MM. Rouillé et Pajot, gens habiles pour leur intérest, craignant la confiscation des tabacs, étoffes d'or et d'argent, liqueurs, eaux de la reine d'Hongrie, gibiers, truffes, oranges, livres défendus, et une infinité d'autres marchandises qui doivent des droits au Roy, dont les malles sont remplies tous les ordinaires, prennent la précaution de les faire mettre à vostre adresse, à celles de Mme de Pontchartrain, de M. de Barbezieux et de M. le Peletier..... Je vous demande en grâce que le Roy soit informé des raisons qui m'ont obligé à faire faire cette visite, afin que je sois disculpé auprès de S. M. d'un fait qu'on a voulu faire paroistre si extraordinaire, et qui ne paroist tout conforme aux règlemens et aux intentions du Roy*.»

* M. Lebret (Provence) rend compte, le 18 février et le 14 mars 1693, d'une pareille saisie faite dans la malle du courrier de Lyon, qui avait l'habitude de transporter de grandes quantités de marchandises et des groups d'espèces non déclarés et destinés évidemment à l'exportation.

1155. *M. de Bâville, intendant en Languedoc,*
au Contrôleur général.

28 Décembre 1692.

Les soumissions pour les charges de maires montent déjà à plus de 800,000^tt^.

«Dans tous les lieux un peu considérables, je tascheray de ne mettre que des anciens catholiques; mais il y a en Vivarois, dans les Cévennes et dans l'éveschè de Castres, plus de trois cents paroisses où il n'y a que de nouveaux convertis : c'est dans celles-là principalement qu'il se présentera des sujets pour estre maires. Je ne crois pas qu'il y ayt aucun danger de recevoir leur argent, puisqu'on ne peut pas se dispenser de les faire consuls, n'y en ayant point d'autres, et il vaut autant qu'ils soient maires que consuls : s'ils ont cette qualité, il sera plus facile de les rendre responsables de ce qui arrivera dans la paroisse; ils seront mesme plus attentifs à y veiller. D'ailleurs, j'auray soin de ne prendre que de nouveaux convertis qui se seront distingués en bien et qui seront encore engagés, pour la conservation de leur office, à mieux faire encore leur devoir. C'est une affaire qui peut aller à plus de 100,000 écus pour le Roy, et qui peut mesme concilier les esprits de ces gens-là et leur faire plaisir, sans qu'il me paroisse aucun risque pour le service de S. M.»

1156. *Le Contrôleur général*
à MM. de la Berchère, de Bâville, de la Reynie
et autres.

31 Décembre 1692.

«J'ay eu avis que, pour pourvoir à la subsistance des grandes villes et des armées du Roy, on tuait les moutons à un et deux ans, au lieu qu'on n'avoit accoustumé de les tuer qu'à cinq ans, ce qui seroit capable de diminuer extrêmement la quantité des laynes du royaume qui sont nécessaires pour les manufactures, d'autant plus que la layne des jeunes moutons estant courte, est moins propre à la composition des draperies. Je vous prie de vous informer exactement s'il est véritable qu'on tue les moutons si jeunes, et, en ce cas, d'examiner avec les principaux bourgeois, marchands de bestiaux et de laynes, les facturiers, bouchers, et autres que vous jugerez à propos, les expédiens qu'on pourroit prendre pour y remédier, soit en défendant de tuer des agneaux et des moutons jusqu'à un certain âge, ou par autres moyens, sur lesquels vous me donnerez, s'il vous plaist, vostre avis*.»

* Le même jour, les intendants reçoivent l'ordre de s'entendre avec les principaux négociants pour faire venir des laines d'Angleterre et d'Espagne par l'intermédiaire des vaisseaux neutres, génois, danois, suédois, portugais ou autres, et M. Voysin, intendant en Hainaut, est chargé de donner des passe-ports pour l'introduction des moutons d'Allemagne, à charge de réexporter l'équivalent en produits français.

1157. *M. Phélypeaux, intendant à Paris,*
au Contrôleur général.

4 Janvier 1693.

Les habitants de Montreuil, Vincennes et autres villages voisins de Paris se plaignent de la multiplication excessive des exempts; mais il suffirait de faire exécuter le règlement de janvier 1634, qui réduit le nombre des privilégiés à huit dans les paroisses portant 900^tt^ de taille et au-dessus.

Ils disent que plusieurs habitans des plus riches de ces paroisses font des donations simulées à leurs enfans, qui viennent louer une chambre ou une petite maison dans les fauxbourgs de Paris et par cette raison jouissent du privilége des bourgeois de Paris et ne laissent pas de faire valoir leurs héritages dans le lieu, et mesme y couchent fort souvent. Les collecteurs n'oseroient mettre les gens à la taille, qu'ils appellent *fuyards*, à cause qu'ils se pourvoyent aussitost à la Cour des aydes, où ils obtiennent des décharges, comme bourgeois de Paris. Ils ne peuvent non plus continuer la taille sur les pères et mères, parce que la perception en seroit impossible. Il est très-difficile de remédier à cet abus, parce qu'il est très-difficile aussy de découvrir la fraude de ces donations qui sont faites des pères aux enfans, ce qui paroist fort naturel, à moins qu'on voulust les restreindre à un seul cas, lorsqu'elles auroient esté faites par contrat de mariage; mais il faudroit pour cela une ordonnance ou une déclaration. J'ay parlé à ces habitans, et leur ay dit d'imposer tous ceux qui habitent ordinairement leurs villages, quoyqu'ils ayent quelques chambres dans les fauxbourgs, pourvu qu'ils n'eussent pas jusques à présent obtenu des arrests de la Cour des aydes qui les en déchargeassent, et pourvu qu'ils pussent aussy faire payer la taille à ceux qu'ils imposeroient.»

1158. *M. d'Herbigny, intendant à Montauban,*
au Contrôleur général.

7 Janvier 1693.

Il renouvelle ses instances pour la suppression des milices qui sont entretenues aux frais des nouveaux convertis.

«On tient la continuation de ces milices également préjudiciable à la religion, au pays et au service du Roy. Les taxes qui se font pour leur subsistance entretiennent entre les anciens et les nouveaux catholiques une distinction tout à fait odieuse et qui combat directement cette unité qu'on a tant recherchée dans la religion. Ceux qui sont les plus endurcis dans leurs premières erreurs ne dissimulent point qu'ils regardent ces taxes comme un titre pour vivre à leur mode, et qu'estant par là séparés des catholiques, ils sont en droit de n'en pas faire les fonctions. Ceux qui auroient esté capables d'écouter les instructions et d'en profiter sont découragés; plusieurs d'entre eux ont eu recours aux évesques et aux curés, et, rapportant des certificats comme ils satisfaisoient à leur devoir, ont demandé d'estre déchargés, mais inutilement, parce que, ces taxes estant destinées à une dépense certaine, le fonds n'en peut estre diminué.

«Pour comprendre combien elles sont ruineuses au pays, il est nécessaire d'observer qu'avant la conversion générale, les églises prétendues réformées composoient dans la généralité de Bordeaux deux synodes, celuy de la basse Guyenne et celuy de Saintonge. Toute la généralité de Montauban et une partie du Languedoc, l'Albigeois et le Lauragnois ne faisoient qu'un synode, en sorte qu'on peut compter qu'à peine y avoit-il dans la haute Guyenne le tiers de huguenots de ce qui s'en trouvoit dans les pays qui composent l'intendance de Bordeaux, et cette supputation se trouve juste avec celle qu'on a faite dans le temps des conversions, car M. de Bezons m'a dit qu'il y avoit près de cent soixante mille nouveaux convertis dans sa généralité, et, par les mémoires que m'a laissés M. de la Berchère, il n'y en a pas cinquante mille dans celle de Montauban. Cependant, les taxes sont aussy fortes dans l'une que dans l'autre, et par là se trouvent excessives dans celle de Montauban. On en peut juger par quelques exemples : dans la seule ville de Montauban, qui ne paye que 46,000 ͭͭ de taille, les taxes vont à 38.000 ͭͭ; à Carmain, 8.000 ͭͭ de taille, 5,965 ͭͭ de taxes; à Saint-Jean-du-Breuil, 4,120 ͭͭ de taille, 3,126 ͭͭ de taxes; à Cormus, 3,875 ͭͭ de taille, 2,136 ͭͭ de taxes. En un mot, les taxes, en beaucoup d'endroits, doublent et triplent la taille. Les revenus des biens ne peuvent suffire pour payer l'une et l'autre; les meubles de ceux qui en avoient ont esté vendus, et plusieurs, ne pouvant plus faire valoir leurs fonds, les abandonnent; en sorte que, le nombre des insolvables augmentant tous les jours, les taxes deviennent exorbitantes sur ceux à qui il reste encore quelque bien.

«A la ruine de tant de familles de nouveaux convertis, ordinairement les principales de chaque lieu, il faut ajouter la chute de toutes les autres qui ne subsistoient que par leur moyen; les artisans ne trouvent plus à travailler, le commerce diminue considérablement, les marchands sujets à ces taxes ou n'ont plus la force de le continuer, ou ne l'osent, dans l'appréhension de voir ce fardeau augmenter tous les jours, à proportion de la réputation qu'ils pourroient avoir dans le trafic.

«S'il est constant que ces taxes soient contraires au progrès de la religion et au bien du pays, il est bien sûr qu'elles le sont en mesme temps au service du Roy. Mais il y a plus : on peut dire qu'en général les nouveaux convertis, quoyque médiocrement bons catholiques, sont très-bons serviteurs du Roy, et, dans ces sentimens, c'est pour eux le plus grand de tous les désespoirs de se voir notés si durement par ces taxes. Les gentilshommes qui les payent ne laissent pas d'estre commandés pour l'arrière-ban, en sorte que, dans le mesme temps qu'ils portent les armes pour le service du Roy, S. M. entretient une milice contre eux à leurs dépens. Il n'y en a guère parmy eux et parmy les meilleurs bourgeois qui n'ayent leurs enfans, leurs frères et leurs plus proches parens dans le service. Ils se présentent pour entrer dans les charges : depuis peu de temps, trois des principaux de Montauban, qui payoient pour près de 800 écus de taxes, viennent d'acheter les offices de secrétaires du Roy nouvellement créés dans cette Cour des aydes; continuera-t-on de taxer des gens qu'on a crus assez fidèles pour admettre dans ces charges? Mais, si on a égard à toutes ces raisons, sur qui retombent ces taxes? Sur le pauvre peuple, dont tout le travail aujourd'huy ne suffit qu'à peine pour le nourrir et payer les impositions.

«D'ailleurs, s'il se trouvoit parmy les nouveaux convertis quelques esprits plus inquiets et moins attachés au service du Roy, on doit compter que ces gens ne sont retenus que par les biens qu'ils ont dans le royaume, et qu'ils sont tous persuadés que le plus grand de tous les malheurs pour eux seroit qu'il en arrivast quelqu'un à l'Estat. En ruinant ces gens par les taxes, on leur oste en mesme temps les seuls motifs de leur soumission.

«Mais enfin, s'il est nécessaire d'y pourvoir plus particulièrement par des précautions extraordinaires, et qu'on continue pour cela la levée de ces milices, c'est précisément ce qui m'oblige davantage d'avoir l'honneur de vous rendre compte de l'estat des choses, parce qu'assurément on ne peut faire aucun compte sur ces milices, de la manière dont elles sont.

«Parmy les officiers, il faut convenir qu'il y a un petit nombre d'honnestes gens et qui rempliroient dignement de meilleurs employs. Au surplus, tous les autres sont gens ou qu'on n'a pu souffrir dans le service, ou qui n'ont jamais eu le courage d'y entrer; aussy, ne voit-on en eux qu'une avidité horrible de gagner. Ils vivent sans discipline, ils n'en donnent aucune à leurs soldats; leur plus grand soin est de les renvoyer autant qu'ils peuvent dans leurs communautés, afin de profiter de leur paye, en sorte que la dépense d'entretenir pendant trois ou quatre mois quatre mille hommes sur pied ne produit autre chose que d'en tirer des paroisses la plus grande partie une fois le mois pour se trouver aux revues.

«Avec tant de négligence et d'incapacité de la part des officiers, que peut-on attendre de soldats qui changent tous les ans, qu'on vient d'arracher à la charrue, qui marchent malgré eux, qui n'ont jamais tiré ni entendu tirer un coup de mousquet?

«Par-dessus cela, ces régimens sont sans armes, sans épées, sans fusils; ce qu'il y en a eu dans le commencement ne valoit pas grand'chose, et, par le peu de soin qu'en ont pris les officiers, qui témoignent mesme n'en vouloir pas prendre davantage, afin de n'estre chargés de rien, tout est brisé et perdu, en sorte que, l'été dernier, quand, sur les bruits d'une descente des ennemis du costé de Bayonne, on commanda deux mille hommes pour se tenir prests à marcher, il ne se trouva pas cent fusils en tout qui pussent tirer.

«Les habits ne sont pas meilleurs que les armes; les soldats pour la plupart sont presque tous nus, sans bas, sans souliers, n'ayant qu'un méchant jupon et haut-de-chausse de toile, comme dans leurs villages, de manière que non-seulement ils ne sont pas en estat de rendre aucun service, mais on ne peut pas mesme en tirer l'avantage que devroit au moins produire le seul bruit de quatre mille hommes en armes dans une province; car le désordre et la misère extrême de ces troupes sont connus, et elles sont dans le dernier mépris; c'est mesme ce qui redouble la douleur des nouveaux convertis de se voir ruinés et leur argent si mal et si inutilement employé.

«Sans rien diminuer des précautions qu'il peut estre bon de prendre pour assurer toujours la soumission des nouveaux convertis, il seroit aysé de se passer de cette milice; car, peu de temps après que l'établissement en fut fait, on fit celui des compagnies bourgeoises, qu'on a formées de tout ce qu'il y a d'anciens catholiques dans le pays en estat de porter les armes, auxquels on fait faire l'exercice de temps en temps. Dans le besoin, on pourroit, en moins de huit ou dix jours, en avoir rassemblé jusqu'à dix mille, et, en prenant des mesures pour perfectionner un peu cet établissement, on auroit, sans qu'il en coustast rien, un secours toujours prest, infiniment meilleur que celuy de ces milices, non-seulement par le nombre, mais encore par la qualité et la disposition des hommes; car tout ce qu'il y a de bon dans le pays est compris dans ces compagnies bourgeoises.

«S'il est nécessaire de continuer la levée des milices, il l'est encore plus de les mettre en estat de servir. On ne sauroit guère les armer et les habiller à moins de 2 pistoles par homme; c'est près de 80,000# pour les quatre régimens. L'armement, une fois fait, pourra se conserver, mais la dépense des habits recommencera presque tous les ans. Il est impossible d'en trouver les fonds sur les nouveaux convertis; on ne sauroit mesme tirer d'eux à l'avenir ceux qui sont nécessaires pour la subsistance des quatre régimens. Ainsy, j'oseray prendre la liberté de vous proposer, s'il faut toujours en avoir sur pied, de les faire réduire à deux, de quinze compagnies chacun.

«Nonobstant ce soulagement, cette généralité sera encore plus chargée à proportion que celle de Bordeaux; mais, si la chose est absolument nécessaire, du moins ne sera-t-elle pas impossible de cette manière; on ne gardera que ce qu'il y aura de meilleur parmy les officiers, on se défera des autres, qui gastent tout assurément, et seize cents hommes bien armés et habillés passablement non-seulement seront plus que suffisans pour la sûreté du pays, mais encore seront en estat de pouvoir servir où il seroit de convenance de les faire marcher, au lieu que les quatre régimens, tels qu'ils ont esté par le passé, ne sont certainement bons à rien, et ce seroit se tromper que d'en espérer le moindre service*.»

* M. l'évêque de Montauban écrit dans le même sens que M. d'Herbigny, le 1er février.

L'année suivante, sur de nouvelles instances de l'évêque et de l'intendant, le Roi ordonna enfin à M. de Barbezieux de surseoir la levée de ces secondes milices. (Lettres du 17 mars et du 25 avril 1694.)

En 1695, les magistrats municipaux de Grenoble, au nom de la province, demandaient encore la suppression de quatre régiments de secondes milices qui avaient été créés provisoirement lors de la rupture des relations avec la Savoie. (Lettre du 4 mars 1695.)

1159. *M. de Bâville, intendant en Languedoc,*
au Contrôleur général.

11 Janvier 1693.

Le clergé a traité sur le pied de 100,000 écus pour le rachat des offices de greffiers des insinuations, d'économes séquestres, de greffiers des gens de mainmorte et de gardes des registres baptistaires. Il ne reste qu'à décider si la répartition se fera sur les bases du Don gratuit ou d'après l'étendue des diocèses*.

* Voir, au 15 du même mois, la lettre par laquelle M. le cardinal de Bonzy annonce le même résultat comme étant son œuvre personnelle, en se plaignant indirectement des façons d'agir de M. de Bâville.

1160. *M. l'Évêque de Noyon*
au Contrôleur général.

15 Janvier 1693.

Les quêtes et les offrandes charitables des habitants de Noyon ne suffisant pas pour soulager la misère générale de son diocèse, il a fait appel à toutes les autres villes et à tous les ecclésiastiques.

«Mais il me paroist que mes soins et mes remonstrances n'auront pas un grand effet, à moins qu'elles ne soient autorisées par une taxe sur le clergé, que l'on pourroit faire sur le pied du quart des décimes extraordinaires dudit clergé, ou sur celuy que vous trouverez à propos. Ce secours empescheroit de grands maux et sauveroit la vie à un grand nombre des sujets du Roy; et, au reste, il me semble que c'est en de pareilles calamités que les ecclésiastiques doivent mesme prendre sur leur nécessaire pour subvenir aux besoins publics.

«Et, pour conserver la sûreté dans les chemins et dans les villages, où l'on commence à voler de jour et de nuit sous prétexte d'indigence, il seroit bon de donner de bons ordres aux gouverneurs et aux intendans d'empescher ce commencement de désordre, en défendant aux prétendus pauvres de s'attrouper, et en punissant les plus insolens, pour prévenir l'augmentation du mal. La chose presse d'autant plus qu'ils menacent publiquement les curés, les religieux et les principaux habitans des villages de les piller, s'ils ne font des aumosnes au-dessus de leur pouvoir. L'on tient ce mesme langage dans les villes, avec un peu moins d'insolence, mais pourtant avec une espèce de désespoir dangereux, et l'on remarque que plusieurs valides trouvant le métier de gueuser bien plus doux que le leur, demeurent dans la fainéantise et font bien plus de bruit que les vrays pauvres, que l'on taschera de reconnoistre par les visites que l'on fera souvent chez eux. Par les occupations qu'on leur donnera d'employer la layne et le chanvre, et par les travaux publics à remuer la terre, l'on est persuadé que ces occupations diminueront le nombre des mendians, et qu'il se diminueroit aussy par quelques exemples, tels que vous jugerez à propos de faire, des valides qui gueusent par fainéantise; cela obligeroit les autres de cette espèce de travailler et seroit un bon moyen pour maintenir la sûreté publique et celle des particuliers..... »

1161. *M. Larcher, intendant en Champagne,*
au Contrôleur général.

18 Janvier et 2 Février 1693.

La régie des biens des religionnaires fugitifs, dans le département des frontières de Champagne, avait été confiée, jusqu'à la déclaration de 1689, à une petite Cour, composée d'un commissaire, un avocat assistant, un greffier, deux archers et un trésorier. Lorsque les comptes ont été rendus par-devant l'intendant, il s'est trouvé une grande confusion dans les inventaires et dans les procès-verbaux de vente; mais on y peut discerner, comme le bruit en court partout, qu'il y a eu des malversations constantes et que les administrateurs en ont profité, indépendamment des sommes considérables qu'ils s'appliquaient en appointements ou en gratifications. On pourrait leur intenter un procès, et, en même temps, charger un traitant, à forfait et moyennant remise d'un sixième, de recouvrer les restes dus sur cette régie.

1162. *Le sieur Pierre le Jeune, négociant à Nantes,*
au Contrôleur général.

24 Janvier 1693.

« Les raffineurs de cette ville et moy, nous nous donnasmes l'honneur de vous écrire, il y a un mois, au sujet de la fabrique des eaux-de-vie des sirops de sucre; nous priasmes en mesme temps M. des Grassières d'avoir la bonté de faire connoistre à Vostre Grandeur que l'opposition que les prévost, maire et échevins formoient contre cette fabrique n'avoit pour objet qu'une apparence d'intérest public, prétendant que cette fabrique feroit tort à celle des eaux-de-vie de vins. Cependant, il est certain que, bien loin de faire tort au public, c'est luy faire du bien d'en fabriquer de sirops, qui sont très-bonnes, dans une année de cherté de vins comme celle-cy, n'y en ayant pas suffisamment pour boire, et ce qu'il y en a est de si méchante qualité pour faire des eaux-de-vie, qu'elles reviendroient à un prix excessif, qui empescheroit le menu peuple d'en boire, aussy bien que les soldats, à qui cette liqueur est absolument nécessaire pour les faire subsister. Vous l'avez bien remarqué, par l'arrest du Conseil que M. l'intendant vient de faire publier, qui en défend la sortie du royaume. Cet arrest nous fait espérer que vous avez eu la bonté de faire attention sur la très-humble supplication que nous vous avons faite de nous permettre cette nouvelle fabrique, qui sera toujours distinguée par telle marque qu'il plaira à Vostre Grandeur ordonner. Elle sera d'un secours très-considérable pour les armées de S. M., et traversera en mesme temps le commerce de ses ennemis, qui en font eux-mesmes un grand débit*. »

* Sur l'opposition de l'échevinage, il y eut une épreuve des nouvelles eaux-de-vie, qui fut faite sous la direction d'un subdélégué de l'intendant, mais qui ne réussit point. (Lettre de M. de Nointel, 1er mars.) — Les fermiers des devoirs avaient sollicité pour eux-mêmes le privilége, disant que cette fabrication était déjà en usage à Orléans, Bordeaux et la Rochelle. En effet, les raffineurs de la Rochelle avaient établi des distilleries clandestines, où ils utilisaient, à l'aide de la chaux ou d'autres ingrédients, la crasse du sucre. Il y eut même contre ces distilleries une plainte des cultivateurs du pays d'Aunis, qui avaient transformé presque toutes leurs terres en vignes et qui ne pouvaient débiter les produits de ces vignobles qu'en eaux-de-vie. Ils prétendaient que les eaux-de-vie de sucre, par leur qualité inférieure et même leurs propriétés nuisibles, dépréciaient le commerce du pays. (Lettre du sieur Poirel, subdélégué à la Rochelle, du 2 février 1694.)

1163. *M. Chauvelin, intendant à Amiens,*
au Contrôleur général.

24 Janvier 1693.

La demande d'une justice consulaire pour la ville de Saint-Quentin a déjà été repoussée autrefois. Ces sortes d'établissements ne se font que dans les villes situées sur des rivières navigables et plus commerçantes que n'est Saint-Quentin. Quant à soumettre à cette juridiction les marchands d'Artois, de Hainaut et de Cambrésis, cela serait impossible; ils jouissent du privilége de ne pouvoir être traduits en dehors de leur ressort, où ils trouvent en effet une justice bien plus prompte que ne sauraient la rendre les juridictions consulaires*.

* Le 20 août 1694, M. d'Ableiges (Auvergne) appuie la demande d'une juridiction consulaire présentée par les négociants d'Ambert.

1164. *M. le duc de Chaulnes, gouverneur de Bretagne,*
au Contrôleur général.

30 Janvier 1693.

Toutes les mesures ont été prises pour que les dragons cantonnés dans les provinces limitrophes ne renouvellent point leurs désordres et n'aillent plus enlever les sels sur les marchés. Les officiers mettent en lieu sûr les chevaux et les armes de leurs soldats; mais il faudrait surtout que les habitants qui logent les dragons rendissent compte des absences de ceux-ci, et que la responsabilité en retombât sur les officiers*.

* MM. de Nointel et de la Faure, au sujet de ces désordres et de plusieurs expéditions faites à force ouverte par des troupes de cent cavaliers, avec armes et chevaux, demandèrent que les régiments fussent changés de résidence, la maréchaussée ou les brigades des gabelles ne pouvant résister. (Lettres des 8 et 22 février.)

De son côté, M. de Miroménil (Tours, 5 janvier, 13, 17 et 27 février, 1er mars) obtint à grand'peine que les faux-sauniers du régiment d'Asfeld fussent traduits en conseil de guerre et jugés. Néanmoins, le faux-saunage continua dans les mêmes conditions entre les deux provinces. Voir la correspondance des années suivantes : 9 janvier 1695, lettre de M. de Nointel; 31 décembre, rapport et ordonnance de M. de Lavardin, etc.; 15, 16 et 23 janvier, 20 février, 19 et 24 décembre, lettres de M. de Miroménil, etc.

1165. *M. d'Argouges, intendant en Bourgogne,*
au Contrôleur général.

1er et 18 Février 1693.

Plusieurs recherches de trésors tentées à l'aide de la baguette divinatoire dans les châteaux de Dompierre, de Lourdon, de Charolles et du Mont-Saint-Vincent, à la Colonne et dans d'autres lieux, n'ont produit aucun résultat. L'homme qui avait fait ces recherches doit être conduit au Roi par M. le Prince.

1166. *M. de Bezons, intendant à Bordeaux,*
au Contrôleur général.

5 et 17 Février 1693.

Il envoie l'état des cargaisons du mois de janvier.

Il n'est sorti que deux vaisseaux étrangers, encore étaient-ils frétés par le munitionnaire pour porter des vins à Rochefort, et aucun chargement n'a été fait pour l'exportation, tandis qu'à pareille époque de l'année 1692, il était parti vingt-deux vaisseaux étrangers et il en restait soixante-neuf dans le port. La récolte, si médiocre qu'elle ait été, ne se vend point, et elle sera perdue, s'il ne vient une flotte étrangère*.

* M. d'Aulède, premier président du Parlement, écrit, le 27 du même mois, que, depuis quatre ans, il n'a vendu aucune récolte et qu'il a dans ses caves pour plus de 40,000 écus de grands vins.

Les marchands durent prendre le parti de faire des eaux-de-vie, que M. de Bezons demanda pour eux la liberté d'exporter. (Lettre du 28 février.)

Durant le mois de mars, il n'y eut que trois chargements, et M. de Bezons disait, à ce sujet, que le seul moyen de pousser les propriétaires à remettre en culture les vignes abandonnées depuis plusieurs années, serait de leur annoncer que la prochaine fourniture de l'armée se ferait chez eux, et non en Languedoc. (Lettre du 21 avril.)

1167. *Le sieur de Bretagne d'Orain,*
receveur général des finances en Bourgogne,
au Contrôleur général.

9 Février 1693.

« . . . . . Vous savez mieux que personne que les receveurs ne sont pas obligés d'aller chercher ceux qui ont des sommes à recevoir sur leurs recettes pour les payer, parce qu'en effet ce leur seroit une charge effroyable et d'une exécution impossible, et qu'à la réserve de la partie du Roy qu'ils sont tenus de porter au Trésor royal, par les remises que S. M. leur accorde pour leurs ports et voitures et avance de leurs deniers, ce qui les met à son égard dans le rang des autres débiteurs, ils satisfont pleinement à leurs obligations, quand ils payent ponctuellement ceux qui viennent dans leur bureau demander leurs gages dans les termes prescrits par les règlemens. Vous savez encore qu'il n'y a point de maxime mieux établie que celle qu'un receveur n'est qu'un dépositaire, qui ne peut estre tenu qu'à distribuer les deniers comme il les reçoit et ne peut estre obligé de rétablir les diminutions qui y arrivent par le fait de S. M. Sur ces deux principes, qui paroissent incontestables, le refus de ces particuliers qui ont attendu à venir prendre leur argent après les diminutions arrivées, d'en porter leur part, et leur prétention de la rejeter entièrement sur moy vous paroistra sans doute des plus injustes, ne pouvant se plaindre ni alléguer qu'on leur ayt refusé leur payement avant lesdites diminutions, ni à d'autres, à qui, au contraire, j'ay avancé les payemens. Que S. M. soit déchargée de porter cette diminution pour les fonds qui doivent estre portés au Trésor royal, par les raisons cy-devant touchées, cela ne doit faire aucune conséquence pour les particuliers, qui ne font aucune remise comme S. M. et ne souffrent aucune diminution de leurs gages. Ils ne peuvent encore opposer qu'on ne leur tiendroit pas compte de l'augmentation, s'il en arrivoit, parce que cette augmentation ne leur peut jamais appartenir, mais uniquement à S. M.; outre que ce reproche ne peut m'estre fait, n'estant en charge que depuis le mois de juin 1690, depuis lequel temps il n'est arrivé aucune augmentation. Enfin, ma cause vous paroistra sans doute pleine de justice, d'équité et de faveur, s'il vous plaist de considérer que je serois accablé par cette perte, qui monteroit à 3 ou 4,000#, puisqu'il est justifié qu'au 1er de juillet j'avois 57,500# dans mes coffres, et qu'au mois de décembre j'avois plus de 120,000#, y comprenant la partie des garnisons de Bourgogne, au lieu que, régalée sur tous les particuliers, elle sera presque insensible. Je vous supplie encore de considérer quel seroit le malheur de la condition des receveurs, si, ne pouvant divertir leurs deniers à d'autres usages que ceux de leur destination, et estant obligés de les garder pour les distribuer à ceux qui en viennent faire la demande, ils estoient obligés d'en porter la perte sans en pouvoir espérer aucun dédommagement, et s'ils estoient en mesme temps considérés comme débiteurs et comme dépositaires, sans pouvoir jouir des prérogatives attachées à ces deux qualités contraires* . . . . . »

* Voir, au 16 janvier précédent, un placet des procureurs du pays de Provence, et, au 2 mars, une lettre de M. Lebret, sur ce que le commis du trésorier des galères faisait difficulté de recevoir par antici-

pation une partie du Don gratuit et donnait pour prétexte qu'il n'avait pas encore reçu la quittance du Trésor royal, bien que son but réel fût de ne pas subir la perte sur le montant en espèces de ce versement.

1168. *M. de Bezons, intendant à Bordeaux,*
au Contrôleur général.

14 Février 1693.

Plusieurs raisons semblaient s'opposer à ce qu'on demandât au Parlement de Guyenne un arrêt analogue à celui que le Parlement de Rouen a rendu pour assurer la subsistance des pauvres : d'abord, la crainte que les marchands étrangers ne représentassent cet arrêt dans leur pays comme un témoignage de l'extrême misère du royaume et des conséquences qu'on en redoute; la crainte aussi que les peuples ne vissent eux-mêmes à quelles extrémités ils pourraient se porter; puis, la difficulté de savoir sur qui doivent tomber les taxes, puisque beaucoup de familles aisées se trouvent actuellement dans la détresse la plus réelle. Enfin, les mesures prises en 1691, soit pour maintenir l'ordre parmi les pauvres, soit pour les nourrir, avaient été suffisantes. Cependant, sur l'ordre précis qui en est arrivé, le Parlement a rendu un arrêt, en adoucissant quelques détails qui ne se trouvaient point en rapport avec les usages du pays, et il a eu soin d'attribuer la misère générale aux mauvaises récoltes des dernières années*.

* Lettre du procureur général, M. Denis, et copie de l'arrêt du Parlement.

Voir l'arrêt rendu par le Parlement de Toulouse, qui avait déjà pris l'initiative de mesures analogues en 1691 et 1692. (Languedoc, 25 février et 4 mars : lettres de M. Lemazuyer, procureur général, et de son fils.)

1169. *Les Trésoriers de France en la généralité d'Amiens*
au Contrôleur général.

1er Mars 1693.

« . . . . . Nous nous donnons l'honneur de vous représenter que le fonds des prairies de la rivière de Somme est de qualité qu'estant coupée en forme de briques, cette terre, que l'on qualifie *tourbe*, séchée au soleil, brusle comme du bois. On la tire dans les prés de la profondeur de dix ou douze pieds, et un arpent de prairie s'afferme 4 à 500 ᵗᵗ. Les seuls particuliers propriétaires faisoient autrefois ce ménage; mais le grand profit a fait passer les bénéficiers à cet abus, aussy bien que les seigneurs et habitans des villages, les uns donnant à tourber les prairies de leurs bénéfices, les autres leurs communes, ce qui ruine non-seulement les fonds des prairies, en les dégradant et creusant de dix à douze pieds, plus ou moins selon les endroits, mais mesme l'usage des pastures et des herbes, et diminue par conséquent les dotations des bénéfices notablement. Nous avons cru estre de nostre devoir d'arrester cet abus à l'égard des gens de mainmorte, et avons commencé par faire saisir les tourbes tirées dans les prés des bénéficiers et dans les communes, entre lesquels se trouve le sieur Trudaine, qui en a fait tirer dans les prés du prieuré de Saint-Pierre de Gouy, ce qu'il demande permission au Roy de continuer. Nous estimons que les bénéficiers ne peuvent en user ainsy, parce que c'est dégrader et détériorer le fonds des bénéfices en tirant les tourbes, qui font partie du fonds à l'égard des prés, comme la haute futaye à l'égard des bois, dont le profit qu'on en tire devroit estre appliqué à l'augmentation du fonds des bénéfices ou aux réparations, et non pas au profit du bénéficier, d'autant que les prés une fois tourbés restent un fort long temps, comme quarante à cinquante ans et plus, à remplir, selon qu'ils ont esté plus ou moins creusés, et, après ce nombre considérable d'années, il ne croist dans la plupart de ces prés que de très-gros roseaux et des herbes extrêmement sûres et qui ne valent rien. Comme, dans toute la vallée d'entre Amiens et Abbeville et au-dessus d'Amiens, tous les gens de mainmorte en usent ainsy, le règlement du sieur Trudaine devant servir pour tous les autres pareillement saisis, nous supplions très-humblement Vostre Grandeur de nous marquer les intentions de S. M. et la conduite que nous devons garder à l'égard des autres, pour réprimer tous ces abus. »

1170. *M. de Bérulle, intendant à Lyon,*
au Contrôleur général.

2 Mars 1693.

Il annonce, par un courrier extraordinaire, que la ville de Lyon n'est pas approvisionnée pour huit jours, tandis que la Bourgogne, quoi qu'en dise M. d'Argouges, et malgré tous les achats du munitionnaire, regorge de grains. Certains particuliers ont fait de grands achats dans cette province, et, si les prix ont haussé, c'est un effet de ces accaparements et du peu de soins que les intéressés aux vivres ont pris pour cacher leurs opérations. Cependant, le blé n'y est encore qu'à 3 ᵗᵗ 14 s. le bichet, et à Lyon, suivant les *carcabeaux*, il vaut 4 ᵗᵗ 12 s.

« Il seroit très-difficile, si la disette arrivoit, de contenir quarante mille ouvriers qui n'ont pas du pain. . . . . Plusieurs boulangers, faute de blé, ont fermé leur boutique, et les pauvres ouvriers, qui ont de la peine de trouver du pain pour de l'argent, crient. . . . . Comme le mal presse, je vous supplierois de vouloir bien charger cet exprès de vos ordres pour M. d'Argouges, afin qu'il pust plus promptement donner les siens pour laisser descendre les blés que les recteurs de la Charité et les marchands de Lyon ont achetés en Bourgogne pour la subsistance des pauvres et des bourgeois de Lyon, sur les certificats de M. l'archevesque ou sur les miens, et faire ouvrir les greniers des monopoleurs de son département et les obliger de vendre leurs blés au prix coustant*. . . . . »

* Voir les lettres de M. l'archevêque de Lyon, 6 mars et 2 avril; celle du munitionnaire Lenoble, datée d'Auxonne, le 3 mai, et enfin, celles de M. l'archevêque et de M. de Bérulle, du 14 mai.

1171. *Le sieur* Ferriol, *receveur général des finances en Dauphiné,*
au Contrôleur général.

2 Mars 1693.

«La déroute des receveurs généraux de cette province a tellement troublé les receveurs des tailles, qui s'y trouvent tous embarrassés, sans exception, que j'ay eu bien de la peine à les empescher de partir pour s'aller jeter aux pieds de Vostre Grandeur et implorer sa clémence et sa bonté. J'ay cru qu'il estoit du bien du service de les rassurer, en leur faisant espérer qu'elle auroit de l'indulgence pour eux. Il est bien certain que, s'ils estoient traités à la rigueur pour n'avoir pas fait convertir leurs acquits en quittances comptables, il n'y en a pas un seul qui ne fust ruiné de fond en comble, ce qui achèveroit de décrier dans cette province tous les gens de finances, dont le crédit a déjà souffert une grande atteinte, mesme jusque sur la place de Lyon, par la chute des receveurs généraux, à laquelle plusieurs personnes se trouvent intéressées, à cause qu'elle est arrivée dans le temps des diminutions des espèces, où tous les particuliers qui avoient de l'argent le portoient à M. Boilleau, qui s'est retiré sans le leur rendre, ce qui a excité un grand murmure contre luy, aussy bien que le défaut de payement de la plus grande partie des charges assignées sur la recette générale de 1692, dont toutes les parties prenantes espèrent que Vostre Grandeur aura la bonté de faire remplacer le fonds qui en a esté diverti.

«J'ay esté dans toutes les élections de la province pour faire compter les receveurs de 1692 et 1693; j'ay cru qu'il estoit du bien du service de ne rien changer dans les recettes et de les laisser exercer par les titulaires, ayant néanmoins pris toutes les précautions que j'ay jugé nécessaires pour la sûreté du recouvrement de 1693 et des restes de 1692.

«J'ay envoyé à M. de Bie tous les comptes en détail que j'ay faits avec les receveurs de 1692. J'ay pris un soin tout particulier de m'éclaircir sur tous les acquits qui m'ont esté représentés, et il n'y en a pas un seul dont je ne puisse justifier à Vostre Grandeur de quelle manière le payement en a esté fait. Les receveurs généraux, pour couvrir le désordre de leurs affaires, n'ont accusé, dans l'estat qu'ils ont remis à M. de Bie des restes de 1692, qu'une partie des acquits qui composent les dépenses des receveurs; en sorte que les restes de ladite année, qu'ils font monter dans leur estat à la somme de 219,000#, se réduisent, suivant le compte général que j'ay dressé et que je prends la liberté d'envoyer à Vostre Grandeur, à la somme de 127,661#17 s. Les autres estats que le sieur Boilleau a remis à M. Bouchu, avant son départ de la province, pour estre envoyés à Vostre Grandeur, ne sont pas plus fidèles, puisque j'ay reconnu qu'il a partout déguisé la vérité sur ses effets, qu'il a grossis, et sur ses dettes, qu'il a diminuées autant qu'il a pu*.»

* L'année suivante, le receveur des tailles de l'élection de Vienne dut être destitué de ses fonctions (2 janvier 1694, lettre du sieur Rostaing, procureur du Roi au bureau des finances), et celui de Montélimar s'enfuit, en faisant faillite. Les trésoriers de France, en annonçant ce fait (lettre du 14 février), l'attribuaient à l'incurie et à l'absence de Ferriol, commis à la recette générale; mais celui-ci, qui était à Paris, se défendit par une lettre du 23 du même mois, où il dit: «Je suis surpris qu'on m'impute le défaut de résidence en province, puisque j'y ay fait un séjour de deux mois en 1693, et que je ne crois pas que l'intention de Monseigneur soit d'obliger les receveurs généraux à faire leur résidence ordinaire dans leurs généralités, parce qu'autrement ils deviendroient inutiles à tout autre service qu'à celuy de leurs charges; d'ailleurs, il est nécessaire qu'ils fassent leur résidence à Paris, pour recevoir les ordres qui leur sont donnés par Monseigneur et satisfaire aux payemens du Trésor royal.

«Ces messieurs sont encore plus mal fondés de dire que je ne tiens point de commis à la recette générale, puisqu'ils n'ignorent pas que j'ay établi le receveur des tailles de Grenoble pour en faire les fonctions, et qu'il n'y a pas eu une seule plainte de la part des parties prenantes pendant l'année 1693 pour le payement des charges, qui sont entièrement acquittées, aussy bien que la partie du Trésor royal.

«A l'égard du cautionnement, j'ay cru d'estre fondé en justice de n'en pas donner, ayant fait l'exercice de 1693 par commission, et je crois d'avoir suffisamment pourvu à la sûreté de mon maniement, ayant porté au Trésor royal 200,000# pour le prix d'une charge, et toujours payé deux ou trois mois d'avance, ainsi que M. de Bie en peut rendre témoignage. A la rigueur, ces messieurs ne peuvent m'obliger qu'à donner une caution de 10,000# pour les charges; ils ne me l'ont jamais fait demander, et je suis prest d'y satisfaire.....»

Le 7 avril, il envoie un état de sa recette.

Le 13 novembre suivant, il demande de nouveau que le Conseil valide les quittances comptables délivrées aux receveurs particuliers par l'ancien receveur général Boilleau, si l'on veut éviter la ruine complète des uns et des autres.

Le 4 juin 1695, M. Bouchu envoie la copie de sa correspondance avec le contrôleur général et des procès-verbaux qu'il avait fait dresser dès 1692, à l'occasion de la faillite des deux receveurs généraux, Boilleau et de Vaulx. Voici l'une des lettres du contrôleur général, en date du 17 décembre 1692 :

«Depuis ce que je vous ay écrit sur le mauvais estat des affaires des receveurs généraux de vostre généralité, j'ay déjà reconnu icy que les sommes dont ils ont fait le recouvrement excèdent de beaucoup les payemens qu'ils ont faits tant au Trésor royal qu'aux étapiers de Dauphiné et Savoye, qui avoient esté assignés sur eux; et, comme il faut empescher qu'ils ne puissent appliquer les deniers de leur recette à l'acquittement de leurs dettes particulières, il faut pour cela tascher à connoistre à fond le véritable estat de leurs affaires. C'est pourquoy je vous prie de prendre toutes les précautions nécessaires pour y parvenir, sans néanmoins qu'il paroisse dans le public aucune méfiance de leur conduite. Faites-vous surtout représenter les registres et comptes du commis à la recette générale; faites-les soigneusement examiner, pour connoistre ce qu'il a reçu depuis le 1er octobre dernier et les payemens qu'il a faits, car ces deniers doivent estre employés pour payer aux étapiers une lettre de change tirée par le sieur de Vaulx sur le sieur Boilleau à Grenoble, au 15 du présent mois, et le surplus pour payer 100,000# sur 150,000# de lettres de change que lesdits sieurs de Vaulx et Boilleau ont tirées sur Lyon payables à la Toussaint, à l'ordre du sieur Alvarez. Comme tout l'argent que vous trouverez en caisse ne doit estre employé à aucun autre usage qu'au payement de ces deux parties, donnez les ordres nécessaires à ce qu'il n'en soit rien détourné. Que si le sieur Boilleau a fait voiturer des deniers de la recette à Lyon, prenez, s'il vous plaist, de luy des sûretés convenables pour qu'ils soient employés au payement du tout ou de partie des 150,000# des lettres de change que je viens de vous marquer; et, en cas que les deniers que leur commis a reçus depuis le 1er septembre fussent encore entre ses mains, si vous le trouvez solvable, vous l'en chargerez et vous en prendrez sa reconnoissance portant promesse de n'en point disposer jusques à nouvel ordre. A l'égard du recouvrement de l'imposition de 1693, vous prendrez vos mesures pour faire en sorte qu'il ne soit pas retardé par rapport aux contribuables, mais vous empescherez que les deniers soient remis entre les mains des receveurs généraux, jusques à ce qu'ils ayent fait connoistre le véritable estat de leurs affaires.»

1172. *M. de Creil, intendant à Orléans,*
au Contrôleur général.

13 Mars 1693.

«Je me donnay l'honneur de vous remontrer dès l'an passé que M. de la Lande, lieutenant général de l'Orléanois, Dunois et Vendosmois, avoit fait marcher à l'arrière-ban plusieurs roturiers bourgeois de cette ville sujets aux logemens et à l'ustensile, qu'ils payent, sous le prétexte que ces gens portent quelquefois une épée, ce qui ne peut les faire passer pour gens vivant noblement et faisant profession des armes, qualités requises pour estre sujet à l'arrière-ban, quoyqu'on ne soit point noble et qu'on n'ayt pas de fiefs. Comme je n'ay pas le pouvoir de m'opposer à ces ordres, mais qu'il est de mon ministère de revendiquer ceux qui doivent au Roy sous un titre, qui est celuy de bourgeois et de roturier, et que d'ailleurs la plupart de ces gens qui vont implorer vostre justice ont toujours fait une profession différente des armes, estant les uns avocats, licenciés ès droit, les autres commerçant actuellement, je n'ay pu me rendre à la proposition de M. de la Lande de les oster de l'ustensile et de les exempter du logement des troupes, auxquels leur naissance et leur profession les assujettissent, pour consentir qu'ils marchent à l'arrière-ban, auquel ils ne sont point sujets, n'estant ni nobles ni possédant fiefs, ni vivant noblement et faisant profession des armes*.»

* Voir les réponses de M. de la Lande (10 et 24 avril) et deux autres lettres de M. de Creil (25 avril et 1er mai).

1173. *M. de Madrys, intendant en Flandre maritime,*
au Contrôleur général.

17 Mars 1693.

«..... L'on ne peut nommer exaction le sol que les commis des traites d'Ypres prétendent de chaque cent pesant de marchandises, lorsqu'elles ne sont pas pesées dans le bureau, parce que les marchands, et depuis longtemps, sont convenus avec ces commis de les payer, lorsque l'on voudroit les exempter de faire porter leurs marchandises au bureau et les peser au port, attendu l'utilité et la commodité qu'ils y trouvent. Cependant, comme ce prétendu droit n'est point autorisé, je croirois qu'il seroit à propos de défendre de continuer à le lever.....

«Quant à l'autre droit du domaine de 15 deniers par cent pesant, que l'on nomme *Pontghueld*, ou de *balance*, il est dû incontestablement lorsque les marchands sont obligés de faire peser les marchandises qu'ils vendent ou achètent, et il y a un lieu établi pour les balances, où ils sont tenus de les porter pour cet effet, ne pouvant en avoir de particulières chez eux pour un plus grand poids que de vingt-cinq livres.....»

1174. *M. Chauvelin, intendant à Amiens,*
au Contrôleur général.

19 Mars 1693.

Il rend compte des mesures qu'il a prises, de concert avec M. l'évêque d'Amiens, pour secourir les pauvres et empêcher qu'ils ne se répandent la nuit dans les villages et ne menacent les habitants de les incendier. Au moyen de cotisations générales, on distribue toutes les semaines près de trois mille pains de quatre livres, et, avec quelques secours d'argent, la mendicité a cessé à Amiens et dans plusieurs autres villes. Dans les campagnes, il a été défendu aux pauvres de s'attrouper, de mendier, ou de vaguer la nuit; ils sont obligés de se retirer au lieu de leur naissance, où la charité des personnes aisées, dirigée par les curés, assure leur subsistance.

«Quelques particuliers ayant refusé de suivre l'exemple de ceux qui les secouroient, les curés m'en ont donné avis, et je leur ay écrit de petites lettres ostensives, contenant que, si ce refus continuoit, ils n'avoient qu'à m'envoyer une liste des habitans aysés et des pauvres, afin que je leur adressasse des ordres pour faire loger et nourrir une partie de ces derniers chez les autres. Les curés ayant lu au prosne ces petites lettres, elles ont eu tout l'effet qu'on pouvoit désirer, puisque ceux qui auparavant se défendoient de faire l'aumosne se sont portés d'eux-mesmes à donner le pain qu'on leur demandoit.

«Il ne s'est trouvé jusques à présent que trois ou quatre endroits où, ces lettres ostensives n'ayant pas eu le mesme succès, j'ay fait un logement des pauvres chez les riches, en ordonnant qu'un tel et ses quatre, cinq ou six enfans seroient reçus et nourris chez un tel jusqu'à nouvel ordre. Comme je n'en ay pas entendu parler depuis, c'est une marque presque certaine que ce dernier expédient n'a pas moins réussi que l'autre*.....»

* A Bourges, M. de Séraucourt, en joignant au produit des quêtes celui de quelques taxes sur les maisons où l'on refusait l'aumône, fit ouvrir des ateliers publics, où cinq à six cents pauvres travaillaient et gagnaient, les hommes, 4 sols, les femmes, 3 sols, et les enfants, 2 sols. (Lettre du 6 juin.)

1175. *M. de Maupeou, nommé évêque de Castres,*
au Contrôleur général.

27 Mars 1693.

«.....Nos maladies continuent toujours, mais les malades ne meurent pas si fréquemment; on n'en enterre plus que deux ou trois chaque jour. Depuis trois mois, nous avons perdu par ces maladies trois cent quarante personnes, et nous avons la consolation que pas une n'est morte faute de secours; nous leur avons donné tout ce qui leur estoit nécessaire, et nous continuerons à les secourir tout le temps que ces maux continueront.

«Nous nous occupons aussy, autant qu'il est en nous, à veiller sur la conduite de nos nouveaux convertis, qui n'est pas fort régulière. On nous avertit, il y a quelques mois, qu'il se faisoit en cette ville de petites assemblées, où l'on preschoit et où l'on faisoit les prières de l'ancienne religion; que l'on avertissoit les particuliers de s'y rendre, en portant des mouchoirs ou des clefs dans les maisons. Cela nous obligea de les observer encore de plus près, ce que nous fismes le jour de Pasques, parce que l'on nous dit que cela se faisoit les grandes festes, pendant le temps que l'on estoit à l'église. On en surprit une petite le jour mesme de Pasques, qui auroit augmenté insensiblement, si elle n'avoit point esté découverte; elle estoit composée de dix personnes, dont il y avoit sept femmes et trois hommes, dont deux, savoir : un boulanger, et l'autre un cordonnier, estoient les prédicans. On les surprit preschant et chantant les psaumes de Marot. La principale de ces femmes qui y estoient et qui convoqua cette assemblée est femme d'un bon bourgeois de cette ville et sœur de M. de Bonrepaux, qui est présentement ambassadeur et qui estoit autrefois intendant de la marine, et de M. d'Usson, mareschal de camp. On a donné avis de tout cela à M. de Basville, dont vous connoissez le zèle et l'application; il ne manquera pas d'en faire quelque exemple, qui est absolument nécessaire pour contenir les autres et pour les dissuader des sentimens où ils sont, qu'ils peuvent présentement tout faire impunément et que MM. les intendans ont ordre de les laisser vivre en leur manière et de fermer les yeux à beaucoup de choses. Cela vient de ce que l'on ne les oblige plus, comme l'on faisoit au commencement de la conversion, d'assister aux exercices extérieurs de la religion; il semble cependant qu'il seroit bon de les y obliger, parce que la religion s'acquiert par habitude. Du temps des Albigeois, on les y obligeoit très-étroitement. Aussy, nos églises sont entièrement désertes; il n'y a plus que les écoles qui subsistent, par la continuelle application que nous y donnons; je ne manque pas d'aller moy-mesme deux fois la semaine visiter celles de la ville, et je visite celles de la campagne de deux mois en deux mois; mais ces gens-là sont si méchans, que les pères et les mères chaque soir font tout ce qui est en eux pour faire oublier à leurs enfans tout ce qu'ils ont appris pendant le jour. Il y en eut un l'autre jour, en cette ville, qui, voyant que son fils alloit festes et dimanches à la messe et ne pouvant l'en empescher, luy faisoit oster ses souliers et ne les luy faisoit rendre que lorsque l'heure de la messe estoit passée. En ma vie, je n'ay vu des gens plus méchans ni plus mal intentionnés; il n'y a rien de si rebutant que de travailler à un pareil ouvrage, et où l'on réussisse si peu, car on ne sait de bonne foy de quelle manière les prendre. Cependant, je ne perds point courage; il faut espérer que le temps et les soins que l'on y donnera leur pourront faire connoistre la vérité. . . . . »

1176. *M. Colbert, nommé archevêque de Toulouse,*
au Contrôleur général.

1er Avril 1693.

« . . . . . La ville de Toulouse donne, depuis longtemps, le premier jour de may de chaque année, des prix à des gens qui ont composé quelques ouvrages en vers françois ou en langage du pays. L'institution de cela est si ancienne, que, pour n'en avoir pas conservé des mémoires certains, on en a imposé une au public, qui est fabuleuse. Il y a apparence qu'au commencement le fonds de la somme de 1,400 # que la ville donnoit s'employoit pour les prix, et que d'honnestes gens estoient attirés par cette considération; mais, comme toutes choses sont sujettes à dégénérer par la longueur des temps, ces exercices se sont réduits à de petits écoliers qui déclament quelques vers, et, au lieu que le fonds s'employoit autrefois à la dépense des prix, on est venu insensiblement à n'y employer que 10 ou 12 pistoles, et les capitouls, avec ceux qui ont conservé dans leurs familles une espèce de possession de donner leurs suffrages pour l'adjudication de ces prix, employent 1,300 # en repas qu'ils font à cette occasion. »

Il demande qu'on réduise d'autorité la dépense à la somme que coûtent les prix. M. Daguesseau avait déjà manifesté une pareille intention, lorsqu'il procéda au règlement des charges de la ville*.

* A l'analyse de cette lettre est jointe une réponse défendant l'institution des Jeux floraux comme très-ancienne et très-propre à encourager les travaux intellectuels, affirmant que le repas est nécessaire pour les poëtes, qui restent enfermés pendant la journée entière du concours, et enfin, que les fonds affectés à cette dépense et fixés, en 1650, par les commissaires royaux, à 1,400 #, proviennent d'une fondation spéciale.
En marge : « Néant. »

1177. *M. de la Reynie, lieutenant général de police à Paris,*
au Contrôleur général.

2 Avril 1693.

« Le privilége et la permission de faire des chandelles de suif en façon de bougies de cire ont esté plusieurs fois demandés, et toujours refusés. Un valet de chambre de Monsieur obtint en 1669 des lettres pour faire de cette sorte de chandelle, à condition que ce seroit sans exclusion et que la vente en seroit faite par un maistre chandelier, et cette entreprise n'eut aucun succès. Les nommés Brés frères, qui demandent un arrest pour établir une manufacture de chandelles au faubourg Saint-Antoine, n'ont besoin d'aucun titre pour cela, et ce titre seroit d'un notable préjudice au public, et plus encore, si tout ce qu'ils demandent leur estoit accordé, car on renverseroit par ce moyen l'ordre de la police en un point important, qui est d'ailleurs difficile à maintenir. Ce point consiste à la taxe de la chandelle, qui se fait annuellement, et à tenir pour cet effet le prix des suifs à un prix raisonnable, sans permettre de les vendre qu'ils ne soient fondus, et sur des échantillons portés à la halle; à quoy les bouchers et les chandeliers sont continuellement opposés et appliqués à chercher des prétextes pour éviter la taxe de la chandelle et pour la faire augmenter de prix. On a laissé la liberté, sans tirer à conséquence, à l'ouvrier qui est au faubourg Saint-Antoine de fabriquer de la chandelle au moule, et, s'il peut tirer des matières de la campagne telles qu'elles luy sont nécessaires, il en a la liberté; mais il ne peut estre permis pour cela à luy ni aux bouchers d'enfreindre les règlemens de police, sous le prétexte spécieux de faire de la chandelle plus blanche; car le public reçoit bien moins d'avantages de cette sorte de chandelle, qui n'est pas autrement d'un bon usage, qu'il ne souffriroit de préjudice par l'interruption des règlemens; et, s'il y avoit un arrest qui autorisast la prétention de ceux qui le demandent, il est certain que les chandeliers, sous ce prétexte de faire de la chandelle plus blanche ou de qualités différentes les unes des autres, se tireroient de la règle étroite où ils sont assujettis de ne pouvoir vendre aucune sorte de chandelle au-dessus du prix de la taxe.»

1178. *M. de Creil, intendant à Orléans,*
au Contrôleur général.

6 Avril 1693.

Mémoire sur le droit que les deux députés du chapitre de l'église collégiale de Chartres ont d'assister, comme premiers échevins-nés, aux assemblées ordinaires et extraordinaires de la ville*.

* Voir une suite de cette affaire parmi les pièces sans date de l'année 1696.

1179. *M. de Bâville, intendant en Languedoc,*
au Contrôleur général.

7 Avril 1693.

On a procédé à la vente des charges d'assesseur du maire de Montpellier, et le sieur Ranchin, conseiller à la Cour des comptes, a fait sa soumission pour l'une d'elles; mais, avant d'avoir ses provisions, et contrairement aux termes de tous les édits ou arrêts, il s'est fait élire consul. Aussitôt, il a entrepris de disputer au maire ses fonctions; il a refusé d'abord de le reconnaître, puis n'a prêté serment entre ses mains qu'après des protestations séditieuses.

«Il a enfin poussé la mauvaise conduite si loin, que je croirois manquer au service du Roy, si je la dissimulois plus longtemps. Il y a dans l'hostel de ville un baston, qui est comme la marque d'autorité, que l'on appelle la *baguette des consuls;* c'est ce qui arreste les yeux du peuple et le fait obéir. Le maire a pris cette baguette, après avoir esté installé, et l'a portée comme avoit accoustumé de faire le premier consul. Le jour de la réception du sieur Ranchin, il la luy donna pour aller faire un tour par la ville avec les autres consuls, suivant l'usage ordinaire. Cette cérémonie se fit dimanche dernier. Le lendemain, le maire redemanda cette baguette au sieur Ranchin, dans l'hostel de ville; il la luy refusa et luy dit qu'il ne le reconnoissoit point pour supérieur ni pour les fonctions de premier consul; qu'il vouloit les faire et conserver cette baguette. Sur la plainte que je reçus de ce procédé, je luy ay parlé, et je luy ay fait lire la clause de l'édit qui porte ces termes: *Feront lesdits maires créés par le présent édit tout ce qui a esté fait jusqu'à présent par les anciens maires ou par les autres officiers qui en ont exercé les fonctions dans les villes et lieux où il n'y a point eu de maires, soit que lesdites fonctions ayent esté faites par des premiers échevins, capitouls, jurats, consuls et syndics.* Il m'a répliqué qu'il y avoit une ancienne charge de viguier réunie au consulat, qui donne le titre de viguier aux consuls, et qu'en cette qualité il n'estoit point aux termes de l'édit.»

Il s'est opiniâtré dans sa résistance, et il eût mérité d'être mis en arrestation; mais l'intendant s'est contenté de casser l'élection consulaire, qui n'était pas valable. Sur cela, Ranchin, au lieu de renvoyer la baguette au maire, a fait sommer un ancien consul, qui appartient à la même faction opposante, de la reprendre, et le sergent chargé des actes de signification et de la baguette a dû remettre le tout entre les mains de l'intendant.

«La question la plus importante est de savoir si, lorsqu'un intendant dit à un consul de faire une chose, comme estant nécessaire pour le service du Roy, ce consul peut refuser en face, dire qu'il n'en fera rien, et, au lieu d'obéir, requérir un sergent de faire des significations toutes contraires. Il est certain qu'il est à craindre, si cette action est impunie, que dans toutes les autres villes des consuls ne s'élèvent contre les maires, et que cela ne fasse du désordre. Si, au contraire, le sieur Ranchin reçoit quelque punition, je puis bien répondre que le Roi n'entendra jamais plus parler de pareil attentat.....

«M. l'archevêque d'Alby vient de me mander par un exprès que les consuls, appuyés du viguier, ont fait quelque difficulté de reconnoistre le maire. J'ay mandé à toutes les parties intéressées de se rendre icy (Montpellier), pour entendre leurs raisons et tascher de les régler, ou pour dresser un procès-verbal de leurs contestations et l'envoyer au Conseil. Cela marque la nécessité qu'il y a de soutenir ces nouveaux officiers, et de faire quelque exemple en la personne du sieur Ranchin, qui remettra tous les autres dans leur devoir*.»

* Ranchin fut renfermé pendant plus de six mois au château de Saumur et interdit, durant le même temps, de ses fonctions à la Cour des comptes. (Lettre du 13 novembre.)

1180. *M. de Nointel, intendant en Bretagne,*
au Contrôleur général.

15 Avril 1693.

Rapport sur l'utilité de la charge de lesteur et délesteur de la rivière de Nantes, et sur la nécessité de l'ériger en titre d'office*.

* A la date du 9 mai suivant, autre mémoire sur la même charge. Elle fut adjugée au profit de l'hôpital général, qui jouissait déjà d'une moitié des droits. (Lettre du 1er août; lettres et mémoire du 30 juin 1694.)

1181. *M. de Bâville, intendant en Languedoc,*
au Contrôleur général.

17 Avril 1693.

«Il est vray qu'il y a icy un projet de règlement pour les tailles réelles, auquel M. Colbert a beaucoup fait travailler et a travaillé luy-mesme. Je le fais copier, et je vous l'envorray, avec un mémoire contenant tout ce qui a esté fait sur cette matière.»

1182. *M.* DE MONTHOLON, *premier président du Parlement de Rouen*,
au CONTRÔLEUR GÉNÉRAL.

18, 19 et 20 Avril 1693.

Une sédition a eu lieu à Rouen, provoquée par une hausse subite du blé (il est à 15 ₶ la mine) et par la crainte que les boulangers ne demandassent une augmentation du prix du pain. Le premier rassemblement, qui menaçait de piller les boutiques de boulangers, a été dissipé.

«Ce matin, 18, estant au Palais, l'on est venu avertir qu'il y avoit bien deux cents personnes de populace qui estoient à la porte de la chambre, qui demandoient à entrer. Après avoir délibéré, nous les avons fait entrer. Je leur ay représenté avec fermeté ce que j'ay cru pour dissiper cet orage, et ils sont sortis contens, les uns se plaignant de ce qu'ils ne trouvoient pas de pain pour de l'argent, et plusieurs qu'ils n'avoient point d'argent pour en avoir, de la cherté dont il estoit. J'ay envoyé chercher les gardes boulangers, auxquels j'ay représenté avec sévérité leur devoir. Les officiers ordinaires de la ville sont venus avertir qu'au vieil marché de la Vieille-Tour, où l'on vend le pain bis pour les pauvres gens, le pain ayant manqué, il s'estoit attroupé plus de six cents personnes, et que mesme quelques femmes avoient pris environ trente pains qui s'estoient trouvés dans une boutique. Cela, par l'ordre que l'on y a envoyé, s'est dissipé. J'ay communiqué le tout, en revenant du Palais, à M. l'intendant, et tacitement j'ay donné tous les ordres dont nous sommes convenus, pour, par le travail extraordinaire chez les boulangers, avoir grande provision de pain, et disperser dans la ville sourdement les deux compagnies qui y sont pour son secours.»

L'assistance de ces compagnies a fait cesser de nouveaux attroupements et protégé l'arrivée du pain qui se fabrique hors de la ville.

Cette disette vient de ce que le marché d'Elbeuf et le pays de Caux, d'où la ville tire depuis longtemps son approvisionnement, ont été dégarnis pour d'autres destinations, et que même les étrangers enlèvent les blés et le pain jusque sur la place de Rouen. La consommation hebdomadaire de la ville s'est élevée de quatre-vingt-douze muids à cent cinquante-cinq. Cependant, il semble difficile, et même dangereux pour le pays environnant, d'essayer des mesures préventives et d'interdire les achats.

1183. *M.* DE LA FALUÈRE, *premier président du Parlement de Bretagne*,
au CONTRÔLEUR GÉNÉRAL.

22 Avril 1693.

La cherté et la mauvaise qualité du vin de l'année 1692 ayant favorisé le débit des vins d'Espagne qui provenaient de diverses prises, il s'en fait un grand débit au détail, dans de petits vaisseaux de cinq ou six pots, pour lesquels les marchands prétendent ne point payer le droit de *devoir*. Les fermiers demandent au Parlement qu'il soit fait défense de vendre ces vins autrement qu'en barriques ou tiers de pipe, et ils offrent de les débiter eux-mêmes au détail, à raison de 25 sols le pot. Cette innovation ne serait pas sans conséquences, mais elle peut seule empêcher la ruine des fermiers et de la ferme.

1184. *M.* DE BAGNOLS, *intendant en Flandre*,
au CONTRÔLEUR GÉNÉRAL.

23 Avril, 1er et 9 Mai 1693.

D'après les calculs les plus exacts, et de l'aveu même des conseillers du Parlement de Tournai, les gages et les épices leur rapportent à chacun environ 3,275 ₶; cependant, l'argent leur manquera pour payer l'hérédité 30,000 ₶, ou même 25,000 ₶, et ils seraient plutôt disposés, pour obtenir cette amélioration, à céder jusqu'à leurs gages, à quelque taux que ce fût.

«Il n'y en a pas un seul, sans exception, qui ayt cette somme chez luy; l'argent, en ce pays, est entre les mains des marchands et des banquiers, qui ne savent ce que c'est qu'une hypothèque privilégiée sur une charge, et qui aymeront mieux un billet ou une lettre de change sur une personne qu'ils croiront solvable sans la connoistre, que ce privilége qui nous paroist la meilleure de toutes les sûretés. Les charges de conseillers produisent assurément un revenu considérable, et, dans un autre pays que celuy-cy, il engageroit non-seulement ceux qui en sont pourvus à les conserver, mais encore leurs parens et leurs amis à les ayder; mais ce revenu ne fait point d'impression sur l'esprit du marchand et du banquier, qui seul peut donner l'argent. On s'imagine que le produit de ces charges diminuera et que la guerre ostera les moyens de plaider.....

«La charge d'avocat général alarme plus que tout le reste, par l'établissement des audiences, qui ne produisent point d'épices, et la crainte que ces mesmes audiences n'attirent insensiblement l'observation de l'ordonnance de 1667, dont je crois qu'il est important de ne point parler dans la conjoncture où nous sommes. La charge d'avocat général n'est fixée qu'à 25,000 ₶; si le Roy ne veut point se priver de cette finance, je ne doute pas que toute la Compagnie ne la paye agréablement, pour l'unir et l'incorporer au corps, sans qu'elle pust estre exercée.....

«Il faut encore que j'aye l'honneur de vous dire qu'on s'attend de ne point payer les 2 sols pour livre, et j'ay sujet de croire que ce n'a pas été vostre intention, quand vous m'avez mandé que vous voudriez bien que ces messieurs traitassent directement avec vous. C'est encore une chose qu'il est fort nécessaire d'expliquer*.»

* Voir une autre lettre, du 15 du même mois d'avril, et un placet du Parlement, à la date du 15 août.

1185. *M. de Miroménil, intendant à Tours,*
au Contrôleur général.

30 Avril, 1er et 14 Mai 1693.

« . . . . . Il est à désirer qu'il plaise à S. M., ou révoquer le privilége accordé au sieur Taschereau, bourgeois de la ville de Tours et receveur des décimes du diocèse, lequel est en des avances considérables pour son entreprise, ou, au moyen de telle indemnité qui sera jugée à propos pour les droits utiles, imposer silence à ceux qui prétendent avoir intérest de l'expulser de la jouissance du parc du chasteau du Plessis-lès-Tours, dans lequel et aux environs il y a actuellement huit cent mille mûriers blancs plantés en vue d'en distribuer la plupart aux habitans du pays, à proportion de la force et de l'industrie des particuliers, en sorte qu'en chaque famille on pust élever des vers à soye suffisamment pour faire deux, trois, quatre et cinq livres de soye, plus ou moins, à quoy on a espéré qu'ils pouvoient estre excités par l'exemple du sieur Taschereau, qui, effectivement, depuis quelques années, a eu de la soye dont la qualité a esté approuvée, et quelques personnes de la province en ont eu pareillement dont on a fait des étoffes qui paroissent fort belles et fort bonnes. »

Malgré l'exemption de taille dont il doit jouir, le concessionnaire, pour calmer les plaintes de la paroisse de la Riche, veut bien s'engager à affermer tous les biens qu'il y possède, sauf le jardin et le verger de son habitation, où sont ses plus anciens mûriers, dont il nourrit les vers à soie en attendant la croissance des nouveaux arbres.

Plans du château; projet de partage des logements entre le sieur Taschereau et le concierge du domaine*.

* Sur cet établissement et sur les obstacles qui furent suscités au sieur Taschereau, voir deux lettres du contrôleur général, du mois d'octobre 1691 et du 31 décembre 1692; une lettre de M. de Miroménil, du 15 novembre 1691, et un rapport du 19 février 1692, ainsi que deux requêtes de Taschereau du 1er juin suivant et du 2 septembre, et un placet transmis par Mme de Maintenon le 26 novembre; enfin, deux lettres de Taschereau, du 13 avril 1693 et du 22 février 1695, et plusieurs rapports rendus en sa faveur par M. de Miroménil, les 5 janvier et 9 mars 1693, le 6 novembre 1694, le 21 et le 22 avril 1697.

1186. *M. de Bouville, intendant à Limoges,*
au Contrôleur général.

2 Mai 1693.

« . . . . . Les charités que vous avez procurées à cette généralité ont sauvé la vie à une infinité de malheureux; mais, comme il a fallu les partager en trop de portions, par l'augmentation du nombre des pauvres, qui est présentement infini, il n'a pas laissé d'en mourir de foiblesse, et les autres sont si décharnés et si fort abattus, qu'il faut présentement leur donner quelque chose qui les soutienne au moins dans cet estat. Nous avons jusques icy esté assez heureux pour n'avoir pas plus de malades que dans les communes années, et j'attribue ce bonheur à la grâce que Dieu nous a faite d'empescher les assemblées des pauvres; mais il est fort à craindre que ces pauvres gens affamés ne se jettent sur les fruits verts, s'ils ne sont secourus d'ailleurs, et que les maladies ne commencent dans cette province par cet endroit-là, ou par la communication avec Aurillac, Figeac, Cahors et Périgueux, où on m'assure qu'il y a des maladies qui ont de fascheuses apparences*. . . . . »

* En accusant réception d'un secours de 20,000#, le 6 juin, il écrit : « . . . . . Il meurt tous les jours un si grand nombre de pauvres, qu'il y aura des paroisses où il ne restera pas le tiers des habitans. C'est une chose bien douloureuse de voir mourir des gens sans les pouvoir secourir, parce qu'ils ont tant souffert que, dès le moment qu'on leur donne à manger, ils étouffent. Il en mourut avant-hier un près de ma porte, et j'en fis secourir hier un autre assez à temps pour le faire avaler de bonne nourriture et le sauver. . . . . » Le 7 octobre, il dit encore : « . . . . . Si les dyssenteries et les fièvres malignes continuent, comme il est fort à craindre, puisque le nombre des malades augmente tous les jours, il faudra bien moins de blé l'année prochaine, par la diminution des habitans, dont il meurt une prodigieuse quantité, non-seulement dans les villes, mais dans quasi toutes les paroisses de la campagne. Les plus jeunes et les plus robustes résistent moins que les autres. Enfin, il y a telles paroisses où il se fait tous les jours dix et douze enterremens. . . . . »

1187. *M. de Beuvron, lieutenant général en Normandie,*
au Contrôleur général.

4 Mai 1693.

« Je vous dois rendre compte de l'estat où j'ay trouvé les choses en arrivant en cette province, où la misère et la pauvreté est au delà de tout ce que vous pouvez vous imaginer, et principalement dans le pays de Caux, qui est le long des costes de la mer. Une infinité de peuple y meurt fréquemment de faim, et le reste languit et aura le mesme sort, s'il n'est secouru. Non-seulement l'argent y manque pour acheter du blé, mais ceux qui en ont n'en trouvent pas. Beaucoup de ces peuples se sont voulu retirer à Rouen; on ne peut les y recevoir, la ville estant accablée et surchargée de pauvres; il y en a vingt-un ou vingt-deux mille à recevoir journellement l'aumosne, sur l'estat qui en est fait, et plus de trois mille demandant par les rues, et un très-grand nombre d'artisans qui, faute de travail et ayant mangé si peu qu'ils avoient, vont estre au mesme estat. Le blé enchérit tous les jours, et par conséquent il faut augmenter le prix du pain, ce qui paroist injuste et cruel à ces habitans et aux pauvres, qui n'en veulent ou ne peuvent pas en concevoir les raisons. Cela les fait crier, comme si c'estoit un défaut de police, et les met au désespoir, et dont la plupart, n'ayant pas d'argent pour acheter leurs nécessités, ne songent qu'à exciter un pillage pour s'empescher de mourir de faim. Tout ce qui s'achète pour sortir de la ville est pillé dans la campagne par un nombre infini de femmes et enfans et aussy d'hommes, qui n'ont pas figure humaine. Il faut mesme avoir toujours du monde sous les armes pour laisser le cours du marché libre et empescher le pillage, et aussy dans les chemins et aux avenues de la ville, pour la sûreté de ce qui peut entrer ou sortir; et les rues sont remplies de pauvres familles qui y couchent, sans aucune retraite. Cependant, tout cela n'est rien en comparaison de ce qu'il y a dans les campagnes et par tout le pays de Caux, où le blé manque mesme pour ceux qui ont de quoy l'acheter. On y a donné de bons ordres de la part du Parlement, suivant ce qui avoit esté fait autrefois; on a défendu aux pauvres de sortir de leurs villages et ordonné une cotisation sur les habitans pour les nourrir, ce qui s'exécute un peu en quelques endroits et qui ne se peut aux autres, où ils n'en ont pas le moyen et deviennent tous aussy pauvres les uns que les autres, et où ils ne peuvent avoir de blé. J'iray demain au Parlement, pour voir avec toute la Compagnie ce que nous pouvons faire, et pour leur proposer d'envoyer des conseillers comme commissaires dans chaque canton pour faire exécuter leur arrest et régler tout ce qu'il y aura de meilleur pour cela. Je prieray M. l'archevesque d'y envoyer aussy de ses grands vicaires ou autres préposés pour faire la visite à l'égard des curés et des Charités, et faire de leur mieux pour le soulagement du peuple*. Je donne aussy des ordres aux seigneurs ou gentilshommes les plus sages et entendus dans chaque canton pour agir et travailler à mesmes fins. Mais, avec cela, il sera impossible de gagner le temps de la récolte sans quelque secours d'argent et de blé; et il est fort à craindre que le peuple, qui réellement meurt la plupart de faim, qui ne mange que des herbes, ne coupe et ruine tous les blés avant qu'ils soient mûrs, et beaucoup d'autres suites fascheuses que vous comprenez bien qu'attirent la nécessité et la vue de mourir faute de pain. Ne croyez pas, s'il vous plaist, que j'exagère, ni que je prenne d'inquiétude sans sujet. Je fais tout ce qui se peut imaginer pour y apporter tout l'ordre et le secours possible, dont le détail seroit trop long à vous écrire; le service du Roy et la charité m'y engagent, et je n'y épargneray ni mes peines ni le peu de bien que je peux avoir.....

«J'envoye les ordres pour faire la garde sur les costes, croyant qu'en voicy le temps; mais les capitaines m'écrivent que cela est très-difficile sans donner du pain à ceux qui sont de garde, et que, s'il n'y avoit que ceux qui en peuvent avoir de leur chef qui la montassent, ce seroit très-peu de chose, et qu'ils ne pourroient estre en assez grand nombre pour se relever.....»

* Des conseillers furent effectivement envoyés en mission dans chaque canton, et on fit une recherche exacte des amas et magasins de blé. M. de Beuvron rendit une ordonnance portant que chaque particulier serait tenu, sous peine de confiscation, de déclarer aux juges royaux ce qu'il avait de grains, ce qu'il en pouvait consommer jusqu'à la récolte, et de vendre le surplus. (Lettre du 9 mai.) Selon une lettre écrite le 29 du même mois par M. de la Berchère, le boisseau de blé valait 6#, le double du prix ordinaire; le pain blanc revenait à 3 s. 6 d. la livre, et le bis à 2 s. 6 d. «Les plus pauvres se soutiennent avec du son et de l'eau bouillie, ou du cresson bouilli dans de l'eau avec un peu de lait.»

Le 21 juillet suivant, les approvisionnements de la ville de Rouen n'étaient, en tout, que de soixante-quinze muids sur le port, quatre-vingts muids dans les magasins des munitionnaires de la marine et cent dans les greniers de l'hôtel de ville. Le muid (quatorze setiers et demi de Paris) se payait 116 écus. M. de la Berchère, qui donne ce détail, écrit encore, le 27 août, que M. de Montholon (il s'était arrogé à lui seul la police des blés) laisse perdre la plus grande partie des grains dans les bateaux, où ils restent à découvert, plutôt que de procurer des greniers ou des magasins aux marchands.

On finit par mettre en vente les grains et les farines du munitionnaire. (Lettre du sieur Langlois, 9 septembre.)

1188. *Les Officiers de l'élection d'Amiens*
au Contrôleur général.

6 Mai 1693.

«Nous prenons la liberté d'écrire à Vostre Grandeur sur ce que les gardes des gabelles, faisant leurs recherches à la campagne, ne trouvent ordinairement chez les paysans qu'une demy-poignée de sel, qu'ils disent avoir levé au regrat; quantité de ces sels paroissant faux aux gardes, ils les saisissent, en font des échantillons, lesquels confrontés à la masse, il s'en trouve d'entièrement faux, d'autres meslés de faux, et d'autres où il ne se trouve que quelques grains de faux sel. Cependant, jusques à présent, nous avons condamné tous les particuliers, soit que leur sel n'ayt esté que meslé, soit qu'il ne s'y soit trouvé que quelques grains de faux sel, à 200# d'amende, comme ceux dont le sel s'est trouvé entièrement faux, ce qui produit un très-méchant effet. Les condamnés estant dans l'impuissance de payer cette somme, s'absentent et abandonnent femme et enfans, qu'ils laissent dans la dernière misère; leurs cotes des tailles se trouvent perdues, les paroisses en sont affoiblies, et les sieurs fermiers généraux ne reçoivent jamais un double desdites amendes. Bien loin que cette rigueur retienne le paysan et l'empesche de se servir de faux sel, il s'en soucie moins que s'il n'estoit condamné qu'à une pistole d'amende, ou à moins, suivant la quantité du faux sel; estant dans l'impuissance de payer l'amende de 200#, il en est quitte en abandonnant le pays, ce qu'il ne fera pas, n'estant condamné qu'à peu de chose; il vendra ce qu'il aura pour payer l'amende et se gardera dans la suite de se servir de faux sel, et le fermier y trouvera son compte. Comme l'ordonnance ne s'explique pas sur cette petite quantité de faux sel, et qu'elle nous fait défense de modérer les amendes, nous avons cru qu'il estoit de nostre devoir de faire connoistre à Vostre Grandeur ces inconvéniens.»

1189. *M.* de Bâville, *intendant en Languedoc,*
au Contrôleur général.

8 Mai 1693.

Il envoie son rapport et ses observations sur un projet de création de juges royaux du domaine en Languedoc et de réorganisation de la juridiction domaniale.

1190. *M.* de Bâville, *intendant en Languedoc,*
au Contrôleur général.

10 Mai 1693.

«L'abus d'exiger des attentes pour le payement de la taille par les receveurs ou par les collecteurs estoit si fréquent et si pernicieux dans le Languedoc, qu'il ruinoit la plupart des communautés. Cet abus estoit toléré en la personne du receveur, parce qu'il y avoit quelque prétexte de luy laisser prendre les mesmes attentes qu'il payoit au trésorier de la Bourse; mais, pour les collecteurs, comme ils sont payés des droits de levure à 14 deniers pour livre, les attentes qu'ils exigeoient avoient toujours esté punies par la Cour des aydes, comme un vol et comme une concussion qui méritoit punition corporelle, jusques en l'année 1689, que le Conseil fit un règlement par lequel toutes les attentes furent plus sévèrement défendues, tant aux receveurs des tailles qu'aux collecteurs. Depuis ce règlement, les receveurs n'ont plus exigé d'attentes, et cela a produit un soulagement très-considérable aux communautés; mais quelques collecteurs en ayant exigé, la Cour des aydes de Montpellier, je ne sais par quel relaschement, non-seulement ne les a point punis aussy sévèrement qu'elle avoit accoustumé de le faire, mais ne les a point punis du tout par ses arrests.»

Plusieurs collecteurs, chargés par des témoignages unanimes, et même poursuivis à l'extraordinaire devant la Cour, ont été mis hors de cause, et il est nécessaire de faire en sorte que les poursuites ordonnées par le procureur général ne restent plus sans résultat.

1191. *M. Sanson, intendant en Béarn,*
au Contrôleur général.

12 Mai 1693.

«Il a couru icy des fièvres pourprées, dont il est mort en cette ville une très-grande quantité de gens. Messieurs du Parlement, croyant bien faire, avoient rendu un arrest par lequel ils avoient ordonné que les pauvres mendians dans la ville seroient renfermés dans des granges, et avoient mesme pourvu en quelque manière à leur subsistance; mais le succès n'a pas secondé leurs bonnes intentions. Les granges estoient si serrées et l'infection y estoit si grande, que, de huit ou neuf cents pauvres qui y estoient renfermés, il en est mort plus de deux cents en quinze jours. Les religieux, jurats, valets de ville, sœurs de la Charité et autres qui se sont employés pour les secourir, ont esté atteints de cette maladie. Le curé de Pau, plusieurs religieux, un des jurats et deux valets de ville en sont morts.

«Cet air infecté commençant à gagner la ville, Messieurs du Parlement se sont trouvés obligés de renvoyer tous les pauvres chez eux, du moins ceux qui se sont trouvés en estat de marcher ou d'estre transportés sur des charrettes, et, par ce moyen, nous avons vu cette maladie faire moins de désordre qu'auparavant.

«Le bruit couroit dans la province que la peste estoit à Pau; les Espagnols mesme en estoient persuadés, sur quelques lettres qui avoient esté écrites par des gens du costé d'Oloron, et estoient sur le point de fermer leurs ports et de chasser tous les François de leur pays; j'ay mandé ceux qui s'estoient donné la liberté d'écrire de pareilles nouvelles, et les ay obligés d'écrire le contraire. Les Espagnols, toujours méfians à leur ordinaire, ont envoyé vers moy le médecin de la ville de Jacques, pour estre plus assurés de la vérité de la chose. Il m'a dit qu'il croyoit trouver la ville de Pau dépeuplée; je l'ay renvoyé persuadé de la fausseté du bruit qui s'estoit répandu dans son pays*.»

* Malgré les efforts de la charité privée, la misère était extrême. M. Sanson écrivait, le 14 avril précédent, qu'il venait de trouver en trois cantons plus de trois mille familles, formant environ quinze mille personnes, sans aucunes ressources. Le Roi envoya 4,000 ᴴ, qui furent distribuées sous la direction du P. Piron, directeur du séminaire de Pau, en forme de prêt, pour éviter l'affluence des demandeurs et les abus. (Lettre du 17 juillet.)

1192. *Le sieur de la Lande-Magon, négociant*
à Saint-Malo,
au Contrôleur général.

13 Mai 1693.

«La communauté de cette ville ayant, dans l'an 1689, fait présent au Roy de 50,000 écus, se trouva fort embarrassée de fournir cette somme. Aucun des habitans ne voulant entrer dans l'engagement des 2 sols pour pot qui fut proposé pour le remboursement de cette avance, non plus que les gens d'affaires de la province qui en furent sollicités, la longueur des années en dégoustant les uns et les autres, et, la voyant dans la nécessité de faire une taxe, je crus qu'il y alloit de l'honneur de Saint-Malo de ne pas souffrir qu'on en vinst à cette extrémité et que l'on diminuast par cette action le mérite du zèle qu'avoit fait paroistre la communauté pour le service de S. M. Ce ne fut que cette seule raison qui m'engagea de former une société et d'entrer dans cette affaire, qui est la première que j'aye faite de cette nature.

«Cette ville se trouva, l'année passée, dans le mesme embarras; le Roy luy demanda 250,000 ᴴ pour employer en munitions et fortifications, sur l'engagement des nouveaux droits établis sur les boissons. Je l'en tiray encore, et la mesme société en demeura adjudicataire, dans laquelle furent admis tous les habitans qui voulurent y entrer.

«M. de Nointel nous a communiqué, dans son dernier voyage, une soumission qu'on luy a donnée, portant offre de rembourser les engagistes dans le cours de cette année de leurs 400,000 ᴴ, avec l'intérest au denier quatorze, et de donner par là-dessus 100,000 ᴴ, parce qu'ils compteroient de clerc à maistre des produits de celle dont ils ont joui, et qu'on leur accordera des droits qui sont en contestation.

«Nous ne pouvons nous persuader que Vostre Grandeur veuille admettre cette proposition, ni donner atteinte à ces deux traités, qui ont esté si solennellement adjugés, le premier par M. de Pomereu, et le second par M. de Nointel, n'y en ayant point d'exemple sous un ministère comme le vostre, où la bonne foy est si bien établie, qu'il n'y a personne dans le royaume qui ne s'y abandonne avec toute confiance.

«Si cela avoit lieu, il n'y auroit jamais de sûreté dans aucune affaire, et ceux qui y entreroient et auroient couru les risques d'un bon ou mauvais engagement et essuyé toutes les peines d'un établissement, ne travailleroient, s'il y avoit du profit, que pour ceux qui, après avoir eu connoissance des produits, viendroient à coup sûr faire de pareilles enchères, et, s'il y avoit de la perte, la leur laisser supporter.

«Mais, quand il y auroit des exemples qu'on les auroit admis pour d'autres affaires, on n'en pourroit tirer de conséquence pour celle-cy; les engagistes ont couru trop de risques des descentes et des bombes, dont ils sont encore actuellement menacés, pour qu'on n'ayt pas les égards que méritent tous les fascheux événemens qui leur pouvoient arriver.

«Ils ont paru si grands aux proposans, qu'ils ont pris la précaution de conditionner dans leur soumission que nous courrons tous les hasards de cette année, et qu'ils auront tout ce temps-là pour nous rembourser, et de prévoir que, quand il leur seroit ordonné de nous payer comptant (ce qu'ils ne peuvent pas éviter), les mois de juin et juillet, qui sont les plus dangereux, seront écoulés avant qu'ils puissent obtenir les arrests du Conseil et estre en estat d'entrer en jouissance, ce qui mérite vos réflexions.

«Ils prétendent, pour mieux appuyer leurs offres, qu'il y a des droits qu'on nous conteste, et qu'en les leur accordant, c'en est une extension. C'est une supposition qui se détruit par les délibérations de la communauté et requeste en conséquence présentée au Conseil, cy-jointe attachée, faites sur les mémoires de M. de Pomereu et par ses ordres, qui portent qu'on les lèvera sur les boissons qui entreront dans les armemens, égalément que sur celles qui se consommeront dans la ville; et nous n'en sommes demeurés adjudicataires qu'à ces conditions, que M. de Nointel nous promit de faire employer dans l'arrest du Conseil, reconnoissant qu'elles avoient esté omises, lequel voudra bien avoir la bonté d'en rendre témoignage à Vostre Grandeur.

«Le prétexte qu'ils allèguent de l'extension de droits, quoyque mal fondé, ne pourroit en tout cas tomber que sur le dernier engagement, et non sur le premier, dont nous sommes paisibles possesseurs, depuis 1689, sans aucune contestation.

«Si toutes ces raisons n'estoient pas suffisantes pour nous maintenir dans cette affaire, j'ose espérer que celles que je vais ajouter pourront estre de quelque considération auprès de Vostre Grandeur.

«Feu M. de Seignelay m'ayant fait l'honneur de m'écrire avec instances que je rendrois un grand service à l'Estat, si je pouvois directement faire le commerce aux Indes occidentales, j'envoyay une frégate de trente-six pièces de canon, avec une grosse cargaison, à Buenos-Ayres, qui revint sans y pouvoir négocier; et, me les ayant renouvelées, deux ans après, j'en envoyay une autre à Sainte-Marthe, proche Carthagène, qui ne réussit pas mieux; et, nonobstant ces mauvais succès, m'ayant écrit avec empressement de faire passer en Irlande pour 60,000 ᴴ de toiles propres pour faire des tentes et linge aux soldats, j'exécutay ses ordres avec tant de ponctualité, qu'il me fit l'honneur de me mander qu'il en estoit content, et que S. M. s'en ressouviendroit à l'occasion. Cependant, ces trois entreprises m'ont causé de perte, et à mes associés, plus de 50,000 écus, n'ayant pu retirer mes effets d'Irlande, sur quoy je vous supplie très-humblement de faire attention.

«Je prends la liberté de représenter à Vostre Grandeur qu'il n'y a que des habitans dans la société des engagistes; qu'elle est composée des plus forts négocians de la ville; que c'est elle qui maintient la course et le commerce d'Espagne; qu'elle y a envoyé depuis la guerre pour plus de 3 millions de toiles, sur lesquelles nous avons souffert de grosses pertes, et qu'elle seule a fait entrer dans le royaume plus de 25 millions d'argent.

«Nous osons aussy espérer que la considération des services que nous avons rendus à l'Estat et du zèle que nous aurons toujours pour tout ce qu'il plaira à Vostre Grandeur nous ordonner, méritera l'honneur de vostre protection pour nous maintenir dans cette affaire, au préjudice du sieur de la Garde, cy-devant receveur du tabac, qui ne travaille que pour luy et des étrangers, et qui ne s'est servi, dans sa soumission, du nom du sieur de la Villebague, qui n'y a nul intérest, que pour s'attribuer le sol pour livre, qu'il prétend comme miseur, sur les 250,000 ᴴ, que la communauté luy a justement opposé, et pour éviter le remboursement qu'elle a offert de sa charge, qui luy vaut plus de 3,000 ᴴ de rente, quoyqu'il n'ayt financé qu'autour de 27,000 ᴴ; et que Vostre Grandeur voudra bien donner l'exclusion à sa proposition, à moins qu'il ne la fasse pour les années à jouir, sans nous obliger à compter du passé, qui nous doit estre légitimement acquis, eu égard aux grands risques que nous avons courus et que l'intérest du denier quatorze n'est pas suffisant pour nous dédommager. Et mesme, nous le méritons d'autant plus, que, comme bons compatriotes, nous avons toujours proposé à la communauté de céder les droits aliénés, si elle trouvoit des fonds parmi les habitans pour nostre remboursement; et nous venons encore de les leur offrir et d'y contribuer par une grosse somme, afin de l'en décharger au plus tost. C'est une grâce que je supplie très-humblement Vostre Grandeur de nous accorder, et une justice que nous attendons de l'honneur de vostre protection*.»

* Voir les lettres et rapports de M. de Nointel (18 mars, 15 et 28 juin, 20 septembre). — La ville de Saint-Malo avait d'abord réclamé la préférence, si l'on procédait au remboursement des engagistes, les habitants croyant pouvoir non-seulement payer les intérêts des 400,000 ᴴ, mais même amortir le principal; cependant, les anciens adjudicataires l'emportèrent sur leurs concurrents, en avançant une somme de 100,000 ᴴ.

Sur l'origine de ces octrois, voir les lettres de M. de Pomereu (21 février, 17 mai, 13 juin, 22 juillet, 8 août, 5 septembre 1691) et de M. de Nointel (4 mai 1692).

1193. *M. de Bérulle, intendant à Lyon,*
au Contrôleur général.

17, 19, 21 et 30 Mai 1693.

Il rend compte d'une émeute où il a été menacé de mauvais traitements, ainsi que le prévôt des marchands, par la populace de Lyon. On n'a pu apaiser la foule en lui promettant que le prix du pain serait diminué, puisqu'elle sait que le blé manque aux boulangers, et, comme les envois de la Provence ne sauraient arriver avant deux mois, il ne reste d'autre ressource pour arrêter les troubles que de forcer M. d'Argouges et les syndics de Bourgogne à laisser sortir les blés de leur province, conformément aux ordres qui ont été déjà donnés.

«Outre qu'il y a dans celte ville quantité de gens suspects et qui ne demanderoient que quelques occasions de piller, le nombre des pauvres y est infini, comme vous le jugerez par la distribution qui se fait à Lyon, toutes les semaines, de soixante mille livres de pain, par le seul hospital de la Charité..... J'appréhende mesme que la populace, affamée et irritée comme je la vois, ne s'oppose aux passages des grains destinés pour l'armée de Piémont et le camp de Sablon.»

Le munitionnaire d'Italie, qui avait un magasin de réserve à Lyon, consent à céder la moitié de ses blés à la ville, et il les remplacera en faisant de nouveaux achats à Langres.

«L'on me mande de Bourgogne que l'on doit encore faire passer quinze mille sacs de blé pour la Suisse, et que cela se fait à la sourdine. Comme les premiers que le Roy avoit permis de tirer de Bourgogne sont passés il y a longtemps, et que peut-estre l'on voudroit faire passer ces quinze autres mille sacs à la faveur des premiers, je crois devoir vous en informer, car il semble que Lyon, qui en manque, devroit bien plutost profiter de ce bénéfice.....»

1194. *M. D'ABLEIGES, intendant en Auvergne,*
AU CONTRÔLEUR GÉNÉRAL.

25 Mai 1693.

«.....Puisque vous m'ordonnez de m'expliquer sur la suppression des droits d'entrée demandée par les échevins et la ville de Clermont, j'auray l'honneur de vous remarquer que la raison expliquée dans l'arrest et qui y sert de fondement me paroist très-considérable. C'est une somme excessive qui se levoit par capitation, car elle se monte à 60.000 #, savoir: 9,000 # pour les octroys, 10,000 # pour la subsistance, 6,240 # pour la subvention, 20,000 # pour les intérests et capitaux des dettes, et 15,000 # pour l'ustensile. Suivant l'arrest, il ne se lève plus par capitation que 6,240 # pour la subvention et l'ustensile, et le surplus de la somme, montant à 39,000 #, se prend sur les droits d'entrée, qui sont affermés 45,000 #. Cela paroist d'un soulagement extrême pour le peuple, et cela d'autant plus, que les communautés et maisons religieuses payent le droit d'entrée et ne sont point sujettes à la capitation. D'un autre costé, les échevins de la ville de Clermont prétendent que les fermiers des droits d'entrée leur ont exposé une perte considérable sur lesdits droits; qu'elle est certaine, et qu'ainsy ne pouvant payer le prix de leur bail, il est impossible d'acquitter les dettes de la ville, par la diminution considérable qu'ils seront obligés de faire aux fermiers; que jamais la ville n'a fait aucune assemblée, ni aucune délibération, pour demander à S. M. l'établissement des droits d'entrée; que cet établissement ruine la ville et les lieux circonvoisins, parce que les paysans y venoient vendre leur vin aux bourgeois de Clermont; que ces deniers servoient au payement de leur taille; que les caves estoient louées à Clermont, où les marchands forains venoient acheter le vin; que cela produisoit un grand commerce, par le moyen d'autres marchandises qu'ils y apportoient, qui a entièrement cessé depuis cet établissement, parce que le vin ne s'apporte plus à Clermont, les paysans n'ayant point un argent assez considérable pour avancer les droits d'entrée. Ils ajoutent que cet arrest n'a esté rendu qu'à l'instigation des privilégiés, qui payoient des sommes très-fortes pour les dettes, et qui ne payent presque rien, par le moyen des droits d'entrée, dont la régie est presque impossible, parce que les faubourgs de Clermont ne sont pas fermés; que, par ce moyen, ils se sont soulagés et ont fait tomber les droits d'entrée sur les paysans et les gens de métier, auxquels les vignes appartiennent et qui font la plus grande consommation du vin.

«Ils remarquent encore que l'ustensile et la subvention ne se payent que par les artisans, les bourgeois, les paysans et les laboureurs, qui supportent, outre cela, le logement des gens de guerre, et qu'ainsy les privilégiés, comme les gentilshommes, officiers de la Cour des aydes, présidial, élection et trésoriers de France, demeurant à Clermont, sont exempts de toutes sortes de droits, et qu'il n'y a que le menu peuple qui en est chargé. Ce sont là les raisons de part et d'autre sur lesquelles il se faut déterminer.

«Pour cela, je suis persuadé, et je vous supplie de réfléchir que les droits du Roy ne sont point intéressés dans la suppression de ces droits d'entrée; l'arrest ne les établit principalement que pour le payement des dettes de la ville, puisqu'ils doivent estre diminués à proportion qu'elles s'acquitteront. La seule chose qui reste à examiner est de savoir si le public est intéressé, qui sont ceux qui souffrent et qui tirent de l'avantage par l'établissement des droits d'entrée.

«Il est certain qu'avant les entrées, tous les privilégiés et les officiers de Clermont estoient taxés par capitation à une somme considérable, pour le payement des dettes. Suivant l'extrait signé du secrétaire de la ville, elle se monte à 8,713 # 2 s.; suivant l'extrait du receveur des droits d'aydes, ces mesmes personnes qui payoient de capitation 8,713 # 2 s. n'ont payé que 1,186 # 18 s. de droits d'entrée. Vous voyez par ces extraits que les gens de Clermont les plus riches ne payent presque rien pour les entrées du vin et payoient beaucoup pour la capitation. De là il se tire une conséquence, que le riche gagne aux entrées et que le paysan y perd.

«Ce qui pourroit un peu diminuer la perte du paysan, c'est que les communautés payent des droits d'entrée et ne payent pas la capitation. L'extrait en a esté tiré par le receveur des aydes; la somme se monte à 1,305 #; mais cela n'est pas assez considérable, car il reste plus de 6,000 # dont il faut que le peuple soit chargé, à la décharge des privilégiés, qui les payoient avant les entrées.

«Les droits d'entrée sur la viande de boucherie sont encore payés plus fortement par le peuple, parce que, pour un privilégié, il y en a trois cents dans Clermont qui ne le sont pas.

«Il y a encore une autre perte plus considérable que le peuple fait à Clermont: c'est que le paysan est le propriétaire des vignes, ou il les fait à moitié; il a chez luy tout ce qu'il luy faut pour faire son vin; il faut qu'il fasse entrer sa vendange, ou qu'il la perde; c'est donc luy seul qui paye le droit, le bourgeois en paye peu. Quand les années sont abondantes, le vin ne vaut presque pas le droit d'entrée; le paysan n'est pas assez riche pour avancer tout à la fois les droits pour la vendange qu'il fait entrer; le fermier ne fait pas crédit, il veut de l'argent, et nullement une obligation, pour son payement. Ces difficultés insurmontables feront abandonner les vignes aux paysans, les droits se réduiront presque à rien, les vignes seront en friche, la misère en sera plus grande, et, avant deux ans, il en faudra revenir à la capitation.

«Messieurs de la Cour des aydes et l'élection se sont opposés seuls dans l'assemblée de ville à la suppression de ces droits. Ils ont eu raison de l'avoir fait, car il n'y a qu'eux qui y soient véritablement intéressés, soit en particulier, à cause de leur capitation, qui est plus forte de beaucoup que le droit d'entrée, soit en général à cause de la jurisdiction, car ils regardent ces droits d'entrée comme devant leur donner une grande autorité et un gros revenu, par le nombre des procès que les contraventions produiront, sitost qu'ils en auront la connoissance.

«Ainsy, par ces droits, le riche est très-soulagé, le peuple est surchargé, et, en cette occasion, je ne peux m'empescher d'estre d'avis de la liberté publique, quand les intérests du Roy ne souffrent aucun préjudice *.»

* Sur les différents détails de cette affaire, voir les lettres de M. de Ribeyre, premier président de la Cour des aides (16 février, 15 avril); les délibérations de l'assemblée de ville (22 avril); la réponse de M. de Ribeyre (18 mai), etc. — M. d'Ableiges fut forcé d'enjoindre au fermier de continuer la régie qu'il prétendait abandonner. (Lettre du 25 septembre.) Mais, en 1694, l'intendant revient encore sur cette question, et il constate, à la requête du contrôleur général, que les droits d'entrée sur le vin et sur le bétail ne produisent pas annuellement plus de 43,000 ᵗᵗ, dont déduisant 7,000 ᵗᵗ pour frais de régie, il y a au moins 9,000 ᵗᵗ de perte pour les fermiers, sur le montant de leur bail. Il ajoute que le peuple demande toujours avec instances la suppression des droits et le retour à l'imposition, et qu'il est impossible, du reste, de mettre d'accord les échevins et les fermiers sur le chiffre de la diminution due à ces derniers. «Toutes ces raisons se font beaucoup mieux sentir à présent, que la misère a augmenté, et qu'il n'y a point d'étapier établi dans cette ville : l'habitant y est obligé de fournir l'étape à son soldat, la viande est chère et le vin renchéri par le droit d'entrée, et cela luy renouvelle plus que jamais l'envie d'en estre délivré. La misère présente y contribue plus que toute autre chose. L'habitant, et surtout l'artisan et le paysan, qui ont accoustumé de vivre au jour la journée, payoient les impositions à mesure qu'ils gagnoient quelque chose, et les collecteurs estoient soigneux de passer souvent chez ces sortes de gens et se contentoient de ce qu'ils donnoient; mais à présent, si un paysan ou autre ont quelque vigne, il faut qu'il paye tout à la fois le droit d'entrée du vin qu'il fait entrer, et, faute d'avoir de quoy l'acquitter, il est obligé de vendre à vil prix son vin ou sa vendange pour y satisfaire. . . . . » Voir le détail de la consommation et des droits, joint à cette lettre, du 13 février 1694, et une autre lettre écrite le jour précédent par M. de Ribeyre. — Par de nouveaux mémoires, très-étendus et accompagnés de toutes les pièces justificatives (27 mai et 7 octobre), M. d'Ableiges conclut alors à ce qu'on liquidât la perte éprouvée par les fermiers et qu'on suppléât à l'insuffisance des produits par de nouveaux droits sur l'avoine, le foin et la paille, plutôt que de rétablir la capitation concurremment avec les droits d'entrée.

A la fin de 1694, il y eut lieu de procéder à une nouvelle adjudication de la ferme, et, comme la gelée venait de détruire entièrement les vignes, on ne put d'abord trouver d'enchères au-dessus de 22,800 ᵗᵗ. (Lettres des 8 novembre et 24 décembre, et du 25 février 1695.) Divers tiercements prolongèrent longtemps l'adjudication, et enfin elle fut donnée, le 5 mai 1695, sur le pied de 26,000 ᵗᵗ, à une compagnie formée des anciens fermiers et des sous-fermiers du domaine. (Lettres du 28 mars au 30 mai.)

1195. *M.* de Beuvron, *lieutenant général en Normandie*, au Contrôleur général.

26 Mai 1693.

Un certain nombre de barques cabotières chargées de blé séjournent sur la rivière d'Eure, pour attendre la hausse des prix, et le sieur Langlois, fermier général, propose, sinon de s'en emparer au nom du Roi, du moins, d'en prendre les chargements au prix coûtant, sous prétexte que les expéditeurs spéculent sur la hausse, et de les revendre en Normandie au-dessous du cours, de façon à produire une baisse, soit sur la place de Rouen, soit sur celle de Chartres.

«Je crois que rien ne doit estre plus utile pour faire venir des blés en abondance que la liberté du commerce, et rien de plus dangereux que de le troubler et inquiéter les marchands, et, si la quantité que le sieur Langlois dit qu'ils vont querir à Chartres le fait trop enchérir dans ce lieu-là, il n'en sera pas de mesme aux lieux où ils le porteront, comme par exemple à Rouen, parce que, y arrivant avec le grand nombre qu'ils auront acheté, il est certain qu'il ne devra pas estre si cher. Mais ce que je crois très-nécessaire et un bon ordre à y apporter pour cela, c'est de ne point laisser séjourner les cabotières ni à Nogent ni à aucun autre endroit sur la rivière, comme ils font pour n'arriver que l'un après l'autre à Rouen, pour le tenir plus cher, et aussy de les obliger, estant à Rouen, après le temps de la police passé, de décharger les blés sur le port et les exposer en vente, et de commettre des gens avec l'autorité aux passages sur la rivière, pour les faire marcher à mesure qu'ils sont chargés; et le sieur Langlois pourroit faire acheter de son costé pour le compte du Roy ce qu'il voudra à Chartres et en charger ce qu'il voudra de cabotières, mais sans empescher la liberté de ce trafic aux autres *. . . . . »

* Voir les lettres écrites les 27, 29, 30 et 31, par M. de la Berchère et par le sieur Langlois, avec les projets d'arrêt qu'ils envoient. La subrogation qu'ils proposaient se fût faite sous le nom de Pierre Domergue, munitionnaire général des armées navales; mais Langlois reçut l'ordre de se borner à traiter à l'amiable avec les marchands.

Des séditions eurent lieu sur le cours de la rivière d'Eure, et des blés qui descendaient à Rouen furent pillés. Il fallut envoyer des renforts de troupes et de maréchaussée pour rétablir le passage. (Lettres de MM. de Beuvron et de la Berchère, 2 et 10 juin.) Six prisonniers arrêtés dans une de ces affaires furent jugés au présidial de Chartres : M. de Creil ne put les faire condamner à mort, et trois seulement furent punis de neuf ans de galères et du carcan. (Orléans, 16 et 18 mai, 7 et 12 septembre.)

1196. *M.* de Bâville, *intendant en Languedoc*, au Contrôleur général.

26 Mai 1693.

Six marchands de la R. P. R. ont quitté le pays, lors de la conversion générale, pour se retirer à Genève, et ils continuent néanmoins à faire acheter aux foires de

Languedoc des draps et des soieries. Leur commerce représente une valeur annuelle de 1,500,000#, et il est très-utile au développement des manufactures. Ces marchands demandent la permission de venir faire eux-mêmes leurs achats, ainsi que le font encore, malgré la guerre, certains négociants de Piémont. Autrement, ils trouveront avantage à tirer leurs marchandises de Hollande ou d'Angleterre, plutôt que de France, et ils priveront le royaume de l'argent qu'ils y font entrer*.

* En marge : «Néant.» — La requête, présentée de nouveau en 1696 et 1697, fut encore rejetée. (Lettres du 28 octobre 1696 et du 25 juin 1697.)

1197. *M. de Vaubourg, intendant à Nancy,*
au Contrôleur général.

26 Mai et 30 Juillet 1693.

Procès-verbal et rapport concernant une construction de forges entreprise à Lançon, sur la rivière d'Aisne, par Mme la maréchale de Créqui, et le préjudice que ces travaux peuvent causer soit à la navigation, soit aux riverains*.

* Voir, en Franche-Comté, aux 1er mai et 29 novembre 1693, 16 mai 1694, 14 octobre 1695, des rapports analogues de M. de la Fond, et, au 14 décembre 1693, une lettre du directeur des forges d'Échalonge.

1198. *M. Bouchu, intendant en Dauphiné,*
au Contrôleur général.

30 Mai 1693.

«J'ay examiné le placet cy-joint de M. de Valbonnays, premier président à la Chambre des comptes de Grenoble, que vous m'avez fait l'honneur de me renvoyer par vostre lettre du 16 de ce mois. La mine dont il s'agit est située à Piarre, terre appartenant à mondit sieur de Valbonnays, aux environs de Gap; elle estoit autrefois très-abondante, et l'histoire du pays rapporte à cette mine de plomb la plus grande partie des biens que M. de Bourchenu, père de mondit sieur de Valbonnays, luy a laissés; mais à présent je la crois épuisée, et voicy sur quel fondement. La guerre d'Italie s'estant commencée en 1690 avec peu de précautions, il fallut chercher partout à prix d'argent les moyens de la soutenir : le plomb en balles estoit nécessaire autant qu'aucune autre chose; je n'oubliay rien pour porter M. de Valbonnays à en fournir, et, quoyque, pour l'encourager, je fusse convenu avec luy à un prix beaucoup plus fort que l'ordinaire et sur lequel le Roy ne laissoit pas encore de faire un grand profit, par rapport aux voitures, attendu la situation de ladite mine, mondit sieur de Valbonnays ne put jamais en fournir qu'une très-petite quantité. En 1691 et 1692, il n'en a presque point donné, quoyque, après m'en estre informé, je n'aye pu apprendre qu'il en ayt vendu ailleurs. La conclusion du placet de mondit sieur de Valbonnays ne va qu'à obtenir la remise du droit de *dixième*, qui a esté réglé à 312#, ou pour dix ans, ou pendant le temps qu'il fera de nouvelles recherches de cette mine. Je crois que, pour concilier toutes choses, S. M. pourroit luy faire la remise pour cinq ans, pour lesquels il ne s'agit que de 1,560#, et le Roy gagneroit six fois autant en une année sur l'achat de ce plomb, si on venoit à faire quelque découverte qui la rendist aussy abondante qu'elle a la réputation de l'avoir esté autrefois. D'ailleurs, il vous paroistra difficile de trouver quelqu'un en Dauphiné qui se veuille charger d'aller exploiter une mine située dans la terre du premier président de la Chambre des comptes, et, quand cela arriveroit, il ne pourroit se présenter que des gens peu riches et peu commodes, et qui, par conséquent, seroient peu propres à faire des avances. Je dois mesme vous dire que je crois qu'il y auroit assez de mines en Dauphiné et qu'il s'en pourroit faire un usage avantageux, si elles estoient tombées entre les mains de gens riches ou qui eussent suivi ce genre de travail. Mais, le Roy en ayant fait don à M. de la Tour-Daliès, dans le temps que sa fortune estoit plus florissante, les changemens qui y sont arrivés depuis l'ayant empesché de suivre cette affaire par luy-mesme, le droit de faire la recherche et l'exploitation de ces mines est tombé aux nommés Mazel et Bonche, deux misérables, qui ne sont pas en estat de faire une avance de 200#, de sorte que le Roy ni le public n'en retireront jamais aucun fruit, tant que la chose sera de cette manière. Mais elle est bien différente à l'égard de M. de Valbonnays, qui est un des plus riches de Dauphiné, particulièrement en argent comptant, qui peut, par la remise qu'il demande, estre encouragé à faire de nouvelles recherches; et, si elles ont du succès, le Roy pourra mesme se dédommager de cette remise, en réglant pour lors le droit de dixième sur un pied plus fort que celuy de 312# qu'il en donnoit cy-devant.»

1199. *M. de Bérulle, intendant à Lyon,*
au Contrôleur général.

6, 7, 8, 13, 18, 27 et 30 Juin 1693.

Il rend compte des mesures prises pour approvisionner la ville de Lyon.

«Vous savez que les intendans de Lyon n'ont jamais osé rien ordonner aux échevins de la ville de Lyon, du vivant de M. l'archevesque, et, ayant voulu luy représenter, pendant sa maladie, qu'on ne pouvoit apporter trop de diligence pour faire remonter les blés de Provence, par le long temps qu'il falloit pour cela et le peu de provisions qui estoient à Lyon, il s'emporta d'une manière contre moy, me disant : «Est-ce qu'on «n'y pense pas!» que je n'osay plus luy en parler. L'on a envoyé en toute diligence, le jour qu'il mourut, un échevin en Provence pour faire remonter les blés qu'on avoit achetés en Arles, et j'ay écrit à ce mesme échevin de se rendre, après qu'il aura fait partir les blés, auprès de M. de Basville, sur l'avis qu'il m'a donné qu'il y avoit beaucoup de blés dans le bas Languedoc, entre Nismes et Montpellier, et qu'il y diminuoit tous les jours.....

«Il faut que les passe-ports que vous prendrez la peine de m'envoyer portent de laisser passer sans payer aucuns droits dix mille asnées de blé qui remontent le Rhosne et viennent de

Provence et de Languedoc pour la subsistance de la ville de Lyon, et ce, sur les certificats de l'intendant que c'est pour ladite ville.....

«En vérité, je ne puis m'empescher de vous représenter que les syndics de Bourgogne ont grand tort de vous avoir imposé comme ils ont fait, et mandé qu'il n'y avoit que trente-deux mille asnées ou charges de blé en Bourgogne, puisque cela est contraire à la vérité, et que ce sont ces faux bruits qui ont donné lieu à l'augmentation; mais ce qui les a obligés de tenir ce langage, c'est qu'ils font tous commerce de blé, aussy bien que la plupart des conseillers du Parlement de Dijon, qui ont déjà mesme enarrhé les blés en herbe, et l'on vient de me dire que le sieur de la Balme, qui est syndic de Bugey, et homme dont bien des gens se plaignent, estoit l'auteur de l'émeute arrivée à Louhans, laquelle il avoit fait faire pour empescher que les marchands de Lyon n'enlevassent les blés qu'ils avoient achetés, pour les avoir ensuite à bon marché; et c'est là de la manière qu'ils en usent en Bourgogne et le commerce de tous les subdélégués de M. d'Argouges, qui luy déguisent la vérité pour parvenir à leurs fins..... Mais, pour punir tous les marchands et autres personnes de leur mauvais commerce, il faudroit obliger tous ceux qui ont fait des amas et magasins de les vendre au prix coustant*.....

«L'on m'a écrit que M. l'archevesque avoit publié que c'estoit luy qui avoit apaisé la sédition, et je sais qu'il l'a écrit de mesme à M. de Barbezieux; mais je puis vous assurer qu'il s'en alla à Neufville le dimanche 17 may, trois heures après qu'elle fut commencée; que M. le prévost des marchands luy en fut rendre compte à dix heures du soir; que le lundi il prit médecine; que, la sédition ayant recommencé ce mesme jour, l'on luy envoya trois courriers pour le prier de venir, et qu'il ne vint que le mardi, sur les neuf heures du matin, qu'il trouva tout calmé et tranquille.

«Présentement, tout est de mesme, et les visites que j'ay faites dans les quartiers les plus peuplés, chez les marchands de blé, qui en vendoient de très-méchant, et chez les boulangers, qui faisoient de très-mauvais pain, m'ont attiré des bénédictions de tout ce menu peuple, dont on avoit pris soin de révolter les esprits, en leur disant que j'estois cause qu'il ne venoit point de blé de Bourgogne; que je vendois mes certificats, ce qui faisoit renchérir le blé et le pain, et que c'estoit moy qui estois cause que M. le duc de Savoye s'estoit affermé avec les ennemis du Roy pour trois ans. Ce sont les termes dont ces femmes se servoient**. Le tout, parce que vous aviez ordonné qu'on ne pourroit tirer des blés de Bourgogne que sur mes certificats! Je prie Dieu qu'il fasse miséricorde à M. l'archevesque; mais il avoit poussé son chagrin un peu trop loin, et je vous supplie de vous souvenir que, dans ma lettre, je vous avois demandé que ce fust sur ses certificats.»

Malgré les règlements de police qui ordonnaient l'établissement des greniers d'abondance et qui chargeaient les directeurs de veiller à l'approvisionnement et de faire les avances nécessaires, il n'avait été pris aucune mesure de ce genre; la hausse du prix des blés est devenue maintenant un obstacle, à moins qu'on n'en fasse venir d'Italie. En Provence, ce qui se vendait 13 ᵗᵗ vaut 20 ᵗᵗ.

«Je conviens avec vous que M. l'archevesque s'estoit acquis une très-grande autorité dans Lyon; il y estoit mesme craint et y avoit esté beaucoup aymé; mais je prends la liberté de vous dire que ce n'estoit plus cela, et qu'on estoit persuadé qu'il estoit cause de l'estat où estoit la ville, et présentement, tous les honnestes gens disent hautement que l'on commence de respirer. Cela, je vous supplie, soit dit entre nous deux. Mais, avec ma petite autorité, je vous réponds de tout, et que, sans beaucoup de bruit et de peine, tout sera plus tranquille et plus en sûreté que du vivant de M. l'archevesque. Les suites vous le feront connoistre, et que Lyon n'est pas plus difficile à gouverner que les autres villes du royaume.....»

* Sur la nécessité où la ville de Lyon se trouvait en tout temps de tirer sa subsistance du Midi, et plutôt encore de la Bourgogne, voir deux mémoires envoyés le 18 et le 21 juillet par M. de Canaples, chargé du gouvernement en l'absence de M. le maréchal de Villeroy, et par M. de Bérulle. Celui-ci exposa également, le 20 juillet et le 5 août, qu'il y aurait danger à compter sur la Provence ou le Languedoc, et qu'il fallait laisser la liberté ordinaire de faire descendre les blés de la Bourgogne, encore que le Roi eût voulu s'en réserver la disposition entière.

** Par un passage de la lettre que M. de Bérulle écrit le 20 juillet, il paraît que l'État de Genève avait acheté tous les blés du Bugey, malgré les défenses du contrôleur général, et que, par suite, il était à même d'en prêter à la Savoie.

Sur la mauvaise qualité des blés, voir une lettre du 12 août, donnant le détail des fraudes commises au détriment des boulangers par un fermier général, le sieur Grimod.

1200. *M. de Bezons, intendant à Bordeaux,*
au Contrôleur général.

20 Juin 1693.

Le fermier des échats de Bordeaux lève sur les cabaretiers un droit, qui a été doublé et porté à douze pots par barrique de vin, à l'occasion des démolitions du Château-Trompette. Les cabaretiers, qui réclament depuis 1680 l'exemption pour le vin que consomment leurs propres familles, ont interjeté appel au Parlement d'une première sentence des jurats, et il est probable qu'ils auraient gain de cause; mais, comme cette diminution embarrasserait les affaires de la ville, et que d'ailleurs une décision de ce genre revient de droit au Conseil, il serait bon d'évoquer la cause.

1201. *M. Bouchu, intendant en Dauphiné,*
au Contrôleur général.

22 Juin 1693.

Il promet de s'informer s'il y a lieu d'accorder aux habitants du Dauphiné la faculté de payer les rentes seigneuriales en argent, au lieu de grains. La question est depuis très-longtemps en suspens, et ce pourrait être une occasion de la terminer, en faisant payer au profit du Roi une finance considérable*.

« M. de Bouville (Limoges, 31 décembre) appuie une requête semblable des tenanciers de son département, et le contrôleur répond en marge : « En grains ou en argent, sur le pied du marché, au choix des tenanciers, pour cette année. »

M. de la Goupillière (Hombourg, 22 décembre) demande que les meuniers ne puissent plus se faire payer de leur droit de mouture qu'en argent, au lieu de prélever en nature un douzième ou un quatorzième, et d'accaparer ainsi une partie des grains.

1202. *M. de Miroménil, intendant à Tours,*
au Contrôleur général.

25 Juin 1693.

« Nous voyons les efforts qu'on fait dans ces provinces, du costé de Luynes et dans les bois qui s'étendent par différentes contrées, derrière les costeaux de la rivière de Loire, jusqu'en Anjou, pour se garantir de la fureur des loups, qui, depuis trois mois, ont étranglé plus de soixante-dix personnes et en ont blessé considérablement, du moins autant. Passant à costé des troupeaux de moutons et de vaches sans s'y arrester, ils viennent attaquer ceux qui les gardent. Le mal en est venu à un point, qu'en ces pays on n'ose plus aller garder les bestiaux à la pasture. Les habitans des paroisses voisines se sont assemblés et en ont tué trois, qui ne font que le moindre nombre, plusieurs personnes ayant encore esté attaquées de nouveau. Sans un secours extraordinaire, les peuples demeureront exposés à la rage d'animaux qu'ils ne peuvent détruire par des chasses particulières, à cause du peu d'habileté des paysans, qui tirent et ne tuent point, d'ailleurs les gentilshommes plus expérimentés estant à l'arrière-ban. Peut-estre le Roy, estant averti de ce désordre, trouvera-t-il bon d'envoyer partie des équipages de Monseigneur absent, pour tascher d'établir la sûreté dans la campagne, alarmée au point qu'on ne peut l'exprimer *. »

* Autre lettre du 5 décembre suivant, sur le même sujet.

1203. *M. Denis, procureur général au Parlement de Guyenne,*
au Contrôleur général.

27 Juin 1693.

« . . . . . Il est certain que, de tout temps, il a esté d'usage dans ce Parlement que les enfans de MM. les officiers avoient la préséance sur les étrangers, et que non-seulement on les recevoit les premiers, quand ils estoient en concurrence, mais que mesme, sur un simple traité ou démission de leurs pères, ils arrestoient tous récipiendaires, en telle manière qu'il est arrivé quelquefois, par un fort grand abus, qu'un pourvu par le Roy a resté un an entier et plus sans pouvoir estre reçu, comme il arriva à M. Dalon, qui est aujourd'huy premier président de Pau, et le sieur César se fust trouvé dans le mesme cas, si le Roy n'avoit interposé son autorité. J'avois déjà représenté à Messieurs du Parlement, mais en vain, qu'ils vouloient donner trop d'étendue à leur prétendu privilége, que S. M. ne sauroit approuver. Enfin, nous avons eu besoin de vos lettres pour faire bien connoistre à ces messieurs la règle qu'ils doivent suivre en pareilles occasions; mais, afin que les choses se passassent avec douceur et à la satisfaction de tous, j'ay proposé un expédient, qui a esté agréé de M. le premier président et accepté par toutes parties, que, pour marquer une prompte et aveugle obéissance aux ordres du Roy, il falloit recevoir le sieur César tout le premier, mais qu'il diroit à la Compagnie que, pour répondre à l'honneur qu'elle luy faisoit de le recevoir, il estoit bien content de céder la préséance aux enfans de MM. les présidens et conseillers qui ont reçu leurs provisions et qui se trouvent gens de considération dans ce Parlement, savoir : MM. de Lalanne, Duval, Fayet et Raoul; ce dernier est assez proche parent de M. de la Briffe, procureur général. Nos esprits s'aigrissent icy aysément et sont pleins de feu; c'est pourquoy j'ay cru que c'estoit beaucoup mieux pour M. César de ménager les choses de cette manière, d'autant mieux que ces messieurs sont assez mortifiés de voir passer leurs charges à des gens qui n'ont aucune naissance. Ils ont tous vu le père dudit sieur César servir en qualité de maistre d'hostel, et, dit-on, quelque chose de pis. Ainsy, selon toutes les apparences, il auroit mal passé son temps dans la Compagnie, s'il avoit voulu s'en tenir à tout son droit. . . . . J'oubliois pourtant d'avoir l'honneur de vous dire que les billets de 3,000 ᵗᵗ qu'il avoit déposés pour la sûreté de ses paroles luy avoient esté remis quelques jours auparavant la réception des lettres que vous nous avez fait l'honneur de nous écrire, et que, dans ces termes, il n'a pas esté question d'annuler et de casser tous billets et consentemens, comme vous l'ordonniez. »

1204. *M. de Miroménil, intendant à Tours,*
au Contrôleur général.

30 Juin 1693.

Le débordement de la Loire et de ses affluents ayant enlevé tout espoir de récolter les foins, il ne reste plus qu'un moyen d'obtenir des regains : ce serait de faucher les prairies lorsque les eaux se retireront, et de laisser repousser l'herbe; mais l'usage général de la province est que tous les bestiaux aillent librement dans les prés, aussitôt que la fauchaison est terminée, et aucun juge, sans l'ordre exprès du Roi, n'osera faire entendre aux habitants qu'il y aurait lieu de suspendre la coutume.

1205. *M. de Salière, lieutenant de Roi à Salins,*
au Contrôleur général.

Mois de Juin 1693.

Il n'y a point eu de sédition à Salins pour empêcher le transport des blés en Suisse; mais les ouvriers des sauneries, qui étaient réduits à la dernière extrémité par la disette et la faim, ayant été mal reçus par les magistrats, lorsqu'ils leur demandèrent de procurer des grains au peuple et d'empêcher quelques spéculateurs d'en faire des amas, il fut résolu qu'on ouvrirait le grenier public, qu'on visiterait tous les greniers des particuliers, qu'on forcerait ceux-ci à vendre les approvisionnements qui sembleraient trop considérables, et qu'on surveillerait le transport des blés chargés pour le service du Roi. Il se trouva en effet, à la sortie de la ville, parmi les sacs marqués aux armes royales, une certaine quantité d'autres sacs qui y avaient été mêlés indûment. Cependant, sur les représentations du commis chargé du service des grains, on s'est contenté de faire des réserves pour l'avenir, et on a laissé partir les chargements où la fraude avait été constatée.

1206. *M. d'Ableiges, intendant en Auvergne,*
au Contrôleur général.

13 Juillet 1693.

Les jésuites du collége de Billom demandent l'homologation du traité qu'ils viennent de renouveler avec les habitants de cette ville. Ceux-ci s'obligent à payer les impositions des fermiers du collége, sur un pied réglé pour toujours, et les Pères s'engagent à faire un second cours de philosophie et à fournir un prédicateur à la ville*.

«Cette affaire a esté discutée au Conseil, dans le temps que M. de Bérulle estoit intendant d'Auvergne, et la requeste a esté refusée, parce que le collége de Billom, occupé par les jésuites, est très à son ayse et n'a pas besoin du secours des habitans de Billom pour payer la taille de leurs métayers. Ces habitans ont besoin de leur argent pour payer leur taille et non celle des autres. D'ailleurs, il seroit très-dangereux d'admettre ces sortes d'abonnemens pour la taille, car les gens aysés ne manqueroient jamais de s'abonner, et ne pourroient jamais estre augmentés; cela me paroist très-préjudiciable aux droits de S. M., car insensiblement les riches ne payeroient presque point de taille, et les pauvres seroient surchargés. Cela perdroit entièrement le recouvrement.»

* Voir, au 25 janvier précédent, une lettre par laquelle M. Phélypeaux, intendant à Paris, rend compte de l'origine de l'allocation que la ville de Compiègne fait au collége des jésuites, et des raisons qui forcent d'assigner ce fonds sur les deniers patrimoniaux plutôt que sur les octrois.

1207. *M. d'Argouges, intendant en Bourgogne,*
au Contrôleur général.

17 Juillet 1693.

L'adjudication des étapes de Bresse et Bugey a été faite au profit des munitionnaires de l'armée d'Italie, malgré un dernier rabais offert par le sieur du Buissonnet, directeur des formules, les syndics généraux du pays ayant désiré qu'il en fût fait ainsi. Du Buissonnet a protesté par une cédule aussi injurieuse pour les syndics que pour l'intendant*.

«Ma résolution estoit prise avec les syndics généraux de ne point donner cette fourniture à des commis employés pour les affaires du Roy, non-seulement parce que leur propre intérest leur fait toujours négliger celuy des traitans qui les employent, mais encore parce que, voulant aussy, d'autre costé, ne pas abandonner tout à fait leur commission, ils négligent l'étape, et ne font bien ni l'un ni l'autre de leurs employs. D'ailleurs, ces sortes de gens composent ordinairement une société de trois ou quatre personnes, ils ont toujours, pour le fait de leur société, un nombre de mauvaises difficultés qui font souffrir le service et dont la décision m'oste un temps considérable qu'il est à propos que je donne à des choses plus importantes**. Au reste, cette délivrance estant sur le pied le plus bas qu'on puisse la mettre, et moindre de 3 sols par place que le remboursement qui s'en fait en Bourgogne, vous voyez bien que ce n'est pas le profit qu'il y a à faire qui engage les sieurs Jourdain et Lenoble à s'en charger, mais qu'ils n'ont eu en vue que la commodité qu'ils y trouvent pour la subsistance du camp de Sablon et de leurs équipages, à cause du voisinage du Dauphiné et de la Savoye. Pour moy, je n'en ay point eu d'autre, en la leur accordant, que la sûreté du service, que je vois entière avec eux.....»

* Voir les pièces jointes à cette lettre et les lettres de du Buissonnet et des syndics, au 16 et au 18. — L'adjudication se faisait sur le pied de 10, 28, 25 et 32 sols par place de fantassin, de cavalier, de dragon ou de gendarme, et de 14 sols par ration de fourrage. Mais, le mois suivant, par l'ordre du contrôleur général, la fourniture fut remise aux enchères et adjugée, sur le pied des offres de du Buissonnet, à Toussaint Perrot. (Lettre de M. d'Argouges, du 31 août.)

** Voir, en Champagne, au 16 avril précédent, une lettre de M. Larcher, concernant un receveur des aides qui avait été chargé par les munitionnaires de Flandre de faire leurs achats.

1208. *M. de Bezons, intendant à Bordeaux,*
au Contrôleur général.

21 Juillet 1693.

Il lui semble difficile d'appuyer les prétentions d'une sœur qui réclame les biens de son frère, et qui allègue que ce frère, nouveau converti, est mort relaps sans recevoir les sacrements, que la veuve a été sa complice, et que les enfants servent en Hollande.

«On n'a point fait le procès au cadavre, parce que l'on auroit des occasions trop fréquentes de faire de pareils procès, la plupart des nouveaux convertis marquant, lors de leur mort, qu'ils sont dans la religion dans laquelle ils sont nés..... Il y a la difficulté de faire le procès audit feu Couralet : son corps est enterré dans quelque champ; la déclaration ordonne que l'on tirera le corps sur la claye et que les biens seront confisqués: l'on n'a point le corps pour faire le procès. Il me paroist bien difficile que l'on puisse ayder la sœur de Couralet dans la situation où les choses sont. J'avois cru autrefois, et j'avois proposé que l'on eust osté de la déclaration du Roy de tirer le corps sur la claye, et que, ceux qui mourroient déclarant estre dans leurs anciennes erreurs, leurs biens fussent seulement confisqués; la crainte de la perte des biens auroit retenu beaucoup d'héritiers qui inspirent à leurs parens malades de rester dans leurs anciennes erreurs, et l'on feroit le procès à la mémoire de ceux qui mourroient dans leurs anciennes erreurs, parce qu'il ne s'agiroit que de la confiscation des biens, au lieu que l'on n'ose le faire présentement, parce que l'on a connu par expérience que l'exemple de tirer un corps sur une claye ne produit aucun bon effet.»

1209. *M. de Bezons, intendant à Bordeaux,*
au Contrôleur général.

21 Juillet 1693.

La récolte ne s'étant élevée, en général, qu'aux deux tiers de ce qu'elle avait été en 1692, il faudra pourvoir à la subsistance des peuples, et l'on a déjà écrit aux receveurs des tailles de laisser à chaque particulier une quantité de grains suffisante pour faire les semailles, en prenant des précautions pour que les contribuables ne puissent abuser de cette tolérance, ou que leurs créanciers personnels ne fassent plus saisir ces semences.

«A l'égard des porteurs de contraintes, il seroit à désirer que l'on pust éviter de s'en servir. Je crois qu'il seroit dangereux, dans la conjoncture présente, de rien changer à la manière du recouvrement. C'est un malheur que l'on ayt établi en Guyenne de se servir de logemens effectifs pour faire payer la taille; il y a trop longtemps que cela est établi pour pouvoir y apporter quelque changement présentement. Il y a de l'exagération dans le mémoire (des dix curés du diocèse de Sarlat), lorsque l'on prétend que les frais montent plus haut que la taille; lorsque je connois quelque abus que font les porteurs de contraintes, je prends soin de les révoquer.....

«Pour ce qui est du dernier point, qui est l'usure que commettent les particuliers qui donnent des blés à de pauvres gens dans le temps qu'il est fort cher, et se font payer lorsqu'il est à bon marché, c'est un malheur; je crois que cela regarde plutost la conscience de ces particuliers qui commettent ces usures, que la justice ordinaire, qui ne sauroit y remédier. Il seroit à craindre, si l'on y vouloit toucher, que le remède que l'on apporteroit seroit pire que le mal, parce que l'on ne trouveroit plus à emprunter dans l'hiver, où beaucoup de paysans n'ont pas de quoy subsister, s'ils ne trouvent des gens qui leur prestent. Il faut convenir que ceux qui font ces prests sont des usuriers; mais il y en a plusieurs qui perdent une partie de leurs dettes, parce que, si le chef de famille vient à mourir de ceux à qui l'on a presté, l'on a bien de la peine à retirer une partie de ce qui est dû.....»

1210. *M. Lebret, intendant en Provence,*
au Contrôleur général.

27 Juillet 1693.

On demande un privilége de trente ans pour construire des moulins à huile d'invention nouvelle et pour les employer à extraire l'huile des noyaux et du premier marc des olives, dont les paysans se sont servis jusqu'ici pour la nourriture des animaux, ou qu'ils brûlent en guise de combustible. L'invention semble utile et mérite d'être favorisée; mais il serait injuste d'enlever aux particuliers la liberté de vendre le résidu de leurs olives à d'autres que l'inventeur, ou celle de les faire détriter ailleurs qu'à ses moulins.

1211. *M. de Séraucourt, intendant en Berry,*
au Contrôleur général.

1er et 4 Août, 3 Septembre 1693.

Rapports sur l'incendie de Bourges et sur la destruction de la Sainte-Chapelle, du palais occupé par les juridictions royales et d'un quartier entier de la ville.

1212. *M. Bouchu, intendant en Dauphiné,*
au Contrôleur général.

2 Août 1693.

Le marquis de Gouvernet avait fait un legs de 600^tt^ aux pauvres du consistoire de Beaurepaire, et, par suite des premières déclarations qui attribuaient les biens des consistoires aux hôpitaux les plus voisins, les recteurs de l'hôpital de Vienne avaient été mis en possession de cette somme. Comme l'édit de janvier 1688 a opéré la réunion au domaine royal de tous les biens des consistoires et des religionnaires, l'hôpital de Vienne est mis actuellement en demeure de restituer, avec les intérêts, le fonds dont il a joui depuis 1686. Cette réclamation du domaine est fondée; mais il est notoire que l'hôpital ne peut suffire à l'abondance des malades, surtout depuis que les passages de troupes sont devenus plus fréquents, et on pourrait lui donner une décharge, analogue à celle qui a déjà été accordée à l'hôpital de Montélimar.

1213. *M. de Bâville, intendant en Languedoc,*
au Contrôleur général.

4 Août 1693.

L'évêché de Rieux a été, quatre ans de suite, ravagé par la grêle, et il faut lui fournir des semences, si l'on veut éviter que le reste des habitants ne se retire en Espagne.

«Lorsqu'un diocèse est tombé dans ces extrémités, je serois bien d'avis que la province fist le fonds pour l'achat des blés nécessaires aux semences et, pour éviter toutes les difficultés aux Estats, que la demande en fust comprise dans celle du Don gratuit, qui seroit d'autant augmenté. Personne, par ce moyen, n'y trouveroit à redire, et ce seroit le seul moyen de secourir les malheureux dans un pays où, les tailles estant réelles, les charges sont toujours égales. Mais il faudroit, en mesme temps, qu'il plust au Roy, s'il est possible, de faire avancer ce fonds, afin qu'on pust acheter des blés avant les semences*.....»

* En marge : «Bon.»

1214. *M. de Bagnols, intendant en Flandre,*
au Contrôleur général.

5 Août 1693.

«Vous avez appris les malheurs qui sont arrivés à la chastellenie de Lille et au Tournaisis depuis quinze jours, par l'irruption des ennemis, auxquels on n'a pas jugé à propos d'opposer des forces assez considérables pour leur disputer l'entrée du pays. Je crois qu'ils ont emporté bien près de 1,000,000 # d'argent comptant, et, si on n'y met ordre, ils en tireront encore presque le double, et cela sans espérance de retour. Les nouveaux établissemens que le Roy avoit résolu de faire dans le pays en souffriront. On peut néanmoins, si vous le voulez bien, empescher la sortie des 2,000,000 # qu'on est convenu de payer aux ennemis pour les arrérages des contributions, et cela sans qu'il en couste presque rien au Roy. Vous verrez, par la copie de la lettre que j'ay écrite à M. de Barbezieux et que je joins icy, le tempérament que je luy propose, et qui consiste, en un mot, à une compensation des contributions qui sont dues au Roy par des pays qui ne payeront jamais ou très-peu de chose, parce qu'ils sont dans l'impuissance de le faire, ou trop éloignés et trop couverts, avec celles que la chastellenie de Lille et le Tournaisis doivent suivant les derniers traités. Nous n'avons pas une certitude entière que les ennemis veuillent entrer dans ce tempérament; on n'a pas esté en droit de leur faire cette proposition; mais, autant qu'on en a pu juger, ils ne s'éloigneroient pas de l'accepter. De cette manière, on retiendroit l'argent dans le pays, et il demeureroit en estat de donner au Roy les secours extraordinaires dont S. M. ne peut se passer, tant que cette guerre durera, et sans lesquels on ne peut rien entreprendre de considérable.

«Je ne sais si on proposera à S. M. le rétablissement du retranchement qui vient d'estre forcé; on ne le fera pas pour 100,000 écus, que le pays ne sauroit trouver présentement. Il en cousteroit plus de 100,000 # tous les ans pour le conserver, et on ne peut répondre qu'il n'arrive pas dans la suite un accident pareil à celuy qui vient de désoler le pays. Il faut ajouter que, pour garder ce retranchement, il faut tous les ans pendant la campagne un grand corps de troupes, qui peuvent estre employées ailleurs plus utilement. Ainsy, je crois qu'il est du service du Roy de ne pas s'exposer une troisième fois aux mesmes malheurs. Vous savez qu'il arriva pour la première fois en 1689; mais les ennemis n'eurent pas le temps de séjourner dans le pays, et ils n'emportèrent que 5 ou 600,000 florins. Quoyqu'ils se soient retirés présentement, par l'heureux succès de la journée du 29 du mois passé, le pays n'est pas encore remis de la consternation et de l'alarme générale dans laquelle il a esté. Je crois, si vous me permettez de vous le dire, qu'il faudroit ne luy rien demander pour les nouveaux établissemens pendant un mois ou six semaines; continuer cependant doucement et sans exécution les diligences nécessaires pour l'exécution des édits, et, à l'entrée de l'hiver, on recommenceroit tout de bon, ce qui se fera avec succès, autant que j'en puis juger, pourvu que le pays soit assuré de sa destinée, et qu'il sache à quoy s'en tenir pour les contributions à venir. Si on renouvelle les défenses de payer, et qu'on prétende les soutenir par le rétablissement des retranchemens, les bourses demeureront toujours fermées, et chacun gardera son argent pour se tirer d'affaire dans une conjoncture pareille à celle qui vient d'arriver.....»

1215. *M. d'Ableiges, intendant en Auvergne,*
au Contrôleur général.

10 et 17 Août 1693.

Il donne avis que M. Bouchu, intendant en Dauphiné, lui a demandé de fournir immédiatement cinq cents mulets pour l'armée d'Italie; les mulets sont trouvés, mais la recette générale pourrait seule avancer les 40,000 # que coûteront le louage et la nourriture, et il faut un ordre pour qu'elle livre des fonds*.

* M. Bouchu, pressé par les ordres de M. de Barbezieux, fit faire, de sa propre autorité, l'avance des frais de son département (36,360 #) par les receveurs des tailles. (Dauphiné, 17 août.)

La Provence eut à fournir également plus de quinze cents mulets pour la même destination, et la dépense monta à près de 150,000 #. Voir diverses lettres écrites par MM. l'archevêque d'Aix, de Grignan, Lebret, etc., du 10 août au 15 septembre.

1216. *M. de Canaples, commandant en Lyonnais,*
au Contrôleur général.

18 Août 1693.

Il le remercie d'avoir accordé les passe-ports nécessaires pour le transport des blés à Lyon.

«J'ay assemblé et convié nos principaux bourgeois à concourir aux efforts que fait la ville avec bien de la peine; j'ay tiré d'eux 200,000 #. J'ay fait faire une avance presque pareille par les receveurs de la ville. La promesse de vos passe-ports, l'assurance que j'ay donnée à nos marchands que leurs blés ne seroient point taxés, et tous les autres secours qu'on leur peut promettre, en ont encouragé plusieurs, qui ont commis à Gesnes et en Sardaigne. Tout est en train d'aller de ce costé-là. Toute nostre peine ne consiste que dans les voitures, et ce qui vient de nous arriver sur cela en Arles est capable de déconcerter tous nos projets et rebuter nos marchands; car vous aurez su qu'un commissaire des guerres envoyé par M. Lebret a pris un bateau retenu pour nous apporter du blé, et l'a fait charger pour les vivres de l'armée. J'ay eu l'honneur de vous mander par deux de mes précédentes que rien n'estoit si capital que de nous rendre le cours du Rhosne libre; vous jugez bien de l'estat de cette ville, qui a eu deux bateaux arrestés à Mascon, qui en vient d'avoir un d'arresté sur le Rhosne, et ce qu'elle deviendra, si on la coupe dessus et dessous*.....

«Je suis bien ayse de voir que vous vous désabusez du sieur Lenoble, munitionnaire. Si M. l'intendant m'avoit voulu croire, au lieu de tirer de luy des blés de Bourgogne, où il est haï et où il paye mal, il auroit donné des passe-ports à nos marchands, qui auroient fait leur marché de gré à gré**..... »

* La disette devint telle, que le consulat distribua les cent derniers sacs de blé qui se trouvaient à l'Abondance, et que M. de Canaples dut l'autoriser à prendre quinze cents ânées au dépôt des munitionnaires. (Lettre du 27 août.) Cet enlèvement se faisait malgré les protestations du munitionnaire Jourdain, qui écrit, le même jour, au contrôleur général et dit, en terminant: «Au surplus, tout cecy devient plus sérieux qu'il ne m'est permis de vous l'écrire, et, si j'avois cette liberté, j'aurois l'honneur de vous marquer des circonstances qui vous porteroient, par l'intérest que vous prenez à l'Estat, à faire cesser la défiance, la désunion et la léthargie qui feront périr cette ville, ou le service, si vous n'y mettez ordre.» — Voir aussi, au 30 août, la copie d'une lettre écrite par M. de Canaples à M. de Barbezieux, portant en marge les annotations et les répliques du contrôleur général.

** Lenoble fut remplacé par le Bartz, sur l'ordre du contrôleur général, qui persista à défendre qu'aucun négociant se mêlât de traiter en particulier soit avec la Provence soit avec l'Italie. Voir les observations qui furent faites sur ce point par MM. de Canaples et de Montgivrant, le 22 septembre, et par M. de Bérulle, le 24 octobre.

1217. *M.* d'Argouges, *intendant en Bourgogne*,
au Contrôleur général.

20 Août 1693.

Les fermiers des gabelles se plaignent que le mauvais état des chemins nuit au transport des sels*.

«J'avois déjà parlé plusieurs fois à MM. les élus de la province, qui imposent tous les ans 10.000 écus pour ce sujet, afin de les obliger de pourvoir à ce qu'ils soient promptement réparés, car ce soin les regarde uniquement, et vous savez qu'ils ne souffrent pas facilement qu'on prenne connoissance de leurs affaires, ni qu'on examine leur conduite. Cependant, je ne vois pas que l'avis que je leur ay donné pour les réparations des chemins publics, dont toute la province se plaint, leur ayt fait faire le moindre mouvement pour y pourvoir, et je suis mémorié de bonne part qu'ils ont leurs raisons pour cela, et que, des 30,000 ᵗᵗ qu'ils imposent, ils n'en employent pas 4,000 ᵗᵗ; ils font du surplus ce qu'ils jugent à propos; mais, pour en oster la connoissance, ils ne laissent pas que de faire des délivrances de toute la somme, et d'en tirer des quittances des ouvriers, avec lesquels ils sont de fort bon accord. Comme ils se persuadent que personne n'oseroit leur demander raison de leur conduite, et que la Chambre des comptes est toujours dans leurs intérests, parce qu'elle leur fournit deux élus à chaque triennalité, ils continuent cette manœuvre avec autant de succès que d'utilité. Je suis si assuré de ce que j'ay l'honneur de vous écrire, que, si on leur demandoit un estat des réparations qui ont esté faites dans les grands chemins depuis dix ans, pour en ordonner la reconnoissance et l'estimation, on reconnoistra que le désordre est peut-estre encore plus grand que je ne le mande.

«Voilà comme ils en usent en toutes choses. Une révision des comptes de la province par un traitant en découvriroit bien d'autres; mais ils feroient peut-estre encore racheter ce traité à la province, quoyqu'elle ayt plus d'intérest que personne à l'empescher et qu'il soit de la dernière conséquence pour elle d'approfondir une fois pour toutes la conduite de ces sortes de gens, qui usent du bien qui luy appartient comme s'il estoit à eux.»

* Sur ce sujet, voir une lettre de M. Larcher, intendant en Champagne (24 janvier 1694); une autre lettre de M. de Bâville, intendant en Languedoc, avec un mémoire des fermiers (20 février 1696).

1218. *M.* de la Goupillière, *intendant à Hombourg*,
au Contrôleur général.

22 Août et 3 Octobre 1693.

L'établissement d'un exécuteur des hautes et basses œuvres à Sarrelouis, avec attribution de droits sur la vidange des cours et aisances, sur la dépouille des bêtes mortes, sur les denrées introduites dans la ville ou exposées en vente par les marchands forains, etc. est une surcharge nouvelle pour les habitants et une violation de leurs franchises. L'exécuteur devrait donc fixer sa résidence dans un des villages environnants, plutôt que dans la ville même*.

* Voir un rapport de M. de Vaubourg (Nancy, 3 septembre), sur l'installation d'un exécuteur à Longwy.

1219. *M.* de Nointel, *intendant en Bretagne*,
au Contrôleur général.

23 Août 1693.

L'octroi de cinq sols qui se lève depuis 1612 sur chaque pipe de vin passant sous les ponts de Nantes, et qui a été continué de neuf en neuf ans, pour servir à la reconstruction de l'église cathédrale, a produit 458,292 ᵗᵗ 15 s. 5 d. Ce fonds a été employé à sa destination, sauf une somme de 32,000 ᵗᵗ, affectée à l'hôpital général ou à d'autres charges. Le surplus de la dépense à faire est évalué à 300,000 ᵗᵗ. L'intendant propose d'autoriser pour neuf ans une nouvelle prorogation de ce droit, qui ne vaut plus en moyenne que 2,500 ᵗᵗ, à condition que les adjudications des travaux de l'église se feront sous sa direction.

1220. *Le sieur* le Bartz, *munitionnaire à Marseille*,
au Contrôleur général.

23 Août 1693.

«..... On m'a dit que la récolte n'est pas fort bonne dans la plupart des provinces du royaume. Vous m'avez cependant fait l'honneur de m'écrire qu'elle estoit assez bonne; cette nouvelle m'avoit fait penser à quelques moyens pour faire venir des blés. J'ay fait ce mémoire..... Le plus essentiel icy, à présent, est d'empescher Messieurs de Lyon de venir faire des achats icy et de les renvoyer hors du royaume.

«Pour engager les sujets du Roy et les étrangers de faire venir des blés dans le royaume, lorsqu'il y a disette, il faudroit que S. M., lorsque la livre de froment, poids de marc, vaut un sol et au-dessus, et la livre de seigle 9 deniers et au-dessus, [voulust] les décharger de tous les droits dus sur les blés, non-seulement de ceux dus au Roy et aux seigneurs particuliers, mais mesme de celuy du fret dû par les étrangers lorsqu'ils arrivent avec leurs vaisseaux chargés de blés dans le royaume. Et, lorsque les prix seront au-dessous, ils seront tenus de payer tous les droits comme par le passé. Les vendeurs et les personnes préposées pour le recouvrement desdits droits seront tenus de se régler aux apprécis des lieux où la vente aura esté faite. Les apprécis seront arrestés tous les jours de marchés et foires, dans toutes les villes et bourgs du royaume, sur un registre qui sera entre les mains du greffier de l'hostel de ville, par trois marchands de blé, qui seront nommés par le maire et la communauté assemblée chacun premier jour de juin et décembre de chaque année; lesquels registres seront examinés par la communauté, assemblée du moins une fois le mois, pour estre approuvés ou réformés, dont il sera fait écriture par le greffier sur le registre, et signé du maire et des trois plus anciens bourgeois. Et, au cas qu'il arrive contestation entre le vendeur et les receveurs desdits droits, ils ne pourront se pourvoir que devant le maire et six des plus anciens bourgeois, du nombre desquels aucun des trois nommés pour faire les apprécis ne pourra estre; lesquels jugeront définitivement, sans appel ni frais, ni que l'on puisse se pourvoir devant d'autres juges. Les parties plaignantes ne seront tenues que de donner une seule assignation de comparoistre dans trois jours devant les maire et bourgeois dans l'hostel de ville ou maison commune, qui seront avertis par la partie de s'y trouver, par une copie de l'assignation qui leur sera donnée en parlant à leur greffier. Les parties seront tenues de comparoistre en personne et de plaider, à moins d'une excuse valable. Le jugement, qui interviendra sur-le-champ, sera délivré gratis, mesme le papier timbré et l'écriture.

«Sera permis à tous les étrangers, mesme aux sujets des ennemis de l'Estat, de faire le commerce dans le royaume; lesquels y seront reçus et traités favorablement, et jouiront des mesmes priviléges et exemptions, à la réserve qu'ils seront tenus pendant la guerre, afin qu'ils ne reçoivent aucun trouble dans leur navigation, de prendre des passe-ports, qui leur seront délivrés sans frais.

«[On pourroit] ajouter à ce mémoire que les étrangers qui apporteront des blés dans le royaume, le Roy les exempte de payer le tiers des droits des marchandises qu'ils y achèteront pour transporter aux pays étrangers, parce qu'ils ne pourront en acheter, pour pouvoir profiter de cette exemption, que pour le montant de la valeur des blés qu'ils auront vendus*.»

* Ce mémoire n'est pas terminé.

1221. *M. de Creil, intendant à Orléans,*
au Contrôleur général.

26 Août 1693.

Les administrateurs de l'hôpital général d'Orléans n'ont d'autres ressources pour faire subsister un nombre toujours croissant de pauvres que l'octroi de 20 sols par poinçon de vin consommé dans la ville, qui doit cesser au 1er septembre, et dont ils demandent la continuation. Ce droit est d'autant plus lourd pour le peuple, qu'on doit doubler actuellement celui qui se lève aussi sur le vin à l'entrée, afin de payer la taxe des francs-fiefs; que la cherté et la rareté des vins entraînent l'augmentation du droit de *douzième* perçu par les fermiers des aides, et enfin, qu'il faudra établir un autre octroi pour payer le procureur du Roi et le greffier de la ville, qui n'ont encore rien touché depuis leur installation. Cependant, il est indispensable, au moins, d'autoriser les fermiers des octrois à continuer la levée des 20 sols, quitte à vérifier plus tard si l'emploi s'en sera fait régulièrement, tant pour l'entretien de l'hôpital que pour le remboursement des dettes de la ville*.

* Voir les lettres écrites le 21 et le 29 juillet précédent, par M. l'évêque d'Orléans, avec le placet de l'hôpital et les pièces justificatives.

1222. *M. de la Bédoyère, procureur général au Parlement de Bretagne,*
au Contrôleur général.

30 Août 1693.

«..... Des gens qui n'ont point produit à la réformation de la noblesse, lorsqu'elle se fit en Bretagne, pressés apparemment par l'édit des francs-fiefs et cherchant à s'en tirer, présentent aujourd'huy requeste au Parlement, pour demander que des arrests de la réformation qui ont maintenu dans la qualité gens de leur nom soient déclarés communs pour eux, disant qu'ils sont sortis de mesmes auteurs; et, pour faire leur attache et la prouver, ils se servent d'actes de partage et autres pièces nécessaires pour cela; mais, s'ils sont vrays ou s'ils ne le sont pas, c'est ce qu'il est assez difficile de justifier, et, quand je leur demande pourquoy ils ne produisirent pas lors de la réformation, ils disent qu'ils estoient lors mineurs, que leurs tuteurs négligens n'eurent pas le soin. Quand je les presse pourquoy, depuis plus de vingt ans que la réformation est finie, ils n'ont fait aucun mouvement pour le soutien d'une chose aussy délicate et aussy essentielle que leur qualité, on répond seulement qu'on n'avoit pas plus tost découvert ses papiers. Tout cela estant fort suspect, il m'a donc paru qu'il estoit de conséquence de ne pas admettre facilement pareilles procédures, et que, si on en admet une fois une, c'est ouvrir la porte pour faire peut-estre bien des gentilshommes, et vous en verrez mieux que moy les conséquences; car, quoyque je sois résolu, si on les admet, de me servir de tous les moyens praticables pour découvrir si effectivement les actes qu'ils produisent sont vrays ou faux; d'écrire sur les lieux pour savoir s'ils sont sortis de la maison et du véritable nom auquel ils prétendent s'attacher; de communiquer mesme tous les actes et pièces à ceux qui sont chargés des francs-fiefs et qui sont intéressés à contester leur noblesse; cependant, à travers ces moyens, qui sont les meilleurs dont on puisse se servir, il s'en peut bien échapper. Vous savez mesme qu'il y a un arrest du Conseil qui fait défense au Parlement de recevoir ceux qui ont esté déboutés à la réformation de la noblesse à revenir contre leurs arrests de déboutement; mais ces gens-cy ne sont pas dans ce cas, n'ayant point produit à la Chambre, et, si on veut les recevoir à produire, il seroit toujours plus à propos que ce fust en ce Parlement qu'en aucun autre tribunal, puisqu'icy on les connoist mieux et que je n'oublieray rien pour les bien éplucher et découvrir la vérité; vous verrez sur cela ce que vous jugerez de plus à propos.»

1223. *M. de Bâville, intendant en Languedoc,*
au Contrôleur général.

30 Août 1693.

Un nouveau converti, David Aymar, mal famé et malintentionné, s'étant rendu adjudicataire de la boucherie de Castres depuis plusieurs années et débitant de la mauvaise viande, le corps de ville, après l'avoir condamné plusieurs fois à l'amende, avait délibéré de lui retirer la ferme et de la remettre aux enchères par-devant l'intendant; cela s'est exécuté; mais, comme l'ancien fermier se rendait de nouveau adjudicataire sous un nom supposé, le marché a encore été annulé. Aymar, soutenu par les nouveaux convertis, demande au Parlement de Toulouse la cassation de la dernière ordonnance. Il est important que le Parlement n'empiète pas sur les pouvoirs de l'intendant, qui a partout et dans toutes les villes le soin particulier de la police.

1224. *Le sieur le Bartz, munitionnaire à Marseille,*
au Contrôleur général.

1er Septembre 1693.

L'union des deux Compagnies du Cap Nègre et du Bastion présente de grands inconvénients. Les deux cent mille charges de blé qu'elles peuvent tirer d'Afrique, sans compter ce qu'elles achètent à Ancône et qu'elles mélangent aux blés durs, font un commerce annuel de 3,000,000#, à l'aide duquel elles sont sûres de dominer partout le marché, d'exclure les autres négociants, en sacrifiant au besoin 15 ou 20,000# pour produire une baisse, et enfin, d'accaparer sous main tous les blés, ou de n'en faire venir qu'une quantité suffisante pour maintenir les prix. C'est ainsi que les blés achetés ailleurs pour Lyon n'ont coûté que 15#, tandis que les deux Compagnies, depuis leur union, ont mis les leurs à 18# et les pousseront jusqu'à 20#.

«Vous pouvez fort aysément faire deux ou trois Compagnies de celle du Bastion. Ils ont cent cinquante lieues de costes, d'où on peut tirer du blé, de quelques endroits plus et d'autres moins, outre les cuirs, les laynes, corail et quelques autres denrées. Vous diviserez le terrain en deux ou trois parts, en sorte que ceux qui y auront intérest dans l'une n'en pourront avoir dans l'autre. Chacun défrichera son terrain, et il est certain que l'on retirera de cette coste une fois plus de marchandises que l'on n'a fait par le passé. Ainsy, les blés se trouveront séparés en différentes mains; les uns se trouveront plus pressés de vendre que les autres, et le public en sera mieux, et les blés ne manqueront pas icy et n'y seront jamais chers*.....»

* Les blés de Barbarie étaient généralement mal accueillis par le peuple, qui les trouvait de mauvaise qualité et extrêmement difficiles à conserver, après le transport par mer. (Lettre de M. Bouchu, Dauphiné, 7 octobre.)

1225. *M. Voysin, intendant en Hainaut,*
au Contrôleur général.

3 Septembre 1693.

Il envoie l'état par estimation du nombre d'offices de jurés brasseurs qu'on peut créer dans les villes ou les villages de son département*.

* Il écrit, le 5 décembre suivant, que le débit de ces charges n'avance point. «Il faut nécessairement aux traitans un homme qui aille dans les villes, et qui paroisse vouloir vendre les charges et avoir des acheteurs, ou qui, à faute d'en trouver, engage quelqu'un des plus pauvres brasseurs à brasser, pour pouvoir faire des défenses à tous les autres de continuer leur commerce. C'est le plus sûr moyen pour les obliger à financer.»

L'affaire avait été proposée en premier lieu par M. de Bagnols, qui évaluait le profit pour son seul département de Flandre à plus d'un million (lettres du 20 avril et du 19 mai); et, en effet, à la date du 6 novembre 1694, cet intendant écrit que la somme est déjà dépassée, et que le total pour tout le Pays conquis ira à 2,400,000# environ.

Sur la même création dans la Flandre maritime, voir les lettres de M. de Madrys (4 et 27 novembre, 12 décembre 1693); en Artois, celles de M. Chauvelin (4 août, 1er novembre, 6 décembre). Dans ce dernier département, la levée qui se faisait à la même époque sur les hôteliers et cabaretiers, et qui exigea souvent l'emploi des garnisaires, fut une cause de retards. (Lettre du 22 janvier 1694.)

La plupart des villes importantes, plutôt que d'abandonner la fabrication à des étrangers ou aux premiers venus, se rachetèrent en corps, et s'acquittèrent au moyen de nouveaux droits qu'on leur permit d'imposer sur les bières. A Tournai, trente offices furent payés 132,000#. (Lettre de M. de Bagnols, 16 juillet 1694.) Namur fournit 36,000#. (Lettres de M. Voysin, des 19 et 23 décembre 1693.) Dans le département de M. de Madrys, la conclusion de l'affaire pour les deux villes de Dunkerque et d'Ypres fut difficile; les Magistrats opposaient aux offres des traitants des surenchères qui avaient pour principal avantage de n'entraîner qu'une augmentation temporaire des droits sur les bières. — Voir, du mois de juin au mois de décembre 1694, la correspondance de l'intendant et des traitants, et les pièces qui y sont jointes.

1226. *M. d'Argouges, intendant en Bourgogne,*
au Contrôleur général.

7, 10, 11, 12 et 13 Septembre 1693.

Il rend compte des troubles suscités à Buxy par l'enlèvement de blés qui avaient été achetés pour le munitionnaire, et il désigne comme principal fauteur l'avocat Morelet, nouveau converti, soupçonné de pratiques à l'étranger*. Le juge et le procureur du Roi sont accusés d'avoir fait sonner le tocsin et excité les habitants; on les a arrêtés. Plusieurs ordonnances ont été rendues pour faire ouvrir les greniers, battre les blés engrangés ou semer les terres, pour défendre les attroupements de plus de six personnes, etc.

Malgré l'épuisement de la province, les envois demandés pour Lyon ont été ordonnés; mais le sieur de la Vigne, lieutenant particulier de Chalon, met des obstacles à la sortie des grains, et il a même menacé le commis, en pleine assemblée, de la vengeance du peuple soulevé. Sa conduite séditieuse exige qu'on fasse un exemple et qu'on l'éloigne du pays**.

La première cause de tous les désordres et de la disette est que le munitionnaire Lenoble tient enarrhés tous les vieux blés, et qu'il ne veut point rendre compte de ses opérations.

«Permettez-moy de vous dire qu'on n'a jamais vu en Bourgogne ce qu'on y voit, et qu'il n'est pas ordinaire à un munitionnaire d'y passer toute l'année pour faire sa fourniture, et moins encore d'employer pour cela mille personnes qui commettent toutes sortes de désordres dans leurs achats et pour les voitures, sans qu'on ayt tout à fait la liberté de parler, crainte de retarder le service. On a vu plusieurs fois le sieur du Pille et d'autres munitionnaires faire une partie de la fourniture des armées en Bourgogne, sans que jamais on s'en soit plaint, et le service qu'il y a fait encore cette année est net et contente tout le monde; peut-estre cela vient-il de ce qu'il ne s'est attaché qu'au service et n'a employé qu'un très-petit nombre de commis pour faire ses achats. Je vois mesme présentement que, bien loin de se prévaloir de ceux qu'il a faits, il remet ce qui luy reste de blés pour estre distribués dans les endroits où ils sont pour un sixième moins que le prix courant, ce qui fera un bien très-considérable aux pauvres habitans des lieux où la distribution s'en doit faire.

«Nous aurions bien eu besoin d'un pareil secours de la part du sieur Berthelot, qui enlève présentement de mon département vingt-quatre mille mesures de blés achetés pour l'hostel des Invalides, et pour la sortie desquels il a obtenu un ordre de M. de Barbezieux. J'ay fait ce que j'ay pu pour l'empescher, sans y pouvoir réussir, et, quoy que je puisse faire, je vois bien qu'il ne sera pas possible de sauver la province, si vous n'avez la bonté de nous ayder; car, pour du secours de MM. les élus en cette affaire, je n'en dois attendre aucun, et, lorsque je leur en fais l'ouverture, ils font la sourde oreille***.»

* Morelet fut arrêté sur lettre de cachet, sans aucune procédure, et il était encore en prison en 1694.

** Ce lieutenant particulier tira d'un sergent royal une déclaration que le secrétaire de M. d'Argouges avait aidé les munitionnaires à faire passer des blés en Suisse, et il adressa cette déclaration aux commissaires chargés du service des blés. — Voir les pièces envoyées par M. d'Argouges pour sa défense, le 17 septembre et le 18 octobre.

*** Une contestation eut lieu entre Massenot, commis du munitionnaire général de la marine, et un fermier avec qui il avait conclu marché, en septembre 1692, pour une fourniture de mille sacs de blé. Quoique la fourniture ne fût plus nécessaire pour le service de la marine et qu'on voulût faire rompre le traité, comme rentrant dans les conditions d'un enarrhement prohibé, le contrôleur général ordonna que les blés seraient portés au marché et vendus au profit de Massenot. (Lettre de M. d'Argouges, 24 octobre.)

1227. *M. de Bâville, intendant en Languedoc,*
au Contrôleur général.

12 Septembre 1693.

Il demande le remboursement des sommes avancées par M. de Pennautier pour le payement des missionnaires, et annonce qu'il ne maintient plus que les missions des Cévennes et celles d'une partie du Vivarais, soit pour entretenir l'exercice de la religion dans ce pays, ce dont les curés sont incapables, soit pour donner avis de ce qui se passe*.

* Le 18 du même mois, rendant compte de l'exécution du ministre réformé Guion, il demande le payement de la gratification de 2,000 # promise à la femme qui avait dénoncé le fugitif.

1228. *M. de Séraucourt, intendant en Berry,*
au Contrôleur général.

12 et 17 Septembre 1693.

Copie de la lettre qu'il adresse à M. Pussort, sur les moyens d'assurer la subsistance du département.

«..... Mon intention estoit d'amasser pendant tout le reste du mois toutes les déclarations qui me seroient apportées, et de faire faire, pendant le mois prochain, une visite exacte dans toutes les paroisses et maisons particulières, afin d'estre parfaitement instruit de la quantité des grains qui sont dans la province. Je me proposois de faire ensuite un autre estat du nombre des habitans qui sont dans chaque paroisse, afin qu'en les confrontant l'un à l'autre, je pusse voir si la province a des grains suffisamment pour la subsistance en général, et en particulier connoistre les paroisses qui ont besoin de secours et celles qui sont en estat d'en donner. Si ce projet vous paroist raisonnable, je le suivray avec exactitude, et vous connoistrez dans peu quel secours il est nécessaire de donner à cette province. Si, par bonheur, il s'y en trouvoit suffisamment, il n'y auroit qu'à prendre des mesures pour en empescher le transport, ce qui seroit assez facile, puisque toutes les provinces seront pourvues selon leurs besoins par vos ordres*.»

Il propose de fixer le prix des blés dans tous les marchés du royaume, depuis le 15 octobre de l'année présente jusqu'au mois d'août de l'année 1694, en prenant pour base d'une mesure uniforme la livre de seize onces, poids de marc, avec défense de vendre à un prix plus élevé, sous peine de confiscation et de 500# d'amende. Les vieux blés qui se trouveront dans les greniers au 1er janvier 1695 seront confisqués. Les prix peuvent être fixés, pour le froment, de 15 deniers la livre à 13 deniers et demi; pour le méteil, à 12 deniers et demi; pour le seigle, à 10 deniers; pour l'avoine, à 8 deniers. (Le muid de blé de Paris, pesant deux mille quarante livres, vaudrait ainsi 127# 10 s.)

«On peut, si on le juge à propos, le fixer à plus haut prix; mais cela est très-indifférent pour procurer l'abondance, pour laquelle il suffit que le prix soit uniforme par tout le royaume, et qu'il soit immuable pendant le temps qui sera marqué par la déclaration.

«Le succès est démonstrativement infaillible, pourvu que l'on fasse encore deux choses : la première, que le Roy oblige les traitans des vivres de ses armées, tant de terre que de mer, de faire leurs provisions dans les pays étrangers; car il est certain que la nécessité dans laquelle ils sont de faire de gros achats est la vraye raison qui enchérit le blé dans le royaume; et la deuxième est que S. M. secoure des blés qu'elle fait venir des pays étrangers les villes et les provinces qui en auront besoin, et que S. M. donne ordre qu'il y soit vendu au prix qui sera fixé par la déclaration. Si la perte est trop forte, il est juste que S. M. soit dédommagée par les provinces qui recevront le secours, et cela se peut aysément par une imposition qui sera faite sur la province, à laquelle les exempts et non exempts, ecclésiastiques, communautés, et généralement tout le monde contribuera, et c'est un moyen presque imperceptible de tirer des riches de quoy ayder à faire subsister les pauvres..... »

* Le munitionnaire Jourdain, chargé d'enlever en Bourgogne des blés pour les magasins de Lyon, proposait, dès le 4 du même mois, de faire faire une visite générale pour rassurer la province. «.....On connoistroit la quantité des blés, et, supposé qu'elle soit aussy médiocre qu'on a affecté de la publier, on la déguiseroit aux peuples, dont on soutiendroit les esprits, disant qu'elle est considérable et suffisante, pendant qu'on chercheroit les moyens d'assurer leur subsistance..... »

1229. *M. d'Herbigny, intendant à Montauban,*
au Contrôleur général.

13 Septembre 1693.

Il demande si, au cas où une saisie de récoltes serait faite de concert entre le collecteur des tailles et celui des taxes extraordinaires, il ne serait pas plus avantageux d'attribuer par préférence les deniers au service des taxes, qui se recouvrent à grand'peine et par les moyens les plus violents, plutôt qu'à celui de la taille, que chacun cherche volontiers à payer, comme une imposition ordinaire et légitime.

«Pour les taxes, les gens les plus aysés font l'impossible pour en éluder le payement, et, cette année, qui, par sa misère, fournit en mesme temps des prétextes à la mauvaise volonté, il y a plusieurs communautés où, d'un concert général, aucun nouveau converti n'a payé, quelques contraintes qu'on ayt pu mettre en usage; il faut se servir de la prison à l'égard des plus mutins. S'ils voyoient donc que leur récolte, la seule chose qu'ils ayent au jour, fust employée pour la taille, ce seroit un moyen de ne tirer pas un sol d'eux. Le collecteur des taxes seroit réduit à s'opposer et faire des diligences inutiles, qui ne feroient que consommer en frais..... »

1230. *M. d'Ableiges, intendant en Auvergne,*
au Contrôleur général.

16 Septembre 1693.

Il envoie copie de l'instruction qu'il a donnée à ses subdélégués pour faire la visite des blés, conformément à la déclaration du Roi.

«Les faux bruits de stérilité qui se sont répandus depuis la dernière récolte ont porté le Roy à faire venir des blés des pays étrangers pour le soulagement de ses peuples; mais ils ne sauroient profiter de cette grâce qu'après que, par une exacte visite dans toutes les paroisses de son royaume, S. M. aura esté informée de la quantité qu'il y en a dans chacune et du véritable estat de chaque province.

«Comme la principale cause de la disette vient ordinairement de ce que ceux qui ont fait amas de grains les gardent, dans l'espérance de les vendre plus chèrement dans une saison plus avancée, la première application que S. M. m'ordonne d'avoir sur ce sujet est à empescher cet abus également contraire à la charité, aux bonnes mœurs et aux anciennes ordonnances, sans priver néanmoins ceux qui en ont du profit raisonnable qu'ils en peuvent tirer, selon le prix courant des marchés.

«Ce que vous avez à faire dans la visite des paroisses dénommées dans l'estat cy-joint est de vous conformer exactement aux instructions de S. M., clairement expliquées dans la déclaration dont je vous envoye copie. Je ne doute pas que vous ne vous fassiez un plaisir de ce qui est en cela de vostre devoir, lequel ne demeurera pas sans récompense de la part de S. M., qui se propose de faire un fonds pour gratifier ceux qui se seront acquittés de leur commission avec l'exactitude qu'elle désire d'eux en cette occasion.

«Vous prendrez donc, s'il vous plaist, la peine d'aller aux paroisses que j'ay commises à vos soins, et, en compagnie des curés et consuls de chacune, vous ferez dans toutes les maisons des habitans, sans en épargner aucun, de quelque qualité et condition qu'il soit, une visite bien exacte de tous les blés, tant vieux que nouveaux, mesme de ceux de mars, n'exceptant, pour quelque considération que ce puisse estre, ni les chasteaux des seigneurs et gentilshommes, ni les abbayes et communautés religieuses, tant d'hommes que de filles, ni les granges et greniers des officiers.

«En cas que les blés ne se trouvent pas encore battus, vous

vous informerez de la quantité des gerbes et de ce qu'elles pourront rendre de grain, par rapport à ce qu'ont rendu celles qui ont esté battues, faisant donner par chaque particulier et par les supérieurs et supérieures d'abbayes et communautés religieuses des déclarations de ce qui s'en trouvera en leur pouvoir.

«Vous leur donnerez à entendre bien sérieusement que, si les déclarations se trouvent fausses, vous ferez faire à leurs frais le mesurage de leurs grains ou une nouvelle estimation du produit des gerbes, et que ceux qui seront pris en fraude subiront rigoureusement la peine de la confiscation desdits grains, lesquels seront portés au marché pour y estre vendus, et les deniers en provenans employés en charités aux pauvres de la paroisse, suivant les ordres qui en seront donnés par moy; ce qui doit vous engager à m'avertir soigneusement de ces sortes de contraventions.

«Pour réduire tous les procès-verbaux sur un pied uniforme et éviter la confusion, j'ay trouvé à propos d'en dresser un modèle; je vous prie de vous conformer exactement à celuy qui est cy-joint.

«S'il arrive que des particuliers vous disent qu'ils ont déjà vendu leurs blés, vous vous en ferez représenter les marchés, et, s'ils en allèguent de verbaux, vous demanderez à parler aux personnes qui y ont assisté ou qui ont vu faire les enarrhemens, et ferez mention de tout dans vostre procès-verbal.

«Vous vous ferez donner par les curés le nombre des habitans, tant communians, que de ceux qui ne communient pas.

«Il est bon de savoir aussy quelle est la valeur des dixmes de chaque paroisse, et d'avoir, s'il est possible, une copie du bail, laquelle vous m'envoyerez avec vostre procès-verbal, observant de m'adresser ceux que vous allez faire à mesure que vous les ferez.

«Vous savez que la diligence est l'âme de toutes les affaires, et vous concevez bien sans doute qu'elle l'est doublement de celle-cy. Je seray bien ayse d'avoir lieu de faire valoir la vostre auprès de S. M., afin que vous puissiez mériter la récompense qu'elle a promise à ceux qui s'acquitteront bien de leur devoir. Elle doit estre telle qu'en quinze jours je sois en estat de luy en rendre compte. Vous m'obligerez sensiblement, en mon particulier, de m'ayder autant que vous pourrez à soulager les peuples de cette province.

«J'ay remarqué que dans les visites que je fis faire dernièrement, en exécution de l'arrest du Conseil du 16 may dernier, plusieurs d'entre vous se sont contentés de mettre dans leurs procès-verbaux ce que les particuliers avoient de blés au delà de leur provision, sans spécifier la quantité qu'ils prétendoient réserver pour eux, ce qui est formellement contraire à l'instruction de S. M., qui veut savoir au juste tout ce qu'il y en a dans chaque paroisse, afin d'en procurer à ceux qui se trouveront en manquer; ainsy, il faut y mettre tout, jusqu'au dernier boisseau.

«Je ne saurois trop vous répéter l'obligation où vous estes de n'exempter qui que ce soit de celle de vous donner sa déclaration et de souffrir la visite effective dans ses greniers et granges; que s'il se trouvoit quelque personne assez hardie pour vous en refuser les portes, vous en dresserez un procès-verbal séparément et me l'envoyerez en toute diligence, signé de vous et de ceux qui vous auront accompagné, prenant cependant la précaution de mettre le scellé auxdites portes, afin qu'on ne puisse pas détourner les grains, et déclarant aux propriétaires ou à ceux qui sont pour eux que vous les établissez eux-mesmes gardiens du scellé. J'y pourvoyray après d'une manière à faire perdre à tous les autres l'envie de faire le semblable.

«Ne manquez pas surtout de m'accuser la réception de cette lettre au moment qu'elle vous aura esté rendue.»

1231. *M.* de Sève, *intendant à Metz,*
au Contrôleur général.

21 Septembre 1693.

La visite des greniers de Metz et de Verdun a permis de constater qu'il y restait très-peu de grains *, et la récolte, qui a été niellée, est d'un si mauvais rendement, que les munitionnaires épuiseront inévitablement la province.

«Il y a deux autres sortes de gens qui en consomment une grande quantité dans cette province; ce sont les faiseurs de brandevin et les brasseurs de bière. Les premiers, après avoir épuisé tous les marcs de raisin pour faire des eaux-de-vie, se sont servis de grains et continueront à en diminuer l'espèce, si on ne leur fait des défenses expresses d'y travailler avec du grain, de quelque qualité qu'il puisse estre; car, au défaut des fromens et des seigles, il est bon de conserver les orges, dont le peuple se servira utilement à la campagne pour cuire du pain. Et, puisque vous me permettez de vous expliquer mon sentiment, j'auray l'honneur de vous dire qu'on ne sauroit trop tost empescher cet abus, que les eaux-de-vie de grain sont très-mauvaises, et que, quand elles seroient bonnes, on s'en passera beaucoup plus facilement que du pain.

«Quant à la bière, quoyqu'elle consomme beaucoup davantage de grain que le brandevin, j'ay quelque peine à me déterminer. Il est constant que cette boisson humecte et nourrit en mesme temps; les vendanges de l'année dernière n'ont produit que du verjus, celles-cy ne seront pas abondantes, et par conséquent le secours de la bière ne seroit pas inutile au peuple et aux soldats. Je croirois néanmoins qu'en exceptant celle qui se fera pour la fourniture des étapes, il seroit à propos de la défendre, surtout dans les Évesché s et dans la Lorraine, où ce n'est que depuis peu qu'on en a introduit l'usage, et il vaut mieux que le peuple soit réduit à boire de l'eau qu'à manquer de pain **. . . . .»

* Sur l'organisation et les résultats de cette visite, voir les lettres du 28 septembre et des 2 et 4 octobre. On trouva une telle disette, que M. de Sève eut ordre de la cacher. Le blé se vendait, à Metz, 10$^{\text{#}}$ la quarte de cent livres. M. de Sève se plaignait d'ailleurs que, partout où l'on constatait des contraventions et des amas de grains, les particuliers représentaient des pouvoirs donnés sous seing privé par les munitionnaires ou par les étapiers. (Lettre du 7 juin.)

** M. de Sève reçut, le jour suivant, l'arrêt qu'il proposait et qui était déjà expédié; mais il insista pour que les étapiers en fussent exemptés. (Lettre du 22 septembre.)

M. de la Goupillière demanda la même permission pour le département de Hombourg (lettre du 19 novembre), et M. Chauvelin pour le Pays conquis (lettre du 15 novembre).

Quelques exceptions temporaires et spéciales furent sollicitées pour des grains déjà préparés et grués ou gâtés. Voir une lettre de M. d'Ormesson (Rouen, 12 mars 1694).

1232. *M. de Bâville, intendant en Languedoc*, *au Contrôleur général.*

23 Septembre 1693.

Les consuls, le syndic du Chapitre et les marchands et teinturiers de Nîmes contestent aux propriétaires de plusieurs jardins et d'un moulin sis à la porte de la Couronne le droit de détourner durant l'été les eaux de la fontaine de Nîmes.

Rapport de l'intendant.

1233. *M. Voysin, intendant en Hainaut*, *au Contrôleur général.*

25 Septembre 1693.

« . . . . . Les tailles qui se payent au Roy dans le Hainaut sont réelles, et s'appellent *vingtièmes, feux et cheminées.* Elles sont réglées par un ancien cahier de l'an 1604, et ne fournissent presque jamais aucune matière de contestation. Mais on peut dire avec vérité que cette taille est la moindre de toutes les charges que payent les habitans. Il n'y a point de communauté qui n'ayt esté obligée d'emprunter de l'argent et créer des rentes sur elle-mesme pendant les guerres, pour payer les contributions. Les chariots et les pionniers que l'on demande très-souvent pour le service du Roy sont payés par taille sur la communauté; à quoy il faut ajouter les impositions qui se font pour fournir des avoynes dans les magasins du Roy, pour fournir du fourrage aux troupes d'armée en certains temps; les impositions qui se font de la part des ennemis sur les villages qui ne sont pas couverts des lignes, et celles qui se font pour l'entretien des lignes sur les villages qui en sont couverts. Toutes ces charges extraordinaires se payent par taille assise sur la communauté, et on l'appelle dans le pays *taille de mauvais frais.* La manière de l'imposer est d'asseoir une moitié sur les héritages, à règle de vingtième, un quart sur les bestiaux, et un quart sur les testes des chefs de famille, à répartir entre eux à proportion de leur commerce et facultés. Il naist quelquefois des contestations sur ces sortes d'impositions, et elles sont jugées par l'intendant : j'ay toujours pratiqué de renvoyer les requestes qui m'ont esté présentées sur cette matière devant mon subdélégué de la ville la plus proche, pour faire comparoistre les parties devant luy. Il dresse un procès-verbal de leurs contestations, sur lequel je rends mon ordonnance, ce qui évite aux habitans des lieux les plus éloignés les frais inutiles de venir à Mons. Les contrôleurs que l'on propose de créer seroient, en cette matière seulement, comme les subdélégués des intendans; je ne vois pas d'inconvénient d'en établir dans ce département. En ce cas, pour leur donner une fonction et quelque profit, je crois que l'on peut obliger les mayeurs et échevins, après qu'ils auront assis leur taille, suivant la permission qu'ils en obtiennent de l'intendant, de porter leur rôle au contrôleur, pour estre par luy vérifié et contrôlé, sans quoy il ne pourra estre mis à exécution, et attribuer un droit pour ce contrôle, que j'estime pouvoir estre fixé à 7 s. 6 d. par rôle. Le Roy donnant 150 # de gages et mesme jusqu'à 200 #, je crois que ces charges pourront estre vendues 4 ou 5,000 #. On établiroit un contrôleur vérificateur dans chacune des villes de Maubeuge, le Quesnoy, Avesnes, Landrecies, Philippeville et Charlemont; le département des villages où ils exerceroient leurs fonctions pourroit estre réglé par l'étendue du gouvernement des mesmes places où ils seroient établis, ce qui seroit plus commode et plus également partagé que si on les régloit par bailliages et prévostés. On peut aussy, pour rendre les émolumens de ces charges plus considérables et les mieux vendre, ordonner que, sur chaque procès-verbal de contestation qu'ils dresseront sur le fait des tailles ordinaires et de mauvais frais, et qui sera porté à l'intendant, il réglera, en le jugeant, un salaire proportionné au travail. Les subdélégués font jusqu'à présent cette fonction sans aucune rétribution. »

1234. *M. de Creil, intendant à Orléans*, *au Contrôleur général.*

26 Septembre 1693.

« Parmy les plaintes d'un peuple quasi tout composé d'ouvriers en laynes et draps, qui se récrie sur la cherté du pain et du blé, il m'en a esté fait une de la vérité de laquelle j'ay voulu m'informer sur-le-champ; c'est de la mauvaise qualité du sel, que j'ay reconnue en entrant dans le grenier, dont j'ay trouvé la masse à entamer meslée au quart de laye (?) et de terre, ce qui m'a obligé de dire au peuple qui me suivoit que je me donnerois l'honneur de vous en écrire, pour y mettre les ordres nécessaires . . . . . »

1235. *M. Bouchu, intendant en Dauphiné*, *au Contrôleur général.*

26 Septembre 1693.

Il rend compte à M. Pussort de l'état de la province en ce qui concerne les grains, et des mesures prises pour remédier à la disette.

L'exécution des visites que vingt subdélégués ont commencé à faire ne saurait être ni assez prompte ni assez sûre, pour donner le résultat qu'on en attend. Un pareil travail, ordonné au mois de mai pour constater ce qui restait de la dernière récolte, n'est pas encore terminé, et, si l'on attend que les commissaires aient vérifié par tout le royaume dans quels lieux il y a abondance et dans quels autres il faut envoyer des secours, le prix du blé, qui de 18 # est déjà monté à 23 #, augmentera d'autant plus que les détenteurs de grains seront prévenus et qu'ils remettront leurs ventes à un moment favorable.

La Savoie ne pourra se nourrir jusqu'au 1er janvier.

«Il faut espérer quelque chose de la vie dure à laquelle ces peuples sont accoustumés, telle qu'il n'y a point d'exagération de dire que, depuis l'année 1690, la plus grande partie des provinces de Tarentaise et de Maurienne ont vécu de coquilles de noix moulues, dans lesquelles les plus aysés habitans ne meslent qu'un dixième ou environ de farine d'orge ou d'avoyne. M. de Chamlay est un fidèle témoin de cette vérité, et a porté au Roy du pain de cette qualité, à son retour du voyage qu'il fit à Pignerol.»

Les habitants de Chambéry n'ont pu faire acheter en Languedoc et en Provence que seize mille quintaux, ce qui fait la subsistance de quatre mille personnes pendant un an, et encore faudrait-il leur accorder la franchise de tous droits de passage et de transport, même de ceux que lèvent les particuliers*.

D'après tous les avis, le Dauphiné n'a point assez de grains pour subsister jusqu'à la fin de février, et, comme les villes n'ont aucun revenu, il n'y a que celle de Vienne qui ait fait marché pour douze mille quintaux, sur des fonds avancés par un particulier. A Grenoble, où le blé dépassait déjà 4# le quartal (de vingt-sept livres), la crainte des poursuites annoncées contre les enarrheurs a fait faire quelques ventes précipitées à un cours inférieur; mais cette ressource n'est que passagère.

«La ville de Grenoble n'ayant pas un sol de revenu, je n'ay rien cru de plus propre à pourvoir à sa subsistance, mesme à faciliter celle du reste de la province, qu'en faisant un marché avec un particulier, pour fournir, à 3#10 s. le quartal, dix-huit mille setiers, ou vingt mille quintaux poids de marc, de blé en cette ville, avec obligation de n'en vendre que la moitié par égales portions pendant les mois de novembre, décembre, janvier, février, et de ne pouvoir vendre l'autre moitié que par mes ordres. Cette première moitié m'assure que le blé n'ira pas plus haut que 3#10 s. le quartal, qui est le prix dont je suis convenu avec luy pendant le temps qu'elle se vendra, et l'autre moitié, qu'il ne peut vendre que par mes ordres, m'assure de quelque précaution pour les mois de may et de juin, qui sont les plus difficiles à passer. J'ay encore stipulé par le marché que je pourrois luy faire vendre son blé au-dessous de 3#10 s., quand je le jugeray à propos. Je fonde sur cela un artifice dont j'espère que les suites seront heureuses; car, comme ce marché demeurera secret autant qu'il m'est possible, j'espère, par l'inégalité des prix auxquels je luy feray vendre son blé, déranger tous les raisonnemens que peuvent faire ceux qui gardent des blés dans l'attente d'un temps encore plus favorable pour les vendre et du prix excessif auquel ils espèrent de le porter par cette réserve. Mais il est nécessaire de valider ce marché, dont copie est cy-jointe, par un arrest du Conseil, parce que le montant de ce que je pourrois l'obliger de vendre au-dessous de 3#10 s., ou de ce que l'abondance de la récolte prochaine pourroit faire diminuer du prix de celuy que je luy feray garder jusques au mois de may ou de juin, doit estre remplacé à cet entrepreneur, et il est par conséquent nécessaire que j'aye l'autorité d'y pourvoir.

«Je m'imagine un moyen qui ne sera à charge ni aux finances du Roy ni au peuple. S. M. a eu la bonté, avant la guerre, d'accorder presque toujours une somme à cette province en diminution de la taille, qui se répartit par un estat de distribution que j'arreste, de mesme que faisoient mes prédécesseurs, aux paroisses les plus pauvres. Il est vray que, depuis la guerre, ce secours n'est pas effectif et que le Roy grossit d'autant l'imposition, en mesme temps qu'il accorde cette diminution; mais cependant c'est toujours un fonds dont il paroist qu'on ne peut faire un meilleur usage que de remédier à la crainte légitime que l'on doit avoir en ce pays d'une disette de grains, et, si cet expédient n'estoit pas suffisant, il seroit préférable, à mon sens, d'ordonner l'imposition du surplus du dédommagement de ce marché.»

Dans le bas Dauphiné, la situation est encore pire. A Montélimar, on prouve par le registre des receveurs des dîmes que la récolte n'a pas donné douze mille setiers, dont trois mille à retrancher pour les semences, et, par le registre des fermiers du *Poids à farine*, où les habitants sont tenus de faire peser leur farine au retour du moulin, on voit que la consommation de la ville, année commune, est de vingt-trois mille setiers. Cependant, les blés sont encore moins chers qu'à Grenoble, parce que jusqu'ici les habitants de cette partie de la province vivent sur leurs propres récoltes et que personne ne va encore aux marchés.

«Je finis en vous représentant la nécessité qu'il me paroist y avoir que cette affaire soit conduite par un mesme esprit, et qu'ainsy il est à propos que M. le premier président du Parlement de Grenoble sache que je dois m'en mesler seul, à moins que le Roy ne crust devoir l'en charger et les autres juges de police, auquel cas je ne m'en meslerois point. Car, tant que plusieurs voudront agir suivant leurs différentes vues, les peuples ne seront point soulagés**.....»

* C'est la même faveur que demande le sieur Ferriol, receveur général, en offrant de faire venir des pays étrangers, par Marseille et Arles, 400,000# de blés. (Lettre du 18 septembre.)

** A la fin de l'année, M. Bouchu fut obligé de réclamer l'appui du contrôleur général contre les munitionnaires de l'armée, qui prétendaient enlever en Dauphiné tout ce que certaines communautés pouvaient avoir récolté au delà de leurs besoins, comme quelques intendants, tels que M. Larcher en Champagne, le laissaient faire dans leurs départements. (Lettre du 27 décembre.)

1236. *M. d'Herbigny, intendant à Montauban,*
au Contrôleur général.

27 Septembre 1693.

Il propose de faciliter aux particuliers ou aux communautés les moyens d'emprunter des grains de semence, en accordant aux prêteurs un privilége exceptionnel sur la récolte suivante, par préférence même à la taille et aux deniers royaux, non-seulement pour la quantité de grains prêtée, mais pour le prix de ces grains basé sur les cours du mois d'octobre. Il faudrait, en outre, démontrer aux receveurs généraux et particuliers qu'ils auraient intérêt à faire eux-mêmes ces prêts; on les dédommagerait plus tard, par une surséance aux premiers payements qu'ils doivent envoyer au Trésor royal*.

* Sur la misère de cette généralité et sur l'embarras des recouvrements, voir les lettres écrites par les deux receveurs généraux, Brunot et Dujardin (19 juin, 30 septembre, 7 octobre).

M. d'Herbigny ajouta à l'ordonnance qu'il eut ordre de rendre au sujet des terres non ensemencées une disposition spéciale pour obliger les communautés elles-mêmes à faire l'ensemencement, chose avantageuse dans une contrée où le sol ne rendait généralement que le grain nécessaire pour la nourriture, et habituelle du reste en pays de taille réelle. Il ne voulut point y insérer la défense de saisir les grains jusqu'au 1er décembre. — Voir sa lettre du 18 octobre et celle que le receveur général Dujardin écrivit le même jour.

1237. *M.* DE *Bezons, intendant à Bordeaux,*
au Contrôleur général.

29 Septembre 1693.

Procès-verbal et copies de titres relatifs aux droits perçus par le commandant de la tour de Cordouan.

1238. *M.* DE *Montholon, premier président du Parlement de Rouen,*
au Contrôleur général.

1er Octobre 1693.

«Suivant vostre permission, j'ay écrit au sieur Thomas le Gendre, pour savoir de luy ce qu'il croyoit de plus propre pour engager les négocians à conduire et à faire venir des blés en France. Il prétend que le pays du Nord est le plus abondant cette année; qu'il y a déjà écrit, et qu'il ne sait ce qu'il pourra en tirer; qu'il n'y a rien de plus propre pour engager les étrangers que de leur permettre le transport des chardons; il m'a mesme envoyé une lettre de son correspondant de Copenhague, qui luy marque qu'il n'y a que la permission de ce transport qui puisse engager les vaisseaux neutres de charger pour la France; que la balle de chardons pèse environ cent cinquante livres et contient dix mille chardons, et se vend à Rouen présentement 22 # 10 s. à 23 #, au lieu de 12 à 15 #, et que la cherté vient de ce que l'on en a semé fort peu, attendu que le transport en est défendu et que, ces dernières années, la récolte en a manqué; que le pays le plus abondant de cette marchandise est à l'entour de Louviers, où il peut y en avoir cinq mille balles à vendre; que, si le Roy en permettoit l'enlèvement aux pays étrangers, ils pourroient augmenter jusqu'à 40 #, et que les premiers qui arriveroient aux étrangers pourroient se vendre 150 ou 180 # la balle, et diminueroient ensuite considérablement; qu'un vaisseau chargé de cent muids de grain ne pourroit charger au plus que cent balles de chardons, tenant beaucoup de place; que son avis seroit, pour faire venir beaucoup de grain en France, d'en faire une affaire générale, et de permettre à ceux qui apporteront du blé de charger des chardons et d'en donner une balle à proportion de cinq muids de grain, au plus ou moins, ainsy que vous le jugeriez à propos; au lieu que, si l'on restreignoit la permission de charger ces chardons à un particulier, il ne pourroit jamais en faire venir un aussy grand nombre; qu'il n'y avoit pas de temps à perdre, à cause des glaces, et que, les nuits estant fort longues présentement, l'on peut passer plus hardiment et plus sûrement. Si vous avez quelque ordre à me donner là-dessus, je l'exécuteray avec toute la promptitude que je dois*.»

* Le Gendre, et Vanderhulst, autre négociant, promettaient que leurs confrères s'associeraient volontiers pour faire acheter trois mille muids de seigle dans le Nord; mais, quand M. Bignon les réunit pour délibérer, cinq négociants seulement acceptèrent. (Lettres de M. Bignon, 9 et 19 octobre.) — Quelques mois auparavant, un négociant d'Amiens, Charles Sallé, qui fit aussi venir des blés du Nord, avait obtenu la permission d'exporter des chardons contre valeur équivalente en laines, mais son envoi fut arrêté sur la route de Flandre, et, en 1696, il réclamait encore la mainlevée. Voir la lettre qu'il écrit d'Amiens, le 12 avril 1696.

Sur la culture et le commerce des chardons, dont la Normandie fournissait, avant la prohibition, les Anglais et les Hollandais, voir une lettre de M. de la Berchère, prédécesseur de M. Bignon, du 22 novembre 1692. Ces chardons étaient partout préférés à ceux d'Angleterre ou d'Allemagne; il y avait, autour de Louviers et de Pont-de-l'Arche, douze ou quinze paroisses qui en faisaient leur unique culture, et que les prohibitions réduisirent à la misère. — En 1695, M. Larcher (Champagne, 29 juillet) réclame pour les manufactures de Sedan la faculté de faire venir les chardons nécessaires à leur industrie, et il propose, pour éviter l'exportation frauduleuse à l'étranger, de disposer un entrepôt sous la surveillance de l'inspecteur des manufactures.

1239. *Le* Contrôleur général
à M. DE *Bezons, intendant à Bordeaux.*

6 Octobre 1693.

On peut promettre aux marchands qui feront venir des blés d'Irlande et d'Écosse ou de la Baltique que ces blés seront exemptés du droit de fret, et que chaque bâtiment jouira, en outre, de l'exemption des nouveaux droits pour les beurres, fromages et autres denrées de même nature, jusqu'à concurrence d'un sixième de son chargement. Mais l'exemption ne saurait porter sur la morue ou le saumon salé, puisque la pêche française en fournit suffisamment et que la concurrence de la pêche étrangère en mettrait le débit à vil prix; il ne faut promettre une décharge sur ce point que si l'on ne peut avoir des blés autrement.

1240. *M.* DE *Bérulle, intendant à Lyon,*
au Contrôleur général.

6 Octobre 1693.

«J'ay reçu la lettre par laquelle vous me marquez que le

moyen le plus sûr pour pouvoir trouver des fonds est d'augmenter la Chambre de l'abondance de dix ou douze des principaux bourgeois de cette ville, qui, par leur crédit et leur mérite, déterminent les autres de donner les secours dont l'on a besoin. J'en ay communiqué à M. de Canaples, qui est convenu qu'il n'y avoit rien au monde de mieux, parce qu'effectivement c'est la vérité, et l'on ne sauroit assez admirer que, dans l'accablement des affaires où vous estes, vous connoissiez mieux que moy ce qui nous convient..... Mais je vois bien qu'il ne veut se déterminer à rien qu'il n'ayt de réponse de M. de Villeroy là-dessus..... Comme le temps nous est cher, je vous supplie très-humblement de m'écrire incessamment que je ne vous réponds pas positivement sur l'expédient que vous m'avez fait l'honneur de me proposer pour l'augmentation de la Chambre de l'abondance; que le Roy veut estre obéi, et que vous me rendrez responsable du retardement de l'exécution de cette proposition, et que vous m'ordonnez de vous informer par le premier ordinaire des sujets que l'on a nommés. J'espère que cela obligera M. de Canaples à se déterminer, et cependant je dois vous dire que, des 350,000# pour lesquelles les particuliers ont fait des soumissions il y a plus de trois mois, il en est encore dû plus de la moitié, quoyque l'on exige le payement par toutes sortes de voyes, mesme par menaces de garnison; et il est certain que, quand cette Chambre sera sur le pied que vous le proposez, on trouvera plus d'argent qu'on n'en voudra. Mais ce qu'il y a de surprenant, est que le consulat semble s'y opposer, quoyque cette Chambre ne diminue en rien son autorité, puisque c'est luy qui nomme les sujets qui la composent, que deux des échevins en sont les présidens-nés, et qu'elle dépend entièrement du consulat*.....

«J'ay parlé aux députés de Genève qui sont icy, qui me sont convenus dans la conversation que le munitionnaire d'Italie leur avoit fourni cette année six mille sacs de blé qu'il leur devoit de reste de la fourniture qu'il s'estoit obligé de leur faire l'année dernière. Ainsy, il est constant qu'ils ont tiré cette quantité.

«Je vous supplie ou de brusler ma lettre ou de me la renvoyer.»

* M. le maréchal de Villeroy écrit, le 15 du même mois, dans un sens contraire à toute augmentation du nombre des directeurs. La Chambre avait été créée par son père, en 1643.

Voir, d'autre part, les plaintes de M. de Bérulle, au sujet de l'opposition que lui faisait le prévôt des marchands en matière de police. (Lettres des 24 et 28 novembre.)

1241. *M. de Bezons, intendant à Bordeaux,*
au Contrôleur général.

6, 9, 17 et 29 Octobre, 6 Novembre 1693.

Rapports sur le département des tailles, la répartition du moins imposé, les mesures prises pour l'approvisionnement de la province en blés et en fèves, la récolte du vin, les traités faits avec le munitionnaire ou avec les marchands, la suspension du droit de fret ou des droits locaux, les maladies contagieuses, le progrès des semailles, etc.

«Je fais imprimer l'arrest qui m'a esté adressé par M. Pussort, concernant les semences, afin de le rendre public et que l'on le fasse signifier aux propriétaires des terres qui ne sont point ensemencées, pour que, dans huitaine, ils y fassent travailler, et, ce délai passé, l'on verra les particuliers qui voudront le faire, afin de profiter de ce qui est porté par cet arrest. J'écris à tous ceux qui sont chargés de la visite des grains, pour qu'ils parlent aux seigneurs ou à leurs fermiers pour qu'ils fassent ensemencer les terres qui ne le sont point, leur faisant connoistre la perte que ce sera pour eux, s'ils ne le font pas, à cause des droits qu'ils ont à prendre sur ces terres. Il y a déjà quelques fermiers qui m'ont parlé, qui auroient voulu avoir privilége sur le fonds, en cas qu'il arrivast l'année prochaine un accident qui fist perdre la récolte. Je leur ay fait connoistre qu'il faudroit que l'accident fust bien grand pour qu'on ne retirast pas la semence. La plus grande difficulté qui se trouve, et que j'ay prévue, il y a quelque temps, est qu'il y a eu une grande mortalité de bestiaux, et qu'il y a plusieurs métairies où les terres ne sont point labourées, faute de bestiaux; le seul expédient qui m'a paru que l'on pouvoit prendre pour y remédier, est de porter les laboureurs voisins à donner une ou deux journées de leurs bestiaux pour labourer les terres; que celuy qui preste la semence nourrisse les bestiaux, et qu'il soit privilégié pour cette nourriture, de mesme que pour la semence, et que ceux qui auront presté les bestiaux seront préférés pour les journées que leurs bestiaux auront employées, à la déduction de la nourriture; et je charge ceux qui font la visite des grains de travailler en exécution de ce que j'ay l'honneur de vous mander, et de m'arrester un estat dans chaque canton de ce qui aura esté avancé, afin que je l'autorise en exécution de l'arrest du Conseil.....

«Il faudra plusieurs années au Périgord pour le remettre de ce qui est arrivé, parce que, soit pour leur subsistance ou pour le payement des subsides, il y en a un grand nombre qui ont esté obligés de vendre tous leurs meubles et leurs petits ustensiles; cela ne se peut rétablir de longtemps. L'on ne fait presque plus de nourrissage de cochons, ce qui estoit d'un grand secours et servoit pour la plupart au payement de la taille. Il y a eu mortalité de bestiaux dans quelques paroisses de l'élection de Périgueux, mais il y a beaucoup d'endroits où ils ont esté vendus, parce qu'ils estoient fort chers; c'est ce qui donne de la peine en des paroisses pour la semence des terres, parce qu'elles ne se trouvent pas préparées pour la recevoir. Il y a encore des lieux où les blés ne sont pas battus, à cause du grand nombre de malades. Le Périgord estoit un pays très-peuplé : il est mort dans les élections de Périgueux et de Sarlat plus de soixante mille personnes, y compris les petits enfans, depuis un an.....»

1242. *Le sieur S. Bernard, banquier à Paris,*
au Contrôleur général.

8 Octobre 1693.

«.....Toutes les caisses sont fermées, tant des gens d'affaires que des négocians; personne ne paye ni lettres de change ni billets; chacun veut profiter du bénéfice qu'il y a en portant les espèces à la Monnoye, où on offre des billets à un mois de terme, n'ayant pas encore assez fabriqué de nouvelles espèces, ce qui fait beaucoup de bruit et rompt tout le cours des affaires.

«Si vous croyez qu'il soit à propos d'y remédier, cela est facile, en publiant un arrest qui ordonnera que toutes les espèces réformées en exécution des édits de 1689 et 1690 auront cours dans le public pendant tout le mois courant, savoir : les écus, sur le pied de 3 ᵗᵗ 3 s., et les louis d'or, sur le pied de 11 ᵗᵗ 14 s.; et qu'au 1ᵉʳ de novembre prochain, lesdites espèces n'auront plus cours dans le public que pour 3 ᵗᵗ 2 s. et pour 11 ᵗᵗ 10 s., mais qu'on les recevra à la Monnoye jusqu'au dernier de décembre à 3 ᵗᵗ 3 s. et 11 ᵗᵗ 14 s. Cela donnera le temps de réformer des espèces pour en distribuer au public, et ne fera aucun tort au Roy, et rendra l'argent fort commun pendant le mois courant, ce qui me paroist tout à fait nécessaire, vu que le mal augmente tous les jours.

«Le Roy auroit pu faire un plus grand profit sur les espèces, en mettant les louis d'or à 14 ᵗᵗ et les écus à 3 ᵗᵗ 12 s.; le public mesme s'y attendoit. Je crois qu'il y auroit encore remède, en donnant un sol d'avantage au public sur chaque écu et 5 sols sur chaque louis d'or, savoir : pendant le mois courant, les écus pour 3 ᵗᵗ 4 s., et les louis d'or à 11 ᵗᵗ 19 s.

«On pourroit m'objecter que la différence des louis d'or de 11 ᵗᵗ 19 s. à 14 ᵗᵗ les feroit porter chez les étrangers, qui les réformeroient, pour profiter du bénéfice.

«Deux choses l'empescheront : l'une, le risque et la crainte d'estre découvert; l'autre, le bénéfice présent de 9 sols par louis d'or.

«La plupart de mes correspondans à qui j'avois écrit pour les exciter à faire venir des grains des pays étrangers refusent de s'y engager, sur le bruit qui court qu'on va fixer le prix des grains dans tout le royaume.

«De deux choses l'une : il manque de blé dans le royaume, ou il n'en manque pas. S'il y en a peu et qu'on fixe le prix, il n'en viendra point des pays étrangers; s'il y en a suffisamment, on ne doit pas craindre la cherté; au contraire, s'il est cher d'abord, chacun en fera venir, et l'abondance donnera bientost le rabais.

«Il est important de favoriser ceux qui feront venir des blés des pays étrangers, et de leur accorder vostre protection pour les conduire et transporter où bon leur semblera dans le royaume, sans les fixer. Cette liberté est le seul moyen d'exciter chacun à en faire venir et d'apporter l'abondance, laquelle sera incontinent suivie du bas prix.»

1243. *M. de Bouville, intendant à Limoges,*
au Contrôleur général.

13 Octobre 1693.

Il envoie copie de la lettre qu'il écrit à M. Pussort.

Comme les maladies contagieuses et la mortalité des bestiaux nuisent partout à la culture et à l'ensemencement des terres, et qu'il importe d'encourager les propriétaires par tous les moyens, il propose plusieurs projets d'ordonnances : l'une, pour protéger les grains contre tous créanciers autres que ceux qui auraient prêté des semences, ou que les propriétaires des fermes; une seconde, portant que les bestiaux donnés à cheptel ou mis dans les métairies ne seront également saisissables que par ceux qui les auront fournis, si l'acte a été dûment enregistré à l'élection.

Au lieu de léser les créanciers, ces ordonnances assureraient la conservation des terres qui font leur gage, et, si les recouvrements s'en trouvaient un peu retardés, il serait encore facile de presser les contribuables, en leur faisant craindre le rétablissement des fusiliers, qui ont coûté jusqu'à 80,000 ᵗᵗ par an à l'élection de Limoges.

«Il ne me paroistroit pas tout à fait juste de donner la faculté d'ensemencer à leur profit les terres qui ne se trouveront pas [semées] huit jours après l'ordonnance que je pourrois rendre. Ce n'est pas la faute des gens malades de n'avoir pas battu leurs grains et de n'avoir pas ensemencé*. Ceux qui n'ont point de semence, soit que leur misère soit causée par la gresle, ou qu'ils ayent esté obligés de manger ce qu'ils ont recueilli de peur de mourir de faim, ne sont pas plus coupables, et ceux auxquels leur blé a esté arraché par leurs créanciers ou pour les recouvremens le sont encore moins. D'ailleurs, cette ordonnance empescheroit que les plus aysés ne leur prestassent des semences, dans la vue de profiter de leur malheur, et peut-estre mesme que la violence y entreroit. Je crois qu'il n'y a que la seule voye d'exciter les riches par quelque utilité au prest qu'ils devroient faire par charité, et, comme il y a quantité de paroisses, absolument battues de la gresle, dont les paysans sont tous si malheureux que sans doute beaucoup ne trouveront pas à emprunter, je suis persuadé qu'il n'y a que le Roy qui y puisse suppléer, en faisant prester sous le nom de quelques particuliers de confiance, car il est d'une très-grosse conséquence que S. M. ne paroisse pas vouloir prester; les plus aysés viendroient au prest, comme les plus malheureux, et il est certain que, bien loin que cette grâce fist du bien présentement, elle causeroit un très-grand retardement dans les semences, parce que tout le monde attendroit à l'extrémité, afin d'engager à leur prester du blé. Mais, si on voit que bien des terres ne soient point ensemencées en blé, on pourra y pourvoir au mois de mars, en faisant distribuer des baillarges et autres grains, dans la fin de la saison seulement. . . . . »

* En Béarn, M. Sanson objecte, contre l'exécution de l'arrêt, que l'usage du pays est d'alterner les blés avec les autres grains, et que la plupart de ceux-ci ne se sèment que fort tard, après le délai fixé pour l'expropriation. (Lettre du 27 octobre.)

1244. *M. le duc de Chaulnes, gouverneur de Bretagne,*
au Contrôleur général.

13 Octobre 1693.

«La machine s'avance, et elle fit hier un grand chemin, quoyqu'il fust des plus raboteux. Ce fut le jour des contraventions, dans lesquelles M. de Rennes, qui est à la teste de cette commission, nous porta fortement, et fort honnestement cependant, les plaintes des Estats. L'on y lut quarante-six édits ou déclarations. Comme vous connoissez les Estats de cette province, vous jugez bien que ce fut une rude attaque à qui n'avoit pas de trop bonnes armes pour parer les coups. Nous sortismes cependant assez bien de ce combat, et, pour vous épargner des détails qui seroient inutiles, je retrancheray le compte que je vous dois rendre à quatre édits, dont trois sont ceux sur lesquels S. M. nous permet, par nos instructions, d'écouter les propositions des Estats.»

On a promis à la province de lui laisser l'exécution de ces édits, sans concours de traitants, et on a sursis à l'enregistrement jusqu'à ce que les propositions aient été acceptées par le Roi*.

* Voir diverses lettres du même jour, particulièrement celle de M. de Nointel.

1245. *M. de Bâville, intendant en Languedoc,* *au Contrôleur général.*

16 Octobre 1693.

Mémoire sur la contestation pendante entre le propriétaire du canal de Languedoc et les capitouls de Toulouse, pour la levée du droit de *subvention* sur les marchandises transportées par la voie du canal et entreposées à Toulouse.

Il propose que, conformément aux termes des lettres patentes d'octobre 1666, l'exemption de tous droits soit restreinte aux entrepôts construits sur les bords du canal, à la limite réglementaire de six toises.

1246. *M. de la Goupillière, intendant à Hombourg,* *au Contrôleur général.*

16 Octobre 1693.

«J'ay reçu hier icy, avec la lettre que vous m'avez fait l'honneur de m'écrire du 7 de ce mois, la copie de celles que vous avez faites à MM. les évesques, pour avoir, par le moyen des dixmes des curés, la connoissance des grains de leurs paroisses, comme aussy une table en blanc pour mettre par colonnes chaque nature de grains, et un petit imprimé pour s'en servir. J'auray soin de faire valoir vostre intention autant qu'il me sera possible dans mon département, mais on ne peut pas estre éclairci par la dixme des curés, car, lorsque ces pays-cy sont tombés sous la domination, il n'y avoit aucun exercice de la religion catholique que dans la partie qui estoit de la Lorraine; le reste estant terres et seigneuries d'Empire, de la religion calviniste et luthérienne, la messe n'y avoit pas esté dite depuis l'hérésie de Luther. S. M. ayant eu la bonté d'ordonner que l'on mist des prestres partout à ses dépens, pour ne point toucher aux revenus des églises dont les religionnaires estoient en possession, je fais payer 350# et 400# par an des deniers de l'extraordinaire de la guerre à chacun des curés établis dans les paroisses où les églises sont communes; ils ne reçoivent point de dixmes de leurs paroissiens, et les ministres la plupart ont des gages des seigneurs ou des assignations fixes sur les sujets. Ainsy, on ne peut pas savoir par ces gens-là l'estat des grains du pays; outre que la plus grande partie des terres de cette province, estant nouvellement défrichées, ne payent point de dixme. Le Roy, qui les fait donner à perpétuité à ceux qui les mettent en valeur, les affranchit de dix années de dixmes et de toutes redevances, afin d'attirer des étrangers pour rétablir ces pays-cy, qui estoient dans une ruine entière, quand j'y ay esté envoyé.....»

1247. *M. d'Ableiges, intendant en Auvergne,* *au Contrôleur général.*

21 Octobre, 4 et 16 Décembre 1693.

Condamnation et exécution d'un faux-monnayeur, le sieur de Langle de la Condamine, gentilhomme du Quercy, et d'un de ses complices*.

* En Languedoc, plusieurs faux-monnayeurs que les capitouls de Toulouse avaient condamnés à être pendus obtinrent du Parlement une commutation de cette peine en celle des galères; mais tout le commerce de la province, qui avait souffert par leur fait, protesta contre ce jugement. (Lettres du sieur Daspe, maire de Toulouse, 28 avril 1694, et de M. de Bâville, 24 juillet.) — Dans la généralité de Montauban, le présidial de Villefranche n'ayant condamné un faux-monnayeur qu'à cinq ans de bannissement, le contrôleur général ordonna à l'intendant de faire une sévère réprimande aux juges et de ne point viser l'exécutoire des frais. (Lettre de M. Sanson, 16 mai 1696.)

1248. *M. Chauvelin, intendant à Amiens,* *au Contrôleur général.*

23 Octobre 1693.

Translation de la chambre à sel de Saigneville à Saint-Valery.

1249. *M. de Bérulle, intendant à Lyon,* *au Contrôleur général.*

24 Octobre et 4 Novembre 1693.

Il se plaint que le consulat de Lyon s'oppose par toutes sortes de moyens à l'arrivage des blés achetés par les particuliers en Provence ou en Languedoc, et que les intendants de ces deux pays soutiennent cette manœuvre, qui doit avoir pour but d'amener les marchands à céder leurs achats au profit de l'échevin envoyé à Arles*.

«Dans l'impuissance où est la ville de pouvoir trouver des fonds pour la construction de nouvelles barques, achat de chevaux et de cordages, j'avois engagé le nommé Paris, du bourg de Moirans en Dauphiné, l'un des nouveaux intéressés dans les tirages des sels, et qui est maistre de tous les ouvriers qui font des gabeurs, de nous en fournir vingt, qu'il faisoit actuellement construire pour l'exécution de son traité et dont il n'avoit besoin qu'au mois de mars. Cependant, au lieu de me tenir parole, j'ay appris qu'il les vouloit employer à voiturer des blés qu'il avoit achetés pour les revendre en Dauphiné. Cela m'a obligé, l'ayant su à Lyon, de le mettre à la garde d'un huissier, jusqu'à ce qu'il ayt satisfait à son engagement avec moy **. . . . . »

* M. de Bérulle finit par obtenir que l'échevin chargé de cette mission fût rappelé. (Lettres de M. du Lieu, prévôt des marchands, 7 et 28 novembre.)

** Plus tard, M. de Bérulle revint sans doute sur le compte de Paris, car il le proposa pour organiser une sorte de flottille sur l'Isère et sur le Rhône; le plan dressé par Paris fut accepté, mais le munitionnaire le Bartz s'opposa à ce qu'on donnât à l'organisateur l'inspection générale des transports. — Voir une lettre de M. de Bérulle, du 19 décembre, et les pièces qui y sont jointes; une autre lettre, du 19 mars 1694; le règlement dressé par M. Bouchu, le 28 février 1694, et les observations de M. de Bâville, en ce qui touchait le Languedoc, du 19 mars.

Sur les mesures prises pour assurer le transport des blés par eau, voir les lettres écrites par M. de Montgivraut, les 13 et 19 septembre et 7 novembre 1693, et par M. de Bérulle, le 17 et le 29 septembre.

1250. *M.* de Creil, *intendant à Orléans,*
au Contrôleur général.

26 Octobre 1693.

Quoique le pain soit moins cher à Blois qu'à Orléans (le blanc est à 3 sols 1 liard, le bis à 26 deniers la livre), une sédition a eu lieu dans la première de ces villes; le lieutenant général a été blessé, en protégeant un bateau de blé qui passait, et le désordre n'a été apaisé que par l'évêque *.

«Le droit de *seterage,* que lève le fermier du domaine à toutes les ventes et reventes, soit aux marchés, halles, maisons et greniers, au seizième, ce qui va quelquefois, par les reventes, au quart du blé, qu'on prend en espèce, est cause qu'il n'y a ni marchands ni magasins de blé dans cette ville, laquelle d'ailleurs, par la retraite des huguenots et d'une infinité d'étrangers qui y venoient apprendre la langue et leurs exercices; par la continuation de l'ustensile et de diverses taxes sur les plus forts, qui faisoient travailler les artisans et assistoient les pauvres; par les fréquens passages de troupes; par la mauvaise récolte, depuis plusieurs années, des vignes, qui en font le principal et quasi total revenu; par l'enlèvement que l'on fit l'an passé des blés de la campagne d'autour, qui n'en a pas pour la subsistance du canton, et que les paysans, quoyqu'à leur besoin, vendirent pour avoir de quoy payer la taille et l'ustensile; enfin, par la mauvaise récolte de l'année, se trouve à la veille de mourir de faim, si l'on n'y remédie promptement en la secourant. Je n'ay point trouvé de meilleur expédient, quant à présent, que de révoquer ou suspendre pour un temps ce droit de seterage, ce qui engagera les habitans qui ont quelque chose à faire un fonds pour faire venir des blés des lieux où l'on en pourra tirer **. . . . . »

* A Blois, les officiers locaux parvinrent, en arrêtant les blés destinés à l'Orléanais et en les faisant vendre de force, à ramener le prix du pain blanc à 3 sols, tandis qu'il valait 5 s. 4 d. à Orléans. (Lettres du 12 et du 22 novembre.)

** Le Roi confirma cette suspension. (Lettres de M. l'abbé de Bertier, à Blois, 30 octobre et 19 novembre.)

Le 23 octobre précédent, M. de Creil, en notifiant la publication de l'arrêt qui déchargeait de tous droits ou péages le transport des grains, avait déjà fait observer que le texte de cet arrêt ne parlait point du droit de *barrage* que payaient les charrettes, même vides, les harnais et les chevaux, non plus que de celui de *lançage,* perçu sur le premier voyage de chaque bateau neuf, lors même que le chargement était privilégié. — Voir, au 31 octobre et au 2 décembre, le détail donné par M. Larcher (Champagne) des droits qui se percevaient sur le cours de la Meuse et qui ne se trouvaient point non plus compris dans l'arrêt. Un seul droit de sortie, celui que les blés destinés à Sedan payaient au bureau frontière de Torcy, montait à 22 ᵗᵗ 10 s. par muid de Paris.

1251. *M.* Mahieu, *subdélégué à l'intendance de Luxembourg,*
au Contrôleur général.

26 Octobre 1693.

Mémoire sur les fabriques étrangères de Stavelot et de Malmédy et sur l'introduction de leurs produits dans le pays de Luxembourg *.

* A l'avis de M. Mahieu, qui approuvait l'introduction, sont joints un autre mémoire de M. de Lagny, contraire à cet avis, et une lettre de M. Daguesseau. — M. le Marié, intendant à Trèves, écrit aussi sur le même sujet, le 29 décembre suivant.

1252. Le Contrôleur général
à M. d'Ableiges, *intendant en Auvergne.*

27 Octobre 1693.

«Vous ne me parlez que du droit d'affranchissement des maisons et autres biens qui sont dans les fiefs des seigneurs : je crois vous devoir observer que les abonnemens que je vous ay proposé de faire dans toutes les villes et bourgs fermés sont tant pour celles qui sont dans le fief du Roy, que pour celles qui sont dans le fief des seigneurs, et que vous devez, s'il se peut, finir tout ce recouvrement par abonnement.

«A l'égard de la capitation que vous me proposez, c'est assez mon sentiment, pourvu que les villes n'y ayent pas trop de répugnance. Vous me la proposez suivant les facultés : cela est fort dangereux, et, à moins que vous n'y eussiez une attention singulière, qu'il vous seroit très-difficile d'avoir partout. il pourroit s'y commettre de grands abus, et vous seriez exposé à des plaintes continuelles. Il me paroist qu'il vaudroit mieux la faire ou à proportion du loyer des maisons ou à proportion des conditions, et faire trois ou quatre classes des uns et des autres. Quand une fois le plan sera pris, l'exécution sera fort facile. Je ne puis cependant vous donner sur tout cela de règle bien certaine, car encore faut-il avoir quelque complaisance pour les villes et leur laisser choisir le genre d'imposition qui leur plaira davantage. Vostre grande affaire est de faire en sorte que les premières classes portent plus que les dernières. c'est-à-dire les riches beaucoup plus que les pauvres.

«Je vous ay déjà marqué qu'il n'y a personne d'exempt, et, comme les rôles de l'imposition seront faits avec vous, et que cela sera ainsy ordonné par les arrests qui accepteront les offres des villes, il ne sera point nécessaire de taxer d'office, car vous-mesme ferez les rôles, ou vos subdélégués, dans les lieux où vous ne pourrez pas estre présent, et vous ne les viserez point que vous n'ayez rétabli ce qui n'auroit pas esté fait avec justice*.....»

* Voir les lettres écrites par M. d'Ableiges, le 19 et le 23 du même mois. La généralité se rachetait, moyennant 400,000 #, de la taxe des francs-fiefs et de celle du franc-alleu.

1253. *M. d'Argouges, intendant en Bourgogne,*
au Contrôleur général.

1er et 12 Novembre 1693.

Il proteste contre tous les rapports envoyés sur son compte et contre les bruits qui se sont répandus dans la province durant le temps qu'il était en Bresse. C'est l'œuvre de certains ennemis, tels que MM. de Theseu, de Briord et quelques-uns des élus des États, ou bien l'effet des poursuites qu'il a dirigées contre le lieutenant particulier de Chalon. Il s'offre de donner toutes les justifications désirables, si le Roi veut charger un commissaire de l'entendre, et il proteste que ses accusateurs ne sauraient prouver qu'en aucune circonstance lui ou son secrétaire aient pris de l'argent de personne, ou même perçu les droits d'expédition qui se payaient toujours aux secrétaires de ses prédécesseurs.

«Il est vray néanmoins que, luy et moy, avons esté en passe de faire une belle fortune, et que, si nous avions voulu gagner sur des passe-ports de blés 50,000 écus, depuis le mois de décembre jusques au mois de juillet, ce nous auroit esté une chose très-facile; mais ces sortes de fortunes ne nous conviennent pas, et, s'il se trouve un seul marchand qui dise qu'il ayt donné, non pas seulement à moy, mais dans mes bureaux, un seul denier, je consens la perte de tout ce que j'ay de plus cher. J'ay un estat de tous les passe-ports que j'ay accordés, et je ne saurois tromper là-dessus, parce qu'on les laisse aux bureaux des octroys.....

«Je me contenteray de vous dire en passant qu'on m'a promis de me fournir des témoins dignes de foy comme M. le comte de Briord estant à Chalon, il y a quelque temps, et voyant le munitionnaire qui faisoit charger des blés pour l'armée, le peuple faisant quelques mouvemens, dit tout haut qu'il falloit s'opposer à l'enlèvement de ces blés; que tous les commis du munitionnaire estoient des fripons, et qu'il falloit les jeter dans la rivière. Jugez, s'il vous plaist, par là, de l'extrémité où il porte toutes choses.

«Je n'ay plus qu'un petit mot à vous dire, pour vous justifier que je ne suis pas dans l'intendance pour y faire fortune : c'est que, quand il vous plaira, en un quart d'heure de temps, je vous feray voir que ma fortune est diminuée, depuis que j'y suis, de près de 100,000 #. Il y a peu d'intendans dans le royaume qui soient en estat d'en faire autant*.....»

* Voir une autre lettre du 20 novembre, au sujet de l'information qui se fit par-devant le Conseil et qui fut confiée à M. de Ribeyre.

1254. *M. Voysin, intendant en Hainaut,*
au Contrôleur général.

2 Novembre 1693.

Il a permis au directeur des fermes, aussitôt après la prise de Charleroi, d'établir dans cette ville un bureau pour la perception des droits d'entrée et de sortie; mais les habitants font valoir leurs anciens priviléges et le texte de la capitulation*.

«Il me semble que l'exemption des droits d'entrée doit naturellement se restreindre à ce qui se consomme dans la ville, et, dans le temps présent que tout commerce est défendu avec le pays d'Espagne, ce privilége ne leur sera pas fort utile, d'autant plus que ce qui viendra par Liége, sur les passe-ports du Roy, ne pouvant entrer que par la Meuse, aura déjà payé les droits à Namur; et, à l'égard du droit de sortie, je crois que l'exemption doit aussy estre restreinte aux marchandises fabriquées dans le lieu, et je n'y connois jusqu'à présent aucune manufacture; mais il me paroist que cela ne doit pas empescher l'établissement d'un bureau, que j'estime y estre nécessaire, quand mesme il n'y auroit aucuns droits à recevoir, parce que, toute la Sambre estant bien gardée, c'est le moyen le plus sûr d'empescher qu'il n'entre des marchandises étrangères en France, et, s'il n'y avoit point de bureau à Charleroy, ce seroit un entrepost dangereux. Si, dans d'autres temps, le commerce devenoit libre, les commis du bureau ne recevroient les droits d'entrée des marchandises qui viendroient du pays étranger que pour ce qui seroit transporté hors la ville, dans le plat pays ou dans les autres places de la domination de S. M.»

* Voir, à la date du 15 septembre 1695, un mémoire sur l'établissement des droits d'entrée et sur la régie du bureau des traites à Courtrai, avec les observations de M. de Bagnols (Flandre).

1255. *M. de Vaubourg, intendant à Nancy,*
au Contrôleur général.

3 Novembre 1693.

Les trésoriers de France à Metz ayant, sur des sollicitations particulières, ordonné la construction d'un pont et d'une chaussée à Pagny-la-Blanche-Côte, ont fait, sans l'autorisation du Conseil, une réquisition dans tous les villages, à dix lieues à la ronde. Les paysans se sont plaints; l'intendant a ordonné une surséance, puis, comme les exécutions continuaient toujours, il a fait mettre en prison l'entrepreneur et les syndics de Pagny.

«Il y a un bourg seul à qui il en couste 500 #, et cette affaire a déjà cousté des sommes considérables à mon département. On peut dire que Messieurs du bureau des finances de Metz n'entendent pas leur métier et qu'ils ne connoissent pas l'étendue de leur pouvoir; mais, quand mesme ils seroient en droit de faire des répartitions de cette nature, ils devroient, avant toutes choses, examiner la force, la proximité ou l'éloignement des villages, l'utilité qu'ils peuvent tirer de l'ouvrage, sa nécessité pour le service du Roy et le bien public. . . . . »

1256. *M.* D'ABLEIGES, *intendant en Auvergne*, AU CONTRÔLEUR GÉNÉRAL.

4, 6 et 25 Novembre 1693.

Il demande des ordres pour arrêter les chargements d'avoine que les plus riches propriétaires, les entrepreneurs ou les commerçants se préparent à transporter hors de la province, et qui, au mois de mars, seraient nécessaires en plusieurs endroits, faute de blés, pour ensemencer les terres ou pour assurer la subsistance publique.

Quant à faire venir des blés en Auvergne, il n'y a point de marchands qui veuillent l'essayer; ils donnent pour raison que les grains sont partout plus chers qu'ils ne pourraient les revendre dans une province où l'argent manque. Il faut donc que le Roi se charge encore d'en faire transporter par le Lot; mais la disette de vins ne permet pas de compter sur le produit de la ferme des entrées de Clermont pour rembourser les fonds qui auront été avancés.

«Je fais tout ce qui m'est possible pour éviter de vous demander des blés, comprenant très-bien la peine qu'il y aura d'en obtenir. Je voudrois vous pouvoir éviter cet embarras, et je mets tout en œuvre pour cela. Le froment, dont le setier pèse deux cents livres, poids de marc, vaut 20 # dans Clermont; le seigle est aussy cher dans les montagnes. Vous pouvez juger par là de la rareté, car il y a quatre ou cinq ans qu'il ne valoit qu'un écu. Cette province est affligée depuis trois ans d'une grande disette de blés, et c'est la seule du royaume, avec le Limousin, qui soit tombée dans ce malheur. . . . . »

1257. *M.* DE BÂVILLE, *intendant en Languedoc*, AU CONTRÔLEUR GÉNÉRAL.

6 Novembre 1693.

L'hôpital de Montpellier, dont les revenus ne sont plus suffisants pour faire face à l'affluence des pauvres étrangers, demande les deux priviléges de la fabrication des cartes et du débit de la glace dans tout le diocèse. Ce dernier privilége a déjà été donné à deux concessionnaires; mais il leur a déjà rapporté plusieurs fois ce que leur avait coûté l'établissement, et, du reste, on pourrait leur laisser le débit dans les autres diocèses de la province. Quant au droit sur les cartes, il serait accueilli avec plaisir par le public*.

* Ces deux propositions ne furent point agréées.

1258. *M.* BOUCHU, *intendant en Dauphiné*, AU CONTRÔLEUR GÉNÉRAL.

10 Novembre 1693.

Les offres faites pour l'entreprise des étapes, bien que très-élevées, paraissent en rapport avec les états du prix des denrées fournis par les consuls; mais on peut craindre que ceux-ci n'aient exagéré les prix, et, par suite, la misère publique, pour servir leurs communautés.

«J'oseray vous dire que vostre autorité sera nécessaire pour faire charger quelques gens d'affaires de cette entreprise en mon département, pour l'année prochaine, à des conditions qui soient raisonnables pour le Roy, devant vous observer que vous le pouvez avec d'autant moins de répugnance et de scrupule, qu'il y a mille abus irremédiables dans l'étape sur lesquels les entrepreneurs de ces fournitures font des profits considérables, et ceux qui, de tout temps, s'en sont meslés en Dauphiné, y ont profité*.»

Une des principales causes des conditions excessives de ces marchés paraît être que, malgré la disette dont souffre le pays, il n'a pu obtenir de passe-ports pour tirer des grains du Languedoc et de la Provence.

* Voir, à la date du 6 avril 1695, plusieurs lettres qui ont trait au service des étapes.

1259. *M.* DE BÂVILLE, *intendant en Languedoc*, AU CONTRÔLEUR GÉNÉRAL.

16 Novembre 1693.

Il envoie, conformément au procès-verbal de M. l'évêque de Montpellier et à la requête des habitants, un devis de la réparation de l'église de Poussan, et propose qu'on procède à l'adjudication des travaux, malgré l'opposition des bénédictins de la Chaise-Dieu, qui sont les gros décimateurs*.

* Le Conseil ayant trouvé que le devis contenait plus de travaux d'ornement que de réparations nécessaires, M. de Bâville fit réduire les projets et obtint de les exécuter. (Lettre du 21 février 1694.)

1260. *M.* LEBRET, *intendant en Provence*, AU CONTRÔLEUR GÉNÉRAL.

19 Novembre 1693.

Il rend compte de l'accueil que l'assemblée des communautés a fait à ses propositions pour l'abonnement des francs-fiefs et du franc-alleu.

«Les députés demandèrent d'abord des conférences, ainsy qu'il est d'usage dans les affaires qui sont de quelque discussion (ces conférences se font chez M. l'archevesque, et le commissaire du Roy n'y assiste pas), et j'ay su certainement que le sieur Capussy, avocat d'Aix et assesseur, y fit deux différens discours, dans lesquels il rappela tous les malheurs de la province, ses grandes charges, qu'il dit excéder, dans la plupart des communautés, les revenus des biens des particuliers, et surtout les dépenses considérables et extraordinaires qu'elle a supportées cette année, par l'envoy des quinze cents mulets qu'elle entretient depuis plus de deux mois en Piémont, et par la levée de plus de deux mille hommes de milice, qui ont esté retenus pendant un assez long temps, aux dépens du pays, à Seyne et à Colmars et dans la vallée de Barcelonne. Il ajouta que la province avoit déjà essuyé trois ou quatre fois la mesme recherche du franc-alleu, qui avoit produit des sommes très-considérables, et qu'estant absolument incompatible avec la directe universelle adjugée au Roy et abonnée ensuite par arrest du Conseil, il ne voyoit aucun prétexte de la faire revivre. Cette conduite, concertée avec MM. de Barbantane et le Camus, deux autres consuls d'Aix, procureurs du pays, ses collègues, fortifia les députés des communautés dans l'intention qu'ils avoient d'éluder, s'ils pouvoient, la proposition que je leur avois faite. En effet, l'affaire ayant esté mise en délibération dans l'assemblée générale, où ma présence n'empescha pas cet assesseur de répéter à peu près et pour la troisième fois tout ce qu'il avoit dit dans les conférences, M. l'archevesque d'Aix et MM. les députés de l'Église et de la noblesse furent d'avis d'accepter l'abonnement que j'avois proposé de la part du Roy et de se conformer à ses intentions; mais M. de Barbantane, premier consul d'Aix, procureur du pays, qui, suivant l'usage, parla immédiatement après les deux députés de la noblesse, fut d'avis de faire des remonstrances à S. M., et son opinion fut suivie de M. le Camus, son collègue, et de plusieurs des députés des communautés. Mais ce qui me parut de plus extraordinaire, fut que le député de la ville de Castellanne ayant esté d'avis d'obéir et d'accepter l'abonnement, M. de Barbantane, premier procureur du pays, qui n'est ni président ni en droit de prendre la parole hors son rang, eut la hardiesse de l'interrompre et de luy dire qu'il ne savoit pas que c'estoit la troisième fois qu'on demandoit la mesme chose, ce qui m'obligea de luy parler fort vivement et de le faire taire; mais tout ce que je pus dire n'empescha pas que l'avis des procureurs du pays, qui alloit à faire des remonstrances et éluder l'abonnement, ne fust suivi de la plupart des maires, en sorte qu'il prévalut de huit ou dix voix à celuy de MM. les archevesque, évesque et gentilshommes. Cependant, ne croyant pas qu'il fust convenable de laisser les choses sur un pied qui auroit engagé le Roy à faire quelque exemple de sévérité, je pris mes mesures dès le mesme jour pour faire intimider sous main les maires et les procureurs du pays, et, ayant su par des voyes secrètes qu'ils estoient ébranlés et que la crainte des suites avoit succédé à la témérité avec laquelle ils avoient opiné, je manday au greffier des Estats de m'apporter un extrait du plumitif qu'il avoit tenu, par lequel on auroit pu voir de quel avis chacun des délibérans avoit esté, dont il avertit aussitost MM. de Barbantane, Capussy et le Camus, procureurs du pays, qui me vinrent trouver un moment après, pour me dire qu'ils ne savoient pas à quel dessein j'avois demandé une expédition de la délibération qui avoit esté prise le jour précédent; qu'apparemment ils n'avoient pas bien expliqué leur pensée, qui n'avoit esté autre que de faire véritablement des remonstrances au Roy sur les charges excessives de la province, mais, en mesme temps, de se soumettre à tout ce qu'il plairoit à S. M. de leur ordonner; ce qui m'obligea de leur dire, après beaucoup de discours, qui seroient icy fort ennuyeux, que, puisqu'ils s'estoient mal expliqués, il n'y avoit qu'à supprimer la délibération qui avoit esté prise, et en mettre une autre à la place, par laquelle l'assemblée accepteroit l'abonnement que je luy avois proposé de la part du Roy et donneroit pouvoir aux procureurs du pays d'imposer ce que la province devroit payer de la somme que j'avois demandée, après qu'on en auroit déduit celle que vous jugeriez à propos de faire supporter aux villes de Marseille et d'Arles, ce qu'ils me promirent; mais je fus fort surpris de voir qu'au lieu d'y satisfaire, ils avoient projeté une délibération, accompagnée à la vérité de quelques termes de zèle et de respect pour la volonté du Roy, mais qui cependant ne signifioit rien, ce qui m'obligea de dire à l'assemblée, d'une manière assez vive, que S. M. ne vouloit plus d'abonnement et qu'elle estoit résolue de faire exécuter l'édit du franc-alleu dans toute son étendue, ce qui produisit l'effet que j'en attendois, car les délibérans, voyant que je prenois la chose sur ce ton, me prièrent de permettre qu'on prist de nouveau les opinions sur cette affaire; à quoy ayant consenti, elle passa tout d'une voix de la manière que le Roy pouvoit désirer.»

Ces manœuvres ont une double origine : les cabales des nouveaux maires, qui se voient en jouissance de la députation à perpétuité, et la faculté que certains mauvais esprits de la ville d'Aix ont de remplir à leur gré les places de consuls procureurs du pays. Le seul remède, si l'on ne veut user de sévérité, serait d'abolir l'ancien mode d'élection et de nommer par lettres patentes, de quatre en quatre ans, les consuls d'Aix.

«Il est certain que, dans des temps plus difficiles, les maires des communautés et les procureurs du pays donneroient beaucoup de peine à ceux qui seroient chargés de l'exécution des ordres du Roy, non-seulement dans le cours de la tenue de l'assemblée, mais mesme pendant toute l'année, si les choses demeuroient sur le pied qu'elles sont présentement *.»

* Par ordre du Roi, M. de Croissy écrivit à M. de Grignan que le sieur Capussy devait être pour toujours exclu du syndicat, et ses deux collègues sévèrement réprimandés, pour leur apprendre «à ne dire, en d'autres occasions, que ce qui peut convenir au bien du service et au zèle que toute la province témoigne pour S. M.» (Copie de dépêche du 1er décembre, jointe à la lettre de M. Lebret.)

A Orléans, M. de Creil avait rencontré une vive résistance dans les habitants; malgré son opposition et contrairement aux premières instructions, qui n'admettaient pas les villes à se racheter du droit de franc-fief, ils députèrent en cour pour obtenir cette faveur. — Voir les lettres de l'intendant, des 15 et 28 janvier, et les rapports du procureur du Roi en l'hôtel de ville, 17 janvier, 16 août et 1er septembre.

En Bourgogne, la province avait été également agitée, à l'occasion des mêmes taxes, et le Parlement et les élus avaient aussi adressé directement au Roi leurs réclamations. (Lettre de M. d'Argouges et protestation du Parlement, 23 mars.)

1261. *M. de Bezons, intendant à Bordeaux,*
au Contrôleur général.

21 Novembre 1693.

Mémoire des jurats de Bordeaux sur le droit qu'ils ont de prohiber durant une certaine saison l'entrée des vins du Languedoc en Guyenne.

«Je crois estre obligé de vous remarquer que vous savez l'estat où est le commerce de cette province pour les vins; que c'est la seule ressource qui donne de l'argent; que, si le Roy n'avoit fait acheter cette année les vins pour la provision de l'armée navale dans cette province, la culture de la plupart des vignes alloit estre abandonnée. L'on chargeoit, avant la guerre, plus de cent mille tonneaux de vin par an, pour porter aux étrangers ou en Bretagne; les étrangers ne chargent presque plus rien, et, dans l'année présente, il est venu très-peu de vaisseaux danois et suédois charger. La cherté des vins depuis deux ans est cause que la Bretagne achète beaucoup moins. La disette empesche qu'on ne fasse des eaux-de-vie. Ainsy, je me persuade que vous trouverez qu'il est nécessaire de favoriser cette province autant qu'il se pourra pour luy faire vendre ses vins, parce qu'elle ne se peut soutenir que par ce moyen. Le bas Languedoc n'avoit point accoustumé d'envoyer ses vins du costé de Bordeaux; l'on les vendoit pour l'Italie et pour l'Espagne; je sais que le commerce d'Espagne est interrompu, mais celuy d'Italie continue. A l'égard des vins de Gaillac et autres du haut Languedoc, jusqu'à Castelnaudary, l'on les portoit à Bordeaux; c'est la raison pour laquelle la transaction a esté passée, qui a réglé les précautions qui devoient estre prises. Le bas Languedoc et Carcassonne ont esté assez abondans en vin, pendant qu'il y a eu une grande stérilité dans cette province. Si Messieurs de Languedoc sont favorisés au préjudice des habitans de cette séneschaussée, il est à craindre que cette grande abondance qu'ils ont eue n'empesche que le peu qui a esté recueilli icy ne se vende.....»

1262. *M. de Creil, intendant à Orléans,*
au Contrôleur général.

21 Novembre et 1er Décembre 1693.

«Vingt-huit compagnies de cavalerie qu'on a envoyées dans cette généralité, pour achever de l'abismer et d'y amener la famine, ne pouvant toucher leur prest du commis de l'extraordinaire de la guerre, qui n'a point d'argent, quoyque l'ordre d'envoy de 10,000 écus pour ce mois-cy m'ayt esté adressé il y a un mois, vont mettre la généralité au pillage, sans que j'y puisse remédier. L'excuse du commis est que son maistre ne luy en envoye point, et la raison du maistre qu'il ne veut pas donner les écus à 3# 2 s. en payement, parce qu'il les reçoit, dit-il, à 3# 3 s. Ce prix différent dans les recettes et dans le public fait que l'argent ne retourne plus dans les mains des particuliers et rompt absolument le commerce. Nous ne voyons point encore icy de monnoye nouvelle, et, comme l'imposition pour le supplément de fourrage doit estre employée sur-le-champ à sa destination, qui ne se peut diminuer, la diversité du prix auquel on recevra cette imposition d'avec celuy des autres recouvremens nous va jeter dans un abisme dont nous ne pourrons sortir, si vous n'avez la bonté d'y remédier, en donnant aux peuples qui meurent de faim la petite consolation d'augmenter les espèces dans le public comme dans les recettes. Nous sommes dans la saison où l'on paye le mieux, et, accordant seulement quelque augmentation pour ceux qui les porteront aux hostels des Monnoyes, vous rétablirez ce flux et reflux si nécessaire pour le bien de l'Estat et pour que les cœurs des meilleurs sujets du monde ne soient pas dans l'impuissance d'en donner des preuves.....

«Il ne faudra pas compter sur la moitié de 200,000# de taille et d'ustensile que portent les paroisses où les troupes sont logées, et je ne pourray pas, en cent heures de temps, donner les ordres pour rétablir ce que la licence des soldats et des officiers sans argent leur a fait faire au préjudice des habitans *.»

* Le 23 décembre, envoyant un état de la répartition d'une somme de 350,000# que le Roi demandait aux villes et bourgs clos du département, il dit : «Ce recouvrement, avec celuy des aubergistes, s'impliqueront l'un l'autre, surtout dans les grandes routes, où il n'y a que les hosteliers en estat de payer quelque chose, la plupart des autres habitans n'estant que des gueux..... Pas une communauté ne pourra rien répondre, qu'elle ne sache si tout le monde sans exception y sera compris, ecclésiastiques, gentilshommes, commensaux, officiers de toutes qualités, mesme les secrétaires du Roy. Il y a beaucoup d'endroits d'où l'on m'a déjà marqué qu'on ne savoit la manière de s'y prendre, et que le long temps que Paris estoit à prendre un plan pour ce qui le concerne marquoit assez la difficulté qu'auroient les autres villes.»

1263. *M. le Camus, lieutenant civil à Paris,*
au Contrôleur général.

29 Novembre et 1er Décembre 1693.

«.....Je me sens obligé de vous dire l'estat où est le commerce, parce qu'il est nécessaire d'y apporter un remède très-prompt.

«L'on ne paye point ou peu les lettres de change : les protests se font; suivent les condamnations par corps, les débiteurs s'absentent, l'on en informe et l'on appose les scellés, et ensuite les frais et les procédures désolent tout le commerce. Vendredi et samedi, il y en eut six très-considérables, et il ne faut pas douter que tous les jours cela n'augmente, de manière que les marchands et négocians feront tous sceller les uns chez les autres.»

Il y aurait peut-être lieu de renouveler l'ordonnance que le Châtelet rendit en 1678, avec l'approbation de M. Colbert, pour empêcher les poursuites extraordinaires dans le cas évident de bonne foi et y substituer des accommodements à l'amiable; mais M. le premier président du

Parlement est d'avis qu'il ne faut point d'ordonnances publiques, et qu'on doit arriver au même résultat par des conciliations particulières.

1264. *M.* DE LA FALUÈRE, *premier président du Parlement de Bretagne,*
AU CONTRÔLEUR GÉNÉRAL.

6 Décembre 1693.

«Le Roy ayant eu la bonté, lors de l'établissement de l'hospital général de Rennes, de luy accorder la levée de 12,000# par an sur les personnes y ayant maison et domicile, soit à louage ou autrement, on n'a jamais pu non-seulement lever cette somme en son entier, mais mesme en avoir les deux tiers qu'avec des peines incroyables, à cause des pauvretés survenues, qui en exemptent les uns, et des chicanes des autres, qui, sous différens prétextes, s'en exemptent, ou, pour mieux dire, s'en savent soustraire. Cela nous a fait penser à vous supplier très-humblement de proposer au Roy, en supprimant cette taxe, qui a mesme un air odieux contre l'hospital et a esté cause d'empescher des testamens favorables, de nous accorder pareille somme à prendre sur les boissons, où il plairoit à S. M. de l'imposer. Comme il en entre beaucoup dans cette ville, l'impost ne seroit pas grand, et l'hospital y profiteroit*.»

* En marge : «Néant.»

1265. *M.* DE SÈVE, *intendant à Metz,*
AU CONTRÔLEUR GÉNÉRAL.

8 Décembre 1693.

Il envoie son avis sur un procès intenté par le fermier de la marque des fers au maître des forges de Moyeuvre et de Fontoy, pour la perception du droit sur des fers dont les gueuses avaient déjà été comprises dans l'abonnement passé avec le fermier précédent*.

«Après la déduction du fait, la décision nous paroist très-facile. L'abonnement produit le mesme effet que le payement des droits en détail, et il est constant que l'ancien fermier en ayant touché le prix, n'avoit point d'action pour demander le droit. Le sieur Firmin est aussy obligé de convenir que, conformément au second article du bail général, le fermier ne peut rien prétendre sur le fer façonné, quand il a perçu le droit sur la gueuse.....»

* Il avait déjà donné sur cette affaire un procès-verbal et un rapport, le 20 février 1692.

1266. *M.* LEBRET, *intendant en Provence,*
AU CONTRÔLEUR GÉNÉRAL.

11 Décembre 1693.

Des ordres ont été donnés à Arles et à Tarascon pour laisser sortir tous les blés achetés au compte de la ville de Lyon ou des marchands, de telle façon que le peuple n'ait point connaissance du transport et ne puisse s'inquiéter; mais il est à craindre que la distribution de ces blés à Lyon ne se fasse pas avec la réserve désirable, et que les riches ne puissent, au détriment des pauvres, accaparer ce que l'on portera chaque jour au marché*.

La ville de Marseille est exposée à la même disette que celle de Lyon; les provisions de blé étranger y sont fort diminuées, et la province ne pourra continuer à en fournir cent cinquante ou deux cents charges par jour. On ne trouverait une ressource assurée que sur les places de Gênes et de Livourne, en tolérant que les barques qui apporteraient du blé en remportassent le prix en vieilles espèces. Autrement, ce commerce est impossible pour les négociants français, depuis que l'augmentation des espèces réformées a fait monter le change à trente pour cent.

Quant à l'exportation clandestine de ces mêmes vieilles espèces, le seul moyen de la réprimer serait de faire visiter par les gardes du bureau des fermes toutes les caisses et les ballots que les commerçants français font charger sur les bâtiments italiens.

* Les fournitures continuèrent régulièrement, jusqu'à ce que les glaces eussent interrompu la navigation. M. Lebret écrit, le 29 janvier 1694 : «Il y a plus de trente ans qu'on n'a vu en Provence un hiver de la qualité de celuy-cy. Le Rhosne est pris depuis vingt-quatre jours, à un point que les charrettes chargées le traversent sur la glace, et il a tombé à Aix plus d'un pied de neige, sur laquelle il gèle depuis trois jours aussy fortement qu'il ayt fait depuis le 1er de ce mois.....»

1267. *M.* DE BÉRULLE, *intendant à Lyon,*
AU CONTRÔLEUR GÉNÉRAL.

12 Décembre 1693.

Il demande qu'on proroge pour trois mois l'arrêt qui décharge le transport des grains de tous droits d'entrée, octrois, péages, etc., et qu'on étende cette faveur au riz et aux légumes qu'il fait venir pour la ville de Lyon.

1268. *M.* D'ABLEIGES, *intendant en Auvergne,*
AU CONTRÔLEUR GÉNÉRAL.

18 Décembre 1693.

Le maire de Maringues réclame le droit d'assister à la confection des rôles des tailles et d'y avoir voix délibérative avec les consuls, sous prétexte que cette réunion des consuls se fait à l'hôtel de ville et que les maires ont la présidence de toutes les assemblées générales ou particulières.

«Il m'a paru qu'il n'y a que la nécessité de vendre les charges qui puisse faire accorder aux maires des villes la faculté d'assister à la confection des rôles; la raison en est fort naturelle :

c'est que les maires ne sont pas chargés du recouvrement et ne répondent pas des deniers de S. M. Ils ne demandent d'assister aux rôles des tailles que pour obliger les consuls à les faire comme les maires le souhaiteront. Il me paroist dangereux d'accorder cette prérogative aux maires, qui feront décharger leurs parens et amis; le recouvrement sera plus difficile; le maire ne s'en inquiétera pas, car il n'en est pas responsable.»

1269. *Les Recteurs de l'Aumône générale de Lyon*
au Contrôleur général.

22 Décembre 1693.

Une assemblée générale a été tenue pour aviser aux moyens de soutenir les pauvres et d'enfermer une partie des mendiants, conformément aux ordres du Parlement de Paris. Les distributions de pain ne se font régulièrement qu'aux artisans établis depuis sept ans dans la ville; mais, comme les ouvriers en soie et les tireurs d'or sont tous sans ouvrage, il faut secourir ceux mêmes qui n'ont point le temps de résidence exigé, donner du bois, du charbon et de la soupe, et enfin renfermer quatre cents pauvres environ, outre dix-huit cents enfants et vieillards que contient actuellement la maison. Les distributions de pain se sont déjà élevées à cinquante-six mille livres par semaine, et, pour les porter au triple ou au quadruple, les revenus de la maison ne peuvent plus suffire, n'étant que de 20,000# en fonds et de 55,000# sur les octrois. A défaut du consulat, qui ne peut avancer les fonds pour les approvisionnements de blé, les curés se sont chargés de trouver l'argent dans leurs paroisses, et ce secours permettra provisoirement de faire les achats et de fabriquer le pain dans la maison même, à meilleur compte qu'il ne se paye chez les boulangers.

1270. *M. Sanson, intendant en Béarn,*
au Contrôleur général.

29 Décembre 1693 et 16 Janvier 1694.

Les États d'Aragon ont fait publier la permission d'exporter les grains en France; le gouverneur du château qui commande le passage de la vallée d'Aspe a reçu des ordres en conséquence, et le Béarn commence à tirer des approvisionnements de ce côté*.

* M. de Bezons dit, le 26 décembre, dans un rapport sur l'état des approvisionnements de l'élection de Bordeaux : «Je crois qu'à l'égard des Aragonois, l'on peut compter qu'ils assisteront leurs voisins autant qu'ils pourront : ils y trouvent leur utilité; ils sont amateurs de leurs privilèges; ainsy, quand il viendroit des défenses de Madrid, il s'écouleroit du temps avant qu'elles fussent observées.» En effet, le mois suivant, le roi d'Espagne fit fermer les passages et déclara que tous les grains à vendre seraient pris pour son armée de Catalogne; mais M. Sanson trouva un expédient pour continuer secrètement le commerce, avec le concours des Aragonais eux-mêmes. (Lettres du 26 janvier et du 6 mars 1694.) En outre, il introduisit l'usage du riz dans certains cantons qui étaient réduits aux dernières ressources. (Lettre du 27 avril.)

Voir les procès-verbaux de la visite des grains et l'état du produit des dîmes laïques dans la même intendance de Béarn (2 et 24 janvier, 16 mars 1694). — M. de Bezons envoie les procès-verbaux de son département du 26 décembre 1693 au 4 février 1694.

L'Espagne avait aussi, d'un autre côté, fourni des blés au Roussillon, et ce pays, qui eut en outre une récolte relativement abondante, ne souffrit que très-peu de la disette et n'eut pas occasion de mettre en usage les arrêts relatifs à l'ensemencement. (Lettres de M. Trobat, 12 juin, 8 juillet, 30 octobre, 1er et 14 novembre 1693.)

1271. *Les Habitants de la ville de Saint-Malo*
au Contrôleur général.

Mois de Décembre 1693.

Ils rendent compte de la tentative faite par les Anglais pour bombarder la ville, et de la retraite de la flotte. On croit que le roi Guillaume est déterminé à détruire Saint-Malo, pour gagner la reconnaissance de ses sujets*.

Bien que les habitants aient déjà payé au Roi plus de 360,000# et dépensé inutilement 130,000# pour les galères qui devaient les défendre, les États viennent de taxer les maisons à 88,000#, M. le duc de Chaulnes demande des logements pour une garnison permanente de cinq cents hommes, et il exige encore la construction de plusieurs chaloupes pareilles à celles qu'emploient les Anglais.

La ville réclame la protection du contrôleur général.

* M. de la Bédoyère, procureur général au Parlement, annonce les effets du bombardement, par une lettre du 7 décembre, et M. de la Falluère écrit, le 12 du même mois : «..... Ce courage que les Malouins avoient témoigné d'abord que les ennemis parurent pour les bombarder, mesme après avoir commencé, semble estre entièrement abattu. Ils ne se tiennent point quittes d'une seconde ni d'autres insultes, et, en effet, ... on m'assure qu'au temps que les ennemis se sont retirés, leurs batteries estoient pour la plupart démontées et en méchant estat. Peu de boulets; beaucoup de prévention qu'on les néglige. Vous savez cependant qu'ils sont bons sujets, fidèles et zélés, et qu'ils ne sont pas inutiles. Peut-estre seroit-ce une bonne chose, afin de les exciter à mettre à la mer, de leur accorder quelques jours dans le mois de mars. Cela les réveilleroit, au lieu que la gesne où l'obligation de revenir dans tout le mois de février, et non plus tard, les met en refroidit plusieurs, qui ne comptent pas d'armer, à cause d'un temps si bref et du peu d'occasions de prises. J'ajouteray mesme que le sieur du Val le Fer, en faveur duquel je vous avois demandé des invalides, en conséquence de la permission générale que vous me mandastes avoir accordée, en a esté refusé.»

1272. *Les Lieutenant, gens du Conseil et Échevins*
de Reims
au Contrôleur général.

13 Janvier 1694.

«L'estat présent de la ville de Reims est si misérable et calamiteux, que nous nous trouvons dans une obligation indispensable de vous en informer, et de prendre la liberté de vous dire que, de vingt-cinq à vingt-six mille personnes, de l'un et de l'autre sexe, dont la ville est composée, y compris les enfans et les communautés, il y en a onze à douze mille à la mendicité et à qui on est obligé de donner du pain. Le soin qu'on en a eu jusqu'à présent n'a pas empesché qu'il n'en soit mort de disette et de langueur, depuis six mois, plus de quatre mille. Les vignes, qui sont la seule ressource du pays, n'ont rien produit depuis trois ans, et ont causé des frais immenses à ceux qui les ont fait façonner; le commerce est entièrement cessé; la disette des grains et les enlevées qui s'en font par ordre du Roy pour les magasins les font enchérir jusques à un prix excessif, en sorte que nous sommes en estat de nous voir bientost opprimés par la famine, si Vostre Grandeur n'a la bonté d'y remédier. Le crédit et les bourses sont également épuisés par les grandes sommes que nous avons fournies au Roy depuis quatre ans, qui montent à plus de 700,000 ᵗᵗ, sans y comprendre les taxes que les officiers ont payées personnellement. Nous sommes actuellement cotisés à 25,000 ᵗᵗ pour la nourriture des pauvres, et à 38,250 ᵗᵗ pour les ustensiles du présent quartier d'hiver, dont on s'est mis en devoir de faire le recouvrement depuis un mois, sans en avoir pu encore recevoir plus de 1,500 ᵗᵗ, telles poursuites qu'on ayt pu faire, parce que les plus riches de la ville en sont exempts par leurs charges, et les autres sont dans l'impuissance d'y fournir. Ce sont des vérités que nous vous exposons, et nous osons vous assurer que le mal est encore plus grand que nous ne disons. Outre ces sommes, M. Larcher, intendant de cette province, nous a donné avis que nous estions encore taxés par un arrest du Conseil à 60,000 ᵗᵗ et 2 sols pour livre, pour estre exempts de l'exécution des édits des mois de mars et septembre 1693, concernant l'affranchissement des maisons, quoyque nous ne soyons pas dans le cas desdits édits*. . . . . »

* Placets analogues de la ville de Rethel et de celle de Châlons, 28 janvier et 5 décembre 1694.

1273. *M. le maréchal* DE VILLEROY, *gouverneur de Lyon*, *au* CONTRÔLEUR GÉNÉRAL.

14, 17, 22 et 26 Janvier 1694.

Il rend compte de l'approvisionnement de la ville de Lyon, du rétablissement de la Chambre d'abondance et des bonnes dispositions du consulat*.

* Les pièces relatives à la Chambre d'abondance et à sa reconstitution sont jointes aux lettres du sieur le Bartz et de M. de Sève de Fléchères, nouveau prévôt des marchands, en date du 15 janvier et du 6 février. Une des premières conditions de cet établissement était que la Chambre pût par préférence requérir tous les moyens de transport dont elle aurait besoin, et M. de Montgivraut écrit à ce sujet, les 13 et 26 février et le 30 mars : « . . . . . Je vous diray franchement que je n'approuve pas cette proposition, et qu'il me paroist que cette préférence de voiture donnera atteinte au commerce, qui n'est déjà que trop altéré. Je crois mesme que le vray moyen de procurer l'abondance des blés, c'est de laisser à tous les particuliers la liberté d'en faire venir. La Chambre de l'abondance peut, par ses soins et par son industrie, en procurer le bon marché, et, à proprement parler, c'est là sa fonction; mais je ne suis pas persuadé que, dans une ville de commerce comme celle-cy, on doive oster aux particuliers les moyens de commercer. . . . . Sous prétexte de fournir la ville de Lyon, la Chambre causera la disette dans les provinces voisines, particulièrement dans le Lyonnois et le Beaujolois, qui manquent de blé, et qui n'en peuvent avoir que par le moyen des marchands. Il ne faut pas cependant s'étonner qu'elle pense sur cela comme elle fait, puisqu'elle est toute composée de marchands dont la première vue est toujours de faire quelque commerce, et la seconde de le faire à l'exclusion des autres. . . . . » Sur des plaintes réitérées de ce genre, il fut question de supprimer le privilége de la Chambre, mais M. le maréchal de Villeroy demanda, le 13 mai, que cette suppression fût au moins différée, tandis que M. de Bérulle, au contraire, écrivait, le 23 du même mois : « . . . . . Le commerce ne convient qu'aux marchands. C'est un système dont je ne puis me départir, et c'est à eux seuls qu'on doit le salut de la ville de Lyon, et nullement à la Chambre de l'abondance. . . . . M. le mareschal de Villeroy me permettra de luy dire qu'on ne doit point leur envier les gains qu'ils font sur les blés, puisqu'il n'y a que cette espérance qui leur fait hazarder leur vie, leurs biens, et qu'avec tous ces grands profits, ils sont tous gueux. . . . . »

1274. *M.* DE BÂVILLE, *intendant en Languedoc*, *au* CONTRÔLEUR GÉNÉRAL.

15 et 21 Janvier 1694.

Les États et les entrepreneurs de la manufacture de draps de Villeneuve-lez-Clermont ont fixé à 5,000 ᵗᵗ, d'un commun accord, le montant de la subvention que la province continuera de payer pour le loyer des maisons, outils et ustensiles nécessaires à cette manufacture. En raison des dépenses considérables que les fondateurs de l'établissement y ont faites et des avantages que le pays en retire, cette délibération doit être approuvée et l'imposition de 5,000 ᵗᵗ ordonnée pour dix ans*.

* Sur cette manufacture, voir deux lettres du contrôleur général à M. de Bâville, 20 et 24 octobre 1696, et les réponses de l'intendant, 22 novembre et 10 décembre. Il s'agissait alors de nommer un nouveau directeur.

1275. *M.* DE SÉRAUCOURT, *intendant en Berry*, *au* CONTRÔLEUR GÉNÉRAL.

25 Janvier 1694.

Il expose l'état des ressources de l'hôpital général de Bourges et estime, selon la proposition adoptée en assemblée générale, qu'il faudrait remédier à l'insuffisance de ces ressources par une imposition annuelle de 3,000 ᵗᵗ : un tiers sera réparti, par les soins de l'archevêque et de quatre commissaires, sur toutes les communautés religieuses et sur les bénéfices, et les deux autres tiers seront supportés par les maisons de la ville dont le loyer dépasse 30 ᵗᵗ, selon un rôle de répartition que dresseront les maire et échevins*.

«Je ne crois pas que les ecclésiastiques se récrient sur ce partage; mais, si quelques-uns vouloient s'en plaindre, on pourroit leur dire que le revenu de l'Église, dans la ville de Bourges et dans la banlieue, qu'on appelle *la franchise*, est du moins de 250,000 ^{ll} par chacun an, sans compter ce que les ecclésiastiques peuvent avoir de patrimoine, et qu'il s'en faut beaucoup que le revenu du reste des habitans soit du double.»

Quant à la Charité, c'est un établissement privé, créé sans lettres patentes et soutenu par les dames de la ville, dont les aumônes sont distribuées par quatre sœurs de la Charité, que loge M. l'archevêque. Quoique la dépense soit triplée par l'abondance des malades, il y a lieu d'espérer que les aumônes suffiront en temps ordinaire.

* M. de Séraucourt avait proposé d'attendre jusqu'à l'année 1695 pour faire cette imposition; mais, le mois suivant (2 février), il obtint d'appliquer au même usage une partie d'une somme de 4,000 ^{ll} qui venait d'être restituée à la ville par l'intermédiaire d'un ecclésiastique.

1276. *M. de Lagny, directeur général du commerce, au Contrôleur général.*

25 Janvier 1694.

«La résolution prise par M. Daguesseau de permettre la sortie de la chaux a esté fondée sur la lettre de M. de Bagnols* et sur les remonstrances que je luy ay faites, que la prohibition que Monseigneur avoit trouvé à propos d'en ordonner au mois de juin dernier, pour contrecarrer les Espagnols sur leurs réserves et sur l'augmentation des droits d'entrée et de sortie, pouvoit causer plus de dommage aux sujets du Roy, en les privant du bénéfice du débit et d'une valeur pour ayder au payement de ce que nous tirons des ennemis, qu'elle ne les incommoderoit. C'est cette considération qui a engagé M. Daguesseau à donner la permission, plus que la chaux chargée à Tournay, les propriétaires ne l'ayant fait que dans l'espérance d'obtenir des passe-ports, qui ont esté jusqu'icy demandés par diverses personnes et toujours refusés par Monseigneur, comme vous pouvez vous en souvenir. M. Daguesseau a encore esté excité à cette résolution par l'avis que M. de Bagnols donne que les ennemis, c'est-à-dire que les Espagnols menaçoient de faire de la chaux, et qu'il pouvoit y avoir à craindre qu'ils ne se missent en estat de se passer de nostre chaux, quoyqu'il convienne qu'il ne s'en peut faire de bonne, dans tous les Pays-Bas, que dans la Flandre françoise.

«C'est ce qui a déterminé M. Daguesseau à la permission de la sortir, et à la borner néanmoins à trois mois, afin d'avoir le temps de prendre une nouvelle résolution, s'il estoit convenable, et d'en régler autrement les droits, qu'il a pris sur le pied de 10 ^{ll} le last, sur l'alternative proposée par M. de Bagnols de 10 et de 15 ^{ll}. Ces 10 ^{ll} reviennent à 5 sols pour quintal. Il est certain que les ennemis, avant la prohibition, avoient fait tout le travail de leurs fortifications avec la chaux qu'ils tiroient de nous du costé de la mer, c'est-à-dire pour les places auxquelles ils ont travaillé du costé de la mer, par la commodité de l'Escaut et des canaux, de mesme que des bois de charpente, dont Monseigneur a aussy fait prohiber la sortie.

«Aussitost après la défense de la sortie de la chaux, elle enchérit de plus de deux cents pour cent dans la Flandre espagnole, et c'est ce qui a si fortement excité les marchands à demander la permission d'en sortir. Mais il est aussy certain que la Flandre espagnole ne peut remplacer la chaux de la Flandre françoise; ils n'ont point de pierre qui y soit propre, au moins pour en faire de bonne, et il faut qu'ils ayent recours à l'Angleterre et autres pays éloignés, ce qui leur cause une augmentation de dépense, dont le dommage pour eux n'est pas, à mon avis, si considérable que la perte que les sujets du Roy souffrent d'estre privés du débit d'une denrée superflue. Il doit estre pour principe, en France, de laisser toujours la sortie libre pour qui que ce soit, et la défense qu'on a fait subsister de l'entrée des marchandises des ennemis venant par la Flandre espagnole, n'a pas empesché qu'il n'en soit sorti des nostres.

«Il reste à vous dire, sur le sujet des droits qu'on a réglés par ce projet d'arrest pour la chaux, qu'elle est tirée à néant sur le tarif de 1671, quoyque ce soit une denrée de celles sur lesquelles il convient qu'il y en ayt; et, quand cela ne seroit pas, la pratique des Espagnols devroit y déterminer. Il faut ajouter, pour remettre les idées de l'estat du commerce de la Flandre françoise, que, quand le Roy l'a occupée sur l'Espagne, il y avoit un tarif pour les droits d'entrée et de sortie des Espagnols sur toutes sortes de marchandises et denrées, et que l'on fit celuy de 1671 après la conqueste. Il y a exemption de droits de sortie de tout ce qui est fabriqué et de ce qui croist dans le pays en abondance, et exemption de droits d'entrée sur les matières servant aux manufactures et sur tout ce qui sert à l'usage le plus ordinaire. Feu M. Colbert donna séparément à MM. Berthelot et Derieu, lors fermiers, le soin de faire ce tarif. Le premier se servit d'un nommé Gelée, lors directeur en Flandre, et ce fut, à proprement parler, les gens du pays qui composèrent ce tarif. M. Derieu avoit employé de son costé M. Vallier. On choisit le tarif de M. Berthelot. On estoit entesté de faire jouir les nouveaux sujets du Roy des conditions les plus favorables; on ne fit point faire réflexion aux droits du Roy, ni au commerce et aux manufactures des sujets de S. M. de son ancien domaine. Ceux de Flandre, par ce prodigieux avantage qu'ils ont sur les autres pour les droits d'entrée et de sortie dont ils sont exempts, ont insensiblement usurpé les manufactures du dedans, comme celles d'Amiens, Abbeville et Reims, mesme des étoffes de soye, et jusqu'à du velours, au préjudice de Lyon et Tours, outre l'avantage nécessaire du transit, osté il y a quatre ans, et rétabli, très-prudemment à mon sens, en juin 1688. Ces choses sont demeurées en l'estat où elles sont par la faveur que ceux de Flandre ont trouvée dans l'appui de MM. les intendans des lieux, jusques à ce que M. de Louvois, à mesure qu'il a eu des connoissances, a donné des exclusions de l'entrée, ou par des droits qui se lèvent à toutes les entrées du royaume, ou par des prohibitions formelles.....»

* Voir, au 7 octobre 1693, la lettre par laquelle M. de Bagnols avait demandé le droit d'exporter la chaux, à l'exemple des permissions que M. de Bergheyck venait de donner aux habitants de la Flandre espagnole.

En 1696, il proposa également de laisser sortir les briques dont les habitants de Bruxelles avaient besoin, à charge de retirer d'eux des matières premières, telles que les laines d'Espagne. Voir sa lettre du 14 mars, à laquelle est joint l'avis de M. Daguesseau.

1277. *M. Voysin, intendant en Hainaut,*
au Contrôleur général.

26 Janvier 1694.

Il envoie un tableau comparatif de l'augmentation des droits qui se perçoivent, soit dans la Flandre espagnole, à la sortie, soit en France, à l'entrée, sur la morue, le poisson salé, le beurre et le fromage, et de la hausse proportionnelle qu'ont subie les prix de ces denrées.

«Depuis que Namur est sous la domination du Roy, le prince de Liége a établi un droit de sortie de 31 s. 3 d. sur la tonne de morues; 32 s. 6 d. sur le cent pesant de stockfisch; 6 # 5 s. sur le cent pesant de fromages, et pareil droit de 6 # 5 s. sur le cent pesant de beurre. Ces droits sur le beurre et le fromage sont du double plus forts que ceux que les Espagnols ont établis à la sortie de Bruxelles, et, quoyque les droits de sortie sur la morue et sur le stockfisch soient moins forts à Liége qu'à Bruxelles, et que la voiture par eau de Liége à Namur couste un tiers moins que la voiture par terre de Bruxelles à Namur, les marchands de Namur ne trouvent aucun avantage à acheter ces marchandises à Liége, parce qu'ils les y achètent plus cher et qu'elles y sont moins bonnes; pour venir de Hollande à Liége, elles demeurent près de deux mois sur la Meuse, ce qui en altère la qualité, au lieu qu'elles viennent en huit ou dix jours de Hollande à Bruxelles.

«Il y a encore une autre considération importante, et qui détermine les marchands à faire leur commerce du costé de Bruxelles plutost qu'à Liége; c'est que les Liégeois n'ont point reçu l'augmentation des espèces de monnoye; ils ne prennent les louis d'or que sur le pied de 11 # et les écus à 3 #; au lieu qu'à Bruxelles les écus valent 3 # 5 s. et les louis 12 # 3 s. 9 d. Ainsy, il y a une perte considérable pour ceux qui achètent leurs marchandises à Liége; il faut nécessairement qu'ils s'en indemnisent en les revendant plus cher à Namur.

«Il n'y a presque plus dans la ville de Mons et dans les autres villes de Hainaut de ces sortes de denrées, et il est à souhaiter que, dans la cherté où est le blé, les peuples puissent trouver quelque soulagement par la consommation des autres denrées comestibles, dont le prix pourroit diminuer, si l'entrée en estoit permise et si les droits estoient moins forts. Il dépendra de S. M. d'en régler la modération. Les marchands n'ont jamais tiré de ces denrées par la mer, ni du costé de Dunkerque, et n'y ont aucun correspondant; les marchands de Lille, eux-mesmes, les tirent plus ordinairement de Gand, Bruxelles et autres villes d'Espagne.

«Ces réflexions me déterminent à dire qu'il seroit avantageux et mesme nécessaire de permettre aux marchands de la province du Hainaut et comté de Namur de tirer ces denrées comestibles du pays d'Espagne pour la consommation des peuples et des troupes.

«Il a déjà esté pratiqué de donner des passe-ports pour tirer des marchandises de Liége, à la charge de faire sortir l'équivalent en marchandises de France; en observant la mesme chose pour les marchandises venant du pays d'Espagne, le Roy pourra en tout temps faire cesser ce commerce et ne plus accorder de passe-ports, lorsque le besoin du peuple sera moins grand.»

1278. *M. de Bérulle, intendant à Lyon,*
au Contrôleur général.

26 Janvier 1694.

«Je ne puis me dispenser de vous représenter encore une fois l'estat misérable des ouvriers de Saint-Étienne. La plupart quittent et désertent, faute de travail, et une infinité meurent de faim et de misère. Vous en serez persuadé, quand je vous diray que, de vingt-huit qui moururent en un jour, la semaine passée, il n'y en a eu que deux qui soient morts de maladie, et les autres de misère, ce qui provient de la cessation entière du travail; et, sans celuy que vous procurez aux ouvriers de la marine, cette ville-là seroit déserte et entièrement ruinée. Il est donc nécessaire, si vous voulez prévenir cette ruine et la perte de la meilleure fabrique d'armes du royaume, d'obliger le sieur Titon de donner du travail aux ouvriers et de payer les armes ce qu'elles valent, ou de supplier S. M. de leur en donner, ou de leur laisser la liberté de travailler pour les marchands, ou de les nourrir, eux et leurs familles, n'ayant d'autres biens ni revenus que ceux de leurs bras et de leurs ouvrages. Si le mal n'estoit aussy grand et aussy pressant que je le vois, je ne prendrois pas la liberté de vous en importuner.

«J'ay engagé les habitans de Saint-Étienne de se charger, chacun suivant ses pouvoirs et facultés, d'un certain nombre de pauvres, et ils ont fait cela avec beaucoup de zèle et de charité; mais, comme le nombre des pauvres est très-grand, et qu'il va à plus de quatre mille, je doute qu'ils puissent soutenir cette dépense fort longtemps, si vous n'avez la bonté de leur faire donner du travail et de commettre en mesme temps quelqu'un pour prendre garde et empescher que le sieur Titon n'abuse de la misère et de la nécessité desdits ouvriers pour avoir les armes pour tout ce qu'il veut, car il est public qu'il fait acheter sous main et par des revendeuses leurs canons, dont il ne paye que 40, 45 et 50 sols, ce qui n'est pas le prix du fer, et l'on en paye 4 # aux ouvriers de la marine*.»

* Voir, dans la correspondance de l'intendance de Limoges, à la date du 8 novembre 1695, plusieurs dossiers relatifs à la fabrication des armes à feu pour la marine, dont la manufacture de Tulle avait l'entreprise.

1279. *M. Sanson, intendant en Béarn,*
au Contrôleur général.

27 Janvier 1694.

Mémoire sur l'origine et la qualité des deux charges de gardes du Trésor et des archives de la Chambre des comptes à Pau et à Nérac.

1280. *M. de Nointel, intendant en Bretagne,*
au Contrôleur général.

27 Janvier 1694.

« La vue que M. de Beauregard prend la liberté de vous proposer, par sa lettre, pour l'augmentation de la ville du Port-Louis, est fort juste. Le seul moyen d'y parvenir est d'y établir une communauté et de luy accorder des deniers d'octroy pour luy procurer les fonds nécessaires pour les dépenses ordinaires d'une ville; les habitans le demandent depuis longtemps, et ils en ont mesme obtenu des lettres patentes en 1618 et 1672, que je prends la liberté de vous envoyer*; mais M. le duc de Mazarin s'estant opposé à l'enregistrement des dernières, l'affaire n'a pas esté suivie. Le droit de 1 s. 6 d. par pot de vin, hors du cru de la province, vendu en détail; de 1 sol pour pot du cru d'icelle, et de 8 deniers pour pot de bière et de cidre, qui est accordé par ces lettres patentes, produira environ 2,200 # par an, et ce fonds suffira, non-seulement pour l'entretien des murailles, des pavés et des fontaines, mais mesme pour bastir avec le temps un quay pour la facilité de la descente des marchandises et du commerce de la ville à l'arsenal de l'Orient..... »

* Les pièces originales, dont l'enregistrement avait été arrêté, sont jointes à cette lettre. Sur une nouvelle requête, M. de Nointel envoya, le 29 mars 1698, son avis, concluant encore à ce que le Port-Louis fût érigé en communauté et doté d'octrois.

1281. *M. de Bâville, intendant en Languedoc,*
au Contrôleur général.

28 Janvier 1694.

Il transmet l'expertise faite en conséquence des ordres du Conseil, pour partager entre les habitants de la paroisse de Saint-Amant et leur seigneur les terrains vacants du lieu dit la Montagne.

1282. *M. de Bouville, intendant à Limoges,*
au Contrôleur général.

30 Janvier 1694.

Les habitants de Limoges, sauf quelques privilégiés, demandent à substituer à la capitation un droit d'entrée sur les denrées, pour payer non-seulement les affaires extraordinaires, mais même l'ustensile et la taille par abonnement, ainsi que toutes les charges publiques.

Ce changement, si le tarif était bien dressé, aurait l'avantage de ne point faire déserter les marchands, de conserver le commerce, et d'assurer, sur un produit considérable, le prompt recouvrement de toutes les affaires extraordinaires présentes ou à venir*.

* Approuvée d'abord, cette demande fut ensuite restreinte par le contrôleur général aux affaires extraordinaires (lettres de M. de Bernage, successeur de M. de Bouville, 18 février, 1er et 9 avril), et, après de longues difficultés, l'intendant eut ordre de donner aux habitants le choix entre les voies d'imposition communément usitées et l'établissement d'un tarif, mais à charge de verser d'avance 40,000 #. Le tarif fut accepté, et les habitants demandèrent à le mettre en régie plutôt qu'en ferme. Voir les lettres du 16 juillet, du 28 août et des 17 et 23 septembre, ainsi que les pièces qui y sont jointes. « Tout le monde parut infiniment content et reçut cette affaire comme son salut, après avoir si longtemps crié qu'ils n'en vouloient point sans la taille et l'ustensile, ce qui fait connoistre que rien ne conduit si bien les peuples à vouloir quelque chose, que la liberté qu'on leur donne de le pas accepter..... Au reste, ils ont à présent autant d'empressement d'achever l'établissement, qu'ils en auroient eu peu, s'ils ne s'estoient pas engagés par avance..... » Quant à la proposition de régie, elle fut définitivement repoussée par le contrôleur général, qui ordonna de procéder à la mise en adjudication des nouveaux droits. (Lettres de M. de Bernage et pièces, du 29 octobre et du 30 novembre.) Mais, faute d'enchérisseurs, il n'y eut point d'adjudication; une partie de la somme fut donc répartie par imposition, et l'autre payée par des particuliers qui acquirent les charges de milice bourgeoise, en s'engageant envers la ville à ne jouir que d'une partie des priviléges attachés à ces charges. (Lettre du 28 mai 1695.)

Passé à Orléans, M. de Bouville appuya, le 29 mars 1694, une délibération par laquelle l'assemblée de cette ville demandait, comme celle de Limoges, à remplacer la capitation par un droit sur les denrées.

1283. *M. de Nointel, intendant en Bretagne,*
au Contrôleur général.

3 Février 1694.

La perception du droit de sortie établi en 1688 sur les eaux-de-vie de Bretagne a été confiée aux commis de la prévôté de Nantes, qui versent les fonds entre les mains du trésorier des États; mais la modicité du produit total (25,846 # 4 s. 2 d.) fait croire qu'il y aurait avantage à mettre le droit en adjudication, et l'on saurait, par suite, sur quel taux se baser pour en faire l'aliénation, si le besoin s'en présentait*.

* L'adjudication fut faite par les États de 1695, pour quinze ans, au prix de 260,000 #. (Lettres de MM. de Lavardin et de Nointel, du 22 octobre et des 5, 8, 10 novembre 1695.)

1284. *M. de Creil, intendant à Orléans,*
au Contrôleur général.

8 Février 1694.

Il envoie copie du jugement qu'il a rendu en dernier ressort, au bailliage de Gien, contre les prisonniers coupables d'avoir pillé des blés à Cosne. L'un d'eux a été banni pour trois ans; trois autres sont condamnés aux galères pour le même temps, avec exposition publique et amende honorable*.

* Le même mois, une bande de cent paysans masqués et armés pilla de nuit quelques métairies autour de Montargis. (20 février, lettre du sieur Robeau, lieutenant de la maréchaussée.)

Voir, dans la correspondance de M. d'Ormesson, intendant à Soissons, au 5 juin et au 1er juillet, le détail d'une procédure analogue à celle que M. de Creil avait dirigée à Gien.

1285. *M. Trobat, intendant en Roussillon,*
au Contrôleur général.

9 Février 1694.

«Il n'y a icy aucun droit qui s'appelle *terson*, ni ecclésiastique ni communauté à qui le roy d'Espagne ayt donné ce droit-là pour augmentation de la dixme. Les meilleures rentes des ecclésiastiques, à la réserve de celles de l'évesché et des abbayes, ne sont qu'en rentes constituées et en prémices et quelques parties de dixme, qu'ils ont acquises par des achats ou dotations de fondations. Presque toutes les dixmes, en ce pays, sont entre les mains de séculiers, parce que, comme ce pays estoit possédé par les Sarrasins, dès qu'ils en furent chassés, Charlemagne et Louis Martel, qui en firent la conqueste, donnèrent les dixmes à ceux qui les avoient suivis à cette expédition, à la réserve des fondations des abbayes qu'ils firent et qu'ils ont dotées de rentes en terres et en dixmes, en sorte que c'est une règle universelle que les dixmes sont sécularisées, et les juges séculiers connoissent de toutes les contestations des dixmes pour cette raison.....

«J'ay parlé à quelques personnes de qualité sur le Don gratuit de la noblesse que vous me faites l'honneur de m'insinuer, et je les ay trouvées disposées à faire tout ce qui pourra contribuer au service du Roy, et à donner leur sang et leur bien pour cela; mais je dois vous dire que la plupart de la noblesse de ce pays est dans le service, et qu'une partie des gens de qualité sont en Espagne, dont les rentes sont confisquées à cause de la guerre et données à des gens de qualité.»

Ce Don gratuit ne pourrait monter aussi haut que les traitants évaluent le rachat de l'édit des lods et ventes (300,000$^{\#}$). Il faudra, pour délibérer sur ce point, réunir la noblesse sous la présidence du gentilhomme le plus considérable de la province.

1286. *M. Chauvelin, intendant à Amiens,*
au Contrôleur général.

10 Février 1694.

Il propose de rejeter le placet par lequel les habitants de Lihons demandent une foire franche. Cette paroisse a déjà trois marchés par semaine, et il existe en outre plusieurs foires franches qui se tiennent, chaque mois, dans son voisinage immédiat.

1287. *M. Bouchu, intendant en Dauphiné,*
au Contrôleur général.

11 Février 1694.

«J'ay reçu la lettre que vous m'avez fait l'honneur de m'écrire, par laquelle vous m'ordonnez de rendre justice au nommé Borel, consul de Fenestrelles en Pragilas, qui se plaint de ne pouvoir tirer aucun payement de M. Orry, qui luy doit des sommes considérables pour fournitures qu'il luy a faites, tant en son particulier, lorsqu'il estoit chargé, en 1692, des douze cents mulets des voitures, qu'en qualité de directeur des vivres, en 1693. Il y a plus de 200,000$^{\#}$ de dettes de la première espèce et pour plus de 900,000$^{\#}$ de la dernière, dans mon département. Je suis accablé tous les jours de requestes pareilles à la plainte de ce consul, auxquelles je ne sais comment pourvoir, car la réponse générale dudit sieur Orry est qu'il n'a point d'argent, ni pour satisfaire aux dettes qui le regardent, ni pour satisfaire à celles qui regardent le munitionnaire. La justice exigeroit, après un aussy long temps et pour des fournitures de cette nature, que l'on permist la contrainte par corps, que tout le monde croit qui luy feroit trouver de l'argent*.»

* Une réponse du munitionnaire est jointe à cette lettre.

Dans presque tous les départements frontières, les trésoriers de l'extraordinaire des guerres ne pouvaient plus soutenir les entrepreneurs des fournitures militaires, et ceux-ci faisaient banqueroute aux dépens des communautés. Voir les lettres de M. de Sève (Metz, 3 et 10 février, 17 et 24 mars) et celles de M. Trobat (Roussillon, 23 février, 2, 16 et 30 mars).

1288. *M. de Bérulle, intendant à Lyon,*
au Contrôleur général.

16 Février 1694.

La Saône, qui était entièrement prise, ayant crû subitement par la fonte des neiges, la débâcle s'est déclarée en un instant, les eaux se sont répandues dans les campagnes, et les glaces ont entraîné, avec les deux ponts de bois de Lyon, les moulins, les radeaux et les bateaux. Le transport des blés de Provence, qui avait déjà été retardé par la gelée, se trouvera également suspendu par l'inondation, et la ville de Lyon n'a de provisions que pour trois semaines. Il est de nécessité absolue que l'intendant de Champagne laisse charger les achats que les Lyonnais avaient faits en Bassigny et pour lesquels il leur a subrogé, de sa propre autorité, le munitionnaire de l'armée*.

* Les achats faits en Bourgogne furent également retenus par l'intendant de ce département, ou, en partie, par les habitants de Mâcon. (Lettre de M. de Canaples, du 30 mars.)

1289. *M. d'Ableiges, intendant en Auvergne,*
au Contrôleur général.

16 Février et 1er Novembre 1694.

Il ne voit aucun inconvénient à permettre que les habitants de Sauxillanges s'imposent une somme annuelle de 50$^{\#}$ pour la subvention du médecin qu'ils ont fait venir de Montpellier; mais ce serait donner un mauvais exemple que de les autoriser, comme ils le demandent encore, à exempter ce médecin des charges publiques.

Il repousse, au contraire, une délibération analogue des habitants de Vic-le-Comte, dont le médecin est originaire de la ville même, et qui possèdent en outre apothicaires et chirurgiens*.

* Voir, au 15 mai 1696, une lettre de M. de la Bourdonnaye, et, au 25 août 1697, un mémoire de M. de Bernières de Bautot, procureur général, sur les gages et le logement que la ville de Rouen donnait à un médecin de la Santé. — Au 26 novembre 1697, lettre de M. Sanson (Montauban), sur le médecin de la ville de Mirande.

1290. *M. de Vaubourg, intendant à Nancy,*
au Contrôleur général.

20 Février 1694.

Le Chapitre de l'église cathédrale de Toul se refuse à laisser comprendre ses fermiers dans les rôles de l'imposition des blés.

«Toutes les raisons de cette Compagnie, à l'exception de celle du Don gratuit accordé au Roy par le clergé, sont des raisons générales, qu'on ne peut écouter et admettre sans rendre impossible l'exécution des répartitions, et la raison du Don gratuit d'un quart du revenu en deux ans ne m'a point paru suffisante pour empescher cette contribution, d'autant plus raisonnable que les blés seront payés..... Ils ont mauvaise grâce de vouloir s'exempter de cette contribution, et ils doivent donner l'exemple*.....»

* Le Chapitre de la Primatiale de Nancy refusait également de participer à la contribution que tous les bénéficiers du diocèse faisaient entre eux pour la subsistance des pauvres du Barrois. (Lettres de M. l'évêque de Toul, 15 avril et 7 mai, et de M. de Vaubourg, 8 mai.)

Dans le département de Soissons, M. de la Houssaye signala aussi les membres du Chapitre de Noyon, qui résistaient plus que tous les autres habitants à l'imposition des blés, et qui ne cédaient même pas devant l'emploi des garnisons, bien que chaque chanoine eût été taxé modérément. (Lettres du 22 avril au 5 mai.)

1291. *M. de Bâville, intendant en Languedoc,*
au Contrôleur général.

20 Février 1694.

«J'ay eu l'honneur de vous mander plusieurs fois l'estat des affaires de la ville de Toulouse, qui est tel que les revenus n'excèdent pas le fonds nécessaire pour les charges, ce qui est arrivé en peu de temps par les arrérages d'un million de dettes qu'elle a contractées et qu'elle a donné au Roy pour diverses affaires. Les habitans, accoustumés à prendre les deniers des subventions pour payer leurs tailles et diminuer leur imposition, qu'ils ont fixée, par un ancien abus, à 36,000 #, ont voulu continuer, bien que cette prétention soit entièrement contraire à l'employ porté par les lettres patentes qui ont permis originairement ces subventions, cet employ estant uniquement pour le payement des dettes. Comme il est enjoint par les règlemens du Conseil aux commissaires présidans pour S. M. aux Estats de prescrire à la ville l'usage qu'elle doit faire de ces subventions, ils ont ordonné que les deniers en seroient employés, suivant leur destination, à payer les charges et les arrérages des dettes, et que la ville imposeroit les deniers de la taille. Cette ordonnance a déplu aux Toulousains; le Conseil de bourgeoisie, qui est au-dessus des capitouls, a empesché qu'elle ne fust exécutée; il a nommé des commissaires pour chercher des expédiens pour ne pas plus imposer que par le passé, ce qu'ils ne trouveront jamais. Deux mois se sont écoulés en raisonnemens inutiles, et ce Conseil de bourgeoisie, composé de plus de cent cinquante habitans, se soucie fort peu que les dettes et les charges soient augmentées, pourvu que l'imposition n'augmente point. Il n'est pas extraordinaire qu'elle soit plus forte dans un temps comme celuy-cy, où elle a augmenté de moitié par toute la province; elle sera encore à Toulouse bien moins considérable qu'elle n'est partout ailleurs, parce que la ville est abonnée à 3,000 # de taille, et qu'il ne s'agit maintenant que des deniers extraordinaires. Pour finir ce désordre, je crois qu'il est nécessaire d'avoir un arrest du Conseil qui confirme l'ordonnance des commissaires; je prends la liberté de vous en envoyer un projet. C'est le seul moyen de finir l'agitation que cette affaire donne à la ville *.

«J'ay cru, en mesme temps, qu'il estoit bon, par le mesme arrest, de corriger deux abus qui se sont introduits dans Toulouse: le premier, que les capitouls se sont mis en possession de ne point payer la taille de leurs biens dans l'année de leur capitoulat, et le second, qu'ils imposent plus qu'ils ne doivent imposer, sous de mauvais prétextes.»

* Malgré l'opposition de M. de Bâville et l'arrêt qu'il fit rendre par le Conseil, le 2 mars, les bourgeois persistèrent encore à n'imposer que 50,000 #, et, pour fournir les 200,000 # à quoi montait la contribution, ils proposèrent de retrancher certaines dépenses, comptant au surplus sur la récolte prochaine pour augmenter le produit des subventions. Mais M. de Bâville se rendit en personne à Toulouse, et il fut décidé, à la satisfaction du corps de ville, que l'on imposerait dorénavant le montant intégral des charges. (Lettres du 4 juin et du 4 juillet.)

1292. *Le Contrôleur général*
aux Intendants.

25 Février 1694.

«Je crois vous avoir déjà mandé plusieurs fois, à l'occasion de tous les recouvremens et autres affaires dans lesquelles les communautés ont intérest, que l'intention de S. M. n'est point qu'elles députent à la suite du Conseil pour y venir solliciter des modérations, ni sous tel autre prétexte que ce puisse estre. J'apprends néanmoins que beaucoup se disposent à envoyer icy sur l'affaire des affranchissemens; il y en a mesme quelques-unes dont les députés sont déjà arrivés. C'est ce qui m'oblige à vous dire que S. M. veut que vous leur renouveliez de sa part les défenses qui leur ont esté si souvent et si solennellement faites, notamment par la déclaration du mois d'avril 1693, de faire aucune députation sans avoir auparavant obtenu le consentement des habitans dans une assemblée générale, dont l'acte de délibération doit estre confirmé et autorisé d'une permission par écrit de MM. les intendans; et vous devez leur faire entendre que toutes les fois qu'il paroistra icy de leurs députés au préjudice de ces défenses, non-seulement ils ne seront pas écoutés, mais mesme ils seront punis de leur contravention aux ordres de S. M. Et, pour leur faire connoistre qu'en suivant ce qui leur est prescrit, leurs demandes n'en seront pas icy moins favorablement reçues, ni moins exactement discutées, vous devez leur dire que vous vous chargerez de m'envoyer leurs mémoires, dont je rendray compte au Roy, et sur lesquels je vous feray savoir ensuite les intentions de S. M.»

1293. *M. de Bernage, intendant à Limoges,*
au Contrôleur général.

25 Février 1694.

Il conteste l'exactitude des procès-verbaux de la visite des blés *.

«Les habitans seroient déjà morts de faim, s'ils n'avoient pas plus recueilli de grain qu'ils n'en ont déclaré; cependant ils vivent encore, leurs marchés sont assez fournis, et le prix n'y est pas considérablement augmenté depuis le dernier décembre. Mais je vous prie de ne pas conclure tout à fait de cette preuve que la province soit assez abondante pour subsister sans secours jusqu'à la fin de l'année, car je ne vous envoye cet estat que pour vous faire voir combien il est difficile de parvenir à une connoissance bien sûre de la récolte d'une généralité, puisque tous les soins qu'on a apportés dans celle-cy n'ont pu conduire à rien sur quoy on puisse compter. Il semble mesme qu'en cela les vues générales soient plus certaines que les particulières, et que le détail ne serve qu'à affoiblir le vray de l'opinion commune **.....»

* Voir, sur les résultats de cette visite, une lettre du 12 janvier précédent, et celles qu'écrivaient le curé de Tulle et M. l'évêque d'Angoulême, les 28 janvier et 6 février.

** En traversant le département, M. de Bernage se convainquit qu'il n'y trouverait point de ressources suffisantes en argent ou en blés. «Plus j'ay approché de Limoges, dit-il, plus j'ay trouvé de misère et de disette..... J'ay esté effrayé, en abordant icy, de la prodigieuse foule de pauvres. M. de Limoges m'a assuré qu'elle estoit ordinaire.» Il obtint 30,000 # pour faire venir des blés de Bordeaux, du Poitou ou de la Bretagne. (Lettres des 7, 19 et 20 mars.)

Le 16 avril, il envoie un rapport sur les dépenses que le Roi avait faites en 1693 pour soutenir la généralité et sur certains désordres signalés dans cette comptabilité.

1294. *M. d'Ableiges, intendant en Auvergne,*
au Contrôleur général.

25 Février 1694.

Il envoie un jugement rendu contre le directeur de la Monnaie de Riom et contre ses complices, coupables d'avoir diverti des espèces et retenu les droits de monnayage *.

* Voir, à l'intendance de Bourgogne, les procédures faites contre les officiers de la Monnaie de Dijon, pour irrégularités et interruption de travail dans la réformation des espèces. (Lettres de M. d'Argouges, 11, 20 et 27 février, 29 mars 1693; du sieur Villain, directeur de la Monnaie, 17 janvier et 20 février; du sieur de Marboz, procureur du Roi en la même Monnaie, 12 et 26 février.)

En 1695, le directeur de la Monnaie de Rouen, coupable de détournement de deniers, fut condamné à l'amende et déclaré incapable d'exercer aucun emploi de finance. Le procureur du Roi avait requis le bannissement et une amende plus forte. (Lettre de M. d'Ormesson, 20 avril 1695.)

1295. *M. de Bérulle, intendant à Lyon,*
au Contrôleur général.

27 Février 1694.

«Les marchands de Lyon, nonobstant les défenses de l'Empereur de recevoir les marchandises de France en Allemagne, ne laissoient pas d'y en envoyer et les faisoient passer comme marchandises fabriquées à Genève et en Suisse, sur des attestations de Messieurs de Genève et des Cantons. Les commissaires préposés par l'Empereur aux premiers bureaux d'entrée en Allemagne ont envoyé en France des espions pour prendre des échantillons de toutes les étoffes et marchandises qui s'y fabriquent, pour les confronter avec celles qu'on dit estre de Suisse et de Genève, et les confisquer, quand elles se trouvent conformes auxdits échantillons. L'on en a confisqué à des marchands de Lyon pour des sommes considérables et aux Génevois pour plus de 100,000 écus, sur le fondement qu'elles avoient esté fabriquées en France.»

L'agent chargé de fournir les échantillons a été découvert à Lyon et arrêté *.

* D'autre part, le sieur Degrassy, directeur de la douane de Lyon (lettre du 27 février), découvrit dans cette ville un entrepôt de draps de Hollande ou d'Angleterre, introduits clandestinement ou passés comme draps de Venise. Suivant une lettre de M. de Bérulle, du 13 mai suivant, cette contrebande avait été organisée ou favorisée par le sieur Grimod, directeur des gabelles, auparavant directeur de la douane, qui y avait gagné, ainsi qu'au commerce des blés, une fortune considérable.

M. de Grignan, évêque de Carcassonne, transmet, le 29 août de la même année, un placet des fabricants de draps de son diocèse, par lequel il est établi que l'exécution imparfaite des mesures prohibitives ruinait leur industrie, et que le débit des produits de l'Angleterre, de la Hollande, de la Saxe, de Bruxelles, de Liége, etc. se faisait publiquement à Lyon, à Paris et dans tout le Midi.

1296. *M. Amelot, ambassadeur en Suisse,*
au Contrôleur général.

7 Mars 1694.

«Le canton de Fribourg a envoyé des députés auprès de moy, pour me prier de représenter au Roy l'extrême préjudice qu'ils souffrent dans leur commerce par la défense de sortir hors du royaume les anciennes espèces d'or et d'argent. Ce commerce consiste uniquement en fromages, qui font le principal revenu du pays et qu'on envoye à Lyon, d'où la plupart se débitent pour la fourniture des vaisseaux et galères de S. M. Les intéressés, c'est-à-dire tout ce qu'il y a de gens dans le canton qui ont un peu de bien, ont en commun quelques commis ou facteurs, établis à Lyon, qui leur envoyent, tous les trois mois, le prix reçu de leurs fromages. Comme les louis d'or sont présentement à 14 #, et qu'ils n'ont cours en Suisse que pour 11 # 5 s., et les écus à proportion, la défense de tirer les vieilles espèces fait qu'ils perdront vingt pour cent sur leur argent, aussy bien que par lettres de change..... Je leur ay répondu là-dessus que S. M. avoit esté obligée d'établir ces nouvelles règles par des considérations très-importantes au bien de son royaume; que cela ne dureroit peut-estre pas longtemps, et qu'ils pouvoient juger eux-mesmes que des exceptions à de pareils ordres seroient d'une trop grande conséquence..... Je ne sais si vous ne trouverez point que l'on puisse donner quelque réponse au canton de Fribourg qui ne le rebutast pas entièrement, et, comme les vieilles espèces sont déjà fort rares, il y auroit peut-estre moyen de rendre l'exécution de ce qu'ils désirent peu praticable*.....»

* Une saisie de ces espèces fut pratiquée, dans le voisinage de la frontière, sur le commis d'une maison de Genève, et, quoique l'intendant de Franche-Comté fût d'avis de garder tout au plus le tiers de la somme, qui avait été distribué aux archers, le contrôleur général ordonna que la confiscation fût maintenue en entier. (Lettre du 16 avril, et requête du Conseil de Genève, du 18 juin.) Une autre saisie eut encore lieu sur des marchands qui emportaient des écus non réformés. (Lettre du 18 mai.) En Lyonnais, M. de Bérulle eut également ordre de confisquer tout ce qui serait trouvé d'argent au delà de la somme strictement nécessaire aux porteurs. (Lettre du 25 février.)

1297. *M. Voysin, intendant en Hainaut,*
au Contrôleur général.

9 Mars 1694.

Les États de Mons ont voté une aide extraordinaire de 140,000ᵗᵗ pour obtenir décharge des nouveaux édits*, mais ils demandent, pour trouver cette somme, à continuer la levée du demi-vingtième qui avait été établi en 1685 pour payer les restes dus au Roi sur les contributions de guerre, et qui devait être supprimé au commencement de l'année 1695.

Deux des trois Chambres voulaient établir un nouvel impôt sur la bière, la troisième n'y a pas consenti; mais cette mesure sera toujours praticable, si la somme entière ne se trouve pas à emprunter sur le demi-vingtième.

* En Alsace, M. de la Grange proposa de racheter la province moyennant une redevance annuelle payable pendant toute la durée de la guerre et à laquelle les bourgeois eux-mêmes et tous les privilégiés contribueraient. (Lettres des 7 et 22 avril, et 24 mai.) Cette imposition extraordinaire fut fixée à 600,000 ᵗᵗ; le recouvrement donna lieu à quelques mouvements séditieux. (Lettres du sieur Postolle, receveur des finances, 9 décembre 1694; de MM. de la Boulière, maître des requêtes, et de la Grange, 19 et 22 février 1696.)

1298. *M. Ferrand, intendant en Bourgogne,*
au Contrôleur général.

11 et 25 Mars, 10 Avril 1694.

Il rend compte d'une expédition entreprise par la maréchaussée et les milices contre des troupes de brigands qui s'étaient organisées dans les environs de Charolles et qui pillaient tout le pays*.

* A ce sujet, M. du Hautoy, gouverneur du Charollais, écrivait à l'intendant: «J'appréhende fort que la répartition qu'on vient de faire sur les paroisses du Charollois de dix-sept cents sacs de blé pour la fourniture des armées de Piémont ne cause de terribles désordres, car il n'y a pas dans aucune paroisse du Charollois du blé à moitié près de ce qu'il en faut pour la faire subsister jusques à la récolte, et dès à présent le pauvre peuple vit avec du pain de racines de fougère, ce qui cause une telle infection, qu'il n'est pas possible aux honnestes gens de demeurer dans les églises de la campagne durant les messes des paroisses, et enfin nous voyons, en nos villes de Charolles et Paray, les pauvres mourir de faim dans les rues, sans leur pouvoir donner du secours, parce que le nombre en est trop grand et que l'on ne trouve pas du blé pour de l'argent.....» (Pièce jointe à la lettre du 25 mars.)

1299. *M. de Bérulle, intendant à Lyon,*
au Contrôleur général.

12 Mars 1694.

Le sieur Bernard, envoyé par le contrôleur général en Suisse, pour affaires concernant l'exportation des espèces, a constaté, en passant à Montluel, que, depuis longtemps, le receveur du grenier à sel de cet endroit vend à fausse mesure et à faux poids, et gagne à ce commerce plus de 15,000 ᵗᵗ par an, sans que personne ose se plaindre.

1300. *M. de Sève, intendant à Metz,*
au Contrôleur général.

14 Mars 1694.

«Quoyque je sois très-persuadé qu'il seroit difficile de vous surprendre, et que Salomon Lévy, juif de Metz, ne touchera pas de l'argent du Roy sans vous donner des sûretés de ses paroles, j'ay cru vous devoir avertir que son propre père, après l'avoir tiré plusieurs fois d'un grand nombre de mauvaises affaires, a esté enfin obligé de l'abandonner et ne veut plus avoir de commerce avec luy; qu'il est également sans crédit avec les chrétiens et ceux de sa religion, et qu'estant accusé de plusieurs faussetés, c'est celuy de tous les juifs de cette ville qui est le plus décrié*.»

* Salomon Lévy avait passé deux engagements avec le Conseil pour faire entrer en France soixante mille sacs de blé d'Allemagne et pour prêter au Roi deux millions, remboursables sur la ferme des postes. (Lettres de Lévy, des 12, 16 et 19 mars.) L'inexécution de ses engagements fut punie d'une détention de quatre mois. Voir, du 24 mars au 26 septembre, la correspondance de MM. de Sève, le Marié et de la Goupillière, intendants à Metz, à Trèves et à Hombourg, et les lettres de Salomon Lévy et de son père, banquier à Metz.

1301. *M. Ferrand, intendant en Bourgogne,*
au Contrôleur général.

18 Mars 1694.

Les greffiers des rôles des tailles réclament le droit de

dresser les rôles de l'imposition qui se fait pour l'affranchissement des cens et rentes, et de prélever 3 deniers pour livre de taxation; ils prétendent que l'édit de création de leurs offices assimile toutes les impositions extraordinaires aux tailles. Au contraire, les magistrats des villes soutiennent que l'imposition dont il s'agit n'est point faite au nom ou en vertu d'une commission du Roi, mais seulement avec sa permission.

La demande des greffiers est si mal fondée, qu'on devrait la rejeter nettement, s'il ne restait des offices à vendre. Ils n'ont pas été créés pour écrire des rôles où les privilégiés figurent aussi bien que les contribuables, et beaucoup des premiers ne supporteraient pas que leur nom fût porté sur les états dressés par de pareils officiers. D'ailleurs, si on leur accordait une telle augmentation de revenus, il conviendrait de leur demander une augmentation proportionnelle de finance. Mais il est encore nécessaire de les ménager, et il faut leur abandonner le droit auquel ils prétendent, sauf à le leur faire payer plus tard, ou bien à leur faire donner par les villes soit un cinquième, soit un sixième de ce droit, et laisser aux villes la faculté de dresser les rôles à leur gré *.

* En marge : « Remis à juger, et qu'il essaye de faire exécuter ce qu'il propose. »

En 1693, M. de Miroménil (Tours, 27 janvier) avait déjà fait les mêmes observations, en ce qui touchait les rôles de l'impôt du sel; il disait qu'on pourrait céder aux greffiers ce qu'ils demandaient et que cela rapporterait une somme de 210,000 # au moins pour son seul département.

Au contraire de ce qui se passait pour les greffiers des tailles, M. d'Herbigny (Montauban, 22 juillet 1693) concluait à ce qu'on laissât aux officiers des élections leurs 4 deniers pour livre, non pas sur les impositions extraordinaires faites au profit du Roi, mais sur celles que les communautés obtenaient de faire pour leur compte particulier.

1302. *M.* DE LA FALUÈRE, *premier président du Parlement de Bretagne,*

AU CONTRÔLEUR GÉNÉRAL.

21 Mars 1694.

« . . . . . *Par plusieurs chartes, les habitans de Bayonne sont « affranchis de tous droits de traite, imposition foraine, entrées, « issues et autres droits et impositions quelconques, pour raison « des denrées et marchandises qu'ils prendront, tant de ladite « ville de Bayonne, jurisdiction d'icelle, qu'autres lieux, faisant « mener et conduire par mer, eau douce, ou par terre, tant ès « villes et pays du royaume, que hors, pays de nos alliés et con- « fédérés.* » Ce sont les propres termes des lettres patentes, confirmées par le Roy à présent régnant, en 1643, et encore par un ordre de M. le Peletier de 1687, où l'on ordonne seulement qu'afin d'éviter le versement dans la Guyenne, la traite sera payée au lieu d'Arzac. Il faut remarquer que, lors de l'enregistrement de la déclaration d'Henry III à la Cour des aydes de Paris, elle ajouta ces mots : « *A la charge qu'ils n'abu- « seront de ladite exemption et priviléges, et ne presteront leurs « noms à autres, quels qu'ils soient, à peine de privation de leurs « priviléges.* » Cela présupposé, il est arrivé que des marchands de Rennes ayant acheté des fers d'Espagne et acquitté au sortir de Bayonne les droits de coustume du lieu, et à Vannes ceux de ports et havres, ont esté assignés par le commis des fermes royales pour payer les 30 sols imposés sur les fers étrangers par chaque cent, déclaration faite néanmoins des droits payés; cette demande estant fondée sur ce que le privilége de Bayonne ne s'étend point hors la personne des habitans et que, les fers étrangers devant le droit à l'entrée de cette province, l'exception de dire qu'ils ont esté pris à Bayonne ne peut servir, attendu la fraude manifeste où l'impost de cette denrée sera sujet, si, sous ce prétexte, on a la liberté de les faire entrer sans payer; et sur cela, outre beaucoup de raisons, dont celle-cy est la principale, on fait grande considération sur la précaution de l'enregistrement de la Cour des aydes, qui semble avoir prévu ce cas-cy. Les marchands, au contraire, prétendent que les fers qui ne doivent droit qu'à l'entrée du royaume, soit que les lieux où ils sont portés soient privilégiés, soit qu'ils y soient sujets, du moment qu'ils s'y trouvent, ne doivent plus que les droits et coustumes des lieux, lesquels estant une fois acquittés, ne doivent point aller plus loin, et que Bayonne n'estant point d'Espagne ni pays étranger, ce qui en vient ne doit point ce que les denrées venant immédiatement d'Espagne pourroient devoir.

« Je dois vous dire que la lettre a paru aux juges en faveur des marchands; cependant, comme il peut y avoir quelque conséquence en ce que, interposant le nom des habitans de Bayonne, la fraude seroit aysée à pratiquer, quoyqu'elle doive estre suivie de la peine, nous avons cru que vous voudriez bien sur cela nous communiquer vos lumières* . . . . . »

* Les placets des marchands et les mémoires du fermier général sont joints à la lettre. — En marge : « Doivent. »

Voir, aux 25 septembre et 23 novembre 1695, deux lettres de M. de la Faluère, sur une affaire analogue de fers venus d'Espagne par la voie de Bayonne, pour le compte des marchands d'Audierne.

Le 10 août de la même année 1695, M. de Nointel écrit, à propos d'un chargement d'acier de Dantzick venu à Nantes par la voie de la Rochelle, où il avait acquitté le droit d'entrée de 6# : « Si ces barils d'aciers avoient esté apportés directement à Nantes, sans avoir esté déchargés dans une autre province, ils n'auroient esté sujets en ce cas-là qu'au droit de 6# établi par l'arrest du Conseil du mois de novembre 1687 pour tous droits d'entrée; mais, du moment qu'ils sont entrés à la Rochelle, lieu de leur destination, et qu'ils en sont sortis pour estre apportés à Nantes, ils ne sont plus traités comme marchandise étrangère, mais comme marchandise sortant d'une province des cinq grosses fermes pour entrer dans une province réputée étrangère, et ils ne paroissent sujets au droit de *quarantième* (exigible au bureau de la prévôté de Nantes), qui est un droit local, lequel n'est plus regardé comme un droit d'entrée dont l'exemption est accordée par l'arrest de 1687. »

1303. *M.* DE BOUVILLE, *intendant à Orléans,*

AU CONTRÔLEUR GÉNÉRAL.

23 Mars 1694.

« Le directeur du recouvrement des droits qui se lèvent sur

le nouveau canal d'Orléans les a fait payer pour le bateau chargé de riz que M. du Pille fait conduire à Paris, mais ce bateau n'a point esté retardé, et a toujours continué son chemin. Ce directeur prétend que les droits du nouveau canal ne tombent pas dans le cas des arrests du Conseil, qui ne s'entendent que pour les péages qui sont à charge aux voituriers par les droits qu'ils y payent, sans aucune utilité d'ailleurs, au lieu que ceux qui se perçoivent sur le canal ne sont accordés qu'à cause de la grande dépense qu'il a fallu faire pour procurer au public par ce canal une diminution très-considérable des frais que les marchands estoient obligés de faire pour la voiture de leurs marchandises par terre; qu'ainsy, M. du Pille trouve un gros profit à voiturer son riz par ce canal, mesme en payant les droits, parce qu'il seroit obligé de le voiturer par terre, si on fermoit les écluses, qu'on n'est pas dans l'obligation d'ouvrir pour rien; et, d'ailleurs, que tous les bateaux chargés de blé et autres grains ayant payé jusques à présent, il est certain que les marchands demanderoient la restitution de ce qu'ils ont payé sans contestation, du moment qu'ils verront que le préposé au recouvrement sera obligé de rendre ce qu'il a reçu pour ce bateau chargé de riz. Cependant, comme vous m'ordonnez, par la lettre que vous m'avez fait l'honneur de m'écrire, d'empescher qu'il ne soit perçu aucuns droits sur ce canal, j'ay ordonné à ce directeur, en présence du préposé de M. du Pille, de faire rendre les 1,200# qui ont esté touchées *.»

* Voir, à la date du 25 juillet, un état de tous les grains transportés par le canal depuis le mois de septembre 1693.

1304. *M. de Miroménil, intendant à Tours,*
au Contrôleur général.

2 Avril 1694.

Il envoie les pièces et mémoires produits par les propriétaires ou les entrepreneurs de mines de son département contre le cessionnaire des héritiers du duc de Montausier. Ils soutiennent que le don fait à ce dernier par le Roi, en 1689, portant privilége pour traiter de gré à gré avec les propriétaires et pour ouvrir ou fouiller les mines, n'empèche point que les autres possesseurs puissent continuer leurs exploitations ou en entreprendre de nouvelles *.

* Le 8 août de l'année suivante, il rapporte une affaire analogue. M. le maréchal de Duras obtint un privilége pareil dans toute l'étendue du Pays conquis, mais les États de Hainaut soutinrent contre lui les droits des seigneurs hauts justiciers, et M. Voysin, dans un rapport du 8 juillet 1696, conclut en leur faveur.

1305. *M. Bégon, intendant à la Rochelle,*
au Contrôleur général.

6 Avril 1694.

«Mon frère me mande la bonté que vous avez eue de luy dire que vous m'accordiez l'intendance de la nouvelle généralité que vous établissez à la Rochelle. Je vous en rends très-humbles grâces, et je vous promets de redoubler mes soins et mon application pour me rendre digne de la protection dont vous m'honorez *. Si vous n'aviez pas encore disposé de la charge de receveur général des finances, M. Germain me dit hier qu'il seroit bien ayse, si vous l'aviez agréable, de traiter de celle qui entrera en exercice en 1695.»

* Voir, au 14 novembre suivant et au 6 janvier 1695, les correspondances, plans, etc. relatifs à la construction de la cathédrale de la Rochelle.

1306. *Les Trésoriers de France en la généralité de Montauban*
au Contrôleur général.

7 Avril 1694.

Ils rendent compte de la contestation qu'ils ont avec les officiers de l'élection au sujet de la fuite du receveur des tailles de Montauban; ils réclament le droit de vérifier seuls les registres de la recette, pour constater s'il y a eu détournement et s'il faut clore la main au receveur et commettre à sa place.

1307. *M. d'Herbigny, intendant à Montauban,*
au Contrôleur général.

14 et 18 Avril 1694.

Les habitants de Montauban ont cru à tort que la ville n'avait pas du blé pour un mois; sur l'ordre donné par les officiers de ville de ne plus rien porter au marché et de délivrer les grains aux seuls boulangers, dans les greniers mêmes, la hausse s'est produite, et il y a eu un commencement de sédition; mais de nouvelles mesures ont rassuré la ville, et l'on s'est résigné à laisser enlever des blés sur le marché par les habitants de la campagne.

«Le Rouergue, surtout le canton qui est depuis Villefranche jusqu'à Rodez, n'avoit subsisté jusqu'à présent que par les grains qu'il tiroit de l'Albigeois; depuis peu, il s'est fait des attroupemens en Albigeois pour empescher ce transport des grains, et on a pillé quelques charrettes qui y estoient employées, en sorte qu'à Rodez et aux environs, on est à la veille de manquer absolument de blés. J'en ay écrit à M. de Basville, le priant instamment de donner des ordres très-précis pour rétablir le commerce de ce costé-là.

«J'apprends cependant qu'en plusieurs endroits il est interrompu, car M. le président de Maniban vient encore de me mander qu'ayant fait acheter des seigles du costé de Condom pour ses terres, qui sont dans la généralité de Montauban, ils avoient esté saisis de l'autorité du subdélégué de M. de Bezons, et que sur cela M. de Bezons luy a écrit qu'il ne pouvoit permettre que la sortie des millets, et non celle des blés.

«Ces exemples donnent lieu aux villes de cette généralité d'en vouloir faire de mesme; je l'ay empesché jusqu'à présent, et j'avois cru le devoir faire, voyant que les règlemens et arrests du Conseil y sont formels, et estant persuadé qu'il n'y a que la liberté entière du commerce qui puisse empescher l'excès du prix des grains et les fraudes qui s'y font par ceux qui les gardent et les vendent ensuite ce qu'ils veulent. Il est certain que cette liberté, qui a esté jusqu'à présent dans cette province, a donné lieu d'en tirer une quantité considérable de grains et pour Bordeaux et pour le Béarn, et que, s'il falloit qu'elle vinst à cesser dans les provinces voisines, celle-cy en souffriroit beaucoup.....»

1308. *M. l'Évêque de Montauban*
au Contrôleur général.

16 Avril 1694.

«.....Il s'est répandu un bruit, et on commence à en voir les effets, que le commissaire des vivres de Piémont a permission d'enlever quatre mille setiers de blé de cette province, ce qui en a augmenté le prix si excessivement, que les pauvres ne peuvent plus en acheter. Nous trouvons presque tous les jours à la porte de cette ville et sur nos remparts sept ou huit personnes mortes, et, dans mon diocèse, qui contient sept cent cinquante paroisses, il meurt bien quatre cents personnes tous les jours, suivant le calcul que j'en ay fait à peu près, faute de nourriture. Je vous assure cependant que l'on fait beaucoup d'aumosnes et beaucoup de charités, et qu'en mon particulier je nourris plus de trois cents pauvres par jour, soit en cette ville, soit dans les terres de mon évesché*.»

Les curés de la portion du diocèse qui appartient à la généralité d'Auvergne se plaignent d'être imposés à 44# chacun pour le franc-alleu, alors même qu'ils n'ont que des portions congrues, c'est-à-dire des pensions alimentaires, sans aucun fonds de terre, et cela à la décharge de la noblesse et des propriétaires fonciers.

* Le 6 septembre suivant, M. l'archevêque d'Auch demande aussi des secours pour son diocèse, que la grêle et les orages avaient ravagé à l'époque de la moisson. «Dans le bas Armagnac, dit-il, il ne nous reste pas le quart des âmes qui y estoient il y a trois ans; les maladies et les désertions ont presque tout emporté. La plupart des terres n'ont pas esté cultivées. On a vécu en beaucoup d'endroits de vieux pépins de raisin et de racines de fougère qu'on faisoit moudre.....»

Pour prévenir les non-valeurs qui devaient résulter du grand nombre de terres incultes, M. d'Herbigny proposa de charger six des plus forts contribuables, dans chaque communauté, de veiller à ce que les fonds fussent ensemencés avec les grains saisis sur les propriétaires; mais cette mesure fut considérée comme trop extraordinaire, et l'on se borna à renouveler le règlement de 1693. (Lettre du 20 juillet.)

Suivant les pièces envoyées le 4 août par les deux receveurs généraux des finances, les biens abandonnés ou ruinés représentaient une valeur de 361,000# dans les rôles de la taille, et l'arriéré de l'année 1693 montait à la même somme environ.

1309. *M. de Bouville, intendant à Orléans,*
au Contrôleur général.

17, 18 et 23 Avril 1694.

La généralité d'Orléans ne peut plus tirer de blés des provinces voisines; tout est enlevé pour Paris, et d'ailleurs les marchands n'osent se risquer à faire des chargements, de peur d'être arrêtés et pillés sur les rivières. Quelques-uns pourtant demandent la permission de destiner en apparence leurs envois à Paris et ensuite de les débiter à Orléans ou dans les environs.

«Je ne prétends point les contraindre, mais, au contraire, je vous supplie qu'ils ne soient point contraints de mener leurs blés à Paris. Je suis persuadé que cette liberté nous en produira pour ce pays-cy, et mesme qu'il en sera plus voituré à Paris que la quantité promise par ces marchands, et, les villes sur la Loire estant fournies, la populace ne se mettra plus en estat d'empescher le passage des bateaux. Je suis convenu avec nos marchands d'icy; si M. de Miromesnil en fait de mesme avec ceux de Tours, j'espère que toutes les villes sur la Loire seront fournies et que le plat pays s'en sentira. Paris y trouvera encore un secours considérable; car, outre le blé qui passe tous les jours par le canal, tous les blés qu'on porte dans les villes des paroisses de la campagne, principalement du costé de la Beauce, iront à Montlhéry, et par conséquent à Paris. Tout roule sur la liberté*.....»

* Le contrôleur général accorda les passe-ports et les permissions qu'on demandait pour le blé et le riz; mais M. de Bouville continua à se plaindre que tous les chargements fussent arrêtés par les autres intendants ou par les magistrats locaux, à Tours et en Bretagne, ou pillés par les populations riveraines. (Lettres du 28 avril au 11 mai.) Le pain blanc valait, à Orléans, 7 sols la livre, et les prix augmentaient chaque jour. «Cependant, dit M. de Bouville, je crois que la disette de blé n'est pas aussy grande qu'elle paroist, et que la crainte d'en manquer engage tout le monde à en garder et mesme à en cacher beaucoup plus qu'il n'en faut pour la subsistance jusques à la récolte..... Je ne sais s'il ne seroit pas à propos de faire faire une visite exacte dans les villes, car, à la campagne, on le vend, dans la crainte qu'on ne le pille, et d'ailleurs il est plus aysé de savoir la vérité.....»

1310. *M. de Montholon, premier président du Parlement de Rouen,*
au Contrôleur général.

24 Avril 1694.

«Je crois estre obligé de vous avertir qu'en arrivant icy, samedi dernier, je trouvay un grand nombre de pauvres purains travaillant à la draperie, gens séditieux, qui avoient environné la maison du sieur le Gendre, disant qu'ils vouloient la piller. Je donnay sur-le-champ les ordres nécessaires pour dissiper cet orage, et, pour en cas d'alarme, et jour et nuit, je mis des gens, sans qu'on s'en aperçust, pour assurer ladite maison, en sorte qu'ayant esté dissipés deux fois, ils ont cessé de s'attrouper de ce costé-là. J'ay esté averti qu'ils s'estoient presque tous confessés, durant le temps du jubilé, du complot qu'ils avoient fait de piller cette maison, prétendant que le sieur le Gendre avoit des blés cachés qu'il ne vouloit pas débiter, quoyque cela ne soit pas véritable. Hier, jour de police, sous le prétexte que, durant la quinzaine de Pasques, en mon absence, l'on avoit enchéri le pain d'un sol par livre, ils se trouvèrent au Palais plus de six mille, avec menaces élevées; je les fis retirer hors des salles du Palais avec bien de la peine, et, à la police, le blé estant un peu diminué, l'on diminua le pain d'un liard pour livre. Je les trouvay tous dans la cour du Palais, fort émus, et les apaisay; ils se dissipèrent, après avoir arresté mon carrosse trois et quatre fois différentes. Une partie furent à la maison du sieur le Gendre et du sieur Aillet, où ils firent du vacarme; ils poursuivirent à coups de pierres un enquesteur, qui eut bien de la peine à se sauver dans ma maison, et tous mutinés, ils pillèrent la maison de trois boulangers. Cela auroit eu une suite plus dangereuse, sans le secours des deux compagnies de la ville, que j'y envoyay sur-le-champ. Ce ne sont pas des véritables pauvres qui font ce vacarme, mais la plupart jeunes gens forts et vigoureux, qui peuvent estre animés par quelques personnes mal intentionnées. Nous avons fait publier et afficher aujourd'huy une ordonnance portant défenses de s'attrouper et de s'assembler, et, si cela continue, avec toute la prudence possible, et qu'ils continuent, on pourra en arrester quelques-uns, pour amortir ce feu naissant. Cela fit des merveilles l'année passée*.

«Dans nos forests voisines, principalement dans celle de Romarre, il y a quantité de voleurs retirés, masqués et armés, qui volent impunément tout le monde, et ont déjà tué plusieurs personnes. J'ay averti les prévosts des mareschaux de faire leur devoir; ils marchent lentement**.

«Les officiers, en cas de nécessité, estant révoqués, pour assembler la ville, si vous jugez à propos d'en faire commettre, jusques à ce que ces places soient vendues, pour retenir la canaille et la populace en bride, cela pourroit faire un bon effet; l'on attendra là-dessus vos ordres.

«Suivant ce que vous avez eu la bonté d'accorder, M. l'archevesque, M. l'intendant et moy, nous ne perdrons pas un moment pour, avec les échevins, faire exécuter vos ordres pour la continuation du chemin; cela fera du bien et employera un nombre de pauvres***.»

* Voir une précédente lettre du 6 mars.

** Les principaux chefs de cette bande furent roués ou pendus, et des escortes de fusiliers furent organisées pour protéger les voitures de grains. (Lettre du 5 mai.)

*** M. d'Ormesson avait proposé, le 18 avril, d'employer les pauvres à continuer les quais jusqu'au chemin de Paris, pour suppléer à l'insuffisance des quêtes et des secours. Le 3 mai, il envoie les pièces, plans, devis, etc. concernant cet ouvrage, et bientôt on compta cinq ou six cents ouvriers aux ateliers. (Lettre du 2 juin; lettre de M. de Montholon, 3 juin.)

1311. *M. de Bernières de Bautot, procureur général au Parlement de Rouen,*

au Contrôleur général.

24 Avril 1694.

«.....Il s'assembla hier, dans la cour et la salle du Palais, plus de deux mille personnes, dans le temps qu'on tenoit la police, demandant hautement qu'on diminuast le pain. Je ne crois pas que ce fust à intention de faire du désordre, mais cependant, comme toutes ces sortes d'assemblées peuvent estre d'une très-grande conséquence, j'ay donné aujourd'huy un réquisitoire au Parlement pour obtenir un arrest qui défend aux pauvres et à toutes personnes de s'assembler à peine de la vie, et je l'ay fait aussitost publier et afficher. Je tiendray la main à l'exécution. Mais ce qui chagrine fort les marchands est qu'il y a six semaines ou deux mois qu'ils ont acheté des blés à Saint-Malo, qui sont chargés depuis ce temps-là dans des bastimens, et qu'ils sont en obligation de les faire décharger et de s'en défaire à perte, parce qu'ils n'ont point eu d'escorte pour les conduire en cette ville. Si vous aviez jugé à propos de les laisser venir à leurs périls et risques, nous en aurions eu un nombre suffisant; car, présentement que le temps est beau, les ennemis seront maistres de la mer et la navigation ne sera point libre; les escortes qui estoient parties du Havre ont esté obligées de demeurer vers Cherbourg et la Hougue, assiégées par des vaisseaux ennemis*.....»

* Quatre-vingts bâtiments purent arriver au Havre, vers le commencement du mois de juin, peu après que Thomas le Gendre eut reçu deux chargements du Nord, et le prix des grains baissa d'un quart. Les transports pour Paris étaient d'ailleurs suspendus, ceux de la Loire suffisant désormais à l'approvisionnement. (Lettre de M. d'Ormesson, 5 juin.) Cependant, l'affluence des blatiers et les enlèvements qu'ils exécutèrent aussitôt, malgré une sédition de la populace, firent encore remonter les prix (20# la mine) et vider de nouveau les marchés. (Lettres du premier président de Montholon, 14 juin et 1er juillet.)

Le 20 juin, M. d'Ormesson remontre qu'il est urgent que les receveurs des tailles obtiennent surséance du receveur général et cessent eux-mêmes leurs opérations jusqu'après la récolte: Les recouvrements, écrit-il, ne sont pas faits au quart, et cependant on peut dire que les contribuables payent volontairement, puisqu'on ne leur trouverait même plus des outils pour asseoir une exécution.

1312. *M. d'Ableiges, intendant en Auvergne,*

au Contrôleur général.

26 Avril 1694.

Il reconnaît qu'il a eu tort de permettre, malgré l'opposition des trésoriers de France, la démolition d'une ancienne tour et d'une partie des murailles de Clermont, pour en transformer l'emplacement en boulevard, puisqu'un arrêt du Conseil, de 1677, avait déclaré que toute l'enceinte de la ville faisait partie du domaine royal. Il demande donc que cette démolition soit autorisée par un autre arrêt, à la charge par l'échevinage de payer un cens annuel de 10 sols et d'en passer déclaration au bureau des finances*.

* En marge: «Bon suivant l'avis. — Écrire à l'intendant qu'il a mal fait.»

1313. *M. d'Ableiges, intendant en Auvergne,*

au Contrôleur général.

27 Avril 1694.

«Par vostre lettre du 19 de ce mois, vous m'avez ordonné de vous envoyer un mémoire, avec mon avis, sur un arrest que la Cour des aydes de Clermont-Ferrand a rendu à la réquisition du procureur général, par lequel on ordonne que les ecclésiastiques payeront la taille pour leurs biens de patrimoine et d'acquest. J'ay donné avis par une lettre à M. le procureur général des ordres que j'avois reçus et l'ay prié de passer chez moy le plus tost que sa commodité le luy pourroit permettre. Il s'est donné cette peine aujourd'huy, et, estant entrés dans mon cabinet, je luy ay expliqué le sujet que nous avions à traiter, luy disant qu'après que nous aurions conféré ensemble, il me feroit plaisir de me donner un mémoire de ses motifs, afin que rien ne m'échappast. Il m'a d'abord demandé à voir les ordres que j'avois; je luy ay répondu qu'un homme revestu de mon caractère n'estoit point sujet à ces sortes de formalités, mais que, pour luy faire plaisir, je les luy montrerois volontiers. En mesme temps, comme je cherchois vostre lettre dans mon portefeuille, ce jeune officier, ne pouvant se tenir en place, disoit hautement que c'estoit une chose extraordinaire qu'on l'obligeast de conférer avec un intendant des affaires d'une Compagnie, qu'il n'en feroit rien sans avoir vu les ordres. Je luy ay dit qu'il s'échauffoit mal à propos et qu'il feroit fort bien de se calmer. Il m'a répliqué que jamais l'on n'avoit vu de pareilles choses, et qu'il n'auroit avec moy aucune conférence à ce sujet. J'ay fini la conversation en luy disant que, puisqu'il ne vouloit pas obéir aux ordres, j'aurois l'honneur de vous en informer, et qu'il me mettoit, par ses emportemens, hors d'estat d'agir avec les mesmes honnestetés avec luy que je me l'estois proposé.....

«Cette affaire n'est qu'une bagatelle dans le fond, mais elle vous marque l'esprit universel qui règne dans cette Compagnie. Je ne m'en plains pas toutes les fois que cela arrive, et vous savez combien il a fallu d'arrests du Conseil pour apprendre à ces messieurs ce qu'ils avoient à faire*.....»

* Voir les lettres du procureur général, M. Dauphin, 6 et 28 avril. — L'arrêt était bien rendu, ne s'appliquant qu'aux biens personnels que les ecclésiastiques faisaient valoir eux-mêmes, et M. d'Ableiges reçut l'ordre d'apaiser l'affaire.

1314. *M. de Nointel, intendant en Bretagne,*
au Contrôleur général.

2 Mai 1694.

La crainte de la disette commence à se manifester en divers endroits par des émotions populaires. Dans une paroisse, le juge d'Ancenis étant venu avec des sergents pour faire enlever les blés destinés à l'étape, les séditieux, armés de fusils, ont empêché que le transport n'eût lieu et ont retenu les blés en lieu sûr, déclarant qu'ils ne manqueraient pas de soutien et qu'ils aimaient mieux être pendus que de mourir de faim.

Les ordres sont donnés pour punir les coupables et forcer les particuliers à porter leurs blés au marché*.

* L'abondance avait été pourtant exceptionnelle dans le pays, et, le 15 décembre 1693, le sieur des Grassières, receveur général du domaine, écrivait qu'on pourrait exporter au moins dix-huit cents tonneaux de froment, trois mille deux cents de seigle et deux mille deux cents d'avoine.

1315. *M. de Nointel, intendant en Bretagne,*
au Contrôleur général.

2 Mai 1694.

«..... Le maistre de la poste de Brest ayant esté averti qu'au préjudice des règlemens du Conseil qui défendent à tous voituriers de porter des lettres cachetées, plusieurs muletiers ne faisoient aucune difficulté de s'en charger, son commis en fit arrester un, qui se trouva avoir trois lettres, dont l'une estoit pour Mme de Campagnolle, et les fit saisir par un huissier. Après cette démarche, il en alla faire civilités à M. de Campagnolle, lequel déjà prévenu par le muletier et croyant son autorité choquée, luy répondit qu'il prétendoit que ces voituriers pussent se charger des lettres qu'on leur donnoit pour luy, et ce commis luy ayant répliqué que cela estoit contraire aux intentions du Roy et à ses droits, il le menaça de le faire mettre en basse fosse, si la mesme chose arrivoit à l'avenir. L'affaire a depuis esté accommodée avec les voituriers. Le commis de la poste ne me paroist pas avoir rien fait contre les règles, et je crois que M. de Campagnolle devoit se dispenser de le menacer d'une jurisdiction violente et militaire, qu'il est accusé d'exercer un peu trop souvent.»

1316. *M. de Bérulle, intendant à Lyon,*
au Contrôleur général.

2 et 5 Mai 1694.

La disette s'étant déclarée subitement par tout le pays qui environne Lyon, les paysans affluent dans cette ville et en enlèvent clandestinement le blé ou le pain. Les conséquences sont tellement à craindre, qu'il conviendrait de prendre des mesures rigoureuses pour empêcher la consommation totale des approvisionnements amassés depuis deux mois, d'autant que la Chambre de l'abondance s'empare de tous les moyens de transport, ou même des chargements préparés par les marchands, et qu'elle ne veut point accepter les offres qu'on lui fait de construire de nouvelles barques pour son service. D'autre part, l'augmentation des prix en Languedoc fait craindre que les peuples de ce pays et ceux de la Provence ne s'opposent à la sortie de leurs blés, ou que les marchands n'y revendent sur place ce qu'ils avaient acheté*.

* Les marchés ne commencèrent à se regarnir que vers le mois suivant, et encore M. de Bérulle, quoiqu'il eût l'espérance d'une belle moisson, jugeait-il à propos d'interdire la vente des grains sur pied et même d'empêcher que les paysans ne disposassent trop précipitamment de leurs récoltes. (Lettre du 12 juin.)

1317. *M. Foucault, intendant à Caen,*
au Contrôleur général.

3 Mai 1694.

«J'ay pris connoissance des contestations qui estoient entre le préposé à la vente des charges de vendeurs d'huistres et les matelots de cette coste, au sujet de la pesche des huistres que le traitant vouloit leur interdire. J'ay accommodé leurs différends, en sorte que celuy-cy leur laisse la liberté de continuer leur pesche comme ils faisoient avant la création de ces offices.»

1318. *M. Larcher, intendant en Champagne,*
au Contrôleur général.

5 Mai 1694.

Les habitants du village de Sombionne demandent à être déchargés des droits et des servitudes que le seigneur du lieu perçoit en blé. Le seul droit de *couchée*, à raison de vingt-cinq chevaux que contient le village, monterait à une valeur de 400ᵗᵗ, tandis que la taille ne va qu'à 200ᵗᵗ.

Les titres du seigneur sont très-solides, ils viennent même d'être confirmés, et, bien que la situation des habitants soit regrettable, ils n'ont plus de ressources que dans la cassation civile des jugements récents, à moins que le Roi ne veuille ordonner une surséance jusqu'à ce que les grains aient diminué de prix.

1319. *Le sieur Daspe, maire de Toulouse,*
au Contrôleur général.

5 et 26 Mai 1694.

Il rend compte de plusieurs émeutes survenues à Toulouse, parmi les femmes du peuple, et, comme les approvisionnements de blés et de farines sont toujours suffisants, il croit que ces désordres sont moins causés par la cherté du pain que par la haine avouée dont la charge de maire est l'objet*.

* Le Parlement, qui ne voulut traiter ces émeutes que comme des mouvements insignifiants, infirma la sentence par laquelle les capitouls avaient condamné à mort quelques-uns des coupables, et il commua cette peine en celles du fouet et du bannissement. (Lettre de M. de Bâville, du 4 juin.)

M. de Bâville engagea le Parlement à montrer plus de sévérité, et, en outre, il fit approcher de Toulouse deux régiments de dragons, dont le voisinage l'aida à maintenir l'ordre. (Lettre du 22 juin.)

Quelques autres troubles eurent lieu à Albi et à Gaillac, mais ils étaient occasionnés par la cherté du blé (25ᵗᵗ le setier), et les séditieux n'attaquèrent point les maires, comme ils l'avaient fait à Toulouse. (Lettres de M. l'archevêque d'Albi et de M. de Bâville, 8 et 13 juin.)

1320. *M. Larcher, intendant en Champagne,*
au Contrôleur général.

6 Mai 1694.

La province se trouve épuisée par les enlèvements de grains qui se sont faits pour Paris ou pour les armées, et les prix augmentent encore à chaque marché*. A Vitry, le froment s'est vendu 40ᵗᵗ le setier de deux cent trente-six livres.

Les villes se remplissent de pauvres, que les bourgeois ne peuvent plus soutenir.

«La calamité est encore plus affreuse dans les villages, où la plupart des manouvriers ne trouvant presque plus de travail, ou du moins si peu qu'il ne suffit pas à leur gagner du pain pour eux et pour leurs familles, sont des jours entiers sans en manger un morceau, réduits à vivre de son ou de racines, qu'ils font cuire avec un peu de sel, et les plus à leur aise sont ceux qui peuvent avoir du pain d'avoyne ou de sarrazin, qui est une espèce de blé noir, dont la mesure se vendoit année commune 4 à 5 sols, et en couste présentement 40. Les maladies sont aussy fort fréquentes à la campagne, et quantité de gens y meurent d'une espèce de fluxion sur la poitrine, qui les emporte en peu de jours.»

La récolte paraît assez belle pour qu'on puisse espérer une baisse prochaine, mais il est encore à craindre que les pauvres, qui parcourent la campagne par bandes, ne coupent les blés sur pied pour se nourrir**.

* Le 9 mars précédent, M. de la Grange écrivait d'Alsace que les achats faits pour le compte de la Lorraine et de la Franche-Comté, qui ne pouvaient fournir par elles-mêmes ce qu'on leur demandait pour les magasins du Roi, avaient fait monter les blés, en quinze jours, de 4 ou 5ᵗᵗ par setier.

** Les prix ne commencèrent à diminuer qu'après la récolte terminée. (Lettre du 8 août.)

1321. *M. de Séraucourt, intendant en Berry,*
au Contrôleur général.

6 et 11 Mai 1694.

Il explique comment il a chargé les maires, dans les grandes villes, et les collecteurs, dans les autres lieux, de faire la levée des sommes imposées pour le rachat des francs-fiefs, du franc-alleu et de l'affranchissement des cens et rentes. Dans le premier cas, il a procédé lui-même le plus souvent à la répartition par taxes d'office sur les privilégiés et sur les bourgeois les plus riches; dans le second cas, conformément aux prescriptions relatives à l'abonnement des francs-fiefs et du franc-alleu, il a visé à ne point créer de nouveaux collecteurs, dont les poursuites, exercées concurremment avec celles des collecteurs ordinaires, auraient tourmenté les contribuables et nui au recouvrement.

«Si j'avois osé prendre la liberté de donner mon avis, il auroit esté d'en charger les receveurs généraux ou les receveurs particuliers des tailles; car, comme ce recouvrement doit estre fait généralement sur toute la généralité, il semble que la remise qui leur seroit accordée ne seroit guère plus forte que la dépense que font les commis qui sont dans les provinces pour ce recouvrement, et il est certain qu'elle seroit bien moindre pour les peuples*.»

* Voir diverses plaintes portées par les receveurs généraux, en ce qui concernait les collecteurs, à la date du 26 avril, des 29 et 31 mai, et du 8 juin. Selon eux, les recouvrements de cette nature ne devaient jamais incomber qu'aux habitants les plus notables. — Divers mouvements séditieux s'étant produits à l'occasion de cette imposition, M. de Séraucourt demanda encore, mais inutilement, à mettre le recouvrement entre les mains des receveurs des tailles, à condition qu'ils auraient la faculté de payer en six termes et toucheraient 3 deniers de remise, dont deux payables par le traitant et le dernier imputable sur l'excédant de l'imposition. Il fut forcé de décharger les collecteurs des tailles et de faire nommer des collecteurs spéciaux. (Lettres du 15 juin et du 19 juillet.)

Comparer un mémoire envoyé le 17 janvier de la même année, par M. de Nointel, touchant le mode de répartition et de recouvrement que les États de Bretagne avaient adopté, en votant une somme de 900,000 ᵗᵗ pour l'affranchissement des droits domaniaux.

1322. *M. Foucault, intendant à Caen,*
au Contrôleur général.

11 Mai 1694.

Les informations dirigées contre le chevalier de Rantot-Beaumont et contre ses complices ont prouvé qu'ils faisaient la contrebande avec l'Angleterre et qu'ils échangeaient du blé et des subsistances contre des étoffes et des bas. L'intérêt du Roi demanderait qu'on fît un exemple sévère pour arrêter la fraude, qui se pratique ouvertement; mais les fermiers ne pourraient retirer les frais de leurs poursuites, et ils seraient plutôt disposés à s'accommoder avec la famille du principal coupable, qui est contumace et qu'on enverrait à Malte, où il peut obtenir une commanderie*.

* Voir une lettre du chevalier, à la date du 17 août (il était alors prisonnier et détenu au château de Caen), et un rapport du sieur de Grandval, intéressé aux fermes, du 11 septembre. Le chevalier fut condamné à 500 ᵗᵗ d'amende et à 2,000 ᵗᵗ de dommages-intérêts envers la ferme générale, et ses complices furent envoyés aux galères; mais, à la fin de l'année 1695, on ne voulait pas encore lui rendre la liberté, de peur qu'il ne se remît à la tête des fraudeurs. (Lettres de M. Foucault, 31 mars et 1er décembre 1695.) Le sieur de Grandval demanda, le 31 mai, que, pour forcer le chevalier à acquitter les dommages-intérêts, la ferme fût autorisée à ne plus fournir que 3 s. 4 d. par jour, au lieu de 20 sols, pour la subsistance du prisonnier, qui était traité comme prisonnier d'État; les fermiers transigèrent même avec lui pour le payement des dommages, mais M. Foucault persista à s'opposer à sa libération.

1323. *M. de Bouville, intendant à Orléans,*
au Contrôleur général.

11, 18 et 20 Mai 1694.

L'hôpital d'Orléans était sur le point de manquer de blés pour nourrir les deux mille quatre cents pauvres qui y sont renfermés; la distribution de riz, à laquelle les campagnes participent, lui sera d'un grand secours, mais il faut que le Roi en fasse les frais, puisque l'établissement ne se soutient plus que par les aumônes des particuliers.

«La misère de mon département augmente tous les jours, et principalement en plusieurs endroits qui sont réduits à manger du pain de racines, qu'ils font broyer, après les avoir fait sécher dans le four à plusieurs reprises..... Je crois qu'il seroit bien nécessaire de laisser la liberté du transport des blés et du pain de la généralité de Moulins pour secourir promptement la partie du Nivernois qui est de mon département. Vous verrez, par l'extrait d'une lettre que je viens de recevoir de ma femme, qui est à Bourbon, que le pain n'est pas à près de moitié si cher en ce pays-là qu'en celuy-cy. Je n'en suis point surpris, vu la liberté du passage des blés, que je fais donner partout..... Cependant, si cette liberté n'est pour toutes les provinces voisines, celle-cy sera infailliblement accablée tout à fait, parce que le blé qui y est en sortira, et il n'y en entrera point du tout pendant que la rivière sera basse*.....»

* A partir de la fin du mois, les transports commencèrent à reprendre régulièrement, sous la protection de la maréchaussée et des escortes organisées et payées par les marchands. Le premier résultat fut de faire baisser le muid de seigle de 84 ᵗᵗ à 54 ᵗᵗ. (Lettre du 31 mai.)

1324. *M. Bouchu, intendant en Dauphiné,*
au Contrôleur général.

16 Mai 1694.

Il s'est trouvé contraint de faire avancer au commis de l'extraordinaire des guerres, sur les fonds de divers recouvrements, les sommes nécessaires pour payer les fournitures de viande destinées à l'armée d'Italie, plutôt que d'enlever aux habitants les bestiaux qui font leur subsistance et qui les aident à payer la taille ou les impositions extraordinaires.

«Je vous supplie très-humblement de me faire connoistre vos sentimens sur cette démarche, afin qu'ils me servent de règle à l'avenir, parce que je ne dois point vous dissimuler que je prévois, par l'abandonnement total des étapes, par l'épuisement absolu de la caisse de l'extraordinaire des guerres et par la nécessité de faire subsister la cavalerie qui marche pour se rendre en ce département, sans aucunes mesures prises pour le camp de Sablon, des extrémités si outrées, que je seray obligé ou de prendre souvent mon parti par moy-mesme, sans avoir le temps de recevoir vos ordres, ou réduit à ne pouvoir que déplorer l'estat des choses*.....»

* Suivant deux lettres écrites, le 13 et le 16 juillet, par le receveur général Ferriol, la compagnie adjudicataire des étapes ne se soutenait plus que par les avances du banquier Bernard. M. Bouchu donne encore d'autres détails, le 18 du même mois.

En Languedoc, M. de Bâville, comme M. Bouchu, fut obligé de faire avancer par le commis de M. de Pennautier des fonds au commis du munitionnaire, qui ne pouvait envoyer les fournitures nécessaires à l'armée de Roussillon, et il dut aussi se justifier de cette infraction aux règles. (Lettres des 4, 18 et 27 juin.)

1325. *M. de la Houssaye, intendant à Soissons,*
au Contrôleur général.

16 Mai 1694.

« . . . . . Il est vray que la ville de Noyon redevant encore la somme de 3,200 ᵗᵗ pour l'ustensile, le sieur Sezille, chargé d'en faire le recouvrement, me demanda une permission par écrit pour exercer la contrainte contre le maire et les échevins par établissement de garnison, comme cela se pratique très-fréquemment dans cette généralité pour les recouvremens qui y sont à faire; je ne fis point de difficulté de la luy accorder. Le sieur Sezille garda cette permission pendant quelque temps sans en faire usage, et il s'en servit fort mal à propos le mesme jour que j'envoyay à Noyon établir garnison pour l'affaire des blés, qui mettoit cette ville dans un grand mouvement. La garnison du sieur Sezille ne fut point aussy forte qu'on l'expose dans le procès-verbal; il y eut seulement quatre carabiniers envoyés, sur le pied de 20 sols par jour chacun pour toutes choses, non compris à la vérité la nourriture de leurs chevaux. La plainte m'en fut aussitost portée de la part du maire et des échevins, et, comme l'affaire des blés estoit beaucoup plus importante que celle du payement de l'ustensile, je crus qu'il n'estoit pas à propos d'aigrir les esprits, qui estoient déjà assez échauffés, et sur-le-champ j'ordonnay la mainlevée de la garnison qui avoit esté établie pour le payement de l'ustensile, laissant seulement celle qui avoit esté mise pour la fourniture des blés . . . . .

« Je crois que le sieur Sezille ayant un pouvoir suffisant lorsqu'il a établi la garnison, et n'ayant manqué que de prudence par rapport au temps où il s'en est servi, la garnison d'ailleurs n'estant point tombée dans les excès qui sont exposés, et les faits articulés par le sieur Theis estant presque tous faux et supposés, il n'y a rien à statuer sur ce procès-verbal. »

1326. *M. de Bâville, intendant en Languedoc,*
au Contrôleur général.

16 Mai 1694.

« Le nommé de la Baulne, receveur des tailles du diocèse de Montpellier, a fait une banqueroute frauduleuse de plus de 60,000 écus, qui ruine un grand nombre de familles. Il a emporté l'argent des receveurs généraux des finances, du commis de l'extraordinaire et des traitans, et sa faillite affectée a causé beaucoup de retardement dans les affaires de cette généralité, par la défiance que les particuliers ont conçue des receveurs, à qui ils portoient auparavant leur argent librement. Il s'est réfugié à Avignon, et les Pères de l'Oratoire l'ont reçu chez eux. Je ne sais si, le Roy ayant intérest dans cette affaire, vous auriez agréable de m'envoyer une lettre pour M. le vice-légat d'Avignon, moyennant quoy il seroit facile de tirer cet homme d'où il est et d'en faire un exemple pour rétablir le commerce*. »

* L'extradition ne fut pas obtenue. (Lettre du vice-légat, 14 juin.) Voir les lettres écrites par le receveur lui-même, le dernier juin et les 15 et 18 octobre suivant. A la requête des créanciers, le sieur Flaugergues, receveur des tailles pour 1694, fut commis à l'exercice de 1695, en place de son collègue. (Lettre de M. de Bâville et placet des créanciers, 3 janvier 1695.)

1327. *M. de la Fond, intendant en Franche-Comté,*
au Contrôleur général.

28 Mai 1694.

Le commis du traitant de l'affranchissement des maisons n'a pu acquitter entièrement la rescription de 40,000 ᵗᵗ présentée par le boucher de l'armée d'Allemagne, et il a fallu employer à cette assignation des fonds provenant du Don gratuit du clergé ou d'autres recettes.

Le recouvrement du même traité a été partout entravé par le passage des troupes.

« Il n'y a point eu de jour qu'il n'y ayt eu dans toutes les grosses villes deux régimens ou bataillons, les uns pour aller en Piémont, les autres, au contraire, pour aller en Alsace, et je puis vous assurer que les magistrats ni les peuples n'ont pas eu un seul jour de relasche . . . . .

« J'ay l'honneur de vous répéter que les oppositions du clergé nous font très-grand préjudice pour ces recouvremens, car, à leur imitation, personne ne veut payer. Cependant, j'ay fait surseoir, suivant vostre ordre, toutes poursuites contre les ecclésiastiques. Il est d'une dangereuse conséquence pour les affaires du Roy, après ce qui s'est passé, de ne point faire payer le clergé, qui a fait paroistre une opiniastreté et une mutinerie nouvelle dans cette province, depuis qu'elle est sous la domination de S. M. »

1328. *M. Bignon, intendant à Amiens,*
au Contrôleur général.

4 Juin 1694.

Il transmet divers mémoires ou propositions : création d'inspecteurs généraux des rôles d'impositions; établissement d'une juridiction spéciale pour l'entretien des grands chemins; levée d'une milice de cavalerie aux frais des ordres religieux, etc.

1329. *M. d'Ormesson, intendant à Rouen,*
au Contrôleur général.

5 Juin 1694.

Les privilèges des cinquantainiers et des arquebusiers de la ville de Rouen ne les exemptent pas de contribuer aux charges des communautés d'arts et métiers dont ils font partie, chacun suivant son commerce. Ils ont déjà payé la taxe de 1691, et, dans le cas actuel, l'imposition de

200,000# pour le rachat des offices de courtiers ne se fait pas seulement sur les marchands de la Bourse, mais bien sur les négociants les plus considérables de chaque corps. C'est ainsi que douze cinquantainiers ou arquebusiers ont été compris dans la répartition, et ils doivent être maintenus sur le rôle.

1330. *M. Bégon, intendant à la Rochelle,*
au Contrôleur général.

5 Juin, 11 Juillet et 10 Août 1694.

Les récoltes de blé et de vin seront bonnes, celles de foin et de menus grains médiocres.

Les principaux propriétaires de salines demandent, conformément aux anciens arrêts, qu'on interdise la vente prématurée des sels, aussi bien que celle des grains en vert. Cette mesure serait des plus utiles; elle a toujours été pratiquée par le Parlement de Bordeaux, et, tout au moins, pourrait-on engager le procureur général de cette Cour à renouveler les défenses*.

* Un mémoire des propriétaires et un arrêt du Parlement de Bordeaux sont joints à la lettre du 10 août.

1331. *M. Bouchu, intendant en Dauphiné,*
au Contrôleur général.

6 Juin 1694.

«J'avois pris soin par avance, dans les voyages que j'ay faits depuis Pasques en divers endroits de cette généralité, d'observer quelles espérances on pouvoit fonder sur la récolte de cette année. La sécheresse, qui a régné jusque bien avant dans le printemps, avoit mis dans de fort grandes alarmes; mais les pluies assez abondantes que nous avons eues depuis ont rassuré les esprits, par les apparences d'une bonne récolte pour les fromens et les avoynes seulement, et non pas pour les seigles et les foyns, à l'égard desquels les pluies sont venues trop tard, en sorte que la récolte en sera très-médiocre. Comme la plus grande partie de cette généralité est pays de montagnes, il y a encore bien des risques à essuyer avant que les espérances de la récolte soient devenues effectives. Je seray ponctuel à exécuter ce que vous me marquez de vous informer toutes les semaines des changemens qui viendront à ma connoissance sur ce sujet; cependant, je ne dois pas omettre de vous dire que tout ce que les pluies ont relevé d'espérances dans les esprits n'a pas produit jusques icy la moindre diminution du prix excessif auquel se vend le blé, ce qui est une preuve convaincante de l'épuisement des greniers des particuliers, qui n'auroient garde de retarder la vente de ce qui leur resteroit, dans les approches d'une récolte de laquelle on attend de l'amendement. Je ne vous parle pas de toutes les charges extraordinaires que les conjonctures présentes de la guerre sur cette frontière attirent à cette province, tout cela vous est suffisamment connu; j'observeray seulement que l'affaire des collecteurs asséeurs et perréquateurs, qui est particulière à cette généralité, est une augmentation de près de 2,500,000#, dont je prévois bien de la difficulté qu'elle puisse se tirer. Vous savez aussy qu'une bonne partie des vallées du Briançonnois ont esté pillées et bruslées, ou sont occupées par les ennemis ou sujettes à de grosses contributions; le reste de ce canton a esté chargé de plusieurs bataillons en quartier d'hiver, dont la dépense n'a point encore esté payée, faute de fonds, et toute l'armée est à présent campée en ces mesmes endroits.»

1332. *M. de Montholon, premier président du Parlement de Rouen,*
au Contrôleur général.

8 Juin 1694.

Le Parlement, à qui M. d'Ormesson a fait remettre, selon l'ordre du Roi, les arrêts rendus à Paris, ne juge pas qu'il soit plus nécessaire qu'en 1693 de nommer des messiers pour la conservation des biens de la terre, puisque les pauvres ne songent nulle part à piller les récoltes.

«A l'égard du second arrest pour chasser les pauvres de la campagne, je vous représenteray pareillement qu'ayant connu, l'année passée, que la maladie qui fut fréquente, et dont il mourut beaucoup de monde en cette ville, ne s'estoit formée que par la puanteur des pauvres de la campagne, dans l'assemblée d'une police générale il fut arresté que l'on chasseroit les pauvres de la campagne hors la ville; cela fut exécuté, et l'on leur donna à chacun une pièce de 4 sols et un pain de deux livres; et pour les empescher d'y rentrer, l'on mit des gardes aux principales portes de la ville, en fermant les autres, qui les empeschèrent, et l'on afficha ladite ordonnance, pareille à l'arrest que M. d'Ormesson m'a montré. Cela détourna entièrement le méchant air, et je puis dire que, sans cette précaution, il nous seroit mort dans la ville de Rouen plus de dix mille personnes. Le lendemain de la Saint-Martin, à mon arrivée, je fis rétablir le mesme ordre, qui continue encore présentement, en sorte que nous n'avons pas de pauvres de la campagne, que ceux qui entrent par surprise. L'on donna pareille ordonnance de police, qui fut affichée au mois de novembre, renouvelée et affichée au mois de mars, en sorte que nous avons esté exempts de maladies cette année, ne nous restant que quelques pauvres malades, qui, venant pour entrer dans l'Hostel-Dieu, n'y trouvant pas de place, se trouvent quelquefois à l'entour dudit Hostel-Dieu, et dont quelques-uns, d'abord qu'ils sont entrés dans une petite salle basse, meurent, après avoir esté secourus pour leurs sacremens. Par ce moyen, lequel a esté pratiqué dans toutes les bonnes villes de la province, vous voyez que le second arrest deviendroit inutile, puisque nous sommes précautionnés de longue main. L'hospital général, au surplus, n'estant que pour la ville, les fauxbourgs et la banlieue, plein de quatorze cents pauvres, ne pourroit point, par ses statuts, en recevoir d'étrangers, n'y ayant mesme aucun bastiment vide, qu'une tour où l'on met les fols.....»

1333. *M. d'Ormesson, intendant à Rouen,*
au Contrôleur général.

8 Juin 1694.

Il n'est pas exact, comme l'avis en a été donné à M. de Montholon, qu'il se tienne des assemblées de nouveaux convertis à Bolbec.

«Les curés des paroisses, le subdélégué et d'autres personnes les plus apparentes me certifièrent que ces gens-là observoient des dehors de bons sujets; qu'à la vérité, ils ne faisoient point leur devoir de catholiques, ou très-rarement; qu'ils n'ont point quitté l'habitude de faire leurs prières suivant leur ancienne religion; qu'en certain temps, ils se sont assemblés, pour le faire avec plus de liberté, dans des bois voisins de leurs demeures, sans qu'ils ayent paru avoir d'autres desseins. Ils en usent autrement présentement, et se réduisent chacun dans leurs familles à faire leurs exercices, mais d'une manière si cachée, qu'elle ne cause aucun scandale. . . . .»

1334. *M. de Bouville, intendant à Orléans,*
au Contrôleur général.

8 Juin 1694.

Les arrêts du Parlement pour la police des campagnes et pour la subsistance des pauvres sont strictement exécutés, et les villes sont délivrées des mendiants étrangers qui y avaient afflué. En établissant des ateliers pour les gens valides et en secourant les malades ou les infirmes, la récolte se fera sans encombre. La moisson a de si belles apparences, que les cultivateurs offrent déjà le double de ce qu'ils donnent ordinairement aux travailleurs.

1335. *M. Sanson, intendant en Béarn,*
au Contrôleur général.

8, 22 et 26 Juin 1694.

La nouvelle d'une défaite essuyée par les Espagnols en Catalogne a soulevé la populace de Saragosse, et une partie des négociants français ont été massacrés. Les députés du royaume d'Aragon ont enjoint aux Français non mariés de quitter le pays, et tout commerce est défendu entre les deux nations*.

* Le 4 août suivant, M. Sanson envoie deux mémoires des négociants chassés d'Espagne, l'un établissant leurs pertes, l'autre exposant les moyens d'amener l'Aragon à reprendre ses relations de commerce.

1336. *M. Amelot, ambassadeur en Suisse,*
au Contrôleur général.

11 Juin 1694.

Depuis la fin de l'année 1692, et avec l'agrément du Roi, les fermiers généraux avaient stipulé une augmentation de 15 sols par minot sur les sels de Peccais qu'ils doivent fournir au canton de Berne et à la république du Valais; le mémoire de la fourniture pour 1694 leur avait été envoyé sur le même pied de 5# 15 s. le minot, et les sieurs Morell et Fatio s'étaient chargés de la remise de dix mille minots dans ces conditions. Mais, après avoir retardé la fourniture sous différents prétextes, les fermiers généraux, par l'intermédiaire du sieur Grimod, directeur des gabelles du Lyonnais, prétendent imposer une nouvelle augmentation de 25 sols, proportionnée, disent-ils, à celle qu'ont subie les denrées et les frais de transport, et cela malgré toutes les conventions faites et les engagements pris. Cette façon d'agir ne saurait être acceptée par les Cantons, qui ne voudront pas payer le sel de France plus cher que celui de Bavière ou d'Italie, et, à supposer que les fermiers perdent sur l'ancien prix, ou ne gagnent point, ils pourront se dédommager l'année prochaine, puisque le pain est déjà tombé à 2 sols la livre à Lyon, et que la récolte de grains sera très-abondante dans tout le royaume. D'ailleurs, il est d'un grand intérêt de prévenir toutes relations des Cantons avec les puissances étrangères et de récompenser particulièrement l'attachement du Valais*.

* Voir, jointe à cette lettre, une copie de la correspondance de M. Amelot avec le sieur Grimod, et, aux 11 et 16 juin, les lettres des fermiers généraux, qui consentirent à se désister, pourvu qu'on s'engageât par écrit à continuer l'augmentation de 15 sols durant tout leur bail. (Lettre de M. Amelot, 30 juin.)

1337. *M. de Malezieu, ancien intendant sur la frontière de Champagne,*
au Contrôleur général.

13 Juin 1694.

«Voicy un paquet qui contient des ordres que vous m'avez fait l'honneur de me faire adresser sur la frontière de Champagne, d'où, après avoir resté quelque temps à la poste, il vient de m'estre renvoyé à Paris, d'autant plus qu'il y en avoit un pareil pour M. Larcher. Je vous le remets, dans l'extrême mortification où je suis de n'estre plus en place de pouvoir continuer à rendre au Roy et à vous mes très-humbles services, comme j'avois l'honneur de faire sans aucun reproche depuis vingt-cinq ans entiers et continus, lorsque l'intendance de la frontière de Champagne a esté réunie à celles de Metz et de Châlons. Je suis persuadé que vostre justice me rendra un jour celle qui est due à la fidélité de mes services, où j'ay consommé ma plus grande jeunesse très-honorablement en des employs distingués, et dont tout le fruit est de me voir présentement sans biens et sans employ depuis près de deux ans. Je suis néanmoins bien en estat de continuer mes services, et j'ose vous dire, sans aucune présomption, que je me sens propre pour quelque employ qu'il plaira au Roy de me confier, de quelque nature d'affaires qu'il puisse estre. J'avois l'honneur d'estre connu sur ce pied-là de feu M. de Louvois, sous les ordres duquel j'ay toujours servi S. M. avec d'autant plus d'agrément et de satisfaction qu'il avoit en moy une véritable confiance, et que je ne me suis jamais éloigné en rien de la fidélité, du secret et de l'exactitude qui ont toujours fait et feront toute ma vie le capital de ma conduite.

«J'ay su d'un illustre prélat de la cour que quelques personnes mal intentionnées au service, qui n'ont jamais suivi que les mouvemens de leur passion, et qui ne s'appliquent qu'à tascher d'oster tout ce qui peut servir d'obstacle à leur intérest particulier, sans s'inquiéter de celuy de l'Estat, ont osé me rendre impunément de mauvais offices auprès de S. M. et de vous, pour faire éloigner de leur voisinage (comme il est arrivé) un intendant clairvoyant qui pouvoit surveiller à leurs malversations criantes, pour ne pas dire tyrannies; mais je n'ay pas encore esté assez heureux de pouvoir apprendre de quoy on a pu m'accuser, ni d'obtenir les moyens de me justifier, comme je suis prest, au péril de ma vie et de toute ma fortune, à faire sur-le-champ, à l'entière satisfaction de S. M. et à la vostre; c'est la très-humble grâce que je vous demande.»

1338. *Les Maire et Jurats gouverneurs de Bordeaux* AU CONTRÔLEUR GÉNÉRAL.

15 Juin 1694.

Ils transmettent le double d'un mémoire adressé à M. de Châteauneuf, prouvant qu'ils ont le droit d'exercer exclusivement la police, sauf appel, dans l'étendue de la ville et de la banlieue, bien que le Parlement le leur conteste.

1339. *M. le Vayer, intendant à Moulins,* AU CONTRÔLEUR GÉNÉRAL.

27 Juin 1694.

«..... J'avois déjà pris la liberté de prévenir vostre réponse, sur ce que j'avois eu l'honneur de vous écrire au sujet de M. le duc de Nevers et de Mme d'Espoisses. Je ne les avois point compris, sous vostre bon plaisir, dans aucun rôle (pour l'affranchissement des cens et rentes), et j'y avois fait consentir unanimement tout le peuple. Et en effet, il me paroist de la justice que des personnes si distinguées par tant de raisons ne soient pas confondues ni meslées avec une populace qui tire mille avantages de leur protection.....»

1340. *M. Bignon, intendant à Amiens,* AU CONTRÔLEUR GÉNÉRAL.

27 Juin 1694.

Les prisons d'Amiens, qui servent d'entrepôt ordinaire pour les galériens venant de la Flandre, du Hainaut ou de l'armée, sont tellement encombrées, que les fièvres contagieuses y règnent continuellement. Deux curés de la paroisse ont succombé, et le vicaire, également atteint, se refuse à continuer son assistance. Il est nécessaire, soit d'agrandir le bâtiment, suivant les plans qui ont été dressés, soit d'affecter au logement des galériens un bastion de l'enceinte de la ville, où la milice bourgeoise pourrait les garder, si toutefois elle consent à faire ce service.

1341. *M. le Vayer, intendant à Moulins,* AU CONTRÔLEUR GÉNÉRAL.

30 Juin 1694.

Les propriétaires des îles et îlots sont disposés à faire des offres qui simplifieraient le recouvrement de la taxe. Pour le rendre encore plus prompt, on pourrait étendre l'effet de l'édit à tous les riverains en général, puisque c'est, à proprement parler, un secours que l'État est en droit de demander à tout le monde.

1342. *M. d'Ormesson, intendant à Rouen,* AU CONTRÔLEUR GÉNÉRAL.

30 Juin 1694.

Rapport sur l'état de la manufacture de faïence et de porcelaine fondée en 1644, à Rouen, par le sieur de Saint-Étienne, et sur le renouvellement du privilége*.

* Une note explicative de M. Daguesseau est jointe à cette lettre. On voulait que les concessionnaires livrassent leur secret au Roi, pour faire continuer la fabrication par les Invalides. Sur un rapport de M. Daguesseau, qui est daté du 16 octobre suivant et accompagné de toutes les pièces justificatives, le privilége exclusif pour la faïence ne fut pas renouvelé, mais celui qui avait été donné en 1673 pour la fabrication de la porcelaine façon de Chine fut prolongé de vingt années, à condition que le secret serait livré au public à l'expiration de ce second privilége. Ces faits sont résumés dans un mémoire classé à la fin de l'année 1696.

Voir, dans la correspondance de M. de la Grange, intendant en Alsace, à la date du 17 mai 1695, un mémoire pour l'établissement d'une manufacture de faïence dans cette province. — Intendance de Paris, fin 1696, placet des frères et sœur Chicanneau, ouvriers de la faïencerie de Saint-Cloud, inventeurs d'une porcelaine façon des Indes.

1343. *M. Voysin, intendant en Hainaut,* AU CONTRÔLEUR GÉNÉRAL.

30 Juin 1694.

Il appuie un placet par lequel les jésuites du collége de Namur demandent la propriété foncière de la voie nouvellement ouverte à travers la forêt de Marlagne, sur une superficie de près de huit cents arpents, ainsi que la cense du Manoir, située dans la même forêt, à charge de défricher le fonds et d'entretenir le chemin*.

* «Néant.»

1344. *M. Larcher, intendant en Champagne, au Contrôleur général.*

30 Juin 1694.

«Le principal inconvénient auquel on a voulu remédier l'année dernière par la déclaration du Roy du 5 septembre, portant règlement pour la police des blés, se renouvelle plus vivement que jamais dans la province de Champagne, en ce qu'un grand nombre de marchands, facteurs et autres gens faisant commerce de blés courent la campagne pour y acheter et retenir secrètement les grains sur terre et en vert, et qu'ils y trouvent d'autant plus de facilité, que les peuples estant dans la nécessité d'argent pour vivre et pour acquitter leurs impositions, et craignant que, s'ils gardent leurs blés, on ne les leur prenne pour les munitionnaires, comme on a fait cette année, les abandonnent aysément à ces acheteurs, qui se rendroient ainsy les maistres de la plupart des blés, pour les tenir dans la suite aussy chers qu'ils voudroient, par la nécessité qu'il y auroit de passer par leurs mains et par le peu qui s'en porteroit dans les marchés. Il semble d'abord que, pour empescher la continuation de ces abus, il seroit inutile de faire des reglemens nouveaux, et qu'il suffiroit de faire exécuter plus ponctuellement les anciennes ordonnances de police que les Parlemens ont rendues sur cette matière; mais on leur a vu jusques à présent produire si peu d'effet, par la négligence et le peu d'attention qu'y apportent la plupart des officiers subalternes, que l'autorité supérieure du Conseil semble seule capable de réprimer un désordre de cette importance. S'il plaisoit à S. M. de rendre à cet effet un arrest portant défense à tous marchands, facteurs et autres gens faisant commerce de blés d'acheter ou enarrher aucuns grains sur terre et en vert, ni d'en faire après la moisson aucuns achats dans les greniers, magasins ou granges, mais seulement dans les marchés ordinaires, à peine contre les acheteurs de 3,000# d'amende et de confiscation des grains, dont le tiers, ainsy que de l'amende, soit applicable au profit de S. M., un tiers à celuy du dénonciateur et l'autre au profit des pauvres des lieux où les marchés des grains auront esté faits; que, par le mesme arrest, tous les marchés qui pourroient avoir esté faits au préjudice de cette disposition soient cassés et annulés, avec injonction aux intendans et commissaires départis et à tous juges de police, chacun en droit soy, de tenir la main à son exécution, et que les jugemens par eux rendus sur ce sujet soient exécutés sur-le-champ, nonobstant oppositions ou appellations quelconques; on estime que ce règlement, à l'observation duquel on s'appliqueroit de son mieux, seroit le plus avantageux et peut-estre le seul nécessaire de rendre sur cette matière, où d'ailleurs la multiplicité des ordonnances est souvent nuisible, parce que la plupart ne font qu'annoncer la disette, en augmenter la crainte, et, par une suite infaillible, la cherté des grains.»

1345. *M. Voysin, intendant en Hainaut, au Contrôleur général.*

3 Juillet 1694.

Une nouvelle visite a été ordonnée chez tous les marchands du département, pour constater s'ils détiennent des draperies étrangères non marquées.

«Il est difficile que ces marchandises entrent dans les villes, si les commis veulent faire exactement leur devoir; mais ils ne peuvent pas si bien répondre de ce qui entre et passe dans le plat pays. Ceux qui veulent frauder peuvent presque sans crainte passer entre deux bureaux; à moins que les commis n'ayent des avis secrets, ils ne peuvent avoir connoissance de ce qui passe à une lieue de leur bureau, et je ne vois que fort rarement des procès-verbaux de saisies faites sur des marchands ou voituriers qui traversent. Le sieur Hébert, directeur, a proposé aux fermiers généraux d'établir une brigade ambulante; la recette de leurs bureaux est si foible, qu'ils n'ont pas voulu augmenter le nombre des employés et la dépense. Il me paroist néanmoins qu'il y auroit de la nécessité d'établir cette brigade pour empescher le passage des marchandises défendues par le plat pays. Il y a une ligne gardée le long de la Sambre, de la Trouille et de la Haine, depuis la Meuse jusqu'à Condé; c'est une sûreté et mesme une facilité pour les gardes des traites. On ne peut nullement se reposer, pour empescher l'entrée des marchandises, sur les officiers des troupes qui sont établies le long de la ligne pour garder les postes; ils ont souvent un esprit tout opposé; il n'y a mesme à la plupart de ces postes qu'un sergent et dix soldats; le sergent n'est pas toujours à l'épreuve d'une pistole qui luy sera offerte par le paysan ou marchand qui voudra passer. S'il y avoit des gens préposés pour veiller, ceux qui cherchent à frauder seroient plus en crainte.»

1346. *M. de Bâville, intendant en Languedoc, au Contrôleur général.*

5 et 20 Juillet 1694.

«Je laisse la ville de Toulouse dans une grande tranquillité et le Parlement persuadé qu'il n'a pas fait tout ce qui eust esté à souhaiter pour réprimer par un prompt exemple l'émotion qui est arrivée..... Il y a eu aussy de la jalousie contre la personne du maire, qui n'a d'autre fondement que son établissement et la distinction qu'il s'est acquise en achetant sa charge. C'estoit auparavant l'officier le plus aymé du Parlement, et qui a esté choisi et député trois fois par cette Compagnie pour aller solliciter ses affaires au Conseil. Je crois maintenant tous ces nuages entièrement dissipés.....

«Mais, afin de prévenir les désordres à l'avenir, voicy ce que je crois qu'il y a à faire.

«1° Il sera très-bon, quand M. le premier président reviendra, qu'il puisse témoigner au Parlement que le maire est un officier à qui le Roy donne une protection particulière, et que S. M. veut que l'on ayt pour luy tous les égards qui sont dus à sa charge. Il sera, de son costé, très-soumis aux ordres de

M. le premier président et vivra avec luy dans une parfaite intelligence.

«2° L'on ne peut douter que le cœur des Toulousains ne soit affectionné au service du Roy; mais il y a dans cette ville un libertinage d'esprit qu'il seroit bon de réprimer, s'il estoit possible, et qui consiste à parler très-mal à propos sur toutes les affaires nouvelles et à les censurer. Ces discours se tiennent au Parlement, où souvent on manque de pratique, et dans l'hostel de ville, par des gens qui n'en voyent pas les conséquences. De ces deux [endroits], les impressions passent au peuple, et c'est la source véritable de tous les désordres qui peuvent arriver. Il sera de la prudence du chef du Parlement d'empescher de pareils discours, et, quant à l'hostel de ville, je crois qu'il est très-important de prendre l'expédient suivant. Cet hostel de ville consiste dans la personne du maire et des capitouls et dans le Conseil de bourgeoisie. Ce Conseil est appelé dans toutes les affaires; il est composé de plus de cent personnes de toutes sortes d'ordres, mais principalement d'avocats et procureurs, qui y dominent. Il y a entre ces gens-là plusieurs qui n'ont jamais eu d'autre vacation que de s'opposer à tout ce que l'on veut faire pour rétablir l'ordre. Ils se sont toujours distingués par cette contradiction et par une liberté entière de parler très-mal à propos sur toutes les affaires. Pour y remédier, j'ay l'honneur de vous envoyer un projet d'arrest qui réduit ce Conseil politique au nombre de vingt bourgeois, avec deux commissaires du Parlement, aux officiers du Roy, au maire et aux capitouls. Il restera encore cinquante-une personnes; c'est assez pour bien gouverner cette ville. Je propose de faire nommer pour la première fois vingt très-bons sujets, et qui sont au gré de tout le monde; ce sont des gens sages et modérés et très-distingués dans leurs professions. Ce plan est d'autant plus naturel qu'il est conforme à l'arrest du Conseil cy-joint, rendu à la prière des Estats, qui fixe et limite tous les Conseils politiques dans la province et qui en ordonne la réformation. Ainsy, les sages gouverneront, et les esprits inquiets et turbulens en seront exclus. Cette pensée m'a esté inspirée par ce qu'il y a de meilleures testes dans cette ville. J'en ay conféré avec M. le président Riquet, qui est de cet avis, et nous avons ensuite fait le choix des sujets que je vous propose. Cet article me paroist important pour le service du Roy et le bien de cette ville.

«3° Il faut pourvoir à donner aux maire et capitouls les moyens de réprimer une populace aysée à se mutiner dans les commencemens. L'hostel de ville entretient une compagnie d'archers du guet de soixante hommes. C'est proprement une compagnie d'infanterie qui garde l'hostel de ville, dont les soldats ont une grosse paye. Il n'en faudroit pas davantage pour dissiper les mouvemens, si elle estoit bonne; mais, en ayant fait la revue, j'ay trouvé qu'il n'y avoit pas dix hommes en estat de servir. Ce sont des gens mariés, que les capitouls ont mis dans ces places, pour récompenser leurs domestiques. Ils sont très-incapables de servir, et, en effet, ils firent très-mal dans la dernière émotion. Puisque la ville en a fait le fonds, je crois qu'il faut rendre cette compagnie bonne, en donnant l'arrest cy-joint, qui ordonnera qu'elle sera composée de gens qui auront servi, non mariés et domiciliés à Toulouse. Il y aura dans les armées une infinité de bons cavaliers, dragons ou fantassins qui seront ravis d'entrer dans cette compagnie, mesme des sergens. Ils ont 6 s. 8 d. de solde par jour, un habit tous les ans, et, comme ils exécutent les ordres des capitouls, ils ont encore souvent des revenans-bons. Je crois qu'il est aussy nécessaire que le maire ayt la disposition de cette compagnie; car, si la coustume demeure de choisir des archers à la pluralité des voix, les capitouls y mettront toujours de très-mauvais sujets*.

«4° Je n'ay pu trouver encore des personnes distinguées pour acheter les charges de colonels et de capitaines de milices; mais j'espère y réussir avec un peu de temps, et, ces compagnies, mises sur un bon pied, comme elles sont dans tout le reste de la province, les choses seront en estat que, s'il arrivoit à l'avenir quelque mouvement, il seroit aussitost réprimé**..... »

* Voir, au 5 mai précédent, une lettre de M. de Bérulle sur la compagnie des arquebusiers de Lyon.

** En marge : «Remettre à un autre temps.»

1347. *M. de Sève, intendant à Metz,*
au Contrôleur général.

9 Juillet 1694.

Il transmet et discute un mémoire sur le commerce des blés, dont la principale proposition serait de rendre le Roi ou les traitants seuls maîtres de tous les grains du royaume.

1348. *M. le Vayer, intendant à Moulins,*
au Contrôleur général.

9 Juillet 1694.

«La lettre que vous m'avez fait l'honneur de m'écrire, en m'envoyant l'extrait du brevet des tailles de l'année prochaine, fait sur le cœur et sur l'esprit des peuples de cette généralité tout l'effet qu'on peut attendre de l'admiration et de la reconnoissance la plus parfaite. Il est vray que nous estions encore tout étonnés à la vue de nos misères encore si récentes, et que nous craignions que, ne vous estant peut-estre pas assez connues, ou plutost estant effacées et comme ensevelies dans celles de quelqu'une des généralités voisines, dont l'infortune a esté encore plus grande que la nostre, nous craignions, dis-je, que nous ne reçussions peut-estre pas si tost un secours proportionné à nos misères. Mais la bonté, la justice et la pénétration du Roy n'ont rien laissé échapper; elles nous consolent au delà de nos espérances. Que pouvons-nous faire de mieux que de bénir son règne, d'admirer un ministère si sage, qui sait tirer de nos maux présens le secret de faire sentir les effets d'une bonté plus que paternelle! Nous reconnoissons en mesme temps que vous estes l'auteur et la principale source d'où nous découlent toutes ces grâces. Et que ne devons-nous point espérer, lorsque nous verrons cet heureux temps, qui ramènera bientost l'abondance et la paix! J'entretiendray, autant qu'il me sera possible, les peuples dans des sentimens si justes et si nécessaires. Je feray mon possible pour leur faire ressentir efficacement les effets de la libéralité que vous leur avez procurée, et je suis persuadé que non-seulement leur bonheur ne dépend que de la justice exacte des répartitions des sommes qu'on leur demande, mais que c'est le moyen le plus sûr d'entrer dans l'esprit de justice qui anime le ministère et de mériter l'approbation du maistre et l'honneur de vostre protection, que je prends la liberté de vous demander*.»

* L'année suivante, le 24 juillet, M. le Vayer écrit encore une lettre semblable. — Comparer un rapport envoyé le 2 août 1695, par le sieur de la Condamine, trésorier de France, sur l'état du département, des récoltes, du commerce, etc.

1349. *M. Sanson, intendant en Béarn,*
au Contrôleur général.

13 Juillet 1694.

Il rend compte des principales affaires traitées par les États de Béarn, après le vote du Don gratuit et des impositions.

Ils ont ordonné que toutes les mesures de commerce seraient étalonnées, suivant les coutumes du pays, sur celles de Morlaas. Défense a été faite aux jurats de rien lever au delà des rôles de la taille, sous prétexte de payer les régents ou les autres charges des communautés. Désormais ils marqueront dans leurs rôles le montant des feux et leur allivrement.

Les États ont encore résolu de demander au Roi et au Pape les permissions nécessaires pour établir une université*.

Il s'est produit des plaintes multipliées contre les commissaires chargés par l'assemblée de faire la répartition des sommes promises pour le droit de franc-fief.

«On a vu dans cette répartition une inégalité sans exemple, et tel qui a quatre fois moins de biens nobles que son voisin est quatre fois plus taxé que luy..... Je leur dis, en ce temps-là, qu'il falloit qu'ils prissent un pied de proportion pour faire cette répartition, par exemple : tant par entrée aux Estats, tant par arpent de terres labourables, tant par arpent de vignes, etc.; mais ils trouvèrent à cela plusieurs inconvéniens : le premier, la disproportion de la valeur d'un arpent de terre à un autre, et le second, que les gentilshommes de race eussent payé autant que ceux qui ne le sont pas..... Sous ce prétexte de soulager les gentilshommes de race, ils ont taxé fort bas qui ils ont voulu, et, comme ils n'ont fait cette répartition qu'à vue de pays, ils ont fait nobles ou roturiers, riches ou pauvres, qui ils ont jugé à propos..... Il fut arresté que les mesmes commissaires s'assembleroient pour retoucher à leur ouvrage..... Comme ils ont ordonné entre eux que cette levée se fera en deux *pacts*, je fis ajouter : sans que cela retardast en rien la levée du premier pact comme il estoit imposé, et que les diminutions et augmentations se feroient sur le second..... »

* Voir les lettres écrites, le 20 août suivant, par le syndic général des États du royaume de Navarre, et le 24 août, par M. Sanson et par le syndic général de Béarn.

1350. *M. de Bouville, intendant à Orléans,*
au Contrôleur général.

17 Juillet 1694.

La récolte est généralement bonne; les blés rendent un tiers ou une moitié plus qu'en 1693*.

«Je crois qu'il est nécessaire d'empescher, dans toute la généralité, et principalement dans la Beauce, que les laboureurs, qui ont gagné beaucoup cette année, ne se servent de leur argent pour acheter des blés pour leurs semences; l'utilité qu'ils recevront en le faisant est évidente; car, outre la dépense qu'ils épargneront, ne faisant battre leurs blés qu'à mesure qu'ils les voudront vendre, ils en feront augmenter le prix par leurs achats, après quoy, ils n'en porteront point dans les marchés et se contenteront de les vendre chez eux, afin que le prix n'en diminue pas.

«Je suis persuadé que des défenses de vendre les grains ailleurs que dans les marchés de cette province seroient très-utiles, parce que la quantité qui s'y en trouvera en fera diminuer le prix, vu qu'on ne pourra les vendre ailleurs, au lieu que les laissant vendre dans les maisons, c'est-à-dire dans les chasteaux et métairies, les blatiers sont obligés de s'en charger au prix qu'on y veut vendre, et ne peuvent plus le donner à plus bas prix dans les marchés**.

«Les maladies ont quasi entièrement cessé en plusieurs endroits de cette généralité; mais il y a encore quelques villes qui souffrent. Celle de Chartres va cesser d'estre de ce nombre, car, depuis la procession qu'on y a faite, les maladies y ont extraordinairement diminué, et la plupart des malades en réchappent. Le mal n'a pas esté si grand qu'on l'a voulu publier, sans quoy je vous en aurois rendu compte; car enfin il n'y est mort de ces maladies que cent quarante-neuf personnes depuis Pasques, quoyqu'on y comprenne la ville, faubourgs et banlieue.

«Je ne manqueray pas de charger un peu fortement les marchands de blé dans les taxes qui se vont faire pour le remboursement des charges d'auditeurs des arts et métiers; ils ont assez gagné pour n'avoir pas sujet de s'en plaindre.»

* M. Bignon rend le même compte de la récolte de Picardie. (Amiens, 18 juin et 7 août.)

** Sur les ordres du contrôleur général et à la suite de plusieurs conférences avec les notables du département, M. de Bouville prépara une ordonnance contre les blatiers, mais l'emploi en fut remis à un autre temps. (Lettres des 1er et 23 août.)

1351. *M. de Bagnols, intendant en Flandre,*
au Contrôleur général.

17 Juillet 1694.

«Il y a plusieurs années que feu M. de Louvois me manda qu'en cas que M. Errembault, président au Parlement de Tournay, vinst à mourir, l'intention du Roy estoit que je fisse chercher dans ses papiers ceux qui pouvoient concerner les intérests de S. M. dans ce pays. Il est mort depuis trois jours, et, sur la nouvelle que je reçus de l'extrémité dans laquelle il estoit, j'ay prié M. Godefroy, procureur du Roy au bureau des finances de Lille, de prendre des mesures, avec M. le procureur général du Parlement de Tournay, pour empescher que ces papiers ne fussent détournés et pour retirer ceux dont le Roy pourroit retirer quelque utilité. M. Errembault estoit fort curieux, connoissoit parfaitement les affaires du pays, et avoit trouvé moyen, dans les différens employs qu'il avoit eus dans les Pays-Bas espagnols, de rassembler un grand nombre de titres, qu'il avoit soustraits aux officiers du roy d'Espagne et qu'il avoit fait passer à Tournay avec luy. Je crois que l'intention de S. M. n'est pas d'inquiéter sa famille sans nécessité; mais aussy il n'est pas juste qu'elle soit privée de l'utilité qu'elle pourra trouver dans la recherche de ces papiers, qui, en bonne justice, n'appartenoient pas au défunt. Je suppose qu'il n'en ayt pas disposé avant sa mort; c'est ce que nous saurons bientost et dont vous serez informé.»

1352. *M. Larcher, intendant en Champagne,*
au Contrôleur général.

17 Juillet et 23 Août 1694.

Les élus de Sézanne avaient procédé, seuls et sans l'assistance d'un trésorier de France, à l'adjudication des octrois de la ville, et ils s'étaient entendus, moyennant finance, avec les échevins; l'un de ceux-ci, sous le nom d'un habitant, s'était fait adjuger le bail à prix réduit, en désintéressant ses collègues, ainsi que le receveur des octrois. Ce fait ayant été connu de l'échevinage suivant, l'intendant a cassé le bail, et les octrois ont été affermés à un nouvel adjudicataire, pour une somme beaucoup plus élevée. Il semble qu'on pourrait faire le procès aux élus et aux échevins, mais le scandale serait trop grand, et il vaut mieux faire restituer les sommes qui ont été données de part et d'autre et les employer aux travaux publics de la ville.

1353. *M. Larcher, intendant en Champagne,*
au Contrôleur général.

19 Juillet 1694.

Le sieur Paillot, ancien receveur des tailles à Bar-sur-Aube, révoqué et taxé par la Chambre de justice, avait obtenu de M. Colbert, en 1664, une réduction considérable de sa taxe, à charge de rendre la rivière d'Aube navigable depuis Bar-sur-Aube jusqu'à Nogent-sur-Seine, et il devait, en outre, devenir propriétaire de tous les terrains que la rivière laisserait à sec; mais les travaux qu'il s'était engagé à finir dans un temps donné n'ont jamais été terminés et n'ont point servi. Il n'y a donc point lieu de livrer les terrains que réclame le fils de ce concessionnaire.

1354. *M. de Nointel, intendant en Bretagne,*
au Contrôleur général.

21 Juillet 1694.

La sous-ferme des devoirs de l'évêché de Tréguier souffre une perte considérable depuis un an, par suite de la cherté et de la mauvaise qualité des vins. Le sous-fermier, comme tous ses confrères de la province, avait fait venir des chargements considérables de Bordeaux, pour soutenir la ferme, et il en a perdu en partie la valeur, n'ayant pu s'en défaire. Son seul profit a été réalisé sur des eaux-de-vie, qu'il a revendues avec bénéfice. On l'a déjà fait participer aux 200,000# de diminution accordées par le Roi à la dernière session des États, mais il a droit encore à de nouvelles surséances, et les sous-fermiers des autres évêchés peuvent aussi réclamer des diminutions presque équivalentes à ce que celui-ci demande.

«Cela fera mesme un grand embarras dans la suite, car tout le profit de la ferme générale, pendant les deux années 1693 et 1694, ne se montant qu'à 160,000#, suivant les baux des sous-fermes, dont il ne reste déjà plus que la moitié, à cause de la somme de 80,000# que les fermiers généraux doivent fournir dans celle de 200,000# de diminution accordée aux sous-fermiers par l'ordre de S. M., il se trouvera que, bien loin d'avoir du revenant-bon, les fermiers généraux n'auront pas de quoy remplir les diminutions qu'on sera peut-estre obligé d'accorder aux autres sous-fermiers*.....»

* Voir, aux 14 novembre et 29 décembre suivants, deux lettres du trésorier Michau de Montaran.

En 1696, le fermier des octrois de Brest obtint une diminution de 3,000# sur chaque année de son bail. (Lettre de M. de Nointel, 5 août 1696.)

1355. *M. d'Ormesson, intendant à Rouen,*
au Contrôleur général.

(De Dieppe) 25 Juillet 1694.

L'incendie allumé par les bombes de la flotte ennemie a presque détruit les trois quarts de la ville et dure encore; le château, le port, la jetée et les deux faubourgs sont intacts. M. de Beuvron a demandé qu'on attendît des ordres plus précis pour transporter à Arques les marchés nécessaires à l'alimentation des habitants.

«Comme l'on peut bien présumer que les déposts de papiers publics et les bureaux des droits du Roy auront souffert dans cet embrasement, j'ay rendu une ordonnance portant que toutes personnes publiques par leurs charges et leurs employs viendront déclarer s'ils ont conservé tous leurs effets, registres et papiers, ou non, et, en cas qu'il y en ayt eu de bruslés, en faire la vérification, dont il sera dressé procès-verbal*.....»

* Voir, aux 30 et 31 juillet, deux lettres de M. l'archevêque de Rouen et de M. de Manneville, gouverneur de Dieppe. M. d'Ormesson fait, le 28 octobre, son rapport sur les travaux de déblayement.

1356. *M. de Séraucourt, intendant en Berry,*
au Contrôleur général.

31 Juillet, 11 et 27 Août, 26 Septembre 1694.

Il envoie l'information judiciaire dont le présidial de Bourges a été l'objet, pour avoir refusé de recevoir le premier huissier audiencier nouvellement créé et avoir même suspendu l'exercice de la justice, suscité des mouvements populaires et répandu dans le public une requête au Roi injurieuse pour les traitants.

1357. *M. de Nointel, intendant en Bretagne,*
au Contrôleur général.

1er Août 1694.

«.....Il est vray qu'aux termes de l'ordonnance du 16 octobre 1688, les commis qui distribuent le tabac paroissent obligés de le délivrer aux soldats à l'once; mais elle n'a point esté observée dans les garnisons de cette province, et l'usage y a toujours esté que les commis fournissent par mois à un sergent de chaque compagnie vingt-cinq livres de tabac, à raison de 12 sols la livre, et que le sergent le revend ensuite aux soldats sur le mesme pied et par petites parties. Le mesme usage a esté suivi dans Belle-Isle. Mais, depuis quelque temps, on a voulu faire observer l'ordonnance au pied de la lettre, ce qui s'est fait pour donner du chagrin au commis. Il paroist qu'il est plus commode pour la régie de la ferme de faire suivre ce qui s'est toujours pratiqué, mais il ne semble pas à propos d'en rendre une ordonnance.»

1358. *M. de Nointel, intendant en Bretagne,*
au Contrôleur général.

4 Août 1694.

Aucune compagnie ne s'est présentée dans des conditions acceptables pour prendre l'adjudication du doublement des droits d'*ancienne coutume* et de *quais et chaussées* de Saint-Malo, à charge d'avancer la somme de 160,000 ᵗᵗ qui est due par la ville pour la construction des galères et brûlots et pour l'armement des nouveaux forts. Par suite, la communauté propose de faire fournir cette somme, dans trois mois, au denier quatorze, par plusieurs habitants qui s'y engagent par écrit, et de prendre la régie à son propre compte, à condition que les droits seront supprimés, dès que le remboursement du principal et des intérêts, sur l'excédant des produits, aura été achevé*.

* Voir, aux 8 et 11 août, deux lettres du sieur Aumaistre, maire de Saint-Malo, et de M. du Guémadeuc, gouverneur. La délibération par laquelle la ville demandait le doublement des droits avait été envoyée par M. de Nointel le 14 mars précédent. Voir aussi, à l'année 1693, 11 et 22 novembre, les lettres du syndic, M. de la Corbonnaye et de MM. de Chaulnes et de Nointel.

1359. *M. de la Houssaye, intendant à Soissons,*
au Contrôleur général.

16 Août 1694.

«Les grands vicaires de M. l'évesque de Laon m'ont donné avis que plusieurs nouveaux convertis, qui ne peuvent estre admis par les curés au sacrement de mariage, parce qu'ils n'entendent pas la messe les dimanches et les festes, qu'ils ne fréquentent point les sacremens et qu'ils se dispensent d'exécuter les autres préceptes de l'Église, prennent le parti de s'absenter pendant huit ou dix jours, et, à leur retour, viennent s'établir comme s'ils estoient légitimement mariés, sous le prétexte des certificats qu'ils rapportent, et qui leur sont donnés par des prestres vagabonds du diocèse de Liége, qui attestent les avoir mariés dans des paroisses de ce diocèse. Comme cet abus est grand, et que le nombre de ceux qui le commettent, dont on m'a donné les noms, augmente tous les jours, j'ay cru qu'il estoit de mon devoir de vous en informer, pour me mettre en estat d'exécuter sur cela les ordres qu'il vous plaira de m'envoyer*.»

* Voir, dans la correspondance de M. de la Bourdonnaye, intendant à Poitiers, au 14 février 1695, le détail d'une procédure conduite par les juges de Saint-Maixent contre un nouveau converti qui, pour obtenir qu'on le mariât, reçut la communion et fut surpris en flagrant délit de sacrilége.

1360. *M. le maréchal de Villeroy, gouverneur de Lyon,*
au Contrôleur général.

(Du camp de Vignamont) 16 Août 1694.

Il discute plusieurs articles du nouveau règlement proposé pour la Chambre d'abondance de Lyon.

«Dans le péril pressant où se trouva la ville de Lyon l'année dernière, j'obligeay les receveurs d'avancer 120,000 ᵗᵗ à l'Abondance, dans l'assurance que je leur donnay de les faire rembourser avec l'intérest de six pour cent. Sans ce secours et le crédit que nous trouvasmes dans la bourse de nos citoyens, la ville de Lyon estoit perdue. Par la bonne conduite du consulat et ensuite des directeurs de l'Abondance, depuis son dernier établissement, nous avons remboursé la plupart de nos citoyens et 30,000 ᵗᵗ, sur les 120,000 ᵗᵗ, aux receveurs, dont l'on continuera le remboursement à proportion de la vente des blés: sans cette régularité, le payement des pensionnaires à la Saint-Jean auroit manqué. Je dois vous dire encore que le consulat de Lyon, auquel l'on ne rend pas toujours justice, parce que MM. les intendans n'en ont pas la conduite, a si bien ménagé le commerce des blés, qu'en servant le public, il y a gagné plus de 100,000 ᵗᵗ, qu'il remit à la Chambre de l'abondance, dans son dernier établissement; cela, joint à l'avance que fait chaque directeur, fait une somme assez considérable pour soutenir son commerce, sans exiger un plus grand fonds de la ville; du moins, cela se doit faire avec ménagement. Sur quoy, j'oserois vous dire que MM. les intendans ne sont point propres dans nostre province; quoyque ce soient tous gens capables et très-distingués dans leur profession, la plupart n'ont pas l'industrie de s'attirer la confiance des particuliers, et l'autorité, sans ménagement, n'oblige pas les hommes à prester leur argent. Toutes les fois qu'un honneste et riche négociant ne sera pas excité par quelqu'un en qui il ayt confiance, il aura de la peine de s'embarrasser dans le service du public. Le zèle que j'ay pour celuy du Roy et de l'Estat me fait vous parler ainsy, car je vous assure qu'on a peu de satisfaction d'avoir la teste rompue, sur les bords de la Mehaigne, du commerce de blé qui se fait à Lyon. Je vous diray encore que la défense d'en tirer de Bourgogne mettra l'Abondance dans l'impuissance de servir le public. Quand j'auray l'honneur de vous voir, si vous daignez m'écouter, je traiteray la matière plus en détail, et me soumettray toujours avec plaisir à vos décisions. Si le Roy me faisoit l'honneur de m'en parler, je prendrois la liberté de luy répondre tout ce que je viens de vous expliquer. Trouvez bon que je vous dise encore une fois qu'un honneste homme ne sacrifiera point son temps et son argent pour se rendre absolument dépendant; il faut au moins luy laisser le plaisir, en servant le public à ses dépens, de croire qu'il le fait de son chef. A Paris, qui doit servir de modèle à tout le reste du royaume, j'ay peine à croire qu'on trouve plus de zèle et de désintéressement dans ses citoyens que nous en avons trouvé à Lyon*.»

* M. de Canaples écrit dans le même sens, le 17 août. Voir, dans le mois suivant, les lettres et pièces relatives aux réformes qu'on voulait introduire dans l'organisation de la Chambre : M. de Bérulle et M. le maréchal de Villeroy, 8 et 11 septembre; M. de Canaples et M. de Sève de Fléchères, prévôt des marchands, 14 septembre, etc.

1361. *M. Larcher, intendant en Champagne,*
au Contrôleur général.

16 Août 1694.

Il envoie un devis des réparations à faire au pont de Vaucouleurs, et demande un arrêt pour en imposer les frais sur la châtellenie entière, dont toutes les paroisses sont exemptes de tailles et de contributions depuis que le roi Charles VII leur a accordé cette franchise en l'honneur de la Pucelle d'Orléans.

1362. *M. de Bâville, intendant en Languedoc,*
au Contrôleur général.

20 Août 1694.

Il demande un arrêt d'attribution pour juger en dernier ressort divers cas de concussion constatés dans les rôles de la paroisse de Saint-Gilles.

«Il paroist que ces habitans ont diminué presque toujours les cotes des tailles des plus riches, de leurs parens et amis, ce qui ne peut estre fait sans crime dans le pays de tailles réelles, où l'allivrement est certain; que, pour trouver le fonds, ils avoient augmenté les pauvres plus qu'ils ne devoient payer; qu'ils ont supprimé des cotes entières, détourné à leur profit des fonds imposés qui avoient leur destination; qu'ils avoient fait de doubles impositions, et plusieurs sans estre vérifiées par les commissaires du Roy; qu'ils avoient enfin ruiné plusieurs familles par des décrets.....»

1363. *M. Foucault, intendant à Caen,*
au Contrôleur général.

21 Août 1694.

«Les plaintes que je reçus l'hiver dernier, que les amidonniers de cette ville employoient beaucoup de farine dans la composition de l'amidon, quoyqu'ils ne dussent se servir que de son, m'obligèrent, à cause de la disette et cherté des grains, d'interrompre pour quelque temps ce commerce, en faisant défenses à ces amidonniers d'en fabriquer jusques à nouvel ordre, et, sur le compte que je vous en rendis, vous pristes la peine de me marquer que vous approuviez ce que j'avois fait*. Mais, présentement que les grains ont diminué considérablement de prix**, je vous supplie de vouloir bien me faire savoir si je dois lever ces défenses, en permettant à ces amidonniers de continuer leur commerce, dont la cessation, si elle duroit plus longtemps, leur porteroit un préjudice fort grand.»

* Chassés de Normandie, ces fabricants s'étaient transportés aux environs de Saint-Malo, où leur établissement avait beaucoup inquiété la population. Voir, au 28 avril précédent, une lettre du sieur Aumaistre, maire de Saint-Malo.

** Suivant une lettre de la veille, le boisseau de froment, qui se vendait deux mois auparavant 4 ᵗᵗ 10 s., ne valait plus que 38 ou 40 sols.

1364. *Le sieur Boulanger, receveur général des finances en Bretagne,*
au Contrôleur général.

22 Août 1694.

«..... Tandis que je suis à me plaindre, je prends la liberté de vous dire un mot touchant la réformation du domaine, qu'on veut rendre immortelle, pour s'arroger certaine autorité. Effectivement, si ceux qui en ont le soin en province n'avoient point cette verge à la main pour frapper le premier venu, presque toujours sans raison, ils n'auroient plus de révérence. Cependant, comme il ne reste plus que des bagatelles, je crois que vous feriez autant de joye à la province de faire cesser ces poursuites inutiles, que le roy de Portugal en feroit à ses sujets, s'il chassoit l'Inquisition de ses Estats. Je dis toujours qu'il est bon de faire de ces petites faveurs de temps en temps, qui ne coustent rien; d'ailleurs, je pense qu'on prend prétexte de continuer cette affaire pour n'en compter jamais, et je suis certain que certaines gens ont dans leurs coffres bien de l'argent qui provient de là*.»

* M. de la Faluère, premier président, écrit, le 13 octobre 1696 : «..... Il est certain qu'il ne reste pas plus de sept ou huit terres de conséquence à discuter; cependant il y en a beaucoup où l'on a saisi. L'on jouit; on restitue avec beaucoup de peine ce que l'on a perçu sans raison..... Il est aysé de juger que le Roy n'y gagne rien; que le terrier, qui devroit estre fait, n'est pas encore prest, et qu'il est difficile que beaucoup de gens, faute d'estre expédiés, ne souffrent considérablement.....» — Le sieur des Grassières annonce, aux dates du 2 février et du 4 décembre 1697, la fin prochaine des travaux de la

réformation; mais la mort de M. de la Bourdonnaye de Couëtion, principal commissaire, retarda encore cette conclusion. (Lettres de M. de la Faluère, 23 janvier et 13 février 1699.)

1365. *M. de la Faluère, premier président du Parlement de Bretagne, au Contrôleur général.*

25 Août 1694.

«Quoyque ce ne soit ni mon métier ni mon génie de donner des avis de finances à un contrôleur général, en voicy néanmoins un de ma façon qui, en rapportant quelque petit fonds au Roy, me paroist, par ce que je vois ou que j'apprends tous les jours, devoir estre très-utile au public.

«Il n'est point, comme vous le savez, d'année que l'on ne soit obligé de faire des recrues pour les milices. Pour le faire sans fraude, ceux qui sont nommés dans chaque paroisse tirent au billet, et Dieu sait s'il est malaysé de faire tomber le billet noir sur qui on veut, et si, dans ce négoce, la charité est le prix des grâces que l'on fait! Si donc c'est avec de l'argent que dans ces occasions on se tire d'affaire, ne seroit-il pas juste que le Roy en profitast plutost que d'autres personnes, qui peut-estre en tirent jusques à l'excès, et ainsy, en faisant publier, lorsque l'on fait les recrues, que ceux qui voudront estre exempts de tirer au billet obtiendront cette grâce moyennant seulement 2 ou 3 écus, qu'ils porteront entre les mains du receveur des fouages ou de quelque préposé par luy, de la manière dont j'en ay entendu parler à des personnes de bon sens, une bonne partie des gentilshommes qui ont de bons laboureurs et domaniers en cette province avanceront l'argent pour les en exempter, s'ils ne le peuvent trouver. Il restera encore assez d'autres gens pour tirer au billet, et, en cas mesme qu'il s'en présentast trop pour payer cette exemption, on la pourroit limiter à un certain nombre.

«..... Il se trouve icy, non pas en grand nombre, à la vérité, d'assez honnestes gens pour estre prests de subir une capitation, et qui la regardent comme une chose utile et nécessaire à l'Estat. Si ces bonnes intentions se multiplient, je vous en donneray avis. Cependant c'est un cas délicat. On ne se livre pas sur cela aysément; on voit une partie de ce qu'il faut voir, et avec tout le zèle le plus sincère et le moins fastueux.»

1366. *M. de Madrys, intendant en Flandre maritime, au Contrôleur général.*

2 Septembre 1694.

Il rend compte du prix des blés dans son département et des conférences qu'il a eues avec l'agent de la reine de Pologne, au sujet des grains qu'on veut tirer de Dantzick. Plusieurs marchands s'offrent, moyennant de fortes avances, à faire venir d'autre part vingt mille razières, à raison de 32^{tt}, tandis que la razière de Dantzick coûterait 37^{tt} 10 s.*

* Dix-sept navires, sur trente que conduisait Jean Bart, avaient déjà apporté trente-cinq mille setiers de blé de Pologne. (Lettre du 5 juillet.)

1367. *M. de Bernage, intendant à Limoges, au Contrôleur général.*

4 Septembre 1694.

La récolte des blés a été gâtée par la nielle, et celle des seigles ne rendra pas plus qu'en 1693; celle des vignes sera peu abondante; enfin, les châtaignes ne suffiront pas pour remplacer ce qui manquera de grains*. En outre, une grande quantité de contribuables ont été enlevés par l'épidémie, et les autres ont perdu presque tous leurs bestiaux**. Si l'imposition de 1695 était faite conformément au brevet, elle excéderait celle de 1694 de près de 125,000^{tt}, sans compter les 200,000^{tt} imposées pour la confirmation du franc-alleu; mais la province ne saurait porter une charge aussi lourde, et elle a besoin d'une diminution de 180,000^{tt}, ce qui ne réduira en réalité que de 56,000^{tt} l'imposition effective de 1694, en tenant compte de ce que l'élection de Saint-Jean-d'Angely ne fait plus partie de la généralité.

* Suivant deux lettres des 7 et 21 octobre, les gelées détruisirent complétement les châtaignes et les blés noirs, ce qui mettait le Limousin dans le cas de subir une nouvelle disette.

** En Berry, M. de Séraucourt, envoyant ses rapports sur l'état du département (13, 16, 19 et 25 juillet, 4 août, 28 et 30 septembre, 5 et 24 octobre), constate une telle diminution de la population, qu'il lui semble urgent de réduire l'impôt du sel, en basant ce travail de réduction sur les registres mortuaires tenus par les curés. La mortalité et l'épidémie des bestiaux avaient, dit-il, ravagé les campagnes aussi cruellement que les pestes les plus violentes. — L'intendance obtint pour les années suivantes une diminution de plus de quatorze muids. (Lettres du 16 septembre 1696 et du 8 septembre 1697.)

1368. *M. de Bérulle, intendant à Lyon, au Contrôleur général.*

8 Septembre 1694.

«Vous m'avez fait l'honneur de m'écrire que M. de la Reynie avoit fait saisir à Paris un livre intitulé *les Intrigues galantes de la cour*, et que le Roy avoit esté surpris d'apprendre qu'on imprimoit ce livre à Lyon. Il est vray qu'il s'y estoit débité; mais j'ay su que c'estoit le nommé Perrachon, libraire de Genève, qui en avoit apporté et débité plusieurs à Lyon, et qui, voyant que les libraires de cette ville ne vouloient pas se charger de la débite, estoit allé en Hollande pour vendre le surplus*.

«Si l'on veut empescher en France, et surtout à Lyon, l'impression des livres de contrebande, il faut laisser aux libraires et imprimeurs la liberté de pouvoir imprimer les livres dont les premiers priviléges sont expirés; car autrement ces misérables, qui sont en très-grand nombre, ne pouvant imprimer de bons livres, n'ayant pas de quoy en acheter les priviléges, et ne pouvant subsister que par l'impression, il faut nécessairement qu'ils impriment tout ce qu'ils trouvent, bon ou mauvais, et il n'y a guère de remède contre la misère et contre la faim.»

* A Rouen, on arrêta deux imprimeurs, les frères Allain, qui

s'étaient chargés de débiter le livre nouvellement imprimé dans cette ville, avec la contrefaçon des marques de la Haye, sous le titre de *Testament politique de M. de Colbert*. (Lettre de M. de Montholon, premier président du Parlement, 4 décembre.)

L'année suivante, à Bordeaux, des visites furent faites chez un libraire qui était soupçonné d'avoir imprimé le *Testament politique de feu M. de Louvois;* mais il donna la preuve que ce livre lui avait été envoyé de Toulouse. (Lettre de M. de Bezons, 2 novembre 1695.)

1369. *M. de la Faluère, premier président du Parlement de Bretagne,*
au Contrôleur général.

8 Septembre et 17 Octobre 1694.

Un avocat, condamné injustement pour avoir accusé de concussion M. de Kerméno, conseiller au Parlement, avait obtenu une surséance au jugement qui le frappait par contumace de cinq ans de galères. M. de Kerméno, contre qui il avait avancé dans ses requêtes des faits très-graves, lui a tendu un guet-apens et a tenté de l'assassiner. Sur la plainte portée en la Cour, le conseiller prétend, au contraire, avoir été lui-même l'objet d'une agression de l'avocat, et l'affaire, soutenue par ses collègues, ne pourra être jugée avec équité, si M. de Kerméno n'est éloigné pour un certain temps de Rennes et s'il ne cesse d'en imposer aux témoins et aux juges*.

* M. de Kerméno fut exilé en Auvergne. — Quelques autres faits analogues furent également punis. Ainsi, deux conseillers reçurent l'ordre de se rendre au château de Brest, pour une querelle qu'ils avaient eue avec le sénéchal de Nantes. (Lettre de M. de la Bédoyère, procureur général, 24 novembre.)

1370. *M. de Sève, intendant à Metz,*
au Contrôleur général.

16 et 29 Septembre, 3 Octobre 1694.

L'imposition d'un vingtième sur le débit des eaux-de-vie et des vinaigres, que demandent les habitants de Thionville pour payer les taxes extraordinaires, sera évidemment lourde pour le commerce et nuira à la consommation; mais c'est la seule ressource qui soit praticable dans une place de guerre, où l'on a peine à conserver les habitants et où la capitation n'est pas admissible*.

* En 1697 (lettre de M. Turgot, 28 juin), les merciers et les distillateurs se firent subroger au fermier de ce vingtième, et obtinrent en outre que le droit serait, après le bail, réduit au quarantième.

1371. *M. de Bâville, intendant en Languedoc,*
au Contrôleur général.

21 Septembre 1694.

Le droit de *subvention** qui se lève, à Toulouse, sur la viande, le vin et les grains, et celui de *commutation* que payent les autres denrées, étaient primitivement affermés par un bail plus ou moins long. Mais, en l'année 1686, quelques bourgeois trouvèrent avantage à les mettre en régie, pour se dispenser, quand il leur plairait, de payer l'octroi. Un arrêt du 3 février 1688 ayant ordonné qu'on les remît en ferme, cela ne s'est exécuté que durant quatre ans, et, depuis 1692, les droits sont restés de nouveau en régie, sous la surveillance d'un Conseil de bourgeoisie, qui abandonne tout à la discrétion des commis, de telle façon qu'il est impossible, vu l'incertitude du produit, de régler l'imposition des tailles, dont une partie se prend sur ce revenu.

Pressés par l'intendant, les capitouls ont mis la ferme à l'enchère, mais sur un pied excessif, et ils ne se décideront point à prononcer l'adjudication, si un arrêt ne leur enjoint de le faire, ou si l'on ne donne à l'intendant la commission de passer outre.

* Il ne faut pas confondre avec ce droit de subvention, levé au profit d'une communauté, la contribution du même nom qui se payait pour le bois, la chandelle et l'ustensile du soldat, ni la subvention du pays Messin, qui était la taille même, sous une dénomination locale. Voir une lettre écrite par M. de Sève, intendant à Metz, le 5 juillet 1692.

1372. *M. de Bérulle, intendant à Lyon,*
au Contrôleur général.

23 Septembre 1694.

Il envoie un mémoire sur la nécessité de supprimer le droit de marque des chapeaux, en augmentant les droits de la douane de Lyon sur la sortie des produits de cette nature ou sur celle des laines.

1373. *M. de la Houssaye, intendant à Soissons,*
au Contrôleur général.

30 Septembre 1694.

Le prix du froment s'est élevé de nouveau à 46 écus le muid, mesure de Soissons. Une des raisons les plus apparentes de ce renchérissement est que les cultivateurs ont acheté, suivant leur habitude, du blé étranger, qu'ils préfèrent pour renouveler leur semence, et que ceux qui ne l'ont point fait ont employé au même usage tout le grain qu'ils avaient battu. En outre, il est constant que le marché de Crépy se maintient à 12 écus plus cher que celui de Soissons, parce que les boulangers de Gonesse et de Dammartin y font faire tous leurs achats pour Paris. Enfin, presque tous les blés des rivières d'Aisne et d'Oise s'enlèvent clandestinement pour la Normandie ou pour une destination inconnue, comme cela s'est déjà pratiqué précédemment. Il serait possible d'arrêter ce transport, ou au moins, de le constater, en établissant un commis à Conflans-Sainte-Honorine et un autre au pont de Mantes.

1374. *M. Bouchu, intendant en Dauphiné,*
au Contrôleur général.

2 Octobre 1694.

«..... Il est vray que c'est sur mon avis que le Roy a disposé des biens des consistoires et des pauvres de la R. P. R., mais ç'a esté contre mon sentiment, qui estoit d'en donner une partie à l'hospital général de Grenoble, comme on a fait, mais de donner l'autre à l'hospital général de Valence, ce qu'on n'a pas fait, et, au lieu de cet hospital, on a préféré ceux de Gap et d'Embrun; car ce que je proposois mettoit, par la proximité, les biens de tous les consistoires à portée d'estre bien régis; par exemple, ceux qu'on réclame à présent ne sont qu'à trois petites lieues de Valence. Néanmoins, puisque la chose est ainsy faite, que les hospitaux de Grenoble, de Gap et d'Embrun sont en possession desdits biens, je ne crois pas qu'on y doive toucher, d'autant plus que mon sentiment, fondé sur ce que j'ay observé depuis plusieurs années qu'il y a que je suis en cette province, n'a jamais esté de laisser les biens desdits consistoires aux hospitaux particuliers, tels que celuy de Romans, parce qu'ils sont mal administrés, et que je n'ay rien vu d'utile au public en tous ces petits hospitaux, en comparaison de ce que l'on tire de l'hospital général de Grenoble et de ce qu'on auroit pu tirer de l'hospital général de Valence*.»

* Les trois hôpitaux avaient demandé, au commencement de l'année, qu'on les gratifiât des restes de la régie confiée jusqu'en 1691 au receveur général du domaine, ainsi que des revenus échus depuis cette époque jusqu'au 29 août 1693, date de l'arrêt qui avait ordonné la répartition des biens des consistoires. (Lettres du 28 mars et du 10 avril.)

Sur les garanties prises ou à prendre contre les nouveaux convertis qui se montraient encore disposés à passer avec leur fortune en Suisse ou en Savoie, voir, au 2 juillet, une proposition du procureur du Roi au bailliage de Grésivaudan, et, au 3 août, une lettre de M. Bouchu, contraire à cette proposition, qui concluait à confisquer les biens des fugitifs au profit de leurs plus proches parents.

1375. *M. Ferrand, intendant en Bourgogne,*
au Contrôleur général.

2 Octobre 1694.

Les habitants des élections de Bourg-en-Bresse et de Belley, dont les impositions sont triplées depuis la guerre, demandent que les fermiers et les grangers des ecclésiastiques, des nobles et des autres privilégiés soient imposés pour leurs exploitations, comme cela se pratique dans tous les pays d'élection et comme le porte même la commission des tailles. Mais le privilége contre lequel on réclame ainsi est spécial au pays et fondé sur les anciens usages de la Savoie et sur le traité de Lyon, où il fut stipulé que les habitants des pays cédés à la France continueraient à être administrés comme ils l'étaient sous la domination des ducs de Savoie. Quoique les conséquences soient très-fâcheuses pour la province, il semble difficile d'y rien changer*.

* Voir les pièces jointes à cette lettre, et les deux placets des habitants, aux dates du 31 août et du 20 septembre.

1376. *S. A. S. Mgr le Prince, gouverneur de Bourgogne,*
au Contrôleur général.

18 Octobre 1694.

Les États ont voté avec empressement le Don gratuit d'un million et le décret de 450,000# sur les octrois de la Saône; mais ils comptent obtenir, comme en 1691, la continuation des quatre crues pendant trois ans. Cette ressource est devenue plus nécessaire que jamais, par l'augmentation du nombre des privilégiés et la diminution des contribuables, et encore ne suffira-t-elle point pour fournir les 450,000#, puisque la ferme des octrois ne monte qu'à 175,000# par an, et que les États, n'entrant en jouissance que dans trois années, auront à payer d'ici là les intérêts des sommes qu'ils emprunteront et les frais des comptes. En outre, les fermiers demanderont de grandes diminutions, à cause de l'interruption du commerce et de la franchise accordée aux blés*.

* Voir les lettres écrites par M. le Duc, qui avait présidé les États à la place de son père (16 et 18 octobre). — Le Roi accorda la prolongation demandée et fit une remise de 100,000# sur le Don gratuit. (Lettres des deux princes, du 28 octobre.)

1377. *M. Lebret, intendant en Provence,*
au Contrôleur général.

25 Octobre 1694.

Il ignorait que les États de Languedoc, pour favoriser l'affranchissement des fonds roturiers, se fussent portés garants envers les particuliers de toutes les sommes payées au traitant. C'est le défaut de pareilles sûretés qui retarde le succès de l'édit en Provence.

«Je crois qu'il est important que vous ayez agréable de faire entendre au plus tost à MM. les procureurs du pays que le Roy désire la réussite de cette affaire, comme avantageuse à la province, puisqu'elle donnera lieu à S. M. de tirer agréablement une somme considérable que les dépenses de la guerre l'auroient peut-estre forcée d'exiger d'une manière plus onéreuse, et qu'elle ne doute pas que l'assemblée générale ne se porte avec zèle et affection à prendre des délibérations sur cette affaire pareilles à celles qui ont esté prises par les Estats de Languedoc, et qui puissent faire revenir les esprits de la crainte qu'ils ont, quoyque sans aucun fondement, d'un traitement pareil à celuy qui fut fait, en 1662, et à la réquisition des procureurs du pays, aux particuliers qui, en 1646, avoient affranchi la vingt-deuxième partie des tailles de leur communauté.....»

1378. *M. de Nointel, intendant en Bretagne,*
au Contrôleur général.

14 Novembre et 19 Décembre 1694,
2 et 26 Janvier 1695.

Il demande un arrêt pour imposer sur la province les

frais de construction des corps de garde que l'on a élevés sur les côtes, selon les états dressés par M. de Vauban *.

* Voir, aux 12 février et 18 mars 1696, deux lettres relatives au remboursement par les États des fonds avancés pour la construction d'un fort dans l'île des Ebbiens, sur la côte de Saint-Briac, et pour les fortifications de Brest et de Roscanvel. — M. Larcher (Champagne, 13 avril et 11 mai 1696) rend compte d'une imposition à faire sur les deux élections de Reims et de Rethel pour la construction de quatre forts autour de Rocroi.

1379. *M. de Nointel, intendant en Bretagne,*
au Contrôleur général.

20 Novembre 1694.

«J'ay fait aujourd'huy l'établissement du bureau des finances nouvellement créé dans cette province, et j'auray l'honneur de vous en envoyer mon procès-verbal au premier jour, suivant les ordres que vous m'avez fait l'honneur de m'en donner. Le public a témoigné une grande reconnoissance de l'avantage que vous procurez à cette ville (Vannes) par cet établissement, et il est certain qu'il contribuera beaucoup à la mettre en estat de se soutenir *.....»

* Il envoie le procès-verbal le 24 du même mois.

1380. *M. de la Reynie, lieutenant général de police*
à Paris,
au Contrôleur général.

21 Novembre 1694.

Le bureau de l'hôtel de ville a rendu deux ordonnances sur la police des blés : par l'une, il enjoint aux laboureurs de battre leurs grains et de fournir les marchés, aux marchands de Paris et aux forains d'approvisionner les ports de la ville; par la seconde, du 19 octobre, il enlève, dans les provinces environnantes, la police des blés aux magistrats et leur substitue des subdélégués du prévôt des marchands, avec tout pouvoir d'agir contre les marchands ou les détenteurs de grains.

«Je pris la liberté de marquer, dès les premières dispositions qui donnèrent lieu de craindre le malheureux estat où l'on estoit il n'y a pas encore cinq mois, combien il estoit important de se pourvoir à cet endroit. Je n'estois dès lors que trop instruit du grand préjudice que l'on faisoit au public en renversant tout l'ordre établi depuis plusieurs siècles, sans garder aucune mesure, et en remettant à la discrétion des seuls marchands de Paris tout le commerce des grains, tout le soin de la fourniture des grains nécessaires pour la subsistance des habitans de cette ville, et le prix qu'ils jugeroient à propos de le vendre, quoyque tous ces marchands de Paris, bien unis comme ils le sont, ne soient pas en estat de fournir à Paris la quantité des grains nécessaires pour la subsistance de quinze jours. La visite exacte de tous les papiers de Roger, plus de quinze interrogatoires déjà subis par luy et par l'un de ses associés, avec un grand nombre de pièces qui leur ont esté représentées, en établissant les preuves du monopole auquel on a donné lieu, ne m'ont néanmoins rien appris de nouveau sur ce sujet.....

«On a chassé tous les marchands forains; on a mis dans un même intérest et on a, pour ainsy dire, ligué contre le public tous ceux que les ordonnances et les règlemens ont sagement séparés. Il semble cependant que ce n'est point remédier à ce qui est fait ainsy ouvertement contre l'ordre public, si on ne le détruit aussy de telle manière que l'effet n'en puisse estre à craindre. J'essayois de conduire et de régler ce qu'il a plu au Roy de me commettre sur cette matière, suivant ses ordres et suivant son intention; je faisois entendre à tous ceux qui avoient quelque relation nécessaire avec moy, à raison du service, que S. M. jugeoit à propos de laisser le commerce des blés dans le cours naturel et qu'il fust libre; mais il se trouve que, dans le mesme temps, dans la mesme ville et pour le mesme fait, on établit par de nouveaux règlemens un ordre tout contraire.»

Le prévôt des marchands, qui s'est arrogé depuis quarante ans seulement le droit de rendre des ordonnances au nom du Roi, peut bien veiller à ce que la Seine et ses affluents soient tenus libres; mais il est inouï que des officiers municipaux, inférieurs aux juges royaux, subdélèguent pour toute une province le premier magistrat d'une ville, au détriment des magistrats ordinaires. C'est une faculté que le Roi ne donne même pas aux intendants des provinces.

Si les dernières ordonnances ont été envoyées dans toutes les provinces, aussi bien qu'en Champagne, on doit y reconnaître la raison de la hausse qui est survenue tout à coup *.

* Voir les lettres suivantes, des 27 et 29 novembre, et du 4 décembre. Dans celle du 29, M. de la Reynie attaque surtout une ordonnance du bureau qui avait défendu que le commerce des grains se fît autrement que par eau, pour en restreindre la police dans les limites de la police de la navigation. «Où M. le procureur du Roy au bureau de l'hostel de ville a-t-il trouvé que les marchands de grains soient astreints à faire venir tous leurs grains par eau; que dans les basses eaux, que pendant les glaces ou les débordemens, ils ne peuvent marcher sur terre, et que la ville, par cette raison, sera dépourvue de grains? Sera-ce dans le lit de la rivière que les marchands trouveront les grains nécessaires pour leur commerce, et leur sera-t-il défendu de faire venir des grains à la halle? Si cependant ces marchands de grains vont chez les laboureurs arrher ou retenir des blés en vert ou autrement; s'ils les enchérissent à dessein dans les marchés, comme ils ont fait l'année dernière, pour n'en dire pas davantage à cette heure; s'ils prennent des blés aux environs de Paris, en dedans de l'étendue où il leur est défendu d'en prendre; s'ils commettent d'autres abus; s'ils font des monopoles entre eux, tout sera-t-il présumé fait sur l'eau, après l'expédient de la déclaration que M. le procureur du Roy du bureau de l'hostel de ville a faite pour eux, que tout ce qu'ils feront de bien et de mal se passera sur l'eau?.... Sur ce pied, il faut nécessairement établir d'autres marchands de grains séparés, qui fassent profession de faire le commerce des grains uniquement par terre, assigner des provinces particulières où il soit permis aux uns et défendu aux autres d'y faire le commerce des grains, ou il les enchériront les uns sur les autres. Mais ce n'est pas tout : il faudra, pour garnir les ports, qu'on y vende les grains toujours plus cher [qu'] à la halle, comme on a fait depuis quinze ou dix-huit mois, et, pour remplir les halles à leur tour, on y fera vendre les grains au-dessus du prix qu'ils se ven-

dront sur les ports. Les marchands d'eau et les marchands de terre ne perdront rien à tout cela; ils s'entendront mesme, si bon leur semble, et, par cette conduite, il sera difficile que le public puisse estre à son ayse et bien content..... »

Comparer un mémoire de M. Dubois, prévôt des marchands, envoyé le 29 novembre, et une lettre du même, du 9 décembre. Par celle-ci, on voit que le contrôleur général fit restituer à M. de la Reynie la juridiction que lui contestait le bureau de l'hôtel de ville, et que les marchands de blé eurent ordre de se faire inscrire au Châtelet; mais, au bout d'un an, les décisions du Roi n'avaient encore produit aucun effet, et M. de la Reynie se trouvait toujours placé entre les prétentions du Parlement et celles de l'hôtel de ville. Voir sa lettre du 22 novembre 1695, et, aux dates du 25 et du 27 du même mois, celles de MM. de Harlay, premier président du Parlement, et Dubois, prévôt des marchands.

1381. *M. de la Faluère, premier président du Parlement de Bretagne,*
au Contrôleur général.

22 Novembre 1694.

« Ayant quelquefois pris la liberté de vous remonstrer le tort que souffre le Parlement, lorsque, y ayant des contestations entre les officiers nouvellement créés, vous les renvoyez pardevant M. l'intendant, je vous supplie de me permettre de vous en importuner encore et de vous dire que, s'il est question de faire un règlement général pour l'ordre que S. M. désire estre gardé dans chaque corps, comme c'est un point où il n'est ni question de finance, ni question de levée de deniers, mais seulement de police, nous en devons, dans l'usage accoustumé, estre les exécuteurs, et la jurisdiction nous en appartenir. J'en parle ainsy en conséquence d'un arrest du Conseil que j'ay vu, où, s'agissant de régler les fonctions entre les officiers de l'amirauté de Nantes, sur lesquelles ils procédoient au Parlement, on a signifié une évocation et renvoy devant M. l'intendant. Il ne fera que ce que nous eussions pu faire, et, sans taxer sa justice, qui est d'un homme de bien, je puis vous assurer qu'il ne le fera pas à meilleur marché que nous*..... »

* Voir : 6 septembre précédent, 9 mai 1695 et 6 février 1697.

1382. *M. d'Herbigny, intendant à Lyon,*
au Contrôleur général.

23 Novembre 1694.

« ..... Vous voulez, sur toutes choses, qu'il paroisse une grande liberté dans le commerce des blés et une confiance entière dans l'abondance qu'il y en a cette année, et qu'on ne s'applique qu'à empescher qu'il ne se glisse des abus dans ce commerce et que les grains ne soient portés hors du royaume. M. Ferrand, au contraire, propose d'oster toute liberté dans le commerce, en ne le permettant qu'à un certain nombre et en fixant positivement la quantité des blés qu'on pourra transporter. Vous avez prévu vous-mesme quelle inquiétude terrible et quelle défiance ces précautions jetteroient dans l'esprit des peuples. Mais, par-dessus cela, comment convenir de cette quantité? M. Ferrand estant venu à Lyon, lorsque M. de Bérulle y estoit encore, on luy demanda quatre-vingt mille asnées de blé. Chaque asnée pèse environ trois cents livres, poids de marc, et est composée de six bichets. Les cinquante-cinq mille sacs qu'il offre, pesant chacun deux cents livres, ne font qu'environ trente-six mille six cent soixante asnées..... Puisque vostre intention est que la ville de Lyon subsiste, et que M. Ferrand mesme ne la veut fixer à cinquante-cinq mille sacs de blé que dans la supposition que c'est tout ce qu'il luy faut pour sa subsistance et tout ce qu'elle tire ordinairement, pourquoy ne pas laisser, suivant vos ordres, une liberté telle qu'elle estoit dans les années précédentes?..... L'inutilité est bien évidente par les propres principes de M. Ferrand; car, si cette ville, avant mesme la mortalité qui vient d'emporter un si grand nombre de ses habitans, n'a jamais tiré plus de cinquante-cinq mille sacs de blé de la Bourgogne, à quoy bon nous faire une loy de n'en pas tirer davantage et nous obliger de réduire ce commerce à un petit nombre de gens? Ne suffit-il pas de pourvoir par toutes sortes de moyens, ainsy que vous me l'ordonnez, à ce que, sous prétexte de transporter des blés à Lyon, ils ne soient détournés ailleurs?

« ..... Quand, dans la Dombes et dans les autres pays voisins, on verra que nos morceaux sont rognés du costé de la Bourgogne, et que nous aurons nécessairement besoin d'eux, ils ne nous donneront que bien chèrement et avec de grandes difficultés ce que, dans le cours naturel du commerce, ils se tiendront bien heureux de nous fournir.....

« Je ne prendray point la liberté de vous représenter plus au long les inconvéniens qu'il y a aussy de réduire le commerce des blés à un petit nombre de personnes..... Pour moy, croyant avoir remarqué, dans les différentes conjonctures dans lesquelles nous nous sommes trouvés cet hiver, que rien n'est plus utile ni plus important que de maintenir la liberté dans le commerce et la confiance dans l'esprit des peuples, je n'ay pu me résoudre à prendre un parti qui semble y estre opposé, sans recevoir auparavant l'honneur de vos ordres..... Hier encore, dans une assemblée de marchands de blé que M. de Canaples jugea à propos de faire chez luy, on put reconnoistre combien il est dangereux de restreindre la liberté du commerce, car il y en eut deux ou trois qui nous dirent qu'à Mascon et dans quelques autres endroits de la Bourgogne, ils avoient encore de vieux blés, qu'ils n'avoient pu débiter l'année passée en ces endroits-là, et qu'on n'avoit point néanmoins voulu leur permettre de faire passer en cette ville*..... »

* Voir, outre les pièces jointes à cette lettre et à celles du 5 et du 13 décembre, parmi lesquelles est un projet de réforme de la Chambre d'abondance, une lettre de M. Ferrand (Bourgogne, 27 novembre).

1383. *M. Lebret, intendant en Provence,*
au Contrôleur général.

28 Novembre 1694.

« J'ay examiné la demande que M. d'Armagnac a faite au Roy de luy permettre de prendre l'eau de la Durance et de construire un canal pour la conduire depuis la terre d'Orgon jusques à Arles, où elle se doit jeter dans le Rhosne, et, pourvu que les entrepreneurs dédommagent raisonnablement les particuliers dont ils seront nécessités de prendre les héritages pour la conduite de cet ouvrage, je suis persuadé qu'il sera très-utile au public, sans porter aucun préjudice aux propriétaires du canal de Craponne, qui se trouvera considérablement éloigné des lieux par lesquels on prétend faire passer celuy dont il s'agit*.»

* Voir les pièces jointes à une lettre précédente, du 10 octobre.

Le 7 février de la même année, M. Lebret avait envoyé plusieurs jugements de la commission des domaines déclarant la Durance non navigable et déchargeant de toutes poursuites les possesseurs d'îles, îlots ou accroissements formés sur cette rivière.

1384. *M. Bégon, intendant à la Rochelle,*
au Contrôleur général.

30 Novembre 1694.

«..... Sur l'avis qui vous a esté donné..... que les habitans de l'isle d'Oléron mettent en vignes presque toutes leurs terres, qui estoient auparavant en blés, c'est une affaire qui a esté tant de fois discutée, que je puis vous assurer que les remèdes qu'on pourroit apporter à ce mal seroient pires que le mal mesme, n'y ayant rien que les particuliers estiment tant que la liberté qu'ils ont eue jusques à présent de faire valoir leur bien de la manière qu'ils croyent leur estre plus utile. Il est vray qu'on met en vignes des terres qui avoient accoustumé de produire du blé; mais, à mesme temps, la misère ou la vieillesse des vignes oblige plusieurs particuliers de les abandonner et de les remettre en terres, parce qu'ils ne sont pas en estat de les rétablir, et ainsy l'un va pour l'autre.»

La création d'un marché dans l'île serait très-utile pour la population et pour la garnison, en même temps que profitable au domaine, si l'on y établissait un Poids-du-Roi et des mesures fixes*.

* La création de foires et de marchés et la fixation du boisseau de vingt-huit pintes et une chopine pour mesure uniforme ne furent obtenues qu'en 1696. Suivant le désir exprimé par les habitants, qui n'avaient point de bourse commune pour solliciter l'expédition de lettres patentes, le contrôleur général ne fit dresser qu'un arrêt provisoire, sur le vu des délibérations de la communauté. (Lettre de M. Bégon, 9 juin 1696.)

1385. *M. Lebret, intendant en Provence,*
au Contrôleur général.

7 Décembre 1694.

Il approuve le projet d'établir des coches sur l'Isère et le Rhône, entre Grenoble et Arles, à condition que les voyages, les départs, les chargements, etc. soient régulièrement fixés, et que le public conserve la faculté de prendre tout autre moyen de transport à son gré.

1386. *M. de Bezons, intendant à Bordeaux,*
au Contrôleur général.

14 Décembre 1694.

«..... Je vins dans cette généralité six mois après les conversions générales; je trouvay qu'un grand nombre de curés, dans les lieux où il y avoit beaucoup de nouveaux convertis, ne résidoient point dans leurs paroisses, et que leur prétexte estoit qu'ils n'avoient point de maison presbytérale. Vous jugez bien que cela estoit de cette manière parce qu'il n'y avoit que peu d'anciens catholiques, que la plupart des églises avoient esté détruites anciennement, et que la maison pour loger le curé n'avoit point subsisté. L'on avoit rétabli dans un grand nombre de lieux des églises, qui sont en très-mauvais estat. Cela faisoit que, s'il y avoit une petite ville à deux et trois lieues à la ronde, tous les curés s'y établissoient et alloient à leurs paroisses les dimanches et festes, pour dire la messe. Je crus qu'une des choses les plus importantes estoit de faire en sorte de faire résider les curés, et, comme il me parut qu'il n'estoit pas bon de faire une grosse imposition, pour le rétablissement d'une maison presbytérale, sur ces nouveaux convertis, que l'on taschoit d'attirer à l'église, autant que l'on pouvoit, par la voye de la douceur, je crus que le seul expédient estoit d'imposer tous les ans, dans une paroisse où il n'y avoit pas de maison presbytérale, une petite somme, eu égard à la grandeur de la paroisse et à ce qu'il pouvoit en couster pour louer une maison pour le curé, et je pris soin de leur faire donner à loyer par préférence les maisons non habitées par les propriétaires. J'ay obligé par ce moyen un grand nombre de curés à résider, lesquels ne demeuroient point dans leurs paroisses auparavant. Je ne fais donner dans la plupart des paroisses que 10 ou 12 ⱡⱡ par an, à moins que l'étendue n'en soit fort grande, que l'imposition n'en soit forte, et que je voye que le curé ayt besoin jusqu'à 20 ⱡⱡ pour louer une maison. Il y a très-peu de paroisses où j'aye fait donner au delà de 20 ⱡⱡ. Je continue d'en user de mesme; il m'a paru que cela estoit nécessaire. Je vous assure que cela monte dans la plupart des diocèses à très-peu de chose. J'ay mesme cru qu'il estoit de conséquence d'établir la règle aux nouveaux convertis qu'ils devoient contribuer pour le logement du curé, parce qu'ils soutenoient, lorsqu'ils estoient de la religion, n'en estre point tenus.....»

1387. *M. d'Herbigny, intendant à Lyon,*
au Contrôleur général.

18 et 23 Décembre 1694.

Les ordres qui ont été donnés d'acheter en Languedoc ou à l'étranger une partie des blés demandés pour la subsistance de Lyon, paraissent inexécutables à tous les marchands et aux directeurs de la Chambre de l'abondance, vu le bas prix du pain et celui des blés qu'on peut tirer de la Bourgogne. Tandis que, de ce côté, l'ânée ne reviendrait qu'à 22 ⱡⱡ environ, en Provence ou en Languedoc la saumée, d'un septième plus petite que l'ânée, coûte 24 ⱡⱡ, sans compter 6 ou 7 ⱡⱡ pour le transport et 4 ⱡⱡ pour les péages. Ainsi, le pain enchérirait d'un tiers à peu près. Il vaudrait donc mieux s'en tenir aux pays voisins de Lyon et à la Bourgogne, et courir le risque de ne tirer de là que les quantités strictement nécessaires. Suivant les derniers calculs et en admettant que les bourgeois soient déjà approvisionnés, la consommation journalière ne dépassera pas deux cents ânées.

«Le dénombrement de tous les habitans auquel on travaille pourra ayder à juger à peu près de la quantité de blé nécessaire dans Lyon. Je n'en ay trouvé aucun de cette généralité, en sorte que j'ay esté obligé d'envoyer dans toutes les paroisses des mémoires, afin qu'on y travaille promptement et exactement. Je prends la liberté de vous envoyer le plan que j'ay proposé pour ce travail, afin qu'en cas qu'il ne fust pas tout à fait conforme à vos intentions, il pust estre corrigé plus tost que plus tard. Comme il a esté formé sur vos premiers ordres, j'ay cru d'abord qu'on pouvoit en couvrir la véritable fin, et que ce seroit le moyen de savoir les choses plus au vray; mais, cette fin devenant publique par toutes les nouvelles qui sont venues, je dois avoir l'honneur de vous dire qu'elle est envisagée d'assez bon œil, et que la capitation estant attendue comme un moyen de voir cesser toutes les autres affaires extraordinaires, bien loin de faire peur, fait plaisir à la plus grande partie du monde, parce que la plus grande partie est dans le cas des affaires extraordinaires. Mais, en mesme temps, cela fait un mauvais effet, en ce que chacun se persuade qu'il se faut bien garder de rien payer pour les affaires qui sont sur pied, parce que, la capitation venant, on sera quitte de tout le reste.»

1388. *M. de Bernage, intendant à Limoges,*
au Contrôleur général.

18 Décembre 1694.

«Les officiers des présidiaux et siéges royaux, que je presse autant que je puis de s'acquitter de la finance de leurs augmentations de gages, s'excusent sur les difficultés qu'ils trouvent à se faire payer de ce qui leur est dû. Ils demanderoient qu'on leur permist d'user des mesmes voyes contre leurs débiteurs que S. M. exerce contre eux, et que la surséance portée par les lettres d'Estat n'eust aucun effet à leur égard, deux propositions que j'ay trouvées également injustes et préjudiciables au service du Roy. Mais j'ay cru qu'on pouvoit leur accorder un arrest pour les faire payer de leurs débiteurs par préférence et nonobstant toutes saisies, sauf à rapporter, et à la charge que leurs augmentations de gages seroient affectées aux créanciers qui pourroient estre colloqués avant eux.

«Quoyque la disposition de cet arrest semble donner quelque atteinte à des priviléges de créanciers qui ne se trouvent pas directement en concurrence avec le Roy, on pourvoit cependant à leur sûreté de manière qu'ils n'ont pas tout à fait sujet de s'en plaindre, d'autant plus que les sommes qu'on recevra seront prises sur des deniers qui demeureront quant à présent oisifs dans les coffres du receveur des consignations ou du commissaire aux saisies réelles.

«Il semble que cet arrest ne blesse pas assez le droit des particuliers pour qu'on doive le refuser au bien qu'il pourra procurer dans ce recouvrement.»

1389. *M. de Nointel, intendant en Bretagne,*
au Contrôleur général.

29 Décembre 1694.

«Il n'y a que trois communautés de religieuses pénitentes dans toute la province, qui sont à Vannes, à Guingamp et en cette ville (Rennes). Elles ne sont pas mesme en estat de recevoir et d'entretenir beaucoup de filles repenties, n'ayant pas de revenus considérables, et surtout celle de Guingamp. Les femmes et les filles qui sont enfermées à Brest y ont esté attirées par les régimens qui y ont campé pendant cet été, et le mesme inconvénient arrivera toujours tant qu'il y aura des troupes; le seul parti est de les faire fouetter par la main de l'exécuteur et de les faire conduire hors de la ville, avec défenses d'y revenir sous plus grande peine.»

1390. *M. Ferrand, intendant en Bourgogne,*
au Contrôleur général.

30 Décembre 1694.

«Permettez-moy de vous demander de quelle manière vous souhaitez que j'en use pour la nourriture des prisonniers arrestés par vos ordres, quand vostre intention n'est point de leur faire instruire leur procès, mais seulement de les faire rester prisonniers pendant quelque temps, pour des cas singuliers. Si vous entendez qu'ils soient réduits au pain du Roy, la demande que je prends la liberté de vous faire devient inutile: mais, comme je ne crois pas que vostre intention soit de réduire à une pareille extrémité des gens qui n'ont ni assez de forces pour soutenir cette nourriture, ni les moyens pour se procurer du soulagement, je vous supplie de me mander si vous trouverez bon que je prenne cette dépense sur le domaine, sur le pied que je régleray leurs alimens, par rapport au temps, à moins que vous ne trouviez plus à propos de fixer une somme par jour pour ces sortes de prisonniers, outre le pain du Roy*.»

* Cette question était soulevée à propos du nouveau converti Morelet, de Buxy, que M. d'Argouges avait fait arrêter, l'année précédente, sur simple lettre de cachet. Le contrôleur général répond, en marge: «Nulle distinction. Revoir l'affaire de Morelet, pour savoir s'il a esté assez puni. L'envoyer dans un chasteau.»

A Rouen, le procureur général du Parlement demandait qu'on fournît aux prisonniers détenus pour le Roi les deux livres entières de pain, au lieu d'en laisser la dernière demi-livre au profit du boulanger, du geôlier, etc. Mais, à ce propos, M. d'Ormesson obtint que l'on suivît l'usage du Parlement de Paris, et la fourniture ne fut plus réglée que sur le pied d'une livre et demie. Pour la détermination des cas où elle devait être faite aux frais du Roi, on s'en tint aux principes établis en 1683 et 1685. (Voir les lettres de M. d'Ormesson, 21 juillet; de M. de Bernières de Bautot, procureur général, 16 août, 27 novembre, et de M. de Montholon, premier président, 26 novembre.)

1391. *M. Bouchu, intendant en Dauphiné,*
au Contrôleur général.

1er Janvier 1695.

Mémoire sur la *taxe* de la province de Pignerol.

C'est le nom que la taille porte dans ce pays. Les rôles n'ont subi aucun changement depuis la cession à la France, si ce n'est qu'une partie du produit a été aliénée. Le reste s'emploie à payer le gouverneur et le Conseil supérieur.

1392. *M. Lebret, intendant en Provence,*
au Contrôleur général.

2 Janvier 1695.

«Le commis du sous-fermier des ports des lettres de Provence me demande, en vertu de l'article 9 du bail général, dont l'extrait sera cy-joint, une ordonnance conforme au modèle que je me donne l'honneur de vous envoyer, ce que je n'ay pas cru luy devoir accorder que je n'aye eu l'honneur de vous faire savoir : en premier lieu, que les visites qu'il prétend faire par luy ou par des gardes sur tous les bastimens de mer, tant françois qu'étrangers, à leur arrivée dans le port de Marseille, pour voir si les capitaines, officiers et matelots ne recèlent point de lettres, est une matière d'inquiétudes et désagrémens qui, joints à ceux que les capitaines souffrent déjà de la part des gardes des gabelles, du tabac, de la poudre, du sucre, et autres absolument opposés à ce qui est porté par l'édit du port franc, rebutent les négocians, et particulièrement les étrangers, à un point qui porte beaucoup de préjudice au commerce du royaume; en second lieu, que les visites de la part du fermier des lettres dans les bastimens de mer lui seroient absolument inutiles, n'y ayant rien de si facile à ceux qui voudroient frauder, que de cacher des lettres dans un vaisseau ou dans une barque, de manière qu'elles ne puissent jamais estre trouvées par ceux qui seroient préposés pour en faire la recherche; et la troisième, que, quand mesme vous jugeriez à propos de soumettre les négocians à cette visite, ce ne pourroit estre, dans la plus grande rigueur, que pour les lettres qui sont écrites d'Italie et d'Espagne, celles qui viennent du Levant et autres pays étrangers où il n'y a point de postes ni de courriers établis, ne devant point estre portées au bureau des lettres, ni assujetties au payement d'aucun droit en faveur du fermier du Roy*.»

* Voir, au 22 mars suivant, une lettre de M. Daguesseau, sur les moyens de concilier les priviléges du port avec l'intérêt des fermes.

La même question de franchise fut agitée de nouveau à l'occasion du droit de *deux pour cent de Nice à Villefranche*, qui frappait tous les bâtiments venant en droiture d'Italie et passant dans les parages de Nice. Le fermier prétendait, depuis la prise de Nice, lever ce droit à Marseille, et les marchands de ce dernier port, particulièrement ceux qui importaient les blés de Sardaigne, protestaient contre l'innovation. Voir les lettres de M. Lebret et de divers négociants, avec les observations de M. Daguesseau, aux 15 et 18 février, 23 et 25 avril.

1393. *M. Ferrand, intendant en Bourgogne,*
au Contrôleur général.

3 Janvier 1695.

Contestation entre le directeur des vivres d'Italie et un de ses commis.

«Je n'ay connu de cette affaire que par leur qualité, n'ayant pas cru qu'il fust du bien du service d'abandonner aux juges ordinaires des gens employés pour la levée des blés, contre lesquels on pourroit aller trop vite, sans considérer que ce sont gens utiles dans le temps présent. Il en est de mesme de tous ceux qui sont employés pour l'exécution des édits auxquels il pourroit arriver des affaires, et mon dessein estoit de vous demander sur cela de quelle manière vous souhaitez que j'en use, et si vostre intention est que les juges ordinaires en prennent connoissance. Je ne cherche assurément point pratique, et n'aurois pas dessein, en les soutenant, de leur procurer une trop grande licence, mais seulement de les mettre à couvert contre le ressentiment de ceux qui ne les voyent qu'avec chagrin dans les provinces*.»

* En Bourbonnais, les élus avaient commencé des poursuites contre le commis directeur des aides de Gannat et contre le sieur Dionis, commis par le receveur général à la recette des tailles de l'élection de Guéret. M. le Vayer, intendant à Moulins, demanda s'il ne conviendrait pas qu'il se réservât la connaissance de ces affaires, de peur que les recouvrements et le crédit du receveur général ne s'en ressentissent (Lettre du 11 décembre.)

1394. *M. d'Herbigny, intendant à Lyon,*
au Contrôleur général.

8 Janvier 1695.

Il y a une difficulté entre les traitants et l'échevinage, au sujet de l'abonnement des maisons bâties en partie sur le Rhône. L'échevinage prétend qu'il faut déduire sur la somme fixée pour la taxe ce que ces mêmes maisons ont déjà payé pour l'affranchissement des cens et rentes.

«La capitation générale passant aujourd'huy pour chose sûre et arrestée, me paroist toujours estre très-bien reçue et très-agréable aux peuples. Le voisinage de la Dombes m'a donné lieu de faire une réflexion dont j'ay cru devoir me donner l'honneur de vous informer. Comme la capitation est personnelle, les habitans de ce petit pays se flattent qu'ils en seront exempts; mais, si vous le jugez à propos, il seroit aysé et juste, sans donner atteinte à leurs droits, de les y comprendre, et eux, et tous les autres qui se pourroient prétendre en mesme cas, ou approchant. Il n'y auroit qu'à ordonner que tous ceux qui, par leur habitation hors du royaume ou autrement, ne seroient pas taxés au lieu de leur domicile, pourront l'estre dans les autres lieux où ils ont du bien.»

1395. *M. Baillet, premier président de la Chambre des comptes de Dijon,*
au Contrôleur général.

8 Janvier 1695.

Le nouveau contrôleur des restes a entrepris le recouvrement des débets clairs et des parties rayées ou tenues en souffrance, que ses prédécesseurs avaient longtemps négligé; plusieurs exécutoires ont été lancés, et les comptables ou leurs héritiers offrent de s'acquitter.

«La difficulté est de savoir où ils feront les payemens. Régulièrement, ce doit estre au Trésor royal; mais, outre que, sous ce prétexte, l'on diffère de payer ou de produire sa décharge, il y a quantité de petites parties qui ne pourroient y estre portées séparément sans consommer en frais les comptables. Ainsy, j'ose vous représenter qu'il ne seroit peut-estre pas inutile d'établir dans le ressort de cette Chambre un receveur des restes, en titre ou par commission, lequel porteroit au Trésor royal les deniers de sa recette et en compteroit de temps en temps..... »

1396. *Le Contrôleur général à M. de Nointel, intendant en Bretagne.*

10 Janvier et 21 Février 1695.

Il lui ordonne de se faire communiquer, en même temps qu'au traitant des offices de receveurs des deniers patrimoniaux, les lettres de concession ou de renouvellement des octrois des villes et les baux de ces octrois, ainsi que ceux des biens patrimoniaux, pour vérifier s'il n'y a pas des omissions ou des diminutions dans les états que les villes ont eu à fournir et qui doivent servir à fixer les rôles de finance des nouveaux offices.

«Les précautions que je vous marque me font espérer que vous reconnoistrez que les patrimoniaux de la ville de Rennes sont plus forts qu'on ne vous l'a déclaré; mais il est de conséquence, dans l'examen que vous en ferez, pour cette ville et les autres de la province, de ne pas établir pour maxime que le patrimoine des villes ne consiste qu'en fonds et en rentes foncières; il y a plusieurs autres sortes de droits, mesme souvent des impositions, qui sont réputés biens patrimoniaux par les titres qui en ont permis la levée. Cela se voit dans la plus grande partie des villes du royaume, et, pour cette raison, il est très-nécessaire d'examiner leurs titres, et cependant de commettre à l'exercice de ces offices, surtout à Rennes, afin de mettre cette affaire en estat de produire au Roy une finance considérable*. »

* Voir deux lettres du 13 juin et du 26 juillet suivants, sur les droits qui se levaient au passage des écluses de la Vilaine et sur un autre droit de *clavaison*.

1397. *M. de Bâville, intendant en Languedoc, au Contrôleur général.*

13 Janvier 1695.

«J'ay cru ne pouvoir rien faire de plus utile à la vue de la capitation que de porter les Estats à faire des offres pour racheter toutes les affaires extraordinaires, afin que, la province estant libre, cette grande affaire y fust reçue plus agréablement. Dans cette pensée, j'ay fait connoistre à l'assemblée, l'un après l'autre, de quelle utilité il seroit de faire des offres sur tous les édits qui s'exécutent maintenant. Elle m'en a fait de si petites, que je les ay rejetées d'abord; mais enfin elles sont venues au point de ne pouvoir plus estre augmentées, et j'ay cru qu'elles méritoient de vous estre faites. Vous les recevrez, si elles vous conviennent, et, si elles ne sont pas bonnes, les traités seront exécutés dans toute leur rigueur.....

«La province s'est trouvée devoir au trésorier de la Bourse un million, pour toutes les affaires extraordinaires qui ont esté rachetées l'année dernière; c'est ce qui a empesché de porter plus loin toutes ces offres*..... »

* Le 10 février, il envoie un tableau comparatif des impositions depuis 1689 jusqu'en 1695, la capitation non comprise, et il prouve qu'elles ont augmenté, durant cette période, de 2,748,508# (*sic* pour 2,798,508#), savoir : en 1690, 737,058#; en 1691, 491,009#; en 1692, 532,766#; en 1693, 245,967#; en 1694, 122,821#; en 1695, 668,887#. — Pour 1695, les États venaient de voter un Don de 3 millions, et 75,000# applicables aux travaux du port de Cette. (*Lettre du 2 décembre 1694.*)

L'imposition suivante fut moins forte de près de 900,000#. (État du 13 janvier 1696.)

1398. *M. d'Ormesson, intendant à Rouen, au Contrôleur général.*

14 Janvier 1695.

Il propose d'autoriser les habitants de Fécamp à lever un impôt de 6 deniers pour livre sur le montant des loyers, payable moitié par les propriétaires et moitié par les locataires, pour acheter des crocs et des seaux à incendie.

1399. *M. de Bernage, intendant à Limoges, au Contrôleur général.*

18 Janvier 1695.

Il serait presque impossible de faire, ainsi qu'on le propose, une recherche de tous les roturiers qui sont connus pour chasser au mépris des ordonnances et d'exiger, pour la rémission de leurs délits, une taxe que la plupart ne pourraient acquitter.

«Un moyen plus facile, mais trop injuste, seroit d'accorder aux roturiers la permission de chasser, moyennant finance, avec défense à tous autres, sur des peines plus graves que celles de l'ordonnance. Cette voye seroit trop préjudiciable aux droits des seigneurs pour estre admise, et je ne crois pas que vous jugiez ces avis praticables. Tout l'usage qu'on en pourroit faire seroit de faire porter à ceux d'entre ces chasseurs de profession qui auroient quelque bien leur bonne part de la capitation, au soulagement des autres taillables..... »

1400. *M. d'Ormesson, intendant à Rouen, au Contrôleur général.*

26 Janvier et 21 Février 1695.

Mémoire des habitants de Saint-Valery contre la Compagnie de la pêche du hareng établie dans cette ville et contre ses privilèges.

L'intendant conclut à ce que les intéressés soient déchargés de toutes contributions, sauf à imposer leurs commis, quand ils sont originaires de la ville et taillables.

1401. *M. le Marié, intendant à Trèves,*
au Contrôleur général.

22 Janvier 1695.

Quoique le dénombrement général du département soit fait, on ne peut prévoir le produit de la capitation sans savoir ce que chaque chef de famille devra payer, par rapport à son bien ou à son commerce plutôt qu'à sa profession, ainsi que se règlent les impositions dans ce pays. Les habitants, d'ailleurs, suffisent à peine à acquitter les contributions, et ils ne manqueraient pas de déserter, si la capitation était trop lourde.

La noblesse, pauvre et peu nombreuse, ne contribue d'habitude qu'aux subsides extraordinaires que l'Empereur lève tous les ans sur les fiefs relevant de l'empire. Le baron de Metternich pourra être chargé de percevoir la capitation de cet ordre.

1402. *M. de Vaubourg, intendant à Nancy,*
au Contrôleur général.

22 Janvier 1695.

L'esprit de la noblesse de cette province est trop différent de celui des gentilshommes du royaume pour trouver personne qui veuille se charger seul, dans chaque bailliage, de dresser les rôles de la capitation des nobles. D'ailleurs, les seigneurs, sauf ceux qui servent dans les armées du Roi, ont conservé leurs inclinations pour les princes lorrains. Tout inconvénient sera évité en nommant sept membres de la noblesse, aussi honnêtes et aussi dévoués que possible, pour exécuter ensemble le travail de la Lorraine et du Barrois.

On doit faire observer que les recouvrements de beaucoup d'affaires extraordinaires commencent à peine dans la province, et que cette coïncidence nuira à l'établissement de la capitation pour le 1er mars.

1403. *M. Lebret, intendant en Provence,*
au Contrôleur général.

23 Janvier 1695.

Mémoire sur les formalités qui s'observent dans les ventes forcées après saisie.

1404. *M. d'Usson, commandant à Barcelonnette,*
au Contrôleur général.

24 Janvier 1695.

Il propose de rétablir dans la vallée de Barcelonnette un bureau de douane qui y existait sous la domination des ducs de Savoie*.

* A cette lettre est joint un mémoire fort étendu, d'une autre provenance, sur le gouvernement de la vallée, sur son administration judiciaire et financière, ses produits, etc.

1405. *M. Foucault, intendant à Caen,*
au Contrôleur général.

25 Janvier 1695.

«Je reçois des plaintes de divers endroits, que les concierges des prisons royales font signifier des abandonnemens des prisons, ne voulant plus s'en charger, attendu qu'il n'y a aucun profit, la plus grande partie des prisonniers estant détenus à la requeste du procureur du Roy et ne payant point de droits de giste et geolage, en sorte qu'on est souvent obligé de commettre des huissiers ou sergens à la garde des prisonniers. Le concierge des prisons de Caen, qui en estoit fermier depuis vingt-sept années, au prix de 600 # par an, a fait aussy signifier un abandonnement au fermier des domaines, et auroit quitté la geole, si je ne l'avois obligé de rester, en luy promettant que j'aurois l'honneur de vous représenter la justice qu'il y a de luy accorder une diminution de la moitié du prix de son bail. Il seroit juste encore de donner jusques à 100 # de gages aux geoliers des autres prisons, en cas qu'il ne s'en trouve pas qui veuillent s'en charger moyennant les petits droits qu'ils retirent des prisonniers détenus pour affaires civiles. Si vous approuvez cette dépense, qui ne peut monter qu'à 5 à 600 # par an, j'auray soin de la ménager*.»

* En marge : «Le geolier ne peut abandonner. Le fermier doit perdre comme gagner. Commettre à ses frais à la geole, s'il abandonne.»

1406. *M. de Sève, intendant à Metz,*
au Contrôleur général.

31 Janvier 1695.

La création d'une Chambre des comptes, Cour des aides et finances, à Metz, achèverait de ruiner le Parlement, dont les charges ont perdu une grande partie de leur valeur ou même ne trouvent plus de débit, et elle ne pourrait rapporter la somme de 600,000 # qu'on en promet, qu'en obligeant le corps du Parlement à racheter les offices nouveaux, ou en faisant une imposition sur la province. Il faudrait, d'ailleurs, pour le payement des gages, augmenter le prix du sel, et cette surcharge serait dangereuse, coïncidant avec la capitation. Il vaudrait mieux créer de nouveaux offices de conseillers ou d'auditeurs, et même diviser en deux la charge de premier président, exercée par l'intendant.

1407. *M.* DE *Beuvron, lieutenant général en Normandie,* AU CONTRÔLEUR GÉNÉRAL.

1er Février 1695.

«..... J'ay reçu des ordres du Roy pour réformer la moitié des deux régimens de milices d'Herbouville et de Montenay, et d'en composer un, le meilleur qu'il se pourra; à quoy je vais travailler moy-mesme, pour éviter les abus ou malversations qu'il pourroit y avoir, si je le laissois faire aux officiers, qui sont industrieux à trouver leur compte dans les congés ou réforme des soldats.

«J'écris à M. de Barbezieux touchant les violences et désordres qui se font pour lever des soldats pour recrues et pour me faire autoriser de faire ce qu'il faut pour les réprimer. Je sais l'impuissance des officiers et la disette qu'il y a de soldats, par la mortalité qu'il y a eu ces deux dernières années, pour quoy je tolère tout ce qui se peut; mais il faut laisser la liberté du commerce et des marchés, et aux paysans et laboureurs et à toutes autres personnes d'aller et venir, ce qu'ils n'ont pas; et, à la fin, cela causeroit un grand désordre et feroit sortir les paysans de la soumission et obéissance où ils sont, qui est telle, qu'un seul homme se disant officier ou sergent prend tout ce qu'il veut dans les villages, sans qu'ils osent s'y opposer et viennent à moy aux plaintes*. .... »

* Voir, sur le même sujet, au 22 janvier 1696, une lettre de M. de Bernières de Bautot, procureur général au Parlement de Rouen, et, au 4 février 1697, une lettre du sieur de Bertengles, président en l'élection de Lyons.

M. de Vaubourg, intendant à Nancy, rendant compte, à la requête des fermiers de Lorraine, de l'enlèvement de quatre ouvriers qui travaillaient aux bois des salines, dit, dans une lettre du 12 mai : «Le sieur de Vitrimont, cornette au régiment de cavalerie de Bourbon, qui les a amenés, prétend qu'ils sont bien engagés et qu'ils ont bu et reçu de l'argent de ses émissaires. Cependant, il n'y a pas lieu de le croire, vu le soin qu'il a pris de les faire cacher et partir ensuite secrètement, quoyqu'il m'eust promis, en présence du directeur de la ferme, de les faire venir devant moy, afin que j'examinasse le prétendu enrôlement.»

Par une lettre de M. Miroménil (Tours), en date du 12 mars 1696, on voit que les juges de la maréchaussée favorisaient ces recrutements forcés, soit en condamnant les enrôlés comme déserteurs, soit, du moins, en multipliant les procédures aux dépens des communautés, quand celles-ci essayaient de poursuivre les officiers.

1408. *M.* DE *Miroménil, intendant à Tours,* AU CONTRÔLEUR GÉNÉRAL.

4 Février 1695.

Il envoie copie de l'ordonnance qu'il a rendue pour le soulagement des faux-sauniers condamnés aux galères.

«..... Ordonnons qu'aux frais de Me Pierre Pointeau, adjudicataire général des gabelles, ses procureurs ou commis, il sera dorénavant distribué aux prisonniers pour faux-saunage, dans cette généralité, mesme après qu'ils auront esté condamnés aux peines des galères, le pain accoustumé de bonne qualité, de la paille fraische raisonnablement, et de plus, une fois le jour, à chacun de ces prisonniers, une chopine de potage composé de la manière portée au mémoire paraphé de nous et joint à la présente ordonnance....; ce qui pourra revenir pour un homme à 9 deniers au plus par jour, lesquels seront remis à cet effet, par le directeur des fermes, entre les mains de personnes charitables ayant soin des prisonniers. Comme aussy enjoignons audit Pointeau ou ses commis de faire incessamment convertir les fers que lesdits condamnés ont aux pieds en couples pour les attacher par le col, ainsy qu'il est usité à la Tournelle de Paris.....»

1409. *Les Élus provinciaux d'Artois* AU CONTRÔLEUR GÉNÉRAL.

23 Février 1695.

Ils exposent le droit que l'élection a de connaître seule, en première instance, de tout ce qui concerne la noblesse dans le ressort entier, y compris Dunkerque, et ils signalent les usurpations fréquentes que commettent impunément les marchands de cette ville.

1410. *M. l'Évêque de Mirepoix* AU CONTRÔLEUR GÉNÉRAL.

4 Mars 1695.

La ville de Mazères, où le Roi permet de transférer le siége de l'évêché, est abandonnée aux exactions de ceux qui règlent ou lèvent les impositions, et il est nécessaire d'appeler sur ce point l'attention de l'intendant.

«Je ne sais si je dois vous rendre compte d'une difficulté dont M. l'intendant de Montauban vous aura sans doute écrit. Elle regarde la capitation de mon frère, qui se trouve gouverneur, ou plutost capitaine-chastelain, à 100# de gages, de la ville de Moissac. On luy demande 100 écus, comme gouverneur de place dans le dedans du royaume. Il ne paroist pas que la taxe doive aller au delà des appointemens, et je m'imagine que bien d'autres cas semblables, dont on vous aura écrit des provinces, donneront lieu à quelque interprétation de l'article de la déclaration à laquelle mon frère se soumettra avec joye.»

1411. *M.* DE LA *Fond, intendant en Franche-Comté,* AU CONTRÔLEUR GÉNÉRAL.

6 Mars 1695.

Le receveur des impositions du bailliage de Saint-Claude, qui faisait le commerce des espèces d'or et d'argent avec l'étranger, a été condamné, par contumace, aux galères perpétuelles, et non à la mort, parce que le délit était antérieur à la déclaration de décembre 1693, qui établit cette dernière peine.

Un imprimeur de Besançon, poursuivi pour le même fait, n'a pu être condamné, faute de preuves.

1412. *M. Ferrand, intendant en Bourgogne,*
au Contrôleur général.

12 Mars 1695.

« Par le travail que j'ay fait avec MM. les élus, et par quelques observations particulières au sujet de la capitation, je doute que la taxe sur les taillables monte au quart de la taille, qui est de 2,000,000 ᴴ ou environ en cette province; sur ce pied, la capitation de la Bourgogne n'iroit pas à 1,000,000 ᴴ. Je crois que, pour tirer un secours plus considérable, il seroit à propos de faire trois classes de chaque espèce; il y a des procureurs en ce Parlement en estat de payer 40 ᴴ, et d'autres hors d'estat de payer la moitié de la taxe portée par le tarif; des gros marchands tenant boutique assez riches pour payer 40 ᴴ ou 50 ᴴ; il en est de mesme des bourgeois et artisans : tel bourgeois payera 100 ᴴ, qu'un autre ne pourra payer 6 ᴴ. Vous ferez sur tout cela vos réflexions; mais, si vous vous en tenez au tarif, la capitation ne produira pas ce que vous en attendez. Ce n'est pas que le travail soit interrompu par ces vues; nous agissons toujours conformément au tarif, à l'exception des artisans qui n'employent point de compagnons, que je taxe, tantost plus, tantost moins, selon leur portée, pour éviter les non-valeurs, dont il n'y aura que trop dans le bas étage. Si dans la suite vous me faites l'honneur de me donner de nouveaux ordres, je répareray l'ouvrage par des rôles d'ampliation.

« Suivant la liberté que vous m'en avez donnée, j'ay commis le sieur Cominet, sous-fermier des domaines, pour faire la recette des privilégiés.

« Je sais que les gentilshommes font quelques mouvemens pour avoir la permission de nommer un d'entre eux dans chaque bailliage pour faire la recette, fondés sur ce qu'ils ont racheté les charges de trésorier du ban. Outre que cette recette n'y a aucun rapport, et que le payement de cette finance n'est pas encore achevé, je crois que vous trouverez à propos de ne point changer la disposition de l'édit, et de me laisser cette nomination, avec le gentilhomme de chaque bailliage et l'élu de la noblesse. Il est important que j'aye dans cette recette une personne qui puisse recevoir vos ordres par mon canal et les exécuter sans aucun ménagement. Elle sera en Bourgogne très-considérable; nous arresterons demain les rôles de cinq bailliages. »

1413. *M. le Vayer, intendant à Moulins,*
au Contrôleur général.

13 Mars et 4 Mai 1695.

Il envoie les états de liquidation des dommages et intérêts dus au fermier général des gabelles pour le faux-saunage imputé aux deux escadrons du ban de Bourgogne, et il propose d'en rendre responsables les commandants de ces escadrons, sauf leur recours contre chaque gentilhomme en particulier*.

Trois compagnies de cavalerie logées en quartier d'hiver avaient également pratiqué le faux-saunage; comme les officiers ont fait leur devoir, chaque compagnie n'a été condamnée qu'à 150 ᴴ, à retenir sur les appointements des chefs.

* Voir, au 1ᵉʳ octobre de l'année précédente, un premier rapport sur les faits incriminés.

Les gentilshommes de l'arrière-ban de Paris et des pays chartrain et blaisois se rendirent coupables du même désordre en 1696. Ils introduisirent de Poitou en Touraine une grande quantité de faux sel, sur des chevaux qu'ils s'étaient fait fournir par les maires de Poitiers et de Châtellerault. (Lettre et information de M. de Miroménil, 23 décembre 1696; dossier envoyé par le sieur Valtier, intéressé aux fermes, le 8 mars 1697.) — Les bans des sénéchaussées de Reims, Troyes, Orléans et Chartres, revenant de Bretagne, pratiquèrent encore ce faux-saunage en 1697. Voir, au 26 septembre, une lettre de M. d'Autichamp, lieutenant de Roi à Angers, et, au 1ᵉʳ octobre, l'information du prévôt général d'Anjou.

1414. *Le sieur Boulanger, receveur général des finances en Bretagne,*
au Contrôleur général.

29 Mars 1695.

« Vous savez que je dois prendre, suivant l'estat du Roy, 200,000 ᴴ, payables par quartiers, sur Pointeau, fermier général, qui luy sont passées en dépense par l'estat des charges qu'il a à payer; mais, quoyque l'estat du Roy porte que je seray payé de quartier en quartier, au dernier jour de chacun d'iceux, MM. les fermiers généraux ordonnent à leurs receveurs de ne me payer que six semaines après, ce qui fit que, l'année passée, je fus obligé de prendre de l'argent ailleurs pour payer les officiers, qui n'attendroient pas un moment sans donner des contraintes contre moy; il m'en cousta assurément près de 2,500 ᴴ d'escompte. Par là, je mange la moitié de mes gages. Encore, les fermiers généraux, qui doivent me payer à Nantes, me donnent à prendre l'argent sur le receveur du tabac à Rennes, ce qui retarde encore beaucoup, outre le risque qu'il y a à faire voiturer et l'argent qu'il en couste. C'est pourquoy je vous supplie d'ordonner à MM. les fermiers généraux qu'ils me fassent payer à la fin de chacun quartier; ils ont toujours de l'argent de reste à Rennes six fois plus qu'il ne faut, parce qu'ils n'ont pas d'occasions de le tirer. »

1415. *M. de Bouville, intendant à Orléans,*
au Contrôleur général.

4 Avril 1695.

Pièces, procès-verbal et avis sur le mode particulier de présentation et de jugement des comptes de la ville d'Orléans, et sur les droits respectifs, en cette affaire, du procureur du Roi de l'hôtel de ville et des avocats et procureur du Roi du présidial.

1416. *M. de Bezons, intendant à Bordeaux,*
au Contrôleur général.

5 Avril 1695.

Il rend compte d'assemblées qui se sont tenues en Bigorre, sans l'ordre du Roi ou du commandant de Guyenne, au sujet de la capitation, et qui pourraient aboutir à un mouvement, particulièrement dangereux dans les circonstances actuelles et sur la frontière*.

* M. l'évêque de Tarbes écrit sur le même sujet, le 30 avril. Voir aussi deux lettres du 5 mai, de M. de Sourdis et de M. de la Hitte; celui-ci était soupçonné d'avoir provoqué et dirigé le mouvement. M. de Sourdis envoie, le jour suivant, les pièces de l'affaire et son rapport, par suite duquel M. de la Hitte et un prêtre, curé d'Agos, furent exilés à vingt lieues des Vallées.

1417. *M. de Bernage, intendant à Limoges,*
au Contrôleur général.

8 Avril 1695.

Les récollets de Limoges, qui font partie des ordres mendiants et jouissent de tous leurs priviléges, demandent l'exemption des droits de la ferme pour faire venir dix tonneaux de vin que les frères quêteurs ont recueillis en Angoumois.

«C'est si peu de chose, qu'il semble que les fermiers généraux ne devroient pas faire difficulté de leur accorder cette charité, d'autant plus que ce vin ne passe pas d'une généralité dans une autre, l'Angoumois et le Limousin estant également de la généralité de Limoges, et, s'il passe devant le bureau de Gattebarre, c'est parce que les fermiers l'ont établi seulement depuis le mois de novembre 1691, en une langue de terre du Poitou d'un quart ou de demy-lieue de large, qui coupe en traversant une partie du Limousin et le sépare de l'autre partie et de l'Angoumois. Je ne puis me dispenser de vous informer icy que cet établissement porte un préjudice très-considérable aux habitans du pays, particulièrement à ceux de la ville de Saint-Junien, qui ne subsistent presque qu'au moyen du commerce qu'ils font à la ville de Limoges, où ils ne peuvent aller et venir sans passer à ce bureau, quoyque Saint-Junien soit dans le Limousin, de la séneschaussée et de l'élection de Limoges . . . . .»

1418. *Les Trésoriers de France en la généralité de Toulouse*
au Contrôleur général.

8 Avril 1695.

«Nous vous envoyons l'estat de la valeur des finances de nostre généralité pour l'année présente, avec le nom et surnom de tous les prenant gages, droits et augmentations, sur lequel il vous plaira faire expédier celuy de la distribution, afin que nous puissions faire remettre à la recette générale des finances les sommes y destinées et payer les gages aux officiers. Il vous plaira aussy de faire vos observations sur les *advertatur* que nous avons mis audit estat, pour faire revenir au Roy des sommes assez considérables, par le rétablissement des offices de payeurs des officiers présidiaux de cette province, qui ne font point leurs fonctions, et qui jouissent de leurs gages jusqu'au remboursement de leur finance.»

1419. *M. de Bâville, intendant en Languedoc,*
au Contrôleur général.

12 Avril 1695.

Le sieur Bourlat, l'un des principaux entrepreneurs de la manufacture de draps de Carcassonne, est gêné par la rareté de l'argent et par la diminution des affaires. Il mérite, en raison de ces circonstances et de sa position industrielle, qu'on lui accorde une surséance de deux ans pour acquitter ses dettes, et qu'on défende à ses créanciers de rien entreprendre durant ce temps contre sa personne ou ses biens, à peine de 3,000 ᵗᵗ d'amende.

1420. *M. Bégon, intendant à la Rochelle,*
au Contrôleur général.

12 Avril 1695.

«M. le marquis de Chasteauneuf a expédié une ordonnance de 3,200 ᵗᵗ pour le payement des maistres d'école pendant l'année dernière. Je vous supplie d'avoir la bonté d'employer cette somme sur l'estat de distribution, ces sortes de payemens ne pouvant estre reculés sans réduire ces pauvres gens-là dans la dernière misère*.»

* M. Bignon, intendant à Amiens, demande, le 9 juin 1694, le payement des 150 ᵗᵗ de gages du maître et de la maîtresse d'école établis à Calais, depuis la conversion générale, pour l'éducation des enfants des matelots. Ces gages, pris d'abord sur les biens des religionnaires, puis assignés sur le Trésor, étaient arriérés d'un an.

1421. *M. de Bernage, intendant à Limoges,*
au Contrôleur général.

14 Avril 1695.

Il rend compte des contestations de préséance et de cérémonial qui se sont produites entre les trésoriers de France et les consuls de la ville de Limoges, à l'occasion de l'adjudication des octrois.

1422. *M. de Bezons, intendant à Bordeaux,*
au Contrôleur général.

16 Avril 1695.

Le fermier du droit d'entrée qui se lève sur les grains

au profit de la ville de Bordeaux *, se plaignant de ce que beaucoup d'habitants faisaient venir leur pain de la campagne et de ce qu'il ne pouvait lever le droit sur ce pain, avait obtenu de faire du moins constater aux portes de la ville quelle quantité il s'en introduisait chaque jour. Cela a donné lieu à divers habitants, entre autres, au procureur général du Parlement, de prétendre que l'on volait leur pain à l'entrée; l'affaire, portée en Parlement, a été assoupie au bout de quelque temps.

* M. de Bezons envoie, le 2 novembre suivant, toutes les pièces relatives à cette ferme, l'une des plus considérables que possédât la ville de Bordeaux, et qui fournissait une partie des fonds pour payer les intérêts de 3 millions de dettes.

1423. *M.* de Sourdis, *commandant en Guyenne,*
au Contrôleur général.

16 Avril et 9 Mai 1695.

Le Parlement de Bordeaux a cassé, pour incompétence, une ordonnance par laquelle les jurats fixaient le prix des journées des manœuvres à 10 sols dans les Graves et à 8 sols dans l'Entre-Deux-Mers, et défendaient que les ouvriers pussent demander plus, ou même les particuliers leur donner davantage.

«Les jurats ont outre-passé, ce me semble, leur pouvoir, car je ne crois pas qu'ils puissent faire valoir leur police hors de la ville et banlieue, ni condamner pour un tel cas à une peine afflictive, et cependant ils l'ont fait dans l'Entre-Deux-Mers et au plus éloigné des Graves. Ces messieurs assemblent leur Conseil fort vite, et mesme sans y appeler M. le marquis d'Estrades, maire de la ville, qui apporteroit assurément du tempérament à leur chaleur de foye; car je ne puis vous taire que, de cette jurade, les deux avocats sont deux extravagans, l'un des marchands est imbécile et l'autre fort violent. Le premier jurat gentilhomme est honneste homme et sage, mais le second est un jeune homme sans expérience.....

«Il seroit difficile de remonter à la source des antipathies qui sont entre le Parlement et les jurats, mais je crois qu'elle est aussy ancienne que celle des François et des Espagnols. Je vous diray cependant que MM. les gouverneurs et MM. les intendans n'ont pas peu contribué à la zizanie; ils ont cru que c'estoit une politique utile au service du Roy, particulièrement depuis les guerres civiles..... Il est absolument nécessaire que S. M. décide d'elle-mesme, et qu'elle se fasse envoyer les raisons des uns et des autres.....»

1424. *M.* de Séraucourt, *intendant en Berry,*
au Contrôleur général.

24 Avril 1695.

«J'ay fait connoistre de nouveau aux juges des justices et aux officiers municipaux des villes de ce département l'intérest qu'ils ont de prévenir, ou du moins, de réprimer les mouvemens qui pourroient estre faits par les peuples au sujet du recouvrement de toutes sortes de deniers imposés, et je vous assure qu'ils ne manqueront point à leur devoir*. Quant à ce qui est arrivé à Bourges, j'ay eu l'honneur de vous en rendre compte par ma lettre du 18 du mois passé. Elle vous aura fait connoistre que ce n'estoit rien, et que ce qui a esté fait a fait voir aux peuples que l'on n'estoit point sans attention sur ces sortes d'affaires-là**. Celle qui est arrivée à Chasteauneuf est fort différente et mérite une sévère punition. Le bruit que j'en ay fait a obligé deux artisans à prendre la fuite, et ils se sont accusés eux-mesmes par là.....»

* Soupçonné de ne point activer les recouvrements, M. de Séraucourt écrivait, le 4 mars précédent : «..... Il n'est point à craindre que le public s'abuse de l'espérance d'une décharge entière; les garnisons qui sont apposées journellement et les autres poursuites, qui n'ont pas discontinué d'un seul jour, font assez connoistre la nécessité qu'il y a de payer. Je dois encore ajouter que le commis préposé à la conduite de cette affaire, qui y est intéressé luy-mesme, ne la laisse point languir, et qu'il est d'une vivacité sur ce recouvrement à laquelle on ne peut rien ajouter sans danger.» Dans un rapport sur l'état de l'élection de Châteauroux (10 octobre), il dit : «L'on ne peut vous exprimer le désespoir des malheureux qui payent les arts et métiers : les diminutions qu'on leur offre ne les touchent point; l'on n'en tire rien qu'en mettant garnison chez eux et en emportant leurs meubles, en sorte que les frais iront à des sommes excessives.....»

** Voir la lettre, qui est du 19 mars, et non du 18.

1425. *M.* de Nointel, *intendant en Bretagne,*
au Contrôleur général.

24 Avril 1695.

Les habitants de Saint-Malo, pressés de trouver une somme de 30,000 # pour armer les brûlots et chaloupes destinés à la défense de leur port, demandent à lever, dans la paroisse de Saint-Servan, le droit de 2 sols par pot de vin et de 6 deniers par pot de cidre ou de bière qui se perçoit déjà à Saint-Malo sur le débit de ces boissons. C'est en effet la seule ressource qui soit praticable sans qu'on risque d'achever la ruine du commerce et de la ville*.

* Le 1er juin suivant, le contrôleur général répond que le Roi continue à rejeter cette proposition comme par le passé. «S. M. a toujours voulu conserver la distinction qui a esté de tout temps entre Saint-Malo et Saint-Servan; ce que vous proposez aujourd'huy iroit à la ruiner entièrement.....» Le 5 juin, M. de Nointel renouvelle ses instances, et il envoie un état des aliénations successivement pratiquées par la ville de Saint-Malo.

Sur un second refus, le 6 juillet, il substitua à la première proposition celle de créer un greffier d'assurances; mais cette idée fut aussi rejetée, d'après les avis de M. Daguesseau et de M. de Lagny, qui était un des associés de la Compagnie des assurances de Paris. Voir les pièces jointes à la lettre de M. de Nointel.

Vers la même époque, la ville ayant été de nouveau bombardée par les Anglais, M. de Nointel demanda quelque soulagement pour les habitants, soit sur la capitation, soit sur une taxe quelconque, celle de l'affranchissement des maisons, celle des charges de la milice bourgeoise, ou bien sur les frais d'entretien des brûlots et chaloupes. (Lettre du 20 juillet.) Enfin, l'année suivante, il obtint que désormais ces derniers frais, dont M. de la Chipaudière-Magon, connétable de la ville, faisait l'avance depuis plusieurs mois, seraient payés par la province. (Lettre du 18 janvier 1696.)

Voir, au commencement de l'année 1697, une protestation des habitants de Saint-Malo contre le projet de construction d'une nouvelle ville, avec enceinte, à Saint-Servan.

1426. *M. d'Herbigny, intendant à Lyon,* au Contrôleur général.

26 Avril 1695.

Les maîtres boutonniers de Lyon, qui sont près de cinq mille, et qui comptaient sur la prohibition des boutons d'étoffe pour relever leur industrie, représentent comme une contravention à l'ordonnance royale que les tissutiers, rubaniers, etc. fabriquent une nouvelle espèce de boutons avec des rubans d'or et d'argent ou de soie.

«J'ay entendu l'auteur de cette nouvelle invention et les boutonniers, en présence les uns des autres. L'auteur fait voir, à mon sens, bien nettement qu'il n'a point contrevenu à l'arrest du 25 septembre dernier, tant à cause que le bouton dont il s'agit n'est point fait d'étoffe, mais d'un tissu, qu'à cause que, par les propres règlemens des boutonniers, il est dit qu'ils pourront employer toutes sortes de tissus pour leurs ouvrages et les enjoliver. Le seul inconvénient est donc que cette nouvelle fabrique fait grand tort aux boutonniers, attendu que ce sont les tissutiers, rubaniers, qui s'en meslent. Ceux-cy, d'autre costé, ne sont pas trop à leur ayse et travaillent peu depuis que l'usage des rubans n'est plus à la mode. Cette nouvelle fabrique de boutons d'or et d'argent est un moyen pour eux de subsister. Il semble que l'arrest du 25 septembre n'a eu en vue que deux choses: l'une, de procurer le débit des soyes; l'autre, d'empescher que, par le moyen des boutons d'étoffe, les ouvriers qui pourroient les fabriquer ne restassent sans travail. Or, cette nouvelle fabrique n'est point contraire à ces deux choses, puisque la soye y entre et qu'elle est travaillée par des ouvriers. La seule différence qu'il y a est que ce ne sont pas seulement les boutonniers, mais que les rubaniers y peuvent aussy travailler. Puisque vous m'ordonnez de vous en dire mon avis, je croirois qu'il conviendroit, durant quelque temps, ne pas interrompre le cours de cette nouvelle mode, et on verroit dans la suite si elle seroit d'un assez grand préjudice aux boutonniers pour devoir estre défendue*.»

* Parmi les pièces jointes à cette lettre se trouvent plusieurs échantillons des boutons et des tissus d'or et d'argent.

1427. *M. Lebret, intendant en Provence,* au Contrôleur général.

2 Mai 1695.

La ville d'Aix doit 1,700,000^{tt}, dont les intérêts arriérés depuis le commencement de la guerre montent à plus de 50,000 écus. Dans deux premières réunions, le Conseil général avait, en conséquence, décidé la levée annuelle d'un quarantain sur toutes les terres du terroir pour lesquelles les bourgeois n'ont jamais payé ni tailles ni impositions; mais les parties intéressées ont fait rapporter cette décision, et le quarantain a été remplacé par une augmentation des droits d'entrée sur la farine, qui sont portés de 25 sols à 40 sols.

1428. *M. le Vayer, intendant à Moulins,* au Contrôleur général.

4 Mai 1695.

«.... Quand je suis arrivé dans la généralité, j'ay remarqué que chaque paroisse fournissoit, outre la nourriture de son soldat (de milice) pendant le quartier d'hiver, dont il tiroit par jour des 10 à 12 sols et jusques à 15 sols, et les 2 sols de solde que le Roy a ordonné aux paroisses de luy payer; j'ay trouvé, dis-je, qu'elle payoit encore en argent, pour faire partir son soldat, l'une 60^{tt}, l'autre 75^{tt}, au moins, et quelquefois jusques à 100^{tt}, et cet argent se payoit de gré à gré par les jeunes gens mariés ou non mariés, pour se dispenser d'aller à la guerre; ce qui produisoit deux très-grands abus : l'un, que, par ce moyen, il sortoit de la province plus de 20,000 écus, car, le régiment de milice estant composé de mille quatre-vingts soldats, et chaque soldat emportant 60^{tt} au moins, l'un portant l'autre, cela monte à 6,080 pistoles. L'autre abus qui s'en est ensuivi, c'est que, les paroisses ayant pris pour leur soldat des étrangers, contre l'intention du Roy, ces étrangers la plupart ont déserté, emporté ce qu'ils avoient des paroisses, lesquelles souvent ont esté obligées de fournir deux et trois soldats en mesme temps, par cette raison.

«Pour obvier à ces abus, j'ay commencé par refuser aux collecteurs les ordonnances qu'ils me demandoient pour lever ces sortes de deniers sur les jeunes gens mariés et non mariés, et leur ay fait défense de plus donner à l'avenir pareilles sommes, leur enjoignant, suivant les règlemens, de tirer entre eux au sort pour faire marcher ceux desdits jeunes hommes sur qui il tomberoit. Cela n'a pas laissé de produire quelque effet; mais, comme les mauvaises habitudes ne se peuvent perdre tout d'un coup, il y a eu encore quelques vieux soldats qui ont exigé leur ancienne gratification; et, à l'égard des nouveaux que j'ay fait nommer et prendre pour marcher, comme ce sont les plus pauvres et misérables qu'on choisit, pour ne pas désoler et ruiner la culture des terres, il a esté impossible de les envoyer à la guerre sans leur fournir quelque chose pour avoir du linge et autres menues nécessités; sans cela, ils désertoient tous et se jetoient dans les bois. Et je me suis trouvé ces jours-cy dans la situation de ne pouvoir seulement fournir au Roy les cinq cent quarante hommes de milice auxquels il a plu à S. M. de réduire le régiment pour cette année. J'ay donc esté obligé, pour les rappeler et les retenir, de faire donner à chaque nouveau soldat 10^{tt}, une chemise et une cravate, et à chaque ancien soldat 20^{tt}, moyennant quoy j'ay fait partir au dernier jour une recrue de cent dix soldats qui manquoient. Pour lever ces sommes de 10 et 20^{tt}, j'ay cru qu'il ne m'estoit point permis d'ordonner la levée sur les paroisses sans lettres d'assiette, commission ou arrest; mais, sur la requeste que me présentent les collecteurs, qui m'exposent que tels et tels des jeunes gens mariés et non mariés n'ont pas voulu tirer au sort pour aller servir, et qu'ils ont choisi tel pour aller en leur place, auquel lesdits collecteurs ont fourni la somme de 10 ou 20 ᵗᵗ, j'ay cru que je pouvois condamner les particuliers en leur propre et privé nom à payer chacun leur part de ladite somme, qui sans cela tourneroit en pure perte aux collecteurs, et, par ce moyen, ce n'est plus une imposition générale sur les paroisses, mais une condamnation particulière sur quelques jeunes gens mariés ou non mariés. Cependant, s'il y avoit en cela quelque chose d'irrégulier et qui vous fust désagréable, je me corrigeray, et, comme je n'ay en vue que le bien du service, je prends la liberté de vous rendre un compte exact de ma conduite, afin que je la puisse rectifier, s'il est nécessaire. Ce qui est certain, c'est qu'au lieu de plus de 10,000 écus que les paroisses auroient payés cette année, en partant, aux cinq cent quarante soldats de milice de cette généralité, s'il leur avoit esté permis de leur payer, comme par le passé, des 6, 8 et 10 pistoles à chaque soldat, il ne leur en a pas cousté plus de 10,000 ᵗᵗ, sur le pied que j'ay tenu les choses; mais ce sont toujours 10.000 ᵗᵗ qui sont sorties de la généralité, et qui pouvoient légitimement tenir leur place dans l'estat des charges que j'ay l'honneur de vous envoyer, ou du moins, dont j'ay cru estre obligé de vous informer. J'ajouteray encore, avec vostre permission, que rien ne ruine plus le plat pays que cette milice; ils font des concussions, des violences, plus que toutes les autres troupes réglées, et deux régimens de celles-cy cousteroient moins au royaume à entretenir qu'un régiment de milice. Si cependant c'est une nécessité de ne pas achever de les réformer entièrement, il seroit du moins de l'avantage du public que les soldats ne fussent plus dispersés dans toutes les paroisses, et qu'ils fussent retenus dans des quartiers d'assemblée, sous les yeux de leurs officiers, qui répondroient de leur conduite.»

1429. *M. de Bezons, intendant à Bordeaux,* au Contrôleur général.

15 et 31 Mai 1695.

«..... Il se débite très-peu de grains présentement dans les marchés; il en restera une furieuse quantité à la récolte prochaine. Ceux qui ont des denrées n'en trouvent point d'argent; l'on ne vend pas, dans la plupart des marchés, la trentième partie de ce que l'on vendoit autrefois dans un marché. Les marchands qui ont fait de grosses provisions ne savent comment s'en défaire. Ceux qui ont des terres un peu considérables ne trouvent point à vendre leurs grains présentement, de sorte qu'il y a très-peu d'argent. Je crois cependant qu'il ne faut point permettre de transporter des grains dans les pays étrangers jusqu'à ce que la récolte prochaine ayt esté faite, que l'on voye comment elle aura réussi, afin d'éviter de retomber dans la disette où l'on s'estoit trouvé pendant près de deux années*.....»

La gelée et la grêle ont détruit beaucoup de vignobles, particulièrement dans les meilleurs crus des Graves, et les propriétaires, qui souffrent depuis plusieurs années de ces accidents et du mauvais débit des vins, seront forcés d'abandonner la culture des vignes, de peur de n'y point recouvrer leur dépense**.

«Il ne laissera pas d'y avoir beaucoup de vin dans l'élection de Bordeaux, s'il n'y arrive point d'autre accident, parce qu'il y a une si prodigieuse quantité de terres plantées en vignes, qu'il est impossible de se défaire de la plus grande partie du vin, lorsque le commerce n'est pas libre avec l'Angleterre et la Hollande***.....»

* Dans les premiers temps de la récolte (lettre du 5 juillet), il proposa de laisser exporter les grains pour le Portugal, où il y avait disette; puis, sur la nouvelle que les brouillards avaient détruit un tiers des blés et fait hausser légèrement les prix (12 et 19 juillet, 2 et 27 août), il revint aux défenses premières, mais seulement en ce qui concernait l'exportation à l'étranger.

** Voir une lettre du 23 avril précédent.

*** Le recouvrement des tailles souffrit de tels retards, par suite des embarras du commerce, que le receveur de l'élection de Bordeaux et M. de Bezons sollicitèrent une diminution considérable, ou, en attendant, une surséance aux payements réglementaires, pour éviter aux contribuables et à la recette des frais inutiles. (Lettres des 25 et 28 juin.) Le contrôleur général répond en marge de la seconde de ces lettres : «N'admettre jamais ni restes ni non-valeurs; point de surséances non plus par arrest, mais verbalement.»

1430. *M. Boisot, procureur général au Parlement de Besançon,* au Contrôleur général.

20 Mai 1695.

«Il y a en ce pays une si grande abondance de blé, que ce qui valoit l'année dernière 6 ᵗᵗ 5 s. ne vaut à présent que 22 sols, parce qu'il n'y en a point de débite. Si la récolte prochaine est aussy belle qu'elle le promet, il n'en vaudra pas 12, ce qui mettra la province hors d'estat de fournir les sommes qu'on en a tirées jusques icy. Pour y remédier, il n'y a qu'à permettre la sortie des grains et à laisser la liberté à chacun d'en lever, pour les mener partout où la débite sera meilleure. C'est le seul et véritable moyen de faire entrer dans le pays de l'argent étranger, dont il a grand besoin, y estant fort rare. L'on pourroit vous dire des raisons spécieuses pour vous en détourner: mais soyez persuadé que l'intérest y aura part, et non le bien public, et que, pour enrichir quelques particuliers qui auront des permissions secrètes, l'on ruinera tout le général.

«Si tout l'argent qu'on lève en ce pays pour la capitation entre dans les coffres du Roy, comme je le crois, la somme en sera grande, parce qu'on augmente de beaucoup les taxes réglées par la déclaration du Roy, qui a esté enregistrée en ce Parlement. Il sera mal aysé de continuer une autre année de mesme force, si l'on n'a une très-grande application à faire valoir le commerce et à décharger le peuple d'une infinité de personnes qui le rongent sans qu'il en revienne rien au Roy, mais qui, au contraire, mettent ses sujets dans l'impuissance de donner à S. M. tous les secours qu'ils luy fourniroient sans eux.

«Je remarque que, depuis quelques années, on n'employe plus à la conduite des vivres, de l'artillerie et des équipages que des cavales, parce qu'elles coustent moins et qu'elles sont moins incommodes dans les fourrages : l'on en a levé cette année plus de quatre mille en ce pays, et ainsy les précédentes.

Rien n'est si contraire à l'Estat. Si cela continue, la race des chevaux, par manière de parler, manquera, et ils deviendront très-rares. Dès à présent, l'on connoist très-bien que les poulains de celles qu'on a levées il y a cinq ans ne remplacent pas les chevaux qu'on a perdus; l'on s'en apercevra encore bien mieux à la suite. En cela, nous nous faisons plus de tort que les ennemis ne pourroient nous en faire. Je vous supplie d'y faire réflexion et de considérer qu'on ne tombe pas tout à coup dans une entière inanition, et que les forces d'un Estat s'affoiblissent comme celles du corps humain, souvent par des principes qui, dans leur commencement, paroissent peu de chose, et qui, à la suite, ne laissent pas de causer de grandes ruines, pour n'y avoir pas remédié d'abord*.»

* Dans une lettre du 12 juin suivant, il traite deux questions relatives à la cavalerie cantonnée dans la province. D'une part, il propose de supprimer les entrepreneurs généraux des fourrages et de traiter directement avec les sous-entrepreneurs, pour recueillir au profit du Roi la différence des deux traités; d'autre part, il remontre que, dans un temps d'abondance, il y aurait avantage à distribuer les cavaliers en quartier d'hiver dans les villages plutôt que dans les villes, pour favoriser la consommation immédiate des fourrages.

de ne plus trouver de logements pour les troupes ou pour l'arrière-ban. (Lettre du 27 août 1695.) — En Provence, M. Lebret, dès le 12 septembre 1693, dit que la plupart des bourgeois, dans chaque ville, sont maintenant exempts, soit pour avoir acheté une charge, soit comme commis de quelque fermier; que les autres, trop pauvres pour pour acquérir cette exemption, désertent la ville à l'approche de l'hiver, et qu'il devient indispensable, pour assurer le logement des troupes, d'y assujettir ceux des nouveaux officiers que les traitants n'ont plus intérêt à soutenir, et d'exiger que désormais les fermiers prennent pour commis des étrangers et non des bourgeois.

Parmi les priviléges était celui de l'exemption de tutelle, et, à ce sujet, M. Chauvelin, intendant à Amiens, rapporte, le 19 août 1693, que, dans une nomination de tuteur, à Péronne, tous les parents se sont trouvés exempts, sauf un seul, qui même, la veille de l'assemblée, s'est hâté de traiter d'un office de garde des rôles dans un village voisin. Il demande, en conséquence, que les priviléges ne soient pas réputés valables en dehors du lieu où la charge a été créée et acquise.

Au cas où des commerçants, des cabaretiers, etc. achetaient une charge privilégiée, sans quitter le commerce, ils restaient compris dans la répartition des charges publiques, comme s'ils n'avaient pas acquis d'exemption. (Lettre du contrôleur général à M. de la Goupillière, intendant à Hombourg, 31 octobre 1693.)

1431. *M. de Sève, intendant à Metz,*
au Contrôleur général.

21 Mai 1695.

L'exemption du logement accordée à toutes les nouvelles charges sera nécessaire, quoique fort lourde pour les villes, tant qu'il restera des offices à vendre; mais on ne devrait pas laisser prendre le même avantage aux petits commis des fermiers et des traitants, qui sont généralement de riches bourgeois, et qui, pour avoir ce titre, payent les principaux commis, au lieu d'en recevoir des gages.

«Il est constant, comme les habitans de Gorze l'exposent, que, pour s'exempter des logemens continuels des gens de guerre, presque tous les bourgeois qui avoient quelque chose ont acquis des offices de contrôleurs des exploits, experts jurés, arpenteurs, greffiers des baptesmes, et plusieurs autres, dont l'énumération seroit trop longue. Les autres habitans cherchent présentement à se mettre à couvert par des commissions pour la distribution des lettres, recette des consignations, distribution du papier timbré, garde du tabac, et autres de pareille qualité. Les fermiers et les traitans ont des arrests du Conseil qui exemptent en général tous leurs commis, mais je ne sais s'ils ne se doivent pas restreindre aux commis étrangers, ou, en tout cas, à ceux des villes principales*.....»

* Suivant une autre lettre, il ne restait dans la ville de Metz que deux mille deux cents maisons non exemptes, dont les trois quarts consistant en boutiques ou chambres basses, de façon que chaque artisan allait avoir à loger six soldats au moins dans son arrière-boutique et à leur donner 20 sols par jour pour le bois et la chandelle, le quartier d'hiver devant se composer de huit bataillons d'infanterie et de quatre régiments de cavalerie. En outre, les habitants, en temps ordinaire, montaient la garde une fois par semaine. (Lettres des 24 et 26 octobre.)

M. de Lavardin, lieutenant général en Bretagne, se plaint également

1432. *M. Sanson, intendant à Montauban,*
au Contrôleur général.

28 Mai 1695.

«..... Je ne crois pas qu'il y ayt aucun département dans le royaume qui soit en un si pitoyable estat que celuy-cy, et [je crois] qu'à moins que les communautés ne soient considérablement soulagées dans les impositions de l'année prochaine et qu'on ne leur donne du temps pour payer celles de l'année présente, il sera du tout impossible aux receveurs des tailles de remplir leurs traités, parce qu'il est constant qu'elles sont la plupart dans une misère qui passe toute imagination, et tellement épuisées, qu'il n'est pas possible d'en rien tirer, de quelque manière qu'on s'y prenne.

«La stérilité des deux mauvaises années qui ont précédé celle-cy a fait mourir, dans beaucoup de paroisses, jusqu'à la moitié et aux deux tiers des habitans, en sorte que, dans beaucoup d'endroits, il n'y en a pas suffisamment pour la culture des terres, et ceux qui sont restés ont consommé, pendant ce temps-là, tout ce qu'ils avoient de meilleur. Voilà une des principales causes de la misère des communautés. A la vérité, le mal n'est pas également grand partout. Je travaille à vous faire un estat de celles qui ont esté les plus maltraitées. Je sais très-certainement qu'il y en a beaucoup dans l'Armagnac, et je ne sais si on ne sera point obligé d'envoyer du monde des autres provinces pour repeupler ce canton-là et cultiver les terres.

«L'entretien des trois régimens de milice de cette généralité a encore extrêmement contribué à l'accablement des communautés et à dépeupler les paroisses, par les fortes recrues qu'il faut faire tous les ans, et cela par la faute des officiers, qui n'ont aucun soin de leurs soldats et les laissent périr sans leur donner le moindre secours. J'ay vu cette année, lorsqu'il a fallu faire les recrues, tant de mauvaises manières de leur part et si ruineuses pour les communautés, que je n'ay pu me dispenser d'en écrire à M. de Barbezieux et de luy en faire un ample détail.

«Les affaires nouvelles, qui ont esté assez nombreuses, dont les recouvremens se sont faits par différens traitans et avec dureté, et par conséquent beaucoup de frais, ont achevé d'épuiser les peuples et fait un préjudice considérable au recouvrement des tailles; j'y ay mis le meilleur ordre qu'il m'a esté possible, depuis mon arrivée. Je ne vous parle point de la cessation du commerce, qui fait que l'argent qui est une fois sorti de la province n'y revient plus; vous savez cela mieux que moy. Il me paroist que les receveurs des tailles font tout de leur mieux pour estre payés; mais, quelque mouvement qu'ils se donnent pour cela, ils ne peuvent, avec toute leur adresse, faire trouver de l'argent où il n'y en a point, et il faut par nécessité qu'ils donnent du temps aux communautés, sans quoy toute la rigueur et la sévérité dont ils voudroient user envers elles ne serviroit qu'à les accabler sans aucun fruit.

«J'ay cru que mon devoir m'obligeoit à vous représenter toutes ces choses : vous y ferez les réflexions que vous jugerez à propos, mais permettez-moy, s'il vous plaist, de vous dire que je crois qu'il est de vostre justice et du bien du service du Roy de ne pas faire presser les communautés jusqu'à la récolte.

«J'ay eu l'honneur de vous mander que la misère de la province rendoit le recouvrement des taxes des arts et métiers très-difficile. Je suis entré dans le plus grand détail qui se puisse imaginer pour mettre cette affaire en meilleur train; j'ay envoyé des subdélégués sur les lieux pour entendre les plaintes des particuliers, je me suis fait représenter les répartitions dont on se plaignoit, et, lorsque j'ay trouvé les plaintes bien fondées, j'en ay refait d'autres moy-mesme; j'en ay fait faire par mes subdélégués où les communautés n'en avoient point encore fait, parce qu'elles n'avoient pu convenir entre elles, et, enfin, par les soins que je me suis donnés, le recouvrement, qui estoit quasi entièrement cessé, a repris son train ordinaire et monte à l'heure qu'il est à 60.000#; mais je vois bien que, quoy que je puisse faire, on ne pourra pas le finir sans une forte modération.

«La capitation ne se lèvera pas non plus dans ce pays-cy sans peine. Je crois qu'elle pourra monter dans cette généralité à 700,000#, ou environ. J'ay des rôles expédiés et délivrés aux collecteurs pour 5 à 600.000#; je travaille tous les jours à finir le reste. C'est un ouvrage bien long et d'un grand détail, à qui veut faire soy-mesme les principales villes et repasser tout le reste avec exactitude. Je trouve de la part des syndics ou collecteurs, que je nomme d'office, conformément à l'arrest du Conseil, beaucoup de résistance : la plupart reportent icy les rôles, ou ne veulent point s'en charger, disant qu'ils ne veulent point se rendre odieux au peuple. J'ay envoyé des logemens chez deux ou trois, pour les y contraindre. J'ay cependant eu dans cette affaire un ménagement que je suis persuadé que vous approuverez : quand je reçus l'arrest du Conseil qui m'ordonnoit de les nommer d'office, j'écrivis aux communautés de me proposer quatre personnes capables de faire cette levée, afin que j'en pusse, dans le nombre, choisir un. Les communautés ont obéi, et, de ces quatre ainsy proposés, j'en ay nommé un d'office dans chaque communauté, de l'avis des receveurs des tailles ou des subdélégués.

«Quelques exemples que je feray sur ceux qui refuseront de se charger des rôles sans avoir de bonnes raisons mettront fin à cette mauvaise manœuvre, et j'espère que ce recouvrement ira son chemin. Je suis cependant persuadé qu'il y aura beaucoup de non-valeurs et de doubles employs dans cette affaire*.»

* Le recouvrement rencontra de la résistance dans certains cantons. Près de Villefranche, le collecteur et les archers furent assaillis par la populace et battus à coups de pierres et de bâtons; M. Sanson fit poursuivre sévèrement les coupables, mais, du reste, il assura au contrôleur général que ce mouvement ne pouvait avoir de suites. Voir ses lettres du 20 septembre et du 8 novembre.

1433. *M. de Bezons, intendant à Bordeaux,*
au Contrôleur général.

28 Mai et 14 Juin 1695.

Faillite et fuite du receveur des consignations du Parlement.

Il ne s'est point trouvé d'argent ni d'effets dans la caisse, et la charge seule répond du payement des dettes, qui sont évaluées à plus de 400,000#. Le receveur a été décrété de prise de corps, et l'on a nommé un commissaire pour faire la régie de la caisse, avec défense d'employer les consignations déposées entre ses mains autrement qu'au payement des créanciers de l'ordre auquel elles seront assignées. Le Parlement poursuivra l'affaire activement, malgré les parentés que le coupable pourrait faire valoir dans cette Compagnie.

1434. *M. d'Ormesson, intendant à Rouen,*
au Contrôleur général.

31 Mai 1695.

Rapport sur les réformes demandées dans l'organisation du corps de ville de Pont-Audemer, particulièrement sur la réduction du nombre des échevins, sur la forme de leur élection et sur la suppression des quatre quarteniers.

1435. *M. de la Fond, intendant en Franche-Comté,*
au Contrôleur général.

31 Mai 1695.

Les fermiers généraux ne peuvent se plaindre que l'ordonnance qui défend aux Comtois d'acheter des vins étrangers fasse perdre à la ferme les droits qui se payeraient aux frontières de la Bourgogne ou du Mâconnais. On sait que le produit de ces droits est d'ordinaire très-peu considérable, et d'ailleurs, l'ordonnance est conforme à la coutume du pays.

«Mais la principale raison est que cette province paye des sommes considérables au Roy, qu'elle n'a aucun commerce, qu'elle est remplie de vignes quasi dans toute son étendue, et que, si les peuples ne vendent point les denrées, j'ay prévu qu'ils estoient dans l'impossibilité de continuer à payer les charges qu'on leur demande pour le service du Roy. D'un costé, on ne souffre point le transport des blés en Suisse, qui est le seul endroit où le débit pourroit leur apporter de l'argent; d'un autre costé, ils ne peuvent vendre leurs vins. De là vous jugerez qu'il n'est pas possible qu'ils puissent faire de l'argent. J'ay l'honneur de vous remonstrer que, sans ce secours, ils n'auroient point payé le premier terme de la capitation, et, si vous levez cette ordonnance, je ne crois pas qu'il soit en mon pouvoir de faire payer le second terme; la plus grande partie des bons paysans ont du grain et du vin, mais point d'argent, et ils n'en peuvent faire qu'en débitant leurs denrées.....

«J'ajouteray que le transport des vins de Bourgogne a toujours subsisté, et qu'il y en vient dans cette province comme à l'ordinaire. Cette ordonnance dont on se plaint a eu seulement pour but d'empescher les vins de Mascon, dont les peuples de la montagne ayment mieux l'usage que celuy de ce pays, quoyque meilleur; mais, l'autre estant plus haut en couleur, ils l'estiment davantage, et je puis vous assurer que jusqu'à présent cette ordonnance n'a eu aucun effet et que toutes sortes de vins ont eu le transmarchement libre; du moins, il n'est venu à ma connoissance qu'une seule voiture arrestée à Poligny, dont je fis mainlevée en passant par ledit lieu*.»

* Il revient encore sur ce fait le 14 octobre suivant.

1436. *M. Bouchu, intendant en Dauphiné,*
au Contrôleur général.

11 Juin 1695.

Pièces et mémoire concernant la compétence qui appartient à l'intendant en matière de logement des gens de guerre, à l'exclusion du commandant de la province.

1437. *M. de la Fond, intendant en Franche-Comté,*
au Contrôleur général.

14 Juin 1695.

«La lettre que vous m'avez fait l'honneur de m'écrire le 4 de ce mois, au sujet de l'avis que l'on a donné au Roy que le nombre des terres incultes augmente tous les jours dans plusieurs endroits du royaume, ne regarde point cette province, puisque actuellement presque tous les habitans travaillent sans discontinuer à défricher, chacun sur leur territoire, tous les endroits qui estoient infructueux depuis les guerres de l'année 1636, mesme jusqu'aux plus mauvais et plus écartés, dont ils font des prés et des champs. Les différentes charges qu'ils sont obligés de supporter tous les jours à l'occasion de la guerre, et la grande misère où ils se virent réduits l'année dernière, leur ont appris à ne plus estre fainéans, et, pour les engager encore davantage à rendre cette province abondante de toutes sortes de denrées, il y a sept ou huit ans que je déclaray, dans le mandement de l'imposition ordinaire, qui se distribue chaque année dans toutes les communautés, que tous ceux qui défricheroient lesdites terres incultes ne payeroient rien de ladite imposition, pendant cinq années, pour les terres nouvellement défrichées. Cet expédient a eu tout le succès que l'on pouvoit espérer, et je puis vous assurer que, dès ce temps, chacun a travaillé de son mieux, y ayant présentement un tiers plus de terres en nature qu'il n'y en avoit lorsque S. M. a conquis ladite province, et je n'en sais aucune d'inculte.»

1438. *M. de Sève, intendant à Metz,*
au Contrôleur général.

16 et 21 Juin 1695.

Il rend compte du procès intenté pour accaparement de blés aux receveurs de la subvention de Toul et du Barrois, et des principaux faits qui semblent ressortir de mille vingt-cinq dépositions reçues par les commissaires.

«Il est constant que ce procès, dans lequel tous les receveurs de la subvention du département de M. de Vaubourg se trouvent enveloppés, fera quelque tort au recouvrement, en décriant leur conduite. Quand ils exerceront, dans la suite, des contraintes contre ceux qui ont déposé, on croira que c'est par vengeance, et les peuples, qui sont persuadés, et peut-estre avec raison, qu'ils ont eu part à la cherté des grains de l'année dernière, auront peine à changer de sentiment, quand mesme ces receveurs seroient entièrement déchargés par un arrest. Il me paroist qu'il n'y auroit qu'un seul expédient d'empescher la longueur et les suites du procès, en ordonnant, par arrest du Conseil, que la procédure y sera portée, et la remettant à des commissaires nommés par S. M. pour luy en rendre compte et condamner ceux des receveurs qui se trouveront coupables en des sommes pécuniaires au profit de S. M. Mais je ne sais si, après tout le bruit qu'a fait cette accusation, vous ne jugerez pas qu'il seroit d'une dangereuse conséquence de l'étouffer par une espèce d'accommodement*.....»

* M. de Corberon, procureur général, avait donné, dès le 2 juin précédent, un résumé des premières procédures. Pour la suite, voir les lettres de M. de Pimodan, lieutenant de Roi à Toul, et des sieurs Berthault et Morel, qui s'étaient portés accusateurs et parties civiles, 10 juillet et 5 août; un mémoire envoyé le 16 août, par M. de Sève, sur un incident qui interrompit l'instruction, par le fait du Parlement; deux lettres et un mémoire imprimé de Berthault, du 13 décembre 1695 et du 25 janvier 1696; une lettre et trois factums du sieur Gomé, maire perpétuel et receveur de la subvention de Toul, à la même date, 25 janvier; une lettre de M. de Pimodan, du 27 janvier; deux lettres de M. de Corberon, 24 janvier et 1er février, et une dernière lettre de Berthault, du 3 février. — Les principaux accusés ne furent condamnés qu'à 300^lt^ de dommages-intérêts envers les parties civiles, et un commis fut puni de trois ans de bannissement.

1439. *M. de Vaubourg, intendant à Nancy,*
au Contrôleur général.

21 Juin 1695.

«Avant de répondre à la lettre que vous m'avez fait l'honneur de m'écrire touchant la confection de l'eau-de-vie du marc de raisin, j'ay esté bien ayse d'en conférer avec le sieur Marchal, du Pont-à-Mousson, qui m'avoit autrefois parlé de cette affaire. Il est vray qu'il se fait présentement beaucoup de ces sortes d'eaux-de-vie dans tous les vignobles de la Lorraine et du Barrois, et que, depuis quelques années, on n'en consomme point d'autres en ce pays-cy, lequel en fournit mesme les vivandiers des armées et des places d'Allemagne et les marchands, droguistes, apothicaires et entrepreneurs des hospitaux des villes d'Alsace, du Palatinat et des électorats de Trèves et Mayence. Je ne crois pas néanmoins que cette eau-de-vie soit aussy bonne que celle qu'on fait du vin, et il est certain qu'elle a une mauvaise odeur. Le sieur Marchal, à qui j'ay fait cette objection, prétend que la mauvaise odeur vient de ce que les paysans et les bourgeois qui font distiller leurs marcs, soit par ignorance, soit par un esprit d'avarice, en tirent trop d'eau-de-vie, et il assure que, si l'on se contentoit de tirer de la première eau (laquelle se tire du marc) un tiers d'eau-de-vie, elle seroit parfaitement bonne; c'est une épreuve qu'on pourroit faire. J'ay peine à comprendre aussy que cet établissement puisse réussir dans les provinces où le bois est rare et cher, comme la Champagne, du costé de Reims et d'Épernay; le sieur Marchal soutient cependant qu'on en fait déjà dans les vignobles de la rivière de Marne. Quoy qu'il en soit, j'estime que la chose peut estre utile au royaume, tant parce qu'elle occupera grand nombre d'ouvriers, qu'à cause de la facilité et de la certitude du débit de cette marchandise aux étrangers, surtout en temps de paix; mais j'ose prendre la liberté de vous dire que l'érection des distillateurs en titre d'office et la vente des charges ne me paroist pas le meilleur moyen pour établir et perfectionner cette fabrique; les charges seront vendues à des gens qui n'y entendront rien et qui n'auront en vue que d'acquérir les priviléges; pour peu qu'on ayt de connoissance du détail des provinces, on ne peut douter de cette proposition, et il semble que le plus sûr, pour réussir, seroit de donner à la compagnie qui offre 500,000# de la vente des charges le privilége de faire seule ces sortes d'eaux-de-vie pendant un certain nombre d'années, à condition de payer les marcs suivant l'estimation qui seroit faite ou par les intendans ou par les juges des lieux. Le sieur Marchal m'a dit que la compagnie donneroit volontiers les 500,000# pour avoir ce privilége. Lorsqu'il seroit fini, il se trouveroit dans les provinces un bon nombre d'ouvriers et marchands suffisamment instruits, et le Roy pourroit leur laisser la liberté de travailler, à condition de payer un certain droit ou au fermier des aydes ou à son domaine*.»

* Marchal renouvelle ses propositions le 13 août 1697.

1440. *M. Phélypeaux, intendant à Paris,*
au Contrôleur général.

23 Juin 1695.

États des dommages causés par le séjour des troupes au camp de Compiègne et des indemnités dues aux propriétaires des terrains*.

* M. Bignon, intendant à Amiens, donne son rapport, le 14 juillet 1696, sur les dégâts commis par le passage des troupes et de la maison du Roi, allant au siége de Namur ou à la campagne de Flandre, en 1693.

1441. *M. de Pomereu de la Bretèche, intendant*
à Alençon,
au Contrôleur général.

23 Juin 1695.

Pièces et mémoire concernant la translation de domicile d'un habitant d'Alençon, puis de sa veuve, lesquels se sont établis à Paris sans les formalités requises pour obtenir leur radiation des rôles.

1442. *M. Phélypeaux, intendant à Paris,*
au Contrôleur général.

26 Juin 1695.

Il envoie un devis de travaux pour la rectification du cours de la Seine à Nogent et le rétablissement du quai enlevé par les eaux. Comme la paroisse n'a pas les ressources nécessaires pour suffire à la dépense, et que d'ailleurs ces travaux sont utiles au public et au commerce, il propose d'en répartir les frais sur l'élection entière*.

* Voir, à la date du 9 février précédent, une lettre du duc de Rouannez et deux requêtes des entrepreneurs de la navigation de la Seine.

1443. *Le Contrôleur général*
à MM. d'Ormesson, Larcher et d'Ableiges.

28 Juin 1695.

Réunion aux corps de ville des charges de receveurs des deniers patrimoniaux.

«La finance des offices est fixée sur le pied de ceux qui ont esté vendus volontairement; il ne s'agit plus que de faciliter aux villes les moyens les plus convenables pour le payement de ces offices : il faut, à cet effet, faire valoir aux maires et échevins la permission qui leur est accordée par l'arrest de réunion de ces charges, d'en disposer au profit de telles personnes qu'elles jugeront à propos, ou de les faire exercer par commission. Elles pourroient exciter les particuliers qui en ont cy-devant fait les fonctions à y rentrer, en leur prestant, en tout ou en partie, la finance de ces offices. Il y a mesme d'autant plus de justice de vostre part à y porter ces particuliers, qu'ils pourroient estre obligés, suivant l'édit du mois de juillet, d'acquérir ces offices, et, par conséquent, d'en payer entièrement la finance.

«Au défaut de ces deux moyens, vous pouvez examiner s'il ne seroit pas possible d'accorder aux villes quelques nouveaux droits, sur lesquels elles puissent faire les emprunts nécessaires pour le payement de la finance de ces charges.

«Il faudra tenter cet expédient avant que d'en venir à une imposition, qu'il faudra néanmoins mettre en usage dans les lieux où les premiers moyens ne suffiront pas. Je vous prie de ménager cette affaire tout de vostre mieux, et de me renvoyer promptement les projets d'arrest et de rôles, avec vostre avis*.»

* Le 29 août suivant, il écrit à M. Larcher (Champagne) que, si quelques villes regrettent d'avoir laissé acquérir les offices de receveurs, elles pourront obtenir une subrogation en offrant une somme fort supérieure au prix et aux frais payés par les acquéreurs.

1444. *M. Foucault, intendant à Caen,* *au Contrôleur général.*

28 Juin 1695.

«J'ay reçu des plaintes, en faisant ma visite dans les élections de Coutances et d'Avranches, que l'ordonnance du Roy du 11 octobre 1694, qui défend à tous marchands, propriétaires et maistres de bastimens et autres d'envoyer et transporter des grains d'une province ou généralité en une autre sans les passeports de S. M., causoit beaucoup de trouble dans le commerce des grains que les paroisses voisines de mon département, qui sont limitrophes de Bretagne, ont accoustumé d'y faire par terre, en ce que les commis des fermes refusent de laisser passer sans passe-ports les charroys et chevaux de charge qui portent des grains en Bretagne, sous prétexte de cette ordonnance, à laquelle ils donnent un sens qui paroist tout à fait contraire à l'intention de S. M., qui semble n'avoir voulu assujettir ses sujets à prendre des passe-ports que pour le commerce de grains qui se fait par mer, et non pour celuy qui se fait par terre..... C'est le moyen de jeter de l'argent dans les paroisses d'où on les tire, et de procurer l'abondance dans celles où il y en a disette.»

1445. *M. de Bezons, intendant à Bordeaux,* *au Contrôleur général.*

5 Juillet 1695.

Mémoire sur les précautions à prendre pour limiter l'exportation des bestiaux français dans les provinces espagnoles de la haute Navarre, de la Biscaye et de Guipuzcoa.

«Il y a la Bigorre, qui est voisine de l'Aragon. J'ay eu l'honneur de vous mander qu'il y a un traité de lies et passeries qui fait que les habitans des deux frontières se fournissent réciproquement les choses dont elles ont besoin. Il faut convenir que les Espagnols ont très-bien assisté les habitans des vallées de Bigorre pendant la disette des blés; je suis cependant demeuré ferme jusqu'à présent à ne laisser passer aucuns bestiaux par la Bigorre; j'en ay donné tous les ordres nécessaires pour empescher le passage, d'autant plus que M. de Basville m'a mandé qu'il savoit qu'il y avoit des Catalans qui vouloient acheter beaucoup de bestiaux pour les conduire en Espagne; qu'il y avoit lieu de soupçonner que c'estoit pour la flotte de l'amiral Russel; que cela l'avoit obligé de donner des défenses pour empescher qu'il n'en passe par les confins du diocèse de Rieux. M. Sanson a observé la mesme chose pour son département, et je fais observer les mesmes défenses pour la Bigorre; mais, comme l'on peut prendre le mesme expédient pour la Bigorre que l'on vient de prendre pour la haute Navarre, les provinces de Guipuzcoa et de la Biscaye, et de ne laisser passer que ce qui seroit absolument nécessaire pour la consommation des lieux voisins des vallées de Bigorre et qui ont assisté les habitans dans leur nécessité des grains, j'ay cru devoir vous proposer cet expédient..... Les habitans de Bigorre demandent avec grande instance que l'on permette le passage des bestiaux, parce qu'ils disent que c'est l'unique moyen qu'ils ont pour avoir de l'argent, et que le traité des lies et passeries se rompra, si l'on ne permet ce passage*.....»

* M. de Sourdis, commandant de la province, envoie, à ce sujet, le 9 du même mois, une supplique des habitants de Barèges, et il insiste pour que la liberté de l'exportation soit maintenue. «Si j'avois du crédit, dit-il, je ne conseillerois jamais d'interdire ce commerce. Nous avons vu dans la première guerre de Hollande, et j'en suis témoin, car je fus des premiers envoyé dans l'électorat de Cologne, que les Hollandois vendirent toute la poudre, la mesche et le plomb pour les armées de S. M.; que les munitionnaires firent tous leurs magasins par le moyen des Hollandois; et aujourd'huy, ce ne seroit pas un grand inconvénient quand les ennemis embarqueroient quelques vieilles vaches sur leur armée navale, pourvu qu'on en tirast de l'argent. La seule raison de l'empescher seroit s'il y avoit une disette générale en France.....» Voir les lettres de M. Sanson, intendant à Montauban, 5 juin, 1er et 31 juillet, et de M. Pinon, intendant en Béarn, 6 juillet.

Le contrôleur général donna ordre d'autoriser en apparence le commerce, mais d'y mettre certaines entraves par le moyen des commis des traites. Cependant, le maire d'une paroisse de la frontière traita secrètement avec le gouverneur de Barcelone pour un envoi de dix mille moutons. M. Sanson, instruit de cette contravention, arrêta l'exécution du marché, et le maire fut appelé à Paris et retenu quelque temps en exil, pour punition de sa conduite. Voir lettres des 11 et 21 septembre, du 8 novembre 1695 et du 3 mars 1696. Dans celle du 21 septembre, M. Sanson fait les observations qui suivent: «..... Par les lettres données en 1542..... pour l'autorisation et confirmation du traité des lies et passeries, et pour interpréter et déclarer quelles sont les marchandises prohibées et défendues, les moutons et les bœufs sont de ce nombre, et ainsy, dès que cela ne conviendra point au service du Roy et au bien de la province, nous pourrons empescher qu'il n'en passe, sans donner atteinte à ce traité. Il est vray qu'on a toujours fermé les yeux sur cela, et qu'on en a laissé passer souvent dix, vingt, trente et quelquefois jusques à cent à la fois; je crois mesme cela avantageux pour faire venir l'argent sur la frontière, et c'est la raison pour laquelle je vous avois demandé de vouloir bien permettre que je révoquasse mon ordonnance portant défense et de remettre les choses comme elles estoient auparavant, c'est-à-dire d'en pouvoir laisser passer une certaine quantité, mais toujours dans l'esprit du traité des lies, suivant lequel il ne doit pas estre permis de traiter avec gens qui ne seroient pas du détroit, et que la consommation s'en feroit dans le mesme détroit.....» — En 1696, les Catalans obtinrent d'emmener six mille moutons. (Lettre de M. Sanson, 19 avril.)

Le commerce fut aussi troublé par des représailles que les Espagnols exercèrent à plusieurs reprises dans la vallée d'Aure, sous prétexte qu'en 1693, les commis des fermes, contrairement aux termes du traité des lies et passeries, avaient saisi sur un marchand aragonais soixante livres de safran. Voir les lettres de M. de Sourdis, 13 mai, 12 juillet, 9 août, et de M. Sanson, 23 juillet 1695. Comme les Espagnols continuaient ces représailles, bien qu'on leur eût restitué dès 1694 les marchandises saisies (lettres du contrôleur général à M. d'Herbigny, prédécesseur de M. Sanson, 20 janvier et 22 mai 1694), M. de Sourdis eut ordre d'autoriser les sujets du Roi à agir de même. (Lettre du 30 juillet 1695.)

En 1696, le fermier d'Aragon, malgré l'opposition des habitants de la haute Navarre, obtint que l'on interrompît toutes communications, même pour l'échange des subsistances, avec la basse Navarre et le pays de Soule; de plus, il fut défendu aux Français naturalisés en Espagne d'aller et venir sans permission expresse et de transporter de l'argent en France. Mais ces prohibitions ne durèrent que peu de temps, et il en resta seulement quelques mesures de précaution. (Lettres de M. Pinon, intendant en Béarn, 30 mars, 17 avril et 14 juillet 1696.)

D'ailleurs, on voit, par ce que rapporte M. d'Herbigny, passé intendant à Lyon (9 décembre 1694), au dire des principaux marchands de cette ville, que, malgré les mesures prises en Espagne pour arrêter toute importation autre que celle des denrées alimentaires, le commerce ne cessait jamais de continuer avec les fabricants de Lyon, par l'intermédiaire de deux négociants de Bayonne, et que cette importation rapportait, chaque année, plus d'un million de piastres à la France, sans que la guerre y produisît une diminution sensible; mais c'était le seul point où la correspondance se fût ainsi maintenue.

1446. *M. l'Évêque de Périgueux*
au Contrôleur général.

6 Juillet 1695.

Les peuples de son diocèse ne peuvent vendre leurs blés ni leurs porcs pour payer les impositions. Le blé, qui a diminué de près des deux tiers, ne vaut que 30 ou 35 sols le boisseau de quarante-cinq livres. Les contribuables demandent à payer leur capitation en grains, qui pourraient descendre à Bordeaux et servir aux magasins de la marine, de même que les porcs pourraient être utilisés pour l'approvisionnement de Rochefort.

1447. *M. de la Reynie, lieutenant général de police à Paris,*
au Contrôleur général.

13 Juillet 1695.

Il justifie les ordonnances qui ont interdit de tout temps aux marchands et aux boulangers de Paris d'acheter leurs grains dans un rayon de huit lieues autour de Paris.

«Les principes sur lesquels ces ordonnances ont esté faites sont si certains, et l'expérience de tous les temps a tellement fait connoistre l'importance et la nécessité d'observer ces ordonnances, pour faire subsister avec quelque commodité les habitans de la capitale du royaume et pour maintenir la tranquillité parmy le peuple nombreux qui s'y trouve assemblé, qu'on a souvent proposé d'étendre la prohibition des huit lieues jusques à dix et à douze lieues; mais il n'a jamais esté pensé ni proposé jusques icy, quelque abondance de grains qu'il y ayt eu dans le royaume, de se dispenser d'exécuter les ordonnances faites précisément pour Paris, et d'en remettre l'exécution aux temps de disette et de cherté, où l'on ne peut, sans s'exposer à d'extrêmes périls, se mettre en devoir de commencer à établir l'ordre public et faire observer dans ces temps difficiles les règles qui ont esté négligées ou abandonnées auparavant.

«Je n'ay rendu aucune ordonnance depuis 1672, touchant ce point particulier de la police, et il n'y a rien de mon fait qui ayt pu servir de prétexte et donner lieu d'embarrasser cette matière, à l'égard de la prohibition des huit lieues. J'ay tenu la main, comme je l'ay pu, à l'exécution des ordonnances et des règlemens depuis le mois de juillet de l'année dernière, et, lorsque les boulangers de Paris, réduits à la règle, se sont encore mis de nouveau en estat de faire augmenter le prix des grains, qu'ils ont esté de concert pour cet effet dans les marchés de Gonesse, de Dammartin et de Brie, et qu'ils y ont enchéri le blé de 7 et de 8# le setier en un seul jour de marché, ils en ont esté corrigés et mulctés comme ils le devoient estre, et le blé s'est toujours, après cela, remis et maintenu à son juste prix.

«C'est de cette application à l'exécution des ordonnances et des règlemens dont on se plaint cependant par la requeste, et de ce que, par ce moyen, les boulangers de Paris ont cessé, depuis les festes de Pasques, de venir acheter des blés au marché de Montlhéry, ce qui fait, à ce qu'on prétend, un tel préjudice aux fermiers, laboureurs, meuniers, hosteliers, mercenaires et habitans de la ville et comté de Montlhéry, qu'ils sont dans une impuissance visible de payer leurs maistres et leurs autres dettes, ni mesme les sommes auxquelles ils ont esté taxés aux rôles des tailles et de la capitation, qu'ils ne seront point en estat de payer, si on ne leur donne le moyen de gagner de quoy subvenir à tous leurs besoins par le rétablissement du marché de Montlhéry, ce qu'on dit estre d'autant plus juste, que ceux qui présentent la requeste assurent qu'ils ont appris que les défenses n'ont esté faites aux boulangers de Paris d'acheter des grains dans les marchés qui sont au dedans de l'étendue des huit lieues qu'afin de les obliger de faire leurs achats dans les marchés de Paris et pour obliger les fermiers et les laboureurs d'amener leurs grains aux halles de Paris, privativement et à l'exclusion du marché de Montlhéry et de tous les autres marchés qui sont dans l'étendue des huit lieues.

«Ils ont raison, et ils sont parfaitement bien informés sur ce point, car c'est précisément le motif des ordonnances et des règlemens; mais ils se trompent en ce qu'ils prétendent que c'est privativement au marché de Montlhéry et autres marchés qui sont dans l'étendue des huit lieues. Les ordonnances et les règlemens n'en ont fait aucune mention; leur disposition est toute sage, et on n'a jamais pensé qu'on dust oster la liberté, par exemple, aux laboureurs ou fermiers de la plaine de Saint-Denis de porter et de vendre leurs grains, s'ils le jugent à propos, au marché de Saint-Denis, non plus qu'à ceux du comté de Montlhéry, et ainsy de tous les autres marchés; et, lorsqu'on demande le rétablissement du marché de Montlhéry, ceux qui le demandent ne s'entendent pas eux-mesmes, parce que ce marché est tel qu'il a esté établi; il n'a esté ordonné quoy que ce soit à l'égard de ce marché, et ce rétablissement prétendu ne signifie rien, à moins qu'on n'entende par là que la ville de Paris doit abandonner sa police particulière et le soin de ses propres marchés, pour rendre plus considérable le marché de Montlhéry.

«Il seroit inutile de rapporter, et plus encore de s'engager dans la discussion des raisons infinies qui ont donné lieu aux ordonnances et aux règlemens dont on demande l'abrogation, et d'entreprendre de justifier les lois qui constituent le droit public à cet égard à ceux qui ont dressé et présenté la requeste, car il paroist qu'ils n'en ont aucune notion; on ne laissera pas cependant de répondre en général à ces nouveaux politiques que les laboureurs, les fermiers et les meuniers ne composent pas le corps de l'Estat, ni la plus grande partie; qu'il y a des vignerons, des artisans, des ouvriers, des gens de journée, et des contrées entières où il y a peu de terres labourables, et le reste; que les grains d'où se tire le pain sont l'aliment commun, et qu'il sera toujours du bien général de tous qu'il y ayt abondance de grains dans le royaume, et qu'ils y soient en tous les temps à bon marché. La réflexion contraire, qui a particulièrement égard à ceux dont le revenu consiste en blés, aux laboureurs et aux meuniers, mesme à certaines contrées, est tout à fait inutile.

«D'ailleurs, il a fallu penser et pourvoir à la subsistance des habitans des villes, aussy bien qu'à celle des habitans de la campagne, et, si ceux-cy fournissent aux autres les grains qui leur sont nécessaires pour vivre, ils tirent à leur tour réciproquement des habitans des villes ce qui leur est nécessaire pour subsister à la campagne.

«Surtout, il a fallu pourvoir nécessairement à la subsistance de ce grand corps de citoyens de Paris, et pour cela on a jugé qu'on devoit premièrement y établir des ordonnances et des règles de police sur le fait des grains, pour y estre observées par les marchands et par les boulangers de Paris; et la raison du bien public a voulu que le plan de ces ordonnances ayt esté dressé plus par rapport aux habitans de la capitale du royaume qu'aux habitans de la ville et du comté de Montlhéry.

«Il a esté nécessaire, en second lieu, d'établir des marchés de grains dans les villes, dans les grandes villes principalement, plus nécessaire encore à Paris qu'en aucune autre ville; et l'établissement de ces marchés publics auroit esté inutile, si on n'avoit en mesme temps pourvu aux moyens d'y faire amener des grains. Tout le monde peut entendre quel seroit l'inconvénient, si le bourgeois ou l'artisan de Paris, qui a besoin d'une mine de blé, d'un boisseau de farine ou de plus grande quantité, n'en trouvoit point du tout à la halle et dans le marché public, et s'il luy falloit nécessairement passer par la seconde main, par le marchand de grains ou par le boulanger, et l'acheter à tel prix qu'ils jugeroient à propos de le vendre.

«La défense faite par les ordonnances aux marchands et aux boulangers de Paris d'acheter des grains dans l'étendue des huit lieues produit seule le bon effet d'obliger ceux qui recueillent des grains dans cette étendue de les amener dans le lieu mesme de la consommation, pour en avoir un plus prompt débit. Les halles de Paris sont remplies par ce moyen, et cette abondance, qui rend la subsistance des habitans commode, tient en mesme temps les grains à un juste prix, parce que la quantité des grains qui est tirée et amenée à Paris de cette seule étendue des huit lieues fait un juste contre-poids et une balance, qui empesche le concert et le monopole des marchands et des boulangers.

«Il seroit aysé de faire connoistre que les habitans de la campagne et que ceux mesmes qui recueillent des grains dans l'étendue des huit lieues ont intérest que ces sages règlemens soient exactement gardés à Paris, et qu'il leur en revient à leur tour des avantages considérables, si on n'estoit parfaitement bien informé que ce sont les marchands et les boulangers de Paris qui ont fait présenter la requeste sur laquelle ces observations sont faites, et qui, mécontens de voir, depuis dix mois, que les grains et le pain sont à un juste prix à Paris et de ce qu'une seule année abondante que Dieu a donnée à la France, avec quelque application à l'exécution des ordonnances, y a réduit le prix du blé de 54 # à 12 # le setier, demandent maintenant, sous le nom des laboureurs, fermiers, meuniers, propriétaires et habitans du comté de Montlhéry et autres, le moyen et la liberté de faire enchérir les grains, en les dispensant de l'exécution des ordonnances et des règlemens.

«On abuse pour cela de la faveur du recouvrement des tailles et de la capitation, et, quand on propose un tel moyen pour se mettre en estat de les payer, ce qu'il a d'odieux retombe sur ces impositions. Tout le peuple est assujetti au payement de la taille, et généralement tous les sujets sont compris dans la capitation; ce ne sont donc pas les seuls laboureurs, les fermiers et les meuniers qui payent la taille et auxquels il faut avoir égard seulement; car, sans rappeler l'expérience de l'année dernière, où la cherté des grains fit cesser le commerce et ruina tout le crédit, on ne peut douter que les tributs ne se payent bien plus facilement lorsque le peuple est en estat de vivre et de subsister dans son travail commodément.

«Les laboureurs, les fermiers, les meuniers et les propriétaires des terres du comté de Montlhéry ont intérest sans doute d'obtenir ce qu'ils demandent, parce que l'augmentation du prix des grains augmentera à proportion le revenu de leurs fermes et de leurs moulins; les laboureurs feront un plus grand profit à vendre leurs blés chez eux 20 à 25 et 30 # le setier, nonobstant l'abondance, qu'à le vendre comme ils font, à cause de cette mesme abondance, en observant les règles, 10 et 12 # seulement; les marchands et les boulangers y trouveront encore mieux leur compte; mais ce n'est pas à cet intérest particulier qu'on doit uniquement penser. Il s'agit de voir s'il est de l'intérest du service du Roy et de celuy du public que les ordonnances soient gardées, ou s'il est plus avantageux d'accorder la liberté telle qu'on la demande, et qui doit nécessairement produire l'augmentation du prix des grains.

«Ce qui peut estre accordé à cet égard aux habitans, aux propriétaires des terres, aux laboureurs, fermiers et meuniers du comté de Montlhéry, doit estre accordé par les mesmes raisons à tous les marchés, à tous les laboureurs, fermiers et meuniers qui se trouveront dans toute l'étendue des huit lieues, et introduire partout le mesme désordre.

«Il n'y a pas encore un an qu'on s'est trouvé dans des extrémités fascheuses, plus par défaut d'ordre que par une véritable disette, et on n'en doit pas, ce semble, perdre si tost le souvenir, ni se lasser de voir tout le peuple porter tranquillement les grandes charges qu'il porte pendant qu'il a du pain à bon marché.

«On n'a devant soi qu'une seule année d'abondance; la récolte de cette année n'est pas encore en sûreté, et il peut arriver la mesme disgrâce qui arriva à la veille de la moisson de 1693. Il n'y a rien de plus opposé au service du Roy et au bien public que la proposition qu'on fait à cet égard, et, quand elle seroit précédée de dix années consécutives d'abondance, cette proposition seroit toujours inique.

«La France profite par d'autres moyens de la fertilité de son terroir, et, par la liberté de la seule traite des grains et des autres fruits, lorsqu'il est raisonnable de la permettre, l'Estat, en se déchargeant du superflu, tire l'argent des autres Estats voisins, à qui ce secours est presque toujours nécessaire.

«Je finiray ces observations par une réflexion que j'ay déjà faite plusieurs fois depuis quelques années. La cherté ou le bon marché des grains à Paris est d'une plus grande conséquence qu'on ne le peut dire, et l'exemple de ce qu'on y fait, soit bon ou mauvais, sur cette matière, n'est pas indifférent. Quelque abondance de grains qu'il y ayt, si l'on diminue, par quelque moyen que ce soit, la quantité de grains qui doit y venir, l'augmentation du prix s'ensuit aussitost, et de Paris cette augmentation passe dans toute la campagne voisine, et, en rétrogradant, elle se répand dans les provinces; rien ne s'étend d'aussy loin et ne se communique plus promptement que l'espérance du gain par la cherté des grains. La disette seule n'a pas donné lieu à la calamité dernière; il y auroit eu assez de matières, si l'ordre n'avoit pas manqué. Mais, sans s'arrester à ce dernier exemple, plusieurs calamités semblables des siècles précédens ont esté causées par le mesme défaut, et non par la stérilité et par de véritables disettes.

«De tous costés on proposoit au Roy, il y a quelques mois, de faire de nouvelles ordonnances pour prévenir de pareils inconvéniens, et on propose maintenant d'abroger celles qui sont déjà faites, pour vivre en liberté, sans garder aucun ordre; et on expose pour cela, par la requeste présentée à cet effet, que, si on continue d'observer ces mesmes ordonnances, on fera infailliblement enchérir le blé à Paris; que les terres ne seront plus cultivées à l'avenir, et, sur le tout, que l'on contrevient aux ordonnances et aux arrests. Il n'est pas nécessaire de répondre à d'aussy bonnes raisons, mais il doit estre observé que de telles requestes, ainsy signées par un nombre considérable de personnes, portées et communiquées en divers lieux, sont d'une très-pernicieuse conséquence. Cette requeste est non-seulement présentée et signée au nom des habitans de la ville et du comté de Montlhéry, mais encore aux noms de plusieurs particuliers de la Beauce et d'autres lieux y amenant des blés. On remplit toute une contrée de plusieurs projets et de discours mal entendus; on essaye de les faire passer dans tous les autres endroits qui sont dans le mesme cas, et on indispose par ce moyen beaucoup de gens qui ne sont déjà que trop portés par leurs intérests particuliers à profiter sur le public. Mais, sans préjudice de l'intention de l'officier de Montlhéry, qui s'est indiscrètement engagé dans ce mauvais procédé, je ne puis me dispenser de dire que la teste n'en est pas assez bonne ni assez forte pour le croire et pour luy permettre d'agir comme il fait sur une matière aussy importante et dont la direction entre ses mains ne sauroit jamais produire que de très-méchans effets*.»

* Ces observations sont précédées d'un relevé des ordonnances rendues par le Conseil, le Parlement ou le Châtelet, depuis l'année 1531. Est jointe aussi, en original, la requête des laboureurs, propriétaires et fermiers de la châtellenie de Montlhéry et de la Beauce.

1448. *M. Foucault, intendant à Caen,*
au Contrôleur général.

28 Juillet 1695.

Mémoire sur l'état de la généralité : récoltes, commerce, industrie, recouvrement des impositions et des traités.

1449. *M. de Nointel, intendant en Bretagne,*
au Contrôleur général.

3 Août 1695.

Procès-verbal sur la requête présentée par les habitants de Belle-Isle contre le syndic des États et les fermiers des devoirs; avis concluant à ce que lesdits habitants soient assujettis au payement des grands et petits devoirs*.

* L'établissement des bureaux de la ferme donna lieu à des désordres. (Lettres de M. de Méjusseaume, procureur-syndic des États, et de M. de Nointel, 4 et 9 décembre.)

1450. *M. Bouhelier, procureur général*
en la Chambre des comptes de Dôle,
au Contrôleur général.

5 et 30 Août 1695.

Il représente, au sujet de l'édit d'aliénation des domaines, que, de tout temps, la Chambre s'est engagée par serment solennel à ne point consentir aux aliénations de ce genre, même lorsqu'il y aurait jussion expresse. Sous la domination espagnole, il fallait que M. l'archevêque de Besançon fût invité à relever la Chambre de son serment, et il serait bon que le Roi se conformât à cet usage*.

* Le contrôleur général écrit en marge : «Luy faire entendre le ridicule de sa remonstrance; passer outre à l'enregistrement, sans lettres de jussion.»

1451. *M. de Vaubourg, intendant à Nancy,*
au Contrôleur général.

6 Août 1695.

Bien que le commerce des grains de ville à ville ou de province à province ne soit pas défendu, il est vrai que les taux sont descendus bien au-dessous de ce qu'ils étaient même avant la disette. L'imposition des blés a été la cause de cette baisse, en faisant cesser les achats du munitionnaire, lesquels maintenaient les prix assez haut pour que le laboureur pût vivre et payer ses charges, sans que l'artisan ou le vigneron souffrissent comme en 1694. En outre, l'imposition n'est que de trente-cinq mille sacs, dont le Roi tient compte sur la subvention, à raison de 9# le sac, tandis qu'en 1693, pour ne point parler de l'année suivante, le munitionnaire enlevait quarante-deux mille sacs, au prix de 13# 10 s. ou de 15#. Ces deux différences, qui vont à 180,000# d'une part et à 150,000# d'autre part, sont sensibles dans un pays qui ne subsiste qu'à condition de vendre ses blés aux armées et où les contributions sont le double de ce qu'elles étaient en 1693, et cela justifie les plaintes transmises par les prévôts.

«Si, après cela, il falloit décider lequel est le plus expédient pour le service du Roy, ou de l'imposition des blés, ou des achats pour le munitionnaire, je préférerois l'imposition, qui empesche les mauvais commerces des leveurs de blés et la trop grande augmentation du prix, et d'ailleurs facilite en plusieurs manières la fourniture des vivres pour les armées du Roy, puisque le pain couste moins et le munitionnaire peut attendre les assignations et le recouvrement des fonds. Il n'y a que l'intérêt des laboureurs qui peut balancer ces avantages; car, à l'égard des gentilshommes et des bourgeois, s'ils souffrent de la vilité du prix des grains, leur souffrance est plutost un retranchement d'ayse et de commodité qu'une véritable peine. A la vérité, pour les laboureurs, ils méritent du soulagement par quelque diminution des charges du pays, quand elle ne seroit que du profit que le Roy ou le munitionnaire fait en prenant les blés à 9# par sac, au lieu qu'en 1693 il les achetoit jusques à 15#. . . . . »

1452. *M. l'Archevêque d'Albi*
au Contrôleur général.

(De Paris) 9 Août 1695.

Il présente deux projets pour remettre en valeur les parties abandonnées de son diocèse.

«Si, selon l'usage du Languedoc, il falloit rejeter sur le total de la communauté la portion des tailles que doivent porter les biens abandonnés, on accableroit les gros taillables et on ruineroit sans ressource la communauté; au lieu que je propose de charger, volontairement ou involontairement, des biens abandonnés les habitans non taillables et les moins taillables qui seront jugés propres et suffisans à les rétablir. La charge de ceux-cy ne sera pas grande pour eux; elle soulage les gros taillables et rétablit la communauté. Les petits artisans qui n'ont point d'héritages ne seront pas à plaindre de ce qu'on leur en donne qui ne leur coustent que de les rétablir. Les moins taillables sont ordinairement les plus riches; ainsy, on ne leur fait pas un grand tort. Et cependant, s'il estoit vray que les biens abandonnés soient reconnus avoir esté par trop évalués, nous demandons qu'il soit permis de diminuer de l'évaluation, et, pour remplacer autant qu'il se pourra cette diminution, évaluer les nouveaux bastimens et terres taillables omises dans le compoix, sans qu'il faille procéder à un nouveau compoix, estant plus avantageux à la communauté de faire remettre en valeur les biens abandonnés, moyennant une diminution d'évaluation, que d'en supporter le rejet.

«Selon l'usage, les collecteurs des tailles ont une hypothèque spéciale sur les biens cotisés; mais les collecteurs ne voulant pas prendre les biens abandonnés pour se payer de ce que ces mesmes biens leur doivent, il n'est pas juste de leur laisser un droit sur ces mesmes biens, pour l'exercer après sur ceux qui les auront rétablis. Ainsy, nous demandons que ces biens puissent estre donnés francs et quittes de tous arrérages des tailles et droits seigneuriaux du passé jusques au jour qu'ils seront distribués.

«Et, pour éviter l'abandonnement des biens à l'avenir, nous demandons qu'annuellement il soit procédé à la visite de chaque communauté et pourvu à ce qui pourroit tomber en non-valeur.

«Nous voulons assurer les fruits pour le payement du collecteur par la saisie qu'il vous plaira d'en ordonner, par l'arrest ès mains des fermiers, locataires, métayers, brassiers et autres; ce qui empeschera les frais d'établissement des séquestres et de leurs fonctions, qui consomment les fruits.

«Et, pourvoyant au payement par la sûreté des fruits, on obvie à la nécessité où se trouve réduit le collecteur, de faire décréter le meilleur fonds du cotisé; et, empeschant le décret, on empesche l'abandonnement du fonds restant du cotisé, qui est forcé de l'abandonner parce qu'on luy a enlevé le meilleur par le décret.

«Nous demandons aussy une recherche dans la qualité des personnes qui ont abandonné, parce que nous savons qu'il y en a qui n'ont abandonné que leurs fonds infructueux, s'estant réservé le meilleur; et nous prétendons les obliger à reprendre.

«Les noms des inconnus employés dans les rôles des tailles donnent lieu à des reprises que nous voulons tascher d'éviter, aussy bien que nous pourvoyons à connoistre à tout moment si les collecteurs divertissent les deniers, et empescher qu'ils ne puissent pas subroger en leur place à l'insu de la communauté; car ces subrogés se font adjuger pour 100#, par exemple, du bien qui vaut 1,000#, et en jouissent paisiblement, suivant les arrests de la Cour des aydes. Nous espérons que, l'estat des biens décrétés estant dressé, nous pourrons vous proposer chose utile au public, et que, par la révision des comptes des collecteurs, on tirera des parties mal passées un secours pour ayder à rétablir les communautés.

«Nous demandons que les bestiaux pris à cheptel ne puissent pas estre saisis, pour quelque cause que ce soit; car, si on enlève les bestiaux, la culture et l'engrais des terres périt. . . . .

«Je vous demande enfin qu'il n'y ayt que M. de Basville qui puisse connoistre de l'exécution de vos arrests; car, si vous nous laissiez dans les voyes ordinaires, exposés aux oppositions et aux appels à relever en la Cour des aydes, tous nos soins deviendroient inutiles, et ils causeroient plus de mal au diocèse que nous ne pourrions jamais luy procurer du bien; car il n'y auroit point de communauté où, selon l'usage de la Cour des aydes, il ne fallust faire un nouveau compoix, ce qui cousteroit plus de 200,000# aux communautés du diocèse*. . . . . »

* Outre les projets d'arrêts joints à cette lettre, on trouve un résumé des propositions de M. l'archevêque dans une lettre du 11 novembre suivant, par laquelle M. de Bâville appuie ces demandes. Sur ce dernier avis, le Roi donna au diocèse un secours de 100,000#, payables en cinq ans, mais le Conseil refusa d'accorder la décharge des anciennes

impositions dues par les terres abandonnées, et le projet d'arrêt, réformé par M. l'archevêque, M. de Bâville et M. de Pennautier, porta seulement que le syndic du diocèse pourrait employer les 100,000 # à acheter des bestiaux soit pour les propriétaires des biens incultes, soit pour ceux qui se chargeraient de mettre ces biens en valeur. (Lettre et pièces du 25 décembre; parmi les pièces se trouve l'avis de M. Daguesseau, qui fut consulté par le contrôleur général; lettres de M. l'archevêque d'Albi, 3 janvier et 4 février 1696.)

1453. *M. de la Grange, intendant en Alsace,*
au Contrôleur général.

11 Août et 13 Septembre 1695.

Il transmet les réclamations des négociants de Strasbourg au sujet de poursuites rigoureuses et de condamnations au quadruple dont les fermiers des domaines d'Alsace les menacent, s'ils ne peuvent certifier par les acquits-à-caution la sortie des marchandises destinées aux autres provinces du royaume ou à l'étranger. Il accepte l'expédient de faire la vérification au moyen des registres tenus dans les bureaux de sortie*.

* Voir, au 4 juillet précédent, un mémoire du sieur Obrecht, préteur royal de Strasbourg et subdélégué de l'intendant.

1454. *M. Ferrand, intendant en Bourgogne,*
au Contrôleur général.

13 Août 1695.

Les anciens arrêts portent que les échevins et syndics des villes de Bourgogne doivent être cotisés à la taille suivant leurs facultés, comme les autres contribuables, sur le pied des trois derniers rôles dressés avant leur magistrature; mais, par un abus qui est général dans la province, tous ceux qui passent par ces charges se font pour toujours exempter de la taille, sans aucun titre, comme pour se dédommager des soins qu'ils donnent aux affaires communes.

1455. *Le sieur Savary des Bruslons, inspecteur de la douane à Paris,*
au Contrôleur général.

22 Août 1695.

Il rend compte de la saisie d'un carrosse chargé de marchandises étrangères, entrant en fraude dans Paris par le chemin de Sèvres, et de la découverte d'un entrepôt des mêmes marchandises et de tabac à Billancourt*.

* Le sieur Aunillon, président de l'élection de Paris, envoie, le 12 septembre suivant, le jugement rendu en suite de cette saisie et prononçant les peines de la confiscation et de l'amende de 3,000 #.

1456. *Le Contrôleur général*
aux Intendants des généralités taillables.

23 Août 1695.

«Je ne doute pas que vous ne vous soyez soigneusement appliqué, depuis que vous avez reçu le brevet de la taille pour l'année prochaine, à faire valoir dans l'esprit des peuples la diminution considérable qu'il a plu au Roy de leur accorder. Je crois qu'il est inutile de vous exciter de nouveau à prendre encore ce soin dans le voyage que vous allez faire pour répartir cette imposition sur les paroisses de vostre généralité, en vertu des commissions de S. M. incluses dans ce paquet; d'autant plus que leur seule lecture engagera sans doute les officiers des élections à publier partout les extrêmes bontés de S. M., en voyant la manière vive et touchante avec laquelle le Roy s'y explique de ses sentimens pour les peuples.

«C'est à vous, à présent, à les en convaincre de plus en plus par les effets que vous leur en devez faire ressentir au moyen d'un régalement équitable de cette imposition, proportionné aux forces de chaque paroisse, dont le Roy m'a commandé de vous répéter qu'il charge vostre honneur et vostre conscience.

«Je suis persuadé que plusieurs coles d'office, faites avec discernement, pourroient beaucoup contribuer au soulagement des plus foibles taillables. Vous savez qu'il y en a principalement de deux sortes: les unes, sur ceux qui, par des cabales ou par leur crédit dans les paroisses, sont trop peu imposés par les rôles; et les autres regardent ceux qui, estant domiciliés dans une paroisse, font valoir des héritages dans une ou plusieurs paroisses voisines de leur domicile. C'est seulement dans ce dernier lieu où ils doivent estre imposés pour tous leurs biens, exploitations et facultés; mais, en les y taxant d'office, il faut s'appliquer en mesme temps à faire justice à ces paroisses voisines sur le territoire desquelles ce cotisé d'office fait ses exploitations; il convient, à cet effet, de diminuer la taille de ces paroisses de la mesme somme, ou approchant, que celle dont vous aurez augmenté d'office la cote du particulier par rapport à ces mesmes exploitations.

«Vostre principal travail, en faisant l'assiette des tailles, doit consister dans cette exacte pratique; c'est le plus sûr, ou, pour mieux dire, l'unique moyen par lequel vous puissiez éviter aux paroisses une infinité de procès qui les consomment en frais et retardent le recouvrement.

«Je sais qu'il est très-pénible d'entrer dans ces détails, mais aussy puis-je vous assurer qu'encore que le devoir de vostre employ vous y engage, je ne laisseray pas de vous en estre obligé, et que vous ne sauriez rien faire de plus agréable à S. M., ni de plus utile au bien de son service.»

1457. *M. de Bezons, intendant à Bordeaux,*
au Contrôleur général.

23 Août 1695.

Pièces, devis et projet d'arrêt relatifs aux travaux de restauration de l'église Saint-Michel de Bordeaux et à la répartition des dépenses sur les maisons situées dans l'étendue de la paroisse.

1458. *M. de Lavardin, lieutenant général en Bretagne,*
au Contrôleur général.

30 Août 1695.

« . . . . J'apprends par le public, car jusqu'à ce jour ni M. de Croissy ni M. de Torcy ne m'ont pas écrit une ligne au sujet des Estats prochains, que M. de Valincour, secrétaire de Mgr le comte de Toulouse, a retiré les paquets pour les Estats et envoyé en Flandre à son maistre, pour y joindre des lettres d'accompagnement, et ensuite son intention est de les envoyer directement aux villes et aux particuliers, sans passer par mes mains. Cela est entièrement non-seulement contre la pratique et l'usage, mais encore préjudiciable au service du Roy; car, outre le retardement du voyage, vous avez connoissance que dans chaque ville il faut écrire différemment, sur le nombre des députés, qui sont un dans quelques-unes, deux dans d'autres; une ville comme Brest [. . . . . . .] ant les autres tous les ans; ainsy, pour les comptes que reçoivent les commissaires aux Estats et qu'ils revoyent, les ordres sont adressés [quand], mesme il y a des lettres qui ne se distribuent que lorsque la convocation est faite, comme les patentes et lettres de cachet des commissaires qui ne sont pas compris dans la commission générale. Enfin, quand vous m'avez envoyé quelque [ordre] pour distribuer; quand j'ay convoqué les arrière-bans, distribué les troupes en quartier, ou retiré, reçu ou renvoyé les [milices ou] gentilshommes, cela m'est venu en droiture. Autrement, il y auroit mille contre-temps qui dérangeroient tout. Enfin, l'employ roulant sur recevoir les ordres du Roy et les faire exécuter en les distribuant, il est inutile d'y avoir des officiers sur les lieux, si M. de Valincour le fait. Je vous prie, si l'on en parle, de m'accorder vostre protection pour que les choses soient suivant la coustume ordinaire . . . . . »

1459. *M. de Bouville, intendant à Orléans,*
au Contrôleur général.

30 Août 1695.

Un tarif a été arrêté le 21 août 1694, fixant les différents droits d'octroi dont le Roi autorise la levée à Orléans pour fournir à l'affranchissement des cens et rentes et à la réunion des charges d'auditeurs des comptes des arts et métiers*. C'est par erreur que les *franchises* de la ville n'ont pas été mentionnées, comme les faubourgs, dans l'homologation du tarif, et cette omission donne lieu à une contestation pendante en appel devant la Cour des aides. Les franchises jouissent des mêmes priviléges que la ville, puisqu'elles ne payent point la taille, et, si l'on avait procédé par capitation plutôt que par tarif, elles auraient porté leur part de l'imposition, aussi bien que des autres charges communes. D'ailleurs, si elles étaient exemptées, il s'y formerait des entrepôts et des magasins, qui diminueraient considérablement le produit des droits**.

* Voir, au 29 mars 1694, la proposition de ce tarif.

** Les habitants du faubourg de Vaise-lès-Lyon, qui payaient la taille et les impositions comme le plat pays, étaient en outre assujettis aux mêmes octrois et aux mêmes taxes extraordinaires que la ville de Lyon. Cependant, en considération de ces surcharges, et surtout des fréquents passages de troupes qui encombraient continuellement le faubourg, on le soulageait un peu sur les rôles de contribution, et on ne percevait les octrois qu'au tiers. Voir une lettre que M. d'Herbigny, intendant à Lyon, écrit le 31 mars 1696, au sujet des droits perçus par les mouleurs de bois.

1460. *M. de Nointel, intendant en Bretagne,*
au Contrôleur général.

31 Août 1695.

Procès-verbal et rapport sur l'élection du député que la communauté de Nantes envoie, avec le maire de la ville, aux États de Bretagne, et qui doit être choisi alternativement dans les bourgeois et dans les officiers de justice.

1461. *M. Phélypeaux, intendant à Paris,*
au Contrôleur général.

31 Août 1695.

Les habitans de la paroisse de Saulx, près Longjumeau, ayant entrepris de détruire par eux-mêmes les lapins d'une garenne de la dame de Villebon, qui ravageaient leurs champs, et se voyant poursuivis par la capitainerie des chasses de Montlhéry, demandent l'élargissement de ceux d'entre eux qui ont été mis en prison et le droit de se pourvoir en dédommagement contre la dame de Villebon.

Les prisonniers sont déjà remis en liberté; mais, quant au fond, la requête doit être rejetée, puisqu'on a constaté que la quantité de lapins et les dommages dont se plaignent les paysans ne sont pas plus considérables que par le passé.

1462. *M. le Vayer, intendant à Moulins,*
au Contrôleur général.

7 Septembre 1695.

Le sous-traitant des étapes de l'élection de Nevers n'a été taxé par l'échevinage de Saint-Pierre-le-Moutier que pour avoir fait un grand profit sur le commerce des blés ou des autres denrées durant la disette, bien que sa qualité d'étapier ne lui permît pas d'en user ainsi, et cette taxe est conforme aux ordres donnés à l'égard des marchands de blé.

1463. *M. de Bâville, intendant en Languedoc,*
au Contrôleur général.

9 Septembre 1695.

La requête par laquelle les habitants d'Alais demandent à modifier chaque année l'allivrement des contribuables, suivant que les inondations augmentent ou diminuent leur propriété, est contraire aux usages de la province. L'allivrement ne doit changer qu'avec le compoix; autrement, les communautés ne pourraient jamais, vu la fréquence des inondations, asseoir au juste les départements des tailles, dont elles répondent solidairement *.

* Par les pièces produites il paraît que la ville d'Alais possédait, entre autres privilèges de son Conseil politique, celui de nommer chaque année quatre *réparateurs* pour visiter les lieux inondés et constater les cas où il y avait lieu de changer l'allivrement. La Cour des aides contestait ce droit, mais le syndic général de la province en soutenait la validité. (Lettre de M. de Bâville, 29 mars 1697.)

Une question analogue, mais plus importante, se présenta pour le diocèse d'Alet. En attendant qu'il lui fût permis de renouveler la *recherche générale*, ce diocèse obtint, par arrêt de la Cour des aides, que le tarif fût remanié. La dépense ne pouvait pas monter à 5,000 ^{lt}, et la ville d'Alet se serait trouvée déchargée des cotes qui retombaient à son compte; mais deux communautés firent opposition à l'exécution de cette mesure, bien que la résolution eût été votée en forme par l'assiette générale du diocèse; elles obtinrent même du Conseil privé une surséance à l'établissement du nouveau tarif jusqu'à la fin de la guerre. M. de Bâville dut demander la levée de cette opposition, en faisant valoir l'intérêt évident du pays. (Lettres et mémoires des 9 et 27 décembre 1695, et 1er janvier 1696.) — Cette concession avait eu pour condition que le fait ne se renouvellerait point. Cependant, on procéda à la même opération pour le diocèse de Limoux, qui ne formait qu'une seule recette avec celui d'Alet. (Lettres de M. Bon, premier président de la Chambre des comptes, et de M. de Bâville, 13 mai et 3 juin.)

1464. *M. le Vayer, intendant à Moulins,*
au Contrôleur général.

13 et 30 Septembre 1695.

Il rend compte de sa tournée dans le département, des exactions qu'il a eu occasion de punir chez les collecteurs ou les officiers d'élection, et de l'état des affaires extraordinaires.

« J'espère bientost que vous vous apercevrez de l'effet qu'aura produit mon voyage, et que la capitation réussira mieux que par le temps passé. Elle est, dans le Bourbonnois, le Nivernois et le Morvand, dans un très-grand mouvement. J'ay fait décerner des contraintes, et les huissiers marchent, parce que autrement le peuple ne veut rien payer et s'est mis en teste qu'on luy remettoit la capitation. Il commence à se désabuser, et il est temps; car autrement, si l'on attendoit que les nouvelles charges et impositions ordinaires que l'hiver amène avec luy eussent joint les anciennes, la multiplicité ruineroit absolument le recouvrement. . . . . »

1465. *Le sieur le Bel de Coulours, directeur des fermes à Bordeaux,*
au Contrôleur général.

14 Septembre 1695.

Le Parlement prétend s'arroger le droit de juger en dernier ressort un garde des fermes coupable de l'assassinat d'un ecclésiastique et condamné par les jurats à être pendu. La revendication de la Cour des aides a été rejetée.

« Permettez-moy de vous demander un peu d'attention à cet égard, c'est-à-dire sur l'intérest que le fermier a que ses commis jouissent de leur privilége. Il est d'une telle conséquence, et particulièrement dans une ville comme celle-cy, que, si les juges ordinaires et le Parlement pouvoient ainsy connoistre des contestations civiles et criminelles que les commis de la ferme peuvent avoir, il n'y a point d'officiers du Parlement, point de simples bourgeois ou marchands, qui ne fissent trembler les commis, les uns par leurs qualités présentes, et les autres par la crainte que, devenant jurats, ils n'exerçassent la haine qu'ils ont naturellement contre les employés en cette ville. Cela seroit cause que, les commis n'osant plus visiter les gens et les équipages des officiers du Parlement, ils feroient, eux et leurs amis sous leurs noms, entrer et sortir de la ville toutes sortes de marchandises en fraude des droits de la ferme. Je ne crois pas qu'on puisse révoquer en doute le privilége des commis de la ferme; les baux de Saunier et de Fauconnet y sont formels, outre plusieurs arrests du Conseil *. . . . . »

* Voir, au 17 du même mois, les lettres de MM. de la Tresne, premier président du Parlement, et Métivier, second président de la Cour des aides.

A Toulouse, un archer des gabelles ayant blessé à mort un officier, en voulant vérifier s'il n'avait pas du tabac ou du sel dans sa valise, les capitouls et le Parlement, d'un côté, le juge des gabelles et la Cour des aides, de l'autre, se disputèrent la connaissance de l'affaire. M. de Bâville proposa au contrôleur général de la lui attribuer à lui-même, mais on lui répondit qu'il n'y avait « rien à faire. » (Lettre du 12 juin 1696.)

1466. *M. Bignon, intendant à Amiens,*
au Contrôleur général.

16 Septembre 1695.

« A peine la moisson est-elle finie. Il a fait des pluies continuelles, qui l'ont fort retardée; ainsy, je n'ay pu vous en rendre compte plus tost. Le succès n'a pas répondu aux espérances qu'on avoit il y a deux mois; cependant, si la récolte n'est pas abondante, on ne peut pas dire qu'elle soit mauvaise, et, suivant les avis qui m'ont esté donnés de tous les endroits de mon département et ce que j'ay reconnu moy-mesme, cette année peut estre qualifiée d'année commune. Il reste des blés de la moisson précédente. Je crois qu'il sera un prix convenable. Il est plus avantageux, suivant tous les égards, qu'il se soutienne, que d'estre trop bas. »

1467. *M. de Bâville, intendant en Languedoc,*
au Contrôleur général.

16 Septembre 1695.

Un marchand espagnol s'offre à exporter cent mille setiers de blé, au prix courant, si l'on veut lui donner des passe-ports pour les mener en Catalogne par Narbonne et Cette. Tous les officiers de la province se montrent disposés à accepter.

«Les raisons pour accorder ce passe-port sont qu'il y a plus de blé en Languedoc qu'il n'en faut pour la province; qu'il en reste de vieux dans le haut Languedoc en assez grande quantité, et, quoyqu'il soit renchéri, depuis trois mois, de 20 sols le setier, mesure de Toulouse, où il estoit venu à très-bon marché, il est à souhaiter qu'il renchérisse encore, afin que l'on puisse payer les charges. Il y a beaucoup de millets cette année, qui font la nourriture des pauvres, et, lorsque les blés de Barbarie pourront venir en Provence, il est à craindre qu'il n'y ayt plus aucune issue pour les blés de Languedoc, d'autant plus que la Bourgogne pourra fournir le munitionnaire de l'armée d'Italie. Vous jugerez mieux que moy des raisons qui sont au contraire. Il est certain qu'il y a très-peu de blés en Italie, et il faut que les Espagnols n'en puissent tirer de ce costé-là et en ayent grand besoin, pour en venir chercher en ce pays. Peut-estre jugerez-vous qu'il est bon de les en laisser manquer; mais, comme ils en peuvent tirer de Barbarie, où j'apprends qu'il y en a eu abondamment, ils y pourront toujours trouver du blé, et nous n'aurons pas leur argent, qui se répandroit bien à propos dans le haut Languedoc, parce que c'est la partie de cette province où il y en a le moins.»

La province pourrait encore, même si elle traite avec les Espagnols, fournir au munitionnaire de la marine les quatre-vingt mille setiers dont il a besoin*.

* Dès le commencement de l'année (lettres du 9 janvier, du 15 février et du 1er avril), M. de Bâville représentait la nécessité d'exporter au moins cent mille quintaux de grains, bien que les munitionnaires en eussent déjà acheté cinquante mille sacs pour le Piémont et la Catalogne. Vu les bas prix des marchés, c'était le seul moyen d'assurer le recouvrement de la taille.

1468. *M. de Nointel, intendant en Bretagne,*
au Contrôleur général.

18 Septembre 1695.

«Il se fait tous les ans dans cette province une assez grande dépense pour les ouvrages publics, et il seroit mesme encore nécessaire de l'augmenter, si la guerre n'obligeoit à détourner les fonds qu'on pourroit y destiner. Mais j'ay remarqué que les devis sont presque toujours mal dressés, et mesme souvent mal exécutés, faute d'un ingénieur ou inspecteur général qui prenne soin de régler les devis et qui fasse la réception des ouvrages, comme il y en a dans la plus grande partie des généralités du royaume. Trouvez bon que je vous demande si vous ne jugeriez pas à propos de faire établir la mesme commission dans cette province, et de charger les Estats de faire le fonds des appointemens qui y seroient attachés et qui pourroient estre fixés à 2,000# par an. Cette commission me paroist tout à fait nécessaire, et je suis persuadé qu'il sera aysé d'en faire connoistre l'utilité à Messieurs des Estats et de les engager à cette petite dépense, surtout si vous voulez bien leur laisser la disposition de cet employ. Vous pourriez me charger d'avoir soin qu'il ne soit donné qu'à une personne capable de le bien remplir. Si vous approuvez la vue que je prends la liberté de vous proposer, il semble qu'il seroit bon d'en mettre un article dans l'instruction de MM. les commissaires du Roy.»

1469. *M. de Bâville, intendant en Languedoc,*
au Contrôleur général.

18 Septembre 1695.

Depuis que les chemins royaux sont ouverts dans les Cévennes, les communautés ont été chargées de s'y rattacher par des voies de communication, et les consuls doivent entretenir ces routes, qui sont au nombre de quarante dans le seul diocèse d'Uzès. L'abbé du Laurens a été chargé de l'inspection des travaux, et il doit recevoir du diocèse une somme annuelle de 200# pour ses vacations. La commission de l'assiette demande que l'imposition de ces deniers soit autorisée par un arrêt*.

* En Provence, l'assemblée des communautés n'avait accordé depuis quatre ans aucun fonds pour l'entretien des chemins publics, et M. Lebret, représentant que la voie qui reliait le Comtat au Pont-Saint-Esprit était devenue impraticable, demandait que la province fût contrainte par une invitation expresse du Roi à y faire les réparations nécessaires. (Lettre du 8 mai.)

1470. *M. Lebret, intendant en Provence,*
au Contrôleur général.

30 Septembre 1695.

«Le prix du blé augmente de jour en jour en Provence, aussy bien qu'en Dauphiné. Il y en a deux bonnes raisons : l'une, que la récolte a esté si mauvaise, que les paysans de divers lieux de la montagne, et particulièrement des environs de Guillaume, vivent déjà de racines et autres légumes; et l'autre, que l'interdiction du commerce a empesché qu'il n'en soit venu à Marseille pendant l'été dernier, tant de Barbarie que d'Italie, où on assure qu'il sera cher cette année. Ainsy, s'il est vray, comme M. de Bérulle le prétend, et dont je ne conviens pas, que les défenses de le transporter à Avignon et dans le Comtat soient des moyens sûrs de le rendre plus commun et d'en diminuer le prix, la Provence n'a pas moins besoin de ces défenses que le Dauphiné. Mais je me souviens encore qu'ayant voulu les mettre en usage, il y a deux ans, sur les avis qu'on me donna qu'il passoit une grande quantité de grains dans le Comtat, les habitans de la principauté d'Orange et des communautés de Provence qui sont voisines de la Durance et du

Rhosne me firent connoistre si sensiblement que les Provençaux tiroient plus de blés du Comtat qu'ils n'y en portoient, que je ne pensay plus à cet expédient, qui engageroit M. le vice-légat à faire des défenses de son costé et à interrompre une communication qui ne peut cesser qu'à nostre dommage. Ainsy, si mon sentiment pouvoit estre de quelque considération dans cette affaire, je croirois qu'on devroit continuer aux Dauphinois et aux Provençaux la liberté qu'ils ont eue jusqu'à présent de commercer avec les habitans d'Avignon et du Comtat de grains et de toutes sortes d'autres denrées et marchandises*.»

* Les mauvais résultats de la récolte firent continuer la hausse des prix. M. Lebret transmet, le 25 octobre, les états de différents marchés; le froment se vendait de 20 à 24^{ll} la charge.

1471. *M. Lebret, intendant en Provence,*
au Contrôleur général.

10 Octobre 1695.

Les consuls d'Aix ayant refusé d'acquérir les quatre offices de jurés crieurs d'enterrements, il a fallu protéger les préposés du traitant contre les outrages et les mauvais traitements de la populace. Une procédure a déjà été commencée à cet égard.

«Ce que vous y trouverez de plus remarquable, à mon sens, est la réponse faite par les quatre trompettes de la ville à la sommation du 15 septembre dernier, et dictée, selon toutes les apparences, par le sieur Geboin, assesseur et consul, dans laquelle on a répandu un esprit d'aigreur et de raillerie piquante qui me paroist mériter quelque attention, et qui a conduit les choses jusqu'à ce point qu'aujourd'huy, sur les neuf heures du matin, une femme, qui jusqu'à présent nous est inconnue, a esté trouver Julien, commis du traitant, dans son bureau, pour luy dire qu'il y avoit un mort à faire enterrer; à quoy il a répondu qu'on n'avoit qu'à s'adresser aux recteurs de la Miséricorde ou aux pénitens gris, qui sont en coustume d'enterrer les pauvres et auxquels il avoit laissé la liberté d'en user pendant quinze jours ainsy qu'ils avoient toujours fait par le passé; et, quoyque cette réponse dust satisfaire cette femme, elle est pourtant sortie de chez le commis en murmurant et luy disant des injures, et, un moment après, sa maison s'est trouvée investie de plus de deux cents hommes et femmes, qui, en criant: «Tue, tue ce voleur de partisan de morts!» ont jeté tant de pierres à toutes les fenestres de la maison, qu'il n'est resté aucune vitre entière; et, comme cette émotion l'avoit obligé à faire fermer la porte de la rue, elle a esté rompue et mise à bas à coups de pierres et de haches par cette populace mutinée, qui est entrée tumultueusement dans les chambres de la maison, dont les portes ont esté enfoncées, et, après avoir jeté quelques meubles par les fenestres, on a mis les papiers en désordre et pris dans les coffres et armoires tout ce qui s'y est trouvé de hardes et d'argent; et je crois que le commis, qu'on cherchoit, auroit esté mis en pièces, s'il ne se fust avisé de se jeter par-dessus le toit dans une maison voisine, où il a resté caché pendant tout ce désordre, qui dureroit encore si, en ayant esté averti au Palais, où je tenois l'audience de la grand'chambre, je n'eusse envoyé en diligence un garde et des archers, qui, avec toutes les peines du monde, ont fait retirer tout ce qui s'estoit amassé de peuple et pris un homme et une femme, qu'ils ont trouvés dans la maison et que j'ay fait conduire en prison, sans bien savoir jusqu'à présent s'ils sont coupables..... Permettez-moy de vous faire souvenir de ce que j'ay eu l'honneur de vous mander plusieurs fois du caractère des esprits de cette ville, qui, de tout temps, ont donné l'exemple à ceux de toutes les autres villes de la province, et de l'avis que je pris la liberté de vous donner, il y a environ trois mois, de l'insolence que le sieur Geboin, assesseur et consul, avoit eue de refuser de signer le rôle de la capitation de cette ville, parce qu'en taxant les avocats, ses confrères, je ne les avois pas favorisés autant qu'il le désiroit*.»

* Le même jour et le lendemain, Geboin et M. de Grignan écrivent dans un sens défavorable au traitant plutôt qu'aux séditieux. M. l'archevêque d'Aix envoie aussi, le 19, une lettre de Geboin et une nouvelle copie du procès-verbal dressé par ce consul. — Le contrôleur général ordonna immédiatement de suivre l'affaire par les voies les plus sévères, et il envoya une lettre de cachet pour exiler Geboin au Puy-en-Velay. Comme M. Lebret ne put trouver aucune preuve contre le consul, si ce n'est sur le fait de la réponse des quatre trompettes de la ville, il se borna à le faire partir conformément à cet ordre d'exil, et les prisonniers furent remis en liberté au bout de quelque temps, de peur que les preuves ne manquassent aussi pour faire un procès sérieux. Le traitant fut dédommagé aux frais de la ville. (Lettres du 28 octobre et du 6 novembre.) Voir encore: au dernier octobre, une protestation des consuls d'Aix: au 2 novembre, une nouvelle lettre de M. de Grignan, en faveur de Geboin, et enfin, une lettre écrite par ce dernier, du lieu de son exil, le 9 novembre. M. Lebret avait proposé de le faire remplacer par le syndic des communautés dans les fonctions qu'il devait remplir à la prochaine assemblée et qui consistaient à prononcer, le jour de l'ouverture, une harangue, où «il disoit ordinairement tout ce qu'il ne devroit point dire,» et à faire les propositions aux députés; mais il revint sur cette idée et demanda qu'on laissât à l'assemblée ou aux procureurs du pays le soin de pourvoir au remplacement de Geboin. (Lettres du 28 octobre et du 16 novembre.)

Quelques jours avant l'affaire de Geboin, le sieur Ruffi, de Marseille, avait été envoyé à Castelnaudary, pour «discours peu convenables» sur la capitation. (Lettre du 1er octobre.) — Le 22 janvier 1696, en rendant compte du règlement du prix des quatre offices de crieurs et de l'indemnité due au traitant, M. Lebret demanda le rappel des deux exilés, mais cette grâce fut remise à un autre temps. Geboin n'eut permission de rentrer à Aix que sur une nouvelle supplique, du 31 mars, et Ruffi fut rappelé le 26 juin suivant.

1472. *M. Voysin, intendant en Hainaut,*
au Contrôleur général.

11 et 16 Octobre 1695.

Avant la création des jurés brasseurs, les cabaretiers et détaillants de toutes les villes de l'ancien département de Hainaut, presque aussi nombreux que les bourgeois, fabriquaient eux-mêmes la bière, dont les troupes faisaient une grande consommation. Depuis que les jurés ont seuls le droit de fabriquer et que les détaillants sont obligés de leur acheter la bière à la tonne, pour la revendre au pot, la consommation a considérablement diminué et la ferme des domaines souffre dans une proportion équivalente.

Puisque les charges sont toutes débitées, il est facile de remédier à cet inconvénient, en acceptant, par exemple, les propositions de certaines villes où les Magistrats offrent de racheter au profit des cabaretiers le droit de brasser, moyennant la perception temporaire d'un droit de 10 patars par tonne. Ailleurs les jurés brasseurs sont prêts à se désister de leur privilége à des conditions analogues ou même moins lourdes.

1473. *M. Lebret, intendant en Provence,*
au Contrôleur général.

17 Octobre 1695.

Il n'est pas exact que le commerce des toiles peintes du Levant se fasse publiquement à Marseille, comme le prétend le directeur des fermes; mais, si ce sont les intendants de la Santé qui font la fraude, à la faveur de leurs communications avec les infirmeries, il est facile d'établir à la porte de ces infirmeries un garde pour fouiller tous les gens qui en sortent, même les intendants. Quant à faire visiter les maisons des marchands, ce serait une contravention aux franchises du port, qui donnerait lieu à des incidents dangereux pour le commerce*.

* Voir, aux 1er et 7 janvier 1698, les mémoires du sieur Rémond de la Renouillière, intéressé aux fermes.

1474. *M. de Bernage, intendant à Limoges,*
au Contrôleur général.

20 Octobre 1695.

«J'ay donné tous mes soins, dans la tournée que je viens de faire, pour accélérer le recouvrement de la capitation; j'écris encore de nouveau à ceux qui en sont chargés, et je ne doute pas que la préférence que le Roy accorde à cette imposition sur toutes les autres ne contribue beaucoup à l'avancer; mais la perte que cette malheureuse province vient de faire de toutes ses chastaignes cause une désolation terrible dans le plat pays. Depuis la dernière lettre que je me donnay l'honneur de vous écrire à ce sujet, le peu qui restoit d'espérance a esté détruit, et jamais on n'a vu la stérilité de cette récolte plus grande qu'elle est cette année. Les paysans n'auront pas de quoy subsister, dès qu'ils auront consommé les raves et le peu de blé noir qu'ils recueillent. Ils commencent déjà de quitter leurs maisons; les villes de ce département et celles des provinces voisines vont estre remplies de mendians, et la campagne déserte. Vous jugez bien que ce malheur, auquel je ne vois point de remède, va non-seulement produire beaucoup de non-valeurs dans les taxes imposées sur les habitans du plat pays, mais encore les mettre hors d'estat de supporter l'augmentation que les besoins de l'Estat pourroient demander l'année prochaine. Il est très-fascheux que cette province n'ayt jamais manqué d'avoir sa bonne part des stérilités générales, et qu'elle en essuye de particulières, quand le reste du royaume jouit de l'abondance. Je feray de mon mieux pour que les recouvremens ne laissent pas d'aller leur train.

«Je vois que vostre intention est de fixer le premier terme de la capitation au 1er janvier. Il sera très-difficile d'avoir fait les rôles dans ce temps-là, d'autant plus que nous n'avons point encore reçu vos ordres sur les changemens que vous jugerez à propos de faire à ce qui s'est pratiqué cette année.»

1475. *M. d'Ormesson, intendant en Auvergne,*
au Contrôleur général.

25 Octobre 1695.

Répartition de la taille; distribution des 10,000ll envoyées par le Roi pour fournir des semences à l'élection d'Aurillac.

«Je vous supplie de me permettre de vous représenter que la récolte des blés et des autres grains a esté très-petite dans cette élection, de mesme que dans les autres de la généralité, et que celle des blés noirs, dont se nourrit le peuple de la campagne, les artisans et les personnes de basse condition des villes et bourgs, a entièrement manqué; que le commerce des points de fil est si considérablement diminué, qu'il ne s'en tire presque à présent aucun secours, et que ces considérations rendent les recouvremens difficiles et les ont retardés jusques à présent. . . . . Outre la disette et la cessation du commerce, le nombre des habitans est diminué de plus d'un tiers. . . . .»

1476. *Le sieur de Cormery, fermier général à Lyon,*
au Contrôleur général.

27 Octobre 1695.

Il a conféré avec M. d'Iberville, résident français à Genève, sur les moyens de réprimer la contrebande dont cette ville est le dépôt central. Des gens affidés sont chargés de surveiller les marchands suspects et de suivre les envois qu'ils font clandestinement en France.

Les soldats qui sont postés le long du Rhône pour empêcher le passage des religionnaires ont promesse d'une récompense chaque fois qu'ils arrêteront des faux-sauniers ou qu'ils saisiront des marchandises prohibées. Déjà les fraudeurs, intimidés par ces mesures, ont renvoyé des draps d'Angleterre, d'une valeur de 10,000 écus, qu'ils se préparaient à faire passer, et on s'est assuré qu'il n'y avait pas plus de trente pièces de ces marchandises chez les principaux négociants de Lyon.

La recette du bureau de la douane de Lyon a augmenté de 150,900ll, et celle de la marque de l'or et de l'argent de 86,500ll, sur les produits de 1694.

On vient de découvrir de fausses argues.

1477. *Le Contrôleur général aux Intendants.*

9 Novembre 1695.

Il soumet à leur examen et à celui des officiers des élections un projet d'établissement d'*échelles* ou *classes* pour la nomination des collecteurs, analogues à celles qui sont usitées en Normandie*.

* On voit, par une lettre du 1er août précédent, à MM. d'Ormesson et d'Ableiges, que tous les officiers d'élection étaient également consultés sur un nouveau règlement des tailles. — Le travail continuait encore en 1697. (Circulaires du 20 mai et du 19 octobre.)

1478. *M. l'Évêque de Saint-Malo au Contrôleur général.*

5 Novembre 1695.

Session des États de Bretagne.

«Je commenceray par vous dire qu'on vient tout présentement d'adjuger la ferme de nos grands et petits devoirs à 3,816,000 #, et l'on a bien eu de la peine à obliger nos fermiers à les reprendre à ce prix-là. Je crois mesme que la présence de M. de Rancy-Brunet, venu icy par vos ordres, leur a cousté plus de 100,000 # d'augmentation..... Je crois que les fermiers de la province s'en pourront tirer honnestement, où ceux de dehors n'y gagneroient peut-estre pas de l'eau à boire*.»

Aucun enchérisseur n'a voulu se présenter pour prendre la ferme du droit de 45 sols par barrique d'eau-de-vie, à cause de la faculté de rachat stipulée au profit des États. Il sera sans doute nécessaire d'accorder l'aliénation à perpétuité, pour tirer de cette affaire la somme portée d'avance sur l'état par estime**.

Le calcul des étapes a été présenté et approuvé : la province est redevable de 700,000 # à ses trésoriers.

«La distribution des gratifications ne se passera point encore sans bien des emportemens et des criailleries dans les deux ordres de la noblesse et du tiers, puisque, sur 17 ou 18.000 # qui nous resteront peut-estre à distribuer, il y a icy des prétentions pour plus de 50,000 écus, par gens qui se disent tous privilégiés***.»

M. de Coëtlogon-Méjusseaume a été installé comme survivancier de son père dans la charge de procureur-syndic des États.

M. de Lavardin a fait enregistrer les lettres nommant S. A. M. le comte de Toulouse gouverneur de Bretagne.

«On entendit la lecture de ces lettres, qui sont magnifiques, grands et extraordinaires, quoyqu'ils ne le puissent estre trop, et l'enregistrement en fut ordonné sur-le-champ. Mais, sur ce que l'on proposa de luy donner 100.000 # de présent, comme à la feue Reyne mère et à M. de Chaulnes, on nous déclara que ce jeune prince ne les accepteroit point, et qu'il en feroit un don à la province. Il court seulement un bruit sourd que vous ne serez pas fasché qu'on fasse un présent de 8 ou 10,000 # à M. le marquis d'O, son gouverneur, que nous savons tous estre un homme très-méritant; mais, par cette mesme raison, il faudroit aussy, ce me semble, après ce présent, en faire un autre à proportion, sous vostre bon plaisir, à M. de Valincour, secrétaire de S. A. S., lequel nous a déjà paru, à beaucoup de gens qui sommes icy, estre aussy d'un mérite et d'une capacité très-distinguée. Mon seul regret est de ne savoir pas bien toutes vos volontés sur ce sujet.

«Sur tout cela, vous jugez bien que, les Estats ayant ordonné un feu de joye par la ville, l'Église, une messe solennelle et pontificale, avec un *Exaudiat*, pour l'après-disnée du jour d'hier, en action de grâces au ciel de nous avoir donné un si digne gouverneur, le tout s'est exécuté icy avec une joye tout extraordinaire; mais, quelque grande qu'elle fust de la part de l'ordre de l'Église, nostre guignon est tel d'avoir affaire à M. le duc de Rohan, jaloux des honneurs de l'église comme d'une maistresse, qu'après nous avoir disputé et privés de l'Évangile et de la Paix, il en est enfin venu jusques à nous chasser de l'église, nous autres évesques, ou du moins à nous forcer, malgré nous, de nous en absenter, dans une cérémonie publique et aussy auguste que celle-là, pour éviter la honte qu'on ne nous vist dans l'église mesme sur une méchante bancelle de bois, tandis que M. le baron de Léon et MM. les commissaires des Estats avoient de grands et magnifiques fauteuils à s'asseoir, ce qui tend à avilir tellement tout l'épiscopat que, si le Roy, par sa bonté et sa justice, n'arreste le cours et le torrent des prétentions de ce bon seigneur, suscitant toute la noblesse à s'élever en tous rencontres contre nous, en vérité, je suis obligé de vous avertir que tout ce que nous sommes d'évesques, avons résolu de ne nous trouver plus aux Estats, afin de ne nous plus commettre à des emportemens continuels, comme sont ceux que nous avons éprouvés pendant tous ces Estats icy.....

«On s'est servi, pour faire encore cette entreprise sur nous, du prétexte d'avoir trouvé, dit-on, un extrait, qu'on veut faire passer pour authentique et acquérant possession contre nos droits, aux Estats de 1673..... C'est encore un tour d'Italien que cette surprise faite à la sourdine et à nostre insu, et nous ne doutons nullement que c'a esté lorsque feu M. de Rennes avoit un peu plus pris de vin que de raison, qu'on luy fit signer, avec une quantité d'autres ordonnances, cette belle relation de cérémonie qu'on nous apparoist à présent; car nous nous souvenons bien qu'un moment avant que d'entrer à l'église, des gardes y allèrent d'autorité changer la disposition des siéges et des places qu'avoient fait mettre en ordre et selon l'usage accoustumé, tant feu M. l'évesque de Vannes que les autres députés de l'église; et, sans le scandale qu'on craignit, tous les évesques en eussent sorti et abandonné la cérémonie..... A moins qu'on fasse un cérémonial de la part de S. M., qui nous règle tous les honneurs de l'église, nous deviendrons à la fin les aumosniers de ces messieurs, qui, tost ou tard, prétendront prendre nos crosses et nos mitres, pour avoir tous les honneurs de l'église..... »

* Sur un tiercement du sieur de Rancy, les enchères recommencèrent, et Revol et Montaran ne gardèrent la ferme qu'au prix de 3,835,000 #. (Lettre de M. de Nointel, 8 novembre.)

** L'adjudication se fit pour quinze ans, à 260,000 ll, payables comptant, et l'adjudicataire demanda que le contrat fût confirmé par arrêt du Conseil. (Lettres des 10 et 30 novembre, et du 8 janvier 1696.)

*** M. de la Faluère, premier président, rendant compte des discussions auxquelles les gratifications donnèrent lieu, dit, le 12 novembre, quelques instants avant la clôture de l'assemblée : «Les ordres sont acharnés les uns contre les autres depuis hier, sans avoir pu demeurer d'accord d'autre chose que d'une négative braillarde, avant qu'aucune demande soit proposée. Vous entendez bien que les choses portées par les instructions, et qui sont, à proprement parler, de commandement, ne souffrent aucune difficulté; mais, à l'égard de celles qui ne sont que de complaisance, comme un présent à la marquise de Lannion (c'est ainsy que l'on parle de ce que l'on propose pour son mari) et mesme à M. le marquis d'O, la noblesse les a d'abord rejetées, le dernier, à la vérité, avec beaucoup d'adoucissemens d'honnesteté, qui seront relevés par la lettre qui est venue ce matin avec l'estat des pensions; mais le premier, ou la première, avec furie et des paroles que beaucoup de gens refuseroient d'essuyer pour les 2,000 écus que MM. de l'Église vouloient luy donner, tant sur les présens Estats que dans deux ans..... A l'heure qu'il est...., il y a un peu moins de bruit, tant à cause de l'enrouement qui a coupé la parole à plusieurs, que du départ de plusieurs, qui ont quitté ce matin la partie.....» Le même jour, à dix heures du soir, il termine sa lettre : «Enfin, les Estats viennent de finir, et, ce qui est le plus difficile, les gratifications! M. d'O a 10,000 ll....; les huit anciens gentilshommes, chacun 100 écus; un colonel, 500 ll; les capitaines, 250 ll; les subalternes, 100 ll; M. de Lannion, avec une forte huée de laquais et de gentilshommes, 1,000 écus. Ensuite, un beau discours de M. de Lavardin, et autant de M. de Méjusseaume.»

1479. *M. de Bernage, intendant à Limoges,*
au Contrôleur général.

12 Novembre 1695.

Mémoire sur la conduite d'Abraham Janssen, banquier et commerçant à Angoulême, qu'on accuse de relations et de correspondance avec ses enfants ou ses frères, émigrés en Angleterre *.

* M. Bignon, intendant à Amiens, envoie, le 25 janvier 1696, un rapport, avec pièces, sur la régie des biens du sieur la Guèze, banquier réformé, qui s'était réfugié en Hollande, mais que ses créanciers prétendaient faire condamner comme banqueroutier, et non comme fugitif.

1480. *M. de Bernage, intendant à Limoges,*
au Contrôleur général.

19 et 26 Novembre 1695.

«J'ay reçu la lettre par laquelle vous me marquez de proposer ce que je jugeray à propos pour le soulagement de la province du Limousin. Vous ne pouvez luy faire du bien que de deux manières : par des aumosnes, et par la diminution des impositions. Les aumosnes tournent davantage au profit des pauvres que la diminution des impositions, qui se répand sur le général. Il y a pourtant une sorte de diminution d'impositions qui pourra tomber seulement sur les pauvres, lorsqu'en arrestant les comptes des syndics chargés du recouvrement de la capitation, on leur passera en non-valeur, sur des estats bien certifiés du curé et des principaux habitans, et en grande connoissance, les articles des misérables dont ils ne sauroient recouvrer le montant des taxes sans les accabler..... Voilà le projet de soulagement le plus juste que je puisse former par rapport aux impositions, dont j'useray néanmoins avec tout le ménagement que je dois et en sorte que, rejetant le plus que je pourray le fort des taxes sur les plus riches, il n'y ayt pas en général beaucoup de diminution sur le produit.»

Les aumônes, si le Roi veut en faire, pourront servir à donner des baillarges et autres semences de mars dans les cantons où les paysans n'auront pu semer du blé *.

Enfin, il sera encore nécessaire d'engager les munitionnaires, qui vont jusqu'en Auvergne, à venir acheter les bestiaux du Limousin **.

* Le contrôleur général, malgré de nouvelles instances de l'intendant, fit envoyer de Bordeaux des approvisionnements de riz, au lieu de fournir des fonds pour acheter dans la province même des grains de semence. (Lettres de M. de Bezons, 26 et 29 novembre, 27 décembre; de M. de Bernage, 29 novembre, 3 et 19 décembre.) A cette dernière lettre est joint un mémoire sur la préparation et les différents emplois du riz.

** Les récoltes de l'année 1696 ne furent pas meilleures que celles de 1695, et cependant M. de Bernage ne put obtenir qu'on ne fît pas porter à la province sa part de l'augmentation de l'ustensile qui résulta soit de ce que les armées étaient plus fortes, soit de ce que la disette des années précédentes avait fait rejeter sur les autres généralités l'imposition de celle de Limoges. En y joignant le fourrage pour un régiment de dragons, la taxe des mouleurs de bois et celle des jaugeurs, M. de Bernage estime le surcroît de charges à 410,000 ll. (Lettres des 2 et 23 novembre 1696.) — Il rend compte, le 18 juillet 1697, de l'emploi de fonds accordés depuis 1694 pour semences, riz, etc.

1481. *M. Voysin, intendant en Hainaut,*
au Contrôleur général.

30 Novembre 1695.

Les magistrats de Mons sont disposés à traiter avec le bourgeois de Bruxelles qui offre d'établir une manufacture de draperies dans leur ville. Ils lui donneront une maison, une somme d'argent comme avance, et l'exemption d'un brassin de bière. L'utilité de cet établissement semble incontestable, et l'on ne peut craindre que ses produits nuisent au débit des manufactures du royaume; ils se consommeront dans le Pays conquis *.

* A cette lettre est joint un avis de M. Daguesseau, disentant l'opportunité de l'établissement. Le Conseil se prononça pour la négative.

1482. *M. de Séraucourt, intendant en Berry,*
au Contrôleur général.

7 Décembre 1695.

Il rend compte d'un combat livré par les brigades des gabelles à une bande de faux-sauniers et de cavaliers du régiment de Vaillac. Les gardes, après avoir fait le siége d'une métairie où les fraudeurs s'étaient retirés et après avoir tué plusieurs cavaliers, ont été obligés néanmoins de battre en retraite*.

* Voir, joints à cette lettre, les rapports envoyés par la ferme générale, et, au 26 du même mois, le compte que le sieur de Jaucen, intéressé aux fermes, rend d'une autre action à la suite de laquelle les cavaliers du même régiment obtinrent de se retirer en livrant les faux-sauniers qu'ils accompagnaient, les chevaux et cinquante-six minots de sel. Les fermiers demandent que les officiers du régiment soient rendus responsables du délit commis par leurs cavaliers. — Pour atténuer le mal, M. de Séraucourt rendit une ordonnance portant défense aux marchands des salorges de vendre aucun sel aux gens de guerre, à peine d'être punis comme fauteurs de faux-saunage; mais il estimait que la seule mesure utile eût été d'éloigner les troupes des frontières du pays rédimé. (Lettres du 22 janvier et du 12 février 1696.

1483. *M. de Grignan, lieutenant général en Provence,*
au Contrôleur général.

7, 9, 10, 12 et 20 Décembre 1695.

Session de l'assemblée des communautés.

Élection, par les procureurs du pays, des trois gentilshommes entre lesquels le Roi choisit le maire et premier consul d'Aix.

Vote du Don gratuit de 700,000^{tt}, d'une somme de 20,000^{tt} à déduire sur le brevet de retenue de la charge de premier président appartenant à M. Lebret, et de l'ensemble général des impositions, faisant un total de 2,700,000^{tt}, à raison de 900^{tt} par feu.

1484. *M. l'Évêque de Léon*
au Contrôleur général.

12 Décembre 1695.

«..... Je suis encore à la chasse du loup; mais, le temps s'estant mis à la pluie, ils courent toute la journée, et il n'y a pas moyen de les détourner. Le pays en est plein, mais il n'y en a qu'un ou deux qui mangent les enfans et qui attaquent les hommes. Nous avons plusieurs gentilshommes qui ont des dixmes que l'on nomme *dixmes de la chasse*. La tradition est qu'ils estoient obligés d'entretenir des lévriers à loup; il seroit à désirer qu'on les y pust obliger, les pauvres gens de la campagne perdant tous leurs bestiaux et vivant dans une crainte continuelle; à peine osent-ils aller à l'église et au marché.»

1485. *Les Députés du clergé*
et de la noblesse aux États de Lille, Douai et Orchies
au Contrôleur général.

14 Décembre 1695.

Ils demandent raison des prétentions émises par les représentants du tiers état.

«Le fait est que, de toute ancienneté, il y a eu un Estat dans la chastellenie de Lille; les lettres des souverains, tant des princes de la maison de Bourgogne, d'Autriche, que de ceux de l'auguste maison de France, dans lesquelles on lit que les trois ordres de cette province, qui en composent l'Estat, sont convoqués dans les termes ordinaires, en sont des preuves sensibles, touchantes et convaincantes. Cependant, MM. les baillys, qui, sans contredit, de tout temps, n'ont représenté que le tiers estat, par vanité ou autrement, depuis un an seulement, prétendent de ne vouloir plus le représenter; mais, par une imagination tout à fait extraordinaire, ils veulent représenter eux seuls l'Estat général de la province, à l'exclusion du clergé et de la noblesse, qui en ont toujours fait incontestablement les deux premiers membres; de manière que ces deux corps, malgré le zèle qu'ils ont pour le service de S. M., ont esté contraints, par l'obstination de ces messieurs et par la nouveauté de leurs prétentions, de différer à leur donner le secours qu'ils ont accoustumé de nous prier de leur accorder....; ce que nous avons cru ne pouvoir souffrir sans vous en faire nos très-humbles remonstrances, et en mesme temps vous dire, seulement pour marque de la justice de nostre cause, que S. M., à son entrée dans sa ville de Lille, recevant les respects de ses sujets, voulut bien que les députés du clergé et le comte de Sainte-Aldegonde de Genay, lors député de la noblesse de cette province, les luy rendissent debout, comme il s'est fait dans toutes les occasions pareilles; mais le maistre des cérémonies de France ordonna en mesme temps aux quatre baillys dont il est question de faire leurs complimens un genou en terre, ce qui marque assez le rang que nous avons toujours tenu dans ces Estats.....»

1486. *M. du Sault, avocat général au Parlement*
de Guyenne,
au Contrôleur général.

20 Décembre 1695.

«J'adjouteray une réflexion à ce que j'ay eu l'honneur de vous mander, au sujet des défenses du jeu de pharaon : qu'un moyen solide d'en arrester l'abus et le scandale seroit d'employer les censures de l'Église et en faire un cas réservé à l'évesque ou à ses vicaires généraux, ou à des pénitenciers; l'on ne pourra autrement faire d'exemple et punir l'infraction à la discipline publique, parce qu'on ne pourra pas avoir des preuves des faits mesme notoires, à raison des précautions et de la qualité des personnes sur qui tombent la notoriété publique et les discours publics, qu'on ne voudroit pas certifier et confirmer en justice.

«Nous avons de zélés et habiles prédicateurs qui ont esté avertis de prescher contre le jeu; nous avons des casuistes qui se sont expliqués sur la difficulté de l'absolution, et l'on sait mesme qu'elle a esté refusée; mais on obtient des directeurs relaschés ce que les sévères refusent, et l'on ne sait si la sévérité qui paroist dans l'entretien et les discours publics des casuistes subsiste au tribunal de la confession.

«La lettre de cachet de S. M. sur la suppression de l'usage des sermens solennels et la réduction à lever la main devant le rapporteur a esté portée cejourd'huy, avant l'audience, à la Grand' Chambre, et, comme il y aura assemblée de Chambres vendredi, pour la réception d'un officier, il a esté deliberé d'y en faire la lecture pour s'y conformer..... »

1487. *M. Lebret, intendant en Provence,*
au Contrôleur général.

24 Décembre 1695.

Il envoie le projet d'une loterie que les recteurs de l'hôpital général de Marseille proposent de faire au profit de cet établissement*.

* Cette loterie devait être de dix mille billets à 10 ॥, et de cinq cents lots, représentant la somme entière, mais sur lesquels l'hôpital eût prélevé un dixième. Le contrôleur général rejeta le projet. — Voir, en 1693, à la date du 2 février, un mémoire du P. Chaurand, jésuite, sur l'état de l'hôpital et sur les moyens d'en prévenir la ruine complète.

1488. *M. de Bâville, intendant en Languedoc,*
au Contrôleur général.

25 Décembre 1695.

«Les Estats se séparèrent hier, après avoir accompli tout ce que l'assemblée a pu faire pour le service du Roy et pour le bien de la province. Avant de se séparer, elle a fait cette réflexion, qu'estant chargée à l'avenir de la capitation, il luy estoit très-important de pouvoir finir, s'il estoit possible, le reste des recouvremens des affaires extraordinaires..... J'ay trouvé que ces traités se réduisent à quatre principalement : les offices d'auditeurs des arts et métiers, qui regardent le peuple; le rachat des offices de l'arrière-ban, qui regarde la noblesse, et les offices de contrôleurs des dépens et de certificateurs de criées, qui mettent les gens de justice dans une grande désolation.

«J'aurois bien souhaité, pour l'extinction de toutes ces affaires, tirer une somme considérable des Estats; mais la province est si surchargée d'ailleurs, que je n'ay pu pousser l'offre plus loin que 88,000 ॥..... Le plus grand bien qui luy puisse arriver maintenant est d'estre délivrée des restes de ces recouvremens, qui, selon mon sens, ne produiront plus d'argent ni au Roy ni aux traitans, mais seulement beaucoup de frais à leurs commis. Ils en ont envoyé en quantité dans cette province, qui y causent beaucoup de désordres et feront naistre un grand obstacle à la levée de la capitation. Vous savez que ces fins de recouvremens sont toujours plus onéreuses que les commencemens, et bien moins utiles au Roy*.....

«L'assemblée demande que le recouvrement des taxes sur les justices seigneuriales finisse. Il est certain qu'il ne produit plus rien que des frais de saisies et exécutions. Tous ceux qui sont dans le cas de payer l'ont fait, et l'on a affecté, dans les derniers rôles, de ne comprendre que de misérables paysans, qui ne sont ni avocats, ni procureurs, ni postulans, et qui se trouvent souvent dans l'impossibilité, par leur misère et par leur éloignement, de venir demander des décharges. Je me souviens que, dans les commencemens de ce traité, vous m'avez prescrit de ne point souffrir que l'on fist aucuns frais; mais, si l'on ne retient les commis du traitant maintenant, il en fera plus que dans aucune affaire, et cela sera fort inutile. On m'a assuré que l'on a tiré de cette province beaucoup au delà du forfait.»

* Voir les lettres de M. le cardinal de Bonzy, 26 octobre, 19 novembre et 24 décembre.

Les États avaient d'abord voté le Don de 3 millions, puis offert 1,600,000 ॥ pour racheter les offices de trésoriers-collecteurs déjà vendus ou à vendre. La discussion avait été plus longue sur la manière de lever la capitation.

1489. *M. de la Falvère, premier président du Parlement de Bretagne,*
au Contrôleur général.

25 Décembre 1695.

«.....Les désordres de la nuit qui arrivent continuellement, et où il est arrivé quelques meurtres et plusieurs vols, nous ayant déterminés, dans une police tenue il y a douze ou quinze jours, à établir une espèce de patrouille, de vingt bourgeois, divisés en quatre escouades de cinq hommes chacune, pour y remédier, en se divisant en plusieurs quartiers de la ville, on chargea le maire de pourvoir à ce que l'on eust quatre hallebardes et seize carabines ou fusils, que les bourgeois qui auroient fait la ronde porteroient tous les matins à l'hostel de ville. Au surplus, on leur donnoit à peu près le mesme pouvoir qu'aux archers du guet. Je dis aux maires de demander à M. de Lavardin permission d'acheter ces armes; il n'en a pas fallu davantage pour attirer une défense expresse, par une lettre où, suivant le style que vous connoissez, on s'est fort mis en colère qu'en matière militaire on ose faire ces entreprises. Il m'en a écrit une fort honneste, mais comme d'un homme qui ne veut pas que l'on entreprenne sur ses fonctions. Je ne sais de bonne foy si j'ay excédé le pouvoir ordinaire d'une assemblée de police; je sais seulement que je n'ay rien moins pensé, et que cependant ce secours nous est nécessaire, et que j'ay toujours cru qu'en matière d'avoir vingt hommes qui fassent fonctions de guet, il n'estoit pas besoin d'en demander permission. On m'a mesme dit que, de vostre temps, on en avoit eu une, et de mettre ordre. Si cela est vray, je n'ay pas tort. Quand il ne seroit pas, la chose valoit peu la peine de faire tant de bruit, et je ne crois pas passer pour un homme désireux de mettre les armes à la main de la bourgeoisie de Rennes, que M. de Lavardin a autrefois désarmée. Remarquez pourtant que, si vous aviez eu la bonté de nous faire avoir une compagnie du guet et un chevalier pour la commander, je n'en serois pas où j'en suis, dont pourtant j'espère me tirer, en laissant la chose, si vous l'ordonnez, ou la continuant. Voilà comme, faute de grandes occupations, il en faut avoir de petites*.»

* La création de la patrouille fut approuvée par le Conseil de finances, et le contrôleur général fit cesser l'opposition de M. de Lavardin. (Lettres de M. de la Falvère, 8 et 25 janvier 1696, et de M. de Lavardin, 10 janvier.)

Sur la mauvaise police de Nantes, voir une lettre écrite par l'évêque de cette ville, le 1er janvier 1697.

Une patrouille bourgeoise fut établie à Poitiers pour garder les rues pendant la nuit. Voir un rapport de M. d'Ableiges sur cette organisation et sur le chauffage du corps de garde (24 novembre 1698).

1490. *M. Larcher, intendant en Champagne,*
au Contrôleur général.

26 Décembre 1695.

Les habitants de Sedan demandent l'exemption des nouveaux droits d'entrée pour les marchandises étrangères ou pour les denrées qui sont destinées à la consommation de la ville et qui viennent par le chemin de Liége.

«Ces habitans fondent leur demande sur deux sortes de raisons, les unes générales, les autres particulières. Les générales sont que, leur ville estant réputée étrangère et hors l'étendue des fermes du Roy, ses habitans payent les droits de sortie du royaume, ainsy que les étrangers, pour toutes les denrées et marchandises qu'ils en tirent, avec cette différence néanmoins qu'en vertu de leurs priviléges, ils ne payent que moitié des droits de sortie, lorsque les marchandises et denrées se consomment dans leur ville; mais, lorsqu'ils les font passer dans les pays étrangers, ils payent le supplément de ces droits de sortie, et c'est pour recevoir ce supplément qu'il y a un bureau établi à Sedan; que, sur ce pied-là, il ne paroist pas tout à fait juste de les assujettir en mesme temps aux droits de sortie, comme étrangers, et aux droits d'entrée, comme estant au dedans du royaume, puisque l'on rend par là leur condition beaucoup plus désavantageuse que celle des villes du dedans du royaume, qui ne payent que les droits d'entrée et qui ne payent point les droits de sortie; et qu'enfin, leur ville estant tout à fait dépérie depuis quelques années, par l'évasion d'un grand nombre de religionnaires qui en composoient les meilleures et les plus riches familles, et par la diminution des manufactures, le moyen le plus sûr et le plus facile pour la rétablir dans le mesme estat où elle estoit auparavant est l'exemption de ces droits d'entrée qu'ils proposent.

«Les raisons particulières qu'ils allèguent pour l'obtenir regardent un nouveau chemin, dont il faut commencer par vous expliquer le fait. Pendant que la ville et duché de Luxembourg, ainsy que la comté de Chiny, estoient sous la domination du roy d'Espagne, il se levoit dans ladite comté de Chiny, au bureau de Porcheresse, un droit de deux pour cent de la valeur de toutes les denrées et marchandises qui passoient par ce chemin-là pour entrer en France. M. le comte de la Bourlie, gouverneur de Sedan, imagina que, pour priver le roy d'Espagne de ce droit, qui estoit fort à charge aux habitans de Sedan et des autres villes de la province de Champagne qui avoient commerce à Liége, il estoit à propos d'achever de Liége à Sedan un nouveau chemin, par la terre de Saint-Hubert, qui avoit esté commencé dès l'année 1664, et qui avoit esté interrompu par les guerres. Sur ce projet, que M. de la Bourlie proposa au Conseil, M. de Miromesnil, pour lors intendant de Champagne, fut commis pour entendre les principaux marchands des villes de Châlons, Reims, et les maire, échevins et habitans de la ville de Sedan, sur l'utilité de ce nouveau chemin; et, en ayant rendu compte au Conseil et donné son avis, il plut au Roy, par un arrest de son Conseil d'Estat du 8 juin 1679, d'ordonner qu'il seroit incessamment procédé à l'ouverture et à l'établissement de ce nouveau chemin de Sedan à Liége par la terre de Saint-Hubert, sans passer par les terres de la domination du roy d'Espagne. Ce nouveau chemin s'estant trouvé tout établi, lorsque la ville et duché de Luxembourg et la comté de Chiny sont tombés entre les mains du Roy, le fermier de S. M. prétendit que le Roy estant aux droits du roy d'Espagne, et ce fermier aux droits du Roy, ce droit de traverse de deux pour cent qui se payoit au roy d'Espagne dans le bureau de Porcheresse, pour les marchandises qui passoient dans la comté de Chiny, devoit aussy luy estre payé, quoyque les marchandises venant de Liége à Sedan passassent par le nouveau chemin de Saint-Hubert; et, cette prétention ayant formé une difficulté entre ce fermier et les marchands de la ville de Sedan, elle fut renvoyée à M. de Sève, intendant de Metz, pour en dresser procès-verbal et donner son avis, sur lequel intervint, le 6 octobre 1693, un arrest du Conseil portant que le droit de deux pour cent seroit levé sur toutes les marchandises et denrées qui viendroient de Liége à Sedan, lorsqu'elles passeroient par le duché de Luxembourg et comté de Chiny, sans néanmoins que les habitans de la ville de Sedan puissent estre exclus de se servir, quand bon leur sembleroit, du nouveau chemin ouvert sur la terre de Saint-Hubert, en exécution de l'arrest du Conseil du 8 juin 1679. Les habitans de Sedan, qui, par ce dernier arrest, se sont trouvés exempts de ce droit de traverse en faisant passer par ce nouveau chemin les marchandises qu'ils tirent de Liége, demandent la mesme exemption des droits d'entrée établis par les nouveaux arrests pour toutes les marchandises et denrées qu'ils feront venir de Liége à Sedan par ce nouveau chemin; et le motif particulier qu'ils en tirent pour cette exemption est l'intérest que l'on a de bien établir ce nouveau chemin, afin que, s'il plaisoit au Roy de rendre quelque jour à l'Espagne le duché de Luxembourg et la comté de Chiny, le commerce des marchandises eust pris son cours par ce nouveau chemin, et que le Roy Catholique se trouvast privé du droit de traverse qui se payoit au bureau de Porcheresse; et que rien n'est plus capable de contribuer à l'établissement de ce nouveau chemin, plus long et plus difficile que l'autre, que d'exempter de tous les droits d'entrée les marchandises venant par ce nouveau chemin, attendu que les marchands y trouvant l'avantage de cette exemption, ne se serviront plus du tout de l'ancien, qui s'abolira par là de luy-mesme en peu de temps.

«Pour moy, puisque vous m'ordonnez de vous en dire mon sentiment, il me semble que la ville de Sedan ayant besoin de secours pour la remettre de l'extrême dépérissement dans lequel elle est tombée depuis quelques années par une grande diminution de ses manufactures et par la sortie d'un grand nombre de religionnaires dont elle estoit remplie, cette grâce qu'elle demande pourroit luy estre accordée sans tirer à trop de conséquence pour les autres villes réputées, comme elle, étrangères, parce qu'il ne s'en trouvera point qui ayent, comme elle, la faveur, ou du moins, le motif de ce nouveau chemin, que l'on a cru de conséquence de bien établir, et que rien aussy n'est plus capable de bien établir que cette exemption des droits d'entrée réduite aux seules marchandises et denrées qui viendroient par ce nouveau chemin, et qui se consommeroient ensuite dans la ville de Sedan, où ces droits d'entrée seroient payés de toutes celles qui passeroient en France*.»

* Voir les pièces jointes à cette lettre, et, au 5 avril 1696, deux lettres de M. Larcher et des officiers de l'hôtel de ville de Sedan. Comme les fermiers généraux s'opposaient à l'exécution des ordres donnés par le contrôleur général, dans un sens favorable à la ville, M. Larcher fut chargé de dresser procès-verbal de la contestation et des arguments présentés de part et d'autre. Il envoya cette pièce le 10 août 1696, avec son avis, suivant lequel l'arrêt fut rendu en faveur des habitants, après que M. Daguesseau, dont une lettre est jointe au dossier, eut été consulté.

Les charges de la ville de Sedan n'avaient jamais été réglées, ni ses dettes liquidées comme on l'avait fait dans le reste du royaume, et les octrois ne suffisaient plus aux dépenses nouvelles, telles que l'entretien du bureau des pauvres et celui des casernes qui venaient d'être construites. Sur la proposition des habitants et de l'avis de M. Larcher, on accorda pour neuf ans un doublement du droit que payait la bière, et de nouveaux droits sur le charbon et le bois de chauffage; puis, comme la ville ne s'alimentait de cette dernière denrée que dans les forêts royales, exemptées de tous droits par un arrêt récent, ce qui réduisait de près de moitié le produit des nouveaux octrois, on y suppléa en augmentant l'entrée perçue soit sur la bière, soit sur les bestiaux. (Lettres du 8 avril et du 16 juillet 1696.) — Ces octrois étaient communs à toute l'étendue de la souveraineté de Sedan, qui jouissait des mêmes priviléges que la ville; mais, plus tard, les seize communautés qui la composaient prétendirent obtenir leur disjonction, en ce qui touchait les octrois établis pour le payement des dettes de la ville. (Lettre du 4 avril 1699.)

1491. *M. de Bouville, intendant à Orléans,*
au Contrôleur général.

26 Décembre 1695.

«.....J'ay trouvé dans la paroisse de Nançay le nommé Moreau, qui, tant pour son bien particulier, qui n'est pas situé dans l'élection, que pour une ferme de 8,000 ᵗᵗ, n'est compris dans les rôles qu'à une somme de 30 ᵗᵗ. J'ay cru que ce n'estoit pas faire un mal à ce particulier de luy donner le greffe des rôles pour le maintenir à son taux, et, pour l'y engager, le receveur des tailles l'a menacé d'une taxe d'office, qui n'est pas faite, mon dessein ayant esté de le laisser à son taux, s'il lève la charge, et de le faire comprendre dans le rôle à une somme proportionnée à son bien et à sa ferme, s'il ne la lève pas. J'ay cru mesme faire plaisir à M. le marquis de la Chastre de procurer ce privilége à son fermier, ne pouvant pas le laisser à un si bas taux, pendant qu'une infinité de pauvres gens gémissent sous le faix de leurs taxes. Cependant, voicy une lettre de M. Villault, qui me marque que vostre intention est que je décharge ce fermier de la taxe d'office prétendue faite. Je ne puis pas le décharger, puisqu'elle n'est pas faite; mais, si vous me donnez ordre de laisser ce fermier à son taux de 30 ᵗᵗ et d'imposer le prix du greffe sur la paroisse, je l'exécuteray aussitost, vos ordres estant une décharge pour moy.»

1492. *M. de Bernage, intendant à Limoges,*
au Contrôleur général.

27 Décembre 1695.

Devis et projet d'arrêt pour achever les travaux de la rivière de Charente et pour la rendre navigable depuis Verteuil jusqu'à Angoulême, sans détruire les moulins situés sur ce parcours*.

* Une compagnie se chargea de l'entreprise moyennant la somme de 10,000 ᵗᵗ une fois payée et la jouissance de la navigation pendant vingt ans. Voir les lettres des 7 et 17 janvier 1696.

1493. *Le Contrôleur général*
à M. de la Tour-Montfort, commandant à Calais.

31 Décembre 1695.

«L'injuste et cruel traitement que vous avez fait au greffier de la ville de Calais est un abus si formel de l'autorité que le Roy vous confie, que j'ose vous assurer que, s'il estoit venu à la connoissance de S. M., la règle et la sévérité de son jugement eust suivi la proportion de vostre faute, et c'est dire infiniment; mais, comme jusques à présent je vous ay fait plaisir en tout, j'ay cru y devoir mettre le comble en cette occasion-cy, en ne portant point devant le Roy les justes plaintes de ce particulier et celles de toute la ville et du public en sa personne. Mais aussy je pécherois contre mon devoir et contre toutes règles, si je ne vous disois en mesme temps que, si vous ne réparez promptement et d'une manière proportionnée l'injustice énorme et la cruauté barbare que vous avez exercée, et que je n'aye des lettres de Chauvreulx qui me marquent qu'il est satisfait et pleinement content, je ne pourray me dispenser de rendre compte au Roy de toute cette affaire, dans tous ses points et sans rien diminuer de toutes les circonstances de vostre conduite, ni des suites fascheuses qu'elle peut vous attirer*.»

* Voir les lettres de M. Bignon, intendant à Amiens, de M. de la Tour-Montfort et du plaignant, 24 et 25 décembre 1695, 5, 7, 29 et 31 janvier 1696.

1494. *M. Lebret, intendant en Provence,*
au Contrôleur général.

4 Janvier 1696.

Il sollicite le payement de l'arriéré de sa pension, qu'il n'a point touchée depuis trois ans et demi, et demande les ordres nécessaires pour que les parties du département qui ne sont pas du corps de la province contribuent au remboursement du brevet de retenue attaché à sa charge de premier président du Parlement.

«Je crois que je n'aurois besoin que de trois lettres de vous, l'une adressée aux échevins de Marseille, la seconde aux maire et consuls d'Arles, et la troisième à ceux de Salon, tant pour leur ville que pour le reste des Terres adjacentes, par lesquelles vous auriez agréable de leur faire entendre que le Roy ayant résolu de me faire rembourser, comme aux autres premiers présidens des Parlemens de son royaume, la somme portée par mon brevet de retenue, afin de rendre le choix de S. M. plus libre, lorsque les places seront vacantes, et ce dessein ne pouvant s'exécuter présentement en son entier sur les finances de S. M., à cause des dépenses de la guerre, elle a obligé la province de me payer 20,000 # dans le cours de cette année, et que, comme il est très-juste que Marseille, Arles et les autres Terres adjacentes contribuent à cette dépense, qui est autant à leur avantage qu'à celuy du reste de son pays de Provence, elle désire que, dans le cours de la mesme année, la ville de Marseille me paye, à compte de mon brevet, une modique somme de 4,500 #, celle d'Arles 3,000 #, et Salon et le reste des Terres adjacentes 2,500 # *.»

* Sur la terminaison de ce remboursement, voir les lettres du 15 octobre et du 1er novembre 1698.

1495. *M. Ferrand, intendant en Bourgogne,*
au Contrôleur général.

9 Janvier 1696.

Les habitants de Semur en Auxois, accablés par l'injuste répartition des tailles ou par le nombre toujours croissant des privilégiés, et ne pouvant faire un rôle nouveau sans contrevenir aux règlements des tailles, qui veulent que les asséeurs suivent les trois derniers pieds de répartition, ont obtenu du Parlement de Dijon la faculté de déroger à cette règle pour l'assiette de 1696. Ils demandent la confirmation de cet arrêt, et, par extension, le droit d'imposer les privilégiés de nouvelle création, lorsque leur finance ne dépasse pas 1,000 # *.

«Cette affaire me paroist, comme à vous, très-importante, et, quoyqu'il soit vray que les nouveaux officiers soient soulagés dans la taille, quoyque les plus aysés, cependant je crois que le temps ne convient point à un pareil changement. Ce seroit livrer ces officiers à la passion des asséeurs des tailles, qui regardent avec envie les priviléges dont ils jouissent. Il est sûr qu'ils les accableroient, s'ils avoient la liberté de les augmenter. D'ailleurs, quoyque ces nouveaux officiers ayent très-peu financé pour acquérir les priviléges dont ils jouissent, les unions que le Roy trouve à propos de faire à leurs offices les rendent tous les jours plus considérables; je ne vous en citeray que deux exemples. Les greffiers des rôles des tailles ont esté obligés d'acquérir en cette province les charges de vérificateurs des mesmes rôles, et bientost les greffiers alternatifs nouvellement créés les regarderont. Les contrôleurs des exploits sont dans le mesme cas; ils se voyent obligés d'acquérir un des anciens 5 sols qui appartiennent au Roy pour le contrôle des exploits.

«Je parle assurément contre mes sentimens, je sais le besoin que les taillables ont d'estre secourus; mais cette voye de les soulager feroit préjudice aux affaires du Roy et deviendroit trop générale.»

* «Suivre l'avis de l'intendant. — Néant.»

Voir, au 19 mars suivant, un dossier relatif aux priviléges réclamés par le hérault d'armes de France au titre de Charolais, qui, n'ayant point de service ordinaire ou par quartier, était domicilié à Semur. M. Ferrand le fit aussi maintenir dans son exemption.

1496. *Le Contrôleur général*
à M. de Pomereu de la Bretèche, intendant à Alençon.

10 Janvier 1696.

«Les expédiens qu'aucuns de MM. les intendans des généralités ont pratiqués pour parvenir à la vente des nouvelles charges créées pour la jurisdiction des gabelles, par l'édit du mois d'octobre 1694, ont eu beaucoup de succès, particulièrement dans la généralité de Soissons, où M. l'intendant a fait comprendre dans les rôles de la contribution des ustensiles les officiers des élections, après avoir examiné qu'ils n'ont aucun titre pour en prétendre l'exemption, et dont il n'a accordé la décharge qu'à ceux des officiers desdites élections qui ont levé des offices de la jurisdiction des gabelles créés par ledit édit; et, comme les officiers des élections de vostre généralité sont dans le mesme cas, il est du service du Roy que vous pratiquiez les mesmes expédiens et ceux que vous jugerez encore plus à propos pour engager lesdits officiers et autres particuliers à acquérir ces nouvelles charges, dont le prompt débit est important pour subvenir aux grandes dépenses de la guerre.»

1497. *Le Contrôleur général*
à M. Bouchu, intendant en Dauphiné.

12 Janvier 1696.

L'entrepreneur qui vient de passer soumission pour la fourniture des étapes en Dauphiné et en Savoie se plaint de n'avoir plus le temps de faire ses achats dans les provinces voisines, et, s'il est vrai, comme il le prétend, que beaucoup de particuliers de Dauphiné aient fait des amas considérables de vivres et de fourrages, il a le droit, suivant son traité, de leur prendre ce qu'il trouvera dans ces conditions-là et de payer sur le pied des trois derniers marchés.

1498. *M. d'Ableiges, intendant à Poitiers,*
au Contrôleur général.

12 Janvier 1696.

Les sous-fermiers des aides se plaignent que les cavaliers et dragons en quartier d'hiver fassent le commerce du vin; ils prétendent que les troupes étrangères en ont seules la permission. Cependant les ordonnances de l'intendance l'ont toujours donnée à toutes les troupes, et c'est seulement à la charge que le trafic n'ait lieu qu'entre gens de guerre et que les habitants n'y participent point.

1499. *M. Larcher, intendant en Champagne,*
au Contrôleur général.

14 et 15 Janvier, 2 et 8 Février 1696.

Il propose d'autoriser les communautés de Courcelles

et de Villers-en-Lieu à vendre une partie de leurs bois de réserve, pour réparer : l'une, le pont de la Blaise, faute de fonds sur l'état des ponts et chaussées; l'autre, la nef de l'église paroissiale.

Les habitants de Mouzon demandent à employer leurs revenus à l'acquittement de leurs dettes, puis, s'il y a des revenants-bons, aux réparations de l'église paroissiale ou des fermes de la ville.

Ceux de Langres sollicitent la permission de réduire d'un tiers le fonds affecté aux travaux publics dans l'état des charges, et de consacrer par préférence leurs deniers communaux à l'acquittement des dettes*.

* Ces propositions sont toutes quatre approuvées.

1500. *M. de Nointel, intendant en Bretagne,*
au Contrôleur général.

15 et 25 Janvier 1696.

Les États ont stipulé que, pour faciliter leur emprunt de 1,200,000 ᵗᵗ, leur trésorier pourrait délivrer des contrats de constitution, au denier quatorze, aux étrangers non naturalisés ou non résidant en France, avec faculté de disposer de ces rentes, nonobstant tous droits d'aubaine, de confiscation, de représailles, etc.

La délibération porte en outre que les contrats seront passés en telle forme et par tels notaires que le désireront les acquéreurs ou les porteurs d'anciennes rentes conversibles.

On demande que ces clauses soient confirmées par arrêt du Conseil. Les mêmes ont déjà été accordées au clergé, ainsi qu'aux États de Languedoc*.

* Pour faciliter cet emprunt, on offrit le bénéfice de la conversion, du denier vingt-quatre au denier dix-huit, aux porteurs des contrats ou des quittances d'avances délivrés, en 1689, à la suite de la faillite de M. de Harouys, trésorier des États, et ce moyennant un supplément de finance payable par les porteurs, fixé à la moitié du principal pour les quittances d'avances, qui jusque-là n'étaient pas négociables. Voir, sur cette opération, une lettre de M. de Nointel, 6 avril 1698.

1501. *M. de la Boutière, maître des requêtes,*
envoyé en Alsace,
au Contrôleur général.

16, 18, 21, 23 et 24 Janvier 1696.

Il rend compte de l'enquête qu'il poursuit sur le fait des malversations commises par les gardes-magasins des fourrages, avec la connivence et l'appui des intendants des provinces frontières.

Dans le département de M. de la Goupillière, il n'a pu rien apprendre, si ce n'est la grande autorité de cet intendant et d'un de ses domestiques, qui fait les fonctions de garde-magasin à Sarrebourg et à Phalsbourg*.

En Alsace, même crainte manifestée par les habitants, et même réserve de la part des communautés, qui n'osent venir faire leurs déclarations. Un garde-magasin de Strasbourg, nommé Garnier, conduit aux prisons ordinaires, a déjà avoué une partie des faits : il achetait les *places mortes;* il forçait les communautés à faire leurs fournitures de foin et d'avoine en argent, à 3 ou 4 ᵗᵗ au-dessus du prix courant; quand les denrées étaient fournies en nature, il exigeait une moitié en plus, sous prétexte de couvrir le déchet; il n'a point rendu compte de son maniement depuis 1689; il s'est fait donner des présents; enfin, bien que ses appointements fussent seulement de 1,200 ᵗᵗ par an, outre 360 ᵗᵗ pour un commis, il a amassé 70,000 ᵗᵗ d'argent comptant, après avoir acheté une charge de secrétaire du Roi, une autre charge de commissaire des guerres pour son fils, une maison à Strasbourg, etc. Malgré ses dénégations, il est prouvé aussi qu'il a donné de l'argent soit à un commis de M. de Barbezieux, soit à un ancien secrétaire de l'intendant. Il a, d'ailleurs, de puissants protecteurs dans la province et à Paris. L'intendant, M. de la Grange, et son frère sont partis pour la haute et la basse Alsace; le bruit court qu'ils vont détourner les témoins, et que les gardes-magasins ont déjà répandu plus de 100,000 ᵗᵗ pour étouffer l'affaire et anéantir les preuves.

Des premières informations il résulte que la province a été forcée de fournir en argent un tiers ou une moitié des fourrages, et que, lorsqu'on faisait payer aux contribuables le chariot de mille livres pesant de 30 à 36 ᵗᵗ, Garnier ne livrait aux troupes que du vieux foin qui appartenait au Roi, ou qui coûtait de 16 à 17 ᵗᵗ. Quoique ces faits aient été souvent portés à la connaissance de M. de la Grange, il n'en a jamais fait justice; il approuvait même les exactions, et il a toujours laissé les fonds fournis par les communautés entre les mains des gardes.

Le plat pays loge soixante-seize compagnies de cavalerie, fournies par quarante-trois petits magasins et par neuf grands, dont la consommation représente une valeur de 700,000 ᵗᵗ d'une part et de 1,400,000 ᵗᵗ d'autre part. Le profit annuel des gardes pouvait monter de 1,000 ᵗᵗ à 2,000 ᵗᵗ par compagnie.

Le désordre est le même dans toute la province, et ce qui le prouve, c'est que tous les gardes-magasins cherchent déjà à dissimuler leurs effets ou à se dérober eux-mêmes aux poursuites**.

* Voir une lettre de justification de M. de la Goupillière, intendant à Hombourg, 8 janvier.

** Voir la suite des opérations de M. de la Boutière, dans ses lettres ou dans celles de M. de la Grange, aux dates des 27, 28, 30, 31 janvier, 1er, 3, 6, 9, 17, 19, 23, 25 et 29 février, 3, 6, 11, 14, 17 mars.

Dans la lettre du 3 février, M. de la Boulière dit : «M. l'intendant excuse sa facilité envers ces gens-là par les grandes recommandations de la cour, qui l'ont empesché d'écouter toutes les plaintes que l'on a faites contre eux; il m'a mesme fait voir une lettre de S. A. R. Monsieur..... Je dois aussy vous observer que les baillys, chefs de la police et de la justice, se sont rendus maistres des biens des communautés sans avoir rendu aucun compte depuis vingt-cinq ans. Ils font les répartitions et les recouvremens comme bon leur semble. En 1662, il y avoit des receveurs, que vous pourriez rétablir, un par chaque bailliage et prévosté (ce seroient soixante-quatre places); ils financeroient mesme pour l'estre à perpétuité, et, si vous ordonniez que le bailly ou prévost ne pust jamais estre receveur, vous feriez une chose utile au Roy et aux communautés tout ensemble. S'il vous plaisoit de décharger par le passé les baillys et prévosts de rendre compte, ils se tiendroient heureux d'acheter leur repos et la conservation de leurs honneurs à prix d'argent..... M. l'intendant se défend de sa négligence en cette affaire : 1° parce qu'il sert six mois à l'armée; 2° qu'il n'auroit pû faire rendre les comptes aux baillys et prévosts sans entendre une infinité de plaintes contre eux, ce qui auroit affoibli leur autorité parmy le peuple, qui est cependant nécessaire pour faire obéir promptement pour les corvées qui se font tous les ans, à cause des armées d'Allemagne.»

L'intervention de M. de Barbezieux empêcha que les poursuites ne s'étendissent aux malversations des magasiniers des avoines ou aux exactions des troupes elles-mêmes.

L'instruction n'aboutissant point, M. de la Grange et M. d'Huxelles proposèrent de finir l'affaire par la voie de l'argent, et ils amenèrent les gardes-magasins, au nombre de cent soixante-cinq, qui avaient exercé de 1689 à 1695, à offrir une somme de 300,000# contre absolution générale. Comme un traitant proposait le double pour prendre en main les poursuites, le contrôleur général n'accepta pas d'abord les offres des magasiniers; il paraît cependant que l'affaire se conclut, par l'intermédiaire de M. le comte de Gramont, sur le pied de 100 écus environ par compagnie. Voir : lettres de M. de la Grange, 8 et 27 avril 1697, 9 juin, 14 juillet et 26 septembre; de M. d'Huxelles, 25 avril, 13 mai et 12 juin; de M. de Vaubourg, intendant à Nancy, 11 et 16 juin; de M. de Blanzac, 10 et 28 juillet, 17 août et 28 septembre, et de M. Daguesseau, 21 avril.

1502. *Le sieur* DE LA LANDE LE CHAT,
avocat du Roi en l'amirauté de Saint-Malo,
AU CONTRÔLEUR GÉNÉRAL.

18 Janvier 1696.

Procès entre les interprètes jurés du port de Saint-Malo et un marchand du même port, touchant le droit exclusif que réclament les premiers de faire la conduite des maîtres des vaisseaux ou des barques d'échange et de servir de truchements et de facteurs aux étrangers*.

* Voir, dans la correspondance de Bordeaux, à la date du 7 janvier 1697, un mémoire de M. le comte de Toulouse, amiral de France, sur son droit de nommer aux fonctions d'interprète, comme à toutes les autres commissions de l'amirauté, droit que lui contestaient les jurats de Bayonne.

1503. *Le sieur* SEGENT, *à Nice*,
AU CONTRÔLEUR GÉNÉRAL.

18 Janvier 1696.

«Je ne prétends point m'ériger en donneur d'avis bons ou mauvais; mais, comme il y a dans cette ville un droit que je n'ay point connoissance qui soit établi en France, je prends la liberté de vous informer qu'il y en a un sur les cartes de jeu, lequel, quoyque de peu de chose, ne laisseroit pas que de produire dans toute l'étendue du royaume, si on l'établissoit, et seroit insensible; c'est-à-dire que je l'ay trouvé arrenté au profit de M. le duc de Savoye, lorsque nous sommes entrés icy, à 250#, monnoye de Piémont, faisant environ 185# de France; du depuis, j'ay poussé cette petite ferme à 790# de ladite monnoye de Piémont, où elle est actuellement, et encore, dans cette augmentation, les domestiques des officiers-majors, qui permettent de jouer chez eux, ne sont point obligés d'aller prendre des cartes à la ferme desdites cartes. Vous en ferez l'usage que vous estimerez à propos. Je joins à cette lettre l'acte ou privilége sur lequel ce droit est établi dans les Estats de M. le duc de Savoye, et vous supplie très-humblement de me le renvoyer, parce que je n'en ay point d'autre pour décider sur les contraventions qui peuvent arriver touchant cette petite ferme.»

1504. *M.* BAILLET,
premier président de la Chambre des comptes de Dijon,
AU CONTRÔLEUR GÉNÉRAL.

20 Janvier et 18 Mars 1696.

Les ordonnances adjugent au Roi les peines pécuniaires du quadruple ou autres prononcées contre les comptables, mais les élus de Bourgogne soutiennent que cela ne peut s'appliquer aux comptes des recettes générales de leurs États, par la raison que le Roi est toujours payé intégralement des Dons gratuits, et que, les délits des comptables ne portant préjudice qu'à la province, celle-ci doit bénéficier du produit des condamnations*.

Le receveur des bois demande qu'on lui passe les payements qu'il a faits aux officiers des maîtrises particulières sur des certificats de service délivrés par les maîtres et les greffiers du siége, à défaut des certificats du grand maître, dont la négligence, en ce cas, autorise les gardes à ne plus remplir leurs fonctions.

La Chambre ayant relevé dans les comptes d'octrois de la ville d'Autun, clos en 1686, une omission de recette de 3,500#, dont le quadruple monterait à 14,000#, a néanmoins voulu accepter l'offre faite par les magistrats actuels de couvrir cette omission en la portant en augmentation de recette. Les motifs de ce jugement étaient tirés des circonstances particulières de l'affaire et surtout de ce que les anciens magistrats avaient obtenu, en 1684, une remise des débets de leurs comptes; mais il est impossible de confondre ces débets et cette remise avec la peine de l'omission, et le premier président a refusé de signer l'arrêt**.

* «Au Roy.»

** En marge : «Signer l'arrest. — Voir toutes les ordonnances anciennes et nouvelles, pour savoir si on donnera une déclaration.»

1505. *Le sieur* Germain, *intéressé aux fermes, à la Rochelle,*
au Contrôleur général.

21 Janvier 1696.

« . . . . . Pour avoir le débouchement des castors à l'étranger, le fermier doit en diminuer le prix, pour le donner à meilleur marché que les Anglois (afin de se pouvoir conserver ce commerce), qui, à l'occasion de la guerre, sont plus en estat de le donner à plus bas prix, leur coustant moins de fret et d'assurance pour le transport en Hollande et dans le Nord. J'ay eu l'honneur de vous écrire que je ne vois personne plus propre pour ce commerce que M. Chabert*; il seroit à désirer qu'on s'en fust servi. J'estime que la consommation dans le royaume peut s'augmenter, en réduisant les chapeliers de ne faire de mélanges, et les obligeant de prendre une plus grande quantité que par le passé, leur donnant le castor à meilleur marché, pour pouvoir diminuer le prix des chapeaux et engager un chacun d'en porter. Au refus des fabricans d'entrer dans quelques ajustemens, la Compagnie doit faire fabriquer et régler le prix des chapeaux bien au-dessous de celuy ordinaire, pour convier le public de s'en servir par préférence. Si la Compagnie estoit moins surchargée de castors gras assortis, je serois d'un autre sentiment, luy convenant mieux de vendre que de les voir dépérir dans les magasins, y en ayant depuis plus de cinq ans, qui consomment de gros intérests.

« . . . . . Je communiqueray l'article d'une de vos lettres aux négocians de cette ville qui font commerce à Saint-Domingue, pour voir aux moyens de rétablir la culture des tabacs et éviter de tomber dans les inconvéniens du passé. Rien de plus aysé, quand le fermier et les marchands voudront agir de concert, estant de l'intérest des droits du Roy que ce commerce se soutienne et que les marchands soient libres de disposer de leurs tabacs, au refus du fermier.

« J'ay vu la lettre du marchand de cette ville qui se plaint du refus d'expédition pour le chargement du cacao par le canal et Marseille pour l'Italie. J'auray l'honneur de vous dire que l'arrest du Conseil du 12 may 1693 ordonne que les cacaos que les négocians voudront faire passer aux pays étrangers seront reçus par forme d'entrepost dans les ports de Dunkerque, Dieppe, Rouen, Saint-Malo, Nantes, la Rochelle, Bordeaux et Bayonne, sans payer aucuns droits, le port de Marseille estant excepté. J'ay cru ne devoir accorder le passage dans le royaume, pour en éviter le versement, sans des ordres plus précis. Vous avez eu la bonté, la consommation se faisant en Espagne, où les François ne peuvent aller, à l'occasion de la guerre, d'accorder un second entrepost à Bayonne, sur la remonstrance que j'ay eu l'honneur de vous en faire; j'estime que les marchands doivent s'en contenter, sans emprunter le port de Marseille, qu'ils demandent pour mieux favoriser les abus, en passant au travers du royaume. Le fermier se précautionne autant qu'il peut pour faire mettre tous les cacaos dans les magasins d'entrepost; il en échappe toujours à sa prévoyance, par leur intelligence avec les commis des derniers bureaux, qui certifient souvent ce qu'ils ne voyent.

« Un marchand de cette ville vient de me dire que son correspondant de Gothembourg a chargé audit lieu deux cent quarante barils de harengs blancs. Il demande qu'il luy soit permis de les décharger pour les vendre, estimant que les défenses regardent les harengs de la pesche de Hollande et d'Angleterre**. »

* Le sieur Chabert postulait la direction vacante de la Rochelle. Il s'occupait de créations d'offices; c'était lui qui avait proposé celle des bureaux des finances de la Rochelle et d'Angers. Voir sa lettre du 24 mars.

** Le sieur Germain donne encore, par ses lettres du 28 avril, du 14 juillet et du 8 septembre, divers renseignements sur la recette des fermes, le commerce maritime, le trafic des blés et celui des sels de Brouage, les récoltes, etc.

1506. *M.* Lebret, *intendant en Provence,*
au Contrôleur général.

29 Janvier 1696.

Les échevins de Marseille, malgré les ordres réitérés qui leur ont été transmis, persistent à refuser au munitionnaire de l'armée d'Italie les magasins qu'ils doivent lui fournir pour entreposer ses farines, ainsi que l'ont déjà fait toutes les autres villes du département. Une ordonnance a été rendue contre eux, mais ils se sont pourvus en secret pour la faire casser par le Conseil, et ils se servent pour cette procédure d'un autre agent et d'un autre avocat que ceux qu'ils emploient ordinairement.

1507. *M.* Trobat, *intendant en Roussillon,*
au Contrôleur général.

29 Janvier 1696.

Deux engagements ont eu lieu entre les habitants de la vallée de Carol et les employés de la gabelle et de la foraine. La première affaire a été jugée : le coupable principal, qui avait tué un des employés et qui s'est sauvé en Espagne, est, par contumace, condamné à la peine de mort, à la confiscation de ses biens, et, comme transfuge, à la démolition de sa maison. Le gouverneur de Montlouis a arrangé l'autre affaire; cependant deux des coupables, n'étant point compris dans l'accommodement, pourraient servir d'exemple pour prévenir de pareils désordres.

« Ce pays estant frontière, il convient quelquefois d'autoriser les actions des gouverneurs des places pour contenir les paysans, qui sont naturellement libertins et toujours prests de s'en aller dans le pays ennemi, duquel ils sont si voisins . . . . . Cette vallée, qu'on appelle de Carol, est un pays enclavé dans les montagnes voisines de la comté de Foix, la Cerdagne françoise, d'un costé, la Cerdagne espagnole et la vallée d'Andorre, de l'autre, qui est une espèce de pays dont le Roy et l'évesque d'Urgel sont conseigneurs. Comme cette vallée estoit presque toute enclavée dans le pays de la domination du Roy, les Espagnols avoient donné aux habitans des libertés et priviléges si extraordinaires, que cela les rendoit tout à fait insolens, et, tant qu'ils ont esté de la domination d'Espagne, la justice n'y estoit reconnue qu'à la volonté des habitans, et l'impunité permise à toutes sortes de crimes, pour les engager plus facilement à conserver cette frontière contre la France. Depuis que le Roy est parvenu à en estre le maistre, on a fait différens exemples; mais il leur reste toujours cette liberté, que leurs priviléges ne laissent pas d'appuyer, et auxquels il faut toucher avec modération..... »

1508. *Les Trésoriers de France en la généralité de Paris au Contrôleur général.*

30 Janvier et 26 Février 1696.

Mémoire et pièces concernant une contestation du bureau des finances avec le prévôt des marchands, au sujet d'un bail emphytéotique par lequel la ville a cédé, pour quatre-vingt-dix-neuf ans, l'usage du fossé de la porte Saint-Antoine, avec la jouissance des arbres ou herbages, des eaux et des poissons, et la faculté de bâtir sur le devant du parapet*.

* Voir, à la date du 23 septembre 1698, un placet de l'entrepreneur qui avait obtenu cette concession pour y établir une manufacture de cuirs de veau, façon d'Angleterre.

1509. *M. Phélypeaux, intendant à Paris, au Contrôleur général.*

7 Février 1696.

Concession du bac de Pont-sur-Seine.

1510. *M. de la Faluère, premier président du Parlement de Bretagne, au Contrôleur général.*

8 Février 1696.

« Je ne croyois pas, de bonne foy, quand je travaillay au règlement dont vous avez bien voulu voir le projet, que ce qu'il contient (qui n'a rien que de conforme à la coustume de ce pays) pust jamais exciter ni la curiosité ni l'opposition ou censure des députés des Estats. Un homme de la Compagnie ayant charge dans les Estats s'est mis dans la teste, pour se faire valoir, cette belle manœuvre, et non-seulement il a fait interposer l'office des députés, mais mesme celuy de M. le comte de Toulouse, comme devant estre informé de ce règlement avant que de le pouvoir arrester. Ce fut à peu près la substance de la lettre que je reçus de M. le Chancelier, dont le sentiment, sans marquer le bon ou le mauvais du règlement, ne s'explique pas plus avant. Je crois luy avoir très-clairement prouvé dans ma réponse qu'en matière de règlemens purement d'ordre judiciaire ou d'interprétation de coustumes et d'exécution d'ordonnances, les Parlemens n'avoient à recevoir de modification et d'ordre que du Roy, et du chef de la justice, comme l'organe de ses volontés. Je l'ay ainsy soutenu pour l'avoir toujours ainsy vu pratiquer, et pour les conséquences qui en arriveroient, cela si vray que, de tous les procès-verbaux des coustumes du royaume que j'ay, il n'y en a pas un seul où il paroisse que, dans les réformations, les gouverneurs s'en soient meslés en aucune manière. Et, dans le cas où nous sommes, comme il ne s'agit que de l'exécution de la coustume, à laquelle nous n'innovons ni ne contrevenons en rien, ne faisant qu'abolir des usages que vous aviez vous-mesme attaqués, je n'ay pas cru que l'intervention ni le conseil de MM. les députés des Estats y fust nécessaire, ni que leur syndic, qui a esté des délibérations que nous avons faites sur cette matière, dust se faire de feste exprès pour empescher une réformation d'usage, après laquelle je vous assure que l'on attend, après les ouvertures que vous en donnastes, lorsque, par un arrest très-salutaire, vous limitastes la poursuite d'un bénéfice d'inventaire à trois ans. On me dit, en venant icy, que vous estiez en dessein d'aller plus avant. Comme je me suis toujours bien trouvé de suivre tout ce que vous avez établi, j'ay cru, en secondant le zèle des gens de bien, devoir travailler à ce que vous avez vu dans ce projet, en quoy mesme il est encore resté quelque difficulté à l'égard du troisième article. Quant à ce que vous avez trouvé à redire de proposer ce règlement à la Compagnie avant que de recevoir la réponse de M. le Chancelier, j'estime encore à cet égard pouvoir justifier mon procédé. En le luy envoyant dix jours avant la fin de la séance, où je pouvois recevoir deux fois ses ordres avant qu'elle finist, je luy donnay avis que le temps m'obligeoit de le faire lire, mais, bien entendu, qu'il n'y auroit aucune publication jusques à ses ordres. S'il eust trouvé à redire à cette lecture, il n'y avoit qu'à m'ordonner de la suspendre. Aussy ne s'est-il pas plaint de cela.

« Voilà de quoy j'ay esté bien ayse de vous rendre compte. J'y ajoute une très-humble prière, si l'occasion s'en présente, de nous vouloir procurer la grâce d'estre dispensés, en ces sortes d'affaires, de communiquer ce que nous faisons à d'autres que ceux qui en sont compétens..... »

1511. *M. de Nointel, intendant en Bretagne, au Contrôleur général.*

15 Février et 3 Juin 1696.

Il propose d'accorder aux habitants de Saint-Pol-de-Léon le renouvellement de leurs anciens octrois, et, en outre, d'étendre le recouvrement aux port et havre de Roscoff, ainsi qu'il se pratique déjà dans les faubourgs de Paimpol, Saint-Michel, la Madeleine et Pouldu; l'établissement d'un nouveau droit sur le débit de l'eau-de-vie et du cidre, et enfin, le doublement de l'ancien droit sur le vin; le tout applicable au payement des charges de la ville, qui doivent être réglées par un nouvel état*.

* Les habitants de Jugon demandèrent également à lever un droit sur la vente en détail des boissons, pour fournir aux charges de la ville, et particulièrement aux ouvrages publics; mais M. de Nointel fit observer que le produit de l'octroi suffirait à peine aux frais de l'adjudication, qu'il valait mieux faire faire les ouvrages publics aux frais de la pro-

vince et pourvoir aux autres charges de la ville par des impositions extraordinaires. (Lettre du 8 juillet.) — A Guérande, M. de Nointel fit autoriser les habitants à augmenter les prélèvements qu'ils faisaient sur le produit des octrois : 1° pour les réparations des édifices et de l'enceinte de la ville; 2° pour la rétribution du médecin; 3° pour les gages de l'huissier de ville; et, en outre, à faire d'autres fonds pour amener un cours d'eau vive, pour affecter un tombereau à l'enlèvement des boues, etc. (Lettre du 11 avril.) — A Rennes, où les habitants se plaignaient de ce que leurs rues étaient encombrées par les boues depuis le retour du Parlement, il obtint d'augmenter le fonds de 1,000 ᵗᵗ affecté, dans l'état des charges, à un service de tombereaux, et de faire payer, par délégation, l'excédant de la dépense sur les deniers d'octroi. (Lettres du 30 novembre 1695 et du 8 janvier 1696.)

Voir, en 1695, 30 mars et 12 juin, deux mémoires sur la prorogation des octrois de Nantes et sur les charges de la ville de Vannes.

1512. *M.* DE LAVARDIN, *lieutenant général en Bretagne*, AU CONTRÔLEUR GÉNÉRAL.

18 Février 1696.

« . . . . . Je sais qu'une personne, qui ne se nomme point, a présenté au Roy un placet par où il suppose que M. de Gordes, enfermé comme insensé par sentence du lieutenant civil de Paris, après l'avis et la visite de douze parens, dont je suis un des moindres, n'est point fol, et que c'est une vexation qu'on luy fait, pour jouir de son bien. Je puis vous assurer de la vérité de ce qui s'est passé, y ayant esté appelé, et ensuite vous découvrir qui sont les visionnaires qui font jouer ces ressorts, pour prouver la fausseté du placet. Vous saurez que, pour cacher la honte de la famille, nous convinsmes, par un résultat secret, d'arrester le cours des extravagances de M. de Gordes, et le fismes, par ordre de toute la parenté, arrester dans ses maisons. Il fit cent folies, que j'aurois confusion de vous rapporter; entre autres, il se jeta par la fenestre et se fracassa la teste; cela nous fit craindre quelque sinistre accident, et on prit la résolution de le faire venir près de Paris, pour examiner par nous-mesmes son estat et ensuite prendre nos résolutions. Pour cet effet, il fut conduit aux Pères de la Charité, à Charenton, et nous ne reposasmes d'un examen si important sur personne, nous le fismes nous-mesmes : M. l'évesque de Langres, son oncle, l'évesque de Beauvais, à présent cardinal de Forbin, moy, et tous les autres parens, allasmes l'un après l'autre visiter ce malheureux, et l'estat de sa cervelle nous parut si démonté, que, tous d'une voix, nous présentasmes la requeste pour qu'il fust enfermé. M. le Camus y alla, le vit et donna la sentence. Voilà ce qui fut fait, dans toutes les formalités requises et après de mûres délibérations, et en la manière usitée en pareil accident, ce qui fait voir la fausseté du placet. . . . . Je vous supplie que, la famille s'estant conduite comme elle a fait, avec prudence et circonspection, le Roy sache d'où luy sont venues ces importunités, et que l'on laisse M. de Gordes enfermé, comme il convient au malheureux estat où il est, et non le jouet honteux de ceux qui veulent profiter de sa foiblesse et de son imbécillité*. »

* Voir, à l'intendance de Metz, 29 mai et 19 juillet, deux lettres de M. de Corberon, procureur général au Parlement, relatives à l'interdiction de l'évêque de cette ville, qui fut prononcée à la requête de M. le duc de la Feuillade, son neveu.

1513. *M.* DE BÂVILLE, *intendant en Languedoc*, AU CONTRÔLEUR GÉNÉRAL.

21 Février 1696.

Il demande le payement de la pension de 500ᵗᵗ accordée au sieur Brueys, de Montpellier, en considération des ouvrages religieux qu'il a composés depuis sa conversion au catholicisme.

1514. *M.* DE LA BOURDONNAYE, *intendant à Rouen*, AU CONTRÔLEUR GÉNÉRAL.

26 Février 1696.

Pièces et rapport sur les droits dont doit jouir le juré visiteur des viandes, vivres et victuailles de la ville de Rouen.

1515. *Le sieur* BLANCHARD, *ingénieur, à Lamballe*, AU CONTRÔLEUR GÉNÉRAL.

28 Février et 26 Avril 1696.

Il rend compte des travaux qu'il a entrepris pour mettre en exploitation une mine de charbon de terre située dans la paroisse de Trégomeur, et il demande un secours pour achever ces travaux et commencer l'extraction du charbon, qui sera très-abondant.

1516. *M.* DE RIBEYRE, *premier président de la Cour des aides d'Auvergne*, AU CONTRÔLEUR GÉNÉRAL.

5 Mars 1696.

L'arrêt rendu par la Cour pour réprimer le faux-saunage, en défendant aux marchands de vendre le sel aux habitants des pays de gabelle ou à des personnes inconnues, reçoit son exécution régulière. Un marchand a été condamné à l'amende, mais on a modéré le taux de cette amende, dans l'idée que l'exemple serait suffisant*.

* Les fermiers généraux s'étant plaints que le débit des sels avait diminué de moitié en Bourbonnais et en Berry, par suite du commerce qui se faisait publiquement entre les faux-sauniers de ces provinces et les marchands ou regrattiers du pays rédimé, avaient obtenu de la Cour des aides un arrêt, portant en substance qu'il ne serait plus vendu de sel dans le pays rédimé qu'aux gens reconnus pour habitants de ce pays et que les vendeurs tiendraient registre de toute vente excédant huit livres et des noms et qualités des acheteurs. Plusieurs marchands de Clermont avaient formé opposition à cet arrêt, comme contraire aux privilèges et aux franchises du pays, bien que toutes les anciennes

ordonnances eussent restreint le débit libre des sels à la consommation de la province même. Voir les pièces jointes à la lettre du premier président, et, en Berry, une lettre de M. de Séraucourt, du 22 janvier.

Une émotion populaire eut lieu à Clermont, dans le mois de mai suivant, à propos de cette vente du sel, et, pour punir la ville, on y envoya quatre compagnies de cavalerie, en dehors du quartier d'hiver, et on mit à la charge des habitants l'excédant du fourrage, le logement, l'ustensile, etc., ce qui pouvait faire une surcharge de 2 ou 3,000 ⁱⁱ par mois. M. d'Ormesson demanda inutilement le retrait de cette mesure. Voir ses lettres du 7 septembre, du 1er octobre et du 4 novembre. A un placet envoyé le 10 septembre par l'échevinage de Clermont, le contrôleur général répond ces mots: «Le temps [du logement] n'est pas réglé. La conduite sage dans des maisons vides, leur fournissant tout.»

1517. *M. Lebret, intendant en Provence,*
au Contrôleur général.

9 et 11 Mars 1696.

Les trésoriers des villes de Marseille et de Toulon se trouvant incapables de faire le recouvrement de la capitation, il sera pourvu à leur remplacement aussitôt que les rôles de 1696 auront été publiés et mis en recette.

Un événement récent prouve, d'ailleurs, que les échevins de Marseille font une opposition sourde au recouvrement : ils ont donné asile dans l'hôtel-de-ville à un bourgeois, Mathieu Ambroisin, qui avait refusé de recevoir les archers envoyés en garnison chez lui avec le garde de la prévôté, et qui répand dans la ville les discours les plus séditieux et les excitations les plus dangereuses.

«J'ouvre mon paquet pour y mettre la lettre que je viens de recevoir des échevins de la ville de Marseille, par laquelle vous verrez que le nommé Ambroisin estoit insensé, au point que s'estant jeté par la fenestre dans la cour de sa maison, il s'est cassé la teste. J'ay mandé au procureur du Roy et au juge ordinaire que, s'il est absolument nécessaire de faire quelques procédures sur ce funeste accident, ils en doivent concerter le temps et la manière avec les échevins, pour éviter l'éclat qu'ils semblent craindre; car je m'aperçois, par les lettres anonymes qui me sont adressées et par les autres avis qu'on me donne verbalement de temps en temps, que les contraintes dont on est forcé d'user envers les redevables de la capitation irritent les esprits, et que, dans un pays où ils sont aussy inconsidérés que dans celuy-cy, on est tous les jours à la veille de voir des rébellions et du désordre; mais je connois aussy bien sensiblement que, si on se relasche à présent de la sévérité que vous m'avez recommandée par plusieurs de vos lettres, les habitans de Marseille, Aix et Toulon ne payeront plus, et, à leur exemple, ceux des autres lieux de la province. A mon égard, je ne puis pas faire les choses avec plus de prudence et de circonspection que d'ordonner qu'on avertisse plusieurs fois ceux qui refusent de payer, avant que de leur faire aucuns frais, et d'empescher que les archers, au nombre d'un ou de deux au plus, qu'on est obligé de mettre en garnison chez plusieurs, n'exigent ni argent ni quoy que ce puisse estre. Mais tous ces adoucissemens n'empeschent pas que les Provençaux, vifs et impétueux comme ils sont, ne souffrent avec beaucoup d'impatience l'incommodité et désagrément d'une garnison *.»

* Voir les lettres jointes à celles de l'intendant, avec ses réponses en marge. — Le contrôleur général écrit sur le dossier : «Ne point poursuivre contre le fou pour s'estre tué, mais ne point relascher les poursuites pour les payemens.» M. Lebret fit enterrer le corps d'Ambroisin en secret, et il n'y eut aucun mouvement dans la ville; mais les exécutions, qui furent reprises aussitôt, n'avancèrent point le recouvrement. (Lettre du 31 mars.)

1518. *Le Contrôleur général*
à M. de la Bourdonnaye, intendant à Rouen.

13 Mars 1696.

Il le charge de s'enquérir auprès des négociants qui exportent les toiles à l'étranger s'il est plus commode et plus utile de laisser subsister les bureaux de marque qui ont été récemment établis dans les centres manufacturiers des généralités de Caen et d'Alençon, que d'obliger les fabricants à apporter leurs produits à Rouen et à les y faire marquer, comme cela se pratiquait depuis 1683.

Si l'opération peut se faire fidèlement en chaque endroit, l'usage des bureaux semble préférable, dans l'intérêt des marchands et des ouvriers; on pourrait d'ailleurs, après une première visite des gardes-jurés, faire une sorte de contrôle à Rouen, ainsi qu'on en use pour les étoffes, qui se marquent une première fois à la fabrique et une seconde fois dans les villes où elles se débitent.

Le sieur Bourdon, manufacturier à Elbeuf et l'un des entrepreneurs de la manufacture de draps fins de Pont-de-l'Arche, se plaint que les collecteurs ont élevé sa cote de 30 ᵗᵗ à 200 ᵗᵗ, et il fait valoir la clause du privilége de ladite manufacture qui porte que les entrepreneurs ne seront jamais taxés que modérément et d'office, eu égard à l'utilité de l'établissement. Cette faveur a toujours lieu de subsister, si le sieur Bourdon continue à soutenir sa manufacture.

1519. *M. Ferrand, intendant en Bourgogne,*
au Contrôleur général.

19 Mars 1696.

Les priviléges accordés aux salpêtriers, particulièrement la réduction de leur taille à 50 sols, et la multiplicité des commissions que le directeur des salpêtres délivre aux plus riches habitants, donnent lieu à des plaintes continuelles.

«Je vous supplie de me faire connoistre vos intentions et s'il n'a point esté apporté quelque changement à ces priviléges qui ne fust pas venu à ma connoissance. D'ailleurs, les salpestriers causent bien du désordre, par la liberté qu'ils ont d'entrer et de travailler dans toutes les maisons où ils croyent trouver du salpestre; ils en exemptent ceux qui leur donnent de l'argent, et dégradent considérablement les maisons dans lesquelles ils en font la recherche. Je tiens la main autant qu'il m'est possible à empescher les abus et tenir ces ouvriers dans leur devoir; mais, comme le directeur n'en est pas responsable, que faire contre des malheureux*?....»

* «Révoquer ces deux commissions. — Le privilége de réduction à 50 sols, depuis 50 ᵗᵗ. — Ordre de chastier, quand ils malversent.»

Les communautés étaient tenues de fournir un logement aux salpêtriers. Voir un rapport de M. Turgot (Metz, 4 juin 1699).

1520. *M. d'Ormesson, intendant en Auvergne, au Contrôleur général.*

19 Mars 1696.

«Je me trouve engagé de vous représenter que la misère augmente si fort en cette province, par le défaut de commerce, par les sommes extraordinaires qu'on a tirées, celles qui sont imposées et dont les recouvremens se font actuellement, que chacun gémit et que ceux qui estoient un peu accommodés sont tombés dans un estat si pauvre, qu'après avoir vendu leurs bestiaux et meubles, ils sont réduits à découvrir leurs maisons pour faire argent des couvertures et des bois pour subsister; ce qui m'ayant obligé de m'informer plus particulièrement, des receveurs des tailles, de la manière qu'elles se payent, les uns et les autres m'ont également dit que, quelques ménagemens qu'ils apportent pour soulager les taillables et les collecteurs de bonne volonté, et quelques contraintes qu'ils puissent exercer contre ceux qui s'en éloignent, ils n'ont pas reçu, jusques à présent, sur celles de cette année, le cinquième de ce qui avoit esté porté en recette les années précédentes en ce temps-cy, et qu'ils craignent beaucoup qu'une très-grande partie des paroisses ne soient obligées de venir à une discussion générale, par cet épuisement d'argent, le défaut de commerce et le peu de monde qu'il y a pour cultiver la terre.»

Cette raison ne permet pas d'accueillir la demande en modération de la taille présentée par la paroisse de Job, bien que tous les faits avancés par les habitants soient réels. Leur misère est devenue extrême par suite de l'émigration des religionnaires, de la cessation du commerce et de la mort d'une grande partie des habitants; cependant, il faut continuer l'imposition de 20,000 ᵗᵗ, sauf à la réduire au prochain département, et, comme la communauté a nommé jusqu'à vingt collecteurs, au lieu de quatre, sans qu'aucun d'eux ait pu faire le recouvrement, et que le receveur des tailles retient en prison plusieurs collecteurs des années précédentes, après avoir vendu leurs bestiaux, sauf les bœufs de labour, on a dû nommer des collecteurs d'office.

Beaucoup de communautés se plaignent que les habitants les plus aisés s'exemptent du logement, en prenant de simples commissions des directeurs des fermes pour la distribution du tabac ou du papier timbré, la marque des chapeaux, le contrôle, etc. Le nombre de ces commissionnaires, avec celui des nouveaux privilégiés, est devenu si considérable, qu'il semblerait juste de réduire les commissions, ou du moins les priviléges, à une seule personne dans les paroisses imposées au-dessous de 10,000 ᵗᵗ.

«L'édit des vérificateurs des rôles et les arrests du Conseil rendus en conséquence leur donnent le pouvoir de vérifier les rôles d'imposition des tailles, crues et des autres deniers extraordinaires, et il y en a un du 5 janvier 1694 qui ordonne qu'ils vérifieront et signeront les rôles des tailles, taillon, crues et de toutes les autres impositions générales, tant ordinaires qu'extraordinaires, qui seront faites pour quelque cause que ce soit, mesme de celles qui seront faites pour le sel dans les greniers ou chambres d'impost, et qu'ils auront 6 deniers pour cote, à l'exception seulement des impositions d'ustensiles, de celles qui seront faites pour les troupes, milices, fourrages, ou quartier d'hiver, qui seront vérifiées par les intendans. Vostre intention a-t-elle esté d'accorder par cet arrest à ces officiers la vérification des rôles des impositions qui se font depuis celles des tailles et qui ne sont point comprises dans les commissions des tailles et n'en font point partie? Ou si ç'a esté seulement de leur accorder la vérification des rôles de la taille, des crues et autres impositions qui la suivent et qui sont contenues en la commission, de quelque nature qu'elles soient? Si vous me permettez d'en dire mon sentiment, il me paroist nécessaire d'avoir l'explication formelle de la volonté de S. M. à cet égard. Si elle estoit de restreindre ces officiers à la vérification des rôles des tailles, crues et autres impositions portées par les commissions des tailles, de quelque nature qu'elles soient, mesme pour le sel, dans les greniers ou chambres d'impost, ce seroit un très-grand soulagement pour ses sujets, et ces officiers ne pourroient raisonnablement se plaindre, estant suffisamment récompensés de l'intérest de leur finance par le produit de 6 deniers pour cote de l'imposition des tailles, crues et autres impositions portées par les commissions des tailles, sans tirer pareil droit des impositions qui surviennent, comme pour les eaux, les colonels et capitaines de milice bourgeoise, greffiers des rôles, receveurs des deniers patrimoniaux, et autres qui vous sont assez présentes sans en faire un détail, d'autant plus qu'il y a telle cote pour les eaux, ou autres de cette nature, qui sont au-dessous de 10 à 20 sols, qui payeroient autant qu'un qui est à 10 ou 20 ᵗᵗ, et que la vérification s'en feroit sans frais par MM. les intendans, de mesme qu'ils en usent pour les ustensiles, quartier d'hiver et fourrages. Il y a encore cette considération à faire, que les élus n'ayant le pouvoir de vérifier les rôles que des impositions qui se font au département des tailles où ils assistent, ces vérificateurs, qui sont de leurs corps, ne peuvent avoir droit de vérifier d'autres rôles que ceux qui procèdent de ces départemens.....»

1521. *M. Voysin, intendant en Hainaut, au Contrôleur général.*

30 Mars 1696.

Le sieur Dormoy, maître des fours à verres à vitres

d'Anor, demande un privilége de vingt ans pour continuer seul cette fabrication dans une étendue de dix lieues à la ronde. La requête a été présentée pour éviter la concurrence d'un autre gentilhomme verrier qui va établir un fourneau à Anor même; mais cette industrie doit rester libre, pour que les produits se vendent à meilleur marché, et les deux fourneaux trouveront un débit suffisant, surtout en temps de guerre.

1522. *M. Foucault, intendant à Caen, au Contrôleur général.*

30 Mars 1696.

Procès-verbal et avis sur une aliénation de marais communaux dans la paroisse de Robehomme, et sur l'opposition des habitants de Bavent et de Petiville, qui prétendent avoir le droit de pâture dans toute l'étendue de ces marais.

1523. *Le Contrôleur général à M. Lebret, intendant en Provence.*

2 Avril 1696.

Il lui soumet un projet pour l'érection en titre d'office des charges d'auditeurs des comptes des communautés*.

* Le 17 décembre, en envoyant l'édit de création, rendu au mois d'octobre, il écrit : «Quoyque ces offices ayent des fonctions nécessaires, des gages et des priviléges assez raisonnables, je ne laisse pas de croire que le traitant aura besoin de secours pour les débiter. Je vous prie de luy donner celuy qui dépendra de vous, et de compter que je vous en seray obligé.»

1524. *Le Contrôleur général aux Intendants des généralités taillables.*

9 Avril 1696.

Le Roi désire savoir à quel total ont monté les impositions ordinaires ou extraordinaires faites dans chaque généralité, du 1er avril 1695 au 1er avril 1696, tant pour la taille, l'ustensile, les fourrages, les frais du quartier d'hiver et ceux de la milice, que pour toutes autres charges, quelles qu'elles soient*.

* Même circulaire, le 11 mars 1697.

1525. *Le Contrôleur général à M. de Nointel, intendant en Bretagne.*

17 Avril 1696.

«J'ay rendu compte au Roy de la gratification de 6,000 # que vous luy demandez en qualité de premier commissaire du Conseil à l'assemblée des Estats de Bretagne. S. M. a bien voulu vous l'accorder; l'ordonnance sera expédiée incessamment et assignée sur le traité des offices de l'arrière-ban.

«Vous m'avez fait plaisir de pousser ce recouvrement jusqu'à 240,000 #; l'excédant qui se trouve sur la somme que S. M. s'estoit proposé d'en tirer servira au remplacement des non-valeurs qu'il y a dans plusieurs autres provinces. Faites, s'il vous plaist, compter les commis, et disposez un estat de répartition de la finance principale par séneschaussées, afin qu'on puisse faire expédier les quittances nécessaires. Si dans les 240,000 # vous comprenez les 2 sols pour livre, il faut les déduire, et le principal ne sera plus alors que de 218,182 #; et, si l'on pouvoit entendre vostre lettre de manière que le principal fust véritablement de 240,000 #, non compris les 2 sols pour livre, l'on expédieroit dès à présent les quittances sur le pied du produit de chacune séneschaussée*.»

* Sur les abus qui curent lieu dans la confection des rôles de ce recouvrement, voir une lettre du 12 mars, à M. de la Bourdonnaye (Rouen), lequel obtint de faire faire la vérification de ces rôles en présence d'un certain nombre de gentilshommes.

Des ordres avaient été donnés, dès l'année précédente, pour exempter de la contribution les personnes comprises dans la taxe des arts et métiers, ou pour réduire la cote de celles qui, vivant noblement, justifiaient néanmoins d'une association commerciale. (Lettre du 13 juin 1695, à M. de Séraucourt, intendant en Berry.)

A propos des personnes taxées comme vivant noblement, le contrôleur général écrivait à M. d'Ormesson (Rouen), le 21 mars 1695 : «Quelques gentilshommes de vostre généralité m'ont dit qu'il n'y a que ceux qui portent l'épée, sans avoir esté dans le service, que vous réputez vivant noblement; sur quoy je dois vous dire qu'il faut encore regarder tels ceux qui vivent de leurs rentes, sans aucune profession, ce qui paroist d'autant plus juste, que les personnes de ce caractère ont moins contribué qu'aucunes autres aux besoins de l'Estat.....»

1526. *M. le Vayer, intendant à Moulins, au Contrôleur général.*

22 Avril 1696.

«J'ay reçu les différens ordres que vous m'avez fait l'honneur de m'envoyer, concernant les offices d'enquesteurs et commissaires examinateurs dans les greniers à sel, les nouvelles lettres d'anoblissement, les offices de jurés vendeurs de sel à petites mesures, les droits du contrôle des actes des notaires, les offices de jurés mouleurs de bois, de jaugeurs de vins, etc., et l'aliénation de 1,000,000 # de rente sur les postes : je vais y donner tous mes soins et tascher de procurer tout le secours que le Roy en peut attendre, mais il faut un peu de temps pour mettre toutes ces affaires en mouvement et ne pas ruiner en mesme temps les autres précédentes..... Les rôles de la capitation de cette année sont entièrement faits; mais il est impossible de les mettre encore à exécution, jusques à ce que la saison nouvelle ayt donné moyen aux métayers et artisans de gagner quelque chose. Les ustensiles, arts et métiers les ont absolument mis bas, et, si l'on n'usoit d'un peu de prudence et de ménagement, je craindrois qu'on ne les réduisist au désespoir. Je presse les receveurs de finir le recouvrement de la capitation de l'année dernière, et je tascheray de découvrir s'ils n'employent pas ces deniers à d'autres usages.»

1527. *M. de Séraucourt, intendant en Berry,*
au Contrôleur général.

27 Avril 1696.

Les habitants de Châteauroux se plaignent que le fermier des postes surtaxe le port des lettres pour Paris, qui devrait être, suivant le tarif de 1676, de 3 sols pour la lettre simple, 4 sols pour la lettre avec enveloppe, 5 sols pour la double lettre, et 9 sols par once pour les paquets. Le fermier donne pour prétexte que la ville de Châteauroux n'est pas nommée dans le tarif, et que par conséquent elle doit être comprise dans la classe des villes situées à plus de soixante lieues (elle est à soixante-deux lieues); mais le Berry, sinon la ville même de Châteauroux, est expressément désigné dans le tarif, et l'usage précédemment observé est une raison suffisante pour que le fermier se conforme à la taxe*.

* A Périgueux, le directeur des postes, se fondant sur l'usage et, disait-il, sur ce que les lettres étaient apportées par un messager spécial depuis la grande route, faisait payer 7 sols pour les lettres de Paris, quoique la taxe ne fût que de 5 sols à Paris pour les lettres de Périgueux et que, d'ailleurs, le tarif dût être le même pour les lieux situés sur la route ou pour ceux qui se trouvaient sur une traverse. M. de Bezons porta plainte de cet abus. (Lettre du 27 décembre 1698.)

Dans la même généralité, les lettres des négociants de Bayonne pour Bordeaux n'étaient reçues qu'avec affranchissement, tandis que celles de Bordeaux pour Bayonne n'étaient point assujetties à cette formalité, et, outre la perte qui retombait sur les Bayonnais, il arrivait souvent que les facteurs chargés de remettre leurs lettres au bureau les détournaient pour s'approprier le prix de l'affranchissement. M. de Bezons (20 octobre 1698) dit qu'on a déjà remédié à cet abus en divers endroits.

1528. *M. le Camus, lieutenant civil à Paris,*
au Contrôleur général.

29 Avril 1696.

«Je crois que vous avez déjà su la retraite de M. Berthelot de Mareuil depuis six jours. J'ay commencé, à la requeste de ses plus proches parens, les procédures pour avoir la preuve de la banqueroute frauduleuse. L'on commence à découvrir qu'une fille d'une médiocre vertu peut avoir esté la cause de la retraite qu'il a faite, et hier au soir, en faisant faire les perquisitions, j'ay trouvé que le frère questeur des carmes deschaussés avoit esté chez la demoiselle et qu'il avoit emporté des cartons de papiers; j'ay envoyé un commissaire dans le couvent, et l'on a retrouvé les deux cartons, dans lesquels il y avoit des papiers de grande conséquence, et principalement ceux qui peuvent servir pour rendre ses comptes. Je fais suivre la procédure, pour avoir tous les éclaircissemens possibles, dont j'auray l'honneur de vous informer.»

1529. *M. Larcher, intendant en Champagne,*
au Contrôleur général.

30 Avril 1696.

Les habitants d'Escordal, dans le duché de Rethelois, demandent la suppression du droit de *sauvement* que perçoit sur eux chaque année le gouverneur de Mézières et qui se paye, à raison d'un setier d'avoine et d'une poule, par chaque habitant.

Ce droit, constitué, dès le XIIe siècle, au profit du comte de Rethel, pour obtenir sa protection contre le seigneur d'Escordal, puis transmis aux gouverneurs de Mézières, avait été perçu paisiblement jusqu'en 1669. A cette époque, et sur une première requête des habitants, il fut maintenu par jugement contradictoire du subdélégué. C'est de ce jugement que les habitants ont appelé en Parlement, sans plus de succès, et il n'y a ni raisons ni moyens pour supprimer un droit aussi régulièrement établi.

1530. *M. de Miroménil, intendant à Tours,*
au Contrôleur général.

30 Avril 1696.

Les octrois de la ville de Tours ne sont affermés qu'à 15,000# par an, sur quoi sont assignés, avec les charges ordinaires, les charges extraordinaires, les gages des nouveaux officiers de ville, etc. Il ne reste rien pour fournir à l'entretien des ponts et du pavé des avenues, qui est d'une dépense très-considérable. Si l'on rejetait sur un autre fonds les gages des officiers de ville, la somme rendue disponible servirait à faire les réparations les plus indispensables*.

* «Néant. Qu'il trouve d'autres expédiens.» — M. de Miroménil revient sur ce sujet, les 22 et 27 novembre suivant. Par la dernière lettre, il propose, faute de pouvoir faire une imposition, d'affecter 8,000#, sur les 200,000# du fonds des turcies et levées, aux ouvrages qui semblent les plus urgents pour garantir la ville des inondations.

L'année suivante, en face de la nécessité encore plus grande des travaux, il obtint d'abord de prélever les fonds nécessaires sur le produit des octrois, avant le payement de toutes autres charges ordinaires, expédient qu'il employa aussi pour relever le port et les quais de Saumur; mais, comme les fermiers des octrois ne purent faire leurs payements et qu'on n'osa user de contraintes envers eux, tous deux étant receveurs des tailles, et comme, d'ailleurs, le montant présumé de l'adjudication prochaine ne devait pas même égaler celui des charges fixes de la ville, M. de Miroménil obtint de faire faire une imposition de 4,000# et d'en affecter le produit aux travaux publics. (Lettres du 7 janvier, des 14 et 27 mai et du 6 juin 1697.)

Du reste, les droits spéciaux qui avaient été établis, en 1690, sur l'entrée du vin, de l'avoine, du bois de chauffage, de la paille et du foin, au profit de l'hôpital général, ne furent renouvelés qu'avec une réduction de moitié pour le foin et d'un cinquième pour les autres denrées. (Lettre du 20 septembre 1696.)

1531. *M. Phélypeaux, intendant à Paris,*
au Contrôleur général.

4 Mai 1696.

Rapport sur un placet présenté par les bateliers de Poissy, cessionnaires de l'abbaye de ce lieu, contre M. le président de Maisons, seigneur de Poissy, et M. le duc de la Roche-Guyon.

«M. le duc de la Roche-Guyon prouve incontestablement, par les pièces qu'il rapporte, qu'il est seigneur de Rolleboise et d'une grande étendue sur la rivière de Seine, où il a droit de port, exclusivement à tout autre, et qu'ainsy il a seul le droit de charger des personnes ou marchandises à Rolleboise. Il est vray aussy qu'il n'en a aucun pour charger à Poissy, et qu'il n'y en peut avoir qu'en vertu de la transaction et des lettres patentes de 1689, supposé que M. de Maisons, avec qui elle est passée, y eust droit et eust pu s'accommoder avec luy.

«M. le président de Maisons tire son droit, comme j'ay eu l'honneur de vous le dire, de sa qualité de seigneur de Poissy; qu'il est aux droits de M. le duc de Bouillon, auquel le Roy a cédé tous les droits qui luy pouvoient appartenir dans le domaine de Poissy; que le droit de pesche sur la rivière luy appartient; qu'il donne des lettres aux bateliers, et enfin, que le droit qui appartenoit au Roy de faire voiturer sur la rivière luy appartient comme seigneur.

«Pour moy, je crois que M. le président de Maisons, quoyque seigneur de Poissy, n'est pas bien fondé à prétendre ce droit de voiture sur la rivière, soit qu'on l'examine par son titre de seigneur, soit qu'on l'examine par la transaction et par les lettres patentes qu'il a obtenues, homologuées au Parlement. Il est vray que le Roy a cédé à M. de Bouillon tous les droits qu'il avoit dans le domaine de Poissy, mais seulement ceux qu'il y possédoit comme seigneur, et non pas ceux qu'il y possédoit comme supérieur et souverain, ce qui fait que tous les grands fleuves de son royaume luy appartiennent, s'il n'y a des dons et des concessions par luy faites, ou par ses prédécesseurs, ou qu'il n'y ayt des titres contraires, comme aveux ou autres titres.

«Il est vray que, dans l'aliénation de Poissy, il est fait mention du droit de pesche, et que l'évaluation de ce droit a esté faite par MM. les commissaires de la Chambre des comptes; aussy, je ne doute pas que ce droit de pesche n'appartienne à M. de Maisons. Mais je ne crois pas que ce droit de pesche emporte celuy de voiturer sur la rivière, d'autant plus que ce droit seroit d'un revenu considérable, et que l'évaluation n'en a point esté faite par MM. les commissaires.

«Pour ce qui est de la transaction et des lettres patentes, il est certain que cela ne luy a pu attribuer aucun droit, soit parce que cette transaction est passée entre luy et M. de la Roche-Guyon seul, soit parce que, par ces lettres patentes, le Roy ne luy en a point fait de don. La seule chose qu'on peut dire, c'est que, si ce droit de voiturer appartient à la communauté de Poissy, M. de Maisons a au moins autant de droit qu'un particulier de cette communauté, et qu'il luy est permis, comme aux autres habitans, d'avoir un bateau pour voiturer, sans qu'il puisse empescher les bateliers de voiturer aussy.

«Pour ce qui est de Mmes les prieure et religieuses de Poissy, elles fondent leur droit sur une charte de Philippe-le-Bel de 1311, qui a esté confirmée par plusieurs Roys, mesme par des lettres patentes de S. M. de 1681, suivant qu'il est énoncé dans leur bail du 27 mars 1693. Comme je n'ay point vu ces pièces, je ne sais ce qu'elles contiennent; je crois qu'il y est seulement fait mention du droit de port et de bac dont elles jouissent, mais je ne puis croire qu'il y soit fait mention du droit de voiture; d'autant plus qu'il est certain, par la connoissance que j'ay eue sur les lieux, qu'elles n'en ont jamais eu aucune possession et que les baux qu'elles ont faits n'ont jamais eu d'exécution.

«Les bateliers se fondent, suivant leur placet, sur leur misère et sur la bonté du Roy, que je ne répéteray point icy. Ils y ajoutent, dans le procès-verbal, leur possession immémoriale, soutenue des lettres de maistrise par eux obtenues à la maistrise particulière des eaux et forests de Saint-Germain et en la prévosté de Poissy, qui leur donnent le pouvoir de voiturer les personnes et marchandises au port de Poissy*. . . . .»

* Suivant une requête des bateliers d'Arras (intendance d'Amiens, 26 novembre 1697), il était partout de règle que les magistrats locaux défendissent aux bateliers étrangers de prendre des chargements de retour.

1532. *M. Voysin, intendant en Hainaut,*
au Contrôleur général.

9 Mai 1696.

Les États de Mons ne peuvent payer leurs rentes, ayant employé tous leurs revenus au payement de l'aide et au rachat des édits; certains rentiers n'ont rien reçu depuis vingt-cinq ans, ou même depuis plus longtemps, pour peu que leurs créances se soient trouvées contestables.

1533. *Le Contrôleur général*
à M. de la Bourdonnaye, intendant à Rouen.

10 Mai 1696.

Les habitants d'Elbeuf, faisant valoir l'état présent de ce bourg et la décadence de la manufacture, sollicitent un abonnement ou une fixation de la taille et un tarif pour lever le montant de l'imposition en droits sur l'entrée des marchandises. Le Roi a repoussé leur requête, mais il faut examiner ce que le Conseil pourrait faire pour conserver l'industrie de la draperie et pour empêcher la désertion des ouvriers et des maîtres.

1534. *Le Contrôleur général*
à M. Trobat, intendant en Roussillon.

12 Mai 1696.

Il lui transmet deux requêtes par lesquelles les marchands de Perpignan demandent à faire quelques changements dans la manière de mesurer les étoffes, toiles, taffetas ou rubans dont se compose leur commerce, et à remplacer la canne, anciennement usitée, par l'aune, qui est la mesure la plus ordinaire du royaume.

1535. *Le sieur* DE CORMERY, *fermier général à Lyon*, *au* CONTRÔLEUR GÉNÉRAL.

15 Mai 1696.

«Comme il se commet beaucoup de désordre dans tous les départemens de la ferme au sujet des passe-ports du Roy, qui servent de prétexte pour faire passer une infinité de marchandises en fraude, ... j'ose vous dire qu'il s'en fait presque un commerce public de la part des officiers, munitionnaires, étapiers et autres avec les marchands, ce qui cause un tort considérable aux droits des fermes du Roy et ruine encore plusieurs particuliers.

«Si vous trouviez quelque difficulté à ne plus accorder de passe-ports, il seroit, du moins, nécessaire de prendre quelques précautions pour remédier à ces abus, et, pour cet effet :

«Insérer dans lesdits passe-ports que les traitans, leurs commis, voituriers, ou autres, seront tenus de rapporter des certificats du déchargement des marchandises dans les magasins du Roy, visés de MM. les intendans ou commissaires, dont il n'est point fait mention dans la plupart, particulièrement ceux qui s'expédient aux bureaux de Mgr de Barbezieux;

«Ne plus délivrer de passe-ports à des officiers subalternes, mais seulement aux colonels des régimens;

«Distinguer la qualité et la couleur des draperies et autres étoffes qui doivent estre employées pour l'usage desdits régimens,

«Et désigner les lieux d'où on doit tirer les marchandises et ceux où on les doit envoyer. . . . .

«L'on a déjà pris la liberté de vous informer que le commerce des galons et dentelles d'or et argent faux-trait, qui se faisoit en cette ville, est presque entièrement tombé, depuis que le droit en a esté fixé à 10 sols par marc, suivant l'arrest du Conseil du 14 juin 1689. . . . . Cette augmentation ayant esté faite dans la vue de favoriser les manufactures de ces sortes de fils traits établies en France, l'on prétend que le Conseil a esté surpris, d'autant que cette fabrique n'a point eu lieu. L'on espère que vous aurez la bonté d'y faire attention, en modérant ledit droit à la moitié, ce qui sera le moyen d'empescher bien des fraudes.»

1536. *Le* CONTRÔLEUR GÉNÉRAL *à M.* DE BEZONS, *intendant à Bordeaux.*

21 Mai 1696.

«J'ay reçu vostre lettre du 12 de ce mois, au sujet du traité des certificateurs des criées. L'union de ces offices aux corps des procureurs a esté faite dans toutes les généralités, le recouvrement de la finance est déjà avancé dans plusieurs; la mesme facilité se doit trouver dans la vostre, où les procureurs ne sont pas plus chargés que dans les autres pays. Il seroit inutile de tenter ce recouvrement sur les particuliers, car il est aysé de prévoir que, supportant leur part des autres taxes de leur communauté, il leur seroit impossible de s'acquitter encore de celle-cy, quand elle tomberoit sur eux seuls. L'expédient de créer des offices de procureurs en chacun bailliage est encore moins convenable, puisque l'on n'a vendu qu'un seul office de certificateur depuis l'édit de création qui leur attribue la faculté de postuler, quoyque le commis du traitant, depuis près de deux années, n'ayt rien négligé pour cela. Il faut donc, pour finir cette affaire dans vostre généralité, se réduire à faire ce qui se pratique actuellement dans toutes les autres, et par conséquent arrester au plus tost, le mieux qu'il sera possible, la répartition de la somme de 60,000 ^ll à quoy monte ce recouvrement dans vostre département, quoyque dans les autres il soit par proportion beaucoup plus fort.

«J'avois cru que, les taxes contenues au projet de rôle que vous m'avez renvoyé estant beaucoup modérées, il seroit facile de s'en faire payer; cependant, comme vous ne croyez pas les communautés des procureurs des présidiaux et des bailliages en estat de les soutenir, je vous envoye un nouveau projet, où l'on a ajouté cent vingt-cinq jurisdictions seigneuriales assez considérables, desquelles les procureurs n'ayant encore payé qu'une seule taxe, on pourra aysément rejeter sur eux une partie de la somme qui est demandée. Je vous prie de travailler sur cela au plus tost et d'y faire les changemens que vous jugerez à propos, de manière toutefois que le rôle ne soit pas d'une moindre somme. Vous pourrez après surseoir pendant quelques mois l'exécution du traité, si vous l'estimez nécessaire, pour ce qui concerne les présidiaux seulement, mesme augmenter de quelque chose les gages qui leur sont donnés, sans augmenter leurs taxes, et en donner aussy à ceux des justices seigneuriales à qui ils conviendront. Ce sont toutes les facilités qu'il est possible de pratiquer pour vostre département. Je n'en ay pas tant donné dans les autres, où le recouvrement est pourtant fort avancé. Je vous prie de donner tous vos soins pour nous sortir de cette affaire [a].»

[a] Suivant une lettre de M. de Bernage, intendant à Limoges, du 13 avril 1697, la communauté des procureurs de cette ville résista obstinément au recouvrement de la taxe des certificateurs de criées, comme à celle du contrôle des dépens. Plusieurs aimèrent mieux quitter leurs maisons et les abandonner aux garnisaires que de payer. M. de Bernage ne trouva d'autre ressource que de faire exiler les plus mutins, pour avoir ensuite raison des autres, en les traitant avec une certaine modération.

1537. *M.* D'HERBIGNY, *intendant à Lyon*, *au* CONTRÔLEUR GÉNÉRAL.

23 Mai 1696.

«. . . . . Vous avez eu la bonté d'accorder pour cette année une diminution sur la taille; je l'ay fait tomber sur les paroisses qui avoient souffert; celle de Belleville en est une, et j'avois marqué, dans les commissions des tailles, que les particuliers qui avoient esté greslés devoient surtout avoir part à cette diminution.

«Le rôle ayant esté arresté à Belleville le 17 de ce mois, les greslés m'ont fait porter plainte de ce que aucun d'eux n'estoit déchargé, et qu'au contraire les meilleures cotes estoient diminuées; que mesme il se faisoit des levées extraordinaires au delà de celles contenues au rôle. J'ay mandé aux élus que, quand on leur porteroit ce rôle à vérifier, ils me l'envoyassent, avec le consul. J'y ay reconnu qu'effectivement les plus misérables n'avoient eu aucune diminution, mais que plusieurs des principales cotes, entre autres celle du premier consul, estoient diminuées d'un quart, d'un tiers, mesme de moitié. Le consul, pour sa justification, m'a représenté la délibération dont copie est cy-jointe, laquelle portant une levée de 600 ᵗᵗ, pour trouver cette somme, on a diminué toutes ces principales cotes, à condition que les cotisés payeroient à part et hors le rôle la mesme somme dont ils estoient diminués.

«En quoy, outre les abus qui sautent aux yeux, il s'ensuit encore un autre, qui est que l'imposition de l'ustensile, de la milice, du quartier d'hiver, de l'étape, etc. se faisant à proportion de la taille et allant à plus des deux tiers, ces principaux cotisés ne payent de ces impositions qu'à proportion de la somme pour laquelle ils sont compris dans le rôle, et, ne profitant point de la diminution sur la taille, par ce qu'ils payent d'ailleurs sous main, en profitent à l'égard des autres impositions.

«Un autre abus justifié par cette mesme délibération est que l'argent ainsy levé, sous des prétextes apparens, court risque de n'estre pas employé suivant la délibération, et que, hors le présent ordinaire, le consul ne rendant point compte, fait du reste ce qui luy plaist.»

L'usage ancien de faire chaque année ces présents à M. l'archevêque de Lyon, en denrées et en provisions, se continue au profit du gouverneur ou de son remplaçant et même du secrétaire du gouvernement, et il durera tant que le gouverneur n'y renoncera point. Mais le présent ne fait qu'une partie des deniers dont le consul a eu le maniement, et, comme d'ailleurs cet officier est pleinement convaincu d'avoir fait des conventions illégales avec les contribuables et reçu leur argent, on peut condamner le consul à restituer le tout, les contribuables à acquitter leur part régulière des impositions, et les signataires de la délibération à payer une aumône.

«Toutes ces sommes ensemble pourroient revenir à 1,300 ou 1,400 ᵗᵗ, et peut-estre n'y en auroit-il point de meilleur employ que de les faire toutes remettre entre les mains du receveur des tailles, pour faire fonds dans la recette de la capitation et remplacer des diminutions qui seront presque inévitables dans plusieurs paroisses qui, depuis huit jours, ont esté greslées. On ajouteroit à l'ordonnance des défenses aux maire et consuls de faire aucune levée que sur les rôles et en conséquence des commissions et ordres qui leur seront envoyés.

«Pour peu qu'on les chastie du costé de la bourse, ils le seront toujours beaucoup, parce qu'ils sont tous assez misérables. Belleville devroit estre un des meilleurs lieux du Beaujolois : il est bien situé, dans un beau fonds, proche de la Saône; mais, à force de procès, de divisions, de mauvaise conduite et de dissipation, tout ce qu'il y a de gens sont presque ruinés. La taille y est communément de 3,500 ou 3,600 ᵗᵗ.

«J'ay cru ne devoir prendre sur cette affaire aucun parti que par vostre approbation. Celuy de faire refaire le rôle, pour mettre chacun à sa juste cote, seroit assez naturel; mais la difficulté de le bien faire m'en détourneroit, car les moindres gens du lieu ne sont pas propres à ce travail, et tous ceux qui sont quelque chose ont tellement en teste la nécessité du présent et de se ménager un fonds pour le faire, qu'on ne pourroit point s'assurer qu'il se fist rien avec une juste égalité et sans quelque porte de derrière disposée à continuer les abus*.»

* «Casser tout, ordonner un nouveau rôle par l'intendant; rapporter les sommes levées pour estre rendues à ceux qui les ont payées. — Écrire à M. le mareschal (de Villeroy).»

1538. *Le sieur* Bourcier, *ancien procureur général du Roi à Luxembourg,* au Contrôleur général.

28 Mai 1696.

Il annonce qu'il a terminé l'inventaire des papiers conservés dans les archives et le dépôt public de Luxembourg, et qu'il a remis son travail entre les mains de M. l'intendant de Metz*.

* Sur le sieur Bourcier, ses services et les tentatives que l'on fit pour le conserver en France, voir deux lettres écrites par M. Turgot, intendant à Metz, le 28 février et le 31 juillet 1698.

1539. *M.* le Vayer, *intendant à Moulins,* au Contrôleur général.

8 Juin 1696.

«Il est de mon devoir de vous donner avis d'un mouvement qui vient de se faire dans cette ville de Moulins, au sujet de la subsistance et ustensiles. Les avocats, procureurs et autres bourgeois se sont mis en teste de faire mettre toutes ces impositions ordinaires et les extraordinaires sur les denrées et marchandises entrant en la ville de Moulins, prétendant que par ce moyen le menu peuple seroit très-soulagé, et que les uns et les autres ne seroient plus exposés au caprice ni à l'injustice des officiers de ville, dont ils ne sont point contens.....

«Je croyois que cela n'auroit pas d'autres suites; cependant j'ay appris que, depuis ce temps-là, il s'estoit fait quelques assemblées particulières d'avocats, procureurs et autres communautés, et qu'ils avoient député vers M. le duc de Beauvilliers, estant alors à Bourbon pour y prendre les eaux, lequel n'ayant rien voulu décider, les auroit renvoyés à se pourvoir par les voyes ordinaires et par-devant vous. En conséquence de cela, ils ont continué leurs assemblées, et ont député le sieur Cousin, procureur, qui est assez hardi et entreprenant, lequel est parti depuis deux jours pour vous représenter les intérests de la ville, comme s'il estoit permis à des particuliers de se charger de pareille commission sans la participation du corps de ville, qui seul, en ces occasions, est la véritable partie. Ce mouvement n'a pu se faire sans réveiller l'attention des sieurs maire et échevins de la ville et de tous les privilégiés, auxquels un tel changement feroit un grand préjudice; car, si une fois la confection des rôles estoit ostée, par la suppression des impositions ordinaires, qui se lèveroient sur les entrées, l'autorité du maire et des échevins seroit fort affoiblie, et, d'un autre costé, comme les privilégiés, les nobles, les ecclésiastiques et autres personnes les plus aysées font la principale consommation des denrées, ils porteroient la plus grande partie des droits d'entrée, et leurs privilèges seroient anéantis..... Quand les peuples se mettent en teste des choses de cette nature, et qu'ils sont persuadés que par là ils seront déchargés de toutes sortes de subsides et que les riches habitans porteront tout à leur décharge, il est souvent assez dangereux de donner tout d'un coup la négative..... J'ay cru qu'il valoit mieux dissimuler, d'autant plus que peut-estre vous serez bien ayse d'écouter les raisons de cette proposition, dont on peut tirer des conséquences importantes pour la réussite d'autres affaires, lesquelles je prévois, dans la suite, ne pouvoir avoir de succès, si l'on ne trouve moyen d'éviter la voye des impositions, qui sont en si grand nombre, qu'elles se retardent l'une l'autre, ce qui se pourra pratiquer dans la suite par de nouveaux établissemens de deniers d'octroy et de droits d'entrée. Mais, dans cette vue, je ne sais si vous trouveriez à propos d'employer ce dernier moyen pour anéantir les impositions ordinaires, comme la subsistance et les ustensiles, qui pourroit estre réservé pour les extraordinaires. D'ailleurs, puisque l'expérience vient de faire voir combien il y a de difficulté d'établir des droits nouveaux, lorsqu'on a voulu établir les droits d'entrée sur le bois, n'y a-t-il point sujet de craindre d'en établir sur toutes les denrées d'une ville [a]?....»

[a] Voir, à la suite de cette lettre, ainsi qu'aux dates des 9 et 10 juin: 1° les placets présentés par le sieur Cousin, avec l'appui de Mme la princesse de Conti, et un mémoire contraire à la requête des habitants; 2° les lettres, également opposées à l'établissement des droits d'entrée, écrites par les trésoriers de France, les échevins et les officiers du présidial. — Le contrôleur général donna l'ordre à l'intendant de rappeler le député envoyé à Paris; mais celui-ci persista à remplir sa mission, et on ne put se saisir de lui. (Lettre du 4 juillet.)

1540. *M. de la Reynie, lieutenant général de police à Paris,*

au Contrôleur général.

8 Juin 1696.

La translation du petit marché des Quinze-Vingts, que proposent les trésoriers de France, est reconnue d'utilité publique depuis 1678, et, en 1688, les marguilliers de Saint-Roch avaient obtenu des lettres patentes pour établir ce marché sur des terrains vagues de leur fabrique, mais l'opération fut alors entravée par diverses oppositions.

«M. de Frémin, trésorier de France, et qui est l'un des trois qui se proposent en qualité de commissaires, par le mémoire qui vous a esté donné, ne s'est pas souvenu sans doute qu'estant propriétaire d'une place proche de celle où le marché devoit estre transféré, il a esté partie, en son nom de propriétaire, et que l'opposition qu'il forma en cette qualité, pour son intérest particulier, à cause d'une maison qu'il faisoit bastir, empescha cette translation et l'exécution des lettres patentes. Il estoit dès ce temps-là trésorier de France, et, s'il n'avoit pas oublié ces circonstances, il ne se seroit pas proposé pour estre commissaire dans une affaire où il a esté partie en son nom.

«Du reste, je ne puis me dispenser de répondre à l'exposé du placet de MM. les trésoriers de France au bureau de Paris et à ce qu'ils disent, qu'il leur appartient, par le titre de leurs charges, de veiller et de pourvoir à la liberté des passages dans les rues et voyes publiques de Paris; et, sur ce mauvais fondement, ils vous ont demandé vos ordres et un arrest du Conseil pour transférer le marché des Quinze-Vingts derrière l'église de Saint-Roch, plus à portée de tous les habitans du quartier; et, pour vous mettre en estat de procurer au public des commodités avantageuses, ils vous proposent de les charger de dresser les plans et de faire les procès-verbaux nécessaires à cet effet.

«Les trésoriers de France, par le titre de leurs charges, n'ont aucune jurisdiction contentieuse, et la jurisdiction de la Chambre du trésor ne leur a donné aucun droit de connoistre des matières de police à Paris. Lorsque la charge de grand voyer et celle de voyer particulier de Paris ont esté supprimées sur M. le comte d'Orval, dernier pourvu, les droits utiles de la voyerie ont esté unis et attribués au bureau des finances à Paris, avec obligation d'établir un commis pour faire la fonction de voyer, et ce commis a toujours esté obligé de se trouver aux audiences de police au Chastelet, pour y faire ses rapports touchant la police de la voyerie, ou pour exécuter ce qui est ordonné sur les rapports des commissaires pour la liberté des rues, pour les périls imminens, étalages, et autres cas semblables. Cela estoit ainsy pratiqué pendant que la charge de grand voyer et de voyer particulier estoient remplies, et le commis à l'exercice tenu de se trouver aux audiences de police au Chastelet. Il n'y a eu aucun changement à cet égard; mais, malheureusement, la police estant venue à la mode depuis quelques années, MM. les trésoriers de France ont aussy voulu s'en mesler et se faire avec cela de nouveaux émolumens. Sous ce prétexte, le soin de la translation ou de l'établissement des marchés à Paris pour la commodité publique ne semble guère convenable à MM. les trésoriers de France, et, dans le fait particulier, je ne puis me dispenser de prendre la liberté de dire encore, à ce sujet, que c'est une surprise qu'on a voulu faire, et que pour cela on a dissimulé, pour ne dire rien de plus, les deux arrests du Conseil cy-joints et tout ce qui a esté fait en exécution; car Messieurs du bureau de Paris ne l'ont pu ignorer, quand il n'y auroit eu que l'opposition de M. de Frémin, leur confrère, qui fit assez de bruit dans ce temps, et qui trouve bon aujourd'huy, par d'autres raisons, qu'on transfère le marché des Quinze-Vingts derrière Saint-Roch, au mesme endroit où il a empesché qu'il fust établi, et qui juge à propos d'estre pour cet effet l'un des trois trésoriers de France proposés en qualité de commissaires pour cette translation.»

1541. *Le sieur* DE PFLÜGK, *bailli d'Oberbronn*,
au CONTRÔLEUR GÉNÉRAL.

13 Juin et 2 Juillet 1696.

Il envoie deux mémoires : l'un sur la culture du tabac en Alsace, et l'autre sur la nature des tailles qui se lèvent dans la province.

De Huningue au Fort-Louis, on compte quatre-vingt mille arpents ensemencés en tabac, dont les produits se débitent dans la Suisse, dans les marquisats de Bade et de Dourlach, dans toute l'Allemagne, où cette culture est inconnue, et cela sans que le Roi en retire le moindre profit, ou que la France en consomme vingt quintaux. En imposant le quintal de tabac à 20 sols, comme chaque arpent produit six quintaux, ce serait un revenu annuel de 480,000 #, sans que l'augmentation du prix, toute aux dépens des étrangers, dépassât 2 deniers et demi par livre. Il suffirait de faire le dénombrement des terres consacrées à cette culture, de vérifier leur produit, et les baillis seraient chargés de faire le recouvrement de cette imposition, conjointement avec celui de tous les deniers royaux.

«La *taille réelle* est un droit de souveraineté que les seigneurs particuliers d'Alsace ont usurpé, ayant taxé clandestinement leurs sujets, et mesme ceux qui ne sont que dans la manance, à payer tous les mois la taille à proportion de leurs biens, de leurs métiers ou de leur négoce.

«Une autre espèce de taille, que les mesmes se sont appropriée depuis quelques années, est ce que l'on appeloit autrefois en France *taille mortaille**, et que l'on nomme en province la *Nachschatjung;* en vertu de cette taille, ils prennent six et sept par cent, au décès de l'homme, sur ce qu'il laisse de biens, un droit uniquement appartenant au souverain, ainsy que nous voyons par des anciens titres qui se trouvent dans une vieille tour de Brisach, où ils ont esté transférés de la Chambre d'Ensisheim, lesquels disent que la maison d'Autriche jouissoit autrefois en Alsace de ces droits; par conséquence, S. M. en doit pareillement jouir, ayant succédé dans tous les droits et priviléges du landgraviat d'Alsace et dans les domaines de la maison archiducale d'Autriche.

«Outre cela, il y a encore une grosse partie de biens, terres et autres revenus très-considérables qui ont esté indirectement aliénés du domaine d'Alsace, contre lesquels la prescription n'a point son cours ordinaire. Ainsy, tout cela peut estre réuni à la couronne, avec les fruits perçus depuis l'injuste détention, ce qui produira une somme très-considérable à S. M.

«Des raisons qui doivent estre assez connues à Vostre Grandeur, puisqu'elles éclatent tous les jours dans la province, m'ont jusqu'icy détenu de faire imprimer un petit ouvrage intitulé : *De la nature des domaines du landgraviat d'Alsace*, que j'avois résolu de consacrer à Vostre Grandeur, par où l'on auroit pu voir les moyens de la réunion de ces biens aliénés. Mais, comme il est dangereux de paroistre dans cette matière sans protection, je prends la liberté de supplier Vostre Grandeur de la sienne pour mettre ma personne à l'abri des persécutions de quelques grands seigneurs de la cour, puisque immanquablement, par leurs ordres, M. de la Grange, et, en son absence, le sieur Obrecht, son subdélégué, me feroient arrester comme un inquiet, si je ne suis muni et pourvu par l'autorité de Vostre Grandeur pour ma défense..... »

* Comparer un mémoire sur la taille *de corps d'homme* que Mme la duchesse de Lesdiguières levait dans le marquisat de la Garnache. (Lettres de M. d'Ableiges, intendant à Poitiers, 23 octobre et 20 novembre 1698.)

1542. *M.* FERRAND, *intendant en Bourgogne*,
au CONTRÔLEUR GÉNÉRAL.

16 Juin 1696.

Il explique comment les Génevois qui possèdent des fonds de terre dans le bailliage de Gex ont obtenu de n'être point taxés d'office et de ne payer leurs cotes que suivant la valeur des héritages*.

* Voir, au 28 janvier 1695, une réclamation des syndics et Conseil de Genève, au sujet de la capitation, dont ils obtinrent surséance pour les biens que les Suisses possédaient en Savoie.

1543. *M.* DE LA REYNIE, *lieutenant général de police à Paris*,
au CONTRÔLEUR GÉNÉRAL.

17 Juin 1696.

«.....Il est fait défenses, par la déclaration du mois de septembre 1694, aux tailleurs et autres de faire des boutons d'étoffe, à peine de 500 #, et d'en porter sur les habits, à peine de 300 #; et, par un arrest du Conseil du 11 janvier 1695, il est ordonné que les jurés boutonniers iront chez les tailleurs, fripiers et autres, assistés des commissaires du Chastelet, faire les visites nécessaires pour l'exécution de la déclaration. Voilà quelle est la loy, que j'ay toujours crue juste et très-utile; et, si je dis la vérité, j'ay dû par conséquent estre bien persuadé qu'elle devoit estre exécutée; mais cette persuasion n'estoit pas mesme nécessaire pour m'obliger à faire mon devoir.

«Les visites ont esté faites, et se font encore tous les jours, par les jurés boutonniers, assistés des commissaires, chez tous les tailleurs d'habits, chez les fripiers et dans les maisons des autres artisans, aussy souvent que les boutonniers le jugent nécessaire. Il a esté rendu, pour ainsy dire, une infinité de jugemens en des cas et des espèces où la loy ne se pouvoit appliquer sans injustice; mais, comme je n'ay point eu aussy d'autre règle que celle de la loy mesme, j'avoue qu'en tous les cas douteux et partout où il m'a esté possible, j'en ay ordonné l'exécution, peut-estre avec un peu de rigueur, mais sur ce que j'ay esté persuadé que l'utilité publique qui en devoit revenir rendoit légitimes cette sorte de jugemens.

«Les boutonniers ne vous ont pas dit sans doute le grand nombre de jugemens portant confiscation et condamnation de dommages-intérests envers eux qui ont esté rendus et qu'on rend tous les jours à leur profit, avec condamnation d'amende, et tout ce qui a esté fait à cet égard pour l'exécution des ordres du Roy. Mais je dois me donner l'honneur de vous rendre compte que ces bonnes gens y ayant pris quelque goust et y trouvant leur compte, s'avisèrent dernièrement de faire donner des assignations, à la requeste des jurés, à diverses personnes, officiers de guerre et autres, qu'ils prétendoient avoir vus dans les rues de Paris portant des habits sur lesquels ils disoient avoir vu des boutons d'étoffe, et la première des causes sur ces assignations que j'eus à juger fut celle du sieur Barré, marchand drapier, qui ayant dit qu'il ne savoit ce que c'estoit et qu'il n'avoit aucun habit garni de tels boutons, je crus néanmoins, au lieu de le décharger de la demande et de condamner les jurés boutonniers aux dépens, suivant la règle ordinaire de la justice, qu'il pouvoit m'estre permis, par la raison que j'ay déjà expliquée, de mettre les parties hors de cour, et c'est la sentence qu'ils ont jointe à leur placet.

«Depuis ce temps-là, les jurés boutonniers sont venus demander la permission d'aller dans les maisons des bourgeois et de tels autres habitans qu'ils aviseroient, pour visiter chez eux leurs habits et voir s'ils estoient garnis de boutons d'étoffe. Ces jurés demandèrent aussy en mesme temps des commissaires du Chastelet, pour estre avec eux dans les rues et pour y arrester ceux qu'on y rencontreroit avec des habits garnis de boutons d'étoffe; mais je leur dis que ce n'estoit point la manière dont la déclaration devoit estre exécutée, à cause des conséquences et des inconvéniens qui en arriveroient très-assurément, car je n'ay point encore vu d'exemple, ni rien trouvé dans la déclaration ni dans l'arrest du Conseil dont il s'agit, qui m'ayt pu donner lieu de croire que l'intention de S. M. estoit qu'il en fust autrement usé; mais, si je me suis trompé, je la supplie très-humblement de me vouloir bien pardonner cette faute, qui procède seulement d'un manquement de lumières, et non de la volonté.

«Après cela, si la communauté des boutonniers n'est pas contente; si tout ce que ces bonnes gens, peu capables de se conduire et d'agir justement dans leurs propres intérests, voudront mettre dans leurs placets contre le juge qu'il a plu au Roy de leur donner, doit passer pour vray et comme indubitable, sans autre discussion; si quelqu'un veut bien dire ou écrire contre la vérité du fait, estant peut-estre mal informé, ou par quelque autre raison qui m'est inconnue, que ce que le Roy a ordonné sur ce sujet n'est point exécuté à Paris, que ce mauvais exemple est suivi par les provinces, et que tout le mal vient du peu de disposition que j'ay eu à faire observer ce que le Roy a commandé sur ce fait particulier; si tout cela est cru véritable, et que j'ay manqué si nettement, en cette occasion, à toutes les règles de mon devoir, à celles de la religion et de la justice, je suis en ce cas bien malheureux; mais je ne cesseray pas d'espérer que S. M. ne voudra pas sans doute que je demeure jugé et condamné sans connoissance de cause et sans avoir esté entendu, car sa bonté et sa justice ne le sauroient permettre. Je m'humilieray cependant et je m'affligeray comme je le dois, quelque témoignage que ma conscience me rende que j'ay toujours esté et que je suis irréprochable sur l'obéissance et sur la fidélité que je dois à S. M.; et vous me permettrez de dire avec cela que l'adoucissement dont il vous a plu d'user dans vostre lettre, en marquant que c'est en ce seul point que j'ay manqué à mon devoir, ne me doit estre d'aucun usage, car je ne mérite aucune grâce, si j'ay eu le malheur de tomber dans une telle faute.

«Je vous renvoye le placet et la sentence qu'il vous a plu de me communiquer*.»

* Il y avait déjà eu, l'année précédente, une plainte des maîtres boutonniers, et M. de la Reynie y avait répondu, le 29 juin 1695.

Tous les intendants s'accordaient à dire que l'exécution rigoureuse de l'édit était impraticable, et que même les boutonniers étaient les premiers à y contrevenir et à fournir des boutons d'étoffe aux tailleurs, ou bien que les magistrats se refusaient à poursuivre ces derniers. Voir au 27 décembre 1694, lettre de M. de la Houssaye, intendant à Soissons; aux 23 janvier et 5 avril 1696, lettres de M. Ferrand, intendant en Bourgogne; aux 11 février et 24 septembre, lettre de M. Turgot, intendant à Metz, et requêtes respectives des tailleurs et des boutonniers; au 3 septembre, lettre de M. de Miroménil, intendant à Tours, et placet de la communauté des boutonniers passementiers. — Suivant cette dernière pièce, la généralité de Tours ne comptait pas moins de trente mille ouvriers boutonniers, et presque tous se trouvaient sans ouvrage.

M. Lebret, intendant en Provence, écrit encore, le 27 août 1698 : «Quoyque j'eusse remarqué que la défense de porter des boutons d'étoffe irritoit plus les particuliers, et surtout les personnes de considération de cette province, que des édits et déclarations d'une bien plus grande conséquence, je n'avois pas laissé de travailler à en abolir l'usage; mais, depuis que les nouvelles sont venues en foule qu'à Versailles, à Paris, et dans toutes les autres provinces du royaume, la déclaration concernant ces sortes de boutons avoit eu si peu d'exécution, qu'actuellement on y en porte plus que jamais, j'avois tout abandonné. Je vais recommencer, puisque je vois, par vostre lettre du 19, que c'est vostre intention; mais comptez, s'il vous plaist, que les Provençaux ne se conformeront aux ordres du Roy sur cela, qu'ils ne les voyent exécutés à Paris et dans toutes les autres provinces du royaume.»

1544. *M. de Séraucourt, intendant en Berry,*
au Contrôleur général.

18 Juin 1696.

Rapport sur l'état de l'élection du Blanc.

«J'ay trouvé une affaire fascheuse concernant la taille, et qui mérite qu'on y donne attention. En voicy le détail.

«Un particulier, nommé Frogier de Villerambault, commensal de la maison du Roy en qualité de fourrier de la vénerie, fut imposé au rôle des tailles de l'année 1694, dans la paroisse de Vareilles. Il se pourvut en l'élection, où, par sentence contradictoire, il a esté ordonné qu'il seroit rayé du rôle des tailles et son taux réimposé, la sentence préalablement visée par l'intendant. Cette sentence m'ayant esté rapportée en 1694, en procédant au département de la taille de l'année 1695, j'ay ordonné, au bas de la commission, la réimposition de la somme portée par ladite sentence. Cependant cette somme n'a point esté réimposée, et, les collecteurs de 1695 ayant porté leur rôle à un élu du Blanc, il le vérifia aussitost; mais, ayant fait attention sur le mandement au bas duquel cette réimposition estoit ordonnée, il barra sa vérification et en mit au bas la raison.

«Les collecteurs, opiniastrés à ne point faire cette réimposition, partirent quelque temps après pour aller aux environs de Paris travailler de leur métier de maçons, sans songer davantage à leur rôle. A leur retour, le receveur des tailles les fit emprisonner; mais ils s'évadèrent des prisons et se sont toujours cachés depuis. Il a fait décerner des contraintes contre des principaux habitans, qui ont esté aussy emprisonnés, mais qui ont aussy trouvé le moyen de s'évader des prisons.

«Le receveur des tailles ne me parla de cette affaire qu'au mois d'octobre dernier; je manday aussitost le syndic et deux des principaux habitans, à qui je représentay les frais que cette conduite opiniastre attireroit sur leur paroisse. Je leur dis qu'il y avoit deux partis à prendre dans leur affaire: l'un, de se pourvoir par appel contre la sentence des élus, s'ils avoient de bons moyens pour la faire infirmer, et qu'en ce cas, je rayerois la réimposition ordonnée au bas du mandement des tailles; et l'autre, d'obéir, et que c'estoit le plus court, parce que j'avois vu les provisions du sieur de Villerambault, qui m'avoient paru en bonne forme.

«Ils me promirent d'obéir incessamment, et que les collecteurs ne manqueroient pas de rapporter au plus tost leur rôle pour estre vérifié. Cependant, cela n'a point esté exécuté, le rôle est encore en mesme estat, et le receveur des tailles n'a encore rien reçu de cette paroisse sur la taille de 1695, qui est de 2,270 ᵗᵗ.

«Depuis ce temps-là, il ne m'a pas esté possible de voir un seul habitant de cette paroisse, quoyque je les aye mandés plusieurs fois. Les élus ont décerné des contraintes contre plusieurs; il n'a pas esté possible de les prendre. Le prévost des mareschaux a esté chargé de les chercher; il n'a pu trouver aucun homme dans le village, mais seulement des femmes, qui prennent soin des bestiaux.»

Par suite, l'intendant a autorisé le receveur des tailles à saisir les bestiaux; mais, dès le lendemain, les habitants ont enfoncé la porte de la grange où avaient été enfermés une partie des animaux, et ils les ont emmenés. Les élus ont décrété les coupables de prise de corps, et, comme tous les hommes s'étaient enfuis et se tenaient cachés, ordre a été donné au receveur de faire saisir les fruits pendants par les racines, pour amener par cette rigueur le pays à se soumettre.

«J'ay cru par là jeter la terreur dans cette paroisse, et qu'il n'y avoit point d'autre moyen de réduire les habitans à l'obéissance; mais, si cette saisie est suivie à la rigueur et si les blés sont enlevés, il est sûr que les habitans iront chercher à subsister ailleurs, et il est à craindre que la plus grande partie ne se perde, ce qui seroit suivi d'une diminution très-notable dans cette paroisse.

«Cet inconvénient paroistra peut-estre assez considérable pour m'ordonner d'abandonner cette saisie, sauf à poursuivre les particuliers, qui ne seront pas toujours si bien cachés qu'on ne les trouve.....

«Je souhaiterois, voyant les suites qu'a eues cette affaire, que l'élu eust esté moins exact, et qu'il eust rendu le rôle des collecteurs vérifié en l'estat qu'ils luy ont présenté, en les avertissant seulement que, faute d'avoir imposé la somme ordonnée, ils en seroient tenus en leur propre et privé nom*.....»

* Sur l'ordre réitéré de nommer de nouveaux collecteurs, les habitants persistèrent dans leur refus et portèrent la cause en Cour des aides. Un des trois principaux fauteurs ayant été enfin arrêté et traduit devant les magistrats, il récusa le juge qui menait l'instruction, comme parent du receveur des tailles, qu'il disait être partie civile, et il en appela également à la Cour des aides; mais M. de Séraucourt obtint de se faire renvoyer l'affaire et de la juger au présidial de Bourges. (Lettres des 8 et 29 juillet, et du 14 octobre.) A cette dernière date, les habitants de Vareilles refusaient encore d'exécuter l'ordonnance, les collecteurs étaient à Paris, à la suite de la Cour des aides, les blés avaient été mis dans des granges sous la garde de commissaires, et le seul habitant retenu en prison y devait rester jusqu'à l'entier payement de la taille de 1695.

Une autre communauté, celle de Luzeret, s'étant soulevée contre un huissier et l'ayant battu, le présidial de Bourges condamna les coupables à l'amende et à des dommages-intérêts, et la peine de mort fut prononcée, par contumace, contre deux accusés qui s'étaient évadés. En outre, les cloches de la paroisse furent dépendues et durent rester à terre pendant trois mois. (Lettre du 27 juillet.)

1545. *M. de Bagnols, intendant en Flandre,*
au Contrôleur général.

18 Juin 1696.

«Le sieur le Normant doit 100,000 ᵗᵗ sur le traité des pensionnaires, etc., payement de may; vous les avez assignées à l'extraordinaire des guerres; il a payé 40,000 ᵗᵗ, et il doit encore 60,000 ᵗᵗ. Je l'ay sollicité plusieurs fois par lettre de les acquitter, et je luy ay représenté qu'on avoit attendu jusques au 10 du présent mois, qu'il savoit l'obligation de son traité, et que je ne pouvois douter qu'il n'eust reçu de la vente des charges de pensionnaires, de celles de police et du recouvrement des amortissemens et des francs-fiefs de quoy acquitter cette somme. Tout cela n'a rien produit, et je ne vois aucune disposition au payement de ces 20,000 écus, que lorsqu'il aura trouvé dans le recouvrement de quoy les acquitter. On est obligé de l'en croire sur sa parole; car, quoyque je puisse savoir ce qu'il reçoit des pensionnaires et des charges de police, je n'ay pas la mesme connoissance du produit des droits d'amortissement et des francs-fiefs. Je ne vous en parlerois point, si je ne voyois que cette irrégularité se tourne en habitude, et si on ne me reprochoit pas que, manque d'attention, ou par trop d'indulgence, je suis cause que les troupes ne sont pas payées comme elles devroient l'estre. Je vous supplie de croire, et rien n'est plus vray, que je ne mérite pas ce reproche*.»

* «Luy répondre que j'ay parlé, et que tout sera payé dans ce mois; et, à l'avenir, qu'il fasse payer les assignations à jour nommé.» Sur une première plainte, le contrôleur général avait déjà ordonné qu'on emprisonnât les traitants, s'ils ne payaient au jour précis. Il y avait d'ailleurs contestation sur le lieu et la forme du payement. Voir les lettres de M. de Bagnols, des 16 et 24 mars, et celles de le Normant, du 26 juillet.

1546. *M. Bouchu, premier président du Parlement de Dijon,*
au Contrôleur général.

25 Juin, 21 Juillet, 16 Août 1696.

Le mouvement qui a eu lieu à Dijon, au sujet de la perception des nouveaux droits sur le bois de chauffage, s'est apaisé dès qu'on a eu saisi quelques-uns des séditieux qui avaient brisé les barrières et enfoncé une des portes de la ville. Ce rétablissement complet du bon ordre fait croire qu'il y aurait lieu de modérer les peines prononcées par le Parlement contre ceux des condamnés qui ne sont pas contumaces; ce sont : une femme, qui doit subir le fouet, la marque et le bannissement à perpétuité, avec amende de 100 ᵗᵗ et confiscation de ses biens; un homme, qui est condamné à neuf ans de galères et à 100 ᵗᵗ d'amende. Le principal accusé, qui est contumace, sera pendu en effigie *.

* «Exécuter l'arrest.»

1547. *M. d'Ormesson, intendant en Auvergne,*
au Contrôleur général.

27 Juin 1696.

Il envoie un mémoire général sur l'état de son département.

1548. *M. Sanson, intendant à Montauban,*
au Contrôleur général.

8 Juillet et 14 Novembre 1696,
15 Janvier 1697.

La communauté de Trie est tellement dépeuplée par la mortalité et par les désertions, que les habitants sont réduits au nombre de treize, de deux cents qu'ils étaient. Ils ont obtenu une décharge de 3,000 ᵗᵗ en 1695 et en 1696, mais on les poursuit pour une pareille somme qui reste due sur l'année 1694. Leur situation ne permet pas de croire que le recouvrement soit possible, et il vaut mieux ordonner le rejet des 3,000 ᵗᵗ sur l'élection, à laquelle on en tiendra compte en répartissant la diminution générale accordée par le Roi *.

Pour éviter que cette remise ne donne à d'autres communautés l'espoir d'obtenir pareille décharge, il ne faut pas rendre un arrêt, qui ferait connaître la requête des habitants, mais plutôt dresser l'ordonnance comme si elle émanait, en forme d'aumône, du propre mouvement du Roi, sur un rapport de l'intendant **.

* Cette diminution s'éleva à 300,000 ᵗᵗ. (Lettre du 25 février précédent.)

** Voir, au dernier août 1697, un rapport sur les non-valeurs de la communauté de Saint-Bertrand-de-Cominges, pour laquelle M. Sanson obtint une surséance, mais point de décharge. — Il demanda également une remise des impositions arriérées pour quatre paroisses de l'élection de Cahors, que les inondations avaient entièrement ravagées (lettre du 7 janvier 1698), et le Roi donna seulement une aumône de 1,500 ᵗᵗ, que M. de la Houssaye, nouvel intendant, ne put faire porter à 2,500 ᵗᵗ. (Lettres du 13 août 1698 et du 17 juin 1699.)

Voir aussi, en Berry, au 20 décembre 1697, une lettre de M. de Séraucourt, sur la réimposition des restes dus au receveur du grenier à sel d'Issoudun pour les années 1691 à 1694.

1549. *M. Turgot, intendant à Metz,*
au Contrôleur général.

16 et 21 Juillet 1696.

Mémoires et pièces concernant une saisie de marchandises confisquées à la frontière par les partisans français et retenues par eux, malgré le passe-port royal dont le marchand était muni et nonobstant tous les arrêts rendus en sa faveur par le Parlement de Metz.

1550. *M. de la Fond, intendant en Franche-Comté,*
au Contrôleur général.

20 Juillet 1696.

«Dans une des audiences que vous avez eu la bonté de m'accorder pendant le dernier voyage que j'ay fait à Paris, j'eus l'honneur de vous proposer le transport des grains de cette province en Suisse, et de lever les défenses qui ont esté ordonnées de la part de S. M., mon sentiment fondé sur ce que les laboureurs et autres qui ont des grains ne peuvent absolument payer les charges qu'ils doivent, n'ayant point le débit de leurs denrées. Vous me fistes l'honneur de me répondre très-prudemment qu'il falloit attendre la moisson de la présente année avant que d'accorder une pareille liberté, afin de connoistre si elle seroit abondante, et vous m'avez permis de vous en informer. Je profite de cette liberté, et j'ay l'honneur de vous représenter que les grains de toutes espèces sont abondans et qu'il y a longtemps que l'on n'a vu une plus belle moisson, à quelques cantons près, où il se trouve quelques blés charbonnés, c'est-à-dire noirs. La récolte de l'année dernière est encore dans les greniers, parce que, le blé ne s'estant pas trouvé si bon que celuy de l'autre année précédente, les négocians se sont jetés sur les vieux. Vous connoistrez la nécessité dudit transport que je vous propose, en vous faisant remarquer que la mesure du plus beau blé, pesant trente-six à trente-huit livres, ne se vend dans la ville de Besançon que 18 à 19 sols, quoyqu'il y soit voituré de huit à neuf lieues loin. Je m'aperçois très-bien que les recouvremens de l'imposition et capitation languissent par le défaut de débit, et, si cet expédient ne réussit pas, je prévois que l'on ne pourra lever lesdits recouvremens qu'en faisant des frais aux peuples et les obligeant de vendre leurs denrées à vil prix * . . . . .»

* M. de Nointel avait demandé la même liberté d'exportation pour la Bretagne, le 30 mai précédent; mais il paraît, par une autre lettre du 4 juillet, que la récolte de cette province fut compromise par les pluies. — En Poitou, dès le commencement de l'année (lettre du 26 janvier), M. d'Ableiges avait été averti de donner des ordres pour que le commerce fût libre sur les frontières de son département. Le plus beau froment n'y valait alors que 5 ᵗᵗ le setier de cent soixante livres. — En Languedoc, M. de Bâville avait permis la sortie pour quelques mois; mais les moyens de transport manquaient si complétement, que les peuples ne pouvaient rien vendre, ni, par conséquent, rien payer, quelques poursuites que fissent les collecteurs. M. l'évêque de Lavaur, en rendant compte de cette situation (lettre du 12 février), disait qu'il n'avait pas vu misère pareille, depuis neuf ans qu'il habitait le diocèse.

A Metz, malgré le danger qu'il y avait d'alimenter les armées ennemies, M. Turgot représente, le 21 juillet et le 23 septembre, que l'évêché est encore encombré de blés des années précédentes, que la moisson sera très-abondante, et qu'il est indispensable, pour assurer le recouvrement des impositions, de rétablir, ou, du moins, de tolérer l'exportation du côté des provinces allemandes, comme le pays de Juliers, le comté de Salm, etc., qui souffrent trop de la disette pour ne point employer les blés de France à leur propre subsistance, plutôt qu'à celle des armées. Aux deux lettres de l'intendant le contrôleur général répond : «Attendre encore.»

Dans le département de M. Trobat, la récolte, abondante en Cerdagne, avait manqué en Roussillon et en Conflan, et, pour prévenir le transport des grains en Espagne, où il y avait disette, l'intendant demandait à faire faire, immédiatement après la moisson, un inventaire de tous les grains, et à n'en permettre la vente qu'avec l'autorisation et l'assistance des bailes ou des consuls. (Lettres du 18 juillet, et des 1er et 3 août.)

1551. *Les Maire et Consuls de Fréjus* AU CONTRÔLEUR GÉNÉRAL.

20 Juillet 1696.

Ils demandent que l'affouagement de leur ville soit refait, et qu'on le diminue de vingt-deux feux, sur quarante-quatre, pour mettre les cotes en rapport avec la valeur des fonds. L'imposition, tant pour les deniers royaux que pour ceux de la province, monte à 39,600#, tandis que la valeur des fruits recueillis chaque année n'est que de 25,300#. L'imposition dépasse donc le revenu de près de 15,000#, et il y faut ajouter les intérêts d'une somme de 360,000# que doit la ville, et qui représente au moins la moitié de la valeur des fonds. Cet état de choses a forcé une partie des habitants à abandonner leurs maisons et la ville même*.

* Le 13 juin précédent, autre requête pour la ville de Draguignan, qui était affouagée à soixante et dix-huit feux, bien qu'elle ne dût compter que pour vingt-six, en évaluant chaque feu sur le pied de 30,000 #, ou pour vingt-huit, en calculant par rapport aux impositions des autres villes de la province. — Les deux demandes furent rejetées.

1552. *M. Bégon, intendant à la Rochelle,* AU CONTRÔLEUR GÉNÉRAL.

21 Juillet 1696.

L'établissement d'un bureau dans l'île d'Aix, qui a été souvent proposé par les fermiers généraux, serait inutile, puisque cette île ne peut recevoir de marchandises sans que la patache établie au bas de la Charente en soit avertie; l'île est d'ailleurs abandonnée par ses habitants*.

«Le bon moyen pour conserver les droits du Roy n'est pas d'avoir des bureaux inutiles, comme il y en a, mais d'établir des commis intelligens et appliqués à leur devoir, qui ne fassent pas comme ceux des deux pataches de Ré, qui sont cause, par leur négligence, que les ennemis les ont enlevées, parce qu'il n'y avoit personne dedans, et que ceux qui sont payés pour y estre estoient tous à terre. Cela mériteroit un exemple de sévérité. Mais il ne convient point du tout, dans un temps comme celuy-cy, de multiplier les bureaux; il n'y en a que trop, et trop peu de bons sujets pour les remplir.»

* Voir, à la date du 19 juillet 1691, un dossier envoyé par M. Bégon, avec son avis, sur la demande que faisaient, à cette époque, les fermiers généraux, d'établir à Saint-Martin de l'île de Ré un bureau de recette, ou du moins, d'y transférer celui qu'ils avaient à Ars. L'autorisation avait été refusée, sur l'opposition des habitants, appuyés par M. Bégon.

1553. *M. de la Bourdonnaye, intendant à Rouen,* AU CONTRÔLEUR GÉNÉRAL.

22 et 27 Juillet 1696.

Il envoie des renseignements et les informations des magistrats sur une émotion populaire survenue à Saint-Valery, à propos d'un achat de blé que faisait un boulanger pour le compte du munitionnaire. Les principaux coupables ont été relâchés sous caution, en attendant les ordres du Conseil*.

* «Passer sous silence.»

1554. *M. Nicolay, premier président de la Chambre des comptes de Paris.* AU CONTRÔLEUR GÉNÉRAL.

27 Juillet 1696.

«En jugeant le compte du Trésor royal de l'année 1692, rendu par M. Brunet, nous avons trouvé qu'au chapitre des deniers provenant des débets des comptables, il n'avoit fait recette que de 500,000 # et tant, et néanmoins, qu'elle devoit estre de 900,000 # et plus, suivant ses ampliations. L'avis de la Compagnie alloit à l'augmenter de 400,000 #; mais, comme à la teste de l'estat il y a des défenses de faire de plus grandes recettes et dépenses que celles employées dans l'estat, nous n'avons rien voulu statuer sans avoir auparavant les ordres du Roy, que nous vous prions de nous vouloir bien envoyer là-dessus. On peut encore faire un *advertatur* à ce que le comptable en fasse recette en son prochain compte, mais il paroist plus régulier qu'elle soit faite dans celuy-cy.»

1555. *M. Phélypeaux, intendant à Paris,* AU CONTRÔLEUR GÉNÉRAL.

2 Août 1696.

La ville de Senlis, pour remédier aux abus qui se commettaient dans la nomination des collecteurs et dans l'assiette des tailles, a obtenu par plusieurs arrêts que, le premier dimanche du mois d'octobre de chaque année, les quatre échevins en charge nommassent quatre collecteurs dans chacune des huit paroisses. Ceux-ci procèdent à la confection du rôle, en présence du premier échevin et du troisième ou du quatrième, qui doit être du corps des marchands. Les quatre échevins, réputés responsables des collecteurs et de l'imposition, peuvent être contraints solidairement avec les collecteurs, sauf leur recours, comme pour deniers royaux, contre ces derniers.

Ce système a toujours réussi, et il est approuvé même par les officiers de l'élection, quoique, par suite de la réforme, ils n'aient plus à juger aucun procès pour la taille.

La ville demande un nouvel arrêt confirmatif des précédents, et propose que le maire perpétuel soit adjoint aux membres du corps de ville pour la confection du rôle, ce qui est également juste*.

* «Bon, suivant l'avis de l'intendant.»

1556. *M. Turgot, intendant à Metz,* *au Contrôleur général.*

3 Août 1696.

Les habitants de plusieurs villages situés aux environs de Metz demandent la cassation d'une ordonnance de police qui interdit l'entrée et le débit dans cette ville de tout autre vin que celui du territoire. Ils objectent que leurs vignobles ne sauraient être considérés comme étrangers, puisqu'ils sont assujettis depuis longtemps aux mêmes règlements que ceux de la ville, pour la plantation, l'entretien, la qualité des vignes, etc. Le véritable motif de l'ordonnance semble être d'assurer exclusivement le débit des vins que fabriquent les bourgeois dans l'étendue de leur territoire.

Cette réclamation est fondée, et l'on doit rendre aux plaignants la faculté de faire entrer leurs vins à Metz, en payant les droits précédemment fixés, puisqu'ils se trouvent compris dans le ressort de la police de cette ville. Bien qu'on oppose la nécessité de conserver la qualité du vin de Metz et d'empêcher qu'il ne soit mélangé de vins de Lorraine, il est évident que le commerce a besoin de produits de toutes qualités, et qu'une prohibition de ce genre entraînerait la ruine des vignobles du voisinage. Enfin, on ne peut alléguer que des défenses analogues existent en Bourgogne, en Champagne, et surtout à Bordeaux; là, elles ont pour but d'assurer un commerce destiné principalement aux pays étrangers, tandis que le vin de Metz ne peut se transporter et se consomme sur place*.

* Plus tard, M. Turgot eut lieu de revenir sur cet avis, et, comme les États de Bourgogne avaient fait porter plainte au Roi par M. le Prince, de ce que nuls vins ne pouvaient pénétrer dans le territoire de Metz, il soutint le privilége de cette ville, comme le seul moyen d'assurer le débit et la consommation des vins du cru, et surtout de les garantir contre la concurrence des vins de Bourgogne. Il allégua à l'appui plusieurs exemples de semblables prohibitions, à Bordeaux, à Vitry en Champagne, et jusqu'à Beaune et à Mâcon. Il fit observer que d'ailleurs ces prohibitions ne s'étendaient qu'à la faculté d'entreposer le vin étranger et de le débiter dans les cabarets (Lettre et pièces du 26 octobre 1698.)

M. Ferrand, intendant en Bourgogne, cite lui-même, le 18 juillet 1698, le privilége dont jouissait le mandement de Bourg et que réclamaient d'autres localités de la Bresse, «de faire défenses à tous cabaretiers et autres personnes privilégiées et non privilégiées de vendre ou acheter le vin à petites mesures ailleurs que dans l'étendue du ressort desdites paroisses;» mais il ne soutient ce système que pour les pays qui n'ont d'autre produit que le vin.

A Toulon, les anciens priviléges défendaient de faire entrer, par terre ou par mer, dans la ville et dans son territoire, aucun vin ou raisin qui ne provînt des vignes que possédaient les habitants dans l'étendue de la viguerie. M. Lebret fit confirmer cette prohibition, en réglant le jugement des contraventions, au-dessous de 12 #, par le bureau de police, et en déférant l'appel au Parlement. (Requête des maire, consuls, etc. de Toulon, 15 juin 1696; lettres et avis de M. Lebret, avec les pièces justificatives, 27 décembre 1697 et 3 janvier 1699.)

1557. *Le Contrôleur général* *à M. Payot, procureur général en la Chambre des comptes de Rouen.*

20 Août 1696.

«Je vous envoye la copie d'un arrest de la Chambre des comptes de Rouen, par lequel vous verrez qu'encore qu'on ne puisse pas douter de l'utilité de l'employ que les échevins de Neufchastel ont fait d'une partie du revenu de leurs octroys à payer la finance des offices de milice bourgeoise réunis à la communauté, la Chambre ne laisse pas de vouloir les obliger de rapporter lettres de la volonté du Roy pour valider cette dépense. L'on ne peut douter qu'elle ne soit aussy légitime et nécessaire, surtout après des arrests de réunion, que le seroit le payement d'une dette à l'ordinaire contractée par cette ville envers un particulier qui auroit travaillé ou presté ses deniers pour des ouvrages publics. C'est pourquoy l'on ne voit pas bien le motif de l'arrest de la Chambre, qui engageroit les échevins à faire des frais et payer des épices et causeroit des conséquences contre le bien des affaires du Roy. Ainsy, prenez la peine de m'expliquer les motifs de la Chambre. Rien ne l'empeschoit d'obliger le comptable à représenter des quittances de finance pour justifier la validité de l'employ, mais il ne paroist pas qu'elle ayt dû obliger la communauté de Neufchastel à obtenir et faire enregistrer des lettres pour une dispense de cette qualité*.»

* Sur la réponse de M. Payot, le contrôleur général décida qu'il serait passé outre et donné décharge aux habitants de Neufchâtel, sans toutefois casser le jugement de la Chambre par un arrêt du Conseil. (Lettre du 17 septembre, à M. de la Bourdonnaye, intendant.)

1558. *M. d'Herbigny, intendant à Lyon,* *au Contrôleur général.*

23 Août 1696.

Le lieutenant général de Lyon ayant demandé à être déchargé de la visite des livres, M. de la Reynie a conseillé de confier cette fonction aux syndics des libraires, sous la juridiction du juge de police, comme cela se pratique à Paris. Si l'on suspecte l'exactitude des syndics, et que l'on ne puisse se fier davantage au lieutenant général, il faut, sans nouveau règlement et par un arrêt provisionnel, motivé sur les abus auxquels donne lieu l'entrée des livres étrangers, commettre à la visite l'intendant, ou les subdélégués qu'il choisira avec soin.

«Au surplus, je dois avoir l'honneur de vous observer que Lyon n'a point eu de part à l'abus des livres découverts à Marseille. Ils n'y ont point passé, et, tant qu'on veut, on en fait aller en droiture de Genève à Romans, d'où ils se répandent sans difficulté en Provence, Dauphiné et Languedoc. Pour y remédier, il y a deux expédiens : l'un, de rendre nécessaire le passage des livres étrangers par Lyon, où ils seroient visités exactement, en sorte que tout ce qu'il en viendroit de Genève fust sujet à confiscation, s'ils n'avoient d'abord esté portés à Lyon. L'autre expédient seroit de faire plomber les balles dans les premiers bureaux où elles passeroient, par exemple, à Romans, pour ensuite estre les plombs reconnus dans le lieu de la destination des livres, et y estre les ballots ouverts et visités.

«Le premier expédient auroit un avantage qui n'est pas à négliger. La plupart des règlemens qui se font en France, quoyque ordinairement utiles pour la bonne police, ne laissent pas souvent de gesner beaucoup le commerce et de le faire passer aux étrangers; c'est ce que Lyon éprouve journellement, à son grand malheur, tandis que Genève y profite considérablement. Il est donc bon de gesner aussy, quand l'occasion s'en présente, le commerce de cette ville étrangère; et, en ne luy donnant pour ses livres qu'une seule entrée par Lyon, Lyon en mesme temps pourroit, sur le fait de la librairie, en retirer quelque utilité*.»

* Suivant une lettre de M. d'Argenson, lieutenant général de police à Paris (1er février 1698), les livres défendus ne passaient pas seulement par Lyon, mais aussi par Dijon. — Sur le même commerce à Rouen, voir une autre lettre de M. d'Argenson, du 9 octobre 1698. — M. de la Goupillière, intendant à Hombourg, envoie, le 28 février 1696, l'inventaire d'un chargement de livres en feuilles saisis sur la Moselle, allant de Coblentz à Strasbourg.

1559. *Le sieur* OBRECHT, *subdélégué à Strasbourg*, *au* CONTRÔLEUR GÉNÉRAL.

24 Août 1696.

Il propose des mesures et demande des ordres pour réprimer le commerce des étoffes prohibées que font presque publiquement, et par une sorte de privilége, les juifs étrangers, ou ceux qui sont établis dans la province.

«Lorsque les officiers et gardes des nouveaux droits découvrent quelque marchandise défendue qui est entrée dans la ville, on n'a fait jusques icy aucune difficulté de leur adjuger la confiscation entière, quoyque, par l'infraction des ordres de S. M. qui se commet en cecy, il se commette en mesme temps une défraudation des droits d'entrée, qui emporte aussy confiscation au profit de la ville. Cela fait que les magistrats prétendent réciproquement que, lorsque leurs officiers découvrent des marchandises à l'entrée desquelles auront esté défraudés les droits, la confiscation leur en soit adjugée de mesme, sauf aux commis des nouveaux droits de poursuivre l'amende portée par les ordonnances outre ladite confiscation. Il m'a paru que leur prétention est fondée dans le droit de prévention, dans l'équité, et dans l'intérest de S. M., attendu que l'émulation avec laquelle les uns et les autres s'appliqueront de découvrir les défraudations fera qu'il s'en commettra d'autant moins, ou, s'il s'en commet, elles demeureront rarement impunies*.....»

* Apostille du contrôleur général : «Ou la marchandise est défendue et entre au préjudice des défenses, auquel cas la confiscation est au Roy, sauf la dénonciation; ou la marchandise est permise et doit des droits, auquel cas, si elle est confisquée pour estre entrée sans payer et en fraude, la confiscation en appartiendra à celuy qui l'aura arrestée, en payant les droits qui sont dus à l'autre.»

Pour empêcher que les négociants de Flandre ne rachetassent les marchandises mises en adjudication après saisie et ne les répandissent dans le royaume, au lieu de les réexporter, il avait été ordonné que dorénavant elles seraient envoyées à Paris, au bureau général des fermes, mises en vente et réexpédiées à l'étranger, d'un côté du royaume opposé à celui où les saisies auraient été faites. (Lettre du 7 juin, à M. de Bagnols, intendant en Flandre.)

La paix conclue en 1697 ne changea rien à ces mesures spéciales et le contrôleur général renouvela, le 28 décembre, à MM. de Nointel et de Madrys, et aux inspecteurs, l'ordre de veiller soigneusement à ce que les adjudicataires de marchandises provenant des prises fissent la réexportation, comme cela se devait pratiquer depuis 1691, et que les produits dont l'entrée était autorisée par certains endroits ne pussent être importés par d'autres voies.

1560. *M. DE* MIROMÉNIL, *intendant à Tours*, *AU* CONTRÔLEUR GÉNÉRAL.

19 et 26 Septembre 1696.

«Apprenant la rareté et cherté du blé du costé de Laval, où il se vend 26 et 27 sols le boisseau pesant trente-deux et trente-trois livres, je crois me devoir donner l'honneur de vous avertir qu'il seroit à craindre que, par le peu qui en a esté recueilli cette année en Bretagne et dans les confins de cette province, il n'enchérisse considérablement en cette généralité, si le Roy continue la permission d'en faire sortir, laquelle a déjà esté accordée à quelques marchands de Nantes*.»

* On voit par une autre lettre, du 18 octobre, que l'exportation par Nantes fut arrêtée, comme le demandait M. de Miroménil.

1561. *LE* CONTRÔLEUR GÉNÉRAL *à M. DE* BAGNOLS, *intendant en Flandre.*

21 Septembre 1696.

Le Roi continue pour six mois la permission précédemment accordée aux négociants de Lille de prendre à Anvers les soies organsines dont ils ont besoin pour leurs manufactures, mais à la condition qu'ils ne répandront point ces soies dans le royaume, et qu'ils s'habitueront à les tirer à l'avenir de Marseille, par voie de transit*.

Ces négociants demandent une autorisation analogue pour les soies ardasses crues**.

* La permission fut renouvelée pour six autres mois, le 25 juin 1697.

** Le 22 septembre, M. Lebret est chargé de s'enquérir si l'introduction de ces soies par Marseille ne suffit réellement plus à l'industrie.

1562. *M.* DE LA REYNIE, *lieutenant général de police à Paris,*
AU CONTRÔLEUR GÉNÉRAL.

1er Octobre 1696.

«J'ay reçu la lettre que vous m'avez fait l'honneur de m'écrire du 22 du mois dernier, avec l'acte passé en l'année 1689 par quelques gens qui se disent estre marchands de farine, et qui ont estimé nécessaire de présenter requeste pour demander que la halle où l'on expose et où l'on fait le débit des farines qu'on amène pour la fourniture de Paris soit couverte, et qu'il soit imposé pour cela un sol sur chaque minot de farine.

«Cette proposition a esté souvent faite et toujours rejetée, comme très-pernicieuse au public. De temps en temps, elle a esté appuyée du crédit de personnes de grande considération; mais, quand on a reconnu que cette prétendue halle couverte ne pouvoit estre faite sans donner en mesme temps un moyen sûr d'augmenter excessivement le prix de la farine et sans oster à tout le peuple de Paris la commodité qu'il a de l'avoir toujours à proportion du prix du blé, on n'a jamais cru qu'on dust à cet égard rien changer à l'ordre public sur une matière aussy importante, toujours disposée à produire de grands inconvénients sur le moindre mécompte.

«Les farines qui arrivent à Paris pour y estre consommées doivent estre exposées à découvert et à l'injure du temps jusques à ce qu'elles soient vendues, et, si ceux qui les amènent avoient la liberté de les mettre à couvert, ou s'ils ne craignoient pas de les perdre en les laissant exposées à la pluie, etc., non-seulement ils les enchériroient du sol par minot, mais ils les garderoient autant que bon leur sembleroit et ne les vendroient qu'au prix qu'ils y auroient voulu mettre, d'où il s'en ensuivroit un monopole au préjudice de tous les habitans, qui désoleroit surtout le menu peuple, qui achète à toute heure à la halle, en détail, à juste prix et à petite mesure, la farine dont il a besoin.

«Il n'y a point de marchands de farine en titre : tous ceux qui ont des moulins ou qui trouvent leur compte à convertir le blé en farine, et toutes sortes de personnes qui en veulent faire commerce, sont tous également marchands de cette marchandise. Ceux d'entre eux qui ont signé l'acte cy-joint n'ont pu manquer d'estre d'avis qu'il soit fait une halle couverte, pour conserver leurs farines et les garantir de l'injure du temps, et d'estre aussy d'avis de prendre un sol par minot de farine pour cette dépense, car, sous ce prétexte, ils percevront six ou dix fois autant pour leur compte et à leur profit. Les règlemens de police défendent très-expressément de mettre à couvert les farines qui sont amenées à Paris, et c'est pour l'utilité publique que cela a esté ainsy sagement ordonné.»

1563. *M.* DE BAGNOLS, *intendant en Flandre,*
AU CONTRÔLEUR GÉNÉRAL.

4 Octobre 1696.

Il envoie un mémoire des sommes que les corps de ville et d'États et les communautés de son département payent annuellement à titre d'aide, avec l'explication de la forme en laquelle se fait cette imposition.

Il propose de demander aux prochains États, en même temps que l'imposition ordinaire, mais par articles séparés et distincts, la somme de 150,000 # fixée pour la décharge de l'exécution des deux édits des îles et îlots et des eaux et fontaines. Les Terres franches sont tellement épuisées, qu'il serait impossible de les comprendre dans cette taxe, et qu'il faut, au contraire, réduire chaque année le montant de leur aide.

1564. *M.* LEBRET, *intendant en Provence,*
AU CONTRÔLEUR GÉNÉRAL.

5 Octobre 1696.

«Je vous avoue que j'ay esté effrayé en faisant icy la récapitulation des nouvelles affaires dont vous m'avez fait l'honneur de me parler ou de m'écrire en dernier lieu, et de celles dont MM. les intendans des finances m'ont parlé par vostre ordre, qu'on prétend faire tomber sur les communautés de Provence; car j'ay trouvé qu'elles se montent toutes à plus de 2,000,000 #, savoir : celle de la suppression des offices de mouleurs de bois, à 220,000 #; celle des experts jurés, à environ 150,000 #; celle de la réunion des nouveaux offices de jaugeurs aux offices de courtiers cy-devant acquis par les communautés, 250,000 #; l'aliénation des 10 sols d'augmentation sur chacun minot de sel, à plus de 360,000 #; le rachat des 35,000 # de rente dues au domaine du Roy, à 577,500 #; la nouvelle création d'auditeurs des comptes des communautés, à 5 à 600,000 #, et enfin, la suppression des offices de contrôleurs des commissaires aux saisies réelles, à 25,000 #. Cependant, celle de la suppression des mouleurs de bois va son chemin, et j'espère mettre celle des experts jurés en mouvement, si vous avez agréable de vous contenter de la somme que j'ay marquée à M. le Peletier de Souzy, par la dernière que j'ay eu l'honneur de luy écrire sur ce sujet. Mais, comme il est impossible de pousser les impositions sur les fonds au delà de ce qui est nécessaire pour les deniers du Roy et du pays et autres charges indispensables, puisqu'elles excèdent déjà les revenus des biens dans une bonne partie des communautés de la province, je ne vois pas qu'on puisse, avec la moindre apparence de succès, proposer en mesme temps toutes les autres aux députés qui doivent composer la prochaine assemblée générale, qui, n'ayant aucune autre ressource pour satisfaire à ce qui pourroit estre en cela des intentions du Roy, que celle de l'emprunt, seroient peut-estre bien ayses qu'on leur parlast de résoudre pour plus de 2,000,000 # de nouvelles affaires tout à la fois, pour ne rien résoudre du tout; outre que le bruit qui s'en répandroit dans le public seroit capable de ruiner absolument le crédit de la province, que vous savez estre déjà fort ébranlé. Ainsy, ce qu'il y a à faire de mieux, à mon sens, est de proposer à ces messieurs celle de toutes ces autres affaires que vous me marquerez estre la plus pressée, et ainsy successivement des autres, et à mesure que le recouvrement de celles qui auront passé les premières se trouvera un peu avancé.»

1565. *M.* DE SÉRAUCOURT, *intendant en Berry*, *au* CONTRÔLEUR GÉNÉRAL.

14 Octobre 1696.

Mémoire sur l'état de l'élection du Blanc.

«J'ay reçu une plainte de toute la ville en général, et de quelques marchands en particulier, contre le commis du dépost du sel, de ce qu'il refuse des passavans à des particuliers qui ont toute la vie fait commerce de sel. L'ordonnance de 1680, titre 16, article 7, permet à tous non domiciliés en pays de gabelles, d'amener du sel en telle quantité que bon leur semblera dans les déposts, pourvu qu'auparavant ils ayent fait inscrire leur nom et leur demeure au greffe du dépost dans lequel ils entendront mettre le sel, et qu'ils ayent pris du commis du dépost des passavans qui contiendront le lieu de leur demeure, le nom du marais ou salorge où ils le prendront, la quantité qu'ils lèveront et le temps dans lequel ils le feront arriver au dépost, à peine de confiscation du sel et de l'équipage, et de 150 ᵗᵗ d'amende pour la première fois, et, en cas de récidive, d'estre punis comme faux-sauniers.

«Le commis convient que les plaignans ont satisfait à l'ordonnance, et qu'il leur a refusé des passavans, parce qu'ils n'ont pas voulu faire leur soumission de mettre dans un certain temps une certaine quantité de sel dans le dépost. Pour me faire entendre sa raison, il m'a dit qu'il y a des temps dans lesquels les chemins estant difficiles, le prix du sel augmenteroit considérablement, si on estoit obligé d'en faire venir dans ces temps-là; que, pour obvier à cet inconvénient, quatre particuliers se sont engagés d'en fournir dans le dépost chacun une certaine quantité suffisante pour l'hiver entier, afin d'estre en estat de le donner toujours pour le mesme prix, ce qui a esté confirmé par une sentence des juges du dépost, laquelle néanmoins ne m'a pas esté représentée. Si les juges du dépost ont rendu cette sentence, il est sûr qu'ils ont jugé contre l'esprit de l'ordonnance de 1680, qui s'explique très-nettement sur la liberté de ce commerce, et les suites en sont que le prix du sel est augmenté de plus du double depuis cette société, par le témoignage de tout le monde, et par l'aveu mesme du commis. Je luy ay ordonné d'exécuter ponctuellement l'ordonnance, et je dois me donner l'honneur de vous dire qu'il y a lieu de le soupçonner d'estre de part avec ces quatre particuliers, qui ont voulu s'attirer cette fourniture à l'exclusion de tous autres.....»

1566. *M.* LE VAYER, *intendant à Moulins*, *au* CONTRÔLEUR GÉNÉRAL.

19 Octobre 1696.

La récolte des élections de Montluçon, d'Évaux et de Guéret n'a produit que très-peu de froment, et, comme les blés noirs et les raves ont manqué, les paysans, obligés de consommer leur blé et leurs bestiaux, au lieu d'en faire de l'argent, ne pourront suffire aux charges ordinaires ou extraordinaires. Les vignes de l'élection de Montluçon ne donneront aussi qu'un produit presque nul.

On a réparé la route de Lyon dans la partie qui traverse les montagnes et que des ravins rendaient impraticable.

«Je donnay les ordres à deux maistres paveurs d'y travailler et de prendre avec eux tel nombre d'hommes des paroisses voisines, et à tour de rôle, qui leur seroient nécessaires, pour la conduite desquels je laissay le garde servant près de moy et qui est fort entendu en ces sortes d'ouvrages, pour tenir la main à ce que les choses fussent bien faites et sans confusion. Il m'écrivit avant-hier que tout seroit achevé aujourd'huy.

«Mais on me mande en mesme temps, de ce costé-là, que, sur ce que M. de Canaples, lieutenant général du Lyonnois, a défendu, à ce qu'on prétend, de transporter les vins de Saint-Haon et de les vendre hors de sa province, les habitans de la Palisse et autres estant dans mon département et sur les confins du Forez ne vouloient point souffrir que ceux du Forez qui ont besoin de blé en vinssent aussy acheter à leurs marchés, par une espèce de droit de représailles, et que mesme le procureur de la justice de la Palisse avoit donné une ordonnance pour empescher le transport desdits grains..... J'ose dire qu'il n'est pas juste que les habitans du Forez, ayant besoin de nos blés, nous refusent leurs vins, et vous aurez la bonté de donner les ordres que vous jugerez nécessaires sur ce sujet *.»

* M. de Canaples avait rendu cette ordonnance dans le but d'assurer l'approvisionnement de la ville de Lyon, et surtout la fourniture des étapes. Voir une lettre qu'écrit M. l'abbé Tallemant (intendance de Lyon, octobre 1696), dans laquelle il dit : «..... Ces paroisses, qui payent de grosses tailles et de grosses subsistances et qui ont esté greslées, se trouvent dans une impossibilité totale d'y satisfaire, et un pauvre paysan qu'une ou deux pièces de vin, soit vieux, soit nouveau, mettroient en estat de payer ses cotes, par 80 ou 100 ᵗᵗ qu'il toucheroit, se trouvera obligé de garder son vin, ou de le relascher, à vil prix, aux receveurs des tailles, pour une très-petite partie de ce qu'il doit payer. On n'est guère accoustumé à voir ainsy des ordonnances militaires sur le fait du commerce et de la police du royaume, qui regarde uniquement le Conseil du Roy.....» M. de Canaples et M. le maréchal de Villeroy furent immédiatement avertis de révoquer cette ordonnance et d'en donner une autre. Voir les lettres qu'ils écrivent aux dates des 27 et 30 octobre et du 6 novembre.

1567. *M.* SANSON, *intendant à Montauban*, *au* CONTRÔLEUR GÉNÉRAL.

11 Novembre 1696.

L'écuyer commissionné qui reçoit tous les ans une somme de 500 ᵗᵗ, par imposition sur la généralité, pour tenir l'académie de Montauban, ne remplit point cette fonction et il ne s'occupe que de faire le commerce des chevaux à Figeac. On a offert à M. le grand écuyer de remplacer cet académiste par un ancien page du Roi, qui a un brevet d'écuyer de la grande écurie, et, dans le cas où cette requête serait approuvée, on demande à payer au nouveau pourvu la pension ordinaire.

1568. *M. le Vayer, intendant à Moulins,*
au Contrôleur général.

18 et 23 Novembre 1696.

Il demande à rétablir la sûreté sur certains chemins de sa généralité, en les élargissant et en rasant les taillis qui les bordent et qui servent d'asile aux malfaiteurs. Les propriétaires se prêteraient sans doute à cette mesure, et d'ailleurs l'intérêt public serait un motif suffisant pour passer outre*.

* En marge : « Bon, remboursant les propriétaires de leur perte effective, par imposition sur la généralité, et, à cet effet, envoyer l'estimation pour donner arrest. »

1569. *M. Turgot, intendant à Metz,*
au Contrôleur général.

19 Novembre 1696.

« Ayant reçu beaucoup de plaintes de tous les costés que l'on employoit une grande quantité de grains à en faire des eaux-de-vie, dont on prétend que l'usage est pernicieux pour la santé de l'homme (on convient que l'usage en est très-dangereux pour les playes), et comme, si c'est un mal, il prend de jour en jour un trop grand cours, par la modicité du prix des grains, s'estant établi presque dans tous les lieux de labourage des distillateurs de ces eaux-de-vie de grains, j'ay cru devoir vous proposer les plaintes générales qui m'ont esté faites, pour me conformer à vos intentions. L'usage ne m'en a paru interdit par aucune déclaration ni arrest du Conseil. Dans l'année de la cherté, défenses furent faites d'en fabriquer, mais pour un temps, et pour empescher la trop grande consommation des grains; le temps et le motif des dépenses estant expirés, je ne sais si, dans les temps d'abondance, il faut les renouveler, non plus par rapport à la consommation, mais par rapport aux pernicieux usages dont on prétend qu'elles sont pour la santé de l'homme, ce qui est avéré et reconnu pour les playes. La ville de Metz publie des ordonnances de police pour en interdire l'usage dans l'étendue de sa juridiction. Elle y a un intérest particulier : estant environnée d'un pays de vignobles, elle cherche le débit de ses eaux-de-vie de vin, et réprime tout ce qui peut le traverser. On me demande d'étendre les mesmes défenses d'en fabriquer sur tout le département. J'ay cru vous devoir proposer la difficulté, pour me conformer à vos ordres, parce que j'ay cru que l'excès de ce qui s'en fabrique, par la modicité du prix des grains, mérite que l'on y fasse attention et que l'on examine si le cours en doit estre toléré ou interdit*. »

* Sur un rapport analogue de M. de la Grange, intendant en Alsace (24 décembre), le contrôleur général, levant les défenses de 1694 en ce qui touchait la fabrication de la bière, les maintint pour celle de l'eau-de-vie.

1570. *M. de Vaubourg, intendant à Nancy,*
au Contrôleur général.

22 Novembre 1696.

« . . . . . Les officiers de la prévosté de Nancy demandent plusieurs choses dans lesquelles je les trouve mal fondés :

« 1° L'attribution et l'exercice de la police. — La Chambre de ville est en possession, et elle a des titres et lettres patentes des ducs de Lorraine qui luy donnent ce droit;

« 2° Que, sous prétexte de police, la Chambre de ville ne puisse condamner à des amendes, ni prendre connoissance d'affaires criminelles. — Ils qualifient affaire criminelle une procédure faite contre quelques marchands de vin qui avoient meslé de la litharge dans les vins de l'année passée, pour les adoucir, ce qui a causé la mort et des convulsions surprenantes à plus de cinquante personnes qui en avoient bu. La Chambre de ville, ayant approfondi cette affaire, par mon ordre, condamna une femme, qui fut convaincue d'avoir fait ce mélange, à 100 écus d'amende. Elle est de mesme en possession de connoistre des affaires de cette nature;

« 3° Qu'il soit défendu aux marchands et artisans de Nancy d'exercer une espèce de jurisdiction sommaire pour les affaires concernant leur négoce. — Ces marchands et artisans ont pareillement titre et possession, et, s'ils ne les avoient, il seroit à propos de les leur accorder;

« 4° Que les affaires des avocats, notaires et procureurs soient portées en première instance au siége de la prévosté de Nancy. — Souvent, pour éviter un degré de jurisdiction, les parties qui ont affaire contre ces sortes d'officiers les font assigner *recta* au bailliage de Toul. C'est un règlement à faire entre ce bailliage et la prévosté de Nancy. Les officiers de la prévosté peuvent se pourvoir au Parlement de Metz, mais, quelque règlement qu'ils obtiennent, ils auront peine à obliger les officiers du bailliage de Toul de renvoyer au siége de la prévosté les affaires qu'on portera volontairement en première instance devant eux. C'est un mal général dans tout le royaume, et les bailliages et séneschaussées sont si fort accoustumés à ne renvoyer aucune affaire aux juges subalternes, qu'il est presque impossible de les faire obéir aux arrests des Parlemens qui l'ordonnent;

« 5° Qu'en l'absence des officiers des eaux et forests et du juge des traites, ils exercent ces deux jurisdictions, préférablement aux avocats. — On pourroit accorder cette demande aux officiers de la prévosté; mais l'usage est contraire, et je n'y vois aucun inconvénient, ni pour le bien de la justice, ni pour l'intérest du Roy;

« 6° Que les juges des hautes justices soient obligés de les prendre préférablement aux avocats pour juger les procès criminels. — Dans tout le royaume, les juges des hautes justices prennent pour juger avec eux les procès criminels les plus habiles avocats des villes circonvoisines, et ne sont point astreints à prendre les prévosts et premiers juges royaux. On en use de mesme en ce pays-cy, et la demande des officiers de la prévosté de Nancy n'est appuyée d'aucune raison;

« 7° Que le lieutenant et le procureur du Roy de la prévosté soient admis dans le corps de ville, et qu'il soit enjoint aux maire et échevins de les nommer, en procédant à l'élection. — Je suis surpris que ces deux officiers fassent une pareille demande, puisqu'ils savent qu'à Nancy le corps de ville ni les habitans n'élisent point les magistrats, et que c'est le Roy qui les nomme de son autorité et par une lettre de cachet*. »

* Une contestation analogue, à laquelle le sieur de Boisguilbert, lieutenant général du bailliage de Rouen, se mêla activement, séparait les officiers de cette Compagnie de l'échevinage, particulièrement en ce qui touchait la juridiction des manufactures. Voir une lettre de M. de la Bourdonnaye, 13 juin; une autre lettre de M. de Bernières de Bautot, procureur général au Parlement, 30 août, et deux requêtes des officiers du bailliage, 14 octobre, et des maire et échevins, 23 novembre.

En Languedoc, M. de Bâville se plaignait que le Parlement prît connaissance des faits relatifs aux manufactures, au mépris du règlement de 1669, qui en attribuait expressément le jugement en dernier ressort, jusqu'à 150 #, aux maires, consuls, capitouls, etc. (Lettre du 1er avril.) — Quant aux affaires suscitées par les marchands contre les inspecteurs des manufactures, il eut, vers le même temps, l'occasion de représenter qu'elles ne pouvaient être de la compétence du Parlement et que, l'inspecteur étant commis par le Roi, sa cause ne devait être jugée que par le contrôleur général, en qualité de surintendant des manufactures, au rapport de l'intendant. Conformément à cet avis, le Parlement de Toulouse eut ordre de remettre entre ses mains les informations déjà commencées. (Lettre du contrôleur général au procureur général, M. Lemasuyer, 29 août; lettres de M. Lemasuyer, 15 août et 12 septembre; lettres de M. de Bâville, 14 et 26 août, 21 et 28 septembre, 16 octobre 1696, 25 et 30 avril 1697; lettre du sieur de Lamarque, inspecteur, 17 septembre 1696; lettre du contrôleur général à M. de Bâville, 11 février 1697, etc.)

Voir encore, sur la juridiction des manufactures, une lettre du 12 mai 1696, au sieur David, inspecteur en Dauphiné.

1571. *M. de Bâville, intendant en Languedoc, au Contrôleur général.*

22 et 29 Novembre, 10 et 25 Décembre 1696.

Les États ont voté le Don gratuit de 3,000,000 #, 1,200,000 # pour la capitation et 75,000 # pour le port de Cette. Une partie de l'assemblée opinait à laisser exécuter la création des prévôts diocésains, qui semble utile pour la sûreté publique. On est ensuite convenu de faire le rachat; mais on ne pourra donner que 450,000 # au plus, tandis que le traitant avait pris l'affaire à forfait sur le pied de 600,000 #.

La création des offices de certificateurs des criées est inutile, ou serait peu productive, dans un pays où les coutumes n'accordent pas la propriété incommutable sur décrets. Les États n'offrent que 20,000 #.

Les affaires des arts et métiers, du contrôle des dépens et des justices des seigneurs pourraient également se terminer moyennant quelques modérations, si celle des offices de l'arrière-ban ne tenait en suspens le vote de l'assemblée, qui veut traiter pour toutes en même temps. Les États proposaient de rejeter sur l'arrière-ban les offres faites pour le traité des certificateurs de criées, mais il est trop certain que celui-ci serait inexécutable et ne rapporterait rien au Roi, même en réunissant les offices aux corps de procureurs, qui sont épuisés d'argent. Repoussés de ce côté, les États persistent à n'offrir que 30,000 #, au lieu de 67,000 # à quoi montent les restes à recouvrer sur le traité des offices de l'arrière-ban.

« Je n'ay rien oublié de tout ce que je pouvois faire pour achever ce recouvrement. J'en ay fait l'imposition pendant trois années inutilement : je vous en ay mandé les raisons. . . . . À quoy vous m'avez répondu qu'il faudroit prendre préalablement la somme destinée pour faire marcher l'arrière-ban, puisque c'est un abus de donner 300 # à chaque gentilhomme. Sur quoy, je vous prie de considérer qu'il seroit impossible de faire marcher l'arrière-ban sans ce secours, par le grand nombre de gens qui en sont exempts dans cette province, savoir : tous les maires et assesseurs, les officiers de huit régimens de milices et de deux de dragons, ceux de cinquante-deux régimens de bourgeoisie, qui ont financé 50,000 écus pour cette exemption, et tous les gentilshommes dont les enfans sont au service.

« L'expérience de plusieurs années m'a appris que, si de pauvres gentilshommes ne s'offroient tous les ans à marcher moyennant cette rétribution, il ne seroit pas possible de trouver des sujets pour remplir le nombre et pour faire ce service. Cette province est différente des autres en ce qu'il a fallu y mettre sur pied un très-grand nombre de milices pour y empescher tous les mouvemens qui pourroient y arriver à cause de la religion. Il est bien à souhaiter que ce recouvrement de l'arrière-ban puisse cesser, puisque autrement il faudra que les gentilshommes continuent de payer quatre sortes d'impositions, qu'ils ne peuvent plus supporter, savoir : les tailles, qui sont réelles; la capitation; l'imposition ordinaire pour faire marcher l'arrière-ban, et un nouveau rôle pour racheter les offices . . . . »

1572. *M. de Pomereu de la Bretèche, intendant à Alençon, au Contrôleur général.*

27 Novembre 1696.

Il envoie un état des revenus des communautés de son département et des offices de receveurs qu'on y peut établir. À l'exception de trois ou quatre communautés, qui font de temps à autre des coupes de bois taillis, les revenus ne sont point l'objet d'une perception régulière et annuelle qui permette d'en fixer le montant. L'évaluation est donc la même qui a été donnée en 1692, lors du payement des droits d'amortissement et de nouvel acquêt, et qui avait été établie d'après la valeur présumée des communes ou des droits d'usage et de pâture*.

* Le 26 mars précédent, le contrôleur général écrivait à M. d'Ormesson (Auvergne) : « . . . . . J'ay examiné la difficulté que vous me proposez, touchant les herbages dont quelques communautés jouissent.

Je ne vois pas que ce produit soit aussy incertain que vous me le marquez. Il faut, au contraire, que ce soit un droit acquis incontestablement à ces communautés, puisqu'elles ont la liberté de l'affermer, au préjudice des propriétaires, qui ne manqueroient pas de s'y opposer, s'ils y estoient bien fondés. Les cas auxquels vous croyez qu'elles peuvent estre privées de ce produit ne doivent arriver souvent; il convient donc de considérer ce droit comme un revenu fixe..... Cependant, vous pouvez encore faire quelque modération aux villes qui se trouveront dans le cas que vous me proposez, de manière toutefois que cette diminution n'excède point le tiers de leur taxe..... S. M. voulant que ce recouvrement finisse dans le courant de l'année, s'il arrive que quelques-unes de ces villes se trouvent trop chargées par l'imposition entière de leurs taxes, vous pouvez leur permettre d'en prendre une partie sur leurs revenus patrimoniaux et d'octroys, au moyen de quoy on reculera pour quelque peu de temps les payemens de leurs créanciers, par des arrests que je feray rendre à cet effet.....»

Le soin que prirent la plupart des villes de cacher leurs revenus ou d'en déguiser la qualité, pour qu'il fût presque impossible de les distinguer d'avec les octrois, fit qu'on se détermina à réunir les offices de receveurs des deniers patrimoniaux à ceux de receveurs des octrois. (Lettre du 4 mars 1697, à M. Foucault, intendant à Caen.)

1573. *M. Ferrand, intendant en Bourgogne,*
au Contrôleur général.

29 Novembre 1696.

Les habitants d'Auxerre, ainsi qu'ils l'ont exposé, doivent près de 37,000 ᵗᵗ, tant pour la taxe des cens et rentes, que pour la suppression des offices de mouleurs de bois, ou pour les restes des blés fournis aux armées. Pour faire face à cette situation, ils demandent à lever 60 sols par chaque minot de sel qui se débitera au grenier, et à percevoir un droit sur le bois et le charbon, seules denrées qui ne soient encore chargées d'aucun octroi.

Le droit sur le sel pourrait être réduit à la moitié de ce qu'on propose; quant à l'octroi sur le bois et le charbon, il serait réglé et adjugé par M. le Prince et par l'intendant, en qualité de commissaires députés pour la vérification des dettes des communautés*.

* Malgré cet avis de M. Ferrand, le contrôleur général rejeta la proposition relative au sel, et les magistrats d'Auxerre y substituèrent un droit de 10 sols par muid de vin, ce qui fut accepté. (Lettre du 12 janvier 1697.)

1574. *M. Larcher, intendant en Champagne,*
au Contrôleur général.

30 Novembre 1696.

Le maire de Sedan, malgré les arrêts récents qui ont réglé l'administration des revenus de la ville et malgré les défenses formelles de l'intendant, a continué à se faire délivrer par le receveur des octrois une gratification annuelle de 200 ᵗᵗ*.

«Vous savez de quelle conséquence il est de ne point souffrir que les maires, dont le pouvoir n'est déjà que trop grand et trop dangereux, en abusent ainsy pour appliquer à leur profit les deniers des villes; mais, s'il est nécessaire de les en corriger par quelques exemples de sévérité, ils ne pourroient, ce me semble, estre mieux appliqués qu'à ce maire-cy, tant pour contenir dans leur devoir les officiers de l'hostel de ville de Sedan, qui avoient jusques à présent disposé très-peu fidèlement de ses revenus et qui souffrent avec peine le bon ordre qu'on y veut remettre, que parce que ce maire est d'ailleurs un mauvais sujet, un homme violent et emporté, qui veut tout seul gouverner l'hostel de ville, sans la participation des autres officiers, qu'il traite fort mal, lorsqu'ils ne sont point de son avis; et qu'enfin, dans toutes les occasions, il se montre tout à fait dévoué aux religionnaires de la ville, qui sont en grand nombre, et auxquels on prétend qu'il ne donne pas pour rien cette protection. Ce sont ces raisons-là qui m'engagent principalement à porter jusques à vous cette affaire, qu'autrement j'aurois pu terminer moy-mesme par une forte réprimande à ce maire, et en l'obligeant de restituer cet argent, qu'il a très-mal à propos exigé. Mais, comme cette charge, dans une ville frontière, me paroist en de très-mauvaises mains, et que j'estime qu'il seroit fort à propos pour le service du Roy et pour le bien public de l'en tirer, j'ay cru qu'on ne pourroit en trouver une occasion plus favorable, et, si vous voulez en profiter, il n'y auroit pour cela qu'à l'interdire, et ensuite luy faire entendre que l'intention du Roy est qu'il se défasse de sa charge. Mais, si vous voulez estre encore instruit plus à fond de son caractère et de sa conduite, M. l'archevesque de Reims, qui le connoist parfaitement, vous en pourra dire des nouvelles, et vous en pourrez savoir encore de Messieurs du Parlement de Metz, qui le font venir très-souvent rendre compte de ses actions dans les charges de président, de lieutenant général et de lieutenant criminel au présidial de Sedan, qu'il possède toutes ensemble, et qui mettent, à mon sens, trop d'autorité dans un homme capable, comme il est, d'en abuser**.»

* Le sieur Aumaistre, maire par commission de Saint-Malo, sollicitait, pour les services qu'il rendait à la ville, une gratification de 1,200 ᵗᵗ sur les octrois; mais M. de Nointel repoussa sa demande, regardant ce maire comme suffisamment rémunéré par les privilèges attachés à ses fonctions et par une somme de 250 ᵗᵗ qu'il touchait déjà chaque année sur les octrois. (Lettre du 29 juillet.)

Les gages des maires se payaient sur le produit des deniers patrimoniaux et d'octrois; à défaut seulement de tous revenus, ils étaient portés sur l'état des finances de la généralité et payés par le Roi. (Lettre du contrôleur général à M. d'Herbigny, intendant à Lyon, 9 janvier.)

** L'année suivante, le maire fut appelé à la suite du Conseil, et il reçut l'ordre, au bout de quelque temps, de se défaire de la mairie. Voir ses lettres du 18 mars et du 16 avril 1697, et celle que M. Larcher écrit le 26 avril de la même année.

La ville de Mézières souffrait aussi depuis longtemps de la mauvaise administration de son maire et de son procureur du Roi, qui étaient frères. Le premier étant mort, M. Larcher fit appeler à la suite du Conseil le procureur du Roi. (Lettres du 21 mars, du 20 avril et du 25 juin 1698.) Cet officier, interdit de ses fonctions et mis en jugement pour concussions, faux et malversations, par-devant l'intendant et le présidial de Châlons, fut blâmé, forcé de se défaire de sa charge, déclaré incapable d'en posséder aucune autre, et, enfin, condamné à 1,000 ᵗᵗ d'amende. (Lettres des 6 janvier, 3 et 20 avril, 8 et 25 juin, 26 juillet et 17 août 1699.)

1575. *M. de Bâville, intendant en Languedoc, au Contrôleur général.*

2 Décembre 1696.

Les habitants de la ville du Puy demandent une nouvelle prorogation du droit de subvention qu'ils lèvent à raison de 25 sols par charge de vin étranger et de 15 sols par charge d'huile.

Détail des dépenses et des charges de la ville.

«Tout cela (les dettes) joint ensemble monte à 80,000 #, dont le revenant-bon de la subvention pourra à peine payer l'intérest. Il est certain que, si le Roy n'a pas agréable de leur continuer la levée du droit de subvention, l'hospital général qui y a esté établi et que l'on y a soutenu depuis dix ans n'aura rien pour subsister; que cette communauté ne pourra payer au collége des jésuites les 1,000 # de pension *; qu'elle n'aura aucun fonds pour les dépenses qui surviennent journellement; qu'elle ne pourra payer les intérests de ses anciennes et de ses nouvelles dettes, et que les murs, les tours et les fontaines périront, faute de réparations. La voye de l'imposition seroit, dans le temps présent, une surcharge plus fascheuse que la levée de la subvention, qui se paye imperceptiblement par ceux qui font entrer et qui consomment les denrées qui y sont sujettes **. . . . »

* Sur ce collége des jésuites, voir une lettre du 11 février 1699.

** «Bon pour neuf ans.» — Voir une autre lettre, du 1er aoûl 1698.

1576. *M. Pinon, intendant en Béarn, au Contrôleur général.*

8 Décembre 1696.

Rapport sur la contestation pendante, au sujet de la succession d'un marchand béarnais établi et mort en Espagne, entre ses héritiers, d'une part, et, d'autre part, le sieur Corrége, secrétaire du contrôleur général, qui réclame, de concert avec le sous-fermier du domaine, l'ouverture du droit d'aubaine, le sieur Corrége ayant reçu par brevet le don des effets à revenir au Roi.

«Quant au droit d'aubaine, il faudroit que le feu sieur Duplaa, pour estre véritablement aubain, eust obtenu des lettres de naturalité en Espagne, qu'il eust paru y avoir absolument transféré son domicile, qu'il y eust fait passer ses effets, et qu'il fust *non solum peregrinans, sed peregrinus;* mais, outre qu'on ne prouve pas qu'il se soit fait naturaliser en Espagne, on voit un homme sorti du royaume avec sa femme sans presque aucuns biens, qui a, pendant quarante-quatre ans, fait en Espagne un commerce très-considérable, par le moyen duquel il a acquis en France des immeubles et y a fait passer jusqu'à 158,000 # pour les dots de quatre de ses filles qu'il a mariées avec des François. . . . .

«A l'égard du droit de confiscation, on sait bien que les termes de l'édit du mois d'aoust 1669 sont très-formels sur cela; mais nous ne croyons pas que l'intention du Roy ayt esté de rendre, par la disposition de cet édit, la condition des enfans des François qui ont passé en pays étranger pire que seroit celle des héritiers de ceux qui auroient pris naissance sous une domination étrangère, puisque la peine ordonnée contre ceux qui refuseront de revenir dans le royaume dans six mois est qu'ils seront réputés étrangers. . . . .

«Il n'y a point de doute que, si ces effets venoient à estre confisqués, les marchands françois, qui, à cause des réglemens de l'Aragon cy-dessus rapportés, ont esté obligés de se marier avec des Espagnoles pour pouvoir faire le commerce en Espagne, n'oseroient à l'avenir faire passer en France leurs effets, et cela causeroit aux sujets de S. M. un très-grand préjudice, parce que ceux qui font valoir les manufactures du royaume, ne pouvant se passer des laynes et des huiles d'Espagne, seroient obligés d'y aller eux-mesmes pour les acheter et d'y faire passer des sommes immenses, au lieu que ces mesmes marchands, s'honorant toujours de la qualité de régnicoles et se croyant dans la bonne foy, facilitent les moyens de les en tirer par l'échange d'autres marchandises. C'est sur quoy nous croyons qu'on doit faire de très-sérieuses réflexions, pour ne pas altérer la mutuelle correspondance qui est entre les habitans de ces frontières et les sujets du Roy Catholique, par les motifs cy-dessus et par la considération des malheurs que cela attireroit aux marchands françois qui ont leurs effets en Espagne. . . . . »

1577. *M. de Miroménil, intendant à Tours, au Contrôleur général.*

10 Décembre 1696.

«En exécution des arrests du Conseil qui ordonnent des impositions sur les villes et communautés pour affaires extraordinaires, les maires et échevins se prétendant maistres absolus de faire les rôles, nous voyons presque partout les habitans soulevés contre eux et soutenir y devoir estre appelés. En la ville de Loches, nous avons esté obligé, pour calmer les esprits, d'ordonner que quatre habitans seront appelés et ouïs en nostre présence pour la réforme des rôles, ce qui rétablit le calme en cette ville dans le dernier désordre.

«En beaucoup de petites villes où il n'y a qu'un maire, n'y ayant encore de commissaires ni d'assesseurs de nouvelle création dont les charges soient levées, il soutient pouvoir travailler seul. A Beaufort-en-Vallée, tous les peuples crient contre le maire, pour avoir signé le rôle avec le seul commissaire, qu'ils disent estre à sa dévotion.

«Dans les grandes villes, où il y a des assesseurs et des échevins, on se plaint de ce qu'ils déchargent leurs proches et surchargent les personnes inconnues. Les officiers de justice, jaloux de l'autorité municipale, s'élèvent autel contre autel; chacun se veut soutenir et attire ce qu'il peut de bourgeois à son parti.

«Il vous plaira faire les réflexions que vostre prudence trouvera à propos sur ces commencemens de division et d'altération entre les bourgeois. Il seroit à souhaiter qu'à l'avenir, aux occasions d'imposition de deniers sur les villes ou bourgs, on nommast en l'assemblée générale des habitans certain nombre de bourgeois, pour avoir voix avec les maire et échevins et corps de ville à la confection des rôles; six suffiroient dans les villes où il y a présidial, et trois seulement dans toutes les autres*.»

* «Suivre l'usage ancien, et bien vérifier comment cela se faisoit.»

1578. *M. Larcher, intendant en Champagne,*
au Contrôleur général.

12 Décembre 1696.

Il envoie l'état du recouvrement des biens délaissés par les ministres réformés qui ont quitté la province avec la permission du Roi, conformément à l'édit de décembre 1689*.

* Le dernier compte de cette régie est du 3 décembre 1698, le Roi ayant alors fait don de tous les biens à l'hôpital de Sedan.

Voir les pièces relatives à l'emploi des revenants-bons de la même recette, dans l'intendance de la Rochelle, où ils étaient affectés à l'entretien des églises, hôpitaux ou maisons de nouvelles catholiques. (Lettres de M. Bégon, 12 juin et 13 septembre 1696, 3 janvier 1697.)

1579. *M. Foucault, intendant à Caen,*
au Contrôleur général.

15 Décembre 1696.

«..... Il s'agit de savoir si les particuliers qui sont exempts de taille le sont aussy des droits de tarif qui se lèvent sur les denrées et marchandises qui se consomment dans la ville. Or, il est certain que le tarif n'est qu'une taille commuée, et qu'au lieu de la lever sur les contribuables d'une ville, on la perçoit sur les denrées qui y entrent, en sorte que les privilégiés pour la taille le sont aussy pour le tarif, et, sans cette condition, les ecclésiastiques, gentilshommes et autres exempts se seroient opposés à l'établissement de ce tarif, s'ils avoient esté sujets, comme les autres contribuables, au payement de ce droit. C'est un usage qui se pratique dans toutes les villes où la taille se paye par tarif, et, lorsque l'adjudication s'en fait, c'est toujours à la charge que les exempts de taille le seront aussy du tarif*.....»

* Voir une lettre écrite, le 18 mars précédent, par M. de la Bourdonnaye (Rouen), au sujet du privilége des officiers de l'élection de Pont-Audemer, qui se prétendaient absolument exempts des droits du tarif, comme de la taille, pour tout leur approvisionnement, venant ou non de leur cru. Cette prétention fut rejetée, sur l'avis de l'intendant.

1580. *M. Sanson, intendant à Montauban,*
au Contrôleur général.

16 Décembre 1696.

«Les recouvremens devenant tous les jours de plus en plus difficiles à faire dans cette généralité, par la pauvreté des peuples, qui va toujours en augmentant et qui les rend, dans quelques cantons, si mutins, que les employés ordinaires ne veulent plus agir, par la peur qu'ils ont d'en estre maltraités, comme ils l'ont esté plusieurs fois, et spécialement dans l'affaire des arts et métiers et dans celle de la capitation, j'ay cru qu'il estoit à propos de se servir des troupes qui sont dans la province pour envoyer en logement chez les redevables, sachant par expérience que des cavaliers et dragons en font plus en huit jours que des archers et autres employés ne feroient en trois mois. J'ay écrit pour cet effet dans plusieurs quartiers où il y a des compagnies, aux officiers qui les commandent, et les ay priés de donner à ceux qui sont chargés des recouvremens le nombre de cavaliers ou dragons de leurs compagnies dont ils auront besoin pour les avancer, à chacun desquels il seroit payé 20 sols par jour par les redevables chez lesquels ils seroient envoyés. Quelques-uns de ces officiers en ont donné à ceux qui leur ont rendu mes lettres, mais d'autres leur en ont refusé. Le sieur de la Thibaudaye, capitaine de dragons du régiment de Bretagne, l'un des refusans, qui est en quartier à Figeac, m'a mandé que ses dragons luy avoient répondu tout d'une voix, sur ce sujet, qu'ils estoient engagés pour dragons, et non pour sergens et porteurs de contraintes. Il est néanmoins constant que, sans le secours des troupes, les recouvremens languiront beaucoup, et je vois qu'il est d'une extrême conséquence pour la levée des impositions de ne pas laisser en arrière les articles des mutins, et qu'il faut au contraire effacer de leur esprit qu'ils en seront quittes par cette voye. Faites-moy, s'il vous plaist, l'honneur de me mander si vous souhaitez que j'en écrive à M. de Barbezieux, afin de le prier d'obliger les commandans des troupes à ne plus faire de semblables difficultés. Je n'ay pas cru le devoir faire sans savoir auparavant si vous l'agréeriez, m'estant imaginé que peut-estre vous trouveriez à propos de luy en parler vous-mesme, ou directement au Roy.»

1581. *M. d'Ormesson, intendant en Auvergne,*
au Contrôleur général.

17 Décembre 1696.

«J'ay reçu le placet que vous m'avez fait l'honneur de m'adresser, que le nommé Lemoine, collecteur de la paroisse de Nonette, l'année 1695, vous a présenté, pour se plaindre des exécutions et contraintes rigoureuses qu'il prétend qu'exerce contre luy le sieur Bayet, receveur des tailles en l'élection d'Issoire. J'en ay pris une entière connoissance, et il m'est revenu certainement que, ce particulier estant rétentionnaire des deniers du Roy, qu'il avoit reçus de la taille de sa paroisse en qualité de collecteur, le receveur, après avoir pratiqué toutes les diligences qu'il devoit, fut contraint de le faire mettre prisonnier et de le relascher de temps à autre pour luy donner moyen de faire sa collecte, comme il a fait entièrement, et, faute d'en remettre les deniers à la recette, de le faire arrester une dernière fois; qu'il s'est sauvé de la prison depuis plus de trois mois, qu'on ne sait où il est, et qu'il y a apparence qu'il ne se montrera pas, non-seulement par la crainte de payer ce dont il est débiteur de la taille, qui monte environ à 500 #, mais encore pour éviter les poursuites que ses collègues font contre luy en l'élection pour le mesme fait, s'estant obligé envers eux de les indemniser. Outre ce débet, Lemoine s'est fait faire des obligations par des particuliers de Nonette, des sommes desquelles il les diminuoit à la taille, dont il m'a esté porté plusieurs plaintes, et de concussions semblables; mais, comme il s'est absenté depuis son évasion, et qu'il a mis à couvert les biens qu'il peut avoir, il est difficile de le convaincre. Je vous renvoye son placet.»

1582. *M. de Bagnols, intendant en Flandre,*
au Contrôleur général.

19 Décembre 1696.

Il appuie une requête par laquelle les échevins de la Bassée demandent à lever un patar sur chaque sac de grains abordant au port du Pont-Bouchard et à appliquer le produit de ce droit au rétablissement du canal qui joint leur ville à celle de Lille. L'adjudication se ferait en la manière ordinaire; quant à la durée du bail, elle pourrait être réduite à neuf ans, au lieu de seize qu'on propose.

1583. *M. Sanson, intendant à Montauban,*
au Contrôleur général.

19 Décembre 1696.

Le directeur des affaires des traitants avait distribué, avec le visa de l'intendant, une gratification de 3,100^{tt} entre les subdélégués du département. Cette somme, allouée régulièrement, récompensait à peine le travail que les affaires extraordinaires donnent aux subdélégués depuis cinq ans, leurs frais de correspondance, de voyages, etc. Cependant, les traitants refusent d'en approuver l'emploi, et le directeur, à qui ils ne font point le remboursement, peut rejeter la responsabilité sur l'intendant, puisque celui-ci a visé le projet de distribution.

1584. *M. de Bagnols, intendant en Flandre,*
au Contrôleur général.

26 Décembre 1696.

Mme la duchesse de Villars a demandé au Roi le don de toutes les sommes consignées en justice, dans les provinces de Flandre et d'Artois, pour lesquelles aucune réclamation n'a été faite depuis trente ans.

Quelques titres anciens semblent établir le droit du souverain sur les deniers de cette nature, mais on ne voit pas qu'il en ait jamais été fait usage, ou du moins, qu'une recherche de ce genre ait jamais été tentée réellement. S'il y avait un donataire, il faudrait qu'il fournît caution pour le rapport des deniers dans le cas où les propriétaires les réclameraient au domaine et produiraient de bons titres*.

* Les trois intendants de Hainaut, de Picardie et de Flandre maritime furent également consultés. M. Voysin répond dans les mêmes termes que M. de Bagnols. M. Bignon ajoute : « C'est un dépost public, où ceux qui peuvent recouvrer des titres sont toujours en droit, nonobstant tous laps de temps, de demander ce qui leur appartient par succession, cession ou transport. En un mot, jamais de prescription..... » Selon M. de Madrys, certains jurisconsultes croient que le Roi pourrait invoquer le droit de déshérence, mais seulement dans le cas où aucune instance en mainlevée n'aurait jamais été produite ou mise en état d'être jugée. Il cite un seul exemple de confiscation de ce genre au profit du roi d'Espagne. (Lettres de M. Voysin, 13 décembre; de M. Bignon, 29 décembre; de M. de Madrys, 18 décembre.)

1585. *M. de Sourdis, commandant en Guyenne,*
au Contrôleur général.

29 Décembre 1696.

«..... Un officier qui a fait la campagne delà les monts m'a dit que, passant, à son retour, à Turin, il alla chez le trésorier de l'armée du Roy, pour faire son décompte, où il trouva M. le duc de Savoye, qui estoit venu pour prendre les gratifications que S. M. luy faisoit; il estoit seul, le manteau sur le nez, et se fit faire son décompte. Bel exemple de l'application d'un grand prince à ses affaires, pour apprendre à des gens, à qui je ne ressemble pas mal, de ne pas négliger les leurs.»

1586. *M. Jacob, président au Parlement de Dijon,*
au Contrôleur général.

2 Janvier 1697.

«L'honneur que j'ay de présider à la Tournelle depuis seize ans, comme second président du Parlement, m'oblige d'avoir de grandes relations dans tout le ressort et de recevoir une infinité de lettres et mémoires des lieutenans criminels, procureurs du Roy et autres juges, pour me consulter et recevoir les ordres de la Tournelle. Souvent les différends qui naissent entre les lieutenans criminels, prévosts et autres officiers les obligent de m'écrire pour les terminer; les condamnés mesmes aux galères qui sont à Marseille m'écrivent souvent pour me demander du secours et faire finir leur peine, le temps de leur condamnation estant passé, et je peux vous dire que, dans le mois d'aoust dernier, j'en ay reçu huit, dont la moindre estoit taxée 8 sols.

«Jusqu'à présent, j'ay payé les ports de ces lettres; mais, les voyant augmenter tous les ans, et ayant su que M. le premier président a ses lettres franches, comme aussy M. le procureur général, qui ayant écrit à feu M. de Louvois, il y a quelques années, il envoya des ordres au commis de Dijon de n'en plus prendre de luy, je crois devoir me donner l'honneur de vous écrire, vous remonstrer mes raisons, et attendre de vous le mesme avantage dont jouissent ces messieurs, en vous assurant que les lettres qui me concernent en particulier sont très-peu de chose, par la situation de ma fortune et de mes biens, et, par conséquent, c'est la place que j'occupe qui me fait recevoir toutes ces lettres, que je pourrois renvoyer par mon secrétaire au commis, et luy faire dire que je ne les peux plus recevoir que sans port, ce qui pourroit faire du préjudice à la justice, à ceux qui recourent à moy, et aux misérables*.»

* La franchise n'était accordée dans aucune Compagnie souveraine,

et on répondit au président Jacob qu'une exemption particulière entraînerait les conséquences les plus dangereuses pour la ferme des postes.

1587. *M. de Bernage, intendant à Limoges,*
au Contrôleur général.

4 Janvier et 16 Novembre 1697.

Il renvoie, en se justifiant, les mémoires adressés contre lui par un notaire d'Angoulême, au sujet du recouvrement des tailles dans cette élection, de l'emploi des fusiliers, de l'administration financière, etc. Il demande un ordre du Roi pour faire conduire dans une prison éloignée l'auteur de ces mémoires *.

* Voir, sur le même personnage, une lettre du 17 avril 1698.

1588. *M. Sanson, intendant à Montauban,*
au Contrôleur général.

5 Janvier 1697.

Il combat la proposition faite par les habitants de Saint-Girons de donner en payement des dettes de la communauté les fonds abandonnés par leurs propriétaires. Cet usage n'existe que dans les pays d'États, où les députés des communautés ont forcé insensiblement leurs créanciers à s'y soumettre. Dans les pays d'élection, il a toujours été rejeté, et le Conseil n'y a jamais autorisé le payement des dettes que par une imposition jointe à la taille, ou sur les débets des collecteurs et des consuls.

«Quand cette sorte de payement pourroit estre soufferte, la conjoncture du temps y résiste absolument; la stérilité des dernières années, la désertion et la mortalité venues ensuite ayant esté cause de l'abandonnement des fonds dans un grand nombre de communautés, il n'y en a point qui ne voulust acquitter ses dettes en délaissant à ses créanciers ces fonds abandonnés, qui sont réduits en friche et qui sont moins une cause de profit que de non-valeur; c'est-à-dire qu'un créancier non-seulement verroit sa dette anéantie, mais seroit encore chargé d'un fonds dont il faudroit qu'il payast la taille, sans y recueillir aucun fruit.

«En troisième lieu, la précaution prise par le règlement des tailles de l'année 1666, pour assurer aux communautés la possession des fonds abandonnés, est accompagnée de conditions si difficiles à remplir, qu'on ne peut guère se promettre d'en devenir propriétaire incommutable. Il faut: premièrement, faire des sommations de les reprendre à ceux qui y prétendent droit; à faute de quoy, leur déclarer qu'ils en seront déchus; les affermer ensuite pour trois ans; puis, renouveler deux fois le mesme bail, et ajouter aux neuf années de ces trois baux une dixième année; après lesquelles formalités ces fonds sont déclarés estre à la communauté, pourvu toutefois qu'ils appartinssent, avant l'abandon, à un majeur.

«Pour revenir au fait dont il est question, qui assurera que les héritages offerts en payement par les habitans de Saint-Girons à leurs créanciers ayent passé en la possession de la communauté avec toutes les solennités requises par le règlement des tailles? Mais qui peut connoistre si un mineur, contre lequel la prescription n'est acquise qu'après les dix ans expirés depuis sa majorité, n'y avoit pas droit, et ne viendra pas les revendiquer?.... »

1589. *M. de la Fond, intendant en Franche-Comté,*
au Contrôleur général.

6 et 11 Janvier 1697.

«..... Rien n'est si juste que d'empescher le faux-saunage, mais je suis persuadé que ce n'est pas l'intention de S. M., ni la vostre, que l'on fasse des vexations au peuple sur ce fondement. Je ne puis assez vous exprimer celles que font les gardes du sel sur la frontière de ce pays, de la partie de Champagne; j'en ay envoyé différentes fois des procès-verbaux au directeur général des fermes établi à Langres, sans qu'il y ayt mis ordre. Ses gardes viennent souvent visiter les maisons de bons paysans, leur faisant accroire qu'ils ont un magasin de sel, et leur persécution dure jusqu'à ce qu'on leur donne de l'argent. Cela m'a obligé d'écrire à ce directeur que, lorsqu'il auroit connoissance que quelque habitant de cette province se mesleroit de faux-saunage, il prist la peine de m'en donner avis; que je les ferois arrester, et ensuite les ferois conduire dans telle justice qu'il m'indiqueroit. Voilà ce qui a donné lieu à l'ordonnance de mon subdélégué à Gray, de laquelle on se plaint..... »

1590. *Le Contrôleur général*
à M. de la Houssaye, intendant à Soissons.

7 Janvier 1697.

«..... Je suis bien persuadé que ceux qui se chargent de quelque entreprise envers le Roy ont beaucoup moins d'exactitude à faire le service que d'envie de faire leur profit; après cela, je crois facilement qu'il faut de la peine et des soins pour veiller à leur conduite et les obliger à faire leur devoir, mais on ne peut pas s'en dispenser, et cela fait une partie des fonctions de MM. les intendans.

«J'ay aussy fait, sur ce que vous m'avez mandé, une sévère réprimande aux entrepreneurs des étapes; ils m'ont assuré d'avoir sous-traité presque partout. Si, malgré cela, vous avez des gens plus capables de s'acquitter de l'exécution de leur traité, et au mesme prix, mandez-le-moy; je proposeray au Roy d'y subroger.

«Au surplus, soit ces entrepreneurs-cy ou d'autres, il faut qu'ils assurent cette fourniture par des sous-traités ou par des régies, et, quand ils y manqueront, ou que le sous-étapier abandonnera, il n'y a pas à douter que, s'ils ne le remplacent à l'instant, vous ne deviez en établir un à leurs dépens. Mais il faut aussy que ces sortes d'entrepreneurs et tous ceux qui sont chargés de quelques affaires pour le Roy trouvent toujours en vous, dans les occasions, du secours et de la protection en faveur du service de S. M., surtout quand elle y trouve quelque avantage*.»

* Sur le même service et sur la vérification des fournitures, voir une autre lettre, du 1er avril, à M. le Vayer (Moulins).

1591. *Le Contrôleur général à M. de Bernage, intendant à Limoges.*

7 Janvier 1697.

L'ordonnance qu'il a préparée pour le recouvrement des tailles pourrait offrir certains avantages; mais les règlements généraux de 1664 et de 1673 ne donnent aux intendants que le seul droit de fixer le nombre des huissiers et de tarifer leurs frais; toute extension de ce pouvoir serait réprouvée par la Cour des aides, en cas d'appel sur jugement de l'intendant, et le Roi ne saurait confirmer par une déclaration spéciale à la généralité une ordonnance qui affecte ce caractère de nouveauté.

1592. *M. de Sourdis, commandant en Guyenne, au Contrôleur général.*

22 Janvier et .. Septembre 1697.

Il demande l'autorisation d'exploiter une mine de bitume et de mastic qui se trouve dans sa terre de Bastennes, ainsi que le privilége nécessaire pour exproprier les possesseurs des fonds sous lesquels s'étendent les veines de cette mine*.

* Le privilége fut refusé; un particulier en avait déjà obtenu un pour fabriquer et débiter le bitume en Guyenne. (Lettres de M. de Sourdis, 20 septembre et 5 novembre.) — Mme la duchesse de Duras obtint, vers la même époque (Bordeaux, fin 1697), la permission d'ouvrir des mines de goudron dans une de ses terres de Chalosse.

1593. *M. Larcher, intendant en Champagne, au Contrôleur général.*

23 Janvier 1697.

Le Roi ayant accordé à la ville de Sedan un nouvel octroi sur la viande de boucherie et les échevins ayant voulu en établir la régie, tous les bouchers refusèrent de payer et fermèrent leurs boutiques. On fut obligé d'appeler les bouchers forains et on condamna les opposants à une amende de 300 ff. Ceux-ci présentèrent requête au Conseil. Repoussés de ce côté, ils ont demandé à reprendre leur commerce. On y a consenti; mais, pour les punir et, en même temps, pour faire baisser le prix de la viande, l'assemblée générale des habitants a arrêté qu'on permettrait aux bouchers du dehors de s'établir dans la ville, moyennant l'obligation ordinaire du chef-d'œuvre, et que les bouchers forains pourraient y venir vendre et débiter les jours de foire ou de marché. Pareille délibération pour le commerce du pain a déjà été approuvée.

1594. *M. de la Faluère, premier président du Parlement de Bretagne, au Contrôleur général.*

10 Février 1697.

«Je feray ponctuellement exécuter l'ordre du Roy pour l'interdiction du jeu de bassette, pharaon et autres de ce genre. Permettez-moy de vous demander si c'est tout de bon; car, ayant autrefois supprimé ce jeu chez moy, comme je viens encore de le faire, je fus surpris, très-peu de temps après, de voir qu'il se jouoit chez MM. les commandans sans aucune façon. Cela donna lieu à nos jeunes gens de le reprendre céans. Je n'y entends autre finesse, sinon de faire des sorties très-efficaces contre ceux qui contreviendront; mais il est bon que ce soit à condition de n'y plus revenir. M. l'intendant a eu peur que je ne le prévinsse en donnant un arrest; il s'est pressé de rendre son ordonnance. C'est néanmoins un fait de police, que l'on fera aussy exactement garder que luy*.»

* C'était M. de Nointel lui-même qui avait dénoncé les contraventions commises dans la maison de la première présidente. (Lettre du 3 février.)

1595. *Le Contrôleur général à M. de Bâville, intendant en Languedoc.*

11 Février 1697.

Les préposés à l'enregistrement des armoiries ne doivent avoir qu'un seul registre, en forme de journal; ce sera l'affaire de ceux qui tiennent l'Armorial général d'établir des distinctions et des catégories.

Le droit d'enregistrement doit être versé intégralement en déposant la déclaration. On sait par expérience que, si la seconde moitié n'était payable qu'à la délivrance du brevet, beaucoup de particuliers ne se présenteraient point pour retirer cette pièce. Pareille chose se passa pour les quittances de finance, lorsqu'on leva le droit de franc-fief, en 1672-1675.

«Vous laissez entendre, dans vostre instruction et par l'affiche, que les armoiries des familles estant une fois registrées, elles pourront servir dans les terres et justices des seigneurs, pour sceller des actes publics. Sur quoy je veux vous avouer en secret que le Roy, quant à présent, n'est point dans le dessein de l'empescher; cependant, prenant l'édit à la rigueur, S. M. pourroit prétendre le contraire. Ce que vous avez dit ne peut pas l'en exclure aussy; je ne vous en parle que par précaution, afin que vous vous absteniez de vous en expliquer plus nettement, suivant le sens véritable qui paroist résulter de vostre instruction et de vostre affiche*.»

* Dans l'ordre du clergé, les évêques, abbés et prieurs durent faire enregistrer, outre leurs armoiries personnelles, celles dont ils se servaient pour sceller leurs actes officiels; ce qui faisait deux taxes : l'une ordinaire, qui montait, avec les frais, à 23 ‡ 10 s., et l'autre, de 57 ‡ 10 s. Au cas où les armoiries des bénéfices n'étaient pas connues, les titulaires devaient en proposer et les faire régler par les commissaires du Conseil. Quant aux simples prêtres, curés, etc., les évêques furent chargés de désigner ceux qui devaient être exemptés de l'enregistrement en raison de leur pauvreté. Les chanoinesses de Lorraine obtinrent aussi la même faveur. (Lettres à M. de Bâville [Languedoc], 13 mai; à M. de Bezons [Bordeaux] et à M. de Vaubourg [Nancy], 16 septembre; à M. l'évêque de Toul, 25 novembre, etc.)

1596. *M.* de Vaubourg, *intendant à Nancy,*
au Contrôleur général.

12 Février 1697.

Les auteurs du vol commis dans la caisse du receveur de la subvention de Toul ont été découverts près de Besançon.

L'intendant demande un arrêt pour les juger en dernier ressort.

«J'ay mis dans le projet : *avec des gradués,* parce que le sieur Durand, mon subdélégué, qui a fait l'instruction par mon ordre, tant à cause de la négligence des officiers du bailliage de Toul, qu'à cause que les premiers soupçons tomboient sur des soldats du régiment de Coëtquen, n'est plus titulaire de la charge de président au présidial; ainsy, il ne pourroit estre du nombre des juges, si le présidial de Toul, qui d'ailleurs est assez mal composé, estoit commis pour juger l'affaire avec moy. Je choisiray pour gradués les plus habiles officiers du corps*.»

* Le coupable principal, qui était un collecteur des impositions, fut condamné au supplice de la roue. Le receveur ne put obtenir décharge de la partie des deniers que le voleur avait dissipés avant son arrestation. Voir, au 31 juillet, la lettre de ce receveur et le rapport de M. de Vaubourg, sur lequel le contrôleur général répondit par un refus. «Le sieur Gomé, dit l'intendant, à la date du 26 décembre, a recouvré plus de 960 louis d'or sur son vol, et le voleur a toujours soutenu, sur sa sellette, à la question et en mourant (car j'avois chargé son confesseur de le presser beaucoup sur cet article, lorsqu'il le disposeroit et assisteroit à la mort), qu'il n'a volé qu'un sac de 1,000 louis d'or; il est vray que la poursuite et recherche des coupables, les voyages et salaires des témoins, et d'autres frais, qui sont inévitables dans l'instruction d'une procédure criminelle, ont cousté quelque chose au sieur Gomé. En second lieu, j'ay permis audit Gomé de prendre 3 deniers pour livre pour les frais du recouvrement de l'imposition du quartier d'hiver; et, si M. Turgot a accordé le sol pour livre d'une pareille imposition aux receveurs de son département, apparemment il l'a fait à cause de l'avance, ou par d'autres bonnes raisons; mais le sieur Gomé n'a fait que peu ou point d'avances, ainsy il n'est pas en pareil cas. Comme je ne puis dire affirmativement qu'on luy a pris 7 ou 8,000 ‡ au delà de ce qu'il a recouvré, et que mesme je vois de fortes présomptions du contraire, je ne puis estre d'avis de luy procurer un autre dédommagement que celuy des frais, qui peuvent monter à 2 ou 3,000 ‡; mais la proposition qu'il fait de luy accorder le sol pour livre d'une imposition faite et consommée dès l'hiver passé ne convient nullement à la conjoncture présente.»

1597. *M.* de Bezons, *intendant à Bordeaux,*
au Contrôleur général.

16 Février 1697.

«..... Ce n'est point M. du Vigier, président aux enquestes, qui a donné l'ordre de faire payer l'amende aux pères des enfans nouveaux convertis qui ne les envorront point aux instructions; c'est moy qui l'ay mandé aux juges des lieux, dans toute cette généralité, dès le mois de novembre 1695, après que M. de Chasteauneuf me l'eut écrit par ordre du Roy. Il y avoit eu un ordre précédent pour ne la faire payer qu'à l'égard des enfans qui n'auroient pas dix ans; la lettre de M. de Chasteauneuf, de l'année 1695, a expliqué que l'intention du Roy estoit jusqu'à quatorze ans; c'est ce que l'on fait exécuter en quelques endroits, où les curés font les instructions et les catéchismes. Je vous assure qu'ils n'en font point dans la plupart des paroisses à la campagne, de sorte que l'on n'y fait payer aucune amende. Je crois devoir vous rendre compte que j'ay donné l'ordre que, depuis la Saint-Jean jusqu'à la Saint-Martin, les juges ne donnassent point de condamnations contre les pères et mères pour n'envoyer pas leurs enfans aux instructions, parce que la plupart sont obligés d'estre avec leurs enfans à la campagne, soit pour la récolte, les vendanges, ou leurs autres affaires. L'on doit regarder Bergerac comme un des lieux de cette province où les nouveaux convertis sont les plus entestés de leur ancienne religion; je ne compte pas que, dans ladite ville, il y ayt vingt nouveaux convertis qui ayent embrassé la religion catholique de bonne foy. Je ne doute point que cette lettre n'ayt esté écrite par l'ordre des principaux bourgeois de ladite ville, qui sont ceux qui empeschent les nouveaux convertis des paroisses aux environs de faire leur devoir, et qui les retiennent dans leurs anciens sentimens, en leur inspirant qu'il doit y avoir par le traité de paix des stipulations à leur égard. Ils ne manquent pas d'avoir des lettres des ministres ou des fugitifs qui sont en Hollande, par lesquelles on leur marque cette nouvelle; ils l'ont tellement persuadé à la plupart des nouveaux convertis, qu'ils n'en doutent pas; cela les confirme dans leur entestement.....»

1598. *M.* de Bouville, *intendant à Orléans,*
au Contrôleur général.

18 Février 1697.

Les administrateurs de l'Hôtel-Dieu de Dourdan, qui a été rétabli par les soins de S. A. R. Monsieur et de Mme la grande-duchesse de Toscane, demandent la création d'une foire et la permission d'y lever des droits sur les bestiaux, le vin, les grains et les légumes.

Ces droits ne seraient qu'une source constante de contestations, et, d'autre part, si la foire était franche, elle ne rapporterait qu'un médiocre bénéfice à l'Hôtel-Dieu. Tout autre secours vaudrait donc mieux, comme serait d'établir des octrois à Dourdan et d'en concéder un tiers aux administrateurs.

1599. *M.* DE LA GRANGE, *intendant en Alsace*,
AU CONTRÔLEUR GÉNÉRAL.

19 Février, 13 Mars et 8 Avril 1697.

Contestation entre l'entrepreneur des étapes d'Alsace et le Magistrat de Strasbourg, au sujet des droits d'entrée que ce dernier a le droit, par un privilége spécial, de lever même sur les approvisionnements des étapiers et des munitionnaires.

1600. *M.* BÉGON, *intendant à la Rochelle*,
AU CONTRÔLEUR GÉNÉRAL.

23 Février 1697.

Les habitants des îles abonnées de Brouage, qui sont déchargés, depuis 1695, de toute imposition, n'ont pas été compris dans la répartition de l'ustensile et du fourrage que paye toute la généralité, soit pour le quartier d'hiver, soit pour les troupes cantonnées aux frontières du royaume; mais, lorsque les côtes sont menacées, le maréchal de France qui commande dans la province fait camper des dragons dans les îles, et, comme le fourrage coûte 12 et 13 sols, sur quoi le Roi ne donne que 5 sols, il est inévitable que les habitants, sous peine de subir des exécutions militaires qui leur coûteraient beaucoup plus, fournissent le surplus et remboursent les avances, sans rejeter cette charge, modique d'ailleurs, sur les autres élections, qui payent quatre fois davantage. Il n'y a là aucune atteinte aux priviléges des îles, puisque c'est un cas extraordinaire, et, dans toutes les occasions, on a soin de favoriser les habitants. Ainsi, ils viennent d'être exemptés de fournir des soldats de milice, en considération de la garde qu'ils font sur les côtes, et bien que l'arrêt rendu en 1695 n'en fasse point mention.

1601. *M.* NICOLAY,
premier président de la Chambre des comptes de Paris,
AU CONTRÔLEUR GÉNÉRAL.

26 Février 1697.

«M. le procureur général de la Chambre m'ayant appris que S. M. avoit ordonné à M. de Pomponne de faire remettre au Trésor des chartres les titres qui sont chez M. de Torcy, nous avons cru le devoir informer de la jurisdiction que la Chambre a eue de tout temps sur ce dépost; que M. le procureur général du Parlement, comme trésorier des chartres, y doit, en conséquence de ses lettres de provision et des lettres qui réunissent cet office à celuy de procureur général du Parlement, prester serment, sans quoy il ne peut exercer un office où il ne seroit pas reçu. Je luy présentay là-dessus un mémoire sommaire, dont vous voulez bien que j'aye l'honneur de vous envoyer autant, en attendant qu'on puisse vous en présenter de plus amples.....»

1602. *M.* DE VAUBOURG, *intendant à Nancy*,
AU CONTRÔLEUR GÉNÉRAL.

28 Février 1697.

Les accusations d'exactions, de violences, etc. portées contre le prévôt de Longwy par vingt-quatre communautés du gouvernement sont sans fondement. Ce magistrat s'est borné à suivre les ordres de M. de Barbezieux; mais le pays qui se plaint de lui est, depuis plus d'un an, dans un tel état d'excitation séditieuse et même de révolte, qu'il a fallu le punir en y logeant les troupes pendant l'hiver et en mettant en prison un député que les communautés avaient voulu envoyer à la cour.

1603. *M.* DE MIROMÉNIL, *intendant à Tours*,
AU CONTRÔLEUR GÉNÉRAL.

2 Mars 1697.

«On a autrefois donné en ces provinces des ordonnances pareilles à celle de M. Foucault, intendant à Caen, qu'il vous a plu nous envoyer, portant défenses de ne tuer les agneaux qu'après avoir produit une dépouille de layne en maturité; mais ç'a esté seulement dans des conjonctures de mortalité de bestiaux extraordinaires, et pour augmenter l'espèce, sur le point de manquer*.

«Cette année, nonobstant la rigueur de l'hiver, le nombre très-médiocre qu'il y a de moutons en Touraine, Anjou et Maine s'est bien conservé. Le pays estant peu propre à en élever, on y mange beaucoup d'agneaux, parce qu'ils ne viennent naturellement gras et sont fort petits. La layne y estant de mauvaise qualité et en médiocre quantité, ne sert qu'à faire des plus grosses serges; tout ce qui s'en met en œuvre pour la draperie est tiré de Beauce ou de Berry, pour quoy l'ordonnance, qui a esté très-sagement prononcée pour le bien du commerce d'une province, ne seroit d'aucune utilité dans celles où il faut faire venir des moutons de fort loin pour la consommation dans les grosses villes.»

* M. d'Ableiges, intendant à Poitiers, demanda, le 30 mars 1698, à renouveler cette prohibition dans son département.

1604. *M.* DE BÂVILLE, *intendant en Languedoc*,
AU CONTRÔLEUR GÉNÉRAL.

3 Mars et 3 Mai 1697.

Il envoie l'état des dettes vérifiées et liquidées pendant la dernière tenue des États, ainsi qu'un règlement dressé par les commissaires du Roi en vue de corriger certains abus dans ce travail de liquidation.

Sur les questions posées par le syndic général de la province, il est d'avis : 1° qu'il faut rendre aux commissaires le pouvoir exclusif de décider, en même temps qu'ils font la vérification, si les dettes doivent porter intérêts, et depuis quelle époque; 2° que, à l'égard des dettes rayées pour mauvais emploi, les créanciers ne puissent plus avoir recours contre les communautés, mais seulement contre ceux des habitants qui sont personnellement responsables pour avoir voté l'emprunt ou s'être obligés en garantie.

1605. *M. de Ribeyre,*
premier président de la Cour des aides d'Auvergne,
au Contrôleur général.

6 Mars 1697.

Le Conseil de ville de Clermont, convoqué par le maire en assemblée générale, a résolu qu'on solliciterait la suppression des droits d'entrée établis en 1691. Les observations présentées par quelques bourgeois ou par des membres de la Cour ont été écartées par une cabale, à la tête de laquelle sont les officiers du présidial.

«Les mesmes motifs qui obligèrent le Conseil à désapprouver de semblables entreprises subsistent aujourd'huy. Quelles raisons nouvelles pour vouloir renverser cet usage, où il y a de la nécessité et de l'utilité à le faire subsister?

«Cette nécessité paroist par l'égalité dans les contributions aux entrées, au lieu que, si on les supprime, on ne verra qu'injustice dans les rôles que l'on sera obligé de faire; chacun se plaindra inutilement de sa taxe, personne n'osant entreprendre d'en demander la réduction par comparaison de cotes, à cause de la haine et de l'animosité que cette pratique entraisne. Et l'utilité de ces droits d'entrée paroist, non-seulement en ce que les officiers, gentilshommes et privilégiés ne contribueront plus par les rôles aux 10,000 # de subsistance auxquelles ils contribuent par les entrées, mais encore en ce que les communautés, qui sont au nombre de vingt-deux et qui composent le tiers de la ville, sont asservies aux droits d'entrée, et que, si on les abolit, elles ne contribueront à aucune nature de deniers par capitation. Joint à cela que les échevins et collecteurs n'ayant presque jamais esté nommés que par brigue, l'imposition a toujours esté inégale, en sorte que plusieurs gentilshommes ou habitans qui avoient quitté la ville pour se retirer dans leurs terres ou maisons de campagne, sont revenus après l'établissement de ces droits.

«Si on est obligé de faire des rôles, qui seront de 30,000 #, on ne sauroit éviter 6 à 7,000 # de non-valeurs, qu'il faudra réimposer chacune année; car, de deux mille huit cents feux dont la ville est composée, il y en a plus de douze cents qui sont en cotes de non-valeur ou cotes de 5 sols; outre que la difficulté dans la levée de ce qui a esté imposé depuis l'établissement des entrées fait aysément comprendre l'impossibilité d'imposer encore 30,000 # portées par le bail des entrées, et combien le peuple seroit accablé.

«Que si les droits d'entrée n'ont point produit tout ce que l'on s'estoit proposé, cela vient d'une disette générale des vins arrivée depuis cinq ou six ans, et il y a lieu d'espérer que le bail pourra revenir sur le pied du premier par l'abondance.»

1606. *Les Trésoriers de France en la généralité*
de la Rochelle
au Contrôleur général.

9 Mars, 6, 16 et 27 Avril 1697.

Ils rendent compte des démarches qu'ils ont faites pour revendiquer les droits du Roi sur un trésor trouvé dans l'étendue de la seigneurie de Courcoury, où l'on croit que la justice appartient au domaine royal*.

* Suivant une lettre écrite le 6 avril, par le propriétaire du terrain, le Roi n'avait aucun droit sur ce lieu, et, aux termes du droit écrit, une moitié du trésor devait appartenir au possesseur, l'autre aux particuliers qui l'avaient découvert, mais rien au seigneur dominant de la terre. Le trésor, qui était enfoui dans une butte de terre, se composait d'ouvrages d'or antiques, qui avaient été aussitôt détournés et vendus clandestinement. Le Parlement de Bordeaux évoqua la procédure qui s'ensuivit, aux dépens des trésoriers. (Lettre des trésoriers, du 12 mai.)

Voir, au sujet d'un trésor de monnaies anciennes d'Espagne trouvé dans un faubourg de la ville de Lescar, diverses lettres de l'intendance de Béarn, du 4 au 8 avril 1698.

1607. *M. de Bouville, intendant à Orléans,*
au Contrôleur général.

16 Mars 1697.

«J'ay environ 100,000 #, que je prends la liberté de vous offrir d'employer en rentes sur la ville ou sur les postes, ou en telle autre chose qu'il vous plaira. Je voudrois pouvoir vous marquer plus essentiellement mon attachement et ma reconnoissance, en y employant tout mon bien, si je l'avois en argent. Ordonnez-moy donc, s'il vous plaist, où vous voulez que je fasse porter cette somme. Je vous supplie de vouloir bien ordonner qu'on expédie l'ordonnance des 6,000 # de pension que vous m'avez procurées, et de la vouloir faire assigner sur les receveurs généraux d'Orléans, afin que je puisse joindre ces 6,000 # avec le reste.»

1608. *Le Contrôleur général*
au sieur Barolet, inspecteur des manufactures à Tours.

17 Mars 1697.

Deux points principaux, dans ses rapports sur le commerce des soieries à Tours, méritent l'attention.

«Le premier est l'obligation dans laquelle sont les maistres ouvriers en soye de tirer de Lyon les soyes dont ils ont besoin; mais, sur ce chef, les plaintes qu'ils font ne sont pas aussy bien fondées qu'ils le pensent, car, sans parler des règlemens qui ont esté faits dans tous les temps sur cela, auxquels il ne conviendroit pas de toucher, c'est la voye la plus droite et la plus aysée qu'ils puissent prendre pour avoir des soyes du Levant, lesquelles viennent par mer à Marseille, et, de plus, ils peuvent tirer les soyes de Languedoc, Provence et Dauphiné, par Gannat et par Vichy, suivant un arrest de l'année 1687.....

«La deuxième chose qui mérite attention regarde la fabrique

et les largeurs des étoffes. Il est vray que, depuis quelques années, j'ay reçu beaucoup de plaintes des étoffes de cette manufacture et que la réputation qu'elle a eue autrefois est bien diminuée. Les négocians qui font commerce de ces étoffes dans les pays étrangers prétendent qu'ils n'y en envoyent plus autant qu'ils en envoyoient autrefois, et que les étrangers n'en veulent pas prendre, à cause du peu de largeur que les marchands ouvriers en soye donnent à leurs étoffes. Il est important que vous vous appliquiez à faire réformer peu à peu ces abus..... Vous vous comporterez, à cet égard, avec prudence et douceur, et ferez faire les changemens qu'il conviendra dans la fabrique desdites étoffes peu à peu, sans fatiguer les marchands ouvriers ni arrester en rien leur commerce. Vous me rendrez compte de temps en temps de ce que vous ferez à ce sujet et des soins que vous y donnerez, estant bien ayse d'en estre exactement informé*..... »

* Autres lettres, du même jour, à M. de Miroménil, intendant à Tours, et du 21 octobre, à l'intendant et à l'inspecteur.

Le 13 février précédent, le contrôleur général écrivait au même intendant et à M. d'Herbigny (Lyon) que les brocards d'or et d'argent et les soieries de la Hollande avaient seuls la vogue en Espagne, depuis que les fabricants français se relâchaient sur la largeur ou la qualité de leurs produits, et qu'on ne se préoccupait pas assez, dans les façons, de satisfaire le goût des Espagnols. Il les chargeait de faire une enquête sur ce point, avec le concours des principaux marchands et ouvriers.

Suivant une lettre du 27 octobre 1696, à M. de Miroménil, les fabricants donnaient pour prétexte que les marchands, qui achetaient les étoffes au poids, préféraient les plus légères, et que, pour assurer la force du tissu, on se trouvait obligé d'en diminuer la largeur.

Sur ce même sujet de la largeur des étoffes, pour les draps et les étamines destinés à faire des manteaux, voir une lettre du 25 janvier 1697, à M. de la Reynie, lieutenant général de police à Paris.

1609. *M. de Miroménil, intendant à Tours,*
au Contrôleur général.

17 Mars 1697.

Il explique que c'est au procureur du Roi du présidial, et non à celui de l'hôtel de ville, de fixer le prix de la viande que les administrateurs de l'hôpital général du Mans vendent aux malades pendant le carême, le fait étant du ressort de la police générale*.

* Voir une lettre écrite par le contrôleur général, le 25 février précédent, à M. de la Bourdonnaye, intendant à Rouen. Il y avait dans cette ville un boucher autorisé spécialement à vendre la viande pendant le carême.

1610. *M. de la Bourdonnaye, intendant à Rouen,*
au Contrôleur général.

17 Mars 1697.

« En vous renvoyant le placet de M. le marquis de la Lande, j'auray l'honneur de vous dire que les habitans de la paroisse de Saint-Saire n'ont taxé à 65 # les occupans de la ferme qu'il a dans cette paroisse, que parce que M. le marquis de la Lande, qui fait cette occupation par ses domestiques, en fait une autre depuis longtemps dans la paroisse de Barc, mesme élection, par laquelle il consomme son privilége. C'est ce qu'il n'a pas exposé dans son placet, et les règlemens portent qu'on doit, en ce cas-là, payer la taille de la seconde occupation. S'il avoit à se plaindre, ce devroit estre à l'élection et, par appel, à la Cour des aydes*. »

* Certains priviléges n'étaient valables que pour une exploitation de quatre charrues au plus, et, en cas d'excédant, les consuls pouvaient imposer, sauf à l'élection à juger la contestation. (Lettre de M. d'Ormesson, intendant en Auvergne, 9 juillet 1696; lettre de M. Bignon, intendant à Amiens, 10 mai 1699.)

1611. *Les sieurs Biox et Cie, raffineurs à la Rochelle,*
au Contrôleur général.

17 Mars 1697.

Le bureau des fermes refuse de délivrer des certificats pour faire sortir du royaume des sucres en pain raffinés à la Rochelle, et de restituer les 9 # par quintal, conformément à l'arrêt de 1684. Les commis prétendent que ces sucres viennent de prises faites sur l'ennemi et que l'arrêt doit s'appliquer exclusivement aux mascouades des colonies françaises. Cependant il est prouvé que plus d'une moitié des sucres en question sont de cette dernière provenance, et ce n'est là qu'une suite des difficultés que les fermiers renouvellent sans cesse dans l'exécution de l'arrêt.

« Au reste, nous vous supplions de remarquer que cette consommation que nous faisons des mascouades de prises n'est que passagère et que MM. les fermiers, qui ont toujours eu tant de répugnance à la restitution dont il s'agit, n'entendent pas eux-mesmes l'intérest des fermes, puisque, s'opposant à la consommation desdites mascouades dans le royaume, ils privent le Roy des droits d'entrée qui luy en reviennent, estant permis de les charger pour les pays étrangers sans en payer. D'ailleurs, il y a encore plus d'avantage pour les droits de S. M. de consommer des mascouades angloises que de celles de nos colonies, attendu que les premières payent 6 # par quintal, et les autres seulement 4 #, en sorte que, pour les convertir en sucre raffiné, il en faut deux quintaux et demy, qui payent 15 # de droits, pour en faire un quintal de raffiné, sur lequel on restitue 9 #; et, de celles de nos colonies, il en faut trois quintaux, estant moins bonnes, lesquels trois quintaux ne payent que 12 #. »

1612. *Le Contrôleur général*
aux Intendants.

18 Mars 1697.

« Le Roy a esté informé qu'il y a des personnes dans vostre généralité qui retardent de faire enregistrer leurs armoiries, dans la crainte d'estre un jour inquiétés pour les avoir portées d'une manière qui pourroit ne leur pas convenir. Faites entendre, je vous prie, dans toutes les occasions, que ceux qui auront fait enregistrer leurs armes, de quelques pièces qu'elles soient composées, n'ont aucune chose à craindre pour le passé ni pour l'avenir, et que la crainte ne doit estre au contraire que pour ceux qui n'auront pas fait faire cet enregistrement, parce que, si l'intention du Roy est jamais de faire rechercher ceux qui ont pris des armes sans titre, cette recherche ne tombera que sur ceux qui n'y auront point esté confirmés par l'enregistrement qu'ils en auront fait, en exécution de la déclaration, et que cette recherche, suivant les anciennes ordonnances, sera infiniment plus forte, par le payement des amendes portées par ces mesmes ordonnances contre ceux qui en auront pris sans la permission par le passé*.»

* Sur différents détails de l'exécution de cet édit, tels que : l'enregistrement des ornements extérieurs de l'écu; les poursuites contre les particuliers que leur nom seul faisait présumer «de condition à porter des armoiries,» ou contre les communautés d'arts et métiers; le droit des traitants à intervenir dans les levées de scellés et les confections d'inventaires, pour vérifier si la vaisselle ou les meubles étaient armoriés; la perception des taxes suivant la qualité et le titre du déclarant, etc., voir plusieurs lettres du contrôleur général : à M. de Bezons (Bordeaux) et à M. Bignon (Amiens), 28 janvier et 18 mars; à M. de Madrys (Flandre maritime), 16 septembre; à M. le Camus, lieutenant civil à Paris, 1er juillet; à M. Larcher (Champagne), 2 septembre, etc.; et la correspondance des intendants : M. Trobat (Roussillon), 6 novembre; M. de Nointel (Bretagne), 17 avril, etc.

1613. *M. d'Argenson, lieutenant général de police à Paris,* AU CONTRÔLEUR GÉNÉRAL.

24 Mars, 9 et 16 Juin 1697.

Malgré les arrêts qui sont tous précis sur le fait de la destruction des toiles peintes des Indes, les fermiers généraux en détiennent une grande quantité, qui proviennent de confiscations et qu'ils espèrent revendre à l'étranger. Outre les dangers que présente cette réexportation, il est nécessaire d'arrêter par un exemple d'éclat la mode qui semble revenir de ces sortes d'étoffes*.

«Ces messieurs affectent depuis quelque temps de cacher au sieur Savary toutes les marchandises que l'on saisit aux entrées. Le moyen dont ils se servent pour cela, c'est de les faire porter directement dans leur bureau, et vous jugerez aysément qu'il en peut arriver plusieurs inconvéniens, tant pour le débit des étoffes prohibées, que par rapport aux livres défendus. Il seroit facile de prévenir ces abus, s'il vous plaisoit d'ordonner que toutes les marchandises saisies seront déposées dans un magasin particulier, sous deux clefs, dont il y en auroit une entre les mains de MM. les fermiers généraux, et l'autre entre celles du sieur Savary, inspecteur. Cet usage est mesme établi dans les provinces, par un règlement général que MM. les fermiers ont sollicité; ainsy, ils ne pourront pas se plaindre, lorsque vous leur en prescrirez l'observation. Cet ordre est d'autant plus nécessaire, qu'ils paroissent vouloir prendre de nouvelles précautions pour oster aux inspecteurs la connoissance des marchandises qu'ils font saisir, et ce qui le fait juger ainsy, c'est que les commis des fermes qui avoient coustume de spécifier dans les acquits-à-caution toutes les marchandises confisquées, n'en expriment plus que le poids, sans en indiquer la qualité.....

«J'ose vous assurer par avance que ce sera un moyen pour empescher cet empressement si ordinaire et si suspect de faire venir à Paris les marchandises de contrebande qui s'arrestent sur la frontière, puisqu'on a tout sujet de croire que le véritable motif de ce transport n'est autre que d'éviter les magasins des provinces, dont MM. les fermiers généraux ne sont pas les maistres, au lieu qu'estant confondues dans les magasins de la douane de cette ville, dont ils disposent à leur gré, ils sont plus libres d'en faciliter les versemens et la consommation**.»

* Conformément aux ordres réitérés et sévères du contrôleur général, toutes les toiles peintes, tant celles qui étaient à l'entrepôt des fermes, que celles qu'on avait saisies chez les marchands, furent brûlées en place publique, alors même que les détenteurs prétendaient, sans preuves suffisantes, mais avec quelque vraisemblance, les tenir de la Compagnie des Indes. (Lettres du 23 juin et du 7 juillet.) Une mercière fut condamnée à 3,000 # d'amende, pour avoir vendu dix-sept pièces de toile après la perquisition des commissaires; mais, comme elle offrit de représenter ces mêmes pièces et de les livrer, M. d'Argenson sollicita pour elle, par extraordinaire, la décharge de l'amende. (Lettre du 4 août.) Voir, sur d'autres condamnations, une lettre de M. d'Argenson, accompagnée de pièces, du 10 février 1698.

** La proposition fut approuvée par le contrôleur général, qui en donna avis aux fermiers, sans recourir à un arrêt.

1614. *M. de Miroménil, intendant à Tours,* AU CONTRÔLEUR GÉNÉRAL.

26 et 27 Mars, 7 et 18 Avril 1697.

Deux banquiers de Tours se sont enfuis en faisant banqueroute. Beaucoup de marchands de soie, dont le commerce était déjà fort réduit, sont compromis, et une partie des ouvriers à façon se trouvent sans ouvrage*.

Les intéressés ou employés aux affaires du Roi qui avaient leur argent chez ces banquiers prétendent invoquer un privilége; mais on ne peut que veiller à ce que les fonds envoyés auxdits banquiers pour les remettre aux receveurs généraux ou aux traitants ne soient point confondus avec les effets saisis par les créanciers.

L'un des banqueroutiers, qui s'était retiré à l'abbaye de Saint-Mahé, près Brest, et contre lequel les créanciers avaient envoyé la maréchaussée, a été saisi conformément aux ordres du Roi, par les soins de M. l'intendant de la marine.

* Suivant une lettre du 30 mai, cinq cents familles se trouvèrent sans travail ni moyens de subsistance, et M. de Miroménil dut remontrer aux patrons qu'il était urgent non-seulement de soulager les ouvriers par des charités, mais de les employer de façon ou d'autre. La communauté des maîtres marchands et ouvriers en draps d'or, d'argent et de soie s'assembla, par les soins de l'intendant, et prit la délibération suivante : «.....Lesdits sieurs comparans ont dit qu'ils estiment d'engager les marchands maistres dudit estat qui ont congédié leurs ouvriers depuis le mois de janvier dernier de contribuer à leur

subsistance et à celle de leurs familles pour une moitié, espérant que le public voudra bien contribuer pour l'autre moitié ou les employer à quelques ouvrages publics; et, pour engager les autres marchands maistres dudit estat de retenir les ouvriers qu'ils ont encore, qu'ils ne contribueront point à l'autre moitié de la nourriture desdits ouvriers pendant qu'ils n'en mettront aucun dehors, ce qui n'aura lieu qu'à l'égard de ceux qui n'en ont point encore congédié; que ladite contribution se doit faire à raison de 4 sols par jour pour chacun maistre compagnon travaillant à façon, dont il sera payé moitié par lesdits maistres qui les ont congédiés et l'autre moitié par le public. Ne seront compris dans ladite contribution les ouvriers contre lesquels les maistres ont eu de justes sujets de donner congé.....» (Lettre du 12 juin.) — Quant à la manière d'exciter la charité publique, le contrôleur général ordonna d'employer toutes les voies, sauf un arrêt.

1615. *M. le Vayer, intendant à Moulins,*
au Contrôleur général.

2 Avril 1697.

Le fermier du bac de Moulins a souffert une perte considérable dans la perception des droits de péage, par suite de la très-grande sécheresse, puis de la gelée, qui ont rendu la rivière guéable pendant plus de la moitié de l'année; cela est constaté par procès-verbal des trésoriers de France, et, bien que le bail porte en termes exprès que l'adjudicataire ne pourra, pour quelque raison que ce soit, réclamer aucune diminution, il serait juste, vu les circonstances extraordinaires, de lui remettre trois mois de son fermage.

«Les maire et échevins ont paru fort échauffés pour s'opposer à cette diminution....; mais je suis obligé de vous marquer que la cause de leur grand zèle vient aussy en partie de ce que l'adjudicataire ne leur a point donné le *sucre* qu'ils ont prétendu leur estre dû pour l'adjudication de ce bail, sur ce qu'ayant appris que ce prétendu droit montoit à plus de 400 ᵗᵗ d'argent, je luy fis défense, lors de l'adjudication, d'en payer aucun..... Il est d'usage dans les fermes du Roy que, quand les fermiers souffrent des pertes excessives et qu'on ne prévoit pas ordinairement, on leur accorde quelques diminutions; mais c'est une pure grâce, qui dépend uniquement de S. M., et c'est pourquoy je n'ay point voulu écouter ledit adjudicataire et j'ay cru qu'il devoit tenir de vous celle de la diminution qu'il demande. Il est, d'ailleurs, si pauvre, que, quand on le traiteroit à la rigueur, et ses cautions, on auroit assez de peine à le faire payer, s'il n'est aydé *.»

* «Néant.»

1616. *M. de Bagnols, intendant en Flandre,*
au Contrôleur général.

11 Avril 1697.

«Les fripiers de mon département présentèrent, il y a trois ou quatre ans, un placet au Roy, et demandèrent à S. M. la permission de faire des habits neufs, ainsy que les tailleurs; ce placet me fut renvoyé par M. de Barbezieux, pour avoir mon avis; il fut conforme à la prétention desdits fripiers, et néanmoins la réponse fut que le Roy n'avoit pas jugé à propos d'accorder cette permission. J'avois cru, ainsy que je crois encore, qu'on pouvoit avec justice leur donner cette liberté dans les villes où les tailleurs ne sont point en corps de métier, mais qu'il n'estoit pas raisonnable de permettre aux fripiers de faire des habits neufs dans celles où les tailleurs composent un *style*, ou corps de métier.

«Je vous rends compte de ce qui s'est passé dans cette affaire, pour satisfaire à l'ordre que Mme la duchesse de Humières m'a donné de vostre part.»

1617. *M. d'Ableiges, intendant à Poitiers,*
au Contrôleur général.

15 Avril 1697.

Il a taxé d'office à 1,000 ᵗᵗ, sur le rôle de l'ustensile, un riche bourgeois de Poitiers, pour le forcer à prendre des lettres de noblesse. Le bourgeois forme opposition au rôle et assigne par-devant le Conseil les maire et échevins de la ville, quoiqu'ils ne soient pas compétents pour soutenir une taxe d'office faite par l'intendant. Le contrôleur général est prié de pourvoir à ce qu'on ne prononce point de défaut contre les défendeurs.

1618. *M. Sanson, intendant à Montauban,*
au Contrôleur général.

17 Avril 1697.

Rapport sur le droit de visite dû par les communautés aux inspecteurs des milices.

1619. *M. de Sourdis, commandant en Guyenne,*
au Contrôleur général.

7 Mai 1697.

«Je viens d'apprendre par le syndic du pays de Labour qu'il est arrivé une petite émeute à deux villages près de Bayonne, et cela par un malentendu, et non par aucun esprit de rébellion, et essentiellement je ne crois pas que l'on ayt dû pousser le chastiment à cette extrémité que de pendre un vieillard par les pieds, après avoir esté tué par les soldats, et encore moins, de faire pendre un homme vif, qui n'estoit pas en assez grosse troupe, et mesme ils fuyoient à la vue des soldats. Le valet d'un ingénieur de Bayonne, qui ferme témérairement la porte d'une église en jour de feste, et un garde de M. le duc de Gramont pris de vin en sont la cause, ce qui ne peut regarder le service du Roy et me fait croire que M. de Gibaudière a esté un peu vite en besogne. C'est un pays de frontière, qui ne se conserve pas fidèle au Roy par la rigueur, outre qu'il me semble que M. de Gibaudière, simple lieutenant de Roy, pouvoit me donner avis de ce cas, et le devoit mesme par un courrier, et, cependant, arrester quelques-uns des attroupés, pour estre jugés dans les formes.....

«Depuis ma lettre écrite, il me vient une pensée plus juste que la première peut-estre : ce que le sieur de Gibaudière a fait estant irréparable, une censure publique de sa conduite pourroit produire de mauvais effets; les Basques sont hardis et entreprenans, et ils prendroient cela pour un préjugé qu'ils ont raison en tout; et ainsy, je crois que la politique doit l'emporter cette fois sur la justice, et néanmoins luy faire connoistre qu'il s'est un peu oublié dans cette occasion *.»

* Le contrôleur général écrit à la marge de cette lettre : «Luy répondre qu'en cas pareil l'ordre seroit trop long à venir, et que cela ne diminue rien de la subordination.»

Voir les rapports envoyés, le 4, le 5 et le 7, par les officiers du bailliage de Labour, le syndic général du pays, M. de Gibaudière, lieutenant de Roi à Bayonne, et M. de Bezons. Le soulèvement avait été provoqué par l'édit relatif à l'enregistrement des armoiries, que les peuples du pays de Labour et leurs voisins de basse Navarre prenaient pour une gabelle. M. de Bezons, qui approuvait la conduite du lieutenant de Roi, fut chargé de juger, avec des gradués, quelques séditieux mis en prison, mais ceux des habitants qui s'étaient enfuis furent invités à rentrer dans leurs villages.

Sur les faits qui s'étaient passés dans la basse Navarre, voir le rapport de M. Pinon, à la date du 4 mai. Les paysans s'étaient d'abord ameutés contre le commis des droits de jaugeage.

1620. *M. Trobat, intendant en Roussillon,*
au Contrôleur général.

10 Mai 1697.

Il envoie un mémoire sur les moyens de rétablir le commerce entre le Roussillon et la Catalogne.

1621. *Le sieur Germain, intéressé aux fermes, à la Rochelle,*
au Contrôleur général.

18 Mai 1697.

«La Compagnie m'a envoyé vostre réponse du 17 avril au mémoire qu'elle a eu l'honneur de vous présenter pour le payement des droits de fret aux vaisseaux suédois et danois qui chargeront du sel. Elle prétend qu'un vaisseau en déclaration à la Rochelle, qui y décharge, doit les 50 sols; que ce vaisseau allant charger du sel à Brouage ou en l'isle de Ré, doit encore y payer, ou consigner les droits de fret, prétendant que ce sont deux voyages et que, aux termes de l'article 4 de la déclaration du fret, les droits de 50 sols sont dus pour autant de voyages de port en port, mesme au dedans du royaume.

«Je dois vous observer qu'il est d'usage, depuis l'établissement des droits de fret, de ne faire payer qu'un seul droit aux maistres des vaisseaux qui déchargent à la Rochelle et vont charger à Marans, Charente, isle de Ré et Brouage, tous ces ports n'estant regardés que pour un seul. Il n'en est pas de mesme pour les vaisseaux qui, ayant déchargé, vont charger à Bordeaux, estant une autre province. Je n'ay pas cru devoir faire aucun changement à un usage établi sans avoir l'honneur de vos ordres plus précis, devant vous observer que la Rochelle n'est un port de chargement pour les vaisseaux étrangers.»

1622. *M. Pinon, intendant en Béarn,*
au Contrôleur général.

18 Mai 1697.

Il propose de confirmer par un arrêt du Conseil un règlement déjà ancien des États de Béarn, qui défend à tous membres de cette assemblée de faire aucune brigue pour y obtenir des charges ou des commissions, à peine de perdre le droit d'entrée.

L'un des barons a entrepris de faire destituer le trésorier; déjà, en 1695, une pareille cabale s'était formée pour chasser les syndics, parce qu'ils avaient travaillé aux rôles de la capitation. Il serait juste au moins, lorsqu'il s'agit de destitution, que l'affaire et les motifs fussent portés à la connaissance du Roi, soit par le gouverneur ou le président des États, soit par l'intendant.

1623. *M. de Séraucourt, intendant en Berry,*
au Contrôleur général.

22 Mai, 9 Juillet, 4, 10, 14 et 24 Octobre 1697.

Rapports sur l'état des élections d'Issoudun, de Châteauroux, du Blanc et de la Châtre.

«J'ay eu l'honneur de vous rendre compte très-souvent de ce qui s'est fait à Issoudun au sujet des arts et métiers. Vous savez que, la première diminution déduite, ils ont dû payer la somme de 11,507 #; que, les garnisons des huissiers ni les saisies des meubles et marchandises n'ayant presque rien produit, il y fut envoyé, au mois de mars 1696, une compagnie de cavalerie, dont les cavaliers furent mis en garnison chez les redevables; qu'il a encore esté envoyé d'autres cavaliers en garnison chez eux, au mois de mars dernier, et que l'on a fait tout ce qui paroissoit possible pour tirer cette somme. Cependant, on n'en a tiré que 8,229 #, et, pour la faire sortir, on a fait pour 5,170 # de frais, en sorte qu'il est encore dû, tant en frais que principal, la somme de 8,448 #.

«Mon intention estoit de leur faire une forte diminution, sur les 30,000 # que vous avez accordées; mais il ne m'a pas esté possible d'entrer en conférence avec les marchands. Ils m'ont seulement fait représenter que tous ceux qui avoient eu des marchandises ou des meubles avoient payé leurs taxes sans aucune diminution; que ce qui restoit à payer estoit dû par des gens qui n'avoient rien et dont les cavaliers ni les huissiers n'avoient pu rien tirer; qu'ils me conjuroient de décharger ceux qui avoient payé leur taxe, et qu'ils ne venoient point à mon ordre parce qu'ils estoient tous hors de la ville, sous différens prétextes. Pour les faire avancer, j'ay ordonné qu'on saisiroit les marchandises et effets de quatre marchands des plus considérables, non pas que je croye que vostre intention soit que je leur fisse payer le tout, mais pour obliger les autres à venir à composition, et l'on m'a assuré qu'ils viendroient me trouver, aussitost mon retour à Bourges.....

«J'ay trouvé dans les prisons deux syndics ou collecteurs des deniers de la capitation, qui les ont mangés et qui en conviennent. Je ne doute pas que vostre intention ne soit de les faire punir; mais, les élus n'estant point compétens pour connoistre de cette affaire, je crois qu'il faudroit un arrest général pour leur en attribuer la jurisdiction, ou pour la donner aux intendans.

«J'en ay trouvé quatre autres accusés de la mesme dissipation des deniers de la taille et de la gabelle. Il est de la dernière conséquence d'en faire des exemples, mais les officiers m'ont fait deux difficultés : la première, sur la peine à laquelle ils doivent condamner les accusés, n'y ayant point de règlement qui la détermine, et la seconde, sur les frais du transport des prisonniers, en cas qu'ils soient condamnés à peine afflictive et qu'ils interjettent appel à la Cour des aydes.....

«Je dois vous dire que les receveurs généraux, étonnés des sommes considérables qui sont dues dans l'élection du Blanc, firent vérifier, il y a sept ou huit mois, dans chaque paroisse, par gens qu'ils envoyèrent exprès, les estats de recette et restes que les receveurs particuliers leur avoient donnés. Je les chargeay de vérifier, en mesme temps, ceux qu'ils m'avoient donnés sur la capitation, et ils se trouvèrent sincères, ce qui suffit pour faire voir qu'il y a au moins de la bonne foy dans leur conduite et que les deniers du Roy sont en sûreté. Mais je ne puis vous dissimuler que ces gens, après avoir visité toutes les paroisses de cette élection, me parurent étonnés de la misère qu'ils avoient trouvée dans la plus grande partie, surtout dans celles qui sont du costé du Limousin.»

1624. *M. Ferrand, intendant en Bourgogne,*
au Contrôleur général.

23 Mai 1697.

Il réfute les mémoires envoyés par le sieur Parra, lieutenant de l'élection de Belley, et ses deux frères, au sujet de l'administration financière des pays de Bresse, Bugey et Gex.

«En premier lieu, Parra se plaint que l'on fait de grandes levées de deniers, des impositions obliques et arbitraires, sans aucune forme, et dont on ne rend aucun compte; que les syndics et Conseils du pays font pareillement des impositions, et que, pour favoriser ces levées, on y intéresse par des présens, qu'on appelle *gratifications*, les gouverneurs, intendans et autres personnes qui y ont quelque autorité; que ces gratifications montent à 205,000# par an, dans le temps que le Roy ne retire de ces provinces que 177,000#; enfin, que ces grandes levées empeschent que la taille ne soit payée.

«En second lieu, Parra remarque que les syndics et Conseils de Bresse, Bugey et Gex jouissent de gros gages et sont exempts de tailles et autres subsides par leurs employs.»

Ces faits sont tous inexacts.

Aucune imposition ne se fait qu'en vertu d'une permission du Roi, adressée à l'intendant, aux trésoriers de France et aux élus, et enregistrée à l'élection. Tous les deniers sont recouvrés par les receveurs de tailles, qui en rendent compte à la Chambre, de même que les syndics généraux rendent compte des deniers négociaux imposés tous les trois ans pour les affaires qui sont de leur ressort. Quand les Conseils de province jugent une dépense nécessaire, ils n'en font que la proposition, qui doit être autorisée par une commission particulière du Roi ou par des lettres d'assiette, et ces impositions passent aussi par l'élection.

Les gratifications proprement dites ne montent qu'à 100,050# pour une période de trois ans, mais on joint à cette somme le montant de quelques autres charges, dont le détail est connu et vérifié. D'autre part, au chiffre de 177,000#, représentant le compte du Roi, il convient d'ajouter le montant de la subsistance et de l'exemption des troupes, qui est de 130,000#, et celui des étapes, qui est de 120,000# par an, à la charge du pays.

Enfin, les gages des syndics ne dépassent jamais 500#, pour la triennalité; la seule exemption dont ils jouissent par le fait de leur charge est celle du logement effectif; eux et les conseillers payent la taille, s'ils n'ont d'ailleurs aucun privilége spécial.

Outre ces inexactitudes, les auteurs de ces mémoires ont le tort grave d'en avoir fait connaître le contenu au public; d'avoir répandu le bruit qu'on ferait «rendre gorge» aux syndics, pour raison de leurs «pillages» passés et présents; d'avoir tenté de former une confédération séditieuse entre les élus et les maires du Bugey; d'avoir donné à croire aux peuples qu'ils feraient diminuer les tailles, supprimer les gratifications et le Conseil de la province; de traiter irrespectueusement l'autorité supérieure de M. le Prince, etc.

«Ce n'est point l'intérest des élections qui les a fait agir; vous le venez de connoistre par le mauvais succès d'un procès qu'ils ont entrepris trop légèrement contre les trois ordres; ils n'ont eu d'autres vues que d'attaquer le bon ordre qui s'observe dans l'administration des affaires et décrier le gouvernement. Et, mesme encore à présent, quoyque cette mauvaise réussite eust dû mettre ces gens dans leur devoir, on peut dire qu'ils en sont encore plus hauts, et que rien n'est capable de modérer l'opposition qu'ils ont perpétuellement fait paroistre contre les personnes les plus élevées, les plus remplies d'honneur et les plus attachées au bien de la province..... Vous me permettrez de vous dire, par la connoissance que j'ay de leur conduite depuis trois ans, qu'il ne faut point espérer de repos dans ces deux provinces, tant que les deux frères resteront dans les charges qu'ils occupent*.»

* Le sieur Parra et ses deux frères, l'un, doyen de l'église cathédrale de Belley, l'autre, lieutenant criminel en la maréchaussée de Bugey, furent appelés à Paris pour rendre compte de leur conduite, et retenus

pendant plusieurs mois à la suite du Conseil. Voir leur placet, classé à la fin de l'année 1698.

1625. *M. Larcher, intendant en Champagne, au Contrôleur général.*

30 Mai 1697.

« Depuis cinq ans et demy que j'ay l'honneur de servir dans la généralité de Champagne, j'y ay vu tous les ans augmenter la misère, et cependant je n'ay pas encore pris la liberté de vous proposer d'en modérer la taille, parce qu'elle m'a toujours paru pouvoir y estre payée; mais il n'en est pas de mesme cette année-cy, où cette généralité se trouve réduite dans un estat beaucoup plus fascheux qu'elle n'a esté les précédentes, par plusieurs accidens, qui sont : que les souris y ont d'abord tellement rongé les grains semés, qu'en plusieurs places il n'est presque rien resté du tout; que l'excessive sécheresse, dans un pays qui est déjà si sec de luy-mesme, y a fait ensuite périr la plupart des seigles, qui est la plus considérable de toutes ses récoltes et dont, en plusieurs endroits, il n'y aura pas la vingtième partie de l'ordinaire; qu'il y est survenu depuis peu de jours des gresles, qui ont, en différens cantons, fait encore de nouveaux désordres dans les grains; et qu'enfin les vignes, dont on a si peu tiré depuis trois ans, ne promettent rien de mieux cette année, par le peu de raisins qu'elles jettent*..... »

* En marge : « Considération. » — Le mois suivant, tous les environs de Troyes furent ravagés par une inondation, et la perte monta à plusieurs millions. Les échevins de la ville obtinrent une réduction des impositions et eurent la faculté d'emprunter pour faire les travaux nécessaires, ou d'y affecter une partie des sommes destinées aux créanciers. (Lettres des échevins, 26 juin, 5 et 7 juillet, 22 octobre; lettre de M. Larcher, 9 novembre.)

Dans la généralité de Paris, la plupart des élections furent également ravagées par la grêle, et, plus tard, le débordement de presque toutes les rivières, principalement de celles du Morvand, qui emportèrent plus de cent mille cordes de bois, de l'Armançon, de l'Yonne, et enfin, de la Seine, acheva de ruiner le pays. (Lettre de M. Phélypeaux, intendant à Paris, 2 juillet.)

1626. *Le sieur Obrecht, subdélégué à Strasbourg, au Contrôleur général.*

3 et 11 Juin 1697.

Il envoie le texte des délibérations de la diète de Ratisbonne au sujet des négociations entamées entre le Roi et l'empereur d'Allemagne, et il signale les tentatives que font les princes protestants pour empêcher la conclusion de la paix.

« Il y a déjà quelque temps que j'ay reçu avis de Vienne que le Conseil des finances de l'Empereur travailloit à un moyen de trouver de l'argent qui ne seroit point à charge au peuple, et dont on pourroit néanmoins tirer un secours très-puissant pour les frais de cette campagne; mais je n'en ay pas voulu faire part à Vostre Grandeur avant que d'avoir l'édit mesme, que l'on me mandoit estre sur le bureau. Je viens de le recevoir par l'ordinaire d'hier, conçu dans les termes que Vostre Grandeur verra par la version cy-jointe. La publication en a esté retardée pendant quinze jours, parce qu'on avoit fait naistre à l'Empereur le scrupule qu'il pourroit faire tort au commerce et aux manufactures, en diminuant le débit des marchandises qui y sont défendues; mais ceux qui en ont fait la proposition ont levé cette difficulté, en représentant que, bien loin de diminuer le débit, il le feroit augmenter, par la liberté qu'il donnoit de porter or et argent à une infinité de personnes à qui cela estoit défendu par les règlemens de police, et que la somme pour laquelle elles se rachèteroient estant si modique, personne ne s'y aheurteroit pour se défaire de ses parures et ajustemens accoustumés*.

« On m'a donné avis, en mesme temps, que la *taxe des facultés*, qui a esté subrogée à la capitation, est d'une ressource beaucoup plus grande, et sujette à moins de plaintes et d'oppositions, ce qu'il ne faut pas trouver étrange dans un Estat où les charges ne sont point financées, et par conséquent ne font pas partie du patrimoine.

« On ajoute que l'imposition qui a esté établie dans les mesmes pays héréditaires de l'Empereur, il y a quelques années, sur chaque jeu de cartes qui s'y débite, continue de se lever avec un applaudissement général du peuple, et est d'un produit très-considérable. »

* L'édit somptuaire, dont copie est jointe à cette lettre, défendait à tous sujets du royaume et des pays héréditaires, pendant un an, de porter aucun habillement ou effet d'or et d'argent, à moins de payer à l'extraordinaire des guerres la somme de 10 florins. Le port des dentelles était également taxé de 45 creutzers à 6 florins, suivant la condition sociale du porteur.

1627. *M. Lebret, intendant en Provence, au Contrôleur général.*

7 Juin 1697.

« Le plan et verbal que je prends la liberté de joindre à cette lettre..... font connoistre qu'avec une dépense de 6,000^{tt} ou environ, on pourroit relever quatre étangs abandonnés des salins d'Hyères, qui produiroient tous les ans environ soixante mille minots d'augmentation. Ce ne seroit, à la vérité, que du sel gris, mais on pourroit le donner aux Génois, qui s'en accommoderoient fort bien, à ce que prétend le directeur des gabelles de cette province, qui a promis à l'agent que M. Derion luy a envoyé depuis quelques jours de luy fournir incessamment quinze mille minots de sel, dont il s'est contenté, n'en ayant pas besoin présentement d'une plus grande quantité*. »

* Voir, sur les salins et sur la fourniture annuelle que les fermiers des gabelles délivraient à la république de Gênes, les lettres du sieur Derion, 5 et 19 juin, 18 septembre 1696; celles de M. Lebret, 15 avril, 23 mai et 20 juin 1697, 23 mai et 2 juin 1698.

Sur les salins de Peccais, et sur la qualité, le prix, l'abondance et le débit de leurs produits, qu'on prétendait être préférables aux sels de Provence, voir les mémoires envoyés par M. de Bâville, intendant en Languedoc, et par le syndic des propriétaires, 5 et 12 novembre 1697.

1628. *M. de la Houssaye, intendant à Soissons, au Contrôleur général.*

9, 11, 12 et 13 Juin 1697.

Des désordres ont eu lieu à Noyon, la Fère, Marle et Chauny, et la populace soulevée a voulu s'opposer à l'enlèvement des blés qui avaient été achetés sous prétexte d'approvisionner les magasins de l'armée. Il est à peu près avéré que les blatiers n'agissaient point pour le compte des munitionnaires, mais plutôt en vue de faire passer les blés dans le pays ennemi. Un commis de ces mêmes munitionnaires s'étant plaint en leur nom et ayant obtenu qu'on défendît à tous les particuliers, comme cela avait été fait en Picardie, d'opérer aucun achat jusqu'au 15 juillet, en dehors de l'approvisionnement de chaque maison, c'est la publication indue de cette ordonnance qui a fait éclater la sédition, joint à cela que les habitants ne veulent plus détailler leurs grains au même prix qu'ils les vendent en gros aux voituriers.

Les événements ont été plus graves à Chauny que dans les autres villes, où le peuple s'est soumis promptement aux avis et aux ordonnances de l'intendant. A Chauny, les officiers de ville, avertis que la populace se proposait de prendre les armes pour chasser les blatiers et les maltraiter, avaient rendu une ordonnance pour défendre les attroupements et les voies de fait; mais ils ont été, le lendemain, en pleine séance, insultés et frappés par une cinquantaine d'artisans ou de bateliers, et la populace s'est ensuite soulevée pour faire relâcher deux des principaux coupables, qui avaient été conduits en prison.

«Je partirois sur-le-champ pour me rendre à Chauny, si je ne jugeois dès à présent qu'il y a lieu de condamner à la mort ceux qui ont trempé dans cette action; ce que je crois ne devoir pas faire sans avoir un arrest qui me commette pour juger en dernier ressort. Je sais que, dans de pareilles occasions, on peut faire pendre sur-le-champ ceux dont on se saisit; mais, quand il y a eu de l'intervalle, je doute que l'on puisse se dispenser des formalités de justice. C'est pourquoy je prends la liberté de vous envoyer un projet d'arrest que je crois que le Roy trouvera bon de faire rendre, lorsque S. M. sera informée de ce dont il s'agit. Je le propose général, afin de pouvoir m'en servir dans tous les endroits où je me transporteray, et où j'employeray toute l'activité possible pour punir promptement ces scélérats qui troublent d'une manière si outrée la joye que tout le monde ressent de l'heureux succès des armes de S. M. . . . . Comme il est bon néanmoins que je sois soutenu par la force contre cette populace mutinée, j'ay mandé, sous vostre bon plaisir, les mareschaussées de Crespy et de Laon, pour se joindre demain à celles de Soissons*. . . . .

«Il me reste à vous expliquer les observations que je crois importantes à faire sur les achats de blé, concernant les munitionnaires généraux.

«Je commenceray par la ville de Guise. Les munitionnaires y ont un commis chargé de l'achat de six mille sacs de blé, du poids de deux cents livres; il en avoit hier déjà quatre mille en magasin ou en route; je luy en fis trouver, en un quart d'heure, sept cents, par la rétrocession d'un marché qui me paroissoit suspect; ce marché suspect est ce qu'il faut vous expliquer. La ville de Guise est située de manière et tellement à portée de Namur pour des versemens de blé, par des défilés au travers des bois, qu'elle mérite une attention particulière. Voicy comment ce commerce se peut faire : des voituriers, ou *blatiers*, c'est le nom qu'on leur donne, viennent à Guise, sous le prétexte d'acheter du blé pour la subsistance des villages plus avancés et qui sont au delà des bureaux de sortie; lorsqu'ils ont fait leurs achats, ils se présentent aux bureaux pour prendre des acquits, qu'ils font décharger ensuite, ainsy qu'il est des règles, par les mayeurs ou syndics des villages régnicoles où ils portent leur blé. Quand ces blés sont ainsy déchargés, rien n'est si aysé que de faire le versement à l'étranger par d'autres voituriers attitrés, qui marchent pendant la nuit. Quelques-uns mesme de ces blatiers se présentent comme venant acheter pour le Cateau, pour Landrecies, pour Maubeuge, et il est très-dangereux qu'en chemin ils ne se détournent pour faire leurs versemens dans le pays ennemi, avec un profit considérable. Les gardes ne peuvent marcher de ce costé, qui est trop exposé aux courses des partis ennemis. Il y a bien des postes établis de distance en distance, avec des corps de garde de paysans, pour la sûreté de cette frontière; mais le passage est aysé dans les intervalles. Ainsy, il n'y a presque pas de remède à apporter, qu'en observant de près ceux qui viennent faire en deçà des achats, et voir si effectivement ils chargent, comme ils le disent, pour la subsistance des villages régnicoles qui sont au delà des bureaux de sortie, où ils méditent une contrebande. C'est sur quoy j'ay donné des instructions à mon subdélégué dans ladite ville de Guise, qui les exécute avec beaucoup de discernement et de prudence, et il s'est servi très-utilement à ce sujet de mon ordonnance du 3 de ce mois, portant défense de faire des achats et magasins préjudiciables au service de S. M., dans l'étendue de l'élection de Guise comme dans celle de Noyon, en vertu de laquelle il a empesché plusieurs blatiers, qui paroissoient suspects, d'acheter et de transporter des blés.

«Je dois ajouter que le mouvement qui se fait pour les achats des vivres a réveillé ces sortes de petits marchands, qui ont cru apparemment mieux couvrir leur marché à l'occasion des voitures pour les armées du Roy, dont les chemins sont remplis. Ces achats de blé précipités ont alarmé non-seulement les villes de Noyon et de Guise, mais encore celles de Ham, de la Fère et de Marle, où mon ordonnance portant des défenses de faire des magasins de blé préjudiciables au service du Roy n'a point esté portée. . . . .

«Tous ces mouvemens ne laissent pas d'estre délicats, tant par rapport à l'inquiétude du peuple sur sa subsistance, que par rapport au versement des blés dans le pays ennemi. Il s'agit de démesler les achats nécessaires d'avec ceux qui peuvent avoir la contrebande pour objet, ce qui n'est pas aysé, d'autant plus que les voituriers vont le mesme chemin, jusques à ce qu'on les perde de vue, et que les commis qui employent ceux qui achètent et voiturent pour les vivres de l'armée ne sont pas assez concertés entre eux pour qu'on puisse s'assurer de ne s'y pas méprendre. Ils se détruisent mesme les uns les autres, jusques à ce qu'ils se soient reconnus comme agissant pour une affaire commune.....

«Ce qui est constant, c'est que l'on ne manque point de blé; qu'il y en a partout avec abondance, quoyqu'on en ayt enlevé de grosses quantités, soit lors des premiers achats faits pendant l'hiver pour les magasins du Roy, soit par ceux que l'on fait présentement, tant au nom des commis estant dans la généralité qu'au nom de ceux établis dans les villes de Picardie et de Flandres plus avancées, qui tirent du blé de tous costés, tant qu'ils peuvent. La récolte prochaine promet tout ce qu'on en peut attendre**.....»

* Les prisonniers furent menés à Soissons, où M. de la Houssaye les jugea avec le présidial. En considération de ce que cette sédition avait eu pour origine la crainte d'un commerce prohibé, un seul des accusés fut condamné à neuf ans de bannissement, un autre à trois ans, et le reste au simple blâme. La légèreté des peines fut réprouvée par le contrôleur général, qui avait demandé un jugement plus sévère. (Lettres de l'intendant, des 15, 16 et 29 juin, et du 13 août.)

** Le 29 juin, M. de la Houssaye annonce que la continuation des achats pour l'armée a produit une hausse considérable, mais que les greniers se sont trouvés heureusement remplis et que la récolte continue à être très-belle.

1629. *M. Bignon, intendant à Amiens,*
AU CONTRÔLEUR GÉNÉRAL.

12 et 15 Juin 1697.

«..... Tout ce qui regarde le prix du blé, le cours des marchés et des transports, est si essentiel et si capital, que je le regarde comme le premier objet de vigilance; c'est un point de vue dont je ne me sépare point. Mes relations sont établies pour estre averti de tout ce qui se passe. Vous savez que les munitionnaires ont eu ordre, au commencement de la campagne, d'une augmentation de soixante mille sacs de blé de deux cents livres, poids de marc; la consommation actuelle des troupes du Roy qui sont sur la frontière va à deux mille sacs par jour; les marchands, attirés par l'attrait du gain, achètent aussy de leur costé. Ainsy, il y a, depuis trois semaines, des enlèvemens de blé considérables dans mon département, principalement dans la Picardie, parce qu'on a puisé d'abord dans l'Artois. Le prix du blé est augmenté presque de moitié et a fort alarmé les habitans. Ce n'est pas seulement à Péronne que le bruit s'est répandu parmy le peuple qu'on en faisoit passer à l'étranger; ces discours ont esté semés à Amiens, à Abbeville et jusques à Calais; il a fallu prendre des mesures convenables pour les faire finir et prévenir de petits attroupemens qui commençoient à se former pour empescher la sortie des blés que les munitionnaires et les marchands faisoient acheter. Le service des premiers est indispensable; à l'égard des autres, il seroit fort dangereux de barrer leur commerce. Le débit invite les habitans de la campagne à fournir les marchés; c'est une circulation nécessaire, dont l'interruption d'un instant dérangeroit tout, et les mesures qu'on prendroit auroient un effet tout contraire à ce qu'on en auroit attendu, si elles gesnoient tant soit peu la liberté. D'ailleurs, je ne crois point qu'il y ayt de quoy s'inquiéter : la dernière récolte a esté assez bonne, la prochaine promet; la cherté présente ne sera vraysemblablement que passagère, les provisions de l'armée ayant donné un mouvement, qui diminuera insensiblement.

«A l'égard de Péronne, j'auray l'honneur de vous observer que c'est un des endroits de mon département où il se fait un plus grand commerce de blé; il y aborde des blatiers de toutes parts, de Montdidier, Roye, mesme de Pont-Sainte-Maxence et plus loin encore; c'est un des principaux greniers des munitionnaires, et, de toute l'année, les marchés de cette ville n'ont point esté si abondans que depuis deux mois. Les marchands et les munitionnaires en ont beaucoup tiré. Le maire me donna avis, il y a huit jours, de ces enlèvemens, que le peuple en estoit effrayé; je luy répondis que je ne croyois pas qu'on dust les empescher, mais qu'il estoit important d'observer qu'il y eust du blé pour les habitans de la ville, et qu'il n'y eust aucun abus dans le transport. Je m'assuray encore d'autres personnes pour suivre les voituriers, et je ne crois point qu'il en ayt passé aux ennemis. Il y a des bureaux établis à Cambray, à Valenciennes, Mons et Maubeuge, pour y veiller; les gouverneurs des places frontières y doivent aussy donner attention; les frontières sont gardées, et enfin, si c'est un principe certain qu'il ne faut point toucher au commerce des blés et empescher le transport d'une province à une autre, lorsqu'un voiturier déclare au receveur des traites que le blé est pour la Flandre françoise, qu'il paye les droits de sortie, je ne crois pas qu'on puisse l'inquiéter.

«Les départemens qui demandent une attention principale contre le transport du blé à l'étranger sont ceux de MM. de Bagnols et Voysin; ils ferment le mien de ce costé-là, et je ne puis suivre que jusques aux confins*.»

* A cette lettre est joint un mémoire sur l'exportation frauduleuse des blés, et un projet d'arrêt pour la réprimer en réglant d'avance la consommation des paroisses limitrophes et en réduisant les achats de chaque famille à une certaine quantité fixée par le rôle.

Un habitant de Douai, qui s'était engagé à fournir des blés au munitionnaire de Flandre, abusait de son passe-port pour faire passer sans payer les droits de sortie des chargements que les blatiers de Picardie vendaient ensuite sur le marché, avec un bénéfice pour lui. Découvert et menacé d'un traitement sévère, il offrit une somme considérable pour accommoder l'affaire; mais, bien que M. Bignon et les fermiers fussent disposés à accepter l'accommodement, le contrôleur général ordonna de «juger l'affaire à la plus grande rigueur, et, à faute de peine corporelle, bannissement, etc.; défenses de négocier au moins et afficher le jugement.» (Voir la lettre de M. Bignon, du 18 juillet.) Comme il n'y avait de preuves que pour un petit nombre de chargements, le présidial d'Amiens ne put punir le coupable que légèrement, c'est-à-dire le condamner à l'admonition et ses suites, à une amende de 500 ₶ et aux dépens, outre 8,000 ₶ d'intérêts civils envers la ferme générale. (Lettre du 12 août 1698.)

M. de Bagnols, consulté sur les moyens d'empêcher l'exportation des grains, répond, le 20 juin 1697, que son département ne peut se passer des grains de la Picardie et surtout de ceux de l'Artois; que les habitants de la frontière ont l'habitude d'envoyer leurs récoltes dans les villes de l'intérieur, pour les soustraire au soldat, et de les retirer à la fin de chaque campagne. Si c'est là, dit-il, un expédient pour faire passer le blé à l'ennemi, le mal est sans remède et toutes les précautions seront inutiles; tout ce qu'on peut faire, c'est de surveiller le prix du blé à l'étranger, pour montrer plus de tolérance quand il est moins élevé qu'en France, et, au cas contraire, redoubler de sévérité.

1630. *M. de Bâville, intendant en Languedoc,*
au Contrôleur général.

16 Juin 1697.

Les plaintes des maire et consuls de Lunel, au sujet du canal que l'on va creuser pour détourner les inondations du Vidourle et pour faire tomber les eaux dans la robine de Lunel, sont mal fondées; le travail doit s'exécuter de telle façon, que le territoire entier de Lunel, ainsi que les salins de Peccais, seront préservés de toute submersion.

1631. *M. de Louze, commandant au fort de l'Écluse,*
au Contrôleur général.

17 Juin 1697.

«C'est pour vous rendre compte que, pendant l'hiver passé, M. le duc de Savoye fit faire de grands amas de blé et fourrages proche de Genève. D'abord, cette ville en fut alarmée, croyant que ce prince en vouloit à leur ville; mais c'est d'une autre manière, puisque, quelque temps après, il leur fit vendre ces provisions, où il a gagné un tiers dessus. Aujourd'huy, il a fait faire des défenses très-rigoureuses pour qu'il n'y entre rien du costé de son pays, et ce prince fait tirer beaucoup de blés de France pour les faire passer en Savoye. Comme je ne doute pas que ce ne soit encore pour faire des magasins, je me suis opposé pour empescher les passages à une partie de ceux qui viennent passer par ce fort, soit pour la Savoye ou la république de Genève, jusqu'à ce que j'aye des ordres là-dessus de S. M., que vous aurez la bonté de me mander l'intention du Roy là-dessus, pour suivre ce que S. M. me fera l'honneur de me commander. Et je peux faire observer les mesmes soins sur cette frontière du Rhosne, ayant une compagnie postée pour empescher la sortie des gens de la Religion hors du royaume, que j'ay aussy recommandé qu'ils empeschent la contrebande des marchandises qui peuvent venir de Genève*.»

* M. Bouchu, consulté sur l'opportunité des défenses, conclut à ne pas en user, pour peu que la récolte fût bonne : «J'ay observé très-souvent, dit-il, que ces sortes d'avis sont presque toujours intéressés et que les défenses du transport des grains sont fort équivoques sur les effets qu'elles produisent, y en ayant un infaillible, qui est celuy d'augmenter la cherté, et l'autre, qui est d'empescher la sortie des blés, estant très-incertain, parce qu'il y a peu d'obstacles à opposer à la sortie des blés que ceux qui sont intéressés à les faire transporter ne surmontent avec fort peu d'argent.....» (Lettres du 16 septembre et du 28 octobre.)

1632. *M. d'Ableiges, intendant à Poitiers,*
au Contrôleur général.

17 Juin 1697.

«Je vous suis sensiblement obligé des lettres d'Estat que vous avez bien voulu demander au Roy en ma faveur. Si j'avois pu pénétrer que S. M. ne les accorde qu'avec peine à présent, je me serois bien gardé de luy en demander. Ce que je peux faire de mieux pour luy marquer en cela une obéissance aveugle à ses volontés, est de ne m'en point servir. J'écris pour cela à Paris, afin qu'on me les envoye icy; je ne manqueray pas de vous les adresser, aussitost que je les auray reçues. Si elles ont esté signifiées, je m'en désisteray.....»

1633. *M. de Bezons, intendant à Bordeaux,*
au Contrôleur général.

29 Juin 1697.

Le receveur général payeur des charges assignées sur les cinq grosses fermes, le convoi, la coutume de Bayonne, etc. a averti les courtiers de Bordeaux et autres parties prenantes qu'ils devront avoir des correspondants à Paris, pour lui remettre leurs titres et leurs quittances, et pour prendre en échange ses rescriptions payables à Bordeaux. C'est non-seulement entraver la régularité des payements, mais aussi consommer en faux frais une partie des sommes dues.

«Je crois que vous trouverez juste d'ordonner que les receveurs généraux des fermes payent et retirent les quittances dans la province de ceux où il n'y a point de saisies, qu'ils les délivrent pour argent comptant au payeur, s'il ne veut point avoir de commis sur les lieux pour payer*.....»

* Voir le mémoire du payeur, qui accepte, sauf discussion, l'arrangement proposé, et les autres pièces jointes à la lettre de M. de Bezons.

1634. *Les Maire et Capitouls de Toulouse*
au Contrôleur général.

3 Juillet 1697.

Une des tours de la ville, où le commis préposé à la distribution des poudres avait déposé une partie de l'approvisionnement, a été détruite par la foudre, avec plusieurs maisons voisines, une église et trois couvents. Les habitants demandent une indemnité et représentent qu'il serait urgent de placer le dépôt dans un lieu écarté*.

* L'année suivante, le moulin à poudre fut incendié, et le feu faillit faire sauter le magasin entier. Sur une nouvelle plainte des habitants, le contrôleur général demanda si la ville voulait se charger de transporter l'établissement ailleurs; mais M. de Bâville répondit qu'il n'y avait ni fonds ni revenus pour faire cette dépense. (Lettres du 7 août et du 2 septembre 1698.)

1635. Le Contrôleur général
à M. d'Argenson, lieutenant général de police à Paris.

8 Juillet 1697.

Il le charge d'essayer la garance dont un particulier de Languedoc a trouvé la préparation, et de comparer les résultats avec ceux que donnera la meilleure garance de Hollande, employée par les teinturiers de Paris*.

* Cette nouvelle garance venait d'un sieur Martin, pour lequel M. de Bâville demandait un privilége. (Lettres à M. de Bâville, 31 juillet et 12 décembre.) — M. d'Argenson, assisté du sieur Savary, fit faire l'expérience aux Gobelins, par le teinturier Gluc, et la garance de Languedoc soutint l'épreuve à peu près aussi bien que celle de Hollande. (Lettre de M. d'Argenson, 18 août.)

1636. *M. Bouchu, intendant en Dauphiné,*
au Contrôleur général.

21 Juillet 1697.

La révision générale des feux que le Roi s'est déterminé à faire exécuter en Dauphiné est le seul expédient propre à rétablir l'égalité et la justice dans les impositions et à assurer les recouvrements.

Le travail ne pourra s'exécuter que sur une connaissance parfaite de l'état de chaque élection, et le résultat définitif doit s'obtenir par la comparaison de ces élections entre elles; il ne saurait donc être connu avant l'entier achèvement des opérations partielles.

Le projet envoyé au Conseil n'attribue point aux commissaires (l'intendant, deux conseillers au Parlement, un maître des comptes et un trésorier de France) la connaissance des affaires contentieuses; ils auront seulement le pouvoir d'ordonner la confection ou la rénovation des cadastres, selon les besoins du service. Il sera bon de ne point nommer d'une façon définitive les experts ni l'arpenteur, pour conserver un moyen d'action sur eux. Les vacations ont été évaluées, par estime, de telle sorte qu'elles ne dépassent pas 200 ᵗᵗ par jour, et un arrêt a été dressé pour en trouver les fonds tant que durera le travail.

«Comme les patentes de 1658 parlent des biens affranchis comme devant estre retranchés des cadastres et parcellaires, j'ay cru estre obligé d'en parler aussy, non pas pour parvenir à la mesme fin, qui seroit d'un préjudice inestimable aux intérests du Roy...., mais j'ay eu attention de les laisser dans un estat de suspension qui satisfasse les acquéreurs dudit affranchissement et nous délivre par là de leurs clameurs anticipées, laissant néanmoins le Roy en estat, sans embarras ni longueurs, de choisir le parti qu'il croira le plus convenable à ses intérests et au bien de la justice, lorsqu'après la consommation du travail, il prendra une résolution décisive sur ce qui résultera de la révision générale des feux*.....»

* Voir un mémoire sur les impositions du Dauphiné, joint à cette lettre; il conclut à la nécessité d'une révision, comme la réclamaient les receveurs généraux des finances, dont les placets se trouvent aussi dans le même dossier. Voir encore un autre mémoire anonyme que M. Bouchu renvoie, le 25 août.

Le 10 septembre, M. Flandy, procureur général en la Chambre des comptes, adresse au contrôleur général tous les édits et règlements relatifs à l'établissement et à la perception de la taille réelle en Dauphiné.

Le Parlement de Grenoble, qui, en qualité de Cour des aides, avait été chargé, dans les occasions précédentes, de faire la révision, protesta contre l'attribution exclusive de ce travail à l'intendant, et même défendit à deux de ses membres, désignés pour faire partie de la commission, d'accepter cette charge. Il fallut que le Roi intervînt en personne pour faire cesser la résistance du Parlement et de M. de Bérulle, premier président. Deux membres de la Compagnie furent appelés à la suite du Conseil, et ils y restèrent quelques mois en exil. Voir la lettre écrite, le 11 septembre, par le contrôleur général à M. Bouchu, et la correspondance de l'intendance, du 3 au 19 du même mois.

L'année suivante, le Parlement prétendit encore exclure du partage des épices communes les deux conseillers que le travail de la révision tenait éloignés; mais M. Bouchu (15 mai 1698) représenta que cette prétention était contraire à l'usage établi depuis dix ans, soit qu'il s'agît de commissions données par le Roi, ou du service de la Compagnie elle-même, et que d'ailleurs les commissaires à la révision, moins rétribués que les autres, perdaient, durant toute leur absence, les entrées ou les rapports, et faisaient des frais considérables.

Le travail commença le 22 septembre, par la révision de la communauté du Bourg, dans l'élection de Valence. M. Bouchu, en rendant compte des premières séances (lettre du 24), établit les causes qui avaient arrêté l'achèvement de la révision ordonnée en 1658, et celles qui ne permettaient point d'utiliser le travail fait alors par les officiers du Parlement. A la fin du premier mois, la commission avait achevé la révision de vingt-trois communautés, ce qui répondait à peu près au temps fixé dès l'abord pour l'ensemble des opérations. M. Bouchu obtint la permission de porter à Paris les résultats du travail, lorsqu'il serait achevé pour l'élection de Valence. (Lettre du 24 octobre.)

Le 28 novembre, au moment où les neiges arrêtèrent la commission, il écrit : «Dans le grand nombre de pièces que nostre travail de deux mois et demy m'a obligé de lire, l'arrest du Conseil du 21 février 1637, dont je joins icy copie, avec un extrait de la requeste ordonnée estre lacérée par ledit arrest, m'ont paru pouvoir estre dignes de vostre curiosité. Par cet arrest, la noblesse, le Parlement, Chambre des comptes et bureau des finances de Dauphiné furent condamnés en corps (chose assez singulière) à aumosner la somme de 1,200 ᵗᵗ. Cet arrest fait voir quel est l'esprit des principaux de cette province sur la matière en question, quels moyens ils sont capables de mettre en usage pour parvenir à leurs fins, quelle fut l'indignation du Conseil alors, et quelle a esté par conséquent sa modération dans le temps présent. L'extrait de ladite requeste justifie que ces quatre corps faisoient dans ce temps-là un crime à M. Talon, conseiller d'Estat et intendant de cette province, de n'avoir pas procédé à la révision des feux, qu'ils disent estre absolument nécessaire au soulagement des sujets du Roy. Bien loin de combattre ce travail, ou de prétendre que ce ne fust pas à luy de le faire, tout le sujet de leur emportement fut que M. Talon commença par la confection des cadastres, c'est-à-dire par la séparation des biens nobles d'avec les roturiers, ce qui blessa à cet excès les principaux de cette province; ouvrage auquel il s'appliqua, depuis 1634 jusqu'en 1642, d'une manière qui donne de la vénération pour sa mémoire, et sans lequel il auroit esté impossible de faire la révision des feux que nous essayons de finir avec une exactitude qui réponde à la sienne.»

1637. *M. de Bâville, intendant en Languedoc,*
au Contrôleur général.

26 Juillet 1697.

«La foire de Beaucaire, qui se tient maintenant et qui doit finir demain au soir, est très-mauvaise. Cela vient de ce qu'il y a un grand nombre de barques à l'entrée du Rhosne, qui n'ont pu monter, à cause d'un vent contraire qui souffle depuis huit jours. Les consuls de Beaucaire m'ont fort pressé de leur accorder une prorogation de la foire pendant deux jours, afin de donner le temps aux barques de remonter par le tirage, de faire débiter les marchandises de Provence et de prendre celles de Languedoc. Je n'ay pas cru le pouvoir faire, parce qu'il n'y a point d'exemple qu'en cas pareils les intendans ayent jamais donné de pareilles ordonnances, qu'ils ont jugé avec raison que cette prorogation excède leur pouvoir, et qu'il ne leur appartient pas de faire des extensions aux priviléges, qui pourroient estre tirées à conséquence. Il y a plusieurs exemples, et notamment en 1672, que les fermiers, en semblable conjoncture, ont traité avec les consuls et sont convenus que, pendant deux jours, les marchands payeroient le tiers des droits. J'ay mandé à M. Rémond, qui est à la foire, et qui m'en a écrit, que c'estoit à luy à voir ce qu'il pouvoit faire et ce qui convenoit au bien de la ferme et à l'intérest du Roy. Il est certain que celuy du commerce demanderoit une prorogation; mais l'exemple en est toujours dangereux, parce que l'on peut en abuser.»

1638. *M.* DE BÂVILLE, *intendant en Languedoc*,

AU CONTRÔLEUR GÉNÉRAL.

26 Juillet 1697.

«L'histoire des casernes de Nismes et autres de cette province est que les Estats demandèrent, il y a trois ans, au Roy la permission de les faire bastir, qui leur fut accordée. Avant de les faire construire, je priay M. le marquis de Barbezieux de me mander si l'on estoit bien résolu d'y faire entrer des troupes. Il me fit l'honneur de m'écrire que le Roy le désiroit, et que l'on pouvoit bastir sûrement. Les casernes ont esté construites à Nismes, Lunel, Montpellier, Mèze et Béziers. Celles de Nismes ont esté prestes au dernier passage; elles sont très-belles et très-bien meublées; mais, comme les troupes n'ayment pas à loger dans les casernes, il a fallu un ordre du Roy pour les y faire entrer la première fois. Je l'ay demandé à M. le marquis de Barbezieux, qui m'a fait réponse que S. M. ne vouloit point, quant à présent, qu'elles y entrassent, ce qui m'obligea de luy envoyer ces lettres, sur la foy desquelles cette grosse dépense a esté faite. Il m'a répondu comme la première fois, et les habitans de Nismes ont eu le chagrin de loger les troupes au dernier passage, à la vue de ces casernes toutes meublées. Les marchands qui vous ont écrit ont raison de dire que rien ne seroit plus utile au commerce de cette ville que l'exécution du premier projet. Il est encore très-véritable que les troupes seroient plus commodément dans les casernes qu'elles ne sont chez l'habitant. Mais, après avoir mandé bien fortement plusieurs fois toutes ces raisons, j'ay dû croire qu'il en est survenu de bien fortes, puisque l'on n'a pas voulu avoir égard aux engagemens qui avoient esté pris, aux dépenses excessives qui ont esté faites, et au déplaisir que les peuples de cette province ont reçu de ce changement*.»

* M. de Barbezieux finit par répondre que les troupes logeraient dans les casernes après la conclusion de la paix, mais qu'on n'en bâtirait pas davantage. — La ville de Lunel fournit à la dépense par l'établissement temporaire d'un droit d'entrée sur les denrées alimentaires et sur le charbon de pierre. (Lettres des 3 et 27 septembre.) — En Champagne, M. Larcher obtint également d'augmenter l'octroi sur le sel pour l'aménagement des casernes de Mézières. (Lettre du 26 mars 1699.)

1639. *M.* DE NOINTEL, *intendant en Bretagne*,

AU CONTRÔLEUR GÉNÉRAL.

27 Juillet 1697.

Les habitants de la ville de Dol demandent la continuation de leurs octrois et proposent qu'on assujettisse au recouvrement plusieurs paroisses du voisinage.

«Nous n'avons pas cru devoir engager cette procédure-là, d'autant plus que nous n'estimons pas qu'on doive introduire l'usage d'assujettir les paroisses de la campagne au payement des droits d'octroys des villes sans une grande nécessité. Les paroisses ont leurs charges, qui sont assez grandes, estant sujettes aux fouages, qui sont redoublés depuis quatre ans, au payement des rations du quartier d'hiver, aux fourrages, à l'entretien et à la levée des soldats de milice, et à d'autres impositions qui surviennent de temps en temps*.

«Il paroist plus juste que la ville de Dol impose sur ellemesme les droits dont elle peut avoir besoin pour le payement des dépenses extraordinaires qui y sont survenues depuis la guerre et auxquelles nous avons reconnu qu'en effet les revenus ordinaires de ses octroys ne suffisent plus.....»

* Dans la même année, la réunion du bourg de Recouvrance aux faubourgs de Brest et la demande en diminution faite, à ce propos, par les receveurs des fouages de l'évêché de Léon avaient donné lieu à un rapport de M. de Nointel, daté du 31 mars.

1640. *M.* DE BEZONS, *intendant à Bordeaux*,

AU CONTRÔLEUR GÉNÉRAL.

3 Août 1697 et 11 Janvier 1698.

Desséchement des marais de Verteuil; imposition du montant des dépenses sur les propriétaires intéressés*.

* Voir, à la date du 22 mai 1698, l'extrait d'une lettre du sieur de la Voye, de Bayonne, directeur des travaux.

M. d'Ableiges, intendant à Poitiers, rend compte, le 27 novembre 1698, d'une entreprise commencée depuis longtemps pour le desséchement des marais de l'élection de Fontenay-le-Comte, et des avantages accordés aux propriétaires dans la répartition de la taille.

1641. *M.* DE BEZONS, *intendant à Bordeaux*,

AU CONTRÔLEUR GÉNÉRAL.

10 Août 1697.

Les charges ecclésiastiques de conseiller au Parlement de Bordeaux se vendent difficilement à des membres du clergé, et, sur sept que compte la Cour, une seule est exercée par un prêtre; les autres sont possédées, avec dispense spéciale, par des laïques et même des gens mariés. L'un de ces derniers, M. de Montaigne-Bussaguet, vient de mourir, et son fils, qui est dans les mêmes conditions, sollicite une dispense pareille pour lui succéder, et demande en outre que le taux de la charge soit réduit de 18,00 ᵗᵗ à 140,000 ᵗᵗ, ou qu'on lui donne, avec la dispense, le droit de la transmettre à ses descendants*.

* «Néant.»

1642. *Le Contrôleur général à M. d'Herbigny, intendant à Lyon.*

18 Août 1697.

On a trouvé, dans les registres d'un marchand qui vient de décéder à Lyon, la preuve qu'il donnait des gratifications ou des pensions à des commis chargés de la perception des droits de la ville, pour qu'ils l'aidassent à couvrir un commerce de marchandises prohibées. Il faut constater, avant tout, si quelques fermiers ou commis des fermes ne sont pas compromis dans l'affaire.

1643. *M. de Vaubourg, intendant à Nancy, au Contrôleur général.*

20 Août 1697.

«Il paroist icy un imprimé, envoyé de Bruxelles et de Hollande, qui contient le projet du traité de paix donné par MM. les ambassadeurs plénipotentiaires du Roy, lequel va achever de rendre impossible le débit des charges de nouvelle création qui restent à vendre en Lorraine. On a remarqué, dans les articles qui regardent cet Estat, qu'il est dit que M. de Lorraine ne pourra rien changer à l'égard des bénéfices auxquels le Roy a pourvu ou nommé, mais qu'il n'est point parlé des offices, et, comme il y a un très-grand nombre d'officiers qui ont acheté leurs charges du Roy fort chèrement, ils sont tous dans la crainte d'estre dépossédés et réduits dans un estat très-fascheux, si S. M. n'a la bonté de faire insérer, s'il est possible, dans le traité un article qui oblige M. le duc de Lorraine à leur laisser la jouissance et l'exercice de leurs charges, sauf à luy de leur donner gratuitement et sans frais des lettres de confirmation. Il est vray qu'on n'a rien stipulé de cette nature ni dans le traité des Pyrénées, en ce qui touche feu M. le duc de Lorraine, grand-oncle du prince d'aujourd'huy, ni dans le traité de Paris du dernier février 1661, ni dans le traité de Nimègue; mais alors le Roy n'avoit pas fait toutes les créations que S. M. a faites pendant la présente guerre.»

1644. *Le sieur Allard, président en l'élection de Grenoble, au Contrôleur général.*

23 Août 1697.

«Travaillant à l'inventaire des papiers de la Chambre des comptes de cette ville, j'ay trouvé la soumission de la principauté d'Orange au fief delphinal, par le prince Raymond des Baux, à Humbert Dauphin, les terres en Dauphiné qui luy furent données à ce sujet, les hommages que les princes en ont rendus aux Dauphins de Viennois et aux Dauphins de France. J'y ay aussi trouvé qu'elle a esté confisquée deux fois par la félonie de deux Jean de Chalons, par des arrests qui sont en cette Chambre; les démeslés de ces princes avec les Dauphins, leurs guerres, la description de la bataille d'Anthon, où l'un de ces Jean fut battu et passa le Rhosne sur son cheval, armé de toutes pièces; la prison de l'autre à Vienne; leurs alliances avec les comtes de Savoye et les ducs de Bourgogne, leurs traités; comment ces princes prétendent n'estre plus vassaux du Dauphin; les preuves que j'ay au contraire, où je feray une dissertation fort curieuse et feray voir qu'il faut qu'ils rendent hommage de leur principauté, ou qu'ils soient privés des cinq terres qu'ils possèdent en Dauphiné. Je démesleray en cet endroit les droits du Roy Dauphin. Je passeray ensuite à faire voir de quelle manière les terres de Theys, la Pierre et Domène, en cette province, sont passées dans le domaine delphinal par la mort des comtes de Genève; comme elles furent remises, après la mort de Pierre, à Robert, pape Clément VII, pour sa vie; toutes les procédures sont à la Chambre des comptes; les procès que le Dauphin eut contre la maison de Villars en Savoye, qui avoit fait alliance avec celle de Genève; les arrests rendus en faveur du Dauphin; comme ces terres furent données au bastard d'Orléans et passèrent ensuite aux princes d'Orange, sur lesquels elles furent confisquées par des arrests. Je feray connoistre qu'elles sont du domaine, contre les prétentions de ceux qui les possèdent aujourd'huy et celles des princes d'Orange et de la succession des ducs de Mercœur. Enfin, si le Roy me l'ordonne, je travailleray à cette histoire, que je joindray à bien d'autres que j'ay déjà fait imprimer au regard de cette province. Il y a plus de deux ans que je travaille à faire les extraits des titres de cette Chambre pour faire l'inventaire. J'en ay tiré de grands et amples mémoires, sur lesquels je travailleray ensuite à faire voir quel a esté le domaine ancien des Dauphins de Viennois et des comtes de Valentinois et Diois; les aliénations qui en ont esté faites, tant par eux que par les Dauphins de France, particulièrement par le Dauphin Louis, qui a esté roy, onzième du nom, qui aliéna jusques à quarante terres. Enfin, j'espère de travailler utilement pour les intérests du Roy Dauphin. Quant à l'histoire de la félonie des princes d'Orange, je la commenceray d'abord que j'auray reçu l'ordre de S. M.»

1645. *M. Pinon, intendant en Béarn, au Contrôleur général.*

24 Août 1697.

Les religieuses ursulines établies à Orthez, du consentement des habitants, pour faire l'éducation des jeunes filles et spécialement celle des nouvelles converties, demandent que la maison conventuelle où elles se sont logées soit déchargée de sa cote de taille, et que le montant en soit rejeté sur la ville.

Suivant les maire et jurats, le Roi, en amortissant la maison, aurait dû prendre les charges à son compte, comme cela se fait pour l'anoblissement des terres en Béarn.

«Il seroit de la bienséance, il y auroit mesme de l'équité que les jurats exemptassent la maison de ces religieuses de la taille, parce qu'elles sont pauvres et d'un grand secours à cette ville, où les jeunes filles ont plus besoin d'instruction qu'ailleurs, estant la plupart filles de nouveaux convertis. De plus, c'est que cette ville donne 300 # à deux régens, qui ne sont que pour des garçons; de sorte que c'est bien la moindre chose que les jurats puissent faire, que de payer 20 # à la décharge de ces religieuses..... Comme, en rigueur de justice, on ne peut les y obliger, je n'ay pas cru devoir rendre une ordonnance en faveur de ces religieuses, de crainte que le maire, ou le corps de ville, qu'il gouverne, n'en appelast, et qu'il n'engageast par un appel ces religieuses, qui sont fort pauvres, à de grands frais; mais j'en ay dressé une, que je feray exécuter, si vous l'approuvez *.»

* «Bon, suivant l'avis.»

1646. *M. le Vayer, intendant à Moulins,*
au Contrôleur général.

30 Aoùt 1697.

Les marchés commencent à se dégarnir de blé, et la récolte est en partie perdue par les pluies ou les inondations. On prétend aussi que des marchands étrangers viennent enlever les grains et les font descendre vers Orléans, pour former de gros magasins, dans l'espoir que la paix rétablira le commerce avec la Hollande. Par suite de ce bruit, et bien que le blé ne vaille pas encore 15 sols le boisseau, ce qui serait une rémunération convenable pour les cultivateurs, le peuple craint déjà une nouvelle disette et il s'agite*.

* En Touraine, où la récolte avait égalé à peu près celle de 1696 et où le setier de blé, plus pesant d'un tiers que celui de Paris, ne valait que 12 #, M. de Miroménil écrit, dans le courant du mois d'octobre : «Cette marchandise augmentera au moindre enlèvement en pays étranger; on n'en peut douter, puisque les peuples avoient commencé à gronder de ce que, ces jours derniers, on a chargé plusieurs bateaux pour remonter sur la rivière de Loire.»

En Languedoc, la récolte des châtaignes et des millets et celle des vins, qui avaient été extraordinairement abondantes, compensaient la disette du blé, qui valait 18 # le setier de Paris; mais on n'avait rien recueilli dans les diocèses de Narbonne, d'Albi et de Mende, et la misère y était extrême. (Lettre de M. de Bâville, 6 octobre.)

1647. *M. Mahieu, subdélégué à l'intendance de Luxembourg,*
au Contrôleur général.

1er Septembre 1697.

«Les vexations et les mauvaises difficultés que les commis des traites foraines de Luxembourg pratiquent contre les marchands de cette province sont trop fréquentes et si fort à la ruine du commerce et à l'oppression du peuple, qu'on ne peut les dissimuler, et je prends occasion de la chicane et de la violence qu'ils viennent d'exercer contre un marchand pour vous donner une idée de leur conduite.

«Gilles Pierret, du village de Muno, pays de Luxembourg, près la frontière de Champagne, s'est présenté le 29 aoust dernier au bureau des fermes en cette ville, demandant un acquit-à-caution pour quatre pièces de vin de Bourgogne et dix-huit cents pesant de tabac en corde, qu'il conduit à son village pour y estre consommé, et dont il s'oblige de rapporter le certificat dans les formes prescrites par l'ordonnance du Roy, ainsy qu'il s'est toujours pratiqué. Les commis le luy ont refusé, sans en dire la raison, et, non contens de ce refus, luy saisissent son vin, son tabac et les charrettes et bœufs qui les voituroient. Le marchand me porte sa plainte de cette vexation; j'envoye chercher le receveur du bureau pour en savoir le sujet; il me dit qu'il a ordre du directeur desdites traites de ne donner aucun acquit-à-caution aux marchands des lieux de ce pays voisins de la frontière, de peur, dit-il, des versemens qui s'y pourroient faire. Je luy demanday de voir cet ordre, mais il n'eut garde de me le montrer, car il ne l'a pas, et je le crois supposé; et, comme je ne connois pas d'autre ordre que l'ordonnance du Roy, les arrests du Conseil et l'usage qui a toujours esté pratiqué en pareille occasion, qui est de faire obliger le marchand de faire rapporter un certificat du bureau ou de la justice du lieu, portant que la marchandise y a esté déchargée pour y estre consommée, et, à ces conditions, de luy donner un passavant, j'ordonnay à ce receveur d'expédier au marchand un acquit en cette forme; mais ni luy, ni le contrôleur, ni le garde-visiteur, qui se sont renvoyé la chose pendant deux jours, n'en ont rien voulu faire, de sorte que, pour finir la vexation et éviter la ruine du marchand par son séjour avec seize bœufs et des valets à proportion, j'ordonnay au prévost des mareschaux, que j'employe ordinairement pour les affaires du Roy, et sans frais, d'aller de ma part sommer les commis de faire leur devoir en expédiant le marchand, et, en cas de refus, d'en dresser un procès-verbal, pour, au défaut de l'acquit-à-caution demandé, servir de sûreté au marchand et de preuve de sa bonne foy, ce qui a esté exécuté. Mais les charrettes et la marchandise ont esté saisies et arrestées à demy-lieue d'icy et ramenées au bureau des traites à Luxembourg; la chose portée au siége des traites, les officiers, quoyque ordinairement portés à favoriser les entreprises des commis, n'ont pu dissimuler celle-cy; car, par leur sentence du 31 dudit mois d'aoust, ils ont donné mainlevée de cette saisie au marchand et ordonné au commis de luy délivrer l'acquit-à-caution demandé aux formes ordinaires. Mais, quoyqu'ils ayent rendu justice à ce marchand, ils n'ont pas cru devoir le faire gratis, et l'ont condamné aux dépens, qu'on l'a contraint de payer.....»

1648. *M. d'Ormesson, intendant en Auvergne,*
au Contrôleur général.

16 Septembre 1697.

La plupart des seigneurs de la montagne établissent, sur de simples nominations ou matricules, un nombre excessif de notaires; ce sont généralement d'anciens domestiques ou des gens sans instruction ni expérience qu'ils choisissent pour cet effet, et certaines justices seigneuriales en comptent jusqu'à douze, sans parler des notaires royaux. Il serait nécessaire, comme on le demande, de réduire leur nombre et de limiter leurs fonctions à l'étendue des ressorts respectifs*.

* Le contrôleur général ordonna de régler les fonctions et de faire représenter par les seigneurs les titres qui leur donnaient droit à nommer des notaires.

Sur un projet d'union des charges de gardes-notes à celles de notaires, voir une lettre de M. de la Fond, intendant en Franche-Comté, du 9 avril précédent.

1649. *M. de Bérulle, premier président du Parlement de Grenoble,*
au Contrôleur général.

17 et 19 Septembre 1697.

Il explique qu'il a assemblé la noblesse dans son logis, vu l'absence du gouverneur de la province, pour choisir un syndic en remplacement de celui qu'il avait nommé lui-même en 1696.

«Avant la création des maires, les premiers consuls estoient gentilshommes, et c'estoit M. le mareschal de la Feuillade qui les nommoit, et, pour cela, il écrivoit au consulat, dans le temps qu'on devoit procéder à l'élection des consuls, et marquoit par sa lettre que son intention estoit qu'on nommast pour premier consul un tel gentilhomme. Cette lettre estoit lue dans le Conseil de ville et ensuite enregistrée, et, dans l'assemblée générale qui se tenoit au Parlement pour la nomination des consuls, où se trouvoient les gentilshommes, les bourgeois et le peuple, l'on nommoit pour premier consul le gentilhomme proposé par M. le mareschal de la Feuillade. Il estoit deux ans consul, et, sortant de charge, il estoit pendant les deux années suivantes syndic-né de la noblesse et assistoit en cette qualité à toutes les assemblées de ville. Cela s'est pratiqué de cette manière jusques à la création des maires, que les gentilshommes n'ont plus voulu estre premiers consuls, parce que le maire de Grenoble estoit marchand. Depuis ce temps-là, la noblesse s'est assemblée chez M. Pucelle, et se nomma un syndic; j'ay nommé de mesme M. de Voreppe, qui en a fait les fonctions pendant un an et demy. Estant parti depuis un mois pour Paris, les gentilshommes m'ont prié de trouver bon qu'ils s'assemblassent chez moy pour se nommer un autre syndic, ce qui a esté fait, et, le 13, ils nommèrent unanimement MM. de Langon et de Saint-Vincent, gentilshommes de mérite et de distinction, qui très-assurément ne seront jamais opposés aux ordres du Roy, mais bien aux pilleries qui se font dans l'hostel de ville.

«Le maire se plaint de cette nomination, disant qu'elle a dû se faire en l'hostel de ville. Elle ne s'y est jamais faite, mais bien de la manière que j'ay eu l'honneur de vous le dire, et il ne conviendroit pas mesme à la noblesse que leurs syndics fussent nommés par des consuls marchands et procureurs, et les gentilshommes ne s'assembleront jamais par-devant le maire.

«Les syndics du clergé qui assistent aux assemblées de l'hostel de ville se font chez M. le Cardinal..... »

1650. *M. le Vayer, intendant à Moulins,*
au Contrôleur général.

18 Septembre 1697.

Les receveurs des décimes sont en droit d'établir pour commissaires à la régie des biens saisis à leur requête les particuliers qui leur semblent les plus solvables dans le lieu de la saisie, et, en principe, quand il s'agit de la répartition des décimes et de l'exécution des rôles contre les ecclésiastiques, ils n'ont d'autre juge que le bureau de la Chambre ecclésiastique; mais, lorsqu'ils portent atteinte aux priviléges d'officiers royaux, tels qu'un greffier des rôles, la question doit revenir aux juges royaux, et surtout à l'intendant, qui est chargé d'assurer le débit des charges, à mesure qu'elles sont créées.

«N'y a-t-il pas beaucoup d'affectation à un receveur des décimes, ou plutost à l'huissier qu'il a employé à sa saisie, de choisir un greffier des rôles, que le Roy exempte de ces sortes de commissions; un leveur de capitation, dont les rôles ne sont point encore remplis, et actuellement occupé à la levée des deniers du Roy; un homme éloigné de deux lieues, qu'on ruine par ce moyen, en luy faisant quitter toutes ses affaires, tandis que je sais qu'il y a plusieurs bons bourgeois et autres domiciliés capables de faire la fonction de commissaire et de veiller aux biens saisis?.... Je conviens néanmoins, avec le receveur des décimes, que S. M. n'accorde point de priviléges contre elle-mesme, et que les deniers des décimes sont favorables et se ressentent de la nature de deniers royaux par leur destination. Mais, suivant son principe, le Roy ne pourroit donc jamais accorder l'exemption de payer la taille, de faire la collecte, d'aller au ban et arrière-ban! Car ce sont autant de priviléges que S. M. accorde contre elle-mesme et au préjudice de ses droits..... »

1651. *M. de Bezons, intendant à Bordeaux,*
au Contrôleur général.

21 Septembre 1697.

Depuis que le Roi, prenant en considération les accidents arrivés aux biens de la terre, a accordé une diminution de 200,000# à la généralité de Bordeaux, au lieu de celle de 300,000# qu'on lui demandait, les élections de Périgueux et de Sarlat ont achevé de perdre, par l'effet des brouillards, leur récolte de châtaignes, déjà compromise par les gelées; elles ont d'ailleurs si peu recueilli de blé, que bien des habitants ne pourront se nourrir pendant l'hiver, et leur misère mérite qu'on porte la diminution à 40,000# de plus, ce qui est possible, puisque les commissions des tailles ne sont pas encore arrivées*.

* «Néant, sauf à luy à répartir les 200,000# comme il jugera le

plus à propos.» — Voir les rapports envoyés chaque semaine, sur le prix des grains, l'état des récoltes, particulièrement des vignes, qui avaient été complétement gelées au commencement de l'année, puis grêlées, etc.

M. de Bezons rend compte, le 15 novembre, de la répartition du moins imposé et des prêts que plusieurs receveurs des tailles firent pour l'ensemencement des terres. «J'ay appris, dit-il, les ordres que vous avez donnés pour la défense du transport des grains dans les pays étrangers, et mesme de province à province du royaume, sans passeports; je crois qu'il est bon que ces défenses subsistent jusqu'au commencement de mars, que l'on verra l'espérance que l'on aura pour la récolte de l'année prochaine, et, suivant cela, l'on pourra donner la permission d'en transporter. J'ose cependant vous prier d'ordonner que, les blés que l'on voudra charger en Bretagne pour Bordeaux, l'on les laisse charger, en faisant une soumission de rapporter un certificat de moy comme ils auront esté déchargés à Bordeaux. Il n'y a rien à craindre, avec cette précaution, pour que l'on les transporte dans les pays étrangers, lorsque les soumissions sont faites par des marchands solvables.»

1652. *LE CONTRÔLEUR GÉNÉRAL aux Intendants des généralités taillables.*

Mois de Septembre 1697.

«La supériorité des armes du Roy n'a esté ignorée de personne pendant toute cette campagne; il n'est pas mesme jusqu'aux peuples qui n'ayent apparemment su que l'armée des ennemis s'y est toujours tenue cachée derrière Bruxelles, pour sauver cette grande ville des dangers dont elle estoit menacée, et que nous avons cependant pris une autre place importante dans le mesme pays. La conqueste éclatante de Barcelone, après une vigoureuse et longue résistance des assiégés, et la prise de Carthagène ne sont pas des témoignages moins glorieux de la valeur de nostre nation et de la puissance du Roy. Mais, comme l'on n'en peut donner de telles marques pour obliger les ennemis à souhaiter la paix, sans qu'il n'en couste de prodigieuses dépenses, il n'a pas esté possible à S. M. de suivre les désirs qu'elle auroit de diminuer les tailles de l'année prochaine 1698. Le seul soulagement qu'elle peut espérer de donner aux taillables est entre vos mains; il consiste à faire le régalement de cette imposition avec une égalité proportionnée à la véritable force de chaque paroisse. Ce n'est pas seulement le moyen de rendre en effet cette charge plus facile à supporter, mais encore de la faire payer avec moins de désagrément et moins de peine; celle que souffrent les pauvres habitans d'une paroisse surchargée redouble souvent à tel point, en voyant leurs voisins trop bien traités, que, par découragement, ils abandonnent la culture de leurs héritages, ce qui cause ensuite des non-valeurs. De si tristes conséquences pour les intérests du Roy n'en ont pas souvent de moins fascheuses pour les consciences, par les haines et l'envie qu'elles fomentent des uns contre les autres, et par le désespoir où elles peuvent jeter les misérables. Quoyque le Roy soit persuadé que vous estes fort touché de ces considérations, S. M. m'a commandé de vous les représenter dans cette lettre, afin d'exciter encore plus que par le passé, s'il est possible, vostre courage et vostre attention sur une affaire si importante au bien de son service et au repos de ses sujets.»

1653. *M. SANSON, intendant à Montauban, AU CONTRÔLEUR GÉNÉRAL.*

Mois de Septembre 1697.

Le juge de Rivière-Verdun, qui demande à démembrer les siéges particuliers dépendants de sa judicature, a sa résidence principale à Montrejeau, et, comme plusieurs de ces siéges sont éloignés d'une ou deux journées, il fait faire ses fonctions par le lieutenant, ou, à défaut de lieutenant, par le plus ancien avocat.

«S'il estoit permis au juge de Rivière de démembrer ces siéges particuliers et d'en vendre les offices, le prix qu'il en toucheroit égaleroit au moins celuy que son office luy a cousté, et il tireroit encore du seul siége de Montrejeau, avec ses dépendances, autant de profit que les autres siéges ensemble luy en peuvent procurer.

«Quant à l'avantage qui pourroit revenir de ce démembrement et au Roy et au public, celuy de S. M. est évident, par la finance que les acquéreurs payeroient présentement, et leurs successeurs dans la suite, outre le droit annuel et les autres droits casuels qui auroient lieu à cause de ces offices. Il semble mesme que ce démembrement, qui produiroit du soulagement et de l'utilité au juge de Rivière, pourroit donner occasion à ne le luy permettre qu'en payant quelque finance, et cela avec d'autant plus de raison, qu'en créant des offices de juges dans les siéges démembrés, peut-estre trouverait-on juste de supprimer les lieutenans qui y sont établis, ces siéges, qui sont de peu de considération, ne paroissant pas devoir estre remplis par plus d'un juge; et, en ce cas, j'estimerois qu'on devroit obliger le juge de Rivière, ou celuy qui seroit mis en sa place, de rembourser le lieutenant supprimé.

«A l'égard de l'avantage du public, c'est-à-dire des justiciables, il est tout sensible, en ce que les affaires sont toujours mieux instruites et plus exactement vues, les parties plus promptement expédiées; en un mot, la justice mieux rendue par un juge qui réside sur les lieux que par un juge passager, qui est souvent conduit par son seul intérest et toujours pressé de partir. D'ailleurs, si ce juge non résidant fait les choses avec précipitation, son lieutenant, d'un autre costé, se précipite encore plus que luy pour tascher de le prévenir et de profiter de ses droits; il est difficile que la justice soit la règle des jugemens où l'intérest et l'ardeur du gain a tant de part.

«Outre que la commodité du public paroist jointe à l'avantage de S. M. dans le démembrement dont est question, il ne s'y trouve aucun inconvénient à l'égard du ressort, les appellations des juges qui seroient établis dans les siéges démembrés devant estre portées aux présidiaux de Toulouse et d'Auch, comme y sont présentement portées celles du juge de Rivière.

«Par ces considérations, j'estime qu'il y a lieu d'accorder à ce juge, avec les précautions que j'ay l'honneur de vous observer, la permission qu'il demande*.»

* Cette affaire avait été adressée par l'intendant à M. de Châteauneuf, secrétaire d'État de la province, qui en avait rendu compte au Conseil des dépêches, d'où le Roi l'avait fait renvoyer au contrôleur général.

1654. *M. Bouchu, intendant en Dauphiné,*
au Contrôleur général.

2 Octobre et 27 Novembre 1697.

Depuis 1663, les habitants de la vallée de Pragelas ont une exemption des droits de la douane de Valence et de la foraine pour leur commerce avec Pignerol. Le directeur des fermes prétend que ce privilége leur a été primitivement concédé parce qu'ils contribuaient aux travaux des fortifications de Pignerol; mais il paraît prouvé que le motif était, soit de favoriser le repeuplement de la vallée, soit de tenir compte aux habitants des cinq cents hommes qu'ils devaient fournir pour la défense de ladite ville, actuellement pour celle du fort de Fenestrelle.

«Toutes ces raisons, de part et d'autre, me touchent peu, parce que de longtemps les habitans de la vallée de Pragelas ne seront assez bien convertis pour que le Roy pust dans un cas pressant leur confier un poste d'importance; mais voicy à quoy je m'arreste. S. M. a un intérest sensible de religion et de politique de repeupler le plus tost qu'il se pourra la vallée de Pragelas, laquelle, plus elle sera déserte, plus le huguenotisme s'y entretiendra par les habitans des vallées de Luzerne et de Saint-Martin, qui ne la quitteront point. Le climat, d'ailleurs, de cette contrée est si austère et si rigoureux, qu'elle se repeuplera difficilement, à moins que d'y attirer de nouveaux habitans par quelques adoucissemens. Je croirois donc qu'il seroit du bien du service du Roy de partager l'exemption qu'on conteste aujourd'huy : n'en point accorder pour les denrées qui sortiront de la vallée de Pragelas pour estre portées dans le Pignerolois, car, si les habitans du Pragelas reçoivent du bénéfice de ce commerce, il n'y a point d'inconvénient qu'ils en payent des droits au Roy; mais je croirois à propos de leur continuer l'exemption des blés et vins qui seront tirés du Pignerolois et portés dans la vallée de Pragelas pour y estre consommés, à l'effet de quoy les conducteurs de ces denrées seront tenus de prendre des acquits-à-caution au bureau du Villaret et de rapporter des certificats de la descente et consommation dans ladite vallée de Pragelas, sous les peines portées par les ordonnances, lesquels acquits-à-caution seront délivrés gratuitement par le commis audit bureau du Villaret. Les bureaux de Balbotet et de Chaulas-du-Col préviennent, à mon sens, tous les abus auxquels cette exemption pourroit donner lieu.»

1655. *M. de Bezons, intendant à Bordeaux,*
au Contrôleur général.

8 Octobre 1697.

De grandes difficultés s'étaient élevées entre les consuls ou les habitants de Puymirol et l'acquéreur de la charge de maire; elles n'ont pu finir qu'en amenant ce dernier à se démettre au profit d'un tiers, qui a cédé la charge à la communauté. La communauté demande une autorisation pour payer le prix par imposition*.

* Voir, à l'intendance de Montauban, 8 août, un rapport de M. Sanson sur une réunion analogue de la mairie à la communauté de Saverdun.

En Bourbonnais, M. de Châteauneuf, secrétaire d'État, ayant constaté par lui-même la mauvaise conduite du maire de Vichy et les inconvénients qui en résultaient pour les habitants, demanda au contrôleur général que le Roi permît à ces derniers de racheter la mairie et d'en effectuer la réunion. (Lettres de M. de Châteauneuf et de M. le Vayer, intendant à Moulins, 18 mai et 14 juin.)

1656. *M. Turgot, intendant à Metz,*
au Contrôleur général.

13 Octobre 1697.

«M'estant adressé à un fermier général pour obtenir la commission de la direction des fermes de Caen, à ce renouvellement de bail, et m'ayant répondu qu'ils ne disposoient d'aucune direction sans vostre aveu, j'ay esté fort ayse d'avoir recours à vos bontés, éprouvées en mille occasions, pour l'obtenir. Et, pour vous rendre un compte exact de l'avantage que vous voudrez bien me procurer, celuy pour qui je suis obligé de la demander m'offre de prendre les terres que j'ay en Normandie à ferme, sur le pied des sous-baux présens seulement, mais de m'en assurer les payemens de quartier en quartier. J'y trouveray cet avantage, dont j'ay occasion dès cet hiver et dont je tascheray de faire un bon usage, et je seray délivré d'un détail auquel j'espère de longtemps ne pouvoir vaquer. Il est homme entendu dans les affaires, qui y a déjà eu entrée et qui a grand désir de s'y avancer.....»

1657. *M. de Bezons, intendant à Bordeaux,*
au Contrôleur général.

15 Octobre 1697.

Il rend compte du département des tailles et des autres impositions.

«J'ay suivi ce que vous aviez projeté concernant l'imposition pour les droits des lieutenans criminels des élections : je me suis fait remettre par le greffier un estat du nombre des cotes qu'il y avoit dans les rôles vérifiés pour cette année; j'ay imposé sur chaque paroisse la somme qu'elle devoit recevoir, suivant le nombre de cotes contenues dans les rôles de cette année. Je crois que c'est le meilleur expédient que l'on peut prendre pour éviter aucun abus; cela ne peut faire aucun préjudice aux paroisses, et il vaut mieux que cela soit imposé conjointement avec toute la taille, que de faire payer par chaque contribuable 6 deniers. Je crois que vous trouverez à propos de le faire mettre de cette manière dans les commissions pour 1699.....

«J'ay reçu..... l'arrest pour que les commissions des tailles soient scellées gratis. Je vois, par l'exposé de l'arrest, que l'on doit faire sceller les rôles, ainsy qu'il avoit esté ordonné, et qu'il en faut payer les droits. Je crois qu'il sera juste d'en faire l'imposition, parce que les collecteurs ne pourront pas fournir en pure perte la somme que l'on doit payer pour ce droit.....»

1658. *Le sieur* Drouault, *commis de par M. l'intendant de Soissons*, au Contrôleur général.

23 Octobre 1697.

«Je me donne l'honneur de vous envoyer pour la première fois le troisième procès-verbal de visite des postes de la généralité de Soissons de la présente année, que j'ay continué de faire, sous vostre bon plaisir, ayant envoyé les deux autres précédens à Mgr le Peletier*.»

* Cette visite se faisait par ordre de M. de Pomponne, ministre d'État, pour constater l'état des écuries et des chevaux de poste, bidets ou malliers.

1659. *M.* Trobat, *intendant en Roussillon*, au Contrôleur général.

25 Octobre 1697.

« . . . . . Je ne saurois assez vous exagérer de la manière que tout le monde recherche le tabac d'Espagne. Dans le temps que j'estois à Barcelone, j'ay vu les diligences que plusieurs officiers faisoient pour en avoir. Les soins que l'on prendra pour empescher cet abus feront un bon effet; mais, pour y mieux parvenir, tout le monde convient que, si le traitant avoit des personnes en ce pays pour accommoder le tabac subtil à la manière d'Espagne, au lieu que l'on envoye beaucoup d'argent en Catalogne pour acheter ce tabac, cet argent resteroit dans le royaume. Il y a quelques années que j'ay vu, avant et après la ferme du tabac, que tout le monde s'empressoit d'en avoir de celuy qu'on fabriquoit à Perpignan. Tous ceux qui ont du tabac se plaignent que les personnes qui le débitent ne donnent rien qui vaille, quoyque ce soit de l'intérest du fermier d'avoir du bon tabac. Cependant, cette négligence ne laisse pas de préjudicier à la ferme.»

1660. *M. de* Vaubourg, *intendant à Nancy*, au Contrôleur général.

25 Octobre 1697.

La populace de Bar-le-Duc et celle de Nancy se sont livrées à quelques désordres, à propos d'enlèvements de grains par des marchands de la Champagne, et il serait bon de réprimer ces dispositions séditieuses.

«Cependant, je vous supplie de m'apprendre si l'intention du Roy n'est pas que le commerce soit libre entre ses sujets, et que ceux de Champagne puissent enlever des blés dans la Lorraine et dans le Barrois. Je n'y vois point d'inconvénient, quoyque le blé enchérisse un peu, estant présentement à 7# 10 s. ou 8# le rézal, pesant cent soixante-quinze livres, qui ne valoit l'année passée qu'un écu. Il est constant qu'il y en a beaucoup en Lorraine, et que l'enlèvement qu'on fait est un bien pour le pays*.»

* Une partie des grains que les blatiers enlevaient de toutes parts, au lieu de servir à la Champagne, passaient, par Mézières et Rocroi, jusque dans le comté de Namur et le pays de Liége. Il s'ensuivit une hausse des prix dans tous les marchés de la frontière, et il y eut à Rethel un commencement de sédition, que M. Larcher apaisa, en prenant des mesures provisoires pour ne tolérer le transport des grains qu'à destination des places fortes. (Lettre du 17 novembre.)

1661. *M. de* Nointel, *intendant en Bretagne*, au Contrôleur général.

27 et 30 Octobre 1697.

«J'ay eu l'honneur de vous mander par le dernier ordinaire que M. le mareschal d'Estrées avoit expliqué aux députés pour l'estat du fonds ceux dont le Roy permet à la province de se servir pour les dépenses des années 1698 et 1699. Elle a reçu avec joye la liberté d'adjuger les termes des devoirs pour les années 1700 et 1701, le redoublement des fouages pendant les années 1698 et 1699, et mesme la permission d'emprunter la somme de deux millions à constitution au denier quatorze; mais les Estats ont témoigné une opposition entière à cet emprunt, quand on leur a marqué qu'il ne leur estoit permis de le faire qu'à condition de faire en mesme temps un fonds pour le remboursement, soit des deniers de la capitation, que le Roy veut bien permettre aux Estats de lever à leur profit pendant les deux années suivant immédiatement celle dans laquelle la paix aura esté publiée, soit de ceux provenant de l'entrée que S. M. leur donne aussy la liberté d'établir sur les vins. . . . . Je suis obligé de vous dire qu'ils ont marqué une résolution ferme de ne consentir ni à l'établissement de l'entrée ni à la continuation de la capitation, quoyque au profit de la province. Ils ont mesme fait faire aujourd'huy une autre proposition par leurs députés, qui a esté de demander la permission d'emprunter seulement la somme de 800,000#, et une augmentation du quart de leurs devoirs sur le débit, pour en abandonner la jouissance *à qui pour moins d'années* à ceux qui voudront en donner la somme de 1,200,000#, pour faire, avec celle de 800,000# qu'ils proposent d'emprunter, les deux millions dont ils ont besoin. Et, quoyque MM. les commissaires du Roy leur ayent expliqué que les droits sur le débit du vin sont déjà trop grands, et qu'ils ne trouveront personne qui veuille se charger de cette aliénation, qui d'ailleurs donneroit lieu à une diminution considérable que leurs fermiers des années 1698 et 1699 leur demanderoient, ils ont toujours insisté à les prier de vous rendre compte de cette proposition, et j'y satisfais en mon particulier. . . . .

«Leur raison est, à l'égard de la capitation, qu'il leur seroit bien fascheux d'y estre assujettis, pendant que les autres provinces du royaume jouiroient de la grâce que le Roy a bien voulu faire à ses sujets de la leur remettre, et ils se défendent de l'établissement de l'entrée par l'opposition que la province y a toujours eue et le tort qu'elle feroit à ses devoirs. M. le mareschal d'Estrées et les autres commissaires du Roy ont tasché, mais inutilement, de leur faire comprendre que le Roy leur permet la continuation de la capitation pour eux-mesmes et pour le payement de leurs dettes, que S. M. ne peut les traiter plus favorablement, ni avec plus de distinction, qu'en leur donnant la liberté de se servir de ce moyen, quoyqu'elle y renonce pour elle-mesme, et qu'enfin ce fonds est le plus naturel dont ils puissent s'ayder pour prévenir la ruine de la province, le plus facile à exiger et le moins à charge aux particuliers..... Comme il semble cependant, si vous me permettez de vous en dire mon sentiment, qu'il est à propos d'éviter que cette opposition ne porte à la fin le visage d'une véritable désobéissance, j'ay cru devoir vous proposer deux moyens nouveaux de trouver le fonds de ces deux millions dont les Estats ont besoin pour les dépenses de 1698 et 1699, et je me donne l'honneur de vous en envoyer le mémoire. Celuy de l'augmentation du tiers des devoirs a esté présenté aux députés des Estats, et j'en ay la soumission*.....»

* Voir, du 27 octobre au 13 novembre, les lettres de l'intendant, de M. le maréchal d'Estrées, de M. de la Faluère, du sieur des Grassières, des prélats, etc.

Toutes ces lettres témoignent d'une opposition absolue à l'établissement de la capitation pour le compte de la province. M. de la Faluère dit, le 30 octobre : «Ce que vous me faites l'honneur de me mander, touchant ce que vous jugez qu'il faut faire entendre aux Estats sur les deux années de capitation que le Roy leur propose de lever pour acquitter leurs dettes, n'a pas manqué de leur estre dit et redit, tant dans les députations solennelles, que dans les conférences et conversations particulières; mais, sans vous parler de la députation d'hier, où, après un grand flux de paroles très-honnestes, M. de Saint-Malo conclut par un refus très-formel sur les deux alternatives, je dois vous dire que l'on ne peut rien avoir de plus opiniastre que la persévérance que marquent tous les membres des Estats; persévérance d'autant plus ferme, que c'est sans clameurs, sans cohue et sans tumulte, mais avec un silence qui a surpris ceux qui ont voulu estre témoins de ce qui se passoit sur le théâtre, en sorte que, s'il estoit permis de proposer ses pensées, j'oserois vous dire que, dans le chagrin où non-seulement ceux qui composent l'assemblée paroissent, mais encore les villes de la province, ainsy que les lettres qui en viennent nous l'apprennent, il pourroit y avoir lieu d'écouter les propositions que les Estats font d'autres fonds pour satisfaire aux volontés du Roy.....»

M. l'évêque de Saint-Malo, président de la commission, écrit, à la même date : «..... Comme la gazette dernière portoit que le Roy, pour faire gouster les fruits de la paix à tous ses peuples, avoit supprimé la capitation, les milices et ustensiles dans tout son royaume, cela a si fort animé icy tout le monde contre cette capitation, qu'ils n'en veulent point du tout entendre parler.....»

Suivant le sieur des Grassières (30 octobre), le clergé se montra des plus hostiles à la proposition formulée par les commissaires du Roi. «L'Église, qui, dans le commencement des Estats, estoit d'avis qu'on continuast la capitation, a changé de sentimens, depuis que, dans les deux autres ordres, on a prétendu que les ecclésiastiques en payeroient leur part, si elle estoit continuée. Les prélats paroissent à présent aussy opposés à la capitation et à l'entrée que la noblesse, et il semble que tous les membres des trois ordres n'envisagent que leur intérest particulier; aucun ne fait attention au bien général. L'Église et la noblesse prétendent qu'ils ne doivent point contribuer au payement des charges et des dettes des Estats, et qu'on donneroit atteinte à leurs priviléges, si on les obligeoit de taxer chaque particulier de leurs ordres pour le payement de ces dettes. Il n'y a pas d'apparence qu'on puisse les faire changer de sentimens, et plusieurs gentilshommes parlent avec trop de liberté sur cette affaire.....»

Deux membres de l'ordre de la noblesse, qui s'étaient permis, dès le début de la session, à propos des rôles de la capitation, d'attaquer le travail fait par M. de Nointel et d'accuser cet intendant, avaient été punis, l'un, de la prison, l'autre, du bannissement des États.

Ces circonstances forcèrent le contrôleur général à abandonner les premiers projets; il en donna avis secrètement aux commissaires du Roi, et, le 9 novembre, les États reçurent la permission de recourir à l'une des deux aliénations que M. de Nointel avait proposées en second lieu. Ils choisirent l'augmentation de 1 s. 4 d. sur le débit en détail du vin, mais en exceptant les eaux-de-vie, déjà trop chargées au gré de la province. «Quand M. de Saint-Malo, comme député pour le fonds, porta cette nouvelle aux Estats, il fut interrompu trois fois par des cris de : Vive le Roy! qui se firent sur le théâtre, qui passèrent aux archers et aux laquais, et de là dans la rue, en sorte qu'on n'entendoit que cris de joye. Mais ce qui m'a donné plus de satisfaction, c'est d'avoir entendu dire à plus de trente personnes que le soulagement que les Estats recevoient dans cette occasion estoit un effet de la bonté que vous avez toujours conservée pour cette province.....» (Lettre de M. de la Guibourgère, commissaire, du 10 novembre.)

Montarau et Revol se rendirent adjudicataires de l'augmentation du grand devoir, au prix de 2 millions pour quatre ans, et des devoirs ordinaires, au prix de 4,030,000# pour les années 1700 et 1701. (Lettres diverses, du 15 au 17 novembre.)

1662. *M.* de *Nointel, intendant en Bretagne,*
au Contrôleur général.

6 Novembre 1697.

«J'ay toujours de grandes attaques à soutenir sur la capitation, et je ne puis encore m'empescher de vous rendre compte en particulier d'une nouvelle qui a éclaté ce matin, en pleine assemblée d'Estats. Ç'a esté après le rapport qui a esté fait par M. l'évesque de Saint-Brieuc des comptes que le trésorier en a présentés et des sommes dont il demande le remboursement, tant pour le principal du fonds qui luy manque pour remplir les 1,400,000# que la province s'est obligée de fournir au Roy, que pour les intérests des avances qu'il en a faites. M. l'évesque de Rennes a pris la parole, et, après m'avoir donné une fausse louange de l'exactitude avec laquelle j'ay arresté les comptes des receveurs particuliers, il a dit et expliqué avec beaucoup de véhémence qu'elle ne suffisoit pas pour faire connoistre le fonds de l'affaire et les sommes qui avoient pu estre payées par les paroisses et les communautés; qu'il estoit à propos de faire déposer les rôles au greffe des Estats, afin qu'un chacun pust y prendre les éclaircissemens qui conviendroient. Quelques personnes de l'assemblée ont voulu luy représenter que le produit de la capitation ne pouvoit estre mieux vérifié qu'il l'estoit par les pièces qui estoient représentées par le trésorier; il a toujours insisté que l'affaire méritoit d'estre approfondie plus qu'elle ne l'estoit, et, après beaucoup de discours, qui n'ont esté secondés presque de personne, au point que l'on demandoit à en délibérer sur le théâtre, il a pris le prétexte de l'heure pour rompre l'assemblée et remettre à en délibérer dans les chambres après midy. Je vous avoue que je ne croyois pas devoir estre exposé aux premiers accès du chagrin avec lequel il s'est expliqué qu'il se trouvoit cette année-cy aux Estats; et d'ailleurs, un pareil discours sied bien mal dans la bouche d'un président de l'Église, dans un temps où il s'agit d'engager une province à continuer pendant deux ans la capitation pour acquitter ses dettes*.....»

* Sont joints les comptes de 1696, montant : pour la noblesse, à 154,836# 13 s.; pour les villes et communautés, à 421,380# 19 s.;

pour les paroisses, à 854,563# 8 s. 2 d. — Voir deux lettres de justification des évêques de Saint-Malo et de Rennes, 9 et 17 novembre.

1663. *M. d'Ormesson, intendant en Auvergne,*
au Contrôleur général.

8 Novembre 1697.

Rapport sur l'administration de l'hôpital de Brioude*.

* Comparer un rapport de M. de la Bourdonnaye (Rouen), sur l'administration de l'hôpital de Gournay, 17 mai 1698.

1664. *M. le Vayer, intendant à Moulins,*
au Contrôleur général.

14 Novembre, 13 et 18 Décembre 1697.

Il se plaint que les trésoriers de France cherchent à s'arroger le maniement des deniers d'octroi, sous le prétexte qu'ils sont chargés de l'adjudication des travaux publics, mais contrairement à l'édit de création des receveurs de ces deniers, lesquels ne doivent rien payer que sur les mandements des maires et échevins, revêtus du visa de l'intendant.

1665. *M. de Bâville, intendant en Languedoc,*
au Contrôleur général.

19 Novembre 1697.

«J'ay reçu la lettre que vous m'avez fait l'honneur de m'écrire le 7 de ce mois, avec la requeste du fermier des octroys de la Saône, qui demande qu'il luy soit permis d'établir dans cette province des commis à ses frais pour vérifier les déclarations et déchargemens qui s'y feront des marchandises et denrées qui sortiront de Bourgogne sous les passe-ports du Roy. Il me paroist que l'établissement de semblables commis ne doit estre fait que dans l'étendue de son bail, et que la plus grande extension que l'on y ayt pu donner est d'en avoir établi à Lyon, qui est le lieu le plus proche, et où finit son recouvrement. Si tous les autres fermiers demandoient de semblables établissemens pour la conservation des droits qui se lèvent dans toutes les autres provinces, cela causeroit une confusion très-grande, et le commerce en seroit entièrement interrompu. Le Rhosne est déjà chargé d'un si grand nombre de bureaux, ou pour les droits du Roy, ou pour les péages, qu'on est obligé d'arrester à chaque lieu. D'ailleurs, si l'on faisoit l'établissement de ces commis, il seroit inutile de prendre des obligations de ceux qui font les chargemens de rapporter des certificats de déchargement. Ces obligations suffisent pour la sûreté du fermier, et l'établissement que l'on demande luy seroit inutile, et préjudiciable au commerce. Il paroist d'autant moins nécessaire, que, la paix estant faite, les munitionnaires n'auront pas besoin de passe-ports*.»

* Le 25 du même mois et le 2 décembre, MM. Bouchu et Lebret font deux réponses analogues, pour le Dauphiné et pour la Provence.

Sur le bail des octrois de la Saône, voir les lettres, avec les pièces qui y sont jointes, du sieur Richard, élu du Roi aux États de Bourgogne, 30 août, fin novembre et 8 décembre 1696.

Outre ces octrois, la ville de Mâcon avait demandé à en établir un nouveau, pour payer la finance des offices de receveurs et de contrôleurs de ses deniers patrimoniaux et de ses deniers d'octroi; mais le contrôleur général avait répondu que cette ressource était à réserver pour d'autres occasions et que la ville pouvait s'imposer elle-même, sans augmenter les droits qui pesaient déjà sur le cours de la Saône. (Lettre du contrôleur général à M. Ferrand, du 9 juillet 1696.)

1666. *M. de la Fond, intendant en Franche-Comté,*
au Contrôleur général.

19 Novembre 1697.

Rapport sur la découverte d'une ville romaine, à Entre, et sur les mesures à prendre pour remettre en exploitation les mines situées dans le même lieu*.

* La découverte avait été primitivement annoncée au P. de la Chaise par le P. Dunod, jésuite, dont la lettre fut renvoyée au contrôleur général. Cette lettre est conçue en ces termes : «En venant de Lyon à Besançon, pour y prescher, nous passasmes au lac d'Entre, qui est entre Saint-Claude et Moirans, où nous avons découvert une ancienne ville des Gaules, fortifiée par les Romains, pour tenir le passage de l'Italie sur le Rhin et dans les pays. La ville s'appeloit d'*Avenche* ou d'*Aventre*; on l'appelle l'*Endroit* à présent, par corruption d'Entre. Elle estoit de la grandeur de Lyon. Probablement, elle a esté bruslée par Attila. On y voit encore les ruines de deux temples et d'un théâtre, de la plus belle structure romaine; un pont qui approche du pont du Gard, avec des terrasses, des bains publics, le palais du gouverneur romain, le prétoire, les halles, les portes de la ville, etc. Mais ce qui est de plus particulier, c'est une fonderie, dont le premier étage subsiste encore, fait de grosses pierres liées avec du plomb fondu et des crampons de fer. C'est un bastiment romain des plus superbes qui ayent jamais esté en cette matière; tout y est de marbre et de peinture. On y a trouvé beaucoup de plomb; on m'a dit dans tout le pays qu'on y a trouvé beaucoup de lingots d'or; c'est une tradition constante qu'il y a des mines d'or et de plomb. Ce qui est certain, c'est que les Romains n'auroient jamais fait une si belle fonderie pour du plomb, ni basti une si belle ville dans ces montagnes, s'il n'y avoit quelque chose de particulier. Il n'y a que S. M. qui puisse faire découvrir ces bastimens et voir au vray ce qui en est.»

M. de Vaubourg, successeur de M. de la Fond, visita la localité l'année suivante, constata l'importance des ruines, et même y reconnut toutes les traces d'une ancienne exploitation; il demanda qu'on entreprît des recherches, mais le contrôleur général répondit qu'il n'y avait rien à faire. (Lettre de M. de Vaubourg, du 12 juillet 1698.)

1667. *M. d'Herbigny, intendant à Lyon,*
au Contrôleur général.

20 Novembre 1697.

«Les subhastations ni les discussions générales pratiquées en pays de droit écrit n'ont point lieu dans celuy-cy; on n'y connoist que les saisies réelles et les décrets, comme en pays de coustume; ainsy, le principal objet qui sert de fondement à la proposition de créer des procureurs curateurs à l'hoirie manque dans cette généralité. Autrefois, on y estoit dans l'usage de nommer, pour assister aux inventaires, un procureur pour les créanciers absens ou autres personnes intéressées; mais, par les règlemens des Grands Jours, cet usage a esté aboli, sauf au procureur du Roy à y assister. Il ne reste donc plus que le seul cas de l'hoirie abandonnée, lequel est rare, au point qu'on ne le voit pas arriver, à cause de la facilité qu'il y a de se porter héritier par bénéfice d'inventaire; cependant, quand le cas arrive, on nomme un curateur, honneste homme, autant qu'on le peut, mais toujours homme de paille, et, pour prester son nom, il n'a d'autre rétribution qu'une première provision très-légère, de 15 ou 20 ᵗᵗ au plus, qu'on luy adjuge pour faire les premiers frais de la procédure; après quoy il n'est plus de rien; les écritures ou autres diligences qui se continuent en son nom sont seulement payées aux avocats ou procureurs, qui les font comme ils les feroient pour toute autre partie. Cette création d'un curateur se réduiroit donc proprement à la création d'un procureur postulant dans chaque siége; l'office ne se lèveroit point, il faudroit à la fin le réunir à la communauté des procureurs. S'ils n'avoient pas déjà esté taxés en tant de manières, cela ne seroit pas mauvais, mais voilà les certificateurs de criées qu'ils n'ont pas encore payés, et qu'ils auront bien de la peine à payer *. »

* Sur les usages suivis en Dauphiné et en Provence, voir les lettres de MM. Bouchu et Lebret, 17 octobre et 9 novembre.

1668. *M. de la Faluère,*
premier président du Parlement de Bretagne,
au Contrôleur général.

20 Novembre 1697.

La récolte des grains a été généralement médiocre, sauf celle des blés noirs, qui est abondante.

« Oserois-je, à ce propos, vous proposer ce que j'ay vu sur le point d'estre exécuté en 1688, en cas que les blés viennent à aussy bon marché, ou approchant, qu'ils estoient en ce temps-là, où le Roy eut dessein de faire dans le royaume des magasins de blé, dont j'avois eu ordre de faire amas dans cette province pour 50,000 écus. J'avois trouvé des marchands qui se chargeoient de fournir et d'entretenir les greniers du Roy de bons blés, qui seroient renouvelés toutes les fois qu'il en seroit besoin, à bon compte; la guerre rompit ce dessein. Je prends la liberté de vous en parler et de vous dire, comme vous le savez mieux que moy, que cette manière d'amasser les blés dans les greniers du Pape est un moyen qui, depuis une très-longue suite d'années, fait que dans ses Estats il n'y a point de famine, et que les seigneurs sont obligés de donner leurs blés à prix raisonnable..... »

1669. *Le Contrôleur général*
à M. de Miroménil, intendant à Tours.

26 Novembre 1697.

La contestation des drapiers avec les merciers et les sergers du Mans est réglée par un arrêt du Conseil *.

Sur le premier chef, il a été donné mainlevée de toutes les saisies faites de part et d'autre.

« Sur le second chef, qui regarde la faculté de pouvoir par les marchands drapiers faire faire des étamines par les maistres sergers, le Roy n'a point entendu les priver de cette faculté, que tout le monde a, mais seulement les empescher d'en faire par eux-mesmes, ou d'en faire faire par d'autres que par les maistres du métier de serger. Ainsy, à cet égard, ils peuvent, aussy bien que toutes autres personnes, en commander et en faire faire par les maistres sergers, autant que bon leur semblera pour leur commerce. Pour ce qui est des couvertures dont les femmes se servent comme d'écharpes, elle n'est point interdite par ledit arrest aux marchands drapiers, non plus que des autres couvertures de layne, qu'ils peuvent fabriquer, pourvu qu'il n'y ayt aucun ornement ni enjolivement à la couverture. Les merciers avoient demandé qu'il fust défendu aux drapiers d'en vendre; on n'a interdit aux drapiers que la vente des mantes qui servent au mesme usage et qui se font avec des étoffes auxquelles les merciers mettent quelques enjolivemens. A l'égard de la fabrique et de la vente des culottes, comme il n'en a point esté question entre les parties, mais seulement de la vente des calottes, le mot de *culottes* ne peut avoir esté mis que par erreur dans les expéditions de l'arrest, la minute contenant celuy de *calottes*..... »

* A la suite d'une contestation analogue entre les deux mêmes corps, à Rouen, le Conseil n'accorda aux merciers la faculté de faire le commerce de la draperie qu'à charge de s'inscrire au corps des drapiers. (Lettre à M. de la Bourdonnaye, intendant, du 26 novembre.)

Voir une lettre du 17 octobre 1696, à M. de la Reynie, lieutenant général de police à Paris, sur le droit que les bonnetiers de Rouen contestaient aux maîtres ouvriers en bas au métier, d'apprêter et de vendre par eux-mêmes les produits de leur fabrication.

1670. *M. Bouchu, intendant en Dauphiné,*
au Contrôleur général.

2 Décembre 1697.

Les seigneurs qui possèdent des pâturages dans la montagne se plaignent que, depuis la conclusion de la paix, les Provençaux envoient leurs troupeaux passer l'été en Savoie plutôt qu'en Dauphiné; ils demandent, en conséquence, que l'on interdise la pâture hors du royaume, ou qu'on perçoive à la sortie 5 sols par tête de bétail.

L'un et l'autre expédient seraient avantageux; mais on ne sait s'il est possible d'enlever aux Provençaux une liberté qu'ils ont toujours eue, et de les exposer à l'arbitraire des propriétaires du Dauphiné, qui ne manqueraient pas d'élever les prix de fermage.

1671. *Le Contrôleur général*
à M. Lebret, intendant en Provence.

5 Décembre 1697.

« Vous savez qu'après les établissemens qui furent faits en Languedoc des manufactures pour les draps du Levant, le Roy accorda à la compagnie qui se chargea d'y en faire l'envoy, entre autres priviléges, celuy du transit par le Rhosne jusqu'à Genève des drogueries et autres marchandises de Levant contenues en un estat qui fut lors arresté. Ce privilége a esté depuis confirmé par plusieurs arrests, nonobstant les plaintes des marchands de Lyon, auxquelles on a cru ne devoir pas avoir égard en ce temps-là, afin d'assurer la fabrique et le transport des draperies de France dans le Levant. Je vois, à présent que ces manufactures sont bien établies, qu'il se présente tous les jours des gens qui demandent des permissions d'en établir de nouvelles, et que généralement la plupart des marchands offrent de travailler pour le Levant, pourvu qu'ils puissent le faire à des conditions égales à celles qui ont esté accordées à quelques entrepreneurs par leurs priviléges. J'ay écrit sur cela à M. de Basville, afin qu'il en confère avec les Estats qui se tiennent actuellement à Montpellier; mais, afin que le Roy puisse prendre sur sa réponse une résolution avec une entière connoissance, je vous prie de vous informer de vostre costé comment se fait le transport des draps en Levant; si c'est cette mesme compagnie qui le fait, ou si on se sert pour cela de toutes sortes de vaisseaux indifféremment, selon les commodités et les occasions; car, en ce dernier cas, il me paroist qu'il n'y auroit plus de nécessité de continuer le privilége du transport à cette compagnie. Il est vray qu'il pourroit y avoir une raison de faire subsister ce transit, afin de faciliter l'envoy des drogueries et autres marchandises de Levant dans la Suisse, Allemagne et autres pays étrangers où elles peuvent aller par cette voye; mais cette raison, qui est générale, n'a pas de rapport aux manufactures et n'iroit qu'à rendre ce transit commun à tous les marchands des villes de Marseille et de Lyon. Vous estes si bien instruit de cette matière, que je n'ay pas besoin de vous l'expliquer à fond *. »

* Le Roi avait déjà accepté la proposition faite par un Hollandais de fonder en Languedoc une nouvelle manufacture de draps pour le Levant, et le contrôleur général chargea M. de Bâville et M. le cardinal de Bonzy de tâcher que cet établissement pût se concilier avec les intérêts des autres fabriques et avec les engagements pris par les États envers ces mêmes fabriques. (Lettres du 21 octobre et du 23 décembre.) Les États votèrent une subvention de 60,000 ᵗᵗ. (Lettre de M. le cardinal de Bonzy, 7 janvier 1698.)

Il s'était aussi établi, depuis quelques années, dans les Cévennes et le Gévaudan, une manufacture de serges *impériales*, dont les produits s'exportaient par Marseille, et le contrôleur général consulte M. Lebret, le 25 octobre 1697, pour savoir si ce commerce mérite qu'on le favorise en l'exemptant des droits à la sortie du Languedoc.

1672. *M. Bignon, intendant à Amiens,*
au Contrôleur général.

6 Décembre 1697.

Il demande une nouvelle prorogation de l'affranchissement général accordé, dès 1674, à la ville de Saint-Quentin, en récompense de sa fidélité et en raison de sa situation sur la frontière, qui l'expose soit aux logements fréquents des troupes, soit aux incursions des ennemis.

1673. *Le Contrôleur général*
à M. de Bâville, intendant en Languedoc.

9 Décembre 1697.

« Sur le compte que j'ay rendu au Roy des observations que vous avez faites sur le projet de règlement qui a esté dressé pour la fabrique des draps propres pour le commerce de Levant, S. M. a trouvé bon, après avoir fait consulter diverses personnes intelligentes en cette matière, de le faire rédiger en l'estat qu'il est cy-joint, et elle m'ordonne de vous dire que vous ne sauriez rien faire qui luy soit plus agréable que de donner une attention particulière à le faire exécuter.

« S. M. a cru qu'il estoit nécessaire pour le bien des manufactures d'augmenter, dans le temps de l'établissement de ce règlement, le nombre des inspecteurs, suivant vostre avis, afin qu'ayant moins de circuit à faire, ils puissent visiter plus souvent les lieux de fabrique de leur département, et, par leurs fréquentes visites, empescher les abus qui s'y glissent facilement par la négligence des ouvriers. S. M. a donc résolu qu'il y auroit à l'avenir quatre inspecteurs dans la province de Languedoc. L'un aura pour département les diocèses de Toulouse, Rieux, Pamiers et Alby; il y a peu de manufactures dans ce département, c'est pourquoy il n'aura que 1,000 ᵗᵗ d'appointemens, et son principal soin sera de veiller sur la conduite des marchands de Toulouse qui font le commerce des laynes; comme c'est à Toulouse où ce commerce est le plus considérable, tant pour les laynes de la province que pour celles d'Espagne, et où ces laynes se lavent, s'apprestent et s'emballent pour estre envoyées dans les lieux de la province où elles s'employent, la présence d'un inspecteur intelligent pourra empescher plusieurs abus, et principalement le mélange des laynes, qui cause beaucoup de désordre dans les manufactures et dont on reçoit continuellement des plaintes. Il visitera aussy le peu de manufactures qui sont dans ce département, le plus souvent qu'il luy sera possible, et assistera au bureau des marchands de la ville de Toulouse, lorsque les gardes visiteront les étoffes qui y seront apportées des lieux de manufactures pour y estre consommées, ou pour estre envoyées ailleurs.

« Un autre de ces inspecteurs aura les diocèses de Lavaur, Castres, Carcassonne, Saint-Papoul, Mirepoix, Saint-Pons, Narbonne et Alet.

« Le troisième département sera composé des diocèses de Montpellier, Lodève, Agde et Béziers.

« Le quatrième département sera composé des diocèses de Nismes et Uzès, et l'inspecteur veillera aussy sur les manufactures des diocèses d'Alais, Mende, le Puy et Viviers; mais, comme les manufactures de ces derniers diocèses ne sont pour la plupart que des cadis, il n'y donnera pas tant de soins qu'aux autres, il suffira qu'il les visite deux ou trois fois l'année et qu'il aille tous les jeudis à Anduze pour voir en quel estat seront les étoffes qui s'y porteront au marché, afin de tenir les ouvriers dans le devoir et empescher les abus qui pourroient se glisser dans ces fabriques.

« Les inspecteurs de ces trois derniers départemens ayant un travail assez considérable, par la quantité de manufactures sur lesquelles ils auront à veiller, S. M. a trouvé bon de leur laisser les appointemens ordinaires de 2,000 ᵗᵗ; et, pour en assurer le fonds, elle a rendu l'arrest cy-joint, que vous ferez, s'il vous plaist, exécuter, afin qu'on puisse trouver le fonds de leurs appointemens sur le produit de la marque, et éviter, s'il est possible, dans la suite, la voye d'imposition sur les marchands, qui s'est pratiquée par le passé*.»

* Voir les lettres écrites le 20 octobre précédent, au sujet de la nomination des deux nouveaux inspecteurs.

A la fin du mois de décembre (circulaire du 28), le contrôleur général chargea les inspecteurs des manufactures de draps de communiquer aux principaux fabricants un projet de règlement qu'il avait fait dresser, et de recueillir toutes leurs observations, pour y faire droit.

1674. *M. d'Argenson, lieutenant général de police à Paris, au Contrôleur général.*

11 et 27 Décembre 1697.

«Il y a, dans le commerce des blés qui se voiturent dans cette ville, un fonds de malice inexcusable, mais le grand nombre des complices et leur liaison, formée par les motifs d'un intérest commun, empeschent qu'on ne puisse aysément pénétrer ce mystère d'iniquité. Je ne puis assez me plaindre, à ce sujet, des seigneurs des terres voisines et de leurs fermiers, qui n'envoyent jamais leurs blés dans les marchés publics et qui s'étudient à n'ouvrir leurs greniers que dans les temps de la plus grande cherté. Ces fermiers ont sous eux certains émissaires, qui sèment de mauvais bruits dans les marchés circonvoisins, et n'y font des achats de blés que pour en diminuer l'abondance ou pour gagner sur la revente. La correspondance exacte que j'entretiens dans les principales villes du royaume sur le fait des grains augmente de plus en plus mon étonnement sur le prix excessif des nostres, et ne me permet pas de douter de ces intelligences criminelles d'entre les fermiers, les boulangers et les marchands. Je prends la liberté de vous envoyer un extrait de tous ces prix différens, qui n'ont aucune proportion avec celuy de Paris*.

«Je dois aussy avoir l'honneur de vous dire qu'on lève, depuis deux mois, un sol marqué sur chaque setier de blé qui se décharge au port de Poissy pour estre conduit en la halle de cette ville. Ce prétendu droit passe pour une nouvelle exaction, et fait grand bruit parmy nos marchands. J'espère que vous voudrez bien approfondir un fait de cette importance, et employer l'autorité du Roy pour vous faire représenter les titres qui donnent lieu à cette levée**.....

«J'ay appris que les principaux officiers de la ville de Meaux, presque tous nouveaux convertis et d'une conduite très-suspecte, font des magasins de blés et en dégarnissent les marchés voisins. On assure que la plupart des artisans de Soissons font le mesme commerce, et que les uns et les autres sont de concert avec nos marchands pour maintenir le prix des grains dans une cherté injuste et criminelle. Cependant il est certain, comme vous m'avez fait l'honneur de me le mander, que la conjoncture n'est pas propre à réprimer cet abus par des ordonnances générales, dont il faut toujours réserver la publication pour le temps de la plus grande abondance; mais je crois qu'il pourroit n'estre pas inutile que ces commerçans se crussent surveillés par MM. les intendans, et, si la preuve de leur monopole pouvoit estre recueillie, ce seroit un grand bien pour le public de contenir leurs semblables par quelque exemple. J'ay heureusement surpris depuis peu un boulanger de cette ville qui mettoit l'enchère sur le blé de la halle, sous de mauvais prétextes; je l'ay sur-le-champ condamné à l'amende, et les autres boulangers en ont esté beaucoup plus réguliers et plus circonspects.

«Il est fascheux, à cet égard, que la police du Chastelet et celle de la ville ayent tant de peine à se concerter, et je ne me lasseray jamais d'avoir l'honneur de vous représenter l'importance de cette union. Il faudroit, pour en assurer le fruit, que nous ne pussions, ni les uns ni les autres, faire aucune ordonnance sur le fait des blés sans nous les communiquer auparavant; et je ne puis croire que, si le Roy s'en estoit une fois expliqué à M. le prévost des marchands, l'ancienne antipathie qui divise depuis si longtemps nos deux jurisdictions ne cédast au bien du service. Il est honteux pour nous que ces conflits continuels nous détournent des soins que nous devons au public, et qu'en divisant le peuple et les officiers en deux partis contraires, ils rendent l'autorité des magistrats incertaine et les contraventions plus fréquentes.....»

* Le setier, pesant deux cent quarante livres, vaut 24 # à Paris, et 11 # à Saumur ou à Nantes.

** Voir, au 10 février 1699, une lettre de M. Phélypeaux, intendant à Paris, sur le droit de péage que les farines payaient au pont de Pontoise.

1675. *Le Contrôleur général à M. le Vayer, intendant à Moulins.*

23 Décembre 1697.

«Vous savez sans doute que le sieur Robelin, ingénieur du Roy, a traité de la manufacture de fer-blanc établie à Beaumont-la-Ferrière avec le sieur de Grandmaison, qui en estoit propriétaire, pour la faire travailler et mesme l'augmenter; mais ceux qui employent le fer-blanc trouvent que celuy qui s'est de tout temps fait dans cette manufacture n'est pas propre à beaucoup d'ouvrages qu'on fait avec du fer-blanc, et principalement aux ouvrages ronds, pour lesquels il le faut plier et rouler, parce qu'en le pliant et le roulant, il s'écaille et se casse. On prétend que ce défaut peut venir, ou de la dureté et aigreur du fer, ou de ce que l'on n'a pas encore le secret de bien étamer le fer. Je vous prie de vous informer en quel estat est présentement ladite manufacture, si le sieur Robelin y est, ou quelqu'un pour luy, si on y travaille, et s'il y est fait quelque augmentation. Vous manderez aussy le sieur Robelin, ou celuy qu'il aura établi, pour savoir s'il peut faire espérer de donner du fer-blanc meilleur, mieux fait, plus aysé à employer et plus propre à toutes sortes d'ouvrages, que celuy qui a esté fabriqué jusqu'à présent; ou, en cas que le fer dont il se sert, et qu'il tire apparemment des forges voisines, ne soit pas d'une qualité tout à fait propre à faire d'aussy bon fer-blanc et d'un usage aussy aysé que celuy d'Allemagne, il ne pourroit pas faire un autre établissement ailleurs, ou tirer le fer-blanc dont il a besoin des pays où se fait le fer le plus doux.»

1676. *Le Contrôleur général à M. d'Ormesson, intendant en Auvergne.*

23 Décembre 1697.

«Il est important que je sache l'estat présent du débit des fromages d'Auvergne; prenez, s'il vous plaist, la peine de vous informer de la quantité de fromages qui peut sortir par année de vostre département; si, depuis qu'on a augmenté les droits à l'entrée sur les fromages étrangers, les peuples se sont appliqués à élever et à nourrir plus de bétail; si on y a fait une plus grande quantité de fromages qu'auparavant, et si on peut espérer que dans la suite les peuples d'Auvergne feront assez de fromages pour en fournir abondamment tout le royaume, en cas que le Roy juge à propos de conserver ce droit sur les fromages étrangers. Vous m'envoyerez un mémoire exact sur cela, le plus tost qu'il vous sera possible.»

1677. *M. de Miroménil, intendant à Tours, au Contrôleur général.*

27 Décembre 1697 et 9 Janvier 1698.

Mémoire sur la situation du Chapitre de l'église royale et collégiale du château d'Amboise, et sur les moyens de remédier à l'insuffisance de ses revenus.

1678. *Le Contrôleur général à M. de Nointel, intendant en Bretagne.*

31 Décembre 1697.

Il le charge de s'enquérir par quelles voies la Bretagne s'approvisionne d'étoffes, si elle en fabrique, et d'où elle tire les matières premières; si les règlements généraux de 1669 et de 1691 y sont observés comme dans le reste du royaume; si, au cas contraire, il y auroit inconvénient à en requérir l'exécution et à y établir soit des inspecteurs, soit l'usage de la visite et de la marque, et le droit de *sol pour pièce*.

1679. *M. de Bâville, intendant en Languedoc, au Contrôleur général.*

31 Décembre 1697.

«J'ay l'honneur de vous envoyer des copies de trois ordonnances de comptant dont le fonds a esté avancé par le sieur Sartre, qui demande d'en estre remboursé. La première est pour récompenser ceux qui ont fait prendre le ministre Guion, qui venoit de Genève pour prescher dans cette province; la seconde, pour les frais des inventaires des archives de la Chambre des comptes, et la dernière pour la nourriture du feu P. du Breuil, décédé au fort d'Alais. Je puis vous assurer que ces dépenses ont esté très-utiles, et il y a longtemps que le sieur Sartre en a fait l'avance. Je vous supplie d'ordonner son remboursement*.»

* En marge: «Luy répondre qu'on les payera dans quelque temps, mais que, pour quelque cause que ce soit, personne n'a droit de faire ainsy payer ou avancer sans un ordre d'icy.»

Quelques mois auparavant, Sartre avait fourni 180,000^{ll} pour l'armée de Catalogne, qui manquait d'argent; mais cette avance s'était faite sans préjudicier au payement des autres assignations. (Lettre de M. de Bâville, 28 juin.)

1680. *M. de Bâville, intendant en Languedoc, au Contrôleur général.*

3 Janvier 1698.

Il envoie copie d'une lettre qu'il adresse à M. de Châteauneuf et du projet d'arrêt qu'il y joint, arrêt ayant pour objet d'empêcher que les nouveaux convertis n'aillent reprendre l'exercice de la R. P. R. dans la ville d'Orange, sous le couvert de la dernière déclaration qui a rétabli la liberté du commerce.

«Cela m'oblige de vous proposer l'expédient d'un arrest ou d'une déclaration, qui confirmeroit la liberté du commerce, conformément à celle du 23 novembre dernier; mais, attendu que les nouveaux convertis en ont abusé en retournant aux exercices de leur première religion, elle leur feroit défenses d'aller dans la principauté d'Orange sans la permission expresse du commandant de la province ou de l'intendant, laquelle leur sera donnée toutes les fois qu'il s'agira du commerce; le tout sous une peine très-sévère, comme celle des galères à perpétuité pour les hommes et, pour les femmes, de cinq ans de prison et d'une amende de 3,000^{ll}. Cette proposition doit d'autant moins surprendre, que l'usage est établi que les nouveaux convertis de cette province ne peuvent pas aller à Genève sans en demander une permission; cela s'est ainsy pratiqué depuis douze ans, et c'est un exemple dont on peut se servir pour autoriser ce qui se feroit à l'égard d'Orange. On ne pourroit pas dire que l'on auroit osté la liberté du commerce à l'égard de ce pays, puisque les anciens catholiques y iroient sans aucun obstacle, et que cette déclaration porteroit un ordre formel d'accorder toutes permissions aux nouveaux convertis, lorsque ce mesme commerce pourroit estre le motif de ce voyage. Mais il ne semble pas juste que, sous ce prétexte, les nouveaux convertis puissent impunément retourner aux exercices de la Religion. S'il falloit passer ainsy par les mains du commandant ou de l'intendant de la province, très-peu de nouveaux convertis se présenteroient à eux pour leur faire une pareille demande. Il seroit bien facile de les dissuader du dessein qu'ils auroient pris d'y aller. On pourroit, du moins, prendre des précautions, en leur accordant cette permission, qui rendroient les exercices qu'ils voudroient faire de la R. P. R. fort difficiles. Il seroit d'ailleurs beaucoup plus aysé de leur faire le procès pour avoir contrevenu à cette nouvelle déclaration et pour estre entrés dans la principauté d'Orange sans permission, qu'il ne le sera de les convaincre d'avoir fait les exercices de la R. P. R. dans cette ville, où l'on ne trouvera jamais de témoins ni de preuves *.....»

* Voir les rapports de M. de Grignan, lieutenant général, sur la conduite des religionnaires d'Orange et sur leurs relations avec les nouveaux convertis des provinces environnantes. (Lettres des 1er, 6, 8, 11 et 18 novembre, 2, 8, 14, 21 et 24 décembre 1698.)

Vers la même époque, le contrôleur général fit rechercher dans les registres du Parlement de Toulouse ce qui pouvait établir les droits du Roi sur la principauté d'Orange et sur les péages et les îles du Rhône, mais on ne trouva rien. (Lettre de M. Lemasuyer, procureur général, 28 décembre.)

1681. *M. de Nointel, intendant en Bretagne,*
au Contrôleur général.

5 Janvier 1698.

«Le courrier chargé des lettres de la basse Bretagne, qui devoit arriver icy il y a aujourd'huy huit jours, a esté assassiné dans le grand chemin auprès de Guingamp, sans avoir esté volé, et je me donne l'honneur de vous envoyer le procès-verbal qui en a esté fait par mon subdélégué. Les juges des lieux en informent, mais il y a beaucoup d'apparence qu'ils ne pourront pas découvrir ceux qui en sont coupables, l'action s'estant passée sur le soir et ne l'ayant appris que le lendemain matin. On commence à se plaindre qu'il se fait quantité de vols dans la campagne, et il sera peut-estre difficile d'y mettre tout l'ordre qui seroit à souhaiter, les mareschaussées n'estant pas assez fortes ni en assez grand nombre pour une province aussy étendue que celle-cy. J'avois pris la liberté autrefois de vous en proposer une nouvelle création, et c'est une affaire qui pourroit se faire à présent utilement pour le Roy, en chargeant la province de payer tous les gages qui seroient attribués à leurs charges, ou du moins la plus grande partie. J'auray l'honneur de vous en envoyer un projet, si vous le souhaitez *.»

* La correspondance de cette année mentionne un redoublement de délits et de crimes, attribués généralement aux soldats qui avaient été congédiés depuis la paix. M. de la Faluère, à cette occasion, renouvela aussi ses instances pour que le nombre des archers de maréchaussée fût augmenté et la ville de Rennes dotée d'une compagnie du guet. (Lettre du 16 août.)

1682. *M. Larcher, intendant en Champagne,*
au Contrôleur général.

9 Janvier 1698.

Il propose d'acquérir pour le logement des intendants la maison qu'il occupe dans la ville de Châlons et qui a été anciennement habitée par M. de Caumartin, l'un de ses prédécesseurs. C'est la seule maison de la ville qui convienne à cet usage, puisque les autres ne sont, pour la plupart, bâties qu'en bois. Elle appartient à l'une de ses parentes, qui ne lui fait payer aucun loyer, mais qui annonce l'intention d'aliéner cette propriété.

«J'ay pensé que vous voudriez peut-estre bien la faire acheter pour le Roy et aux dépens de la généralité, sur laquelle on en feroit une imposition, qui ne luy seroit pas beaucoup à charge, puisque le prix n'en seroit que de 25 ou 26,000# au plus, en y comprenant 3 ou 4,000# qu'il faudroit pour y faire quelques ajustemens; et cette maison ainsy destinée au logement de tous les intendans de Champagne seroit entretenue aux dépens de la ville de Chalons, qui feroit volontiers cette petite dépense. Je ne sais si pareille chose s'est jamais pratiquée, mais l'on voit tous les jours faire de semblables impositions pour les bureaux des trésoriers de France, ou pour les logemens des élections ou autres Compagnies, et l'on pourroit, ce me semble, à plus forte raison, en ordonner de mesme pour le logement d'un intendant, qui, en faisant les affaires du Roy, travaille aussy à celles de la généralité, et qui doit estre logé convenablement à son caractère, surtout dans une ville de passage telle que celle-cy, où il est souvent obligé de recevoir de grands seigneurs, et quelquefois des princes.....

«Sur quoy je prendray encore la liberté de vous faire remarquer que, dans toutes les intendances frontières, ce sont les villes ou pays qui logent MM. les intendans, et que, dans plusieurs généralités, les villes leur fournissent aussy leurs logemens.»

1683. *Le sieur de Montmoreau, maire de Tours,*
au Contrôleur général.

12 Janvier 1698.

«..... Depuis vingt-cinq années, les précédens maires et échevins ont négligé de faire rendre les comptes des deniers communs de cette ville, en sorte que les héritiers des comptables me sollicitent journellement de les en décharger. J'ay déjà examiné ceux de six années, jusqu'en 1680, et j'y remarque une très-mauvaise administration, dont j'ay su le mystère et tiré les traités sous signatures privées qu'ils avoient faits, qui vérifient que, dès l'année 1631, ils ont commencé, et que les offices des receveurs des deniers d'octroys et patrimoniaux ont esté exercés sous des noms empruntés et ont partagé les profits et émolumens entre eux; dont il en sera encore dû des sommes considérables, depuis 1674 jusqu'en 1695, qu'il y a eu des receveurs de création en titre..... J'ajoute pareillement que ces mesmes échevins, dont la plupart sont officiers du présidial, ont en leur possession, depuis plus de trente années, les principaux titres, qu'ils ont pris dans le Trésor, et ne se font pas de scrupule de les garder en des vues d'intérest et de se mettre à couvert des recherches qu'on leur pourroit faire et à leurs familles, dont peu seroient exemptes, par la raison que le corps de ville de Tours estoit composé d'un maire électif tous les ans et de vingt-quatre échevins perpétuels, qui ne changent point que par la mort, et apporteroient encore la mesme confusion aujourd'huy, si je n'y veillois comme je fais *.....»

* M. de Miroménil, sans disconvenir des désordres signalés et de la nécessité d'apurer les comptes, ne se montra pas favorable à l'idée de faire la révision de soixante années; il croyait voir dans la proposition du maire un désir d'augmenter l'autorité de sa charge. (Lettre du 20 mars.)

1684. *M. l'Évêque de Gap*
au Contrôleur général.

12 Janvier 1698.

«J'ay reçu l'honneur de vostre lettre du 28 décembre, par laquelle vous m'écrivez que le Roy veut bien m'ayder de ses finances à l'entretien de quelques missionnaires pour travailler dans mon diocèse à l'entière instruction et conversion des nouveaux convertis, et que, pour cet effet, je dois vous faire un plan de mes vues et vous mander en détail ce qui seroit nécessaire. Mon dessein seroit, non pas de faire de ces grandes missions nombreuses et dispendieuses, dont la réputation et la force se diminuent quand elles sont trop fréquentes, n'y ayant pas assez de temps que nous en avons fait dans nostre diocèse, mais d'envoyer en différens lieux quatre bandes de missionnaires, bien choisis, savans, doux et prudens, deux à deux, lesquels iroient et viendroient, dans les paroisses les plus huguenotes, passer tantost huit jours, tantost quinze, plus ou moins, selon qu'ils y trouveroient les esprits disposés, et là ne feroient autre exercice que la prière publique, soir et matin, à la fin de laquelle ils liroient un chapitre du Nouveau Testament en françois, ce que les religionnaires ayment extrêmement, et, en lisant ce chapitre, qu'ils auroient prévu et choisi, ils l'expliqueroient, et surtout les passages qui prouvent nostre religion, d'où ils prendroient occasion, sans que cela parust affecté, d'instruire des points controversés et d'y faire proposer des objections pour les expliquer et aplanir, et le reste du jour seroit employé par eux à visiter les nouveaux convertis, pour entrer en conversation dans le fond des matières qui feroient de la peine à chacun en particulier.

«Il y a déjà du temps que j'ay deux bandes en campagne; je ne demande rien pour le passé, il n'est pas juste que le Roy fasse tout; je voudrois que S. M. me donnast 180 # par mois, à commencer le 20 janvier, afin d'entretenir ainsy huit missionnaires, à 15 sols chacun par jour, compris leur voyage. Ils auront besoin de distribuer quelques feuilles et livres instructifs; ainsy, il seroit bon d'aller jusqu'à 200 #. Cela feroit pour six mois 1,200 #. Après quoy, S. M. qui verroit l'estat, l'employ et le fruit qu'auront produit ses charités, jugera de la suite, et nous luy exposerons alors nos pensées. Voilà le plan que vous m'avez ordonné de vous faire, pour lequel je vous supplie de m'envoyer un ordre de 1,200 # sur le Trésor royal; j'y joindray de mon costé ce que je pourray, mais, comme nous ne pouvons pas tout faire, il n'est pas juste aussy que le Roy fasse tout.

«Le R. P. Polla, jésuite, que j'ay envoyé dans le fort des religionnaires, m'écrit qu'ils ont fait courir un bruit qu'il y avoit dans les traités de paix des articles secrets de ne les point contraindre à l'exercice de la religion catholique, ce qui empeschoit le fruit de ses discours.

«Depuis ma lettre écrite, nos missionnaires m'ont dit que, la guerre ayant enchéri les denrées et n'allant que deux ensemble, il leur seroit difficile de dépenser par jour moins de 20 sols chacun; sur ce pied, il faudroit un ordre, non de 1,200 #, mais de 1,600 #, s'il vous plaist et à S. M.*.»

* Voir la première lettre écrite par l'évêque, le 8 décembre de l'année précédente.

1685. *M. de la Houssaye, intendant à Soissons,*
au Contrôleur général.

13 Janvier 1698.

Les accaparements de grains dont M. d'Argenson a accusé les artisans de Soissons se réduisent à quelques approvisionnements faits par des maisons religieuses ou par des marchands. D'ailleurs, le marché de Soissons est trop surchargé par la perception du droit de *stellage*, pour que les spéculateurs y puissent faire des achats.

«Si l'on veut approfondir la véritable cause de l'augmentation du prix du blé, je suis persuadé que l'on n'en trouvera pas de plus essentielle que la crainte de la diminution des espèces; l'appréhension de perdre fait que tous ceux qui ont de l'argent veulent acheter, et que personne ne veut vendre; l'on cherche à convertir l'argent en blé, au lieu que naturellement on devroit convertir le blé en argent. Cela est si véritable, que les vins, les avoynes, les foyns, enfin, tout ce qui tombe dans le commerce augmente pareillement de prix, le nombre de ceux qui veulent acheter produisant l'enchère, quand peu de gens veulent vendre, de mesme que le nombre de ceux qui veulent vendre produit le bon marché, quand peu de gens se présentent pour acheter. Je continueray d'estre attentif à ce qui se passera sur ce sujet, et j'auray l'honneur de vous en rendre compte.»

1686. *M. de Bezons, intendant à Bordeaux,*
au Contrôleur général.

18 Janvier 1698.

Les jurats de Bordeaux demandent à envoyer un député à Paris pour soutenir le procès qu'ils ont au Conseil contre le fermier du domaine; cette affaire intéresse tout à la fois la directe universelle qu'ils prétendent avoir dans les seigneuries appartenant à la ville, la censive que le domaine royal veut percevoir sur l'emplacement de l'ancienne enceinte et sur les quais, et enfin divers autres droits seigneuriaux, au sujet desquels la discussion dure depuis plusieurs années.

1687. *M. Lebret, intendant en Provence,*
au Contrôleur général.

20 Janvier 1698.

«..... Dès qu'on a résolu de procéder à la vérification des dettes d'une communauté, on donne un délay raisonnable aux créanciers pour représenter leurs titres, et aux consuls pour les contredire, par-devant le commissaire qui y doit travailler et qui, après avoir retranché tout ce qui est usuraire ou injuste, liquide ce qui doit revenir à chacun de ces créanciers, tant en principal qu'intérests échus jusqu'au jour de la closture de son procès-verbal; lequel estant confirmé par un arrest du Conseil, on fait un rôle de répartition de la somme à laquelle se monte le total des créances vérifiées sur chacun des possédant fonds dans l'étendue du territoire de la communauté, à proportion de leurs allivremens; en sorte, par exemple, que, si toutes les dettes qu'il s'agit de payer et dont la communauté est déclarée redevable par l'arrest du Conseil montent à 3,000,000 ᵗᵗ, tant en principal qu'intérests, le plus fort allivré sera compris dans le rôle de répartition pour 5, 6, ou 8,000 ᵗᵗ, et les autres allivrés à proportion. Ce qui est si bien réglé par le cadastre, qu'il seroit impossible de favoriser un allivré au préjudice des autres, qu'ils ne s'en aperçussent dans le moment. Et c'est pour cela qu'après avoir laissé ce rôle, qui contient la répartition de la somme à laquelle reviennent toutes les dettes, pendant un certain temps, à l'hostel de ville, pour estre examiné par tous ceux qui y ont intérest, on assigne un jour aux créanciers pour aller faire leurs options, suivant la date de leurs contrats ou obligations, en sorte que le plus ancien opte le premier, et ainsy successivement des autres, jusqu'au dernier; bien entendu que, du moment que les options sont faites, la communauté se trouve entièrement libérée, et les habitans chargés envers les créanciers qui ont opté sur eux, jusqu'à concurrence de la somme pour laquelle chacun d'eux se trouve compris dans le rôle de répartition, mais avec cette faculté de payer en fonds suivant l'estime, ou en deniers, en dix années et dix payes égales, avec intérests à proportion.»

Ce système a toujours été pratiqué en Provence, et particulièrement dans les dernières liquidations, qui datent de 1600, 1620 et 1644. Il a pour avantage de libérer les communautés sans qu'il leur en coûte rien, puisque les fonds ne cessent point, en quelque main qu'ils passent, d'être assujettis à toutes les charges. D'ordinaire, les créanciers étrangers à la localité s'accommodent avec les habitants sur lesquels ils ont opté, et ceux-ci, moyennant une remise, payent en argent et gardent leurs fonds.

Ce serait donc un grand bien que le Roi permît aux communautés de liquider 30 millions environ qu'elles doivent, et dont un tiers avait été revisé avant la dernière guerre.

On peut objecter que l'obligation imposée aux créanciers de se payer en fonds, s'ils n'aiment mieux faire une remise, éloignera à l'avenir les prêteurs et nuira au crédit des communautés; mais il est facile de constater que certaines communautés qui s'étaient acquittées ainsi avant la guerre, ont trouvé très-aisément les moyens de fournir aux charges extraordinaires qui accablent le pays depuis dix ans, et il en avait été de même après toutes les liquidations précédentes. D'ailleurs, rien n'est plus nuisible au crédit que l'augmentation toujours croissante de dettes qui, joignant à cela le désordre de l'administration, consomment tous les revenus *.

* «Bon pour le tout, mais successivement. . . . .»

Comparez les mémoires de M. Turgot, sur la liquidation des dettes du Verdunois et du pays messin (20 novembre), et de M. de Vaubourg, sur la liquidation en Franche-Comté (16 décembre).

Le travail avait été suspendu depuis la guerre; on s'était borné à réduire à cinq pour cent tous les intérêts et à interdire toute poursuite aux créanciers, pourvu que les communautés leur payassent les arrérages courants. Le contrôleur général, malgré la paix, ne voulut pas ordonner immédiatement la reprise des opérations. (Lettre de M. Sanson, intendant à Soissons, 11 août.)

1688. *M. Dalon, premier président du Parlement de Pau,*
au Contrôleur général.

25 Janvier 1698.

Il demande des ordres et un pouvoir pour exercer les fonctions de gouverneur et de commissaire départi en l'absence de l'intendant.

1689. *M. de Bâville, intendant en Languedoc,*
au Contrôleur général.

26 Janvier 1698.

La session des États se prolonge plus qu'elle ne le devrait, mais la discussion des affaires extraordinaires n'est pas la seule cause de cette lenteur.

«Les officiers de la province demandent toujours à allonger les Estats, estant le seul temps de l'année où ils soient en fonction et en quelque considération. C'est au président à les presser, à nommer des commissaires sur toutes les affaires, à leur marquer des jours pour les rapporter, à faire entrer soir et matin, quand cela est nécessaire, et enfin à conduire toutes choses. M. le cardinal de Bonzy n'est plus en estat de prendre toutes ces peines, et les officiers travaillent plus lentement qu'ils ne faisoient autrefois. Les Estats, par l'édit de Béziers, ne devroient durer que quinze jours. La plus longue affaire qu'il y ayt est la liquidation de l'étape, qui sera très-courte pendant la paix, et, si vous avez agréable d'en dire un mot cette année aux députés, je crois que cela sera très à propos. L'inconvénient n'est pas néanmoins que la longueur des Estats soit à charge à la province, parce que la dépense est toujours égale. Les députés ont quatre *monstres* : l'une que l'on appelle *de grâce;* les trois autres pour le mois où l'on commence les Estats, celuy où on les continue, et le dernier où ils finissent. C'est par cette raison que l'on demande l'ouverture des Estats à la fin d'un mois, que l'on paye tout entier, pourvu que les Estats tiennent quelques jours de ce mois; il en est de mesme pour le commencement d'un autre mois. A ces monstres, que la province paye, les diocèses ajoutent des journées pour aller et pour revenir. Quand les Estats dureroient quatre mois, ils ne consteroient pas plus; mais, quand il n'y auroit que la longue absence de MM. les évesques de leurs diocèses, il n'en faudroit pas davantage pour abréger ce temps. Ils duroient autrefois six mois et quelquefois huit, et, si l'on n'y prenoit garde, on retomberoit insensiblement dans ces longueurs. Quand les affaires du Roy sont faites, il est inutile qu'une pareille assemblée subsiste longtemps. J'ay représenté plus d'une fois qu'il estoit bon d'avancer et de finir; mais, si le président ne presse de son costé, les remonstrances des commissaires du Roy sont assez inutiles. Je crois que six semaines au plus suffiroient pour finir toutes les affaires des Estats.»

1690. *M. Ferrand, intendant en Bourgogne,*
au Contrôleur général.

6 Février 1698.

«J'ay reçu la lettre que vous m'avez fait l'honneur de m'écrire le 28 janvier dernier, sur la disposition où sont plusieurs communautés de rembourser la finance de quelques offices privilégiés. J'ay toujours fait estat de garder quelques règles en cette occasion, et, si vous le trouvez bon, voicy celles que je me propose.

«Lorsque quelque communauté se présentera, j'ordonneray la communication de leur requeste en une assemblée générale, et, sur la délibération, je feray assigner l'officier pour procéder à la liquidation de sa finance. Je dresseray un procès-verbal du tout, que j'auray l'honneur de vous envoyer, avec mon avis et un projet d'arrest, qui sera uniforme pour toutes ces sortes d'affaires; il contiendra la permission d'imposer, ne croyant pas que ces remboursemens puissent se faire autrement. Si on donnoit la permission aux communautés d'emprunter, ce ne seroit rien faire, mais, par l'imposition, tout sera terminé. En donnant un temps raisonnable aux communautés pour faire les payemens, cette voye évitera tous les frais, qu'il est très-nécessaire d'épargner. Vous savez ce que c'est que la commission des dettes. Comme il s'est répandu que le Roy pourroit accorder aux communautés cette permission, on a déjà quelques vues pour que ces sortes d'affaires y soient portées. J'agiray toujours comme intendant, jusqu'à ce que vous m'ordonniez le contraire.»

1691. *M. Foucault, intendant à Caen,*
au Contrôleur général.

15 Février 1698.

L'entrepreneur chargé de l'entretien des chemins de Caen à Paris par Lisieux, sous la direction de l'intendant, poursuit plusieurs propriétaires riverains pour non-exécution de l'arrêt du 24 mars 1685, qui a fixé la largeur des chemins à trente-six pieds et chargé les riverains des réparations de la chaussée et du curage des fossés. Un propriétaire récuse la compétence du subdélégué de l'intendant, interjette haro sur l'entrepreneur et demande renvoi par-devant le bureau des finances de Rouen. L'intendant dit que la connaissance de ces contestations n'appartient qu'au Conseil, et que ses ordonnances, rendues en conformité de l'arrêt de 1685, doivent être exécutées nonobstant oppositions et appels.

1692. *M. de Bâville, intendant en Languedoc,*
au Contrôleur général.

16 et 21 Février 1698.

Il a terminé par une transaction l'affaire pendante entre les consuls de Narbonne et Mme la princesse d'Harcourt, donataire des revenants-bons de la morte-paye de Narbonne. L'accommodement est basé sur ce que les consuls avaient pendant longtemps négligé de parfaire l'effectif des quatre compagnies qu'ils devaient entretenir pour la garde de la ville, et, quoique les fonds destinés à cet usage n'aient été détournés que pour des emplois utiles, la ville payera 33,000^tt^, soit sur ses deniers, soit par imposition*.

* La recherche de ces revenants-bons était commencée depuis plus de trente ans, quand le Roi, sur l'avis de M. de Bâville, avait fait don des deniers qui pourraient en revenir à Mme d'Harcourt. Voir la lettre de M. de Bâville, du 21 novembre 1693.

1693. *M. de Miroménil, intendant à Tours,*
au Contrôleur général.

20 et 28 Février 1698.

Rapports sur un débordement de la Loire et du Cher et sur l'état des levées endommagées par les eaux.

1694. *M. le Vayer, intendant à Moulins,*
au Contrôleur général.

2 Mars 1698.

Les habitants de Luzy se plaignent de ce que le maire, appuyant ses dires sur un faux exposé des charges de la ville, et soutenu par une délibération de quelques habitants, a fait établir en 1694 un droit d'octroi sur l'entrée et le débit au détail du vin, dont le produit doit servir au payement des gages des nouveaux officiers de ville et à l'acquittement des charges.

«Lorsque cet arrest eut esté enregistré au bureau des finances et en l'élection, et que j'eus ordonné l'exécution d'iceluy, tous les habitans, et principalement les cabaretiers, s'élevèrent contre et formèrent des oppositions pour en empescher l'exécution, et ils se mutinèrent tellement, il y a trois ou quatre mois, que lesdits cabaretiers mirent tous leurs bouchons et enseignes bas, et les troupes et les voyageurs ne pouvoient trouver à manger et à boire dans les hostelleries de cette petite ville, qui est un très-grand passage pour la Bourgogne. Je fus obligé de rendre une ordonnance pour obliger ces cabaretiers de remettre leurs bouchons et leurs enseignes et de fournir le vin aux passans et aux troupes à l'ordinaire, à peine de grosses amendes, sauf à eux à se pourvoir pour le rapport et révocation dudit arrest du Conseil par les voyes ordinaires. En conséquence, ils m'ont présenté ladite requeste, sur laquelle je prendray seulement la liberté de vous dire que ces deniers d'octroy ne sont d'aucune utilité dans la ville de Luzy et troublent beaucoup le commerce du vin qui passe par cet endroit, pour le transport qui se fait de Bourgogne dans ces provinces. Il est certain que le maire ne les a fait établir que pour en profiter. Il est couché dans l'estat du Roy pour ses gages de maire, qu'il touche indépendamment de ces octroys; il y a une fondation considérable pour la rétribution du maistre d'école; les pavés des rues ont coustume d'estre entretenus par les propriétaires des maisons; les présens de ville qu'on fait à Luzy sont imaginaires, jamais l'on n'y en a fait, et, quand j'y ay passé plusieurs fois, je n'en ay point ouï parler; il en est de mesme des feux de joye. Et vous jugerez bien plus aysément que tous ces faits, allégués pour causes légitimes de l'établissement desdits octroys, sont de faux prétextes, quand vous saurez que Luzy n'est composé que de quatre-vingts feux et de trois cents âmes tout au plus, en sorte que ce n'est qu'un petit bourg fermé, où l'on n'a jamais ouï parler d'une telle magnificence de présens de ville et de feux de joye et autres dépenses de cette qualité, qui ne conviennent qu'aux villes un peu considérables. Et je crois que, pour empescher l'abus et dissipation de ces revenus ou droits d'octroys, il seroit très à propos de les supprimer le plus tost que faire se pourra. Pour accélérer la chose, j'ay cru qu'il estoit à propos de prendre la liberté de vous envoyer la requeste pour l'examiner, et j'écris en mesme temps à ces habitans de charger quelque avocat du Conseil de suivre cette affaire et de vous demander un arrest de décharge, au cas qu'il vous paroisse juste de le rendre.»

1695. *M. Lebret, intendant en Provence,*
au Contrôleur général.

5 Mars 1698.

«Pour bien juger de l'importance et, en mesme temps, de la nécessité du nouvel affouagement auquel les députés aux assemblées générales des communautés de Provence demandent depuis plusieurs années la permission de faire travailler, il faut savoir que la province est composée de six cents villes ou communautés, et d'environ trois mille feux; et que, comme le Don gratuit, la dépense des étapes et logemens des gens de guerre, et toutes les autres charges du pays, de quelque nature qu'elles soient, ont de tout temps esté imposées sur les fonds, ces trois mille feux ont aussy toujours esté répartis sur chacune des villes et communautés dont il est composé, à proportion de l'étendue, fertilité ou stérilité de leur terroir, de la facilité ou difficulté de débiter les fruits qu'il produit, et de la valeur des maisons des habitans; mais, parce qu'il est impossible que, dans un certain espace d'années, il n'arrive des changemens sur tout cela, qui fassent que plusieurs villes ou communautés, qui estoient tout à fait bonnes ou médiocrement bonnes lors d'un affouagement, deviennent mauvaises dans la suite, et qu'au contraire plusieurs qui estoient mauvaises deviennent bonnes, ou du moins meilleures, on est en usage en Provence de demander de temps en temps à S. M. la permission de faire procéder à ce réaffouagement, qui se termine, lorsqu'il est bien fait, non pas à augmenter ou diminuer le nombre des trois mille feux, mais à les régler de manière, sur toutes les communautés de la province, que chacune en supporte sa part à proportion du bon ou mauvais estat auquel elle se trouve, lorsqu'on entreprend ce travail. C'est ainsy qu'il en a esté usé en 1390, en 1418, en 1471, et enfin en 1662; et, quoyque ce dernier affouagement n'ayt que trente-six ans d'ancienneté, je suis persuadé qu'il est de la justice du Roy et du bien de ses affaires de se servir de la conjoncture favorable de la paix dont nous jouissons présentement pour laisser aux habitans de cette province la liberté qu'ils demandent de faire travailler incessamment à un nouveau; et cela par plusieurs raisons qui me paroissent convaincantes: la première, qu'il est de notoriété publique que la faveur et l'intérest particulier eurent tant de part à ce réaffouagement de l'année 1662, qu'aussitost qu'il eut esté achevé, on prit soin de brusler tous les papiers, mémoires et instructions qui auroient pu servir à faire connoistre dans la suite l'injustice qui y avoit esté pratiquée, et qui avoit esté si loin, que quelques-uns des députés des communautés les plus accablées ayant voulu représenter, il y a quatre ou cinq ans, en pleine assemblée et en ma présence, les injustes avantages que plusieurs autres, et particulièrement celle de Lambesc, avoient tirés de ce réaffouagement, le député de la dernière se leva et dit publiquement que, si elle avoit esté favorisée, ce n'avoit pas esté gratuitement, puisqu'elle avoit donné à quelques personnes qui se mesloient lors de cette affaire 500 écus pour chacun feu dont elle avoit esté soulagée. En effet, il est certain, puisque ceux qui auroient le plus d'intérest à laisser les choses sur le pied qu'elles sont en conviennent eux-mesmes, que, pour favoriser la ville d'Aix et diverses communautés de la province, la ville de Draguignan et plusieurs autres furent tellement chargées des feux à proportion desquels elles ont contribué depuis à toutes les impositions, qui ont esté si excessives dans les derniers temps, qu'il est impossible de les tirer de l'extrême accablement où elles se trouvent présentement que par le réaffouagement, qu'elles demandent depuis longtemps, avec un empressement qui fait assez connoistre l'extrême besoin qu'elles en ont.

«La seconde, que les divers changemens arrivés soit par les ravines, défrichemens et conversion de terres labourables ou incultes en vignes, qui ont esté d'un grand rapport, soit par la diminution du commerce dans de certains lieux et par l'augmentation de ce mesme commerce dans d'autres, et surtout dans les communautés voisines de la mer et des villes de Marseille et de Toulon, où l'augmentation du nombre des habitans et des galères et vaisseaux de S. M., jointe aux fréquens et considérables armemens de mer, ont porté les denrées à un prix excessif; que tous ces changemens, dis-je, arrivés depuis l'année 1662, ont jeté une telle inégalité dans les impositions qui se font à quotité de feux sur les communautés pour le payement de toutes les charges de la province, qu'il seroit à craindre que les plus accablées ne succombassent entièrement, au grand préjudice des affaires du Roy, si elles n'estoient soulagées par le moyen qui est proposé.

«Et la troisième, que la réponse favorable que S. M. a bien voulu faire au premier article du dernier cahier de la province, et qui a esté rendue publique par la lecture qui en fut faite à la dernière assemblée, ne laissant aucun lieu de douter qu'on ne travaille incessamment à ce nouvel affouagement, les administrateurs des villes et communautés les plus soulagées retarderont jusqu'à ce qu'il ayt esté fait le payement de leurs charges et affecteront, au préjudice des affaires du Roy et du général de la province, tous les autres moyens qu'ils croiront propres à persuader leur impuissance et à obtenir une injuste diminution de feux, au préjudice des communautés véritablement accablées.

«Mais ce qui doit faire beaucoup de peine est que, plus ce nouvel affouagement est important et nécessaire, et plus il sera difficile d'y faire travailler sans que la faveur y ayt quelque part; car, comme toutes les personnes de crédit et d'autorité s'y trouvent intéressées, et qu'il s'agit de diminuer ou d'augmenter pour un grand nombre d'années les charges de leurs biens roturiers ou de ceux de leurs vassaux, il ne faut pas douter qu'elles ne mettent tout en usage pour faire traiter favorablement les communautés qu'elles ont des raisons de soulager. A quoy je ne vois point d'autre remède que celuy d'obliger MM. les procureurs du pays à choisir les particuliers qui iront sur les lieux pour s'informer de la force des communautés et en dresser leurs procès-verbaux et avis, entre ceux de la province qui ont le plus de réputation de probité et qu'on croira moins capables de crainte ou de corruption; car il ne seroit pas possible de changer la forme portée par les mémoires que M. l'archevesque d'Aix vous a envoyés sur cette affaire, sans aller directement contre ce qui s'est pratiqué de tout temps. L'avantage que le Roy et le public tireront de ce travail, s'il est fait présentement, est que ce prélat, qui est très-éclairé, et qui n'a assurément aucune autre vue que celles de la justice et de l'égalité, se trouvera à la teste du bureau, où, après avoir entendu les députés des communautés, on examinera et rédigera tout le travail que les commissaires auront fait sur les lieux, et que, comme on n'y prendra apparemment aucune résolution qu'elle ne m'ayt esté communiquée, la connoissance que j'ay du fort et du foible de la plupart des villes et communautés de mon département servira beaucoup à corriger ou rectifier tout ce que le crédit ou l'intérest pourroit avoir fait faire de mauvais *.»

* Les communautés de Provence demandaient depuis dix ans qu'on fît le réaffouagement, et, après la réponse favorable faite au cahier de remontrances de l'année 1697, M. l'archevêque d'Aix et les procureurs du pays (8 et 10 janvier 1698) avaient envoyé des mémoires sur les anciennes opérations du même genre et sur le droit qu'avait l'assemblée d'y procéder par ses commissaires. Le contrôleur général ne répondit que le 25 mars, que le Roi autorisait le travail, et que M. l'archevêque d'Aix en aurait la haute direction.

Sur la suite du travail, voir les lettres de M. l'archevêque d'Aix, 21 et 28 avril, 22 octobre, 5 et 17 novembre, 1er décembre, et celles de M. Lebret, 21 et 28 avril, 7 juillet, 3 octobre, 4 novembre. Les opérations furent terminées le 1er décembre, pour être soumises à l'assemblée des communautés, dont on retarda la tenue à cet effet, parce qu'elle devait les approuver, avant que le Roi autorisât le nouvel affouagement par ses lettres patentes.

Les commissaires ne trouvèrent d'opposition que chez les consuls d'Aix, qui prétendirent que leur ville, capitale de la province, ne devait pas être cotisée par feux, mais seulement à la septième partie de la totalité des feux de la viguerie, et chez les consuls de Toulon, qui firent une protestation en faveur de leur port. On passa outre, pour ne pas interrompre le travail général; M. Lebret et M. l'archevêque d'Aix furent même d'avis qu'on gardât le silence sur la protestation de Toulon. «Lorsque le travail sera achevé, dit M. Lebret, et qu'il sera question de le confirmer par lettres patentes, suivant l'usage inviolablement observé, il vous sera facile d'augmenter ou diminuer le nombre des feux, non-seulement de la ville de Toulon, mais mesme des autres lieux de la province, si celuy auquel on aura cru juste de les fixer ne vous paroist pas conforme aux intentions du Roy et au bien du service de S. M.» (Lettres de M. l'évêque de Riez, 2 juillet et 4 août; des consuls d'Aix et de M. Lebret, 7 juillet; de M. Lebret et de M. l'archevêque d'Aix, 4 et 5 novembre.)

1696. *M. de Bouville, intendant à Orléans,*
au Contrôleur général.

7 Mars 1698.

«Vous trouverez cy-joints des plans de Maintenon, du canal qui va joindre la rivière d'Eure à l'abbaye de Coullon, et de toute ladite rivière depuis ladite abbaye jusque près le Pont-de-l'Arche, qu'elle tombe dans la Seine. J'ay cru y devoir joindre aussy le plan du chemin depuis Orléans jusques au delà de Chartres, afin de satisfaire en mesme temps à tous les ordres qu'il vous a plu me donner en différens temps sur cette affaire.

«Le canal est en mauvais estat, et la navigation de la rivière n'est pas aussy aysée qu'il seroit à désirer, à cause des graviers qui s'y rencontrent en plusieurs endroits. Elle a esté visitée très-exactement par le sieur Poictevin et un homme que j'y ay envoyé avec luy, lorsque je n'ay pu y aller moy-mesme, et la dépense pour la mettre en estat a esté estimée par le sieur Poictevin à 25,000 ᵗᵗ, lesquelles on pourroit imposer sur les trois généralités de Paris, Rouen et Orléans, auxquelles cette navigation est très-utile, si vous voulez tout d'un coup rendre cet ouvrage parfait; sinon, on peut laisser les choses en l'estat qu'elles sont, et la navigation sera moins facile, mais elle se fera de mesme.

«Quant à la dépense pour mettre le canal en estat, elle n'est pas considérable, ainsy que vous le verrez par la soumission cy-jointe du nommé Colin. J'espère trouver 2,000 ᵗᵗ de revenant-bon sur les deniers destinés pour le chemin; il y a un pont dont le prix, montant à 550 ᵗᵗ, doit estre employé dans l'estat des ponts et chaussées, et le surplus se payera en fers qui se trouveront dans le magasin, et qui ont esté tirés des portes des écluses, à ce qu'il m'a assuré.

«Il reste à pourvoir à l'entretien de ce canal, de la rivière d'Eure, après qu'elle aura esté mise en estat, et du chemin, de mesme qu'aux gages d'un inspecteur et d'un éclusier pour les trois écluses du canal. La rivière d'Eure pourra estre entretenue par les produits des portes auxquelles il se lève des droits sur les bateaux, suivant l'estat cy-joint, et on y ajoutera 5 sols par chaque bateau, pour faire le fonds nécessaire pour 350 ᵗᵗ que Colin demande par chacun an pour entretenir le canal et les trois écluses, et pour les gages d'un inspecteur qui tienne la main à ce qu'on ne fasse rien sur ladite rivière qui en rende la navigation plus difficile.

«Ces 5 sols ne seront point à charge aux bateliers, parce qu'il est nécessaire de fixer les droits qui seront levés à l'avenir à chacune desdites portes, attendu qu'outre ce qui paroist s'y lever présentement et si différemment des unes aux autres, les meuniers exigent ce qui leur plaist et font donner 5 sols par chaque bateau à leurs garçons. Ainsy, par ce règlement, vous retrancherez aux bateliers une infinité de faux frais, et les propriétaires des portes n'auront point sujet de se plaindre.

«Je ne propose pas de faire payer à chacune des trois écluses du canal les mesmes droits qui se lèveront auxdites portes; je suis persuadé qu'il faut faciliter le passage aux bateliers, afin de leur faire souhaiter d'aller à Maintenon, où les marchands seront attirés par les beaux magasins qui y sont et parce qu'ils auront une lieue et demye, ou environ, moins de chemin à faire par terre, que s'ils faisoient rester leurs bateaux à Nogent; mais, comme il faut payer un homme pour ouvrir les écluses, je crois que chaque bateau luy pourroit payer 5 sols à chacune desdites écluses, pour luy servir de gages.

«Le fonds nécessaire pour l'entretien du chemin, afin d'en éviter le dépérissement, est aussy facile à trouver; il n'y a qu'à suivre ce qui a esté établi et qui se pratique encore aujourd'huy pour une partie du grand chemin d'Orléans à Paris et pour les pavés qu'on nomme les *petites chaussées*. Il faudroit établir des péages sur ce chemin, savoir : entre Orléans et Chartres, à Allaines et à Allonnes, et on feroit payer 6 deniers par chaque cheval chargé ou attelé; et, comme ce chemin joint le grand chemin de Paris à la Croix-Briquet, où il se perçoit un péage de 5 deniers par cheval, de mesme qu'à Cercottes, et enfin à la porte de la ville d'Orléans, on pourroit augmenter ces trois péages d'un denier par cheval seulement, parce que, si on y établissoit le mesme droit qu'à Allonnes, on y payeroit 11 deniers par cheval qui viendroit par ce chemin, ce qui seroit trop fort. Et, en joignant ces péages aux revenus de la ville d'Orléans, de mesme qu'elle jouit de tous les autres établis sur tous les chemins aux environs de ladite ville jusques à Angerville, sur le grand chemin de Paris, on la pourroit charger de l'entretien de celuy-là, comme elle est tenue de tous les autres. Voilà les vues qui me sont venues pour donner la dernière perfection à cet ouvrage*.»

* Voir une autre lettre, du 26 avril suivant.

1697. *M. Dubois, prévôt des marchands de Paris,*
au Contrôleur général.

7 Mars 1698.

Il propose divers expédients par lesquels on pourrait procurer à la ville de Paris les fonds nécessaires pour l'acquittement des dettes, la construction d'un pont de pierre à l'île Notre-Dame et l'achèvement des quais ou des autres ouvrages projetés :

Attribution à la ville des priviléges concédés gratuitement, en divers temps et à divers particuliers, pour l'établissement et le louage des carrosses de place et de remise;

Création d'officiers chargeurs et déchargeurs de bateaux, de bois flotté et de veaux; de visiteurs-mesureurs des aulx, oignons et fruits; de visiteurs des chairs de porc; de gardes des ports de la Seine et des rivières affluentes, etc.;

Création d'auneurs des étoffes de laine, de commissionnaires-facteurs en draps, de botteleurs et courtiers de foin, de jurés vendeurs en clouterie, ferronnerie, etc.

1698. *M. d'Ableiges, intendant à Poitiers,*
au Contrôleur général.

11 Mars 1698.

Le clocher de l'église d'Escoudun s'étant écroulé sur le chœur, le sanctuaire se trouve entièrement découvert. Les réparations, qui sont estimées à 2,500 ††, devraient être à la charge des gros décimateurs; mais on pourrait plutôt en imposer le montant sur les nouveaux convertis, qui composent presque toute la paroisse, d'autant mieux qu'ils sont fort riches et ne vont pas à l'église*.

L'un de ces convertis est mort en refusant les sacrements, et le lieutenant criminel de Saint-Maixent demande s'il faut revenir, comme on le faisait avant la guerre, à l'exécution stricte de la déclaration d'avril 1686, c'est-à-dire condamner le défunt comme relaps, traîner son cadavre sur la claie et confisquer ses biens.

«Je ne crois pas qu'il soit à propos de faire punir ce cadavre, et qu'il faut laisser cette poursuite. Ce sont des spectacles publics qui ne produisent d'autres effets que de confirmer les religionnaires dans leur opiniastreté. Je peux vous assurer que cela est hors d'usage en Poitou**.»

* «L'avis ne vaut rien. Suivre les règles; payera qui devra.»
** «Procès, et traisné sur la claye.»

1699. *M. de Bâville, intendant en Languedoc,*
au Contrôleur général.

11 Mars 1698.

Deux frères, fabricants à Carcassonne, sont convaincus d'avoir effacé le cachet apposé par l'inspecteur des manufactures sur cinquante pièces de draps destinées au Levant, pour y substituer la marque de la première qualité. Les cinquante pièces ont été arrêtées à Marseille, et l'un des marchands, mis en prison, a tout avoué. Si cet emprisonnement et la saisie ne suffisent pas, il faut un arrêt d'attribution pour que l'intendant prenne en main la procédure.

1700. *M. de Vaubourg, intendant en Franche-Comté,*
au Contrôleur général.

11 Mars 1698.

«Je trouve icy que M. de la Fond estoit en possession de connoistre, privativement à tous autres juges, des contestations dans lesquelles les communautés ont intérest, de quelque nature qu'elles puissent estre, et mesme des procès entre les seigneurs et leurs tenanciers en corps de communauté, pour raison des cens et rentes et autres droits; des supplémens de portions congrues demandés par les curés à leurs paroissiens; des instances concernant la construction et les réparations des maisons curiales, ensemble des chœurs et clochers des églises;

en un mot, de toutes les affaires des communautés, à la réserve des surtaux, abus de rôles et exemptions d'imposition, qui sont attribués à la Chambre des comptes de Dôle et aux présidiaux par les derniers édits*. Cet usage peut estre bon, mais il a ses inconvéniens; d'ailleurs, je ne trouve pas que j'aye un pouvoir suffisant pour le continuer, et je crains qu'on ne soit surpris au Conseil d'y voir quelquefois des appellations de mes jugemens et des conflits de jurisdiction sur ces matières, qui sont purement de la compétence des bailliages et du Parlement. Ainsy, supposé que l'intention du Roy soit que je continue d'en user comme M. de la Fond, je crois devoir demander un arrest du Conseil attributif de jurisdiction. M. de la Fond m'a dit qu'il n'avoit qu'une lettre de M. de Barbezieux, qui luy marque que le Roy approuve son procédé, et, au surplus, le motif qu'il a eu pour s'attirer ces sortes d'affaires est que les communautés du comté de Bourgogne ayment beaucoup la chicane, en sorte que, si on les laisse plaider dans les siéges de justice du pays, elles seront dans peu fort obérées par les grands frais. Pour moy, j'estime qu'il suffit d'empescher, conformément à la déclaration de 1683, qu'elles n'entreprennent aucun procès sans permission (chose qui est déjà établie), et, de toutes leurs affaires, réserver seulement celles qui regardent les dettes communes, qu'il est bon de juger suivant les maximes du Conseil, dont les intendans sont plus instruits que les Compagnies d'officiers de judicature des provinces. Comme cette matière regarde l'ordre de la justice, autant que les finances, j'ay l'honneur d'en écrire aussy à M. le Chancelier.»

* Sur ce point, qui avait entraîné de fréquents conflits entre la Chambre, comme Cour des aides, et M. de la Fond, voir une lettre de la Chambre du 24 décembre 1694, et deux lettres de M. Borrey, premier président, et de M. de la Fond, des 4 et 21 janvier 1695. Une contestation, qui avait pour objet le jugement des demandes en radiation et des actions en surtaux, et qui avait été soulevée par un maître des comptes, prit de telles proportions, vers la fin de 1697, que le Conseil dut intervenir, et que M. Borrey, premier président de la Chambre, reçut l'ordre de se rendre à Paris pour donner les raisons d'un arrêt rendu par la Compagnie dans des termes injurieux pour l'intendant. Ses protestations lui épargnèrent cet exil, mais l'arrêt fut cassé. (Lettres de M. Borrey, 22 novembre et 3 décembre; pièces envoyées par la Chambre, 26 novembre 1697.)

Voir encore, sur les attributions respectives du Parlement et de la Chambre des comptes, deux lettres de M. Jobelot, premier président du Parlement, et de M. de Vaubourg, à la date du 25 avril 1698.

1701. *M. d'Ormesson, intendant en Auvergne,*
au Contrôleur général.

12 Mars 1698.

Il envoie les comptes de la recette et de la dépense faites pour l'habillement et l'entretien des milices par le commis de l'extraordinaire des guerres*.

* Voir, au 7 août 1693, une lettre de M. de la Fond, intendant en Franche-Comté, au sujet des avances que le receveur général des finances avait faites pour l'équipement et l'entretien des milices, dont les frais eussent dû être supportés par les communautés.

1702. *M. Ferrand, intendant en Bourgogne,*
au Contrôleur général.

13 Mars 1698.

L'entrepreneur des étapes de la province de Bresse pour l'année 1696 s'est trouvé, par suite des négociations de paix avec la Savoie, chargé de toutes les provisions qu'il avait eu ordre de préparer sur la frontière.

Les syndics de la province et le nouveau fermier ont été contraints de reprendre ces provisions; mais, sur le pied qu'ils l'ont fait, la perte est très-considérable, et d'ailleurs, l'opération a donné lieu à beaucoup de déchets. L'entrepreneur, après avoir d'abord réclamé une indemnité de 10,000 ᵗᵗ, rabat ses prétentions à 3,000 ᵗᵗ, et il y aurait justice à accorder cette somme*.

* «Suivre l'avis, si c'est aux dépens de la province et qu'il ayt caractère pour donner cette ordonnance; sinon, néant.»

Lorsque les fournisseurs des sous-étapiers avaient des viandes ou d'autres denrées de reste, après la fourniture faite, il leur était permis de les vendre au peuple. (Lettre du 12 mars 1696 à M. de la Houssaye, intendant à Soissons.)

1703. *M. de la Fond, intendant en Alsace,*
au Contrôleur général.

17 Mars 1698.

«..... Les officiers du présidial de Sarrelouis demandent, pour leur dédommagement de la diminution de leur ressort, d'estre transférés dans cette province, où ils proposent d'établir un ou deux présidiaux..... Si cette province avoit subsisté comme auparavant le traité de paix, il n'auroit pas esté difficile de faire l'établissement des présidiaux que l'on propose, parce qu'elle avoit près de quarante lieues de longueur, dont l'étendue se prenoit depuis Belfort, qui sert de limite au comté de Bourgogne, jusqu'à Landau, qui est son extrémité du costé du Palatinat. On auroit pu établir un présidial à Colmar ou à Ensisheim, dont la haute Alsace auroit fait son ressort, et un autre à Haguenau ou Wissembourg pour la basse Alsace, le Conseil souverain restant à Brisach. Cette division auroit esté très-juste et auroit esté de quelque commodité aux peuples; mais les choses ont changé de face. La basse Alsace est diminuée totalement, parce que le principal bailliage (qui est celuy de Gemersheim) est rendu, par le traité de paix, à l'Électeur palatin. Le roy de Suède prétend que celuy de Berquesabe, autrement dit Neucastel, est une dépendance du duché des Deux-Ponts, qui luy est cédé par le mesme traité. Ces deux bailliages comprennent la plus grande partie des villages qui sont depuis Wissembourg jusqu'à Landau et ce qui faisoit la meilleure partie de la basse Alsace, de sorte qu'un présidial n'auroit quasi plus de fonction et devient comme inutile.

«Il n'y avoit dans la haute Alsace de lieu propre à établir un présidial que dans la ville de Colmar, où S. M. a trouvé à propos de transférer la Chambre souveraine de ce pays, parce que cette dite ville est située dans le milieu de ladite haute Alsace et à portée de tout ce pays. On pouvoit l'établir à Ensisheim, mais il n'y a que trois petites lieues de distance l'une de l'autre, et, comme, dans les établissemens, il faut au moins avoir une vue de soulagement ou du bien des peuples, l'établissement de ladite Chambre souveraine rend le projet d'un présidial inutile.

«Dans la situation donc où est cette province, je trouve très-inutile aucun établissement de présidiaux, puisque le peuple n'en recevroit le moindre soulagement; mais, quand la situation requerroit cet établissement, on auroit grande peine d'en venir à bout pour l'utilité du Roy, car ce pays est bien différent de celuy que je viens de quitter et des autres provinces du royaume, où les femmes, par gloire et vanité, engagent leurs maris d'acheter des charges qui ont quelque relief ou qui leur donnent quelque rang. Au contraire, on ne s'en soucie point icy, et cet usage n'est pas connu; d'ailleurs, les peuples ne sont point plaideurs, et j'apprends que la Chambre souveraine (quoyqu'elle soit, pour ainsy dire, le seul tribunal de justice de cette province) n'a presque point d'affaires. C'est un grand bonheur pour ces peuples de ne pas connoistre l'ardeur du procès; c'est ce qui les fait subsister, et il est utile pour le service du Roy de les laisser dans cet esprit.

«Une autre réflexion est que, quand bien il y auroit de l'apparence de pouvoir parvenir à cet établissement de présidiaux, je ne sais s'il seroit de l'avantage du Roy de l'ordonner dans un temps que la paix est conclue. Les charges, en France, ont esté dans tous les temps de guerre un grand secours à nos Roys; elles l'ont esté à S. M. dans la dernière. Mon sentiment, au contraire, seroit de supprimer nombre de charges dans les provinces du royaume, au lieu de les augmenter, et réserver les nouvelles créations pour un temps que le Roy en aura de besoin. La suppression de nombre de charges se peut faire sans qu'il en couste rien au Roy, et un jour il pourra trouver ce secours. Il y a nombre de charges inutiles qui sont entièrement à charge aux peuples, soit par les vexations des officiers, soit par les logemens de guerre; lesdits peuples seroient très-contens d'en payer le remboursement, et S. M. épargneroit le payement des gages*.»

* Sur l'établissement des présidiaux en Bourgogne, voir une lettre de M. Bouchu, premier président du Parlement de Dijon, du 12 juillet, et deux requêtes du présidial de cette ville, 12 juin et 12 juillet. Le Parlement, qui avait d'abord accepté la création, y trouva un désavantage si considérable pour ses attributions personnelles, qu'il offrit de faire le rachat à quelques conditions que ce fût.

1704. *M. Lebret, intendant en Provence,*
au Contrôleur général.

19 Mars 1698.

«Comme les mouvemens de la guerre et le grand nombre d'autres affaires dont j'estois chargé ne me permettoient pas d'employer le temps nécessaire aux mémoires de tout ce qu'il y a de remarquable en Provence, dans le temps que M. le duc de Beauvilliers me fit l'honneur de me les demander, je chargeay mon fils, qui estoit lors auprès de moy, d'y travailler avec beaucoup de soin, et quoyque je ne présume pas que l'ouvrage d'un homme de son âge puisse vous donner le moindre plaisir, je ne laisse pas d'obéir à vos ordres et de luy mander par cet ordinaire de vous présenter une copie de son travail, sitost qu'il sera fini; car, quoyqu'il l'ayt remis il y a plus d'un an, je sais qu'il l'a retiré depuis quelques mois pour y ajouter de nouveaux détails que M. le duc de Beauvilliers a encore désirés et dont je lui envoye les éclaircissemens, à mesure que je les reçois de MM. les évesques et autres particuliers de la province qui sont en estat de me les donner et qui les ont refusés pendant la guerre, dans la crainte qu'on ne voulust s'en servir pour faire de nouvelles taxes*.

«Le désir que j'ay de voir mon fils capable de continuer au Roy les services que ses ancestres ont toujours rendus à S. M. avec une inviolable fidélité, me fait prendre la liberté de vous faire souvenir de la bonté que vous avez eue de me promettre de luy donner de l'occupation.»

* Chaque intendant répondit, vers la même époque, à la demande analogue que le contrôleur général fit dans tous les départements. La plupart avaient terminé leur travail dès l'année 1697 ou le commencement de l'année 1698. Quelques-uns cependant ne l'achevèrent qu'après le mois de mars. M. Trobat dut même faire faire un dénombrement nouveau pour se rendre compte des changements survenus depuis la paix dans le Roussillon, et il mourut (8 avril 1698) avant d'avoir repris son travail. Voir les lettres de MM. Ferrand (Bourgogne, 17 mars), de Nointel (Bretagne, 19 mars), Trobat et de Vaubourg (Roussillon et Franche-Comté, 21 mars), de Bernage (Limoges, 22 mars), etc. Un seul mémoire se retrouve dans la correspondance; c'est celui de M. de Pomereu de la Bretèche, intendant à Alençon.

1705. *M. de Bouville, intendant à Orléans,*
au Contrôleur général.

20 Mars 1698.

«Les loups recommencent tout de nouveau d'attaquer les hommes et les femmes; ils en ont mangé et estropié plusieurs depuis un mois. J'ay fait publier que je donnerois un louis d'or par chaque loup qu'on tueroit, et il en a esté apporté douze ou quinze; mais le nombre paroist néanmoins augmenter tous les jours. Je fais faire présentement des trappes, et j'ay fait venir un homme qui les fait assez bien venir à luy par ses hurlemens. On en a tiré deux, qui ont esté blessés, et j'espère que nous pourrons en faire tuer quelques-uns pendant le clair de lune; mais, en vérité, des équipages seroient bien nécessaires, car, lorsque les feuilles seront aux arbres, ils seront bien plus difficiles à tuer et pourront faire beaucoup plus de mal.»

1706. *M. de Bezons, intendant à Bordeaux,*
au Contrôleur général.

25 Mars 1698.

Plusieurs négociants étrangers établis à Bordeaux, mais non naturalisés, sont venus demander la permission d'aller en Hollande ou ailleurs, pour faire leurs comptes avec leurs associés ou leurs correspondants. Leurs intentions ne paraissent pas suspectes, et il ne semble même pas qu'ils aient besoin de passe-ports, puisqu'ils ne sont pas naturalisés et doivent par conséquent être libres de quitter le royaume dès qu'il n'y a plus de guerre*.

* «Bon.»

1707. *Le sieur* PICON D'ANDREZEL, *commissaire ordonnateur à Nancy*,
AU CONTRÔLEUR GÉNÉRAL.

27 Mars 1698.

Rapport sur l'adjudication des fermes du duché de Lorraine et sur les mesures prises pour prévenir les malversations des fermiers ou les versements de sel à l'extérieur. La nouvelle compagnie n'a aucune attache avec les fermes de France. Pour se rendre un compte plus exact des revenus, les ministres du duc ont réservé un intérêt de 2 sols à un homme de confiance.

«Il restera les autres droits, comme gruerie, papier timbré, contrôle des exploits et tabac, qu'ils ne savent pas encore s'ils doivent affermer ou mettre en régie. Cela pourra aller à 150,000 #, si bien qu'en comptant les 600,000 # de la subvention, le total des revenus de M. le duc de Lorraine pourra aller à près de 1,700,000 # par an. Les postes avoient esté données par Charles IV à M. le président Labbé; on ne sait point encore si on les luy laissera, mais c'est très-peu de chose, et pendant la dernière paix, elles n'ont jamais esté à 10,000 #*.»

* M. Turgot, intendant à Metz, envoya, le 6 septembre, l'édit par lequel le duc de Lorraine venait de supprimer tous les offices en activité, pour les rétablir suivant les anciens usages du duché.

1708. M. DE SÉRAUCOURT, *intendant en Berry*,
AU CONTRÔLEUR GÉNÉRAL.

28 Mars 1698.

M. de Pomponne propose un changement avantageux dans l'itinéraire de la poste de Paris à Toulouse, entre Romorantin et Levroux. Ce changement exige l'exécution de quelques travaux, qui doivent être portés soit sur l'état des ponts et chaussées, soit sur celui des turcies et levées.

On a passé l'adjudication des réparations à faire à la maison du Roi de Bourges, et, comme le receveur des domaines n'a point de fonds entre les mains, il faudra rejeter la dépense sur l'état des ponts et chaussées.

1709. M. D'ARGENSON, *lieutenant général de police à Paris*,
AU CONTRÔLEUR GÉNÉRAL.

1er Avril 1698.

Le commerce du beurre à Paris souffre non-seulement des fraudes des marchands, mais aussi des exactions des commis des fermes. Ces derniers ont fait avec les maîtres beurriers un abonnement, suivant lequel le beurre de basse Normandie doit acquitter le sol pour livre, à raison de cinquante-cinq livres le panier, encore qu'il l'ait déjà payé à Isigny, où les commis obligent tous les voituriers de passer, et cela sans qu'aucune ordonnance les y autorise. Par suite, la livre de beurre, en quatre ou cinq ans, a été portée de 5, 6 ou 7 sols à 14 sols et même à 18*.

* Le 24 août suivant, M. d'Argenson écrit encore que les nouveaux fermiers du droit sur le beurre et sur la volaille se sont ligués avec les marchands de Paris pour exclure du marché les forains et faire monter le prix des denrées. «Ils disent, pour toute raison, que leur ferme est beaucoup trop chère et qu'ils ne s'en peuvent venger que sur le public; mais le peuple, qui les entend parler ainsy, n'en est que plus animé contre eux.....»

1710. M. DE NOINTEL, *intendant en Bretagne*,
AU CONTRÔLEUR GÉNÉRAL.

2 Avril 1698.

Le rapport du droit de 45 sols par barrique d'eau-de-vie qui se perçoit à la sortie de Bretagne depuis 1688, et qui a été créé en vue de rétablir l'égalité entre les produits de cette province et ceux de l'Anjou et du Poitou, n'a diminué que par suite des fraudes des marchands et des malversations des commis. Ainsi, on constate sur les registres qu'il n'a été remis, pendant plusieurs années, aucun certificat de décharge des eaux-de-vie que les marchands s'étaient engagés, sur soumission, à porter dans les ports de la Bretagne ou du reste du royaume. D'autres marchands, avec la connivence des commis, faisaient passer leurs chargements comme eaux-de-vie d'Anjou ou de Poitou ayant déjà acquitté les droits, au moyen des mêmes billets d'acquit qu'on leur laissait représenter plusieurs fois de suite.

Il conviendrait d'ordonner que tous marchands qui ont passé soumission de fournir des certificats de décharge dans un port du royaume, depuis l'époque où le droit a été établi jusqu'à celle où il a été mis en adjudication, seront tenus, dans la quinzaine, de présenter les certificats, ou de payer les droits. L'intendant ou son subdélégué auront tout pouvoir pour se faire remettre les registres et pour instruire et juger, dans un présidial, avec le nombre requis de gradués, les cas de fraude et de contravention.

1711. M. GRUYN, *garde du Trésor royal*,
AU CONTRÔLEUR GÉNÉRAL.

11 Avril 1698.

«..... Le sieur de Cezarges, guidon des gendarmes de la Reyne, m'a prié, par un billet, dont voicy copie, de payer

504 ₶ sur sa pension. Il est venu ce matin au Trésor royal pour la toucher; je luy ay voulu donner son billet en payement, il m'a dit que je ne devois payer que sur sa quittance; je luy ay répondu que je croyois avoir bien fait de faire honneur à son billet, il m'a répondu qu'un homme comme moy ne luy pouvoit jamais faire honneur en rien, et, en s'emportant beaucoup, que, si je ne le payois, il m'en feroit repentir. Je luy ay dit que je ne le craignois point; en s'en allant, il m'a menacé de coups de baston. Je pars pour aller en demander justice au Roy. J'avois dans mon cabinet pour témoins MM. Bouchu, conseiller au Parlement, Juvigny, gentilhomme ordinaire du Roy, Cambray, maistre d'hostel, et la Chastaigneraye, argentier des Princes. Je vous demande justice.»

1712. *M. Ferrand, intendant en Bourgogne,*
au Contrôleur général.

16 Avril 1698.

Par arrêt du 23 août 1695, rendu au rapport du contrôleur général et signé en commandement, conformément à deux arrêts précédents de 1663 et 1665, le Roi avait ordonné que les échevins et syndic de Semur-en-Auxois seraient cotisés à la taille selon leurs facultés, sans pouvoir alléguer aucun privilége en raison de leurs charges. Malgré ces arrêts, les échevins, qui n'avaient jamais été cotisés que pour la forme, à 5 ₶, obtinrent une délibération de la communauté consentant qu'ils fussent exemptés de la moitié de leurs cotes, et, comme le receveur et le collecteur voulaient faire des poursuites, le maire et les alcades interposèrent leur autorité; le maire même rendit une ordonnance de décharge en faveur des échevins et fit défense au collecteur d'exiger plus de la moitié des cotes, bien que ce collecteur eût garnison chez lui, à la requête du receveur, qu'il ne pouvait payer complétement. Les ordonnances de l'intendant et de son subdélégué ont eu enfin raison de cette résistance; mais un échevin a continué à invoquer la délibération des habitants, avec l'appui du maire, et celui-ci vient de renouveler ses défenses au collecteur.

Cette conduite est un acte de désobéissance flagrante aux ordres du Roi; il y a urgence de punir le maire, l'échevin et les asséeurs de 1698, qui ont remis les cotes à 5 ₶ *.

* Le maire, appelé à Paris, y fut retenu plus de six mois.

1713. *M. de Nointel, intendant en Bretagne,*
au Contrôleur général.

20 Avril 1698.

Il est très-vrai que des cadets de noblesse, en grand nombre, sur les côtes de Tréguier et de Saint-Brieuc, ont fait une association pour aller, avec plusieurs chaloupes, charger du tabac à Jersey et Guernesey, et que, depuis le 1er janvier, ils en ont versé dans la province plus de cinquante milliers. On sait que ce commerce continue et qu'il s'étend jusqu'à la Normandie; le Parlement a même fait informer; mais les juges ne possèdent pas l'autorité nécessaire pour poursuivre les coupables, qui ont pour complices tous les habitants de la côte et qui pratiquent leur commerce publiquement.

«Je crois que, sans s'arrester à en chercher des preuves par les formes de la justice, qui seront très-difficiles, et qui rendroient ces gentilshommes-là plus hardis, s'ils voyoient qu'on n'en eust point trouvé, il seroit très à propos d'en faire arrester deux ou trois et de les tenir dans des chasteaux ou dans des prisons pendant plusieurs mois. Je suis persuadé que cet exemple pourroit intimider les autres*.»

* «Il faut au moins quelques procès-verbaux et informations.» — Le Parlement rendit un arrêt pour faire prêter main-forte aux juges et aux agents de la ferme, et deux gentilshommes, entre autres, furent condamnés aux galères par le sénéchal de Saint-Brieuc, comme fraudeurs de tabac, arrêtés en attroupement (lettres de M. de la Bédoyère, procureur général, 16 mai et 22 août); mais, comme l'attroupement n'était pas prouvé, le Parlement réduisit la condamnation à une amende de 1,000 ₶ et aux dépens. (Lettre de M. de la Faluère, premier président, 3 octobre.)

1714. *M. de Bâville, intendant en Languedoc,*
au Contrôleur général.

22 Avril 1698.

«Le blé est devenu si cher en cette province, qu'il ne l'estoit pas tant en 1693. Le setier, mesure de Paris, vaut icy 18 ₶ 10 s. Cela m'a obligé d'en défendre la sortie, sauf à donner des permissions particulières d'en envoyer en Provence; mais la liberté entière qui a esté donnée depuis deux mois en a fait sortir une si grande quantité et renchériroit le reste si excessivement, qu'il pourroit en arriver quelque inconvénient, et peut-estre une très-grande disette, si la récolte prochaine n'estoit pas abondante, chose qui pourroit bien arriver, si les temps froids qu'il fait présentement ne cessent pas bientost*.»

* Le contrôleur général approuva, mais en faisant sans doute quelques observations, car M. de Bâville répète, le 16 mai suivant, qu'il n'a cessé de délivrer des passe-ports particuliers pour la Provence, et que le haut Languedoc y a déjà envoyé plus de vingt-cinq mille setiers de blé. La chaleur étant venue plus tard et faisant espérer une récolte abondante, le commerce fut rendu entièrement libre du côté de la Provence. (Lettre du 27 juin.)

1715. *M. Bouhelier,*
procureur général en la Chambre des comptes de Dôle,
au Contrôleur général.

25 Avril 1698.

Il envoie la copie d'une ordonnance pragmatique rendue par l'empereur Charles-Quint, en 1549, pièce qui lui semble établir la représentation à l'infini, par mâles ou par femelles, dans les Pays-Bas héréditaires, et, par conséquent, l'aptitude du Dauphin à recueillir la succession du roi d'Espagne.

1716. *M. Bouchu, intendant en Dauphiné,*
au Contrôleur général.

27 Avril 1698.

La terre en faveur de laquelle les capucins de Valence demandent l'exemption de la taille doit être cotisée pour la forme, en conséquence du principe de la taille réelle, qui ne permet pas qu'aucun héritage roturier sorte des rôles, quel qu'en soit le propriétaire. La profession de mendicité des capucins les met à couvert des exécutions, et il suffira d'admettre en reprise sur les comptes des receveurs la cote dont ils se plaignent.

1717. *L'Abbesse de l'abbaye Notre-Dame de Soissons*
au Contrôleur général.

30 Avril 1698.

Elle explique que le sous-fermier des aides poursuit sa communauté pour fabrication et vente d'eau-de-vie à l'extérieur, mais que cette fabrication a toujours été restreinte aux besoins de l'apothicairerie et de la maison *.

* «Luy répondre que j'ay donné les ordres pour cesser toutes poursuites, mais que ce n'est que pour cette fois et par sa seule considération, car on sait qu'elle en a vendu; et, du reste, qu'elle n'a aucun droit, mesme d'en brusler, quoyque pour la consommation de son couvent.»

1718. *M. Ferrand, intendant en Bourgogne,*
au Contrôleur général.

1er et 12 Mai 1698.

Malgré l'abondance qui paraît régner partout, la Bresse et le Chalonnais souffrent de la disette par suite des enarrhements, qui deviennent plus fréquents en prévision d'une mauvaise récolte; les blés ne viennent plus au marché, et il y a eu des commencements de sédition en plusieurs lieux.

«Cependant, comme le mal n'est pas général et que la cherté ne s'est point encore fait sentir ailleurs, j'ay cru qu'il estoit à propos de ménager la permission que vous m'avez fait l'honneur de me donner : une ordonnance pourroit faire croire que le mal est plus grand, et je me suis contenté d'écrire dans les villes où la cherté a commencé, que l'on eust à visiter dans les maisons où on fait des amas et que l'on m'en envoyast les procès-verbaux *. J'ay marqué qu'il estoit à propos d'ordonner aux propriétaires d'envoyer leurs blés volontairement aux marchés, à peine d'y estre contraints **. Cette recherche pourra estre utile, et assurera, au moins, des secours en cas de besoin. J'ay mandé aux magistrats des villes de m'envoyer tous les quinze jours l'estat du prix des grains ***.»

* «Mal.»

** «Bon.»

*** En Franche-Comté, le 16 mai, M. de Vaubourg se plaignant que les prix augmentaient à chaque marché et que tous les grains étaient enlevés pour Lyon, ou bien pour la Suisse, avec laquelle une compagnie, autorisée par le Roi, avait traité pour vingt mille quintaux, on permit de restreindre ces enlèvements aux cantons les mieux fournis de son département, ou même de les rejeter sur l'Alsace et les autres provinces.

1719. *Le sieur de Bassand, lieutenant général à Baume,*
au Contrôleur général.

(De Paris) 6 Mai 1698.

Il dénonce les usurpations du duc Georges de Wurtemberg, lequel prend la qualité de souverain dans les terres de Blamont, Châtelot, Clémont, etc., qui lui ont été rendues depuis les derniers traités et qu'il prétend même soustraire au recouvrement des impositions ordinaires. Loin d'avoir droit à cette souveraineté, on pourrait prouver par titres qu'il n'est même pas souverain du comté de Montbéliard, et, du reste, il ne porte, dans le texte du traité de paix, d'autres qualités que celle de prince de l'empire, dont jouissent aussi dans la province M. l'archevêque de Besançon, comme prince de Mandeure, et M. l'abbé de Morbach, comme prince de Lure *.

* M. Boisot, procureur général au Parlement, écrit sur le même sujet, le 27 novembre suivant. — Plusieurs conflits furent suscités par d'autres prétentions du comte de Montbéliard; voir une lettre de M. de Vaubourg, intendant, à la date du 1er octobre.

1720. *M. Phélypeaux, intendant à Paris,*
au Contrôleur général.

7 Mai, 12 et 21 Août, 15 Décembre 1698.

Devis de réparation des églises ou des presbytères de Noisy-le-Sec, de Maincy, de Neuilly-sur-Marne, de Souilly, de Boissy-Saint-Léger.

1721. *M. de Bezons, intendant à Bordeaux,*
au Contrôleur général.

13 Mai 1698.

Il n'est pas vrai que les produits des Landes, lorsqu'ils arrivent à Bordeaux, soient assujettis à un pesage quelconque. Les jurats, qui ont la nomination de tous les officiers de police, n'en ont établi aucun à cet effet, et ils y verraient même une entrave pour le commerce. Le goudron et la térébenthine viennent en barils et ne se pèsent point; les résines se pèsent d'avance dans la Lande, et, lorsqu'il y a contestation entre les bouviers qui les amènent et les marchands, ils s'en rapportent à la première balance venue. Si on les forçait d'aller à un poids public et d'y payer un droit, ce serait enfreindre la franchise dont jouissent toutes les marchandises du cru de la sénéchaussée, et causer, en outre, des frais, des pertes et des retards d'autant plus considérables, que les bouviers arrivent tous ensemble, le vendredi, avec deux ou trois cents chariots. Ces raisons empêchent même qu'on ne pèse les résines à la comptablie, bien qu'elles doivent un droit à la sortie.

Les seules marchandises assujetties au pesage sont les huiles de térébenthine, les jambons de Bayonne, la laine et la plume.

1722. *M. de Bâville, intendant en Languedoc,*
au Contrôleur général.

16 Mai 1698.

Il accuse réception de l'arrêt ordonnant la levée d'un droit de subvention sur les farines dans la ville et le consulat de Nîmes; le produit doit être appliqué à l'amortissement des frais de l'éclairage de la ville, jusqu'à concurrence de 52,140 ᵗᵗ.

1723. *M. Sanson, intendant à Soissons,*
au Contrôleur général.

23 Mai 1698.

Mémoire et requêtes concernant une délibération par laquelle les échevins de Laon ont résolu de confier leur collége aux Pères jésuites et de doubler la subvention annuelle. Les créanciers de la ville et le Chapitre de l'église cathédrale font opposition.

1724. *M. d'Herbigny, intendant à Lyon,*
au Contrôleur général.

24 Mai 1698.

« . . . . . Les officiers de police m'assurent qu'il y a du blé dans Lyon assez pour ne pas craindre d'en manquer; mais il est fort mauvais, il y en a beaucoup de gasté, le pain n'en est pas bon; il arrive de là que le peu de bon blé qui paroist à la Grenette estant couru par les gens aysés, se vend à un prix excessif et, augmentant tous les jours, le prix du pain augmente nécessairement à proportion. Cela donne beaucoup à gagner aux marchands et boulangers pourvus de mauvais blés, mais désole le petit peuple, qui a le pain mauvais et extraordinairement cher; il plaint son argent, il craint les maladies, comme il y a quatre ans, qu'on les attribuoit à la mauvaise nourriture. Les blés de l'année passée n'estoient pas bien mûrs; leur transport en bateau et la mauvaise foy des voituriers achèvent de les gaster.

« L'asnée, pesant trois cents livres poids de marc, vaut 27 ᵗᵗ. La Chambre de l'abondance ne s'est fournie que de quatre cents asnées; elle en fait porter à la Grenette et vendre sur le pied de 18 ᵗᵗ. Cela modère bien un peu le grand excès du prix; mais cette quantité est trop petite pour estre d'un grand effet. J'ay exhorté Messieurs du consulat à mettre ordre que, pour l'année prochaine, cette Chambre soit fournie comme elle devroit l'estre.

« La campagne a d'assez bon blé, mais en petite quantité. Depuis quinze jours il y est fort renchéri; on craint mesme d'en manquer. Cette crainte faisant qu'en plusieurs endroits on s'oppose au commerce et à la liberté du transport, cela mesme augmente la crainte et la rend plus générale, et fait aussy augmenter le prix. Ces mouvemens ne sont guère néanmoins que parmi le plus bas peuple, qui en profite pour détrousser les voituriers qui conduisent des blés. Sur ces désordres, on s'est adressé à MM. les commandans de la province; je les laisse faire et les ay seulement invités à prendre bien garde de ne donner que des ordres qui contribuent à maintenir la liberté publique.

« On assure qu'il y a des défenses de laisser sortir des blés du Dauphiné; on dit qu'il y en a mesme du costé de Bourgogne. Ces défenses, si elles sont, et ces bruits sont propres à causer, mesme au milieu de l'abondance, de mauvais effets. Le commerce et une liberté entière en matière des blés est ce qui réussit davantage.

« Les vignes de ce pays ont aussy beaucoup souffert. »

1725. *M. de Miroménil, intendant à Tours,*
au Contrôleur général.

27 Mai 1698.

Il envoie le relevé des comptes du péage du pont de Cé, d'après lequel le fermier est en perte sur le montant de son bail.

1726. *M. de Puyzieulx, ambassadeur en Suisse,*
au Contrôleur général.

14 Juin 1698.

« . . . . . Je suis bien fasché de n'avoir pu réussir dans le commandement que vous m'aviez fait pour avoir un bon nombre de louis d'or non réformés : un commerçant qui est icy m'a bien proposé que, si on avoit icy un fonds, on pourroit en ramasser, et mesme bon nombre de pistoles d'Espagne; mais je doute que cela vous convienne. . . . .

« Le corps de la diète et plusieurs députés de cantons particuliers ont fort insisté sur ce qu'il plust au Roy faire mettre une règle aux vexations, qui vont mesme jusqu'à l'impudence, des commis qui sont au village de Saint-Louis, près Huningue, au sujet de l'argent que les particuliers passans portent sur eux pour voyager, ne leur laissant jamais un sou et saisissant tout indifféremment, tant ce qui est au coin du Roy que les espèces étrangères, et mesme jusqu'à de simples bagues qu'on porte au doigt. Ils fouillent les passans d'une manière et en des lieux que le respect et la modestie me défendent d'écrire. J'en ay su deux ou trois aventures, estant à Huningue, dont on se vint plaindre à moy, qui mériteroient d'avoir esté chastiées. Les Suisses portent cela fort amèrement, et cette seule affaire m'emporte icy plus de mon temps que toutes les autres ensemble que le Roy y peut avoir. Si vous daigniez donner vos ordres sur cela à M. de la Fond, pour y établir une règle, outre la justice qu'il y auroit, cela osteroit mille sujets d'aigreur que les particuliers, mécontens de ce qui leur arrive, vont répandant parmy les cantons. Il est certain que ces commis ont un avantage sûr en arrestant et saisissant de petites sommes, comme de 2, 3, 4 et 5 écus, parce que cela leur demeure sûrement, les particuliers à qui on les oste ne voulant pas, pour si peu, dépenser le double de ce qu'on leur a osté pour aller comparoistre au lieu où on leur donne assignation, et payer des frais de voyages et de procureurs et avocats pour plaider leur cause. . . . . »

1727. *M. de Bezons, intendant à Bordeaux,*
au Contrôleur général.

14 Juin 1698.

Il se plaint que les fermiers généraux aient donné l'ordre au directeur de Bordeaux de s'opposer au transvasement dans des futailles d'Espagne des vins destinés à l'étranger, bien que la ferme ne perde rien à cette opération.

« Il m'a paru, par tout ce que vous m'avez fait l'honneur de me mander depuis la paix, que vous estiez bien ayse de favoriser le transport des denrées de France dans les pays étrangers. Vous avez approuvé, pendant la guerre, que l'on mist dans des futailles d'Espagne du vin de France pour l'envoyer en Angleterre. Cela a réussi; l'on y en a fait entrer tous les ans. Les Anglois en ont esté avertis : ils ont envoyé des commissaires pour taster les vins d'Espagne, afin de voir s'il y avoit des vins en Espagne que l'on pust porter de la manière que l'on faisoit en Angleterre; les commissaires ont fait le rapport que l'on pouvoit désirer. J'ay eu connoissance de la conduite que les négocians ont tenue à l'égard de ces commissaires afin qu'ils fussent favorables. L'on trouve moyen d'en faire porter une plus grosse quantité depuis la paix, parce que la navigation estant libre d'icy à Saint-Sébastien et n'estant plus interrompue par des corsaires, l'on envoye beaucoup plus de bastimens en Angleterre avec des futailles d'Espagne. Les intéressés dans les fermes trouvent leur intérest, puisqu'on emporte plus de vin hors de France; vous voyez cependant qu'ils troublent un commerce sans savoir la raison pour laquelle ils le font. Ils ont mandé que l'on fist ce transvasement à Bayonne. Il ne s'y est jamais fait. C'est le moyen de l'empescher entièrement : la difficulté d'entrer dans la rivière de Bayonne; il y faudroit des commissionnaires, décharger un bastiment, en recharger un autre; cela causeroit des frais infinis et inutiles. . . . . »

1728. *M. Phélypeaux, intendant à Paris,*
au Contrôleur général.

19 Juin 1698.

Projet de déclaration pour distraire de la généralité d'Orléans plusieurs paroisses du comté de Beaumont, appartenant à M. le premier président de Harlay, et pour les joindre, comme le reste du comté, à l'élection de Nemours, en indemnisant de cette perte les élections de Montargis et de Pluviers.

1729. *M. Lebret, intendant en Provence,*
au Contrôleur général.

20 Juin et 14 Août 1698.

Les échevins de Marseille, qui louaient jusqu'ici l'ancienne maladrerie pour y renfermer les pauvres fous, ont délibéré d'acheter cette maison à l'Hôtel-Dieu, qui ne s'en sert point, et d'exécuter les appropriations nécessaires pour y établir un hôpital de fous; ils demandent l'autorisation de faire cette dépense.

Les recteurs de l'hôpital général se trouvent en avance de 15,000 ₶ et sont sans ressources, depuis que la mendicité est tolérée publiquement et absorbe les aumônes des particuliers. Les échevins ont délibéré de leur accorder un secours immédiat de 10,000 ₶ et une subvention annuelle de 6,000 ₶ pour distribuer du pain au dehors *.

* Peu auparavant (lettres des 7 et 18 avril, 7 mai), M. Lebret avait demandé à établir à Arles un mont-de-piété tel que les villes de Marseille et de Grenoble en possédaient déjà. A ses lettres sont joints les statuts de ces deux établissements et ceux qu'il proposait pour Arles, qui furent approuvés par lettres patentes du 24 juin.

1730. *Les Officiers du grenier à sel de Paris*
au Contrôleur général.

21 Juin 1698.

Ils se plaignent de ne pouvoir sans danger poursuivre les contraventions dans les abbayes, les maisons royales ou les maisons de particuliers mises en sauvegarde, qui servent de retraite aux fraudeurs de sel, ou dont les propriétaires eux-mêmes font ce commerce. Ils transmettent deux procès-verbaux constatant les violences exercées sur eux ou leurs assistants au château de Meudon et à la manufacture des Gobelins, et ajoutent qu'ils n'osent faire constater dans l'enclos du Temple un commerce frauduleux dont ils ont eu avis.

1731. *M. de Bernage, intendant à Limoges,*
au Contrôleur général.

28 Juin 1698.

Réparation et consolidation des murailles de la ville de Limoges.

«La ville m'a remonstré qu'il paroissoit que cette réparation et les autres des murailles devoient estre à la charge du Roy, parce que les murs et fortifications appartiennent à S. M., comme il est des maximes certaines, suivant lesquelles on vient de faire payer finance aux possesseurs des places sur les fossés et remparts; qu'il est d'autant plus juste que S. M. y veuille bien contribuer, qu'elle a intérest à l'entretien des murs, pour empescher les fraudes sur le payement des droits d'octroy, dont elle prend la moitié; que d'ailleurs la ville de Limoges manque de fonds, son revenu estant destiné pour les charges portées par un arrest du Conseil.

«Quoyqu'il me paroisse d'usage et des règles que les villes pourvoyent à l'entretien de leur closture, j'ay cru néanmoins que, dans la conjoncture présente, c'est-à-dire dans le temps que le Roy fait payer pour les usurpations des murs, fossés et remparts, et dans les circonstances particulières de l'estat de cette ville, S. M. voudroit peut-estre bien accorder la moitié du fonds nécessaire pour cette réparation, auquel cas il seroit nécessaire de rendre un arrest pour que j'en fisse l'adjudication. J'attendray sur cela l'honneur de vostre réponse*.»

* Voir la lettre des trésoriers de France et le devis qui sont joints à la lettre de l'intendant. — La dépense fut payée, moitié par la ville, sur ses octrois, et moitié par la sous-ferme des domaines. (Lettre du 28 avril 1699.)

En Poitou, M. d'Ableiges fit procéder à la réparation des murailles de Thouars, et une partie de la dépense fut à la charge de M. le duc de la Trémoille, en qualité de seigneur péager. (Lettres du 28 janvier et du 22 août 1698.) — Le château de Parthenay fut démoli au profit de l'Hôtel-Dieu et des dames de l'Union chrétienne. (Lettres du 15 avril et du 12 juin.)

1732. *M. Lebret, intendant en Provence,*
au Contrôleur général.

29 Juin 1698.

Les taxes faites depuis la fin de la guerre pour l'enregistrement des armoiries, pour la capitation, l'usurpation des titres de noblesse et la confirmation des lettres de naturalité ont donné lieu à plus de contraintes et d'emprisonnements qu'il n'y en avait eu par le passé, et la mauvaise impression qu'elles produisent en Provence s'est manifestée par une émeute à Toulon, où les marchands se sont ligués pour repousser par la force les huissiers du traitant des armoiries. Ceux-ci n'ont échappé aux violences de la foule qu'en se réfugiant à l'hôtel de ville. L'arrestation de quelques-uns des fauteurs principaux et un commencement d'instruction judiciaire ont calmé la ville, et chacun s'offre maintenant à payer la taxe*.

* Le 13 juillet, il annonce une nouvelle émeute au sujet du même recouvrement, et, dans cette lettre, il dit que la recette de la capitation ne fait point de progrès, malgré les contraintes les plus rigoureuses.

1733. *M. Bouchu, intendant en Dauphiné,*
au Contrôleur général.

29 Juin et 28 Août 1698.

Mémoires, rapports, devis de dépenses, projets de déclaration pour la restauration du culte catholique dans la vallée de Pragelas et pour la dotation des cures nouvelles; titres établissant la juridiction spirituelle du prévôt d'Oulx sur la vallée*.

* Voir, au 3 octobre précédent, un rapport sur les missions qui avaient été anciennement chargées de convertir les habitants de la vallée de Château-Dauphin, et dont on supprima la subvention, parce que les missionnaires étaient des capucins de Piémont.

1734. *M. de la Bourdonnaye, intendant à Rouen,*
au Contrôleur général.

7 Juillet 1698.

Tout marchand qui vient faire le négoce à Rouen paye, pour la première fois, un droit de *hanse*, dont le produit se partage entre l'hôpital et l'hôtel de ville. Au lieu d'employer cette dernière portion en œuvres pieuses ou charitables, les officiers du corps de ville veulent affecter ce qui leur revient actuellement, et même ce qu'ils doivent à l'hôpital, à faire peindre un tableau où ils seront tous représentés. Ce projet, dénoncé par les officiers du bailliage, est contraire à la destination et à l'emploi ordinaire du fonds; il est, de plus, ridicule et de mauvais exemple, et on doit en empêcher l'exécution au nom du Roi.

1735. *M. de la Tresne, premier président du Parlement de Bordeaux,*
au Contrôleur général.

8 Juillet 1698.

«..... Je prendray la liberté de vous dire, au sujet du grand nombre d'officiers pourvus de charges vacantes aux revenus casuels que nous avons reçus cette année, qu'il m'a paru un véritable désir de la part de tous les officiers du Parlement de payer le droit annuel; mais j'ose vous dire qu'il est si excessif, par rapport au prix des charges, à leur grand nombre, à l'étendue du ressort, qui mesme a esté retranché depuis quelque temps, et enfin, à celuy que payent toutes les autres Compagnies du royaume, qu'il sera bien difficile à ceux mesmes qui ont la meilleure volonté d'y pouvoir satisfaire; en quoy je puis vous assurer que la justice se trouve considérablement intéressée, puisque le bas prix où sont venus les offices depuis quelque temps les fait tomber tous les jours dans le décri, se présentant bien plus souvent pour les remplir des personnes de basse naissance et qui ne peuvent avoir reçu qu'une assez mauvaise éducation, que de ceux des meilleures familles, qui négligent d'entrer dans des employs où ils sont confondus avec des gens d'une naissance fort inférieure. Si ce que j'ay l'honneur de vous dire méritoit quelque considération, je pourrois ajouter que, s'il plaisoit au Roy de diminuer l'annuel et qu'il fust payé d'un chacun, les revenus casuels n'en souffriroient nulle diminution, et cette supputation ne seroit pas difficile à faire; mais, comme il resteroit toujours quelques particuliers qui pourroient estre trop mal dans leurs affaires pour payer régulièrement cet annuel, quelque retranché qu'il fust, il me paroist que nostre Compagnie est entièrement disposée de payer en corps, si S. M. vouloit permettre que le Parlement s'imposast cette loy par une délibération expresse, qui affectast à ce payement les gages de chaque particulier, avec préférence à tous créanciers..... »

1736. *M. le cardinal* LE CAMUS, *évêque de Grenoble, au* CONTRÔLEUR GÉNÉRAL.

10 Juillet et 5 Août 1698.

Il se plaint des tentatives que fait M. de Bérulle, premier président du Parlement, pour s'emparer de la direction de l'hôpital général de Grenoble.

«Il a fait choisir par le Parlement les doyens des quatre Chambres pour estre directeurs, bien que jusqu'à présent le Parlement n'ayt jamais choisi les directeurs de son corps, mais l'évesque, avec les autres directeurs, ont jeté les yeux sur ceux qui avoient plus de disposition d'entrer dans ces pratiques de charité pour les pauvres, et les ont fait prier d'accepter cet employ.

«J'ajouteray que M. de Bérulle a fait plus; il a nommé, de son chef, et sans en parler au Parlement, M. le président de Saint-Ange pour directeur, bien qu'il soit nouveau converti, et fils de M. le président Périssol, plus huguenot qu'il n'estoit avant son abjuration, et qui a des procès avec l'hospital général pour les biens des consistoires qu'il a entre les mains et d'autres dettes qu'il conteste. Quelle apparence de laisser tous les papiers de l'hospital entre les mains d'une personne qui a tant d'intérest de s'en saisir!

«Si le bon plaisir de S. M. estoit d'ordonner que l'hospital général de Grenoble seroit administré à la forme de celuy de Paris, cela peut-estre donneroit quelques bornes à l'inquiétude de M. de Bérulle, et, comme il n'y a point icy de Cour des aydes, S. M. pourroit ordonner que l'évesque de Grenoble, les premiers présidens du Parlement, Chambre des comptes et des trésoriers de France, avec le procureur général du Parlement, seroient directeurs-nés, avec les maire et consuls, lesquels, outre les directeurs déjà établis depuis plus de dix ans, en pourroient choisir, des trois Compagnies, du clergé, de la noblesse et des bourgeois, ceux qu'ils jugeroient propres à cette direction, sans qu'il y eust aucun rang ni préséance, que de ceux qui sont directeurs-nés, les autres prenant leur rang du jour de leur réception dans le bureau de la direction.

«Comme c'est M. Canel, conseiller d'Église en ce Parlement, que M. de Bérulle a voulu en exclure, à cause que le Roy l'a nommé pour la révision des feux, je crois estre obligé de vous représenter qu'il est si nécessaire à cette œuvre, que sans luy l'hospital général seroit renversé dans six mois, et qu'ainsy il est nécessaire que l'autorité du Roy intervienne pour le maintenir dans la direction, où tous les directeurs l'ont nommé comme l'appuy de cette maison.

«Comme saint Hugues et Aymon de Chissey, deux de mes prédécesseurs, sont fondateurs de tous les hospitaux de Grenoble, et qu'on m'en reconnoist comme bienfaiteur, à cause de 72,000 ᵗᵗ que j'y ay apportées et de 10,000 ᵗᵗ de rente que je luy ay procurées, je me flatte que vous ne désagréerez pas qu'estant chef de cette direction, je me donne l'honneur de vous en écrire et de vous demander vostre protection pour nostre hospital. Nous avons, à l'heure qu'il est, pour plus de 4,000 ᵗᵗ par an de pauvres orphelins en nourrice, et, comme nos rôles sont sous le scellé, nous ne pouvons savoir ce que nous devons payer aux nourriciers..... »

1737. *M.* DE LA HOUSSAYE, *intendant à Montauban, au* CONTRÔLEUR GÉNÉRAL.

16 Juillet 1698.

Il a découvert, en vérifiant les pièces justificatives de la fourniture de l'étape pour le dernier semestre de 1697, montant à plus de 60,000 ᵗᵗ, que la moitié de cette dépense est portée au compte de prétendues recrues qui n'ont pu être levées ni conduites à cette époque en Flandre ou en Allemagne, et que les signatures des maires et des consuls ont été contrefaites sur presque tous les extraits de revue ou les copies de routes. Dans quelques endroits, les commissaires aux revues et les consuls ont signé d'autres pièces fausses, parce qu'ils étaient gagnés par les étapiers ou intéressés à la fourniture.

Cet abus est la suite d'un désordre encore plus grave : depuis longtemps les maires et les consuls ne tiennent plus un contrôle exact des troupes dont ils font la revue avant de délivrer les billets de logement, et ils n'observent plus le règlement qui leur prescrit d'envoyer des duplicata des routes et des revues à l'intendant, ou au bureau des finances, depuis que ce bureau est chargé de la vérification des comptes. Le contrôle n'existant plus, les étapiers restent libres de grossir leur dépense et de se procurer des routes délivrées pour aller en recrue, dont ils se servent en présentant leurs comptes. Par la relation que les diverses compagnies ont entre elles, il est possible que ces routes, ainsi négociées, servent au même trafic dans toute l'étendue du royaume*.

La preuve de ce système de falsifications existant contre l'entrepreneur des élections de Cahors et de Figeac, l'intendant l'a fait mettre en prison, ainsi que son fils, qui se chargeait de contrefaire les écritures, et il demande un arrêt pour faire poursuivre les coupables par un subdélégué, en lui adjoignant des juges choisis dans les présidiaux ou des gradués.

* Sur les abus qui se commettaient dans les revues des troupes de passage et dans la distribution des billets de logement, voir une requête des magistrats de Bar-sur-Seine (intendance de Champagne), à la date du 12 juin. Les officiers faisaient passer plusieurs fois à la revue les mêmes soldats, ou bien leurs valets en livrée; puis, ils forçaient les échevins à leur délivrer autant de billets que si les compagnies avaient été au complet, et ils faisaient racheter ceux dont ils n'avaient pas besoin. Le logement d'un soldat coûtait au moins 4 ᴴ par jour à l'habitant.

1738. *M. Bouchu, intendant en Dauphiné,*
au Contrôleur général.

21 Juillet 1698.

La communauté d'Aspres, qui était anciennement unie à celles des Côtes-de-Corps et de la Salette, prétend leur faire porter une part de la perte qu'elle subit depuis que M. de Saint-Julien, seigneur des trois paroisses, a fait déclarer nobles et exempter de la taille ses biens situés en Aspres. Les deux communautés opposantes répondent qu'il y a prescription, et que d'ailleurs l'affaire est de la compétence des commissaires chargés de la révision des feux.

« Il est évident que la révision des feux, à laquelle on travaille sans relasche, fera cesser entièrement toute matière de contestation entre ces trois communautés, parce que, le fruit de ce travail estant de fixer les feux des communautés sur le pied du revenu des fonds taillables qui sont actuellement possédés par chacune, ces trois communautés ne seront chargées à l'avenir, non plus que toutes les autres de cette province, que suivant leur juste portée, et il ne pourra plus rester aucun sujet de procès, si ce n'est à la communauté d'Aspres contre ledit sieur de Saint-Julien, pour la restitution des cotes de taille de ses fonds, au cas qu'à la diligence du procureur du Roy à la révision des feux, ils fussent déclarés roturiers *. . . . . »

* Voir, au 24 mars précédent, un mémoire sur la taille réelle et sur la vérification des titres des terres non imposables.

Le travail de la révision, repris au printemps, s'étendit, pendant ce trimestre, à trente-sept communautés, et, pendant le trimestre suivant, à trente-cinq autres. Il fut terminé, pour les élections de Valence et de Montélimar, dans le courant du mois de décembre. Les commissaires constatèrent qu'un grand nombre de localités n'avaient jamais été imposées, ou ne payaient pas un centième de leur revenu. (Lettres du 16 juillet, du 1ᵉʳ octobre et du 29 novembre.)

1739. *M. d'Argenson, lieutenant général de police à Paris,*
au Contrôleur général.

24 Juillet 1698.

La contestation des bouchers avec les marchands forains n'a pas été terminée par l'arrêt du Conseil. Les uns et les autres se proposent de reprendre l'instance; les forains continuent à lever, pour les frais de leur cause, une contribution de 2 s. 6 d. par bœuf et de 10 deniers par mouton, à l'entrée du marché de Sceaux; les bouchers demandent également à faire une contribution ou à emprunter. Il serait important pour le public que le Roi interposât son autorité et fît cesser ces incidents qui retardent le jugement définitif.

« J'apprends mesme que les marchands forains font tous les jours des assemblées, qu'ils ont élu deux syndics pour la défense de leurs droits, et qu'ils se proposent d'établir icy un bureau perpétuel, ce qui ne manqueroit pas d'augmenter de plus en plus le prix de la viande et d'en diminuer l'abondance dans les marchés, par les avis continuels que les directeurs de ce bureau feroient passer en mesme temps dans toutes les provinces. Je dois ajouter que les règlemens de police se sont principalement attachés à prévenir ces sociétés de commerce en matière de denrées nécessaires à la subsistance des citoyens, rien ne contribuant davantage à les maintenir dans un prix raisonnable, que d'empescher la réunion et le concert de ceux qui les fournissent. . . . . »

1740. *M. de la Porte, premier président du Parlement de Metz,*
au Contrôleur général.

29 Juillet 1698.

Il notifie l'enregistrement de l'arrêt qui donne cours aux espèces de France dans les territoires de Sarrelouis et de Phalsbourg, sur le même pied que dans le reste du département.

« Je profite de cette occasion pour vous supplier très-humblement d'avoir égard à la très-humble prière que vous font les officiers des requestes du Palais de ce Parlement, pour éviter que le sieur Thiersant ne soit pourvu de la charge de président en ladite Chambre. Le Parlement en général y prend aussy un intérest très-particulier. C'est un homme qu'il n'y a que quelques années qu'on a vu icy procureur au Parlement, sans alliance, qui a épousé la fille d'un paysan, homme d'ailleurs hautain, remuant et en très-mauvaise réputation dans ce barreau. Vous savez mieux que moy l'importance qu'il y a pour le service du Roy et le bien de la justice que les Compagnies soient remplies d'honnestes gens et gens de condition : la justice en est beaucoup mieux rendue; les gens de petite condition attirent le mépris, et, comme les requestes du Palais sont juges de tous les privilégiés, ils auront quelque peine de le regarder comme leur juge. Enfin, ces sortes de gens portent avec eux dans le Palais toutes les ordures de leur naissance *. . . . . »

* On n'eut point égard à cette protestation, et le nouveau président fut installé. Il avait été procureur général à Luxembourg. Voir, au 11 août, une lettre de M. de la Porte, et, au 20, une autre lettre du récipiendaire.

1741. *Les Habitants des Sables-d'Olonne*
au Contrôleur général.

30 Juillet 1697.

Ils se plaignent que le maire de la ville entrave les assemblées des négociants et qu'il ait même dénoncé comme exaction une cotisation volontaire qu'ils font entre eux pour payer les frais d'un procès contre le fermier des aides de Normandie.

«Le commerce de la pesche des molues, qui est le seul que nous ayons en ce lieu, estant prest à succomber par la mésintelligence qui avoit jusqu'ici régné entre les négocians de cette ville, nous avions, depuis un mois, résolu, pour en prévenir l'entière ruine, de nous assembler une fois chaque semaine, comme font les négocians de toutes les autres villes du royaume, pour traiter uniquement des affaires qui le concernent et prendre ensemble, suivant l'intention de S. M., de justes mesures pour le rétablir. Ces formes d'assemblée avoient eu d'assez heureux commencemens, par la facilité que nous avions de répondre tous ensemble aux mémoires que Vostre Grandeur nous a fait communiquer, et nous avions tout lieu d'en espérer un succès beaucoup plus favorable dans la suite, par les résolutions que nous y prenons suivant les nécessités les plus pressantes de nos affaires..... Le sieur Bouhier ne peut sans injustice donner le nom d'exaction à une avance consentie entre nous, et pour laquelle il ne pourra justifier d'aucune contrainte. En effet, elle n'a esté faite que de gré à gré, et le sieur Bouhier n'en eust jamais parlé, si nous l'eussions choisi pour dépositaire de cette somme. C'est le seul endroit qui a réveillé sa jalousie, et le désir qu'il auroit de présider à une assemblée de négocians qui ne touche en aucune manière les prérogatives de sa charge, qui ne luy donne droit de présider qu'aux assemblées de ville, au lieu que, dans celles icy, ne s'y traitant que des matières de commerce, il ne peut, comme nous luy avons offert, y assister qu'en qualité de négociant et de personne privée, comme chacun de nous, ainsy qu'il se pratique en toutes les autres villes de commerce, où les maires n'ont jamais tenté de traverser les négocians dans leurs Bourses ou assemblées*..... »

* Voir, à la date des 20 et 28 août et du 23 septembre, d'autres plaintes des habitants contre une ordonnance du lieutenant de l'amirauté, qui leur avait interdit le chargement du sel destiné à leur pêche, et la réponse du procureur du Roi.

En 1696, la ville des Sables et le bourg de la Chaume avaient été bombardés par la flotte ennemie et avaient beaucoup souffert. (Lettres de M. d'Ableiges, 20 septembre et 9 octobre.)

1742. *M. Voysin, intendant en Hainaut,*
au Contrôleur général.

6 Août 1698.

Rapport sur la contestation pendante entre les fermiers généraux des traites et les habitants de la partie du Hainaut, du Cambrésis et de l'Artois qui confine à l'ancienne France.

L'intendant conclut à la confirmation d'un arrêt de l'année 1618 qui a déchargé ces habitants, alors sujets espagnols, du payement des droits de foraine pour la sortie des blés ou des foins cultivés et récoltés sur le territoire français jusqu'à une lieue de la frontière. Il ajoute seulement aux précautions portées par cet arrêt, en vue de prévenir toute exportation frauduleuse, que les cultivateurs fourniront leurs titres de propriété à chaque changement de la ferme générale ou à chaque mutation de propriétaire, qu'ils déclareront chaque année la valeur de leurs ensemencements, et qu'ils payeront les droits de sortie pour tous les autres fruits.

Outre qu'il ne serait pas possible d'entraver le transport de ces récoltes, il y a une certaine réciprocité entre leur sortie et l'entrée dans le royaume des produits des terres que beaucoup de propriétaires domiciliés dans l'étendue des cinq grosses fermes possèdent au delà de la ligne des bureaux.

1743. *M. Turgot, intendant à Metz,*
au Contrôleur général.

14 Août 1698.

L'hôtel de ville de Metz a contre les bouchers un procès qui est actuellement devant le Conseil et que le rapporteur doit présenter à la petite direction. Il s'agit du droit de *maltôte* que les bouchers payent à la ville, et qu'ils veulent faire réduire de 9 deniers à 6 deniers par livre de chair vendue au détail. Pareille réduction a été successivement obtenue par les chandeliers, les bonnetiers et les cordonniers, car chaque marchandise paye un droit. Comme Metz est ville libre, ce sont là ses seuls revenus; le produit total monte à plus de 80,000#, sur quoi la maltôte des bouchers représente 18,000#*.

Cette affaire est de telle nature et de telle conséquence, qu'elle eût dû passer d'abord à l'examen de l'intendant, puisqu'elle intéresse les revenus de la ville et qu'il y a lieu, par exemple, de vérifier si les officiers de la ville n'agissent pas de connivence avec la partie adverse.

* Le 5 août 1699, à propos de l'adjudication de ces droits, M. Turgot donne un état de ce que produisait chaque maltôte. La paix en avait alors réduit considérablement le montant. Elles se payaient sur le pied du quarantième du prix des marchandises.

1744. *M. le duc de Chevreuse*
au Contrôleur général.

17 Août 1698.

Il offre de rendre navigable et flottable la rivière de Maudre, depuis Neauphle-le-Vieux jusqu'à son embouchure dans la Seine, et il expose les avantages que cette voie de communication donnerait pour l'assainissement du pays, le transport des bois et des denrées, l'approvisionnement de Paris ou des maisons royales, etc.*

Cette entreprise serait faite à ses frais, à la charge par le Roi de lui abandonner les fonds et tréfonds de la rivière, de lui donner un privilége pour exproprier les propriétaires ou les seigneurs riverains, avec faculté exclusive de céder le flottage et la navigation, et enfin, d'unir le tout au comté de Montfort-l'Amaury.

* Voir, dans la correspondance de Soissons, fin 1698, un mémoire non daté, par lequel M. de Dangeau demande un privilége analogue pour joindre la Meuse à la Seine, au moyen d'un canal commençant proche Charleville et aboutissant à la rivière d'Oise. — L'année précédente, Mme la maréchale de Créquy avait fait aussi une proposition, d'après d'anciens projets remontant à l'année 1634, pour rendre l'Aisne navigable depuis Vienne-le-Château jusqu'au confluent de l'Oise, et même joindre l'Aisne et la Seine à la Meuse, par la rivière de Bar. (Intendance de Champagne, 6 mars 1697.)

1745. *M. de la Faluère, premier président du Parlement de Bretagne,*
au Contrôleur général.

20 Août 1698.

« . . . . . Mme de Langle, qui ne vous est pas inconnue, revenant de Paris, amène un carrosse neuf qu'elle y a acheté, dans lequel elle met ses deux filles, dont l'une estoit dans le carrosse de voiture, où elle s'est mise, ne pouvant souffrir l'odeur de ce carrosse neuf. A Ernée, ce carrosse est arresté par les employés des intéressés aux fermes générales, faute d'avoir payé les droits du Roy. Il est inutile de vous dire tout ce qui s'est passé pour faire partir ce carrosse, après avoir esté arresté pendant deux jours en ce lieu-là; je vous remarqueray seulement qu'ayant esté arresté, les deux filles estant actuellement dedans, le procès-verbal de ces employés fait mention qu'ils n'y ont trouvé personne, ce qui ayant esté lu en leur présence et de plusieurs gentilshommes du lieu, du maire, de plusieurs notables habitans, il fut soutenu qu'on avoit tort de dire qu'il n'y avoit personne, puisqu'ils y avoient vu ces deux filles dans le moment qu'on l'arresta. Cela me donne lieu de vous remonstrer très-humblement que les déclarations du Roy et les règlemens faits en ce Parlement de vostre temps nous obligeant d'ajouter foy aux procès-verbaux de ces commis, il est juste, quand on voit aussy manifestement qu'en cette occasion qu'ils sont faux, de les en punir, ou du moins de les révoquer du lieu où ils ont donné ce scandale. Je n'en exagère point les conséquences, parce que vous les voyez assez manifestement et que, dans les procès pour le faux-saunage et faux-débit de tabac, où nous n'avons point d'autres preuves, elle diminueroit extrêmement dans la suite, si l'on voyoit qu'après une telle action, que je puis dire parfaitement avérée, on les laissoit continuer leurs commissions. Ainsy, je crois, sauf vostre prudence et meilleur avis, auquel je me soumettray toujours, comme je dois, qu'il est important de retirer ces sortes de gens du lieu où ils sont, et d'y en mettre dont la foy soit moins suspecte que la leur le sera toujours. Je puis vous protester, en cette occasion, que je n'ay en vue que l'avantage des fermes du Roy et de son service, avec lequel la justice, que vous aymez toujours, s'accorde parfaitement. »

1746. *M. Foucault, intendant à Caen,*
au Contrôleur général.

28 Août 1698.

« Je me donne l'honneur de vous envoyer un extrait du jugement que j'ay rendu, avec les officiers du présidial de Caen, sur le procès du sieur de Beaumont, dans la maison duquel il a esté trouvé dix-sept cents paires de bas d'Angleterre et mille quatre-vingt-une aunes de taffetas fabrique de Tours. J'estois d'avis, avec la plupart des anciens, d'adjuger le taffetas de Tours aux fermiers du Roy, avec les bas d'Angleterre, comme ayant esté destiné à servir d'échange pour les bas, et ainsy devant estre regardé comme estant de mesme nature; mais il a passé, à la pluralité des voix, d'ordonner la restitution de ces mille quatre-vingt-une aunes de taffetas audit sieur de Beaumont*.

« Il y a eu encore plusieurs autres particuliers condamnés à l'amende portée par les ordonnances, pour avoir trafiqué avec les Anglois de marchandises prohibées; mais, à leur égard, le jugement est juridique et les ordonnances ont esté suivies. Comme ces fraudeurs sont pour la plupart gens de peu et sans biens, ils font impunément ce commerce, n'ayant rien sur quoy les fermiers puissent asseoir une exécution, et, si le Roy ne juge à propos de les condamner à une peine afflictive, ce commerce ne sera point arresté par des condamnations d'amende, qui deviennent vaines, faute de pouvoir estre exécutées. Les faux-sauniers qui ne sont pas en estat de payer 300 # d'amende sont envoyés de plein droit aux galères après un mois; n'y auroit-il pas la mesme raison de condamner au fouet, qui est une moindre peine, des particuliers sans biens qui font un commerce si préjudiciable aux fermes du Roy? Je ne sais que ce moyen pour arrester le cours de cette licence, et suis persuadé qu'un exemple d'un fraudeur flétri produiroit plus d'effet que les condamnations d'amende de dix jugemens pareils à celuy cy-joint. Il y a un gentilhomme, nommé Prémarest, condamné par un premier jugement en l'amende et à des intérests, et qui l'est encore par celuy-cy; cette récidive mériteroit une relégation dans une province éloignée. Il n'a aucuns biens, et ne pourra jamais se tenir de reprendre le mesme commerce, s'il n'est mis dans l'impossibilité de le continuer **. »

* L'entrepôt des marchandises étrangères avait été découvert chez M. de Beaumont, à la suite de la condamnation du chevalier de Rantot, son frère, et il avait fallu que la force armée intervînt pour saisir les coupables. Voir les lettres de M. Foucault (24, 26 janvier et 28 février 1696) et un mémoire envoyé par les fermiers généraux, le 14 août suivant.

** La proposition d'exil fut approuvée conjointement pour Prémarest et pour le comte de Beaumont; mais celle de la substitution du fouet à l'amende fut écartée. M. de Beaumont fut relégué à Jargeau. (Lettre de M. Foucault, 25 avril 1699.)

1747. *M. d'Ormesson, intendant en Auvergne,*
au Contrôleur général.

1er Septembre 1698.

Le Chapitre des chanoines-comtes de Brioude jouit de tous les droits seigneuriaux dans la ville, et il n'y a d'autres officiers royaux que ceux de l'élection, qui n'ont aucune part à l'administration de la justice et de la police, dévolue aux consuls par les chanoines. Ceux-ci, tous cadets de noblesse, n'ont aucune expérience des affaires, et de là vient le malentendu qui s'est présenté au sujet de la fixation du prix des fourrages pour les troupes mises en cantonnement. Cette fixation, qui est partout usuelle et nécessaire, n'entraîne pas pour les communautés l'obligation de fournir le foin, mais seulement celle de ne le faire payer que 15 sols le quintal, quand elles en ont.

«Je me suis servi de M. l'abbé de Bragelongne, qui est le doyen du Chapitre, pour subdélégué, parce que je l'ay trouvé en cette possession, continuée de MM. d'Ableiges, de Vaubourg, de Bérulle, et des autres intendans de cette province qui m'ont précédé, jusques à M. de Marle, qui estoit son oncle maternel, qui luy a procuré la dignité de doyen de ce Chapitre, qui est très-honneste homme, actif et fort entendu, et mesme rompu dans ces sortes d'affaires, dont il s'acquitte très-bien. Il n'y a pas un homme dans Brioude qui soit approchant de la considération et de l'estime des gens de qualité et des autres personnes en laquelle M. l'abbé de Bragelongne s'est établi, et qui puisse estre porté d'affection au bien du service et qui ayme la justice autant que luy, outre que je ne luy ay jamais donné, ni à aucun autre de mes subdélégués, le pouvoir de juger la moindre chose : toute leur fonction consiste à m'adresser à eux pour avoir des éclaircissemens sur des faits qui ne peuvent pas estre à ma connoissance, en quoy il ne faut que de la probité et de l'exactitude, estre véritable et sincère et exempt de partialité et de liaisons, qui est ce que je rencontre en luy plus qu'en aucun autre de mon département. Si, après cet éclaircissement, vous estes dans le sentiment que je ne doive plus luy adresser mes ordres, je m'en abstiendray absolument, mais je ne crois pas inutile de vous dire que le principal motif de la jalousie de son Chapitre procède de ce qu'il est le seul qui se distingue par des manières d'un homme de qualité, estant bien logé, bien meublé, ayant équipage, donnant à manger et faisant une figure qui luy fait honneur, sans se déranger ni estre dispensé des obligations de sa dignité de doyen, qui est la seconde du Chapitre, la première estant celle du prévost.»

1748. *M. de Bâville, intendant en Languedoc,*
au Contrôleur général.

2 et 30 Septembre 1698.

L'exportation des bestiaux en Espagne par le Roussillon a si fort augmenté, qu'un seul marchand de Castelnaudary s'est engagé à faire passer dix mille moutons et trois mille brebis. Comme il ne tenait point compte d'avertissements réitérés, on l'a arrêté et envoyé au château de Carcassonne; mais cet exemple ne saurait suffire, et l'intendant s'est entendu avec ses collègues de Montauban, du Roussillon et du Béarn pour ne plus laisser rien sortir sans leur passe-port *.

«Les Espagnols ne peuvent se plaindre de ces défenses, puisque, depuis quatre ans qu'il y a eu disette de soye, ils ont fait des règlemens à Saragosse portant défenses aux François d'en acheter, que tous leurs ouvriers n'en fussent pourvus pour une année, et, l'année suivante, ce mesme règlement a esté renouvelé **.

«A l'occasion de cette affaire, je crois devoir vous dire que le lieu de Saint-Béat est un des plus grands passages de France en Espagne et où l'on affecte de passer. Cette petite ville est partie du Languedoc et partie du pays de Foix. Une rue, l'église et le vieux chasteau sont de Languedoc; le reste est de l'autre intendance. Il seroit à souhaiter que ce lieu tout entier pust estre de l'intendance de Montauban ou de Languedoc, parce qu'il s'y commet beaucoup d'abus sous prétexte de ce que, l'autorité estant partagée, on n'y reconnoist presque aucun des intendans. C'est M. l'évesque de Rieux, dans le diocèse duquel est ce lieu, qui m'a donné cet avis, et il prétend qu'il est important pour le service du Roy. Il y a plus d'habitans dans la partie de Saint-Béat qui est de la généralité de Montauban, que dans celle qui est de Languedoc ***.»

* Voir les lettres de M. de la Houssaye, intendant à Montauban, 3 et 17 septembre. Dans la première, il explique que le commerce serait en lui-même très-avantageux pour son département, soit parce qu'on ne peut y nourrir les bestiaux pendant l'hiver, soit aussi parce que la laine s'améliore en Espagne; que d'ailleurs la vente des bestiaux fait entrer plus d'argent en France qu'il n'en sort pour l'achat des laines; mais il ajoute que l'excès subit de l'exportation demande une prompte répression. Dans la seconde, il dit : «..... Je suis persuadé que ces ventes de bestiaux ont non-seulement pour objet, comme le public se l'imagine, de remplacer en Espagne ceux que l'on prétend qui y sont morts par les froidures des années précédentes (ces animaux y restant à découvert presque pendant toute l'année), mais qu'il y a un commerce clandestin et très-dangereux qui cause le principal mouvement, dans la vue de tirer des pistoles d'Espagne pour les faire passer à une fausse réforme. Le profit que les Espagnols trouvent en donnant, dans ces achats de bestiaux, leurs pistoles pour 12 #, 12 # 10 s. et mesme 13 #, selon qu'elles sont plus ou moins pesantes, les excite à acheter. La facilité que ceux qui reçoivent ces pistoles dans leurs ventes de la main des Espagnols trouvent à les débiter sur un pied encore plus haut qu'ils ne les ont reçues, à ceux qui agissent pour les faux-réformateurs, les engage pareillement à vendre au delà de l'ordinaire. Trois réflexions relatives l'une à l'autre me font présumer que cela est ainsy : la première, que constamment il se fait une fausse réforme, cela n'est que trop évident par la qualité des espèces qui roulent dans cette province et par les preuves qui résultent contre les accusés auxquels M. de Basville fait le procès; la seconde, que, quoyque notoirement les payemens se fassent en pistoles, l'on n'en voit point paroistre, et il s'en porte peu aux hostels des monnoyes voisins; la troisième, que l'on n'a vu cette fureur, pour ainsy dire, de vente et de sortie de bestiaux que depuis la dernière réforme générale des espèces, où les louis d'or ont esté portés à un bien plus haut prix qu'auparavant, et que cet enlèvement redouble de vivacité en voyant approcher le temps ou vray-

semblablement il y aura de la diminution dans la valeur des espèces. Ceux qui sont assez malheureux pour s'adonner à cette fausse réforme veulent apparemment jouer de leur reste. Cependant, ce que je viens d'expliquer n'est qu'une observation; car, hors le raisonnement sur lequel je me fonde, je n'ay aucune preuve particulière. Je continueray d'estre très-attentif à empescher cette sortie de bestiaux.»

Voir aussi les lettres de M. d'Albaret, intendant en Roussillon, 1er et 25 juillet, 27 et 31 août, 3, 5 et 10 septembre. Ce fut lui qui détourna le contrôleur général de prohiber absolument le trafic et qui fit établir un système régulier de passe-ports entre le Roussillon, les intendances voisines et l'Espagne ou les vallées neutres, telles que celle d'Andorre, qui envoyaient leurs bestiaux paître en Roussillon et qui facilitaient l'exportation frauduleuse. — M. de Gibaudière, lieutenant de Roi à Bayonne, envoie, le 7 janvier 1699, un relevé du nombre des bestiaux passés par cette ville durant les cinq derniers mois de l'année 1698.

** Les ports de la haute Navarre avaient été rouverts au mois d'août 1697; mais le gouvernement espagnol faisait payer à chaque marchand passant en France ou en revenant 1 écu, et 15 sols à chaque paysan, et en outre, les marchands français établis à Saragosse avaient été taxés à 21,000 #. (Lettre de M. Pinon, Béarn, 24 août 1697.)

*** Malgré ce dernier avis, la partie du pays située en Guyenne fut rattachée à l'intendance de Languedoc, en ce qui touchait seulement l'exécution des ordres du Roi ou de ceux de l'intendant, mais non pour la recette des tailles. Cette mutation se fit au moyen d'une lettre de cachet adressée par M. de Châteauneuf aux maire et consuls de Saint-Béat. (Lettre de M. de Bâville, 26 décembre.)

1749. *M. Bignon, intendant à Amiens,*
au Contrôleur général.

3 Septembre 1698.

Mémoire sur les droits acquittés par les bélandres qui font le cabotage entre Boulogne et Dunkerque. Ces droits sont perçus par l'amiral, les officiers de l'amirauté, le visiteur et le fermier du fanal.

1750. *M. Lebret, intendant en Provence,*
au Contrôleur général.

8 Septembre 1698.

Il se plaint que le commerce par mer des eaux-de-vie de Provence, qui avait considérablement augmenté depuis la conclusion de la paix, se trouve compromis par les fraudes des marchands. L'une des plus communes est de faire le corps des tonneaux si massif et si pesant, que le poids du contenant égale celui du contenu, et que l'acheteur, payant la marchandise au prix courant de l'eau-de-vie, est trompé de moitié.

1751. *M. Turgot, intendant à Metz,*
au Contrôleur général.

10 Septembre 1698.

«M. de Barbezieux, comme secrétaire d'Estat de cette province, a expédié les ordres pour la restitution des archives de Lorraine et de Bar, que nous avions dans la citadelle de Metz. Les ordres s'adressent à M. le procureur général du Parlement de Metz, qui estoit chargé du dépost de ces papiers. Ils ont esté remis à M. de Couvonges et, ayant esté envoyés sur les lieux depuis deux jours, M. le duc de Lorraine a envoyé le procureur général de sa Chambre des comptes pour les retirer.

«Son premier pouvoir portoit de les retirer par inventaire, ce qui ne nous convient pas, parce que cela donneroit des retours de discussions, que l'on évite par un reçu simple au bas de l'ordre, en luy remettant les clefs. C'est pourquoy on luy a expliqué que ce seroit un ouvrage immense, y ayant tous les volumes et papiers d'une Chambre des comptes. Il s'en est dégousté, et, d'ailleurs, on luy a dit que, comme ils avoient esté chargés confusément en 1670, lorsqu'on s'empara de Nancy, on ne pouvoit que luy remettre les clefs de la salle où ils sont en dépost; au moyen de quoy il ne peut se dispenser d'en donner son reçu, et il a envoyé à Nancy pour avoir de nouveaux pouvoirs sur ce pied*.....»

* Le reste de la lettre et les pièces qui y sont jointes concernent les titres de la maison d'Apremont que le précédent duc de Lorraine s'était appropriés et que le chef de cette maison réclamait, pour pouvoir revendiquer son apanage patrimonial. Comme ces titres étaient dans les archives avant la conquête de 1670, il ne parut pas possible de les distraire de la restitution générale, mais on en fit un inventaire. On excepta de la remise les titres relatifs aux terres cédées à la France par le traité de Ryswick ou en 1661. M. du Fourny fut chargé d'en faire l'inventaire et de le joindre à celui des archives de Lorraine, qu'il avait terminé, et à un autre inventaire des archives ecclésiastiques des Évêchés, auquel il travaillait secrètement. (Lettre et pièces du 20 septembre.) — M. du Fourny, auditeur à la Chambre des comptes de Paris, avait été envoyé à Metz l'année précédente, pour analyser les chartes de Lorraine et de Barrois qui n'avaient pas été comprises dans le travail plus ancien de Godefroy. Voir, au 4 février 1697, sa lettre et celle de M. de Corberon, procureur général.

1752. *M. de Bezons, intendant à Bordeaux,*
au Contrôleur général.

13, 20 et 30 Septembre, 15 Novembre 1698.

Rapports sur les mesures prises par le Parlement et les jurats de Bordeaux, conformément aux anciens règlements, pour favoriser le débit des vins de la sénéchaussée, en prohibant le transport en Languedoc des bois propres à faire les barriques* ou l'introduction des vins de cru étranger dans la généralité de Bordeaux après la date du 8 septembre.

La disette actuelle de vins et le retardement des vendanges font que l'on sera obligé, sans rendre la chose publique, de laisser passer les vins vieux de Languedoc jusqu'au milieu du mois de novembre; mais il serait impossible d'enfreindre par une ordonnance quelconque des privilèges dont les habitants de Bordeaux sont extrêmement jaloux.

La récolte de vin, particulièrement dans le bas Languedoc, a été d'ailleurs assez abondante pour approvisionner Paris et les autres provinces du royaume, et les ordres sont donnés pour que le passage de ces vins devant Bordeaux reste libre.

«Il y a une disette extraordinaire de ce costé-cy; elle donne lieu de vendre les vins pour les pays étrangers un prix extraordinaire, qui ne s'est jamais vu, et empeschera que l'on n'abandonne la culture de plusieurs vignes, parce que les propriétaires n'auroient pas pu fournir ce qu'il faut pour les façons. Ils tireront trois fois plus de la vente d'un tonneau de vin qu'ils n'en auroient tiré dans une année abondante. Les vins qui valent pour l'ordinaire 20 ou 25 écus au plus, se vendent 80; ceux de 15 à 20, depuis 54 jusqu'à 66. Tout s'achète pour les pays étrangers. Si l'on permettoit la descente des vins de la généralité de Montauban, de l'Agénois, de l'Albret et du Bazadois, sous prétexte que l'on en a besoin pour les provinces du royaume, l'on empescheroit ces ventes à un prix excessif. La plupart des propriétaires de la séneschaussée de Bordeaux n'ont pas un dixième du vin d'une bonne année. J'ay eu l'honneur de vous marquer qu'il n'y avoit que du quart au tiers du vin de l'année dernière, qui estoit une année où la plupart des vignes estoient gelées. Vous voyez que, le vin ne pouvant manquer pour les provinces du royaume, par la descente de ceux de Languedoc, que l'on chargera dès demain, il est bon de laisser les choses en l'estat ordinaire, afin que les habitans de la séneschaussée de Bordeaux n'abandonnent point la culture des vignes, puisque leur unique ressource est la vente qu'ils font présentement pour les pays étrangers**. . . . . »

* Voir, en Languedoc, au 29 septembre, une réclamation des fabricants de draps de Carcassonne, qui avaient acquis ces bois à barriques pour envoyer des vins en Hollande et tirer en échange des traites, avec lesquelles ils auraient payé, sans remise, les laines d'Espagne.

M. Ferrand, intendant en Bourgogne, fut obligé de casser un arrêté du présidial de Mâcon, qui prétendait empêcher le transport des futailles, vieilles ou neuves, en Lyonnais. Voir sa lettre du 31 mai, et, à la suite de cette lettre, la plainte du syndic des États, malgré laquelle le contrôleur général fit confirmer l'ordonnance de M. Ferrand.

** Outre les pièces jointes à ces lettres, M. de Bezons envoie encore, le 22 novembre, un mémoire où sont résumés les origines et les motifs des priviléges accordés à la sénéchaussée de Bordeaux et de la protection donnée au débit de ses vins.

1753. *M. de Bâville, intendant en Languedoc,*
au Contrôleur général.

14 Septembre 1698.

Plusieurs marchands espagnols demandent à acheter des blés, des orges ou des avoines, jusqu'à concurrence de 30,000 sequins, pour les porter à Barcelone, où il y a disette de grains. Le Languedoc est en état de fournir du blé, mais non de l'avoine, puisqu'il y a lieu de craindre qu'on n'en ait besoin pour une armée de Catalogne*.

* «Non assurément; et défenses générales dans les ports.»

1754. *Les Officiers de la gouvernance de Lille*
au Contrôleur général.

17 Septembre 1698.

Ils envoient un mémoire sur l'administration judiciaire et financière de la châtellenie de Lille et sur la valeur des prétendus droits que les baillis des quatre seigneurs hauts justiciers de cette châtellenie font valoir contre l'autorité royale.

1755. *M. de Puyzieulx, ambassadeur en Suisse,*
au Contrôleur général.

20 Septembre 1698.

«. . . . . Je pars dans huit jours pour la diète indiquée à Bade le 29e de ce mois; elle semble devoir estre décisive. . . . . Si je parois à cette diète sans aucune chose nouvelle à y proposer, tout est à craindre de quelques bizarres et mal agréables résolutions qu'on y prendra, et l'aigreur dont les esprits sont prévenus fera que cela se passera sans beaucoup de délibération, ce qui seroit fort mauvais, et j'appréhende qu'un beau matin on ne me vienne apporter une résolution de la diète qui portera qu'en conséquence des résultats des deux dernières diètes, celle-cy avoit résolu de faire exécuter ce qu'elles avoient ordonné, en envoyant au Roy leurs députés pour le supplier très-respectueusement de vouloir bien donner le congé à leurs troupes, puisqu'il ne luy avoit pas plu de leur conserver la paye portée dans la capitulation faite par M. Stoppa en 1671, qui est la dernière faite au nom de S. M.; luy représentant que, s'ils les retiroient, ce n'estoit pas par aucun refroidissement de leur ancienne affection pour sa couronne, mais parce que ces troupes ne pouvoient subsister avec cette diminution de solde, qui la rend à présent trop modique*. . . . .

«Je donne tous mes soins pour découvrir ces gens qui contremarquent les espèces au coin du Roy. Si je les pouvois faire venir dans ce canton-cy (Soleure), on en feroit bonne justice; mais je doute d'en avoir aucune du canton de Berne. . . . . Mais je crois que ce qui contribuera le plus à empescher ce billonnage en Suisse sera le manquement des espèces, qui y est fort grand: nous le voyons par beaucoup d'endroits.

«Vous avez rendu un véritable service au Roy en ordonnant de surseoir les poursuites contre les marchands suisses établis à Lyon, Marseille et autres villes du royaume. Cela faisoit un grand bruit en Suisse, et, dans les conjonctures présentes, cela nous auroit tout dérangé, si cela avoit continué**. . . . .

«Ce qu'il vous a plu de faire en faveur des officiers du pays de Valais les soulagera considérablement et est très-bien employé, car nous faisons de cette république quasi tout ce que nous voulons pour le service du Roy. . . . .

«Je viens d'entretenir divers marchands suisses et françois, à leur retour de la foire de Zurich. Cela m'a obligé de dresser le mémoire cy-joint, tant sur le billonnage que sur le commerce d'argent. Vous y verrez au moins que, si mes raisonnemens ne sont pas bons, ce n'est pas mon intérest particulier qui me fait parler, lorsque j'y dis qu'il faut bien se garder de rabaisser encore si tost les espèces en France, car j'y perds 2,000 écus tous les ans sur ce qu'il plaist au Roy de me donner en Suisse, estant payé à présent sur le Trésor royal, au lieu que les ambassadeurs en Suisse, jusqu'à M. Tambonneau, l'ont toujours esté sur les fonds de la Suisse, où la monnoye n'a point haussé. Je ne dis cecy que par occasion, et non pour m'en plaindre ni pour vous en demander aucun changement, quoyque la chose fust assez juste, les trésoriers et contrôleurs des Ligues suisses y estant payés de leurs appointemens et mesme de leurs augmentations de gages, et il n'y a que le pauvre ambassadeur qui en souffre, qui est l'ordonnateur de la dépense de ces fonds..... »

* Suivant une autre lettre, du 14 octobre, la différence de la valeur du louis d'or en France et en Suisse (14 # 10 s. et 11 # 5 s.) avait fait monter le taux des lettres de change à dix-huit et vingt pour cent.

** On avait commencé à poursuivre les Suisses établis en France pour le payement de la taxe des étrangers, quoiqu'ils se prétendissent réputés régnicoles par tous les traités d'alliance. (Lettre du 3 septembre.)

1756. *M. de Bernage, intendant à Limoges,*
au Contrôleur général.

20 Septembre 1698.

Toutes les récoltes ont été mauvaises, y compris celles des châtaignes et des vins; la disette sera aussi générale qu'en l'année 1693, et même certains prix sont déjà plus élevés qu'ils n'étaient à cette époque.

« Sans compter que trois régimens de cavalerie qui y viennent hiverner augmenteront encore la consommation particulière des avoynes, dont les paysans se nourrissent, quand les chastaignes manquent. Ce qu'il y a de plus fascheux, c'est que, dans beaucoup d'endroits, et principalement dans des cantons du Limousin, où le grain a esté très-rare, plusieurs laboureurs n'auront pas de semences. Cependant, la taille se trouve augmentée de 20,000 #, parce qu'il vous avoit plu d'accorder l'année passée par un arrest une diminution de pareille somme sur celle portée par le brevet, que vous n'avez point accordée cette année.

« L'imposition de la moitié de la finance qui doit estre remboursée aux greffiers des rôles monteroit à près de 250,000 #, sans compter la somme que vous fixerez pour l'abonnement des voyers experts, en sorte que, nonobstant la cessation de la capitation, les impositions ne laisseroient pas de monter l'année prochaine à plus de 200,000 # plus que cette année, somme exorbitante par rapport à l'estat de la province. Je crois vous devoir proposer deux moyens pour la soulager : le premier, de surseoir, pour l'année prochaine seulement, le remboursement des greffiers des rôles, en leur faisant néanmoins payer les 4 deniers pour livre de la taille, suivant le projet d'arrest cy-joint*; l'autre, d'accorder une somme de 20,000 # pour employer en achat de semences, que je ferois distribuer avec la mesme exactitude que j'ay fait cy-devant, quand vous en avez donné pour pareil usage. Cette somme n'est pas plus forte que la diminution qu'il vous plut d'accorder l'année dernière sur la taille, et me paroist nécessaire pour procurer l'année qui vient une récolte raisonnable**..... »

* Cette proposition parut inacceptable.

** Suivant les lettres des 1er et 31 octobre, la disette était déjà plus forte qu'en 1693; le seigle, qui s'était vendu alors 3 # 10 s. la mesure de soixante et quinze livres, atteignait 6 #, et M. de Bernage avait été contraint de substituer aux ordres particuliers des ordonnances générales, soit pour empêcher les accaparements, soit pour contenir les pauvres. Voir, au 31 octobre, deux lettres des trésoriers de France et du procureur du Roi en l'élection.

Lorsqu'on songea à faire venir des grains de Languedoc ou de Bretagne, les marchands ne voulurent point s'en charger; le prix d'achat, augmenté des frais de transport, eût dépassé même les cours les plus élevés. M. de Bernage obtint qu'on autorisât les receveurs généraux à faire des avances pour commencer le trafic. (Lettres du 21 novembre et des 16 et 27 décembre.)

1757. *M. de Bagnols, intendant en Flandre,*
au Contrôleur général.

23 Septembre 1698.

Les religieux augustins de Tournai ne peuvent payer les dettes de leur couvent; tous leurs biens sont saisis, et leur seule ressource serait d'aliéner quelques fonds de terre qu'ils possèdent dans la châtellenie de Lille ou dans le Tournaisis. Pareille permission a été accordée récemment aux augustins de Lille.

1758. *M. Bouchu, intendant en Dauphiné,*
au Contrôleur général.

24 Septembre 1698.

La récolte est égale à celle de 1697, et il n'y a pas lieu de craindre la famine, pourvu toutefois qu'on oblige les enarrheurs à envoyer leurs blés au marché et qu'on défende les transports au dehors de la province, surtout à Lyon. Ces défenses sont contraires à la liberté du commerce et au principe qui veut que chaque partie du royaume secoure les autres; mais elles ne suffiront même pas à empêcher une cherté extraordinaire des grains, si les troupes restent encore en Dauphiné*.

* Le 7 octobre suivant, le premier président, M. de Bérulle, envoya un exemplaire de l'ordonnance que le Parlement venait de rendre pour arrêter l'exportation des blés en Savoie et des farines à Lyon.

1759. *M. Bouchu, intendant en Dauphiné,*
au Contrôleur général.

24 Septembre 1698.

Le pont construit par les religieuses du monastère de Montfleury, au passage de Jarrie sur la Romanche, est dans un tel état de vétusté, qu'il ne pourrait plus servir au passage des troupes, de l'artillerie, etc. Les religieuses, qui sont propriétaires du péage, par dotation des Dauphins, sans autre condition que d'y entretenir un bac, ne peuvent faire la dépense d'une reconstruction que si le Roi en veut bien supporter la moitié. Le devis monte à 6,000 ₶*.

* Le Roi accorda 3,000 ₶, et les travaux furent entrepris sous la direction de l'ingénieur Dieulamant. (Lettre du 12 mars 1699.)

1760. *M. Larcher, intendant en Champagne,*
au Contrôleur général.

28 Septembre et 19 Octobre 1698.

Les nouvelles charges que supporte la ville de Langres depuis la liquidation de 1681 égalent celles qui avaient été réglées à cette époque, et elles consomment entièrement les fonds réservés pour l'amortissement des dettes. Les échevins demandent d'abord que l'on réduise de 3,000 ₶ à 2,000 ₶ l'article des ouvrages publics; puis, qu'on joigne les nouvelles charges aux anciennes et que le tout soit acquitté sur les revenus par préférence aux dettes*.

* «Rien ne presse sur tout cela, et mesme rien ne me plaist de ce qui est proposé.»

1761. *M. le duc de Gramont, gouverneur de Bayonne,*
au Contrôleur général.

29 Septembre 1698.

Il présente au Roi un état des marchandises et des navires qui sont sortis du port de Bayonne, pour le service des arsenaux, durant le cours de la guerre, et qui ont été exemptés des droits de *coutume*, dont moitié doit revenir au gouverneur; il demande une indemnité.

1762. *M. Bignon, intendant à Amiens,*
au Contrôleur général.

5 Octobre 1698.

« . . . . . Il est vray qu'on a découvert, depuis cinq ans, une mine de charbon de terre dans la paroisse d'Hardinghen, proche Boulogne. M. le duc d'Aumont demanda au Roy une permission exclusive de faire ouvrir cette mine et l'obtint, aussy bien que de celles qui se trouveroient dans toute l'étendue du Boulonnois, du Pays reconquis et comté d'Ardres, à condition de dédommager les propriétaires des terres. MM. de Tagny ont obtenu une pareille permission pour une mine de charbon qui a esté découverte sur le territoire de la paroisse de Réty, dont ils sont seigneurs. On a tiré de ces deux mines une quantité infinie de charbon, dont on se sert très-utilement pour la forge, les fours à chaux et à briques, pour les corps de garde des places du Boulonnois, Pays conquis, l'Artois; il en passe en Flandre et en Normandie. A la vérité, les brasseurs, les raffineurs de sel, les savonniers et les teinturiers n'en font pas une grande consommation; je ne diray pas néanmoins que ce charbon ne leur peut estre d'aucun usage, mais il est moins propre pour leur travail que le charbon qui vient du Hainaut, qui fait un feu plus grand et plus ardent. J'en ay fait faire des épreuves.»

Ces deux mines sont les seules qu'on exploite jusqu'à présent, car l'indemnité qu'on donne aux propriétaires des terrains n'est pas suffisante pour encourager les découvertes. D'ailleurs le travail est mal conduit, et les produits seraient bien plus considérables, si le Roi en prenait la direction ou l'inspection, sauf à dédommager les concessionnaires.

«Le transport du charbon du Boulonnois dans tout le royaume est facile, par les ports de Boulogne, Ambleteuse et Calais, qui ne sont éloignés que de trois ou quatre lieues des mines qui ont esté ouvertes, et dans la Flandre, par la rivière de Guines, distante de deux lieues. Le charbon y est voituré par eau jusqu'à Saint-Omer; on le transporte par charroy à Aire, éloigné de trois lieues de Saint Omer, où il est chargé sur la Lys pour Lille.

«Le charbon du Boulonnois se vend au baril, pesant trois cent vingt-quatre livres, poids du pays de quatorze onces. Le dernier prix a esté depuis 50 sols jusqu'à 55, rendu à Saint-Omer, affranchi de tous frais. Ces frais sont, depuis la mine jusqu'à la rivière de Guines, de 15 sols par baril; de Guines à Saint-Omer, 6 sols; de Saint-Omer à Aire, 8 à 10 sols, selon la saison, et, pour droit de mesurage, chargeage sur le chariot à Saint-Omer, 2 sols du baril; pour le décharger et charger dans les bateaux d'Aire, 1 sol; et, de voiture d'Aire à Lille, 9 sols.

«En sorte qu'un baril de charbon du Boulonnois, sur le pied de 55 sols, rendu à Saint-Omer, revient à Lille à 3 ₶ 17 s.*»

* Ce rapport avait été demandé par le contrôleur général, qui avait l'intention de restreindre l'importation du charbon du Hainaut, devenu espagnol, en remettant les droits d'entrée sur le même pied (30 sols le baril de trois cents livres) que pour le charbon d'Angleterre, conformément à l'arrêt du 3 juillet 1692. Cette mesure, proposée par les fermiers généraux, en représailles de ce que le gouvernement espagnol venait d'augmenter les droits à l'entrée des marchandises françaises, était combattue par M. de Bagnols. Il trouvait que le droit serait excessif, puisqu'il égalait presque la valeur de la marchandise, et que non-seulement il gênerait l'industrie, les travaux des fortifications, etc., mais encore entraînerait le renchérissement de certaines denrées, telles que la bière. Il ajoutait que le charbon du Boulonnais coûtait plus cher et n'était point propre à la plupart des fabrications, et enfin, que, si on arrêtait l'importation, le domaine royal y perdrait les 50,000 ₶ qu'il percevait chaque année sur les charbons passant à Condé. (Lettres de M. de Bagnols, intendant en Flandre, et du sieur le Normant, fermier général à Lille, 3 et 30 août, et 20 septembre.)

Malgré l'avis de M. de Bagnols, il fut rendu un arrêt, le 18 octobre, portant établissement d'une surtaxe de 10 sols sur le charbon espagnol. — Voir une lettre de M. de Madrys, intendant en Flandre maritime (15 novembre). M. de Madrys approuvait la mesure, mais il craignait qu'on ne continuât de préférer, pour leur qualité et malgré une différence de moitié dans les prix de revient, le charbon de Hainaut et celui d'Angleterre.

1763. *M. Bignon, intendant à Amiens,*
au Contrôleur général.

6 Octobre 1698.

Remboursement et conversion au denier vingt, par le moyen d'un emprunt, des rentes anciennement constituées par les États d'Artois et réduites, en 1661, au denier dix-huit.

1764. *M. d'Ableiges, intendant à Poitiers,*
au Contrôleur général.

6 Octobre 1698.

Les paroisses commandées pour travailler par corvées à l'entretien de la digue qui préserve le pays entre Mons et Beauvoir-sur-Mer refusent de s'exécuter, malgré les amendes qui doivent être prononcées contre les défaillants, et elles demandent que les réparations soient mises en entreprise et adjugées au rabais.

Le travail gagnerait, en effet, à être exécuté par des entrepreneurs, et les frais s'imposeraient facilement sur toutes les paroisses intéressées*.

* Il fut procédé à l'adjudication, et M. d'Ableiges comprit dans le même travail deux ponts de bois qui servaient à la paroisse de Beauvoir. Le receveur général fit l'avance des fonds. (Lettres du 26 janvier et du 29 mai 1699.)

1765. *M. Lebret, intendant en Provence,*
au Contrôleur général.

7 Octobre 1698.

La Chambre des vacations de la Cour des comptes ayant condamné au fouet une faux-saunière, et l'exécuteur refusant de faire son service, la Chambre a décrété ce dernier de prise de corps et a envoyé un de ses huissiers pour le saisir jusque dans le lieu de séance de la Chambre des vacations du Parlement, qui l'avait pris sous sa protection. Les membres du Parlement, pour punir cette violation de leurs privilèges, ont immédiatement fait jeter l'huissier en prison, et quelques-uns d'entre eux ont même demandé qu'il fût, séance tenante, puni du fouet. Cette exécution n'eût pas manqué d'amener une rupture, ou même des voies de fait, entre les deux Compagnies, si l'intendant ne s'était interposé. Le Parlement s'est contenté d'admonester l'huissier, et la Cour des comptes a ordonné que l'exécuteur lui viendrait faire amende honorable en audience publique.

1766. *M. Bignon, intendant à Amiens,*
au Contrôleur général.

9 Octobre 1698.

Il demande qu'on rejette à l'assiette des tailles de 1700 l'imposition des dépens que les habitants de Réthonvillers ont été condamnés à payer, pour dégâts commis sur une terre de M. de Mailly-Nesle.

« Vous savez de quelle manière se traitent ces sortes d'affaires. Un syndic, un lieutenant répond pour la communauté; elle est mal défendue. Il y a plus d'avantage, plus de sûreté pour l'indemnité à s'adresser à toute une paroisse, qu'à cinq ou six malheureux qui ont fait le désordre; l'imposition en commun, qui ne peut estre qu'au marc la livre de la taille, se répand sur l'innocent et le coupable; la veuve et l'orphelin, qui n'ont point eu de part au désordre que quelques insolens ont commis, en portent la peine. Il y a, cette année, plusieurs impositions outre la taille, les greffes des rôles, l'abonnement pour les foires et marchés et droits de mesurage, le rachat des experts jurés et la finance pour la petite voyerie, un contingent pour les ouvrages du Tréport et pour l'indemnité des particuliers dont les héritages ont esté employés aux fortifications d'Abbeville; toutes ces sommes ensemble montent à un quatrième d'augmentation sur le total de la taille..... »

1767. *M. d'Ableiges, intendant à Poitiers,*
au Contrôleur général.

9 et 27 Octobre 1698.

Mémoires sur la fourniture du fourrage aux troupes et sur le logement de douze compagnies de dragons dans la ville de Poitiers.

1768. *M. Ferrand, intendant en Bourgogne,*
au Contrôleur général.

16 Octobre 1698.

« Les plaintes générales que l'on fait, depuis deux mois, dans la province, du peu de blé qui a esté recueilli cette année, des enarrhemens considérables de plusieurs particuliers et des enlèvemens continuels hors de la province, m'ont porté à connoistre la vérité avec application. Par tout ce qui m'a esté mandé et par ce que j'en ay vu par moy-mesme, j'ay connu que le mal pouvoit devenir plus grand, s'il n'y estoit promptement remédié. Le blé vaut partout plus de 2 sols la livre et enchérit tous les jours, par le peu qui s'en apporte dans les marchés; toute la province est remplie de gens qui enarrhent, et on appréhende une disette plus grande que l'on ne l'a vue en 1693. Toutes ces raisons m'ont porté à défendre la sortie des blés et les enarrhemens au delà de la provision d'une année, sur la requeste de MM. les élus. Je m'y suis d'autant plus porté, outre la nécessité dont je suis témoin, qu'en Comté et en Champagne, MM. les intendans ont donné de pareilles défenses, et qu'il n'est pas juste que la province s'épuise, pendant que le secours de ses voisins luy est interdit. Il n'y a en cela de considération à faire que par rapport à la subsistance de la ville de Lyon. Je n'ay pas prétendu luy interdire le commerce de la Bourgogne; nous luy donnerons des blés autant que nous le pourrons sans nous en priver, et nous agirons, M. d'Herbigny et moy, de concert, comme nous avons fait en 1694. L'attention que nous y aurons de part et d'autre préviendra le mauvais usage que les marchands de Lyon font des blés de Bourgogne; ils trouvent beaucoup de facilité à Lyon d'obtenir des permissions de les conduire ailleurs, ce qui n'est pas moins à charge à la Bourgogne qu'à la ville de Lyon*.....

«La récolte des vins sera plus heureuse. Tout ce que j'ay vu de vignes m'a paru abondant et en maturité. On fait actuellement vendange : les grappes rendent plus qu'on ne l'espéroit, et le Beaunois, pour la quatrième année, a produit des vins en abondance.»

* «Approuver ce qu'il a fait; en donner avis à M. d'Herbigny. L'essentiel est de rassurer les peuples et de découvrir ceux qui font magasin, et en donner avis.»

M. Bouchu, premier président du Parlement, avait demandé, dès le 21 septembre, à rendre un arrêt pour prohiber la sortie des grains de la province; mais le contrôleur général avait trouvé cette proposition prématurée, et, lorsque, peu après, l'ordonnance fut rendue par l'intendant, le Parlement y vit un empiétement sur des attributions qui ne lui avaient jamais été contestées par personne. A une autre lettre de M. Bouchu (22 décembre), qui demandait que la part de chaque autorité fût déterminée, le contrôleur général répondit : «Le détail et toutes les affaires particulières au Parlement; rien à l'intendant, que ce qui peut regarder un ordre général et avoir relation aux provinces voisines et à Paris.»

M. Ferrand laissa enlever dix mille ânées (l'ânée pesant trois cents livres) pour Lyon, mais il demanda au contrôleur général de n'en point accorder davantage, disant que cet envoi ferait subsister Lyon jusqu'au mois de février, où arriveraient les grains de Barbarie et de Provence, et que, pour la Bourgogne, le blé était déjà monté à 8# la mesure de cinquante livres, sur le marché d'Auxerre; partout ailleurs il valait plus de 2 sols la livre. (Lettre du 22 novembre.)

1769. *M. de la Faluère, premier président du Parlement de Bretagne,*
au Contrôleur général.

19 Octobre 1698.

La récolte de blé et surtout celle de seigle ont été assez bonnes; mais, comme les grains enchérissent tous les jours, que les greniers commencent à se fermer et qu'il y a disette à l'étranger, il serait bon de veiller secrètement à ce qu'il ne se fît point d'exportations, sous prétexte de transports en Guyenne ou dans les autres provinces du royaume*.

* Suivant une lettre écrite par M. de la Bédoyère, procureur général au Parlement, en date du 12 décembre, le froment valait 54 écus le tonneau, et le seigle 42 écus.

M. de Nointel fit un exemple de sévérité aux dépens d'un commis des devoirs qui avait amassé deux cents quartiers de toutes sortes de grains. On les vendit sur le marché voisin, au cours des premiers jours d'octobre. (Lettre du 14 décembre.)

1770. *M. de Bâville, intendant en Languedoc,*
au Contrôleur général.

20 Octobre 1698, 30 Janvier, 10 et 13 Février, 27 Avril et 23 Mai 1699.

Établissement d'octrois pour l'entretien des hôpitaux généraux d'Alais et d'Albi.

1771. *M. de la Houssaye, intendant à Montauban,*
au Contrôleur général.

22 Octobre 1698.

Les preuves ont manqué pour donner suite à l'accusation de fausse monnaie qui avait été intentée contre M. de Charnacé, relégué à Gimont, et contre le P. Moquet, religieux augustin. Le présidial de Montauban s'est borné à conclure à un *plus amplement informé* pendant deux mois; mais il semble à propos de changer le lieu d'exil de M. de Charnacé et d'envoyer le religieux dans un couvent éloigné.

1772. *M. le Vayer, intendant à Moulins,*
au Contrôleur général.

26 Octobre 1698.

Les quatre déclarations qui ordonnent le remboursement des augmentations de gages de la plupart des officiers privilégiés et la suppression de leurs priviléges, seront d'un grand secours pour soulager les autres habitants du logement des gens de guerre.

«Elles me donnent une occasion favorable de vous représenter la nécessité qu'il y aura de supprimer pareillement, le plus tost que faire se pourra, les offices de tiers référendaires taxateurs et calculateurs de dépens, créés par édit du mois de novembre 1689. L'abus qu'en font les procureurs, qui ont réuni ces offices à leur communauté, est infini et insupportable, parce qu'ils sont juges en leur propre cause, et que ces sortes de bas officiers n'ont d'autre règle que celle de l'intérest et du gain. Je vois, en faisant le département des tailles, où l'on me présente des rejets à faire en conséquence de sentences des élections en surtaux, qu'on ne peut plus en faire rendre qu'il n'en couste, pour le moins, 80 ou 100#, et jusques à 150#, quoyque souvent il ne s'agisse que de 6 ou 10# au principal. Et, quand on veut en parler aux officiers, ils conviennent tous de l'abus, mais ils se défendent sur ce que ce n'est plus à eux de faire le calcul ni la taxe, et qu'ils n'osent plus liquider les dépens par leurs jugemens. Les autres officiers des justices ordinaires se plaignent de la mesme chose, en sorte que le public recevra un soulagement très-considérable, de quelque manière qu'il plaise au Roy que ces offices soient supprimés et remboursés. La bonté et la fidélité avec lesquelles S. M. veut bien faire tous ces remboursemens et mesme continuer le payement des rentes et augmentations de gages jusques à l'actuel remboursement, la rendront à l'avenir maistresse de toutes les bourses de ses sujets, et par là infiniment plus riche, malgré les épuisemens d'une si longue guerre, qu'elle ne l'a jamais esté. La France seroit aujourd'huy au comble du bonheur, s'il n'estoit un peu troublé par la crainte de la disette. Cependant, dans ma tournée, j'ay eu curiosité d'entrer dans quelques granges, d'y faire battre du blé en ma présence : il est vray qu'il ne rend pas beaucoup, mais le grain est de bonne qualité. On m'est convenu que l'on n'avoit point encore battu, si ce n'est pour semer, et qu'il se trouveroit encore en beaucoup de lieux du blé suffisamment, non pas pour procurer l'abondance, mais du moins pour faire subsister, quoyque avec plus de peine que l'année dernière, les peuples de ces provinces. On me mande du costé de la Palisse, c'est-à-dire du Forez et Lyonnois, que le blé y a baissé de prix dans les derniers marchés; mais, à l'égard des villes de Moulins et Nevers, il y a augmenté, et ce qui valoit, il y a six mois, 9 ou 10 sols le boisseau, en vaut 20, ce qui alarme beaucoup le menu peuple et les troupes qui sont en quartier*.

«Je suis obligé mesme de vous représenter, en faveur des troupes, que jusques icy les fermiers généraux des gabelles leur avoient accordé une petite gratification de sel, pour leur ayder à vivre et leur oster la tentation de faire le faux-saunage; cette année-cy, ils la leur refusent, et ils s'exposent, pour peu de chose, à souffrir un versement de faux sel, ou bien à faire périr de pauvres malheureux qui ne peuvent subsister de 5 sols de paye, surtout le blé estant cher, si on ne leur ayde. Les sous-fermiers des aydes ne les traitent pas avec plus d'humanité; les précédens fermiers avoient coustume de permettre aux vivandiers de vendre du vin aux cavaliers, moyennant une remise de la moitié des droits, et mesme des deux tiers; ceux-cy ne leur veulent rien accorder, et le vin est d'ailleurs fort cher. J'ay commencé par donner auxdits fermiers des ordonnances portant défenses d'aller au faux-saunage et de vendre vin autrement qu'en payant les droits et souffrant les visites, parce que cela est de mon devoir; mais cependant, j'ay cru qu'il n'en estoit pas moins de vous représenter le besoin des troupes, qui recevroient un soulagement considérable et nécessaire, si vous aviez la bonté de vouloir bien ordonner aux fermiers de les traiter avec la mesme humanité que par le passé**.....»

* Suivant deux autres lettres du 17 septembre précédent et du 19 octobre, la récolte était partout des deux tiers moindre que celle de 1697, qui avait été elle-même très-médiocre; dans certaines contrées, telles que le Morvand, on n'avait recueilli qu'un peu d'avoine, qui soutenait les habitants, mais qui devait être bientôt consommé par le service des étapes et par celui du quartier d'hiver; dans les cantons qui avaient plus de blé, les marchands enlevaient tout, soit pour Lyon, soit dans la direction d'Orléans, et, comme cette dernière généralité avait eu une bonne récolte, on craignait que ces transports ne fussent l'effet des spéculations commerciales. Le contrôleur général ne permit pas qu'on prît aucune mesure générale contre les marchands.

** Voir une autre lettre, du 12 avril 1699.

1773. *M. de Bernières, intendant en Hainaut,*
au Contrôleur général.

27 Octobre 1698.

La communauté du Quesnoy demande à faire régulariser ses droits de propriété sur les biens qui servaient anciennement à la subsistance des lépreux et que le Roi avait réunis ensuite aux commanderies de l'ordre de Saint-Lazare, mais dont il a ordonné plus récemment, en 1693, l'affectation au soulagement des pauvres malades.

«J'ay trouvé que le couvent des Sœurs noires de cette ville estoit un hospital autrefois fondé par un particulier, pour y recevoir les malades; que la fondation estoit pour douze lits, dans la salle qui sert de chapelle; mais, les religieuses s'estant relaschées de l'hospitalité, le nombre des lits pour les malades est réduit à presque pas un. Je croirois donc qu'on pourroit obliger ces filles à rétablir leur hospital suivant leur fondation, ce qui seroit très-facile, parce que, comme elles sont sous l'administration du Magistrat, on peut les obliger de satisfaire à la fondation, ou bien à déguerpir. M. Voysin avoit autrefois eu cette vue, mais c'estoit pendant des temps de guerre, et, n'ayant pas esté secondé, les affaires plus importantes firent oublier ou suspendre celle-là. On pourroit donc très-facilement rétablir cet hospital et y joindre la maladrerie; je vous répondrois de l'exécution et du service des pauvres, à quoy je tiendrois très-fort la main.

«Le second parti que je prends la liberté de vous proposer paroist plus difficile, mais il n'est pas moins sûr dans son exécution, en y apportant du soin. Il est plus grand et plus digne d'un ministre tel que vous, infatigable, et qui donne ses soins à tout. Je crois que la ville du Quesnoy est en estat de faire un hospital pour renfermer les pauvres, qui ont environ trois cent cinquante mancauds de blé de revenu, ce qui fait, mesure de France, cent trente-quatre setiers trois quarts, et 800 florins, montant, monnoye de France, à 1,000# de revenu. On pourroit aliéner 200 florins, et en acheter un endroit pour y mettre les pauvres, les hommes d'un costé, les femmes d'un autre, et il pourroit y avoir jusques à cent pauvres. On prendroit les deux tiers du blé et les deux tiers de l'argent pour leur subsistance, et le reste seroit pour les pauvres honteux. Je ferois établir dans cette maison quelque métier, comme celuy de tricoter des bas, que les enfans mesmes peuvent faire et gagner 3 sols par jour, les plus grands davantage*.....»

* «Se pourvoyent devant M. le Chancelier et les commissaires des maladreries.»

1774. *M. de Bezons, intendant à Bordeaux,*
au Contrôleur général.

27 Octobre 1698.

Rapport sur les récoltes et les vendanges.

«L'on m'a mandé de Bordeaux que toutes les marchandises se sont vendues pendant la foire fort cher; la plupart ont augmenté de prix de vingt pour cent; il y en a eu qui ont augmenté jusqu'à vingt-cinq pour cent, ce qui me paroist une très-grosse augmentation.

«J'ay fait le département des tailles de l'élection de Sarlat. Il est inconcevable la misère qui est en Périgord. Il n'y a presque point de chastaignes; les blés noirs n'ont point réussi. Il commence d'y avoir une furieuse quantité de pauvres, en sorte que le Périgord sera cette année de mesme qu'en 1693. Je crois qu'il est de la bonté du Roy d'y faire faire des charités, vers Noël ou le commencement de janvier, afin d'empescher que plusieurs personnes ne meurent de faim pendant cet hiver*.»

* M. du Vigier, procureur général au Parlement, confirme ces détails, et annonce, dès le 27 novembre, qu'une partie de la population émigre du côté des pays plus favorisés. Voir aussi une lettre écrite par M. l'évêque de Périgueux, vers le 23 du même mois.

Rendant compte, le 25 novembre, de l'augmentation qui se manifesta dans tous les marchés (le setier de Paris valant 15 #), M. de Bezons ajoute : «L'on est très-embarrassé pour trouver un moyen à procurer la diminution du prix des grains. Je crois que le seul et unique est d'empescher que les marchands n'aillent au-devant de ceux qui en portent au marché, de faire que les marchands n'achètent que les dernières heures des marchés et que le peuple ayt les premières pour acheter ce qu'il faut pour sa subsistance. Je l'ay mandé de cette manière dans plusieurs endroits; j'ay chargé ceux qui ont la police d'y tenir la main. Je n'ay point donné d'ordonnance à cet égard, parce qu'il m'a toujours paru, dès qu'on donne un arrest ou une ordonnance sur le fait des grains, que cela donne lieu à des personnes de les cacher, qu'il ne faut point donner de règle générale, qu'il est bon de faire apporter le remède par les juges de police dans chaque endroit..... J'ay donné encore de nouveaux ordres du costé de Bayonne pour qu'il ne passe point de grains en Espagne par terre, et que l'on veille à ce que l'on n'y porte ni pois ni fèves.....» Les mêmes prohibitions furent appliquées au commerce des marrons et des châtaignes.

Selon M. de Bezons, cette hausse des prix, qui continua pendant le mois de décembre, était due principalement, outre la médiocrité des récoltes, à ce que des pluies abondantes et les gelées qui les suivirent compromirent les semences, ou même empêchèrent de les faire dans les terrains bas et marécageux, et aussi à ce qu'on n'osait arrêter le transport des grains en Limousin ou en Auvergne. Comme compensation, M. de Bezons obtint que M. de Bâville révoquât les ordres qu'il avait d'abord donnés et laissât la liberté de faire passer les récoltes du Languedoc dans les provinces environnantes; mais M. de Bâville ne voulut pas étendre cette permission aux diocèses d'Albi, de Castres et de Lavaur, où le blé était aussi cher qu'en 1694. Voir ses lettres des 1er et 25 décembre.

1775. *M. le Vayer, intendant à Moulins,*
au Contrôleur général.

28 Octobre 1698.

La hausse du prix des grains continue, et elle cause une agitation plus sensible dans les petites villes que dans les grandes. La plupart des enlèvements sont faits par des marchands nouveaux convertis, ce qui augmente l'animosité des habitants, et, à Moulins, on a demandé que, si l'intendant ne jugeait pas à propos d'empêcher la sortie des bateaux hors de la généralité, du moins il fût permis de les arrêter pendant vingt-quatre heures, et que chacun pût venir s'y approvisionner au prix courant.

«J'avoue que cette requeste m'a fort embarrassé, parce que, d'un costé, ces sortes de règlemens ont leur conséquence, et que, de l'autre costé, il est dangereux de désespérer une populace qui n'a point d'oreilles, et qui pensa, il y a deux jours, faire une sédition au marché. Et enfin, tout considéré, il m'a paru qu'il y avoit moins de risque à permettre de faire *faire planche* pendant vingt-quatre heures seulement aux bateaux passant sous l'ancien pont de Moulins, que de le refuser; car ce n'est point empescher le passage des bateaux ni le transport des grains, ni troubler le commerce, mais c'est seulement pourvoir à la subsistance et à la tranquillité d'une capitale d'un pays qui a produit ces mesmes grains pour sa subsistance*.

«Il est certain que les nouveaux convertis sont plus inquiets que jamais, et que ce n'est point sans raison qu'on prend aujourd'huy des mesures pour réprimer les restes de leur opiniastreté et de leur insolence**.»

* «Luy mander qu'il a bien fait, ne pouvant s'en défendre, mais adoucir et prendre garde à l'abus, et qu'il confère avec l'intendant d'Auvergne.» Il y eut ordre ensuite d'empêcher qu'on ne fît faire planche, en aucun cas, aux bateaux destinés à l'approvisionnement de Paris. (Lettre de M. le Vayer, 16 novembre.)

** Le contrôleur général ordonna d'arrêter un marchand de Gien, ancien religionnaire, qui avait été accusé par-devant l'intendant d'enlever des blés à Saint-Pourçain, et qui ne craignit pas de déclarer, dans le procès-verbal, qu'il avait abjuré par force et qu'il était toujours de la R. P. R. (Lettre de M. le Vayer, 16 novembre.)

Dans une lettre du 28 novembre, M. le Vayer donne des détails sur la famine qui régnait déjà en Morvand, par suite des mesures prises en Bourgogne pour empêcher toute sortie de grains. Comme, d'ailleurs, les marchés de la généralité de Moulins étaient dégarnis, les séditions se multipliaient partout, sans que les magistrats pussent s'y opposer. A Moulins même, le peuple se souleva, sous prétexte que des bateaux soi-disant destinés à Paris n'avaient point de lettres de voiture, ni de certificats du prévôt des marchands, et il fallut promettre que l'un des chargements serait vendu aux boulangers de la ville, qui n'avaient plus trois cents boisseaux de blé à eux tous. «Non-seulement, dit M. le Vayer, le blé descend à Paris, mais il passe continuellement dans le Forez, dans la haute et basse Marche et dans le Limousin, parce que je n'ay point voulu, sans ordre du Roy, faire aucune défense de transporter les grains. Et cependant il est très-fascheux que, dans le temps que ces provinces-cy assistent les autres voisines, quelqu'une d'elles refuse d'en user de mesme, et cette inégalité de conduite attire beaucoup d'envie et de haine à ceux qui sont à leur teste, en sorte qu'il n'est point de jour qu'on ne me reproche assez publiquement que je devrois faire comme MM. les intendans de Bourgogne et de Champagne; mais je suis résolu d'obéir et de me mettre au-dessus de toutes ces remonstrances, sans trouver à redire à ce qu'ont fait MM. mes confrères, qui n'auront rien fait sans ordres et sans de bonnes raisons.....»

Suivant deux lettres du 3 et du 10 décembre, la disette était plutôt factice que réelle, et le département pouvait se nourrir. Aussi, M. le Vayer résista-t-il à toutes les instances des habitants et fit-il relâcher le bateau chargé pour Paris, qui était encore retenu à Moulins. Il se contenta de s'assurer aux environs de cette ville une réserve de trente mille boisseaux, pour la faire amener sur le marché, dès que la disette s'y serait fait sentir. (Lettre du 26 décembre.)

1776. *M. Lebret, intendant en Provence,*
au Contrôleur général.

30 Octobre 1698.

Il a transmis au directeur général des fermes de Provence les instructions et les modèles dressés pour faire établir dans chaque bureau de recette des états alphabétiques des marchandises qui acquitteront les droits d'entrée ou de sortie *.

* A cette lettre est jointe la réponse du directeur général, le sieur Luillier, et un exemplaire imprimé de sa circulaire aux receveurs. Outre la mention des marchandises déclarées à chaque bureau, de leur provenance et de leur destination, pour l'étranger, pour les provinces réputées étrangères, ou pour le royaume, le receveur devait donner l'estimation de leur valeur courante; le tout partagé en quatre états alphabétiques: deux pour l'entrée, deux pour la sortie, dont l'un serait pour l'étranger, l'autre pour les provinces réputées étrangères.

M. de la Bourdonnaye, intendant à Rouen, accuse réception d'ordres semblables, le 21 septembre 1698.

1777. *M. Turgot, intendant à Metz,*
au Contrôleur général.

31 Octobre 1698.

Il avait passé traité avec les juifs de Metz pour faire venir de Franconie et d'Allemagne, au prix de 22# les deux cents livres (un cinquième de froment, quatre cinquièmes de seigle), les blés nécessaires à la subsistance des dix-sept mille hommes de troupes cantonnés dans le département; mais M. de Barbezieux vient de lui notifier que le Roi n'approuve point ce traité, et que le munitionnaire avait déjà conclu marché pour fournir le pain aux troupes, à raison de 28 deniers la ration*.

Les juifs ont renoncé avec une certaine satisfaction à ce traité, auquel on avait eu peine à les amener. Actuellement, ils proposent de faire venir de ces mêmes blés, mais sans aucun engagement, et à condition que le Roi voudra bien demander le passage aux petits princes d'Allemagne, et qu'il laissera aux entrepreneurs la liberté de vendre les grains dans toute la province, à quelque prix que ce soit.

Il paraît qu'il sera difficile d'obtenir le passage à travers certains États, mais on croit d'autant plus urgent de tenter la négociation, que le département n'a plus de blés, et, alors même qu'on obtiendrait du duc de Lorraine la permission d'en prendre dans ses États, le prix des grains y serait beaucoup plus élevé qu'en Allemagne**.

* Voir la lettre du 9 octobre précédent.

** Le contrôleur général répondit que le Roi, tout en reconnaissant l'utilité de ce projet, ne voulait point se compromettre par des négociations dont l'issue serait douteuse. Mais, avant que cette réponse fût arrivée à Metz, M. Turgot avait déjà fait commencer les ouvertures par M. d'Iberville, résident à Mayence, et par le sieur Obrecht. Le chancelier de M. l'Électeur palatin ayant dit qu'on refusait le passage aux juifs dans l'idée que c'était une affaire de commerce ordinaire, mais qu'on l'accorderait pour le Roi et pour ses troupes, il y eut quelques commencements d'exécution, et M. Turgot insista de nouveau pour que le Roi fît agir directement et officiellement ses envoyés. Le contrôleur général et M. de Torcy, secrétaire d'État des affaires étrangères, furent autorisés à écrire en conséquence et à faire remercier l'Électeur palatin et l'Électeur de Mayence, mais sans appuyer formellement les juifs ou les accréditer au nom du Roi. Le commerce s'établit régulièrement dans ces conditions, et le département de M. Turgot reçut un premier envoi de quinze mille quartes (mesure de quatre-vingt-quinze livres), qui fit ouvrir les greniers du pays et baisser les prix, déjà arrivés à 12# la quarte, comme en 1694. Voir les lettres de M. Turgot et les pièces qui y sont jointes, des 10, 16, 23 novembre, ainsi qu'une lettre de M. d'Iberville, du 18 novembre.

Les négociations auprès du duc de Lorraine aboutirent, un peu plus tard, à la levée des défenses que ce prince avait maintenues jusque-là dans l'étendue de ses États, mais ce fut seulement après que des commissaires y eurent exécuté une visite générale des greniers et fait porter une partie des grains à Nancy. (Lettres de M. Turgot, 12 et 17 décembre.)

Les officiers de S. A. S. M. le Prince avaient aussi défendu toute sortie des grains du Clermontois et des terres de Stenay, Dun et Jametz. M. Turgot réclama la levée de ces défenses, en vertu des anciens concordats qui avaient établi la liberté de commerce entre les Trois-Évêchés et la Lorraine, dont les terres de M. le Prince étaient détachées depuis 1641. (Lettre et pièces du 17 décembre.)

1778. *Le sieur de la Lande-Magon, négociant à Saint-Malo,*
au Contrôleur général.

2 Novembre et 26 Décembre 1698.

Mémoires sur l'importation de la cochenille et sur la qualification d'épicerie ou de droguerie que les fermiers prétendent imposer à cette denrée*.

* Voir une lettre de M. de Nointel, et un mémoire de M. Daguesseau, à la date du 11 janvier 1699.

1779. *M. d'Argenson, lieutenant général de police à Paris,*
au Contrôleur général.

5 Novembre 1698.

«Les vendeuses de fleurs qui vous ont présenté des placets contre les bouquetières ont tort de se plaindre, puisque les dernières que j'aye condamnées à l'amende ne se contentoient pas de vendre de petits bouquets, comme il leur est permis par les règlemens, mais qu'elles affectoient de s'attrouper en certains lieux et de se faire soutenir par des soldats aux gardes ou par des bretteurs, ce qui m'a obligé d'en faire emprisonner deux ou trois, pour servir d'exemple.

«Je me suis donné de nouveaux soins, à l'occasion de la dernière foire de Saint-Denis, pour empescher la contrebande et le débit des marchandises étrangères au préjudice des nostres; mais je crains bien que, sans l'établissement d'un entrepost, toutes les précautions qu'on pourroit prendre ne soient inutiles; je sais que cette proposition a esté faite plus d'une fois, mais peut-estre y avoit-il pour lors des difficultés, qui ne subsistent plus.»

Mémoire sur le commerce du papier. La mauvaise qualité des produits et l'augmentation des prix soulèvent des plaintes générales. Ces inconvénients sont dus soit aux contestations qui séparent depuis longtemps les merciers et les papetiers et qui nuisent à l'observation des règlements, soit aux exactions d'un agent des fermes, qui force les marchands forains à entreposer leurs produits entre ses mains, à la douane, et qui prélève un droit de commission.

1780. *M. de Bernières, intendant en Hainaut,*
au Contrôleur général.

10 Novembre 1698.

«J'ay envoyé à M. de Bagnols la lettre que vous m'avez fait l'honneur de m'écrire, avec la requeste qui vous a esté présentée par les habitans du village de Famars, qui est du département de Flandre, quoyque du Hainaut; mais je vous supplie de vouloir bien remarquer, au sujet des charges qui surviennent quelquefois, que les meilleures places du Hainaut, comme Valenciennes, Condé et autres, avec leurs dépendances, sont du département de Flandre, ce que je prends la liberté de vous observer, pour que vous ayez la bonté de diminuer nostre portion, lorsque vous nous demanderez de l'argent.»

1781. *M. Foucault, intendant à Caen,*
au Contrôleur général.

10 Novembre 1698.

A la suite des plaintes que l'on recevait de la grande consommation des farines par les amidonniers, et des procès-verbaux qui ont constaté que cette consommation pouvait monter à huit cents boisseaux, de quarante livres chacun, par semaine, il a rendu une ordonnance pour défendre toute fabrication jusqu'à nouvel ordre. Les règlements de police interdisaient déjà l'emploi de la farine, sous peine d'amende, mais les amidonniers avaient divers moyens de les éluder*.

* «Il auroit pu faire moins d'éclat; mais, puisque cela est fait, qu'il suive le reste avec quelque douceur.»

M. Foucault avait eu à réprimer, quelques mois auparavant, une sédition des habitants de Cherbourg, qui avaient pillé sur le port des chargements de grains. (Lettres du 2 septembre, du 26 octobre et du 26 novembre.) Une émeute plus grave eut lieu, le 15 décembre, à Saint-Sauveur-le-Vicomte, où le vicomte-maire de la ville se fit maltraiter par la populace en protégeant un chargement de blé, et elle fut suivie d'une autre sédition à Quinéville. (Lettre du 4 février 1699.)

1782. *M. de Bernières, intendant en Hainaut.*
au Contrôleur général.

11 Novembre 1698.

Saisie d'un entrepôt de tabac au village de Hantes, qui dépend du gouvernement de Maubeuge, mais qui est réputé neutre, ou *terre franche*. Ce village, enclavé dans le Hainaut espagnol, avait toujours été considéré comme français, payait la capitation et les autres charges, et acquittait sa part des contributions de guerre; c'est par omission qu'on ne l'a point porté sur la liste des localités que le Roi a entendu se réserver en concluant la paix, et il est essentiel d'en détruire les franchises, pour éviter les versements frauduleux dans le royaume.

1783. *M. Sanson, intendant à Soissons,*
au Contrôleur général.

12 et 26 Novembre 1698.

Le muid de froment est monté, en un mois, de 200# à 380#, et même à 450#, sur la frontière. Cette hausse ne provient pas seulement des enlèvements qu'on fait pour la Champagne ou pour les garnisons; elle a deux autres causes : l'avidité des blatiers, qui, sûrs de leur gain, courent les fermes avec trois ou quatre chevaux et y enlèvent le blé pour le porter au marché, où ils font les cours à leur volonté; la concurrence de tous les habitants des villes, qui emploient leur argent comptant à acheter des grains, pour les revendre en hausse.

Une ordonnance a été rendue pour forcer les laboureurs à apporter eux-mêmes leurs récoltes au marché et les boulangers à fournir régulièrement le pain. Les particuliers et les boulangers peuvent seuls maintenant acheter le blé de dix heures du matin à une heure de l'après-midi, à l'exclusion des marchands.

Quant à l'exportation en contrebande, qui augmente d'autant plus que le blé est rare et cher à Liége, on a pris toutes les mesures pour que le service des gabelles et celui des traites gardent soigneusement la frontière et surveillent l'emploi des acquits-à-caution, dont les marchands abusent, sous prétexte de transporter leurs chargements dans le Pays conquis*.

Le commerce est maintenu avec le Hainaut et la frontière de Champagne, moyennant un système de certificats des intendants, qui permet de vérifier l'arrivée des grains à destination.

L'ensemble de ces mesures a produit immédiatement une baisse de prix considérable.

* Voir, à la date du 21 décembre, un mémoire du même intendant, sur la contrebande des blés.

1784. *M. d'Herbigny, intendant à Lyon,*
au Contrôleur général.

13 Novembre 1698.

«..... Depuis que je suis icy, ayant renouvelé mes instances pour engager Messieurs de ville, suivant vos ordres, de faire provision des blés de la Compagnie du Cap Nègre, ils m'ont expliqué qu'il en vient deux sortes de blés, dont l'un véritablement rend beaucoup de farine, et fort blanche, l'autre très-peu, en sorte que les boulangers de cette ville n'en voudroient pas, à moins qu'on ne leur en fist 4 ᴴ meilleur marché que de celuy de Bourgogne. Ils m'ont promis de faire au plus tost examiner la qualité de ces blés, afin d'en traiter, s'il est possible. Cependant, ils font faire des achats considérables en Languedoc.

«Je ne vous fatigueray point de tous les bruits qui courent du peu de blé qu'il y a dans cette ville, des difficultés qu'on trouve de tous costés d'en faire venir; qu'il y a des défenses en Provence et en Languedoc, aussy bien qu'en Bourgogne; que rien ne passera sans passe-ports. Tous ces bruits font le plus mauvais effet du monde, ainsy que les défenses qui ont esté faites et qui ont fait enchérir les grains plus qu'une véritable disette n'auroit pu faire. J'ay écrit à M. de Basville pour estre sûr de ce qui se passe de son costé, et, comme il est effectivement à craindre qu'en attendant les blés d'en bas, la ville ne soit prise au dépourvu, dans le temps que les glaces interrompent la navigation des rivières, j'ay représenté à M. Ferrand que nous voicy dans une saison qu'on est toujours à la veille de voir la Saône prise; que les magistrats assurent que, par les visites exactes qu'ils ont faites, ils n'ont pas trouvé dans la ville des blés pour plus d'un mois; que, s'il ne nous en descend pas au plus tost de Bourgogne pour deux ou trois mois, il ne se peut qu'on ne soit exposé à de grands inconvéniens; que la consommation est, par mois, au moins de cinq mille asnées, de trois cents livres poids de marc chacune. Je donne des certificats à tous les marchands de cette ville qui avoient fait des achats en Bourgogne, afin qu'ils aillent demander des passeports de M. Ferrand, et je laisse à sa prudence d'en user comme il le trouvera à propos, suivant nos besoins, que je luy ay expliqués, et ceux de sa province, qu'il connoist.

«Pour le reste de la généralité, il ne laisse pas d'y avoir aussy quelque embarras. Ce n'est point un pays naturellement abondant en blés, il s'en faut bien, et cette année la récolte a esté mauvaise. Il est sûr que les peuples ne sauroient subsister, s'ils ne tirent des secours de dehors. M. le Vayer m'a assuré que, de son costé, il y auroit liberté entière; mais, du costé de la Saône, les défenses faites en Bourgogne; du costé du Rhosne, de semblables défenses en Dauphiné, qui s'exécutent jusqu'aux portes de Lyon, sont d'autant plus fascheuses, qu'on tire mesme des blés de Forez pour le Dauphiné. Si la liberté estoit réciproque, ce ne seroit pas un inconvénient; mais c'en est un très-grand dans l'estat des choses, et qui donne lieu en Beaujolois, et du costé de Saint-Étienne, de demander aussy des défenses de sortir les blés. Je n'ay eu garde d'y consentir sans vos ordres, voyant combien il est terrible et dangereux que les provinces se cantonnent ainsy les unes contre les autres; c'est le moyen de manquer de tout, quoyque, dans le fond, il ne manque rien; car, quelques bons ordres qui se puissent donner, ils ne sauroient estre sans grands inconvéniens, ni produire le bon effet que la liberté du commerce produit infailliblement.

«Je dois avoir l'honneur de vous rendre compte de ce qui se dit unanimement de la Bourgogne. Les marchands de cette ville y avoient esté, à leur ordinaire, reconnoistre l'estat des blés par eux-mesmes et en acheter; ils y ont aussy leurs correspondans : tous assurent qu'il s'y trouvera des blés raisonnablement et qu'il y en a bien plus qu'il ne faut pour passer l'année; qu'on en mangera encore d'icy à plus de dix-huit mois, et qu'on verra arriver la mesme chose qu'il y a cinq ans, que, par tant de défenses, le commerce et la circulation du blé ayant esté interrompus, on souffrit beaucoup, et cependant il resta grande quantité de blés vieux, et on mangea jusqu'en 1696 de celuy de 1693*.»

* Voir, au 28 septembre et au 18 novembre, les requêtes de l'Aumône générale et du prévôt des marchands de Lyon, et, sur les mesures adoptées ou proposées par M. d'Herbigny, pour ramener l'abondance sur les marchés, voir ses lettres des 6 et 16 décembre. — Le 13 de ce même mois, il rend compte de sa tournée dans le Beaujolais, et il écrit : «J'ay reconnu tout ensemble dans ce petit pays et la plus grande misère et la plus grande aysance où le peuple puisse estre. Les paroisses de vignobles, qui font près d'un tiers de l'élection, n'ont jamais esté plus riches que cette année; leurs vins ont réussi et ne se sont jamais si bien vendus. Cette aysance produit un effet singulier dans les marchés, c'est qu'ils sont dégarnis de toutes les menues denrées de la campagne, comme beurre, œufs, volailles, etc., parce que le paysan, qui estoit obligé de les vendre pour avoir de l'argent, en ayant d'ailleurs, les consomme; au contraire, les paroisses de la montagne sont dans une misère extrême, plus grande, à ce que tout le monde dit, qu'elle n'estoit durant l'hiver de 1694 . . . . » Pour remédier à cette misère, M. d'Herbigny obtint de distribuer ce qu'il put réunir de revenants-bons de diverses impositions extraordinaires; mais il demandait surtout ou qu'on rétablît la traite des blés avec la Bourgogne, ou qu'on réunît momentanément à ce département la province de Beaujolais et qu'on la fît profiter de l'abondance qui y régnait. Le contrôleur général ne voulut pas prendre la responsabilité de cette mesure, et préféra laisser l'intendant libre de s'entendre avec M. Ferrand ou bien de faire porter des blés du Lyonnais dans les cantons où la disette était la plus forte.

1785. *M. de Bâville, intendant en Languedoc, au Contrôleur général.*

14 Novembre 1698.

Le Vivarais ne subsiste que des blés du Languedoc; mais ces blés lui arrivent par le Rhône, et les fermiers du péage de Valence prétendent percevoir leur droit de 24 sols par saumée, quoique le transport se fasse sans sortir des limites de la province. Le syndic du pays de Vivarais demande la même exemption qui fut accordée en 1694, lorsque les chargements étaient destinés à la ville de Lyon*.

* «Cela fera partie des décisions générales.»

M. de Pennautier, qui avait avancé les fonds nécessaires pour le Vivarais, fit observer, à cette occasion, que le transport des blés du haut Languedoc rencontrait beaucoup d'obstacles sur les étangs de Thau, depuis Frontignan, où les bateaux quittaient le canal, jusqu'au Rhône, et qu'il eût été très-utile que le Roi fît améliorer les voies de communication. (Lettre du 26 novembre.)

Comme il y avait une abondance réelle dans le haut Languedoc, M. de Bâville y laissa enlever deux chargements, de huit mille setiers chacun, pour la ville de Lyon, mais à la condition expresse que les achats se feraient sur le marché de Narbonne et que les récoltes voisines du Rhône seraient réservées pour le Vivarais. (Lettres des 19 octobre, 14 novembre et 26 décembre.)

1786. *Le sieur* Pocquelin, *directeur des fermes à Calais*, *au* Contrôleur général.

14 Novembre 1698.

«Ayant jugé qu'il se pourroit trouver des marchandises dans le paquebot d'Angleterre, et pour mettre le service des fermes en règle dans ce bureau, pendant le séjour que j'y ay fait de huit jours, dans ma tournée dans tout le département, j'ay requis le maistre de la poste d'estre présent à l'ouverture du sac dans lequel estoient les lettres d'Angleterre pour Paris, qui arrivèrent hier au soir à huit heures, et j'en ay fait tirer trois paquets, dont deux à l'adresse de M. Pajot; lesquels ayant esté ouverts en présence de M. le juge des traites, il s'est trouvé sous cette première suscription une seconde adresse à M. Rouillé, maistre des requestes, et, sous celle-cy, une troisième à M. Bosc aisné, rue des Monnoyes, à Paris; sous lesquelles dernières enveloppes des deux paquets il s'est trouvé vingt-six bagues d'or, avec chacune une émeraude, deux attaches d'émeraudes, diverses émeraudes hors d'œuvre, et plusieurs fils de perles de médiocres grosseurs et de diverses qualités, suivant la description que je ne pourray envoyer à Vostre Grandeur que par le prochain courrier; et, comme le troisième paquet est adressé à M. Prior, secrétaire de l'ambassade d'Angleterre, j'ay cru que le respect pour son caractère me défendoit de requérir l'ouverture et description du livre qu'il paroist contenir, et que Vostre Grandeur trouvera bon que je prenne la liberté de luy adresser, pour en ordonner ainsy qu'elle jugera à propos, sans luy donner lieu de se plaindre du retardement de la part des commis des fermes.....»

1787. M. Larcher, *intendant en Champagne*, *au* Contrôleur général.

16 Novembre 1698.

«Lorsque j'eus l'honneur de vous rendre compte de la disette et cherté des blés par toute la Champagne et des alarmes qu'elle causoit aux peuples*, il a paru, par vos réponses, que vous aviez peine à vous persuader que le mal fust aussy grand que je vous le faisois, et, du moins, vous avez espéré que ce mal pourroit diminuer à la Saint-Martin, lorsque les semailles seroient faites et que les laboureurs commenceroient à battre leurs grains. Ce temps est venu, et, bien loin d'avoir ramené dans la province quelque abondance dans les blés et en avoir un peu modéré la cherté, le prix en est augmenté partout et y augmente de jour en jour à un tel point, que j'en reçois de toutes parts des plaintes continuelles, et que je reçois mesme des députations de plusieurs villes et gros lieux de la province, où ils ont déjà manqué totalement pendant quelques marchés. Je fais sur tout cela de mon mieux; mais ce mieux-là est bien peu de chose, car, avec toute la bonne volonté et tout le zèle du monde, que peut-on faire, quand l'espèce manque? Et c'est le triste cas où se trouve la Champagne, parce que la récolte y a esté très-mauvaise, que les meilleurs laboureurs ont à peine recueilli de quoy semer et vivre toute l'année, et qu'il y reste très-peu de vieux blés. Heureusement la Providence y a donné beaucoup d'orges, d'avoynes et de sarrasins, et ces grains y sont actuellement la nourriture de plus des trois quarts des habitans du plat pays, ce qui se reconnoist aux moulins, où l'on ne porte presque plus à moudre que de ces sortes de grains-là; mais ils sont aussy d'une cherté excessive, et il est à craindre que la grande consommation qui s'en fait ne les fasse manquer avant la fin de l'année, de mesme que les blés, qui manqueront assurément beaucoup plus tost. Jugez en quelles peines et inquiétudes se trouvent les peuples, qui, dès le mois de novembre, se voyent dans la disette et prests à tomber dans une famine beaucoup plus grande que celle du commencement de l'année 1694. Cependant, je ne sais quels remèdes vous y proposer, et il n'y en auroit qu'un seul de bien efficace, qui seroit d'envoyer et de répandre dans le pays un bon nombre de milliers de setiers de blé pour y rétablir l'abondance, et il n'y auroit pas à craindre d'y manquer de débit. Quelques villes de la province, comme celles de Troyes, Reims et Sedan, ont fait, à mon instance, quelques marchés de blés, qu'elles ont fait venir de dehors la province, et je tasche, autant que je puis, d'engager les autres villes d'en faire de mesme; mais elles manquent de fonds ou d'entrepreneurs. D'ailleurs, on ne sait où prendre des blés dans le royaume, et l'on craint de trouver des obstacles pour leur enlèvement et pour leur transport. Au défaut de ce moyen, plus facile à imaginer qu'à exécuter, j'ay déjà pris la liberté de vous en proposer un autre, que je crois de plus en plus nécessaire, et qui est de défendre la fabrication des bières par un arrest du Conseil, comme il plut au Roy de le faire en l'année 1693, parce qu'il se consomme pour cette boisson une quantité fort considérable de blés et d'orges, qui seroient beaucoup plus utilement consommés en pain. C'est aussy ce que les peuples demandent avec instance, et il n'y a presque point de jours qu'on ne me presse de vous en faire la proposition, que vous n'avez point désapprouvée la première fois que je vous l'ay faite, mais sur laquelle vous avez seulement différé de vous déterminer jusques à ce que le besoin en parust plus pressant.

«Comme, dans celuy dont je vous fais une peinture qui n'est que trop véritable, il ne se peut que les pauvres ne soient réduits à la dernière extrémité, il ne faut pas douter qu'il n'en meure la meilleure partie; mais, pour en sauver quelques-uns, il me semble qu'il seroit tout à fait nécessaire de les faire assister, comme on le fit en 1693 et en 1694, et que Messieurs du Parlement rendissent pour cela un arrest semblable à celuy qu'ils rendirent alors, et dont je joins icy un exemplaire. Plusieurs des lieutenans généraux et autres juges de la province en ont fait connoistre la nécessité à M. le premier président et à M. le procureur général, et tout le monde s'attend que leurs remonstrances seront bientost suivies de l'arrest dont je vous parle. Mais il seroit beaucoup plus sûr, si vous aviez agréable, d'en marquer à ces messieurs vos sentimens**.»

* Voir les lettres des 12, 21 septembre et 2 octobre, sur l'état des récoltes, le prix des grains et le commerce des marchands de Vitry ou de Châlons, dont les principaux agissaient pour le compte du

munitionnaire Berthelot de Pléneuf. Dès cette époque, M. Larcher avait pris sur lui-même d'interrompre les transports pour Paris.

** Suivant une lettre du 23 du même mois de novembre, le blé valait, à Sedan, 9^{tt} le quartel de quarante-huit livres, et il n'était monté qu'à 10^{tt} au plus en 1694. M. Larcher demanda pour cette ville l'exemption des droits de sortie du royaume et, en outre, des secours. Le contrôleur général répondit : «Qu'il propose et qu'il trouve.» M. Larcher rendit donc une ordonnance portant défense, pour quelque cas que ce fût, de faire sortir de la généralité aucuns grains, en gros ou en détail, annulant tous marchés ou enarrhements, et enjoignant enfin aux laboureurs de battre leurs blés, de les vendre de mois en mois, et de les débiter, par préférence, aux manouvriers. Il envoie, le 31 décembre, un exemplaire de cette ordonnance. Le contrôleur général écrit en marge : «On ne veut pas condamner son ordonnance; on ne veut pas l'approuver non plus; l'essentiel est que les blés diminuent.»

Le 24 décembre, le lieutenant général de Châlons écrit qu'on n'a pas trouvé dans les greniers de cette ville plus de huit mille six cents setiers de gros grains, tandis qu'il y en avait trente-quatre mille en 1693.

1788. *M.* DE *Montholon*, *premier président du Parlement de Rouen*,

au Contrôleur général.

16 et 22 Novembre, 5 et 15 Décembre 1698.

Les blés, qui étaient d'abord plus rares et plus chers qu'à Paris, ont diminué de prix depuis qu'on a obligé les particuliers à venir aux marchés et que la vente dans les greniers est défendue. Toutes les mesures sont prises pour faciliter les transports sur Paris.

Le grain de récolte ne rapporte pas beaucoup, mais la qualité de la farine fait compensation.

1789. *M.* d'*Ormesson*, *intendant en Auvergne*,

au Contrôleur général.

17 Novembre 1698.

« . . . . . Ce qui m'avoit esté dit et écrit de toutes parts, avant mon départ, n'estoit pas au point de misère où j'ay trouvé les choses par moy-mesme, particulièrement dans tout ce qui s'appelle la *Montagne*. . . . . La disette est au point que le blé est plus cher et plus rare, dès à présent, qu'il n'estoit en pareille saison les années 1693 et 1694, où il arriva une si grande mortalité de peuples. La récolte des avoynes, des orges, des pois, des fèves et des autres grains par le moyen desquels on pourroit en quelque manière remplacer la disette des blés, a esté si petite, qu'elle ne peut y suppléer, ce qui fait craindre une calamité semblable, si elle n'est plus générale, que celle de ces deux années, d'autant plus que le reste de la province, qui s'appelle *Limagne* ou le *plat pays*, ne peut pas secourir la Montagne, soit parce que le blé y est aussy très-cher, eu égard à la récolte qu'elle a faite, soit à cause de l'impossibilité du transport et des frais immenses. Toutes les provinces voisines manquent de blé, ou n'en ont pas plus qu'il ne leur en faut. . . . . Il n'y a qu'un prompt secours qui puisse prévenir la désolation de tout ce peuple, la mortalité du plus grand nombre, les malheurs dont la famine le menace et les conséquences et suites fascheuses qu'elle peut avoir. Ce secours consisteroit, si vous me permettez de vous dire mon sentiment, à faire acheter des blés étrangers pour le Roy, ou mesme du riz et autres grains, pois et fèves, qui se vendroient dans les marchés publics à un prix raisonnable, tel qu'il seroit réglé, aux jours, heures et endroits accoustumés, en prenant les précautions les plus convenables pour en faire faire la distribution, le plus également qu'il seroit possible. Je serois encore d'avis, si vous l'avez agréable, que S. M. eust la bonté de faire faire une distribution manuelle en argent aux plus pauvres, pour leur donner moyen d'acheter des blés, riz ou autres grains, pour se sustenter et les empescher de mourir de faim.

«La misère est sans comparaison plus grande que les années 1693 et 1694, par la raison qu'outre qu'en celle-cy tous les grains ont manqué à la fois, il y a eu une si grande disette de fourrages, l'année dernière, dans la Montagne, et il en a esté si peu recueilli celle-cy, qu'il ne s'en est pas trouvé suffisamment pour la nourriture des bestiaux, et ils sont devenus par ce moyen à si vil prix, que ce qui se vendoit 20 écus se donne à deux tiers moins, parce que les habitans qui ont trois ou quatre bœufs ou vaches, plus ou moins, sont obligés de s'en défaire et de se restreindre à ce qu'ils en peuvent nourrir, à proportion de ce qu'ils ont sauvé de mauvais fourrages, à cause des pluies continuelles, de sorte que ceux qui n'ont point de fourrages sont privés du secours qu'ils retiroient d'une ou deux vaches pour leur nourriture et celle de leur famille, et que tel qui avoit quelque argent ou des meubles avant 1693 a esté obligé de s'en défaire aussy pour se nourrir et sa famille, ladite année et la suivante, ou pour payer les taxes et les levées extraordinaires durant la guerre qui vient de finir. La plupart des gens de la Montagne sortent de la province avec toute leur famille et abandonnent leurs biens sans culture, et vont demandant l'aumosne; il en est revenu beaucoup qui font le mesme métier, parce que l'on n'a pas voulu les recevoir dans les provinces voisines*.»

* Dans une lettre du 15 décembre suivant, il explique que les marchands du pays ne sauraient aller chercher des grains à l'étranger. «Cette province est dénuée, par le défaut de rivières navigables, du commerce qui se fait dans les autres, et, par conséquent, de marchands pour l'entreprendre. Il n'y en a icy que de ceux qui vivent au jour le jour et avec un petit trafic et négoce réglé; mais nous n'en avons aucuns qui ayent les correspondances, l'intelligence, l'argent comptant, ni le crédit qui seroient nécessaires pour cela . . . . .»

1790. *M.* DE *Bernières*, *intendant en Hainaut*,

au Contrôleur général.

17 Novembre et 1er Décembre 1698.

Les blés manquent en Hainaut, et presque toute la population vit de pain d'avoine. La disette est à peu près la même en Picardie et en Champagne, et les intendants de ces départements ne peuvent se résigner à laisser sortir les grains que le munitionnaire demande pour les troupes. Il est urgent de donner, soit à ce service, soit à celui des hôpitaux, les moyens de s'approvisionner en Poitou, en Bretagne, en Normandie, ou même en Guyenne et en Languedoc*.

* Dans une lettre du 19 décembre, il avoue que la traite des grains à l'étranger se fait sur une très-grande échelle, mais qu'il est difficile de la réprimer, à cause des enclavements de la frontière dans les terres d'Espagne. Il dit que sa seule ressource est d'arrêter les blatiers sur le moindre indice. Le contrôleur général répond : «S'appliquer encore davantage. Se servir des troupes pour empescher les passages. Mander la mesme chose à M. Bignon.»

1791. *M. d'Argenson, lieutenant général de police à Paris, au Contrôleur général.*

20 Novembre 1698.

Il envoie l'information qui a été faite contre le sieur Cherbert, officier suisse, soupçonné de faire des accaparements de blés en Beauce, et il signale en même temps les amas de grains faits par plusieurs cultivateurs du pays.

L'abondance se soutient à la halle de Paris, mais l'empressement des communautés religieuses à s'approvisionner fait monter les prix, et les marchands qui s'étaient engagés par serment à fournir régulièrement les ports ne semblent plus agir que sous la direction des usuriers et des monopoleurs. En outre, les magasins d'entrepôt établis auprès des principaux marchés, comme Gonesse ou Montlhéry, donnent aux blatiers toute facilité pour mettre leurs blés en réserve, quand le cours ne les satisfait pas.

«Je viens d'apprendre par les plaintes de quelques femmes de la halle qu'on parle de les déposséder des places qu'elles tiennent du domaine, sous prétexte d'une aliénation qui est sur le point de se faire par-devant MM. les commissaires du Roy; mais je ne puis me dispenser de vous représenter avec respect que jamais conjoncture ne fut moins propre à un pareil changement, joint que le dernier arrest du Conseil ayant fixé à un certain prix toutes ces échoppes et en ayant assuré la jouissance à toutes ces femmes pendant leur vie, il ne seroit pas facile aux engagistes de les en chasser. Il y auroit mesme plusieurs inconvéniens à l'entreprendre, et il seroit impossible que l'abondance publique n'en souffrist beaucoup. Permettez-moy donc de vous supplier très-humblement de retenir ces places dans la main du Roy, le terrain de la halle et des marchés de cette ville ne pouvant estre livré à des possesseurs particuliers, qui ne songeroient qu'à augmenter leur revenu, sans donner lieu à des mouvemens inquiets ou séditieux, qu'il est bon de prévenir, et sans augmenter considérablement le prix des denrées les plus nécessaires à la subsistance. S. M., touchée par ces considérations, a bien voulu, par vos conseils, remettre plusieurs arrérages des loyers de ces places, et j'ose dire que cette remise, qu'un engagiste particulier n'auroit pu faire, a empesché la ruine de plus de cinq cents familles et maintenu l'abondance dans ces malheureux temps dont nous ne sommes pas assez éloignés.»

1792. *M. d'Argenson, lieutenant général de police à Paris, au Contrôleur général.*

23 Novembre 1698.

M. le premier président de Harlay est d'avis qu'on ne doit point permettre aux boulangers de Paris et de la banlieue d'acheter leurs blés sur les marchés ou dans les fermes des environs, et il croit que ce serait favoriser les accaparements.

Le sieur Roger paraît être, de tous les marchands, le plus capable de rétablir l'abondance sur la place; il serait même bon qu'il s'engageât dans cette affaire et perdît toute idée d'aller rejoindre à l'étranger ses parents religionnaires; mais le souvenir de la poursuite criminelle dont il a été l'objet en 1694 rend les démarches difficiles auprès de lui, et d'ailleurs, son zèle ou sa fortune ne suffiraient peut-être point pour exécuter une aussi lourde entreprise que celle de l'approvisionnement.

Actuellement, tout autre expédient ne vaut pas une police exacte des marchés. La halle a toujours été garnie, à des prix modérés, tant que des gens inconnus ou des laboureurs devenus accapareurs n'ont pu approcher des marchés de la Beauce; c'est, au contraire, par leur fait et par celui des communautés religieuses que les prix s'élèvent maintenant chaque semaine et que le beau froment atteint 28# le setier.

«Je sais que cette cherté excite la diligence des marchands et l'empressement des laboureurs; mais la fureur et l'inquiétude des communautés religieuses continuant toujours, il n'y a point d'abondance qu'elles n'épuisent. Ainsy, la halle fut hier toute remplie de leurs pourvoyeurs, et, de ces trois ou quatre cents muids de tous grains qui y furent étalés, les jésuites, les carmes, les minimes, les augustins, les religieuses pénitentes de la rue Saint-Denis, celles de Sainte-Marie et du Calvaire en enlevèrent plus de la moitié, chacun s'empressant de l'enchérir et d'en avoir sa provision. Je regarde tout cela comme une tempeste, à laquelle il vaut mieux céder que de luy opposer une résistance ouverte et déclarée. Cependant, il est de mon devoir de vous supplier très-humblement de nous ménager quelques secours en faveur du pauvre peuple, qui commence à souffrir impatiemment la cherté du pain; mais ces secours doivent estre très-secrets, et, pourvu qu'ils nous mettent en estat de pouvoir fournir aux pauvres du pain raisonnable à 3 sols la livre, comme il s'en vendit encore au dernier marché, suivant l'échantillon joint à cette lettre, tout le reste sera facile à soutenir. Il seroit aussy de la dernière importance qu'il plust au Roy ou d'occuper dans des ateliers ce grand nombre de mendians, dont l'insolence s'augmente et s'autorise par la cherté du pain, ou d'ordonner qu'ils fussent renfermés à l'hospital général pendant deux ou trois mois, en luy fournissant des secours proportionnés et réunissant à cet usage toutes les autres charités des paroisses, dont l'employ, quoyque très-utile, semble devoir céder pour un temps à une nécessité aussy pressante. Au reste, il n'est pas possible que, si les munitionnaires de Flandres n'avoient pas excédé les provisions qu'ils devoient faire, et que les ordres qui défendent la sortie des blés fussent observés scrupuleusement, la cherté fust devenue si excessive; mais, depuis qu'ils ont mis le pied dans la Beauce, on ne voit plus sur les chemins que des charrettes chargées de blé. Ainsy, ce seroit un grand bien pour l'ordre public que ces transports fussent observés et limités; que M. de Bouville eust ordre de les protéger par rapport à la fourniture de Paris et de les interdire pour tout autre usage, et qu'enfin nous puissions compter que ces blés de la Beauce et du pays chartrain, qui font toute nostre ressource, ne nous échapperont pas. Cependant, j'ay donné ordre que l'on veille à ce qui se passe dans les marchés de nostre banlieue, et surtout que l'on s'attache à empescher que les laboureurs ne fassent aucuns achats; car, quoyque je ne puisse douter que plusieurs personnes malintentionnées n'ayent fait des amas considérables, dans l'espérance de faire valoir plus utilement leur argent que par la voye ordinaire, je suis persuadé qu'il y auroit beaucoup plus d'inconvénient à punir ouvertement ce désordre, qu'à le dissimuler pour un temps, ces poursuites déclarées contre quelques coupables ne pouvant qu'alarmer tous les autres et leur faire suspendre la vente de leurs blés. Je croirois donc qu'il faut remonter au principe et prévenir, si l'on peut, la continuation de ces achats outrés, mais qu'il n'est pas encore à propos de porter son attention jusques à ceux qui sont déjà faits.

«Il y a un autre abus dans les marchés circonvoisins, où la plupart des habitans, après avoir acheté du blé lorsqu'il n'estoit encore qu'à 20 ᵗᵗ, le revendent dans le mesme lieu avec profit. Ce premier succès les a tellement attachés à ce commerce, que, bien loin de favoriser l'abondance, ils ne cherchent que les moyens de rendre les blés plus rares et plus chers. Ainsy, j'estimerois que les petits marchands de cette espèce, ne pouvant faire que du mal, ne méritent pas qu'on les ménage.

«Il est fascheux que la Seine, qui, d'ordinaire, en cette saison, estoit couverte de bateaux chargés de blé, en soit maintenant si peu fournie; mais il eust esté plus facile de prévenir cette disette, qu'il n'est aysé de la réparer, la rivière estant trop grosse depuis quelques jours et nos marchands ordinaires, qui, malgré les derniers arrests, sont accoustumés à ne reconnoistre que les ordres de l'hostel de ville, ne paroissant avoir pris aucunes mesures. Il semble donc que cette dernière raison nous doit rendre d'autant plus circonspects à ne pas gesner la liberté du commerce et à n'opposer au prix excessif des blés aucun de ces moyens extraordinaires qui pourroient la déconcerter. Si vous jugez que je me trompe dans mes vues, j'en changeray aussitost, pour suivre les vostres; mais, quelque peine que je puisse souffrir par la cherté des blés, je la crains beaucoup moins, que d'interrompre pour quelques moments le cours d'un commerce si nécessaire. Je vous supplie seulement de vouloir bien nous procurer de la bonté du Roy quelques secours en faveur des pauvres, et, si je puis obtenir cette grâce, j'espère qu'avec un peu d'ordre et de patience, la continuation de l'abondance publique, procurée par les soins de M. de Bouville et par quelques exemples d'une sévérité prudente, forcera bientost le retour du bon marché*.»

* Il écrit, le 27 du même mois, pour rassurer le contrôleur général sur quelques désordres qu'on avait représentés comme des suites de la disette, et qui n'y avaient point trait. «Il est encore plus facile, dit-il, de faire diminuer le prix du blé, que d'empescher qu'on ne parle mal à propos.»

1793. *M.* de *Vaubourg, intendant en Franche-Comté,*
au Contrôleur général.

25 Novembre 1698.

«..... La cherté des blés, qui augmentent tous les jours de prix, cause icy une rumeur surprenante, et toutes les villes sont affamées, par une cessation générale de tout commerce de grains, en sorte qu'on n'en apporte aucuns dans les marchés. En examinant les causes de cet inconvénient, je ne le puis attribuer qu'à l'avarice des particuliers qui ont du blé, lesquels espèrent de le vendre encore beaucoup plus cher à Pasques, et à la crainte que les paysans ont d'estre pillés par les soldats, cavaliers et dragons des troupes du Roy qui sont répandues dans les villes de cette province, lesquels, ne trouvant point de pain chez les boulangers, se jettent sur les voitures qui arrivent dans les marchés et prennent du blé où ils peuvent, sans que les commandans puissent les empescher. Pour remédier à ce désordre, j'ay écrit fortement à M. de Barbezieux, afin qu'il donne les ordres nécessaires pour faire fournir le pain de munition aux troupes du Roy en Franche-Comté, comme en Alsace et sur les autres frontières*.....»

* La crainte de la disette poussa, en plusieurs endroits, les magistrats locaux à interdire toute exportation, même celle des vins, ce que M. de Vaubourg dut signaler au Conseil. (Lettre du 7 décembre.)

1794. *M.* de *Bâville, intendant en Languedoc,*
au Contrôleur général.

26 Novembre 1698.

Session des États; vote du Don gratuit de 3,000,000 ᵗᵗ et d'une somme de 75,000 ᵗᵗ applicable aux travaux du port de Cette*.

«Je dois vous expliquer de quelle manière les Estats accordent 25,000 écus pour le port de Cette. Cette demande, comme elle a esté toujours insérée dans l'instruction des commissaires, porte encore cette année que cette somme est pour le fort qui est au bout du môle, pour les réparations de la jetée et pour le canal que l'on creuse du port de Cette aux étangs. Les deux premiers travaux sont achevés, il y a près de deux ans; il ne reste plus que le canal à achever. Les Estats ont délibéré de fournir tout ce qui sera nécessaire pour le finir entièrement et le mettre dans sa perfection; mais, comme la demande des commissaires du Roy, suivant leurs instructions, n'a toujours esté déterminée qu'aux travaux cy-dessus spécifiés, les Estats prétendent bien les achever, quoy qu'il en couste, mais non pas que ces sommes puissent estre diverties à d'autres usages dont il n'a jamais esté fait mention. Ils craignent que, sous prétexte de la demande qui se fait tous les ans de 25,000 écus, on n'accumule de grandes sommes, qui pourroient estre diverties à d'autres employs, ce qui seroit non-seulement onéreux à la province, mais contre les formes pratiquées de tout temps, qui ne permettent pas qu'un fonds soit employé pour une chose qui n'est pas expressément demandée ni accordée par les Estats. Ils veulent prendre à cet effet une longue délibération, qui contienne leurs prétentions et protestations à cet égard..... »

* Un seul incident marqua la session; il est rapporté, à la même date du 26, par M. l'évêque de Castres : « Il arriva un petit cas hier, fait par le maire de Toulouse, qui se nomme M. Daspe, lequel ayant esté mandé, suivant l'usage, avec les autres maires ses confrères, par MM. les commissaires du Roy, pour recevoir les ordres de S. M. au sujet du Don gratuit, prit la peine de répondre, pour luy et pour ses confrères, que, si on vouloit les solliciter, l'on pourroit aller chez eux, mais qu'ils s'estoient résolus de ne point aller chez MM. les commissaires. Comme on estoit près de les faire obéir, on me pria de faire entendre raison à ce maire de Toulouse, auprès de qui j'ay quelque accès. J'allay luy parler et l'obligeay de faire son devoir et d'aller avec MM. ses confrères chez M. le comte de Peyre, conformément à ce qui s'estoit pratiqué de tout temps, pour savoir de luy les intentions de S. M. Ces petits messieurs ont de si grandes idées de leurs places, qu'il n'y en a pas un qui ne croye avoir plus d'autorité que n'avoient autrefois les maires du palais..... »

1795. *M. d'Ormesson, intendant en Auvergne,*
au Contrôleur général.

29 Novembre 1698.

A la suite des règlements qui attachaient les fonctions de collecteurs à celles du consulat dans plusieurs villes de l'Auvergne, et des arrêts qui défendaient en conséquence aux exempts et privilégiés d'accepter le consulat, sous peine d'être astreints à faire la collecte, un autre arrêt, du 18 juin 1691, a désuni les deux fonctions, et, depuis lors, la ville de Riom, au lieu de quatre consuls collecteurs, nomme deux consuls pour prendre soin des affaires de la communauté et du logement des gens de guerre, et quatre collecteurs pour faire l'assiette et la levée des impositions. Cette nouvelle organisation avait pour objet de permettre aux officiers des bailliages et présidiaux, exemptés de la collecte depuis 1690, d'entrer dans le consulat; mais on y a reconnu beaucoup d'inconvénients pour la sûreté des deniers de la taille et pour le soulagement des contribuables; il a même fallu que les intendants rendissent des ordonnances pour engager les consuls à prêter appui aux collecteurs, lorsqu'il s'agit, par exemple, de faire saisir aux portes de la ville les moissons et les vendanges, ou d'activer les payements par un emploi utile du logement militaire.

Les habitants de Riom demandent depuis longtemps qu'on revienne à l'ancien état de choses, et, puisque le Roi vient de révoquer les privilèges des bailliages et présidiaux et de rembourser leurs augmentations de gages, rien ne s'oppose plus à ce que le Conseil donne un arrêt conforme à cette requête *.

* « Bon, suivant l'avis. » — L'année suivante, M. d'Ormesson, sur la demande des habitants, obtint la même réforme pour le consulat de Clermont. (Lettre du 13 février 1699.) Il avait été obligé, dans cette ville, de casser à deux reprises les élections d'échevins et de collecteurs et de faire des nominations d'office, pour éviter les cabales du présidial, qui disputait la juridiction de la police à l'hôtel de ville. (Lettres des officiers du présidial, 17, 23 et 30 janvier 1697.)

1796. *M. de Miroménil, intendant à Tours,*
au Contrôleur général.

29 Novembre, 1er, 4, 7, 9, 16, 22, 24, 27, 28 et 30 Décembre 1698.

Il a rendu plusieurs ordonnances pour protéger la traite des blés entre les provinces, sauf la Bretagne et les pays réputés étrangers, et pour préserver de tout désordre les marchés et les ports où se font les chargements à destination de Paris et d'Orléans.

Les juges de police veillent à ce que les marchés soient garnis; ils font même apposer les scellés sur les greniers des accapareurs et règlent la vente de ces amas de grains. Mais l'affluence des marchands de Paris et leur ardeur à tout acheter au-dessus des cours, jusque dans les granges, ont fait monter les prix, en une semaine, de 235# à 350#, ce qui excite les plaintes du peuple, et quelquefois même des séditions. On a conseillé aux conducteurs de bateaux d'avoir toujours à leur suite une barque de médiocre grandeur, pour en distribuer le contenu, au cas où les riverains arrêteraient le convoi *.

* Le contrôleur général approuva les mesures prises par M. de Miroménil, sauf les restrictions relatives aux provinces réputées étrangères et la fixation par les officiers de police du taux des ventes forcées.

1797. *M. Huet, évêque d'Avranches,*
au Contrôleur général.

2 Décembre 1698.

« ..... J'avois espéré que les très-humbles remonstrances que j'avois osé vous faire par ma dernière lettre sur la misère du clergé de mon diocèse vous auroient donné quelques sentimens de compassion pour de pauvres ecclésiastiques réduits à une extrême indigence. Le député de mon diocèse qui offrit 500# le fit sur la connoissance qu'il avoit que le diocèse de Rouen avoit esté taxé à 4,000#; et, ce diocèse contenant près de quinze cents paroisses, et le mien n'en ayant que cent soixante-dix-sept, l'offre qu'il fit excédoit ce que nous devions légitimement en gardant la proportion avec la taxe de Rouen, quand mesme on n'auroit pas l'égard qu'on doit avoir à la disproportion du terroir fertile de Rouen et de son grand trafic avec le terroir très-ingrat d'Avranches et qui n'a aucun commerce. Cette offre de nostre député, quoyque plus que juste, fut rejetée, et l'on allégua que, dans la taxe de Rouen, on avoit considéré le nom de son prélat et la mémoire de M. son père.

comme s'il s'agissoit des intérests du prélat, et non de son clergé; l'on ajouta qu'il falloit que nous augmentassions un peu nostre offre. Les choses en estoient là, lorsque nous apprenons que l'on veut nous traiter sur le mesme pied que Rouen, et partant, que, quand les ecclésiastiques de Rouen payeront un écu, les nostres en payeront plus de 8, comme si nous n'estions pas aussy bons sujets du Roy que ceux de Rouen et que nous eussions moins de droit qu'eux de prétendre à ses bontés. Quant à l'exemple de Lisieux et de Sées, permettez-moy de vous remonstrer, sans sortir du respect que je vous dois, qu'encore que la disproportion ne soit pas si grande entre ces diocèses et le mien, elle ne laisse pas d'estre très-grande, ayant chacun cinq cents paroisses, estant dans des pays d'une grande abondance et d'un grand trafic, et qu'ainsy nos ecclésiastiques payeroient près de 3 écus, lorsque ceux de ces diocèses en payeroient un. La mesme disproportion se trouve avec Bayeux et Coutances. J'espère de vostre équité que vous pardonnerez la liberté de ces remonstrances à un pasteur qui est obligé de mettre sa vie pour son troupeau, et pour un troupeau accablé d'une telle pauvreté, que, si le Roy et vous-mesme en aviez connoissance, vous estes trop plein de bonté pour vous empescher d'en gémir.»

1798. *M. Larcher, intendant en Champagne, au Contrôleur général.*

3 Décembre 1698.

La paroisse de Clinchamp, située entre la France et la Lorraine, était anciennement réputée neutre et exempte des impositions; mais, depuis l'année 1584, et en vertu de lettres patentes, elle porte un abonnement de 45#, pour toutes tailles, crues, taxes, etc.

«Ce qui nous a portés, les officiers de l'élection de Chaumont et moy, d'augmenter la taille de cette paroisse aux deux derniers départemens, est qu'à cause de son abonnement, quantité d'habitans des paroisses voisines vont s'y établir, pour ne point payer, ou du moins, pour ne payer que très-peu de tailles. C'est aussy ce que vous trouverez justifié par un extrait, que j'ay l'honneur de vous envoyer, de quelques translations de domicile dans cette paroisse de Clinchamp; et, quoyqu'il n'y paroisse que pour 220# de cotes depuis neuf années, parce que tous les taillables qui vont dans cette paroisse ne font pas registrer à l'élection leurs translations de domicile, il est constant qu'il s'y en fait tous les jours un bien plus grand nombre, et, sur ce pied-là, j'estime qu'il ne seroit pas à propos de faire subsister plus longtemps un abonnement de 45# seulement pour la taille d'une paroisse d'environ quatre-vingts feux et qui, suivant la proportion des paroisses voisines dans la mesme élection, pourroit porter 7 à 800# de tailles. Cependant, si vostre intention est que l'on ne touche point à cet abonnement, il seroit, à ce qu'il me semble, inutile de l'ordonner par un arrest, puisque nous n'aurons, sur ce qu'il vous plaira de m'en mander, qu'à remettre, au prochain département, cette paroisse à ces 45# de taille.»

1799. *M. Lebret, intendant en Provence, au Contrôleur général.*

4 Décembre 1698.

«Le bureau de MM. les procureurs-nés et joints a achevé depuis trois ou quatre jours le nouvel affouagement de toutes les villes et communautés qui composent le pays de Provence, et leur ouvrage sera parfait sitost qu'il aura esté approuvé par l'assemblée générale et qu'il aura plu au Roy de l'autoriser par lettres patentes.

«Comme la corruption n'y a eu, je crois, aucune part, et que l'indulgence, s'il y en a eu quelqu'une, ne peut avoir esté que pour un fort petit nombre de communautés et de feux, S. M. peut estre assurée que jamais réaffouagement n'a esté fait en Provence, ni peut-estre ailleurs, avec moins d'injustice et d'inégalité que l'aura esté celuy-cy, auquel j'ay toujours assisté avec la dernière exactitude. Mais je ne crois pas que celle avec laquelle on y a travaillé mette à couvert ceux qui y ont pris part de la mauvaise humeur et des plaintes d'un grand nombre de personnes de considération de cette province, qui s'imaginent depuis longtemps qu'en pareilles occasions l'équité ne doit pas estre pour les communautés où elles ont du bien, comme pour toutes les autres, dont l'accablement leur est indifférent; et c'est en cela que cette commission est désagréable pour ceux qui en ont esté chargés et qui n'ont prétendu tirer aucun autre avantage que celuy d'avoir bien rempli leur devoir. Ce que je ne dois pas omettre est que le détail dans lequel on a esté obligé d'entrer m'a fait découvrir des abus et désordres beaucoup plus préjudiciables au service du Roy et au bien général de la province, que l'inégalité des feux qu'on a voulu corriger; ces désordres consistent en ce qu'une grande partie des seigneurs de paroisses et autres personnes de considération de cette province sont déjà parvenues, les unes par autorité et les autres par d'autres voyes aussy injustes et qui ne sont pas moins préjudiciables aux intérests de S. M., à faire décharger les biens roturiers qu'ils possèdent, tant de la taille royale que des autres charges auxquelles ils doivent estre assujettis suivant les loys et usages inviolables de cette province. Et, comme ce mal est aussy contagieux que contraire au bien du service, il est évident que, s'il n'estoit promptement corrigé, tous les autres seigneurs et gros taillables de la province forceroient, à l'exemple des premiers, les simples habitans de leurs communautés, qu'ils tiennent ordinairement dans une absolue dépendance, à les laisser jouir de tous les biens roturiers qu'ils possèdent à présent et de ceux qu'ils pourroient acquérir dans la suite, avec la mesme franchise de taille que s'ils avoient toujours esté nobles et de leur ancien domaine; ce qui iroit à diminuer les biens sujets aux charges qu'il plaist au Roy d'imposer sur le pays, d'une manière à en faire abandonner la culture.

«Je crois que cette lettre suffira pour vous faire connoistre l'importance d'arrester incessamment le cours d'un si grand mal; mais, comme les moyens qu'il y a à prendre pour y réussir méritent d'estre bien concertés avec vous, et qu'il me seroit presque impossible de le faire par lettres, puisqu'il faudroit entrer pour cela dans le détail de ce qui s'est fait depuis plus d'un siècle, il n'y a rien de plus convenable, à mon sens, que de me permettre d'aller passer deux mois à la suite de S. M.....»

1800. *M. de Bouville, intendant à Orléans,*
au Contrôleur général.

6 Décembre 1698.

«Je sais parfaitement que le blé ne peut diminuer de prix dans les provinces, et principalement dans celle-cy, qu'il ne soit diminué à Paris, que les provinces doivent nourrir. Aussy, vous puis-je assurer que je n'omets rien pour établir la sûreté du transport. Je suis très-persuadé aussy que les marchands de Paris et les boulangers doivent avoir la liberté d'acheter des blés dans les marchés; mais je ne crois pas que vous vouliez leur permettre, non plus qu'à ceux des provinces, d'aller en acheter dans les métairies, ni ailleurs que dans les marchés, lesquels autrement n'en seroient bientost plus fournis*.....»

* Par ses lettres précédentes, du 21 novembre et du 4 décembre, M. de Bouville se plaignait que la hausse des prix continuât malgré l'abondance des grains sur le marché, et il attribuait ce fait aux enlèvements qui se pratiquaient de toutes parts pour Paris et aux approvisionnements que les boulangers ou les bourgeois de la capitale se hâtaient de faire, en prévision de la disette. Le commerce de spéculation était devenu si général, que l'on voyait, en une seule journée, le même chargement de blé passer par cinq ou six mains différentes, sans sortir du grenier, et monter de 250 à 360 ᵗᵗ. M. de Bouville rendit une ordonnance pour interdire ce trafic aux particuliers qui ne faisaient pas profession de marchands de blé; mais, selon lui, que le mal ne pouvait être conjuré que par un arrêt du Conseil lui-même. (Lettre du 25 décembre.)

1801. *M. d'Ormesson, intendant en Auvergne,*
au Contrôleur général.

8 Décembre 1698.

Le corps des marchands de Brioude représente que cette ville, qui est le centre du commerce de la partie la plus considérable de l'Auvergne, se trouve à douze lieues au moins des juridictions consulaires les plus proches, Clermont, Riom et Montferrand, et qu'il y aurait lieu de lui accorder une semblable juridiction.

Cet établissement serait de toute utilité pour le pays, et, au cas où les greffiers des autres siéges réclameraient un dédommagement, la finance du nouveau greffe pourrait servir à cet usage*.

* Cette affaire ayant été renvoyée au contrôleur général par M. de Châteauneuf, secrétaire d'État de la province, à la suite du rapport au Conseil des dépêches, la demande fut rejetée.

1802. *M. de Vaubourg, intendant en Franche-Comté,*
au Contrôleur général.

9 Décembre 1698.

Le Conseil de la ville de Pontarlier demande à augmenter d'un tiers les droits d'octroi qui se lèvent sur le vin et le pain débités en détail, et à rétablir la taxe mensuelle de 12 sols que les étrangers payaient autrefois pour faire paître leurs bestiaux dans les communs.

Cette ville a plus de 9,000 ᵗᵗ de revenu, et ses charges ne montent pas à 8,000 ᵗᵗ. Elle n'est endettée que par suite d'une mauvaise administration des deniers communs. Ainsi, l'assemblée des notables, «qui est une vraie cohue,» a dépensé 6,469 ᵗᵗ à réparer la maison qu'elle loue pour loger le gouverneur, et cela sans autorisation de l'intendant.

Pour punir leur prodigalité, on pourrait faire payer aux notables deux tiers de cette dépense, ce qui ferait un premier fonds pour acquitter les dettes, et, quant au surplus, il suffirait d'augmenter pendant quatre ans les octrois. Mais, avant tout, les travaux de la maison du gouverneur doivent être arrêtés*.

* La ville de Pontarlier avait obtenu, l'année précédente, le renouvellement de ses octrois. (Lettre de M. de la Fond, 17 décembre 1697.) — Plusieurs autres villes demandèrent et obtinrent des augmentations ou des créations d'octrois : à Dôle, 2 sols sur chaque pain de sel qui se distribuait pour l'ordinaire des bourgeois, pendant quatre ans; à Gray, 3 ᵗᵗ par cent pesant de tabac, de chandelles et de savon, 3 ᵗᵗ par feuillette de brandevin, 5 ᵗᵗ par muid de vin débité au détail, 2 ᵗᵗ par queue de vin entrant dans la ville, pendant six ans; à Salins, doublement des droits de 3 ᵗᵗ 6 s. 8 d. par bœuf, de 5 sols par chariot de vin, de charbon ou d'écorce, de 20 deniers par chariot de foin, et augmentation sur les chariots de vendange, de bois à bâtir et de poterie de terre ou de fer. (Lettres du 30 novembre et des 20 et 28 décembre 1698.)

1803. *M. de la Houssaye, intendant à Montauban,*
au Contrôleur général.

10 Décembre 1698.

La récolte a été abondante dans la Gascogne (élections de Rivière-Verdun, Lomagne, Armagnac, Astarac et Cominges; pays de Nébouzan et des Quatre-Vallées : comté de Foix); mais, au contraire, dans la partie supérieure du Quercy et dans le Rouergue (élections de Cahors, Figeac, Villefranche, Rodez et Milhau), il y aura disette de blé comme en 1694, ainsi que d'avoine ou de gros millet (qui remplacent le blé pour faire le pain) et de châtaignes.

Les vins sont médiocres de qualité et d'abondance. La pipe, de quatre cents pintes, au lieu de 20 ᵗᵗ, se vend 70 ou 80 ᵗᵗ. La hausse provient surtout de ce qu'il se fait des enlèvements continuels par Bordeaux et de ce qu'on brûle beaucoup de vins pour envoyer les eaux-de-vie en Angleterre et en Hollande. Cette fabrication apporte de l'argent dans la province; mais, outre qu'elle consomme trop de vins, elle produit une disette de bois : le prix de la canne, mesure moins forte que la corde de Paris, est monté de 10 ᵗᵗ à 12 ᵗᵗ 10 s.

«Il me reste encore à traiter un article important et digne de vostre attention, c'est celuy des chemins. Je préviens, pour vous en rendre compte, l'envoy que je vous dois faire dans peu des mémoires pour les ouvrages des ponts et chaussées de l'année prochaine dont le Roy fait la dépense, et je ne saurois me dispenser de vous représenter qu'il seroit très-nécessaire ou qu'il plust à S. M. d'augmenter considérablement les fonds, ou qu'elle permist aux communautés d'imposer sur elles, pour faire des réparations urgentes, presque indispensables et en fort grand nombre. Il y a beaucoup de ces communautés qui ne demanderoient pas mieux que de faire cette dépense, pour se procurer dans leur voisinage et de proche en proche la facilité d'un commerce impraticable par les mauvais temps; celles principalement qui ont profité du débit des vins et des eaux-de-vie souhaiteroient qu'on leur en accordast la permission, et il y a eu plusieurs placets qui m'ont esté présentés pour cet effet, sur lesquels j'ay remis à m'expliquer jusques à ce que je susse quelles seroient les intentions du Roy.»

1804. *M.* DE BÂVILLE, *intendant en Languedoc,*
AU CONTRÔLEUR GÉNÉRAL.

11 Décembre 1698.

Les consuls de Mazères, du diocèse de Cominges, exposent que leur ville, entièrement renversée dès le temps de la persécution des templiers, porte toujours les mêmes impositions que par le passé, qu'elle a été désertée en grande partie, et que les habitants ont signifié au syndic du diocèse, en 1696, un abandon général et particulier. Comme les États de Languedoc ont refusé d'acquiescer suivant les règles ordinaires à cette signification, la communauté, hors d'état de rien payer, demande au Conseil d'accepter l'abandonnement, ou sinon, de décharger les habitants de l'imposition des cinq dernières années, et de réduire des trois quarts les prochains rôles, jusqu'à ce qu'il soit fait un nouveau tarif pour la province.

«M. l'évesque de Cominges et les syndics de la province m'ont dit qu'ils ne peuvent rien faire pour le soulagement de cette communauté, qui a la liberté de déguerpir dans les formes accoustumées*.

«Ce diocèse n'a que onze communautés dans le Languedoc, qui, dans les plus fortes années d'impositions, ne portent pas au delà de 15,000 ᵗᵗ. Il y a très-longtemps qu'il n'y a point de receveur, ce qui provient de ce que, cet office estant tombé aux parties casuelles, on l'a regardé comme faisant la recette entière du diocèse; on n'a point considéré qu'il n'y a que onze paroisses, et on l'a taxé 20,000 écus. Il seroit d'une grande importance qu'il y eust un receveur, sans quoy le désordre y sera toujours, et ces paroisses se trouveront enfin ruinées. Je crois que cet office ne vaut pas plus de 4 à 5,000 ᵗᵗ, à quoy il seroit nécessaire de réduire la finance, pour pouvoir y établir un receveur.»

* «Qu'il s'explique autrement sur la faculté d'abandonner, sur l'effet de l'abandon, et qui a le droit de recevoir cet abandon.»

Suivant une réponse de M. de Bâville, en date du 16 janvier 1699, l'usage était que la communauté déguerpissante s'adressât, non à la province, mais à l'assiette du diocèse sur lequel devaient retomber ses impositions.

1805. *M.* D'ALBARET, *intendant en Roussillon,*
AU CONTRÔLEUR GÉNÉRAL.

12 Décembre 1698.

Rapport sur le droit d'*impariage* qui se lève dans la ville de Perpignan, et dont le produit s'emploie, depuis l'année 1682, à la construction ou à l'entretien des casernes, aux travaux des ponts et au payement des salaires des officiers de ville. Changement de fermier.

1806. *M.* TURGOT, *intendant à Metz,*
AU CONTRÔLEUR GÉNÉRAL.

13 Décembre 1698.

Il se plaint que M. Larcher ait refusé de laisser sortir de son département quatre cents sacs de blé achetés à Vitry par le munitionnaire, pour la subsistance des troupes de Verdun*.

Copie de lettre à M. de Barbezieux :

«.....Il sembleroit que le bon ordre voudroit que, surtout dans la nécessité, toutes les provinces du royaume se nourrissent l'une l'autre, sans quoy celles qui produisent moins de grains que les autres périroient.

«Ceux qui ne regardent que l'intérieur de la province veulent toujours fermer, dans la crainte de manquer; mais l'autorité supérieure, qui les regarde toutes également sans ces préventions, doit réprimer, et, en fermant au dehors aux étrangers, pour conserver l'espèce, laisser toute liberté au dedans.

«Mais, quand mesme on leur laisseroit la liberté de fermer d'une province à l'autre pour les peuples, que je crois nuisible, le blé se devant répandre naturellement partout, il sera toujours vray de dire qu'elles doivent toutes fournir aux entreprises pour le Roy, qui doivent estre faites partout, et qu'elles doivent fournir ce qui est nécessaire pour les troupes sur la frontière, où il y en a plus grand nombre, sans quoy les frontières seroient affamées.

«Tant que le prix dans le pays où sont les troupes sera moindre, on ne doit pas craindre que les entrepreneurs en fassent venir du dedans du royaume, ni qu'ils abusent de cette liberté. S'il devient plus cher aux environs des places que dans les provinces du dedans du royaume, c'est en ce cas-là qu'il y a nécessité de permettre aux entrepreneurs d'en tirer partout où ils trouveront leur compte, pour ne point affamer les peuples des environs des places.

«Ainsy, il est de conséquence de maintenir la liberté aux entrepreneurs d'acheter partout. Si la liberté avec la Lorraine fait baisser les prix en ces pays-cy, ils n'iront pas en chercher en Champagne ni en Alsace. Si elle ne les fait pas baisser, il faut qu'ils ayent cette ressource et la liberté partout. Les troupes n'estant pas réparties également dans toutes les provinces, mais estant jetées en bien plus grand nombre sur la frontière, les provinces du royaume leur doivent naturellement secours de ce qu'elles devroient nourrir par une répartition égale. C'est ce qui se fait par le moyen des entrepreneurs, auxquels il est de conséquence de donner la liberté de faire leurs achats dans le cœur du royaume..... En 1693, il fallut bien lever au cœur du royaume pour faire les amas pour faire vivre les troupes en campagne; c'est bien pis, et cependant il le fallut faire. Pour les faire vivre dans les places, le moins est qu'on laisse toute liberté aux entrepreneurs. Cela ne nuira pas tant qu'on le craint, car, pour tirer de si loin, on l'évitera autant qu'on pourra, à cause de la cherté des voitures. On ne peut y avoir trop de retenue, par la conséquence de maintenir le cœur du royaume et empescher la cherté; mais il est inutile de leur prescrire sur cela cette retenue; ils l'auront bien d'eux-mesmes et de leur propre intérest, et il faut que le grain soit bien cher aux environs, pour tirer d'ailleurs et de si loin, auquel cas les places ont besoin de secours et les entreprises de cette liberté pour se soutenir.... »

[a] Les voitures de blé étaient arrêtées pour avoir tenté de passer entre les bureaux des fermes sans y acquitter aucun droit, ce qui entraînait la confiscation. Le contrôleur général, par faveur exceptionnelle pour le munitionnaire, Berthelot de Pléneuf, fit donner mainlevée, mais à charge de payer, outre les droits, 2,000 # aux fermiers et 1,000 # à l'hôpital de Châlons, et de ne point faire sortir les blés de l'intendance de Champagne. Voir, dans cette intendance, les lettres des fermiers généraux, de M. Larcher et de Berthelot de Pléneuf, 20, 28 et 29 décembre.

1807. *M. Ferrand, intendant en Bourgogne,*
au Contrôleur général.

13 Décembre 1698.

« Il seroit très-nécessaire de faire quelques exemples pour arrester les concussions et les malversations des huissiers employés dans les recouvremens. Quelque attention que j'aye eue à les tenir dans leur devoir, on ne peut arrester leur avidité. J'ay esté obligé de faire faire le procès à deux, dont l'un a reçu près de 7 ou 8,000 # des communautés du bailliage de Beaune, sans commission du traitant des greffes alternatifs. Si vous agréez que leur procès leur soit fait et parfait, j'ay besoin d'une commission pour les juger en dernier ressort. Je prends la liberté de vous en envoyer un projet. »

1808. *M. Pinon, intendant en Béarn,*
au Contrôleur général.

16 Décembre 1698.

Mémoire sur l'emploi d'une somme de 7,000 # léguée aux pauvres du consistoire de Sauveterre et transférée par le Roi aux jésuites et à l'hôpital général de Pau, malgré les réclamations réitérées du curé de Sauveterre, à qui le Parlement avait primitivement adjugé une partie du legs, pour en distribuer le montant aux pauvres de la communauté.

1809. *M. de Bezons, intendant à Bordeaux,*
au Contrôleur général.

20 Décembre 1698.

« J'ay cru devoir avoir l'honneur de vous rendre compte d'un placet que M. le Chancelier m'a mandé avoir esté présenté au Roy par Jean de la Loubert, soldat dans les Invalides, et qui luy a esté remis par S. M. Ce soldat invalide a du bien dans la paroisse de Douazac, élection des Lannes, où les tailles sont réelles. Vous savez que dans ces endroits l'on paye la taille à proportion des biens roturiers que l'on possède; qu'aucun gentilhomme n'en est exempt; qu'aucune personne, de quelque dignité qu'elle soit revestue, ne s'est dispensée jusqu'à présent de payer la taille, lorsqu'il a des biens roturiers. Ce soldat prétend, en vertu de son privilége, devoir estre exempt de payer la taille; je suis persuadé du contraire, que cette exemption seroit d'une grosse conséquence dans les élections où les tailles sont réelles. Je l'ay mandé de cette manière à M. le Chancelier; j'ay cru qu'il estoit bon que vous fussiez éclairci du mérite de cette affaire. Il y a une seconde contestation pour savoir devant quel juge cette affaire doit se traiter. L'invalide a fait assigner la communauté au Grand Conseil, comme le juge de son privilége; la communauté s'est pourvue à la Cour des aydes de Guyenne, comme seule compétente de connoistre des affaires de la taille, et s'est fait décharger de l'assignation donnée au Grand Conseil. Il seroit dangereux s'il estoit permis à ceux qui ont des priviléges de faire assigner pour raison de la taille pardevant les juges de leur privilége; il ne se trouveroit aucune communauté dont les consuls, jurats ou collecteurs fussent en estat de soutenir ces procès devant ces juges des priviléges; de sorte qu'il me paroist de conséquence que l'on maintienne les Cours des aydes à connoistre des affaires des tailles à l'égard des privilégiés, que ce ne soient pas les juges des priviléges qui en connoissent..... »

1810. *M. Pinon, intendant en Béarn,*
au Contrôleur général.

21 Décembre 1698.

« Je viens de recevoir une lettre de Saragosse, par laquelle on me mande que le roy d'Espagne, ayant assemblé son Conseil d'Estat, a déclaré pour son successeur à la couronne le fils de M. le duc de Bavière; que l'Amirante, le comte d'Oropega, président de Castille, et le comte de Melgar ont esté de cet avis, et que les deux cardinaux, le comte de Monterey, le marquis de Villafranca et le comte de Chinchon n'ont point voulu opiner; mais que le Roy, pressé par les premiers, a déclaré que c'estoit sa dernière volonté; qu'en mesme temps, un gentilhomme allemand a esté dépesché pour en porter la nouvelle au duc de Bavière. On me mande par cette mesme lettre que cela commence à causer de grandes émotions en Espagne; la noblesse et le peuple prétendent que cette nomination ne s'est pu faire sans assembler tous les Estats du royaume. Quoyque vous puissiez estre informé de cette nouvelle par une voye plus prompte, si elle est aussy certaine comme on me le mande, j'ay cru que vous ne seriez pas fasché que je me donnasse l'honneur de vous en écrire. J'en informe aussy M. le marquis de Torcy par ce mesme ordinaire.»

1811. *M.* D'ARGENSON, *lieutenant général de police à Paris,*
AU CONTRÔLEUR GÉNÉRAL.

24 et 27 Décembre 1698.

Les variations incessantes du prix des grains au marché de Brie-Comte-Robert proviennent de ce que la fermière du droit de *minage* s'abonne avec la plupart des cultivateurs, et que ceux-ci, dispensés d'aller au marché, ont établi des chambres particulières où ils vendent à leur convenance. La fermière et les principaux contrevenants ont été appelés à la police, et cet exemple de sévérité a produit aussitôt une baisse.

Les arrêts rendus contre Maillet et Miotte *, au sujet des amas de grains qu'ils avaient faits à Montereau, n'arrêtent point les accaparements; presque tous les officiers ou les bourgeois d'Étampes se mêlent de spéculations, et les deux receveurs des tailles de Châteaudun sont connus comme accapareurs.

«J'apprends que, depuis que M. Ferrand (en Bourgogne) a permis le transport du blé, il est diminué tout d'un coup, à Lyon, de 15 et de 20 sols par boisseau; tant il est vray que la liberté du commerce est un bien public et général, dont la privation alarme toujours et ne produit ordinairement que de méchants effets. Personne n'a plus d'interest à soutenir la justice et la vérité de cette maxime, que celuy à qui la police de Paris est confiée, puisque, si MM. les intendans s'arrogeoient ainsy l'autorité d'arrester le cours des denrées, cette multitude infinie d'habitans, qui ne peuvent subsister que par le concours de toutes les provinces du royaume, manqueroient bientost des choses les plus nécessaires. Ainsy, quand il seroit vray qu'en de certains cas il fust à propos d'empescher le transport des blés d'une province à une autre, il semble que les grandes villes, telles que Paris et Lyon, en devroient estre exceptées, puisqu'il est certain que la nostre, en particulier, est proprement la patrie commune et un peuple composé de tous les autres. J'ajouteray que, dans les villes de province, il y a peu de bourgeois qui ne tirent de leur propre fonds de quoy se nourrir; mais icy, chacun achète ce qu'il luy faut, et toute la récolte de la plupart de ceux qui y demeurent consiste en argent. Je ne puis donc m'empescher de me plaindre que le lieutenant général de Vitry ayt rendu une ordonnance générale qui, en retenant en ce lieu-là une quantité prodigieuse de blés, empesche que ni Paris ni les principales villes de Champagne en puissent tirer. Les habitans mesmes de Vitry s'en plaignent, et je ne me lasseray point de dire que l'impunité de cette entreprise peut avoir des suites fascheuses pour l'avenir. . . . . »

* Sur cette affaire, voir, au 6 décembre, un extrait du procès-verbal de la perquisition faite chez Maillet, receveur des tailles à Montereau; au 7 décembre, un autre procès-verbal de perquisition à Moret, et, au 10, une lettre de M. le premier président de Harlay.

1812. *M.* D'ABLEIGES, *intendant à Poitiers,*
AU CONTRÔLEUR GÉNÉRAL.

29 Décembre 1698.

Présentation des comptes des deniers patrimoniaux de la ville de Niort.

Les revenus ne montent qu'à 357 # par an, et ils se consomment entièrement en députations auprès du commandant de la province, en repas pour sa réception, ou en festins pour célébrer la nomination des échevins, dépenses qui ne sont point autorisées par l'état des charges de la ville et qui ont été retranchées partout. L'intendant a cru devoir défendre aux receveurs des deniers d'octroi et des deniers patrimoniaux de rien payer désormais sans que les mandements portassent son visa. Il demande un arrêt pour confirmer cette prescription. Il ajoute que le maire reçoit les deniers patrimoniaux au lieu et place du receveur, ce qui ne devrait pas être toléré *.

* Il fut désapprouvé quant à sa prétention au visa, mais reçut l'ordre d'examiner scrupuleusement la comptabilité du maire et de faire rendre au receveur ses attributions.

1813. *M.* DE BERNAGE, *intendant à Limoges,*
AU CONTRÔLEUR GÉNÉRAL.

30 Décembre 1698.

«Ayant eu avis que deux marchands, nommés Rambaud et Salomon, beaux-frères et associés, qui sont originaires de Lyon et se sont venus établir icy, faisoient un commerce de louis d'or non réformés ou de la première réforme, et en donnoient jusqu'à 12 # 15 s., j'en ay recherché avec soin des preuves, et j'ay, pour cet effet, envoyé chercher quelques autres marchands de la ville, que j'ay su avoir relation avec ceux-là, lesquels j'ay assurés que, s'ils me déclaroient la vérité, je les entendrois comme témoins et qu'ils se trouveroient par ce moyen à l'abri des peines qu'ils devroient encourir comme complices. Un seul de ces marchands, nommé Rémy, est convenu du fait, c'est-à-dire qu'il avoit donné à ces marchands, à différentes fois, environ trente louis d'or non réformés, qu'ils avoient pris sur le pied de 12 # 10 s., 12 # 12 s. et mesme 12 # 15 s., en payement de marchandises qu'il avoit achetées d'eux. La femme de ce marchand a déclaré qu'elle avoit connaissance du mesme fait. Comme ce commerce m'a paru pouvoir avoir trait à un plus criminel encore, qui est le transport de ces espèces hors du royaume, que j'ay su avoir esté fait principalement par les marchands de Lyon, j'ay jugé à propos de décréter sur cela de prise de corps contre ceux-cy et de me transporter chez eux sur-le-champ pour faire recherche des espèces. Je n'y ay point trouvé de louis d'or d'ancienne marque, soit qu'ils en eussent eu avis, soit que Rambaud, l'un d'eux, qui est parti pour Lyon depuis quinze jours, les ayt emportés. Par l'interrogatoire que j'ay fait prester à Salomon, il est convenu seulement qu'il avoit pris quelques louis d'or d'ancienne marque en payement de marchandises, et que, comme les acheteurs vouloient les luy faire valoir mesme plus qu'on n'en donne dans les hostels des monnoyes, il les avoit pris sur le pied qu'ils demandoient, en vendant sa marchandise à proportion pour se dédommager de la perte qu'il faisoit au change. Sur les preuves qui sont à présent, il y en a assez pour le condamner, suivant la déclaration du 28 novembre 1693, pour avoir pris des louis d'or en payement à plus haut prix qu'ils ne passent dans le commerce; et, comme vous m'avez donné des ordres précis, par vos lettres du 9 juin et 8 septembre 1694 et mois d'avril 1695, pour informer de cette espèce de billonnage et condamner conformément à la déclaration, je me trouve suffisamment fondé en jurisdiction pour juger ce procès dans l'estat qu'il est et sans plus ample instruction. Mais, comme il pourroit survenir de plus grandes charges et des preuves du transport hors du royaume, auquel cas ce procès devroit estre instruit par récolement et confrontation, j'ay cru devoir vous proposer de m'envoyer un arrest d'attribution, suivant le projet que je me donne l'honneur de vous envoyer. En attendant celuy de vostre réponse, je chercheray de plus amples preuves.»

1814. *M. Bignon, intendant à Amiens,*
au Contrôleur général.

31 Décembre 1698.

Rapport sur l'exportation clandestine des blés ou du pain, que les habitants du territoire espagnol viennent enlever jusque dans la ville de Péronne.

«On avoit cru jusqu'à présent que la précaution la plus sûre contre le transport à l'étranger estoit de faire payer exactement les droits de sortie et d'empescher que, sous prétexte d'une destination dans les trois lieues proche les limites de la ferme, il ne passast point de blé dans le pays réputé étranger; mais le profit des blatiers est si grand, par les besoins des sujets d'Espagne, que les frais de transport et le payement des droits de sortie de 36 s. 8 d. par setier, mesure de Paris, ne les arrestent point. Je ne sais qu'un expédient à cet égard : les habitans du pays réputé étranger qui enlèvent des blés en Picardie sont ou artésiens ou des départemens de MM. de Bagnols et Bernières. Si vous l'approuvez, je donneray ordre à tous les bureaux de ne laisser sortir aucuns blés sans leurs certificats, ou de leurs subdélégués nommés à cet effet. Je leur en ay écrit autant, avant de vous le proposer; ils croyent que c'est l'unique moyen de s'assurer autant qu'il est possible contre la contrebande. On pourroit ajouter encore la précaution d'exiger des soumissions de rapporter des certificats de descente. À la vérité, les droits de sortie diminueront; les fermiers du Roy vous feront des représentations; je conviens mesme (leur intérest à part) que cette nécessité de prendre des certificats d'un intendant ou de ses subdélégués est une servitude fort opposée à la facilité que l'on ne peut trop apporter sur tout ce qui regarde la communication d'une province à une autre et le secours mutuel que des voisins qui sont également sujets du Roy se doivent; mais enfin, il n'y a rien qui soit sans inconvénient de part et d'autre.»

L'abus des acquits-à-caution n'est pas moins général ni moins nuisible.

Les habitants des frontières de la Picardie et de la Tiérache, domiciliés sur le territoire de la ferme, enlèvent des grains en déclarant au bureau que c'est pour leur provision ou pour blater sur le territoire même; ils prennent un acquit-à-caution, et, lorsqu'ils ont fait passer les grains aux blatiers de Flandre, d'Artois, etc., qui les portent dans la Flandre espagnole, ils trouvent toute facilité auprès des magistrats de leur domicile pour se faire délivrer un certificat de descente, ou même ils savent gagner les receveurs des fermes, qui touchent 5 sols pour l'expédition des acquits et des décharges.

«Y auroit-il de l'inconvénient d'obliger les habitans des paroisses de l'étendue de trois ou quatre lieues du dedans de la ferme proche ses limites de faire décharger les acquits-à-caution par des commis d'un bureau certain et déterminé, le plus prochain de leurs demeures, et qu'à cet effet il fust dressé un rôle pour chaque bureau des paroisses dont les habitans seront obligés d'y prendre la décharge de leurs acquits, avec défenses aux commis d'en décharger pour chaque famille une plus grande quantité que celle qui sera nécessaire pour leur provision? Les commis tiendront un registre du nombre des testes qui composent les familles des communautés de leur détroit, de la quantité de blés que chacune d'elles pourroit consommer, eu égard au nombre des testes, à raison de trois sacs, pesant deux cents livres chacun, poids de marc, pour chaque habitant, ce qui est plus que suffisant, mais il convient que la fixation soit abondante. À mesure que le commis déchargeroit un acquit-à-caution pour un chef de famille, il en feroit note sur son registre, de la mesme manière que les receveurs des gabelles la font sur les registres qu'ils appellent *sextés;* et, afin qu'aucun habitant ne fist expédier et décharger des acquits-à-caution sous d'autres noms que le sien, chaque chef de famille, ou celuy qu'il commettroit, seroit tenu de rapporter un certificat du lieutenant ou syndic de la paroisse, contenant son nom propre, sa profession, le nombre des testes de sa famille.»

La même vérification pourrait se faire pour les blés blatés sur terre de France, à mesure que le porteur de l'acquit-à-caution ferait ses reventes*.

En dehors de l'exportation clandestine, les enlèvements que sont obligés de pratiquer les commis du munitionnaire et qui retombent sur la Picardie, comme étant la seule province fournie de blé, sont une cause inévitable de hausse; mais on ne peut en rejeter la faute sur les commis, qui doivent nécessairement déployer toute l'activité possible**.

* Ces propositions sont approuvées en tout, et le contrôleur général les fait transmettre aux intendants des provinces voisines.

** Voir, au 5 février 1699, une lettre sur les accaparements faits soit par les particuliers ou les maisons religieuses, soit par une compagnie de marchands de Noyon, dont les intentions étaient suspectes. «Je ne fais point de recherches, dit M. Bignon, à la date du 15, que je ne me persuade de plus en plus que nous avons assez de grains pour nos habitans et pour secourir nos voisins. Il n'est question que de bien fermer la frontière et d'empescher les magasins, qui sont toujours la cause du prix excessif.»

1815. *M. de Miroménil, intendant à Tours,*
au Contrôleur général.

1er, 2, 3 et 13 Janvier 1699.

Les rivières sont couvertes de bateaux de blé, mais les populations riveraines affectent de croire que ces chargements doivent passer par fraude en Bretagne, et quelquefois elles les arrêtent et enlèvent les grains. Un événement de ce genre vient de se produire à Savonnières : un bateau a été pillé par une bande de gens armés, et la maréchaussée a pu seulement arrêter les coupables et protéger deux autres chargements.

«On n'omettra rien pour assurer la liberté du commerce, nonobstant la mauvaise volonté d'aucuns juges qui, sous prétexte de se rendre populaires, se font des systèmes à leur mode, disant qu'on ne peut acheter des grains aux environs des villes et en porter de l'une à l'autre en descendant les rivières, le Roy voulant seulement qu'on laisse passer les bateaux chargés montant pour Paris ou Orléans*.....»

Il n'est pas probable qu'on se serve de futailles pour enlever clandestinement les grains, puisque les droits qu'elles payeraient, comme contenant des boissons, absorberaient le bénéfice**.

* Le 4 et le 11 février, il signale une émotion du même genre à la Haye, sur la Creuse.

** Voir une plainte portée, le 19 janvier, par M. d'Argenson, lieutenant général de police à Paris.

Suivant M. de Bouville, intendant à Orléans (15 janvier), les marchands de Bretagne et de certains autres pays se servaient de futailles, comme conservant bien les grains; mais elles se distinguaient facilement des tonneaux de liquides, en ce qu'elles n'étaient pas cerclées aussi complétement.

1816. *M. Turgot, intendant à Metz,*
au Contrôleur général.

3 Janvier 1699.

La disette générale, l'impossibilité de tirer des blés de la Lorraine et l'augmentation du prix du pain bis, qui s'est élevé à 30 deniers la livre, c'est-à-dire au triple du prix ordinaire, ont obligé le Parlement à rendre des arrêts pour la subsistance des pauvres.

La ville de Metz comptait, à elle seule, quatre mille deux cent vingt-cinq mendiants ou pauvres honteux. Les Compagnies et les particuliers ont fourni, par cotisation volontaire, pour sept mois, une somme de 33,067#, et la distribution du pain a été réglée à treize mille trente-huit livres par semaine.

Dans tout le département, MM. les évêques et les subdélégués de l'intendant se sont entendus pour exécuter les prescriptions*.

* Quelques ecclésiastiques du clergé de Verdun n'ayant pas voulu contribuer comme les autres, la Chambre de police les taxa sur le pied du soixantième de leurs revenus, quoique l'arrêt du Parlement permît de porter la contribution au trentième; mais, malgré cette réduction, ils se pourvurent par-devant le Conseil. (Lettre du procureur du Roi au présidial de Verdun, 20 février.)

Dans le département voisin, en Alsace, l'insuffisance des récoltes maintint les prix très-élevés pendant toute la première partie de l'année, malgré la persévérance de l'intendant à faire observer les mesures prohibitives. (Lettres de M. de la Fond, 8 et 21 janvier, 12 juin.)

1817. *M. de Bezons, intendant à Bordeaux,*
au Contrôleur général.

3 Janvier 1699.

Le Périgord souffre d'une misère profonde, et, quoique d'autres provinces aient aussi besoin de secours, celle-ci ne peut être sauvée de la famine que par l'intervention du Roi. La charité privée ne peut plus rien faire, et les évêques ont épuisé leurs ressources; les cultivateurs qui ont eu les meilleures récoltes ont peine à se nourrir, eux et les leurs, et la plupart des familles désertent pour aller mendier. Une somme de 50,000# pourrait s'employer soit en aumônes, soit en distributions de grains et de légumes*.

* Le contrôleur général fit accorder 30,000#. Voir la lettre écrite, le 2 janvier, par M. l'évêque de Périgueux.

D'autres parties du département étaient mieux fournies de grains, et même l'abondance se maintenait sur les marchés, mais les prix étaient fort élevés, en raison de l'appréhension générale ou bien des enlèvements que faisaient les provinces voisines, l'Auvergne, le Limousin, etc. (Lettre du 6 janvier.)

Le 21 février, en envoyant les projets de répartition de la somme accordée au Périgord et en renouvelant ses demandes de fonds pour faire venir des légumes aux frais du Roi, M. de Bezons dit : «.....Je ne puis mieux vous exprimer la misère où est le peuple en Périgord, qu'en vous marquant que M. l'évesque de Périgueux fait donner l'aumosne à quinze cents pauvres tous les matins, qui sont dans la ville et banlieue de Périgueux. J'apprends que l'on a fait un projet de charger tous ceux qui sont en estat dans la ville de Périgueux de les nourrir; que M. l'évesque de Périgueux se charge, par ce projet, d'en nourrir quatre cent cinquante..... Les pauvres souffrent encore plus qu'en 1693 et 1694, parce que a récolte la esté plus mauvaise.....»

1818. *M. d'Argenson, lieutenant général de police à Paris,* *au Contrôleur général.*

4, 14 et 25 Janvier 1699.

Les marchands qui avaient fait des magasins de blé sur le cours de la Loire et qui, pour la plupart, avaient formé des associations en vue d'accaparer les grains de la Bretagne et de les exporter, sollicitent des passe-ports pour les faire venir à Paris, depuis que le transport à l'étranger est défendu sous peine de mort. Cependant, il sera encore utile que les intendants veillent sur leur commerce.

Le port de la Grève se garnit de bateaux qui viennent de la Bretagne, de l'Auvergne, du Bourbonnais ou de la Brie; les arrivages de Normandie ont seuls fait défaut. Le prix se maintient entre 28 et 32[tt] le setier, suivant la qualité du blé*.

Il y a eu des désordres au marché de Vernon, et le peuple y a maltraité quelques marchands de Saint-Germain qui étaient venus faire des achats pour Paris. Il est urgent d'indemniser ces marchands et de leur procurer le secours nécessaire.

Il serait bon de faire surveiller par les intendants les opérations des commis du munitionnaire, et surtout de tenir leurs achats secrets, de peur qu'ils ne provoquent une nouvelle hausse des prix**.

* Suivant M. de Bouville, intendant à Orléans (15 janvier), les arrivages pour Paris étaient prodigieux, et le seul canal d'Orléans avait voituré huit mille muids de blé en trois mois.

** Voir, aux dates des 29 janvier, 5 février, 5 mai, 26 août, etc. les rapports de l'exempt Desperrières, chargé de visiter les fermes et d'assister aux marchés des environs de Paris.

1819. *M. Ferrand, intendant en Bourgogne,* *au Contrôleur général.*

5 Janvier 1699.

Il établit que le Parlement de Dijon ne peut lui reprocher aucun empiétement sur les pouvoirs de la Cour en matière de police des blés; sans se mêler de la police particulière des villes, il s'est borné, comme tous ses prédécesseurs ou ses collègues, à faire exécuter les ordres du Roi touchant l'exportation ou les enarrhements.

«Je dois mesme avoir l'honneur de vous dire que jusqu'à présent mes soins n'ont pas esté inutiles. J'ay envoyé dans quelques endroits de la province le garde de la prévosté de l'hostel qui sert près de moy, et les subdélégués ont fait leur devoir, sans néanmoins qu'il ayt esté rendu aucune ordonnance, ce qui a produit deux bons effets : premièrement, le blé a diminué de prix presque partout, on a appréhendé les visites, et les marchés ont esté plus fournis; secondement, l'attention que j'ay eue sur une matière aussy importante a servi à me faire connoistre que nous ne sommes pas aussy dépourvus de blés que l'on l'a cru jusqu'à présent, et l'on commence à espérer que l'année se passera très-tranquillement.....

«J'auray l'honneur de vous faire connoistre que les blés sont à meilleur marché dans tout le département de M. d'Herbigny qu'en Bourgogne. Si nous avons quelques blés, il vaut mieux, ce me semble, qu'ils soient à vostre disposition, pour vous en servir dans le besoin, que de les envoyer dans une province où l'on ne le demande que pour y procurer une plus grande abondance et diminuer le prix des grains, mais où constamment le blé est à meilleur marché qu'en Bourgogne.»

1820. *Le Contrôleur général aux Intendants.*

6 Janvier 1699.

«Quoyque le prix des grains diminue, au moins dans les principaux endroits du royaume, le Roy n'en est pas moins attentif à rechercher tous les moyens de faire subsister les pauvres le plus aysément et le plus commodément qu'il se pourra, jusques à la récolte prochaine. L'établissement des ateliers publics, qui a déjà esté fait en de semblables occasions, paroist le moyen le plus simple et le plus naturel : ainsy, examinez, s'il vous plaist, en quels endroits de vostre généralité il seroit utile pour le public de faire travailler de cette manière, observant que le fort de ces ouvrages doit consister en remuemens de terre, et peu de maçonnerie, parce que le principal objet de la dépense que le Roy veut bien y faire est pour y occuper et employer toutes sortes de personnes de tous âges et de tous sexes. Mais, avant de rien commencer, envoyez-moy, s'il vous plaist, un plan et un devis le plus exact que vous pourrez de l'ouvrage que vous aurez en vue de faire, afin que, sur le compte que j'en rendray à S. M., elle se détermine sur le choix de l'ouvrage, aussy bien que sur la somme à laquelle elle en voudra fixer la dépense. Observez aussy de ne vous pas attacher à des ouvrages de trop grande étendue, qui exigeroient une trop grande dépense pour estre parfaits, ou qui demeureroient inutiles, si on ne les achevoit pas*.»

* M. Larcher (Champagne) fut le seul intendant qui refusa l'ordonnance destinée aux ateliers publics, trouvant trop de désavantage à exécuter cette mesure et trop de difficulté à employer convenablement les fonds. (Lettre du 22 mars.)

1821. *M. de la Falùère, premier président du Parlement de Bretagne,* *au Contrôleur général.*

6 Janvier 1699.

Les fermiers généraux, d'une part, et, de l'autre, les receveurs du domaine et des amendes réclament le produit de l'amende et de la confiscation qui ont été prononcées contre un commis des fermes pour introduction en France de harengs salés à l'étranger. On ne sait si le cas est le même que pour une saisie de faux sel ou de faux tabac, dont le produit revient régulièrement à la ferme. Quant à l'amende, cela ne serait pas douteux, s'il ne s'agissait d'une amende prononcée pour prévarication d'un agent des fermes, plutôt que pour introduction de marchandises défendues*.

* Suivant l'avis de M. Daguesseau joint à cette lettre, le produit intégral devait revenir aux fermiers généraux, et les receveurs des amendes ou les sous-fermiers du domaine ne pouvaient prétendre qu'aux amendes infligées en matière criminelle par les justices ordinaires, ou adjugées en matière domaniale.

Sur la gratification qui revenait au dénonciateur, et à laquelle on pouvait parfois ajouter une partie de l'amende, voir une lettre de M. d'Argenson, lieutenant général de police à Paris, en date du 3 août.

1822. *M. Larcher, intendant en Champagne,*
au Contrôleur général.

10 Janvier 1699.

«Permettez-moy, s'il vous plaist, de vous envoyer une gazette de Hollande, où vous verrez, dans l'article de Paris, à l'endroit que j'ay marqué, une nouvelle que vous ne saviez pas encore, et qui est que l'intendant de Châlons en Champagne est interdit pour avoir fait un grand amas de blés nonobstant les défenses. Quoyque ces sortes de mauvaises nouvelles ne soient jamais que désagréables, à ceux contre lesquels on les répand, je n'en suis néanmoins que très-médiocrement touché. Mais, pour ne vous rien laisser ignorer de ce qui peut avoir ainsy fait parler le gazetier de Hollande, il est bon que vous soyez informé qu'il y a environ trois semaines, il se répandit icy et dans toute la province un bruit, que non-seulement j'avois esté révoqué, mais mesme que j'avois esté mis à la Bastille, pour avoir fait des amas de grains. Je recherchay assez négligemment quelle pouvoit estre la source d'un bruit si ridicule, et je trouvay qu'il ne pouvoit venir que de quelques marchands de grains, enragés de l'application et des soins que je donne assurément tout de mon mieux à les contenir dans le devoir; mais je tins si peu de compte de l'extravagance de ces bruits, que je ne crus pas seulement devoir vous en rien dire, et je ne l'aurois pas fait encore sans la gazette de Hollande.»

1823. *M. Larcher, intendant en Champagne,*
au Contrôleur général.

10 Janvier 1699.

Il demande des ordres pour punir le curé et les habitants de la paroisse de Maccy-sous-Meuse, qui ont tenté de se soustraire à la domination de la France et de se mettre sous celle de la Lorraine*.

* «Suivre le procès avec activité, et, s'il falloit soutenir la justice par autorité, l'employer.»

Les sept accusés principaux furent condamnés par contumace, au bailliage de Chaumont, à neuf ans de galères et à 1,000# d'amende; mais le contrôleur général donna ordre de surseoir toute exécution. (Lettre de M. Larcher, 11 mai.)

1824. *M. de Montholon, premier président du Parlement de Rouen,*
au Contrôleur général.

11 Janvier 1699.

Le prix des grains se maintient. Il est arrivé, avec des passe-ports, plusieurs chargements à destination de Paris, mais le transport en est retardé.

Le peuple est irrité contre le sieur le Gendre, qui garde en magasin, depuis 1694, plus de cent soixante muids de seigle, en partie gâté, et qui ne les veut vendre à aucun prix, sous prétexte que ce grain appartient à des négociants de Suède et qu'il n'a pas leurs ordres*.

Il n'y avait autrefois que deux amidonniers pour la ville et ses environs; il y en a présentement sept, qui, au lieu d'employer les blés corrompus, se servent de bons grains ou de recoupes propres à nourrir la volaille; mais on ne peut donner suite aux plaintes portées contre ces fabricants, parce qu'ils récusent la juridiction de police générale du Parlement**.

* «L'obliger de vendre et luy faire entendre raison.» — Voir la réponse de M. de Montholon, à la date du 19 janvier.

** «On veut bien qu'il exerce la police sur eux.»

1825. *M. Phélypeaux, intendant à Paris,*
au Contrôleur général.

12 Janvier 1699.

Rapport sur l'entreprise du desséchement des marais de Corbeilles en Gâtinais, sur les résultats et les avantages que l'opération a déjà donnés, et sur le peu de valeur des plaintes portées à ce sujet par quelques habitants de la paroisse de Sceaux.

1826. *Le sieur Auvillon, président en l'élection de Paris,*
au Contrôleur général.

15 Janvier 1699.

«Estant aujourd'huy en visite pour le fermier du tabac en la maison de M. de Verneuil, située à la place Royale, accompagné du greffier de l'élection de Paris et des commis de la ferme (sur ce que le fermier avoit eu avis qu'il se débitoit des tabacs en fraude des droits du Roy dans ladite maison), M. de Verneuil a tenu un procédé si extraordinaire envers les officiers faisant leurs fonctions, que j'ay cru estre obligé de vous en informer. Il a employé toute son adresse pour nous amuser dans le lieu où nous estions, par divers messages de ses gens, par lesquels il nous faisoit parler, ne jugeant pas à propos de le faire luy-mesme, pendant que l'on cachoit dans le fond de ses caves les tabacs qui estoient chez luy; et, croyant avoir réussi dans son dessein, il nous a fait enfermer dans sa maison, a pris les clefs de ses portes et nous a tenus en cet estat près de cinq heures. Il ne s'imaginoit apparemment pas que, renfermés de cette manière, l'on continueroit la perquisition des tabacs; ce qui a fait que nous avons esté une espace de temps considérable les objets d'une raillerie un peu aigre de sa part et de celle de ses gens, ce qui s'est tourné ensuite en discours élevés, lorsque ledit sieur de Verneuil a vu que l'on avoit trouvé vingt-cinq livres desdits tabacs cachés sous des plâtras qui estoient au fond d'une de ses caves. Vous voyez qu'il y a eu cette occasion, outre l'apparence de fraude, un mauvais traitement fait aux officiers qui ont l'honneur d'estre sous vostre protection, raison pour laquelle j'ay pris la liberté de vous rendre compte de ces faits, afin qu'il vous plaise donner les ordres que Vostre Grandeur estimera nécessaires pour que les officiers puissent faire leurs fonctions dans le service du Roy avec toute la liberté qu'ils doivent avoir, vous suppliant aussy d'ordonner en leur faveur telle satisfaction que vous jugerez estre due pour ce qui vient de leur arriver en la maison dudit sieur de Verneuil.»

1827. *M. Foucault, intendant à Caen,*
au Contrôleur général.

15 Janvier, 14, 17 et 20 Mars,
31 Juillet 1699.

Rapports sur le commerce de faux tabac ou de marchandises prohibées qui est établi entre les îles de Jersey et de Guernesey et les côtes de la basse Normandie. Procédures contre l'un des principaux fraudeurs, exerçant la charge de procureur du Roi au siége des traites de Bréhal.

1828. *M. de Bernage, intendant à Limoges,*
au Contrôleur général.

17 Janvier 1699.

Conformément aux ordres donnés dès le mois de novembre, il envoie les propositions d'un entrepreneur qui se charge d'apporter des grains dans la généralité. Ce marchand s'engage à fournir le blé à 185 ⱶ le tonneau, le seigle à 175 ⱶ et la baillarge à 170 ⱶ, rendus aux ports de Terrasson et d'Angoulême, moyennant la franchise de tous droits et une avance de 20,000 ⱶ, le reste payable au fur et à mesure que se feront les livraisons. Les receveurs généraux fourniront l'avance; mais les frais de transport et de distribution dans les marchés, les déchets et la perte sur le prix de vente, qui monteront ensemble à plus de 23,000 ⱶ, resteront à la charge du Roi.

«Si le prix des blés n'a pas beaucoup augmenté en Limousin, la seule misère en est cause; ils n'ont pas moyen de l'acheter plus cher, et se sont passés jusqu'icy, pour la plupart, de raves, d'un peu de blé noir et d'avoyne; mais la disette n'y est pas moins grande, et il est fort à désirer que S. M. ayt pour eux la bonté d'agréer la proposition. Vous verrez qu'une des conditions expresses est qu'elle soit reçue avant le 6e du mois prochain*.....»

* Voir les pièces jointes à cette lettre. — Le contrôleur général répond en marge : «C'est beaucoup trop cher. Il ne faut point de froment : ce n'est que pour les pauvres. — 20,000 ⱶ d'aumosnes. — Ses soins, son application sur la distribution et sur le marché des grains.»

1829. *M. d'Herbigny, intendant à Lyon,*
au Contrôleur général.

24 Janvier 1699.

Le sieur Paris et ses associés proposent d'amener à Lyon quarante mille quintaux de blé étranger, de même qualité que celui qu'ils doivent fournir à la république de Genève, et de le débiter, dans le courant du mois de mai, à 6 ⱶ 10 s. le bichet; ils ne demandent que la franchise de tous droits, ou bien, si le débit n'est pas nécessaire, la permission de transporter leurs grains à Genève; mais ces offres n'ont pu être définitivement acceptées par la Chambre de l'abondance, qui suspecte la qualité dudit blé et qui espère qu'il se produira une diminution de prix avant le mois de mai.

«J'auray l'honneur de vous proposer qu'ils (les associés) soient obligés, au moyen des passe-ports que vous leur accorderez, de délivrer tout autant de leurs blés que ces provinces en auront besoin, à 5 ⱶ 10 s. le bichet, mesure de Lyon, en leur payant comptant deux ou trois jours après leur arrivée, laquelle délivrance ils feront dans les lieux qu'il vous plaira ordonner, suivant les besoins qui vous en seront représentés; et qu'au cas que, par l'abondance des blés dans le royaume, le prix dans le mois de may s'en trouvast baissé au-dessous de 5 ⱶ 10 s., ils ne fussent tenus d'en débiter au prix courant dans les marchés le long du Rhosne ou des rivières affluentes, à leur choix, que le tiers ou moitié de la quantité portée par leurs passe-ports, et qu'il leur fust permis de faire passer le surplus à Genève, aux conditions qu'ils vous demandent. Je crois qu'à 5 ⱶ 10 s., les proposans auront un prix raisonnable, puisque c'est autant que s'ils vendoient à 6 ⱶ 5 s. sans la franchise des passe-ports, et ce prix de 5 ⱶ 10 s. est en mesme temps convenable pour ce pays, supposé qu'il n'arrive pas de changement avantageux, parce que c'est le prix sur lequel est à présent réglé celuy du pain dans Lyon, et c'est toujours faire beaucoup que de s'assurer les moyens de ne point augmenter le prix du pain*.»

* Voir, à la suite des pièces qui sont jointes à cette lettre, l'acceptation du sieur Paris, et les calculs faits par lui des pertes qu'il pouvait éprouver dans l'opération. — Les retards apportés à l'exécution du marché donnèrent lieu à une émeute, dont M. d'Herbigny rend compte, le 5 février : «C'estoit hier un jour d'audience pour la police et la conservation : ces deux jurisdictions se tiennent dans l'hostel de ville. Sur les deux heures après midy, temps de la séance, il s'attroupa dans la place des Terreaux, au pied du perron de l'hostel de ville, environ cinq ou six cents femmes, et, de moment à autre, le nombre grossissoit; il s'y mesla quelques hommes et il s'en glissa mesme plusieurs dans une des cours de l'hostel de ville. Au milieu des murmures confus d'une telle

populace, on entendoit qu'elle demandoit *du pain! de bon pain! du pain à bon marché!* et ces demandes estoient accompagnées de mille insolences et d'invectives contre les magistrats. Tout ce qui se présentoit du consulat estoit odieux; tout ce qui paroissoit en robe ou manteau noir estoit poussé, maltraité, mesme battu. Les échevins allant à la Conservation, sur l'avis du désordre, se rendirent par des portes écartées à l'hostel de ville. Le prévost des marchands ayant voulu entrer par la grande porte, à l'ordinaire, eut peine à y parvenir; sa chaise fut arrestée, il ne pouvoit ni en sortir ni avancer; tant qu'il fut retenu dans la foule, les murmures furent grands, le bruit courut mesme qu'il avoit esté maltraité; il m'a dit qu'il en avoit esté quitte pour estre bien pressé en montant les degrés du perron. Enfin, estant les uns et les autres parvenus à la Chambre de la conservation, l'audience se tint; il n'y en eut point pour la police. Sur le soir, au sortir de l'audience, l'attroupement, loin de se dissiper, s'estant trouvé augmenté, le prévost des marchands donna ordre au chevalier du guet, qu'il avoit mandé avec sa compagnie, de sortir avec une vingtaine de ses gens, lesquels, à coups de manches de hallebardes, eurent écarté en un moment toute cette canaille. Un homme et une femme, qui se distinguoient par plus d'insolence que les autres, furent arrestés. Presque dans le mesme temps, en deux différens endroits de la ville, la populace attroupée força et pilla des boutiques de boulangers. Le prévost des marchands envoya ordre dans tous les quartiers, aux officiers, de tenir du monde sous les armes, de marcher par les rues et d'écarter tout ce qui paroistroit s'attrouper. La nuit a esté tranquille; ce jour l'est aussy.

«On prétend que quelques-unes des femmes attroupées sur les Terreaux avoient fait entendre que des directeurs de la Charité leur avoient dit de s'adresser au consulat pour avoir du blé à bon marché; ce fait est peu vraysemblable, et ce qu'on peut juger de la cause de cette émotion, est, ou que le peuple ayant vu arriver beaucoup de bateaux de blé, et le prix en estant diminué à la Grenette, a prétendu que celuy du pain devoit estre aussy diminué; ou que les boulangers, sachant la Chambre de l'abondance mieux fournie qu'elle n'avoit esté jusqu'à présent, afin d'en avoir le blé à meilleur marché, ont parlé de l'augmentation du taux du pain, car il est, comme j'ay eu l'honneur de vous le mander, au-dessous de ce qu'il devroit estre suivant les réglemens, par rapport au prix du blé, et il est vray que les boulangers se sont fort réchauffés sur la demande de cette augmentation, et que les officiers de police et le consulat estoient indécis sur le parti qu'ils prendroient.

«Cet événement réveillant l'attention du consulat sur les provisions nécessaires, le prévost des marchands m'a prié de vous supplier de faire savoir vos intentions sur la proposition qui vous a esté faite pour l'introduction en ce pays de trente ou quarante mille quintaux de blé, afin que, s'ils n'y doivent point compter, ils ne se négligent point d'ailleurs.»

Voir, pour la suite des négociations et pour l'exécution du traité qui se conclut entre la Chambre et les frères Paris, les lettres de M. d'Herbigny, 10, 17 et 24 février; du sieur Antoine Paris, 26 avril; de M. d'Herbigny, 9 juillet; du sieur Dugas, prévôt des marchands, 25 juillet; de M. d'Herbigny, 7 août; de M. le maréchal de Villeroy, 28 août, et du sieur Paris, 30 août. Les passe-ports furent délivrés pour quarante mille quintaux, sur quoi la ville de Lyon ne s'engagea d'abord à en prendre que treize mille, en deux livraisons, au prix de 5 ## 10 s. le bichet (moitié blé tendre de Provence et d'Italie, moitié blé dur de Barbarie). Ce premier traité s'exécuta dans les termes fixés, et la Chambre de l'abondance y gagna plus de 15,000 ##, tout en maintenant les prix assez bas pour que le pain bis ne valût pas plus de 20 deniers la livre. Mais, lorsqu'elle eut traité, en juin, pour une seconde livraison de treize mille quintaux, ces blés étant arrivés quelques jours après le terme convenu, elle refusa de les prendre, sous prétexte que leur qualité n'était pas acceptable, ou que l'approche de la récolte allait faire diminuer partout les prix. Suivant les clauses du traité, Paris demanda au Conseil que la Chambre fût obligée à prendre une partie du chargement, moyennant quelque réduction, ou qu'on lui donnât des passe-ports pour faire sortir du royaume ces blés et les vendre à Genève. Cette requête fut soutenue par l'intendant, mais combattue par M. le maréchal de Villeroy.

1830. *M.* de Bâville, *intendant en Languedoc,*
au Contrôleur général.

29 Janvier 1699.

Il envoie l'état des impositions pour l'année courante. Le total, qui est de 7,344,274 ##, offre une diminution de 956,324 ## sur l'année 1698, et, comme l'affaire des trésoriers-collecteurs, qui avait encore coûté 550,000 ##, est terminée et ne coûtera plus rien, la province portera en moins 1,506,324 ##. Cela réduit par conséquent à 768,576 ## l'augmentation survenue depuis l'année 1690.

1831. *M.* Bouchu, *intendant en Dauphiné,*
au Contrôleur général.

30 Janvier 1699.

Si le Roi veut bien accorder la somme modique qu'on lui demande pour établir des ateliers publics dans la province, il est inutile de faire renouveler par le Parlement les arrêts rendus en 1693 pour la subsistance des pauvres.

«Ces impositions ne parurent avoir pour le moins autant d'inconvéniens que d'utilité; car, estant générales, et ne pouvant que très-difficilement se faire d'une autre manière, tel qui se plaignoit de n'avoir pas de quoy subsister, estoit contraint avec rigueur au payement de sa cote au rôle desdites impositions. D'ailleurs, la douceur de l'hiver en cette province (qui est telle que communément le mois d'avril y est plus rigoureux que n'est le présent mois de janvier) fait deux biens : l'un, que ceux qui n'avoient pas semé, en ayant esté empeschés par les pluies presque continuelles de l'automne, ont semé, ce qui a fait que le prix du blé ne s'est pas porté aussy haut qu'il auroit esté; et l'autre, que les pauvres gens trouvent à travailler à la campagne et, par ce moyen, à gagner leur vie, du moins en partie*.....»

* Suivant une lettre écrite par M. de Bérulle, premier président, le 17 du même mois, les mesures prises contre les accapareurs et surtout contre les sous-entrepreneurs de la fourniture du pain aux armées, avaient fait baisser subitement le prix du quartal (trente livres) de 4 ## à 50 sols; néanmoins la misère était encore très-grande dans la montagne.

1832. *M.* Ferrand, *intendant en Bourgogne,*
au Contrôleur général.

2 Février 1699.

«.... Il est d'autant plus nécessaire de faire conduire du blé dans le pays de Gex, que, dès qu'il manquera, les Génevois ne demanderont pas mieux que de leur en vendre fort cher;

les habitans, n'estant pas riches, ne pourront s'empescher d'emprunter à Genève, où ils trouveront beaucoup de facilité, ce qui est très-opposé au service du Roy, estant une occasion aux Génevois de se rendre insensiblement les maistres de ce petit pays, où ils n'ont déjà que trop de crédit, pour les biens qu'ils y possèdent. Si les syndics du pays de Gex, dont Mgr le Prince est engagiste, entretenoient la correspondance qu'ils devroient avoir, on tascheroit à leur faire entendre ces raisons et à concerter avec eux les moyens de leur procurer du soulagement; mais, comme ils y ont beaucoup d'éloignement, ainsy que vous le verrez par leur délibération, il faut attendre qu'ils se présentent pour leur offrir les secours que l'on peut avoir à sa disposition.»

Ils demandent à tirer des blés de la Franche-Comté, ce qui leur serait plus commode; mais il paraît plus juste et plus régulier que la Bourgogne elle-même, dont ils font partie, leur fournisse le secours nécessaire.

1833. *M. de Bâville, intendant en Languedoc,*
au Contrôleur général.

6 Février 1699.

Il envoie un tableau du service des postes en Languedoc et une carte des lieux où elles sont établies, avec ses observations sur les changements à proposer.

1834. *M. Phélypeaux, intendant à Paris,*
au Contrôleur général.

6 Février 1699.

Le frère Romain a constaté que le passage de la principale arche du pont de Montereau est impraticable pour la plupart des bateaux de foin qui descendent la Seine, et qu'il y aurait lieu de remplacer cette arche, soit par un pont-levis, comme l'a proposé l'auteur d'un premier plan, soit par un pont tournant.

Tous les marchands de la contrée s'engagent à payer 40 sols par comble de foin, pour les frais du passage; la seule opposition au projet vient des habitants, qui sans doute regretteraient que les bateaux ne fussent plus obligés de décharger et de recharger.

Le devis de la dépense monte à près de 7,000# pour le pont-levis, et à 9,000# environ pour le pont tournant.

1835. *M. Bouchu, intendant en Dauphiné,*
au Contrôleur général.

7 Février 1699.

Il ne trouve pas juste que le dédommagement qui est dû au propriétaire du domaine du Plan de Voreppe, détruit par les débordements de l'Isère, depuis que cette rivière a été endiguée, retombe à la charge des propriétaires des fonds auxquels profitent les travaux d'endiguement. Ceux-ci se trouveraient, par suite, dans une position pire que celle du réclamant, et d'ailleurs ils ne manqueraient pas d'opposer à une semblable décision toutes les longueurs et tous les frais possibles. Il serait plus convenable que le Roi accordât un secours*.

* Voir les pièces envoyées le 3 octobre 1697. — Sur une réponse du contrôleur général, M. Bouchu ayant constaté que les travaux avaient été faits par l'ordre du Roi, mais payés aux deux tiers par la province, celle-ci fut chargée de fournir l'indemnité, qui fut fixée à 10,000#. (Lettres du 16 mars et du 13 avril 1699.)

1836. *M. de Bérulle, premier président du Parlement de Dauphiné,*
au Contrôleur général.

7 Février 1699.

«Le Roy ayant, par plusieurs arrests du Conseil, défendu sous des peines très-rigoureuses le jeu de la bassette et enjoint à tous juges de tenir la main à leur exécution, le Parlement de Grenoble a rendu plusieurs arrests qui font défenses de jouer à ce jeu sous les peines y portées; et, quoyqu'ils ayent esté publiés, affichés et envoyés partout, plusieurs marchands de cette ville, et entre autres un consul, jouent et donnent à jouer chez eux journellement depuis plus de six mois; ce qui auroit obligé le Parlement, sur les plaintes des pères de famille et de gens mariés, de commettre un conseiller et un substitut du procureur général pour se transporter dans les maisons desdits marchands, où ils surprirent, sur les onze heures du soir, plusieurs personnes jouant à la bassette, dont il fut dressé procès-verbal et ensuite informé; et, comme le Parlement instruisoit cette affaire, le consul, qui y est compris, et qui, comme officier de police, est plus criminel qu'un autre, a fait signifier une cédule évocatoire du chef du conseiller qui a dressé le verbal, sur le fondement qu'il luy devoit 250# pour du drap qu'il luy avoit fourni, dont il n'a pas voulu recevoir le payement, quand l'on luy a offert. Mais, comme ces marchands et ce consul se sont vantés de se pourvoir par-devant vous pour faire casser la procédure, je me donne l'honneur de vous informer du fait, et de vous dire que le Parlement a cru, comme premiers juges de police, devoir empescher, par quelques exemples, la continuation des désordres que cause le jeu de la bassette dans les familles, et tenir la main à l'exécution des ordres du Roy.....»

1837. *M. de Bâville, intendant en Languedoc,*
au Contrôleur général.

8 Février 1699.

Rapport sur le placet du sieur de Lesconan, ingénieur, qui demande le don du droit de tenir des bateaux pour le passage de Villeneuve-lès-Avignon à l'île de la Bartalasse et de cette île à Avignon.

La concession primitive, faite en 1681 au sieur Linsolas pour trente-deux ans, n'expirera qu'en avril 1713, et non en février 1699, comme le prétend le placet.

«Les raisons du sieur de Lescenan sont : que le Rhosne, qui devroit se jeter du costé de Languedoc, dans la branche qui passe à Villeneuve, passe du costé d'Avignon; que tous les bateaux, les voituriers et les tirages des sels prennent ce chemin, ce qui porte le commerce dans le Comtat et l'oste à cette province; que l'entrepreneur n'a point satisfait aux clauses de son adjudication, et qu'il n'a point fait les ouvrages qu'il devoit faire, ni démoli les trois arches du pont, ainsy qu'il y estoit obligé.

«Linsolas répond qu'à l'égard de tout ce qui a esté nécessaire pour la commodité du public, il y a pourvu dès le temps de son adjudication, par l'établissement de deux bacs de chaque costé de l'isle de la Bartalasse, et, pour ce qui concerne les ouvrages portés par son bail, qu'il a fait tous ceux qui luy ont esté permis; que M. de Vauban, qui vint les visiter en 1686, fut du sentiment de ne point abattre les arches du pont qui restoient, que le Roy l'approuva, et qu'il reçut l'ordre de n'y toucher point et de faire, au lieu de cela, d'autres ouvrages non compris dans son adjudication, à quoy il a satisfait; qu'il est vray que les bateaux passent dans le canal qui est près d'Avignon, mais qu'il n'a pas tenu à luy qu'il ne l'ayt empesché; qu'une des clauses de son marché estoit de fermer l'entrée du Rhosne dans ce canal, qu'il avoit tous les matériaux sur le lieu, mais qu'il reçut un ordre de ne le faire pas, ce qui luy causa la perte de ses matériaux et de plusieurs crémens que cet ouvrage auroit produits;

«Qu'il est de notoriété publique que le canal des Tuileries, qui est celuy qui touche au Languedoc, a acquis une largeur et une profondeur très-considérables; que, lorsque M. de Vauban le fit mesurer, il n'avoit que trente toises de largeur et qu'il n'y avoit que quatre pieds d'eau; qu'il est présentement large de plus de deux cents toises et qu'il y a plus de dix pieds d'eau; enfin, qu'il offre d'achever tous les ouvrages portés par son adjudication, quand il plaira au Roy de luy en donner l'ordre.

«Il est vray que M. de Vauban, estant venu visiter les ouvrages faits par Linsolas, y apporta quelques changemens, que cet entrepreneur a exécutés; que le canal du Rhosne du costé de Languedoc a acquis beaucoup de profondeur et de largeur, et que les épis et les autres ouvrages faits par cet entrepreneur ont fait cet effet et diminué beaucoup une grande isle, appelée *l'isle de Piot*, qui est entre Avignon et cette province, au-dessous de Villeneuve. J'ay eu l'honneur de vous rendre compte plusieurs fois de ces ouvrages, et notamment au mois de juillet 1693, en exécution des arrests du Conseil que vous avez rendus. Lorsque les intéressés en la pesche sédentaire de l'Acadie faisoient la mesme demande que fait le sieur de Lescenan, et se fondoient sur les mesmes raisons, M. Niquet visita tous ces ouvrages et trouva que ce qui avoit esté fait par Linsolas montoit aux trois quarts de ce qui estoit porté par son adjudication. Il semble qu'il y a de la justice de luy laisser continuer sa jouissance, en l'obligeant toutefois de faire le reste des ouvrages portés par son adjudication, si l'on juge que cela soit nécessaire.

«Les ouvrages qui restent à faire sont :

«La fermeture du courant du Rhosne, entre le territoire d'Avignon et l'isle de la Bartalasse. L'entrepreneur estoit tout près de le faire, mais il en fut empesché parce que feu M. de Seignelay manda de ne le point fermer, sur les remonstrances des entrepreneurs du tirage des sels, qui remontent plus facilement par ce courant que par celuy qui est du costé de Languedoc.

«Les trois arches du pont, qui sont tombées présentement, n'ont point esté abattues par l'entrepreneur; il en a esté déchargé de l'avis de M. de Vauban, qui l'obligea de faire en la place un canal et trois épis, dont il a fait le canal et deux épis, le troisième ayant esté sursis par M. de Vauban.

«Il devoit fermer un courant au-dessus de l'isle de Piot et faire un revestissement à cette isle, ce qui n'a point esté exécuté; mais il a fait une digue au-dessus, qui a servi au creusement du grand courant du costé de Languedoc, et, comme il est avantageux pour son agrandissement de diminuer l'isle de Piot, il offre de faire le revestissement du costé de Languedoc. Il expose d'ailleurs que le courant qu'il n'a point fermé est nécessaire pour transporter à Avignon les tuiles et la chaux que l'on fait au-dessous de Villeneuve.

«Il estoit tenu de faire un chemin pour le tirage dans la partie de l'isle de Piot opposée au Languedoc; il prétend qu'il n'a pu le faire parce qu'il ne peut élargir le canal des Tuileries qu'en ruinant les bords de cette isle, mais qu'il y a suppléé, ayant toujours entretenu au bord de cette isle un large espace sur un terrain élevé, et coupé les bois qui pourroient nuire au tirage.

«Il n'a point fait aussy cent toises de revestissement dans l'isle de la Bartalasse, parce qu'il prétend qu'il n'estoit point nécessaire, ses autres ouvrages rejetant suffisamment le Rhosne du costé de Villeneuve.

«Il offre d'exécuter tout ce qui reste à faire de son entreprise; il n'y a qu'à luy prescrire ce qu'il doit faire*.»

* Le placet fut rejeté, comme l'avait été celui de la Compagnie de l'Acadie, et conformément à l'arrêt rendu à ce propos en 1694. — Voir, au 29 janvier de cette année, un mémoire qui contient le résumé de l'affaire.

1838. *M. Larcher, intendant en Champagne,*

au Contrôleur général.

8 Février 1699.

Il rend compte des mesures qu'il a prises, de concert avec M. l'évêque de Châlons, depuis l'époque du département des tailles, pour assurer la subsistance des pauvres de la ville.

La faiblesse du maire et les cabales de quelques opposants ont empêché le corps de ville de tirer de Vitry, comme on le lui demandait, quatre mille setiers de blé; mais une assemblée générale a ordonné le renouvellement des mesures prises en 1693 pour la subsistance, ainsi que le rétablissement du bureau de charité.

« En conséquence de cette délibération, prise avec toute la bonne volonté du monde, il fut nommé dans tous les quartiers de la ville d'honnestes gens, pour aller dans les maisons demander aux particuliers ce qu'ils vouloient porter de cette contribution, et, sur leurs rapports et mémoires, on a dressé, au bureau de charité, un rôle général, composé des offres des particuliers, lorsqu'elles ont paru raisonnables, et où les taxes de ceux qui n'avoient point assez offert ont esté augmentées de quelque chose; et ce rôle a esté rendu exécutoire par le lieutenant général au bailliage et siége présidial. »

En attendant les effets du recouvrement, l'évêque a dû faire acheter à Vitry six cents setiers de blé, au moyen de 18,000# avancées par le commis de l'extraordinaire des guerres, et on a commencé, dès le 6 décembre, à fournir du pain à près de mille familles. Mais, lorsqu'il s'est agi de faire autoriser par le Parlement de Paris la délibération et les mesures prises en conséquence, le maire et le Conseil de ville, reconnaissant que ces taxes ne sont pas tout à fait obligatoires, puisque le Parlement ne les admet pas sans une requête de la ville, ont refusé de donner cette requête, alléguant qu'il faut en délibérer auparavant dans une assemblée générale des paroisses. Comme ces réunions sont tumultueuses et peu raisonnables, on n'a pas osé y avoir recours, de crainte d'éprouver un nouveau refus, qui ferait mauvais effet dans le public, et surtout dans la province. Mais il semble que la requête présentée par M. l'évêque de Châlons et par le bureau de charité, accompagnée de la délibération primitive, suffit pour témoigner du consentement de toute la ville, ainsi que de l'urgence qu'il y a à ne point laisser mourir de faim les pauvres, ce qui déshonorerait par suite l'évêque, dont l'œuvre demeurerait imparfaite, et arrêterait entièrement le recouvrement des aumônes, dont la perception est déjà trop difficile*.

* Voir la requête de M. l'évêque de Châlons, et une lettre du jour suivant, 9 février, dans laquelle le même prélat dit : « . . . . . Nous sommes d'avis différent pour la campagne. M. l'intendant croit qu'on peut s'y passer de secours; je ne vois pas par où faire subsister les pauvres des villages, lesquels ont esté réduits à faire cuire les pailles qui enveloppent les grains de l'avoyne jusques à deux fois, pour en faire une espèce de bouillie, et, dans d'autres endroits, à manger le marc des raisins, qu'ils avoient fait passer dans l'eau pour en faire une très-mauvaise boisson. Ces pauvres gens ont besoin de force pour fournir aux travaux qui vont recommencer dans peu de temps. Il est vray qu'on a abondance d'avoyne et que les pauvres en vivent, mais plusieurs n'ont pas de quoy en avoir . . . . . »

Le 16 du même mois, M. Larcher porta une nouvelle plainte contre le Conseil de ville. Au commencement de la disette, et sur la crainte exprimée par ce Conseil que la ville ne manquât de blé, l'intendant avait consenti qu'on défendît de faire sortir plus de quatre boisseaux à la fois pour la subsistance des villages environnants; plus tard, les prix ayant diminué et l'approvisionnement étant suffisant, il avait donné l'autorisation au lieutenant général du bailliage, juge supérieur de la police, de permettre le transport de tout ce que les paysans viendraient prendre. Le maire et quelques conseillers s'élevèrent contre cette mesure, quoiqu'ils sussent qu'elle était prise avec l'autorisation et sur les ordres de l'intendant et qu'elle avait pour objet de secourir les pays de vignobles, sans aucun risque pour la ville, puisque le transport par eau était interdit et qu'on pouvait toujours arrêter la sortie dès que les états tenus aux portes de la ville y constateraient quelque excès. Ils réunirent secrètement les anciens du Conseil, firent prêter un nouveau serment de fidélité aux gardes des portes, et enfin, leur défendirent de laisser passer plus de huit boisseaux à la fois, pour quelque raison que ce fût. Deux des anciens furent même chargés de veiller à ce que ces ordres fussent exécutés. Le conflit, outre qu'il était attentatoire à la dignité de l'intendance, pouvait avoir des conséquences encore plus graves pour le service du Roi, et M. Larcher obtint que le maire et deux des conseillers fussent appelés à la suite du Conseil, et la délibération cassée. (Lettre du 11 mars.) Les trois personnages mandés à Paris ne furent renvoyés que dans le courant du mois d'avril, à la sollicitation de M. Larcher lui-même, à qui ils durent aller faire leurs civilités. (Lettre du 5 avril.)

A Épernay, M. Larcher avait poussé les échevins à acheter mille setiers de froment; mais, quand le commerce se rétablit, la ville se trouva incapable de supporter la différence de prix sur les blés qui lui restaient et qu'elle avait payés 33# le setier. On demanda donc que ces blés fussent répartis entre tous les habitants de l'élection, pour les vendre au prix courant, et que la perte fût supportée généralement par imposition au marc la livre de la taille. (Lettre du 21 février.) Mais le contrôleur général répondit : « Suspendre encore, et bien marquer à l'intendant tous ses torts, fondés sur le peu d'application et de connoissance. » — A cette réprimande, M. Larcher répond, le 22 mars, par un mémoire justificatif de sa conduite et des mesures prises dans son département.

1839. *M. d'Ableiges, intendant à Poitiers,*
au Contrôleur général.

12 Février 1699.

Les commis des fermes lèvent des droits de sortie sur les grains et les légumes qui passent du Poitou dans les provinces réputées étrangères. Ces droits sont établis, par un arrêt du 18 septembre 1664, sur toutes espèces de marchandises, mais ils n'ont jamais été perçus sur les grains, et le moment n'est point propre à une innovation de ce genre, puisque la disette règne en Limousin. La taxe monte à 22# pour le muid de froment, et à 12# pour celui de légumes*.

* « Ordre aux fermiers de les laisser passer pendant trois mois sans payer. »

1840. *M. d'Ableiges, intendant à Poitiers,*
au Contrôleur général.

16 Février 1699.

Il propose d'approuver les règlements dressés, de concert entre Madame Royale de Savoie, comme baronne de Riez, et les habitants de la baronnie, pour l'entretien et la conservation des marais de cette contrée et des chaussées, fossés, canaux ou autres ouvrages en dépendants.

Ces statuts ont été régulièrement établis, dans des conditions analogues à ceux qui régissent les marais de Saintonge.

1841. *M. de Bezons, intendant à Bordeaux,*
au Contrôleur général.

21 Février et 25 Avril 1699.

Mémoires sur la composition de la maréchaussée générale de Guyenne, sur le payement, par la voie de l'imposition, des gages des officiers ou des archers, et sur la suppression proposée de ces charges*.

* Voir les lettres de M. de la Houssaye, intendant à Montauban, 3 juin et 26 août.

1842. *M. d'Herbigny, intendant à Lyon,*
au Contrôleur général.

1er Mars 1699.

Le prévôt des marchands de Lyon a fait arrêter par les gardes des portes de la ville les bateaux sur lesquels le sieur Paris, muni de passe-ports du Roi, faisait transporter des blés à Genève, et, par une prétention nouvelle, il réclame le payement des droits de *rêve* pour la ville et de *passe-port* pour lui-même, outre un troisième droit pour les gardes. Il soutient que le Rhône, sur lequel les bateaux ont été saisis, fait partie de la ville, ou, du moins, qu'il est réputé en faire partie. Comme cette prétention n'est pas justifiable, l'intendant a donné mainlevée de la saisie.

Il est prouvé d'ailleurs, par plusieurs titres ou règlements, que la rêve ne se paye que sur les marchandises qui sont chargées ou déchargées dans l'étendue de la ville, ou qui en sortent.

Quant au droit de passe-port, il se perçoit sur la Saône, qui est fermée, à cet effet, par des chaînes aux deux extrémités de la ville; mais, sur le Rhône, le prévôt ne peut alléguer aucun acte de possession, et même, lorsque des marchandises de la foire de Beaucaire, destinées à Genève, mais déclarées pour Lyon, acquittent le droit de rêve, il n'est jamais question de passe-port. En outre, ce prévôt, en charge depuis cinq ans, est le premier qui ait pris de l'argent pour donner les passe-ports sur la Saône, et, bien qu'il promette de les délivrer gratuitement pour le Rhône, il est probable qu'il arriverait aussi à en tirer un profit, si on autorisait cette innovation.

«Je n'ay pas dû céder à son opiniastreté, au préjudice de deux devoirs les plus essentiels de l'employ dont vous m'avez honoré : la conservation des droits du Roy, et celle du public contre de nouvelles exactions. La resve fait partie des droits de sortie qui doivent estre payés dans les bureaux des cinq grosses fermes, et, lorsqu'elle a esté payée à Lyon, en vertu des acquits qui en sont représentés à ces bureaux, on n'y paye plus que la moitié des droits de sortie; par conséquent, lorsque la ville de Lyon exige la resve dans des cas qui ne luy appartiennent pas, c'est autant de pris sur les fermes du Roy, ou bien il faut que le mesme droit s'exige deux fois. A l'égard du passe-port, vous en voyez les conséquences; c'est bien certainement une nouveauté.

«Ces questions naturellement devroient, de part et d'autre, estre portées devant vous, et, de la mienne, voilà le compte que je devois avoir l'honneur de vous en rendre. Mais il pourra bien arriver ce qui arrive ordinairement, que tous les avis envoyés de ce pays estant bien reçus et autorisés, M. le mareschal de Villeroy donnera ordre au prévost des marchands d'agir suivant sa prétention, sans que rien l'arreste*.... »

* Voir, aux dates du 24 mars et du 15 avril, les lettres du sieur Dugas, prévôt des marchands, avec les pièces fournies pour ou contre les prétentions du consulat.

1843. *M. de Bernage, intendant à Limoges,*
au Contrôleur général.

3 Mars 1699.

Un arrêt du 8 août 1684 avait ordonné à tous possesseurs de droits de péages, charrois, corvées, guets, gardes, etc., dans l'étendue de la généralité de Limoges, de représenter leurs titres à l'intendant, pour qu'il pût les envoyer au Conseil, avec ses procès-verbaux et les productions contradictoires des communautés, faute de quoi les possesseurs demeureraient déchus de leurs prétentions. L'exécution de ce travail est restée si imparfaite, qu'on reçoit de toutes parts des plaintes et des requêtes. L'intendant demande une commission pour le continuer, comme l'avaient fait ses prédécesseurs, et il s'engage à ne point comprendre dans la recherche les seigneurs à qui les droits appartiennent légitimement et qui en ont déjà obtenu la confirmation*.

* «Bon.»

1844. *M. le Camus, lieutenant civil à Paris,*
au Contrôleur général.

9 Mars 1699.

«Je prends la liberté de vous envoyer le mémoire dont je vous ay entretenu à Versailles, concernant l'abus, qui s'augmente tous les jours, de couvrir toutes les mauvaises dettes qui se contractent pour usure, marchandises vendues à perte de finance, pour débauches, et pour avoir la contrainte par corps, et pour le jeu, du nom de *billet d'honneur*. Le commerce qu'ont ces sortes de gens avec les bas officiers de la connestablie leur fait obtenir un ordre pour comparoistre à leur tribunal, et, faute de payer suivant l'ordre qui est présenté au débiteur, sa contrainte par corps d'emprisonnement se fait sans différer et oste, par ce moyen, les voyes de droit et de l'ordonnance qui permet de se pourvoir contre ces sortes de mauvaises dettes. Vous verrez bien mieux que je ne pourrois faire le remède qui se doit apporter pour empescher ce désordre dans sa naissance, et si les expédiens que j'ay pris la liberté de proposer sont convenables, estimant que MM. les mareschaux de France, d'eux-mesmes, y peuvent remédier, en considérant la qualité des personnes qui demandent leurs ordres pour assigner et la qualité des dettes, et en n'entrant que dans le fait du point d'honneur seulement, et renvoyant les questions et les intérests pécuniaires devant les juges qui en doivent connoistre.»

1845. *M. de Bezons, intendant à Bordeaux,*
au Contrôleur général.

10, 21 et 24 Mars 1699.

Il rend compte d'une contestation qu'il a avec la Cour des aides et finances de Bordeaux, au sujet de la ferme des octrois de cette ville.

«Je crois inouï que Messieurs de la Cour des aydes puissent prendre connoissance de ce qui se lève en conséquence d'un bail passé par le commissaire départi dans une province. S'ils prétendent que le fermier lève plus de droits qu'il n'est porté par son bail, MM. les jurats de Bordeaux sont en possession de prendre connoissance de la levée des droits des fermes de la ville; ils n'y ont point esté troublés depuis l'arrest de 1677. Ils prenoient connoissance des anciens droits de la ville plus de vingt ans avant l'arrest de 1677; Messieurs de la Cour des aydes n'en peuvent pas disconvenir. Comme je dois avoir l'honneur de vous mander tout ce que je sais à ce sujet, il me paroist que Messieurs de la Cour des aydes ont obtenu un arrest en 1638, qui leur attribue la connoissance des deniers d'octroy. C'est sur le fondement de cet arrest qu'ils prétendent connoistre aujourd'huy de cette levée, comme estant un octroy..... Il est certain qu'il y a plus de quarante ans qu'ils n'ont pris connoissance d'aucun des droits dont la ville de Bordeaux jouit..... Je n'ay pas cru pouvoir me dispenser de donner l'ordonnance que j'ay rendue, puisqu'on décrétoit un fermier pour lever le contenu dans un bail que j'avois fait..... Il s'agit de fort peu de chose, puisque le bail des anciens et nouveaux revenus ne monte pas à 5,000# par an.....

«Je crois devoir avoir l'honneur de vous remarquer que les droits dont la ville de Bordeaux jouit sur le blé, sur le vin, sur les marchandises qui viennent de la Lande, et que l'on lève depuis longtemps, sont appelés les *anciens droits*. L'on en lève d'autres sur les mesmes marchandises, qui sont qualifiés *nouveaux droits* et employés à payer les créanciers des maisons démolies pour l'esplanade du Chasteau-Trompette. Il seroit difficile qu'il y eust des justices différentes pour régler les contestations qui peuvent naistre sur la levée de ces deux droits. Messieurs de la Cour des aydes conviennent qu'ils ne peuvent pas prendre connoissance des anciens droits; ils veulent connoistre des nouveaux, comme deniers d'octroy; les nouveaux droits se lèvent sur les mesmes marchandises que les anciens*.....»

* Le Conseil donna gain de cause à l'intendant, cassa les arrêts de la Cour et déchargea le fermier de tous les décrets lancés contre lui; mais la Compagnie, avant d'enregistrer cette décision, vota l'envoi d'un député à Paris. M. de Bezons dut demander que ce député fût renvoyé sans autre réponse, et que les instigateurs de l'opposition fussent réprimandés par M. le Chancelier. (Lettres diverses du 2 mai.)

1846. *M. de Bezons, intendant à Bordeaux,*
au Contrôleur général.

28 Mars et 4 Avril 1699.

L'ordonnance de 20,000# destinée aux ateliers publics a été remise au receveur général, lequel a donné en échange des rescriptions sur les receveurs des tailles, et toutes les mesures sont prises pour l'organisation des travaux; mais M. l'évêque de Périgueux, avec qui l'on a ordre de se concerter, demande que les 17,000# affectées à son diocèse soient employées à des achats de grains, plutôt qu'à des travaux publics; il prétend que les pauvres n'ont plus assez de force pour travailler, et que leur réunion, dans l'état où ils se trouvent, ferait naître quelque épidémie.

«Je crois que le mieux seroit d'employer 8,000# aux ateliers publics, aux environs de Périgueux, et 9,000# en achats de grains.

«Trois raisons produisent l'augmentation du prix des grains: la première, que l'on en transporte encore plus en Limousin et en Auvergne qu'on ne faisoit, de sorte que tout ce qui se porte dans les marchés est acheté en mesme temps, quoyque l'on voye arriver de ces provinces un nombre infini de pauvres; la seconde, [que] les nouveaux grains n'ont pas une fort belle apparence, à ce que l'on prétend, en sorte que l'on craint que la récolte prochaine ne soit pas bonne; la troisième, que les grains sont présentement entre les mains des personnes accommodées, qui ne sont point pressées de vendre, de sorte que l'on n'en porte dans les marchés que ce qui se peut vendre, en sorte, quoyqu'ils soient bien fournis, qu'il n'en reste point à la fin du marché à vendre. Je parlay hier avec M. de la Tresne, premier président du Parlement, sur ce sujet; je luy dis qu'il n'y auroit point de mal que le Parlement donnast un arrest pour faire appréhender que l'on visiteroit les greniers, afin que cela obligeast à porter plus de grains dans les marchés qu'il n'y en a présentement*.....»

* Sur de nouvelles instances de M. l'évêque de Périgueux (1er et 23 mai), le Roi accorda encore 10,000# pour acheter des fèves et les revendre au-dessous du prix coûtant, ou pour secourir en argent les paroisses les plus pauvres.

1847. *M. de Bâville, intendant en Languedoc,*
au Contrôleur général.

29 Mars 1699.

«J'ay cru devoir vous rendre compte d'une chose qui se passe en cette province, que je crois très-importante pour le service du Roy. M. de Montclus, qui est maire et juge-mage de Nismes, veut se défaire de ses deux charges et aller s'établir à Paris. C'est un bon sujet, riche, et en estat d'occuper des charges encore plus considérables. Il a vendu celles de maire et de juge-mage au sieur Alison, nouveau converti, et qui est juge des *conventions*. Il remplit assez ses devoirs extérieurement, pour la religion; mais sa femme et sa fille ne sont point converties, et sont, au contraire, d'un très-mauvais exemple dans la ville de Nismes; elle est mesme alliée à tout ce qu'il y a de nouveaux convertis plus distingués en mal. Il me semble que ce poste ne doit jamais estre rempli que par un homme bien sûr et ancien catholique. Comme maire, il est à la teste d'une ville qui a toujours esté le centre de l'hérésie, et, en qualité de juge-mage, il préside à un présidial qui s'étend dans le Vivarois, les Cévennes et les eveschés d'Uzès et de Nismes, c'est-à-dire dans un pays où il y a plus de cent cinquante mille nouveaux convertis. Je crois qu'il est nécessaire que ces charges soient occupées par des personnes attachées au Roy par toutes sortes de liens, et dont la religion soit sans soupçon. Vous en connoissez mieux toutes les raisons que je ne pourrois faire. Je me suis donné l'honneur de vous en écrire, parce que j'ay su que le sieur Alison a de fortes protections, qu'il veut employer pour obtenir l'agrément de ces deux charges. C'est un homme intrigant, qui a trouvé le moyen de passer depuis trois ans dans quatre ou cinq charges, et que j'ay vu avocat à Nismes; il a esté autrefois commissaire adjoint pour l'exécution de l'édit de Nantes; il a de l'esprit et ne manque point de capacité; mais j'avoue que je ne le crois point assez confirmé dans la religion pour le mettre dans ces charges, où le meilleur et le plus assuré n'est pas trop bon. Je n'ay en cela d'autre vue que de vous marquer la vérité et de m'acquitter de mon devoir.»

1848. *M.* DE *BOUVILLE*, *intendant à Orléans*,
AU CONTRÔLEUR GÉNÉRAL.

31 Mars 1699.

Règlement de quelques menues charges à payer sur la moitié des octrois de Châteaudun qui appartient à la ville.

«Les receveurs des tailles prétendent que les maire et échevins leur donnent des estats de dépense et les pièces justificatives d'icelle pour le bois et la chandelle qu'on brusle dans l'hostel de ville, l'encre, les plumes et quantité d'autres menues dépenses qui s'y font, ce qui est quasi impossible et les engage à faire certifier de fausses dépenses, et, comme les quittances sont aussy faciles à faire pour de grosses sommes que pour de médiocres, ils pourroient consommer de concert ensemble tous les revenus de la ville; de sorte qu'il m'a paru qu'il valoit beaucoup mieux leur fixer une certaine somme pour les menus frais de l'hostel de ville, de voyages, de procédures, feux de joye et vins de ville, laquelle sera payée sur les simples quittances de leur concierge, sans qu'ils puissent en consommer une plus considérable. D'ailleurs, ils n'ont point sujet de se plaindre, puisqu'ils sont convenus avec moy de la fixation.»

1849. *M.* DE LA *HOUSSAYE*, *intendant à Montauban*,
AU CONTRÔLEUR GÉNÉRAL.

1er Avril 1699.

Les archives de la comté de Foix sont conservées dans le château de Foix. Les trois clefs des armoires qui les renferment devraient être partagées entre le juge-mage de Pamiers, les gens du Roi et le syndic des États; mais il s'est trouvé qu'étant toutes les trois dans les mains du juge-mage, qui vient de décéder, elles sont actuellement égarées. Les syndics du pays demandent à faire ouvrir les armoires. Cette opération ne doit être exécutée qu'avec certaines formalités, car les papiers sont, à ce qu'il paraît, dans un grand désordre, et on sait même que beaucoup de pièces importantes ont été enlevées par M. l'abbé de Camps, sur ses simples récépissés, et sans aucune indication plus précise qui puisse servir à les réclamer. Quant à la garde des clefs, il conviendrait, vu l'éloignement de la sénéchaussée de Pamiers, d'en confier une au commandant du château de Foix, une autre au premier consul, et la troisième à un des syndics du pays.

1850. *M. BIGNON*, *intendant à Amiens*,
AU CONTRÔLEUR GÉNÉRAL.

6 Avril 1699.

«Mme la comtesse de Clermont-Lodève est dame de Tricot, bourg à deux lieues de Montdidier, où il y a une manufacture de serges assez considérable, dont le nommé Nacquet estoit égard depuis longtemps. Elle le manda il y a quatre mois dans son chasteau d'Halluin. Aussitost qu'il y fut arrivé, Mme de Clermont le fit mettre dans un cachot; ses officiers ont fait une procédure contre luy; quatre-vingts témoins ont esté entendus sur de prétendus abus dans les manufactures, dont cet homme pourroit bien n'estre pas tout à fait innocent; mais tout ce qui me revient de cette affaire est irrégulier et violent: il y a eu des huissiers en garnison dans sa maison pendant un mois, quoyqu'il fust en prison; ses effets ont esté vendus, sans qu'il paroisse jusqu'à présent de jugement; Mme de Clermont en a distribué les deniers à sa manière. Cet homme, qui estoit le fabricant de Tricot le plus accommodé, est ruiné sans ressource; il s'est sauvé de la prison, m'est venu trouver icy. Il n'est pas en estat de se pourvoir par appel; mais y auroit-il de l'inconvénient que, sur un ordre du Roy, que vous m'adresserez, si vous le jugez à propos, je me fasse représenter la procédure, pour vous en rendre compte ensuite? Je crois mesme que j'aurois pu faire cette démarche sans trop m'avancer*.»

* «Bon suivant son avis.»

1851. *L'abbé GAUFRIDI*, *à Aix*,
AU CONTRÔLEUR GÉNÉRAL.

6 Avril 1699.

Il demande que les consuls d'Aix lui remettent pendant trois ans le produit de la rente des glacières, pour faire les frais de l'impression de l'Histoire de Provence qui a été rédigée par son frère, le conseiller Gaufridi, et dont les exemplaires seraient distribués aux archives des communautés.

Il sollicite des lettres du Roi pour faire donner la croix de l'ordre de Malte à son neveu*.

* «Néant sur tout.»

1852. *M. de Bagnols, intendant en Flandre,*
au Contrôleur général.

7 Avril 1699.

La ville de Lille a payé, depuis quinze mois, près de 900,000ᵗᵗ, pour le rachat des nouveaux droits de brasserie et de jauge ou pour la suppression des derniers édits, et on lui demande encore des sommes considérables pour le contrôle des exploits, la charge de greffier-syndic et le rachat des engagements qu'elle tient du Roi. Comme les ressources actuelles ne permettent même pas de payer les arrérages des créanciers, qui montent à plus de 300,000ᵗᵗ par an, le Magistrat demande un nouvel octroi, ménagé de telle façon que l'augmentation des droits soit le moins possible à charge au public*.

* Le contrôleur général répondit, le 11, que l'augmentation lui semblait excessive (sur certaines denrées elle était de plus du double), et que le tarif proposé avait l'inconvénient de fixer la taxe tantôt d'après le poids et tantôt d'après le prix des marchandises. Mais, sur les observations que M. de Bagnols renvoya, le 19 avril et le 5 mai, la proposition fut acceptée, et on remit à l'expiration du bail courant les réformes demandées dans la perception des droits, telles que de les faire acquitter les uns et les autres, au poids ou à la mesure, à l'entrée de la ville, tandis qu'ils s'établissaient jusque-là d'après la valeur présumée et se percevaient chez le marchand.

Les lettres patentes accordées en conséquence portaient que personne ne serait exempt du payement, quel que fût son privilége, et, comme le Parlement de Tournai, en les enregistrant, avait protesté que cette clause ne pouvait nuire aux prérogatives et aux exemptions des officiers de la Cour, M. de Bagnols fit casser l'arrêt et ordonner l'enregistrement pur et simple, sauf à se pourvoir par la voie des remontrances. (Lettres du Parlement, du Magistrat et de l'intendant, 9, 12 et 13 juin.)

1853. *M. Ferrand, intendant en Bourgogne,*
au Contrôleur général.

7 Avril 1699.

Les fermiers des diligences, coches ou carrosses sont fondés à se plaindre du mauvais état des chemins de la Bourgogne. Les élus de la province, seuls chargés de la direction des travaux, n'ont que 30,000ᵗᵗ par an, somme très-insuffisante et que souvent ils emploient plus à leur convenance qu'à l'avantage du public. Les fonds de la triennalité actuelle sont déjà consommés ou assignés; mais, à la prochaine fixation, on pourra représenter au Conseil l'urgence des réparations demandées.

1854. *M. d'Herbigny, intendant à Lyon,*
au Contrôleur général.

20 Avril 1699.

«Ce qui se passe en Dauphiné, jusqu'aux portes de cette ville, est trop extraordinaire et trop fascheux en mesme temps, pour se dispenser de vous en rendre compte. Je ne parleray point contre les défenses qui ont esté faites de laisser sortir les blés de Dauphiné; il s'agit de la manière dont elles s'exécutent. Plusieurs paroisses, trois lieues aux environs de Lyon, sont de tout temps dans un commerce réciproque avec cette ville pour toutes les denrées d'une consommation journalière; leur situation rend ce commerce non-seulement commode de part et d'autre, mais nécessaire, ce qui a esté si bien reconnu, que la douane de Valence n'a pas mesme lieu dans cette étendue de pays.

«Entre autres choses, il est d'usage qu'aux jours de marché, les paysans de Dauphiné apportent du pain à Lyon, ou viennent y en prendre, suivant le besoin; dans ce temps, qu'ils ont du blé de reste, ils apportent du pain. Les gens préposés pour empescher la sortie des blés, ou qui s'en attribuent la commission, et l'étendent bien loin, arrestent les paysans, les maltraitent, les pillent. Les paysans se sont avisés de venir en troupes: les femmes marchent à la teste, avec de la poussière dans leurs tabliers, qu'elles jettent dans les yeux des gardes, s'il s'en présente; les asnes et les chevaux chargés marchent ensuite, environnés de paysans, dont quatre ou cinq des plus vigoureux ferment le convoy, portant des *marguerites*, qui sont des gourdins, dont il ne faut qu'un coup pour assommer un homme. Avec ce bon ordre, tout ce qui se tient à la troupe arrive sain et sauf à la ville; mais malheur aux traisneurs! Les prétendus gardes tombent dessus et les traitent cruellement. Ces jours passés, une troupe de paysans de Champdieu venant ainsy à Lyon, il y en eut un qui resta un peu derrière; aussitost il fut attrapé, et non-seulement son cheval et sa somme de pain furent pris, mais il fut roué de coups. Il vint icy se faire panser : il faisoit pitié à voir. A ses cris, sa femme, avec deux autres, estoit accourue, et, un des gardes estant demeuré séparé des autres, elles le saisirent, le traisnèrent et le portèrent mesme jusqu'à Lyon, où il fut mis en prison. Je fus d'avis, attendu les défenses qui sembloient autoriser son action, qu'on le relaschast. Il avoua pourtant qu'il n'avoit point de commission pour saisir les blés, mais il dit que ceux qui l'ont s'associoient d'autres gens, du nombre desquels il s'estoit trouvé ce jour-là. Ceux qui ont véritablement la commission sont reconnus pour estre la plupart des vauriens, des fainéans revenus des troupes, et qui abusent de l'autorité qu'on leur donne. On a vu poursuivre des femmes portant des œufs et du lait jusque sur le pont du Rhosne, et ces femmes jettent leurs œufs et le lait dans la rivière, plutost que d'en laisser profiter ces fripons. Les habitans de la Guillotière, affectant de se dire de Dauphiné, ne leur sont pas contraires; mais des portes de la ville on court après eux, et volontiers on les mèneroit loin.

«Voilà une petite guerre bien malheureuse! Si on ne veut point lever les défenses de la sortie des blés, du moins on feroit cesser cet inconvénient en les restreignant aux blés seuls, et n'autorisant pas qu'on les étende au pain et aux autres denrées.

MM. de Bérulle et Bouchu estant à Paris, ils pourroient vous parler sur cette affaire et recevoir vos ordres.»

1855. *Le sieur* Michau de Montaran, *fermier des devoirs de Bretagne,*

au Contrôleur général.

22 Avril 1699.

Il sollicite la permission de faire défendre par le Parlement, au défaut des États, le débit des vins d'Espagne en barils de moins de six pots. Ces vaisseaux ne payant point de droits, c'est à la fois une perte pour la ferme des devoirs et une concurrence désastreuse pour les vins de France*.

* Suivant deux lettres de M. de la Faluère, du même jour et du 1er mai, ce débit était devenu général, et, tandis que le vin de France se payait 25 sols, celui d'Espagne n'en valait pas 20.

1856. *M.* de Bernage, *intendant à Limoges,*

au Contrôleur général.

24 Avril et 8 Mai 1699.

Il emploiera pour le service des ateliers publics les nouveaux fonds que le Roi a accordés; mais, malgré ce secours et même malgré l'arrivée des grains, les pauvres se sont trouvés trop nombreux et trop dépourvus d'argent pour que le Parlement de Bordeaux pût se dispenser de renouveler les arrêts de 1693. En conséquence, les habitants de Limoges se sont chargés de nourrir les pauvres de la ville et de la banlieue, au nombre de deux mille trois cents. Quant aux pauvres de la campagne, après avoir reçu une aumône générale, ils ont été renvoyés dans leurs paroisses, où ils seront soutenus de même; mais les ressources de la province ne manqueront pas d'être insuffisantes, si le Roi ne renouvelle ses secours*.

* «Le Roy a accordé 20,000ll d'aumosne d'augmentation.» — Cette somme fut donnée sur la demande de M. Daguesseau, qui écrit, à ce sujet : «En resvant, dans mon carrosse, aux misères extrêmes des peuples du Limousin, il m'est venu dans l'esprit qu'il ne seroit peut-estre pas mauvais que vous fissiez écrire à M. de Bernage de quitter le séjour d'Angoulesme pour un temps et d'aller à Limoges et autres villes du Limousin jusqu'à la récolte prochaine, pour y pourvoir par tous les expédiens possibles à la nourriture et subsistance des paysans. Je ne sais si vous ne trouverez point que j'aille trop loin en vous proposant d'y ajouter le pouvoir de prendre dans les recettes les fonds nécessaires jusqu'à concurrence de telle somme qu'il vous plaira; mais je sais bien qu'il n'y a rien de plus précieux, ni de plus important pour le Roy, ni de plus digne de sa grandeur et de sa bonté, que la conservation d'un grand nombre de ses sujets qui périssent par la faim dans cette province.» (Lettre jointe à la dépêche de M. de Bernage du 23 mai.)

M. de Bernage rend compte, le 28 mai et le 13 juin, de la répartition des secours, et il demande par avance une diminution sur les tailles et un fonds pour distribuer des grains de semence.

1857. *M.* le Vayer, *intendant à Moulins,*

au Contrôleur général.

26 Avril 1699.

Conformément à la déclaration en date du 15 décembre 1698, portant qu'il sera établi, autant que possible, des maîtres ou des maîtresses d'école dans toutes les paroisses où il n'y en a pas encore*, les habitants d'Aubusson sollicitent la permission de lever 30 sols par tonneau sur le vin que vendent les débitants en gros ou en détail, pour fournir à l'entretien de trois ou quatre régents et de deux ou trois maîtresses. Cet établissement est particulièrement nécessaire dans une ville fort peuplée, où plus d'un sixième des habitants sont nouveaux convertis et, faute d'instruction, font mal leur devoir. La ville n'a pas, d'ailleurs, d'autres fonds vacants pour y pourvoir.

Ces nouveaux convertis se plaignent de quelques taxes d'office. Elles ont été faites à dessein, pour forcer les plus riches propriétaires, qui jusque-là se déchargeaient aux dépens des misérables, à contribuer aux charges publiques, et, en même temps, pour les punir de ce qu'ils montrent beaucoup d'insolence sur le fait de la religion**.

* En exécution de cette même déclaration, le Parlement de Toulouse rendit un arrêt portant, entre autres choses, qu'il serait tenu, sur des registres parafés par le juge, un état des écoliers venant aux classes. (Lettre de M. de Bâville, 23 juin.)

** Le Roi, sur la demande de M. l'évêque de Limoges, ordonna l'envoi à Aubusson d'une mission de Pères jésuites. (Lettre de M. le Vayer, 10 juin.)

1858. *M.* de la Faluère, *premier président du Parlement de Bretagne,*

au Contrôleur général.

1er Mai 1699.

«Je me crois obligé de vous faire part d'une chose qui n'est pas nouvelle, et dont j'estime que vous ne jugerez pas mal à propos de dire un mot au Roy, pour donner les ordres qu'il luy plaira.

«Il y a environ deux mois qu'auprès d'un village appelé Ratengan, de la paroisse de Plouvien, à deux lieues et demie de Lesneven, on arresta sept ou huit particuliers qui se mesloient, disoit-on, de chercher des trésors, et qui, en effet, fouilloient la terre dans un champ proche ce village, dans lequel, au milieu d'une espèce de *cerne*, ou rond, il y avoit déjà quatre pieds de creusé; et en effet ils parurent à ceux qui les amenèrent, après les avoir vus courir une chandelle à la main en plusieurs endroits, comme gens qui cherchoient quelque chose avec beaucoup d'activité. Il s'est trouvé parmy eux un augustin, en son habit, qui se dit estre du couvent de Honfleur en Normandie. On leur a trouvé, et particulièrement à ce religieux, des papiers contenant le nom et catalogue de quarante-deux diables, les uns qualifiés roys, les autres princes et les autres marquis;

«*Secundo*, les conjurations pour les faire venir enseigner les trésors, etc., sans faire mal à ceux qui les évoquent;

«*Tertio*, la manière, ou conjuration, pour les renvoyer;

«*Quarto*, des oraisons dont on se sert dans l'Église, et que l'on doit dire dans ces conjurations;

«*Quinto*, les mots particuliers d'un jargon, ou langue inconnue, meslée de beaucoup de latin, pour servir apparemment à ce cérémonial;

«*Sexto*, une aspersion d'eau bénite, avec des rameaux de pin et de buis, accompagnée de l'antienne ordinaire de l'Église et de l'oraison des dimanches, le tout finissant par l'évangile de saint Jean qui se dit à la fin de la messe.

«Ce moyne a paru mesme se servir d'une étole, sans pouvoir vous dire où elle est. Quant à ses hardes, il ne s'y est rien trouvé d'extraordinaire, que quelques ongueus et pommades.

«Les accusés conviennent de s'estre associés à Brest et de s'estre rendus de concert dans le lieu où ils ont esté pris, à dix heures du soir. Je joins à cette lettre le mémoire que le lieutenant de Lesneven m'a envoyé, un peu différent en quelque chose de ce que j'ay l'honneur de vous dire, suivant ce que j'en ay appris icy de la bouche du séneschal de Lesneven, qui m'a donné quelques feuilles extraites des papiers qu'on leur a trouvés, où il paroist qu'ils tiennent leurs secrets des Mémoires d'Alexis le Piémontois.

«Quoyqu'il me paroisse beaucoup de vision et de folie dans ce que j'ay vu, il ne laisse pas d'y avoir beaucoup de profanation; cependant, dans un temps où, par le zèle et les soins de S. M., nous voyons les hérétiques se réunir à l'Église, je ne sais s'il ne seroit point à propos d'étouffer une affaire comme celle-cy, qui ne peut manquer de scandaliser beaucoup les nouveaux convertis, plutost que de la faire éclater par une punition exemplaire d'un crime qui ne tire pas d'ordinaire à conséquence, par la répugnance naturelle que l'on a à ces abominations. Et j'ose me persuader que ces misérables, enfermés dans une prison perpétuelle, expieront mieux leur crime que par un spectacle public, qui ne servira qu'à faire de l'horreur. Les augustins demandent avec grand empressement qu'on leur remette ce religieux, dont vous ne doutez pas, quoyque dans l'intérieur d'un couvent, qu'ils ne fassent une très-sévère, pour ne pas dire une très-cruelle punition.....»

1859. *M. l'Évêque de Mende* *au Contrôleur général.*

4 Mai 1699.

Mémoire sur la misère qui règne dans le diocèse de Mende et sur la nécessité qu'il y a d'y porter remède, si l'on veut éviter un déguerpissement général des habitants.

«Le nombre des pauvres est si grand, qu'à la réserve de quelques gentilshommes, de quelques bourgeois et des marchands et des ecclésiastiques, tout le reste, c'est-à-dire les laboureurs et les artisans, sont à la mendicité.

«Cela paroist en deux manières : la première, qu'on ne trouve presque personne qui ayt de quoy acheter un quintal de blé à la fois; et la seconde, qu'on rencontre partout un grand nombre de misérables par les chemins, et on en a déjà trouvé vingt-cinq ou trente de morts.

«Comme on a vu que le peuple estoit hors d'estat d'acheter du blé, on fait cuire beaucoup de pain, et il y a des gens qui viennent de trois et quatre lieues pour en acheter jusques à six ou sept livres.

«Cet épuisement général de la populace et des laboureurs fait que partie des terres demeurent incultes et que les maladies commencent à s'allumer avec beaucoup de violence.

«Les villes qui se trouvent fermées sont obligées de faire garde aux portes, et on voit autour des murailles et dans les fossés un grand nombre de pauvres, qui viennent des villages voisins; et ce qui est plus pitoyable, est que, quelque envie qu'on ayt de leur donner du secours, le grand nombre met dans l'impuissance de le faire.

«Et, pour comble de malheurs, c'est que la récolte paroist encore très-mauvaise, parce qu'on fut obligé de semer du blé qui n'estoit pas mûr*.....»

* M. de Bâville (12 mai et 7 juin) obtint 10,000# pour faire des distributions de pain. Voir la lettre de remerciements écrite au contrôleur général, le 13 juin, par M. l'évêque de Mende.

1860. *M. Barentin, intendant en Flandre maritime,* *au Contrôleur général.*

7 Mai 1699.

Le particulier qui a demandé une autorisation pour établir une fabrique de pipes à fumer dans la ville d'Ypres s'était précédemment adressé aux magistrats de cette ville et n'avait point obtenu leur consentement, parce qu'un autre fabricant y exerce déjà cette industrie depuis plusieurs années, avec l'agrément du Roi, et qu'il y a fait de grandes dépenses pour trouver des terres à pipe et pour amener des ouvriers de Hollande. Cette fabrique suffit à la consommation, et la nouvelle demande ne peut être considérée que comme un effet de la jalousie d'un concurrent.

1861. *M. de Bagnols, intendant en Flandre,* *au Contrôleur général.*

10 Mai 1699.

«Je me donne l'honneur de vous renvoyer la requeste par laquelle le Magistrat de Tournay vous demande la permission d'imposer 20 patars au lot d'hydromel. C'est une boisson composée de miel et d'eau, qui ne se trouvoit autrefois que chez les apothicaires, qui la distribuoient par forme de remède; la cherté de l'eau-de-vie est cause aujourd'huy que le petit peuple, qui en consommoit une très-grande quantité, se contente d'hydromel, qui se vend par pot et petite mesure, et cette boisson est devenue si commune, particulièrement à Tournay, qu'il ne s'y débite presque plus d'eau-de-vie; de sorte que la ferme, qui estoit considérable et qui aydoit le Magistrat à soutenir une partie de ses charges, se trouve fort diminuée, et les fermiers presque hors d'estat de payer. C'est ce qui oblige le Magistrat à vous demander un nouveau droit sur l'hydromel. C'est une boisson qui n'est pas nécessaire et qui peut estre chargée sans danger, mais néanmoins l'impost qu'on vous demande me paroist bien fort, et je crois qu'il suffiroit d'imposer 12 patars au lot, c'est-à-dire sur deux pintes de Paris; c'est à peu près le prix de la marchandise. Sur quoy, je dois observer que l'eau-de-vie, qui ne vaut présentement que 25 patars, et que j'ay vue, il y a huit ou neuf ans, à 10, est chargée de 32 patars au lot dans la ville de Tournay, et, dans Lille, de 40 patars; ce qui seroit excessif sur une boisson nécessaire, mais cet impost n'est d'aucun inconvénient sur l'eau-de-vie, dont on peut se passer. Il en est de mesme de l'hydromel. Le nouvel impost produira de deux effets l'un : ou l'on continuera à boire de l'hydromel, ou le débit en cessera, et on retournera à l'eau-de-vie. En l'un et l'autre cas, la ville de Tournay en tirera un grand avantage et sera plus en estat de supporter ses charges.»

1862. *M. d'Herbigny, intendant à Lyon,*
au Contrôleur général.

15 Mai 1699.

Le curé de Saint-Cyr-au-Mont-d'Or ayant obtenu, en 1692, une sentence de l'officialité contre les habitants de plusieurs hameaux de cette paroisse qui se faisaient administrer les sacrements par le curé de la paroisse voisine de Collonges, et ayant commencé des poursuites pour se faire payer les dépens, taxés à 810ᴴ 5 d., les consuls et la communauté de Collonges, qui avaient formé intervention contre le jugement, sous le nom des habitants desdits hameaux, et qui s'étaient obligés à les garantir des suites de l'instance, ont passé un accommodement avec le curé de Saint-Cyr, moyennant réduction de la somme à 400ᴴ. Le curé, qui n'a encore rien reçu, demande au Conseil de permettre que les 400ᴴ soient imposées sur les habitants de Collonges, conjointement avec la taille, et que les collecteurs la lui remettent quartier par quartier, sur ses quittances.

«Au fond, rien n'est plus odieux qu'un curé qui fait condamner à 800ᴴ de dépens quelques habitans d'un hameau, uniquement pour faire dire qu'il leur administrera les sacremens; car il ne s'agissoit pas des dismes, il en jouissoit : il n'estoit question que de faire revenir à l'église de Saint-Cyr des gens qui, depuis très-longtemps, à cause de la proximité de celle de Collonges, estoient en possession d'y aller. Ce qui est exposé dans la requeste, que cette affaire a esté soutenue par rapport à la taille, ne la rend pas plus favorable; c'est avoir aydé à agiter à grands frais, dans un tribunal étranger, une question qui auroit esté bientost finie et sans frais dans les voyes ordinaires.

«Pour la forme, une communauté ne peut plaider, ni s'obliger valablement qu'en conséquence d'une délibération des habitans autorisée par l'intendant. Il n'y a rien de tout cela; on allègue seulement une indemnité donnée par des consuls, ce qui ne mérite aucune considération*.

«..... L'hospital de cette ville [de Lyon] ayant en très-peu de temps trouvé le fonds d'une loterie de 10,000 louis, la maison de la Charité en va faire une de 10,500 louis sous les mesmes règles et conditions, hors que les lots seront plus forts; le gros sera de 40,000ᴴ.»

* «La faire valoir, en condamnant par son ordonnance ceux qui l'ont donnée d'acquitter ces habitans de cette somme.»

1863. *M. d'Ormesson, intendant en Auvergne,*
au Contrôleur général.

15 Mai 1699.

Les ateliers publics organisés dans la montagne d'Urbise et dans la vallée de Malompise emploient deux cents pauvres, que l'on paye par avance tous les jours, et qui trouvent sur place du pain de bonne qualité, à meilleur compte qu'il ne se vend chez les boulangers ou chez les particuliers. La province se félicite des avantages qu'elle tirera des nouveaux chemins*.

«Le secours que ces travaux procurent aux pauvres, joint à celuy qu'ils ont reçu de l'aumosne qu'il a plu au Roy leur faire, à la diminution du blé, qui baisse de prix depuis quinze jours, et au temps favorable qu'il fait icy pour tous les biens de la terre, qui donne espérance d'une récolte abondante de toutes ses productions, me font vous assurer que les habitans, mesme des montagnes, où la saison est plus reculée, se tireront à l'avenir de la grande nécessité où ils estoient, d'autant plus que le temps est venu qu'on y envoye, comme il se pratique toutes les années, les bestiaux d'engrais, qu'on retient dans la Limagne et ailleurs dans les étables pendant l'hiver. Les secours qu'ils en tirent, par le moyen des laitages, et ceux des légumes, les mettront en estat de subsister doucement jusques à la moisson. Les chemins, ouverts par la fonte des neiges, donnent encore la commodité de transporter dans les villes le blé qu'elles ne pouvoient tirer du plat pays, tant que ces neiges occupoient les chemins. Je me persuade que l'attention toute particulière que vous avez pour le soulagement des sujets du Roy vous fera recevoir cette nouvelle avec quelque sorte de satisfaction**..... »

* Voir, au 31 juillet suivant, le compte de l'emploi des 20,000ᴴ que le Roi avait données, moitié pour les pauvres et moitié pour les ateliers publics.

** Dès le commencement de l'année, il avait annoncé que l'arrivée en grande quantité des blés du Midi à Lyon faisait cesser les enlèvements dans les provinces environnantes, ou même permettait à celles-ci de participer à la répartition. La Montagne seule continuait à souffrir, en raison de la difficulté des communications. (Lettres des 5, 19 janvier, et du 2 février.)

1864. *M. de la Faluère, premier président du Parlement de Bretagne,*
au Contrôleur général.

17 Mai 1699.

«Parmy toute la réformation que l'on a faite ces derniers jours, à l'égard de ceux qui doivent être exempts de ports de lettres, entre lesquels on m'a compris, je n'ay pu voir sans quelque mortification que l'on en exempte Mme de Nointel, et qu'on les fasse payer à la première présidente. Comme ces deux dames n'ont pas plus de maniement d'affaires publiques l'une que l'autre, quelques grandes qualités personnelles que puisse avoir Mme de Nointel au-dessus de ma femme, il me paroist injurieux pour moy, et surtout (et j'ose me persuader que vous en conviendrez) dans un pays où l'on tire tout à conséquence, qu'on luy donne des priviléges plus grands. Je le dis encore : cela sera mortifiant, si on ne les égale pas. Comme c'est une bagatelle concernant les postes, j'en avois écrit à M. de Pomponne, qui m'a mandé que c'est à vous à qui j'ay à m'adresser*.»

* Sur la franchise des lettres, voir deux dépêches de M. Foucault, intendant à Caen (1er mars), et de M. de Bernières de Bautot, procureur général au Parlement de Rouen (1er février). Ce dernier demande l'autorisation de faire porter les paquets qu'il adresse à ses substituts par les messagers qui partent chaque semaine de Rouen.

1865. *M. Bignon, intendant à Amiens,*
au Contrôleur général.

18 Mai 1699.

La ville de Montreuil, l'une des plus obérées et des plus pauvres du département, n'a plus d'autre ressource pour payer les arrérages qu'elle n'a point acquittés pendant le cours de la guerre, que de vendre une partie de ses pâtures. Elle demande l'autorisation du Conseil.

1866. *M. Foucault, intendant à Caen,*
au Contrôleur général.

19 Mai et 9 Juin 1699.

«Dans les dernières visites que j'ay faites dans les prisons de Caen et Bayeux, ainsy que dans les précédentes, j'y ay remarqué un si grand nombre de femmes et de filles qui y sont détenues, faute de pouvoir payer les amendes auxquelles elles ont esté condamnées pour le faux-saunage, que ces prisons en sont extrêmement surchargées et les autres prisonniers fort incommodés, le nombre de ces faux-saunières augmentant tous les jours. Ces femmes ayment mieux rester en prison, où elles partagent les aumosnes qu'on distribue aux prisonniers et reçoivent celles qu'elles retirent de leurs enfans, qu'elles envoyent mendier dans la ville et qui viennent coucher dans la prison, que d'avoir leur liberté en renonçant à ce commerce.»

Il propose de substituer aux peines du fouet et du bannissement une détention de plusieurs années dans une maison propre à cet usage, située dans un des faubourgs de Caen. Cette maison appartient à l'hôpital des malades, et elle était anciennement destinée aux pestiférés. Le fermier des gabelles pourrait la prendre à ferme et y mettre un concierge pour nourrir et gouverner les détenues; il se chargerait, en outre, de faire dire la messe et administrer les secours spirituels*.

«Il me paroist de jour en jour une plus grande nécessité de rechercher les moyens de réprimer les abus que commettent lesdites femmes et filles, qui trouvent quelque sorte d'avantage d'estre arrestées prisonnières, ayant esté informé, dans un voyage que j'ay fait depuis trois jours à Bayeux, qu'il y en a eu neuf qui se sont fait arrester en un mesme jour, et qu'il y a une femme qui a subi la peine du fouet quatre fois, et déclaré qu'elle ne peut faire d'autre profession pour vivre.»

* «Bon.»

1867. *M. Bignon, intendant à Amiens,*
au Contrôleur général.

19 Mai 1699.

Pièces et rapport concernant l'emploi des fonds levés par imposition sur les terres du pays bas du gouvernement de Calais, pour le curage des *watregans* (fossés publics) et la réparation des ponts, écluses, etc.

L'arrêt du Conseil avait laissé la liberté à chaque paroisse de faire par elle-même la portion du travail qui la regardait; mais le maître particulier des eaux et forêts a passé des adjudications pour tous les ouvrages et perçu par lui-même les 18,000 ## levées à raison de deux tiers sur les propriétaires et d'un tiers sur les fermiers ou occupants, sans que depuis on ait obtenu aucun compte de l'emploi de ces deniers.

«Je suis obligé de vous dire, à cette occasion, que ce maistre des eaux et forests ne paroist plus à Calais depuis deux ans; il fait sa résidence ordinaire à Paris. Il conviendroit qu'il prist son parti, ou de disposer de sa charge, ou de l'exercer.....»

1868. *M. l'Évêque de la Rochelle*
au Contrôleur général.

20 Mai, 28 Juin et 5 Juillet 1699.

Il lui demande d'obtenir que le Roi fasse bâtir une église cathédrale à la Rochelle, sur l'emplacement qui a été accordé pour cet usage, en 1694, mais qui n'a pu être livré, faute de fonds pour indemniser les propriétaires des maisons à abattre.

1869. *M. d'Argenson, lieutenant général de police à Paris,*
au Contrôleur général.

4 Juin 1699.

M. le comte de Gramont et ses associés, nouveaux propriétaires de l'île Louviers, à Paris, et des chantiers de bois privilégiés, veulent établir sur le public des droits de chantier ou de péage, qui sont contraires à la liberté et préjudiciables au commerce. Beaucoup de marchands ou d'artisans et les anciens concessionnaires de priviléges ont porté plainte. Si on les renvoie au Parlement, ils n'auront ni les moyens ni le temps de lutter contre une compagnie puissante; l'affaire est donc assez importante pour qu'on l'évoque au Conseil, à raison des anciens arrêts qui enjoignaient au prévôt des marchands d'acquérir cette île. Autrement, le commerce et l'approvisionnement de Paris se trouveront grevés d'une servitude annuelle de plus de 40,000#, au profit d'une compagnie qui n'a déboursé que la même somme environ pour l'acquisition entière*.

* Voir, aux dates des 17 et 31 décembre 1694, deux lettres de M. Dubois, prévôt des marchands, et les pièces qui y sont jointes, constatant que la ville renonçait, soit à conserver le bail judiciaire de l'île, soit à en faire l'acquisition.

1870. *M. Phélypeaux, intendant à Paris,*
au Contrôleur général.

10 Juin 1699.

Pièces et rapport sur le remboursement, par la voie de l'imposition, d'une rente due par la paroisse de Lihus à l'hôpital général de Beauvais.

1871. *M. Phélypeaux, intendant à Paris,*
au Contrôleur général.

11 Juin 1699.

Il demande une ordonnance pour indemniser les propriétaires de Pantin, Aubervilliers, la Chapelle et la Villette des dommages causés sur leurs terrains par la chasse offerte aux ambassadeurs, le 12 février.

1872. *M. de Bâville, intendant en Languedoc,*
au Contrôleur général.

14 Juin 1699.

« La récolte de la soye a entièrement manqué dans cette province; c'est une perte de plus d'un million, et d'autant plus fascheuse que, les vers à soye n'ayant pas réussi les trois dernières années, on commence d'estre rebuté d'en élever. La première feuille des mûriers a esté gelée et la seconde s'est trouvée trop dure; c'est à quoy l'on impute cette perte.

« Le prix du blé diminue tous les jours, et l'apparence de la récolte est belle presque partout; on va commencer incessamment à couper les seigles. Les oliviers et les vignes ont aussy une belle apparence. »

1873. *M. le Vayer, intendant à Moulins,*
au Contrôleur général.

14 Juin 1699.

Une partie de la populace de Saint-Pierre-le-Moutier, poussée par la faim, s'est opposée à l'enlèvement de six cents boisseaux de blé qui étaient destinés à l'approvisionnement de Paris; mais, quoique ces gens fussent armés de bâtons et de pierres, ils se sont contentés, sans aucune violence, de faire rentrer le blé au grenier. Les deux principaux coupables ont été arrêtés ou décrétés de prise de corps.

« Comme, dans cette espèce de sédition, il y a eu quelque souvenir des loys, et que le droit public n'a pas esté tout à fait violé, puisqu'il n'y a eu aucun coup donné, que le blé n'a point esté pillé, et que ce qui me paroist avoir induit ces malheureux en erreur, est qu'ils ont cru que l'arrest qui défend le transport des grains hors du royaume le défendoit aussy de province en province, je crois, sous le bon plaisir du Roy, et sauf vostre meilleur avis, qu'on pourroit se contenter de tenir dans les prisons un mois ou deux ces deux prisonniers, comme si on vouloit leur faire le procès, laisser les autres en fuite, et, à l'égard de ces malheureuses femmes, qui ont des enfans à la mamelle, je les feray mettre en liberté, à la charge de se représenter toutes fois et quantes. Cette procédure ne laissera pas de faire son effet et contiendra les autres petites villes, que j'apprends estre aussy en quelque mouvement, parce que, ces derniers marchés, le blé a augmenté de prix; cependant je ne vois rien à craindre. Mais, comme rien n'est plus fascheux et difficile que d'estre obligé de faire le procès à tant de malheureux dans les formes, il seroit peut-estre plus utile et plus avantageux, dans pareils rencontres, de chastier les lieux où ces désordres arrivent par quelque garnison et exécution militaire de peu de durée. Je vois que rien ne touche plus le peuple que la peur de cet expédient, dont je l'ay fort menacé, mais que je n'employeray pas sans permission de S. M.

« J'ay fort réprimandé les officiers du présidial de cette ville de ce que, dans des occasions comme celle-cy, ils avoient trop de mollesse et n'arrestoient pas par leur autorité, qui suffit, ces sortes de désordres dans leur naissance; mais je remarque que tout cela ne vient que du peu d'intelligence qui est entre eux et le maire de la ville, et de la jalousie qu'ils ont du crédit du subdélégué. J'ay fait entendre à celuy-cy qu'il devoit exciter le ministère des officiers et leur laisser faire leurs fonctions, et, en général, qu'ils devoient tous sacrifier au public et à sa sûreté leurs intérests particuliers. »

1874. *M. de Vauban, commissaire général des fortifications,*
au Contrôleur général.

(De Lille) 15 Juin 1699.

« L'honneur que le Roy m'a fait en me confiant la principale conduite de ses fortifications, et les plaintes que je reçois de tous costés des entrepreneurs des ouvrages, à l'occasion du nouvel impost sur le charbon qui vient de Mons, m'ont obligé à rechercher avec attention ce qui pourroit revenir au Roy de cette nouveauté; mais, après m'y estre bien rompu la teste, il m'a enfin paru que, tout compté et rabattu, il ne pouvoit causer qu'une augmentation imaginaire aux revenus de S. M., qui, par les suites, peut luy tourner à de grandes pertes, en danger mesme que le Roy ne perde tous les autres droits qu'il en tire et que ses peuples n'en soient totalement privés, ou réduits à la dure nécessité de l'acheter au gré de ses ennemis. Comme ce nouveau droit me paroist avoir esté établi sur des avis peu digérés, dans un temps souffreteux pour les peuples, qui souffrent déjà beaucoup de la mauvaise année et parmy lesquels cela cause tant de tracasseries, parce que cet impost retombe presque tout sur le menu peuple, les soldats, les manufacturiers, aussy bien que sur la fortification, je me suis flatté que vous ne trouveriez pas mauvais que je prisse la liberté de vous informer du préjudice que cela cause aux ouvrages du Roy et, par occasion, à ses peuples, par un mémoire particulier joint à celle-cy, que je vous supplie de prendre en bonne part, n'ayant autre intérest ni volonté là dedans que ce qui regarde le service du Roy.»

Mémoire sur le charbon.

«J'ay laissé crier tout le monde de ce pays-cy jusques à présent contre le nouvel impost du charbon; je m'en suis tu, bien que j'aye aussitost compris le préjudice que cela alloit porter aux ouvrages du Roy, parce que j'ay voulu voir ce que cela deviendroit. Après en avoir donc épluché les suites par les menus, voicy ce que j'en ay découvert.

«On tiroit cy-devant, pour le compte des sujets du Roy, environ six cents bateaux de charbon, rendu à Condé, chargés de douze cents *wagues* chacun, l'un portant l'autre, dont les deux font la barrique; ce qui, à 8 patars, ou 10 sols de France, par barrique, revient à 180,000 #. Si une somme aussy considérable pouvoit entrer dans les coffres du Roy, dans un temps aussy nécessiteux que celuy-cy, la chose mériteroit réflexion sérieuse et qu'on y pensast plus d'une fois avant que d'en remonstrer le préjudice; mais cela n'est pas, il s'en faut bien; il en faut du moins diminuer les frais de la levée et ce qui en retombe sur le Roy indirectement par mille endroits différens et sur les peuples. C'est ce que nous allons faire voir en partie.

«De supputation faite, il se trouve que chaque toise cube de maçonnerie de moellon renchérit de 46 sols, monnoye de France, pour le mortier seulement, soit des ouvrages du Roy ou de celuy des particuliers; que la maçonnerie de brique, tant pour la cuisson de la chaux que pour celle de la brique, renchérit de 5 # 12 s. 9 d., ce qui se répand sur tous les ouvrages qui se font pour le compte du Roy à Condé, le Quesnoy, Landrecies, Valenciennes, Bouchain, Cambray, Tournay, Lille, Menin, Douay et Arras, tant de fortifications que casernes et magasins. Je laisse à penser de l'augmentation de prix que cela va causer sur la totalité de tous ces bastimens, car il n'y a sûrement pas une brique à rabattre sur ce pied de tout ce qui est icy allégué; on en prouvera le détail, quand on voudra.

«On a mis de plus un autre impost de 15 florins par bateau sur tous ceux qui entrent chargés à Condé, lequel impost se lève indifféremment sur ceux qui sont chargés pour la fortification, ce qui a esté inconnu du temps de feu M. de Louvois, mesme avant l'année 1698. Or, un bateau porte cinq nacelles de pierre de Tournay, équivalentes à cinq toises cubes en tas, dont il faut une toise et un quart pour en faire une de maçonnerie, ce qui renchérit encore celles de Condé, Valenciennes, le Quesnoy et Bouchain, qui se font la plupart de pierre et chaux de Tournay, de 3 # 5 s.

«La chaux qui remonte à Condé payant mesme droit, il s'ensuit que la toise cube des ouvrages du Roy dans ces places revient à 6 ou 7 #, qui est le cinquième de ce qu'elle devroit naturellement couster.

«Il faut de plus compter que toutes les ferronneries qui se font pour le Roy, de quelque espèce et nature qu'elles puissent estre, soit pour l'artillerie ou pour les bastimens de S. M., renchérissent considérablement.

«A quoy il faut ajouter que les bois du Tournaisis ayant doublé de prix depuis cette dernière guerre, le menu peuple de Tournay ne se chauffoit plus que de houille, avant l'impost du charbon, non plus que toutes les garnisons qui en sont à portée; ce qui, joint à ce qu'ils souffrent de la cherté de la bière et du pain, les contraint à renchérir leurs journées pour vivre, et par conséquent les denrées, et cela retombe en partie sur la fortification, en partie sur les troupes, qui, à force de souffrir, désertent, et les peuples, qui patissent déjà beaucoup de la faim.

«Tous les brasseurs de bière, teinturiers, chaufourniers, briquetiers, tuiliers, potiers de terre, fayenciers et fondeurs de toutes espèces, blanchisseurs de cire et raffineurs de sel souffrant de cet impost, renchérissent leurs denrées et leurs journées à proportion, de sorte que tout le monde en est incommodé, et tout cela revient encore, par contre-coup, sur les ouvrages du Roy, aussy bien que sur les peuples.

«Il se faisoit un commerce de chaux à Tournay, de 300,000 florins et plus, qui se débitoit dans les Pays-Bas catholiques et en Hollande, que nous avons perdu, ou que nous allons perdre par cette dernière recharge, parce que ceux d'Ath la pourront donner à meilleur marché que ceux de Tournay.

«Il y a deux hommes à Ath qui ont entrepris quatre fours, dont il y en a trois de faits, qui cuisent actuellement, et le quatrième se va faire incessamment. Il y a de plus quatre bourgeois de Bruxelles qui se présentent pour faire d'autres fours, et qui offrent de rendre la Dendre navigable au-dessus d'Ath et de la passer en avant-fossé à l'entour de cette place, chose très-possible. Je sais, à n'en pouvoir douter, qu'elle se pourra très-bien communiquer à la Haine par un canal: ils le savent bien aussy, et, s'ils ne l'ont pas fait cy-devant, c'est l'impuissance qui les en a empeschés, mais ils ne manqueront pas présentement de gens en Hollande qui, par l'espérance du gain à faire sur la chaux d'Ath, qui n'est guère moindre que celle de Tournay, et la pierre de taille de Mafle, qui est très-bonne, se présenteront pour l'entreprendre à leurs frais, moyennant l'exemption de tous droits pour un temps et d'en fournir le Pays catholique à moindre prix qu'ils n'en payent; moyennant quoy non-seulement le commerce de la chaux de Tournay sera perdu pour nous, mais Dieu sait à quel prix ils nous vendront le charbon! car, pour lors, ils seront en estat de nous tenir le pied sur la gorge et de se passer de nous à cet égard. Il y a plus, c'est qu'il est certain qu'il ne passera plus tant de charbon, à beaucoup près, à Tournay, pour le compte des Pays-Bas catholiques, qu'il faisoit, et que ceux de Gand, de Bruges et d'Ostende se fourniront de charbon d'Angleterre; auquel cas voilà une diminution considérable pour le Roy sur la sortie des charbons.

«Il est très-certain que, si les ouvrages du Roy augmentoient tant soit peu dans ce pays-cy, ce qu'il est impossible qui n'arrive dans peu, loin que S. M. profitast de cet impost, il luy deviendra fort à charge, et, si toutes les petites routes et détails par où l'argent provenu de cette levée passe estoient bien examinés, peut-estre trouveroit-on que dès à présent il y perd plus qu'il n'y gagne, après avoir incommodé tant de monde. Il est du moins certain que cela arrivera incessamment et qu'on doit craindre, sur toutes choses, qu'ils ne s'avisent de faire un canal, chose très-possible, car pour lors le Roy se trouvera frustré de tous ses droits, et tout son pays privé de ce charbon, à moins qu'il ne l'achète au gré de ses ennemis.

«Il y a encore une chose à observer en ce pays-cy, c'est que les eaux y sont généralement mauvaises et d'un usage pernicieux, ce qui fait que tout le monde boit de la bière, petite, grosse ou moyenne, jusques aux plus petites gens. Le pays ne seroit pas habitable sans cela. Pendant cette dernière guerre, on l'a surchargée sans nul égard à la conséquence, ce qui l'a renchérie considérablement. Joignez-y la méchante année et ce nouvel impost : voilà le menu peuple à l'eau, telle quelle, et par conséquent les fermes du Roy diminuées de ce costé, et, ce que je trouve cent fois pis, la vie de ses pauvres sujets attaquée par l'usage contraint de cette méchante eau. Comme rien n'est plus véritable que tout l'exposé contenu en ce mémoire, j'estime qu'on ne sauroit trop remédier à ce désordre.

«J'ay oublié icy de parler des habitans de Condé, qui en reçoivent un préjudice très-notable; c'est un corps très-considérable, et de bons serviteurs en paix et en guerre*.»

* Voir, sur le même commerce, deux lettres écrites par M. de Bagnols, intendant en Flandre, le 1er et le 9 juin, au sujet du règlement du transport par eau du charbon entre Mons et Condé. Le gouvernement espagnol voulait qu'un quart des transports fût exclusivement réservé aux bateliers de Mons; mais M. de Bagnols fit observer que la France était le seul débouché des charbons du Hainaut espagnol, et il obtint le rétablissement de la navigation libre, sans faire aucune des concessions qu'on lui demandait sur les autres difficultés commerciales, telles que le retrait du nouveau droit d'entrée.

1875. *M. de Bernage, intendant à Limoges,*
au Contrôleur général.

17 Juin 1699.

«Les soins que j'ay pris jusques icy de rétablir le bon ordre dans la maison de ville de Tulle n'ont pas encore suffi pour corriger les consuls des mauvaises manœuvres où ils sont sujets; en voicy une nouvelle, qui me paroist mériter qu'il y soit pourvu. J'avois ordonné que le rôle des tailles seroit fait par-devant moy, pour empescher, en conformité des ordres contenus dans deux de vos lettres, que les consuls de cette année ne vengeassent ceux de l'année passée des condamnations que j'avois prononcées contre eux en faveur de plusieurs habitans qui avoient esté surchargés de logemens de gens de guerre, et pour prendre aussy soin qu'ils n'agissent avec le mesme esprit contre ceux qui se sont rendus adjudicataires devant moy des revenus de cette ville, dont vous savez qu'ils faisoient autrefois des sous-baux clandestins, pour les appliquer à leur profit. Après que les rôles de ces consuls ont esté arrestés et signés par moy, ils ont eu la hardiesse de les altérer pour en tirer le père d'un d'entre eux, qu'ils ont mis au nombre des exempts, en qualité de contrôleur des décimes, aussy bien qu'un autre habitant, pourvu d'un pareil office, qui avoient toujours esté et doivent estre cotisés; et, afin de remplacer le montant des cotes, ils ont ajouté visiblement des sommes après coup sur plusieurs articles; j'en ay le commencement de la preuve par le procès-verbal, et cette affaire mérite d'autant plus d'estre suivie, qu'un de ces consuls a esté déjà repris pour semblable malversation et condamné par M. Bidé, cy-devant intendant, à faire amende honorable, et interdit. Mais je n'ay pas cru devoir passer outre sans avoir un arrest d'attribution, semblable à celuy dont j'ay eu l'honneur de vous envoyer le projet, que je vous supplie de faire expédier*.»

* Voir les lettres du 21 et du 28 mars, sur les malversations commises par les anciens consuls dans le maniement des revenus de la ville ou dans l'adjudication des droits d'octroi, et sur les poursuites en restitution commencées par l'intendant.

1876. *Le sieur Montois, fermier des aides en Poitou,*
au Contrôleur général.

18 Juin 1699.

«Sous prétexte des défenses portées par les anciennes et nouvelles ordonnances royales aux hosteliers et cabaretiers de donner à boire et à manger pendant le service divin, les festes et dimanches, le juge de la Faye-Monsau défend non-seulement de s'assembler le jour de la Trinité audit lieu, comme on a toujours fait, mais encore il défend à tous les hosteliers et cabaretiers d'ouvrir leurs cabarets, d'y vendre vin publiquement ledit jour, à peine de 3 ll d'amende, et que son ordonnance sera exécutée nonobstant opposition ou appellation quelconque. Tous les autres juges de pareille qualité en font de mesme, en sorte qu'il ne faut plus compter sur la ferme des aydes dans la province de Poitou.

«M. Maynon, qui a esté fermier desdites aydes autrefois, peut certifier Vostre Grandeur que les habitans de cette province sont presque tous ouvriers, faisant les uns des tiretaines, les autres des étamines, les autres des droguets, les autres des serges et les autres des toiles; qu'ils travaillent tous les jours ouvrables de l'année avec une grande assiduité à leurs ouvrages, et qu'ils n'ont aucunes autres occasions de se communiquer les uns aux autres, que celles que leur fournissent des assemblées qui sont en usage dans cette province, qu'on appelle vulgairement *ballades* et *gros fromages*, et qui ne se tiennent ordinairement que les festes et dimanches, après la grand'messe, jusques au soir, où il se forme des danses et jeux innocens, pendant et après lesquels ceux qui ont envie de boire et manger vont au cabaret, et c'est absolument ce qui fait tout le produit de la ferme des aydes, car ces sortes d'assemblées sont presque générales. Il est vray qu'à ces assemblées il se trouve des marchands étrangers, qui, ayant coustume d'acheter des ouvriers leurs ouvrages, apprennent d'eux les qualités et quantités qu'ils en ont, et, sur leurs échantillons, conviennent des prix, des temps des payemens et des lieux où il faut leur voiturer, parce que, sans cela, il seroit impossible auxdits marchands d'aller chez tous lesdits ouvriers, qui sont répandus dans une infinité d'endroits, pour voir leurs ouvrages, et auxdits ouvriers de les faire voir et vendre.

«Si l'on tient la rigueur pour empescher lesdites assemblées, cette province sera réduite à la dernière extrémité. Il y auroit un tempérament à apporter, qui seroit de laisser subsister lesdites assemblées, ballades et gros fromages depuis la fin de la grand'messe jusques au soir, dans lesquelles il seroit permis auxdits ouvriers d'apporter des échantillons ou *témoins* des marchandises qu'ils auroient à vendre et commercer, sur lesquels ils pourroient faire leurs marchés, mais leur faire défenses d'y apporter leurs boutiques et de les y étaler, comme il se pratique dans quelques-unes desdites assemblées, ballades et gros fromages.»

1877. *M.* de Nointel, *intendant en Bretagne,*
au Contrôleur général.

21 Juin 1699.

De tout temps, l'aumônier du château de Brest a prélevé un droit de six pots sur chaque barque de vin entrant dans le port. Le produit de cette perception, qui peut monter à une barrique et demie par an, sert à l'entretien des ornements sacrés de la chapelle, et c'est volontairement que les habitants en ont fait la concession à l'aumônier, qui n'a d'ailleurs qu'une rétribution de 210# par an. Le directeur de la ferme des devoirs n'a donc aucun motif plausible pour élever une contestation.

1878. *M.* Bouchu, *intendant en Dauphiné,*
au Contrôleur général.

28 Juin 1699.

«Plusieurs communautés de ce département, auxquelles les officiers municipaux érigés en titre pendant la guerre sont à charge, par le payement des gages qui leur ont esté attribués, et plus encore par leurs prétentions journalières, tant au sujet des fonctions de leurs charges, que des prérogatives qu'ils disent leur avoir esté accordées, m'ont présenté des requestes pour estre admises à les rembourser. Il me semble que ces demandes ne seroient pas à rejeter; car, en les admettant, on satisferoit ces communautés, qui le demandent, et on remettroit insensiblement les choses dans leur premier estat, qui donneroit lieu, en de pareilles conjonctures que celles de la guerre dernière, à faire de semblables établissemens. Sur quoy j'attendray les ordres dont il vous plaira de m'honorer.»

1879. *M.* Bouchu, *intendant en Dauphiné,*
au Contrôleur général.

29 Juin 1699.

«Le Roy, par édit du mois de septembre 1667, donné en faveur des mariages, ordonna que ses sujets taillables mariés avant la vingtième année de leur âge seroient exempts de toutes contributions aux tailles personnelles et négociales, et de toutes autres impositions et charges publiques, jusqu'à vingt-cinq ans inclus et accomplis;

«Ceux mariés dans la vingt-unième année, jusqu'à vingt-quatre ans aussy révolus et accomplis;

«Que tout père de famille qui aura dix enfans vivans nés en loyal mariage, non prestres, religieux ni religieuses, aucuns desquels porteront les armes et seront actuellement dans les armées de S. M., seroit exempt de collecte, tutelle, curatelle, logement de gens de guerre, contributions aux ustensiles, guet, gardes et autres charges publiques, si ce n'est qu'aucun desdits enfans fust mort portant les armes pour le service du Roy, auquel cas il seroit censé vivant;

«Et enfin, que tout père et chef de famille qui aura douze enfans vivans, ou décédés comme dessus, seroit exempt, en outre, de toutes tailles personnelles et négociales, subsides et impositions.

«Plusieurs personnes qui se trouvent dans l'un des quatre cas se pourvoyent devant les élus, qui font plus d'exempts que l'attention qu'on a depuis la paix à en retrancher le nombre ne les diminuera.

«Je vous supplie de vouloir bien me dire si cet édit doit avoir son exécution, sur laquelle ceux qui entendent s'en servir ne se sont réveillés que depuis la paix, et je n'en avois ouï parler que depuis trois mois*.»

* Le sieur Brun, avocat à Toulon, en Provence, qui se trouvait dans la troisième condition de l'édit, avait envoyé une requête et les pièces justificatives, le 26 février précédent, mais il n'avait rien obtenu.

1880. *M.* de Bâville, *intendant en Languedoc,*
au Contrôleur général.

29 Juin 1699.

L'usage, en Languedoc, est que la levée des tailles s'adjuge tous les ans au rabais dans chaque communauté.

«Il paroist que les Estats de Languedoc ont voulu abroger l'usage dans lequel estoit la Cour des aydes de Montpellier de recevoir des *moins-dites* pour la levée de la taille dans tous les temps de l'année, sans avoir égard aux baux qui avoient esté passés par les communautés. Si cet usage estoit d'un costé favorable aux communautés, il leur estoit préjudiciable d'un autre, en ce que, dans le temps qu'il falloit adjuger la levée de la taille, personne ne se présentoit pour faire des moins-dites, et on estoit obligé, ou de nommer des collecteurs forcés, ou de délivrer la levée de la taille à 14 deniers pour livre, et cela parce qu'on n'estoit jamais assuré de jouir du bail qu'on prenoit. C'est ce qui avoit rebuté les personnes solvables de se charger de la levée des tailles, et ce n'estoit plus la fonction que de certaines gens, qui, n'ayant aucuns biens, taschoient à se déposséder les uns et les autres, à mesure qu'ils croyoient y gagner, sûrs toujours de n'y perdre pas, au moyen des frais qu'ils faisoient aux taillables.»

Ces motifs avaient engagé les États à fixer un terme pour la réception des moins-dites, d'abord au 15 juin, puis au 15 avril, le payement partiel du premier quartier ayant été remis à cette époque; mais la Cour des aides, malgré un arrêt rendu en conformité par le Conseil, continue à recevoir les offres à toutes époques, sous prétexte que les consuls n'ont pas observé les formalités prescrites pour la passation du bail, soit en ne faisant pas publier la levée de la taille, soit en refusant les moins-dites pour adjuger à leur gré sur le pied de 14 deniers. Les consuls, en effet, peuvent être coupables, mais il suffirait de les punir d'une amende proportionnée, dont deux tiers seraient pour la communauté qui souffre par leur fait, et un tiers pour le dénonciateur, sans que, pour quelque raison que ce fût, la Cour pût recevoir les moins-dites après le 15 avril*.

* «Bon suivant l'avis.»

1881. *M. d'Ableiges, intendant à Poitiers,*
au Contrôleur général.

2 Juillet 1699.

Les marchands de Niort, délibérant sur le fait de leur juridiction consulaire, ont arrêté, en assemblée générale: que nul ne pourra être premier consul sans avoir été déjà consul; que nul ne sera élu juge avant d'avoir rempli deux fois les fonctions de consul ou celles de juge; que les consuls devront être âgés de vingt-sept ans, et le premier juge de quarante ans, au moins; le tout à peine de nullité des élections et d'interdiction du suffrage pour les contrevenants.

Ces clauses sont en usage dans les juridictions consulaires de Poitiers et de la Rochelle, et leur omission dans l'édit qui a créé, en 1665, la juridiction de Niort, donne lieu à des cabales ou à des changements tellement fréquents, que les officiers n'ont le temps d'acquérir aucune expérience.

1882. *M. Bégon, intendant à la Rochelle,*
au Contrôleur général.

2 Juillet 1699.

Rapport sur la perception des droits concédés, en 1685, aux constructeurs et aux propriétaires des quais, cales, havre, etc. de Saint-Martin en l'île de Ré.

1883. *M. Larcher, intendant en Champagne,*
au Contrôleur général.

4 Juillet 1699.

Il envoie un mémoire dressé par le sieur Priolo, directeur des fermes, sur les causes et les conséquences des versements de faux sel et de faux tabac qui se font par la partie de la frontière de Champagne comprise entre Verdun et le Hainaut.

«Les gardes des deux fermes n'estant pas, à beaucoup près, suffisans pour arrester le cours de ce mauvais commerce et pour s'opposer au grand nombre de cavaliers, dragons ou soldats qui le font à force ouverte et en partis de quinze, vingt et jusques à trente et quarante hommes, bien armés et bien résolus de ne se point laisser prendre, il n'y a que l'autorité supérieure de S. M. qui puisse y remédier, par de nouvelles défenses, non-seulement aux commandans des troupes, mais encore à ceux des places, d'en laisser sortir aucun cavalier, dragon ou soldat, sous telles peines qu'il plaira au Roy d'ordonner, et de leur enjoindre de faire visiter exactement tous les soirs les chambrées des troupes, pour voir s'il n'y manque aucun homme; car la vérité est que tout le mal vient des permissions que leur donnent les commandans des corps, qui profitent de leur paye pendant leur absence, et de la tolérance qu'y apportent les commandans des places.»

1884. *M. le Vayer, intendant à Moulins,*
au Contrôleur général.

4 Juillet 1699.

Il réfute les accusations portées contre l'entrepreneur de la fourniture des fourrages.

«Je prendray la liberté de vous dire que ce malheureux la Monnoye, entrepreneur de la fourniture des fourrages des cavaliers qui sont en quartier dans cette généralité, y a esté cy-devant directeur général des étapes. Il s'est répandu un bruit qu'il avoit gagné des sommes immenses dans les étapes et qu'il en gagnoit encore de très-considérables dans l'entreprise des fourrages. M. le comte de Gramont, qui a trouvé son compte avec plusieurs étapiers des frontières qu'il a dénoncés et dont il a tiré des sommes considérables, a cru que la Monnoye estoit de cette qualité, et qu'il falloit ou le perdre ou en tirer quelque argent. M. le comte de Charlus, ami intime de M. de Gramont, s'est chargé de mettre la main à l'œuvre pour *plumer le pigeonneau* (c'est ainsy qu'il en a parlé quelquefois), et, en faisant plaisir à son ami, il n'a peut-estre pas esté fasché de se venger du chagrin que je luy causay innocemment et sans dessein, en m'opposant à la nomination irrégulière que M. le marquis de la Vallière et luy avoient faite des échevins de cette ville de Moulins, qui fut cassée par arrest du Conseil et donna lieu en ce temps-là à beaucoup de mauvais discours et des tentatives, qui ne m'ont, grâce à Dieu, fait aucun mal, parce que vous saviez la vérité, et que vous m'accordastes l'honneur de vostre protection. Depuis ce temps, je m'estois flatté que tout cela auroit esté oublié; j'avois recherché mesme l'honneur de son amitié et celle de M. de la Vallière; nous nous estions embrassés et réconciliés l'année dernière, estant à Paris. Mais, à l'égard de M. de la Vallière, il s'est piqué de nouveau, sur ce que, ayant nommé de nouveaux échevins à Moulins et n'en ayant point pris du corps des marchands, quoyque les ordonnances et règlemens portent précisément qu'il en sera toujours nommé un du corps des marchands, à peine de nullité, je crus qu'il estoit de mon devoir, et de l'amitié mesme, de l'avertir de ce fait dans la nomination qu'il venoit de faire, et je le fis dans des termes les plus honnestes et les plus obligeans qu'il me fut possible. Mais, pour réponse, il m'écrivit une lettre telle qu'on l'écriroit à son valet de chambre, et j'ay l'honneur de vous en envoyer la copie, car vous jugerez qui de nous deux a tort.

«A l'égard de M. le comte de Charlus, outre que son naturel le porte à ne point pardonner, il n'a pu voir sans chagrin la fermeté avec laquelle j'ay soutenu la justice et la vérité dans l'affaire de Cousin et autres faux-monnoyeurs de Moulins, dont il a fait son affaire par toutes les sollicitations qu'il a faites en personne chez tous les juges et par la protection qu'il a procurée audit Cousin, par le moyen de M. le marquis de la Vallière, chez Mme la princesse de Conty; en sorte que, prenant si fort à cœur cette affaire, pour des raisons qui me sont inconnues, l'occasion de se venger luy a paru belle, en perdant ce malheureux la Monnoye. Car, quoyqu'on n'ose pas ouvertement écrire que M. l'intendant soit de part et s'entende avec luy, cependant c'est beaucoup faire que de décrier son administration, faire douter de sa vigilance et de son attention pour le salut et le soulagement des sujets de S. M., qu'on a voulu faire croire qu'il avoit sacrifiés à la fortune de cet entrepreneur. M. le comte de Charlus a cru mesme trouver de nouvelles facilités pour me chagriner, car j'ay eu encore le malheur de me faire un ennemi fort à craindre en la personne de M. le comte de Busseaux, lieutenant de Roy de Nivernois, beau-frère de M. de Pracomtal, dont vous savez les alliances et les puissantes relations. M. de Busseaux maltraita, à ce qu'on prétend, il y a quelque temps, des officiers de la mareschaussée de Nevers, qu'il fit néanmoins encore, après cela, emprisonner. Sur leurs plaintes envoyées au Roy, M. le marquis de Chasteauneuf me manda que l'intention de S. M. estoit que je m'informasse de la vérité et que je donnasse mon avis; je le fis, je l'ose dire, en homme de bien, mais il n'estoit pas aussy favorable que M. le comte de Busseaux l'auroit souhaité, et je ne doute pas qu'il n'ayt eu besoin de toute la puissante protection qu'il est assez heureux d'avoir pour estre sorti de cette affaire à si bon marché. Ainsy, il n'a rien oublié de son costé et par rapport à moy pour perdre ce malheureux entrepreneur de fourrages, et toutes les puissances de la province conjurées ensemble ont fait tous leurs efforts pour exciter des plaintes, se faire donner des mémoires, qu'elles ont envoyés au Roy ou à MM. ses ministres; et enfin, la chose est allée si loin, que, sans avoir eu communication de ces mémoires et de ces plaintes, j'ay reçu ordre de déposséder cet entrepreneur de son entreprise et d'en choisir un autre, ce que j'ay fait par obéissance. Mais cependant, après avoir examiné de près la conduite de cet entrepreneur et avoir reconnu son innocence, et touché de voir que non-seulement il a perdu près de 8,000# dans cette dernière entreprise, mais encore son honneur et son crédit, le zèle de la vérité l'a emporté sur ma constance et j'ay cru que ce n'estoit point icy l'occasion où il fallust négliger sa défense. Il m'a paru mesme très-important pour le service du Roy de vous observer que toutes les persécutions qu'on veut faire à des entrepreneurs de fourrages coustent infiniment au Roy; car qui voudra à l'avenir se charger d'aucune entreprise, s'ils se trouvent exposés à des dénonciations et aux poursuites de personnes puissantes et accréditées? Tout au moins ils demanderont le double du prix ordinaire, pour estre en estat de se rédimer, et dès à présent, je puis vous assurer que l'on demande 15 sols de la ration de fourrage, qu'on avoit adjugée à 9 s. 2 d. à ce malheureux entrepreneur.

«Cette affaire est donc sérieuse de toute manière, et quelque longs que soient et le mémoire et cette lettre, j'espère que l'importance de leur sujet vous portera à me pardonner la très-humble supplication que j'ose vous faire d'entrer en connoissance de tout ce détail et de m'accorder la continuation de l'honneur de vostre bienveillance et protection, dont je ne feray jamais d'autre usage que celuy de soutenir avec vigueur et fermeté le parti de la vérité et les intérests du Roy, et de tascher par ce moyen de m'en rendre digne*.»

* Voir le mémoire joint à cette lettre et une autre lettre, du 19 juillet.

1885. *M. d'Ormesson, intendant en Auvergne,*
au Contrôleur général.

6 Juillet 1699.

«Le sieur Betis, docteur en médecine, que vous me faites l'honneur de me mander avoir découvert une racine très-propre à faire du pain, et de très-bonne qualité, estant réduite en farine, soit qu'on l'employe seule, ou qu'elle soit meslée avec de la farine de froment, est arrivé en cette province. Je luy ay donné le monde qu'il a cru nécessaire pour faire ses visites; il n'a pas trouvé dans ces quartiers l'herbe qui dénote cette racine, ni dans aucun autre endroit de mon département où il a passé. Son voyage est, à mon sens, une dépense inutile à l'égard de cette province, tant par le manquement de cette racine, que par la raison que, grâce à Dieu! la récolte des blés y sera abondante cette année. Celle des seigles se va commencer incessamment. Quand mesme l'entreprise du sieur Betis réussiroit, elle se trouveroit d'un très-médiocre secours, en cas qu'il manquast de blé dans la suite des temps. Si vous trouvez bon la liberté de vous dire mon sentiment, il me paroist qu'il devoit s'attacher à la réussite de son dessein dans les provinces où la racine croist, pour en faire ressentir aux peuples les avantages, qui se seroient communiqués aux provinces voisines où elle ne vient pas, par le moyen du blé que celles-là leur auroient fourni, et ensuite, la chose se seroit répandue dans tout le royaume, par l'industrie d'un chacun de tascher de faire venir cette racine dans son pays*.»

* A cette lettre est joint le mémoire du sieur Gilbert Betis, médecin à Pont-de-Vaux en Bresse, que le contrôleur général avait fait communiquer aux intendants de Bordeaux, de Limoges et d'Auvergne.

1886. *M. Bouchu, intendant en Dauphiné,*
au Contrôleur général.

8 Juillet 1699.

Rapport sur la valeur des prétentions émises par M. le duc de Savoie au sujet de la souveraineté des paroisses situées entre les deux Guiers, et sur les anciennes délimitations ou les lignes de douane qui séparent en ce canton le Dauphiné de la Savoie.

1887. *M. de Miroménil, intendant à Tours,*
au Contrôleur général.

8 et 15 Juillet 1699.

Les marchands de blé ou les commissionnaires de Paris et d'Orléans continuent à acheter les grains sur pied, à condition de livrer dans quatre ou cinq mois, et les peuples sont persuadés que ce commerce entretient la cherté, malgré l'approche d'une belle moisson. Un arrêt du Conseil, prohibant les trafics de ce genre, sous des peines considérables, pourrait rétablir la tranquillité publique*.

* «Rien quant à présent; ou par les magistrats ordinaires, répétant les anciennes ordonnances.»

Voir une autre lettre, du 8 août suivant, à laquelle sont joints plusieurs rapports sur des troubles arrivés dans les marchés, à l'occasion des accaparements qui se faisaient pour Paris ou pour les environs.

1888. *M. de la Houssaye, intendant à Montauban,*
au Contrôleur général.

8 et 29 Juillet 1699.

«Je fis exécuter l'année dernière, avec toute l'exactitude possible, les défenses du Roy de laisser passer des moutons en Espagne. Quoyque ces défenses n'ayent point encore esté renouvelées cette année, je ne laisse pas de tenir la main pour leur exécution; mais je ne puis m'empescher de vous représenter la perte qu'elles ont causée par le passé, en ce que, dès que les moutons sont poussés à la graisse du costé des Pyrénées, ils périssent d'une maladie que l'on nomme la *picotte*, s'ils ne mangent du sel de Cardonne, qui est en Espagne; l'on prétend qu'il en a crevé plus de quarante mille de cette sorte depuis les défenses, et que le sel de France qu'on leur a donné n'a pas la mesme vertu pour les préserver. Il arrive par là que, dans le temps que l'on craint qu'en laissant sortir du royaume ces bestiaux, le prix des laynes n'y augmente, elles deviennent au contraire plus rares, la privation des bestes à layne en Espagne et leur mortalité en France causant une disette réciproque, dont les deux nations souffrent également. L'on prétend mesme que, s'il reste en Espagne une certaine quantité de moutons que l'on y conduit, il en repasse une partie en France, après qu'on s'est assuré de leur conservation par l'usage de ce sel de Cardonne. Une preuve que les défenses pour la sortie n'ont pas procuré un grand avantage de multiplication de l'espèce de ces animaux, c'est que la chair de mouton, bien loin de diminuer de prix, a augmenté depuis. J'aurois voulu me mettre en estat de rendre cette observation plus correcte et de l'expliquer dans un plus grand détail, mais la difficulté du pays où se fait le commerce en dérobe une parfaite connoissance.»

M. de Bâville est également d'avis qu'on ne renouvelle point les défenses, et croit qu'il suffira de garder le silence pour que la crainte des confiscations continue à retenir les marchands*.

«Il est constant que ce sont les laynes d'Espagne qui mettent le prix aux laynes de France; or, moins les Espagnols auront de moutons, plus leurs laynes seront chères, et, par conséquent, les nostres. Ainsy, je ne vois pas que ce soit un avantage pour la France de les retenir, ne pouvant éviter le contrecoup de cette cherté des laynes d'Espagne, qui nous sont nécessaires pour les manufactures, et j'adjouteray encore qu'en fait de commerce, lorsque la liberté et la contrainte font une question aussy problématique que celle-cy, il me semble qu'on doit toujours pencher vers la liberté.»

* Voir les lettres de M. de Bâville (Languedoc), du 30 juin et des 11 et 28 juillet (la lettre du 11 est en même temps relative au commerce des huiles et des blés d'Espagne), et celles de M. d'Albaret, intendant en Roussillon, 28 janvier, 3 et 15 juillet.

1889. *M. l'Évêque de Viviers*
au Contrôleur général.

11 Juillet 1699.

Répartition des secours accordés par le Roi.

«J'envoyay, dès le commencement du mois de may, une générale distribution d'argent en chacune de mes paroisses, pour former le premier fonds d'une bourse commune jusqu'au temps de la récolte, le plus difficile à supporter, et exciter par un règlement, que je fis à mon synode, les décimateurs, les seigneurs et les riches de ces paroisses d'y contribuer, afin de donner chaque jour le nécessaire pour la nourriture des pauvres, tant du dedans que du dehors, à raison d'une livre de bon pain pour ceux qui se portoient bien, et des bouillons, viande et autres alimens, avec les remèdes convenables, pour les malades. Le curé et les consuls estoient préposés pour ce soin; les dames de la Charité, avec encore le curé, pour les malades. Ils estoient tous chargés de me faire savoir à quoy pouvoit monter leur fonds, compris ce que j'avois fourni de mon chef, et de m'envoyer la liste des pauvres, famille par famille, nom par nom, et âge de chacun. A l'égard du dehors, l'ordre a esté d'une livre de pain pour les passans, sans les laisser entrer dans le lieu, et de retirer ceux qui se trouveroient malades dans une maison du lieu, s'il n'y avoit point d'hospital, pour y estre spirituellement et corporellement secourus. On fournissoit de proche en proche voiture aux convalescens pour se retirer chez eux.

«Les peuples sont presque toujours comme les moutons,

se suivant les uns les autres, en bien et en mal. Ils s'estoient découragés tout d'un coup sur le bruit de l'extrême disette des grains et sur la cherté, laquelle en effet estoit grande. Ils avoient quitté leur lieu, adopté le métier de mendians, qui leur parut utile les premiers jours, couru de paroisse en paroisse. L'excès de la fainéantise s'y mit; la débauche entre personnes des deux sexes s'y joignit; il survint une infinité de pauvres des autres provinces, parmy lesquels il y avoit nombre de coureurs de profession et de gueux malfaiteurs, plusieurs soldats réformés. Personne n'estoit en sûreté à la campagne, et la désolation fut plus grande qu'on ne peut l'imaginer. Il s'ensuivit des maladies très-malignes, qui se communiquent; l'affluence en a esté excessive.»

Il a dressé un nouveau règlement synodal pour remédier à toutes ces difficultés, et il a chargé plusieurs missionnaires de le faire exécuter dans chaque canton et de veiller surtout à ce que l'aumône soit distribuée en nature, plutôt qu'en argent, et à ce que les ecclésiastiques décimateurs contribuent du vingtième de leurs dîmes et du revenant-bon des portions congrues de leurs vicaires, pendant les trois mois de mai, juin et juillet. Quelques-uns de ces ecclésiastiques, mais fort peu, se sont excusés, sous différents prétextes, tandis que beaucoup de communautés, qu'on se contentait d'exhorter à faire une taxe, ont refusé d'assembler leur Conseil politique.

Cependant, grâce à ces mesures, au concours de M. de Bâville et à celui des provinces voisines, qui ont fourni soixante mille quintaux de grains, le blé s'est toujours maintenu à un prix raisonnable, et la mortalité n'a pas été considérable. Seule, la Montagne, qui comprend quatre-vingts paroisses, c'est-à-dire un tiers du diocèse, ne peut se rétablir. Les bestiaux y ont été décimés, soit par le froid, soit par la disette de fourrages; les quatre dernières récoltes ont été mauvaises, beaucoup de fonds sont en décret, le défrichement des genêts entièrement abandonné, et les collecteurs en prison. La population n'a plus d'autre ressource que d'émigrer dans la plaine.

En général, tout le Vivarais souffre d'une extrême rareté de l'argent; le commerce y a dépéri, malgré l'industrie des habitants, et il serait urgent de remédier à cette situation.

1890. *Le Contrôleur général à M. de Bagnols, intendant en Flandre.*

13 Juillet 1699.

«. . . . . Il ne paroist pas que les défenses faites à Bruxelles de la sortie des laynes et de l'entrée des manufactures étrangères soient comprises dans celles qui sont levées par l'ordonnance du roy d'Espagne du 25 may dernier; et, quoyqu'il y ayt lieu de croire que ces défenses tomberont d'elles-mesmes et par les oppositions des autres Estats voisins, qui y ont encore plus d'intérest que la France, néanmoins le Roy n'a pas laissé de donner ses ordres à M. le marquis d'Harcourt, son ambassadeur en Espagne, afin qu'il agisse fortement pour faire révoquer ces défenses. Vous ferez, de vostre costé, connoistre aux commissaires d'Espagne que, si on ne donne pas sur cela à S. M. la satisfaction qu'elle demande, elle sera obligée de prendre les voyes qu'elle jugera les plus convenables pour réprimer par son autorité cette entreprise contre la liberté du commerce établie par le dernier traité de paix. Cependant, je vous prie d'examiner, avec les plus habiles négocians de vostre département, en conformité de ce que je vous ay déjà mandé, ce que nous pouvons faire, soit pour tirer d'ailleurs à aussy bon compte et sans augmentation de frais les marchandises qui nous sont venues jusqu'à présent de la Flandre espagnole, soit pour la priver de celles qu'elle tire de France pour ses besoins, ou les luy faire acheter plus chèrement par une augmentation de droits, soit enfin pour faire prendre une autre route à celles du passage desquelles elle avoit accoustumé de profiter, dont vous m'envoyerez, s'il vous plaist, les mémoires.

«Je vous prie aussy d'examiner s'il est à propos de faire cesser dès à présent la levée des droits sur le charbon de terre et sur la chaux de Tournay, ou s'il ne conviendroit pas mieux de laisser les choses en l'estat où elles sont à cet égard, dans la vue d'avoir quelque chose à donner aux Espagnols et de les porter plus facilement, par le relaschement qu'on feroit de ces droits, à consentir la levée des défenses portées par leur ordonnance du 1er avril dernier. J'attendray sur cela vostre avis pour en rendre compte au Roy.

«J'ay vu, dans les mémoires que vous m'avez envoyés sur les rentes dues par les généralités des provinces de Flandre et de Hainaut, que les Estats de Mons lèvent un droit sur le charbon mesme du Hainaut, et, quoyqu'il me semble que vous en avez marqué quelque chose dans vos mémoires sur le charbon de terre, je vous prie néanmoins d'examiner encore plus particulièrement ce que c'est que ce droit qui se lève par les Estats de Mons, en quoy il consiste et où s'en fait la levée, et de m'informer de ces circonstances, qui peuvent n'estre pas inutiles à observer, lorsque le Roy prendra une résolution sur les droits que S. M. fait lever sur la mesme marchandise.

«Pour ce qui est de la derle, comme le droit de sortie de cette marchandise a déjà esté diminué de 40# à 20#; que ce sont les Hollandois principalement qui tirent cette terre pour la fabrique de leurs fayences façon de porcelaine; que, dans les espèces de marchandises sur lesquelles ils ont demandé des diminutions de droits, celle-là n'est pas comprise, et que, dans le tarif qui vient d'estre arresté, ils se sont soumis à en payer les droits portés par les arrests, il ne paroist pas qu'il soit à propos de rien changer quant à présent à ce droit, qui pourra mesme contribuer à la conservation et à l'augmentation des manufactures de fayences établies à Tournay et à Lille, à moins qu'il n'y ayt d'autres raisons contraires, dont, en ce cas, vous aurez agréable de m'informer, afin que j'en rende compte à S. M.*»

* M. de Bagnols répond le 18 juillet.

Il a porté, dit-il, à la connaissance des commissaires espagnols que le Roi n'ordonnera la décharge des 10 sols sur le charbon de terre que si leur gouvernement lève ses défenses relatives à la sortie des laines et à l'entrée des étoffes fabriquées à l'étranger; mais on lui a répondu, et cela se sait d'ailleurs, que ces défenses ont été extorquées par les députés des villes et qu'il ne seroit pas possible d'en obtenir la levée. D'ailleurs, le commerce du charbon n'intéresse que le Hainaut, tandis que les prohibitions profitent à tout le Pays-Bas espagnol. Cependant, le premier commissaire a promis de faire une tentative, lorsqu'il se rendra à Bruxelles.

Du reste, les entrepreneurs des fortifications et les marchands de charbon du département sont prévenus que le Roi leur accordera des passe-ports avec franchise du droit d'entrée de 10 sols pour le charbon qu'ils tireront du Hainaut à destination de la Flandre française.

On n'a pu avoir aucune explication sur une ordonnance rendue récemment par S. A. Électorale, qui porte si haut les droits à percevoir dans les Pays-Bas sur l'entrée de certaines marchandises, comme les dentelles et les étoffes d'or, d'argent et de soie, que cette mesure vaut une interdiction.

1891. *M. d'Ormesson, intendant en Auvergne,*
au Contrôleur général.

13 Juillet 1699.

Il le prie de présenter au Roi un mémoire justificatif sur les faits que le présidial de Clermont lui impute, et il demande justice de ces accusations*.

* Le présidial reçut ordre de se rendre en corps chez l'intendant et de lui donner satisfaction en termes honnêtes. (Lettre du 7 août.)

1892. *M. Bouchu, intendant en Dauphiné,*
au Contrôleur général.

20 Juillet 1699.

Rapport sur une saisie de marchandises de contrebande opérée dans la vallée de Vercor, et sur les procédures entreprises à ce sujet par les juges des fermes.

1893. *M. Larcher, intendant en Champagne,*
au Contrôleur général.

20 Juillet 1699.

Il dénonce l'entente criminelle qui s'est établie entre le sous-fermier du domaine de Châlons et le lieutenant criminel du présidial, pour multiplier les amendes dans les jugements au criminel*.

* «Qu'il luy fasse une très-rude réprimande et au fermier, et que, s'ils continuent, etc.»

1894. *M. Ferrand, intendant en Bourgogne,*
au Contrôleur général.

20 Juillet 1699.

«J'ai reçu la lettre que vous m'avez fait l'honneur de m'écrire le 14 de ce mois. Si l'on vous demande avec empressement permission de faire passer des blés de Bourgogne à Lyon, ce n'est que parce que j'ay esté fort exact à n'en point accorder que de concert avec M. d'Herbigny. Les marchands de Bourgogne, se voyant à la veille de la récolte, et après avoir longtemps fait souffrir le public, appréhendent avec raison que la diminution qui doit nécessairement arriver sur les blés ne leur cause une perte considérable. Quelques-uns d'entre eux ont fait passer des blés à Lyon sans passe-ports, d'intelligence avec les fermiers des octroys, duquel abus j'ay arresté le cours par de nouveaux ordres. Ce n'est pas qu'il ne soit nécessaire de lever bientost les défenses, s'il n'arrive rien qui puisse détruire nos espérances sur la récolte prochaine; mais, comme depuis quelques jours les orages sont continuels, on est dans l'appréhension de la gresle; c'est ce qui oblige peut-estre MM. les élus à différer de demander la levée des défenses jusqu'à ce que l'on soit dans la récolte; après laquelle il n'y aura rien à craindre, les apparences estant très-belles, et y ayant encore suffisamment de blés vieux dans la province. Je puis vous assurer que la ville de Lyon n'en manque point; M. d'Herbigny est fort tranquille, depuis quelques nouveaux secours qui sont arrivés de Bourgogne; les blés nouveaux de Dauphiné commencent à se vendre dans les marchés de Lyon. Si néanmoins vous souhaitez d'accorder quelque permission, il ne m'y paroist pas d'inconvénient, pourvu que vous ayez la bonté de n'en pas accorder pour des quantités considérables, jusqu'à ce que l'on soit plus certain de la récolte. Faites-moy l'honneur de me marquer à qui vous voulez en accorder; je leur feray expédier des passe-ports sur-le-champ*.

«Il seroit bien à propos que le commerce devinst libre partout, et l'on voit en Bourgogne avec bien du chagrin la liberté d'en tirer les blés, quand les provinces de Champagne et de Comté sont fermées. Si les défenses de MM. les intendans continuent, j'auray l'honneur de vous demander si vous trouverez bon que l'on permette seulement la traite des blés de Bourgogne par la Saône.»

* Le 23, il notifie qu'il vient de permettre la sortie, à la requête des élus.

1895. *Les Officiers de l'amirauté de Caudebec*
au Contrôleur général.

24 Juillet 1699.

Les religionnaires se servent de toutes sortes d'expédients pour quitter le royaume et emporter leurs effets à l'étranger. Tantôt, des provinces les plus éloignées, ils les envoient plomber à la douane de Paris, pour n'être plus sujets à la visite, et prennent des passe-ports au nom de catholiques ou de marchands étrangers; tantôt ils n'ont que des congés mal attestés, sur lesquels ils obtiennent cependant la permission d'embarquement. Les officiers de l'amirauté n'osent point, sans ordres, faire justifier de la propriété des ballots ou exiger des gens qui s'embarquent des attestations légalisées de leur naissance, qualité et état.

1896. *M. Bouchu, intendant en Dauphiné,*
au Contrôleur général.

28 Juillet 1699.

Les anciennes ordonnances et les usages de la province permettent aux seigneurs hauts justiciers d'établir leurs officiers de judicature à leur convenance, dans quelque lieu que ce soit, même en dehors du bailliage dont ils ressortissent et où l'appel doit être jugé. C'est un abus très-préjudiciable aux sujets; mais le seul remède à y apporter serait, non pas de forcer les seigneurs à fixer le siége de leur judicature dans l'endroit où est celui du bailliage, mais de les obliger à faire rendre la justice dans leurs terres mêmes.

1897. *M. de la Fond, intendant en Alsace,*
au Contrôleur général.

29 Juillet 1699.

«M. le général Wirtz, commandant pour l'Empereur au fort de Kehl, a fait remonter sur le Rhin deux bateaux de munitions de guerre venant de Philisbourg; lorsqu'ils ont passé à Lauterbourg, où il y a un bureau établi pour percevoir les droits du Roy, celuy qui estoit chargé desdites munitions a refusé de payer les droits, et le commis a empesché que lesdits bateaux ne passassent outre. Ledit sieur général Wirtz a porté ses plaintes de ce procédé, disant que ce qui estoit destiné pour le service de l'Empereur ne devoit rien payer, et que l'on en useroit de mesme pour ce qui regarderoit le service du Roy dans les bureaux qui dépendroient de l'Empereur. J'ay remonstré, sur ce sujet, que l'on faisoit payer très-rigoureusement toutes munitions et autres choses pour le service du Roy dans les péages de M. l'Électeur palatin, et que, si on passoit dans les bureaux de l'Empereur, on ne manqueroit pas de faire payer ce qui seroit mesme destiné pour le service de S. M. J'ay communiqué de cette affaire à M. le marquis d'Huxelles, qui a trouvé à propos de faire relascher lesdits deux bateaux chargés de munitions, en donnant caution, jusqu'à ce que vous m'ayez donné vos ordres sur ce sujet. La caution a esté donnée, et c'est un marchand de cette ville, qui est bon pour payer les droits. J'ay l'honneur de vous demander si pareilles munitions doivent payer, ou non; pour moy, je ne fais aucune difficulté qu'elles sont dans le cas de payer. La proposition de franchise entre le Roy et l'Empereur est captieuse, parce que l'Empereur n'a qu'un seul petit péage sur le Rhin, proche de Brisach, qui ne peut faire de peine pour ce qui sera voituré pour le service de S. M., au lieu que l'Empereur ayant plusieurs places sur ledit fleuve, sera obligé de faire voiturer souvent, et frustreroit les droits qui sont dus dans les péages qui appartiennent au Roy. D'ailleurs, les gouverneurs de l'Empereur pourroient abuser de ladite franchise en donnant des passe-ports à des marchands qui feroient voiturer pour leur compte. Ainsy, j'estime que l'on doit faire payer tout ce qui passera par les bureaux de S. M., mesme ce qui sera destiné pour le service de l'Empereur. Je dois ajouter que, dans les péages qui appartiennent à M. l'Électeur palatin, on fait payer très-durement toutes les denrées destinées pour la garnison de Landau. Depuis le mois de janvier, j'ay fait subsister les troupes de ladite place des grains que j'ay tirés de cette ville (Strasbourg); on a fait payer au munitionnaire deux sortes de péages de la part de M. l'Électeur palatin: l'un, à cause de la voiture de l'eau, et l'autre, pour celle de terre, parce que l'on débarque les farines à un lieu qui s'appelle Hert, dépendant du bailliage de Gemersheim, d'où l'on les fait voiturer par terre dans ladite place de Landau. Les gens de M. l'Électeur palatin exigent actuellement des droits pour les matériaux que l'on fait venir pour les fortifications de ladite ville; il n'y a point de dureté que l'on ne fasse pour ce qui regarde le service du Roy. Ainsy, j'estime que l'on en doit user de mesme pour ce qui regarde l'Empereur, avec la différence que l'on apportera l'honnesteté qui luy est due; mais, pour les droits, je n'estime pas que le Roy s'en doive relascher*.»

* «Suivre son avis, marquant que, par réciprocité, le Roy veut bien payer tout ce qui sera dû de droits à l'Empereur.»

Voir, à la date du 9 du même mois, un dossier concernant le péage établi à Hagenbach, pour couvrir le bailliage de Gemersheim, de même que celui de Lauterbourg servait à percevoir les droits du Roi sur tout ce qui sortait du Palatinat, de l'évêché de Spire, de Mayence et de l'Allemagne.

1898. *M. de Bâville, intendant en Languedoc,*
au Contrôleur général.

2 Août 1699.

Le diocèse d'Albi a beaucoup souffert des mauvaises récoltes, des épidémies et de la mortalité des bestiaux, particulièrement dans la région des montagnes, où quarante et un mille arpents, sur cent quarante-huit mille, sont incultes et abandonnés. Le diocèse a dû emprunter 130,000^tt à la province, puis une autre somme de 30,000^tt, pour payer les non-valeurs ou les restes, ce qui entraîne nécessairement une surimposition pour l'année présente.

«Cet estat est si violent, qu'il n'est pas possible que le diocèse ne succombe à l'avenir, s'il n'y est remédié. C'est le plus beau pays de cette province, qui estoit autrefois le plus riche, et qu'il seroit le plus important de rétablir. On ne peut pas dire qu'il soit dans cet estat faute de soin et par une mauvaise administration, puisqu'il n'est que trop vray que les hommes y manquent et que les terres y sont abandonnées. Je n'y vois point d'autre remède, si ce n'est que, quand le temps sera venu que les affaires du Roy luy permettront de diminuer le Don gratuit, S. M. trouve bon de demander à la province 160,000^tt plus qu'elle ne voudra en faire porter au Trésor royal, et d'en faire une gratification à ce diocèse.»

Cet expédient, le seul praticable en pays de taille réelle, pourrait relever le courage de ce qui reste d'habitants dans les montagnes.

1899. *M. le Vayer, intendant à Moulins,*
au Contrôleur général.

5 Août 1699.

La sécheresse a nui aux récoltes, dont les apparences étaient satisfaisantes. Le blé renchérit, au lieu de diminuer; les avoines valent 11 à 12 sols le boisseau, et les troupes de cavalerie n'en peuvent trouver; le foin nouveau, qui valait ordinairement de 12 à 16 sols, se vend 30 sols le quintal. Cependant la généralité pourra se soutenir, si on n'en laisse point sortir les grains, même pour Paris, et si, en outre, les provinces voisines aident à son alimentation. Il y aurait aussi lieu de faire des magasins de blé pour entretenir les marchés, en employant à cet usage les fonds qui proviennent du bac et du bateau de Moulins, et qu'on ne peut plus utiliser pour la réparation du pont.

1900. *M. Ferrand, intendant en Bourgogne,*
au Contrôleur général.

5 Août 1699.

Rapport sur les violences que commettent dans le Charollais les troupes d'ouvriers fendeurs de bois occupés au défrichement des forêts de MM. de Guémené.

1901. *M. d'Argenson, lieutenant général de police à Paris,*
au Contrôleur général.

8 Août 1699.

Il renvoie, en l'approuvant, le projet de statuts préparé par la communauté des maîtres chirurgiens de Paris et revisé par différents commissaires, sous la direction du premier chirurgien du Roi.

1902. *M. de Bernières, intendant en Hainaut,*
au Contrôleur général.

12 Août 1699.

Il annonce que les Liégeois ont de nouveau cessé tout commerce avec l'Espagne, et que le directeur de leurs fermes est venu lui proposer un traité.

« Il commença par me dire que les Hollandois n'estoient pas moins piqués qu'eux, qu'ils avoient fait de pareilles défenses et rompu tout commerce avec les Espagnols, ce que je ne sais pourtant pas d'ailleurs; je sais seulement qu'ils murmuroient beaucoup. Il me proposa de faire une liaison de commerce, et, pour cet effet, de rendre les passages libres entre les sujets du Roy et ceux de Liége; qu'on donneroit, dans leur pays, aux sujets de S. M. qui y trafiqueroient toute la protection nécessaire, et qu'on n'y souffriroit la levée d'aucuns droits que de ceux du *soixantième*, tant pour les marchandises venant du pays de Liége mesme, que de celles qui viendroient de Hollande et passeroient par ce pays. Nous examinasmes ensemble ce que j'avois déjà examiné en mon particulier, que nous pouvions tirer du pays de Liége toutes les mesmes denrées que nous tirons des Pays-Bas espagnols, à la réserve du charbon de terre, dont nous ne saurions nous passer, mais aussy les Espagnols ne sauroient se passer de nous pour en avoir le débit. Nous pouvons donc tirer de Liége les fers, en bien plus grande abondance que des terres d'Espagne, les cuirs, le cuivre, la couperose et l'alun, qui est tout ce que nous tirions de la Flandre espagnole, à la réserve encore des dentelles, dont on peut fort bien mesme se passer, ainsy que des tapisseries de Bruxelles, d'autant plus que nous avons une manufacture à Valenciennes, qui augmenteroit considérablement. Après avoir examiné ce que nous pouvions tirer de Liége, nous en vinsmes à la différence des prix. Il est d'abord constant que, pour tout ce qui vient d'Allemagne, nous l'aurons à aussy bon compte, parce qu'il faut, soit que les marchandises viennent par Namur, Dinant ou Givet, qu'elles passent également la Meuse, et l'on y gagnera encore en ce que, ne passant plus par les terres d'Espagne, ce seroit un droit de moins à payer. Pour les marchandises venant de Hollande, il est certain que, comme elles viennent ordinairement par eau, la voiture en est à meilleur marché qu'elle ne sera par le pays de Liége; mais, s'il est véritable que les Hollandois ayent défendu tout commerce avec les Espagnols, il n'y auroit plus que la mer pour tirer leurs marchandises, ou bien celles de Liége, qui est ce que souhaitent les Liégeois. A l'égard des marchandises qui viennent dans le pays de Liége mesme, dont j'ay eu l'honneur de vous parler cy-dessus, en diminuant les droits considérables dont elles sont chargées, on trouveroit le moyen de les avoir à très-bon compte, et c'est cette diminution des droits que demande le directeur des fermes; d'autant plus qu'il fit valoir le nouveau tarif du mois de juin dernier que les Espagnols ont publié, et que j'ay l'honneur de vous envoyer, par lequel vous verrez qu'ils chargent si fort toutes les marchandises venant de France, qu'il est impossible qu'on trafique davantage, y ayant des marchandises où les droits seront presque aussy forts que la valeur de la marchandise. C'est pourquoy les Liégeois demanderoient qu'on chargeast, à l'imitation des Espagnols, ce qui viendroit de chez eux, et qu'on réduisist les droits des marchandises qui viendroient de Liége, en les remettant sur le pied de l'ancien tarif. »

Ils demandent aussi l'entrée, moyennant payement des droits, pour les carisées ou serges qui se fabriquent, avec la laine grossière filée en France, dans la ville de Thuin, dépendant de l'église de Liége, et située à cinq lieues de Maubeuge, où les paysans de la frontière française continuent à aller chercher des vêtements, bien que ce pays n'appartienne plus à la France. Le Roi y gagnerait doublement, en ce que les étoffes payeraient des droits d'entrée, et que les marchands liégeois les viendraient échanger, à Valenciennes, contre des toiles françaises*.

* A l'analyse de ces propositions sont jointes les observations des fermiers.

1903. *M. Larcher, intendant en Champagne,*
au Contrôleur général.

14 août 1699.

« . . . . . Quant à ce qui regarde les 4 deniers pour livre, que je sais, il y a longtemps, que la Chambre des comptes a refusé de passer aux receveurs des tailles de mon département, je ne puis vous en dire autre chose, sinon qu'il est vray que j'ay donné à ces receveurs cette remise de 4 deniers pour livre pour la levée des habillemens des soldats de milice, parce que cette imposition a esté meslée avec celle des ustensiles, fourrages et autres de cette nature, pour lesquelles ces receveurs ont eu la mesme remise; et il me semble, si vous me permettez de vous en dire mon avis, qu'il seroit assez juste d'autoriser aussy la remise dont est question. »

1904. *M. de Vigier, procureur général au Parlement de Bordeaux,*
au Contrôleur général.

15 Août 1699.

La disette des blés, qui persiste dans diverses parties de la province, et la crainte des accaparements ont engagé le Parlement à défendre les amas de grains et à en interdire le commerce à toute autre personne que les marchands ou négociants de profession *.

* « Bon. »

1905. *M. de Miroménil, intendant à Tours,*
au Contrôleur général.

16 Août 1699.

Rapport et pièces sur les faits reprochés à l'assesseur de la ville du Lude, qui exerce seul les fonctions de juge des manufactures, depuis que la charge de maire a été supprimée.

1906. *M. de Bagnols, intendant en Flandre,*
au Contrôleur général.

18 Août 1699.

Les religieuses béguines de Cambrai, ayant acquis quelques petites maisons pour remplacer une partie du terrain de leur monastère qui leur a été prise pour les fortifications, se plaignent de ce que les échevins ont fait saisir le montant des loyers, sous prétexte qu'il leur est dû sur ces maisons un droit seigneurial de *centième denier*, en cas d'aliénation ou de mutation, et que les suppliantes doivent mettre ces biens sur la tête d'un *homme vivant et mourant*, tant qu'il n'y aura pas eu amortissement. Elles demandent, en conséquence, que le Roi leur accorde des lettres d'amortissement.

« Le Magistrat de Cambray ne demande point le centième denier du prix de ces acquisitions; ce n'est pas de quoy il s'agit; mais, comme cette ville est remplie d'ecclésiastiques qui sont riches, il appréhende, avec raison, que, s'il se rendoit facile aux acquisitions qu'ils font tous les jours, il ne restast plus d'habitations pour les bourgeois. »

Cependant il est reconnu que le Béguinage manque de terrain, et le Magistrat ne s'opposera pas à ce qu'on amortisse la plus grande partie de la nouvelle acquisition, pourvu que les autres communautés soient obligées de remettre dans le commerce les héritages qu'elles ont achetés.

1907. *M. de la Houssaye, intendant à Montauban,*
au Contrôleur général.

19 Août 1699.

« J'ay reçu la lettre que vous m'avez fait l'honneur de m'écrire le 24 juin dernier, par laquelle vous m'ordonnez de vous envoyer un estat exact contenant en détail la recette et dépense qui a esté faite jusques à présent des revenus des biens des consistoires et de ceux des ministres et autres gens de la R. P. R. qui sont sortis du royaume par permission du Roy, dont S. M. s'est réservé la disposition par l'édit du mois de décembre 1689. J'ay fait toutes les perquisitions possibles pour avoir des éclaircissemens sur ce sujet, et j'ay trouvé que, depuis ce mesme édit, il n'a esté fait aucune régie, dans cette généralité, des biens de cette nature; ce qui donne lieu de croire, à l'égard de ceux des consistoires, qu'ils ont esté employés à des œuvres pieuses ou donnés à des hospitaux et communautés régulières ou séculières, conformément au premier article dudit édit, et, à l'égard des ministres et autres gens de la R. P. R. qui sont sortis par permission du Roy, qu'ils ont laissé des enfans dans le royaume, qui ont régi et administré leurs biens, ou que, s'ils n'ont point laissé d'enfans, S. M. a disposé de ces mesmes biens par des dons particuliers *. »

* Parmi les réponses des autres intendants, voir celles de MM. Phélypeaux (Paris), 1er juillet; Turgot (Metz) et de Miroménil (Tours), 5 juillet; d'Ormesson (Auvergne), 6 juillet; de Bâville (Languedoc), 7 juillet; Pinon (Béarn), 11 juillet; Lebret (Provence), 17 juillet; Sanson (Soissons), 3 août; Bouchu (Dauphiné), 4 août; de Pomereu de la Bretèche (Alençon), 8 août, etc.

1908. *M. de Séraucourt, intendant en Berry,*
au Contrôleur général.

21 Août 1699.

« Il est vray que j'ay fait enlever grand nombre d'enfans de nouveaux convertis, parce qu'ils recevoient une très-mauvaise éducation chez leurs pères, et que j'ay fait mettre à l'hospital général de cette ville ceux dont les parens ne sont pas en estat de payer les pensions. Il est encore vray que cet hospital, qui est le seul dans ce département, se trouve fort incommodé de cette charge extraordinaire, sur la fin d'une année dans laquelle la dépense a esté plus forte qu'à l'ordinaire. Les administrateurs ont espéré que le Roy les dédommageroit de cette dépense par une gratification proportionnée au nombre d'enfans qu'ils nourrissent, et je crois qu'un écu par mois suffiroit pour chacun; mais, s'il n'y a point de fonds pour cette dépense, que je suis sûr que vous trouverez d'une nécessité indispensable, je vous supplie de m'ordonner d'en faire faire les avances par le receveur général et d'en imposer le fonds conjointement avec la taille sur toute la généralité, parce qu'il y a des enfans, parmy ce nombre, de tous les endroits de ce département*. . . . . »

Il demande également à imposer plusieurs autres sommes : 1100 ᵗᵗ pour secours extraordinaires à des prêtres; 1200 ᵗᵗ pour la pension de quatre jeunes gentilshommes pauvres, et 400 ᵗᵗ pour l'entretien de deux demoiselles nobles dans des couvents.

* Voir le placet des administrateurs de l'hôpital, au 6 août. — Le secours fut accordé par ordonnance.

1909. *M. d'Ormesson, intendant en Auvergne,*
au Contrôleur général.

22 Août 1699.

«Je rendray publiques dans tout mon département les intentions du Roy qu'il vous a plu de me marquer, concernant les loteries que les communautés se donnent la liberté de faire, et mesme les particuliers, afin que les uns et les autres s'abstiennent d'en faire de publiques à l'avenir, ni de demander pour cela la permission des juges ordinaires, auxquels, suivant vos ordres, je défendray, de la part de S. M., d'en donner*.»

* A l'exemple des hôpitaux de Lyon, ceux de Rennes avaient fait une loterie, autorisée par arrêt du Parlement (lettres de M. de Nointel et du premier président de la Faluère, 23 et 26 août); ceux de Marseille et de Tours avaient aussi obtenu une autorisation semblable, mais avec défenses pour l'avenir. (Lettres des maire et échevins de Marseille, 3 août, et de M. de Miroménil, intendant à Tours, 5 août.) — Voir encore une lettre de M. Foucault, intendant à Caen, à la date du 22 août.

1910. *M. de la Rivière-Lesdo, avocat général au Parlement de Rouen,*
au Contrôleur général.

23 Août 1699.

«M. de la Bourdonnaye trouvant la généralité de Rouen hors d'estat de porter dans l'année prochaine le remboursement de la finance des jaugeurs-courtiers-commissionnaires, parce qu'elle est chargée de celuy des experts et des mesureurs de grains, avoit fait un projet pour le faire en 1701; mais il se croit obligé de déférer à l'arrest qui en ordonne l'extinction au moyen d'une perception pendant douze années, ce qui m'engage de vous représenter que cet arrest donnera lieu de continuer des vexations qu'un prompt remboursement feroit cesser, ainsy que les plaintes des habitans de cette généralité de se voir sujets à des droits dont vous avez permis à ceux des généralités de Caen et d'Alençon de se libérer. L'uniformité dans la perception des droits du Roy dans la mesme province semble un titre légitime pour mériter d'estre exceptés dans l'exécution de cet arrest. Nous n'oserions espérer de vous voir dans la mesme place encore douze années, il en est de plus élevées que le discernement et la justice de S. M. ne luy permettent pas de destiner à d'autres, et, si vous ne nous accordez pas de nous libérer à nos dépens de ces deux droits, il est à craindre que douze années ne soient pas le terme de leur perception. Ils n'ont esté perçus que dans les lieux où les vins et cidres croissent plus abondamment; l'habileté des porteurs de quittances de ces offices a esté jusqu'à présent de n'en faire pas un établissement général, pour ne pas donner à connoistre que ces offices rendroient au denier trois ou quatre. On ne manquera pas de le faire, quand on pourra se couvrir du titre spécieux de remboursement. . . . . »

1911. *M. de Miroménil, intendant à Tours,*
au Contrôleur général.

24 Août 1699.

Il demande si le Roi veut qu'on mette garnison chez le receveur des tailles de Richelieu, qui est, ainsi que sa femme, très-mauvais converti, et qui ne consent point à livrer sa fille, âgée de douze à treize ans, pour qu'on la place, suivant l'avis de M. l'évêque de Poitiers, chez les religieuses de Sainte-Marie, où elle recevrait une meilleure éducation.

1912. *MM. de Bagnols et Voysin, commissaires du Roi en Flandre,*
au Contrôleur général.

25 Août 1699.

Règlement pour le partage entre la France et l'Espagne des rentes constituées sur la généralité des deux provinces de Flandres et de Hainaut, et pour le payement des arrérages échus. Ce dernier point est le seul sur lequel les commissaires espagnols fassent des difficultés sérieuses.

«Nous leur avons dit que nous ne pouvions entrer dans aucun tempérament qui tendist à charger le Roy de ces arrérages qu'il ne doit point, mais que, s'ils craignoient que ces dettes des créanciers sujets du Roy pour arrérages échus avant le traité de Ryswick ne donnassent lieu d'inquiéter les Estats de Gand et de Mons, nous croyions que S. M. trouveroit bon qu'on mist dans le traité, pour les rassurer, une clause portant que, pour raison de ces vieux arrérages, les créanciers sujets de S. M. ne pourroient prétendre estre mieux traités que le seront les créanciers sujets du Roy Catholique.

«MM. les commissaires d'Espagne ne sont pas contens de

ce tempérament. Ils nous ont donné un mémoire de la manière dont ils souhaiteroient que cette clause fust tournée; vous verrez, par la copie qui en est cy-jointe, qu'ils veulent abolir tous les anciens arrérages. Les créanciers n'ont guère d'espérance d'en estre payés; mais il semble qu'il n'est pas fort convenable, dans le traité qui sera fait pour le règlement des limites, de mettre une pareille clause et d'éteindre une dette légitime sans le consentement du créancier. Il vaudroit beaucoup mieux que la clause fust conçue dans les termes que nous l'avons proposé. Le projet en est cy-joint.»

Le partage des villages est également le sujet de discussions très-vives, qui même pourraient compromettre le succès de la conférence.

1913. *M. Lebret, intendant en Provence,*
au Contrôleur général.

26 Août 1699.

Il renvoie, avec ses corrections, le projet d'arrêt qui doit lui donner attribution pour régler les différends survenus dans les assemblées de la noblesse.

«Outre que le fonds de l'affaire de la compensation des tailles et de la qualité de *forain* prétendue par les seigneurs de fief est d'un travail très-fatigant, le personnage que j'y dois faire, contre toute la noblesse de robe et d'épée d'une province, entestée d'un droit qui luy sert de prétexte pour jouir en franchise de tous les fonds roturiers qu'elle peut acquérir, est encore plus désagréable, et, si je croyois que vous ne fussiez pas aussy persuadé que moy qu'on ne peut rien faire icy ni de plus juste ni de plus important et de plus utile au service du maistre, que de terminer cette affaire à sa satisfaction, je serois bien disposé à la laisser passer à d'autres, comme ont fait MM. Rouillé et Morant, quoyqu'ils en connussent comme moy les conséquences; car il ne faut avoir qu'une légère connoissance de ce qui se pratique à cet égard par les seigneurs de fief pour voir bien clairement que, si on ne travailloit incessamment à en arrester les abus, le désordre seroit porté à un point que, pour le faire cesser, il faudroit avoir recours à des remèdes extrêmes, qui dérangeroient bien les affaires de la province*.»

* Voir une lettre écrite, le 28 du même mois, par les consuls d'Aix, procureurs du pays, à M. l'archevêque d'Aix, et transmise au contrôleur général, au sujet de l'élection prochaine du maire et de la compensation des tailles. «..... Messieurs de la noblesse, disent-ils, se plaignent de ce qu'on nomme pour maires des gentilshommes qui n'ont que de très-petits fiefs, ou qui n'en ont point du tout, ce qui arriva l'année dernière..... Il importe beaucoup que le nouveau maire qui sera élu ne soit pas du nombre des seigneurs qui ne payent point les tailles et qui abusent de leur autorité dans leurs fiefs.....»

1914. *M. Foucault, intendant à Caen,*
au Contrôleur général.

28 Août 1699.

«Je me suis informé des directeurs des fermes du Roy dans cette généralité s'il y avoit des commis qui eussent esté de la R. P. R. Ils m'ont assuré, après s'en estre éclaircis dans tout leur département, qu'il n'y en a aucun qui ayt esté de cette religion.»

1915. *M. de Nointel, intendant en Bretagne,*
au Contrôleur général.

30 Août 1699.

Il propose de dresser un tarif des droits à percevoir sur les marchandises qui se vendent dans les marchés et les foires de la ville de Rosporden, à l'intérieur de la halle, aux environs, ou dans les boutiques des particuliers, et de faire cesser ainsi les exactions du fermier afféagiste de la halle.

1916. *M. de Bezons, intendant à Bordeaux,*
au Contrôleur général.

1er Septembre 1699.

«J'ay eu l'honneur de vous parler, pendant que j'estois à Paris, et de vous donner un mémoire sur la pension que demande au Roy M. le président de Montesquieu. Je pris la liberté de vous marquer que je croyois important pour le service de S. M. d'empescher qu'un homme qui a autant de capacité et de mérite, qui se trouve presque à la teste du Parlement, quitte. Il sera obligé de le faire, si le Roy n'a la bonté de luy accorder une pension. M. de Chasteauneuf doit rapporter son placet au premier Conseil de dépesches; vous me permistes d'avoir l'honneur de vous en faire souvenir, lorsqu'on en parleroit. Il préside presque toujours au Parlement depuis trois ans, dès que M. le premier président est obligé de s'absenter, parce qu'un des deux présidens qui sont devant luy a quatre-vingt-dix ans passés, et que l'autre, qui est homme de mérite, a esté toujours incommodé depuis trois ans et n'a pu entrer. Il est d'une famille qui, dans tous les temps, a esté attachée au service du Roy. Vous jugez mieux que personne combien il est important, dans les provinces éloignées, de distinguer de pareilles familles*.»

* Le 3 du même mois, le président de Montesquieu fait présenter son placet, par un de ses fils, au Contrôleur général.

APPENDICE.

I.

Commission de Contrôleur général des finances pour Claude le Peletier.

6 Septembre 1683.

Louis, etc. A nostre amé et féal conseiller ordinaire en nos conseils, le sieur le Peletier, salut. La charge de Contrôleur général de nos finances, qu'exerçoit nostre amé et féal le sieur Colbert, estant à présent vacante par son décès, et estant important au bien de nos affaires de la remplir incessamment, nous avons jeté les yeux sur vous, pour la parfaite connoissance que nous avons de vostre grande probité, suffisance, expérience consommée aux affaires, et en vostre fidélité et affection singulière à nostre service, dont vous avez donné des preuves en plusieurs charges et employs que vous avez exercés pendant longues années, tant en nostre Cour de Parlement de Paris, en qualité de conseiller, puis de président, et en celle de prévost des marchands de nostre bonne ville de Paris, qu'en qualité de conseiller ordinaire en nos Conseils, à nostre entière satisfaction et à celle du public; À CES CAUSES et autres à ce nous mouvant, nous vous avons constitué, ordonné et établi, constituons, ordonnons et établissons, par ces présentes signées de nostre main, en la charge de Contrôleur général de nos finances, pour, en ladite qualité, avoir entrée, séance, voix et opinion délibérative en tous nos Conseils d'Estat, privé et direction de nos finances; contrôler toutes les quittances, mandemens, rescriptions de nostre Trésor royal, du trésorier de nos revenus casuels, prest des officiers, droit annuel et autres deniers dont ils font la recette, marc d'or, quittances de finance pour les ventes de nostre domaine, soit à perpétuité ou à faculté de rachat perpétuel, offices domaniaux, taxes et restitutions, et toutes autres quittances de nos deniers ordinaires et extraordinaires dont sera fait recette à nostre profit, pour quelque cause que ce soit et de quelque nature que ce puisse estre; comme aussy contrôler toutes les commissions qui seront expédiées pour la levée de nos tailles et autres impositions, lettres patentes, octroys, dons, acquits patens, remboursemens, rôles de validations et de rétablissemens quelconques sujets audit contrôle, faute duquel elles seront nulles et de nul effet et valeur; avec pouvoir de faire rapport en nostre Conseil de toutes les affaires qui concerneront nostre service, et toutes autres indifféremment; comme aussy avec faculté, en cas d'absence, maladie ou légitime empeschement, de commettre audit contrôle telle personne capable que bon vous semblera; et au surplus exercer par vous ladite charge, et en jouir et user aux pouvoirs, fonctions, honneurs, autorités, prérogatives, prééminences, gages de 36,000 ^lt^ à prendre sur nos revenus casuels, et généralement des autres pensions, appointemens, droits et émolumens appartenant à ladite charge, et tels et semblables dont a joui ou dû jouir ledit sieur Colbert, encore qu'ils ne soient cy particulièrement spécifiés. Si donnons en mandement à nostre très-cher et féal chevalier, chancelier de France, le sieur le Tellier, que, de vous pris et reçu le serment en tel cas requis et accoustumé, il vous mette et institue en la possession et jouissance de ladite charge, et d'icelle, ensemble des honneurs, autorités, prérogatives, prééminences, facultés, pouvoirs, entrées, séance en nosdits Conseils, et de tous les gages, droits et émolumens y appartenant, tels et semblables qu'en a joui ou dû jouir, comme dit est, ledit sieur Colbert, vous fasse jouir et user pleinement et paisiblement. Mandons aussy à nos amés et féaux les gens de nos comptes à Paris que ces présentes ils ayent à faire registrer, garder et observer, sans permettre qu'il y soit contrevenu. Mandons en outre à nos amés et féaux les gardes de nostre Trésor royal et trésorier de nos revenus casuels présens et à venir et autres, chacun en droit soy, de vous payer les gages, pensions, droits et appointemens susdits, sur vos simples quittances; rapportant lesquelles, avec copie des présentes duement collationnée, pour une fois seulement, nous voulons que tout ce qui vous aura esté payé, baillé et délivré pour raison de ce soit passé et alloué en la dépense de leurs comptes, déduit et rabattu de la recette d'iceux par lesdits gens de nos comptes, leur mandant ainsy le faire sans difficulté. Car tel est nostre plaisir. Donné à Fontainebleau, le 6 septembre 1683.

(Arch. de l'Empire, O¹ 27, Registre du secrétariat de la Maison du Roi, f° 363 v°.)

Serment de Contrôleur général des finances.

Vous jurez et promettez à Dieu de bien et fidèlement servir le Roy en l'estat et office de Contrôleur général de ses finances, dont S. M. vous a pourvu, de garder et faire garder les règlemens qui ont esté faits touchant l'employ de ses deniers, d'apporter tout vostre soin pour empescher qu'il ne s'y commette aucun abus, de tenir la main que ceux qui sont et seront sous vostre charge soient gens de probité et s'acquittent fidèlement de l'employ que vous leur donnerez, de l'avertir soigneusement des malversations qui s'y commettront, de ne prendre aucune pension, gratification ni entretènement d'autres que de S. M., et généralement faire pour la fonction de cette charge tout ce qu'un bon et fidèle sujet et serviteur doit et est tenu de faire.

(Arch. de l'Empire, O¹ 4, f° 404 v°.)

Lettres de conseiller au Conseil royal des finances

7 Septembre 1683.

LOUIS, etc. A nostre amé et féal conseiller en nostre Conseil d'Estat, le sieur le Peletier, Contrôleur général de nos finances, salut. La connoissance que nous avons de vostre zèle, intégrité, fidélité et affection à nostre service, nous a porté à vous choisir pour remplir ladite charge de Contrôleur général de nos finances, vacante par le décès du feu sieur Colbert, et voulant, pour les mesmes considérations, vous admettre dans nostre Conseil royal des finances; À CES CAUSES, nous vous avons commis, ordonné et établi, commettons, ordonnons et établissons, par ces présentes signées de nostre main, conseiller en nostre Conseil royal des finances, pour nous y servir au lieu et place dudit feu sieur Colbert, y avoir entrée, séance, voix et opinion délibérative, suivant les règlemens sur ce faits, et jouir des honneurs, autorités, prérogatives, prééminences, gages, pensions et autres avantages dont jouissent nos autres conseillers en nostredit Conseil royal des finances. Si donnons en mandement à nostre très-cher et féal chevalier, chancelier de France, le sieur le Tellier, que, sans prendre de vous autre serment que celuy que vous avez presté en ladite qualité de nostre conseiller d'Estat ordinaire, il ayt à vous faire reconnoistre en celle de conseiller en nostredit Conseil royal des finances, de tous ceux et ainsy qu'il appert, sans difficulté. Donné à Fontainebleau, le 7 septembre 1683.

(Arch. de l'Empire, O¹ 27, f° 265 v°.)

II.

Mémoire de M. Desmaretz sur l'état présent des affaires.

(Année 1686.)

Il est nécessaire, pour donner une idée de l'estat auquel ont esté les finances depuis trente ans, de remarquer que, la guerre ayant commencé en 1635 entre la France et l'Espagne, on a mis en usage, pour en soutenir les dépenses, tous les moyens extraordinaires qui pouvoient produire les grandes sommes dont on avoit besoin.

Les tailles ont esté augmentées d'année en année; elles ont monté à 50,000,000 # en 1643, et jusques à 51,400,000 # en 1657.

On a créé une infinité d'offices de toute nature, auxquels on a attribué des droits.

On a établi de nouveaux droits, qui ont esté joints aux fermes, et les anciens ont esté augmentés du parisis, douze et six deniers, qui reviennent presque au tiers de plus que ce à quoy ils montoient auparavant.

Les domaines, les aydes et plusieurs autres droits du Roy ont esté aliénés et engagés.

On a constitué des rentes sur les fermes et sur les tailles, pour plusieurs millions de revenu.

On a fait des taxes sur les aysés des villes.

La continuation de la guerre ayant augmenté la nécessité et la difficulté de trouver de l'argent, on a donné, en 1656, 1657, 1658, 1659 et 1660, des remises du quart à ceux qui faisoient les prests des recettes générales ou des traités d'affaires extraordinaires, et des intérests de quinze pour cent à ceux qui faisoient des prests sur prests, outre des billets de l'Épargne qu'ils achetoient à vil prix, et dont ils se remboursoient sur les mesmes prests. On fit mesme, en 1659, une aliénation de 1,200,000 # de rentes sur les tailles, au denier deux, dont la constitution fut supprimée sans remboursement, par arrest de la Chambre de justice.

Dans cet estat, le peuple estoit fort chargé, et les finances du Roy épuisées.

On a vérifié que, pendant cinq années, 1656, 1657, 1658, 1659 et 1660, il a esté consommé en remises et intérests plus de 80,000,000 #, et c'est dans cette dissipation que ceux qui estoient entrés dans les prests et dans les affaires de finances avoient amassé de grandes richesses et fait des fortunes très-considérables.

Voilà l'estat auquel estoient alors les finances.

On n'entre point dans un plus grand détail de toutes les impositions et de tous les droits qui se levoient, parce qu'ils subsistent encore, à la réserve de ceux qui ont esté révoqués, et, comme la suite de ce mémoire contient les suppressions et les changemens qui ont esté faits pour le bien et le soulagement des peuples, il sera facile de connoistre la différence des charges du temps que le Roy a conduit luy-mesme ses finances, et de celuy qui l'a précédé.

La paix ayant esté conclue en 1660, on pensa à soulager les peuples. On commença par la remise de 20,000,000 # sur les tailles qui restoient à payer de l'année 1647 et des suivantes jusques et compris 1656, et une surséance du surplus des mesmes restes. L'arrest du Conseil qui l'ordonne est du mois d'aoust 1660. Il surseoit aussy le recouvrement des restes de l'impost du sel des baux de Philippe Hamel et de Jacques Datin, expirés au dernier décembre 1655.

Le Roy révoqua ensuite, par arrest du 10 décembre 1660, tous les péages établis, depuis l'avénement de S. M. à la couronne, sur la rivière de Seine et sur les rivières qui y affluent.

Cela estoit peu considérable, et on peut dire que, nonobstant la paix, les charges continuèrent presque sur le mesme pied jusqu'à la fin de l'année 1661.

Le Roy prit alors la conduite de ses finances, et fit connoistre par des effets solides les vues qu'il s'estoit proposées pour le soulagement de ses peuples et la réformation des abus qui s'estoient introduits dans les finances pendant la confusion et la licence de la guerre.

Premièrement, il remit entièrement les restes des tailles de l'année 1647 et des suivantes, jusques et compris 1656.

Les tailles estoient encore, pendant l'année 1662, à 41,500,000 #; elles furent diminuées en 1663 de 3,300,000 #, et réduites à 38,200,000 #, ensuite à 36,000,000 # et à 34,000,000 #, et, en l'année 1672, elles estoient seulement à 33,200,000 #.

Le prix du sel fut diminué de 3 # par minot, par arrest du Conseil du 16 septembre 1663.

L'impost du sel des généralités de Tours, Bourges et Moulins fut diminué de cent muids, par arrests du Conseil des 6 novembre et 4 décembre 1664.

La décharge accordée par ces trois arrests est évaluée par le dernier sur le pied de 1,700,000 # par an.

En 1667, le Roy osta l'impost du sel dans vingt-cinq greniers des généralités d'Orléans, Tours, Bourges et Alençon, et y établit la vente volontaire du sel.

L'édit du mois de septembre 1668, qui fixe le prix du sel et le réduit au-dessous de celuy qui estoit réglé tous les ans par les officiers, a mis fin à bien des concussions qui se faisoient sous prétexte de régler le prix du sel, qui, estant composé de plusieurs droits, et entre autres de ceux que les officiers recevoient à la vente et manuellement, demeuroit incertain et dépendant des officiers des greniers à sel. La décharge, ou plutost diminution du prix du sel, portée par cet édit, est estimée sur le pied de 1,200,000 # par an; de sorte que toutes les diminutions faites sur les gabelles reviendroient, suivant ces évaluations, à 2,900,000 # par an.

On proposa au Conseil, en l'année 1668, la réunion de toutes les fermes, avec une enchère considérable, et la suppression de l'ancien sol pour livre sur toutes les marchandises et denrées, à l'exception du pied fourché, du bois, du poisson et du vin.

On proposa aussi la suppression du contrôle parisis, douze et six deniers des poids et mesures dans la province de Normandie.

La proposition fut acceptée, et ces droits furent éteints et révoqués par édit du mois de novembre 1668.

La fixation et réunion de tous les droits des cinq grosses fermes en un seul, compris au tarif arresté le 18 septembre 1664, et la suppression de quelques droits dont la levée estoit onéreuse et incommode aux négocians, peut estre considérée comme une chose avantageuse au commerce et à l'Estat.

Il seroit difficile de rapporter en détail tout ce qui s'est fait, depuis le commencement de l'année 1663 jusques à la fin de l'année 1672, pour établir de nouvelles manufactures, augmenter et perfectionner les anciennes et attirer l'abondance dans le royaume. Mais il est facile de connoistre par tout ce qui a esté rapporté dans ce mémoire que les impositions des tailles et des droits de toute nature n'ont jamais monté plus haut que pendant l'année 1656 et les suivantes jusques et compris 1662, et que, depuis le commencement de l'année 1663 jusques à la fin de l'année 1672, les peuples ont esté déchargés de plus de 8,000,000 # par an sur les tailles et de 2,900,000 # sur les gabelles.

Il est difficile d'évaluer les droits supprimés par les déclarations des mois de septembre 1664 et de novembre 1668; mais, si on fait réflexion au succès de l'application avec laquelle on a travaillé à retrancher les frais qui se faisoient tous les ans pour la levée des tailles, qui a esté tel que, dans une élection où les receveurs faisoient plus de 30,000 # de frais en une année, ils n'en ont pas fait, depuis plus de vingt ans, pour plus de 1,600 ou 1,800 # par an; que le mesme retranchement a esté fait sur les frais qui se faisoient pour le recouvrement de l'impost du sel; et qu'on joigne toutes ces choses, on croit pouvoir dire que, depuis 1662 jusques et compris 1672, les peuples ont esté soulagés tous les ans de près de 14,000,000 #.

Il est vray que, depuis le commencement de l'année 1673, la face des affaires a bien changé : la guerre déclarée en 1672 aux Estats de Hollande a fait armer tout l'Empire, l'Espagne et l'Angleterre; les dépenses de l'extraordinaire des guerres, de l'artillerie et des fortifications ont monté pendant sept années à plus de 50,000,000 # par an, et en quelques-unes ont passé 60,000,000 #. Il a fallu retourner aux moyens extraordinaires dont l'usage avoit cessé pendant dix ans, pour trouver des fonds suffisans pour ces grandes dépenses.

Le premier a esté l'augmentation des tailles, qui ont esté portées jusqu'à 40,000,000 # pendant chacune des années 1676, 1677 et 1678.

On a fait des taxes sur les trésoriers de France, pour jouir du droit annuel, dont ils avoient été exclus; sur les officiers des greniers à sel, pour le mesme droit annuel; sur les secrétaires du Roy, à cause de la réduction de tous les différens collèges en un seul, de deux cent quarante.

Le prix du sel a esté augmenté de 30 sols pour minot en 1673.

Le droit des courtiers et jaugeurs a esté estabbli en 1675.

Le papier timbré, la marque des ouvrages d'orfévrerie d'or et d'argent et de la vaisselle d'étain, et la ferme de la vente du tabac ont commencé en 1674.

On a fait financer les officiers de police de la ville de Paris, pour leur rendre le tiers de leurs droits, qui avoit esté retranché en 1661 et joint aux fermes du Roy.

On a constitué à l'hostel de ville de Paris des rentes, et on a aliéné des augmentations de gages, tant aux officiers des compagnies de judicature qu'aux autres qui en ont voulu acquérir, pour plus de 4,000,000 # de revenu annuel.

Les droits sur l'eau-de-vie entrant dans la ville de Paris, qui ne montoient qu'à 15 # pour muid, ont esté augmentés jusqu'à 30 #.

On a créé des vendeurs de poisson de mer sur les ports et havres, auxquels on a attribué le droit de percevoir un sol pour livre du prix de la vente.

On a encore créé des vendeurs de veaux, de volailles et de poisson d'eau douce dans Paris, auxquels on a pareillement attribué le sol pour livre du prix de la vente.

On a créé des notaires royaux et des commissaires aux saisies réelles dans la province de Normandie.

On a fait payer, dans la mesme province, des taxes pour l'extinction du droit de tiers-et-danger, qui ont produit plus de 3,000,000 #.

Les francs fiefs et le huitième denier à près de 18,000,000 #.

Voilà les affaires qui ont esté faites pour soutenir la guerre, depuis 1672 qu'elle a commencé jusques au mois de juillet 1678 que, la paix ayant esté signée avec les Estats de Hollande et ensuite conclue avec l'Espagne, les dépenses de la guerre ne pressèrent plus si vivement.

Alors, les impositions furent diminuées. Celles des tailles furent réduites, en 1680, à 32,600,000 #, sur le pied qu'elles avoient esté en 1615, après avoir esté diminuées dès 1679 de 6,000,000 #.

L'augmentation de 30 sols pour minot de sel fut révoquée, par arrest du 30 décembre 1678.

Le droit de jauge et courtage fut supprimé, par arrest du 19 septembre 1679.

Les affaires qui survinrent avec l'Espagne ne permirent pas de continuer les décharges que le Roy avoit commencé de donner à ses peuples. Les tailles furent augmentées de 3,600,000 # en l'année 1683, et cette augmentation a continué en 1684.

Le papier timbré, la ferme du tabac et le droit de marque des ouvrages d'orfévrerie d'or et d'argent et de la vaisselle d'étain, l'augmentation du droit sur l'eau-de-vie entrant dans Paris, le sol pour livre des vendeurs de veaux, de volailles et du poisson d'eau douce dans Paris et du poisson de mer dans les ports et havres où se fait le retour de la pesche, les commissaires aux saisies réelles et les notariats de la province de Normandie subsistent encore et valent, suivant les produits qui en ont esté vus et examinés en l'année 1681, au temps du renouvellement des fermes, plus de 4,000,000 # de revenu.

Voicy le détail :

Le papier et parchemin timbrés	2,500,000 #
La ferme du tabac	1,000,000
Marque des ouvrages d'orfévrerie d'or et d'argent et vaisselle d'étain	310,000
L'augmentation du droit d'entrée sur l'eau-de-vie	150,000
Le sol pour livre des vendeurs de poisson d'eau douce dans Paris, de veaux et de volailles	210,000
Celuy des vendeurs de poisson de mer dans les ports	90,000
Les commissaires aux saisies réelles et notariats de Normandie	150,000
Somme	4,410,000

Ces droits ont esté établis pendant la guerre; ils n'ont point esté révoqués après la paix, parce que, les dépenses ayant continué sur un pied peu différent de celuy de la guerre, il n'a pas esté possible de se priver du secours qu'ils ont produit.

Le contrôle des exploits est un établissement fait pendant la paix; on en a toujours estimé le revenu à plus de 800,000 #. Ce droit du contrôle des exploits, joint aux autres qui sont restés après la paix, composent un revenu de plus de 5,000,000 #.

Les droits d'aydes ont monté bien haut, par l'exactitude de la régie et par une recherche de tous les titres d'exemption, lesquels ayant esté discutés, on a assujetti plusieurs villes, bourgs et villages, mesme des provinces entières, au payement des droits dont on les avoit crus exempts, avant que d'avoir examiné leurs titres.

D'ailleurs, la maxime qu'on a suivie dans la décision de ces questions : que les exemptions ne doivent valoir que pour les droits imposés dans les temps qu'elles ont esté accordées, et que les confirmations postérieures n'exemptent point des droits établis depuis les premiers titres, a donné lieu de faire payer de nouveaux droits d'aydes partout où ils n'avoient point esté levés à cause de l'exemption des anciens.

C'est aussy ce qui a donné lieu aux enchères qui ont esté faites sur les fermes.

On n'a pas eu l'intention, dans la rédaction de l'ordonnance des fermes, d'en augmenter les droits; il y a néanmoins des dispositions qui les ont augmentés, par les raisons qu'on remarquera.

Le gros vin manquant au récolement des inventaires a esté étendu peu à peu, par divers déclarations et arrests, qui laissoient une grande incertitude dans la régie et la levée de ce droit; on a rassemblé tous les préjugés et on en a fait une loy, laquelle, dans l'exécution, a augmenté la valeur de ce droit.

On avoit augmenté pendant la guerre l'entrée des eaux-de-vie dans Paris jusqu'à 30 # pour muid; on l'a portée à 45 # par l'ordonnance, et on a, en mesme temps, assujetti l'eau-de-vie au payement de presque tous les droits qui se lèvent sur le vin, et cela sur le fondement qu'on avoit remarqué que l'usage de l'eau-de-vie devenant fort commun diminuoit celuy du vin, de sorte que, pour empescher que la consommation de l'eau-de-vie n'augmentast à l'avenir, on a cru qu'il falloit la charger de tous les droits qui se payent pour les autres boissons.

Le droit des anciens et nouveaux cinq sols et des augmentations montoit à 13 sols et quelques deniers, ce qui faisoit un nombre rompu, qui, joint à la diversité des mesures, causoit toujours quelque embarras à l'entrée du vin dans les lieux où ils se payent. On les a fixés à 14 sols pour muid, mesure de Paris; c'est une augmentation de 3 ou 4 deniers.

Voilà à quoy se réduisent les augmentations qu'on a dit avoir esté faites par l'ordonnance des fermes sur les anciens droits.

De tout cela il résulte que, depuis 1673, les impositions et les droits ont monté plus haut qu'avant 1662.

Après avoir rapporté ce qui s'est fait dans les finances depuis trente ans, selon les différentes conjonctures des affaires de l'Estat, dans la paix pour décharger les peuples, dans la guerre pour en soutenir les dépenses, on peut faire quelques réflexions sur l'estat des provinces et le dedans du royaume.

C'est une commune voix que l'argent y est fort rare et la pauvreté des peuples fort sensible.

On demande la cause du mal et quel remède on y peut appliquer.

Ce n'est pas une chose nouvelle que d'entendre des plaintes de la misère; la plupart des gens les plus sages deviennent peu à peu insensibles aux discours qu'on fait sur cela de tous costés, par l'habitude d'entendre toujours la mesme chose; mais on peut dire que jamais on n'a parlé avec tant de raison de la misère des peuples, et il suffit de voir quelques provinces pour en estre convaincu.

La cause du mal est ancienne; le temps l'a augmenté.

La France considérée en général est un climat heureux : c'est un pays fertile et qui produit avec abondance des denrées et des marchandises utiles et mesme nécessaires aux pays voisins.

La France n'a pas le mesme besoin de celles qu'ils produisent, de sorte que le commerce attire toujours de l'argent dans le royaume, parce que, donnant plus de marchandises du dedans qu'on n'en tire du dehors, le commerce ne se fait point par un simple échange de marchandises, et il faut que la différence se paye en argent. Aussy a-t-on presque toujours estimé que, dans le retour des flottes des Indes, il y en avoit près du tiers pour les François, et que, des deux autres tiers, il en revenoit encore beaucoup dans le royaume par les autres nations qui ont besoin de marchandises de France. Sur ce fondement, il faudroit que l'argent fust plus commun, puisqu'il en entre toujours et que le sol de la France produit également les denrées et les marchandises que les étrangers viennent acheter. C'est un raisonnement juste, et qui donne lieu de s'étonner que l'épuisement des provinces soit tel qu'on le publie. Voicy ce qu'on peut recueillir de plus sensé de beaucoup de raisonnemens et de discours que les personnes de tous estats et de toutes professions font journellement sur cette matière.

Il est constant que, depuis 1663, les tailles et les fermes ont esté payées sans non-valeurs, la régie a esté exacte, et les deniers ont esté levés dans le cours de chaque année, de manière que, dans la suivante, il restoit peu à recouvrer de la précédente.

Les tailles ont esté beaucoup augmentées en 1673 et dans les années suivantes; on a remarqué que, pendant trois années, elles ont esté jusqu'à 40,000,000 #.

On a fait payer pendant la guerre les francs-fiefs et des taxes pour la décharge de ce droit, qui ont produit 11,000,000 #.

Le huitième denier des biens d'église aliénés a valu 7,000,000 #.

Les taxes pour le tiers-et-danger, 3,000,000 #.

Les recherches des justices et autres affaires de Bretagne, 2,400,000 #.

Le quartier d'hiver de l'année 1676, pendant lequel les troupes ont hiverné dans le royaume, a cousté 8,000,000 #, outre la taille.

Toutes ces sommes, qui montent à près de 32,000,000 #, ont esté tirées des provinces et de toutes sortes de personnes; on les a mises hors du commerce, chacun a perdu, a évité les dépenses superflues et s'est réduit au nécessaire; la consommation a esté moindre, et le commerce du dedans des provinces a diminué, par une suite naturelle.

On ajoute, comme une réflexion plus importante, que tout l'argent qu'on a tiré du dedans du royaume, et qu'on en tire encore journellement, est porté au dehors, pour faire subsister les troupes qui sont en Allemagne, en Alsace, en Flandres, en Luxembourg, en Italie, dont il en revient peu en France et fort lentement, et que, toutes les fois que le retour et la circulation de l'argent ne se fait point par le cours ordinaire et journalier du commerce, il faut que, par succession de temps, les lieux d'où l'on le tire s'épuisent.

Voilà ce qui se dit sur un sujet très-délicat, qu'on a résumé dans ce mémoire, dans les termes qu'on a cru les plus raisonnables, pour ne pas suivre ceux qui parlent aussy loin que la passion ou l'intérest les poussent.

Il reste présentement à examiner ce qu'on pourroit proposer et pratiquer pour rétablir les provinces, y faire rouler l'argent et soulager les peuples.

On ne croit pas qu'il soit possible d'envisager tout d'un coup des moyens assurés, ni de faire un projet si bien concerté, qu'en le suivant exactement, on vienne à bout de remettre les choses en un aussy bon estat qu'on le peut souhaiter. C'est une affaire d'application et de suite, qui demande une connoissance exacte de chaque province et des commerces qui s'y font. Une chose peut estre fort utile dans une province et fort inutile dans une autre; de sorte que, pour faire beaucoup de bien, il faudroit appliquer ce qui convient au commerce qui se fait ou qui se peut faire dans chaque province en particulier, et entrer pour cela dans des détails et des discussions, qui seroient plus utiles qu'on ne peut exprimer, estant faites avec équité et désintéressement.

Il y a des choses générales qui conviennent également à toutes les provinces et à tous les lieux.

Les ouvrages publics de transports de terre pour faire des chaussées, élever des chemins hauts dans les lieux où les eaux séjournent et empeschent souvent le passage des voitures, sont de cette nature.

Les manufactures d'étoffes de layne et de bas peuvent donner un moyen admirable pour faire travailler beaucoup de pauvres gens et leur faire gagner leur subsistance et celle de leur famille. On ne propose pas d'aller établir de nouvelles manufactures dans toutes les provinces ou dans la plus grande partie, cela seroit peut-estre impossible; mais il y a plusieurs de ces manufactures qui diminuent et sont sur le point de périr. Un secours donné à propos et bien ménagé peut les soutenir. D'autres, qui languissent par la misère et la disette d'argent, augmenteroient par le mesme moyen. On ne peut croire l'utilité que produiroit un secours médiocre employé avec connoissance; car, outre qu'on feroit vivre un grand nombre de pauvres qui souffrent, on donneroit lieu d'augmenter les nourritures des bestiaux par l'augmentation et la facilité du débit des laynes. Ces manufactures sont plus utiles qu'on ne peut exprimer dans les lieux où elles subsistent.

Les dépenses que le Roy fait en ses bastimens sont grandes; elles font vivre une infinité d'artisans à Paris. Les travaux de la rivière d'Eure sont faits par les troupes. En tout cela, on n'a en vue que de faire de grandes choses, à un prix fort bas. Le Roy est si puissant, et toutes les richesses de l'Estat sont tellement réunies dans tout ce qui compose ses fermes et ses droits, que les particuliers ne sont presque point payés de leur revenu, et ont peine à subsister. Il seroit peut-estre de la bonne politique de répandre un peu davantage et de donner plus de profit dans les travaux qui se font pour le Roy: cela n'est point perdu; au contraire, il reviendroit par une infinité de canaux différens, dont le détail seroit trop long à expliquer. Un exemple dont on a connoissance en convaincra. On a vu des paysans qui ont esté travailler à Versailles et à la rivière d'Eure, et qui sont revenus chez eux peu de temps après. On leur en a demandé la raison. Ils ont répondu qu'ils n'avoient pas esté bien traités, et qu'ils avoient été obligés de revenir, parce qu'ils ne trouvoient pas dans ce qu'on leur donnoit de quoy vivre et faire subsister leurs familles. Si ceux à qui cela est arrivé avoient trouvé quelque profit, ils en auroient attiré d'autres; ils auroient mieux payé la taille, ils auroient esté mieux nourris et mieux habillés.

C'est par ces canaux que l'argent se répand, que les impositions se payent, et que l'Estat subsiste, comme le corps humain par la circulation du sang dans les plus petits rameaux qui sont répandus dans toutes les parties qui le composent.

Ce seroit un grand bien pour l'Estat, si on envoyoit moins d'argent dans les pays étrangers pour la subsistance des troupes, et si on s'appliquoit à trouver tout l'argent qu'on pourroit par des remises et des lettres de change, et à ne voiturer l'espèce et la matière que dans le besoin et lorsqu'on ne pourroit faire autrement. On fait trouver quelque avantage pour le Roy à voiturer; mais il en résulte un mal, au jugement de ceux qui y ont fait des réflexions, en ce que l'argent qu'on transporte est fondu et employé en espèces étrangères à un bas titre: on prétend qu'on en a fait à Strasbourg pour des sommes considérables. Lorsqu'on fait passer l'argent en Italie pour les troupes, il ne revient point en France; s'il y retourne, c'est en petite quantité et fort lentement.

Voilà les vues générales. D'autres moins étendues ne seroient peut-estre pas moins avantageuses.

Le nombre des privilégiés est très-grand : on pourroit le diminuer, ou, tout au moins, en restreindre l'usage dans les bornes et les termes prescrits par les anciennes ordonnances. Il est constant que les plus riches et les plus aysés des paroisses, pour se mettre à couvert de la taille, achètent les charges ou les employs qui les exemptent, et que les plus pauvres demeurent surchargés. On a vu autrefois, dans une seule paroisse, de toutes les espèces de privilèges cy-après marquées :

Officiers des maisons royales;
Pères de famille ayant dix ou douze enfans;
Maistres de postes;
Loueurs de chevaux;
Commissaires aux saisies mobilières;
Commis du gros;
Contrôleurs des exploits;
Gardes des plaisirs du Roy;
Salpestriers.

On ne peut pas dire précisément si ce sont là toutes les différentes espèces de privilèges; mais celuy des officiers des maisons royales est peut-estre le moins à charge de tous, parce qu'on les impose quand ils dérogent, ce qu'on ne fait pas pour plusieurs autres.

On pourroit se relascher sur la levée de certains droits qui ont esté beaucoup étendus dans les derniers temps, et cela estant fait avec connoissance, ne feroit pas une diminution fort sensible dans les fermes du Roy; par exemple : sur le gros du vin manquant des inventaires au temps du récolement, sur le droit annuel qu'on a étendu à ceux qui tiennent des vignes à ferme et à d'autres qui ne l'avoient jamais payé. On pourroit, à l'égard du gros manquant, se proposer de le régler de telle manière qu'il fust payé par tout le vin qui est vendu, et que les habitans des lieux sujets à ce droit ne le payassent point du vin qu'ils boivent et consomment chez eux; et, pour ce qui concerne le droit annuel, il seroit avantageux d'en décharger ceux qui ne font point commerce et marchandise ordinaire de vin ou d'autres boissons, et qui vendent seulement ce qu'ils recueillent.

Il reste une chose très-importante à faire observer : c'est que les passages et séjours des troupes sont si fréquens et si onéreux au dedans du royaume, qu'il paroist bien nécessaire d'y apporter quelque changement. La taille est beaucoup moins à charge. On établit l'étape, le Roy rembourse sur le pied réglé par les intendans des provinces; mais il en couste toujours en pure perte à ceux qui logent au moins autant que ce que le Roy rembourse.

On sait que, dans des lieux où des troupes de la maison du Roy ont passé, il en a cousté en pure perte, pour un séjour de deux jours, jusques à 600 #. Il n'en faut pas beaucoup de pareils pour doubler bientost la taille. Ce n'est pas que les troupes fassent aucun désordre ni violence; mais elles veulent estre bien traitées, et la crainte qu'ont les habitans d'attirer quelque mauvais traitement les oblige de donner du vin et de la viande en plus grande quantité et d'une qualité beaucoup meilleure qu'ils ne sont obligés. Cela est tout ordinaire, et toute l'exacte discipline qu'on fait observer aux troupes ne peut jamais aller jusqu'à empescher ce mal.

Tout ce qui est contenu dans ce mémoire concernant la pauvreté des provinces et du dedans du royaume, les causes de cet épuisement et les remèdes qu'on y peut apporter, n'est que des réflexions et des pensées recueillies de ce qu'on a entendu dire à diverses personnes de professions et de caractères différens. Ceux qui sont plus éclairés penseront mieux et rejetteront ce qu'ils n'approuveront pas. On ne s'est proposé que de donner des éclaircissemens aussy sincères et aussy justes qu'on est capable de les donner sur le plan qu'on a prescrit.

(Arch. de l'Empire, Papiers du Contrôle général des finances.)

III.

Instructions données au sieur DE MOUY, *inspecteur des fermes dans les élections et directions de Rouen, Caen et Alençon.*

9 Mai 1689.

Le Roy ayant reconnu, par le rapport qui luy a esté fait des procès-verbaux et avis de MM. les commissaires du Conseil qui ont visité les provinces où les tailles, les aydes, les gabelles et autres droits compris dans les baux des fermes générales ont cours, et des sieurs intendans et commissaires départis, comme aussy des mémoires présentés au Conseil par les fermiers généraux qui ont accompagné lesdits sieurs commissaires par ordre de S. M., la nécessité qu'il y a d'envoyer dans lesdites provinces des personnes qui veillent à l'exécution des règlemens et ordonnances de S. M., pour informer le Conseil des contraventions qu'ils reconnoistront dans l'imposition et collecte des tailles et dans le recouvrement des deniers des fermes, afin qu'il puisse y estre incessamment pourvu;

S. M. ayant résolu d'envoyer le sieur de Mouy dans les lieux qui composent les élections et directions de Rouen, Caen et Alençon, luy a ordonné et ordonne de se transporter dans toutes les villes et lieux desdites élections et directions où il y a des bureaux de recette des tailles, des aydes, des gabelles, des cinq grosses fermes, du domaine et du tabac, et autres droits.

Et commencera par se rendre auprès du sieur commissaire départi dans la province, auquel il communiquera ses instructions, et, après avoir reçu ses ordres, il se transportera au lieu de la résidence du directeur pour se faire connoistre et conférer avec luy sur l'estat de son département;

Et, pour donner un exemple de modestie aux employés dans lesdites directions, il n'aura pour tout équipage que deux chevaux et un valet, se faisant seulement distinguer et se montrant digne de l'honneur que le Roy luy a fait par son bon travail;

Et pour cela il sera continuellement en marche pour aller de ville en ville ou de lieu en lieu où les bureaux sont établis, et n'y séjournera que le temps nécessaire pour y faire ses observations.

Donnera avis aux élus, grenetiers, juges des fermes, aux fermiers, s'ils sont sur les lieux, et aux directeurs et contrôleurs généraux de ce qu'il aura reconnu et qu'il croira pouvoir estre fait sans qu'il soit besoin d'une autorité supérieure; et, quand les matières le requerront, il aura recours à MM. les intendans et commissaires départis, et du tout rendra un compte exact à M. le contrôleur général, par des lettres bien circonstanciées, qu'il écrira toutes les semaines.

Et, afin qu'il puisse bien remplir tout ce qui est contenu dans la présente instruction, S. M. enjoint aux élus, grenetiers, maistres des ports et autres juges des fermes, aux receveurs et contrôleurs des tailles, fermiers, sous-fermiers, directeurs, commis, capitaines, lieutenans, brigadiers et autres employés dans les fermes, de luy faire représenter les registres et autres actes des greffes et des bureaux, pour en prendre toutes les connoissances dont il aura besoin, et de luy en délivrer et faire délivrer des extraits signés en bonne forme et sans frais, quand il les en requerra; mesme de recevoir et exécuter les ordres du Conseil qui leur seront par luy remis, qui seront registrés dans des registres tenus à cet effet; et pourront lesdits juges, receveurs des tailles et autres employés luy bailler tels mémoires que bon leur semblera, pour sur iceux prendre des ordres du Conseil ou des sieurs commissaires départis dans les généralités, selon que le cas le requerra.

Et, pour bien remplir ce que S. M. attend de son application et de sa fidélité, il se doit d'abord faire un plan desdites directions et un estat des siéges des élections, des greniers à sel, des maistres des ports, juges des traites et autres juges des fermes, des bureaux, tant de recette des tailles que des aydes, gabelles, cinq grosses fermes, domaine et tabac, afin que, sur ces plan et estat, il se forme une route pour sa tournée.

Il s'instruira en général des droits établis dans son département, et étudiera les ordonnances et les arrests qui en ont réglé la perception et les tarifs qui en ont fixé les droits.

Quand il arrivera dans un lieu où il y aura des siéges établis qui connoissent de la taille ou des fermes, il prendra la liste des officiers qui les composent, s'informera avec prudence et discrétion de leur manière de rendre la justice, s'il y a des plaintes contre eux, soit de la part des fermiers ou de la part des redevables, et si elles sont bien fondées.

Il s'informera aussy de la conduite des commis, de leur manière de vivre en général; s'ils sont sages, appliqués, sociables et expéditifs, ou si, au contraire, ils sont fiers, arrogans, emportés, vains, aymant la dépense et le jeu, et s'ils ne sont point accusés de tirer des gratifications des redevables; s'ils sont mariés; s'ils ne se meslent d'aucun commerce ou autres fonctions que leurs commissions.

Il est bon aussy qu'il sache quelles denrées croissent ordinairement dans les lieux de son département, si elles s'y consomment, ou si elles se transportent ailleurs;

S'il y a des manufactures, et si les matières qui y sont employées y croissent, ou si elles y sont apportées; d'où on les tire et par quelle voye on les y fait arriver; si ce qui est manufacturé s'y consomme, ou s'il est envoyé dehors, et en quels lieux.

S'il n'y a point de manufactures, il s'informera du commerce qui s'y fait et s'il y a des foires ou de gros marchés, et quels priviléges y ont esté accordés;

Si les règlemens et arrests du Conseil sur le fait des tailles, aydes, gabelles, cinq grosses fermes et domaine s'exécutent ponctuellement, tant pour la tenue des registres, déclaration, que perception des droits;

Si les receveurs des tailles et les employés dans les fermes font leur devoir;

Si les peuples y payent les droits de bonne foy, ou s'ils les fraudent et se font chicaner pour les payer;

Quelles fraudes sont les plus fréquentes, et par quels moyens on y pourroit remédier;

Si les élus et autres juges des fermes se dispensent de l'exécution des règlemens et de prononcer les peines portées par iceux contre les fraudeurs; si, pour le recouvrement des tailles, des aydes, des gabelles, des droits d'entrée et sortie et du domaine, il se fait beaucoup de frais; si enfin les élus, les receveurs des tailles et les huissiers porteurs de leurs contraintes exécutent ponctuellement les règlemens; si les employés aux aydes observent l'ordonnance du mois de juin 1680, juillet 1681, les déclarations et arrests depuis intervenus, et particulièrement l'arrest du 6 décembre 1687, déclaration du 17 février et 14 mai 1688; les employés aux gabelles : le règlement du mois de may 1680 et les arrests depuis intervenus, et les employés aux cinq grosses fermes : les déclarations et tarifs de 1664 et 1667, et arrests depuis intervenus, le règlement du mois de février 1687 et les arrests aussy depuis intervenus, qui ont sursis, augmenté ou diminué les droits.

Se fera représenter les registres des ordres que les directeurs auront reçus des intéressés et de ceux qu'ils auront donnés aux commis des bureaux; et, s'il en trouve de contraires aux ordonnances, arrests et règlemens, ou qui les interprètent, il en donnera avis à M. le contrôleur général;

Comme aussy le registre des arrests envoyés ou remis ès mains des directeurs et par eux aux bureaux, et examinera s'il n'y en a point d'omis, afin de les leur faire envoyer;

Et celuy des compositions, et s'informera de la raison desdites compositions.

Aura un registre journal de la tournée, qui contiendra sommairement les observations de conséquence qu'il aura faites en chaque lieu.

Et généralement prendra connoissance de tout ce qui peut conduire à une bonne régie.

Mémoire concernant les tailles, pour servir d'instruction au sieur DE *Moux.*

S'informera exactement si les trésoriers de France font actuellement leurs chevauchées dans les élections de leurs départemens, et les élus dans leurs paroisses, ou si les premiers se contentent de demander par lettres des mémoires aux élus de l'estat de leurs élections, et si les élus font transporter les habitans des paroisses aux lieux de la résidence de leurs siéges, pour s'informer de la fertilité ou stérilité de leur récolte; et si, quand ils font leurs chevauchées, elles ne sont point à charge aux contribuables, par des festins et par des présens;

Si, dans chaque élection, il y a des paroisses protégées et qui ne sont pas imposées selon leur force; observera quelle est leur protection, et marquera la différence de leur imposition d'avec celle des paroisses voisines;

Si la nomination des collecteurs se fait par les habitans ou d'office, dans les temps et selon les formes prescrites par les règlemens;

Si les seigneurs, les curés et les personnes puissantes dans les paroisses ne s'entremettent point trop de la confection des rôles pour faire favoriser ceux qu'ils protégent;

S'il n'y a point dans les paroisses quelques particuliers qui, par adresse, violence ou sous faux titres d'exemption, ne sont point imposés;

Quel nombre d'officiers des maisons royales font leur résidence en chaque paroisse;

Si quelques gros laboureurs ou marchands se sont fait pourvoir d'office dans les maisons royales pour mettre à couvert le bien qu'ils ont acquis dans l'une ou l'autre de ces professions; à quelles sommes ils estoient imposés, et depuis quel temps ils ont cessé de l'estre.

Se fera représenter les registres de recette et des frais, pour connoistre s'ils sont paraphés par le président ou un élu et le procureur du Roy.

Fera un bref estat de la recette et des restes, et observera si les payemens des collecteurs sont lents ou fréquens;

A l'égard des élus, s'ils protégent leurs familles et les lieux où ils ont du bien; s'ils n'abusent point de leur pouvoir pour obliger les collecteurs à réformer leurs rôles selon leurs intentions; s'ils en retardent la vérification, et s'ils en prennent quelques salaires; s'il n'y a point de plaintes de l'abus qu'ils font du pouvoir à eux donné pour les jugemens en surtaux.

Mémoire concernant les aydes, pour servir d'instruction au sieur DE MOUY.

Estant arrivé dans un lieu où il y aura un bureau de direction ou de recette des aydes, il commencera par se faire représenter les registres, pour examiner s'ils sont bien reliés, cotés et paraphés par les élus, s'ils sont bien nets et sans rature, s'il n'y a point de blanc qui puisse estre rempli après coup;

Si les registres servant aux exercices, appelés *portatifs,* sont signés de deux commis en chaque exercice fait sur chacun vendant vin, et si, dans les exercices, il est fait mention que les feuilles ayent esté laissées aux vendant vin.

Il verra aussy les registres des procès-verbaux de fraude et des accommodemens ou des jugemens de condamnation sur iceux; si les sommes qui en sont provenues sont exactement registrées; si les procès-verbaux sont affirmés, et si les doubles en ont esté déposés aux greffes des élections.

Il examinera les registres des frais faits pour le recouvrement des tailles fait par les juges, et des sommes dont les commis se seront fait rembourser par les condamnés, et s'ils en donnent quittance; les registres de recette, pour connoistre si les droits y sont libellés, si les sommes sont écrites au long et sans chiffres, et si ce qui est reçu pour chaque droit est conforme à l'ordonnance, aux arrests et aux tarifs.

Après avoir examiné les registres, il tirera un estat du produit de chaque tierce, qu'il confrontera par après à celuy des tierces suivantes, pour en connoistre la différence.

Outre la connoissance qu'il prendra par le registre des procès qui doit estre tenu au bureau, il ira au greffe des élections, où il se fera représenter les registres des audiences et des procès jugés, afin de connoistre si ceux qu'il aura trouvés sur les registres du bureau sont jugés, et, s'ils ne le sont pas, d'en demander la raison aux juges et aux commis.

Il observera s'il y a des causes appointées, s'il en a esté jugé par épices, et si les élus n'ont point introduit des procédures ou des formes judiciaires, pour avoir occasion de prendre des vacations au lieu d'épices.

Il taschera de découvrir, par la conversation qu'il aura avec les élus, le fermier ou principaux commis, et les marchands, s'il y a liaison ou antipathie entre eux; si, dans la modération des amendes qui leur est permise, ils font distinction des premières fraudes d'avec les récidives; si les greffiers observent les règlemens pour les salaires.

S'informera si les fraudes sont fréquentes, de quelle manière elles se font, et les moyens de les prévenir et réprimer;

Si le papier et parchemin timbré qui se distribue est de bonne qualité et des grandeurs réglées par l'ordonnance, et s'il y a beaucoup de contraventions aux règlemens sur ce sujet, et ce que l'on pourroit faire pour les empescher.

Il observera aussy quels vaisseaux à mettre vin sont en usage en chaque élection, ce qu'il y auroit à faire pour les réduire à une jauge rapportante à celle de Paris.

En visitant les bureaux où les droits sur le poisson sont levés, il examinera s'il y a des tarifs des droits d'abord et consommation, s'ils sont observés, et si les commis ne s'en font point donner en espèce.

La ferme de la moitié des octroys estant jointe aux aydes, il s'informera de la consistance desdits octroys des villes, de leur produit, et de l'employ que l'on en fait, et, pour mieux connoistre, se fera représenter les baux qui en sont faits et les comptes qui en sont rendus.

Idem, à l'égard des deniers patrimoniaux qui appartiennent en entier aux villes.

Il donnera son application à bien connoistre le produit des parisis, douze et six deniers des droits attribués aux prud'hommes, vendeurs et autres officiers concernant les cuirs; si la manière d'en faire la levée empesche cette manufacture, et comment, en supprimant ces droits, on pourroit les faire suppléer par d'autres qui seroient plus faciles à lever et moins à charge.

Mémoire concernant les gabelles, pour servir d'instruction au sieur DE MOUY.

Estant arrivé au lieu où il y aura un grenier à sel, il s'y transportera, pour en connoistre l'estat et s'il n'est point trop avant en terre, en sorte que le sel puisse se fondre par humidité; s'il y est en sûreté et s'il est de bonne qualité, et, en cas qu'il y ayt plusieurs masses en chaque grenier, si elles sont bien séparées les unes des autres.

Il se fera représenter les procès-verbaux de descentes, mesurages et emplacemens, pour connoistre le temps qu'ils auront esté faits; la copie des brevets, pour les examiner et remarquer s'ils font mention du temps que le sel a esté déposé dans les déposts, celuy auquel il en a esté relevé, et le jour qu'il est arrivé et a esté emplacé dans le grenier.

Il se fera représenter les quatre registres que doivent tenir les greneticrs, contrôleurs, greffiers et commis, aux jours de distribution; examinera s'ils sont conformes les uns aux autres, si chacun est écrit d'une mesme main; et c'est par où il connoistra si les officiers sont assidus aux jours d'ouverture, ou s'ils font faire leurs fonctions par d'autres. Il observera s'ils sont signés et vérifiés; s'ils sont conformes; si les jours que les masses sont entamées sont bien marqués, et si le nom de celuy auquel on en a fait la première distribution est bien exprimé; si la fin des masses est aussy marquée par jour et par nom de celuy auquel on en a fait la dernière distribution, et s'il y est fait mention du déchet ou du bon de masse; s'il y a des blancs sur les registres entre la fin d'une masse et le commencement de la distribution d'une autre.

Observera la quantité de sel qui se débite en chaque grenier par année commune, soit aux particuliers ou aux regrattiers; s'il s'en fait des gratifications, et à qui, et s'il ne s'en vend point d'autre que de celuy du grenier; si, lors de la distribution, les commis donnent des billets sans frais; ce qu'il y en peut rester au temps de la visite, et le produit de chaque grenier; et, pour le bien connoistre, il se fera donner des certificats des ventes faites dans chaque grenier de quartier en quartier, et les vérifiera sur les registres des ventes tenus par le receveur et les officiers desdits greniers;

Si les officiers et les commis font des masses séparées des sels confisqués, et s'ils en chargent leurs registres de vente, ensemble des autres confiscations, amendes et restitutions des gabelles;

S'il y a des mesureurs en titre d'office, ou s'ils n'exercent que par commission; par qui ils sont commis; quels droits ils perçoivent, et si c'est aux dépens du fermier ou du peuple;

Si les trémyes sont fabriquées ainsy qu'il est prescrit par les arrests de leur établissement, si les mesures sont bien étalonnées, et si l'on se sert des mesmes mesures pour le mesurage et emplacement du sel aux greniers que pour la distribution au peuple.

Ensuite, il examinera le registre de recette, s'il est revestu de toutes les formes expliquées pour ceux des aydes; fera comparaison des ventes d'un quartier à l'autre, pour en connoistre la différence; et, si le débit est moindre, s'informera quelle peut estre la raison de la différence, et examinera exactement si les commis aux recettes ne sont point rétentionnaires des deniers de la ferme;

Les registres sextés, pour connoistre s'ils sont bien tenus et bien déchargés, et prendra par iceux connoissance des paroisses du ressort de chaque grenier, du nombre des feux de chaque paroisse et des personnes qui les composent.

Si le prest est introduit dans le grenier, il examinera la manière de le faire, et, si le commis tient un registre du prest, il l'examinera pareillement.

Il se fera représenter les promesses, obligations ou autres actes que le commis prend pour la sûreté du sel presté, pour connoistre quelle quantité il en preste, à quelle sorte et à combien de personnes il permet l'association, et si tous ceux qui empruntent du sel sont dénommés dans les obligations; s'ils sont de différentes paroisses, et si l'on exerce les contraintes contre tous les obligés; quel temps on donne après le temps expiré pour exercer les contraintes; si elles sont visées des officiers; le terme donné pour le payement, et s'il ne se fait point de prest sur prest, au préjudice de ce qui est porté par les arrests;

Si les gardes ou des huissiers mettent à exécution lesdites contraintes; si les frais de recouvrement sont taxés suivant le règlement du mois de février 1688;

Si, pour donner du temps au delà de celuy porté par les obligations, les commis tirent des intérests ou des présens;

Combien de notaires en chaque grenier sont préposés pour passer les obligations, et quels salaires ils en tirent.

Il examinera ce qui restera dû du prix des sels prestés, et se fera donner un estat des obligations, pour en faire la vérification, en s'informant des particuliers obligés s'ils ne les ont point acquittées; et, par ce moyen, il vérifiera si les sommes mises en reprises dans les comptes du commis sont véritablement dues.

Il se fera aussy représenter les registres et procès-verbaux de visite faite, tant par les officiers que commis, dans les paroisses, et rendre compte des poursuites qui ont esté faites en conséquence desdits procès-verbaux contre ceux qui n'ont pas fait leur devoir en gabelle.

Dans les greniers d'impost, outre les observations cy-dessus, il s'informera du nombre des paroisses de chaque grenier, à quelle quantité de sel elles sont actuellement imposées, si elles sont beaucoup en reste du prix de leurs impositions, et, par la connoissance qu'il prendra par les rôles de l'impost du nombre des personnes de chaque paroisse et de la quantité de sel imposé, il taschera de connoistre si l'imposition est forte ou foible.

Il s'informera aussy du temps que les mandemens s'envoyent aux paroisses, si les habitans nomment régulièrement des collecteurs, ou s'il y en a beaucoup de nommés d'office; si les commis à la recette des greniers leur déduisent régulièrement leurs droits de collecte; s'il se fait contre eux beaucoup d'exécutions ou emprisonnemens; si les gardes ou huissiers employés au recouvrement se les font payer par les collecteurs, ou s'ils sont taxés par les officiers, payés par les commis et remboursés par les redevables; et si les registres en sont exactement tenus, conformément à l'arrest du 6 décembre 1687;

S'il est dû des restes de l'impost, et d'où peuvent procéder ces débets; si c'est de la négligence des commis ou de leurs intérests, en se faisant donner des gratifications par les collecteurs pour ne les pas faire contraindre, ou de l'excès de l'impost, ou de la pauvreté des contribuables.

Il observera la situation des greniers, s'ils sont éloignés des pays des gabelles, s'ils sont couverts par d'autres greniers, et si, sans craindre le faux-saunage, ils pourroient estre convertis en ventes volontaires; et, au contraire, si, par le fréquent faux-saunage et la facilité de le commettre, il faudroit établir l'impost en quelques greniers de ventes volontaires.

Il se fera représenter les registres des greffes des greniers, pour connoistre s'il y a eu plusieurs faux-sauniers jugés, si les sentences ont esté exactement exécutées, et si les condamnés ou autres de leur part n'ont point substitué des estropiés au lieu des véritables coupables, ou si l'on s'est servi d'autres moyens pour éluder l'exécution des jugemens;

Si, pour les vacations de l'instruction des procès criminels contre les faux-sauniers et autres fraudeurs de la gabelle et pour les épices des jugemens, les juges outrepassent les taxes portées par la déclaration du 18 février 1688; si les taxes des vacations portées par ladite déclaration ne sont point plus fortes que celles que les juges se faisoient auparavant.

Il taschera de découvrir si les receveurs, contrôleurs, brigadiers et autres employés sont sous-fermiers, cautions ou participans des sous-fermes des regrats.

Se fera représenter les registres que tiennent les regrattiers du sel qu'ils lèvent aux greniers; visitera le sel qu'ils distribuent au peuple, pour connoistre s'il est de la qualité de celuy du grenier et s'il n'y a point de meslange de sel de salpestre, de verrerie, de saline, de fiente de pigeon, de pain bruslé et autres corps étrangers;

Si les mesures sont étalonnées; s'il n'y a point de double fond ou de fond vacillant, qui peut se hausser et baisser avec le pouce; si les mesures sont nettes, et si elles sont posées à plomb, lorsque le sel est mesuré;

Si les tarifs du prix du sel sont exposés aux bureaux ou places où la distribution s'en fait par regrat, et s'ils sont exécutés;

Si les officiers font des visites fréquentes desdits regrattiers, pour les tenir dans le devoir.

Il se fera donner les noms des capitaines, lieutenans, brigadiers et gardes des gabelles, et indiquer les lieux où ils sont postés, pour s'informer de leur conduite, soit dans les fonctions de leurs employs, soit dans leurs visites, pour connoistre s'ils les font fréquentes et avec application, sans vexation, et s'ils n'abusent point du pouvoir de leurs commissions ou pour se venger ou pour faire insulte; et pour connoistre s'ils sont bien postés, si chaque brigade peut correspondre à l'autre pour bien garder tous les passages, s'ils se transportent le long des frontières de la ferme.

Observera les rivières, les quais, les bois et autres endroits par lesquels les faux-sauniers peuvent plus facilement passer, et si les brigades sont postées en lieu d'où ils puissent souvent visiter ces passages;

Si lesdits officiers et gardes ont un registre contenant les noms, surnoms et demeures, taille, poil et autres marques des faux-sauniers qu'ils auront pris et qui auront esté jugés, afin de les reconnoistre, et un journal de leur travail.

Il prendra occasion de se trouver aux descentes et emplacemens des sels dans les déposts, pour connoistre de quelle manière le mesurage et la réception s'en fait et quel registre on en tient; et aux relèvemens, pour y observer si les brevets qu'on expédie pour délivrer aux voituriers font mention du temps que le sel relevé a esté emplacé dans les déposts, afin que les officiers des greniers auxquels il est destiné puissent connoistre si, lorsqu'ils sont obligés d'en faire la distribution, il a suffisamment reposé dans le dépost et dans les greniers.

L'inspecteur qui aura le département de Normandie visitera les lieux sujets au payement du quart-bouillon sur le sel blanc, et observera si la quantité que doit faire chaque saunier par jour est réglée justement, si la fixation du prix s'en fait par jour, par semaine ou par mois, et de quelle manière on en use pour y parvenir;

Si les mesures sont uniformes, étalonnées sur quelques matrices, ou si elles sont arbitraires.

Entendra les plaintes des commis sur les fraudes des sauniers par leurs fausses déclarations, soit pour commencer le travail ou pour la quantité de sel qu'ils ont fait, soit aussy par le nombre et l'inégalité des plombs, et par le faux-saunage.

Écoutera aussy les plaintes des sauniers, et s'informera d'eux si on ne les charge point de plus de sel qu'ils n'en ont fait, et si on ne le met point à un prix plus cher que celuy qu'ils ont vendu;

A l'égard des particuliers, si les commis ne s'ingèrent point de réduire la quantité du sel portée par les certificats des curés, et s'ils ne sont point obligés de faire de trop longs détours pour chercher un contrôleur et luy faire viser leurs passavans; si les plaintes que font les peuples que les commis ne leur veulent point délivrer de passavans pour aller aux salines pour une moindre quantité que celle d'un demy-boisseau, afin de les obliger d'aller aux reventes, sont bien fondées;

Si le prix du sel blanc qui se délivre par regrat, ce qu'ils appellent *revente*, est fixé par quelque autorité publique, ou s'il est à l'arbitrage des commis, et quelle différence il y a du prix du sel acheté aux salines à celuy délivré par regrat ou revente; si l'un est proportionné à l'autre;

Si les élus auxquels la jurisdiction pour le droit de quart-bouillon sur le sel blanc a esté attribuée par arrest du Conseil du 3 avril 1686, au lieu des subdélégués qui en estoient juges auparavant, sont propres pour connoistre de ces matières; entendra sur cela les plaintes des fermiers, les raisons des élus, et mesme les redevables, et du tout donnera avis au Conseil.

Mémoire concernant les cinq grosses fermes, pour servir d'instruction au sieur DE MOUY.

Aux lieux où il y aura un bureau des traites, il s'appliquera à bien connoistre la nature des droits, la manière de les percevoir et, autant qu'il pourra, la valeur des marchandises, afin de pouvoir mieux juger si les visiteurs savent les qualités et le prix des marchandises qui passent par leurs bureaux, si les tarifs sont autorisés, s'ils ne sont point altérés par des articles écrits à la main sans approbation, si les appréciations sont régulières, et s'il y a des marchandises dont les droits doivent estre augmentés ou diminués.

Il se transportera au bureau et se fera représenter les registres, pour connoistre si les déclarations des marchands s'y font en conformité de l'ordonnance de 1687, si les droits sont bien libellés, c'est-à-dire si le droit de chaque marchandise y est exprimé selon sa nature et qualité, afin que, d'une première vue, on puisse connoistre si le droit de chacune marchandise est acquitté conformément aux tarifs et aux arrests;

Si les sommes sont écrites tout au long et sans chiffres; s'il n'y a point d'interlignes, de ratures et de blancs qui puissent estre remplis après coup;

Si les registres des acquits-à-caution sont bien déchargés, et s'il se tient registre des droits d'acquit, conformément à l'ordonnance; si les délais portés par l'ordonnance pour rapporter les acquits-à-caution ne sont point trop brefs et ne donnent point matière à contestation;

Si les balances, les fléaux, les poids et autres choses qui servent à peser et à mesurer les marchandises sont justes et bien étalonnés;

Si les tarifs et les arrests qui en ont augmenté, diminué ou changé les droits, sont dans les bureaux et sont exécutés, et si, au préjudice d'iceux et des tarifs, on ne lève point de droits qui ayent esté supprimés.

Si les compositions que font les fermiers des droits de la ferme sont préjudiciables aux intérests du Roy, ou si elles sont nécessaires pour le bien de la ferme et du commerce;

Prendra toute la connoissance possible, tant par la conversation avec les employés que par l'examen des registres, de la nature des marchandises et denrées qui passent plus fréquemment dans le bureau qu'il visitera, soit pour entrer ou pour sortir de la ferme; observera si la sortie et l'entrée en diminuent; s'informera des raisons de la différence.

Il observera s'il passe des marchandises, dans le bureau qu'il visitera, qui ne soient point comprises dans le tarif, et s'il se forme des contestations sur le plus ou le moins de l'estimation; s'il en passe dont l'entrée y soit prohibée, comme des drogueries et épiceries, des chevaux, des toiles, des dentelles, ou autres auxquelles l'ordonnance désigne des bureaux pour leur entrée.

Quand il visitera les bureaux des lieux où il se fabrique des toiles ou autres manufactures, il examinera si les formalités prescrites par l'ordonnance pour la conservation des droits ne sont point préjudiciables au commerce de ces marchandises, et s'appliquera à trouver quelques autres moyens plus convenables.

Si c'est un lieu de commerce, outre les connoissances qu'il pourra tirer des commis et du registre, il aura conférence avec les principaux marchands et quelquefois avec les officiers ou principaux bourgeois, pour les entendre sur les moyens de rappeler le commerce des marchandises qui cessent d'entrer et sortir, ou dont l'entrée et la sortie sont diminuées; les faire parler sur la qualité et la différence des droits qui se payent, dans le bureau du lieu où il sera, aux entrées et sorties des marchandises et denrées, et si, par quelques augmentations, diminutions, conversions, unions desdits droits, on attireroit le commerce des étrangers, soit par l'apport de leurs marchandises, soit en venant prendre des nostres;

Sur ce qu'ils estiment utile ou préjudiciable au commerce et aux manufactures, et des moyens de conseiller le fermier, ses commis et les . . . . ., pour éviter les fraudes, les contraventions aux règlemens et les contestations, qui causent des frais et un plus grand préjudice par le retardement.

Il pourra, dans ses conférences, s'informer de la conduite des employés; s'il y a des plaintes contre eux, s'ils sont assidus aux bureaux, s'ils expédient autant qu'ils peuvent les marchands, s'ils en usent avec l'honnesteté convenable à leur employ, s'ils n'exigent point des gratifications pour avancer les expéditions des marchands, et s'ils ne sont point engagés dans le commerce sous leurs noms ou sous des noms interposés; s'ils ont crédit dont ils tirent profit.

Il pourra mesme savoir des marchands si le crédit des droits leur est plus avantageux que préjudiciable.

Il se fera représenter par les commis les ordres que les intéressés qui vont dans les provinces leur donnent, ou qui leur sont envoyés du bureau général, pour la régie et perception des droits; ordonnera aux employés d'en tenir registre et en tirera des extraits, après avoir paraphé les originaux; et observera si les ordres contiennent des interprétations ou des extensions des ordonnances et arrests, ou s'ils endurcissent la régie et détournent le commerce.

Ordonnera aussy aux employés de tenir un registre exact des déclarations et arrests qui leur sont envoyés, marquant le jour qu'ils les auront reçus.

S'il trouve d'anciens commis, il s'informera d'eux des changemens arrivés dans la régie, prendra leurs sentimens sur les changemens qui pourront avoir esté faits; il s'en pourra mesme informer des principaux marchands, et verra s'ils les applaudissent ou s'ils les blasment, dont il fera ses observations.

Il ne sera icy fait mention des capitaines, lieutenans, brigadiers et gardes, parce qu'il en a esté suffisamment parlé au chapitre de la gabelle et qu'ils servent l'une et l'autre ferme. On ajoutera seulement qu'il s'informera si, quand ils rencontrent des marchands ou voituriers, desquels ils retirent les acquits, ils leur donnent des passavans libellés comme leurs acquits, afin d'éviter aux contestations qui naissent quand ils ne sont pas libellés sur la quantité et qualité des marchandises; et si, en visitant tant les hommes que les femmes, il ne se passe rien contre la pudeur, car il y a eu des plaintes à ce sujet portées à MM. les commissaires, comme aussy de ce que, sous prétexte du pouvoir qu'ils ont de fouiller, quand ils trouvent de l'argent et qu'ils sont à l'écart, ils ne sont pas toujours fidèles. C'est pourquoy il est bien important de les observer et de se bien informer de leur conduite, et s'ils ne font point de saisies mal à propos ou pour causes trop légères.

Quand il visitera les bureaux de contrôle, car il y a toujours un bureau qui sert de contrôle à l'autre, soit à l'entrée ou à la sortie, il observera si les voituriers n'y sont point arrestés trop longtemps, si on leur donne des brevets de contrôle libellés comme leurs quittances, et si on leur fait payer des droits pour ces brevets de contrôle; si les commis ne veulent point avoir quelque portion de la denrée qui est voiturée, sous prétexte d'usage établi dans ces bureaux; ce qu'il observera aussy aux bureaux de recette.

Il observera si le lieu de l'établissement d'un siége pour la jurisdiction des traites n'est point trop éloigné de l'autre; si ces siéges sont établis sur les grandes routes ou proche d'icelles, pour la commodité des marchands, afin qu'ils puissent plus promptement avoir recours à la justice, quand ils sont vexés.

Il s'informera du caractère et du mérite de ces juges, quels appointemens ils ont, s'ils prennent des épices ou des vacations contre ce qui est porté par l'arrest du 6 décembre 1687 et la déclaration du mois de février 1688; s'ils punissent les fraudes suivant la rigueur des ordonnances, et s'ils font justice aux marchands.

On ne parle pas du registre des frais, comme il en a esté suffisamment parlé dans les autres chapitres, et il suffit de dire en un mot qu'il faut bien examiner si l'arrest du 6 décembre 1687 est exécuté à cet égard.

En faisant sa tournée, il observera si les bureaux ne sont point trop éloignés les uns des autres, et s'il y en a suffisamment pour la commodité du commerce, et point trop qui le gesnent.

Si, dans son département, il y a des enclaves d'une province de la ferme dans une qui n'en est pas, il en fera une discussion exacte et proposera les moyens d'oster les obstacles au commerce des lieux frontières, par la manière de les réduire.

[Il s'informera] comme l'on en use pour les marchandises et denrées qui sont voiturées dans les quatre lieues frontières de la ferme, et examinera les moyens qu'il y auroit d'épargner aux peuples la gesne et la dépense que leur causent la consignation, les acquits-à-caution ou les passavans, pour les moindres choses qu'ils déplacent; et s'informera si les employés rendent aysément les deniers consignés, quand on représente les certificats de descente;

Comme l'on en use pour les bestiaux, marchandises et denrées grosses et menues que l'on conduit aux foires des lieux frontières du dedans ou du dehors de la ferme, et s'appliquera à trouver les moyens de faciliter le commerce avantageux aux peuples de ces lieux.

Comme aussy il s'informera comme se fait le payement des droits pour les menues denrées qui s'apportent du dehors ou se portent du dedans de la ferme, et si les commis ne vexent point les paysans, en leur faisant payer plus de droits qu'il n'en est dû.

Se fera donner un estat alphabétique des marchandises et denrées entrées et sorties, et un autre estat des passe-ports du Roy, et les vérifiera sur les registres.

Il s'informera si les commis ne font point trop attendre les marchands qui apportent des tabacs pour faire leur déclaration; s'ils en veulent acheter, en sorte que les marchands perdent l'occasion de les vendre ou de les transporter en temps convenable, et si ce retardement n'en diminue point la qualité et la valeur.

Il examinera si les tabacs sont de bonne qualité, si l'on fait une déduction raisonnable pour les rouleaux, et si, dans le tabac en poudre, on n'y mesle point de corps étrangers.

Mémoire concernant le domaine, pour servir d'instruction au sieur DE MOUY.

En visitant les bureaux du domaine, il examinera en quoy consiste le domaine, si c'est en fonds ou en droits réels, ou s'il n'y a que le contrôle des exploits, les lods et ventes des échanges et les amendes.

Si c'est en fonds, il se fera représenter les baux qui en ont esté faits; si c'est en droits, les cueilloirs sur lesquels ils sont levés.

S'informera si les receveurs sont actifs et diligens pour la conservation des domaines, ou s'ils sont négligens et en souffrent l'usurpation;

S'ils acquittent régulièrement les charges, conformément aux estats; s'ils ne se font point faire des remises ou chicanes pour les obliger à payer le contenu auxdits estats.

S'informera de l'estat des terriers, s'ils se continuent ou s'ils sont sursis, et pourquoy.

Il examinera les registres des contrôles des exploits, pour connoistre s'ils sont cotés et paraphés par les juges, si les dates des contrôles ne sont point interposées, et s'il n'y a point de blancs, s'ils les déposent quand ils sont pleins, et quelles décharges ils en prennent, et se les fera représenter; et de quelle manière ils perçoivent les droits, c'est-à-dire s'ils les multiplient au delà des règlemens;

Si le receveur tient un registre des sommes qu'il reçoit pour les droits de lods et ventes des échanges, quels frais il fait pour le recouvrement, s'il fait des remises, jusques à quelle quotité;

S'il tient aussy un registre des amendes qui luy sont payées ou consignées;

S'il rend régulièrement celles dont la restitution est ordonnée;

Quelles procédures il fait pour son recouvrement, et s'il fait taxer ses frais par les juges, et quels fonds il peut avoir en ses mains.

Il s'informera des péages qui se payent dans l'étendue de son département, qui en sont les propriétaires, en quoy ils consistent, leur produit et leurs charges; s'il y a des pancartes qui en contiennent les droits, si elles sont autorisées;

Si, pour en tirer payement, les receveurs retardent les voitures par eau ou par terre; s'ils ne leur forment point de contestations pour le plus ou pour le moins, qui les engagent en des procès qui les obligent à séjourner pour les faire juger.

IV.

Commission à M. LE PELETIER, *pour être du Conseil d'État et du Conseil royal des finances.*

20 Septembre 1689.

LOUIS, etc. A nostre amé et féal conseiller en nostre Conseil d'Estat et en nostre Conseil royal des finances, Contrôleur général de nos finances, le sieur le Peletier, salut. Le désir que vous avez eu de remettre la charge de Contrôleur général de nos finances nous y a fait consentir, à condition néanmoins que vous demeurerez dans nos Conseils, estant bien ayse que vous nous y continuiez vos services, qui nous ont toujours esté très-agréables. Et, d'autant que, dans le temps que vous avez esté pourvu de ladite charge de Contrôleur général de nos finances, la place de conseiller ordinaire en nostre Conseil d'Estat que vous occupiez a esté remplie, et qu'à cause de ce il pourroit y avoir quelque difficulté, attendu que le nombre de ceux qui doivent composer nostredit Conseil d'Estat est fixé par nostre règlement du 3 janvier 1673, nous avons voulu expliquer nostre intention à cet égard. A CES CAUSES, et autres à ce nous mouvant, nous vous avons de nouveau, en tant que de besoin, fait, constitué, ordonné et établi, faisons, constituons, ordonnons et établissons, par ces présentes signées de nostre main, conseiller ordinaire en nostre Conseil d'Estat, privé, direction et finances, et conseiller en nostre Conseil royal des finances, pour nous y servir, y avoir entrée, voix et opinion délibérative, suivant les règlemens sur ce faits, et séance du jour que vous avez esté admis en nosdits Conseils, et jouir des honneurs et prérogatives en la mesme manière dont vous en jouissez à présent dans nos Conseils, ensemble des gages, pensions et autres avantages dont jouissent nos autres conseillers ordinaires en nostre Conseil d'Estat et en nostre Conseil royal des finances. Si donnons en mandement à nostre très-cher et féal chevalier, chancelier de France, le sieur Boucherat, que, sans prendre de vous nouveau serment, il ayt à vous faire reconnoistre èsdites qualités, de tous ceux et ainsy qu'il appartiendra, sans difficulté, nonobstant ce qui est porté par l'article 1er de nostre règlement du 3 janvier 1673 et toutes choses à ce contraires. Donné à Versailles, le 20 septembre 1689.

(Arch. de l'Empire, O¹ 33, f° 349 v°.)

V.

Mémoire présenté au Roi par M. LE PELETIER, après avoir quitté les finances, par lequel il rend compte de son administration.

Juin 1691.

J'ay cru devoir attendre que les recettes et les dépenses des années 1688 et 1689, que j'avois commencées sous vos ordres, fussent à peu près consommées par M. de Pontchartrain, pour présenter à V. M. cet extrait sommaire d'un plus long et plus exact examen de l'administration de vos finances, lequel j'ay fait avec beaucoup de soin et d'exactitude, afin de m'en rendre compte à moy-mesme, et me mettre en estat de le rendre à V. M., quand elle me l'ordonneroit.

J'ay trouvé, en septembre 1683, peu d'argent comptant dans vostre Trésor royal, parce que l'on avoit retiré d'assez grosses sommes de la Caisse des emprunts, pendant la maladie et la mort de M. Colbert. Cependant les particuliers de toutes conditions demandoient encore avec empressement, et tous à la fois, plus de 38,000,000 #, tant en principal qu'intérests. L'on proposoit à V. M. de ne pas s'engager à en faire le remboursement et d'obliger les créanciers à prendre des rentes forcées; mais, après en avoir considéré solidement les conséquences, je crus que, pour soutenir le crédit de vos affaires, il falloit maintenir la bonne foy tout entière. Il estoit dû d'ailleurs plusieurs remboursemens très-légitimes, il y avoit grand nombre d'ordonnances expédiées et non payées à plusieurs personnes de la cour, et M. Colbert avoit différé plusieurs payemens pour la marine.

Il n'y avoit aucune affaire extraordinaire en estat de produire de l'argent, soit que M. Colbert crust avoir épuisé les bonnes, soit qu'il n'eust pas esté en estat de se donner les peines que demandent les recouvremens forcés.

Je reconnus que M. Colbert avoit renfermé en luy-mesme toute la direction des finances, et qu'il n'y avoit personne qui fust dans la suite des affaires et en estat de m'en instruire. Le sieur Picon devoit savoir les fonds et l'estat des recettes et des dépenses; j'apperçus bientost que je ne pouvois pas attendre de luy une entière exactitude. Je crus que les registres sur lesquels V. M. écrivoit m'apprendroient sûrement et précisément l'estat du Trésor royal; mais je trouvay que le rapport n'estoit pas exact entre les registres et la caisse du Trésor royal. Je ne rencontray pas non plus dans les papiers de M. Colbert que l'on me remit toute l'instruction dont j'avois besoin, et je ne pus me faire donner ni plus de papiers ni plus d'éclaircissemens.

Ayant commencé à travailler sans aucun soulagement d'ailleurs, je trouvay que les revenus ordinaires de V. M. n'avoient pu suffire à beaucoup près aux dépenses qui estoient devenues ordinaires depuis plusieurs années, ce qui avoit engagé M. Colbert à établir la Caisse des emprunts, d'où il avoit fait porter au Trésor royal successivement, pendant les derniers temps, plus de 35,000,000 #.

Je donnay lors à V. M. des mémoires qui justifioient l'estat de toutes choses, autant que j'avois pu m'en éclaircir. Je m'appliquay à soutenir les recettes ordinaires sans non-valeurs, à donner du crédit aux rentes sur la ville, et je disposay l'ouverture du droit annuel pour en tirer un secours présent et considérable. Je commençay à prendre les ordres exprès de V. M. de semaine en semaine, pour les moindres comme pour les plus fortes dépenses, que je faisois payer sur les fonds dont je vous donnois en mesme temps une connoissance exacte. L'on fit par vos ordres l'ouverture des remboursemens de la Caisse des emprunts; l'on satisfit ponctuellement les rentiers qui avoient fait liquider leurs remboursemens pour les rentes supprimées, et l'estat des recettes de l'année 1683 s'est trouvé monter à 118,000,000 #, par les constitutions de rentes au denier dix-huit, par les augmentations de gages que les officiers ont levées, et par l'ouverture du droit annuel. Et les dépenses de la mesme année ont monté à 115,000,000 #, y compris 8,000,000 # de remboursement de la Caisse des emprunts, 8,000,000 # pour les rentes supprimées ou réduites du denier vingt au denier dix-huit, et toutes les ordonnances acquittées aux particuliers, et pour le payement entier de l'extraordinaire des guerres, de la marine, des fortifications et des bastimens; et il restoit entre les mains du sieur du Metz 3,000,000 #.

Quoyque l'année 1684 fust surchargée d'abord des dépenses extraordinaires de la guerre qui commençoit, que V. M. eust résolu de continuer les remboursemens de la Caisse des emprunts, et qu'il fallust satisfaire au payement des anciennes rentes supprimées, pour donner cours aux nouvelles, vous résolustes de faire cesser dans les provinces tous les recouvremens extraordinaires qui y pouvoient causer des frais et des contraintes. Et les recettes de cette année se sont trouvées monter à 160,000,000 #, dont il y a eu 17,000,000 # provenues des revenus casuels et ouverture de l'annuel, et 48,000,000 # provenues des rentes constituées sur la ville de Paris, dont une partie consiste en des conversions de rentes du denier vingt au denier dix-huit, qui ne font qu'une entrée et issue. Il a aussy esté reçu pendant cette année quelques restitutions que V. M. a ordonnées, sur les traitans des pièces de 4 sols et autres, dont les recouvremens ont esté faits plus pour établir des exemples d'exactitude et de pureté dans vos finances, que pour faire des recherches du passé.

Les dépenses de l'année 1684 montent pareillement à 160,000,000 #, et l'estat au vray présenté par le sieur de Bartillat cadre avec les registres de V. M. Cette grosse dépense provient de plus de 30,000,000 # employées au remboursement entier de la Caisse des emprunts, qui a esté consommé pendant cette année, et plus de 30,000,000 # d'autres remboursemens des rentes sur l'hostel de ville, tant supprimées que de celles converties du denier vingt au denier dix-huit. Les dépenses de l'extraordinaire des guerres ont esté très-fortes, aussy bien que celles de la marine, des fortifications et des bastimens; V. M. a fait en cette année des libéralités considérables, et, comme il y a toujours eu des fonds au Trésor royal, l'on a satisfait à tout ce qui pouvoit rester des années précédentes.

Les estats au vray des années 1681 et 1682, de l'administration de M. Colbert, n'estoient point arrestés; je les ay fait présenter à V. M. par les sieurs du Metz et de Bartillat, avec les rôles des restes et les derniers estats de comptant, après les avoir fait examiner par le sieur Picon, qui seul avoit connoissance des recettes et des dépenses. Ils ne cadrent pas entièrement aux arrestés que V. M. avoit écrits sur les livres, du vivant de feu M. Colbert, par les mesmes raisons que j'ay déjà marquées.

Pour rendre compte à V. M. de ce qui s'est passé en l'année 1685, dans laquelle le sieur de Bie a commencé à tenir les registres, à la place du sieur Picon, avec un ordre qui forme un contrôle si sévère et si exact des recettes et des dépenses, qu'il est impossible d'y estre trompé, je dois dire que, V. M. ayant donné la paix à toute l'Europe, je m'estois flatté de l'espérance qu'elle dureroit longtemps et que l'on pourroit en faire profiter vos peuples, et surtout ceux de la campagne, qui en avoient plus besoin. Je m'estois instruit à fond, pendant l'année 1684, des recettes ordinaires et des dépenses, en remontant aux années précédentes; et, ayant voulu connoistre le plan, non-seulement de l'administration de M. Colbert, mais de ceux qui avoient esté employés auparavant dans les finances, j'avois tasché à connoistre l'estat des provinces par MM. les intendans qui y servoient lors, et par ceux qui y avoient servi avec réputation. J'avois lu et dépouillé toutes les dépesches et mémoires envoyés à M. Colbert depuis l'année 1661. Tout cela, Sire, m'avoit fortement persuadé qu'il estoit d'une nécessité absolue pour vostre service et le bien de vostre Estat de soulager vos provinces, ce qui ne se pouvoit faire qu'en diminuant vos recettes, et je connoissois bien, en mesme temps, que l'on ne pouvoit les diminuer, que l'on ne retranchast aussy les dépenses. Je proposay à V. M., qui l'agréa, de diminuer les tailles de 3,500,000 # et de supprimer de certains droits d'aydes dont le recouvrement estoit fort à charge au plat pays, par les frais et les procédures. Je m'appliquay ensuite fortement, par vos ordres, à obliger les receveurs généraux et les receveurs des tailles à en faire le recouvrement en bons pères de famille. J'engageay les fermiers généraux à faire une régie sans frais, en faisant prendre une bonne conduite à leurs directeurs, commis et employés, pour le choix desquels je leur declaray, de la part de V. M., que l'on leur laissoit une entière liberté.

J'ay donné à V. M., pendant le cours de cette année, plusieurs mémoires, autant nets et précis qu'il m'a esté possible, pour luy bien faire connoistre l'augmentation prodigieuse qui avoit esté apportée dans ses dépenses depuis quatorze ou quinze ans, et quelles pouvoient estre les recettes ordinaires. Je croyois indispensablement de mon devoir d'expliquer à V. M. combien il eust été à désirer que la paix luy eust donné occasion de faire un retranchement notable sur quelques dépenses de l'extraordinaire, de la marine et des fortifications, puisqu'il estoit évident que les recettes ordinaires, quoyque trop fortes, ne suffisoient pas pour les dépenses, après mesme les réductions considérables que j'avois faites de toutes les parties qui pouvoient dépendre de ma direction. Et je ne pouvois encore me dispenser de répéter trop souvent à V. M. qu'il eust été de son service de diminuer les fonds qui entroient dans son Trésor royal, pour laisser plus d'argent dans les provinces et y rétablir, par le commerce et l'abondance, quelques sources où l'on pust puiser dans les besoins à venir de l'Estat, par une prévoyance digne de V. M. et de la félicité de son règne.

Mais je m'aperçus que les engagemens de V. M. pour la dépense estoient trop forts pour que je pusse les surmonter.

Les recettes de l'année 1685 se sont trouvées monter à 103,371,000 #, nonobstant la diminution accordée aux peuples de 3,500,000 # sur les tailles et de 1,000,000 # sur les aydes. Les revenus ordinaires des fermes, des recettes générales et des Dons gratuits des pays d'Estats ont esté portés plus haut que les années précédentes, sans remises ni intérests d'avances. Les deniers des augmentations de gages et les suites avantageuses de l'ouverture du droit annuel, avec quelques restitutions ordonnées par V. M., jointes aux remises faites par les trésoriers de l'extraordinaire des guerres et par celles du dernier exercice du sieur de Bartillat, ont produit cette grosse recette. Et les dépenses se sont trouvées monter à 103,344,000 #, décomposées de 15,340,000 # de dépenses pour les bastimens, et de toutes les autres dépenses, mesme des libéralités de V. M., qui ont esté plus fortes en cette année que dans les précédentes.

Il faut encore ajouter à cette dépense celle de 5,564,000 #, des deniers de la taille que V. M. avoit ordonné d'employer au remboursement des officiers supprimés des élections et des greniers à sel, pour répandre de l'argent dans les provinces, dont V. M. a connu le succès, tant par l'exemple d'une si bonne et prompte justice faite aux officiers supprimés, que par le mouvement de cet argent, qui s'est senti dans tout vostre royaume, et qui a produit la facilité des recouvremens.

Je m'appliquay tout entier pendant l'année 1686 à faire valoir les recettes ordinaires le plus avantageusement qu'il me fut possible, en mesme temps que le recouvrement des tailles et la régie des fermes se faisoient dans les provinces quasi sans frais et sans contrainte, et que V. M. diminuoit encore 2,000,000 # aux peuples sur les tailles et continuoit à retrancher les droits d'aydes qui estoient plus à charge aux vignerons. Mon travail consistoit particulièrement à empescher le mal, ce qui paroist le moins, mais qui produit assurément le bien le plus effectif. J'obligeay MM. les intendans d'envoyer à V. M. des mémoires exacts du véritable estat des provinces et la nature des recouvremens qui s'y faisoient, avec leurs avis sur tout ce qui pouvoit contribuer au soulagement et à l'avantage des peuples. J'en rendis un compte très-exact à V. M. et luy lisois dans son Conseil royal tout ce qui estoit de plus précis et de plus considérable, pour donner occasion à ceux qui le composent de dire leurs sentimens à V. M. et de luy proposer les meilleurs moyens de profiter d'un temps de paix et de vos bonnes intentions. J'eus sujet de craindre que je ne fisse pas encore assez pour bien faire connoistre à V. M. la nécessité de rétablir l'abondance dans plusieurs provinces de vostre royaume où la pauvreté des peuples paroissoit trop grande. Je proposay à V. M. d'envoyer dans toutes les généralités des commissaires du Conseil choisis par elle-mesme entre ceux qui avoient servi dans les intendances. Je leur donnay les plus amples, les plus précises instructions qu'il me fut possible, pour les faire entrer dans le détail de toutes les connoissances qui estoient nécessaires pour pouvoir ensuite proposer les plus prompts expédiens et concilier l'intérest de vos fermes et du recouvrement des revenus avec le bien général de vostre Estat. Je dois achever cet article, quoyque l'exécution en ayt esté suivie dans les autres années, en disant à V. M. que ces messieurs ayant fait successivement un premier et un second voyage, ils en rapportèrent des procès-verbaux et de très-bons mémoires, sur lesquels V. M. ayant bien voulu les entendre dans son Conseil, elle y résolut et ordonna plusieurs choses très-utiles, et qui servoient de dispositions à de meilleures et plus importantes, si l'estat des affaires n'avoit changé.

Les cinq dernières années de la surintendance de M. Fouquet, depuis 1657 jusques et compris 1661, n'avoient point esté arrestées; il n'y avoit ni estats au vray, ni comptes à la Chambre, ce qui faisoit une interruption dans la suite des Épargnes, en sorte qu'il n'estoit pas possible de joindre ni de suivre les recettes et les dépenses de l'Estat. Sur quoy V. M. résolut, dans son Conseil royal, que les trésoriers de l'Épargne qui estoient encore lors vivans présenteroient les estats au vray, les rôles des restes et les menus de comptant de leurs exercices, pour estre arrestés en présence de M. le Chancelier et de Messieurs du Conseil royal; ce qui a esté exécuté, et les comptes en ont esté présentés et clos à la Chambre. L'on a aussy, en conséquence, retiré des mains des trésoriers de l'Épargne plusieurs promesses et billets dont le fonds a esté payé par les peuples, quoyque V. M. en ayt touché peu de chose, et ces papiers ont esté remis au greffe du Conseil, en vertu d'arrests. L'on auroit pu en tirer des éclaircissemens utiles, si les obstacles qui ont arresté V. M. et le changement des temps ne l'avoient empesché. Ce travail a esté fait principalement pendant l'année 1686, et n'a pu estre achevé que dans les années suivantes.

Les recettes faites pendant l'année 1686 montent à 94,456,000#, y compris 7,372,000# des revenus casuels et 3,085,000# de recouvremens extraordinaires en plusieurs parties. Les dépenses de cette mesme année montent à 94,430,648#, y compris 3,000,000# remises ès mains de V. M., 4,000,000# de gratifications extraordinaires et 8,000,000# pour vos bastimens.

Les recettes de l'année 1686 et les dépenses qui dépendoient de moy avoient esté si bien ménagées, que je ne trouvay rien de plus à y faire pour l'année 1687. J'appliquay tout mon travail à tirer des connoissances par les visites que faisoient MM. les commissaires du Conseil dans vos provinces, et par les mémoires qu'ils m'envoyèrent pour disposer le renouvellement de vos fermes, en sorte que je pusse concilier deux choses: l'une, de soutenir les baux, et l'autre, d'y establir une si bonne régie, que tous les contribuables en pussent recevoir un notable soulagement, que le commerce pust estre augmenté et favorisé, et que vos fermiers trouvassent dans leur application et une meilleure conduite de quoy faire leur profit et l'avantage de V. M. en mesme temps.

J'avois connu solidement, par beaucoup de travail et d'application, que le bail de Fauconnet ne s'estoit ruiné au préjudice de V. M. et de ses fermiers que parce que les intérests particuliers avoient prévalu; qu'il n'y avoit eu nulle application ni nulle intention pour faire le bien général de la ferme. Je considérois le renouvellement de vos fermes, qui tomboit dans cette année, comme l'affaire la plus importante et le service le plus capital que je pouvois rendre à V. M. Je m'y appliquay avec beaucoup de travail et de peine pour bien entendre le produit de chaque ferme; il fallut donner bien du temps à chacun des fermiers pour les pouvoir connoistre et tirer d'eux les lumières nécessaires. Je dois dire à V. M. qu'en cela je me trouvois sans secours de personne qui pust entrer comme il falloit dans le détail de ce que je connaissois absolument nécessaire pour bien faire vostre service; c'est ce qui m'obligea de demander à V. M. un troisième intendant des finances pour travailler particulièrement à la direction des fermes, et, entre ceux que vous m'ordonnastes absolument de vous proposer, vous choisistes M. de Pontchartrain.

Les recettes de l'année 1687 se sont trouvées monter à 94,274,000#, provenues tant des fonds ordinaires que des revenus casuels et autres affaires extraordinaires faites pendant le cours de cette année; et les dépenses ont monté à 94,270,000#, y compris 8,000,000# pour les bastimens, 5,000,000# de gratifications par comptant, et 1,000,000# de certifications concernant le traité des étapes, qui ne font qu'une entrée et issue.

Les estats au vray des recettes et dépenses de cette année et des précédentes cadrent entièrement avec les arrestés des registres de V. M., qui assurent non-seulement l'exactitude des calculs, mais aussy toutes les parties singulières qui composent la recette et la dépense.

V. M. me permettra de luy remarquer que, pendant les années 1685, 1686 et 1687, d'une profonde paix, il a fallu, pour soutenir les dépenses, fournir 25,000,000# d'affaires extraordinaires, outre 40,000,000# d'autres deniers extraordinaires qui ont esté employés, depuis le mois de septembre 1683 jusques en la fin de 1684, aux dépenses ordinaires et aux remboursemens de la Caisse des emprunts. Il est vray que V. M. a choisi entre les moyens extraordinaires ceux qui n'ont pas esté à charge à vos peuples et qui n'ont rien dérangé dans l'ordre général de vostre royaume et dans la bonne administration de vos finances; mais quels avantages V. M. n'auroit-elle pas pu tirer de cette abondance pour prévoir les temps à venir et les guerres nécessaires, dans lesquelles vous eussiez pu, sans inquiétude et avec une sûreté quasi indubitable de ne point manquer d'argent, faire connoistre par avance à vos ennemis et aux jaloux de vostre grandeur qu'ils ne pouvoient vous attaquer sans attirer sur eux une ruine certaine et vous procurer de nouveaux avantages et une nouvelle gloire! Pardonnez, Sire, ce mouvement de mon zèle, que je n'ay pu retenir.

Dès les commencemens de l'année 1688, ma prévoyance et mes réflexions me firent apercevoir de telles dispositions à une guerre prochaine, que je m'appliquay à faire des plans tout nouveaux pour rendre à V. M. et à son Estat tout le service que mon zèle m'inspiroit. Je recherchay avec soin tout ce qui me pouvoit instruire des mesures que l'on avoit prises dans les temps d'une sage et prudente administration des finances, lorsque Henry le Grand se préparoit à la guerre d'Espagne et que l'on la déclara en 1635. Estant rempli de ces idées, je présentay des mémoires à V. M. pour la porter à prendre de bonne heure des mesures sur ce qui pouvoit arriver et à se faire des fonds de réserve qui pussent servir dans les occasions qui me paraissoient trop inévitables et trop proches.

La guerre se déclara dans le mois de septembre 1688. Je m'efforçay, autant que mon zèle et la nécessité de vostre service m'y engageoient, à former des affaires et des moyens pour fournir aux dépenses extraordinaires et pour soutenir vos revenus ordinaires, nonobstant les mouvemens de guerre, la cessation du commerce et du crédit, et tous les autres inconvéniens qu'il estoit aysé de prévoir. Je proposay plusieurs affaires, et j'en fis résoudre à V. M. dans son Conseil, qui ne blessoient point l'intérest public, ne dérangeoient point les grandes maximes de vostre Estat et de vos finances, et n'estoient point trop à charge aux provinces et aux particuliers. Et mesme il parut dans tous les ordres de vostre royaume une bonne volonté et une disposition à faciliter tous ces moyens, qui produisoient des secours considérables à V. M.

Mais, dans la suite, les dépenses se trouvèrent monter à de si grandes sommes, et je vis des dispositions telles à les continuer et les augmenter, qu'ayant solidement examiné le présent et l'avenir et les suites d'une guerre dont la prudence ne permettoit pas d'attendre une prompte issue, je trouvay qu'il ne suffisoit pas, pour satisfaire à mon devoir, que je m'efforçasse seulement à fournir de l'argent, mais que je devois représenter à V. M. les conséquences importantes et les suites des engagemens à une dépense que j'avois sujet de craindre que vostre Estat ne pust soutenir pendant plusieurs années. Mais je connus bientost que je donnois de la peine à V. M., que je manquois de force pour me donner la créance dont j'aurois eu besoin pour bien servir dans des conjonctures aussy difficiles, et je vis les contradictions s'élever contre moy, en mesme temps que je fournissois à toutes les dépenses, et que les moyens extraordinaires que j'avois disposés estoient en estat de produire successivement 80,000,000 ᵗᵗ.

Cependant, les recettes de l'année 1688 avoient esté faites heureusement, et, quoyqu'elles ne fussent pas achevées entièrement quand il a plu à V. M. me décharger du contrôle général, elles montoient à 106,000,000 ᵗᵗ, et les dépenses à peu près à mesme somme, suivant les arrestés écrits de la main de V. M. Cette recette provenoit tant des revenus ordinaires que de 22,000,000 ᵗᵗ d'affaires extraordinaires, dont les deniers avoient esté portés au Trésor royal, quasi sans intérests d'avances ni remises. Il restoit encore des ordonnances de cette année à payer, et aussy des fonds comptans dans vostre Trésor royal, et des parties à recouvrer par le sieur de Bartillat.

Les recettes de l'année 1689 s'estoient soutenues, nonobstant que la guerre s'allumast plus fortement. Le soin et l'application que je donnois à la régie de vos fermes en maintenoient le produit, autant qu'il se pouvoit dans une cessation quasi entière du commerce. L'on empeschoit le crédit de tomber. J'avois fait faire quelques avances par les receveurs généraux, pour essayer leur crédit et le mettre en mouvement en leur donnant de gros intérests.

Dans un si grand et si continuel travail, et parmy toutes les peines présentes et les prévoyances de l'avenir, ma santé commença à s'affoiblir. Une insomnie, qui s'augmentoit tous les jours, me rendoit le travail difficile; je connus combien il estoit important de le cacher à ma famille, pour ne pas nuire à vos affaires. Mais l'expérience de plusieurs mois et l'inutilité de quelques remèdes ordinaires que je pratiquois, et dont je m'estois promis quelque soulagement, me firent prendre la résolution de faire connoistre à V. M. ce que je cachois à tous les autres, et je me vis obligé, Sire, de vous presser de pourvoir à vostre service, par principes de conscience, d'honneur et de prudence, et avec une entière confiance en Dieu seul, qui a inspiré à V. M. les résolutions qu'elle a exécutées et qui firent cesser toutes mes inquiétudes. Aussitost que je me vis assuré que vos finances, qui n'avoient point souffert jusque-là, ne souffriroient point par mon changement, mais qu'elles recevroient plutost d'autres avantages, en y faisant entrer un homme qui donneroit au public et aux gens d'affaires un mouvement pour vostre service, je n'ay songé uniquement qu'à faire passer la direction de vos finances entre les mains de M. de Pontchartrain, avec une entière satisfaction de V. M. et de tous ceux qui doivent la servir; et Dieu a béni en cela la pureté de mes intentions.

Les recettes et les dépenses de vostre Trésor royal, pendant les neuf premiers mois de l'année 1689, se sont trouvées monter à 86,956,000 ᵗᵗ, dont il y a 30,000,000 ᵗᵗ provenues des moyens extraordinaires; et j'ay eu la satisfaction, Sire, de laisser vos affaires en tel estat que, les fonds n'ayant point manqué jusque-là, il en restoit encore de considérables, tant en argent comptant qu'en recouvremens. Le reste des revenus ordinaires de l'année 1689 pouvoit monter à 26,000,000 ᵗᵗ, et les fonds extraordinaires à recouvrer, suivant les résultats et les traités expédiés, environ à 28,000,000 ᵗᵗ, qui achèvent de composer les 80,000,000 ᵗᵗ d'affaires extraordinaires faites pendant l'année 1688.

Je donne, Sire, ce mémoire à V. M. avec d'autant plus de confiance, qu'il est justifié par les arrestés écrits de la main de V. M., à la fin de chacun mois, sur les registres, qui font une démonstration très-sûre de l'exactitude de toutes les recettes et les dépenses que j'ay fait faire par vos ordres pendant six années.

Mais, Sire, je crois y devoir ajouter le compte de mon bien, puisque j'ay eu l'administration du vostre. Je sors, Sire, du contrôle général avec 8,000 ᵗᵗ de rentes, qui est ce que mon père m'a laissé. J'ay rendu à mes enfans le bien de leur mère, qui estoit considérable, et j'ay employé les gratifications que V. M. m'a faites à établir mon fils dans la charge de président à mortier et à donner 50,000 ᵗᵗ à chacun de mes enfans ecclésiastiques. Les dépenses que j'ay faites à ma maison de Villeneuve sont venues des épargnes de mes appointemens ordinaires. Je proteste à V. M. que je ne veux pas estre plus riche, si je continue à la servir; elle me fera donner ce dont j'auray besoin pour subsister avec modestie, et, quand je ne vous serviray plus, je me trouveray plus riche, en ne voulant pas dépenser, que je ne l'ay jamais esté dans tout le cours de ma vie.

(Bibliothèque impériale, mss. fr. 7,750, fᵒˢ 72 et suiv.)

VI.

Commission de Contrôleur général des finances pour Louis Phélypeaux de Pontchartrain.

20 Septembre 1689.

Louis, etc. A nostre amé et féal conseiller ordinaire en nostre Conseil d'Estat, le sieur Louis Phélypeaux de Pontchartrain, intendant de nos finances, salut. Nostre amé et féal le sieur le Peletier, Contrôleur général de nos finances, ayant désiré de se décharger de ce soin, nous avons cru ne le pouvoir confier à personne qui nous y serve plus utilement ni plus fidèlement que vous, par la connoissance que nous avons de vostre probité, suffisance, expérience aux affaires, et par la confiance que nous avons eu vostre fidélité et affection singulière à nostre service, dont vous nous avez donné des preuves dans l'exercice de la charge de premier président en nostre Cour de Parlement de Bretagne et depuis que nous vous avons établi intendant de nos finances. À ces causes, etc.

Donné à Versailles, le 20 septembre 1689.

Lettres de conseiller au Conseil royal des finances.

20 Septembre 1689.

Louis, etc. A nostre amé et féal conseiller ordinaire en nostre Conseil d'Estat, intendant de nos finances, le sieur Phélypeaux de Pontchartrain, salut. La connoissance que nous avons de vostre zèle, intégrité, fidélité et affection à nostre service nous ont porté à vous choisir pour remplir la charge de Contrôleur général de nos finances, que le sieur le Peletier a remise en nos mains, et voulant, pour les mesmes raisons, vous admettre en nostre Conseil royal de nos finances, sans cependant que vous remplissiez la place que ledit sieur le Peletier y occupe, attendu que nostre intention est qu'il continue à nous y servir; à ces causes, etc.

A Versailles, le 20 septembre 1689.

(Arch. de l'Empire, O[1] 33, f°s 240 et 242.)

VII.

Instruction donnée par nous, Louis Phélypeaux, comte de Pontchartrain, ministre et secrétaire d'Estat, Contrôleur général des finances, [surintendant des arts et manufactures de France,] à . . . ., par nous commis pour l'exécution des règlemens généraux des manufactures, qui sera tenu d'y satisfaire dans tout le cours de sa commission, et suivant qu'il est plus particulièrement expliqué cy-après.

30 Décembre 1691.

Les soins qu'il a plu au Roy de prendre pour l'exécution des règlemens généraux faits au sujet des manufactures, au mois d'aoust 1669, et pour celle des arrests rendus en conséquence des ordres et des mémoires envoyés dans les provinces, pour remédier aux abus qui se commettoient auparavant dans les fabriques et les teintures des manufactures du royaume, auroient eu tout le succès que S. M. en pouvoit attendre, si les maistres, gardes et jurés des communautés des ouvriers et des marchands et les juges des manufactures avoient satisfait auxdits règlemens et arrests. Mais, comme leur négligence procède, en quelque sorte, de l'inapplication ou de l'ignorance des commis que S. M. a envoyés dans les provinces pour l'exécution desdits règlemens, elle nous a ordonné de leur faire savoir que ceux qui n'ont pas jusques à présent rempli leur devoir doivent se tenir pour assurés qu'ils seront révoqués de leurs employs, mesme chastiés selon l'exigence des cas, sur la connoissance des premiers manquemens dans leurs fonctions et dans l'assiduité, l'application et le désintéressement qu'ils y doivent avoir, au lieu que ceux qui se distingueront par leur bonne conduite et par les avantages qu'ils procureront au public peuvent espérer d'estre gratifiés.

S. M. estant informée que quelques-uns desdits commis, distraits par d'autres employs, ou par pure négligence, au lieu de remplir toutes leurs fonctions, se contentent d'aller dans les lieux des principales manufactures, pour y recevoir le produit du droit de marque pour leurs appointemens, ils doivent estre informés que ceux qui se trouveront engagés en quelque autre employ, de quelque nature que ce soit, seront révoqués, si, à la réception des présens ordres, ils ne les quittent et n'en donnent connoissance aussitost, S. M. voulant que lesdits commis fassent une visite générale au moins quatre fois l'année dans tous les lieux de leur département et que, dans les intervalles, ils fassent des visites particulières dans les manufactures principales, ou dans celles où ils auront reconnu plus de désordres et qui auront plus de besoin de leur attention.

Le Roy ayant ordonné, par édit du mois d'aoust 1669, que l'un des échevins, capitouls, jurats et autres faisant pareille fonction dans les villes seroit actuellement marchand, ou auroit fait au moins pendant six ans la marchandise, à peine de nullité de l'élection, lesdits commis examineront si cet article s'exécute exactement dans les villes et lieux où il y a des manufactures établies ou dans lesquelles on les porte pour y estre visitées et marquées; et, en cas d'inexécution, ils nous en informeront et en donneront aussy avis à MM. les intendans et commissaires départis, pour y estre par eux pourvu.

Les règlemens, instructions, ordres et arrests remis auxdits commis, contenant en détail tout ce qui a pu estre prévu pour parvenir à la perfection des manufactures, tant pour les matières qui y doivent estre employées, leur apprest, la fabrique, les largeur et longueur des étoffes, les teintures et le foulage, que pour en empescher les abus, ils doivent s'appliquer de nouveau à bien étudier et faire étudier lesdits règlemens, instructions, mémoires et ordres; et, pour cet effet, ils ne manqueront pas d'en faire lecture dans les premières visites qu'ils feront en chacune année aux communautés, lesquelles ils feront assembler par l'ordre des échevins et juges des manufactures, et nous en rendront compte à chaque fois, afin que les ouvriers et marchands s'y conforment, que lesdits commis de leur part se puissent rendre capables de les faire exécuter, et que, par leur application et leur exactitude dans leurs visites, ils se mettent au point de connoistre les défauts comme le pourroient faire les plus habiles ouvriers, chacun dans leur métier, et remédier aux abus et aux contraventions.

S. M. estant informée que, nonobstant ce qui a esté ordonné par les arrests du Conseil des dernier décembre 1675, 3 juillet 1677 et 8 mars 1686, les maistres et gardes jurés drapiers, sergers et des autres étoffes de divers lieux ne tiennent point encore de registre de toutes les pièces qui se fabriquent, tant de soye que de layne et de fil, poil, coton et meslées, qu'ils doivent visiter et marquer, du produit du sol pour marque desdites pièces, ni des amendes auxquelles les marchands trouvés en fraude auroient esté condamnés; mesme qu'au préjudice de ce qui a esté statué pour cet effet, ceux des plus fortes communautés ne sont pas fidèles et n'enregistrent qu'une partie des pièces d'étoffes et des amendes, pour retenir induement le sol de la marque destiné pour les besoins des communautés et pour les appointemens des commis, conformément audit arrest du Conseil du dernier décembre 1675; S. M. a mesme esté avertie que quelques-uns desdits commis partagent avec lesdits maistres et gardes jurés ce qui a esté ainsy soustrait desdits registres. C'est pourquoy lesdits commis tiendront plus soigneusement la main à ce que ceux desdits maistres et jurés des lieux qui n'auront pas satisfait auxdits arrests tiennent lesdits registres et y écrivent sans délay le nombre et la qualité des pièces de toutes les étoffes qu'ils doivent visiter et marquer, ensemble les amendes encourues, et que lesdits commis, dans toutes leurs visites, se fassent représenter lesdits registres pour vérifier si lesdits gardes et jurés y auront employé toutes les pièces qui leur auront esté apportées pour estre marquées, ensemble lesdites amendes; de quoy lesdits commis seront responsables.

S. M. veut aussy que, dans les départemens où le produit dudit droit de marque surpasse ce qui est nécessaire pour les appointemens desdits commis, MM. les intendans règlent ce qui devra estre payé par chacune communauté, à proportion du travail, pour composer la somme de 2,000# à laquelle leurs appointemens ont esté réglés.

Ils tiendront soigneusement la main à faire exécuter l'arrest du 24 juillet 1688, et, en conséquence, obligeront les nouveaux gardes jurés, aussitost qu'ils auront esté élus, à faire faire une marque nouvelle, où sera marquée la date et l'année qu'ils auront esté élus, de laquelle ils se serviront pour marquer les étoffes, afin que l'on puisse connoistre qui seront les jurés qui auront marqué les étoffes, et les en rendre responsables, en cas qu'elles se trouvent défectueuses.

Le relaschement et le peu d'affection des gardes jurés, des ouvriers et des marchands, en la plupart des lieux du royaume, dans ce qu'ils doivent faire suivant les règlemens pour empescher les abus dans les fabriques et teintures, et celuy de MM. les échevins et autres qui sont juges des manufactures, dans l'exécution desdits règlemens et arrests donnés en conséquence, pour les peines ordonnées contre les contrevenans, estant une des principales causes de la continuation des défauts et du préjudice que le public en reçoit, lesdits commis se pourvoyront par-devant MM. les intendans, non-seulement pour les avertir de la négligence et des contraventions dans la conduite desdits gardes jurés et desdits juges, mais mesme pour les faire condamner en telles amendes que lesdits sieurs intendans jugeront à propos, suivant le pouvoir qui leur est en donné par S. M., suivant l'arrest du 10 décembre 1689.

Lesdits commis doivent faire tenir la main très-exactement à l'exécution de l'instruction de S. M. du 13 aoust 1669, pour l'exécution des règlemens des manufactures et teintures de toutes sortes d'étoffes, entrant particulièrement dans le détail de l'exécution, tant du règlement que de l'instruction concernant les teintures, qu'ils suivront article par article, pour connoistre précisément en quoy on y contrevient, et nous rendront compte des diligences qu'ils auront faites à cet égard.

Et, d'autant que, par un abus préjudiciable au public, ceux qui fabriquent des étoffes s'appliquent à donner une belle apparence à la partie de l'étoffe qui paroist au dehors, ce que l'on appelle la *monstre*, et que le reste de la pièce n'y répond pas en bonté, les commis observeront exactement, dans la visite des étoffes, qu'elles soient égales dedans comme au chef, et qu'elles ayent dans toute l'étendue de la pièce le mesme degré de perfection.

Ils s'attacheront à l'exécution des arrests, règlemens et ordres donnés au sujet des manufactures et marchandises des pays étrangers, tant à l'entrée que pour le débit, et, pour cet effet, ils feront les visites nécessaires chez les marchands et y saisiront celles qui sont défendues et celles des fabriques du royaume qui se trouveront défectueuses, non marquées ou induement marquées, et ils tiendront aussy la main plus exactement que par le passé à l'exécution du règlement général et de tous les arrests rendus en conséquence, touchant les marques des draps et toutes sortes d'étoffes, et pour les dentelles de fil.

Lesdits commis assisteront aux visites des marchandises dans les bureaux des fermes, aux lieux de leur département où ils iront, passeront ou séjourneront, pour examiner les marchandises qui y sont apportées et saisir les étrangères qui sont prohibées et celles du royaume défectueuses.

Ils s'informeront de la conduite des commis desdits bureaux en l'exécution des arrests et règlemens pour les marchandises étrangères, pour nous en rendre compte; ils prendront garde néanmoins de ne point troubler lesdits commis dans leurs exercices, et à ne pas retarder les expéditions; au contraire, ils agiront de concert avec eux pour l'exécution desdits arrests et règlemens, et pour découvrir les fraudes et faire punir les contrevenans.

Aussitost que lesdits commis auront connoissance de quelques différends entre lesdites communautés, ils en donneront avis à MM. les intendans, pour les régler, ou y estre pourvu par S. M. sur leurs avis.

Ils informeront aussy lesdits sieurs intendans de l'estat des manufactures et des contraventions, quand le cas le requerra, sur les difficultés qui peuvent naistre pour lesdites contraventions et dans lesdits jugemens, et ils nous en rendront compte pareillement et nous enverront lesdits jugemens à mesure qu'ils seront rendus.

Le Roy voulant savoir ce qui se fabrique de pièces d'étoffes de soye, layne, fil, poil, coton et meslées, de toutes sortes, dans le royaume, et en particulier dans chaque province, et leur qualité, lesdits commis nous enverront aussy, de six mois en six mois, à commencer dudit jour 1er avril dernier, un estat général par colonnes des lieux où il y a des manufactures, du nombre des métiers, de la qualité des étoffes et du nombre des pièces de chacune sorte qui auront esté fabriquées pendant lesdits six mois, et un autre séparément des étoffes foraines qui auront esté rapportées des autres lieux et contre-marquées dans ceux du débit.

Ils observeront de spécifier dans ledit estat la différence qui se trouvera en augmentation ou diminution sur chaque sorte, et les causes de cette différence, afin que S. M. estant informée des raisons de la diminution d'une fabrique, elle puisse pourvoir ainsy qu'il conviendra pour la rétablir.

Ils observeront de marquer au bas dudit estat les défauts qu'ils auront reconnus dans les fabriques, teintures et fouloirs, les noms des maistres, le nombre des ouvriers, avec les moyens qu'ils jugeront les meilleurs pour perfectionner lesdites manufactures.

Ils retireront, dans le cours de leurs visites, des maistres ouvriers des manufactures de tous les lieux de leur département, un échantillon de chacune sorte d'étoffe de leur fabrique, et ils envelopperont chaque échantillon d'un morceau de papier, sur lequel ils mettront le nom vulgaire de l'étoffe, celuy du lieu où elle se fabrique, celuy du maistre qui l'aura faite, la largeur et la longueur, la destination pour le dehors ou le dedans du royaume, et ils l'obligeront à signer et dater l'enveloppe, et à y mettre son cachet.

Ils nous enverront aussy, tous les six mois, avec lesdits estats, quelques-uns desdits échantillons de chacune sorte et qualité d'étoffe, et ils attacheront tous ces échantillons sur une feuille de grand papier fort, avec de la cire d'Espagne, et, en marge, sur la largeur de la feuille, à costé de chaque échantillon, ils écriront vis-à-vis la matière qu'on y employe et le prix auquel l'étoffe revient, à l'aune de Paris.

Fait à Versailles, ce 30 décembre 1691.

(Arch. de l'Empire, Papiers du Contrôle général des finances.)

VIII.

Instruction donnée par nous, Louis Phélypeaux, comte de Pontchartrain, ministre et secrétaire d'Estat, Contrôleur général des finances, [surintendant des arts et manufactures de France,] à . . . . par nous commis pour l'exécution des règlemens généraux des manufactures, qui sera tenu d'y satisfaire dans sa première visite.

Les commis préposés pour l'exécution des règlemens des manufactures nous enverront un mémoire de la qualité et quantité des laynes qui se peuvent recueillir sur le pied d'une année commune, chacun dans l'étendue de son département, du prix et de l'employ de chacune qualité, ensemble de celles des pays étrangers, mesme de celles des autres provinces et lieux du royaume d'où on en peut tirer pour estre employées aux manufactures dudit département.

Comme le dégraissage se fait avec différentes matières en quelques lieux, lesdits commis conféreront avec les principaux et les plus habiles ouvriers pour chercher les moyens de faire employer les eaux et les matières les plus propres à faire le dégraissage avec un meilleur effet, et empescher qu'il ne soit fait aucun meslange qui puisse brusler ou endurcir les étoffes, afin de nous en informer; et ne manqueront pas de nous en envoyer des mémoires, comme aussy du nombre des moulins, des lieux de leur situation et qualité, ensemble des noms des maistres.

La qualité et façon des forces estant de conséquence pour bien tondre les draps, les commis examineront celles dont les ouvriers se servent et les lieux où on les fabrique, instruiront les ouvriers de la manière dont elles doivent estre fabriquées, et tiendront la main à ce que lesdits ouvriers puissent acquérir la perfection des étrangers à cet égard, afin de s'en passer. Ils dresseront des mémoires particuliers pour nous informer de ce qu'ils reconnoistront sur ce sujet.

Ils examineront la capacité des teinturiers en chacun des lieux de leur département où il y en a. Ils nous enverront un estat de leurs noms et surnoms, en chacun desdits lieux, dans lequel ils marqueront ceux où il n'y en a pas suffisamment, afin d'y pourvoir, et un mémoire de la qualité des eaux de chaque lieu et de celles dont on se pourroit servir qui seront plus propres aux teinturiers; lequel mémoire contiendra ce qu'ils auront reconnu touchant les lieux les plus propres pour la production des racines, arbres et autres ingrédiens et choses nécessaires pour les teintures.

Ils nous enverront un estat des foires dans tous les lieux de leur département; ils ne manqueront pas d'aller auxdites foires, et ils s'y comporteront, pour leurs fonctions, conformément à ce qui a esté ordonné par l'instruction générale et avec toute la modération et la prudence requises pour ne pas troubler ni interrompre le commerce.

Ils nous enverront les statuts de toutes les communautés des fabricans des étoffes de soye, layne, fil, poil, coton et meslées, et toiles, et, en cas qu'il y eust aussy quelques-unes desdites communautés qui n'eussent point de statuts, ils nous en informeront.

Ils nous enverront pareillement un mémoire de l'estat et qualité des autres manufactures dans l'étendue de leur département, comme bas de soye, layne, fil et coton, cuirs et peaux, chapeaux, dentelles, couvertures, tapisseries et papier, mercerie et quincaille, ensemble des forges et martinets, de la quantité et qualité des ouvrages qui s'y font. Ledit mémoire contiendra le nombre des maistres ouvriers en chaque lieu, les matières qui s'employent auxdits ouvrages, d'où elles se tirent, où les ouvrages se débitent; et ils y joindront les statuts de chacune communauté.

S'il y a des manufactures, de quelque qualité qu'elles soient, établies en vertu de lettres, arrests et priviléges du Roy, ils en retireront des copies et nous les enverront.

Ils s'informeront de tous ceux qui lèvent des droits pour la visite, marque et aunage, autres que les gardes jurés, et nous enverront un estat de leurs noms et demeures, ensemble des droits qu'ils lèvent; sur quoy lesdits commis doivent estre informés que, par arrest du Conseil du 30 décembre 1688, il a esté ordonné que lesdits auneurs-marqueurs rapporteroient leurs titres, et cependant défenses de faire aucune fonction ni lever aucuns droits, s'ils n'en sont requis, tant par le vendeur que par l'acheteur, ou, en cas de contestation, s'il n'est ordonné par justice; et nous informeront si on ne contrevient point à cet arrest.

Ils s'informeront aussy exactement, en chaque lieu du débit des manufactures, de quelle manière se fait l'aunage, s'il se fait sur-le-champ entre le vendeur et l'acheteur, avant la délivrance de la marchandise, ou si l'acheteur la prend pour tant d'aunes, sur la foy du vendeur; si cela se fait verbalement ou par écrit; si, en cas de mécompte, l'acheteur en est cru sur sa parole; si cela n'engendre point de procès entre eux; en un mot, quel est l'usage qui se pratique sur tout ce qui est contenu en cet article.

Ils examineront si l'arrest du 9 octobre 1688 est exécuté, et si, en conséquence, les fermiers, receveurs ou officiers des seigneurs ont remis entre les mains des commis des manufactures ou des gardes jurés les marques qui servent à marquer les étoffes, et, en cas qu'il y ayt quelques lieux où il n'ayt pas esté exécuté, ils le feront exécuter incessamment, et nous informeront de ce qu'ils auront fait à cet égard.

Après avoir bien examiné ce qui regarde à fond les manufactures, lesdits commis nous enverront un inventaire de tous les règlemens, arrests, ordres, mémoires et instructions qui auront esté faits, rendus et envoyés dans leurs départemens, en nous expliquant ce qui concerne par détail les lieux où ils ont inspection, ce qu'ils en ont conçu par rapport au travail qui s'y fait et aux fabriques qui y ont cours, ce qui s'y trouve de nécessaire ou qui mérite éclaircissement, augmentation ou diminution; et, comme le Roy a envoyé tous ses ordres à MM. les intendans des provinces, qui ont donné leurs attaches et gardé les originaux dans leurs greffes, ils leur en demanderont communication, pour reconnoistre si tout est parvenu à leur connoissance particulière, n'estant pas à présumer qu'ils puissent remplir leur devoir, s'ils n'ont pas su les titres en exécution desquels ils ont dû et doivent agir.

Ils nous manderont le plan de leur travail jusques à présent, de la participation de MM. les intendans, et ils nous justifieront de leur exactitude en nous donnant une preuve du travail de chaque manufacture, en commençant par son établissement et continuant son progrès et l'estat où elle est, les difficultés qu'on y a trouvées, les abus qui s'y sont introduits et les remèdes les plus sensés qu'on y peut apporter, afin que S. M. donne ses ordres sur ce qui se trouvera estre à faire.

Les commis satisferont à tout le contenu en cette présente instruction, et nous en enverront des mémoires trois mois après qu'ils l'auront reçue.

Fait à . . . ., ce . . . décembre 169 .

(Arch. de l'Empire, Papiers du Contrôle général des finances.)

IX.

Projet de capitation présenté par M. de Vauban.

(1694.)

Pour bien faire la capitation, il seroit à désirer qu'avant de résoudre la manière dont on la peut faire, il plust au Roy de se faire rendre un compte exact de l'estat de ses revenus, et de bien faire examiner ce qu'il en peut avoir de fixe et sur quoy on peut sûrement compter, et qu'ensuite il se fist aussy rendre compte des charges et dépenses d'obligation nécessitée des dedans du royaume et de sa maison, et qu'après en avoir fait un estat bien recherché, on ostast les sommes de ce à quoy elles pourroient monter du total de son revenu, et faire un autre estat du restant pour les dépenses de la guerre de terre et de mer et de tous leurs accompagnemens. Et, comme il est à présumer que ce restant ne suffiroit pas pour la soutenir sur le pied d'une offensive générale, pas mesme d'une bonne défensive, il faudra le réduire à un plus modéré, sur un pied soutenable, tel à peu près que l'un de ceux dont j'ay eu l'honneur de présenter un mémoire à S. M., la résolution de laquelle luy apprendroit les fonds qu'il faudroit faire de plus pour la pouvoir soutenir avec bonneur. Ces fonds une fois résolus, et quelque chose de plus pour les cas imprévus, resteroit à examiner les moyens plus faciles de leur levée, et ceux de les pouvoir perpétuer pendant la guerre. Pour cela, il y a deux moyens à suivre, dont l'un est celuy des affaires extraordinaires, et l'autre d'une taxe ou *capitation* judicieuse, également répandue sur tous les sujets en estat de la payer.

Le premier de ces moyens est épuisé et ne paroist plus devoir réussir, du moins pour le soutien d'une guerre de durée. Il n'y a donc que la capitation à qui on puisse avoir recours: mais l'affaire est de l'établir d'une manière supportable et qui, sans continuer l'accablement des peuples au point que nous le voyons, puisse achever de fournir le nécessaire aux frais de la guerre, le moins mal qu'il est possible. Je ne prétends pas que l'expédient que je propose soit sans défaut; je n'ay ni la présomption de m'en flatter, ni assez d'intelligence dans les affaires de finances pour croire que je puisse faire quelque chose de bon à cet égard; ce que je puis dire est que bonne partie de ce que je mets en avant roule sur la connoissance que j'ay des gages et appointemens du grand nombre d'hommes et d'officiers de toutes espèces qui servent le Roy, et les autres sur des proportions tirées de quantité d'expériences que j'ay faites de différentes façons, sur lesquelles il est difficile que je me sois toujours trompé, les ayant toutes prises sur un pied bien au-dessous des proportions que les calculs m'en ont données. Pour celles dont je n'ay que des demy-connoissances, je les ay faites par des conjectures que je puis dire estre fort approchantes de la vérité, parce que je ne m'y suis déterminé qu'après de profondes méditations. A l'égard de ceux dont je n'en ay aucune, je me suis contenté de les indiquer par le dernier article. En suivant cette méthode, il sera aysé de les découvrir et régler sur le mesme pied que les autres. Au reste, j'ay mis la capitation des rentes et appointemens connus sur le denier quinze, parce que le denier dix m'a paru trop rude, et le vingtième trop foible; ce dernier cependant seroit plus supportable, eu égard à la pauvreté du royaume, mais la crainte qu'il ne fust pas suffisant me l'a fait mettre au denier quinze.

Si S. M. a ce projet pour agréable, après l'avoir bien fait épurer par son Conseil et subi toutes les corrections convenables, il est très-nécessaire qu'elle ayt la bonté de commettre les détails de son exécution dans les villes et dans les provinces à des gens de bien très-éclairés et qui se donnent la patience d'examiner les choses de près et à fond, sans autres considérations que celle d'observer toute la justice possible dans une imposition qui ne sauroit jamais estre trop légale, ni assez proportionnée aux facultés de ceux sur qui elle doit estre imposée, évitant sur toutes choses de tomber entre les mains des traitans, qui sont les véritables destructeurs du royaume, mais la faisant imposer par les intendans, assistés des plus notables des provinces, et recevoir par les receveurs des tailles ou tels autres qu'il plaira à S. M., donnant le sol pour livre pour tous les frais de la levée et de l'imposition, et non plus; estimant que par ce moyen on en pourra venir à bout assez facilement, et sans ruiner les peuples par des contraintes qui leur font pis que tout ce que l'on tire d'eux.

PROJET DE CAPITATION

SUR LE PIED DU DENIER QUINZE,

Levée indifféremment sur tout ce qui a moyen de payer, et notamment sur le clergé, les appointemens, gages et pensions de tous les officiers civils et militaires du royaume, la maison du Roy, les troupes de terre et de mer, sans en excepter aucun de tous ceux qui la peuvent porter, à payer annuellement et par quartier, tant que la guerre présente durera, et non plus.

I.

Le clergé de France, de tous ordres et de tous sexes, peut avoir 75,000,000 # de revenu, sur lesquelles imposant la capitation sur le pied du denier quinze, elle produira la somme de.................................... 5,000,000 #.

Par le clergé de France, j'entends non-seulement tous les cardinaux, archevesques, évesques, abbés, prieurs, curés, chapelains et tous les prestres rentés possédant bénéfice et vivant de l'autel, mais encore tous les ordres religieux d'hommes et de femmes, à n'en excepter que les mendians. Bien entendu qu'il faudra, à mesme temps, les décharger de toute autre taxe extraordinaire et Dons gratuits, sans quoy ils ne pourroient pas payer la capitation sur le pied que je la mets. Au surplus, je suis persuadé, par toutes les connoissances que j'en puis avoir, que le clergé de France jouit de tout le revenu qui luy est icy imputé, plutost plus que moins.

II.

Faisant payer la capitation à tous les officiers des troupes de terre qui sont sur pied, à raison du denier quinze, et aux soldats, seulement chacun 12 sols par an, elle montera à 1,646,429 #.

On suppose que la paye des officiers sera fixée, sa mobilité estant un moyen nouveau pour obliger les officiers à avoir de meilleures compagnies, qui, au lieu de faire cet effet, les met le plus souvent dans l'impuissance de le pouvoir faire, joint que les gratifications, depuis trente-cinq hommes en haut, feront le mesme effet qu'on peut souhaiter à cet égard; et, comme la paye du pauvre soldat est déjà trop basse, je l'ay seulement taxé à un sol par mois. Du surplus, attendu la foiblesse de cette paye, il faut retenir la capitation aux troupes et ne pas prétendre qu'elles la puissent avancer, car elles ne le sauroient. C'est encore ainsy qu'il en faudroit user à l'égard de toutes celles qui seront exigées sur les gages, appointemens et pensions que le Roy donne, n'y en ayant guère qui puissent la payer autrement sans estre beaucoup incommodés.

III.

A quatre intendans d'armée, qui ont 24,000 # d'appointemens chacun, sur le mesme pied............... 6,400 #.

Je ne connois que les quatre militaires; s'il y en a d'autres, et mesme des commissaires ordonnateurs, on peut les y ajouter.

IV.

Il y a cent quarante commissaires des guerres, tirant d'appointemens chacun 5,100 #, qui, sur le pied que dessus, feront................................ 47,600 #.

C'est le nombre que j'ay appris qu'il y en avoit; ceux-cy la payeront fort bien.

V.

Tous les ingénieurs et leurs dessineurs ensemble tirent 527,000 # d'appointemens par an, sur lesquels levant la capitation sur le pied du denier quinze, elle montera à la somme de.................................... 35,133 #.

Il faut de nécessité retenir à ceux-cy, parce qu'il n'y en a pas un seul en estat de la payer, y ayant douze, treize à quatorze mois qu'ils n'ont touché un sol.

VI.

Les estats-majors de deux cent quatre-vingt-dix gouvernemens de places, dont les appointemens montent à 3,050,000 #, payant la capitation sur le pied que dessus, elle montera à........................... 216,666 # 13 s. 4 d.

Ceux-cy sont dans l'ordre et mieux en estat d'avancer que les autres.

VII.

Les gouverneurs et estats-majors de vingt-quatre gouvernemens de province, estimés à 1,440,000 # par an, dont la quinzième partie sera de........................ 96,000 #.

Mesme observation que pour le numéro précédent.

VIII.

La capitation du corps d'artillerie, grands et petits officiers compris, sera par estimation de.............. 50,000 #.

J'ay mis celuy-cy par estimation, parce que je ne sais pas à quoy se monte présentement l'estat.

IX.

Toute la marine, grands et petits officiers, soldats et matelots compris, les premiers estimés au denier quinze et les seconds au denier trente, produiront........... 321,000 #.

Celle-cy est calculée sur le pied des appointemens de la marine entretenue de toutes espèces, grands et petits, y comprenant les maistres ouvriers entretenus, les troupes de la marine pour toute l'année, et trente-cinq mille matelots payés pendant six mois seulement, dont la capitation, non plus que celle des troupes, n'est estimée qu'au denier trente, à cause de la foiblesse de la solde. Les galères y sont aussy comprises. Du surplus, on s'étonnera peut-estre de ce que la capitation de la marine est si basse; mais il est à remarquer que la plupart de ses dépenses vont en vivres, radoubs, bastimens de vaisseaux, carénages et entretiens, sur lesquels on ne peut mettre de capitation.

X.

Les pensions de l'ordre de Saint-Louis, sur le mesme pied, feront.................................... 20,000 #.

Celle-cy est dans l'ordre, c'est-à-dire sur le pied du denier quinze: elle seroit bien mieux payée en la retenant.

XI.

Supposé les rentes de l'hostel de ville de Paris de 18 millions par an, comme on le dit, la quinzième partie donneroit................................ 1,200,000 #.

Mesme observation que pour le numéro précédent, quant à la retenue.

XII.

Il peut y avoir dans le royaume huit cent mille valets ou servantes de toutes espèces, qui tirent en gages ou équivalent depuis 6# jusqu'à 114#, dont la moyenne proportionnelle est 60#, qui, multiplié par 800,000, donne en principal 48,000,000#, d'où tirant la capitation sur le pied du denier quinze, elle produira . . . . 3,200,000#.

J'estime ce nombre véritable, et cet article est le meilleur et le plus assuré de tous, car il est sûr que les domestiques font l'estat du royaume le plus aysé, par rapport à leur condition.

XIII.

Il y a en France au moins quatre cents fermiers, [tant] généraux, sous-fermiers, que traitans, qui tous ensemble, à ce que l'on prétend, peuvent avoir gagné 100 ou 120,000,000# depuis six ans; on peut leur faire payer 3,000,000# par an pendant la guerre, à condition d'estre exempts de toutes recherches quand la paix sera faite. . . . . 3,000,000#.

Quand la guerre dureroit dix ans, ce ne seroit que 30,000,000#, moyennant quoy il leur en resteroit encore 70; mais supposé qu'il ne leur en restast que 35, j'en trouverois encore la condition heureuse, pourvu que cette capitation les mist pour toujours à couvert de toutes les recherches à venir. C'est à M. de Pontchartrain à négocier cela à l'amiable avec eux.

XIV.

On peut mettre une capitation modique sur tous les bestiaux du royaume, à raison de 20 sols par beste chevaline, 15 sols sur les bœufs et vaches, 8 sols par bourrique, cochon et chèvre, et 3 sols pour chaque brebis, le tout équivalé suivant les pays. Cet article produira par an environ . . . . 8,000,000#.

Cet article, quoyque assez fort, me paroist un des plus supportables de tous, attendu que, à la campagne, il n'y a que ceux qui ont des bestiaux qui ayent du bien. Je sais qu'il y a des provinces où elle ne se pourra pas lever, comme le Hainaut, parce que la taxe par teste des bestiaux, qui est icy sur un pied fort bas, par rapport à celuy-là, y est établie il y a longtemps et fait partie de leur cadastre; mais cette province est petite, et, en tout cas, on pourra mettre la capitation sur autre chose. Au surplus, cet article est réglé sur la proportion de ce qui s'en est trouvé dans l'élection de Vezelay, rapporté à tout ce qu'il y en peut avoir dans le royaume; sur quoy il est à remarquer que ce pays est fort mauvais, et qu'elle a esté prise sur un pied encore plus bas que ce qui s'y en est trouvé.

XV.

Il y a dans le royaume plus de quatre-vingt mille moulins, qu'on peut estimer 200# de rente chacun, l'un portant l'autre, sur quoy réglant la capitation sur le pied du denier vingt, parce que ce sont de mauvais biens, cet article monteroit à 800,000#.

J'estime qu'il y a du moins dans le royaume cette quantité de moulins, et mesme plus, par rapport aux observations que j'en ay faites. Quant à leur revenu, il est toujours entendu le fort portant le foible.

XVI.

On peut mettre une taxe de 10# sur chaque muid de vin vendu au cabaret, ce qui ne reviendroit qu'à 9 deniers la pinte. On estime qu'il y a plus de quatre-vingt mille cabarets dans le royaume, et qu'il s'y vend du moins dix muids de vin dans chacun, l'un portant l'autre, auquel cas cet article reviendra à. . . . . 8,000,000#.

Cet article pourroit bien s'entretailler avec les aydes; c'est pourquoy il faudra choisir l'un des deux et s'en tenir au plus commode. Quant aux cabarets, je suis persuadé de leur nombre aussy bien que de celuy des moulins, et de la quantité des vins qui s'y peut débiter annuellement.

XVII.

Tout le royaume, de l'étendue dont il est aujourd'huy, contient plus de cent vingt-quatre millions d'arpens de terre en superficie, de toutes espèces; supposé les deux tiers en prés, vignes et terres labourables, ce seroit environ quatre-vingts millions d'arpens, sur lesquels mettant une taxe de 4 sols par arpent; le fort portant le foible, parce que la fertilité n'est point égale partout, cet article seul produira. . . . . . 16,000,000#.

L'arpent dont il est icy parlé est composé de cent perches, la perche de vingt-deux pieds de long et quatre cent quatre-vingt-quatre pieds carrés, et tout l'arpent quarante-huit mille quatre cents pieds, ce qui revient à treize cent quarante-quatre toises un pied six pouces carrés. La connoissance de cette quantité d'arpens vient de la comparaison que j'ay faite de la superficie d'une lieue carrée de vingt-cinq au degré, qui contient quatre mille deux cent cinq arpens, à toutes celles du royaume, de l'étendue qu'il est aujourd'huy, mesuré sur les meilleures cartes, laquelle superficie se trouve de trente-un mille cinquante lieues carrées; d'où ostant mille cinquante pour les terres absolument désertes, reste à faire estat de trente mille lieues carrées, qui multipliées par quatre mille deux cent cinq arpens, contenu d'une lieue carrée, viendra cent vingt-six millions cent cinquante mille arpens, que je réduis à cent vingt-quatre millions, pour faire le compte plus rond; dont on suppose quatre-vingts millions en culture et vingt-quatre millions en bois; reste vingt millions, c'est-à-dire plus de la sixième partie pour les terres en friche et désertes, bien qu'il n'y en ayt pas à beaucoup près tant, mais on le fait afin de prendre les choses sur le plus bas pied qu'il est possible.

XVIII.

Il peut y avoir trois millions de maisons dans le royaume, sur pied et en bon estat, dont ostant six cent mille pour les non-valeurs et l'impuissance des gens à qui elles appartiennent, qui n'ont pas de quoy payer, reste à faire estat de deux millions quatre cent mille maisons, dont le louage estimé à 20#, l'une portant l'autre, le tout monteroit à 48,000,000#, dont la capitation, tirée au denier quinze, iroit à. . . . . 3,200,000#.

Je crois que cette quantité de maisons est bonne; mais, en tout cas, j'en oste six cent mille pour suppléer au défaut du compte, ce qui reste estant encore plus assuré. A l'égard des louages, ils sont pris sur un pied fort bas, mais il est à remarquer que celles de la campagne, qui sont incomparablement plus nombreuses, se louent peu ou ne se louent point du tout, et que la plus grande partie des bastimens sont à charge aux propriétaires par les réparations continuelles qu'il y faut faire. Aussy ay-je mis la capitation fort basse, puisque, l'une portant l'autre, elle ne peut monter à plus de 27 sols par maison.

XIX.

On peut encore mettre une taxe de 2 1/2 sols par an sur chaque arpent de bois. Il y en doit avoir plus de vingt-quatre millions dans le royaume, y compris les bois en gruerie, grairie, tiers-et-danger et en propriété, les forests du Roy, les futayes et les usages des communautés, ce qui reviendroit à.................................... 3,000,000 ᵗᵗ.

Il est nécessaire que cette taxe soit fort modique, parce que ceux sur qui elle sera imposée sont dans l'obligation d'avancer dix, douze, quinze à vingt ans avant que de rien recevoir, et que d'ailleurs les bois sont sujets aux larcins, au feu et à la garde perpétuelle, ce qui cause encore des frais considérables et bien du hasard, dans des pays comme le nostre.

XX.

Il peut y avoir dix mille estangs dans le royaume, grands et petits, qu'on peut aussy taxer à 10 ᵗᵗ chacun, l'un portant l'autre, ce sera.......................... 100,000 ᵗᵗ.

Bien entendu qu'on en fera une bonne et juste évaluation, réglée sur la quantité d'arpens qui s'y trouveront.

XXI.

Il y a au moins quinze mille foulons, huileries, battoirs à chanvre, moulins à papier, à écorce, à scier du bois et autres usines de cette nature, qu'on peut taxer à 5 ᵗᵗ chacun, ce qui produira.................................. 75,000 ᵗᵗ.

Cette quantité n'est icy mise que par estimation, n'en sachant pas le nombre.

XXII.

Il y a quelque dix mille fayenceries, poteries, tuileries, briqueteries, etc., qui peuvent donner aussy 5 ᵗᵗ par an chacune, ce qui feroit.................................. 50,000 ᵗᵗ.

Mesme observation.

XXIII.

On suppose qu'il y ayt en France cinq cents forges, martinets ou fonderies de fer, cuivre, ou autres machines de cette nature, qui pourroient porter 100 ᵗᵗ de capitation chacune, ce qui feroit pour le tout........................ 50,000 ᵗᵗ.

Je suis persuadé qu'il y en peut bien avoir cette quantité, ou fort approchant, mais je n'en sais pas le nombre au vray.

XXIV.

On ne fait point icy estat de la capitation qui se peut exiger sur les appointemens des ministres d'Estat, intendans des finances et de provinces, ni sur ceux des gens de robe, juges d'épée, bourgeois, rentiers, artisans des villes franches non taillables, qui sont en grand nombre, ni des élus et receveurs des tailles, trésoriers et plusieurs autres non compris en cette capitation, parce qu'ils ne nous sont pas connus, non plus que tout ce qui s'appelle de la maison du Roy, de Monsieur, de Madame, pensions des princes du sang et autres grands seigneurs, des Cent-Suisses, gages, pensions, estats, entretènemens, dons gratuits, récompenses, deniers payés par ordonnances ou rôles, dons par acquits patens, du petit comptant, par rôles, dons du comptant par certifications, et de plusieurs dépenses à moy inconnues, sur lesquelles on pourroit lever la capitation, ou du moins la retenir, qui est la mesme chose; ce qui, bien recherché, feroit un article de plus de 5,000,000 ᵗᵗ.

XXV.

Il y a encore quantité de petites charges nouvellement créées, qui tirent gages du Roy ou des communautés, auxquelles on peut faire payer la capitation sur le pied du denier quinze de leurs appointemens, ce qui feroit encore une somme considérable.

Total général........................ 60,000,000 ᵗᵗ.

NOTA.

Qu'on suppose cette capitation devoir estre imposée sur toutes les natures de biens qui peuvent produire du revenu, et non sur les différens étages des qualités ni sur le nombre des personnes, parce que la qualité n'est pas ce qui fait l'abondance, non plus que l'égalité des richesses, et que le menu peuple est accablé de tailles, de gabelles, d'aydes et de mille autres imposts, et encore plus de la famine qu'ils ont soufferte l'année dernière, qui a achevé de les épuiser, de sorte que la plus grande partie n'ayant pour tout bien que les bras et l'industrie, sont sans ressource ni crédit, parce qu'ils n'ont plus rien; il me paroist qu'il seroit inutile de les surcharger davantage, attendu mesme qu'ils ne laisseront pas de porter une partie de la capitation, mais d'une manière plus insensible et bien moins à charge. Du surplus, il ne faut pas douter qu'il ne s'y trouve des articles qui s'entretailleront avec les aydes et peut-estre avec d'autres imposts : mais c'est affaire à les examiner et comparer les unes aux autres pour voir ceux qui conviendront le mieux, afin de s'en accommoder et rejeter les autres. En tout cas, quand toutes les sommes qu'elle promet seroient réduites aux trois quarts, l'affaire seroit encore très-bonne pour le Roy, et pourvu qu'il ne fust plus fait mention d'affaires extraordinaires, je ne doute nullement qu'on ne s'en puisse accommoder, et que, si elle est imposée judicieusement et avec égalité, après une diligente et soigneuse recherche, elle ne produise un secours au Roy très-effectif.

Que si, au lieu de la faire avancer par tous ceux à qui le Roy ou les communautés payent gages, appointemens ou pensions, on se contente de la rabattre sur le payement, elle en sera incomparablement moins à charge et mieux payée, et on s'épargnera les plaintes et les murmures d'une infinité de gens. [Si, dès le commencement de la guerre, on l'eust pris sur un pied soutenable, et qu'au lieu des affaires extraordinaires, on eust eu recours à une capitation judicieuse, la mettant au denier vingt seulement, et que, suivant les besoins plus pressans, on eust créé de temps en temps pour un million de rentes sur l'hostel de ville pour les cas imprévus, la guerre se seroit soutenue avec commodité et sans qu'on s'en fust presque aperçu du costé des biens.]

Il est à remarquer qu'il y a quantité de personnes dans le royaume qui n'ont ni charges ni qualités marquées, ni biens apparens, qui ne laissent pas d'estre aysés, par les commerces secrets qu'ils font, ou pour avoir tout leur bien en rentes constituées, soit sous leurs noms ou sous des noms empruntés. Pour ce qui est des commerçans de toutes espèces, il ne leur faut donner d'inquiétude que le moins qu'il sera possible, parce qu'on ne sauroit trop favoriser le commerce; et, à l'égard de ceux dont les biens sont en constitutions de rentes, il est juste qu'ils en payent leur part comme tous les autres.

C'est ce qui se fera d'une manière aysée et insensible par cette capitation, sans qu'il soit nécessaire d'y rien ajouter, pas mesme d'en parler, évitant par ce moyen d'estre obligé de fouiller dans le secret des familles, parce que tous les biens du royaume consistant en prés, terres labourables, vignes, bois, bastimens, bestiaux, charges, pensions et en toutes autres natures de biens énoncés en ce projet, il est certain que toutes les constitutions de rentes, qui n'ont ni ne peuvent avoir d'autres hypothèques que sur ces biens, s'y trouveront renfermées et en feront partie, et que par là elles payeront la capitation comme toutes les autres, sans qu'il soit besoin d'en faire mention, et que, pour la faire payer aux propriétaires, il n'y aura qu'à autoriser et permettre par la déclaration à tous ceux qui payeront la capitation des biens apparens, de la rabattre sur les intérests de leurs créanciers, sur le pied du denier quinze, comme sur tous les autres. [Moyennant cet expédient, personne ne sera en droit d'alléguer ses dettes pour excuse, puisque la capitation ne fera pas qu'elles leur soient plus à charge, attendu la faculté qu'il y auroit de la rabattre sur ce qu'ils devroient à leurs créanciers.] De cette façon, tout le monde payera à proportion de son bien, et il n'y aura que les pauvres, manœuvriers, gens de métier et autres de cette nature, vivant du travail de leurs mains, qui n'en souffriront que peu ou point du tout, qui est à mon avis ce que l'on peut faire de mieux.

La chose qui me paroist plus nécessaire dans l'établissement de cette capitation est de trouver moyen de bien faire entendre au public que S. M. ne prétend s'en servir que jusqu'au moment que la paix sera faite, et qu'aussitost elle remettra les choses en leur premier estat avec tous les soulagemens qu'elle y pourra ajouter. Il y va en cela tellement de son honneur et de sa conscience, que je n'ay point de termes assez forts pour le pouvoir exprimer.

Au reste, cette méthode me paroist si excellente et si judicieuse, qu'elle pourroit fort bien servir de modèle pour l'établissement des revenus du Roy à l'avenir, à l'exclusion de quantité de mauvais imposts qui sont extrêmement à charge aux peuples : premièrement, tous les nouveaux, et secondement, la taille, qui est tombée dans une telle corruption, que les anges du ciel ne pourroient pas venir à bout de la corriger ni empescher que les pauvres n'y soient toujours opprimés, sans une assistance particulière de Dieu.

[Si ce qui est indiqué par cet article avoit un jour lieu, la noblesse seule en souffriroit quelque chose, mais le Roy a tant de moyens de la bien traiter d'ailleurs, que ce ne seroit pas une affaire que de l'en dédommager en la privilégiant par de certaines prérogatives utiles et honorables, telles que pourroient estre la préférence de tous les bénéfices du royaume depuis 10,000# de rente en sus, toutes les charges de sa maison, tous les gouvernemens militaires et provinciaux, les charges de premiers présidens et gens du Roy de ses Cours de Parlemens et Chambres des comptes, les magistratures des grandes villes, l'augmentation des justices de leurs terres, en les rendant plus considérables qu'elles ne sont; le tout en considération de ce que le premier gentilhomme du royaume payeroit à l'avenir comme le dernier paysan. Cela se pratique en Hainaut, en Flandre et en plusieurs autres provinces, où il y a de très-bonne noblesse, qui ne s'en trouve pas plus mal; aussy ne s'en plaint-elle pas. D'ailleurs, le mal que cela leur feroit seroit imaginaire et rien plus, parce que, dès à présent, leurs fermiers ne payent la taille qu'à leurs dépens; cela mesme est cause qu'une terre qui leur vaudroit par exemple 1,000# de rente, ne leur en vaut pas 800, qui est la cinquième partie de déchet sur leur revenu, au lieu que la capitation n'en emporteroit que la quinzième. Ainsy, loin que cette capitation leur fust onéreuse, ils y gagneroient beaucoup.]

Mais j'estime qu'on pourroit conserver les suivans, savoir : le sel, réduit à 20# le minot, rendu libre et général par tout le royaume, à cause de la juste proportion qui se trouve dans la consommation, estant bien certain que plus les gens sont à leur ayse, plus ils en consomment, parce qu'ils font meilleure chère, au contraire des gens mal aysés, qui la font toujours mauvaise; l'impost par muid de vin au cabaret, puisque c'est de l'argent comptant, et que la grande oppression ne retomberoit que sur ceux qui en mésusent; les traites foraines, les douanes extérieures du royaume, à cause des marchandises étrangères; les eaux-de-vie et le tabac, à cause du mésusé; le papier timbré, pour la punition des plaideurs; un impost sur le thé, le café et chocolat, par la mesme raison; l'article des bois; les postes, modérées d'un tiers ou tout au moins d'un quart; tout ce qui peut justement tenir lieu de domaine du Roy; les parties casuelles, modérées en tout ce qui seroit de plus raisonnable; ostant du surplus toutes les douanes intérieures du royaume, qui rendent les sujets étrangers les uns aux autres et ne sont bonnes qu'à l'empeschement du commerce; en un mot, tout ce qu'il y a de mauvais et d'onéreux dans l'Estat, qui n'est bon qu'à détruire la basse partie du peuple, qui est celle qui, par son travail, soutient et fait subsister la haute, fournit tous les soldats au Roy, et qui, par sa chute, ne peut manquer d'entraisner l'autre après soy. S. M. y trouveroit mieux son compte de toutes manières, et osteroit le moyen à deux cent mille fripons de continuer à s'enrichir par toutes sortes de méchantes voyes, au déshonneur de son nom, qui est perpétuellement profané aux dépens d'une infinité de pauvres gens, qu'ils volent et pillent impunément en tous rencontres, réduisant une grande partie à la mendicité, et faisant déserter et périr l'autre par les extrémités et le désespoir où ils les jettent.

Supposé enfin que ce projet se trouve utile pour le service de S. M. dans la nécessité pressante de l'Estat, il me resteroit un scrupule sur le cœur, si je ne prenois pas la liberté de luy représenter encore une fois qu'il y va de sa conscience, de son honneur et de la conservation de toute la maison royale de le faire cesser aussitost que la paix sera faite, attendu que c'est peut-estre un des derniers efforts de son autorité sur la liberté de son clergé, de sa noblesse et [de] ses peuples, et que, si on veut bien prendre garde à la conduite de tous les grands Estats du passé, on trouvera que, quand ils ont poussé la liberté de leurs sujets à l'extrémité, tous s'en sont mal trouvés, et la plupart ont péri. Il me paroist donc qu'il est juste et très-utile, non-seulement de modérer ce projet autant qu'on le pourra, mais de chercher toutes les précautions possibles pour qu'il ne se continue que pendant cette guerre et ne puisse jamais estre renouvelé que dans un cas pareil, si ce n'est que S. M. voulust prendre le parti indiqué pour la correction de l'arrangement de ses revenus.

Que V. M. ayt la bonté de se souvenir que la grandeur des roys ne s'est jamais mesurée que par le nombre de leurs sujets, et que c'est de là d'où dépend toute leur grandeur, leur puissance, leur richesse, et que sans cela ils n'ont que de vains titres, qui sont à charge à eux-mesmes, à tout le monde, et rien de plus.

(Bibliothèque impériale, mss. fr. 9,167, *Oisivetés de M. de Vauban*, f° 65 et suiv.)

X.

Déclaration du Roi portant établissement de la capitation.

18 Janvier 1695.

Louis, etc. Depuis que la gloire de nostre Estat et les prospérités dont le ciel a béni nostre règne ont excité contre nous l'envie d'une partie des puissances de l'Europe et les ont engagées à se liguer entre elles pour nous faire injustement la guerre, la sincérité de nos intentions et les avantages que nous avons remportés d'année en année nous faisant toujours espérer une paix prochaine, nous avons tasché de n'employer, pour nous mettre en estat de repousser les efforts des Estats ligués contre nous, que les moyens qui estoient le moins à charge à nos sujets. Nous avons pour cet effet aliéné des rentes, dont nous avons assigné le payement sur nos revenus ordinaires, et créé des charges, dont les gages sont employés sur les estats de nos finances. Et, si dans la suite nous avons esté obligé de pratiquer quelques autres moyens qui ont esté plus à charge à nos peuples, ce n'a esté que par la nécessité de nous assurer dans des termes fixes les fonds convenables au bien de nostre Estat. Mais, l'endurcissement de nos ennemis, qui paroissent insensibles à leurs pertes, et qui, loin d'estre touchés de la misère des peuples, semblent mesme tirer avantage de l'inclination que nous témoignons pour la paix, nous faisant prévoir la continuation de la guerre et nous obligeant à nous y préparer, nous espérons faire connoistre à toute l'Europe que les forces de la France sont inépuisables, quand elles sont bien ménagées, et que nous avons des ressources certaines dans le cœur de nos sujets et dans le zèle qu'ils ont pour le service de leur Roy et pour la gloire de la nation françoise. Dans cette confiance, nous avons résolu, pour nous mettre en estat de soutenir les dépenses de la guerre aussy longtemps que l'aveuglement de nos ennemis les portera à refuser la paix, d'établir une capitation générale, payable pendant le temps de la guerre seulement, par tous nos sujets, sans aucune distinction, par feux ou par familles; et nous avons lieu de juger ce moyen d'autant plus sûr et plus efficace, que les plus zélés et les plus éclairés de nos sujets des trois ordres qui composent cet Estat semblent avoir prévenu nostre résolution, et que mesme les Estats de Languedoc, se trouvant assemblés suivant l'usage ordinaire, après avoir accordé le Don gratuit de 3,000,000 # que nous leur avons demandé, et pourvu aux autres charges ordinaires, que la guerre a considérablement augmentées, par une délibération expresse de leur assemblée, du mois de décembre dernier, portant leur prévoyance et les témoignages de leur zèle et de leur affection au delà de tout ce que nous pouvions en attendre, nous ont proposé ce secours et marqué les raisons qui doivent le faire préférer à tous les autres moyens extraordinaires que nous pourrions pratiquer dans la suite. En effet, cette capitation se répandant généralement sur tous, sera peu à charge à chaque particulier, et, jointe à nos revenus ordinaires, produira des fonds suffisans, dont le recouvrement, se faisant sans frais et sans remises, rendra ce secours beaucoup plus prompt, plus facile et plus effectif. Nous croyons mesme, si ce recouvrement réussit, comme nous avons sujet de l'espérer, qu'il nous donnera lieu de nous passer à l'avenir des affaires extraordinaires, auxquelles la nécessité des temps nous a obligé d'avoir recours, promettant, en foy et parole de Roy, de faire cesser cette capitation générale trois mois après la publication de la paix.

À ces causes, et autres considérations à ce nous mouvant, de nostre certaine science, pleine puissance et autorité royale, nous avons, par ces présentes signées de nostre main, dit et déclaré, disons et déclarons, voulons et nous plaist qu'à compter du premier jour de ce mois, il soit établi, imposé et levé, dans toute l'étendue de nostre royaume, pays, terres et seigneuries de nostre obéissance, mesme dans les pays et villes que nous avons conquis depuis la déclaration de la présente guerre, une capitation générale par feux ou familles, payable d'année en année, pendant la durée de la présente guerre, sans qu'elle puisse estre continuée ni exigée, sous quelque prétexte que ce soit, trois mois après que Dieu nous aura donné la paix; qu'à cet effet il soit arresté par les intendans et commissaires départis dans chacune des généralités, provinces, pays et départemens, par les syndics des diocèses et des Estats, et par les gentilshommes qui doivent agir conjointement avec lesdits intendans, suivant la présente déclaration, des rôles de répartition de ladite capitation, conformément au tarif arresté en nostre Conseil, contenant la distribution de nos sujets en vingt-deux classes, qui sera attaché sous le contre-scel des présentes. Voulons qu'aucun de nos sujets, de quelque qualité et condition qu'il puisse estre, ecclésiastique séculier ou régulier, noble, militaire ou autre, ne soit exempt de ladite capitation, hors nos sujets taillables cotisés à la taille ou autres impositions ordinaires au-dessous de 40 sols, les ordres mendians et les pauvres mendians, dont les curés des paroisses donneront des rôles signés et certifiés d'eux, de quoy nous chargeons leur honneur et leur conscience. Nous sommes persuadé que les ecclésiastiques se soumettront d'autant plus volontiers à cette contribution, qu'outre que l'intérest de la religion et le zèle qu'ils ont toujours fait paroistre pour nostre service les y engagent, leur profession les empeschant de nous servir dans nos armées, où la plupart seroient appelés par leur naissance, ils ne peuvent que par cette voye contribuer, en cette occasion, à la défense de l'Estat, dont ils composent le premier corps. Mais, d'autant que l'assemblée générale du clergé de nostre royaume se doit tenir en cette année, que les témoignages que nous avons toujours reçus du zèle de ce corps nous font présumer qu'il continuera à nous en donner des marques, en nous accordant par un Don gratuit des secours proportionnés aux besoins de l'Estat, et qu'il ne seroit pas juste qu'il se trouvast en mesme temps chargé de contribuer à la capitation, voulons que, quant à présent, le clergé et les membres en dépendans ne soient point compris dans le tarif qui sera arresté en nostre Conseil, ni dans les rôles qui seront arrestés par les intendans pour le recouvrement des taxes de la présente année. Nous ne doutons pas aussy que la noblesse de nostre royaume, qui expose tous les jours sa vie et qui verse si généreusement son sang pour nostre service et pour le soutien de l'Estat, ne sacrifie avec le mesme dévouement une aussy légère portion de ses revenus que celle à laquelle la taxe des gentilshommes sera réglée.

Et, attendu que, le produit de ladite capitation estant destiné à soutenir les dépenses de la guerre, il nous est important d'estre en état de nous en prévaloir pendant la campagne prochaine, voulons et ordonnons que chacun des redevables paye sa taxe en deux termes et payemens égaux: le premier, dans le premier jour du mois de mars, et le deuxième, dans le premier jour de juin suivant; que nos sujets taillables payent ladite taxe entre les mains des receveurs des tailles de chaque élection ou des commis qui seront par eux préposés, qui mettront ensuite le fonds de leur recette chacun au receveur général de nos finances de sa généralité, et les bourgeois et habitans des villes franches et non taillables entre les mains des receveurs des deniers communs desdites villes, qui les remettront ensuite aux receveurs généraux des finances de la généralité, et lesdits receveurs généraux au garde de nostre Trésor royal; que, dans les pays d'Estats, les rôles d'imposition de ladite capitation soient faits et arrestés par les intendans et commissaires départis, conjointement et de concert avec les députés ordinaires ou syndics desdits Estats, et que les redevables payent leurs taxes entre les mains des collecteurs et receveurs ordinaires des Dons gratuits, subsides, subventions et autres impositions usitées èsdits pays, qui remettront ensuite le fonds de leur recette aux trésoriers ou receveurs généraux desdits Estats, et eux au garde de nostre Trésor royal; que le rôle d'imposition sur les bourgeois et habitans de nostre bonne ville de Paris soit fait et arresté par le prévost des marchands et les échevins de ladite ville, et que les deniers provenans de ladite imposition soient payés aux receveurs qui seront par eux commis, qui les remettront au receveur général de la ville, et luy au garde de nostre Trésor royal; que les rôles de ladite capitation payable par les ecclésiastiques séculiers et réguliers soient arrestés par les intendans et commissaires départis, conjointement et de concert avec le syndic de chaque diocèse, et les deniers en provenans payés entre les mains du receveur qui sera commis par l'intendant ou commissaire départi et par le syndic de chaque diocèse; lequel receveur commis remettra ensuite le produit de sa recette entre les mains du receveur général des finances et, dans les pays d'Estats, entre les mains du receveur ou trésorier général desdits Estats, qui les remettront au garde de nostre Trésor royal; que les rôles de ladite capitation payable par les gentilshommes et nobles soient arrestés par les intendans et commissaires départis, conjointement et de concert avec un gentilhomme de chaque bailliage, qui sera par nous choisi et nommé à cet effet, et les deniers en provenans payés entre les mains du receveur qui sera commis par l'intendant ou commissaire départi et par le gentilhomme par nous nommé, lequel receveur commis remettra le produit de la recette entre les mains du receveur général des finances, et, dans les pays d'Estats, entre les mains du trésorier ou receveur général desdits Estats, qui les remettront au garde de nostre Trésor royal; que les rôles de ladite capitation payable par les officiers, soldats, cavaliers et dragons, et par les officiers, soldats et matelots tant de nos vaisseaux que de nos galères, soient arrestés par les intendans de nos provinces et par ceux de la marine et des galères dans le département desquels lesdites troupes, tant de terre que de mer, se trouveront lors de l'imposition, et que le produit en soit payé entre les mains du trésorier général de l'extraordinaire des guerres et de ceux de la marine et des galères, qui remettront le fonds de leur recette au garde de nostre Trésor royal; que les officiers des Parlemens et autres Compagnies qui reçoivent leurs gages par les mains d'un payeur payent leur taxe entre les mains desdits payeurs, qui en remettront ensuite le fonds au Trésor royal. Et, quant aux princes, ducs, mareschaux de France, officiers de nostre Couronne et autres nos officiers mentionnés dans les deux premières classes du tarif arresté en nostre Conseil, et les chevaliers et les grands officiers de l'ordre du Saint-Esprit, ils payeront leur taxe directement entre les mains du garde de nostre Trésor royal; et les officiers de nostre maison et autres employés sur les estats des maisons royales payeront leur taxe suivant le rôle qui en sera par nous arresté en nostre Conseil, entre les mains du receveur qui sera par nous commis à cet effet. Tous les receveurs, tant généraux que particuliers, qui recevront les deniers de ladite capitation, tant en gros qu'en détail, retiendront pour leur salaire les taxations qui leur seront par nous attribuées sur le produit de leur recette; et, quant à la manière de compter, épices et façon des comptes, ils suivront le règlement qui sera par nous fait. Leur défendons d'exiger ni recevoir des redevables aucun droit de quittances ou autre, sous quelque prétexte que ce puisse estre, à peine de concussion; leur permettons d'user contre les redevables qui seront en demeure de payer des contraintes ordinaires et accoustumées pour le recouvrement de nos deniers, à la réserve des ecclésiastiques, contre lesquels ils ne pourront user que de la saisie de leur temporel, aux termes de l'article 15 du titre des saisies et exécutions de nostre ordonnance de l'année 1667. Déclarons que les rôles, extraits desdits rôles, quittances, exploits, assignations et toutes autres expéditions et procédures qui se feront pour l'imposition et recouvrement de ladite capitation, pourront estre faites en papier ordinaire et non timbré, dérogeant, à cet effet, à tous édits, déclarations et arrests à ce contraires. Et, pour éviter les contestations qui pourroient survenir au sujet de l'imposition et recouvrement de ladite capitation, voulons et ordonnons que ceux qui auront plusieurs charges, titres, dignités ou qualités, et qui, par cette raison, pourroient estre compris dans plusieurs rôles, ne soient tenus de payer qu'une seule fois, à raison de la plus forte taxe à laquelle ils seroient sujets, suivant leursdites qualités; que les fils de famille mariés ou pourvus de charges soient cotisés à part dans les rôles, encore qu'ils demeurent actuellement dans la maison de leurs pères ou de leurs mères; que les enfans de famille, majeurs ou mineurs, jouissant du bien acquis par le décès de leurs pères ou de leurs mères soient taxés au quart de ce que leur père auroit dû payer, suivant le tarif arresté en nostre Conseil; que les veuves ne puissent estre comprises dans lesdits rôles que pour la moitié de la taxe à laquelle leurs maris auroient dû estre cotisés, et que les femmes séparées soient taxées en leur particulier à la moitié des sommes auxquelles leurs maris seront taxés. Et, comme il se pourroit faire que plusieurs de nos sujets prétendroient n'estre compris dans aucune des vingt-deux classes portées par le tarif attaché sous le contre-scel des présentes, nous déclarons que tous ceux qui ne se trouveront pas précisément compris dans l'une desdites classes seront imposés et cotisés par lesdits intendans et commissaires départis seuls, ou par lesdits intendans conjointement avec les députés et syndics des pays d'Estats, syndics des diocèses et gentilshommes par nous nommés, s'ils sont ecclésiastiques, nobles ou demeurans en pays d'Estats, sur le pied de celle desdites classes à laquelle ils auront plus de rapport par leur profession, estat et qualité. Attendu qu'il peut arriver du changement d'une année à l'autre dans l'estat des personnes sujettes à ladite capitation, voulons que, sur l'avis qui en sera donné à nosdits intendans et commissaires départis, ils puissent, seuls ou conjointement avec les syndics des Estats, des diocèses, et avec le gentilhomme par nous nommé, réformer le rôles, augmenter ou diminuer leurs taxes dans celuy de l'année suivante, et qu'ils envoyent au contrôleur général de nos finances l'estat desdites augmentations ou diminutions par eux faites. Et, d'autant qu'il importe au bien de nostre service et au repos de nos sujets de prévenir tout ce qui pourroit retarder le recouvrement de ladite capitation ou causer des frais aux redevables, voulons et ordonnons que toutes les contestations qui pourroient survenir pour le fait de l'imposition et recouvrement, soient jugées sommairement et sans frais par lesdits intendans et commissaires départis, et, à l'égard de nostre bonne ville de Paris, par le prévost des marchands et les échevins, auxquels nous attribuons, à cet effet, toute Cour, juridiction et connoissance, et icelles interdisons à toutes nos autres Cours et juges. Voulons que ce qui sera par eux ordonné soit exécuté par provision, sauf l'appel en nostre Conseil. Déclarons que, par ces présentes et par l'établissement de ladite capitation, nous n'avons entendu et n'entendons déroger aux priviléges, prérogatives et droits d'aucun des ordres de nostre royaume, que nous voulons maintenir et entretenir;

Si donnons en mandement à nos amés et féaux conseillers les gens tenans nostre Cour de Parlement, Chambre des comptes et Cour des aydes à Paris, que ces présentes ils ayent à faire lire, publier et registrer, et le contenu en icelles garder et exécuter soigneusement et exactement, selon leur forme et teneur, cessant et faisant cesser tous troubles et empeschemens à ce contraires. Voulons qu'aux copies des présentes, collationnées par l'un de nos amés et féaux conseillers et secrétaires, foy soit ajoutée comme à l'original. Car tel est nostre plaisir. En témoin de quoy nous avons fait mettre nostre seel à cesdites présentes.

Donné à Versailles, le dix-huitième du mois de janvier, l'an de grâce mil six cent quatre-vingt-quinze, et de nostre règne le cinquante-deuxième. *Signé* Louis, *et plus bas*, Par le Roy, Phélypeaux. Et scellé du grand sceau de cire jaune.

TARIF

Contenant la distribution des classes et le règlement des taxes de la capitation générale, avec les trois suppléments des 12 et 26 février 1695 et 31 janvier 1696, distribués chacun à leur classe.

PREMIÈRE CLASSE.

2,000 ₶.

Mgr le Dauphin;
Monsieur, duc d'Orléans;
M. le duc de Chartres;
Mlle de Guise;
M. le prince de Condé;
M. le duc de Bourbon;
Mme la princesse de Conti la douairière;
M. le prince de Conti;
M. le duc du Maine;
M. le comte de Toulouse;
Mme la duchesse de Verneuil;
M. le Chancelier;
Le chef du Conseil royal des finances;
Les ministres d'Estat;
Les secrétaires d'Estat;
Le Contrôleur général des finances;
Les gardes du Trésor royal;
Les trésoriers de l'extraordinaire de la guerre;
Les trésoriers de la marine;
Les fermiers généraux.

DEUXIÈME CLASSE.

1,500 ₶.

Les princes;
Les ducs;
Les mareschaux de France;
Les officiers de la Couronne;
Le premier président du Parlement de Paris;
Les gouverneurs des provinces;
Les conseillers au Conseil royal des finances;
Les intendans des finances;
Les trésoriers des revenus casuels.

TROISIÈME CLASSE.

1,000 ₶.

Les chevaliers et grands officiers de l'ordre du Saint-Esprit;
Les lieutenans généraux des provinces;
Les vice-amiraux;
Les premiers présidens des Cours supérieures de Paris;
Les présidens à mortier de Paris;
Les premiers présidens des Parlemens des provinces;
Les secrétaires du Conseil;
Les receveurs généraux des finances;
Les trésoriers des pays d'Estats;
Les trésoriers des galères;
Les receveurs des consignations de Paris;
Les trésoriers généraux de l'ordinaire des guerres.

QUATRIÈME CLASSE.

500 ₶.

Les conseillers d'Estat;
Les procureur et avocats généraux du Parlement de Paris;
Le greffier en chef du Parlement de Paris;
Les présidens de la Chambre des comptes de Paris, Cour des aydes et Grand Conseil;
Le prévost de Paris;
Le lieutenant civil;
Le lieutenant de police;
Le prévost des marchands;
Les capitaines-lieutenans des compagnies des gendarmes et des chevau-légers;
Le receveur général du clergé;
Les grands audienciers;
Les gardes des rôles;
Les contrôleurs généraux de la grande chancellerie;
Les trésoriers du sceau;
Les trésoriers de l'artillerie;
Les commissaires aux saisies réelles de Paris.

CINQUIÈME CLASSE.

400 ₶.

Les maistres des requestes, titulaires et vétérans, et les conseillers d'honneur du Parlement de Paris;
Le procureur général de la Chambre des comptes de Paris;
Les procureurs et avocats généraux du Grand Conseil et de la Cour des aydes de Paris, et les greffiers en chef;
Les premiers présidens des Chambres des comptes et Cours des aydes des provinces;
Les intendans de marine et des provinces qui ne sont pas maistres des requestes;
Les gouverneurs des places frontières;
Les greffiers du Conseil et le garde des minutes du Conseil;
Le greffier en chef de la Chambre des comptes de Paris;
Les trésoriers des fortifications;
Les trésoriers des bastimens;
Les trésoriers des Ligues suisses;
Les cautions des traités arrestés au Conseil;
L'intendant de la marine ayant l'inspection générale sur les classes des matelots;
L'intendant de l'armée navale.

SIXIÈME CLASSE.

300 ₶.

Les lieutenans généraux des armées du Roy ;
Les lieutenans généraux de la marine et des galères :
Les lieutenans généraux d'artillerie ;
Les lieutenans de Roy des provinces créés en titre d'office ;
Les gouverneurs des places du dedans du royaume ;
Les sous-lieutenans des compagnies des gendarmes et des chevau-légers ;
Les premiers présidens des Conseils supérieurs des provinces ;
Les présidens à mortier des Parlemens des provinces ;
Les présidens des enquestes et requestes du Parlement de Paris ;
Les lieutenans particulier et criminel et procureur du Roy du Chastelet de Paris ;
Les greffiers en chef civil et criminel du Chastelet de Paris ;
Les trésoriers du marc d'or ;
Les fermiers généraux des postes ;
Le greffier en chef du criminel au Parlement de Paris ;
Le greffier en chef des requestes de l'hostel.

SEPTIÈME CLASSE.

250 ₶.

Les marquis, comtes, vicomtes et barons ;
Le prévost de l'Isle, le lieutenant criminel de robe courte et le chevalier du guet ;
Le procureur du Roy, le greffier et le receveur de l'hostel de ville de Paris ;
Les greffiers commis au greffe de la Grand'Chambre du Parlement de Paris ;
Les payeurs des rentes ;
Les receveurs des tailles ;
Les receveurs du domaine ;
Les receveurs des amendes, receveurs des épices et vacations, receveurs des consignations, et les commissaires aux saisies réelles des villes où il y a Parlement, Chambre des comptes ou Cour des aydes ;
Les trésoriers des ponts et chaussées ;
Les receveurs des amirautés ;
Les contrôleurs des postes ;
Les contrôleurs des Ligues suisses ;
Les payeurs des gages des Compagnies supérieures ;
Les directeurs des fermes ;
Les caissiers des aydes et gabelles ;
Les sous-traitans et sous-fermiers ;
Les présidens des Chambres des comptes, Cours des aydes et requestes du Palais des provinces ;
Les présidens de la Cour des monnoyes ;
Le procureur général de la Cour des monnoyes ;
Le greffier en chef de la Cour des monnoyes ;
Le greffier en chef des requestes du Palais à Paris ;
Les directeurs généraux des vivres et des étapes ;
Les commis principaux de l'extraordinaire des guerres.

HUITIÈME CLASSE.

200 ₶.

Les mareschaux des camps et armées du Roy ;
Les chefs d'escadre des vaisseaux et des galères ;
Les mareschaux généraux des logis des camps et armées du Roy ;
Les enseignes, cornettes et guidons des compagnies des gendarmes et des chevau-légers ;
Les conseillers des Cours supérieures de Paris ;
Les grands baillys d'épée ;
Les maistres de la Chambre des comptes de Paris ;
L'avocat général de la Chambre des comptes de Paris ;
Le procureur général des requestes de l'hostel ;
Le lieutenant général de la Table de marbre ;
Les grands maistres des eaux et forests ;
Les secrétaires du Roy de la grande chancellerie ;
Les présidens et trésoriers de France de Paris ;
Les greffiers des présentations et affirmations du Parlement de Paris ;
Les premiers commis des secrétaires d'Estat, du contrôleur général des finances, du Trésor royal et des revenus casuels ;
Les avocats et procureurs du Roy des trésoriers de France à Paris ;
Le greffier en chef du bureau des finances de Paris ;
Les commissaires généraux de la marine et des galères ;
L'inspecteur général de la marine en Bretagne.

NEUVIÈME CLASSE.

150 ₶.

Les brigadiers des armées du Roy ;
Les mareschaux généraux de la cavalerie ;
Les majors généraux d'infanterie et de cavalerie des armées du Roy ;
Les capitaines des vaisseaux et galères du Roy ;
Les maistres des Chambres des comptes des provinces ;
Les correcteurs et auditeurs des comptes de Paris ;
Les conseillers, chevaliers d'honneur, procureurs et avocats généraux des Cours supérieures des provinces ;
Les greffiers des commissions extraordinaires ;
Les commis au contrôle général des finances ;
Les contrôleurs généraux de la marine et des galères ;
Les contrôleurs généraux des gabelles ;
Les commis des secrétaires et greffiers du Conseil ;
Les avocats généraux de la Cour des monnoyes ;
Les présidens de l'élection de Paris ;
Les présidens au grenier à sel de Paris ;
Les greffiers en chef des Cours supérieures des provinces ;
Les receveurs provinciaux des décimes ;
Les payeurs des gages des secrétaires du Roy ;
Les capitaines des ports et arsenaux de marine et des galères ;
Les majors de la marine et des galères ;
Les inspecteurs des compagnies franches de la marine ;
Les principaux commis des trésoriers généraux de la marine et des galères.

DIXIÈME CLASSE.

120 ₶.

Les colonels, mestres de camp d'infanterie, cavalerie et dragons des armées du Roy, et autres officiers ayant rang de colonel ;
Les lieutenans de Roy des places frontières ;
Le colonel des archers de la ville de Paris ;
Les gentilshommes seigneurs de paroisses ;
L'avocat général des requestes de l'hostel ;
Les échevins et conseillers de la ville de Paris ;
Les notaires et secrétaires des Cours supérieures de Paris ;
Les huissiers du Conseil et de la grande chancellerie ;
Les présidens, trésoriers de France, avocats, procureurs du Roy et greffiers des bureaux des provinces ;
Les avocats du Roy du Chastelet de Paris ;
Les contrôleurs du marc d'or ;
Le directeur général des Monnoyes ;
Les notaires du Chastelet de Paris ;
Les banquiers expéditionnaires en cour de Rome ;
Les banquiers et agens de change ;

Les gardes-livres et le contrôleur général des restes de la Chambre des comptes de Paris;

Les greffiers gardes-sacs de la Grand'Chambre et des enquestes du Parlement de Paris;

Les greffiers des Chambres des enquestes du Parlement de Paris;

Les capitaines-lieutenans sur les pavillons des galères.

ONZIÈME CLASSE.

100 ᵗᵗ.

Les commissaires des guerres;

Les commissaires de la marine;

Les contrôleurs généraux de l'ordinaire et extraordinaire des guerres;

Les correcteurs et auditeurs des Chambres des comptes des provinces;

Les lieutenans généraux, particuliers et criminels, procureurs du Roy et greffiers en chef des bailliages et séneschaussées ressortissans au Parlement;

Le chevalier d'honneur et les conseillers au Chastelet de Paris;

Les maires des villes où il y a Parlement ou autre Compagnie supérieure;

Les secrétaires du Roy des petites chancelleries;

Les receveurs des amendes, épices et vacations;

Les receveurs des consignations et les commissaires aux saisies réelles des villes où il y a bureau des finances ou présidial;

Les commis des secrétaires d'Estat et contrôleur général des finances;

Les contrôleurs des payeurs des gages des Compagnies supérieures;

Les marchands faisant commerce en gros;

Les premiers huissiers du Parlement et autres Cours supérieures de Paris;

Le prévost général de la connestablie;

Le prévost général des monnoyes;

Les prévosts généraux des mareschaux;

Les présidens des présidiaux des provinces;

Le bailly du Palais à Paris;

Le lieutenant criminel en l'élection de Paris;

Les intendans des turcies et levées;

Les trésoriers des turcies et levées;

Les greffiers gardes-sacs du Conseil;

Les greffiers de la Cour des aydes et des requestes du Palais à Paris;

Les payeurs des gages des trésoriers de France;

Les receveurs des décimes dans chaque diocèse;

Les généraux provinciaux des monnoyes;

Les caissiers des traitans;

Les courtiers de change;

Les vendeurs de marée;

Les contrôleurs généraux des vivres et des étapes;

Les commis à la recette des contributions;

Le maistre particulier des eaux et forests à Paris;

Les commissaires ordinaires des galères à la suite des chaisnes des condamnés;

Les capitaines de galiotes et d'artillerie de marine;

Les contrôleurs ordinaires de la marine et des galères dans les ports;

Le secrétaire général de la marine;

Le secrétaire général des galères.

DOUZIÈME CLASSE.

80 ᵗᵗ.

Les chevaliers d'honneur, avocats, procureurs du Roy et greffiers en chef des présidiaux des provinces;

Les chauffe-cires, porte-coffres et autres petits officiers de la grande chancellerie;

Les assesseurs et conseillers des présidiaux des provinces;

Les élus et le greffier de l'élection de Paris;

Les contrôleurs et greffiers au grenier à sel de Paris;

Les secrétaires des Cours supérieures des provinces;

Les greffiers en chef des requestes des Parlemens des provinces.

TREIZIÈME CLASSE.

60 ᵗᵗ.

Les lieutenans de Roy et majors des places;

Les ingénieurs directeurs des fortifications;

Les présidens et lieutenans criminels des élections et greniers à sel;

Les lieutenans généraux de la connestablie et des amirautés;

Les échevins, procureurs du Roy, greffiers, receveurs des deniers communs des villes où il y a Parlement ou autre Compagnie supérieure;

Les maires des villes de second ordre;

Les juges-gardes de la Monnoye de Paris;

Les substituts des gens du Roy des Cours supérieures de Paris;

Les contrôleurs des payeurs des gages des Cours supérieures;

Les commis des intendans des finances, du Trésor royal et des revenus casuels;

Les receveurs généraux des gabelles;

Les bourgeois des grosses villes vivant de leurs rentes;

Les lieutenans généraux des Tables de marbre des provinces;

Les juges-auditeurs du Chastelet;

Les greffiers du parc civil du Chastelet;

Les greffiers criminels du Chastelet;

Les greffiers de la jurisdiction des auditeurs du Chastelet;

Les greffiers des jurisdictions consulaires;

Les commandans des forts et chasteaux;

Les gardes-magasins des ports et arsenaux de la marine et des galères;

Le secrétaire du général des galères.

QUATORZIÈME CLASSE.

50 ᵗᵗ.

Les lieutenans d'artillerie;

Les contrôleurs de l'ordinaire et de l'extraordinaire des guerres;

Les substituts des gens du Roy des Cours supérieures des provinces;

Les commissaires du Chastelet de Paris;

Les sous-fermiers des postes;

Les capitaines des chasses;

Le procureur du Roy et le greffier de la connestablie;

Les lieutenans des mareschaux de France;

Les assesseurs des maires dans les villes où il y a Parlement ou autre Compagnie supérieure;

Les contrôleurs du domaine;

Les greffiers commis des Cours supérieures des provinces;

Les greffiers gardes-sacs des Cours supérieures des provinces;

Les gardes-livres des Chambres des comptes des provinces;

Les contrôleurs des restes des Chambres des comptes des provinces;

Les marchands de vin privilégiés;

Les principaux commis des postes dans les villes de premier ordre;

Les commis particuliers de l'extraordinaire des guerres;

Partie des commis des vivres et des étapes;

Les commissaires généraux de la voyerie de Paris;

Les commissaires généraux de la marine et des galères en titre d'office;

Les capitaines des vaisseaux et des galères réformés;

Les capitaines des frégates légères;

Les caissiers des trésoriers généraux de la marine et des galères.

QUINZIÈME CLASSE.

40 #.

Les prévosts des mareschaux;
Les gentilshommes possédant fiefs et chasteaux;
Les mareschaux des logis des compagnies des gendarmes et des chevau-légers;
Les lieutenans des archers de la ville de Paris;
Les substituts du procureur du Roy au Chastelet de Paris;
Les contrôleurs des rentes de l'hostel de ville de Paris;
Les greffiers des présidiaux et autres justices royales;
Les quarteniers de la ville de Paris;
Les commis-receveurs des fermes;
Les bourgeois des villes du second ordre vivant de leurs rentes;
Les intendans des affaires et maisons particulières;
Les fermiers des terres et biens dont les baux excèdent 3,000 #;
Les fermiers des moulins dont les baux excèdent 2,000 #;
Les lieutenans généraux des bailliages qui ne ressortissent pas nuement aux Parlemens;
Les chefs des prévostés, chastellenies et autres justices royales qui ne ressortissent pas nuement aux Parlemens;
Les contrôleurs provinciaux des décimes;
Les contrôleurs des receveurs généraux des finances;
Les greffiers à la peau du Parlement de Paris;
Les premiers huissiers des requestes de l'hostel et du Palais à Paris;
Les premiers huissiers du Chastelet;
Les maistres particuliers des eaux et forests;
Le premier huissier du bureau des finances de Paris;
Partie des commis des fermes;
Les prévosts de la marine et des galères.

SEIZIÈME CLASSE.

30 #.

Les professeurs en droit;
Les grands maistres, proviseurs et principaux des collèges;
Les officiers des bailliages royaux, des élections, greniers à sel, des eaux et forests, de la connestablie, des amirautés, et les juges des traites;
Les lieutenans généraux, procureurs fiscaux, et greffiers des duchés et pairies;
Les échevins, procureurs du Roy, greffiers et receveurs des deniers communs des villes du second ordre;
Les substituts des procureurs du Roy des villes où il y a Parlement ou autre Compagnie supérieure;
Les maires des petites villes;
Les payeurs et contrôleurs des gages des présidiaux;
Les avocats au Conseil;
Les officiers des petites chancelleries;
Les premiers huissiers des Compagnies supérieures des provinces;
Les huissiers audienciers du Chastelet de Paris;
Les gros marchands tenant boutique;
Les marchands de blé, de vin et de bois;
Les secrétaires des conseillers d'Estat, maistres des requestes, des intendans, des gouverneurs des provinces, des mareschaux de France, généraux d'armée, lieutenans généraux de terre et de mer, des lieutenans civils, de police, criminel, du procureur du Roy au Chastelet de Paris, du prévost des marchands et des procureurs et avocats généraux des Cours supérieures;
Les traiteurs;
Les messagers des villes où il y a Parlement ou autre Cour supérieure;
Partie des fermiers et laboureurs;
Les officiers des Tables de marbre;
Les assesseurs des maires des villes du deuxième ordre;
Les greffiers à la peau des requestes du Palais à Paris;
Les commis au greffe des requestes des Parlemens des provinces;
Les lieutenans du prévost général de la connestablie;
Les premiers huissiers de l'élection et autres jurisdictions à Paris;
Les contrôleurs des décimes dans les diocèses;
Les contrôleurs des turcies et levées;
Partie des commis des vivres et des étapes;
Les premiers huissiers des bureaux des finances des provinces;
Les caissiers des banquiers;
Partie des commis des fermes;
Les secrétaires-interprètes entretenus dans la marine;
Les lieutenans et les enseignes des ports et arsenaux de la marine et des galères;
Les lieutenans et l'enseigne des gardes de l'étendard des galères;
Les capitaines des bruslots;
Les médecins entretenus dans les ports.

DIX-SEPTIÈME CLASSE.

20 #.

Les lieutenans et les enseignes des vaisseaux et des galères du Roy;
Les colonels et les majors des bourgeoisies;
Les commissaires d'artillerie;
L'exempt des archers de la ville de Paris;
Les professeurs du collège royal de Paris, et autres, tant de Paris que des provinces, qui reçoivent gages et pensions;
Les médecins, chirurgiens et apothicaires de Paris;
Les notaires des villes où il y a Parlement et autre Cour supérieure;
Les juges-gardes des Monnoyes des provinces;
Les avocats des Cours supérieures;
Les procureurs des Parlemens, Cours supérieures et requestes du Palais;
Les tiers-référendaires des Cours supérieures;
Les huissiers des Cours supérieures et requestes du Palais;
Les crieurs des corps et de vins de Paris;
Les directeurs particuliers des Monnoyes;
Partie des aubergistes de Paris;
Partie des fermiers et laboureurs;
Les lieutenans-colonels d'infanterie et de cavalerie;
Les assesseurs des maires des petites villes;
Les procureurs du Roy des Monnoyes;
Les lieutenans des chasses;
Les procureurs du Roy en la jurisdiction des chasses;
Les greffiers en la jurisdiction des chasses;
Les capitaines des archers des gabelles;
Les principaux commis des postes dans les villes du second et du troisième ordre;
Les inspecteurs-visiteurs des postes;
Les greffiers à la peau du Chastelet, de l'élection et autres jurisdictions à Paris;
Les greffiers à la peau des Cours supérieures des provinces;
Les économes des diocèses;
Les premiers huissiers des jurisdictions consulaires;
Les directeurs des hospitaux des troupes du Roy;
Les commis à la recette et distribution des fourrages aux troupes du Roy dans les places;
Les commis à la délivrance des passe-ports du Roy;
Partie des commis des vivres et des étapes;
Les concierges des Chambres des comptes des provinces:

Les commis ambulans;
Les procureurs du Roy et les greffiers des jurisdictions des traites foraines;
Les huissiers du bureau des finances de Paris;
Partie des commis des fermes;
Les capitaines des frégates légères réformés;
Les aydes-majors de la marine et des galères;
Les lieutenans de galiotes et d'artillerie de la marine;
Les sous-lieutenans d'artillerie de la marine;
Les sous-lieutenans des galères;
Les lieutenans de frégates légères;
Les capitaines de flustes;
Les ingénieurs ordinaires entretenus dans la marine;
Les premiers maistres constructeurs;
Le capitaine du chasteau de la Tournelle à Paris, pour la garde des condamnés aux galères;
Les chirurgiens-majors entretenus dans les ports;
Les lieutenans, procureurs du Roy et greffiers de la prévosté de la marine;
Les capitaines des vaisseaux marchands et corsaires de vingt pièces de canon et au-dessus.

DIX-HUITIÈME CLASSE.

10 ᵗᵗ.

Les capitaines et lieutenans des bourgeoisies;
Les commissaires aux revues;
Les capitaines et majors de cavalerie et dragons;
Les ingénieurs des places;
Les aydes-majors et capitaines des portes;
Les recteurs, chanceliers, procureurs des nations et supposts des universités;
Les substituts des procureurs du Roy des présidiaux;
Les médecins, chirurgiens et apothicaires des villes du premier et du second ordre;
Les avocats et procureurs du Chastelet de Paris;
Les contrôleurs des taxes de dépens des Conseils, Parlemens et autres Cours supérieures;
Les contrôleurs des exploits dans les villes où il y a Parlement et autre Cour supérieure;
Les notaires des villes du second ordre;
Les contrôleurs des deniers patrimoniaux et d'octroy des villes du premier ordre;
Les huissiers à verge, à cheval et à la douzaine du Chastelet de Paris;
Les dixainiers de la ville de Paris;
Les experts et greffiers de l'écritoire de Paris;
Les jurés architectes;
Les mesureurs de bois, de charbon, courtiers, jaugeurs et autres officiers de police et des ports;
Les barbiers et perruquiers des villes du premier et du second ordre;
Les artisans des grosses villes tenant boutique et employant des garçons;
Partie des aubergistes de Paris;
Partie des fermiers et laboureurs;
Partie des vignerons;
Les lieutenans des archers des gabelles;
Les lieutenans du prévost général des monnoyes;
Les commissaires et contrôleurs des monstres des mareschaussées;
Les exempts du prévost général de la connestablie;
Les officiers des prévostés et chastellenies royales, autres que les chefs;
Les greffiers à la peau des Cours supérieures des provinces;
Les greffiers des Monnoyes;
Les assesseurs, procureurs du Roy et greffiers des mareschaussées;
Les premiers huissiers des présidiaux des provinces;
Les huissiers des petites chancelleries;
Les huissiers des bureaux des finances des provinces;
Les sous-traitans des étapes;
Les gardes-magasins des vivres;
Les commis des postes employés au triage des lettres;
Les commis des principaux commis de l'extraordinaire des guerres, des vivres et des étapes;
Les buvetiers;
Les concierges des prisons;
Les greffiers des prisons;
Les écuyers mariés;
Les maistres d'hostel mariés;
Les bedeaux des paroisses de Paris;
Les tabellions dans les villes où il y a Parlement;
Partie des commis des fermes;
Les maistres clercs des notaires à Paris;
Les garçons des marchands tenant magasin à Paris;
Les écuyers non mariés;
Les maistres d'hostel non mariés;
Les lieutenans et enseignes des vaisseaux et des galères réformés;
Les maistres d'hydrographie;
Les maistres constructeurs de la marine et des galères;
Les chirurgiens ordinaires entretenus dans les ports;
Les capitaines des vaisseaux marchands et corsaires de dix à vingt pièces de canon;
Les aumosniers entretenus dans les ports et arsenaux de la marine et de galères;
Les commis des caissiers et des principaux commis des trésoriers généraux de la marine et des galères.

DIX-NEUVIÈME CLASSE.

6 ᵗᵗ.

Les capitaines et majors d'infanterie;
Les gentilshommes n'ayant ni fief ni chasteau;
Les régens, bedeaux et messagers des universités;
Les échevins, procureurs du Roy, greffiers et receveurs des deniers communs des petites villes;
Les maires des bourgs clos;
Les receveurs des consignations et amendes et les commissaires aux saisies réelles des justices royales;
Les notaires des petites villes;
Les contrôleurs des deniers patrimoniaux et d'octroy des villes du second ordre;
Les huissiers audienciers des présidiaux;
Les bourgeois des petites villes vivant de leurs rentes;
Partie des aubergistes de Paris et ceux des villes fermées;
Les cabaretiers donnant à manger à pot et assiette;
Les artisans des villes du second ordre tenant boutique et employant des garçons;
Les messagers des petites villes et bourgs clos;
Les maistres des postes;
Les lieutenans de cavalerie et dragons;
Les aydes-majors d'infanterie, de cavalerie et dragons;
Les brigadiers des fermes;
Les gardes-chasse;
Les huissiers des jurisdictions consulaires;
Les contrôleurs des hospitaux des troupes;
Les commis chargés des provisions du Roy dans les places frontières;
Les commis distributeurs des lettres à la poste;

Les bedeaux des paroisses des provinces;
Les suisses des paroisses;
Les cuisiniers et les sommeliers mariés;
Les tabellions dans les villes du second ordre;
Les huissiers des présidiaux;
Les garçons des gros marchands tenant magasin dans les villes du premier ordre;
Les maistres clercs des avocats et procureurs à Paris;
Les maistres clercs des notaires des villes du premier ordre;
Les garçons des gros marchands tenant boutique;
Les demoiselles suivantes;
Les cuisiniers et sommeliers non mariés;
Le mareschal des logis des gardes de l'étendard des galères;
Les aydes d'artillerie de marine;
Les aydes-ingénieurs et dessineurs de la marine et des galères;
Les chefs de brigade des gardes de la marine;
Les capitaines des vaisseaux marchands et corsaires au-dessous de dix pièces de canon;
Les lieutenans et les enseignes des vaisseaux marchands et corsaires;
Les chirurgiens entretenus extraordinairement dans les ports et arsenaux de la marine et des galères.

VINGTIÈME CLASSE.

3 ᵗᵗ.

Les lieutenans, sous-lieutenans et enseignes d'infanterie;
Les cornettes de cavalerie et dragons;
Les écrivains principaux des vaisseaux et des galères;
Les mareschaux des logis de la cavalerie et dragons;
Les lieutenans et exempts des mareschaussées;
Les gardes-magasins d'artillerie;
Les gardes-marine;
Les archers de l'hostel de ville de Paris, du prévost de l'Isle et du lieutenant de robe courte;
Les juges des justices seigneuriales;
Les avocats et procureurs des présidiaux et autres justices royales;
Les tiers-référendaires des présidiaux et autres justices royales;
Les contrôleurs des taxes de dépens des présidiaux, bailliages et autres justices royales;
Les échevins, procureurs du Roy, greffiers et receveurs des deniers communs des petites villes et bourgs clos;
Les médecins, chirurgiens et apothicaires des petites villes et bourgs clos;
Les trésoriers-collecteurs en Languedoc;
Les greffiers des rôles de tailles et autres impositions;
Les procureurs fiscaux et greffiers des justices seigneuriales;
Les huissiers, procureurs et sergens des justices royales;
Les crieurs de corps et de vins des provinces;
Les jurés auneurs de toiles et le concierge de la halle aux toiles à Paris;
Les contrôleurs des fermes;
Les experts et greffiers de l'écritoire des provinces;
Les arpenteurs des eaux et forests;
Les notaires et praticiens des bourgs et villages;
Les contrôleurs des deniers patrimoniaux et d'octroy des petites villes et bourgs clos;
Les substituts des procureurs du Roy des petites villes et communautés;
Les sergens gardes des eaux et forests;
Les essayeurs et graveurs des Monnoyes;
Les commis des Monnoyes;
Les changeurs;
Les artisans des petites villes et bourgs clos tenant ménage;
Les hosteliers et cabaretiers des bourgs clos;
Les meuniers dont les baux sont au-dessous de 2,000 ᵗᵗ;
Partie des fermiers et laboureurs;
Partie des vignerons;
Les exempts du prévost général des monnoyes;
Les exempts ou brigadiers du guet;
Les gardes des fermes;
Les archers des gabelles;
Les archers du prévost général de la connestablie;
Les assesseurs des maires des bourgs clos;
Les chirurgiens-majors des régimens;
Les courriers;
Les valets de chambre mariés;
Les clercs des notaires et procureurs de Paris et des provinces;
Les apprentis des marchands;
Les valets de chambre non mariés;
Les femmes de chambre;
Partie des servantes à Paris;
Les écrivains ordinaires entretenus pour le service de la marine et des galères;
Les commis aux classes entretenus pour les levées des matelots;
Les écrivains employés extraordinairement dans les ports et arsenaux de la marine et des galères et dans les bureaux des classes;
Les maistres d'équipage servant dans les ports et arsenaux de la marine et des galères;
Les maistres d'ouvrages servant *it.*, de 30 ᵗᵗ par mois et au-dessus;
Les maistres enseignant aux gardes de la marine;
Les brigadiers et sous-brigadiers des gardes de la marine;
Les officiers et gens de service entretenus dans les hospitaux pour prendre soin des malades, de 30 ᵗᵗ d'appointemens par mois et au-dessus;
Les officiers mariniers entretenus à 30 ᵗᵗ d'appointemens par mois et au-dessus;
Les bombardiers de 30 ᵗᵗ par mois et au-dessus;
Les bas officiers mariniers des galères, *it.*;
Les capitaines des vaisseaux marchands sans canons;
Les chirurgiens, écrivains et aumosniers des vaisseaux marchands et corsaires.

VINGT ET UNIÈME CLASSE.

2 ᵗᵗ.

Les gendarmes et chevau-légers, les timbaliers et trompettes desdites compagnies;
Les sergens d'infanterie;
Les archers des mareschaussées;
Les sergens des justices seigneuriales;
Les artisans des bourgs et villages;
Partie des vignerons;
Les archers du prévost général des monnoyes;
Les archers du guet;
Les facteurs;
Les jardiniers domestiques mariés;
Les cochers et les portiers mariés;
Les jardiniers domestiques non mariés;
Les cochers et les portiers non mariés;
Partie des servantes à Paris, et celles des villes du premier et du second ordre;
Les officiers mariniers étrangers servant sur les vaisseaux et galères et sur les corsaires et marchands;
Les archers de la marine et des galères;
Les concierges des prisons des arsenaux;
Les portiers des arsenaux de la marine et des galères;

Les officiers mariniers des vaisseaux, bombardiers et bas officiers mariniers des galères, entretenus au-dessous de 30 ₶ par mois;

Les capitaines d'armes et caporaux des compagnies franches de la marine;

Les officiers entretenus dans les hospitaux de la marine et des galères au-dessous de 30 ₶ par mois;

Les officiers mariniers estropiés au service, entretenus à la demy-solde de 30 ₶ par mois et au-dessus;

Les maistres d'ouvrages au-dessous de 30 ₶ par mois, servant dans les arsenaux de la marine et des galères.

VINGT-DEUXIÈME ET DERNIÈRE CLASSE.

1 ₶.

Les soldats, cavaliers, dragons et matelots, trompettes, timbaliers, tambours et fifres;

Les simples manœuvres et journaliers;

Et généralement tous les habitans des bourgs et villages cotisés à la taille à 40 sols et au-dessus, qui ne sont pas compris dans les classes précédentes;

Les postillons, palefreniers et laquais mariés;

Les bergers, charretiers et autres valets des laboureurs, fermiers et des habitans de la campagne qui sont mariés;

Les garçons des chirurgiens et apothicaires;

Les garçons des barbiers et perruquiers;

Les garçons des cabaretiers;

Les apprentis des artisans;

Les postillons, palefreniers, laquais non mariés, et tous autres domestiques non exprimés dans le tarif et supplémens de tarif;

Les bergers, charretiers et autres valets des laboureurs, fermiers et des habitans de la campagne qui ne sont pas mariés;

Les servantes des petites villes, bourgs et villages;

(Les officiers vétérans et honoraires payeront les mesmes taxes que les titulaires.)

Les mariniers de rame et de rambade servant sur les galères, pertuisaniers des galères, prayers des galères;

Les apprentis canonniers des vaisseaux et des galères;

Les gardiens des vaisseaux et arsenaux de marine et des galères;

Les officiers mariniers estropiés au service, entretenus à la demy-solde, au-dessous de 30 ₶ par mois;

Les matelots étrangers servant sur les vaisseaux et galères et sur les corsaires et marchands.

XI.

Observations faites par M. d'Ormesson sur l'état de la généralité de Riom et province d'Auvergne, pour l'année 1696.

Lorsqu'on envisage d'un premier abord cette province, la diversité des terroirs qu'elle comprend, dont les uns situés dans sa partie basse, que l'on appelle *la Limagne,* sont la plupart très-propres à la production des grains et à celle des vins et des foyns et pasturages, et les autres, qui sont dans la partie de cette mesme province nommée communément *la haute Auvergne,* produisent de bons pasturages pour la nourriture de toutes sortes de bestiaux, en donne une idée très-avantageuse, mais qui est si éloignée de celle que l'on doit en avoir, qu'il suffira d'entrer tant soit peu dans le détail des six élections qui composent cette généralité, pour prendre des sentimens tout à fait opposés.

ÉLECTION DE RIOM.

Cette élection, qui est l'entrée de la province du costé du Bourbonnois, et la première des quatre qui comprennent cette partie basse de l'Auvergne nommée la Limagne, n'a d'autres villes que celles de Riom, Thiers, Maringues, Ennezat, Montaigut-lez-Combraille et Herment, dont les habitans, faute de commerce, sont réduits dans un estat très-misérable.

Le reste de l'élection est dans trois situations différentes : un tiers des paroisses, ou pour mieux dire différentes collectes, dont plusieurs ne composent souvent qu'une mesme paroisse, est dans les montagnes du costé du Bourbonnois, où il n'y a que très-peu de terres qui puissent rapporter des grains; encore ce ne sont que des seigles, des blés noirs et des avoynes, que les habitans consomment en convertissant le tout en pain, et il n'y a mesme eu cette année qu'une petite quantité de ces terres ensemencées, parce qu'on est obligé de les laisser trois ans sans culture. Le principal revenu de ces quartiers est le pasturage des bruyères, qui leur est, depuis plusieurs années, devenu presque inutile, faute d'argent pour acheter des moutons. La disette de grains et de certaines grosses racines que l'on appelle des raves, qui dure depuis trois à quatre ans, a empesché les paysans d'engraisser de gros bestiaux, en sorte que se trouvant sans commerce et sans blés, ils sont tombés dans un estat si déplorable, qu'il est difficile de le concevoir.

Un autre tiers des villages sont en pays de vignobles, lesquels ayant eu le malheur de voir pendant cinq ans consécutifs les deux tiers de leurs vignes désolées par la gelée, dont la plupart ont esté encore si fortement maltraitées l'année présente, qu'elles sont hors d'estat de rien produire de trois ans, sont devenus très-misérables. Il n'y a que les vignes situées dans un pays élevé, dont le nombre est moindre que celuy des autres, desquelles l'on espère aujourd'huy de tirer quelques vins, si le temps continue dans la disposition où il est à présent.

Les autres paroisses de cette élection, qui sont dans un terroir meilleur, ne sont pas néanmoins plus heureuses. Les grains, dont la récolte consiste en blé rouge, qui est d'un moindre prix que les autres, et en seigle, blé méteil et orge, ont esté pendant sept années de suite ruinés par la gelée et par la gresle, qui ont aussy fait un très-grand tort au peu de foyn qui se recueille dans ces quartiers et aux noyers, dont on n'a tiré presque aucune huile depuis le mesme temps et dont beaucoup sont morts. Ces arbres ont eu l'année présente un sort pareil, et il n'y a que les grains et une petite quantité de chanvre qui a esté semée, dont l'on espère une moisson favorable. Au reste, la mortalité et la désertion, qui ont esté très-grandes dans cette élection, ont causé l'abandon de beaucoup de terres et de vignes.

ÉLECTION DE CLERMONT.

Son territoire, qui a beaucoup plus d'étendue qu'aucune autre de la province, comprend onze villes, entre lesquelles il n'y a que celles de Clermont, Montferrand, Cronpière et Billom qui méritent une attention particulière, les autres n'estant que des espèces de bourgades, dépourvues de tout trafic, à l'exception du Pont-du-Chasteau, qui subsiste doucement par celuy que luy procure la proximité de la rivière d'Allier.

Clermont, qui est la capitale de l'Auvergne, est la moins malheureuse de toutes; elle n'a cependant que trois bons marchands, le reste ne subsistant qu'avec peine d'un petit débit de fromage et d'huile; ses artisans ne vivent que du jour à la journée par leur travail, et, parmy les officiers de justice, il n'y en a que trois ou quatre de la Cour des aydes, et un ou deux du présidial et autant de l'élection, qu'on puisse dire aysés.

Montferrand, quoyqu'il y ayt dans cette ville un bailliage royal ressortissant au Parlement, ne laisse pas d'estre misérable; ses officiers n'ont la plupart que de très-petits revenus, et le reste de ses habitans n'ayant aucun commerce, à cause du peu de distance qu'il y a entre Clermont et Montferrand, sont tous devenus très-pauvres, depuis que l'on en a tiré la Cour des aydes et le collége des jésuites.

Billom, qui a esté autrefois assez considérable, est aujourd'huy celle de toutes les villes la plus abismée; le passage des troupes, qui y est fréquent et souvent mesme très-fort, a causé parmy les habitans une si grande désertion, que, dans le seul mois de septembre dernier, il y eut environ cent translations de domicile, ce qui fait que la plus grande partie des maisons, qui sont abandonnées, tombent en ruine, et que la taille, dont le principal est très-fort, estant répartie sur les habitans qui y restent, leurs cotisations sont si grandes, que des malheureux paysans qui ne peuvent passer que pour des journaliers sont imposés à 50#, quoyque d'ailleurs il n'y ayt aucun commerce dans cette ville, la meilleure boutique ne pouvant pas fournir pour 10 pistoles de marchandises, et que les inondations, jointes aux gresles et gelées, ayent depuis six ans entièrement enlevé la récolte, dont il n'y a rien à espérer à présent, la gresle ayant ruiné tous les grains.

Croupière. — Ce lieu qui n'est éloigné que de trois lieues de Billom, et sur la mesme route du costé du Forez, estant également sujet au logement des gens de guerre, se ressent aussy beaucoup de la misère, qui ne l'a pas rendu néanmoins autant désolé que Billom, où les troupes ont d'ordinaire séjour. Les environs de cette petite ville ne produisent pas suffisamment des grains pour sa subsistance.

Pour ce qui est des villages de cette élection, il les faut aussy, pour un plus grand éclaircissement, distinguer en trois parties. La première, qui est celle des paroisses situées dans les montagnes voisines du Forez, ne trouvoit la plus grande partie de sa subsistance que dans un commerce d'étamines qui s'y fabriquoient, et dans celuy des bois de sapins que l'on tiroit de ces montagnes pour les conduire à Paris et dans d'autres villes; mais la cessation entière du travail des étamines, et celle de plus de la moitié des voitures de bois, dans lesquelles les deux tiers des habitans trouvoient de quoy vivre, les a réduits au point de n'avoir maintenant d'autre ressource, avec leur peu de voitures, qu'un petit pasturage de bestiaux, n'y ayant guère de leurs terres qui soient propres pour rapporter des grains, et le peu qu'il y en a eu cette année d'ensemencées ne l'estant que de blé méteil.

Une autre petite partie des villages est dans les montagnes qui approchent du Mont-Dore, où les habitans ayant la plupart esté obligés, pour avoir du pain, de vendre leurs bestiaux, se trouvent privés du fromage, qui estoit le secours le plus avantageux qu'ils eussent, ce qui les a d'autant plus appauvris, que la petite quantité de seigle que l'on sème dans ces quartiers, où il n'y a aucuns autres grains, et dont la récolte a esté greslée dans sept à huit paroisses, depuis quelques mois, ne sauroit fournir aux nécessités les plus pressantes.

Les autres paroisses sont situées dans la plaine de la Limagne, où la récolte, qui consiste en quelque blé froment et en blé méteil et seigle en plus grande quantité, a une assez belle apparence, à la réserve de douze ou quinze paroisses, où la gresle a tout ruiné. Il y a encore les vignes et les noyers, dont le revenu, qui estoit assez bon, est presque anéanti, les noyers n'ayant rien produit depuis trois ans et ne pouvant estre d'aucune utilité cette année, où, comme dans les précédentes, la gelée en a fait mourir beaucoup et enlevé les fruits des autres, et les vignes, dont six récoltes ont manqué consécutivement, ayant, seulement en 1695, rapporté quelque vin, qui est si vert, que l'on est contraint de le consommer à très-bon marché sur les lieux. Un tiers de ces vignes, qui ont esté gelées au mois de mars dernier et qui ne pourront se rétablir de trois ans, fait que l'on n'est que trop assuré que la vendange prochaine sera bien moindre que la dernière.

Il faut icy observer, que, outre la mortalité, la désertion des habitans et l'abandon des terres, que cette élection a de commun avec les autres, elle a eu le malheur d'estre jusques à présent si fortement chargée d'impositions, que le payement en a épuisé les habitans, lesquels n'ayant aucun commerce, sont fort en retard sur la taille. Une seule paroisse de la campagne doit, de reste des années dernières et des termes échus de la présente, plus de 10 à 12,000 ll.

ÉLECTION D'ISSOIRE.

Il ne s'y trouve pas une seule ville aysée, la principale, qui est Issoire, n'ayant aucun commerce et estant sujette à un passage fréquent des troupes, dont les habitans, qui sont d'ailleurs très-pauvres, souffrent beaucoup. Les autres sont dans une misère si grande, qu'il n'y a pas dans la plupart deux bonnes maisons et mesme dans quelques-unes pas une seule.

A l'égard des villages de cette élection, quoyqu'ils soient dans des territoires très-différens, leur fortune n'en va pas de mesme. Une partie, qui est dans les montagnes, que l'on nomme *le pays de Livradois*, où le défaut de bestiaux pour engraisser a rendu inutile le principal revenu, qui est en pasturage, et où les deux tiers des terres, qui ne rapportent que de trois en trois années quelques seigles et avoynes, ont esté abandonnées par les propriétaires, est si pauvre, que le seul bien dont ils devroient tirer quelques avantages, qui est le foyn de leurs prairies, se perd presque entièrement tous les ans, n'y en ayant que très-peu, à la réserve de celuy que les consuls font faucher pour se payer de la taille, que les propriétaires puissent, faute d'argent pour payer ceux qu'ils y employeroient, mettre à profit.

Les autres paroisses qui sont dans la Limagne, dont le terrain produit, comme dans les élections de Riom et Clermont, des vins, un peu de blé froment, et des blés méteils, seigles et avoynes en plus grande quantité, ne sont guère en meilleur estat que celles dont nous venons de parler. Beaucoup de leurs terres sont demeurées incultes, par une suite de la pauvreté des habitans, qui les a fait manquer de blé pour les ensemencer et de bestiaux pour les labourer, et la moisson a esté si médiocre en 1695, que, sans les grains qu'avoit fournis l'année précédente, qui ont servi à faire une partie des semences, l'abandon des terres auroit esté beaucoup plus grand qu'il n'est. Pour ce qui est de la récolte des grains, il y a quelque sujet d'espérance, quoyque les épis soient en petite quantité. Celle des chanvres ne sera pas aussy forte que les années précédentes, et celle des vins sera beaucoup moindre, à cause que toutes les vignes des terrains bas ont esté gelées au mois de mars dernier, lesquelles ne pouvant rien produire de trois ans, les vins seront d'autant plus rares dans cette élection, qu'il n'y en a esté recueilli l'année dernière qu'une petite quantité, dont la verdeur est très-désagréable.

ÉLECTION DE BRIOUDE.

Elle n'a d'autres villes que celles de Brioude, Langeac et Blesle; le reste de son territoire est la meilleure partie en montagnes, et le surplus dans une vallée étroite, de quatre lieues de longueur, qui est l'extrémité de la Limagne. Les villes n'ayant aucun commerce, sont sur le mesme pied que les villages, à l'exception de celle de Brioude, qui diffère seulement en ce que tout son menu peuple, soit artisans de la ville ou paysans des faubourgs, a esté ruiné par les logemens des gens de guerre.

La grande sécheresse qui, pendant deux ans, a rendu stériles les terres labourables de la Limagne, jointe aux gelées qui, depuis six ans, ont non-seulement empesché les vignes de rien rapporter et mis cette année, comme dans les autres élections, toutes celles qui sont situées dans un pays découvert hors d'estat de faire espérer de trois ans aucune vendange, mais qui ont encore si rudement attaqué les noyers, que les particuliers qui tiroient année commune huit à neuf cents livres d'huile, n'en ont pas à présent quarante ou cinquante, a extrêmement appauvri les habitans de cette partie de l'élection, lesquels n'ont tiré aucun avantage, depuis trois ans, de quelques vergers qui y sont. Pour ce qui est de l'année présente, les grains et les vignes y promettent de la mesme manière que ceux de l'élection d'Issoire.

A l'égard des villages situés dans les montagnes, il n'y a aucuns pasturages, et la récolte ne consiste qu'en seigle et en une petite quantité d'avoyne, dont il n'y a à présent que très-peu de terres ensemencées, une partie des domaines et autres biens ayant esté, faute de bétail pour les cultiver, abandonnés par ceux qui en jouissoient. La mortalité et la désertion y ont esté si considérables, que, dans sept ou huit paroisses, l'on est très-embarrassé pour trouver chaque année un collecteur, et la misère est si extrême, que cinq des plus grandes paroisses souffrent actuellement une contrainte solidaire pour la taille de l'année dernière et pour restant de celle des deux précédentes, et que plusieurs sont actuellement sur le point de tomber dans la mesme désolation. Beaucoup d'autres seroient maintenant dans une conjoncture encore plus fascheuse, si un petit travail de dentelle, qui occupe les femmes et filles et les hommes qui n'ont pas assez de force pour s'employer à l'agriculture, n'avoit un peu soutenu les deux tiers de l'élection, qui n'ont d'autres moyens pour subsister.

Nous ne croyons pas pouvoir nous dispenser d'observer icy la pauvreté d'un petit bourg nommé la Chaise-Dieu, qui est un lieu de passage des troupes. Elle est si grande, que, sans le secours d'une abbaye de religieuses bénédictines, lesquelles fournissent souvent le pain, le vin et l'avoyne, et celuy du receveur des tailles de cette élection, qui preste tantost 300, tantost 400# aux consuls, pour en faire la distribution aux plus malheureux habitans, afin de leur ayder à fournir, au défaut de l'étapier, la subsistance aux soldats et cavaliers, qui sont quelquefois jusques à trente ou quarante dans une seule maison, ce lieu auroit déjà esté bien des fois au pillage, les particuliers qui y sont n'estant que des misérables paysans, qui n'ont aucuns fonds de terre en propriété et ne sont que locataires de l'abbaye et de quelques gentilshommes.

ÉLECTION DE SAINT-FLOUR.

Cette élection est distinguée en deux différens siéges, dont le principal, qui est dans la ville de Saint-Flour, a sa jurisdiction sur cent dix-neuf paroisses ou collectes, et l'autre, qui est établi à Mauriac, s'étend seulement sur cinquante-huit. Comme il n'y a pour la taille rien de commun entre eux, si ce n'est qu'ils n'ont que la mesme commission du Conseil, dans laquelle ils sont néanmoins divisés, nous séparerons aussy, pour une explication plus nette, ce que nous avons à dire de l'un et de l'autre.

Le premier comprend, dans ses cent dix-neuf collectes, trois villes, qui sont Saint-Flour, Murat et Chaudesaigues, dont la première, quoyque principale de son diocèse, ne laisse pas d'estre très-pauvre et sans commerce, et les deux autres sont de petites villes, sujettes, comme Saint-Flour, aux logemens des gens de guerre, qui ont fait un si grand tort dans ces deux lieux, que Chaudesaigues ne se trouve à la discrétion des troupes que parce qu'une communauté de religieuses, qui y est établie, preste aux habitans les denrées dont ils ont besoin pour fournir l'étape, et que les officiers dominent, avec leurs recrues, dans la ville de Murat d'une telle manière, qu'ils se font passer complets en revue, quand ils ne le sont point, ce qui attire sur ce lieu la répétition de plusieurs radiations qui se font dans les comptes des étapiers.

A l'égard des villages du territoire de ce bureau de Saint-Flour, une partie sont dans les montagnes du Cantal, où le commerce, qui est de fromage, est extrêmement diminué, les pasturages ne pouvant estre consommés, faute de bestiaux, desquels l'on faisoit aussy trafic, ainsy que de quelques foyns, dont il n'y a rien à espérer pour cette année, à cause que la terre est devenue très-sèche par les dernières gelées. Une autre partie de ces mesmes villages est dans un pays plat, que l'on nomme *la Planèze*, où l'on recueille du blé méteil et du seigle, qui ne suffit que dans les années d'abondance à la subsistance de l'habitant, en sorte que, la moisson ayant manqué en 1693 et mesme depuis, une grande partie des terres ont demeuré incultes, faute de grains. Ce qui en a esté semé fait espérer un peu de récoltes. Il n'y a, dans ces quartiers, d'autre commerce que celuy de quelques mulets, que les paysans, qui les vont chercher en Poitou, où ils les prennent à crédit, élèvent dans leurs prairies, pour profiter quelque chose, lorsqu'ils sont en estat d'estre vendus.

Les autres paroisses sont au pied des montagnes de la Margerite, dont les forests, qui dépendent du Gévaudan, engagent les habitans à faire des achats de bois, dont ils convertissent une partie en planches, une autre en charbon, et le surplus en bois à brusler, dont le débit qu'ils trouvent dans la ville de Saint-Flour est le seul moyen qu'ils ayent pour vivre. Tous ces différens villages sont très-dépeuplés et si pauvres, que l'on y a vendu, pour le payement de la taille et des autres impositions, jusques aux portes, fenestres et convertures des maisons, ce qui s'est pareillement pratiqué dans l'étendue du bureau de Mauriac, dont il nous reste à parler.

Les seules villes qu'il y ayt sont Salers et Mauriac, dont la première estant presque entièrement dépourvue de son commerce ordinaire de fromage, faute de bestiaux, est dans un si mauvais estat, que les 3,000 ll et tant de taille que cette ville porte, ne sont payées que par neuf ou dix personnes, le reste de ceux qui y demeurent ne pouvant qu'avec peine s'acquitter de 5 ou 10 sols de taille à quoy ils sont imposés.

Pour ce qui est de Mauriac, cette petite ville n'est point aysée, mais elle subsisteroit doucement, si les principaux habitans estoient plus unis qu'ils ne le sont. Un curé très-zélé, qui y est depuis peu, y a déjà fait quelques progrès pour ramener les esprits les plus difficiles.

A l'égard des villages, les paysans y sont plus surchargés de taille qu'en aucun autre endroit, ce qui a obligé beaucoup de propriétaires à abandonner leurs biens, dont les revenus ne suffisoient pas pour payer les impositions. Cette mesme surcharge engage une partie des habitans à quitter leurs familles pour aller dans les ports de mer et mesme en Espagne, gagner leurs journées, d'où ils reviennent au bout d'un an ou deux, et y retournent après avoir laissé le petit profit de leur voyage à leurs femmes et enfans.

Il n'y a dans tout le territoire de ce bureau que le costé du Limousin où il croisse du seigle, qui se consomme sur les lieux, le reste ne se nourrissant que d'un peu de blé noir que l'on sème dans les montagnes, où les habitans estant dépourvus de bestiaux, perdent leur principal revenu, qui n'est qu'en pasturage.

ÉLECTION D'AURILLAC.

Aurillac et Maurs sont les seules villes qui s'y trouvent.

La première, qui a passé pour estre assez bonne, estant après Clermont la plus considérable de la province, est à présent très-misérable. Les foires qui s'y tiennent tous les ans et où les habitans, soit officiers de justice, marchands ou bourgeois, font vendre les fromages, qui est le seul rapport de leurs domaines, ayant esté si peu favorables pour eux cette année, que leurs denrées n'ont eu aucun débit. Cette ville est sujette aux passages des gens de guerre, aussy bien que celle de Maurs, qui en est d'autant plus foulée, qu'il n'y a dans ce lieu presque que des journaliers. Il y a encore dans cette élection deux lieux de passage, qui sont Vic et Thiézac, lesquels n'en souffrent pas moins que Maurs, surtout Thiézac, qui n'estant qu'à une lieue de Vic, les troupes, qui ont pour l'ordinaire le logement dans cet endroit-cy, au lieu de le prendre aussy le lendemain dans celuy-là, se font payer l'étape en argent et vont le mesme jour coucher à Murat, qui n'en est éloigné que de trois lieues, ce qui cause la ruine des particuliers, par la grande quantité de radiations dont les étapiers se font rembourser.

Pour ce qui regarde les paroisses du ressort de cette élection, elles sont la plupart dans les montagnes, les unes du costé de Saint-Flour, les autres de celuy de Salers, et le reste dans une plaine qui borne le Quercy, le Rouergue et le Limousin. Les meilleurs fonds de terre de cette plaine sont quelques prairies, qui produiront cette année un peu de foyn, la récolte ne consistant d'ailleurs qu'en chastaignes, dont l'apparence est assez belle, sans pouvoir néanmoins assurer qu'elles viendront à maturité, une seule matinée froide pouvant tout emporter, comme l'année dernière, et en blé noir, qui ne suffit pas à la nourriture de l'habitant. A l'égard des villages situés dans les montagnes, il n'y a pas beaucoup de grains, mais seulement des pasturages, qui ne sont consommés qu'en partie, à cause du peu de bestiaux qui restent aux paysans, et dont ils n'ont tiré aucune utilité l'année présente, parce que le débit de leurs fromages ne se fait que dans les foires d'Aurillac. Les blés noirs qui estoient sur les lieux élevés et découverts ont été greslés entièrement le 12 de ce mois.

Nous ne dirons rien davantage de la misère de cette élection, qu'il est assez facile de comprendre, si ce n'est que, la moisson des blés n'estant pas suffisante pour sa subsistance, elle est obligée d'acheter ceux que l'on y apporte à un plus haut prix qu'ils ne se vendent dans les autres élections; que le Roy est si persuadé du mauvais estat où elle est, que S. M. a eu plusieurs fois la bonté de faire prester des blés aux paroisses pour ensemencer leurs terres, et qu'enfin une partie des habitans sont contraints d'aller, comme ceux du ressort de Mauriac, gagner leur vie dans les ports de mer et en Espagne.

Arresté à Clermont, le 27e jour de juin 1696.

LEFÈVRE D'ORMESSON.

XII.

Provisions de Chancelier de France pour M. DE PONTCHARTRAIN.

5 Septembre 1699.

LOUIS, etc. L'estat et office de Chancelier de France estant vacant par la mort du sieur Boucherat, nous avons voulu remplir une si importante charge d'un sujet capable d'en soutenir les fonctions avec l'expérience et la dignité requises, et nous avons trouvé en la personne de nostre très-cher et féal Mre Louis Phélypeaux de Pontchartrain, conseiller en tous nos Conseils, secrétaire d'Estat et de nos commandemens, contrôleur général de nos finances, toutes les qualités que nous pouvions désirer en un digne chancelier.

Il nous a donné des preuves solides de sa probité, de sa

capacité et de son zèle pour nostre service dans l'exercice des charges de conseiller en nostre Cour de Parlement de Paris, et de premier président en nostre Cour de Parlement de Bretagne. Il s'y est conduit comme ayant esté instruit dès sa plus tendre jeunesse des maximes les plus pures de la religion et de la justice, et comme ayant toujours eu devant les yeux les exemples illustres et domestiques d'une famille qui sert utilement l'Estat depuis longtemps, puisque, sans remonter plus haut, le sieur Paul Phélypeaux de Pontchartrain, son grand-père, avoit esté fait secrétaire d'Estat dès le règne de Henry le Grand, nostre ayeul, et que le sieur Phélypeaux d'Herbault, son frère, qui luy succéda en la mesme charge, le sieur Phélypeaux de la Vrillière et le sieur Phélypeaux, marquis de Chasteauneuf, ont continué de servir avec la mesme fidélité et le mesme zèle près du feu Roy, nostre très-honoré seigneur et père, et de nous. Depuis que nous avons pourvu ledit sieur de Pontchartrain de la charge de secrétaire d'Estat dont il est actuellement revestu, il s'y est conduit avec le mesme zèle et la mesme fidélité, nous ayant donné en toutes occasions des preuves de sa grande capacité, et le sieur Phélypeaux de Maurepas, son fils, qui l'exerce conjointement avec luy, en suivant son exemple, en remplit les fonctions avec le mesme zèle. Enfin, ledit sieur de Pontchartrain, après avoir donné dans les charges de judicature des marques d'une parfaite intelligence des loys et d'un grand amour pour la justice, ne s'est pas moins distingué dans l'administration de nos finances, ayant soutenu pendant la dernière guerre la charge de contrôleur général, en laquelle, dans un temps aussy difficile, nous avons reçu de son travail et de ses lumières les secours que nous demandions pour la fidèle dispensation de nos fonds et pour le plus grand soulagement de nos peuples, qui estoient obligés de contribuer aux charges extraordinaires de l'Estat auxquelles nous estions engagé; en sorte que nous avions lieu de croire, par l'expérience qu'il a aux affaires d'Estat, de judicature et de finances, qu'il remplira la charge de Chancelier à nostre entière satisfaction et pour le bien et avantage de nos sujets. À CES CAUSES, etc.

Donné à Fontainebleau, le 5 septembre 1699.

(Arch. de l'Empire, O¹ 43, f° 267 v°.)

XIII.

Mémoire sur l'établissement des registres du Roi pour ses finances.

Le Roy estant de retour à Fontainebleau du voyage de Nantes, prit par luy-mesme la connoissance de l'estat de ses finances. Il trouva plusieurs abus dans l'administration qui en avoit esté faite jusques alors, ce qui l'obligea d'en changer toute la forme.

Il fit le règlement du 15 septembre 1661, et supprima la commission de surintendant des finances et les fonctions qui y estoient attachées.

Il établit un conseil, appelé le Conseil royal des finances, où M. Colbert eut entrée, comme intendant des finances.

Par ce règlement, S. M. se réserva à elle seule la signature de toutes les ordonnances des dépenses comptables et de comptant, tant pour les dépenses secrètes que pour remises, intérests et autres de toute nature. Jusques alors toutes ces ordonnances estoient signées par le surintendant des finances.

Il ne fut rien changé dans ce temps-là au contrôle général des finances, qui estoit exercé par MM. Hervart et de Breteuil, dont les charges ne furent supprimées qu'en 1666, et remboursées par le Roy, qui en donna la commission à M. Colbert.

Il y avoit, lors de ce règlement, trois trésoriers de l'Épargne; ces trois charges furent supprimées en 1662.

M. de Bartillat, qui estoit trésorier de la maison de la Reine mère dès l'année 1637, fut commis à l'exercice des charges des trésoriers de l'Épargne, qu'il exerça sous ce nom jusqu'à la fin de 1662, que le Roy changea le titre de trésorier de l'Épargne en celuy de garde du Trésor royal, et celuy de trésorier des parties casuelles en celuy de receveur des revenus casuels.

Comme le règlement portoit que l'intendant des finances qui auroit l'honneur d'estre du Conseil royal auroit l'Épargne dans son département et tiendroit le registre de la recette et de la dépense; que toutes les ordonnances seroient remises entre ses mains, pour estre rapportées à S. M., enregistrées et paraphées par luy, et qu'il feroit rendre tous les comptes des fermes, recettes générales, bois, domaines, affaires extraordinaires et autres recettes de toute nature, pour en estre par luy fait rapport au Conseil royal, M. Colbert, conseiller audit Conseil, en qualité d'intendant des finances, ayant l'Épargne dans son département, se chargea du soin de faire tenir par un commis les registres de la recette et de la dépense des finances.

Dans ce commencement, il fut tenu trois registres : l'un, intitulé *Journal*, dans lequel sont enregistrées toutes les ordonnances des dépenses, à mesure qu'elles sont signées au Conseil, et la recette faite au Trésor royal mois par mois;

Le second intitulé *Registre des fonds*, dans lequel, sur le verso des feuillets, sont enregistrés par extrait tous les estats des fermes, recettes générales des finances et des bois, arrests et résultats et autres expéditions concernant les deniers qui doivent estre portés au Trésor royal, et, sur le recto du feuillet qui suit immédiatement la fin dudit extrait, est écrite la consommation ou payemens faits au Trésor royal, en déduction de ce qui doit y estre porté;

Et le troisième, appelé *Registre des dépenses*, contient pareillement toutes les ordonnances, dans différens chapitres, selon leur nature de dépense.

Cet ordre ainsy établi fut observé pendant six ans, jusques en l'année 1667, que les deux derniers registres ont esté réduits en un, en sorte que, depuis ce temps-là, il n'en est tenu que deux.

Toutes les ordonnances sont expédiées par les quatre secrétaires d'Estat et par le contrôleur général des finances.

Celles qui sont expédiées par les secrétaires d'Estat concernent les dépenses de leur département et sont par eux contresignées en commandement. Elles commencent par ces mots :

Garde de mon Trésor royal, M^r . . . . . , payez comptant à . . . . . la somme de . . . . .

Ensuite est énoncée la cause de l'ordonnance.

Quant à celles qui sont expédiées par le contrôleur général des finances, elles ne sont signées que du Roy, et sont conçues en ces termes :

Il est ordonné au garde de mon Trésor royal, M^r....., de payer comptant au sieur.....

Voilà ce qui regarde les ordonnances comptables, c'est-à-dire celles qui s'employent dans les rôles des gardes du Trésor royal et dont ils comptent par le détail à la Chambre des comptes.

Quant aux ordonnances appelées *de comptant*, qui concernent des dépenses secrètes, intérests, remises des traités, gratifications et dépenses extraordinaires au-dessus de 6,000#, elles s'expédient en la mesme forme que les précédentes, à la réserve qu'à la fin de celles-cy, on y ajoute cette clause :

Et rapportant la présente, endossée dudit sieur....., la somme de..... sera employée au premier acquit de comptant qui sera expédié par certification à vostre décharge, etc.

La Chambre des comptes ne voit pas le détail des dépenses contenues en ces ordonnances; elles sont employées, dans les comptes du garde du Trésor, en un seul article, ainsy qu'il sera expliqué cy-après dans le mémoire de ce qui se fait pour rendre au Conseil un rôle et un estat au vray du garde du Trésor royal.

Le secrétaire d'Estat qui a le département de la maison du Roy, de la marine et des galères, expédie les estats et ordonnances qui regardent les dépenses :

Des maisons royales,

Des bastimens,

De la marine et des galères,

Des fortifications et des bastimens des arsenaux des places maritimes,

Des pensions et gratifications qui sont accordées par S. M. aux officiers de sa maison et à ceux de la marine et galères,

Des voyages des courriers qu'il dépesche et qu'il reçoit,

Et de plusieurs dépenses extraordinaires dans les provinces dont il a les départemens.

Celuy qui a le département de la guerre expédie les ordonnances pour les dépenses :

De l'extraordinaire des guerres,

De l'artillerie,

Du pain de munition,

Des étapes,

Des fortifications des places de terre du dedans du royaume et des frontières,

Des pensions et gratifications qui sont accordées aux officiers des troupes,

Des voyages des courriers qu'il envoye et qu'il reçoit,

Et l'estat général des garnisons ordinaires, appointemens des gouverneurs et lieutenans généraux des provinces et places du dedans du royaume.

Celuy qui a les affaires étrangères dans son département expédie les estats et ordonnances :

Pour les appointemens, ameublemens, dépenses des deuils et gratifications des ambassadeurs, envoyés et résidens pour le Roy dans les cours étrangères;

Les ordonnances de comptant au porteur pour les dépenses secrètes et autres qui sont faites par les ambassadeurs et envoyés, pour pensions et subsides que S. M. donne aux princes étrangers;

Celles pour les voyages des courriers et pour autres dépenses concernant les provinces de son département.

Le quatrième secrétaire d'Estat a dans son département les affaires de la Religion prétendue réformée et un plus grand nombre de provinces que les autres secrétaires d'Estat; il expédie les ordonnances pour les dépenses extraordinaires qui y sont faites, et celles des pensions et gratifications accordées à plusieurs nouveaux convertis.

Le contrôleur général des finances expédie, en la forme cy-dessus, tous les estats et ordonnances pour les appointemens, pensions, gages du Conseil et gratifications :

De M. le Chancelier,

Du chef et des conseillers au Conseil royal,

Des ministres et secrétaires d'Estat,

Des mareschaux de France,

Des conseillers d'Estat ordinaires et semestres,

Des intendans des finances et autres officiers des Conseils du Roy,

Des premiers présidens et autres officiers des Cours supérieures,

Des intendans et commissaires départis dans les provinces;

Comme aussy pour les remboursemens d'offices, domaines, rentes et augmentations de gages,

Pour intérests d'avances et remises de traités,

Pour les dépenses des Ligues suisses,

Et pour pensions et gratifications accordées pour services rendus concernant les finances.

Après que les estats et ordonnances sont signés par les secrétaires d'Estat, elles sont délivrées par leurs commis, qui les expédient aux personnes à qui elles appartiennent, qui les portent ensuite au commis du contrôleur général qui tient les registres des finances, lequel les garde, et, la veille ou le jour de chaque Conseil royal, après les avoir mises par ordre, avec celles qu'il peut avoir expédiées pour dépenses concernant les finances, il les porte au contrôleur général pour y mettre les fonds.

Sur celles au-dessus de 300#, il met de sa main : *Comptant au Trésor royal*, ou un autre fonds sur lequel il veut que la dépense contenue en l'ordonnance ou estat soit payée.

Le contrôleur général porte ces ordonnances au Conseil royal, où le Roy les signe de sa main.

Sur celles au-dessus de 300#, S. M. approuve ce que le contrôleur général y a écrit, par ce mot : *Bon*, qu'elle met de sa main, au-dessous duquel elle signe : *Louis*.

Sur celles payables au porteur pour affaires secrètes, S. M.

y ajoute de sa main à la marge : *Je sais l'employ de cette somme.*

Et, sur celles des voyages et de 300 ## et au-dessous, où le contrôleur général n'a rien mis, S. M. y écrit ce mot : *Payez,* et les signe, de mesme que les autres ordonnances.

Le contrôleur général, au retour du Conseil, renvoye à son commis qui tient les registres les estats et ordonnances signés, et les estats des fermes, des recettes générales ou autres expéditions signées au Conseil, concernant le Trésor royal.

Le commis range ces ordonnances suivant l'ordre des chapitres des dépenses établis dans le registre des finances.

De tous ces estats et ordonnances, il s'en fait un extrait abrégé, que l'on enregistre de suite sur le registre journal, après avoir marqué le jour du Conseil auquel elles ont esté signées. Les sommes des ordonnances où il y a : *Comptant au Trésor royal,* sont tirées hors lignes, et celles qui sont assignées sur quelque fonds, les sommes en sont posées en ligne entre les deux marges.

Il se fait encore d'autres extraits plus étendus, qui sont portés sur chaque chapitre de dépenses du registre des fonds; et, sur le journal, à costé de chaque chapitre, est marqué le folio du registre des fonds et dépenses où ce mesme article est porté, comme aussy sur ledit registre est marqué le feuillet du journal où ce mesme article est enregistré.

Les ordonnances où le contrôleur général a mis une assignation pour estre payée sur une ferme, recette générale ou autres fonds, sont encore enregistrées par extrait sur le chapitre de la consommation de la ferme ou recette générale, parce que cette assignation opère une recette du garde du Trésor royal sur ledit fonds.

Et, pour un plus grand ordre, sur l'un et sur l'autre registre, à costé de chaque article, est marquée l'assignation qui est sur l'ordonnance, c'est-à-dire ce que le Roy ou le contrôleur général y ont écrit.

En cet estat, le contrôleur général vérifie ces enregistremens sur les ordonnances, et, pour marquer qu'il en a fait la vérification, il écrit le mot : *Bon* à costé de chaque article, sur l'un et sur l'autre registre, et paraphe les ordonnances, qu'il renvoye ensuite au commis qui tient les registres, pour les délivrer aux personnes à qui elles appartiennent.

Quoyque, au moyen de ces enregistremens et vérifications, les ordonnances soient en estat d'estre payées, néanmoins le garde du Trésor royal ne les paye pas, si elles ne sont comprises dans un estat particulier, appelé *Estat de distribution,* que le contrôleur général signe et envoye au garde du Trésor royal, sans lequel il n'en paye aucune de celles qui sont sujettes à estre mises dans cet estat.

Les ordonnances qui n'y sont point sujettes, et que le garde du Trésor royal paye sans aucun ordre, sont celles de voyages et celles dont les sommes sont au-dessous de 1,000 ## ou de moins encore, ainsy qu'il plaist au contrôleur général de le fixer; on les nomme *ordonnances du petit comptant.*

A la fin de chaque mois, le garde du Trésor royal donne au commis qui tient les registres un estat par le détail de la recette qu'il a faite en deniers comptans pendant le mois. Cette recette est enregistrée par articles sur le verso des feuillets du registre journal, de suite et suivant l'ordre des chapitres des fonds, et chaque article est transporté sur le registre des fonds, au chapitre des consommations de la ferme, recette générale, ou autre fonds sur lequel le garde du Trésor royal a fait la recette.

Il se fait ensuite un calcul sur deux feuilles séparées, sur l'une desquelles on met la somme de chaque article de la recette enregistrée, et sur l'autre la somme de chaque ordonnance signée et enregistrée sur le journal pendant le mois.

En cet estat, le contrôleur général porte au Conseil royal le registre journal et celuy des fonds, pour y estre examinés et arrestés. Ces calculs sont tenus par un conseiller au Conseil royal. Le Roy prend le registre des fonds, et le contrôleur général tient le registre journal, sur lequel il appelle chaque article de recette et le feuillet de la consommation où il est enregistré, à costé duquel article S. M. met : *Bon.*

Ensuite, le contrôleur général appelle aussy sur le journal tous les articles de la dépense.

Quand cette vérification est faite, le Roy arreste le tout sur le journal, où il écrit de sa main, à la fin de la recette :

Somme totale de la recette faite en mon Trésor royal pendant le mois de....., six millions.....

Fait et arresté en mon Conseil royal des finances, tenu à....., le.....

Et S. M. écrit aussy à la fin de la dépense :

Somme totale de la dépense faite en mon Trésor royal pendant le mois de....., dix millions.....

Savoir : en assignations et en deniers comptans.....

Et la recette faite comptant en mon Trésor royal monte à.....

Partant, elle excède la dépense de.....

Plus, il restoit..... ès mains de....., par l'arresté du mois dernier, cy-devant fol°..

Partant, restera en ses mains la somme de....., qu'il employera à la dépense du mois suivant.

Fait et arresté en mon Conseil royal des finances, tenu à....., le.....

Le Roy signe ces arrestés, et tout le Conseil ensuite.

Et, sur le journal, au haut de la marge de chaque feuillet où la recette est enregistrée, le contrôleur général écrit ces mots :

Vu et apostillé de la main du Roy sur le registre des fonds.

Il se fait aussy des extraits des estats des fermes, des recettes générales des finances et des bois, des arrests et résultats concernant les sommes de deniers qui doivent estre portées au Trésor royal.

Ces extraits, ainsy qu'il est dit cy-devant, sont enregistrés par chapitres sur le registre des fonds. Ces enregistremens sont vérifiés au Conseil royal, et le Roy les arreste de sa main.

Si, par l'enregistrement, il revient quelque somme au Trésor royal, S. M. écrit au-dessous :

Vu et vérifié.

Bon pour la somme de.... restante.

A....., le.....

L'année estant finie, il se fait un calcul, sur des feuilles séparées, de tous les chapitres des consommations ou payemens faits au Trésor, au bas desquels chapitres on met la somme totale. Si elle est semblable à celle qui y devoit estre portée par l'estat ou résultat enregistré à costé, on écrit au-dessous :

La consommation est pareille à la recette de l'autre part. Partant, quitte.

Mais, si elle est moindre, on met :

La recette de l'autre part monte à....., et la consommation cy-dessus à.....
Partant, reste à consommer...., portés en l'année qu'il suit, fol°.....

Ces calculs sont examinés dans le Conseil, sur le registre et les chapitres arrestés par le Roy.

Sur ceux où il y a : *Partant, quitte,* S. M. écrit :

Vu et vérifié.
Bon. *A....., le.....;*

Et, sur les autres, où il reste quelque chose à consommer :

Vu et vérifié.
Bon pour....., portés en l'année..... A....., le.....

Tout ce qui reste à consommer par ces arrestés est porté par chapitres séparés au folio.., marqués (?) sur le registre de l'année suivante.

Ensuite se fait le calcul, aussy sur des feuilles séparées, de tous les chapitres de dépense, au bas desquels on met la somme totale. Ils sont pareillement examinés dans le Conseil et arrestés par le Roy. S. M. écrit de sa main, par exemple au bas du chapitre de la Chambre aux deniers :

Somme totale de la dépense faite en ma Chambre aux deniers pendant l'année.....

Tous ces arrestés ne sont point signés du Roy ni du Conseil, mais écrits seulement de la main de S. M.

Les chapitres des consommations et des dépenses ainsy arrestés, on en fait un abrégé, qui se transcrit sur le mesme registre, savoir : l'abrégé des consommations en suite du dernier chapitre, et celuy des dépenses de mesme en suite du dernier chapitre des dépenses.

Ces abrégés sont aussy examinés dans le Conseil royal, et arrestés par le Roy, qui les signe, et tous ceux du Conseil ensuite.

Voilà l'ordre que M. Colbert a établi pour les registres de la recette et de la dépense des finances, et qu'il a fait observer depuis la fin de l'année 1661 jusques à son décès, arrivé le 6 septembre 1683; savoir : jusqu'en 1666, en qualité de conseiller au Conseil royal, intendant des finances, et ensuite comme contrôleur général des finances, après que les deux charges de MM. Hervart et de Breteuil furent supprimées et que M. Colbert en eut esté pourvu.

Pendant ce temps-là, les sieurs de Bartillat et du Metz ont fait la commission de garde du Trésor royal. Le premier a commencé en 1662, et exercé sans discontinuation jusqu'à la fin de 1674, et ensuite les années 1678, 1680, 1682; et le sieur du Metz a fait les années 1675, 1676, 1677, 1679, 1681 et 1683.

Après le décès de M. Colbert, ces registres passèrent à M. le Peletier, qui luy succéda à la charge de contrôleur général des finances. M. le marquis de Seignelay, fils de M. Colbert, en fit faire des copies figurées, qu'il garda, à l'exception de celles des années 1662 et 1663, dont il retint les originaux et donna les copies à la place.

Mémoire sur la différence de l'ordre que M. Colbert a fait garder jusques à sa mort par les commis qui tenoient les registres des finances, et de celuy que M. le Peletier a commencé de faire observer en l'année 1685.

Le Roy estant à Fontainebleau, ayant appris le décès de M. Colbert, mort à Paris le 6 septembre 1683, donna la charge de contrôleur général des finances à M. le Peletier.

Le sieur Picon, qui tenoit alors les registres des finances, fut continué dans cet employ jusqu'au mois de novembre 1684, que M. le Peletier le donna au sieur de Bie, qui suivit, jusqu'au commencement de l'année 1685, l'ordre qu'il avoit trouvé établi, ainsy qu'il ensuit.

Le garde du Trésor royal en exercice donnoit à la fin de chaque mois une feuille de la recette qu'il avoit faite comptant pendant le mois; et la dépense comprenoit les ordonnances qui avoient esté expédiées et qui devoient estre payées pendant le mois, soit en deniers comptans, soit en assignations libellées sur aucunes des ordonnances.

La recette comptant, que le garde du Trésor royal mettoit sur la feuille, estoit enregistrée sur le registre journal, ensuite portée sur le registre des fonds et distribuée sur chaque chapitre des consommations où les assignations estoient pareillement enregistrées, immédiatement après que les ordonnances avoient esté signées au Conseil.

En cet estat, M. Colbert, à la fin de chaque mois, présentoit au Roy le registre journal, sur lequel S. M. arrestoit la recette et la dépense du mois.

Après l'année finie, M. Colbert faisoit fermer les registres, et le Roy arrestoit, dans le Conseil, sur les registres des fonds, les chapitres des consommations et ceux des dépenses, dont se faisoit une récapitulation.

Il est nécessaire, pour voir la différence de l'ancien ordre au nouveau, d'observer icy que, dans les chapitres des consommations, on n'y comprenoit pas seulement les recettes faites comptant et en assignations, mais on y ajoutoit aussy celles qu'on supposoit devoir estre faites par les gardes du Trésor royal.

En l'année 1685, on n'a pas tout à fait suivi l'usage de feu M. Colbert, en ce que, sur le registre journal, le Roy, à la fin du mois, n'a arresté que la recette actuelle faite par le garde du Trésor royal et le détail des ordonnances payées dans le courant du mois, et chaque article de recette a esté porté en son lieu, au chapitre des consommations du registre des fonds.

L'on a observé très-régulièrement de marquer à costé de chaque article, sur les chapitres des dépenses, le feuillet de l'enregistrement qui avoit esté fait desdites ordonnances payées sur le journal, afin de faire voir qu'elles estoient acquittées; et, quand le garde du Trésor royal a esté en estat, à la fin de chaque exercice, de présenter son estat au vray, on a arresté sur les registres les chapitres des consommations et des dépenses et fait des récapitulations de recette et de dépense.

La première est celle qui se faisoit sur le journal de tous les arrestés de chaque mois; l'autre est l'arresté de tous les chapitres des consommations, et la troisième celle de tous les chapitres de dépense, composée de toutes les ordonnances qui ont esté expédiées dans le courant de l'année, soit qu'elles ayent esté acquittées ou non. En sorte que, pour connoistre quelle est la dépense actuelle, il se fait une distraction exacte des ordonnances qui n'ont point esté payées, et ce qui reste fait la somme juste et totale de la dépense actuelle.

Par ce nouvel ordre, faisant tous ces enregistremens, il faut nécessairement que ces récapitulations se trouvent conformes à la recette et à la dépense des estats au vray des gardes du Trésor royal.

Cela n'arrivoit point avant l'année 1685; il n'y avoit point de conformité entre les registres du Roy et les estats au vray des gardes du Trésor royal.

La preuve en résulte de la récapitulation des consommations et par exemple de celle faite sur le registre de l'année 1684, qui monte à 159,713,329 #; la récapitulation de la dépense à 160,910,276 #.

Cependant la recette de l'estat au vray de la mesme année 1684 monte à 160,737,176 #.

On voit une différence notable entre les registres des finances et l'estat au vray du Trésor royal 1684. Elle procède de ce que le sieur de Bartillat a compris dans cet estat des recettes et des dépenses de ses exercices précédens, et encore de ce qu'il a employé des recettes extraordinaires qui ne sont pas enregistrées sur les registres du Roy.

Il convient encore de remarquer que cette différence procède de ce que, dans cette mesme année 1684, toutes les ordonnances qui ont esté expédiées n'ont pas esté payées, et cela paroist en ce que, par la récapitulation du registre, la dépense excède la recette de près de 1,200,000 #.

Cette différence ne se trouve plus depuis le nouvel ordre commencé en 1685, à cause qu'il n'y a pas une recette faite, ni une ordonnance payée, qui ne soient enregistrées, et, par ce moyen, le Roy sait à toute heure l'estat de l'argent qui est au Trésor royal, les fonds qui restent à recevoir et les dépenses à payer.

(Arch. de l'Empire, *Estat par abrégé des receptes et dépenses et maniement des finances*, KK 355, f°s 3 à 13, et 238 à 240 v°.)

RÉCAPITULATION DES FONDS DE L'ANNÉE 1683.

CHAPITRES.	PRIX DES BAUX et IMPOSITIONS.	CHARGES.	PARTIES du TRÉSOR ROYAL.	CONSOMMATION en 1682.	CONSOMMATION ou PAYEMENTS faits au Trésor royal.	RESTES PORTÉS EN 1684.
REVENUS ORDINAIRES.						
Fermes 1683	65,892,000 ll	13,652,012 ll	52,239,988 ll	9,259,102 ll	42,575,456 ll	405,430 ll
Fermes 1684	//	//	//	//	9,627,543	//
Caisse d'emprunts	//	//	//	//	5,500,000	//
Recettes générales 1683	37,907,943	6,554,534	27,537,848	1,689,730	25,848,148	//
Secondes parties	....	....	2,115,561 530,000	1,584,218	531,375 530,000	//
Impositions pour les étapes	//	//	1,210,000	//	626,559	583,441
Restes de 1682	//	//	621,814	//	593,777	28,037
Recettes générales 1684	....	....	....	....	4,235,294 1,578,415	//
Recettes générales des pays d'États 1683	2,618,337	1,575,575	1,042,762	99,382	941,327	2,053
Dons gratuits 1683	7,932,643	113,887	7,818,756	2,269,505	5,549,251	//
Dons gratuits 1684	//	//	//	//	557,867	//
Bois 1683	1,411,304	304,527	1,106,774	//	1,106,774	//
Revenus casuels	3,521,901	84,387	5,320,797	2,619,000	2,701,798	//
Taillon	//	//	16,379	//	16,379	//
TOTAUX	119,284,128	22,284,922	99,560,679	17,520,937	102,519,963	1,018,961
DENIERS EXTRAORDINAIRES.						
Rentes					13,659,926	
Divers fonds portés au Trésor royal					1,544,920	
SOMME TOTALE					117,724,809	

RÉCAPITULATION DES FONDS DE L'ANNÉE 1684.

CHAPITRES.	PRIX DES BAUX et IMPOSITIONS.	CHARGES.	PARTIES du TRÉSOR ROYAL.	CONSOMMATION en 1683 ou DÉDUCTIONS par arrêts.	CONSOMMATION ou PAYEMENTS faits au Trésor royal.	RESTES PORTÉS EN 1685.
REVENUS ORDINAIRES.						
Fermes 1684	65,652,000#	13,239,700#	52,412,300#	9,841,467#	41,965,359#	605,474#
Restes des fermes 1683	〃	〃	405,430	〃	300,000	105,430
Prêts sur les fermes 1685	〃	〃	〃	〃	6,300,000	〃
Recettes générales 1684	37,698,011	6,538,316	27,345,524	4,121,066	23,042,786	181,671
Secondes parties	〃	〃	2,074,161	1,538,415	535,746	〃
Autres secondes parties	〃	〃	530,000	〃	530,000	〃
Impositions pour les étapes en 1684.	〃	〃	1,210,000	〃	351,040	858,960
Restes desdites impositions en 1682.	〃	〃	〃	〃	1,570	〃
Restes desdites impositions en 1683.	〃	〃	〃	〃	558,055	〃
Recettes par anticipation sur les secondes parties 1685 et recette de Metz	....	....	....	....	1,548,710 121,549	〃
Recettes générales des pays d'États 1684	4,829,180	1,669,217	3,169,965	223,666	2,932,062	14,237
Dons gratuits 1684	5,819,459	123,706	5,844,972	629,315	5,057,714	157,943
Dons gratuits 1685	〃	〃	〃	〃	515,348	〃
Bois 1684	1,513,708	465,620	1,048,088	〃	917,218	130,870
Revenus casuels	4,576,660	〃	4,576,660	〃	4,576,660	〃
TOTAUX	120,089,018	22,036,559	98,617,100	16,353,929	89,253,817	2,054,585

DENIERS EXTRAORDINAIRES.

Deniers extraordinaires des revenus casuels	12,927,664#	70,459,513
Finance payée par les receveurs généraux des finances à cause de la levée de la fixation de leurs charges	1,142,000	
Rentes au denier dix-huit	48,694,524	
Remise du trésorier de l'extraordinaire des guerres	3,025,000	
Remise du sieur du Metz, garde du Trésor royal	1,000,000	
Divers fonds extraordinaires portés au Trésor royal	3,670,324	
SOMME TOTALE	....	159,713,329

RÉCAPITULATION DES FONDS DE L'ANNÉE 1685.

CHAPITRES.	PRIX DES BAUX et IMPOSITIONS.	CHARGES.	PARTIES du TRÉSOR ROYAL.	CONSOMMATION en 1684 ou DÉDUCTIONS par arrêts.	CONSOMMATION ou PAYEMENTS faits au Trésor royal en 1685.	RESTES PORTÉS EN 1686.
REVENUS ORDINAIRES.						
Fermes 1685	66,273,529#	17,071,814#	49,201,715#	6,831,117#	42,057,709#	312,880#
Restes des fermes 1684	//	//	420,625	104,425	54,649	261,554
Prêts sur les fermes 1686	//	//	//	//	4,200,000	//
Recettes générales 1685	35,464,225	6,593,956	25,490,181	4,936,002	20,554,179	//
Secondes parties 1685	....	....	2,041,088	1,508,710 7,122	525,256	//
Impositions pour les étapes en 1685	//	//	1,339,000	108,114	273,603	957,283
Restes desdites impositions en 1684	//	//	858,960	100,000	758,960	//
Restes des recettes générales 1684	//	//	204,340	//	195,821	8,519
Recette par anticipation sur les secondes parties 1686	....	....	....	....	1,533,971 134,501	//
Recettes générales des pays d'États 1685	3,861,813	1,421,774	2,440,039	63,029	2,377,010	//
Dons gratuits 1685	5,710,050	172,571	5,537,479	515,347	4,722,132	300,000
Dons gratuits 1686	//	//	//	//	507,951	//
Bois 1685	1,564,809	451,354	1,113,455	20,211	966,247	126,997
Restes desdits bois 1684	//	//	//	//	51,147	//
Revenus casuels, cinq premiers mois de 1685	2,990,682	213,226	2,777,456	//	2,777,456	//
Restes de 1684	//	//	//	//	253,136	//
Revenus casuels, sept derniers mois de 1685	661,272	36,445	624,827	//	624,272	//
TOTAUX	116,526,380	25,961,140	92,049,165	14,194,077	82,568,000	1,967,233

DENIERS EXTRAORDINAIRES.

Augmentations de gages et nouvelles créations	2,570,458# 1,267,788	20,803,868
Finances de plusieurs offices et traités	1,357,844	
Remises des trésoriers de l'extraordinaire des guerres	9,444,050	
Remise du garde du Trésor royal en 1684	5,200,000	
Restes des fonds des années précédentes	963,728	
SOMME TOTALE	....	103,371,868

RÉCAPITULATION DES FONDS DE L'ANNÉE 1686.

CHAPITRES.	PRIX DES BAUX et IMPOSITIONS.	CHARGES.	PARTIES du TRÉSOR ROYAL.	CONSOMMATION en 1685 ou DÉDUCTIONS par arrêts.	CONSOMMATION ou PAYEMENTS faits au Trésor royal en 1686.	RESTES PORTÉS EN 1687.
REVENUS ORDINAIRES.						
Fermes 1686	65,743,000#	17,122,100#	48,620,900#	5,065,279#	43,265,254#	90,367#
Restes des fermes 1685	//	//	721,533	261,323	195,416	264,794
Prêts sur les fermes 1687	//	//	//	//	2,100,000	//
Recettes générales 1686	33,875,295	6,698,997	23,798,647	//	23,758,755	39,892
Secondes parties	//	//	2,038,651	1,533,971	502,680	2,000
Impositions pour les étapes en 1686.	//	//	1,339,000	//	187,886	1,151,114
Restes desdites impositions en 1685.	//	//	1,037,283	//	1,037,283	//
Recette par anticipation sur les recettes générales et secondes parties 1687	//	//	//	//	1,650,240	//
Recettes générales des pays d'États 1686	3,777,904	1,353,629	2,424,275	154,941	2,269,334	//
Dons gratuits 1686	8,356,516	267,476	8,089,040	507,950	6,170,874 300,000	1,410,216
Dons gratuits 1687	//	//	//	//	533,783	//
Bois 1686	1,640,256	436,279	1,203,977	//	1,019,700	184,277
Restes des bois 1684 et 1685	//	//	205,258	//	42,971	162,287
Revenus casuels. Reste de 1685	//	//	600,000	//	2,641,855	//
Revenus casuels. Prêt et annuel 1686	2,220,770	178,915	2,041,855			
Revenus casuels. Ordinaire 1686	1,295,063	208,409	1,086,654	//	86,654	1,000,000
TOTAUX	116,908,804	26,265,805	93,207,073	7,523,464	85,762,785	4,304,947

DENIERS EXTRAORDINAIRES.

Revenus casuels	4,526,972# 110,000	8,694,143
Traités	816,354	
Divers fonds	1,610,203	
Deniers payés en conséquence d'arrêts et revenants-bons	1,630,614	
SOMME TOTALE		94,456,928

RÉCAPITULATION DES FONDS DE L'ANNÉE 1687.

CHAPITRES.	PRIX DES BAUX et IMPOSITIONS.	CHARGES.	PARTIES du TRÉSOR ROYAL.	CONSOMMATION en 1686 ou DÉDUCTIONS par arrêts ou pour remboursements.	CONSOMMATION ou PAYEMENTS faits au Trésor royal.	RESTES PORTÉS EN 1688.
REVENUS ORDINAIRES.						
Fermes 1687	65,829,584#	17,582,270#	48,247,314#	2,100,000#	45,424,120#	723,194#
Restes des fermes 1686	"	"	381,224	"	167,357	213,867
Prêts sur les fermes 1688	"	"	"	"	5,250,000	"
Recettes générales 1687	33,738,290	6,651,498	23,712,019	364,907	23,298,757	48,355
Secondes parties 1687	"	"	2,037,771	1,514,485	523,286	"
Impositions pour les étapes en 1687	"	"	1,339,000	28,904	53,100	1,256,996
Reste desdites impositions en 1686	"	"	1,162,255	12,152	1,141,674	8,429
Recette par anticipation sur les secondes parties en 1688	"	"	"	"	1,668,212	"
Recettes générales des pays d'États 1687	3,751,738	1,342,811	2,408,927	38,819	2,370,108	"
Dons gratuits 1687	6,771,732	71,397	6,700,335	533,783	6,166,552	"
Recette par anticipation sur les Dons gratuits 1688	"	"	"	"	383,966	"
Bois 1687	1,557,860	420,189	1,137,671	15,261	1,061,864	60,546
Restes des bois des années précédentes	"	"	331,652	37,474	68,318	225,860
Revenus casuels 1687	1,222,646 1,175,844	18,894	1,203,752 1,175,844	"	2,244,442	1,135,154
Reste des revenus casuels 1686	"	"	1,000,000			
TOTAUX	114,047,694	26,087,059	90,837,764	4,645,785	89,821,756	3,672,401

DENIERS EXTRAORDINAIRES.

Revenus casuels	803,376#	4,453,144	
Traités	1,087,564		
Remise du garde du Trésor royal	1,526,280		
Revenants-bons et débets	1,035,924		
SOMME TOTALE		94,274,900	

RÉCAPITULATION DES FONDS DE L'ANNÉE 1688.

CHAPITRES.	PRIX DES BAUX et IMPOSITIONS.	CHARGES.	PARTIES du TRÉSOR ROYAL.	CONSOMMATION en 1687 ou DÉDUCTIONS par arrêts.	CONSOMMATION ou PAYEMENTS faits au Trésor royal.	RESTES PORTÉS EN 1689.
REVENUS ORDINAIRES.						
Fermes 1688	64,847,500 ₶	16,807,691 ₶	48,039,809 ₶	5,250,000 ₶	42,789,809 ₶	"
Restes des fermes des années précédentes	"	"	1,142,141	294,147	8,250	839,744 ₶
Prêts sur les fermes 1689	"	"	"	"	8,391,666	"
Recettes générales 1688	33,856,390	6,689,101	23,688,008	"	23,684,485	3,553
Secondes parties	"	"	2,140,281	1,668,209	472,073	"
Impositions pour les étapes 1688	"	"	1,339,000	"	522,597	816,403
Reste desdites impositions en 1687	....	....	49,155	41,105	8,050	"
			1,256,996		1,256,996	
Recette par anticipation sur les secondes parties 1689	"	"	"	"	1,655,531	"
Recettes générales des pays d'États 1688	3,775,897	1,327,742	2,448,155	68,449	2,379,706	"
Dons gratuits 1688	5,414,302	62,162	5,352,140	383,966	4,968,174	"
Dons gratuits 1689	"	"	"	"	384,272	"
Bois 1688	1,736,965	468,053	1,268,912	"	1,215,211	53,701
Restes des bois des années précédentes	"	"	286,675	"	96,058	190,607
Revenus casuels. Reste de 1687	"	"	1,135,154	"	"	"
Revenus casuels. Prêt et annuel 1688	1,190,552	18,016	1,172,566	1,200	4,064,563	"
Revenus casuels. Ordinaire et extraordinaire	1,254,032	65,042	1,188,990			
Revenus casuels. Recette sur 1689	....	....	568,053	"	"	"
			1,000			
TOTAUX	112,075,638	25,437,807	91,077,035	7,707,076	91,897,441	1,904,008

DENIERS EXTRAORDINAIRES.

Des officiers de chancelleries	1,200,000 ₶	17,243,554
Remises des gardes du Trésor royal	964,154	
Rentes au denier vingt	10,000,000	
Débets, revenants-bons et autres deniers extraordinaires	5,079,400	
SOMME TOTALE	....	109,140,972

RÉCAPITULATION DES FONDS DE L'ANNÉE 1689.

CHAPITRES.	PRIX DES BAUX et IMPOSITIONS.	CHARGES.	PARTIES du TRÉSOR ROYAL.	CONSOMMATION en 1688 ou DÉDUCTIONS par arrêts.	CONSOMMATION OU PAYEMENTS faits au Trésor royal en 1689, savoir : au sieur du Metz.	au sieur de Frémont.	RESTES PORTÉS EN 1690.
REVENUS ORDINAIRES.							
Fermes 1689	66,106,666#	17,410,955#	48,695,711#	9,537,569#	15,224,897#	20,777,828#	3,155,416#
Restes des fermes des années précédentes	//	//	839,744	//	//	//	839,744
Prêts sur les fermes 1690	//	//	//	//	//	9,424,655	//
Recettes générales 1689	34,065,201	6,800,485	23,784,128	//	6,689,400	17,088,135	6,593
Secondes parties	//	//	2,141,588	1,655,529	//	486,059	//
Impositions pour les étapes	//	//	1,339,000	//	//	793,987	545,013
Reste desdites impositions 1688	//	//	816,403	//	105,233	711,170	//
Secondes parties 1690	//	//	//	//	//	1,648,603	//
Recettes générales des pays d'États 1689	3,767,870	1,321,175	2,446,695	98,176	550,000	1,798,519	//
Dons gratuits 1689	5,566,516	62,303	5,504,213	384,272	1,478,666	3,641,275	//
Dons gratuits 1690	//	//	//	//	//	557,294	//
Bois 1689	2,060,269	466,772	1,593,497	//	//	1,486,355	107,142
Restes des bois des années précédentes	//	//	213,883	//	3,500	28,076	182,307
Revenus casuels. Prêt et annuel 1689	1,161,826						
Revenus casuels. Ordinaire, trois premiers mois	657,900	76,342	5,398,840	1,211,525	3,389,751 201,392	596,172	//
Revenus casuels. Deniers extraordinaires	3,655,456						
Revenus casuels. Ordinaire, neuf derniers mois	1,220,151	149,669	14,166,593	342,957	998,608	12,823,870	1,158
Revenus casuels. Deniers extraordinaires	13,096,111						
TOTAUX	131,357,966	26,287,701	106,940,295	13,230,028	28,641,447	71,861,998	4,837,373
Sur quoi, déduit les deniers extraordinaires des revenus casuels, montant à	16,751,567						
RESTE pour les revenus ordinaires	114,606,399						

DENIERS EXTRAORDINAIRES.

	au sieur du Metz.	au sieur de Frémont.
Augmentations de gages créées en 1689	//	2,608,885
Finances des receveurs des deniers d'octrois	//	1,492,542
Traités de la finance de plusieurs offices	202,500	4,332,429
Traités des débets des comptables	382,058	571,884
Dons gratuits d'aucunes villes	600,000	4,127,500
Rentes	8,387,760	6,951,720
Remises de l'extraordinaire des guerres	1,000,000	5,474,184
Sommes payées par plusieurs communautés, à Paris	//	820,000
Deniers payés en conséquence d'arrêts et débets	184,562	1,128,718
TOTAUX	39,398,327	99,369,860
Sur quoi, déduit les 85,675# que le sieur du Metz a remis au sieur de Frémont	85,675	
RESTE	39,312,652	39,312,652
SOMME TOTALE	....	138,682,512

RÉCAPITULATION DES FONDS DE L'ANNÉE 1690.

CHAPITRES.	PRIX DES BAUX et IMPOSITIONS.	CHARGES.	PARTIES du TRÉSOR ROYAL.	CONSOMMATION en 1689 ou DÉDUCTIONS par arrêts.	CONSOMMATION ou PAYEMENTS faits au Trésor royal.	RESTES PORTÉS EN 1691.
REVENUS ORDINAIRES.						
Fermes 1690	69,916,207 #	18,615,106 #	51,301,101 #	11,372,270 #	35,992,943 #	3,935,888 #
Restes des fermes des années précédentes	//	//	//	//	//	3,155,415
Prêts sur 1691	//	//	//	//	8,427,221	//
Recettes générales 1690	36,989,939	7,613,868	25,929,791	//	25,076,791	//
Secondes parties	//	//	2,107,281	1,543,963	563,318	//
Impositions pour les étapes	//	//	1,339,000	//	562,269	776,731
Reste desdites impositions en 1689	//	//	//	//	545,012	//
Reste de la recette générale de Metz	//	//	//	//	9,543	//
Recette sur les secondes parties 1691	//	//	//	//	1,611,815	//
Recettes générales des pays d'États 1690	3,806,557	1,357,625	2,448,932	106,203	2,342,729	//
Dons gratuits 1690	7,111,516	94,903	7,016,613	557,283	6,459,330	//
Dons gratuits 1691	//	//	//	//	419,631	//
Bois 1690	1,853,404	526,896	1,326,508	//	1,295,329	31,179
Restes des années précédentes	//	//	//	//	//	289,452
Revenus casuels. — Prêt et annuel 1690	1,271,561	20,552	1,251,009	//	1,250,929	80
Revenus casuels. — Deniers de l'ordinaire des revenus casuels 1690	982,132	//	982,132	//	982,132	//
TOTAUX	121,931,316	28,228,950	93,702,367	13,579,719	85,538,992	8,188,745

DENIERS EXTRAORDINAIRES.

Deniers extraordinaires des revenus casuels	6,002,797 #	64,246,848
Projet du taillon	226,456	
Don gratuit du clergé	3,500,955	
Augmentations de gages des présidiaux et élections	9,111,257	
Traités des affaires extraordinaires	7,610,700	
Rentes	21,053,060	
Monnaies et argenterie du Roi	4,993,637	
Remises de l'extraordinaire des guerres	7,382,170	
Sommes payées par les officiers de police et autres, à Paris	3,011,000	
Divers fonds extraordinaires	1,354,816	
SOMME TOTALE		149,785,840

RÉCAPITULATION DES FONDS DE L'ANNÉE 1691.

CHAPITRES.	PRIX DES BAUX et IMPOSITIONS.	CHARGES.	PARTIES du TRÉSOR ROYAL.	CONSOMMATION en 1690 ou DÉDUCTIONS par arrêts.	CONSOMMATION ou PAYEMENTS faits au Trésor royal.	RESTES PORTÉS EN 1692.
REVENUS ORDINAIRES.						
Fermes 1691	68,142,034 #	20,183,082 #	47,958,952 #	10,179,568 #	32,934,159 #	4,845,225 #
Restes des fermes des années précédentes	″	″	″	″	″	7,091,303
Prêts sur 1692	″	″	″	″	7,350,000	″
Recettes générales 1691	36,992,084	7,572,728	25,978,968	″	25,978,968	″
Secondes parties	″	″	2,101,388	1,506,558	594,829	″
Impositions pour les étapes 1691	″	″	1,339,000	″	328,895	1,010,105
Reste des recettes générales 1690	″	″	″	″	853,000	″
Reste des impositions pour les étapes 1690	″	″	″	″	776,729	″
Recettes sur les secondes parties 1692	″	″	″	″	1,633,089	″
Recettes générales des pays d'États 1691	3,874,189	1,447,572	2,426,617	118,875	2,307,942	″
Dons gratuits 1691	6,436,516	94,903	6,341,631	419,632	5,921,981	″
Dons gratuits 1692	″	″	″	″	579,631	″
Bois 1691	1,856,302	500,208	1,356,094	″	1,326,680	29,414
Restes des années précédentes	″	″	″	″	″	256,072
Restes de 1690	″	″	″	″	9,404	21,077
Prêt et annuel 1691	1,115,639	″	1,115,636	″	1,115,636	″
Deniers de l'ordinaire des revenus casuels 1691	788,151	″	788,151	″	788,151	″
TOTAUX	119,204,912	29,798,495	89,406,419	12,224,633	82,499,094	13,253,196
DENIERS EXTRAORDINAIRES.						
Reste des revenus casuels 1690				6,087,477 #		
Prêt et annuel 1692				6,087,134		
Deniers extraordinaires des revenus casuels 1691						
Finance payée par les huissiers du Châtelet				30,000		
Impositions extraordinaires des pays d'États et Don gratuit du clergé				4,607,647		
Projet du taillon				207,228		
Finance des greffiers des rôles				4,964,307	81,434,681	
Rentes				18,000,000		
Profit sur la réformation des monnaies				8,947,110		
Remises de l'extraordinaire des guerres				8,342,916		
Divers fonds extraordinaires				2,442,634		
Restes de divers fonds				″		
Traités d'affaires extraordinaires				21,718,228		
SOMME TOTALE					163,933,775	

RÉCAPITULATION DES FONDS DE L'ANNÉE 1692.

CHAPITRES.	PRIX DES BAUX et IMPOSITIONS.	CHARGES.	PARTIES du TRÉSOR ROYAL.	CONSOMMATION en 1691 ou DÉDUCTIONS par arrêts.	CONSOMMATION ou PAYEMENTS faits en 1692.	RESTES PORTÉS EN 1693.
REVENUS ORDINAIRES.						
Fermes 1692	63,065,495 #	20,830,098 #	42,235,397 #	9,057,834 #	33,139,408 #	38,155 #
Restes des fermes des années précédentes	"	"	"	"	"	11,891,661
Prêts sur les fermes 1693	"	"	"	"	7,350,000	"
Recettes générales 1692	36,840,125	7,982,985	25,343,172	"	23,846,209	1,496,963
Secondes parties	"	"	2,174,968	1,633,189	524,931	16,848
Impositions pour les étapes 1692	"	"	1,339,000	"	506,336	832,664
Reste desdites impositions en 1691	"	"	1,010,105	1,118	1,008,987	"
Recette sur les secondes parties 1693	"	"	"	"	1,639,168	"
Recettes générales des pays d'États 1692	3,963,010	1,739,137	2,223,873	"	2,209,890	13,983
Dons gratuits et impositions des pays d'États 1692	11,359,583	94,905	11,202,419	419,630	9,015,648	1,829,400
Dons gratuits 1693	"	"	"	"	419,632	"
Bois 1692	1,786,322	540,137	1,246,185	"	994,796	251,389
Restes des bois des années précédentes	"	"	"	"	17,432	287,194
Revenus casuels. Deniers de l'ordinaire	869,195	293,802	2,984,551	"	2,984,551	"
Revenus casuels. Prêt et droit annuel pour 1693	2,480,334	71,176				
TOTAUX	120,364,064	31,552,240	89,759,670	11,111,771	83,656,988	16,658,257
DENIERS EXTRAORDINAIRES.						
Deniers extraordinaires des revenus casuels 1692			23,297,566 #	…	15,318,006 #	8,294,224 #
Reste des revenus casuels 1691			314,664			
			2,184,419	…	2,152,939	31,480
Finance des taxations héréditaires des receveurs généraux et des tailles			4,053,318	…	4,015,639	37,823
Traités de la finance de plusieurs officiers			64,582,379	…	33,877,471	30,704,908
Rentes			21,670,722	…	21,670,722	"
Monnaies			12,428,890	…	12,428,890	"
Remises de l'extraordinaire des guerres			1,484,348	…	1,484,348	"
Finance payée par plusieurs officiers à Paris			1,573,867	…	1,573,867	"
Débets des comptes et autres deniers			3,094,930	…	3,094,930	"
TOTAUX			134,685,103	…	95,616,805	39,068,435
SOMME TOTALE			…	…	179,273,793	

RÉCAPITULATION DES FONDS DE L'ANNÉE 1693.

CHAPITRES.	PRIX DES BAUX et IMPOSITIONS.	CHARGES.	PARTIES du TRÉSOR ROYAL.	CONSOMMATION en 1692 ou DÉDUCTIONS par arrêts.	CONSOMMATION OU PAYEMENTS faits au Trésor royal en 1693, savoir : au sieur de Frémont.	au sieur Gruyn.
REVENUS ORDINAIRES.						
Fermes 1693	63,794,500 ᵗᵗ	22,980,891 ᵗᵗ	40,813,609 ᵗᵗ	8,294,227 ᵗᵗ	23,512,790 ᵗᵗ	1,318,430 ᵗᵗ
Restes des fermes des années précédentes	"	"	"	"	10,478,625	1,914
Prêts sur les fermes 1694	"	"	"	"	9,102,345	350,000
Recettes générales 1693	36,640,757	8,433,664	24,819,012	"	23,951,936	783,555
Secondes parties	"	"	2,209,848	1,639,168	151,626	418,845
Impositions pour les étapes 1693	"	"	1,339,000	"	669,050	404,549
Reste des recettes générales 1692	"	"	"	"	1,400,172	6,000
Reste des impositions pour les étapes 1692	"	"	"	"	605,803	24,288
Recettes générales 1694	"	"	"	"	261,000	14,000
Secondes parties 1694	"	"	"	"	8,000	1,629,001
Recettes générales des pays d'États 1693	3,777,943	1,600,603	2,177,340	"	1,568,442	551,689
Dons gratuits 1693	9,107,581	120,453	8,987,127	419,632	8,205,413	362,132
Dons gratuits 1694	"	"	"	"	792,478	194,837
Bois 1693	1,929,604	561,291	1,368,313	"	699,524	599,037
Bois des années précédentes	"	"	"	"	210,009	39,240
Revenus casuels 1693, y compris les deniers extraordinaires	9,703,230	323,454	9,395,701	"	7,312,494	76,070
Revenus casuels 1692	"	"	"	"	8,021,653	135,635
Totaux	124,953,615	34,020,346	91,109,950	10,353,027	96,951,351	6,904,222
DENIERS EXTRAORDINAIRES.						
Rentes					11,884,698	"
Monnaies					12.007,283	2,402,275
Remises des gardes du Trésor royal					598,617	1,293,909
Dons gratuits extraordinaires d'aucunes villes					1,056,662	"
Subsides accordés par les clergés de plusieurs diocèses					780,911	187,500
Traités					39,923,500	5,203,418
Divers fonds extraordinaires portés au Trésor royal					999,265	262,337
Totaux					164,202,294	16,253,661

RÉCAPITULATION DES PAYEMENTS FAITS AU TRÉSOR ROYAL :

Au sieur de Frémont	164,202,294 ᵗᵗ
Au sieur Gruyn	16,253,661
Somme totale	180,455,955

RÉCAPITULATION DES FONDS DE L'ANNÉE 1694.

CHAPITRES.	PRIX DES BAUX et IMPOSITIONS.	CHARGES.	PARTIES du TRÉSOR ROYAL.	CONSOMMATION en 1693 ou DÉDUCTIONS par arrêts.	CONSOMMATION ou PAYEMENTS faits au Trésor royal en 1694.
REVENUS ORDINAIRES.					
Fermes 1694	64,558,000#	24,333,813#	40,224,187#	10,804,071#	19,973,842#
Fermes 1695	"	"	"	"	8,837,500
Recettes générales 1694	36,437,023	8,817,500	24,235,335	563,350	23,426,114
Secondes parties 1694	"	"	2,098,516	1,532,058	566,458
Impositions pour les étapes 1694	"	"	1,339,000	60,000	1,015,815
Reste desdites impositions 1693	"	"	"	"	275,366
Recettes générales 1692 et 1693	"	"	"	"	257,158
Recettes générales 1695	"	"	"	"	1,654,669
Secondes parties 1695	"	"	"	"	1,548,158
Recettes générales des pays d'États 1694	3,808,131	1,755,303	2,052,828	"	1,866,699
Dons gratuits 1694	7,068,183	194,903	6,873,280	984,003	5,889,277
Dons gratuits 1695	"	"	"	"	931,088
Bois 1694	1,712,970	541,774	1,171,472	"	1,092,824
Bois des années précédentes	"	"	"	"	27,507
Revenus casuels 1694, déduction faite de la finance des secrétaires du Roi, droits de quittances, et des offices de receveurs des finances de la Rochelle compris dans les deniers extraordinaires	3,886,710	277,633	3,609,077	"	1,429,368
Revenus casuels 1692	"	"	138,263		
Revenus casuels 1693	"	"	"	"	1,626,458
Totaux	117,471,017	35,920,926	81,741,958	13,943,482	70,418,301

DENIERS EXTRAORDINAIRES.	
Rentes	11,259,637
Monnaies	24,000,000
Remises des gardes du Trésor royal	3,280,751
Droits de quittances	848,753
Traités	50,824,578
Divers fonds portés au Trésor royal	1,039,928
Somme totale	161,671,948

RÉCAPITULATION DES FONDS DE L'ANNÉE 1695.

CHAPITRES.	PRIX DES BAUX et IMPOSITIONS.	CHARGES.	PARTIES du TRÉSOR ROYAL.	CONSOMMATION en 1694 ou DÉDUCTIONS par arrêts.	CONSOMMATION ou PAYEMENTS faits au *Trésor royal* en 1695.
REVENUS ORDINAIRES.					
Fermes 1695	65,547,440#	24,812,481#	40,734,959#	11,560,669#	16,795,334#
Fermes 1696	//	//	//	//	8,979,822
Recettes générales 1695	34,590,145	8,759,638	22,410,751	1,707,662	20,702,115
Secondes parties 1695	//	//	2,104,217	1,548,158	554,439
Impositions pour les étapes 1695	//	//	1,339,000	//	943,171
Reste desdites impositions 1694	//	//	//	//	267,253
Restes des recettes générales 1693 et 1694	//	//	//	//	373,572
Recettes générales 1696	//	//	//	//	2,067,359
Secondes parties 1696	//	//	//	//	1,639,063
Recettes générales des pays d'États 1695	3,834,940	1,803,452	2,031,488	108,329	1,920,152
Dons gratuits 1695	16,762,456	193,542	16,568,914	914,361	9,681,353
Dons gratuits 1696	//	//	//	//	2,014,495
Bois 1695	1,335,186	502,668	832,517	//	788,045
Bois des années précédentes	//	//	//	//	29,162
Revenus casuels 1695, y compris les deniers extraordinaires	3,536,145	229,615	3,306,530	//	2,115,081
Restes de 1693	//	//	324,679		
Revenus casuels 1694	//	//	//	//	2,035,100
Totaux	125,606,312	36,301,396	89,653,055	15,839,179	70,905,516

DENIERS EXTRAORDINAIRES.

Rentes	58,030,176
Monnaies	6,321,302
Greffiers des rôles	7,331,926
Traités	23,730,742
Divers fonds portés au Trésor royal	2,581,265
Capitations	18,338,522
Remise du Trésor royal	508,763
Somme totale	187,748,212

RÉCAPITULATION DES FONDS DE L'ANNÉE 1697.

(Manque la récapitulation des fonds de l'année 1696.)

CHAPITRES.	PRIX DES BAUX et IMPOSITIONS.	CHARGES.	PARTIES du TRÉSOR ROYAL.	CONSOMMATION en 1696 ou DÉDUCTIONS par arrêts.	CONSOMMATION ou PAYEMENTS faits au Trésor royal en 1697.
REVENUS ORDINAIRES.					
Fermes 1697	61,221,706#	29,451,454#	31,770,252#	7,350,000#	11,076,574#
Fermes 1698	//	//	//	//	9,987,255
Recettes générales 1697	32,017,866	9,898,076	18,678,775	1,765,663	16,655,848
Secondes parties 1697	//	//	2,140,681	1,591,659	551,413
Impositions pour les étapes 1697	//	//	1,339,000	//	939,799
Reste des impositions 1696	//	//	//	//	547,980
Recettes générales 1698	//	//	//	//	4,069,549
Secondes parties 1698	//	//	//	//	1,575,220
Recettes générales des pays d'États 1697	4,262,030	2,346,174	1,930,285	//	1,813,537
Dons gratuits 1697	7,960,327	203,469	7,756,858	1,709,866	5,753,691
Dons gratuits 1698 et 1699	//	//	//	//	3,262,470
Bois 1697	1,827,148	610,484	1,216,664	//	1,026,734
Bois des années précédentes	//	//	//	//	55,318
Revenus casuels 1697, y compris les deniers extraordinaires	1,677,349	//	1,677,349	//	1,677,349
Revenus casuels 1695 et 1696	....	....	....	....	200,000 1,195,730
Projet du taillon	//	//	//	//	12,150
TOTAUX	108,966,426	42,509,657	66,509,864	12,417,188	60,400,617
DENIERS EXTRAORDINAIRES.					
Capitations 1697					21,093,289
Capitations 1696					358,071
Impositions extraordinaires des pays d'États					425,000
Deniers du Trésor royal 1696					4,500,640
Monnaies					2,000,000
Rentes					86,711,968
Traités d'affaires extraordinaires					42,022,376
Débets, revenants-bons et autres fonds extraordinaires					1,459,211
SOMME TOTALE					218,971,172

RÉCAPITULATION DES FONDS DE L'ANNÉE 1699.

(Manque la récapitulation des fonds de l'année 1698.)

CHAPITRES.	PRIX DES BAUX et IMPOSITIONS.	CHARGES.	PARTIES du TRÉSOR ROYAL.	CONSOMMATION en 1698 ou DÉDUCTIONS par arrêts.	CONSOMMATION ou PAYEMENTS faits au Trésor royal en 1699.
REVENUS ORDINAIRES.					
Fermes 1699	65,971,750 #	35,079,376 #	30,892,374 #	7,883,334 #	21,688,861 #
Fermes 1700 et 1701	//	//	//	//	20,017,742
Restes des fermes des années précédentes	//	//	//	//	18,515,895
Recettes générales 1699	30,726,934	9,884,660	17,417,494	382,256	9,893,953
Revenants-bons des fonds faits pour augmentations de gages	//	//	//	//	487,558
Secondes parties 1699	//	//	2,148,781	1,542,759	562,856
Impositions pour les étapes 1699	//	//	1,275,999	//	1,070,609
Reste desdites impositions 1698	//	//	//	//	199,200
Recettes 1700	//	//	//	//	2,311,320
Secondes parties 1700	//	//	//	//	1,591,353
Recettes générales des pays d'États 1699	4,227,120	2,063,111	2,164,009	24,602	1,968,005
Dons gratuits 1699	6,341,678	102,371	6,239,307	558,324	5,570,649
Dons gratuits 1700	//	//	//	//	1,624,581
Bois 1699	2,116,657	602,899	1,519,435	//	1,190,097
Bois des années précédentes	//	//	//	//	75,610
Revenus casuels 1699 et augmentation de finance des commissaires des guerres	11,726,694	//	11,726,694	//	11,726,694
Revenus casuels 1696 et 1698 et annuel 1699	//	//	//	//	1,153,886
Projet du taillon	//	//	//	//	12,151
TOTAUX	121,110,833	47,732,417	73,384,093	10,391,275	99,661,020

DENIERS EXTRAORDINAIRES.

Impositions extraordinaires des pays d'États	250,000
Deniers du Trésor royal 1698	1,849,065
Monnaies	1,400,000
Rentes	310,491,277
Traités d'affaires extraordinaires	15.275,399 750,000
Débets, revenants-bons et autres fonds extraordinaires	883,830
Débets de capitations des années précédentes	95,993
SOMME TOTALE	430,666,584

TABLEAU COMPARATIF DES DÉPENSES

PENDANT LES SIX ANNÉES DU MINISTÈRE DE M. LE PELETIER.

CHAPITRES.	ANNÉE 1683.	ANNÉE 1684.	ANNÉE 1685.	ANNÉE 1686.	ANNÉE 1687.	ANNÉE 1688.	ANNÉE 1689.
	livres.	livres.	livres.	livres.	livres.	livres.	livres.
Maisons royales	9,782,156	8,718,094	9,637,977	8,350,146	8,060,933	7,518,855	7,476,757
Comptant du Roi	2,371,800	2,014,000	2,186,748	3,029,716	1,991,414	1,996,500	3,010,175
Bâtiments	7,221,675	8,048,141	15,340,901	7,916,746	7,757,438	6,986,581	2,965,969
Dépenses du roi d'Angleterre	"	"	"	"	"	"	355,500
Ligues suisses	252,000	296,078	236,505	229,484	211,576	260,050	652,568
Garnisons ordinaires	2,404,789	2,316,425	2,380,530	2,281,195	2,304,346	2,280,335	2,419,399
Étapes	2,949,063	3,090,001	2,564,332	2,886,086	1,962,564	2,921,591	6,270,893
Pain de munition	503,222	3,173,143	"	"	"	897,798	3,670,821
Extraordinaire des guerres	38,042,842	39,443,731	35,445,019	35,314,314	35,518,163	44,453,359	62,070,550
Artillerie	10,166	"	"	16,826	6,420	31,833	704,277
Gratifications aux troupes	1,267,545	1,439,935	1,081,575	1,175,925	1,203,900	1,313,323	1,323,804
Marine	7,741,722	7,304,954	6,910,184	6,319,747	6,525,680	7,286,506	14,405,792
Haras	"	"	88,350	95,517	77,814	58,565	68,149
Canal de communication des mers	33,234	"	"	"	"	"	"
Galères	3,190,605	2,835,140	2,756,913	2,810,572	2,887,687	2,878,436	3,614,754
Fortifications	8,924,800	6,427,208	6,785,578	5,222,697	7,101,612	11,993,059	12,678,609
Ambassades	786,188	727,550	743,668	694,206	685,267	675,700	631,100
Bastille	56,672	59,271	50,956	140,211	146,517	195,962	112,251
Pensions	1,401,753	1,452,840	1,714,913	2,278,663	2,735,180	2,751,505	2,365,254
Gages du Conseil	1,794,660 57,333	2,076,781	2,133,312	2,126,994	2,189,212	2,128,396	2,051,884
Maréchaux de France	304,550	572,606	614,706	595,273	573,081	559,481	548,506
Gratifications par comptant	2,211,377	2,747,886	2,796,121 745,438	4,046,595	4,824,187	3,580,421	4,316,836
Guet de Paris	"	"	114,670	116,176	116,732	119,724	119,399
Affaires secrètes	4,387,850	4,781,064	2,365,134	1,149,500	1,834,500	2,710,330	853,000
Intérêts et remises	1,145,579	4,352,092	478,918	625,907	591,193	890,469	2,036,443
Acquits patents	349,850	227,700	241,450	216,700	211,800	208,000	213,013
Ponts et chaussées	182,086	312,240	898,990	1,071,803	1,195,812	762,729	113,049
Pavé de Paris	11,739	43,458	24,595	53,667	53,666	53,666	53,666
Commerce	96,030	"	130,750	"	67,697	11,780	15,564
Arrérages de rentes	286,646	1,234,292	51,572	83,452	72,951	59,578	30,909
Remboursements	7,801,942	24,996,867	2,306,410	3,344,870	1,217,109	2,339,908	3,028,170
Remboursements à la caisse des emprunts	8,516,666	"	"	"	"	"	"
Menus dons	623,307	627,520	199,132	266,170	294,339	270,951	257,715
Voyages	532,009	519,226	558,236	542,345	543,033	1,067,702	934,114
Remises des gardes du Trésor royal	"	31,073,033	1,523,567	1,500,000	940,000	"	20,000
Payements des certifications	"	"	106,161	278,560	65,113	"	"
Dépenses dont il n'a point été expédié d'ordonnances	"	"	136,283	137,232	1,177,020	471,346	72,896 169,538
TOTAUX DES ORDONNANCES	115,133,523	160,910,276	103,349,589	94,917,594	94,593,846	109,73,421	139,633,328
Déductions pour les ordonnances qui n'ont point été payées	"	"	5,440	486,946	323,102	602,361	959,100
TOTAUX DE LA DÉPENSE ACTUELLE	115,133,523	160,910,276	103,344,149	94,430,648	94,270,744	109,132,060	138,674,228

TABLEAU COMPARATIF DES DÉPENSES

PENDANT LES DIX ANNÉES DU MINISTÈRE DE M. DE PONTCHARTRAIN.

CHAPITRES.	ANNÉE 1690.	ANNÉE 1691.	ANNÉE 1692.	ANNÉE 1693.	ANNÉE 1694.	ANNÉE 1695.	ANNÉE 1696.	ANNÉE 1697.	ANNÉE 1698.	ANNÉE 1699.
	livres.	livres.	livres.	livres.	livres.	livres.	livres.	livres.	livres.	livres.
Maisons royales	7,510,137	6,667,827	6,979,933	8,362,591	8,453,821	7,123,452	6,766,542	7,761,241	9,780,109	9,474,153
Comptant du Roi	2,265,400	2,356,000	1,797,736	1,197,720	246,000	1,310,000	1,212,000	1,772,000	1,792,000	1,763,414
Bâtiments	1,610,739	1,730,993	1,505,971	1,470,479	1,676,129	2,034,048	3,046,722	1,912,341	2,257,971	2,615,803
Trésorier du marc d'or	"	"	20,000	10,000	"	"	"	"	"	"
Dépenses du roi d'Angleterre	510,000	600,000	600,000	600,000	600,000	600,000	600,000	600,000	600,000	600,000
Ligues suisses	426,777	369,861	351,357	403,192	389,553	375,689	394,858	442,769	450,087	449,544
Garnisons ordinaires	2,469,826	2,564,169	2,542,238	2,431,304	2,510,900	2,544,821	2,526,994	2,523,500	2,478,765	2,536,397
Étapes	7,181,403	7,649,476	10,105,130	9,578,425	10,317,891	8,160,608	"	6,015,140	"	2,615,355
Pain de munition	6,274,603	10,215,756	12,658,546	14,816,958	14,713,537	17,373,364	"	12,535,273	"	1,071,367
Extraordinaire des guerres	69,966,241	71,066,526	72,622,840	71,567,581	69,717,781	67,728,418	67,586,184	68,990,725	50,236,309	44,761,538
Artillerie	883,071	1,375,254	1,816,943	1,554,408	1,423,269	1,397,510	1,457,900	1,400,560	9,150	3,040
Gratifications aux troupes	1,552,154	1,950,705	2,122,349	1,956,288	1,806,706	1,792,077	1,887,368	1,921,584	1,946,882	1,823,938
Marine	17,645,125	24,336,398	29,007,038	28,110,850	20,026,358	13,728,226	20,198,799	14,961,685	12,686,347	11,133,250
Haras	77,281	"	32,610	2,128	"	"	"	"	"	"
Galères	4,013,591	2,958,274	4,182,425	2,964,328	3,985,914	4,633,929	4,023,149	3,653,874	3,669,941	3,808,200
Fortifications	7,162,940	4,156,177	7,235,456	4,796,073	625,019	2,030,227	1,563,244	1,952,102	4,667,197	3,035,272
Ambassades	458,842	330,300	360,233	379,900	355,257	314,800	400,400	662,316	731,350	886,576
Bastille	171,050	232,818	162,087	81,568	169,671	220,388	148,181	155,282	73,124	95,131
Pensions	2,354,860	2,440,206	2,516,477	2,563,092	2,566,235	2,551,027	2,481,457	2,598,078	2,778,817	2,961,591
Gages du Conseil	2,126,472	2,234,546	2,348,932	2,173,797	2,294,253	2,213,308	2,334,203	2,321,391	2,383,693	2,281,109
Maréchaux de France	529,938	583,888	552,755	618,597	654,821	588,404	600,404	620,454	696,604	697,429
Gratifications par comptant	2,201,461	4,143,389	2,963,291	2,746,761	3,433,697	2,226,067	3,261,683	3,405,444	5,844,446	5,531,860
Guet de Paris	115,188	124,168	120,750	124,432	124,182	117,477	109,219	113,758	113,473	112,083
Affaires secrètes	765,428	4,042,620	2,098,715	2,043,491	1,440,395	1,486,787	1,275,123	3,221,932	1,035,451	1,017,911
Intérêts et remises	2,647,134	3,417,067	5,260,339	3,245,743	10,118,490	6,670,880	"	10,640,416	"	4,340,894
Acquits patents	226,450	245,333	235,700	234,452	226,000	284,000	230,733	222,000	226,000	219,016
Ponts et chaussées	78,561	86,718	86,881	127,588	75,287	106,992	82,569	186,999	299,840	504,499
Pavé de Paris	53,667	53,667	53,667	53,667	53,667	43,458	48,100	46,600	43,600	45,150
Commerce	"	24,684	200,598	34,490	50,534	"	25,609	3,857	239,904	"
Achat de riz	"	"	"	"	"	100,000	"	"	"	"
Arrérages de rentes	34,037	"	18,812	19,590	"	.	7,893	"	"	"
Remboursements	7,008,039	6,298,360	8,596,768	3,953,682	2,823,057	764,300 35,640,888	39,026,940	57,920,673	105,314,957	291,654,788
Menus dons	265,437	320,824	306,474	287,087	293,785	298,425	307,919	321,181	335,901	344,951
Voyages	847,479	702,149	619,788	646,334	406,065	277,657	349,783	438,120	344,767	256,827
Remises des gardes du Trésor royal	"	"	77,165	"	1,293,909	3,161,720	"	12,509,403 1,849,066	"	15,346,700
Indemnités aux fermiers généraux	"	"	"	13,050,970	"	"	"	"	"	18,515,894
Dépenses dont il n'a point été expédié d'ordonnances	480,582	391,192	228,789	340,316	250,212	353,767	514,231	395,517	"	522,447
TOTAUX	149,913,913	163,689,345	180,388,797	182,546,881	163,122,393	188,253,164	162,467,613	219,085,182	211,036,685	430,976,141
Déductions pour les ordonnances qui n'ont pas été payées	594,532	276,848	1,734,043	2,098,726	1,450,445	504,952	"	114,010	"	309,565
RESTE	149,319,381	163,412,497	178,654,754	180,448,155	161,671,948	187,748,212	"	218,971,172	"	430,666,576

ADDITIONS.

I. Page 165, n° 633, à la suite du premier paragraphe de la note, ajoutez :

Voir une lettre de M. Lebret, en date du 17 novembre 1689, à laquelle sont joints un exemplaire de l'*Abrégé des délibérations de l'Assemblée générale des communautés* et un exemplaire de l'*Affouagement des villes et villages du pays et comté de Provence*.

II. Page 200, à la suite du n° 771, placez ces deux lettres :

M. DE BÉRULLE, *intendant à Lyon,*
AU CONTRÔLEUR GÉNÉRAL.

1er Novembre 1689.

« . . . . . Il n'y a jamais eu d'établissement si nécessaire dans la ville de Lyon que celuy des officiers de police, n'y estant point connue, et l'autorité ayant servi jusqu'à présent de règle pour tout ce qui s'y est fait. Le misérable y a toujours esté opprimé, et languit encore sous la dépendance de quelques gens qui n'ont pour but que leur interest et qui n'ont jamais consulté le bien de la ville que pour s'en emparer; six cents et tant de mille livres de rentes qu'elle doit encore de reste de douze, en sont des preuves qui ne dureront que trop longtemps, si, par vostre autorité, vous n'y mettez la main. Le pain, le bois et le charbon se vendent suivant le caprice du marchand, qui, ayant l'attache des supérieurs, menace les juges de police en pleine audience, lorsqu'ils y veulent mettre le taux. Cependant, quarante mille ouvriers qui meurent de faim par la cessation du commerce et qui ont bien de la peine de gagner 3 et 4 sols par jour pour faire subsister leur famille, sont obligés d'acheter le pain suivant la volonté du boulanger, quoyque les officiers de police l'ayent diminué, parce que, ne l'estant que par commission, ils ne veulent pas se faire des affaires, pour deux ans qu'ils sont officiers. Le bois, qu'on achète l'esté 4 ᵗᵗ 10 s. la voye, se vend l'hiver jusqu'à 8 ᵗᵗ, parce qu'on ne veut pas souffrir qu'on le fixe ni qu'on fasse des chantiers comme à Paris. Le charbon, qui ne se vend l'esté que 18 sols la voye, et qui est très-bon, se vend l'hiver 40 sols, et ne vaut rien, parce qu'on ne veut pas le fixer, ni permettre qu'on fasse des magasins pour le pouvoir débiter l'hiver à petites mesures aux pauvres gens, qui, n'estant pas en estat d'en pouvoir faire provision, n'en achètent que lorsqu'ils en ont besoin, de très-mauvais et très-chèrement. J'avois proposé de faire faire des chantiers, comme à Paris, et de fixer le bois, mais l'on ne veut point de nouveautés en ce pays, et, par une habitude cruelle, l'on ayme mieux qu'on souffre, que de faire du bien par le changement. Hier, un bourgeois se vint plaindre qu'ayant fait rétablir le jambage de la porte de sa maison qui estoit tombé en la fermant, l'on envoya étayer ladite maison, pour abattre ledit jambage, parce qu'il n'avoit pas demandé permission aux officiers de ville; j'ay voulu faire connoistre que cela me paroissoit une vexation et qu'on ne pouvoit tout au plus condamner ce bourgeois qu'à l'amende, n'y ayant aucuns règlemens; l'on me répondit que c'estoit l'usage. Il n'est pas mesme permis de boucher ou agrandir sa fenestre, ni de crépir une maison bastie depuis deux ans, sans permission. Vous voyez que cette police est un peu dure et beaucoup intéressée, et la nécessité d'établir des officiers qui n'ayent en vue que le bien d'une ville, de rendre justice et de le faire sans interest. Outre toutes ces raisons, les lieux mal famés, qui sont en très-grand nombre en cette ville, les brelans et académies publiques, les hostelleries et les faux poids en sont encore de très-fortes pour donner lieu à cet établissement. M. l'archevesque le redoute et ne peut l'approuver; il me l'a dit, et que c'est la ruine de la ville. Quoyque j'aye beaucoup de respect et de déférence pour ses sentimens, je ne puis estre de son avis, puisque le bien du peuple, et par conséquent de la ville, me paroissent y estre contraires. Je sais que les échevins, qui sont ordinairement quatre marchands et quelques avocats, gens presque toujours d'une probité douteuse, et que M. l'archevesque nomme, auront moins d'autorité; mais je crois qu'il est toujours plus avantageux de préférer le bien public à celuy de quelques particuliers. L'on dit que M. l'archevesque envoye à Paris le procureur du Roy de la ville pour s'opposer à cet établissement, et, en cas qu'il n'y puisse réussir, pour faire acheter à la ville les offices de lieutenant général de police et de commissaires, afin que cette affaire ne se fasse point, et que les choses demeurent toujours dans la confusion . . . . . »

M. de Bâville, intendant en Languedoc,
au Contrôleur général.

1er Novembre 1689.

«Je crois l'établissement d'un lieutenant de police très-utile dans les villes principales de cette province. Je l'ay vu mesme désirer à tous ceux qui sont désintéressés et affectionnés au bien public. La police y est, presque dans toutes les villes, entre les mains des consuls, qui ne pensent qu'à retirer les profits de leur année de consulat, qui change tous les ans, à entrer aux Estats, et qui ont pour maxime de ne se vouloir faire d'affaires avec personne. S'il y a beaucoup de désordre dans les villes de cette province, il est bien plus considérable à Toulouse qu'en aucune autre. On peut dire qu'il n'y a aucun exercice de police, parce que les huit capitouls en sont les seuls juges, et que leur usage est de partager entre eux toutes les fonctions : l'exercice de la justice criminelle en occupe trois; on en destine deux à la conduite des réparations publiques, et on laisse la police, comme la fonction qui passe parmy eux pour la moins honorable, à ceux qui tiennent le dernier rang. De là vient que tous les désordres qui peuvent naistre dans la police y sont impunis, et elle y est abandonnée. On ne peut mieux remédier à cet inconvénient que par la création d'un office de lieutenant de police, à l'instar de la ville de Paris; mais il faut s'attendre, en mesme temps, de recevoir beaucoup de plaintes de la part des capitouls de Toulouse, qui ont l'exercice de la police par concession des Roys. Ils représenteront qu'ils en ont joui dès le temps des comtes de Toulouse, et toutes les nouveautés, mesme celles qui sont avantageuses à cette ville, y sont odieuses. Les consuls des autres villes ont aussy des titres généraux ou particuliers. Ainsy, on ne peut pas espérer que cette affaire se fasse sans qu'il y ayt bien des gens qui en murmurent, bien que l'utilité en soit évidente pour le public, mais tous ceux qui prétendent au consulat dans les villes, qui sont en grand nombre, ne pourront l'approuver par leur propre intérest. Il sera peut-estre aysé de trouver des moyens de faire cesser ces plaintes, par des tempéramens que l'on pourra apporter dans la suite, lorsque l'édit aura paru, comme d'appeler les consuls au jugement des procès en matières contentieuses qui surviennent entre les artisans et gens de métier, sur l'exécution de leurs statuts. On pourra penser à de semblables expédiens. Mon avis seroit de commencer par faire paroistre cet édit, qui m'a paru bien dressé pour tout le royaume; et, pour adoucir les plaintes qui naistront sans doute, le Roy pourroit donner une déclaration particulière pour cette province, dont je me charge de vous envoyer le projet, si vous l'avez agréable, dont l'effet sera de laisser aux capitouls et consuls quelque espèce d'attribution en certains cas, sous la direction néanmoins du lieutenant de police, qui prendra insensiblement toute l'autorité, soit par les fonctions qui seront données à sa charge, soit parce qu'il sera perpétuel et que les consuls changent tous les ans. . . . .

«. . . . . Il seroit à souhaiter qu'on pust donner ces charges aux acquéreurs à bon marché, comme sur le pied au plus du denier douze ou quinze des gages, afin que l'on pust choisir de bons sujets, ce qui est très-important dans cet établissement : car, si l'on ne met pas dans ces charges des gens de bien et qui en fassent sentir, par leur bonne conduite, l'utilité au public, les plaintes augmenteront, et, si au contraire ces nouveaux officiers s'acquittent bien de leur devoir, on sera fort ayse dans la suite que le Roy ayt eu cette pensée. Il faut encore observer qu'il n'y a point d'émolumens à ces charges, et que les fonctions en doivent estre faites sans rien prendre des parties * . . . . . »

* Voir la première circulaire du contrôleur général, en date du 22 octobre, enjoignant aux intendants de faire une enquête très-secrète sur la valeur des charges de police dans toutes les villes où elles étaient exercées par les maires, échevins ou capitouls. Réponses des intendants : 30 octobre, M. de Ribeyre (Poitiers) et le sieur de Pontmory (Auvergne); 1er novembre, M. de Bezons (Bordeaux); 4 novembre, M. Lebret (Provence); 5 novembre, M. Bouchu (Dauphiné); 16 novembre, M. Chamillart (Rouen); 8 décembre, M. d'Argouges (Bourgogne) et M. Brûlart, premier président du Parlement de Dijon. — 9 janvier 1690 : autre circulaire demandant des rapports pour régler la finance des charges. Réponses : 15 janvier, M. de Ménars (Paris); 16 janvier, MM. d'Argouges (Bourgogne) et Foucault (Caen); 22 janvier, MM. Lebret (Provence), de Bagnols (Flandre) et de Bâville (Languedoc); 18 février, MM. de Bérulle (Lyon) et de Bezons (Bordeaux); 25 février, M. de Miroménil (Tours); 19 mars, M. Chauvelin (Amiens); 12 avril, M. de la Berchère (Montauban); 18 juin, M. de Madrys (Flandre maritime), etc.

III. Page 513, à la suite du n° 1825, placez ces deux lettres :

M. Larcher, intendant en Champagne,
au Contrôleur général.

14 Janvier 1699.

«Le projet des ateliers publics pour faire travailler et subsister les pauvres de tout sexe et de tout âge est assurément tout à fait digne de la bonté et charité du Roy, et, comme il n'y a peut-estre point dans le royaume de province en plus mauvais estat cette année que la Champagne et, par conséquent, où il y ayt plus de pauvres, il n'y en a point aussy où cet établissement semble d'abord plus nécessaire. Cependant, puisque vous m'ordonnez de vous en dire mon sentiment, j'oseray vous y former quelques difficultés sur son exécution, que je conçois de deux manières : l'une, que l'on choisisse en différens endroits de la province quelques ouvrages de terre où, sans adjudications, on fasse travailler les pauvres à journées, sous la conduite de gens préposés à cet effet et en les payant à la fin de chaque semaine sur les rôles qui en auront esté tenus; l'autre, que l'on fasse des adjudications de ces ouvrages, à la charge par les entrepreneurs d'y employer tous les pauvres qui se présenteront. Mes difficultés, qui ne tombent que sur la première de ces deux manières, sont que, sans des entrepreneurs qui répondissent des ouvrages, il seroit, à ce qu'il me semble, assez difficile de les bien faire faire par des seuls pauvres ramassés; que l'on auroit peine à trouver dans le pays assez de gens intelligens pour les bien conduire, et qu'il seroit encore plus malaysé d'en trouver d'assez sûrs et fidèles pour leur confier la distribution des deniers qu'il faudroit faire aux travailleurs, dont ils seroient les maistres et dont ils pourroient enfler le nombre ainsy que bon leur sembleroit; et, par ces raisons, je ne serois point du tout pour établir de cette manière ces sortes d'ateliers. Ce n'a point esté aussy la manière dont ils ont esté établis en Champagne dans les années 1685, 1687 et 1688, qu'il y a eu quelques fonds faits pour ces sortes d'ateliers, car l'on faisoit les adjudications des ouvrages et l'on obligeoit seulement les entrepreneurs à y faire travailler tous les pauvres qui s'y présentoient.

«Sur ce pied-là, qui me paroist beaucoup meilleur que l'autre, je n'ay point à vous proposer pour ces ateliers d'autres ouvrages que ceux que j'ay employés dans l'estat que j'ay eu l'honneur de vous envoyer il y a peu de jours; et, si vous voulez bien les faire faire tous, il y aura de quoy occuper raisonnablement les pauvres aux remuemens des terres, qui font une grosse partie de ces ouvrages. Cependant, si S. M. vouloit bien étendre particulièrement sa charité aux pauvres de la ville de Châlons, qui y sont dans la dernière misère, faute d'ouvrage, et où il y a plus de mille familles qui sont au pain du bureau des pauvres, on employeroit l'aumosne qu'il plairoit au Roy de donner pour cela à un ouvrage qui en vaut bien la peine, et qui seroit de relever les allées de la promenade publique de ladite ville, appelée *le Jard*, qui est une des belles promenades du royaume et que S. M. a souvent trouvée telle, en l'honorant de sa présence; mais ces allées, qui sont fort longues, estant presque tous les hivers inondées des débordemens de la rivière de Marne, ses eaux les ont si fort creusées, que les arbres en sont presque tous déchaussés et qu'ils périront, si l'on ne les rempiète en relevant en mesme temps ces allées. Il seroit aussy nécessaire de faire dans une prairie, le long de ces allées, un canal pour y ramasser les eaux, et, outre que ce seroit encore une nouvelle beauté, on tireroit de ce canal les terres qu'il faut pour rehausser les allées. Et toute cette dépense, bien ménagée, pourroit monter à 6,000 #, qui seroient d'un très-grand secours pour les pauvres, qu'on y employeroit seuls; et, cet ouvrage s'exécutant sous mes yeux, je pourrois vous répondre qu'il seroit bien fait et qu'il n'y auroit ni abus ni friponnerie*.»

* Persistant à voir les mêmes inconvénients dans le travail des ateliers, M. Larcher renvoya au contrôleur général l'ordonnance de 12,000 # qui lui avait été adressée; mais il la redemanda plus tard, pour en appliquer le montant à des ouvrages urgents qui n'avaient pas été compris dans l'état des ponts et chaussées. (Lettre du 3 mai.)

M. le Vayer, intendant à Moulins, *au Contrôleur général.*

Mois de Janvier et 18 Février 1699.

L'établissement des ateliers publics ne saurait être utile aux vieillards, aux enfants et aux gens invalides, comme le serait une contribution publique; mais ces contributions, ainsi qu'on l'a éprouvé en 1693 et 1694, privent les hôpitaux de leurs ressources ordinaires, effrayent le public, et font plus de mal que de bien. Le meilleur système est donc de faire distribuer de l'argent comptant par des personnes de confiance.

Si l'on veut faire travailler aux chemins publics, qui ont tous besoin de cailloutages ou de pavés, il faudrait d'abord avancer des fonds pour l'extraction de la pierre, pendant l'hiver; les métayers et fermiers en feraient le transport gratuitement et volontiers; quant aux ouvrages de pavé, en payant aux paveurs 30 sols par toise courante de deux toises et demie de largeur, on aurait pour 4 # ce qui coûte 9 ou 10 # aux ponts et chaussées, et tous les pauvres trouveraient de l'emploi selon leurs forces.

«Je prends la liberté de vous dire que ce qui fait que tous les ouvrages publics des ponts et chaussées et turcies et levées coustent tant et profitent si peu, est qu'on est obligé de faire des adjudications publiques, et que, comme il n'y a que quelques gens du métier, qui s'entendent tous, qui y soient reçus, ils ont le double de la valeur desdits ouvrages, et souvent ils sont faits avec plus de dépense que d'utilité. Or, icy, ne s'agissant pas tant de faire des ouvrages que de donner moyen aux pauvres de s'occuper et de subsister, on pourroit, en ce cas, se départir de cette régularité des ouvrages publics et travailler, en cette occasion, comme les particuliers ont coustume de faire pour eux-mesmes, afin que la libéralité du Roy produisist un double effet, l'un en faveur des pauvres, et l'autre en faveur du commerce.»

Il propose, comme ouvrages utiles, le chemin de Bourbon, les avenues de l'entrée de Moulins, la place publique de cette ville, etc. Sans entreprendre en entier le chemin de Bourbon, on pourrait seulement rétablir les levées ou faire des cailloutages dans les endroits que les ravines ont rendus impraticables et dangereux.

«Pour ce qui est des aumosnes publiques qui furent pratiquées en 1693 et 1694, j'eus l'honneur d'en écrire, il y a quelque temps, à M. le premier président, et de luy mander qu'elles feroient plus de mal que de bien, et réveilleroient peut-estre l'inquiétude des peuples, que l'espérance du printemps prochain et des petits secours que la terre leur doit produire bientost, soutient et tranquillise. S'il falloit faire assembler les maires et échevins et principaux habitans des lieux et conférer avec MM. les évesques, j'ose prendre la liberté de vous dire que ce seroit semer la crainte partout et exciter peut-estre un mal effectif, qui ne céderoit que difficilement à des remèdes trop lens. Ainsy, il me paroistroit qu'il seroit à propos de s'en tenir à quelque distribution manuelle d'aumosnes que S. M. auroit la bonté de faire*.....»

* Le Roi ayant donné 6,000 # pour les ateliers, M. le Vayer fit employer les premiers travailleurs à la place publique que M. de Châteaurenard avait fait commencer sur l'emplacement des anciens fossés de Moulins; mais, en marge de la lettre qu'il écrivit à ce sujet, le 18 mars, le contrôleur général répondit : «À jamais dans les villes; toujours à la campagne.» — Au contraire, M. d'Ablciges, intendant à Poitiers,

écrivait, le 15 janvier précédent, que les ateliers devaient être établis seulement dans les grandes villes, et que, dans les bourgs et surtout les campagnes, il y aurait danger de détourner les peuples de l'agriculture.

Sur le même sujet, voir, entre autres lettres, celles de MM. d'Ormesson (Auvergne), 12 janvier, 9 février, 9 et 28 mars, 17 avril; de Séraucourt (Berry), de Bouville (Orléans) et Turgot (Metz), 14 janvier; de Vaubourg (Franche-Comté), 16 janvier, 10 et 15 février, 3 mars; Bégon (la Rochelle), 17 et 27 janvier; de Pomereu de la Bretèche (Alençon), 19 janvier; Bouchu (Dauphiné), 25 janvier; de Bernage (Limoges), 27 janvier, dernier février, 14 et 31 mars; de Bernières (Hainaut), 28 janvier et 11 février; Phélypeaux (Paris), 31 janvier; Sanson (Soissons), 1er février et 11 avril.

TABLE ANALYTIQUE.

Les chiffres arabes renvoient aux numéros des pièces; suivis de l'italique *n*, ils se rapportent aux notes. L'indication App., suivie d'un chiffe arabe, renvoie à la page de l'Appendice, et l'indication Add., suivie d'un chiffre romain, à l'une des pièces insérées en addition après l'Appendice.

A

B

C

D

E

F

G

H

I

J

K

L

M

N

O

P

Q

R

S

T

U

V

W

Y

Z

CORRECTIONS.

ERRATA DE LA CORRESPONDANCE.

N° 57, ligne première, lisez : *Magistrats*.

N° 151 *n*, ligne dernière, après *sucrions*, ajoutez : *que les brasseries tiraient de l'étranger*.

N° 169 *n*, ligne 5, au lieu de *lieutenant du Roi*, lisez : *lieutenant de Roi*.

N°s 193 *n* et 600 *n*, au lieu de *Parlement de Bordeaux*, lisez : *Parlement de Guyenne*.

N° 204 *n*, ligne 2, au lieu de *Asfeldt*, lisez : *Asfeld*.

N° 242, titre, au lieu de *directeur des finances*, lisez : *intendant des finances*.

N° 258, titre, au lieu de *intendant à Orléans*, lisez : *intendant à Paris*.

N° 264. Cette lettre est écrite de *Montpellier*.

N°s 274, 283 et 617, titres, lisez : *aux Intendants des généralités taillables*.

N° 290 *n*, 3e avant-dernière ligne, au lieu de *Saïd*, lisez : *Seyde*.

N° 416, seconde colonne, ligne 2, au lieu de *Traite-Charente*, lisez : *traite de Charente*.

N° 442, page 113, ligne 6 en remontant, au lieu de *Duneu*, lisez : *Dunod*.

N° 454 *n*, ligne 8, au lieu de *subdélégué de l'intendant*, lisez : *gouverneur de Cambrai*.

N°s 464, 570, 933 et 1287, au lieu de *Pragilas*, lisez : *Pragelas*.

N° 509, ligne 2, au lieu de *Grandville*, lisez : *Granville*.

N° 519, ligne 2, après *la répartition de l'impôt*, ajoutez : *à Bourbon*.

N° 619, ligne 7, lisez : *pédagogues, écuyers*.

N° 633 *n*, à la suite du premier paragraphe, intercalez la pièce I des Additions, page 601.

N° 644, ligne 5, au lieu de *cette contribution*, lisez : *cet octroi*.

N° 740, ligne 4, au lieu de *créés*, lisez : *créées*.

N° 744, page 191, ligne 10 en remontant, au lieu de *dont elle faisoit*, lisez : *dont elles faisoient*.

N° 751, ligne 3, au lieu de *tiers-surtaux*, lisez : *tiers-sur-taux*.

N° 766, ligne 2, au lieu de *les offres que les communautés*, le sens exige qu'on lise *les offres que les créanciers des communautés*, et par conséquent il faut, à la ligne 4, rétablir *qu'ils*, au lieu de *qu'elles*, selon le texte original.

N° 768 *n*. L'intendant cité est *M. Chamillart*.

N° 769 *n*, dernier paragraphe, lisez : *En 1692, on proposa au contrôleur général de créer des receveurs particuliers dans chaque communauté, pour y faire le service des collecteurs, en réduisant*, etc.

N° 771. Intercalez à la suite les pièces II des Additions, page 601.

N° 839, ligne avant-dernière. La ville désignée est *Aix*. — Seconde note, au lieu de *receveur général*, lisez : *greffier des États*.

N° 866, page 222, ligne 7 en remontant. La ville désignée est *Aix*.

N° 883, lignes 3 et 4, au lieu de *Limour*, lisez : *Limours*.

N° 905 *n*. Le sieur Isnard était *procureur général en la Cour des comptes de Provence*.

N° 947, page 247, ligne 10. La ville désignée est *Dijon*.

N° 952 *n*, ligne dernière. Les deux lettres citées sont de l'intendant, *M. de Bouville*.

N° 968 *n*, ligne 2, au lieu de *Denis, avocat général*, lisez : *Denis, procureur général*.

N° 970, ligne 26, au lieu de *Castanaga*, lisez : *Gastanaga*.

N° 978, ligne 9, lisez : *Anno Domini M.DC.XCI*.

N° 1005 *n*, rétablissez comme il suit les premières lignes de la note : *Les marchands n'ayant pu établir le nombre de métiers qui leur avait été imposé, la concession fut accordée au sieur Riquier; mais, peu après, son associé fit banqueroute, et la manufacture fut abandonnée.* (*Lettres*, etc.)

N° 1041, ligne 10. La ville désignée est *Aix*.

N° 1057, ligne 1, au lieu de *Damaine*, lisez : *Damame*.

N° 1079, seconde colonne, ligne 1, au lieu de *Glus*, lisez : *Glug*.

N° 1101, ligne 4, au lieu de *traite d'Abzac*, lisez : *traite d'Arzac*.

N° 1109 *n*, ajoutez cette phrase : *Le 6 novembre 1697, M. de Nointel propose que le Roi accepte le don de la statue, encore déposée à Paris, chez Coyzevox*.

N° 1126 *n*. Les lettres citées à la ligne 3 sont de *M. de Montholon*.

N° 1137 *n*. M. de Lagny écrit la lettre du 28 janvier 1695 en qualité de *directeur général du commerce*, et non d'*intéressé aux fermes*.

N° 1153 *n*, dernier paragraphe, ligne 4, après *Béziers offrit*, ajoutez : *en présent au Roi*.

N° 1158 *n*. Les lettres citées dans le second paragraphe sont : l'une, de *l'évêque*, et l'autre de *l'intendant*.

N° 1164 *n*, ligne 1, au lieu de *de la Faure*, lisez : *de la Faluère*.

N° 1284 *n*, second paragraphe, au lieu de *M. d'Ormesson*, lisez : *M. de la Houssaye*.

N° 1287 *n*, ligne 1, au lieu de *Une réponse*, lisez : *Une analyse d'une lettre*.

N° 1294 *n*, second paragraphe, ligne 3, après *procureur du Roi*, ajoutez : *au bailliage et siége présidial.*

N° 1296 *n*. Les lettres citées, des 16 avril et 18 mai 1695, sont de l'intendant, *M. de la Fond.*

N° 1346, seconde note. Cette apostille, mise en marge de la première des deux lettres, s'applique à la réforme du Conseil de bourgeoisie.

N° 1458, ligne 15, supprimez la virgule après *quand*. — Le mauvais état de cette pièce n'a pas permis de la déchiffrer en entier.

N° 1465, titre, au lieu de *directeur des fermes*, lisez : *intéressé aux fermes.*

N° 1478. Cette lettre est écrite de *Vannes.*

N° 1489, ligne 11, au lieu de *aux maires*, lisez : *au maire*. — Cette lettre est écrite de *Rennes.*

N° 1503, titre, lisez : *Le sieur Segent, commissaire ordonnateur à Nice.*

N° 1511. Rétablissez le numéro *1511*, au lieu de *1151*.

N° 1539 *n*, ligne dernière. La lettre citée est de l'intendant.

N° 1550 *n*, dernier paragraphe, ligne 2, au lieu de *Conflan*, lisez : *Conflent.*

N° 1569, ligne 14, au lieu de *dépenses*, lisez : *défenses.*

N° 1573 *n*. La lettre du 12 janvier 1697 est de l'intendant, *M. Ferrand.*

N° 1624, seconde colonne, ligne 18, lisez : *de la subsistance et de la contribution pour l'exemption des troupes.*

N° 1641, page 457, ligne 4, au lieu de *18,00* ₶ *à 140,000* ₶, lisez : *18,000* ₶ *à 14,000* ₶.

N° 1680 *n*, ligne 1, après *Grignan, lieutenant général*, ajoutez : *en Provence.*

N° 1786, titre, au lieu de *directeur des fermes à Calais*, lisez : *directeur général des gabelles et traites en Picardie et Artois.*

N° 1810, ligne 4, au lieu de *d'Oropega*, lisez : *d'Oropesa.*

N° 1814, seconde colonne, ligne 13, au lieu de *Tiérache*, lisez : *Thiérache.*

N° 1817 *n*, ligne dernière, lisez : *parce que la récolte a esté plus mauvaise.*

N° 1820 *n*, ligne dernière, au lieu de *(Lettre du 22 mars.)*, lisez : *(Lettres des 14 janvier, 25 février, 8 et 22 mars. Cf. Addition III.)*

N° 1825. Entre cette pièce et le n° 1826, intercalez les pièces III des Additions, pages 602-604.

N° 1873, dernier paragraphe, ligne 1, la ville désignée est *Saint-Pierre-le-Moutier.*

ERRATA ET ADDITIONS DE LA TABLE.

Adjudications. — *du recouvrement des tailles*. Ajoutez : *1880*.

Affranchissement. — *des cens et rentes*. Ajoutez : *1252*.

Aix (Ville d'). — *Archevêque; cité*. Ajoutez : *982*.

Anoblissement. — *de terres*. Ajoutez : *1738*.

Armes. — *Fabrication*. Ajoutez : *514*.

Arts et métiers. — *Gardes-jurés*. Ajoutez : 1005.

Assiette des impositions. Ajoutez : *903*.

Banqueroutes. Ajoutez : *1171, 1306*.

Berthelot (Simon II). Lisez : *Berthelot de Belloy (Simon)*, et ajoutez : *receveur général des finances en Flandre et Hainaut.*

Bie (N. de). Lisez : *Bie (Guillaume de).*

Blanchet. Ajoutez : *1045*.

Blés. — *Transport et traite*. Ajoutez : *947*.

Bouheliez-Viscnez. Lisez : *Bouhelier-Visenez*, et ajoutez : *ancien auditeur à la Chambre des comptes de Dôle.*

Bretagne. — *Parlement*. Ajoutez : *829*.

Brevets. — *des tailles*. Ajoutez : *274, 283, 295, 461, 590, 701*.

Briffe (Pierre-Arnaud de la). Ajoutez : *ancien conseiller au Châtelet et au Parlement de Paris, puis maître des requêtes, président au Grand conseil, intendant et procureur général aux Grands Jours de Poitiers.* — Le même, *cité*. Ajoutez : *1136*.

Bueil. Replacez cet article 9 lignes plus haut, entre Bucy et Buenos-Ayres.

Bureaux. Ajoutez : *de police, 1556 n.*

Canalisation. Ajoutez : *1696, 1837*.

Capitation. Ajoutez : *Syndics, 1432, 1480, 1623*.

Cautions. — *de traitants*. Ajoutez : *744, 1377*.

César (N. de). Lisez : *César (Louis-François de), ancien conseiller à la Cour des aides.*

Chantereine (N. de). Lisez : *Chantereine (Nicolas du Vert, marquis de), gentilhomme ordinaire de la chambre du Roi.*

Chaurand. Avant *1487 n*, ajoutez : *Mémoire.*

Clinchamp (N. de). Lisez : *Clinchamp (François Potier, baron de), conseiller au présidial de Chaumont.*

Clergé. — *Revenus*. Ajoutez : *1285*.

Collecteurs (Trésoriers-). Ajoutez : *1488 n. App. p. 573*.

Commerçants. — *possédant une charge privilégiée*. Ajoutez : *596 n, 1556 n.*

Commissionnaires-facteurs. Au lieu de *297 n*, lisez : *972 n.*

Communautés municipales. — *Syndics*. Ajoutez : Voy. *Syndics.*

Compagnies militaires. Ajoutez : *de noblesse, 940 n.*

Comptes. Ajoutez : Voy. *Reprises.*

Confirmations. — *d'arrêt ou d'ordonnance*. Ajoutez : *1812*. — *de noblesse*. Ajoutez : *1149*. — *de priviléges*. Ajoutez : *1149*. — Ajoutez : Voy. *Taxes de confirmation.*

Conseillers. — *en parlement*. Ajoutez : *904, 1736*.

Consuls. — *Nomination à l'élection*. Ajoutez : *1483*, et supprimez *1881*.

Consuls des marchands. Ajoutez : *1881*. Voy. *Consulaires (Juridictions).*

Corberon. Ajoutez : *cité, 996*.

Cotes. — *de cinq sols, pour la forme*. Ajoutez : *1712. App. p. 566*.

Coton. — *Toiles*. Ajoutez : *290*.

Dictionnaire. Après cet article ajoutez : *Die (Évêque de), 487*.

Distributeurs. — *de lettres*. Ajoutez : *1431*.

Écritures. — *judiciaires*. Ajoutez : *965*.

Engagements. — *d'octrois*. Ajoutez : *677 n.*

Entrepôts. — *des fermes*. Ajoutez : *1779*. — *de tabac*. Ajoutez : *455*.

Estropiés (Officiers). Ajoutez : *1029*.

Étapes. — *Valeur des rations*. Au lieu de *892*, lisez : *895*.

Fermes. — *Receveurs généraux*. Ajoutez : *App. p. 594*. — Ajoutez : Voy. *Visites*.

Gabelles. Ajoutez : *Sextés, 1814. App. p. 551*.

Glucq. Lisez : *Glug*.

Godefroy (Jean). Lisez : *conseiller du Roi, commis pour S. M. à la garde et direction des titres, chartes et registres de la Chambre des comptes de Lille*.

Gourgue (Jean de). Ajoutez : *ancien président et lieutenant général au présidial de Bordeaux*.

Guillaume d'Orange. Ajoutez : Voy. *Orange*.

Macé (N.). Lisez : *Macé (Antoine)*.

Manfredini (N.). Lisez : *Manfredini (Angelo), consul génois et manufacturier à Marseille*.

Marboz (Joseph de). Lisez : *Marboz (Claude-Joseph de)*.

Montaigne-Bussaguet (N. de). Lisez : *Montaigne-Bussaguet (François et Michel de)*.

Montcrif (N. de). Lisez : *Montcrif de Fréville (Charles de)*.

Montmoreau (N. de). Lisez : *Montmoreau (Jacques Dubois de)*.

Parlements. Ajoutez : Voy. *Toulouse*.

Picon d'Andrezel. Lisez : *commissaire des guerres et commissaire ordonnateur*.

Raoul (N.). Lisez : *Raoul (Antoine-Jean)*.

Raymond (N.). Lisez : *Raymond (Pierre)*.

Revol. Ajoutez : *receveur général du taillon en Bretagne*.

Ribeyre (Charles de). Ajoutez : *ancien avocat du Roi en la sénéchaussée de Clermont-Ferrand et conseiller à la Cour des aides*.

Saint-Vincent (Sébastien du Puy de). Ajoutez : *président trésorier général de France au bureau des finances de Grenoble*.

Sarrasin (Blé). Ajoutez : Voy. *Blé noir*.

Secrétaires d'État. Ajoutez : Voy. *Vrillière (Phélypeaux de la)*.

Segent (N.). Lisez : *Segent (Jean-Baptiste de), commissaire ordinaire des guerres et commissaire ordonnateur*.

Tausier (Pierre). Ajoutez : *premier commis de M. de Seignelay*.